Peter Bopp / Dr. Christina Georgiou

Rechtsprechungsübersicht zum Betriebsverfassungsrecht

Peter Bopp, Rechtsanwalt, Vors. Richter am LAG a.D., Mediator
Dr. Christina Georgiou, Fachanwältin für Arbeitsrecht

Rechtsprechungsübersicht zum Betriebsverfassungsrecht

19. Auflage
Stand 20.06.2022

rieder

Dieses Papier ist umweltschonend chlorfrei gebleicht hergestellt.

Geschäftsführerin:
Dipl. Psych. Heidrun Rieder

Erphostr. 40, 48145 Münster
Tel.: 0251/30133, Fax: 0251/30135
www.riederverlag.de

Umschlag Entwurf: Ina Bauckholt, Münster
Satz: Schreibbüro B. Föhl, 74080 Heilbronn
Druck: CPI books GmbH, 25917 Leck

ISBN: 978-3-949340-18-5

Vorwort

Das vorliegende Buch **„Rechtsprechungsübersicht zum Betriebsverfassungsrecht“** erscheint jetzt in **neunzehnter wesentlich überarbeiteter Auflage.** Um den Zweck des Buches, den auf praktischem Gebiet tätigen Betriebspraktikern eine schnelle Problemlösung zu gewähren, nicht zu gefährden, wurde großer Wert darauf gelegt, das Buch zwar auf den neuesten Stand zu überarbeiten, jedoch in seinem Umfang nicht wesentlich zu erweitern und auf die in der praktischen Tätigkeit im Betrieb anstehenden Fragen knappe Lösungsansätze zu bieten. Die Verfasser nehmen für sich nicht in Anspruch, mit dem Buch den Benutzern die Lösung sämtlicher im Betrieb anfallender rechtlicher Probleme zu präsentieren. Vielmehr soll mit Hinweisen auf vorhandene Rechtsprechung zu gerade in der Betriebspraxis anfallenden Fragen eine Hilfestellung gewährt werden. Dazu dienen auch die Schaubilder, die Muster, die Beispiele und die gesondert gekennzeichneten Hinweise für die Praxis.

Die angegebene Rechtsprechung sollte in schwierigen Fällen nachgelesen werden. In der Regel werden die Benutzer des Buches die Rechtsprechung im Internet bzw. in den vorhandenen Fachzeitschriften finden. Im Übrigen übersenden die Gerichte gegen Kostenerstattung jedes Urteil; das Bundesarbeitsgericht stellt seit einigen Jahren seine Entscheidungen ins Internet.

Bad Wimpfen/Frankfurt, 20.06.2022 | Peter Bopp / Christina Georgiou

Abkürzungsverzeichnis

a.A.	=	anderer Ansicht
a.a.O.	=	am angegebenen Ort
ABlEG	=	Amtsblatt der Europäischen Gemeinschaft
ABR	=	Aktenzeichen für Beschlussverfahren beim Bundesarbeitsgericht
Abs.	=	Absatz
AFG	=	Arbeitsförderungsgesetz
AGG	=	Allgemeines Gleichbehandlungsgesetz
AiB	=	Arbeitsrecht im Betrieb (Bund Verlag)
AktG	=	Aktiengesetz
AP	=	Arbeitsrechtliche Praxis – Nachschlagewerk des BAG
ArbGG	=	Arbeitsgerichtsgesetz
ArbPlSchG	=	Arbeitsplatzschutzgesetz
AuA	=	Arbeit und Arbeitsrecht
Aufl.	=	Auflage
AÜG	=	Arbeitnehmerüberlassungsgesetz
AuR	=	Arbeit und Recht (Bund Verlag)
AVE	=	Erklärung der Allgemeinverbindlichkeit
AZG	=	Arbeitszeitgesetz
AZR	=	Aktenzeichen Urteilsverfahren beim Bundesarbeitsgericht
BAG	=	Bundesarbeitsgericht
BAGE	=	Entscheidungen des Bundesarbeitsgerichts
BAV	=	Bundesanstalt für Versicherungswesen
BB	=	Betriebsberater (Verlag Recht und Wirtschaft)
BBiG	=	Berufsbildungsgesetz
BEEG	=	Bundeselterngeld- und Elternzeitgesetz
BErzGG	=	Bundeserziehungsgeldgesetz
BeschFG 96	=	Beschäftigungsförderungsgesetz 1996
BetrAVG	=	Gesetz zur Verbesserung der betrieblichen Altersversorgung
BetrVG	=	Betriebsverfassungsgesetz
BGB	=	Bürgerliches Gesetzbuch
BGH	=	Bundesgerichtshof
BPersVG	=	Bundespersonalvertretungsgesetz
BT	=	Bundestag
BT-Drucks.	=	Bundestags-Drucksache
BUrlG	=	Bundesurlaubsgesetz
BV	=	Aktenzeichen Beschlussverfahren beim Arbeitsgericht
BVerfG	=	Bundesverfassungsgericht
BVerfGE	=	Entscheidungen des Bundesverfassungsgerichts
bzw.	=	beziehungsweise
Ca	=	Aktenzeichen Urteilsverfahren beim Arbeitsgericht
DB	=	Der Betrieb (Verlag Handelsblatt)
DGB	=	Deutscher Gewerkschaftsbund
d. h.	=	das heißt
EFZG	=	Entgeltfortzahlungsgesetz
eG	=	eingetragene Genossenschaft
EuGH	=	Europäischer Gerichtshof
EzA	=	Entscheidungssammlung zum Arbeitsrecht (Luchterhand Verlag)
f.	=	folgende
ff.	=	fortfolgende
Fn.	=	Fußnote
FS	=	Festschrift
GenG	=	Genossenschaftsgesetz
GewO	=	Gewerbeordnung
GG	=	Grundgesetz
ggf.	=	gegebenenfalls
GS	=	Großer Senat
GTV	=	Gehaltstarifvertrag
HGB	=	Handelsgesetzbuch
h.M.	=	herrschende Meinung
HS	=	Halbsatz
HzA	=	Handbuch zum Arbeitsrecht
i.d.R.	=	in der Regel
InsO	=	Insolvenzordnung
i. S. d.	=	im Sinne des/der
i. V. m.	=	in Verbindung mit
KfH	=	Kammer für Handelssachen
KO	=	Konkursordnung
KSchG	=	Kündigungsschutzgesetz
KuR	=	Schriftenreihe Kommunikation und Recht
LAG	=	Landesarbeitsgericht
LAGE	=	Entscheidungen der Landesarbeitsgerichte (herausgegeben von Stahlhacke)
LG	=	Landgericht
LM	=	Lindermeier/Möhring (Rechtsprechung des BGH)
LohnFG	=	Lohnfortzahlungsgesetz
LStR	=	Lohnsteuerrichtlinien
m. w. N.	=	mit weiteren Nachweisen
Mrd.	=	Milliarde
MuSchG	=	Mutterschutzgesetz
MTV	=	Manteltarifvertrag
NachwG	=	Nachweisgesetz
n. F.	=	neue Fassung
NJW	=	Neue Juristische Wochenschrift
Nr.	=	Nummer
n.rkr.	=	nicht rechtskräftig
n.v.	=	nicht veröffentlicht
NZA	=	Neue Zeitschrift für Arbeit und Sozialrecht (C.H. Beck Verlag)
OLG	=	Oberlandesgericht
RABl	=	Reichsarbeitsblatt
RdA	=	Recht der Arbeit
Rdn./Rz.	=	Randnummer/Randzahl
rkr.	=	rechtskräftig
RSA	=	Rationalisierungsschutzabkommen
RSchAVers	=	Rationalisierungsschutzabkommen für das private Versicherungsgewerbe
Sa	=	Aktenzeichen Urteilsverfahren beim Landesarbeitsgericht
SchwbG	=	Schwerbehindertengesetz (jetzt: SGB IX)
SG	=	Sozialgericht
SprAuG	=	Sprecherausschussgesetz
SozplKG	=	Sozialplankonkursgesetz
str.	=	streitig
TaBV	=	Aktenzeichen Beschlussverfahren beim Landesarbeitsgericht
TV	=	Tarifvertrag
TzBfG	=	Teilzeit- und Beschäftigungsgesetz
u.U.	=	unter Umständen
ÜTV	=	übertarifliche Zulage
VAG	=	Versicherungsaufsichtsgesetz
VerBAV	=	Veröffentlichung der Bundesanstalt für Versicherungswesen
vgl.	=	vergleiche
VerglO	=	Vergleichsordnung
VVaG	=	Versicherungsverein auf Gegenseitigkeit
WO	=	Wahlordnung
z. B.	=	zum Beispiel
ZPO	=	Zivilprozessordnung
ZVerWiss	=	Zeitschrift der Versicherungswirtschaft
ZiP	=	Zeitschrift für internationales Privatrecht

Inhaltsverzeichnis

Betriebsverfassungsrecht

Benutzerhinweise

Sie wollen innerhalb weniger Minuten die Antwort auf Ihre **betriebsverfassungsrechtlichen Fragen** finden?

Bitte beachten Sie dabei folgendes:

- Das Buch ist nach **Paragrafen des Betriebsverfassungsgesetzes (BetrVG)** geordnet.

- Gesetzestexte wurden jeweils am Anfang eingefügt.

- Den Paragrafen ist, sobald diese einen entsprechenden Umfang erreicht haben, jeweils eine Gliederung vorangestellt. Diese erleichtert das Auffinden des gesuchten Problemkreises und sollte vor allem bei umfangreichen Paragrafen/Stichworten unbedingt zunächst durchgesehen werden. Über diese Gliederung gelangt man dann zu dem gesuchten Problemkreis.

- **Schaubilder**, **Muster** und besondere **Hinweise für die Praxis** gewähren eine schnelle Hilfestellung für die bei der täglichen Betriebsratsarbeit anfallenden Fragen. Besonders wichtige Informationen sind eingekastelt.

Dazu ein Beispiel:

Ihre Frage: *Was ist ein **Interessenausgleich**?*

- Die einschlägigen Paragrafen im Betriebsverfassungsgesetz sind die §§ 111-113 BetrVG. Im Buch finden Sie unter §§ 111 – 113 eine Gliederung. Das Stichwort **Interessenausgleich** ist in Gliederungspunkt 2 aufgeführt. Sie werden auf die richtige Seite verwiesen, wo Sie einschlägige Rechtsprechung finden.

- Falls Sie die einschlägigen Paragrafen der gesuchten Thematik im Betriebsverfassungsgesetz nicht kennen, finden Sie die richtige Seite auch über das Stichwortverzeichnis, im Beispiel also zu suchen unter „**Interessenausgleich**“.

Betriebsbegriff und gemeinsamer Betrieb mehrerer Unternehmen (§ 1 BetrVG)

Gesetzestext:

§ 1 Errichtung von Betriebsräten

(1) *[1]In Betrieben mit in der Regel mindestens fünf ständigen wahlberechtigten Arbeitnehmern, von denen drei wählbar sind, werden Betriebsräte gewählt. [2]Dies gilt auch für gemeinsame Betriebe mehrerer Unternehmen.*

(2) *Ein gemeinsamer Betrieb mehrerer Unternehmen wird vermutet, wenn*

1. *zur Verfolgung arbeitstechnischer Zwecke die Betriebsmittel sowie die Arbeitnehmer von den Unternehmen gemeinsam eingesetzt werden oder*
2. *die Spaltung eines Unternehmens zur Folge hat, dass von einem Betrieb ein oder mehrere Betriebsteile einem an der Spaltung beteiligten anderen Unternehmen zugeordnet werden, ohne dass sich dabei die Organisation des betroffenen Betriebs wesentlich ändert.*

1. Betriebsbegriff[1]

Der Betrieb wird definiert als die organisatorische Einheit, innerhalb derer der Unternehmer allein oder in Gemeinschaft mit seinen Mitarbeitern mit Hilfe von sächlichen und immateriellen Mitteln bestimmte arbeitstechnische Zwecke fortgesetzt verfolgt. Aus dem Erfordernis der organisatorischen Einheit folgt, dass ein Betrieb ohne weiteres nicht zu zwei oder mehreren Unternehmen gehören kann. Wohl aber können mehrere Unternehmen einen Betrieb i.S.d. BetrVG bilden.

***BAG** 7.8.1986 – 6 ABR 57/85; **BAG** 29.1.1987 – 6 ABR 23/85*

Die Zusammenfassung von Betrieben durch einen Tarifvertrag nach § 3 Abs. 1 Nr. 1 Buchst. b BetrVG führt für sich allein trotz der Fiktion des § 3 Abs. 5 BetrVG nicht zum Verlust der betriebsverfassungsrechtlichen Identität der zusammengefassten Einheiten. Diese werden abgrenzbare Teileinheiten der neuen betriebsverfassungsrechtlichen Organisationseinheit. In dieser gelten bestehende Betriebsvereinbarungen und titulierte Verpflichtungen der Betriebsparteien – beschränkt auf die jeweilige Teileinheit – weiter.

***BAG** 18.3.2008 – 1 ABR 3/07*

Der Begriff des gemeinsamen Betriebs mehrerer Unternehmen ist ein unbestimmter Rechtsbegriff, dessen Anwendung nur einer eingeschränkten revisionsrechtlichen Überprüfung daraufhin unterliegt. (Rn. 15)

Die Personenidentität in der Unternehmensleitung kann zwar ein wesentliches Indiz für einen einheitlichen Leitungsapparat auf Betriebsebene sein, lässt aber nicht notwendig auf eine einheitliche Leitung in den wesentlichen personellen und sozialen Angelegenheiten schließen. Der Umstand, dass eine Person mehrere Unternehmen leitet, bedeutet noch nicht, dass sie diese Aufgaben für alle Unternehmen einheitlich wahrnimmt. Für eine solche Annahme bedarf es vielmehr ergänzender Anhaltspunkte. (Rn. 19)

***BAG** 20.5.2021 – 2 AZR 560/20*

Der Betriebsbegriff des Massenentlassungsrechts ist ein unionsrechtlicher Begriff. Er ist in der Unionsrechtsordnung autonom, einheitlich und losgelöst vom nationalen Begriffsverständnis auszulegen. Die Betriebsbegriffe des KSchG oder des BetrVG sind in diesem Zusammenhang nicht maßgeblich.

Das Konsultationsverfahren ist vom Arbeitgeber mit der nach nationalem Recht zuständigen Arbeitnehmervertretung durchzuführen. Die auf der Grundlage des unionsrechtlichen Betriebsbegriffs zu beantwortende Frage, ob der Arbeitgeber eine Massenentlassung beabsichtigt, ist von der nach nationalem Recht zu beantwortenden Frage, welche Arbeitnehmervertretung er dabei zu konsultieren hat, strikt zu trennen.

Die Massenentlassungsanzeige ist bei der für den Betriebssitz örtlich zuständigen Agentur für Arbeit zu erstatten. Geht die Anzeige dort vor Zugang der Kündigung nicht ein, ist die Massenentlassungsanzeige fehlerhaft und die auf sie bezogene Kündigung unwirksam. Das Gleiche gilt, sofern die Anzeige in Folge der Verkennung des Betriebsbegriffs objektiv unrichtige „Muss-Angaben" enthält.

Die Schwerbehindertenvertretung ist kein Gremium, dessen Konsultation neben dem „Betriebsrat" erfolgen muss (Rn. 64 ff.).

Bestehen in einem Betrieb im Sinne der MERL mehrere Arbeitnehmervertretungen für verschiedene Beschäftigtengruppen, kann der Arbeitgeber im Rahmen einer Massenentlassung getrennte Konsultationsverfahren durchführen. Diese Verfahren müssen zeitlich nicht parallel eingeleitet, durchgeführt und abgeschlossen werden. Allerdings hat der Arbeitgeber zur ordnungsgemäßen Unterrichtung der Arbeitnehmervertretung erforderliche Informationen zum Beratungsstand des jeweils anderen Konsultationsverfahrens mitzuteilen bzw. erteilte Auskünfte insoweit zu vervollständigen. Das gilt jedenfalls, wenn er eines der Konsultationsverfahren abschließt oder aufgrund der Erörterungen in einem der Verfahren seine Planungen ändert (Rn. 69).

***BAG** 13.2.2020 – 6 AZR 146/19*

> ***Hinweis für die Praxis***
>
> *Mit der vorstehenden Entscheidung wird die Definition des Betriebs nicht leichter. Das BAG hat mit dieser Entscheidung festgestellt, dass es zwei Betriebsbegriffe gibt, nämlich den nationalen Betriebsbegriff des BetrVG und den unionsrechtlichen Betriebsbegriff, der bei allen Fragen um eine ordnungsgemäß erstattete Massenentlassungsanzeige anzuwenden ist.*
>
> *Ziel der MERL ist der Schutz der Arbeitnehmer im Fall von Massenentlassungen. Nach der Rechtsprechung des EuGH ist der in der MERL selbst nicht definierte Begriff „Betrieb" ein unionsrechtlicher Begriff. Sein Inhalt kann nicht anhand der Rechtsvorschriften der Mitgliedstaaten bestimmt werden. Für die Definition des Betriebs im Bereich des Massenentlassungsschutzes muss auf diesen unionsrechtlichen Begriff abgestellt werden. Dagegen kommt es für die Durchführung des Konsultationsverfahrens auf den herkömmlichen nationalen Betriebsbegriff an. Der unionsrechtliche Betriebsbegriff des Betriebs im Sinne der MERL ist weit auszulegen. Er stellt gerade keine hohen organisatorischen Anforderungen an die erforderliche Leitungsstruktur. Nach seinem Verständnis wird das Arbeitsverhältnis im Wesentlichen durch die Verbindung zwischen dem Arbeitnehmer und dem Unternehmensteil gekennzeichnet, dem er zur Erfüllung seiner Aufgabe angehört. Der Begriff „Betrieb" ist dahin auszulegen, dass er nach Maßgabe der Umstände die Einheit bezeichnet, der die von der Entlassung betroffenen Arbeitnehmer zur Erfüllung ihrer Aufgabe angehört.*

[1] vgl. auch §§ 7 – 20 BetrVG Betriebsbegriff (§ 18 Abs. 2 BetrVG), S. 48

2. Betriebsratsfähige Betriebe

Für die Feststellung der **Zahl der in der Regel Beschäftigten** ist auf die Beschäftigungslage abzustellen, die im allgemeinen für den Betrieb kennzeichnend ist, während die zufällige tatsächliche Beschäftigtenzahl unbeachtlich ist.

Bei der Feststellung der **regelmäßigen Beschäftigtenzahl** bedarf es zur Ermittlung der für den Betrieb im allgemein kennzeichnenden regelmäßigen Beschäftigtenzahl eines Rückblicks auf die bisherige personelle Situation und einer Einschätzung der zukünftigen Entwicklung.

***BAG** 31.1.1991 – 2 AZR 356/90*

Verfügt der Unternehmer zweier bisher selbständiger Betriebe den **Umzug des einen Betriebs in die Räumlichkeiten des anderen Betriebs**, so kann dadurch ein einheitlicher Betrieb i.S.d. BetrVG gebildet worden sein. Dabei ist von dem in Rechtsprechung und Schrifttum entwickelten Betriebsbegriff auszugehen. Danach liegt ein Betrieb i.S.d. BetrVG vor, wenn die in einer Betriebsstätte vorhandenen materiellen und immateriellen Betriebsmittel für den oder für die verfolgten arbeitstechnischen Zwecke zusammengefasst, geordnet und gezielt eingesetzt werden und der Einsatz der menschlichen Arbeitskraft von einem einheitlichen Leitungsapparat gesteuert wird.

***BAG** 25.9.1986 – 6 ABR 68/84*

3. Gemeinsamer Betrieb mehrerer Unternehmen (Gemeinschaftsbetrieb)

Hinweis für die Praxis:

*Für die Frage, ob mehrere rechtlich selbstständige Unternehmen einen gemeinsamen Betrieb haben, kommt es im Wesentlichen auf die Steuerung des Betriebs durch einen einheitlichen Leitungsapparat an. Die einheitliche Leitung muss sich vor allem auf die Entscheidungen des Arbeitgebers im Bereich der **personellen** und **sozialen Angelegenheiten** beziehen.*

Ein Gemeinschaftsbetrieb mehrerer Unternehmen liegt vor, wenn

- in einer von mehreren Unternehmen unterhaltenen Betriebsstätte die vorhandenen materiellen und immateriellen Betriebsmittel für einen einheitlichen arbeitstechnischen Zweck zusammengefasst, geordnet und gezielt eingesetzt werden und der Einsatz der menschlichen Arbeitskraft in einem einheitlichen Leitungsapparat gesteuert wird und
- sich die beteiligten Unternehmen zumindest stillschweigend zu einer gemeinsamen Führung rechtlich verbunden haben. Eine lediglich unternehmerische Zusammenarbeit genügt nicht. (Bestätigung der bisherigen Rechtsprechung zu den Voraussetzungen eines Gemeinschaftsbetriebs)

***BAG** 21.2.2001 – 7 ABR 9/00 = NZA 2002, 56*

Nach § 1 Abs. 1 Satz 2 BetrVG können mehrere Unternehmen einen gemeinsamen Betrieb bilden. Diese Regelung „überwindet" die Unternehmensgrenzen, hebt die Strukturen der gesetzlichen Betriebsverfassung im Übrigen aber nicht auf. Sie lässt nicht das Erfordernis entfallen, dass es sich überhaupt um einen Betrieb i.S.d. Betriebsverfassungsgesetzes handelt. Führen mehrere Unternehmen gemeinsam verschiedene Betriebe, werden die Betriebe durch die gemeinsame Führung nicht zu einem einheitlichen Betrieb. Die Unternehmen führen dann vielmehr mehrere gemeinsame Betriebe.

Die Antragsbefugnis aus § 18 Abs. 2 BetrVG ist nicht analog auf die Schwerbehindertenvertretung anzuwenden. Nach dem in Wortlaut und Gesetzeszusammenhang ausgedrückten Zweck der §§ 94 und 95 SGB IX besteht keine ausfüllungsbedürftige Regelungslücke. Der Schwerbehindertenvertretung kommt anders als dem Betriebsrat kein allgemeines Mandat zu, über den Zuschnitt des Betriebs zu wachen.

***BAG** 18.1.2012 – 7 ABR 72/10*

Die gesetzlichen Vermutungsregelungen in § 1 Abs. 2 BetrVG ersetzen lediglich den konkreten Nachweis des Vorliegens einer Führungsvereinbarung der beteiligten Unternehmen (BAG 22.6.2005 – 7 ABR 57/04). Sie entheben nicht von der Notwendigkeit einer Feststellung der Ausgangstatsachen, bei deren Vorliegen die Vermutungen erst berechtigt sind.

***BAG** 12.12.2006 – 1 ABR 38/05 = DB 2007, 1361*

Von einem gemeinsamen Betrieb mehrerer Unternehmen ist grundsätzlich auszugehen, wenn die in einer Betriebsstätte vorhandenen materiellen und immateriellen Betriebsmittel für einen einheitlichen arbeitstechnischen Zweck zusammengefasst, geordnet und gezielt eingesetzt werden, der Einsatz der menschlichen Arbeitskraft von einem einheitlichen Leitungsapparat gesteuert wird und sich die beteiligten Unternehmen zumindest stillschweigend zu einer gemeinsamen Führung rechtlich verbunden haben.

Gründen mehrere (juristische) Personen zu einem bestimmten Zweck eine GmbH und weisen dieser zur Erfüllung ihrer Aufgaben Arbeitnehmer zur Dienstleistung zu, ohne ihr gegenüber den Arbeitnehmern über das fachliche Weisungsrecht hinausgehende Kompetenzen in personellen und sozialen Angelegenheiten einzuräumen, liegt zwar ein Gemeinschaftsunternehmen, aber kein gemeinsamer Betrieb mehrerer Unternehmen vor.

Hat ein öffentlicher Arbeitgeber einen Arbeitnehmer einer in der Rechtsform einer GmbH gebildeten Arbeitsgemeinschaft zur Dienstleistung zugewiesen, hat er vor der Kündigung des Arbeitsverhältnisses grundsätzlich nur den bei ihm errichteten Personalrat zu beteiligen und nicht (auch) den bei der GmbH gebildeten Betriebsrat gemäß § 102 Abs. 1 Satz 1 BetrVG anzuhören.

***BAG** 9.6.2011 – 6 AZR 132/10*

Ein Gemeinschaftsbetrieb setzt den Einsatz der Arbeitnehmer und Betriebsmittel mehrerer Unternehmen durch eine einheitliche Leitung auf der Grundlage einer wenigstens stillschweigend getroffenen Vereinbarung voraus. Diese Voraussetzungen sind nicht erfüllt, wenn die Steuerung des Personaleinsatzes und die Nutzung der Betriebsmittel nur durch ein Unternehmen erfolgt.

Durch die Vermutungstatbestände des § 1 Abs. 2 BetrVG wird nicht das Bestehen eines Gemeinschaftsbetriebs, sondern nur die Existenz eines einheitlichen Leitungsapparats vermutet.

***BAG** 22.6.2005 – 7 ABR 57/04*

Die einheitliche Leitung braucht nicht in einer ausdrücklichen vertraglichen Vereinbarung der beteiligten Unternehmen geregelt zu sein. Vielmehr genügt es, dass sich ihre Existenz aus den tatsächlichen Umständen herleiten lässt. Ergeben die Umstände des Einzelfalls, dass der Kern der Arbeitgeberfunktionen im sozialen und personellen Bereich von derselben institutionellen Leitung ausgeübt wird, so führt dies regelmäßig zu dem Schluss, dass eine konkludente Führungsvereinbarung vorliegt.

***BAG** 3.12.1997 – 7 AZR 764/96*

Voraussetzung für einen gemeinsamen Betrieb mehrerer Unternehmen i.S.v. § 1 Abs. 1 Satz 2 BetrVG ist der Einsatz von Arbeitnehmern und Betriebsmitteln mehrerer Unternehmen durch eine einheitliche Leitung auf der Grundlage einer wenigstens stillschweigend getroffenen Vereinbarung. Die mit einem Konzernverhältnis verbundene Beherrschung eines Unternehmens durch ein anderes genügt hierfür nicht. Das gilt auch, wenn das herrschende dem beherrschten Unternehmen Weisungen erteilt.

***BAG** 11.12.2007 – 1 AZR 824/06*

Ein Gemeinschaftsbetrieb i.S.d. § 1 Abs. 1 Satz 2 BetrVG setzt den arbeitgeberübergreifenden Einsatz der Arbeitnehmer der beteiligten Unternehmen zur Erfüllung eines oder mehrerer gemeinsamer arbeitstechnischer Betriebszwecke voraus. Bei einer auf einer Personalgestellung beschränkten unternehmerischen Zusammenarbeit zweier Unternehmen entsteht kein Gemeinschaftsbetrieb, wenn das personalstellende Unternehmen nicht an der Erreichung des arbeitstechnischen Betriebszwecks des anderen Unternehmens mitwirkt.

Die Zusammenarbeit der an einem Gemeinschaftsbetrieb beteiligten Arbeitgeber vollzieht sich bei Fehlen von anderweitigen Anhaltspunkten regelmäßig in Form einer BGB-Gesellschaft. Die für die Annahme eines Gemeinschaftsbetriebs erforderliche Absprache über die gemeinsame Führung eines einheitlichen Betriebs kann aber auch bei anderen Rechtsformen der Zusammenarbeit erfüllt sein.

***BAG** 16.4.2008 – 7 ABR 4/07*

Ein Betrieb kann von mehreren Arbeitgebern als gemeinsamer Betrieb geführt werden (§ 1 Abs. 1 Satz 2 BetrVG). Hierzu müssen die in einer Betriebsstätte vorhandenen materiellen und immateriellen Betriebsmittel für einen einheitlichen arbeitstechnischen Zweck zusammengefasst, geordnet und gezielt eingesetzt werden und der Einsatz der menschlichen Arbeitskraft von einem einheitlichen Leitungsapparat gesteuert werden.

Die einheitliche Leitung muss sich auf die wesentlichen Funktionen eines Arbeitgebers in sozialen und personellen Angelegenheiten erstrecken. Absprachen zwischen Unternehmen oder Einflussnahmen auf gesellschaftsrechtlicher Ebene begründen für sich allein genommen keinen einheitlichen betrieblichen Leitungsapparat, selbst wenn die unternehmerische Zusammenarbeit zwischen den Arbeitgebern zu einer Minderung von mitbestimmungsrechtlich bedeutsamen Gestaltungs- und Entscheidungsspielräumen führt.

Die Prüfung der Tatbestandsmerkmale des § 1 Abs. 2 Nr. 1 BetrVG ist entbehrlich, wenn feststeht, dass die organisatorischen Voraussetzungen für einen Gemeinschaftsbetrieb nicht vorliegen, weil es z. B. an einer gemeinsamen Betriebsstätte fehlt, in der die Arbeitnehmer sowie die Betriebsmittel von den beteiligten Arbeitgebern zur Erreichung des einheitlichen arbeitstechnischen Zwecks eingesetzt werden. Eines Eingehens auf § 1 Abs. 2 Nr. 1 BetrVG bedarf es auch dann nicht mehr, wenn feststeht, dass entweder die in einer Betriebsstätte zusammengefassten Arbeitnehmer oder die Betriebsmittel nicht arbeitgeberübergreifend eingesetzt werden.

Der Senat lässt offen, ob ein Gemeinschaftsbetrieb i.S.d. § 1 Abs. 1 Satz 2 BetrVG auch dann vorliegen kann, wenn die von den Tatsacheninstanzen getroffenen Feststellungen zu den Tatbestandsmerkmalen des § 1 Abs. 2 Nr. 1 BetrVG nicht zu einem eindeutigen Ergebnis führen.

***BAG** 13.8.2008 – 7 ABR 21/07*

Bilden ein Universitätsinstitut und ein privates Forschungsinstitut einen „gemeinsamen Betrieb" im Sinne der Rechtsprechung des Bundesarbeitsgerichts (BAGE 82, 112), so werden auch die Arbeitnehmer des Universitätsinstituts von dem Betriebsrat vertreten; eine Zuständigkeit des Personalrats der Universität ist nicht gegeben.

Gegen die Anwendung der Rechtsfigur des gemeinsamen Betriebs bestehen auch dann keine Bedenken, wenn daran neben einer Personenvereinigung des Privatrechts eine Körperschaft des öffentlichen Rechts beteiligt ist.

***BVerwG** 13.6.2001 – 6 P 8.00 = BB 2002, 207*

> Wer gegenüber dem Betriebsrat und seinen Mitgliedern so auftritt, als betreibe er zusammen mit anderen Unternehmen einen Gemeinschaftsbetrieb, muss sich im Hinblick auf den Sonderkündigungsschutz der Betriebsratsmitglieder (§ 15 KSchG) so behandeln lassen, als bestehe ein Gemeinschaftsbetrieb.
>
> ***BAG** 18.10.2000 – 2 AZR 494/99; **BAG** 12.12.2006 – 1 ABR 38/05*

Adressat des dem Betriebsrat bei der **Eingruppierung** gemäß § 99 Abs. 1 Satz 1 BetrVG zustehenden Mitbestimmungsrechts ist im Gemeinschaftsbetrieb ausschließlich der Vertragsarbeitgeber.

***BAG** 23.9.2003 – 1 ABR 35/02*

> Wird in einem Verfahren nach § 18 Abs. 2 BetrVG festgestellt, dass mehrere Unternehmen einen Gemeinschaftsbetrieb führen, bindet dies die am Verfahren Beteiligten, solange sich die für die Entscheidung maßgeblichen tatsächlichen Umstände nicht ändern.
>
> ***BAG** 19.11.2003 – 7 ABR 25/03*

Auf **Versetzungen** in einem Gemeinschaftsbetrieb mehrerer Unternehmen mit jeweils weniger als einundzwanzig wahlberechtigten Arbeitnehmern, in welchem insgesamt mehr als zwanzig Arbeitnehmer beschäftigt sind, ist § 99 BetrVG analog anzuwenden.

***BAG** 29.9.2004 – 1 AZR 473/03 = NZA 2005, 420*

Endet aufgrund einer Neuwahl das Amt eines Betriebsrats, wird der neu gewählte Betriebsrat Funktionsnachfolger seines Vorgängers und tritt in dessen Beteiligtenstellung in einem arbeitsgerichtlichen Beschlussverfahren ein. Dies gilt auch, wenn während eines laufenden Beschlussverfahrens anstelle des bisher nur für den Betrieb eines Unternehmens gewählten Betriebsrats oder der mehreren in den Betrieben des Unternehmens gewählten Betriebsräte aufgrund der rechtlichen Beurteilung des Wahlvorstands ein Betriebsrat für einen – tatsächlichen oder vermeintlichen – gemeinsamen Betrieb mehrerer Unternehmen gewählt wird.

Die Begriffe des Betriebs und des gemeinsamen Betriebs mehrerer Unternehmen nach dem BetrVG sind unbestimmte Rechtsbegriffe. Bei der Beurteilung, ob Unternehmen einen gemeinsamen Betrieb führen, steht dem Gericht der Tatsacheninstanz ein Beurteilungsspielraum zu. Die Würdigung des Landesarbeitsgerichts ist in der Rechtsbeschwerdeinstanz nur darauf überprüfbar, ob es den Rechtsbegriff selbst verkannt, gegen Denkgesetze, anerkannte Auslegungsgrundsätze oder allgemeine Erfahrungssätze verstoßen oder wesentliche Umstände außer Acht gelassen hat.

Die unionsrechtlichen und nationalen Bestimmungen über die Zulassung von Dienstleistern im Bereich der Bodenabfertigungsdienste auf Flugplätzen gebieten nicht die Annahme, ein für Bodenabfertigungsdienste zugelassenes Unternehmen, welches sich für die Auftragsabwicklung eines nicht zugelassenen Subunternehmens bedient, führe mit diesem einen gemeinsamen Betrieb i.S.d. BetrVG.

***BAG** 13.2.2013 – 7 ABR 36/11*

Wird ein von zwei Unternehmen geführter **Gemeinschaftsbetrieb aufgelöst**, weil eines der beiden Unternehmen seine betriebliche Tätigkeit einstellt, führt dies grundsätzlich nicht zur Beendigung der Amtszeit des für den Gemeinschaftsbetrieb gewählten Betriebsrats. Dieser nimmt für die verbleibenden Arbeitnehmer des anderen Unternehmens weiterhin die ihm nach dem Betriebsverfassungsgesetz zustehenden Rechte und Pflichten wahr. Das gilt auch, wenn nur noch eines von sieben Betriebsratsmitgliedern im Amt ist.

***BAG** 19.11.2003 – 7 AZR 11/03 = DB 2004, 822 = NZA 2004, 436*

Nach der Rechtsprechung des BAG zu § 1 BetrVG in der bis zum 27.7.2001 geltenden Fassung besteht ein gemeinsamer Betrieb mehrerer Unternehmen, wenn die in einer Betriebsstätte vorhandenen materiellen und immateriellen Betriebsmittel für einen einheitlichen arbeitstechnischen Zweck zusammengefasst, geordnet und gezielt eingesetzt werden und der Einsatz der menschlichen Arbeitskraft von einem einheitlichen Leitungsapparat gesteuert wird. Das setzt voraus, dass sich die Unternehmen zumindest stillschweigend zu einer gemeinsamen Führung rechtlich verbunden haben, die sich auf die wesentlichen Arbeitgeberfunktionen in personellen und sozialen Angelegenheiten erstreckt.

Diese Grundsätze gelten auch nach In-Kraft-Treten des Gesetzes zur Reform der Betriebsverfassung am 28.7.2001. Nach § 1 Abs. 2 BetrVG n. F. wird zwar nunmehr bei Vorliegen der dort genannten Voraussetzungen – widerlegbar – vermutet, dass ein einheitlicher Leitungsapparat vorhanden ist. Greifen die Vermutungstatbestände nicht ein, besteht dennoch ein gemeinsamer Betrieb, wenn die von der bisherigen Rechtsprechung entwickelten Voraussetzungen vorliegen.

***BAG** 11.2.2004 – 7 ABR 27/03 = DB 2004, 1213 = NZA 2004, 618*

Eine betriebliche Vergütungsordnung betrifft die Leistungsbeziehung von Arbeitnehmer und Arbeitgeber aus dem Arbeitsverhältnis. Im Gemeinschaftsbetrieb können deshalb für die an ihm beteiligten Arbeitgeber jeweils im Verhältnis zu ihren Arbeitnehmern unterschiedliche Vergütungsordnungen zur Anwendung bringen. Ebenso ist es möglich, dass für die Arbeitnehmer eines der beteiligten Arbeitgeber kein kollektives Vergütungsschema gilt.

An einem Beschlussverfahren über die Eingruppierung eines Arbeitnehmers ist auf Arbeitgeberseite auch im Gemeinschaftsbetrieb nur der Vertragsarbeitgeber beteiligt.

***BAG** 12.12.2006 – 1 ABR 38/05*

Im Gemeinschaftsbetrieb obliegt die Ausübung der betrieblichen Leitungsmacht allen an ihm beteiligten Unternehmen gemeinsam. An einem Beschlussverfahren über Mitbestimmungsrechte des Betriebsrats bei der Ausübung der betrieblichen Leitungsmacht sind alle zur gemeinsamen Betriebsführung verbundenen Unternehmen nach § 83 Abs. 3 ArbGG beteiligt.

Ein einzelnes an der Führung des Gemeinschaftsbetriebs beteiligtes Unternehmen ist nicht passivlegitimiert für Ansprüche des Betriebsrats, die die Vornahme oder die Unterlassung von Maßnahmen betreffen, welche der gemeinsamen betrieblichen Leitungsmacht unterfallen. Ein entsprechender Antrag des Betriebsrats im Beschlussverfahren muss sich gegen sämtliche an der Betriebsführung beteiligten Unternehmen richten.

***BAG** 15.5.2007 – 1 ABR 32/06*

Will ein nach § 19 Abs. 2 BetrVG Anfechtungsberechtigter die Anfechtung einer Betriebsratswahl darauf stützen, dass unter Verkennung des Betriebsbegriffs in einem einheitlichen Betrieb mehrere Betriebsräte für jeweils einzelne Betriebsteile gewählt worden seien, so muss er die Wahl aller Betriebsräte anfechten. Die Anfechtung der Wahl nur einer dieser Betriebsräte ist unzulässig.

***BAG** 7.12.1988 – 7 ABR 10/88*

4. Sozialauswahl im Gemeinschaftsbetrieb

Hinweis für die Praxis:

Die Frage, inwieweit eine Sozialauswahl noch stattzufinden hat, wenn in einem Gemeinschaftsbetrieb einer der beiden Betriebe aufgelöst wird, ist nicht leicht zu beantworten. Das BAG stellt in seiner Entscheidung vom 24. Februar 2005 jedoch sehr deutlich klar, dass mit der Stilllegung eines der Betriebe grundsätzlich auch die gemeinsame Leitungsstruktur beseitigt wird und dem gemäß ab dem Stilllegungszeitpunkt nur noch ein Betrieb fortbesteht, in dessen Führung durch den Unternehmer, dessen Betrieb stillgelegt worden ist, nicht mehr eingegriffen werden kann. Der Inhaber des stillzulegenden Betriebs ist damit nicht mehr in der Lage, eine Weiterbeschäftigung seiner Arbeitnehmer, denen wegen der Stilllegung betriebsbedingt zu kündigen ist, in dem fortgeführten Betrieb des anderen Unternehmers rechtlich durchzusetzen. Damit kann auch eine Sozialauswahl zwischen allen Mitarbeitern des ursprünglichen Gemeinschaftsbetriebs nicht mehr stattfinden, da es für eine Sozialauswahl zwischen den Arbeitnehmern des ursprünglichen Gemeinschaftsbetriebs an der Vergleichbarkeit fehlt. Bleibt jedoch durch besondere Umstände die einheitliche Leitung auch nach der Stilllegung erhalten, ist auch eine Sozialauswahl unter Einbeziehung aller Mitarbeiter der den Gemeinschaftsbetrieb bildenden Betriebe, die dann nach wie vor untereinander vergleichbar bleiben, zu treffen.

Bilden mehrere Unternehmen einen gemeinschaftlichen Betrieb, so ist die Sozialauswahl bis zu einer etwaigen Auflösung des Gemeinschaftsbetriebes auf den gesamten Betrieb zu erstrecken.

Ist im Zeitpunkt der Kündigung einer der Betriebe, die einen Gemeinschaftsbetrieb gebildet haben, stillgelegt, so sind damit i.d.R. die Arbeitgeberfunktionen im Bereich der sozialen und personellen Angelegenheiten sowie die unternehmerischen Funktionen im Bereich der wirtschaftlichen Angelegenheiten dem vormals einheitlichen Leitungsapparat der beteiligten Unternehmen entzogen, der Gemeinschaftsbetrieb aufgelöst. In diesem Fall ist die „gemeinsame Klammer", die eine unternehmensübergreifende Sozialauswahl veranlasst hat, entfallen.
Gleiches gilt grundsätzlich, wenn im Zeitpunkt der Kündigung der eine der Betriebe, die zusammen einen Gemeinschaftsbetrieb gebildet haben, zwar noch nicht stillgelegt ist, auf Grund einer unternehmerischen Entscheidung, die bereits greifbare Formen angenommen hat, aber feststeht, dass er bei Ablauf der Kündigungsfrist des Arbeitnehmers stillgelegt sein wird.
Ist jedoch die einheitliche personelle Leitung und damit die „gemeinsame Klammer", durch die die unternehmensübergreifende Sozialauswahl ermöglicht wird, zunächst erhalten geblieben und war der Arbeitgeber rechtlich in der Lage, ohne Ausspruch einer Änderungskündigung zwischen mehreren Arbeitnehmern eines stillzulegenden Teils denjenigen auszuwählen, der im weitergeführten Teil beschäftigt werden soll, so muss eine Sozialauswahl stattfinden.

***BAG** 24.2.2005 – 2 AZR 214/04*

Wird der Betrieb eines an einem Gemeinschaftsbetrieb beteiligten Unternehmens stillgelegt, so erstreckt sich die Sozialauswahl bei einer deswegen ausgesprochenen Kündigung aus dringenden betrieblichen Erfordernissen nicht (mehr) auf den gesamten Gemeinschaftsbetrieb.

***BAG** 14.8.2007 – 8 AZR 1043/06*

Die Stilllegung des verbliebenen Einzelbetriebes nach Auflösung eines Gemeinschaftsbetriebes stellt jedenfalls im Zusammenhang mit einer Beendigung der früher gemeinsamen Leitungsstruktur (Führungsvereinbarung) ein dringendes betriebliches Erfordernis für eine ordentliche Kündigung dar (§ 1 Abs. 2 KSchG).
Damit entfällt auch die Notwendigkeit einer auf den früheren Gemeinschaftsbetrieb bezogenen **Sozialauswahl** gemäß § 1 Abs. 3 KSchG.
Gleiches gilt, wenn im Zeitpunkt der Kündigung der eine der beiden Betriebe zwar noch nicht stillgelegt ist, auf Grund einer unternehmerischen Entscheidung, die bereits greifbare Formen angenommen hat, aber feststeht, dass er bei Ablauf der Kündigungsfrist des Arbeitnehmers stillgelegt sein wird.

***BAG** 18.9.2003 – 2 AZR 607/02*

Die **Auflösung eines Gemeinschaftsbetriebes** durch Kündigung kann auch konkludent erfolgen, z. B. dadurch, dass eines von zwei an einem Gemeinschaftsbetrieb beteiligten Unternehmen seine Liquidation beschließt, allen seinen Arbeitnehmern kündigt und die Liquidation tatsächlich einleitet.

In der Liquidation und der Auflösung der Betriebsgemeinschaft ist ein betriebsbedingter Grund für die Kündigung der Arbeitsverhältnisse des sich in Liquidation befindlichen Betriebes zum geschätzten Zeitpunkt der Einstellung des Betriebes zu sehen, auch wenn die Arbeitnehmer bis zum Ablauf der Kündigungsfrist andere Tätigkeiten für den Gemeinschaftsbetrieb als die, die durch die Liquidation eines Unternehmens des aus zwei Unternehmen bestehenden Gemeinschaftsbetriebes entfallen, verrichten.

Die Schaffung eines Gemeinschaftsbetriebes führt nicht dazu, dass im Falle seiner Auflösung durch Liquidation eines Betriebes dem verbleibenden Betrieb, der nicht Arbeitgeber ist, neue Arbeitnehmer aufgezwungen werden können, auch nicht, wenn die – gekündigten – Arbeitnehmer des liquidierten Betriebes überwiegend Tätigkeiten verrichten, die in dem verbleibenden Betrieb des ehemaligen Gemeinschaftsbetriebes auch weiterhin anfallen.

***LAG** Bremen 17.10.2002 – 3 Sa 147/02 = NZA-RR 2003, 189*

5. Anwendbarkeit des BetrVG auf im Ausland tätige Arbeitnehmer[2]

Der räumliche Geltungsbereich des Betriebsverfassungsgesetzes richtet sich nach dem Territorialitätsprinzip. Das Gesetz gilt für alle in der Bundesrepublik Deutschland ansässigen Betriebe unabhängig vom Vertragsstatut der dort beschäftigten Arbeitnehmer. Ob es auch im Ausland tätige Arbeitnehmer deutscher Betriebe erfasst, ist eine Frage seines persönlichen Geltungsbereichs. Erfasst werden nur solche Mitarbeiter, bei deren Tätigkeit es sich um eine „Ausstrahlung" des Inlandsbetriebs handelt. Erforderlich ist eine Beziehung zum Inlandsbetrieb, die es rechtfertigt, die Auslandstätigkeit der im Inland entfalteten Betriebstätigkeit zuzurechnen. Dies ist bei einer ständigen Beschäftigung im Ausland regelmäßig nicht der Fall.

Eine Zuordnung zu einer (inländischen) Arbeitsorganisation liegt vor, wenn der Arbeitnehmer in diese eingegliedert ist. Hierfür ist kennzeichnend, dass er hinsichtlich Zeit, Dauer, Ort und Inhalt der übernommenen Dienste einem umfassenden Weisungsrecht von Personen unterliegt, die in der im Inland gelegenen Betriebsstätte tätig sind. Dies gilt auch im Falle einer Auslandstätigkeit. Der inländische Arbeitgeber muss gegenüber dem im Ausland tätigen Arbeitnehmer eine betriebsverfassungsrechtlich relevante (und sei es eine partielle) Arbeitgeberstellung tatsächlich eingenommen haben.

Besonderheiten ergeben sich bei einer Auslandstätigkeit, wenn ein zu einem inländischen Arbeitgeber in arbeitsvertraglicher Beziehung stehender Arbeitnehmer in den Betrieb eines anderen Unternehmens eingegliedert und die Arbeitgeberstellung auf diese Weise „gespalten" ist. Nach § 14 Abs. 1 AÜG bleiben Leiharbeitnehmer auch während der Zeit ihrer Arbeitsleistung bei einem Entleiher Angehörige des entsendenden Betriebs des Verleihers. Handelt es sich um eine andere Form des drittbezogenen Personaleinsatzes, kommt ggf. eine entsprechende Anwendung von § 14 Abs. 1 AÜG in Betracht. Dies gilt auch bei einem drittbezogenen Personaleinsatz im Ausland. Bei einer Kündigung ist ein ggf. beim inländischen „Vertragsarbeitgeber" gebildeter Betriebsrat nach § 102 Abs. 1 BetrVG anzuhören.

***BAG** 24.5.2018 – 2 AZR 54/18*

[2] vgl. auch § 102, 1.1. Geltungsbereich des § 102 BetrVG), S. 322

Nach ständiger Rechtsprechung richtet sich der **räumliche Anwendungsbereich des BetrVG** nach dem so genannten **Territorialitätsprinzip**. Anknüpfungspunkt ist der **Sitz des Betriebs**. Das BetrVG findet auf alle in der Bundesrepublik Deutschland gelegenen Betriebe Anwendung. Nach welcher Rechtsordnung sich die Vertragsverhältnisse der dort tätigen Arbeitnehmer richten, ist für die Geltung des BetrVG ohne Bedeutung. Dieses erfasst somit grundsätzlich auch ausländische Arbeitnehmer, die in einem im Geltungsbereich des BetrVG gelegenen Betrieb tätig sind. Umgekehrt gilt es für **Auslandsbetriebe** auch dann nicht, wenn Arbeitgeber und/oder Arbeitnehmer deutsche Staatsangehörige sind und auf die Vertragsverhältnisse deutsches Recht Anwendung findet.

BAG *7.12.1989 – 2 AZR 228/89*

Ist ein Arbeitnehmer langjährig im Ausland bei einer Tochterfirma seines Arbeitgebers tätig, so muss er darlegen, dass er noch als Betriebsangehöriger i.S.d. § 102 Abs. 1 BetrVG anzusehen ist. Wenn der Arbeitnehmer dieser Pflicht nachgekommen ist und die Umstände dafür dargelegt hat, dass eine Betriebsratsanhörungspflicht für den Arbeitgeber besteht, muss der Arbeitgeber darlegen, dass er dieser Anhörungspflicht ordnungsgemäß nachgekommen ist.

LAG *Rheinland-Pfalz 10.12.1996 – 6 Sa 927/96 = BB 1997, 2002*
(Az. BAG: 2 AZR 190/97)

Vertrauensvolle Zusammenarbeit und Zusammenwirken mit Gewerkschaften und Arbeitgeberverbänden (§ 2 BetrVG)[3]

Gesetzestext:

§ 2 Stellung der Gewerkschaften und Vereinigungen der Arbeitgeber

(1) *Arbeitgeber und Betriebsrat arbeiten unter Beachtung der geltenden Tarifverträge vertrauensvoll und im Zusammenwirken mit den im Betrieb vertretenen Gewerkschaften und Arbeitgebervereinigungen zum Wohl der Arbeitnehmer und des Betriebs zusammen.*

(2) *Zur Wahrnehmung der in diesem Gesetz genannten Aufgaben und Befugnisse der im Betrieb vertretenen Gewerkschaften ist deren Beauftragten nach Unterrichtung des Arbeitgebers oder seines Vertreters Zugang zum Betrieb zu gewähren, soweit dem nicht unumgängliche Notwendigkeiten des Betriebsablaufs, zwingende Sicherheitsvorschriften oder der Schutz von Betriebsgeheimnissen entgegenstehen.*

(3) *Die Aufgaben der Gewerkschaften und der Vereinigungen der Arbeitgeber, insbesondere die Wahrnehmung der Interessen ihrer Mitglieder, werden durch dieses Gesetz nicht berührt.*

§ 74 Grundsätze für die Zusammenarbeit

(1) *[1]Arbeitgeber und Betriebsrat sollen mindestens einmal im Monat zu einer Besprechung zusammentreten. [2]Sie haben über strittige Fragen mit dem ernsten Willen zur Einigung zu verhandeln und Vorschläge für die Beilegung von Meinungsverschiedenheiten zu machen.*

(2) *[1]Maßnahmen des Arbeitskampfes zwischen Arbeitgeber und Betriebsrat sind unzulässig; Arbeitskämpfe tariffähiger Parteien werden hierdurch nicht berührt. [2]Arbeitgeber und Betriebsrat haben Betätigungen zu unterlassen, durch die der Arbeitsablauf oder der Frieden des Betriebs beeinträchtigt werden. [3]Sie haben jede parteipolitische Betätigung im Betrieb zu unterlassen; die Behandlung von Angelegenheiten tarifpolitischer, sozialpolitischer, umweltpolitischer und wirtschaftlicher Art, die den Betrieb oder seine Arbeitnehmer unmittelbar betreffen, wird hierdurch nicht berührt.*

(3) *Arbeitnehmer, die im Rahmen dieses Gesetzes Aufgaben übernehmen, werden hierdurch in der Betätigung für ihre Gewerkschaft auch im Betrieb nicht beschränkt.*

Aus § 2 Abs. 1 BetrVG (Grundsatz der vertrauensvollen Zusammenarbeit) können weder vom Arbeitgeber noch vom Betriebsrat eigenständige Ansprüche hergeleitet werden.

***LAG** Berlin 20.10.1995 – 4 TaBV 2/95*

> Die in den Vorschriften der §§ 2 Abs. 1 und 74 Abs. 2 BetrVG enthaltenen Gebote und Verbote richten sich auch an die einzelnen Mitglieder des Betriebsrats.
>
> ***BAG** 21.2.1978 – 1 ABR 54/76*

Der Arbeitgeber ist an jedem seinen Betrieb betreffenden arbeitsgerichtlichen Beschlussverfahren zu beteiligen. Das gilt auch bei ausschließlich betriebsratsinternen Streitigkeiten.

***BAG** 16.3.2005 – 7 ABR 43/04*

Der Arbeitgeber ist berechtigt, auf von ihm einberufenen Mitarbeiterversammlungen über betriebliche Belange zu informieren, auch wenn Fragen berührt werden, für die der Betriebsrat zuständig ist. Solche Mitarbeiterversammlungen dürfen jedoch nicht zu „Gegenveranstaltungen" gegenüber Betriebsversammlungen missbraucht werden.

***BAG** 27.6.1989 – 1 ABR 28/88*

Der Betriebsrat ist nicht berechtigt, seine Zustimmung zur Einführung von Kurzarbeit von der Aufnahme folgender Bestimmung in die Betriebsvereinbarung abhängig zu machen: „Falls das Arbeitsamt bei den beantragten Kurzarbeitsphasen kein Kurzarbeitergeld zahlen sollte, ist der Unternehmer verpflichtet, die entsprechenden Löhne bzw. Gehälter in voller Höhe zu zahlen."

Aus dem Gebot der vertrauensvollen Zusammenarbeit folgt vielmehr die Pflicht des Betriebsrats, bei der Ausübung des Mitbestimmungsrechts allein diejenigen Überlegungen anzustellen und zur Grundlage der Entscheidung zu machen, die im Rahmen des konkreten Mitbestimmungsrechts geboten sind. Das bedeutet aber auch, dass es dem Betriebsrat im Rahmen der vertrauensvollen Zusammenarbeit verwehrt ist, seine von der Sache her möglicherweise gebotene Zustimmung von Zugeständnissen des Arbeitgebers abhängig zu machen, die der Betriebsrat ansonsten im Rahmen der Mitbestimmung nicht erwirken könnte.

***LAG** Köln 14.6.1989 – 2 TaBV 17/89 = NZA 1989, 939*

Es stellt einen Verstoß gegen § 2 Abs. 2 BetrVG dar, wenn ein freigestelltes Betriebsratsmitglied **falsche Angaben über den Zweck seiner Tätigkeit außerhalb des Betriebes** macht und trotz wiederholter Nachfragen bzw. Vorhaltungen der Geschäftsleitung bei seinen falschen Angaben bleibt.

Ein freigestelltes Betriebsratsmitglied unterliegt zwar hinsichtlich der Erfüllung der betriebsverfassungsrechtlichen Aufgaben nicht dem Direktionsrecht des Arbeitgebers, es ist aber doch verpflichtet, auf Verlangen des Arbeitgebers nachzuweisen, dass es sich der Erfüllung betriebsverfassungsrechtlicher Aufgaben gewidmet hat, soweit es Aufgaben außerhalb des Betriebes durchgeführt hat.

***BAG** 21.2.1978 – 1 ABR 54/76*

Der Betriebsrat/Gesamtbetriebsrat, der Computer benutzt, mit denen unter anderem personenbezogene Daten verarbeitet werden, unterliegt nicht der Überwachung durch den Datenschutzbeauftragten. Dies wäre mit der vom Betriebsverfassungsgesetz geforderten Unabhängigkeit der Betriebsräte nicht vereinbar. Der betriebliche Datenschutzbeauftragte nimmt nämlich keine neutrale Position zwischen Arbeitgeber und Betriebsrat ein, sondern ist trotz seiner Freiheit von fachlichen Weisungen der Arbeitgeberseite zuzuordnen. Zur Sicherstellung des Datenschutzes kann er im Unternehmen keine eigenen Maßnahmen ergreifen, sondern im Wesentlichen nur beratend auf den Arbeitgeber einwirken.

Das Bundesdatenschutzgesetz ist nicht dahin zu verstehen, dass es stillschweigend dem Datenschutzbeauftragten Überwachungsrechte einräumt, welche die Unabhängigkeit des Betriebsrats beeinträchtigen würden. Das Gesetz ist insoweit lückenhaft, als es keine Vorschriften über das Verhältnis der beiden Organe zueinander enthält. Dieses Verhältnis müsste in einem Gesetz über den Arbeitnehmerdatenschutz geregelt werden, das zwar immer wieder angekündigt, aber bisher nicht erlassen worden ist. Die von der Arbeitgeberin behauptete Kontrollbefugnis kann auch nicht etwa daraus hergeleitet werden, dass dem Datenschutzbeauftragten nach der Konzeption des Bundesdatenschutzgesetzes die entscheidende Kontrollfunktion zukäme. Der Gesetzgeber hat für viele Unternehmen einen Datenschutzbeauftragten für entbehrlich gehalten, obwohl er sie dem Bundesdatenschutzgesetz unterworfen hat. Ebenso wie für diese Unternehmen bewendet es für die Betriebsräte bei der Kontrolle durch die Aufsichtsbehörde nach § 38 BDSG.

***BAG** 11.11.1997 – 1 ABR 21/97*

Der Arbeitgeber hat gegen einzelne Betriebsratsmitglieder aus der Verletzung des Gebots zur vertrauensvollen Zusammenarbeit nach § 2 Abs. 1 BetrVG einen Anspruch, die Veröffentlichung einer Werkszeitung, die Betriebs- und Betriebsratsinterna enthält, auf seiner Homepage zu unterlassen. Das Grundrecht auf Pressefreiheit steht dem nicht entgegen.

***Hessisches LAG** 15.7.2004 – 9 TaBV 190/03 = NZA-RR 2005, 258*

Der Betriebsrat ist nach § 89 Abs. 1 Satz 2 BetrVG grundsätzlich berechtigt und verpflichtet, die **Aufsichtsbehörden zu informieren**, wenn Arbeitszeitschutzbestimmungen im Betrieb verletzt werden.

Es spricht einiges dafür, dass der Betriebsrat im Regelfall wegen des Grundsatzes der vertrauensvollen Zusammenarbeit der Betriebsparteien jedenfalls vor der unaufgeforderten Unterrichtung einer Überwachungsbehörde erfolglos den Versuch unternommen haben muss, den Arbeitgeber zur Abhilfe der Mängel zu bewegen. Die Frage bleibt aber im Ergebnis dahingestellt.

Der Betriebsrat hat nicht generell und einschränkungslos die Befugnis, arbeitnehmerbezogene Aufzeichnungen elektronisch erfasster Arbeitszeiten an die Aufsichtsbehörden zu übermitteln (§ 4 Abs. 1, § 5 Satz 1 BDSG). Es kommt vielmehr darauf an, ob die Datenübermittlung im Einzelfall zur Wahrung der berechtigten Interessen des Betriebsrats oder der Aufsichtsbehörde erforderlich ist und schutzwürdige Interessen der betroffenen Arbeitnehmer nicht entgegenstehen.

***BAG** 3.6.2003 – 1 ABR 19/02*

Neue Betriebsratsstrukturen (§ 3 BetrVG)

Gesetzestext:

§ 3 Abweichende Regelungen

(1) Durch Tarifvertrag können bestimmt werden:

1. für Unternehmen mit mehreren Betrieben

a) die Bildung eines unternehmenseinheitlichen Betriebsrats oder

b) die Zusammenfassung von Betrieben,

wenn dies die Bildung von Betriebsräten erleichtert oder einer sachgerechten Wahrnehmung der Interessen der Arbeitnehmer dient;

2. für Unternehmen und Konzerne, soweit sie nach produkt- oder projektbezogenen Geschäftsbereichen (Sparten) organisiert sind und die Leitung der Sparte auch Entscheidungen in beteiligungspflichtigen Angelegenheiten trifft, die Bildung von Betriebsräten in den Sparten (Spartenbetriebsräte), wenn dies der sachgerechten Wahrnehmung der Aufgaben des Betriebsrats dient;

3. andere Arbeitnehmervertretungsstrukturen, soweit dies insbesondere aufgrund der Betriebs-, Unternehmens- oder Konzernorganisation oder aufgrund anderer Formen der Zusammenarbeit von Unternehmen einer wirksamen und zweckmäßigen Interessenvertretung der Arbeitnehmer dient;

4. zusätzliche betriebsverfassungsrechtliche Gremien (Arbeitsgemeinschaften), die der unternehmensübergreifenden Zusammenarbeit von Arbeitnehmervertretungen dienen;

5. zusätzliche betriebsverfassungsrechtliche Vertretungen der Arbeitnehmer, die die Zusammenarbeit zwischen Betriebsrat und Arbeitnehmern erleichtern.

(2) Besteht in den Fällen des Absatzes 1 Nr. 1, 2, 4 oder 5 keine tarifliche Regelung und gilt auch kein anderer Tarifvertrag, kann die Regelung durch Betriebsvereinbarung getroffen werden.

(3) [1]Besteht im Fall des Absatzes 1 Nr. 1 Buchstabe a keine tarifliche Regelung und besteht in dem Unternehmen kein Betriebsrat, können die Arbeitnehmer mit Stimmenmehrheit die Wahl eines unternehmenseinheitlichen Betriebsrats beschließen. [2]Die Abstimmung kann von mindestens drei wahlberechtigten Arbeitnehmern des Unternehmens oder einer im Unternehmen vertretenen Gewerkschaft veranlasst werden.

(4) [1]Sofern der Tarifvertrag oder die Betriebsvereinbarung nichts anderes bestimmt, sind Regelungen nach Absatz 1 Nr. 1 bis 3 erstmals bei der nächsten regelmäßigen Betriebsratswahl anzuwenden, es sei denn, es besteht kein Betriebsrat oder es ist aus anderen Gründen eine Neuwahl des Betriebsrats erforderlich. [2]Sieht der Tarifvertrag oder die Betriebsvereinbarung einen anderen Wahlzeitpunkt vor, endet die Amtszeit bestehender Betriebsräte, die durch die Regelungen nach Absatz 1 Nr. 1 bis 3 entfallen, mit Bekanntgabe des Wahlergebnisses.

(5) [1]Die aufgrund eines Tarifvertrages oder einer Betriebsvereinbarung nach Absatz 1 Nr. 1 bis 3 gebildeten betriebsverfassungsrechtlichen Organisationseinheiten gelten als Betriebe im Sinne dieses Gesetzes. [2]Auf die in ihnen gebildeten Arbeitnehmervertretungen finden die Vorschriften über die Rechte und Pflichten des Betriebsrats und die Rechtsstellung seiner Mitglieder Anwendung.

Hinweis für die Praxis:

*Die gesetzlichen Gestaltungsmöglichkeiten, **durch Tarifvertrag** der Praxis angepasste Vertretungsstrukturen und betriebsverfassungsrechtliche Organisationseinheiten zu schaffen, sind seit 2001 erheblich ausgebaut worden. Es ist nach dem geltenden Gesetz möglich, abweichende Regelungen ohne behördliche Zustimmung durch Tarifvertrag zu schaffen.*

*In den Fällen, in denen eine tarifliche Regelung – entweder über die abweichende Regelung oder auch über andere Regelungen der Arbeitsverhältnisse – nicht besteht, können auch durch **Betriebsvereinbarung** abweichende organisatorische Grundlagen vereinbart werden. Das ist allerdings nur in den Fällen des Absatzes 1 Nr. 1, 2, 4 und 5 der Fall.*

*Die in § 3 BetrVG vorgesehenen Regelungen führen zu anderen Betriebsratsstrukturen mit der Folge, dass die Betriebsratswahlen ebenfalls davon betroffen sind. Das gilt jedenfalls für die Regelungen nach § 3 Abs. 1 Nr. 1 bis 3 BetrVG. Tritt ein entsprechender Tarifvertrag oder eine Betriebsvereinbarung in Kraft, sind dessen Regelungen nach § 3 Abs. 1 Nr. 1 bis 3 BetrVG **erstmals bei der nächsten regelmäßigen Betriebsratswahl** anzuwenden. Der Tarifvertrag oder die Betriebsvereinbarung können aber einen anderen Wahlzeitpunkt vorsehen.*

Für die Wahl der durch Tarifvertrag bzw. Betriebsvereinbarung geschaffenen betriebsverfassungsrechtlichen Organisationseinheiten werden Betriebe im Sinne des Gesetzes geschaffen (§ 3 Abs. 5 BetrVG). Auf diese Vertretungen finden die Vorschriften über die Rechte und Pflichten des Betriebsrats und die Rechtsstellung seiner Mitglieder Anwendung. Das gilt etwa hinsichtlich der Grundsätze der Zahl der Mitglieder oder des Umfangs der Freistellungen, aber auch soweit es den Schutz der Mitglieder solcher Vertretungen betrifft, wie beispielsweise nach § 103 BetrVG.

1. Bildung neuer Betriebsratsstrukturen

Nach § 3 Abs. 1 Nr. 1 Buchst. a, Abs. 2 BetrVG kann durch Betriebsvereinbarung für Unternehmen mit mehreren Betrieben die Bildung eines unternehmenseinheitlichen Betriebsrats bestimmt werden, wenn dies die Bildung von Betriebsräten erleichtert oder einer sachgerechten Wahrnehmung der Interessen der Arbeitnehmer dient. Damit werden die tatbestandlichen Voraussetzungen festgelegt, unter denen durch Betriebsvereinbarung ein unternehmenseinheitlicher Betriebsrat gebildet werden kann. Liegen diese nicht vor, ist die Bildung eines unternehmenseinheitlichen Betriebsrats unwirksam.

Bei der Prüfung, ob die Bildung eines unternehmenseinheitlichen Betriebsrats sachdienlich ist, ist von besonderer Bedeutung, wo die mitbestimmungspflichtigen Entscheidungen im Betrieb getroffen werden. Insoweit sind für die sachgerechte Bildung von Arbeitnehmervertretungen die organisatorischen Vorgaben des Arbeitgebers maßgeblich. Es sind allerdings noch weitere Gesichtspunkte zu berücksichtigen. Insbesondere ist von Bedeutung, ob durch die mit der Errichtung eines unternehmenseinheitlichen Betriebsrats verbundenen größeren räumlichen Entfernungen der Kontakt zwischen den Arbeitnehmern und der sie repräsentierenden Betriebsvertretung unangemessen erschwert wird. Es ist deshalb auch der Grundsatz der Ortsnähe zu berücksichtigen.

Die Bildung von Betriebsräten wird im Sinne der gesetzlichen Regelung insbesondere dann erleichtert, wenn anderenfalls die Gefahr besteht, dass in einzelnen Betrieben oder Betriebsteilen gar kein Betriebsrat gewählt wird. Der Zweck der Regelung deckt die Bildung eines unternehmenseinheitlichen Betriebsrats allerdings dann nicht mehr, wenn die Erleichterung der Bildung von Betriebsräten ohne Weiteres bereits durch eine Zusammenfassung von Betrieben nach § 3 Abs. 1 Nr. 1 Buchst. b i.V.m. Abs. 2 BetrVG erreicht werden kann und sich demgegenüber die Bildung eines unternehmenseinheitlichen Betriebsrats als ersichtlich weniger sachgerechte Lösung darstellt. Auch insoweit haben die Betriebsparteien den Grundsatz der Ortsnähe zu berücksichtigen.

Die Vertragsparteien vor Ort können angesichts der Vielgestaltigkeit der zu regelnden Sachverhalte die Sachgerechtigkeit von unternehmensspezifischen Arbeitnehmervertretungsstrukturen deutlich besser beurteilen als staatliche Stellen. Den Betriebsparteien kommt deshalb ein Einschätzungsspielraum hinsichtlich des Vorliegens der gesetzlichen Voraussetzungen sowie ein Beurteilungs- und ein Ermessensspielraum hinsichtlich der inhaltlichen Gestaltung einer Regelung zu, der auch von den Gerichten zu beachten ist. Ob die Betriebsparteien jedoch die gesetzlichen Vorgaben eingehalten oder überschritten haben, unterliegt im Streitfall der gerichtlichen Überprüfung.

Für den Abschluss einer Betriebsvereinbarung über die Bildung eines unternehmenseinheitlichen Betriebsrats ist nach § 50 Abs. 1 Satz 1 BetrVG der Gesamtbetriebsrat zuständig; es handelt sich um eine Angelegenheit, die das Gesamtunternehmen betrifft und die nicht durch die einzelnen Betriebsräte „innerhalb ihrer Betriebe" geregelt werden kann. Es besteht auch kein Vetorecht der örtlichen Betriebsräte. Dies sieht die gesetzliche Regelung nicht vor. Eine planwidrige Regelungslücke ist nicht gegeben.

Der Abschluss einer Betriebsvereinbarung nach § 3 Abs. 2 BetrVG scheidet aus, soweit im Unternehmen eine tarifvertragliche Regelung gilt, unabhängig davon, was diese regelt. Die Einschränkung ist nur anwendbar, wenn der Tarifvertrag normativ gilt.

***BAG** 24.4.2013 – 7 ABR 71/11*

Die Möglichkeit einer vom Gesetz abweichenden Ausgestaltung der Repräsentationsstrukturen der Arbeitnehmer in der Betriebsverfassung ist den Tarifvertragsparteien nur in dem durch § 3 Abs. 1 Nr. 1 bis Nr. 3 BetrVG bestimmten Umfang eröffnet.

Nach § 3 Abs. 1 Nr. 3 BetrVG können durch Tarifvertrag „andere Arbeitnehmervertretungsstrukturen" bestimmt werden, „soweit dies insbesondere aufgrund der Betriebs-, Unternehmens- oder Konzernorganisation oder aufgrund anderer Formen der Zusammenarbeit von Unternehmen einer wirksamen und zweckmäßigen Interessenvertretung der Arbeitnehmer dient". Hierbei kommt den Tarifvertragsparteien – ebenso wie bei § 3 Abs. 1 Nr. 1 und Nr. 2 BetrVG – ein Beurteilungs- und Gestaltungsspielraum zu. Allerdings ist mit § 3 Abs. 1 Nr. 3 BetrVG die Organisation der Betriebsverfassung auch nicht gänzlich in die Disposition der Tarifvertragsparteien gestellt.

Die mit § 3 Abs. 1 Nr. 3 BetrVG den Tarifvertragsparteien eröffnete Möglichkeit der Bestimmung anderer Arbeitnehmervertretungsstrukturen setzt einen Zusammenhang zwischen vornehmlich organisatorischen oder kooperativen Rahmenbedingungen auf Arbeitgeberseite und der wirksamen sowie zweckmäßigen Interessenvertretung der Arbeitnehmer voraus.

***BAG** 13.3.2013 – 7 ABR 70/11*

Eine auf der Grundlage eines unwirksamen Tarifvertrags durchgeführte Betriebsratswahl ist anfechtbar. Unwirksam ist ein Tarifvertrag, der vom Betriebsverfassungsgesetz (BetrVG) abweichende Arbeitnehmervertretungsstrukturen bestimmt, ohne den hierfür vorgesehenen gesetzlichen Voraussetzungen zu genügen.

Die Wahl von Betriebsräten erfolgt nach § 1 Abs. 1 BetrVG grundsätzlich in den Betrieben. Nach § 3 Abs. 1 Nr. 3 BetrVG können aber durch Tarifvertrag „andere Arbeitnehmervertretungsstrukturen" bestimmt werden, „soweit dies insbesondere aufgrund der Betriebs-, Unternehmens- oder Konzernorganisation oder aufgrund anderer Formen der Zusammenarbeit von Unternehmen einer wirksamen und zweckmäßigen Interessenvertretung der Arbeitnehmer dient." Ein Tarifvertrag, der diese Voraussetzungen nicht erfüllt, ist unwirksam. Eine dennoch auf der Grundlage eines solchen Tarifvertrags durchgeführte Betriebsratswahl ist zwar in der Regel nicht nichtig, aber anfechtbar.

***BAG** 13.3.2013 – 7 ABR 70/11*

Der aus einer Betriebsratswahl hervorgegangene Betriebsrat ist Repräsentant der Belegschaft der betrieblichen Einheit, von der er gewählt worden ist. Seine Errichtung und Betätigung erstreckt sich auf diese Einheit und ist gleichermaßen auf sie beschränkt.

§ 3 Abs. 1 Nr. 3 BetrVG ermächtigt die Tarifvertragsparteien unter den dort bestimmten Voraussetzungen zu einer vom Gesetz abweichenden Bildung von Organisationseinheiten, in denen Betriebsräte gewählt werden. Diese nehmen die nach dem Betriebsverfassungsgesetz dem Betriebsrat zugewiesenen Beteiligungsrechte wahr.

Die tarifliche Regelungsbefugnis nach § 3 Abs. 1 BetrVG umfasst nicht den Entzug betriebsverfassungsrechtlicher Befugnisse der gewählten Betriebsräte und deren Zuweisung an andere Arbeitnehmervertretungen.

Ein Einigungsstellenspruch ist vom Arbeitgeber nach § 77 Abs. 1 Satz 1 BetrVG bis zu einer rechtskräftigen gerichtlichen Feststellung seiner Unwirksamkeit oder einer gegenteiligen Vereinbarung mit dem Betriebsrat im Betrieb durchzuführen.

***BAG** 18.11.2014 – 1 ABR 21/13*

Wird in einem Unternehmen mit mehreren Betrieben durch Abstimmung der Belegschaft nach § 3 Abs. 3 BetrVG die Wahl eines unternehmenseinheitlichen Betriebsrats beschlossen, gilt diese Abstimmung nicht nur für die erste auf die Abstimmung folgende Betriebsratswahl. Ein Belegschaftsbeschluss nach § 3 Abs. 3 BetrVG ermöglicht vielmehr bis zu einer gegenteiligen Beschlussfassung der Arbeitnehmer (sog. „actus contrarius") die Wahl eines unternehmenseinheitlichen Betriebsrats. (Rn. 40 – 44)

In einem Unternehmen mit mehreren Betrieben, in dem kein Betriebsrat und keine tarifliche Regelung nach § 3 Abs. 1 Nr. 1 Buchst. a BetrVG besteht, kann nach § 3 Abs. 3 BetrVG durch einen Mehrheitsbeschluss der Arbeitnehmer, der keinen besonderen formellen Anforderungen unterliegt, bestimmt werden, dass ein unternehmenseinheitlicher Betriebsrat gewählt wird. Eine Abstimmung der Arbeitnehmer nach § 3 Abs. 3 BetrVG ermöglicht nicht nur für die nächste auf die Abstimmung folgende Wahl die Wahl eines unternehmenseinheitlichen Betriebsrats, sondern entfaltet grundsätzlich Dauerwirkung, solange keine gegenteilige Beschlussfassung der Arbeitnehmer (sog. „actus contrarius") vorliegt (Rn. 40 ff.).

Eine spätere Änderung der betrieblichen Strukturen innerhalb des Unternehmens hat nicht zur Folge, dass ein Beschluss der Arbeitnehmer über die Wahl eines unternehmenseinheitlichen Betriebsrats nach § 3 Abs. 3 BetrVG seine Wirkung verliert, sofern sich die Betriebsstrukturen weiterhin in dem von § 3 Abs. 3 BetrVG festgelegten Rahmen halten, also in dem (einen) Unternehmen, für das der Beschluss gefasst wurde, noch mehrere Betriebe bestehen (Rn. 47 ff., Rn. 49). Hingegen verliert ein Belegschaftsbeschluss nach § 3 Abs. 3 BetrVG seine Wirkung, wenn im Zuge von Umstrukturierungen ein gemeinsamer Betrieb des an den Beschluss gebundenen Unternehmens mit einem anderen Unternehmen entsteht, so dass anschließend wieder nach den gesetzlichen Strukturen zu wählen ist (Rn. 56 ff.).

Nimmt ein Unternehmen, für das nach § 3 Abs. 3 BetrVG ein unternehmenseinheitlicher Betriebsrat gewählt wurde, im Zusammenhang mit einer Verschmelzung einen oder mehrere Betriebe auf, sind die aufgenommenen Betriebe künftig in die durch Belegschaftsbeschluss gewillkürte unternehmenseinheitliche Betriebsstruktur mit der Folge einbezogen, dass ein etwaiger in einem übernommenen Betrieb gebildeter Betriebsrat untergeht und dessen Belegschaft fortan von dem unternehmenseinheitlichen Betriebsrat des aufnehmenden Unternehmens repräsentiert wird. Das gilt unabhängig davon, ob der übernommene Betrieb identitätswahrend übergegangen ist oder in die betrieblichen Strukturen eingegliedert wurde (Rn. 50 ff.).

***BAG** 24.3.2021 – 7 ABR 16/20*

Hinweis für die Praxis

Zunächst gab das Verfahren Anlass für das BAG noch einmal festzustellen, dass bei einem Zweifel darüber, ob eine betriebsratsfähige Organisationseinheit vorliegt, insbesondere für den Betriebsrat, aber auch den Wahlvorstand und den Arbeitgeber die Möglichkeit besteht, dies gemäß § 18 Abs. 2 BetrVG klären zu lassen.

Das BAG betont darüber hinaus noch einmal, dass hinsichtlich der Bildung eines unternehmenseinheitlichen Betriebsrats nach § 3 Abs. 3 BetrVG im Vergleich zu § 3 Nr. 1 BetrVG erheblich erleichterte Voraussetzungen bestehen, um die Wahl eines Betriebsrats zu vereinfachen. Es reicht eine mehrheitliche Abstimmung aller Arbeitnehmer des Unternehmens, die regelmäßig so das BAG für einen unternehmenseinheitlichen Betriebsrat ohnehin nur erfolgt, wenn die Bildung eines unternehmenseinheitlichen Betriebsrats „dienlich" i.S.v. § 3 Abs. 1 Nr. 1 BetrVG ist. Eine solche Abstimmung der Arbeitnehmer nach § 3 Abs. 3 BetrVG ermöglicht nicht nur für die nächste auf die Abstimmung folgende Wahl die Wahl eines unternehmenseinheitlichen Betriebsrats, sondern entfaltet grundsätzlich auch Wirkung für die Folgezeit. Zu beachten ist aber auch, dass das BAG auch hier, wie insgesamt im Zusammenhang des § 3 BetrVG großen Wert darauf legt, dass die gesetzlichen Voraussetzungen des § 3 Abs. 3 BetrVG erfüllt sind. Deshalb ist der Beschluss gemäß § 3 Abs. 3 BetrVG in dem Moment hinfällig, in welchem sich die Unternehmensstruktur ändert und die gesetzlichen Voraussetzungen des § 3 Abs. 3 BetrVG nicht mehr vorliegen, beispielsweise mit einem zweiten Unternehmen ein gemeinsamer Betrieb gebildet wird.

Ein Firmentarifvertrag kann für eine künftige Gesellschaft abgeschlossen werden.

Der Abschluss eines Zuordnungstarifvertrages ist in entsprechender Anwendung des § 3 Abs. 1 Nr. 3 BetrVG für mehrere selbstständige Betriebe möglich.

***BAG** 24.1.2001 – 4 ABR 4/00 = BB 2001, 2120*

Ein durch Spartentarifvertrag bestimmter unternehmensübergreifender Spartengesamtbetriebsrat ohne Spartenbetriebsräte unter Beibehaltung der Betriebsräte und Unternehmensgesamtbetriebsräte ist mit § 3 Abs. 1 Nr. 2 und 3, Abs. 5 BetrVG nicht in Einklang zu bringen.

***Hessisches LAG** 21.4.2005 – 9/5 TaBV 115/04 = **BAG** 16.6.2006 – 7 ABR 50/05*

Werden durch einen Tarifvertrag nach § 3 Abs. 1 Nr. 1 Buchst. b BetrVG mehrere Betriebe zu betriebsverfassungsrechtlichen Organisationseinheiten i.S.v. § 3 Abs. 5 Satz 1 BetrVG zusammengefasst, können die Betriebsratswahlen in einzelnen Organisationseinheiten isoliert angefochten werden. Auch wenn die Anfechtung mit einer Verkennung des Betriebsbegriffs begründet wird, ist ihre Zulässigkeit nicht von der Anfechtung der in anderen Organisationseinheiten durchgeführten Wahlen abhängig.

Auch Tarifverträge nach § 3 Abs. 1 Nr. 1 Buchst. b BetrVG sind nach den für die Auslegung von Gesetzen geltenden Regeln auszulegen. Hierbei ist zu berücksichtigen, dass diese Tarifverträge die Bildung von Betriebsräten erleichtern oder einer sachgerechten Wahrnehmung der Interessen der Arbeitnehmer dienen sollen. Dem entspricht es, wenn die Interessenvertretungen dort errichtet werden, wo unternehmerische Leitungsmacht konkret entfaltet und ausgeübt wird.

Es ist rechtlich unbedenklich, wenn Tarifverträge nach § 3 Abs. 1 Nr. 1 Buchst. b BetrVG vorsehen, dass Betriebsräte in den jeweiligen Regionen zu errichten sind, für die es nach dem Organisationskonzept des Arbeitgebers Bezirksleitungen gibt.

BAG 21.9.2011 – 7 ABR 54/10

§ 3 Abs. 1 BetrVG ist nicht dahingehend auszulegen, dass ein Tarifvertrag nach § 3 Abs. 1 Nr. 1 bis 3 BetrVG nur von allen Gewerkschaften gemeinsam abgeschlossen werden kann; die für die von seinem Geltungsbereich erfassten betriebsverfassungsrechtlichen Einheiten tarifzuständig sind.

Die Tarifzuständigkeit der abschließenden Gewerkschaft muss für alle Arbeitsverhältnisse im Geltungsbereich des Tarifvertrags nach § 3 Abs. 1 Nr. 1 bis 3 BetrVG bestehen.

Der Abschluss eines Tarifvertrags nach § 3 Abs. 1 Nr. 1 bis 3 BetrVG kann Gegenstand eines Arbeitskampfes sein.

***BAG** 29.7.2009 – 7 ABR 27/08*

Nach § 3 Abs. 1 Nr. 3 BetrVG in der ab dem 28.7.2001 geltenden Fassung (n. F.) ist bei Vorliegen der dort genannten Voraussetzungen die unternehmensübergreifende Bildung von Arbeitnehmervertretungen auch dann zulässig, wenn die beteiligten Unternehmen keinen gemeinsamen Betrieb führen. § 3 Abs. 1 Nr. 3 BetrVG n. F. gestattet es aber nicht, dass die tarifliche Regelung es den Arbeitnehmern überlässt, vor jeder Betriebsratswahl im Wege einer Abstimmung zu entscheiden, ob in den einzelnen Betrieben eigenständige Betriebsräte gewählt werden sollen. Eine derartige tarifliche Regelung ist mit § 3 Abs. 1 Nr. 3 BetrVG n. F. nicht vereinbar und deshalb unwirksam.

Ein wirksamer Tarifvertrag nach § 3 Abs. 1 Nr. 1 bis 3 BetrVG n. F. der die Bildung von Arbeitnehmervertretungen abweichend von §§ 1, 4 BetrVG regelt, ist nach §94 Abs. 1 Satz 1, § 87 Abs. 1 Satz 2 SGB IX i. V. m. § 3 Abs. 5 Satz 1 BetrVG n. F. auch für die Bildung von Schwerbehindertenvertretungen maßgebend.

***BAG** 10.11.2004 – 7 ABR 17/04*

Die Zusammenfassung von Betrieben durch einen Tarifvertrag nach § 3 Abs. 1 Nr. 1 Buchst. b BetrVG führt für sich allein trotz der Fiktion des § 3 Abs. 5 BetrVG nicht zum Verlust der betriebsverfassungsrechtlichen Identität der zusammengefassten Einheiten. Diese werden abgrenzbare Teileinheiten der neuen betriebsverfassungsrechtlichen Organisationseinheit. In dieser gelten bestehende Betriebsvereinbarungen und titulierte Verpflichtungen der Betriebsparteien – beschränkt auf die jeweilige Teileinheit – weiter.

Bei Verlust der Betriebsidentität erlöschen titulierte Unterlassungsansprüche des Betriebsrats gegen den Arbeitgeber.

***BAG** 18.3.2008 – 1 ABR 3/07*

Die bloße Zusammenfassung von Betrieben mit bis dahin eigener Arbeitnehmervertretung zu einer größeren betriebsverfassungsrechtlichen Organisationseinheit durch Tarifvertrag nach § 3 Abs. 1 Nr. 1 Buchst. b BetrVG lässt die betriebsverfassungsrechtliche Identität der nunmehr zusammengefassten Einheiten unberührt. Entscheidend ist, ob die Betriebsidentität, die insbesondere durch die Organisation der Arbeitsabläufe, den Betriebszweck und die Leitungsstruktur geprägt ist, nach der Bildung der neuen Organisationseinheiten unverändert geblieben ist.

***BAG** 7.6.2011 – 1 ABR 110/09*

Endet aufgrund einer Neuwahl das Amt eines Betriebsrats, wird nach dem Prinzip der Funktionsnachfolge und dem Grundgedanken der Kontinuität betriebsverfassungsrechtlicher Interessenvertretungen der neu gewählte Betriebsrat Funktionsnachfolger seines Vorgängers und tritt in dessen Beteiligtenstellung in einem arbeitsgerichtlichen Beschlussverfahren ein.

Eine Funktionsnachfolge findet grundsätzlich nicht nur bei einem unveränderten Betriebszuschnitt, sondern auch beim Übergang von den gesetzlichen zu gewillkürten Betriebsverfassungsstrukturen, bei der Änderung eines Tarifvertrags nach § 3 Abs. 1 Nr. 1 bis Nr. 3 BetrVG sowie bei der Rückkehr zu den gesetzlichen Betriebsverfassungsstrukturen statt. Entstehen aus einer betrieblichen Einheit mehrere Einheiten, werden mehrere Betriebsräte Funktionsnachfolger des vormaligen Betriebsrats. Werden umgekehrt mehrere eigenständige betriebsverfassungsrechtliche Einheiten zu einer Einheit zusammengefasst, so wird der in dieser Einheit neu gewählte Betriebsrat Funktionsnachfolger der bisherigen Betriebsräte. Voraussetzung für die Funktionsnachfolge ist, dass die vor und nach der Änderung von den Betriebsräten jeweils repräsentierten organisatorischen Einheiten zuverlässig voneinander abgegrenzt werden können.

***BAG** 24.8.2011 – 7 ABR 8/10*

2. Zusätzliche Gremien

§ 3 Abs. 1 Nr. 5 BetrVG ermöglicht Regelungen zur Bildung zusätzlicher betriebsverfassungsrechtlicher Vertretungen der Arbeitnehmer, die die Zusammenarbeit zwischen dem Betriebsrat und den Arbeitnehmern erleichtern. Diese Vertretungen der Arbeitnehmer setzen eine Organstruktur voraus. Arbeitnehmer, die lediglich Hilfsfunktionen für den Betriebsrat wahrnehmen und nicht in einer Organstruktur zusammengefasst sind, sind keine zusätzliche Arbeitnehmervertretung i.S.v. § 3 Abs. 1 Nr. 5 BetrVG.

Um derartige Hilfspersonen kann es sich bei sog. Kommunikationsbeauftragten handeln, die vom Betriebsrat wegen der Größe der von ihm repräsentierten Belegschaft (hier: ca. 22.000 Arbeitnehmer) zu seiner Unterstützung im Rahmen des Informations- und Meinungsaustauschs mit der Belegschaft bestellt werden.

Der Bestellung derartiger Kommunikationsbeauftragter steht nicht entgegen, dass der Informations- und Meinungsaustausch mit der Belegschaft Teil der betriebsverfassungsrechtlichen Aufgaben des Betriebsrats ist. Dies hindert die Hinzuziehung von Hilfspersonen bei der Wahrnehmung dieser Aufgaben nicht von vornherein. Allerdings darf diesen Hilfspersonen nicht die Kommunikationsaufgabe des Betriebsrats insgesamt zur selbständigen Wahrnehmung übertragen werden. Ihre Tätigkeit muss auf die Hilfstätigkeit der Informationsvermittlung zwischen Betriebsrat und Belegschaft beschränkt sein. Das ist der Fall, wenn die Kommunikationsbeauftragten ausschließlich dazu eingesetzt werden, Anliegen der Arbeitnehmer und Stimmungen in der Arbeitnehmerschaft an den Betriebsrat heranzutragen und Informationen des Betriebsrats an die Arbeitnehmer weiterzuleiten. Der Einsatz von Kommunikationsbeauftragten darf eine direkte Kommunikation zwischen Betriebsrat und Belegschaft nicht verhindern.

Die Kommunikationsbeauftragten sind Hilfspersonen des gesamten Betriebsrats. Sie dürfen nur für Zwecke des Betriebsratsgremiums herangezogen werden. Die Mehrheitsfraktion innerhalb des Betriebsrats darf die Hilfspersonen nicht für ihre eigenen spezifischen Ziele einsetzen.

Die Minderheitsfraktion und deren Mitglieder können sich nicht darauf berufen, die Bestellung von Kommunikationsbeauftragten sei nicht erforderlich i.S.v. § 40 Abs. 2 BetrVG und führe zu einer „Überversorgung" des Betriebsrats. § 40 Abs. 2 BetrVG begrenzt die Kostentragungspflicht des Arbeitgebers und regelt im Verhältnis des Betriebsrats zum Arbeitgeber, dass der Betriebsrat lediglich die Überlassung der erforderlichen Hilfsmittel verlangen kann. Daher kann sich grundsätzlich nur der Arbeitgeber auf die fehlende Erforderlichkeit eines verlangten Hilfsmittels berufen. Bei Streitigkeiten innerhalb des Betriebsratsgremiums findet § 40 Abs. 2 BetrVG dagegen keine Anwendung.

Der Betriebsrat trifft seine Entscheidungen nach § 33 Abs. 1 BetrVG mit der Mehrheit der Stimmen der anwesenden Mitglieder, soweit im Betriebsverfassungsgesetz nichts anderes bestimmt ist. Das gilt auch für eine Entscheidung über die Auswahl seiner Hilfspersonen. Die Vorschriften, die eine Verhältniswahl für die Wahl der Ausschussmitglieder und der freizustellenden Betriebsratsmitglieder vorsehen (§ 27 Abs. 1 Satz 3, §§ 28, 38 Abs. 2 BetrVG), sind bei der Bestellung von Hilfspersonen nicht (analog) anzuwenden. Allerdings hat der Betriebsrat bei der Bestellung der Hilfspersonen den Gleichbehandlungsgrundsatz nach § 75 Abs. 1 BetrVG zu beachten. Es ist deshalb nicht zulässig, die Bestellung von Kommunikationsbeauftragten von der Zugehörigkeit zu einer bestimmten Gewerkschaft abhängig zu machen.

***BAG** 29.4.2015 – 7 ABR 102/12*

3. Andere Betriebsratsstruktur und Anwendung des BetrVG

Die Beteiligung an einem Beschlussverfahren richtet sich gemäß § 83 Abs. 3 ArbGG nach materiellem Recht. Mit dem im Laufe eines Beschlussverfahrens eintretenden Wechsel der Zuständigkeit zur Wahrnehmung der verfahrensgegenständlichen Rechte geht ein Wechsel des Beteiligten einher, ohne dass es einer darauf gerichteten Handlung der Person oder Stelle oder des Gerichts bedarf.

Die nach Abschluss, Änderung oder Ende eines Tarifvertrags nach § 3 Abs. 1 Nr. 1 bis Nr. 3 BetrVG neu gewählten Betriebsräte werden jeweils Funktionsnachfolger der Betriebsräte, die diese Einheiten zuvor repräsentiert haben, sofern die vor und nach der Änderung von den Betriebsräten jeweils repräsentierten organisatorischen Einheiten zuverlässig voneinander abgegrenzt werden können, und treten in deren Beteiligtenstellung in einem arbeitsgerichtlichen Beschlussverfahren ein.

Die §§ 21a, 21b BetrVG gelten auch im Bereich gewillkürter Betriebsverfassungsstrukturen.

Bringt ein Arbeitgeber im Rahmen einer Selbstverpflichtung zum Ausdruck, dass mobile Arbeitsmittel nicht in der Freizeit zu dienstlichen Zwecken genutzt werden sollen, ist eine solche Erklärung nicht mitbestimmungspflichtig. Hierdurch sind weder die betriebliche Ordnung noch die betriebliche Arbeitszeit berührt.

***BAG** 22.8.2017 – 1 ABR 52/14*

Nach ganz herrschender Meinung müssen bei durch einen Tarifvertrag nach § 3 BetrVG geänderten betriebsverfassungsrechtlichen Strukturen die sich daraus ergebenden Beschäftigungszahlen bei der Bestimmung der Schwellenwerte im Rahmen des § 111 BetrVG zugrunde gelegt werden (siehe statt aller DKK/Däubler, BetrVG, § 3 Rz. 148 und § 11 BetrVG Rz. 148 und § 111 BetrVG Rz 34a).

Bedenken gegen diese aus den gesetzlichen Vorschriften unmittelbar folgende Auslegung bestehen nicht. Es liegt in der Verantwortung der Tarifvertragsparteien, entsprechende Tarifverträge zu schließen. Mit solchen Tarifverträgen wird einerseits die betriebsverfassungsrechtliche Stellung vieler Klein- und Kleinstbetriebe, die zu einem Unternehmen gehören, verbessert, weil ggf. ansonsten in einzelnen Betrieben oder Betriebsteilen überhaupt keine betriebsverfassungsrechtliche Vertretung bestehen würde und beispielsweise Freistellungen von Betriebsratsmitgliedern gemäß § 38 BetrVG nicht möglich wären. Dem steht auf der anderen Seite gegenüber, dass sich ggf. bei der Bestimmung der Schwellenwerte i.S.d. § 111 BetrVG im Einzelfall Verschlechterungen ergeben. Diese Vor- und Nachteile bei Abschluss eines solchen Tarifvertrages gemäß § 3 BetrVG gegeneinander abzuwägen, hat der Gesetzgeber unter Anwendung der verfassungsrechtlich geschützten Tarifautonomie den Tarifvertragsparteien übertragen.

Haben die Tarifvertragsparteien von § 3 BetrVG Gebrauch gemacht, sind sie dann aber auch an die daraus resultierenden Vor- und Nachteile gebunden.

***LAG** Köln 3.3.2008 – 14 TaBV 83/07 = BB 2008, 1570*

Erstreckt sich der persönliche Geltungsbereich eines Tarifvertrags, durch den nach § 117 Abs. 2 Satz 1 BetrVG eine Vertretung errichtet ist, nur auf eine bestimmte Gruppe von im Flugbetrieb beschäftigten Arbeitnehmern, kann wegen der geltungsbereichsbezogenen Wirkung tariflicher Rechtsnormen zu betriebsverfassungsrechtlichen Fragen i.S.d. § 1 Abs. 1 TVG weder der Vertretung das Recht eingeräumt werden, eine Vereinbarung mit dem Arbeitgeber abzuschließen, die einen Sachverhalt gestaltet, der auch nicht vom Geltungsbereich erfasste Arbeitnehmer betrifft, noch kann der Arbeitgeber verpflichtet werden, den Abschluss einer solchen Vereinbarung zu versuchen.

Die Tarifvertragsparteien können betriebsverfassungsrechtliche Fragen in einem Tarifvertrag nur durch Bestimmungen regeln, denen nach § 1 Abs. 1 TVG Rechtsnormcharakter zukommt (Rn. 52).

Nach § 4 Abs. 1 Satz 2 i.V.m. Satz 1 TVG beschränkt sich auch die normative Wirkungsweise von Tarifregelungen über betriebsverfassungsrechtliche Fragen auf den Geltungsbereich des jeweiligen Tarifvertrags (Rn. 52).

***BAG** 21.1.2020 – 1 AZR 149/19*

Hinweis für die Praxis

Tarifvertragsparteien können gemäß § 1 Abs. 1 TVG Rechtsnormen zur Ordnung betriebsverfassungsrechtlicher Fragen vereinbaren. Zu diesen betriebsverfassungsrechtlichen Rechtsnormen gehören auch Bestimmungen, die die Errichtung einer Vertretung für Arbeitnehmer, hier des Flugbetriebs vorsehen und die Beziehungen zwischen dieser Interessenvertretung und dem Arbeitgeber näher ausgestalten. Dann dürfen die Tarifvertragsparteien aber keine Regelungen vereinbaren, die einen Sachverhalt betreffen, der nicht von dem Tarifvertrag umfasst ist. Genau dies war hier der Fall. Der Tarifvertrag sollte personell, für das Kabinenpersonal gelten, regelte aber sachlich die Verpflichtung zum Abschluss eines Interessenausgleichs für den gesamten Flugbetrieb.

Betriebsteile und Kleinstbetriebe (§ 4 BetrVG)

Gesetzestext:

§ 4 Betriebsteile, Kleinstbetriebe

(1) [1]Betriebsteile gelten als selbständige Betriebe, wenn sie die Voraussetzungen des § 1 Abs. 1 Satz 1 erfüllen und

1. räumlich weit vom Hauptbetrieb entfernt oder

2. durch Aufgabenbereich und Organisation eigenständig sind.

[2]Die Arbeitnehmer eines Betriebsteils, in dem kein eigener Betriebsrat besteht, können mit Stimmenmehrheit formlos beschließen, an der Wahl des Betriebsrats im Hauptbetrieb teilzunehmen; § 3 Abs. 3 Satz 2 gilt entsprechend. [3]Die Abstimmung kann auch vom Betriebsrat des Hauptbetriebs veranlasst werden. [3]Der Beschluss ist dem Betriebsrat des Hauptbetriebs spätestens zehn Wochen vor Ablauf seiner Amtszeit mitzuteilen. [4]Für den Widerruf des Beschlusses gelten die Sätze 2 bis 4 entsprechend.

(2) Betriebe, die die Voraussetzungen des § 1 Abs. 1 Satz 1 nicht erfüllen, sind dem Hauptbetrieb zuzuordnen.

1. Einfacher und qualifizierter Betriebsteil, Haupt- und Kleinstbetrieb (§ 4 BetrVG)

Hinweis für die Praxis:

Betriebsteil

Betriebsteile gelten als selbständige Betriebe, wenn sie die Voraussetzungen des § 1 Abs.1 Satz 1 erfüllen und

1. räumlich weit entfernt vom Hauptbetrieb oder

2. durch Aufgabenbereich und Organisation eigenständig sind.

§ 4 Abs. 1 BetrVG setzt zunächst voraus, dass überhaupt ein (einfacher) Betriebsteil vorliegt. Ein solcher ist eine Einheit, die zwar in die Organisation des Hauptbetriebs eingegliedert und an dessen Zweck ausgerichtet ist, diesem gegenüber aber organisatorisch abgrenzbar ist und nur eine „relative" Selbstständigkeit hat. Eine solche besteht beispielsweise, wenn im Betrieb überhaupt eine Person mit Leitungsmacht vorhanden ist, die gewisse Weisungsrechte ausübt.

Es genügt hier ein Mindestmaß an organisatorischer Selbstständigkeit gegenüber dem Hauptbetrieb. Regelmäßig handelt es sich bei einzelnen Filialen eines Verkaufsbetriebs um unselbstständige, einfache Betriebsteile, wenn diese Filialen zumindest von einer Leitungsperson, die jedenfalls Teile der arbeitsvertraglichen Weisungsrechte wahrnimmt, geführt werden.

Qualifiziert wird der Betriebsteil, wenn er entweder räumlich weit vom Hauptbetrieb gelegen oder in Organisation und Aufgabenbereich eigenständig ist.

„Ein Betriebsteil i.S.d. § 4 Satz 1 BetrVG a.F. muss ein bestimmtes Maß an organisatorischer Selbständigkeit gegenüber dem Hauptbetrieb aufweisen. Maßgebend dafür ist das Bestehen einer Leitung, die überhaupt Weisungsrechte des Arbeitgebers ausübt. Diese Weisungsrechte müssen sich nicht auf alle mitbestimmungspflichtigen Angelegenheiten erstrecken."

***BAG** 19.2.2002 – 1 ABR 26/01*

Verfolgt ein Arbeitgeber den gleichen arbeitstechnischen Zweck in mehreren selbständigen Betrieben, von denen nur einer die Voraussetzungen des § 1 BetrVG erfüllt, so bilden die übrigen nicht betriebsratsfähigen Kleinbetriebe mit dem betriebsratsfähigen Betrieb einen Betrieb i.S.d. BetrVG.

In einem Verfahren über streitige Mitbestimmungsrechte kommt es nicht darauf an, ob bei der Betriebsratswahl die Arbeitnehmer in den nicht betriebsratsfähigen Betrieben als wahlberechtigte Arbeitnehmer angesehen worden sind.

***BAG** 3.12.1985 – 1 ABR 29/84*

Nach § 4 Abs. 1 Satz 1 Nr. 1 BetrVG gelten Betriebsteile als selbständige Betriebe, wenn sie die Voraussetzungen des § 1 Abs. 1 Satz 1 BetrVG erfüllen und räumlich weit vom Hauptbetrieb entfernt sind. Von einer räumlich weiten Entfernung i.S.v. § 4 Abs. 1 Satz 1 Nr. 1 BetrVG ist auszugehen, wenn wegen dieser Entfernung die persönliche Kontaktaufnahme zwischen dem Betriebsrat im Hauptbetrieb und den Arbeitnehmern im Betriebsteil so erschwert ist, dass eine ordnungsgemäße Betreuung der Belegschaft des Betriebsteils durch einen beim Hauptbetrieb ansässigen Betriebsrat nicht mehr gewährleistet ist.

Die maßgebliche Erreichbarkeit des Betriebsrats für die Arbeitnehmer und die Erreichbarkeit der Arbeitnehmer für den Betriebsrat ist nicht allein nach Entfernungskilometern zu beurteilen. Vielmehr ist eine Gesamtwürdigung aller für die Erreichbarkeit des Hauptbetriebs in Betracht kommenden Umstände vorzunehmen.

Bei der Ermittlung der für die räumliche Entfernung maßgeblichen Wegezeiten ist auf die regelmäßigen Verkehrsverhältnisse abzustellen.

***BAG** 17.5.2017 – 7 ABR 21/15*

Nach § 4 Abs. 1 Satz 1 Nr. 1 BetrVG ist die **räumliche Entfernung** von Einzelhandelsfilialen vom Hauptbetrieb maßgeblich und nicht die Entfernung der Filialen von dem Büro des Betriebsrats. Hierbei kommt es auch auf die Erreichbarkeit mit öffentlichen Verkehrsmitteln an.

Da § 4 Abs. 1 Satz 1 Nr. 1 BetrVG allein auf die räumliche Entfernung der Betriebsteile vom Hauptbetrieb abstellt, ist die Erreichbarkeit des im Hauptbetrieb bestehenden Betriebsrats per Post oder Telefon oder mit Hilfe moderner Kommunikationsmittel unerheblich. Ebenso kommt es nicht darauf an, ob für die in den Betriebsteilen beschäftigten Arbeitnehmer bei Teilbelegschafts- und Belegschaftsversammlungen die Möglichkeit der Kontaktaufnahme mit dem Betriebsrat besteht.

***BAG** 7.5.2008 – 7 ABR 15/07 = NZA 2008, 1142*

Betriebsteile sind i.S.v. § 4 Abs. 1 Satz 1 Nr. 1 BetrVG vom Hauptbetrieb **räumlich weit entfernt**, wenn wegen dieser Entfernung eine ordnungsgemäße Betreuung der Belegschaft durch einen beim Hauptbetrieb ansässigen Betriebsrat nicht mehr gewährleistet ist.

***BAG** 14.1.2004 – 7 ABR 26/03*

Bei **guten** oder **normalen Verkehrsbedingungen** sind folgende Entfernungen nicht räumlich weit:

17 km (**LAG** Hamm 09.12.1977 – 3 TaBV 71/77 = DB 1978, 1282)

22 km (**LAG** Hamburg 01.11.1982 – 2 TaBV 8/82 = BB 1983, 1095)

30 km (**ArbG** Braunschweig 09.03.1972 – 1 BV 1/72)

35 km (**LAG** München 23.10.1991 – 7 TaBV 21/91)

40 km (**BAG** 24.02.1976 – 1 ABR 62/75 = BB 1976, 1075 = DB 1976, 1579)

45 km (**BAG** 29.03.1977 – 1 ABR 31/76 = AuR 1978, 254).

Bei **schlechten Verkehrsbedingungen** sind folgende Entfernungen räumlich weit:

50 km (**LAG** Schleswig-Holstein 29.06.1972 – 3 TaBV 3/72)

60 km (**LAG** München 21.10.1987 – 5 TaBV 9/87 = BB 1988, 1182)

80-90 km (**LAG** Schleswig-Holstein 07.07.1972 – 4 TaBV 4/72)

140 km (**ArbG** Hannover 21.05.1987 – 8 BV 3/87 = AuR 1988, 59)

Haben die Arbeitnehmer einer Niederlassung (hier in Bremerhaven) nicht an der Betriebsratswahl des Stammbetriebs (Bremen) teilgenommen, braucht der Arbeitgeber den Betriebsrat zur Kündigung eines in der Niederlassung beschäftigten Arbeitnehmers auch dann nicht nach § 102 BetrVG anzuhören, wenn es sich bei der Niederlassung nur um einen Betriebsteil handelt, der auch nicht wegen räumlich weiter Entfernung vom Hauptbetrieb als selbstständiger Betriebsteil gilt.

Die **Sozialauswahl** ist nicht auf Betriebsteile oder Betriebsabteilungen beschränkt. Allein die räumliche Entfernung (hier zwischen den Betriebsstätten Bremen und Bremerhaven von ca. 70 km) von Hauptbetrieb und Niederlassung steht einer betriebsbezogenen Sozialauswahl nicht entgegen, es kann ein Betrieb i.S.v. § 23 KSchG gegeben sein. Eine mögliche betriebsverfassungsrechtliche Eigenständigkeit einzelner Betriebsteile steht einer betriebsteilübergreifenden Sozialauswahl nicht entgegen.

Lässt der Arbeitsvertrag des zu kündigenden Arbeitnehmers eine Tätigkeit in mehreren oder allen Betriebsteilen zu oder enthält er keine örtlichen Einsatzbeschränkungen, sind in die Sozialauswahl alle Arbeitnehmer aller Betriebsteile eines Betriebs mit einzubeziehen.

Eine vertraglich beiderseits bindende nachträgliche Beschränkung des Einsatzortes ergibt sich noch nicht allein aus dem Umstand, dass der Arbeitnehmer jahrelang immer am gleichen Arbeitsort eingesetzt worden ist.

***BAG** 3.6.2004 – 2 AZR 577/03*

Ist durch eine nicht angefochtene Betriebsratswahl ein einheitlicher Betriebsrat für mehrere Betriebsteile gebildet worden, so ist es unzulässig, während der Amtszeit des Betriebsrats einen eigenen Betriebsrat für einen Betriebsteil mit der Begründung zu wählen, dieser Betriebsteil sei selbständig i.S.d. § 4 BetrVG. Die gleichwohl durchgeführte Wahl ist nichtig.

***BAG** 11.4.1978 – 6 ABR 22/77*

Nicht jede räumlich oder organisatorisch abgrenzbare Arbeitsstätte ist ein **Betriebsteil** i.S.d. § 4 Satz 1 BetrVG. Erforderlich ist zumindest das Bestehen einer eigenen Leitung, die Weisungsrechte des Arbeitgebers ausübt.

Ein Betriebsteil ist zwar ein in den Betrieb eingegliederter Teil des Betriebes, er muss aber von diesem doch **organisatorisch abgrenzbar** und **relativ selbständig** sein. Zwar bedarf ein Betriebsteil im Gegensatz zum selbständigen Betrieb i.S.d. § 1 BetrVG keines umfassenden eigenständigen Leitungsapparats, der insbesondere in personellen und sozialen Angelegenheiten wesentliche Entscheidungen selbständig treffen kann. Erforderlich für das Vorliegen eines Betriebsteils i.S.d. § 4 Satz 1 BetrVG ist jedoch, dass dort überhaupt eine den Einsatz der Arbeitnehmer bestimmende Leitung institutionalisiert ist und von dieser das Weisungsrecht des Arbeitgebers ausgeübt wird.

***BAG** 28.6.1995 – 7 ABR 59/94; **BAG** 29.1.1992 – 7 ABR 27/91*

Bei der Beurteilung der räumlichen Entfernung eines Betriebsteils nach § 4 BetrVG sind auch die konkreten Verkehrsverhältnisse (z. B. häufige Staus im Stadtverkehr) zu berücksichtigen. Auch die Zahl der im Betriebsteil tätigen Arbeitnehmer kann in diesem Zusammenhang eine Rolle spielen.

***LAG** Köln 28.6.1989 – 2 TaBV 42/88 = BB 1989, 1692*

Vom Hauptbetrieb weit entfernte, organisatorisch voneinander abgegrenzte Betriebsteile, die jeweils die Voraussetzungen des § 1 BetrVG erfüllen, gelten nach § 4 Satz 1 BetrVG auch dann je für sich als selbständige Betriebe und nicht als einheitlicher Betrieb, wenn sie nahe beieinander liegen.

***BAG** 29.5.1991 – 7 ABR 54/90*

Ein **Auslieferungslager**, das vom Stammbetrieb mit einem PKW in ca. 25 Minuten bei einer Straßenentfernung von 22 km zu erreichen ist und in dem in personellen und sozialen Angelegenheiten keine nennenswerten Entscheidungen zu treffen sind, ist nicht betriebsratsfähig i.S.d. § 4 BetrVG.

***BAG** 17.2.1983 – 6 ABR 64/81 = DB 1983, 2039*

Haupt- und Nebenbetrieb müssen nicht nur denselben Betriebsinhaber haben, sondern auch zum selben Unternehmen gehören.

***BAG** 1.4.1987 – 4 AZR 77/86*

Nach § 4 Abs. 1 Satz 1 Nr. 2 BetrVG gelten Betriebsteile als selbständige Betriebe, wenn sie die Voraussetzungen des § 1 Abs. 1 Satz 1 BetrVG erfüllen und durch Aufgabenbereich und Organisation eigenständig sind. Dazu genügt eine relative Eigenständigkeit. Voraussetzung dafür ist, dass in dem Betriebsteil eine eigenständige Leitung institutionalisiert ist, die die wesentlichen Arbeitgeberfunktionen in mitbestimmungspflichtigen Angelegenheiten ausübt.
Betreibt ein Unternehmen mehrere Sinfonieorchester und mehrere Chöre, kann ein einzelnes Sinfonieorchester ein betriebsratsfähiger Betriebsteil sein, wenn es einen eigenständigen künstlerischen Aufgabenbereich hat und die wesentlichen mitbestimmungspflichtigen Angelegenheiten auf Seiten des Arbeitgebers von dem nur für das Sinfonieorchester zuständigen Orchestervorstand und Orchesterdirektor wahrgenommen werden.
Wurde für den gesamten Betrieb einschließlich des Betriebsteils ein gemeinsamer Betriebsrat gewählt, steht dies der Wahl eines eigenen Betriebsrats durch die Belegschaft des Betriebsteils für die künftige regelmäßige Amtszeit nicht entgegen. Findet eine derartige Wahl statt, ist sie nicht deshalb nichtig, weil danach ein Betriebsrat für alle in dem Unternehmen beschäftigten Arbeitnehmer gewählt wird.

***BAG** 21.7.2004 – 7 ABR 57/03*

Der **Marktleiter** eines einzelnen **Verbrauchermarktes** eines Einzelhandelsfilialunternehmens, der u. a. personelle Maßnahmen wie Einstellungen und Entlassungen nach im Einzelnen umschriebenen unternehmerischen Vorgaben und nach Beachtung von Konsultationspflichten mit der Personalabteilung für bestimmte Arbeitnehmergruppen ausführen kann, verfügt nicht über eine ausreichende Leitungsmacht in personellen und sozialen Angelegenheiten, die die Annahme rechtfertigt, eine einzelne Filiale stelle einen Betrieb im kündigungsschutzrechtlichen Sinne dar.

***BAG** 31.5.2007 – 2 AZR 276/06*

Beteiligt sich die Belegschaft eines betriebsratslosen Betriebsteils i.S.d. § 4 Abs. 1 Satz 1 BetrVG aufgrund einer Abstimmung nach § 4 Abs. 1 Satz 2 BetrVG an der Betriebsratswahl im Hauptbetrieb, verliert der Betriebsteil seine gesetzlich fingierte Eigenständigkeit.

In einem solchen Fall wird der Betriebsteil Teil des Hauptbetriebs, nach dessen Verhältnissen sich die Voraussetzungen für die Aufstellung eines Sozialplans i.S.d. § 112 Abs. 4 BetrVG bestimmen.

***BAG** 17.9.2013 – 1 ABR 21/12*

Wird während eines laufenden Beschlussverfahrens anstelle des bisher für zwei Betriebsstätten eines Unternehmens errichteten Betriebsrats für diese jeweils ein eigener Betriebsrat gewählt, sind beide Funktionsnachfolger des früheren Betriebsrats (Rn. 13 f.).

Nimmt in einem solchen Fall einer der beiden während des Rechtsbeschwerdeverfahrens gewählten Betriebsräte seine Rechtsbeschwerde gegen die einen Antrag auf Anfechtung eines Einigungsstellenspruchs abweisende Entscheidung des Landesarbeitsgerichts zurück, so ist er an dem von dem anderen Betriebsrat fortgeführten Anfechtungsverfahren nicht mehr nach § 83 Abs. 3 ArbGG beteiligt. Durch die begehrte Entscheidung wird sein betriebsverfassungsrechtliches Rechtsverhältnis nicht mehr berührt (Rn. 14).

***BAG** 11.12.2018 – 1 ABR 17/17*

1.1. Kleinstbetrieb (§ 4 Abs. 2 BetrVG)

Nach § 4 Abs. 2 BetrVG werden eigenständige Betriebe, in denen in der Regel weniger als fünf wahlberechtigte Arbeitnehmer ständig beschäftigt sind, dem Hauptbetrieb zugeordnet.

Unterhält der Arbeitgeber neben dem nicht betriebsratsfähigen Betrieb mehrere weitere Betriebe, ist Hauptbetrieb i.S.v. § 4 Abs. 2 BetrVG der Betrieb, der gegenüber dem nicht betriebsratsfähigen Betrieb eine hervorgehobene Bedeutung hat. Diese Bedeutung kann sich daraus ergeben, dass die Leitung dieses Betriebs die Leitung des nicht betriebsratsfähigen Betriebs in personellen und sozialen Angelegenheiten beratend unterstützt. Dem steht nicht entgegen, dass in den Betrieben unterschiedliche arbeitstechnische Zwecke verfolgt werden und dass der Arbeitgeber andere, räumlich näher zu dem nicht betriebsratsfähigen Betrieb gelegene Betriebe unterhält, die den gleichen oder einen ähnlichen arbeitstechnischen Zweck verfolgen wie der nicht betriebsratsfähige Betrieb.

***BAG** 17.1.2007 – 7 ABR 63/05*

1.2. Zuordnung durch Arbeitnehmerbeschluss

Hinweis für die Praxis:

Zuordnung durch Arbeitnehmerbeschluss

Nach § 4 Abs. 1 Satz 2 – 5 BetrVG können die Arbeitnehmer eines Betriebsteils, in dem kein eigener Betriebsrat besteht, mehrheitlich beschließen, an der Wahl des Betriebsrats im Hauptbetrieb teilzunehmen. Diese Abstimmung kann formlos erfolgen.

Die Initiative zu dieser Abstimmung kann nach § 4 Abs. 1 Halbs. 2 i. V. m. § 3 Abs. 3 Satz 2 BetrVG von drei wahlberechtigten Arbeitnehmern des Betriebsteils, von der im Betrieb vertretenen Gewerkschaft oder vom Betriebsrat des Hauptbetriebs (§ 4 Abs. 1 Satz 3 BetrVG) ergriffen werden.

***Abstimmungsberechtigt** sind alle Arbeitnehmer des Betriebsteils, nicht nur wahlberechtigte Arbeitnehmer.[3] Der Beschluss ist dem Betriebsrat des Hauptbetriebes nach § 4 Abs. 1 Satz 4 BetrVG spätestens zehn Wochen vor Ablauf von dessen Amtszeit mitzuteilen.*

Ist ein solcher Beschluss über die Zuordnung des Betriebsteils getroffen worden, ist dies von dem Wahlvorstand, der die Wahl im Hauptbetrieb einleitet und durchführt, zu berücksichtigen. Die Zuordnung des Betriebsteils zum Hauptbetrieb gilt solange, bis sie durch eine erneute Abstimmung der Arbeitnehmer des Betriebsteils mit Mehrheit widerrufen wird (§ 4 Abs. 1 Satz 5 BetrVG).

2. Mitbestimmungsgesetz und Drittelbeteiligungsgesetz

Hinweis für die Praxis:

Das am 1. Juli 2004 in Kraft getretene Drittelbeteiligungsgesetz löst die Bestimmungen des Betriebsverfassungsgesetzes 1952 ab, ohne jedoch die Rechtslage entscheidend zu ändern. Das Gesetz stellt im Wesentlichen eine redaktionelle Neufassung des BetrVG 1952 dar. Gleichzeitig mit dem Drittelbeteiligungsgesetz wurde die in § 13 DrittelbG vorgesehene Wahlordnung erlassen und die alte Wahlordnung aufgehoben.

Das Drittelbeteiligungsgesetz findet gemäß § 1 DrittelbG nur auf inländische Unternehmen, deren effektiver Verwaltungssitz im Inland liegt und die nach deutschem Recht errichtet sind, Anwendung. Das Drittelbeteiligungsgesetz erfasst Aktiengesellschaften, Kommanditgesellschaften auf Aktien, Gesellschaften mit beschränkter Haftung, Versicherungsvereine auf Gegenseitigkeit und Erwerbs- und Wirtschaftsgenossenschaften mit in der Regel mehr als 500 Arbeitnehmern, solange weder das Mitbestimmungsgesetz noch das Montanmitbestimmungsgesetz anwendbar sind.

Bei den von dem Drittelbeteiligungsgesetz erfassten Unternehmen besteht der zu bildende Aufsichtsrat zu einem Drittel aus Arbeitnehmervertretern gemäß § 4 Abs. 1 DrittelbG.

Die Nichtigkeit der Wahl von Aufsichtsratsmitgliedern der Arbeitnehmer kann wegen der damit verbundenen weitreichenden Folgen nur in besonderen Ausnahmefällen angenommen werden, in denen die Voraussetzungen der Wahl nicht vorlagen oder bei der Wahl gegen fundamentale Wahlgrundsätze in so hohem Maße verstoßen wurde, dass nicht einmal mehr der Anschein einer ordnungsgemäßen Wahl vorliegt (Rn. 27).

Werden die Vertreter von Gewerkschaften im Aufsichtsrat aufgrund eines Wahlvorschlags einer nicht tariffähigen Arbeitnehmervereinigung gewählt, ist aber die fehlende Tariffähigkeit im Zeitpunkt der Wahl noch nicht in einem Verfahren nach § 97 ArbGG rechtskräftig festgestellt, ist die Wahl nur dann nichtig, wenn das Fehlen der Tariffähigkeit offenkundig ist. Dies ist in der Regel nicht der Fall (Rn. 30 ff.).

***BAG** 15.5.2019 – 7 ABR 35/17*

Die zwischen einem Unternehmen und dem Gesamtbetriebsrat oder Betriebsrat streitige Frage, ob eine bislang aufsichtsratslose GmbH die Voraussetzungen des Drittelbeteiligungsgesetzes zur Bildung eines Aufsichtsrats erfüllt, ist nach § 27 EGAktG, § 98 Abs. 1 AktG in einem Statusverfahren bei dem hierfür allein zuständigen Landgericht zu klären.
Die Wahl der Aufsichtsratsmitglieder der Arbeitnehmer ist in einem derartigen Fall erst nach Durchführung des Statusverfahrens zulässig. Wird die Wahl ohne vorheriges Statusverfahren durchgeführt, ist sie nichtig, da die Voraussetzungen für eine Wahl nicht vorliegen.

***BAG** 16.4.2008 – 7 ABR 6/07*

Nach § 5 Abs. 2 Satz 1 DrittelbG sind zur Wahl von Aufsichtsratsmitgliedern der Arbeitnehmer wahlberechtigt die Arbeitnehmer des Unternehmens, die das 18. Lebensjahr vollendet haben.
Führen mehrere – jeweils der drittelparitätischen Mitbestimmung nach § 1 Abs. 1 DrittelbG unterliegende – Unternehmen einen (oder mehrere) Gemeinschaftsbetrieb(e), haben die mit einem Unternehmen arbeitsvertraglich verbundenen Arbeitnehmer des gemeinsamen Betriebs (oder der gemeinsamen Betriebe) das aktive Wahlrecht bei der Wahl der Arbeitnehmervertreter in den Aufsichtsrat bei jedem Trägerunternehmen. Das ergibt eine am Normwortlaut unter Hinzuziehung der Gesetzeshistorie, an der Systematik sowie an Sinn und Zweck der Unternehmensmitbestimmung orientierte Auslegung von § 5 Abs. 2 Satz 1 DrittelbG.
Die Frage, ob bei der Ermittlung des Schwellenwertes nach § 1 Abs. 1 Nr. 3 DrittelbG alle in einem Gemeinschaftsbetrieb beschäftigten Arbeitnehmer „zählen", war nicht zu entscheiden.
Die Wahl von Aufsichtsratsmitgliedern der Arbeitnehmer ist nur dann nichtig, wenn die Voraussetzungen der Wahl nicht vorlagen oder bei der Wahl gegen fundamentale Wahlgrundsätze in so hohem Maße verstoßen wurde, dass nicht einmal mehr der Anschein einer ordnungsgemäßen Wahl vorliegt.

***BAG** 13.3.2013 – 7 ABR 47/11*

Nach § 2 Abs. 1 DrittelbG nehmen an der Wahl der Aufsichtsratsmitglieder der Arbeitnehmer des herrschenden Unternehmens eines Konzerns i.S.v. § 18 Abs. 1 AktG auch die Arbeitnehmer der übrigen Konzernunternehmen teil. Die Verweisung auf § 18 Abs. 1 AktG zeigt, dass kein eigenständiger mitbestimmungsrechtlicher Konzernbegriff gilt. Maßgeblich sind die Regelungen des Aktiengesetzes.
Bei einer GmbH & Co. KG genügt für die Annahme eines Abhängigkeitsverhältnisses i.S.v. § 17 AktG die mehrheitliche Beteiligung des herrschenden Unternehmens an der Komplementär-GmbH.
Bei einem abhängigen Unternehmen wird nach § 18 Abs. 1 Satz 3 AktG vermutet, dass es mit dem herrschenden Unternehmen einen Konzern bildet.
Die Konzernvermutung des § 18 Abs. 1 Satz 3 AktG kann widerlegt werden. Dazu muss für alle wesentlichen Bereiche der Unternehmenspolitik nachgewiesen werden, dass die Unternehmensentscheidungen ohne beherrschende Einflussnahme der Obergesellschaft getroffen werden.

***BAG** 15.12.2011 – 7 ABR 56/19*

---

3 **FESTL**, § 4 BetrVG Rdn. 30 m.w.N.

Arbeitnehmer (§ 5 BetrVG)

Gesetzestext:

§ 5 Arbeitnehmer

(1) [1]Arbeitnehmer (Arbeitnehmerinnen und Arbeitnehmer) im Sinne dieses Gesetzes sind Arbeiter und Angestellte einschließlich der zu ihrer Berufsausbildung Beschäftigten, unabhängig davon, ob sie im Betrieb, im Außendienst oder mit Telearbeit beschäftigt werden. [2]Als Arbeitnehmer gelten auch die in Heimarbeit Beschäftigten, die in der Hauptsache für den Betrieb arbeiten. [3]Als Arbeitnehmer gelten ferner Beamte (Beamtinnen und Beamte), Soldaten (Soldatinnen und Soldaten) sowie Arbeitnehmer des öffentlichen Dienstes einschließlich der zu ihrer Berufsausbildung Beschäftigten, die in Betrieben privatrechtlich organisierter Unternehmen tätig sind.

(2) Als Arbeitnehmer im Sinne dieses Gesetzes gelten nicht

1. *in Betrieben einer juristischen Person die Mitglieder des Organs, das zur gesetzlichen Vertretung der juristischen Person berufen ist;*
2. *die Gesellschafter einer offenen Handelsgesellschaft oder die Mitglieder einer anderen Personengesamtheit, soweit sie durch Gesetz, Satzung oder Gesellschaftsvertrag zur Vertretung der Personengesamtheit oder zur Geschäftsführung berufen sind, in deren Betrieben;*
3. *Personen, deren Beschäftigung nicht in erster Linie ihrem Erwerb dient, sondern vorwiegend durch Beweggründe karitativer oder religiöser Art bestimmt ist;*
4. *Personen, deren Beschäftigung nicht in erster Linie ihrem Erwerb dient und die vorwiegend zu ihrer Heilung, Wiedereingewöhnung, sittlichen Besserung oder Erziehung beschäftigt werden;*
5. *der Ehegatte, der Lebenspartner, Verwandte und Verschwägerte ersten Grades, die in häuslicher Gemeinschaft mit dem Arbeitgeber leben.*

(3) [1]Dieses Gesetz findet, soweit in ihm nicht ausdrücklich etwas anderes bestimmt ist, keine Anwendung auf leitende Angestellte. [2]Leitender Angestellter ist, wer nach Arbeitsvertrag und Stellung im Unternehmen oder im Betrieb

1. *zur selbständigen Einstellung und Entlassung von im Betrieb oder in der Betriebsabteilung beschäftigten Arbeitnehmern berechtigt ist oder*
2. *Generalvollmacht oder Prokura hat und die Prokura auch im Verhältnis zum Arbeitgeber nicht unbedeutend ist oder*
3. *regelmäßig sonstige Aufgaben wahrnimmt, die für den Bestand und die Entwicklung des Unternehmens oder eines Betriebs von Bedeutung sind und deren Erfüllung besondere Erfahrungen und Kenntnisse voraussetzt, wenn er dabei entweder die Entscheidungen im Wesentlichen frei von Weisungen trifft oder sie maßgeblich beeinflusst; dies kann auch bei Vorgaben insbesondere auf Grund von Rechtsvorschriften, Plänen oder Richtlinien sowie bei Zusammenarbeit mit anderen leitenden Angestellten gegeben sein.*

(4) Leitender Angestellter nach Absatz 3 Nr. 3 ist im Zweifel, wer

1. *aus Anlass der letzten Wahl des Betriebsrats, des Sprecherausschusses oder von Aufsichtsratsmitgliedern der Arbeitnehmer oder durch rechtskräftige gerichtliche Entscheidung den leitenden Angestellten zugeordnet worden ist oder*
2. *einer Leitungsebene angehört, auf der in dem Unternehmen überwiegend leitende Angestellte vertreten sind, oder*
3. *ein regelmäßiges Jahresarbeitsentgelt erhält, das für leitende Angestellte in dem Unternehmen üblich ist, oder*
4. *falls auch bei der Anwendung der Nummer 3 noch Zweifel bleiben, ein regelmäßiges Jahresarbeitsentgelt erhält, das das Dreifache der Bezugsgröße nach § 18 des Vierten Buches Sozialgesetzbuch überschreitet.*

§ 6 (weggefallen)

1. Arbeitnehmer i.S.d. BetrVG (§ 5 Abs. 1 u. 2 BetrVG)

Das entscheidende Merkmal der Arbeitnehmereigenschaft ist vor allem die persönliche Abhängigkeit des Mitarbeiters. Arbeitnehmer ist, wer seine Dienstleistung im Rahmen einer von Dritten bestimmten Arbeitsorganisation erbringt. Insoweit enthält § 84 Abs. 1 Satz 2 HGB ein typisches Abgrenzungsmerkmal. Nach dieser Bestimmung ist selbständig, wer im Wesentlichen frei seine Tätigkeit gestalten und seine Arbeitszeit bestimmen kann. Unselbständig und persönlich abhängig ist dagegen der Mitarbeiter, dem dies nicht möglich ist. Zwar gilt diese Regelung unmittelbar nur für die Abgrenzung des selbständigen Handelsvertreters vom abhängig beschäftigten kaufmännischen Angestellten. Über diesen unmittelbaren Anwendungsbereich hinaus enthält die Vorschrift jedoch eine allgemeine Wertung des Gesetzgebers, die bei der Abgrenzung des Arbeitsvertrags vom Dienstvertrag des freien Mitarbeiters zu beachten ist, zumal dies die einzige Norm ist, die dafür Kriterien enthält.

Unterliegt hiernach der Beschäftigte hinsichtlich Zeit, Dauer und Ort der Ausführung der versprochenen Dienste einem umfassenden Weisungsrecht, so liegt ein Arbeitsverhältnis vor. Kann er dagegen im Wesentlichen die Arbeitsbedingungen frei gestalten, ist er ein freier Mitarbeiter. Die das Rechtsverhältnis bestimmenden charakteristischen Merkmale sind danach zu beurteilen, wie sie sich aus dem Inhalt des Vertrags sowie der praktischen Durchführung und Gestaltung der Vertragsbeziehungen ergeben.

***BAG** 3.5.1989 – 5 AZR 158/88*

> **Hinweis für die Praxis:**
>
> *Die Ausführungen der vorstehenden Entscheidung zur Unterscheidung zwischen einer freien Mitarbeit und einem Arbeitsverhältnis haben inhaltlich nach wie vor Bestand. Allerdings werden sie nun für das Arbeitsverhältnis nicht mehr in § 84 Abs. 1 Satz 2 HGB, sondern in § 611a Abs. 1 Satz 3 BGB, der den Arbeitsvertrag definiert, geregelt.*

Ein Arbeitsverhältnis unterscheidet sich von den Rechtsverhältnissen eines Werkunternehmers oder selbständig Dienstleistenden entscheidend durch den Grad der persönlichen Abhängigkeit. Widersprechen sich Vereinbarung und tatsächliche Durchführung, ist die tatsächliche Durchführung maßgebend.

***BAG** 21.11.2013 – 6 AZR 23/12*

Der Status eines Beschäftigten richtet sich danach, wie die Vertragsbeziehungen nach ihrem Geschäftsinhalt **objektiv** einzuordnen ist. Wird der Vertrag abweichend von den ausdrücklichen Vereinbarungen vollzogen, ist in aller Regel die **tatsächliche Durchführung maßgebend**. Die tatsächliche Durchführung des Vertrages ist dann nicht maßgebend, wenn dem Unternehmer das Verhalten der unmittelbar Handelnden nicht zugerechnet werden kann (vgl. BAG 27.1.1993 – 7 AZR 476/92 – n. v.).

Die Grundsätze der (Duldungs- und) Anscheinsvollmacht finden Anwendung. Entscheidend ist, ob der Vertretene die (abweichende) Vertragsdurchführung hätte erkennen und verhindern können, und ob der Beschäftigte nach Treu und Glauben annehmen konnte, der Vertretene wisse davon und billige dies.

***BAG** 20.7.1994 – 5 AZR 627/93*

Die Arbeitnehmereigenschaft i.S.d. § 5 Abs. 1 Satz 1 BetrVG der zu ihrer Berufsausbildung Beschäftigten setzt voraus, dass die Auszubildenden in einen Betrieb des Ausbildenden eingegliedert sind. Die Auszubildenden müssen mit solchen Tätigkeiten beschäftigt werden bzw. diese erlernen, die auch zu den beruflichen Aufgaben von Arbeitern oder Angestellten des Betriebs gehören.

Personen, deren Berufsausbildung selbst Gegenstand des Betriebszwecks der betriebsverfassungsrechtlichen Einheit ist, sind keine Arbeitnehmer i.S.d. § 5 Abs. 1 Satz 1 BetrVG, da sie nicht in deren Betriebsorganisation eingegliedert sind.

Eine besondere Interessenvertretung der außerbetrieblichen Auszubildenden (§ 51 BBiG) ist auch in Betrieben zu bilden, deren Betriebszweck nicht ausschließlich oder überwiegend in der Vermittlung einer Berufsausbildung besteht, sofern dort fünf wahlberechtigte außerbetriebliche Auszubildende beschäftigt sind.

***BAG** 13.6.07 – 7 ABR 44/06*

Zu ihrer **Berufsausbildung Beschäftigte** und damit Arbeitnehmer i.S.v. § 5 Abs. 1 Satz 1 BetrVG sind Auszubildende, die zum Zwecke der Ausbildung betrieblich eingegliedert werden; dazu gehören nicht solche Auszubildende, die eine rein schulische Ausbildung durchlaufen.

Erforderlich ist, dass die betrieblich-praktische Ausbildung überwiegt oder der schulischen Ausbildung zumindest gleichwertig ist. Maßgeblich ist insoweit keine rein quantitative, sondern eine qualitative Beurteilung.

***BAG** 6.11.2013 – 7 BR 76/11*

Zusteller einer Tageszeitung sind in der Regel wahlberechtigte Arbeitnehmer i.S.d. §§ 5, 7 BetrVG.

Das Wahlrecht ist nicht durch die Teilzeittätigkeit außerhalb der Räume des Betriebes eingeschränkt.

***BAG** 29.1.1992 – 7 ABR 27/91 = BB 1992, 1216, 1490 = DB 1992, 1781 = NZA 1992, 835*

Helfer im freiwilligen sozialen Jahr sind weder Arbeitnehmer noch zu ihrer Berufsausbildung Beschäftigte i.S.d. § 5 Abs. 1 BetrVG und deshalb auch nicht zum Betriebsrat wahlberechtigt.

***BAG** 12.2.1992 – 7 ABR 42/91*

Die Vorschrift des Art. 1 § 14 Abs. 1 AÜG, nach der **Leiharbeiter** auch während der Zeit ihrer Arbeitsleistung bei einem Entleiher Angehörige des entsendenden Betriebs des Verleihers bleiben, gilt entsprechend für die gesetzlich nicht geregelten Erscheinungsformen der **nichtgewerbsmäßigen Arbeitnehmerüberlassung**.

***BAG** 18.1.1989 – 7 ABR 62/87*

Bei der Feststellung der für die zahlenmäßige Größe des Betriebsrats maßgebenden Zahl der Arbeitnehmer hat der Wahlvorstand einen Beurteilungsspielraum. Dies ist insbesondere dann der Fall, wenn es durch Aushilfskräfte oder Praktikanten zu einer hohen Fluktuation im Betrieb kommt. Eine Praktikantin kann vom Wahlvorstand als zu ihrer Berufsausbildung Beschäftigte i.S.d. § 5 Abs. 1 BetrVG angesehen werden, wenn aufgrund eines privatrechtlichen Vertrags berufliche Kenntnisse, Fertigkeiten und Erfahrungen vermittelt werden sollen. Soll nur ein allgemeiner Einblick in das Arbeitsleben ermöglicht werden, wie z. B. während eines schulischen Betriebspraktikums erfolgt nicht eine Ausbildung i.S.d. § 5 Abs. 1 BetrVG.

***LAG** Schleswig-Holstein 25.3.2003 – 2 TaBV 39/02 = NZA-RR 2004, 251*

Nach § 1 Kooperationsgesetz der Bundeswehr (BwKoopG) gilt das BwKoopG u.a. für Beamte, Angestellte und Arbeiter des Geschäftsbereichs des Bundesministeriums der Verteidigung, soweit und solange ihnen unter Beibehaltung ihres Dienst- oder Arbeitsverhältnisses zum Bund eine Tätigkeit in einem Wirtschaftsunternehmen zugewiesen wurde, mit dem die Bundeswehr eine Kooperation eingegangen ist. § 6 Abs. 1 BwKoopG bestimmt, dass die in § 1 genannten Personen u.a. für die Anwendung des Betriebsverfassungsgesetzes als Arbeitnehmer des Kooperationsbetriebs gelten und als solche aktiv und passiv wahlberechtigt sind.

Privatrechtlich organisierte Kooperationsunternehmen unterliegen dem Betriebsverfassungsgesetz. Ihnen zugewiesene Beamte und Arbeitnehmer sind grundsätzlich in die Betriebsverfassung einbezogen.

Die grundsätzliche Geltung des Betriebsverfassungsgesetzes für zugewiesene Beamte und Arbeitnehmer bedeutet nicht zwingend, dass dem Betriebsrat des Kooperationsbetriebs für diese Personengruppen uneingeschränkt alle betriebsverfassungsrechtlichen Mitbestimmungsrechte zukommen. Bestand und Umfang der betrieblichen Mitbestimmung richten sich nach dem Gegenstand und Zweck des jeweiligen Mitbestimmungsrechts. Versetzungen zugewiesener Beamter und Arbeitnehmer innerhalb des Kooperationsbetriebs sind nach Gegenstand und Zweck des Mitbestimmungsrechts aus § 99 Abs. 1 Satz 1 BetrVG mitbestimmungspflichtig. §§ 1 und 6 Abs. 1 BwKoopG stehen dem nicht entgegen.

***BAG** 4.5.2011 – 7 ABR 3/10*

Medizinische Hochschullehrer mit der Funktion eines Abteilungsleiters in einem Universitätsklinikum im Land Baden-Württemberg stehen in einem doppelten Dienstverhältnis. Als Universitätsprofessoren sind sie in der Regel Beamte des Landes Baden-Württemberg. Gleichzeitig stehen sie in ihrer Eigenschaft als Leiter einer Abteilung in einem separat begründeten Dienstverhältnis zum Universitätsklinikum.

Das der Bestellung zum Abteilungsleiter zugrunde liegende Dienstverhältnis kann ein Arbeitsverhältnis sein.

***BAG** 22.11.2016 – 9 AZB 41/16*

Nach § 5 Abs. 1 Satz 3 BetrVG gelten u.a. Arbeitnehmer des öffentlichen Dienstes, die in Betrieben privatrechtlich organisierter Unternehmen tätig sind, als Arbeitnehmer im betriebsverfassungsrechtlichen Sinn. Sie sind bei den organisatorischen Schwellenwerten des Betriebsverfassungsgesetzes – so auch bei § 38 Abs. 1 Satz 1 BetrVG – zu berücksichtigen.

Das Tatbestandsmerkmal „Tätigsein“ in § 5 Abs. 1 Satz 3 BetrVG knüpft an einen tatsächlichen Umstand an. Entscheidend ist die Betriebsangehörigkeit. Betriebsangehörig sind – da es auf ein individualrechtliches Beschäftigungsverhältnis zum Inhaber oder Träger des Einsatzbetriebs nicht ankommt – alle Beschäftigten, die nach den allgemeinen in der Betriebsverfassung geltenden Grundsätzen in die Betriebsorganisation eingegliedert sind.

Eingegliedert ist, wer eine ihrer Art nach weisungsgebundene Tätigkeit verrichtet, die der Arbeitgeber organisiert. Der Beschäftigte muss so in die betriebliche Arbeitsorganisation integriert sein, dass der Arbeitgeber das für ein Arbeitsverhältnis typische Weisungsrecht innehat und die Entscheidung über den Einsatz nach Zeit und Ort trifft. Der Betriebsinhaber muss diese Arbeitgeberfunktion wenigstens im Sinn einer aufgespaltenen Arbeitgeberstellung teilweise ausüben.

Der Anwendbarkeit des § 5 Abs. 1 Satz 3 BetrVG steht nicht entgegen, dass die Überlassung der dort genannten Beschäftigtengruppen nicht auf Dauer oder langfristig erfolgt.

***BAG** 5.12.2012 – 7 ABR 17/11*

> ***Hinweis für die Praxis:***
>
> *Regelmäßig sind Beamte keine Arbeitnehmer und können deshalb auch nicht an der Betriebsratswahl teilnehmen, weil ihre Beschäftigung nicht auf einem privatrechtlichen Vertrag beruht. Durch die Regelung des § 5 Abs. 1 S. 3 BetrVG gelten Beamte, Soldaten und Arbeitnehmer des öffentlichen Dienstes als aktiv und passiv wahlberechtigte Arbeitnehmer des Betriebs, wenn sie in den Betrieb eingegliedert sind. Dies hat zur Folge, dass diese Mitarbeiter zum einen gegenüber ihrem eigentlichen Dienstherrn durch den zuständigen Personalrat vertreten werden. Bei Entscheidungen des Arbeitgebers des Betriebs, in welchen sie eingegliedert sind, werden sie zum anderen aber auch durch den dortigen Betriebsrat vertreten.*
>
> *Nach der vorstehenden Entscheidung des BAG sind sie in diesem Betrieb bei den organisatorischen Bestimmungen des Betriebsverfassungsgesetzes mitzuzählen.*

Sind Beschäftigte des öffentlichen Dienstes bei einem privatrechtlich organisierten Unternehmen tätig, steht ihnen das passive Wahlrecht zum Betriebsrat zu, soweit sie die allgemeinen Voraussetzungen dafür erfüllen.

Tätig in diesem Sinne sind Beschäftigte, die in die Betriebsorganisation eingegliedert sind. Darauf, ob dem Einsatz rechtliche Bedenken entgegenstehen, kommt es jedenfalls so lange nicht an, wie es sich um einen zwischen der Dienststelle und dem privatrechtlich organisierten Unternehmen koordinierten, vom Beschäftigten akzeptierten Einsatz handelt.

***BAG** 15.8.2012 – 7 ABR 34/11*

Der Betriebsrat des Entleiherbetriebs ist nicht zur Wahrnehmung sämtlicher betriebsverfassungsrechtlichen Rechte und Pflichten der dort eingesetzten Leiharbeitnehmer zuständig. Dies gilt auch dann, wenn die Leiharbeitnehmer nicht nur vorübergehend im Betrieb des Entleihers eingesetzt sind.

Die Zuständigkeit des Betriebsrats im Verleiherbetrieb oder des Betriebsrats im Entleiherbetrieb für die Wahrnehmung von Mitbestimmungsrechten in Bezug auf Leiharbeitnehmer bestimmt sich nach dem Gegenstand des geltend gemachten Mitbestimmungsrechts und der darauf bezogenen Entscheidungsmacht des Verleihers oder des Entleihers.

***BAG** 24.8.2016 – 7 ABR 2/15*

Nach § 42 Abs. 1 Satz 1 BetrVG besteht die Betriebsversammlung „aus den Arbeitnehmern des Betriebs". Die Vorschrift bestimmt selbst nicht näher, wer hierzu gehört. Daher sind die allgemeinen gesetzlichen Bestimmungen und die hierzu von der Rechtsprechung entwickelten Grundsätze heranzuziehen.

Nach der ständigen Rechtsprechung des Bundesarbeitsgerichts und allgemeiner Auffassung im Schrifttum geht das BetrVG in § 5 Abs. 1 Satz 1 vom allgemeinen Arbeitnehmerbegriff aus, den es in § 5 Abs. 1 Satz 2 und Satz 3, Abs. 2 und Abs. 3 erweitert sowie einschränkt. Danach ist Arbeitnehmer, wer aufgrund eines privatrechtlichen Vertrags im Dienste eines anderen zur Leistung weisungsgebundener, fremdbestimmter Arbeit in persönlicher Abhängigkeit verpflichtet ist. Betriebsverfassungsrechtlich ist darüber hinaus die Zuordnung des Arbeitnehmers zu einem bestimmten Betrieb erforderlich.

Nach der sog. „Zwei-Komponenten-Lehre" gehört zu den „konstitutiven Merkmalen der Betriebszugehörigkeit einerseits ein Arbeitsverhältnis zum Betriebsinhaber, andererseits die tatsächliche Eingliederung des Arbeitnehmers in dessen Betriebsorganisation". Ihre uneingeschränkte Anwendung führt beim drittbezogenen Personaleinsatz nicht zu sachgerechten Ergebnissen. Sie hätte vielmehr zur Folge, dass der Arbeitnehmer einerseits dem Betrieb seines „Vertragsarbeitgebers" mangels Eingliederung nicht zugeordnet werden könnte, während es andererseits zum „Betriebsarbeitgeber" am arbeitsvertraglichen Band fehlt.

In Fällen der aufgespaltenen Arbeitgeberstellung bedarf es daher einer differenzierten Beurteilung der betriebsverfassungsrechtlichen Zuordnung von Arbeitnehmern. Diese hat zum einen zu beachten, dass der Gesetzgeber die betriebsverfassungsrechtliche Behandlung des drittbezogenen Personaleinsatzes in nicht unerheblichem Umfang bereits spezialgesetzlich geregelt hat. Zum anderen ist zu berücksichtigen, dass im BetrVG in durchaus unterschiedlichem Zusammenhang an den Begriff des „Arbeitnehmers" angeknüpft wird.

Nach § 24 Abs. 2 Satz 1 PostPersRG gelten die bei den Aktiengesellschaften beschäftigten Beamten für die Anwendung des Betriebsverfassungsgesetzes als Arbeitnehmer. Nach § 24 Abs. 3 Satz 1 PostPersRG gelten die Beamten, denen nach § 4 Abs. 4 Satz 1 und Satz 2 PostPersRG eine Tätigkeit bei einem Unternehmen zugewiesen ist, u.a. für die Anwendung des Betriebsverfassungsgesetzes als Arbeitnehmer des Unternehmens. Der Gesetzgeber hat damit für diesen Fall des drittbezogenen Personaleinsatzes eine aufgespaltene Arbeitgeberstellung geregelt.

***BAG** 5.12.2012 – 7 ABR 48/11*

Das Mitbestimmungsgesetz definiert den Begriff „Arbeitnehmer" nicht selbst. § 3 Abs. 1 Satz 1 Nr. 1 MitbestG verweist auf den betriebsverfassungsrechtlichen Arbeitnehmerbegriff des § 5 Abs. 1 BetrVG, der ebenfalls keine Definition des Arbeitnehmerbegriffs enthält, sondern diesen voraussetzt. Die für den betriebsverfassungsrechtlichen Arbeitnehmerbegriff grundsätzlich maßgebliche „Zwei-Komponenten-Lehre", nach der zu den konstitutiven Merkmalen einerseits ein Arbeitsverhältnis zum Betriebsinhaber, andererseits die tatsächliche Eingliederung des Arbeitnehmers in dessen Betriebsorganisation gehört, führt beim drittbezogenen Personaleinsatz und einer aufgespaltenen Arbeitgeberstellung nicht zu sachgerechten Ergebnissen. Wegen der insoweit gebotenen normzweckorientierten Auslegung der jeweiligen, auf den oder die Arbeitnehmer abstellenden Vorschrift lässt sich auch die Frage, ob Leiharbeitnehmer bei den Schwellenwerten der Unternehmensmitbestimmung zu berücksichtigen sind, nicht allgemein, sondern nur bezogen auf den jeweiligen Schwellenwert beantworten.

Unter Berücksichtigung der Funktion des Arbeitnehmerbegriffs im Hinblick auf den für das Wahlverfahren maßgeblichen Schwellenwert des § 9 Abs. 1 und Abs. 2 MitbestG zählen auf Stammarbeitsplätzen eingesetzte wahlberechtigte Leiharbeitnehmer danach zu den Arbeitnehmern im Sinne der Vorschrift. Die in § 9 MitbestG zum Ausdruck gelangte Wertentscheidung, dass die Wahlberechtigten über die Art der Wahl befinden können, schließt es aus, wahlberechtigte Personen bei dem Schwellenwert nicht zu berücksichtigen.

***BAG** 4.11.2015 – 7 ABR 42/13*

Auch qualifizierte Angestelltentätigkeiten können Heimarbeit i.S.v. § 2 Abs. 1Satz 1 HAG sein, wenn sie unter den Bedingungen der Heimarbeit ausgeführt werden. Heimarbeit ist nicht auf gewerbliche oder diesen vergleichbare Tätigkeiten beschränkt.

Nach § 2 Abs. 1 Satz 1 HAG ist Heimarbeiter, wer in selbstgewählter Arbeitsstätte (eigene Wohnung oder Betriebsstätte) allein oder mit seinen Familienangehörigen im Auftrag von Gewerbetreibenden oder Zwischenmeistern erwerbsmäßig arbeitet, jedoch die Verwertung der Arbeitsergebnisse dem unmittelbar oder mittelbar auftraggebenden Gewerbetreibenden überlässt.

Heimarbeit setzt nicht mehr voraus, dass die Tätigkeiten mit gewerblichen Tätigkeiten vergleichbar sind. Der Gesetzgeber hat im Heimarbeitsänderungsgesetz vom 29. Oktober 1974 den Begriff „gewerblich" in § 2 Abs. 1 Satz 1 HAG a.F. durch das Merkmal „erwerbsmäßig" ersetzt. Damit ist Heimarbeit nicht mehr auf gewerbliche oder diesen vergleichbare Tätigkeiten beschränkt.

Auch Angestelltentätigkeiten sind insoweit in den Schutzbereich des HAG einbezogen, als sie unter den Bedingungen der Heimarbeit ausgeführt werden. Das gilt nicht nur für einfache Arbeiten, sondern auch für qualifizierte Tätigkeiten wie die Programmierung von EDV-Programmen.

***BAG** 14.06.2016-9 AZR 305/15 (unter **BAG** 7 ABR 42/13)*

Hinweis für die Praxis:

In einer veränderten Arbeitswelt findet der Heimarbeitnehmer immer mehr Beachtung. Das BAG hat festgestellt, das auch qualifizierte Angestelltentätigkeiten Heimarbeit im Sinne von § 2 Abs. 1 HAG sein können. Eventuell kann durch eine weite Auslegung des Begriffs des Heimarbeitnehmers die soziale Schutzlosigkeit neuer Arbeitsformen, z.B. Cloud-Working, zumindest zum Teil abgefedert werden, siehe zu diesem Thema und zur Abgrenzung zum Arbeitsverhältnis auch nachfolgend BAG 1.12.2020 – 9 AZR 102/20:

Die kontinuierliche Durchführung einer Vielzahl von Kleinstaufträgen („Mikrojobs") durch Nutzer einer Online-Plattform („Crowdworker") auf der Grundlage einer mit dem Betreiber („Crowdsourcer") getroffenen Rahmenvereinbarung kann im Rahmen der nach § 611a Abs. 1 Satz 5 BGB gebotenen Gesamtbetrachtung zur Annahme eines Arbeitsverhältnisses führen, wenn der Crowdworker zur persönlichen Leistungserbringung verpflichtet ist, die geschuldete Tätigkeit ihrer Eigenart nach einfach gelagert und ihre Durchführungen inhaltlich vorgegeben sind sowie die Auftragsvergabe und die konkrete Nutzung der Online-Plattform im Sinne eines Fremdbestimmens durch den Crowdsourcer gelenkt wird. (Rn. 44 – 45)

Das Arbeitsverhältnis und das Rechtsverhältnis eines Selbständigen unterscheiden sich durch den Grad der persönlichen Abhängigkeit des Verpflichteten. Ein Arbeitnehmer leistet weisungsgebundene, fremdbestimmte Arbeit in persönlicher Abhängigkeit. Die Begriffe der Weisungsgebundenheit und Fremdbestimmung sind eng miteinander verbunden und überschneiden sich teilweise (Rn. 31).

Weisungsgebundenheit und Fremdbestimmung können in unterschiedlicher Weise Ausdruck finden. Auch eine vom Auftraggeber geschaffene Organisationsstruktur kann den Beschäftigten durch mit ihr verbundene tatsächliche Zwänge zu dem gewünschten Verhalten veranlassen, ohne dass konkrete Anweisungen nötig sind (Rn. 33, 36).

Ergibt die tatsächliche Vertragsdurchführung, dass der Beschäftigte abweichend von den ausdrücklich getroffenen Vereinbarungen tatsächlich weisungsgebundene, fremdbestimmte Arbeit leistet, ist die Bezeichnung im Vertrag kraft gesetzlicher Anordnung unbeachtlich. § 611a Abs. 1 Satz 6 BGB löst den

Widerspruch zwischen Vertragsbezeichnung und Vertragsdurchführung zu Gunsten letzterer auf (Rn. 39).

Die tatsächliche Durchführung von Kleinstaufträgen („Mikrojobs") durch den Nutzer einer Online-Plattform („Crowdworker") auf der Grundlage einer mit deren Betreiber („Crowdsourcer") getroffenen Vereinbarung kann im Rahmen der nach § 611a Abs. 1 Satz 5 BGB gebotenen Gesamtbetrachtung ergeben, dass die rechtliche Beziehung als Arbeitsverhältnis zu qualifizieren ist. Von Bedeutung für das Bestehen eines Arbeitsverhältnisses ist in diesem Zusammenhang insbesondere, dass der Crowdworker zur persönlichen Leistungserbringung verpflichtet ist, die geschuldete Tätigkeit ihrer Eigenheit nach einfach gelagert und ihre Durchführungen inhaltlich vorgegeben sind sowie dass die Auftragsvergabe durch die konkrete Nutzung der Online-Plattform im Sinne eines Fremdbestimmens durch den Crowdsourcer gelenkt wird (Rn. 44 ff.).

2. Leitende Angestellte (§ 5 Abs. 3 u. 4 BetrVG)

Die Eigenschaft als leitender Angestellter kann nur für das gesamte Unternehmen einheitlich festgestellt werden, und zwar auch dann, wenn dieser in verschiedenen Betrieben mit unterschiedlichen Aufgaben eingesetzt wird. Dass der Angestellte in einem Betrieb nur untergeordnete Tätigkeiten ausgeübt hat, ist ohne Bedeutung.

***BAG** 25.2.1997 – 1 ABR 69/96*

Durch die **vorübergehende Wahrnehmung der Vertretung eines leitenden Angestellten** wird ein Arbeitnehmer nicht zum leitenden Angestellten i.S.d. § 5 Abs. 3 Nr. 3 BetrVG.

***BAG** 23.1.1986 – 6 ABR 51/81*

Die **Vereinbarung einer Probezeit** mit einem leitenden Angestellten ändert nichts an seinem Status, wenn sie dazu dienen soll, seine persönliche Eignung gerade im Hinblick auf die Aufgaben zu erproben, die seine Stellung als leitender Angestellter begründen.

Werden jedoch während der Probezeit die (später einmal) die Eigenschaft eines leitenden Angestellten begründenden Befugnisse temporär eingeschränkt oder von vornherein vertraglich noch nicht (voll) gegeben, so hat dieser Angestellte in der Probezeit nicht die Stellung eines leitenden Angestellten inne.

Verletzt der Arbeitgeber die ihm nach § 105 BetrVG obliegende Mitteilungspflicht, so hat dies auf die Wirksamkeit der Kündigung (eines leitenden Angestellten) keinen Einfluss.

***BAG** 25.3.1976 – 1 AZR 192/75*

Für den Status eines leitenden Angestellten nach § 5 Abs. 3 Satz 2 Nr. 2 BetrVG ist neben der Verleihung der **Prokura** erforderlich, dass der Angestellte unternehmerische Führungsaufgaben wahrnimmt; die regelmäßig einem Prokuristen aufgrund der mit der Prokura verbundenen gesetzlichen Vertretungsmacht (§ 49 HGB) vorbehalten sind.

Die dem Prokuristen obliegenden Führungsaufgaben dürfen sich nicht in der Wahrnehmung von **Stabsfunktionen** erschöpfen, da der Einfluss von Angestellten in Stabsfunktionen auf das Innenverhältnis zum Unternehmer beschränkt ist und die Prokura deshalb für die Tätigkeit keine sachliche Bedeutung hat.

Angestellte in Stabsfunktionen können bei Vorliegen der gesetzlichen Voraussetzungen leitende Angestellte nach § 5 Abs. 3 Satz 2 Nr. 3 BetrVG sein.

***BAG** 25.3.2009 – 7 ABR 2/08*

Voraussetzung für die Wahrnehmung einer unternehmerischen (Teil-)Aufgabe i.S.v. § 5 Abs. 3 Satz 2 Nr. 3 BetrVG ist es, dass dem leitenden Angestellten rechtlich und tatsächlich ein eigener und erheblicher Entscheidungsspielraum zur Verfügung steht und er kraft seiner leitenden Funktion maßgeblichen Einfluss auf die Unternehmensführung ausübt. Ein solcher Einfluss kann darin bestehen, dass der leitende Angestellte selbst die Entscheidungen trifft, aber auch darin, dass er kraft seiner Schlüsselposition Entscheidungsvoraussetzungen schafft, an denen die Unternehmensleitung nicht vorbeigehen kann. Der maßgebliche Einfluss fehlt, wenn der Angestellte nur bei der rein arbeitstechnischen, vorbestimmten Durchführung unternehmerischer Entscheidungen eingeschaltet wird, etwa im Rahmen von Aufsichts- oder Überwachungsfunktionen. Erforderlich ist im Übrigen, dass die unternehmerische Aufgabenstellung mit Entscheidungsspielraum die Tätigkeit des leitenden Angestellten prägt, d.h. als deren Schwerpunkt bestimmt.

Ob ein Chefarzt nach diesen Grundsätzen leitender Angestellter i.S.v. § 5 Abs. 3 Satz 2 Nr. 3 BetrVG ist, hängt von den Umständen des Einzelfalls ab. Erforderlich ist, dass er nach dem Arbeitsvertrag und der tatsächlichen Stellung in der Klinik der Leitungs- und Führungsebene zuzurechnen ist und unternehmens- oder betriebsleitende Entscheidungen entweder selbst trifft oder maßgeblich vorbereitet (im Streitfall bejaht für einen ärztlichen Direktor).

***BAG** 5.6.2014 – 2 AZR 615/13*

Ob bei einer Wirtschaftsprüfungs- und Beratungsgesellschaft **angestellte Steuerberater und/oder Rechtsanwälte**, denen Prokura verliehen ist, leitende Angestellte i.S.v. § 5 Abs. 3 Satz 2 Nr. 2 und/oder Nr. 3 BetrVG sind, hängt von den Umständen des Einzelfalls ab.

Das funktionsbezogene Merkmal der auch im Verhältnis zum Arbeitgeber nicht unbedeutenden Prokura nach § 5 Abs. 3 Satz 2 Nr. 2 BetrVG ist dahin zu verstehen, dass das der Prokura zugrunde liegende Aufgabengebiet nicht unbedeutend sein darf.

Angestellte Steuerberater und / oder Rechtsanwälte sind nicht bereits deshalb leitende Angestellte nach § 5 Abs. 3 Satz 2 Nr. 3 BetrVG, weil sie nach den gesetzlichen Bestimmungen – § 57 Abs. 1, § 60 Abs. 1 Nr. 2 StBerG und §§ 1, 3, 43a BRAO – ihren Beruf unabhängig und eigenverantwortlich ausüben.

Die Vorschrift des § 45 Satz 2 WPO, nach der angestellte Wirtschaftsprüfer als leitende Angestellte i.S.d. § 5 Abs. 3 BetrVG gelten, ist auf angestellte Steuerberater und/oder Rechtsanwälte nicht entsprechend anwendbar.

***BAG** 29.6.2011 – 7 ABR 5/10*

Ein Angestellter, der zwar nicht selbst Unternehmerentscheidungen trifft, aber durch eine über die gesamte Breite des Unternehmensführungsbereichs wirkende Tätigkeit die **Grundlagen** für solche **Entscheidungen eigenverantwortlich erarbeitet** (Unternehmensplanung), ist regelmäßig leitender Angestellter i.S.d. § 5 Abs. 3 BetrVG. Eine Vorgesetzteneigenschaft ist dabei nicht erforderlich.

***BAG** 17.12.1974 – 1 ABR 105/73*

Der **Zentraleinkäufer** eines Warenhausunternehmens, der auf der dritten Führungsebene des Unternehmens angesiedelt, aber nur für den Einkauf eines beschränkten Warensortiments (hier: Damenlederwaren) und für weniger als 1 % des Gesamteinkaufsumsatzes zuständig ist, ist kein leitender Angestellter.

Die Mitarbeit in einem aus 324 Personen gebildeten Firmenleitungskreis, der die Führung und Leitung des Unternehmens insgesamt wahrnimmt und in dem auch die Mitglieder der dritten Führungsebene (Zentraleinkäufer und Geschäftsführer der Warenhäuser) vertreten sind, führt nicht dazu, für jeden einzelnen Mitarbeiter eine entsprechende unternehmerische Teilfunktion anzuerkennen.

***BAG** 25.10.2001 – 2 AZR 358/00*

Ein leitender Angestellter gem. § 5 Abs. 3 Nr. 1 BetrVG muss nicht nur im **Außenverhältnis** befugt sein, **Einstellungen** und **Entlassungen** vorzunehmen, sondern auch im **Innenverhältnis** gegenüber dem Arbeitgeber eigenverantwortlich über die Einstellung und Entlassung einer bedeutenden Anzahl von Arbeitnehmern des Betriebs entscheiden können.

***BAG** 11.3.1982 – 6 AZR 136/79*

Die Voraussetzungen des § 5 Abs. 3 Satz 2 Nr. 1 BetrVG liegen nicht vor, wenn die Einstellungs- und Entlassungsbefugnis des Angestellten nur von untergeordneter Bedeutung für den Betrieb und damit auch für das Unternehmen ist. Die in § 5 Abs. 3 Satz 2 Nr. 1 BetrVG aufgeführte formale Befugnis kann den Status als leitender Angestellter nur begründen, wenn die dem Angestellten unterstellten Mitarbeiter ein für das Unternehmen bedeutsames Aufgabengebiet betreuen.

Die unternehmerische Bedeutung der Personalverantwortung kann aus der Anzahl der Arbeitnehmer folgen, auf die sich die selbständige Einstellungs- und Entlassungsbefugnis bezieht.

Besteht die Personalbefugnis nach § 5 Abs. 3 Satz 2 Nr. 1 BetrVG nur für eine kleine Anzahl von Arbeitnehmern, liegt die für die Stellung eines leitenden Angestellten erforderliche unternehmerische Personalverantwortung nur vor, wenn die Einstellungs- und Entlassungsbefugnis gerade für einen für das Unternehmen qualitativ bedeutsamen Personenkreis besteht. Die in § 5 Abs. 3 Satz 2 Nr. 1 BetrVG geforderte Personalkompetenz muss sich deshalb auf Arbeitnehmer erstrecken, die entweder hochqualifizierte Tätigkeiten mit entsprechenden Entscheidungsspielräumen ausüben oder einen für das Unternehmen herausgehobenen Geschäftsbereich betreuen.

***BAG** 10.10.2007 – 7 ABR 61/06*

Ein Angestellter, der für einen nicht unbedeutenden Produktionsbetrieb eines Großunternehmens in eigener Verantwortung die Voraussetzungen einer wirtschaftlichen Produktion und deren laufende Anpassung an die technische Entwicklung und die Erfordernisse des Marktes schafft bzw. bewirkt, nimmt auf die **technische Führung des Unternehmens** ausgerichtete Tätigkeiten wahr und führt nicht nur einen vorgegebenen Produktionsauftrag aus. Er ist daher – soweit die sonstigen Voraussetzungen erfüllt sind – leitender Angestellter i.S.d. BetrVG.

***LAG** Hamm 19.5.1978 – 3 TaBV 19/78 = DB 1978, 1407*

Der unmittelbar dem Vorstand unterstellte Leiter einer Revisionsabteilung in einem Unternehmen mit zahlreichen (im Fall: ca. 120) Tochterunternehmen kann je nach den Umständen leitender Angestellter i.S.v. § 5 Abs. 3 Satz 2 Nr. 1 BetrVG sein.

***BAG** 6.12.2001 – 2 AZR 733/00 = NZA 2002, 816*

§ 5 Abs. 3 Nr. 1 BetrVG ist auf Angestellte, die zum **selbständigen Abschluss von Verträgen mit freien Mitarbeitern und zur Auflösung solcher Verträge berechtigt** sind, auch nicht analog anzuwenden. Eine derartige Befugnis der Angestellten ist im Rahmen des § 5 Abs. 3 Nr. 3 BetrVG zu berücksichtigen.

***BAG** 27.10.1978 – 1 ABR 27/77*

Eine ausreichende Personalverantwortung eines leitenden Angestellten i.S.d. § 14 Abs. 2 Satz 1 KSchG kann bereits dann gegeben sein, wenn sie sich auf eine abgeschlossene Gruppe von Mitarbeitern bezieht, die für das Unternehmen von wesentlicher Bedeutung ist. Das ist insbesondere anzunehmen, wenn diese Mitarbeiter ihrerseits die ihnen nachgeordneten Arbeitnehmer selbstständig einstellen und entlassen können.

***BAG** 27.9.2001 – 2 AZR 176/00*

§ 5 Abs. 4 BetrVG enthält weder Regelbeispiele oder eine authentische Interpretation zu § 5 Abs. 3 Satz 2 Nr. 3 BetrVG noch widerlegliche oder unwiderlegliche Vermutungstatbestände, sondern gibt eine **Entscheidungshilfe**, wenn bei der Sachverhaltswürdigung Zweifel bleiben, es sich also um einen Grenzfall handelt, bei dem sowohl eine Einordnung des Angestellten als Arbeitnehmer i.S.d. § 5 Abs. 1 BetrVG als auch eine Einordnung als leitender Angestellter i.S.d. § 5 Abs. 3 Satz 2 Nr. 3 BetrVG vertretbar erscheint.

***BAG** 22.2.1994 – 7 ABR 32/92*

Zusammensetzung und Wahl des Betriebsrats (§§ 7 – 20 BetrVG)

Gesetzestext:

§ 7 Wahlberechtigung

[1]Wahlberechtigt sind alle Arbeitnehmer des Betriebs, die das 16. Lebensjahr vollendet haben. [2]Werden Arbeitnehmer eines anderen Arbeitgebers zur Arbeitsleistung überlassen, so sind diese wahlberechtigt, wenn sie länger als drei Monate im Betrieb eingesetzt werden

§ 8 Wählbarkeit

(1) *[1]Wählbar sind alle Wahlberechtigten, die das 18. Lebensjahr vollendet haben und sechs Monate dem Betrieb angehören oder als in Heimarbeit Beschäftigte in der Hauptsache für den Betrieb gearbeitet haben. [2]Auf diese sechsmonatige Betriebszugehörigkeit werden Zeiten angerechnet, in denen der Arbeitnehmer unmittelbar vorher einem anderen Betrieb desselben Unternehmens oder Konzerns (§ 18 Abs. 1 des Aktiengesetzes) angehört hat. [3]Nicht wählbar ist, wer infolge strafgerichtlicher Verurteilung die Fähigkeit, Rechte aus öffentlichen Wahlen zu erlangen, nicht besitzt.*

(2) *Besteht der Betrieb weniger als sechs Monate, so sind abweichend von der Vorschrift in Absatz 1 über die sechsmonatige Betriebszugehörigkeit diejenigen Arbeitnehmer wählbar, die bei der Einleitung der Betriebsratswahl im Betrieb beschäftigt sind und die übrigen Voraussetzungen für die Wählbarkeit erfüllen.*

§ 9[4] Zahl der Betriebsratsmitglieder

[1]Der Betriebsrat besteht in Betrieben mit in der Regel

5	bis	20	wahlberechtigten Arbeitnehmern aus einer Person,			
21	bis	50	wahlberechtigten Arbeitnehmern aus 3 Mitgliedern,			
51			wahlberechtigten Arbeitnehmern			
	bis	100	Arbeitnehmern	aus	5	Mitgliedern,
101	bis	200	Arbeitnehmern	aus	7	Mitgliedern,
201	bis	400	Arbeitnehmern	aus	9	Mitgliedern,
401	bis	700	Arbeitnehmern	aus	11	Mitgliedern,
701	bis	1 000	Arbeitnehmern	aus	13	Mitgliedern,
1 001	bis	1 500	Arbeitnehmern	aus	15	Mitgliedern,
1 501	bis	2 000	Arbeitnehmern	aus	17	Mitgliedern,
2 001	bis	2 500	Arbeitnehmern	aus	19	Mitgliedern,
2 501	bis	3 000	Arbeitnehmern	aus	21	Mitgliedern,
3 001	bis	3 500	Arbeitnehmern	aus	23	Mitgliedern,
3 501	bis	4 000	Arbeitnehmern	aus	25	Mitgliedern,
4 001	bis	4 500	Arbeitnehmern	aus	27	Mitgliedern,
4 501	bis	5 000	Arbeitnehmern	aus	29	Mitgliedern,
5 001	bis	6 000	Arbeitnehmern	aus	31	Mitgliedern,
6 001	bis	7 000	Arbeitnehmern	aus	33	Mitgliedern,
7 001	bis	9 000	Arbeitnehmern	aus	35	Mitgliedern.

4 **[Amtl. Anm.:]** Gemäß Artikel 14 Satz 2 des Gesetzes zur Reform des Betriebsverfassungsgesetzes (BetrVerf-Reformgesetz) vom 23. Juli 2001 (BGBl. I S. 1852) gilt § 9 (Artikel 1 Nr. 8 des BetrVerf-Reformgesetzes) für im Zeitpunkt des Inkrafttretens bestehende Betriebsräte erst bei deren Neuwahl.

[2]In Betrieben mit mehr als 9 000 Arbeitnehmern erhöht sich die Zahl der Mitglieder des Betriebsrats für je angefangene weitere 3 000 Arbeitnehmer um 2 Mitglieder.

§ 10 (weggefallen)

§ 11 Ermäßigte Zahl der Betriebsratsmitglieder

Hat ein Betrieb nicht die ausreichende Zahl von wählbaren Arbeitnehmern, so ist die Zahl der Betriebsratsmitglieder der nächstniedrigeren Betriebsgröße zugrunde zu legen.

§ 12 (weggefallen)

§ 13 Zeitpunkt der Betriebsratswahlen

(1) [1]Die regelmäßigen Betriebsratswahlen finden alle vier Jahre in der Zeit vom 1. März bis 31. Mai statt. [2]Sie sind zeitgleich mit den regelmäßigen Wahlen nach § 5 Abs. 1 des Sprecherausschussgesetzes einzuleiten.

(2) Außerhalb dieser Zeit ist der Betriebsrat zu wählen, wenn

1. *mit Ablauf von 24 Monaten, vom Tage der Wahl an gerechnet, die Zahl der regelmäßig beschäftigten Arbeitnehmer um die Hälfte, mindestens aber um fünfzig, gestiegen oder gesunken ist,*
2. *die Gesamtzahl der Betriebsratsmitglieder nach Eintreten sämtlicher Ersatzmitglieder unter die vorgeschriebene Zahl der Betriebsratsmitglieder gesunken ist,*
3. *der Betriebsrat mit der Mehrheit seiner Mitglieder seinen Rücktritt beschlossen hat,*
4. *die Betriebsratswahl mit Erfolg angefochten worden ist,*
5. *der Betriebsrat durch eine gerichtliche Entscheidung aufgelöst ist oder*
6. *im Betrieb ein Betriebsrat nicht besteht.*

(3) [1]Hat außerhalb des für die regelmäßigen Betriebsratswahlen festgelegten Zeitraums eine Betriebsratswahl stattgefunden, so ist der Betriebsrat in dem auf die Wahl folgenden nächsten Zeitraum der regelmäßigen Betriebsratswahlen neu zu wählen. [2]Hat die Amtszeit des Betriebsrats zu Beginn des für die regelmäßigen Betriebsratswahlen festgelegten Zeitraums noch nicht ein Jahr betragen, so ist der Betriebsrat in dem übernächsten Zeitraum der regelmäßigen Betriebsratswahlen neu zu wählen.

§ 14 Wahlvorschriften

(1) Der Betriebsrat wird in geheimer und unmittelbarer Wahl gewählt.

(2) [1]Die Wahl erfolgt nach den Grundsätzen der Verhältniswahl. [2]Sie erfolgt nach den Grundsätzen der Mehrheitswahl, wenn nur ein Wahlvorschlag eingereicht wird oder wenn der Betriebsrat im vereinfachten Wahlverfahren nach § 14a zu wählen ist.

(3) Zur Wahl des Betriebsrats können die wahlberechtigten Arbeitnehmer und die im Betrieb vertretenen Gewerkschaften Wahlvorschläge machen.

(4) [1]In Betrieben mit in der Regel bis zu 20 wahlberechtigten Arbeitnehmern bedarf es keiner Unterzeichnung von Wahlvorschlägen. [2]Wahlvorschläge sind in Betrieben mit in der Regel 21 bis 100 wahlberechtigten Arbeitnehmern von mindestens zwei wahlberechtigten Arbeitnehmern und in Betrieben mit in der Regel mehr als 100 wahlberechtigten Arbeitnehmern von mindestens einem Zwanzigstel der wahlberechtigten Arbeitnehmer zu unterzeichnen. [3]In jedem Fall genügt die Unterzeichnung durch 50 wahlberechtigte Arbeitnehmer.

(5) Jeder Wahlvorschlag einer Gewerkschaft muss von zwei Beauftragten unterzeichnet sein.

§ 14a Vereinfachtes Wahlverfahren für Kleinbetriebe

(1) [1]In Betrieben mit in der Regel fünf bis 100 wahlberechtigten Arbeitnehmern wird der Betriebsrat in einem zweistufigen Verfahren gewählt. [2]Auf einer ersten Wahlversammlung wird der Wahlvorstand nach § 17a Nr. 3 gewählt. [3]Auf einer zweiten Wahlversammlung wird der Betriebsrat in geheimer und unmittelbarer Wahl gewählt. [4]Diese Wahlversammlung findet eine Woche nach der Wahlversammlung zur Wahl des Wahlvorstands statt.

(2) Wahlvorschläge können bis zum Ende der Wahlversammlung zur Wahl des Wahlvorstands nach § 17a Nr. 3 gemacht werden; für Wahlvorschläge der Arbeitnehmer gilt § 14 Abs. 4 mit der Maßgabe, dass für Wahlvorschläge, die erst auf dieser Wahlversammlung gemacht werden, keine Schriftform erforderlich ist.

(3) [1]Ist der Wahlvorstand in Betrieben mit in der Regel fünf bis 100 wahlberechtigten Arbeitnehmern nach § 17a Nr. 1 in Verbindung mit § 16 vom Betriebsrat, Gesamtbetriebsrat oder Konzernbetriebsrat oder nach § 17a Nr. 4 vom Arbeitsgericht bestellt, wird der Betriebsrat abweichend von Absatz 1 Satz 1 und 2 auf nur einer Wahlversammlung in geheimer und unmittelbarer Wahl gewählt. [2]Wahlvorschläge können bis eine Woche vor der Wahlversammlung zur Wahl des Betriebsrats gemacht werden; § 14 Abs. 4 gilt unverändert.

(4) Wahlberechtigten Arbeitnehmern, die an der Wahlversammlung zur Wahl des Betriebsrats nicht teilnehmen können, ist Gelegenheit zur schriftlichen Stimmabgabe zu geben.

(5) In Betrieben mit in der Regel 101 bis 200 wahlberechtigten Arbeitnehmern können der Wahlvorstand und der Arbeitgeber die Anwendung des vereinfachten Wahlverfahrens vereinbaren.

§ 15[5] Zusammensetzung nach Beschäftigungsarten und Geschlechter

(1) Der Betriebsrat soll sich möglichst aus Arbeitnehmern der einzelnen Organisationsbereiche und der verschiedenen Beschäftigungsarten der im Betrieb tätigen Arbeitnehmer zusammensetzen.

(2) Das Geschlecht, das in der Belegschaft in der Minderheit ist, muss mindestens entsprechend seinem zahlenmäßigen Verhältnis im Betriebsrat vertreten sein, wenn dieser aus mindestens drei Mitgliedern besteht.

§ 16 Bestellung des Wahlvorstands

(1) [1]Spätestens zehn Wochen vor Ablauf seiner Amtszeit bestellt der Betriebsrat einen aus drei Wahlberechtigten bestehenden Wahlvorstand und einen von ihnen als Vorsitzenden. [2]Der Betriebsrat kann die Zahl der Wahlvorstandsmitglieder erhöhen, wenn dies

---

[5] **[Amtl. Anm.:]** Gemäß Artikel 14 Satz 2 des Gesetzes zur Reform des Betriebsverfassungsgesetzes (BetrVerf-Reformgesetz) vom 23. Juli 2001 (BGBl. I S. 1852) gilt §15 (Artikel 1 Nr. 13 des BetrVerf-Reformgesetzes) für im Zeitpunkt des Inkrafttretens bestehende Betriebsräte erst bei deren Neuwahl.

zur ordnungsgemäßen Durchführung der Wahl erforderlich ist. [3]Der Wahlvorstand muss in jedem Fall aus einer ungeraden Zahl von Mitgliedern bestehen. [4]Für jedes Mitglied des Wahlvorstands kann für den Fall seiner Verhinderung ein Ersatzmitglied bestellt werden. [5]In Betrieben mit weiblichen und männlichen Arbeitnehmern sollen dem Wahlvorstand Frauen und Männer angehören. [6]Jede im Betrieb vertretene Gewerkschaft kann zusätzlich einen dem Betrieb angehörenden Beauftragten als nicht stimmberechtigtes Mitglied in den Wahlvorstand entsenden, sofern ihr nicht ein stimmberechtigtes Wahlvorstandsmitglied angehört.

(2) [1]Besteht acht Wochen vor Ablauf der Amtszeit des Betriebsrats kein Wahlvorstand, so bestellt ihn das Arbeitsgericht auf Antrag von mindestens drei Wahlberechtigten oder einer im Betrieb vertretenen Gewerkschaft; Absatz 1 gilt entsprechend. [2]In dem Antrag können Vorschläge für die Zusammensetzung des Wahlvorstands gemacht werden. [3]Das Arbeitsgericht kann für Betriebe mit in der Regel mehr als zwanzig wahlberechtigten Arbeitnehmern auch Mitglieder einer im Betrieb vertretenen Gewerkschaft, die nicht Arbeitnehmer des Betriebs sind, zu Mitgliedern des Wahlvorstands bestellen, wenn dies zur ordnungsgemäßen Durchführung der Wahl erforderlich ist.

(3) [1]Besteht acht Wochen vor Ablauf der Amtszeit des Betriebsrats kein Wahlvorstand, kann auch der Gesamtbetriebsrat oder, falls ein solcher nicht besteht, der Konzernbetriebsrat den Wahlvorstand bestellen. [2]Absatz 1 gilt entsprechend.

§ 17 Bestellung des Wahlvorstands in Betrieben ohne Betriebsrat

(1) [1]Besteht in einem Betrieb, der die Voraussetzungen des § 1 Abs. 1 Satz 1 erfüllt, kein Betriebsrat, so bestellt der Gesamtbetriebsrat oder, falls ein solcher nicht besteht, der Konzernbetriebsrat einen Wahlvorstand. [2]§ 16 Abs. 1 gilt entsprechend.

(2) [1]Besteht weder ein Gesamtbetriebsrat noch ein Konzernbetriebsrat, so wird in einer Betriebsversammlung von der Mehrheit der anwesenden Arbeitnehmer ein Wahlvorstand gewählt; § 16 Abs. 1 gilt entsprechend. [2]Gleiches gilt, wenn der Gesamtbetriebsrat oder Konzernbetriebsrat die Bestellung des Wahlvorstands nach Absatz 1 unterlässt.

(3) Zu dieser Betriebsversammlung können drei wahlberechtigte Arbeitnehmer des Betriebs oder eine im Betrieb vertretene Gewerkschaft einladen und Vorschläge für die Zusammensetzung des Wahlvorstands machen.

(4) [1]Findet trotz Einladung keine Betriebsversammlung statt oder wählt die Betriebsversammlung keinen Wahlvorstand, so bestellt ihn das Arbeitsgericht auf Antrag von mindestens drei wahlberechtigten Arbeitnehmern oder einer im Betrieb vertretenen Gewerkschaft. [2]§ 16 Abs. 2 gilt entsprechend.

§ 17a Bestellung des Wahlvorstands im vereinfachten Wahlverfahren

Im Fall des § 14a finden die §§ 16 und 17 mit folgender Maßgabe Anwendung:

1. *Die Frist des § 16 Abs. 1 Satz 1 wird auf vier Wochen und die des § 16 Abs. 2 Satz 1, Abs. 3 Satz 1 auf drei Wochen verkürzt.*
2. *§ 16 Abs. 1 Satz 2 und 3 findet keine Anwendung.*
3. *In den Fällen des § 17 Abs. 2 wird der Wahlvorstand in einer Wahlversammlung von der Mehrheit der anwesenden Arbeitnehmer gewählt. Für die Einladung zu der Wahlversammlung gilt § 17 Abs. 3 entsprechend.*
4. *§ 17 Abs. 4 gilt entsprechend, wenn trotz Einladung keine Wahlversammlung stattfindet oder auf der Wahlversammlung kein Wahlvorstand gewählt wird.*

§ 18 Vorbereitung und Durchführung der Wahl

(1) [1]Der Wahlvorstand hat die Wahl unverzüglich einzuleiten, sie durchzuführen und das Wahlergebnis festzustellen. [2]Kommt der Wahlvorstand dieser Verpflichtung nicht nach, so ersetzt ihn das Arbeitsgericht auf Antrag des Betriebsrats, von mindestens drei wahlberechtigten Arbeitnehmern oder einer im Betrieb vertretenen Gewerkschaft. [3]§ 16 Abs. 2 gilt entsprechend.

(2) Ist zweifelhaft, ob eine betriebsratsfähige Organisationseinheit vorliegt, so können der Arbeitgeber, jeder beteiligte Betriebsrat, jeder beteiligte Wahlvorstand oder eine im Betrieb vertretene Gewerkschaft eine Entscheidung des Arbeitsgerichts beantragen.

(3) [1]Unverzüglich nach Abschluss der Wahl nimmt der Wahlvorstand öffentlich die Auszählung der Stimmen vor, stellt deren Ergebnis in einer Niederschrift fest und gibt es den Arbeitnehmern des Betriebs bekannt. [2]Dem Arbeitgeber und den im Betrieb vertretenen Gewerkschaften ist eine Abschrift der Wahlniederschrift zu übersenden.

§ 18a Zuordnung der leitenden Angestellten bei Wahlen

(1) [1]Sind die Wahlen nach § 13 Abs. 1 und nach § 5 Abs. 1 des Sprecherausschussgesetzes zeitgleich einzuleiten, so haben sich die Wahlvorstände unverzüglich nach Aufstellung der Wählerlisten, spätestens jedoch zwei Wochen vor Einleitung der Wahlen, gegenseitig darüber zu unterrichten, welche Angestellten sie den leitenden Angestellten zugeordnet haben; dies gilt auch, wenn die Wahlen ohne Bestehen einer gesetzlichen Verpflichtung zeitgleich eingeleitet werden. [2]Soweit zwischen den Wahlvorständen kein Einvernehmen über die Zuordnung besteht, haben sie in gemeinsamer Sitzung eine Einigung zu versuchen. [3]Soweit eine Einigung zustande kommt, sind die Angestellten entsprechend ihrer Zuordnung in die jeweilige Wählerliste einzutragen.

(2) [1]Soweit eine Einigung nicht zustande kommt, hat ein Vermittler spätestens eine Woche vor Einleitung der Wahlen erneut eine Verständigung der Wahlvorstände über die Zuordnung zu versuchen. [2]Der Arbeitgeber hat den Vermittler auf dessen Verlangen zu unterstützen, insbesondere die erforderlichen Auskünfte zu erteilen und die erforderlichen Unterlagen zur Verfügung zu stellen. [3]Bleibt der Verständigungsversuch erfolglos, so entscheidet der Vermittler nach Beratung mit dem Arbeitgeber. [4]Absatz 1 Satz 3 gilt entsprechend.

(3) [1]Auf die Person des Vermittlers müssen sich die Wahlvorstände einigen. [2]Zum Vermittler kann nur ein Beschäftigter des Betriebs oder eines anderen Betriebs des Unternehmens oder Konzerns oder der Arbeitgeber bestellt werden. [3]Kommt eine Einigung nicht zustande, so schlagen die Wahlvorstände je eine Person als Vermittler vor; durch Los wird entschieden, wer als Vermittler tätig wird.

(4) [1]Wird mit der Wahl nach § 13 Abs. 1 oder 2 nicht zeitgleich eine Wahl nach dem Sprecherausschussgesetz eingeleitet, so hat der Wahlvorstand den Sprecherausschuss entsprechend Absatz 1 Satz 1 erster Halbsatz zu unterrichten. [2]Soweit kein Einvernehmen über die Zuordnung besteht, hat der Sprecherausschuss Mitglieder zu benennen, die anstelle des Wahlvorstands an dem Zuordnungsverfahren teilnehmen. [3]Wird mit der Wahl nach § 5 Abs. 1 oder 2 des Sprecherausschussgesetzes nicht zeitgleich eine Wahl nach diesem Gesetz eingeleitet, so gelten die Sätze 1 und 2 für den Betriebsrat entsprechend.

(5) [1]Durch die Zuordnung wird der Rechtsweg nicht ausgeschlossen. [2]Die Anfechtung der Betriebsratswahl oder der Wahl nach dem Sprecherausschussgesetz ist ausgeschlossen, soweit sie darauf gestützt wird, die Zuordnung sei fehlerhaft erfolgt. [3]Satz 2 gilt nicht, soweit die Zuordnung offensichtlich fehlerhaft ist.

§ 19 Wahlanfechtung

(1) *Die Wahl kann beim Arbeitsgericht angefochten werden, wenn gegen wesentliche Vorschriften über das Wahlrecht, die Wählbarkeit oder das Wahlverfahren verstoßen worden ist und eine Berichtigung nicht erfolgt ist, es sei denn, dass durch den Verstoß das Wahlergebnis nicht geändert oder beeinflusst werden konnte.*

(2) *[1]Zur Anfechtung berechtigt sind mindestens drei Wahlberechtigte, eine im Betrieb vertretene Gewerkschaft oder der Arbeitgeber. [2]Die Wahlanfechtung ist nur binnen einer Frist von zwei Wochen, vom Tage der Bekanntgabe des Wahlergebnisses an gerechnet, zulässig.*

(3) *Die Anfechtung durch die Wahlberechtigten ist ausgeschlossen, soweit sie darauf gestützt wird, dass die Wählerliste unrichtig ist, wenn nicht zuvor aus demselben Grund ordnungsgemäß Einspruch gegen die Richtigkeit der Wählerliste eingelegt wurde. Dies gilt nicht, wenn die anfechtenden Wahlberechtigten an der Einlegung eines Einspruchs gehindert waren. Die Anfechtung durch den Arbeitgeber ist ausgeschlossen, soweit sie darauf gestützt wird, dass die Wählerliste unrichtig ist und wenn diese Unrichtigkeit auf seinen Angaben beruht.*

§ 20 Wahlschutz und Wahlkosten

(1) *[1]Niemand darf die Wahl des Betriebsrats behindern. [2]Insbesondere darf kein Arbeitnehmer in der Ausübung des aktiven und passiven Wahlrechts beschränkt werden.*

(2) *Niemand darf die Wahl des Betriebsrats durch Zufügung oder Androhung von Nachteilen oder durch Gewährung oder Versprechen von Vorteilen beeinflussen.*

(3) *[1]Die Kosten der Wahl trägt der Arbeitgeber. [2]Versäumnis von Arbeitszeit, die zur Ausübung des Wahlrechts, zur Betätigung im Wahlvorstand oder zur Tätigkeit als Vermittler (§ 18a) erforderlich ist, berechtigt den Arbeitgeber nicht zur Minderung des Arbeitsentgelts.*

Hinweis für die Praxis:

Die nachfolgenden Entscheidungen sind mit Berücksichtigung und im Lichte der vorstehenden Änderungen der Vorschriften zur Wahl des Betriebsrats, insbesondere hinsichtlich der neuen Höchstzahlen für das vereinfachte Verfahren, aber auch der Änderungen der Wahlordnung (insbesondere zum Wahlausschreiben oder beispielsweise auch zu dem Umstand, dass keine Wahlumschläge bei Durchführung der Präsenzwahl mehr zu verwenden sind) durch das Betriebsrätemodernisierungsgesetz zu lesen und zu nutzen.

1. Wahlberechtigung (aktives Wahlrecht) und Wählbarkeit (passives Wahlrecht) (§§ 7, 8 BetrVG)[6]

Hinweis für die Praxis:

*Für die Frage der Wahlberechtigung (aktives Wahlrecht) und die Frage der Wählbarkeit (passives Wahlrecht) kommt es auf den Zeitpunkt der Betriebsratswahl, hier des **letzten Wahltages** an.*

Hinweis für die Praxis:

Für die Frage der Größe des Betriebes kommt es auf den Zeitpunkt des Erlasses des Wahlausschreibens an.

Die Ausübung des Wahlrechts setzt nach § 2 Abs. 3 WO die Eintragung in die Wählerliste voraus. Wahlberechtigte, die nicht in die Wählerliste aufgenommen sind, können daher an der Stimmabgabe nicht teilnehmen.

Änderungen und Ergänzungen der Wählerliste sind nach § 4 Abs. 3 Satz 2 WO nur bis zum Tag vor Beginn der Stimmabgabe zulässig, nicht jedoch am Wahltag selbst. § 4 Abs. 3 Satz 2 WO ist eine wesentliche Vorschrift über das Wahlverfahren i.S.v. § 19 Abs. 1 BetrVG.

Ergänzt der Wahlvorstand am Wahltag die Wählerliste um bislang nicht gelistete wahlberechtigte Arbeitnehmer und nehmen diese Arbeitnehmer an der Wahl teil, kann dies die Anfechtung der Wahl rechtfertigen, wenn dadurch das Wahlergebnis beeinflusst werden konnte.

***BAG** 21.3.2017 – 7 ABR 19/15*

Auch **geringfügig beschäftigte** Arbeitnehmer sind wahlberechtigt. §§ 7, 5 Abs. 1 BetrVG verlangen keine bestimmte wöchentliche oder monatliche Arbeitszeit.

***BAG** 30.10.1991 – 7 ABR 19/91*

Helfer im freiwilligen sozialen Jahr sind weder Arbeitnehmer noch zu ihrer Berufsausbildung Beschäftigte i.S.d. § 5 Abs. 1 BetrVG und deshalb auch nicht zum Betriebsrat wahlberechtigt.

***BAG** 12.2.1992 – 7 ABR 42/91*

Arbeitnehmer, die im Rahmen von **werkvertraglichen Beziehungen** Arbeitsleistungen in einem anderen Betrieb erbringen, sind ebenfalls mangels Zugehörigkeit zu dem Betrieb des Werkbestellers dort nicht bei der Zahl der zu wählenden Betriebsratsmitglieder zu berücksichtigen.

***BAG** 18.1.1989 – 7 ABR 21/88*

Bei der Berechnung der 6-monatigen Betriebszugehörigkeit als Voraussetzung der Wählbarkeit (§ 8 BetrVG), auch als Voraussetzung eines gültigen Wahlvorschlages, kommt es auf den **Zeitpunkt der Betriebsratswahl**, nicht auf den Zeitpunkt der Aufstellung des Wahlvorschlags an.

***LAG** Hamm 21.4.1982 – 3 Sa 188/82 = DB 1982, 2709*

Für die **Wahlberechtigung** der **Aushilfskräfte** kommt es darauf an, ob sie am Tag der Stimmabgabe in einem Arbeitsverhältnis zum Betriebsinhaber stehen.

***LAG** Düsseldorf 26.9.1990 – 12 TaBV 74/90 = DB 1990, 238*

Zusteller einer **Tageszeitung** sind i. d. R. wahlberechtigte Arbeitnehmer i.S.d. §§ 5, 7 BetrVG.

Das Wahlrecht ist nicht durch eine **Teilzeittätigkeit** außerhalb der Räume des Betriebes eingeschränkt.

***BAG** 29.1.1992 – 7 ABR 27/91*

Auch **teilzeitbeschäftigte** Zeitungszusteller besitzen unter den Voraussetzungen der §§ 7, 5 BetrVG das aktive Wahlrecht zu Betriebsratswahlen. Ihrer Stimme kommt der gleiche Zähl- und Erfolgswert zu wie der eines Vollzeitbeschäftigten.

***LAG** Baden-Württemberg 25.2.1991 – 10 TaBV 5/90; n.rkr. = DB 1991, 1177*

Heimarbeiter sind innerhalb des Betriebs, dem sie als Arbeitnehmer zuzuordnen sind, **wahlberechtigt** und **wählbar**.

***BAG** 27.9.1974 – 1 ABR 90/73*

Beschäftigte in einer **Arbeitsbeschaffungsmaßnahme** sind Arbeitnehmer i.S.d. § 5 Abs. 1 BetrVG und deshalb für die Wahl des Betriebsrats nach § 7 Satz 1 BetrVG wahlberechtigt. Sie stehen in einem Arbeitsverhältnis zum Arbeitgeber und sind in dessen Betriebsorganisation eingegliedert. Sie sind deshalb auch bei der für die Anzahl der Betriebsratsmitglieder maßgeblichen Belegschaftsstärke nach § 9 BetrVG mit zu berücksichtigen. Denn sie sind betriebsangehörige Arbeitnehmer.

Arbeitnehmer in Arbeitsbeschaffungsmaßnahmen, die eingesetzt werden, um Arbeiten im Rahmen der von ihrem Arbeitgeber übernommenen Projekte zu erledigen, sind im Rahmen dieses arbeitstechnischen Zwecks beschäftigt und hierzu in den Betrieb des Arbeitgebers eingegliedert. Dem steht nicht entgegen, dass Zweck ihrer Tätigkeit auch die berufliche Stabilisierung oder Qualifizierung zur Verbesserung der Eingliederungsaussichten (§ 260 Abs. 1

---

6 zur Arbeitnehmerschaft vgl. auch § 5 BetrVG, Ziff. 1 Arbeitnehmer i.S.d. BetrVG, S. 31 und s. RsprÜ zum ArbR, 22. Auflage 2022

Nr. 2 SGB III in der bis zum 31. Dezember 2003 geltenden Fassung) ist.

Die Beteiligten eines Wahlanfechtungsverfahrens nach § 19 BetrVG können einen Anfechtungsgrund, der sich aus dem vorgetragenen Sachverhalt ergeben kann, nicht einvernehmlich der gerichtlichen Prüfung entziehen. Dem steht der im Beschlussverfahren geltende Untersuchungsgrundsatz entgegen. Das Gericht muss sämtliche Anfechtungsgründe von Amts wegen berücksichtigen, soweit der Vortrag der Beteiligten Anhaltspunkte liefert. Ein gerichtlicher Vergleich zwischen den Beteiligten, es solle im Wahlanfechtungsverfahren nicht mehr gerügt werden, ob Honorarkräfte als wahlberechtigte Arbeitnehmer nach § 7 Satz 1 BetrVG an der Wahl teilnehmen durften oder als freie Mitarbeiter hiervon auszuschließen waren, schränkt deshalb den gerichtlichen Prüfungsumfang nicht ein.

***BAG** 13.10.2004 – 7 ABR 6/04 = NZA 2005, 480*

Mitglieder des Wahlvorstands können zum Betriebsrat kandidieren und gewählt werden.

***BAG** 12.10.1976 – 1 ABR 1/76*

Das aktive **Wahlrecht** eines Arbeitnehmers entfällt nicht deshalb, weil sein Arbeitsverhältnis wegen der **Ableistung von Wehrdienst** ruht.

***BAG** 29.3.1974 – 1 ABR 27/73*

Nach § 8 Abs. 1 Satz 1 BetrVG sind alle Wahlberechtigten, die dem Betrieb sechs Monate angehören, zum Betriebsrat wählbar. Zur Arbeitsleistung überlassene Arbeitnehmer sind dagegen nach § 14 Abs. 2 Satz 1 AÜG im Entleiherbetrieb nicht wählbar; dies gilt auch in Fällen nicht gewerbsmäßiger Arbeitnehmerüberlassung.

Beschäftigungszeiten als Leiharbeitnehmer im entleihenden Betrieb sind auf die nach § 8 Abs. 1 Satz 1 BetrVG erforderliche sechsmonatige Dauer der Betriebszugehörigkeit anzurechnen, wenn der Arbeitnehmer im Anschluss an die Überlassung in ein Arbeitsverhältnis mit dem Entleiher übernommen wurde.

Maßgeblicher Zeitpunkt für die Berechnung der Sechs-Monats-Frist nach § 8 Abs. 1 Satz 1 BetrVG ist die Durchführung der Wahl.

***BAG** 10.10.2012 – 7 ABR 53/11*

Ein **ständig zu einer Auslandsvertretung** eines deutschen Unternehmens **entsandter Angestellter** ist auch dann nicht wahlberechtigt und wählbar zum Betriebsrat der Hauptgeschäftsstelle in der Bundesrepublik, wenn für dessen Arbeitsverhältnis im übrigen deutsches Arbeitsrecht gilt.

***BAG** 9.11.1977 – 5 AZR 132/76; **BAG** 25.4.1978 – 6 AZR 2/77*

Für die **Wählbarkeit eines Arbeitnehmers** zum Betriebsrat genügt die sechsmonatige arbeitsvertragliche (**rechtliche**) Bindung zu einem Betrieb (Arbeitgeber) allein jedenfalls dann nicht, wenn der Arbeitnehmer dort nie tätig geworden ist und seine tatsächliche Zuordnung dorthin auch für die Zukunft nicht abzusehen ist.

***BAG** 28.11.1977 – 1 ABR 40/76*

Ein Arbeitnehmer, der vom Arbeitgeber **fristgerecht gekündigt** worden ist, verliert **nach Ablauf der Kündigungsfrist** auch dann sein aktives Wahlrecht zum Betriebsrat, wenn er die Kündigung gerichtlich angegriffen und seine Klage später Erfolg hat, **es sei denn**, er ist bis zur rechtskräftigen gerichtlichen Entscheidung über die Kündigungsschutzklage **weiterbeschäftigt** worden.

***LAG** Berlin 2.5.1994 – 9 TaBV 1/94 = BB 1994, 1857 = DB 1994, 2556*

Hinweis für die Praxis:

Der Arbeitnehmer verliert das aktive Wahlrecht im Falle einer Kündigung mit Ablauf der Kündigungsfrist, sofern er keine Kündigungsschutzklage erhoben hat. Hat der Arbeitnehmer Kündigungsschutzklage erhoben und wird er nach Ablauf der Kündigungsfrist weiterbeschäftigt, besteht auch sein aktives Wahlrecht fort. Im Falle der außerordentlichen Kündigung verliert der Arbeitnehmer sein aktives Wahlrecht mit Zugang der Kündigungserklärung, sofern er nicht weiterbeschäftigt wird. Im Unterschied hierzu hat das BAG auch mit seiner Entscheidung vom 10. November 2004 bestätigt, dass es für die Wählbarkeit, dem gemäß für das passive Wahlrecht nach Ablauf der Kündigungsfrist nicht auf eine tatsächliche Weiterbeschäftigung ankommt. Vielmehr bleibt der Arbeitnehmer, wenn er Kündigungsschutzklage erhoben hat, wählbar, sofern seine Klage nicht vor Durchführung der Wahl rechtskräftig abgewiesen worden ist.

Ein gekündigter Arbeitnehmer bleibt nach § 8 Abs. 1 BetrVG für einen Betriebsrat wählbar, wenn er Kündigungsschutzklage nach § 4 KSchG erhoben hat und diese nicht vor Durchführung der Wahl rechtskräftig abgewiesen wurde.

Für die Wählbarkeit ist es unerheblich, ob der Arbeitnehmer nach Ablauf der Kündigungsfrist tatsächlich weiterbeschäftigt worden ist oder nicht.

***BAG** 10.11.2004 – 7 ABR 12/04*

Der Sonderkündigungsschutz für Wahlbewerber nach § 15 Abs. 3 Satz 1 KSchG beginnt, sobald ein Wahlvorstand für die Wahl bestellt ist und für den Kandidaten ein Wahlvorschlag vorliegt, der die nach dem Betriebsverfassungsgesetz erforderliche Mindestzahl von Stützunterschriften aufweist.

Sind diese Voraussetzungen gegeben, greift der Sonderkündigungsschutz für Wahlbewerber auch dann ein, wenn im Zeitpunkt der Anbringung der letzten – erforderlichen – Stützunterschrift die Frist zur Einreichung von Wahlvorschlägen noch nicht angelaufen war.

Voraussetzung für einen gültigen Wahlvorschlag ist die Wählbarkeit des Bewerbers nach § 8 BetrVG. Fehlt es hieran, darf der Vorschlag vom Wahlvorstand nicht berücksichtigt werden. Für den besonderen Kündigungsschutz nach § 15 Abs. 3 Satz 1 KSchG reicht es aus, dass die Voraussetzungen des § 8 BetrVG im Zeitpunkt der Wahl vorliegen. Der Arbeitnehmer kann sich nur dann nicht auf den besonderen Kündigungsschutz als Wahlbewerber berufen, wenn bei Zugang der Kündigung keinerlei Aussicht bestanden hat, dass er bei der durchzuführenden Wahl wählbar sein würde.

***BAG** 7.7.2011 – 2 AZR 377/10*

Ein gekündigter Arbeitnehmer, der Kündigungsschutzklage erhoben hat und der als Wahlbewerber zur Betriebsratswahl kandidiert, ist berechtigt, zum Zwecke der Wahlwerbung den Betrieb zumindest zeitweise zu betreten. Er bleibt trotz fehlender aktiver Wahlberechtigung gleichwohl zum Betriebsrat wählbar. Auch durch ein vom Arbeitgeber ausgesprochenes Hausverbot wird das Zutrittsrecht des Antragstellers nicht ausgeschlossen.

***LAG** Hamm 6.5.2002 – 10 TaBV 53/02*

Wird die **betriebliche Berufsausbildung** abschnittsweise jeweils in **verschiedenen Betrieben** des Ausbildungsunternehmens oder eines mit ihm verbundenen Unternehmens durchgeführt, jedoch von einem der Betriebe des Ausbildungsunternehmens derart zentral mit bindender Wirkung auch für die anderen Betriebe geleitet, dass die wesentlichen der Beteiligung des Betriebsrats unterliegenden, die Ausbildungsverhältnisse berührenden Entscheidungen dort getroffen werden, so gehört der Auszubildende während der gesamten Ausbildungszeit dem die Ausbildung leitenden Stammbetrieb an und ist dort wahlberechtigt zum Betriebsrat und zur JAV. Dagegen begründet die vorübergehende Beschäftigung der Auszubildenden in anderen Betrieben keine Wahlberechtigung zu anderen Arbeitnehmervertretungen.

***BAG** 13.3.1991 – 7 ABR 89/89*

Beschäftigte, die aufgrund einer vom Sozialhilfeträger geschaffenen Arbeitsgelegenheit nach § 19 Abs. 1 BSHG bei einem Dritten in einem befristeten Arbeitsverhältnis beschäftigt werden, sind nicht nach § 5 Abs. 2 Nr. 4 BetrVG von der Wahl eines Betriebsrats ausgeschlossen.

Sie sind aber im Betrieb des Arbeitgebers nur wahlberechtigt, wenn sie nach der konkreten Ausgestaltung ihrer Tätigkeit dem arbeitstechnischen Zweck des Betriebes dienen und nicht selbst Gegenstand des Betriebszwecks sind.

***BAG** 5.4.2000 – 7 ABR 20/99*

Zur Arbeitsleistung **überlassene Arbeitnehmer sind im Entleiherbetrieb nicht wählbar**. Für die gewerbsmäßige Arbeitnehmerüberlassung folgt dies unmittelbar aus § 14 Abs. 2 Satz 1 AÜG. Für die nicht gewerbsmäßige Arbeitnehmerüberlassung gilt nichts Anderes. Dies ergibt die Auslegung von § 8 Abs. 1 Satz 1, § 7 Satz 1 und 2 BetrVG, § 14 Abs. 2 Satz 1 AÜG. Wahlberechtigt i.S.v. § 8 Abs. 1 Satz 1 BetrVG sind danach nur die nach § 7 Satz 1 BetrVG, nicht dagegen die nach § 7 Satz 2 BetrVG wahlberechtigten Arbeitnehmer.

Der in § 14 Abs. 2 Satz 1 AÜG normierte Ausschluss der **Wählbarkeit von Leiharbeitnehmern** im Entleiherbetrieb ist verfassungsrechtlich unbedenklich.

Die Nichtwählbarkeit eines Arbeitnehmers i.S.v. § 8 Abs. 1 Satz 1 BetrVG kann nach § 24 Abs. 1 Nr. 6 BetrVG unabhängig von einer konkreten Betriebsratswahl gerichtlich festgestellt werden.

***BAG** 17.02.2010 – 7 ABR 51/08*

Arbeitnehmer des öffentlichen Dienstes, die in Betrieben privatrechtlich organisierter Unternehmen tätig sind, sind bei der Wahl des Betriebsrats in diesen Betrieben wählbar. Dies ergibt sich aus § 5 Abs. 1 Satz 3, § 7 und § 8 Abs. 1 Satz 1 BetrVG (dazu ausführlich BAG 15.8.2012 – 7 ABR 24/11; BAG 15.8.2012 – 7 ABR 34/11). Der Wählbarkeit steht § 14 Abs. 2 AÜG auch dann nicht entgegen, wenn gleichzeitig Arbeitnehmerüberlassung vorliegt. Zwar sind nach § 14 Abs. 2 Satz 1 AÜG Leiharbeitnehmer bei der Wahl der betriebsverfassungsrechtlichen Arbeitnehmervertretungen im Entleiherbetrieb nicht wählbar. Dieser Regelung gehen aber die Bestimmungen der § 5 Abs. 1 Satz 3, § 7 und § 8 Abs. 1 Satz 1 BetrVG, wonach Arbeitnehmer des öffentlichen Dienstes, die in Betrieben privatrechtlich organisierter Unternehmen tätig sind, in diesen Betrieben zum Betriebsrat wählbar sind, vor (BAG 15.8.2012 – 7 ABR 24/11).

***BAG** 25.10.2017 – 7 ABR 2/16*

2. Zahl der Betriebsratsmitglieder (§§ 9 – 12 BetrVG)

Nach § 9 Satz 1 BetrVG richtet sich die Größe des Betriebsrats nach der Anzahl der im Betrieb in der Regel beschäftigten Arbeitnehmer. Bei 5 bis 51 Arbeitnehmern kommt es darüber hinaus auch auf die Wahlberechtigung an. Ab 52 Arbeitnehmern nennt das Gesetz diese Voraussetzung nicht mehr.

Nachdem der Senat die zum betriebsverfassungsrechtlichen Arbeitnehmerbegriff entwickelte sog. „Zwei-Komponenten-Lehre" für die Fälle des drittbezogenen Personaleinsatzes aufgegeben hat, hält er an seiner Rechtsprechung, Leiharbeitnehmer seien im Rahmen von § 9 Satz 1 BetrVG nicht zu berücksichtigen, nicht weiter fest. In der Regel im Entleiherbetrieb beschäftigte Leiharbeitnehmer sind bei den Schwellenwerten des § 9 Satz 1 BetrVG mitzuzählen. Dies ergibt eine insbesondere am Sinn und Zweck der gesetzlichen Schwellenwerte orientierte Auslegung.

***BAG** 13.3.2013 – 7 ABR 69/11*

Nach der ständigen Rechtsprechung des Bundesarbeitsgerichts und allgemeiner Auffassung im Schrifttum geht das BetrVG in § 5 Abs. 1 Satz 1 vom allgemeinen Arbeitnehmerbegriff aus, den es in § 5 Abs. 1 Satz 2 und Satz 3, Abs. 2 und Abs. 3 erweitert sowie einschränkt. Danach ist Arbeitnehmer, wer aufgrund eines privatrechtlichen Vertrags im Dienste eines anderen zur Leistung weisungsgebundener, fremdbestimmter Arbeit in persönlicher Abhängigkeit verpflichtet ist. Betriebsverfassungsrechtlich ist darüber hinaus die Zuordnung des Arbeitnehmers zu einem bestimmten Betrieb erforderlich.

Nach der sog. „Zwei-Komponenten-Lehre" gehört zu den „konstitutiven Merkmalen der Betriebszugehörigkeit einerseits ein Arbeitsverhältnis zum Betriebsinhaber, andererseits die tatsächliche Eingliederung des Arbeitnehmers in dessen Betriebsorganisation". Ihre uneingeschränkte Anwendung führt beim drittbezogenen Personaleinsatz nicht zu sachgerechten Ergebnissen. Sie hätte vielmehr zur Folge, dass der Arbeitnehmer einerseits dem Betrieb seines „Vertragsarbeitgebers" mangels Eingliederung nicht zugeordnet werden könnte, während es andererseits zum „Betriebsarbeitgeber" am arbeitsvertraglichen Band fehlt.

In Fällen der aufgespaltenen Arbeitgeberstellung bedarf es daher einer differenzierten Beurteilung der betriebsverfassungsrechtlichen Zuordnung von Arbeitnehmern. Diese hat zum einen zu beachten, dass der Gesetzgeber die betriebsverfassungsrechtliche Behandlung des drittbezogenen Personaleinsatzes in nicht unerheblichem Umfang bereits spezialgesetzlich geregelt hat. Zum anderen ist zu berücksichtigen, dass im BetrVG in durchaus unterschiedlichem Zusammenhang an den Begriff des „Arbeitnehmers" angeknüpft wird.

***BAG** 5.12.2012 – 7 ABR 48/11*

Bei der Bemessung der für die Größe des Betriebsrats maßgeblichen Belegschaftsstärke nach § 9 BetrVG sind (auch) die in § 5 Abs. 1 Satz 3 BetrVG genannten Beschäftigten zu berücksichtigen. Die in § 5 Abs. 1 Satz 3 BetrVG genannten Arbeitnehmer sind im Einsatzbetrieb passiv wahlberechtigt i.S.v. § 8 BetrVG, soweit sie die dort genannten weiteren Voraussetzungen erfüllen.

***BAG** 12.9.2012 – 7 ABR 37/11*

Für die Feststellung der **Zahl der in der Regel Beschäftigten** ist auf die Beschäftigungslage abzustellen, die im Allgemeinen für den Betrieb kennzeichnend ist, während die zufällige tatsächliche Beschäftigtenzahl unbeachtlich ist.

***BAG** 31.1.1991 – 2 AZR 356/90*

Nach § 9 BetrVG hängt die Anzahl der zu wählenden Betriebsratsmitglieder von der Anzahl der im Betrieb **in der Regel beschäftigten Arbeitnehmer** ab. Beschäftigt der Arbeitgeber in seinem Betrieb regelmäßig **Aushilfskräfte**, mit denen er bei Bedarf jeweils für einen Tag befristete Arbeitsverträge abschließt, zählt die durchschnittliche Anzahl der an einem Arbeitstag beschäftigten Aushilfskräfte zu den in der Regel im Betrieb beschäftigten Arbeitnehmern i.S.v. § 9 BetrVG.

Ein Verstoß gegen § 9 BetrVG führt zur Unwirksamkeit der Betriebsratswahl.

***BAG** 7.5.2008 – 7 ABR 17/07*

Bei der Feststellung der Zahl der in der Regel Beschäftigten ist vom Wahlvorstand die **künftige Entwicklung des Personalbestandes** insoweit zu berücksichtigen, als aufgrund bereits getroffener konkreter Entscheidungen des Arbeitgebers eine Veränderung der Beschäftigtenzahl gegenüber dem bisherigen Zustand zu erwarten ist (im Anschluss an BAG 29.5.1991 – 7 ABR 67/90).

Im **gekündigten Arbeitsverhältnis stehende Mitarbeiter** sind daher nicht mitzuzählen, wenn ihre nach der Betriebsratswahl freiwerdenden Arbeitsplätze aufgrund einer bereits seit längerem getroffenen und umgesetzten Umstrukturierungsentscheidung und einer damit verbundenen betriebsübergreifenden Personalabbaumaßnahme dauerhaft entfallen sollen und konkrete Anhaltspunkte für eine gegenteilige Prognose bei Erlass des Wahlausschreibens nicht bestehen.

***LAG** Düsseldorf 24.11.1998 – 3 TaBV 73/98*

Die Wahl einer größeren als nach § 9 BetrVG bestimmten Anzahl von Betriebsratsmitgliedern stellt sich als zur Anfechtung berechtigender Verstoß gegen wesentliche Vorschriften über das Wahlverfahren dar.

Bei der Bestimmung der für § 9 BetrVG erheblichen Zahl von Arbeitnehmern hat der Wahlvorstand dann, wenn **aufgrund eines verhandelten Interessenausgleichs** und Sozialplan feststeht, dass der Arbeitgeber mit einer – innerhalb der auf die Wahl folgenden zwei bis vier Monate – von 40 auf 18 Arbeitnehmer **verringerten Mitarbeiterzahl** in Zukunft dauernd ein Betrieb betreiben will, von dieser verringerten Arbeitnehmerzahl auszugehen.

Die Absicht von Arbeitnehmern eventuell gegen Kündigungen des Arbeitgebers gerichtlich vorgehen zu wollen, berechtigt den Wahlvorstand nicht dazu, diese Arbeitnehmer als im Betrieb auf lange Zeit verbleibende bei der Bestimmung der Anzahl der Wahlberechtigten mitzurechnen. Es kann nicht einmal bei einem rechtshängigen Kündigungsrechtsstreit von Fachkundigen prognostiziert werden, wie lange der Prozess währen und welchen Ausgang er nehmen wird.

***LAG** Schleswig Holstein 27.10.1994 – 4 TaBV 23/94 = BB 1995, 620*

Arbeitnehmer, die im Rahmen von **werkvertraglichen Beziehungen** Arbeitsleistungen in einem anderen Betrieb erbringen, sind ebenfalls mangels Zugehörigkeit zu dem Betrieb des Werkbestellers dort nicht bei der Zahl der zu wählenden Betriebsratsmitglieder zu berücksichtigen.

***BAG** 18.1.1989 – 7 ABR 21/88*

Geht der Wahlvorstand von einer **zu großen Zahl** zu **wählenden Betriebsratsmitglieder** aus, so kann das Wahlergebnis nicht korrigiert, sondern nur die Betriebsratswahl im Ganzen **angefochten** und wiederholt werden.

Der Wahlvorstand hat in den Grenzfällen des § 9 BetrVG im Rahmen seines pflichtgemäßen Ermessens einen gewissen Beurteilungsspielraum hinsichtlich der Zahl der zu wählenden Betriebsratsmitglieder.

a) Maßgebender Stichtag ist der Tag des Erlasses des Wahlausschreibens.

b) Die leitenden Angestellten i.S.d. § 5 Abs. 3 BetrVG zählen nicht mit.

c) Aushilfsarbeitnehmer zählen mit, wenn und soweit solche Arbeitnehmer regelmäßig mindestens sechs Monate im Jahr beschäftigt werden.

***BAG** 12.10.1976 – 1 ABR 1/76; **BAG** 29.5.1991 – 7 ABR 67/90*

Arbeitnehmer, die sich in der abschließenden Freistellungsphase ihres Altersteilzeitverhältnisses befinden, sind nicht wahlberechtigte Arbeitnehmer i.S.d. § 7 Satz 1 BetrVG. Sie finden im Rahmen des § 9 BetrVG ebenfalls keine Berücksichtigung.

***LAG** Düsseldorf 31.10.2002 – 5 TaBV 42/02 = DB 2003, 292*

Ein Anspruch auf **Unterlassung der Durchführung einer Betriebsratswahl** besteht im **einstweiligen Verfügungsverfahren** nur dann, wenn die **Nichtigkeit** der beabsichtigten Betriebsratswahl offensichtlich ist.

Das Zugrundelegen einer falschen Anzahl der regelmäßig im Betrieb Beschäftigten stellt lediglich einen Grund zur Anfechtung der Betriebsratswahl dar, es sei denn, dass die falsche Anzahl der regelmäßig im Betrieb Beschäftigten offensichtlich willkürlich festgelegt worden ist.

***ArbG** Elmshorn 25.3.1994 – 4 c BVGa 11/94 = AiB 1994, 635*

Dem Antrag, das **Wahlausschreiben** hinsichtlich der Zahl der zu wählenden Betriebsratsmitglieder zu **berichtigen**, bzw. den Wahlvorstand zu verpflichten, ein neues, geändertes Wahlausschreiben zu erlassen, kann nicht im Wege der **einstweiligen Verfügung** entsprochen werden.

***Hessisches LAG** 21.3.1990 – 12 TaBVGa 34/90 = DB 1991, 239*

Ein Rechtsschutzinteresse an der Feststellung der für die Größe des Betriebsrats maßgebenden Arbeitnehmerzahl entfällt, wenn die Betriebsratswahl durchgeführt und nicht angefochten ist und auch völlig ungewiss ist, ob die aufgetretene Streitfrage bei einer zukünftigen Betriebsratswahl noch eine Rolle spielen kann.

Eine Berichtigung des Wahlergebnisses einer Betriebsratswahl kommt bei unterschiedlichen Rechtsauffassungen über die Zahl der nach § 9 BetrVG zu berücksichtigenden Arbeitnehmer nicht in Betracht.

Ein vor Durchführung einer Betriebsratswahl mit einem Feststellungsantrag eingeleitetes Beschlussverfahren kann nach Durchführung der Wahl nicht ohne weiteres in ein Verfahren auf Anfechtung der inzwischen durchgeführten Betriebsratswahl umgedeutet werden.

***BAG** 15.12.1972 – 1 ABR 5/72*

3. Zeitpunkt der Betriebsratswahlen (§ 13 BetrVG)

Eine Betriebsratswahl kann auf Antrag durch die Arbeitsgerichte mittels einstweiliger Verfügung gestoppt werden, wenn eine Weiterführung der Wahl mit Sicherheit eine erfolgreiche Anfechtung oder die Nichtigkeit der Wahl zur Folge hätte, der festgestellte Rechtsmangel eindeutig ist und auch nicht nachträglich korrigiert werden kann.

Ein vom Arbeitsgericht durch Ersetzungsbeschluss gemäß § 18 Abs. 1 Satz 2 BetrVG bestellter Wahlvorstand ist vor Rechtskraft des Ersetzungsbeschlusses noch nicht wirksam im Amt und darf solange keine Betriebsratswahl durchführen. Ergreift er dennoch entsprechende Maßnahmen zur Durchführung der Betriebsratswahl vor Rechtskraft des Ersetzungsbeschlusses, kann ihm dies durch einstweilige Verfügung untersagt werden.

***LAG** Niedersachsen 4.12.2003 – 16 TaBV 91/03 = NZA-RR 2004, 197*

Endet das Amt eines an einem Beschlussverfahren beteiligten Betriebsrats ohne Neuwahl, endet damit auch dessen Beteiligtenfähigkeit im Beschlussverfahren (Rn. 18 ff.).

Ein unstreitiger Verlust der Beteiligtenfähigkeit des Betriebsrats führt grundsätzlich zur Unzulässigkeit eines von ihm eingelegten Rechtsmittels. Daher wird die Rechtsbeschwerde eines Betriebsrats gegen einen Beschluss des Landesarbeitsgerichts, das die Nichtigkeit seiner Wahl festgestellt hat, grundsätzlich unzulässig, wenn die Amtszeit des Betriebsrats unstreitig jedenfalls während des Rechtsbeschwerdeverfahrens abgelaufen ist, ohne dass ein neuer Betriebsrat gewählt wurde (Rn. 18 ff.). Anderes gilt allenfalls dann, wenn der Betriebsrat nach Ablauf seiner Amtszeit zur ordnungsgemäßen Beendigung des Amts als fortbestehend zu behandeln ist (Rn. 26 ff.).

Ein Beschlussverfahren ist bei Ablauf der Amtszeit des Betriebsrats nicht in unmittelbarer oder entsprechender Anwendung von §§ 239, 246 Abs. 1 Halbs. 2 ZPO auf Antrag des Verfahrensbevollmächtigten des Betriebsrats auszusetzen, wenn im Zeitpunkt des Ablaufs der Amtszeit des Betriebsrats nicht zu erwarten ist, dass überhaupt oder zeitnah ein neuer Betriebsrat gewählt wird, der ggf. als Funktionsnachfolger in die verfahrensrechtliche Position des vorherigen Betriebsrats eintreten könnte (Rn. 37 ff.).

***BAG** 19.12.2018 – 7 ABR 79/16*

4. Wahlvorschriften[7] (§ 14 BetrVG, Wahlordnung 2001 = WO 2001)

Ein Wahlvorschlag der Arbeitnehmer muss nach § 14 Abs. 4 BetrVG von einer bestimmten Anzahl wahlberechtigter Arbeitnehmer unterzeichnet sein. Die Bewerberliste und die Liste mit den Stützunterschriften müssen eine einheitliche Urkunde bilden. Das erfordert nicht, dass sich Bewerber- und Unterschriftenliste auf einem Blatt befinden oder mehrere Blätter körperlich fest, z. B. durch Zusammenheftung, miteinander verbunden sind. Die Verbindung zu einer einheitlichen Urkunde kann sich auch aus anderen Merkmalen ergeben, z. B.. aus fortlaufender Paginierung, fortlaufender Nummerierung der Unterschriften, aus der graphischen Gestaltung oder aus der Wiedergabe des Kennworts der Vorschlagsliste auf den einzelnen Blättern des Wahlvorschlags. Liegen derartige Umstände nicht vor und weist der Wahlvorschlag deshalb nicht die erforderliche Anzahl von Stützunterschriften auf, ist er nach § 8 Abs. 1 Nr. 3 WO ungültig und darf nicht zur Wahl zugelassen werden.

Verletzt der Wahlvorstand die ihm nach § 7 Abs. 2 Satz 2 WO obliegende Pflicht, eingehende Wahlvorschläge unverzüglich, möglichst innerhalb von zwei Arbeitstagen nach ihrem Eingang, zu prüfen und den Listenvertreter bei Ungültigkeit der Vorschlagsliste unverzüglich zu unterrichten, kann dies zur Anfechtbarkeit der Wahl führen.

Die Prüfung eines Wahlvorschlags ist nicht stets unverzüglich, wenn sie innerhalb von zwei Arbeitstagen erfolgt. Am letzten Tag der Einreichungsfrist hat der Wahlvorstand Vorkehrungen zu treffen, um alsbald zusammenzutreten und eingehende Wahlvorschläge prüfen zu können, damit bei Ungültigkeit die Listen Vertreter möglichst noch so rechtzeitig unterrichtet werden können, dass sie bis zum Fristablauf eine gültige Vorschlagsliste einreichen können. Das gilt insbesondere dann, wenn der Wahlvorstand mit dem Eingang von Wahlvorschlägen rechnen muss, weil bis zum letzten Tag der Einreichungsfrist noch keine Wahlvorschläge eingegangen sind.

***BAG** 25.5.2005 – 7 ABR 39/04*

Ist in dem Wahlausschreiben für eine Betriebsratswahl keine Uhrzeit angegeben, bis zu der am letzten Tag der zweiwöchigen Frist zur Einreichung von Wahlvorschlägen der Zugang von Vorschlagslisten beim Wahlvorstand bewirkt werden kann, dürfen die wahlberechtigten Arbeitnehmer davon ausgehen, dass der Wahlvorstand Vorkehrungen dafür trifft, bis 24:00 Uhr von eingereichten Vorschlagslisten Kenntnis nehmen zu können. Ein vor 24:00 Uhr in den Briefkasten des Wahlvorstands eingelegter Wahlvorschlag ist dann noch rechtzeitig eingereicht. (Rn. 22)

Die Vorschlagslisten zur Wahl des Betriebsrats sind nach § 6 Abs. 1 Satz 2 WO von den Wahlberechtigten vor Ablauf von zwei Wochen seit Erlass des Wahlausschreibens beim Wahlvorstand einzureichen. Hierauf ist nach § 3 Abs. 2 Nr. 8 WO in dem Wahlausschreiben hinzuweisen. Die Frist steht nicht zur Disposition des Wahlvorstands. Es ist dem Wahlvorstand jedoch gestattet, die Möglichkeit zur Einreichung von Wahlvorschlägen am letzten Tag der Frist durch eine entsprechende Angabe im Wahlausschreiben auf das Ende der Arbeitszeit im Betrieb oder auf das Ende der Dienststunden des Wahlvorstands zu begrenzen, wenn dieser Zeitpunkt nicht vor dem Ende der Arbeitszeit der Mehrheit der Arbeitnehmer liegt (Rn. 19).

Ist in dem Wahlausschreiben nur das Datum des Fristablaufs, aber keine Uhrzeit angegeben, bis zu der am letzten Tag der Frist Wahlvorschläge eingereicht werden können, dürfen die Wahlberechtigten unter Zugrundelegung gewöhnlicher Verhältnisse davon ausgehen, dass der Wahlvorstand Vorkehrungen trifft, die eine

[7] vgl. auch §§ 7 – 20 BetrVG, Ziff. 7.1. „Anfechtbare Wahl", S. 50, Ziff. 7.2. „Nichtige Wahl", S. 54

Einreichung von Wahlvorschlägen bis 24:00 Uhr zulassen. Eine am letzten Tag der Frist in den Briefkasten des Wahlvorstands eingeworfene Vorschlagsliste ist daher auch dann rechtzeitig eingereicht, wenn der Wahlvorstand von ihr tatsächlich erst am nächsten Tag Kenntnis erlangt (Rn. 22).

Bei der Beurteilung, ob es sich bei einer Organisationseinheit um einen Betrieb i.S.d. § 1 BetrVG, einen selbständigen Betriebsteil nach § 4 Abs. 1 BetrVG oder um einen unselbständigen Betriebsteil handelt, steht den Tatsacheninstanzen ein Beurteilungsspielraum zu. Besteht eine Leitungsmacht vor Ort allenfalls gegenüber einer Minderheit der Arbeitnehmer, liegt die Verneinung einer ausreichenden organisatorischen Verselbständigung des Betriebsteils innerhalb des Beurteilungsspielraums des Beschwerdegerichts und ist rechtsbeschwerderechtlich nicht zu beanstanden (Rn. 27 f.).

***BAG** 28.04.2021 – 7 ABR 10/20,*

Nach § 14 Abs. 4 Satz 1 Halbs. 1 BetrVG muss jeder Wahlvorschlag für eine Betriebsratswahl von mindestens 1/20 der wahlberechtigten Arbeitnehmer – wenigstens jedoch von drei Wahlberechtigten – unterzeichnet sein (sog. Stützunterschriften). In Betrieben mit in der Regel bis zu 20 wahlberechtigten Arbeitnehmern genügt die Unterzeichnung durch zwei Wahlberechtigte, § 14 Abs. 4 Satz 1 Halbs. 2 BetrVG. Nach § 14 Abs. 4 Satz 2 BetrVG genügt in jedem Fall die Unterzeichnung durch 50 wahlberechtigte Arbeitnehmer.

> Wahlbewerber können einen Wahlvorschlag, auf dem sie selbst als Kandidaten benannt sind, i.S.v. § 14 Abs. 4 BetrVG unterzeichnen.

Es kann offenbleiben, ob es im Hinblick auf den allgemeinen Gleichheitssatz (Art. 3 Abs. 1 GG) ggf. geboten sein könnte, die schriftliche Zustimmung eines Wahlbewerbers zur Aufnahme in eine Vorschlagsliste immer auch als Unterzeichnung des Wahlvorschlags i.S.v. § 14 Abs. 4 BetrVG anzusehen. Jedenfalls im vorliegenden Fall hat der einzige auf einer Vorschlagsliste für das Betriebsratsmandat kandidierende Wahlbewerber mit seiner Unterschrift auf der Liste unter der Bezeichnung „Schriftliche Zustimmung ... zur Aufnahme in die Liste" auch den Wahlvorschlag unterzeichnet.

***BAG** 6.11.2013 – 7 ABR 65/11*

Nach § 3 Abs. 4 Satz 3 i. V. m. § 2 Abs. 4 Satz 4 WO ist die Bekanntmachung des Wahlausschreibens ausschließlich in elektronischer Form nur zulässig, wenn alle Arbeitnehmer von der Bekanntmachung Kenntnis erlangen können und Vorkehrungen getroffen werden, dass Änderungen der Bekanntmachung nur vom Wahlvorstand vorgenommen werden können. Die technischen oder organisatorischen Rahmenbedingungen im Betrieb müssen daher so beschaffen sein, dass der Zugriff auf das in elektronischer Form bekannt gemachte Dokument ausschließlich durch den Wahlvorstand erfolgen kann

Der Wahlvorstand hat nach § 7 Abs. 2 Satz 2 WO die eingereichten Vorschlagslisten unverzüglich, möglichst binnen einer Frist von zwei Arbeitstagen nach ihrem Eingang zu prüfen und bei Ungültigkeit oder Beanstandung einer Liste den Listenvertreter unverzüglich schriftlich unter Angabe der Gründe zu unterrichten. Die Prüfungspflicht des Wahlvorstands erstreckt sich auf alle Umstände, die geeignet sind, die Gültigkeit des Wahlvorschlags in Frage zu stellen und die der Wahlvorstand bei einer Prüfung, des äußeren Erscheinungsbilds der eingereichten Urkunde unschwer erkennen kann. Zu diesen kann auch ein ungewöhnliches äußeres Erscheinungsbild des Wahlvorschlags zählen (z. B. Radierungen, Streichungen oder Zusätze).

***BAG** 21.1.2009 – 7 ABR 65/07*

Bei der Angabe des letzten Tages der Frist zur Einreichung von Vorschlagslisten im Wahlausschreiben gemäß § 3 Abs. 2 Nr. 7 Halbsatz 2 der WO zum BetrVG hat der Wahlvorstand keinen Entscheidungsspielraum. Er muss vielmehr den sich aus § 6 Abs. 1 Satz 2 der WO ergebenden Tag angeben.

***BAG** 9.12.1992 – 7 ABR 27/92*

Die **fehlende Angabe** des **Orts der Wahllokale** stellt dann keinen Verstoß gegen eine wesentliche Vorschrift des Wahlverfahrens gemäß § 3 Abs. 2 Nr. 10 WO zum BetrVG und somit auch keinen Anfechtungsgrund gemäß § 19 BetrVG dar, wenn eine Ergänzung so rechtzeitig erfolgt, dass für die Wahlberechtigten keine Einschränkung ihres Wahlrechts eintritt.

***BAG** 19.9.1985 – 6 ABR 4/85*

Der Wahlvorstand kann den Ablauf der **Frist für die Einlegung von Einsprüchen gegen die Richtigkeit der Wählerliste** für die Betriebsratswahl auf das Ende der Dienststunden des Wahlvorstands oder auf das Ende der Arbeitszeit im Betrieb am letzten Tag der Frist begrenzen, vorausgesetzt, dass der festgesetzte Fristablauf nicht vor dem Ende der Arbeitszeit der überwiegenden Mehrheit der Arbeitnehmer liegt.

***BAG** 4.10.1977 – 1 ABR 37/77*

Nach § 4 Abs. 1 WO kann gegen die Richtigkeit der Wählerliste vor Ablauf von zwei Wochen seit Erlass des Wahlausschreibens beim Wahlvorstand schriftlich Einspruch eingelegt werden. Der Wahlvorstand ist verpflichtet, über den Einspruch unverzüglich zu entscheiden. Der Einspruch gegen die Wählerliste während des Wahlverfahrens ist keine Voraussetzung dafür, in einem späteren Wahlanfechtungsverfahren die Aufnahme nicht Wahlberechtigter in die Wählerliste rügen zu können.

Nach § 2 Abs. 4 Satz 1 WO ist ein Abdruck der Wählerliste vom Tag der Einleitung der Wahl bis zum Abschluss der Stimmabgabe an geeigneter Stelle im Betrieb zur Einsichtnahme auszulegen. Ergänzend kann der Abdruck der Wählerliste nach § 2 Abs. 4 Satz 3 WO mittels der im Betrieb vorhandenen Informations- und Kommunikationstechnik bekannt gemacht werden. Änderungen der Wählerliste sind in gleicher Weise bekannt zu machen wie die ursprüngliche Wählerliste. Macht der Wahlvorstand von der Möglichkeit Gebrauch, die Wählerliste ergänzend mittels der im Betrieb vorhandenen Informations- und Kommunikationstechnik bekannt zu machen, sind Änderungen auch dort zu veröffentlichen.

Die Pflicht des Betriebsrats nach § 19 WO, die Wahlakten mindestens bis zur Beendigung seiner Amtszeit aufzubewahren, soll die nachträgliche Prüfung der Ordnungsmäßigkeit der Betriebsratswahl ermöglichen. Die Stimmabgabe der Wähler kann nur durch die aufzubewahrenden Wählerlisten mit den Stimmabgabevermerken festgestellt werden. Weitergehende Recherchen dazu, ob bestimmte Wähler an der Wahl teilgenommen haben oder nicht, sind nicht zulässig. Ausgeschlossen ist damit auch eine nachträgliche Aufklärung dazu, ob ein wahlberechtigter Arbeitnehmer in Kenntnis oder Unkenntnis seines Wahlrechts oder aus anderen Gründen nicht an der Wahl teilgenommen hat.

***BAG** 2.8.2017 – 7 ABR 42/15*

Eine **parteipolitische Betätigung** ist noch nicht darin zu erblicken, dass ein Arbeitnehmer anlässlich der bevorstehenden Betriebsratswahl für eine noch aufzustellende Wahlliste um Unterschriften wirbt und dazu ein „Programm" veröffentlicht, das für die künftige Betriebsratsarbeit die Zielsetzung übernimmt, die eine bestimmte politische Partei vertritt. Allerdings gilt die Einschränkung, dass die **Wahlwerbung sich im Rahmen der Rechtsordnung halten muss**, insbesondere nicht die Rechte Dritter verletzen oder gegen Pflichten aus dem Arbeitsverhältnis verstoßen darf.

Das Grundrecht der Meinungsfreiheit (Art. 5 Abs. 1 GG) prägt auch die Beziehungen der Arbeitsvertragsparteien. Doch findet es seine Schranken sowohl im Recht der persönlichen Ehre (Art. 5 Abs. 2 GG) als auch in den Grundregeln über das Arbeitsverhältnis, insbesondere in der Pflicht des Arbeitnehmers zu loyalem Verhalten. Diese Einschränkung gilt im Verhältnis nicht nur zum Arbeitgeber, sondern auch zu anderen Mitarbeitern, darunter den Mitgliedern des Betriebsrats.

***BAG** 13.10.1977 – 2 AZR 387/76*

Der Wahlvorstand hat bei eingereichten Wahlvorschlägen nur ein formelles Prüfungsrecht. Er kann Wahlvorschläge nicht wegen „Einflussnahme" des Arbeitgebers zurückweisen. Das „Abholen" von Stützunterschriften durch den Arbeitgeberrepräsentanten stellt in kleineren Betrieben ohne Weiteres eine unzulässige Vorteilungsgewährung i.S.d. § 20 Abs. 2 BetrVG dar.

***Hessisches LAG** 23.8.2001 – 12 TaBV 31/01 = DB 2000, 2559 (Az. BAG: ABN 51/01)*

Die Wahlberechtigung des die Wahl anfechtenden Arbeitnehmers muss nur zum Zeitpunkt der Wahl gegeben sein. Ein späterer Wegfall der Wahlberechtigung durch Ausscheiden aus dem Betrieb nimmt ihm die Anfechtungsbefugnis nicht. Nur wenn sämtliche die Wahl anfechtenden Arbeitnehmer aus dem Betrieb ausscheiden, führt dies zur Unzulässigkeit des Antrags, da für die Fortführung des Wahlanfechtungsverfahrens in diesem Fall kein Rechtsschutzbedürfnis mehr besteht. (Rn. 15)

Auch als gewählt festgestellte Mitglieder des Betriebsrats oder Mitglieder des Wahlvorstands können als wahlberechtigte Arbeitnehmer die Anfechtung der Wahl betreiben. (Rn. 16)

Bei der Betriebsratswahl sind nach § 11 Abs. 2 Satz 1 Halbs. 1 WO auf den Stimmzetteln die Vorschlagslisten nach der Reihenfolge der Ordnungsnummern sowie unter Angabe der beiden an erster Stelle benannten Bewerberinnen und Bewerber mit Familienname, Vorname und Art der Beschäftigung im Betrieb untereinander aufzuführen. Diese Vorschrift legt nicht eine Mindestanzahl der in den Stimmzetteln anzugebenden Bewerberinnen und Bewerber jeder Vorschlagsliste fest, sondern bestimmt verbindlich, dass zwei, und zwar die beiden an erster Stelle benannten Bewerberinnen und Bewerber jeder Vorschlagsliste in den Stimmzetteln aufzuführen sind (Rn. 21 ff.).

§ 11 Abs. 2 Satz 1 Halbs. 1 WO ist eine wesentliche Wahlvorschrift. Verstößt der Wahlvorstand hiergegen, indem er sämtliche Wahlbewerber der jeweiligen Vorschlagsliste auf den Stimmzetteln aufführt, kann dies unter den Voraussetzungen des § 19 BetrVG zur Anfechtung der Betriebsratswahl berechtigen (Rn. 21).

***BAG** 16.9.2020 – 7 ABR 30/19*

Der Wahlvorstand ist weder nach § 6 Abs. 4 WahlO noch nach den §§ 10 Abs. 2, 3 Abs. 4 WahlO berechtigt zu beschließen, eine eingereichte **Wahlvorschlagsliste** um die **Lichtbilder** der **Kandidaten** zu ergänzen. Er hat lediglich zu prüfen, ob eine Liste gültig ist oder nicht. Hat er eine Liste als gültig anerkannt, so hat er sie in der eingereichten Form unverändert auszuhängen.

***BAG** 3.12.1987 – 6 ABR 79/85*

Der Wahlvorschlag ist kein Vorschlag des Listenvertreters, sondern aller, die ihn unterzeichnet haben.

Die ohne Einverständnis der Unterzeichner vorgenommene Streichung einzelner oder mehrerer Kandidaten bedeutet eine inhaltliche Änderung des Wahlvorschlags. Ein Wahlvorschlag wird durch die Streichung unrichtig und ist kein Wahlvorschlag i.S.d. BetrVG.

***BAG** 15.12.1972 – 1 ABR 8/72*

Die Anfechtung einer Betriebsratswahl gemäß § 19 BetrVG ist dann begründet, wenn die in räumlich weit vom Hauptbetrieb entfernten Betriebsteilen und Nebenbetrieben tätigen Arbeitnehmer erstmalig wenige Tage vor dem Wahltag durch Übersendung der zur Briefwahl erforderlichen Unterlagen von dieser Wahl Kenntnis erlangen.

Die Betriebsratswahl der Volkswagen AG im Frühjahr 2018 am Standort Hannover-Stöcken war unwirksam. Dies hat das Bundesarbeitsgericht am Mittwoch bestätigt. Der Wahlvorstand hatte auch für Arbeitnehmer die schriftliche Stimmabgabe beschlossen, deren Betriebsstätten unmittelbar an das Werksgelände angrenzen. Laut BAG ist ein solcher Beschluss nur für räumlich weit vom Hauptbetrieb entfernte Betriebsteile und Kleinstbetriebe möglich.

***BAG** 16.3.2022 – 7 ABR 29/20*

Das Betriebsverfassungsgesetz unterscheidet für die Wahl des Betriebsrats in § 14 Abs. 3 bis Abs. 5 BetrVG zwischen Wahlvorschlägen der Arbeitnehmer und gewerkschaftlichen Wahlvorschlägen. Bei Wahlvorschlägen der Arbeitnehmer ist die Unterzeichnung durch eine bestimmte Anzahl wahlberechtigter Arbeitnehmer erforderlich, der Wahlvorschlag einer Gewerkschaft muss von zwei Beauftragten dieser Gewerkschaft unterzeichnet sein.

Der Name einer Gewerkschaft darf als Kennwort nur auf gewerkschaftlichen Wahlvorschlägen verwandt werden.

Der Wahlvorstand ist verpflichtet, die Zulässigkeit des Kennworts eines Wahlvorschlags zu überprüfen. Er darf einen Wahlvorschlag allerdings nicht wegen der Unzulässigkeit des Kennworts insgesamt zurückweisen. Verwendet eine Liste, die nicht von zwei Gewerkschaftsbeauftragten unterzeichnet ist, ein gewerkschaftliches Kennwort, so hat der Wahlvorstand das unzulässige Kennwort zu streichen und den Vorschlag stattdessen mit den Familien- und Vornamen der beiden ersten in der Liste benannten Wahlbewerber zu bezeichnen und zur Wahl zuzulassen.

Wird ein Wahlvorschlag mit einem unzulässigen Kennwort zur Wahl zugelassen, kann dies zur Anfechtung der Wahl berechtigen.

***BAG** 26.10.2016 – 7 ABR 4/15*

4.1. Betriebsratswahl im vereinfachten Verfahren (§ 14 a BetrVG)

Die Durchführung einer Betriebsratswahl im vereinfachten Verfahren nach § 14a Abs. 5 BetrVG i. d. F. des Gesetzes zur Reform der Betriebsverfassung vom 23. Juli 2001 bedarf der ausdrücklichen oder konkludenten Vereinbarung zwischen Wahlvorstand und Arbeitgeber.

Beschließt der Wahlvorstand eines Betriebs mit in der Regel 51 bis 100 wahlberechtigten Arbeitnehmern in einer Betriebsversammlung die Anwendung der Vorschriften des vereinfachten Wahlverfahrens in Anwesenheit der Geschäftsführer der Arbeitgeberin und schweigen die Geschäftsführer zu diesem Beschluss, so liegt keine konkludente Vereinbarung i.S.d. § 14 a Abs. 5 BetrVG vor.

Die unstatthafte Durchführung einer Betriebsratswahl im vereinfachten Verfahren an Stelle der Regelwahl nach den Grundsätzen der Verhältniswahl gemäß § 14 BetrVG und die Missachtung der Vorschriften des § 2 Abs. 1, § 3, § 37, § 36 Abs. 2 WO stellen einen Verstoß gegen wesentliche Vorschriften i.S.d. § 19 Abs. 1 BetrVG dar und können das Wahlergebnis im Sinne dieser Bestimmung ändern oder beeinflussen.

Diese Mängel führen für sich genommen nicht zur Nichtigkeit der Betriebsratswahl. Die Nichtigkeit kann sich auch nicht aus einer Gesamtwürdigung ergeben.

***BAG** 19.11.2003 – 7 ABR 24/03*

4.2. Geschlechterminderheitenschutz (§ 15 Abs. 2 BetrVG)

Die Regelungen in § 15 Abs. 2 BetrVG und § 15 Abs. 5 Nr. 2 WO sind nicht verfassungswidrig. Die in § 15 Abs. 2 BetrVG getroffene Anordnung, dass das im Betrieb vertretene Minderheitsgeschlecht entsprechend seinem zahlenmäßigen Verhältnis im Betriebsrat vertreten sein muss, und der in § 15 Abs. 5 Nr. 2 WO vorgesehene Listensprung verstoßen weder gegen den nach Art. 3 Abs. 1 GG bestehenden Grundsatz der Gleichheit der Wahl, noch wird dadurch in unzulässiger Weise in die durch Art. 9 Abs. 3 GG gewährleistete Tarifautonomie eingegriffen.

***BAG** 16.3.2005 – 7 ABR 40/04*

Die in § 15 Abs. 1 und Abs. 2 WO festgelegte Sitzverteilung nach dem d'Hondtschen Höchstzahlverfahren ist mit höherrangigem Recht vereinbar. Das d'Hondtsche Höchstzahlverfahren verletzt weder den aus Art. 3 Abs. 1 GG folgenden Grundsatz der Gleichheit der Wahl noch den aus der Koalitionsfreiheit des Art. 9 Abs. 3 GG resultierenden Grundsatz der gleichen Wettbewerbschancen der Koalitionen.

***BAG** 22.11.2017 – 7 ABR 35/16*

Enthält das Wahlausschreiben für die Betriebsratswahl den unzutreffenden Hinweis, nach § 15 Abs. 2 BetrVG entfalle mindestens ein Betriebsratssitz auf eine Frau und stellt der Wahlvorstand zu Unrecht fest, dass eine Frau zum Betriebsratsmitglied gewählt sei, liegt ein Verstoß gegen wesentliche Wahlvorschriften i.S.d. § 19 Abs. 1 BetrVG vor.

***BAG** 10.3.2004 – 7 ABR 49/03*

5. Wahl bzw. gerichtliche Bestellung des Wahlvorstands (§§ 16, 17 BetrVG)

Der Betriebsrat kann gemäß § 16 Abs. 1 Satz 1 BetrVG jeden wahlberechtigten Arbeitnehmer des Betriebs als Mitglied des Wahlvorstands bestellen. Sein Auswahlermessen wird durch das Gesetz nicht beschränkt.

***BAG** 16.11.2017 – 2 AZR 14/17*

Nach § 16 Abs. 1 BetrVG bestellt der Betriebsrat spätestens zehn Wochen vor Ablauf der Amtszeit des Betriebsrats einen aus drei Wahlberechtigten bestehenden Wahlvorstand und einen von ihnen als Vorsitzenden. Besteht acht Wochen vor Ablauf der Amtszeit des Betriebsrats kein Wahlvorstand, bestellt ihn nach § 16 Abs. 2 BetrVG das Arbeitsgericht auf Antrag von mindestens drei Wahlberechtigten oder einer im Betrieb vertretenen Gewerkschaft.

Besteht in einem Betrieb, der die Voraussetzungen des § 1 Abs. 1 BetrVG erfüllt, kein Betriebsrat, wird der Wahlvorstand nach § 17 Abs. 1 BetrVG durch den Gesamtbetriebsrat oder, falls ein solcher nicht besteht, den Konzernbetriebsrat bestellt. Besteht weder ein Gesamt- noch ein Konzernbetriebsrat oder unterlässt der Gesamt- oder Konzernbetriebsrat die Bestellung des Wahlvorstands, wird der Wahlvorstand nach § 17 Abs. 2 BetrVG in einer Betriebsversammlung von der Mehrheit der anwesenden Arbeitnehmer gewählt. Zu dieser Betriebsversammlung können drei wahlberechtigte Arbeitnehmer des Betriebs oder eine im Betrieb vertretene Gewerkschaft einladen. Findet trotz Einladung keine Betriebsversammlung statt oder wählt die Betriebsversammlung keinen Wahlvorstand, so bestellt ihn das Arbeitsgericht nach § 17 Abs. 4 BetrVG auf Antrag von mindestens drei Wahlberechtigten oder einer im Betrieb vertretenen Gewerkschaft.

Für die Abgrenzung, ob sich die gerichtliche Bestellung des Wahlvorstands nach § 16 Abs. 2 BetrVG oder nach § 17 Abs. 4 BetrVG richtet, kommt es auf den Zeitpunkt der Antragstellung an. Wird das auf die Bestellung des Wahlvorstands gerichtete arbeitsgerichtliche Beschlussverfahren erst nach Ablauf der Amtszeit des Betriebsrats eingeleitet, findet § 17 Abs. 4 BetrVG Anwendung. Wird das Verfahren dagegen schon vor Ablauf der Amtszeit des Betriebsrats eingeleitet, richtet sich die Bestellung des Wahlvorstands auch noch nach Ablauf der Amtszeit des Betriebsrats nach § 16 Abs. 2 BetrVG. Allerdings kann eine gerichtliche Bestellung des Wahlvorstands nicht mehr erfolgen, wenn zwischenzeitlich ein Wahlvorstand nach § 17 Abs. 1 BetrVG durch den Gesamt- oder den Konzernbetriebsrat bestellt oder nach § 17 Abs. 2 BetrVG in einer Betriebsversammlung gewählt worden ist. Mit einer solchen Bestellung oder Wahl des Wahlvorstands entfällt das Rechtsschutzinteresse für den Antrag auf Bestellung des Wahlvorstands durch das Arbeitsgericht.

§ 16 Abs. 2 BetrVG findet in den Fällen des § 13 Abs. 2 Nr. 1 bis Nr. 3 BetrVG, in denen der Betriebsrat außerhalb der Zeit der regelmäßigen Betriebsratswahlen vorzeitig zu wählen ist, grundsätzlich entsprechende Anwendung. Dabei sind die in § 16 Abs. 1 und Abs. 3 BetrVG genannten Fristen nicht anzuwenden. Das Arbeitsgericht kann den Wahlvorstand nach § 16 Abs. 2 BetrVG frühestens zwei Wochen nach dem Tag bestellen, an dem der Betriebsrat den Wahlvorstand bei unverzüglichem Handeln spätestens hätte bestellen müssen.

***BAG** 23.11.2016 – 7 ABR 13/15*

Nach § 17 Abs. 1 Satz 1 BetrVG bestellt in einem Betrieb, der die Voraussetzungen des § 1 Abs. 1 Satz 1 BetrVG erfüllt und in dem kein Betriebsrat besteht, der Gesamtbetriebsrat oder, falls ein solcher nicht besteht, der Konzernbetriebsrat einen Wahlvorstand für die Einleitung der Betriebsratswahl. Das für die Bestellung des Wahlvorstands zuständige Gremium hat diese Aufgabe in eigener Verantwortung wahrzunehmen. Hinsichtlich der die Wahlvorstandsbestellung vorbereitenden Maßnahmen kommt ihm ein Beurteilungsspielraum zu.

Der Gesamtbetriebsrat hat ein berechtigtes Interesse, vor der Wahlvorstandsbestellung zu erfahren, welcher Arbeitnehmer zur Übernahme des Amts im Wahlvorstand geeignet und bereit ist. Wie die hierfür erforderlichen Informationen eingeholt und ausgetauscht werden, obliegt seiner Einschätzung. Er hat dabei einen Beurteilungsspielraum. Allerdings muss er die im Betriebsverfassungsgesetz zum Ausdruck kommende Konzeption beachten und die Interessen des Arbeitgebers, auch an einer Begrenzung der Kosten, berücksichtigen.

Der Gesamtbetriebsrat ist nicht befugt, in betriebsratslosen Betrieben zum Zwecke der Einleitung einer Betriebsratswahl zu Belegschaftsversammlungen einzuladen. Eine entsprechende Berechtigung folgt nicht aus § 17 Abs. 1 Satz 1 BetrVG. Es besteht insoweit auch keine Annex-Kompetenz.

***BAG** 16.11.2011 – 7 ABR 28/10*

Besteht weder ein Gesamt- noch ein Konzernbetriebsrat, wird der Wahlvorstand zur Durchführung einer Betriebsratswahl in einem betriebsratslosen Kleinbetrieb mit in der Regel fünf bis 50 wahlberechtigten Arbeitnehmern, von denen drei wählbar sind, nach § 17a Nr. 3 Satz 1 i.V.m. § 17 Abs. 2 BetrVG in einer Betriebsversammlung von der Mehrheit der anwesenden Arbeitnehmer gewählt. Findet trotz ordnungsgemäßer Einladung keine Betriebsversammlung statt oder wählt die Betriebsversammlung keinen Wahlvorstand, so bestellt ihn das Arbeitsgericht nach § 17a Nr. 4 i.V.m. § 17 Abs. 4 BetrVG auf Antrag von mindestens drei wahlberechtigten Arbeitnehmern oder einer im Betrieb vertretenen Gewerkschaft (Rn. 32).

Die Antragsberechtigung für die gerichtliche Bestellung des Wahlvorstands muss noch im Zeitpunkt der letzten Anhörung in der Rechtsbeschwerdeinstanz bestehen. Sie entfällt im Fall der Antragstellung durch einen Arbeitnehmer, wenn dieser im Verlauf des Verfahrens aus dem Arbeitsverhältnis ausscheidet und dadurch seine Wahlberechtigung verliert (Rn. 21 ff.).

Die gerichtliche Bestellung eines Wahlvorstands nach § 17a Nr. 4 i.V.m. § 17 Abs. 4 BetrVG setzt nicht voraus, dass in der Betriebsversammlung zur Wahl des Wahlvorstands mehrere Wahlgänge ohne Erfolg geblieben sind. Es genügt, dass in einem Wahlgang keine erforderliche Mehrheit zustande gekommen ist (Rn. 37 ff.).

Es begegnet keinen durchgreifenden verfassungsrechtlichen Bedenken, dass nach § 17 Abs. 4 BetrVG die gerichtliche Bestellung eines Wahlvorstands auch dann möglich ist, wenn die Mehrheit der Belegschaft des Betriebs keinen Betriebsrat wünscht (Rn. 43 ff.).

Die Übernahme des Amts eines Wahlvorstandsmitglieds erfordert dessen Einverständnis. Muss das Gericht im Zeitpunkt seiner Entscheidung davon ausgehen, dass die zu bestellende Person die Amtsübernahme ablehnen wird, steht dies einer gerichtlichen Bestellung zum Wahlvorstandsmitglied entgegen (Rn. 52).

***BAG** 20.2.2019 – 7 ABR 40/17*

Ein Anspruch des Arbeitgebers darauf, die durch Bestellung des Wahlvorstands eingeleitete Betriebsratswahl abzubrechen, kann sich aus der zu erwartenden Nichtigkeit der Betriebsratswahl ergeben. Ihre bloße Anfechtbarkeit genügt nicht.

Ein auf Abbruch der Betriebsratswahl gerichteter Unterlassungsanspruch kann unabhängig von späteren Nichtigkeitsgründen des Betriebsratswahlverfahrens auch daraus herrühren, dass der Wahlvorstand für die Betriebsratswahl in nicht nur fehlerhafter, sondern in nichtiger Weise oder überhaupt nicht bestellt wurde.

Die Bestellung des Wahlvorstands ist lediglich in ganz besonderen Ausnahmefällen nichtig mit der Folge, dass das Gremium inexistent ist. Erforderlich ist, dass gegen allgemeine Grundsätze jeder ordnungsgemäßen Errichtung in so hohem Maß verstoßen wird, dass auch der Anschein einer dem Gesetz entsprechenden Bestellung des Wahlvorstands nicht mehr besteht. Es muss sich um einen offensichtlichen und besonders groben Verstoß gegen die Bestellungsvorschriften der §§ 16 bis 17a BetrVG handeln.

Im Fall eines einfachen Errichtungsfehlers bleibt die Bestellung des Wahlvorstands wirksam. Die Betriebsratswahl kann dann anfechtbar sein.

***BAG** 27.7.2011 – 7 ABR 61/10*

Der Anspruch auf Erteilung aller zur Aufstellung einer Wählerliste für eine Betriebsratswahl erforderlichen Auskünfte gegenüber dem Arbeitgeber nach § 2 Abs. 2 Satz 1 WO steht nur dem amtierenden Wahlvorstand zu. Der Anspruch besteht nicht, wenn das Gremium, das als Wahlvorstand auftritt, in dieser Funktion nicht oder in nichtiger Weise bestellt wurde.

Die Nichtigkeit der Bestellung des Wahlvorstands ist auf Fälle offensichtlicher und besonders grober Verstöße gegen die Bestellungsvorschriften der §§ 16 bis 17a BetrVG beschränkt. Bei einem einfachen Errichtungsfehler bleibt die Bestellung des Wahlvorstands wirksam.

Das Amt des Wahlvorstands endet u.a. mit der Auflösung des Betriebs, für den er bestellt ist. Ein Wechsel in der Betriebsinhaberschaft führt nicht zu einer Beendigung des Amts des Wahlvorstands. Das gilt auch, wenn einer von mehreren Arbeitgebern den bisherigen Gemeinschaftsbetrieb allein weiterführt.

Der Gesamtbetriebsrat hat – anders als der Betriebsrat – keine Amtszeit. Er ist eine Dauereinrichtung und bleibt über die Wahlperiode der einzelnen Betriebsräte hinaus bestehen. Das Amt des Gesamtbetriebsrats endet, wenn die Voraussetzungen für seine Errichtung voraussichtlich dauerhaft entfallen. Ein vorübergehender Wegfall der Errichtungsvoraussetzungen hat auf den Bestand des Gesamtbetriebsrats keinen Einfluss.

***BAG** 15.10.2014 – 7 ABR 53/12*

Auch wenn in Betriebsteilen bisher zu Unrecht getrennte Betriebsräte gewählt worden sind und nunmehr nach richtiger Ansicht ein **gemeinsamer Betriebsrat zu wählen** ist, muss der Wahlvorstand nicht in einer gemeinsamen Betriebsversammlung gewählt werden. Vielmehr muss der Wahlvorstand von den Betriebsräten bestimmt werden, ggf. durch den Betriebsrat des nach der Zahl der wahlberechtigten Arbeitnehmer größten Betriebsteils.

Nach §§ 16, 17 BetrVG ist der Wahlvorstand in erster Linie zu bestellen durch einen bestehenden Betriebsrat, besteht kein Betriebsrat, ist er durch die Betriebsversammlung zu wählen, führt eine Betriebsversammlung nicht zur Wahl eines Wahlvorstands, kann letztlich das Arbeitsgericht angerufen werden. Im Grundsatz geht damit das Gesetz aus von der Bestellung des Wahlvorstands durch den Betriebsrat; Bestellung durch die Betriebsversammlung und durch das Arbeitsgericht sind demgegenüber nachrangige Ausnahmen.

***LAG** Niedersachsen 13.5.1998 – 13 TaBV 40/98 = NZA RR 1998, 545*

Dem Wahlvorstand steht ein Beurteilungsspielraum bezüglich der Erforderlichkeit seiner Tätigkeit zu (mit BAG 21.7.1991 – 7 ABR 61/90).

Die Erforderlichkeit ist nicht nach Erfahrungs- und Richtwerten zu bemessen. Sie richtet sich nach den Umständen des Einzelfalles (mit BAG 15.3.1995 = NZA 1995, 961).

Der Arbeitgeber ist unter dem Gesichtspunkt des Gebotes der vertrauensvollen Zusammenarbeit (§ 2 Abs. 1 BetrVG) nicht berechtigt, dem Wahlvorstand bezüglich der von ihm zu leistenden Tätigkeit ein Stundenkontingent vorzugeben.

***LAG** Schleswig-Holstein 15.12.2004 – 3 Sa 269/04 = NZA-RR 2005, 253*

Die **Wahl des Wahlvorstands** in einer Betriebsversammlung ist dann **nichtig**, wenn die Einladung zu dieser Versammlung nicht so bekannt gemacht worden ist, dass alle Arbeitnehmer des Betriebs hiervon Kenntnis nehmen konnten, diese auch nicht auf andere Weise tatsächlich hiervon erfahren haben und durch das Fernbleiben der nicht unterrichteten Arbeitnehmer das Wahlergebnis beeinflusst werden konnte.

Die in einer nichtigen Wahl gewählten Wahlvorstandsmitglieder genießen nicht den besonderen Kündigungsschutz des § 15 Abs. 3 KSchG.

***BAG** 7.5.1986 – 2 AZR 349/85*

Die gerichtliche Ersetzung eines Wahlvorstands für die erstmalige Wahl eines Betriebsrats wegen Untätigkeit nach § 18 Abs. 1 Satz 2 BetrVG ist unzulässig, wenn dessen Wahl nichtig gewesen ist. In diesem Fall kann eine die Ersetzung des untätigen Wahlvorstands betreibende, im Betrieb vertretene Gewerkschaft nur nach § 17 Abs. 3 – 4 BetrVG vorgehen und muss zunächst zu einer neuen Betriebsversammlung gemäß § 17 Abs. 3 BetrVG einladen.

Eine ordnungsgemäße Einladung zu einer Betriebsversammlung nach § 17 Abs. 3 BetrVG muss den Zeitpunkt, den Ort, die Einladenden und insbesondere das Thema der Betriebsversammlung – beabsichtigte Wahl eines Wahlvorstands – angeben. Die Einladung muss entweder alle Arbeitnehmer des Betriebs tatsächlich erreichen oder so bekannt gemacht werden, dass diese die Möglichkeit haben, von ihr Kenntnis zu nehmen und an der Versammlung teilzunehmen.

Hinsichtlich der Frage, welche Frist bei der Einladung im normalen Wahlverfahren einzuhalten ist, kommt es auf die betrieblichen Verhältnisse an. Eine Einladungsfrist von einer Woche ist ausreichend, wenn alle Arbeitnehmer des Betriebs in demselben Gebäude oder in benachbarten Gebäuden arbeiten. Hingegen ist eine Einladungsfrist von nur einem Arbeitstag unzureichend.

***ArbG** Essen 22.6.2004 – 2 BV 17/04 = NZA-RR 2005, 258*

Untätigkeit oder Säumnis des Wahlvorstands führt dann zur Ersetzung durch das Arbeitsgericht, wenn sein Verhalten so unzweckmäßig oder unrechtmäßig ist, dass dadurch die Wahl des Betriebsrats überhaupt gefährdet ist.

Die Einleitung des Verfahrens nach § 18 Abs. 2 BetrVG durch den Wahlvorstand und die damit verbundene Aussetzung der Wahl bis zur rechtskräftigen Entscheidung der Gerichte stellt eine Pflichtverletzung des Wahlvorstands nicht dar, soweit berechtigte Zweifel an der betriebsratsfähigen Einheit bestehen.

***LAG** Niedersachsen 20.2.2004 – 16 Sa 86/03*

Unter den in § 44 Abs. 1 Satz 2 BetrVG i. V. m. § 17 BetrVG geregelten Voraussetzungen sind die Arbeitnehmer von Gesetzes wegen zur Teilnahme an der betreffenden Betriebsversammlung berechtigt, ohne dass es diesbezüglich einer Freistellung durch den Arbeitgeber bedürfte. Für eine diesbezügliche einstweilige Verfügung fehlt es daher sowohl am Verfügungsgrund als auch am Verfügungsanspruch.

***LAG** München 11.3.1987 – 7 (8) TaBV 38/86*

Für die Ordnungsmäßigkeit der Einladung zu einer Betriebsversammlung nach § 17 Abs. 1 BetrVG genügt es, wenn die Arbeitnehmer durch einen Aushang zu einer Betriebsversammlung eingeladen werden und damit die Möglichkeit erhalten, an dieser teilzunehmen. Dass der Aushang unterschrieben ist, ist nicht erforderlich.

***LAG** Hamm 29.11.1973 – 3 Sa 663/73 = DB 1974, 389*

Haben **zwei räumlich nur 20 km auseinander liegende Betriebsstätten** bisher getrennte Betriebsräte gewählt, ist aber nach Meinung einer in beiden Betrieben vertretenen Gewerkschaft zukünftig die **Wahl eines gemeinsamen Betriebsrats** aus juristischen Gründen geboten, muss auf einer gemeinsamen Betriebsversammlung beider Betriebsstätten ein Wahlvorstand gewählt werden. Diese **Betriebsversammlung** kann der Arbeitgeber jedenfalls dann nicht durch eine **einstweilige Verfügung untersagen lassen**, wenn es nicht ausgeschlossen erscheint, dass es sich bei beiden Betriebsstätten um einen einheitlichen Betrieb i.S.d. § 1 oder § 4 BetrVG handelt.

***LAG** Bremen 20.3.1987 – 2 TaBV 8/87 = DB 1987, 1539*

Die **Bestellung eines Wahlvorstands durch das Arbeitsgericht** gemäß § 17 Abs. 3 BetrVG hat nur subsidiäre Bedeutung. Durch die Anrufung des Arbeitsgerichts geht der Betriebsversammlung das ihr nach § 17 Abs. 1 BetrVG zustehende Recht, einen Wahlvorstand zu wählen, jedenfalls solange nicht verlustig, als eine rechtskräftige Entscheidung noch nicht vorliegt.

***BAG** 19.3.1974 – 1 ABR 87/73*

Der besondere Kündigungsschutz für gerichtlich bestellte Mitglieder des Wahlvorstands zur Durchführung einer Betriebsratswahl beginnt im Fall ihrer Bestellung durch die Gerichte für Arbeitssachen mit der Verkündung des Einsetzungsbeschlusses. Auf die formelle Rechtskraft des Beschlusses kommt es nicht an.

Insbesondere der durch § 15 Abs. 3 KSchG beabsichtigte Schutz der Mitglieder des Wahlvorstands vor möglichen Repressalien des Arbeitgebers erfordert es von einer „Bestellung" des Wahlvorstands in dem Zeitpunkt auszugehen, zu dem erstmals eine nach außen verlautbarte, nach geltendem Verfahrensrecht wirksam zustande gekommene gerichtliche Entscheidung vorliegt, der zufolge der Arbeitnehmer, als Mitglied des Wahlvorstands eingesetzt wird.

***BAG** 26.11.2009 – 2 AZR 185/08*

Ist im Hinblick auf § 118 Abs. 2 BetrVG die Anwendung des BetrVG zwischen Arbeitgeber und einer im Betrieb vertretenen Gewerkschaft streitig, so kann und muss diese Streitfrage im Allgemeinen Beschlussverfahren als Vorfrage geprüft werden.

Im Rahmen des Betriebsverfassungsrechts können die Gewerkschaften durch eigenen Antrag nur dann ein Beschlussverfahren einleiten, wenn das Gesetz dies eindeutig vorsieht.

***BAG** 3.1.1976 – 1 ABR 121/74*

Das **Amt des Wahlvorstands erlischt** mit der Einberufung des Betriebsrats zur konstituierenden Sitzung.

Nach Erlöschen des Amts des Wahlvorstands ist der Wahlvorstand nicht mehr berechtigt, Rechtsbeschwerde gegen einen zu seinen Ungunsten zur Zeit seiner Tätigkeit ergangenen Beschluss des Landesarbeitsgerichts einzulegen. Er ist keine beteiligungsfähige Stelle i.S.d. § 83 Abs. 1 ArbGG mehr.

***BAG** 14.11.1975 – 1 ABR 61/75*

Die **gerichtliche Bestellung** des Wahlvorstands für die **erstmalige** Wahl eines Betriebsrats nach § 17 Abs. 3 BetrVG setzt jedenfalls grundsätzlich voraus, dass zuvor eine ordnungsgemäße Einladung zu einer Betriebsversammlung nach § 17 Abs. 2 BetrVG erfolgt ist. Von dieser Voraussetzung kann nicht schon dann abgesehen werden, wenn der Arbeitgeber sich weigert, eine ihm obliegende, zur Bewirkung der Einladung notwendige Mitwirkungshandlung vorzunehmen.

Der Arbeitgeber ist verpflichtet, allen **regelmäßig auswärts beschäftigten** Arbeitnehmern eine Einladung zu einer Betriebsversammlung zum Zweck der Wahl eines Wahlvorstands für die erstmalige Wahl eines Betriebsrats zukommen zu lassen.

***BAG** 26.2.1992 – 7 ABR 37/91*

Zu den vom Arbeitgeber nach § 20 Abs. 3 Satz 1 BetrVG zu tragenden Kosten einer Betriebsratswahl gehören auch die erforderlichen außergerichtlichen Kosten einer Gewerkschaft, die ihr durch die Beauftragung eines Rechtsanwalts in einem Beschlussverfahren zur gerichtlichen Bestellung eines Wahlvorstands entstanden sind.

***BAG** 31.5.2000 – 7 ABR 8/99 = BB 2000, 2574*

Die Behinderung der Einberufung und Durchführung einer Betriebsversammlung zur Wahl des Wahlvorstandes stellt einen Straftatbestand i.S.d. § 119 Abs. 1 Nr. 1 BetrVG dar. Der Geltungsbereich des § 20 Abs. 1 BetrVG umfasst nicht nur den eigentlichen Abstimmungsvorgang, sondern auch vorbereitende Maßnahmen wie die vorausgehenden Abstimmungen und die auf die Betriebsratswahl sich beziehenden Beschlussfassungen der Wähler oder des Wahlvorstands.

***OLG** München 9.7.1980 – 4 St 173/80 = BB 1980, 1638*

Nach § 17 Abs. 4 BetrVG ist unter den dort genannten Voraussetzungen auf Antrag einer im Betrieb vertretenen Gewerkschaft vom Arbeitsgericht ein Wahlvorstand zur Durchführung einer Betriebsratswahl zu bestellen.

Eine Gewerkschaft ist i.S.v. § 17 Abs. 4 BetrVG im Betrieb vertreten, wenn mindestens ein im Betrieb beschäftigter Arbeitnehmer bei ihr organisiert ist. Das gilt allenfalls dann nicht, wenn die Gewerkschaft den Arbeitnehmer als Mitglied aufgenommen hat, obwohl dieser die satzungsmäßigen Voraussetzungen für die Mitgliedschaft in dieser Zeit offenkundig nicht erfüllt.

Die Wahrnehmung der Rechte aus § 17 Abs. 4 BetrVG setzt nicht voraus, dass die Gewerkschaft für den Betrieb oder das Unternehmen des Arbeitgebers tarifzuständig ist.

Die vom Antragsteller nach § 17 Abs. 4 i. V. m. § 16 Abs. 2 Satz 2 BetrVG vorgeschlagenen und die vom Arbeitsgericht bestellten Wahlvorstandsmitglieder sind nicht Beteiligte des Beschlussverfahrens zur Bestellung eines Wahlvorstands nach § 17 Abs. 4 BetrVG.

***BAG** 10.11.2004 – 7 ABR 19/04 = NZA 2005, 426*

6. Vorbereitung und Durchführung der Wahl (§§ 18, 18 a BetrVG)

Nach § 26 Abs. 1 Satz 1 WO hat der Wahlvorstand in öffentlicher Sitzung die bis zu diesem Zeitpunkt eingegangenen Freiumschläge der Briefwähler unmittelbar vor Abschluss der Stimmabgabe zu öffnen. Besteht nur ein Wahllokal zur persönlichen Abgabe der Stimmen, bedarf es keiner öffentlichen Bekanntmachung von Zeit und Ort der Öffnung der im Rahmen der Briefwahl eingegangenen Freiumschläge durch den Wahlvorstand (Rn. 17).

§ 26 Abs. 1 WO gewährt dem Wahlvorstand eine Einschätzungsprärogative im Hinblick auf den Zeitraum, den er voraussichtlich für die nach der Vorschrift gebotenen Handlungen benötigen wird. Im Falle der Anfechtung der Wahl hat das Arbeitsgericht zu prüfen, ob sich die vom Wahlvorstand angestellte Prognose noch innerhalb seines Beurteilungsspielraums gehalten hat (Rn. 22).

Beendet der Wahlvorstand die Aufgaben nach § 26 Abs. 1 WO mit oder innerhalb weniger Minuten vor oder nach dem Ende der für die Stimmabgabe vorgesehenen Zeit, begründet dies die Vermutung, dass die Prognose hinreichend fundiert erstellt worden ist. Liegt zwischen dem Ende der Öffnung der Freiumschläge und dem Abschluss der Stimmabgabe ein längerer Zeitraum, folgt daraus nicht ohne weiteres, dass die Prognose unzutreffend war. Im Wahlanfechtungsverfahren können vielmehr Umstände dargelegt werden, aufgrund derer der Wahlvorstand prognostizieren durfte, mit dem Öffnen der Freiumschläge so frühzeitig beginnen zu müssen (Rn. 22).

Die Ladung der Mitglieder des Wahlvorstands durch den Vorsitzenden zu einer Sitzung ist grundsätzlich frist- und formlos möglich. Die Einladung zu der öffentlichen Sitzung i.S.d. § 26 Abs. 1 Satz 1 WO kann daher auch konkludent erfolgen (Rn. 30).

***BAG** 20.5.2020 – 7 ABR 42/18*

Entscheidungen und Maßnahmen des Wahlvorstands können **vor Abschluss der Betriebsratswahl selbständig** angefochten werden.

Antragsberechtigt ist jeder, der durch die Einzelmaßnahmen des Wahlvorstands in seinem aktiven oder passiven Wahlrecht betroffen wird.

***BAG** 15.12.1972 – 1 ABR 8/72*

Der Anspruch des Wahlvorstands gegen den Arbeitgeber auf Vorlage einer Liste aller im Betrieb beschäftigten Mitarbeiter/-innen ist nicht dadurch ausgeschlossen, dass der Arbeitgeber der Auffassung ist, dass kein betriebsratsfähiger Betrieb gegeben ist.

Es ist allgemein anerkannt, dass die Vorlage einer Mitarbeiterliste zwecks Aufstellung der Wählerliste durch einstweilige Verfügung erzwingbar ist. Die Einleitung eines ordentlichen Beschlussverfahrens zur Vorlage einer Mitarbeiterliste zwecks Aufstellung der Wählerliste wäre mit der Verpflichtung des Wahlvorstands, unverzüglich tätig zu werden, nicht mehr vereinbar.

***LAG** Hamm 14.3.2005 – 10 TaBV 31/05 = NZA-RR 2005, 373*

6.1. Rechtliche Möglichkeiten bei behaupteten Pflichtverletzungen des Wahlvorstands

Gegen einen arbeitsgerichtlichen Beschluss im Eilverfahren, mit dem dem Wahlvorstand die weitere Durchführung einer eingeleiteten Betriebsratswahl einstweilen vollständig untersagt wird, steht auch dem Arbeitgeber (und nicht nur dem Wahlvorstand) die Beschwerdebefugnis zu. Er kann auch insoweit eine eigene Beschwerde geltend machen.

In eingeleitete Betriebsratswahlen kann mit die weitere Wahldurchführung vollständig untersagenden einstweiligen Verfügungen nur eingegriffen werden, wenn nach den glaubhaft gemachten oder sonst feststellbaren Umständen die betreffende Wahl mit Sicherheit **nichtig** wäre.

***Hessisches LAG** 16.7.1992 – 12 TaBVGa 112/92 = BB 1993, 732 = NZA 1993, 1008;*
***Hessisches LAG** 5.6.1992 – 12 TaBVGa 91/92 = NZA 1993, 192*

Gerichtliche Eingriffe in laufende Betriebsratswahlen im Rahmen eines vorgeschalteten gerichtlichen Kontrollverfahrens sind grundsätzlich zulässig, da derartige Korrekturen als das mildere Mittel gegenüber dem Aufschub der Wahl oder deren Nichtigkeit anzusehen ist.
Ob der Wahlvorstand für eine Betriebsratswahl aus eigener Kompetenz berechtigt ist, eine eingeleitete Wahl abzubrechen und eine „Neuwahl" einzuleiten, kann nur in Ausnahmefällen bejaht werden. Die Hauptaufgabe des Wahlvorstands besteht nämlich darin, die Wahl ordnungsgemäß durchzuführen.
Daher kann er nur das Wahlverfahren wegen irreparabler Rechtsfehler abbrechen. Hierbei kann der Wahlvorstand nicht aus eigener Entscheidungsfreiheit handeln, sondern hat nach Rechtmäßigkeitskriterien vorzugehen, die auch ein Arbeitsgericht zugrunde legen würde. Danach kommt ein Abbruch durch den Wahlvorstand nur in Betracht, wenn der festgestellte Rechtsmangel nicht korrigierbar ist und die Weiterführung der Wahl mit Sicherheit eine erfolgreiche Anfechtung oder Nichtigkeit zur Folge hätte. Ist der Wahlvorstand nach diesen Kriterien nicht berechtigt, die Wahl abzubrechen und tut er dies dennoch, stellt sein Handeln eine Wahlbehinderung nach § 20 Abs. 1 BetrVG dar.

***LAG** Bremen 27.2.1990 – 1 TaBV 3/90 = DB 1990, 1571*

Dem Wahlvorstand kann nicht im Wege einer **einstweiligen Verfügung** aufgegeben werden, das **Wahlausschreiben** hinsichtlich der Zahl der zu wählenden Betriebsratsmitglieder **zu berichtigen** bzw. ein neues, geändertes Wahlausschreiben zu erlassen.

***Hessisches LAG** 23.3.1990 – 12 TaBVGa 34/90 = DB 1990, 239*

Bei der Frage, ob in ein **laufendes Betriebsrats-Wahlverfahren** durch **einstweilige Verfügung** derart eingegriffen werden kann, dass die Wahl bis zur Entscheidung einer zwischen den Beteiligten streitigen Frage **ausgesetzt** wird, ist eine Abwägung vorzunehmen zwischen dem Gebot der Gewährung effektiven Rechtsschutzes einerseits und dem Verbot des Eingriffs in betriebsverfassungsrechtliche Rechte von Arbeitnehmern andererseits.
Weist das Wahlverfahren einen Mangel auf, der zur Nichtigkeit der Wahl führen würde, so scheint es im Hinblick darauf, dass aufgrund der Wahlnichtigkeit ein Betriebsrat als von Anfang an nicht existent angesehen wird, vertretbar, durch einstweilige Verfügung die Wahl vorläufig zu unterbinden und damit vorübergehend einen betriebsratslosen Zustand herbeizuführen.
Ein vorzeitiger Abbruch der Wahl kommt nur dann in Betracht, wenn ein Mangel festgestellt wird, der nicht zu korrigieren ist und wenn die Weiterführung der Wahl mit Sicherheit deren Nichtigkeit zur Folge hätte.

***LAG** Köln 5.7.1987 – 6 TaBV 28/87 = DB 1987, 1996*

Wahldurchführungsabsprachen von Betriebsräten, die in betriebsverfassungsrechtliche Rechte von Arbeitnehmern eingreifen und nicht durch eine Organisationsmaßnahme des Arbeitgebers veranlasst sind (hier: Verzicht auf eigenen Betriebsrat in einem räumlich weit entfernt liegenden Betrieb zugunsten der Hauptverwaltung), rechtfertigen einen Wahlabbruch jedenfalls dann, wenn kein betriebsratsloser Zustand droht.

***Hessisches LAG** 12.3.1998 – 12 TaBVGa 27/98*

Besteht Streit darüber, ob in einem Unternehmen mehrere Betriebsräte zu wählen sind und ist zur Klärung dieses Streits das Verfahren nach § 18 Abs. 2 BetrVG anhängig gemacht worden, so können anstehende **Betriebsratswahlen** gleichwohl regelmäßig **nicht im Wege der einstweiligen Verfügung** bis zum **Abschluss dieses Verfahrens untersagt werden**; eine solche Entscheidung liefe auf eine vorläufige Suspendierung des BetrVG im betroffenen Unternehmen hinaus. Eine derartig schwerwiegende Anordnung könnte nur in entsprechend schwerwiegenden Fällen getroffen werden.

***LAG** Hamm 10.4.1975 – 8 Ta 29/75*

Der Arbeitgeber kann in entsprechender Anwendung des § 18 Abs. 2 BetrVG im Beschlussverfahren feststellen lassen, ob durch die räumliche Zusammenlegung zweier bisher selbständiger Betriebe ein einheitlicher Betrieb i.S.d. BetrVG entstanden ist.

Ist dem **Wahlvorstand**, den der Betriebsrat des in einen anderen Betrieb integrierten Betriebs bestellt hat, **durch rechtskräftige einstweilige Verfügung aufgegeben worden, jegliche Maßnahmen im Hinblick auf Vorbereitung und Durchführung der Betriebsratswahlen zu unterlassen**, so bleibt er bis zum rechtskräftigen Abschluss des Beschlussverfahrens im Amt und für dieses Verfahren beteiligungsbefugt.

***BAG** 25.9.1986 – 6 ABR 68/84*

Erteilt der Arbeitgeber einem fristlos entlassenen **Wahlvorstandsmitglied Hausverbot**, können sowohl das Mitglied als auch der Wahlvorstand beim Arbeitsgericht eine **einstweilige Verfügung** beantragen, durch die dem Arbeitgeber aufgegeben wird, dem Wahlvorstandsmitglied während der Dauer des Kündigungsschutzverfahrens Zutritt zu dem Betrieb einzuräumen, damit es an Wahlvorstandssitzungen teilnehmen kann.

***LAG** Düsseldorf 29.10.1985 – 8 TaBV 96/85 = AuR 1986, 316;*
***LAG** Berlin 11.3.1988 – 2 TaBV 188 = BB 1988, 978 = DB 1988, 1172*

Das Rechtsschutzinteresse an der **gerichtlichen Ersetzung des Wahlvorstands** nach § 18 Abs. 1 Satz 2 BetrVG entfällt, wenn das Arbeitsgericht in einem Beschlussverfahren nach § 18 Abs. 2 BetrVG rechtskräftig festgestellt hat, dass die Betriebsstätte, in der der Wahlvorstand die Betriebsratswahl durchführen soll, nicht betriebsratsfähig ist. Das Ersetzungsverfahren nach § 18 Abs. 1 Satz 2 BetrVG wird damit unzulässig.

***BAG** 1.12.2004 – 7 AZR 27/04 = DB 2005, 953*

6.2. Entscheidung über Vorliegen einer betriebsratsfähigen Organisationseinheit (§ 18 Abs. 2 BetrVG)[8]

Hinweis für die Praxis:

*Die Frage, ob eine betriebsratsfähige Organisationseinheit vorliegt, kann von den Antragstellern **jederzeit**, also unabhängig von einer konkreten Betriebsratswahl, vor das Arbeitsgericht getragen werden. Soweit das Gesetz von betriebsratsfähigen Organisationseinheiten spricht, sind wesentlich folgende Streitfragen gemeint:*

- *das Vorliegen eines **gemeinsamen Betriebes** mehrerer Unternehmen (§ 1 Abs. 2);*
- *ob ein Betriebsteil als **selbständiger Betrieb** gilt (§ 4 Abs. 1 Satz 1);*
- *die Bildung eines **unternehmenseinheitlichen Betriebsrats** durch Tarifvertrag (§ 3 Abs. 1 Nr. 1 1. Alternat.);*
- *die **Zusammenfassung von Betrieben** (§ 3 Abs. 1 Nr. 1 2. Alternat.);*
- *die Bildung von **Sparten-Betriebsräten** (§ 3 Abs. 1 Nr. 2);*
- *die Bildung anderer **Arbeitnehmer-Vertretungsstrukturen** (§ 3 Abs. 1 Nr. 3).*

*Ebenfalls von erheblicher praktischer Bedeutung ist, dass in dem Verfahren nach Abs. 2 eine Klärung dahingehend erfolgen kann, ob zwei oder **mehrere Unternehmen** einen **gemeinsamen Betrieb** (Gemeinschaftsbetrieb) bilden.*

*Die Frage, ob eine betriebsratsfähige Organisationseinheit vorliegt, kann auch als **Vorfrage** in einem **anderen streitigen Verfahren** (z. B. in einem Verfahren nach § 99 oder § 102) entschieden werden, solange noch keine bindende Entscheidung über die Betriebsabgrenzung ergangen ist. Gegenstand des Verfahrens nach § 18 Abs. 2 ist nämlich nicht allein, die Voraussetzungen für eine ordnungsgemäße Wahl zu schaffen, sondern z. B. auch die Zuständigkeit eines gewählten oder noch zu wählenden Betriebsrats zu bestimmen oder Meinungsverschiedenheiten über den Umfang von Mitwirkungs- und Mitbestimmungsrechten des Betriebsrats beizulegen.*

*Wird das Verfahren nach § 18 Abs. 2 BetrVG **vor der Wahl** eingeleitet und entscheidet das Arbeitsgericht mit Ablauf der Beschwerdefrist noch vor Abschluss des Wahlverfahrens rechtskräftig, ist die festgestellte Betriebsabgrenzung für alle am Verfahren Beteiligten verbindlich. Ist der Wahlvorstand von einer entgegenstehenden Betriebsabgrenzung ausgegangen, ist der Wahlgang abzubrechen und gegebenenfalls neu einzuleiten.*

*Wird das Verfahren nach § 18 Abs. 2 BetrVG erst **nach Beendigung des Wahlverfahrens** und nach Ablauf der Anfechtungsfrist gem. § 19 Abs. 2 Satz 2 BetrVG oder gänzlich außerhalb eines konkreten Wahlverfahrens beantragt, gilt Folgendes:[9]*

- *Ist ein Betriebsteil zu Unrecht einem Hauptbetrieb zugeordnet worden, so ist diese Wahl wirksam, weil eine Verkennung des Betriebsbegriffs grundsätzlich nicht zur Nichtigkeit der Wahl führt und eine Anfechtbarkeit wegen Versäumung der Anfechtungsfrist nicht mehr besteht. Der Betriebsrat bleibt bis zum Ablauf seiner Amtszeit für alle Betriebsteile (d. h. auch für den Betriebsteil, dessen Selbständigkeit rechtskräftig festgestellt worden ist) im Amt. Allerdings ist bei Neuwahlen die rechtskräftige arbeitsgerichtliche Entscheidung zu beachten.*
- *Ist ein bisher als selbständig behandelter Betriebsteil nach Auffassung des Gerichts dem Hauptbetrieb zuzuordnen, so bleibt ein dort gewählter Betriebsrat bis zum Ablauf seiner Amtszeit mit allen betriebsverfassungsrechtlichen Befugnissen im Amt und fällt nicht in den Zuständigkeitsbereich des Betriebsrats im Hauptbetrieb.[10] Auch hier führt die Verkennung des Betriebsbegriffs nicht zur Nichtigkeit und eine Anfechtung scheidet wegen Versäumung der Anfechtungsfrist aus.*
- *Sind in einem einheitlichen Betrieb unter Verkennung des Betriebsbegriffs mehrere Betriebsräte für jeweils unselbständige Betriebsteile gewählt worden, so bedarf es der Anfechtung der Wahl aller gewählten Betriebsräte.[11] Wird lediglich die Wahl eines einzelnen Betriebsrats angefochten, bleibt der daneben bestehende Betriebsrat, dessen Wahl nicht angefochten wurde, bis zum Ablauf seiner regelmäßigen Amtszeit im Amt. Jedoch erstreckt sich seine Zuständigkeit nicht automatisch auf die durch die erfolgreiche Wahlanfechtung betriebsratslos gewordenen Arbeitnehmer des unselbständigen Betriebsteils, die an seiner Wahl nicht beteiligt waren. Um deren Interessenvertretung zu sichern, bedarf es der Neuwahl eines für den gesamten Betrieb einheitlich zuständigen Betriebsrats.*
- *Ist nur in einem Hauptbetrieb unter fehlerhafter Nichteinbeziehung der Arbeitnehmer von Betriebsteilen oder Kleinbetrieben ein Betriebsrat gewählt worden, so ist dessen Wahl wirksam. Der Betriebsrat ist dann aber ab Rechtskraft auch für die nicht selbständigen Betriebsteile und Betriebe zuständig, bei denen kein eigener Betriebsrat gewählt worden ist.[12]*

Nach § 18 Abs. 2 BetrVG kann die Betriebsratsfähigkeit einer betriebsverfassungsrechtlichen Organisationseinheit gesondert gerichtlich festgestellt werden.

Betrieb und Betriebsteil sind unbestimmte Rechtsbegriffe. Bei der Beurteilung, ob eine Organisationseinheit ein Betrieb, ein selbständiger oder ein unselbständiger Betriebsteil ist, steht dem Landesarbeitsgericht ein rechtsbeschwerderechtlich nur eingeschränkt überprüfbarer Beurteilungsspielraum zu:

***BAG** 9.12.2009 – 7 ABR 38/08*

Die Wirksamkeit einer nach § 19 Abs. 1 BetrVG angefochtenen Wahl des für einen gemeinsamen Betrieb mehrerer Unternehmen gewählten Betriebsrats wegen Verkennung des Betriebsbegriffs hängt davon ab, ob im Zeitpunkt der Wahl des Betriebsrats die Vo-

8 vgl. auch §§ 1 – 4 BetrVG Ziff. 3. Gemeinsamer Betrieb mehrerer Unternehmen, S. 18

9 **B. Boemke**: „Die Betriebsratswahl" 2005, S. 12 f.

10 **BAG** 27.6.1995 – 1 ABR 62/94 = NZA 1996, 164

11 **BAG** 31.5.2000 – 7 ABR 78/98 = NZA 2000, 1350

12 **Fitting**, BetrVG, § 18 Rdn. 64

raussetzungen eines gemeinsamen Betriebs mehrerer Unternehmen i.S.d. § 1 Abs. 2 BetrVG vorlagen.

Nach § 18 Abs. 2 BetrVG kann bei Zweifeln darüber, ob eine betriebsratsfähige Organisationseinheit vorliegt, u.a. auf Antrag des Arbeitgebers ohne Zusammenhang mit einer Betriebsratswahl eine Entscheidung des Arbeitsgerichts herbeigeführt werden. Die gerichtliche Entscheidung in einem Verfahren nach § 18 Abs. 2 BetrVG klärt eine für die gesamte Betriebsverfassung grundsätzliche Vorfrage, indem sie für den Zeitpunkt der letzten mündlichen Anhörung in der Tatsacheninstanz verbindlich festlegt, welche Organisationseinheit als der Betrieb anzusehen ist, in dem ein Betriebsrat gewählt wird und in dem er seine Beteiligungsrechte wahrnehmen kann.

Die Anträge nach § 18 Abs. 2 BetrVG und nach § 19 Abs. 1 BetrVG können in einem Verfahren gestellt werden. Wegen der unterschiedlichen Beurteilungszeitpunkte und Streitgegenstände führt die Entscheidung über den Wahlanfechtungsantrag nach § 19 Abs. 1 BetrVG dabei nicht automatisch zu der entsprechenden Entscheidung über einen Antrag nach § 18 Abs. 2 BetrVG.

***BAG** 23.11.2016 – 7 ABR 3/15*

Der Arbeitgeber kann in entsprechender Anwendung des § 18 Abs. 2 BetrVG im Beschlussverfahren feststellen lassen, ob durch die **räumliche Zusammenlegung zweier bisher selbständiger Betriebe** ein einheitlicher Betrieb i.S.d. BetrVG entstanden ist.

Ist dem Wahlvorstand, den der Betriebsrat des in einen anderen Betrieb integrierten Betriebs bestellt hat, durch rechtskräftige einstweilige Verfügung aufgegeben worden, jegliche Maßnahmen im Hinblick auf Vorbereitung und Durchführung der Betriebsratswahlen zu unterlassen, so bleibt er bis zum rechtskräftigen Abschluss des Beschlussverfahrens im Amt und für dieses Verfahren beteiligungsbefugt.

Der Gesamtbetriebsrat ist im Verfahren nach § 18 Abs. 2 BetrVG antragsbefugt, wenn seine Zuständigkeit bestritten wird.

***BAG** 22.6.2005 – 7 ABR 57/04*

Im arbeitsgerichtlichen Beschlussverfahren ist auch über die Frage zu entscheiden, ob zwei selbständige Betriebe vorliegen.
Die **Verkennung des Betriebsbegriffs** führt regelmäßig nicht zur Nichtigkeit, sondern nur zur **Anfechtbarkeit** einer darauf beruhenden Betriebsratswahl.
Zwei Unternehmen mit nicht identischer wirtschaftlicher Zielrichtung haben zum mindesten dann notwendig selbständige Betriebe, wenn der jeweilige arbeitstechnische Zweck dem jeweiligen Unternehmenszweck folgt und eine räumliche Trennung gegeben ist.
Eine lange Jahre unter Verkennung des Betriebsbegriffs praktizierte Betriebsverfassung schafft für die Zukunft keinen Vertrauensschutztatbestand.

***BAG** 17.1.1978 – 1 ABR 71/76*

Ist durch eine nicht angefochtene Betriebsratswahl ein einheitlicher Betriebsrat für mehrere Betriebe gebildet worden, so ist es unzulässig, während der Amtszeit dieses Betriebsrats einen eigenen Betriebsrat für einen Betriebsteil mit der Begründung zu wählen, dieser Betriebsteil sei selbständig i.S.d. § 4 BetrVG. Die gleichwohl durchgeführte Wahl ist nichtig.

***BAG** 11.4.1978 – 6 ABR 22/77*

Steht aufgrund einer im Beschlussverfahren nach § 18 Abs. 2 BetrVG ergangenen Entscheidung rechtskräftig fest, dass zwei Unternehmen keinen gemeinsamen Betrieb bilden, dann wirkt diese Entscheidung auch im Verhältnis zwischen den Unternehmen und ihren Arbeitnehmern.

Der in einem dieser Unternehmen beschäftigte Arbeitnehmer kann nicht mehr geltend machen, beide Unternehmen bildeten doch einen gemeinsamen Betrieb und die Unternehmen hätten daher vor der Stilllegung des Betriebes mit dem anfechtbare gewählten gemeinsamen Betriebsrats einen Interessenausgleich versuchen müssen, wenn jedes Unternehmen weniger als 20 Arbeitnehmer beschäftigte.

***BAG** 9.4.1991 – 1 AZR 488/90*

Ein nach § 18 Abs. 2 BetrVG eingeleitetes Beschlussverfahren wird durch eine zwischenzeitlich durchgeführte Betriebsratswahl nicht erledigt.

***BAG** 25.11.1980 – 6 ABR 62/79*

6.3. Feststellung des Wahlergebnisses (§ 18 Abs. 3 BetrVG)

Nach § 12 Abs. 3 WO gibt die Wählerin oder der Wähler bei der Wahl ihren oder seinen Namen an und wirft den Wahlumschlag, in den der Stimmzettel eingelegt ist, in die Wahlurne ein, nachdem die Stimmabgabe in der Wählerliste vermerkt worden ist. § 12 Abs. 3 WO ist eine wesentliche Vorschrift über das Wahlverfahren i.S.d. § 19 Abs. 1 BetrVG.

Befinden sich bei der Stimmenauszählung mehr Stimmzettel in der Wahlurne als Stimmabgaben in der Wählerliste vermerkt waren, ist dies entweder darauf zurückzuführen, dass Wahlvorstand bzw. Wahlhelfer es unterlassen haben, von Wahlberechtigten abgegebene Stimmen zu vermerken, oder darauf, dass die Stimmabgaben nicht Wahlberechtigter zugelassen wurden. In beiden Fällen ist § 12 Abs. 3 WO verletzt.

Durch den Stimmabgabevermerk in der Wählerliste wird verhindert, dass nicht zur Wahl berechtigte Personen eine Stimme abgeben oder Wahlberechtigte mehrfach wählen, etwa durch Briefwahl und zusätzlich an der Urne. Ein Abgleich der Anzahl abgegebener Stimmen mit der Zahl der Stimmabgabevermerke ermöglicht außerdem die Kontrolle, ob über die von Wahlberechtigten abgegebenen Stimmen hinaus weitere Wahlumschläge in die Wahlurne geworfen wurden.

Die Stimmabgabe kann auch in einer elektronisch geführten Wählerliste vermerkt werden. Zur Vermeidung einer mehrfachen Stimmabgabe in verschiedenen Wahllokalen muss dabei sichergestellt sein, dass der Eintrag in der elektronisch geführten Wählerliste zugleich in den anderen Wahllokalen sichtbar ist. Nach § 2 Abs. 4 Satz 4 WO muss sichergestellt sein, dass Änderungen der Wählerliste nur von den Mitgliedern des Wahlvorstands vorgenommen werden können. Diese Voraussetzungen liegen nicht vor, wenn andere Mitarbeiter des Arbeitgebers, wie z.B. die Systemadministratoren, oder entsprechend beauftragte Externe ohne Mitwirkung und Kontrolle des Wahlvorstands auf das elektronische Dokument zugreifen können.

Eine spätere Ergänzung oder Berichtigung der Stimmabgabevermerke ist von der Wahlordnung nicht vorgesehen. Der Nachweis der Stimmabgabe kann nicht auf andere Weise als durch die nach § 12 Abs. 3 WO in Anwesenheit des Wählers oder in Fällen schriftlicher Stimmabgabe nach § 26 Abs. 1 Sätze 1 und 2 WO in öffentlicher Sitzung anzubringenden Stimmabgabevermerke geführt werden, insbesondere nicht durch die Befragung von Zeugen.

Aus der in § 19 WO normierten Pflicht des Betriebsrats, die Wahlakten mindestens bis zur Beendigung seiner Amtszeit aufzubewahren, ist zwar grundsätzlich auch der Anspruch Berechtigter zur Einsichtnahme in die Wählerliste mit den Stimmabgabe-vermerken abzuleiten. Über die Einsichtnahme in Wahlunterlagen zum Zwecke der Prüfung hinaus besteht aber keine Möglichkeit zur Ermittlung der Stimmabgabe durch eine Auswertung von Protokollierungsdateien, die bei Verwendung von elektronischen Wählerlisten erstellt wurden. Der Senat lässt dabei dahinstehen, ob und wie die Grundsätze zur Einsichtnahme in „Wahlakten" bei elektronischen Wählerlisten gelten.

***BAG** 12.6.2013 – 7 ABR 77/11*

Die **Auszählung der Stimmen einer Betriebsratswahl mittels EDV** ist grundsätzlich zulässig. Allerdings muss die Verantwortlichkeit des Wahlvorstands für den Auszählungsvorgang gewahrt sein.

Die Verantwortlichkeit des Wahlvorstands für die Auszählung ist nicht gewährleistet, wenn sich während der im Rechenzentrum stattfindenden Datenerfassung der Stimmzettel nicht ständig Mitglieder des Wahlvorstands im Rechenzentrum aufhalten und den Verbleib der Stimmzettel beobachten.

Eine Stimmauszählung, die teilweise außerhalb des bekannt gemachten Auszählungsraums in einem anderen Raum (Rechenzentrum) stattfindet, ist nicht öffentlich, wenn interessierte Beobachter in das Rechenzentrum nur auf Klingelzeichen Einlass finden (kein ungehinderter Zutritt).
Bei einem Verstoß gegen § 18 Abs. 3 Satz 1 BetrVG ist die Wahlanfechtung bereits dann begründet, wenn die – theoretische – Möglichkeit einer Auszählungsmanipulation nicht ausgeschlossen werden kann. Es muss nicht nur die Wahrscheinlichkeit einer solchen Manipulation ausgeschlossen werden.

***LAG** Berlin 16.11.1987 – 12 TaBV 6/87 = BB 1988, 1117 = DB 1988, 504 = NZA 1988, 481*

6.4. Zuordnung der leitenden Angestellten bei Wahlen (§ 18 a BetrVG)

Ein **nicht gemäß § 18 a BetrVG durchgeführtes Zuordnungsverfahren** berechtigt den Betriebsrat nicht, allein deshalb im Wege der einstweiligen **Verfügung** die Veränderung der Wählerliste für den zu wählenden Sprecherausschuss bzw. den Wahlabbruch zur Wahl des Sprecherausschusses zu verlangen.

***LAG** Hamm 24.4.1990 – 3 TaBV 56/90 = NZA 1990, 704*

Auch ohne das Vorliegen eines konkreten, aktuellen Anlasses besteht für die betriebsverfassungsrechtliche Klärung, ob ein Arbeitnehmer leitender Angestellter ist, in der Regel ein Feststellungsinteresse. § 18 a BetrVG steht dem nicht entgegen.

***LAG** Berlin 5.3.1990 – 9 TaBV 6/89 = NZA 1990, 577*

Das Rechtsschutzinteresse für Statusverfahren zur Abgrenzung leitender Angestellter zwischen Betriebsrat und Arbeitgeber entfällt nicht deshalb, weil durch § 18 a BetrVG ein Zuordnungsverfahren geschaffen worden ist, das die Wahlvorstände des Sprecherausschusses und des Betriebsrats einzuhalten haben.

***ArbG** Frankfurt/M. 1.8.1989 – 4 BV 11/89 = NZA 1989, 941*

7. Wahlanfechtung (§ 19 BetrVG)

Der Betriebsrat ist durch eine der Anfechtung seiner Wahl stattgebende Entscheidung des Landesarbeitsgerichts nicht – mehr – beschwert, wenn er nach Einlegung der Nichtzulassungsbeschwerde zurücktritt und während des Nichtzulassungsbeschwerdeverfahrens ein neuer Betriebsrat gewählt wird. Tritt der Betriebsrat, dessen Wahl beim Landesarbeitsgericht erfolgreich angefochten wurde, während des Nichtzulassungsbeschwerdeverfahrens zurück und wird ein neuer Betriebsrat gewählt, entfällt mit der Bekanntgabe des Wahlergebnisses das Rechtsschutzbedürfnis für die weitere Durchführung der Nichtzulassungsbeschwerde. Der Nichtzulassungsbeschwerdeführer kann dem durch eine Erledigterklärung Rechnung tragen.

***BAG** 15.2.2012 – 7 ABN 74/11*

Nach § 2 Abs. 5 WO in der Fassung vom 11.12.2001 soll der Wahlvorstand dafür Sorge tragen, dass **ausländische Arbeitnehmer**, die der deutschen Sprache nicht mächtig sind, vor Einleitung der Betriebsratswahl über Wahlverfahren, Aufstellung von Wähler- und Vorschlagslisten, Wahlvorgang und Stimmabgabe in geeigneter Weise unterrichtet werden. Diese Bestimmung ist trotz der Ausgestaltung als Soll-Vorschrift eine wesentliche Vorschrift über das Wahlverfahren i.S.v. § 19 Abs. 1 BetrVG. Eine Missachtung dieser Bestimmung berechtigt zur Anfechtung der darauf beruhenden Wahl.

Bei der Beurteilung der Frage, ob die im Betrieb beschäftigten ausländischen Arbeitnehmer der deutschen Sprache mächtig sind i.S.v. § 2 Abs. 5 WO, kommt es darauf an, ob ihre Deutschkenntnisse ausreichen, um den Inhalt von Wahlvorschriften und eines Wahlausschreibens verstehen zu können.

Wird im Betrieb eine Vielzahl ausländischer Arbeitnehmer verschiedener Herkunftsländer mit einfachen Hilfstätigkeiten im gewerblichen Bereich beschäftigt und versendet der Arbeitgeber wichtige Informationsschreiben an die Belegschaft nicht nur in deutscher Sprache, sondern auch in den den ausländischen Arbeitnehmern geläufigen Sprache, muss der Wahlvorstand grundsätzlich davon ausgehen, dass die ausländischen Arbeitnehmer der deutschen Sprache nicht i.S.v. § 2 Abs. 5 WO mächtig sind.

***BAG** 13.10.2004 – 7 ABR 5/04*

Nach § 19 WO hat der Betriebsrat die Wahlakten der Betriebsratswahl mindestens bis zur Beendigung seiner Amtszeit aufzubewahren. Dies dient dem Zweck, durch Einsichtnahme in die Wahlakten die Ordnungsmäßigkeit der Wahl überprüfen zu können. Diese Befugnis steht grundsätzlich auch dem Arbeitgeber zu.
Der Anspruch des Arbeitgebers auf Einsichtnahme in die Wahlakten besteht auch außerhalb der Anfechtungsfrist (§19 Abs. 2 Satz 2 BetrVG) oder eines Wahlanfechtungsverfahrens. Die Darlegung eines besonderen rechtlichen Interesses oder von Anhaltspunkten für die Anfechtbarkeit oder Nichtigkeit der Wahl ist dazu grundsätzlich nicht erforderlich.
Dies gilt nicht für die Einsichtnahme in Bestandteile der Wahlakten, die Aufschluss über das Wahlverhalten einzelner wahlberechtigter Arbeitnehmer geben können, z. B. die mit Stimmabgabevermerken des Wahlvorstands versehenen Wählerlisten. Will der Arbeitgeber auch derartige bei den Wahlakten befindliche Unterlagen einsehen, bedarf dies der Darlegung, dass die Kenntnis gerade dieser Unterlagen zur Prüfung der Ordnungsmäßigkeit der Wahl erforderlich ist.
Begehrt der Arbeitgeber Einsicht in die gesamten Wahlakten einer Betriebsratswahl, ist sein Antrag, den Betriebsrat zu verpflichten, ihm Einsicht in die Wahlakten der datumsmäßig bezeichneten Betriebsratswahl zu gewähren, hinreichend bestimmt i.S.v. § 253 Abs. 2 Nr. ZPO. Die genaue Bezeichnung sämtlicher einzelner in den Wahlakten befindlichen Schriftstücke ist zur Wahrung des Bestimmtheitsgebots nicht erforderlich.

***BAG** 27.7.2005 – 7 ABR 54/04*

Nach § 19 Abs. 2 Satz 1 BetrVG ist „der Arbeitgeber" zur Anfechtung der Wahl des Betriebsrats berechtigt. Arbeitgeber ist derjenige, dessen Belegschaft den Betriebsrat gewählt hat. Bis zu einer rechtskräftigen Entscheidung über die Anfechtung der Wahl ist er der betriebsverfassungsrechtliche Ansprechpartner des Betriebsrats. Er ist befugt, die ausschließlich für seine Arbeitnehmerschaft durchgeführte Betriebsratswahl auch dann allein anzufechten, wenn er die Anfechtung darauf stützt, dass ein einheitlicher Betriebsrat für einen mit einem anderen Unternehmen geführten Gemeinschaftsbetrieb hätte gewählt werden müssen. Die Anfechtung muss in einem solchen Fall nicht durch alle an dem behaupteten Gemeinschaftsbetrieb beteiligten Arbeitgeber gemeinsam erfolgen.

***BAG** 16.1.2018 – 7 ABR 21/16*

Werden in einem Gemeinschaftsbetrieb mehrerer Unternehmen statt eines einheitlichen Betriebsrats für die Belegschaften jedes einzelnen Unternehmens zeitlich versetzt gesonderte Betriebsräte gewählt und soll eine von Arbeitgeberseite betriebene Wahlanfechtung auf die Verkennung des Betriebsbegriffs gestützt werden, müssen nicht sämtliche in dem Gemeinschaftsbetrieb erfolgten Betriebsratswahlen angefochten werden. Die isolierte Anfechtung der Wahl eines Betriebsrats, der nach dem Vorbringen der anfechtenden Arbeitgeber unter Verkennung des Betriebsbegriffs für den Betriebsteil eines Gemeinschaftsbetriebs gewählt wurde, ist nicht dadurch ausgeschlossen, dass zuvor für einen anderen Betriebsteil ein Betriebsrat gewählt wurde, dessen Wahl nicht angefochten wurde.

Die isolierte Anfechtung einer für einen Teil eines Gemeinschaftsbetriebs durchgeführten Betriebsratswahl führt nicht dazu, dass die von diesem Betriebsrat repräsentierte Belegschaft für die restliche Dauer der Wahlperiode betriebsratslos bliebe. Analog § 21a Abs. 2 BetrVG ist in dieser Fallkonstellation nach Rechtskraft einer erfolgreichen Wahlanfechtung für eine sechsmonatige Übergangszeit der größte der für die anderen Betriebsteile bestandskräftig gewählten Betriebsräte für diejenigen Arbeitnehmer zuständig, die infolge der Anfechtung nicht mehr durch einen Betriebsrat repräsentiert sind. Er hat in dieser Zeit eine der zutreffenden Betriebsstruktur entsprechende Wahl eines einheitlichen Betriebsrats für den Gemeinschaftsbetrieb einzuleiten.

***BAG** 22.11.2017 – 7 ABR 40/16*

7.1. Anfechtbare Wahl[13]

Die bloße **Anfechtbarkeit einer Betriebsratswahl** hat nur zur Folge, dass die Wahl durch das Gericht für unwirksam erklärt wird, also die gerichtliche Entscheidung die Rechtslage **für die Zukunft** erst gestaltet. Die Anfechtbarkeit einer Wahl führt nur dann zu deren Unwirksamkeit, wenn sie ein Gericht in einem Verfahren nach § 19 BetrVG für unwirksam erklärt.

***BAG** 29.5.1991 – 7 ABR 67/90*

Der Antrag, eine Betriebsratswahl insgesamt nach § 19 Abs. 1 BetrVG für unwirksam zu erklären, ist unbegründet, wenn allein eine fehlerhafte Verteilung der Betriebsratssitze auf die Wahlvorschlagslisten geltend gemacht wird und Fehler bei der Durchführung der Wahl nicht ersichtlich sind. In einem solchen Fall kann das Gericht nur das Wahlergebnis berichtigen.

---

[13] zu rechtsfehlerhaften Maßnahmen des Wahlvorstandes vgl. auch §§ 7 – 20 BetrVG, Ziff. 6.1., S. 47;
vgl. auch §§ 7 – 20 BetrVG, Ziff. 6.2. Betriebsbegriff, S. 48
vgl. auch §§ 7 – 20 BetrVG, Ziff. 4 Wahlvorschriften, S. 42

Die Anordnung des d'Hondtschen Höchstzahlverfahrens zur Verteilung der Betriebsratssitze auf die Wahlvorschlagslisten bei der Betriebsratswahl in § 15 Abs. 1 und Abs. 2 WO ist verfassungsgemäß. Das d'Hondtsche Höchstzahlverfahren verletzt weder den aus Art. 3 Abs. 1 GG folgenden Grundsatz der Gleichheit der Wahl noch den aus der Koalitionsfreiheit des Art. 9 Abs. 3 GG resultierenden Grundsatz der gleichen Wettbewerbschancen der Koalitionen.

***BAG** 22.11.2017 – 7 ABR 35/16*

Bei einer nicht angefochtenen Betriebsratswahl repräsentiert der Betriebsrat nur die Belegschaft, die ihn mitgewählt hat. Es würde dem Erfordernis der Rechtssicherheit, dem § 19 BetrVG dient, widersprechen, wenn bei Ausübung des einzelnen Beteiligungsrechts (z. B. der Anhörung nach § 102 BetrVG) jeweils zu klären wäre, ob der gewählte Betriebsrat überhaupt für den Betrieb i.S.d. Betriebsverfassungsgesetzes gewählt bzw. zuständig ist.

***BAG** 23.3.2006 – 2 AZR 162/05*

> Zwar hat das Arbeitsgericht sämtliche Anfechtungsgründe von Amts wegen zu berücksichtigen, gleichgültig ob sich die Beteiligten darauf berufen oder nicht. Ein Anfechtungsgrund kann auch später nicht wirksam fallen gelassen werden. Ist jedoch wie hier gegen wesentliche Vorschriften des Wahlrechts verstoßen worden, weil eine eingereichte Liste nicht unverzüglich geprüft und der Listenvertreter hiervon nicht unverzüglich unterrichtet worden ist, und ist deshalb bereits die Anfechtung der Betriebsratswahl begründet, so kann es dahingestellt bleiben, ob die Anfechtung auch noch aus anderen Gründen durchgreifen würde (vgl. BAG = NZA 1993, 334).
>
> ***LAG** Düsseldorf 25.3.2003 – 8 TaBV 70/02 = NZA-RR 2003, 475*

Geht der Wahlvorstand von einer **zu großen Zahl** zu wählender **Betriebsratsmitglieder** aus, so kann die aufgrund dieser Annahme durchgeführte Betriebsratswahl vom Arbeitsgericht nicht dahin berichtigt werden, dass die auf den letzten Plätzen noch zum Zuge gekommenen Wahlbewerber gestrichen werden. Das Wahlverfahren beruht vielmehr auf einem wesentlichen Mangel i.S.d. § 19 Abs. 1 BetrVG, so dass die Betriebsratswahl wiederholt werden muss.

***BAG** 29.5.1991 – 7 ABR 67/90*

Will ein nach § 19 Abs. 2 BetrVG Anfechtungsberechtigter die Anfechtung einer Betriebsratswahl darauf stützen, dass unter **Verkennung des Betriebsbegriffs** in einem einheitlichen Betrieb mehrere Betriebsräte für jeweils einzelne Betriebsteile gewählt worden seien, muss er die Wahl aller Betriebsräte anfechten. Die Anfechtung der Wahl nur eines dieser Betriebsräte ist unzulässig.

***BAG** 7.12.1988 – 7 ABR 10/88*

Die Verkennung des Betriebsbegriffs hat in der Regel nicht die Nichtigkeit, sondern nur die Anfechtbarkeit einer darauf beruhenden Betriebsratswahl zur Folge. Dies gilt auch dann, wenn es darum geht, ob der Betriebsrat in den Betrieben nach §§ 1 und 4 BetrVG oder in Organisationseinheiten nach einem Tarifvertrag i.S.v. § 3 Abs. 1 Nr. 1 bis Nr. 3 BetrVG zu wählen ist.

Nach § 19 Abs. 1 BetrVG kann die Wahl eines Betriebsrats angefochten werden, wenn gegen wesentliche Vorschriften über das Wahlrecht, die Wählbarkeit oder das Wahlverfahren verstoßen wurde und eine Berichtigung nicht erfolgt ist, es sei denn, durch den Verstoß konnte das Wahlergebnis nicht verändert oder beeinflusst werden. Ein Verstoß liegt u.a. dann vor, wenn eine Betriebsratswahl unter Anwendung eines unwirksamen Tarifvertrags nach § 3 Abs. 1 Nr. 1 bis Nr. 3 BetrVG durchgeführt wurde.

***BAG** 13.3.2013 – 7 ABR 70/11*

Erfolgt eine Betriebsratswahl unter **Verkennung des Betriebsbegriffs**, führt dies in der Regel nicht zur Nichtigkeit der Wahl, sondern berechtigt nur zu deren **Anfechtung** nach § 19 BetrVG.

Anders kann es sich verhalten, wenn eine Betriebsratswahl unter Missachtung einer in einem Verfahren nach § 18 Abs. 2 BetrVG ergangenen bindenden gerichtlichen Entscheidung durchgeführt wird.

Wird in einem Verfahren nach § 18 Abs. 2 BetrVG festgestellt, dass mehrere Unternehmen einen Gemeinschaftsbetrieb führen, bindet dies die am Verfahren Beteiligten, solange sich die für die Entscheidung maßgeblichen tatsächlichen Umstände nicht ändern.

Hat das Arbeitsgericht in einem Beschlussverfahren über mehrere Anträge entschieden und diese mit unterschiedlichen Begründungen zurückgewiesen, muss der Beschwerdeführer nach § 89 Abs. 2 Satz 2 ArbGG in Bezug auf jeden Antrag darlegen, weshalb die Begründung des Arbeitsgerichts fehlerhaft sein soll. Unterbleibt dies hinsichtlich eines Antrags, ist die Beschwerde insoweit unzulässig.

***BAG** 19.11.2003 – 7 ABR 25/03*

Fehlt es in dem Betriebsbereich, in dem eine Betriebsratswahl angestrebt wird, an einer Leitungsorganisation, dann ist die **Verkennung des Betriebsbegriffes** offensichtlich und kann im laufenden Wahlverfahren auch nicht berichtigt werden. Damit mag zwar die Schwelle zur Nichtigkeit noch nicht erreicht sein, doch sind die diesbezüglichen Fehler so schwerwiegend, dass der Arbeitgeberin zur Abwehr der zu erwartenden Beeinträchtigung analog § 1004 BGB ausnahmsweise ein Unterlassungsanspruch zuzubilligen ist. Ein überwiegendes Interesse an der Durchführung der Betriebsratswahl ist jedenfalls dann nicht anzunehmen, wenn die Mitarbeiter durch die Untersagung der Wahl nicht in einem betriebsratslosen Zustand geraten, z. B. weil gleichzeitig zu einer Betriebsratswahl in einer größeren Einheit aufgerufen wird, der sie zugerechnet werden.

***ArbG** Hannover 6.3.1998 – 2 BVGa 2/98*

Wird eine Betriebsratswahl nach § 19 BetrVG beim Arbeitsgericht angefochten, muss innerhalb der zweiwöchigen Anfechtungsfrist nach § 19 Abs. 2 Satz 2 BetrVG ein Sachverhalt dargelegt werden, der Anlass zur Ansicht des Antragstellers geben kann, es sei bei der Wahl gegen wesentliche Wahlvorschriften verstoßen worden. Ist das erfolgt, können weitere Anfechtungsgründe nachgeschoben werden. Anderenfalls ist die Wahlanfechtung unzulässig.

***BAG** 21.3.2017 – 7 ABR 19/15*

Der Wahlvorstand für eine Betriebsratswahl erlässt nach § 3 Abs. 1 Satz 1 WO spätestens sechs Wochen vor dem ersten Tag der Stimmabgabe ein Wahlausschreiben. Nach § 3 Abs. 4 Satz 1 WO ist ein Abdruck des Wahlausschreibens vom Tag seines Erlasses bis zum letzten Tag der Wahl an einer oder mehreren geeigneten, den Wahlberechtigten zugänglichen Stellen auszuhängen und in gut lesbarem Zustand zu erhalten. Bei einem Betrieb, der aus 84 Betriebsstätten an 24 Orten Deutschlands besteht, muss grundsätzlich in jeder Betriebsstätte ein Abdruck des Wahlausschreibens ausgehängt werden, damit alle Wahlberechtigten gleichermaßen die Möglichkeit haben, von dem Inhalt des Wahlausschreibens Kenntnis zu nehmen und von ihrem Wahlrecht Gebrauch zu machen. Verstößt der Wahlvorstand gegen diese ihm obliegende Verpflichtung, ist die Betriebsratswahl nach § 19 Abs. 1 BetrVG anfechtbar.

***BAG** 5.5.2004 – 7 ABR 44/03*

Nach § 6 Abs. 1 Satz 1 WO erfolgt die Wahl aufgrund von Vorschlagslisten, wenn – wie hier – mehr als drei Betriebsratsmitglieder zu wählen sind. Die Vorschlagslisten sind gemäß § 6 Abs. 1 Satz 2 WO von den Wahlberechtigten vor Ablauf von zwei Wochen seit Erlass des Wahlausschreibens beim Wahlvorstand einzureichen. Für die Berechnung der Frist finden nach § 41 WO die §§ 186 bis 193 BGB entsprechende Anwendung. Da für den Beginn der Frist der Erlass des Wahlausschreibens maßgebend ist, wird nach § 187 Abs. 1 BGB bei der Berechnung der Frist der Tag, an dem das Wahlausschreiben erlassen wurde, nicht mitgerechnet. Die Frist endet damit nach § 188 Abs. 2 BGB mit dem Ablauf des Tages der letzten Woche, welcher durch seine Benennung dem Tag entspricht, an dem das Wahlausschreiben erlassen wurde. In dem Wahlausschreiben hat der Wahlvorstand nach § 3 Abs. 2 Nr. 8 WO anzugeben, dass Wahlvorschläge vor Ablauf von zwei Wochen seit dem Erlass des Wahlausschreibens beim Wahlvorstand in Form von Vorschlagslisten einzureichen sind. Dabei ist der letzte Tag der Frist anzugeben. Die vorgeschriebene Angabe des letzten Tages der Frist ist nur eine zusätzliche Klarstellung. Sie soll dem Wahlvorstand keinen Spielraum einräumen (BAG 9.12.1992 – 7 ABR 27/92).

Der Wahlvorstand kann die Möglichkeit zur Einreichung von Wahlvorschlägen am letzten Tag der Frist auf das Ende der Arbeitszeit im Betrieb oder auf das Ende der Dienststunden des Wahlvorstands begrenzen, wenn dieser Zeitpunkt nicht vor dem Ende der Arbeitszeit der Mehrheit der Arbeitnehmer liegt (vgl. zur Frist für Einsprüche gegen die Wählerliste nach § 4 WO BAG 4.10.1977 – 1 ABR 37/77). Dem steht nicht entgegen, dass die gesetzliche Frist des § 6 WO nicht zur Disposition des Wahlvorstands steht.

Der Wahlvorstand kann keine andere als die gesetzlich vorgesehene Frist zur Einreichung von Wahlvorschlägen festlegen. Dies gilt nicht nur für den letzten Tag der Frist (BAG 9.12.1992 – 7 ABR 27/92), sondern auch für die Uhrzeit des Fristablaufs. Die WO gewährt dem Wahlvorstand insoweit keinen Spielraum. Hätte der Verordnungsgeber dem Wahlvorstand die Befugnis einräumen wollen, die Uhrzeit des Fristablaufs im Hinblick auf die betrieblichen Gegebenheiten abweichend vom gesetzlich vorgesehenen Fristende zu bestimmen, so hätte er in § 3 Abs. 2 Nr. 8 WO – ähnlich wie in § 3 Abs. 2 Nr. 11 WO – angeordnet, die Uhrzeit in dem Wahlausschreiben anzugeben.

Diese gesetzlichen Vorgaben hindern den Wahlvorstand jedoch nicht, in dem Wahlausschreiben den Zeitpunkt anzugeben, bis zu dem ihm am letzten Tag der Frist Wahlvorschläge zugehen können. Damit verkürzt der Wahlvorstand nicht die Frist zur Einreichung von Wahlvorschlägen, sondern gibt bekannt, bis zu welchem Zeitpunkt ein fristgerechter Zugang der Vorschlagslisten bei ihm bewirkt werden kann.

Auf den Zugang von Wahlvorschlägen beim Wahlvorstand finden die allgemeinen Grundsätze für den Zugang von Willenserklärungen Anwendung. Wird ein Wahlvorschlag an der angegebenen Adresse des Wahlvorstands einem Wahlvorstandsmitglied übergeben, geht er dem Wahlvorstand im Zeitpunkt der Übergabe zu. Wird der Wahlvorschlag an der Betriebsadresse des Wahlvorstands in dessen Briefkasten oder sonstige Zugangsvorrichtung eingeworfen, geht er nicht ohne weiteres im Zeitpunkt des Einwurfs zu, sondern erst dann, wenn unter Zugrundelegung gewöhnlicher Verhältnisse für den Wahlvorstand die Möglichkeit besteht, von dem Wahlvorschlag Kenntnis zu nehmen (vgl. zum Zugang von Willenserklärungen: BAG 26.3.2015 – 2 AZR 483/14; BGH 11.4.2002 – I ZR 306/99).

Die Angabe in dem Wahlausschreiben, dass die Wahlvorschläge bis zum Ende der Arbeitszeit in dem Betrieb oder der Dienststunden des Wahlvorstands eingereicht werden müssen, trägt daher den allgemeinen Regelungen über den (rechtzeitigen) Zugang von Willenserklärungen Rechnung (vgl. zu § 4 WO BAG 4.10.1977 – 1 ABR 37/77). Wird ein Wahlvorschlag erst später in den Briefkasten des Wahlvorstands eingeworfen, besteht für den Wahlvorstand unter Zugrundelegung gewöhnlicher Verhältnisse erst am Folgetag die Möglichkeit, von dem Wahlvorschlag Kenntnis zu nehmen, denn es ist von ihm nicht zu erwarten, dass er sich über das Ende der betrieblichen Arbeitszeit bzw. der Arbeitszeit der Mehrheit der Arbeitnehmer hinaus bis 24:00 Uhr im Betrieb aufhält, um einen Zugang von Wahlvorschlägen zu ermöglichen. Hierzu ist der Wahlvorstand nicht verpflichtet.

***BAG** 16.1.2018 – 7 ABR 11/16*

Das Anfechtungsrecht eines anfechtungsberechtigten Arbeitnehmers kann nur insoweit bei unterlassenem **Einspruch** gegen die **Wählerliste** ausgeschlossen werden, als es um solche Verstöße geht, die mittels des Einspruchs gegen die Wählerliste auch geltend gemacht werden können, d. h. Verstöße gegen das Wahlrecht bzw. die Wählbarkeit.

War jemand jedoch nicht in der Lage, vor der Wahl Einspruch gegen die Wählerliste einzulegen, so kann dies nicht dazu führen, dass er die Wahl nachträglich nicht mehr anfechten kann.

***BAG** 27.1.1993 – 7 ABR 37/92*

Die **fehlende Angabe** des **Orts der Wahllokale stellt** dann kein Verstoß gegen eine wesentliche Vorschrift des Wahlverfahrens gemäß § 3 Abs. 2 Nr. 10 WO zum BetrVG und somit auch keinen Anfechtungsgrund gemäß § 19 BetrVG dar, wenn eine Ergänzung so rechtzeitig erfolgt, dass für die Wahlberechtigten keine Einschränkung ihres Wahlrechts eintritt.

***BAG** 19.9.1985 – 6 ABR 4/85*

Werden Wahlvorschläge mit identischem, nicht üblichem Kennwort eingereicht, so führt dieser Umstand nicht automatisch dazu, den zeitlich später eingereichten Wahlvorschlag als ungültig anzusehen. Eine solche Handhabung könnte dazu führen, bislang unter diesem Kennwort erfolgreiche Wahlgruppierungen um den Wiedererkennungswert ihrer Bezeichnung zu bringen und mögliche Wähler irrezuführen.

Aus diesem Grunde muss der Wahlvorstand beide Vorschläge annehmen und lediglich darauf achten, dass die Familien- und Vornamen angegeben sind. Weist der Wahlvorstand den zuletzt eingereichten Wahlvorschlag deshalb als unwirksam zurück, weil ein Wahlvorschlag mit demselben Kennwort schon vorliegt und nehmen dies die den letzten Vorschlag Einreichenden kommentarlos zur Kenntnis, so liegt darin allein noch kein Verzicht, etwaige Verstöße des Wahlvorstandes noch geltend zu machen und auch kein vorbehaltloses Zurückziehen des Wahlvorschlages.

Wird das gleiche Formular erneut fristgerecht eingereicht und ist dabei das bisherige Kennwort mit Tipp-Ex überdeckt und ein neues Datum und ein neues Kennwort eingesetzt, so liegt ein neuer Wahlvorschlag vor, weil der ursprüngliche mit der Rückgabe als ungültig seitens des Wahlvorstandes seine Wirkung verloren hat.

***LAG** Rheinland-Pfalz 11.6.1996 – 4 TaBV 3/96*

Auch wenn § 7 Abs. 2 Satz 2 WO bestimmt, dass die Vorschlagsliste binnen einer Frist von zwei Arbeitstagen nach ihrem Eingang zu prüfen ist, so ist damit nicht jede innerhalb der zwei Tage vorgenommene Prüfung unverzüglich. Es ist die Pflicht des Wahlvorstandes, die Prüfung so vorzunehmen, dass eine Heilung des Mangels in Form der Einreichung einer neuen Liste vor Ablauf der Frist nach Möglichkeit noch gegeben ist. Die Prüfung der Wählbarkeit der Wahlbewerber gehört zu der gebotenen Prüfung offensichtlicher Mängel. Was die ebenfalls gebotene unverzügliche Unterrichtung des Listenvertreters anbelangt, so ist unter bestimmten Umständen auf die Versendung per Post zu verzichten und stattdessen die Hauspost des Betriebes zu nutzen oder die persönliche Überbringung am Arbeitsplatz zu wählen.

***LAG** Düsseldorf 25.3.2003 – 8 TaBV 70/02 = NZA-RR 2003, 475*

Nach § 7 Abs. 2 Satz 2 WO hat der Wahlvorstand die eingereichten Vorschlagslisten unverzüglich, möglichst binnen einer Frist von zwei Arbeitstagen nach ihrem Eingang, zu prüfen und bei Ungültigkeit oder Beanstandung einer Liste den Listenvertreter unverzüglich schriftlich unter Angabe der Gründe zu unterrichten. Unverzüglich im Sinne dieser Bestimmung bedeutet ohne schuldhaftes Zögern (§ 121 Abs. 1 Satz 1 BGB). Die im Gesetz genannte Frist von zwei Arbeitstagen ist, wie sich aus der Formulierung „möglichst" ergibt, keine starre Frist. Ob der Wahlvorstand unverzüglich gehandelt hat, ist unter Würdigung der konkreten Umstände des Einzelfalls und unter Berücksichtigung des Zwecks der Regelung zu beurteilen. Die Pflicht zur unverzüglichen Prüfung der Vorschlagslisten und zur unverzüglichen Unterrichtung des Listenvertreters über die Ungültigkeit der Liste dient dazu, es dem Einreicher einer Liste zu ermöglichen, innerhalb der Einreichungsfrist eine gültige Vorschlagsliste nachzureichen.

Dementsprechend hat der Wahlvorstand am letzten Tag der Einreichungsfrist Vorkehrungen zu treffen, um kurzfristig zusammenzutreten und eingehende Wahlvorschläge prüfen zu können. Auch wenn die Einreicher grundsätzlich das Risiko tragen, dass ein möglicherweise zur Ungültigkeit führender Mangel des Wahlvorschlags nicht innerhalb der Frist behoben werden kann, entbindet dies den Wahlvorstand nicht von der Pflicht, die Prüfung der Vorschlagslisten möglichst rasch durchzuführen, damit eventuell vorhandene Mängel noch rechtzeitig behoben werden können (BAG 18.7.2012 – 7 ABR 21/11).

***BAG** 16.1.2018 – 7 ABR 11/16*

Der Wahlvorstand für eine Betriebsratswahl ist verpflichtet, die **eingereichten Vorschlagslisten möglichst rasch zu prüfen**, damit eventuell vorhandene Mängel noch rechtzeitig behoben werden können. Er hat am letzten Tag der Einreichungsfrist Vorkehrungen zu treffen, um kurzfristig zusammenzutreten. Zu prüfen sind alle Umstände, die geeignet sind, die Gültigkeit eines Wahlvorschlags in Frage zu stellen und die der Wahlvorstand unschwer erkennen kann; eine oberflächliche Prüfung entspricht nicht den Anforderungen.

Die Prüfpflicht ist eine wesentliche Vorschrift über das Wahlverfahren, deren Verletzung eine Anfechtung der Betriebsratswahl begründen kann.

Ein Verstoß gegen wesentliche Wahlvorschriften berechtigt nur dann nicht zur Anfechtung der Wahl, wenn er das Wahlergebnis objektiv weder ändern noch beeinflussen konnte. Dies muss sich konkret feststellen lassen, um die Anfechtung auszuschließen.

***BAG** 18.7.2012 – 7 ABR 21/11*

Das Amt des Wahlvorstandsmitglieds ist ein Ehrenamt. Die Tätigkeit des Wahlvorstands findet grundsätzlich während der Arbeitszeit statt. Zwar haben Wahlvorstandsmitglieder, die betriebsbedingt außerhalb ihrer persönlichen Arbeitszeit erforderliche Wahlvorstandstätigkeit leisten, in entsprechender Anwendung von § 37 Abs. 3 BetrVG einen Anspruch auf Freizeitausgleich (BAG 26.4.1995 – 7 AZR 874/94). Das begründet allerdings nicht die Pflicht, sich am letzten Tag der Frist zur Einreichung von Wahlvorschlägen über die Arbeitszeit der Mehrheit der Arbeitnehmer hinaus bis 24:00 Uhr im Betrieb aufzuhalten.

Gegenteiliges folgt auch nicht aus der Pflicht des Wahlvorstands, eingereichte Wahlvorschläge unverzüglich zu prüfen (§ 7 Abs. 2 WO). Daraus ergibt sich zwar, dass der Wahlvorstand am letzten Tag der Einreichungsfrist Vorkehrungen treffen muss, um kurzfristig zusammentreten und eingehende Wahlvorschläge prüfen zu können, damit ggf. vorhandene Mängel noch rechtzeitig behoben werden können (BAG 18.7.2012 – 7 ABR 21/11; BAG 21.1.2009 – 7 ABR 65/07; BAG 25.5.2005 – 7 ABR 39/04). Das bedeutet aber nicht, dass er sich hierzu über das Ende der Arbeitszeit der Mehrzahl der Arbeitnehmer hinaus im Betrieb aufhalten muss. Dies gilt auch in einem Betrieb, der im Schichtdienst „rund um die Uhr" arbeitet. Von den Mitgliedern des Wahlvorstands kann auch am letzten Tag der Einreichungsfrist nicht erwartet werden, dass sie länger tätig werden als die Mehrheit der Arbeitnehmer des Betriebs, ggf. bis 24:00 Uhr. Die wahlberechtigten Arbeitnehmer können sich aufgrund der Angaben in dem Wahlausschreiben auf das Ende der Dienstzeit der Mehrheit der Arbeitnehmer und des Wahlvorstands einstellen.

Das voraussichtliche Ende der Arbeitszeit der Mehrzahl der Arbeitnehmer des Betriebs am Tag des Fristablaufs ist vom Wahlvorstand bei Erlass des Wahlausschreibens zu prognostizieren.

***BAG** 16.1.2018 – 7 ABR 11/16*

Der Wahlvorstand genügt seiner Pflicht nach § 7 Abs. 2 WO grundsätzlich, wenn er die eingereichten Vorschlagslisten auf „erkennbare" Ungültigkeitsgründe überprüft. Zu prüfen sind alle Umstände, die geeignet sind, die Gültigkeit eines Wahlvorschlags in Frage zu stellen und die der Wahlvorstand aufgrund der äußeren Gestaltung der eingereichten Urkunde unschwer erkennen kann. Eine kursorische, also oberflächliche Prüfung der Vorschlagsliste genügt den von der Wahlordnung aufgestellten Anforderungen nicht (vgl. BAG 15.5.2013 – 7 ABR 40/11; BAG 18.7.2012 – 7 ABR 21/11; BAG 21.1.2009 – 7 ABR 65/07).

Der Wahlvorstand ist gehalten, allen erkennbaren Problemen hinsichtlich der Gültigkeit von Wahlvorschlägen nachzugehen (vgl. BAG 18.7.2012 – 7 ABR 21/11), um eine Anfechtbarkeit der Wahl durch den Ausschluss objektiv ungültiger Vorschlagslisten zu vermeiden. Damit erfüllt der Wahlvorstand die Mindestanforderungen für die Prüfung. § 7 Abs. 2 Satz 2 WO untersagt es ihm allerdings nicht, Wahlvorschläge durch weitere Nachforschungen auf ihre Gültigkeit hin zu überprüfen.

Um den Zweck der Prüfung zu erreichen, macht es keinen Unterschied, ob der Wahlvorstand von möglichen Mängeln der Vorschlagsliste Kenntnis erhält, weil sich etwa Unterstützer an ihn wenden und ihm über Fehler beim Zustandekommen der Vorschlagsliste berichten, oder ob er hiervon durch eigene Nachfragen bei Unterstützern erfährt. Deshalb ist es dem Wahlvorstand gestattet, das ordnungsgemäße Zustandekommen aller Vorschlagslisten stichprobenartig nach pflichtgemäßem Ermessen zu überprüfen. Der Rahmen für derartige Nachforschungen des Wahlvorstands wird vor allem in zeitlicher Hinsicht dadurch begrenzt, dass die Prüfung der Wahlvorschläge unverzüglich zu erfolgen hat und der Wahlvorstand bei Ungültigkeit oder Beanstandung einer Liste den/die Listenvertreter/in unverzüglich schriftlich unter Angabe der Gründe zu unterrichten hat. Außerdem würde der Wahlvorstand sein Prüfungsermessen überschreiten, wenn er ohne nachvollziehbaren Grund Nachforschungen nur bezogen auf eine bestimmte Liste anstellen, also nach „zweierlei Maß" prüfen würde.

***BAG** 16.1.2018 – 7 ABR 11/16*

Eine **Wahlvorschlagsliste** für eine Betriebsratswahl stellt eine einheitliche zusammenhängende Urkunde dar, wenn Bewerberliste und Liste der **Stützunterschriften** mit Heftklammern verbunden sind und zusätzlich alle Blätter aufgefächert so gestempelt sind, dass bei Entfernen eines Blatts eine Lücke im Stempel entstehen würde.

Eine solche Vorschlagsliste genügt jedenfalls den Anforderungen, die ein Wahlvorstand im Rahmen der unverzüglichen Überprüfung gemäß § 7 Abs. 2 WO zum BetrVG stellen kann.

Die in einem Verfahren auf Erlass einer einstweiligen Verfügung vorzunehmende Interessenabwägung lässt es als geboten erscheinen, dem Wahlvorstand aufzugeben, das Wahlverfahren unter Berücksichtigung einer derartigen Vorschlagsliste durchzuführen.

***LAG** Bremen 26.3.1998 – 1 TaBV 9/98 = BB 1998, 1211*

Nach § 8 Abs. 1 Nr. 3 WO ist eine Vorschlagsliste ungültig, wenn sie bei der Einreichung nicht die erforderliche Anzahl von Stützunterschriften aufweist. Ein Wahlvorschlag ist ein Vorschlag aller, die ihn unterzeichnet haben. Wird er, nachdem bereits Stützunterschriften angebracht wurden, geändert, führt dies zur Ungültigkeit des Wahlvorschlags. Dies gilt nicht nur für den Fall, dass nachträglich Kandidaten gestrichen (BAG 15.12.1972 – 1 ABR 8/72) oder hinzugefügt werden und die danach gesammelten Stützunterschriften das Quorum nach § 14 Abs. 4 BetrVG nicht erfüllen (vgl. BAG 21.1.2009 – 7 ABR 65/07). Ein Wahlvorschlag ist auch dann insgesamt ungültig, wenn ein Kandidat auf die Vorschlagsliste gesetzt wird, nachdem bereits Stützunterschriften geleistet wurden und die nach Abschluss der Wahlbewerberliste angebrachten Stützunterschriften zwar das Quorum des § 14 Abs. 4 BetrVG erfüllen, aus der Vorschlagsliste aber nicht zweifelsfrei hervorgeht, welche Kandidaten nachträglich auf die Liste gesetzt und nicht von den ursprünglichen Unterzeichnern unterstützt wurden. Die Einreichung von Wahlvorschlägen ist Teil des innerbetrieblichen Willensbildungsprozesses. Da nicht ausgeschlossen werden kann, dass sich spätere Unterstützer von der Person und Anzahl der bereits vorhandenen Unterstützer beeinflussen lassen, ist ein unbeeinträchtigter Willensbildungsprozess nicht mehr möglich, wenn späteren Unterzeichnern gegenüber der Eindruck erweckt wird, die Liste in der Gestalt, wie sie ihnen präsentiert wird, werde bereits von einer bestimmten Anzahl von Personen oder bestimmten Personen unterstützt (offengelassen von BAG 18.7.2012 – 7 ABR 21/11).

***BAG** 16.1.2018 – 7 ABR 11/16*

Die Anfechtung einer Betriebsratswahl gemäß § 19 BetrVG ist dann begründet, wenn der Wahlvorstand den wahlberechtigten **Heimarbeitern** nicht die Briefwahlunterlagen übersendet (§ 26 Abs. 2 WO 1972).

Die Nichtbeachtung des § 26 Abs. 2 WO 1972 wird auch nicht dadurch geheilt, dass der Wahlvorstand an einem bekannt gegebenen Tag die Heimarbeiter persönlich mit mobilen Wahllokalen aufsucht und ihnen so die Teilnahme an der Wahl ermöglicht.

***ArbG** Bremen 18.7.1990 – 7 BV 20/90 = AiB 1991, 125*

Ein Wahlverstoß, der sich lediglich auf die Reihenfolge der Ersatzmitglieder auswirkt, beeinflusst das Wahlergebnis i.S.d. § 19 Abs. 1 BetrVG nicht und berechtigt daher nicht zur Wahlanfechtung.

***BAG** 21.2.2001 – 7 ABR 41/99*

Der Wahlvorstand hat den allgemeinen Grundsatz der freien Wahl zu beachten. Dieser umfasst auch die Freiheit nicht zu wählen. Diese Freiheit ist beeinträchtigt, wenn Wahlberechtigte aufgrund des vom Wahlvorstand gewährten Einblicks eines Wahlbewerbers in die Wählerliste und die darin enthaltenen Stimmabgabevermerke gezielt darauf angesprochen (hier: durch Anruf) werden können, dass sie noch nicht gewählt haben. Die dadurch beim Wahlberechtigten entstehende Drucksituation ist mit dem Grundsatz der freien Wahl nicht vereinbar. Die Verletzung dieses Grundsatzes rechtfertigt die Anfechtung der Wahl.

***BAG** 6.12.2000 – 7 ABR 34/99*

Der Wahlvorstand kann zur **Stimmenauszählung Wahlhelfer** heranziehen und sich auch **technischer Hilfsmittel** bedienen. Es muss jedoch stets gewährleistet sein, dass der Wahlvorstand selbst den gesamten Vorgang der Stimmenauszählung einschließlich des Verhaltens der von ihm herangezogenen Wahlhelfer überwacht. Unzulässig ist es daher, einen Teil des Auszählungsvorgangs der Verantwortung anderer Personen zu überlassen.

Der **ungehinderte Zugang der Betriebsöffentlichkeit zum Ort der Stimmenauszählung** ist wesentliches Merkmal für das Vorliegen einer öffentlichen Stimmenauszählung.

Zur Wahlanfechtung reicht es insoweit aus, dass Manipulationsmöglichkeiten durch den speziellen Wahlrechtsverstoß objektiv begünstigt und theoretisch nicht ausgeschlossen werden können.

***LAG** Berlin 16.11.1987 – 12 TaBV 6/87 = BB 1988, 1117 = DB 1988, 504 = NZA 1988, 481*

Nach § 9 BetrVG hängt die **Anzahl der zu wählenden Betriebsratsmitglieder** von der Anzahl der im Betrieb in der Regel beschäftigten Arbeitnehmer ab. Beschäftigt der Arbeitgeber in seinem Betrieb regelmäßig Aushilfskräfte, mit denen er bei Bedarf jeweils für einen Tag befristete Arbeitsverträge abschließt, zählt die durchschnittliche Anzahl der an einem Arbeitstag beschäftigten Aushilfskräfte zu den in der Regel im Betrieb beschäftigten Arbeitnehmern i.S.v. § 9 BetrVG.

Ein Verstoß gegen § 9 BetrVG führt zur Unwirksamkeit der Betriebsratswahl.

BAG *7.5.2008 – 7 ABR 17/07*

Durch seinen **Rücktritt** verliert der **Betriebsrat** nicht seine betriebsverfassungsrechtlichen Funktionen. Vielmehr führt der zurückgetretene Betriebsrat gemäß § 22 i. V. m. § 13 Abs. 2 Nr. 3 BetrVG die Geschäfte weiter, bis der neue Betriebsrat gewählt und das Wahlergebnis bekannt gegeben ist.

Dagegen enden die betriebsverfassungsrechtlichen Befugnisse eines Betriebsrats, dessen Wahl erfolgreich nach § 19 BetrVG angefochten worden ist, mit der Rechtskraft der die Unwirksamkeit der Betriebsratswahl aussprechenden gerichtlichen Entscheidung.

BAG *13.3.1991 – 7 ABR 5/90*

Endet das Amt des Betriebsratsmitglieds, so wird der Antrag des Arbeitgebers auf Zustimmung zur außerordentlichen Kündigung nach § 103 Abs. 2 BetrVG unzulässig (BAG 30.3.1978 – 2 AZR 637/76; BAG 27.6.2002 – 2 ABR 22/01). Das gilt auch, wenn das Betriebsratsamt aufgrund einer **erfolgreichen Anfechtung** der Betriebsratswahl endet. Der Arbeitgeber ist nunmehr berechtigt, ohne Zustimmung des Betriebsrats nach § 103 BetrVG die Kündigung auszusprechen.

Anders ist es jedoch, wenn sich an das Ende der Amtszeit, in der ein Antrag nach § 103 Abs. 2 BetrVG gestellt wurde, ohne Unterbrechung eine neue Amtszeit anschließt. In diesem Fall gilt die Zustimmungsverweigerung fort. Das Verfahren erledigt sich nicht, sondern kann weiter geführt werden (BAG 19.9.1991 – 2 ABR 14/91).

Die Anfechtung einer Betriebsratswahl wirkt nicht zurück. Bis zur Rechtskraft des der Anfechtung stattgebenden Beschlusses genießen die – anfechtbar – gewählten Betriebsratsmitglieder den besonderen Kündigungsschutz (ggf. Erledigung der Nichtzulassungsbeschwerde).

Der Arbeitgeber kann eine Kündigung vorsorglich für den Fall aussprechen, dass der Sonderkündigungsschutz entfallen wäre.

BAG *13.3.2009 – 2 ABR 24/08*

Eine Weiterführung der Betriebsratsgeschäfte bis zur Neuwahl eines Betriebsrats kommt in einem solchen Fall nicht in Betracht. Die Vorschrift des § 22 BetrVG ordnet eine Weiterführung der Betriebsratsgeschäfte nur für die Fälle des § 13 Abs. 2 Nr. 1 bis 3 BetrVG an, nicht aber für die in § 13 Abs. 2 Nr. 4 und 5 BetrVG angesprochenen Fälle der erfolgreichen Anfechtung der Betriebsratswahl und der Auflösung des Betriebsrats durch eine gerichtliche Entscheidung.

Für diese Fälle hat der Gesetzgeber von einer die Weiterführung der Geschäfte ermöglichenden Übergangsregelung abgesehen. Ein ungültig gewählter Betriebsrat soll auch nicht nur vorübergehend weiter amtieren dürfen. Vielmehr wird der Betrieb in diesen Fällen mit der Rechtskraft der gerichtlichen Entscheidung betriebsratslos.

Diese Wirkung der erfolgreichen Wahlanfechtung kann der Betriebsrat nicht dadurch verhindern, dass er vor der Rechtskraft der gerichtlichen Entscheidung seinen Rücktritt beschließt. Der zurückgetretene Betriebsrat verliert mit der Rechtskraft der seine Wahl für unwirksam erklärenden gerichtlichen Entscheidung seine Befugnis zur Weiterführung der Betriebsratsgeschäfte.

Deshalb besteht das Rechtsschutzbedürfnis für die Anfechtung der Wahl des Betriebsrats auch nach dessen Rücktritt so lange fort, bis der neue Betriebsrat gewählt und das Wahlergebnis bekannt gegeben ist.

BAG *29.5.1991 – 7 ABR 54/90*

Der Hinweis auf die Möglichkeit des Einspruchs gegen die Wählerliste und die Angabe des letzten Tages der Einspruchsfrist sind bei einer Gesamtpersonalratswahl dem örtlichen Wahlausschreiben vorbehalten.

Das Wahlausschreiben muss den **Ort** und die **Zeit der Stimmauszählung** angeben.

HessVGH *28.11.1990 – HPV TL 3697/89 = AuR 1992, 318*

Kann nicht mit der erforderlichen Sicherheit eindeutig und zweifelsfrei ein Überschreiten des dem Wahlvorstand bei der Durchführung der Betriebsratswahl zustehenden Beurteilungsspielraumes erkannt werden, so darf die bereits eingeleitete Betriebsratswahl nicht im Wege der einstweiligen Verfügung abgebrochen werden.

LAG *Baden-Württemberg 1.3.1994 – 8 TaBV 1/94 = AiB 1994, 420*

Dem Wahlvorstand kann im Wege der **einstweiligen Verfügung** auf Antrag des Arbeitgebers aufgegeben werden, die eingeleitete Betriebsratswahl abzubrechen, wenn der Wahlvorstand entgegen § 17 Abs. 1 Satz 1 BetrVG nicht durch den existierenden Betriebsrat, sondern durch eine Betriebsversammlung gewählt worden ist. Dabei kann dahingestellt bleiben, ob der Betriebsrat, dessen Wahl nicht angefochten worden ist, unter Verkennung des Betriebsbegriffs gewählt worden ist.

LAG *Hamm 1.3.1994 – 3 TaBV 20/94 = BB 1994, 1009*

7.2. Nichtige Wahl

Eine Betriebsratswahl ist nur dann nichtig, wenn gegen allgemeine Grundsätze jeder ordnungsgemäßen Wahl in so hohem Maße verstoßen worden ist, dass auch der Anschein einer dem Gesetz entsprechenden Wahl nicht mehr vorliegt.

Wird ein Arbeitnehmer von seinem Vertragsarbeitgeber einem anderen Betriebsinhaber zur Arbeitsleistung überlassen und in dessen Betrieb eingegliedert, bleibt er gemäß § 14 Abs. 1 AÜG betriebsverfassungsrechtlich dem Betrieb des Vertragsarbeitgebers zugeordnet. Dies gilt auch für die gesetzlich nicht geregelten Erscheinungsformen der nichtgewerbsmäßigen Arbeitnehmerüberlassung.

BAG *22.3.2000 – 7 ABR 34/98*

Die **Nichtigkeit einer Betriebsratswahl** ist im Kündigungsschutzprozess von Amts wegen zu beachten. Sie liegt jedoch nur dann vor, wenn auch der Anschein einer Wahl nicht mehr gewahrt ist.

LAG *Köln 13.5.1993 – 5 Sa 271/93*

Die Nichtigkeit einer Betriebsratswahl kann im Beschlussverfahren auch von einem einzelnen Arbeitnehmer geltend gemacht werden.

Eine Vielzahl verschiedener Verstöße gegen Wahlvorschriften kann zur Nichtigkeit einer Betriebsratswahl führen.

LAG *Berlin 8.4.2003 – 5 TaBV 1990/02 = LAG-Report 2003, 242*

Die **Nichtigkeit** einer Betriebsratswahl tritt ohne weiteres **von Anfang an** von Gesetzes wegen ein und ist jederzeit zu beachten.

Einer gerichtlichen Entscheidung über die Nichtigkeit einer Wahl kommt die feststellende Wirkung zu, dass die Wahl **von Anfang an** nichtig war.

BAG *29.5.1991 – 7 ABR 67/90*

Ist eine Betriebsratswahl nichtig, so besteht kein Vertrauensschutz zugunsten eines aus solchen Wahlen hervorgegangenen Betriebsrats.

BAG *27.4.1976 – 1 AZR 482/75*

Eine **nichtige Betriebsratswahl** ist nur in ganz besonderen Ausnahmefällen anzunehmen, in denen gegen allgemeine Grundsätze jeder ordnungsgemäßen Wahl in so hohem Maße verstoßen ist, dass auch der Anschein einer dem Gesetz entsprechenden Wahl nicht mehr vorliegt.

Das ist regelmäßig dann nicht der Fall, wenn nur bei einzelnen der gewählten Betriebsratsmitglieder die Wählbarkeitsvoraussetzungen des § 8 BetrVG nicht vorgelegen haben.

Nach § 19 Abs. 2 Satz 1 BetrVG ist nur der Arbeitgeber anfechtungsberechtigt, in dessen Betrieb die Betriebsratswahl stattgefunden hat.

BAG *28.11.1977 – 1 ABR 36/76*

Von dem Anschein einer dem Gesetz entsprechenden Wahl i.S.d. § 19 BetrVG kann dann nicht mehr gesprochen werden, wenn bei Durchführung der Wahl in großer Anzahl gegen wesentliche Wahlvorschriften verstoßen worden ist.

Eine derartige Wahl ist nichtig. Das gilt auch dann, wenn der einzelne Verstoß für sich betrachtet u. U. nur die Anfechtbarkeit der Wahl begründen könnte. Entscheidend ist, ob insgesamt gesehen die Verstöße gegen die Vorschriften des Wahlverfahrens so offensichtlich und schwerwiegend sind, dass auch der Anschein einer dem Gesetz entsprechenden Wahl nicht mehr besteht. Bei mehreren Verstößen gegen das Wahlverfahren ist daher eine Gesamtwürdigung der einzelnen Verstöße vorzunehmen; dabei ist der gesamte in Betracht kommende Prozessstoff zu berücksichtigen.

***BAG** 27.4.1976 – 1 AZR 482/75*

Ein Arbeitgeber kann sich nicht auf die (angebliche) **Nichtigkeit** einer **Wahl eines Wahlvorstandes** zur Durchführung einer erstmaligen Betriebsratswahl berufen, wenn er selbst seiner Verpflichtung, die ihm von einer im Betrieb vertretenen Gewerkschaft zur Verfügung gestellten Einladungsschreiben zur Wahl-Betriebsversammlung an die im Urlaub, Krankenstand, Wehrdienst, auswärtigen Einsatz befindlichen und längere Zeit betriebsabwesenden Mitarbeiter zu versenden, nicht nachgekommen ist.

***Hessisches LAG** 31.3.1994 – 12 TaBVGa 40/94 = AuR 1995, 104*

Wenn bei einer Betriebsratswahl nach Abschluss der Stimmabgabe die **Wahlurnen nicht versiegelt** werden, kann das zur Nichtigkeit der Wahl führen.

***LAG** Köln 16.9.1987 – 7 TaBV 13/87*

Eine Betriebsratswahl ist nicht nichtig, wenn lediglich der **Betriebsbegriff verkannt**, aber im übrigen die Wahl ordnungsgemäß durchgeführt worden ist.

***BAG** 13.9.1984 – 6 ABR 43/83; **BAG** 19.1.1999 – 1 AZR 342/98*

Die jederzeit zu beachtende **Nichtigkeit einer Betriebsratswahl** ist nicht schon gegeben, wenn bei der Wahl die **Größe des zu wählenden Betriebsrats** oder die **Wahlberechtigung** verkannt worden sind. Eine Betriebsratswahl ist nur dann nichtig, wenn bei ihr gegen allgemeine Grundsätze einer ordnungsgemäßen Wahl in einem so hohen Maße verstoßen worden ist, dass auch der Anschein einer gesetzmäßigen Wahl nicht mehr vorliegt.

***BAG** 10.6.1983 – 6 ABR 50/8; **BAG** 29.5.1991 – 7 ABR 67/90*

Die Nichtigkeit einer Betriebsratswahl ist bei Fälschung von abgegebenen Briefwahlunterlagen anzunehmen, weil ein massiverer Eingriff in das Wahlverfahren kaum denkbar ist und eine Anfechtung oft wegen der Unmöglichkeit des Nachweises, dass eine Auswirkung auf das Wahlergebnis gegeben ist, scheitern wird.

***LAG** Bremen 9.3.1999 – 1 TaBV 14-16/98*

Die tatsächliche und finanzielle Unterstützung einer Gruppe von Kandidaten bei der Herstellung einer Wahlzeitung durch den Arbeitgeber stellt einen Verstoß gegen § 20 Abs. 2 BetrVG dar, der zur Unwirksamkeit der Betriebsratswahl führt.

***BAG** 4.12.1986 – 6 ABR 48/85*

7.3. Prozessuale Fragen[14]

Die Frist des § 19 Abs. 2 Satz 2 BetrVG zur Einreichung eines Wahlanfechtungsantrags ist auch dann gewahrt, wenn nur die Anfechtungsgründe, aber nicht der richtige Anfechtungsgegner in der Frist mitgeteilt wird. Der richtige Anfechtungsgegner kann noch zweitinstanzlich mit der Wirkung am Verfahren beteiligt werden, dass der Beteiligtenmangel geheilt wird.

***LAG** Hamm 27.3.1991 – 3 TaBV 110/90; (Rechtsbeschwerde eingelegt: **BAG** Az.. 7 ABR 48/91= BB 1991, 1340)*

In einem Wahlanfechtungsverfahren ist der **Betriebsrat beschwerdebefugt**, soweit das Arbeitsgericht einen von ihm gestellten Antrag abgewiesen oder die Betriebsratswahl für nichtig oder unwirksam erklärt hat.

***BAG** 20.3.1996 – 7 ABR 34/95*

Im Betrieb vertretene Gewerkschaften sind nicht Beteiligte des Wahlanfechtungsverfahrens gemäß § 19 BetrVG, wenn sie von ihrem Anfechtungsrecht keinen Gebrauch gemacht haben.

***BAG** 19.9.1985 – 6 ABR 4/85*

Die Wahlanfechtungsbefugnis einer im Betrieb vertretenen Gewerkschaft hängt nicht davon ab, dass zuvor Einspruch gegen die Richtigkeit der Wählerliste eingelegt wurde.

***BAG** 29.3.1974 – 1 ABR 27/73*

Im betriebsverfassungsrechtlichen Wahlanfechtungsverfahren nach § 19 BetrVG entfällt das Rechtsschutzinteresse für einen Antrag, die Wahl für unwirksam zu erklären, mit **Ablauf der Amtszeit** des Gremiums, dessen Wahl angefochten wird.

***BAG** 13.3.1991 – 7 ABR 5/90*

Der Erlass einer **einstweiligen Verfügung** zur Untersagung von Betriebsratstätigkeit ist auch dann unzulässig, wenn vom Arbeitgeber die Betriebsratswahl angefochten worden ist und er diese Wahl für nichtig hält.

***ArbG** Offenbach/M. 6.2.1992 – 2 BVGa 2/92 = AiB 1992, 232*

Der Arbeitgeber ist in einem von drei oder mehreren Arbeitnehmern oder einer Gewerkschaft geführten Wahlanfechtungsverfahren beteiligungsbefugt. Er ist auch dann rechtsmittelbefugt, wenn er keinen eigenen, sondern nur einen unterstützenden Antrag gestellt hat.

Ein von drei oder mehreren Arbeitnehmern eingeleitetes Wahlanfechtungsverfahren wird nicht unzulässig, wenn die Arbeitnehmer während der Dauer des Beschlussverfahrens aus dem Arbeitsverhältnis ausscheiden. Allerdings müssen wenigstens drei Arbeitnehmer das Beschlussverfahren weiter betreiben.

***BAG** 12.2.1985 – 1 ABR 11/84; **BAG** 4.12.1986 – 6 ABR 48/85*

Die Anfechtung einer Betriebsratswahl ist auch beim Landesarbeitsgericht möglich, wenn im Beschlussverfahren zunächst die Wirksamkeit der Bestellung des Wahlvorstands angegriffen und die Wahl zwischenzeitlich durchgeführt ist.

Der Wahlvorstand ist nach Konstituierung des Betriebsrats auch dann nicht Beteiligter in einem die Wahlanfechtung betreffenden Beschlussverfahren, wenn sich die Anfechtung auf Mängel seiner Bestellung oder seines Verfahrens bezieht.

***BAG** 14.1.1983 – 6 ABR 39/82*

8. Wahlkosten und Wahlschutz (§ 20 BetrVG)

8.1. Kosten der Wahl

Wahlvorstandsmitglieder haben in entsprechender Anwendung des § 37 Abs. 3 BetrVG Anspruch auf Freizeitausgleich für Wahlvorstandstätigkeit, die aus **betrieblichen Gründen** außerhalb ihrer individuellen Arbeitszeit geleistet wurde (z. B. Wahlvorstandstätigkeit eines Spätschichtlers während der Frühschicht).

Für die **Schulungszeit** gilt ebenso wie in einer **Kurzarbeitsphase** das **Lohnausfallprinzip**. Entgelt ist so zu bemessen wie wenn keine Wahlvorstandstätigkeit sondern Arbeit geleistet worden wäre.

***BAG** 26.4.1995 – 7 ABR 874/94*

Zur „**Betätigung im Wahlvorstand**" i.S.d. § 20 Abs. 3 Satz 2 BetrVG zählt nicht nur die eigentliche Wahlvorbereitung und -durchführung, sondern regelmäßig auch die **Unterweisung in die Tätigkeiten eines Wahlvorstands**.

***BAG** 5.3.1974 – 1 AZR 50/73*

Zumindest der Vorsitzende des Wahlvorstandes hat Anspruch auf Vergütung für den **während seiner Arbeitszeit** erfolgten Besuch einer **Schulungsveranstaltung** über die Wahlvorschriften des Betriebsverfassungsgesetzes. Die Schulung ist auch dann erforderlich, wenn der Wahlvorstandsvorsitzende Jahre zuvor eine Wahl geleitet hat, weil die Wahlvorschriften für juristische Laien außerordentlich kompliziert sind und das Wissen in einer mehrstündigen Veranstaltung aktualisiert werden muss, damit die Wahl fehlerfrei durchgeführt werden kann.

***LAG** Schleswig Holstein 7.7.1994 – 4 Sa 88/94 = BB 1995, 466; **BAG** 26.4.1995 – 7 AZR 874/94*

---

[14] vgl. **B. Zwanzinger:** „Gerichtliche Eingriffe in laufende Betriebsratswahlen" in DB 1999, 2264

Überstunden, die ein **Wahlvorstandsmitglied** ohne seine Betätigung im Wahlvorstand geleistet hätte, sind ihm auch dann gemäß § 24 Abs. 2 Satz 2 BPersVG zu vergüten, wenn es sich dabei nicht um regelmäßig anfallende Überstunden handelt.

BAG *29.6.1988 – 7 AZR 651/87*

Wenn ein **Arbeitnehmer** Arbeitszeit versäumt, weil er – auch als Kandidat – bei der **öffentlichen Stimmenauszählung** nach der Betriebsratswahl **als Zuschauer** zugegen sein will, zählt dies nicht zur Ausübung des Wahlrechts gemäß § 20 Abs. 3 Satz 2 BetrVG, so dass für diese Zeit – auch aus § 616 BGB – kein Anspruch auf Arbeitsentgelt besteht. § 20 Abs. 3 Satz 2 BetrVG enthält eine abschließende Aufzählung entsprechender Tatbestände. Der Arbeitgeber, der hierauf vorher hinweist, behindert weder die Wahl des Betriebsrats noch die öffentliche Stimmenauszählung.

LAG *Schleswig-Holstein 26.7.1989 – 3 Sa 228/89 = NZA 1990, 118*

Der Wahlvorstand darf vertretbar den Zustand „**Kurzarbeit Null**" als Eigenart des Beschäftigungsverhältnisses werten und für diese Arbeitnehmer Briefwahl beschließen mit der Folge, dass der Arbeitgeber die für Porto verauslagten Kosten zu ersetzen hat.

LAG *Sachsen-Anhalt 15.12.1994 – 7 TaBV 11/93*

Der Arbeitgeber hat nach § 20 Abs. 3 Satz 1 BetrVG die Kosten für die Anfertigung der auszuhändigenden **Abdrucke der Vorschlagslisten** zu tragen.

Die Kostentragungspflicht umfasst auch die Verpflichtung des Arbeitgebers, die Mitglieder des Wahlvorstands von Ansprüchen Dritter freizustellen.
Die Kosten müssen zur ordnungsgemäßen Durchführung der Wahl erforderlich sein. Der Wahlvorstand hat zur Ausfüllung des unbestimmten Rechtsbegriffs der Erforderlichkeit einen Beurteilungsspielraum wie ein Betriebsrat bei den Tatbeständen der §§ 40, 37 Abs. 2 und Abs. 6 BetrVG.

BAG *3.12.1987 – 6 ABR 79/85*

Aufwendungen des Wahlvorstands oder des Betriebsrats bzw. von Mitgliedern dieser Gremien **sind Kosten der Wahl** bzw. der Betriebsratstätigkeit insoweit, als sie ein „Geschäftsherr" nach § 670 BGB den Beauftragten oder Geschäftsführer zu ersetzen hätte.

Ob erlittene **Sachschäden** von **Wahlvorstands**- oder Betriebsratsmitgliedern Aufwendungen und damit vom Arbeitgeber zu tragende Kosten sind, bestimmt sich allein nach § 670 BGB. Danach sind Schäden, Aufwendungen, wenn sie infolge der Gefährlichkeit der Geschäftsbesorgung eingetreten, d. h. aus einer mit der Geschäftsbesorgung verbundenen typischen Gefahrenlage entstanden sind.

Bringt ein Wahlvorstandsmitglied im Auftrage des Wahlvorstands Wahlunterlagen in ein auswärts gelegenes Wahllokal und benutzt es dazu **seinen eigenen PKW**, so sind die ihm aus einen schuldlos erlittenen Verkehrsunfall entstandenen Sachschäden nicht die Folge einer typischen Gefahr dieser Geschäftsbesorgung. Die Gefahren der Teilnahme am allgemeinen Straßenverkehr gehören vielmehr zum allgemeinen Lebensrisiko und sind daher von dem Geschädigten auch dann zu tragen, wenn sie gelegentlich der Ausführung eines Auftrages sich verwirklichen.

LAG *Hamm 26.10.1979 – 3 TaBV 64/79 = DB 1980, 214*

Der **Ersatz** von **Unfallschäden**, die ein Mitglied des Wahlvorstands bei der Benutzung des **eigenen PKW** erleidet, kommt dann in Betracht, wenn der Arbeitgeber die Benutzung ausdrücklich gewünscht hat oder diese erforderlich war, damit das Mitglied des Wahlvorstands seine gesetzlichen Aufgaben wahrnehmen konnte.

BAG *3.3.1983 – 6 ABR 4/80*

Beim Streit über das Bestehen eines **gemeinsamen Betriebes** mehrerer Unternehmen und die sich daraus ergebenden Konsequenzen für die Wahl eines Betriebsrats sind diejenigen Unternehmer als kostenpflichtige Arbeitgeber i.S.d. § 20 Abs. 3 Satz 1 BetrVG anzusehen, die Umstände gesetzt haben, die das Vorliegen eines von ihnen gemeinsam geführten Betriebes ernsthaft als möglich erscheinen lassen. Dass auch tatsächlich ein gemeinsamer Betrieb dieser Unternehmer besteht, ist für die Kostentragungspflicht nicht erforderlich.

BAG *8.4.1992 – 7 ABR 56/91*

Wenn der Wahlvorstandsvorsitzende in seiner gleichzeitigen Eigenschaft als Betriebsratsvorsitzender zum Boykott einer Wählerliste vor der Betriebsratswahl aufruft, sind die von dem **Bewerber der Liste** aufgewandten **Rechtsanwaltskosten** für ein Verbot des Boykotts nicht vom Arbeitgeber als Wahlkosten zu erstatten.

LAG *Hamm 6.2.1980 – 3 TaBV 84/79 = DB 1980, 1223*

Der Arbeitgeber hat gemäß § 20 Abs. 3 BetrVG die Kosten für die Beratung eines Wahlvorstands durch einen Rechtsanwalt zu tragen; wenn der Wahlvorstand darüber mit dem Arbeitgeber zuvor eine Vereinbarung getroffen hat. § 80 Abs. 3 BetrVG findet auf die Hinzuziehung eines Sachverständigen durch den Wahlvorstand entsprechende .Anwendung.

Durch das Erfordernis einer Vereinbarung, die zumindest den Gegenstand der gutachterlichen Tätigkeit, die Person des Sachverständigen und die Vergütung umfasst, wird dem Arbeitgeber im Hinblick auf die von ihm zu tragenden Kosten die Möglichkeit eröffnet, Einwendungen gegen die Beauftragung eines Sachverständigen; oder gegen den Umfang des Auftrags zu erheben oder seinen Sachverstand bzw. eigene sachkundige Personen zur Beratung des Wahlvorstands anzubieten.

Verweigert der Arbeitgeber eine solche Vereinbarung trotz der Erforderlichkeit der Hinzuziehung eines Sachverständigen, so kann der Wahlvorstand die fehlende Zustimmung des Arbeitgebers durch eine arbeitsgerichtliche Entscheidung ersetzen lassen.

BAG *11.11.2009 – 7 ABR 26/08*

Zu den vom Arbeitgeber nach § 20 Abs. 3 Satz 1 BetrVG zu tragenden Kosten einer Betriebsratswahl gehören auch die erforderlichen außergerichtlichen Kosten einer Gewerkschaft, die ihr durch die Beauftragung eines Rechtsanwalts in einem Beschlussverfahren zur gerichtlichen Bestellung eines Wahlvorstands entstanden sind.

BAG *31.5.2000 – 7 ABR 8/99 = BB 2000, 2574*

Führen die Mitglieder des früheren Wahlvorstands zur Klärung der Meinungsverschiedenheit, die zwischen ihnen und dem Arbeitgeber über die aus Anlass der **Teilnahme an einer gewerkschaftlichen Schulung** erwachsenen Fahrt- und Verzehrkosten entstanden ist, ein **Beschlussverfahren** durch, dann sind die Kosten des Beschlussverfahrens Folgekosten der Wahl und damit der Wahl selbst.

Bei der Beschlussfassung über die **Verfahrensvertretung** ist jedoch der Grundsatz des § 2 Abs. 1 BetrVG, der für alle betriebsverfassungsrechtlichen Gremien und die Tätigkeit der Angehörigen gilt, zu beachten. Es muss daher auf die finanziellen Belange des Arbeitgebers angemessen Rücksicht genommen werden. Die **Vertretung durch einen Anwalt** muss zur zweckentsprechenden Rechtsverfolgung oder Rechtsverteidigung erforderlich erscheinen.

Notwendig erscheint die Zuziehung eines Anwalts dann, wenn sie aus sachlichen, in der Natur des Rechtsstreits liegenden Gründen für erforderlich gehalten werden durfte. Es muss sich also um eine Sache handeln, die ihrer Sach- und Rechtslage nach Schwierigkeiten aufweist, oder zu deren Beurteilung z. B. bestimmte, dem Anwalt im besonderen Maße bekannte Verhältnisse von Bedeutung sein können.

Die Kostentragungspflicht des Arbeitgebers entfällt nicht schon deshalb, weil die hinter den beteiligten Angehörigen betriebsverfassungsrechtlicher Gremien stehende **Gewerkschaft** ein besonderes Interesse an der Durchführung des Beschlussverfahrens gehabt und die Vertretung der hier fraglichen Beteiligten mit einem **Anwalt ihres Vertrauens veranlasst**. In diesen Fällen ist davon auszugehen, dass die Beteiligten das Interesse der etwa hinter ihnen stehenden Gewerkschaft zu ihrem eigenen umwandeln.

BAG *26.11.1974 – 1 ABR 16/74*

Rechtsanwaltskosten, die ein **Wahlbewerber** für ein **einstweiliges Verfügungsverfahren** während der Zeit der Betriebsratswahlen aufwenden muss, um die Genehmigung zum Betreten des Betriebs zum Sammeln von Unterschriften für seinen Wahlvorschlag zu erhalten, sind vom Arbeitgeber als Wahlkosten gemäß § 20 Abs. 3 BetrVG zu erstatten.

LAG *Hamm 6.2.1980 – 3 TaBV 79/79 = DB 1980, 1223.*

Zu den vom Arbeitgeber gem. § 20 Abs. 3 BetrVG zu tragenden Wahlkosten gehören neben den **Kosten eines Wahlanfechtungsverfahrens** auch die Kosten sonstiger gerichtlicher Beschlussverfahren zur sachgemäßen Klärung gerichtlicher Beschlussverfahren; die Kostentragungspflicht für die Hinzuziehung eines **Rechtsanwalts** in einem solchen Verfahren beurteilt sich in entsprechender Anwendung des § 40 Abs. 1 BetrVG danach, ob die Vertretung durch einen Rechtsanwalt bei Abwägung aller Umstände zur zweckentsprechenden Rechtsverfolgung erforderlich erscheint.

***LAG** Düsseldorf 25.10.1994 – 6 TaBV 78/94 = AuR 1995, 104*

Rechtsanwaltskosten, die einer im Betrieb vertretenen Gewerkschaft bei der Wahrnehmung ihrer im Zusammenhang mit der Betriebsratswahl stehenden betriebsverfassungsrechtlichen Rechte in einem arbeitsgerichtlichen Beschlussverfahren entstehen, gehören zu den von dem Arbeitgeber nach § 20 Abs. 3 Satz 1 BetrVG zu tragenden Kosten der Betriebsratswahl.

***BAG** 16.4.2003 – 7 ABR 29/02 = DB 2003, 2234*

8.2. Wahlschutz

Nach § 20 Abs. 2 BetrVG darf niemand die Wahl des Betriebsrats durch Zufügung oder Androhung von Nachteilen oder durch Gewährung oder Versprechen von Vorteilen beeinflussen. Die Vorschrift beinhaltet – auch für den Arbeitgeber – kein striktes Neutralitätsgebot im Zusammenhang mit Betriebsratswahlen. Untersagt ist nicht jede Handlung oder Äußerung, die geeignet sein könnte, die Wahl zu beeinflussen. Die Beeinflussung muss vielmehr durch Zufügung oder Androhung von Nachteilen oder durch Gewährung oder Versprechen von Vorteilen erfolgen.

Aus dem in § 20 Abs. 2 BetrVG normierten Verbot, die Wahl des Betriebsrats durch Zufügung oder Androhung von Nachteilen oder durch Gewährung oder Versprechen von Vorteilen zu beeinflussen, ergibt sich nicht die Verpflichtung des Arbeitgebers, sich jeder kritischen Äußerung über den bestehenden Betriebsrat oder einzelne seiner Mitglieder im Hinblick auf eine zukünftige Wahl zu enthalten.

***BAG** 25.10.2017 – 7 ABR 10/16*

Unter das **Verbot der Behinderung der Betriebsratswahl** (§ 20 Abs. 1 BetrVG) fällt eine **Kündigung**, die anlässlich der Betätigung für die Betriebsratswahl oder im Zusammenhang mit ihr gerade deswegen ausgesprochen wird, um die Wahl dieses Arbeitnehmers zu verhindern oder ihn wegen seines Einsatzes bei der Betriebsratswahl zu maßregeln. Der Arbeitnehmer ist aber nur bei rechtmäßigem Verhalten geschützt. Die Verletzung arbeitsvertraglicher oder gesetzlicher Pflichten ist durch das Behinderungsverbot nicht gedeckt.

***BAG** 13.10.1977 – 2 AZR 387/76*

Der Wahlvorstand hat bei eingereichten Wahlvorschlägen nur ein formelles Prüfungsrecht. Er kann Wahlvorschläge nicht wegen „Einflussnahme" des Arbeitgebers zurückweisen. Das „Abholen" von Stützunterschriften durch den Arbeitgeberrepräsentanten stellt in kleineren Betrieben ohne Weiteres eine unzulässige Vorteilungsgewährung i.S.d. § 20 Abs. 2 BetrVG dar.

***Hessisches LAG** 23.8.2001 – 12 TaBV 31/01 = DB 2000, 2559 (Az. BAG: ABN 51/01)*

Nimmt der Arbeitgeber eine Kündigung zum Zwecke vor, die **aktive** oder **passive** Beteiligung des Gekündigten bei der Betriebsratswahl oder die Durchführung der Wahl zu verhindern oder zu erschweren, so verstößt diese **Kündigung** gegen das gesetzliche Verbot des § 20 Abs. 1 BetrVG und ist gem. § 134 BGB nichtig.

Da § 20 Abs. 1 BetrVG als Kündigungsschutzvorschrift allumfassend wirkt, ist es unerheblich, ob der Gekündigte das passive Wahlrecht besitzt.

***LAG** Rheinland-Pfalz 5.12.1991 – 4 Sa 752/91 = AiB 1992, 531*

Es verstößt gegen § 20 BetrVG, wenn ein Mitglied **aus der Gewerkschaft deshalb ausgeschlossen** wird, weil es bei der Betriebsratswahl auf einer nicht von der Gewerkschaft unterstützten Liste kandidiert hat.

***BGH** 19.1.1981 – II ZR 20/80 = DB 1982, 130*

8.3. Anfechtung der Wahl der Schwerbehindertenvertretung

Wahlvorschläge für die Wahl der Schwerbehindertenvertretung müssen innerhalb der Einreichungsfrist mit der erforderlichen Anzahl von **Stützunterschriften** im Original beim Wahlvorstand eingehen. Die Einreichung von Telekopien genügt nicht. Der Wahlvorstand muss das Vorliegen der erforderlichen Unterschriften zuverlässig prüfen können. Dies kann er nur, wenn ihm die Originalunterschriften vorliegen. Allerdings müssen sich nicht sämtliche Stützunterschriften auf demselben Blatt befinden. Es muss aber gewährleistet sein, dass sich die Unterschriften auf den Wahlvorschlag und nicht auf eine andere Erklärung beziehen. Dies kann beispielsweise durch die körperliche Verbindung mehrerer Blätter oder durch die Angabe eines gemeinsamen Kennworts auf sämtlichen Blättern geschehen.

***BAG** 20.1.2010 – 7 ABR 39/08*

Nach § 94 Abs. 1 Satz 1 SGB IX werden in Betrieben, in denen wenigstens fünf schwerbehinderte Menschen nicht nur vorübergehend beschäftigt sind, eine Vertrauensperson und wenigstens ein stellvertretendes Mitglied gewählt. Die Wahl des stellvertretenden Mitglieds der Schwerbehindertenvertretung kann unabhängig von der Wahl der Vertrauensperson nach § 94 Abs. 6 Satz 2 SGB IX i.V.m. § 19 BetrVG angefochten werden. An Beschlussverfahren über die Anfechtung der Wahl der stellvertretenden Mitglieder der Schwerbehindertenvertretung sind neben den Antragstellern, der Vertrauensperson und der Arbeitgeberin alle gewählten Stellvertreter beteiligt, die ihr Amt im Zeitpunkt der Entscheidung des Gerichts noch innehaben.

Die Wahlberechtigung des die Wahl anfechtenden Arbeitnehmers muss grundsätzlich nur zum Zeitpunkt der Wahl gegeben sein. Ein Wegfall der Wahlberechtigung durch Ausscheiden aus dem Betrieb nimmt dem Arbeitnehmer die Anfechtungsbefugnis nicht. Nur wenn sämtliche die Wahl anfechtenden Arbeitnehmer aus dem Betrieb ausscheiden, führt dies zur Unzulässigkeit des Antrags, da für die Fortführung des Wahlanfechtungsverfahrens in diesem Fall kein Rechtsschutzbedürfnis mehr besteht.

Nach § 94 Abs. 6 Satz 2 SGB IX i.V.m. § 19 Abs. 2 Satz 2 BetrVG ist die Anfechtung nur binnen einer Frist von zwei Wochen nach Bekanntgabe des Wahlergebnisses zulässig. Mit dem Ablauf der Anfechtungsfrist erlischt das Anfechtungsrecht des einzelnen Anfechtungsberechtigten. Die in § 19 Abs. 2 Satz 2 BetrVG bestimmte Frist für die Anfechtung der Wahl dient der Rechtssicherheit, die besonders im Wahlanfechtungsrecht hervorgehobene Bedeutung beansprucht. Durch die Frist soll gewährleistet werden, dass möglichst rasch nach Abschluss der Wahl Klarheit darüber geschaffen wird, ob die Wahl angefochten wird oder nicht. Bei den getrennt anzufechtenden Wahlen der Vertrauensperson und der stellvertretenden Mitglieder der Schwerbehindertenvertretung muss den Beteiligten durch den fristgemäßen Anfechtungsantrag unzweifelhaft die Feststellung möglich sein, ob ihre Wahl angefochten werden soll.

***BAG** 23.7.2014 – 7 ABR 23/12*

Der Streit über die Wirksamkeit der Wahl zur Gesamtschwerbehindertenvertretung ist im arbeitsgerichtlichen Beschlussverfahren zu entscheiden. Das folgt aus der entsprechenden Anwendung von § 2a Abs. 1 Nr. 3a ArbGG.

***BAG** 22.3.2012 – 7 AZB 51/11*

Die Gerichte für Arbeitssachen sind nach § 2 a Abs. 1 Nr. 3 a ArbGG in der seit dem 1.7.2001 geltenden Fassung des Art. 23 Nr. 2 des Gesetzes vom 19.6.2001 (BGBl. I S. 1046) ausschließlich zuständig für Angelegenheiten aus den §§ 94, 95, 139 des Neunten Buches Sozialgesetzbuch (SGB IX).

Dazu gehört auch das in § 94 Abs. 6 SGB IX genannte Verfahren über die Anfechtung der Wahl zur Schwerbehindertenvertretung. Das gilt auch, wenn eine Wahl der Schwerbehindertenvertretung in einer Dienststelle der öffentlichen Verwaltung angefochten wird.

***BAG** 11.11.2003 – 7 AZB 40/03*

Die Wahl einer Hauptschwerbehindertenvertretung bei einer Oberbehörde im vereinfachten Wahlverfahren ist dann nicht zulässig, wenn der Zuständigkeitsbereich der Oberbehörde, bei der die Wahl stattzufinden hat, für ihr untergeordnete Behörden aus räumlich weit auseinanderliegenden Teilen besteht.

***BAG** 23.7.2014 – 7 ABR 61/12*

Bei schriftlicher Stimmabgabe öffnet der Wahlvorstand in öffentlicher Sitzung unmittelbar vor Abschluss der Wahl nach § 12 Abs. 1 Satz 1 SchwbVWO die bis zu diesem Zeitpunkt eingegangenen Freiumschläge und entnimmt ihnen die Wahlumschläge sowie die vorgedruckten Erklärungen. Ist die schriftliche Stimmabgabe ordnungsgemäß erfolgt (§ 11 SchwbVWO), legt der Wahlvorstand die Wahlumschläge nach Vermerk der Stimmabgabe in der Liste der Wahlberechtigten ungeöffnet in die Wahlurne.

Die Öffentlichkeit der Wahl ist Grundvoraussetzung für eine demokratische Willensbildung. Sie sichert die Ordnungsgemäßheit und Nachvollziehbarkeit der Wahlvorgänge und schafft damit eine wesentliche Voraussetzung für begründetes Vertrauen der Wähler in den korrekten Ablauf der Wahl. Interessierte Personen sollen die Möglichkeit erhalten, die Ordnungsmäßigkeit der Feststellung des Wahlergebnisses beobachten zu können, damit der Verdacht von Wahlmanipulationen „hinter verschlossenen Türen" nicht aufkommen kann. Öffentlichkeit i.S.d. § 12 Abs. 1 SchwbVWO ist die Betriebsöffentlichkeit.

Vom Öffentlichkeitsgebot umfasst sind das Wahlvorschlagsverfahren, die Wahlhandlung – in Bezug auf die Stimmabgabe durchbrochen durch das Wahlgeheimnis – und die Ermittlung des Wahlergebnisses. Bei der schriftlichen Stimmabgabe ist die Kontrollmöglichkeit der Vorgänge nach § 12 Abs. 1 Satz 1 SchwbVWO von besonderer Bedeutung, weil der Wähler nicht unmittelbar beobachten kann, ob mit der von ihm abgegebenen Stimme korrekt verfahren wird. Daher müssen Ort und Zeit der nach § 12 Abs. 1 Satz 1 SchwbVWO öffentlicher Kontrolle unterliegenden Vorgänge rechtzeitig vorher bekannt gegeben werden. Der Hinweis muss nicht notwendig bereits im Wahlausschreiben enthalten sein.

***BAG** 10.7.2013 – 7 ABR 83/11*

Nach § 97 Abs. 2 Satz 1 SGB IX wählen die Gesamtschwerbehindertenvertretungen eine Konzernschwerbehindertenvertretung, wenn für mehrere Unternehmen ein Konzernbetriebsrat errichtet ist. Besteht in einem Konzernunternehmen nur eine Schwerbehindertenvertretung, hat sie nach § 97 Abs. 1 Satz 2, Abs. 2 Satz 2 SGB IX das Wahlrecht wie eine Gesamtschwerbehindertenvertretung. Gibt es nur in einem Konzernunternehmen eine wahlberechtigte (Gesamt-)Schwerbehindertenvertretung, kann eine Konzernschwerbehindertenvertretung nicht gewählt werden. Die Aufgaben der Konzernschwerbehindertenvertretung werden nicht von der einzigen im Konzern bestehenden (Gesamt-)Schwerbehindertenvertretung wahrgenommen.

***BAG** 4.11.2015 – 7 ABR 62/13*

Die **Nichtigkeit der Wahl** ist mit einem Feststellungsantrag geltend zu machen. Die Feststellung der Nichtigkeit einer Wahl der Vertrauensperson der schwerbehinderten Menschen kann – unabhängig von den formellen Voraussetzungen einer Wahlanfechtung nach § 94 Abs. 6 Satz 2 SGB IX i.V.m. § 19 BetrVG – von jedermann jederzeit geltend gemacht werden, sofern hieran ein rechtliches Interesse besteht. Es ist unzweifelhaft, dass er sich ausschließlich auf die Wahl der Vertrauensperson und nicht auf die Wahl des stellvertretenden Mitglieds der Schwerbehindertenvertretung, bei der es sich um eine von der Wahl der Vertrauensperson getrennte Wahl handelt (ausführlich BAG 29.7.2009 – 7 ABR 91/07), bezieht.

Ebenso wie die Betriebsratswahl ist die Wahl der Vertrauensperson der schwerbehinderten Menschen nur in ganz besonderen Ausnahmefällen nichtig, in denen gegen allgemeine Grundsätze jeder ordnungsgemäßen Wahl in so hohem Maße verstoßen worden ist, dass auch der Anschein einer dem Gesetz entsprechenden Wahl nicht mehr vorliegt. Voraussetzung ist, dass der Mangel offenkundig und deshalb ein Vertrauensschutz in die Gültigkeit der Wahl zu versagen ist. Die Wahl muss „den Stempel der Nichtigkeit auf der Stirn tragen" (st. Rspr., vgl. BAG 23.7.2014 – 7 ABR 23/12).

Die Stellung als „Beschäftigter" i.S.v. § 94 Abs. 3 Satz 1 SGB IX setzt ein Arbeitsverhältnis zum Betriebsinhaber nicht voraus.

Das ergibt sich schon aus dem Gesetzeswortlaut. Anders als § 5 BetrVG knüpft § 94 Abs. 3 SGB IX nicht an den Arbeitnehmerbegriff, sondern an den Begriff des „Beschäftigten" und damit an die „Beschäftigung" an. Der Begriff „Beschäftigung" ist weiter als der der „Arbeit". Nach Wahrig (Deutsches Wörterbuch 9. Aufl. S. 256) bedeutet Beschäftigung „Beruf, Arbeit, Tätigkeit, Betätigung, Zeitvertreib". Eine Beschäftigung setzt ein Arbeitsverhältnis nicht zwingend voraus (vgl. BAG 27.6.2001 – 7 ABR 50/99).

***BAG** 25.10.2017 – 7 ABR 2/16*

8.4. Prozessuale Fragen

Lohnansprüche von Wahlvorstandsmitgliedern sind auch dann im **Urteilsverfahren** geltend zu machen, wenn der Arbeitgeber das Arbeitsentgelt wegen einer Versäumnis von Arbeitszeit vorenthält, die auf einer „Betätigung im Wahlvorstand" oder was der Anspruchsvoller als solche ansieht beruht.

Ein Wahlvorstandsmitglied, das einen Anspruch auf Fortzahlung seines Lohnes geltend machen will, hat darzulegen und zu beweisen, dass die Versäumnis der Arbeitszeit zur Betätigung im Wahlvorstand erforderlich war.

***BAG** 26.6.1973 – 1 ABR 170/73; **BAG** 5.3.1974 – 1 AZR 50/73*

Der von einem Wahlvorstandsmitglied auf § 20 Abs. 3 Satz 2 BetrVG gestützte Anspruch auf Fortzahlung des Lohns für die zur Ausübung der Betätigung im Wahlvorstand versäumte Arbeitszeit ist wie der auf § 37 Abs. 2 BetrVG gestützte Lohnanspruch eines Betriebsratsmitglieds im Urteilsverfahren geltend zu machen.

***BAG** 11.5.1973 – 1 ABR 3/73*

Der Wert des Gegenstandes der anwaltlichen Tätigkeit für ein Beschlussverfahren, in dem es um die Anfechtung einer Betriebsratswahl geht, ist regelmäßig wie folgt festzusetzen:

Bei einem einköpfigen Betriebsrat beträgt der Wert das 1,5fache des Ausgangswertes des § 8 Abs. 2 BRAGO, also 12.000 DM.

Bei der Anfechtung der Wahl eins mehrköpfigen Betriebsrats ist für jede weitere Staffel des § 9 BetrVG jeweils der einfache Ausgangswert des § 8 Abs. 2 BRAGO in Ansatz zu bringen.

Das führt bei der Anfechtung der Wahl eines dreiköpfigen Betriebsrats zu einem Wert von 20.000 DM, bei einem fünfköpfigen zu einem Wert von 28.000 DM und bei einem siebenköpfigen zu einem Wert von 36.000 DM.

***LAG** Hamm 9.3.2001 – 13 TaBV 7/01*

Anträge im Beschlussverfahren zur Wahlanfechtung

a) **Betriebsratswahl insgesamt unwirksam**

Antrag: *Die Betriebsratswahl vom ... wird für unwirksam erklärt oder*

die Betriebsratswahl vom ... wird für ungültig erklärt.

b) **Betriebsratswahl korrekt, Sitzverteilung fehlerhaft**

Antrag: *Es wird festgestellt, dass anstelle des Beteiligten Ziff. ... Frau ... in den Betriebsrat gewählt worden ist.*

c) **Nichtigkeit der Wahl**

Antrag: *Es wird festgestellt, dass die Betriebsratswahl vom ... nichtig ist.*

8.5. Wahl der Arbeitnehmervertreter im Aufsichtsrat

Nach § 22 Abs. 2 Satz 2 MitbestG ist die Anfechtung nur binnen einer Frist von zwei Wochen, vom Tage der Veröffentlichung des Wahlergebnisses im Bundesanzeiger an gerechnet, zulässig. Zur Wahrung der Anfechtungsfrist kommt es nicht darauf an, ob der Wahlanfechtungsantrag den übrigen Verfahrensbeteiligten innerhalb der Anfechtungsfrist oder „demnächst" i.S.v. § 167 ZPO zugestellt wurde. Maßgeblich ist vielmehr allein der Eingang des Wahlanfechtungsantrags beim Arbeitsgericht.

§ 77 Abs. 1 Satz 1 Nr. 7 3. WO MitbestG i.d.F vom 10.10.2005 sieht vor, dass der Hauptwahlvorstand jedem Delegierten spätestens zwei Wochen vor dem Tag der Delegiertenversammlung Ort, Tag und Zeit ihrer Durchführung sowie der öffentlichen Stimmauszählung mitteilt. Daneben ist bei der Wahl durch Delegierte eine Mitteilung von Ort, Tag und Zeit der Stimmauszählung an sämtliche Arbeitnehmer des Unternehmens oder Konzerns nicht erforderlich. Dem Zweck der öffentlichen Stimmauszählung, jedem Verdacht einer Manipulation des Wahlergebnisses „hinter verschlossenen Türen" zu begegnen, wird dadurch entsprochen, dass die Delegierten den Vorgang der Stimmauszählung verfolgen können.

Die „Öffentlichkeit" der Stimmauszählung nach § 79 Abs. 1 3. WO MitbestG soll den gesamten Vorgang der Ermittlung des Wahlergebnisses umfassen. Die Beobachtungsmöglichkeit dient der Kontrolle des Auszählvorgangs durch die Öffentlichkeit, ohne damit eine vollständige Rechtmäßigkeitskontrolle zu bezwecken. Es ist daher nicht erforderlich, dass die Beobachter die Stimmzettel während des Auszählvorgangs einsehen oder Entscheidungen des Wahlvorstands über die Ungültigkeit von Stimmen nachvollziehen können.

Die Stimmauszählung durch den Hauptwahlvorstand nach einer zwanzigminütigen Pause im Anschluss an die Stimmabgabe ist „unverzüglich" i.S.v. § 79 Abs. 1 3. WO MitbestG.

***BAG** 17.5.2017 – 7 ABR 22/15*

Amtszeit des Betriebsrats (§§ 21, 21a, 21b, 22, 24, 25 BetrVG)

Gesetzestext

§ 21 Amtszeit

[1]Die regelmäßige Amtszeit des Betriebsrats beträgt vier Jahre. [2]Die Amtszeit beginnt mit der Bekanntgabe des Wahlergebnisses oder, wenn zu diesem Zeitpunkt noch ein Betriebsrat besteht, mit Ablauf von dessen Amtszeit. [3]Die Amtszeit endet spätestens am 31. Mai des Jahres, in dem nach § 13 Abs. 1 die regelmäßigen Betriebsratswahlen stattfinden. [4]In dem Fall des § 13 Abs. 3 Satz 2 endet die Amtszeit spätestens am 31. Mai des Jahres, in dem der Betriebsrat neu zu wählen ist. [5]In den Fällen des § 13 Abs. 2 Nr. 1 und 2 endet die Amtszeit mit der Bekanntgabe des Wahlergebnisses des neu gewählten Betriebsrats.

§ 21a[15] Übergangsmandat

(1) *[1]Wird ein Betrieb gespalten, so bleibt dessen Betriebsrat im Amt und führt die Geschäfte für die ihm bislang zugeordneten Betriebsteile weiter, soweit sie die Voraussetzungen des § 1 Abs. 1 Satz 1 erfüllen und nicht in einen Betrieb eingegliedert werden, in dem ein Betriebsrat besteht (Übergangsmandat). [2]Der Betriebsrat hat insbesondere unverzüglich Wahlvorstände zu bestellen. [3]Das Übergangsmandat endet, sobald in den Betriebsteilen ein neuer Betriebsrat gewählt und das Wahlergebnis bekannt gegeben ist, spätestens jedoch sechs Monate nach Wirksamwerden der Spaltung. [4]Durch Tarifvertrag oder Betriebsvereinbarung kann das Übergangsmandat um weitere sechs Monate verlängert werden.*

(2) *[1]Werden Betriebe oder Betriebsteile zu einem Betrieb zusammengefasst, so nimmt der Betriebsrat des nach der Zahl der wahlberechtigten Arbeitnehmer größten Betriebs oder Betriebsteils das Übergangsmandat wahr. [2]Absatz 1 gilt entsprechend.*

(3) *Die Absätze 1 und 2 gelten auch, wenn die Spaltung oder Zusammenlegung von Betrieben und Betriebsteilen im Zusammenhang mit einer Betriebsveräußerung oder einer Umwandlung nach dem Umwandlungsgesetz erfolgt.*

§ 21b Restmandat

Geht ein Betrieb durch Stilllegung, Spaltung oder Zusammenlegung unter, so bleibt dessen Betriebsrat so lange im Amt, wie dies zur Wahrnehmung der damit im Zusammenhang stehenden Mitwirkungs- und Mitbestimmungsrechte erforderlich ist.

§ 22 Weiterführung der Geschäfte des Betriebsrats

In den Fällen des § 13 Abs. 2 Nr. 1 bis 3 führt der Betriebsrat die Geschäfte weiter, bis der neue Betriebsrat gewählt und das Wahlergebnis bekannt gegeben ist.

§ 24 Erlöschen der Mitgliedschaft

Die Mitgliedschaft im Betriebsrat erlischt durch

1. *Ablauf der Amtszeit,*
2. *Niederlegung des Betriebsratsamtes,*
3. *Beendigung des Arbeitsverhältnisses,*
4. *Verlust der Wählbarkeit,*
5. *Ausschluss aus dem Betriebsrat oder Auflösung des Betriebsrats auf Grund einer gerichtlichen Entscheidung,*
6. *gerichtliche Entscheidung über die Feststellung der Nichtwählbarkeit nach Ablauf der in § 19 Abs. 2 bezeichneten Frist, es sei denn, der Mangel liegt nicht mehr vor.*

§ 25 Ersatzmitglieder

(1) *[1]Scheidet ein Mitglied des Betriebsrats aus, so rückt ein Ersatzmitglied nach. [2]Dies gilt entsprechend für die Stellvertretung eines zeitweilig verhinderten Mitglieds des Betriebsrats.*

(2) *[1]Die Ersatzmitglieder werden unter Berücksichtigung des § 15 Abs. 2 der Reihe nach aus den nichtgewählten Arbeitnehmern derjenigen Vorschlagslisten entnommen, denen die zu ersetzenden Mitglieder angehören. [2]Ist eine Vorschlagsliste erschöpft, so ist das Ersatzmitglied derjenigen Vorschlagsliste zu entnehmen, auf die nach den Grundsätzen der Verhältniswahl der nächste Sitz entfallen würde. [3]Ist das ausgeschiedene oder verhinderte Mitglied nach den Grundsätzen der Mehrheitswahl gewählt, so bestimmt sich die Reihenfolge der Ersatzmitglieder unter Berücksichtigung des § 15 Abs. 2 nach der Höhe der erreichten Stimmenzahlen.*

---

15 **[Amtl. Anm.:]** Diese Vorschrift dient der Umsetzung des Artikels 6 der Richtlinie 2001/23/EG des Rates vom 12. März 2001 zur Angleichung der Rechtsvorschriften der Mitgliedstaaten über die Wahrung von Ansprüchen der Arbeitnehmer beim Übergang von Unternehmen, Betrieben oder Betriebsteilen (ABl. EG Nr. L 82 S. 16).

1. Amtszeit des Betriebsrats (§ 21 BetrVG)

Obwohl der neue Betriebsrat sich bereits konstituiert hat, sind seine Beschlüsse unwirksam, solange die Amtszeit des alten Betriebsrats noch nicht beendet ist.

***ArbG** Hameln 14.2.1991 – 1 Ca 167/90*

Die **Amtszeit eines außerhalb des regelmäßigen Wahlzeitraums** gewählten Betriebsrats endet mit der Bekanntgabe des Wahlergebnisses des neu gewählten Betriebsrats.

Mit Bekanntgabe des Wahlergebnisses ist der neu gewählte Betriebsrat das zu beteiligende betriebsverfassungsrechtliche Repräsentationsorgan. Die Beteiligung des nicht mehr amtierenden Betriebsrats führt bei nicht dem Betriebsrat angehörenden Arbeitnehmern gemäß § 102 Abs. 1 Satz 3 BetrVG und bei Mitgliedern des neu gewählten Betriebsrats gemäß § 103 BetrVG i. V. m. § 15 KSchG zur Unwirksamkeit der Kündigung.

***BAG** 28.9.1983 – 7 AZR 266/82*

Soweit sich der neu gewählte Betriebsrat noch nicht konstituiert hat, also die nach § 29 Abs. 1 Satz 1 BetrVG vom Wahlvorstand einzuberufende Sitzung sowie die dort nach § 26 Abs. 1 Satz 1 BetrVG vorzunehmende Wahl des Vorsitzenden und dessen Stellvertreters noch nicht stattgefunden hat, besteht noch keine Handlungsfähigkeit des Betriebsrats. Konstituierende Sitzung – durch den Wahlvorstand einberufen – und Wahl des Betriebsratsvorsitzenden und seines Stellvertreters sind Wirksamkeitsvoraussetzungen für die Begründung der Handlungsfähigkeit des Betriebsrats nach Beginn seiner Amtszeit. Erst mit der Wahl nach § 26 BetrVG wird die Amtsausübungsbefugnis des Betriebsrats begründet.

***BAG** 23.8.1984 – 6 AZR 520/82*

Soweit dem Betriebsrat nach dem Betriebsverfassungsgesetz vermögensrechtliche Ansprüche zustehen, ist er als partiell vermögensfähig anzusehen.
Vermögensrechtliche, vom Arbeitgeber noch nicht erfüllte Ansprüche des Betriebsrats gehen mit dem Ende der Amtszeit des Betriebsrats nicht ersatzlos unter.
Tritt nach dem Ende der Amtszeit des Betriebsrats vorübergehend oder dauerhaft ein betriebsratsloser Zustand ein, bleibt der bisherige Betriebsrat bis zu einer Neuwahl in entsprechender Anwendung von § 22 BetrVG, § 49 Abs. 2 BGB befugt, die vom Arbeitgeber noch nicht erfüllten Freistellungsansprüche nach § 40 Abs. 1 BetrVG weiter zu verfolgen. Er kann sie auch an den Gläubiger abtreten. In diesem Fall wandeln sich die Freistellungsansprüche in Zahlungsansprüche um.
Der Betriebsrat bleibt in entsprechender Anwendung von § 22 BetrVG, § 49 Abs. 2 BGB auch nach dem Ende seiner Amtszeit befugt, noch nicht erfüllte Kostenerstattungsansprüche gegen den Arbeitgeber weiter zu verfolgen und an den Gläubiger abzutreten.

***BAG** 24.10.2001 – 7 ABR 20/00 = NZA 2003, 53*

Ein Handeln des Betriebsrats „in seiner Gesamtheit" mit betriebsverfassungsrechtlichen Wirkungen vor der Konstituierung ist ausgeschlossen. Ein Zusammentreffen der Mitglieder des Betriebsrats wäre demnach keine Sitzung des Betriebsrats, sondern allenfalls ein nach dem BetrVG **unbeachtliches** Zusammentreffen von Betriebsratsmitgliedern.

***BAG** 23.8.1984 – 6 AZR 520/82*

Ein Selbstversammlungsrecht des Betriebsrats ist jedenfalls vor der Konstituierung betriebsverfassungsrechtlich ausgeschlossen. Das BetrVG hat die Einberufung der Mitglieder des Betriebsrats zu der nach § 26 BetrVG vorgeschriebenen Wahl in § 29 Abs. 1 Satz 1 BetrVG dem Wahlvorstand als Verpflichtung auferlegt. Dies ist eine Sonderregelung gegenüber Bestimmungen im parlamentarischen Recht oder im bürgerlichen Verbandsrecht. Ist aber der Wahlvorstand nach § 29 Abs. 1 Satz 1 BetrVG verpflichtet, die Mitglieder des Betriebsrats einzuberufen, kann es daneben keine Befugnis zur Selbstversammlung geben.

***BAG** 23.8.1984- 6 AZR 520/82*

Der **kollektive Betriebsratsrücktritt** (§ 13 Abs. 2 Nr. 4 BetrVG) begründet die Pflicht des Betriebsrats, unverzüglich den Wahlvorstand für die Durchführung der Neuwahl des Betriebsrats zu bestellen. Bis zur Bekanntgabe des Wahlergebnisses des neu gewählten Betriebsrats bleibt er im Amt.

***BAG** 29.9.1988 – 2 AZR 107/88*

Ein Betriebsratsmitglied kann eine unter rechtswidrigem Druck zustande gekommene Amtsniederlegungserklärung nach allgemeinen Grundsätzen (§ 123 Abs. 1 BGB) gegenüber dem Betriebsrat wirksam anfechten. Dies gilt jedenfalls, wenn bis zum Zugang der Anfechtungserklärung der Betriebsrat als Erklärungsempfänger noch keine Beschlüsse unter Berücksichtigung der Rücktrittserklärung – etwa unter Zuziehung eines Ersatzmitglieds – gefasst hat.

***Hessisches LAG** 8.10.1992 – 12 TaBV 21/92 = AuR 1993, 374*

Die Vorschrift des § 22 BetrVG ordnet eine Weiterführung der Betriebsratsgeschäfte nur für die Fälle des § 13 Abs. 2 Nr. 1 bis 3 BetrVG an, nicht aber für die in § 13 Abs. 2 Nr. 4 und 5 BetrVG angesprochenen Fälle der erfolgreichen Anfechtung der Betriebsratswahl und der Auflösung des Betriebsrats durch eine gerichtliche Entscheidung.

Für diese Fälle hat der Gesetzgeber von einer die Weiterführung der Geschäfte ermöglichenden Übergangsregelung abgesehen. Ein nach § 23 Abs. 1 BetrVG wegen grober Verletzung seiner gesetzlichen Pflichten aufgelöster Betriebsrat soll auch nicht nur vorübergehend weiter amtieren dürfen. Vielmehr wird der Betrieb in diesen Fällen mit der Rechtskraft der gerichtlichen Entscheidung betriebsratslos.

Diese Wirkung kann der Betriebsrat nicht dadurch verhindern, dass er vor der Rechtskraft der gerichtlichen Entscheidung seinen Rücktritt beschließt. Der zurückgetretene Betriebsrat verliert mit der Rechtskraft der gerichtlichen Entscheidung seine Befugnis zur Weiterführung der Betriebsratsgeschäfte.

***BAG** 29.5.1991 – 7 ABR 54/90*

Ist bereits ein nach § 13 Abs. 1 BetrVG gewählter Betriebsrat im Betrieb vorhanden, kann die Amtsausübungsbefugnis des neu gewählten Betriebsrats sofort mit Beginn der Amtszeit durch rechtzeitige Wahl und dadurch begründet werden, dass die konstituierende Sitzung nach Bekanntgabe des Wahlergebnisses, aber noch vor Beginn der Amtszeit durchgeführt wird.

War der Betriebsrat nach § 13 Abs. 2 und 3 BetrVG außerhalb der regelmäßigen Betriebsratswahlen gewählt, so hängt die Zeitdauer zwischen Amtszeitbeginn und Konstituierung für den danach gewählten Betriebsrat (vgl. dazu § 21 BetrVG) allein vom Wahlvorstand ab. Die Wochenfrist nach § 29 Abs. 1 BetrVG bedeutet nicht, dass nicht etwa zugleich mit Bekanntgabe des Wahlergebnisses kurzfristig auch zur Wahl nach § 26 BetrVG geladen werden könnte. Fristen hierfür bestehen nicht (vgl. § 29 Abs. 1 Satz 1 BetrVG). Im Übrigen führt der bisherige Betriebsrat in den Fällen des § 13 Abs. 2 Nrn. 1 bis 3 BetrVG die Geschäfte bis zur Bekanntgabe des Wahlergebnisses des neu gewählten Betriebsrats weiter (§ 22 BetrVG).

***BAG** 23.8.1984 – 6 AZR 520/82*

Nach § 14 Abs. 1 Satz 1 TzBfG ist die Befristung eines Arbeitsvertrags zulässig, wenn sie durch einen sachlichen Grund gerechtfertigt ist. Die Aufzählung möglicher Sachgründe in § 14 Abs. 1 Satz 2 Nr. 1 bis 8 TzBfG ist nicht abschließend, wie sich aus dem Wort „insbesondere" ergibt. Allerdings können sonstige, in § 14 Abs. 1 Satz 2 Nr. 1 bis 8 TzBfG nicht genannte Sachgründe die Befristung eines Arbeitsvertrags nur dann rechtfertigen, wenn sie den in § 14 Abs. 1 TzBfG zum Ausdruck kommenden Wertungsmaßstäben entsprechen und den in dem Sachgrundkatalog des § 14 Abs. 1 Satz 2 Nr. 1 bis 8 TzBfG genannten Sachgründen von ihrem Gewicht her gleichwertig sind.

Die personelle Kontinuität der Betriebsratstätigkeit kann als sonstiger Sachgrund für die befristete Verlängerung eines auslaufenden Arbeitsverhältnisses eines Betriebsratsmitglieds nach § 14 Abs. 1 Satz 1 TzBfG in Betracht kommen. Dies setzt voraus, dass die Befristung geeignet und erforderlich ist, um die personelle Kontinuität des Betriebsrats zu wahren. Diesem Anliegen wird im Regelfall nur dann entsprochen, wenn sich die Laufzeit des Vertrags auf die Dauer der noch verbleibenden gesetzlichen Amtszeit des Betriebsrats erstreckt. Ist sie kürzer bemessen, führt sie ebenso zur personellen Diskontinuität des Betriebsrats wie die zuvor vereinbarte Befristung. In einem solchen Fall bedarf es besonderer Umstände, aus denen sich ergibt, dass die Befristung gleichwohl zur Wahrung der personellen Kontinuität des Betriebsrats geeignet und erforderlich ist.

***BAG** 20.1.2016 – 7 AZR 340/14*

2. Übergangs- und Restmandate des Betriebsrats

2.1. Übergangs- und Restmandate des Betriebsrats

Hinweis für die Praxis:

Bereits vor Geltung der §§ 21a, 21b BetrVG (Übergangs- und Restmandate des Betriebsrats) erkannte die Rechtsprechung ein Restmandat des Betriebsrats vor allem in Fällen der Betriebsstilllegung an. Die Befugnisse aus Übergangsmandaten wurden dem Betriebsrat dagegen von der Rechtsprechung nur in Ausnahmefällen in Fällen der Zusammenlegung und Spaltung von Betrieben zuerkannt.

*Mit der Neuregelung der §§ 21a, 21b BetrVG ist sowohl das Übergangsmandat als auch das Restmandat gesetzlich anerkannt. Die unter Ziffer 2.1 nachfolgende ältere Rechtsprechung dient lediglich der Auslegungshilfe des neuen § 21b BetrVG bei der Frage zum **Inhalt** des Restmandats, über den das Gesetz keine Regelung enthält.*

Der unstreitige Verlust der Beteiligtenfähigkeit in einem arbeitsgerichtlichen Beschlussverfahren führt zur Unzulässigkeit eines Rechtsmittels. Ist hingegen die Beteiligtenfähigkeit streitig, wird sie hinsichtlich der Zulässigkeit des Rechtsmittels unterstellt.

Einem Feststellungsantrag fehlt das nach § 256 Abs. 1 ZPO erforderliche Feststellungsinteresse, wenn durch die Entscheidung kein Rechtsfrieden geschaffen wird. Die Rechtskraft muss weitere gerichtliche Auseinandersetzungen über die zwischen den Beteiligten strittigen Fragen um denselben Fragenkomplex ausschließen.

Ein Feststellungsinteresse besteht nicht für einen Antrag, mit dem allein festgestellt werden soll, dass das Amt eines Betriebsrats zur Wahrnehmung eines Restmandats fortbesteht. Dies ist eine Vorfrage, die im Rahmen eines Rechtsstreits über das Bestehen eines im Rahmen eines Restmandats wahrzunehmenden Mitbestimmungsrechts zu klären ist.

***BAG** 27.5.2015 – 7 ABR 20/13*

Der Betriebsrat behält das ihm durch Wahl übertragene Vollmandat zur Vertretung der dem Betrieb zugehörigen Arbeitnehmer und zur Wahrung seiner betriebsverfassungsrechtlichen Aufgaben, wenn der Betrieb als Ganzer gemäß § 613a BGB durch Rechtsgeschäft auf einen anderen Arbeitgeber übergeht.

Widerspricht in einem solchen Fall der Arbeitnehmer wirksam dem Übergang seines Arbeitsverhältnisses (§ 613a Abs. 6 BGB), endet seine Zugehörigkeit zu dem auf den Erwerber übergegangenen Betrieb. Eine nach Betriebsübergang durch den Betriebsveräußerer erklärte Kündigung des Arbeitsverhältnisses bedarf nicht der Anhörung des im übergegangenen Betrieb fortbestehenden Betriebsrats (§ 102 BetrVG). Dieser besitzt insoweit weder ein Übergangsmandat (§ 21a BetrVG) noch ein Restmandat (§ 21b BetrVG).

***BAG** 8.5.2014 – 2 AZR 1005/12*

Das Restmandat ist von dem Betriebsrat auszuüben, der bei Beendigung des Vollmandats im Amt war. Waren es zu diesem Zeitpunkt bereits weniger Mitglieder als in § 9 BetrVG vorgesehen, so steht diesen verbliebenen Mitgliedern das Restmandat zu.

Die das Restmandat ausübenden Betriebsratsmitglieder können ihr Amt niederlegen. Besteht der Betriebsrat nur noch aus einem Mitglied und ist eine Belegschaft nicht mehr vorhanden, so kann die Amtsniederlegung gegenüber dem Arbeitgeber erklärt werden.

Die rechtliche Existenz des Betriebsrats erlischt mit dem Ende seiner Amtszeit. Vor Ablauf der regelmäßigen, vierjährigen Amtszeit endet die Amtszeit u. a. auch, wenn alle Mitglieder und Ersatzmitglieder aus ihrem Amt ausgeschieden sind. Mit dem Amtsverlust des letzten Betriebsratsmitglieds ist die Amtszeit des Betriebsrats beendet. Eine Weiterführung der Geschäfte bis zur Neuwahl eines Betriebsrats kommt hier anders als im Falle des Rücktritts des ganzen Betriebsrats nicht in Betracht) BAG 27.8.1996 –-3 ABR 21/95).

Einigkeit besteht darüber, dass der Betriebsrat zur Wahrnehmung seiner Beteiligungsrechte anlässlich der Betriebsstilllegung ein Restmandat behält (BAG 16.6.1987 – 1 AZR 528/85; BAG 23.11.1988 – 7 AZR 121/88; BAG 1.4.1998 – 10 ABR 17/97).

Das Restmandat ist funktional bezogen auf alle im Zusammenhang mit der Stilllegung sich ergebenden betriebsverfassungsrechtlichen Mitbestimmungs- und Mitwirkungsrechte (BAG 28.10.1992 – 10 ABR 75/91). Dazu gehören z. B. der Abschluss eines Sozialplans gemäß § 112 BetrVG (BAG 1.4.1996 – 10 ABR 17/97) und die betriebsverfassungsrechtlichen Aufgaben, die sich daraus ergeben, dass trotz tatsächlicher Stilllegung des Betriebs noch nicht alle Arbeitsverhältnisse rechtlich beendet sind und einzelne Arbeitnehmer mit Abwicklungsarbeiten beschäftigt werden (BAG 23.11.1988 – 7 AZR 121/88; BAG 14.10.1982 – 2 AZR 568/80).

Das Restmandat ist von dem Betriebsrat auszuüben, der bei Beendigung des Vollmandats im Amt war. Maßgeblich für Größe und Zusammensetzung des das Restmandat ausübenden Betriebsrats ist also der Zeitpunkt, zu dem das originäre Mandat endet und an seine Stelle das Restmandat tritt. War zu diesem Zeitpunkt die Mitgliederzahl aufgrund des früheren Ausscheidens von Mitgliedern sowie des Fehlens von Ersatzmitgliedern, die noch hätten nachrücken können, bereits unter die in § 9 BetrVG vorgeschriebene Mitgliederzahl gesunken, so führten die verbliebenen Mitglieder die Geschäfte gemäß § 22, § 13 Abs. 2 Nr. 2 BetrVG weiter. Diesen noch verbliebenen Mitgliedern steht bei Entstehung des Restmandats dessen Ausübung zu. In einem solchen Fall ist der das Restmandat ausübende Betriebsrat nicht durch Rückgriff auf bereits früher ausgeschiedene Mitglieder auf die in § 9 BetrVG vorgesehene Größe „aufzustocken“. Das Restmandat ist eine Fortsetzung des originären Mandats. Dagegen lebt ein bereits früher erloschenes Mandat nicht wieder als Restmandat auf.

Das Restmandat besteht, solange noch ein mindestens 1-köpfiger „Betriebsrat“ existiert, der willens ist, das Restmandat wahrzunehmen und im Zusammenhang mit der Betriebsstilllegung noch Verhandlungsgegenstände offen sind (BAG 24.3.1981 – 1 AZR 805/78; BAG 23.11.1988 – 7 AZR 121/88).

Die das Restmandat ausübenden Betriebsratsmitglieder sind nicht gehindert, ihr Amt niederzulegen. Nach § 24 Abs. 1 Nr. 2 BetrVG kann ein Betriebsratsmitglied sein Betriebsratsamt jederzeit niederlegen. Deshalb kann auch das ein Restmandat ausübende Betriebsratsmitglied nicht gezwungen werden, dieses gegen seinen Willen fortzuführen. Die Amtsniederlegung erfolgt grundsätzlich gegenüber dem Betriebsrat bzw. dessen Vorsitzenden durch empfangsbedürftige Willenserklärung. Nach allgemeiner Auffassung ist grundsätzlich eine Erklärung gegenüber dem Arbeitgeber unbeachtlich. Besteht aber der Betriebsrat nur aus einem – noch verbliebenen – Mitglied, so genügt es, wenn dieses die Amtsniederlegung eindeutig verlautbart. Dabei ist eine Verlautbarung gegenüber dem Arbeitgeber jedenfalls dann ausreichend, wenn eine Belegschaft, die als Adressat der Erklärung allenfalls in Betracht käme, tatsächlich nicht mehr vorhanden ist.

***BAG** 12.1.2000 – 7 ABR 61/98 = BB 2000, 1088*

Bei einer Teilbetriebsschließung kommt ein Restmandat nicht in Betracht, wenn der Restbetrieb betriebsratsfähig bleibt und zumindest noch ein Betriebsratsmitglied oder ein aufrückendes Ersatzmitglied im Restbetrieb als Arbeitnehmer verbleibt.

Dies gilt auch dann, wenn die verbleibenden Betriebs- oder Ersatzmitglieder in Betriebsteilen beschäftigt waren, die nach § 4 BetrVG als selbständige Betriebe gelten, jedoch in einer nicht nichtigen und nur anfechtbaren, aber nicht angefochtenen Wahl ein einziger Betriebsrat für den Hauptbetrieb und für die Betriebsteile gewählt wurde.

***ArbG** Berlin 17.3.2004 – 7 BV 3860/04 = NZA-RR 2005, 80*

Der Betriebsrat eines stillgelegten Betriebs ist nicht im Rahmen seines Restmandats nach § 99 Abs. 1 Satz 1, § 95 Abs. 3 Satz 1 BetrVG zu beteiligen, wenn der Arbeitgeber einem Arbeitnehmer nach der vollständigen Stilllegung des Betriebs eine Tätigkeit in einem anderen Betrieb des Unternehmens zuweist.

***BAG** 08.12.2009 – 1 ABR 41/09*

Spaltet der Arbeitgeber seinen Betrieb, in dem ein Betriebsrat gewählt ist, in zwei Betriebe auf, die anschließend identitätswahrend auf andere Gesellschaften i.S.v. § 613a BGB übergehen, und widersprechen einzelne Arbeitnehmer dem Übergang ihres Arbeitsverhältnisses, ist zu ihrer beabsichtigten Kündigung durch den Veräußerer regelmäßig kein Betriebsrat anzuhören. Die beim Veräußerer verbleibenden Arbeitnehmer gehören aufgrund ihres Widerspruchs keinem Betrieb mehr an, für den übergangsweise ein vollmandatierter Betriebsrat i.S.v. § 21a BetrVG bestünde. Der vor der Betriebsaufspaltung amtierende Betriebsrat muss in der Regel auch nicht kraft eines Restmandats gemäß § 21 b BetrVG beteiligt werden.

***BAG** 24.9.2015 – 2 AZR 562/14*

Eine Betriebsspaltung führt zu einem Restmandat des Betriebsrats i.S.d. § 21b BetrVG, wenn der Ursprungsbetrieb aufgrund der Spaltung unter Verlust seiner Identität aufgelöst wird. Eine Spaltung in diesem Sinne liegt nicht vor, wenn sich eine betriebliche Umstrukturierung darin erschöpft, die betriebliche Tätigkeit eines Betriebsteils zu beenden und der (Rest-)Betrieb seine Identität behält und funktionsfähig bleibt. Das gilt auch in Fällen des Betriebsübergangs. Bleibt im Zusammenhang mit einer Einzelrechtsnachfolge i.S.v. § 613a BGB die Identität des übertragenen (Rest-)Betriebs erhalten, behält der Betriebsrat das ihm durch die Wahl vermittelte Mandat. Für ein Restmandat i.S.v. § 21b BetrVG ist dann kein Raum. (Orientierungssatz des Gerichts)

Die Erklärung des Widerspruchs nach § 613a Abs. 6 BGB ist für sich genommen kein Vorgang, an den ein Restmandat des Betriebsrats anknüpfen könnte. Sie stellt, sei es als Akt eines Einzelnen, sei es als kollektiver Akt einer Mehrzahl von Arbeitnehmern schon deshalb keine Stilllegung, Spaltung oder Zusammenlegung eines Betriebs i.S.v. § 21b BetrVG dar, weil es sich nicht um eine Entscheidung des Arbeitgebers handelt. Arbeitnehmer können keine Betriebe stilllegen, spalten oder zusammenlegen. (Orientierungssatz des Gerichts)

Hinweis für die Praxis:

*Für das Restmandat des Betriebsrats gilt es zu beachten: Das Restmandat ist kein Vollmandat, sondern lediglich ein nachwirkendes Teilmandat. Besteht einer der in § 21b BetrVG aufgeführten Tatbestände, so soll es gewährleisten, dass die zur Abwicklung nötigen betrieblichen Regelungen noch getroffen werden können. Es setzt daher einen funktionalen Bezug zu den durch die Stilllegung, Spaltung oder Zusammenlegung **ausgelösten Aufgaben des Betriebsrats** voraus. § 21b BetrVG begründet kein allgemeines Mandat für alle im Zeitpunkt der betrieblichen Umstrukturierung noch nicht erledigten Betriebsratsaufgaben. Aufgaben, die erst nach einer Betriebsspaltung in den durch sie geschaffenen neuen Einheiten anfallen, können allenfalls Gegenstand eines Übergangsmandats, nicht aber eines Restmandats sein.*

***BAG** 24.5.2012 – 2 AZR 62/11*

2.2. §§ 21 a + b BetrVG

Das Restmandat des Betriebsrats nach § 21b BetrVG setzt einen funktionalen Bezug zu den durch die Stilllegung, Spaltung oder Zusammenlegung eines Betriebs ausgelösten Aufgaben voraus.

Ein funktionaler Bezug folgt nicht aus einer vorangegangenen Verletzung eines Mitbestimmungsrechts des Betriebsrats. Das Restmandat dient nicht der Sanktion eines betriebsverfassungswidrigen Verhaltens des Arbeitgebers.

***BAG** 11.10.2016 – 1 ABR 51/14*

Die Mitglieder des Betriebsrats verlieren ihre Wählbarkeit bei einer Betriebsstilllegung, die zur Einstellung der werbenden Tätigkeit des Betriebs und die Beendigung der Arbeitsverhältnisse aller betriebszugehöriger Arbeitnehmer führt: Damit endet ihr Vollmandat.

Das Restmandat eines Betriebsrats setzt einen die Stilllegung eines Betriebs überdauernden Regelungsbedarf voraus. Fehlt es daran, endet mit der tatsächlichen Stilllegung des Betriebs und der darauf bezogenen Beendigung auch der Arbeitsverhältnisse der Betriebsratsmitglieder das betriebsverfassungsrechtliche Rechtsverhältnis.

***BAG** 14.8.2001 – 1 ABR 52/00 = NZA 2002, 109*

Wird ein (kleiner) Betrieb unter Verlust seiner Identität in einen (größeren) Betrieb eingegliedert, so verliert der im aufgenommenen Betrieb gebildete Betriebsrat sein Amt, wenn auch im aufnehmenden Betrieb ein Betriebsrat gebildet ist; ihm verbleibt auch kein Übergangsmandat (§ 21 a Abs. 2 i. V. m. § 21 a Abs. 1 Satz 1 letzter Halbsatz BetrVG).

Der Betriebsrat des aufnehmenden Betriebs wird in diesem Fall gemäß § 83 Abs. 3 ArbGG ipso iure Beteiligter eines vom Betriebsrat des aufgenommenen Betriebs eingeleiteten Beschlussverfahrens; der Vornahme besonderer Prozesshandlungen bedarf es dafür nicht.

***BAG** 21.1.2003 – 1 ABR 9/02*

Ein Übergangsmandat des Betriebsrats des aufnehmenden Betriebes bei einer Betriebszusammenfassung entsteht nicht, wenn der aufgenommene Betrieb in den aufnehmenden eingegliedert wird (§ 21 a Abs. 1 und 2 BetrVG). Anders ist der Fall zu beurteilen, wenn bei einer Betriebszusammenfassung keine Eingliederung des einen in den anderen Betrieb stattfindet. Denn dann entsteht ein Übergangsmandat (§ 21 a Abs. 2 BetrVG); es finden Neuwahlen statt.

***Hessisches LAG** 6.5.2004 – 9 TaBVGa 61/04 = LAG Report 1004, 379*

Mitglieder eines Betriebsrats im Restmandat können vom Arbeitgeber keine Vergütung für die mit ihrer Betriebsratstätigkeit verbundenen Freizeitopfer verlangen.

Nach § 21b BetrVG bleibt ein Betriebsrat u. a. im Falle der Stilllegung des Betriebs so lange im Amt, wie dies zur Wahrnehmung der damit in Zusammenhang stehenden Mitwirkungs- und Mitbestimmungsrechte – etwa beim Abschluss eines Sozialplans – erforderlich ist. Das Restmandat ist von den Betriebsratsmitgliedern wahrzunehmen, die zum Zeitpunkt des Untergangs des Betriebs in einem Arbeitsverhältnis zu dem Arbeitgeber standen. Nach der Begründung des Restmandats endet die Mitgliedschaft im Betriebsrat – anders als nach § 24 Nr. 3 BetrVG diejenige im Vollmandat – nicht mehr durch die Beendigung des Arbeitsverhältnisses. Dies gilt auch, wenn das Ende des Arbeitsverhältnisses keine Folge der Betriebsstilllegung ist.

Nach § 37 Abs. 1 BetrVG führen die Mitglieder des Betriebsrats ihr Amt unentgeltlich als Ehrenamt. Sie sind allerdings nach § 37 Abs. 2 BetrVG im erforderlichen Umfang ohne Minderung des Arbeitsentgelts von ihrer beruflichen Tätigkeit zu befreien. Nach § 37 Abs. 3 Satz 1 BetrVG hat ein Betriebsratsmitglied Anspruch auf entsprechende bezahlte Arbeitsbefreiung, wenn er Betriebsratstätigkeit aus betriebsbedingten Gründen außerhalb der Arbeitszeit durchzuführen hat. Wenn der Freizeitausgleich innerhalb eines Monats aus betriebsbedingten Gründen nicht möglich ist, muss der Arbeitgeber die aufgewendete Zeit gemäß § 37 Abs. 3 Satz 3 BetrVG wie Mehrarbeit vergüten. Ist das Arbeitsverhältnis des Mitglieds eines restmandatierten Betriebsrats beendet, kommt eine Befreiung von der dem Arbeitgeber geschuldeten Arbeitsleistung oder ein Freizeitausgleich nicht mehr in Betracht. Das Betriebsratsmitglied kann in diesem Fall auch keine Vergütung für das mit der Betriebsratstätigkeit verbundene Freizeitopfer verlangen. Dies widerspräche dem Ehrenamtsprinzip.

Hinweis für die Praxis:

Das BAG musste nicht entscheiden, ob Mitglieder eines restmandatierten Betriebsrats einen Ausgleich für Vermögensopfer verlangen können, die dadurch entstehen, dass sie sich von einem neuen Arbeitgeber unbezahlt für Tätigkeiten im restmandatierten Betriebsrat des alten Betriebs freistellen lassen.

***BAG** 5.5.2010 – 7 AZR 728/08*

3. Weiterführung der Geschäfte des Betriebsrats (§ 22 BetrVG)

Der Betriebsrat leitet seine Legitimation nicht von der jeweiligen Betriebs- oder Unternehmensleitung her, sondern von der Belegschaft; er wird für den Betrieb bzw. das Unternehmen als solches gewählt. Deshalb kommt es für den Fortbestand des Betriebsratsamtes nur darauf an, ob im Falle eines **Betriebsinhaberwechsels** oder einer **Unternehmensneuorganisation die Belegschaft** in der Zusammensetzung, in der sie durch die Betriebsratswahl ihren Willen bekundet hat, im Wesentlichen dieselbe geblieben, und dass **die Identität des Betriebs gewahrt ist**.

Nach dem **Rücktritt einzelner Betriebsratsmitglieder** führt der „Rumpfbetriebsrat" die Betriebsratsgeschäfte weiter (§ 22 BetrVG), und zwar auch dann, wenn es zu einer Neuwahl wegen fehlender Wahlvorschläge der Belegschaft nicht kommt. Aus § 21 BetrVG, insbesondere dessen Satz 5, wonach die Amtszeit des Betriebsrats im Falle einer gemäß § 13 Abs. 2 Nr. 2 BetrVG erforderlichen Neuwahl mit der Bekanntgabe des Wahlergebnisses endet, ergibt sich im Wege des Umkehrschlusses, dass dann, wenn die Neuwahl unterbleibt, es eben beim regelmäßigen Ablauf der Amtszeit verbleibt.

Zur Weiterführung der Geschäfte nach § 22 BetrVG gehört auch die Wahrnehmung aller Mitwirkungs- und Mitbestimmungsrechte u.a. der §§ 102, 103 BetrVG.

Notfalls kann auch ein **einziges Betriebsratsmitglied** die Geschäfte des Betriebsrats nach § 22 BetrVG fortführen; ein Kollegium wird hierfür nicht vom Gesetz vorausgesetzt.

***LAG** Düsseldorf/Köln 20.9.1974 – 16 Sa 24/74 = DB 1975, 454*

§ 22 BetrVG ist entsprechend anzuwenden, wenn ein Betriebsrat für die Dauer der Äußerungsfrist des § 102 Abs. 2 BetrVG beschlussunfähig i.S.d. § 33 Abs. 2 BetrVG ist, weil in dieser Zeit mehr als die Hälfte der Betriebsratsmitglieder an der Amtsausübung verhindert ist und nicht durch Ersatzmitglieder vertreten werden kann.

***BAG** 18.8.1982 – 7 AZR 437/80*

Der Betriebsrat bleibt in entsprechender Anwendung von § 22 BetrVG, § 49 Abs. 2 BGB auch nach dem Ende seiner Amtszeit befugt, noch nicht erfüllte Kostenerstattungsansprüche gegen den Arbeitgeber weiter zu verfolgen und an den Gläubiger abzutreten.

***BAG** 24.10.2001 – 7 ABR 20/00 = NZA 2003, 53*

Tritt der Betriebsrat zurück, führt er gemäß § 22, § 13 Abs. 1 Nr. 3 BetrVG die Geschäfte zunächst weiter. Diese **Geschäftsführungsbefugnis** ist umfassend und schließt insbesondere die Wahrnehmung sämtlicher Mitwirkungs- und Mitbestimmungsrechte sowie den Abschluss von Betriebsvereinbarungen ein.

Demgegenüber entzieht die **erfolgreiche Wahlanfechtung** dem Betriebsrat die Grundlage für jedes weitere Tätigwerden und lässt die Geschäftsbefugnis nach § 22 BetrVG entfallen. Diesen unterschiedlichen Rechtsfolgen entspricht der Zweck des § 22 BetrVG, den zurückgetretenen Betriebsrat gegenüber dem aus nichtiger oder angefochtener Wahl hervorgegangenen oder des Amts enthobenen Betriebsrats zu privilegieren.

Es liefe daher auf eine Umgehung der Gesetzesnorm hinaus, wenn sich der anfechtbar gewählte Betriebsrat durch Rücktritt der gerichtlichen Entscheidung entziehen und sich die Geschäftsführungsbefugnis nach § 22 BetrVG sichern könnte.

***LAG** Düsseldorf 16.10.1986 – 17 TaBV 84/86 = DB 1987, 177*

Endet aufgrund einer Neuwahl das Amt eines Betriebsrats, wird nach dem Prinzip der Funktionsnachfolge und dem Grundgedanken der Kontinuität betriebsverfassungsrechtlicher Interessenvertretungen der neu gewählte Betriebsrat Funktionsnachfolger seines Vorgängers und tritt in dessen Beteiligtenstellung in einem arbeitsgerichtlichen Beschlussverfahren ein. Dies gilt sowohl im Fall der gesetzlichen als auch bei einer nach § 3 Abs. 1 Nr. 1 bis Nr. 3 BetrVG gewillkürten Betriebsverfassungsstruktur. Voraussetzung für eine Funktionsnachfolge ist allerdings, dass die vor und nach der Änderung von den Betriebsräten jeweils repräsentierten

Ein aufgrund eines Zuordnungstarifvertrags nach § 3 Abs. 1 Nr. 1 bis Nr. 3 BetrVG beim Arbeitgeber errichteter regionaler Betriebsrat ist Funktionsnachfolger des auf der Grundlage eines vorherigen Zuordnungstarifvertrags gewählten Betriebsrats, wenn die vor und nach der tariflichen Änderung von den Betriebsräten jeweils repräsentierten organisatorischen Einheiten zuverlässig voneinander abgegrenzt werden können (Rn. 13).

***BAG** 9.4.2019 – 1 ABR 30/17*

4. Erlöschen der Mitgliedschaft (§ 24 BetrVG)

Die **Amtsniederlegung** eines Betriebsratsmitglieds kann nur durch Erklärung gegenüber dem Betriebsratsvorsitzenden, nicht gegenüber dem Arbeitgeber wirksam erfolgen.

***ArbG** Celle 25.10.1979 – 1 BV 19/79*

Der Arbeitgeber hat das Mitbestimmungsverfahren bei Kündigung gemäß § 102 BetrVG selbst dann einzuleiten, wenn ihm die Betriebsratsmitglieder zuvor erklärt haben, dass sie ihr Betriebsratsamt niedergelegt hätten.

Durch eine Erklärung gegenüber dem Arbeitgeber kann das Betriebsratsamt nicht wirksam i.S.d. § 24 Abs. 1 Nr. 2 BetrVG niedergelegt werden.

***LAG** Baden-Württemberg 30.5.1994 – 16 Sa 22/94*

Ein Betriebsratsmitglied kann eine unter rechtswidrigem Druck zustande gekommene Amtsniederlegungserklärung nach allgemeinen Grundsätzen (§ 123 Abs. 1 BGB) gegenüber dem Betriebsrat wirksam anfechten. Dies gilt jedenfalls, wenn bis zum Zugang der Anfechtungserklärung der Betriebsrat als Erklärungsempfänger noch keine Beschlüsse unter Berücksichtigung der Rücktrittserklärung – etwa unter Zuziehung eines Ersatzmitglieds – gefasst hat.

***Hessisches LAG** 8.10.1992 – 12 TaBV 21/92 = AuR 1993, 374*

Die Stellung eines Antrags nach § 24 Abs. 1 Nr. 6 BetrVG auf **Feststellung der Nichtwählbarkeit** ist nicht von der Einhaltung einer bestimmten Frist abhängig.

***BAG** 11.3.1975 – 1 ABR 77/74*

Antragsberechtigt nach § 24 Abs. 1 Nr. 6 BetrVG ist nur, wer auch zur Anfechtung der Wahl des Betriebsrats berechtigt wäre.

***BAG** 28.11.1977 – 1 ABR 36/76*

Versetzt der Arbeitgeber – nach dem Arbeitsvertrag zulässig – mit Zustimmung des aufnehmenden Betriebs wegen endgültiger Schließung der Betriebsabteilung, in der das freigestellte Betriebsratsmitglied ursprünglich seinen Arbeitsplatz hatte, diesen in einen anderen Betrieb, so ist mit der Versetzung auch automatisch das Betriebsratsamt erloschen, so dass kein Zutrittsrecht zum ursprünglichen Betrieb mehr besteht. Das Betriebsratsamt ist ein Ehrenamt, das daran gekoppelt ist, dass der Amtsträger Mitglied der Belegschaft ist, für die er das Amt ausübt.

***LAG** Hamm 11.1.1989 – 3 TaBV 86/88 = DB 1989, 1732*

Ist ein Betriebsratsmitglied für längere Zeit arbeitsunfähig erkrankt und verzichtet der Arbeitgeber auf sein Direktionsrecht mit der Folge, dass der Arbeitnehmer Berufsunfähigkeitsrente beziehen kann, so führt dies nicht zu einem dauerhaften Ruhen des Arbeitsverhältnisses mit der Folge, dass ein Betriebsratsmitglied seine Arbeitnehmereigenschaft und die Wählbarkeit verlieren würde. Das Betriebsratsmitglied behält vielmehr seinen Kündigungsschutz.

***LAG** Niedersachsen 8.2.1994 – 11 Sa 1945/93 (Az.: **BAG** 2 AZR 492/94)*

Die Inanspruchnahme von Erziehungsurlaub nach dem Wahltag führt nicht zum Verlust der Wählbarkeit und zum Erlöschen der Mitgliedschaft im Personalrat nach § 29 Abs. 1 Nr. 5 BPersVG.

***VGH** Mannheim 26.9.1995 – PB 15 S 1138/95*

Gemäß § 24 Abs. 1 Nr. 3 BetrVG endet die Mitgliedschaft im Betriebsrat durch Beendigung des Arbeitsverhältnisses. Damit setzt das geltend gemachte Zutrittsrecht eines Mitgliedes des Betriebsrats grundsätzlich den Bestand eines Arbeitsverhältnisses voraus. Daran fehlt es regelmäßig, wenn kollektivrechtlich für die Beendigung des Arbeitsverhältnisses die Altersgrenze der Vollendung des 65. Lebensjahres gilt; die Unwirksamkeitsfolge des § 41 Abs. 4 Satz 3 SGB VI RRG 1992 für einzelvertragliche Vereinbarungen ist nämlich gem. § 41 Abs. 1 SGB IV und der zum 1.1.2000 geltenden Fassung für diejenigen Fälle beseitigt, in denen der Arbeitnehmer nach In-Kraft-Treten der Neuregelung das 65. Lebensjahr vollendet hat).

Während eines Rechtsstreits über den Fortbestand eines Arbeitsverhältnisses ist grundsätzlich wegen der damit verbundenen Ungewissheit über das Erlöschen des Betriebsratsamts eine im Wege der einstweiligen Verfügung zuzuerkennende Fortführung des Amtes durch Einräumung des Zutrittsrechts beim Unternehmen nicht zulässig.

Im Wege einer einstweiligen Verfügung kann das Zugangsrecht nur dann zuerkannt werden, wenn entweder durch eine – ggf. auch noch nicht rechtskräftige – gerichtliche Entscheidung der Fortbestand des Arbeitsverhältnisses bzw. ein Anspruch auf Weiterbeschäftigung zuerkannt ist oder tatsächliche Umstände glaubhaft gemacht sind, die den Fortbestand des Arbeitsverhältnisses aufdrängen, oder schließlich sich die vom Arbeitgeber in Anspruch genommene Beendigung des Arbeitsverhältnisses als offenkundig rechtsfehlerhaft erweist.

***LAG** Köln 12.12.2001 – 8 TaBV 72/01*

5. Ersatzmitglieder (§ 25 BetrVG)

5.1. Verhinderung aus rechtlichen oder tatsächlichen Gründen

Wird einem ordentlichen Betriebsratsmitglied Erholungsurlaub bewilligt, führt dies nicht nur zum Ruhen seiner Verpflichtung zur Arbeitsleistung, sondern zugleich zur Suspendierung seiner Amtspflichten. Dem Betriebsratsmitglied wird während seines Erholungsurlaubs die Verrichtung seiner Amtspflichten zwar nicht ohne Weiteres objektiv unmöglich, grundsätzlich aber unzumutbar. Das Betriebsratsmitglied gilt im Fall des Erholungsurlaubs jedenfalls so lange als zeitweilig verhindert i.S.v. § 25 Abs. 1 Satz 2 BetrVG, wie es nicht seine Bereitschaft, während des Urlaubs Betriebsratstätigkeiten zu verrichten, positiv anzeigt.

Ersatzmitglieder vertreten ordentliche Mitglieder des Betriebsrats nicht nur in einzelnen Amtsgeschäften. Sie rücken gemäß § 25 Abs. 1 Satz 2 BetrVG für die Dauer der Verhinderung eines Betriebsratsmitglieds in den Betriebsrat nach. Der Eintritt des Ersatzmitglieds vollzieht sich automatisch mit Beginn des Verhinderungsfalls. Er hängt nicht davon ab, dass die Verhinderung des ordentlichen Mitglieds dem Ersatzmitglied bekannt ist.

Während der Vertretungszeit und für deren Dauer steht dem Ersatzmitglied der – volle – Sonderkündigungsschutz aus § 15 Abs. 1 Satz 1 KSchG zu. Dieser Schutz ist regelmäßig nicht auf Zeiten beschränkt, in denen Betriebsratstätigkeit tatsächlich anfällt. Er scheitert jedenfalls dann nicht an der Kurzzeitigkeit einer Verhinderung, wenn dem ordentlichen Betriebsratsmitglied für die Dauer eines Arbeitstags Erholungsurlaub bewilligt worden ist und dieses nicht von vornherein seine Bereitschaft erklärt hatte, trotz des Urlaubs Betriebsratsaufgaben wahrzunehmen.

Der sich daraus ergebenden Gefahr eines Rechtsmissbrauchs zu Gunsten des Ersatzmitglieds kann mit Hilfe von § 242 BGB begegnet werden. Danach kann die Berufung auf den besonderen Kündigungsschutz im Einzelfall ausgeschlossen sein. Davon ist etwa auszugehen, wenn ein Verhinderungsfall im kollusiven Zusammenwirken mit einem ordentlichen Betriebsratsmitglied zu dem Zweck herbeigeführt wurde, dem Ersatzmitglied den besonderen Kündigungsschutz zu verschaffen.

***BAG** 8.9.2011 – 2 AZR 388/10*

Der besondere Kündigungsschutz nach § 15 Abs. 1 Satz 1 KSchG besteht für Ersatzmitglieder des Betriebsrats nur solange, wie sie ein zeitweilig verhindertes ordentliches Mitglied des Betriebsrats vertreten.

Der nachwirkende Kündigungsschutz für ein Ersatzmitglied des Betriebsrats tritt nur ein, wenn es in der Vertretungszeit Betriebsratsaufgaben tatsächlich wahrgenommen hat. Bloß fiktive, in Wirklichkeit unterbliebene Aktivitäten des Ersatzmitglieds – das etwa zu einer Betriebsratssitzung – und sei es bewusst – nicht geladen worden ist – lösen den nachwirkenden Kündigungsschutz grundsätzlich nicht aus.

***BAG** 19.4.2012 – 2 AZR 233/11*

> ***Hinweis für die Praxis:***
>
> *In der vorstehenden Entscheidung hat das BAG klar zum Ausdruck gebracht, dass*
>
> *a) sich der Eintritt des Ersatzmitglieds in das Betriebsratsamt automatisch mit Beginn des Verhinderungsfalls eines Betriebsratsmitglieds vollzieht. Es ist nicht einmal erforderlich, dass das Ersatzmitglied selbst die Verhinderung und damit seinen Eintritt in das Betriebsratsamt kennt.*
>
> *b) Der volle Sonderkündigungsschutz gemäß § 15 Abs.1 S.1 KSchG während des Verhinderungsfalls hängt auch nicht davon ab, dass das Ersatzmitglied überhaupt Betriebsratstätigkeiten wahrnimmt.*
>
> *Zu beachten ist aber, dass der nachwirkende Kündigungsschutz gemäß § 15 Abs.1 S.2 KSchG dagegen nur eintritt, wenn das Ersatzmitglied in der Vertretungszeit auch tatsächlich Betriebsratsaufgaben wahrgenommen hat.*

Der besondere Kündigungsschutz gemäß § 15 Abs. 1 Satz 1 KSchG i.V.m. § 103 Abs. 1 BetrVG gilt für Ersatzmitglieder, soweit und solange sie ein verhindertes ordentliches Betriebsratsmitglied vertreten. Hierbei ist auf den Zeitpunkt des Zugangs der Kündigung i.S.v. § 130 Abs. 1 Satz 1 BGB abzustellen. Nach Beendigung des Vertretungsfalls besteht nur der nachwirkende Kündigungsschutz gemäß § 15 Abs. 1 Satz 2 KSchG.

Ein ordentliches Betriebsratsmitglied ist i.S.v. § 25 Abs. 1 Satz 2 BetrVG zeitweilig verhindert, wenn es aus rechtlichen oder tatsächlichen Gründen nicht in der Lage ist, sein Amt auszuüben. Diese Voraussetzung ist während seines Erholungsurlaubs jedenfalls dann erfüllt, wenn das Betriebsratsmitglied nicht zuvor seine Bereitschaft angezeigt hat, trotz des Urlaubs für Betriebsratstätigkeiten zur Verfügung zu stehen.

Ein Betriebsratsmitglied ist nicht allein deshalb i.S.v. § 25 Abs. 1 Satz 2 BetrVG zeitweilig verhindert, weil es arbeitsfrei hat. Anders als im Falle bewilligten Erholungsurlaubs ist ihm die Wahrnehmung von Betriebsratsaufgaben außerhalb der persönlichen Arbeitszeit nicht grundsätzlich unzumutbar.

***BAG** 27.9.2012 – 2 AZR 955/11*

> In **eigenen Angelegenheiten** (unmittelbare Betroffenheit: z. B. Versetzung, Kündigung) hat das betroffene Betriebsratsmitglied kein Stimmrecht und ist auch gehindert, an der der Abstimmung vorausgehenden Beratung teilzunehmen („**rechtliche Verhinderung**").
>
> ***BAG** 23.8.1984 – 2 AZR 391/83*
>
> Ein Betriebsratsmitglied ist rechtlich verhindert und von seiner Organtätigkeit ausgeschlossen bei Maßnahmen und Regelungen, die es individuell und unmittelbar betreffen.
>
> Im Rahmen der Mitbestimmung des Betriebsrats nach § 99 BetrVG ist ein Betriebsratsmitglied dann von der Beratung und Beschlussfassung des Betriebsrats ausgeschlossen, wenn es selbst die Person ist, auf die sich das Zustimmungsersuchen des Arbeitgebers unmittelbar richtet. Dagegen ist es an der Mitwirkung bei der Entscheidung über den Antrag des Arbeitgebers auf Zustimmung zur Versetzung eines anderen Arbeitnehmers auch dann nicht gehindert, wenn es sich selbst ebenfalls auf die betreffende Stelle beworben hat.
>
> ***BAG** 24.4.2013 – 7 ABR 82/11*
>
> Eine Verhinderung des Betriebsratsmitglieds wegen persönlicher Betroffenheit liegt vor, wenn es in seiner Stellung als Arbeitnehmer individuell und unmittelbar betroffen ist. Gerade dann besteht die Gefahr, dass die von dem Organmitglied zu wahrenden kollektiven Interessen von eigenen Interessen überlagert werden.
>
> Ein Betriebsratsmitglied ist wegen Interessenkollision verhindert, an einer die eigene **Umgruppierung** betreffenden Beschlussfassung des Betriebsrats und auch der ihr vorangehenden Beratung teilzunehmen.
>
> Für das verhinderte Mitglied ist ein Ersatzmitglied zu laden. Die Nichtbeachtung dieser Pflicht führt zur Unwirksamkeit des Beschlusses, mit dem der Betriebsrat die Zustimmung zur Umgruppierung verweigert. Mit Ablauf der Wochenfrist des § 99 Abs. 3 Satz 1 BetrVG gilt in diesem Fall die Zustimmung mangels wirksamer Verweigerung als erteilt.
>
> ***BAG** 3.8.1999 – 1 ABR 30/98*

Ein Betriebsratsmitglied ist bei Maßnahmen und Regelungen, die es in seiner Stellung als Arbeitnehmer individuell und unmittelbar betreffen, grundsätzlich von seiner Organtätigkeit ausgeschlossen. Für die Beurteilung des Interessenkonflikts ist der Zeitpunkt der Beratung und Beschlussfassung des Betriebsrats maßgeblich.

***BAG** 10.11.2009 – 1 ABR 64/08*

Ein Betriebsratsmitglied kann aus rechtlichen Gründen zeitweilig an der Wahrnehmung seines Amts verhindert sein. Um eine solche „rechtliche Verhinderung" handelt es sich bei Maßnahmen und Regelungen, die das Betriebsratsmitglied individuell und unmittelbar betreffen.

Es kann offenbleiben, ob an der Senatsrechtsprechung festzuhalten ist, dass die Mitwirkung eines rechtlich verhinderten Betriebsratsmitglieds stets zur Unwirksamkeit des unter seiner Beteiligung gefassten Betriebsratsbeschlusses führt.

Bei der Mitbestimmung des Betriebsrats bei personellen Einzelmaßnahmen nach § 99 BetrVG ist eine unmittelbare und individuelle Betroffenheit eines Betriebsratsmitglieds regelmäßig gegeben, wenn es gerade die Person ist, auf die sich ein Zustimmungsersuchen des Arbeitgebers unmittelbar richtet. Geht es dagegen um einen Beschluss des Betriebsrats zur Einleitung eines Mitbestimmungssicherungsverfahrens nach § 101 BetrVG, genügt dies für sich gesehen nicht, das von der Maßnahme betroffene Betriebsratsmitglied als rechtlich verhindert anzusehen.

***BAG** 6.11.2013 - 7 ABR 84/11*

> ***Hinweis für die Praxis:***
>
> *Im Falle der Verhinderung eines Betriebsratsmitglieds muss für die Betriebsratssitzung ein Ersatzmitglied geladen werden (§ 29 Abs. 2 BetrVG).*
>
> *Ein Betriebsratsmitglied ist verhindert, wenn es tatsächlich im Zeitpunkt der Betriebsratssitzung ortsabwesend ist (z. B. Urlaub, Krankheit, Dienstreise, Schulungsveranstaltung etc.). Daneben kennt die Rechtsprechung aber auch noch die so genannte „rechtliche" Verhinderung. Diese liegt vor, wenn das Betriebsratsmitglied **unmittelbar** von einem Tagesordnungspunkt betroffen ist. In diesem Fall (hier: Eingruppierung eines Betriebsratsmitglieds) ist das betroffene Betriebsratsmitglied unmittelbar betroffen, so dass (nur) für diesen TOP das Ersatzmitglied geladen werden muss. Allerdings kann das Betriebsratsgremium den Betroffenen vor der Beratung und Beschlussfassung im Gremium anhören; nur während der Beratung und Beschlussfassung darf das verhinderte Betriebsratsmitglied nicht anwesend sein, da die Betriebsratssitzung **nicht öffentlich** (§ 30 Satz 4 BetrVG) ist.*

§ 25 Abs. 1 BetrVG gewährt dem Betriebsratsmitglied keinen beliebigen Anspruch darauf, sich für verhindert zu erklären. Die Verhinderung muss stets **tatsächlich** oder **rechtlich** vorliegen. Nur bei einem solchen zwingenden Grund darf das Betriebsratsmitglied seine Verhinderung anzeigen.

***LAG** Hamm 11.1.1989 - 3 Sa 573/88 = BB 1989, 700 = DB 1989, 1422*

> Wird für ein zeitweilig verhindertes Betriebsratsmitglied kein Ersatzmitglied geladen, so ist der Betriebsrat an einer wirksamen Beschlussfassung gehindert.
>
> ***BAG** 23.8.1984 - 2 AZR 391/83*

Ist ein Betriebsratsmitglied verhindert, so kann ein Ersatzmitglied des Betriebsrats einen vorübergehenden Eintritt in den Betriebsrat ablehnen, ohne dadurch seine Stellung als Ersatzmitglied zu verlieren.

Erklärt ein Ersatzmitglied beim endgültigen Ausscheiden eines Betriebsratsmitglieds, es sei nicht bereit, an dessen Stelle nachzurücken, geht die Stellung als Ersatzmitglied verloren.
Beim Ausscheiden eines weiteren Betriebsratsmitglieds kann er dann nicht mehr in den Betriebsrat nachrücken.

***ArbG** Kassel 20.2.1996 - 2 BV 1/96*

Beim Ausscheiden eines Betriebsratsmitglieds aus dem Betriebsrat rückt ein Ersatzmitglied aus der Vorschlagsliste nach, dem der Ausscheidende angehörte. Ist diese Vorschlagsliste erschöpft, ist das Ersatzmitglied derjenigen Vorschlagsliste zu entnehmen, auf die nach den Grundsätzen der Verhältniswahl der nächste Sitz entfallen würde (§ 25 Abs. 2 BetrVG). Dies setzt nicht voraus, dass das nachrückende Betriebsratsmitglied nur einer Liste entnommen werden kann, die bereits im Zeitpunkt des Nachrückens im Betriebsrat vertreten ist.

***ArbG** Köln 21.9.1993 - 4 BV 69/93 = AuR 1994, 425*

Auch ein **Ersatzmitglied**, das **länger arbeitsunfähig erkrankt** ist, rückt automatisch unter den Voraussetzungen des § 25 Abs. 1 Satz 1 BetrVG in den Betriebsrat nach. Durch die Arbeitsunfähigkeit wird dieses nicht ausgeschlossen.

Das Nachrücken von Ersatzmitgliedern in den Betriebsrat geschieht nach § 25 Abs. 1 Satz 1 BetrVG automatisch bei dem Ausscheiden eines aktiven Betriebsratsmitglieds aus dem Betriebsrat. Dafür ist weder eine besondere Berufung, Mitteilung oder Annahme erforderlich.

Wegen dieser gesetzlichen Nachrückautomatik ist es auch unerheblich, dass ein Ersatzmitglied arbeitsunfähig krank war und ist. Der Erkrankte kann nur das Betriebsratsamt ausschlagen oder niederlegen. Bis zur Beendigung der Krankheitszeit bzw. bis zur Beendigung der Wahlperiode ist damit das hinter dem Erkrankten stehende Ersatzmitglied nicht endgültig in den Betriebsrat nachgerückt, sondern nur zeitweilig als Vertreter des erkrankten Ersatzmitglieds wegen dessen Verhinderung durch Arbeitsunfähigkeit.

***LAG** Hamm 9.2.1994 - 3 Sa 1376/93 = BB 1994, 1711 = DB 1995, 2432*

Die **krankheitsbedingte Arbeitsunfähigkeit** eines einköpfigen Betriebsrats führt nicht zwangsläufig stets zu seiner zeitweiligen Verhinderung i.S.d. § 25 Abs. 1 Satz 1 BetrVG. Fehlt ein Ersatzmann, entfällt die Mitteilungspflicht des Arbeitgebers nach § 102 Abs. 1 Satz 2 BetrVG.

Bei **längerer Verhinderung** des einköpfigen Betriebsrats, der nicht vertreten werden kann, ist der Betrieb zwar nicht als betriebsratslos (§ 13 Abs. 2 Nr. 6 BetrVG) anzusehen. Vielmehr besteht ein Betriebsrat, der nur zeitweilig verhindert und damit funktionsunfähig ist, so dass die Beteiligungsrechte des Betriebsrats nicht ausgeübt werden können.
Hat der Arbeitgeber das erkrankte Betriebsratsmitglied während seiner Erkrankung außerhalb des Betriebes in einer Personalangelegenheit beteiligt, die eine bestimmte Arbeitnehmerin betrifft, dann muss er das Betriebsratsmitglied auch zu einer wenige Tage später beabsichtigten Kündigung dieser Arbeitnehmerin nach § 102 BetrVG anhören.

***BAG** 15.11.1984 - 2 AZR 341/83*

Sind bei einem **dreiköpfigen Betriebsrat** die Ersatzmitglieder ausgeschieden und alle drei Betriebsratsmitglieder Opfer einer gerade grassierenden Grippewelle, ist der Betriebsrats vorübergehend **funktionsunfähig**; sind zwei Mitglieder erkrankt oder in Urlaub, ist der Betriebsrat **beschlussunfähig**. In diesem Falle müsste der Arbeitgeber das verbliebene Betriebsratsmitglied zwar in entsprechender Anwendung des § 22 BetrVG zur Kündigung nach § 102 Abs. 1 BetrVG anhören; widersprechen könnte dieses Betriebsratsmitglied der Kündigung aber nicht.

***BAG** 15.11.1984 - 2 AZR 341/83*

Während der Beschäftigungsverbote nach dem MuSchG kann Betriebsratstätigkeit ausgeübt werden, allerdings ohne Anspruch auf Freizeitausgleich oder Mehrarbeitsvergütung.

***ArbG** Gießen 26.2.1986 - 3 Ca 687/85 = NZA 1986, 615*

Im Zustimmungsverfahren nach § 103 BetrVG ist das Betriebsratsmitglied, dem gekündigt werden soll, **rechtlich verhindert**, an der Beratung und Beschlussfassung des Betriebsrats über die Kündigung teilzunehmen. Für das betroffene Betriebsratsmitglied ist ein Ersatzmitglied gemäß § 25 Abs. 1 Satz 2 BetrVG zu laden.

Ist kein Ersatzmitglied für das betroffene Betriebsratsmitglied eingeladen worden, nimmt dieses vielmehr an der Beratung über seine eigene Kündigung teil, so ist der Betriebsratsbeschluss über die Kündigung nichtig. Unschädlich ist es, wenn bei Teilnahme des Ersatzmitglieds das betroffene Betriebsratsmitglied Gelegenheit erhält, zu den Vorwürfen des Arbeitgebers Stellung zu nehmen.

***BAG** 23.8.1984 - 2 AZR 391/83*

Auch wenn der Arbeitgeber **allen Mitgliedern** des Betriebsrats aus demselben Anlass nach § 626 BGB außerordentlich kündigen will und **keine Ersatzmitglieder vorhanden** sind, die nachrücken könnten, muss er, solange ein beschlussfähiger Betriebsrat (§ 33 Abs. 2 BetrVG) besteht, vor Ausspruch der Kündigung zunächst beim Betriebsrat gemäß § 103 Abs. 1 BetrVG die Zustimmung zu den beabsichtigten Kündigungen beantragen.

Unterlässt es der Arbeitgeber, das auch in diesem Falle erforderliche Zustimmungsverfahren einzuleiten, dann sind die von ihm ausgesprochenen Kündigungen nach § 15 Abs. 1 KSchG unzulässig.

Nach § 25 Abs. 1 BetrVG zeitweilig verhindert oder jedenfalls von der Abstimmung über die vom Arbeitgeber beantragte Zustimmung zur außerordentlichen Kündigung ausgeschlossen ist jeweils nur dasjenige Mitglied des Betriebsrats, das durch die ihm gegenüber beabsichtigte Kündigung **unmittelbar betroffen** wird.

***BAG** 25.3.1976 - 2 AZR 163/75*

Ein **gekündigtes Mitglied** des Betriebsrats ist gemäß § 25 BetrVG **zeitweilig verhindert**, sein Amt als Betriebsrat auszuüben, solange über seine Kündigungsschutzklage noch nicht rechtskräftig entschieden ist. Bei einer rechtsmissbräuchlichen oder offensichtlich unbegründeten Kündigung kann das Betriebsratsmitglied allerdings durch **einstweilige Verfügung** gemäß § 85 Abs. 2 ArbGG vorläufig mit der Ausübung des Amtes betraut werden.

***LAG** Schleswig-Holstein 2.9.1976 - 4 TaBV 11/76 = BB 1976, 1319*

Ein Betriebsratsmitglied, dem fristlos unter Einhaltung des Verfahrens nach § 103 Abs. 1 BetrVG gekündigt worden ist, gilt während des Kündigungsschutzverfahrens nicht als verhindert i.S.d. § 25 Abs. 1 Nr. 2 BetrVG, wenn es während des Kündigungsschutzverfahrens einen Weiterbeschäftigungsanspruch nach den Grundsätzen der Entscheidung des Großen Senats des BAG vom 27.2.1985 hat

***LAG** Hamm 17.1.1996 - 3 TaBV 61/95*

Der Erlass einer einstweiligen Verfügung eines mit Zustimmung des Betriebsrats **fristlos entlassenen Betriebsratsmitgliedes auf Zugang zum Betrieb** zur Wahrnehmung von Betriebsratsaufgaben setzt die Darlegung und Glaubhaftmachung einer unsachlichen oder willkürlichen fristlosen Kündigung des Arbeitgebers voraus.

***LAG** Düsseldorf/Köln 27.2.1975 - 3 TaBV 2/75 = DB 1975, 700*

Betreibt ein Betriebsratsmitglied gegen den Erwerber eines Betriebsteils, in dem er beschäftigt war, die gerichtliche Feststellung, durch Betriebsübergang dessen Arbeitnehmer geworden zu sein, so ist er bis zur gerichtlichen Klärung an der Ausübung seines (ehemaligen) Betriebsratsamtes für den beim früheren Arbeitgeber verbliebenen Restbetrieb zeitweilig verhindert i.S.v. § 25 Abs. 2 Satz 2 BetrVG.

***LAG** Köln 27.6.1997 - 11 TaBV 75/96*

Scheidet ein im Wege der Verhältniswahl freigestelltes Betriebsratsmitglied aus der Freistellung aus, so rückt ein Betriebsratsmitglied aus derselben Vorschlagsliste nach. Ist die Liste erschöpft, so wird das ersatzweise freizustellende Betriebsratsmitglied vom Betriebsrat im Wege der Mehrheitswahl gewählt.

***BAG** 14.11.2001 - 7 ABR 31/00*

5.2. Verhinderung wegen Pflichtenkollision

Hinweis für die Praxis:

In früherer Rechtsprechung vertrat das BAG: „Im Zweifel wird zwar die Teilnahme an der Betriebsratssitzung den Vorrang haben. Wenn aber in der Sitzung keine wichtigen oder keine sonstigen Fragen zu behandeln sind, die die Teilnahme gerade dieses Betriebsratsmitglieds erfordern, kann es in Fällen einer betrieblichen Unabkömmlichkeit des Betriebsratsmitglieds durchaus sachgerecht sein, dass sich das Betriebsratsmitglied als an der Teilnahme verhindert erklärt, so dass an seiner Stelle ein Ersatzmitglied an der Betriebsratssitzung teilnimmt".[16] Es bleibt abzuwarten, ob das BAG diese Sichtweise aufrechterhalten wird. Mit neuerer Rechtsprechung zur Möglichkeit der einstimmigen Änderung der Tagesordnung, noch während der Betriebsratssitzung, hat das BAG ausgeführt, dass die Mitteilung der Tagesordnung nicht dazu diene, dem einzelnen Betriebsratsmitglied die sachgerechte Auflösung einer etwaigen Terminkollision zu ermöglichen. Einer solchen Zweckbestimmung stehe entgegen, dass im Betriebsverfassungsgesetz eine Differenzierung zwischen wichtigen und unwichtigen Betriebsratssitzungen bei der Prüfung einer Verhinderung durch das einzelne Betriebsratsmitglied nicht vorgesehen sei, da es auch keine wesentlichen oder unwesentlichen Beschlüsse des Betriebsrats gebe. Das Betriebsverfassungsgesetz geht vielmehr davon aus, dass ein Betriebsratsmitglied ungeachtet der Themen einer Betriebsratssitzung für sich entscheiden soll, ob es wegen anderweitiger Pflichten an der Teilnahme an einer Sitzung des Betriebsrats gehindert ist. Diese Entscheidung über eine rein zeitliche Pflichtenkollision hat es eigenverantwortlich zu treffen und darüber zu befinden, welche Pflicht für ihn vorrangig wahrzunehmen ist.[17] Zu prüfen hat das Betriebsratsmitglied aber immer, ob er eventuell die von ihm zu erledigende Betriebsratsaufgabe verschieben kann.[18] Dies wird regelmäßig im Falle einer Betriebsratssitzung nicht der Fall sein.

§ 37 Abs. 2 BetrVG beschreibt einen betriebsverfassungsrechtlich begründeten Anlass für eine Arbeitsbefreiung ohne Minderung des Arbeitsentgelts. Verlässt ein Betriebsratsmitglied seinen Arbeitsplatz, um eine Aufgabe nach dem BetrVG wahrzunehmen, hat es sich wie jeder andere Arbeitnehmer aufgrund einer arbeitsvertraglichen. Nebenpflicht bei seinem Arbeitgeber abzumelden. Die Abmeldung dient dem Zweck, dem Arbeitgeber die Arbeitseinteilung zu erleichtern und den Arbeitsausfall des Arbeitnehmers zu überbrücken. Für diesen Zweck genügt es, wenn das Betriebsratsmitglied bei der Abmeldung Ort und voraussichtliche Dauer der Betriebsratstätigkeit angibt. Aufgrund dieser Mindestangaben ist der Arbeitgeber imstande, die Arbeitsabläufe in geeigneter Weise zu organisieren und Störungen im Betriebsablauf zu vermeiden. Das Wissen um die Art der geplanten Betriebsratstätigkeit eröffnet ihm keine besseren Koordinierungsmöglichkeiten. Orts- und zeitbezogene Angaben sind allenfalls dann unzureichend, wenn der Arbeitgeber bei der Abmeldung seinerseits eine Organisationsproblematik beschreibt, nach der das Betriebsratsmitglied für die Zeit der beabsichtigten Betriebsratstätigkeit an seinem Arbeitsplatz unabkömmlich ist und betriebsbedingte Gründe eine zeitliche Verlegung der Betriebsratsarbeit verlangen. Für diesen Fall ist das Betriebsratsmitglied nach § 2 Abs. 1 BetrVG gehalten zu überprüfen, ob und inwieweit die geplante Wahrnehmung einer Betriebsratsaufgabe aufgeschoben werden kann. Ist die Betriebsratstätigkeit andererseits so dringlich, dass ihr gegenüber das Verlangen des Arbeitgebers legitimerweise zurücktreten müsste, hat das Betriebsratsmitglied dies darzulegen.

***BAG** 15.3.1995 - 7 AZR 643/94*

Es liegt **kein Verhinderungsfall** vor, wenn das ordentliche Betriebsratsmitglied tatsächlich in der Lage ist, sein Amt auszuüben, sich jedoch aus persönlichen Beweggründen dessen enthält. Das Betriebsratsmitglied hat es nicht in der Hand, willkürlich einen Vertretungsfall herbeizuführen und sich durch ein Ersatzmitglied vertreten zu lassen; es kann sich nicht für verhindert erklären, ohne dass eine Verhinderung objektiv vorliegt.

Vielmehr hat der Betriebsratsvorsitzende, dem das verhinderte Betriebsratsmitglied die Gründe seiner Verhinderung unverzüglich mitteilen muss, jeweils zu prüfen, ob eine Verhinderung gegeben ist; er darf nicht ohne genaue Prüfung und in eigener willkürlicher Auslegung des gesetzlichen Verhinderungsbegriffs einfach von einer Verhinderung ausgehen.

Erscheint das ordentliche Betriebsratsmitglied jedoch nicht zur Arbeit und hat es sich an seiner Arbeitsstelle krankgemeldet, so müssen der Betriebsratsvorsitzende und das in einem solchen Fall nachrückende Ersatzmitglied mangels gegenteiliger eindeutiger und sicherer Anhaltspunkte davon ausgehen, dass das Betriebsratsmitglied tatsächlich arbeitsunfähig ist und ein Verhinderungsfall vorliegt, auch wenn das Betriebsratsmitglied in Wirklichkeit nicht krank ist.

***BAG** 5.9.1986 - 7 AZR 175/85*

16 **BAG** 11.06.1997 - 7 AZR 229/96 = ZTR 1997, 524 (nicht amtlich veröffentlicht)
17 **BAG** 15.4.2014 - 1 ABR 2/13
18 **BAG** 15.3.1995 - 7 AZR 643/94

Verletzung gesetzlicher Pflichten aus dem Betriebsverfassungsgesetz (§ 23 BetrVG)

Gesetzestext

§ 23 Verletzung gesetzlicher Pflichten

(1) *[1]Mindestens ein Viertel der wahlberechtigten Arbeitnehmer, der Arbeitgeber oder eine im Betrieb vertretene Gewerkschaft können beim Arbeitsgericht den Ausschluss eines Mitglieds aus dem Betriebsrat oder die Auflösung des Betriebsrats wegen grober Verletzung seiner gesetzlichen Pflichten beantragen. [2]Der Ausschluss eines Mitglieds kann auch vom Betriebsrat beantragt werden.*

2) *[1]Wird der Betriebsrat aufgelöst, so setzt das Arbeitsgericht unverzüglich einen Wahlvorstand für die Neuwahl ein. [2]§ 16 Abs. 2 gilt entsprechend.*

(3) *[1]Der Betriebsrat oder eine im Betrieb vertretene Gewerkschaft können bei groben Verstößen des Arbeitgebers gegen seine Verpflichtungen aus diesem Gesetz beim Arbeitsgericht beantragen, dem Arbeitgeber aufzugeben, eine Handlung zu unterlassen, die Vornahme einer Handlung zu dulden oder eine Handlung vorzunehmen. [2]Handelt der Arbeitgeber der ihm durch rechtskräftige gerichtliche Entscheidung auferlegten Verpflichtung zuwider, eine Handlung zu unterlassen oder die Vornahme einer Handlung zu dulden, so ist er auf Antrag vom Arbeitsgericht wegen einer jeden Zuwiderhandlung nach vorheriger Androhung zu einem Ordnungsgeld zu verurteilen. [3]Führt der Arbeitgeber die ihm durch eine rechtskräftige gerichtliche Entscheidung auferlegte Handlung nicht durch, so ist auf Antrag vom Arbeitsgericht zu erkennen, dass er zur Vornahme der Handlung durch Zwangsgeld anzuhalten sei. [4]Antragsberechtigt sind der Betriebsrat oder eine im Betrieb vertretene Gewerkschaft. [5]Das Höchstmaß des Ordnungsgeldes und Zwangsgeldes beträgt 10 000 Euro.*

1. Verletzung gesetzlicher Pflichten durch Betriebsrat bzw. Betriebsratsmitglieder (§ 23 Abs. 1 und 2 BetrVG)[19]

Betriebsverfassungsrechtliche Unterlassungspflichten des Betriebsrats kann der Arbeitgeber nicht im Wege von Unterlassungsanträgen gerichtlich durchsetzen, sondern lediglich mit entsprechenden Feststellungsanträgen feststellen lassen.

Das Gebot effektiven Rechtsschutzes rechtfertigt unter den Voraussetzungen des § 941 ZPO im Beschlussverfahren auf Antrag des Arbeitgebers den Erlass einer Feststellungsverfügung gegen den Betriebsrat.

***BAG** 28.5.2014 – 7 ABR 36/12*

Eine **grobe Verletzung der gesetzlichen Pflichten** des Betriebsrats i.S.v. § 23 Abs. 1 BetrVG liegt nur vor, wenn die Pflichtverletzung **objektiv erheblich** und **offensichtlich schwerwiegend** ist. Danach kann eine grobe Verletzung der gesetzlichen Pflichten nur angenommen werden, wenn unter Berücksichtigung aller Umstände des Einzelfalles die weitere Amtsausübung des Betriebsrats untragbar erscheint.

***BAG** 22.6.1993 – 1 ABR 62/92*

Ein Antrag des Arbeitgebers auf **Auflösung des Betriebsrats** ist nur begründet, wenn sich ein Verhalten des **gesamten Betriebsratsgremiums** als grobe Verletzung der gesetzlichen Pflichten darstellt. Wenn nur **einzelne Betriebsratsmitglieder** sich mit einer Streikaktion solidarisch erklären, kann dies nur einen Antrag auf Ausschluss dieser einzelnen Betriebsratsmitglieder zur Folge haben.

***LAG** Hamm 6.11.1975 – 8 TaBV 21/75 = DB 1976, 343*

Wenn der Betriebsrat wiederholt gesetzlich vorgeschriebene **Betriebsversammlungen** nicht durchführt, kann darin eine grobe und schwerwiegende Verletzung seiner gesetzlichen Pflichten liegen, die die gerichtliche Auflösung des Betriebsrats rechtfertigt.

***Hessisches LAG** 12.8.1993 – 12 TaBV 203/92 = AuR 1994, 107*

Ein solcher Verstoß liegt z. B. vor, wenn der Betriebsrat im Jahr nur zwei Betriebsversammlungen oder gar nur eine einzige Betriebsversammlung abhält.

Bei seiner Entscheidung kann das Gericht auch berücksichtigen, dass der Betriebsrat im Jahr lediglich elf Betriebsratssitzungen abgehalten hat (bei knapp 600 Arbeitnehmern des Betriebs).

Bei annähernd 600 Arbeitnehmern kommt fast eine zweite Freistellung nach § 38 BetrVG in Betracht. Eine grobe Pflichtverletzung muss dann angenommen werden, wenn der Betriebsrat in einem so großen Betrieb keine Ersatzfreistellung vornimmt, wenn das freigestellte Betriebsratsmitglied das ganze Jahr über krank ist.

***ArbG** Wetzlar 22.9.1992 – 1 BV 10/92 = BB 1992, 2216*

Die in den Vorschriften der §§ 2 Abs. 1 und 74 Abs. 2 BetrVG enthaltenen Gebote und Verbote richten sich auch an die einzelnen Mitglieder des Betriebsrats.

Nach § 74 Abs. 2 Satz 3 BetrVG sind dem Arbeitgeber und dem Betriebsrat parteipolitische Betätigungen im Betrieb schlechthin, d. h. ohne Rücksicht darauf untersagt, ob im Einzelfall eine konkrete Gefährdung des Betriebsfriedens zu befürchten ist.

Hat im Einzelfall eine unzulässige parteipolitische Betätigung konkret zu einer Gefährdung des Betriebsfriedens geführt, so ist dies jedoch von rechtlicher Bedeutung, wenn nach § 23 Abs. 1 Satz 1 BetrVG zu beurteilen ist, ob dem Betriebsrat (-smitglied) insoweit eine grobe Verletzung seiner gesetzlichen Pflichten anzulasten ist.

***BAG** 21.2.1978 – 1 ABR 54/76*

Begeht ein Arbeitnehmer in seiner Eigenschaft als Betriebsratsmitglied eine Verfehlung (falsche eidesstattliche Versicherung in einem arbeitsgerichtlichen Beschlussverfahren des Betriebsrats gegen den Arbeitgeber wegen Kostenerstattung nach § 37 Abs. 6 BetrVG), so hat der Arbeitgeber die Möglichkeit, nach § 23 Abs. 1 BetrVG vorzugehen. Wegen einer Amtspflichtverletzung kann nicht gekündigt werden.

***ArbG** Bochum 7.2.1992 – 1 (5) BV 68/91 = AiB 1992, 537 (n.rkr.)*

Die wiederholte öffentliche wahrheitswidrige Beschuldigung des Personalleiters durch ein Betriebsratsmitglied, dass er das Betriebsratsmitglied bei Ausübung einer Betriebsratstätigkeit durch eine Tätlichkeit zu Fall gebracht habe, ist eine grobe Amtspflichtverletzung i.S.v. § 23 Abs. 1 BetrVG durch eine Verletzung der Pflicht zur vertrauensvollen Zusammenarbeit i.S.v. § 2 Abs. 1 BetrVG.

***LAG** München 26.8.1992 – 5 TaBV 43/92 = BB 1993, 2168*

[19] siehe auch Kapitel „Außerordentliche Kündigung in besonderen Fällen (§ 103 BetrVG, § 15 KSchG)“ S. 353

Ist ein Amtsenthebungsverfahren gegen ein Betriebsratsmitglied eingeleitet worden, so kann dem Betriebsratsmitglied auf Antrag durch **einstweilige Verfügung** die weitere Amtsausübung untersagt werden; das setzt voraus, dass die weitere Zusammenarbeit mit dem Betriebsratsmitglied unter Anlegung eines strengen Maßstabs nicht einmal mehr vorübergehend zumutbar erscheint.

***LAG** Hamm 18.9.1975 – 8 TaBV 65, 67, 68/75 = BB 1975, 1302*

Die Beleidigung von Vorgesetzten als „Arschlöcher" stellt eine schwere verbale Entgleisung dar, durch die ein Betriebsratsvorsitzender sowohl das Arbeitsverhältnis als auch seine Amtspflicht verletzt. Es hängt von den Umständen des Einzelfalls ab, ob die Zustimmung zur außerordentlichen Kündigung auf Grund einer solchen Verbalinjurie zu ersetzen bzw. ob der Betriebsratsvorsitzende aus dem Betriebsrat auszuschließen ist.

Der Ausschluss aus dem Betriebsrat wegen grober Verletzung der gesetzlichen Pflichten kann ferner dann begründet sein, wenn der Vorsitzende des Betriebsrats im Zusammenhang mit einer seine Arbeitsleistung betreffenden Abmahnung (hier: auf Grund einer Kundenbeschwerde) eine schärfere, formalistischere Zusammenarbeit mit dem Arbeitgeber ankündigt („Schluss mit dem Gentlemans Agreement") und später betriebsöffentlich äußert, nach einer obsiegenden Entscheidung beim Arbeitsgericht werde er „so richtig auf den Putz hauen" und „der Firma zeigen, wo es langgeht".

***LAG** Niedersachsen 25.10.2004 – 5 TaBV 96/03*

Hinweis für die Praxis:

*Eine grobe Verletzung der Pflichten des Betriebsratsmitglieds kann zugleich auch eine Verletzung der **Pflichten aus dem Arbeitsverhältnis** darstellen (z.B. wenn das Betriebsratsmitglied unter dem Vorwand angeblicher Betriebsratsgeschäfte sich unberechtigt von der Arbeit entfernt). In diesem Falle hat der **Arbeitgeber die Wahl**. Er kann sich auf den Antrag auf Ausschluss des Mitglieds aus dem Betriebsrat beschränken oder außerordentlich kündigen, sofern dessen Verhalten eine Kündigung des Arbeitsverhältnisses aus wichtigem Grund ohne Einhaltung einer Kündigungsfrist rechtfertigt und der Betriebsrat gemäß § 103 BetrVG der außerordentlichen Kündigung zugestimmt hat. Verweigert der Betriebsrat seine Zustimmung, kann der Arbeitgeber gemäß § 103 Abs. 2 BetrVG beim Arbeitsgericht die Ersetzung der Zustimmung des Betriebsrats zur außerordentlichen Kündigung beantragen.*

*Der Arbeitgeber kann den Antrag auf Ausschluss aus dem Betriebsrat und den **Antrag auf Ersetzung der Zustimmung des Betriebsrats zur außerordentlichen Kündigung des Betriebsratsmitglieds prozessual miteinander verbinden**. Gleichwohl muss bei der Antragstellung aus Gründen der der Rechtsklarheit bedacht werden, ob die Entfernung aus dem Betriebsrat oder die Beendigung des Arbeitsverhältnisses im Vordergrund steht. Im Einzelnen gilt:*

Beide Anträge zielen auf die Beendigung der Mitgliedschaft im Betriebsrat.

*Da für die Ahndung von Amtspflichtverstößen eines Betriebsratsmitglieds das Gesetz ein Amtsenthebungsverfahren vorsieht, ist an die darüber hinaus ggf. bestehende **Möglichkeit einer außerordentlichen Kündigung** wegen gleichzeitiger schwerer Verletzung des Arbeitsvertrages ein strenger Maßstab anzulegen. Dies gilt jedenfalls dann, wenn die Vertragsverletzung mit der Amtsausübung des Betriebsrats zusammenhängt; denn Betriebsratsmitglieder können infolge ihrer exponierten Stellung und gerade bei aktiver Betriebsratstätigkeit leichter als andere Arbeitnehmer in Kollision mit arbeitsvertraglichen Pflichten kommen. Die von § 23 Abs. 1 BetrVG bezweckte Sicherung der Betriebsratstätigkeit kann nicht dadurch unterlaufen werden, dass sich der Arbeitgeber auf individualrechtliche Sanktionen beschränkt. Im Allgemeinen kann eine außerordentliche Kündigung nur solche Gründe gestützt werden, die sich auch künftig nachteilig auf das Arbeitsverhältnis auswirken würden. Beruht diese Prognose auf einem Verhalten, das der Amtstätigkeit zuzurechnen ist, müsste dieser Gefährdung vorrangig durch eine Amtsenthebung begegnet werden (Ultima-Ratio-Prinzip). Das dürfte wegen § 78 Satz 2 BetrVG auch geboten sein.*

Macht ein Betriebsratsmitglied oder wie das BAG jetzt entschieden hat auch eine Vertrauensperson einen Anspruch aus ihrem Arbeitsverhältnis geltend, beispielsweise den Anspruch auf die Entfernung einer Abmahnung, so ist, soweit sich ein solcher Anspruch aus einer individualarbeitsrechtlichen Grundlage ergibt, das arbeitsgerichtliche Urteilsverfahren und nicht das Beschlussverfahren die richtige Verfahrensart. Dies gilt regelmäßig auch dann, wenn als Anspruchsgrundlagen für die Entfernung der Abmahnung kollektiv- und individualrechtliche Regelungen in Frage kommen:

Über den Antrag einer Vertrauensperson auf Entfernung einer auf die Verletzung arbeitsvertraglicher Pflichten gestützten Abmahnung aus ihrer Personalakte ist auch dann im Urteilsverfahren zu entscheiden, wenn die Vertrauensperson den Anspruch nicht nur auf eine individualrechtliche, sondern auch auf eine kollektivrechtliche Anspruchsgrundlage stützt (Rn. 13 ff.).

***BAG** 3.12.2020 – 7 AZB 57/20*

Nach § 23 Abs. 1 Satz 1 BetrVG können mindestens ein Viertel der Arbeitnehmer, der Arbeitgeber oder eine im Betrieb vertretene Gewerkschaft beim Arbeitsgericht den Ausschluss eines Mitglieds aus dem Betriebsrats beantragen. Mit dem Ende der Amtszeit des Betriebsrats entfällt das Rechtsschutzinteresse für den Antrag auf Ausschließung des Mitglieds aus diesem Betriebsrat.

Wird im Fall der Neuwahl des Betriebsrats der Ausschließungsantrag auch auf die Ausschließung des Betriebsratsmitglieds aus dem neu gewählten Betriebsrat erstreckt, stellt dies eine Antragserweiterung i.S.v. § 263 ZPO dar. Diese Antragserweiterung ist in der Rechtsbeschwerdeinstanz nicht mehr möglich.

Allein die Einlegung einer zulässigen Rechtsbeschwerde oder Anschlussrechtsbeschwerde eröffnet den Beteiligten die Möglichkeit, neue Sachanträge zu stellen.

BAG 18.5.2016 – 7 ABR 81/13

Nach § 23 Abs. 1 BetrVG kann u.a. der Arbeitgeber beim Arbeitsgericht den Ausschluss eines Mitglieds aus dem Betriebsrat wegen grober Verletzung seiner gesetzlichen Pflichten beantragen. Das setzt voraus, dass unter Berücksichtigung aller Umstände die weitere Amtsausübung des Betriebsratsmitglieds untragbar erscheint.

Nach einer Neuwahl des Betriebsrats kann eine Pflichtverletzung, die während einer vorangegangenen Amtszeit des Betriebsrats begangen wurde, den Ausschluss des Betriebsratsmitglieds aus dem neu gewählten Betriebsrat nicht rechtfertigen.

***BAG** 27.7.2016 – 7 ABR 14/15*

Einzelne Betriebsratsmitglieder können weder in unmittelbarer noch in analoger Anwendung von § 731 ZPO die Erteilung einer Vollstreckungsklausel gegen andere Betriebsratsmitglieder zu einem im arbeitsgerichtlichen Beschlussverfahren zustande gekommenen Vergleich erwirken, mit dem sich der Betriebsrat gegenüber den antragstellenden Betriebsratsmitgliedern zur Vornahme bestimmter unvertretbarer Handlungen verpflichtet hat. (Rn. 19 – 27)

Hat sich der Betriebsrat gegenüber einzelnen Betriebsratsmitgliedern in einem gerichtlichen Vergleich zur Vornahme unvertretbarer Handlungen verpflichtet, kann die Zwangsvollstreckung aus dem Vergleich nicht gegenüber anderen Betriebsratsmitgliedern erfolgen. Die Erteilung einer Vollstreckungsklausel gegen einzelne Betriebsratsmitglieder in entsprechender Anwendung von § 731 ZPO kommt nicht in Betracht. Dies gilt auch dann, wenn das einzelne Betriebsratsmitglied materiellrechtlich verpflichtet wäre, die titulierte Handlungspflicht für den Betriebsrat zu erfüllen (Rn. 19 ff.).

***BAG** 23.10.2019 – 7 ABR 7/18*

Hinweis für die Praxis:

Hintergrund für diese Entscheidung ist ein Streit innerhalb des Betriebsratsgremiums über das Einsichtsrecht einzelner Betriebsratsmitglieder in die E-Mail-Korrespondenz des Betriebsrats. Obwohl bereits ein arbeitsgerichtlicher Vergleich über das Einblicksrecht aller Betriebsratsmitglieder in den Account des Betriebsrats, der die E-Mail-Korrespondenz abwickelt, geschlossen wurde, wurde dieses Recht gleichwohl nicht gewährt. Die sich benachteiligt fühlenden Betriebsratsmitglieder versuchten nun, den gerichtlichen Vergleich gegen diejenigen Betriebsratsmitglieder zu vollstrecken, die gegen ihr Einsichtsrecht verstoßen. Dies ist nicht möglich, wie das vorstehende Urteil zeigt, wie es auch dem Arbeitgeber nicht möglich ist, Handlungspflichten des gesamten Betriebsratsgremiums im Rahmen einer Zwangsvollstreckung durchzusetzen. Hier bleibt nur, die Auflösung des Betriebsrats gemäß § 23 Abs. 1 BetrVG zu betreiben.

2. Sanktion gegen den Arbeitgeber („Kollektive Abmahnung", § 23 Abs. 3 BetrVG)

Nach **§ 23 Abs. 3 BetrVG** kann der Betriebsrat vom Arbeitgeber die **Unterlassung eines mitbestimmungswidrigen Verhaltens** verlangen, wenn in diesem Verhalten ein grober Verstoß gegen die betriebsverfassungsrechtliche Pflicht zu sehen ist, Mitbestimmungsrechte des Betriebsrats zu beachten.

BAG *26.3.1991 – 1 ABR 26/90*

Bei einem Unterlassungsanspruch nach § 23 Abs. 3 BetrVG, einem solchen wegen einer Verletzung von Mitbestimmungsrechten nach § 87 Abs. 1 BetrVG und einem solchen wegen eines Verstoßes des Arbeitgebers gegen eine Betriebsvereinbarung als Durchführungsanspruch nach § 77 Abs. 1 BetrVG handelt es sich um jeweils eigenständige Verfahrensgegenstände.

BAG *20.3.2018 – 1 ABR 70/16*

Das Betriebsverfassungsgesetz stellt die Durchsetzung und Herstellung der betriebsverfassungsrechtlichen Ordnung in das pflichtgemäße Ermessen des Betriebsrats.

Hierbei darf sich der Betriebsrat nicht darauf beschränken; mit dem Arbeitgeber eine Vertragsstrafenvereinbarung abzuschließen, in der sich jener verpflichtet, im Fall der Verletzung eines Mitbestimmungsrechts ein Ordnungsgeld an einen Dritten zu zahlen. Ein solches Vertragsstrafenversprechen ist mit zwingenden Grundsätzen des Betriebsverfassungsgesetzes nicht zu vereinbaren.

BAG *19.1.2010 – 1 ABR 62/08*

§ 23 Abs. 3 BetrVG enthält einen eigenständigen Unterlassungsanspruch im Hinblick auf betriebsverfassungswidriges Verhalten des Arbeitgebers **neben anderen Unterlassungsansprüchen** im Betriebsverfassungsrecht.

Der Anspruch des Betriebsrats nach § 23 Abs. 3 BetrVG kommt in Betracht, wenn der Betriebsrat vom Arbeitgeber bei regelungspflichtigen Tatbeständen übergangen worden ist und er nunmehr diesen zur künftigen Beachtung der gemeinsamen wahrzunehmenden betriebsverfassungsrechtlichen Regelungsbefugnisse anhalten will. Der mit **§ 23 Abs. 3 BetrVG in einem Beschlussverfahren zu erreichende Verfahrenserfolg entspricht kollektivrechtlich einer (individual-rechtlichen) Abmahnung durch den Arbeitgeber** wegen Verletzung arbeitsvertraglicher Pflichten eines Arbeitnehmers.

Der Anspruch ist schon bei objektiver Pflichtwidrigkeit gegeben; auf ein Verschulden des Arbeitgebers kommt es nicht an.

BAG *18.4.1985 – 6 ABR 19/84*

Wenn § 23 Abs. 3 BetrVG bestimmt, dass der Betriebsrat vom Arbeitgeber ein bestimmtes Tun, Dulden oder Unterlassen verlangen kann, wenn dieser grob gegen seine Pflichten aus dem BetrVG verstößt, so bedeutet dies nicht, dass § 23 Abs. 3 BetrVG **alleinige Grundlage für Ansprüche des Betriebsrats** gegen den Arbeitgeber ist und Ansprüche dem Betriebsrat nur dann gewährt, wenn der Arbeitgeber grob gegen ihm auferlegte Pflichten verstößt. Ob eine Vorschrift des BetrVG dem Betriebsrat **unmittelbar**, also auch ohne Vorliegen der Voraussetzungen des § 23 Abs. 3 BetrVG, einen Anspruch gegenüber dem Arbeitgeber einräumt, ist in erster Linie aus der jeweiligen Vorschrift selbst zu entnehmen. Erst im Anschluss daran ist zu prüfen, ob die Regelung des § 23 Abs. 3 BetrVG einem solchen Anspruch entgegensteht.

Vorschriften des BetrVG, die eine Verpflichtung des Arbeitgebers zur Leistung von Geld oder Sachen (z. B. § 40 BetrVG), zur Vorlage von Unterlagen (z. B. § 80 Abs. 2 Satz 1 BetrVG) oder zur Unterrichtung des Betriebsrats festlegen, **gewähren** diesem **gleichzeitig einen Anspruch auf Erfüllung dieser Verpflichtung**. Solche Ansprüche sind durch § 23 Abs. 3 BetrVG nicht auf den Fall beschränkt, dass die Nichterfüllung der Verpflichtung sich als grober Pflichtenverstoß des Arbeitgebers darstellt.

BAG *17.5.1983 – 1 ABR 21/80*

Der auf Unterlassung der Anordnung von Überstunden bzw. Mehrarbeit zielende Antrag des Betriebsrats gemäß § 23 Abs. 3 BetrVG ist nur zulässig, wenn er einen konkreten betrieblichen Sachverhalt regeln will. Denn der Antrag ist auch darauf gerichtet, zu bestimmen, welchen staatlichen Zwang oder welche Sanktion der Antragsgegner in der späteren Zwangsvollstreckung zu dulden hat. Wegen des Grundsatzes des Art. 103 Abs. 2 GG muss der Verstoß, der ein Ordnungsgeld nach sich ziehen kann, hinreichend deutlich gemacht werden.

Das charakteristische der zu unterlassenden Handlung muss so eindeutig beschrieben werden, dass keine Unklarheit besteht, welche Fälle betroffen sind. Wie bei der individualrechtlichen arbeitsrechtlichen Abmahnung muss die Maßnahme derart konkret beschrieben sein, dass der stattgegebenen Entscheidung zu entnehmen ist, wann im jeweiligen Einzelfall die Rechte des Betriebsrats gegeben sind. Der Betriebsrat muss, soll der Antrag zulässig sein, darin aufnehmen, in welchen einzelnen Bereichen er die Mitbestimmung vermisst, welche Personen bei welchen Sachverhalten wann Mehrarbeit leisten und weshalb dort die Mitbestimmung erforderlich ist.

LAG *Schleswig-Holstein 22.11.2001 – 4 TaBV 39/00 = DB 2002, 155*

> Der Betriebsrat hat **bei Verletzung** von **Mitbestimmungsrechten aus § 87 BetrVG unabhängig von den Voraussetzungen des § 23 Abs. 3 BetrVG** einen Anspruch auf Unterlassung mitbestimmungswidriger Maßnahmen des Arbeitgebers.
>
> ***BAG*** *3.5.1994 – 1 ABR 24/93*

Voraussetzung für die Festsetzung eines Ordnungsgelds nach § 890 Abs. 1 ZPO ist, dass der zu vollstreckende Titel einen vollstreckungsfähigen Inhalt hat. Dazu muss die Verpflichtung des Schuldners hinreichend bestimmt sein. Der Schuldner muss zuverlässig erkennen können, welche Handlungen er zu unterlassen hat.

Die Verpflichtung, es zu unterlassen, „für Arbeitnehmer im Betrieb" Überstunden ohne vorherige Beteiligung des Betriebsrats anzuordnen oder duldend entgegenzunehmen, ist nicht deshalb zu unbestimmt, weil auch Leiharbeitnehmer im Betrieb beschäftigt werden und nach der Senatsrechtsprechung das Mitbestimmungsrecht nach § 87 Abs. 1 Nr. 3 BetrVG dann, wenn der Vertragsarbeitgeber die Überstunden anordnet, beim Betriebsrat des Verleiherbetriebs liegt.

BAG *25.8.2004 – 1 AZB 41/03*

Eine Betriebsvereinbarung über mitbestimmungspflichtige Angelegenheiten hat der Arbeitgeber nach § 77 Abs. 1 Satz 1 BetrVG im Betrieb durchzuführen. Umstritten ist lediglich, ob sich der **Anspruch des Betriebsrats auf Durchführung einer Betriebsvereinbarung** unmittelbar aus § 77 Abs. 1 Satz 1 BetrVG ergibt oder ob er seinen Grund in der Betriebsvereinbarung selbst hat. Jedenfalls kann der Betriebsrat vom Arbeitgeber die Durchführung aller getroffenen Vereinbarungen verlangen, gleichgültig, ob diese Vereinbarungen eine Pflicht des Arbeitgebers begründen oder sie – wäre nur § 77 Abs. 1 Satz 1 BetrVG Anspruchsgrundlage – voraussetzen.

Der Anspruch des Betriebsrats auf Unterlassung bestimmter Handlungen des Arbeitgebers aus einer Betriebsvereinbarung oder aus § 77 Abs. 1 Satz 1 BetrVG ist kein Anspruch auf Unterlassung mitbestimmungswidrigen Verhaltens. Nur für diese allgemeinen Unterlassungsansprüche ist streitig, ob neben den Unterlassungsansprüchen nach § 23 Abs. 3 Satz 1 BetrVG noch allgemeine Unterlassungsansprüche zur Sicherung von Mitbestimmungsrechten des Betriebsrats möglich sind. Dieser Anspruch dient der Sicherung des Mitbestimmungsrechts, während der Betriebsrat ohne Vorliegen der Voraussetzungen des § 23 Abs. 3 BetrVG Ansprüche aus einer bereits abgeschlossenen Betriebsvereinbarung geltend machen kann.

BAG *10.11.1987 – 1 ABR 55/86;* ***BAG*** *24.2.1987 – 1 ABR 18/85;*
BAG *13.10.1987 – 1 ABR 51/86*

Das Ordnungsgeld nach § 23 Abs. 3 BetrVG ist dem Arbeitgeber anzudrohen. Das gilt auch dann, wenn mehrere rechtlich selbständige Unternehmen einen einheitlichen Betrieb bilden. Die Rechtslage ist dann nicht anders als wenn der Inhaber des Betriebs eine Personengesellschaft wäre.

LAG *Baden-Württemberg 30.4.1992 – 13 TaBV 16/91 (rkr.)*

Bei der in § 23 Abs. 3 BetrVG vorgesehenen Androhung und ggf. Festsetzung des Ordnungsgeldes handelt es sich um eine Maßnahme der Zwangsvollstreckung, nicht um einen Teil des Erkenntnisverfahrens.

Der arbeitsgerichtliche Beschluss über die Festsetzung des Ordnungsgeldes ergeht deshalb nach den allgemeinen Regeln des Zwangsvollstreckungsverfahrens. Danach richtet sich auch, inwieweit ein Rechtsmittel zulässig ist oder nicht.

Die Zwangsvollstreckung aus im Beschlussverfahren ergangenen Titeln ist Teil des Beschlussverfahrens. Sie hat deshalb an der dafür angeordneten Gerichtskostenfreiheit ebenso Teil wie an der

Unanwendbarkeit der Regeln der ZPO über die Erstattung außergerichtlicher Kosten. Die Kostentragungspflicht richtet sich nach materiellem Recht. Eine Kostenentscheidung im Rahmen von Entscheidungen im Zwangsvollstreckungsverfahren ist insoweit nicht veranlasst.

***BAG** 27.5.2008 – 3 AZB 24/08*

Der Abschluss einer Betriebsvereinbarung unter Verstoß gegen die Tarifsperre des § 77 Abs. 3 BetrVG ist grundsätzlich für den Arbeitgeber ein grober Verstoß i.S.d. § 23 Abs. 3 BetrVG, für den Betriebsrat eine Verletzung seiner gesetzlichen Pflichten i.S.d. § 23 Abs. 1 BetrVG.

***LAG** Schleswig-Holstein 28.1.1999 – 4 TaBV 41/98 = AiB 2000, 105*

Der allgemeine Unterlassungsanspruch wegen Verletzung von Mitbestimmungsrechten nach § 87 BetrVG setzt die Gefahr der Wiederholung voraus. Für diese besteht eine tatsächliche Vermutung, es sei denn, dass besondere Umstände einen neuen Eingriff unwahrscheinlich machen. An den Nachweis des Wegfalls der die Wiederholungsgefahr begründenden Tatsache sind strenge Anforderungen zu stellen.

***BAG** 29.2.2000 – 1 ABR 4/99*

Ein Unterlassungsantrag des Betriebsrats, der auf das Verbot der Duldung bestimmter Handlungen von Arbeitnehmern durch den Arbeitgeber gerichtet ist, muss die dazu von diesem zu ergreifenden Maßnahmen nicht näher konkretisieren. Es ist Sache des Arbeitgebers, die ihm möglichen und zur Vermeidung des untersagten Erfolgs geeigneten und erforderlichen Vorkehrungen zu treffen.

Die Antragsbefugnis im Beschlussverfahren ist regelmäßig gegeben, wenn der Antragsteller eigene betriebsverfassungsrechtliche Rechte geltend macht.

***BAG** 14.11.2006 – 1 ABR 5/06*

Ein Unterlassungsantrag im Beschlussverfahren muss aus rechtsstaatlichen Gründen für den in Anspruch genommenen Beteiligten eindeutig erkennen lassen, welcher betrieblichen Maßnahme er sich enthalten soll und in welchen Fällen gegen ihn als Sanktion ein Ordnungsgeld verhängt werden kann.

Ein Unterlassungsantrag, der darauf gerichtet ist, dem Arbeitgeber die „Anwendung" von Vertragsklauseln zu untersagen, nach deren Inhalt die von den Arbeitnehmern geleisteten Mehrarbeitsstunden mit dem vereinbarten Jahresgehalt pauschal abgegolten sind, ist nicht hinreichend bestimmt i.S.v. § 253 Abs. 2 Nr. 2 ZPO. Er lässt nicht erkennen, wie sich der Arbeitgeber verhalten muss, wenn Arbeitnehmer eine Arbeitsleistung erbringen, die entweder über ihre vertraglich vereinbarte oder über die im Betrieb geltende regelmäßige Arbeitszeit hinausgeht.

***BAG** 14.9.2010 – 1 ABR 32/09*

3. Grobe Verstöße des Arbeitgebers[20]

Ein Unterlassungsantrag wegen grober Pflichtverletzung nach § 23 Abs. 3 BetrVG kommt nicht in Betracht, wenn ein Arbeitgeber in einer ungeklärten Rechtsfrage nach einer vertretbaren Rechtsansicht handelt.

Bei der Frage, ob ein Arbeitgeber bei der Einstellung von Leiharbeitnehmern in jedem Fall den Namen des einzustellenden Leiharbeitnehmers gegenüber dem Betriebsrat im Rahmen des Zustimmungsverfahrens nach § 99 BetrVG bekannt geben muss, handelt es sich um eine derartige ungeklärte Rechtsfrage.

Kommt ein Arbeitgeber seiner Verpflichtung, den Namen des einzustellenden Leiharbeitnehmers dem Betriebsrat im Zustimmungsverfahren mitzuteilen, nur in bestimmten Fällen nicht nach, etwa, weil er ihn noch nicht kennt, kommt auch kein allgemeiner Unterlassungsanspruch in Betracht.

***LAG** Hamm 25.9.2009 – 10 TaBV 21/09*

Eine Pflichtverletzung ist grob, wenn sie objektiv erheblich und offensichtlich schwerwiegend ist.

***BAG** 23.6.1992 – 1 ABR 11/92*

Den Unterlassungsansprüchen des Betriebsrats aus § 87 Abs. 1 BetrVG und § 23 Abs. 3 BetrVG kann in besonders schwerwiegenden und eng begrenzten Ausnahmefällen der Einwand der unzulässigen Rechtsausübung nach § 2 Abs. 1 BetrVG entgegenstehen.

Nach § 2 Abs. 1 BetrVG gilt das Verbot der unzulässigen Rechtsausübung auch im Verhältnis zwischen Arbeitgeber und Betriebsrat (Rn. 43).

Aus der Gewährung eines Antragsrechts des Arbeitgebers in § 23 Abs. 1 BetrVG zur gerichtlichen Auflösung des gesamten Betriebsrats wegen grober Verletzung dessen gesetzlicher Pflichten kann nicht abgeleitet werden, der Gesetzgeber habe dem Arbeitgeber nicht den Einwand einer – einzelfallbezogenen – unzulässigen Rechtsausübung gegenüber dem Betriebsrat einräumen wollen (Rn. 44).

Eine unzulässige, gegen den Grundsatz der vertrauensvollen Zusammenarbeit verstoßende Rechtsausübung einer Betriebspartei kann in eng begrenzten Ausnahmefällen gegeben sein, wenn diese sich gegenüber der anderen auf eine formale Rechtsposition beruft, die sie nur durch ein besonders schwerwiegendes eigenes betriebsverfassungswidriges Verhalten erlangt hat (Rn. 45).

Im Ausgangsfall war das Unterlassungsbegehren des Betriebsrats aus § 87 Abs. 1 und § 23 Abs. 3 BetrVG ausnahmsweise rechtsmissbräuchlich, weil er die aus der Verletzung seines Mitbestimmungsrechts nach § 87 Abs. 1 Nr. 2 BetrVG durch die Arbeitgeberin resultierenden Ansprüche unter grobem Verstoß gegen seine aus § 74 Abs. 1 Satz 2 i.V.m. § 2 Abs. 1 BetrVG folgenden Mitwirkungspflichten bei der Ausübung des Mitbestimmungsrechts erworben hat (Rn. 51 ff.).

Sowohl der allgemeine Unterlassungsanspruch nach § 87 Abs. 1 BetrVG als auch § 23 Abs. 3 BetrVG dienen der Wiederherstellung eines betriebsverfassungsgemäßen Zustands, nicht aber der Aufrechterhaltung einer betriebsverfassungswidrigen Situation (Rn. 67 und Rn. 72).

***BAG** 12.3.2019 – 1 ABR 42/17*

Es ist davon auszugehen, dass es bei § 23 Abs. 3 BetrVG auf ein **Verschulden des Arbeitgebers nicht ankommt**. Entscheidend ist alleine, ob der Verstoß objektiv so erheblich war, dass unter Berücksichtigung des Gebotes zur vertrauensvollen Zusammenarbeit die Anrufung des Arbeitsgerichts durch den Betriebsrat gerechtfertigt erscheint. Ein grober Verstoß ist regelmäßig jedenfalls dann zu bejahen, wenn der Arbeitgeber mehrfach erzwingbare Mitbestimmungsrechte des Betriebsrats übergangen hat.
Allerdings scheidet ein grober Verstoß des Arbeitgebers aus, wenn er seine Rechtsposition in einer schwierigen und ungeklärten Rechtsfrage verteidigt.

***BAG** 8.8.1989 – 1 ABR 65/88; **BAG** 16.7.1991 – 1 ABR 69/90*

Ein **grober Verstoß** i.S.d. § 23 Abs. 3 BetrVG liegt vor, wenn eine objektive erhebliche Belastung für die betriebsverfassungsrechtliche Ordnung infolge **zumindest eines Verstoßes** des Arbeitgebers gegen seine betriebsverfassungsrechtlichen Pflichten vorliegt.

***BAG** 14.11.1989 – 1 ABR 87/88*

Es stellt eine grobe Verletzung der Pflichten eines Arbeitgebers aus dem BetrVG dar, wenn er den Betriebsrat immer wieder so spät über die Planung von Maßnahmen nach § 90 BetrVG informiert, dass der Betriebsrat diese Pläne aus faktischen Zwängen heraus nur noch zur Kenntnis nehmen kann, ohne dass eine realistische Chance besteht, eventuelle Vorschläge und Bedenken noch umzusetzen.

***Hessisches LAG** 3.11.1992 – 5 TaBV 27/92 = AuR 1993, 306*

Die Nichtweiterleitung von **Post an den Betriebsrat** ist ein grober Verstoß i.S.d. § 23 Abs. 3 BetrVG.

***ArbG** Elmshorn 27.3.1991 – 2 c BV 16/91 = AiB 1991, 269*

Das **Öffnen** der an den Betriebsrat adressierten **Post** ist ein grober Verstoß i.S.d. § 23 Abs. 3 BetrVG.

***ArbG** Köln 21.3.1989 – 4 BV 20/89 = Computer und Recht 1990, 208*

Dem Arbeitgeber ist es grundsätzlich untersagt, die Kosten, die der Betriebsrat verursacht oder verursacht haben soll, öffentlich im Betrieb einschließlich von Betriebsversammlungen bekannt zu geben oder ihm vorzuwerfen, er gefährde die Sicherheit der Arbeitsplätze. Hierin liegt ein „grober Verstoß" i.S.v. § 23 Abs. 3 BetrVG.

***LAG** Düsseldorf 26.11.1993 – 17 TaBV 71/93 = AuR 94, 275*

Hat das **BAG für die Betriebspartner rechtskräftig entschieden**, dass die **Änderung von Dienstplänen** mitbestimmungspflichtig ist, so verstößt der Arbeitgeber grob gegen seine Pflichten aus

[20] Siehe auch § 74 BetrVG, Grundsätze der Zusammenarbeit, S. 149

dem BetrVG (§ 23 Abs. 3 BetrVG), wenn er weiterhin Dienstpläne ohne Beteiligung des Betriebsrats ändert.

***BAG** 8.8.1989 – 1 ABR 59/88*

Es stellt eine grobe Verletzung von Mitbestimmungsrechten i.S.d. §§ 23 Abs. 3, 87 Abs. 1 Nr. 3 BetrVG dar, wenn der Arbeitgeber **Überstunden** anordnet, ohne ein zuvor eigens zur Einholung der Zustimmung des Betriebsrats mit diesem vereinbartes Verfahren eingehalten zu haben.

***Hessisches LAG** 24.2.1987 – 5 TaBV 118/86 = BB 1987, 1877 = NZA 1987, 609*

Ein grober Verstoß des Arbeitgebers i.S.d. § 23 Abs. 3 BetrVG gegen das in § 87 Abs. 1 Nr. 3 BetrVG geregelte Mitbestimmungsrecht ist nicht anzunehmen, wenn ein Eilfall vorliegt und Arbeitgeber und Betriebsrat für einen Fall dieser Art bisher keine vorsorgliche Regelung getroffen haben.

***LAG** Schleswig-Holstein 14.11.1986 – 6 TaBV 12/86 = BB 1987, 901 = NZA 1987, 714*

Auch die **Duldung von freiwillig geleisteten Überstunden** kann einen groben Verstoß gegen das Mitbestimmungsrecht des Betriebsrats aus § 87 Abs. 1 Nr. 3 BetrVG darstellen.

Wenn der Arbeitgeber seinen Betrieb so organisiert, dass er immer damit rechnen muss, dass Überstunden anfallen, kommt es nicht darauf an, ob er von den Überstunden im jeweiligen konkreten Fall erfährt oder nicht.

***Hessisches LAG** 1.12.1987 – 5 TaBV 98/87 = EzA Nr. 23 zu § 23 BetrVG*

Mehrarbeit, die im Zusammenhang mit der Einarbeitung von Mitarbeitern geleistet wird, ist auch dann mitbestimmungspflichtig, wenn sie – in Kenntnis des Arbeitgebers – ohne ausdrückliche oder konkludente Anordnung geleistet, vom Arbeitgeber aber entgegengenommen bzw. geduldet wird. Dies folgt sowohl aus § 87 Abs. 1 Nr. 3 BetrVG als auch aus § 77 Abs. 1 BetrVG. Der Arbeitgeber ist verpflichtet, eine Betriebsvereinbarung über die regelmäßige Arbeitszeit so durchzuführen, dass er sicherstellt, dass die Arbeitszeiten eingehalten werden. Es besteht nicht nur ein – möglicherweise verzichtbares – Interesse des Arbeitgebers daran, dass sich nicht unkontrolliert mehr Arbeitnehmer länger im Betrieb aufhalten und arbeiten, als betrieblich vorgesehen ist, sondern auch ein kollektives Interesse der Arbeitnehmer an der Einhaltung einer solchen Betriebsvereinbarung. Ließe man es zu, dass sich Arbeitnehmer im Hinblick auf spätere Beförderungen Vorteile durch freiwillige Mehrarbeit verschaffen, geraten alle Arbeitnehmer unter den Druck, sich ebenso zu verhalten, wenn sie im Betrieb weiterkommen wollen.

Es stellt einen groben Verstoß gegen die Verpflichtungen aus dem BetrVG dar, wenn der Arbeitgeber in solchen Fällen die Mitbestimmungsrechte des Betriebsrats fortgesetzt missachtet.

***Hessisches LAG** 24.1.1989 – 5 TaBV 123/88 = NZA 1989, 943*

Es stellt einen groben Verstoß gegen die Mitbestimmungsrechte des Betriebsrats aus § 99 BetrVG dar, wenn der Arbeitgeber immer wieder **Leiharbeitnehmer** über den Beschäftigungszeitraum hinaus **weiter einsetzt**, zu dem der Betriebsrat seine Zustimmung gegeben hatte, ohne das Verfahren nach den §§ 99 ff. BetrVG erneut einzuleiten.

***Hessisches LAG** 9.2.1988 – 5 TaBV 113/87 = EzA Nr. 24 zu § 23 BetrVG*

Wurde dem Arbeitgeber nach § 101 BetrVG gerichtlich aufgegeben, ohne Beteiligung des Betriebsrats vorgenommene Einstellungen aufzuheben und führt der Arbeitgeber in Kenntnis der Pflichtwidrigkeit seines Verhaltens weitere Einstellungen oder andere personelle Einzelmaßnahmen ohne Beteiligung des Betriebsrats gemäß § 99 BetrVG durch, so ist dies als grober Verstoß i.S.d. § 23 Abs. 3 BetrVG zu werten und insoweit auch ein Ordnungsgeld für jeden Fall der Zuwiderhandlung anzudrohen (DM 3.000 pro Fall).

***ArbG** Frankfurt/M. 6.6.1991 – 6 BV 7/91 = AiB 1993, 116*

Beantragt der Arbeitgeber beim Betriebsrat die Zustimmung zur außerordentlichen Kündigung eines Betriebsratsmitglieds nach § 103 BetrVG und ist eine außerordentliche Kündigung des Betriebsratsmitglieds unter keinem rechtlichen Gesichtspunkt denkbar, handelt der Arbeitgeber rechtsmissbräuchlich und verstößt gemäß § 23 Abs. 3 BetrVG grob gegen seine betriebsverfassungsrechtlichen Pflichten.

***ArbG** Ludwigshafen 21.5.1992 – 4 BV 8/92 = AuR 1993, 62*

4. Gerichtliches Eilverfahren

Pro „Einstweilige Verfügung":[21]

Der Betriebsrat hat bei Verletzung von Mitbestimmungsrechten aus § 87 BetrVG **unabhängig von den Voraussetzungen des § 23 Abs. 3 BetrVG** einen Anspruch auf Unterlassung mitbestimmungswidriger Maßnahmen des Arbeitgebers.

***BAG** 3.5.1994 – 1 ABR 24/93; **BAG** 16.6.1998 – 1 ABR 68/97; so auch: **BAG** 30.6.2015 – 1 ABR 71/13*

Ist der Unterlassungsantrag des Betriebsrats so weit gefasst, dass er viele denkbare künftige Fallgestaltungen betrifft, ist er insgesamt unbegründet, wenn nicht in allen diesen Fällen ein Mitbestimmungsrecht des Betriebsrats besteht.

***BAG** 29.7.1996 – 1 ABR 13/96*

Bei einer Meinungsverschiedenheit zwischen dem Arbeitgeber und Betriebsrat über das Vorliegen eines Mitbestimmungsrechts (hier § 87 Abs. 1 Nr. 6 BetrVG) kann eine einstweilige Verfügung nach **§ 23 Abs. 3 BetrVG** zugunsten des Betriebsrats nur ergehen, wenn ein **grober Verstoß des Arbeitgebers** vorliegt. Davon kann nur dann die Rede sein, wenn sich der Arbeitgeber über offensichtliche, aus dem Gesetz zweifelsfrei erkennbare oder durch eine gesicherte Rechtsprechung geklärte Mitbestimmungsrechte hinwegsetzt oder einen rechtskräftigen Beschluss in einer speziellen Angelegenheit nicht beachtet.

***LAG** Schleswig-Holstein 15.11.1984 – 2 TaBV 26/84 = BB 1985, 997*

Contra „Einstweilige Verfügung":

Der Unterlassungsanspruch nach § 23 Abs. 3 BetrVG ist im normalen Beschlussverfahren geltend zu machen. Für den Erlass einer einstweiligen Verfügung ist kein Raum.

***LAG** Rheinland-Pfalz 30.4.1986 – 2 TaBV 17/86 = DB 1986, 1629; **LAG** Köln 21.2.1989 – 8 (2) TaBV 73/88 = NZA 1989, 863*

Der **Unterlassungsanspruch** des Betriebsrats kann im **einstweiligen Verfügungsverfahren nicht** geltend gemacht werden.

Neben dem Unterlassungsanspruch des Betriebsrats aus § 23 Abs. 3 BetrVG besteht kein weiterer Unterlassungsanspruch aus allgemeinen Rechtsgrundsätzen.

***LAG** Niedersachsen 5.6.1987 – 12 TaBV 17/87 = EzA Nr. 20 zu § 23 BetrVG*

Der Erlass einer einstweiligen Verfügung zur Durchsetzung eines Unterlassungsanspruchs ist im Verfahren nach § 23 Abs. 3 BetrVG nicht möglich. Das Gericht kann dem Arbeitgeber nach § 23 Abs. 3 Satz 2 BetrVG ein Ordnungs- oder Zwangsgeld erst dann auferlegen, wenn er einer zuvor durch rechtskräftige gerichtliche Entscheidung aufgegebenen Verpflichtung zuwiderhandelt. Damit hat der Gesetzgeber ein Eilverfahren im Rahmen des § 23 Abs. 3 BetrVG ausgeschlossen.

***ArbG** Marburg 15.12.1995 – 2 BVGa 22/95*

Durch **einstweilige Verfügung** kann dem Arbeitgeber **nicht** unter Androhung von Zwangsgeld aufgegeben werden, es zu unterlassen, Produktionsanlagen abzubauen, zu veräußern oder sie in sonstiger Weise dem Produktionsablauf zu entziehen, ohne vorher einen Interessenausgleich versucht zu haben.

Dem Betriebsrat steht ein vorbeugender Unterlassungsanspruch gegen die Durchführung von Betriebsänderungen ohne den vorausgegangenen Versuch eines Interessenausgleichs weder nach § 23 Abs. 3 BetrVG noch nach allgemeinen Rechtsgrundsätzen zu.

***LAG** Rheinland-Pfalz 28.3.1989 – 3 TaBV 6/89 = NZA 1989, 863*

Hinweis für die Praxis:

Bei der Frage, ob der Erlass einer einstweiligen Verfügung im Rahmen des § 23 Abs. 3 BetrVG zulässig ist, ist zu unterscheiden zwischen der Verurteilung zu einem Ordnungs- oder Zwangsgeld einerseits und der künftigen Sicherung der Rechte des Betriebsrats andererseits. Die Verurteilung zu einem Ordnungs- und Zwangsgeld ist nur nach rechtskräftiger Entscheidung, damit nicht im einstweiligen Verfügungsverfahren möglich. Künftige Rechte des Betriebsrats können dagegen unter Umständen im einstweiligen Verfügungsverfahren gesichert werden.

[21] jetzt auch **Fitting**, 22. Aufl. 2004

Geschäftsführung des Betriebsrats (§§ 26 – 36 BetrVG)

Gesetzestext

§ 26 Vorsitzender

(1) *Der Betriebsrat wählt aus seiner Mitte den Vorsitzenden und dessen Stellvertreter.*

(2) *[1]Der Vorsitzende des Betriebsrats oder im Fall seiner Verhinderung sein Stellvertreter vertritt den Betriebsrat im Rahmen der von ihm gefassten Beschlüsse. [2]Zur Entgegennahme von Erklärungen, die dem Betriebsrat gegenüber abzugeben sind, ist der Vorsitzende des Betriebsrats oder im Fall seiner Verhinderung sein Stellvertreter berechtigt.*

§ 27 Betriebsausschuss

(1) *[1]Hat ein Betriebsrat neun oder mehr Mitglieder, so bildet er einen Betriebsausschuss. [2]Der Betriebsausschuss besteht aus dem Vorsitzenden des Betriebsrats, dessen Stellvertreter und bei Betriebsräten mit*

9 bis 15 Mitgliedern aus 3 weiteren Ausschussmitgliedern,

17 bis 23 Mitgliedern aus 5 weiteren Ausschussmitgliedern,

25 bis 35 Mitgliedern aus 7 weiteren Ausschussmitgliedern,

37 oder mehr Mitgliedern aus 9 weiteren Ausschussmitgliedern.

[3]Die weiteren Ausschussmitglieder werden vom Betriebsrat aus seiner Mitte in geheimer Wahl und nach den Grundsätzen der Verhältniswahl gewählt. [4]Wird nur ein Wahlvorschlag gemacht, so erfolgt die Wahl nach den Grundsätzen der Mehrheitswahl. [5]Sind die weiteren Ausschussmitglieder nach den Grundsätzen der Verhältniswahl gewählt, so erfolgt die Abberufung durch Beschluss des Betriebsrats, der in geheimer Abstimmung gefasst wird und einer Mehrheit von drei Vierteln der Stimmen der Mitglieder des Betriebsrats bedarf.

(2) *[1]Der Betriebsausschuss führt die laufenden Geschäfte des Betriebsrats. [2]Der Betriebsrat kann dem Betriebsausschuss mit der Mehrheit der Stimmen seiner Mitglieder Aufgaben zur selbständigen Erledigung übertragen; dies gilt nicht für den Abschluss von Betriebsvereinbarungen. [3]Die Übertragung bedarf der Schriftform. [4]Die Sätze 2 und 3 gelten entsprechend für den Widerruf der Übertragung von Aufgaben.*

(3) *Betriebsräte mit weniger als neun Mitgliedern können die laufenden Geschäfte auf den Vorsitzenden des Betriebsrats oder andere Betriebsratsmitglieder übertragen.*

§ 28 Übertragung von Aufgaben auf Ausschüsse

(1) *[1]Der Betriebsrat kann in Betrieben mit mehr als 100 Arbeitnehmern Ausschüsse bilden und ihnen bestimmte Aufgaben übertragen. [2]Für die Wahl und Abberufung der Ausschussmitglieder gilt § 27 Abs. 1 Satz 3 bis 5 entsprechend. [3]Ist ein Betriebsausschuss gebildet, kann der Betriebsrat den Ausschüssen Aufgaben zur selbständigen Erledigung übertragen; § 27 Abs. 2 Satz 2 bis 4 gilt entsprechend.*

(2) *Absatz 1 gilt entsprechend für die Übertragung von Aufgaben zur selbständigen Entscheidung auf Mitglieder des Betriebsrats in Ausschüssen, deren Mitglieder vom Betriebsrat und vom Arbeitgeber benannt werden.*

§ 28a Übertragung von Aufgaben auf Arbeitsgruppen

(1) *[1]In Betrieben mit mehr als 100 Arbeitnehmern kann der Betriebsrat mit der Mehrheit der Stimmen seiner Mitglieder bestimmte Aufgaben auf Arbeitsgruppen übertragen; dies erfolgt nach Maßgabe einer mit dem Arbeitgeber abzuschließenden Rahmenvereinbarung. [2]Die Aufgaben müssen im Zusammenhang mit den von der Arbeitsgruppe zu erledigenden Tätigkeiten stehen. [3]Die Übertragung bedarf der Schriftform. [4]Für den Widerruf der Übertragung gelten Satz 1 erster Halbsatz und Satz 3 entsprechend.*

(2) *[1]Die Arbeitsgruppe kann im Rahmen der ihr übertragenen Aufgaben mit dem Arbeitgeber Vereinbarungen schließen; eine Vereinbarung bedarf der Mehrheit der Stimmen der Gruppenmitglieder. [2]§ 77 gilt entsprechend. [3]Können sich Arbeitgeber und Arbeitsgruppe in einer Angelegenheit nicht einigen, nimmt der Betriebsrat das Beteiligungsrecht wahr.*

§ 29 Einberufung der Sitzungen

(1) *[1]Vor Ablauf einer Woche nach dem Wahltag hat der Wahlvorstand die Mitglieder des Betriebsrats zu der nach § 26 Abs. 1 vorgeschriebenen Wahl einzuberufen. [2]Der Vorsitzende des Wahlvorstands leitet die Sitzung, bis der Betriebsrat aus seiner Mitte einen Wahlleiter bestellt hat.*

(2) *[1]Die weiteren Sitzungen beruft der Vorsitzende des Betriebsrats ein. [2]Er setzt die Tagesordnung fest und leitet die Verhandlung. [3]Der Vorsitzende hat die Mitglieder des Betriebsrats zu den Sitzungen rechtzeitig unter Mitteilung der Tagesordnung zu laden. [4]Dies gilt auch für die Schwerbehindertenvertretung sowie für die Jugend- und Auszubildendenvertreter, soweit sie ein Recht auf Teilnahme an der Betriebsratssitzung haben. [5]Kann ein Mitglied des Betriebsrats oder der Jugend- und Auszubildendenvertretung an der Sitzung nicht teilnehmen, so soll es dies unter Angabe der Gründe unverzüglich dem Vorsitzenden mitteilen. [6]Der Vorsit-*

zende hat für ein verhindertes Betriebsratsmitglied oder für einen verhinderten Jugend- und Auszubildendenvertreter das Ersatzmitglied zu laden.

(3) Der Vorsitzende hat eine Sitzung einzuberufen und den Gegenstand, dessen Beratung beantragt ist, auf die Tagesordnung zu setzen, wenn dies ein Viertel der Mitglieder des Betriebsrats oder der Arbeitgeber beantragt.

(4) [1]Der Arbeitgeber nimmt an den Sitzungen, die auf sein Verlangen anberaumt sind, und an den Sitzungen, zu denen er ausdrücklich eingeladen ist, teil. [2]Er kann einen Vertreter der Vereinigung der Arbeitgeber, der er angehört, hinzuziehen.

§ 30 Betriebsratssitzungen

(1) [1]Die Sitzungen des Betriebsrats finden in der Regel während der Arbeitszeit statt. [2]Der Betriebsrat hat bei der Ansetzung von Betriebsratssitzungen auf die betrieblichen Notwendigkeiten Rücksicht zu nehmen. [3]Der Arbeitgeber ist vom Zeitpunkt der Sitzung vorher zu verständigen. [4]Die Sitzungen des Betriebsrats sind nicht öffentlich. [5]Sie finden als Präsenzsitzung statt.

(2) [1]Abweichend von Absatz 1 Satz 5 kann die Teilnahme an einer Betriebsratssitzung mittels Video- und Telefonkonferenz erfolgen, wenn

1. die Voraussetzungen für eine solche Teilnahme in der Geschäftsordnung unter Sicherung des Vorrangs der Präsenzsitzung festgelegt sind,

2. nicht mindestens ein Viertel der Mitglieder des Betriebsrats binnen einer von dem Vorsitzenden zu bestimmenden Frist diesem gegenüber widerspricht und

3. sichergestellt ist, dass Dritte vom Inhalt der Sitzung keine Kenntnis nehmen können.

[2]Eine Aufzeichnung der Sitzung ist unzulässig.

(3) [1]Erfolgt die Betriebsratssitzung mit der zusätzlichen Möglichkeit der Teilnahme mittels Video- und Telefonkonferenz, gilt auch eine Teilnahme vor Ort als erforderlich.

§ 31 Teilnahme der Gewerkschaften

Auf Antrag von einem Viertel der Mitglieder des Betriebsrats kann ein Beauftragter einer im Betriebsrat vertretenen Gewerkschaft an den Sitzungen beratend teilnehmen; in diesem Fall sind der Zeitpunkt der Sitzung und die Tagesordnung der Gewerkschaft rechtzeitig mitzuteilen.

§ 32 Teilnahme der Schwerbehindertenvertretung

Die Schwerbehindertenvertretung (§ 94 des Neunten Buches Sozialgesetzbuch) kann an allen Sitzungen des Betriebsrats beratend teilnehmen.

§ 33 Beschlüsse des Betriebsrats

(1) [1]Die Beschlüsse des Betriebsrats werden, soweit in diesem Gesetz nichts anderes bestimmt ist, mit der Mehrheit der Stimmen der anwesenden Mitglieder gefasst. [2]Betriebsratsmitglieder, die mittels Video- und Telefonkonferenz an der Beschlussfassung teilnehmen, gelten als anwesend.

[3]Bei Stimmengleichheit ist ein Antrag abgelehnt.

(2) Der Betriebsrat ist nur beschlussfähig, wenn mindestens die Hälfte der Betriebsratsmitglieder an der Beschlussfassung teilnimmt; Stellvertretung durch Ersatzmitglieder ist zulässig.

(3) Nimmt die Jugend- und Auszubildendenvertretung an der Beschlussfassung teil, so werden die Stimmen der Jugend- und Auszubildendenvertreter bei der Feststellung der Stimmenmehrheit mitgezählt.

§ 34 Sitzungsniederschrift

(1) [1]Über jede Verhandlung des Betriebsrats ist eine Niederschrift aufzunehmen, die mindestens den Wortlaut der Beschlüsse und die Stimmenmehrheit, mit der sie gefasst sind, enthält. [2]Die Niederschrift ist von dem Vorsitzenden und einem weiteren Mitglied zu unterzeichnen. [3]Der Niederschrift ist eine Anwesenheitsliste beizufügen, in die sich jeder Teilnehmer eigenhändig einzutragen hat. [4]Nimmt ein Betriebsratsmitglied mittels Video- und Telefonkonferenz an der Sitzung teil, so hat es seine Teilnahme gegenüber dem Vorsitzenden in Textform zu bestätigen.[5]Die Bestätigung ist der Niederschrift beizufügen.

(2) [1]Hat der Arbeitgeber oder ein Beauftragter einer Gewerkschaft an der Sitzung teilgenommen, so ist ihm der entsprechende Teil der Niederschrift abschriftlich auszuhändigen. [2]Einwendungen gegen die Niederschrift sind unverzüglich schriftlich zu erheben; sie sind der Niederschrift beizufügen.

(3) Die Mitglieder des Betriebsrats haben das Recht, die Unterlagen des Betriebsrats und seiner Ausschüsse jederzeit einzusehen.

§ 35 Aussetzung von Beschlüssen

(1) Erachtet die Mehrheit der Jugend- und Auszubildendenvertretung oder die Schwerbehindertenvertretung einen Beschluss des Betriebsrats als eine erhebliche Beeinträchtigung wichtiger Interessen der durch sie vertretenen Arbeitnehmer, so ist auf ihren Antrag der Beschluss auf die Dauer von einer Woche vom Zeitpunkt der Beschlussfassung an auszusetzen, damit in dieser Frist eine Verständigung, gegebenenfalls mit Hilfe der im Betrieb vertretenen Gewerkschaften, versucht werden kann.

(2) [1]Nach Ablauf der Frist ist über die Angelegenheit neu zu beschließen. [2]Wird der erste Beschluss bestätigt, so kann der Antrag auf Aussetzung nicht wiederholt werden; dies gilt auch, wenn der erste Beschluss nur unerheblich geändert wird.

§ 36 Geschäftsordnung

Sonstige Bestimmungen über die Geschäftsführung sollen in einer schriftlichen Geschäftsordnung getroffen werden, die der Betriebsrat mit der Mehrheit der Stimmen seiner Mitglieder beschließt.

1. Betriebsratsvorsitzender (§ 26 BetrVG)

Soweit sich der neu gewählte Betriebsrat noch nicht konstituiert hat, also die nach § 29 Abs. 1 BetrVG vom Wahlvorstand einzuberufende Sitzung sowie die dort nach § 26 Abs. 1 BetrVG vorzunehmende Wahl des Vorsitzenden und dessen Stellvertreters noch nicht stattgefunden hat, besteht noch keine Handlungsfähigkeit des Betriebsrats. Konstituierende Sitzung – durch den Wahlvorstand einberufen – und Wahl des Betriebsratsvorsitzenden und seines Stellvertreter sind Wirksamkeitsvoraussetzungen für die Begründung der Handlungsfähigkeit des Betriebsrats nach Beginn seiner Amtszeit. Erst mit der Wahl nach § 26 BetrVG wird die Amtsausübungsbefugnis des Betriebsrats begründet.

***BAG** 23.8.1984 – 6 AZR 520/82*

Besteht im Betrieb kein Betriebsrat oder ist zwar ein Betriebsrat gewählt, der sich bislang nicht gemäß § 29 Abs. 1 BetrVG konstituiert hat, dann ist er noch nicht handlungsfähig. Erst mit der Wahl nach § 26 BetrVG wird die Amtsausübungsbefugnis des Betriebsrats begründet und es besteht erst dann eine Anhörungspflicht gemäß § 102 Abs. 1 BetrVG. Vor diesem Zeitpunkt braucht der Konkursverwalter keine Beteiligungsrechte des Betriebsrats beachten.
Aus dem Betriebsverfassungsgesetz ergibt sich für ihn keine Verpflichtung, mit einer an sich beteiligungspflichtigen Maßnahme solange zu warten, bis im Betrieb ein funktionsfähiger Betriebsrat vorhanden ist, und zwar auch dann nicht, wenn mit der Wahl eines Betriebsrats zu rechnen ist und die Zeit bis zu dessen Konstituierung absehbar ist (im Anschluss an BAG 23.8.1984 – 6 AZR 520/82; BAG 28.10.1992 – 10 ABR 75/91).

***LAG** Hamm 20.5.1999 – 4 Sa 1989/98*

Ein Betriebsratsvorsitzender kann ein Anhörungsschreiben des Arbeitgebers zu einer beabsichtigten Kündigung für den Betriebsrat auch außerhalb des Betriebs entgegennehmen.

Ist ein Betriebsratsvorsitzender aufgrund Ortsabwesenheit tatsächlich verhindert, ein Anhörungsschreiben des Arbeitgebers außerhalb des Betriebs entgegenzunehmen, ist sein Stellvertreter nach § 26 Abs. 2 Satz 2 BetrVG zur Entgegennahme berechtigt, wenn nicht zuvor der Betriebsrat bzw. sein Vorsitzender die vom Arbeitgeber angekündigte Übergabe außerhalb des Betriebs abgelehnt hatte.

Einer Stellungnahme der örtlichen Betriebsräte nach § 17 Abs. 3 Satz 2 KSchG zu der vom Insolvenzverwalter beabsichtigten Massenentlassung bedarf es gemäß § 125 Abs. 2 InsO nicht, wenn der Insolvenzverwalter aufgrund einer betriebsübergreifenden Betriebsänderung mit dem Gesamtbetriebsrat einen Interessenausgleich mit Namensliste abgeschlossen hat und dieser der Massenentlassungsanzeige beigefügt wird.

***BAG** 7.7.2011 – 6 AZR 248/10*

Zur Entgegennahme der Erklärungen des Arbeitgebers ist im Grundsatz nicht jedes beliebige Betriebsratsmitglied berechtigt, sondern nur der Betriebsratsvorsitzende und im Falle seiner Verhinderung sein Stellvertreter.

***BAG** 28.2.1974 – 2 AZR 455/73*

Der wirksame Abschluss einer Betriebsvereinbarung setzt einen darauf bezogenen Betriebsratsbeschluss voraus.

Nach § 26 Abs.2 S.1 BetrVG vertritt der Vorsitzende den Betriebsrat nur im Rahmen der von ihm gefassten Beschlüsse. Eine nicht von einem Betriebsratsbeschluss umfasste Erklärung seines Vorsitzenden ist unwirksam und entfaltet keine Rechtswirkungen. Allerdings können ohne einen wirksamen Betriebsratsbeschluss abgeschlossene Vereinbarungen vom Betriebsrat durch eine spätere ordnungsgemäße Beschlussfassung nach § 184 Abs.1 BGB genehmigt werden.

Die Geltung einer Betriebsvereinbarung kraft Nachwirkung kann Gegenstand eines darauf bezogenen Feststellungsantrags sein, wenn sie die Rechtsbeziehungen der Betriebsparteien in Bezug auf eine dem Mitbestimmungsrecht des Betriebsrats unterliegende Maßnahme des Arbeitgebers ausgestaltet.

Hinweis für die Praxis:

In dem hier streitgegenständlichen Verfahren wollte der Arbeitgeber die Nachwirkung einer von dem stellvertretenden Vorsitzenden des Vorgängerbetriebsrats unterzeichneten und dem amtierenden Betriebsrat fristlos gekündigten Betriebsvereinbarung festgestellt wissen. Nach den Sachaufklärungen des Arbeitsgerichts hatte der stellvertretende Vorsitzende des Vorgängerbetriebsrats die Betriebsvereinbarung zur Überwachung mittels optischer, akustischer und elektronischer Geräte unterzeichnet, ohne dass ein entsprechend wirksamer Zustimmungsbeschluss des Vorgängerbetriebsrats gefasst worden war. Weder der Vorgängerbetriebsrat noch der antragstellende Betriebsrat als sein Funktionsnachfolger haben eine solche Beschlussfassung nachgeholt. Danach fehlte es an dem für einen wirksamen Abschluss der Betriebsvereinbarung erforderlichen Betriebsratsbeschluss. ***Dieser Mangel steht nicht nur ihrer normativen Geltung, sondern auch ihrer Anwendung kraft Nachwirkung entgegen.*** *Die fehlende Beschlussfassung des Betriebsrats ist auch nicht deswegen unbeachtlich, weil die Arbeitgeberin von einer ordnungsgemäßen Bevollmächtigung des stellvertretenden Betriebsratsvorsitzenden ausgehen durfte.*

Der Betriebsrat ist ein Kollegialorgan. Er bildet seinen gemeinsamen Willen durch Beschluss. Dieser Wille ist nur beachtlich, wenn er ordnungsgemäß zustande gekommen ist. Dazu muss der Betriebsrat beschlussfähig i.S.d. § 33 BetrVG sein und sich auf einer Betriebsratssitzung aufgrund einer mit den Vorschriften des BetrVG in Einklang stehenden Ladung mit dem jeweiligen Sachverhalt befasst und durch Abstimmung eine einheitliche Willensbildung herbeigeführt haben. Eine nicht von einem Betriebsratsbeschluss umfasste Erklärung seines Vorsitzenden ist unwirksam und entfaltet keine Rechtswirkungen. Nach § 26 Abs.2 Satz 1 BetrVG vertritt der Vorsitzende den Betriebsrat nur im Rahmen der von ihm gefassten Beschlüsse.

Wichtig zu wissen ist aber für den Betriebsrat, dass ohne einen wirksamen Betriebsratsbeschluss abgeschlossene Vereinbarungen vom Betriebsrat durch eine spätere ordnungsgemäße Beschlussfassung ***nach § 184 Abs.1 BGB genehmigt werden können****. Dies hat das BAG noch einmal ausdrücklich bestätigt.*

***BAG** 9.12.2014 – 1 ABR 19/13*

Nach § 26 Abs. 2 Satz 1 BetrVG vertritt der Betriebsratsvorsitzende den Betriebsrat im Rahmen der von ihm gefassten Beschlüsse. Dazu gehört auch die schriftliche Mitteilung an den Arbeitgeber über die Verweigerung der Zustimmung des Betriebsrats zu personellen Einzelmaßnahmen i.S.v. § 99 BetrVG. Dies gilt auch dann, wenn der Betriebsratsvorsitzende selbst von der personellen Einzelmaßnahme betroffen ist.

***BAG** 19.3.2003 – 7 ABR 15/02*

Der Vorsitzende des Betriebsrats ist in entsprechender Anwendung des § 171 Abs. 2 ZPO (jetzt § 171 ZPO) berechtigt, Zustellungen an den Betriebsrat entgegen zu nehmen.

Bedient sich der Betriebsrat stets und ständig der bei dem Arbeitgeber bestehenden Posteingangsstelle, ist der Raum der Posteingangsstelle für den Betriebsrat Geschäftslokal i.S.d. § 184 Abs. 1 ZPO (jetzt § 178 Abs. 1 ZPO).

Bediensteter i.S.d. § 184 Abs. 1 ZPO (jetzt § 178 Abs. 1 ZPO) ist im Hinblick auf den Betriebsrat der in der Posteingangsstelle tätige Arbeitnehmer, der vom Betriebsrat mit der Annahme seiner Post dort betraut ist.

Insoweit ist dieser Arbeitnehmer grundsätzlich auch nicht bei einer etwa von seinem Sinn her erforderlichen weiten Auslegung des § 185 ZPO (jetzt § 178 Abs. 2 ZPO) als Zustellungsempfänger für den Betriebsrat ausgeschlossen.

***BAG** 20.1.1976 – 1 ABR 48/75*

Der **Betriebsratsvorsitzende** vertritt den **Betriebsrat** nur **im Rahmen der von ihm gefassten Beschlüsse** und ist deshalb nicht Vertreter des Betriebsrats im Willen, sondern nur Vertreter in der Erklärung.
Gibt der Betriebsratsvorsitzende für den Betriebsrat eine Erklärung ab, so spricht eine – allerdings jederzeit widerlegbare – Vermutung dafür, dass der Betriebsrat einen entsprechenden Beschluss gefasst hat.

***BAG** 17.2.1981 – 1 AZR 290/78*

Das **Schweigen des Betriebsrats** ist nur dann als Zustimmung zu werten, wenn die Voraussetzungen der §§ 99 Abs. 3 und 102 Abs. 2 BetrVG vorliegen.

In allen anderen Fällen gilt Schweigen nicht als Zustimmung; das Schweigen ist insbesondere dann nicht als Zustimmung zu interpretieren, wenn der Betriebsratsvorsitzende als Mitglied einer Einigungsstelle zu einer bestimmten Erklärung des Arbeitgebers nicht sofort Stellung nimmt und ein entsprechender Beschluss des Betriebsrats gar nicht vorliegt.

***BAG** 10.11.1992 – 1 AZR 183/92*

Berechtigt zur Entgegennahme von Mitteilungen des Arbeitgebers ist gemäß § 26 Abs. 3 Satz 2 BetrVG der **Betriebsratsvorsitzende** oder, falls dieser verhindert ist, der **Stellvertreter** des Betriebsratsvorsitzenden. Ist ein besonderer **Ausschuss** gebildet, dem der Betriebsrat die Mitbestimmung übertragen hat, dann ist der **Ausschussvorsitzende** zur Entgegennahme der Erklärungen des Arbeitgebers berechtigt. Der Betriebsrat oder der Ausschuss können allerdings auch ein anderes Betriebsratsmitglied zur Entgegennahme **ermächtigen**.

Nur dann, wenn kein zur Entgegennahme Berechtigter vorhanden ist (etwa wegen Urlaubsabwesenheit und keine Vertretungsregelung besteht), ist **jedes Betriebsratsmitglied berechtigt** und **verpflichtet**, Erklärungen des Arbeitgebers für den Betriebsrat entgegenzunehmen.

Mitteilungen, die der Arbeitgeber einem nicht nach diesen Grundsätzen zur Entgegennahme ermächtigten Mitglied des Betriebsrats macht, **werden nur und erst dann für den Betriebsrat wirksam, wenn sie vom unzuständigen Mitglied als Erklärungsbote des Arbeitgebers an den Vorsitzenden oder ein zum Empfang ermächtigtes Mitglied des Betriebsrats oder eines zuständigen Ausschusses weitergeleitet werden.**

Eine weitere Ausdehnung des für Mitteilungen des Arbeitgebers zuständigen Personenkreises auf andere betriebsverfassungsrechtliche Funktionsträger (z. B. sonstige Mitglieder des Betriebsrats oder Ausschusses) ohne speziellen Auftrag durch den Betriebsrat oder – im Falle des Erklärungsboten – durch den Arbeitgeber ist aus Gründen der Rechtssicherheit abzulehnen.

***BAG** 27.6.1985 – 2 AZR 412/84*

Der Betriebsrat ist nicht berechtigt, bei nicht nur kurzfristiger Betriebsabwesenheit des Betriebsratsvorsitzenden und seines Stellvertreters die Stelle für die Entgegennahme von Erklärungen des Arbeitgebers einseitig zu bestimmen und auf einen in einiger Entfernung vom Betriebssitz liegenden Aufenthaltsort des Betriebsratsvorsitzenden und seines Stellvertreters festzulegen. In einem solchen Falle, wenn sonst keine Vorkehrungen für die Entgegennahme von Erklärungen an den Betriebsrat getroffen oder mit dem Arbeitgeber abgesprochen sind, kann der Zugang einer Erklärung an den Betriebsrat durch Mitteilung oder Übergabe an ein anderes Betriebsratsmitglied bewirkt werden, das sich im Betrieb aufhält.

***Hessisches LAG** 28.11.1989 – 4 Ta BV 98/88 = BB 1990, 1488*

In § 42 Abs. 1 Satz 1 BetrVG ist zwar ausdrücklich nur geregelt, dass die Betriebsversammlung vom Vorsitzenden des Betriebsrats geleitet wird. Dieses Recht steht dem Betriebsratsvorsitzenden oder im Falle seiner Verhinderung seinem Stellvertreter (§ 26 Abs. 3 BetrVG) aber nicht als originäres Leitungsrecht zu, sondern ist ihm vom Gesetz als ausführendem Organ des Betriebsrats für dessen Beschlüsse über die Einberufung und Durchführung der Betriebsversammlung übertragen. Das bedingt zugleich, dass dem Betriebsrat die Befugnis zusteht, im Falle der Verhinderung beider Vorsitzender ein anderes Betriebsratsmitglied durch Beschluss mit der Leitung der Betriebsversammlung zu beauftragen.

***BAG** 19.5.1978 – 6 ABR 41/75*

Der Stellvertreter ist nur im Fall der Verhinderung des Vorsitzenden nach § 26 Abs. 2 Satz 1 BetrVG dazu befugt, Schriftstücke zu unterzeichnen, mit denen dem Arbeitgeber nach § 99 Abs. 3 Satz 1 BetrVG die Verweigerung der Zustimmung des Betriebsrats zu personellen Einzelmaßnahmen i.S.v. § 99 Abs. 1 BetrVG mitgeteilt wird.

***BAG** 1.6.2011 – 7 ABR 138/09*

1.1. Wahl des Betriebsratsvorsitzenden und Stellvertreters

Die Anfechtung einer internen Wahl innerhalb des Betriebsrats ist in entsprechender Anwendung des § 19 BetrVG möglich.

***ArbG** Bielefeld 12.8.1998 – 3 BV 23/98 = AiB 1999, 341*

Ein **Tarifvertrag** kann nicht wirksam persönliche Wählbarkeitsvoraussetzungen für die Wahl des Vorsitzenden oder stellvertretenden Vorsitzenden des Betriebsrats aufstellen, die über die gesetzlichen Anforderungen nach Maßgabe der §§ 8 und 26 Abs. 1 BetrVG hinausgehen.

***BAG** 16.2.1973 – 1 ABR 18/72*

1.2. Anfechtung der Wahl

Gesetzesverstöße bei einer **betriebsratsinternen Wahl** sind, soweit sie nicht zur Nichtigkeit führen, in entsprechender Anwendung des § 19 BetrVG innerhalb der Frist von zwei Wochen in einem Wahlanfechtungsverfahren gerichtlich geltend zu machen.

***BAG** 13.11.1991 – 7 ABR 8/91; **BAG** 8.4.1992 – 7 ABR 71/91;*
***BAG** 13.11.1991 – 7 ABR 18/91; **BAG** 29.4.1992 – 7 ABR 74/91;*
***BAG** 11.3.1992 – 7 ABR 50/91; **BAG** 28.10.1992 – 7 ABR 2/92*

Die Anfechtung der Wahl des stellvertretenden Vorsitzenden beeinflusst die Wahl des in einem besonderen Wahlgang gewählten Betriebsratsvorsitzenden nicht.

***BAG** 19.3.1974 – 1 ABR 44/73*

Nach dem BetrVG besteht ein Prozessführungs- und Antragsrecht einer im Betrieb vertretenen Gewerkschaft zur Anfechtung der Wahl des stellvertretenden Betriebsratsvorsitzenden.

***BAG** 16.2.73 – 1 ABR 18/72*

Zur Anfechtung betriebsratsinterner Wahlen ist jedes einzelne Betriebsratsmitglied berechtigt. Auf eine persönliche Betroffenheit vom Ausgang der Wahl kommt es nicht an.

***BAG** 20.4.2005 – 7 ABR 47/04*

Die Antragsbefugnis erlischt mit dem Ausscheiden aus dem Betriebsrat.

***BAG** 15.8.2001 – 7 ABR 2/99*

2. Betriebsausschuss (§ 27 BetrVG)

2.1. Bildung und Aufgaben des Betriebsausschusses

Die Bildung eines „geschäftsführenden Ausschusses“ durch einen siebenköpfigen Betriebsrat kann nicht auf § 27 Abs. 1 BetrVG gestützt werden.

Auch § 28 Abs. 1 Satz 1 BetrVG ermöglicht keine Bildung eines „geschäftsführenden Ausschusses“, welcher die laufenden Geschäfte des Betriebsrats führt oder auch nur die Sitzungen des Betriebsrats vorbereitet.

***BAG** 14.8.2013 – 7 ABR 66/11*

§ 27 Abs. 2 Satz 1 und Satz 2 BetrVG unterscheiden zwischen den „laufenden Geschäften“, deren Wahrnehmung dem Betriebsausschuss kraft Gesetzes übertragen ist, und den „Aufgaben zur selbständigen Erledigung“, die ihm mittels qualifizierten Mehrheitsbeschlusses des Betriebsrats übertragen werden können.

Die monatlichen Besprechungen zwischen Betriebsrat und Arbeitgeber i.S.d. § 74 Abs. 1 BetrVG zählen nicht zu den laufenden Geschäften i.S.d. § 27 Abs. 2 Satz 1 BetrVG.

Der Betriebsrat kann dem Betriebsausschuss diese Aufgabe aber nach § 27 Abs. 2 Satz 2 BetrVG übertragen.

***BAG** 15.8.2012 – 7 ABR 16/11*

Handelt es sich um eine personelle Auswahl aus einem genau bezeichneten Berechtigtenkreis mit dem Erfordernis der Abstimmung und Mehrheitsfindung, entspricht die Auflösung der **Pattsituation** durch **Losentscheid** demokratischen Gepflogenheiten.

***BAG** 26.2.1987 – 6 ABR 55/85*

Die Übertragung der Aufgaben auf den Betriebsausschuss zur **selbständigen Erledigung** bzw. deren Widerruf ist dem Arbeitgeber mitzuteilen. Eine Wirksamkeitsvoraussetzung für die Übertragung ist die Mitteilung des Beschlusses an den Arbeitgeber aber nicht.

***BAG** 22.3.1979 – 2 AZR 361/77 n. v.*

Die Übertragung des Zustimmungsrechts des Betriebsrats zu einer beabsichtigten außerordentlichen Kündigung eines Betriebsratsmitglieds nach § 103 BetrVG auf einen Betriebsausschuss gemäß § 27 Abs. 2 Satz 2 BetrVG oder einen besonderen Ausschuss nach § 28 BetrVG ist grundsätzlich zulässig. Einer solchen Delegation steht auch nicht die Bedeutung des betriebsverfassungsrechtlichen Zustimmungsrechts nach § 103 BetrVG entgegen.

Das Zustimmungsrecht nach § 103 BetrVG muss dem Ausschuss ausdrücklich übertragen worden sein. Im schriftlichen Übertragungsbeschluss müssen die übertragenen Befugnisse so genau umschrieben werden, dass der Zuständigkeitsbereich des Ausschusses eindeutig feststeht. Es muss zweifelsfrei feststellbar sein, in welchen Angelegenheiten der Betriebsausschuss an Stelle des Betriebsrats rechtsverbindliche Beschlüsse fassen kann.

Bei der Übertragung von Aufgaben hat der Betriebsrat die allgemeinen Schranken des Rechtsmissbrauchs zu beachten. Er darf sich nicht aller wesentlichen Befugnisse dadurch entäußern, dass er seine Aufgaben weitestgehend auf Ausschüsse überträgt. Er muss als Gesamtorgan in einem Kernbereich der gesetzlichen Befugnisse zuständig bleiben. Mit der Übertragung „aller mitbestimmungsrelevanten Personalmaßnahmen der §§ 99-103 BetrVG" auf den Betriebsausschuss ist dieser Kernbereich noch nicht betroffen.

In der Bestätigung eines Betriebsratsbeschlusses – insbesondere nach einer Neuwahl des Betriebsrats – liegt ein neuer Willensentschluss.

***BAG** 17.3.2005 – 2 AZR 275/04*

Bei Schulungs- und Bildungsveranstaltungen nach § 37 Abs. 6 BetrVG ist der Betriebsrat- und nicht das einzelne Betriebsratsmitglied – berechtigt festzulegen, welches Betriebsratsmitglied an welcher Schulung teilnimmt. Diese Entscheidung hat der Betriebsrat nach pflichtgemäßem Ermessen auszuüben.

Die Übertragung dieser Entscheidungsbefugnis auf den Betriebsausschuss gemäß § 27 Abs. 2 S. 2 BetrVG begegnet keinen rechtlichen Bedenken.

***ArbG** Essen 29.7.2003 – 2 BV 38/03*

Der Betriebsrat kann zwar nach § 27 Abs. 3 Satz 2 BetrVG den Betriebsausschuss mit der **selbständigen** Wahrnehmung seiner Rechte bei der Einstellung betrauen, er kann diese Aufgabe aber nicht einem einzelnen Betriebsratsmitglied zur selbständigen Erledigung übertragen.

***BAG** 18.7.1978 – 1 ABR 8/75*

Das BetrVG sieht für sämtliche Vertretungsorgane die Möglichkeit vor, einen **Gewerkschaftsbeauftragten** zu den Sitzungen hinzuzuziehen. Die für den Betriebsrat in **§ 31** BetrVG getroffene Regelung ist nach dem Gesetz auch auf den **Gesamtbetriebsrat**, den **Konzernbetriebsrat**, die **Jugend- und Auszubildendenvertretung** sowie die **Gesamt-JAV** anzuwenden. (§§ 51 Abs. 1, 59 Abs. 1, 65 Abs. 1, 73 Abs. 2 BetrVG). Alle diese Vorschriften beziehen sich allerdings nur auf die **Sitzungen der Vertretungsorgane** selbst.
Für die **Ausschüsse** dieser Organe fehlt es an einer entsprechenden Regelung. Das Gesetz enthält überhaupt keine besonderen Vorschriften über die **Ausschusssitzungen**. Es beschränkt sich in den §§ 27 und 28 BetrVG auf Regelungen über die Bildung und Zusammensetzung des Betriebsausschusses und weiterer Ausschüsse des Betriebsrats sowie über deren Aufgaben.
Da aber die Betriebsratsausschüsse bei der Erfüllung der ihnen zugewiesenen Aufgaben **an die Stelle des Betriebsrats treten**, müssen für ihre Sitzungen die für die Sitzungen des Betriebsrats geltenden Vorschriften sinngemäß Anwendung finden.
Das gilt jedenfalls für § 29 Abs. 2 und 3 BetrVG über die Einberufung und Leitung der Sitzungen und für § 30 BetrVG über die Abhaltung der Sitzungen während der Arbeitszeit, die Rücksichtnahme auf betriebliche Notwendigkeiten bei der Ansetzung der Sitzungen, über die vorherige Verständigung des Arbeitgebers vom Zeitpunkt der Sitzungen und über deren Nichtöffentlichkeit. Für die Vorschrift des § 31 BetrVG über die Sitzungsteilnahme eines Gewerkschaftsbeauftragten kann nichts anderes gelten.

***BAG** 18.11.1980 – 1 ABR 31/78*

Stellt das Arbeitsgericht Fehler bei der Wahl zum Betriebsausschuss fest, so ist eine neue Wahl durchzuführen; das Gericht kann nicht etwa eine fehlerhafte Wahl „korrigieren" und einen anderen als den gewählten Kandidaten in den Betriebsausschuss „berufen".

***BAG** 7.10.1980 – 6 ABR 56/79*

In kleineren Betrieben haben an Stelle des dort fehlenden Betriebsausschusses der die laufenden Geschäfte führende Betriebsratsvorsitzende und/oder dessen Stellvertreter ein **Einblicksrecht in die Bruttolohnlisten.**

***BAG** 23.2.1973 – 1 ABR 17/72*

2.2. Abberufung, Neuwahl von Ausschussmitgliedern

Für die Wahl und Abberufung der Ausschussmitglieder gelten nach § 28 Abs. 1 Satz 2 BetrVG die Regelungen des § 27 Abs. 1 Satz 3 bis 5 BetrVG über die Wahl und Abberufung der weiteren Mitglieder des Betriebsausschusses entsprechend. Für den Fall des Ausscheidens von Mitgliedern der nach § 28 I BetrVG gebildeten Ausschüsse ist im Betriebsverfassungsgesetz keine ausdrückliche Regelung vorgesehen. Das Gesetz enthält daher – ebenso wie beim Ausscheiden freigestellter Betriebsratsmitglieder aus der Freistellung – eine planwidrige Regelungslücke. Für den Fall des Ausscheidens eines im Wege der Verhältniswahl in die Freistellung gewählten Betriebsratsmitglieds hat der Senat die Gesetzeslücke dahingehend geschlossen, dass das ersatzweise freizustellende Mitglied in entsprechender Anwendung des § 25 Abs. 2 Satz 1 BetrVG derjenigen Vorschlagsliste zu entnehmen ist, der das zu ersetzende Mitglied angehörte. Ist diese Vorschlagsliste erschöpft, ist das Ersatzmitglied nach den Grundsätzen der Mehrheitswahl zu wählen. Dies gilt beim Ausscheiden im Wege der Verhältniswahl gewählter Mitglieder betriebsratsinterner Ausschüsse gleichermaßen. Denn diese werden nach denselben Grundsätzen gewählt wie freizustellende Betriebsratsmitglieder. § 38 Abs. 2 Satz 8 BetrVG verweist für die Wahl und die Abberufung der freizustellenden Betriebsratsmitglieder ebenso auf § 27 Abs. 1 Satz 3 bis 5 BetrVG wie § 28 Abs. 1 Satz 2 BetrVG für die Wahl von Ausschussmitgliedern. § 25 Abs. 2 Satz 2 BetrVG ist auf das Nachrücken von Ersatzmitgliedern in betriebsratsinterne Ausschüsse nicht entsprechend anwendbar.

Nach § 28 Abs. 1 Satz 2, § 27 Abs. 1 Satz 3 und 4 BetrVG werden die Mitglieder betriebsratsinterner Ausschüsse grundsätzlich gewählt. Bei Ausscheiden eines gewählten Mitglieds kann in entsprechender Anwendung von § 25 II Satz 1 BetrVG ein Ersatzmitglied in den Ausschuss nachrücken. Dies kommt bei der Erweiterung des Ausschusses um zusätzliche Mitglieder jedoch nicht in Betracht. § 25 BetrVG regelt ausschließlich das Nachrücken von Ersatzmitgliedern in den Betriebsrat im Falle des Ausscheidens oder der zeitweiligen Verhinderung von Betriebsratsmitgliedern. Die analoge Anwendung der Vorschrift auf das Nachrücken von Ersatzmitgliedern in betriebsratsinterne Ausschüsse setzt daher voraus, dass ein Ausschussmitglied aus dem Ausschuss ausscheidet oder zeitweilig an der Amtsausübung als Ausschussmitglied verhindert ist. Diese Voraussetzungen sind nicht erfüllt, wenn der Ausschuss um ein zusätzliches Mitglied erweitert wird. Das zusätzliche Mitglied ist bislang noch nicht gewählt worden und kann daher auch nicht in entsprechender Anwendung von § 25 BetrVG ersetzt werden. Es ist vielmehr neu zu wählen. Dabei kommt eine isolierte Neuwahl nach den Grundsätzen der Mehrheitswahl nicht in Betracht, wenn die bisherigen Ausschussmitglieder nach den Grundsätzen der Verhältniswahl gewählt worden sind. In diesem Fall müssen alle Ausschussmitglieder neu gewählt werden, um eine Wahl nach den Grundsätzen der Verhältniswahl zu ermöglichen. Andernfalls würde der mit § 28 Abs. 1 Satz 2, § 27 Abs. 1 Satz 3 BetrVG bezweckte Minderheitenschutz beeinträchtigt.

***BAG** 16.3.2005 – 7 ABR 43/04*

Die in § 27 Abs. 1 Satz 5 vorgeschriebene Mehrheit von drei Vierteln der Stimmen der Mitglieder des Betriebsrats zur **Abberufung** von nach den Grundsätzen der Verhältniswahl gewählten Betriebsausschussmitgliedern dient der Absicherung der Verhältniswahl mit dem ihr innewohnenden Minderheitenschutz. Einer solchen Absicherung bedarf es jedoch nur, wenn lediglich **ein Teil** der gewählten Ausschussmitglieder durch andere Betriebsratsmitglieder ersetzt werden sollen.

Werden dagegen die Ausschussmitglieder **insgesamt neu gewählt**, so treten die neu gewählten an die Stelle der früher gewählten, ohne dass diese erst mit qualifizierter Mehrheit des Betriebsrats abberufen werden müssten.

BAG *29.4.1992 – 7 ABR 74/91*

Gesetzesverstöße bei der Wahl der weiteren Mitglieder des Betriebsausschusses müssen grundsätzlich in einem Wahlanfechtungsverfahren geltend gemacht werden.

Bei einer betriebsratsinternen Wahl tritt an die Stelle der Anfechtungsbefugnis von drei Wahlberechtigten die **Anfechtungsbefugnis** eines einzelnen Betriebsratsmitglieds. Im Übrigen bleibt es dahingestellt, inwieweit der Kreis der Anfechtungsberechtigten bei betriebsratsinternen Wahlen abweichend von § 19 Abs. 2 Satz 1 BetrVG gezogen werden muss.

Die **Anfechtungsfrist** beträgt in entsprechender Anwendung des § 19 Abs. 2 Satz 2 BetrVG zwei Wochen.

Die Wahl der weiteren Mitglieder des Betriebsausschusses ist ebenso wie die Betriebsratswahl nur in besonderen, eng begrenzten Ausnahmefällen **nichtig**.

Mit einer Neuwahl der weiteren Mitglieder des Betriebsausschusses kann eine Abberufung der früher gewählten Ausschussmitglieder verbunden sein. **Eine Neuwahl ohne Abberufung der früher und wirksam gewählten Ausschussmitglieder ist nichtig.**

BAG *13.11.1991 – 7 ABR 18/91*

Bei Ausscheiden eines nach § 27 BetrVG im Wege der Verhältniswahl gewählten Betriebsausschussmitglieds ist das nachrückende nächstplatzierte Mitglied der Liste zu entnehmen, der das ausscheidende Mitglied angehörte. Dies entspricht den Grundsätzen des Verhältniswahlrechts. Eine Neuwahl bei jedem Ausscheiden eines Mitglieds ist hiermit nicht vereinbar.

ArbG *Berlin 19.6.2003 – 25 BV 6243/03 = NZA-RR 2004, 87*

3. Weitere Ausschüsse (§ 28 BetrVG)

Der Betriebsrat darf sich nicht aller wesentlichen Befugnisse dadurch entäußern, dass er seine Aufgaben weitestgehend auf Ausschüsse überträgt; er muss als Gesamtorgan in einem Kernbereich der gesetzlichen Befugnisse zuständig bleiben. Dabei ist auf den gesamten Aufgabenbereich des Betriebsrats, nicht auf die einzelnen Mitbestimmungstatbestände abzustellen.

BAG *1.6.1976 – 1 ABR 99/74;* **BAG** *20.10.1993 – 7 ABR 26/93*

Hat der Betriebsrat einen Ausschuss nach § 28 Abs. 1 BetrVG gebildet, richtet sich die Berufung der Ausschussmitglieder auf Grund der Verweisung in § 28 Abs. 1 Satz 2 BetrVG nach § 27 Abs. 1 Satz 3 bis 5 BetrVG. Auf Grund der fehlenden Verweisung auf § 27 Abs. 1 Satz 2 BetrVG sind der Betriebsratsvorsitzende und sein Stellvertreter keine geborenen Mitglieder eines Ausschusses nach § 28 Abs. 1 BetrVG.

Sämtliche Ausschussmitglieder eines Ausschusses nach § 28 Abs. 1 BetrVG sind vom Betriebsrat nach den Grundsätzen der Verhältniswahl zu wählen. Lediglich bei nur einem Wahlvorschlag erfolgt die Wahl nach den Grundsätzen der Mehrheitswahl (§ 28 Abs. 1 Satz 2. § 27 Abs. 1 Satz 3 bis 5 BetrVG).

Bei dem in § 28 Abs. 1 Satz 2, § 27 Abs. 1 Satz 3 bis 5 BetrVG geregelten Verfahren für die Berufung der Ausschussmitglieder handelt es sich um eine abschließende gesetzliche Regelung. In einer Geschäftsordnung des Betriebsrats kann daher nicht bestimmt werden, dass der Betriebsratsvorsitzende und sein Stellvertreter geborene Mitglieder von Ausschüssen nach § 28 Abs. 1 BetrVG sind.

BAG *16.11.2005 – 7 ABR 11/05*

Die Entscheidung des Betriebsrats, welche Aufgaben er an weitere oder gemeinsame Ausschüsse überträgt, unterliegt keiner gerichtlichen Zweckmäßigkeits-, sondern nur einer Rechtskontrolle.

Die Bildung und Zusammensetzung eines **gemeinsamen Ausschusses** von Betriebsrat und Arbeitgeber (§ 28 Abs. 2 BetrVG) ist nicht davon abhängig, ob weitere Ausschüsse i.S.d. § 28 Abs. 1 BetrVG bestehen und wie sie besetzt sind.

BAG *20.10.1993 – 7 ABR 26/93*

Der Betriebsrat kann in seiner Geschäftsordnung die Wahrnehmung von Aufgaben einem Ausschuss zur **selbständigen Erledigung** übertragen. Das ist nach § 28 Abs. 1 BetrVG zulässig. Die für die Übertragung des Aufgabengebiets gemäß § 28 Abs. 1 Satz 2 i. V. m. § 27 Abs. 3 Satz 3 BetrVG (jetzt § 27 Abs. 2 Satz 3 BetrVG) notwendige **Schriftform** ist durch die Aufnahme in die Geschäftsordnung erfüllt, da diese ihrerseits der Schriftform bedarf (§ 36 BetrVG).

BAG *12.7.1984 – 2 AZR 320/83*

Ein einzelnes Betriebsratsmitglied ist beim Arbeitsgericht antragsberechtigt, die ordnungsgemäße Zusammensetzung eines Ausschusses überprüfen zu lassen.

BAG *1.6.1976 – 1 ABR 99/74*

Das Recht der **Schwerbehindertenvertretung** zur beratenden Teilnahme an Sitzungen des Betriebsrats und dessen Ausschüssen nach § 25 Abs. 4 Satz 1 SchwbG umfasst auch die beratende Teilnahme an Sitzungen **gemeinsamer Ausschüsse** des Betriebsrats und des Arbeitgebers i.S.d. § 28 Abs. 3 BetrVG (jetzt § 28 Abs. 2 BetrVG).

BAG *21.4.1993 – 7 ABR 44/92*

4. Übertragung von Aufgaben auf Arbeitsgruppen

Hinweis für die Praxis:

§ 28a BetrVG begründet die Möglichkeit, Mitwirkungsrechte auf aus Arbeitnehmern zusammengesetzte Arbeitsgruppen zu übertragen. Die Vorschrift, die nur für Betriebe mit mehr als 100 Arbeitnehmern anwendbar ist, soll den Arbeitnehmern des Betriebes ermöglichen, sich selbst bei der Regelung von betriebsverfassungsrechtlichen Aufgaben, die ihren Arbeitsplatz und ihre arbeitsvertraglichen Pflichten unmittelbar betreffen, zu beteiligen, was bisher im Rahmen des Betriebsverfassungsrechts in dieser Form nicht möglich war. Nach Maßgabe einer mit dem Arbeitgeber abzuschließenden Rahmenvereinbarung kann der Betriebsrat betriebsverfassungsrechtliche Mitwirkungs- und Mitbestimmungsrechte auf Arbeitsgruppen delegieren. Diese werden durch eine solche Delegation anstelle des Betriebsrats Träger der auf sie delegierten Mitwirkungs- und Beteiligungsrechte.

5. Einberufung der Betriebsratssitzungen (§ 29 BetrVG)[22]

Unterbleibt die in § 18 Satz 1 WO vorgesehene förmliche Bekanntgabe des Wahlergebnisses, so endet die Amtszeit des geschäftsführenden Betriebsrats spätestens mit der konstituierenden Sitzung des neu gewählten Gremiums i.S.v. § 29 Abs. 1 BetrVG, auch wenn die reguläre Amtszeit zu diesem Zeitpunkt noch nicht abgelaufen ist.

Ob als „Bekanntgabe des Wahlergebnisses" i.S.v. § 22 BetrVG, § 18 Satz 1 WO auch ein Aushang der gesamten Wahlniederschrift i.S.v. § 16 Abs. 1 WO anzusehen ist, weil in ihr nach Abs. 1 Nr. 6 die Namen der gewählten Bewerber festzustellen sind, bleibt unentschieden.

BAG *5.11.2009 – 2 AZR 487/08*

Eine besondere Form für die Ladung zur Betriebsratssitzung ist im Gesetz nicht vorgesehen, so dass diese auch mündlich erfolgen kann.

BAG *8.2.1977 – 1 ABR 82/74*

Aus dem BetrVG ergibt sich keine Verpflichtung des Arbeitgebers, mit einer an sich beteiligungspflichtigen Maßnahme (hier: Betriebsänderung) so lange zu warten, bis im Betrieb ein funktionsfähiger Betriebsrat vorhanden ist, und zwar auch dann nicht, wenn mit der Wahl eines Betriebsrats zu rechnen und die Zeit bis zu dessen Konstituierung absehbar ist.

BAG *28.10.1992 – 10 ABR 75/91*

---

[22] vgl. auch §§ 21 – 25 BetrVG, Ziff. 5. „Ersatzmitglieder", S. 65; vgl. auch §§ 26 – 36 BetrVG, Ziff. 9. „Beschlüsse des Betriebsrats", S. 80

Ist bereits ein nach § 13 Abs. 1 BetrVG gewählter Betriebsrat im Betrieb vorhanden, kann die Amtsausübungsbefugnis des neu gewählten Betriebsrats sofort mit Beginn der Amtszeit durch rechtzeitige Wahl und dadurch begründet werden, dass die konstituierende Sitzung nach Bekanntgabe des Wahlergebnisses, aber noch vor Beginn der Amtszeit durchgeführt wird.

War der Betriebsrat nach § 13 Abs. 2 und 3 BetrVG außerhalb der regelmäßigen Betriebsratswahlen gewählt, so hängt die Zeitdauer zwischen Amtszeitbeginn und Konstituierung für den danach gewählten Betriebsrat (vgl. dazu § 21 BetrVG) allein vom Wahlvorstand ab. Die Wochenfrist nach § 29 Abs. 1 BetrVG bedeutet nicht, dass nicht etwa zugleich mit Bekanntgabe des Wahlergebnisses kurzfristig auch zur Wahl nach § 26 BetrVG geladen werden könnte. Fristen hierfür bestehen nicht (vgl. § 29 Abs. 1 Satz 1 BetrVG). Im Übrigen führt der bisherige Betriebsrat in den Fällen des § 13 Abs. 2 Nrn. 1 bis 3 BetrVG die Geschäfte bis zur Bekanntgabe des Wahlergebnisses des neu gewählten Betriebsrats weiter (§ 22 BetrVG).

BAG *23.8.1984 – 6 AZR 520/82*

Der Erste Senat möchte die Auffassung vertreten, dass die Ladung zu einer Betriebsratssitzung ohne Mitteilung der Tagesordnung nicht zur Unwirksamkeit eines in dieser Betriebsratssitzung gefassten Beschlusses führt, wenn sämtliche Mitglieder des Betriebsrats rechtzeitig geladen sind, der Betriebsrat beschlussfähig i.S.d. § 33 Abs. 2 BetrVG ist und die anwesenden Betriebsratsmitglieder einstimmig beschlossen haben, über den Regelungsgegenstand des später gefassten Beschlusses zu beraten und abzustimmen. Nicht erforderlich ist, dass in dieser Sitzung alle Betriebsratsmitglieder anwesend sind.

Damit weicht der Senat von der Rechtsprechung des Siebten Senats (10. Oktober 2007 – 7 ABR 51/06 – zu – B 12 der Gründe, BAGE 124, 188; 28. Oktober 1992 – 7 ABR 14/92 – zu B 112 d der Gründe) ab. Der Erste Senat fragt nach § 45 Abs. 3 Satz 1 ArbGG an, ob der Siebte Senat an seiner Rechtsauffassung festhält.

BAG *9.7.2013 – 1 ABR 2/13 (A)*

Hinweis für die Praxis

Mit vorstehendem Beschluss vom 9. Juli 2013 möchte der erste Senat des BAG von der in der Vergangenheit vom 7. Senat des BAG vertretenen Rechtsprechung abweichen, dass eine Änderung oder Ergänzung einer Tagesordnung zu einer Betriebsratssitzung nur möglich ist, wenn der vollzählig versammelte Betriebsrat der Änderung oder Ergänzung der Tagesordnung einstimmig zustimmt.

Vielmehr soll eine wirksame Beschlussfassung auch möglich sein, wenn alle Betriebsratsmitglieder bzw. die erforderlichen Ersatzmitglieder ordnungsgemäß geladen wurden und dann die tatsächlich erschienenen Betriebsratsmitglieder bzw. Ersatzmitglieder beschlussfähig sind und einer Änderung oder Ergänzung der Tagesordnung einstimmig zustimmen.

Mit nachfolgendem Beschluss vom 22. Januar 2014 schließt sich der siebte Senat des BAG der Rechtsansicht des ersten Senats an. Das bedeutet, dass ein wirksamer Beschluss auch in einer Betriebsratssitzung gefasst werden kann, zu der zwar alle Betriebsratsmitglieder bzw. die erforderlichen Ersatzmitglieder ordnungsgemäß geladen wurden, jedoch das Beschlussthema nicht in der der Ladung beigefügten oder auch nachträglich übersandten Tagesordnung aufgeführt war. Voraussetzung ist allerdings, dass die anwesenden Betriebsratsmitglieder bzw. Ersatzmitglieder beschlussfähig sind und der Ergänzung oder Änderung der Tagesordnung einstimmig zugestimmt haben.

Die Beachtung des § 29 Abs. 2 Satz 3 BetrVG und die dort ausdrücklich angeordnete Ladung der Betriebsratsmitglieder einschließlich etwaiger Ersatzmitglieder unter Mitteilung der Tagesordnung ist wesentlich für die Wirksamkeit eines in der Sitzung gefassten Betriebsratsbeschlusses.
Für die Heilung eines Verfahrensmangels i.S.d. § 29 Abs. 2 Satz 3 BetrVG reicht es aus, dass alle Betriebsratsmitglieder einschließlich erforderlicher Ersatzmitglieder rechtzeitig zur Sitzung geladen worden sind und die beschlussfähig (§ 33 Abs. 2 BetrVG) Erschienenen in dieser Sitzung eine Ergänzung oder Erstellung der Tagesordnung einstimmig beschließen. An der Rechtsauffassung, ein Beschluss des Betriebsrats zu einem nicht in der Tagesordnung aufgeführten Punkt könne auch bei einstimmiger Beschlussfassung wirksam nur gefasst werden, wenn alle Betriebsratsmitglieder anwesend sind, hält der Siebte Senat nicht fest.

Vieles spricht dafür, dass nicht jeder Verstoß gegen die formellen Anforderungen einer Betriebsratssitzung die Unwirksamkeit eines darin gefassten Beschlusses zur Folge hat, sondern nur eine solcher, der so schwerwiegend ist, dass der Fortbestand des Beschlusses von der Rechtsordnung nicht hingenommen werden kann.

BAG *22.1.2014 – 7 AS 6/13*

Ein Betriebsratsbeschluss ist ordnungsgemäß zustande gekommen, wenn der Betriebsrat beschlussfähig i.S.d. § 33 BetrVG ist und sich in einer Betriebsratssitzung aufgrund einer mit den Vorschriften des Betriebsverfassungsgesetzes in Einklang stehenden Ladung mit dem jeweiligen Sachverhalt befasst und durch Abstimmung eine einheitliche Willensbildung herbeigeführt hat. Eine ordnungsgemäße Sitzung setzt dabei nach § 29 Abs. 2 Satz 3 BetrVG voraus, dass die Betriebsratsmitglieder vom Vorsitzenden rechtzeitig unter Mitteilung einer Tagesordnung zur Betriebsratssitzung geladen worden sind.

Nicht jeder Verstoß gegen die formellen Anforderungen einer ordnungsgemäßen Betriebsratssitzung führt zur Unwirksamkeit eines darin gefassten Beschlusses. Nur bei Verstößen gegen wesentliche Verfahrensvorschriften kann deren Beachtung Vorrang vor dem Bedürfnis nach Rechtssicherheit beanspruchen. Die in § 29 Abs. 2 Satz 3 BetrVG ausdrücklich angeordnete Ladung der Betriebsratsmitglieder unter Mitteilung der Tagesordnung ist als wesentlich für die Wirksamkeit eines in einer Betriebsratssitzung gefassten Beschlusses anzusehen.

Eine wegen fehlender Mitteilung einer Tagesordnung unwirksame Ladung zu einer Betriebsratssitzung kann geheilt werden, wenn der Betriebsrat in der Sitzung beschlussfähig ist und die anwesenden Betriebsratsmitglieder einstimmig beschließen, über einen Regelungsgegenstand zu beraten und abzustimmen. Nicht erforderlich ist, dass in dieser Sitzung alle Betriebsratsmitglieder anwesend sind.

BAG *15.4.2014 – 1 ABR 2/13 (B)*

Im Hinblick auf eine vom Betriebsratsvorsitzenden geplante Beschlussfassung steht der Tagesordnungspunkt „*Verschiedenes*" dem Fehlen einer Tagesordnung gleich.

BAG *28.10.1992 – 7 ABR 14/92*

Wird für ein zeitweilig verhindertes Betriebsratsmitglied kein Ersatzmitglied geladen, so ist der Betriebsrat an einer wirksamen Beschlussfassung gehindert.

BAG *23.8.1984 – 2 AZR 391/83*

6. Betriebsratssitzungen (§ 30 BetrVG)

Die Beachtung des in § 30 Satz 4 BetrVG normierten Gebots der Nichtöffentlichkeit von Betriebsratssitzungen ist grundsätzlich als wesentlich für die Wirksamkeit eines in der Sitzung gefassten Betriebsratsbeschlusses anzusehen. Ein wesentlicher, zur Unwirksamkeit des gefassten Beschlusses führender Verstoß gegen § 30 Satz 4 BetrVG kommt allerdings nur in Betracht, wenn zumindest ein Betriebsratsmitglied vor der Behandlung eines Tagesordnungspunkts die Anwesenheit einer nicht teilnahmeberechtigten Person ausdrücklich beanstandet hat und diese anwesend bleibt.

BAG *30.9.2014 – 1 ABR 32/13*

Im Allgemeinen besteht keine Pflicht der Betriebsratsmitglieder, über den Verlauf von Betriebsratssitzungen **Stillschweigen** zu bewahren. Eine solche Schweigepflicht ist nur bei Vorliegen besonderer Umstände zu bejahen.

Ob im Falle einer Schweigepflicht des Betriebsratsmitglieds der Bruch derselben eine grobe Pflichtverletzung i.S.d. § 23 Abs. 1 BetrVG darstellt, ist eine Frage des Einzelfalles.

BAG *5.9.1967 – 1 ABR 1/67 = BB 1967, 1336 = DB 1967, 1990*

Das Merkmal „Rücksichtnahme auf die betrieblichen Notwendigkeiten" nach § 30 Satz 2 BetrVG bezieht sich nur auf Zeit und Dauer der Sitzung.

BAG *24.7.1979 – 6 ABR 96/77*

Die erforderliche Berücksichtigung betrieblicher Notwendigkeiten bei der Terminierung der Betriebsratssitzung gibt dem Arbeitgeber keinen Anspruch auf eine Regelung, dass Betriebsratssitzungen nur an bestimmten Terminen abgehalten werden dürfen.

ArbG *Wesel 12.4.1988 – 1 BV 4/88*

Betriebsräte können von Arbeitgebern nur in Notsituationen an der Teilhabe von Betriebsratssitzungen gehindert werden. Der Arbeitgeber darf nicht in die Lage versetzt werden, auf die Zusammensetzung des Betriebsrats in der jeweiligen Betriebsratssitzung Einfluss zu nehmen. Hinweis des Arbeitgebers, für ein gewähltes Betriebsratsmitglied könne ein Vertreter an der Sitzung teilnehmen, ist nicht haltbar.
(Im vorliegenden Fall war einem Arbeitnehmer die Teilnahme an einer vorgezogenen Betriebsratssitzung untersagt worden. Begründung: Der Mann müsse sich zeitgleich an einer Maschine einarbeiten.)
Diese Anweisung ist unzulässig. Nur in Notsituationen kann der Betriebsrat an der Teilnahme gehindert werden.

***LAG** Hamm 10.1.1996 – 3 Sa 566/95*

Der Betriebsrat ist nicht verpflichtet, dem Arbeitgeber nachträglich Auskunft über Beginn und Ende seiner Sitzungen zu erteilen.

Diese Angaben gehören auch nicht zum erforderlichen Bestandteil des Protokolls jeder Betriebsratssitzung gemäß § 34 BetrVG.

Die Verpflichtung der nicht freigestellten Betriebsratsmitglieder, sich beim Verlassen ihres Arbeitsplatzes abzumelden bzw. sich bei Rückkehr wieder anzumelden, bezieht sich nur auf die einzelnen Betriebsratsmitglieder, nicht aber auf den Betriebsrat als Organ.

Der Betriebsrat ist auch sonst nicht verpflichtet, Angaben über die Dauer von Betriebsratssitzungen gegenüber dem Arbeitgeber vorzunehmen, um es diesem zu ermöglichen, angeblich bestehende Verdachtsmomente, wonach Betriebsratsmitglieder die aufgewendeten Zeiten für Betriebsratstätigkeit unrichtig angegeben hätten, überprüfen zu können.

***ArbG** Hamburg 8.9.1999 – 13 BV 4/99 = AiB 2000, 102*

7. Teilnahme der im Betriebsrat vertretenen Gewerkschaften an Betriebsratssitzungen (§ 31 BetrVG)

Der Betriebsrat kann in seiner **Geschäftsordnung** regeln, dass den im **Betriebsrat vertretenen Gewerkschaften ein generelles Teilnahmerecht** an den Betriebsratssitzungen zusteht.

§ 31 BetrVG sieht nur für Beauftragte einer **im Betriebsrat** vertretenen Gewerkschaft unter den dort geregelten Voraussetzungen ein Teilnahmerecht an Betriebsratssitzungen vor. Wenn eine Geschäftsordnung demgegenüber regelt, dass „die Vertreter der **im Betrieb** vertretenen Gewerkschaften das Recht haben, an den Sitzungen des Betriebsrats mit beratender Stimme teilzunehmen", ist eine **derartige Ausdehnung des teilnahmeberechtigten Personenkreises unwirksam, weil sie der insofern zwingenden Vorschrift des § 31 BetrVG widerspricht.**
Die Beschränkung des teilnahmeberechtigten Personenkreises auf Gewerkschaftsseite ist in § 31 BetrVG zwar für den Fall angeordnet, dass einem Beauftragten einer **im Betriebsrat** vertretenen Gewerkschaft aufgrund eines Antrages von einem Viertel der Mitglieder oder der Mehrheit einer Gruppe des Betriebsrats das Recht eingeräumt wird, an Betriebsratssitzungen beratend teilzunehmen. Aus § 31 BetrVG lässt sich aber nicht entnehmen, dass der Gesetzgeber dem Betriebsrat die Kompetenz einräumen wollte, durch Beschluss oder eine entsprechende Regelung in der Geschäftsordnung den Kreis der teilnahmeberechtigten Gewerkschaftsbeauftragten über die in § 31 BetrVG festgelegten Schranken zu erweitern. Eine Ausdehnung des Teilnahmerechts auf alle **im Betrieb** vertretenen Gewerkschaften hätte der Gesetzgeber ausdrücklich anordnen müssen, wie dies etwa bei der Regelung des Teilnahmerechts der Gewerkschaften an Betriebs- oder Abteilungsversammlungen (§ 46 Abs. 1 BetrVG) geschehen ist.

***BAG** 28.2.1990 – 7 ABR 22/89*

Die Entfernung eines Gewerkschaftssekretärs einer im Betriebsrat vertretenen Gewerkschaft durch einen Polizeibeamten von einer Betriebsratssitzung ist rechtswidrig.

*Widerspruchsbescheid der **Polizeidirektion** Schleswig-Holstein West. AZ: -11- 12.45- vom 12.3.1991 = AiB 91,200*

8. Teilnahme der Schwerbehindertenvertretung (§ 32 BetrVG)

Das Recht der **Schwerbehindertenvertretung** zur beratenden Teilnahme an Sitzungen des Betriebsrats und dessen Ausschüssen nach § 25 Abs. 4 Satz 1 SchwbG (jetzt § 95 Abs. 4 Satz 1 SGB IX) umfasst auch die beratende Teilnahme an Sitzungen **gemeinsamer Ausschüsse** des Betriebsrats und des Arbeitgebers i.S.d. § 28 Abs. 3 BetrVG.

***BAG** 21.4.1993 – 7 ABR 44/92*

Rechtsstreitigkeiten über Rechte und Pflichten der Schwerbehindertenvertretung gegenüber dem Arbeitgeber oder dem Betriebsrat sind im Beschlussverfahren zu entscheiden.

***BAG** 2.9.1989 – 1 AZR 465/88*

9. Beschlüsse des Betriebsrats (§ 33 BetrVG)[23]

Nach der Konzeption des Betriebsverfassungsgesetzes handelt der Betriebsrat als Kollegialorgan. Er bildet seinen gemeinsamen Willen nach § 33 Abs. 1 BetrVG durch Beschluss. Dieser ist beachtlich, wenn er ordnungsgemäß zustande gekommen ist. Dazu muss der Betriebsrat beschlussfähig i.S.d. § 33 BetrVG sein und sich auf einer Betriebsratssitzung aufgrund einer mit den Vorschriften des BetrVG in Einklang stehenden Ladung mit dem jeweiligen Sachverhalt befasst und durch Abstimmung eine einheitliche Willensbildung herbeigeführt haben (BAG 15.4.2014 – 1 ABR 2/13 (B)).

Die Wirksamkeit eines in einer Betriebsratssitzung gefassten Betriebsratsbeschlusses setzt voraus, dass die Betriebsratsmitglieder nach § 29 Abs. 2 Satz 3 BetrVG vom Vorsitzenden rechtzeitig unter Mitteilung der Tagesordnung zur Betriebsratssitzung geladen wurden. Die Vorschrift des § 29 Abs. 2 Satz 3 BetrVG dient mittelbar der Willensbildung des Betriebsrats, indem sie dem einzelnen Betriebsratsmitglied eine sachgerechte Sitzungsvorbereitung ermöglichen und ihn vor unbedachten und unvorbereiteten Entscheidungen schützen soll. Die rechtzeitige Ladung unter Übermittlung der Tagesordnung soll ihm Gelegenheit geben, sich ein Bild über die zu treffenden Entscheidungen zu machen und ihm die Möglichkeit eröffnen, sich sachgerecht und ordnungsgemäß auf die Betriebsratssitzung vorbereiten zu können. Damit wird eine demokratischen Grundprinzipien gerecht werdende Willensbildung des Betriebsrats gewährleistet und der Gefahr einer Überrumpelung einzelner Betriebsratsmitglieder bei der Beratung und anschließenden Abstimmung entgegengewirkt. Erfolgt die Ladung zu einer Betriebsratssitzung ohne Übermittlung der Tagesordnung, liegt ein evidenter Gesetzesverstoß vor (vgl. BAG 15.4.2014 – 1 ABR 2/13 (B)).

Eine mangels Übermittlung der Tagesordnung i.S.d. § 29 Abs. 2 Satz 3 BetrVG verfahrensfehlerhafte Ladung zu einer Betriebsratssitzung kann durch die ordnungsgemäß geladenen Mitglieder und Ersatzmitglieder des Betriebsrats in der Betriebsratssitzung geheilt werden, wenn der Betriebsrat beschlussfähig i.S.d. § 33 Abs. 2 BetrVG ist und die Anwesenden einstimmig beschließen, über einen Regelungsgegenstand zu beraten und abzustimmen. Das Erfordernis der Einstimmigkeit schützt das einzelne Betriebsratsmitglied davor, über betriebsverfassungsrechtliche Angelegenheiten befinden zu müssen, mit denen es sich aus seiner Sicht noch nicht angemessen befasst und noch keine abschließende Meinung gebildet hat.

Um diesen Schutz zu erreichen, wird von dem einzelnen Betriebsratsmitglied lediglich verlangt, der Ergänzung oder der Erstellung einer bisher nicht vorhandenen Tagesordnung ohne Begründung die Zustimmung zu verweigern. Bereits dadurch wird der Betriebsrat an einer abschließenden Willensbildung in der betreffenden Angelegenheit gehindert. Dagegen genügt es nicht, wenn die anwesenden Betriebsratsmitglieder mit einfacher oder qualifizierter Mehrheit für die Ergänzung oder Aufstellung einer Tagesordnung stimmen. Dadurch wird die eigenständige Willensbildung des einzelnen Betriebsratsmitglieds nicht hinreichend geschützt. Vielmehr wäre es auf die Unterstützung anderer Mitglieder des Betriebsrats angewie-

[23] vgl. auch § 29 BetrVG „Einberufung der Betriebsratssitzung", S. 78

sen. Dem soll die Verfahrensvorschrift des § 29 Abs. 2 Satz 3 BetrVG aber gerade entgegenwirken. Der einstimmige Beschluss kann von dem nach Maßgabe von § 33 Abs. 2 BetrVG beschlussfähigen Betriebsrat gefasst werden. Das vollständige Erscheinen aller Mitglieder des Betriebsrats ist nicht erforderlich. Der Normzweck des § 29 Abs. 2 Satz 3 BetrVG verlangt keine Einschränkung der allgemeinen Regelung über die Beschlussfähigkeit des Betriebsrats, wenn dieser über die Ergänzung oder Aufstellung einer Tagesordnung in der laufenden Betriebsratssitzung zu entscheiden hat. Diesem wird vielmehr durch das Einstimmigkeitserfordernis hinreichend Rechnung getragen (BAG 15.4.2014 – 1 ABR 2/13 (B)).

BAG *22.11.2017 – 7ABR 46/16*

Nach § 26 Abs. 2 Satz 1 BetrVG vertritt der Betriebsratsvorsitzende oder im Fall seiner Verhinderung sein Stellvertreter den Betriebsrat im Rahmen der vom Betriebsrat gefassten Beschlüsse. Nur ein ordnungsgemäßer Betriebsratsbeschluss schafft die Legitimation für die Handlungen und Erklärungen des Betriebsrats und der für ihn tätigen Personen, soweit nicht durch besondere gesetzliche Regelungen dem Betriebsratsvorsitzenden oder seinem Stellvertreter eine Alleinzuständigkeit zugewiesen ist. Ein unter Missachtung zwingender Verfahrensvorschriften zustande gekommener Beschluss des Betriebsrats ist unwirksam und entfaltet keine Rechtswirkungen.

Der Betriebsrat kann erneut über die Angelegenheit beschließen. Der im Rahmen einer erneuten Befassung getroffene Beschluss wirkt grundsätzlich nicht auf den Zeitpunkt der erstmaligen und wegen des Verfahrensfehlers unwirksamen Beschlussfassung zurück, sondern schafft erst für die Zukunft eine Rechtsgrundlage für die Handlungen und Erklärungen des Betriebsrats zu diesem Beschlussgegenstand.

Fehlt es an einem Betriebsratsbeschluss oder ist der Beschluss unwirksam, handelt der Betriebsratsvorsitzende ohne Vertretungsmacht. Die vom ihm abgeschlossene Vereinbarung ist dann schwebend unwirksam. Der Betriebsrat kann durch eine nachträgliche Beschlussfassung die vom Betriebsratsvorsitzenden zuvor ohne Rechtsgrundlage getroffene Vereinbarung nach § 184 Abs. 1 BGB genehmigen.

Genehmigt der Betriebsrat das zunächst ohne Vertretungsmacht abgeschlossene Rechtsgeschäft, wirkt die Genehmigung nach § 184 Abs. 1 BGB auf den Zeitpunkt der Vornahme des Rechtsgeschäfts zurück, soweit nichts anderes bestimmt ist.

Die Wirkungen der erneuten Beschlussfassung richten sich regelmäßig nicht nach § 184 Abs. 1 BGB, wenn sie nicht die nachträgliche Zustimmung des Betriebsrats zu einem von dem Betriebsratsvorsitzenden, seinem Stellvertreter oder einem sonst im Namen des Betriebsrats handelnden Mitglied abgeschlossenen Vertrag zum Gegenstand hat. Hier bleibt es bei dem Grundsatz, dass erst die erstmals wirksame Beschlussfassung die Legitimation für das Handeln des Betriebsrats schafft.

Die zeitliche Rückerstreckung der Genehmigung zu einem im Namen des Betriebsrats abgeschlossenen Rechtsgeschäft ist ausgeschlossen, wenn die Beschlussfassung des Betriebsrats erst nach dem für die Beurteilung eines Sachverhalts maßgeblichen Zeitpunkt erfolgt. Diese Einschränkung betrifft insbesondere rechtsgeschäftliche Vereinbarungen, durch die dem Arbeitgeber eine Kostentragungspflicht auferlegt wird. Daneben können wie bei der Änderung oder Aufhebung von Betriebsratsbeschlüssen Gesichtspunkte des Vertrauensschutzes einer zeitlichen Rückerstreckung der Genehmigung entgegenstehen.

BAG *10.10.2007 – 7 ABR 51/06*

Hinweis für die Praxis:

Wie die vorstehende Entscheidung des Bundesarbeitsgerichts zeigt, kann der Betriebsrat zwar durch eine nachträgliche Beschlussfassung in einzelnen Fällen ein zunächst schwebend unwirksames Handeln des Betriebsratsvorsitzenden genehmigen. Die Genehmigung wirkt auch auf den Zeitpunkt des Handelns des Betriebsratsvorsitzenden zurück. Eine solche Genehmigung ist jedoch jedenfalls dann nicht möglich, wenn dem Arbeitgeber eine Kostenerstattungspflicht auferlegt werden soll, wie zum Beispiel die Erstattung von Seminarkosten nach zunächst fehlerhaftem und deshalb unwirksamem Betriebsratsbeschluss. Beschließt der Betriebsrat beispielsweise, ein Mitglied zu einem Grundlagenseminar zu entsenden und ist der Beschluss aufgrund von Fehlern rechtsunwirksam, so ist eine Heilung dieses unwirksamen Beschlusses durch eine nachträgliche Genehmigung nicht möglich.

Die anwesenden, ordnungsgemäß geladenen Betriebsratsmitglieder können mit der Ergänzung der Tagesordnung zugleich einen zuvor unwirksam gefassten Beschluss einstimmig genehmigen konnten. Das Prinzip der Einstimmigkeit schützt das einzelne Betriebsratsmitglied auch insoweit ausreichend vor einer Überrumpelung und wahrt seine Rechte bei der demokratischen Willensbildung. Jedes Betriebsratsmitglied kann ohne weitere Begründung gegen eine Erweiterung der Tagesordnung stimmen und damit eine Vertagung der Tagesordnungspunkte erwirken, die ihm mit der Ladung nicht mitgeteilt wurden. Wurde bereits ein – unwirksamer – Beschluss gefasst, ist der Tagesordnungspunkt nach ordnungsgemäßer Ladung und hinreichender Vorbereitungszeit dann neu zu behandeln und ggf. ein erneuter Beschluss zu fassen.

BAG *22.11.2017 – 7 ABR 46/16*

Verstöße gegen die Regelungen in § 29 Abs. 2 Satz 1 und Satz 3 BetrVG, nach denen der Betriebsratsvorsitzende – im Verhinderungsfall sein Stellvertreter – die Sitzungen des Betriebsrats einberuft und die anderen Betriebsratsmitglieder hierzu lädt, haben die Unwirksamkeit eines auf einer solchen Sitzung gefassten Betriebsratsbeschlusses zur Folge (Rn. 39 ff.). Der Senat hat offengelassen, ob und unter welchen Voraussetzungen ein Recht der Betriebsratsmitglieder zum sog. Selbstzusammentritt besteht (Rn. 38) und ob solche Verstöße ggf. geheilt werden können (Rn. 42).

Während der Dauer einer ärztlich attestierten Arbeitsunfähigkeit ist ein nach § 38 Abs. 1 BetrVG freigestelltes Betriebsratsmitglied an der Wahrnehmung seines Amts verhindert. (Rn. 29)

Da der Arbeitgeber – als der jeweilige Inhaber des Betriebs – das Verfahren nach § 99 Abs. 1 Satz 1 BetrVG für eine beabsichtigte personelle Maßnahme durchführen muss, ist es unschädlich, wenn es im Fall eines Betriebsübergangs vom Betriebsveräußerer beim Betriebsrat eingeleitet wird, obwohl die personelle Maßnahme erst vom Betriebserwerber vorgenommen werden soll (Rn. 21).

BAG. *28.7.2020 – 1 ABR 5/19*

Der Betriebsrat kann die ohne ordnungsgemäße Beschlussfassung vorgenommene Einleitung eines Beschlussverfahrens und die Beauftragung eines Verfahrensbevollmächtigten genehmigen. Die Genehmigung durch eine nachträgliche Beschlussfassung ist bis zu einer Prozessentscheidung möglich, durch die der Antrag wegen des Vertretungsmangels als unzulässig abgewiesen wird. Der Nachweis über die bis zum Zeitpunkt der Prozessentscheidung erfolgte Beschlussfassung kann noch im Rechtsmittelverfahren erfolgen.

Stellt sich heraus, dass die Beschlussfassung des Betriebsrats über die Einleitung des Beschlussverfahrens nicht ordnungsgemäß erfolgt ist, hat das Gericht den Betriebsrat nicht nur darauf und auf die Möglichkeit einer Heilung des Verfahrensmangels hinzuweisen, sondern ihm gleichzeitig Gelegenheit zu geben, die fehlende oder fehlerhafte Beschlussfassung nachzuholen.

BAG *16.11.2005 – 7 ABR 12/05*

Ein Arbeitgeber muss Schulungskosten nur übernehmen, wenn der Betriebsrat den Beschluss über die Erforderlichkeit der Teilnahme des Betriebsratsmitglieds vor der jeweiligen Veranstaltung gefasst hat. Ein vormaliger Beschluss zur Teilnahme an einer anderen Schulung genügt ebenso wenig den Anforderungen des Gesetzes wie eine Genehmigung nach Beginn der Veranstaltung. Eine gesetzliche Pflicht zur Übernahme von Schulungskosten wird in diesen Fällen nicht begründet.

Zum Sachverhalt:

Der Betriebsrat des in Anspruch genommenen Arbeitgebers beschloss die Entsendung seiner Vorsitzenden zu einer Schulung „Betriebsräte II" im April 1995. Da diese Veranstaltung belegt war, nahm die Vorsitzende an einer sechs Wochen später stattfindenden Schulung desselben Veranstalters zum gleichen Thema an einem anderen Ort teil. Hierüber fasste der Betriebsrat vor Schulbeginn keinen weiteren Beschluss. Der Arbeitgeber verweigerte unter anderem deswegen den Ausgleich der Kosten.

BAG *8.3.2000 – 7 ABR 11/98*

> ***Hinweis für die Praxis:***
> *Ein Mitglied des Betriebsrats ist in organisationsbezogenen Entscheidungen des Betriebsrats nicht wegen eigener Betroffenheit verhindert. Dies gilt auch für den Beschluss zur Entsendung des Betriebsratsmitglieds zu einer Schulung gemäß § 37 Abs.6 BetrVG und § 37 Abs.7 BetrVG. Dies bedeutet, dass das Betriebsratsmitglied, das auf eine Schulung entsandt werden soll, sowohl an der Beratung als auch an der Beschlussfassung beraten und teilnehmen kann und muss, soweit es nicht anderweitig verhindert ist.*

Ein Betriebsratsmitglied ist von der Beschlussfassung des Betriebsrats über den Antrag des Arbeitgebers auf Zustimmung zur Versetzung eines Arbeitnehmers nicht deshalb ausgeschlossen, weil es sich selbst auch auf die betreffende Stelle beworben hat.

Ein Betriebsratsmitglied ist rechtlich verhindert und von seiner Organtätigkeit ausgeschlossen bei Maßnahmen und Regelungen, die es individuell und unmittelbar betreffen.

Im Rahmen der Mitbestimmung des Betriebsrats nach § 99 BetrVG ist ein Betriebsratsmitglied dann von der Beratung und Beschlussfassung des Betriebsrats ausgeschlossen, wenn es selbst die Person ist, auf die sich das Zustimmungsersuchen des Arbeitgebers unmittelbar richtet.

***BAG** 24.4.2013 – 7 ABR 82/11*

> In **eigenen Angelegenheiten** (unmittelbare Betroffenheit, z. B. Versetzung, Kündigung) hat das betroffene Betriebsratsmitglied kein Stimmrecht und ist auch gehindert, an der der Abstimmung vorausgehenden Beratung teilzunehmen („**rechtliche Verhinderung**“).
>
> Zu diesem Tagesordnungspunkt kann zwar das betroffene Betriebsratsmitglied vom Betriebsratsgremium angehört werden; bei der Beratung und Abstimmung des Betriebsrats besteht aber kein Teilnahmerecht. Zu diesem Tagesordnungspunkt wird das verhinderte Betriebsratsmitglied vom Ersatzmitglied vertreten.
>
> ***BAG** 23.8.1984 – 2 AZR 391/83*

Zur Einlegung eines Rechtsmittels gegen eine den Betriebsrat beschwerende Entscheidung durch einen ordnungsgemäß beauftragten Verfahrensbevollmächtigten bedarf es prinzipiell keiner gesonderten Beschlussfassung des Betriebsrats. Nach den auch im Beschlussverfahren geltenden Vorschriften des § 81 ZPO i.V.m. § 46 Abs. 2 ArbGG ermächtigt die einmal erteilte Prozessvollmacht im Außenverhältnis – in den zeitlichen Grenzen des § 87 ZPO – zu allen den Rechtsstreit betreffenden Prozesshandlungen einschließlich der Einlegung von Rechtsmitteln. Nichts anderes gilt für die Einlegung einer Nichtzulassungsbeschwerde.
Beruht bereits die Beauftragung des Verfahrensbevollmächtigten nicht auf einer wirksamen Beschlussfassung des Betriebsrats, ist der Rechtsanwalt nicht wirksam vom Betriebsrat bevollmächtigt. Allerdings ist die ordnungsgemäße Erteilung der Anwaltsvollmacht nach dem auch im Beschlussverfahren anwendbaren § 88 Abs. 2 ZPO grundsätzlich nur auf Rüge eines Verfahrensbeteiligten zu prüfen. Wird die Erteilung der Vollmacht in Abrede gestellt, hat der Verfahrensbevollmächtigte seine Vollmacht nachzuweisen. Wird die ordnungsgemäße Beschlussfassung des Betriebsrats über die Bevollmächtigung bestritten, muss der Nachweis eines wirksamen Gremiumsbeschlusses geführt werden.
Ein Betriebsratsmitglied kann aus rechtlichen Gründen zeitweilig an der Wahrnehmung seines Amts verhindert sein. Um eine solche „rechtliche Verhinderung“ handelt es sich bei Maßnahmen und Regelungen, die das Betriebsratsmitglied individuell und unmittelbar betreffen.
Es kann offenbleiben, ob an der Senatsrechtsprechung festzuhalten ist, dass die Mitwirkung eines rechtlich verhinderten Betriebsratsmitglieds stets zur Unwirksamkeit des unter seiner Beteiligung gefassten Betriebsratsbeschlusses führt.
Bei der Mitbestimmung des Betriebsrats bei personellen Einzelmaßnahmen nach § 99 BetrVG ist eine unmittelbare und individuelle Betroffenheit eines Betriebsratsmitglieds regelmäßig gegeben, wenn es gerade die Person ist, auf die sich ein Zustimmungsersuchen des Arbeitgebers unmittelbar richtet. Geht es dagegen um einen Beschluss des Betriebsrats zur Einleitung eines Mitbestimmungssicherungsverfahrens nach § 101 BetrVG, genügt dies für sich gesehen nicht, das von der Maßnahme betroffene Betriebsratsmitglied als rechtlich verhindert anzusehen.

***BAG** 6.11.2013 – 7 ABR 84/11*

Ein Betriebsratsmitglied ist wegen Interessenkollision verhindert, an einer die eigene **Umgruppierung** betreffenden Beschlussfassung des Betriebsrats und auch der ihr vorangehenden Beratung teilzunehmen.

Für das verhinderte Mitglied ist ein Ersatzmitglied zu laden. Die Nichtbeachtung dieser Pflicht führt zur Unwirksamkeit des Beschlusses, mit dem der Betriebsrat die Zustimmung zur Umgruppierung verweigert. Mit Ablauf der Wochenfrist des § 99 Abs. 3 Satz 1 BetrVG gilt in diesem Fall die Zustimmung mangels wirksamer Verweigerung als erteilt.

***BAG** 3.8.1999 – 1 ABR 30/98*

Ein Betriebsratsbeschluss ist nichtig, wenn er entweder einen gesetzwidrigen Inhalt hat oder nicht ordnungsgemäß zustande gekommen ist. Die Nichtigkeit der Beschlussfassung wird jedoch nicht durch jeden Mangel des Verfahrens bewirkt, sondern nur durch grobe Verstöße gegen Verfahrensvorschriften, die für das ordnungsgemäße Zustandekommen als wesentlich anzusehen sind.

Eine wesentliche Voraussetzung für das ordnungsgemäße Zustandekommen des Betriebsratsbeschlusses ist die gemäß § 29 BetrVG erfolgte **ordnungsgemäße Ladung** aller Betriebsratsmitglieder einschließlich etwaiger Ersatzmitglieder unter **Mitteilung der Tagesordnung**. Wird daher für ein zeitweilig verhindertes Betriebsratsmitglied kein Ersatzmitglied geladen, so ist der Betriebsrat an einer wirksamen Beschlussfassung gehindert. Das gilt allerdings dann nicht, wenn ein Betriebsratsmitglied plötzlich verhindert ist und es dem Betriebsratsvorsitzenden nicht mehr möglich ist, das Ersatzmitglied rechtzeitig zu laden.

***BAG** 23.8.1984 – 2 AZR 391/83*

> Im Hinblick auf eine vom Betriebsratsvorsitzenden geplante Beschlussfassung steht der Tagesordnungspunkt „*Verschiedenes*“ dem Fehlen einer Tagesordnung gleich.
>
> ***BAG** 28.10.1992 – 7 ABR 14/92*

Formell wirksame Betriebsratsbeschlüsse **können** dann nicht mehr aufgehoben werden, wenn sie bereits eine rechtliche Außenwirkung erlangt haben.

***BAG** 17.9.1981 – 2 AZR 402/79*

Solange ein Beschluss des Betriebsrats noch nicht Dritten gegenüber wirksam geworden ist, insbesondere also dem Arbeitgeber noch nicht mitgeteilt worden ist, kann der Betriebsrat jederzeit einen von ihm rechtswirksam **gefassten Beschluss** durch einen neuen ordnungsgemäßen Beschluss **aufheben** oder **ändern**.

***LAG** Hamm 22.10.1991 – 13 TaBV 36/91 = DB 1992, 483*

Die Wirksamkeit eines Betriebsratsbeschlusses hängt nicht von der Feststellung des Beschlusses in der Niederschrift ab, da die Niederschrift nicht Teil der Beschlussfassung selbst ist. Die Feststellung, dass und welcher Beschluss gefasst worden ist, kann auch durch andere Beweismittel geführt werden.

***BAG** 8.2.1977 – 1 ABR 82/74*

> Eine **Beschlussfassung im Umlaufverfahren** ist nicht zulässig; ein entsprechender „Beschluss“ wäre unwirksam. Dies gilt auch, wenn alle Betriebsratsmitglieder mit einer solchen Beschlussfassung einverstanden sind.
>
> ***BAG** 4.8.1975 – 2 AZR 266/74;*
> ***ArbG** Heilbronn 13.6.1989 – 4 Ca 116/89 = BB 1989, 1897*

Der Betriebsrat wird nicht dadurch **funktionsunfähig**, dass ein Teil seiner Mitglieder ausgeschieden oder zeitweilig verhindert ist, da für diesen Fall ein Ersatzmitglied nachrückt.

Sind aber Ersatzmitglieder nicht mehr vorhanden, die für die ausgeschiedenen oder verhinderten Betriebsratsmitglieder in den Betriebsrat nachrücken können, so **kann** dies dazu führen, dass der Betriebsrat gemäß § 33 Abs. 2 BetrVG nicht mehr **beschlussfähig** ist.

Für diesen Fall ist § 22 BetrVG entsprechend anzuwenden. Diese Vorschrift sieht u. a. vor, dass der Betriebsrat die Geschäfte weiterführt, bis ein neuer Betriebsrat gewählt ist, wenn die Gesamtzahl der Betriebsratsmitglieder auch nach Eintreten sämtlicher Ersatzmitglieder unter die nach §§ 9, 11 BetrVG vorgeschriebene Zahl gesunken ist.

Bei nur **vorübergehender Beschlussunfähigkeit**, weil ein Teil der Betriebsratsmitglieder zeitweilig verhindert ist, kommt eine Neuwahl nicht in Betracht. In entsprechender Anwendung des § 22 BetrVG sind dann die verbleibenden Mitglieder als befugt anzusehen. Entsprechend ist für die **Beschlussfähigkeit** des Betriebsrats von der Zahl der die Geschäfte weiterführenden Betriebsratsmitglieder auszugehen. Das bedeutet, dass der Betriebsrat **beschlussfähig** ist, wenn **mindestens die Hälfte der verbleibenden Betriebsratsmitglieder an der Beschlussfassung teilnimmt (entschieden zu § 102 BetrVG).**

BAG *18.8.1982 – 7 AZR 437/80*

> Ein namens des Betriebsrats im Beschlussverfahren gestellter Antrag bedarf zu seiner Zulässigkeit der ordnungsgemäßen Beschlussfassung über die Einleitung des Verfahrens. Ausreichend ist, wenn in dem Betriebsratsbeschluss der Gegenstand, über den eine Klärung herbeigeführt werden soll, und das angestrebte Ergebnis bezeichnet ist.
>
> ***BAG*** *29.4.2004 – 1 ABR 30/02*

Einzelne Mitglieder des Betriebsrats können gegenüber dem Betriebsrat die Unwirksamkeit eines Beschlusses oder die Rechtswidrigkeit dessen Handelns nicht unabhängig von einem Eingriff in eigene betriebsverfassungsrechtliche Rechte geltend machen.

Bei der Abstimmung über einen vom Betriebsrat zu fassenden Beschluss steht einem Mitglied des Betriebsrats keine eigene betriebsverfassungsrechtliche Rechtsposition darauf zu, von der Sitzungsleitung die Beachtung eines von ihm für zutreffend gehaltenen Verfahrens zur Feststellung der Stimmenmehrheit zu verlangen.

BAG *7.6.2016 – 1 ABR 30/14*

Die Vertreter einer Minderheitsliste im Betriebsrat können gegen den Willen der Betriebsratsmehrheit kein arbeitsgerichtliches Beschlussverfahren gegen den Arbeitgeber durchführen. Insoweit besteht kein gesetzlicher Minderheitenschutz.

Auch für Anträge der Betriebsratsminderheit gegen den Betriebsratsvorsitzenden, mit denen diesem vom Gericht die Vornahme näher bezeichneter Handlungen aufgegeben werden soll, fehlt es an der erforderlichen Antragsbefugnis.

LAG *Düsseldorf 24.10.1989 – 16 (5) Ta BV 67/89 = BB 1990, 283 = DB 1990, 184*

Eine im Betrieb vertretene Gewerkschaft kann nicht gerichtlich Geschäftsführungsbeschlüsse des Betriebsrats, die die antragstellende Gewerkschaft in ihrer betriebsverfassungsrechtlichen Stellung nicht unmittelbar beeinträchtigen, überprüfen lassen.

Im Verhältnis auch zu den im Betrieb und im Betriebsrat vertretenen Gewerkschaften ist der Betriebsrat ein eigenständiges und eigenverantwortliches Organ der Betriebsverfassung.

BAG *16.2.1973 1 ABR 18/72*

Das **Schweigen des Betriebsrats** ist nur dann als Zustimmung zu werten, wenn die Voraussetzungen der §§ 99 Abs. 3 und 102 Abs. 2 BetrVG vorliegen.

In allen anderen Fällen gilt Schweigen nicht als Zustimmung; das Schweigen ist insbesondere dann nicht als Zustimmung zu interpretieren, wenn der Betriebsratsvorsitzende als Mitglied einer Einigungsstelle zu einer bestimmten Erklärung des Arbeitgebers nicht sofort Stellung nimmt und ein entsprechender Beschluss des Betriebsrats gar nicht vorliegt.

BAG *10.11.1992 – 1 AZR 183/92*

Der Nachweis einer wirksamen Beschlussfassung des Betriebsrats ist nur dann erforderlich, wenn hinter einer entsprechenden Rüge des Arbeitgebers Umstände stehen, die Anlass für ernsthafte Zweifel geben können, ob tatsächlich ein Beschluss des Betriebsrats vorliegt oder dieser ordnungsgemäß zustande gekommen ist.

Hessisches LAG *17.8.1993 – 4 TaBV 91/93 = BB 1994, 574*

Beschließt der Betriebsrat entsprechend dem Antrag der JAV, den Jugendvertreter zur Teilnahme an einer Schulungs- und Bildungsveranstaltung nach § 37 Abs. 6 BetrVG von seiner beruflichen Tätigkeit freizustellen, dann wird die Rechtswirksamkeit des Beschlusses nicht dadurch in Frage gestellt, dass die oder der Jugendvertreter an diesem Freistellungsbeschluss gemäß § 67 Abs. 2 BetrVG nicht mitgewirkt haben. Rechtsunwirksam könnte ein solcher Beschluss allenfalls dann sein, wenn der Jugendvertreter durch seine Stimme die Beschlussfassung hätte beeinflussen können.

BAG *6.5.1975 – 1 ABR 135/73*

10. Sitzungsniederschrift (§ 34 BetrVG)

Einer **Sitzungsniederschrift** nach § 34 BetrVG kommt ein **hoher Beweiswert** in Bezug auf die darin protokollierte Beschlussfassung des Betriebsrats zu.

Wird aus der Sitzungsniederschrift die ordnungsgemäße Beschlussfassung des Betriebsrats ersichtlich, bedarf es im Regelfall keiner weitergehenden tatsächlichen Darlegungen oder einer darauf gerichteten Durchführung einer Beweisaufnahme. Vielmehr obliegt es dann dem Arbeitgeber, den Beweiswert der Niederschrift zu erschüttern oder unter Beweisantritt einen für die Führung des Gegenbeweises über das (Nicht-)Vorliegen eines wirksamen Betriebsratsbeschlusses geeigneten Vortrag zu halten.

Nur Verstöße gegen Verfahrensvorschriften, die für das ordnungsgemäße Zustandekommen eines Betriebsratsbeschlusses als wesentlich anzusehen sind, führen zu dessen Unwirksamkeit. Nicht jeder Verstoß gegen die formellen Anforderungen einer ordnungsgemäßen Betriebsratssitzung bewirkt die Unwirksamkeit eines darin gefassten Beschlusses, sondern nur ein solcher, der so schwerwiegend ist, dass der Fortbestand des Beschlusses von der Rechtsordnung nicht hingenommen werden kann.

Die Beachtung des in § 30 Satz 4 BetrVG normierten Gebots der Nichtöffentlichkeit von Betriebsratssitzungen ist grundsätzlich als wesentlich für die Wirksamkeit eines in der Sitzung gefassten Betriebsratsbeschlusses anzusehen. Ein wesentlicher, zur Unwirksamkeit des gefassten Beschlusses führender Verstoß gegen § 30 Satz 4 BetrVG kommt allerdings nur in Betracht, wenn zumindest ein Betriebsratsmitglied vor der Behandlung eines Tagesordnungspunkts die Anwesenheit einer nicht teilnahmeberechtigten Person ausdrücklich beanstandet hat und diese anwesend bleibt.

BAG *30.9.2014 – 1 ABR 32/13*

> ***Hinweis für die Praxis***
>
> *Das vorstehende Urteil ist vor allem deshalb besonders interessant für den Betriebsrat, weil es wichtige Ausführungen zu dem hohen Beweiswert einer Sitzungsniederschrift zur Betriebsratssitzung enthält. Dieser Beweiswert, dass ein bestimmter Betriebsratsbeschluss gefasst wurde, muss nach Vorlage des Protokolls von dem Arbeitgeber zunächst einmal erschüttert werden, wenn der Arbeitgeber einen wirksamen Betriebsratsbeschluss bestreitet. Der Sitzungsniederschrift ist durch § 34 BetrVG eine besondere Dokumentationsfunktion zugewiesen. Sie soll einen bedeutsamen Nachweis über die gefassten Betriebsratsbeschlüsse bewirken. Nach § 34 Abs. 1 Satz 1 BetrVG muss die Niederschrift den Beschlussinhalt sowie das Stimmenverhältnis enthalten, daneben sind ihr eine von den Sitzungsteilnehmern unterzeichnete Anwesenheitsliste sowie schriftliche Einwendungen gegen den Inhalt der Niederschrift beizufügen. Diese Angaben ermöglichen eine Beurteilung über das ordnungsgemäße Zustandekommen eines Betriebsratsbeschlusses. Dies gilt auch für etwaige Ladungsmängel. Die vermeintlich übergangenen Betriebsratsmitglieder können insoweit schriftliche Einwendungen erheben. Durch die Dokumentation der gesetzlich normierten Angaben wird ein in der Folgezeit möglicherweise entstehender Streit um das Vorliegen und den Inhalt eines Betriebsratsbeschlusses weitgehend vermieden. Ebenso wird etwaigen Beweisschwierigkeiten entgegen gewirkt, die durch den Zeitablauf und die wechselnde personelle Zusammensetzung des Betriebsrats entstehen können. Eine Sitzungsniederschrift ist deshalb auch so lange aufzubewahren, wie ihr Inhalt von rechtlicher Bedeutung ist. Der Dokumentationsfunktion einer Sitzungsniederschrift und dem damit verbundenen Beweiswert steht nicht entgegen, dass die Niederschrift vom Betriebsrat selbst erstellt wird. Der gebotene Schutz gegen mögliche Unrichtigkeiten und Irrtümer bei der Protokollierung ist nach der Vorstellung des Gesetzgebers dadurch gewahrt, dass diese nicht nur von dem Betriebsratsvorsitzenden, sondern zusätzlich von einem weiteren Betriebsratsmitglied unterzeichnet werden muss, sie von sämtlichen Mitgliedern eingesehen werden kann und Einwendungen gegen ihren Inhalt erhoben werden können, die der Niederschrift beizufügen und damit schriftlich dokumentiert sind. Wird aus der Sitzungsniederschrift die ordnungsgemäße Beschlussfassung des Betriebsrats ersichtlich, bedarf es daher im Regelfall keiner weitergehenden tatsächlichen Darlegungen oder einer darauf gerichteten Durchführung einer Beweisaufnahme. Vielmehr obliegt es dann dem Arbeitgeber, den Beweiswert der Niederschrift zu erschüttern oder unter Beweis-*

antritt einen für die Führung des Gegenbeweises über das (Nicht-)Vorliegen eines wirksamen Betriebsratsbeschlusses geeigneten Vortrag zu halten. Erst einem solchen Vortrag muss das Arbeitsgericht nachgehen. Der Betriebsratsvorsitzende ist deshalb zur sorgfältigen Erstellung des Sitzungsprotokolls gemäß § 34 Abs.1 BetrVG verpflichtet.

Ein wirksamer Beschluss des Betriebsrats setzt voraus, dass die Betriebsratsmitglieder vom Vorsitzenden rechtzeitig unter Mitteilung der Tagesordnung zu der Betriebsratssitzung geladen wurden. Eine mangels Übermittlung der Tagesordnung verfahrensfehlerhafte Ladung kann durch die ordnungsgemäß geladenen Mitglieder in der Betriebsratssitzung geheilt werden, wenn der Betriebsrat beschlussfähig ist und die Anwesenden einstimmig beschließen, über den Regelungsgegenstand zu beraten und abzustimmen. Die anwesenden, ordnungsgemäß geladenen Betriebsratsmitglieder können mit der Ergänzung der Tagesordnung zugleich auch einen bereits vor der Beschlussfassung über die Tagesordnung gefassten Beschluss genehmigen.

Ein den Anforderungen des § 34 BetrVG genügendes Protokoll über eine Betriebsratssitzung begründet zwar keine gesetzliche Vermutung i.S.d. § 292 ZPO dafür, dass ein dort wiedergegebener Beschluss von den anwesenden Betriebsratsmitgliedern gefasst wurde. Ihm kommt jedoch bei der nach § 286 Abs. 1 ZPO gebotenen gerichtlichen Würdigung ein hoher Beweiswert zu. Ergibt sich die Beschlussfassung aus dem Protokoll, obliegt es dem Arbeitgeber, den Beweiswert zu erschüttern oder einen für den Gegenbeweis geeigneten Vortrag zu halten.

***BAG** 22.11.2017 – 7 ABR 46/16*

§ 34 BetrVG ist lediglich eine Ordnungsvorschrift. Ein Verstoß hat auf die Wirksamkeit der in der betreffenden Sitzung gefassten Beschlüsse keinen Einfluss

***BAG** 8.2.1977 – 1 ABR 82/74*

Das Recht des einzelnen Betriebsratsmitglieds auf Einsichtnahme in die Unterlagen des Betriebsrats nach § 34 Abs. 3 BetrVG schließt **nicht das Recht auf Herstellung von Fotokopien dieser Unterlagen** ein.

§ 34 Abs. 3. BetrVG eröffnet für das einzelne Betriebsratsmitglied nur die Möglichkeit der Einsichtnahme in die Unterlagen des Betriebsrats. Die Bestimmung ist nicht über ihren Wortlaut hinaus auslegbar. Die Befugnis zur Einsichtnahme umfasst nicht das Recht, Überlassung der Unterlagen zu fordern. Das aber ist, wenn auch nur zeitlich kurzfristig, Voraussetzung, um die Herstellung von Fotokopien dieser Unterlagen zu ermöglichen. Die Erleichterung der Betriebsratstätigkeit im Einzelfall, wenn die dem Betriebsrat als Organ zur Verfügung stehenden oder von ihm selbst hergestellten Unterlagen von dem einzelnen Betriebsratsmitglied nicht nur eingesehen werden können, sondern ihm in Kopie vorliegen, rechtfertigt keine weitergehende Auslegung des Rechts auf Einsichtnahme nach § 34 Abs. 3 BetrVG über den Wortlaut dieser Bestimmung hinaus.

In Einzelfällen kann es durchaus zweckmäßig sein, dass den einzelnen Mitgliedern des Betriebsrats jeweils Unterlagen zur Verfügung stehen; daraus kann aber nicht geschlossen werden, das Recht nach § 34 Abs. 3 BetrVG müsse über den gesetzlichen Inhalt hinaus erweitert werden. Vielmehr besteht in solchen Fällen die Möglichkeit, die Überlassung von Unterlagen im gesetzlich zulässigen Rahmen durch einen Beschluss des Betriebsrats herbeizuführen.

***BAG** 27.5.1982 – 6 ABR 66/79*

Unterlagen des Betriebsrats i.S.d. § 34 Abs. 3 BetrVG sind nicht nur die in Papierform verkörperten Aufzeichnungen; sondern sämtliche auf Datenträgern gespeicherten Dateien sowie die Korrespondenz des Betriebsrats unter dessen E-Mail-Anschrift.

Jedes Mitglied verfügt über ein unabdingbares Recht; die Unterlagen des Betriebsrats jederzeit einzusehen. Dazu zählt das elektronische Leserecht der Dateien und der E-Mail-Korrespondenz.

Dieses Einsichtsrecht kann innerhalb des Betriebsrats nicht durch Maßnahmen nach § 9 Satz 1 BDSG in Verbindung mit der dazu geltenden Anlage beschränkt werden. Als Teil der verantwortlichen Stelle nach § 3 Abs. 7 BDSG hat der Betriebsrat aber über Maßnahmen zu beschließen, um einem Missbrauch von Daten in seinem Verantwortungsbereich zu begegnen.

***BAG** 21.8.2009 – 7 ABR 15/08*

Unter „Einwendungen" i.S.d. § 34 Abs. 2 Satz 2 BetrVG sind kurze Gesamt- oder punktuelle Gegenstellungnahmen des Arbeitgebers zu einzelnen beanstandeten Protokollinhalten oder Formulierungen der Sitzungsniederschrift zu verstehen. Das folgt aus dem Begriff „Einwendungen", der gerade nicht mit einer u. U. auch komplexen „Stellungnahme", wie sie etwa durch § 82 Abs. 1 Satz 2 BetrVG ermöglicht wird, gleichzusetzen ist.

Von daher ist es – gemessen an den Bedürfnissen des betriebsverfassungsrechtlichen Normalfalles – überzogen und nicht gesetzesentsprechend, eine **Sitzungsniederschrift des Gesamtbetriebsrats** mit einem kompletten Gegenprotokoll als „Einwendung" zu beantworten.

***Hessisches LAG** 19.5.1988 – 12 Ta BV 123/87 = DB 1989, 486*

11. Geschäftsordnung (§ 36 BetrVG)

Bei dem in § 28 I Satz 2, § 27 I Satz 3 bis 5 BetrVG geregelten Verfahren für die Berufung der Ausschussmitglieder handelt es sich um eine abschließende gesetzliche Regelung.

In einer Geschäftsordnung des Betriebsrats kann daher nicht bestimmt werden, dass der Betriebsratsvorsitzende und sein Stellvertreter geborene Mitglieder von Ausschüssen nach § 28 I BetrVG sind.

***BAG** 16.11.2005 – 7 ABR 11/05, Seite 78*

Die Geschäftsordnung des Betriebsrats kann nur Vorschriften über die Führung der Geschäfte enthalten, also Bestimmungen darüber, in welcher Art und Weise der Betriebsrat seine Aufgaben erfüllen will.

***BAG** 16.1.1979 – 6 AZR 683/76*

Sieht das BetrVG für Regelungen des Betriebsrats Schriftform vor (z. B.: § 27 Abs. 3 Satz 3 BetrVG), so ist die Schriftform durch Aufnahme der Regelung in die Geschäftsordnung gewahrt, da diese ihrerseits der Schriftform bedarf.

Der Betriebsrat kann in seiner Geschäftsordnung regeln, dass den im Betriebsrat vertretenen Gewerkschaften ein generelles Teilnahmerecht an den Betriebsratssitzungen zusteht.

***BAG** 28.2.1990 – 7 ABR 22/89*

Eine Regelung in der **Geschäftsordnung** eines **Gesamtbetriebsrats**, wonach zu den Sitzungen des Wirtschaftsausschusses der **Beauftragte einer Gewerkschaft** einzuladen sei, ist nicht zu beanstanden.

***BAG** 18.11.1980 – 1 ABR 31/78*

Eine über § 38 Abs. 1 BetrVG hinausgehende Freistellung von Betriebsratsmitgliedern kann nicht Gegenstand der Geschäftsordnung des Betriebsrats sein, sondern bedarf der Vereinbarung mit dem Arbeitgeber.

***BAG** 16.1.1979 – 6 AZR 683/76*

Arbeitsbefreiung, Vergütung und Freizeitausgleich bei Betriebsratstätigkeit (§ 37 Abs. 1 – 5 BetrVG)

Gesetzestext

§ 37 Ehrenamtliche Tätigkeit, Arbeitsversäumnis

(1) Die Mitglieder des Betriebsrats führen ihr Amt unentgeltlich als Ehrenamt.

(2) Mitglieder des Betriebsrats sind von ihrer beruflichen Tätigkeit ohne Minderung des Arbeitsentgelts zu befreien, wenn und soweit es nach Umfang und Art des Betriebs zur ordnungsgemäßen Durchführung ihrer Aufgaben erforderlich ist.

(3) [1]Zum Ausgleich für Betriebsratstätigkeit, die aus betriebsbedingten Gründen außerhalb der Arbeitszeit durchzuführen ist, hat das Betriebsratsmitglied Anspruch auf entsprechende Arbeitsbefreiung unter Fortzahlung des Arbeitsentgelts. [2]Betriebsbedingte Gründe liegen auch vor, wenn die Betriebsratstätigkeit wegen der unterschiedlichen Arbeitszeiten der Betriebsratsmitglieder nicht innerhalb der persönlichen Arbeitszeit erfolgen kann. [3]Die Arbeitsbefreiung ist vor Ablauf eines Monats zu gewähren; ist dies aus betriebsbedingten Gründen nicht möglich, so ist die aufgewendete Zeit wie Mehrarbeit zu vergüten.

(4) [1]Das Arbeitsentgelt von Mitgliedern des Betriebsrats darf einschließlich eines Zeitraums von einem Jahr nach Beendigung der Amtszeit nicht geringer bemessen werden als das Arbeitsentgelt vergleichbarer Arbeitnehmer mit betriebsüblicher beruflicher Entwicklung. [2]Dies gilt auch für allgemeine Zuwendungen des Arbeitgebers.

(5) Soweit nicht zwingende betriebliche Notwendigkeiten entgegenstehen, dürfen Mitglieder des Betriebsrats einschließlich eines Zeitraums von einem Jahr nach Beendigung der Amtszeit nur mit Tätigkeiten beschäftigt werden, die den Tätigkeiten der in Absatz 4 genannten Arbeitnehmer gleichwertig sind.

(6) [1]Die Absätze 2 und 3 gelten entsprechend für die Teilnahme an Schulungs- und Bildungsveranstaltungen, soweit diese Kenntnisse vermitteln, die für die Arbeit des Betriebsrats erforderlich sind. [2]Betriebsbedingte Gründe im Sinne des Absatzes 3 liegen auch vor, wenn wegen Besonderheiten der betrieblichen Arbeitszeitgestaltung die Schulung des Betriebsratsmitglieds außerhalb seiner Arbeitszeit erfolgt; in diesem Fall ist der Umfang des Ausgleichsanspruchs unter Einbeziehung der Arbeitsbefreiung nach Absatz 2 pro Schulungstag begrenzt auf die Arbeitszeit eines vollzeitbeschäftigten Arbeitnehmers. [3]Der Betriebsrat hat bei der Festlegung der zeitlichen Lage der Teilnahme an Schulungs- und Bildungsveranstaltungen die betrieblichen Notwendigkeiten zu berücksichtigen. [4]Er hat dem Arbeitgeber die Teilnahme und die zeitliche Lage der Schulungs- und Bildungsveranstaltungen rechtzeitig bekannt zu geben. [5]Hält der Arbeitgeber die betrieblichen Notwendigkeiten für nicht ausreichend berücksichtigt, so kann er die Einigungsstelle anrufen. [6]Der Spruch der Einigungsstelle ersetzt die Einigung zwischen Arbeitgeber und Betriebsrat.

(7) [1]Unbeschadet der Vorschrift des Absatzes 6 hat jedes Mitglied des Betriebsrats während seiner regelmäßigen Amtszeit Anspruch auf bezahlte Freistellung für insgesamt drei Wochen zur Teilnahme an Schulungs- und Bildungsveranstaltungen, die von der zuständigen obersten Arbeitsbehörde des Landes nach Beratung mit den Spitzenorganisationen der Gewerkschaften und der Arbeitgeberverbände als geeignet anerkannt sind. [2]Der Anspruch nach Satz 1 erhöht sich für Arbeitnehmer, die erstmals das Amt eines Betriebsratsmitglieds übernehmen und auch nicht zuvor Jugend- und Auszubildendenvertreter waren, auf vier Wochen. [3]Absatz 6 Satz 2 bis 6 findet Anwendung.

1. Arbeitsbefreiung bei Betriebsratstätigkeit

1.1. Verhältnis Arbeitspflicht zu Betriebsratsaufgaben (§ 37 Abs. 2)

§ 37 Abs. 2 BetrVG will die Durchführung der Betriebsratsaufgaben durch Beschränkungen der Verpflichtung zur beruflichen Arbeitsleistung sichern.

Erforderliche Betriebsratsarbeit soll Vorrang vor der vertraglich geschuldeten Arbeitsleistung haben.

Dem ist normalerweise dadurch Rechnung getragen, dass das Betriebsratsmitglied für die Dauer der Wahrnehmung **erforderlicher** Betriebsratsaufgaben von der Arbeit freigestellt wird.

Die Freistellungspflicht des Arbeitgebers nach § 37 Abs. 2 BetrVG erschöpft sich nicht darin, den Betriebsratsmitgliedern die zur ordnungsgemäßen Durchführung ihrer Aufgaben erforderliche freie Zeit zu gewähren. Auch bei der **Zuteilung des Arbeitspensums** muss der Arbeitgeber auf die Inanspruchnahme des Betriebsratsmitglieds durch Betriebsratstätigkeit während der Arbeitszeit angemessen Rücksicht nehmen.

***BAG** 27.6.1990 – 7 ABR 43/89*

Betriebsräte können von Arbeitgebern nur in **Notsituationen** an der Teilnahme von Betriebsratssitzungen gehindert werden. Der Arbeitgeber darf nicht in die Lage versetzt werden, auf die Zusammensetzung des Betriebsrats in der jeweiligen Betriebsratssitzung Einfluss zu nehmen. Der Hinweis des Arbeitgebers, für ein gewähltes Betriebsratsmitglied könne ein Vertreter an der Sitzung teilnehmen, ist nicht haltbar.

(Im vorliegenden Fall war einem Arbeitnehmer die Teilnahme an einer vorgezogenen Betriebsratssitzung untersagt worden. Begründung: Der Mann müsse sich zeitgleich an einer Maschine einarbeiten. Diese Anweisung ist unzulässig. Nur in Notsituationen kann der Betriebsrat an der Teilnahme gehindert werden.)

***LAG** Hamm 10.1.1996 – 3 Sa 566/95*

Im arbeitsgerichtlichen Beschlussverfahren ist die Antragbefugnis nur gegeben, wenn der Antragsteller durch die begehrte Entscheidung in seiner kollektivrechtlichen Rechtsposition betroffen ist. Der Betriebsrat ist nur antragsbefugt, wenn er eigene Rechte geltend macht und dies nicht von vornherein ausgeschlossen ist. Die Antragsbefugnis fehlt, wenn er ausschließlich Rechte seiner Mitglieder aus dem Arbeitsverhältnis geltend macht.

Der Betriebsrat nimmt kein eigenes Recht wahr, wenn er Arbeitsanordnungen gegenüber seinen Mitgliedern mit der Begründung verhindern will, die werktägliche Höchstarbeitszeit nach § 3 ArbZG werde überschritten. Der Streit über die arbeitszeitrechtlichen

Grenzen der Arbeitspflicht betrifft das Rechtsverhältnis der Arbeitsvertragsparteien.

Der Betriebsrat ist zwar berechtigt durchzusetzen, dass seine Mitglieder zur Wahrnehmung erforderlicher Betriebsratstätigkeit nach § 37 Abs. 2 BetrVG unter Fortzahlung der Vergütung von der Arbeitspflicht befreit werden. Er kann jedoch nicht geltend machen, dass seine Mitglieder nach § 37 Abs. 2 BetrVG unter Fortzahlung der Vergütung von der Arbeitspflicht befreit werden, weil ihnen die Einhaltung ihrer Arbeitszeit wegen der Teilnahme an einer außerhalb ihrer persönlichen Arbeitszeit stattfindenden Betriebsratssitzung unmöglich oder unzumutbar ist. Dieser Anspruch auf Befreiung von der Arbeitspflicht betrifft ausschließlich die individualvertragliche Rechtsbeziehung zwischen den Arbeitsvertragsparteien.

***BAG** 21.3.2017 – 7 ABR 17/15*

Nach § 42 Abs. 2 Satz 1 PersVG Berlin hat Versäumnis von Arbeitszeit, die zur Durchführung der Aufgaben des Personalrats erforderlich ist, keine Minderung der Bezüge zur Folge. Dies gilt nicht nur, soweit Personalratstätigkeiten während der Arbeitszeit zu erledigen sind, sondern auch dann, wenn die Personalratstätigkeit außerhalb der Arbeitszeit wahrzunehmen und dem Personalratsmitglied deswegen die Arbeitsleistung davor oder danach unmöglich oder unzumutbar ist. Auch in diesem Fall besteht ein Anspruch auf bezahlte Freistellung von der Arbeitsleistung (Rn. 26).

Nach § 5 Abs. 1 ArbZG steht dem Arbeitnehmer nach Beendigung der täglichen Arbeitszeit eine ununterbrochene Ruhezeit von mindestens elf Stunden zu. Eine Verkürzung der Ruhezeit um bis zu eine Stunde ist nach § 5 Abs. 2 ArbZG u.a. in Verkehrsbetrieben möglich, wenn jede Verkürzung der Ruhezeit innerhalb eines Kalendermonats oder innerhalb von vier Wochen durch Verlängerung einer anderen Ruhezeit auf mindestens zwölf Stunden ausgeglichen wird. Unter Berücksichtigung der unionsrechtlichen Vorgaben aus Art. 3 RL 2003/88/EG muss die Ruhezeit nach § 5 Abs. 1 und Abs. 2 ArbZG dem Arbeitnehmer innerhalb von 24 Stunden nach Arbeitsbeginn zur Verfügung stehen (Rn. 29 ff.).

Die in § 5 Abs. 1 und Abs. 2 ArbZG zum Ausdruck kommende Wertung ist bei der Beurteilung, ob einem Personalratsmitglied die Arbeitsleistung wegen einer außerhalb seiner persönlichen Arbeitszeit wahrzunehmenden Personalratstätigkeit unzumutbar ist, zu berücksichtigen. Das gilt unabhängig davon, ob Zeiten der Personalratstätigkeit als Arbeitszeit i.S.v. § 2 Abs. 1 ArbZG zu betrachten sind. Deshalb ist ein in einem Verkehrsbetrieb beschäftigtes Mitglied des Personalratsvorstands, das nach einer Nachtschicht an einer Sitzung des Personalratsvorstands teilzunehmen hat, berechtigt, seine Arbeit vor dem Ende einer Schicht einzustellen, wenn nur dadurch gewährleistet ist, dass ihm innerhalb von 24 Stunden nach Arbeitsbeginn eine ununterbrochene Erholungszeit von zehn Stunden zur Verfügung steht, in der weder Arbeitsleistung noch Personalratstätigkeit zu erbringen ist (Rn. 43).

***BAG** 16.9.2020 – 7 AZR 491/19*

1.2. Erforderlichkeit der Betriebsratstätigkeit

Ein Betriebsratsmitglied darf sich während der Arbeitszeit auf eine Betriebsversammlung **vorbereiten**.

***Hessisches LAG** 23.8.1983 – 3 Sa 717/83 = AiB 1994, 404*

Entscheidend dafür, ob die Tätigkeit eines Betriebsratsmitglieds als **erforderlich i.S.d. § 37 Abs. 2 BetrVG** angesehen werden kann, ist, dass das betreffende Betriebsratsmitglied bei gewissenhafter Überlegung und bei ruhiger, vernünftiger Würdigung aller Umstände die Arbeitsversäumnis für notwendig halten durfte, um den gestellten Aufgaben gerecht zu werden.

***BAG** 6.8.1981 – 6 AZR 1086/79*

Nach ständiger Rechtsprechung des Bundesarbeitsgerichts hat das Betriebsratsmitglied die Frage der **Erforderlichkeit** nicht allein nach seinem subjektiven Ermessen zu beantworten, sondern muss vom Standpunkt eines vernünftigen Dritten aus die Interessen des Betriebes einerseits und des Betriebsrats und der Belegschaft andererseits gegeneinander abwägen.

***BAG** 16.3.1988 – 7 AZR 557/87*

War die für die Betriebsratstätigkeit in Anspruch genommene Arbeitsbefreiung nicht nach § 37 Abs. 2, Abs. 6 BetrVG erforderlich, kommt eine **Abmahnung** des Betriebsratsmitglieds wegen unberechtigter Arbeitsversäumnis (nur dann) in Betracht, wenn eine grobe Pflichtverletzung i.S.v. § 23 Abs. 1 BetrVG vorliegt. Hieran fehlt es, wenn das Betriebsratsmitglied sein Verhalten irrtümlich **ohne grobe Fahrlässigkeit** für rechtmäßig hielt.

***LAG** Düsseldorf 15.10.1992 – 12 (13) Sa 1035/92 = BB 1993, 581;(Revision eingelegt: **BAG** 7 AZR 682/92)*

> Ist ein Betriebsratsmitglied der **objektiv** fehlerhaften Ansicht, eine Betriebsratsaufgabe wahrzunehmen, kommt eine **Abmahnung** des Arbeitgebers wegen einer dadurch bedingten Versäumnis der Arbeitszeit nicht in Betracht, wenn es sich um die Verkennung schwieriger oder ungeklärter Rechtsfragen handelt.
>
> ***BAG** 31.8.1994 – 7 AZR 893/93*

Der erforderliche Umfang der Freistellung eines Betriebsratsmitglieds von seiner beruflichen Tätigkeit gemäß § 37 Abs. 2 BetrVG kann nicht nach so genannten Richtwerten in Anlehnung an die Freistellungsstaffel des § 38 Abs. 1 BetrVG bemessen werden.

***BAG** 21.11.1978 – 6 AZR 247/76*

Die Teilnahme als **Zuhörer** an **Gerichtsverhandlungen** über Kündigungen ist im Allgemeinen wenig geeignet, für die Betriebsratsarbeit nützliche Erkenntnisse zu vermitteln. Andererseits kann die Teilnahme erforderlich sein, wenn der Betriebsrat erwarten durfte, die in der Gerichtsverhandlung erworbenen Informationen zur **Lösung konkret bevorstehender Konflikte** einsetzen zu können. In einem solchen Fall kann **ausnahmsweise** auch die Teilnahme als Zuhörer an einer Gerichtsverhandlung **als erforderliche Betriebsratstätigkeit** anzusehen sein.

***BAG** 31.5.1989 – 7 AZR 277/88; **BAG** 31.8.1994 – 7 AZR 893/93*

Die Teilnahme des Betriebsratsvorsitzenden an einem **Arbeitsmarktgespräch**, zu dem er vom Arbeitsamt eingeladen wurde, kann zur Durchführung der Aufgaben des Betriebsrats bei entsprechender Situation im Betrieb erforderlich sein (hier: drohende Kurzarbeit bzw. Massenentlassungen).

***BAG** 23.9.1982 – 6 ABR 86/79*

Bei der Anmeldung von „Zweifeln" an der „Erforderlichkeit" von Betriebsratstätigkeit i.S.d. § 37 Abs. 2 BetrVG muss der Arbeitgeber im Grundsatz eine einzelfallbezogene substantielle Begründung abgeben.

Erbringt eine nicht freigestellte Vorsitzende eines (örtlichen) Betriebsrats (110 Arbeitnehmer) über einen Zeitraum von mehreren Jahren an keinem einzigen Arbeitstag unter Hinweis auf „erforderliche Betriebsratstätigkeit" ihre vertraglich geschuldete Arbeitsleistung, so ist an die Begründungslast des Arbeitgebers kein hoher Maßstab anzulegen, auch wenn die Betriebsratsvorsitzende zugleich Mitglied des Gesamtbetriebsrats ist.

***LAG** Berlin 20.2.1997 – 10 Sa 73/96 u. 10 Sa 97/96 = DB 1997, 1476*

Zweifelt der **Arbeitgeber** unter Beachtung des Grundsatzes der vertrauensvollen Zusammenarbeit aufgrund der konkreten betrieblichen Situation und des vom Betriebsratsmitglied genannten Zeitaufwands an der **Erforderlichkeit** der Betriebsratstätigkeit, hat das Betriebsratsmitglied dem Arbeitgeber **stichwortartige** Angaben zu übermitteln, die diesem zumindest eine Plausibilitätskontrolle ermöglichen. Solange das Betriebsratsmitglied dieser Darlegungspflicht nicht nachkommt, kann der Arbeitgeber den Lohn zurückhalten.

Erhält der Arbeitgeber die stichwortartigen Angaben, geht die Darlegungslast betreffend fehlender Erforderlichkeit zunächst auf ihn über. Legt er dar, weshalb – auch unter Berücksichtigung oder gerade wegen der stichwortartigen Angaben des Betriebsratsmitglieds – ganz **erhebliche Zweifel** an der Erforderlichkeit von Art und Umfang der Betriebsratstätigkeit bestehen, hat das Betriebsratsmitglied substantiiert darzulegen, welche Betriebsratsaufgaben es wahrgenommen und woraus sich die Erforderlichkeit ergibt.

***BAG** 15.3.1995 – 7 AZR 643/94*

1.3. Abmeldepflicht

Ein Betriebsratsmitglied, das an seinem Arbeitsplatz während seiner Arbeitszeit Betriebsratsaufgaben erledigt, ist grundsätzlich verpflichtet, sich beim Arbeitgeber abzumelden und die voraussichtliche Dauer der Betriebsratstätigkeit mitzuteilen. Zweck der Meldepflicht ist es, dem Arbeitgeber die Überbrückung des Arbeitsausfalls zu ermöglichen.

Daher besteht keine vorherige Meldepflicht in Fällen, in denen eine vorübergehende Umorganisation der Arbeitseinteilung nicht ernsthaft in Betracht kommt. Maßgeblich sind die Umstände des Einzelfalls. Dazu gehören insbesondere die Art der Arbeitsaufgaben des Betriebsratsmitglieds und die voraussichtliche Dauer der Arbeitsunterbrechung.

In Fällen, in denen sich das Betriebsratsmitglied nicht vorher abmeldet, ist es verpflichtet, dem Arbeitgeber auf dessen Verlangen nachträglich die Gesamtdauer der in einem bestimmten Zeitraum geleisteten Betriebsratstätigkeit mitzuteilen.

***BAG** 29.6.2011 – 7 ABR 135/09*

Die Abmeldung dient dem Zweck, dem Arbeitgeber die Arbeitseinteilung zu erleichtern und den Arbeitsausfall des Arbeitnehmers zu überbrücken.
Für diesen Zweck genügt es, wenn das Betriebsratsmitglied bei der Abmeldung **Ort** und **voraussichtliche Dauer** der **Betriebsratstätigkeit** angibt. Aufgrund dieser Mindestangaben ist der Arbeitgeber imstande, die Arbeitsabläufe in geeigneter Weise zu organisieren und Störungen im Betriebsablauf zu vermeiden. Das Wissen um die Art der geplanten Betriebsratstätigkeit eröffnet ihm keine besseren Koordinationsmöglichkeiten.
Ort- und zeitbezogene Angaben sind allenfalls dann unzureichend, wenn der Arbeitgeber bei der Abmeldung seinerseits eine Organisationsproblematik beschreibt, nach der das Betriebsratsmitglied für die Zeit der beabsichtigten Betriebsratstätigkeit an seinem Arbeitsplatz unabkömmlich ist und betriebsbedingte Gründe eine zeitliche Verlegung der Betriebsratsarbeit verlangen. Für diesen Fall ist das Betriebsratsmitglied nach § 2 Abs. 1 BetrVG gehalten zu überprüfen, ob und inwieweit die geplante Wahrnehmung einer Betriebsratsaufgabe aufgeschoben werden kann. Ist die Betriebsratstätigkeit andererseits so dringlich, dass ihr gegenüber das Verlangen des Arbeitgebers legitimerweise zurücktreten müsste, hat das Betriebsratsmitglied dies darzulegen.

***BAG** 15.3.1995, – 7 AZR 643/94*

Betriebsratsmitglieder sind arbeitsvertraglich verpflichtet, sich beim Arbeitgeber abzumelden, wenn sie den Arbeitsplatz zur Ausübung von Betriebsratstätigkeit verlassen; danach müssen sie sich wieder zurückmelden.

Inhalt dieser Verpflichtung ist nur die ordnungsgemäße Unterrichtung. Wie diese bewirkt wird, steht dem Betriebsratsmitglied frei. Eine persönliche Meldung kann der Arbeitgeber nicht verlangen.

Soweit der Arbeitgeber regelt, wie Vorgesetzte verfahren sollen, wenn sich ihnen unterstellte Betriebsratsmitglieder ab- oder rückmelden, besteht kein Mitbestimmungsrecht nach § 87 Abs. 1 Nr. 1 BetrVG, weil eine solche Regelung nur die Arbeitspflicht der Vorgesetzten konkretisiert.

***BAG** 13.5.1997 – 1 ABR 2/97*

Die Pflicht eines nicht freigestellten Betriebsratsmitglieds, sich vor seiner unter § 37 Abs. 2 BetrVG fallenden Betriebsratstätigkeit beim Arbeitgeber abzumelden, beruht jedenfalls auch auf dem Arbeitsvertrag.
Die Verletzung dieser Pflicht kann Gegenstand und Inhalt einer entsprechenden **Abmahnung** durch den Arbeitgeber sein.

***BAG** 15.7.1992 – 7 AZR 466/91*

1.4. Rückmeldepflicht

Dass ein Betriebsratsmitglied sich vor Beginn seiner Betriebsratstätigkeit während der Arbeitszeit beim Verlassen des Arbeitsplatzes **abmelden** muss, ist in der Rechtsprechung und Literatur nirgendwo bestritten.
Von dieser Verpflichtung ist das Betriebsratsmitglied auch dadurch nicht befreit, dass es einer Zustimmung des Arbeitgebers zur Arbeitsbefreiung während der Ausübung der Betriebsratstätigkeit nicht bedarf. Denn der Anspruch des Betriebsratsmitglieds auf Arbeitsbefreiung ist völlig gesondert von seiner Verpflichtung zu sehen, sich beim Verlassen des Arbeitsplatzes abzumelden. Hierdurch soll lediglich die Fortsetzung der Tätigkeit an seinem Arbeitsplatz sichergestellt werden. Das Betriebsratsmitglied macht sich sogar schadenersatzpflichtig, wenn es dieser Abmeldepflicht nicht nachkommt. Auf der anderen Seite kann es nicht zweifelhaft sein, dass ein nicht freigestelltes Betriebsratsmitglied auch verpflichtet ist, seine **Rückkehr** an den Arbeitsplatz nach Beendigung der Betriebsratstätigkeit dem Arbeitgeber anzuzeigen. Denn nach der Rückkehr des Betriebsratsmitglieds bzw. des Arbeitnehmers an seinen Arbeitsplatz muss der Arbeitgeber in der Lage sein, den etwa eingesetzten Springer abzuziehen. Die Rückmeldepflicht des Betriebsratsmitglieds bzw. des die Sprechstunde des Betriebsrats besuchenden Arbeitnehmers stellt somit das Gegenstück zu seiner Abmeldepflicht dar.

***LAG** Düsseldorf 9.8.1985 – 2 TaBV 40/85 = DB 1985, 2463*

2. Betriebsratstätigkeit außerhalb der Arbeitszeit (§ 37 Abs. 3)

Nach § 37 Abs. 3 Satz 1 BetrVG hat ein Betriebsratsmitglied zum Ausgleich für Betriebsratstätigkeit, die aus betriebsbedingten Gründen außerhalb der Arbeitszeit durchzuführen ist, Anspruch auf entsprechende Arbeitsbefreiung unter Fortzahlung des Arbeitsentgelts. Dieser Freizeitausgleichsanspruch besteht in dem zeitlichen Umfang, in dem das Betriebsratsmitglied außerhalb der Arbeitszeit Betriebsratstätigkeiten wahrgenommen hat (Rn. 19 ff.).

***BAG** 26.9.2018 – 7 AZR 829/16*

Hinweis für die Praxis:

Das Betriebsratsmitglied war ausschließlich in 12-Stundenschichten bei teilweiser Arbeitsbereitschaft als Rettungssanitäter tätig. Es nahm an verschiedenen jeweils 8-stündigen Betriebsratssitzungen während seiner freien Tage teil. Der Arbeitgeber setzte das Betriebsratsmitglied an solchen Tagen weder vor noch nach den Betriebsratssitzungen ein, weil dies nicht in den Arbeitsablauf passe und schrieb dem Betriebsratsmitglied jeweils nur 8 Stunden im Arbeitszeitkonto gut. Arbeitnehmer, die während ihrer normalen Arbeitszeit an achtstündigen Schulungen oder anderen Veranstaltungen teilnehmen, werden auch nicht mehr für weitere vier Stunden eingesetzt, erhalten aber eine 12-stündige Gutschrift. Das Betriebsratsmitglied meint, es habe einen Anspruch auf eine jeweils 12-stündige Gutschrift gemäß § 37 Abs. 3 BetrVG. Das Betriebsratsmitglied hat im Fall seiner Betriebsratstätigkeit in seiner Freizeit nach § 37 Abs. 3 BetrVG einen Freizeitausgleichsanspruch nur, soweit es aus betriebsbedingten Gründen Betriebsratsarbeit auch ausführt. Dies erfolgt für die Dauer von 8, nicht von zwölf Stunden. Vergütet wird nicht die Betriebsratstätigkeit, sondern § 37 Abs. 3 BetrVG gleicht nur aus, dass der Arbeitgeber dem Betriebsratsmitglied nicht die diesem zustehende Freizeit gewähren kann. Bei Mitarbeitern, die im Falle von anderen, zeitlich kürzeren Arbeiten nicht weiter eingesetzt werden können, befindet sich der Arbeitgeber dagegen in Annahmeverzug und hat aus diesem Grunde die volle Arbeitszeit im Arbeitszeitkonto anzurechnen.

Bei der zeitlichen Festlegung der Arbeitsbefreiung hat der Arbeitgeber die Wünsche des Betriebsratsmitglieds nicht entsprechend den Grundsätzen der Urlaubsgewährung nach § 7 Abs. 1 Satz 1 BUrlG zu berücksichtigen. Die Freistellung muss nach billigem Ermessen i.S.v. § 106 Satz 1 GewO i.V.m. § 315 Abs. 3 BGB erfolgen.

***BAG** 15.2.2012 – 7AZR 774/10*

Nach § 37 Abs. 3 Satz 1 BetrVG hat ein Betriebsratsmitglied zum Ausgleich für Betriebsratstätigkeit, die aus betriebsbedingten Gründen außerhalb der Arbeitszeit durchzuführen ist, Anspruch auf entsprechende Arbeitsbefreiung unter Fortzahlung des Arbeitsentgelts. Betriebsbedingte Gründe i.S.d. § 37 Abs. 3 Satz 1 BetrVG liegen vor, wenn betriebliche Gegebenheiten und Sachzwänge innerhalb der Betriebssphäre dazu geführt haben, dass erforderliche Betriebsratstätigkeit nicht während der Arbeitszeit durchgeführt werden konnte. Betriebsbedingte Gründe können danach gegeben sein, wenn Zeitungszusteller ihre Arbeit in den frühen Morgenstunden zu erledigen haben und Betriebsratstätigkeit während der üblichen Bürostunden auszuüben ist.

Die Erfüllung des Anspruchs nach § 37 Abs. 3 Satz 1 BetrVG erfolgt durch Freistellung des Arbeitnehmers von seiner Pflicht, Arbeitsleistungen zu erbringen. Die Gewährung von Freizeitausgleich nach § 37 Abs. 3 Satz 3 BetrVG erfasst nur die persönliche Arbeitszeit des Betriebsratsmitglieds. Sie hindert das Betriebsratsmitglied nicht, sein Ehrenamt als Betriebsrat außerhalb seiner individuellen Arbeitszeit wahrzunehmen. Findet diese Betriebsratstätigkeit wiederum betriebsbedingt außerhalb der individuellen Arbeitszeit statt, erwirbt das Betriebsratsmitglied erneut einen Anspruch auf Freizeitausgleich für diese Betriebsratstätigkeiten.

***BAG** 19.3.2014 – 7 AZR 480/12*

Nach § 37 Abs. 3 Satz 1 BetrVG kann ein **Betriebsratsmitglied** einen Anspruch auf Arbeitsbefreiung unter Fortzahlung der Vergütung zum **Ausgleich für Reisezeiten** haben, die es anlässlich der Erfüllung erforderlicher Betriebsratsaufgaben außerhalb der regelmäßigen Arbeitszeit aufwenden muss. Ob und in welchem Umfang ein Ausgleichsanspruch besteht, richtet sich nach den im Betrieb des Arbeitgebers geltenden tariflichen oder betrieblichen Regelungen über die Durchführung von Dienstreisen.

***BAG** 21.6.2006 – 7 AZR 389/05 = NZA 2006, 1417*

Auch **Wege-, Fahrt- und Reisezeiten**, die ein Betriebsratsmitglied zur Erfüllung erforderlicher betriebsverfassungsrechtlicher Aufgaben außerhalb seiner Arbeitszeit aufwendet, können einen Anspruch auf Freizeitausgleich gemäß § 37 Abs. 3 BetrVG oder bei Vorliegen der weiteren Voraussetzungen einen Vergütungsanspruch nach § 37 Abs. 3 Satz 3 BetrVG auslösen, soweit sie mit der Durchführung der ihnen zugrunde liegenden Betriebsratstätigkeit in einem unmittelbaren sachlichen Zusammenhang stehen.

Betriebsratsmitglieder dürfen nach § 78 Satz 2 BetrVG wegen ihrer Betriebsratstätigkeit nicht benachteiligt oder begünstigt werden. Für die Bewertung von Fahrtzeiten, die ein Betriebsratsmitglied zur Wahrnehmung von Betriebsratsaufgaben aufwendet, können danach keine anderen Maßstäbe gelten als für Fahrtzeiten, die ein Arbeitnehmer im Zusammenhang mit der Erfüllung seiner Arbeitspflicht aufwendet.

§ 37 Abs. 3 BetrVG gewährt keinen Anspruch auf Freizeitausgleich oder Vergütung für außerhalb der Arbeitszeit liegende Zeiten, die das Betriebsratsmitglied für Fahrten zwischen Wohnung und Betrieb allein zur Wahrnehmung von Betriebsratstätigkeit aufwendet, da entsprechende Fahrtzeiten von Arbeitnehmern im Zusammenhang mit der Erfüllung der Arbeitspflicht nicht vergütungspflichtig sind.

***BAG** 27.7.2016 – 7 AZR 255/14*

Ist auf dem Zeitkonto eines freigestellten Betriebsratsmitglieds, das an der Erfassung seiner Anwesenheitszeit im Rahmen eines Gleitzeitsystems teilnimmt, am Ende eines vorgesehenen Ausgleichszeitraums ein Stundenguthaben aufgelaufen, hat das Betriebsratsmitglied durch die Erbringung von Betriebsratstätigkeit seine vertraglich geschuldete Arbeitszeit im Bezugszeitraum überschritten. Dann ist die Betriebsratstätigkeit insoweit als „außerhalb der Arbeitszeit" i.S.v. § 37 Abs. 3 BetrVG erbracht anzusehen.

Der Ausgleich für außerhalb der Arbeitszeit erbrachte Betriebsratstätigkeit ist in § 37 Abs. 3 BetrVG geregelt. Ein Anspruch auf Arbeitsbefreiung unter Fortzahlung des Arbeitsentgelts besteht nach § 37 Abs. 3 Satz 1 BetrVG nur, wenn die Betriebsratstätigkeit aus betriebsbedingten Gründen außerhalb der Arbeitszeit erbracht wurde. Ist die Arbeitsbefreiung aus betriebsbedingten Gründen nicht möglich, kann das Betriebsratsmitglied nach § 37 Abs. 3 Satz 3 Halbs. 2 BetrVG die Vergütung der außerhalb der Arbeitszeit aufgewendeten Zeit wie Mehrarbeit verlangen.

§ 37 Abs. 3 BetrVG ist zwingend und kann weder durch Tarifvertrag noch durch Betriebsvereinbarung abgeändert werden, Regelungen zur Durchführung der Vorschrift müssen sich in Übereinstimmung mit den Grundsätzen des § 37 BetrVG halten.

§ 78 Satz 2 BetrVG, wonach Mitglieder des Betriebsrats wegen ihrer Betriebsratstätigkeit weder benachteiligt noch begünstigt werden, untersagt von der Rechtsordnung gedeckte Ungleichbehandlungen nicht.

***BAG** 28.9.2016 – 7 AZR 248/14*

Der Anspruch auf Freizeitausgleich nach § 37 Abs. 3 Satz 1 BetrVG wandelt sich weder durch Ablauf der Monatsfrist des § 37 Abs. 3 Satz 2 Halbsatz 1 BetrVG noch dadurch in einen Vergütungsanspruch nach § 37 Abs. 3 Satz 2 Halbsatz 2 BetrVG, dass der Arbeitgeber den Freizeitausgleich nicht von sich aus gewährt. Der Anspruch auf Vergütung für außerhalb der Arbeitszeit aufgewendete Zeit nach § 37 Abs. 3 Satz 2 BetrVG entsteht nur, wenn die vom Arbeitnehmer verlangte Arbeitsbefreiung vom Arbeitgeber aus betriebsbedingten Gründen verweigert wird.

***BAG** 25.8.1999 – 7 AZR 713/97*

Nach § 37 Abs. 3 Satz 1 BetrVG hat ein Betriebsratsmitglied zum Ausgleich für Betriebsratstätigkeit, die aus betriebsbedingten Gründen außerhalb der Arbeitszeit durchzuführen ist, Anspruch auf einen entsprechenden Freizeitausgleich. Dieser Anspruch umfasst auch **Wege-, Fahrt-** und **Reisezeiten**, soweit sie mit der Durchführung der Betriebsratstätigkeit in einem unmittelbaren sachlichen Zusammenhang stehen.

Für die Bewertung von **Reisezeiten**, die ein Betriebsratsmitglied bei Betriebsratstätigkeiten aufwendet, kommt es auf die im Betrieb des Arbeitgebers geltenden tarifvertraglichen oder betrieblichen Regelungen über die Durchführung von Dienstreisen an. Das folgt aus dem Benachteiligungs- und Begünstigungsverbot gegenüber Betriebsratsmitgliedern gemäß § 78 Satz 2 BetrVG.
Ein Betriebsratsmitglied muss, um einen Anspruch auf Freizeitausgleich geltend zu machen, diesen Freizeitausgleich vom Arbeitgeber verlangen. Die bloße Anzeige über die während der Freizeit geleistete Betriebsratstätigkeit genügt dazu nicht.

***BAG** 16.4.2003 – 7 AZR 423/01*

Nach den Bestimmungen des Betriebsverfassungsgesetzes erhalten die Mitglieder des Betriebsrats weder eine Amtsvergütung noch ist die Betriebsratstätigkeit eine zu vergütende Arbeitsleistung. Entsprechend dem aus § 37 Abs. 2 BetrVG und dem Grundsatz der Ehrenamtlichkeit in § 37 Abs. 1 BetrVG folgenden **Lohnausfallprinzip** steht ihnen nur dasjenige Entgelt zu, das sie verdient hätten, wenn sie anstelle der Betriebsratstätigkeit während ihrer Arbeitszeit die vertraglich geschuldete Arbeitsleistung erbracht hätten. Das schließt es aus, dass die Mitglieder des Betriebsrats auch nur einen geringen Teil ihrer Vergütung wegen oder aufgrund ihres Amtes erhalten.

Das Lohnausfallprinzip gilt uneingeschränkt und wird auch nicht von der Vorschrift des § 37 Abs. 3 BetrVG durchbrochen. Der Freizeitausgleich für die danach außerhalb der persönlichen Arbeitszeit durchgeführte Betriebsratsarbeit betrifft aber lediglich die Folgen einer auf das **Betreiben des Arbeitgebers** vorgenommenen **Abweichung von dem Grundsatz**, nach dem die **Betriebsratstätigkeit während der Arbeitszeit vorzunehmen ist**. Es handelt sich im Ergebnis um ein zeitlich verschobenes Arbeitsentgelt für eine sonst in der persönlichen Arbeitszeit anfallende Betriebsratsarbeit, die nur infolge eines dem Arbeitgeber zurechenbaren Umstands in die Freizeit verlegt worden ist.

***BAG** 5.3.1997 – 7 AZR 581/92*

Nach § 37 Abs. 2 BetrVG sind nicht freigestellte Mitglieder des Betriebsrats zur Durchführung erforderlicher Betriebsratstätigkeit ohne Entgeltminderung von der Arbeitsleistung zu befreien. Dies gilt nicht nur, soweit Betriebsratstätigkeiten während der Arbeitszeit zu erledigen sind, sondern auch dann, wenn die Betriebsratstätigkeit außerhalb der Arbeitszeit wahrzunehmen und dem Betriebsratsmitglied deswegen die Arbeitsleistung davor oder danach unmöglich oder unzumutbar ist. Auch in diesem Fall besteht ein Anspruch auf Befreiung von der Arbeitsleistung unter Fortzahlung des Arbeitsentgelts.

Nach § 5 Abs. 1 ArbZG steht dem Arbeitnehmer nach Beendigung der täglichen Arbeitszeit regelmäßig eine ununterbrochene Ruhezeit von mindestens elf Stunden zu. Die in dieser Vorschrift zum Ausdruck kommende Wertung ist bei der Beurteilung, ob einem Betriebsratsmitglied die Arbeitsleistung wegen einer außerhalb seiner persönlichen Arbeitszeit bevorstehenden Betriebsratssitzung unzumutbar ist, zu berücksichtigen. Das gilt unabhängig davon, ob Zeiten der Betriebsratstätigkeit als Arbeitszeit i.S.v. § 2 Abs. 1 ArbZG zu betrachten sind. Deshalb ist ein Betriebsratsmitglied, das zwischen zwei Nachtschichten an einer Betriebsratssitzung teilzunehmen hat, berechtigt, seine Arbeit vor dem Ende einer Schicht einzustellen, wenn nur dadurch eine ununterbrochene Erholungszeit von elf Stunden am Tag gewährleistet ist, in der weder Arbeitsleistung noch Betriebsratstätigkeit zu erbringen ist.

***BAG** 18.1.2017 – 7 AZR 224/15*

Betriebsratstätigkeit liegt „außerhalb der Arbeitszeit" i.S.v § 37 Abs. 3 Satz 1 BetrVG, wenn sie zu einer Zeit zu leisten ist, zu der das Betriebsratsmitglied keine Arbeitsleistungen zu erbringen hätte. Der Anspruch des Betriebsratsmitglieds auf entsprechende Arbeitsbefreiung unter Fortzahlung des Arbeitsentgelts setzt dabei nicht voraus, dass die Betriebsratstätigkeit zusätzlich zu der durch erbrachte Arbeitsleistung oder erforderliche Betriebsratstätigkeit ausgefüllten vertraglichen Arbeitszeit des Betriebsratsmitglieds geleistet wird (Aufgabe von BAG 7.6.1989 – 7 AZR 597/88 = NZA 1990, 447). Der Freistellungsanspruch nach § 37 Abs. 3 BetrVG entsteht erst infolge der außerhalb der Arbeitszeit erbrachten Betriebsratstätigkeit. Dem Arbeitgeber ist es daher – vorbehaltlich einer entsprechenden Anrechnungsabrede – nicht möglich, die Freistellung rückwirkend durch Arbeitsbefreiung für einen der Betriebsratstätigkeit vorausgegangenen Zeitraum zu gewähren.

***BAG** 15.5.2019 – 7 AZR 396/17*

Hat ein Betriebsratsmitglied, das während eines Kündigungsschutzprozesses nicht beschäftigt wurde, aber seine Vergütung erhalten hat, während des Kündigungsschutzprozesses in seiner – fiktiven – persönlichen Arbeitszeit Betriebsratsaufgaben wahrgenommen, hat es dafür weder einen Anspruch auf Freizeitausgleich nach § 37 Abs. 3 Satz 1 BetrVG noch einen Anspruch auf Abgeltung nach § 37 Abs. 3 Satz 3 Halbs. 2 BetrVG.

Nimmt ein Betriebsratsmitglied während seines Urlaubs Betriebsratsaufgaben wahr, geschieht dies regelmäßig nicht aus „betriebsbedingten Gründen" i.S.v. § 37 Abs. 3 Satz 1 BetrVG.

§ 96 Abs. 6 SGB IX sieht – anders als § 37 Abs. 3 Satz 3 Halbs. 2 BetrVG, aber ebenso wie § 46 Abs. 2 BPersVG – keinen finanziellen Abgeltungsanspruch für die außerhalb der Arbeitszeit erbrachte Tätigkeit als Schwerbehindertenvertreter vor.

***BAG** 28.5.2014 – 7 AZR 404/12*

Müssen außerhalb der Betriebsstätte beschäftigte Betriebsratsmitglieder zur Wahrnehmung von Betriebsratsaufgaben in den Betrieb kommen, so sind auch die damit verbundenen Wege- und Reisezeiten nach § 37 Abs. 2 BetrVG erforderliche Betriebsratstätigkeit. Dies gilt auch für Zeiten der Anreise am Vortage. Diese Grundsätze gelten allerdings nur dann uneingeschränkt, wenn die An- und Abreise von Betriebsratsmitgliedern **während der persönlichen Arbeitszeit** ausgeführt wird.

***BAG** 11.7.1978 – 6 AZR 387/77*

Grundsätzlich anders sind aber die **Reisezeiten** zu beurteilen, die **außerhalb der Arbeitszeit** des Betriebsratsmitglieds liegen:

§ 37 Abs. 2 und 3 BetrVG regeln zwei voneinander zu unterscheidende Tatbestände mit unterschiedlichen Rechtsfolgen.

§ 37 Abs. 2 BetrVG will sicherstellen, dass dem Betriebsratsmitglied, das wegen seiner Tätigkeit **Arbeitszeit versäumen muss**, Arbeitsbefreiung erhält und ihm das zustehende Gehalt erhalten bleibt. Demgegenüber soll nach § 37 Abs. 3 BetrVG ein Ausgleich für die Nachteile gewährt werden, die ein Betriebsratsmitglied erleidet, weil es aus **betriebsbedingten Gründen** zur Wahrnehmung der Betriebsratsaufgaben **Freizeit opfern** muss. Aus dieser Unterscheidung des Gesetzes ergibt sich, dass Betriebsratsmitglieder für die **außerhalb der Arbeitszeit** liegende **Wege- und Reisezeit** nach § 37 Abs. 3 BetrVG nur dann Anspruch auf entsprechende Arbeitsbefreiung haben, wenn die Reise aus betriebsbedingten Gründen außerhalb der Arbeitszeit durchgeführt worden ist. Es müssen daher bestimmte Gegebenheiten und Sachzwänge **innerhalb der Betriebssphäre** dazu geführt haben, dass die Reisezeit nicht während der Arbeitszeit durchführt werden konnte.

***BAG** 19.7.1977 – 1 AZR 302/74; **BAG** 9.6.1978 – 6 AZR 176/75 n v.*

Aus dem Begünstigungs- und Benachteiligungsverbot des § 78 BetrVG folgt, dass für die Bewertung von Reisezeiten, die ein Arbeitnehmer über die regelmäßige Arbeitszeit hinaus zum Zwecke der Wahrnehmung einer Betriebsratstätigkeit aufwendet, keine anderen Maßstäbe gelten dürfen als für Reisezeiten, die ansonsten im Interesse des Arbeitgebers anfallen.

Die Bewertung dieser Reisezeiten richtet sich in erster Linie nach tariflichen oder betrieblichen Regelungen.

Gewährt eine solche Regelung dem Arbeitnehmer für Fahrten außerhalb der Arbeitszeit zu einer Dienstbesprechung einen Freizeitausgleich von 50 %, so gilt dies auch für entsprechende Fahrten anlässlich einer Betriebsratssitzung.

***LAG** Sachsen 4.7.2001 – 3 Sa 876/00 = NZA-RR 2002, 471*

Die Entscheidung darüber, ob betriebsbedingte Gründe vorliegen, die eine Betriebsratstätigkeit außerhalb der individuellen Arbeitszeit geboten erscheinen lassen, obliegt nicht dem Betriebsrat. Dieser hat eigenverantwortlich die Entscheidung über die Ausübung der Tätigkeit, nicht aber über die zeitliche Lage zu treffen. Darüber hat der Arbeitgeber, ggf. im Einvernehmen mit dem Betriebsrat zu befinden.

Betriebsbedingte Gründe für die Betriebsratstätigkeit außerhalb der Arbeitszeit (§ 37 Abs. 3 S. 1 BetrVG) liegen vor, **wenn das Betriebsratsmitglied die beabsichtigte** Betriebsratstätigkeit außerhalb der Arbeitszeit **anzeigt**, der Arbeitgeber aber keine Möglichkeit zur Ausübung der Betriebsratstätigkeit während der Arbeitszeit gegeben hat.

Betriebsbedingte Gründe können auch **ohne Anzeige** des Betriebsratsmitglieds dann angenommen werden, wenn eine Verlegung der Tätigkeit in die Arbeitszeit **objektiv** nicht möglich ist.

Betriebsbedingte Gründe können auch **ohne Anzeige** des Betriebsratsmitglieds dann angenommen werden, wenn sich der Arbeitgeber eindeutig und endgültig auch für zukünftige Fälle geweigert hat, die Betriebsratstätigkeit während der Arbeitszeit zu ermöglichen.

Die Feststellung der betriebsbedingten Gründe für die Zahlung der Mehrarbeitsvergütung anstelle der Erfüllung des Arbeitsbefreiungsanspruchs (§ 37 Abs. 3 Satz 2 BetrVG) kann entsprechend dieser Grundsätze erfolgen.

***BAG** 3.12.1987 – 6 AZR 569/85; **BAG** 31.10.1985 – 6 AZR 175/83; **BAG** 31.7.1986 – 6 AZR 146/85 n. v.*

Der Anspruch auf **Freizeitausgleich** nach § 37 Abs. 3 BetrVG unterliegt tarifvertraglichen **Ausschlussfristen**, wenn diese die Geltendmachung der Ansprüche aus dem Arbeitsverhältnis innerhalb bestimmter Fristen verlangen.

***BAG** 26.2.1992 – 7 AZR 201/91*

Nach dem Betriebsverfassungsgesetz ist Betriebsratstätigkeit grundsätzlich während der Arbeitszeit zu leisten. Dafür hat der Arbeitgeber das Betriebsratsmitglied gemäß § 37 Abs. 2 BetrVG von seiner beruflichen Tätigkeit zu befreien. Muss die Betriebsratstätigkeit aus **betriebsbedingten** Gründen außerhalb der Arbeitszeit durchgeführt werden, erwirbt das Betriebsratsmitglied gemäß § 37 Abs. 3 BetrVG einen Anspruch auf Freizeitausgleich. Verweigert der Arbeitgeber den Freizeitausgleich, muss das Betriebsratsmitglied den Anspruch auf Freizeitausgleich gerichtlich geltend machen. Nur in den Fällen, in denen der Freizeitausgleich aus **betrieblichen** Gründen nicht gewährt werden kann, erwirbt das Betriebsratsmitglied einen Vergütungsanspruch.

***BAG** 25.8.1999 – 7 AZR 713/97*

Leistet ein Betriebsratsmitglied außerhalb der individuellen Arbeitszeit Betriebsratsarbeit, ist diese – soweit die Voraussetzungen des § 37 Abs. 3 Satz 3 Halbs. 2 BetrVG vorliegen – wie Mehrarbeit zu vergüten. Sie unterliegt damit grundsätzlich dem Ausschlusstatbestand des § 4 Abs. la EFZG und kann deshalb bei der Entgeltfortzahlung nicht berücksichtigt werden. Etwas anderes gilt nur dann, wenn das Betriebsratsmitglied ständig zusätzlich zu seiner individuellen Arbeitszeit Betriebsratsarbeit leistet und eine bezahlte Arbeitsbefreiung nach näherer Maßgabe von § 37 Abs. 3 BetrVG nicht gewährt werden kann. Die Zeit der Betriebsratsarbeit ist dann als Arbeitszeit i.S.v. § 4 Abs. 1 EFZG zu behandeln.

Die unter den Voraussetzungen von § 37 Abs. 3 Satz 3 Halbs. 2 BetrVG erbrachten Entgeltzahlungen sind wie Arbeitsverdienst i.S.v. § 11 Abs. 1 BUrlG zu behandeln. Deshalb sind Zeiten der Betriebsratsarbeit außerhalb der individuellen Arbeitszeit und die hierfür zu zahlende Vergütung bei der Bemessung des Urlaubsentgelts zu berücksichtigen, sofern die Voraussetzungen des § 37 Abs. 3 BetrVG vorliegen.

Vereinbarungen, die gegen das Begünstigungsverbot des § 78 Satz 2 BetrVG verstoßen, sind gemäß § 134 BGB nichtig. Dies betrifft u.a. die Vereinbarung einer pauschalen Stundenvergütung zur Abgeltung von Betriebsratstätigkeiten, wenn sie ohne sachlichen Grund wegen der Betriebsratstätigkeit gewährt wird und zu einer Verdiensterhöhung führt. Eine Begünstigungsabsicht ist nicht erforderlich. Es genügt die objektive Besserstellung gegenüber Nichtbetriebsratsmitgliedern. Ob eine Vereinbarung gegen das Begünstigungsverbot des § 78 Satz 2 BetrVG verstößt, ist vom Gericht ohne Rüge einer Partei von Amts wegen zu, prüfen. Die Rückforderung zu Unrecht geleisteten Entgelts richtet sich dann nach § 817 Satz 1 BGB, der die Anwendung des § 814 BGB ausschließt.

***BAG** 8.11.2017 – 5 AZR 11/17*

Reisezeiten, die ein Betriebsratsmitglied außerhalb seiner Arbeitszeit im Zusammenhang mit betriebsverfassungsrechtlichen Aufgaben aufwendet, können einen Anspruch auf Freizeitausgleich nach § 37 Abs. 3 BetrVG auslösen, wenn eine im Betrieb geltende tarifliche oder betriebliche Regelung über Dienstreisen die Bewertung von Reisezeiten der Arbeitnehmer als Arbeitszeit vorsieht.

Für die Dauer des Freizeitausgleichs hat der Arbeitgeber nach dem Lohnausfallprinzip grundsätzlich die Vergütung zu zahlen, die dem Arbeitnehmer zustünde, wenn er keinen Freizeitausgleich erhalten, sondern gearbeitet hätte. Dazu gehören auch die in einem Tarifvertrag geregelten Zeitzuschläge für Sonn-, Feiertags- und Nachtarbeit. Dies gilt ebenso für Vergütungsansprüche des Betriebsratsmitglieds, das für Reisezeiten im Zusammenhang mit Betriebsratstätigkeit Freizeitausgleich erhält.

Der Senat hat nicht entschieden, ob in einer Betriebsvereinbarung eine vom Lohnausfallprinzip abweichenden Regelung über die Vergütung des Freizeitausgleichs z. B. dahingehend getroffen werden könnte, dass für die Dauer des Freizeitausgleichs unabhängig von dessen zeitlicher Lage nur die Grundvergütung zu zahlen ist.

BAG 12.8.2009 – 7 AZR 218/08

2.1. Teilzeitbeschäftigte Betriebsratsmitglieder[24]

Wenn ein **teilzeitbeschäftigtes** Mitglied des Betriebsrats immer wieder Betriebsratstätigkeit **aus betriebsbedingten Gründen** außerhalb der Arbeitszeit durchzuführen hat und ihm die aufgewendete Arbeitszeit nach § 37 Abs. 3 Satz 2 2. Halbs. BetrVG wie Mehrarbeit vergütet wird, ist diese Vergütung in die so genannte Referenzzeit des Durchschnittsverdienstes der letzten drei Monate für die Berechnung des **Urlaubsentgelts** einzubeziehen.

Zweck der gesetzlichen Vorschrift des § 37 Abs. 3 BetrVG ist es, eine Benachteiligung von Betriebsratsmitgliedern auszugleichen, die aus betriebsbedingten Gründen außerhalb der Arbeitszeit tätig werden müssen und keinen Freizeitausgleich bekommen. Das auf diesen Zeitraum entfallende Entgelt ist dem normalen Arbeitseinkommen zur Berechnung des Urlaubsentgelts zuzuschlagen.

BAG 11.1.1995 – 7 AZR 543/94

Hat ein in **Teilzeitarbeit** tätiges Betriebsratsmitglied Betriebsratstätigkeit außerhalb seiner Arbeitszeit durchgeführt, und ist eine entsprechende Arbeitsbefreiung nicht möglich, so bestimmt sich die hierfür zu zahlende Vergütung nach dem für die regelmäßige Arbeitszeit zu berechnenden Lohn. Eine Mehrarbeitsvergütung steht ihm also nur zu, soweit die Vollzeitarbeit überschritten wird. Anders kann es bei einer entsprechenden einzelvertraglichen oder tariflichen Regelung sein.

BAG 7.2.1985 – 6 AZR 370/82

3. Umfang der Vergütung bei Betriebsratstätigkeit

Nach § 37 Abs. 2 BetrVG sind Mitglieder des Betriebsrats von ihrer beruflichen Tätigkeit ohne Minderung des Arbeitsentgelts zu befreien, wenn und soweit dies zur ordnungsgemäßen Durchführung ihrer Aufgaben erforderlich ist. § 37 Abs. 2 BetrVG begründet keinen eigenständigen Vergütungsanspruch, sondern sichert den Entgeltanspruch des Betriebsratsmitglieds aus § 611 Abs. 1 BGB in Verbindung mit dem Arbeitsvertrag sowie dem ggf. anzuwendenden Tarifvertrag, indem er dem Arbeitgeber den Einwand des nicht erfüllten Vertrags nimmt.

Das Verbot der Entgeltminderung soll die Bereitschaft des Arbeitnehmers zur Übernahme eines Betriebsratsamts fördern, indem es ihm die Befürchtung nimmt, Einkommenseinbußen durch die Wahrnehmung des Ehrenamts zu erleiden. Diese Vorschrift, die für alle Betriebsratsmitglieder unabhängig von einer etwaigen Freistellung nach § 38 BetrVG gilt, konkretisiert hinsichtlich der Vergütung das allgemeine Benachteiligungsverbot des § 78 Satz 2 BetrVG (BAG 18.5.2016 – 7 AZR 401/14). Das Arbeitsentgelt ist nach dem **Lohnausfallprinzip** fortzuzahlen. Die Berechnung der geschuldeten Vergütung nach dem Lohnausfallprinzip erfordert eine hypothetische Betrachtung, welches Arbeitsentgelt das Betriebsratsmitglied ohne die Arbeitsbefreiung verdient hätte (BAG 29.4.2015 – 7 AZR 123/13).

BAG 25.10.2017 – 7 AZR 731/15

Ein Betriebsratsmitglied, das nach einer Nachtschicht außerhalb seiner Arbeitszeit tagsüber an einer Betriebsratssitzung teilzunehmen hat, ist berechtigt, die Arbeit in dieser vor dem Ende der Schicht einzustellen, wenn nur dadurch eine ununterbrochene Erholungszeit von elf Stunden gewährleistet ist, in der weder Arbeitsleistung noch Betriebsratstätigkeit zu erbringen ist.

Der Kläger war von 22.00 Uhr bis morgens um 6.00 Uhr zur Nachtschicht eingeteilt bei einer Pause von 2.30 Uhr bis 3.00 Uhr. Von 13.00 Uhr bis 15.30 Uhr am nächsten Tag musste er an einer Betriebsratssitzung teilnehmen.

Die beklagte Arbeitgeberin schrieb ihm nicht die volle Arbeitszeit von 3.00 Uhr bis 6.00 Uhr gut. Dagegen ging der Kläger vor. Seine Klage war erfolgreich. Dabei ließ das BAG dahinstehen, ob die Betriebsratstätigkeit Arbeitszeit im Sinne des Arbeitszeitgesetzes sei und deshalb § 5 Abs. 1 ArbZG direkt Anwendung findet. Jedenfalls sei für die Frage der Unzumutbarkeit der Fortsetzung der Arbeit die Wertung des § 5 Abs. 1 ArbZG zu berücksichtigen.

BAG 18.1.2017 – 7 AZR 224/15

Nimmt ein Betriebsratsmitglied außerhalb der Nachtarbeitsstunden Betriebsratsaufgaben wahr, hat es nach § 37 Abs. 2 BetrVG auch dann keinen Anspruch auf Gewährung von Nachtarbeitszuschlägen, wenn es vor der Amtsübernahme Nachtarbeit geleistet hat und seine Arbeitszeit anlässlich der Amtsübernahme einvernehmlich auf die Tagarbeitsstunden verschoben wurde. Der Verlust des Nachtarbeitszuschlags beruht nicht auf der Arbeitsbefreiung, sondern auf der Verschiebung der Arbeitszeit.

Ein Anspruch auf Gewährung von Nachtarbeitszuschlägen folgt in diesen Fällen auch nicht aus § 78 Satz 2 BetrVG. Die mit dem Verlust der Nachtarbeitszuschläge verbundene Schlechterstellung ist dadurch gerechtfertigt, dass das Betriebsratsmitglied infolge der Verschiebung der Arbeitszeit keine Nachtarbeit leistet und damit nicht den Erschwernissen unterworfen ist, die durch die Gewährung der Nachtarbeitszuschläge ausgeglichen werden sollen.

BAG 18.5.2016 – 7 AZR 401/14

Nach § 37 Abs. 2 BetrVG sind Mitglieder des Betriebsrats unter bestimmten Voraussetzungen **ohne Minderung des Arbeitsentgelts** von ihrer beruflichen Tätigkeit zu befreien. Das bedeutet, dass die Betriebsratsmitglieder so zu stellen sind, wie wenn sie an der Arbeitsstelle verblieben und gearbeitet hätten.

Nach dem insoweit geltenden **Lohnausfallprinzip** ist für die Vergütung von Betriebsratstätigkeit immer nur danach zu fragen, was das **Betriebsratsmitglied verdient** haben würde, wenn es **keine Betriebsratstätigkeit** ausgeübt hätte.

BAG 31.7.1986 – 6 AZR 298/84

Nach § 37 Abs. 2 BetrVG sind Mitglieder des Betriebsrats von ihrer beruflichen Tätigkeit ohne Minderung des Arbeitsentgelts zu befreien, wenn und soweit es zur ordnungsgemäßen Durchführung ihrer Aufgaben erforderlich ist. Das Verbot der Minderung des Arbeitsentgelts bedeutet, dass dem Betriebsratsmitglied bei einer Arbeitsbefreiung zur Wahrnehmung betriebsverfassungsrechtlicher Aufgaben das Arbeitsentgelt weiterzuzahlen ist, das es verdient hätte, wenn es keine Betriebsratstätigkeit geleistet, sondern gearbeitet hätte.

Die Berechnung der geschuldeten Vergütung erfolgt nach dem **Lohnausfallprinzip**. Dies erfordert eine hypothetische Betrachtung, welches Arbeitsentgelt das Betriebsratsmitglied ohne die Arbeitsbefreiung verdient hätte. Zur Berechnung der hypothetischen Vergütung ist die Methode zu wählen, die dem Lohnausfallprinzip am besten gerecht wird. Dabei sind die Besonderheiten des jeweiligen Vergütungsbestandteils zu berücksichtigen. Bei schwankenden Bezügen ist ggf. eine Schätzung nach den Grundsätzen des § 287 Abs. 2 ZPO vorzunehmen.

Hängt die Höhe eines **jahresbezogenen Bonus** von dem Grad der Erreichung des vereinbarten Umsatzziels ab, ist der Berechnung der Zielerreichungsgrad zugrunde zu legen, den das Betriebsratsmitglied in diesem Jahr hypothetisch ohne die Arbeitsbefreiung zur Wahrnehmung von Betriebsratsaufgaben erfüllt hätte.

BAG 29.4.2015 – 7 AZR 123/13

Der Begriff des fortzuzahlenden Arbeitsentgelts i.S.d. § 37 Abs. 2 BetrVG kann mangels einer Tariföffnungsklausel nicht in Tarifverträgen modifiziert werden.

BAG 28.8.1991 – 7 AZR 137/90; BAG 13.7.1994 – 7 AZR 477/93

Das dem § 37 Abs. 2 zugrunde liegende **Lohnausfallprinzip** verpflichtet den Arbeitgeber, den Arbeitnehmer hinsichtlich seines Arbeitsentgelts so zu stellen, als sei er nicht für Betriebsratstätigkeiten freigestellt.

BAG 17.2.1993 – 7 AZR 373/92; BAG 16.8.1995 – 7 AZR 103/95

Die Möglichkeit, ein im Rahmen eines Arbeitsverhältnisses überlassenes **Firmenfahrzeug privat zu nutzen**, ist Teil der Arbeitsvergütung in Form eines Sachbezuges.

[24] vgl. auch § 37 Abs. 6 – 7 BetrVG, Ziff. 4.3 „Teilzeitbeschäftigte Betriebsratsmitglieder, S. 104

Wird der Arbeitnehmer als Betriebsratsmitglied nach § 37 Abs. 2 BetrVG vollständig von der beruflichen Tätigkeit befreit, hat er nach § 611 BGB, § 37 Abs. 2 BetrVG weiterhin Anspruch auf die Überlassung eines Firmenfahrzeugs zur privaten Nutzung, da die Befreiung nach § 37 Abs. 2 BetrVG ohne Minderung des Arbeitsentgelts erfolgt.

Das gilt auch, wenn die Arbeitsvertragsparteien vertraglich vereinbart haben, dass die Gebrauchsüberlassung des Fahrzeugs entschädigungslos endet, wenn eine Änderung der Aufgaben des Arbeitnehmers durch Anweisung des Arbeitgebers oder eine Freistellung von der Dienstpflicht keine Tätigkeit mit dienstlicher Fahrzeugnutzung mehr vorsieht. Eine vertragliche Vereinbarung, durch die Vergütungsbestandteile von dem während der Freistellung fortzuzahlenden Arbeitsentgelts ausgenommen werden, ist wegen des Verbots der Entgeltminderung nach § 37 Abs. 2 BetrVG und wegen des Benachteiligungsverbots in § 78 Satz 2 BetrVG unwirksam.

***BAG** 23.6.2004 – 7 AZR 514/03*

Die Vergütung für nicht gesetzliche **Überstunden** wegen geleisteter Betriebsratstätigkeit ist fortzuzahlendes Arbeitsentgelt i.S.d. § 611 Abs. 1 BGB in Verbindung mit § 37 Abs. 2 BetrVG. Es handelt sich um eine Gegenleistung für arbeitsvertraglich zu erbringende Dienste. Im Rahmen des Lohnausfallsprinzips sind bei der Entgeltberechnung für Zeiten, in denen der Arbeitnehmer Betriebsratsarbeit leistet, **neben der Grundvergütung alle Zulagen und Zuschläge** zu zahlen, die das Mitglied der Betriebsvertretung erhalten hätte. Dazu zählen insbesondere **Zuschläge für Mehr-, Über-, Nach-, Sonn- und Feiertagsarbeit, Erschwernis- und Sozialzulagen** sowie die in den Tarifverträgen der Druckindustrie enthaltene Antrittsgebühren. Lediglich Beträge, die nicht für die Arbeit selbst gezahlt werden, sondern dem Ersatz tatsächlicher Mehraufwendungen dienen, die dem Arbeitnehmer bei der Erbringung seiner Arbeitsleistung entstehen, zählen nicht zu dem fortzuzahlenden Arbeitsentgelt.

***BAG** 16.8.1995 – 7 AZR 103/95; **BAG** 13.7.1994 – 7 AZR 477/93*

Während der Freistellung kann ein freigestelltes Personalratsmitglied alle Leistungen beanspruchen, die ihm vormals zur Abgeltung seiner Arbeitsleistung gewährt wurden. Dazu zählen die monatlichen Grundbezüge einschließlich der Amts- und Stellenzulagen, die ihm auf seinem Dienstposten als Gegenleistung für seine Tätigkeit zustehen. Ansprüche auf Aufwendungsersatz, die nur bei tatsächlicher Arbeit angefallen wären, gehören allerdings nicht zum fortzuzahlenden Arbeitsentgelt, wenn die Aufwendungen dem Personalratsmitglied infolge der Befreiung von der Arbeitspflicht nicht mehr entstehen.

***BAG** 16.11.2011 – 7 AZR 458/10*

Bei **Kurzarbeit** führt die Anwendung des Lohnausfallprinzips auch bei dem eine Schulung besuchenden Betriebsratsmitglied zu einer dem Arbeitsausfall entsprechenden Lohnkürzung.

***BAG** 23.4.1974 – 1 AZR 131/73; **BAG** 12.10.1994 – 7 AZR 398/93*

Kann ein Betriebsratsmitglied aufgrund einer im Betrieb angeordneten **Kurzarbeit** eine freiwillig gezahlte **Prämie** wegen Nichterreichung der festgesetzten Wochenstundenzahl nicht beanspruchen, steht ihm diese auch dann nicht zu, wenn er an dem Kurzarbeitstage an einer ganztägigen Betriebsratssitzung teilnimmt und die Berücksichtigung dieser Sitzungsstunden zur Erreichung der festgesetzten Wochenstundenzahl für die Prämie ausreichen würde.

***LAG** Hamm 14.1.1998 – 3 Sa 1137/97*

Die nach der Richtlinie für die Gewährung der Aufwandsentschädigung für Lokomotivführer und Zugbegleiter der Deutschen Bundesbahn gewährte **Fahrentschädigung** gehört zum fortzuzahlenden Arbeitsentgelt i.S.v. § 37 Abs. 2 BetrVG. Dies gilt auch bei einer Freistellung nach § 38 BetrVG.

***BAG** 5.4.2000 – 7 AZR 213/99 = DB 2000, 2074*

Im **Baugewerbe** hat ein Betriebsratsmitglied auch dann **nur Anspruch** auf **Schlechtwettergeld**, wenn es während der Ausfallzeit wegen des schlechten Wetters Betriebsratstätigkeit verrichtet (**Lohnausfallprinzip**).

***BAG** 31.7.1986 – 6 AZR 298/84*

Trinkgelder, die dem Bedienungspersonal in Gaststätten von den Gästen freiwillig gegeben werden, gehören jedenfalls bei Fehlen einer besonderen arbeitsvertraglichen Vereinbarung für Zeiten des Urlaubs, der Arbeitsunfähigkeit und der **Betriebsratstätigkeit** nicht zum vom Arbeitgeber fortzuzahlenden Arbeitsentgelt.

***BAG** 28.6.1995 – 7 AZR 1001/94*

Ein Anspruch auf **Zusatzurlaub für besonders gesundheitsgefährdende Arbeiten** bleibt einem Betriebsratsmitglied dann erhalten, wenn es infolge seiner Freistellung diese besonders gesundheitsgefährdenden Arbeiten nicht mehr verrichtet.

***BAG** 8.10.1981 – 6 AZR 81/79*

Eine Raumpflegerin, die für ein Dienstleistungsunternehmen Schulen säubert und die gem. § 38 Abs. 1 BetrVG als Betriebsratsmitglied ganz zugunsten von Betriebsratstätigkeiten freigestellt ist, hat auch dann Anspruch auf volle Lohnfortzahlung für Schulferienzeiten, wenn arbeitsvertraglich mit ihr vereinbart ist, dass für Schulferienzeiten mangels Beschäftigungsmöglichkeit kein Lohn gezahlt wird.

***LAG** Hamm 2.7.1997 – 3 Sa 903/97 = BB 1998, 326*

Während der **Beschäftigungsverbote nach dem MuSchG** kann Betriebsratstätigkeit ausgeübt werden, allerdings ohne Anspruch auf Freizeitausgleich oder Mehrarbeitsvergütung.

***ArbG** Gießen 26.2.1986 – 3 Ca 687/85 = NZA 1986, 615*

Für die Berechnung des **Urlaubsentgelts** eines Betriebsratsmitglieds sind bei der Ermittlung des durchschnittlichen Arbeitsverdienstes auch die im Referenzzeitraum erfolgten Ausgleichszahlungen nach § 37 Abs. 3 Satz 2 (jetzt Satz 3) Halbsatz 2 BetrVG zu berücksichtigen.

***BAG** 11.1.1995 – 7 AZR 543/94*

Ist der Arbeitgeber infolge von Witterungseinflüssen nicht in der Lage, den Arbeitnehmer zu beschäftigen, wird er von der Verpflichtung, das vereinbarte Entgelt zu zahlen, nicht frei, soweit die Tarifparteien keine andere Regelung getroffen haben.

Der Entgeltanspruch eines unkündbaren Betriebsratsmitglieds entfällt bei witterungsbedingtem Arbeitsausfall nicht deshalb, weil dessen Arbeitskollegen ihren Lohnanspruch mit der Entlassung verlieren (§ 6 des Rahmentarifvertrages für die gewerblichen Arbeitnehmer in der Beton- und Fertigteilindustrie und dem Betonsteinhandwerk (Betonsteingewerbe) Nordwestdeutschland vom 14.9.1993).

***BAG** 18.5.1999 – 9 AZR 13/98*

Bestimmt ein Tarifvertrag, dass in vollkontinuierlicher Schicht tätige Arbeitnehmer nach Vollendung eines bestimmten Lebensjahres eine 2,5-stündige Altersfreizeit und einen Zusatzurlaub erhalten, stehen diese Ansprüche auch einem aus dem Bereich stammenden freigestellten Betriebsratsmitglied zu.

***BAG** 28.9.1999 – 7 AZR 378/98*

4. Benachteiligungsverbot und Entgeltschutz (§ 37 Abs. 4 und 5)

Nach § 37 Abs. 4 Satz 1 BetrVG darf das Arbeitsentgelt von Mitgliedern des Betriebsrats einschließlich eines Zeitraums von einem Jahr nach Beendigung der Amtszeit nicht geringer bemessen werden als das Arbeitsentgelt vergleichbarer Arbeitnehmer mit betriebsüblicher beruflicher Entwicklung. Die Gehaltsentwicklung des Betriebsratsmitglieds während der gesamten Dauer seiner Amtsausübung darf in Relation zu derjenigen vergleichbarer Arbeitnehmer in diesem Zeitraum nicht zurückbleiben. Dies gilt auch für ein freigestelltes Betriebsratsmitglied. Für die Bestimmung des Kreises der vergleichbaren Arbeitnehmer ist daher nicht der Zeitpunkt der Freistellung, sondern der Zeitpunkt der Amtsübernahme maßgebend (Rn. 20 ff.).

Nach § 78 Satz 2 BetrVG darf ein Betriebsratsmitglied wegen seiner Tätigkeit auch in seiner beruflichen Entwicklung nicht benachteiligt werden. Danach kann das Betriebsratsmitglied, das nur infolge der Amtsübernahme nicht in eine Position mit höherer Vergütung aufgestiegen ist, die Zahlung der höheren Vergütung verlangen (Rn. 29).

***BAG**. 22.1.2020 – 7 AZR 222/19*

Nach § 37 Abs. 4 Satz 1 BetrVG darf das Arbeitsentgelt von Mitgliedern des Betriebsrats einschließlich eines Zeitraums von einem Jahr nach Beendigung der Amtszeit nicht geringer bemessen werden als das Arbeitsentgelt vergleichbarer Arbeitnehmer mit betriebsüblicher beruflicher Entwicklung. Vergleichbar i.S.v. § 37 Abs. 4 Satz 1 BetrVG sind Arbeitnehmer, die im Zeitpunkt der Amtsübernahme ähnliche, im Wesentlichen gleich qualifizierte Tätigkeiten ausgeführt haben wie der Amtsträger und dafür in gleicher Weise wie dieser fachlich und persönlich qualifiziert waren. Bei der Beurteilung der Vergleichbarkeit ist nicht auf den Zeitpunkt der Freistellung, sondern auf den Zeitpunkt der Übernahme des Betriebsratsamts abzustellen.

Vergütungserhöhungen vergleichbarer Arbeitnehmer, die das Betriebsratsmitglied ohne sein Mandat nicht beanspruchen könnte, haben bei der Bemessung der Vergütung nach § 37 Abs. 4 BetrVG außer Betracht zu bleiben. Daher kann ein Betriebsratsmitglied, das bei der Amtsübernahme bereits die höchste Steigerungsstufe der höchsten tariflichen Vergütungsgruppe erreicht hat, einen Anspruch auf eine Vergütungserhöhung, die die regelmäßigen Tariferhöhungen übersteigt, nach § 37 Abs. 4 BetrVG nur erwerben, wenn ein Aufstieg der bei Amtsübernahme vergleichbaren Arbeitnehmer in den Kreis der außertariflichen Mitarbeiter betriebsüblich ist.

Die Betriebsparteien können konkretisierende betriebliche Vereinbarungen zu § 37 Abs. 4 BetrVG – z.B. zur Ermittlung vergleichbarer Arbeitnehmer – treffen. Solche Regelungen müssen sich allerdings im Rahmen der gesetzlichen Vorgaben in § 37 Abs. 4 BetrVG und § 78 Satz 2 BetrVG bewegen.

***BAG** 18.1.2017 – 7 AZR 205/15*

§ 37 Abs. 4 Satz 1 BetrVG soll sicherstellen, dass Mitglieder des Betriebsrats weder in wirtschaftlicher noch in beruflicher Hinsicht gegenüber vergleichbaren Arbeitnehmern mit betriebsüblicher beruflicher Entwicklung Nachteile erleiden.

Vergütungserhöhungen, auf die das Betriebsratsmitglied vor seiner Amtsübernahme keinen Anspruch hatte und, wenn es arbeitete, nicht hätte, haben bei der Bemessung seines Arbeitsentgelts nach der Wahl zum Betriebsratsmitglied außer Betracht zu bleiben.

***BAG** 27.7.2017 – 6 AZR 438/16*

Nach § 37 Abs. 4 Satz 1 BetrVG darf das Arbeitsentgelt von Mitgliedern des Betriebsrats nicht geringer bemessen werden als das Arbeitsentgelt vergleichbarer Arbeitnehmer mit betriebsüblicher beruflicher Entwicklung. Die Betriebsüblichkeit entsteht auf Grund eines gleichförmigen Verhaltens des Arbeitgebers und einer von ihm aufgestellten Regel. Betriebsüblichkeit liegt nicht bereits dann vor, wenn das Betriebsratsmitglied bei der Amtsübernahme in seiner bisherigen beruflichen Entwicklung einem vergleichbaren Arbeitnehmer vollkommen gleich gestanden hat.

***BAG** 17.8.2005 – 7 AZR 528/04*

Nach § 37 Abs. 4 Satz 1 BetrVG darf das Arbeitsentgelt von Mitgliedern des Betriebsrats einschließlich eines Zeitraums von einem Jahr nach Beendigung der Amtszeit nicht geringer bemessen werden als das Arbeitsentgelt vergleichbarer Arbeitnehmer mit betriebsüblicher beruflicher Entwicklung. Gemäß § 37 Abs. 4 Satz 2 BetrVG gilt dies auch für allgemeine Zuwendungen des Arbeitgebers. Nach ihrem Schutzzweck erfassen diese Regelungen nicht nur während des Arbeitsverhältnisses gezahltes Entgelt und gewährte Zuwendungen, sondern auch die vom Arbeitgeber zugesagten Leistungen der betrieblichen Altersversorgung.

Nach § 78 Satz 2 BetrVG dürfen die Mitglieder des Betriebsrats wegen ihrer Tätigkeit nicht benachteiligt oder begünstigt werden; dies gilt auch für ihre berufliche Entwicklung. Eine Benachteiligung i.S.v. § 78 Satz 2 BetrVG ist jede Schlechterstellung im Vergleich zu anderen Arbeitnehmern, die nicht auf sachlichen Gründen, sondern auf der Tätigkeit als Betriebsratsmitglied beruht. Eine Benachteiligungsabsicht ist nicht erforderlich. Es genügt die objektive Schlechterstellung gegenüber Nichtbetriebsratsmitgliedern.

***BAG** 10.11.2015 – 3 AZR 574/14*

Nach § 37 Abs. 4 Satz 1 BetrVG darf das Arbeitsentgelt von Mitgliedern des Betriebsrats nicht geringer bemessen werden als das vergleichbarer Arbeitnehmer mit betriebsüblicher beruflicher Entwicklung.

Sinn und Zweck des § 37 Abs. 4 Satz 1 BetrVG ist, dass freigestellte Betriebsratsmitglieder entsprechend der Vorschrift des § 78 Satz 2 BetrVG wegen der ihnen obliegenden gesetzlichen Aufgaben weder in wirtschaftlicher noch in beruflicher Hinsicht Nachteile erleiden. Vergleichbar i.S.d. § 37 Abs. 4 Satz 1 BetrVG sind nur solche Arbeitnehmer, die im Zeitpunkt der Wahl eine im wesentlichen gleiche qualifizierte Tätigkeit wie das freigestellte Betriebsratsmitglied ausgeübt haben. Der in § 37 Abs. 4 Satz 1 BetrVG enthaltene Grundgedanke gilt auch dann, wenn der Arbeitsplatz des freigestellten Betriebsratsmitglieds fortgefallen und nicht durch einen **gleichartigen oder gleichwertigen Arbeitsplatz** ersetzt worden ist. In einem solchen Falle bemisst sich das dem Betriebsratsmitglied zustehende Arbeitsentgelt nach der Tätigkeit, die ihm nach dem Arbeitsvertrag übertragen werden müsste, wenn er nicht freigestellt wäre.

§ 37 Abs. 4 Satz 1 BetrVG garantiert einem freigestellten Betriebsratsmitglied nicht den absolut gleichen Lohn wie vergleichbaren Arbeitnehmern. Gerechtfertigte tarifliche oder auch einzelvertragliche Lohnzuschläge, auf die das freigestellte Betriebsratsmitglied **vor seiner Wahl** keinen Anspruch hatte oder, wenn er arbeitete, nicht hätte, haben bei der Bemessung seines Arbeitsentgelts nach der Wahl außer Betracht zu bleiben.

***BAG** 17.5.1977 – 1 AZR 458/74*

Nach § 37 Abs. 4 Satz 1 BetrVG darf das Arbeitsentgelt von Mitgliedern des Betriebsrats einschließlich eines Zeitraums von einem Jahr nach Beendigung der Amtszeit nicht geringer bemessen werden als das Arbeitsentgelt vergleichbarer Arbeitnehmer mit betriebsüblicher beruflicher Entwicklung. Vergleichbar sind Arbeitnehmer, die im Zeitpunkt der Amtsübernahme ähnliche, im Wesentlichen gleich qualifizierte Tätigkeiten ausgeführt haben wie der Amtsträger und dafür in gleicher Weise wie dieser fachlich und persönlich qualifiziert waren. Üblich ist eine Entwicklung, die vergleichbare Arbeitnehmer bei Berücksichtigung der normalen betrieblichen und personellen Entwicklung in beruflicher Hinsicht genommen haben. Die Übertragung höherwertiger Tätigkeiten ist nur dann betriebsüblich, wenn diese dem Betriebsratsmitglied nach den betriebsüblichen Gepflogenheiten hätten übertragen werden müssen oder die Mehrzahl der vergleichbaren Arbeitnehmer einen solchen Aufstieg erreicht.

Für das Betriebsratsmitglied können nicht unerhebliche Schwierigkeiten bestehen, diese Anspruchsvoraussetzungen schlüssig darzulegen, weil es keinen vollständigen Überblick über die ihm vergleichbaren Arbeitnehmer und deren Gehaltsentwicklungen hat. Kann das Betriebsratsmitglied das Bestehen eines Anspruchs auf Gehaltsanpassung nur prüfen, wenn es Auskunft über die Gehaltsentwicklung vergleichbarer Arbeitnehmer mit betriebsüblicher beruflicher Entwicklung erhält, kommt daher ein Anspruch auf Auskunft nach §§ 611, 242 BGB i.V.m. § 37 Abs. 4 BetrVG in Betracht. Dies gilt für die Gehaltshöhe vergleichbarer Arbeitnehmer, deren Kenntnis sich dem betroffenen Betriebsratsmitglied entzieht und über die der Arbeitgeber unschwer Auskunft geben kann.

Verlangt das Betriebsratsmitglied vom Arbeitgeber Auskünfte, um eine betriebsübliche Beförderungspraxis als Voraussetzung einer entsprechenden Gehaltssteigerung darlegen zu können, hat das Betriebsratsmitglied unter Berücksichtigung der ihm zugänglichen Tatsachen vorzutragen, mit welchen Arbeitnehmern es aus seiner Sicht vergleichbar ist und aus welchen Umständen zu schließen ist, dass die Mehrzahl der mit ihm vergleichbaren Arbeitnehmer die behauptete Beförderung erfahren hat. Verfügt das Betriebsratsmitglied etwa wegen der Größe des Betriebs und der Vielzahl vergleichbarer Arbeitnehmer nicht über ausreichende Erkenntnismöglichkeiten, kann es genügen, Referenzfälle darzulegen, aus denen sich mit hinreichender Wahrscheinlichkeit auf eine betriebsübliche Beförderungspraxis in dem Zeitraum seiner Zugehörigkeit zum Betriebsrat schließen lässt. Die abstrakte – gleichsam „ins Blaue" zielende – Behauptung einer Beförderungspraxis ohne jeden konkreten Beispielfall genügt dazu jedoch nicht. Anderenfalls würde die Darlegungs- und Beweislast unzulässig in ihr Gegenteil verkehrt.

***BAG** 4.11.2015 – 7 AZR 972/13*

Bewirbt sich ein freigestelltes Personalratsmitglied um die Übertragung der Aufgaben eines freien, höherdotierten Arbeitsplatzes, so hat der öffentliche Arbeitgeber die Entscheidung über die Besetzung des Arbeitsplatzes nach den Merkmalen des Art. 33 Abs. 2 GG zu treffen.

Trifft der Arbeitgeber die Entscheidung zugunsten eines Mitbewerbers, so liegt keine personalvertretungsrechtliche Benachteiligung vor, wenn der Mitbewerber auch unter Berücksichtigung der freistellungsbedingten Umstände besser qualifiziert ist als das freigestellte Personalratsmitglied.

Hält der öffentliche Arbeitgeber den Mitbewerber dagegen für qualifizierter, weil das Personalratsmitglied nicht mehr über dieselben fachlichen Leistungen verfügt, oder solche nicht feststellbar sind, so folgt daraus eine personalvertretungsrechtliche Benachteiligung auch dann, wenn die Auswahlentscheidung nach Art. 33 Abs. 2 GG zugunsten des Mitbewerbers nicht zu beanstanden ist. Das freigestellte Personalratsmitglied hat in diesen Fall einen Anspruch auf Vergütung nach der höheren Vergütungsgruppe.

***BAG** 29.10.1998 – 7 AZR 676/96*

Ein Betriebsratsmitglied, das nur infolge seiner Betriebsratstätigkeit nicht in eine Position mit höherer Vergütung aufgestiegen ist, kann den Arbeitgeber unmittelbar auf Zahlung dieser höheren Vergütung in Anspruch nehmen.

Dieser Anspruch setzt voraus, dass dem Betriebsratsmitglied der Nachweis gelingt, dass er – wenn man seine Tätigkeit als Mitglied einer Betriebsvertretung wegdenkt – inzwischen mit einer Aufgabe betraut worden wäre, die ihm den Anspruch auf das begehrte Arbeitsentgelt gewähren würde.

***BAG** 11.12.1991 – 7 AZR 75/91*

Der Anspruch eines freigestellten Mitglieds der Betriebsvertretung (hier: Personalratsmitglied) auf Höhergruppierung setzt eine fiktive Nachzeichnung des beruflichen Werdegangs voraus, den das Personalratsmitglied ohne die Personalratstätigkeit genommen hätte.

***BAG** 27.6.2001 – 7 AZR 496/99 = DB 2002, 220*

Das in § 37 Abs. 4 BetrVG enthaltene Verbot der geringeren Bemessung des Arbeitsentgelts findet auf nicht freigestellte Betriebsratsmitglieder Anwendung, wenn ihre Bewerbung um einen höher dotierten Arbeitsplatz zu Unrecht erfolglos geblieben ist.

Bewerben sich neben dem nicht freigestellten Betriebsratsmitglied andere Arbeitnehmer des Betriebes um den höher dotierten Arbeitsplatz, so ist der Anspruch des nicht berücksichtigten Betriebsratsmitglieds auf das höhere Arbeitsentgelt gerechtfertigt, wenn eine personelle Auswahl im Rahmen der **betriebsüblichen beruflichen Entwicklung** zu dem Ergebnis geführt hätte, dass nur das Betriebsratsmitglied nach den betriebsüblichen Auswahlkriterien hätte befördert werden dürfen.

Wird der höher dotierte Arbeitsplatz im Wege der Neueinstellung besetzt, können Ansprüche des nicht freigestellten Betriebsratsmitglieds im Rahmen der §§ 99 ff. BetrVG zu berücksichtigen sein.

„**Betriebsüblich**" ist die berufliche Entwicklung, die bei objektiver vergleichbarer Tätigkeit Arbeitnehmer mit vergleichbarer fachlicher und persönlicher Qualifikation bei Berücksichtigung der normalen betrieblichen und personellen Entwicklung in beruflicher Hinsicht genommen haben.

***BAG** 13.11.1987 – 5 AZR 550/86*

Nach § 37 Abs. 2 BetrVG ist einem Betriebsratsmitglied während der Zeit der Erbringung erforderlicher Betriebsratstätigkeit das Arbeitsentgelt weiterzuzahlen, das es verdient hätte, wenn es gearbeitet hätte. Zu dem weiterzuzahlenden Arbeitsentgelt zählen alle Vergütungsbestandteile, auch Zuschläge für Mehr-, Über-, Nacht-, Sonn- und Feiertagsarbeit, nicht dagegen Aufwendungsersatz (Rn. 31).

Eine arbeitsvertragliche Vereinbarung, mit der einem Betriebsratsmitglied wegen seines Betriebsratsmandats die Zahlung einer Vergütung während der Betriebsratstätigkeit zugesagt wird, die über das nach § 37 Abs. 2 BetrVG zulässige Maß hinausgeht, begünstigt das Betriebsratsmitglied i.S.v. § 78 Satz 2 BetrVG in unzulässiger Weise. Eine derartige Vereinbarung ist nach § 134 BGB nichtig (Rn. 34).

Eine Vereinbarung, nach der ein nach § 38 Abs. 1 BetrVG freigestelltes Betriebsratsmitglied eine pauschalierte monatliche Zulage erhält, die der Abgeltung von Zeitzuschlägen dient, die das Betriebsratsmitglied beanspruchen könnte, wenn es nicht freigestellt wäre, sondern arbeiten würde, steht im Einklang mit § 37 Abs. 2 und § 78 Satz 2 BetrVG, wenn die Pauschale im Wesentlichen dem Durchschnitt der tatsächlichen hypothetischen Zuschlagsansprüche entspricht, die pauschale Zahlung also keine versteckte zusätzliche Vergütung enthält (Rn. 39). Hat das freigestellte Betriebsratsmitglied während der Dauer der Freistellung einen betriebsüblichen beruflichen Aufstieg nach § 37 Abs. 4 BetrVG erfahren, ist für die Ermittlung der hypothetischen Zuschlagshöhe darauf abzustellen, welche Zuschläge das Betriebsratsmitglied mit der Tätigkeit erzielt hätte, in die es zwischenzeitlich aufgestiegen ist (Rn. 40). Zur Ermittlung der hypothetischen Zuschlagshöhe kann bei einem vollständig freigestellten Betriebsratsmitglied ggf. eine Schätzung nach den Grundsätzen des § 287 Abs. 2 ZPO anhand der von vergleichbaren Arbeitnehmern geleisteten Tätigkeiten zu zuschlagsrelevanten Zeiten vorgenommen werden (Rn. 39).

***BAG** 29.8.2018 – 7 AZR 206/17*

§ 37 Abs. 5 BetrVG kommt wegen seines Zusammenhangs mit Abs. 4 auch im Verhältnis zu § 78 Satz 2 BetrVG ein **eigenständiger Normcharakter** zu. Nach seinem Schutzzweck dient er allgemein dazu, Persönlichkeitsrechte von Betriebsratsmitgliedern zu wahren und sie vor Diskriminierung oder gar Disziplinierung durch **Zuweisung geringerwertiger Tätigkeiten** zu schützen. Er sichert Betriebsratsmitglieder auch davor, bei gleichem Entgelt mit geringerwertigeren Tätigkeiten als vergleichbare Arbeitnehmer beschäftigt zu werden.

§ 37 Abs. 5 BetrVG enthält zugunsten der nicht freigestellten Betriebsratsmitglieder eine **partielle Versetzungssperre**. Ihnen dürfen geringerwertigere Tätigkeiten, als sie von vergleichbaren Arbeitnehmern auszuüben sind, im Wege einer Versetzung nur zugewiesen werden, wenn dies einzelvertraglich zulässig *und* durch zwingende betriebliche Notwendigkeiten geboten ist.

Liegen diese Voraussetzungen vor, so kann diese Versetzung gleichwohl rechtswidrig sein, wenn das Betriebsratsmitglied mit dieser Maßnahme wegen seiner Betriebsratstätigkeit benachteiligt wird. Im Übrigen setzt der Schutz aus § 37 Abs. 5 BetrVG gegen Versetzung den Tatbestand des § 78 Satz 2 BetrVG nicht voraus.

§ 37 Abs. 5 BetrVG hindert eine **Versetzung eines Betriebsratsmitglieds** dann nicht, wenn diese Maßnahme einzelvertraglich möglich ist und die neu zugewiesene Tätigkeit nach Entgelt und Aufgabenstellung derjenigen vergleichbarer Arbeitnehmer mit betriebsüblicher Entwicklung gleichwertig ist. Die Gleichwertigkeit der zugewiesenen Tätigkeit beurteilt sich nach der in den beteiligten Berufsgruppen herrschenden Verkehrsauffassung (Selbsteinschätzung der beteiligten Arbeitnehmergruppen). Ob daneben auch auf einen eventuell strengeren Maßstab gemäß den Anschauungen der im Betrieb Beschäftigten abzustellen ist, bleibt offen.

***Hessisches LAG** 14.8.1986 – 12 Sa 1225/85 = DB 1987, 442*

Betriebsräteschulung (§ 37 Abs. 6 – 7 BetrVG)

Gesetzestext

§ 37 Ehrenamtliche Tätigkeit, Arbeitsversäumnis

(1) *Die Mitglieder des Betriebsrats führen ihr Amt unentgeltlich als Ehrenamt.*

(2) *Mitglieder des Betriebsrats sind von ihrer beruflichen Tätigkeit ohne Minderung des Arbeitsentgelts zu befreien, wenn und soweit es nach Umfang und Art des Betriebs zur ordnungsgemäßen Durchführung ihrer Aufgaben erforderlich ist.*

(3) *[1]Zum Ausgleich für Betriebsratstätigkeit, die aus betriebsbedingten Gründen außerhalb der Arbeitszeit durchzuführen ist, hat das Betriebsratsmitglied Anspruch auf entsprechende Arbeitsbefreiung unter Fortzahlung des Arbeitsentgelts. [2]Betriebsbedingte Gründe liegen auch vor, wenn die Betriebsratstätigkeit wegen der unterschiedlichen Arbeitszeiten der Betriebsratsmitglieder nicht innerhalb der persönlichen Arbeitszeit erfolgen kann. [3]Die Arbeitsbefreiung ist vor Ablauf eines Monats zu gewähren; ist dies aus betriebsbedingten Gründen nicht möglich, so ist die aufgewendete Zeit wie Mehrarbeit zu vergüten.*

(4) *[1]Das Arbeitsentgelt von Mitgliedern des Betriebsrats darf einschließlich eines Zeitraums von einem Jahr nach Beendigung der Amtszeit nicht geringer bemessen werden als das Arbeitsentgelt vergleichbarer Arbeitnehmer mit betriebsüblicher beruflicher Entwicklung. [2]Dies gilt auch für allgemeine Zuwendungen des Arbeitgebers.*

(5) *Soweit nicht zwingende betriebliche Notwendigkeiten entgegenstehen, dürfen Mitglieder des Betriebsrats einschließlich eines Zeitraums von einem Jahr nach Beendigung der Amtszeit nur mit Tätigkeiten beschäftigt werden, die den Tätigkeiten der in Absatz 4 genannten Arbeitnehmer gleichwertig sind.*

(6) *[1]Die Absätze 2 und 3 gelten entsprechend für die Teilnahme an Schulungs- und Bildungsveranstaltungen, soweit diese Kenntnisse vermitteln, die für die Arbeit des Betriebsrats erforderlich sind. [2]Betriebsbedingte Gründe im Sinne des Absatzes 3 liegen auch vor, wenn wegen Besonderheiten der betrieblichen Arbeitszeitgestaltung die Schulung des Betriebsratsmitglieds außerhalb seiner Arbeitszeit erfolgt; in diesem Fall ist der Umfang des Ausgleichsanspruchs unter Einbeziehung der Arbeitsbefreiung nach Absatz 2 pro Schulungstag begrenzt auf die Arbeitszeit eines vollzeitbeschäftigten Arbeitnehmers. [3]Der Betriebsrat hat bei der Festlegung der zeitlichen Lage der Teilnahme an Schulungs- und Bildungsveranstaltungen die betrieblichen Notwendigkeiten zu berücksichtigen. [4]Er hat dem Arbeitgeber die Teilnahme und die zeitliche Lage der Schulungs- und Bildungsveranstaltungen rechtzeitig bekannt zu geben. [5]Hält der Arbeitgeber die betrieblichen Notwendigkeiten für nicht ausreichend berücksichtigt, so kann er die Einigungsstelle anrufen. [6]Der Spruch der Einigungsstelle ersetzt die Einigung zwischen Arbeitgeber und Betriebsrat.*

(7) *[1]Unbeschadet der Vorschrift des Absatzes 6 hat jedes Mitglied des Betriebsrats während seiner regelmäßigen Amtszeit Anspruch auf bezahlte Freistellung für insgesamt drei Wochen zur Teilnahme an Schulungs- und Bildungsveranstaltungen, die von der zuständigen obersten Arbeitsbehörde des Landes nach Beratung mit den Spitzenorganisationen der Gewerkschaften und der Arbeitgeberverbände als geeignet anerkannt sind. [2]Der Anspruch nach Satz 1 erhöht sich für Arbeitnehmer, die erstmals das Amt eines Betriebsratsmitglieds übernehmen und auch nicht zuvor Jugend- und Auszubildendenvertreter waren, auf vier Wochen. [3]Absatz 6 Satz 2 bis 6 findet Anwendung.*

1. Unterschiede einer Schulung nach § 37 Abs. 6 und 7 BetrVG

Schulungsveranstaltung für Betriebsräte			
§ 37 Abs. 6 BetrVG		**§ 37 Abs. 7 BetrVG**	
1.	Vermittlung **erforderlicher** Kenntnisse; Anerkennung nach § 37 Abs. 7 BetrVG nicht erforderlich	1.	Vermittlung **geeigneter** Kenntnisse; Anerkennung nach § 37 Abs. 7 BetrVG erforderlich
2.	**Umfang:** je nach Erforderlichkeit	2.	**Umfang:** 3 (4) Wochen
3.	Anspruch des **Betriebsrats**	3.	Anspruch des **Betriebsratsmitglieds**
4.	Arbeitgeber muss gesamte Kosten der Schulung zahlen (§ 40 BetrVG)	4.	Schulungskosten sind vom Betriebsratsmitglied zu tragen
5.	Freistellungsanspruch unter Fortzahlung der Bezüge (§ 37 Abs. 2 BetrVG)	5.	Freistellungsanspruch unter Fortzahlung der Bezüge (§ 37 Abs. 2 BetrVG)
6.	Freistellungsanspruch auch außerhalb der persönlichen Arbeitszeit des Betriebsratsmitglieds	6.	Freistellungsanspruch auch außerhalb der persönlichen Arbeitszeit des Betriebsratsmitglieds
7.	Betriebsrat beschließt: Teilnehmer; zeitliche Lage, Inhalt; Veranstaltung	7.	Betriebsrat beschließt: zeitliche Lage der Schulung

Grundsätzlich bestehen die Ansprüche nach § 37 Abs. 6 u. 7 BetrVG unabhängig nebeneinander. Nach Abs. 6 handelt es sich wegen der **Erforderlichkeit** für die Arbeit des Betriebsrats um einen **kollektiven** Anspruch des **Betriebsrats** im Hinblick auf seine Tätigkeit als solche. Die Entsendung einzelner Betriebsratsmitglieder auf eine Schulungs- und Bildungsveranstaltung bedarf deshalb auch eines Betriebsratsbeschlusses. Dagegen handelt es sich bei dem Anspruch nach Abs. 7 um einen zusätzlichen und **individuellen Anspruch** des einzelnen Betriebsratsmitglieds selbst ohne Rücksicht auf seinen konkreten Wissensstand.

Vor allem ist der mögliche Inhalt von Veranstaltungen nicht nach so genannten Grundkenntnissen und Spezialkenntnissen abzugrenzen. Stattdessen ist darauf abzustellen, ob die Kenntnisse für die Betriebsratsarbeit „**erforderlich**" (Abs. 6) oder lediglich „**geeignet**" i.S.d. Abs. 7 sind.
Erforderliche Kenntnisse sind nur solche Kenntnisse, die der Betriebsrat unter Berücksichtigung der **konkreten Situation** des einzelnen Betriebes sofort oder doch aufgrund einer typischen Fallgestaltung demnächst benötigt, um seine Aufgaben sachgemäß wahrnehmen zu können. Das vermittelte Wissen muss sich unmittelbar auf die Betriebsratstätigkeit auswirken. Es kann sich dabei sowohl um so genanntes **Grundwissen** handeln, als auch um so genannte **Spezialkenntnisse**, die insbesondere einzelne Betriebsratsmitglieder für ihre Betriebsratstätigkeit, z. B. in besonderen Fachausschüssen des Betriebsrats, benötigen.

Demgegenüber reicht es für Schulungs- und Bildungsveranstaltungen im Rahmen des **Abs. 7** aus, dass ein **weiter Zusammenhang mit der Betriebsratstätigkeit** besteht. Auf derartigen Veranstaltungen können Kenntnisse vermittelt werden, die unabhängig von der konkreten betrieblichen Situation für die Tätigkeit des einzelnen Betriebsratsmitglieds geeignet, d.h. förderlich und nützlich sind, selbst, wenn im Augenblick derartige Kenntnisse nicht benötigt werden. Allerdings muss auch bei Veranstaltungen nach Abs. 7 ein Bezug zur Betriebsratstätigkeit bestehen.

Ein Betriebsratsmitglied, das an einer Veranstaltung nach Abs. 7 teilgenommen hat, bedarf einer Kenntnisvermittlung nach Abs. 6 über den gleichen Gegenstand nicht mehr. Eine nach § 37 Abs. 7 BetrVG anerkannte Veranstaltung kann zugleich auch eine solche sein, die erforderliche Kenntnisse i.S.d. Abs. 6 vermittelt. Erforderliche Kenntnisse nach Abs. 6 werden umgekehrt immer Kenntnisse sein, die für Betriebsratstätigkeit „geeignet" i.S.d. Abs. 7 sind.

***BAG** 6.11.1973 – 1 ABR 8/73*

Die Vermittlung von Kenntnissen und Fähigkeiten in einem Betriebsratsseminar ist nur dann für die Betriebsratsarbeit **erforderlich**, wenn sie unter Berücksichtigung der konkreten Situation im Betrieb und Betriebsrat benötigt werden, damit die Betriebsratsmitglieder ihre derzeitigen und demnächst anfallenden gesetzlichen Aufgaben sachgerecht wahrnehmen können; Kenntnisse, die für die Betriebsratsarbeit nur verwertbar und nützlich sind, erfüllen diese Voraussetzungen nicht.

Bei seiner Beschlussfassung hat der Betriebsrat die Frage der Erforderlichkeit **nicht nach seinem subjektiven Ermessen** zu beantworten; vielmehr muss er sich auf den Standpunkt eines **vernünftigen Dritten** stellen, der die Interessen des Betriebes einerseits und die des Betriebsrats und der Arbeitnehmerschaft andererseits gegeneinander abzuwägen hat. Entscheidend ist dabei der **Zeitpunkt der Beschlussfassung des Betriebsrats**; unerheblich ist, ob aus späterer Sicht rückblickend betrachtet die Teilnahme an der Schulungsveranstaltung im streng objektiven Sinn erforderlich war.

Die **gerichtliche Kontrolle** muss sich darauf beschränken, ob ein vernünftiger Dritter unter den im Zeitpunkt der Beschlussfassung gegebenen Umständen ebenfalls eine derartige Entscheidung getroffen hätte.

***BAG** 16.3.1988 – 7 AZR 557/87; **BAG** 20.10.1993 – 7 ABR 14/93;*
***BAG** 19.7.1995 – 7 AZR 49/94*

§ 37 Abs. 7 BetrVG gibt jedem **einzelnen Betriebsratsmitglied** einen zusätzlichen, individuellen Anspruch auf bezahlte Freistellung für Schulungs- und Bildungsveranstaltungen, die von der obersten Arbeitsbehörde als „geeignet" anerkannt sind, ohne Rücksicht auf seinen konkreten Wissensstand.

§ 37 Abs. 6 BetrVG gewährt dagegen einen **kollektiven Anspruch des Betriebsrats** auf bezahlte Freistellung eines Betriebsratsmitglieds für Schulungs- und Bildungsveranstaltungen, die für die Arbeit des Betriebsrats **„erforderlichen"** Kenntnisse vermitteln.

Damit handelt es sich sowohl vom Anspruchsberechtigten als auch von den Voraussetzungen her um unterschiedliche Ansprüche.

Es gibt keine gesetzliche Verpflichtung eines Betriebsratsmitglieds, zunächst den Anspruch auf Schulungsveranstaltungen nach **§ 37 Abs. 7** BetrVG auszuschöpfen, bevor die Freistellung nach **§ 37 Abs. 6** BetrVG in Anspruch genommen wird.

Tritt der Betriebsrat mit dem Freistellungsbegehren nach § 37 Abs. 6 BetrVG an den Arbeitgeber heran und ist dieser der Ansicht, dass allenfalls eine solche nach § 37 Abs. 7 BetrVG in Betracht zu ziehen ist, stellt er dann aber das Betriebsratsmitglied ohne weitere Einigung über diese Frage frei, dann erfolgt die Freistellung nach **§ 37 Abs. 6** BetrVG.

Ein Betriebsrat kann für ein Betriebsratsmitglied einen Freistellungsanspruch gemäß § 37 Abs. 6 BetrVG geltend machen, auch wenn die Veranstaltung gemäß **§ 37 Abs. 7** BetrVG anerkannt ist.

Zahlt der Arbeitgeber in einem solchen Fall den Lohn für die Zeit der Schulungsveranstaltung, so erfüllt er damit nicht den Freistellungsanspruch gemäß **§ 37 Abs. 7**, so dass auch keine Anrechnung auf diesen Anspruch erfolgen kann.

***BAG** 5.4.1984 – 6 AZR 495/81*

2. Schulungsveranstaltungen nach § 37 Abs. 6 BetrVG

Der 7. Senat des BAG unterscheidet in ständiger Rechtsprechung zwischen der Vermittlung von sog. **Grundkenntnissen**, durch die das Betriebsratsmitglied erst in die Lage versetzt werden soll, seine sich aus der Amtsstellung ergebenden Rechte und Pflichten ordnungsgemäß wahrzunehmen, und **anderen Schulungsveranstaltungen**, bei denen ein **aktueller, betriebsbezogener Anlass** für die Annahme bestehen muss, dass die auf der Schulungsveranstaltung zu erwerbenden Kenntnisse derzeit oder in naher Zukunft von dem zu schulenden Betriebsratsmitglied benötigt werden, damit der Betriebsrat seine Beteiligungsrechte sach- und fachgerecht ausüben kann. Bei Schulungsveranstaltungen, auf denen das für die Ausübung des Betriebsratsamts **unverzichtbare Grundwissen** vermittelt wird, ist wegen der mit der Betriebsratsarbeit typischerweise verbundenen Aufgabenstellung auch ohne besondere Darlegung davon auszugehen, dass sie vom Betriebsratsmitglied entweder alsbald oder zumindest demnächst benötigt werden, um seine Betriebsratsaufgaben sachgerecht wahrnehmen zu können. Zu diesen Grundschulungen zählen Schulungsveranstaltungen, bei denen **Grundkenntnisse im Betriebsverfassungsrecht**, im **allgemeinen Arbeitsrecht** oder im Bereich der **Arbeitssicherheit und Unfallverhütung** vermittelt werden (BAG 19.7.1995 - 7 ABR 49/94).

Von der Entbehrlichkeit der Darlegung eines betriebsbezogenen Schulungsbedarfs bei den Grundschulungen hat das BAG zwei Ausnahmen anerkannt. Die Vermittlung eines Grundwissens ist für die ordnungsgemäße Betriebsratsarbeit nicht mehr erforderlich, wenn das zu schulende Betriebsratsmitglied auf Grund seiner bis zum Zeitpunkt des Betriebsratsbeschlusses erworbenen **Vorkenntnisse** bereits **über das erforderliche Grundwissen** für die Ausübung seiner sich aus dem Betriebsratsamt ergebenden Aufgaben verfügt. Zu den persönlichen Vorkenntnissen gehören auch die auf vorangegangenen Schulungen vermittelten Kenntnisse und das durch langjährige Tätigkeit im Betriebsrat erworbene Erfahrungswissen (BAG 16.10.1986 – 6 ABR 14/84).

An der Erforderlichkeit kann es daneben fehlen, wenn die Schulung erst **kurz vor dem Ende der Amtszeit** des Betriebsrats stattfindet **und** der Betriebsrat zum Zeitpunkt seiner Beschlussfassung absehen kann, dass das zu schulende Mitglied bis zum Ablauf der Amtszeit die auf der Schulungsveranstaltung vermittelten Grundkenntnisse nicht mehr einsetzen kann. Soweit das BAG in der Vergangenheit darüber hinaus eine besondere Darlegung der Erforderlichkeit bei der Vermittlung von Grundkenntnissen für notwendig gehalten hat, wenn die Schulungsveranstaltung erst kurz vor Ablauf der Amtszeit erfolgen soll (BAG 7.6.1989 – 7 ABR 26/88, hält er hieran nicht mehr fest: Eine solche Sichtweise trägt der Bedeutung der für die Betriebsratsarbeit notwendigen Grundkenntnisse und dem Beurteilungsspielraum des Betriebsrats bei der Beschlussfassung über die Teilnahme an einer Schulung i.S.d. § 37 Abs. 6 BetrVG, den das BAG in späteren Entscheidungen anerkannt hat (z. B. 15.1.1997 – 7 ABR 14/96), nicht ausreichend Rechnung. Das durch die Grundschulungen vermittelte Wissen im Betriebsverfassungsrecht, im allgemeinen Arbeitsrecht und im Bereich der Arbeitssicherheit sowie der Unfallverhütung sollen das Betriebsratsmitglied in die Lage versetzen, die sich aus dem Gesetz ergebenden Betriebsratsaufgaben sachgerecht wahrzunehmen. Der Betriebsrat kann seine gesetzlichen Aufgaben nur erfüllen, wenn bei allen seinen Mitgliedern zumindest ein Mindestmaß an Wissen über die Rechte und Pflichten einer Arbeitnehmervertretung vorhanden ist. Deshalb überwiegt regelmäßig das Interesse des Betriebsrats an der Vermittlung des erforderlichen Grundwissens das Interesse des Arbeitgebers an einer effizienten und kostengünstigen Betriebsführung. Außerdem unterliegt es wegen des dem Betriebsrats bei der Beschlussfassung nach § 37 Abs. 6 BetrVG zustehenden Beurteilungsspielraums seiner Einschätzung, ob er die Vermittlung von Grundwissen für die Betriebsratsarbeit an ein erstmalig gewähltes Betriebsratsmitglied für erforderlich hält.

Der Beurteilungsspielraum des Betriebsrats ist erst überschritten, wenn für ihn absehbar ist, dass das zu schulende Betriebsratsmitglied in seiner verbleibenden Amtszeit das vermittelte Wissen nicht mehr benötigt. Dies setzt eine hinreichend sichere Einschätzung des Betriebsrats über die bis zum Ende der Amtszeit noch anfallenden Betriebsratsaufgaben voraus. Kann der Betriebsrat Art und Umfang der beteiligungspflichtigen Angelegenheiten, die voraussichtlich bis zu dem Amtszeitende des zu schulenden Betriebsratsmitglieds anfallen werden, nicht beurteilen, kann er die Teilnahme eines erstmalig in den Betriebsrat gewählten Betriebsratsmitglieds – von Missbrauchsfällen abgesehen – als erforderlich i.S.d. § 37 Abs. 6 BetrVG ansehen.

Der durch § 37 Abs. 6 Satz 1 i.V.m. Abs. 2 Satz 1 BetrVG normierte Anspruch auf Entsendung von Betriebsratsmitgliedern zu Schulungs- und Bildungsveranstaltungen ist – anders als der Anspruch nach § 37 Abs. 7 BetrVG – nicht als Anspruch der einzelnen Betriebsratsmitglieder ausgestaltet (BAG 15.5.1986 – 6 ABR 64/83). Die Freistellung eines Betriebsratsmitglieds für eine Schulungsveranstaltung ist daher von einer ordnungsgemäßen Beschlussfassung des Betriebsrats über die Entsendung des Betriebsratsmitglieds zu der Schulungsveranstaltung abhängig (BAG 16.10.1986 – 6 ABR 14/84). Die Wirksamkeit eines Betriebsratsbeschlusses setzt voraus, dass er in einer Betriebsratssitzung gefasst worden ist, zu der die Mitglieder des Betriebsrats gem. § 29 Abs. 2 Satz 3 BetrVG rechtzeitig unter Mitteilung der Tagesordnung geladen worden sind (BAG 28.4.1988 – 6 AZR 405/86). Ist ein Betriebsratsmitglied verhindert, an der Sitzung teilzunehmen, ist ein Ersatzmitglied zu laden (§ 25 Abs. 1 Satz 2 BetrVG). Der Betriebsrat muss sich als Gremium mit dem entsprechenden Sachverhalt befasst und durch Abstimmung eine einheitliche Willensbildung herbeigeführt haben (BAG 14.2.1996 – 7ABR 25/95).

***BAG** 7.5.2008 – 7 AZR 90/07*

Hinweis für die Praxis:

Das BAG hebt in der vorstehenden Entscheidung noch einmal die wichtigsten Voraussetzungen für einen konkreten Schulungsanspruch hervor. Der Schulungsanspruch ist ein Anspruch des Betriebsratsgremiums und gerade kein individueller Anspruch des einzelnen Betriebsratsmitglieds. Daraus folgt, dass es zwar erforderlich sein kann, dass einzelne Betriebsratsmitglieder eine solche Spezialschulung, wie die Schulung zur aktuellen Rechtsprechung des BAG besuchen, es aber gleichzeitig von den konkreten Voraussetzungen im Betrieb (aktueller Kenntnisstand der Betriebsratsmitglieder in Bezug auf den konkreten Themenplan des Seminars, konkret anstehende Aufgaben im Betrieb, andere mögliche Informationsquellen des Betriebsrats, wirtschaftliche Zumutbarkeit unter Berücksichtigung bereits besuchter Seminare) abhängt, ob eine Erforderlichkeit im Einzelfall wirklich angenommen werden kann. Es muss deshalb anhand der konkreten Seminarinhalte überprüft werden, ob die Verhältnisse im Betrieb so gelagert sind, dass der Betriebsrat seine gesetzlichen Aufgaben nur dann sachgerecht erfüllen kann, wenn die Kenntnisse einzelner Betriebsratsmitglieder durch die in dem konkreten Seminar vermittelten Inhalte verbessert werden. Zur Beantwortung dieser Frage hat der Betriebsrat durchaus einen Beurteilungsspielraum. Allerdings besteht gerade aufgrund dieses Beurteilungsspielraums immer auch das Risiko, dass im Nachhinein die fehlende Erforderlichkeit einer Schulung festgestellt wird. Der Betriebsrat sollte sich deshalb nach Möglichkeit immer vorab mit dem Arbeitgeber über die gewünschten Schulungsbesuche einigen.

Das Amtsende eines Betriebsrats führt nicht dazu, dass seine Freistellungs- oder Erstattungsansprüche aus § 40 Abs. 1 BetrVG ersatzlos erlöschen. Der Betriebsrat ist hinsichtlich dieser Ansprüche in entsprechender Anwendung von § 22 BetrVG, § 49 Abs. 2 BGB als fortbestehend zu behandeln. Das gilt in Fällen, in denen das einzelne Betriebsratsmitglied die Ansprüche selbst geltend machen kann, jedenfalls dann, wenn der Betriebsrat das Verfahren vor dem Ende seiner Amtszeit eingeleitet hat.

Nach § 37 Abs. 6 Satz 1 BetrVG ist die Vermittlung von Kenntnissen erforderlich, wenn sie unter Berücksichtigung der konkreten Verhältnisse im Betrieb und im Betriebsrat notwendig sind, damit der Betriebsrat seine gegenwärtigen oder in naher Zukunft anstehenden Aufgaben sach- und fachgerecht erfüllen kann.

Lediglich bei erstmals gewählten Betriebsratsmitgliedern braucht die Schulungsbedürftigkeit nicht näher dargelegt zu werden, wenn Grundkenntnisse im Betriebsverfassungsrecht, im allgemeinen Arbeitsrecht oder im Bereich der Arbeitssicherheit und Unfallverhütung vermittelt werden.

Eine Grundschulung ist ausnahmsweise nicht erforderlich, wenn die Schulung erst kurz vor dem Ende der Amtszeit des Betriebsrats stattfindet und der Betriebsrat zum Zeitpunkt seiner Beschlussfassung absehen kann, dass das erstmals gewählte Mitglied die in der Schulungsveranstaltung vermittelten Grundkenntnisse bis zum Ende der Amtszeit nicht mehr einsetzen kann.

Das bevorstehende Ende des Arbeitsverhältnisses des zu schulenden Betriebsratsmitglieds ist hinsichtlich der Darlegungsanforderungen für den Schulungsbedarf wie das bevorstehende Ende der Amtszeit des Betriebsrats zu behandeln. Die Interessenlage ist vergleichbar. Kann der Betriebsrat Art und Umfang der beteiligungspflichtigen Angelegenheiten, die voraussichtlich bis zu diesem Zeitpunkt anfallen werden, nicht beurteilen, kann er die Teilnahme eines erstmals in den Betriebsrat gewählten Betriebsratsmitglieds als erforderlich i.S.v. § 37 Abs. 6 Satz 1 BetrVG ansehen.

***BAG** 17.11.2010 – 7 ABR 113/09*

2.1. Grundsatz der Erforderlichkeit und Verhältnismäßigkeit

Nach § 40 Abs. 1 BetrVG hat der Arbeitgeber die Kosten zu tragen, die anlässlich der Teilnahme eines Betriebsratsmitglieds an einer Schulungsveranstaltung nach § 37 Abs. 6 BetrVG entstanden sind, sofern die vermittelten Kenntnisse unter Berücksichtigung der konkreten Verhältnisse in Betrieb und Betriebsrat erforderlich sind, damit der Betriebsrat seine gegenwärtigen oder in naher Zukunft anstehenden Aufgaben sach- und fachgerecht erfüllen kann. Bei der Entscheidung über die Erforderlichkeit der Schulungsteilnahme steht dem Betriebsrat ein Beurteilungsspielraum zu.

Bei der Prüfung der Erforderlichkeit hat der Betriebsrat die betriebliche Situation und die mit dem Besuch der Schulungsveranstaltung verbundenen finanziellen Belastungen des Arbeitgebers zu berücksichtigen. Er muss nicht die kostengünstigste Schulungsveranstaltung auswählen, wenn er eine andere Schulung für qualitativ besser hält. Nur wenn mehrere gleichzeitig angebotene Veranstaltungen auch nach Ansicht des Betriebsrats im Rahmen des ihm zustehenden Beurteilungsspielraums als qualitativ gleichwertig anzusehen sind, kann eine Beschränkung der Kostentragungspflicht des Arbeitgebers auf die Kosten der preiswerteren in Betracht kommen.

Die Schulung des entsandten Betriebsratsmitglieds ist nicht notwendig, wenn die Kenntnisse im Betriebsrat bereits vorhanden sind. Besitzt ein Mitglied bereits die erforderlichen Kenntnisse, kann die sinnvolle Organisation der Betriebsratsarbeit es gebieten, auch andere Mitglieder mit der Aufgabenwahrnehmung zu betrauen. Es hängt dabei maßgeblich von der Größe und personellen Zusammensetzung sowie von der Geschäftsverteilung des Betriebsrats ab, ob und inwieweit eines oder mehrere Mitglieder über Spezialkenntnisse verfügen müssen.

Der Betriebsrat darf eine Schulung zum Thema Mobbing für erforderlich halten, wenn im Betrieb Konfliktlagen bestehen, aus denen sich Mobbing entwickeln kann. Rein vergangenheitsbezogene abgeschlossene Sachverhalte genügen dazu ebenso wenig wie die rein theoretische Möglichkeit, dass diese Frage einmal im Betrieb auftreten könnte. Ein konkreter betriebsbezogener Anlass kann gegeben sein, wenn der Betriebsrat aufgrund ihm bekanntgewordener Konflikte in Erwägung zieht, dem Arbeitgeber den Abschluss einer Betriebsvereinbarung zur Mobbingprävention vorzuschlagen, um der Entstehung von Mobbing entgegenzuwirken.

***BAG** 14.1.2015 – 7 ABR 95/12; **BAG** 28.9.2016 – 7 AZR 699/14*

Kann eine Schulungsveranstaltung wegen der Themengestaltung oder wegen ihres Zeitplanes nicht in einen **erforderlichen** und einen **nicht erforderlichen** Teil **aufgeteilt** werden, so kommt es für die Erforderlichkeit der Gesamtschulung darauf an, ob die erforderlichen Themen überwiegen.
Ist eine Aufteilung der Schulungsveranstaltung (praktisch) nicht möglich, so entscheidet über die Erforderlichkeit der Gesamtschulung, ob die erforderlichen Themen (mit mehr als 50 %) überwiegen. Ist nach diesen Kriterien der überwiegende Teil der Schulung erforderlich, dann wird der Rest aus Praktikabilitätsgründen als erforderlich fingiert; es entsteht für die gesamte Zeit der Freistellungsanspruch nach § 37 Abs. 2 BetrVG.

Davon unberührt bleibt die Prüfung, ob die Teilnahme an der Schulungsveranstaltung **verhältnismäßig** i.S.d. Verhältnismäßigkeitsgrundsatzes war.

***BAG** 28.5.1976 – 1 AZR 116/74;*
***LAG** Hamburg 26.9.1996 – 1 TaBV 2/96 = NZA RR 1997, 344*

Bei Prüfung der Erforderlichkeit von Betriebsräteschulungen (§§ 37 Abs. 6, 40 Abs. 1 BetrVG) ist der **Verhältnismäßigkeitsgrundsatz** zu berücksichtigen.
Der Verhältnismäßigkeitsgrundsatz erfordert es, die Betriebsräteschulung in zwei Kategorien zu unterteilen: die **Grundschulungen**, die Grundkenntnisse des Betriebsverfassungsgesetzes vermitteln wollen und die **Spezialschulungen**, die vertiefte Kenntnisse auf dem Spezialgebiet vermitteln wollen.
Grundschulungen können im allgemeinen von jedem Betriebsratsmitglied (einmal) in Anspruch genommen werden, erfordern keinen aktuellen Bezug zum betrieblichen Geschehen und keinen konkreten Erforderlichkeitsnachweis; Spezialschulungen erfordern diesen aktuellen Bezug und können – insbesondere bei größeren Betriebsräten – im allgemeinen nur arbeitsteilig von einzelnen Betriebsratsmitgliedern in Anspruch genommen werden.
Die erleichterte Zugänglichkeit von Grundschulungen muss Einfluss auf deren Dauer haben: Eine Grundschulung von vier Wochen ist zu lang und verstößt damit gegen den Verhältnismäßigkeitsgrundsatz, da sie nur das notwendigste Rüstzeug im Umgang mit dem Betriebsverfassungsgesetz vermitteln soll.
Der für die Einzelschulung erforderliche Aktualitätsbezug ist nicht vorhanden, wenn nur die theoretische Möglichkeit besteht, dass die behandelte Problematik im Betrieb einmal auftauchen könnte; er ist auch dann nicht gegeben, wenn die behandelten Themen zum „Alltagsgeschäft" eines jeden Betriebes gehören, das ein Betriebsrat typischer- und üblicherweise zu bewältigen hat.

***LAG** Köln 12.4.1996 – 11 (13) TaBV 83796*

Neben der Prüfung der Erforderlichkeit einer Schulung hat der Betriebsrat bei seiner Beschlussfassung auch den **Grundsatz der Verhältnismäßigkeit** zu beachten. Das Gebot der Verhältnismäßigkeit verpflichtet den Betriebsrat, den Arbeitgeber nur mit den Kosten zu belasten, die er der Sache nach für verhältnismäßig und deshalb auch für den Arbeitgeber zumutbar halten darf. Er hat deshalb bei der von ihm für erforderlich angesehenen Schulungsveranstaltung darauf bedacht zu sein, die Kosten auf das notwendige Maß zu beschränken. Er ist daher gehalten, nach pflichtgemäßem Ermessen zu prüfen, ob die für eine Schulung **anfallenden Kosten** noch mit **der Größe und Leistungsfähigkeit des Betriebs** zu vereinbaren sind sowie ob der mit der Schulung **erstrebte Zweck** noch in einem **vertretbaren Verhältnis** zu den bisher für Schulungen aufgewandten oder noch aufzuwendenden Mitteln steht. Bei dieser Prüfung können die **Dauer der Veranstaltung** im Hinblick auf die behandelten Themen, die **örtliche Lage** der Schulungsveranstaltung und die **Anzahl der zu entsendenden Betriebsratsmitglieder** von Bedeutung sein.

***BAG** 27.9.1974 – 1 ABR 71/73; **BAG** 8.10.1974 – 1 ABR 72/73;*
***BAG** 8.2.1977 – 1 ABR 124/74*

Eine Schulungsteilnahme ist für den Betriebsrat dann nicht erforderlich, wenn das geschulte Betriebsratsmitglied eineinhalb Jahre zuvor an einer Schulungsmaßnahme mit ähnlichen Inhalten teilgenommen hat. Dies gilt zumindest dann, wenn die beiden Seminare nach der Ausschreibung zu mehr als der Hälfte deckungsgleiche Inhalte aufweisen.

Hat der Arbeitgeber die Teilnahme zeitnah und mit sachlichen Gründen versehen widersprochen, muss der Betriebsrat als Gremium diese Einwendungen zumindest dann behandeln und würdigen, wenn die Schulungsmaßnahmen in diesem Zeitpunkt noch nicht gebucht sind oder wenn noch eine Stornierung möglich ist.

***LAG** Nürnberg 1.9.2009 – 6 TaBV 18/09*

Die **Abmahnung** eines Betriebsratsmitglieds wegen **Arbeitsverweigerung** aufgrund einer nicht nach § 37 Abs. 6 BetrVG erforderlichen Schulungsteilnahme ist jedenfalls dann berechtigt, wenn bei sorgfältiger objektiver Prüfung für jeden Dritten ohne weiteres erkennbar war, dass die Teilnahme an der Schulungsmaßnahme für dieses Betriebsratsmitglied nicht erforderlich war.

***BAG** 10.11.1993 – 7 AZR 682/92*

Hinweis für die Praxis:

Die Versäumung der Arbeitszeit des an einer Schulung teilnehmenden Betriebsratsmitglieds beruht zum einen auf einer wertenden Entscheidung des Betriebsrates als Betriebsratsgremium, nämlich dem Entsendungsbeschluss und zum anderen auf einer weiteren wertenden Entscheidung des Betriebsratsmitgliedes selbst, an der Schulungsmaßnahme teilzunehmen. Allein aus der Beschlussfassung des Betriebsrates über die Teilnahme des Betriebsratsmitgliedes an der Schulungsmaßnahme ergibt sich für das betroffene Betriebsratsmitglied noch nicht, dass es von der Erforderlichkeit der Schulungsteilnahme ausgehen darf. Eine solche Entscheidung des Betriebsrats für sich allein bewirkt auch nicht die erforderliche Arbeitsbefreiung. Vielmehr kommt es darauf an, dass das Betriebsratsmitglied selbst bei eigener gewissenhafter Überlegung und bei ruhiger und vernünftiger Würdigung aller Umstände seine Teilnahme an der Schulungsmaßnahme im Hinblick auf die ihm obliegenden Betriebsratsaufgaben für erforderlich halten durfte und es deswegen davon ausgehen konnte, insoweit von seiner Verpflichtung zur Arbeitsleistung gem. § 37 Abs.6 i.V.m. § 37 Abs.2 BetrVG befreit zu sein. Dabei steht dem Betriebsratsmitglied im selben Umfang wie dem Betriebsrat selbst ein Beurteilungsspielraum zu.

Ein einköpfiger Betriebsrat kann das erste Ersatzmitglied zu einer Schulung gemäß § 37 Abs. 6 BetrVG über Grundlagen des Betriebsverfassungsrechts entsenden, wenn sonst seine Arbeitsfähigkeit in Zeiten der Verhinderung des ordentlichen Betriebsratsmitglieds wegen fehlender Grundlagenkenntnisse gefährdet wäre.

Von einer Gefährdung der Arbeitsfähigkeit des Betriebsrats ist in Betrieben mit bis zu 20 wahlberechtigten Arbeitnehmern in der Regel eher auszugehen, als bei mehrköpfigen Betriebsräten, weil das als Betriebsrat amtierende Ersatzmitglied auf sich allein gestellt ist.

Der Schulungsanspruch kann aber beschränkt sein auf ortsnahe Seminare und auf Seminare, bei denen die Behandlung von Themen, die für Betriebsräte in Unternehmen oder Betrieben mit nicht mehr als 20 wahlberechtigten Arbeitnehmern nicht gelten oder nicht relevant sind, nicht im Vordergrund stehen.

***ArbG** Bremen-Bremerhaven 14.9.2006 – 5 BVGa 28/06 = NZA-RR 2007, 22*

Der halbtägige Besuch einer **Schulungsveranstaltung** durch ein **erstmals bestelltes Mitglied eines Wahlvorstands** kann auch ohne nähere Darlegung des Fehlens ausreichender Kenntnisse der Wahlvorschriften als erforderlich angesehen werden.

***BAG** 7.6.1984 – 6 AZR 3/82*

2.2. Inhalt der Schulungsveranstaltung

Auch vier Wochenschulungen mit den Themen „Einführung ins Betriebsverfassungsrecht", „Mitbestimmungsrechte bei Kündigung", Mitbestimmungsrechte bei personellen Einzelmaßnahmen" und „Mitbestimmungsrechte nach § 87 BetrVG" können für neu gewählte Betriebsratsmitglieder erforderliche Grundschulungen im Sinne des § 37 Abs. 6 BetrVG sein, für die ein besonderer Nachweis der Erforderlichkeit der Kenntniserlangung nicht geführt werden muss.

Der Besuch dieser vier Schulungen ist jedenfalls dann nicht unverhältnismäßig, wenn während dieser Schulungen auch Grundkenntnisse des Arbeitsrechts vermittelt werden, die den Besuch eigener Grundschulungen zum Thema Arbeitsrecht überflüssig werden lassen.

Beschließt der Betriebsrat einen „Seminarplan", der einzelne Schulungsmaßnahmen enthält, die nicht als erforderlich erscheinen, dann führt dies nicht zur automatischen Unwirksamkeit der Entsendung anderer Betriebsratsmitglieder zu für sich betrachtet erforderlichen anderen Schulungsmaßnahmen

***LAG** Nürnberg 28.5.2002 – 6 (5) TaBV 29/01 = NZA-RR 2002, 641*

2.2.1. Betriebsverfassungsrecht

Verantwortliche Betriebsratsarbeit ist nur dann möglich, wenn **jedes Betriebsratsmitglied über Mindestkenntnisse** für die mit seinem Amt verbundenen Aufgaben verfügt. Diese Kenntnisse sind hinsichtlich des **BetrVG** in erster Linie durch Schulung zu erlangen (**2 Wochen Seminar über Grundzüge des BetrVG**).

***BAG** 5.11.1981 – 6 ABR 50/79*

Auch wenn im allgemeinen die Teilnahme von erstmals gewählten Betriebsratsmitgliedern an einer Grundlagenschulung im Betriebsverfassungsrecht ohne nähere Darlegung eines aktuellen betriebsbezogenen Anlasses als erforderlich angesehen werden kann, kann bei einer Schulungsmaßnahme, die im letzten Halbjahr der Amtszeit stattfindet, auf eine konkretere Darlegung der Erforderlichkeit der Schulungsteilnahme nicht verzichtet werden.

***LAG** Hamm 8.11.2006– 10 Sa 1053/06*

Die Strafvorschriften der §§ 119, 120 BetrVG gehören als Teil des BetrVG zum Grundlagenwissen für Betriebsräte, weshalb eine diesbezügliche Schulung zumindest in Großunternehmen als erforderlich für die Arbeit des Betriebsrats i.S.d. § 37 Absatz 6 BetrVG angesehen werden kann und vom Arbeitgeber bezahlt werden muss. Eine solche Schulung ist nicht erst dann als erforderlich anzusehen, wenn der Arbeitgeber versucht hat, Betriebsräte unter Verstoß gegen § 119 BetrVG zu beeinflussen.

***LAG** Köln 21.1.2008 – 14 TaBV 44/07*

Hinweis für die Praxis:

Gemäß § 37 Abs. 6 Satz 1 BetrVG i. V. m. § 37 Abs. 2 BetrVG ist der Betriebsrat berechtigt, Betriebsratsmitglieder zu Schulungs- und Bildungsveranstaltungen zu entsenden, soweit diese Kenntnisse vermitteln, die für die Arbeit des Betriebsrats erforderlich sind. Bei der Erforderlichkeit handelt es sich um einen unbestimmten Rechtsbegriff, der den Betriebsräten einen gewissen Beurteilungsspielraum lässt. Er bezieht sich auf den Inhalt der Veranstaltung, deren Dauer und die Teilnehmerzahl. Die Strafbestimmung des § 119 Abs. 1 Nr. 3 BetrVG untersagt die Begünstigung von Betriebsratsmitgliedern um ihrer Tätigkeit willen. Da eine Grenzziehung zwischen erlaubter Behandlung und verbotener Vorzugsbehandlung im Einzelfall schwer zu bestimmen ist, kann es erforderlich sein, dass Betriebsräte unabhängig von konkreten Anlässen über diese Grenzziehung informiert werden.

2.2.2. Arbeitsrecht

Es bedarf im Regelfall bei einem **neu gewählten Betriebsratsmitglied** keiner näheren Darlegung der Erforderlichkeit einer Schulungsveranstaltung nach § 37 Abs. 6 BetrVG, die **Grundkenntnisse des Arbeitsrechts** (Arbeitsrecht I) vermittelt, sofern das entsandte Betriebsratsmitglied über derartige persönliche Grundkenntnisse nicht verfügt.

Kenntnisse dieses Umfangs werden im Regelfall durch langjährige Tätigkeit im Betriebsrat erworben. Sollte das im Einzelfall nicht zutreffen, so hat der Antragsteller die dafür sprechenden Umstände näher darzulegen.

***BAG** 16.10.1986 – 6 ABR 14/84; **BAG** 12.10.1994 – 7 AZR 398/93*

Ob eine Schulung zu den Grundlagen des Arbeitsrechts erforderlich ist, richtet sich auch nach dem Erfahrungswissen des betroffenen Betriebsratsmitglieds.

***BAG** 19.3.2008 – 7 ABR 2/07*

2.2.3. Geschäftsführung des Betriebsrats

Eine Schulungsveranstaltung mit dem Thema „**Organisation der Betriebsratsarbeit**" (Geschäftsführung des Betriebsrats, Vorbereitung und Durchführung einer Betriebsversammlung) ist erforderlich, ohne dass es einer näheren Darlegung der Erforderlichkeit der Schulung bedarf.

***BAG** 19.1.1984 – 6 ABR 12/81 n. v.*

Eine an die Zielgruppe Betriebsratsvorsitzende, Stellvertreter und Ausschussmitglieder gerichtete Schulungsveranstaltung „Kompetent Führen – Training für Betriebsräte mit Leitungsaufgaben" kann durchaus erforderlich i.S.d. § 37 Abs. 6 BetrVG sein. Voraussetzung hierfür ist die Darlegung, dass gerade das zu der Schulung entsandte Betriebsratsmitglied der dort vermittelten Kenntnisse bedarf.

***LAG** Schleswig-Holstein 22.7.2009 – 3 BV 13/09*

Der Arbeitgeber hat die Kosten für die Teilnahme eines Betriebsratsmitglieds an einer Schulungsveranstaltung über den **Einsatz eines PC für die Erledigung von Betriebsratsaufgaben** nach § 37 Abs. 6 i. V. mit § 40 Abs. 1 BetrVG zu tragen, wenn aktuelle oder absehbare betriebliche bzw. betriebsratsbezogene Anlässe die Schulung des entsandten Betriebsratsmitglieds erfordert haben.

***BAG** 19.7.1995 – 7 ABR 49/94*

2.2.4. Arbeitssicherheit, Arbeitsschutz, Gesundheitsschutz

Die Tätigkeit eines Betriebsratsmitglieds in einem **Integrationsteam**, dem die Unterrichtung der Beschäftigten über die Durchführung und die Zielsetzungen des betrieblichen Eingliederungsmanagements, die Durchführung des Klärungsprozesses und die Entscheidung über die zu ergreifenden betrieblichen Maßnahmen übertragen wurde, kann die Erforderlichkeit seiner Teilnahme an einer Schulung zum betrieblichen Eingliederungsmanagement begründen, wenn das Betriebsratsmitglied die vermittelten Kenntnisse benötigt, um die ihm obliegenden Aufgaben in dem Integrationsteam sach- und fachgerecht wahrzunehmen. Die Erforderlichkeit setzt in diesem Fall nicht voraus, dass die Durchführung eines betrieblichen Eingliederungsmanagements im Zeitpunkt des Entsendebeschlusses des Betriebsrats aktuell bevorstand.

Die Erforderlichkeit der Teilnahme an einer Schulungsveranstaltung ist grundsätzlich für die gesamte Schulung einheitlich zu bewerten. Die Aufteilung einer Schulung in einen für die Tätigkeit eines Betriebsratsmitglieds erforderlichen und einen nicht erforderlichen Teil kommt nur dann in Betracht, wenn die einzelnen Themen so klar voneinander abgegrenzt sind, dass ein zeitweiser Besuch der Schulungsveranstaltung möglich und sinnvoll ist, und wenn der erforderliche Teil gesondert gebucht werden kann. Ist eine Aufteilung der Schulungsveranstaltung praktisch nicht möglich, weil die unterschiedlichen Themen zeitlich nicht voneinander abgegrenzt sind oder weil die Schulung nur als Ganzes buchbar ist, entscheidet über die Erforderlichkeit der Gesamtschulung, ob die erforderlichen Themen mit mehr als 50 % überwiegen.

***BAG** 28.9.2016 – 7 AZR 699/14*

Schulungsveranstaltungen über **Arbeitsschutz** und **Unfallverhütung** (Grundzüge der Arbeitssicherheit) sind grundsätzlich i.S.d. § 37 Abs. 6 BetrVG als erforderlich anzusehen (für jedes Ausschussmitglied eines Sicherheitsausschusses).

***BAG** 15.5.1986 – 6 ABR 74/83 **BAG** 29.4.1992 – 7 ABR 61/91*

Gerade weil HIV-Infektionen und **Aids-Erkrankungen** in atypischer Weise angstbesetzt und von daher besonders geeignet sind, irrationale Reaktionen in der Belegschaft hervorzurufen, ist bei dieser Gesundheitsgefahr – anders als bei anderen schweren Erkrankungen – eine Ausnahme von dem Grundsatz gerechtfertigt, dass nur bei konkret zutage tretenden Gefährdungen eine Schulung nach § 37 Abs. 6 BetrVG unter dem Aspekt vorbeugender Gefahrenabwehr „erforderlich" ist.

***Hessisches LAG** 7.3.1991 – 12 TaBV 1972/90 = DB 1991, 2495 = NZA 1991, 981*

In einem größeren Verlagsunternehmen (hier: ein paar hundert Beschäftigte) ist die Durchführung einer Schulungsveranstaltung mit einer Dauer von fünf Arbeitstagen über **Suchtkrankheiten** am Arbeitsplatz für **ein** Mitglied des Betriebsrats erforderlich.

Dies gilt unabhängig davon, ob in dem betreffenden Betrieb bereits konkrete Anlassfälle aufgetreten sind, weil es bei der Frage von Suchterkrankungen um Sachverhalte geht, die latent in jedem größeren Betrieb vorhanden sind und jederzeit konkret werden können.

***LAG** Düsseldorf 9.8.1995 – 4 TaBV 38/95 = BB 1995, 2531*

2.2.5. Aktuelle Rechtsprechung, Inhalt von Tarifverträgen und Gesetzen

Es kann im Einzelfall erforderlich i.S.v. § 37 Abs. 6 Satz 1 BetrVG sein, dass sich Betriebsratsmitglieder über die aktuelle Rechtsprechung des Bundesarbeitsgerichts durch den Besuch einer entsprechenden Schulungsveranstaltung informieren.

Die Kenntnis der aktuellen Rechtsprechung des Bundesarbeitsgerichts gehört nicht zum unverzichtbaren Grundwissen des einzelnen Betriebsratsmitglieds, dessen Erforderlichkeit der Betriebsrat nicht näher darlegen muss.

Der Betriebsrat als Gremium muss sich aber über die Entwicklung der Rechtsprechung in den für seine Arbeit relevanten Bereichen auf dem Laufenden halten, um seine Aufgaben verantwortlich wahrnehmen zu können. Er kann es daher im Einzelfall für erforderlich halten, dass sich einzelne Betriebsratsmitglieder in entsprechenden Schulungsveranstaltungen über die aktuelle Rechtsprechung des Bundesarbeitsgerichts informieren.

Die Beurteilung der Erforderlichkeit hängt von den Umständen des Einzelfalls ab. Dazu gehören insbesondere die konkreten Seminarinhalte, eine mögliche Aufgabenverteilung innerhalb des Betriebsrats und eine thematische Spezialisierung einzelner Betriebsratsmitglieder, die Zahl der entsandten Betriebsratsmitglieder, die Größe des Betriebsrats, die letzte Aktualisierung des bereits vorhandenen Wissens und betriebliche Entwicklungen, die es besonders dringlich erscheinen lassen, die Rechtsprechungskenntnisse in bestimmten Fragen zu aktualisieren.

***BAG** 18.1.2012 – 7 ABR 73/10*

Auch die **Erläuterung der aktuellen Rechtsprechung des Bundesarbeitsgerichts zu betriebsverfassungsrechtlichen Fragen** und deren Umsetzung in die betriebliche Praxis kann ein i.S.d. § 37 Abs. 6 BetrVG erforderlicher Schulungsinhalt sein. Hierfür muss sich der Betriebsrat nicht auf ein Selbststudium anhand der ihm zur Verfügung stehenden Fachzeitschriften verweisen lassen.

***BAG** 20.12.1995 – 7 ABR 14/95*

Eine erforderliche dreitägige Schulung **über den Inhalt eines neuen Tarifvertrags** ist nicht auf zwei Betriebsratsmitglieder des Betriebsrats zu begrenzen. Jedes Betriebsratsmitglied hat sein Amt in eigener Verantwortung und Beherrschung seiner Kompetenz zu führen und kann nicht insoweit auf Selbstunterrichtung oder auf die Unterrichtung durch die geschulten zwei Betriebsratsmitglieder verwiesen werden.

***LAG** Hamm 11.3.1981 – 3 TaBV 125/80*

Die Teilnahme eines Betriebsratsmitglieds an einer Schulungsveranstaltung mit dem Thema „Rechte und Pflichten des Betriebsrats im Arbeitskampf" kann nach § 37 Abs. 6 BetrVG nur dann als erforderlich angesehen werden, wenn ein konkreter, aktueller, betriebsbezogener Anlass besteht, d. h. wenn konkret vorhersehbar ist, dass der Betrieb direkt oder indirekt von Arbeitskampfmaßnahmen betroffen sein wird. Die Vermittlung von Kenntnissen aus dem Gebiet des Arbeitskampfes gehört nicht zur Vermittlung von Grundkenntnissen des Betriebsverfassungsgesetzes oder des Arbeitsrechts.

***LAG** Hamm 11.8.2003 – 10 Sa 141/03 = NZA-RR 2004, 82*

Die Schulung von Betriebsratsmitgliedern über **Gesetzentwürfe** ist jedenfalls dann nicht erforderlich i.S.d. § 37 Abs. 6 BetrVG, wenn nach dem Stand des Gesetzgebungsverfahrens nicht damit gerechnet werden kann, dass der Gesetzentwurf ohne wesentliche Änderungen verabschiedet wird.

***BAG** 16.3.1988 – 7 AZR 557/87*

Der Besuch einer Schulungsveranstaltung **„Rechtsprechung – aktuell"** ist nicht generell und losgelöst von konkreten betrieblichen Bezügen i.S.d. § 37 Abs. 6 BetrVG erforderlich. Weder ist insoweit ein „stets aktueller betrieblicher Fragenbereich" anzunehmen, noch liegt darin ein der Vermittlung von „Grundwissen" vergleichbarer Sachverhalt.

Es wird daran festgehalten, dass zur Schlüssigkeit eines Freistellungsverlangens des Betriebsrats wegen Schulungsteilnahme nach § 37 Abs. 6 BetrVG auch die Darlegung gehört, in welchem zeitlichen Umfang nach seinem Kenntnisstand die von ihm für erforderlich gehaltenen Seminarthemen innerhalb einer Mehrtages-Seminarveranstaltung behandelt werden (Seminarplan). Hat er keine entsprechende Kenntnis, kann der Betriebsrat nicht sachgerecht beurteilen, ob in tatsächlich überwiegendem Umfang zu von ihm für erforderlich gehaltenen Themen geschult wird und ferner, an welchen von mehreren Tagen die Schulungsteilnahme erfolgen soll.

Der Arbeitgeber hat im Rahmen der vertrauensvollen Zusammenarbeit grundsätzlich Anspruch darauf, die Verteilung der für erforderlich gehaltenen Themen auf die einzelnen Seminartage rechtzeitig vor dem Schulungsbeginn mitgeteilt zu bekommen.

***Hessisches LAG** 27.1.1994 – 12 TaBV 83/93 = NZA 1994, 1134 (Im konkret entschiedenen Fall wurde die Teilnahme des Betriebsratsmitglieds an der Schulung aufgrund konkreten Vortrags des Betriebsrats im Prozess für erforderlich bewertet.)*

2.2.6. Kommunikation

Der Erwerb von **Kenntnissen der Rhetorik**, die eine Schulungsveranstaltung vermitteln soll, kann erforderlich i.S.v. § 37 Abs. 6 Satz 1 BetrVG sein. Die Erforderlichkeit verlangt die Darlegung, dass gerade das zu der Schulung entsandte Betriebsratsmitglied die dort vermittelten Kenntnisse nach den Verhältnissen im Betrieb und im Betriebsrat braucht, damit der Betriebsrat seine gesetzlichen Aufgaben sach- und fachgerecht erfüllen kann.

***BAG** 12.1.2011 – 7 ABR 94/09*

Die Teilnahme eines Betriebsratsmitglieds an einer Schulungsveranstaltung „Sprechwirksamkeit – Ich als Interessenvertreter in Rede und Gespräch“ ist nicht i.S.v. § 37 Abs. 6, § 40 Abs. 1 BetrVG erforderlich.

Die Teilnahme eines Betriebsratsmitglieds – auch des Vorsitzenden oder Stellvertreters aus dem gewerblichen Bereich an einem im Wesentlichen der **Förderung von Sprechtechniken** dienenden Seminar ist nicht erforderlich i.S.v. § 37 Abs. 6 BetrVG

Schulungsveranstaltungen, die im wesentlichen lediglich der **Verbesserung von Sprech- und Argumentationstechniken** dienen, können nicht als für die Betriebsratsarbeit erforderlich i.S.d. § 37 Abs. 6 BetrVG angesehen werden.

***BAG** 20.10.1993 – 7 ABR 14/93*

Eine Betriebsratsschulung zu dem Thema „erfolgreich argumentieren und verhandeln“ kann auch für eine stellvertretende Betriebsratsvorsitzende erforderlich i.S.v § 37 Abs. 6 BetrVG sein, sofern sie in der Vergangenheit häufiger für die Betriebsratsvorsitzende im Falle der Verhinderung tätig war und dies auch zukünftig zu erwarten ist.

Betriebsratsmitglieder müssen sich auf ihren Anspruch auf Freistellung von anlässlich einer Schulung entstandenen Verpflegungskosten nach §§ 37 Abs. 6, 40 Abs. 1 BetrVG eine Haushaltsersparnis anrechnen lassen. Dabei kann jedoch nicht pauschal ein Abzug von 20 % der Verpflegungsaufwendungen nach den früher geltenden Lohnsteuerrichtlinien vorgenommen werden, die Anrechnung richtet sich vielmehr nach der Sachbezugsverordnung in der jeweils gültigen Fassung.

***LAG** Hamm 13.1.2006 – 10 TaBV 65/05*

Die Teilnahme eines Betriebsratsmitglieds an einer Schulungsveranstaltung **„Diskussionsführung und Verhandlungstechnik“** ist nur dann als erforderlich i.S.d. § 37 Abs. 6, § 40 Abs. 1 BetrVG anzusehen, wenn das entsandte Betriebsratsmitglied im Betriebsrat eine derart herausgehobene Stellung einnimmt, dass gerade seine Schulung für die Betriebsratsarbeit notwendig ist.

Sind im Einzelfall die Verhältnisse im Betrieb und Betriebsrat so gelagert, dass der Betriebsrat seine gesetzlichen Aufgaben nur dann sachgerecht erfüllen kann, wenn die rhetorischen Fähigkeiten bestimmter Betriebsratsmitglieder durch Teilnahme an einer hierfür geeigneten Schulungsveranstaltung verbessert werden, so kann auch die Entsendung dieser Betriebsratsmitglieder zu einer Rhetorikschulung i.S.v. § 37 Abs. 6 BetrVG erforderlich sein. Zu denken ist etwa an Schulungsveranstaltungen über die **Diskussionsleitung** für Betriebsratsvorsitzende und ihre Stellvertreter.

***BAG** 24.5.1995 – 7 ABR 54/94*

Die Teilnahme eines Betriebsratsmitglieds an einer Schulungsveranstaltung **„Schriftliche Kommunikation im Betrieb“** ist nur dann als erforderlich i.S.d. § 37 Abs. 6 BetrVG anzusehen, wenn dargelegt wird, warum der Betriebsrat seine gesetzlichen Aufgaben ohne eine solche Schulung gerade des entsandten Betriebsratsmitglieds nicht sachgerecht wahrnehmen kann.

Ergeben die betrieblichen Verhältnisse aus aktuellem Anlass ein hinreichendes Bedürfnis des Betriebsrats nach umfassenden Kenntnissen in **schriftlichen Kommunikationstechniken** und sind diese Kenntnisse bisher im Betriebsrat im erforderlichen Umfang nicht vorhanden, so kann eine Schulung zu dieser Thematik i.S.d. § 37 Abs. 6 BetrVG erforderlich sein.

***BAG** 15.2.1995 – 7 AZR 670/94*

Die Teilnahme eines Betriebsratsmitglieds an einer Schulungsveranstaltung „**Managementtechniken** für Betriebs- und Personalräte“ ist jedenfalls bei fehlender Darlegung eines betrieblichen Bezugs nicht erforderlich i.S.v. § 37 Abs. 6, § 40 Abs. 1 BetrVG.

***BAG** 14.9.1994 – 7 ABR 27/94*

Die Erforderlichkeit einer Schulungsveranstaltung nach § 37 Abs. 4 BetrVG mit dem Thema „Rhetorik und Verhandlungsführung für Frauen“ für eine stellvertretende Betriebsratsvorsitzende ist dann anzunehmen, wenn aufgrund der Berufsausbildung (hier: Schriftsetzerin) und der weiteren persönlichen Voraussetzungen nicht erwartet werden kann, dass die anfallenden Betriebsratsaufgaben ansonsten sachgerecht, insbesondere angstfrei wahrgenommen werden können.

Der Umstand, dass die Schulung vom Teilnehmerkreis, nicht aber vom Inhalt her ausschließlich für weibliche Teilnehmer vorgesehen ist, steht der Erforderlichkeit nicht entgegen.

***LAG** Sachsen 22.11.2002 – 9 TaBV 17/02 = NZA-RR 2003, 420*

2.2.7. Betriebswirtschaft

Ein Seminar zum Thema **„Wirtschaftliche Rahmenbedingungen und Unternehmensstrategie“** kann für die Betriebsratsarbeit erforderlich sein. Der Betriebsrat muss zur Wahrnehmung seiner Aufgaben die wirtschaftlichen Rahmenbedingungen des Unternehmens kennen und in der Lage sein, eine danach bestehende Gefahr für den Bestand der Arbeitsplätze rechtzeitig zu erkennen und eigene Konzepte zu deren Sicherung zu entwickeln. Dies setzt außerdem die Fähigkeit voraus, die Auswirkungen beabsichtigter oder in Betracht kommender Rationalisierungs- oder Umstrukturierungsmaßnahmen zu beurteilen.

***LAG** Baden-Württemberg 8.11.1996 – 5 TaBV 2/96 = BB 1997, 1207*

2.2.8. EDV

Der **elektronischen Datenverarbeitung** kommt zwischenzeitlich in dem betrieblichen Alltag eine ganz erhebliche Bedeutung zu. Der Betriebsrat muss sich u. a. mit den damit verbundenen Fragen des Schutzes der Arbeitnehmer vor Eingriffen in deren Persönlichkeitsrechte im Rahmen seiner Mitbestimmungsrechte nach § 87 I Nr. 6 BetrVG befassen. Darüber hinaus gesteht ihm das Betriebsverfassungsgesetz in § 90 BetrVG umfassende Unterrichtungs- und Beratungsrechte zu, um ihn etwa in die Lage zu versetzen, auf eine angemessene Ausstattung sog. Bildschirmarbeitsplätze hinzuwirken und gesundheitliche Risiken für die betroffenen Arbeitnehmer weitgehend zu verhindern. Unabhängig davon zählt auch die schriftliche Kommunikation mit dem Arbeitgeber z. B. nach § 102 II 1, § 99 III, § 102 II 1 BetrVG und unter bestimmten Voraussetzungen auch die mit der Belegschaft zu den Aufgaben des Betriebsrats. Auch sie kann den Einsatz elektronischer Datenverarbeitung im Rahmen der Betriebsratsarbeit erfordern.
Die mit dem Einsatz elektronischer Datenverarbeitung in den Betrieben verbundenen Aufgabenstellungen des Betriebsrats sind von Fall zu Fall unterschiedlich und in hohem Maße von den konkreten betrieblichen und betriebsratsbezogenen Verhältnissen abhängig. Die mit ihnen verbundenen Anforderungen an eine sachgerechte Arbeitsweise des Betriebsrats und des einzelnen Betriebsratsmitglieds entziehen sich einer typisierenden Betrachtungsweise, wie sie etwa für **Grundkenntnisse** des Betriebsverfassungsrechts, des Arbeitsrechts und der Arbeitssicherheit bzw. Unfallverhütung kennzeichnend sind.

Daher kann nicht jede **EDV-Schulungsveranstaltung** losgelöst von einer Einzelfallprüfung die Kostenerstattungspflicht des Arbeitgebers auslösen. Vielmehr bedarf es der konkreten Darlegung, welche betrieblichen oder betriebsratsbezogenen Umstände die Teilnahme des entsandten Betriebsratsmitglieds für die sachgerechte Wahrnehmung der Betriebsratstätigkeit erforderten. Damit ist eine Erforderlichkeit von Schulungsmaßnahmen, die der Vermittlung von Kenntnissen der elektronischen Datenverarbeitung dienen, nicht von vornherein ausgeschlossen. **Zu verlangen sind lediglich einzelfallbezogene Angaben, welcher aktuelle oder absehbare betriebliche oder betriebsratsbezogene Anlass die fragliche Schulung verlangt.**

***BAG** 19.7.1995 – 7 ABR 49/94*

2.2.9. Arbeitswirtschaft und Bewertung der Arbeit

Eine einwöchige Schulung über „**Leistungsbewertung und Vorgabezeitermittlung**" ist bei entsprechend betrieblichem Anlass vom Inhalt und Umfang erforderlich.

BAG *27.8.1974 – 1 ABR 66/73*

Hat **ein** Betriebsratsmitglied eine Schulung „**Lohngestaltung** und Mitbestimmung im Betrieb" bereits besucht, so ist die Schulung dieses einen Betriebsratsmitglieds nicht ausreichend, wenn **im Betrieb** in nicht unerheblichem Umfang Arbeiten im **Leistungslohn** verrichtet werden.

Die Verantwortung, die der Betriebsrat auf dem Gebiet des Leistungslohnes bei Entscheidungen gegenüber der Belegschaft zu tragen hat, verlangt notwendig, dass nicht nur ein Mitglied einschlägige Kenntnisse besitzt.

LAG *Köln 15.4.1980 – 8 TaBV 3/80 = DB 1981, 119;*
LAG *Hamm 11.3.1981 – 3 TaBV 125/80 = DB 1981, 1678*

2.2.10. Sonstige Seminare

Die Vermittlung allgemeiner Grundkenntnisse des Sozial- und Sozialversicherungsrechts ist nur dann erforderlich gemäß § 37 Abs. 6 BetrVG, wenn ein konkreter betriebsbezogener Anlass besteht.

Im Gegensatz zum allgemeinen Arbeitsrecht weist das Sozial- und Sozialversicherungsrecht keine engen Bezüge zu den Aufgaben des Betriebsrats auf.

Die Beratung von Arbeitnehmern in sozialversicherungsrechtlichen Fragen gehört nicht zu den Aufgaben des Betriebsrats nach dem Betriebsverfassungsgesetz.

BAG *4.6.2003 – 7 ABR 42/02*

Die Tätigkeit eines Betriebsratsmitglieds in der Einigungsstelle gehört nicht zu den Aufgaben des Betriebsrats und seiner Mitglieder. Sie kann daher die Erforderlichkeit einer Schulung nicht begründen.

Es gehört zu den Aufgaben des Betriebsrats, die Verhandlungen in der Einigungsstelle zu begleiten und sich mit Vorschlägen der Einigungsstelle kritisch auseinanderzusetzen. Um diese Aufgabe in eigener Kompetenz wahrnehmen zu können, kann auch die Schulung eines – in die Einigungsstelle – entsandten Betriebsratsmitglieds erforderlich sein.

Ungeeignet für den Zweck, eine kritische Begleitung der Einigungsstelle zu gewährleisten, und damit nicht erforderlich i.S.v § 37 Abs.6 S.1 BetrVG ist die Schulung durch die in die Einigungsstelle entsandten externen Beisitzer.

BAG *20.8.2014 – 7 ABR 64/12*

Eine Schulung von Betriebsratsmitgliedern zum **Mobbing** ist bereits dann als erforderlich anzusehen, wenn erste Anzeichen für eine systematische Schikane gegenüber einzelnen Mitarbeitern durch andere Mitarbeiter oder Vorgesetzte erkennbar sind. Der Betriebsrat muss nicht erst warten, bis sich Mobbing in vollem Umfang im Betrieb auswirkt.

ArbG *Kiel 27.2.1997 – H 5d BV 41/96 = DB 1997, 883*

Das auf der zweitägigen Schulungsveranstaltung zum Thema **„Mobbing"** vermittelte Wissen hat einen konkreten Bezug zu den gesetzlichen Aufgaben des Betriebsrats nach dem Betriebsverfassungsgesetz.

Entstandene Schulungskosten hat der Arbeitgeber daher dann zu tragen, wenn die Teilnahme des entsandten Betriebsratsmitglieds zur sachgerechten Bewältigung dieser Aufgaben in dem Betrieb erforderlich ist. Dazu bedarf es der Darlegung einer betrieblichen Konfliktlage, aus dem sich ein Handlungsbedarf für den Betriebsrat ergibt und zu deren Lösung das auf der Schulung vermittelte Wissen notwendig ist.

Einen solchen Schulungsbedarf hat die antragstellende Gewerkschaft aber nicht aufgezeigt. Deshalb blieb ihr Antrag auch im Rechtsbeschwerdeverfahren ohne Erfolg.

BAG *15.1.1995 – 7 ABR 14/96*

Bei der Überprüfung der Erforderlichkeit der Teilnahme an einem Mobbing-Seminar nach § 37 Abs. 6 BetrVG kann auf die **Darlegung einer betrieblichen Konfliktlage** im Sinne eines **aktuellen betriebsbezogenen Anlasses** nicht verzichtet werden. Insoweit genügen allerdings **hinreichende Anhaltspunkte**, erste Anzeichen dafür, dass Mitarbeiter einer Mobbing-Situation ausgesetzt sind (im Anschluss an BAG 15.1.1997 =AP BetrVG 1972 § 37 Nr. 118).

LAG *Hamm 7.7.2006 – 10 Sa 1283/05*

Um seinen Aufgaben gerecht werden zu können, ist es erforderlich, dass der Betriebsrat an Seminaren zu dem Thema „**Umweltschutz im Betrieb**" teilnimmt, bei denen Kenntnisse über gesundheitsgefährdende Umweltbelastungen im Betrieb vermittelt werden.

ArbG *Hannover 6.12.1991 – 6 BV 7/91 = AiB 1992, 154*

Auch **Funktionärsversammlungen einer Einzelgewerkschaft** können Schulungsveranstaltungen i.S.v. § 37 Abs. 6 BetrVG sein, wenn auf diesen Kenntnisse vermittelt werden, die für die Arbeit des Betriebsrats erforderlich sind.

LAG *Nürnberg 23.8.1993 – 7 TaBV 4/92 = AiB 1994, 118*

Die Teilnahme eines Betriebsratsmitglieds an einer Schulungsveranstaltung, in der die **Lohnsteuerrichtlinien** (Reisekostenvergütungen und Auslösungen) behandelt werden, ist i.S.d. § 37 Abs. 6 BetrVG auch für die sachgemäße Wahrnehmung der Betriebsratstätigkeit nicht erforderlich.

BAG *11.12.1973 – 1 ABR 37/73*

Künden Warnstreiks den Beginn eines **Arbeitskampfs** an, kann sich der Betriebsrat über **Kurzarbeit** im Arbeitskampf schulen lassen.

LAG *Hamm 23.3.1995 – 3 TaBV 134/94*

Die Teilnahme eines Betriebsratsmitglieds an einer Schulungsveranstaltung mit dem Thema „Rechte und Pflichten des Betriebsrats im Arbeitskampf" kann nach § 37 Abs. 6 BetrVG nur dann als erforderlich angesehen werden, wenn ein konkreter, aktueller, betriebsbezogener Anlass besteht, d. h. wenn konkret vorhersehbar ist, dass der Betrieb direkt oder indirekt von Arbeitskampfmaßnahmen betroffen sein wird. Die Vermittlung von Kenntnissen aus dem Gebiet des Arbeitskampfes gehört nicht zur Vermittlung von Grundkenntnissen des Betriebsverfassungsgesetzes oder des Arbeitsrechts.

LAG *Hamm 11.8.2003 – 10 Sa 141/03 = NZA 2004, 511 = NZA-RR 2004, 82*

2.3. Teilnehmer der Schulungsveranstaltung nach § 37 Abs. 6 BetrVG

Grundsätzlich bedarf das Entsenden von mehreren Betriebsratsmitgliedern zur gleichen Schulungsveranstaltung einer besonders sorgfältigen Prüfung des Betriebsrats.

Nur ausnahmsweise ist eine gleichzeitige Entsendung dann möglich, wenn ein Betriebsrat mit wenig geschulten Mitgliedern seine Entscheidungen in einer objektiv schwierigen Materie (hier: Umstellung der Vergütungsstruktur im Unternehmen) nicht vom mehr oder minder bleibenden Schulungserfolg bei nur einem entsandten Mitglied abhängig machen will.

Hessisches LAG *29.6.1995 – 12 TaBV 73/94*

2.3.1. Ersatzmitglieder

Werden **Ersatzmitglieder** nach § 25 Abs. 1 Satz 2 BetrVG in großem Umfang zur Stellvertretung ordentlicher Betriebsratsmitglieder herangezogen und ist es deshalb zur Gewährleistung der Arbeitsfähigkeit des Betriebsrats erforderlich, dass auch sie über die notwendigen **Grundkenntnisse** verfügen, können sie vom Betriebsrat gemäß **§ 37 Abs. 6** BetrVG zur Teilnahme an erforderlichen Schulungsveranstaltungen entsandt werden.

BAG *14.12.1994 – 7 ABR 31/94*

Werden Ersatzmitglieder über einen längeren Zeitraum hinweg bei ca. 50 % der Betriebsratssitzungen herangezogen und ist damit auch zukünftig zu rechnen, so hat der Arbeitgeber regelmäßig die Schulungskosten für eine Schulung zu ersetzen, welche dem Ersatzmitglied Grundkenntnisse des Betriebsverfassungsrechts vermittelt.

LAG *Köln 10.02.2000 – 5 TaBV 63/99*

Der Betriebsrat kann ein Ersatzmitglied zu einer Schulungsveranstaltung entsenden, wenn dies im Einzelfall zur Gewährleistung der Arbeitsfähigkeit des Betriebsrats erforderlich ist. Der Betriebsrat darf aber die Schulung von Ersatzmitgliedern nur unter besonderen Umständen für erforderlich halten. So genügt allein die Erwartung von Vertretungsfällen aufgrund des Urlaubs oder der vorübergehenden Erkrankung ordentlicher Betriebsratsmitglieder zur Rechtfertigung der Schulung von Ersatzmitgliedern nicht.

Vielmehr hat der Betriebsrat in diesen Fällen zu prüfen, ob er seine Arbeitsfähigkeit nicht durch andere ihm zumutbare und den Arbeitgeber finanziell weniger belastende Maßnahmen gewährleisten kann.

Gleichwohl können im Einzelfall durch die voraussichtliche, in zumutbarer Weise nicht zu vermeidende Heranziehung von Ersatzmitgliedern für die Arbeit des Betriebsrats Schwierigkeiten und Reibungsverluste entstehen, die so belastend sind, dass der Betriebsrat auch unter Berücksichtigung der hiermit für den Arbeitgeber verbundenen Kostenbelastung eine Schulung von Ersatzmitgliedern für erforderlich halten darf. Bei der vom Betriebsrat insoweit vorzunehmenden Beurteilung kann er die bereits entstandenen Schwierigkeiten berücksichtigen. Vor allem spielen jedoch die zu erwartende Dauer und Häufigkeit der Heranziehung des Ersatzmitglieds eine wesentliche Rolle.

***BAG** 19.9.2001 – 7 ABR 32/00*

Auch bei einem **einköpfigen Betriebsrat** hat das Ersatzmitglied keine Sonderstellung dergestalt, dass es zur Teilnahme an Schulungen gemäß § 37 Abs. 6 BetrVG freigestellt werden müsste. Etwas anderes kann nur dann gelten, wenn das Ersatzmitglied schon häufig für längere Zeit nachgerückt ist oder aufgrund konkreten betrieblichen Fallgestaltungen mit einem solchen Nachrücken in kürzerer Zeit zu rechnen ist.

***Hessisches LAG** 6.12.1983 – 5 Sa 76/83 = BB 1984, 1043*

Ersatzmitglieder haben, solange sie nicht in den Betriebsrat nachgerückt sind, keinen Anspruch auf Betriebsratsfortbildungsfreistellung nach § 37 Abs. 7 BetrVG.

***BAG** 14.12.1994 – 7 ABR 31/94*

2.3.2. Sonstige Teilnahmeberechtigte

Eine Anwendung des § 37 Abs. 6 BetrVG kommt auf **Mitglieder des Wirtschaftsausschusses** nur in ihrer etwaigen Eigenschaft als Betriebsratsmitglieder aufgrund eines Beschlusses des einzelnen Betriebsrats (nicht Gesamtbetriebsrat oder Wirtschaftsausschusses) in Betracht. Im Regelfall ist davon auszugehen, dass die Mitglieder des Wirtschaftsausschusses die zur Erfüllung ihrer Aufgaben erforderlichen Kenntnisse besitzen. Im Prozess muss daher näher dargestellt werden, dass die im Seminar vermittelten Kenntnisse nicht nur nützlich, sondern für den Teilnehmer **erforderlich** sind.

***BAG** 6.11.1973 – 1 ABR 8/73*

Allerdings kann in Ausnahmefällen, wenn **Mitglieder** des **Wirtschaftsausschusses**, die keine Betriebsratsmitglieder sind, die vom Arbeitgeber kraft Gesetzes zu gebenden Informationen, nicht verstehen, im Einzelfall ein Anspruch auf Schulung nach § 37 Abs. 6 BetrVG bestehen.

***BAG** 28.4.1988 – 6 AZR 39/86*

Ein Betriebsratsmitglied, das gleichzeitig Mitglied im Wirtschaftsausschuss ist, kann an einer Schulung nach § 37 Abs. 6 BetrVG teilnehmen, die Grundkenntnisse für die Wahrnehmung der Tätigkeit im Wirtschaftsausschuss vermittelt, sofern es diese Kenntnisse noch nicht besitzt. § 107 Abs. 1 Satz 3 BetrVG steht dem nicht entgegen.

***LAG** Hamm 10.6.2005 – 10 TaBV 1/05*

Ein Arbeitgeber hat auch dann die Kosten für ein von zwei Wirtschaftsausschussmitgliedern besuchtes Seminar zu zahlen, wenn dieses Grundkenntnisse für Wirtschaftsausschussmitglieder vermittelt hat und die geschulten Wirtschaftsausschussmitglieder als gleichzeitige Betriebsratsmitglieder ohne solche Kenntnisse in den Wirtschaftsausschuss entsandt worden sind.

***LAG** Hamm 13.10.1999 – 3 TaBV 44/99 = NZA-RR 2000, 641*

Die Schulung eines Wirtschaftsausschussmitglieds über Grundlagen der Arbeit im Wirtschaftsausschuss kann im Einzelfall auch noch zu Beginn der 2. Amtsperiode im Wirtschaftsausschuss erforderlich sein.

***LAG** Hamm 22.6.2007 – 10 TaBV 25/07*

Nach § 96 Abs. 8 SGB IX hat der Arbeitgeber die Kosten zu tragen, die anlässlich der Teilnahme einer **Vertrauensperson der schwerbehinderten Menschen** an einer Schulungsveranstaltung nach § 96 Abs. 4 Satz 3 SGB IX entstanden sind, soweit die bei der Schulung vermittelten Kenntnisse für die Arbeit der Schwerbehindertenvertretung erforderlich sind.

Die Vermittlung von Kenntnissen ist nach § 96 Abs. 4 Satz 3 SGB IX erforderlich, wenn sie unter Berücksichtigung der konkreten Verhältnisse im Betrieb notwendig sind, damit die Schwerbehindertenvertretung ihre gegenwärtigen oder in naher Zukunft anstehenden Aufgaben ordnungsgemäß erfüllen kann. Dabei ist zwischen der Vermittlung sog. Grundkenntnisse und anderen Schulungsinhalten zu unterscheiden. Bei erstmals gewählten Vertrauenspersonen ist keine nähere Darlegung der Schulungsbedürftigkeit notwendig, wenn Grundkenntnisse vermittelt werden, die sich auf die Aufgaben der Schwerbehindertenvertretung beziehen. Für andere Schulungsveranstaltungen muss dargelegt werden, dass ein aktueller, betriebsbezogener Anlass für die Annahme besteht, die Vertrauensperson benötige die in der Schulungsveranstaltung zu erwerbenden besonderen Kenntnisse derzeit oder in naher Zukunft, damit die Schwerbehindertenvertretung ihre Aufgaben sach- und fachgerecht wahrnehmen kann.

Die Teilnahme der Vertrauensperson an einer Rhetorikschulung kann erforderlich sein. Dazu bedarf es der Darlegung, dass die betrieblichen Verhältnisse so gelagert sind, dass die Schwerbehindertenvertretung ihre gesetzlichen Aufgaben nur dann sachgerecht erfüllen kann, wenn die rhetorischen Fähigkeiten der Vertrauensperson durch Teilnahme an der Schulungsveranstaltung verbessert werden.

***BAG** 8.6.2016 – 7 ABR 39/14*

Es kann nicht davon ausgegangen werden, dass das Gesetz der **Schwerbehindertenvertretung** einerseits ein Recht auf beratende Teilnahme an Sitzungen des Wirtschaftsausschusses eingeräumt hat, es andererseits aber nicht für erforderlich gehalten haben sollte, dass der Schwerbehinderte sich über Aufgaben und Funktionsweise dieses Gremiums und die für dessen Arbeit grundlegenden Begriffe Kenntnisse verschafft. Wäre dies so, so würde sich die Teilnahme des Schwerbehindertenvertreters im Wesentlichen auf seine körperliche Anwesenheit beschränken, wenn er nicht bereits anderweitig über entsprechende Kenntnisse verfügte; es läge ein Fall der so oft beklagten „Alibifunktion" von Ausschüssen und ähnlichen Gremien vor. Das Recht der Schwerbehindertenvertretung auf Teilnahme an den Sitzungen u. a. der Ausschüsse umfasst das Recht zu beantragen, dass besonders Schwerbehinderte betreffende Angelegenheiten auf die Tagesordnung der nächsten Sitzung gesetzt werden usw. (vgl. § 25 Abs. 4 Satz 1 Halbs. 1 SchwbG).

Ein nicht mit den Grundlagen der Arbeit in einem Wirtschaftsausschuss vertrauter Schwerbehindertenvertreter könnte der Wahrnehmung der Interessen der Schwerbehinderten kaum dienlich sein; im Gegenteil bestünde durch nicht sachgemäße Anträge und Diskussionsbeiträge eines mit diesen Grundlagen nicht vertrauten Teilnehmers eher die Gefahr, dass die Belange der Schwerbehinderten nicht ernst genommen und ihnen letztlich eher geschadet würde.

***LAG** Hamburg 12.11.1996 – 6 Sa 51/96 = NZA RR 1997, 348*

Streitigkeiten zwischen **Schwerbehindertenvertretung** und Arbeitgeber über die Freistellung der Vertrauensleute zur Schulungsteilnahme sind im arbeitsgerichtlichen Beschlussverfahren zu entscheiden.

Besteht in dem Betrieb ein Wirtschaftsausschuss, an dessen Sitzungen die Vertrauensfrau der Schwerbehinderten beratend teilnimmt, so ist der Erwerb von Basiswissen über den Wirtschaftsausschuss als erforderlich anzusehen (hier: Seminar „Wirtschaftsausschuss Teil I") (vgl. auch § 96 Abs. 4 Satz 2 und 3 SGB IX).

***LAG** Köln 5.7.2001 – 6 TaBV 34/01 = AuR 2002, 37*

Die Aufgaben der **Jugendvertretung** sind gegenüber den Aufgaben des Betriebsrats eingeschränkt. Zwar gelten nach § 65 Abs. 1 BetrVG für die Jugendvertretung u.a. auch die §§ 37 und 40 BetrVG entsprechend, und so können Jugendvertreter nach § 37 Abs. 6 BetrVG ebenso wie die Mitglieder des Betriebsrats an Schulungs- und Bildungsveranstaltungen ohne Minderung des Arbeitsentgelts bei Kostentragung durch den Arbeitgeber teilnehmen. Zu fordern ist dabei aber, dass dort Kenntnisse vermittelt werden, die für die Tätigkeit in der Jugendvertretung erforderlich sind unter Beachtung und im Rahmen der der Jugendvertretung in den §§ 60 ff. BetrVG eingeräumten Rechte und zugewiesenen Aufgaben.

***BAG** 10.6.1975 – 1 ABR 139/73*

Die Teilnahme eines Mitglieds der Jugend- und Auszubildendenvertretung an einer Schulungsveranstaltung bedarf der **Beschlussfassung durch den Betriebsrat**.

Macht ein Jugendvertreter Ersatz von Kosten geltend, die ihm aus Anlass der Teilnahme an einer Schulungsveranstaltung für Jugendvertreter entstanden sind, dann gehört zu den antragsbegründenden Tatsachen der Vortrag, dass er mit Zustimmung des Betriebsrats eine Schulungsveranstaltung besucht hat.

***BAG** 10.5.1974 – 1 ABR 57/73*

3. Schulungsveranstaltungen nach § 37 Abs. 7 BetrVG

- Bei dem Freistellungsanspruch nach § 37 Abs. 7 Satz 1 BetrVG und dem während der Freistellung fortbestehenden Vergütungsanspruch handelt es sich um individuelle Ansprüche des Betriebsratsmitglieds.
- Der Freistellungsanspruch richtet sich gegen den Arbeitgeber als Gläubiger der Arbeitsleistung.
- Die Fälligkeit des Freistellungsanspruchs setzt jedoch die zeitliche Festlegung durch einen **ordnungsgemäß** zustande gekommenen und **wirksamen Beschluss** des Betriebsrats voraus (§37 Abs. 7 Satz 3 BetrVG i. V. m. Abs. 6 Satz 3 BetrVG).
- Diesen Beschluss hat der Betriebsrat nach pflichtgemäßem Ermessen zu treffen. Dabei hat er grundsätzlich die Auswahl einer als geeignet anerkannten Veranstaltung durch das jeweilige Betriebsratsmitglied zu respektieren. Er ist gehalten, bei der Festlegung der zeitlichen Lage der Schulungsteilnahme betriebliche Notwendigkeiten zu berücksichtigen.
- Der Anspruch nach § 37 Abs. 7 BetrVG soll das Betriebsratsmitglied in die Lage versetzen, seine **betriebsverfassungsrechtlichen Aufgaben** besser erfüllen zu können. Auf diese Weise kommen die dort erworbenen Kenntnisse letztlich auch dem Betrieb zugute. Das rechtfertigt es, den Arbeitgeber mit den Kosten der Lohnfortzahlung für die Schulungsteilnahme zu belasten. Aus diesem Grund hat der Betriebsrat bei seinem Beschluss über die **zeitliche Festlegung** auch zu prüfen, ob das Betriebsratsmitglied die zu erwartenden Kenntnisse überhaupt noch in die Betriebsratsarbeit einbringen kann. Das ist ausgeschlossen. wenn die Amtszeit des Betriebsrats am letzten Tag der Schulung endet. Das gilt auch, wenn zwischen beiden Ereignissen nur wenige Tage liegen und die Kürze dieser Zeitspanne eine Verwertbarkeit der Schulungskenntnisse für die Betriebsratsarbeit praktisch ausschließt.
- Wenn zwischen Veranstaltungsende und Ablauf der Amtsperiode eine Zeitspanne von mehr als drei Wochen liegt, ist es nicht von vornherein ausgeschlossen, das auf der Schulung vermittelte Wissen (hier: zu Eingruppierungsfragen) noch während der Amtszeit zu nutzen.

***BAG** 28.8.1996 – 7 AZR 840/95*

Der Anspruch nach § 37 Abs. 7 BetrVG steht nur Mitgliedern des Betriebsrats zu, nicht aber **Ersatzmitgliedern**.

***BAG** 14.12.1994 – 7 ABR 31/94*

> Der Betriebsrat hat dem Arbeitgeber die **zeitliche Lage** einer Schulungsveranstaltung nach § 37 Abs. 7 BetrVG und die dafür vorgesehenen Teilnehmer so rechtzeitig mitzuteilen, dass der Arbeitgeber noch vor der Veranstaltung die Einigungsstelle anrufen kann, wenn er meint, dass der Betriebsrat die betrieblichen Notwendigkeiten nicht ausreichend berücksichtigt habe. Eine zweieinhalb Wochen vor Beginn der Schulungsmaßnahme erfolgte Mitteilung ist als rechtzeitig in diesem Sinne anzusehen.
>
> Unterlässt der Arbeitgeber die Anrufung der Einigungsstelle, so verbleibt es bei der Entscheidung des Betriebsrates über die zeitliche Lage und der Teilnehmer.
>
> ***LAG** Niedersachsen 14.8.1987 – 3 Sa 538/86 = AiB 1988, 204*

3.1. Überprüfung der Genehmigungsentscheidung

Eine Schulungs- und Bildungsveranstaltung ist nur dann i.S.v. § 37 Abs. 7 BetrVG geeignet, wenn die vermittelten Kenntnisse nicht nur im Zusammenhang mit der Betriebsratstätigkeit stehen, sondern ihr überdies **dienlich** und **förderlich** sind. Die Veranstaltung muss nach Zielsetzung und Inhalt darauf angelegt sein, für eine sach- und fachgerechte Erfüllung der im geltenden Recht vorgesehenen Betriebsratsaufgaben zu sorgen, so dass für sie nennenswerte Vorteile zu erwarten sind. Der für die Betriebsratstätigkeit zu erwartende Nutzen darf kein bloßer Nebeneffekt von untergeordneter Bedeutung sein.

Wenn sich eine Schulungs- und Bildungsveranstaltung **teilweise** mit Themen befasst, die i.S.d. § 37 Abs. 7 BetrVG nicht geeignet sind, muss entweder die Anerkennung verweigert oder durch entsprechende Nebenbestimmungen sichergestellt werden, dass die Veranstaltung in vollem Umfang geeignet ist. Soweit in dem Beschluss vom 18.12.1973 (1 ABR 35/73) eine andere Auffassung entnommen werden kann, wird sie aufgegeben.

***BAG** 11.8.1993 – 7 ABR 52/92*

Der **Arbeitgeber** kann die Rechtmäßigkeit einer Entscheidung einer obersten Arbeitsbehörde nach § 37 Abs. 7 Satz 1 BetrVG nicht in einem eigenen arbeitsgerichtlichen Beschlussverfahren überprüfen lassen. Dies gilt auch dann, wenn er aufgrund der Anerkennung einer solchen Veranstaltung auf Lohnfortzahlung in Anspruch genommen wird.

Der Erlass des Anerkennungsbescheides nach § 37 Abs. 7 Satz 1 BetrVG hat keine unmittelbaren Rechtswirkungen auf den einzelnen Arbeitgeber. Dieser wird erst durch die Geltendmachung eines solchen gesetzlichen Anspruchs durch ein Mitglied des Betriebsrats oder der JAV in Anspruch genommen.

***BAG** 25.6.1981 – 6 ABR 92/79*

3.2. Umfang des Anspruchs bei verkürzter Amtszeit

Bei verkürzter Amtszeit des Betriebsrats hat das Betriebsratsmitglied nur einen entsprechend der Amtszeit gekürzten Anspruch nach § 37 Abs. 7 Satz 1 BetrVG („Betriebsratsfortbildungsfreistellungsanspruch")

Bei erstmalig gewählten Betriebsratsmitgliedern, die nicht zuvor Mitglied der Jugend- und Auszubildendenvertretung waren, erhöht sich dieser gekürzte Anspruch um 1 Woche nach § 37 Abs. 7 Satz 2 BetrVG.

Beispiel:

Betriebsrat wurde erstmalig gewählt am 9.7.1995; die Amtszeit dieses Betriebsrats endet mit der Neuwahl des Betriebsrats am 18.5.1998.

Der Anspruch der Betriebsratsmitglieder nach § 37 Abs. 7 Satz 1 BetrVG verkürzt sich von 15 Arbeitstage (3 Wochen) anteilig auf 11 Arbeitstage bei 3-jähriger Amtszeit des Betriebsrats. Das erstmalig gewählte Betriebsratsmitglied, das zuvor nicht Mitglied der JAV war, hat Anspruch auf 5 zusätzliche Tage nach § 37 Abs. 7 Satz 2 BetrVG, also auf 16 Arbeitstage.

***BAG** 19.4.1989 – 7 AZR 128/88*

4. Entgeltanspruch bei Schulungsbesuch nach § 37 Abs. 6 und 7 BetrVG

4.1. Lohnausfallprinzip[25]

Der Vergütungsanspruch des Betriebsratsmitglieds bei Teilnahme an einer Schulungs- und Bildungsveranstaltung nach § 37 Abs. 6 oder 7 BetrVG richtet sich nach § 37 Abs. 2 BetrVG.

Nach § 37 Abs. 2 BetrVG sind Mitglieder des Betriebsrats unter bestimmten Voraussetzungen **ohne Minderung des Arbeitsentgelts** von ihrer beruflichen Tätigkeit zu befreien. Das bedeutet, dass die Betriebsratsmitglieder so zu stellen sind, wie wenn sie an der Arbeitsstelle verblieben und gearbeitet hätten.

__BAG__ 31.7.1986 – 6 AZR 298/84

Ein Betriebsratsmitglied hat während eines Schulungszeitraums i.S.d. § 37 Abs. 6 BetrVG, in dem im Betrieb seiner Arbeitgeberin **Kurzarbeit** ist, nur Anspruch auf das Kurzarbeitergeld und nicht auf den vollen Durchschnittslohn.

__LAG__ Hamm 2.12.1992 – 3 Sa 1305/92 = DB 1993, 1044

Wird ein Betriebsratsmitglied regelmäßig über die vertraglich geschuldete Arbeitsleistung hinaus zu weiteren Arbeitseinsätzen herangezogen, ist während der Teilnahme an Betriebsratsschulungen das Entgelt auch für die ausgefallenen zusätzlichen Arbeitseinsätze fortzuzahlen.

__BAG__ 3.12.1997 – 7 AZR 490/93

Ein Betriebsratsmitglied, das **vor Beginn eines Arbeitskampfes** für einen festliegenden Zeitraum von seiner Arbeitspflicht unter Fortzahlung des Arbeitsentgelts zur Teilnahme an einer Schulung befreit war, verliert seinen Anspruch auf Fortzahlung des Arbeitsentgelts nicht allein dadurch, dass während dieser Zeit der Betrieb bestreikt wird. Unerheblich ist, ob das Betriebsratsmitglied sich am Streik beteiligt hätte, wenn es für diese Zeit nicht von seiner Arbeitspflicht befreit gewesen wäre, solange es nicht seine Teilnahme am Streik trotz der Arbeitsbefreiung erklärt oder sich tatsächlich am Streikgeschehen beteiligt.

__BAG__ 15.1.1991 – 1 AZR 178/90

Die Teilnahme des Betriebsratsmitglieds an Schulungs- und Bildungsveranstaltungen als solche gilt i.d.R. als Betriebsratstätigkeit.

Die Teilnahme an einer qualifizierten Schulungs- und Bildungsmaßnahme i.S.v. § 37 Abs. 6 BetrVG beginnt mit der notwendigen Anreise zum Veranstaltungsort und endet regelmäßig erst mit seiner Rückkehr an den Ausgangsort. Ausgenommen davon sind lediglich die Zeiten, die dem Betriebsratsmitglied zur eigenen Disposition verbleiben. Dazu zählen jedenfalls nicht Zeiten, die einen Umfang von einer Stunde nicht überschreiten.

Die Teilnahme als Schulungs- und Bildungsveranstaltungen reduziert sich somit nicht auf die Zeiten der reinen Wissensvermittlung, sondern erfasst auch vernünftige oder gar didaktisch notwendige Essens- und Erholungspausen.

Die auszugleichenden Schulungszeiten sind allerdings limitiert durch die entsprechenden Arbeitszeiten eines vollzeitbeschäftigten Arbeitnehmers im Betrieb. Dabei ist nicht auf die durchschnittliche Arbeitszeit in der Abteilung abzustellen, in der das zu schulende Betriebsratsmitglied beschäftigt ist.

__LAG__ Baden-Württemberg 29.1.2004 – 21 Sa 104/03 = LAG Report 2004, 314

4.2. Schulungsbesuch außerhalb der Arbeitszeit

Betriebsratsmitglieder, die in ihrer Freizeit an Gewerkschaftsschulungen teilnehmen, können dafür vom Arbeitgeber keinen Lohn beanspruchen. Dies gilt auch für Mitglieder der Wahlvorstände von Betriebsratswahlen.

Für die Teilnahme an notwendigen Bildungsmaßnahmen gilt zwar das Lohnausfallprinzip, wonach den Betriebsräten wegen ihrer Tätigkeit nicht der Lohn gekürzt werden darf. Daraus folgt andererseits aber nicht, dass automatisch auch Ausgleichsanspruch für Schulungen **während der Freizeit** entsteht. Betriebsratstätigkeit ist ein Ehrenamt, das unentgeltlich ausgeübt werden muss. Ein Ehrenamt kann auch ein Freizeitopfer bedeuten. Dieses ist nur dann ausgleichspflichtig, wenn die Ausübung des Amtes aus **betrieblichen Gründen** während der Arbeitszeit nicht möglich ist.

Die gleiche Rechtslage gilt auch dann, wenn der Betriebsrat oder Wahlvorstand bei **Kurzarbeit** tätig wird, ohne dass Arbeitszeit versäumt wird.

__BAG__ 2.1.1996 – 7 AZR 874/94

4.3. Teilzeitbeschäftigte Betriebsratsmitglieder[26]

> ***Hinweis für die Praxis:***
>
> *Mit der am 28. Juli 2001 erfolgten Änderung des § 37 Abs. 6 BetrVG, der nunmehr auch auf § 37 Abs. 3 BetrVG Bezug nimmt, besteht für Teilzeitbeschäftigte der Anspruch auf Freizeitausgleich bzw. Mehrarbeitsvergütung auch für Schulungs- und Bildungsveranstaltungen außerhalb der Arbeitszeit, soweit diese Kenntnisse vermitteln, die für die Arbeit des Betriebsrats erforderlich sind. Voraussetzung für den Ausgleichsanspruch ist, dass der Schulungsbesuch zwar außerhalb der persönlichen Arbeitszeit des teilzeitbeschäftigten Arbeitnehmers, aber innerhalb der üblichen Arbeitszeit der vollzeitig beschäftigten vergleichbaren Arbeitnehmer ist.*

Ein teilzeitbeschäftigtes Betriebsratsmitglied hat zum Ausgleich für die außerhalb seiner Arbeitszeit erfolgte Teilnahme an einer erforderlichen Betriebsratsschulung nach § 37 Abs. 6 Satz 1 und 2 i.V.m. § 37 Abs. 3 Satz 1 BetrVG Anspruch auf entsprechende Arbeitsbefreiung unter Fortzahlung des Arbeitsentgelts. Nach § 37 Abs. 6 Satz 2 2. Halbsatz BetrVG ist der Ausgleichsanspruch – unter Berücksichtigung einer nach § 37 Abs. 2 BetrVG gewährten Arbeitsbefreiung – begrenzt auf die Arbeitszeit eines vollzeitbeschäftigten Arbeitnehmers an dem jeweiligen Schulungstag.
Für die Begrenzung des Ausgleichsanspruchs ist grundsätzlich die betriebsübliche Arbeitszeit vollzeitbeschäftigter Arbeitnehmer maßgeblich. Ist diese im Betrieb nicht einheitlich, sondern für verschiedene Abteilungen oder Arbeitnehmergruppen unterschiedlich festgelegt, kommt es auf die Arbeitszeit eines vollzeitbeschäftigten Arbeitnehmers der Abteilung oder Arbeitnehmergruppe an, der das teilzeitbeschäftigte Betriebsratsmitglied angehört.
Ausgleichspflichtig i.S.v. § 37 Abs. 6 Satz 1 und 2 i.V.m. § 37 Abs. 3 Satz 1 BetrVG sind nicht nur die reinen Schulungszeiten, sondern auch die während des Schulungstags anfallenden Pausen sowie die zur Teilnahme an der Schulung notwendigen Reisezeiten.

__BAG__ 16.02.2005 – 7 AZR 330/04

Reisezeiten, die ein teilzeitbeschäftigtes Betriebsratsmitglied zwecks Teilnahme an einer erforderlichen Schulungsveranstaltung außerhalb seiner Arbeitszeit aufwendet, können einen Anspruch auf bezahlte Arbeitsbefreiung nach § 37 Abs. 6 Satz 1 und 2 i. V. m. § 37 Abs. 3 Satz 1 BetrVG begründen. Dies gilt auch, wenn im Betrieb des Arbeitgebers keine Regelung über Dienstreisen besteht.
Ein Anspruch auf bezahlte Arbeitsbefreiung nach § 37 Abs. 6 Satz 1 und 2 BetrVG i. V. m. § 37 Abs. 3 Satz 1 BetrVG besteht nur dann, wenn die Reise wegen der Teilzeitbeschäftigung des Betriebsratsmitglieds außerhalb seiner Arbeitszeit erfolgt ist. Das ist nicht der Fall, wenn die Reise auch außerhalb der betriebsüblichen Arbeitszeit eines vollzeitbeschäftigten Arbeitnehmers durchgeführt wurde.
Bestehen in dem Betrieb für unterschiedliche Arbeitsbereiche unterschiedliche Arbeitszeiten vollzeitbeschäftigter Arbeitnehmer, ist Maßstab für die Beurteilung der Frage, ob die Reise wegen der Teilzeitbeschäftigung des Betriebsratsmitglieds außerhalb seiner Arbeitszeit stattgefunden hat, die Arbeitszeit eines vollzeitbeschäftigten Arbeitnehmers in dem Arbeitsbereich, dem das Betriebsratsmitglied angehört.

__BAG__ 10.11.2004 – 7 AZR 131/04

---

[25] vgl. auch Kapitel „§ 37 Abs. 1 – 5 BetrVG", S. 85

[26] vgl. auch § 37 Abs. 1 – 5 BetrVG Ziff. 2.1. Teilzeitbeschäftigte Betriebsratsmitglieder, S. 90

5. Schulungskosten

5.1. Allgemeines

Der Anspruch des Betriebsrats gegen den Arbeitgeber auf Übernahme von Kosten nach § 40 Abs. 1 BetrVG, die einem Betriebsratsmitglied anlässlich des Besuchs einer Schulungsveranstaltung nach § 37 Abs. 6 BetrVG entstanden sind, setzt einen Beschluss des Betriebsrats zur Teilnahme an der vom Betriebsratsmitglied besuchten Veranstaltung voraus. Ein vorangehender Beschluss über die Teilnahme an einem anderen Seminar genügt nicht.

Ein Beschluss des Betriebsrats, der nach dem Besuch der Schulung gefasst wird und in dem die Teilnahme des Betriebsratsmitglieds gebilligt wird, begründet keinen Anspruch des Betriebsrats nach § 40 Abs. 1 BetrVG auf Kostentragung (Aufgabe von BAG 28.10.1992 – 7 ABR 14/92).

***BAG** 8.3.2000 – 7 ABR 11/98*

> Nur wenn ein **ordnungsgemäßer Beschluss** gefasst wurde, kann der Besuch einer Schulungs- und Bildungsveranstaltung eine Kostentragungspflicht des Arbeitgebers nach § 40 Abs. 1 BetrVG auslösen.
>
> ***BAG** 10.6.1975 – 1 ABR 140/73; **BAG** 28.4.1988 – 6 AZR 405/86*

Nach § 40 Abs. 1 BetrVG ist der Arbeitgeber verpflichtet, die Kosten zu tragen, die anlässlich der Teilnahme eines Betriebsratsmitglieds an einer Schulung nach § 37 Abs. 6 BetrVG entstanden sind, sofern das bei der Schulung vermittelte Wissen für die Betriebsratsarbeit erforderlich ist. Zu den vom Arbeitgeber zu tragenden Kosten gehören auch notwendige Reise- und Übernachtungskosten.

Der für die Kostentragungspflicht erforderliche Beschluss des Betriebsrats über die Schulungsteilnahme muss auf ein konkretes Betriebsratsmitglied und auf eine konkrete, nach Zeitpunkt und Ort bestimmte Schulung bezogen sein. Dagegen braucht er sich nicht darauf zu erstrecken, mit welchem Verkehrsmittel das Betriebsratsmitglied zum Schulungsort gelangt und ob es dort übernachtet.

Entscheidet das Betriebsratsmitglied, im Schulungshotel zu übernachten, ist die Erforderlichkeit der Übernachtung grundsätzlich danach zu beurteilen, ob das Betriebsratsmitglied zum Zeitpunkt der die Übernachtungskosten auslösenden Beschlussfassung oder Handlung (z.B. der Buchung des Hotelzimmers) die Verursachung der Kosten für erforderlich halten durfte. Etwas anderes gilt ausnahmsweise dann, wenn sich die für die Entscheidung maßgeblichen Umstände nachträglich bis zur Übernachtung erheblich geändert haben und das Betriebsratsmitglied die Kosten unter den geänderten Umständen für erforderlich halten durfte. In diesem Fall sind die Kosten vom Arbeitgeber zu tragen.

***BAG** 27.5.2015 – 7 ABR 26/13*

Ein Arbeitgeber muss Schulungskosten nur übernehmen, wenn der Betriebsrat den Beschluss über die Erforderlichkeit der Teilnahme des Betriebsratsmitglieds vor der jeweiligen Veranstaltung gefasst hat. Ein vormaliger Beschluss zur Teilnahme an einer anderen Schulung genügt ebenso wenig den Anforderungen des Gesetzes wie eine Genehmigung nach Beginn der Veranstaltung. Eine gesetzliche Pflicht zur Übernahme von Schulungskosten wird in diesen Fällen nicht begründet.

Hinweis für die Praxis:

Der Betriebsrat des in Anspruch genommenen Arbeitgebers beschloss die Entsendung seiner Vorsitzenden zu einer Schulung „Betriebsräte II" im April 1995. Da diese Veranstaltung belegt war, nahm die Vorsitzende an einer sechs Wochen später stattfindenden Schulung desselben Veranstalters zum gleichen Thema an einem anderen Ort teil. Hierüber fasste der Betriebsrat vor Schulbeginn keinen weiteren Beschluss. Der Arbeitgeber verweigerte unter anderem deswegen den Ausgleich der Kosten.

***BAG** 8.3.2000 – 7 ABR 11/98*

Nach dem Rechtsgedanken des § 666 BGB ist der Betriebsrat bzw. der einzelne Schulungsteilnehmer zum Nachweis der erstattungsfähigen Kosten verpflichtet.

Kommt er dieser Verpflichtung nicht nach, steht dem Arbeitgeber ein Leistungsverweigerungsrecht zu. Der Arbeitgeber muss in der Lage sein, den Umfang seiner Kostenerstattungspflicht zu prüfen. Nicht erstattungsfähige Beträge muss er erkennen können.

***BAG** 28.6.1995 – 7 ABR 65/94*

Betriebsratsmitglieder müssen sich auf ihren Anspruch auf Freistellung von anlässlich einer Schulung entstandenen Verpflegungskosten nach §§ 37 Abs. 6, 40 Abs. 1 BetrVG eine Haushaltsersparnis anrechnen lassen.

Dabei kann jedoch nicht pauschal ein Abzug von 20 % der Verpflegungsaufwendungen nach den früher geltenden Lohnsteuerrichtlinien vorgenommen werden, die Anrechnung richtet sich vielmehr nach der Sachbezugsverordnung in der jeweils gültigen Fassung.

***LAG** Hamm 13.1.2006 – 10 TaBV 65/05*

Nimmt ein Betriebsratsmitglied an einer Betriebsratsschulung teil, kann der Arbeitgeber bei der Erstattung der notwendigen Verpflegungskosten die Ersparnis eigener Aufwendungen des Betriebsratsmitgliedes anrechnen.

Die Höhe der Anrechnung bestimmt sich nicht nach den Lohnsteuerrichtlinien, sondern nach § 2 Abs. 1 der Sozialversicherungsentgeltverordnung (Abweichung von BAG 28.06.1995 – 7 ABR 55/94).

Eine weitere Anrechnung ersparter Aufwendungen hat nicht zu erfolgen. Der Seminarteilnehmer muss sich keine Ersparnis für die Getränke, die er während der Seminarstunden zu sich genommen hat, anrechnen lassen. Gleiches gilt für die ersparten Aufwendungen für Fahrten zwischen seinem Wohnort und der Arbeitsstätte.

***LAG** Köln 25.4.2008 – 11 TaBV 10/08*

Betriebsratsmitglieder, die an einem erforderlichen Betriebsratsseminar teilnehmen, haben Anspruch auf Freistellung von den Kosten gegenüber dem Arbeitgeber (§§ 37 Abs. 6, 40 BetrVG). Zu diesen Kosten gehören **Seminarkosten, Fahrtkosten, Hotelkosten, Verpflegungskosten**.

***LAG** Nürnberg 26.7.2004 – 9 (7) TaBV 51/02*

> Der Arbeitgeber ist nicht bereits deshalb verpflichtet, die Schulungskosten nach § 37 Abs. 6, § 40 Abs. 1 BetrVG zu tragen, weil er auf eine Mitteilung des Betriebsrats, ein bestimmtes Betriebsratsmitglied zu dieser Schulungsveranstaltung entsenden zu wollen, geschwiegen hat.
>
> ***BAG** 24.5.1995 – 7 ABR 54/94*

5.2. Reisekosten

Nach § 40 Abs. 1 BetrVG hat der Arbeitgeber die durch die Tätigkeit des Betriebsrats entstehenden Kosten zu tragen. Dazu gehören die notwendigen Reise-, Übernachtungs- und Verpflegungskosten eines Betriebsratsmitglieds, die anlässlich seiner Teilnahme an einer Schulungsveranstaltung nach § 37 Abs. 6 BetrVG entstanden sind. Allerdings hat das Betriebsratsmitglied unter dem in § 2 Abs. 1 BetrVG normierten Gebot der vertrauensvollen Zusammenarbeit darauf bedacht zu sein, die durch seine Tätigkeit verursachten Kosten auf das notwendige Maß zu beschränken (Rn. 10 ff.).

Danach hat das Betriebsratsmitglied für Reisen zu Schulungsveranstaltungen grundsätzlich das kostengünstigste zumutbare Verkehrsmittel in Anspruch zu nehmen. Zwar besteht grundsätzlich keine Pflicht, einen privaten Pkw einzusetzen. Entschließt sich das Betriebsratsmitglied aber, bei einer von mehreren Betriebsratsmitgliedern durchzuführenden Reise seinen privaten Pkw zu nutzen, ist es für ihn und die anderen Betriebsratsmitglieder grundsätzlich zumutbar, eine Fahrgemeinschaft zu bilden. Dies gilt nur dann nicht, wenn die Bildung einer Fahrgemeinschaft aufgrund besonderer, vom Betriebsratsmitglied darzulegender Umstände im Einzelfall als nicht zumutbar erscheint, z.B. wenn die begründete Besorgnis besteht, dass der Mitfahrende sich dadurch in eine besondere Gefahr begibt (Rn. 12).

***BAG** 24.10.2018 – 7 ABR 23/17*

Ein Arbeitgeber hat einem Betriebsratsmitglied nicht gem. § 40 Abs. 1 BetrVG Fahrtkosten zu einem Schulungsort zu erstatten, die allein dadurch entstanden sind, dass das Betriebsratsmitglied **allein mit seinem Privatauto** zu dem Schulungsort gefahren ist, obwohl ihm die **Mitfahrt** im Wagen eines anderen Betriebsratsmitglieds zumutbar und möglich war.

***LAG** Hamm 13.11.1991 – 3 TaBV 110/91 = BB 1992, 781*

Der Betriebsrat hat ein Recht zur Auswahl unter konkurrierenden Angeboten. Bei seiner Auswahlentscheidung muss er unter gleichwertigen Angeboten die näher gelegenen auswählen, um **Reisekosten zu ersparen**. Er ist jedoch nicht gehalten, jeweils die mit den geringsten Kosten verbundene Schulungsveranstaltung auszuwählen. Ihm steht im Rahmen seines Beurteilungsspielraums die Befugnis zu, die Teilnahme an einer seiner Ansicht nach **qualitativ höherwertigen** – wenn auch teureren – Schulungsmaßnahme zu beschließen.

***BAG** 15.5.1986 – 6 ABR 74/83*

Werden in einem Betrieb die im Auftrag des Arbeitgebers von Arbeitnehmern ausgeführten Reisen allgemein nach den Lohnsteuerrichtlinien abgerechnet, dann gilt diese Regelung auch für Reisen von Betriebsratsmitgliedern, die diese zur Wahrnehmung der ihnen nach dem BetrVG obliegenden Aufgaben ausführen müssen. Eine gegenüber den Arbeitnehmern des Betriebes günstigere Regelung verstieße gegen § 78 Satz 2 BetrVG.

***BAG** 29.1.1974 – 1 ABR 34/73*

Besteht in einem Betrieb eine für alle Arbeitnehmer verbindliche **betriebliche Reisekostenregelung**, so ist diese **grundsätzlich** auch dann zu beachten, wenn dort geregelte Kosten Betriebsratsmitgliedern bei einer Betriebsratstätigkeit entstehen. Ohne Bedeutung ist, ob die **Betriebsratsmitglieder** vor ihrer fraglichen Betriebsratstätigkeit die **Reisekostenregelung gekannt** haben oder kennen mussten, wenn ausnahmslos nach ihr abgerechnet wird.

***BAG** 17.9.1974 – 1 ABR 98/73*

Der Arbeitgeber muss im erforderlichen Umfang die Kosten erstatten, die einem **alleinerziehenden Betriebsratsmitglied** während einer mehrtägigen auswärtigen Betriebsratstätigkeit durch die **Fremdbetreuung seiner minderjährigen** Kinder entstehen.

Nach § 40 Abs. 1 BetrVG sind vom Arbeitgeber Kosten zu tragen, die einem Betriebsratsmitglied dadurch entstehen, dass es die Betreuung seiner minderjährigen Kinder für Zeiten sicherstellen muss, in denen es **außerhalb seiner persönlichen Arbeitszeit** Betriebsratsaufgaben wahrzunehmen hat.

***BAG** 23.6.2010 – 7 ABR 103/08*

5.3. Unterkunfts- und Verpflegungskosten

Zu den dem einzelnen Betriebsrat gem. § 40 BetrVG vom Arbeitgeber wegen der Teilnahme an einer Schulungsveranstaltung nach § 37 Abs. 6 BetrVG zu erstattenden Kosten können auch Aufwendungen für eine reisebedingte Übernachtung zählen. Wegen der den Betriebsrat treffenden Pflicht zur sparsamen Wirtschaftsführung hat der Betriebsrat nicht erforderliche Übernachtungskosten zu vermeiden. Das Betriebsratsmitglied hat bei einer um 11 Uhr beginnenden Schulungsveranstaltung die per Bundesbahn durchgeführte vierstündige Anreise am Schulungstag durchzuführen; die durch die Anreise am Vortage unnötigerweise entstandenen Kosten hat der Arbeitgeber nicht zu tragen.

***LAG** Schleswig-Holstein 14.3.1996 – 4 TaBV 15/95 = BB 1996, 1062*

Nach ständiger Rechtsprechung des Bundesarbeitsgerichts ist der Arbeitgeber berechtigt, von den **Verpflegungskosten** ersparte Eigenaufwendungen des Schulungsteilnehmers abzuziehen. Hierfür kann er in Anlehnung an steuerrechtliche Grundsätze (Abschnitt 39 der Lohnsteuerlinie 1991) ein Fünftel der tatsächlichen Verpflegungsaufwendungen anrechnen. Zudem ist er nicht verpflichtet, auch die Kosten persönlicher Lebensführung zu erstatten. In den von den Veranstaltern zu erstellenden Belegen sind demzufolge die Kosten **getrennt nach Unterkunft und Verpflegung anzuführen**. Den Belegen muss auch zu entnehmen sein, **welche gastronomischen Leistungen in Rechnung gestellt worden sind**. Zu diesen Angaben ist **jeder Schulungsveranstalter** aufgrund einer vertraglichen Nebenpflicht gehalten, unabhängig davon, ob es sich um einen **kommerziellen oder gewerkschaftlichen Anbieter** handelt.

***BAG** 28.6.1995 – 7 ABR 55/94*

5.4. Seminargebühren

Die auf § 40 Abs. 1 i. V. m. § 37 Abs. 6 BetrVG beruhende Kostenerstattungspflicht der Arbeitgeber für Seminare wird durch den Grundsatz der Erforderlichkeit und Verhältnismäßigkeit eingeschränkt.

Die dafür in Rechnung gestellten Kosten sind nicht unverhältnismäßig. Der Auffassung der Arbeitgeberin, sie sei nur zur Erstattung der Kosten einer gleichwertigen günstigeren Schulungsveranstaltung verpflichtet, wie sie etwa von der Gewerkschaft oder einer von **Arbeitgebern** getragenen Bildungseinrichtung angeboten werden, ist das Landesarbeitsgericht zu Recht nicht gefolgt. Der Betriebsrat darf den Arbeitgeber mit denjenigen Kosten belasten, die er der Sache nach für **verhältnismäßig** und damit dem Arbeitgeber für **zumutbar** halten kann. Im Rahmen seines Beurteilungsspielraums hat der Betriebsrat nach pflichtgemäßem Ermessen zu prüfen, ob die zu erwartenden **Schulungskosten** mit der **Größe** und **Leistungsfähigkeit des Betriebes** zu vereinbaren sind. Er hat auch darauf zu achten, dass der **Schulungszweck** in einem **angemessenen Verhältnis** zu den hierfür **aufzuwendenden Mitteln** steht. Demgegenüber ist der Betriebsrat nicht gehalten, an Hand einer **umfassenden Marktanalyse** den günstigsten Anbieter zu ermitteln und ohne Rücksicht auf andere Erwägungen auch auszuwählen. Seine Auswahlentscheidung kann er bei **vergleichbaren Seminarinhalten** auch von dem **Veranstalter** selbst abhängig machen.

***BAG** 28.6.1995 – 7 ABR 55/94*

Die Kostenerstattungspflicht des Arbeitgebers nach § 40 i. V. m. § 37 Abs. 6 und § 65 Abs. 1 BetrVG ist nicht nur durch die **Grundsätze der Erforderlichkeit und Verhältnismäßigkeit**, sondern auch durch den koalitionsrechtlichen Grundsatz eingeschränkt, dass die **Gewerkschaften** aus den Schulungsveranstaltungen zumindest **keinen Gewinn** erzielen dürfen. Diese Einschränkungen der Kostenerstattungspflicht gelten jedenfalls auch dann, wenn eine Gewerkschaft einer GmbH, deren Anteile sie zu 100 % hält, die Durchführung der Schulungsveranstaltung überträgt und sich einen bestimmenden Einfluss auf die Ausgestaltung der Schulung vorbehält.

Die danach erstattungsfähigen Kosten sind auch dann im Einzelnen anzugeben, wenn der Betriebsrat oder die einzelnen Schulungsteilnehmer den Kostenerstattungsanspruch geltend machen.

Nach einer Rückabtretung des Kostenerstattungsanspruchs durch den Schulungsträger an die Schulungsteilnehmer hat auch der Betriebsrat das Recht, den Arbeitgeber auf Kostenerstattung an die einzelnen Schulungsteilnehmer in Anspruch zu nehmen.

***BAG** 30.3.1994 – 7 ABR 45/93*

Koalitionsrechtliche Beschränkungen der Kostenerstattungspflicht des Arbeitgebers nach § 40 Abs. 1 BetrVG für Schulungen i.S.d. § 37 Abs. 6 BetrVG gelten auch dann, wenn ein gemeinnütziger Verein die Schulungsveranstaltungen durchführt, bei denen die Gewerkschaften kraft satzungsmäßiger Rechte und personeller Verflechtungen maßgeblichen Einfluss auf den Inhalt, die Organisation und die Finanzierung der Bildungsarbeit nehmen.

***BAG** 28.6.1995 – 7 ABR 55/94*

Der Arbeitgeber muss im Rahmen von § 40 BetrVG nur diejenigen Kosten bezahlen, die tatsächlich durch die Schulung entstanden sind.

Sind die Teilnehmergebühren so bemessen, dass darin ein **Gewinnanteil** für die **Gewerkschaften** enthalten ist, so besteht hierfür keine Erstattungspflicht. Die Abrechnung der Bildungsveranstaltung nach **steuerlichen Pauschsätzen** spricht nicht gegen eine solche Gewinnerzielung.

***BAG** 15.1.1992 – 7 ABR 23/90*

Auch vier Wochenschulungen mit den Themen „Einführung ins Betriebsverfassungsrecht“, „Mitbestimmungsrechte bei Kündigung“, Mitbestimmungsrechte bei personellen Einzelmaßnahmen“ und „Mitbestimmungsrechte nach § 87 BetrVG“ können für neu gewählte Betriebsratsmitglieder erforderliche Grundschulungen im Sinne des § 37 VI BetrVG sein, für die ein besonderer Nachweis der Erforderlichkeit der Kenntniserlangung nicht geführt werden muss.
Der Besuch dieser vier Schulungen ist jedenfalls dann nicht unverhältnismäßig, wenn während dieser Schulungen auch Grundkenntnisse des Arbeitsrechts vermittelt werden, die den Besuch eigener Grundschulungen zum Thema Arbeitsrecht überflüssig werden lassen.
Beschließt der Betriebsrat einen „Seminarplan“, der einzelne Schulungsmaßnahmen enthält, die nicht als erforderlich erscheinen, dann führt dies nicht zur automatischen Unwirksamkeit der Entsendung anderer Betriebsratsmitglieder zu für sich betrachtet erforderlichen anderen Schulungsmaßnahmen

***LAG** Nürnberg 28.5.2002 – 6 (5) TaBV 29/01 = NZA-RR 2002, 641*

Freistellung von Betriebsratsmitgliedern (§ 38 BetrVG)

Gesetzestext

§ 38 Freistellungen

(1) [1]Von ihrer beruflichen Tätigkeit sind mindestens freizustellen in Betrieben mit in der Regel

200	*bis*	*500*	*Arbeitnehmern*	*ein*	*Betriebsratsmitglied,*
501	*bis*	*900*	*Arbeitnehmern*	*2*	*Betriebsratsmitglieder,*
901	*bis*	*1 500*	*Arbeitnehmern*	*3*	*Betriebsratsmitglieder,*
1 501	*bis*	*2 000*	*Arbeitnehmern*	*4*	*Betriebsratsmitglieder,*
2 001	*bis*	*3 000*	*Arbeitnehmern*	*5*	*Betriebsratsmitglieder,*
3 001	*bis*	*4 000*	*Arbeitnehmern*	*6*	*Betriebsratsmitglieder,*
4 001	*bis*	*5 000*	*Arbeitnehmern*	*7*	*Betriebsratsmitglieder,*
5 001	*bis*	*6 000*	*Arbeitnehmern*	*8*	*Betriebsratsmitglieder,*
6 001	*bis*	*7 000*	*Arbeitnehmern*	*9*	*Betriebsratsmitglieder,*
7 001	*bis*	*8 000*	*Arbeitnehmern*	*10*	*Betriebsratsmitglieder,*
8 001	*bis*	*9 000*	*Arbeitnehmern*	*11*	*Betriebsratsmitglieder,*
9 001	*bis*	*10 000*	*Arbeitnehmern*	*12*	*Betriebsratsmitglieder.*

[2]In Betrieben mit über 10 000 Arbeitnehmern ist für je angefangene weitere 2 000 Arbeitnehmer ein weiteres Betriebsratsmitglied freizustellen. [3]Freistellungen können auch in Form von Teilfreistellungen erfolgen. [3]Diese dürfen zusammengenommen nicht den Umfang der Freistellungen nach den Sätzen 1 und 2 überschreiten. [4]Durch Tarifvertrag oder Betriebsvereinbarung können anderweitige Regelungen über die Freistellung vereinbart werden.

(2) [1]Die freizustellenden Betriebsratsmitglieder werden nach Beratung mit dem Arbeitgeber vom Betriebsrat aus seiner Mitte in geheimer Wahl und nach den Grundsätzen der Verhältniswahl gewählt. [2]Wird nur ein Wahlvorschlag gemacht, so erfolgt die Wahl nach den Grundsätzen der Mehrheitswahl; ist nur ein Betriebsratsmitglied freizustellen, so wird dieses mit einfacher Stimmenmehrheit gewählt. [3]Der Betriebsrat hat die Namen der Freizustellenden dem Arbeitgeber bekannt zu geben. [4]Hält der Arbeitgeber eine Freistellung für sachlich nicht vertretbar, so kann er innerhalb einer Frist von zwei Wochen nach der Bekanntgabe die Einigungsstelle anrufen. [5]Der Spruch der Einigungsstelle ersetzt die Einigung zwischen Arbeitgeber und Betriebsrat. [6]Bestätigt die Einigungsstelle die Bedenken des Arbeitgebers, so hat sie bei der Bestimmung eines anderen freizustellenden Betriebsratsmitglieds auch den Minderheitenschutz im Sinne des Satzes 1 zu beachten. [7]Ruft der Arbeitgeber die Einigungsstelle nicht an, so gilt sein Einverständnis mit den Freistellungen nach Ablauf der zweiwöchigen Frist als erteilt. [8]Für die Abberufung gilt § 27 Abs. 1 Satz 5 entsprechend.

(3) Der Zeitraum für die Weiterzahlung des nach § 37 Abs. 4 zu bemessenden Arbeitsentgelts und für die Beschäftigung nach § 37 Abs. 5 erhöht sich für Mitglieder des Betriebsrats, die drei volle aufeinander folgende Amtszeiten freigestellt waren, auf zwei Jahre nach Ablauf der Amtszeit.

(4) [1]Freigestellte Betriebsratsmitglieder dürfen von inner- und außerbetrieblichen Maßnahmen der Berufsbildung nicht ausgeschlossen werden. [2]Innerhalb eines Jahres nach Beendigung der Freistellung eines Betriebsratsmitglieds ist diesem im Rahmen der Möglichkeiten des Betriebs Gelegenheit zu geben, eine wegen der Freistellung unterbliebene betriebsübliche berufliche Entwicklung nachzuholen. [3]Für Mitglieder des Betriebsrats, die drei volle aufeinander folgende Amtszeiten freigestellt waren, erhöht sich der Zeitraum nach Satz 2 auf zwei Jahre.

1. Mindestfreistellung

Nach § 5 Abs. 1 Satz 3 BetrVG gelten u.a. Arbeitnehmer des öffentlichen Dienstes, die in Betrieben privatrechtlich organisierter Unternehmen tätig sind, als Arbeitnehmer im betriebsverfassungsrechtlichen Sinn. Sie sind bei den organisatorischen Schwellenwerten des Betriebsverfassungsgesetzes – so auch bei § 38 Abs. 1 Satz 1 BetrVG – zu berücksichtigen.

***BAG** 5.12.2012 – 7 ABR 17/11 und BAG 15.12.2011 – 7 ABR 65/10*

Durch Betriebsvereinbarung kann auch dann eine geringere Anzahl freizustellender Betriebsratsmitglieder als nach der gesetzlichen Mindeststaffel vereinbart werden, wenn dadurch kein Mitglied einer Minderheitsliste freigestellt wird.

***BAG** 11.6.1997 – 7 ABR 5/96*

Zur Beurteilung, wie viele Arbeitnehmer gemäß § 38 Abs. 1 BetrVG von einem Arbeitgeber in der Regel beschäftigt werden, ist auf den **Zeitpunkt des Freistellungsbeschlusses** abzustellen. Denn in der Vorschrift wird die **Mindestanzahl freizustellender Betriebsratsmitglieder** geregelt, um Streitigkeiten zwischen Betriebsrat und Arbeitgeber darüber zu vermeiden, ob die Freistellungen im Einzelfall erforderlich sind. Die Erforderlichkeit wird deshalb – gestaffelt nach der regelmäßigen Arbeitnehmerzahl- **unwiderleglich vermutet**. Um damit Freistellungen rechtfertigen zu können, muss die Erforderlichkeit, d. h. also die Arbeitnehmerzahl, gegenwärtig sein. Künftige Veränderungen der Arbeitnehmerzahl, die nicht unmittelbar bevorstehen, können allenfalls eine spätere Anpassung der Zahl der Freistellungen bedingen.

Die gesetzliche Vermutung des § 38 Abs. 1 BetrVG wird im Falle eines Rückgangs der Arbeitnehmerzahl anteilig aufgehoben. An ihre Stelle tritt die Notwendigkeit, die Erforderlichkeit einer weiteren Freistellung darzulegen.

***BAG** 26.7.1989 – 7 ABR 64/88*

Leiharbeitnehmer sind bei der Feststellung der für die Anzahl freizustellender Betriebsratsmitglieder maßgeblichen Belegschaftsstärke im Entleiherbetrieb nach § 38 Abs. 1 BetrVG mitzuzählen, wenn sie zu dem regelmäßigen Personalbestand des Betriebs gehören. Dies hat der Gesetzgeber mit § 14 Abs. 2 Satz 4 AÜG in der seit dem 1. April 2017 geltenden Fassung klargestellt

Für die Anzahl der in der Regel beschäftigten Arbeitnehmer ist die normale Beschäftigtenzahl maßgeblich, die für den Betrieb im Allgemeinen kennzeichnend ist. Bei der Ermittlung der regelmäßigen Beschäftigtenzahl sind künftige, aufgrund konkreter Unternehmerentscheidungen zu erwartende Entwicklungen nur dann zu berücksichtigen, wenn sie unmittelbar bevorstehen. Künftige Änderungen, die nicht unmittelbar bevorstehen, können erst später zu einer Anpassung der Zahl der Freizustellenden führen.

***BAG** 2.8.2017 – 7 ABR 51/15*

Leiharbeitnehmer sind bei der Feststellung der für die Anzahl freizustellender Betriebsratsmitglieder maßgeblichen Belegschaftsstärke im Entleiherbetrieb mitzurechnen, wenn sie zu dem regelmäßigen Personalbestand des Betriebs zählen. Der Arbeitsaufwand des Betriebsrats wird nicht nur durch die Stammbelegschaft, sondern maßgeblich auch durch Leiharbeitnehmer bestimmt.

Für die Anzahl der in der Regel beschäftigten Arbeitnehmer ist die Personalstärke maßgeblich, die für den Betrieb im Allgemeinen kennzeichnend ist. Für die entsprechende Feststellung ist eine rückblickende Betrachtung anzustellen, für die ein Zeitraum zwischen sechs Monaten bis zwei Jahren als angemessen erachtet wird, als auch eine Prognose, bei der konkrete Veränderungsentscheidungen zu berücksichtigen sind. Werden Arbeitnehmer nicht ständig, sondern lediglich zeitweilig beschäftigt, kommt es für die Frage der regelmäßigen Beschäftigung darauf an, ob sie normalerweise während des größten Teils eines Jahres, d.h., länger als sechs Monate, beschäftigt werden. Das gilt auch für Leiharbeitnehmer, wenn Leiharbeit längerfristig als Instrument zur Deckung des Personalbedarfs im Betrieb genutzt wird.

***BAG** 18.1.2017 – 7 ABR 60/15*

Bei der **Berechnung der Arbeitnehmerzahl** gemäß § 38 Abs. 1 BetrVG zählen **Teilzeitkräfte** mit.

Es sind so viele Teilzeitkräfte mitzuzählen, wie während mindestens 6 Monaten im Jahr im Betrieb beschäftigt sind.

Dabei ist es gleichgültig, ob es sich dabei jeweils um die gleichen oder um unterschiedliche Personen handelt.

***ArbG** München 19.3.1987 – 12 BV 136/87 = AiB 1989, 80*

Aushilfsarbeitnehmer zählen mit, wenn und soweit solche Arbeitnehmer regelmäßig mindestens sechs Monate im Jahr beschäftigt sind.

Die **leitenden Angestellten** zählen nicht mit.

***BAG** 12.10.1976 – 1 ABR 1/76*

Der **Gesamtbetriebsrat** hat gemäß § 51 Abs. 1 Satz 1 BetrVG kein Recht auf Freistellung eines oder mehrerer seiner Mitglieder gemäß § 38 Abs. 1 BetrVG.

Der Gesamtbetriebsrat hat jedoch gemäß § 51 Abs. 1 Satz 1 BetrVG i. V. m. § 37 Abs. 2 BetrVG einen Anspruch auf Freistellung eines oder mehrerer seiner Mitglieder, wenn und soweit die Freistellung zur ordnungsgemäßen Durchführung ihrer Aufgaben erforderlich ist. Insoweit gelten die Grundsätze für die Freistellung eines Betriebsratsmitglieds gemäß § 37 Abs. 2 BetrVG entsprechend.

Eine entsprechende Anwendung des § 38 Abs. 2 BetrVG auf den Gesamtbetriebsrat kann allenfalls dann in Frage kommen, wenn lediglich über die Person des Freizustellenden Streit entsteht.

***LAG** München 19.7.1990 – 6 TaBV 62/89 = BB 1991, 1337 = NZA 1991, 905*

Wird die Anzahl der freizustellenden Betriebsratsmitglieder während der laufenden Amtszeit des Betriebsrats erhöht, sind alle freizustellenden Betriebsratsmitglieder neu zu wählen, wenn die Freistellungswahl nach den Grundsätzen der Verhältniswahl durchgeführt wurde. Eine vorherige Abberufung der bisher freigestellten Betriebsratsmitglieder nach § 38 Abs. 2 Satz 8, § 27 Abs. 1 Satz 5 BetrVG ist nicht erforderlich.

Es bleibt unentschieden, ob eine vorherige Abberufung der freigestellten Betriebsratsmitglieder nach § 38 Abs. 2 Satz 8, § 27 Abs. 1 Satz 5 BetrVG vor einer Neuwahl aller freizustellenden Betriebsratsmitglieder allein deshalb entbehrlich ist, weil die Neuwahl nach den Grundsätzen der Verhältniswahl erfolgt (so BAG 29. April 1992 – 7 ABR 74/91 – BAGE 70, 178 – AP BetrVG 1972 §38 Nr. 15 = EzA BetrVG 1972 §38 Nr. 13; a.A. 13. November 1991 – 7 ABR 18/91 – BAGE 69, 49 = AP BetrVG 1972 § 27 Nr. 3 = EzA BetrVG 1972 § 27 Nr. 7).

***BAG** 20.4.2005 – 7 ABR 47/04*

2. Zusätzliche Freistellungen

Voraussetzung für die **zusätzliche Freistellung** eines weiteren Betriebsratsmitglieds ist, dass der Betriebsrat darlegt, dass nach Art und Umfang des Betriebs die zusätzliche Freistellung zur ordnungsgemäßen Durchführung der dem Betriebsrat obliegenden Aufgaben erforderlich ist. Hinsichtlich des Umfangs der Darlegungslast ist zu berücksichtigen, dass für den Regelfall der Bedarf an Freistellungen bereits durch § 38 BetrVG abgedeckt ist.

Der Betriebsrat muss daher Abweichungen von dem in § 38 Abs. 1 BetrVG gesetzlich unterstellten Normalfall dartun, aufgrund derer die Arbeitsbelastung des gesamten Betriebsrats in zeitlicher Hinsicht derart erhöht ist, dass eine zusätzliche generelle Freistellung eines Betriebsratsmitglieds für die gesamte Amtszeit erforderlich ist.

Aus dem Tatsachenvortrag muss ersichtlich werden, dass weder die Arbeitszeit der bereits generell freigestellten Betriebsratsmitglieder noch die Möglichkeit konkreter Freistellungen der übrigen Betriebsratsmitglieder nach § 37 Abs. 2 BetrVG ausreichen, um sämtliche erforderlichen Betriebsratsaufgaben ordnungsgemäß erfüllen zu können. Dazu ist es notwendig, dass der Betriebsrat die besonderen Umstände so detailliert beschreibt, dass die sich daraus voraussichtlich ergebenden zeitlichen Belastungen zumindest bestimmbar werden. Wenn die vom Betriebsrat erstrebte zusätzliche Freistellung für die gesamte restliche Amtszeit erfolgen soll, muss aus dem Tatsachenvortrag des Betriebsrats überdies für das Gericht erkennbar werden, dass die Notwendigkeit einer weiteren Freistellung für diese gesamte Restdauer der Wahlperiode besteht. Wenigstens eine Schätzung des Mindestumfangs der zeitlichen Mehrbelastung des gesamten Betriebsrats muss möglich sein. Die Untergrenze der regelmäßigen Mehrbelastung muss daher nach dem Tatsachenvortrag des Betriebsrats einer Pauschalierung zugänglich sein.
Andererseits muss aber auch der jeweilige Arbeitgeber in die Lage versetzt werden, dem Vortrag des Betriebsrats konkret entgegenzutreten. Die Darlegung der zeitlichen Mehrbelastung des Betriebsrats muss folglich so detailliert sein, dass dem Arbeitgeber eine sachliche Erwiderung möglich ist.

***BAG** 26.7.1989 – 7 ABR 64/88*

Auch die Freistellungszeiten von nicht nach § 38 Abs. 1 BetrVG freigestellten Betriebsratsmitgliedern sind ein Anhaltspunkt für weitere Freistellungen nach § 38 Abs. 1 BetrVG.

***ArbG** Frankfurt/M. 4.1.1990 – 2 BV 8/89 = AiB 1990, 256*

Stimmt der Arbeitgeber einer größeren als in § 38 Abs. 1 BetrVG vorgesehenen Zahl von Freistellungen zu, sind diese zusammen mit den Mindestfreistellungen in einem Wahlgang vorzunehmen.

***Hessisches LAG** 1.8.1991 – 12 TaBV 40/91*

2.1. Ersatzfreistellung[27]

Die **zeitweilige Verhinderung eines freigestellten Betriebsratsmitglieds infolge** seiner **Zugehörigkeit zum Gesamtbetriebsrat** berechtigt den Betriebsrat nur unter den Voraussetzungen des § 37 Abs. 2 BetrVG, eine anteilige Freistellung eines weiteren Betriebsratsmitglieds zu verlangen.

Die weitere Freistellung kann dann erforderlich sein, wenn die Aufgaben des Betriebsrats auch nach einer zumutbaren betriebsratsinternen Umverteilung durch die anderen Betriebsratsmitglieder nicht erledigt werden können und feststeht, dass eine Arbeitsbefreiung einzelner Betriebsratsmitglieder aus konkretem Anlass nicht ausreicht.

***BAG** 12.2.1997 – 7 ABR 40/96*

Eine urlaubs-, krankheits- oder schulungsbedingte Verhinderung eines nach § 38 Abs. 1 BetrVG freigestellten Betriebsratsmitglieds berechtigt den Betriebsrat nur bei konkreter Darlegung der Erforderlichkeit nach § 37 Abs. 2 BetrVG zu einer entsprechenden Ersatzfreistellung.

***BAG** 9.7.1997 – 7 ABR 18/96*

3. Aufteilung der Freistellung

Hinweis für die Praxis:

§ 38 Abs. 1 S.3, 4 BetrVG regelt ausdrücklich, dass Freistellungen statt in Vollfreistellungen auch in Teilfreistellungen erfolgen können. Dabei darf jedoch das Gesamtfreistellungsvolumen gemäß § 38 Abs. 1, S.1 und 2 BetrVG nicht überschritten werden.

Nach § 38 Abs. 1 Satz 3 BetrVG können Freistellungen von Betriebsratsmitgliedern auch in Form von Teilfreistellungen erfolgen. Die freizustellenden Betriebsratsmitglieder werden vom Betriebsrat aus seiner Mitte nach § 38 Abs. 2 Satz 1 BetrVG nach den Grundsätzen der Verhältniswahl gewählt. Vor der Wahl von teilweise freizustellenden Betriebsratsmitgliedern bedarf es keines Beschlusses des Betriebsrats über die Zulässigkeit von Teilfreistellungen (Rn. 26).

Auf den Vorschlagslisten für die Freistellungswahl sind entsprechend § 6 Abs. 3 Satz 1 WO die einzelnen Bewerberinnen und Bewerber in erkennbarer Reihenfolge unter fortlaufender Nummer aufzuführen. Das gilt auch für Bewerber, die nicht für eine Voll-, sondern für eine Teilfreistellung kandidieren. Es können keine Bewerberpaare vorgeschlagen werden (Rn. 33 ff.).

Bei der Aufteilung von Vollfreistellungen in Teilfreistellungen kommt derjenigen Vorschlagsliste das Bestimmungsrecht zu, der die Vollfreistellung zufallen würde (Rn. 33).

Ein Beschluss des Betriebsrats nach § 33 BetrVG erfordert grundsätzlich eine Abstimmung über einen bestimmten Antrag. Eine stillschweigende Beschlussfassung gibt es nicht (Rn. 21).

***BAG** 24.3.2021 – 7 ABR 6/20*

[27] Siehe auch Ziff. 4.3., „Ende der Freistellung, Abberufung, Neuwahl“, S. 110

4. Freistellungsverfahren

4.1. Wahl der Freizustellenden

Nach § 38 Abs. 2 Satz 1 BetrVG werden die freizustellenden Betriebsratsmitglieder „nach Beratung mit dem Arbeitgeber“ vom Betriebsrat aus seiner Mitte in geheimer Wahl gewählt. Die Beratung mit dem Arbeitgeber hat vor der Freistellungswahl und mit dem gesamten Betriebsratsgremium zu erfolgen (BAG 29.4.1992 – 7 ABR 74/91).

Bei der in § 38 Abs. 2 Satz 1 BetrVG vorgesehenen Beratungspflicht handelt es sich nicht um eine wesentliche Vorschrift über das Wahlverfahren. Die Verpflichtung des Betriebsrats, vor der Freistellungswahl mit dem Arbeitgeber zu beraten, betrifft nicht die Durchführung der Freistellungswahl. Die Beratung hat vielmehr im Vorfeld der Wahl stattzufinden. Das nur gegenüber dem Arbeitgeber bestehende Beratungserfordernis konkretisiert das Gebot der vertrauensvollen Zusammenarbeit zwischen Arbeitgeber und Betriebsrat nach § 2 Abs. 1 BetrVG. Die Beratung soll dem Arbeitgeber vor der Freistellungswahl Gelegenheit geben, etwaige Bedenken gegen die Freistellung bestimmter Betriebsratsmitglieder äußern zu können. Durch die Beratungspflicht werden allein die Belange des Arbeitgebers geschützt (vgl. BAG 11.6.1997 – 7 ABR 5/96), weshalb dieser auf die Beratung auch verzichten kann.

***BAG** 22.11.2017 – 7 ABR 26/16*

Gesetzesverstöße bei einer **betriebsratsinternen Wahl** sind, soweit sie nicht zur Nichtigkeit führen, in entsprechender Anwendung des § 19 BetrVG innerhalb der Frist von zwei Wochen in einem Wahlanfechtungsverfahren gerichtlich geltend zu machen.

***BAG** 13.11.1991 – 7 ABR 8/91; **BAG** 8.4.1992 – 7 ABR 71/91;*
***BAG** 13.11.1991 – 7 ABR 18/91; **BAG** 29.4.1992 – 7 ABR 74/91;*
***BAG** 11.3.1992 – 7 ABR 50/91; **BAG** 28.10.1992 – 7 ABR 2/92*

Die Wahl freizustellender Betriebsratsmitglieder kann in entsprechender Anwendung von §19 BetrVG innerhalb von zwei Wochen nach Abschluss der Wahl von einem oder mehreren Betriebsratsmitgliedern angefochten werden.
Die Anfechtungsfrist beginnt grundsätzlich mit der Feststellung des Wahlergebnisses durch den Betriebsrat.
Ausnahmsweise kann es für den Beginn der Anfechtungsfrist auf die tatsächliche Kenntnisnahme von der Wahl und dem Wahlergebnis ankommen, wenn ein Betriebsratsmitglied wegen Verhinderung nicht an der Betriebsratssitzung teilgenommen hat, in der die Wahl durchgeführt wurde. Der spätere Fristbeginn gilt allerdings nur für das verhinderte Betriebsratsmitglied, nicht für die übrigen Betriebsratsmitglieder.

***BAG** 20.4.2005 – 7 ABR 44/04*

Die Freistellungen haben in einer einheitlichen Wahl zu erfolgen. Wird zunächst die Freistellung des Vorsitzenden und seines Stellvertreters in einem Wahlgang und dann in einem weiteren die der anderen Betriebsratsmitglieder durchgeführt, so sind diese Beschlüsse unwirksam.
§ 38 Abs. 2 BetrVG enthält zwingendes Recht und kann weder durch Betriebsvereinbarung noch Tarifvertrag abgeändert werden.

***LAG** Nürnberg 17.12.1990 – 7 TaBV 16/90 = DB 1991, 1178*

4.2. Beratung mit dem Arbeitgeber

Die nach § 38 Abs. 1 BetrVG freizustellenden Betriebsratsmitglieder werden nach § 38 Abs. 2 Satz 1 und Satz 2 BetrVG vom Betriebsrat aus seiner Mitte in geheimer Wahl gewählt. Der Betriebsrat ist nach § 38 Abs. 2 Satz 1 BetrVG verpflichtet, vor der Wahl der freizustellenden Mitglieder mit dem Arbeitgeber über die Freistellungen zu beraten.

Unterbleibt die Beratung des Betriebsrats mit dem Arbeitgeber vor der Freistellungswahl, hat das weder die Nichtigkeit noch die Anfechtbarkeit der Freistellungswahl zur Folge. Die Beratungspflicht ist keine wesentliche Vorschrift über das Wahlverfahren. Sie konkretisiert den Grundsatz der vertrauensvollen Zusammenarbeit und schützt allein die Belange des Arbeitgebers. Die Beratung soll es dem Arbeitgeber ermöglichen, etwaige Bedenken gegen die Freistellung bestimmter Betriebsratsmitglieder zu äußern. Diesen Belangen des Arbeitgebers wird auch bei unterbliebener Beratung durch das in § 38

Abs. 2 Sätze 4 bis 7 BetrVG vorgesehene Einigungsstellenverfahren hinreichend Rechnung getragen.

BAG 22.11.2017 – 7 ABR 26/16

4.3. Ende der Freistellung, Abberufung, Neuwahl

Wenn während der Amtszeit des Betriebsrats die Freistellung eines im Wege der Verhältniswahl gewählten Betriebsratsmitglieds vorzeitig endet, ist bei der Ersatzfreistellung der Minderheitenschutz zu beachten. Das ersatzweise freizustellende Betriebsratsmitglied ist daher der Vorschlagsliste zu entnehmen, der das zu ersetzende Mitglied angehörte. Eine abweichend hiervon durchgeführte Nachwahl ist anfechtbar.

BAG 25.4.2001 – 7 ABR 26/00

Bei der Beendigung der Freistellung eines Betriebsratsmitglieds rückt grundsätzlich das nächste Betriebsratsmitglied derselben Vorschlagsliste in die Freistellung nach. Bei Erschöpfung der Vorschlagsliste hat eine Ersatzwahl im Wege der Mehrheitswahl zu erfolgen. Es genügt dann einfache Stimmenmehrheit. Eine Neuwahl aller freizustellenden Betriebsratsmitglieder nach den Grundsätzen der Verhältniswahl kommt nicht in Betracht.

BAG 14.11.2001 – 7 ABR 31/00

Hinweis für die Praxis:

Vorstehende Entscheidung ist wegen der Missachtung des Minderheitenschutzes bei Zulassung der Mehrheitswahl sehr streitig.

5. Rechtsstellung freigestellter Betriebsratsmitglieder

Das freigestellte Betriebsratsmitglied ist für die Dauer der Freistellung nach § 38 Abs. 1 BetrVG verpflichtet, sich während der vertraglich geschuldeten Arbeitszeit zur Wahrnehmung betriebsverfassungsrechtlicher Aufgaben zur Verfügung zu halten. Dies beruht darauf, dass an die Stelle der Arbeitspflicht im Falle der vollständigen Freistellung die Verpflichtung des Betriebsratsmitglieds tritt, während seiner arbeitsvertraglichen Arbeitszeit **im Betrieb am Sitz des Betriebsrats**, dem es angehört, anwesend zu sein und sich dort für anfallende Betriebsratsarbeit bereitzuhalten (vgl. BAG 18.5.2016 – 7 AZR 401/14; BAG 24.2.2016 – 7 ABR 20/14; BAG 10.7.2013 – 7 ABR 22/12; BAG 13.6.2007 – 7 ABR 62/06; BAG 28.8.1991 – 7 ABR 46/90; BAG 31.5.1989 – 7 AZR 277/88).

BAG 25.10.2017 – 7 AZR 731/15

5.1. Betriebsratstätigkeit

Die Freistellung hat der Erfüllung betriebsverfassungsrechtlicher Aufgaben zu dienen. Das freigestellte Betriebsratsmitglied hat sich **allein diesen Aufgaben zu widmen**.

BAG 17.10.1990 – 7 ABR 69/89

Der Arbeitgeber hat kein **Weisungsrecht** hinsichtlich der Ausübung der Betriebsratstätigkeit; deshalb entfällt auch ein Mitbestimmungsrecht nach § 87 Abs. 1 Nr. 1 BetrVG.

BAG 23.6.1983 – 6 ABR 65/80

Ist ein Mitglied des Betriebsrats gemäß § 38 BetrVG vollständig von der Arbeitsleistung freigestellt, fehlt einer Leistungsklage auf Beschäftigung mit bestimmten Tätigkeiten das Rechtsschutzbedürfnis.

BAG 23.9.2014 – 9 AZR 1100/12

Ein nach § 38 Abs. 1 BetrVG von seiner beruflichen Tätigkeit freigestelltes Betriebsratsmitglied ist verpflichtet, während seiner vertraglichen Arbeitszeit im Betrieb anwesend zu sein und sich dort für anfallende Betriebsratsarbeit bereitzuhalten.

Verlässt das freigestellte Betriebsratsmitglied zur Wahrnehmung erforderlicher Betriebsratsaufgaben den Betrieb, ist es verpflichtet, sich beim Arbeitgeber unter Angabe der voraussichtlichen Dauer der Abwesenheit abzumelden und bei der Rückkehr in den Betrieb wieder zurückzumelden. Das Betriebsratsmitglied ist jedoch nicht verpflichtet, den Arbeitgeber beim Verlassen des Betriebes über den Ort der beabsichtigten Betriebsratstätigkeit zu informieren.

BAG 24.2.2016 – 7 ABR 20/14

Als gesetzliche Folge der Freistellung nach § 38 Abs. 1 BetrVG ergibt sich, dass sich das freigestellte Betriebsratsmitglied am Sitz des Betriebsrats für Betriebsratstätigkeit bereitzuhalten hat. Hiervon ist es nur entbunden, soweit es zur Erfüllung konkreter Betriebsratsaufgaben **erforderlich** ist. Die Freistellung nach § 38 BetrVG führt zur Änderung des Leistungsortes, wenn das Betriebsratsmitglied ohne Freistellung nicht oder nicht nur am Sitz des Betriebsrats zu arbeiten gehabt hätte.

BAG 28.8.1991 – 7 ABR 46/90

Die Teilnahme als **Zuhörer** an einer **Gerichtsverhandlung** ist daher auch für ein freigestelltes Betriebsratsmitglied nur im Ausnahmefall eine erforderliche Betriebsratstätigkeit.

BAG 31.5.1989 – 7 AZR 277/88

Die Freistellung von der beruflichen Tätigkeit gemäß § 38 BetrVG berechtigt den Betriebsrat nicht, das **freigestellte Betriebsratsmitglied** zu Schulungsveranstaltungen zu entsenden, die für die Arbeit des Betriebsrats nicht erforderliche Kenntnisse i.S.v. § 37 Abs. 6 BetrVG vermitteln. Auch das **freigestellte Betriebsratsmitglied** verliert für die Zeit der Teilnahme an einer solchen nicht erforderlichen Veranstaltung seinen Vergütungsanspruch.

BAG 21.7.1978 – 6 AZR 561/75

Die betriebsverfassungsrechtliche Stellung vollständig von der beruflichen Tätigkeit freigestellter Betriebsratsmitglieder erfordert es nicht, sie von den Möglichkeiten zur Arbeitszeiterfassung auszunehmen, die in einer für ihr Arbeitsverhältnis geltenden Betriebsvereinbarung vorgesehen sind.

BAG 10.7.2013 – 7 ABR 22/12

Freigestellte Betriebsratsmitglieder haben grundsätzlich die **betriebsübliche Arbeitszeit** einzuhalten.

Existiert im Betrieb eine Betriebsvereinbarung über **Gleitzeit** und sind von deren Regelung neben freigestellten Betriebsratsmitgliedern einerseits solche Arbeitnehmer ausgenommen, denen man die flexiblere Gleitarbeitszeit nicht zubilligen kann oder will, und andererseits solche Personen, für die selbst die flexiblere Gleitarbeitszeit noch zu eng bzw. unangemessen ist, so sind freigestellte Betriebsratsmitglieder im Zweifel der letztgenannten Personengruppe zuzurechnen, mit der Folge, dass sie zwar die betriebsübliche wöchentliche Arbeitszeit dem Umfang nach einhalten und ihre Anwesenheitszeiten im Betrieb vernünftig einteilen müssen, sonst aber an feste Arbeitszeiten nicht gebunden sind.

LAG Düsseldorf 26.5.1993 – 18 Sa 303/93 = NZA 1994, 720

Die Freistellung eines Betriebsratsmitglieds von der beruflichen Tätigkeit nach § 38 BetrVG macht eine Urlaubsgewährung nicht entbehrlich. Für die Dauer des Urlaubs ist das Betriebsratsmitglied nicht verpflichtet, die dem Betriebsrat obliegenden Aufgaben zu erledigen. Die vom Betriebsratsmitglied beanspruchte Dauer des Urlaubs richtet sich danach, welche Ansprüche es hätte, wäre es nicht freigestellt.

BAG 20.8.2002 – 9 AZR 261/01 = BB 2003, 1018

5.2. Vergütung, Berufsbildungsmaßnahmen

Die Möglichkeit, ein im Rahmen eines Arbeitsverhältnisses überlassenes **Firmenfahrzeug privat zu nutzen**, ist Teil der Arbeitsvergütung in Form eines Sachbezuges.

Wird der Arbeitnehmer als Betriebsratsmitglied nach § 37 Abs. 2 BetrVG vollständig von der beruflichen Tätigkeit befreit, hat er nach § 611 BGB, § 37 Abs. 2 BetrVG weiterhin Anspruch auf die Überlassung eines Firmenfahrzeugs zur privaten Nutzung, da die Befreiung nach § 37 Abs. 2 BetrVG ohne Minderung des Arbeitsentgelts erfolgt.

Das gilt auch, wenn die Arbeitsvertragsparteien vertraglich vereinbart haben, dass die Gebrauchsüberlassung des Fahrzeugs entschädigungslos endet, wenn eine Änderung der Aufgaben des Arbeitnehmers durch Anweisung des Arbeitgebers oder eine Freistellung von der Dienstpflicht keine Tätigkeit mit dienstlicher Fahrzeugnutzung mehr vorsieht. Eine vertragliche Vereinbarung, durch die Vergütungsbestandteile von dem während der Freistellung fortzuzahlenden Arbeitsentgelts ausgenommen werden, ist wegen des Verbots der Entgeltminderung nach § 37 Abs. 2 BetrVG und wegen des Benachteiligungsverbots in § 78 Satz 2 BetrVG unwirksam.

***BAG** 23.6.2004 – 7 AZR 514/03*

Von der beruflichen Tätigkeit nach § 38 Abs. 1 BetrVG vollständig freigestellte Betriebsratsmitglieder können nur **Mehrarbeitsvergütungen** beanspruchen, wenn sie entweder ohne Befreiung von der Arbeitspflicht Mehrarbeit geleistet hätten oder wenn nach § 37 Abs. 3 BetrVG die für die Betriebsratstätigkeit aufgewendete Zeit aus betriebsbedingten Gründen wie Mehrarbeit zu vergüten ist.

***BAG** 12.12.2000 – 9 AZR 508/99*

Eine Raumpflegerin, die für ein Dienstleistungsunternehmen Schulen säubert und die gem. § 38 Abs. 1 BetrVG als Betriebsratsmitglied ganz zugunsten von Betriebsratstätigkeiten freigestellt ist, hat auch dann Anspruch auf volle **Lohnfortzahlung für Schulferienzeiten**, wenn arbeitsvertraglich mit ihr vereinbart ist, dass für Schulferienzeiten mangels Beschäftigungsmöglichkeit kein Lohn gezahlt wird.

***LAG** Hamm 2.7.1997 – 3 Sa 903/97 = BB 1998, 326*

Gewährt ein Arbeitgeber einem Arbeitnehmer seines Betriebes eine **freiwillige**, jederzeit widerrufliche **Zulage zum Arbeitslohn**, ist er verpflichtet, diese auch einem freigestellten Betriebsratsmitglied zu zahlen, wenn dieses bei Übernahme des Betriebsratsamts eine jenem Arbeitnehmer vergleichbare Tätigkeit ausgeübt hat.

***BAG** 21.4.1983 – 6 AZR 407/80*

§ 38 Abs. 4 Satz 1 BetrVG verbietet den Ausschluss eines freigestellten Betriebsratsmitgliedes von **Berufsbildungsmaßnahmen**. Die Vorschrift gewährt jedoch keinen Anspruch auf eine besondere Förderung des freigestellten Betriebsratsmitgliedes.

***LAG** Berlin 19.3.1985 – 3 Sa 119/84 = AuR 1986, 184*

Sprechstunden (§ 39 BetrVG)

Gesetzestext:

(1) [1]Der Betriebsrat kann während der Arbeitszeit Sprechstunden einrichten. [2]Zeit und Ort sind dem Arbeitgeber zu vereinbaren. [3]Kommt eine Einigung nicht zustande, so entscheidet die Einigungsstelle. [4]Der Spruch der Einigungsstelle ersetzt die Einigung zwischen Arbeitgeber und Betriebsrat.

(2) Führt die Jugend- und Auszubildendenvertretung keine eigenen Sprechstunden durch, so kann an den Sprechstunden des Betriebsrats ein Mitglied der Jugend- und Auszubildendenvertretung zur Beratung der in § 60 Abs. 1 genannten Arbeitnehmer teilnehmen.

(3) Versäumnis von Arbeitszeit, die zum Besuch der Sprechstunden oder durch sonstige Inanspruchnahme des Betriebsrats erforderlich ist, berechtigt den Arbeitgeber nicht zur Minderung des Arbeitsentgelts des Arbeitnehmers.

Auch in Betrieben mit weniger als 300 Arbeitnehmern kann eine Freistellung oder teilweise Freistellung eines Betriebsratsmitgliedes von seiner beruflichen Tätigkeit in Betracht kommen, wenn dies zur ordnungsgemäßen Durchführung der Betriebsratsaufgaben erforderlich ist und regelmäßig Betriebsratstätigkeit in einem bestimmten, einer Pauschalierung zugänglichen Mindestumfang anfällt.

Die Einrichtung und Abhaltung von Betriebsratssprechstunden nach § 39 BetrVG bedingt nicht die pauschale Freistellung eines Betriebsratsmitgliedes, sondern hat zur Folge, dass zur Abhaltung der Betriebsratssprechstunde im jeweils erforderlichen Umfang ein Betriebsratsmitglied gemäß § 37 BetrVG, § 37 Absatz 2 BetrVG von seiner Arbeitspflicht befreit ist.

***BAG** 13.11.1991 – 7 ABR 5/91*

Der Arbeitgeber hat dem Betriebsrat nach § 40 Abs. 2 BetrVG u.a. Informations- und Kommunikationstechnik sowie Büropersonal in erforderlichem Umfang für die Sitzungen, die Sprechstunden und die laufende Geschäftsführung zur Verfügung zu stellen. Diese Ansprüche bestehen kumulativ, nicht alternativ. Dem Anspruch des Betriebsrats auf Überlassung von Büropersonal steht daher die Ausstattung des Betriebsratsbüros mit Personalcomputern nicht entgegen.

Ob und ggf. welche beim Betriebsrat anfallenden Büroarbeiten auf Büropersonal übertragen werden, hat der Betriebsrat zu entscheiden. Dabei hat er nicht nur die Interessen der Belegschaft, sondern auch diejenigen des Arbeitgebers, auch an der Begrenzung seiner Kostentragungspflicht, zu berücksichtigen. Insoweit gelten die zum Sachmittelanspruch des Betriebsrats entwickelten Grundsätze entsprechend.

Verlangt der Betriebsrat die Überlassung einer vollzeitbeschäftigten Bürokraft, hat er darzulegen, welche konkreten Bürotätigkeiten von der Bürokraft erledigt werden sollen, dass diese Arbeiten von ihrem Umfang her eine Vollzeitkraft auslasten und dass er die Entscheidung, Bürotätigkeiten in diesem Umfang einer Bürokraft zu übertragen, in Anbetracht der Verhältnisse im Betrieb und im Betriebsrat für sachgerecht halten durfte.

***BAG** 20.4.2005 – 7 ABR 14/04*

Der Arbeitgeber hat kein Weisungsrecht hinsichtlich der Ausübung der Betriebsratstätigkeit; deshalb entfällt auch ein Mitbestimmungsrecht nach § 87 Abs. 1 Nr. 1 BetrVG. Betriebsratsmitglieder sind bei Abmeldung vom Arbeitsplatz weder verpflichtet, die Namen von Arbeitnehmern anzugeben, die sie im Betrieb aufsuchen wollen, noch sind sie verpflichtet, generell auf die Sprechstunde des Betriebsrats zu verweisen.

***BAG** 23.6.1983 – 6 ABR 65/80*

Kosten und Sachaufwand des Betriebsrats (§ 40 BetrVG)

Gesetzestext

§ 40 Kosten und Sachaufwand des Betriebsrats

(1) *Die durch die Tätigkeit des Betriebsrats entstehenden Kosten trägt der Arbeitgeber.*

(2) *Für die Sitzungen, die Sprechstunden und die laufende Geschäftsführung hat der Arbeitgeber in erforderlichem Umfang Räume, sachliche Mittel, Informations- und Kommunikationstechnik sowie Büropersonal zur Verfügung zu stellen.*

§ 41 Umlageverbot

Die Erhebung und Leistung von Beiträgen der Arbeitnehmer für Zwecke des Betriebsrats ist unzulässig.

1. Die Haftung des Betriebsrats

Ein Vertrag, den der Betriebsrat zu seiner Unterstützung gemäß § 111 S. 2 BetrVG mit einem Beratungsunternehmen schließt, ist wirksam, soweit die vereinbarte Beratung zur Erfüllung der Aufgaben des Betriebsrats erforderlich ist und der Betriebsrat daher einen Kostenerstattungs- und Freistellungsanspruch gegen den Arbeitgeber gemäß § 40 Abs. 1 BetrVG hat. Die Grenzen des dem Betriebsrat bei der ex ante-Beurteilung der Erforderlichkeit der Beratung zustehenden Spielraums sind im Interesse der Funktions- und Handlungsfähigkeit des Betriebsrats nicht zu eng zu ziehen.

Der Betriebsrat kann sich im Rahmen eines solchen Vertrags zur Zahlung eines Entgelts verpflichten.

Betriebsratsmitglieder, die als Vertreter des Betriebsrats mit einem Beratungsunternehmen eine Beratung vereinbaren, die zur Erfüllung der Aufgaben des Betriebsrats gemäß § 111 BetrVG nicht erforderlich ist, können gegenüber dem Beratungsunternehmen – vorbehaltlich der Bestimmungen in § 179 Abs. 2 und Abs.3 BGB – entsprechend § 179 BGB haften, soweit ein Vertrag zwischen dem Beratungsunternehmen und dem Betriebsrat nicht wirksam zustande gekommen ist.

***BGH** 25.10.2012 — III ZR 266/11*

Hinweis für die Praxis

*Der Betriebsrat besitzt für die ihm nach dem Betriebsverfassungsgesetz obliegenden Aufgaben eine so genannte Teilrechtsfähigkeit. Im Rahmen seiner Teilrechtsfähigkeit ist der Betriebsrat auch vermögensfähig für alle Hilfsgeschäfte, die erforderlich sind, um die ihm obliegenden Aufgaben zu erfüllen. Er kann deshalb im eigenen Namen wirksame Verträge schließen. Aus diesen Verträgen wird der Betriebsrat selbst als Vertragspartner berechtigt und verpflichtet. Bewegen sich die vom Betriebsrat abgeschlossenen Verträge in dem ihm gesetzlich übertragenen Aufgabenbereich, sind sie erforderlich und der Betriebsrat hat einen Anspruch auf **Kostenübernahme = Freistellungsanspruch** gegenüber dem Arbeitgeber. Seinem Vertragspartner gegenüber haftet der Betriebsrat dann nur auf Abtretung dieses Freistellungsanspruchs.*

*Eine Haftung des Betriebsratsvorsitzenden bzw. eines oder mehrerer einzelner Mitglieder des Betriebsrats kommt in Betracht, wenn sich der Betriebsratsvorsitzende bzw. das jeweils handelnde Betriebsratsmitglied bei dem Abschluss von Verträgen nicht mehr im Rahmen des ihm gesetzlich übertragenen Aufgabenbereichs befindet und auch eine vorherige ausdrückliche Absprache mit dem Arbeitgeber nicht getroffen ist. In diesem Falle kann weder ein wirksamer Vertrag für den Betriebsrat, noch in Vertretung für den Arbeitgeber abschlossen werden. Dann können der den Vertrag abschließende Betriebsratsvorsitzende bzw. die einzelnen den Vertrag abschließenden Betriebsratsmitglieder gemäß § 179 BGB haften, weil sie ohne die erforderliche Vertretungsmacht gehandelt haben. Denkbar ist es auch, dass ein Betriebsratsmitglied nur für einen Teilbetrag haftet. Dies kommt vor allem dann in Betracht, wenn ein vereinbarter Vertrag bis zu einer bestimmten Vergütungshöhe vom Aufgabenkreis des Betriebsrats noch gedeckt ist. Das den Vertrag abschließende Betriebsratsmitglied haftet dann nur in Höhe des nicht abgedeckten Differenzbetrags. Als Haftungserleichterung kommen allerdings immer § 179 Abs. 2 und Abs. 3 BGB in Betracht. Nach § 179 Abs.2 BGB haftet ein Betriebsratsmitglied nur auf das so genannte negative Vertragsinteresse des Vertragspartners, wenn es nicht erkannt hat, dass es sich nicht mehr im Rahmen der ihm zustehenden Vertretungsmacht bewegt. Dies bedeutet, dass der Vertragspartner so zu stellen ist, als hätte er den Vertrag überhaupt nicht abgeschlossen. Nach § 179 Abs.3 BGB haftet ein Betriebsratsmitglied überhaupt nicht, wenn der Vertragspartner die fehlende Vertretungsmacht des Betriebsratsmitglieds hätte kennen müssen. Außerhalb ihrer im Betriebsverfassungsgesetz geregelten Rechte und Pflichten haften alle **Betriebsratsmitglieder**, auch der Betriebsratsvorsitzende wie alle anderen Arbeitnehmer aus unerlaubter Handlung und sittenwidriger Schädigung. Ihre Haftung ist durch ihr Amt als Betriebsratsmitglied weder erweitert, noch privilegiert.*

Der Betriebsrat ist grundsätzlich nicht vermögensfähig. Eine partielle Vermögensfähigkeit besteht nur insoweit, als das BetrVG vermögensrechtliche Ansprüche des Betriebsrats vorsieht. Dies sind im Wesentlichen die Ansprüche nach § 40 Abs. 1 und 2 BetrVG.

Soweit der Betriebsrat nicht vermögensfähig ist, besitzt er auch keine Rechtsfähigkeit zum Abschluss von Vereinbarungen, durch die eigene vermögensrechtliche Ansprüche des Betriebsrats begründet werden sollen.

Eine zwischen den Betriebsparteien getroffene Vereinbarung über eine vom Arbeitgeber an den Betriebsrat im Falle der Verletzung von Mitbestimmungsrechten zu zahlende Vertragsstrafe ist unwirksam.

Auch die Zahlung der Vertragsstrafe in einen dem Betriebsrat zur Verfügung gestellten „Dispositionsfonds“ kann nicht wirksam vereinbart werden.

***BAG** 29.9.2004 – 1 ABR 30/03*

Eine Vereinbarung zwischen Arbeitgeber und Betriebsrat, wonach der Arbeitgeber bei der Verletzung von Mitbestimmungsrechten an einen Dritten eine Vertragsstrafe zu zahlen hat, ist unwirksam.

Das Betriebsverfassungsgesetz stellt die Durchsetzung und Herstellung der betriebsverfassungsrechtlichen Ordnung in das pflichtgemäße Ermessen des Betriebsrats.

Hierbei darf sich der Betriebsrat nicht darauf beschränken, mit dem Arbeitgeber eine Vertragsstrafenvereinbarung abzuschließen, in der sich jener verpflichtet, im Fall der Verletzung eines Mitbestimmungsrechts ein Ordnungsgeld an einen Dritten zu zahlen. Ein solches Vertragsstrafenversprechen ist mit zwingenden Grundsätzen des Betriebsverfassungsgesetzes nicht zu vereinbaren.

***BAG** 19.1.2010 – 1 ABR 62/08, Seite 100*

2. Allgemeines[28]

Zwar wird die Voraussetzung, dass nur **erforderliche Kosten** zu erstatten seien, in § 40 Abs. 1 BetrVG im Gegensatz zu den Bestimmungen in § 37 Abs. 2 und Abs. 6 Satz 1 sowie § 40 Abs. 2 BetrVG nicht ausdrücklich genannt. Es ist jedoch allgemein anerkannt, dass Kosten nach § 40 Abs. 1 BetrVG nur dann vom Arbeitgeber zu tragen sind, wenn sie für die Erfüllung der Betriebsratsaufgaben erforderlich waren.

***BAG** 11.12.1987 – 7 ABR 76/86 n. v.; **BAG** 27.9.1974 – 1 ABR 67/73; **BAG** 19.4.1989 – 7 ABR 87/87*

Nach § 40 Abs. 2 BetrVG hat der Arbeitgeber dem Betriebsrat für die laufende Geschäftsführung in erforderlichem Umfang u.a. sachliche Mittel sowie Informations- und Kommunikationstechnik zur Verfügung zu stellen. Zur Informationstechnik gehören auch das Internet sowie die Teilhabe am E-Mail-Verkehr. Der Arbeitgeber kann diesen Anspruch grundsätzlich erfüllen, indem er dem Betriebsrat einen Internetzugang und E-Mail-Verkehr über das im Unternehmen genutzte Netzwerk vermittelt.

Der Betriebsrat darf einen separaten, vom Proxy-Server des Arbeitgebers unabhängigen Internetzugang nicht allein deshalb für erforderlich halten, weil über den zentral vermittelten Internetzugang technisch die Möglichkeit besteht, die Internetnutzung und den E-Mail-Verkehr zu überwachen. Ebenso wenig wie die rein theoretische Möglichkeit der sachfremden Nutzung des Internetanschlusses durch Betriebsratsmitglieder dem Anspruch des Betriebsrats auf einen Internetzugang von vornherein entgegensteht, kann dem Arbeitgeber ohne das Vorliegen konkreter Anhaltspunkte unterstellt werden, dass er die Internetaktivitäten des Betriebsrats einschließlich des E-Mail-Verkehrs unzulässigerweise kontrolliert und damit den Grundsatz der vertrauensvollen Zusammenarbeit (§ 2 Abs. 1 BetrVG) missachtet.

Der Betriebsrat darf grundsätzlich auch einen von der Telefonanlage des Arbeitgebers unabhängigen Telefonanschluss nicht als erforderlich ansehen, wenn er über einen Nebenstellenanschluss die Möglichkeit einer uneingeschränkten Telekommunikation hat.

***BAG** 20.4.2016 – 7 ABR 50/14*

Dem Betriebsrat steht bei der Prüfung der Erforderlichkeit eines Sachmittels i.S.d. § 40 Abs. 2 BetrVG ein Beurteilungsspielraum zu. Die arbeitsgerichtliche Kontrolle seiner Entscheidung ist darauf beschränkt, ob das Sachmittel der Erledigung seiner gesetzlichen Aufgaben dient und ob die Interessen der Belegschaft und des Arbeitgebers angemessen berücksichtigt wurden.

Die Nutzung einer Telefonanlage zum Informationsaustausch mit der Belegschaft betrifft die Erfüllung gesetzlicher Aufgaben des Betriebsrats. Die allgemeinen Überwachungspflichten nach den §§ 75, 80 BetrVG und die sachgerechte Wahrnehmung von Mitbestimmungsrechten erfordern einen Dialog zwischen Betriebsrat und Belegschaft.

Ein Arbeitnehmer kann gemäß § 81 Abs. 4 Satz 3, § 82 Abs. 2 Satz 2, § 83 Abs. 1 Satz 2 und § 84 Abs. 1 Satz 2 BetrVG in bestimmten Angelegenheiten ein Betriebsratsmitglied seiner Wahl hinzuziehen. Dadurch sind jedem einzelnen Betriebsratsmitglied kraft Gesetzes Aufgaben zugewiesen, die seine unmittelbare Erreichbarkeit erfordern.

In einem Einzelhandelsunternehmen mit räumlich weit voneinander entfernt liegenden Verkaufsstellen ist ein Betriebsrat auf die telefonische Kontaktaufnahme durch die Arbeitnehmer angewiesen. Für den erforderlichen Informationsaustausch genügt die telefonische Erreichbarkeit des Betriebsratsvorsitzenden und eines weiteren Betriebsratsmitglieds nicht.

***BAG** 27.11.2002 – 7 ABR 36/01*

Zu den Aufgaben des **Betriebsrats** gehört es, die Belegschaft umfassend und pünktlich im Rahmen seines Aufgabenbereichs über seine Tätigkeit zu unterrichten. Die dadurch entstehenden Kosten fallen dem Arbeitgeber zur Last.

Der **Betriebsrat** ist grundsätzlich nicht darauf beschränkt, die Belegschaft allein auf Betriebsversammlungen und durch Anschläge am Schwarzen Brett im Sinne der Nr. 1 zu unterrichten.

Ob diese Informationspflicht durch Herausgabe schriftlicher, zur Verteilung an die Belegschaft bestimmter Informationen erfüllt werden kann, ist nach den konkreten Verhältnissen des einzelnen Betriebs zu beurteilen. Abzuwägen sind die Dringlichkeit der Unterrichtung vor der nächsten ordentlichen Betriebsversammlung und die etwaige Unzulänglichkeit anderer Informationsmittel (Schwarzes Brett, mündliche Unterrichtung) einerseits sowie die Kostenbelastung für den Arbeitgeber andererseits.

***BAG** 21.11.1978 – 6 ABR 85/76*

Der Arbeitgeber ist nach § 40 Abs. 1, § 37 Abs. 6 Satz 1 BetrVG verpflichtet, den Betriebsrat von den Kosten freizustellen, die anlässlich der Teilnahme eines Betriebsratsmitglieds an einer Schulungsveranstaltung entstanden sind, sofern das bei der Schulung vermittelte Wissen für die Betriebsratsarbeit erforderlich und die mit der Teilnahme verbundene Kostenbelastung angemessen ist. Bei der Entscheidung über die Entsendung eines seiner Mitglieder auf eine Schulungsveranstaltung steht dem Betriebsrat ein Beurteilungsspielraum zu (Rn. 16 ff.).

Der Betriebsrat überschreitet seinen Beurteilungsspielraum bei der Beschlussfassung über die Entsendung eines neugewählten Mitglieds auf eine Grundlagenschulung, die mit der Überlassung eines sog. „Starter-Sets“ und der Möglichkeit einer „kostenfreien anwaltlichen Erstberatung durch einen erfahrenen Rechtsanwalt“ verbunden ist, jedenfalls dann nicht, wenn der Seminarpreis marktüblich ist und vergleichbare Schulungen nicht wesentlich günstiger, aber wesentlich teurer zu buchen sind (Rn. 21 ff.). Der Betriebsrat muss nicht allein wegen der mit dem Schulungsangebot verbundenen Seminarbeigaben von der Entsendung des Mitglieds auf die Veranstaltung absehen, soweit keine Anzeichen dafür bestehen, dass diese die Höhe des Seminarpreises maßgeblich beeinflussten (Rn. 26 f.).

Der Senat lässt offen, ob die Überlassung eines „Tablets für die Betriebsratsarbeit“, eines Handkommentar Fitting zum BetrVG, einer DTV-Ausgabe der Arbeitsgesetze, eines USB-Sticks, eines Laserpointers, eines Taschenrechners und einer „praktischen Tasche“ an die Teilnehmer einer Betriebsratsschulung und die Möglichkeit einer kostenlosen Rechtsberatung – sollten mit diesen Leistungen gesonderte Kosten ausgelöst sein – der Kostentragungspflicht der Arbeitgeberin nach § 37 Abs. 6 i.V.m. § 40 Abs. 1 BetrVG unterfielen (Rn. 26). Ebenfalls lässt der Senat offen, ob das Betriebsratsmitglied durch die mit der Schulungsteilnahme verbundenen Zusage kostenloser Seminarbeigaben nach § 78 Satz 2 BetrVG wegen seines Betriebsratsamts unzulässig begünstigt wird (Rn. 28).

***BAG** 17.11.2021 – 7 ABR 27/20*

Die Kostentragungspflicht des Arbeitgebers nach § 40 Abs. 1 BetrVG geht bei einem Betriebsübergang auf den Betriebserwerber über. Der bisherige Betriebsinhaber haftet nicht neben dem neuen Betriebsinhaber gesamtschuldnerisch.

***BAG** 20.8.2014 – 7 ABR 60/12*

Bei einem Betriebsübergang nach § 613a BGB tritt der Betriebserwerber materiell-rechtlich in die betriebsverfassungsrechtliche Rechtsposition des bisherigen Betriebsinhabers ein. Der Betriebserwerber haftet daher grundsätzlich für nicht erfüllte Freistellungsansprüche des Betriebsrats nach § 40 Abs. 1 BetrVG.
Findet der Betriebsübergang nach der Eröffnung des Insolvenzverfahrens über das Vermögen des bisherigen Betriebsinhabers statt, haften der Betriebserwerber nur für Masseverbindlichkeiten nach § 55 InsO, nicht für Insolvenzforderungen nach § 38 InsO.
Dies gilt auch für Ansprüche des Betriebsrats nach § 40 Abs. 1 BetrVG auf Freistellung von Honoraransprüchen, die durch die Hinzuziehung eines Beraters nach § 111 Abs. 1 Satz 2 BetrVG

[28] **Hinweis für den Leser:**
vgl. auch § 37 Abs. 6 – 7 BetrVG Grundsatz der Erforderlichkeit und Verhältnismäßigkeit bei Schulungsveranstaltungen, S. 96,
vgl. auch § 50 BetrVG, Ziff. 5. „Kosten des Gesamtbetriebsrats“, S. 137

oder eines Sachverständigen nach § 80 Abs. 3 BetrVG entstanden sind.
Wurde ein Berater vom Betriebsrat vor der Eröffnung des Insolvenzverfahrens hinzugezogen und dauert dessen Tätigkeit bis nach der Eröffnung des Insolvenzverfahrens an, sind die Honoraransprüche für die vor Insolvenzeröffnung erbrachten Beratungsleistungen keine Masseverbindlichkeiten sondern Insolvenzforderungen.

***BAG** 9.12.2009 – 7 ABR 90/07*

Der Anspruch nach § 40 Abs. 2 BetrVG kann auch die Überlassung von solchen Hilfspersonen umfassen, die der Betriebsrat für die Vorbereitung und Abwicklung von Entscheidungen über die Wahrnehmung seiner Beteiligungsrechte benötigt.

***BAG** 19.6.2012 – 1 ABR 19/11*

Hat ein vom Betriebsrat beauftragtes Beratungsunternehmen gegenüber dem Betriebsrat in einem Zivilprozess vor der ordentlichen Gerichtsbarkeit einen Zahlungstitel wegen seiner Honorarforderung erstritten und zur Durchsetzung des Zahlungstitels einen Pfändungs- und Überweisungsbeschluss hinsichtlich des Freistellungsanspruchs des Betriebsrats nach § 40 Abs. 1 BetrVG gegenüber dem Arbeitgeber erwirkt, kann sich der Arbeitgeber als Drittschuldner gegenüber dem Beratungsunternehmen darauf berufen, der Betriebsrat habe die durch die Einschaltung des Beratungsunternehmens entstandenen Kosten nicht für erforderlich halten dürfen. Die Entscheidung in dem Zivilprozess entfaltet insoweit für den an diesem Prozess nicht als Partei beteiligten Arbeitgeber keine präjudizielle Bindungswirkung. (Rn. 21 – 22, 27 und 37 – 38)

Nimmt ein Beratungsunternehmen, das in einem Zivilprozess einen Zahlungstitel gegen den Betriebsrat über Honorarkosten erwirkt hat, nach Pfändung des gegen den Arbeitgeber bestehenden Freistellungsanspruchs des Betriebsrats aus § 40 Abs. 1 BetrVG den Arbeitgeber vor dem Arbeitsgericht im Wege der Einziehung nach § 836 ZPO in Anspruch, kann der Arbeitgeber in diesem Verfahren gegen den Freistellungsanspruch einwenden, der Betriebsrat habe die Honorarkosten nicht für erforderlich halten dürfen. Das gilt auch dann, wenn die Erforderlichkeit im vorangegangenen Zivilprozess geprüft und bejaht wurde. Eine – von der Interventionswirkung nach § 74 Abs. 3 ZPO i.V.m. § 68 ZPO unabhängige – Bindung des im Vorprozess nicht als Partei beteiligten Arbeitgebers an die zivilgerichtliche Entscheidung über die Erforderlichkeit besteht nicht (Rn. 21 ff.).

Der Arbeitgeber kann im Einziehungsverfahren gegenüber dem Beratungsunternehmen die Einrede erheben, der gepfändete Freistellungsanspruch des Betriebsrats sei verjährt. Die Verjährungseinrede greift durch, wenn die Verjährungsfrist für den Freistellungsanspruch des Betriebsrats gegen den Arbeitgeber im Zeitpunkt der Einleitung des Einziehungsverfahrens abgelaufen war. Die Verjährungsfrist läuft ohne Rücksicht auf die Pfändung weiter (Rn. 41).

Der Freistellungsanspruch des Betriebsrats gegen den Arbeitgeber aus § 40 Abs. 1 BetrVG unterliegt der regelmäßigen Verjährungsfrist von drei Jahren nach § 195 BGB (Rn. 42).

Die Verjährungsfrist für den Freistellungsanspruch des Betriebsrats gegen den Arbeitgeber nach § 40 Abs. 1 BetrVG beginnt nach § 199 Abs. 1 BGB frühestens mit dem Schluss des Jahres, in dem die Honorarforderung des Beratungsunternehmens gegenüber dem Betriebsrat, von der zu befreien ist, fällig wird (Rn. 47).

***BAG**. 18.11.2020 – 7 ABR 37/19*

3. Literatur

Der Betriebsrat bestimmt selbst, welche **Zeitschrift** er benutzen will. Bei der Auswahl, welche Zeitschrift für seine Tätigkeit erforderlich ist, hat er einen gerichtlich nachprüfbaren **Ermessensspielraum**. Insoweit bestehen gegenüber der Entscheidungskompetenz des Betriebsrats über den Besuch von Schulungs- und Bildungsveranstaltungen i.S.d. § 37 Abs. 6 BetrVG keine Besonderheiten. Der Betriebsrat führt seine Geschäfte eigenständig und in eigener Verantwortung. Er ist deshalb grundsätzlich nicht darauf verwiesen, sich an Informationsdienste nach Wahl des Arbeitgebers anzuschließen.

***BAG** 21.4.1983 – 6 ABR 70/82*

Nach § 40 Abs. 2 BetrVG hat der Arbeitgeber dem Betriebsrat u. a. für die laufenden Geschäftsführung sachliche Mittel in erforderlichem Umfang zur Verfügung zu stellen. Zu den sachlichen Mitteln gehören neben **arbeitsrechtlichen Gesetzestexten** und **Kommentaren** auch Fachzeitschriften, die geeignet sind, dem Betriebsrat die für seine Tätigkeit notwendigen Informationen zu vermitteln. Die dem Betriebsrat obliegenden Aufgaben lassen sich sachgerecht nur durch laufende und aktuelle Unterrichtung über die mit den Aufgaben und Problemstellungen zusammenhängenden arbeits- und sozialrechtlichen Entwicklungen in Rechtsprechung und Gesetzgebung sowie insbesondere Erkenntnissen über mögliche Handlungsspielräume bei der Wahrnehmung der Aufgaben nach dem BetrVG lösen. Solche Informationen kann sich ein Betriebsrat **nicht allein durch Unterrichtung** in den einschlägigen Gesetzen oder deren Kommentierungen in Erläuterungsbüchern verschaffen, sondern er ist zur verantwortlichen Wahrnehmung seiner Befugnisse auch auf die Unterrichtung durch regelmäßig erscheinende Publikationen angewiesen, in denen diese Themen nach neuestem Stand fachlich dargestellt werden.

***BAG** 29.11.1989 – 7 ABR 42/89*

Grundsätzlich ist jedem Betriebsrat – unabhängig von seiner Größe – ein **Kommentar zum BetrVG** als Grundausstattung auch ohne konkrete Darlegungen zu Erforderlichkeit zu überlassen.

Verlangt der Betriebsrat, ihm einen **zweiten** Kommentar (seiner Wahl) zur Verfügung zu stellen, muss er darlegen, dass dieser **zusätzliche Kommentar** für seine Tätigkeit erforderlich ist.

Das auf der gesetzlichen Aufgabenstellung beruhende Informationsbedürfnis des Betriebsrats verlangt, dass sich die ihm vom Arbeitgeber zur Verfügung zu stellenden **Kommentare** jeweils auf dem **neuesten Stand** befinden und bei einem **Wechsel der Auflage** auch **neu beschafft** werden; dabei steht dem Betriebsrat ein **Wahlrecht** darüber zu, ob er an dem bisherigen Kommentar festhält oder ob ihm ein anderer für seine Bedürfnisse geeigneter erscheint.

***Hessisches LAG** 2.12.1993 – 12 TaBV 75/93 = BB 1994, 1711;*
***BAG** 26.10.1994 – 7 ABR 15/94;*
***LAG** Rheinland-Pfalz 18.11.1999 – 4 TaBV 22/99*

Auch bei der Ausübung seines Auswahlrechts hinsichtlich der ihm nach § 40 Abs. 2 BetrVG vom Arbeitgeber zur Verfügung zu stellenden **arbeitsrechtlichen Gesetzestextes** braucht sich der Betriebsrat nicht ausschließlich vom Interesse des Arbeitgebers an einer möglichst geringen Kostenbelastung leiten zu lassen (hier: Kittner: „Arbeits- und Sozialordnung", DM 38 anstatt dtv „Arbeitsgesetze" 9,90).

Jedes Betriebsratsmitglied muss die Möglichkeit haben, ohne Abstimmung mit den anderen Betriebsratsmitgliedern auf die grundlegenden gesetzlichen Bestimmungen zurückzugreifen und sich mit ihnen auseinanderzusetzen. Erst wenn es um seltene relevante Vorschriften und die Wissensvertiefung durch Kommentare und Zeitschriften geht, ist dem Betriebsratsmitglied der Rückgriff auf gemeinschaftlich genutzte Exemplare zumutbar.

***BAG** 24.1.1996 – 7 ABR 22/95*

Bei einem aus 13 Mitgliedern bestehenden Betriebsrat, dem von dem Arbeitgeber unter anderem bereits zwei Standardkommentare zum Betriebsverfassungsgesetz (Fitting und Däubler) in aktueller Auflage zur alleinigen Verfügung gestellt werden, ist die zusätzliche Anschaffung je eines Basiskommentars zum Betriebsverfassungsgesetz (hier: Klebe/Ratayzak/Heilmann/Spoo, 11. Aufl. 2003, Preis 22 Euro je Exemplar) für jedes Betriebsratsmitglied nicht erforderlich im Sinne von § 40 Abs. 2 BetrVG.
Soweit sich unter den ordentlichen Betriebsratsmitgliedern Außendienstmitarbeiter befinden, die nicht die Gelegenheit haben, binnen kurzer Zeit und in zumutbarer Weise das im Betriebsratsbüro befindliche Exemplar eines Standardkommentars zu nutzen, kann insoweit und begrenzt auf diesen Personenkreis die Notwendigkeit der Anschaffung je eines persönlichen Exemplars des Basiskommentars für die einzelnen betroffenen Betriebsräte bestehen, um auch diesen die Möglichkeit eines ersten schnellen Zugriffs auf Kommentarliteratur zum Betriebsverfassungsgesetz zu verschaffen.
Auch dann ist es aber ausreichend, wenn diesen Betriebsratsmitgliedern ein Basiskommentar der Vorauflage aus dem Jahr 2002 zur Verfügung steht. Für eine Jahr für Jahr neu erfolgende Anschaffen des jeweils aktuellen Basiskommentars als persönliches Exemplar für die Außendienst-Betriebsräte besteht keine Notwendigkeit.

***ArbG** Düsseldorf 18.11.2003 – 3 BV 131/03 = NZA-RR 2004, 311*

Ein fünfköpfiger Betriebsrat eines Betriebs, in dem im Wesentlichen nur Frauen beschäftigt sind, kann die Zurverfügungstellung eines gängigen Kommentars zum Mutterschutzgesetz in der neuesten Auflage verlangen. Der Arbeitgeber kann ihn nicht auf eine von ihm zur Verfügung gestellte Broschüre verweisen, die die Anforderungen eines juristischen Kommentars nicht erfüllt (hier: Ratgeber der Bremer Arbeitnehmerkammern zum Mutterschutz, Erziehungsgeld und Erziehungsurlaub).
Die Entscheidung einer tariflichen Schiedsstelle, dass als **Kommentar zum Mutterschutzgesetz** jedem Betriebsrat eine bestimmte Broschüre zu überlassen sei, ist für den Betriebsrat nicht verbindlich. Die betriebsverfassungsrechtlichen Rechte des Betriebsrats auf Bereitstellung von Sachmitteln können durch Tarifvertrag nicht beschränkt werden. Die Vorschrift des § 40 Abs. 2 BetrVG ist einer abweichenden tariflichen Regelung nicht zugänglich.

***LAG** Rheinland-Pfalz 18.11.1999 – 4 TaBV 22/99 = AuR 2000, 197*

Ein Betriebsrat kann gemäß § 40 Abs. 2 BetrVG auch dann eine Fachzeitschrift als Sachmittel geltend machen, wenn ihm über einen Internetzugang umfassende Informationen zugänglich sind. Während der Internetzugang Informationen nur in unstrukturierter Form bereithält, ermöglichen Fachzeitschriften einen geordneten Zugang zu arbeitsrechtlichen Problemen. Fachzeitschriften stellen daher eine erforderliche Ergänzung zum Internetzugang dar.

***BAG** 19.3.2014 — 7 ABN 91/13*

4. Reise- und Fahrtkosten

Das Betriebsratsmitglied braucht vor Antritt einer für die Betriebsratstätigkeit erforderliche Reise dem Arbeitgeber keine detaillierten Auskünfte über den Reisezweck zu erteilen, erst recht **nicht seine Zustimmung** zur Reise einzuholen.

Der Reisezweck ist allerdings im arbeitsgerichtlichen Beschlussverfahren über die Erstattungspflicht der Kosten vom Betriebsrat im Einzelnen darzulegen.

***BAG** 10.8.1994 – 7 ABR 35/93*

Aufgabe des Betriebsrats ist es, **in jedem Einzelfall** neben der Beschlussfassung, ob und wer einen Termin außerhalb der Betriebsstätte wahrnimmt, zu entscheiden, wie der Termin wahrgenommen werden soll.

Dem Arbeitgeber steht kein **Genehmigungs-, Mitbeurteilungs- oder Hauptbeurteilungsrecht** bei der Frage zu, ob **die Fahrt mit dem PKW** erforderlich ist oder nicht. Seine Rolle beschränkt sich auf die des Nachprüfenden, wenn der Betriebsrat Kostenerstattung für eine solche Fahrt verlangt. Dann allerdings kann der Arbeitgeber die Leistung verweigern, wenn der Betriebsrat ihm nicht oder nicht in hinreichend konkreter Weise die Erforderlichkeit der Pkw-Fahrt – ggf. in einem Prozess – darlegt. In einem solchen Fall haben die Gerichte für Arbeitssachen den jeweiligen Beschluss des Betriebsrats zu überprüfen.

***BAG** 16.10.1986 – 6 ABR 4/84*

Nach § 40 Abs. 1 BetrVG hat der Arbeitgeber die durch die Tätigkeit des Betriebsrats entstehenden Kosten zu tragen. Dazu gehören die notwendigen Reise-, Übernachtungs- und Verpflegungskosten eines Betriebsratsmitglieds, die anlässlich seiner Teilnahme an einer Schulungsveranstaltung nach § 37 Abs. 6 BetrVG entstanden sind. Allerdings hat das Betriebsratsmitglied unter dem in § 2 Abs. 1 BetrVG normierten Gebot der vertrauensvollen Zusammenarbeit darauf bedacht zu sein, die durch seine Tätigkeit verursachten Kosten auf das notwendige Maß zu beschränken (Rn. 10 ff.).

Danach hat das Betriebsratsmitglied für Reisen zu Schulungsveranstaltungen grundsätzlich das kostengünstigste zumutbare Verkehrsmittel in Anspruch zu nehmen. Zwar besteht grundsätzlich keine Pflicht, einen privaten Pkw einzusetzen. Entschließt sich das Betriebsratsmitglied aber, bei einer von mehreren Betriebsratsmitgliedern durchzuführenden Reise seinen privaten Pkw zu nutzen, ist es für ihn und die anderen Betriebsratsmitglieder grundsätzlich zumutbar, eine Fahrgemeinschaft zu bilden. Dies gilt nur dann nicht, wenn die Bildung einer Fahrgemeinschaft aufgrund besonderer, vom Betriebsratsmitglied darzulegender Umstände im Einzelfall als nicht zumutbar erscheint, z.B. wenn die begründete Besorgnis besteht, dass der Mitfahrende sich dadurch in eine besondere Gefahr begibt (Rn. 12).

***BAG** 24.10.2018 – 7 ABR 23/1)*

Der sich aus § 40 Abs. 1 BetrVG ergebende Kostenerstattungsanspruch des Betriebsrats für Reisekosten wird der Höhe nach durch die im Betrieb des Arbeitgebers geltende Reisekostenregelung begrenzt. Das gebietet das Begünstigungsverbot des § 78 Satz 2 BetrVG.

Besteht im Betrieb eine zumutbare allgemeine Reisekostenregelung, so ist diese auch für Betriebsratsmitglieder anlässlich der Teilnahme an einer Schulungs- und Bildungsveranstaltung nach § 37 Abs. 6 BetrVG verbindlich, wenn die Übernachtungs- und Verpflegungskosten vom Betriebsratsmitglied beeinflusst werden können. Eine andere Sichtweise verstößt gegen das Begünstigungsverbot des § 78 Abs. 2 BetrVG. Es würde eine ungerechtfertigte Besserstellung der Betriebsratsmitglieder darstellen, wenn diese für die im Zusammenhang mit der Ausübung von Betriebsratstätigkeit anfallende Reisetätigkeit höhere Beträge als andere Arbeitnehmer bei betrieblich veranlassten Reisen beanspruchen könnten, ohne dass hierfür ein sachlicher Grund besteht. Der sich aus § 40 Abs. 1 BetrVG ergebende Kostenerstattungsanspruch wird durch eine allgemein im Betrieb geltende Reisekostenregelung nur dann nicht begrenzt, wenn der Betriebsrat und das Betriebsratsmitglied auf die entstehenden Reisekosten keinen Einfluss haben. In diesem Fall bedarf es jedoch einer besonderen Darlegung, aus welchen Gründen der Betriebsrat die Auswahl einer Schulungsveranstaltung, bei der die Reisekosten über die Sätze einer im Betrieb geltenden allgemeinen Reisekostenregelung hinausgehen, für erforderlich halten durfte.

***BAG** 28.3.2007 – 7 ABR 33/06*

Besteht in einem Betrieb eine für alle Arbeitnehmer verbindliche **betriebliche Reisekostenregelung**, so ist diese grundsätzlich auch dann zu beachten, wenn dort geregelte Kosten Betriebsratsmitgliedern bei einer Betriebsratstätigkeit entstehen. Ohne Bedeutung ist, ob die Betriebsratsmitglieder vor ihrer fraglichen Betriebsratstätigkeit die Reisekostenregelung gekannt haben oder kennen mussten, wenn ausnahmslos nach ihr abgerechnet wird.

***BAG** 17.9.1974 – 1 ABR 98/73*

Notwendige Kosten der **Konzernbetriebsratsarbeit** können auch dann anfallen, wenn der Konzernbetriebsrat ein Mitglied nach **Amsterdam** zur Arbeitnehmervertretung eines dort ansässigen Konzernunternehmens entsendet, um die Bildung eines europäischen Betriebsrats vorzubereiten. Der Arbeitgeber hat in diesem Falle die Reisekosten zu erstatten und Spesen zu zahlen.

***ArbG** Hamburg 17.4.1997 – 4 BV 1/97*

Der Arbeitgeber trägt nach § 40 Abs. 1 BetrVG die durch die Tätigkeit des Betriebsrats entstehenden Kosten. Hierzu gehören auch Reisekosten, die das Betriebsratsmitglied zur Durchführung konkreter, erforderlicher Betriebsratstätigkeit aufgewendet hat. Zur Erstattung von Reisekosten für Fahrten zwischen der Wohnung und dem Betrieb ist der Arbeitgeber nur verpflichtet, wenn das Betriebsratsmitglied den Betrieb ausschließlich wegen der Wahrnehmung erforderlicher betriebsverfassungsrechtlicher Aufgaben aufsuchen musste. Fahrtkosten, die das Betriebsratsmitglied auch ohne Rücksicht auf die Betriebsratstätigkeit hätte aufwenden müssen, um seiner Arbeitspflicht nachzukommen, sind keine Kosten, die durch die Tätigkeit des Betriebsrats entstanden sind.

Bei der Teilnahme eines Betriebsratsmitglieds oder eines Mitglieds des Betriebsausschusses an Sitzungen des Betriebsrats oder des Betriebsausschusses handelt es sich um erforderliche Betriebsratstätigkeit. Dies gilt auch dann, wenn die Sitzungen außerhalb der persönlichen Arbeitszeit des Betriebsratsmitglieds stattfinden. Das Betriebsratsmitglied ist nicht gehalten, sich durch ein zu dieser Zeit im Betrieb anwesendes Ersatzmitglied vertreten zu lassen. Das Betriebsratsmitglied ist nicht i.S.v. § 25 Abs. 1 Satz 2 BetrVG an der Teilnahme verhindert, weil es wegen der Sitzung von seiner Wohnung zum Betrieb fahren muss.

Der Anspruch auf Erstattung von Reisekosten nach § 40 Abs. 1 BetrVG hängt nicht davon ab, ob die Betriebsrats- oder Betriebsausschusssitzung aus betrieblichen Gründen i.S.v. § 37 Abs. 3 BetrVG außerhalb der persönlichen Arbeitszeit des Betriebsrats- oder Betriebsausschussmitglieds stattgefunden hat.

***BAG** 16.1.2008 – 7 ABR 71/06*

Ein Betriebsratsmitglied hat gegen den Arbeitgeber nach § 40 Abs. 1 BetrVG Anspruch auf Erstattung der erforderlichen Fahrtkosten, die ihm wegen der Teilnahme an den Betriebsratssitzungen entstanden sind. Das gilt auch während der ohne Erwerbstätigkeit in Anspruch genommenen Elternzeit des Betriebsratsmitglieds. Denn die Elternzeit führt weder zum Erlöschen der Mitgliedschaft im Betriebsrat nach § 24 Nr. 3 BetrVG noch zum Verlust der Wählbarkeit i.S.v. § 24 Nr. 4 BetrVG i. V. m. § 8 Abs. 1 BetrVG.

***BAG** 25.5.2005 – 7 ABR 45/04*

Es ist im Grundsatz nicht zu beanstanden, wenn die allgemeine Dienstreiseordnung eines großen Luftverkehrsunternehmens vorsieht, dass bei Dienstreisen nur Flüge der eigenen Linien oder von konzernverbundenen Unternehmen benutzt werden dürfen, dass bei der konkreten Buchung indessen zahlende Kunden regelmäßig absoluten Vorrang genießen.

Führt eine solche Regelung dazu, dass Mitglieder des Betriebs-/Personalrats wegen häufiger Überbuchung bestimmter Flugverbindungen häufig zu spät zu den Sitzungen ihrer Gremien erscheinen, kommt eine Ausnahmeregelung zu Gunsten der Betriebs-/Personalratsmitglieder allenfalls dann in Betracht, wenn die Betriebs-/Personalräte das Problem auch nicht durch eine zumutbare Anpassung ihrer Terminierungspraxis beseitigen kann.

***LAG** Köln 17.4.2002 – 7 TaBV 13/01*

Der Ersatz von **Unfallschäden**, die ein **Mitglied des Wahlvorstands** bei der Benutzung des eigenen PKW erleidet, kommt dann in Betracht, wenn der Arbeitgeber die Benutzung ausdrücklich gewünscht hat oder diese erforderlich war, damit das Mitglied des Wahlvorstands seine gesetzlichen Aufgaben wahrnehmen konnte.

***BAG** 3.3.1983 – 6 ABR 4/80*

Ein nach § 38 BetrVG freigestelltes Betriebsratsmitglied hat nach § 40 Abs. 1 BetrVG keinen Anspruch auf Erstattung von Fahrtkosten für regelmäßige Fahrten von seinem Wohnort zum Sitz des Betriebsrats (Betriebsratsbüro). Hierbei handelt es sich nicht um Kosten des Betriebsrats i.S.v. § 40 Abs. 1 BetrVG. Dies gilt bei einem aus mehreren Betriebsstätten bestehenden Betrieb auch dann, wenn sich das Betriebsratsbüro nicht in der Betriebsstätte befindet, in der das Betriebsratsmitglied ohne die Freistellung seine Arbeitsleistung zu erbringen hätte, sondern in einer vom Wohnort des Betriebsratsmitglieds weiter entfernten Betriebsstätte.

***BAG** 13.6.2007 – 7 ABR 62/06*

Der Aufwand eines **freigestellten Betriebsratsmitglieds** für seine regelmäßigen Fahrten von seiner Wohnung in den Betrieb ist vom Arbeitgeber nicht als Kosten aus der Tätigkeit des Betriebsrats nach § 40 Abs. 1 BetrVG zu tragen.

Dies gilt auch dann, wenn das Betriebsratsmitglied ohne seine Freistellung auf auswärtigen Baustellen zu arbeiten gehabt hätte und ihm hierfür der Fahrtkostenaufwand erstattet worden wäre.

***BAG** 28.8.1991 – 7 ABR 46/90*

Reisekosten (**Vergütung der Arbeitszeit**) für die Teilnahme an einem Gerichtsverfahren (Wahlanfechtung der Betriebsratswahl) stehen den anfechtenden Betriebsratsmitgliedern nach § 40 Abs. 1 BetrVG zu.

***LAG** Hamm 29.8.1990 – 3 TaBV 70/90*

5. Anwalts- und Gerichtskosten

Nach § 40 Abs. 1 BetrVG trägt der Arbeitgeber die durch die Tätigkeit des Betriebsrats entstehenden Kosten. Hierzu gehören auch die Honorarkosten für einen Rechtsanwalt, dessen Heranziehung der Betriebsrat zur Durchsetzung oder Wahrung seiner betriebsverfassungsrechtlichen Rechte in einem arbeitsgerichtlichen Beschlussverfahren oder in einem Einigungsstellenverfahren oder im Vorfeld solcher Verfahren für erforderlich halten durfte.

Bei der Prüfung der Erforderlichkeit ist der Betriebsrat gehalten, die Interessen der Belegschaft an einer sachgerechten Ausübung des Betriebsratsamts einerseits und die berechtigten Interessen des Arbeitgebers gegeneinander abzuwägen. Der Betriebsrat darf bei der Wahl seiner Rechtsverfolgung bzw. -verteidigung das Interesse des Arbeitgebers an der Begrenzung seiner Kostentragungspflicht nicht missachten. Stehen ihm zur Wahrnehmung und Durchsetzung seiner Rechte mehrere gleich geeignete Möglichkeiten zu Verfügung, muss er die für den Arbeitgeber kostengünstigere auswählen.

Das Recht des Betriebsrats auf Hinzuziehung eines Rechtsanwalts als sein Vertreter bei der Durchsetzung oder Wahrnehmung seiner Mitbestimmungsrechte außerhalb von gerichtlichen Streitigkeiten und Einigungsstellenverfahren ist nicht durch die Regelungen in § 80 Abs. 3 BetrVG und § 111 Satz 2 BetrVG beschränkt. Nach § 80 Abs. 3 BetrVG kann der Betriebsrat bei der Durchführung seiner Aufgaben nach näherer Vereinbarung mit dem Arbeitgeber Sachverständige hinzuziehen, soweit dies zur ordnungsgemäßen Erfüllung seiner Aufgaben erforderlich ist. Nach § 111 Satz 2 BetrVG kann der Betriebsrat bei Betriebsänderungen in Unternehmen mit mehr als 300 Arbeitnehmern zu seiner Unterstützung einen Berater hinzuziehen, ohne eine Vereinbarung mit dem Arbeitgeber zu treffen. Diese Regelungen finden keine Anwendung, wenn es nicht um die Heranziehung sachkundiger Personen durch den Betriebsrat zum Zwecke seiner Beratung, sondern um die Vertretung des Betriebsrats bei der Durchsetzung oder Ausübung seiner Mitbestimmungsrechte in arbeitsgerichtlichen Beschlussverfahren oder Einigungsstellenverfahren oder in deren Vorfeld geht.

Der Betriebsrat darf die **Vereinbarung eines Stundenhonorars**, die zu höheren als den gesetzlichen Gebühren führt, grundsätzlich nicht für erforderlich halten. Die Erteilung einer Honorarzusage kommt nur in Ausnahmefällen in Betracht. Das kann der Fall sein, wenn der Arbeitgeber mit der Honorarvereinbarung einverstanden ist oder in der Vergangenheit in vergleichbaren Fällen die Erteilung einer solchen Zusage stets akzeptiert hat. Ein solcher Ausnahmefall kann auch vorliegen, wenn der Verhandlungsgegenstand eine spezielle Rechtsmaterie betrifft, der vom Betriebsrat ausgewählte, über die entsprechenden Spezialkenntnisse verfügende Rechtsanwalt zur Übernahme des Mandats nur bei Vereinbarung eines Zeithonorars bereit ist und der Betriebsrat keinen vergleichbar qualifizierten Rechtsanwalt zu günstigeren Konditionen findet.

***BAG** 14.12.2016 – 7 ABR 8/15*

Nach § 40 Abs. 1 BetrVG trägt der Arbeitgeber die durch die Tätigkeit des Betriebsrats entstehenden Kosten. Hierzu gehören auch die Honorarkosten für einen Rechtsanwalt, dessen Heranziehung in einem arbeitsgerichtlichen Beschlussverfahren der Betriebsrat in Wahrnehmung seiner betriebsverfassungsrechtlichen Rechte für erforderlich halten durfte.

Die Kostentragungspflicht des Arbeitgebers entfällt bei einer offensichtlich aussichtslosen oder mutwilligen Rechtsverfolgung des Betriebsrats.

Mutwilligkeit kann vorliegen, wenn das Interesse des Arbeitgebers an der Begrenzung seiner Kostentragungspflicht missachtet wird. Der Betriebsrat darf bei der Wahl der Rechtsdurchsetzung unter mehreren gleich geeigneten Möglichkeiten nur die für den Arbeitgeber kostengünstigere Lösung für erforderlich halten.

Dies kann dazu führen, dass der Betriebsrat bei der Einleitung eines Beschlussverfahrens anstelle von mehreren Einzelverfahren die Durchführung eines Gruppenverfahrens in Betracht ziehen muss:

***BAG** 29.7.2009 – 7 ABR95/07*

Der Betriebsrat hat gegenüber dem Arbeitgeber keinen Anspruch auf Freistellung von Rechtsanwaltskosten zur Durchführung eines arbeitsgerichtlichen Beschlussverfahrens, wenn die Rechtsverfolgung offensichtlich aussichtslos ist. Dies ist nicht der Fall, wenn das Beschlussverfahren bislang ungeklärte Rechtsfragen zum Gegenstand hat und die Rechtsauffassung des Betriebsrats vertretbar ist.

***BAG** 19.3.2003 – 7 ABR 15/02*

Nach § 40 Abs. 1 BetrVG trägt der Arbeitgeber die durch die Tätigkeit des Betriebsrats entstehenden Kosten. Zu diesen zählen auch die Kosten eines Rechtsanwalts, dessen Heranziehung der Betriebsrat in einem arbeitsgerichtlichen Beschlussverfahren für erforderlich halten durfte.

Die Kostentragungspflicht des Arbeitgebers besteht nicht, wenn die Rechtsverfolgung des Betriebsrats im Beschlussverfahren oder die Durchführung eines Rechtsmittelverfahrens **offensichtlich aussichtslos** ist. Das ist der Fall, wenn die Rechtslage unzweifelhaft ist und zu einem Unterliegen des Betriebsrats führen muss. Der Arbeitgeber hat daher die Kosten eines vom Betriebsrat mit der Einlegung einer Nichtzulassungsbeschwerde beauftragten Rechtsanwalts nicht zu tragen, die unzweifelhaft zurückzuweisen ist, weil Gründe für die Zulassung der Rechtsbeschwerde offensichtlich nicht bestehen.

Der Betriebsrat darf die Beauftragung eines Rechtsanwalts mit der Einlegung einer Nichtzulassungsbeschwerde gegen den einem Wahlanfechtungsantrag stattgebenden Beschluss des Landesarbeitsgerichts nicht allein deshalb für erforderlich halten, weil er den Eintritt der Rechtskraft des Beschlusses und damit eine betriebsratslose Zeit verhindern will.

***BAG** 22.11.2017 – 7 ABR 34/16*

Für die Einlegung eines Rechtsmittels gegen eine den Betriebsrat beschwerende Entscheidung und die Beauftragung des Verfahrensbevollmächtigten bedarf es keiner gesonderten Beschlussfassung durch den Betriebsrat. Die ordnungsgemäße Beschlussfassung zur Einleitung eines Beschlussverfahrens und die hierzu erteilte Prozessvollmacht, die nach § 81 ZPO i.V.m. § 46 Abs. 2 ArbGG im Außenverhältnis zur Einlegung von Rechtsmitteln ermächtigt, ist ausreichend.
Der Betriebsrat hat an der gerichtlichen Feststellung über die Wirksamkeit eines Spruchs der Einigungsstelle über eine in der Vergangenheit bereits durchgeführte Dienstplangestaltung, für die sich auch keine Wirkungen mehr für die Zukunft ergeben, kein besonderes Feststellungsinteresse i.S.d. § 256 Abs. 1 ZPO.
Für einen Leistungsantrag des Betriebsrats auf Durchführung einer tarifvertraglichen Bestimmung in der von ihm als zutreffend angesehenen Auslegung durch den Arbeitgeber fehlt ihm die nach § 81 Abs. 1 ArbGG erforderliche Antragsbefugnis. Eine solche Rechtsfrage berührt als solche nicht die Rechtsbeziehungen der Betriebsparteien.

***BAG** 19.12.2017 – 1 ABR 33/16*

> ***Hinweis für die Praxis:***
>
> *Bei der vorstehenden Entscheidung ist Vorsicht geboten. Die Beschlussfassung zur Einleitung des Beschlussverfahrens ist zwar auch ausreichende Bevollmächtigung im Außenverhältnis für die Einlegung eines Rechtsmittels. Sie reicht aber nicht aus, um den Arbeitgeber die Erstattung der Kosten aufzuerlegen. Hierfür ist ein besonderer Betriebsratsbeschluss vor oder zumindest ein genehmigender Beschluss während des Beschwerdeverfahrens vor der Rechtskraft des Verfahrens erforderlich. Immer hat der Betriebsrat vorab die Erforderlichkeit der Durchführung eines Beschlussverfahrens oder auch eines Beschwerdeverfahrens zu prüfen.*

Nach § 40 Abs. 1 BetrVG trägt der Arbeitgeber die Honorarkosten für einen Rechtsanwalt, dessen Heranziehung der Betriebsrat in Wahrnehmung seiner betriebsverfassungsrechtlichen Rechte für erforderlich halten durfte. Der Senat lässt offen, unter welchen Voraussetzungen der Betriebsrat im Hinblick auf die Kosteninteressen des Arbeitgebers den Ausgang ähnlich gelagerter, bereits anhängiger gerichtlicher Verfahren abwarten oder das Angebot des Arbeitgebers auf Unterwerfung unter das Ergebnis eines Musterverfahrens annehmen muss. Da nach der früheren Rechtsprechung des Senats der Anspruch des Betriebsrats auf einen Zugang zum Internet maßgeblich von den betrieblichen Verhältnissen und den sich im Betrieb konkret und aktuell stellenden Aufgaben abhängig war (vgl. etwa 23. August 2006 – 7 ABR 55/05), konnte jedenfalls der Betriebsrat vor der Weiterentwicklung der Rechtsprechung nicht darauf verwiesen werden, den Ausgang „ähnlich" gelagerter Verfahren abzuwarten.

***BAG** 18.7.2012 – 7 ABR 23/11*

Kommt ein wirksamer Beschluss des Betriebsrats über die Beauftragung eines Rechtsanwalts mit der Einleitung eines Beschlussverfahrens erst im Laufe des Verfahrens zustande, so steht dies der Zulässigkeit des Antrags nicht entgegen, sofern der Beschluss noch vor der erstinstanzlichen Entscheidung gefasst wird. Dies gilt auch dann, wenn die Tatsache der Beschlussfassung erst in der Beschwerdeinstanz vorgetragen wird und das Arbeitsgericht den Antrag des Betriebsrats als unzulässig abgewiesen hat.

***BAG** 18.2.2003 – 1 ABR 17/02*

> Verlangen Betriebsrat und Wahlvorstand von dem Arbeitgeber Unterlagen, zu deren Vorlage der Arbeitgeber verpflichtet ist, so berechtigt der Ablauf einer dem Arbeitgeber von vornherein gesetzten Frist nicht sogleich zur Beauftragung eines Rechtsanwalts. Vielmehr müssen Betriebsrat oder/und Wahlvorstand sich zunächst bei dem Arbeitgeber erkundigen, ob und wann die Unterlagen übergeben werden.
>
> ***LAG** Köln 8.3.2000 – 3 TaBV 61/99 = NZA-RR 2000, 640*

Aus § 40 Abs. 2 BetrVG kann sich im Einzelfall eine Verpflichtung des Arbeitgebers ergeben, den Zugang eines Rechtsanwalts zum Betriebsratsbüro zu dulden.

***LAG** Schleswig-Holstein 23.6.1998- 1 TaBV 15/98 n.rkr. (Az. **BAG**: 7 ABR 37/98*

Dem Betriebsrat ist Prozesskostenhilfe zu bewilligen und zur Wahrnehmung seiner Rechte ein Rechtsanwalt beizuordnen, wenn der Arbeitgeber nach seinen persönlichen und wirtschaftlichen Verhältnissen i.S.d. § 114 ZPO nicht in der Lage ist, die Kosten für die Prozessführung aufzubringen.

LAG München 30.11.1999 – 7 TaBV 42/99

Anwaltskosten, die dem **Betriebsratsmitglied** in einem Verfahren nach **§ 103 Abs. 2 BetrVG** entstehen, sind nicht nach § 40 Abs. 1 BetrVG erstattungsfähig.

Die Beteiligung eines Betriebsratsmitglieds am Beschlussverfahren nach § 103 Abs. 2 BetrVG, in dem über die Ersetzung der Zustimmung des Betriebsrats zu einer vom Arbeitgeber beabsichtigten Kündigung dieses Betriebsratsmitglieds entschieden werden soll, ist keine Betriebsratstätigkeit.

***BAG** 3.4.1979 – 6 ABR 63/76*

Nach § 40 Abs. 1 BetrVG kann der Betriebsrat vom Arbeitgeber die Freistellung von Honorarforderungen verlangen, die dadurch entstehen, dass er einen Rechtsanwalt mit der erforderlichen gerichtlichen Wahrnehmung seiner Rechte beauftragt. Derartige Freistellungsansprüche gehen mit der **Auflösung des Betriebsrats** nicht ersatzlos unter. Vielmehr bleibt der ehemalige Betriebsrat in seiner letzten Besetzung zur Geltendmachung dieser Ansprüche befugt und kann sie auch an den beauftragten Rechtsanwalt abtreten. Durch die Abtretung wandeln sich die Freistellungsansprüche des Betriebsrats in Zahlungsansprüche des Rechtsanwalts gegen den Arbeitgeber um.

***BAG** 24.10.2001 – 7 ABR 20/00*

Über die Erforderlichkeit der Hinzuziehung eines **anwaltlichen Verfahrensbevollmächtigten vor der Einigungsstelle** entscheidet der Betriebsrat nach pflichtgemäßem Ermessen. Dabei ist in erster Linie maßgebend, ob zwischen den Betriebsparteien schwierige Rechtsfragen streitig sind. Ist dies der Fall, so braucht sich der Betriebsrat nicht darauf zu verweisen zu lassen, seine Interessen durch einen von ihm benannten betriebsfremden anwaltlichen Beisitzer wahrnehmen zu lassen.

Dagegen darf der Betriebsrat bei der Prüfung der Erforderlichkeit seiner anwaltlichen Vertretung vor der Einigungsstelle das Gebühreninteresse des Rechtsanwalts auch dann nicht berücksichtigen, wenn der Rechtsanwalt den Betriebsrat vor Durchführung des Einigungsstellenverfahrens beraten hat.

***BAG** 14.2.1996 – 7 ABR 25/95*

Lehnt der Betriebsrat die Zustimmung zur außerordentlichen Kündigung eines Betriebsratsmitglieds ab, gibt er damit zu erkennen, dass er auch die Interessen des betroffenen Betriebsratsmitglieds wahrnehmen will. Der im Beschlussverfahren beauftragte Rechtsanwalt erhält deshalb vom Betriebsrat und vom betroffenen Betriebsratsmitglied das Mandat mit identischer Zielrichtung. Der Arbeitgeber kann somit seine Kostentragungspflicht nicht mit dem Einwand abwenden, der Geschäftsbesorgungsauftrag sei wegen Verstoßes gegen das Gebot der Wahrnehmung widersprechender Interessen nichtig.

***LAG** Niedersachsen 1.7.2003 – 13 TaBV 6/03 = DB 2004, 144*

5.1. Der Anwalt als Sachverständiger (§ 80 Abs. 3 BetrVG)[29]

Nach der Rechtsprechung des Senats stellt § 80 Abs. 3 BetrVG – mit Ausnahme der. Fälle des § 111 Satz 2 BetrVG – die alleinige Rechtsgrundlage für die Heranziehung sachkundiger Personen durch den Betriebsrat dar, wenn es nicht um die Vertretung des Betriebsrats in einem Verfahren vor der Einigungsstelle oder vor Gericht geht, **sondern um die Beratung des Betriebsrats** außerhalb Verfahren (vgl. BAG 26.2.1992 – 7 ABR 51/90; BAG 11.11.2009 – 7 ABR 26/08 – Rn. 18 ff). Die Vorschrift findet dagegen keine Anwendung, **wenn es dem Betriebsrat um die Einleitung und die Durchführung von Einigungsstellen- oder arbeitsgerichtlichen Beschlussverfahren geht, mit denen der**

[29] vgl. auch Kapitel „§ 80 BetrVG – Allgemeine Aufgaben des Betriebsrats", Kap. 5., Hinzuziehung von Sachverständigen, S. 206

Betriebsrat ein von ihm in Anspruch genommenes Mitbestimmungsrecht ausüben oder durchsetzen will. In einem solchen Fall hat der Betriebsrat vielmehr gemäß § 40 Abs.1 BetrVG die Möglichkeit, zur Wahrnehmung seiner betriebsverfassungsrechtlichen Rechte einen Rechtsanwalt zu beauftragen (vgl. BAG 29.7.2009 – 7 ABR 95/07). **Das gilt auch, wenn ein Rechtsanwalt vom Betriebsrat reklamierte Mitbestimmungsrechte gegenüber dem Arbeitgeber außergerichtlich geltend macht oder im Rahmen eines konkreten Konfliktes erwägt, dies zu tun.** Der Senat hat das bereits für die Fallkonstellation entschieden, in der die anwaltliche Tätigkeit darauf gerichtet ist, die beschlossene Durchführung eines arbeitsgerichtlichen Beschlussverfahrens entbehrlich zu machen (vgl. BAG 15.11.2000 – 7 ABR 24/00). Nichts anderes gilt, wenn die Beauftragung des Rechtsanwalts dazu dient, in einem bereits bestehenden konkreten Konflikt zwischen Betriebsrat und Arbeitgeber das Bestehen und den Umfang von Mitbestimmungsrechten zu prüfen sowie ggf. für deren Durchsetzung zu sorgen, auch wenn die Prüfung zu dem Ergebnis führt, dass kein gerichtliches oder Einigungsstellenverfahren durchgeführt werden soll.

Bei diesem Verständnis wird **§ 80 Abs. 3 BetrVG** nicht etwa jeglicher Anwendungsbereich entzogen. Die Bestimmung kommt vielmehr dann zur Anwendung, **wenn es dem Betriebsrat nicht um die Durchsetzung von Rechten, sondern um die Vermittlung zur Interessenwahrnehmung erforderlicher Kenntnisse geht,** etwa bei der Ausarbeitung des Entwurfs einer komplexen Betriebsvereinbarung oder eines schwierigen Interessenausgleichs (vgl. BAG 11.11.2009 – 7 ABR 26/08). **Zudem hat sie Bedeutung für die Beauftragung nicht juristischer Sachverständiger.**

Nach der ständigen Rechtsprechung des Senats muss der Betriebsrat bei der Rechtsdurchsetzung unter mehreren gleich geeigneten Möglichkeiten die für den Arbeitgeber kostengünstigere auswählen (vgl. BAG 29.7.2009 – 7 ABR 95/07). Soweit es um die rechtliche Beurteilung und mögliche Durchsetzung von Mitbestimmungsrechten in einer konkreten Konfliktsituation zwischen Betriebsrat und Arbeitgeber geht, ist jedenfalls dann, wenn der Arbeitgeber seine Zustimmung zur Hinzuziehung eines Rechtsanwalts als Sachverständiger verweigert, die auf § 40 Abs. 1 BetrVG **gestützte Mandatierung eines Rechtsanwalts regelmäßig der deutlich schnellere, effizientere und kostengünstigere Weg gegenüber einem gerichtlichen Verfahren, das darauf gerichtet ist, den Arbeitgeber zu verpflichten, die von ihm verweigerte Zustimmung zur Hinzuziehung eines Sachverständigen zu ereilen.**

Der Betriebsrat kann, **ohne dass es hierzu einer Vereinbarung mit dem Arbeitgeber bedürfte,** in einem konkreten Konflikt mit dem Arbeitgeber einen Rechtsanwalt mit der Wahrnehmung der in Betracht kommenden Mitbestimmungsrechte beauftragen. Er erhält dann alsbald eine rechtliche Beurteilung dieses Rechtsanwalts über das Bestehen und den Umfang von Mitbestimmungsrechten sowie über die Möglichkeiten und Chancen von deren Durchsetzung. Auf dieser Grundlage kann er entscheiden, ob sowie ggf. auf welchem Weg eine Durchsetzung der Rechte sinnvoll und aussichtsreich erscheint. Vergleichsweise zeitnah kann dann eine zwischen den Betriebsparteien verbindliche gerichtliche Klärung über Bestehen und Umfang der streitigen Mitbestimmungsrechte erfolgen. Diese Vorgehensweise ist damit regelmäßig rasch und effizient. Darüber hinaus ist sie auch **vergleichsweise kostenschonend.** Die nach § 34 Abs. 1 RVG anfallende Beratungsgebühr ist nach § 34 Abs. 2 RVG auf eine Gebühr für eine etwaige spätere Tätigkeit des Rechtsanwalts – insbesondere in einem arbeitsgerichtlichen Beschlussverfahren – anzurechnen, wobei sie freilich insoweit bestehen bleibt, als die Beratung über dasjenige hinausgeht, was später Gegenstand der weiteren Tätigkeit des Rechtsanwalts ist (vgl. Hartmann Kostengesetze 44. Aufl. § 34 RVG Rn. 13). Ob die vom Senat zur früheren Bundesrechtsanwaltsgebührenordnung (BRAGO) entwickelte Rechtsprechung, wonach der Betriebsrat die Beauftragung eines Rechtsanwalts mit der Interessenwahrnehmung im arbeitsgerichtlichen Beschlussverfahren grundsätzlich auf der Grundlage der gesetzlichen Vergütung vorzunehmen hat und zur Zusage eines höheren Zeithonorars nicht berechtigt ist (vgl. BAG 20.10.1999 – 7 ABR 25/98), uneingeschränkt auch für § 34 Abs. 1 RVG gilt, kann vorliegend dahinstehen.

***BAG** 25.6.2014 – 7 ABR 70/12*

Die Kosten eines vom Betriebsrat gemäß § 80 Abs. 3 Satz 1 BetrVG hinzugezogenen **Sachverständigen gehören**, soweit sie erforderlich sind, zu den gemäß § 40 Abs. 1 BetrVG vom Arbeitgeber zu tragenden Kosten der Betriebsratstätigkeit (BAG 25.4.1978 – 6 ABR 9/75; BAG 26.2.1992 – 7 ABR 51/90). Durch die Vereinbarung nach § 80 Abs. 3 Satz 1 BetrVG entsteht ein gesetzliches Schuldverhältnis zwischen dem Arbeitgeber und dem Betriebsrat. Gläubiger ist der Betriebsrat, der insoweit als vermögensfähig anzusehen ist.

Inhaltlich kann sich der Anspruch auf **Zahlung an einen Dritten** oder auf **Freistellung von einer Verbindlichkeit** gegenüber einem Dritten richten. Der Dritte wird nur dann Gläubiger eines Zahlungsanspruchs, wenn ihm der Betriebsrat seinen Anspruch abtritt, wobei sich der abgetretene Freistellungsanspruch in einen Zahlungsanspruch umwandelt. Dazu bedarf es eines entsprechenden Beschlusses des Betriebsrats. Ohne einen Beschluss erwirkt der Gläubiger keinen gegen den Arbeitgeber durchsetzbaren Anspruch.

***BAG** 13.5.1998 – 7 ABR 65/96*

Ein Vertrag, den der Betriebsrat zu seiner Unterstützung gem. § 111 S. 2 BetrVG mit einem Beratungsunternehmen schließt, ist wirksam, soweit die vereinbarte Beratung zur Erfüllung der Aufgaben des Betriebsrats erforderlich ist und der Betriebsrat daher einen Kostenerstattungs- und Freistellungsanspruch gegen den Arbeitgeber gemäß § 40 Absatz 1 BetrVG hat. Die Grenzen des dem Betriebsrat bei der ex ante-Beurteilung der Erforderlichkeit der Beratung zustehenden Spielraums sind im Interesse der Funktions- und Handlungsfähigkeit des Betriebsrats nicht zu eng zu ziehen.

Der Betriebsrat kann sich im Rahmen eines solchen Vertrags zur Zahlung eines Entgelts verpflichten.

Betriebsratsmitglieder, die als Vertreter des Betriebsrats mit einem Beratungsunternehmen eine Beratung vereinbaren, die zur Erfüllung der Aufgaben des Betriebsrats gem. § 111 BetrVG nicht erforderlich ist, können gegenüber dem Beratungsunternehmen – vorbehaltlich der Bestimmungen in § 179 Absatz 2 und § 179 Absatz 3 BGB – entsprechend § 179 BGB haften, soweit ein Vertrag zwischen dem Beratungsunternehmen und dem Betriebsrat nicht wirksam zu Stande gekommen ist.

***BGH** 25.10.2012 – III ZR 266/11 = NZA 2012, 1382 ff.*

5.2. Der Anwalt als Vertreter vor Gericht, vor der Einigungsstelle oder als Beisitzer einer Einigungsstelle

Nach § 40 Abs. 1 BetrVG trägt der Arbeitgeber die durch die Tätigkeit des Betriebsrats entstehenden Kosten. Hierzu gehören auch die Honorarkosten für einen Rechtsanwalt, dessen Heranziehung in einem arbeitsgerichtlichen Beschlussverfahren der Betriebsrat in Wahrnehmung seiner betriebsverfassungsrechtlichen Rechte für erforderlich halten durfte

***BAG** 20.8.2014 – 7 ABR 60/12*

Die Prüfung der Erforderlichkeit hat der Betriebsrat nicht allein anhand seiner subjektiven Bedürfnisse vorzunehmen. Er ist vielmehr gehalten, die Interessen der Belegschaft an einer sachgerechten Ausübung des Betriebsratsamts einerseits und die berechtigten Interessen des Arbeitgebers andererseits gegeneinander abzuwägen. Der Betriebsrat darf bei der Wahl seiner Rechtsverfolgung bzw. -verteidigung das Interesse des Arbeitgebers an der Begrenzung seiner Kostentragungspflicht nicht missachten. **Er hat wie jeder, der auf Kosten eines anderen handeln kann, die Maßstäbe einzuhalten, die er gegebenenfalls bei eigener Kostentragung anwenden würde**, wenn er selbst bzw. seine beschließenden Mitglieder die Kosten tragen müssten.

***BAG** 29.7.2009 – 7 ABR 95/07*

Rechtsanwaltskosten des Betriebsrats sind von dem Arbeitgeber dann nicht zu erstatten, wenn die beabsichtigte Rechtsverfolgung von vornherein offensichtlich aussichtsloserscheint oder die Hinzuziehung eines Verfahrensbevollmächtigten rechtsmissbräuchlich erfolgt und deshalb das Interesse des Arbeitgebers an der Begrenzung seiner Kostentragungspflicht missachtet wird.

***BAG** 17.8.2005 – 7 ABR 56/04*

Hinweis für die Praxis

In einem arbeitsgerichtlichen Beschlussverfahren ist die Heranziehung eines Rechtsanwalts als Prozessbevollmächtigter regelmäßig erforderlich. Der Betriebsrat muss aber sorgfältig darauf achten, vorab einen korrekten Beschluss zur Beauftragung des Rechtsanwalts zu fassen.

Der Betriebsrat muss sich dabei mit dem gesamten streitigen Sachverhalt befassen und beschließen, dass er die Heranziehung eines Prozessbevollmächtigten für erforderlich hält. Des Weiteren muss er die konkrete Beauftragung eines bestimmten Bevollmächtigten mit der Vertretung des Betriebsrats beschließen.

Die regelmäßig durch den Betriebsratsvorsitzenden unterzeichnete Prozessvollmacht gilt zwar üblicherweise prozessrechtlich auch für die Einlegung eines Rechtsmittels. Dies reicht aber nicht aus. Erneut muss sich der Betriebsrat zunächst mit der Angelegenheit befassen und beschließen, dass ein Rechtsmittel eingelegt werden soll. Das BAG geht davon aus, dass beide Beschlüsse noch nachträglich, also bis zum Abschluss der jeweiligen Instanz, in der Form einer Genehmigung rückwirkend auf den Beginn des Verfahrens gefasst werden können.

Nach § 40 Abs. 1 BetrVG trägt der Arbeitgeber die durch die Tätigkeit des Betriebsrats entstehenden Kosten. Hierzu gehören auch die Honorarkosten für einen Rechtsanwalt, dessen Heranziehung in einem arbeitsgerichtlichen Beschlussverfahren der Betriebsrat in Wahrnehmung seiner betriebsverfassungsrechtlichen Rechte für erforderlich halten durfte.

Der Arbeitgeber hat nur diejenigen Kosten einer anwaltlichen Tätigkeit zu tragen, die auf eine Beauftragung aufgrund eines ordnungsgemäßen Betriebsratsbeschlusses zurückgehen. Der Betriebsrat muss sich als Gremium mit dem entsprechenden Sachverhalt befasst und durch Abstimmung eine einheitliche Willensbildung herbeigeführt haben. Eines Beschlusses bedarf es nicht nur vor der erstmaligen Beauftragung eines Anwalts, sondern grundsätzlich auch, bevor dieser im Namen des Betriebsrats ein Rechtsmittel einlegt. Fehlt ein solcher Beschluss, kann zwar das Rechtsmittel bei entsprechender Verfahrensvollmacht wirksam eingelegt sein. Eine Pflicht zur Tragung der Anwaltskosten für ein Rechtsmittel wird ohne entsprechenden Beschluss jedoch nicht ausgelöst.

***BAG** 18.3.2015 – 7 ABR 4/13*

Das Vorliegen eines wirksamen Betriebsratsbeschlusses zur Einleitung eines Beschlussverfahrens und – ggf. – Beauftragung des Verfahrensbevollmächtigten ist als Prozessführungsvoraussetzung bei entsprechendem Anlass auch noch in der Rechtsbeschwerdeinstanz zu prüfen. Ggf. gelten die Regeln des Freibeweises. Bei substantiiertem, schlüssigem Vorbringen des Betriebsrats genügt auf Seiten des Arbeitgebers regelmäßig kein pauschales Bestreiten der Wirksamkeitsvoraussetzungen mit Nichtwissen.

***BAG** 30.9.2008 – 1 ABR 54/07*

Liegt ein ordnungsgemäßer Beschluss des Betriebsrats vor, entsteht mit der Beauftragung des Rechtsanwalts ein Anspruch des Betriebsrats auf Freistellung von den dadurch verursachten erforderlichen Kosten. Durch diese Kostentragungspflicht entsteht **zwischen dem Arbeitgeber und dem Betriebsrat ein gesetzliches Schuldverhältnis vermögensrechtlicher Art. Gläubiger ist der Betriebsrat. Tritt der Betriebsrat den Freistellungsanspruch an den beauftragten Rechtsanwalt ab, wandelt sich der Freistellungsanspruch des Betriebsrats in einen Zahlungsanspruch des beauftragten Rechtsanwalts gegen den Arbeitgeber um**.

***BAG** 29.7.2009 – 7 ABR 95/07*

Hat das BAG eine Rechtsfrage entschieden, so hat der Arbeitgeber grundsätzlich nicht mehr gemäß § 40 Abs. 1 BetrVG die Rechtsanwaltskosten zu ersetzen, die dadurch entstanden sind, weil der in seinem Unternehmen existierende Gesamtbetriebsrat/Betriebsrat zur Entscheidung derselben Rechtsfrage die Arbeitsgerichtsbarkeit angerufen hat.

***LAG** Hamm 4.12.1985 – 3 TaBV 119/85 = BB 1986, 323*

Nach § 40 Abs. 1 BetrVG kann ein **Betriebsrat** nur Kosten gegenüber dem Arbeitgeber geltend machen, die aus gerichtlichen Verfahren entstanden sind, in denen betriebsverfassungsrechtliche Rechte oder Rechtsverhältnisse zu klären waren. Dies trifft für Gerichtskosten nicht zu, die aus einem Rechtsstreit im Urteilsverfahren mit dem Ziel der Durchsetzung eines Lohnanspruchs eines Betriebsratsmitglieds entstanden sind. Ebenso sind Anwaltskosten aus einem deswegen eingeleiteten Beschlussverfahren keine Kosten der Betriebsratstätigkeit.

***BAG** 14.10.1982 – 6 ABR 37/79*

Zu den nach § 40 Abs. 1 BetrVG vom Arbeitgeber zu tragenden Kosten der Betriebsratstätigkeit gehören auch Honorarkosten eines Rechtsanwalts, dessen Hinzuziehung in einem arbeitsgerichtlichen Beschlussverfahren der Betriebsrat zur Wahrnehmung seiner betriebsverfassungsrechtlichen Rechte für erforderlich halten darf. Mit der Beauftragung eines Rechtsanwalts erwirbt der Betriebsrat hinsichtlich der dadurch entstehenden Kosten einen Freistellungsanspruch gegen den Arbeitgeber.

***BAG** 17.8.2005 – 7 ABR 56/04*

Die Kostentragungspflicht des Arbeitgebers kann sich auch auf Prozesskosten des Betriebsrats erstrecken, die durch Verfahren gegen Dritte vor den ordentlichen Gerichten (hier: einstweilige Verfügung des Betriebsrats gegen eine Tageszeitung wegen Berichts über eine Betriebsversammlung) entstanden sind.

***LAG** Hamburg 13.3.1984 – 1 TaBV 7/83*

Zu den nach § 40 Abs. 1 BetrVG vom Arbeitgeber zu tragenden Kosten der Tätigkeit des Betriebsrats gehören auch solche Kosten, die zur sachgerechten Verteidigung eines Betriebsratsmitglieds in einem arbeitsgerichtlichen Beschlussverfahren mit dem Ziel seines Ausschlusses aus dem Betriebsrat wegen grober Verletzung seiner gesetzlichen Pflichten erforderlich sind. Das gilt auch für die Kosten der **Hinzuziehung eines Rechtsanwalts**.

Nicht erforderlich ist die Beauftragung eines Rechtsanwalts, wenn eine Verteidigung gegen den Ausschlussantrag von vornherein als offensichtlich aussichtslos erscheinen muss. Das ist der Fall, wenn das dem Betriebsratsmitglied vorgeworfene Verhalten von ihm ernsthaft nicht bestritten werden kann und die rechtliche Würdigung dieses Verhaltens unzweifelhaft eine zum Ausschluss aus dem Betriebsrat führende grobe Pflichtverletzung i.S.d. § 23 Abs. 1 BetrVG ergibt.

***BAG** 19.4.1989 – 7 ABR 6/88*

Der zwischen dem Betriebsrat und seinem Prozessbevollmächtigten geschlossene Anwaltsvertrag, aufgrund dessen der Prozessbevollmächtigte Beschlussverfahren gegen den Arbeitgeber wegen der Verletzung von Mitbestimmungsrechten durchzuführen hat, beinhaltet nach den Grundsätzen des Vertrags mit Schutzwirkung für Dritte Sorgfaltspflichten des Prozessbevollmächtigten des Betriebsrats gegenüber dem Arbeitgeber aufgrund der Regelung in § 40 BetrVG.

Gegenstand dieser Sorgfaltspflichten ist die **Kostenschonung des Arbeitgebers** mit der Folge, dass erstattungsfähig nur die Kosten solcher Verfahren sind, die nach § 40 BetrVG der Betriebsrat durchzuführen berechtigt ist.

***LAG** Düsseldorf 9.1.1989 – 4 TaBV 127/89 = BB 1989, 501 = DB 1989, 1036*

Der Arbeitgeber hat nach § 40 Abs. 1 BetrVG auch die Kosten für die Hinzuziehung eines Rechtsanwalts bei der Inanspruchnahme des **Strafantragsrechts** des Betriebsrats gemäß § 119 Abs. 2 BetrVG zu tragen.

Dem steht nicht entgegen, dass der Betriebsrat gleichzeitig einen Unterlassungsantrag gegen den Arbeitgeber nach § 23 Abs. 3 BetrVG gestellt hat.

***LAG** Düsseldorf 12.8.1993 – 14 TaBV 54/93 = NZA 1994, 1052*

Der Betriebsrat ist berechtigt, einem Rechtsanwalt für die Wahrnehmung seiner Interessen vor der Einigungsstelle ein **Honorar in Höhe der Vergütung eines betriebsfremden Beisitzers** zuzusagen, wenn der von ihm ausgewählte Rechtsanwalt seines Vertrauens nur gegen eine derartige Honorarzahlung zur Mandatsübernahme bereit ist, und sich das Erfordernis einer derartigen Honorarvereinbarung daraus ergibt, dass der Gegenstandswert der anwaltlichen Tätigkeit nach billigem Ermessen zu bestimmen wäre.

***BAG** 21.6.1989 – 7 ABR 78/87*

Fahrtkosten des Anwalts für auswärtige Terminwahrnehmungen müssen nicht erstattet werden, wenn das beauftragte Anwaltsbüro keine besondere, über das normale Maß hinausgehende Sachkompetenz in den für den Rechtsstreit maßgeblichen Rechtsfragen hat und am Gerichtsort sachkundige Anwaltsbüros ansässig sind.

***BAG** 16.10.1986 – 6 ABR 2/85*

Ein Beteiligter eines arbeitsgerichtlichen Beschlussverfahrens kann die Erstattung seiner Rechtsdurchsetzungskosten vom Arbeitgeber grundsätzlich nur verlangen, wenn dies in den einschlägigen betriebsverfassungsrechtlichen Bestimmungen vorgesehen ist. Nach § 40 Abs. 1 BetrVG können zu den vom Arbeitgeber zu tragenden Kosten der Betriebsratstätigkeit Rechtsanwaltskosten gehören, die durch die gerichtliche Verfolgung oder Verteidigung von Rechten des Betriebsrats entstehen.

Der Arbeitgeber ist regelmäßig nicht nach § 280 Abs. 1 und Abs. 2, § 286 Abs. 1 BGB verpflichtet, einem Rechtsanwalt des Betriebsrats die anwaltlichen Gebühren und Kosten als Verzugsschaden zu erstatten, die diesem zur Durchsetzung eines an ihn abgetretenen Anspruchs des Betriebsrats auf Freistellung von Kosten einer erforderlichen Rechtsverfolgung entstanden sind.

***BAG** 1.8.2018 – 7 ABR 41/17*

Ist eine Betriebsratswahl nichtig, weil das BetrVG nach § 118 Abs. 2 BetrVG keine Anwendung findet, kann der Betriebsrat nach den Vorschriften des BetrVG vom Arbeitgeber die Erstattung seiner tatsächlich entstandenen Kosten verlangen. Das gilt jedenfalls dann, wenn der Nichtigkeitsgrund des § 118 Abs. 2 BetrVG nicht offenkundig ist.

***BAG** 29.4.1998 – 7 ABR 42/97*

6. Bürokosten, Büropersonal, Kommunikationstechnik

Der Arbeitgeber ist nach § 40 Abs. 2 BetrVG verpflichtet, dem Betriebsrat Informations- und Kommunikationstechnik in erforderlichem Umfang zur Verfügung zu stellen. Dazu gehören die Bereitstellung eines Internetzugangs und die Einrichtung einer E-Mail-Adresse zur Eröffnung des elektronischen Postverkehrs mit Dritten.

Der Betriebsrat darf in Wahrnehmung seines Beurteilungsspielraums davon ausgehen, dass die Eröffnung von Internetanschlüssen für die einzelnen Mitglieder – etwa zu deren Vorbereitung auf Betriebsratssitzungen – der Aufgabenerfüllung des Betriebsrats dient.

Auch durch die Entscheidung, seinen Mitgliedern eigene E-Mail-Adressen zum Zwecke der externen Kommunikation einzurichten, überschreitet der Betriebsrat seinen Beurteilungsspielraum nicht. Ebenso wie die Informationsverschaffung kann die Kommunikation einzelner Betriebsratsmitglieder mit nicht zum Betrieb oder Unternehmen gehörenden Dritten Teil der Betriebsratstätigkeit sein.

Berechtigte Kosteninteressen des Arbeitgebers standen dem Verlangen im vorliegenden Streitfall nicht entgegen, weil die Betriebsratsmitglieder alle an PC-Arbeitsplätzen beschäftigt sind, so dass es lediglich der Freischaltung des Internets und der Einrichtung einer E-Mail-Adresse bedarf.

***BAG** 14.7.2010 – 7 ABR 80/08*

Der Arbeitgeber hat dem Betriebsrat nach § 40 Abs. 2 BetrVG u. a. Informations- und Kommunikationstechnik sowie Büropersonal in erforderlichem Umfang für die Sitzungen, die Sprechstunden und die laufende Geschäftsführung zur Verfügung zu stellen. Diese Ansprüche bestehen kumulativ, nicht alternativ. Dem Anspruch des Betriebsrats auf Überlassung von Büropersonal steht daher die Ausstattung des Betriebsratsbüros mit Personalcomputern nicht entgegen. Ob und ggf. welche beim Betriebsrat anfallenden Büroarbeiten auf **Büropersonal** übertragen werden, hat der Betriebsrat zu entscheiden. Dabei hat er nicht nur die Interessen der Belegschaft, sondern auch diejenigen des Arbeitgebers, auch an der Begrenzung seiner Kostentragungspflicht, zu berücksichtigen. Insoweit gelten die zum Sachmittelanspruch des Betriebsrats entwickelten Grundsätze entsprechend.

Verlangt der Betriebsrat die Überlassung einer vollzeitbeschäftigten Bürokraft, hat er darzulegen, welche konkreten Bürotätigkeiten von der Bürokraft erledigt werden sollen, dass diese Arbeiten von ihrem Umfang her eine Vollzeitkraft auslasten und dass er die Entscheidung, Bürotätigkeiten in diesem Umfang einer Bürokraft zu übertragen, in Anbetracht der Verhältnisse im Betrieb und im Betriebsrat für sachgerecht halten durfte.

***BAG** 20.4.2005 – 7 ABR 14/04*

Die Entscheidung, ob ein Sachmittel zur Erledigung von Betriebsratsaufgaben erforderlich und vorn Arbeitgeber zur Verfügung zu stellen ist, obliegt dem Betriebsrat. Dabei hat er auch die berechtigten Interessen des Arbeitgebers zu berücksichtigen.

Die arbeitsgerichtliche Kontrolle der Entscheidung des Betriebsrats ist auf die Prüfung beschränkt, ob das verlangte Sachmittel aufgrund der konkreten betrieblichen Situation der Erledigung einer gesetzlichen Aufgabe des Betriebsrats dient und dieser bei seiner Entscheidung auch den berechtigten Interessen des Arbeitgebers Rechnung getragen hat.

Die im Rahmen der arbeitsgerichtlichen Kontrolle ergehende Entscheidung des Landesarbeitsgerichts kann im Rechtsbeschwerdeverfahren nur eingeschränkt dahin überprüft werden, ob Rechtsbegriffe verkannt, Denkgesetze oder allgemeine Erfahrungssätze verletzt oder wesentliche Umstände bei der Würdigung übersehen worden sind.

Die Nutzung einer Telefonanlage zum Informationsaustausch mit den von ihm vertretenen Arbeitnehmern betrifft die Erfüllung gesetzlicher Aufgaben des Betriebsrats. Dieser hat nach pflichtgemäßem Ermessen zu entscheiden, welche Informations- und Kommunikationswege er für erforderlich hält. Der Betriebsrat kann an einer vorhandenen Telefonanlage die technischen Veränderungen verlangen, die zu ihrer Nutzbarkeit erforderlich sind.

Der Anspruch des Betriebsrats auf Nutzung der im Betrieb vorhandenen Kommunikationsmittel setzt nicht voraus, dass sich diese in seinem Besitz befinden. Daher kann er auch die Freischaltung von Telefonen in räumlich entfernten Betriebsstätten verlangen, damit er mit den dort beschäftigten Arbeitnehmern in einen Informationsaustausch treten kann.

Der Gesamtbetriebsrat muss sich zur verantwortlichen Wahrnehmung seiner gesetzlichen Aufgaben auch ein Bild über die Situation in betriebsratslosen Betrieben machen können. Dazu kann die Möglichkeit des telefonischen Dialogs mit den dort beschäftigten Arbeitnehmern erforderlich sein.

***BAG** 9.12.2009 – 7 ABR 46/09*

Der Betriebsrat kann, sofern dem nicht berechtigte Interessen des Arbeitgebers entgegenstehen, nach § 40 Abs. 2 BetrVG die Einrichtung eines nicht personalisierten Internetzugangs über den ihm zur Verfügung gestellten PC verlangen. Der gesetzliche Datenschutz erfordert keine Personalisierung des Internetzugangs.

Beim Zugang zu einem PC, auf dem personenbezogene Daten verarbeitet werden, sind datenschutzrechtliche Sicherungen nach Maßgabe des BDSG erforderlich. Bei einem dem Betriebsrat zur Verfügung stehenden PC hat dieser als verantwortliche Stelle nach § 3 Abs. 7 BDSG eigenverantwortlich für die Einhaltung des Datenschutzes zu sorgen. Es ist grundsätzlich nicht Sache des Arbeitgebers, dem Betriebsrat insoweit Vorschriften zu machen.

Nach § 40 Abs. 1 BetrVG trägt der Arbeitgeber die Honorarkosten für einen Rechtsanwalt, dessen Heranziehung der Betriebsrat in Wahrnehmung seiner betriebsverfassungsrechtlichen Rechte für erforderlich halten durfte. Der Senat lässt offen, unter welchen Voraussetzungen der Betriebsrat im Hinblick auf die Kosteninteressen des Arbeitgebers den Ausgang ähnlich gelagerter, bereits anhängiger gerichtlicher Verfahren abwarten oder das Angebot des Arbeitgebers auf Unterwerfung unter das Ergebnis eines Musterverfahrens annehmen muss. Da nach der früheren Rechtsprechung des Senats der Anspruch des Betriebsrats auf einen Zugang zum Internet maßgeblich von den betrieblichen Verhältnissen und den sich im Betrieb konkret und aktuell stellenden Aufgaben abhängig war (vgl. etwa 23. August 2006 – 7 ABR 55/05), konnte jedenfalls der Betriebsrat vor der Weiterentwicklung der Rechtsprechung nicht darauf verwiesen werden, den Ausgang „ähnlich" gelagerter Verfahren abzuwarten.

***BAG** 18.7.2012 – 7 ABR 23/11*

Dem Betriebsrat steht bei der Prüfung der Erforderlichkeit eines Sachmittels i.S.d. § 40 Abs. 2 BetrVG ein Beurteilungsspielraum zu. Die arbeitsgerichtliche Kontrolle seiner Entscheidung ist darauf beschränkt, ob das Sachmittel der Erledigung seiner gesetzlichen Aufgaben dient und ob die Interessen der Belegschaft und des Arbeitgebers angemessen berücksichtigt wurden.

Die **Nutzung einer Telefonanlage** zum Informationsaustausch mit der Belegschaft betrifft die Erfüllung gesetzlicher Aufgaben des Betriebsrats. Die allgemeinen Überwachungspflichten nach den §§ 75, 80 BetrVG und die sachgerechte Wahrnehmung von Mitbestimmungsrechten erfordern einen Dialog zwischen Betriebsrat und Belegschaft.

Ein Arbeitnehmer kann gemäß § 81 Abs. 4 Satz 3, § 82 Abs. 2 Satz 2, § 83 Abs. 1 Satz 2 und § 84 Abs. 1 Satz 2 BetrVG in bestimmten Angelegenheiten ein Betriebsratsmitglied seiner Wahl hinzuziehen. Dadurch sind jedem einzelnen Betriebsratsmitglied

kraft Gesetzes Aufgaben zugewiesen, die seine unmittelbare Erreichbarkeit erfordern.
In einem Einzelhandelsunternehmen mit räumlich weit voneinander entfernt liegenden Verkaufsstellen ist ein Betriebsrat auf die telefonische Kontaktaufnahme durch die Arbeitnehmer angewiesen. Für den erforderlichen Informationsaustausch genügt die telefonische Erreichbarkeit des Betriebsratsvorsitzenden und eines weiteren Betriebsratsmitglieds nicht.

***BAG** 27.11.2002 – 7 ABR 36/01*

Der Betriebsrat hat nach § 40 Abs. 2 BetrVG keinen Anspruch darauf, dass die Telefone in den Betriebsstätten, in denen keine Betriebsratsmitglieder beschäftigt sind, telefontechnisch so eingerichtet werden, dass die Arbeitnehmer von dort aus sämtliche Betriebsratsmitglieder anrufen können. Die den Arbeitnehmern zur Verfügung stehenden Telefone sind keine Sachmittel des Betriebsrats i.S.v. § 40 Abs. 2 BetrVG.

***BAG** 27.11.2002 – 7 ABR 33/01*

Durch die seit 28.7.2001 geltende Fassung des § 40 Abs. 2 BetrVG wird dem Betriebsrat kein Anspruch auf Kommunikations- und Informationstechnik ohne eine besondere Prüfung der Erforderlichkeit eingeräumt.

Dem Betriebsrat steht bei der Prüfung der Erforderlichkeit i.S.d. § 40 Abs. 2 BetrVG ein Beurteilungsspielraum zu. Die arbeitsgerichtliche Kontrolle seiner Entscheidung ist darauf beschränkt, ob das Sachmittel der Erledigung seiner gesetzlichen Aufgaben dient und ob die Interessen der Belegschaft und des Arbeitgebers angemessen berücksichtigt worden sind.

Der erforderliche Umfang eines Sachmittels bestimmt sich nicht ausschließlich nach dem Ausstattungsniveau des Arbeitgebers. Die technische Ausstattung eines Betriebs gehört jedoch zu den konkreten betrieblichen Verhältnissen, die vom Betriebsrat im Rahmen seiner Prüfung, ob ein Sachmittel für die Erledigung seiner Aufgaben erforderlich ist, zu berücksichtigen sind.

Die Veröffentlichung von Informationen und Beiträgen in einem unternehmens- oder betriebsinternen elektronischen Kommunikationssystem wie dem **Intranet** dient der umfassenden und rechtzeitigen Information der Arbeitnehmer über die Tätigkeit des Betriebsrats im Rahmen seines Aufgabenkreises.

Der Betriebsrat darf die Nutzung des **Intranets** jedenfalls dann für erforderlich halten, wenn dem Arbeitgeber dadurch keine besonderen Kosten entstehen und dieser auch keine sonstigen entgegenstehenden betrieblichen Belange geltend macht.

Das **Intranet** ist geeignet, dem Betriebsrat die zur Erfüllung seiner Aufgaben notwendigen Informationen zu vermitteln. Mit dessen Hilfe kann er sich schnell und umfassend über die arbeits- und betriebsverfassungsrechtlichen Entwicklungen in Rechtsprechung und Gesetzgebung unterrichten.

Ist der Betriebsrat mit einem Personalcomputer ausgerüstet und wird im Betrieb das Internet genutzt, kann der Betriebsrat den **Anschluss an das Intranet** jedenfalls dann für erforderlich halten, wenn dem Arbeitgeber dadurch keine zusätzlichen Kosen entstehen und er keine anderen entgegenstehenden betrieblichen Belange geltend macht.

***BAG** 3.9.2003 – 7 ABR 8/03 u. 7 ABR 12/03 = NZA 2004, 278*

Der Betriebsrat kann vom Arbeitgeber verlangen, dass ihm ein Raum auf dem Betriebsgelände für die Betriebsratstätigkeit überlassen wird, § 40 Abs. 2 BetrVG. Diese Verpflichtung besteht auch in Unternehmen der Systemgastronomie (Fast-Food-Restaurants).
Ist auf dem Betriebsgelände kein geeigneter Raum vorhanden, hat der Arbeitgeber zu prüfen, ob durch entsprechende Umbaumaßnahmen ein Betriebsratsraum geschaffen werden kann.

Insoweit wäre entweder an einen Ausbau des Kellers, einen seitlichen Anbau an das Restaurant oder an ein Aufstocken des Gebäudes zu denken. Bei der Frage der Zumutbarkeit der hieraus entstehenden Kosten wird zu berücksichtigen sein, dass dieses McDonalds-Restaurant von vornherein so konzipiert war, dass kein Betriebsratsraum vorgesehen ist. Soweit später Umbaukosten für die Errichtung eines Betriebsratsbüros anfallen, beruhen diese damit lediglich auf der ursprünglichen (Fehl-) Planung.

Der dem Betriebsrat zur Verfügung zu stellende Raum muss funktionsgerecht ausgestattet sein, d. h. beheizbar, beleuchtbar und mit dem erforderlichen Mobiliar versehen sein. Abzustellen ist insoweit auf den **vergleichbaren betrieblichen Standard**.

***ArbG** Wiesbaden 21.12.1999 – 8 BV 29/99 = NZA-RR 2000, 195*

Die dem Betriebsrat gemäß § 40 Abs. 2 BetrVG zu überlassenen Räume müssen so beschaffen sein, dass der Betriebsrat in ihnen seine Aufgaben ordnungsgemäß wahrnehmen kann. Es muss möglich sein, Betriebsratssitzungen und Besprechungen durchzuführen, Sprechstunden abzuhalten, Schreibarbeiten auszuführen sowie sich dorthin zur Lektüre zurückzuziehen. Dazu bedürfen die Räume einer ausreichenden Größe, funktionsgerechten Ausstattung und Lage.

Die **Größe des Raums** richtet sich danach, von wie vielen Personen er gleichzeitig genutzt werden soll und welche Einrichtungsgegenstände in ihm untergebracht werden müssen.

Zur **funktionsgerechten Ausstattung** gehört neben der Beleuchtung, Belüftung und Heizung eine angemessene Einrichtung.

Erforderlich ist, dass der Raum **optisch** und **akustisch abgeschirmt** ist, so dass ihn Zufallszeugen von außen nicht einsehen oder abhören können, ohne besonderen Aufwand zu betreiben. Der Raum muss **verschließbar** sein.

Nicht erforderlich ist, dass der Raum dem Betriebsrat ausschließlich zur Verfügung steht. Die Möglichkeit der Mitbenutzung kann ausreichend sein.

***LAG** Schleswig-Holstein 19.9.2007 – 6 TaBV 14/07*

In der Literatur wird die Ansicht vertreten, der Betriebsrat habe während der Zeit, in der ihm nach § 40 Abs. 2 BetrVG Räume zur Verfügung gestellt worden seien, an oder in ihnen das „Hausrecht" und hieraus gefolgert, dass grundsätzlich der Betriebsrat entscheide, ob der Aufenthalt in den ihm derart zur Verfügung stehenden Räumen rechtmäßig sei oder nicht.

Indessen steht dem Betriebsrat ein **Hausrecht** nur insoweit zu, als für ihn die Räume zur Erfüllung seiner Aufgaben nach dem Betriebsverfassungsgesetz erforderlich sind.

Nach § 40 Abs. 2 BetrVG hat der Arbeitgeber dem Betriebsrat unter anderem Räume nur „im erforderlichen Umfang" zur Verfügung zu stellen. Dementsprechend steht dem Betriebsrat das Hausrecht an diesen Räumen gegenüber dem Arbeitgeber auch nur in diesem Umfang zu. Das Hausrecht berechtigt den Betriebsrat gegenüber dem Arbeitgeber jedenfalls nicht, Dritten Zugang zu den Räumen des Betriebsrats zu gewähren, wenn und soweit Zutritt oder Aufenthalt Dritter im Betriebsratsbüro zur Erfüllung der Aufgaben des Betriebsrats nach dem Betriebsverfassungsgesetz nicht erforderlich sind. Andererseits ist der Arbeitgeber gegenüber dem Betriebsrat mit Rücksicht auf dessen Hausrecht verpflichtet, unter Wahrung der berechtigten Geheimhaltungsbelange des Arbeitgebers den Zugang Dritter zum Betriebsratsbüro zu dulden, soweit dies für die Erfüllung der gesetzlichen Aufgaben des Betriebsrats erforderlich ist.

***BAG** 18.9.1991 – 7 ABR 63/90 = NZA 1992, 317*

Der Betriebsrat hat **keinen Anspruch darauf, einmal zugewiesene Räume zu behalten**. Der Arbeitgeber kann dem Betriebsrat auch einen **anderen Raum** zuweisen, sofern dieser so beschaffen ist, dass er für die Betriebsratstätigkeit geeignet ist.

Der Betriebsrat kann vom Arbeitgeber verlangen, dass dieser nicht ohne vorherige Genehmigung das Betriebsratsbüro betritt bzw. dort befindliche Unterlagen, Möbel etc. aus dem Betriebsratsbüro entfernt.

Räumt der Arbeitgeber das Betriebsratsbüro dennoch (hier: wegen Reduzierung der Belegschaft und Wegfalls der Freistellung), so hat der Betriebsrat einen Herausgabeanspruch.

***ArbG** Freiburg – 5.11.1996 – 7 BV 2/96*

Der Betriebsrat kann nach § 40 Abs. 2 BetrVG einen Anspruch darauf haben, Informationen in einem vom Arbeitgeber im Unternehmen eingerichteten **Intranet** zu veröffentlichen. Zur Informations- und Kommunikationstechnik i.S.d. § 40 Abs. 2 BetrVG gehört auch ein unternehmens- oder betriebsinternes Intranet.

Hat der Arbeitgeber **das Intranet** nur unternehmensweit und damit betriebsübergreifend ausgestaltet, steht das dem Nutzungsanspruch des Betriebsrats nicht entgegen. Denn der Arbeitgeber hat die Möglichkeit, entweder technisch den Zugriff zur Homepage des Betriebsrats auf die von ihm vertretenen Arbeitnehmer zu beschränken oder durch Anweisung den Arbeitnehmern der anderen Betriebe den Zugriff zu untersagen.

***BAG** 1.12.2004 – 7 ABR 18/04*

Der Arbeitgeber darf beim **Telefonanschluss** des Betriebsrats die Zielnummer bei Haus-, Orts- und Nahbereichsgesprächen nicht registrieren. Die Registrierung auch solcher Daten verstößt gegen das Behinderungsverbot. Insoweit besteht unter dem Gesichtspunkt der Kostentragung und des damit verbundenen Interesses an der Kostenkontrolle kein hinreichendes Interesse, auch derartige Zielnummern der Telefongespräche zu erfassen. Im Gegensatz zu Ferngesprächen im Netz der Deutschen Bundespost fallen bei derartigen Gesprächen Kosten nicht in einer solchen Höhe an, dass dem Arbeitgeber das Recht einzuräumen wäre, die Erforderlichkeit der Kosten durch die Erfassung der Zielnummern zu kontrollieren.

BAG *1.8.1990 – 7 ABR 99/88*

Der Arbeitgeber kann von seinem Betriebsrat nicht verlangen, einen bestimmten Arbeitnehmer als Bürokraft zu beschäftigen.

Gemäß § 40 Abs. 2 BetrVG hat der Arbeitgeber dem Betriebsrat im erforderlichen Umfang Büropersonal zur Verfügung zu stellen. Aus dieser Vorschrift ergibt sich ein Anspruch des Betriebsrats, nicht aber eine Verpflichtung des Betriebsrats, bestimmtes Büropersonal zu beschäftigen.

Ob in der Weigerung des Betriebsrats zur Beschäftigung einer **bestimmten Bürokraft** ein Verzicht des Betriebsrats auf seinen Anspruch aus § 40 Abs. 2 BetrVG liegt, wäre in einem Verfahren zu entscheiden, in dem der Betriebsrat vom Arbeitgeber verlangt, ihm **eine andere Bürokraft** zur Verfügung zu stellen.

Auch auf den Grundsatz der vertrauensvollen Zusammenarbeit (§ 2 Abs. 1 BetrVG) lässt sich der Anspruch des Arbeitgebers auf Beschäftigung einer dem Betriebsrat zur Verfügung gestellten Bürokraft nicht stützen. Wenn der Betriebsrat, ob begründet oder nicht, das Vertrauen zu der ihm vom Arbeitgeber zur Verfügung gestellten Bürokraft verloren hat, kann dieses Vertrauen vom Arbeitgeber nicht durch Berufung auf das Gebot der vertrauensvollen Zusammenarbeit eingefordert werden. Dieses Gebot verlangt vielmehr umgekehrt, dass der Arbeitgeber auf die durch konkrete Anhaltspunkte gestützten Empfindungen des Betriebsrats Rücksicht nimmt.

BAG *5.3.1997 – 7 ABR 3/96 = BB 1997, 1538 = NZA 1997, 844*

Die Arbeitgeberin ist nicht berechtigt, die für die Betriebsratstätigkeit erforderlichen Sachmittel aus dem Tronc zu finanzieren. Die dem Tronc zugeführten Mittel sind nach den Bestimmungen des Landesspielbankgesetzes für das Personal zu verwenden. Für die Beschaffung von Sachmitteln für den Betriebsrat können sie nicht eingesetzt werden.

BAG *14.8.2002 – 7 ABR 29/01*

Betriebsversammlung (§§ 42 – 46 BetrVG)

Gesetzestext

§ 42 Zusammensetzung, Teilversammlung, Abteilungsversammlung

(1) [1]Die Betriebsversammlung besteht aus den Arbeitnehmern des Betriebs; sie wird von dem Vorsitzenden des Betriebsrats geleitet. [2]Sie ist nicht öffentlich. [3]Kann wegen der Eigenart des Betriebs eine Versammlung aller Arbeitnehmer zum gleichen Zeitpunkt nicht stattfinden, so sind Teilversammlungen durchzuführen.

(2) [1]Arbeitnehmer organisatorisch oder räumlich abgegrenzter Betriebsteile sind vom Betriebsrat zu Abteilungsversammlungen zusammenzufassen, wenn dies für die Erörterung der besonderen Belange der Arbeitnehmer erforderlich ist. [2]Die Abteilungsversammlung wird von einem Mitglied des Betriebsrats geleitet, das möglichst einem beteiligten Betriebsteil als Arbeitnehmer angehört. [3]Absatz 1 Satz 2 und 3 gilt entsprechend.

§ 43 Regelmäßige Betriebs- und Abteilungsversammlungen

(1) [1]Der Betriebsrat hat einmal in jedem Kalendervierteljahr eine Betriebsversammlung einzuberufen und in ihr einen Tätigkeitsbericht zu erstatten. [2]Liegen die Voraussetzungen des § 42 Abs. 2 Satz 1 vor, so hat der Betriebsrat in jedem Kalenderjahr zwei der in Satz 1 genannten Betriebsversammlungen als Abteilungsversammlungen durchzuführen. [3]Die Abteilungsversammlungen sollen möglichst gleichzeitig stattfinden. [4]Der Betriebsrat kann in jedem Kalenderhalbjahr eine weitere Betriebsversammlung oder, wenn die Voraussetzungen des § 42 Abs. 2 Satz 1 vorliegen, einmal weitere Abteilungsversammlungen durchführen, wenn dies aus besonderen Gründen zweckmäßig erscheint.

(2) [1]Der Arbeitgeber ist zu den Betriebs- und Abteilungsversammlungen unter Mitteilung der Tagesordnung einzuladen. [2]Er ist berechtigt, in den Versammlungen zu sprechen. [3]Der Arbeitgeber oder sein Vertreter hat mindestens einmal in jedem Kalenderjahr in einer Betriebsversammlung über das Personal- und Sozialwesen einschließlich des Stands der Gleichstellung von Frauen und Männern im Betrieb sowie der Integration der im Betrieb beschäftigten ausländischen Arbeitnehmer, über die wirtschaftliche Lage und Entwicklung des Betriebs sowie über den betrieblichen Umweltschutz zu berichten, soweit dadurch nicht Betriebs- oder Geschäftsgeheimnisse gefährdet werden.

(3) [1]Der Betriebsrat ist berechtigt und auf Wunsch des Arbeitgebers oder von mindestens einem Viertel der wahlberechtigten Arbeitnehmer verpflichtet, eine Betriebsversammlung einzuberufen und den beantragten Beratungsgegenstand auf die Tagesordnung zu setzen. [2]Vom Zeitpunkt der Versammlungen, die auf Wunsch des Arbeitgebers stattfinden, ist dieser rechtzeitig zu verständigen.

(4) Auf Antrag einer im Betrieb vertretenen Gewerkschaft muss der Betriebsrat vor Ablauf von zwei Wochen nach Eingang des Antrags eine Betriebsversammlung nach Absatz 1 Satz 1 einberufen, wenn im vorhergegangenen Kalenderhalbjahr keine Betriebsversammlung und keine Abteilungsversammlungen durchgeführt worden sind.

§ 44 Zeitpunkt und Verdienstausfall

(1) [1]Die in den §§ 14a, 17 und 43 Abs. 1 bezeichneten und die auf Wunsch des Arbeitgebers einberufenen Versammlungen finden während der Arbeitszeit statt, soweit nicht die Eigenart des Betriebs eine andere Regelung zwingend erfordert. [2]Die Zeit der Teilnahme an diesen Versammlungen einschließlich der zusätzlichen Wegezeiten ist den Arbeitnehmern wie Arbeitszeit zu vergüten. [3]Dies gilt auch dann, wenn die Versammlungen wegen der Eigenart des Betriebs außerhalb der Arbeitszeit stattfinden; Fahrkosten, die den Arbeitnehmern durch die Teilnahme an diesen Versammlungen entstehen, sind vom Arbeitgeber zu erstatten.

(2) [1]Sonstige Betriebs- oder Abteilungsversammlungen finden außerhalb der Arbeitszeit statt. [2]Hiervon kann im Einvernehmen mit dem Arbeitgeber abgewichen werden; im Einvernehmen mit dem Arbeitgeber während der Arbeitszeit durchgeführte Versammlungen berechtigen den Arbeitgeber nicht, das Arbeitsentgelt der Arbeitnehmer zu mindern.

§ 45 Themen der Betriebs- und Abteilungsversammlungen

[1]Die Betriebs- und Abteilungsversammlungen können Angelegenheiten einschließlich solcher tarifpolitischer, sozialpolitischer, umweltpolitischer und wirtschaftlicher Art sowie Fragen der Förderung der Gleichstellung von Frauen und Männern und der Vereinbarkeit von Familie und Erwerbstätigkeit sowie der Integration der im Betrieb beschäftigten ausländischen Arbeitnehmer behandeln, die den Betrieb oder seine Arbeitnehmer unmittelbar betreffen; die Grundsätze des § 74 Abs. 2 finden Anwendung. [2]Die Betriebs- und Abteilungsversammlungen können dem Betriebsrat Anträge unterbreiten und zu seinen Beschlüssen Stellung nehmen.

§ 46 Beauftragte der Verbände

(1) [1]An den Betriebs- oder Abteilungsversammlungen können Beauftragte der im Betrieb vertretenen Gewerkschaften beratend teilnehmen. [2]Nimmt der Arbeitgeber an Betriebs- oder Abteilungsversammlungen teil, so kann er einen Beauftragten der Vereinigung der Arbeitgeber, der er angehört, hinzuziehen.

(2) Der Zeitpunkt und die Tagesordnung der Betriebs- oder Abteilungsversammlungen sind den im Betriebsrat vertretenen Gewerkschaften rechtzeitig schriftlich mitzuteilen.

Siehe auch übergangsweise:

§ 129 Sonderregelungen aus Anlass der COVID-19-Pandemie

(1) [1]Versammlungen nach den §§ 42, 53 und 71 können bis zum Ablauf des 19. März 2022 auch mittels audiovisueller Einrichtungen durchgeführt werden, wenn sichergestellt ist, dass nur teilnahmeberechtigte Personen Kenntnis von dem Inhalt der Versammlung nehmen können. [2]Eine Aufzeichnung ist unzulässig.

(2) [1]Die Teilnahme an Sitzungen der Einigungsstelle sowie die Beschlussfassung können bis zum Ablauf des 19. März 2022 auch mittels einer Video- und Telefonkonferenz erfolgen, wenn sichergestellt ist, dass Dritte vom Inhalt der Sitzung keine Kenntnis nehmen können. [2]Eine Aufzeichnung ist unzulässig. [3]Die Teilnehmer, die mittels Video- und Telefonkonferenz teilnehmen, bestätigen ihre Anwesenheit gegenüber dem Vorsitzenden der Einigungsstelle in Textform.

(3) Der Deutsche Bundestag kann durch im Bundesgesetzblatt bekannt zu machenden Beschluss einmalig die Fristen nach Absatz 1 Satz 1 und Absatz 2 Satz 1 um bis zu drei Monate verlängern.

1. Betriebsversammlung – Teilversammlung (§ 42 BetrVG)

Hinweis für die Praxis:

Das Gesetz enthält keine Vorschriften über Form und Frist der Einberufung einer Betriebsversammlung. Die Einberufung hat jedoch so rechtzeitig zu erfolgen, dass sich alle Arbeitnehmer des Betriebs auf die Versammlung vorbereiten können.

Der Betriebsrat hat einen Ermessensspielraum, ob Vollversammlungen außerhalb der Arbeitszeit oder Teilversammlungen innerhalb der Arbeitszeit durchgeführt werden. Diese Alternative stellt sich aber nur, wenn eben eine Vollversammlung innerhalb der Arbeitszeit nicht möglich ist. Vollversammlungen haben wegen der besseren Kommunikationsmöglichkeiten grundsätzlich Vorrang vor Teilversammlungen.

***BAG** 9.3.1976 – 1 ABR 74/74*

Die **Unmöglichkeit der Vollversammlung** aller Arbeitnehmer zum gleichen Zeitpunkt **wegen der Eigenart des Betriebs** bezieht sich auf die **technisch-organisatorischen Möglichkeiten** etwa in der Hinsicht, dass eine Reihe von Arbeitnehmern in einem kontinuierlichen Betrieb (Schichtarbeit) immer arbeiten muss und deshalb an der Teilnahme verhindert ist, oder auch darauf, dass wegen der Größe der Arbeitnehmerschaft eine einheitliche Versammlung nicht stattfinden kann.

***BAG** 9.3.1976 – 1 ABR 74/74*

Die Teilnahme **betriebsfremder Gesamtbetriebsratsmitglieder** an Betriebsversammlungen verletzt nicht das Gebot der Nichtöffentlichkeit der Betriebsversammlung nach § 42 Abs. 1 Satz 2 BetrVG.

***BAG** 28.11.1978 – 6 ABR 101/77*

Lädt der Betriebsrat einen französischen Betriebsratskollegen einer Schwestergesellschaft zu einer Betriebsversammlung ein, damit dieser über gemeinsame Probleme und Lösungsmöglichkeiten (Zusammenarbeit zwischen Geschäftsleitung und Betriebsrat, Arbeitszeitregelung, Produktpalette) referiere, hat der Arbeitgeber notwendige Fahrtauslagen und Dolmetscherkosten zu erstatten.

***LAG** Baden-Württemberg 16.1.1998 – 5 TaBV 14/96*

Werden Auszubildende eines reinen Ausbildungsbetriebs zur praktischen Ausbildung zeitweilig dem Betrieb eines anderen Konzernunternehmens zugewiesen („aufgespaltenes Ausbildungsverhältnis"), so sind sie berechtigt, während ihrer Ausbildungszeit an den dort stattfindenden Betriebsversammlungen teilzunehmen. Sie gehören zwar im Sinne von § 42 Abs. 1 Satz 1 BetrVG nicht zu den Arbeitnehmern des Einsatzbetriebs, da es an einer vertraglichen Bindung zu dessen Inhaber fehlt. Ihr Teilnahmerecht an den Betriebsversammlungen folgt aber aus der entsprechenden Anwendung des § 14 Abs. 2 Satz 2 AÜG.

***BAG** 24.8.2011 – 7 ABR 8/10*

2. Regelmäßige Betriebs- und Abteilungsversammlung (§ 43 BetrVG)

2.1. Allgemeines

Ort, Zeit und Tagesordnung der Betriebsversammlung sind vom Betriebsrat nach pflichtgemäßem Ermessen zu beschließen und den **Arbeitnehmern** sowie dem **Arbeitgeber** rechtzeitig mitzuteilen.

Zum einen muss die **Frist zwischen Einladung und Versammlungstermin** so bemessen sein, dass möglichst alle Arbeitnehmer von dem Termin unterrichtet werden und an ihm teilnehmen können. Bei der Terminbestimmung ist auch auf jene Mitarbeiter, die sich voraussehbar zu dem vorgesehenen Termin der regelmäßigen Betriebsversammlung nicht im Betrieb befinden (z. B. aufgrund Urlaubs oder Krankheit oder auswärtiger Beschäftigung) dadurch Rücksicht zu nehmen, dass sie die Möglichkeit haben, von der betriebsüblichen Einladung (z.B. Aushang am „Schwarzen Brett") zu erfahren, etwa durch sporadische Nachfrage beim Betriebsrat, durch Befragung und Mitteilungen von Kollegen über den erfolgten Aushang oder – handelt es sich um auswärtig eingesetzte Mitarbeiter – anlässlich ihrer turnusmäßigen Anwesenheit im Betrieb. Außerdem müssen die Arbeitnehmer genügend Zeit für eine sachgerechte Vorbereitung ihrer Teilnahme haben, insbesondere Stellungnahmen und Anträge (§ 45 Abs. 2 BetrVG) vorbereiten können.

Des weiteren hat die **Terminnachricht** dem **Arbeitgeber** so rechtzeitig zuzugehen, dass er seine Teilnahme ermöglichen kann, aufgrund der mitgeteilten Tagesordnung (§ 43 Abs. 2 Satz 1 BetrVG) Erklärungen vorbereiten (§ 43 Abs. 2 Satz 2 BetrVG) und einen Vertreter des Arbeitgeberverbands hinzuziehen kann (§ 45 Abs. 2 BetrVG; jetzt § 46 Abs. 1 BetrVG).

Die **Gewerkschaft** muss gleichfalls Gelegenheit haben, sich auf die Versammlung und die zu erörternden Themen terminlich und sachlich einzustellen. Die **Einladungsfrist** bei der Anberaumung regelmäßiger Betriebsversammlungen wird drei Tage nicht unterschreiten dürfen, damit alle Teilnehmer Gelegenheit zur Kenntnisnahme, Teilnahme und zu deren sachgerechten Vorbereitung erhalten. Nach den jeweiligen betrieblichen Verhältnissen kann eine längere Einladungsfrist geboten sein.

Der **Betriebsrat muss**, um bei der Einberufung der Betriebsversammlung im Rahmen des pflichtgemäßen Ermessens zu bleiben, die gebotene **Einladungsfrist einhalten**. Andernfalls ist die Einberufung nicht ordnungsgemäß erfolgt, so dass der Arbeitgeber nicht verpflichtet ist, der Belegschaft die Teilnahme an der Versammlung während der Arbeitszeit zu ermöglichen und Räume für die Versammlung bereitzustellen.

***LAG** Düsseldorf 11.4.1989 – 12 TaBV 9/89 = DB 1989, 2284*

In § 42 Abs. 1 Satz 1 BetrVG ist zwar ausdrücklich nur geregelt, dass die Betriebsversammlung vom Vorsitzenden des Betriebsrats geleitet wird. Dieses Recht steht dem Betriebsratsvorsitzenden oder im Falle seiner Verhinderung seinem Stellvertreter (§ 26 Abs. 3 BetrVG) aber nicht als originäres Leitungsrecht zu, sondern ist ihm vom Gesetz als ausführendem Organ des Betriebsrats für dessen Beschlüsse über die Einberufung und Durchführung der Betriebsversammlung übertragen. Das bedingt zugleich, dass dem Betriebsrat die Befugnis zusteht, im Falle der Verhinderung beider Vorsitzenden ein **anderes Betriebsratsmitglied** durch Beschluss mit der **Leitung der Betriebsversammlung** zu beauftragen.

***BAG** 19.5.1978 – 6 ABR 41/75*

Die Betriebsversammlung ist ein Forum, in dem betriebliche Angelegenheiten frei erörtert werden können. Die **Arbeitnehmer** dürfen **Kritik** an allen Angelegenheiten üben, die den Betrieb berühren. Diese Kritikmöglichkeit erstreckt sich auch auf die Geschäftsleitung. Die Kritik darf aber **nicht ehrverletzend** sein oder den **Betriebsfrieden stören**. Die Äußerung einer unrichtigen Rechtsauffassung und Hinweise auf ein Leistungsverweigerungsrecht der Arbeitnehmer rechtfertigen noch keine **Abmahnung**.

***BAG** 15.1.1986 - 5 AZR 460/84*

Der Betriebsrat kann es unter Berücksichtigung der jeweiligen betrieblichen Situation für angemessen halten, auf Kosten des Arbeitgebers, für eine **mündliche Übersetzung** seines Tätigkeitsberichts an ausländische Mitarbeiter anlässlich einer Betriebsversammlung Vorsorge zu treffen.

In einem **Kleinbetrieb** sind die **Kosten** für eine **schriftliche Übersetzung** nicht erstattungsfähig.

***LAG** Düsseldorf 30.1.1981 - 16 TaBV 21/80 = DB 1981, 1093*

Der **Unternehmer** hat kein Recht, ohne Zustimmung des Betriebsrats **Wortprotokolle von Betriebsversammlungen** anzufertigen, da ansonsten die freie Meinungsäußerung behindert würde.

Der Betriebsrat kann eine Unterlassung solcher Notizen auch dann verlangen, wenn er die Protokollierung in der Vergangenheit geduldet hat, da er auf betriebsverfassungsrechtliche Rechte nicht wirksam verzichten kann.

***LAG** Hamm 9.7.1986 - 3 TaBV 31/86 = AiB 1987, 46*
*a. A. **LAG** Baden-Württemberg 22.10.1978 - 9 TaBV 3/78 = DB 1979, 316;*
***LAG** Berlin 12.12.1978 - 3 TaBV 5/78 = AiB 1994, 412*

Der Betriebsrat ist verpflichtet, die Fertigung **stichwortartiger Aufzeichnungen** über den Inhalt von Betriebsversammlungen **durch den Arbeitgeber** mit der Maßgabe zu dulden, dass in diesen stichwortartigen Aufzeichnungen keine Namensnennung von Mitarbeitern vermerkt wird, sofern nicht der betreffende Mitarbeiter ausdrücklich seinen Namen vermerkt wissen will.

***LAG** Düsseldorf 4.9.1991 - 4 TaBV 60/91 = BB 1991, 2375 = DB 1991, 2552*

Wird der Verlauf einer Betriebsversammlung auf **Tonband aufgezeichnet**, so ist der Betriebsratsvorsitzende verpflichtet, hierauf die Teilnehmer ausdrücklich hinzuweisen.

***LAG** München 15.11.1977 - 5 TaBV 34/77 = DB 1978, 894*

2.2. Häufigkeit der Versammlungen

Der Betriebsrat hat **einmal in jedem Kalendervierteljahr** eine regelmäßige **Betriebsversammlung** einzuberufen. Der Betriebsrat entscheidet nach pflichtgemäßem Ermessen über den Zeitpunkt der Betriebsversammlung innerhalb des jeweiligen Kalendervierteljahres. Er ist nicht verpflichtet, jeweils Betriebsversammlungen in Abständen von 3 Monaten durchzuführen.

***BAG** 5.5.1987 - 1 AZR 666/85*

Die Voraussetzungen für eine **weitere Betriebsversammlung** nach § 43 Abs. 1 Satz 4 BetrVG liegen nur vor, wenn die Angelegenheit, die mit der Belegschaft erörtert werden soll, so bedeutend und dringend ist, dass ein sorgfältig amtierender Betriebsrat unter Berücksichtigung der konkreten Situation im Betrieb die Einberufung einer weiteren Betriebsversammlung für angemessen und sinnvoll halten darf. Dabei ist auch zu berücksichtigen, welche Informationen der Belegschaft schon gegeben werden können, wie sinnvoll ein Meinungsaustausch im Zeitpunkt der vorgesehenen Betriebsversammlung ist und welche Folgen die Nichteinberufung der vorgesehenen Betriebsversammlung haben kann.

Nur Betriebsversammlungen, die den Anforderungen des § 43 Abs. 1 Satz 4 BetrVG genügen, lösen eine Vergütungspflicht des Arbeitgebers nach § 44 Abs. 1 BetrVG aus. Es kommt nicht darauf an, ob das Fehlen eines besonderen Grundes für eine weitere Betriebsversammlung offensichtlich oder nicht offensichtlich war.

Eine Vertrauenshaftung des Arbeitgebers und eine Schadenersatzpflicht wegen Verletzung vertraglicher Nebenpflichten kommen nicht in Betracht, wenn der Arbeitgeber die Belegschaft darauf hinweist, dass die Voraussetzungen für eine weitere Betriebsversammlung nach § 43 Abs. 1 Satz 4 BetrVG nicht erfüllt sind.

***BAG** 23.10.1991 - 7 AZR 249/90*

2.3. Tätigkeitsbericht des Betriebsrats

Aufgabe des Betriebsrats auf einer Betriebsversammlung ist es nach § 43 Abs. 1 BetrVG in erster Linie, einen Bericht über seine, des Betriebsrats, Tätigkeit zu erstatten. Über die wirtschaftliche Lage und Entwicklung des Betriebs zu berichten, ist nach § 43 Abs. 2 Satz 3 BetrVG Aufgabe des Arbeitgebers. Auch wenn der Betriebsrat berechtigt ist, zu diesem Bericht des Arbeitgebers Stellung zu nehmen und die wirtschaftliche Lage und Entwicklung des Betriebs aus seiner Sicht darzustellen, handelt es sich bei dieser Berechtigung doch nur darum, dass der Betriebsrat gerade mit seinen aus seiner Tätigkeit gewonnenen Erfahrungen und Kenntnissen nicht zurückhalten muss, diese vielmehr den Arbeitnehmern darstellen kann.

Nicht aber ist es Aufgabe des Betriebsrats, eine darüber hinausgehende „sachverständige und objektive" Darstellung der wirtschaftlichen Lage des Betriebs zu geben. Auch Fragen der Arbeitnehmer hat er nur aufgrund seiner Kenntnisse und Erfahrungen zu beantworten. Der Betriebsrat kann daher nicht verlangen, dass ihm ein **Sachverständiger** Fachkenntnisse erst vermittelt, nur **um Fragen der Arbeitnehmer auf Betriebsversammlungen** beantworten zu können, die er ohne die vermittelten Fachkenntnisse eines Sachverständigen nicht beantworten kann.

***BAG** 25.7.1989 - 1 ABR 41/88*

2.4. Bericht des Arbeitgebers

Wird von den Beschäftigten **mehrerer Unternehmen** ein **einheitlicher Betriebsrat** gewählt, muss der Bericht nach § 43 Abs. 2 BetrVG von sämtlichen betroffenen Arbeitgebern für alle Unternehmen in einer Betriebsversammlung gegeben werden.

***LAG** Hamburg 15.12.1988 - 2 TaBV 13/88 = AiB 1989, 167*

§ 43 Abs. 2 Satz 3 BetrVG verpflichtet den Arbeitgeber, zumindest einmal jährlich auf einer Betriebsversammlung nicht nur über das Personal- und Sozialwesen, sondern auch über die wirtschaftliche Lage und Entwicklung des Betriebs zu berichten. Ziel des Rechenschaftsberichts ist es, den betriebsangehörigen Arbeitnehmern einen Überblick über die wirtschaftliche und personelle Situation des Betriebes und seine voraussichtliche Entwicklung zu geben. Dafür kann sich der Arbeitgeber mit einer allgemeinen Darstellung begnügen. Die Preisgabe oder Offenlegung konkreter Einzelangaben verlangt das Betriebsverfassungsgesetz von ihm nicht. Das wirtschaftliche Ergebnis eines Betriebes wird je nach Branche und Betriebsgröße beeinflusst. Im Interesse einer autonomen Amtsführung des Betriebsrats verpflichten die §§ 37, 40 BetrVG den Arbeitgeber, diejenigen Kosten der Betriebsratstätigkeit zu tragen, die für die Erledigung der gesetzlichen Aufgaben erforderlich und in Einzelfall auch verhältnismäßig sind. Die gesetzlich angeordnete Kostentragungspflicht des Arbeitgebers ist notwendige Konsequenz des Verbots einer Erhebung und Leistung von Beiträgen Dritter für Zwecke des Betriebsrats (§ 41 BetrVG).

Eine Bestimmung, die es dem Arbeitgeber gestattet oder es ihm verwehrt, die durch die betriebsverfassungsrechtliche Amtsausübung verursachten Kosten betriebsintern bekannt zu geben, enthält das Betriebsverfassungsgesetz nicht. Hält der Arbeitgeber die Mitteilung solcher Kosten im Rahmen seines Rechenschaftsberichts auf einer Betriebsversammlung für notwendig, hat er die berechtigten Belange des Betriebsrats zu beachten. Er darf dabei weder gegen das **Gebot der vertrauensvollen Zusammenarbeit** verstoßen noch durch die Art und Weise der Informationsgestaltung und -vermittlung den Betriebsrat in seiner Amtsführung beeinträchtigen.

§ 43 Abs. 2 BetrVG verlangt von dem Arbeitgeber nicht, sich auf einer Betriebsversammlung zu den Kosten der Betriebsratsarbeit zu äußern. Hat der Arbeitgeber hieran ein berechtigtes Interesse, darf er durch die Art und Weise der Informationsgestaltung und -vermittlung den **Betriebsrat nicht in seiner Amtsführung beeinträchtigen**.

***BAG** 19.7.1995 - 7 ABR 60/94*

Gibt der Arbeitgeber die Kosten der Betriebsratstätigkeit in einer Weise bekannt, die nicht in Einklang mit dem Betriebsverfassungsgesetz steht, hat der Betriebsrat einen Anspruch auf Unterlassung.

***BAG** 12.11.1997 - 7 ABR 14/97*

Nach § 43 Abs. 2 Satz 2 BetrVG ist der Arbeitgeber berechtigt, nicht nur an der Betriebsversammlung teilzunehmen, sondern auf den regelmäßigen Betriebs- und Abteilungsversammlungen zu sprechen. Soweit der Arbeitgeber nicht selbst teilnehmen kann, hat er das Recht, **an seiner Statt einen oder mehrere Vertreter zu der Betriebsversammlung zu entsenden**. Nimmt der Arbeitgeber an der Betriebsversammlung selbst teil, so kann er zu seiner Unterstützung andere Arbeitnehmer des Betriebs, insbesondere auch leitende Angestellte hinzuziehen. Gerade in größeren Betrieben ist eine solche Verfahrensweise schon deshalb unerlässlich, weil der Arbeitgeber oder sein Vertreter ihrer Informationspflicht z. B. nach § 43 Abs. 2 Satz 3 BetrVG nur durch die Mitwirkung von weiteren Betriebsangehörigen nachkommen können. **Der Arbeitgeber ist auch berechtigt, diesen ohne weiteres das Wort an seiner Statt zu überlassen, jedenfalls soweit es zur Information der Betriebsversammlung notwendig ist.**

***BAG** 19.5.1978 – 6 ABR 41/75*

Unter dem Begriff des **Betriebs**- oder **Geschäftsgeheimnisses** wird jede im Zusammenhang mit einem Betrieb stehende Tatsache verstanden, die nicht offenkundig, sondern nur einem eng begrenzten Personenkreis bekannt ist und nach dem Willen des Betriebsinhabers aufgrund eines berechtigten wirtschaftlichen Interesses geheim gehalten werden soll.

***BAG** 26.2.1987 – 6 ABR 46/84*

Auch in einem von zwei Stadtgemeinden gemeinsam in der Rechtsform einer Gesellschaft des Bürgerlichen Rechts betriebenen **Tendenzunternehmen** (Theater) haben die Arbeitgeberinnen in der Betriebsversammlung den jährlichen Lagebericht gemäß § 43 Abs. 2 Satz 3 BetrVG zu erstatten. Dieser Bericht braucht sich im Normalfall nicht auf die nähere Darlegung konkreter künstlerischer Entscheidungen zu erstrecken.

***BAG** 8.3.1977 – 1 ABR 18/75*

3. Zeitpunkt der Versammlung und Verdienstausfall (§ 44 BetrVG)

3.1. Zeitpunkt der Versammlung

Die in § 43 Abs. 1 BetrVG bezeichneten **regelmäßigen** Betriebs- und Abteilungsversammlungen haben nach § 44 BetrVG **grundsätzlich während der Arbeitszeit** stattzufinden. Von dieser Regel macht das Gesetz eine Ausnahme, wenn die **Eigenart eines Betriebs** die Durchführung einer regelmäßigen Betriebs- oder Abteilungsversammlung **außerhalb der Arbeitszeit zwingend erfordert**. Unter der „Eigenart des Betriebs" ist in erster Linie die organisatorisch-technische Besonderheit des konkreten Einzelbetriebs zu verstehen und nicht die eines ganzen Gewerbezweiges.

Wirtschaftliche Zumutbarkeitserwägungen stellen dagegen grundsätzlich keine zwingenden Erfordernisse i.S.d. § 44 BetrVG dar. Eine Ausnahme hiervon ist der Fall einer absoluten wirtschaftlichen Unzumutbarkeit.

***BAG** 27.11.1987 – 7 AZR 29/87*

Im **mehrschichtigen Betrieb** ist der Betriebsrat aus dem Interesse des Arbeitgebers am möglichst ungestörten Betriebsablauf, wegen seiner Pflicht zur Rücksichtnahme auf die betrieblichen Belange, wegen des Gebots zur vertrauensvollen Zusammenarbeit, wegen des Interesses der Mitarbeiter an einer gemeinsamen Versammlung möglichst aller Beschäftigten, wegen des Charakters der regelmäßigen Betriebsversammlung als Vollversammlung gehalten, die regelmäßigen – vierteljährlichen – Betriebsversammlungen auf der **Schnittstelle zwischen den beiden Schichten** anzuberaumen, in denen der Großteil der Arbeitnehmer i.S.d. BetrVG beschäftigt wird. Persönliche Probleme von Mitarbeitern bei der Organisation ihres Privathaushaltes rechtfertigen es nicht, von der zeitlichen Lage der Vollversammlung auf der Nahtstelle zwischen Früh- und Spätschicht abzugehen.

***LAG** Schleswig-Holstein 30.5.1991 – 4 TaBV 12/91 = BB 1991, 1863 = NZA 1991, 947*

Weicht die **persönliche Arbeitszeit** einer bestimmten Arbeitnehmergruppe (z. B. der **Teilzeitarbeitnehmer**) von der Arbeitszeit eines wesentlichen Teils der Belegschaft ab, so liegen keine sich aus der Eigenart des Betriebs ergebenden zwingenden Erfordernisse i.S.d. § 44 Abs. 1 BetrVG vor, die den Betriebsrat dazu berechtigen, eine **regelmäßige Betriebsversammlung** außerhalb der betriebsüblichen Arbeitszeit einzuberufen.

Für die Teilnahme an einer vom Betriebsrat zu Unrecht **außerhalb der Arbeitszeit einberufenen regelmäßigen Betriebsversammlung** steht dem Arbeitnehmer nach § 44 Abs. 1 Satz 3 BetrVG ein Vergütungs- und Aufwendungsersatzanspruch jedenfalls dann nicht zu, wenn der Arbeitgeber vorher der Belegschaft gegenüber der Einberufung der Betriebsversammlung außerhalb der Arbeitszeit widersprochen hat.

***BAG** 27.11.1987 – 7 AZR 29/87*

Regelmäßige Betriebsversammlungen i.S.d. § 43 Abs. 1 BetrVG haben grundsätzlich während der Arbeitszeit stattzufinden und sind von Gesetzes wegen zeitlich nicht begrenzt. Hieraus folgt die grundsätzliche Zulässigkeit der Fortführung einer bei regulärem Arbeitsschluss in Bezug auf die abzuhandelnden Themen noch nicht erledigten Betriebsversammlungen.

Überwiegende Interessen des Arbeitgebers, eine Fortsetzung der regelmäßigen Betriebsversammlung im Wege der einstweiligen Verfügung untersagen zu lassen, können allein mit Produktionsausfall nicht begründet werden, weil bei einer weiteren Betriebsversammlung i.S.d. § 43 Abs. 1 Satz 4 BetrVG in ähnlicher Weise Produktionsausfall entstehen würde.

Die Betriebsversammlung dient der Unterrichtung des Arbeitnehmers und der Aussprache zwischen Betriebsrat und Arbeitnehmern über die sie interessierenden wesentlichen Fragen. Der ungestörten und freien Aussprache kommt im Rahmen der Betriebsverfassung rechtlich ein hoher Stellenwert zu. Die Entscheidung, eine Betriebsversammlung nicht wesentlich über das Ende der Arbeitszeit hinaus fortzusetzen, ist nicht zu beanstanden.

***LAG** Baden-Württemberg 12.12.1985 – 14 TaBV 22/85 = AiB 1989, 210*

3.2. Verdienstausfall

Nur Betriebsversammlungen, die den Anforderungen des § 43 Abs. 1 Satz 4 BetrVG genügen, lösen eine Vergütungspflicht des Arbeitgebers nach § 44 Abs. 1 BetrVG aus. Es kommt nicht darauf an, ob das Fehlen eines besonderen Grundes für eine weitere Betriebsversammlung offensichtlich oder nicht offensichtlich war.

***BAG** 23.10.1991 – 7 AZR 249/90*

Der Wortlaut des § 44 Abs. 1 Satz 2 und 3 BetrVG enthält keine Anhaltspunkte für weitere, den Vergütungsanspruch eines teilnehmenden Arbeitnehmers an der Betriebsversammlung einschränkende Voraussetzungen.

Die Regelung in § 44 Abs. 1 Satz 3 BetrVG geht ersichtlich über Regelungen hinaus, die sich aus dem Lohnausfallprinzip ergeben würden. Nehmen Arbeitnehmer des Betriebs an Versammlungen teil, die außerhalb ihrer persönlichen Arbeitszeit stattfinden, erhalten sie Lohn für die am gleichen Tage im Betrieb geleistete Arbeit nach § 611 Abs. 1 BGB. **Zusätzlich** haben sie Anspruch auf Vergütung für die Zeit der Teilnahme an der Betriebsversammlung. Nach dem Wortlaut des Gesetzes deutet nichts darauf hin, dass den Arbeitnehmern der zuletzt genannte Anspruch versagt werden sollte. Auch mit der Regelung, dass der Arbeitnehmer eine **Vergütung für zusätzliche Wegezeiten** beanspruchen kann, geht die gesetzliche Regelung über das Lohnausfallprinzip hinaus. **§ 44 Abs. 1 Satz 2 und 3 BetrVG** enthält deshalb nach dem Wortlaut **nicht nur eine Lohnausfallgarantie**.

***BAG** 5.5.1987 – 1 AZR 665/85*

Ein in Schichtarbeit eingeteilter Arbeitnehmer, der an einer an einem Sonntag erfolgenden Betriebsversammlung teilnimmt, die in seiner Freischicht durchgeführt wird, hat keinen Anspruch auf den tariflich vorgesehenen Sonntagszuschlag

***BAG** 1.10.1974 – 1 AZR 394/73*

Die Zeit der Teilnahme ist wie „Arbeitszeit" zu vergüten. Damit wird nur die Berechnung der Vergütung geregelt. **Die Zeit der Teilnahme ist keine Arbeitszeit.** Deshalb gelten auch nicht die Arbeitszeitvorschriften. Soweit die Zeit der Teilnahme über die normale Arbeitszeit hinausgeht, ist dies **keine Mehrarbeit** und auch nicht als Mehrarbeitszeit zu vergüten; es besteht **kein Anspruch auf Mehrarbeitszuschlag**.

***BAG** 5.5.1987 – 1 AZR 666/85*

Ein Arbeitnehmer kann während seines **Erholungsurlaubs** an einer **regelmäßigen Betriebsversammlung** teilnehmen. Er hat für die Zeit der Teilnahme Anspruch auf eine Vergütung nach § 44 Abs. 1 Satz 2 oder 3 BetrVG.

***BAG** 5.5.1987 – 1 AZR 665/85*

Der Arbeitnehmer darf auch während seines **Erziehungsurlaubs** an einer Betriebsversammlung teilnehmen. Er hat hierfür einen Vergütungsanspruch aus § 44 Abs. 1 Satz 2 BetrVG.

***BAG** 31.5.1989 – 7 AZR 574/88*

Regelmäßige Betriebsversammlungen i.S.v. § 43 Abs. 1 BetrVG können auch dann stattfinden, wenn im Betrieb wegen **arbeitskampfbedingter Störungen** nur verkürzt gearbeitet wird (**Kurzarbeit**).

Die teilnehmenden Arbeitnehmer haben für die Zeit der Teilnahme an diesen Betriebsversammlungen Anspruch auf eine Vergütung nach § 44 Abs. 1 Satz 2 oder 3 BetrVG, auch wenn sie für den Tag der Betriebsversammlung Kurzarbeitergeld erhalten haben.

***BAG** 5.5.1987 – 1 AZR 666/85*

4. Zusätzliche Themen der Betriebs- und Abteilungsversammlung (§ 45 BetrVG)

Bei dem Tagesordnungspunkt Referat „Rückenschulung und Hebetechnik" handelt es sich um ein zulässiges Thema einer Betriebsversammlung.

***ArbG** Frankfurt/M. 26.4.1993 – 11 BVGa 23/93 = AiB 1994, 410*

Das Referat eines **Rentenberaters** auf einer Betriebsversammlung kann bei entsprechender Zusammensetzung der Belegschaft ein zulässiges Thema sein.

Bei Streit über die Zulässigkeit hat der Arbeitgeber eine einstweilige Verfügung zu erwirken und seine Bedenken betriebsüblich bekannt zu machen. Nimmt ein Arbeitnehmer im Glauben an die Zulässigkeit des Referates an der Betriebsversammlung teil, so ist der Arbeitgeber zur Lohnzahlung verpflichtet.

***LAG** Bremen 5.3.1982 – 1 Sa 374 – 378/91*

Der Betriebsrat ist berechtigt, das Thema „Wahlfreiheit für Pflichtversicherte" im Krankenkassenversicherungsbereich als sozialpolitisches Thema zum Gegenstand einer Betriebsversammlung zu machen und sich hierzu Experten (hier: Vertreter der im Betrieb vertretenen Krankenkassen) zu bedienen.

Die Hinzuziehung sachkundiger Personen ist jedenfalls dann nicht zu beanstanden, wenn dem Arbeitgeber dadurch keine besonderen Kosten entstehen und das Thema von § 45 BetrVG abgedeckt ist.

***ArbG** Paderborn 24.10.1996 – 2 BVGa 4/96*

Der **Bericht über die Vertrauensleutearbeit** im Betrieb ist für ein Unternehmen der Metallindustrie grundsätzlich zulässiges Thema einer Betriebsversammlung, soweit dieser Bericht keine Gewerkschaftswerbung enthält.

Hat der Arbeitgeber die Streichung eines solchen Berichts von der bekannt gemachten Tagesordnung einer Betriebsversammlung veranlasst, so hat der Arbeitgeber den Versammelten den Lohn für eine Zeit von 10 Minuten fortzuzahlen in der trotzdem der Bericht erstattet wird.

***LAG** Hamm 3.12.1986 – 3 Sa 1229/86 = BB 1987, 685*

Ein nur unwesentliches Überschreiten des gesetzlich zulässigen Themenkreises einer Betriebsversammlung, wodurch auch der Arbeitsfrieden nicht gestört wird, ist unerheblich und berechtigt den Arbeitgeber daher nicht zum Lohnabzug.

Als geringfügige, nicht zum Lohnabzug berechtigende Abweichung wird angesehen, wenn auf einer Betriebsversammlung maximal eine Viertelstunde Erörterungen außerhalb des nach § 45 Satz 1 BetrVG zulässigen Themenkreises erfolgen.

Das Thema „Vertrauensleute-Arbeit" im Betrieb gehört zu den nach § 45 BetrVG auf einer Betriebsversammlung zulässigen Themen.

***LAG** Düsseldorf 10.3.1981 – 11 Sa 1453/80 = AiB 1989, 208*

Für die Themen einer Betriebsversammlung gilt § 45 BetrVG; danach können auch Angelegenheiten **tarifpolitischer Art** behandelt werden, jedoch ist die Friedenspflicht des § 74 Abs. 2 BetrVG zu beachten. Das als Schwerpunkt einer zusätzlichen Betriebsversammlung angesetzte Thema, nämlich der Bericht des Bezirksleiters der IG Metall verletzt die Friedenspflicht, wenn das Thema lautet: „Zwingen uns die Arbeitgeber zu Streikmaßnahmen?". Die Diskussion über mögliche Arbeitskampfmaßnahmen ist ein klarer Verstoß gegen die Pflicht des Betriebsrats, sich in einer anstehenden Tarifauseinandersetzung strikt neutral zu verhalten.

***ArbG** Neumünster 25.1.1994 – 3 a BVGa 3/94 = DB 1994, 436*

Der Streit darüber, ob es sich um ein zulässiges oder unzulässiges Thema handelt, kann nicht den Arbeitnehmern angelastet werden.

Der Arbeitgeber wird nicht automatisch von der Entgeltzahlungspflicht frei, wenn ein unzulässiges Thema behandelt wird. Es ist ihm vielmehr auch bei wesentlichen Verstößen gegen § 45 BetrVG zuzumuten, seine Bedenken betriebsüblich bekannt zu machen und darüber hinaus ggf. durch einstweilige Verfügung die Erörterung seiner Meinung nach unzulässigen Tagesordnungspunkten untersagen zu lassen.

***LAG** Bremen 5.3.1982 – 1 Sa 374/81 = DB 1982, 1573;*
***LAG** Baden-Württemberg 17.2.1987 – 8 (14) Sa 106/86 = DB 1987, 1441*

5. Mitarbeiterversammlung

Führt der Arbeitgeber eine **Mitarbeiterversammlung außerhalb der betriebsüblichen Arbeitszeit** durch, ist die Maßnahme nach § 87 Abs. 1 Nr. 3 BetrVG mitbestimmungspflichtig, wenn der Arbeitgeber kraft seines Direktionsrechts die Teilnahme anordnen kann oder wenn eine anderweitige Verpflichtung der Arbeitnehmer gegenüber dem Arbeitgeber zur Teilnahme besteht, weil sie sich z. B. dem Arbeitgeber gegenüber im Einzelfall zur Teilnahme verpflichtet haben.

***BAG** 13.3.2001 – 1 ABR 33/00*

Gesamtbetriebsrat (§§ 47 – 53 BetrVG)

Gesetzestext

§ 47[30] Voraussetzungen der Errichtung, Mitgliederzahl, Stimmengewicht

(1) *Bestehen in einem Unternehmen mehrere Betriebsräte, so ist ein Gesamtbetriebsrat zu errichten.*

(2) *[1]In den Gesamtbetriebsrat entsendet jeder Betriebsrat mit bis zu drei Mitgliedern eines seiner Mitglieder; jeder Betriebsrat mit mehr als drei Mitgliedern entsendet zwei seiner Mitglieder. [2]Die Geschlechter sollen angemessen berücksichtigt werden.*

(3) *Der Betriebsrat hat für jedes Mitglied des Gesamtbetriebsrats mindestens ein Ersatzmitglied zu bestellen und die Reihenfolge des Nachrückens festzulegen.*

(4) *Durch Tarifvertrag oder Betriebsvereinbarung kann die Mitgliederzahl des Gesamtbetriebsrats abweichend von Absatz 2 Satz 1 geregelt werden.*

(5) *Gehören nach Absatz 2 Satz 1 dem Gesamtbetriebsrat mehr als vierzig Mitglieder an und besteht keine tarifliche Regelung nach Absatz 4, so ist zwischen Gesamtbetriebsrat und Arbeitgeber eine Betriebsvereinbarung über die Mitgliederzahl des Gesamtbetriebsrats abzuschließen, in der bestimmt wird, dass Betriebsräte mehrerer Betriebe eines Unternehmens, die regional oder durch gleichartige Interessen miteinander verbunden sind, gemeinsam Mitglieder in den Gesamtbetriebsrat entsenden.*

(6) *[1]Kommt im Fall des Absatzes 5 eine Einigung nicht zustande, so entscheidet eine für das Gesamtunternehmen zu bildende Einigungsstelle. [2]Der Spruch der Einigungsstelle ersetzt die Einigung zwischen Arbeitgeber und Gesamtbetriebsrat.*

(7) *[1]Jedes Mitglied des Gesamtbetriebsrats hat so viele Stimmen, wie in dem Betrieb, in dem es gewählt wurde, wahlberechtigte Arbeitnehmer in der Wählerliste eingetragen sind. [2]Entsendet der Betriebsrat mehrere Mitglieder, so stehen ihnen die Stimmen nach Satz 1 anteilig zu.*

(8) *Ist ein Mitglied des Gesamtbetriebsrats für mehrere Betriebe entsandt worden, so hat es so viele Stimmen, wie in den Betrieben, für die es entsandt ist, wahlberechtigte Arbeitnehmer in den Wählerlisten eingetragen sind; sind mehrere Mitglieder entsandt worden, gilt Absatz 7 Satz 2 entsprechend.*

(9) *Für Mitglieder des Gesamtbetriebsrats, die aus einem gemeinsamen Betrieb mehrerer Unternehmen entsandt worden sind, können durch Tarifvertrag oder Betriebsvereinbarung von den Absätzen 7 und 8 abweichende Regelungen getroffen werden.*

§ 48 Ausschluss von Gesamtbetriebsratsmitgliedern

Mindestens ein Viertel der wahlberechtigten Arbeitnehmer des Unternehmens, der Arbeitgeber, der Gesamtbetriebsrat oder eine im Unternehmen vertretene Gewerkschaft können beim Arbeitsgericht den Ausschluss eines Mitglieds aus dem Gesamtbetriebsrat wegen grober Verletzung seiner gesetzlichen Pflichten beantragen.

§ 49 Erlöschen der Mitgliedschaft

Die Mitgliedschaft im Gesamtbetriebsrat endet mit dem Erlöschen der Mitgliedschaft im Betriebsrat, durch Amtsniederlegung, durch Ausschluss aus dem Gesamtbetriebsrat aufgrund einer gerichtlichen Entscheidung oder Abberufung durch den Betriebsrat.

§ 50 Zuständigkeit

(1) *[1]Der Gesamtbetriebsrat ist zuständig für die Behandlung von Angelegenheiten, die das Gesamtunternehmen oder mehrere Betriebe betreffen und nicht durch die einzelnen Betriebsräte innerhalb ihrer Betriebe geregelt werden können; seine Zuständigkeit erstreckt sich insoweit auch auf Betriebe ohne Betriebsrat. [2]Er ist den einzelnen Betriebsräten nicht übergeordnet.*

(2) *[1]Der Betriebsrat kann mit der Mehrheit der Stimmen seiner Mitglieder den Gesamtbetriebsrat beauftragen, eine Angelegenheit für ihn zu behandeln. [2]Der Betriebsrat kann sich dabei die Entscheidungsbefugnis vorbehalten. [3]§ 27 Abs. 2 Satz 3 und 4 gilt entsprechend.*

§ 51 Geschäftsführung

(1) *[1]Für den Gesamtbetriebsrat gelten § 25 Abs. 1, die §§ 26, 27 Abs. 2 und 3, § 28 Abs. 1 Satz 1 und 3, Abs. 2, die §§ 30, 31, 34, 35, 36, 37 Abs. 1 bis 3 sowie die §§ 40 und 41 entsprechend. [2]§ 27 Abs. 1 gilt entsprechend mit der Maßgabe, dass der Gesamtbetriebsausschuss aus dem Vorsitzenden des Gesamtbetriebsrats, dessen Stellvertreter und bei Gesamtbetriebsräten mit*

9 bis 16 Mitgliedern aus 3 weiteren Ausschussmitgliedern,
17 bis 24 Mitgliedern aus 5 weiteren Ausschussmitgliedern,
25 bis 36 Mitgliedern aus 7 weiteren Ausschussmitgliedern,
mehr als 36 Mitgliedern aus 9 weiteren Ausschussmitgliedern

besteht.

30 **[Amtl. Anm.:]** Gemäß Artikel 14 Satz 2 des Gesetzes zur Reform des Betriebsverfassungsgesetzes (BetrVerf-Reformgesetz) vom 23. Juli 2001 (BGBl. I S. 1852) gilt § 47 Abs. 2 (Artikel 1 Nr. 35 Buchstabe a des BetrVerf-Reformgesetzes) für im Zeitpunkt des Inkrafttretens bestehende Betriebsräte erst bei deren Neuwahl.

(2) [1]Ist ein Gesamtbetriebsrat zu errichten, so hat der Betriebsrat der Hauptverwaltung des Unternehmens oder, soweit ein solcher Betriebsrat nicht besteht, der Betriebsrat des nach der Zahl der wahlberechtigten Arbeitnehmer größten Betriebs zu der Wahl des Vorsitzenden und des stellvertretenden Vorsitzenden des Gesamtbetriebsrats einzuladen. [2]Der Vorsitzende des einladenden Betriebsrats hat die Sitzung zu leiten, bis der Gesamtbetriebsrat aus seiner Mitte einen Wahlleiter bestellt hat. [3]§ 29 Abs. 2 bis 4 gilt entsprechend.

(3) [1]Die Beschlüsse des Gesamtbetriebsrats werden, soweit nichts anderes bestimmt ist, mit Mehrheit der Stimmen der anwesenden Mitglieder gefasst. [2]Mitglieder des Gesamtbetriebsrats, die mittels Video- und Telefonkonferenz an der Beschlussfassung teilnehmen, gelten als anwesend. [3]Bei Stimmengleichheit ist ein Antrag abgelehnt. [3]Der Gesamtbetriebsrat ist nur beschlussfähig, wenn mindestens die Hälfte seiner Mitglieder an der Beschlussfassung teilnimmt und die Teilnehmenden mindestens die Hälfte aller Stimmen vertreten; Stellvertretung durch Ersatzmitglieder ist zulässig. § 33 Abs. 3 gilt entsprechend.

(4) Auf die Beschlussfassung des Gesamtbetriebsausschusses und weiterer Ausschüsse des Gesamtbetriebsrats ist § 33 Abs. 1 und 2 anzuwenden.

(5) Die Vorschriften über die Rechte und Pflichten des Betriebsrats gelten entsprechend für den Gesamtbetriebsrat, soweit dieses Gesetz keine besonderen Vorschriften enthält.

§ 52 Teilnahme der Gesamtschwerbehindertenvertretung

Die Gesamtschwerbehindertenvertretung (§ 97 Abs. 1 des Neunten Buches Sozialgesetzbuch) kann an allen Sitzungen des Gesamtbetriebsrats beratend teilnehmen.

§ 53 Betriebsräteversammlung

(1) [1]Mindestens einmal in jedem Kalenderjahr hat der Gesamtbetriebsrat die Vorsitzenden und die stellvertretenden Vorsitzenden der Betriebsräte sowie die weiteren Mitglieder der Betriebsausschüsse zu einer Versammlung einzuberufen. [2]Zu dieser Versammlung kann der Betriebsrat abweichend von Satz 1 aus seiner Mitte andere Mitglieder entsenden, soweit dadurch die Gesamtzahl der sich für ihn nach Satz 1 ergebenden Teilnehmer nicht überschritten wird.

(2) In der Betriebsräteversammlung hat

1. *der Gesamtbetriebsrat einen Tätigkeitsbericht,*
2. *der Unternehmer einen Bericht über das Personal- und Sozialwesen einschließlich des Stands der Gleichstellung von Frauen und Männern im Unternehmen, der Integration der im Unternehmen beschäftigten ausländischen Arbeitnehmer, über die wirtschaftliche Lage und Entwicklung des Unternehmens sowie über Fragen des Umweltschutzes im Unternehmen, soweit dadurch nicht Betriebs- und Geschäftsgeheimnisse gefährdet werden,*

zu erstatten.

(3) [1]Der Gesamtbetriebsrat kann die Betriebsräteversammlung in Form von Teilversammlungen durchführen. [2]Im Übrigen gelten § 42 Abs. 1 Satz 1 zweiter Halbsatz und Satz 2, § 43 Abs. 2 Satz 1 und 2 sowie die §§ 45 und 46 entsprechend.

---

1. Allgemeines

Hinweis für die Praxis:

*Das Betriebsverfassungsgesetz geht von der **Primärzuständigkeit** der **Einzelbetriebsräte** aus. Die Anknüpfung der Betriebsverfassung an den Betrieb bezweckt, die Repräsentativvertretung der Arbeitnehmer dort einzurichten, wo gearbeitet wird. Der **Gesamtbetriebsrat** hat nur einen eng begrenzten Zuständigkeitsbereich, der nach dem **Subsidiaritätsprinzip** abgegrenzt ist. Nach der zwingenden gesetzlichen Regelung des § 50 Abs. 1 Satz 1 BetrVG hängt die originäre Zuständigkeit des Gesamtbetriebsrats von zwei Voraussetzungen ab:*

- *Die Angelegenheit muss das Gesamtunternehmen oder mehrere Betriebe betreffen und,*
- *es ist erforderlich, dass diese Angelegenheit nicht durch die einzelnen Betriebsräte innerhalb ihrer Betriebe geregelt werden kann.*

*Siehe hierzu **BAG** 3.5.2006 – 1 ABR 15/05*

Originäre Mitbestimmungsrechte des Gesamtbetriebsrats und entsprechende Mitbestimmungsrechte der Einzelbetriebsräte schließen sich gegenseitig aus.

***BAG** 6.4.1976 – 1 ABR 27/74*

Der Gesamtbetriebsrat ist nicht Träger des Überwachungsrechts aus § 80 Abs. 1 Nr. 1 BetrVG. Für dessen Wahrnehmung ist allein der Betriebsrat zuständig.
Die Zuständigkeitsverteilung zwischen Betriebsrat und Gesamtbetriebsrat nach § 50 Abs. 1 Satz 1 BetrVG betrifft nur die im BetrVG geregelten Mitwirkungs- und Mitbestimmungsrechte, bei denen Arbeitgeber und Betriebsrat eine Regelungsbefugnis eröffnet ist. Die Vorschrift findet bei Beteiligungssachverhalten, die einer weiteren Ausgestaltung durch die Betriebsparteien nicht zugänglich sind oder einer solchen nicht bedürfen, keine Anwendung.

Ein vom Betriebsrat beanspruchter Online-Zugriff auf Dateien, der sich gegenständlich nicht auf die nach § 80 Abs. 2 Satz 1 BetrVG vorlagepflichtigen Informationen beschränkt, überschreitet die Grenzen des Informationsrechts aus § 80 Abs. 2 BetrVG.

***BAG** 16.8.2011 – 1 ABR 22/10*

Hinweis für die Praxis:

Die vorstehende Entscheidung ist schwer verständlich aber sehr wichtig für die Bestimmung der Funktion des Gesamtbetriebsrats im Betriebsverfassungsrecht. Das BAG lässt erneut keinen Zweifel daran, dass die Zuständigkeit des Gesamtbetriebsrats üblicherweise die Ausnahme ist. Darüber hinaus und dies ist die noch wichtigere Erkenntnis aus dem vorstehenden Urteil, sind bestimmte Aufgaben und Funktionen, die das Betriebsverfassungsgesetz für den Betriebsrat vorsieht, dem Gesamtbetriebsrat von vorneherein verschlossen. Hierzu gehören alle Beteiligungssachverhalte, die einer weiteren Ausgestaltung durch die Betriebsparteien überhaupt nicht zugänglich sind oder einer solchen nicht bedürfen, wie vor allem die Geltendmachung von Rechtsansprüchen, die alleine vom Vorliegen der im Gesetz bestimmten Tatbestandsvoraussetzungen abhängig sind. Hierzu ist alleine der Betriebsrat berechtigt. Ein Beispiel hierfür ist die Wahrnehmung des Überwachungsrechts gemäß § 80 Abs.1 BetrVG, das alleine davon abhängig ist, ob die in § 80 Abs.1 BetrVG aufgeführten Tatbestände vorliegen. Der Gesamtbetriebsrat ist gemäß § 50 Abs.1 BetrVG nur für die Behandlung von Angelegenheiten zuständig, bei welchen eine Mitwirkungs- und Mitbestimmungsberechtigung zu Gunsten des Betriebsrats besteht, bei welchen also der Arbeitgeber und der Betriebsrat eine gemeinsame Regelungsbefugnis und damit auch Verpflichtung zur Regelung haben.

Die Zuständigkeit des Gesamtbetriebsrats für eine betriebsübergreifende Regelung der Vergütungsstruktur von außertariflichen Angestellten folgt weder aus einem tarifersetzenden Charakter einer solchen Ordnung noch aus einem vom Arbeitgeber unternehmensweit zur Verfügung gestellten Gesamtbudget für die Vergütung dieser Arbeitnehmer.

***BAG** 18.5.2010 – 1 ABR 96/08*

Hinweis für die Praxis:

Die Betriebspartner müssen sowohl den für das gesamte Unternehmen bestehenden arbeitsrechtlichen, als auch betriebsverfassungsrechtlichen Gleichbehandlungsgrundsatz beachten, falls sich eine „verteilende" Entscheidung nicht auf einzelne Betriebe beschränkt. Diese begründen aber eine Zuständigkeit des Betriebsrats oder Gesamtbetriebsrats nicht, son-

dern sind von den jeweiligen Gremien, soweit sie zuständig sind, anzuwenden, sie wirken also nicht zuständigkeitsbegründend. Die Entgeltzahlung an außertarifliche Angestellte ist aber auch nicht freiwillig, sondern ergibt sich bereits aus § 612 Abs. 1 BGB. Ein zwingendes Erfordernis für eine betriebsübergreifende Regelung der Grundsätze für die Vergütung der AT-Angestellten, das die Zuständigkeit des Gesamtbetriebsrats nach § 50 Abs. 1 BetrVG begründen könnte, ist nicht ersichtlich, weshalb der Betriebsrat originär zuständig ist.

Die den örtlichen Betriebsräten zustehende **Überwachungsaufgaben können** nicht durch den Abschluss einer Betriebsvereinbarung über mitbestimmungspflichtige Maßnahmen (Leistungsbeurteilung, betriebliche Lohngestaltung) **auf den Gesamtbetriebsrat verlagert** werden. Es besteht hinsichtlich der Regelung der Überwachung kein Mitbestimmungsrecht. Die Einzelheiten des „Ob“ und des „Wie“ der Überwachung sind deshalb auch nicht regelungsbedürftig, sondern nur regelungsfähig. Ist aber eine Angelegenheit nicht regelungsbedürftig, so kann für den Gesamtbetriebsrat keine originäre Zuständigkeit gegeben sein. Nach § 50 Abs. 1 BetrVG ist nämlich der Gesamtbetriebsrat nur zuständig für die Behandlung von Angelegenheiten, die nicht durch einzelne Betriebsräte geregelt werden können.

Bedarf die Wahrnehmung der allgemeinen Aufgaben des Betriebsrats nach § 80 Abs. 1 BetrVG aber keiner Regelung, versagt für diesen Fall die in § 50 Abs. 1 BetrVG vorgesehene Zuständigkeitsregelung nach dem Subsidiaritätsprinzip, die auf die Ausübung von Mitbestimmungsrechten abstellt. **Die Überwachungsaufgaben nach § 80 Abs. 1 BetrVG hat für seinen Betrieb daher stets der einzelne Betriebsrat.** Etwas anderes kann nur dann gelten, wenn der Betriebsrat den Gesamtbetriebsrat nach § 50 Abs. 2 BetrVG beauftragt hat, die Frage der Überwachung der Durchführung der Betriebsvereinbarung für ihn zu regeln.

***BAG** 20.12.1988 – 1 ABR 63/87*

Beteiligte am Beschlussverfahren in Angelegenheiten des BetrVG ist neben Antragsteller und Arbeitgeber jede Stelle, die durch die begehrte Entscheidung in ihrer betriebsverfassungsrechtlichen Rechtsstellung unmittelbar betroffen ist. Ein Betroffensein verlangt, dass die Stelle als Inhaberin des streitigen Anspruchs oder Rechts materiell-rechtlich ernsthaft in Frage kommt.

Die örtlichen Betriebsräte sind am Beschlussverfahren nicht beteiligt, wenn es um die Mitbestimmung des Gesamtbetriebsrats an einer Entscheidung des Arbeitgebers geht, die notwendig oberhalb der Ebene der einzelnen Betriebe getroffen wird, etwa weil sie das Verhältnis der einzelnen Betriebe zueinander betrifft.

***BAG** 28.3.2006 – 1 ABR 59/04*

Die Zuständigkeit des Gesamtbetriebsrats wegen „subjektiver Unmöglichkeit“ einzelbetrieblicher Regelungen ist gegeben, wenn der Arbeitgeber im Bereich der freiwilligen Mitbestimmung zu einer Regelung nur betriebsübergreifend bereit ist.

***BAG** 10.10.2006 – 1 ABR 59/05*

Gemäß § 50 Abs. 1 BetrVG ist der GBR zuständig für die Behandlung von Angelegenheiten, die das Gesamtunternehmen oder mehrere Betriebe betreffen und die nicht durch die einzelnen Betriebsräte innerhalb ihrer Betriebe geregelt werden können.

Beide Voraussetzungen – überbetrieblicher Bezug und fehlende betriebliche Regelungsmöglichkeit – müssen kumulativ vorliegen.

Der Begriff des „***Nichtregelnkönnens***“ setzt nicht eine objektive Unmöglichkeit der Regelung durch den Einzelbetriebsrat voraus. Ausreichend, aber auch zu verlangen ist, dass ein zwingendes Erfordernis für eine unternehmenseinheitliche oder zumindest betriebsübergreifende Regelung besteht, wobei auf die Verhältnisse des einzelnen konkreten Unternehmens und der konkreten Betriebe abzustellen ist.

Reine Zweckmäßigkeitsgründe oder das **Koordinierungsinteresse des Arbeitgebers** allein **genügen nicht**.

Ob diese Voraussetzungen vorliegen, lässt sich nicht beantworten ohne Berücksichtigung des jeweiligen Inhalts und Zwecks des in Frage stehenden Mitbestimmungsrechts des Betriebsrats.

***BAG** 26.1.1993 – 1 AZR 303/92*

Die Frage, auf welcher Ebene das Mitbestimmungsrecht ausgeübt werden kann, hängt bei bestimmten Fallgestaltungen von einer Vorentscheidung des Arbeitgebers ab.

Das Vorliegen einer Entscheidung des Arbeitgebers für eine **unternehmenseinheitliche Regelung** ist in erster Linie eine Tatfrage. Eine entsprechende Feststellung setzt voraus, dass der Arbeitgeber eine unternehmenseinheitliche Regelung tatsächlich anstrebt und das auch eindeutig zum Ausdruck bringt. Nach der Konzeption des Gesetzes ist grundsätzlich von der Zuständigkeit des Einzelbetriebsrats auszugehen. Soll diese Zuständigkeit durch eine Entscheidung des Arbeitgebers durchbrochen werden, muss das für die Arbeitnehmerseite klar erkennbar sein. Der Arbeitgeber muss an den Gesamtbetriebsrat herantreten und diesem gegenüber deutlich machen, dass er eine unternehmenseinheitliche Regelung treffen will. Solange eine solche Initiative des Arbeitgebers nicht vorliegt, bleibt es bei der Zuständigkeit des Einzelbetriebsrats.

***BAG** 18.10.1994 – 1 ABR 17/94*

Bei einer Gesamtzusage besteht das Vertragsangebot des Arbeitgebers aus seinen verlautbarten und in allgemeiner Form bekannt gemachten Erklärungen, mit deren Inhalt sich der Arbeitnehmer konkludent einverstanden erklärt, wenn er die Leistung entgegennimmt. Eine ausdrückliche Annahme ist entbehrlich (§ 151 BGB). Der Leistung als solcher kommt kein eigener Erklärungswert zu, wenn ihre Bedingungen allgemein bekannt gemacht worden sind. Deswegen können sich Arbeitnehmer bei Gesamtzusagen regelmäßig nicht mit Erfolg darauf berufen, sie hätten nur die Leistung wahrgenommen, nicht aber die Einzelheiten der ihr zugrunde liegenden Zusage. Dies gilt auch, wenn der Arbeitnehmer erst nach der Bekanntgabe der Gesamtzusage bei dem Arbeitgeber eingestellt worden ist. Die Leistung erfolgt aufgrund der früher bekannt gemachten Gesamtzusage und nicht aufgrund einer einzelvertraglichen Zusage. Daher wird auch der Vorbehalt einer Änderung durch Betriebsvereinbarung Vertragsinhalt zwischen den Parteien des Arbeitsvertrages.
Weist der Arbeitgeber bei der Gesamtzusage darauf hin, seine freiwillige Leistung werde ausdrücklich „in Abstimmung mit dem Gesamtbetriebsrat“ versprochen, so wird dadurch für die Arbeitnehmer erkennbar, dass die Leistung auch in der Zukunft Abänderungen durch Betriebsvereinbarungen zugänglich sein soll. Dies gilt auch bei freiwilligen Leistungen, es kommt nicht darauf an, ob der Gegenstand einer mit einem derartigen Änderungsvorbehalt ausgestatteten Gesamtzusage als mitbestimmungsfrei anzusehen ist. § 77 BetrVG beschränkt den Anwendungsbereich von Betriebsvereinbarungen nicht auf Gegenstände der zwingenden Mitbestimmung.
Erfolgt eine Leistungsgewährung aufgrund ausdrücklich vereinbarter (kollektivrechtlicher oder individualrechtlicher) Anspruchsgrundlagen, z. B. wie hier aufgrund einer Gesamtzusage, so ist für die Annahme einer daneben bestehenden betrieblichen Übung regelmäßig kein Raum.
Betriebsvereinbarungen, die Ansprüche aus Gesamtzusagen einschränken, unterliegen einer Rechtskontrolle. Die Betriebsparteien haben die Grundsätze der Verhältnismäßigkeit und des Vertrauensschutzes zu beachten.
Bietet der Arbeitgeber einen neuen und grundsätzlich gleichwertigen, jedoch für ihn selbst kostengünstigeren Durchführungsweg an, so ist es zulässig, Arbeitnehmer, die beim bisherigen Durchführungsweg bleiben wollen, mit den nunmehr nicht mehr zwingend erforderlichen Kosten dieses bisherigen Durchführungswegs zu belasten.

***BAG** 10.12.2002 – 3 AZR 671/01 = NZA 2003, 1360*

Auch in diesen Fällen ist der Gesamtbetriebsrat aber nur zuständig, wenn eine Beteiligungsangelegenheit nicht durch die Einzelbetriebsräte innerhalb ihrer Betriebe geregelt werden kann. Damit sind nicht nur Angelegenheiten gemeint, deren Regelung den Einzelbetriebsräten objektiv unmöglich ist. Vielmehr erfasst § 50 Abs. 1 BetrVG auch die subjektive Unmöglichkeit. Subjektiv ist den einzelnen Betriebsräten beispielsweise eine Regelung im gesamten Bereich freiwilliger Betriebsvereinbarungen unmöglich, **wenn der Arbeitgeber nur auf überbetrieblicher Ebene zu einer Regelung bereit ist**.

Nach heute herrschender Meinung ist der Gesamtbetriebsrat jedoch nicht nur zuständig, wenn der einzelne Betriebsrat objektiv oder subjektiv außerstande ist, das Mitbestimmungsrecht auszuüben, sondern auch dann, wenn ein zwingendes Erfordernis für eine unternehmenseinheitliche oder jedenfalls betriebsübergreifende Regelung besteht, wobei auf die Verhältnisse des einzelnen konkreten Unternehmens und der konkreten Betriebsräte abzustellen ist.

***BAG** 6.12.1988 – 1 ABR 44/87; **BAG** 12.11.1991 – 1 ABR 21/91*

Der Umstand, dass möglicherweise der betroffene Einzelbetriebsrat in der Vergangenheit die Zuständigkeit des Gesamtbetriebsrats nicht beanstandet hat, reicht nicht zur Annahme einer **Beauftragung** i.S.d. § 50 Abs. 2 BetrVG. Der Einzelbetriebsrat kann nicht gemäß § 50 Abs. 2 BetrVG generell im Voraus dem Gesamtbetriebsrat die Zuständigkeit ganzer Sachbereiche übertragen. Dies würde zu einer vom Gesetz nicht vorgesehenen „teilweise Selbstabdankung" des Einzelbetriebsrats führen.

Die Beauftragung des Gesamtbetriebsrats nach § 50 Abs. 2 BetrVG kann jeweils nur im Hinblick auf eine bestimmte Angelegenheit erteilt werden.

***BAG** 26.1.1993 – 1 AZR 303/92*

Hat der Betriebsrat den Gesamtbetriebsrat beauftragt, eine bestimmte Angelegenheit für ihn zu behandeln (hier: Verhandlungen über einen Interessenausgleich und Sozialplan), ist der Gesamtbetriebsrat auch für die Anrufung und Bildung der Einigungsstelle mit dem Arbeitgeber zuständig. Seine Zuständigkeit wird nicht durch einen vom Betriebsrat nach § 50 Abs. 2 Satz 2 BetrVG erklärten Entscheidungsvorbehalt beschränkt.

***LAG** Düsseldorf 3.7.2002 – 12 TaBV 22/02 = DB 2002, 1784*

Überträgt ein Unternehmen seine sämtlichen Betriebe auf zwei andere, rechtlich selbstständige Unternehmen, endet das Amt des in dem übertragenen Unternehmen gebildeten Gesamtbetriebsrats.

Es bleibt unentschieden, ob ein Gesamtbetriebsrat fortbesteht, wenn sämtliche Betriebe eines Unternehmens unverändert auf ein anderes Unternehmen übertragen werden, das bisher nicht über eigene Betriebe verfügt.

***BAG** 5.6.2002 – 7 ABR 17/01*

Nach § 47 Abs. 4 BetrVG kann die Mitgliederzahl des Gesamtbetriebsrats durch Tarifvertrag abweichend von § 47 Abs. 2 Satz 1 BetrVG geregelt werden. Im Hinblick auf die gesetzliche Regelung in § 47 Abs. 5 BetrVG dürfen auch die Tarifvertragsparteien nach § 47 Abs. 4 BetrVG einer nach regionalen Gesichtspunkten in einem Entsendungsbereich zusammengefassten Versammlung der Betriebsräte (Entsendungskörper) die Entscheidung über die in den verkleinerten Gesamtbetriebsrat zu entsendenden Betriebsratsmitglieder übertragen.

Ein Tarifvertrag nach § 47 Abs. 4 BetrVG muss nicht zwingend für die Entsendungsbeschlüsse die Verhältniswahl vorschreiben. § 47 BetrVG schreibt kein bestimmtes Wahlverfahren vor. Es gelten die Grundsätze für die Beschlussfassung nach § 33 BetrVG. Deshalb hat die Entsendungsentscheidung durch Beschluss mit einfacher Stimmenmehrheit und nicht durch Verhältniswahl zu erfolgen.

Der Gesetzgeber ist nicht aus verfassungsrechtlichen Gründen gezwungen, für die Entsendungsbeschlüsse des Entsendungskörpers die Verhältniswahl vorzuschreiben. Die Verhältniswahl ist nicht nach Art. 9 Abs. 3, Art. 28 Abs. 1, Art. 38 Abs. 1 GG verfassungsrechtlich bei allen Entscheidungen des Betriebsrats zwingend geboten. Der Gesetzgeber hat sich im Betriebsverfassungsgesetz verfassungsrechtlich zulässig für ein Mischsystem von Verhältnis- und Mehrheitswahl entschieden. Deshalb darf auch ein Tarifvertrag nach § 47 Abs. 4 BetrVG die Mehrheitswahl vorsehen.

***BAG** 25.5.2005 – 7 ABR 10/04*

Auch wenn der Gesamtbetriebsrat die Ausübung seiner Mitbestimmungsrechte unterlässt, ergibt sich keine (Sekundär-) Zuständigkeit der einzelnen Betriebsräte.

Eine in dieser Angelegenheit vom Einzelbetriebsrat angerufene Einigungsstelle ist **offensichtlich unzuständig**.

***LAG** Düsseldorf 4.3.1992 – 5 TaBV 116/91 = NZA 1992, 613*

2. Bildung des Gesamtbetriebsrats

Ein Unternehmen i.S.v. § 47 Abs. 1 BetrVG setzt einen einheitlichen Rechtsträger voraus. Daher kann ein Gesamtbetriebsrat grundsätzlich nicht unternehmensüberschreitend gebildet werden.

***BAG** 13.2.2007 – 1 AZR 184/06 = NZA 2007, 825*

Der Unternehmensbegriff in § 47 Abs. 1 BetrVG bestimmt sich nach dem Sinn und Zweck der jeweiligen Gesetze, die den Inhalt des Unternehmensbegriffs erfassen und regeln. Die in diesen Gesetzen festgelegten Rechts- und Organisationsformen sind zwingend. Die Normen des BetrVG können vorausgesetzte und gesellschaftsrechtliche Auswirkungen der Selbständigkeit von Unternehmen weder ändern noch beeinflussen. Juristische Personen können wegen dieser zwingenden organisatorischen Vorschriften jeweils nur ein einziges Unternehmen betreiben.

Für mehrere rechtlich selbständige Unternehmen kann ein Gesamtbetriebsrat nach § 47 Abs. 1 BetrVG auch dann nicht errichtet werden, wenn sie untereinander organisatorisch und wirtschaftlich verflochten sind oder Personengleichheit der Geschäftsführung besteht.

***BAG** 5.12.1975 – 1 ABR 8/74 und **BAG** 11.12.1987 – 7 ABR 49/87*

Nach § 47 Abs. 2 Satz 1 2. Halbsatz BetrVG entsendet jeder Betriebsrat mit mehr als drei Mitgliedern zwei seiner Mitglieder in den Gesamtbetriebsrat. Ein Verfahren wird damit nicht vorgeschrieben.

Die Entsendung erfolgt durch Beschluss des Betriebsrats nach § 33 Abs. 1 BetrVG mit einfacher Stimmenmehrheit und nicht durch Verhältniswahl.

Der durch das Verhältniswahlsystem bezweckte Minderheitenschutz ist kein allgemeines Prinzip der Betriebsverfassung und auch nicht nach Art. 9 Abs. 3, Art. 28 Abs. 1, Art. 38 Abs. 1 GG verfassungsrechtlich bei allen Entscheidungen des Betriebsrats zwingend geboten. Der Gesetzgeber hat im Betriebsverfassungsgesetz verfassungsrechtlich zulässig teilweise die Verhältniswahl und teilweise die Mehrheitswahl angeordnet.

***BAG** 21.7.2004 – 7 ABR 58/03*

Der Betriebsrat entscheidet über die Entsendung von Betriebsratsmitgliedern in den Gesamtbetriebsrat nach § 47 Abs. 2 BetrVG und über deren Abberufung durch Geschäftsführungsbeschluss mit einfacher Stimmenmehrheit nach § 33 Abs. 1 BetrVG und nicht auf Grund Verhältniswahl.

***BAG** 16.3.2005 – 7 ABR 33/04*

Nach § 51 Abs. 1 Satz 2 i. V. m. § 27 Abs. 1 Satz 3 BetrVG werden die weiteren Mitglieder des Gesamtbetriebsausschusses vom Gesamtbetriebsrat nach den Grundsätzen der Verhältniswahl gewählt.

Es bestehen keine hinreichenden Anhaltspunkte, die es rechtfertigen würden, die Verweisung in § 51 Abs. 1 Satz 2 BetrVG auf die Verhältniswahl nach § 27 Abs. 1 Satz 3 BetrVG als Redaktionsversehen des Gesetzgebers anzusehen und teleologisch zu reduzieren.

Der durch die Verhältniswahl gewährleistete Minderheitenschutz bei der Besetzung des Gesamtbetriebsausschusses ist sachgerecht, obwohl ein Minderheitenschutz durch Verhältniswahl bei der Zusammensetzung des Gesamtbetriebsrats nicht besteht. Er dient dem Schutz einer Koalition, die zwar im entsendenden Betriebsrat eine Mehrheit hat, im Gesamtbetriebsrat aber nur eine Minderheit repräsentiert.

***BAG** 21.7.2004 – 7 ABR 62/03*

Wird die Zahl der Mitglieder des Gesamtbetriebsrats und des anzuwendenden Verfahrens durch Tarifvertrag geregelt, so ist weder zwingend erforderlich, dass ein Wahlverfahren festgelegt wird noch dass die Wahl nach dem Prinzip des Verhältniswahlrechts erfolgt.

***LAG** Köln 18.12.2003 – 5 TaBV 36/03 = NZA-RR 2004, 584*

Gehen nach § 613 a BGB Betriebe auf den Arbeitgeber über, entsenden die Betriebsräte der hinzugekommenen Betriebe nach § 47 Abs. 2 BetrVG Mitglieder in den Gesamtbetriebsrat. Damit vergrößert sich der fortbestehende Gesamtbetriebsrat entsprechend.

Die höhere Mitgliederzahl des Gesamtbetriebsrats kann nach der Zahlenstaffel des § 51 Abs. 1 Satz 2 BetrVG dazu führen, dass sich auch die Zahl der weiteren Mitglieder des Gesamtbetriebsausschusses erhöht.

In diesem Fall sind sämtliche weiteren Ausschussmitglieder nach dem Prinzip der Verhältniswahl durch den erweiterten Gesamtbetriebsrat neu zu wählen. Ein Nachrücken von Ersatzmitgliedern oder eine Nachwahl für die zusätzlichen Sitze im Gesamtbetriebsausschuss ist unzulässig.

***BAG** 16.3.2005 – 7 ABR 37/04*

Ein rechtlich nicht existenter Gesamtbetriebsrat kann im Beschlussverfahren keine betriebsverfassungsrechtliche Rechtsposition geltend machen; es fehlt ihm an der Antragsbefugnis (Rn. 11).

Ein Tarifvertrag zur Bildung einer vom Gesetz abweichenden Betriebsratsstruktur i.S.v. § 3 Abs. 1 BetrVG, nach dem ein unternehmensübergreifender Gesamtbetriebsrat errichtet ist, muss von allen betroffenen Unternehmen geschlossen sein (Rn. 16).

***BAG** 25.2.2020 – 1 ABR 40/18*

Hinweis für die Praxis:

Das BAG hatte im Falle eines auf der Grundlage eines Tarifvertrags gemäß § 3 BetrVG gegründeten unternehmensübergreifenden Gesamtbetriebsrats festgestellt, dass dieser bereits nicht wirksam gegründet war. Der zugrunde liegende Tarifvertrag war nicht von allen Unternehmen, die an dem Gesamtbetriebsrat beteiligt waren, abgeschlossen worden, was zwingend erforderlich ist. Dies führt dazu, dass der gesamte Gesamtbetriebsrat nicht wirksam gegründet wurde. Das BAG stellte in diesem Zusammenhang fest, dass dem unwirksamen gegründeten Gesamtbetriebsrat anders als einem unwirksam gewählten Betriebsrat auch (übergangsweise) keinerlei Rechtspositionen zukommen können. Dies liegt daran, dass der Betriebsrat, wenn auch unwirksam gewählt, durch die Wahl zunächst gesetzlich legitimiert ist, ein Gesamtbetriebsrat dagegen nicht, wenn er nicht entsprechend der gesetzlichen Vorschriften errichtet wurde.

3. Einzelne Aufgabengebiete

Nach § 80 Abs. 2 Satz 2 Halbs. 1 BetrVG sind dem Betriebsrat auf Verlangen jederzeit die zur Durchführung seiner Aufgaben erforderlichen Unterlagen zur Verfügung zu stellen. In diesem Rahmen ist der Betriebsausschuss berechtigt, in die Listen über die Bruttolöhne und -gehälter Einblick zu nehmen. Das Einsichtsrecht nach § 80 Abs. 2 Satz 2 Halbs. 2 BetrVG unterliegt aber den Grenzen der allgemeinen Regelung des § 80 Abs. 2 Satz 2 Halbs. 1 BetrVG. Danach setzt das Einsichtsrecht voraus, dass es zur Durchführung einer Aufgabe des Betriebsrats erforderlich ist. Ein solcher Aufgabenbezug ist regelmäßig schon deshalb gegeben, weil der Betriebsrat nach § 80 Abs. 1 Nr. 1 BetrVG darüber zu wachen hat, dass die zugunsten der Arbeitnehmer geltenden Gesetze und Tarifverträge durchgeführt werden. Hierzu gehört auch die sich aus § 75 Abs. 1 BetrVG ergebende Verpflichtung des Arbeitgebers zur Beachtung des allgemeinen Gleichbehandlungsgrundsatzes (BAG 14.1.2014 – 1 ABR 54/12). Dieser findet allerdings unternehmensweit Anwendung, wenn eine verteilende Entscheidung des Arbeitgebers nicht auf einzelne Betriebe beschränkt ist, sondern sich auf alle oder mehrere Betriebe des Unternehmens bezieht (BAG 3.12.2008 – 5 AZR 74/08).

Aufgabe des Betriebsrats ist es aber, auf die Herstellung **innerbetrieblicher Lohngerechtigkeit** hinzuwirken. Dazu benötigt er die Kenntnis effektiv gezahlter Vergütungen, um sich ein Urteil darüber bilden zu können, ob insoweit ein Zustand innerbetrieblicher Lohngerechtigkeit existiert oder nur durch eine andere betriebliche Lohngestaltung erreicht werden kann. Ein Einsichtsrecht besteht deshalb auch dann, wenn der Betriebsrat gerade feststellen will, welche Arbeitnehmer welche Entgeltbestandteile erhalten und wie hoch diese sind. Grenzen des Einsichtsrechts liegen aber dort, wo ein Beteiligungsrecht oder eine sonstige Aufgabe offensichtlich nicht in Betracht kommt (BAG 23.2.2007 – 1 ABR 14/06).

Der arbeitsrechtliche Gleichbehandlungsgrundsatz verpflichtet den Arbeitgeber in Bezug auf die bei ihm beschäftigten Arbeitnehmer. Dieser hat eine Gleichbehandlung auch betriebsübergreifend zu gewährleisten, wenn seine verteilende Entscheidung nicht auf den einzelnen Betrieb begrenzt ist, sondern sich auf alle oder mehrere Betriebe des Unternehmens bezieht. Dabei sind die Besonderheiten des Unternehmens und die seiner Betriebe zu berücksichtigen (BAG 3.12.2008 – 5 AZR 74/08). Der **unternehmensbezogene Gleichbehandlungsgrundsatz** betrifft danach nicht die innerbetriebliche, sondern die überbetriebliche Lohngerechtigkeit und deren Gestaltung, für die ein Mitbestimmungsrecht nach § 87 Abs. 1 Nr. 10 BetrVG an den vom Arbeitgeber zur Verfügung gestellten finanziellen Mitteln dem Gesamtbetriebsrat und nicht den örtlichen Betriebsräten zusteht. Das schließt eine darauf gerichtete Aufgabe des Betriebsrats aus.

***BAG** 26.9.2017 – 1 ABR 27/16*

3.1. Soziale Angelegenheiten

Die Ausübung der Mitbestimmungsrechte nach dem Betriebsverfassungsgesetz obliegt grundsätzlich dem von den Arbeitnehmern unmittelbar gewählten Betriebsrat. Dem Gesamtbetriebsrat sind nach § 50 Abs. 1 Satz 1 BetrVG nur solche Angelegenheiten zugewiesen, die das Gesamtunternehmen oder mehrere Betriebe betreffen und für die ein zwingendes Erfordernis für eine betriebsübergreifende Regelung besteht. Ein solches kann sich aus technischen oder rechtlichen Gründen ergeben. Davon ist etwa auszugehen, wenn der Arbeitgeber im Bereich der freiwilligen Mitbestimmung zu einer Maßnahme oder Leistung nur betriebsübergreifend bereit ist. Kann er über deren „Ob" mitbestimmungsfrei entscheiden, so kann er ebenso mitbestimmungsfrei darüber befinden, ob eine solche Maßnahme oder Leistung überbetrieblich erfolgen soll. Entscheidet er sich dazu, begründet das eine Zuständigkeit des Gesamtbetriebsrats. Unterliegt aber bereits das „Ob" der Maßnahme oder Leistung der Mitbestimmung, vermögen weder Zweckmäßigkeitserwägungen noch der bloße Wunsch des Arbeitgebers nach einer betriebsübergreifenden Regelung eine Zuständigkeit des Gesamtbetriebsrats herbeizuführen.

***BAG** 23.8.2016 – 1 ABR 43/14*

Für die Ausübung der Mitbestimmungsrechte nach dem Betriebsverfassungsgesetz ist grundsätzlich der von den Arbeitnehmern unmittelbar gewählte Betriebsrat zuständig. Die Zuständigkeit des Gesamtbetriebsrats nach § 50 Abs. 1 Satz 1 BetrVG setzt voraus, dass es sich um eine mehrere Betriebe betreffende Angelegenheit handelt und objektiv ein zwingendes Erfordernis für eine unternehmenseinheitliche oder betriebsübergreifende Regelung besteht. Das Erfordernis kann sich aus technischen oder rechtlichen Gründen ergeben.

Eine technische Notwendigkeit für eine betriebsübergreifende Regelung kann vorliegen, wenn der Arbeitgeber für mehrere Betriebe ein **einheitliches elektronisches Datenverarbeitungssystem** einführen will, das die Verwendung eines einheitlichen Programms, einheitlicher Formate und einheitlicher Eingabemasken erfordert. Die Mitbestimmung nach § 87 Abs. 1 Nr. 6 BetrVG obliegt in einem solchen Fall dem Gesamtbetriebsrat.

Im Bereich der zwingenden Mitbestimmung gilt der Grundsatz der Zuständigkeitstrennung. Für die Regelung einer bestimmten Angelegenheit sind ausschließlich entweder die einzelnen Betriebsräte oder der Gesamtbetriebsrat oder der Konzernbetriebsrat zuständig. Die gesetzliche Zuständigkeitsverteilung ist zwingend und unabdingbar.

Mit dem Grundsatz der Zuständigkeitstrennung ist eine Beschränkung der originären Zuständigkeit des Gesamtbetriebsrats auf eine bloße Rahmenkompetenz nicht vereinbar. Sofern der Gesamtbetriebsrat für die Behandlung einer Angelegenheit i.S.v. § 50 Abs. 1 Satz 1 BetrVG originär zuständig ist, hat er diese Angelegenheit insgesamt mit dem Arbeitgeber zu regeln. Innerhalb eines Mitbestimmungstatbestands ist eine Aufspaltung der Zuständigkeiten auf mehrere betriebsverfassungsrechtliche Organe nicht möglich.

***BAG** 14.11.2006 – 1 ABR 4/06*

Für die Regelung einer **einheitlichen Dienstkleidung** des Bodenpersonals eines deutschlandweit tätigen Luftfahrtunternehmens ist gemäß § 50 Abs. 1 Satz 1 BetrVG der Gesamtbetriebsrat zuständig. Das hiermit verfolgte Ziel, das Bodenpersonal des Arbeitgebers auf den angeflogenen Flughäfen gegenüber den Fluggästen besonders kenntlich zu machen und es von dem Personal anderer Fluggesellschaften zu unterscheiden, kann nur durch eine unternehmenseinheitliche Regelung erreicht werden.

***BAG** 17.1.2012 – 1 ABR 45/10*

Die Zuständigkeit des Gesamtbetriebsrats wegen „subjektiver Unmöglichkeit" einzelbetrieblicher Regelungen ist gegeben, wenn der Arbeitgeber im Bereich der **freiwilligen Mitbestimmung** zu einer Regelung nur betriebsübergreifend bereits ist.

***BAG** 10.10.2006 – 1 ABR 59/05*

In Unternehmen mit mehreren Betrieben sind im Bereich des § 87 Abs. 1 Nr. 2 BetrVG regelmäßig die Einzelbetriebsräte für die zu regelnden Arbeitszeitfragen zuständig. Die betriebliche Regelungsmöglichkeit kann entfallen, wenn eine Dienstleistung vom Arbeitgeber in mehreren Betrieben erbracht wird und die Arbeitsabläufe technisch-organisatorisch miteinander verknüpft sind.

Das Mitbestimmungsrecht nach § 87 Abs. 1 Nr. 2 BetrVG erfasst nicht nur die Frage, ob im Betrieb in mehreren Schichten gearbeitet werden soll, sondern auch die Festlegung der zeitlichen Lage der einzelnen Schichten und die Abgrenzung des Personenkreises, der Schichtarbeit zu leisten hat. Mitbestimmungspflichtig ist auch der Schichtplan und dessen nähere Ausgestaltung bis hin zur Zuordnung der Arbeitnehmer zu den einzelnen Schichten.

Ist im Rahmen der Anfechtung eines Einigungsstellenspruchs auch über die Zuständigkeit des Gesamtbetriebsrats zu entscheiden, sind an dem Verfahren die Einzelbetriebsräte nach § 83 Abs. 3 ArbGG beteiligt.

***BAG** 19.6.2012 – 1 ABR 19/11*

Für die Zuständigkeitsfrage im Bereich der sozialen Angelegenheiten ist davon auszugehen, dass nach § 87 Abs. 1 Einleitungssatz BetrVG grundsätzlich der Einzelbetriebsrat die Mitbestimmungsrechte wahrzunehmen hat. Bei den sozialen Angelegenheiten des § 87 BetrVG handelt es sich im Regelfall um betriebs- und nicht um unternehmensbezogene Tatbestände.

Für die Mitbestimmung bei der **Verteilung der Arbeitszeit** ist grundsätzlich der Einzelbetriebsrat zuständig; Zuständigkeit des Gesamtbetriebsrats besteht nur, wenn eine einheitliche Regelung wegen produktionstechnischer Abhängigkeiten sachlich notwendig ist.

***BAG** 23.9.1975 – 1 ABR 122/73*

Besteht zwischen Betriebsrat, Gesamtbetriebsrat und Arbeitgeber Streit darüber, ob der Gesamtbetriebsrat zum Abschluss einer Betriebsvereinbarung mit dem Arbeitgeber zuständig war, kann ein Betriebsrat im Beschlussverfahren die Unanwendbarkeit der Betriebsvereinbarung in dem von ihm repräsentierten Betrieb feststellen lassen.

Der Gesamtbetriebsrat kann nach § 50 Abs. 1 Satz 1 BetrVG für den Abschluss einer betriebsübergreifenden Betriebsvereinbarung zur Regelung der **Arbeitszeit** zuständig sein, wenn die Arbeitsabläufe in den Betrieben auf Grund einer betriebsübergreifenden Arbeitsteilung in zeitlicher Hinsicht wechselseitig derart voneinander abhängig sind, dass ohne eine überbetriebliche Koordinierung untragbare Störungen eintreten.

Im Bereich der **freiwilligen Mitbestimmung** ist der Gesamtbetriebsrat dann zuständig, wenn der Arbeitgeber zu einer Maßnahme nur unternehmenseinheitlich oder betriebsübergreifend bereit ist.

In Angelegenheiten der nach § 87 Abs. 1 BetrVG notwendigen Mitbestimmung können Betriebs- oder Tarifvertragsparteien weder unmittelbar noch mittelbar eine von der zwingenden gesetzlichen Zuständigkeitsverteilung zwischen Betriebsrat und Gesamtbetriebsrat abweichende Regelung treffen. Die Zuständigkeit des Gesamtbetriebsrats wird deshalb nicht dadurch begründet, dass ein Tarifvertrag über eine mitbestimmungspflichtige Angelegenheit nur freiwillige abweichende Betriebsvereinbarungen nach § 77 Abs. 3 Satz 2 BetrVG zulässt und der Arbeitgeber lediglich zum Abschluss einer unternehmenseinheitlichen oder betriebsübergreifenden Betriebsvereinbarung mit dem Gesamtbetriebsrat bereit ist.

***BAG** 9.12.2003 – 1 ABR 49/02*

Die Zuständigkeit des Gesamtbetriebsrats ist bei Einführung eines **unternehmensweiten Computersystems zur Fehlzeitenüberwachung** gegeben, wenn nur so eine unternehmenseinheitliche Regelung subjektiv möglich ist, die der Kostenoptimierung und der unternehmenseinheitlichen Arbeitsplatzgestaltung dienen soll. Mit der damit erstmals gegebenen Zuständigkeit des Gesamtbetriebsrats verlieren bisher bestehende Einzelbetriebsvereinbarungen wegen Wegfalls der Zuständigkeit des Einzelbetriebsrats ihre Gültigkeit.

***LAG** Nürnberg 3.5.2002 – 8 TaBV 38/01 = NZA 2003, 339*

Hinsichtlich der Einführung und konkreten Nutzung einer **unternehmenseinheitlichen Telefonvermittlungsanlage** steht das Mitbestimmungsrecht nach § 87 Abs. 1 Nr. 6 BetrVG dem Gesamtbetriebsrat zu.

***BAG** 11.11.1998 – 7 ABR 47/97 = BB 1999, 1327*

Die Dauer der Arbeitszeit kann in einer Betriebsvereinbarung normiert werden, sofern dem nicht der Tarifvorbehalt des § 77 Abs. 3 BetrVG entgegensteht.

War die Arbeitszeit bereits in einer früheren Betriebsvereinbarung geregelt, gilt das Ablösungsprinzip. Die kürzere Arbeitszeit in der früheren Betriebsvereinbarung begründet für die Arbeitnehmer keinen unantastbaren Besitzstand.

Für den Abschluss einer solchen Betriebsvereinbarung ist der **Gesamtbetriebsrat zuständig**, wenn die **Arbeitszeiterhöhung Teil eines umfassenden Gesamtkonzepts zur Erhaltung der Wettbewerbsfähigkeit** des Unternehmens und zur **Standortsicherung** darstellt.

***LAG** Köln 14.8.1996 – 2 Sa 512/96*

Für den Bereich der **leistungsbezogenen Entgelte** nach § 87 Abs. 1 Nr. 11 BetrVG ist darauf abzustellen, dass sich Sinn und Zweck dieses Mitbestimmungsrechts sowohl aus der besonderen Belastung der Arbeitnehmer an ihrem konkreten Arbeitsplatz als auch aus dem Umstand ergibt, dass eine Leistungsbewertung letztlich nicht mit mathematischer Genauigkeit vorgenommen werden kann. Daher ist eine Berücksichtigung der konkreten betrieblichen Gegebenheiten zwingend geboten. Dies führt dazu, dass der Einzelbetriebsrat und nicht der Gesamtbetriebsrat zuständig ist.

***LAG** Düsseldorf 16.9.1991 – 4 TaBV 70/91 = BB 1991, 2528 = DB 1992, 637 (n.rkr.: 1 ABR 77/91)*

Eine Zuständigkeit des Gesamtbetriebsrats für Fragen der **betrieblichen Lohngestaltung** ist i. d. R. nur anzunehmen, wenn der Arbeitgeber eine freiwillige Leistung nur unternehmenseinheitlich gewähren will.

***BAG** 11.2.1992 – 1 ABR 51/91; **BAG** 10.8.1994 – 7 ABR 35/93*

Gewährt der Arbeitgeber freiwillig **Provisionen** an alle oder bestimmte Mitarbeitergruppen in einem Unternehmen mit mehreren Betrieben, ist die Zuständigkeit des Gesamtbetriebsrats gegeben.

***LAG** Düsseldorf 5.9.1991 – 12 (17) TaBV 58/91 = DB 1992, 637*

Wendet ein Unternehmen in sämtlichen seiner Betriebe den gleichen **Entlohnungsgrundsatz** an, ist der Gesamtbetriebsrat gemäß § 50 Abs. 1 BetrVG zuständig für eine Änderung des bestehenden Entlohnungsgrundsatzes im Unternehmen.

***LAG** Berlin 16.2.1989 – 14 TaBV 2/88 = BB 1989, 984 = NZA 1989, 732*

Solange der Arbeitgeber keine unternehmenseinheitliche Regelung für eine übertarifliche Vergütung anstrebt, ist für die Wahrnehmung des Mitbestimmungsrechts nicht der GBR, sondern der Betriebsrat des jeweils betroffenen Einzelbetriebes zuständig.

Bestreitet der Arbeitgeber, eine Regelung angestrebt und geschaffen zu haben, kann er nicht hilfsweise geltend machen, jedenfalls komme nur eine unternehmenseinheitliche Regelung, und damit die Zuständigkeit des GBRs in Betracht.

***BAG** 18.10.1994 – 1 ABR 17/94*

Besteht in einem Unternehmen mit 13 Betrieben eine unternehmenseinheitliche **Altersversorgung**, so ist für deren Regelung der Gesamtbetriebsrat zuständig.

***BAG** 5.5.1977 – 3 ABR 24/76*

Besteht eine konzerneinheitliche Versorgungsordnung, erhalten aber die Angestellten in einem einzigen Konzernunternehmen zusätzliche Versorgungsleistungen, so ist für diese Zusatzversorgung nicht der Konzernbetriebsrat, sondern der Gesamtbetriebsrat des betreffenden Unternehmens zuständig, solange keine konzerneinheitliche Zusatzregelung in Betracht kommt.

***BAG** 19.3.1981 – 3 ABR 38/80*

Für die Änderung unternehmenseinheitlicher Ruhegeldrichtlinien ist der Gesamtbetriebsrat zuständig. Wegen der finanziellen und steuerlichen Auswirkungen der betrieblichen Altersversorgung ist seine Zuständigkeit objektiv notwendig.

Die in § 50 Abs. 1 BetrVG festgelegte Zuständigkeitsverteilung zwischen örtlichem Betriebsrat und Gesamtbetriebsrat ist zwingend. Weder durch Tarifvertrag noch durch Betriebsvereinbarung kann die Zuständigkeit des Gesamtbetriebsrates abbedungen werden. Der Zuständigkeit des Gesamtbetriebsrates für eine betriebsübergreifende Regelung kann auch nicht durch freiwillige Vereinbarung auf betrieblicher Ebene vorgegriffen werden mit der Folge, dass Änderungen der Vereinbarungen nunmehr nur noch auf betrieblicher Ebene möglich wären.

***BAG** 21.1.2003 – 3 ABR 26/02*

Bei einer **teilmitbestimmten Regelung** (z. B. Regelung einer freiwilligen Zulagenordnung) erstreckt sich das Mitbestimmungsrecht nach § 87 Abs. 1 Nr. 10 BetrVG nicht auf die Frage, **ob** der Arbeitgeber überhaupt eine übertarifliche Leistung erbringen will, in welcher **Höhe**, zu welchem **Zweck** und an welchen **Adressatenkreis** die Leistung erbracht wird. Es beschränkt sich auf die Grundlagen der **Verteilung** der freiwilligen Leistung.

Insoweit ist dem Arbeitgeber das Recht zuzugestehen, **mitbestimmungsfrei** vorzugeben, eine solche Zulage nur im Rahmen einer **unternehmenseinheitlichen Regelung** erbringen zu wollen.

In diesem Fall ist die Zuständigkeit des Gesamtbetriebsrats gegeben.

***BAG** 18.10.1994 – 1 ABR 17/94*

3.2. Personelle Angelegenheiten

An einem Verfahren, das auf die Aufhebung der Einstellung eines Arbeitnehmers nach § 101 Satz 1 BetrVG gerichtet ist, ist der Gesamtbetriebsrat auch dann nicht zu beteiligen, wenn der Arbeitnehmer aufgrund der ihm übertragenen Personalverantwortung gleichzeitig noch in weitere Betriebe des Unternehmens eingegliedert wird (Rn. 11).

***BAG** 22.10.2019 – 1 ABR 13/18*

> ***Hinweis zu vorstehendem Urteil***
>
> *Das Mitbestimmungsrecht des Betriebsrats bei der Einstellung in einen Betrieb dient vornehmlich den Interessen der schon in diesem Betrieb beschäftigten Arbeitnehmer. Deshalb soll alleine der örtliche Betriebsrat die Möglichkeit haben, deren Belange nach Maßgabe möglicher Zustimmungsverweigerungsgründe i.S.v. § 99 Abs. 2 BetrVG gegen die beabsichtigte Einstellung geltend zu machen. Diese Interessen können – namentlich in Form des Zustimmungsverweigerungsgrundes nach § 99 Abs. 2 Nr. 6 BetrVG – auch bei der Zuweisung von Vorgesetztenfunktionen an bislang betriebsfremde Arbeitnehmer berührt sein. Dem Gesamtbetriebsrat kann nach § 50 Abs. 1 Satz 1 BetrVG nur die Behandlung solcher Angelegenheiten zugewiesen sein, die das Gesamtunternehmen oder mehrere Betriebe betreffen, was bei der Einstellung in einen konkreten Betrieb gerade nicht der Fall ist. Dies gilt auch dann, wenn ein Arbeitnehmer gleichzeitig in verschiedenen Betrieben eingesetzt wird. Dann ist jeder Betriebsrat zu unterrichten und von jedem Betriebsrat die Zustimmung einzuholen.*

Nach § 94 Abs. 2 BetrVG bedarf die Aufstellung allgemeiner Beurteilungsgrundsätze der Zustimmung des Betriebsrats. Das Beteiligungsrecht ermöglicht es dem Betriebsrat nicht, von sich aus an den Arbeitgeber heranzutreten und von diesem die Aufstellung von allgemeinen Beurteilungsgrundsätzen zu verlangen. Entschließt sich der Arbeitgeber aber, allgemeine Beurteilungsprinzipien einzuführen, hat der Betriebsrat deren Inhalt mitzubestimmen.

Der Mitbestimmung nach § 94 Abs. 2 BetrVG unterliegen die Festlegung der materiellen Beurteilungsmerkmale und die Grundlagen der Beurteilung. Sie erstreckt sich auch auf die Ausgestaltung des Beurteilungsverfahrens. Vollzieht sich dieses auf der Grundlage von Mitarbeitergesprächen, werden diese vom Mitbestimmungsrecht erfasst.

Allein das Verlangen des Arbeitgebers nach einer unternehmenseinheitlichen Regelung von der Mitbestimmung nach § 94 Abs. 2 BetrVG unterliegenden Mitarbeitergesprächen vermag die Zuständigkeit des Gesamtbetriebsrats nicht zu begründen. Sind solche Gespräche aber Bestandteil eines unternehmenseinheitlichen Personalentwicklungskonzepts, kann die Zuständigkeit des Gesamtbetriebsrats nach § 50 Abs. 1 Satz 1 BetrVG gegeben sein.

***BAG** 17.3.2015 – 1 ABR 48/13*

Nützt und erstellt der Arbeitgeber **Stellenbeschreibungen** und **Anforderungsprofile** unternehmenseinheitlich, sind sie Instrument einer einheitlichen Personalplanung und von Bedeutung für eine Mehrzahl von Maßnahmen auf personellem Gebiet. Von daher kann von den einzelnen Betriebsräten nicht innerhalb der einzelnen Betriebe geregelt werden, wie Stellen unternehmenseinheitlich eingerichtet und beschrieben werden und welche Anforderungen für einen bestimmten Stellentyp unternehmenseinheitlich gelten sollen. Soweit daher hinsichtlich der Erstellung von Stellenbeschreibungen und Anforderungsprofilen Mitbestimmungsrechte wahrzunehmen sind, ist dies Aufgabe des Gesamtbetriebsrats.

***BAG** 31.1.1984 – 1 ABR 63/81*

Widerspricht ein Arbeitnehmer dem **Übergang seines Arbeitsverhältnisses** auf einen **neuen Betriebsinhaber** und kündigt daraufhin der bisherige Betriebsinhaber das Arbeitsverhältnis wegen fehlender Weiterbeschäftigungsmöglichkeiten, ohne den Arbeitnehmer zuvor einem anderen Betrieb seines Unternehmens zuzuordnen, so ist zu dieser Kündigung **nicht** der **Gesamtbetriebsrat** im Unternehmen des bisherigen Betriebsinhabers anzuhören.

Dies gilt selbst dann, wenn der Widerspruch des Arbeitnehmers dazu führt, dass zu der Kündigung keiner der im Unternehmen des bisherigen Betriebsinhabers gebildeten Einzelbetriebsräte anzuhören ist.

***BAG** 21.3.1996 –2 AZR 559/95*

3.3. Wirtschaftliche Angelegenheiten

Bei einer **grundlegenden Änderung einer Organisationsstruktur**, die von einem bundesweit tätigen Versicherungsunternehmen durchgeführt wird und die den überwiegenden Teil der Einzelbetriebe, wenn auch in unterschiedlichem Umfang, betrifft, ist der Gesamtbetriebsrat nicht nur für den Interessenausgleich, sondern auch für den Abschluss eines Sozialplans originär gemäß § 50 Abs. 1 BetrVG zuständig.

***LAG** Niedersachsen 14.9.2001 – 16 TaBV 21/01*

Plant ein Arbeitgeber die Verlegung eines Betriebes und dessen Zusammenlegung mit einem anderen seiner Betriebe, so ist der Gesamtbetriebsrat für Verhandlungen über einen **Interessenausgleich** zuständig.

***BAG** 24.1.1996 – 1 AZR 542/95*

Bei der Stilllegung sämtlicher Betriebe eines Unternehmens infolge Konkurses ist der Gesamtbetriebsrat nicht nur für die Aufstellung eines Sozialplans, sondern auch für den Interessenausgleich zuständig.

***BAG** 17.2.1981 – 1 AZR 290/78*

Plant ein mit der Vermittlung von Versicherungsverträgen und Bankprodukten befasstes Unternehmen mit insgesamt mehr als 20 Arbeitnehmern, alle bisher in eigenständigen Kleinbetrieben organisierten Außendienstmitarbeiter zu entlassen und die von ihnen wahrgenommenen Aufgaben auf freie Handelsvertreter zu übertragen, liegt hierin eine mitbestimmungspflichtige Betriebsänderung, die in die Zuständigkeit des Gesamtbetriebsrats fällt.

***BAG** 8.6.1999 – 1 AZR 831/98*

Beabsichtigt der Arbeitgeber in einer ersten Stufe eines notwendig werdenden **Personalabbaus** zunächst nur die Entlassung älterer Arbeitnehmer ohne Rücksicht auf betriebliche oder sonstige Besonderheiten in den einzelnen Betrieben, so ist für die Beratung über einen Interessenausgleich hinsichtlich dieser Maßnahme der **Gesamtbetriebsrat** zuständig.

***BAG** 20.4.1994 – 10 AZR 186/93*

Im Hinblick auf die Integration des Geschäftsbereichs Traktion in andere Geschäftsbereiche der Deutschen Bahn AG ist eine Zuständigkeit der einzelnen (örtlichen) Betriebsräte für Verhandlungen über Interessenausgleiche und Abschluss von Sozialplänen nicht gegeben. Der örtliche Betriebsrat ist auch nicht für Vereinbarungen mit dem Arbeitgeber zuständig, die mit dem Gesamtbetriebsrat getroffene oder zu treffende diesbezügliche Regelungen ergänzen.

***Hessisches LAG** 16.9.1997 – 4 TaBV 119/97*

Aus der Zuständigkeit des Gesamtbetriebsrats für die Vereinbarung eines Interessenausgleichs folgt nicht zwingend die gesetzliche Zuständigkeit für den Abschluss eines Sozialplans. Dafür ist das Vorliegen der Voraussetzungen des § 50 Abs. 1 BetrVG gesondert zu prüfen. Ob danach ein zwingendes Bedürfnis nach einer zumindest betriebsübergreifenden Regelung besteht, bestimmt auch der Inhalt des Interessenausgleichs.

***BAG** 11.12.2001 – 1 AZR 193/01*

> Sinn und Zweck eines zwischen dem Arbeitgeber und dem **Gesamtbetriebsrat** vereinbarten **vorsorglichen Sozialplans** ist typischerweise, für mögliche künftige Betriebsänderungen Ausgleichsregelungen zur Verfügung zu stellen, die dem Arbeitgeber Planungssicherheit eröffnen und den Arbeitnehmern für den Fall einer ausbleibenden Regelung auf betrieblicher Ebene normative Ansprüche gewähren. Derartige Regelungen sind nach § 88 BetrVG nur freiwillig möglich. Erzwingbar sind sie nicht.
>
> Ein mit dem **Gesamtbetriebsrat** vereinbarter vorsorglicher Sozialplan beschränkt nicht die betriebsverfassungsrechtlichen Handlungsmöglichkeiten der **örtlichen Betriebsräte** und nimmt diesen nicht die Befugnis, anlässlich einer konkreten Betriebsänderung nach § 88 BetrVG i.V.m. § 112a BetrVG mit dem Arbeitgeber in einer freiwilligen Betriebsvereinbarung Sozialplanregelungen zu treffen.
>
> Als Ausgleichsregelung für eine Vielzahl denkbarer Betriebsänderungen beansprucht ein solcher vorsorglicher Sozialplan wegen seiner typischen Auffangfunktion regelmäßig nur in solchen Fällen Geltung, in denen die örtlichen Betriebsparteien im Falle einer konkreten Betriebsänderung, die in ihren Zu-

ständigkeitsbereich fällt, von einer eigenen Ausgleichsregelung absehen und keinen Sozialplan vereinbaren.

***BAG** 17.4.2012 – 1 AZR 119/11*

Beabsichtigt der Arbeitgeber Massenentlassungen, hat er den Betriebsrat nach § 17 II 1 KSchG schriftlich u.a. über die Gründe für die geplanten Entlassungen zu unterrichten. Ob „schriftlich" in diesem Zusammenhang bedeutet, dass die Unterrichtung der Formvorschrift des § 126 I BGB genügen muss, kann offenbleiben. Hat der Arbeitgeber die von § 17 II 1 KSchG geforderten Angaben in einem nicht unterzeichneten Text dokumentiert und diesen dem Betriebsrat zugeleitet, genügt die abschließende Stellungnahme des Betriebsrats zu den Entlassungen, um einen etwaigen Schriftformverstoß zu heilen.

Die Verbindung des Interessenausgleichsverfahrens nach § 111 BetrVG, § 125 InsO mit der Erfüllung der Unterrichtungspflicht des Arbeitgebers gegenüber dem Betriebsrat nach § 17 II 1 KSchG ist auch unter Berücksichtigung des Erfordernisses unionsrechtskonformer Auslegung anhand der Vorgaben in Art. 2 III Unterabs. 1 lit. b der sog. Massenentlassungsrichtlinie 98/59/EG zulässig.

Wird ein geplanter Personalabbau auf der Grundlage eines unternehmenseinheitlichen Konzepts durchgeführt und sind mehrere Betriebe von der Betriebsänderung betroffen, ist der Gesamtbetriebsrat nach § 50 I BetrVG originär zuständig für den Abschluss eines betriebsübergreifenden Interessenausgleichs mit Namensliste i. S. von § 125 InsO. Der Interessenausgleich mit Namensliste ersetzt in einem solchen Fall die Stellungnahme des Gesamtbetriebsrats nach § 17 III 2 KSchG.

***BAG** 20.9.2012 – 6 AZR 155/11*

4. Gesamtbetriebsvereinbarung

Der betriebsverfassungsrechtliche Gleichbehandlungsgrundsatz steht einer Konzernbetriebsvereinbarung nicht entgegen, die Arbeitnehmer in einzelnen Konzernunternehmen von der Gewährung einer Jubiläumszuwendung ausschließt, in denen – anders als in den anderen Konzernunternehmen – wegen einer entsprechenden tarifvertraglichen Regelung und der Sperrwirkung von §87 Abs. 1 Hs. 1 BetrVG nur ein Spielraum für eine günstigere als die tarifliche Regelung besteht.

Eine Gesamtbetriebsvereinbarung gilt nicht für ein von einem Tarifvertrag zur Bildung einer vom Gesetz abweichenden Betriebsratsstruktur nach § 3 Abs. in Nr. 3 BetrVG nicht erfasstes Unternehmen (hier erst nach Abschluss des Tarifvertrages zu einer Unternehmensgruppe gestoßenes Unternehmen

Ob ein unternehmensübergreifender Gesamtbetriebsrat nach dieser Norm überhaupt gebildet werden kann, bleibt offen.

***BAG** 13.12.2016 – 1 AZR 148/15*

Schließt ein Gesamt- oder Konzernbetriebsrat in originärer Zuständigkeit (§ 50 Abs. 1, § 58 Abs. 1 BetrVG) mit dem Arbeitgeber eine Gesamt- oder Konzernbetriebsvereinbarung, hat der hieran nicht beteiligte örtliche Betriebsrat grundsätzlich keinen eigenen Anspruch auf Durchführung der Gesamt- oder Konzernbetriebsvereinbarung. Führt der Arbeitgeber eine solche Vereinbarung nicht durch, ist der Betriebsrat berechtigt, die betriebsverfassungsrechtliche Ordnung nach § 23 Abs. 3 BetrVG zu sichern.

***BAG** 18.5.2010 – 1 ABR 6/09*

Die Aufgabe des Betriebsrats nach § 80 Abs. 1 Nr. 1 BetrVG, darüber zu wachen, dass die zugunsten der Arbeitnehmer geltenden Betriebsvereinbarungen durchgeführt werden, geht nicht auf den **Gesamtbetriebsrat** über, wenn dieser über eine mitbestimmungspflichtige Angelegenheit eine Betriebsvereinbarung schließt.

***BAG** 20.12.1988 – 1 ABR 63/87*

Gesamtbetriebsvereinbarungen, die in den Betrieben eines abgebenden Unternehmens gelten, behalten ihren Status als Rechtsnormen auch beim Übergang eines oder mehrerer Betriebe auf ein anderes Unternehmen. **Wird allerdings nur ein Betrieb übernommen**, bleiben die bis dahin für ihn geltenden Gesamtbetriebsvereinbarungen als Einzelbetriebsvereinbarungen bestehen. Werden dagegen alle oder mehrere Betriebe übernommen, bleiben im neuen Unternehmen die Gesamtbetriebsvereinbarungen als solche bestehen. Dies gilt auch, wenn mehrere Betriebsteile übernommen und vom Erwerber als selbstständige Betriebe fortgeführt werden.

Für die Änderung oder Kündigung der fortgeltenden Gesamtbetriebsvereinbarungen ist der beim Erwerberunternehmen gebildete Gesamtbetriebsrat zuständig. Wenn die Kündigung gegenüber einem Betriebsrat erklärt wird, ist sie unwirksam.

Sachverhalt der Entscheidung:

Der Arbeitgeber erwarb im Juli 1998 im Wege des Betriebsübergangs von einem anderen Unternehmen einen Betrieb und Teile zweier weiterer Betriebe; die beiden Betriebsteile führte er als selbstständige Betriebe fort. Andere Betriebe besaß er nicht. In dem abgegebenen Unternehmen galt beim Betriebsübergang eine als Gesamtbetriebsvereinbarung abgeschlossene „Betriebsordnung". In ihr waren zahlreiche, auch nicht mitbestimmungspflichtige Angelegenheiten geregelt.

Im September 1998 wurde beim Arbeitgeber ein Gesamtbetriebsrat gebildet. Im April 1999 kündigte der Arbeitgeber die „Betriebsvereinbarung" zum 31.12.1999 gegenüber dem Betriebsrat. Dieser vertritt die Auffassung, die Kündigung hätte gegenüber dem Gesamtbetriebsrat erklärt werden müssen.

***BAG** 18.9.2002 – 1 ABR 54/01*

Das rechtliche Schicksal einer Gesamtbetriebsvereinbarung ist nicht von der Wahrung einer „Unternehmensidentität" abhängig. Die Reduzierung der Betriebsstruktur eines Unternehmens auf lediglich noch einen Betrieb berührt deshalb die (Fort-) Geltung einer Gesamtbetriebsvereinbarung nicht.

***LAG** Düsseldorf 28.4.2004 – 17 Sa 1952/03 = NZA-RR 2004, 480*

Bei der identitätswahrenden Übertragung eines Betriebs auf einen anderen Rechtsträger und seiner unveränderten Fortführung durch den Erwerber gelten die bestehenden Betriebsvereinbarungen unverändert normativ fort.

§ 613a Abs. 1 BGB steht einer normativen Fortgeltung von Betriebsvereinbarungen bei einem Betriebsübergang nicht entgegen. Die Vorschrift regelt das Fortbestehen von vertraglichen Vereinbarungen (Satz 1) sowie die Transformation der kollektiven Regelungen, soweit diese nicht normativ fortgelten (Satz 2 und Satz 3). Zu der vorgelagerten Frage, unter welchen Voraussetzungen die bisher in der übergehenden Einheit bestehenden Tarifverträge und Betriebsvereinbarungen ihren normativen Charakter behalten, verhält sich § 613a Abs. 1 BGB nicht.

Der Inhalt einer Gesamtbetriebsvereinbarung gilt als Einzelbetriebsvereinbarung auch dann weiter, wenn ein Betrieb unter Wahrung seiner Identität von einem Unternehmen mit mehreren Betrieben übernommen wird und die in der Gesamtbetriebsvereinbarung geregelten Rechte und Pflichten beim aufnehmenden Unternehmen nicht normativ ausgestaltet sind.

***BAG** 5.5.2015 – 1 AZR 763/13*

Die Arbeitsvertragsparteien können ihre vertraglichen Absprachen dahingehend gestalten, dass sie einer Abänderung durch betriebliche Normen unterliegen. Das kann ausdrücklich oder bei entsprechenden Begleitumständen konkludent erfolgen. Eine solche konkludente Vereinbarung ist regelmäßig anzunehmen, wenn der Vertragsgegenstand in Allgemeinen Geschäftsbedingungen enthalten ist und wie etwa bei Gesamtzusagen einen kollektiven Bezug hat.

Bei einer betriebsvereinbarungsoffen ausgestalteten Gesamtzusage muss ein Arbeitnehmer ohne Hinzutreten von besonderen Umständen mit deren Verschlechterung oder völligen Fortfall durch eine Gesamtbetriebsvereinbarung rechnen.

Die Ablösung eines Jubiläumsgeldes durch eine Gesamtbetriebsvereinbarung, dessen Zahlung ausschließlich vom Bestand des betreffenden Arbeitsverhältnisses am Jubiläumstag abhängt, greift nicht in den Schutzbereich der nach Art. 14 Abs. 1 GG geschützten Eigentumsgarantie ein.

***BAG** 24.10.2017 – 1 AZR 846/15*

5. Kosten des Gesamtbetriebsrats[31]

Der Gesamtbetriebsrat kann nach § 51 Abs. 1 i. V. m. § 40 Abs. 2 BetrVG vom Arbeitgeber die Freischaltung der in seinem Büro und der in betriebsratslosen Verkaufsstellen vorhandenen Telefone zum Zwecke der wechselseitigen Erreichbarkeit verlangen.

***BAG** 9.12.2009 – 7 ABR 46/08*

Die **Sitzungen des Gesamtbetriebsrats** müssen nicht notwendig am Ort der Hauptverwaltung des Unternehmens stattfinden. Dem Gesamtbetriebsrat steht es frei, die Sitzung an einem Ort durchzuführen, der unternehmensbezogen ist. Diese Voraussetzung ist jedenfalls dort gegeben, wo sich Einzelbetriebe des Unternehmens, in denen Betriebsräte gebildet sind, befinden.

Es ist nicht zu beanstanden, dass die Sitzung des Gesamtbetriebsrats in einem **Hotel** stattfindet. Entsprechende Tagungskosten insoweit hat der Arbeitgeber zu tragen. Dies gilt jedenfalls dann, wenn ein geeigneter Sitzungsraum beispielsweise im am Ort befindlichen Betrieb des Unternehmens nicht vorhanden ist.

Häufigkeit und **Dauer** der **Gesamtbetriebsratssitzung** bestimmt allein der Gesamtbetriebsrat. Die Ansetzung von 2 Tagen für eine solche Sitzung ist nicht zu beanstanden, wenn keine betriebsratsfremden Themen behandelt werden sollen. Die bei einer zweitägigen Sitzung anfallenden Übernachtungskosten und weitere Tagespauschalen hat der Arbeitgeber zu tragen.

Stellt der Unternehmer üblicherweise für Dienstreisen – auch für Betriebsratstätigkeit – **Firmenfahrzeuge** aus einem Pool zur Verfügung, so ist eine Nutzung solcher Fahrzeuge im Hinblick auf § 78 Abs. 2 BetrVG auch für die Anreise zur Gesamtbetriebsratssitzung zu gestatten.

Der Betriebsrat bzw. das einzelne Betriebsratsmitglied kann für voraussichtliche Aufwendungen, insbesondere erforderliche **Reisekosten, einen angemessenen Vorschuss verlangen**. Dies folgt daraus, dass den Betriebsratsmitgliedern aus ihrer ehrenamtlichen Tätigkeit keine zusätzlichen persönlichen Belastungen erwachsen dürfen (§ 78 Satz 2 BetrVG).

Müssen Betriebsratsmitglieder, um an einer Gesamtbetriebsratssitzung teilnehmen zu können, eine erhebliche Entfernung (hier: ca. 500 km) zurücklegen, so sind sie nicht verpflichtet, die Hin- und Rückfahrt aus Kostengründen mit eigenem oder Firmen-Pkw als Selbstfahrer durchzuführen.

***ArbG** Nürnberg 16.6.1995 – 12 BV 20/95*

Die Einleitung eines arbeitsgerichtlichen Beschlussverfahrens und die Beauftragung eines Rechtsanwalts durch den Gesamtbetriebsrat bedürfen eines ordnungsgemäßen Beschlusses des Gesamtbetriebsrats. Ist die Beschlussfassung unterblieben oder fehlerhaft erfolgt, ist der für den Gesamtbetriebsrat gestellte Antrag als unzulässig abzuweisen.

Der Gesamtbetriebsrat kann die bereits erfolgte Einleitung eines Beschlussverfahrens und die bereits erfolgte Beauftragung eines Verfahrensbevollmächtigten genehmigen. Die Genehmigung durch nachträgliche Beschlussfassung ist nur bis zum Ergehen einer Prozessentscheidung, durch die der Antrag zu Recht als unzulässig abgewiesen wird, möglich. Eine rechtsfehlerhafte Prozessentscheidung steht einer späteren Genehmigung nicht entgegen.

***BAG** 4.11.2015 – 7 ABR 61/13*

Der Anspruch auf **Erstattung der Kosten**, die dem Mitglied des Gesamtbetriebsrats in Ausübung seiner Amtstätigkeit entstanden sind, ist aus dem Recht des Gesamtbetriebsrats abgeleitet. Dies sind Kosten der Gesamtbetriebsratstätigkeit, deren Zahlung an das Gesamtbetriebsratsmitglied der Gesamtbetriebsrat vom Arbeitgeber verlangen kann.

***BAG** 24.7.1979 – 6 ABR 96/77*

Das Merkmal „Rücksichtnahme auf die betrieblichen Notwendigkeiten" nach § 51 Abs. 1 i.V.m. § 30 Satz 2 BetrVG bezieht sich nur auf Zeit und Dauer der Sitzung.

***BAG** 24.7.1979 – 6 ABR 96/77*

Will der Arbeitgeber grenzüberschreitend ein mitbestimmungspflichtiges EDV-System einführen, hat der zuständige Gesamtbetriebsrat das Recht, mit den betroffenen ausländischen Betriebsvertretungen Kontakt aufzunehmen. Die dafür entstehenden **Reisekosten** sind für die Betriebsratstätigkeit erforderlich und daher vom Arbeitgeber zu erstatten.

***ArbG** München 29.8.1991 – 12 BV 53/91 = BB 1991, 2375 = DB 1991, 2295*

Nach § 40 Abs. 2 BetrVG hat der Arbeitgeber dem Betriebsrat für die Sitzungen, die Sprechstunden und die laufende Geschäftsführung im erforderlichen Umfang unter anderem Büropersonal zur Verfügung zu stellen, wobei gemäß § 51 Abs. 1 Satz 1 BetrVG **auch für den Gesamtbetriebsrat** die Vorschrift des § 40 Abs. 2 BetrVG **Anwendung** findet.

Die Verpflichtung zur Bereitstellung der Sachmittel richtet sich nach Art und Beschaffenheit des Betriebs und orientiert sich daran, ob durch diese die ordnungsgemäße Durchführung der Aufgaben des Betriebsrats ermöglicht wird. Insoweit steht dem Gesamtbetriebsrat ein allgemeiner Überlassungsanspruch zu, wobei unstreitig ist, dass der Gesamtbetriebsrat nicht berechtigt ist, sich das Büropersonal selbst zu beschaffen oder die konkrete Person auszuwählen. Insoweit hat das BAG in seinem Beschluss vom 17.10.1990 – 7 ABR 69/89 – ausgeführt, dass der Arbeitgeber selbst bestimmt, welches Büropersonal er abstellen möchte.

Der Anspruch auf die Gestellung einer Schreibkraft für die nachträgliche Niederschrift des Stichwortprotokolls für die Dauer der jeweiligen Gesamtbetriebsratssitzungen besteht ebenso wie wenn die jeweiligen Sitzungen einen erheblichen Umfang haben und 13 – 18 Tagesordnungspunkte jeweils verhandelt werden. Alle Teilnehmer der Gesamtbetriebsratssitzung sind während der Dauer gehalten, an den Verhandlungen konzentriert und intensiv zum Wohle der Arbeitnehmer und des Betriebs teilzunehmen. An diesem Recht und dieser Pflicht werden sie gehindert, wenn einzelne Stichwortprotokolle zu führen haben. Insoweit werden sie daran gehindert, an der jeweils aktuellen Diskussion aktiv teilzunehmen. Auch der Verweis auf ein Diktiergerät oder sonstiges Hilfsmittel stellt keine Alternative dar. Auch der Einsatz eines Diktiergeräts führt zu einer besonderen Belastung und gezielten Konzentration, die dazu führen kann, dass das jeweilige Betriebsratsmitglied nicht vollständig an dem sonstigen Verlauf der Gesamtbetriebsratssitzung teilnehmen kann.

Entsprechendes gilt für ganztägige Gesamtbetriebsausschusssitzungen.

***ArbG** Frankfurt/M. 9.1.1997 – 11 BV 495/95 = DB 1997, 1723*
(Az.: Hessisches LAG: 12 TaBV 80/97)

Kinderbetreuungskosten können als persönliche Aufwendungen eines Betriebsratsmitglieds zu den vom Arbeitgeber zu tragenden Kosten der Tätigkeit des Betriebsrats gehören (hier: Betreuung dreier minderjähriger Kinder durch eine zu bezahlende Tagesmutter an Nachmittagen, an denen die sonst beim Arbeitgeber in Teilzeit an Vormittagen beschäftigte Mutter als Mitglied des Gesamtbetriebsrats an dessen Sitzungen teilnahm).

***Hessisches LAG** 22.7.1997 – 4/12 TaBV 146/96*

Der Arbeitgeber muss im erforderlichen Umfang die Kosten erstatten, die einem **alleinerziehenden Betriebsratsmitglied** während einer mehrtägigen auswärtigen Betriebsratstätigkeit durch die **Fremdbetreuung seiner minderjährigen Kinder** entstehen.

Nach § 40 Abs. 1 BetrVG trägt der Arbeitgeber die durch die Tätigkeit des Betriebsrats entstehenden Kosten. Dazu gehören auch die Aufwendungen, die einzelne Betriebsratsmitglieder zur Erfüllung ihrer Betriebsratsaufgaben für erforderlich halten dürfen, nicht aber sämtliche Kosten, die nur irgendwie durch die Betriebsratstätigkeit veranlasst sind. Grundsätzlich nicht erstattungsfähig sind insbesondere Aufwendungen, die der persönlichen Lebensführung zuzuordnen sind. Vom Arbeitgeber zu tragen sind aber Kosten, die einem Betriebsratsmitglied dadurch entstehen, dass es die Betreuung seiner minderjährigen Kinder für Zeiten sicherstellen muss, in denen es außerhalb seiner persönlichen Arbeitszeit Betriebsratsaufgaben wahrzunehmen hat. Das ergibt die verfassungskonforme Auslegung des § 40 Abs. 1 BetrVG. Das Betriebsratsmitglied befindet sich in einem solchen Fall in einer Pflichtenkollision zwischen seinen betriebsverfassungsrechtlichen Aufgaben und der Pflicht zur elterlichen Personensorge. Nach Art. 6 Abs. 2 GG sind Pflege und Erziehung der Kinder nicht nur „das natürliche Recht der Eltern", sondern auch „die zuvörderst ihnen obliegende Pflicht". Dementsprechend darf dem Betriebsratsmitglied durch die gleichzeitige Erfüllung beider Pflichten kein Vermögensopfer entstehen.

---

31 vgl. auch § 40 BetrVG „Kosten und Sachaufwand des Betriebsrats", S. 113

Hinweis für die Praxis:

Der Siebte Senat des BAG hat daher dem Antrag einer alleinerziehenden Mutter entsprochen, die von ihrem Arbeitgeber die Erstattung der Kosten verlangte, die ihr dadurch entstanden waren, dass sie als Betriebsratsmitglied zur Teilnahme an zwei ***Sitzungen des Gesamtbetriebsrats*** *und an einer* ***Betriebsräteversammlung*** *insgesamt zehn Tage ortsabwesend war und während dieser Zeit für die Betreuung ihrer 11 und 12 Jahre alten Kinder fremde Hilfe in Anspruch nehmen musste. Dem Anspruch stand nicht entgegen, dass in dem Haushalt des Betriebsratsmitglieds noch eine volljährige berufstätige Tochter lebte, welche die Betreuung ihrer jüngeren Geschwister abgelehnt hatte. Die Antragstellerin durfte die entstandenen Betreuungskosten von insgesamt 600,-- Euro auch der Höhe nach für erforderlich halten.*

***BAG** 23.6.2010 – 7 ABR 103/08*

6. Freistellung eines Mitglieds des Gesamtbetriebsrats

Der Gesamtbetriebsrat kann einen Anspruch auf eine generelle (Teil-) Freistellung nicht auf § 38 Abs. 1 BetrVG stützen. Dem Gesamtbetriebsrat steht jedoch ein Anspruch auf eine generelle (Teil-)Freistellung eines oder mehrerer seiner Mitglieder nach § 51 Abs. 1 i.V.m. § 37 Abs. 2 BetrVG zu, wenn er die Freistellung für die ordnungsgemäße Durchführung seiner Aufgaben für erforderlich halten darf (Rn. 28, 30).

Der Gesamtbetriebsrat trifft seine Auswahlentscheidung über die freizustellenden Mitglieder nach § 51 Abs. 3 Satz 1 BetrVG durch Mehrheitsbeschluss. Das gilt auch dann, wenn mehr als ein Wahlvorschlag vorliegt (Rn. 35).

***BAG** 26.9.2018 – 7 ABR 77/16*

Hinweis für die Praxis:

Das BAG stellt zum einen wie bereits schon in der nachfolgenden Entscheidung betreffend den Konzernbetriebsrat fest, dass auch Mitglieder des Gesamtbetriebsrats vollständig freigestellt werden können. Allerdings ist für den Gesamtbetriebsrat und auch den Konzernbetriebsrat die Regelung des § 38 BetrVG nicht anwendbar. Die Freistellung erfolgt nach § 37 Abs. 2 BetrVG.

Zum anderen stellt das BAG auch fest, dass die Wahl zur Freistellung auch im Falle des Vorliegens mehrerer Wahlvorschlagslisten nicht nach den Grundsätzen der Verhältniswahl durchzuführen ist, weil der Gesetzgeber eine solche analoge Anwendung des § 38 Abs. 2 BetrVG gerade nicht geregelt habe. Die Wahl erfolgt deshalb durch Mehrheitsbeschluss des Gesamtbetriebsrats. Einen Minderheitenschutz sehe das Gesetz für den Gesamtbetriebsrat nicht vor. Darüber hinaus sei auch zu berücksichtigen, dass bei der Entscheidung über pauschale Freistellungen von einzelnen freizustellenden Gesamtbetriebsratsmitgliedern gemäß § 37 Abs. 2 BetrVG auch eine Beurteilung zur Erforderlichkeit, insbesondere auch zu den konkreten Umständen der Aufgabenverteilung zu erfolgen habe.

Konzernbetriebsrat (§§ 54 – 59 BetrVG)

Gesetzestext

§ 54 Errichtung des Konzernbetriebsrats

(1) *[1]Für einen Konzern (§ 18 Abs. 1 des Aktiengesetzes) kann durch Beschlüsse der einzelnen Gesamtbetriebsräte ein Konzernbetriebsrat errichtet werden. [2]Die Errichtung erfordert die Zustimmung der Gesamtbetriebsräte der Konzernunternehmen, in denen insgesamt mehr als 50 vom Hundert der Arbeitnehmer der Konzernunternehmen beschäftigt sind.*

(2) *Besteht in einem Konzernunternehmen nur ein Betriebsrat, so nimmt dieser die Aufgaben eines Gesamtbetriebsrats nach den Vorschriften dieses Abschnitts wahr.*

§ 55 Zusammensetzung des Konzernbetriebsrats, Stimmengewicht

(1) *[1]In den Konzernbetriebsrat entsendet jeder Gesamtbetriebsrat zwei seiner Mitglieder. [2]Die Geschlechter sollen angemessen berücksichtigt werden.*

(2) *Der Gesamtbetriebsrat hat für jedes Mitglied des Konzernbetriebsrats mindestens ein Ersatzmitglied zu bestellen und die Reihenfolge des Nachrückens festzulegen.*

(3) *Jedem Mitglied des Konzernbetriebsrats stehen die Stimmen der Mitglieder des entsendenden Gesamtbetriebsrats je zur Hälfte zu.*

(4) *[1]Durch Tarifvertrag oder Betriebsvereinbarung kann die Mitgliederzahl des Konzernbetriebsrats abweichend von Absatz 1 Satz 1 geregelt werden. [2]§ 47 Abs. 5 bis 9 gilt entsprechend.*

§ 56 Ausschluss von Konzernbetriebsratsmitgliedern

Mindestens ein Viertel der wahlberechtigten Arbeitnehmer der Konzernunternehmen, der Arbeitgeber, der Konzernbetriebsrat oder eine im Konzern vertretene Gewerkschaft können beim Arbeitsgericht den Ausschluss eines Mitglieds aus dem Konzernbetriebsrat wegen grober Verletzung seiner gesetzlichen Pflichten beantragen.

§ 57 Erlöschen der Mitgliedschaft

Die Mitgliedschaft im Konzernbetriebsrat endet mit dem Erlöschen der Mitgliedschaft im Gesamtbetriebsrat, durch Amtsniederlegung, durch Ausschluss aus dem Konzernbetriebsrat auf Grund einer gerichtlichen Entscheidung oder Abberufung durch den Gesamtbetriebsrat.

§ 58 Zuständigkeit

(1) *[1]Der Konzernbetriebsrat ist zuständig für die Behandlung von Angelegenheiten, die den Konzern oder mehrere Konzernunternehmen betreffen und nicht durch die einzelnen Gesamtbetriebsräte innerhalb ihrer Unternehmen geregelt werden können; seine Zuständigkeit erstreckt sich insoweit auch auf Unternehmen, die einen Gesamtbetriebsrat nicht gebildet haben, sowie auf Betriebe der Konzernunternehmen ohne Betriebsrat. [2]Er ist den einzelnen Gesamtbetriebsräten nicht übergeordnet.*

(2) *[1]Der Gesamtbetriebsrat kann mit der Mehrheit der Stimmen seiner Mitglieder den Konzernbetriebsrat beauftragen, eine Angelegenheit für ihn zu behandeln. [2]Der Gesamtbetriebsrat kann sich dabei die Entscheidungsbefugnis vorbehalten. [3]§ 27 Abs. 2 Satz 3 und 4 gilt entsprechend.*

§ 59 Geschäftsführung

(1) *Für den Konzernbetriebsrat gelten § 25 Abs. 1, die §§ 26, 27 Abs. 2 und 3, § 28 Abs. 1 Satz 1 und 3, Abs. 2, die §§ 30, 31, 34, 35, 36, 37 Abs. 1 bis 3 sowie die §§ 40, 41 und 51 Abs. 1 Satz 2 und Abs. 3 bis 5 entsprechend.*

(2) *[1]Ist ein Konzernbetriebsrat zu errichten, so hat der Gesamtbetriebsrat des herrschenden Unternehmens oder, soweit ein solcher Gesamtbetriebsrat nicht besteht, der Gesamtbetriebsrat des nach der Zahl der wahlberechtigten Arbeitnehmer größten Konzernunternehmens zu der Wahl des Vorsitzenden und des stellvertretenden Vorsitzenden des Konzernbetriebsrats einzuladen. [2]Der Vorsitzende des einladenden Gesamtbetriebsrats hat die Sitzung zu leiten, bis der Konzernbetriebsrat aus seiner Mitte einen Wahlleiter bestellt hat. [3]§ 29 Abs. 2 bis 4 gilt entsprechend.*

§ 59a Teilnahme der Konzernschwerbehindertenvertretung

Die Konzernschwerbehindertenvertretung (§ 97 Abs. 2 des Neunten Buches Sozialgesetzbuch) kann an allen Sitzungen des Konzernbetriebsrats beratend teilnehmen.

1. Bildung eines Konzernbetriebsrats

Das Betriebsverfassungsrecht bestimmt nicht selbst, wann ein Konzern besteht. § 54 Abs. 1 BetrVG verweist vielmehr auf § 18 Abs. 1 AktG. Maßgeblich sind daher die Regelungen des Aktiengesetzes. Erforderlich für das Vorliegen eines Konzerns ist nach § 18 Abs. 1 Satz 1 AktG, dass ein herrschendes sowie ein oder mehrere abhängige Unternehmen unter der einheitlichen Leitung des herrschenden Unternehmens zusammengefasst sind.

Auch bei Anwendung des § 54 Abs. 1 BetrVG ist grundsätzlich der gesellschaftsrechtliche Begriff der Abhängigkeit maßgeblich. Der Senat lässt offen, ob die erforderliche Abhängigkeit ausnahmsweise auch anders als gesellschaftsrechtlich vermittelt sein kann. Dagegen können Gründe der Rechtssicherheit sprechen, dafür im Einzelfall die Erfordernisse einer wirksamen Mitbestimmung.

Für einen Konzern kann grundsätzlich nur ein – beim herrschenden Unternehmen angesiedelter – Konzernbetriebsrat errichtet werden. Die Bildung mehrerer nebeneinander bestehender Konzernbetriebsräte ist gesetzlich ebenso wenig vorgesehen wie die Errichtung eines Konzernbetriebsrats für einen Teil des Konzerns. Die gesetzliche Betriebsverfassung kennt keinen Sparten-Konzernbetriebsrat.

Die Mitgliedschaft im Konzernbetriebsrat endet für dessen Mitglieder mit dem Ablauf ihrer Amtszeit in dem sie entsendenden Gesamtbetriebsrat oder Betriebsrat. Das Amt des Konzernbetriebsrats endet dadurch nicht. Dieser hat – anders als der Betriebsrat – keine Amtszeit. Er ist – wie der Gesamtbetriebsrat – eine Dauereinrichtung. Die von den Gesamtbetriebsräten oder den Betriebsräten nach jeder regelmäßigen Neuwahl erneut vorzunehmende Entsendung von Mitgliedern in den Konzernbetriebsrat ändert daher nichts an dessen kontinuierlichem Fortbestand.

***BAG** 9.2.2011 – 7 ABR 11/10*

Ein Konzernbetriebsrat kann nach § 54 Abs. 1 BetrVG nur in einem Unterordnungskonzern i.S.v. § 18 Abs. 1 AktG errichtet werden. Ein Unterordnungskonzern liegt vor, wenn ein oder mehrere von einem herrschenden Unternehmen abhängige Unternehmen unter der einheitlichen Leitung des herrschenden Unternehmens zusammengefasst sind. Von einem abhängigen Unternehmen wird nach § 18 Abs. 1 Satz 3 AktG vermutet, dass es mit dem herrschenden Unternehmen einen Konzern bildet. Nach § 17 Abs. 2 AktG wird von einem in Mehrheitsbesitz stehenden Unternehmen vermutet, dass es von dem an ihm mit Mehrheit beteiligten Unternehmen abhängig ist.

Die Bildung eines Konzerns ist auch dann nicht ausgeschlossen, wenn zwei Unternehmen jeweils zu 50 v.H. an einem anderen Unternehmen beteiligt sind (sog. Gemeinschaftsunternehmen). Ein oder mehrere Gemeinschaftsunternehmen können dabei auch von mehreren gleichgeordneten herrschenden Unternehmen abhängig sein und in einem Abhängigkeitsverhältnis zu jedem der herrschenden Unternehmen stehen (sog. mehrfache Abhängigkeit von mehreren Mutterunternehmen). Das setzt voraus, dass für die Ausübung gemeinsamer Herrschaft durch die herrschenden Unternehmen eine ausreichend sichere Grundlage besteht. Die Einflussmöglichkeiten der verschiedenen Herrschaftsträger müssen in diesem Fall koordiniert sein. Diese können sich aus vertraglichen oder organisatorischen Bindungen, aber auch aus rechtlichen und tatsächlichen Umständen sonstiger Art ergeben.

***BAG** 11.2.2015 – 7 ABR 98/12*

Der Unternehmensbegriff in den §§ 15 ff. AktG ist rechtsformneutral. Unternehmen im konzernrechtlichen Sinn kann daher auch eine natürliche Person sein.

Die Bildung eines Konzerns ist nicht ausgeschlossen, wenn zwei herrschende Unternehmen an einem anderen Unternehmen (Gemeinschaftsunternehmen) beteiligt sind. Das gilt auch, wenn die herrschenden Unternehmen paritätisch beteiligt sind und deshalb ein Unternehmen allein keinen beherrschenden Einfluss ausüben kann.

Ein oder mehrere Gemeinschaftsunternehmen können auch von mehreren gleich geordneten herrschenden Unternehmen abhängig sein (mehrfache Abhängigkeit von mehreren Mutterunternehmen).

Bei einer mehrfachen Abhängigkeit i.S.d. § 17 Abs. 1 AktG ist von einer mehrfachen Konzernzugehörigkeit eines Gemeinschaftsunternehmens zu jedem herrschenden Unternehmen auszugehen, wenn diese die einheitliche Leitung über das Gemeinschaftsunternehmen tatsächlich gemeinsam ausüben.

In diesem Fall ist für das jeweilige Konzernverhältnis bei jedem der herrschenden Unternehmen ein Konzernbetriebsrat zu bilden.

Die Errichtung eines Konzernbetriebsrats bei der gemeinschaftlichen Leitung ist nicht möglich. Das gilt auch, wenn die herrschenden Unternehmen zur Leitung des Gemeinschaftsunternehmens eine Innengesellschaft des bürgerlichen Rechts nach §§ 705 ff. BGB vereinbart haben.

***BAG** 13.10.2004 – 7 ABR 56/03*

Ein Unternehmen kann von mehreren anderen Unternehmen abhängig i.S.d. § 17 Abs. 1 AktG sein (Gemeinschaftsunternehmen). Das setzt voraus, dass die anderen Unternehmen die Möglichkeit gemeinsamer Herrschaftsausübung vereinbart haben.

Das Gemeinschaftsunternehmen kann von mehreren Unternehmen beherrscht werden. **Es bildet dann jeweils mit dem herrschenden Unternehmen einen Konzern.**

Bei mehrfacher Abhängigkeit gilt die widerlegbare Vermutung nach § 18 Abs. 1 Satz 3 AktG jedenfalls für den Regelungsbereich der §§ 54 ff. BetrVG.

Betriebsrat oder Gesamtbetriebsrat des beherrschten Gemeinschaftsunternehmens haben ein Entsendungsrecht zum Konzernbetriebsrat nach § 55 Abs. 1 BetrVG.

***BAG** 30.10. 1986 – 6 ABR 19/85*

Nach § 54 Abs. 1 Satz 1 i. V. m. § 54 Abs. 2 BetrVG kann für einen Konzern durch Beschlüsse der Gesamtbetriebsräte bzw. Betriebsräte ein Konzernbetriebsrat errichtet werden. Das Betriebsverfassungsgesetz bestimmt dabei nicht selbst, wann ein Konzern vorliegt und welche Unternehmen dem Konzern angehören. § 54 Abs. 1 BetrVG verweist insoweit auf § 18 Abs. 1 AktG. Es gilt deshalb kein eigenständiger betriebsverfassungsrechtlicher Konzernbegriff.

Die Errichtung eines Konzernbetriebsrats kommt nach § 54 Abs. 1 Satz 1 BetrVG nur in Betracht, wenn nicht nur die unter einer einheitlichen Leitung zusammengefassten Unternehmen, sondern auch eine Konzernobergesellschaft ihren Sitz im Inland hat.

In einem mehrstufigen Konzern mit einer im Ausland ansässigen Konzernobergesellschaft kann ein Konzernbetriebsrat für die im Inland gelegenen Unternehmen auch gebildet werden, wenn die ausländische Konzernobergesellschaft von ihrer Leitungsmacht zwar in wesentlichem Umfang Gebrauch macht, aber einem im Inland ansässigen abhängigen Unternehmen als inländischer Teilkonzernspitze noch wesentliche Leitungsaufgaben in personellen, sozialen und wirtschaftlichen Angelegenheiten zur eigenständigen Ausübung gegenüber den diesen nachgeordneten Unternehmen verbleiben.

§ 54 Abs. 1 BetrVG enthält für die Fälle der im Ausland ansässigen Konzernobergesellschaft keine unbewusste Regelungslücke. Zum einen hat der Gesetzgeber im Betriebsverfassungsrecht bewusst von einer § 5 Abs. 3 MitbestG vergleichbaren Teilkonzernregelung abgesehen. Daneben führt der Sitz eines herrschenden Unternehmens im Ausland bei der betrieblichen Mitbestimmung – anders als nach dem MitbestG – nicht zum Wegfall der Beteiligungsrechte der Arbeitnehmer, sondern nur zu ihrer Verlagerung auf eine andere Ebene in den verbundenen Unternehmen. Die Beteiligungsrechte nach dem BetrVG werden in diesem Fall von den Gesamtbetriebsräten und Betriebsräten der konzernangehörigen Unternehmen wahrgenommen.

***BAG** 14.2.2007 – 7 ABR 26/06*

> Nach § 54 Abs. 1 Satz 1 BetrVG kann ein Konzernbetriebsrat nur errichtet werden, wenn das herrschende Unternehmen seinen Sitz im Inland hat oder über eine im Inland ansässige Teilkonzernspitze verfügt.
>
> ***BAG** 16.5.2007 – 7 ABR 63/06*

Sog. gemischt öffentlich-privatrechtliche Unterordnungskonzerne sind auch dann konzernbetriebsratsfähig, wenn das herrschende Unternehmen öffentlich-rechtlich organisiert ist.

Körperschaften des öffentlichen Rechts sind nach dem Konzernbegriff des § 18 Abs. 1 AktG Unternehmen im konzernrechtlichen Sinn, wenn sie in privater Rechtsform organisierte Unternehmen beherrschen.

Nach dem Schutzzweck des § 54 BetrVG soll eine Beteiligung der Arbeitnehmer an den die Einzelunternehmen bindenden Leitungsentscheidungen des Konzerns im sozialen, personellen und wirtschaftlichen Bereich sichergestellt werden. Mitbestimmung i.S.d. Betriebsverfassungsgesetzes soll dort ausgeübt werden, wo unternehmerische Leitungsmacht konkret entfaltet und ausgeübt wird.

§ 130 BetrVG nimmt Verwaltungen und Betriebe des Bundes, der Länder, der Gemeinden und sonstiger Körperschaften, Anstalten und Stiftungen des öffentlichen Rechts von der Anwendung des Betriebsverfassungsgesetzes aus. Die Vorschrift regelt nicht den Fall des sog. öffentlich-privatrechtlichen Mischkonzerns. Der Bereichsausnahme wird Rechnung getragen, wenn das herrschende, öffentlich-rechtlich organisierte und damit dem Personalvertretungsrecht unterfallende Unternehmen nicht in die Errichtung des Konzernbetriebsrats einbezogen wird.

***BAG** 27.10.2010 – 7 ABR 85/09*

Auch bei einer natürlichen Person als Konzernspitze kann bei Vorliegen der Voraussetzungen des § 18 Abs. 1 AktG ein Konzernbetriebsrat gebildet werden, wenn sie sich auch in anderen Gesellschaften unternehmerisch betätigt.

***BAG** 22.11.1995 – 7 ABR 9/95*

Aufgrund des Territorialitätsprinzips kann, wenn das herrschende Unternehmen eines Unterordnungskonzerns seinen Sitz im Ausland hat, für diesen Konzern kein Konzernbetriebsrat gebildet werden. Auch bei einem Tochterunternehmen eines mehrstufigen, vertikal gegliederten Konzerns kann ein Konzernbetriebsrat gebildet werden. Voraussetzung hierfür ist, dass es im Inland eine Zusammenfassung einheitlicher arbeitsrechtlicher Leitungsmacht gibt. Ohne eine inländische einheitliche Leitungsmacht kann die Zulässigkeit der Bildung eines Konzernbetriebsrats insbesondere auch nicht aus einer entsprechenden Anwendung des § 5 Abs. 3 MitbestG bzw. § 11 Abs. 3 PublG abgeleitet werden.

***ArbG** Stuttgart 1.8.2003 – 26 BV 11/02 = NZA-RR 2004, 138*

Das Amt des Konzernbetriebsrats endet, wenn die Voraussetzungen für seine Errichtung dauerhaft entfallen. Das ist der Fall, wenn der Konzern, für den Konzernbetriebsrat errichtet wurde, nicht mehr besteht, weil das herrschende Unternehmen seinen beherrschenden Einfluss verloren hat.

***BAG** 23.8.2006 – 7 ABR 51/05*

Ein in einem Gemeinschaftsbetrieb i.S.v. § 1 Abs. 2 BetrVG gebildeter Betriebsrat ist berechtigt, insgesamt zwei seiner Mitglieder in den Konzernbetriebsrat zu entsenden, wenn in einem oder mehreren seiner Trägerunternehmen kein anderer Betriebsrat besteht. (Rn. 50 – 55)

Nach § 54 Abs. 1 Satz 1 BetrVG kann für einen Konzern i.S.v. § 18 Abs. 1 AktG durch Beschlüsse der einzelnen Gesamtbetriebsräte ein Konzernbetriebsrat errichtet werden. Zur Errichtung des Konzernbetriebsrats bedarf es nach § 54 Abs. 1 Satz 2 BetrVG der Zustimmung der Gesamtbetriebsräte der Konzernunternehmen, in denen insgesamt mehr als 50 vom Hundert der Arbeitnehmer der Konzernunternehmen beschäftigt sind. Die Errichtung des Konzernbetriebsrats kann auch durch den Beschluss eines einzelnen Gesamtbetriebsrats erfolgen, wenn dieser mehr als 50 vom Hundert der Arbeitnehmer der Konzernunternehmen repräsentiert (Rn. 45 f.).

Für die Beurteilung, ob das Quorum von mehr als 50 vom Hundert der Arbeitnehmer der Konzernunternehmen erreicht ist, ist die Zahl der Arbeitnehmer maßgebend, die im Zeitpunkt der Beschlussfassung über die Errichtung des Konzernbetriebsrats in den im Inland gelegenen Betrieben der Konzernunternehmen beschäftigt sind mit Ausnahme der leitenden Angestellten. Dabei sind auch die in betriebsratslosen Betrieben beschäftigten Arbeitnehmer zu berücksichtigen (Rn. 47).

Nach § 55 Abs. 1 Satz 1 BetrVG entsendet jeder Gesamtbetriebsrat zwei seiner Mitglieder in den Konzernbetriebsrat. Besteht in einem Konzernunternehmen nur ein Betriebsrat, entsendet dieser nach § 54 Abs. 2 i.V.m. § 55 Abs. 1 Satz 1 BetrVG zwei seiner Mitglieder in den Konzernbetriebsrat. Ein in einem Gemeinschaftsbetrieb gebildeter Betriebsrat entsendet Mitglieder in den Konzernbetriebsrat, wenn in einem oder mehreren seiner Trägerunternehmen kein anderer Betriebsrat besteht. Er ist zur Entsendung von insgesamt zwei seiner Mitglieder berechtigt, nicht zur Entsendung von zwei Mitgliedern je Trägerunternehmen, in dem kein anderer Betriebsrat besteht (Rn. 50 ff.).

***BAG** 29.7.2020 – 7 ABR 27/19*

2. Zuständigkeit des Konzernbetriebsrats

Nach der Rechtsprechung des Bundesarbeitsgerichts unterliegen auch Betriebsvereinbarungen dem für normative Regelungen geltenden Gebot der Rechtsquellenklarheit (BAG 15.4.2008 – 1 AZR 86/07). Das folgt aus den Erfordernissen der Rechtssicherheit, die im Schriftformgebot des § 77 Abs. 2 Satz 1 und Satz 2 BetrVG zum Ausdruck kommen. Es stellt sicher, dass für die Normunterworfenen die Urheberschaft eindeutig ist. Erst aufgrund dessen kann beurteilt werden, wer für diese Normsetzung wem gegenüber verantwortlich ist, ob sie von der jeweiligen Normsetzungskompetenz gedeckt und wer zu ihrer Ablösung berechtigt ist sowie wem entsprechende Durchführungs- und Einwirkungspflichten obliegen. Dieses Gebot erfasst nicht nur sog. mehrseitige Vereinbarungen, die ein Arbeitgeber mit Betriebsräten und einer Gewerkschaft trifft.

Es gilt auch, soweit die Konzernobergesellschaft mit dem Konzernbetriebsrat, mit dem oder – zugleich handelnd für die Konzernunternehmen – den jeweiligen Gesamtbetriebsräten oder Einzelbetriebsräten gemeinsam Betriebsvereinbarungen oder Sozialpläne abschließt oder ein Arbeitgeber mit dem Gesamtbetriebsrat und den Einzelbetriebsräten entsprechendes vereinbart. Zwar steht in einem solchen Fall fest, dass es sich um eine betriebsverfassungsrechtliche Rechtsquelle handelt, die für betriebszugehörige Arbeitnehmer unmittelbar und zwingend gilt, § 77 Abs. 4 Satz 1 BetrVG.

Ob die jeweiligen Parteien im Rahmen ihrer betriebsverfassungsrechtlichen Zuständigkeiten im Verhältnis zueinander und gegenüber ihren vom BetrVG zwingend vorgegebenen Vertragspartnern gehandelt haben, folgt daraus nicht ohne weiteres. Hat ein Normenvertrag unterschiedliche betriebsverfassungsrechtliche Rechtsquellen zum Inhalt, muss die Frage, ob eine bestimmte Regelung eine Betriebsvereinbarung, eine Gesamtbetriebsvereinbarung oder eine Konzernbetriebsvereinbarung ist, in welchem Verhältnis diese Vereinbarungen zueinander stehen und wer von den Betriebsverfassungsorganen für welche Teile im Rahmen seiner gesetzlichen Zuständigkeit handelt, sowohl im Interesse der Rechtsunterworfenen als auch im Verhältnis der Betriebsverfassungsorgane untereinander einer zuverlässigen Beantwortung zugänglich sein.

***BAG** 26.9.2017 – 1 AZR 717/15*

Eine im Betrieb eines konzernangehörigen Unternehmens geltende Konzernbetriebsvereinbarung gilt dort normativ als Einzelbetriebsvereinbarung weiter, wenn das Unternehmen infolge einer Übertragung seiner Geschäftsanteile aus dem Konzern ausscheidet und nicht unter den Geltungsbereich einer im neuen Konzernverbund geltenden Konzernbetriebsvereinbarung mit demselben Regelungsgegenstand fällt. (Rn. 22)

Weil dem Betriebsverfassungsgesetz eine auf die Organisationseinheit des Betriebs bezogene Normwirkung von Betriebsvereinbarungen zugrunde liegt, gilt nach einem durch die Übertragung von Geschäftsanteilen bedingten Ausscheiden eines konzernangehörigen Unternehmens aus dem Konzern eine zuvor in dessen Betrieb geltende Konzernbetriebsvereinbarung dort normativ als Einzelbetriebsvereinbarung weiter, sofern das Unternehmen nicht unter den Geltungsbereich einer im neuen Konzernverbund geltenden Konzernbetriebsvereinbarung mit demselben Regelungsgegenstand fällt (Rn. 22 ff.).

Unterhält das aus dem Konzern ausscheidende Unternehmen mehrere Betriebe, gilt die Konzernbetriebsvereinbarung nach dem Ausscheiden des Unternehmens aus dem Konzern in diesen als Gesamtbetriebsvereinbarung fort (Rn. 26).

Grundsätzlich hindert auch ein etwaiger Konzernbezug der durch die Konzernbetriebsvereinbarung ausgestalteten betriebsverfassungsrechtlichen Angelegenheit deren Fortgeltung in dem Betrieb oder den Betrieben des aus dem Konzernverbund ausscheidenden Unternehmens nicht. Eine normative Weitergeltung scheidet aber aus, wenn die betreffende Regelung nach ihrem Inhalt die Zugehörigkeit zum bisherigen Konzern zwingend voraussetzt oder nach dem Ausscheiden des Unternehmens aus dem Konzern gegenstandslos wird (Rn. 27).

Der Bestand und die normative Wirkung einer Betriebsvereinbarung, in der die Gewährung von Leistungen der betrieblichen Altersversorgung zugesagt wird, hängen nicht davon ab, ob diese vom Arbeitgeber im ursprünglich vorgesehenen Durchführungsweg Unterstützungskasse erbracht werden können (Rn. 33).

***BAG** 25.2.2020 – 1 ABR 39/18*

Führt eine Konzernobergesellschaft – im vorliegenden Streitfall jährlich – eine konzernweite Mitarbeiterbefragung auf der Grundlage eines einheitlich standardisierten Fragebogens in elektronischer Form durch, ist für den Fall, dass eine mitbestimmungspflichtige Maßnahme vorliegt, die Zuständigkeit des Konzernbetriebsrats gegeben (Rn. 21).

***BAG** 11.12.2018 – 1 ABR 13/17en*

Eine Beteiligung von Betriebsverfassungsorganen im Beschlussverfahren nach § 83 Abs. 3 ArbGG ist nur geboten, wenn sie als Inhaber des streitigen Anspruchs oder Rechts ernsthaft in Betracht kommen. Bei der Mitbestimmung über eine Entscheidung eines herrschenden Unternehmens eines Konzerns, die denknotwendig unternehmensübergreifend getroffen wird, scheidet daher eine Betroffenheit der örtlichen Betriebsräte oder bestehender Gesamtbetriebsräte i.S.d. § 83 Abs. 3 ArbGG aus.

***BAG** 13.12.2016 – 1 ABR 7/15*

Ein Konzernbetriebsrat hat eine **Auftragsangelegenheit** nach § 58 Abs. 2 BetrVG zur Regelung des Mitbestimmungsrechts nach § 87 Abs. 1 Nr. 4 mit den jeweiligen Konzernunternehmen zu verhandeln. Die Leitung der herrschenden Konzerngesellschaft kann in diesen Fällen nicht zum Abschluss einer Konzernbetriebsvereinbarung verpflichtet werden.

***BAG** 12.11.1997 – 7 ABR 78/96*

Die in § 58 Abs. 2 BetrVG vorgesehene **Beauftragung des Konzernbetriebsrats** zur Behandlung einer Angelegenheit setzt voraus, dass die fragliche Angelegenheit in den Zuständigkeitsbereich des beauftragenden Gesamt- bzw. Einzelbetriebsrats fällt und demzufolge mit dem Arbeitgeber auf Betriebs- oder Unternehmensebene zu regeln ist. Mit der Beauftragung erhält der Konzernbetriebsrat lediglich die Befugnis, anstelle des originär zuständigen Betriebsverfassungsorgans tätig zu werden. Verhandlungspartner auf Seiten des Gesamt- bzw. Betriebsrats ist der jeweils betroffene konzernangehörige Arbeitgeber.

***BAG** 17.3.2015 – 1 ABR 49/13*

Die **originäre Zuständigkeit** des Konzernbetriebsrats ist nach denselben Kriterien zu bestimmen wie die Zuständigkeit des Gesamtbetriebsrats. Bei freiwilligen Leistungen ist den einzelnen Gesamtbetriebsräten eine unternehmensbezogene Regelung subjektiv unmöglich, wenn der Arbeitgeber den Leistungszweck so bestimmt, dass er nur mit einer unternehmensübergreifenden Regelung erreichbar ist. Dies ist der Fall, wenn die Konzernleitung die freiwillige Leistung künftig nur noch konzerneinheitlich gewähren will.

Die Zuständigkeit des Konzernbetriebsrats erstreckt sich auch auf die Wahrung der erworbenen Besitzstände.

***BAG** 24.1.2006 – 3 AZR 483/04*

Treffen die Tarifvertragsparteien in einem Tarifvertrag, der eine Reduzierung tariflicher Leistungen durch freiwillige Betriebsvereinbarungen gestattet, keine Regelung über die Zuständigkeit des Mitbestimmungsgremiums, so richtet sich diese nach dem Betriebsverfassungsgesetz.

Nach der Kompetenzzuweisung des Betriebsverfassungsgesetzes ist für die Wahrnehmung von Mitbestimmungsrechten in erster Linie der von den Arbeitnehmern unmittelbar durch Wahl legitimierte Betriebsrat zuständig.

Die originäre Zuständigkeit des Konzernbetriebsrats gemäß § 58 Abs. 1 Satz 1 BetrVG ist nach denselben Kriterien zu bestimmen wie diejenige des Gesamtbetriebsrats nach § 50 Abs. 1 Satz 1 BetrVG.

Die originäre Zuständigkeit des Konzernbetriebsrats kann sich aus – technisch oder rechtlich – objektiv zwingenden Gründen ergeben. Der Gleichbehandlungsgrundsatz begründet keine rechtliche Notwendigkeit einer unternehmensüberschreitenden, konzerneinheitlichen Regelung.

Nach der vom Bundesarbeitsgericht entwickelten Theorie der „subjektiven Unmöglichkeit" können Gesamtbetriebsrat oder Konzernbetriebsrat auch dann zuständig sein, wenn der Arbeitgeber eine freiwillige Leistung nur betriebs- oder unternehmensübergreifend zur Verfügung stellt. In diesem Fall legt er durch die mitbestimmungsfreie Vorgabe des Adressatenkreises zugleich das Mitbestimmungsgremium fest.

Die Theorie der „subjektiven Unmöglichkeit" ist nicht anwendbar, wenn der Arbeitgeber zur Reduzierung einer den Arbeitnehmern zustehenden Leistung oder zu einer diese belastenden Regelung der Mitbestimmung des Betriebsrats bedarf. In diesen Fällen gibt es keine mitbestimmungsfreie Vorgabe des Arbeitgebers, durch weiche die Ebene der Mitbestimmung und damit das für diese zuständige Gremium festgelegt wird.

Eine Beauftragung des Konzernbetriebsrats ist` grundsätzlich nur durch die Gesamtbetriebsräte möglich. Eine Beauftragung durch einen Betriebsrat kommt nur in den Fällen des § 54 Abs. 2 BetrVG in Betracht.

***BAG** 19.6.2007 – 1 AZR 454/06*

Betrifft die Änderung alle Außendienstmitarbeiter eines Konzerns, ist der Konzernbetriebsrat zuständig. Ist ein solcher nicht gebildet, weil das herrschende Unternehmen seinen Sitz im Ausland hat, ist der Gesamtbetriebsrat zuständig, soweit im Unternehmen in mehr als einem Betrieb Außendienstmitarbeiter arbeiten, sonst der Betriebsrat des Betriebs, dem der Arbeitnehmer angehört. Die Ausübung dieser Zuständigkeiten durch Ausschüsse setzt voraus, dass solche nicht nur gebildet, sondern ihnen auch Entscheidungsbefugnisse übertragen wurde.

***BAG** 29.1.2008 – 3 AZR 42/06*

Die Absenkung des Dotierungsrahmens einer freiwilligen Arbeitgeberleistung unterliegt zwar nicht der Mitbestimmung des Betriebsrats nach § 87 Abs. 1 Nr. 10 BetrVG. Die Ausgestaltung des Leistungsplans ist aber auch bei der Umsetzung einer Mittelkürzung mitbestimmungspflichtig. Ob nur in die Rechte bestimmter Arbeitnehmer eingegriffen werden soll, ist eine Frage der Verteilungsgerechtigkeit, die das Mitbestimmungsrecht auslöst.

Der Mitbestimmungstatbestand des § 87 Abs. 1 Nr. 10 BetrVG setzt einen kollektiven Tatbestand voraus. Entscheidend ist nicht Form, sondern der Inhalt der Regelung. Eine individuelle Lohngestaltung liegt vor, wenn mit Rücksicht auf besondere Umstände des einzelnen Arbeitnehmers Regelungen getroffen werden, die in keinem inneren Zusammenhang zu ähnlichen Regelungen für andere Arbeitnehmer stehen.

Die Verletzung des Mitbestimmungsrechts des Betriebsrats führt dazu, dass die individualrechtlich vereinbarte Verschlechterung der Versorgungszusage unwirksam ist. Dies folgt aus dem Schutzzweck des Mitbestimmungsrechts.

***BAG** 24.1.2006 – 3 AZR 484/04*

Der Konzernbetriebsrat ist nach § 58 Abs. 1 Satz 1 Halbs. 1 BetrVG für die Mitbestimmung bei der Nutzung einer Personalverwaltungssoftware nach § 87 Abs. 1 Nr. 6 BetrVG zuständig, wenn das mit der Personalverwaltung betraute Konzernunternehmen individualisierte oder individualisierbare Verhaltens- oder Leistungsdaten von Arbeitnehmern erhebt und verarbeitet, die in anderen Konzernunternehmen beschäftigt werden.

***BAG** 25.9.2012 – 1 ABR 45/11*

Soll durch einen Verhaltenskodex eine konzerneinheitliche „Unternehmensphilosophie" umgesetzt und für ein „ethisch-moralisch einheitliches Erscheinungsbild" und eine konzernweite Identität gesorgt werden, steht das Mitbestimmungsrecht nach § 87 Abs. 1 BetrVG gemäß § 58 Abs. 1 BetrVG dem Konzernbetriebsrat zu.

***BAG** 22.7.2008 – 1 ABR 40/07*

Regelungsgegenstand der Konzernbetriebsvereinbarung können auch Tatbestände der zwingenden Mitbestimmung sein. Auch derartige zwingende Mitbestimmungsrechte sind dann vom Konzernbetriebsrat wahrzunehmen, denn im Rahmen seiner Zuständigkeit hat der Konzernbetriebsrat dieselben Rechte und Pflichten wie ein Betriebsrat.

***BAG** 20.12.1995 – 7 ABR 8/95*

Auch § 112 Abs. 5 Nr. 2 BetrVG geht davon aus, dass von Betriebsänderungen betroffene Arbeitnehmer in anderen Unternehmen des Konzerns weiterbeschäftigt werden können, ohne dass daraus oder aus anderen Vorschriften des BetrVG zu entnehmen wäre, dass allein wegen des Bestehens einer solchen Möglichkeit die Wahrnehmung der Beteiligungsrechte bei Betriebsänderungen unter die Zuständigkeit des Konzernbetriebsrats fällt.

***BAG** 17.9.1991 – 1 ABR 23/91*

Besteht eine konzerneinheitliche Versorgungsordnung, erhalten aber die Angestellten in einem einzigen Konzernunternehmen zusätzliche Versorgungsleistungen, so ist für diese Zusatzversorgung nicht der Konzernbetriebsrat, sondern der Gesamtbetriebsrat des betreffenden Unternehmens zuständig, solange keine konzerneinheitliche Zusatzregelung in Betracht kommt.

***BAG** 19.3.1981 – 3 ABR 38/80*

Der Konzernbetriebsrat hat nicht nach § 58 Abs. 1 Satz 1 Halbs. 1 BetrVG bei der Anwendung eines visuellen Aufzeichnungssystems mitzubestimmen, wenn dieses ausschließlich von einem konzernangehörigen Unternehmen betrieben wird und kein unternehmensübergreifender Datenaustausch erfolgt. Dies gilt auch, wenn Arbeitnehmer von den eingesetzten Kameras aufgenommen werden, die im Betrieb eines anderen konzernangehörigen Unternehmens Werk- oder Dienstleistungen für ihren Vertragsarbeitgeber erbringen.

Für die im Rahmen von Werk- oder Dienstverträgen zu einem Fremdarbeitgeber entsandten Arbeitnehmer, die einer in dessen Betrieb eingerichteten Überwachungseinrichtung unterliegen, sind – auch im Konzernverbund – die jeweiligen Vertragsarbeitgeber und deren Betriebsräte zuständig.

***BAG** 26.1.2016 – 1 ABR 68/13*

Der Konzernbetriebsrat ist nach § 58 Abs. 1 BetrVG zuständig für den Abschluss einer Betriebsvereinbarung, die den Austausch von Mitarbeiterdaten zwischen den Konzernunternehmen u. a. zum Zweck der Abwicklung von Leistungen an Mitarbeiter, der Adressierung von Schreiben an Mitarbeiter, der Regelung von Zugangsberechtigungen, Personalbewegungen und Bewerbungen zwischen Konzerngesellschaften sowie der Führungskräfteentwicklung und -planung regelt. Lässt sich der Zweck einer Regelung (hier: Austausch von Mitarbeiterdaten zwischen Konzernunternehmen) nur durch eine einheitliche Regelung auf der Konzernebene erreichen, so ist der Konzernbetriebsrat zuständig.

***BAG** 20.12.1995 – 7 ABR 8/95*

Eine von der Konzernleitung beschlossene sowie von ihr umgesetzte anonyme und in der Teilnahme freiwillige Befragung der Arbeitnehmer konzernangehöriger Unternehmen auf der Grundlage eines in Papierform versandten Standardfragebogens u.a. zu den Themen „Ihre Arbeitsumgebung" und „Ihre Arbeitsbedingungen" ist weder eine mitbestimmungspflichtige Maßnahme des Gesundheitsschutzes noch ein zustimmungspflichtiger Personalfragebogen.

Der örtliche Betriebsrat eines konzernangehörigen Unternehmens kann von diesem weder aus betriebsverfassungsrechtlichen noch aus datenschutzrechtlichen Gründen verlangen, die Konzernobergesellschaft anzuweisen, die Mitarbeiterbefragung im Konzernunternehmen zu unterlassen.

***BAG** 21.11.2017 – 1 ABR 47/16*

Hinweis für die Praxis:

Der örtliche Betriebsrat hatte beantragt, dem konzernangehörigen Unternehmen aufzugeben, die von der Konzernobergesellschaft betriebene Durchführung einer Mitarbeiterbefragung zu unterlassen, solange nicht die Zustimmung des Betriebsrats vorliege. Ein Problem lag bereits darin, dass der Betriebsrat einen Anspruch gegen den örtlichen Arbeitgeber richtete, obwohl Maßnahmenträger die Konzernobergesellschaft war. Das Konzernunternehmen selbst wäre aber rechtlich überhaupt nicht in der Lage, die beantragte Anweisung gegenüber der Konzernobergesellschaft zu erteilen. Darüber hinaus fragt sich aber auch, ob eine konzerneinheitliche Befragung nicht in den Zuständigkeitsbereich des Konzernbetriebsrats fällt. Schließlich stellt das BAG ausdrücklich fest, dass eine anonyme Mitarbeiterbefragung weder einen Personalfragebogen im Sinne des § 94 BetrVG darstellt, noch eine Maßnahme des Gesundheitsschutzes ist. Auf datenschutzrechtliche Erwägungen kann sich der Betriebsrat dagegen bereits nicht stützen, weil der Betriebsrat weder gemäß § 87 BetrVG, noch gemäß § 78 BetrVG das Recht hat, gegen die Verwendung personenbezogener Daten einzelner betroffener Arbeitnehmer vorzugehen. Eine etwaige Verletzung des Persönlichkeitsrechts wäre eine Verletzung eines höchstpersönlichen Rechts, die niemals durch den Betriebsrat, sondern nur durch den jeweils betroffenen Arbeitnehmer geltend gemacht werden darf. Aus diesem Grunde kann der Betriebsrat als Gremium auch nicht die Entfernung einer einem Betriebsratsmitglied erteilten Abmahnung im Beschlussverfahren geltend machen.

Der auf eine Mitbestimmung des Betriebsrats gerichtete Verfahrensgegenstand richtet sich nach der Angelegenheit, für die das Beteiligungsrecht beansprucht wird. Ist im Antrag eine Rechtsnorm genannt, aus der die erstrebte Mitbestimmung folgen soll, handelt es sich um eine – der Sache nach überflüssige – Angabe der rechtlichen Wertung des Antragstellers. Sie begrenzt nicht den Verfahrensgegenstand und damit auch nicht die Prüfung der Gerichte für Arbeitssachen, nach welchen Rechtsnormen ggf. eine Mitbestimmung in Frage kommt (Rn. 30).

Im vorliegenden Streitfall ist die technische Plattform, mittels derer die Mitarbeiterbefragung durchgeführt wird, vom Konzernbetriebsrat mitbestimmt eingeführt worden. Diese mitbestimmte Ausgestaltung stellt bezogen auf direkte (unbenannte) Vorgesetzte, zu denen auf subjektive Wertungen der Arbeitnehmer zielende Fragen vorformuliert sind, keine stringente Anonymisierung sicher. Die Modifikation von einzelnen Fragen zu den subjektiven Wertungen der befragten Mitarbeiter über ihre direkten Vorgesetzten führt aber für sich gesehen nicht zu einer Änderung der technischen Einrichtung, welche eine Mitbestimmung nach § 87 Abs. 1 Nr. 6 BetrVG auslösen würde (Rn. 28 f.).

Nach den im Streitfall vorliegenden Umständen ist die Modifikation der Fragen auch keine nach § 87 Abs. 1 Nr. 1 oder Nr. 7 BetrVG oder nach § 94 Abs. 1 und Abs. 2 BetrVG mitbestimmungspflichtige Angelegenheit (Rn. 35 ff.).

***BAG** 11.12.2018 – 1 ABR 13/17*

Der Arbeitgeber kann mitbestimmungsfrei darüber entscheiden, ob er eine Konzernbetriebsvereinbarung über die Zahlung eines Sterbegeldes kündigt, weil er in Zukunft keine Leistungen zur Finanzierung des Sterbegeldes erbringen will.

***LAG** Düsseldorf 24.8.2005 – 4 TaBV 28/05 = BB 2006, 560*

Dem **örtlichen Betriebsrat** steht ein **Unterlassungsanspruch** aus § 87 Abs. 1 BetrVG nur bei der Verletzung eigener Mitbestimmungsrechte zu, nicht jedoch, wenn der Arbeitgeber Mitbestimmungsrechte des Konzernbetriebsrats unbeachtet lässt. In diesem Fall folgt auch aus § 80 Abs. 1 BetrVG kein Unterlassungsanspruch. Ein solcher besteht nur unter den Voraussetzungen des § 23 Abs. 3 BetrVG.

***BAG** 17.05.2011 – 1 ABR 121/09*

3. Kosten der Konzernbetriebsratstätigkeit

Sind einem unter Verkennung des Konzernbegriffs errichteten Konzernbetriebsrat Kosten entstanden, die er zur Wahrnehmung betriebsverfassungsrechtlicher Aufgaben für erforderlich halten durfte (hier: Kosten für die Anmietung von Räumlichkeiten und Bewirtungskosten anlässlich der Durchführung der konstituierenden Sitzung und einer weiteren Konzernbetriebsratssitzung), kann er von dem herrschenden Unternehmen nach § 59 Abs. 1, § 40 Abs. 1 BetrVG Freistellung verlangen, wenn bei der Errichtung des Konzernbetriebsrats der Konzernbegriff nicht offensichtlich verkannt wurde und die übrigen Voraussetzungen des § 54 BetrVG für die Errichtung eines Konzernbetriebsrats vorlagen.

Voraussetzung für einen Freistellungsanspruch des Konzernbetriebsrats gegen das herrschende Unternehmen ist eine ordnungsgemäße Beschlussfassung des Konzernbetriebsrats über die Eingehung der die Kosten verursachenden Verbindlichkeit.

***BAG** 23.8.2006 – 7 ABR 51/05*

4. Freistellung eines Mitglieds des Konzernbetriebsrats

Der Konzernbetriebsrat kann nach § 59 Abs. 1 i.V.m. § 37 Abs. 2 BetrVG vom Vertragsarbeitgeber seines Mitglieds dessen generelle (Teil-)Freistellung verlangen, sofern die Freistellung zur ordnungsgemäßen Durchführung der dem Konzernbetriebsrat obliegenden Aufgaben erforderlich ist. Bei seiner Entscheidung über die generelle (Teil-)Freistellung eines Mitglieds hat der Konzernbetriebsrat auch die Interessen der Vertragsarbeitgeberin und ggf. die Interessen des entsendenden Betriebsrats zu berücksichtigen.

§ 38 Abs. 1 BetrVG, der für den Betriebsrat bestimmt, dass eine von der Belegschaftsstärke abhängige Mindestzahl von Betriebsratsmitgliedern für die jeweils laufende Amtsperiode ohne Darlegung der Erforderlichkeit von der Arbeit freizustellen ist, ist auf den Konzernbetriebsrat nicht anwendbar. § 59 Abs. 1 BetrVG, der für die Geschäftsführung des Konzernbetriebsrats auf einzelne für den Betriebsrat geltende Vorschriften Bezug nimmt, enthält keine Verweisung auf § 38 BetrVG (Rn. 25).

Der Konzernbetriebsrat kann jedoch einen eigenen Anspruch auf eine generelle (Teil-)Freistellung eines oder mehrerer seiner Mitglieder auf § 59 Abs. 1 i.V.m. § 37 Abs. 2 BetrVG stützen, sofern er die Freistellung zur ordnungsgemäßen Durchführung der dem Konzernbetriebsrat obliegenden Aufgaben für erforderlich halten darf (Rn. 26).

Zur Darlegung der Erforderlichkeit hat der Konzernbetriebsrat eine Arbeitsbelastung zu beschreiben, die eine ständige (Teil-)Freistellung notwendig macht. Zudem hat der Konzernbetriebsrat seine Entscheidung über die generelle (Teil-)Freistellung eines Mitglieds nicht allein an seinen subjektiven Bedürfnissen auszurichten, sondern auch die Interessen der Vertragsarbeitgeberin und ggf. auch die Interessen des entsendenden Betriebsrats zu berücksichtigen.

***BAG** 26.6.2018 – 7 ABR 77/16*

5. Europäischer Betriebsrat und Gesetz zur Beteiligung der Arbeitnehmer in einer Europäischen Gesellschaft

Hinweis für die Praxis:

Das bereits am 1. November 1996 in Kraft getretene Gesetz über Europäische Betriebsräte verfolgt das Ziel, das Recht auf grenzüberschreitende Unterrichtung und Anhörung der Arbeitnehmer in gemeinschaftsweit operierenden Unternehmen und Unternehmensgruppen zu stärken.

Das Gesetz gilt für alle gemeinschaftsweit tätigen Unternehmen mit Sitz im Inland und alle gemeinschaftsweit tätigen Unternehmensgruppen, wenn der Sitz des herrschenden Unternehmens im Inland liegt.

Gemäß § 3 Abs. 1 Europäische Betriebsräte-Gesetz (EBRG) ist ein Unternehmen gemeinschaftsweit tätig, wenn es mindestens 1000 Arbeitnehmer in den Mitgliedstaaten und davon jeweils mindestens 150 Arbeitnehmer in mindestens zwei Mitgliedstaaten beschäftigt. Gemäß § 3 Abs. 2 EBRG ist eine Unternehmensgruppe gemeinschaftsweit tätig, wenn sie mindestens 1000 Arbeitnehmer in den Mitgliedstaaten beschäftigt und ihr mindestens zwei Unternehmen mit Sitz in verschiedenen Mitgliedstaaten angehören, die jeweils mindestens je 150 Arbeitnehmer in verschiedenen Mitgliedstaaten beschäftigen.

In Unternehmen bzw. Unternehmensgruppen gemäß § 3 EBRG sollen Europäische Betriebsräte oder aber Verfahren zur Unterrichtung und Anhörung der Arbeitnehmer vereinbart werden.

Kommt es nicht zu einer Vereinbarung wird gemäß §§ 21 ff EBRG ein Europäischer Betriebsrat kraft Gesetzes errichtet.

Den Auskunftsanspruch gegen die (fingierte) zentrale Leitung einer gemeinschaftsweit tätigen Unternehmensgruppe nach § 5 Abs. 1 EBRG kann jede inländische oder ausländische örtliche oder überörtliche Arbeitnehmervertretung geltend machen.

Der fingierten zentralen Leitung ist die Erfüllung dieses Anspruchs auch dann nicht unmöglich i.S.v. § 275 Abs. 1 BGB, wenn sie selbst die nötigen Kenntnisse nicht besitzt. Sie kann sich der Mitwirkung Dritter bedienen:

Nach der Entscheidung des EuGH vom 13.1.2004 (– C-440/00) haben die Gerichte der Mitgliedstaaten davon auszugehen, dass die fingierte zentrale Leitung nach der Richtlinie 94/95/EG des Rates vom 22.9.1994 (EBR-Richtlinie) einen eigenen inhaltlich entsprechenden Auskunftsanspruch gegen die zur Gruppe gehörenden Unternehmen in den übrigen Mitgliedstaaten besitzt.

Auch wenn die nationalen Vorschriften zur Umsetzung der Richtlinie 94/95/EG einen solchen Auskunftsanspruch nicht ausdrücklich vorsehen sollten, ist es möglich, dass er im Wege einer richtlinienkonformen Auslegung dem nationalen Recht zu entnehmen ist.

Es kann deshalb zumindest derzeit nicht mit hinreichender Sicherheit angenommen werden, dass eine Inanspruchnahme der in den anderen Mitgliedstaaten gelegenen Unternehmen auf dem Rechtswege erfolglos bliebe. Die erforderliche Gewissheit kann nicht durch die deutschen Gerichte, sondern nur durch das Beschreiten des Rechtswegs in den jeweiligen Mitgliedstaaten herbeigeführt werden.

Die fingierte zentrale Leitung besitzt gegenüber dem Auskunftsverlangen nach § 5 Abs. 1 EBRG kein Leistungsverweigerungsrecht nach § 275 Abs. 2 BGB.

Nach § 5 Abs. 1 EBRG kann die Arbeitnehmervertretung (nur) die für die Errichtung eines Europäischen Betriebsrats unerlässlichen Auskünfte verlangen. Dazu gehört nach dem Scheitern der Bildung des besonderen Verhandlungsgremiums i.S.d. § 8 EBRG auch die Mitteilung der Anschriften und genauen Bezeichnungen der in den anderen zur Gruppe gehörenden Unternehmen und Betrieben gebildeten Arbeitnehmervertretungen, soweit die Unternehmen und Betriebe in einem der Mitgliedstaaten ansässig bzw. gelegen sind. Dies folgt aus einer richtlinienkonformen Auslegung von § 5 Abs. 1 EBRG.

***BAG** 29.6.2004 – 1 ABR 32/99*

Nach § 5 Abs. 2 i. V. m. Abs. 1 EBRG kann der Betriebsrat vom Arbeitgeber die tatsächlichen Auskünfte verlangen, die er benötigt, um beurteilen zu können, ob die Voraussetzungen für die Errichtung eines Europäischen Betriebsrats vorliegen.

Der Auskunftsanspruch betrifft insbesondere auch die Informationen, die zur Beurteilung der Frage erforderlich sind, ob ein Unternehmen unmittelbar oder mittelbar einen beherrschenden Einfluss auf andere Unternehmen ausüben kann.

Nicht notwendig ist, dass das Beherrschungsverhältnis bereits feststeht. Ausreichend, aber auch erforderlich ist vielmehr, dass in tatsächlicher Hinsicht eine gewisse Wahrscheinlichkeit für die Anwendbarkeit des EBRG besteht.

Kein Auskunftsanspruch besteht insoweit, als der Betriebsrat bereits über zuverlässige; Informationen verfügt.

Der Auskunftsanspruch nach § 5 Abs. 2 EBRG ist gegenüber dem Anspruch nach § 5 Abs. 1 EBRG nicht nachrangig. Der Betriebsrat hat vielmehr ein Wahlrecht.

Im Rahmen von § 6 Abs. 1 EBRG kommt es auf die Rechtsform des herrschenden oder des abhängigen Unternehmens nicht an. Unternehmen kann daher auch eine natürliche Person sein.

Nach § 6 Abs. 1 EBRG genügt es – anders als nach § 54 Abs. 1 BetrVG i. V. m. § 18 Abs. 1 AktG für die Errichtung eines Konzernbetriebsrats –, dass der beherrschende Einfluss ausgeübt werden kann. Darauf, ob von dieser Möglichkeit tatsächlich Gebrauch gemacht wird, kommt es nicht an.

Die Vermutungsregel des § 6 Abs. 2 Satz 1 Nr. 2 EBRG ist auf Kapitalbeteiligungen an einer Kommanditgesellschaft anwendbar. Die Vermutung ist nicht bereits deshalb widerlegt, weil in Personengesellschaften nach § 119 Abs. 1 HGB regelmäßig das Einstimmigkeitsprinzip gilt.

Jedenfalls solange der Arbeitgeber nicht alles ihm Mögliche und Zumutbare zur Informationsbeschaffung getan hat, kann er sich nicht erfolgreich darauf berufen, ihm sei die Auskunft unmöglich. Die örtliche Betriebs- oder Unternehmensleitung muss insbesondere ihrer Verpflichtung nach § 5 Abs. 2 EBRG nachkommen und die für die Auskünfte erforderlichen Informationen und Unterlagen bei der zentralen Leitung einholen.

***BAG** 30.03.2004 – 1 ABR 61/01*

Die Bestellung der auf das Inland entfallenden Arbeitnehmervertreter in einem bei einer gemeinschaftsweit tätigen Unternehmensgruppe gebildeten Europäischen Betriebsrat erfolgt – sofern kein Konzernbetriebsrat, aber mehrere Gesamtbetriebsräte bestehen –, nach § 23 Abs. 3 Buchst. a EBRG auf einer gemeinsamen Sitzung der Gesamtbetriebsräte unter Einbeziehung der Betriebsratsvorsitzenden und ihrer Stellvertreter der in den Gesamtbetriebsräten nicht vertretenen Betriebsräte, die als Gesamtbetriebsratsmitglieder gelten.

Befindet sich der Sitz des herrschenden Unternehmens nicht im Inland, ist für Streitigkeiten über die Rechtmäßigkeit der nach § 23 Abs. 3 Buchst. a EBRG erfolgten Bestellung der inländischen Arbeitnehmervertreter im Europäischen Betriebsrat nach § 82 Abs. 1 Satz 2 ArbGG das Arbeitsgericht örtlich und international zuständig, in dessen Bezirk das nach der Zahl der wahlberechtigten Arbeitnehmer größte Unternehmen, bei dem ein Gesamtbetriebsrat gebildet ist, liegt.

***BAG** 18.4.2007 – 7 ABR 30/06*

Gesetz über die Beteiligung der Arbeitnehmer in einer europäischen Gesellschaft

Ziel dieses Gesetzes ist es, im Falle von Umwandlungen in eine SE, also eine Europäische Gesellschaft, die Beteiligung der Arbeitnehmer in einer solchen Europäischen Gesellschaft (SE) und die in einer SE erworbenen Rechte der Arbeitnehmer (Arbeitnehmerinnen und Arbeitnehmer) auf Beteiligung an Unternehmensentscheidungen zu sichern. Maßgeblich für die Ausgestaltung der Beteiligungsrechte der Arbeitnehmer in der SE sind dabei die bestehenden Beteiligungsrechte in den Gesellschaften, die die SE gründen.

Der Gerichtshof der Europäischen Union wird gemäß Art. 267 AEUV um die Beantwortung der folgenden Frage ersucht: Ist § 21 Abs. 6 des Gesetzes über die Beteiligung der Arbeitnehmer in einer Europäischen Gesellschaft, aus dem sich für den Fall der Gründung einer in Deutschland ansässigen SE durch Umwandlung ergibt, dass für einen bestimmten Teil der Aufsichtsratsmitglieder der Arbeitnehmer ein gesondertes Auswahlverfahren für von Gewerkschaften Vorgeschlagene zu gewährleisten ist, mit Art. 4 Abs. 4 der Richtlinie 2001/86/EG des Rates vom 8. Oktober 2001 zur Ergänzung des Statuts der Europäischen Gesellschaft hinsichtlich der Beteiligung der Arbeitnehmer vereinbar? (Rn. 16 und 33 – 35)

Eine Beteiligungsvereinbarung i.S.v. § 21 Abs. 1 SEBG ist eine Kollektivvereinbarung sui generis, der – trotz fehlender ausdrücklicher Anordnung im Gesetz – normative Wirkung zukommt (Rn. 19).

Die Zivilgerichte sind wegen § 2a Abs. 1 Nr. 3e ArbGG nicht befugt, in einem Statusverfahren betreffend eine SE die Wirksamkeit einer für die Unternehmensmitbestimmung maßgebenden Beteiligungsvereinbarung zu prüfen (Rn. 19).

Die den Parteien einer Beteiligungsvereinbarung nach § 21 Abs. 1 SEBG eingeräumte Autonomie zur Ausgestaltung der Verfahren zur Beteiligung der Arbeitnehmer wird bei der Gründung einer SE durch Umwandlung einer Aktiengesellschaft durch die Vorgaben des § 21 Abs. 6 SEBG eingeschränkt (Rn. 22).

Bei der Gründung einer SE durch Umwandlung einer in Deutschland ansässigen Aktiengesellschaft müssen die Parteien der Beteiligungsvereinbarung – ungeachtet unionsrechtlicher Anforderungen – sicherstellen, dass diejenigen Elemente eines Verfahrens zur Beteiligung der Arbeitnehmer, die deren Einflussnahme auf die Beschlussfassung der Gesellschaft prägen, in gleichwertigem Umfang auch in der SE erhalten bleiben. Das nationale Recht gebietet insoweit keine vollständige Aufrechterhaltung der in der umzuwandelnden Gesellschaft vorhandenen Verfahren und des dort bestehenden Rechtszustands; vielmehr müssen die Verfahrenselemente, die die Einflussnahme der Arbeitnehmervertreter in der umzuwandelnden Gesellschaft maßgebend kennzeichnen, in der für die SE geltenden Beteiligungsvereinbarung in qualitativ gleichwertigem Maß gewährleistet sein (Rn. 23).

Zu den Verfahrenselementen, die die Einflussnahme der Arbeitnehmer bei der Unternehmensmitbestimmung prägen, gehört bei einer nach dem Mitbestimmungsgesetz mitbestimmten Aktiengesellschaft deutschen Rechts das gesonderte Wahlverfahren für von Gewerkschaften vorgeschlagene Vertreter der Arbeitnehmer im Aufsichtsrat (Rn. 25 ff.).

Ob diese – aus § 21 Abs. 6 SEBG folgenden – Vorgaben des nationalen Rechts mit Art. 4 Abs. 4 der RL 2001/86/EG vereinbar sind, hat der Gerichtshof der Europäischen Union zu entscheiden (Rn. 33 ff.).

***BAG** 18.8.2020 – 1 ABR 43/18 (A)*

Jugend- und Auszubildendenvertretung (§§ 60 – 71 BetrVG)

Gesamt-Jugend- und Auszubildendenvertretung (§§ 72 – 73 BetrVG)

Konzern-Jugend- und Auszubildendenvertretung (§§ 73 a – 73 b BetrVG)

Gesetzestext

§ 60 Errichtung und Aufgabe

(1) *In Betrieben mit in der Regel mindestens fünf Arbeitnehmern, die das 18. Lebensjahr noch nicht vollendet haben (jugendliche Arbeitnehmer) oder die zu ihrer Berufsausbildung beschäftigt sind, werden Jugend- und Auszubildendenvertretungen gewählt.*

(2) *Die Jugend- und Auszubildendenvertretung nimmt nach Maßgabe der folgenden Vorschriften die besonderen Belange der in Absatz 1 genannten Arbeitnehmer wahr.*

§ 61 Wahlberechtigung und Wählbarkeit

(1) *Wahlberechtigt sind alle in § 60 Abs. 1 genannten Arbeitnehmer des Betriebs.*

(2) *[1]Wählbar sind alle Arbeitnehmer des Betriebs, die das 25. Lebensjahr noch nicht vollendet haben oder die zu ihrer Berufsausbildung beschäftigt sind; § 8 Abs. 1 Satz 3 findet Anwendung. [2]Mitglieder des Betriebsrats können nicht zu Jugend- und Auszubildendenvertretern gewählt werden.*

§ 62 Zahl der Jugend- und Auszubildendenvertreter, Zusammensetzung der Jugend- und Auszubildendenvertretung

(1) *Die Jugend- und Auszubildendenvertretung besteht in Betrieben mit in der Regel*

5	bis	20	der in § 60 Abs. 1 genannten Arbeitnehmer	aus einer Person,
21	bis	50	der in § 60 Abs. 1 genannten Arbeitnehmer	aus 3 Mitgliedern,
51	bis	150	der in § 60 Abs. 1 genannten Arbeitnehmer	aus 5 Mitgliedern,
151	bis	300	der in § 60 Abs. 1 genannten Arbeitnehmer	aus 7 Mitgliedern,
301	bis	500	der in § 60 Abs. 1 genannten Arbeitnehmer	aus 9 Mitgliedern,
501	bis	700	der in § 60 Abs. 1 genannten Arbeitnehmer	aus 11 Mitgliedern,
701	bis	1000	der in § 60 Abs. 1 genannten Arbeitnehmer	aus 13 Mitgliedern,
mehr	als	1000	der in § 60 Abs. 1 genannten Arbeitnehmer	aus 15 Mitgliedern.

(2) *Die Jugend- und Auszubildendenvertretung soll sich möglichst aus Vertretern der verschiedenen Beschäftigungsarten und Ausbildungsberufe der im Betrieb tätigen in § 60 Abs. 1 genannten Arbeitnehmer zusammensetzen.*

(3) *Das Geschlecht, das unter den in § 60 Abs. 1 genannten Arbeitnehmern in der Minderheit ist, muss mindestens entsprechend seinem zahlenmäßigen Verhältnis in der Jugend- und Auszubildendenvertretung vertreten sein, wenn diese aus mindestens drei Mitgliedern besteht.*

§ 63 Wahlvorschriften

(1) *Die Jugend- und Auszubildendenvertretung wird in geheimer und unmittelbarer Wahl gewählt.*

(2) *[1]Spätestens acht Wochen vor Ablauf der Amtszeit der Jugend- und Auszubildendenvertretung bestellt der Betriebsrat den Wahlvorstand und seinen Vorsitzenden. [2]Für die Wahl der Jugend- und Auszubildendenvertreter gelten § 14 Abs. 2 bis 5, § 16 Abs. 1 Satz 4 bis 6, § 18 Abs. 1 Satz 1 und Abs. 3 sowie die §§ 19 und 20 entsprechend.*

(3) *Bestellt der Betriebsrat den Wahlvorstand nicht oder nicht spätestens sechs Wochen vor Ablauf der Amtszeit der Jugend- und Auszubildendenvertretung oder kommt der Wahlvorstand seiner Verpflichtung nach § 18 Abs. 1 Satz 1 nicht nach, so gelten § 16 Abs. 2 Satz 1 und 2, Abs. 3 Satz 1 und § 18 Abs. 1 Satz 2 entsprechend; der Antrag beim Arbeitsgericht kann auch von jugendlichen Arbeitnehmern gestellt werden.*

(4) *[1]In Betrieben mit in der Regel fünf bis 100 der in § 60 Abs. 1 genannten Arbeitnehmer gilt auch § 14a entsprechend. [2]Die Frist zur Bestellung des Wahlvorstands wird im Fall des Absatzes 2 Satz 1 auf vier Wochen und im Fall des Absatzes 3 Satz 1 auf drei Wochen verkürzt.*

(5) *In Betrieben mit in der Regel 101 bis 200 der in § 60 Abs. 1 genannten Arbeitnehmer gilt § 14a Abs. 5 entsprechend.*

§ 64 Zeitpunkt der Wahlen und Amtszeit

(1) *[1]Die regelmäßigen Wahlen der Jugend- und Auszubildendenvertretung finden alle zwei Jahre in der Zeit vom 1. Oktober bis 30. November statt. [2]Für die Wahl der Jugend- und Auszubildendenvertretung außerhalb dieser Zeit gilt § 13 Abs. 2 Nr. 2 bis 6 und Abs. 3 entsprechend.*

(2) *[1]Die regelmäßige Amtszeit der Jugend- und Auszubildendenvertretung beträgt zwei Jahre. [2]Die Amtszeit beginnt mit der Bekanntgabe des Wahlergebnisses oder, wenn zu diesem Zeitpunkt noch eine Jugend- und Auszubildendenvertretung besteht, mit Ablauf von deren Amtszeit. [3]Die Amtszeit endet spätestens am 30. November des Jahres, in dem nach Absatz 1 Satz 1 die regelmäßigen Wahlen stattfinden. [4]In dem Fall des § 13 Abs. 3 Satz 2 endet die Amtszeit spätestens am 30. November des Jahres, in dem die Jugend- und Auszubildendenvertretung neu zu wählen ist. [5]In dem Fall des § 13 Abs. 2 Nr. 2 endet die Amtszeit mit der Bekanntgabe des Wahlergebnisses der neu gewählten Jugend- und Auszubildendenvertretung.*

(3) *Ein Mitglied der Jugend- und Auszubildendenvertretung, das im Laufe der Amtszeit das 25. Lebensjahr vollendet oder sein Berufsausbildungsverhältnis beendet, bleibt bis zum Ende der Amtszeit Mitglied der Jugend- und Auszubildendenvertretung.*

§ 65 Geschäftsführung

(1) *Für die Jugend- und Auszubildendenvertretung gelten § 23 Abs. 1, die §§ 24, 25, 26, 28 Abs. 1 Satz 1 und 2, die §§ 30, 31, 33 Abs.1 und 2 sowie die §§ 34, 36, 37, 40 und 41 entsprechend.*

(2) *[1]Die Jugend- und Auszubildendenvertretung kann nach Verständigung des Betriebsrats Sitzungen abhalten; § 29 gilt entsprechend. [2]An diesen Sitzungen kann der Betriebsratsvorsitzende oder ein beauftragtes Betriebsratsmitglied teilnehmen.*

§ 66 Aussetzung von Beschlüssen des Betriebsrats

(1) *Erachtet die Mehrheit der Jugend- und Auszubildendenvertreter einen Beschluss des Betriebsrats als eine erhebliche Beeinträchtigung wichtiger Interessen der in § 60 Abs. 1 genannten Arbeitnehmer, so ist auf ihren Antrag der Beschluss auf die Dauer von einer Woche auszusetzen, damit in dieser Frist eine Verständigung, gegebenenfalls mit Hilfe der im Betrieb vertretenen Gewerkschaften, versucht werden kann.*

(2) *Wird der erste Beschluss bestätigt, so kann der Antrag auf Aussetzung nicht wiederholt werden; dies gilt auch, wenn der erste Beschluss nur unerheblich geändert wird.*

§ 67 Teilnahme an Betriebsratssitzungen

(1) *[1]Die Jugend- und Auszubildendenvertretung kann zu allen Betriebsratssitzungen einen Vertreter entsenden. [2]Werden Angelegenheiten behandelt, die besonders die in § 60 Abs. 1 genannten Arbeitnehmer betreffen, so hat zu diesen Tagesordnungspunkten die gesamte Jugend- und Auszubildendenvertretung ein Teilnahmerecht.*

(2) *Die Jugend- und Auszubildendenvertreter haben Stimmrecht, soweit die zu fassenden Beschlüsse des Betriebsrats überwiegend die in § 60 Abs. 1 genannten Arbeitnehmer betreffen.*

(3) *[1]Die Jugend- und Auszubildendenvertretung kann beim Betriebsrat beantragen, Angelegenheiten, die besonders die in § 60 Abs. 1 genannten Arbeitnehmer betreffen und über die sie beraten hat, auf die nächste Tagesordnung zu setzen. [2]Der Betriebsrat soll Angelegenheiten, die besonders die in § 60 Abs. 1 genannten Arbeitnehmer betreffen, der Jugend- und Auszubildendenvertretung zur Beratung zuleiten.*

§ 68 Teilnahme an gemeinsamen Besprechungen

Der Betriebsrat hat die Jugend- und Auszubildendenvertretung zu Besprechungen zwischen Arbeitgeber und Betriebsrat beizuziehen, wenn Angelegenheiten behandelt werden, die besonders die in § 60 Abs. 1 genannten Arbeitnehmer betreffen.

§ 69 Sprechstunden

[1]In Betrieben, die in der Regel mehr als fünfzig der in § 60 Abs. 1 genannten Arbeitnehmer beschäftigen, kann die Jugend- und Auszubildendenvertretung Sprechstunden während der Arbeitszeit einrichten. [2]Zeit und Ort sind durch Betriebsrat und Arbeitgeber zu vereinbaren. [3]§ 39 Abs. 1 Satz 3 und 4 und Abs. 3 gilt entsprechend. [4]An den Sprechstunden der Jugend- und Auszubildendenvertretung kann der Betriebsratsvorsitzende oder ein beauftragtes Betriebsratsmitglied beratend teilnehmen.

§ 70 Allgemeine Aufgaben

(1) *Die Jugend- und Auszubildendenvertretung hat folgende allgemeine Aufgaben:*

1. *Maßnahmen, die den in § 60 Abs. 1 genannten Arbeitnehmern dienen, insbesondere in Fragen der Berufsbildung und der Übernahme der zu ihrer Berufsausbildung Beschäftigten in ein Arbeitsverhältnis, beim Betriebsrat zu beantragen;*

1a. *Maßnahmen zur Durchsetzung der tatsächlichen Gleichstellung der in § 60 Abs. 1 genannten Arbeitnehmer entsprechend § 80 Abs. 1 Nr. 2a und 2b beim Betriebsrat zu beantragen;*

2. *darüber zu wachen, dass die zugunsten der in § 60 Abs. 1 genannten Arbeitnehmer geltenden Gesetze, Verordnungen, Unfallverhütungsvorschriften, Tarifverträge und Betriebsvereinbarungen durchgeführt werden;*

3. *Anregungen von in § 60 Abs. 1 genannten Arbeitnehmern, insbesondere in Fragen der Berufsbildung, entgegenzunehmen und, falls sie berechtigt erscheinen, beim Betriebsrat auf eine Erledigung hinzuwirken. Die Jugend- und Auszubildendenvertretung hat die betroffenen in § 60 Abs. 1 genannten Arbeitnehmer über den Stand und das Ergebnis der Verhandlungen zu informieren;*

4. *die Integration ausländischer, in § 60 Abs. 1 genannter Arbeitnehmer im Betrieb zu fördern und entsprechende Maßnahmen beim Betriebsrat zu beantragen.*

(2) *[1]Zur Durchführung ihrer Aufgaben ist die Jugend- und Auszubildendenvertretung durch den Betriebsrat rechtzeitig und umfassend zu unterrichten. [2]Die Jugend- und Auszubildendenvertretung kann verlangen, dass ihr der Betriebsrat die zur Durchführung ihrer Aufgaben erforderlichen Unterlagen zur Verfügung stellt.*

§ 71 Jugend- und Auszubildendenversammlung

[1]Die Jugend- und Auszubildendenvertretung kann vor oder nach jeder Betriebsversammlung im Einvernehmen mit dem Betriebsrat eine betriebliche Jugend- und Auszubildendenversammlung einberufen. [2]Im Einvernehmen mit Betriebsrat und Arbeitgeber kann die betriebliche Jugend- und Auszubildendenversammlung auch zu einem anderen Zeitpunkt einberufen werden. [3]§ 43 Abs. 2 Satz 1 und 2, die §§ 44 bis 46 und § 65 Abs. 2 Satz 2 gelten entsprechend.

§ 72 Voraussetzungen der Errichtung, Mitgliederzahl, Stimmengewicht

(1) *Bestehen in einem Unternehmen mehrere Jugend- und Auszubildendenvertretungen, so ist eine Gesamt-Jugend- und Auszubildendenvertretung zu errichten.*

(2) *In die Gesamt-Jugend- und Auszubildendenvertretung entsendet jede Jugend- und Auszubildendenvertretung ein Mitglied.*

(3) *Die Jugend- und Auszubildendenvertretung hat für das Mitglied der Gesamt-Jugend- und Auszubildendenvertretung mindestens ein Ersatzmitglied zu bestellen und die Reihenfolge des Nachrückens festzulegen.*

(4) *Durch Tarifvertrag oder Betriebsvereinbarung kann die Mitgliederzahl der Gesamt-Jugend- und Auszubildendenvertretung abweichend von Absatz 2 geregelt werden.*

(5) *Gehören nach Absatz 2 der Gesamt-Jugend- und Auszubildendenvertretung mehr als zwanzig Mitglieder an und besteht keine tarifliche Regelung nach Absatz 4, so ist zwischen Gesamtbetriebsrat und Arbeitgeber eine Betriebsvereinbarung über die Mitgliederzahl der Gesamt-Jugend- und Auszubildendenvertretung abzuschließen, in der bestimmt wird, dass Jugend- und Auszubildendenvertretungen mehrerer Betriebe eines Unternehmens, die regional oder durch gleichartige Interessen miteinander verbunden sind, gemeinsam Mitglieder in die Gesamt-Jugend- und Auszubildendenvertretung entsenden.*

(6) *[1]Kommt im Fall des Absatzes 5 eine Einigung nicht zustande, so entscheidet eine für das Gesamtunternehmen zu bildende Einigungsstelle. [2]Der Spruch der Einigungsstelle ersetzt die Einigung zwischen Arbeitgeber und Gesamtbetriebsrat.*

(7) *[1]Jedes Mitglied der Gesamt-Jugend- und Auszubildendenvertretung hat so viele Stimmen, wie in dem Betrieb, in dem es gewählt wurde, in § 60 Abs. 1 genannte Arbeitnehmer in der Wählerliste eingetragen sind. [2]Ist ein Mitglied der Gesamt-Jugend- und Auszubildendenvertretung für mehrere Betriebe entsandt worden, so hat es so viele Stimmen, wie in den Betrieben, für die es entsandt ist, in § 60 Abs. 1 genannte Arbeitnehmer in den Wählerlisten eingetragen sind. [3]Sind mehrere Mitglieder der Jugend- und Auszubildendenvertretung entsandt worden, so stehen diesen die Stimmen nach Satz 1 anteilig zu.*

(8) *Für Mitglieder der Gesamt-Jugend- und Auszubildendenvertretung, die aus einem gemeinsamen Betrieb mehrerer Unternehmen entsandt worden sind, können durch Tarifvertrag oder Betriebsvereinbarung von Absatz 7 abweichende Regelungen getroffen werden.*

§ 73 Geschäftsführung und Geltung sonstiger Vorschriften

(1) *[1]Die Gesamt-Jugend- und Auszubildendenvertretung kann nach Verständigung des Gesamtbetriebsrats Sitzungen abhalten. [2]An den Sitzungen kann der Vorsitzende des Gesamtbetriebsrats oder ein beauftragtes Mitglied des Gesamtbetriebsrats teilnehmen.*

(2) *Für die Gesamt-Jugend- und Auszubildendenvertretung gelten § 25 Abs. 1, die §§ 26, 28 Abs. 1 Satz 1, die §§ 30, 31, 34, 36, 37 Abs. 1 bis 3, die §§ 40, 41, 48, 49, 50, 51 Abs. 2 bis 5 sowie die §§ 66 bis 68 entsprechend.*

§ 73a Voraussetzung der Errichtung, Mitgliederzahl, Stimmengewicht

(1) *[1]Bestehen in einem Konzern (§ 18 Abs. 1 des Aktiengesetzes) mehrere Gesamt-Jugend- und Auszubildendenvertretungen, kann durch Beschlüsse der einzelnen Gesamt-Jugend- und Auszubildendenvertretungen eine Konzern-Jugend- und Auszubildendenvertretung errichtet werden. [2]Die Errichtung erfordert die Zustimmung der Gesamt-Jugend- und Auszubildendenvertretungen der Konzernunternehmen, in denen insgesamt mindestens 75 vom Hundert der in § 60 Abs. 1 genannten Arbeitnehmer beschäftigt sind. [3]Besteht in einem Konzernunternehmen nur eine Jugend- und Auszubildendenvertretung, so nimmt diese die Aufgaben einer Gesamt-Jugend- und Auszubildendenvertretung nach den Vorschriften dieses Abschnitts wahr.*

(2) *[1]In die Konzern-Jugend- und Auszubildendenvertretung entsendet jede Gesamt-Jugend- und Auszubildendenvertretung eines ihrer Mitglieder. [2]Sie hat für jedes Mitglied mindestens ein Ersatzmitglied zu bestellen und die Reihenfolge des Nachrückens festzulegen.*

(3) *Jedes Mitglied der Konzern-Jugend- und Auszubildendenvertretung hat so viele Stimmen, wie die Mitglieder der entsendenden Gesamt-Jugend- und Auszubildendenvertretung insgesamt Stimmen haben.*

(4) *§ 72 Abs. 4 bis 8 gilt entsprechend.*

§ 73b Geschäftsführung und Geltung sonstiger Vorschriften

(1) *[1]Die Konzern-Jugend- und Auszubildendenvertretung kann nach Verständigung des Konzernbetriebsrats Sitzungen abhalten. [2]An den Sitzungen kann der Vorsitzende oder ein beauftragtes Mitglied des Konzernbetriebsrats teilnehmen.*

(2) *Für die Konzern-Jugend- und Auszubildendenvertretung gelten § 25 Abs. 1, die §§ 26, 28 Abs. 1 Satz 1, die §§ 30, 31, 34, 36, 37 Abs. 1 bis 3, die §§ 40, 41, 51 Abs. 3 bis 5, die §§ 56, 57, 58, 59 Abs. 2 und die §§ 66 bis 68 entsprechend.*

1. Betriebsverfassungsrechtliche Stellung

Die Jugend- und Auszubildendenvertretung ist kein selbständiges Organ der Betriebsverfassung. Eine unmittelbare und selbständige Interessenvertretung der Jugendlichen und zu ihrer Berufsausbildung beschäftigten Arbeitnehmer gegenüber dem Arbeitgeber steht ihr nicht zu. Gegenüber dem Arbeitgeber nimmt der Betriebsrat auch die Interessen der Jugendlichen und Auszubildenden wahr. Die Jugend- und Auszubildendenvertretung hat die Aufgabe, die speziellen Interessen und Anliegen der Jugendlichen und Auszubildenden gegenüber dem Betriebsrat zu vertreten, damit die Belange der Jugendlichen und Auszubildenden angemessen berücksichtigt werden können.

2. Organisation und Geschäftsführung

§ 65 erklärt für die Organisation, den Vorsitz, die Sitzungen, die Beschlussfassung sowie die weitere Geschäftsführung der Jugend- und Auszubildendenvertretung im Wesentlichen die für den Betriebsrat geltenden Vorschriften für anwendbar.

Arbeitnehmer i.S.d. BetrVG (§ 5 BetrVG) sind zu ihrer Berufsausbildung Beschäftigte nur dann, wenn sich ihre Berufsausbildung im Rahmen des arbeitstechnischen Zwecks eines Produktions- oder Dienstleistungsbetriebes vollzieht und sie deshalb in vergleichbarer Weise wie die sonstigen Arbeitnehmer in den Betrieb eingegliedert sind (betriebliche Berufsbildung i.S.v. § 1 Abs. 5 BBiG). Findet die praktische Berufsausbildung in einem reinen Ausbildungsbetrieb statt (sonstige Berufsbildungseinrichtungen i.S.d. § 1 Abs. 5 BBiG), so gehören diese Auszubildenden nicht zur Belegschaft des Ausbildungsbetriebes und sind deshalb auch nicht wahlberechtigt zum Betriebsrat dieses Betriebes. Die bisherige gegenteilige Rechtsprechung wird aufgegeben.

BAG *21.7.1993 – 7 ABR 35/92*

Voraussetzung für die Arbeitnehmereigenschaft zu ihrer Berufsausbildung Beschäftigter i.S.d. § 5 Abs. 1 bzw. § 60 Abs. 1 BetrVG ist, dass es sich bei ihrer Ausbildung um eine betriebliche Ausbildung i.S.d. § 1 Abs. 5 BBiG handelt.
Berufliche **Rehabilitanden** i.S.d. § 56 AFG sind keine Arbeitnehmer i.S.v. §§ 5 Abs. 1, 60 Abs. 1 BetrVG.

BAG *26.1.1994 – 7 ABR 13/92*

Die in reinen **Ausbildungsbetrieben** zu ihrer Berufsausbildung Beschäftigten sind keine Arbeitnehmer im betriebsverfassungsrechtlichen Sinne, weil sie nicht in vergleichbarer Weise wie ihre Ausbilder in den Betrieb eingegliedert sind. Ihre Ausbildung erfolgt nicht im Rahmen der arbeitstechnischen Zwecksetzung des Berufsbildungswerkes. Auszubildende in Berufsbildungswerken, deren Betriebszweck ausschließlich in der Durchführung von Ausbildungsmaßnahmen besteht, sind demnach nicht berechtigt, sich an den Wahlen zum Betriebsrat oder zur Jugend- und Auszubildendenvertretung zu beteiligen.

BAG *20.3.1996 – 7 ABR 34/95, 41/95 und 46/95*

Umschüler und **Teilnehmer an berufsvorbereitenden Maßnahmen für jugendliche Arbeitslose**, die in einem Betrieb ausgebildet werden, der von der Arbeitsverwaltung hierfür Förderungsmittel erhält, sind zu ihrer Berufsausbildung beschäftigte Arbeitnehmer i.S.d. § 5 Abs. 1 BetrVG.

Der Begriff Berufsausbildung i.S.d. § 5 Abs. 1 BetrVG ist inhaltlich weiter als der entsprechende Begriff des Berufsbildungsgesetzes. Er umfasst auch kurzfristige Bildungsmaßnahmen für Umschüler und für Teilnehmer an berufsvorbereitenden Ausbildungsmaßnahmen in Betrieben.

Die Zuweisung namentlich benannter Teilnehmer an betrieblichen Ausbildungsmaßnahmen durch das Arbeitsamt hindert nicht das Zustandekommen von Ausbildungsverhältnissen.

Die Ausbildungsverhältnisse der Umschüler und der Teilnehmer an berufsvorbereitenden Maßnahmen für jugendliche Arbeitslose unterliegen nicht den inhaltlichen Anforderungen der §§ 3 ff. BBiG.

BAG *10.2.1981 – 6 ABR 86/78 = BB 1981, 1901 = DB 1981, 1935 = NJW 1982, 350*

Teilnehmer einer Ausbildung in einer Berufsausbildungsstätte, die nach dem Programm zur Förderung der Berufsausbildung von benachteiligten Jugendlichen vom 12. Mai 1980 eine Berufsausbildung betreiben, sind auch dann Auszubildende dieses Betriebs i.S.d. § 5 Abs. 1 BetrVG, wenn sie nicht für die Zwecke des Betriebs ausgebildet werden.

BAG *26.11.1987 – 6 ABR 8/83*

Wird die **betriebliche Berufsausbildung** abschnittsweise jeweils in **verschiedenen Betrieben** des Ausbildungsunternehmens oder eines mit ihm verbundenen Unternehmens durchgeführt, jedoch von einem der Betriebe des Ausbildungsunternehmens derart zentral mit bindender Wirkung auch für die anderen Betriebe geleitet, dass die wesentlichen der Beteiligung des Betriebsrats unterliegenden, die Ausbildungsverhältnisse berührenden Entscheidungen dort getroffen werden, so gehört der Auszubildende während der gesamten Ausbildungszeit dem die Ausbildung leitenden Stammbetrieb an und ist dort wahlberechtigt zum Betriebsrat und zur JAV. Dagegen begründet die vorübergehende Beschäftigung der Auszubildenden in anderen Betrieben keine Wahlberechtigung zu anderen Arbeitnehmervertretungen.

BAG *13.3.1991 – 7 ABR 89/89*

Grundsätze für die Zusammenarbeit (§ 74 BetrVG)[32]

Gesetzestext

§ 74 Grundsätze für die Zusammenarbeit

(1) *[1]Arbeitgeber und Betriebsrat sollen mindestens einmal im Monat zu einer Besprechung zusammentreten. [2]Sie haben über strittige Fragen mit dem ernsten Willen zur Einigung zu verhandeln und Vorschläge für die Beilegung von Meinungsverschiedenheiten zu machen.*

(2) *[1]Maßnahmen des Arbeitskampfes zwischen Arbeitgeber und Betriebsrat sind unzulässig; Arbeitskämpfe tariffähiger Parteien werden hierdurch nicht berührt. [2]Arbeitgeber und Betriebsrat haben Betätigungen zu unterlassen, durch die der Arbeitsablauf oder der Frieden des Betriebs beeinträchtigt werden. [3]Sie haben jede parteipolitische Betätigung im Betrieb zu unterlassen; die Behandlung von Angelegenheiten tarifpolitischer, sozialpolitischer, umweltpolitischer und wirtschaftlicher Art, die den Betrieb oder seine Arbeitnehmer unmittelbar betreffen, wird hierdurch nicht berührt.*

(3) *Arbeitnehmer, die im Rahmen dieses Gesetzes Aufgaben übernehmen, werden hierdurch in der Betätigung für ihre Gewerkschaft auch im Betrieb nicht beschränkt.*

Der Arbeitgeber ist nicht berechtigt, zu den monatlichen Besprechungen mit dem Betriebsrat gemäß § 74 Abs. 1 BetrVG unmittelbar eine(n) betriebsratsfremde(n) Mitarbeiter(in) zur Protokollführung hinzuzuziehen.

***ArbG** Bad Hersfeld 8.1.1987 – 1 BV 11/86 = BB 1987, 2452*

Gibt der Arbeitgeber „Fehlzeiten" des Betriebsrats, die durch Krankheit, Betriebsratstätigkeit oder Lehrgänge verursacht sind, durch Herausgabe schriftlicher Informationsmitteilungen oder Aushang am schwarzen Brett bekannt, so ist hierin ein grober Verstoß gegen §§ 74 Abs. 2 Satz 2 (Störung des Betriebsfriedens) sowie § 75 Abs. 1 Satz 1 und § 78 Satz 2 BetrVG (Benachteiligungsverbote) zu sehen.

Der Betriebsrat kann gemäß § 23 Abs. 3 BetrVG verlangen, dass der Arbeitgeber sein gesetzwidriges Handeln unterlässt. Der **Unterlassungsanspruch** folgt **daneben direkt aus § 74 Abs. 2 Satz 2 und § 75 BetrVG, unabhängig davon, ob ein grober Verstoß vorliegt**.

***ArbG** Verden 14.4.1989 – 1 BV 5/89 = NZA 1989, 943*

Die in den Vorschriften der §§ 2 Abs. 1 und 74 Abs. 2 BetrVG enthaltenen Gebote und Verbote richten sich auch an die **einzelnen Mitglieder** des Betriebsrats.

Nach § 74 Abs. 2 Satz 3 BetrVG sind dem Arbeitgeber und dem Betriebsrat parteipolitische Betätigungen im Betrieb schlechthin, d. h. ohne Rücksicht darauf untersagt, ob im Einzelfall eine konkrete Gefährdung des Betriebsfriedens zu besorgen ist.

Hat im Einzelfalle eine unzulässige parteipolitische Betätigung konkret zu einer Gefährdung des Betriebsfriedens geführt, so ist dies jedoch von rechtlicher Bedeutung, wenn nach § 23 Abs. 1 Satz 1 BetrVG zu beurteilen ist, ob dem Betriebsrat (-mitglied) insoweit eine grobe Verletzung seiner gesetzlichen Pflichten anzulasten ist.

***BAG** 21.2.1978 – 1 ABR 54/76*

Auch ein freigestelltes Betriebsratsmitglied kann innerhalb des Betriebes **zum Streik aufrufen**, solange dies nicht in seiner betriebsverfassungsrechtlichen Funktion geschieht.

***LAG** Düsseldorf 5.7.1994 – 8 TaBV 57/94 = BB 1994, 1940*

Bei dem **Streikaufruf** handelt es sich um eine Kampfhandlung im Arbeitskampf. Der Zutritt eines externen Gewerkschaftsbeauftragten zum Zwecke des Streikaufrufs im Betrieb kann – wenn überhaupt – nur in Ausnahmefällen verlangt werden.

***LAG** Hamm 23.4.1997 – 18 Sa 164/97 = BB 1997, 1537*

Stellt der Arbeitgeber den Arbeitnehmern einen E-Mail Account ausschließlich zur dienstlichen Nutzung zur Verfügung, beeinträchtigt ein Mitarbeiter das Eigentumsrecht des Arbeitgebers, wenn er über das Intranet einen Streikaufruf der Gewerkschaft an seine Arbeitskollegen versendet. Er verfolgt hiermit keine im Arbeitgeberinteresse liegenden dienstlichen Zwecke, sondern persönliche koalitionspolitische Ziele.

Der Arbeitgeber hat aus § 74 Abs. 2 Satz 1 Halbs. 1 BetrVG keinen Anspruch gegen einzelne Mitglieder des Betriebsrats auf Unterlassung derartiger Beeinträchtigungen. Ein Unterlassungsgebot ist in dieser Bestimmung nicht ausdrücklich vorgesehen. Hiergegen sprechen auch der systematische Gesamtzusammenhang des Betriebsverfassungsgesetzes und die Konzeption des § 23 BetrVG. Diese schließen jedoch einen Unterlassungsanspruch aus § 1004 Abs. 1 Satz 2 BGB nicht aus. Während durch § 23 BetrVG die betriebsverfassungsrechtliche Ordnung im Verhältnis des Arbeitgebers zum Betriebsrat und seiner Mitglieder gewährleistet wird, dient § 1004 Abs. 1 Satz 2 BGB dem privatrechtlichen Schutz des Eigentums gegenüber jedermann.

Der Arbeitgeber ist nach § 1004 Abs. 2 BGB nicht verpflichtet, die Nutzung eines von ihm zur Verfügung gestellten E-Mail Accounts durch die bei ihm beschäftigten Arbeitnehmer zu Zwecken des Arbeitskampfs zu dulden. Ein gewerkschaftlich organisierter Arbeitnehmer nimmt mit der Versendung und Verbreitung von Streikaufrufen zwar seine individuelle Koalitionsfreiheit aus Art. 9 Abs. 3 GG wahr. Da er hierbei jedoch das Eigentum des Arbeitgebers in Anspruch nimmt, kollidiert sein Handeln mit dessen Rechtspositionen aus Art. 14 Abs. 1 GG. Zwischen diesen konfligierenden grundrechtlichen Gewährleistungen ist im Wege einer Güterabwägung nach dem Grundsatz der praktischen Konkordanz ein schonender Ausgleich herbeizuführen.

Hiernach ist zu berücksichtigen, dass der Arbeitnehmer seine individuelle Koalitionsfreiheit im Zusammenhang mit der Mobilisierung der Belegschaft zur Teilnahme an einem Streik in vielfältiger Weise wahrnehmen kann und dabei nicht auf die Nutzung der arbeitgeberseitig zur Verfügung gestellten betrieblichen Kommunikationsinfrastruktur angewiesen ist. Auch wenn auf diese Weise ein Streikaufruf einer Gewerkschaft schneller und zielgerichteter verbreitet und so deren Kampfkraft gestärkt werden kann, bedarf es keines Rückgriffs auf Betriebsmittel des Arbeitgebers. Die Mobilisierung von Arbeitnehmern zur Streikteilnahme ist Aufgabe der jeweiligen Koalition und ihrer Mitglieder. Der Arbeitgeber ist nicht verpflichtet, hieran durch Bereitstellung eigener Betriebsmittel mitzuwirken.

***BAG** 15.10.2013 – 1 ABR 31/12*

Auch ein einzelnes Betriebsratsmitglied kann sich bei konkretem betrieblichem Anlass in mitbestimmungspflichtigen Angelegenheiten mit einem Flugblatt an die Belegschaft wenden, wenn dadurch der Betriebsfrieden nicht konkret gefährdet wird.

***Hessisches LAG** 17.2.1997 – 11 Sa 1776/96*

[32] vgl. auch § 2 BetrVG Vertrauensvolle Zusammenarbeit (§ 2 BetrVG); S. 22; vgl. auch § 23 BetrVG, Ziff. 3., „Grobe Verstöße des Arbeitgebers"; S. 71; s. RsprÜ zum ArbR, 22. Auflage 2022

Der Betriebsrat hat nach § 74 Abs. 2 Satz 3 Halbsatz 1 BetrVG ebenso wie der Arbeitgeber jede parteipolitische Betätigung im Betrieb zu unterlassen. Davon wird nicht jede allgemeinpolitische Äußerung erfasst. Verstößt der Betriebsrat gegen das parteipolitische Neutralitätsgebot, begründet dies keinen Unterlassungsanspruch des Arbeitgebers. Die Rechte des Arbeitgebers bei groben Verstößen des Betriebsrats gegen seine gesetzlichen Pflichten ergeben sich aus § 23 Abs. 1 BetrVG. Danach kann der Arbeitgeber in einem solchen Fall beim Arbeitsgericht die Auflösung des Betriebsrats beantragen.

Ein Unterlassungsanspruch gegen den Betriebsrat ist dagegen gesetzlich nicht vorgesehen. Er wäre wegen der Vermögenslosigkeit des Betriebsrats auch nicht vollstreckbar. Streitigkeiten über die Zulässigkeit einer bestimmten Betätigung des Betriebsrats kann der Arbeitgeber im Wege eines Feststellungsantrags klären lassen. Eine entsprechende gerichtliche Feststellung ist im Falle einer späteren Pflichtverletzung des Betriebsrats von entscheidender Bedeutung für einen Auflösungsantrag des Arbeitgebers. Voraussetzung für einen Feststellungsantrag ist allerdings, dass der Arbeitgeber zum Zeitpunkt der begehrten gerichtlichen Entscheidung noch ein berechtigtes Interesse an der Klärung der Streitfrage hat.

Eine Aufforderung zur Wahlbeteiligung an politischen Wahlen stellt keine parteipolitische Betätigung dar.

***BAG** 17.3.2010 – 7 ABR 95/08*

Eine **parteipolitische Betätigung** ist noch nicht darin zu erblicken, dass ein Arbeitnehmer anlässlich der bevorstehenden Betriebsratswahl für eine noch aufzustellende Wahlliste um Unterschriften wirbt und dazu ein „Programm“ veröffentlicht, das für die künftige Betriebsratsarbeit die Zielsetzung übernimmt, die eine bestimmte politische Partei vertritt. Allerdings gilt die Einschränkung, dass die **Wahlwerbung sich im Rahmen der Rechtsordnung halten muss**, insbesondere nicht die Rechte Dritter verletzen oder gegen Pflichten aus dem Arbeitsverhältnis verstoßen darf.

Das Grundrecht der Meinungsfreiheit (Art. 5 Abs. 1 GG) prägt auch die Beziehungen der Arbeitsvertragsparteien. Doch findet es seine Schranken sowohl im Recht der persönlichen Ehre (Art. 5 Abs. 2 GG) als auch in den Grundregeln über das Arbeitsverhältnis, insbesondere in der Pflicht des Arbeitnehmers zu loyalem Verhalten. Diese Einschränkung gilt im Verhältnis nicht nur zum Arbeitgeber, sondern auch zu anderen Mitarbeitern, darunter den Mitgliedern des Betriebsrats.

***BAG** 13.10.1977 – 2 AZR 387/76*

Grundsätze für die Behandlung der Betriebsangehörigen (§ 75 BetrVG)[33]

Gesetzestext

§ 75[34] Grundsätze für die Behandlung der Betriebsangehörigen

(1) *Arbeitgeber und Betriebsrat haben darüber zu wachen, dass alle im Betrieb tätigen Personen nach den Grundsätzen von Recht und Billigkeit behandelt werden, insbesondere, dass jede Benachteiligung von Personen aus Gründen ihrer Rasse oder wegen ihrer ethnischen Herkunft, ihrer Abstammung oder sonstigen Herkunft, ihrer Nationalität, ihrer Religion oder Weltanschauung, ihrer Behinderung, ihres Alters, ihrer politischen oder gewerkschaftlichen Betätigung oder Einstellung oder wegen ihres Geschlechts oder ihrer sexuellen Identität unterbleibt.*

(2) *[1]Arbeitgeber und Betriebsrat haben die freie Entfaltung der Persönlichkeit der im Betrieb beschäftigten Arbeitnehmer zu schützen und zu fördern. [2]Sie haben die Selbständigkeit und Eigeninitiative der Arbeitnehmer und Arbeitsgruppen zu fördern.*

Hinweis für die Praxis:
Im Rahmen der Umsetzung der vier EG-Richtlinien zum Diskriminierungsschutz durch das „Allgemeine Gleichbehandlungsgesetz" (AGG) wurde § 75 Abs. 1 BetrVG an die Terminologie des § 1 AGG vollständig angepasst.

§ 75 BetrVG begründet betriebsverfassungsrechtliche Verpflichtungen für Arbeitgeber und Betriebsrat, **erzeugt jedoch keine individuellen Rechtsansprüche für den einzelnen Arbeitnehmer**.
***BAG** 3.12.1985 – 4 ABR 60/85*

Die Betriebsparteien müssen bei Betriebsvereinbarungen den allgemeinen Gleichheitssatz beachten.
Die unterschiedliche Behandlung von Arbeitnehmergruppen muss sachlich gerechtfertigt sein. Dabei sind an eine personenbezogene Ungleichbehandlung strengere Anforderungen zu stellen als an eine sachverhaltsbezogene.
Die Betriebsparteien haben einen Beurteilungsspielraum und eine Einschätzungsprärogative hinsichtlich der tatsächlichen Voraussetzungen und Folgen der von ihnen gesetzten Regelungen.
Stichtagsregelungen sind häufig mit Härten verbunden. Sie müssen sich am jeweiligen Sachverhalt orientieren.
***BAG** 22.3.2005 – 1 AZR 49/04*

Die Betriebsparteien haben bei Betriebsvereinbarungen § 75 Abs. 1 BetrVG zu beachten. Der dort geregelte und auf den allgemeinen Gleichheitssatz des Art. 3 Abs. 1 GG zurückzuführende betriebsverfassungsrechtliche Gleichbehandlungsgrundsatz zielt darauf ab, eine Gleichbehandlung von Personen in vergleichbaren Sachverhalten sicherzustellen und eine gleichheitswidrige Gruppenbildung auszuschließen.

Wird in einer Betriebsvereinbarung über eine Sonderzahlung, die die zusätzliche Honorierung der Arbeitsleistung und der Betriebstreue bezweckt, bei deren Höhe (bestimmter Prozentsatz des Vorjahresbruttoeinkommens) zwischen einer Personengruppe (den Fernfahrern) und „allen anderen Mitarbeitern" unterschieden, ist die Differenzierung nicht gerechtfertigt.

Eine solche gegen § 75 Abs. 1 BetrVG verstoßende Ausgestaltung der Sonderzahlung führt dazu, dass die benachteiligte Gruppe (Fernfahrer) die ihnen durch die gleichheitswidrige Gruppenbildung vorenthaltene Leistung beanspruchen kann.
***BAG** 26.4.2016 – 1 AZR 435/14*

Es verstößt grundsätzlich nicht gegen den betriebsverfassungsrechtlichen Gleichbehandlungsgrundsatz des § 75 Abs. 1 BetrVG, wenn die Betriebsparteien nur die Arbeitnehmer in den Geltungsbereich eines Sozialplans einbeziehen, die zum Zeitpunkt seines Inkrafttretens in einem Arbeitsverhältnis zum Arbeitgeber stehen.
***BAG** 14.12.2010 – 1 AZR 279/09*

Das Maßregelungsverbot bindet nicht nur den Arbeitgeber, sondern auch die Betriebsparteien. Diese haben auch bei Betriebsvereinbarungen das Maßregelungsverbot des § 612a BGB und die anderen Benachteiligungsverbote der § 16 AGG, § 5 TzBfG sowie § 78 Satz 2 BetrVG zu beachten.

Die Anwendung des Rechtsgedankens des Maßregelungsverbots kann dann in Betracht kommen, wenn Arbeitnehmer deshalb benachteiligt werden, weil der Betriebsrat sein Mitbestimmungsrecht in zulässiger Weise ausübt. Dies liegt dann nahe, wenn das Versprechen von Vorteilen dazu dient, den Betriebsrat zu einem rechtswidrigen Verhalten zu bewegen, etwa dazu, eine gesetzes- oder tarifwidrige Betriebsvereinbarung abzuschließen.
***BAG** 18.9.2007 – 3 AZR 639/06*

Kollektive Regelungen außerhalb von Sozialplänen, in denen für den Verlust des Arbeitsplatzes eine Abfindung in Aussicht gestellt wird, die aber nicht gezahlt werden soll, wenn der Arbeitnehmer den Fortbestand des Arbeitsverhältnisses geltend macht, sind außerhalb von Sozialplänen (hier: in einer freiwilligen kirchlichen Arbeitsrechtsregelung) regelmäßig zulässig.

Die Regelung schließt deshalb nach ihrem Sinn und Zweck den Abfindungsanspruch nur dann aus, wenn für den Arbeitnehmer erkennbar ist, dass er tatsächlich ein Wahlrecht zwischen dem Abfindungsanspruch und einem Kündigungsschutzverfahren hat und er die letztere Möglichkeit wählt.
***BAG** 3.5.2006 – 4 AZR 189/05*

§ 75 BetrVG spricht zwar direkt nur Arbeitgeber und Betriebsrat an, räumt aber, da es sich um ein Schutzgesetz i.S.d. § 823 Abs. 2 BGB handelt, auch dem einzelnen Arbeitnehmer das Recht ein, nach diesen Grundsätzen behandelt zu werden, zumal es sich hierbei letztlich ohnehin um die sich unmittelbar aus dem Arbeitsverhältnis ergebenden gesteigerten Treue- und Fürsorgepflichten handelt.

Dementsprechend ist die Entscheidung, einen Auszubildenden im Anschluss an die Ausbildung nicht in ein Arbeitsverhältnis zu übernehmen, nach § 75 BetrVG dahingehend zu überprüfen, ob sie willkürlich oder den Grundsätzen von Recht und Billigkeit entspricht.
***BAG** 5.4.1984 – 2 AZR 513/82*

Eine Betriebsvereinbarung, deren persönlicher Geltungsbereich sich auf Vollzeitarbeitskräfte beschränkt, kann gegen das Verbot der mittelbaren Diskriminierung verstoßen, wenn Teilzeitkräfte durch sie tatsächlich von der Teilnahme an der gleitenden Arbeitszeit ferngehalten werden.
***Hessisches LAG** 10.11.1989 – 13 Sa 255/89 = DB 1991, 918*

Gewährt eine Betriebsvereinbarung ein zusätzliches Entgelt für unfallfreies Fahren im Bezugszeitraum, so können die Betriebspartner darüber hinaus weitere anspruchsbegründende Voraussetzungen für den Bezug der Sonderzahlung festlegen, z. B. ein im Bezugszeitraum durch Eigenkündigung des Arbeitnehmers nicht beendetes Arbeitsverhältnis.
***BAG** 10.1.1991 – 6 AZR 205/89*

Höchstbegrenzungsklauseln für Abfindungen wegen des Verlustes des Arbeitsplatzes in **Sozialplänen** sind grundsätzlich zulässig.

Eine Sozialplanregelung, nach der der sich rechnerisch aus den Steigerungssätzen für Betriebszugehörigkeit, Lebensalter, Unterhaltsverpflichtungen und Schwerbehinderung ergebende Betrag, soweit er die Höchstgrenze übersteigt, an alle Arbeitnehmer gleichmäßig zu verteilen ist, begegnet keinen rechtlichen Bedenken, wenn wegen der besonders hohen Arbeitslosenquote in der Region auch jüngere Arbeitnehmer Gefahr laufen, langfristig arbeitslos zu werden.
***BAG** 23.8.1988 – 1 AZR 284/87*

33 s. RsprÜ zum ArbR, 22. Auflage 2022
34 § 75 Abs. 1 neu gef. mWv 18. 8. 2006 durch G v. 14. 8. 2006 (BGBl. I S. 1897)

Eine **Versorgungsordnung**, die ausschließlich für Arbeitnehmer in gehobenen Positionen gilt, verstößt nicht gegen den Gleichbehandlungsgrundsatz.

Sie verletzt das verfassungsrechtliche Gleichberechtigungsprinzip (Art. 3 Abs. 2 GG) oder das Lohngleichheitsgebot des Art. 119 EWG-Vertrag auch dann nicht, wenn sie unverhältnismäßig mehr Männer als Frauen begünstigt, weil Frauen nur in geringer Zahl in gehobene Positionen gelangt sind.

Wenn eine Versorgungsordnung die Gruppe der Begünstigten mit Begriffen kennzeichnet, die nicht geschlechtsneutral gefasst sind, sondern nur die männliche Sprachform verwenden (z. B. der Prokurist, Meister, Schichtführer), sind damit im Zweifel männliche und weibliche Arbeitnehmer gleichermaßen gemeint.

***BAG** 11.11.1986 – 3 ABR 74/85*

Eine Regelung in einem Sozialplan, die einen Abfindungshöchstbetrag festlegt, bewirkt regelmäßig keine gegen § 75 Abs. 1 BetrVG verstoßende mittelbare Benachteiligung älterer Arbeitnehmer, wenn die maximal zu zahlende Abfindung die durch den Verlust des Arbeitsplatzes entstehenden Nachteile substantiell abmildert und die Regelung in der Sache nur eine Begrenzung der durch die Berücksichtigung von Alter und Betriebszugehörigkeit im Rahmen der Abfindungsberechnung bewirkten besonderen Begünstigung dieser Arbeitnehmergruppe darstellt.

Die Betriebsparteien dürfen Leistungen, die dem Ausgleich oder der Abmilderung der mit einer Betriebsänderung für die Arbeitnehmer verbundenen wirtschaftlichen Nachteile dienen, nicht vom Verzicht auf die Erhebung einer Kündigungsschutzklage abhängig machen. Es ist ihnen aber unbenommen, neben einem Sozialplan eine (freiwillige) Betriebsvereinbarung zu schließen, die im Interesse des Arbeitgebers an alsbaldiger Planungssicherheit die Gewährung finanzieller Leistungen dafür vorsieht, dass ein infolge der Betriebsänderung entlassener Arbeitnehmer nicht gerichtlich gegen seine Kündigung vorgeht (Rn. 20).

Es verstößt gegen den betriebsverfassungsrechtlichen Gleichbehandlungsgrundsatz, wenn die Betriebsparteien vereinbaren, dass eine solche für den Klageverzicht gezahlte Prämie nur dann ausgezahlt wird, wenn und soweit die Summe von Sozialplanabfindung und Prämie einen im Sozialplan festgelegten Abfindungshöchstbetrag nicht übersteigt (Rn. 24).

Arbeitgeber und Betriebsrat dürfen durch die Vereinbarung einer Klageverzichtsprämie nicht das Verbot umgehen, Sozialplanabfindungen von einem entsprechenden Verzicht abhängig zu machen. Eine solche Umgehung kann vorliegen, wenn der von ihnen geschlossene Sozialplan seinen Zweck, die infolge der Betriebsänderung entstehenden wirtschaftlichen Nachteile der betroffenen Arbeitnehmer auszugleichen oder zu mildern, nicht ansatzweise erfüllt. Soweit der Senat in der Vergangenheit darüber hinaus angenommen hat, eine Umgehung könne auch gegeben sein, wenn dem „an sich" für den Sozialplan zur Verfügung stehenden Finanzvolumen zum Nachteil der von der Betriebsänderung betroffenen Arbeitnehmer Mittel entzogen und funktionswidrig im Bereinigungsinteresse des Arbeitgebers eingesetzt werden, hält er daran nicht mehr fest (Rn. 27).

***BAG** 7.12.2021 – 1 AZR 562/20*

Art. 9 Abs. 3 GG schützt auch eine Gewerkschaft in ihrem Bestand und ihrem Recht auf koalitionsgemäße Betätigung. Maßnahmen, die dieses Recht einschränken oder zu behindern versuchen, sind nach der ausdrücklichen Vorschrift in Art. 9 Abs. 3 Satz 2 GG rechtswidrig. Um einen solchen rechtswidrigen Angriff auf den Bestand der DAG handelt es sich, wenn der Arbeitgeber die Einstellung von Arbeitnehmern von deren Austritt aus dieser Gewerkschaft abhängig macht. Das geht über die bloße Äußerung einer Meinung über die Zweckmäßigkeit der Mitgliedschaft in einer Gewerkschaft hinaus und ist daher vom Grundrecht auf freie Meinungsäußerung nicht mehr gedeckt. Auch von seiner Vertragsfreiheit kann der Arbeitgeber nur im Rahmen der verfassungsmäßigen Ordnung Gebrauch machen, der gerade einen solchen Angriff auf die Koalitionsfreiheit verbietet.

***BAG** 2.6.1987 – 1 AZR 651/85*

Der Betriebsrat verletzt seine Überwachungspflicht und seine Fürsorgepflicht gemäß §§ 75, 80 BetrVG gegenüber allen Beschäftigten des Betriebs, wenn er daran mitwirkt, die Entscheidung über die teilweise Abschaffung der Tarifverträge im Betrieb auf jeden einzelnen Arbeitnehmer zu verlagern. Damit werden die Arbeitnehmer in rechtlich unzulässiger Weise in einen Entscheidungszwang gestürzt, der sie wirtschaftlich, rechtlich und menschlich überfordert.

***ArbG** Marburg 7.8.1996 – 1 BV 6/96*

Aus § 75 Abs. 2 Satz 1 BetrVG folgt kein Anspruch des Betriebsrats, vom Arbeitgeber zu verlangen, persönlichkeitsverletzende Maßnahmen gegenüber den betroffenen Arbeitnehmern zu unterlassen.

***BAG** 28.5.2002 – 1 ABR 32/01*

Der betriebsverfassungsrechtliche Gleichbehandlungsgrundsatz des § 75 Abs. 1 BetrVG hat zum Ziel, eine Gleichbehandlung von Personen in vergleichbaren Sachverhaltslagen sicherzustellen und eine gleichheitswidrige Gruppenbildung auszuschließen. Um festzustellen, ob ein Sachgrund für die Bildung verschiedener Gruppen vorliegt, ist vor allem der mit der Regelung verfolgte Zweck heranzuziehen. Die Begründung unterschiedlicher Leistungspflichten zugunsten von Altersteilzeitarbeitnehmern und Vorruheständlern kann vom Beurteilungsspielraum der Betriebsparteien gedeckt sein. Die Gruppenbildung beruht auf einem Umstand von erheblichem Gewicht. Die Arbeitsverhältnisse der Altersteilzeitarbeitnehmer bestehen auch in der Freistellungsphase der Blockaltersteilzeit fort, während die Arbeitsverhältnisse der Vorruheständler enden.

***BAG** 20.5.2008 – 9 AZR 271/07*

Die Betriebsparteien sind grundsätzlich zur Einführung einer Videoüberwachung im Betrieb befugt. Dabei haben sie gemäß § 75 Abs. 2 Satz 1 BetrVG das durch Art. 2 Abs. 1 i. V. m. Art. 1 Abs. 1 GG gewährleistete allgemeine Persönlichkeitsrecht der Arbeitnehmer zu beachten. Eingriffe in dieses Recht müssen durch schutzwürdige Belange des Arbeitgebers oder anderer Grundrechtsträger gerechtfertigt sein. Es gilt der Grundsatz der Verhältnismäßigkeit. Dieser verlangt, dass die getroffene Regelung geeignet, erforderlich und unter Berücksichtigung der gewährleisteten Freiheitsrechte angemessen ist, um den erstrebten Zweck zu erreichen.

Die Angemessenheit von Videoüberwachungsmaßnahmen richtet sich maßgeblich nach deren Eingriffsintensität. Diese ist u. a. von der Anzahl der beobachteten Personen, der Dauer der Überwachung sowie davon abhängig, ob die Betroffenen einen zurechenbaren Anlass für ihre Beobachtung gesetzt haben.

***BAG** 26.8.2008 – 1 ABR 16/07*

Einigungsstelle (§ 76 BetrVG) und ihre Kosten (§ 76a BetrVG)

Gesetzestext:

§ 76[35] Einigungsstelle

(1) *[1]Zur Beilegung von Meinungsverschiedenheiten zwischen Arbeitgeber und Betriebsrat, Gesamtbetriebsrat oder Konzernbetriebsrat ist bei Bedarf eine Einigungsstelle zu bilden. [2]Durch Betriebsvereinbarung kann eine ständige Einigungsstelle errichtet werden.*

(2) *[1]Die Einigungsstelle besteht aus einer gleichen Anzahl von Beisitzern, die vom Arbeitgeber und Betriebsrat bestellt werden, und einem unparteiischen Vorsitzenden, auf dessen Person sich beide Seiten einigen müssen. [2]Kommt eine Einigung über die Person des Vorsitzenden nicht zustande, so bestellt ihn das Arbeitsgericht. [3]Dieses entscheidet auch, wenn kein Einverständnis über die Zahl der Beisitzer erzielt wird.*

(3) *[1]Die Einigungsstelle hat unverzüglich tätig zu werden. [2]Sie fasst ihre Beschlüsse nach mündlicher Beratung mit Stimmenmehrheit. [3]Bei der Beschlussfassung hat sich der Vorsitzende zunächst der Stimme zu enthalten; kommt eine Stimmenmehrheit nicht zustande, so nimmt der Vorsitzende nach weiterer Beratung an der erneuten Beschlussfassung teil. [4]Die Beschlüsse der Einigungsstelle sind schriftlich niederzulegen und vom Vorsitzenden zu unterschreiben oder in elektronischer Form niederzulegen und vom Vorsitzenden mit seiner qualifizierten elektronischen Signatur zu versehen sowie Arbeitgeber und Betriebsrat zuzuleiten.*

(4) *Durch Betriebsvereinbarung können weitere Einzelheiten des Verfahrens vor der Einigungsstelle geregelt werden.*

(5) *[1]In den Fällen, in denen der Spruch der Einigungsstelle die Einigung zwischen Arbeitgeber und Betriebsrat ersetzt, wird die Einigungsstelle auf Antrag einer Seite tätig. [2]Benennt eine Seite keine Mitglieder oder bleiben die von einer Seite genannten Mitglieder trotz rechtzeitiger Einladung der Sitzung fern, so entscheiden der Vorsitzende und die erschienenen Mitglieder nach Maßgabe des Absatzes 3 allein. [3]Die Einigungsstelle fasst ihre Beschlüsse unter angemessener Berücksichtigung der Belange des Betriebs und der betroffenen Arbeitnehmer nach billigem Ermessen. [4]Die Überschreitung der Grenzen des Ermessens kann durch den Arbeitgeber oder den Betriebsrat nur binnen einer Frist von zwei Wochen, vom Tage der Zuleitung des Beschlusses an gerechnet, beim Arbeitsgericht geltend gemacht werden.*

(6) *[1]Im Übrigen wird die Einigungsstelle nur tätig, wenn beide Seiten es beantragen oder mit ihrem Tätigwerden einverstanden sind. [2]In diesen Fällen ersetzt ihr Spruch die Einigung zwischen Arbeitgeber und Betriebsrat nur, wenn beide Seiten sich dem Spruch im Voraus unterworfen oder ihn nachträglich angenommen haben.*

(7) *Soweit nach anderen Vorschriften der Rechtsweg gegeben ist, wird er durch den Spruch der Einigungsstelle nicht ausgeschlossen.*

(8) *Durch Tarifvertrag kann bestimmt werden, dass an die Stelle der in Absatz 1 bezeichneten Einigungsstelle eine tarifliche Schlichtungsstelle tritt.*

§ 76a[36] Kosten der Einigungsstelle

(1) *Die Kosten der Einigungsstelle trägt der Arbeitgeber.*

(2) *[1]Die Beisitzer der Einigungsstelle, die dem Betrieb angehören, erhalten für ihre Tätigkeit keine Vergütung; § 37 Abs. 2 und 3 gilt entsprechend. [2]Ist die Einigungsstelle zur Beilegung von Meinungsverschiedenheiten zwischen Arbeitgeber und Gesamtbetriebsrat oder Konzernbetriebsrat zu bilden, so gilt Satz 1 für die einem Betrieb des Unternehmens oder eines Konzernunternehmens angehörenden Beisitzer entsprechend.*

(3) *[1]Der Vorsitzende und die Beisitzer der Einigungsstelle, die nicht zu den in Absatz 2 genannten Personen zählen, haben gegenüber dem Arbeitgeber Anspruch auf Vergütung ihrer Tätigkeit. [2]Die Höhe der Vergütung richtet sich nach den Grundsätzen des Absatzes 4 Satz 3 bis 5.*

(4) *[1]Das Bundesministerium für Arbeit und Soziales kann durch Rechtsverordnung die Vergütung nach Absatz 3 regeln. [2]In der Vergütungsordnung sind Höchstsätze festzusetzen. [3]Dabei sind insbesondere der erforderliche Zeitaufwand, die Schwierigkeit der Streitigkeit sowie ein Verdienstausfall zu berücksichtigen. [4]Die Vergütung der Beisitzer ist niedriger zu bemessen als die des Vorsitzenden. [5]Bei der Festsetzung der Höchstsätze ist den berechtigten Interessen der Mitglieder der Einigungsstelle und des Arbeitgebers Rechnung zu tragen.*

(5) *Von Absatz 3 und einer Vergütungsordnung nach Absatz 4 kann durch Tarifvertrag oder in einer Betriebsvereinbarung, wenn ein Tarifvertrag dies zulässt oder eine tarifliche Regelung nicht besteht, abgewichen werden.*

---

[35] § 76 Abs. 3 Satz 1 eingef., bish. Sätze 1 bis 3 werden Sätze 2 bis 4, neuer Satz 2 geänd. mWv 1. 1. 2002 durch G v. 10.12.2001 (BGBl. I S. 3443).

[36] § 76a Abs. 4 Satz 1 geänd. mWv 28. 11. 2003 durch VO v. 25. 11. 2003 (BGBl. I S. 2304); Abs. 4 Satz 1 geänd. mWv 8. 11. 2006 durch VO v. 31.10.2006 (BGBl. I S. 2407).

Muster: Bildung einer Einigungsstelle

Heilbronn, 1. Oktober 2020

An den
Betriebsrat
z. Hd. Frau Betriebsratsvorsitzende B. Vorsitz
im Hause

Bildung einer Einigungsstelle

Sehr geehrte Frau Vorsitz,

in zahlreichen Verhandlungssitzungen seit Februar diesen Jahres hat sich die Geschäftsleitung bemüht, mit dem Betriebsrat über die Frage der Einführung einer flexiblen Arbeitszeit zu einer Einigung zu kommen. Nach der am 30.9.2020 stattgefundenen Verhandlung ist die Geschäftsleitung zu der Erkenntnis gelangt, dass die innerbetrieblichen Verhandlungsmöglichkeiten ausgeschöpft sind und eine Einigung nicht erzielt werden kann.

Aus diesem Grund hat sich die Geschäftsleitung zur Anrufung der Einigungsstelle entschieden.

Als Vorsitzenden für die Einigungsstelle schlagen wir Herrn X, Vorsitzender Richter am Landesarbeitsgericht vor.

Als Beisitzer auf der Seite der Geschäftsleitung benennen wir 2 Personen und zwar Frau Personalleiterin Antje Fröhlich und Herrn Dr. Spielberg, Justitiar unseres Unternehmens.

Sollte die Geschäftsleitung bis zum 8.10.2020 keine Mitteilung zum vorgeschlagenen Vorsitzenden der Einigungsstelle und zur Anzahl der Beisitzer vom Betriebsrat erhalten, wird die Geschäftsleitung beim Arbeitsgericht beantragen, Herrn X als Vorsitzenden zu bestellen und die Anzahl der Beisitzer auf 2 Mitglieder auf jeder Seite festlegen zu lassen.

Mit freundlichen Grüßen
ppa. Fröhlich
(Personalleiterin)

1. Allgemeines

Es ist grundsätzlich Aufgabe desjenigen Betriebspartners, der eine mitbestimmungspflichtige Maßnahme vornehmen will, mit dem Ziel einer Einigung an den anderen Partner heranzutreten bzw. im Fall der Nichteinigung eine Entscheidung der Einigungsstelle herbeizuführen.

***BAG** 3.5.1994 – 1 ABR 24/93*

Für die Bildung einer Einigungsstelle nach § 100 ArbGG fehlt grundsätzlich das Rechtsschutzinteresse, wenn die Betriebsparteien in einer beteiligungspflichtigen Angelegenheit nicht den nach § 74 Abs. 1 Satz 2 BetrVG vorgesehenen Versuch einer gütlichen Einigung unternommen, sondern sofort die Einigungsstelle angerufen haben. **Ein Rechtsschutzinteresse besteht nur, wenn der Antragsteller geltend macht, dass entweder die Gegenseite Verhandlungen über das Regelungsverlangen ausdrücklich oder konkludent verweigert hat oder mit Verständigungswillen geführte Verhandlungen gescheitert sind.**

***BAG** 18.3.2015 – 7 ABR 4/13*

Die Einsetzung einer Einigungsstelle setzt nicht voraus, dass Verhandlungen zwischen Arbeitgeber und Betriebsrat stattgefunden haben. Es reicht aus, wenn sich der Betriebsrat ernsthaft um Verhandlungen bemüht und der Arbeitgeber sich auf diese nicht einlässt.

***ArbG** Elmshorn 22.12.1995 – 1 b BV 51/95*

Die Einigungsstelle ist bei der Erledigung ihres Regelungsauftrags nicht an inhaltliche Vorgaben der Betriebsparteien gebunden. Für eine gerichtliche Entscheidung darüber, ob eine Einigungsstelle gehalten ist, in einer mitbestimmungspflichtigen Angelegenheit einem bestimmten Regelungsverlangen einer Betriebspartei vollständig oder teilweise nachzukommen, fehlt es regelmäßig an einem Feststellungsinteresse.

***BAG** 17.9.2013 – 1 ABR 24/12*

Die Zuständigkeit der Einigungsstelle kann im Bestellungsverfahren keiner abschließenden Erklärung zugeführt werden. Das ist auch nicht Aufgabe des Bestellungsverfahrens. Dieses ist vielmehr darauf angelegt, den Betriebspartnern, im Bedarfsfalle beim Auftreten von Meinungsverschiedenheiten möglichst rasch und ohne zeitraubende Prüfung schwieriger Zuständigkeitsfragen eine formal funktionsfähige Einigungsstelle zur Verfügung zu stellen. **Das durchgeführte Bestellungsverfahren nach § 98 ArbGG macht** daher das Beschlussverfahren, in dem es um die abschließende gerichtliche Klärung der Zuständigkeitsfrage zwischen den Beteiligten geht, **nicht überflüssig**.

***BAG** 24.11.1981 – 1 ABR 42/79; **BAG** 20.4.1982 – 1 ABR 22/80*

In der Mitwirkung am Einigungsstellenverfahren kann keine Anerkennung der Zuständigkeit der Einigungsstelle gesehen werden.

***BAG** 20.4.1982 – 1 ABR 22/80*

Werden zu einer Frage von verschiedenen Landesarbeitsgerichten unterschiedliche Auffassungen vertreten, kann – von krassen Fehlentscheidungen abgesehen – keine Rede davon sein, bei fachkundiger Beurteilung durch das Gericht sei sofort erkennbar, dass kein mitbestimmungspflichtiger Tatbestand gegeben sei. Von einer offensichtlichen Unzuständigkeit der Einigungsstelle kann dann keine Rede sein.

***LAG** Nürnberg 21.9.1992 – 7 TaBV 29/92 = NZA 1993, 281*

Der Antrag beim Arbeitsgericht, den **unparteiischen Vorsitzenden** einer Einigungsstelle zu bestimmen und die Zahl der Beisitzer festzusetzen (Bestellungsverfahren nach § 98 ArbGG), muss erkennen lassen, über **welche mitbestimmungsrechtlich relevanten** Gegenstände Meinungsverschiedenheiten zwischen Betriebsrat und Arbeitgeber bestehen.

Auch bei der Prüfung der offensichtlichen Unzuständigkeit der Einigungsstelle ist erforderlichenfalls eine Beweisaufnahme durchzuführen.

***LAG** Düsseldorf 21.8.1987 – 9 TaBV 132/86 = NZA 1988, 211*

Die Einigungsstelle hat die Frage ihrer **Zuständigkeit als Vorfrage** selbst zu prüfen und sich für unzuständig zu erklären, wenn sie ihre Zuständigkeit für nicht gegeben hält.

***BAG** 22.1.1980 – 1 ABR 48/77*

Durch Tarifvertrag kann bestimmt werden, dass der Spruch einer Einigungsstelle die Einigung zwischen Arbeitgeber und Betriebsrat ersetzt. Eine solche Bestimmung ist eine betriebsverfassungsrechtliche Norm i.S.d. § 1 Abs. 1 TVG.

***BAG** 18.8.1987 – 1 ABR 30/86*

Ein **Mitbestimmungsrecht** des Betriebsrats bei **Abmahnungen** kann nicht gegen den Willen des Betriebsrats durch **Spruch der Einigungsstelle** begründet werden.

Dies geht nur mit einer freiwilligen Regelung zwischen Arbeitgeber und Betriebsrat.

***BAG** 30.8.1995 – 1 ABR 4/95 = DB 1996, 333*

Eine Einigungsstelle ist nicht offensichtlich unzuständig und daher nach § 98 ArbGG zu bilden, wenn es unterschiedliche bedenkenswerte Rechtsauffassungen im Schrifttum zur Reichweite der Beteiligungsrechte eines Betriebsrats bei Betriebsänderungen in **Tendenzbetrieben** gibt und eine höchstrichterliche Entscheidung hierzu noch aussteht.

***LAG** Niedersachsen 11.11.1993 – 1 TaBV 59/93 = DB 1993, 2540*

Haben sich die Betriebsparteien in der Einigungsstelle auf die einvernehmliche Regelung einer Angelegenheit verständigt, kann allein eine fortdauernde Meinungsverschiedenheit darüber, ob in dieser Angelegenheit ein Mitbestimmungsrecht besteht, das Interesse an einer alsbaldigen Feststellung des Mitbestimmungsrechts nicht begründen.

***BAG** 11.6.2002 – 1 ABR 44/01*

Mangels Mitbestimmungsrechts des Betriebsrats ist die Einigungsstelle für eine Regelung über die im Betrieb zulässige Höchstarbeitszeit und die arbeitszeitrechtliche Zuordnung von Bereitschaftsdiensten nicht zuständig.

***BAG** 22.7.2003 – 1 ABR 28/02 = NZA 2004, 507*

2. Bestellung des Vorsitzenden der Einigungsstelle (§ 98 ArbGG)[37]

Das Bestellungsverfahren gemäß § 98 ArbGG (jetzt § 100 ArbGG) darf auch nicht mit Rücksicht auf ein anhängiges Beschlussverfahren über das umstrittene Mitbestimmungsrecht ausgesetzt werden. Der Gesetzgeber hat den Sinn des Bestellungsverfahrens nach § 98 ArbGG darin gesehen, dass der Betriebsrat, der in einer bestimmten Angelegenheit ein Mitbestimmungsrecht in Anspruch nimmt und über die erstrebte Regelung keine Einigung mit dem Arbeitgeber erzielt, die die Einigungsstelle auch dann soll anrufen können, wenn das Mitbestimmungsrecht selbst unter den Betriebspartnern umstritten ist. Auch in solchen Fällen könne der Betriebsrat die Errichtung der Einigungsstelle über das Verfahren nach § 98 ArbGG erreichen, es sei denn, dass die Einigungsstelle offensichtlich unzuständig ist, d. h. dass offensichtlich das in Anspruch genommene Mitbestimmungsrecht nicht besteht. Auf der anderen Seite könne dem Arbeitgeber nicht verwehrt werden, die Frage, ob das in Anspruch genommene Mitbestimmungsrecht besteht oder nicht, alsbald zur gerichtlichen Entscheidung zu stellen. Nur eine unbedingte Parallelität des Bestellungs- und des Einigungsstellenverfahrens auf der einen Seite und des Beschlussverfahrens über das umstrittene Mitbestimmungsrecht auf der anderen Seite gewährleiste, dass einerseits nicht Mitbestimmungsrechte des Betriebsrats dadurch blockiert werden, dass das in Anspruch genommene Mitbestimmungsrecht selbst bestritten wird und darüber ein Beschlussverfahren anhängig gemacht wird, und dass andererseits die Frage, ob das umstrittene Mitbestimmungsrecht besteht, nicht unnötig lange in der Schwebe gelassen werden muss.

***BAG** 25.4.1989 – 1 ABR 91/87*

Hinweis für die Praxis:

Können sich die Betriebspartner nicht über die Regelung einer mitbestimmten Angelegenheit einigen, so entscheidet die Einigungsstelle. Nur in größeren Betrieben besteht mitunter eine ständige Einigungsstelle. Regelmäßig ist also die Einigungsstelle zunächst zu errichten. Die Betriebspartner müssen sich gemäß § 76 Abs. 2 BetrVG sowohl über die Person des Einigungsstellenvorsitzenden, als auch über die Anzahl der Beisitzer, die dann jeweils von beiden Betriebspartnern benannt werden, einigen. Ist eine Einigung nicht möglich, entscheidet das Arbeitsgericht gemäß § 100 ArbGG, vormals § 98 ArbGG) im Beschlussverfahren und zwar alleine durch den Vorsitzenden des Arbeitsgerichts, also ohne die Ehrenamtlichen Richter. In diesem Bestellungsverfahren wird nicht endgültig geprüft, ob das Mitbestimmungsrecht tatsächlich besteht. Gemäß § 100 Abs. 1 S.2 ArbGG darf der Antrag auf Benennung des Vorsitzenden und Festlegung der Anzahl der Beisitzer nur zurückgewiesen werden, wenn ein Mitbestimmungsrecht offensichtlich nicht besteht. Deshalb kann, was zunächst nicht leicht zu verstehen ist, parallel zu diesem Verfahren immer auch das Bestehen des Mitbestimmungsrechts in einem Beschlussverfahren geprüft werden und es kann darüber durch das Arbeitsgericht entschieden werden.

Die **Einrichtung einer Einigungsstelle** (durch Bestellung eines Einigungsstellenvorsitzenden) im Wege einer **einstweiligen Verfügung** ist von Gesetzes wegen ausgeschlossen.

***ArbG** Düsseldorf 24.6.1992 – 4 BVGa 14/92 = BB 1992, 1791*

Im Bestellungsverfahren nach § 98 Abs. 1 Satz 2 ArbGG ist die betriebsverfassungsrechtliche Einigungsstelle dann **offensichtlich unzuständig**, wenn sich die beizulegende Streitigkeit zwischen dem Arbeitgeber und dem Betriebsrat bei fachkundiger Beurteilung durch das Gericht sofort erkennbar nicht unter einen mitbestimmungspflichtigen Tatbestand des BetrVG subsumieren lässt.

***LAG** Berlin 18.2.1980 – 9 TaBV 5/79 = BB 1980, 1046*

Der Eilt-Charakter des Verfahrens nach § 98 ArbGG verbietet es, streitige rechtserhebliche Tatsachen einer umfassenden Sachaufklärung zu unterziehen.

„Offensichtlich unzuständig i.S.d. § 98 Abs. 1 Satz 1 ArbGG ist eine Einigungsstelle daher nur dann, wenn sich dies bereits aus dem eigenen Tatsachenvorbringen des Antragstellers auf der Grundlage einer gefestigten Rechtsmeinung ergibt, zu der eine Gegenmeinung nicht existiert oder nicht ernsthaft vertretbar erscheint, oder aber dann, wenn die zuständigkeitsbegründende Tatsachengrundlage zwar streitig ist, die Richtigkeit der für die Unzuständigkeit der Einigungsstelle sprechenden Tatsachen dem Gericht im Sinne von § 291 ZPO jedoch offenkundig ist oder gemacht wird. Nur in diesem Fall darf das Arbeitsgericht die Bestellung eines Einigungsstellenvorsitzenden und damit die Etablierung der Einigungsstelle ablehnen.

***LAG** Köln 5.12.2001 – 7 TaBV 71/01*

Bei der Prüfung der Frage, ob ein Mitbestimmungsrecht des Betriebsrats **offensichtlich nicht besteht**, ist auch zu berücksichtigen, ob das in Anspruch genommene Mitbestimmungsrecht dem **Einzelbetriebsrat** oder aber nur dem **Gesamtbetriebsrat** zusteht.

***LAG** Hamburg 10.4.1991 – 5 TaBV 3/91 = DB 1991, 2195*
***Hessisches LAG** 15.6.1984 – 14 (5) TaBV 8/84 = NZA 1985, 33*

Es verstößt gegen den Grundsatz des rechtlichen Gehörs, wenn das Arbeitsgericht im Verfahren zur Bestellung des Vorsitzenden der Einigungsstelle gemäß § 76 Abs. 2 Satz 2 ArbGG abweichend von den Vorschlägen der Beteiligten einen Vorsitzenden bestellt, ohne den Beteiligten die Absicht der Bestellung dieses Vorsitzenden bekannt zu geben und eine Änderung hierzu zu ermöglichen.

Hat die Einigungsstelle nach ihrer konkreten Aufgabenstellung schwierige Rechtsfragen zu beurteilen, so ist die Bestellung eines Richters einer Rechtsmittelinstanz, in der Regel des LAG, zweckmäßig.

***LAG** München 31.1.1989 – 3 TaBV 62/88 = BB 1989, 916 = NZA 1989, 525*

Die Vorschläge der Betriebsparteien auf Einsetzung einer bestimmten Person im Rahmen des Verfahrens nach § 98 ArbGG sind grundsätzlich für das Gericht unverbindlich.

Eine gewisse Bindung des Gerichts an die Vorschläge der Betriebsparteien kann nur dann angenommen werden, wenn beide Betriebsparteien gegen die vorgeschlagene Person keine Einwendungen erheben. Hierbei ist es nicht erforderlich, dass substantielle Gründe gegen eine vorgeschlagene Person erhoben werden, es ist insbesondere nicht erforderlich, dass Tatsachen vorgebracht werden, die die Eignung der vorgeschlagenen Person zweifelhaft erscheinen lassen könnte.

Es genügt daher, wenn eine beteiligte Betriebspartei zu erkennen gibt, dass sie mit einer von der Gegenseite vorgeschlagenen Person nicht einverstanden ist.

***LAG** Berlin 7.3.1997 – 2 TaBV 3/97*

Um von vorneherein eine Belastung des Einigungsstellenverfahrens zu vermeiden durch Bestellung eines Einigungsstellenvorsitzenden, mit dem die eine oder andere Partei – wenn auch aus objektiv nicht nachvollziehbaren Gründen – nicht einverstanden ist, ist es geboten, eine andere Person zu bestellen, die Gewähr dafür bietet, das Einigungsstellenverfahren zeitnah, zügig und unabhängig durchzuführen.

***LAG** Berlin 12.9.2001 – 4 TaBV 1436/01 = NZA-RR 2002, 25*

Für die Bestellung des Vorsitzenden einer Einigungsstelle kommt es nicht darauf an, welcher Beteiligte seinen Vorschlag zuerst gemacht oder bei Gericht angebracht hat. Vielmehr ist auch dann, wenn keine konkreten Einwendungen gegen den Kandidaten der jeweiligen Gegenseite vorgebracht werden, regelmäßig ein Dritter zu bestellen (gegen LAG Berlin-Brandenburg 22.01.2010 – 10 Ta BV 2829/09).

***LAG** Berlin-Brandenburg 04.06.2010 – 6 TaBV 901/10*

Können sich die Verfahrensbeteiligten im Verfahren nach § 98 ArbGG nicht auf eine Person als Einigungsstellenvorsitzenden einigen, ist das Gericht nicht daran gehindert, eine von einem Verfahrensbeteiligten vorgeschlagene Person als Einigungsstellenvorsitzenden einzusetzen, sofern der diese Person nicht wünschende andere Verfahrensbeteiligte seine Vorbehalte nicht wenigstens im Ansatz nachvollziehbar begründet.

***LAG** Baden-Württemberg 30.09.2010 – 15 TaBV 4/10*

Gegen einen landesarbeitsgerichtlichen Beschluss, durch den über die Besetzung der Einigungsstelle i.S.v. § 100 ArbGG entschieden wurde, ist keine sofortige Beschwerde nach § 92b ArbGG gegeben. (Rn. 1)

***BAG** 11.8.2021 – 1 AZB 24/21,*

[37] vgl. **G. Schaub:** „Die Bestellung und Abberufung der Vorsitzenden in Einigungsstellen" in NZA 2000, 1087 ff.

2.1. Abberufung eines Einigungsstellenvorsitzenden

Der Vorsitzende einer Einigungsstelle kann zu jedem Zeitpunkt des Einigungsstellenverfahrens wegen Besorgnis der Befangenheit abgelehnt werden. Im Zusammenhang mit der Ablehnung eines Einigungsstellenvorsitzenden finden die Vorschriften über die Ablehnung eines Schiedsrichters der §§ 1036 ff. ZPO entsprechende Anwendung, soweit dem nicht zwingende Grundsätze des Einigungsstellenverfahrens nach § 76 BetrVG entgegenstehen.

Das Arbeitsgericht ist in erster und letzter Instanz entsprechend § 1037 Abs. 3 Satz 1, § 1062 Abs. 1 Nr. 1 Var. 2, § 1065 Abs. 1 Satz 2 ZPO in der vollen Kammerbesetzung der §§ 2a, 80 ff. ArbGG für die Entscheidung über einen Antrag zuständig, mit dem ein Einigungsstellenvorsitzender wegen Besorgnis der Befangenheit abgelehnt wird.

***BAG** 17.11.2010 – 7 ABR 100/09*

Lehnt eine Betriebspartei den Vorsitzenden einer Einigungsstelle wegen Besorgnis der Befangenheit ab, bestimmt sich das weitere Verfahren entsprechend den Vorschriften der ZPO über die Ablehnung von Schiedsrichtern im schiedsgerichtlichen Verfahren.

Über die Ablehnung befindet die Einigungsstelle. Der Vorsitzende ist der Teilnahme an der Beschlussfassung ausgeschlossen.

***BAG** 11.9.2001 – 1 ABR 5/01*

Weist die Einigungsstelle ein gegen ihren Vorsitzenden gerichtetes Befangenheitsgesuch zurück, kann das Einigungsstellenverfahren in entsprechender Anwendung des § 1037 Abs. 3 Satz 2 ZPO fortgesetzt werden. Über die Fortführung und ggf. den Abschluss des Einigungsstellenverfahrens entscheidet die Einigungsstelle nach freiem Ermessen.

Wird das Einigungsstellenverfahren abgeschlossen und ist deshalb die betroffene Partei gehindert, eine Überprüfung ihres Ablehnungsgesuchs durch ein staatliches Gericht entsprechend § 1037 Abs. 2 ZPO zu erlangen, ist über das Vorliegen von Befangenheitsgründen ausnahmsweise im Verfahren über die Anfechtung des Einigungsstellenspruchs zu befinden.

***BAG** 11.9.2001 – 1 ABR 5/01 = NZA 2002, 572*

Einen Befangenheitsantrag gegen den Vorsitzenden der betrieblichen Einigungsstelle können nur die Betriebsparteien selbst und nicht in ihrer Vertretung die in die Einigungsstelle entsandten Beisitzer stellen.

Die Anfechtung eines Einigungsstellen-Spruchs kann nicht darauf gestützt werden, die Einigungsstelle hätte vor ihrer Sachentscheidung Aufklärungsanträge bescheiden müssen, die eine Betriebspartei oder ein Beisitzer zuvor gestellt hat.

***BAG** 29.01.2002 – 1 ABR 18/01*

3. Beisitzer der Einigungsstelle

Betriebsverfassungsrechtliche Unterlassungspflichten des Betriebsrats kann der Arbeitgeber nicht im Wege von Unterlassungsanträgen gerichtlich durchsetzen, sondern lediglich mit entsprechenden Feststellungsanträgen feststellen lassen.

Das Gebot effektiven Rechtsschutzes rechtfertigt unter den Voraussetzungen des § 940 ZPO im Beschlussverfahren auf Antrag des Arbeitgebers den Erlass einer Feststellungsverfügung gegen den Betriebsrat.

Anders als für den Vorsitzenden einer Einigungsstelle gilt für den Beisitzer nicht das Gebot der Unparteilichkeit.

Der Grundsatz der vertrauensvollen Zusammenarbeit verpflichtet die Betriebsparteien, keine Einigungsstellenbeisitzer zu benennen, die hinsichtlich ihrer Kenntnisse und Erfahrungen offensichtlich ungeeignet sind, über die der Einigungsstelle zugrunde liegende Regelungsmaterie zu entscheiden. Gleiches gilt, wenn die Person in der Einigungsstelle ihre Funktion aus anderen Gründen offenkundig nicht ordnungsgemäß ausüben kann. Dabei geht es nicht darum, einzelne Verhaltensweisen der Person in der Vergangenheit zu sanktionieren. Maßstab ist auch nicht, ob Gründe für eine außerordentliche Kündigung des Arbeitsverhältnisses oder den Ausschluss aus dem Betriebsrat vorliegen.

***BAG** 28.5.2014 – 7 ABR 36/12*

Mitglieder der Einigungsstelle nach § 76 BetrVG haben nur dann einen Vergütungsanspruch aus § 76 a Abs. 3 BetrVG, wenn sie rechtswirksam bestellt worden sind. Bei einem vom Betriebsrat bestellten Beisitzer setzt dies einen wirksamen Betriebsratsbeschluss voraus.

***BAG** 19.8.1992 – 7 ABR 58/91*

Bei der Auswahl der von ihm zu benennenden Mitglieder einer Einigungsstelle muss der Betriebsrat nicht prüfen, ob die Benennung eines oder mehreren betriebsfremder Beisitzer erforderlich ist.

***BAG** 24.4.1996 – 7 ABR 40/95*

Wie in der Rechtsprechung des Bundesarbeitsgerichts anerkannt ist, sollen die Beisitzer einer Einigungsstelle frei von Weisungen der jeweiligen Betriebspartei mit einem bestimmten Maß innerlicher Unabhängigkeit bei der Schlichtung eines Regelungsstreits mitwirken.

Die betriebsverfassungsrechtliche Konzeption der Einigungsstelle geht davon aus, dass die Mitglieder einer Einigungsstelle die streitigen Regelungsfragen unabhängig von festgelegten Verhandlungspositionen der Betriebsparteien und mit einer gewissen Distanz dazu beraten und entscheiden können.

Im Gegensatz dazu ist der **anwaltliche Verfahrensbevollmächtigte vor der Einigungsstelle** an Weisungen des Betriebsrats gebunden und nur im Rahmen seiner Vertretungsmacht handlungsfähig. Er ist ausschließlich seinen Mandanten gegenüber verpflichtet und braucht auf gegnerische Belange keine Rücksichten zu nehmen. Die Behandlung schwieriger Rechtsfragen der Regelungsmaterie eines Einigungsstellenverfahrens begründet auf Seiten des Betriebsrats die Notwendigkeit anwaltlicher Vertretung. Diese Aufgabe hat ein Beisitzer der Einigungsstelle nicht wahrzunehmen.

***BAG** 18.1.1994 – 1 ABR 43/93; **BAG** 27.6.1995 – 1 ABR 3/95;*
***BAG** 14.2.1996 – 7 ABR 25/95*

Die Befugnis von Arbeitgeber und Betriebsrat zur Bestellung von Beisitzern einer Einigungsstelle ist nicht auf einen bestimmten Personenkreis beschränkt.

Ein Betriebsrat ist befugt, auch betriebsfremde Personen als Beisitzer zu bestellen, die nur bereit sind, gegen ein Honorar tätig zu werden, wenn er andere Personen, die sein Vertrauen genießen, nicht findet.

***BAG** 14.1.1983 – 6 AZR 67/79*

Die Wahrnehmung des Amtes als Beisitzer von Einigungsstellen anderer Betriebe des Arbeitgebers ist grundsätzlich nicht geeignet, einen wichtigen Grund i.S.d. § 626 Abs. 1 BGB zur außerordentlichen Kündigung des Arbeitsverhältnisses eines Betriebsratsmitglieds darzustellen. Dieses verletzt durch eine solche Beisitzertätigkeit für sich genommen nicht seine arbeitsvertragliche Pflicht zur Rücksichtnahme nach § 241 Abs. 2 BGB.

Die vom Betriebsrat bestellten Beisitzer vertreten die Interessen der von dem Regelungsgegenstand der Einigungsstelle betroffenen Arbeitnehmer nicht mangels Loyalität gegenüber der Arbeitgeberseite, sondern aufgrund der ihnen vom Gesetz zugewiesenen Rolle. Sie sind nach § 76 Abs. 5 S.3 BetrVG überdies verpflichtet, ihre Entscheidung unter angemessener Berücksichtigung nicht nur der Interessen der betroffenen Arbeitnehmer, sondern auch der betrieblichen Belange und nach billigem Ermessen zu treffen.

Ein Arbeitnehmer, der mit der Ausübung einer Nebentätigkeit, durch die betriebliche Interessen nicht beeinträchtigt werden, nicht bis zu einer gerichtlichen Entscheidung über ihre Zulässigkeit abwartet, handelt unter Berücksichtigung seiner Grundrechte aus Art. 12 Abs. 1 GG und Art. 2 Abs. 1 GG selbst dann nicht pflichtwidrig, wenn arbeitsvertraglich ein Erlaubnisvorbehalt vereinbart ist. Sinn und Zweck eines solchen Vorbehalts ist es, den Arbeitgeber durch die Anzeige beabsichtigter Nebentätigkeiten in die Lage zu versetzen, vor deren Aufnahme zu prüfen, ob durch sie betriebliche Belange beeinträchtigt werden. Das Interesse, den Arbeitnehmer auch dann von der Ausübung einer – angezeigten – Nebentätigkeit abzuhalten, wenn er bei objektiver Betrachtung einen Anspruch auf ihre Erlaubnis hat, ist dagegen nicht schutzwürdig.

***BAG** 13.5.2015 – 2 ABR 38/14*

3.1. Anzahl der Beisitzer

Das Arbeitsgericht hat im Verfahren nach § 98 ArbGG die **Zahl der Beisitzer** nicht nur dann zu bestimmen, wenn die Beteiligten sich darüber nicht geeinigt haben, sondern auch dann, wenn unter ihnen darüber Streit besteht, ob eine Einigung über die Zahl der Beisitzer erzielt worden ist.

Bei der Bestimmung der **Zahl der Beisitzer** ist das Arbeitsgericht an Anträge der Beteiligten hinsichtlich einer bestimmten Zahl von Beisitzern ebenso wenig wie an Anträge hinsichtlich der Person des zu bestellenden Vorsitzenden gebunden.

***LAG** Hamm 6.12.1976 – 3 TaBV 65/*

Als Regelbesetzung der Einigungsstelle gilt eine Zahl von jeweils **zwei Beisitzern**, die von dem Arbeitgeber und dem Betriebsrat zu bestellen sind. Von dieser Zahl kann in besonders einfach gelagerten Fällen nach unten und in besonders schwierig gelagerten Fällen nach oben abgewichen werden.

Das Arbeitsgericht darf nur über die Zahl der Beisitzer entscheiden. Eine weitere Entscheidung, die die Auswahl der Beisitzer betrifft und die Betriebsparteien bindet, ist ihm verwehrt.

***LAG** Hamm 8.4.1987 – 12 TaBV 17/87 = DB 1987, 1441 = NZA 1988, 210*

Die Anzahl der Beisitzer einer Einigungsstelle ist in **keinem Fall auf weniger als zwei Beisitzer** pro Seite festzusetzen.

***LAG** Schleswig-Holstein 4.2.1997 – 1 TaBV 3/97 = BB 1997, 1414*

4. Das Verfahren vor der Einigungsstelle

Das Verfahren vor der Einigungsstelle dient dazu, die regelungsbedürftige Angelegenheit im Rahmen der gestellten Anträge vollständig zu lösen. Ein Einigungsstellenspruch ist daher unwirksam, wenn die Einigungsstelle ihrem Regelungsauftrag nicht ausreichend nachkommt und keine abschließende Regelung trifft.

***BAG** 11.2.2014 – 1 ABR 72/12*

Bei der Beschlussfassung hat sich der Vorsitzende der Einigungsstelle zunächst der Stimme zu enthalten. Kommt eine Stimmenmehrheit nicht zustande, nimmt er gem. § 76 Abs. 3 Satz 3 BetrVG nach weiterer Beratung an der erneuten Beschlussfassung teil. Die zweite Abstimmung hat gem. § 76 Abs. 3 Satz 3 BetrVG über dieselbe Vorlage wie die erste zu erfolgen. Nur so wird sichergestellt, dass der vom Gesetz angestrebte Vorrang einer einvernehmlichen Einigung der Betriebsparteien erreicht werden kann.

***BAG** 14.09.2010 – 1 ABR 30/09*

Das Verfahren vor der Einigungsstelle wird im BetrVG nur unvollkommen geregelt. § 76 Abs. 3 BetrVG schreibt lediglich die mündliche Beratung, die Abstimmung durch den Spruchkörper, den Abstimmungsmodus und die Niederlegung sowie Zuleitung der Beschlüsse vor. Von der in § 76 Abs. 4 BetrVG vorgesehenen Möglichkeit, die weiteren Einzelheiten in einer Betriebsvereinbarung zu regeln, haben die Beteiligten keinen Gebrauch gemacht. Damit gewährt das Einigungsstellenverfahren im Interesse einer effektiven Schlichtung den Betriebspartnern und der Einigungsstelle einen Freiraum, der jedoch nicht unbeschränkt ist, sondern durch allgemein anerkannte, elementare Verfahrensgrundsätze begrenzt ist. Diese Grundsätze sind einerseits aus dem Rechtsstaatsgebot des Grundgesetzes (Art. 20 Abs. 1 und 3, Art. 28 Abs. 1) und andererseits auch aus der Funktion der Einigungsstelle als eines Organs, das normative Regelung erzeugt, abzuleiten. Dazu gehört insbesondere, dass klar sein muss, was Gegenstand der Beschlussfassung durch den Spruchkörper war, d. h. welche Regelung die Einigungsstelle mit Stimmenmehrheit angenommen oder abgelehnt hat.

***BAG** 18.4.1989 – 1 ABR 2/88*

Beisitzer einer Einigungsstelle sind in dieser Funktion keine Vertreter des Arbeitgebers oder des Betriebsrats. Sie üben ihr Amt höchstpersönlich aus. Daher können sie für ihre Tätigkeit in der Einigungsstelle keine Verfahrensvollmacht erteilen.
Werden **Ort** und **Zeit** einer **Sitzung** der Einigungsstelle nicht zwischen allen Mitgliedern abgesprochen, so hat der Vorsitzende für die Einladung der Beisitzer zu sorgen. Bedient er sich dazu einzelner Beisitzer und leiten diese die Einladung nicht weiter, so fehlt es an einer ordnungsgemäßen Einladung. Zwar kann vereinbart werden, dass ein Beisitzer als Ladungsbevollmächtigter eines anderen Beisitzers gelten soll, eine solche Ausnahmeregelung ist jedoch im Zweifel nicht anzunehmen.
Haben nicht alle Beisitzer an der Sitzung der Einigungsstelle teilgenommen, weil sie nicht ordnungsgemäß eingeladen wurden, und ergeht dennoch ein Einigungsstellenspruch, so ist dieser unwirksam.

***BAG** 27.6.1995 – 1 ABR 3/95*

Zu den Verfahrensgrundsätzen, die die Einigungsstelle zu beachten hat, gehört die **Gewährung des rechtlichen Gehörs**. Dieses bezieht sich aber nur auf die Mitglieder der Einigungsstelle. Die Zurückweisung eines **Antrags auf Vertagung** zu dem Zweck, Rücksprache mit der Betriebspartei (hier dem Gesamtbetriebsrat) zu nehmen, verletzt nicht den Anspruch auf rechtliches Gehör der Mitglieder der Einigungsstelle.

***BAG** 11.2.1992 – 1 ABR 51/91*

Der Vorsitzende einer Einigungsstelle kann von den Beteiligten **wegen Besorgnis der Befangenheit abgelehnt werden** (§ 1032 Abs. 1 ZPO analog). Das Ablehnungsrecht verliert, wer sich auf die Verhandlung der Einigungsstelle rügelos einlässt, obwohl ihm die Ablehnungsgründe bekannt sind (§ 43 ZPO analog).

***BAG** 9.5.1995 – 1 ABR 56/94; **LAG** Köln 23.1.1997 – 6 TaBV 48/96*

Über die Erforderlichkeit der Hinzuziehung eines **anwaltlichen Verfahrensbevollmächtigten vor der Einigungsstelle** entscheidet der Betriebsrat nach **pflichtgemäßem Ermessen**. Dabei ist in erster Linie maßgebend, ob zwischen den Betriebsparteien **schwierige Rechtsfragen** streitig sind. Ist dies der Fall, so braucht sich der Betriebsrat nicht darauf zu verweisen zu lassen, seine Interessen durch einen von ihm benannten betriebsfremden anwaltlichen Beisitzer wahrnehmen zu lassen.
Dagegen darf der Betriebsrat bei der Prüfung der Erforderlichkeit seiner anwaltlichen Vertretung vor der Einigungsstelle das Gebühreninteresse des Rechtsanwalts auch dann nicht berücksichtigen, wenn der Rechtsanwalt den Betriebsrat vor Durchführung des Einigungsstellenverfahrens beraten hat.
Die Höhe des anwaltlichen Honorars bei einer Tätigkeit als Bevollmächtigter **vor der Einigungsstelle** ist aus § 65 BRAGO zu ermitteln. Danach erhält der Anwalt eine volle Gebühr in Verfahren vor sonstigen gesetzlichen Einigungsstellen, die sich bei einer Einigung der Parteien um eine weitere Gebühr erhöht (§ 65 Abs. 1 Nr. 4, § 65 Abs. 2 BRAGO).
Die Ermittlung des Gegenstandswertes der anwaltlichen Tätigkeit im Einigungsstellenverfahren erfolgt nach § 8 Abs. 2 Satz 2 BRAGO. Ist zwischen den Betriebsparteien das Volumen eines Sozialplans umstritten und verhandeln die Betriebsparteien ausschließlich hierüber, errechnet sich der Gegenstandswert nach § 8 Abs. 2 Satz 2 BRAGO aus der Differenz des jeweils vorgeschlagenen Sozialplanvolumens
Der **Freistellungsanspruch** des Betriebsrats hinsichtlich der Kosten anwaltlicher Vertretung **vor der Einigungsstelle** ist der Höhe nach nicht auf den Honoraranspruch eines außerbetrieblichen Beisitzers nach § 76 a Abs. 3 BetrVG begrenzt. Diese Ansicht findet im Betriebsverfassungsgesetz keine Stütze. Die Kostentragungspflicht des Arbeitgebers wird nur durch die Grundsätze der Erforderlichkeit und Verhältnismäßigkeit beschränkt; weiteren Begrenzungen unterliegt sie nicht.

***BAG** 14.2.1996 – 7 ABR 25/95*

Der Betriebsrat ist berechtigt, einen **Rechtsanwalt** seines Vertrauens mit der Wahrnehmung seiner Interessen **vor der Einigungsstelle** zu beauftragen, wenn der Regelungsgegenstand der Einigungsstelle schwierige Rechtsfragen aufwirft, die zwischen den Betriebsparteien umstritten sind, und kein Betriebsratsmitglied über den zur sachgerechten Interessenwahrnehmung notwendigen juristischen Sachverstand verfügt.

Für die Frage der Hinzuziehung eines Rechtsanwalts als Verfahrensbevollmächtigten des Betriebsrats vor der Einigungsstelle ist es rechtlich unbeachtlich, ob der Vorsitzende der Einigungsstelle die schriftliche Vorbereitung und die Darlegung der Standpunkte der Beteiligten vor der Einigungsstelle verlangt hat.

Der Betriebsrat ist berechtigt, einem Rechtsanwalt für die Wahrnehmung seiner Interessen vor der Einigungsstelle ein **Honorar** in Höhe der Vergütung eines betriebsfremden Beisitzers zuzusagen, wenn **der von ihm ausgewählte Rechtsanwalt seines Vertrauens nur gegen eine derartige Honorarzahlung zur Mandatsübernahme bereit ist**, und sich das Erfordernis einer derartigen Honorarvereinbarung daraus ergibt, dass der Gegenstandswert der anwaltlichen Tätigkeit nach billigem Ermessen zu bestimmen wäre.

***BAG** 21.6.1989 – 7 ABR 78/87*

Die Einigungsstelle ist nicht an **Anträge** gebunden. Sie kann den Antrag einer Seite zum Inhalt ihres Spruchs machen, jedoch auch eine von den Anträgen beider Seiten abweichende Lösung des Konflikts beschließen. Die Einigungsstelle ist zu diesem Vorgehen sogar verpflichtet, um den Verfahrensgegenstand auszuschöpfen.

Die Einigungsstelle entscheidet allerdings nicht von Amts wegen, sondern nur auf einen begründeten Antrag hin.

Dabei darf sie jedoch eine Angelegenheit nur insoweit regeln, als diese unter den Betriebspartnern streitig ist und die Regelungsstreitigkeit in den „Anträgen" Ausdruck findet. Dabei dient der Antrag im Einigungsstellenverfahren vornehmlich dazu, dieses einzuleiten und seinen Gegenstand zu bestimmen und zu umreißen.

***BAG** 30.1.1990 – 1 ABR 2/89; **BAG** 27.10.1992 – 1 ABR 4/92*

Eine Einigungsstelle, die in einer mitbestimmungspflichtigen Angelegenheit nach § 87 BetrVG tätig wird, ist verpflichtet, den Konflikt im Rahmen der gestellten Anträge vollständig zu lösen. Ein Spruch, der keine Regelung über den streitigen Gegenstand trifft, sondern dem Arbeitgeber aufgibt, dem Betriebsrat eine Betriebsvereinbarung vorzulegen, die sich nach bestimmten, von der Mehrheit der Einigungsstelle für richtig gehaltenen Grundsätzen richtet und der im Nichteinigungsfall eine Fortsetzung des Einigungsstellenverfahrens anordnet, ist unwirksam.

Wird in einem Tarifvertrag festgelegt, dass auf 38,5 Stunden Arbeitszeit bis zu 6 Stunden Regenerationszeiten angerechnet werden, muss diese tarifvertragliche Regelung von der Einigungsstelle beachtet werden. Ein Spruch, der vorschreibt, dass Pausen nach dem Arbeitszeitgesetz so zu legen sind, dass sie zur Hälfte mit Regenerationszeiten zusammenfallen, verstößt in diesem Fall gegen § 87 Abs. 1 Satz 1 BetrVG.

***LAG** Bremen 26.10.1998 – 4 TaBV 4/98 = NZA RR 1999, 86*

Treten in einem Einigungsstellenverfahren außer den Mitgliedern der Einigungsstelle auch so genannte **Verfahrensbevollmächtigte** auf, so dürfen diese während der abschließenden Beratung und Abstimmung der Einigungsstelle nicht zugegen sein.

Die Anwesenheit von Nichtmitgliedern der Einigungsstelle bei der abschließenden Beratung und Abstimmung verstößt gegen elementare Verfahrensgrundsätze, so dass ein auf diese Weise zustande gekommener Spruch unwirksam ist.

***BAG** 18.1.1994 – 1 ABR 43/93*

Das **Regelungsermessen** der Einigungsstelle wird durch den Zweck des jeweiligen Mitbestimmungsrechts bestimmt. Dem Zweck dieses Mitbestimmungsrechts muss der Spruch Rechnung tragen. Die getroffene Regelung muss sich als Wahrnehmung dieses Mitbestimmungsrechts darstellen.

Auch mit dem Unterlassen einer eigenen Ermessensentscheidung überschreitet die Einigungsstelle die Grenzen ihres Ermessens.

Nicht jede Regelung, die die Betriebspartner einvernehmlich treffen können, kann auch Inhalt des Spruchs einer Einigungsstelle sein. Die Einigungsstelle als im Verhältnis zu den Betriebspartnern „Dritter" muss bei der von ihr zu treffenden Regelung noch von dem jeweiligen Mitbestimmungsrecht des Betriebsrats einen angemessenen Gebrauch machen. Sie darf dieses Mitbestimmungsrecht nicht ignorieren oder ausschließen.

***BAG** 17.10.1989 – 1 ABR 31/87*

Eine Einigungsstelle hat den ihr übertragenen Regelungsgegenstand grundsätzlich vollständig und abschließend zu lösen. Sie kann aber dem Umstand Rechnung tragen, dass künftig auftretende Einzelfälle jeweils nach eine Würdigung der konkreten Umstände verlangen. Daher kann es sachgerecht sein, durch einen Einigungsstellenspruch die maßgeblichen Grundsätze abstrakt generell festzulegen, die unter ihrer Beachtung vorzunehmende Regelung des konkreten Einzelfalls aber den Betriebsparteien sowie im Streitfall einer erneut zu bildenden Einigungsstelle vorzubehalten.

Durch Spruch der Einigungsstelle kann nicht die Besetzung einer ständigen oder einer künftig für bestimmte Gegenstände zuständigen Einigungsstelle festgelegt werden,

Die Unwirksamkeit einzelner Bestimmungen eines Einigungsstellenspruchs führt nicht zur Gesamtnichtigkeit, wenn der verbleibende Teil noch eine in sich geschlossene und sinnvolle Regelung darstellt.

***BAG** 26.8.2008 – 1 ABR 16/07*

Ein Spruch der Einigungsstelle muss in seiner Gesamtheit von der Mehrheit der Einigungsstellenmitglieder getragen sein. Dass seine Einzelbestimmung mit – möglicherweise unterschiedlichen – Mehrheiten beschlossen worden sind, reicht nicht aus. Dass der Spruch der Einigungsstelle in seiner Gesamtheit von der Mehrheit der Einigungsstellenmitglieder getragen wird, kann sich aus einer förmlichen Schlussabstimmung, aber auch ohne eine solche aus den näheren Umständen des Einzelfalles ergeben.

***BAG** 18.4.1989 – 1 ABR 2/88*

Die Stimmenmehrheit richtet sich nach der Zahl der erschienenen Mitglieder; die nicht erschienenen Mitglieder werden bei der Ermittlung der Stimmenmehrheit nicht berücksichtigt.

Anders als bei der – äußerst streitigen – im Gesetz nicht geregelten Frage, wie die Stimmenthaltung anwesender Mitglieder zu werten sei, hat der Gesetzgeber in **§ 76 Abs. 5 Satz 2 BetrVG für den Fall des Ausbleibens der von einer Seite genannten Mitglieder** eine ausdrückliche Regelung getroffen. Es entscheiden nämlich hiernach der Vorsitzende und die erschienenen Mitglieder nach Maßgabe des Abs. 3, wonach sich die zu ermittelnde Stimmenmehrheit **nur auf die Stimmen der Erschienenen** bezieht. Wäre nämlich trotz Abwesenheit der Mitglieder der einen Seite eine Stimmenmehrheit sämtlicher Beisitzer erforderlich, so wäre die erste Abstimmung reine Förmelei, da mit ihr eine Mehrheit nie erreicht werden könnte, es sei denn, man wertete die Abwesenheit als solche bereits als Nein-Stimme; dies aber widerspräche dem Gesetzeswortlaut, wonach die erschienenen Mitglieder allein, die nicht erschienenen Mitglieder also gerade nicht entscheiden.

***LAG** Baden-Württemberg 7.11.1989 – 8 TaBV 2/89 = DB 1990, 534 = NZA 1990, 282*

Jedenfalls in den Fällen, in denen der Spruch einer Einigungsstelle die Einigung der Betriebspartner ersetzt, zählen **Stimmenthaltungen** von Mitgliedern der Einigungsstelle nicht als Nein-Stimmen. Der Spruch der Einigungsstelle ist auch im ersten Abstimmungsgang mit Stimmenmehrheit beschlossen, wenn die Zahl der Ja-Stimmen größer ist als die der Nein-Stimmen.

***BAG** 17.9.1991 – 1 ABR 23/91*

Ergibt sich bei der ersten Beschlussfassung, bei der sich der Vorsitzende der Stimme enthält, keine Mehrheit, hat der Vorsitzende an der erneuten Beschlussfassung teilzunehmen. § 76 Abs. 3 Satz 2 BetrVG sieht diese zwar erst nach weiterer Beratung vor. Wenn sämtliche Mitglieder der Einigungsstelle keine weitere Verhandlung und Beratung wünschen, ist die Abstimmung unter Teilnahme des Vorsitzenden ohne erneute Beratung aber unschädlich.

***BAG** 30.1.1990 – 1 ABR 2/89*

Das Fehlen einer schriftlichen Begründung führt nicht zur Unwirksamkeit des Spruchs der Einigungsstelle.

***BAG** 30.10.1979 – 1 ABR 112/77; **BAG** 30.1.1990 – 1 ABR 2/89*

Ein Spruch der Einigungsstelle im Verfahren nach § 76 Abs. 6 BetrVG kann das Rechtsverhältnis der Betriebsparteien in der zu regelnden Angelegenheit nur dann verbindlich ausgestalten, wenn diese sich dem Spruch vorher unterworfen oder ihn nachträglich angenommen haben. Dies gilt nicht nur, wenn die Einigungsstelle eine Regelung über einen Gegenstand der freiwilligen Mitbestimmung (§ 88 BetrVG) treffen soll, sondern auch, wenn sie nach dem ausdrücklich erklärten Willen der Betriebsparteien eine teilmitbestimmte Angelegenheit regeln und sich damit bei der Erfüllung ihres Regelungsauftrags gerade nicht im gesetzlich mitbestimmungspflichtigen Rahmen halten soll.

Die vom Vorsitzenden des Betriebsrats erklärte Unterwerfung unter einen Einigungsstellenspruch i.S.v. § 76 Abs. 6 Satz 2 BetrVG erfordert für ihre Wirksamkeit einen vorherigen Betriebsratsbeschluss.

Das in § 76 Abs. 6 BetrVG geregelte Einigungsstellenverfahren ermöglicht den Betriebsparteien, in den Gegenständen der freiwilligen Mitbestimmung (§ 88 BetrVG) ihre Einigung durch einen Spruch der Einigungsstelle zu ersetzen. Das freiwillige Einigungsstellenverfahren unterscheidet sich hinsichtlich der Regelungskompetenz der Einigungsstelle, der Art und Weise ihrer Errichtung, der Durchführung des Verfahrens – insbesondere der Voraussetzungen für eine etwaige einseitige Beschlussfassung – und der Wirkungsweise eines von der Einigungsstelle gefassten Spruchs von dem in § 76 Abs. 5 BetrVG für die Gegenstände der erzwingbaren Mitbestimmung vorgesehenen Einigungsstellenverfahren (Rn. 24 ff.).

***BAG** 11.12.2018 – 1 ABR 17/17*

Die Betriebspartner können nach § 76 Abs. 6 BetrVG vereinbaren, dass eine Einigungsstelle die Rechtsfrage, welchen Inhalt eine abgeschlossene Betriebsvereinbarung gegenwärtig hat, entscheiden soll. Diese Vereinbarung verpflichtet die Betriebspartner, zunächst die Entscheidung der Einigungsstelle über diese Rechtsfrage herbeizuführen, bevor sie die Gerichte für Arbeitssachen anrufen. Ein Antrag auf Feststellung des Inhalts einer Betriebsvereinbarung ist unzulässig, solange das vereinbarte Einigungsstellenverfahren nicht durchgeführt worden ist.

Eine Vereinbarung, dass eine solche Entscheidung der Einigungsstelle verbindlich sein soll, stellt eine nach § 4 ArbGG unzulässige Vereinbarung eines Schiedsgerichts dar.

***BAG** 20.11.1990 – 1 ABR 45/89*

Die Betriebspartner können in einem Sozialplan nicht vereinbaren, dass Meinungsverschiedenheiten zwischen Arbeitgeber und Arbeitnehmern aus der Anwendung des Sozialplans durch einen verbindlichen Spruch einer Einigungsstelle entschieden werden sollen. Eine solche Vereinbarung stellt eine unzulässige Schiedsabrede dar.

***BAG** 27.10.1987 – 1 AZR 80/86*

§ 112 Abs. 5 Satz 2 Nr. 2 Satz 2 BetrVG verbietet in der Regel die Zuerkennung von Abfindungsansprüchen an Arbeitnehmer, die einen angebotenen zumutbaren Arbeitsplatz ablehnen, bestimmt aber nicht, dass Arbeitnehmern eine Abfindung zuerkannt werden muss, wenn sie einen angebotenen anderen, ihnen unzumutbaren Arbeitsplatz ablehnen.

Es ist vom Regelungsermessen der Einigungsstelle gedeckt, wenn sie abschließend regelt, unter welchen persönlichen Voraussetzungen Arbeitnehmer einen nach Art der Tätigkeit entsprechenden und in der Vergütung möglichst gleichwertigen Arbeitsplatz ablehnen können, ohne den Anspruch auf eine Abfindung zu verlieren. Die Einigungsstelle ist nicht gehalten, die Voraussetzungen für die Ablehnung eines Arbeitsplatzangebots als unzumutbar generalklauselartig zu umschreiben.

***BAG** 28.9.1988 – 1 AZR 23/87*

Der Spruch einer Einigungsstelle genügt dem Schriftformerfordernis des § 76 Abs. 3 Satz 4 BetrVG nur dann, wenn in seinen Regelungen klar und zweifelsfrei auf ein weder vom Einigungsstellenvorsitzenden unterzeichnetes oder paraphiertes noch körperlich mit dem Spruch verbundenes Schriftstück verwiesen wird, sofern dieses eindeutig nur in einer Fassung existiert (Rn. 17).

Der Zweck des in § 76 Abs. 3 Satz 4 BetrVG verankerten Zuleitungsgebots – den Betriebsparteien rechtssicher Kenntnis vom Inhalt des ihre Einigung ersetzenden Einigungsstellenspruchs zu verschaffen – gebietet es, ihnen alle Bestandteile des Spruchs zuzuleiten, wenn seine Regelungen in mehreren Schriftstücken niedergelegt sind. Ein Verstoß hiergegen hat die Unwirksamkeit des Spruchs zur Folge (Rn. 21 f.).

Eine nachträgliche Heilung von Verstößen gegen das Schriftform- und Zuleitungsgebot des § 76 Abs. 3 Satz 4 BetrVG ist nicht möglich, da das Einigungsstellenverfahren mit Zugang des mit Zuleitungswillen übermittelten Einigungsstellenspruchs abgeschlossen ist (Rn. 24).

***BAG** 13.8.2019 – 1 ABR 6/18*

Ein den Betriebsparteien in Form einer pdf-Datei übermittelter Einigungsstellenspruch genügt den Anforderungen des § 76 Abs. 3 Satz 4 BetrVG auch dann nicht, wenn sich die Unterschrift des Einigungsstellenvorsitzenden darin in eingescannter Form befindet.

Der Einigungsstellenvorsitzende kann einen den Betriebsparteien zugeleiteten Einigungsstellenspruch nicht durch eine inhaltlich von ihm veränderte Spruchfassung ersetzen. Dabei kann offenbleiben, ob der für die **Berichtigung** von Schiedssprüchen in schiedsrichterlichen Verfahren geltende § 1058 ZPO analog angewendet werden kann. Auch wenn man hiervon ausginge, wäre der Vorsitzende der Einigungsstelle nicht allein befugt, einen zugeleiteten Spruch zu berichtigen, da nach § 1058 Abs. 3 ZPO über einen Berichtigungsantrag das Schiedsgericht entscheidet. Bei einer entsprechenden Anwendung des § 1058 ZPO müsste daher über den Berichtigungsantrag die Einigungsstelle und nicht deren Vorsitzender alleine befinden.

Entsprechendes gilt für die analoge Anwendung des § 319 ZPO. Dem steht nicht entgegen, dass im arbeitsgerichtlichen Verfahren erster und zweiter Instanz die Urteilsberichtigung durch den Vorsitzenden allein erfolgt. Dies beruht auf der besonderen Verfahrensvorschrift des § 53 Abs. 1 Satz 1 ArbGG, die nach § 64 Abs. 7 ArbGG auch im Berufungsverfahren gilt. Die Rechtsstellung des Kammervorsitzenden und der ehrenamtlichen Richter einerseits und die des Vorsitzenden einer Einigungsstelle und deren Beisitzer andererseits sind jedoch nicht vergleichbar.

***BAG** 10.12.2013 – 1 ABR 45/12*

Der Einigungsstellenvorsitzende muss den Betriebsparteien ein von ihm unterzeichnetes Schriftstück, das den Spruch beinhaltet, zuleiten. Fehlt es hieran, ist der von der Einigungsstelle zuvor beschlossene Spruch unwirksam.

Maßgeblich für die Beurteilung der Formwirksamkeit ist regelmäßig der Zeitpunkt, in dem der Einigungsstellenvorsitzende den Betriebsparteien den Spruch mit der Absicht der Zuleitung i.S.d. § 76 Abs. 3 Satz 4 BetrVG übermittelt hat. Die erstmalige Zuleitung eines unterzeichneten Einigungsstellenspruchs während des Rechtsbeschwerdeverfahrens vermag den Formmangel daher nicht zu heilen.

***BAG** 5.10.2010 – 1 ABR 31/09*

Muster: Antrag auf Bestellung eines Einigungsstellenvorsitzenden

Anträge:

1. *Die Direktorin des Arbeitsgerichts ..., Vorname, Familienname wird zur Vorsitzenden einer Einigungsstelle mit dem Regelungsgegenstand (z. B. fünf Sonderschichten in den Monaten Mai und Juni 2013 jeweils samstags von 8.00 bis 13.00 Uhr für die Abteilung Endabnahme im Betrieb Leipzig) bestellt.*
2. *Die Zahl der von jeder Seite zu benennenden Beisitzer wird auf zwei festgesetzt.*

Begründung:

Der Antragsteller ist Betriebsrat im Betrieb Leipzig der Antragsgegnerin. Antragsteller und Antragsgegnerin streiten ... (hier streitigen Sachverhalt darstellen!).

Es besteht bei vorstehend geschildertem Sachverhalt ein Mitbestimmungsrecht des Betriebsrats nach § 87 Abs. 1 Nr. 3 BetrVG. Die Verhandlungen sind gescheitert, so dass die Errichtung einer Einigungsstelle erforderlich ist. Die Beteiligten haben keine Einigung betreffend die Person des Einigungsstellenvorsitzenden und die Anzahl von beiden Seiten zu stellenden Beisitzer erzielt.

(Falls von der Gegenseite die Zuständigkeit der Einigungsstelle bestritten wird:

Die Antragsgegnerin bestreitet ein Mitbestimmungsrecht des Betriebsrats. Die Einigungsstelle ist aber nicht offensichtlich unzuständig. Dies ergibt sich aus ...).

Beschlüsse der Einigungsstelle, mit denen diese ihre Zuständigkeit bejaht oder verneint, begründen kein Rechtsverhältnis zwischen Arbeitgeber und Betriebsrat; für einen auf die bloße Feststellung ihrer Unwirksamkeit gerichteten Antrag fehlt es deshalb regelmäßig an den Voraussetzungen des § 256 Abs. 1 ZPO.

Wird gerichtlich festgestellt, dass ein Mitbestimmungsrecht des Betriebsrats besteht, muss die Einigungsstelle, die sich für unzuständig erklärt hat, ihr Verfahren wieder aufnehmen und eine Sachregelung treffen.

***BAG** 10.12.2002 – 1 ABR 27/01*

Die Einigungsstelle ist auch auf Antrag einer der Betriebsparteien nicht verpflichtet, über ihre Zuständigkeit gesondert und vorab zu entscheiden, wenn sie diese für gegeben hält.

***BAG** 28.5.2002 – 1 ABR 37/01 = NZA 2003, 171*

Arbeitgeber und Betriebsrat können vereinbaren, dass für auftretende Meinungsverschiedenheiten über die Auslegung und die Anwendung einer Betriebsvereinbarung zunächst ein innerbetriebliches Schlichtungsverfahren durchzuführen ist und erst nach dessen Scheitern ein Beschlussverfahren eingeleitet werden kann. Ein ohne Beachtung eines solchen obligatorischen Schlichtungsverfahrens erhobener Antrag ist von den Arbeitsgerichten als unzulässig abzuweisen.

Die zivilprozessualen Vorschriften über das schiedsrichterliche Verfahren und den dort bestimmten Ausschluss des Rechtswegs zu den staatlichen Gerichten (§ 1029 Abs. 1, § 1032 Abs. 1 ZPO) sind auf eine zwischen Arbeitgeber und Betriebsrat getroffene Vereinbarung über ein obligatorisches innerbetriebliches Schlichtungsverfahren nicht anzuwenden.

***BAG** 11.2.2014 – 1 ABR 76/12*

Sprüche einer tariflichen Schlichtungsstelle nach § 76 Abs. 8 BetrVG unterliegen der Formvorschrift des § 76 Abs. 3 Satz 4 BetrVG.

§ 76 Abs. 3 Satz 4 BetrVG enthält eine verbindliche Handlungsanleitung für den Vorsitzenden der Einigungsstelle. Die Zuleitung eines zwar schriftlich niedergelegten, aber vom Vorsitzenden nicht unterzeichneten Einigungsstellenspruchs genügt nicht den gesetzlichen Anforderungen. Eine nachträgliche, rückwirkende Heilung der Verletzung des Unterschriftserfordernisses ist nicht möglich.

Bei der Beschlussfassung hat sich der Vorsitzende der Einigungsstelle zunächst der Stimme zu enthalten. Kommt eine Stimmenmehrheit nicht zustande, nimmt er gem. § 76 Abs. 3 Satz 3 BetrVG nach weiterer Beratung an der erneuten Beschlussfassung teil. Die zweite Abstimmung hat gem. § 76 Abs. 3 Satz 3 BetrVG über dieselbe Vorlage wie die erste zu erfolgen. Nur so wird sichergestellt, dass der vom Gesetz angestrebte Vorrang einer einvernehmlichen Einigung der Betriebsparteien erreicht werden kann.

***BAG** 14.9.2010 – 1 ABR 39/09*

Die Entscheidung in einem Bestellungsverfahren nach § 98 ArbGG (§ 100 ArbGG n.F.) entfaltet für die Betriebspartner keine Bindungswirkung in der Frage, ob das vom Betriebsrat in Anspruch genommene Mitbestimmungsrecht besteht oder nicht.

***BAG** 23.3.2016 – 5 AZR 337/15*

Schaubild: Das Verfahren vor der Einigungsstelle

Zwischen BR/GBR/KBR und dem Arbeitgeber (AG) bestehen Meinungsverschiedenheiten (§ 76 Abs. 1 BetrVG) über ein von BR/GBR/KBR behauptetes Mitbestimmungsrecht (MBR)

→ Bei einem bestehenden, bzw. behaupteten MBR wird die Einigungsstelle (ESt) auf Antrag auch nur **einer Seite** tätig (§ 76 Abs. 5 Satz 1 BetrVG)

↓

AG oder BR/GBR/KBR können ESt anrufen; ruft BR die ESt an, müssen in ordnungsgemäß einberufener BR-Sitzung mit vorher bekannt gegebener detaillierter Tagungsordnung, die die nachfolgend zu Ziffern 1 - 8 aufgeführten Beschlüsse wiedergibt, folgende Beschlüsse gefasst werden:

1. Feststellung des Scheiterns der Verhandlungen über konkreten Sachverhalt, der ein MBR des BR auslöst;
2. BR ruft ESt an;
3. Person des ESt-Vorsitzenden ggf. Ersatzvorschlag (vorherige Kontaktaufnahme wegen Bereitschaft zur Übernahme sehr sinnvoll);
4. Anzahl der Beisitzer;
5. Person der Beisitzer (Reihenfolge?);
6. Honorarzusage i.H.v. 7/10 des Honorars des ESt-Vorsitzenden für betriebsfremde Beisitzer, die nicht zur unentgeltlichen Tätigkeit bereit sind (gesetzlicher Vergütungsanspruch nach § 76a BetrVG);
7. ggf. Vertretung **vor** der ESt durch ... (evtl. Honorarregelung);
8. ggf. Einleitung eines arbeitsgerichtlichen Beschlussverfahrens zur Feststellung des Bestehens des behaupteten MBR, wenn Arbeitgeber das Bestehen eines MBR bestreitet

↓

Mitteilung der Beschlüsse an den AG

→ Einigung mit AG über Zahl der Beisitzer und Person des Vorsitzenden

→ Ist Einigung nicht möglich, Einleitung des Bestellungsverfahrens vor dem Arbeitsgericht (§76 Abs. 2 Satz 2, 3 BetrVG, § 98 ArbGG)
Bestellt das ArbG durch seinen Vorsitzenden Richter den Vorsitzenden der ESt:

↓

Verfahren vor der Einigungsstelle wird von Vorsitzendem geführt. Dieser bestimmt Termin u. Ort der Verhandlung mit den

Beisitzern des BR	Beisitzern des AG

→ Erörterung des Streitstoffes; nicht öffentliche Beratung der Beisitzer mit dem Vorsitzenden

↓

1. Abstimmung ohne Vorsitzenden;
   bei Mehrheit = Spruch der ESt;
   keine Mehrheit:

→ erneute nicht öffentliche Beratung mit Vorsitzendem

→ 2. Abstimmung mit Vorsitzendem:
   Spruch der Einigungsstelle:
   - schriftlich niederlegen
   - Unterschrift des ESt-Vorsitzenden
   - Zuleitung des Spruchs an BR und AG

5. Gerichtliche Überprüfung des Einigungsstellenspruchs

Die Beachtung der Grundsätze des Einigungsstellenverfahrens ist erst zu prüfen, soweit die Einigungsstelle eine der Mitbestimmung unterliegende Angelegenheit materiell ausgestaltet, nicht aber, wenn sie sich für unzuständig erklärt.

Beschlüsse der Einigungsstelle, mit denen diese ihre Zuständigkeit bejaht oder verneint, begründen als Entscheidungen über eine Rechtsfrage kein feststellungsfähiges Rechtsverhältnis i.S.d. § 256 Abs. 1 ZPO.

Verfahrensfehler der Einigungsstelle sind erst zu prüfen, soweit sie eine mitbestimmungspflichtige Angelegenheit materiell ausgestaltet, nicht aber, wenn sie (nur) über ihre Zuständigkeit entscheidet.

***BAG** 26.9.2017 – 1 ABR 57/15*

Hinweis für die Praxis:

Für den Betriebsrat bedeutet dies, dass er bereits im Rahmen seiner Antragstellung genau zu beachten hat, welches Ziel er verfolgt. Er muss in Fällen, in welchen die Einigungsstelle ihre Zuständigkeit verneint, regelmäßig im Beschlussverfahren die Feststellung des von ihm begehrten Mitbestimmungsrechts beantragen, siehe die nachfolgende Entscheidung des BAG.

Die Unwirksamkeit eines Spruchs der Einigungsstelle über deren Zuständigkeit oder Unzuständigkeit kann nicht Gegenstand eines Feststellungsantrags sein. Ein solcher Spruch begründet als Entscheidung über eine Rechtsfrage zwischen den Betriebsparteien kein feststellungsfähiges Rechtsverhältnis i.S.v. § 256 Abs. 1 ZPO.

Eine Betriebspartei ist in einer solchen Fallgestaltung gehalten, im Beschlussverfahren einen hinreichend bestimmten Feststellungsantrag gerichtet auf das Bestehen oder Nichtbestehen eines Mitbestimmungsrechts für die betreffende betriebliche Angelegenheit zu stellen.

***BAG** 23.2.2016 – 1 ABR 18/14*

Bei der Frist von zwei Wochen zur Geltendmachung der **Überschreitung des Ermessens** nach § 76 Abs. 5 Satz 4 BetrVG handelt es sich um eine materiell-rechtliche Ausschlussfrist.

Sie wird nicht gewahrt, wenn innerhalb von zwei Wochen beim Arbeitsgericht die Feststellung der Unwirksamkeit eines Sozialplans ohne jede Begründung beantragt wird. Eine nach Ablauf der Frist nachgeschobene Begründung für den Feststellungsantrag heilt den Mangel nicht.

Wird geltend gemacht, es sei unzulässig, in einem Sozialplan unabhängig von den individuellen unterschiedlichen Nachteilen für alle Arbeitnehmer pauschale Abfindungen zu beschließen, so handelt es sich nach Inkrafttreten von § 112 Abs. 5 BetrVG um die Geltendmachung eines Ermessensfehlers.

***BAG** 26.5.1988 – 1 ABR 11/87*

Neben der fristgebundenen gerichtlichen **Ermessenskontrolle** unterliegt ein Einigungsstellenspruch auch der gerichtlichen **Rechtskontrolle**, die **nicht fristgebunden** ist.
Will der Arbeitgeber Ermessensüberschreitungen rügen, muss er sie nach § 76 Abs. 5 Satz 4 BetrVG innerhalb von zwei Wochen nach Zuleitung geltend machen. Ohne Einhaltung der Frist kann er nur das Fehlen der gesetzlichen Grundlagen für die von der Einigungsstelle beanspruchte Regelungskompetenz rügen.
Die dem Arbeitgeber in § 76 Abs. 5 Satz 4 BetrVG eingeräumte Befugnis zur „Geltendmachung" von Ermessensüberschreitungen stellt sich als eine der „Anfechtung" i.S.d. § 19 BetrVG vergleichbare Befugnis dar. Die Literatur benutzt daher folgerichtig auch hier den Begriff der „Anfechtung".
Die Versäumnis der „Anfechtungsfrist" führt zum Erlöschen des Anfechtungsrechts, denn die Anfechtungsfrist ist materiellrechtliche Ausschlussfrist.
Eine Verlängerung der Frist oder eine Wiedereinsetzung in den vorigen Stand sind ausgeschlossen.

***BAG** 26.5.1988 – 1 ABR 11/87*

Der auf die Feststellung der Unwirksamkeit eines Einigungsstellenspruchs gerichtete Antrag betrifft ein Rechtsverhältnis. Er umfasst die Prüfung, ob der Spruch der Einigungsstelle ganz oder teilweise unwirksam ist.

Die Teilunwirksamkeit eines Spruchs der Einigungsstelle führt nach dem der Vorschrift des § 139 BGB zugrunde liegenden Rechtsgedanken zur Unwirksamkeit der Gesamtregelung, wenn nicht der verbleibende Teil auch ohne die unwirksamen Bestimmungen eine sinnvolle und in sich geschlossene Regelung enthält.

Der gerichtliche Feststellungsausspruch zur Unwirksamkeit einzelner Regelungen eines Spruchs der Einigungsstelle, der wegen der unzutreffenden Annahme einer bloßen Teilunwirksamkeit und damit eines (Teil-)Rechtsverhältnisses keine Rechtswirkungen erzeugen kann, ist in der Rechtsmittelinstanz grundsätzlich auch insoweit aufzuheben, als der Ausspruch zugunsten des Rechtsmittelführers ergangen ist. Das Verbot der Schlechterstellung (reformatio in peius) greift in solch einem Fall nicht.

***BAG** 8.12.2015 – 1 ABR 2/14*

Die Frage, ob ein Spruch der Einigungsstelle die **Grenzen des Ermessens** überschreitet, ist eine Rechtsfrage, die der unbeschränkten Überprüfung auch des Rechtsbeschwerdegerichts unterliegt.

Ob ein Spruch der Einigungsstelle die Grenzen des Ermessens wahrt, ist allein davon abhängig, ob die getroffene Regelung die Belange des Betriebs und der betroffenen Arbeitnehmer angemessen berücksichtigt und billigem Ermessen entspricht. Darauf, welche Überlegungen die Einigungsstelle selbst angestellt hat und von welchen Tatumständen sie sich bei ihrer Entscheidung hat leiten lassen, kommt es nicht an.
Im Überprüfungsverfahren sind von den Gerichten, die im Zeitpunkt der Entscheidung der Einigungsstelle bestehenden Belange der Arbeitnehmer und des Betriebs und die deren jeweiligen Gewicht begründenden Tatsachen festzustellen, unabhängig davon, ob sie der Einigungsstelle vorgetragen worden sind.

***BAG** 31.8.1982 – 1 ABR 27/80*

Gegenstand der gerichtlichen Überprüfung des von der Einigungsstelle ausgeübten Ermessens ist allein die von dieser getroffenen Regelung als solche. Ob die von der Einigungsstelle angenommenen tatsächlichen und rechtlichen Umstände zutreffen und ihre weiteren Überlegungen frei von Fehlern sind, ist ohne Bedeutung. Die Frage, ob die der Einigungsstelle gezogenen Grenzen des Ermessens eingehalten sind, ist eine Rechtsfrage, die der uneingeschränkten Überprüfung durch das Rechtsbeschwerdegericht unterliegt.

Ob die von der Einigungsstelle in einem **Sozialplan** getroffenen Regelungen wirtschaftlich vertretbar sind, richtet sich nach den objektiven Verhältnissen bei Aufstellung des Sozialplans. Ob diese der Einigungsstelle bekannt waren oder wenigstens hätten bekannt sein können, ist für die gerichtliche Überprüfung nicht erheblich.

Die Einigungsstelle darf wegen § 112 Abs. 1 Satz 2 BetrVG keine Nachteile ausgleichen, die gar nicht entstanden sind und auch künftig nicht entstehen werden. Bilden solche nur vermeintlichen Nachteile aber lediglich eines der Motive für die Bemessung der Abfindungen wegen des Verlusts des Arbeitsplatzes, führt ihre Berücksichtigung nicht ohne weiteres zur Ermessensfehlerhaftigkeit der Abfindungsregelungen.

Die Einigungsstelle ist an abstrakte Höchstgrenzen für einzelne Abfindungen außerhalb des Insolvenzfalles nicht gebunden. Eine an § 10 KSchG orientierte Begrenzung sieht das Gesetzt nur für den Nachteilsausgleich nach § 113 BetrVG vor. Dessen entsprechende Anwendung auf Sozialplanregelungen scheidet aus.

Die in § 112 Abs. 5 Satz 1 BetrVG geforderte Beachtung der wirtschaftlichen Vertretbarkeit der Entscheidung der Einigungsstelle für das Unternehmen hat gegenüber den sozialen Belangen eine Korrekturfunktion und gibt die äußerste Grenze des Gesamtbetrags der Sozialplanleistungen vor. Wo genau sie verläuft, ist eine Frage des Einzelfalls. Bei wirtschaftlich schwachen Unternehmen hält das Gesetz, wie aus § 112 Abs. 5 Satz 2 Nr. 3 BetrVG hervorgeht, auch einschneidende Belastungen bis an den Rand der Bestandsgefährdung für möglich.

Bei der Interessenabwägung spielt neben dem Verhältnis von Aktive und Passiva und der Liquiditätslage eines Unternehmens auch eine Rolle, welche Einsparungen für das Unternehmen mit der Betriebsänderung verbunden sind, deren Nachteile für die Arbeitnehmer der Sozialplan kompensieren soll.

***BAG** 6.5.2003 – 1 ABR 11/02*

Für die Frage, ob die Einigungsstelle die ihr gezogenen Grenzen des Ermessens eingehalten hat, kommt es nur auf den Inhalt des von ihr gefassten Spruchs und damit auf die getroffene Regelung, nicht jedoch darauf an, ob die von ihr angenommenen Erwägungen zutreffend sind (Rn. 18).

Die Entscheidung, ob und welche Nachteile der von einer Betriebsänderung betroffenen Arbeitnehmer durch die Sozialplanleistungen ganz oder teilweise ausgeglichen und welche lediglich gemildert werden sollen, liegt im Ermessen der Einigungsstelle. Hierbei verfügt sie – ebenso wie die Betriebsparteien – über einen Gestaltungsspielraum. Zudem kommt ihr bei der Bestimmung der ausgleichsbedürftigen Nachteile ein Beurteilungsspielraum zu (Rn. 20, 22).

Der Ausschluss von Arbeitnehmern, die nach dem Ausscheiden oder einem möglichen Bezug von Arbeitslosengeld I eine gekürzte oder ungekürzte Altersrente in Anspruch nehmen können, von den in einem Sozialplan vorgesehenen Leistungen bewirkt eine unmittelbare Benachteiligung wegen des Alters (Rn. 32).

Eine solche Benachteiligung ist jedoch nach § 10 Satz 3 Nr. 6 i.V.m. § 10 Satz 2 AGG gerechtfertigt, sofern der Ausschluss dieser „rentennahen" Arbeitnehmer angemessen und erforderlich ist. Dies bedarf einer Prüfung anhand der Umstände des Einzelfalls (Rn. 40 ff.).

Es liegt kein Verstoß gegen den – auch von der Einigungsstelle zu beachtenden -Anspruch der Betriebsparteien auf rechtliches Gehör vor, wenn diese einen vom Betriebsrat begehrten Sachverständigen nicht hinzuzieht. Eine darin ggf. liegende mangelnde Sachaufklärung kann nicht gesondert als Verfahrensfehler der Einigungsstelle geltend gemacht werden (Rn. 54 f.).

***BAG** 7.5.2019 – 1 ABR 54/17*

Der Arbeitgeber kann den Spruch einer betrieblichen Einigungsstelle auch dann nach § 76 Abs. 5 Satz 4 BetrVG anfechten, wenn er durch die nach seiner Auffassung rechtswidrigen Regelungen materiell-rechtlich nicht beschwert ist. Im Verfahren nach § 76 Abs. 5 Satz 4 BetrVG geht es um Rechtskontrolle.

Die Teilunwirksamkeit einer Betriebsvereinbarung führt nach dem er Vorschrift des § 139 BGB zugrunde liegenden Rechtsgedanken zur Unwirksamkeit der Gesamtregelung, wenn nicht der verbleibende Teil auch ohne die unwirksamen Bestimmungen eine sinnvolle und in sich geschlossene Regelung darstellt.

***BAG** 8.6.2004 – 1 ABR 4/03*

Der Normzweck eines Sozialplans wird nach § 112 Abs. 1 Satz 2 BetrVG nicht nur durch einen Ausgleich, sondern schon durch die Milderung der den Arbeitnehmern aufgrund der Betriebsänderung entstehende wirtschaftliche Nachteile erreicht.

Hat der Betriebsrat den Spruch der Einigungsstelle zur Aufstellung eines Sozialplans mit der Begründung angefochten, dessen Gesamtvolumen sei zu gering, muss er darlegen, dass der Sozialplan seinen gesetzlichen Zweck nicht erfüllt, weil er nicht einmal eine substantielle Milderung der Nachteile vorsieht.

Ein Ermessensfehler der Einigungsstelle liegt auch bei Unterschreitung der Grenze des § 112 Abs. 1 Satz 2 BetrVG nicht vor, wenn andernfalls das Sozialplanvolumen für das Unternehmen wirtschaftlich nicht vertretbar wäre. In diesem Zusammenhang kann es auf die Möglichkeit eines so genannten Berechnungsdurchgriffs auf Konzernobergesellschaften ankommen.

***BAG** 24.8.2004 – 1 ABR 23/03 = NZA 2005, 303*

Haben die Tarifvertragsparteien Arbeitszeitfragen geregelt, die dem Mitbestimmungsrecht des Betriebsrats nach § 87 Abs. 1 Nr. 2 und 3 BetrVG unterliegen, und dabei den Betriebsparteien einen Gestaltungsraum vorgegeben, ist daran auch die Einigungsstelle nach § 87 Abs. 1 Eingangshalbs. BetrVG gebunden. Hält sich deren Entscheidung innerhalb des ihr eröffneten Entscheidungsrahmens, liegt ein Ermessensfehler i.S.d. § 76 Abs. 5 Satz 4 BetrVG regelmäßig nicht vor.

***BAG** 9.11.2010 – 1 ABR 75/09*

Eine betriebliche Einigungsstelle kann keine Regelung über den Umfang der wöchentlichen Höchstarbeitszeit und die Einordnung von Bereitschaftsdienst als Arbeitszeit treffen. Der 1. Senat des BAG hat den Spruch einer Einigungsstelle, soweit er solche Regelungen zum Inhalt hat, für unwirksam erklärt. Der Arbeitgeber ist ein Kreisverband des Deutschen Roten Kreuzes. Er betreibt im staatlichen Auftrag den Rettungsdienst in einem Landkreis. Auf Antrag des Betriebsrats hat eine betriebliche Einigungsstelle einen Rahmendienstplan beschlossen. Ihm zufolge wird die „wöchentliche durchschnittliche Höchstarbeitszeit in Form von persönlicher Anwesenheit am Arbeitsplatz dienstplanmäßig auf 48 Stunden beschränkt"; in der Arbeitszeit „können Arbeitsbereitschaft und Bereitschaftsdienst enthalten sein". Die übrigen Regelungen haben die Dauer und die Lage von Schichten und Bereitschaftsdienst, die Dauer der Ruhezeit nach Schichtende und Pausenzeiten zum Gegenstand.

Der Spruch ist unwirksam, soweit er die wöchentliche Höchstarbeitszeit – unter Einbeziehung des Bereitschaftsdienstes – festlegt. Die Einigungsstelle ist hierfür nicht zuständig. Der Betriebsrat hat zwar nach § 87 Abs. 1 Nr. 2 BetrVG über die Lage der Arbeitszeit mitzubestimmen, nicht aber über deren wöchentlichen Umfang. Die Unwirksamkeit der genannten Regelungen hat auf die Wirksamkeit der übrigen Teile des Spruchs (Dauer und Lage der Schichten und Bereitschaftsdienst; Dauer der Ruhezeit, Pausenzeiten) keinen Einfluss. Diese sind unabhängig von der maßgeblichen Höchstarbeitszeit auch für sich allein sinnvoll und praktikabel.

***BAG** 22.7.2003 – 1 ABR 28/02*

Die Anfechtung eines Spruches der Einigungsstelle hat keine aufschiebende Wirkung.

Solange keine die Unwirksamkeit des Spruches feststellende gerichtliche Entscheidung vorliegt, kommt daher auch ein Antrag des Betriebsrates auf Erlass einer einstweiligen Verfügung in Betracht, mit der die Vollziehung des Spruches durchgesetzt werden soll.

Eine einstweilige Verfügung auf Auskunftserteilung kann jedoch, da eine einmal erteilte Auskunft nicht rückgängig zu machen ist, nur ganz ausnahmsweise erlassen werden, nämlich wenn die sofortige Auskunftserteilung für den Gläubiger von existentieller Bedeutung ist oder ihm ohne die Auskunftserteilung zumindest ein gravierender und endgültiger Rechtsverlust droht, ohne dass dem annähernd gleichwertige Interessen der Gegenseite gegenüberstünden.

***LAG** Köln 20.4.1999 – 13 Ta 243/98 = MDR 1999, 1204*

Der Arbeitgeber hat Vereinbarungen zwischen Arbeitgeber und Betriebsrat durchzuführen (§ 77 Absatz 1 Satz 1 BetrVG); dies gilt auch, wenn sie auf einem Spruch der Einigungsstelle beruhen und der Arbeitgeber den Einigungsstellenspruch angefochten hat, sofern darüber noch nicht rechtskräftig entschieden ist.

Eine Ausnahme kann allenfalls dann gelten, wenn der streitige Einigungsstellenspruch krasse und offensichtliche Rechtsverstöße aufweist.

Der Anspruch des Bestehens einer entsprechenden Verpflichtung des Arbeitgebers zur Durchführung eines Einigungsstellenspruchs kann auch im Wege der einstweiligen Verfügung durchgesetzt werden. Es besteht grundsätzlich ein Verfügungsanspruch. Nur wenn gewichtige und überwiegende Interessen auf Arbeitgeberseite entgegenstehen, kann es an einem Verfügungsgrund fehlen.

***Hessisches LAG** 16.12.2004 – 5 TaBVGa 153/03*

Ein Spruch der Einigungsstelle über die Ausgestaltung eines Entlohnungssystems darf die **entscheidenden Kriterien** für die Verteilung nicht dem Arbeitgeber allein überlassen. Ein solcher Spruch würde die Zielvorstellungen des Mitbestimmungsrechts des Betriebsrats bei der Ausgestaltung eines Entlohnungssystems verfehlen.

Die Einigungsstelle kann nicht jede Regelung treffen, die die Betriebspartner einvernehmlich treffen können, da die Einigungsstelle im Verhältnis zu den Betriebspartnern „Dritter" ist und deshalb über das Mitbestimmungsrecht nicht in derselben Weise verfügen kann wie der Betriebsrat selbst.

Das bedeutet aber nicht, dass jeder Spruch einer Einigungsstelle, der dem Arbeitgeber aber auch nur etwas Spielraum lässt, ermessensfehlerhaft ist. Der Spruch der Einigungsstelle kann dem Arbeitgeber eine gewisse Freiheit einräumen, wenn die Einigungsstelle nur selbst den Regelungsgegenstand gestaltet hat.

***BAG** 11.2.1992 – 1 ABR 51/91*

Haben die Betriebsparteien in einem Sozialplan für die Höhe der Abfindung auch auf die Dauer der Beschäftigung abgestellt, verstößt es gegen die Grundsätze von Recht und Billigkeit, wenn sie davon Zeiten des Erziehungsurlaubs ausnehmen.

Es bleibt dahingestellt, ob und ggf. unter welchen Voraussetzungen durch einen Einigungsstellenspruch – insbesondere wegen Wegfalls der Geschäftsgrundlage – in bereits **entstandene und fällige Sozialplanansprüche rückwirkend eingegriffen** werden kann.

Die Einigungsstelle darf nicht jeglichen **Fälligkeitstermin für eine vereinbarte Sozialplanabfindung** ersatzlos streichen. Dies widerspricht der Funktion eines Sozialplans, die durch eine Betriebsänderung entstehenden Nachteile tatsächlich auszugleichen oder abzumildern.

***BAG** 21.10.2003 – 1 AZR 407/02*

Ist der Spruch der Einigungsstelle rechtsunwirksam, fehlt es an einer wirksamen Beendigung des Einigungsstellenverfahrens. Deshalb ist die nach wie vor bestehende Einigungsstelle unter Fortsetzung des Verfahrens zur Lösung des zwischen den Betriebspartnern bestehenden Konflikts verpflichtet.

***BAG** 30.1.1990 – 1 ABR 2/89*

Der Spruch der Einigungsstelle entfaltet mit Inkrafttreten die Wirkung einer Betriebsvereinbarung und ist als solche vom Arbeitgeber durchzuführen (§§ 76, 77 Abs. 1, 87 Abs. 1 Satz 2 BetrVG). Der Spruch der Einigungsstelle ist zwar in den vom Gesetzgeber vorgegebenen Grenzen gerichtlich nachprüfbar. Die Anrufung des Arbeitsgerichts wegen angeblicher Rechtsunwirksamkeit des Spruchs hat jedoch keine suspendierende Wirkung. Beide Parteien bleiben zunächst an den Spruch gebunden. Er kann während des arbeitsgerichtlichen Beschlussverfahrens vollzogen werden.

***LAG** Berlin 6.12.1984 – 4 TaBV 2/84 = BB 1985, 1199*

6. Kosten der Einigungsstelle (§ 76 a BetrVG)

6.1. Allgemeine Kosten

Zu den Kosten der Einigungsstelle, die nach früherem Recht, jetzt nach § 76 a Abs. 1 BetrVG, vom Arbeitgeber zu tragen sind, zählen auch die Kosten für einen **Sachverständigen**, den die Einigungsstelle in ihrem Verfahren hinzuzieht.

Solche **Sachverständigenkosten** sind als Kosten der Einigungsstelle nur dann vom Arbeitgeber zu tragen, wenn die Zuziehung erforderlich ist und die damit verbundenen Kosten verhältnismäßig sind.

Für die Beurteilung der Erforderlichkeit und der Verhältnismäßigkeit gelten dieselben Maßstäbe, wie für die Erforderlichkeit der Kosten des Betriebsrats i.S.d. § 40 Abs. 1 BetrVG.

***BAG** 13.11.1991 – 7 ABR 70/90*

Die Mitbestimmungsrechte des Betriebsrats sind durch Tarifverträge erweiterbar und können auf die Lohn- und Gehaltshöhe ausgedehnt werden.

Betriebliche Einigungsstellen und tarifvertragliche Schlichtungsstellen sind befugt, einen Sachverständigen hinzuzuziehen, soweit dies zur ordnungsgemäßen Erfüllung ihrer Aufgaben erforderlich ist. Sie können die fehlende Einigung zwischen Arbeitgeber und Betriebsrat selbst ersetzen.

***LAG** Niedersachsen 4.3.1988 – 15 TaBV 61/87 = AiB 1988, 311*

6.2. Honorarkosten des Vorsitzenden

Nach § 76 a Abs. 3 BetrVG haben der **Einigungsstellenvorsitzende** und die **außerbetrieblichen Beisitzer** der Einigungsstelle gegenüber dem Arbeitgeber Anspruch auf Vergütung ihrer Tätigkeit, wobei sich die Höhe der Vergütung nach den Grundsätzen des § 76 a Abs. 4 Sätze 3 – 5 BetrVG richtet.

Solange es an der in § 76 a Abs. 4 BetrVG vorgesehenen Rechtsverordnung fehlt, bedarf es zur Bestimmung der **Höhe der Vergütung** entweder einer entsprechenden vertraglichen Vereinbarung zwischen dem Arbeitgeber und dem Einigungsstellenmitglied oder, wenn eine solche Vereinbarung nicht zustande kommt, einer Bestimmung der Vergütungshöhe durch das anspruchsberechtigte Einigungsstellenmitglied nach billigem Ermessen gemäß den §§ 316, 315 BGB unter Beachtung der Grundsätze des § 76 a Abs. 4 Sätze 3 – 5 BetrVG. Für eine **gerichtliche Festsetzung der Vergütungshöhe** ist nur Raum, wenn die vom Einigungsstellenmitglied getroffene Vergütungsbestimmung nicht der Billigkeit entspricht (§ 315 Abs. 3 Satz 2 BGB).

Bei der Bestimmung der **Vergütung des Beisitzers** kann an die dem Vorsitzenden der Einigungsstelle gezahlte Vergütung angeknüpft werden, sofern diese ihrerseits billigem Ermessen, insbesondere den Grundsätzen des § 76 a Abs. 4 Sätze 3 – 5 BetrVG entspricht und keine Besonderheiten des Einzelfalles vorliegen, die die Eignung der Vorsitzendenvergütung als Bezugsgröße für die Bemessung der Beisitzervergütung ausschließen oder zumindest in Frage stellen.

Haben sich Arbeitgeber und Einigungsstellenvorsitzender über die **Höhe des Vorsitzendenhonorars** geeinigt oder hat der Arbeitgeber die vom Einigungsstellenvorsitzenden nach § 315 Abs. 1 BGB getroffene Bestimmung der Höhe seiner Vergütung nicht als unbillig beanstandet, so kann in der Regel davon ausgegangen werden, dass sie billigem Ermessen entspricht.

Durch einen Abschlag von 3/10 gegenüber der Vorsitzendenvergütung wird im allgemeinen dem Unterschied in den Aufgaben und der Beanspruchung des Vorsitzenden und der Beisitzer der Einigungsstelle ausreichend Rechnung getragen. Eine Bestimmung der **Beisitzervergütung** in Höhe von **7/10 der Vorsitzendenvergütung** hält sich deshalb beim Fehlen besonders berücksichtigender individueller Umstände im Rahmen billigen Ermessens.

***BAG** 12.2.1992 – 7 ABR 20/91*

Der Gesetzgeber hat in § 76 a Abs. 4 BetrVG bewusst davon abgesehen, die Höhe der Honoraransprüche der Einigungsstellenmitglieder im Einzelnen selbst zu regeln. Er hat vielmehr in Satz 1 dieser Vorschrift die Vergütungsregelung dem Verordnungsgeber übertragen und in Satz 2 ausdrücklich bestimmt, dass in dieser Rechtsverordnung Höchstbeträge festgesetzt werden müssen. Gerade die Festsetzung dieser Höchstbeträge ist damit dem Verordnungsgeber vorbehalten und daher nicht möglich, solange diese dem parlamentarischen Auftrag nicht nachkommt. Es fehlt deshalb an einer planwidrigen Gesetzeslücke, die von den Gerichten geschlossen werden könnte.
Wenn also die Leistungsbestimmung des Einigungsstellenvorsitzenden nicht der Billigkeit entspricht, ist eine gerichtliche Leistungsbestimmung statthaft.

Der vom Landesarbeitsgericht unter Berücksichtigung der Kriterien des § 76 a Abs. 4 Satz 2 bis 5 BetrVG in Ansatz gebrachte **Stundensatz von 300,-- DM** trägt der Tatsache Rechnung, dass es sich um eine Streitigkeit von mittlerer Schwierigkeit handelte. Zu Unrecht will der Einigungsstellenvorsitzende eine besondere Schwierigkeit daraus herleiten, dass die Vorstellungen der Betriebspartner über das Sozialplanvolumen in erheblichem Maße differierten und unabhängig vom Sozialplanvolumen eine Einigung über die Verteilungsgrundsätze/Schätzung des zur Verfügung stehenden Eigenkapitals eine intensive, kritische Auseinandersetzung mit den Bilanzen und dem Gutachten eines Wirtschaftsprüfers erforderten. Hierbei handelt es sich indessen um die typische Konstellation in einer Einigungsstelle zur Aufstellung eines Sozialplans anlässlich einer Betriebsstilllegung. Erfahrungsgemäß liegen die Vorstellungen der Betriebspartner über das zur Verteilung zu bringende Sozialplanvolumen erheblich auseinander, so dass es nähere Ermittlungen darüber bedarf, wie sich die wirtschaftliche Lage des betroffenen Unternehmens bzw. Betriebes darstellt. Dies setzt zwangsläufig eine Auseinandersetzung mit vorhanden Bilanzen oder andern Unterlagen, aus denen Anhaltspunkte für die wirtschaftliche Lage gewonnen werden können, voraus. Einem hierdurch sich eventuell ergebenden höheren Aufwand wird durch den Zeitfaktor Rechnung getragen. Gleiches gilt im Hinblick auf das Argument, der Vorsitzende habe sich in die komplette Personalliste des betroffenen Betriebes einarbeiten müssen. Auch dies ist selbstverständlich Inhalt der Tätigkeit, da in der Regel nur auf diese Weise den Kriterien des § 112 Abs. 5 Nr. 1 und 2 BetrVG Rechnung getragen werden.

***BAG** 28.8.1996 – 7 ABR 42/95*

Hinweis für die Praxis:

Mit dieser Entscheidung hat das Gericht die geforderte Honorarsumme von 25.000,-- DM auf DM 13.500,-- reduziert bei einem Tätigkeitsumfang von 21 Stunden Sitzung und insgesamt 24 Stunden Vor- und Nachbereitungszeit. Der Arbeitgeber hatte freiwillig DM 8.000,-- bezahlt.

6.3. Honorar der Beisitzer

Nach § 76a Abs. 3 BetrVG hat ein **betriebsfremder Beisitzer** gegenüber dem Arbeitgeber einen Anspruch auf Vergütung seiner Tätigkeit im Einigungsstellenverfahren, dessen Höhe sich nach den Grundsätzen des § 76a Abs. 4 Satz 3 bis 5 BetrVG richtet. § 76a Abs. 3 BetrVG begründet einen gesetzlichen Anspruch des betriebsfremden Beisitzers auf Vergütung seiner Tätigkeit in der Einigungsstelle *(BAG 10.10.2007 – 7 ABR 51/06)*. Dieser Vergütungsanspruch steht auch einem vom Betriebsrat bestellten hauptamtlichen Gewerkschaftssekretär zu *(vgl. BAG 24.4.1996 – 7 ABR 40/95)*. Neben der Vergütung haben die Mitglieder der Einigungsstelle gemäß § 76a Abs. 1 BetrVG Anspruch auf Ersatz von Aufwendungen und Auslagen, die durch ihre Tätigkeit entstehen. Dazu zählen Fahrt- und Übernachtungskosten.

***BAG** 22.11.2017 – 7 ABR 46/16*

Der Honoraranspruch des außerbetrieblichen Beisitzers (der außerbetrieblichen Beisitzer) hängt nicht davon ab, ob seine (ihre) Benennung im Einzelnen erforderlich gewesen ist. Mit der Neuregelung der Vergütungsansprüche außerbetrieblicher Beisitzer in §76 a Abs. 3 BetrVG hat der Gesetzgeber deren Honoraransprüche nach Grund und Höhe einer gesetzlichen Regelung zugeführt. Unabhängig von den Erwägungen, die den Betriebsrat zur Bestellung eines betriebsfremden Beisitzers veranlassen, entsteht ein Vergütungsanspruch bereits kraft Gesetzes, wenn der Beisitzer die Bestellung annimmt und in der Einigungsstelle tätig wird.

***BAG** 24.4.1996 – 7 ABR 40/95*

Der Anspruch auf Vergütung und Kostenersatz eines vom Betriebsrat für eine im Betrieb des Arbeitgebers gebildete Einigungsstelle bestellten betriebsfremden Beisitzers ist von einer wirksamen Beschlussfassung des Betriebsrats über die Bestellung und der Annahme dieser Bestellung durch den Beisitzer abhängig.

Fehlt es an einer ordnungsgemäßen Beschlussfassung, so entsteht weder ein Honoraranspruch nach § 76a Abs. 3 BetrVG *(BAG 10.10.2007 – 7 ABR 51/06)* noch ein Anspruch auf Kostenerstattung.

***BAG** 22.11.2017 – 7 ABR 46/16*

Nach § 76a Abs. 3 BetrVG hat ein betriebsfremdes Mitglied einer Einigungsstelle gegenüber dem Arbeitgeber einen Anspruch auf Vergütung seiner Tätigkeit im Einigungsstellenverfahren. Der Vergütungsanspruch ist abhängig von einer wirksamen Bestellung sowie der Annahme dieser Bestellung durch den Beisitzer. Der Honoraranspruch eines betriebsfremden Beisitzers auf Arbeitnehmerseite setzt dabei nicht voraus, dass der Betriebsrat die Benennung eines oder mehrerer betriebsfremder Beisitzer für erforderlich halten durfte (Rn. 28).

Verstößt der Bestellungsbeschluss des Betriebsrats schwerwiegend gegen die Grundsätze der vertrauensvollen Zusammenarbeit nach § 2 Abs. 1 BetrVG, weil er auf offenkundig sachwidrigen Motiven beruht, kann sich der Beisitzer, der dies erkennen musste, nicht auf eine wirksame Bestellung durch den Betriebsrat berufen und hat ausnahmsweise keinen Vergütungsanspruch gegen den Arbeitgeber (Rn. 29).

Mitglieder der Einigungsstelle, die nicht dem Betrieb angehören, können vom Arbeitgeber die Erstattung ihrer Honorardurchsetzungskosten verlangen. Diese Kosten können einen nach § 286 Abs. 1 BGB zu ersetzender Verzugsschaden darstellen (Rn. 43).

Nimmt das Mitglied der Einigungsstelle eine unbillige Bestimmung der Höhe seiner Vergütung ohne Berücksichtigung der in § 76a Abs. 4 BetrVG genannten Grundsätze vor, so tritt keine Fälligkeit des Anspruchs und damit auch kein Verzug ein. Die Leistung wird dann erst durch gerichtliche Bestimmung aufgrund eines rechtskräftigen Gestaltungsurteils nach § 315 Abs. 3 BGB fällig (Rn. 44).

***BAG** 19.11.2019 – 7 ABR 52/17)*

Nach § 76a Abs. 3 BetrVG hat ein betriebsfremdes Mitglied einer Einigungsstelle gegenüber dem Arbeitgeber einen Anspruch auf Vergütung seiner Tätigkeit im Einigungsstellenverfahren. Wird die Höhe der Vergütung nicht durch vertragliche Absprache mit dem Arbeitgeber geregelt, ist eine einseitige Bestimmung der Höhe der Vergütung durch das Mitglied der Einigungsstelle gemäß §§ 315, 316 BGB nach billigem Ermessen und unter Berücksichtigung der in § 76a Abs. 4 BetrVG genannten Grundsätze vorzunehmen. Übt das externe Einigungsstellenmitglied sein Leistungsbestimmungsrecht durch eine entsprechende Willenserklärung aus, ist diese Gestaltungserklärung für den Bestimmenden unwiderruflich (Rn. 26).

Der Vergütungsanspruch des Vorsitzenden einer Einigungsstelle, die nach Eröffnung des Insolvenzverfahrens (weiter) tätig geworden ist und durch einen Spruch einen Sozialplan i.S.d. § 112 Abs. 1 Satz 2 BetrVG beschlossen hat, ist eine Masseverbindlichkeit i.S.d. § 55 Abs. 1 Nr. 1 InsO und keine Insolvenzforderung i.S.d. § 38 InsO. Dies gilt auch für den Fall, dass die Einigungsstelle bereits vor der Eröffnung des Insolvenzverfahrens durch das Arbeitsgericht eingesetzt worden war und ihre Tätigkeit aufgenommen hatte (Rn. 33 ff.).

Mitglieder der Einigungsstelle, die nicht dem Betrieb angehören, können vom Arbeitgeber die Erstattung ihrer Honorardurchsetzungskosten verlangen. Diese Kosten können einen nach § 286 Abs. 1 BGB zu ersetzenden Verzugsschaden darstellen. Anwaltskosten sind dabei nur nach dem Streitwert erstattungsfähig, der dem Honorar entspricht, mit dem der Arbeitgeber in Verzug war (Rn. 46).

Weitere Ausführungen des BAG:

Von § 76a Abs. 3 BetrVG kann nach § 76a Abs. 5 BetrVG abgewichen werden. Über den Wortlaut von § 76a Abs. 5 BetrVG hinaus sind auch einzelvertragliche Absprachen über eine anderweitige Vergütungsregelung zulässig. (Rn. 18)

Das umsatzsteuerpflichtige Mitglied einer Einigungsstelle hat nach § 76a Abs. 3 BetrVG auch einen Anspruch auf Erstattung der auf die Vergütung entfallenden Umsatzsteuer. Einer Vereinbarung mit dem Arbeitgeber bedarf es hierüber nicht. Die Umsatzsteuer ist keine eigenständige Honorarforderung, sondern Teil von ihr, die aufgrund umsatzsteuerrechtlicher Bestimmungen lediglich gesondert auszuweisen ist. (Rn. 19)

***BAG** 11.12.2019 – 7 ABR 4/18*

Die Bestimmung des Beisitzerhonorars in Höhe von **7/10 des Vorsitzendenhonorars** entspricht im Allgemeinen billigem Ermessen. Eine gerichtliche Festsetzung der Vergütungshöhe kommt nur dann in Betracht, wenn die Vergütungsbestimmung des Einigungsstellenmitglieds unbillig ist. Dazu bedarf es der Feststellung konkreter Umstände in der Person oder in den Verhältnissen des Einigungsstellenvorsitzenden oder des Beisitzers

Nach der Neuregelung des Vergütungsanspruchs des außerbetrieblichen Einigungsstellenmitglieds in § 76 a Abs. 3 und Abs. 4 BetrVG bedarf die Geltendmachung von **Mehrwertsteuer** nicht mehr der vorherigen Vereinbarung mit dem Arbeitgeber.

Die Ansprüche auf **Auslagenersatz** eines Einigungsstellenmitglieds beruhen auf § 76 a Abs. 1 BetrVG. Sie sind als tatsächliche Kosten der Einigungsstelle vom Arbeitgeber zu erstatten, sofern sie durch die Teilnahme an Sitzungen der Einigungsstelle entstanden sind oder ihre Grundlage in der gesonderten Aufgabenzuweisung an ein Einigungsstellenmitglied haben.

***BAG** 14.2.1996 – 7 ABR 24/95*

Der Betriebsrat ist grundsätzlich berechtigt, einem in einem **anderen Betrieb des Unternehmens** beschäftigten **Betriebsratsmitglied** für die Tätigkeit als Beisitzer in einer Einigungsstelle eine Honorarzusage zu machen, sofern seine Mitarbeit in der Einigungsstelle erforderlich ist, weil es hinsichtlich des Regelungsgegenstandes der Einigungsstelle über besondere Erfahrungen oder Kenntnisse verfügt, und der Betriebsrat keinen betriebsangehörigen Arbeitnehmer, der sein Vertrauen genießt, mit vergleichbaren Erfahrungen und Kenntnissen findet.

***BAG** 21.6.1989 – 7 ABR 92/87*

Der Arbeitgeber hat nur die Kosten der Einigungsstelle zu tragen, die für die ordnungsgemäße Erfüllung ihrer Aufgabe erforderlich waren. Nach rechtswirksamer Konstituierung der Einigungsstelle ist der Arbeitgeber jedoch nicht mehr berechtigt, Vergütungsansprüche von Beisitzern zu beschränken oder abzulehnen mit der Begründung, ihre Hinzuziehung sei nicht erforderlich gewesen.

Der Streit um die Zusammensetzung der Einigungsstelle, insbesondere um die Zahl der außerbetrieblichen Beisitzer, muss im Vorfeld der Bildung der Einigungsstelle ausgetragen werden. Sobald die Einigungsstelle sich konstituiert hat, ist für derartige Einwendungen kein Raum mehr.

***LAG** Rheinland-Pfalz 24.5.1991 – 6 TaBV 14/91 = BB 1991, 2375 = DB 1991, 1992*

Mit **Gewerkschaftsfunktionären** (-sekretären) können – anders als mit betriebsangehörigen Arbeitnehmern – Honorarvereinbarungen im Hinblick auf ihre Tätigkeit **als Beisitzer** in betriebsverfassungsrechtlichen Einigungsstellen geschlossen werden.

Auch ein **Rechtsanwalt** hat für seine Tätigkeit als **Einigungsstellenbeisitzer** grundsätzlich keinen höheren Vergütungsanspruch als 7/10 des Vorsitzendenhonorars.

***BAG** 20.2.1991 – 7 ABR 6/90*

Es kann eine – u.U. gemäß § 119 Abs. 1 Nr. 3 BetrVG mit Strafe bedrohte – Bevorzugung oder Benachteiligung von Mitgliedern einer betrieblichen Einigungsstelle (§ 78 BetrVG) darstellen, wenn dem Vorsitzenden und den nicht betriebsangehörigen weiteren Mitgliedern der Einigungsstelle extrem unterschiedliche Vergütungen gewährt werden, sofern sich die Differenzierung unter keinem der in § 76 a Abs. 4 Sätze 3 bis 5 BetrVG angeführten Gesichtspunkten sachlich rechtfertigen lässt.

Beträgt die Vergütung des anwaltlichen Beisitzers einer Einigungsstelle weniger als 1/3 der dem Vorsitzenden gewährten Vergütung, so besteht eine Vermutung für einen Verstoß gegen § 78 BetrVG.

Mangels konkreter Anhaltspunkte für eine sachliche Rechtfertigung einer weitergehenden Differenzierung der Bewertung der Tätigkeit des Vorsitzenden und der weiteren – betriebsfremden – Mitglieder der Einigungsstelle entspricht – in Übereinstimmung mit der seit Jahrzehnten in der privaten Schiedsgerichtsbarkeit weit verbreiteten Übung – ein Verhältnis von 10 zu 7 zwischen Vergütung des Vorsitzenden und derjenigen eines mitwirkenden, nicht betriebsangehörigen Rechtsanwalts im allgemeinen der Billigkeit.

Hält der Arbeitgeber für die Tätigkeit eines Rechtsanwalts als nichtbetriebsangehöriges Mitglied einer Einigungsstelle gemäß § 76 BetrVG ein Honorar für angemessen, das weniger als 7/10 des dem Vorsitzenden zugestandenen Honorars beträgt, so hat er die dafür maßgeblichen Sachgesichtspunkte im Streitfalle darzulegen. Ob dabei eine Beschränkung auf diejenigen Rechtfertigungsgründe Platz greift, die zunächst angeführt werden, bleibt unentschieden.

Eine Differenzierung kann auch im Hinblick auf einen unterschiedlich zu wertenden Beitrag eines von mehreren Mitgliedern der Einigungsstelle gerechtfertigt sein, etwa bei Einbringung außergewöhnlicher Fachkenntnisse nur durch eines der Mitglieder.

***LAG** München 11.1.1991 – 2 TaBV 57/90 (Rechtsbeschwerde eingelegt 7 ABR 9/91) = BB 1991, 551*

7. Tarifliche Schiedsgutachtenvereinbarung

In Tarifverträgen können betriebliche Einrichtungen wie paritätische Kommissionen oder andere Stellen geschaffen werden, die die Aufgabe eines Schiedsgutachters haben. Derartige Schiedsgutachtenvereinbarungen sind zulässig.

Die für das arbeitsgerichtliche Verfahren aus der tariflichen Gutachtenabrede folgende Bindung der Schlichtungsentscheidung ist allein materiell-rechtlicher Natur. Sie führt zur entsprechenden Anwendung der §§ 317 ff. BGB. Die Entscheidung der tariflichen Schiedsstelle ist daher nur auf grobe Unbilligkeit sowie auf Verstöße gegen die zugrunde liegenden Vorschriften überprüfbar.

Verfahrensmäßig grob unbillig und damit nach § 319 BGB unverbindlich ist deshalb ein lückenhaft begründetes Schiedsgutachten, dessen Ergebnis selbst ein Fachmann nicht aus dem Zusammenhang des Gutachtens überprüfen kann.

Hat eine nach § 10 Nr. 2 MW in Verbindung mit § 6 ERA gebildete tarifliche Schlichtungsstelle die Eingruppierung eines Arbeitnehmers festgesetzt, so hat diese Schlichtungsentscheidung für die Arbeitsvertragsparteien dann keinerlei Bindungswirkung, wenn die Entscheidung nur in einem Ergebnisprotokoll ohne jegliche Begründung festgehalten ist.

***BAG** 17.3.2005 – 8 AZR 179/04*

Betriebsvereinbarungen (§ 77 BetrVG)[38]

Gesetzestext

§ 77 Durchführung gemeinsamer Beschlüsse, Betriebsvereinbarungen

(1) *[1]Vereinbarungen zwischen Betriebsrat und Arbeitgeber, auch soweit sie auf einem Spruch der Einigungsstelle beruhen, führt der Arbeitgeber durch, es sei denn, dass im Einzelfall etwas anderes vereinbart ist. [2]Der Betriebsrat darf nicht durch einseitige Handlungen in die Leitung des Betriebs eingreifen.*

(2) [1]Betriebsvereinbarungen sind von Betriebsrat und Arbeitgeber gemeinsam zu beschließen und schriftlich niederzulegen. [2]Sie sind von beiden Seiten zu unterzeichnen; dies gilt nicht, soweit Betriebsvereinbarungen auf einem Spruch der Einigungsstelle beruhen. Werden Betriebsvereinbarungen in elektronischer Form geschlossen, haben Arbeitgeber und Betriebsrat abweichend von § 126a Absatz 2 des Bürgerlichen Gesetzbuchs dasselbe Dokument elektronisch zu signieren. [3]Der Arbeitgeber hat die Betriebsvereinbarungen an geeigneter Stelle im Betrieb auszulegen.

(3) *[1]Arbeitsentgelte und sonstige Arbeitsbedingungen, die durch Tarifvertrag geregelt sind oder üblicherweise geregelt werden, können nicht Gegenstand einer Betriebsvereinbarung sein. [2]Dies gilt nicht, wenn ein Tarifvertrag den Abschluss ergänzender Betriebsvereinbarungen ausdrücklich zulässt.*

(4) *[1]Betriebsvereinbarungen gelten unmittelbar und zwingend. [2]Werden Arbeitnehmern durch die Betriebsvereinbarung Rechte eingeräumt, so ist ein Verzicht auf sie nur mit Zustimmung des Betriebsrats zulässig. [3]Die Verwirkung dieser Rechte ist ausgeschlossen. [4]Ausschlussfristen für ihre Geltendmachung sind nur insoweit zulässig, als sie in einem Tarifvertrag oder einer Betriebsvereinbarung vereinbart werden; dasselbe gilt für die Abkürzung der Verjährungsfristen.*

(5) *Betriebsvereinbarungen können, soweit nichts anderes vereinbart ist, mit einer Frist von drei Monaten gekündigt werden.*

(6) *Nach Ablauf einer Betriebsvereinbarung gelten ihre Regelungen in Angelegenheiten, in denen ein Spruch der Einigungsstelle die Einigung zwischen Arbeitgeber und Betriebsrat ersetzen kann, weiter, bis sie durch eine andere Abmachung ersetzt werden.*

1. Formvorschriften für eine Betriebsvereinbarung

Nach der Rechtsprechung des Bundesarbeitsgerichts unterliegen auch Betriebsvereinbarungen dem für normative Regelungen geltenden Gebot der Rechtsquellenklarheit (BAG 15.4.2008 – 1 AZR 86/07). Das folgt aus den Erfordernissen der Rechtssicherheit, die im Schriftformgebot des § 77 Abs. 2 Satz 1 und Satz 2 BetrVG zum Ausdruck kommen. Es stellt sicher, dass für die Normunterworfenen die Urheberschaft eindeutig ist. Erst aufgrund dessen kann beurteilt werden, wer für diese Normsetzung wem gegenüber verantwortlich ist, ob sie von der jeweiligen Normsetzungskompetenz gedeckt und wer zu ihrer Ablösung berechtigt ist sowie wem entsprechende Durchführungs- und Einwirkungspflichten obliegen. Dieses Gebot erfasst nicht nur sog. mehrseitige Vereinbarungen, die ein Arbeitgeber mit Betriebsräten und einer Gewerkschaft trifft. Es gilt auch, soweit die Konzernobergesellschaft mit dem Konzernbetriebsrat, mit dem oder – zugleich handelnd für die Konzernunternehmen – den jeweiligen Gesamtbetriebsräten oder Einzelbetriebsräten gemeinsam Betriebsvereinbarungen oder Sozialpläne abschließt oder ein Arbeitgeber mit dem Gesamtbetriebsrat und den Einzelbetriebsräten entsprechendes vereinbart. Zwar steht in einem solchen Fall fest, dass es sich um eine betriebsverfassungsrechtliche Rechtsquelle handelt, die für betriebszugehörige Arbeitnehmer unmittelbar und zwingend gilt, § 77 Abs. 4 Satz 1 BetrVG.

Ob die jeweiligen Parteien im Rahmen ihrer betriebsverfassungsrechtlichen Zuständigkeiten im Verhältnis zueinander und gegen-

[38] vgl. auch Kapitel „§ 87 BetrVG, Mitbestimmung in sozialen Angelegenheiten“, S. 214

über ihren vom BetrVG zwingend vorgegebenen Vertragspartnern gehandelt haben, folgt daraus nicht ohne weiteres. Hat ein Normenvertrag unterschiedliche betriebsverfassungsrechtliche Rechtsquellen zum Inhalt, muss die Frage, ob eine bestimmte Regelung eine Betriebsvereinbarung, eine Gesamtbetriebsvereinbarung oder eine Konzernbetriebsvereinbarung ist, in welchem Verhältnis diese Vereinbarungen zueinander stehen und wer von den Betriebsverfassungsorganen für welche Teile im Rahmen seiner gesetzlichen Zuständigkeit handelt, sowohl im Interesse der Rechtsunterworfenen als auch im Verhältnis der Betriebsverfassungsorgane untereinander einer zuverlässigen Beantwortung zugänglich sein.

***BAG** 26.9.2017 – 1 AZR 717/15*

Werden Vereinbarungen von Arbeitgeber, Gewerkschaft und Betriebsrat gemeinsam unterzeichnet, muss ohne Weiteres und zweifelsfrei erkennbar sein, wer Urheber der einzelnen Regelungskomplexe ist und um welche Rechtsquellen es sich folglich handelt. Andernfalls ist die Vereinbarung ganz oder teilweise unwirksam.

***BAG** 15.4.2008 – 1 AZR 86/07*

1.1. Allgemeines

Rechtswirksamkeitsvoraussetzung der Betriebsvereinbarung ist, dass der Betriebsrat als Gremium die Zustimmung zum Abschluss der vom Arbeitgeber vorgelegten Betriebsvereinbarung erteilt. Erst danach ist der Betriebsratsvorsitzende berechtigt, die vom Arbeitgeber vorgelegte Betriebsvereinbarung zu unterschreiben.

***ArbG** Heilbronn 13.6.1989 – 4 Ca 116/89 = BB 1989, 1897*

Eine vom Betriebsratsvorsitzenden ohne entsprechenden Betriebsratsbeschluss abgeschlossene Betriebsvereinbarung kann vom Betriebsrat durch schlüssiges Verhalten gebilligt und dadurch wirksam werden.

***LAG** Köln 5.10.1988 – 2 Sa 696/88*

Der Betriebsrat darf sich seiner gesetzlichen Mitbestimmungsrechte nicht in der Substanz begeben. Eine Vereinbarung, mit der er dem Arbeitgeber im Kernbereich des Mitbestimmungstatbestands die Letztentscheidungsbefugnis überlässt, ist unwirksam.

Erbringt der Arbeitgeber in Vollzug einer nur vermeintlich wirksamen Betriebsvereinbarung Leistungen, können sich die nicht begünstigten Arbeitnehmer zur Begründung eigener Leistungsansprüche nicht auf den arbeitsrechtlichen Gleichbehandlungsgrundsatz berufen. Ein Anspruch dieser Arbeitnehmer auf die ihnen vorenthaltene Leistung kommt aber in Betracht, wenn der Arbeitgeber in Kenntnis der Unwirksamkeit der Betriebsvereinbarung nicht die ihm möglichen und zumutbaren Korrekturmaßnahmen ergreift. Welche Korrekturmaßnahmen möglich und zumutbar sind, richtet sich nach den Umständen des Einzelfalls.

***BAG** 26.4.2005 – 1 AZR 76/04*

§ 179 Abs. 1 BGB ist nicht geeignet, Erfüllungs- oder Schadensersatzansprüche von Arbeitnehmern zu begründen, wenn beim Abschluss einer Betriebsvereinbarung auf Seiten des Arbeitgebers ein vollmachtloser Vertreter gehandelt hat.

***BAG** 11.12.2007 – 1 AZR 824/06*

Gebrauchen die Betriebspartner in einer Betriebsvereinbarung einen- Begriff, der in den einschlägigen Tarifverträgen in einer bestimmten Bedeutung verwandt wird, so ist grundsätzlich davon auszugehen, dass sie ihn gleichfalls in diesem Sinne verstanden haben.

Ebenso wie der Gesetzgeber und die Tarifvertragsparteien dürfen die Betriebspartner Unklarheiten bei der Auslegung des Regelwerks durch eine authentische Interpretation auch rückwirkend beseitigen. Eine rückwirkende Regelung verstößt nicht gegen den aus dem Rechtsstaatsprinzip (Art. 20 Abs. 3, Art. 28 Abs. 1 Satz 1 GG) folgenden Vertrauensgrundsatz, wenn es an einem schutzwürdigen Vertrauen in den Fortbestand der begünstigenden Rechtslage fehlt.

***BAG** 27.3.2007 – 3 AZR 60/06*

1.2. Schriftform

Die nach § 77 Abs. 2 Satz 1 BetrVG für Betriebsvereinbarungen vorgeschriebene Schriftform ist gewahrt, wenn die Betriebsvereinbarung auf eine schriftliche, den Arbeitnehmern bekannt gemachte Gesamtzusage des Arbeitgebers verweist. Der Text der Gesamtzusage muss weder in der Betriebsvereinbarung wiederholt noch als Anlage angeheftet werden.

***BAG** 3.6.1997 – 3 AZR 25/96*

Nach § 77 Abs. 2 Satz 1 BetrVG sind Betriebsvereinbarungen vom Betriebsrat und Arbeitgeber **gemeinsam** zu beschließen und schriftlich niederzulegen. Ist durch Gesetz die schriftliche Form vorgeschrieben, so muss die Urkunde von den Ausstellern eigenhändig durch Namensunterschrift oder mittels notariell beglaubigten Handzeichens **unterschrieben** werden (§ 126 Abs. 1 BGB). Bei einem Vertrag muss die Unterzeichnung der Parteien auf derselben Urkunde erfolgen (§ 126 Abs. 2 Satz 1 BGB). Betriebsvereinbarungen sind an die Schriftform gebunden, damit ihre Rechtsnormen festgehalten, klargestellt und im Betrieb bekannt gegeben werden.

Dem Formerfordernis des § 77 Abs. 2 Satz 1 BetrVG kann genügt sein, auch wenn einzelne Anlagen der Betriebsvereinbarung nicht gesondert unterzeichnet worden sind, wenn die Anlagen bzw. Blätter mittels einer Heftklammer zusammengeheftet sind. Sie erfüllen damit die Voraussetzungen einer **Gesamturkunde**. Bei einer Gesamturkunde muss nicht jedes Blatt unterschrieben sein. Allerdings müssen die Teile der Betriebsvereinbarung bereits verklammert gewesen sein, als die Betriebspartner ihre Unterschrift leisteten.

***BAG** 11.11.1986 – 3 ABR 74/85*

Das **Schriftformerfordernis** des § 77 Abs. 2 Satz 1 BetrVG ist nicht erfüllt, wenn der Arbeitgeber die Fotokopie eines Beschlusses des Betriebsrats unterzeichnet, selbst wenn das Original des Beschlusses von sämtlichen Betriebsratsmitgliedern unterzeichnet war.

Die Schriftformvorschrift in § 77 Abs. 2 Satz 1 BetrVG setzt die **gemeinsame** Unterzeichnung auf einem **Original** voraus, § 126 Abs. 2 BGB. Die Unterzeichnung einer Kopie reicht jedoch für die Wahrung der Schriftform i.S.d. § 77 Abs. 2 Satz 1 BetrVG nicht aus. Nach dem Sinn der Formvorschrift in § 77 Abs. 2 Satz 1 BetrVG ist § 126 Abs. 2 Satz 1 BGB anzuwenden. Es muss nach außen erkennbar sein, dass der Inhalt der entsprechenden Vereinbarung von beiden Betriebsparteien gebilligt ist, dies muss jederzeit nachweisbar sein, auch muss gerade wegen der normativen Wirkung einer Betriebsvereinbarung eindeutig sein, dass beide Betriebsparteien mit dem Text einverstanden sind. Dieses Ziel ist nur erreichbar, wenn auch beide Betriebsparteien auf der Original-Urkunde ihre Unterschrift leisten. Der Austausch gleich lautender Urkunden, wie sie § 126 Abs. 2 Satz 2 BGB für Verträge vorsieht, ist für den Bereich der Betriebsvereinbarung nicht anwendbar. Dem entspricht es auch, dass nach § 77 Abs. 2 Satz 3 BetrVG die Betriebsvereinbarung im Betrieb auszulegen ist; diese Auslage setzt auch voraus, dass das Original von beiden Betriebsparteien unterzeichnet worden ist. Zweck der Schriftform in § 77 Abs. 2 Satz 1 BetrVG ist auch der Schutz der Arbeitnehmer; gerade in deren Interesse soll klargestellt werden, dass Streitigkeiten über den Inhalt der Urkunde ausgeschlossen werden.

Ein **Anspruch des Arbeitgebers auf Unterzeichnung einer Betriebsvereinbarung** besteht auch dann nicht, wenn der Betriebsrat durch Beschluss dem Entwurf einer Betriebsvereinbarung zugestimmt hat.

Ein Beschluss über den Abschluss einer Betriebsvereinbarung wird für den Betriebsrat erst dann bindend, wenn er im Rahmen des § 77 Abs. 2 Satz 1 BetrVG gefasst ist und die Formvorschriften eingehalten worden sind. Bis zu diesem Zeitpunkt kann der Beschluss wieder aufgehoben werden.

***LAG** Berlin 6.9.1991 – 2 TaBV 3/91 § BB 1992, 68 = DB 1991, 2593*

1.3. Umdeutung einer unwirksamen Betriebsvereinbarung

Die Sperrwirkung des § 77 Abs. 3 Satz 1 BetrVG ist nicht von der Tarifgebundenheit des Arbeitgebers abhängig. Die Betriebsparteien können weder Bestimmungen über Tarifentgelte treffen noch über deren Höhe disponieren. Das gilt selbst dann, wenn die von ihnen getroffene Regelung für die Arbeitnehmer günstiger ist als diejenige der Tarifvertragsparteien. (Rn. 13)

Die Umdeutung einer unwirksamen Betriebsvereinbarung in eine Gesamtzusage muss durch außerhalb der Betriebsvereinbarung liegende Umstände gerechtfertigt sein, welche den Schluss zulassen, dass sich der Arbeitgeber unabhängig von der Betriebsvereinbarung vertraglich verpflichten will, die in dieser geregelten Leistungen zu gewähren. (Rn. 19)

***BAG** 16.7.2019 – 1 AZR 384/17*

Eine unwirksame Betriebsvereinbarung kann nur ausnahmsweise in eine vertragliche Einheitsregelung umgedeutet werden. Eine solche Umdeutung setzt voraus, dass sich der Arbeitgeber nach dem maßgeblichen Empfängerhorizont verpflichten wollte, die in der Betriebsvereinbarung enthaltenen Verpflichtungen unabhängig von ihrem kollektivrechtlichen Geltungsgrund zu erfüllen.

Aus den Entscheidungsgründen:

Nach der Rechtsprechung des Bundesarbeitsgerichts ist es nicht ausgeschlossen, eine unwirksame Betriebsvereinbarung entsprechend § 140 BGB in eine vertragliche Einheitsregelung (Gesamtzusage oder gebündelte Vertragsangebote) umzudeuten. Eine solche Umdeutung kommt allerdings nur in Betracht, wenn besondere Umstände die Annahme rechtfertigen, der Arbeitgeber habe sich unabhängig von der Betriebsvereinbarung auf jeden Fall verpflichten wollen, seinen Arbeitnehmern die in dieser vorgesehenen Leistungen zu gewähren. Dabei ist insbesondere zu berücksichtigen, dass sich der Arbeitgeber von einer Betriebsvereinbarung durch Kündigung jederzeit lösen kann, während eine Änderung der Arbeitsverträge, zu deren Inhalt eine Gesamtzusage wird, nur einvernehmlich oder durch gerichtlich überprüfbare Änderungskündigung möglich ist. Ein hypothetischer Wille des Arbeitgebers, sich unabhängig von der Wirksamkeit einer Betriebsvereinbarung auf Dauer einzelvertraglich zu binden, kann daher nur in Ausnahmefällen angenommen werden (BAG 30. Mai 2006 – 1 AZR 111/05).

***BAG** 19.6.2012 – 1 AZR 137/11*

Es ist nicht ausgeschlossen, eine unwirksame Betriebsvereinbarung nach § 140 BGB **in eine Gesamtzusage umzudeuten**.

***BAG** 23.2.2016 – 3 AZR 960/13*

Die Umdeutung einer unwirksamen Betriebsvereinbarung in eine Gesamtzusage muss durch außerhalb der Betriebsvereinbarung liegende Umstände gerechtfertigt sein, welche den Schluss zulassen, dass sich der Arbeitgeber unabhängig von der Betriebsvereinbarung vertraglich verpflichten will, die in dieser geregelten Leistungen zu gewähren.

***BAG** 23.1.2018 – 1 AZR 65/17*

Eine Regelung in einer Betriebsvereinbarung, die für die Gewährung einer Jahresprämie lediglich Vorgaben für die Ermittlung eines unternehmensweiten Gesamtbudgets vorsieht, welches vom Arbeitgeber an alle in den (beiden) Betrieben des Unternehmens beschäftigten anspruchsberechtigten Arbeitnehmer – unter Berücksichtigung deren jeweiliger Bewertung – zu verteilen ist, ist mangels Regelungskompetenz der örtlichen Betriebsräte unwirksam (Rn. 18 ff.).

Ein für die Umdeutung einer unwirksamen Betriebsvereinbarung entsprechend § 140 BGB in eine Gesamtzusage erforderlicher hypothetischer Wille des Arbeitgebers, sich unabhängig von der Wirksamkeit der Betriebsvereinbarung auf Dauer einzelvertraglich zu binden, kann nur in Ausnahmefällen angenommen werden. Ein solcher Rechtsbindungswille muss sich aus außerhalb der Betriebsvereinbarung liegenden Umständen ergeben (Rn. 26).

***BAG** 9.11.2021 – 1 AZR 206/20*

§ 17 Nr. 3 MTV Banken führt nach § 77 Abs. 3 Satz 1 BetrVG bzw. § 70 Abs. 1 Satz 2 LPVG NRW zur Unwirksamkeit von Betriebs- bzw. Dienstvereinbarungen, die einen Sonderkündigungsschutz für langjährig Beschäftigte vorsehen.

Dem Arbeitgeber ist es selbst dann nicht nach § 242 BGB verwehrt, sich auf die Unwirksamkeit einer Betriebs- oder Dienstvereinbarung zu berufen, wenn er bei ihrem Abschluss wusste, dass die getroffenen Regelungen gegen § 77 Abs. 3 Satz 1 BetrVG bzw. § 70 Abs. 1 Satz 2 LPVG NRW verstoßen.

Eine Umdeutung einer unwirksamen Betriebsvereinbarung in eine vertragliche Einheitsregelung (Gesamtzusage oder gebündelte Vertragsangebote) entsprechend § 140 BGB kommt nur in Betracht, wenn besondere Umstände ausnahmsweise die Annahme rechtfertigen, der Arbeitgeber habe sich unabhängig von der Wirksamkeit der Betriebsvereinbarung auf jeden Fall verpflichten wollen, seinen Arbeitnehmer die in dieser vorgesehenen Leistungen zu gewähren.

***BAG** 26.1.2017 – 2 AZR 405/16*

1.4. Ausschlussfristen (§ 77 Abs. 4 Satz 4 BetrVG)

Der Anspruch aus einer Betriebsvereinbarung ist ein solcher aus „einem Arbeitsverhältnis". Dazu zählen auch jene aus einer Betriebsvereinbarung, die für das Arbeitsverhältnis unmittelbar und zwingend gilt.

***BAG** 27.1.2004 – 1 AZR 148/03*

Nach § 77 Abs. 4 Satz 4 BetrVG ist die Vereinbarung tarifvertraglicher Ausschlussfristen für die Geltendmachung von Ansprüchen aus einer Betriebsvereinbarung zulässig. Der Anwendbarkeit der Ausschlussfrist steht nicht entgegen, dass der maßgebende MTV auf das Arbeitsverhältnis der Parteien nicht gemäß § 3 Abs. 1, § 4 Abs. 1 TVG kraft beiderseitiger Tarifgebundenheit, sondern aufgrund vertraglicher Bezugnahme gilt. Auch in einem solchen Fall ist eine Ausschlussfrist i.S.v. § 77 Abs. 4 Satz 4 BetrVG tariflich vereinbart, soweit die Bezugnahme sich nicht bloß auf Ausschlussfristen oder einzelne tarifliche Regelungskomplexe beschränkt (vgl. BAG 27.1.2004 – 1 AZR 148/03).

***BAG** 26.9.2017 – 1 AZR 717/15*

2. Inhalt einer Betriebsvereinbarung

Die **Auslegung einer Betriebsvereinbarung** richtet sich wegen ihrer normativen Wirkung (§ 77 Abs. 4 Satz 1 BetrVG) nach den Grundsätzen der Tarif- und Gesetzesauslegung. Ausgehend vom Wortlaut und dem durch ihn vermittelten Wortsinn kommt es auf den Gesamtzusammenhang und die Systematik der Bestimmung an. Darüber hinaus sind Sinn und Zweck der Regelung von besonderer Bedeutung. Im Zweifel gebührt derjenigen Auslegung der Vorzug, die zu einem sachgerechten, zweckorientierten, praktisch brauchbaren und gesetzeskonformen Verständnis der Regelung führt.

***BAG** 17.11.2015 – 1 AZR 881/13; **BAG** 26.9.2017 – 1 AZR 717/15*

Auf Grund der durch das Betriebsverfassungsgesetz verliehenen Betriebsautonomie haben die Betriebsparteien eine grundsätzlich umfassende Kompetenz zur Regelung von formellen und materiellen Arbeitsbedingungen. Sie können auch Regelungen treffen, welche die Arbeitnehmer belasten.

Die Verleihung der Betriebsautonomie an die Betriebsparteien ist mit dem Grundgesetz vereinbar.

Die Betriebsparteien sind beim Abschluss von Betriebsvereinbarungen gemäß § 75 Abs. 1, Abs. 2 Satz 1 BetrVG i. V. m. Art. 2 Abs. 1 GG u. a. zur Wahrung der Handlungsfreiheit der Arbeitnehmer verpflichtet. Von ihnen vorgenommene Beschränkungen müssen dem Grundsatz der Verhältnismäßigkeit genügen. Sie müssen geeignet, erforderlich und unter Berücksichtigung des gewährleisteten Freiheitsrechts angemessen sein, um den mit der Regelung erstrebten Zweck zu erreichen.

Der gerichtliche Prüfungsmaßstab ist für Betriebsvereinbarungen ein anderer als für Tarifverträge. Die Tarifautonomie ist anders als die Betriebsautonomie durch Art. 9 Abs. 3 GG geschützt. Auch ist die Bindung der Tarifunterworfenen anders als diejenige der Adressaten einer Betriebsvereinbarung jedenfalls auch mitgliedschaftlich legitimiert.

Eine Regelung in einer Betriebsvereinbarung, die von den Arbeitnehmern verlangt, dass sie Annahmeverzugsansprüche, die vom Ausgang eines Kündigungsschutzprozesses abhängen, bereits während des Kündigungsschutzprozesses einklagen, belastet die Arbeitnehmer unverhältnismäßig und ist unwirksam.

***BAG** 12.12.2006 – 1 AZR 96/06*

Ohne Vereinbarung eines Rechts zur einseitigen Änderung ist der entgeltwirksame Widerruf einer vertraglich übertragenen Zusatzfunktion nicht möglich.

Die Senatsrechtsprechung zur Anwendung des § 308 Nr. 4 BGB bei Widerrufsvorbehalten ist auf die in Betriebsvereinbarungen geregelten Widerrufsvorbehalte nicht anwendbar.

Auch die in Betriebsvereinbarungen geregelten Widerrufsvorbehalte unterliegen einer gerichtlichen Ausübungskontrolle nach § 315 Abs. 3 BGB.

***BAG** 1.2.2006 – 5 AZR 187/05*

Die Betriebsparteien können durch eine Betriebsvereinbarung Verpflichtungen des Arbeitgebers gegenüber den im Betrieb beschäftigten Arbeitnehmern begründen, nicht aber normative Ansprüche gegenüber Dritten.

***BAG** 11.1.2011 – 1 AZR 375/09*

Kommt ein wirksamer Beschluss des Betriebsrats über die Beauftragung eines Rechtsanwalts mit der Einleitung eines Beschlussverfahrens erst im Laufe des Verfahrens zustande, so steht dies der Zulässigkeit des Antrags nicht entgegen, sofern der Beschluss noch vor der erstinstanzlichen Entscheidung gefasst wird. Dies gilt auch dann, wenn die Tatsache der Beschlussfassung erst in der Beschwerdeinstanz vorgetragen wird und das Arbeitsgericht den Antrag des Betriebsrats als unzulässig abgewiesen hat.

Dem Verlangen des Betriebsrats zur Überprüfung der Wirksamkeit einer Betriebsvereinbarung kann nicht mit dem Vorwurf des Rechtsmissbrauchs begegnet werden.

Das Feststellungsinteresse nach § 256 Abs. 1 ZPO für einen Antrag, mit dem der Betriebsrat die Unwirksamkeit einer gekündigten und nicht mehr nachwirkenden Betriebsvereinbarung festgestellt wissen will, ist in der Regel nicht gegeben.

Steht das Mitbestimmungsrecht des Betriebsrats nicht in Frage, fehlt diesem die Antragsbefugnis, wenn er dem Arbeitgeber die Anordnung bestimmter (Bereitschaftsdienst-) Schichten wegen angeblichen Verstoßes gegen arbeitszeitrechtliche Vorgaben untersagen lassen will.

Eine Betriebsvereinbarung, die nur einen bestimmten Dienstrahmen vorgibt, der durch mitbestimmte Dienstpläne noch ausgefüllt werden muss, aus denen sich erst die Arbeitszeiten der betroffenen Arbeitnehmer verbindlich ergeben, kann nicht gegen arbeitszeitrechtliche Vorgaben verstoßen.

***BAG** 18.2.2003 – 1 ABR 17/02 = NZA 2004, 336*

Übernehmen die Betriebsparteien den Inhalt einer gesetzlichen Vorschrift ganz oder teilweise, ist regelmäßig davon auszugehen, dass sie deren Verständnis auch zum Inhalt der betrieblichen Regelung machen wollen, soweit sich aus der Betriebsvereinbarung nichts Gegenteiliges ergibt.

***BAG** 27.7.2010 – 1 AZR 67/09*

Ist die Auslegung einer Betriebsvereinbarung nach Wortlaut, Systematik sowie Sinn und Zweck eindeutig, kommt es auf einen anderweitigen Willen der Betriebsparteien nicht an. Ein dem Auslegungsergebnis entgegenstehender Wille der Betriebsparteien kann wegen des Rechtsnormcharakters einer Betriebsvereinbarung nur berücksichtigt werden, wenn er im Text in irgendeiner Art und Weise seinen Niederschlag gefunden hat.

***BAG** 10.11.2015 – 3 AZR 576/14*

Bei der Auslegung von Betriebsvereinbarungen ist nicht auf den allgemeinen, sondern den Sprachgebrauch im jeweiligen Geltungsbereich abzustellen. Diesen hat das Tatsachengericht ohne Bindung an Beweisantritte festzustellen.

Bei der gerichtlichen Festlegung einer Arbeitgeberleistung nach billigem Ermessen (§ 315 Abs. 3 BGB) haben die Arbeitsgerichte in der Regel eine kollektivrechtliche Vereinbarung, die vergleichbare Fälle betrifft, zu übertragen.

***BAG** 28.10.2008 – 3 AZR 903/07*

Bei der Auslegung von Betriebsvereinbarungen ist zu berücksichtigen, dass diese betriebliche Sachverhalte regeln. Es kann deshalb bei ihrer Auslegung nur begrenzt auf den allgemeinen Sprachgebrauch abgestellt werden. Entscheidend ist das Verständnis im Betrieb.

***BAG** 24.1.2006 – 3 AZR 479/04*

Die in § 8 TVG sowie in § 77 Abs. 3 Satz 3 BetrVG statuierte Verpflichtung des Arbeitgebers, den Tarifvertrag bzw. die Betriebsvereinbarung auszulegen, bedeutet, dass der Arbeitgeber dem Arbeitnehmer auf Anforderung das entsprechende Regelwerk zugänglich machen muss.

***LAG** Nürnberg 25.11.2004 – 5 Sa 328/04 = NZA-RR 2005, 377*

Für die Auslegung von Betriebsvereinbarungen sind die Verhältnisse bei ihrem Abschluss und in ihrem Regelungsbereich entscheidend und nicht die im Zeitpunkt eines späteren Streits über das Verständnis bestimmter Regelungen (Rn. 34).

Knüpft eine Betriebsvereinbarung für die Frage der Ruhegeldfähigkeit an das monatliche Bruttoentgelt an und zieht sie Entgeltbestandteile ein, die ebenfalls monatlich gezahlt bzw. abgerechnet werden, kommt es für die Ruhegeldfähigkeit auf das Arbeitsentgelt an, das monatlich bzw. monatsbezogen gezahlt und abgerechnet wird. Insbesondere Einmalzahlungen oder jahresbezogenes Entgelt sind dann nicht ruhegeldfähig (Rn. 36 ff.).

Bei der Frage der Ausgestaltung bestimmter Entgeltbestandteile mit Auswirkung auf die Ruhegeldfähigkeit können die Betriebsparteien zwischen verschiedenen Arbeitnehmergruppen, etwa tariflichen und außertariflichen Arbeitnehmern, differenzieren, sofern hierfür ein sachlicher Grund vorliegt. Dieser kann beispielsweise in einem unterschiedlich vorhandenen Besitzstand oder in der unterschiedlichen Höhe des typischerweise zur Verfügung stehenden Entgelts liegen. Ein Verstoß gegen den betriebsverfassungsrechtlichen Gleichbehandlungsgrundsatz (§ 75 Abs. 1 BetrVG) ist dann nicht gegeben (Rn. 56 ff.).

***BAG** 25.1.2022 – 3 AZR 406/21,*

Eine Betriebsvereinbarung, die auf die „jeweils gültigen Betriebsvereinbarungen" eines anderen Unternehmens oder Betriebes verweist, ist unwirksam. Das gilt auch bei einer Verweisung auf die jeweils gültigen Betriebsvereinbarungen der Konzernmutter.

Eine Verweisung auf die Gesamtbetriebsvereinbarungen eines anderen Unternehmens, die die „betriebsspezifischen Belange des eigenen Betriebes ausreichend berücksichtigen", verstößt darüber hinaus gegen das Schriftformerfordernis des § 77 Abs. 2 BetrVG.

***BAG** 22.8.2006 – 3 AZR 319/05*

Verweisungen in einer Betriebsvereinbarung auf den **jeweils geltenden Rahmentarifvertrag** (so genannte dynamische Blankettverweisungen) sind grundsätzlich unzulässig.

Die Unwirksamkeit der Verweisung auf den „jeweils geltenden Tarifvertrag" führt aber nicht zur Unwirksamkeit der Verweisung auf den Tarifvertrag, der zum Zeitpunkt des Abschlusses der Betriebsvereinbarung galt.

***BAG** 23.6.1992 – 1 ABR 9/92*

Eine Betriebsvereinbarung, in der für die Arbeitnehmer **Vertragsstrafen** begründet werden, ist jedenfalls dann unwirksam, wenn in der Betriebsvereinbarung bestimmt wird, dass einzelvertragliche Vertragsstrafenversprechen der Betriebsvereinbarung auch dann vorgehen, wenn sie für den Arbeitnehmer ungünstiger sind.

***BAG** 6.8.1991 – 1 AZR 3/90*

Für **soziale** und **personelle Angelegenheiten** (§§ 87 ff. und §§ 92 ff. BetrVG) besteht eine umfassende Regelungskompetenz der Betriebsparteien.

Für soziale Angelegenheiten folgt die umfassende Regelungsbefugnis zum Abschluss (freiwilliger) Betriebsvereinbarungen aus § 88 BetrVG. Die Regelungsbefugnis lässt sich jedoch inhaltlich nicht auf soziale Angelegenheiten beschränken. Die Grenzen zwischen sozialen, personellen (§§ 92 ff. BetrVG) und wirtschaftlichen Angelegenheiten (§§ 106 ff. BetrVG) sind fließend. Die allgemeinen personellen Angelegenheiten i.S.d. §§ 92 bis 95 BetrVG haben vielfach einen Bezug zu wirtschaftlichen Entscheidungen des Unternehmers und zu sozialen Angelegenheiten. Im Rahmen von Personalplanungen (§ 92 BetrVG) und Auswahlrichtlinien (§ 95 BetrVG) werden z. B. die Voraussetzungen für die Einstellung und Entlassung von Arbeitnehmern und der Wechsel des Arbeitsplatzes festgelegt. Ebenso verhält es sich mit einer Betriebsvereinbarung, die eine **Altersgrenzenregelung** zum Gegenstand hat; auch dieser schwerpunktmäßig den personellen Angelegenheiten zuzuordnende Regelungstatbestand weist einen Bezug zu sozialen Angelegenheiten auf. Insoweit ist es richtig, **§ 88 BetrVG gleichsam als Auffangnorm zu betrachten** und als ausreichend **tragende Grundlage** für **freiwillige Betriebsvereinbarungen anzusehen.**

§ 77 Abs. 3 BetrVG spricht ebenfalls für eine solche Regelungskompetenz.

***BAG** 7.11.1989 – GS 3/85*

Arbeitgeber und Betriebsrat sind grundsätzlich befugt, in einer Betriebsvereinbarung **Ausschlussfristen** für die Geltendmachung von Ansprüchen – nicht nur aus einer Betriebsvereinbarung – zu vereinbaren.

***BAG** 9.4.1991 – 1 AZR 406/90*

Die Betriebsparteien sind wegen § 75 BetrVG bei ihrer Normsetzung auch an das aus Art. 2 Abs. 1 GG i.V.m. dem Rechtsstaatsprinzip (Art. 20 Abs. 3 GG) folgende **Gebot des Vertrauensschutzes** gebunden.

Wird erstmals durch Betriebsvereinbarung eine **Altersgrenze** eingeführt, die auf das Erreichen der Regelaltersgrenze in der gesetzlichen Rentenversicherung abstellt, erfordert es der Grundsatz des Vertrauensschutzes, auf die besondere Situation der bei Inkrafttreten der Betriebsvereinbarung bereits rentennahen Arbeitnehmer Rücksicht zu nehmen. Dazu sind für diese Personengruppe grundsätzlich Übergangsregelungen vorzusehen.

Den Betriebsparteien steht sowohl bei der Bestimmung der als „rentennah" anzusehenden Arbeitnehmer als auch bei der Ausgestaltung der für diese Personengruppe maßgeblichen Übergangsregelungen ein Gestaltungsspielraum zu. So können sie z.B. für diese von der Einführung einer Altersgrenze gänzlich absehen oder individuelle Verlängerungsmöglichkeiten, finanzielle Kompensationen oder das Hinausschieben der Altersgrenze vereinbaren.

***BAG** 21.2.2017 – 1 AZR 292/15*

Auf das Regelrentenalter bezogene **Altersgrenzen** in freiwilligen Betriebsvereinbarungen sind von der Regelungskompetenz der Betriebsparteien umfasst, müssen aber die Regelungssperre des § 77 Abs. 3 BetrVG beachten und mit höherrangigem Recht vereinbar sein. Das ist im Individualprozess gerichtlich voll überprüfbar.

In Betriebsvereinbarungen enthaltene Altersgrenzenregelungen, wonach das Arbeitsverhältnis mit der „Vollendung des 65. Lebensjahres" endet, sind ohne Hinzutreten von besonderen Umständen dahingehend auszulegen, dass die Beendigung erst in dem Zeitpunkt eintritt, in dem der Arbeitnehmer das für den Bezug einer Regelaltersrente erforderliche Lebensjahr vollendet.

Nach § 310 Abs. 4 Satz 1 BGB unterliegen Betriebsvereinbarungen keiner Inhaltskontrolle am Maßstab der §§ 305 ff. BGB. Dies gilt unabhängig davon, ob in ihnen Angelegenheiten der erzwingbaren oder der freiwilligen Mitbestimmung ausgestaltet werden.

***BAG** 13.10.2015 – 1 AZR 853/13*

Eine Altersgrenze in einer Betriebsvereinbarung, nach der das Arbeitsverhältnis mit Erreichen der Regelaltersgrenze der gesetzlichen Rentenversicherung endet, ist wirksam. Die Beendigung des Arbeitsverhältnisses mit Erreichen des Regelrentenalters ist sachlich gerechtfertigt i.S.v. § 14 Abs. 1 Satz 1 TzBfG.

Arbeitgeber und Betriebsrat können bei ihren Regelungen beschäftigungspolitische Ziele i.S.d. Art. 6 Abs. 1 Unterabs. 2 der Richtlinie 2000/78/EG verfolgen.

Die Arbeitsvertragsparteien können ihre vertraglichen Absprachen dahingehend gestalten, dass sie einer Abänderung durch betriebliche Normen unterliegen. Das kann ausdrücklich oder bei entsprechenden Begleitumständen konkludent erfolgen. Eine solche konkludente Vereinbarung ist regelmäßig anzunehmen, wenn der Vertragsgegenstand in Allgemeinen Geschäftsbedingungen enthalten ist und einen kollektiven Bezug hat.

***BAG** 5.3.2013 – 1 AZR 417/12*

Ist in einer Betriebsvereinbarung einer Fluggesellschaft bestimmt, dass Flugbegleiter, die in der Vergangenheit nur Langstrecken- bzw. Interkontinentalflüge durchgeführt haben und nach einer Neustrukturierung der Einsatzplanung ebenso wie die übrigen Flugbegleiter zu Kurzstreckenflügen herangezogen werden, einen Zusatzrequest erhalten und nicht mehr als maximal fünf Einsatztage Kontinentalflüge im Quartal zu fliegen haben, wenn sie das 43. Lebensjahr vollendet und mindestens 15 Dienstjahre haben, benachteiligt dies jüngere Flugbegleiter unmittelbar wegen ihres Alters.

Rechtsfolge dieses Verstoßes ist die Unwirksamkeit dieser Regelung. Die jüngeren Flugbegleiter haben keinen Anspruch auf die in der Betriebsvereinbarung vereinbarten Leistungen, wenn die Erstreckung des Geltungsbereichs der altersdiskriminierenden Betriebsvereinbarung auf die von ihr nicht erfassten Arbeitnehmer zur Folge hätte, dass die Fluggesellschaft außerstande wäre, ihren Flugbetrieb aufrechtzuerhalten und die Arbeitsleistung der Flugbegleiter in Anspruch zu nehmen.

Die Nichtanwendung der begünstigenden Regelung stellt in diesem Fall eine geeignete und effektive Sanktion des Verstoßes gegen § 7 Abs. 1 AGG dar. Hierdurch werden die jüngeren Flugbegleiter vor einer weiteren Anwendung der Betriebsvereinbarung und damit einhergehenden dauerhaften Benachteiligungen individualrechtlich geschützt. Sollte die Arbeitgeberin künftig die Dienstpläne unter Beachtung der unwirksamen Bestimmung erstellen, wären diese unwirksam. Einer hierauf beruhenden Weisung müssten die Flugbegleiter nicht nachkommen. Diese wäre nicht nur unbillig i.S.v. § 106 GewO, § 315 BGB, sondern nichtig, weil sie auf einer unwirksamen Regelung beruht. Im Falle der Leistungsverweigerung könnte die Arbeitgeberin in Annahmeverzug geraten.

***BAG** 14.5.2013 – 1 AZR 44/12*

Sieht eine Betriebsvereinbarung für Arbeitnehmer, die in der Vergangenheit auf Entgeltbestandteile verzichtet haben, eine höhere Sonderzahlung vor als für Arbeitnehmer, die keinen Verzicht geleistet haben, ist die ungleiche Behandlung der beiden Arbeitnehmergruppen sachlich gerechtfertigt, wenn die Sonderzahlung dem Ausgleich der unterschiedlichen Entgeltbedingungen dient und keine Überkompensation eintritt.

***BAG** 20.9.2017 – 10 AZR 610/15*

In Betriebsvereinbarungen kann geregelt werden, ob ein **Verbesserungsvorschlag eines Arbeitnehmers** vergütungspflichtig ist. Die Betriebsparteien dürfen zur verbindlichen Beurteilung der eingereichten Verbesserungsvorschläge paritätische Kommissionen vorsehen. Die mit Mehrheit getroffenen tatsächlichen Feststellungen und Bewertungen einer Kommission sind nur beschränkt – insbesondere auf grobe Unrichtigkeit – gerichtlich überprüfbar. Wenn der Kommission Verfahrensfehler unterlaufen, die sich auf das Ergebnis auswirken können, oder wenn sie die Entscheidung nicht nachvollziehbar begründet, kann diese von den Gerichten für Arbeitssachen uneingeschränkt überprüft werden. Dabei dürfen die Anforderungen an die Begründung von Kommissionsentscheidungen nicht überspannt werden. Es muss für die Arbeitsvertragsparteien jedoch nachvollziehbar dargestellt werden, auf welche Tatsachen die Kommission ihre Mehrheitsentscheidung stützt. Diese Einschränkung der gerichtlichen Überprüfbarkeit von Kommissionsentscheidungen verstößt nicht gegen das Verbot von Schiedsgerichten (§101 ArbGG).

***BAG** 20.1.2004 – 9 AZR 393/03*

Es ist zulässig, in einer Betriebsvereinbarung über das **betriebliche Vorschlagswesen** einem Paritätischen Ausschuss eine Leistungsbestimmung über die Bewertung eingereichter Verbesserungsvorschläge gemäß den Grundsätzen der §§ 317 ff. BGB zuzuweisen. Tatsachenfeststellungen, die sinnvollerweise besser betriebsnah als von außenstehenden Stellen getroffen werden können, können vom Paritätischen Ausschuss verbindlich getroffen werden.

Besteht eine Betriebsvereinbarung zum betrieblichen Vorschlagswesen, kommt eine Vergütungserwartung i.S.d. § 612 Abs. 1 BGB für einen Verbesserungsvorschlag regelmäßig nur in den in der Betriebsvereinbarung vorgesehenen Fällen in Betracht.

***BAG** 19.5.2015 – 9 AZR 863/13*

Sieht eine Betriebsvereinbarung für **aktive Arbeitnehmer** und **Betriebsrentner** gleiche **Beihilfeleistungen** im Krankheitsfall vor, so können die begünstigten Arbeitnehmer nach ihrem Ausscheiden nicht damit rechnen, besser als die Aktiven gestellt zu werden; sie können aber darauf vertrauen, auch nicht schlechter gestellt zu werden.

Beihilfen in Krankheits- und Todesfällen zählen nicht zur betrieblichen Altersversorgung im Sinne des Betriebsrentengesetzes.

Der Senat hat offen gelassen, ob die Betriebspartner eine Regelungskompetenz für die Betriebsrentner haben.

***BAG** 10.2.2009 – 3 AZR 653/07*

Tarifverträge und Betriebs- oder Dienstvereinbarungen sind Rechtsvorschriften i.S.d. § 4 Abs.1 BDSG. Erlaubt eine Dienstvereinbarung, dass eine qualifizierte elektronische Signatur in der Dienststelle verwendet wird, die nach den Bestimmungen des SigG nur durch den Arbeitnehmer persönlich bei einem Zertifizierungsdiensteanbieter beantragt werden kann, verstößt eine entsprechende Weisung auch dann nicht gegen Bestimmungen des

BDSG, wenn der Arbeitnehmer keine Einwilligung i.S.v. § 4a BDSG erteilt.

***BAG** 25.9.2013 – 10 AZR 270/12*

2.1. Tarifvorbehalt (§ 77 Abs. 3 BetrVG)[39]

2.1.1. Allgemeines

Nach § 77 Abs. 3 Satz 1 BetrVG können Arbeitsentgelte und sonstige Arbeitsbedingungen, die durch Tarifvertrag geregelt sind oder üblicherweise geregelt werden, nicht Gegenstand einer Betriebsvereinbarung sein. Dies gilt nach Satz 2 der Vorschrift nur dann nicht, wenn ein Tarifvertrag den Abschluss ergänzender Betriebsvereinbarungen ausdrücklich zulässt. Dem Betriebsrat fehlt die Zuständigkeit für Betriebsvereinbarungen, deren Gegenstand tarifüblich oder bereits in Tarifverträgen geregelt ist (BAG 22.3.2005 – 1 ABR 64/03).

Eine gegen § 77 Abs. 3 Satz 1 BetrVG verstoßende Betriebsvereinbarung ist daher unwirksam (BAG 29.10.2002 – 1 AZR 573/01). **Die Sperrwirkung des § 77 Abs. 3 Satz 1 BetrVG hängt nicht von der Tarifbindung des Arbeitgebers ab.** Die Vorschrift soll die Funktionsfähigkeit der Tarifautonomie nach Art. 9 Abs. 3 GG gewährleisten. Dazu räumt sie den Tarifvertragsparteien den Vorrang bei der Regelung von Arbeitsbedingungen ein. Zum Schutz der ausgeübten und aktualisierten Tarifautonomie ist jede Normsetzung durch die Betriebsparteien ausgeschlossen, die inhaltlich zu derjenigen der Tarifvertragsparteien in Konkurrenz treten würde. Arbeitgeber und Betriebsrat sollen keine abweichenden oder ergänzenden Betriebsvereinbarungen mit normativer Wirkung abschließen können (BAG 20.11.2001 – 1 AZR 12/01).

Eine tarifliche Regelung von Arbeitsbedingungen liegt vor, wenn diese in einem nach seinem räumlichen, betrieblichen, fachlichen und persönlichen Geltungsbereich einschlägigen Tarifvertrag enthalten ist und der Betrieb in den Geltungsbereich dieses Tarifvertrags fällt (BAG 12.3.2019 – 1 AZR 307/17 – Rn. 32 m.w.N.). Auf die Tarifgebundenheit des Arbeitgebers kommt es nicht an (vgl. BAG 23.1.2018- 1 AZR 65/17 – Rn. 16 ff., BAGE 161, 305), **siehe hierzu ausführlich BAG 18.3.2020 – 5 AZR 25/19.**

Nach der ständigen Rechtsprechung des Bundesarbeitsgerichts greift die Tarifsperre des § 77 Abs. 3 Satz 1 BetrVG allerdings nicht ein, soweit es um Angelegenheiten geht, die nach § 87 Abs. 1 BetrVG der erzwingbaren Mitbestimmung des Betriebsrats unterliegen (GS 3.12.1991 – GS 2/90; BAG 17.5.2011 – 1 AZR 473/09). Ein solches Mitbestimmungsrecht setzt nach § 87 Abs. 1 Eingangshalbs. BetrVG voraus, dass keine zwingende tarifliche Regelung besteht, **an die der Arbeitgeber gebunden ist**. § 77 Abs. 3 Satz 1 BetrVG führt daher auch im Anwendungsbereich des § 87 Abs. 1 BetrVG zur Unwirksamkeit einer betrieblichen Regelung, soweit dieser eine zwingende tarifliche Regelung entgegensteht. Etwas Anderes gilt nach § 77 Abs. 3 Satz 2 BetrVG dann, wenn der Tarifvertrag den Abschluss ergänzender Betriebsvereinbarungen ausdrücklich zulässt (BAG 29.4.2004 – 1 ABR 30/02).

***BAG** 13.3.2012 – 1 AZR 659/10*

Die Sperrwirkung eines Tarifvertrags nach § 77 Abs. 3 Satz 1 BetrVG hängt weder davon ab, dass der Arbeitgeber tarifgebunden ist, noch davon, dass der Tarifvertrag bei Abschluss der betreffenden Betriebsvereinbarung noch gilt; es genügt, dass die Regelung der betreffenden Materie in Form eines Tarifvertrags in der entsprechenden Branche üblich ist.

Die Sperrwirkung einer tariflichen Regelung nach § 77 Abs. 3 Satz 1 BetrVG reicht soweit wie der Geltungsbereich des Tarifvertrags. Dieser erfasst sowohl die tarifgebundenen Unternehmen und Betriebe als auch solche, auf die der Tarifvertrag bei einer Mitgliedschaft des Arbeitgebers im tarifschließenden Verband Anwendung fände. (Verbands-)Firmentarifverträge vermögen deshalb keine Sperrwirkung für Betriebsvereinbarungen in den Betrieben anderer Unternehmen herbeizuführen.

Tarifverträge können ihren fachlichen Geltungsbereich durch die Mitgliedschaft im tarifschließenden Arbeitgeberverband bestimmen. Das schließt eine über die Betriebe der tatsächlichen Mitgliedsunternehmen hinausgehende Sperrwirkung nicht generell aus. Die mitgliedschaftsbezogene Festlegung des Geltungsbereichs des Tarifvertrags kann dahin zu verstehen sein, dass dieser sich auch auf potentielle Mitglieder des tarifschließenden Verbands erstreckt; dies ist durch Auslegung des Tarifvertrags zu ermitteln.

Bestimmt ein Tarifvertrag seinen fachlichen Geltungsbereich nicht durch die Angabe eines Wirtschaftszweigs, sondern durch die Mitgliedschaft im tarifschließenden Arbeitgeberverband, ist regelmäßig anzunehmen, dass sein Geltungsbereich sich über die tatsächlichen Mitgliedsunternehmen hinaus auf alle Unternehmen erstreckt, die Mitglieder des betreffenden Arbeitgeberverbands werden können.

Die Mitbestimmungspflichtigkeit eines Teils der Regelungen einer Betriebsvereinbarung führt nicht dazu, dass die Sperrwirkung eines Tarifvertrags auch für den mitbestimmungsfreien Teil aufgehoben wäre. Die Teilunwirksamkeit einer Betriebsvereinbarung wiederum hat die Unwirksamkeit auch der übrigen Regelungen nur zur Folge, wenn diese ohne die unwirksamen Teile keine sinnvolle, in sich geschlossene Regelung mehr darstellen.

***BAG** 22.3.2005 – 1 ABR 64/03*

Ein Regelungsgegenstand ist nicht tarifüblich i.S.v. § 77 Abs. 3 Satz 1 BetrVG, wenn es in der Vergangenheit noch keinen einschlägigen Tarifvertrag gab und die Tarifvertragsparteien lediglich beabsichtigen, die Angelegenheit künftig tariflich zu regeln. Das gilt selbst dann, wenn sie bereits Tarifverhandlungen geführt haben.

***BAG** 5.3.2013 – 1 AZR 417/12*

Die Betriebsparteien können im Geltungsbereich eines Tarifvertrags keine Regelungen durch Betriebsvereinbarung treffen, die mit dessen Tarifbestimmungen inhaltlich identisch sind. Das gilt auch im Betrieb eines tarifungebundenen Arbeitgebers, sofern es sich nicht um Angelegenheiten der zwingenden Mitbestimmung nach § 87 Abs. 1 BetrVG handelt (Rn. 20).

Die Regelungssperre des § 77 Abs. 3 BetrVG hindert zum Schutz der Tarifautonomie die Betriebsparteien auch am Abschluss von Regelurgen, die mit denen eines Tarifvertrags inhaltsgleich sind (Rn. 20).

Die nach § 77 Abs. 3 BetrVG fehlende Gestaltungsmacht: der Betriebsparteien bei Abschluss einer Betriebsvereinbarung führt zu deren Unwirksamkeit. Ohne rechtliche Bedeutung ist eine später eintretende Nachwirkung des maßgebenden Tarifvertrags oder ein anschließender Wegfall der Tarifwilligkeit einer Tarifvertragspartei (Rn. 25).

Eine Betriebsvereinbarung kann dann als zulässige andere Abmachung i.S.d. § 4 Abs. 5 TVG zu beurteilen sein, wenn sie von ihrem Regelungswillen darauf gerichtet ist, für einen absehbar eintretenden Nachwirkungszeitraum bestimmte Tarifregelungen abändern zu wollen (Rn. 27).

***BAG** 15.5.2018 – 1 ABR 75/16*

Der Tarifvorbehalt des § 77 Abs. 3 Satz 1 BetrVG verwehrt den Betriebsparteien jegliche Regelung über tarifliche Vergütungsbestandteile. Daher können sie weder über die Höhe noch über den Zeitpunkt von Tariflohnerhöhungen disponieren.

Die Betriebsparteien können aber Regelungen über die Anrechnung von Tariflohnerhöhungen auf übertarifliche Zulagen treffen. Sie können auch regeln, dass sich eine übertarifliche Zulage um denselben Prozentsatz erhöht wie der Tariflohn. Eine solche Bestimmung regelt nicht das Schicksal der Tariflohnerhöhung, sondern die Behandlung der übertariflichen Zulage. Sie ist wirksam, wenn die betriebsverfassungsrechtliche Zulagenregelung ihrerseits dem Tarifvorbehalt des § 77 Abs. 3 Satz 1 BetrVG genügt.

Eine Betriebsvereinbarung, nach der sich anlässlich von Tarifabschlüssen das Effektivgehalt rückwirkend schon zum 1. Januar des betreffenden Jahres um den Prozentsatz der Tariferhöhung erhöht, verstößt gegen § 77 Abs. 3 Satz 1 BetrVG und ist daher unwirksam.

***BAG** 30.5.2006 – 1 AZR 111/05*

Eine Tariföffnungsklausel, die den Betriebsparteien die abweichende Ausgestaltung der Tarifnormen durch eine nicht erzwingbare Betriebsvereinbarung ermöglicht, ist ohne Hinzutreten von besonderen Umständen dahingehend auszulegen, dass diese entsprechend den für tarifliche Normen geltenden Grundsätzen auch rückwirkende Regelungen treffen können.

[39] vgl. auch § 87, Ziff. 4. „§ 87 Abs. 1 Einleitungssatz und § 77 Abs. 3, S. 218

Ein solches Verständnis belässt den Betriebsparteien in zeitlicher Hinsicht den ihnen durch eine Tariföffnungsklausel geschaffenen Freiraum. Wollen die Tarifvertragsparteien diesen begrenzen, muss das im Tarifvertrag deutlich zum Ausdruck kommen.

***BAG** 22.5.2012 – 1 AZR 103/11*

Die Unwirksamkeit einer gegen die Regelungssperre des § 77 Abs. 3 Satz 1 BetrVG verstoßenden Betriebsvereinbarung über die dauerhafte Verlängerung der regelmäßigen Arbeitszeit kann zur Folge haben, dass eine zeitgleich geschlossene, mit der Arbeitszeitverlängerung aufgrund spezifischer Umstände untrennbar verknüpfte Betriebsvereinbarung über die Einführung von Arbeitszeitkonten gegenstandlos ist (Rn. 29 ff.).

***BAG** 17.8.2021 – 1 AZR 175/20*

Eine Entgeltregelung in einer Gesamtbetriebsvereinbarung ist jedenfalls dann nach § 77 Abs. 3 BetrVG unwirksam, wenn der Geschäftsbereich des Unternehmens vom Geltungsbereich eines Bundes-Entgeltrahmentarifvertrages erfasst wird oder – bei einer mitgliedschaftsbezogenen Festlegung des Geltungsbereichs – erfasst werden kann, weil das Unternehmen nach der Satzung des tarifschließenden Verbandes in diesem Mitglied werden kann.

***BAG** 23.3.2011 – 4 AZR 268/09*

Die Betriebsparteien haben eine umfassende Kompetenz zur Regelung von materiellen und formellen Arbeitsbedingungen.

Die inhaltliche Gestaltung von Arbeitsbedingungen kann auch durch die statische Bezugnahme auf einen bestimmten Tarifvertrag in einer Betriebsvereinbarung erfolgen. Eine dynamische Bezugnahme auf tarifliche Regelungen ist den Betriebsparteien dagegen verwehrt.
Die Regelungskompetenz der Betriebsparteien ist im Bereich der freiwilligen Mitbestimmung begrenzt durch § 77 Abs. 3 Satz 1 BetrVG, dessen Sperrwirkung nicht von der Tarifgebundenheit des Arbeitgebers abhängt.

Eine Bindung der Arbeitnehmer an Pflichten oder Obliegenheiten durch eine unwirksame Betriebsvereinbarung kann nicht mittels ihrer Umdeutung gewonnen werden.

Bestimmungen einer unwirksamen Betriebsvereinbarung können arbeitsvertraglich als Allgemeine Geschäftsbedingungen vereinbart werden.

***BAG** 25.2.2015 – 5 AZR 481/13*

Regelungen in einer Betriebsvereinbarung, welche die vergütungspflichtigen Fahrtzeiten eines Außendienstmitarbeiters verkürzen, sind wegen Verstoßes gegen die Tarifsperre des § 77 Abs. 3 Satz 1 BetrVG unwirksam, wenn die betreffenden Zeiten nach den Bestimmungen des einschlägigen Tarifvertrags uneingeschränkt der entgeltpflichtigen Arbeitszeit zuzurechnen und mit der tariflichen Grundvergütung abzugelten sind. (Rn. 19 – 38)

***BAG** 18.3.2020 – 5 AZR 36/19*

Ist eine ordentliche Kündigung aus tariflichen oder anderen Gründen ausgeschlossen, ist der Arbeitgeber vor Ausspruch einer außerordentlichen Kündigung mit notwendiger Auslauffrist in besonderem Maße verpflichtet, die Kündigung durch geeignete andere Maßnahmen zu vermeiden.

Eine freiwillige Betriebsvereinbarung i.S.v. § 88 BetrVG kann einen besonderen Kündigungsschutz für langjährig beschäftigte Mitarbeiter wegen § 77 Abs. 3 BetrVG nur begründen, wenn solche Kündigungsbeschränkungen nicht in einem Tarifvertrag geregelt sind oder üblicherweise geregelt werden.

***BAG** 18.3.2010 – 2 AZR 337/08*

Ein lediglich **nachwirkender Tarifvertrag** schließt Mitbestimmungsrechte des Betriebsrats nach § 87 Abs. 1 BetrVG nicht aus.
Eine das Mitbestimmungsrecht des Betriebsrats nach dem Eingangssatz von § 87 Abs. 1 BetrVG ausschließende tarifliche Regelung liegt dann vor, **wenn der Arbeitgeber tarifgebunden ist** und bei Tarifbindung auch des Arbeitnehmers die tarifliche Regelung in diesem Arbeitsverhältnis unmittelbar und zwingend gelten würde. Darauf, ob und wie viele Arbeitnehmer des Betriebs tatsächlich tarifgebunden sind, kommt es nicht an.

***BAG** 24.2.1987 – 1 ABR 18/85; **BAG** 28.8.1991 – 1 AZR 326/90*

Die Tatsache, dass ein Arbeitgeber die **Geltung eines Tarifvertrags**, von dessen Geltungsbereich er nicht erfasst wird, **einzelvertraglich** mit seinen Arbeitnehmern vereinbart, führt nicht dazu, dass in seinem Betrieb Arbeitsbedingungen i.S.d. § 77 Abs. 3 BetrVG üblicherweise tariflich geregelt sind.

Der Abschluss von **Firmentarifverträgen** mit einzelnen privaten Forschungseinrichtungen begründet keine übliche tarifliche Regelung i.S.d. § 77 Abs. 3 BetrVG für den gesamten Bereich privater Forschungseinrichtungen.

***BAG** 27.1.1987 – 1 ABR 66/85*

Ein Tarifvertrag, dessen Geltungsbereich sich nur auf die tarifschließenden Unternehmen bezieht, begründet für andere Unternehmen keine Tarifüblichkeit i.S.v. § 77 Abs. 3 BetrVG (Rn. 42).

***BAG** 11.12.2018 – 1 ABR 17/17*

Sieht eine Betriebsvereinbarung zwingend einen täglichen Gleitzeitrahmen vor, so können der Betriebsrat und bei groben Verstößen auch eine im Betrieb vertretene Gewerkschaft vom Arbeitgeber verlangen, dass dieser die Überschreitung des Gleitzeitrahmens durch Arbeitnehmer verhindert.
Betriebsrat und Gewerkschaft können vom Arbeitgeber nicht die Durchführung einer tarifvertragswidrigen Betriebsvereinbarung verlangen. Sieht ein im Betrieb anwendbarer Tarifvertrag zwingend den vollständigen Ausgleich von Gleitzeitguthaben innerhalb eines bestimmten Zeitraums vor, können die Betriebsparteien in einer Betriebsvereinbarung nicht wirksam die Übertragung von Gleitzeitguthaben über den Ausgleichszeitraum hinaus vereinbaren.

***BAG** 29.4.2004 – 1 ABR 30/02*

Der Tarifvorbehalt in § 77 Abs. 3 BetrVG schränkt auch die Befugnis der Betriebspartner ein, in einer Betriebsvereinbarung **Ausschlussfristen** für die Geltendmachung von Ansprüchen aus dem Arbeitsverhältnis zu bestimmen. Auch Ausschlussfristen sind Arbeitsbedingungen, die nicht Gegenstand einer Betriebsvereinbarung sein können, wenn sie durch Tarifvertrag geregelt sind oder üblicherweise geregelt werden.

§ 77 Abs. 3 BetrVG betrifft nicht nur materielle Arbeitsbedingungen. Der Begriff „sonstige Arbeitsbedingungen" in § 77 Abs. 3 BetrVG wird nach dem Wortlaut des Gesetzes nicht eingeschränkt. Aus der Voranstellung des Worts „Arbeitsentgelte" kann eine solche Einschränkung allein nicht hergeleitet werden. Es hätte dann nahe gelegen, wie in § 87 Abs. 1 Nr. 11 BetrVG, den Begriff „vergleichbare Arbeitsbedingungen" zu verwenden. Ohne eine solche Einschränkung sind unter Arbeitsbedingungen wie in § 1 Abs. 1 TVG Rechtsnormen zu verstehen, die den Inhalt von Arbeitsverhältnissen ordnen, also nicht nur materielle, sondern auch formelle Arbeitsbedingungen.

Für dieses Verständnis spricht insbesondere der Zweck der Regelung in § 77 Abs. 3 BetrVG.

***BAG** 9.4.1991 – 1 AZR 406/90*

> Schließen Betriebsrat und Arbeitgeber unter Beteiligung der zuständigen Gewerkschaft eine „Betriebsvereinbarung über einen Konsolidierungsvertrag", so handelt es sich hierbei um eine Betriebsvereinbarung und nicht um einen Haustarifvertrag.
>
> Die Betriebsvereinbarung verstößt gegen § 77 Abs. 3 Satz 1 BetrVG und ist deshalb rechtsunwirksam.
>
> Die Beteiligung der Gewerkschaft ist nicht als Zulassung einer solchen Betriebsvereinbarung i.S.d. § 77 Abs. 3 Satz 2 BetrVG zu werten.
>
> ***LAG** Düsseldorf 2.12.1999 – 5 Sa 992/99 n.rkr. = DB 2000, 43*
> *(Az. **BAG**: 1 AZR 9/00)*

Ist in einem Tarifvertrag geregelt, dass der Arbeitnehmer eine ärztliche Arbeitsunfähigkeitsbescheinigung bereits ab dem ersten Krankheitstag vorzulegen hat, kann nicht durch Betriebsvereinbarung festgelegt werden, dass diese Verpflichtung erst ab dem dritten Tag der Arbeitsunfähigkeit besteht. Das gilt auch dann, wenn der Tarifvertrag eine Präzisierung der Pflichten auf betrieblicher Ebene vorsieht.

***BAG** 26.2.2003 – 5 AZR 112/02*

> Ist ein Teil einer Betriebsvereinbarung zur Regelung der Arbeitszeit der Auszubildenden wegen Verstoßes gegen die Regelungssperre des § 77 Abs. 3 Satz 1 BetrVG unwirksam, gebietet der Normencharakter der Betriebsvereinbarung die Aufrechterhaltung des wirksamen Teils der Regelung, wenn dieser auch ohne die unwirksamen Bestimmungen eine sinnvolle und in sich geschlossene Regelung enthält.
>
> ***BAG** 13.2.2003 – 6 AZR 537/01*

2.1.2. Betriebsvereinbarung über die Arbeitszeit

In einer Betriebsvereinbarung nach § 87 Abs. 1 Nr. 2 BetrVG kann die **wöchentliche betriebliche Ausbildungszeit** volljähriger Auszubildender in einer Weise verteilt werden, dass die Zeiten der Teilnahme am wöchentlichen Berufsschulunterricht zusammen mit der betrieblichen Ausbildungszeit die tarifvertragliche Ausbildungszeit nicht überschreitet.

BAG 13.2.2003 – 6 AZR 537/01

Ist die regelmäßige wöchentliche Ausbildungszeit durch Tarifvertrag geregelt, können die Betriebsparteien die Ausbildungszeit nicht durch Betriebsvereinbarung verlängern. Eine solche Regelung ist wegen Verstoßes gegen die Regelungssperre des § 77 Abs. 3 Satz 1 BetrVG unwirksam.

BAG 13.2.2003 – 6 AZR 537/01 = DB 2003, 1743

Eine Betriebsvereinbarung über die **Anerkennung bestimmter Fahrtzeiten eines Außendienstmitarbeiters als Arbeitszeit** stellt weder eine Vergütungsregelung noch eine Regelung über die Dauer der regelmäßigen wöchentlichen Arbeitszeit dar. Sie unterfällt deshalb nicht aus diesen Gründen einer Sperre durch tarifliche Regelungen i.S.v. § 77 Abs. 3 BetrVG.

Die Zuständigkeit des Gesamtbetriebsrats wegen „subjektiver Unmöglichkeit“ einzelbetrieblicher Regelungen ist gegeben, wenn der Arbeitgeber im Bereich der freiwilligen Mitbestimmung zu einer Regelung nur betriebsübergreifend bereit ist.

BAG 10.10.2006 – 1 ABR 59/05

Eine Betriebsvereinbarung, die unter Abweichung von der tariflichen regelmäßigen Wochenarbeitszeit von den Vollzeitbeschäftigten eine unentgeltlich wöchentliche Mehrleistung von zwei Stunden verlangt, verstößt gegen die Regelungssperre des § 77 Abs. 3 BetrVG, auch wenn der Arbeitgeber in der Betriebsvereinbarung die Beibehaltung des Standorts und einer bestimmten Zahl an Arbeitsplätzen garantiert.

ArbG Stuttgart 20.2.1998 – 20 BV 21/97 n.rkr. = BB 1998, 696

Eine Erhöhung der tarifüblichen Arbeitszeit durch eine Betriebsvereinbarung ist wegen Verstoßes gegen § 77 Abs. 3 BetrVG unwirksam. Der Umstand, dass der Arbeitgeber nicht Mitglied des Arbeitgeberverbandes ist, spielt nach der gesetzlichen Vorschrift keine Rolle.
Die Sperre des § 77 Abs. 3 BetrVG gilt nicht für solche Gegenstände, die der zwingenden Mitbestimmung des Betriebsrats zugewiesen sind. Darunter fällt aber nicht das **Volumen** (Dauer) der zu verteilenden Arbeitszeit.

Der Betriebsrat kann durch seinen Zustimmungsbeschluss zur danach unwirksamen Betriebsvereinbarung über die Dauer der Arbeitszeit die einzelnen Arbeitnehmer nicht rechtsgeschäftlich vertreten, so dass eine Umdeutung der unwirksamen Betriebsvereinbarung in eine arbeitsvertragliche Absprache zwischen Arbeitgeber und Arbeitnehmer über die Dauer der Arbeitszeit nicht möglich ist.

LAG Baden-Württemberg 16.1.1997 – 11 Sa 101/96

Auch eine für mehrere Jahre unkündbare Betriebsvereinbarung zu Überstunden ist vom Mitbestimmungsrecht nach § 87 Abs. 1 Nr. 3 BetrVG gedeckt und verstößt nicht gegen die Tarifsperre des § 77 Abs. 3 BetrVG, wenn die in ihr vorgesehenen Verlängerungen der betriebsüblichen Arbeitszeit als solche jeweils nur vorübergehend sind.

Der Betriebsrat verzichtet mit dem Abschluss einer solchen Betriebsvereinbarung nicht in unzulässiger Weise auf sein Mitbestimmungsrecht, wenn in ihr zwar keine Voraussetzungen für die Anordnung von Überstunden im Einzelfall, aber detaillierte Regelungen zu deren Umfang und Verteilung vorgesehen sind.

Eine Betriebsvereinbarung kann eine ausreichende Grundlage für die Anordnung von Überstunden sein.

BAG 3.6.2003 – 1 AZR 349/02

Gemäß § 77 Abs. 1 Satz 1 BetrVG kann der Betriebsrat vom Arbeitgeber die Durchführung der getroffenen Vereinbarung und die Unterlassung von betriebsvereinbarungswidrigen Maßnahmen verlangen.

Wird in einer Betriebsvereinbarung über gleitende Arbeitszeit vereinbart, dass Vorgesetzter und Mitarbeiter die Arbeitszeit so zu planen und umzusetzen haben, dass am Ende des Ausgleichszeitraumes ein bestimmter Höchstwert nicht überschritten wird, so begründet dies eine Verpflichtung des Arbeitgebers gegenüber dem Betriebsrat, den Verfall von Arbeitszeitguthaben abzuwenden.
Wird in einer Betriebsvereinbarung über gleitende Arbeitszeit ein täglicher Arbeitszeitrahmen vereinbart, so ist der Arbeitgeber grundsätzlich verpflichtet, Arbeiten außerhalb des Arbeitszeitrahmens zu unterbinden.
Werden maximal übertragbare Gleitzeitguthaben vereinbart, so kann der Betriebsrat vom Arbeitgeber grundsätzlich verlangen, dass er keine Arbeitsleistungen entgegennimmt, die über die Gleitzeithöchstgrenze hinausgehen.

LAG Baden-Württemberg 11.7.2002 – 2 TaBV 2/01

Eine Betriebsvereinbarung zur Einführung von Kurzarbeit muss die sich daraus ergebenden Rechte und Pflichten so deutlich regeln, dass diese für die Arbeitnehmer zuverlässig zu erkennen sind. Erforderlich sind mindestens die Bestimmung von Beginn und Dauer der Kurzarbeit, die Regelung der Lage und Verteilung der Arbeitszeit sowie die Auswahl der betroffenen Arbeitnehmer.

Hat der Arbeitgeber durch unwirksame Einteilung eines Arbeitnehmers zur Kurzarbeit erklärt, in diesem Zeitraum keine weiteren Arbeitsleistungen anzunehmen, genügt ein wörtliches Angebot des Arbeitnehmers nach § 295 Satz 1 BGB, um den Arbeitgeber in Annahmeverzug zu versetzen.

BAG 18.11.2015 – 5 AZR 491/14

2.1.3. Betriebsvereinbarung über Entgelt

Die Betriebsparteien können wegen der Tarifsperre des § 77 Abs. 3 Satz 1 BetrVG in einer Betriebsvereinbarung weder Bestimmungen über Tarifentgelte treffen noch über deren Höhe disponieren.

BAG 23.1.2018 – 1 AZR 65/17

Arbeitsverträge können rückwirkend geändert werden. Das gilt jedenfalls wenn nichts anderes praktiziert worden ist, auch hinsichtlich der Pflichtenbindung des Arbeitnehmers.

Die Regelung in einer Betriebsvereinbarung, nach der bei bestimmter Betriebszugehörigkeit ein Zuschlag zum tariflichen Stundenlohn gezahlt wird, verstößt gegen § 77 Abs. 3 BetrVG und ist deshalb unwirksam.

BAG 24.9.2003 – 5 AZR 282/02 = NZA 2003, 1332

Eine tarifvertragliche Regelung entfaltet die Sperrwirkung nach § 77 Abs. 3 BetrVG nur innerhalb ihres **räumlichen Geltungsbereichs**.

Soweit eine tarifvertragliche Regelung besteht oder üblich ist, die die **Höhe des Arbeitsentgelts** bestimmt, können die Betriebspartner nach § 77 Abs. 3 BetrVG nicht durch Betriebsvereinbarung **übertarifliche Zulagen** einführen, die an keine besonderen Voraussetzungen gebunden sind.

Hingegen sind sie durch § 77 Abs. 3 BetrVG nicht gehindert, die **Anrechnung von Tariferhöhungen** auf übertarifliche Zulagen auszuschließen.

BAG 9.12.1997 – 1 AZR 319/97 = NZA 1998, 661

Eine Betriebsvereinbarung, mit der ausschließlich die Erhöhung der bisherigen Vergütung und Weihnachtsgratifikation geregelt wird, ist wegen Verstoßes gegen § 77 Abs. 3 BetrVG nichtig, wenn entsprechende tarifliche Regelungen bestehen oder üblich sind. Dies gilt auch dann, wenn der Arbeitgeber nicht tarifgebunden ist.

BAG 24.1.1996 – 1 AZR 597/95

Sieht ein Tarifvertrag neben Zeitlohn und dem Akkordlohn Prämienlohn als gleichberechtigte Lohnform vor, handelt es sich bei dem – mitbestimmten – Prämienlohn nicht um eine freiwillige Leistung des Arbeitgebers, sondern um den tariflich geschuldeten Lohn.

Das Mitbestimmungsrecht des Betriebsrats nach § 87 Abs. 1 Nr. 10 BetrVG ist durch den Tarifvertrag eingeschränkt, soweit der Tarifvertrag selbst Regelungen über die Berechnung des Prämienlohns enthält. Es ist nicht eingeschränkt, soweit der Tarifvertrag ergänzende Betriebsvereinbarungen zulässt.

BAG 16.12.1986 – 1 ABR 26/85

Der Abschluss einer Betriebsvereinbarung unter Verstoß gegen die Tarifsperre des § 77 Abs. 3 BetrVG ist grundsätzlich für den Arbeitgeber ein grober Verstoß i.S.d. § 23 Abs. 3 BetrVG, für den Betriebsrat eine Verletzung seiner gesetzlichen Pflichten i.S.d. § 23 Abs. 1 BetrVG.

Regelungen über die Verlängerung der wöchentlichen Arbeitszeit und eine Erhöhung der Löhne sowie Gehälter dürfen die Betriebsparteien nicht treffen, wenn der Betrieb im fachlichen und räumlichen Geltungsbereich eines Tarifvertrages liegt.

Die Gewerkschaft hat einen Unterlassungsanspruch gegen den Arbeitgeber, wenn die im Betrieb abgeschlossene Betriebsvereinbarung gegen § 77 Abs. 3 BetrVG verstößt.

Ein Rechtsschutzbedürfnis besteht auch dann, wenn der Arbeitgeber behauptet, er wende die wegen Verstoßes gegen §§ 77 Abs. 3 BetrVG unzulässige Betriebsvereinbarung nicht mehr an.

***LAG** Schleswig-Holstein 28.1.1999 – 4 TaBV 41/98 = AiB 2000, 105*

2.1.4. Tarifvertragsergänzende Betriebsvereinbarung

Tarifvertragliche Öffnungsklauseln, die vom Tarifvertrag abweichende Betriebsvereinbarungen zulassen, eröffnen den Betriebsparteien in der Regel nur das Recht zum Abschluss freiwilliger Betriebsvereinbarungen. Ein erzwingbares Mitbestimmungsrecht einer Betriebspartei besteht nur dann, wenn der zu regelnde Sachverhalt von Gesetzes wegen der erzwingbaren Mitbestimmung unterliegt oder der Tarifvertrag dies ausdrücklich vorsieht.

***BAG** 23.2.2010 – 1 ABR 65/08*

Eröffnet ein Tarifvertrag für ergänzende Regelungen die Zuständigkeit der Betriebspartner und schließen diese eine Betriebsvereinbarung ab, die nicht von der Ermächtigung im Tarifvertrag gedeckt ist, ist die Betriebsvereinbarung unwirksam.

***BAG** 2.12.1992 – 10 AZR 317/91*

Sieht ein Tarifvertrag eine Erschwerniszulage vor, deren Höhe vom Arbeitgeber im Einvernehmen mit dem Betriebsrat festgelegt werden soll, kann hierin die Einräumung eines echten Mitbestimmungsrechts liegen, wenn die tarifliche Regelung Voraussetzungen und Umfang der Zulage offen lässt. Wird bei dieser Rechtslage zwischen den Betriebspartnern kein Einvernehmen erzielt, kann die Einigungsstelle nach § 76 BetrVG angerufen werden und verbindlich entscheiden.

***BAG** 9.5.1995 – 1 ABR 56/94*

Eine Tariföffnungsklausel gemäß § 77 Abs. 3 Satz 2 BetrVG kann nur von den Parteien desjenigen Tarifvertrages vereinbart werden, der für eine Betriebsvereinbarung geöffnet werden soll.

Die zuständigen Tarifvertragsparteien können eine Betriebsvereinbarung auch rückwirkend genehmigen. Die rückwirkende Kürzung tariflicher Ansprüche (hier Verlängerung der Wochenarbeitszeit ohne Lohnausgleich) ist allerdings begrenzt durch die Grundsätze des Vertrauensschutzes.

Das schutzwürdige Vertrauen auf unveränderten Fortbestand einer tariflichen Regelung entfällt, wenn die zuständige Gewerkschaft ihre Mitglieder darüber informiert, dass sie eine ungünstigere Betriebsvereinbarung genehmigt hat. Das gilt auch dann, wenn diese Genehmigung zunächst unwirksam ist, weil sie nicht mit dem eigentlich zuständigen Arbeitgeberverband, sondern nur mit dem Arbeitgeber vereinbart wurde, der an der abweichenden betrieblichen Regelung beteiligt war.

***BAG** 20.4.1999 – 1 AZR 631/98 = BB 1999, 1976= NZA 1999, 1059*

Betriebsvereinbarungen, die ursprünglich gegen die Regelungssperre des § 77 Abs. 3 BetrVG verstoßen haben, können durch eine spätere Tariföffnungsklausel rückwirkend wirksam werden.

Eine rückwirkende Tariföffnung kann auch in bereits entstandene und fällig gewordene, aber noch nicht erfüllte Ansprüche der betroffenen Arbeitnehmer eingreifen.

***BAG** 29.1.2002 – 1 AZR 267/01 = NZA 2002, 927*

Eine tarifvertragliche Anrechnungsbestimmung, die sich auf betriebliche Leistungen auch auf Grund von Betriebsvereinbarungen bezieht, kann eine Öffnungsklausel i.S.v. § 77 Abs. 3 Satz 2 BetrVG darstellen.

***BAG** 29.10.2002 – 1 AZR 573/01*

Will ein Arbeitnehmer einen die Betriebsvereinbarung ausgestaltenden Anspruch auf Abschluss eines Altersteilzeitarbeitsvertrags geltend machen, müssen folgende Voraussetzungen vorliegen:

- Der Antrag muss innerhalb der Laufzeit der Betriebsvereinbarung gestellt werden und
- der gewünschte Beginn des Altersteilzeitarbeitsverhältnisses muss vor Ablauf der Betriebsvereinbarung liegen.

***BAG** 5.6.2007 – 9 AZR 498/06*

2.2. Betriebsvereinbarung und Arbeitsvertrag

Eine individualvertraglich vereinbarte Vergütung nach tariflichen Grundsätzen kann durch eine Betriebsvereinbarung nicht zulasten des Arbeitnehmers abgeändert werden. Bei einer arbeitsvertraglichen Vergütungsabrede, nach welcher sich die monatliche Vergütung nach einer Tarifgruppe eines bestimmten Tarifvertrags richtet, handelt es sich nicht um eine Allgemeine Geschäftsbedingung, sondern um eine individuell vereinbarte und deshalb auch nicht der AGB-Kontrolle unterworfene Regelung einer arbeitsvertraglichen Hauptleistungspflicht. Ob Allgemeine Geschäftsbedingungen in Arbeitsverträgen generell betriebsvereinbarungsoffen sind, ließ das BAG in dieser Entscheidung noch offen.

***BAG** 11.4.2018 – 4 AZR 119/17*

Eine Gesamtzusage ist die an alle Arbeitnehmer des Betriebs oder einen nach abstrakten Merkmalen bestimmten Teil von ihnen in allgemeiner Form gerichtete ausdrückliche Willenserklärung des Arbeitgebers, bestimmte Leistungen erbringen zu wollen. Dabei wird die Gesamtzusage wirksam, wenn sie gegenüber den Arbeitnehmern in einer Form verlautbart wird, die den einzelnen Arbeitnehmer typischerweise in die Lage versetzt, von der Erklärung Kenntnis zu nehmen. Auf dessen konkrete Kenntnis kommt es nicht an (ausf. BAG 22.3.2017 – 5 AZR 425/16).

Die Arbeitsvertragsparteien können ihre vertraglichen Absprachen dahingehend gestalten, dass sie einer Abänderung durch betriebliche Normen unterliegen. Das kann ausdrücklich oder bei entsprechenden Begleitumständen konkludent erfolgen und ist namentlich bei betrieblichen Einheitsregelungen und Gesamtzusagen möglich. Eine solche konkludente Vereinbarung ist regelmäßig anzunehmen, wenn der Vertragsgegenstand in Allgemeinen Geschäftsbedingungen enthalten ist und – wie stets bei Gesamtzusagen – einen kollektiven Bezug hat. Mit deren Verwendung macht der Arbeitgeber für den Arbeitnehmer erkennbar deutlich, dass im Betrieb einheitliche Vertragsbedingungen gelten sollen. Eine betriebsvereinbarungsfeste Gestaltung der Arbeitsbedingungen stünde dem entgegen. Da Allgemeine Geschäftsbedingungen ebenso wie Bestimmungen in einer Betriebsvereinbarung auf eine Vereinheitlichung der Regelungsgegenstände gerichtet sind, kann aus Sicht eines verständigen und redlichen Arbeitnehmers nicht zweifelhaft sein, dass es sich bei den vom Arbeitgeber gestellten Arbeitsbedingungen um solche handelt, die einer, möglicherweise auch verschlechternden Änderung durch Betriebsvereinbarung zugänglich sind. Etwas anderes gilt nur dann, wenn Arbeitgeber und Arbeitnehmer ausdrücklich Vertragsbedingungen vereinbaren, die unabhängig von einer für den Betrieb geltenden normativen Regelung Anwendung finden sollen (BAG 5.3.2013 – 1 AZR 417/12).

***BAG** 24.10.2017 – 1 AZR 846/15*

Werden in einer Ziffer des Arbeitsvertrages Arbeitsbedingungen, die in Form einer Gesamtbetriebsvereinbarung abgeschlossen waren, in Bezug genommen, „soweit dieser Arbeitsvertrag nichts Abweichendes regelt" und wird in einer anderen Ziffer des Arbeitsvertrages geregelt, dass der „Arbeitgeber ... eine Zuwendung nach den Maßgaben" einer bestimmten Vorschrift der Arbeitsbedingungen „zahlt", spricht dies für die Auslegung, dass damit eine konstitutive Verpflichtung begründet wurde, die nicht vom Fortbestand der kollektiven Regelung abhängig ist, insbesondere dann, wenn andere freiwillige Leistungen aus den Arbeitsbedingungen nicht nochmals im Arbeitsvertrag erwähnt werden.

Ob es sich dabei um eine konstitutiv-dynamische oder eine konstitutiv-statische Verweisung handelt, wird erst dann relevant, wenn nach Kündigung der alten Betriebsvereinbarung eine – diesen Punkt abändernde – neue Betriebsvereinbarung abgeschlossen wird.

***BAG** 24.9.2003 – 10 AZR 34/03*

Die mit einem kirchlichen Arbeitgeber vereinbarte Inbezugnahme kirchlicher Arbeitsrechtsregelungen behält im Fall eines Betriebsübergangs als vertragliche Regelung gemäß § 613a Abs. 1 Satz 1 BGB auch gegenüber einem weltlichen Betriebserwerber ihre Wirkung (Rn. 19).

Im Anwendungsbereich des Betriebsverfassungsgesetzes ist regelmäßig davon auszugehen, dass ein Vertragsgegenstand einer möglicherweise auch verschlechternden Abänderung durch Betriebsvereinbarung unterliegt, wenn er in Allgemeinen Geschäftsbedingungen enthalten ist und einen kollektiven Bezug hat (sog. „Betriebsvereinbarungsoffenheit") (Rn. 21).

Dies gilt jedoch nicht für Arbeitsverträge, die mit einem kirchlichen Träger geschlossen wurden, weil das Betriebsverfassungsgesetz gemäß § 118 Abs. 2 BetrVG keine Anwendung auf Religionsgemeinschaften und ihre karitativen und erzieherischen Einrichtungen findet. Im kirchlichen Arbeitsverhältnis gelten vielmehr typischerweise die Regelungen des kirchlichen Mitarbeitervertretungsrechts einschließlich der auf dessen Grundlage geschlossenen Dienstvereinbarungen. Vorbehaltlich anderer vertraglicher Absprachen kann der Inhalt eines kirchlichen Arbeitsvertrags durch rechtmäßige kirchliche Dienstvereinbarungen geändert werden (Rn. 22).

***BAG** 11.07.2019 – 6 AZR 40/17*

2.3. Die Anwendung des Günstigkeitsprinzips auf Betriebsvereinbarungen

Im Verhältnis zwischen **Arbeitsvertrag** und **Betriebsvereinbarung** gilt das **Günstigkeitsprinzip**.

***BAG** 16.9.1986 – GS 1/82 = BB 1987, 265 = DB 1987, 383 = NZA 1987, 168;*
***BAG** 17.2.1992 – 10 AZR 448/91 = BB 1992, 2083 = DB 1992, 1833*

Nach § 77 Abs. 4 Satz 1 BetrVG gelten Betriebsvereinbarungen unmittelbar und zwingend. Die Inhaltsnormen einer Betriebsvereinbarung verdrängen danach vertragliche Regelungen. **Doch schließt diese Bestimmung das Günstigkeitsprinzip nicht aus.** Dieses Prinzip gilt auch für das Verhältnis von vertraglichen Regelungen, z. B. über Altersgrenzen, zu den Inhaltsnormen einer Betriebsvereinbarung.
Als allgemeiner Grundsatz gilt das Günstigkeitsprinzip auch für das Verhältnis von Inhaltsnormen einer Betriebsvereinbarung zu **günstigeren vertraglichen Abreden**. Der Wortlaut des § 77 Abs. 4 Satz 1 BetrVG steht dem nicht entgegen. Die Norm muss wegen der Bedeutung des Günstigkeitsprinzips für die gesamte Arbeitsrechtsordnung und im Hinblick auf die Entstehungsgeschichte und systematische Überlegungen um die Kollisionsnorm des Günstigkeitsprinzips ergänzt und damit im Ergebnis eingeschränkt werden.

***BAG** 7.11.1989 – GS 3/85*

Die Betriebsparteien dürfen grundsätzlich Arbeitnehmer, denen individuell Leistungen der betrieblichen Altersversorgung zugesagt sind, von einem kollektiven Versorgungswerk ausnehmen. Der vollständige Ausschluss solcher Arbeitnehmer ist aber nur dann gerechtfertigt, wenn die Betriebsparteien davon ausgehen konnten, dass die Arbeitnehmer mit individuellen Zusagen im Versorgungsfall typischerweise eine zumindest annähernd gleichwertige Versorgung wie nach dem kollektiven Versorgungswerk erhalten. Dabei steht den Betriebsparteien ein Beurteilungsspielraum zu.

An die Rechtfertigung eines Ausschlusses von Arbeitnehmern aus einem kollektiven Versorgungswerk sind nicht deshalb höhere Anforderungen zu stellen, weil diese Arbeitnehmer nach einer Vorgängerregelung noch zum Kreis der Versorgungsberechtigten gehören.

Ob eine einzelvertragliche Vereinbarung abweichende günstigere Regelungen gegenüber einer Betriebsvereinbarung enthält, ist anhand eines sog. Sachgruppenvergleichs zwischen der arbeitsvertraglichen Regelung und den Regelungen in der Betriebsvereinbarung festzustellen. Die Günstigkeit einer einzelvertraglichen Regelung gegenüber einer normativ geltenden Bestimmung einer Betriebsvereinbarung muss bereits im Voraus – also unabhängig von den konkreten Bedingungen des jeweiligen Anwendungsfalls – feststehen. Hängt es von den Umständen des Einzelfalls ab, ob die betreffende Regelung günstiger ist oder nicht (sog. ambivalente Regelung), ist keine Günstigkeit gegeben.

Die Kollision einer nicht günstigeren vertraglichen Vereinbarung mit den Normen einer Betriebsvereinbarung zum selben Regelungsgegenstand führt grundsätzlich dazu, dass die individualvertragliche Vereinbarung für die Dauer der Geltung der Betriebsvereinbarung verdrängt wird und damit im Arbeitsverhältnis nicht zur Anwendung gelangt.

Scheidet die Rückabwicklung einer von einer günstigeren Betriebsvereinbarung verdrängten individualvertraglichen Versorgungszusage aus, müssen die Versorgungsleistungen, die dem Arbeitnehmer aufgrund der Individualzusage gewährt werden, auf die ihm nach der Betriebsvereinbarung zustehenden Leistungen der betrieblichen Altersversorgung angerechnet werden. Nur mit einer solchen Anrechnung kann der Zustand hergestellt werden, der bestünde, wenn die Individualzusage nicht vollzogen worden wäre.

***BAG** 19.7.2016 – 3 AZR 134/15*

Das dreistufige Prüfungsschema für die Überprüfung der Wirksamkeit einer ablösenden Betriebsvereinbarung ist nur bei Eingriffen in die Höhe der Versorgungsanwartschaften anzuwenden. Auch die Einführung eines versicherungsmathematischen Abschlags für die Inanspruchnahme einer Betriebsrente vor Erreichen der festen Altersgrenze kann sich auf die Höhe der Versorgungsanwartschaft auswirken und ist folglich am dreistufigen Prüfungsschema zu messen.

Das Verhalten eines Arbeitnehmers in seiner Funktion als Vorsitzender oder stellvertretender Vorsitzender des Betriebsrats bindet ihn nicht bei der Ausübung und Geltendmachung ihm persönlich zustehender Rechtspositionen.

§ 3 Abs. 2 AGG enthält zwar nach seinem Wortlaut nicht ausdrücklich das Erfordernis „in einer vergleichbaren Situation". Da das Diskriminierungsverbot des § 7 Abs. 1 AGG der spezifische Ausdruck des allgemeinen Gleichheitssatzes ist und die Grundsätze der Gleichbehandlung und der Nichtdiskriminierung generell verlangen, dass gleiche Sachverhalte nicht unterschiedlich und unterschiedliche Sachverhalte nicht gleich behandelt werden, ist auch bei einer mittelbaren Diskriminierung die Frage nach einer „vergleichbaren Situation" bzw. einer „vergleichbaren Lage" von Bedeutung.

Ablösende Betriebsvereinbarungen dürfen in künftige, noch nicht erdiente, dienst-zeitabhängige Steigerungen von Versorgungsanwartschaften nur eingreifen, wenn dafür sachlich-proportionale Gründe vorliegen. Solche können gegeben sein, wenn die Betriebsparteien eine neue gestaltende Verteilungsentscheidung treffen. Voraussetzung ist, dass der Dotierungsrahmen im Wesentlichen zumindest gleich hoch bleibt und der Eingriff für die nachteilig betroffene Arbeitnehmergruppe zumutbar ist.

***BAG** 13.10.2016 – 3 AZR 439/15*

Betriebsvereinbarungen nach § 87 Abs. 1 BetrVG können entgegenstehende einzelvertragliche Abreden verdrängen.

Durch **Betriebsvereinbarungen** nach § 88 BetrVG kann in entgegenstehende oder weitergehende einzelvertragliche **Rechte zu Lasten der Arbeitnehmer** nur eingegriffen werden, wenn die Einzelarbeitsverträge unter dem Vorbehalt einer ablösenden Betriebsvereinbarung stehen, sie also „**betriebsvereinbarungsoffen**" sind.

Betriebsvereinbarungen wirken nur normativ, soweit sie im Rahmen der Kompetenzen der Betriebspartner wirksam abgeschlossen sind.

***BAG** 12.8.1982 – 6 AZR 1117/79*

Eine die Arbeitnehmer **belastende Betriebsvereinbarung** kann sich **ausnahmsweise rückwirkende Kraft** beilegen, wenn die betroffenen Arbeitnehmer mit einer rückwirkend belastenden Regelung rechnen mussten und sich hierauf einstellen konnten. Dabei macht es keinen Unterschied, ob die Betriebsvereinbarung von den Betriebspartnern abgeschlossen wird oder durch Spruch der Einigungsstelle zustande kommt.

Eine auf den Zeitpunkt einer Tariferhöhung zurückwirkende Betriebsvereinbarung über die Anrechnung übertariflicher Zulagen kommt in Betracht, wenn der Arbeitgeber zunächst mitbestimmungsfrei das Zulagenvolumen und – unter Beibehaltung der bisherigen Verteilungsrelationen – auch die einzelnen Zulagen kürzt, zugleich aber bekannt gibt, dass er eine Änderung der Verteilungsrelationen erreichen will, und dem Betriebsrat eine entsprechende rückwirkende Betriebsvereinbarung vorschlägt.

Soll eine belastende Betriebsvereinbarung rückwirkend in Kraft treten, so muss das in ihr deutlich zum Ausdruck gebracht werden. Im Zweifel ist eine Rückwirkung nicht gewollt.

Ob sogar die Unwirksamkeit einer zunächst mitbestimmungswidrig vorgenommenen Anrechnung nachträglich durch eine rückwirkende Betriebsvereinbarung geheilt werden kann, erscheint dem Senat zweifelhaft. Die Frage bleibt jedoch unentschieden.

***BAG** 19.9.1995 – 1 AZR 208/95*

> Vertraglich begründete Ansprüche der Arbeitnehmer auf Sozialleistungen, die auf eine vom Arbeitgeber gesetzte Einheitsregelung oder eine Gesamtzusage zurückgehen, können durch eine nachfolgende Betriebsvereinbarung in den Grenzen von Recht und Billigkeit beschränkt werden, wenn die Neuregelung insgesamt bei kollektiver Betrachtung nicht ungünstiger ist.
>
> Ist demgegenüber die nachfolgende Betriebsvereinbarung insgesamt ungünstiger, ist sie nur zulässig, soweit der Arbeitgeber wegen eines vorbehaltenen Widerrufs oder Wegfalls der Geschäftsgrundlage die Kürzung oder Streichung der Sozialleistungen verlangen kann.
>
> Es kommt nicht darauf an, ob die in einer solchen Betriebsvereinbarung geregelten Angelegenheiten der erzwingbaren Mitbestimmung unterliegen (§ 87 Abs. 1 BetrVG) oder nur als freiwillige Betriebsvereinbarungen (§ 88 BetrVG) zustande kommen.
>
> ***BAG** 16.9.1986 – GS 1/82*

Soweit es sich nicht um **arbeitsvertragliche Ansprüche** auf Sozialleistungen handelt, die auf einer arbeitsvertraglichen **Einheitsregelung**, einer **Gesamtzusage** oder einer **betrieblichen Übung beruhen**, kommt einer Betriebsvereinbarung gegenüber arbeitsvertraglichen Vereinbarungen keine ablösende Wirkung in dem Sinne zu, dass die Normen der Betriebsvereinbarung an die Stelle der vertraglichen Vereinbarung treten. **Durch eine Betriebsvereinbarung kann der Inhalt des Arbeitsvertrags nicht geändert werden.**

Soweit Normen einer Betriebsvereinbarung für den Arbeitnehmer günstiger sind als die arbeitsvertragliche Vereinbarung, verdrängen sie diese lediglich für die Dauer ihrer Wirkung, machen diese aber nicht nichtig.

***BAG** 21.9.1989 – 1 AZR 454/88*

> Regelt eine Betriebsvereinbarung die bisher auf arbeitsvertraglicher Einheitsregelung beruhenden wesentlichen Arbeitsbedingungen insgesamt neu, kommt ihr auch hinsichtlich vertraglich gewährter Sozialleistungen keine ablösende Wirkung in dem Sinne zu, dass ihre Normen an die Stelle der vertraglichen Vereinbarung treten würden. In einem solchen Fall ist kein kollektiver Günstigkeitsvergleich möglich.
>
> Gegenüber der arbeitsvertraglichen Regelung nicht ungünstigere Normen der Betriebsvereinbarung können allenfalls für die Dauer ihres Bestandes die individualrechtlichen Vereinbarungen verdrängen.
>
> ***BAG** 28.3.2000 – 1 AZR 366/99*
>
> Vergütete der Arbeitgeber in der Vergangenheit seinen Arbeitnehmern aufgrund betrieblicher Übung eine Pause und tritt nach einer Betriebsvereinbarung an die Stelle dieser Vergütung eine Lohnzulage, lebt nach einer Kündigung der Betriebsvereinbarung der Anspruch auf die bezahlte Pause wieder auf.
>
> ***BAG** 24.3.1992 – 1 AZR 267/91*

2.4. Ablösende Betriebsvereinbarung

> **Im Verhältnis zweier aufeinander folgender Betriebsvereinbarungen gilt das Ablösungsprinzip. Das gilt auch dann, wenn die neue Regelung für die Arbeitnehmer ungünstiger ist als die frühere.**

Wenn mit einer Betriebsvereinbarung eine ältere Betriebsvereinbarung geändert wird, gilt das Ablösungsprinzip: Die jüngere Betriebsvereinbarung ersetzt die ältere. Ein kollektiver Günstigkeitsvergleich, wie er bei der Ablösung einer vertragsrechtlichen Regelung durch Betriebsvereinbarung geboten ist, kommt nicht in Betracht.

Doch kann auch eine nachfolgende Betriebsvereinbarung die durch eine frühere Betriebsvereinbarung begründete Rechte von Arbeitnehmern **nicht schrankenlos schmälern**. Die Betriebspartner müssen schon von Verfassung wegen die Grundsätze der Verhältnismäßigkeit und des Vertrauensschutzes beachten, wenn sie in Besitzstände der betroffenen Arbeitnehmer eingreifen.

***BAG** 17.3.1987 – 3 AZR 64/84; **BAG** 22.5.1990 – 3 AZR 128/89;*
***BAG** 23.10.1990 – 3 AZR 260/89; **BAG** 10.8.1994 – 10 ABR 61/93;*
***BVerfG** 16.2.1987 – 1 BvR 957/79*

Eine Ablösung von einzelvertraglichen Ansprüchen auf eine Sozialleistung durch Betriebsvereinbarung muss in der Betriebsvereinbarung selbst geregelt werden. Dieses Regelungsziel kann sich aus dem Zweck der Sozialleistung ergeben, wenn er dem Leistungszweck der vertraglichen Ansprüche entspricht.

Soll eine Sozialleistung abgelöst und durch eine Sozialleistung mit anderem Leistungszweck ersetzt werden, bedarf es einer eindeutigen Regelung in der Betriebsvereinbarung, weil der Wille zur Ablösung der Sozialleistung aus dem Zweck der neuen Sozialleistung nicht abgeleitet werden kann.

Ist danach eine Ablösung nicht geregelt, kommt es nicht darauf an, ob die vertraglichen Ansprüche „betriebsvereinbarungsoffen" sind und ob die Ablösung einem (kollektiven) Günstigkeitsvergleich standhalten würde.

***BAG** 16.11.2011 – 10 AZR 60/11*

Im Verhältnis zweier aufeinander folgender Betriebsvereinbarungen, die für denselben Adressatenkreis denselben Gegenstand regeln, gilt nicht das Günstigkeitsprinzip, sondern die Zeitkollisionsregel; die jüngere Regelung löst die ältere ab. Grenzen ergeben sich nur aus dem Grundsatz des Vertrauensschutzes und dem Rückwirkungsverbot.

Wird eine Betriebsvereinbarung im Zuge eines Betriebsübergangs nach § 613 a Abs. 1 Satz 2 BGB Inhalt des Arbeitsverhältnisses, kann sie durch eine spätere Betriebsvereinbarung im Erwerberbetrieb – auch zum Nachteil der betroffenen Arbeitnehmer – abgelöst werden.

Der Arbeitgeber entscheidet allein darüber, ob er freiwillige Leistungen erbringt; ebenso kann er mitbestimmungsfrei über deren vollständige Einstellung befinden.

***BAG** 18.11.2003 – 1 AZR 604/02*

Die Betriebsparteien können eine Angelegenheit, die sie durch Betriebsvereinbarung geregelt haben, für die Zukunft auch zu Ungunsten der Arbeitnehmer neu regeln.

***BAG** 13.3.2007 – 1 AZR 232/06*

Ansprüche aus einer Betriebsvereinbarung über eine längerfristige Entgeltfortzahlung im Krankheitsfall begründen für die Arbeitnehmer keinen rechtlich geschützten Besitzstand. Die Verschlechterung der Ansprüche durch eine nachfolgende Betriebsvereinbarung ist rechtlich in der Regel unbedenklich.

***BAG** 15.11.2000 – 5 AZR 310/99 = BB 2001, 1412*

Durch eine Betriebsvereinbarung kann eine ältere Betriebsvereinbarung abgelöst werden.

Bei der Änderung steht den Betriebsparteien ein Regelungsspielraum zu.

Führt die ablösende Betriebsvereinbarung zu einer Kürzung von Versorgungsrechten, so unterliegt sie einer Rechtskontrolle: Die Grundsätze der Verhältnismäßigkeit und des Vertrauensschutzes sind zu beachten.

Der erdiente Teilwert einer Versorgungsanwartschaft (§ 2 Abs. 1 BetrAVG) darf nur in seltenen Ausnahmefällen gekürzt werden (sog. zwingende Gründe).

Wird die **Kürzung auf wirtschaftliche Gründe** gestützt, so muss sich der Arbeitgeber in einer schweren, **konkursgleichen wirtschaftlichen Notlage** befinden.

Auch der Abbau einer planwidrig eingetretenen Überversorgung rechtfertigt es, den erdienten Teilwert zu schmälern.

Das Vertrauen der Arbeitnehmer auf eine Gesamtversorgung von mehr als 100 % des letzten Nettoeinkommens ist in einem solchen Fall nicht schutzwürdig. Das gilt auch für rentennahe Jahrgänge.

***BAG** 22.5.1990 – 3 AZR 128/89; **BAG** 23.10.1990 – 3 AZR 260/89*

Die Betriebspartner können eine Betriebsvereinbarung durch eine spätere Betriebsvereinbarung auch zum Nachteil der Arbeitnehmer ablösen. Soweit in bestehende Besitzstände eingegriffen wird, sind die Grundsätze der Verhältnismäßigkeit und des Vertrauensschutzes zu beachten.

Die für die Änderung betrieblicher Versorgungsordnungen geltenden Grundsätze können auf Betriebsvereinbarungen über Jahresleistungen nicht übertragen werden.

***BAG** 29.10.2002 – 1 AZR 573/01*

Eine Betriebsvereinbarung kann nicht die Rechte derjenigen Pensionäre beschneiden, die sich zum Zeitpunkt des Zustandekommens der Neuregelung bereits im Ruhestand befinden.

***BAG** 18.5.1977 – 3 AZR 371/76*

Eine vertragliche Einheitsregelung kann durch eine Betriebsvereinbarung abgelöst werden, wenn die Neuregelung insgesamt bei kollektiver Betrachtung nicht ungünstiger ist (kollektiver Günstigkeitsvergleich). Ist eine Ablösung durch Betriebsvereinbarung auf Grund eines kollektiven Günstigkeitsvergleichs oder eines Abänderungsvorbehalts grundsätzlich möglich, ist in einem zweiten Schritt stets zu prüfen, ob die Ablösung auch einer materiellen Rechtskontrolle stand hält, z. B. nach den Grundsätzen der Verhältnismäßigkeit und des Vertrauensschutzes (BAG 16.9.1986 – GS 1/82).

Eine Neuregelung hält nicht immer schon dann einem kollektiven Günstigkeitsvergleich stand, wenn der Arbeitgeber gleich hohe Beiträge wie bisher aufwendet. Bei einer Ablösung durch ein arbeitnehmerfinanziertes System (Entgeltumwandlung) mit Arbeitgeberzuschüssen ist auch zu berücksichtigen, inwieweit der Arbeitgeber durch die Entgeltumwandlung Sozialversicherungsbeiträge einspart.

***BAG** 23.10.2001 – 3 AZR 74/01*

Ein Eingriff in vertragliche Einheitsregelungen durch Betriebsvereinbarung kommt in Betracht, wenn die Betriebsvereinbarung entweder kollektiv für die Arbeitnehmer günstiger ist oder die Einheitsregelung „betriebsvereinbarungsoffen“ ist. Wird in einem Arbeitsvertragsformular eine Regelung zur betrieblichen Altersversorgung getroffen und in einer anderen Bestimmung „im Übrigen“ auf Betriebsvereinbarungen verwiesen, ist die **Regelung zur betrieblichen Altersversorgung nicht betriebsvereinbarungsoffen**.

***BAG** 17.6.2008 – 3 AZR 254/07*

Die arbeitsvertragliche **dynamische Verweisung auf eine Betriebsvereinbarung** führt dazu, dass auch deren wirksame Änderungen übernommen werden. Bei einer Änderung der Versorgungsregelungen durch eine spätere Betriebsvereinbarung findet weder ein individueller noch ein kollektiver Günstigkeitsvergleich statt.

Das vom Gesetzgeber in § 613a Abs. 1 Satz 3 BGB anerkannte Interesse des Betriebserwerbers, die Versorgungsbedingungen zu vereinheitlichen, stellt einen sachlich-proportionalen Grund dar, der einen Eingriff in künftige Zuwächse rechtfertigt.

***BAG** 29.7.2003 – 3 AZR 630/02*

Mit seinem **Ausscheiden erwirbt** der **Arbeitnehmer**, dessen Ansprüche auf einer Betriebsvereinbarung beruhten, gegen den Arbeitgeber einen **selbständig-schuldrechtlichen Anspruch**. Dieser Anspruch besteht über die Geltungsdauer der Betriebsvereinbarung hinaus.

***BAG** 25.10.1988 – 3 AZR 483/86*

3. Normative Wirkung einer Betriebsvereinbarung (§ 77 Abs. 4 BetrVG)

Eine förmliche Betriebsvereinbarung i.S.d. § 77 Abs. 4 BetrVG wirkt wie eine Rechtsnorm auf die bestehenden Arbeitsverhältnisse und bestimmt deren Inhalt. Ohne Rücksicht auf den Willen der betroffenen Arbeitnehmer kann durch sie grundsätzlich eine Änderung der Arbeitsbedingungen erfolgen.

***BAG** 12.10.1994 – 7 AZR 398/93*

Betriebsvereinbarungen gelten normativ nur für die Betriebe, deren Betriebsrat sie abschloss.

Stichtagsregelungen müssen auf die jeweilige Leistung und deren Besonderheiten abgestimmt sein.

***BAG** 18.9.2001 – 3 AZR 656/00 = NZA 2002, 148*

Die Betriebsparteien können die normative Geltung einer von ihnen geschlossenen Betriebsvereinbarung nicht an ein Zustimmungsquorum der Normunterworfenen binden. (Rn. 18 – 28)

Die Betriebsvereinbarung hat den Charakter eines privatrechtlich kollektiven Normenvertrags der Betriebsparteien. Sie gilt nach § 77 Abs. 4 Satz 1 BetrVG unmittelbar und zwingend. Damit entfaltet sie unabhängig vom Willen des einzelnen Arbeitnehmers gesetzesgleich Wirkung auf den Inhalt des Arbeitsverhältnisses (Rn. 14).

Eine von § 77 Abs. 4 Satz 1 BetrVG abweichende Geltungsanordnung können die Betriebsparteien nicht regeln. Deshalb können sie das Inkrafttreten einer von ihnen geschlossenen Betriebsvereinbarung nicht an ein Quorum vertraglicher Zustimmungen der Normunterworfenen binden (Rn. 25).

Eine solche Gestaltung verstößt zudem gegen das betriebsverfassungsrechtliche Strukturprinzip der Repräsentation der Belegschaft durch den Betriebsrat (Rn. 26).

Die unzulässige Verknüpfung des Inkrafttretens einer Betriebsvereinbarung mit dem Erreichen einer bestimmten Zustimmungsquote bewirkt die Gesamtunwirksamkeit der Betriebsvereinbarung (Rn. 29).

***BAG** 28.7.2020 – 1 ABR 4/19*

Ist die **Verteilung der Provision** durch einen als **Betriebsvereinbarung** geschlossenen Provisionsplan geregelt, und vereinbaren zwei Arbeitnehmer gemeinsam mit dem Arbeitgeber eine vom Provisionsplan **abweichende Provisionsverteilung** für bestimmte Geschäfte, so ist dieser dreiseitige Vertrag unwirksam, wenn in ihm ein Verzicht auf Rechte aus dem Provisionsplan liegt.

§ 87 b HGB ist abdingbar. Deshalb bestehen grundsätzlich keine Bedenken gegen eine Provisionsregelung in einer Betriebsvereinbarung, nach der für die Vermittlung von Geschäften zu niedrigeren Preisen als den Listenpreisen nicht nur die Berechnungsgrundlage sondern auch der Provisionssatz geringer ist.

***Hessisches LAG** 18.2.1992 – 7 Sa 997/91 = BB 1992, 1351 = NZA 92, 799*

Die Betriebsparteien können den Streit, mit welchem Inhalt eine Betriebsvereinbarung durchzuführen sei, im Wege eines Feststellungsantrags im arbeitsgerichtlichen Beschlussverfahren klären lassen.

***BAG** 20.1.2009 – 1 ABR 78/07*

Der Betriebsrat kann mit Hilfe eines Feststellungsantrags auch die Rechtswirksamkeit von ungekündigten oder nachwirkenden Betriebsvereinbarungen gerichtlich klären lassen. Der Umstand, dass er selbst oder einer seiner Amtsvorgänger an deren Abschluss beteiligt war, steht denn nicht entgegen.

***BAG** 27.1.2004 – 1 ABR 5/03*

Der Betriebsrat kann mit einem auf § 77 Abs. 1 BetrVG gestützten Anspruch die Durchführung der sich ihm gegenüber ergebenden Verpflichtungen des Arbeitgebers aus einer Betriebsvereinbarung verlangen. Ob ein solcher Durchführungsanspruch auch für Regelungsabreden besteht, hat der Senat offengelassen.

Der Abschluss einer Regelungsabrede setzt eine auf die Zustimmung zu einer Maßnahme des Arbeitgebers gerichtete Beschlussfassung des Betriebsrats und deren Verlautbarung gegenüber dem Arbeitgeber voraus.

***BAG** 18.3.2014 – 1 ABR 75/12*

Die unmittelbare und zwingende Wirkung von Betriebsvereinbarungen nach § 77 Abs. 4 BetrVG ist auf die Organisationseinheit des Betriebs ausgerichtet. Arbeitnehmer unterfallen den Bestimmungen einer Betriebsvereinbarung daher nur, wenn sie in den Betrieb oder Betriebsteil eingegliedert sind, für den die Betriebsvereinbarung abgeschlossen wurde (Rn. 45 f.).

Betriebsvereinbarungen sind betriebsbezogen auszulegen. Es kommt darauf an, welches Verständnis im Betrieb vorherrscht. Verwenden die Betriebsparteien feststehende Rechtsbegriffe, ist davon auszugehen, dass sie deren Bedeutung kennen und sie in diesem Sinn verwenden wollen (Rn. 71 f.).

Setzt die Zahlung einer Vergütung voraus, dass Ziele vereinbart und erreicht wurden, scheidet ein Erfüllungsanspruch aus, wenn die Arbeitsvertragsparteien es unterlassen haben, rechtzeitig Ziele zu vereinbaren. In Betracht kommt dann ein Schadensersatzanspruch des Arbeitnehmers. In prozessualer Hinsicht handelt es sich dabei um einen anderen Streitgegenstand als den des Erfüllungsanspruchs (Rn. 55, 129).

Hat der Arbeitgeber eine erfolgsabhängige Vergütung einseitig zu bestimmen und billiges Ermessen zu wahren, ist der Beurteilungsspielraum, der den Tatsachengerichten bei der Anwendung des unbestimmten Rechtsbegriffs des billigen Ermessens zusteht, revisionsrechtlich nur beschränkt überprüfbar. Das Revisionsgericht kontrolliert, ob das Berufungsgericht den Rechtsbegriff selbst verkannt hat, ob es bei der Unterordnung des Sachverhalts unter die Rechtsnorm Denkgesetze oder allgemeine Erfahrungssätze verletzt hat, ob es alle wesentlichen Umstände berücksichtigt hat und ob das Urteil in sich widerspruchsfrei ist. Dagegen unterliegt der

uneingeschränkten revisionsrechtlichen Kontrolle, ob das Berufungsgericht die Grenzen des billigen Ermessens richtig bestimmt hat, indem es z.B. eine Betriebsvereinbarung ohne Rechtsfehler ausgelegt hat (Rn. 64, 98).
Grenzen bei der Ausübung billigen Ermessens können sich für den nach § 315 BGB Bestimmungsberechtigten dadurch ergeben, dass er sich selbst gebunden hat. Um eine Selbstbindung annehmen zu können, müssen besondere Anhaltspunkte gegeben sein, aus denen sich ein gewisses Maß an Verbindlichkeit ergibt. Sind diese Voraussetzungen erfüllt und weicht der Bestimmungsberechtigte ohne besondere Umstände von seiner ursprünglichen Entscheidung ab, verhält er sich widersprüchlich und verstößt gegen § 242 BGB (Rn. 103).
Ist für eine Leistung, die nach billigem Ermessen zu bestimmen ist, ein Fälligkeitszeitpunkt festgelegt, kann er auch dann maßgeblich sein, wenn die Leistung durch das Gericht i.S.v. § 315 Abs. 3 Satz 2 BGB bestimmt wird. In diesem Fall wird die Leistung nicht erst mit Rechtskraft des Gestaltungsurteils fällig (Rn. 125).

***BAG** 13.10.2021 – 10 AZR 729/19*

3.1. Verzicht auf Rechte aus Betriebsvereinbarung / Sozialplan

Der **Verzicht** eines Arbeitnehmers auf eine Sozialplanabfindung in einem **Aufhebungsvertrag** ist gemäß § 77 Abs. 4 Satz 2 BetrVG i. V. m. § 112 Abs. 1 Satz 3 BetrVG unwirksam.

***BAG** 28.4.1993 – 10 AZR 222/92*

Die Betriebsparteien können gemeinsam – auch in einer späteren Betriebsvereinbarung Regelungen treffen, nach denen Arbeitnehmer unter bestimmten Voraussetzungen auf Ansprüche aus einer Betriebsvereinbarung verzichten können.

***BAG** 11.12.2007 – 1 AZR 824/06*

Die nach § 77 Abs. 4 Satz 2 BetrVG erforderliche Zustimmung des Betriebsrats zum Verzicht auf einen Anspruch aus einer Betriebsvereinbarung muss sich grundsätzlich auf den einzelnen konkreten Verzicht beziehen.

Auch bei einem individualvertraglichen Verzicht auf einen Sozialplananspruch findet das Günstigkeitsprinzip Anwendung. Danach kann der Arbeitnehmer auf den Anspruch auch ohne Zustimmung des Betriebsrats wirksam verzichten, wenn die abweichende Regelung für ihn objektiv günstiger ist.
Bei dem Günstigkeitsvergleich ist auf den Zeitpunkt abzustellen, zu dem sich Betriebsvereinbarung und einzelvertragliche Abrede erstmals konkurrierend gegenüberstehen.
Maßgeblich ist ein Sachgruppenvergleich. Beim Vergleich von unterschiedlichen Leistungen kommt es auch darauf an, ob diese funktional äquivalent sind. Sind die zu vergleichenden Leistungen mit artverschiedenen Gegenleistungen verbunden, scheidet ein Günstigkeitsvergleich regelmäßig aus.
Bei wiederkehrenden Leistungen ist ein überschaubarer Zeitraum zu Grunde zu legen. Mittelbare Fernwirkungen und unwahrscheinliche Kausalverläufe bleiben außer Betracht.
Es bleibt offen, ob Leistungen Dritter in den Günstigkeitsvergleich einzubeziehen sind.
Ist nicht zweifelsfrei feststellbar, dass die Abweichung für den Arbeitnehmer günstiger ist, bleibt es bei der zwingenden Geltung der Betriebsvereinbarung.

***BAG** 27.1.2004 – 1 AZR 148/03*

Die Zustimmung des Betriebsrats zu einem Verzicht des Arbeitnehmers auf einen Anspruch aus einer Betriebsvereinbarung (§ 77 Abs. 4 Satz 2 BetrVG) setzt einen wirksamen Betriebsratsbeschluss gemäß § 33 BetrVG voraus. Dazu bedarf es einer ordnungsgemäßen Unterrichtung über die für seine Entscheidung bedeutsamen Umstände. Zu diesen gehört insbesondere der Umfang des individuellen Verzichts auf den normativen Anspruch.

***BAG** 15.10.2013 – 1 AZR 405/12*

Nach § 77 Abs. 4 Satz 2 BetrVG ist ein Verzicht auf Rechte des Arbeitnehmers aus einer Betriebsvereinbarung nur mit Zustimmung des Betriebsrats zulässig.
Einem sog. Tatsachenvergleich steht das Verzichtsverbot des § 77 Abs. 4 Satz 2 BetrVG nicht entgegen. Bei einer vergleichsweisen Einigung über Rechtsfragen – etwa derjenigen, wie bestimmte Regelungen in einem Sozialplan auszulegen sind – handelt es sich aber nicht um einen Tatsachenvergleich, sondern um einen Rechtsverzicht.

Mit einer Betriebsvereinbarung können die Betriebsparteien Rechte und Pflichten nur im Verhältnis zueinander festlegen. Sie vermögen keine unmittelbar und zwingend geltenden Ansprüche gegenüber und zu Lasten Dritter – etwa gegenüber einem Betriebserwerber – zu begründen.

***BAG** 25.4.2017 – 1 AZR 714/15*

Macht ein **Sozialplan** den Anspruch auf eine – weitere – Abfindung davon abhängig, dass der Arbeitnehmer im Anschluss an die Beendigung des Arbeitsverhältnisses 12 Monate arbeitslos ist, so bedarf ein alsbald nach Beendigung des Arbeitsverhältnisses in einem Vergleich erklärter **Verzicht des Arbeitnehmers** auf einen Teil dieser weiteren Abfindung nicht der Zustimmung des Betriebsrats, da es sich bei dem Vergleich um einen sog. Tatsachenvergleich handelt.

Im Zeitpunkt des Vergleichs war ungewiss, ob der Kläger die Voraussetzungen für den weiteren Abfindungsanspruch je erfüllen würde.

***BAG** 31.7.1996 – 10 AZR 138/96*

Eine Eigenkündigung oder ein Aufhebungsvertrag sind vom Arbeitgeber veranlasst, wenn dieser dem Arbeitnehmer zuvor mitgeteilt hat, es bestehe für ihn nach Durchführung der Betriebsänderung keine Beschäftigungsmöglichkeit mehr. Der vom Arbeitgeber gesetzte Anlass entfällt weder durch eine längere Zeitspanne zwischen Ankündigung und Durchführung der Betriebsänderung, noch durch die bloße Möglichkeit, dass bis dahin zumutbare Stellen frei werden, auf die der Arbeitnehmer sich bewerben kann.

Willigt der Arbeitgeber nur deshalb in einen Aufhebungsvertrag mit dem Arbeitnehmer ein, weil er dessen Beendigungswunsch nicht im Wege stehen will, so kann er zur Vermeidung andernfalls entstehender Abfindungsansprüche den Vertragsschluss davon abhängig machen, dass der Arbeitnehmer den Betriebsrat nach § 77 Abs. 4 Satz 2 BetrVG zur Zustimmung zu einem Anspruchsverzicht bewegt.

***BAG** 25.3.2003 – 1 AZR 169/02*

Ist die **Geschäftsgrundlage eines Sozialplans weggefallen** und ist einem Betriebspartner das Festhalten am Sozialplan mit dem bisherigen Inhalt nach Treu und Glauben nicht mehr zuzumuten, so können die Betriebspartner die Regelungen des Sozialplans den veränderten tatsächlichen Umständen anpassen. Verweigert der andere Betriebspartner die Anpassung, entscheidet die Einigungsstelle verbindlich.

Die anpassende Regelung kann aufgrund des anzupassenden Sozialplans schon entstandene Ansprüche der Arbeitnehmer auch zu deren Ungunsten abändern. Insoweit genießen die Arbeitnehmer keinen Vertrauensschutz.

***BAG** 10.8.1994 – 10 ABR 61/93*

4. Beendigung der Wirkung einer Betriebsvereinbarung

Die Kündigung einer Betriebsvereinbarung muss unmissverständlich und eindeutig sein. Erforderlichenfalls ist die Kündigungserklärung in Anwendung des § 133 BGB auszulegen. Lässt sich nicht zweifelsfrei feststellen, dass sich die Kündigung auf eine bestimmte Betriebsvereinbarung bezieht, entfaltet sie keine die Betriebsvereinbarung beendende Wirkung.

***BAG** 19.2.2008 – 1 AZR 114/07*

Die Kündigung einer Betriebsvereinbarung über eine **freiwillige Leistung** unterliegt grundsätzlich keiner inhaltlichen Kontrolle.

***BAG** 10.3.1992 – 3 ABR 54/91; **BAG** 26.10.1993 – 1 AZR 46/93*

Eine **Betriebsvereinbarung**, die als **Ergänzung zu einem Tarifvertrag** abgeschlossen wird, ist grundsätzlich in ihrer Laufzeit auf die Dauer des Tarifvertrags sowie ggf. dessen Nachwirkungszeitraum beschränkt.
Durch Regelungen in einem nachfolgenden Tarifvertrag kann die Geltung von (ergänzenden) Betriebsvereinbarungen nicht zeitlich erweitert werden.
Ist eine (ergänzende) Betriebsvereinbarung auch im Hinblick auf einen künftigen Tarifvertrag geschlossen, hängt ihre Weitergeltung vom Inhalt dieses Tarifvertrags ab.

***BAG** 25.8.1983 – 6 ABR 40/82*

Die Betriebsparteien können in einer Betriebsvereinbarung die Zulässigkeit einer Teilkündigung ausschließen oder vorsehen.
Regeln die Betriebsparteien die Frage der Teilkündigung einer Betriebsvereinbarung nicht, so ist diese regelmäßig dann zulässig, wenn sie einen selbständigen Regelungskomplex betrifft, der ebenso Gegenstand einer eigenständigen Betriebsvereinbarung sein könnte.
Das Äquivalenzgefüge einer Betriebsvereinbarung wird anders als bei Tarifverträgen und Arbeitsverträgen durch die Teilkündigung selbständiger Regelungskomplexe in der Regel nicht gestört.

***BAG** 6.11.2007 – 1 AZR 826/06*

Die Unzulässigkeit der Zwangsvollstreckung aus einem gerichtlichen Vergleich der Betriebsparteien kann sich daraus ergeben, dass eine Seite die im Vergleichsweg getroffene Vereinbarung gekündigt hat. Eine solche Kündigung ist jedenfalls dann nicht ausgeschlossen, wenn es sich um eine nicht erzwingbare, auf Dauer angelegte Betriebsvereinbarung oder Regelungsabrede handelt und nichts anderes vereinbart ist.

Die Kündigung der in einem gerichtlichen Vergleich getroffenen Vereinbarung kann unbeachtlich sein, wenn die Vereinbarung lediglich eine unmittelbar aus dem Gesetz folgende Verpflichtung zum Inhalt hat.

***BAG** 19.2.2008 – 1 ABR 86/06*

4.1. Fristlose Kündigung

Gemäß § 77 Abs. 5 BetrVG können Betriebsvereinbarungen mit einer **Frist von drei Monaten** gekündigt werden, soweit nichts anderes vereinbart ist. Eine andere Vereinbarung kann darin bestehen, dass die **ordentliche Kündigung** ausgeschlossen wird. Die Betriebsvereinbarung ist dann **nur noch außerordentlich** aus wichtigem Grund kündbar; das außerordentliche Kündigungsrecht ist nicht abdingbar.

***BAG** 17.1.1995 – 1 ABR 29/94*

4.2. Fristgerechte Kündigung

Die Kündigung einer Betriebsvereinbarung bedarf keiner sachlichen Gründe. Für eine Beschränkung der ordentlichen Kündigung von Betriebsvereinbarungen gibt es im Betriebsverfassungsgesetz keine Anhaltspunkte. **Nach ständiger Rechtsprechung des Bundesarbeitsgerichts sind Betriebsvereinbarungen fristgerecht kündbar.**

***BAG** 26.10.1993 – 1 AZR 46/93; **BAG** 17.1.1995 – 1 ABR 29/94*

Eine Betriebsvereinbarung über ein **freiwilliges** übertarifliches **Weihnachtsgeld**, mit dem auch vergangene langjährige Betriebstreue belohnt werden soll, kann ohne Einschränkung unter den Voraussetzungen des § 77 Abs. 5 BetrVG gekündigt werden.

***BAG** 26.4.1990 – 6 AZR 278/88*

Wird in einer **Betriebsvereinbarung** über **Weihnachtsgratifikationen** bestimmt, dass ältere Besitzstände erhalten bleiben, bedeutet das allein noch nicht, dass die ordentliche Kündbarkeit dieser Betriebsvereinbarung stillschweigend ausgeschlossen werden soll.

***BAG** 17.1.1995 – 1 ABR 29/94*

Die bei einem Betriebsübergang nach § 613a Abs. 1 Satz 2 BGB in das Arbeitsverhältnis transformierten Inhaltsnormen einer teilmitbestimmten Betriebsvereinbarung sind kündbar, wenn der Betriebserwerber deren finanzielle Leistungen vollständig und ersatzlos einstellen will.

Die zum Zwecke der vollständigen Leistungseinstellung zulässige Kündigung durch den Betriebserwerber ist gegenüber dem in seinem Betrieb gebildeten Betriebsrat zu erklären.

Bei einem nicht identitätswahrenden Betriebsübergang werden nach § 613a Abs. 1 Satz 2 BGB nur solche Rechte und Pflichten aus einer beim Veräußerer geltenden Betriebsvereinbarung in das Arbeitsverhältnis transformiert, die dessen Inhalt gestalten (Rn. 16).

Die Inhaltsnormen einer Betriebsvereinbarung werden, wie § 613a Abs. 1 Satz 3 BGB zeigt, aufgrund ihres kollektiven Ursprungs mit dem – jeder kollektivrechtlichen Norm innewohnenden – Vorbehalt ihrer nachfolgenden Abänderbarkeit mit kollektivrechtlichen Mitteln in das Arbeitsverhältnis transformiert (Rn. 16).

Der im Interesse des Betriebserwerbers in § 613a Abs. 1 Satz 3 BGB angelegte kollektivrechtliche Ablösungsmechanismus kann nicht greifen, wenn es sich bei den in das Arbeitsverhältnis transformierten Normen um solche einer nur teilmitbestimmten Betriebsvereinbarung über finanzielle Leistungen handelt, deren Gewährung der Erwerber vollständig und ersatzlos einstellen will. In diesem Fall ist er daher berechtigt, die in das Arbeitsverhältnis transformierten Inhaltsnormen zu kündigen (Rn. 18).

Nach den Wertungen des § 613a Abs. 1 Satz 3 BGB bleibt der im Erwerberbetrieb bestehende Betriebsrat von Gesetzes wegen der zuständige kollektivrechtliche Adressat einer vom Betriebserwerber zum Zwecke der vollständigen Leistungseinstellung erklärten Kündigung der transformierten Inhaltsnormen einer teilmitbestimmten Betriebsvereinbarung (Rn. 22).

Eine solche Kündigung hat zur Folge, dass mit Ablauf der Kündigungsfrist die Anwendung der nach § 613a Abs. 1 Satz 2 BGB transformierten Inhaltsnormen endet (Rn. 23).

***BAG** 19.11.2019 – 1 AZR 386/18*

Die Kündigung einer Betriebsvereinbarung bedarf keines sie rechtfertigenden Grundes.

***BAG** 17.8.2004 – 3 AZR 189/03*

4.2.1. Besonderheiten bei Betriebsvereinbarungen über betriebliche Altersversorgung

Eine vor dem 1. Januar 2003 abgeschlossene Betriebsvereinbarung über Leistungen der betrieblichen Altersversorgung, die für den Teil des versorgungsfähigen Einkommens oberhalb der Beitragsbemessungsgrenze in der gesetzlichen Rentenversicherung höhere Versorgungsleistungen vorsieht als für den darunter liegenden Teil (sog. gespaltene Rentenformel), kann nach der „außerplanmäßigen" Anhebung der Beitragsbemessungsgrenze zum 1. Januar 2003 durch § 275c SGB VI nicht ergänzend dahin ausgelegt werden, dass die Versorgungsleistungen so zu berechnen sind, als wäre die „außerplanmäßige" Anhebung der Beitragsbemessungsgrenze nicht erfolgt.

Die Anpassung einer Betriebsvereinbarung nach den Grundsätzen über die Störung der Geschäftsgrundlage kann allenfalls der Betriebsrat als Partei der Betriebsvereinbarung, nicht aber der einzelne nachteilig betroffene Arbeitnehmer verlangen.

***BAG** 18.3.2014 – 3 AZR 952/11*

Regeln zeitlich aufeinanderfolgende Betriebsvereinbarungen denselben Gegenstand, so gilt das Ablösungsprinzip, wonach grundsätzlich eine neue Betriebsvereinbarung eine ältere auch dann ablöst, wenn die Neuregelung für den Arbeitnehmer ungünstiger ist. Das Ablösungsprinzip ermöglicht jedoch nicht jede Änderung. Greift eine Neuregelung in bestehende Besitzstände ein, müssen die Grundsätze des Vertrauensschutzes und der Verhältnismäßigkeit beachtet werden.

Ob eine spätere Betriebsvereinbarung in Versorgungsrechte eingreift und deshalb einer Überprüfung anhand des zur Konkretisierung der Grundsätze des Vertrauensschutzes und der Verhältnismäßigkeit entwickelten dreistufigen Prüfungsschemas unterliegt und auf welcher Besitzstandsstufe der Eingriff erfolgt, kann nur im jeweiligen Einzelfall und auf das Einzelfallergebnis bezogen festgestellt werden. Dazu ist es erforderlich, dass die Versorgungsrechte bzw. Anwartschaften nach den beiden Versorgungsordnungen berechnet und gegenübergestellt werden.

Die erdiente Dynamik im Sinne des dreistufigen Prüfungsschemas baut auf dem nach den Grundsätzen des § 2 Abs. 1, Abs. 5 BetrAVG ermittelten, vom Arbeitnehmer erdienten Teilbetrag auf. Geschützt ist dabei eine Dynamik, bei der der Wertzuwachs der Anwartschaft allein durch die künftige Entwicklung variabler Berechnungsfaktoren, z.B. des ruhegeldfähigen Gehalts, eintritt, ohne von der weiteren Dienstzeit des Arbeitnehmers abhängig zu sein. Der Zweck der dienstzeitunabhängigen Dynamik liegt in der flexiblen Erfassung eines sich wandelnden Versorgungsbedarfs.

Die Abkoppelung einer zugesagten Gesamtversorgung von der künftigen Entwicklung einer anzurechnenden Rente aus der gesetzlichen Rentenversicherung kann zu einem Eingriff in die erdiente Dynamik führen. Bei Gesamtversorgungssystemen darf der versorgungsberechtigte Arbeitnehmer darauf vertrauen, dass seine Anwartschaften den geänderten Verhältnissen, auch dem Anwachsen einer Versorgungslücke als Folge der Entwicklung seiner Rentenbiografie und der Sozialgesetzgebung, angepasst werden. Die Wertsteigerung der Anwartschaften, die sich aus dem ansteigenden Versorgungsbedarf ergibt, gehört zum erdienten Besitzstand, soweit sie auf den bereits erdienten Anwartschaftsteil entfällt.

***BAG** 15.1.2013 – 3 AZR 705/10*

Der Senat hat den Grundsatz der Verhältnismäßigkeit für Versorgungsanwartschaften durch ein dreistufiges Prüfungsschema konkretisiert. Dieses Prüfungsschema findet nicht nur dann Anwendung, wenn die nach der abzulösenden Betriebs- oder Dienstvereinbarung erworbenen Anwartschaften zum Ablösungszeitpunkt bereits unverfallbar waren, sondern auch dann, wenn sie zu diesem Zeitpunkt noch verfallbar waren. Auf die Unverfallbarkeit der Anwartschaft kommt es nur beim vorzeitigen Ausscheiden des Arbeitnehmers aus dem Arbeitsverhältnis an.

Das dreistufige Prüfungsschema ist auch für Eingriffe in Anwartschaften in den Jahren 1970 und 1976 anzuwenden.

***BAG** 15.1.2013 – 3 AZR 169/10*

Zu den betriebsverfassungsrechtlichen Angelegenheiten i.S.d. § 2 a Abs. 1 Nr. 1 ArbGG gehört auch ein Streit über Inhalt, Reichweite und Wirkung der die betriebliche Ordnung prägenden Betriebsvereinbarungen. Das gilt auch für eine Auseinandersetzung darüber, ob eine Gesamtzusage durch eine Betriebsvereinbarung wirksam abgelöst worden ist.

Eine durch eine Gesamtzusage geschaffene Versorgungsordnung ist gegenüber einer verschlechternden Betriebsvereinbarung durch das Günstigkeitsprinzip geschützt. Dies gilt nur dann nicht, wenn

- die Geschäftsgrundlage der Gesamtzusage gestört ist,
- der Arbeitgeber sich ihren Widerruf oder eine Neuregelung durch abändernde Betriebsvereinbarung vorbehalten hat oder wenn
- die Neuregelung durch Betriebsvereinbarung zumindest bei kollektiver Betrachtung insgesamt nicht ungünstiger als die abgelöste Gesamtzusage ist.

Kommt hiernach ausnahmsweise eine verschlechternde Neuregelung durch Betriebsvereinbarung in Betracht, ist auf einer zweiten Stufe zu prüfen, ob die Neuregelung die Grundsätze des Vertrauensschutzes und der Verhältnismäßigkeit gewahrt hat (BAG 16.9.1986 – GS 1/82 = BAGE 53, 42, 551, 60 ff., 69).

Ein Änderungsvorbehalt scheidet jedenfalls aus, wenn in den Arbeitsverträgen jeweils nur die Gesamtzusage in der bei Vertragsschluss geltenden Fassung in Bezug genommen wird, jeder Hinweis im Vertrag fehlt, dass die Gesamtzusage in ihrer jeweiligen Fassung gelten soll, und der Betriebsrat bei den späteren abändernden Neuregelungen der Gesamtzusage auch nach außen hin nicht in Erscheinung getreten ist

Der kollektive Günstigkeitsvergleich zwischen einem durch Widerruf der Gesamtzusage für neu in den Betrieb eintretende Mitarbeiter geschlossenen Versorgungswerk und der geänderten Versorgungsordnung, die wieder für alle Mitarbeiter geöffnet ist, kann nicht ohne weiteres in der Weise vorgenommen werden, dass dem Aufwand für das geschlossene Versorgungswerk mit der naturgemäß sinkenden Zahl von Versorgungsberechtigten der Aufwand gegenübergestellt wird, der auf unbestimmte Zeit für das wieder geöffnete Versorgungswerk aufzubringen ist.

a) Aus den Umständen des Einzelfalls kann sich ergeben, dass es sich bei Widerruf und Neubegründung nach dem Willen des Arbeitgebers in der Sache um einen gestreckten Ablösungsvorgang gehandelt hat. Dann ist der Aufwand, der für die ursprüngliche Versorgungsregelung ohne deren zwischenzeitliche Schließung zu erbringen gewesen wäre, mit dem für Neuordnung erforderlichen zu vergleichen.

b) Unabhängig davon ist bei Neueröffnung eines Versorgungswerks nach dessen zwischen- zeitlicher Schließung stets auch zu berücksichtigen, dass auch das neue Versorgungswerk für Neueintretende wieder geschlossen werden kann. Deshalb ist grundsätzlich der Aufwand aus dem geschlossenen Versorgungswerk mit dem zu vergleichen, der sich bei nächstmöglicher Schließung des neuen Versorgungswerks durch Kündigung der ablösenden Betriebsvereinbarung ergäbe.

***BAG** 17.6.2003 – 3 ABR 43/02*

Bei einer Gesamtzusage besteht das Vertragsangebot des Arbeitgebers aus seinen verlautbarten und in allgemeiner Form bekannt gemachten Erklärungen, mit deren Inhalt sich der Arbeitnehmer konkludent einverstanden erklärt, wenn er die Leistung entgegennimmt. Eine ausdrückliche Annahme ist entbehrlich (§ 151 BGB). Der Leistung als solcher kommt kein eigener Erklärungswert zu, wenn ihre Bedingungen allgemein bekannt gemacht worden sind. Deswegen können sich Arbeitnehmer bei Gesamtzusagen regelmäßig nicht mit Erfolg darauf berufen, sie hätten nur die Leistung wahrgenommen, nicht aber die Einzelheiten der ihr zugrunde liegenden Zusage. Dies gilt auch, wenn der Arbeitnehmer erst nach der Bekanntgabe der Gesamtzusage bei dem Arbeitgeber eingestellt worden ist. Die Leistung erfolgt aufgrund der früher bekannt gemachten Gesamtzusage und nicht aufgrund einer einzelvertraglichen Zusage. Daher wird auch der Vorbehalt einer Änderung durch Betriebsvereinbarung Vertragsinhalt zwischen den Parteien des Arbeitsvertrages.

Weist der Arbeitgeber bei der Gesamtzusage darauf hin, seine freiwillige Leistung werde ausdrücklich „in Abstimmung mit dem Gesamtbetriebsrat" versprochen, so wird dadurch für die Arbeitnehmer erkennbar, dass die Leistung auch in der Zukunft Abänderungen durch Betriebsvereinbarungen zugänglich sein soll. Dies gilt auch bei freiwilligen Leistungen, es kommt nicht darauf an, ob der Gegenstand einer mit einem derartigen Änderungsvorbehalt ausgestatteten Gesamtzusage als mitbestimmungsfrei anzusehen ist. § 77 BetrVG beschränkt den Anwendungsbereich von Betriebsvereinbarungen nicht auf Gegenstände der zwingenden Mitbestimmung.

Erfolgt eine Leistungsgewährung aufgrund ausdrücklich vereinbarter (kollektivrechtlicher oder individualrechtlicher) Anspruchsgrundlagen, z. B. wie hier aufgrund einer Gesamtzusage, so ist für die Annahme einer daneben bestehenden betrieblichen Übung regelmäßig kein Raum.

Betriebsvereinbarungen, die Ansprüche aus Gesamtzusagen einschränken, unterliegen einer Rechtskontrolle. Die Betriebsparteien haben die Grundsätze der Verhältnismäßigkeit und des Vertrauensschutzes zu beachten.

Bietet der Arbeitgeber einen neuen und grundsätzlich gleichwertigen, jedoch für ihn selbst kostengünstigeren Durchführungsweg an, so ist es zulässig, Arbeitnehmer, die beim bisherigen Durchführungsweg bleiben wollen, mit den nunmehr nicht mehr zwingend erforderlichen Kosten dieses bisherigen Durchführungswegs zu belasten.

***BAG** 10.12.2002 – 3 AZR 671/01 = NZA 2003, 1360*

Sozialleistungen, die ausschließlich in Hinblick auf den Bestand des Arbeitsverhältnisses erbracht werden und nicht von der persönlichen Arbeitsleistung der begünstigten Arbeitnehmer abhängen, können durch Betriebsvereinbarung grundsätzlich mit Wirkung für die Zukunft eingestellt werden.

Ein Arbeitnehmer kann ohne Hinzutreten von besonderen Umständen nicht auf den unveränderten Fortbestand von Leistungen aus betrieblichen Regelungen vertrauen.

Eine arbeitsvertragliche Verweisungsklausel auf die jeweils für den Arbeitgeber geltenden allgemeinen Arbeitsbedingungen ist nicht intransparent, wenn es an einem ausdrücklichen Hinweis auf ihre Betriebsvereinbarungsoffenheit fehlt. Maßgeblich ist allein, dass die Abänderbarkeit der in Bezug genommenen Arbeitsbedingungen dem Arbeitnehmer als Vertragspartner des Klauselverwenders erkennbar wird.

Eine ablösende Betriebsvereinbarung unterliegt nach § 310 IV 1 BGB keiner Inhaltskontrolle gern. § 307 I 1 BGB. Dies gilt auch, wenn die ablösende Betriebsvereinbarung zur Verschlechterung einer betriebsvereinbarungsoffenen vertraglichen Einheitsregelung führt.

Bei einer betriebsvereinbarungsoffen ausgestalteten Sozialleistung muss ein Arbeitnehmer ohne Hinzutreten von besonderen Umständen mit deren Verschlechterung oder völligen Fortfall durch eine Betriebsvereinbarung rechnen. Will der begünstigte Arbeitnehmer diese Rechtsfolge vermeiden, ist er gehalten, die entsprechende Leistung entweder im Arbeitsvertrag gesondert zu vereinbaren oder sie darin betriebsvereinbarungsfest auszugestalten.

Die Aufhebung einer betriebsvereinbarungsoffen ausgestalteten Sozialleistung durch die Betriebsparteien kann am Maßstab des Art. 2 I GG zu messen sein, wenn diese Maßnahme typischerweise geeignet ist, bei den Arbeitnehmern einen Handlungsdruck zu erzeugen, durch den der Schutzbereich der allgemeinen Handlungsfreiheit berührt wird.

***BAG** 17.7.2012 – 1 AZR 476/11*

Betriebsvereinbarungen über betriebliche Altersversorgung sind nach § 77 Abs. 5 BetrVG kündbar. Die Ausübung des Kündigungsrechts bedarf keiner Rechtfertigung und unterliegt keiner inhaltlichen Kontrolle. Die Grundsätze des Vertrauensschutzes und der Verhältnismäßigkeit begrenzen aber die

Kündigungswirkungen. Soweit hiernach Versorgungsbesitzstände unangetastet bleiben, ist deren Rechtsgrundlage weiterhin die gekündigte Betriebsvereinbarung (Best. von BAG 11.5.1999 – 3 AZR 21/98).

Der Betriebsrat ist befugt, im arbeitsgerichtlichen Beschlussverfahren feststellen zu lassen, welche Wirkungen die Kündigung hat und in welchem Umfang die Betriebsvereinbarung noch fortgilt. Es spricht alles dafür, dass die Entscheidung über einen solchen Antrag auch den Arbeitgeber und die betroffenen Arbeitnehmer im Verhältnis zueinander bindet. Eine konkrete Billigkeitskontrolle im Individualverfahren ist hierdurch nicht ausgeschlossen.

***BAG** 17.8.1999 – 3 ABR 55/98 = AiB 2000, 509*

Eine Betriebsvereinbarung zur betrieblichen Altersversorgung kann auch teilweise gekündigt werden. Die anhand des dreistufigen Prüfungsschemas ermittelten Eingriffsstufen sowie die Schließung eines Versorgungswerks für Neueintritte stellen regelmäßig natürliche und immanente Grenzen des zur Verfügung gestellten Dotierungsrahmens dar. Hieran hat sich die Teilkündigung zu orientieren. Ob sie Wirkungen entfaltet, hängt dann davon ab, ob der durch sie bedingte Eingriff nach dem dreistufigen Prüfungsschema gerechtfertigt ist. (Rn. 32 und 46) Der Arbeitgeber kann sich mitbestimmungsfrei entlang dieser Grenzen entscheiden, insoweit keinen Dotierungsrahmen mehr für Leistungen zur Verfügung zu stellen. Der dann verringerte Dotierungsrahmen kann nicht mehr nach § 87 Abs. 1 Nr. 10 BetrVG umverteilt werden (Rn. 46).

Da § 77 Abs. 5 BetrVG den Betriebsparteien ein uneingeschränktes Kündigungsrecht eröffnet, kann der Arbeitgeber eine Betriebsvereinbarung über Leistungen der betrieblichen Altersversorgung kündigen, ohne dass die Kündigung eines sie rechtfertigenden Grundes bedarf. Freilich ist der dadurch bedingte Eingriff in die Höhe von Versorgungsanwartschaften durch das vom Dritten Senat des Bundesarbeitsgerichts entwickelte dreistufige Prüfungsschema beschränkt (Rn. 24 ff.).

Der Arbeitgeber kann eine Betriebsvereinbarung zur betrieblichen Altersversorgung auch teilweise kündigen. Der Arbeitgeber kann seine Kündigung auch auf die Eingriffsstufen sowie die Schließung eines Versorgungswerks für Neueintritte beschränken. Dies entspricht den natürlichen Grenzen innerhalb einer Regelung zur betrieblichen Altersversorgung (Rn. 32 ff.).

***BAG** 8.12.2020 – 3 ABR 44/19*

Eine gekündigte Betriebsvereinbarung über Leistungen der betrieblichen Altersversorgung wirkt grundsätzlich nicht nach.

***BAG** 17.8.2004 – 3 AZR 189/03*

5. Nachwirkung einer Betriebsvereinbarung (§ 77 Abs. 6 BetrVG)[40]

5.1. Betriebsvereinbarung über mitbestimmte Angelegenheiten

Nach § 77 Abs. 6 BetrVG gelten die Regelungen einer Betriebsvereinbarung in Angelegenheiten, in denen ein Spruch der Einigungsstelle die Einigung zwischen Arbeitgeber und Betriebsrat ersetzen kann, nach Ablauf der Betriebsvereinbarung, also nach deren Kündigung, weiter, bis sie durch eine andere Abmachung ersetzt werden. **Eine Nachwirkung einer Betriebsvereinbarung kommt** danach **nur dann in Betracht, wenn die in der Betriebsvereinbarung getroffene Regelung eine Angelegenheit** der so genannten **erzwingbaren Mitbestimmung betrifft.** Ist die Angelegenheit nur der freiwilligen Mitbestimmung zugänglich, wirkt die in ihr getroffene Regelung nach Ablauf der Kündigungsfrist nicht nach. Darauf, ob die Betriebsvereinbarung freiwillig abgeschlossen worden ist oder auf einem Spruch der Einigungsstelle beruht, kommt es nicht an.

***BAG** 21.8.1990 – 1 ABR 73/89*

Regelt eine Betriebsvereinbarung einen einmaligen Sachverhalt, gilt ihre Nachwirkung als vertraglich ausgeschlossen.

***BAG** 17.1.1995 – 1 ABR 29/94*

Werden die Regelungen einer Betriebsvereinbarung mit dem Wegfall des Betriebsrats gegenstandslos, weil sie die Existenz des Betriebsrats voraussetzen und demgemäß nicht mehr anwendbar sind, so gilt die Betriebsvereinbarung in einem auf absehbare Zeit betriebsratslos gewordenen Betrieb nicht mehr und wirkt also auch nicht nach.

***BAG** 20.2.2018 – 1 AZR 361/16*

Eine Betriebsvereinbarung über die abweichende Festlegung der Feiertagsruhezeit wirkt nach Ablauf der Kündigungsfrist gemäß § 77 Abs. 6, § 87 Abs. 1 Nr. 2, Abs. 2 BetrVG nach. Die Nachwirkung wird durch einen möglichen Wegfall der Geschäftsgrundlage der Betriebsvereinbarung nicht ausgeschlossen.

***BAG** 29.9.2004 – 1 AZR 445/03*

Eine Betriebsvereinbarung, welche ausschließlich bestimmte Verhandlungspflichten der Betriebsparteien mit dem Ziel deren zeitnaher Einigung über einen der zwingenden Mitbestimmung unterliegenden Gegenstand festlegt, regelt eine freiwillige Angelegenheit. Sie wirkt nicht gern. § 77 Abs. 6 BetrVG nach (Rn. 19 ff.).

***BAG** 23.10.2018 – 1 ABR 10/17*

Hinweis für die Praxis:

Die Betriebsparteien standen in Verhandlungen über eine Betriebsvereinbarung zur Regelung flexibler Vergütungsbestandteile gemäß § 87 Abs. 1 Nr. 10 BetrVG. Der Arbeitgeber ist nicht tarifgebunden. Zur Überbrückung der Verhandlungsphase schlossen die Betriebsparteien eine „Übergangsvereinbarung", nach welcher übergangsweise bis zum Abschluss der entsprechenden Betriebsvereinbarung die variablen Vergütungsbestandteile nach einer in der Betriebsvereinbarung geregelten Maßgabe auszuzahlen waren, ausdrücklich aber nur, solange die eigentliche Betriebsvereinbarung noch nicht abgeschlossen sei. Diese Übergangsvereinbarung kündigte der Arbeitgeber. Entgegen der Ansicht des Betriebsrats handelte es sich bei dieser Vereinbarung, die nur ein Verfahren vor Abschluss der mitbestimmungspflichtigen Betriebsvereinbarung zur Auszahlung variabler Vergütungsbestandteile regelte, um eine freiwillige Betriebsvereinbarung. Grund dafür ist, dass das Betriebsverfassungsgesetz eine solche Verpflichtung zur Regelung einer Übergangsphase während der Verhandlungen nicht vorsieht. Der Arbeitgeber durfte deshalb diese Betriebsvereinbarung kündigen, ohne dass eine Nachwirkung aus dieser Betriebsvereinbarung entstand, obwohl die Betriebsversammlung einen an sich mitbestimmungspflichtigen Hintergrund hatte, nämlich die eigentlichen Verhandlungen einer mitbestimmungspflichtigen Betriebsvereinbarung zu fördern.

5.2. Betriebsvereinbarung über freiwillige Angelegenheiten

Ist nach den Regelungen einer Betriebsvereinbarung über eine zusätzliche variable Vergütung vom Arbeitgeber ein Bonuspool festzulegen, hat die Festsetzung nach billigem Ermessen gemäß § 315 BGB zu erfolgen, soweit die Betriebsvereinbarung nicht selbst Vorgaben enthält. Beinhaltet die Betriebsvereinbarung darüber hinaus detaillierte Regelungen über die Verteilung dieses Pools auf die einzelnen Bereiche und die jeweiligen Mitarbeiter, unterliegt die Höhe des individuellen Bonus keiner weiteren Ermessensentscheidung des Arbeitgebers.

Legt ein Arbeitgeber für die Beschäftigten, die einer solchen Bonusregelung unterliegen, bereits im laufenden Geschäftsjahr einen (Mindest-)Bonuspool in bestimmter Höhe fest, handelt es sich um die Leistungsbestimmung i.S.v. § 315 BGB. Dabei ist nicht erforderlich, dass die Leistungsbestimmung gegenüber dem Betriebsrat erfolgt, sofern dies nicht in der Betriebsvereinbarung vorgesehen ist.

An die Festlegung eines solchen Bonusvolumens ist der Arbeitgeber nach § 77 Abs. 4 BetrVG unabhängig von der wirtschaftlichen Entwicklung gebunden und kann dieses nicht einseitig ohne Zustimmung des Betriebsrats reduzieren oder eine neue Leistungsbestimmung vornehmen. Dies gilt auch dann, wenn die Festlegung durch den Arbeitgeber vorzeitig erfolgt ist.

***BAG** 12.10.2011 – 10 AZR 649/10*

Die Betriebsparteien können in einer anlässlich eines bevorstehenden Betriebsteilübergangs geschlossenen Betriebsvereinba-

[40] Zu den Besonderheiten bei Betriebsvereinbarungen über betriebliche Altersversorgung vgl. Ziff. 4.2.1., S. 180

rung regeln, dass den vom Übergang ihrer Arbeitsverhältnisse betroffenen Arbeitnehmern – unter bestimmten Voraussetzungen – ein Rückkehrrecht zum Betriebsteilveräußerer zusteht.

***BAG** 24.4.2013 – 7 AZR 523/11*

Schließen die Betriebspartner **jährlich** eine **Betriebsvereinbarung** über die für das Kalenderjahr zu zahlende **Weihnachtsgratifikation** und vereinbaren sie dabei jeweils ausdrücklich, dass es sich um eine **freiwillige Leistung** handelt, aus deren Zahlung keine Ansprüche für künftige Jahre hergeleitet werden können, so hat die Leistungszusage keine Nachwirkung für das folgende Kalenderjahr. Die **Nachwirkung** ist im Zweifel auch für den Fall abbedungen, dass Verhandlungen über eine neue Regelung scheitern, der Arbeitgeber jedoch im folgenden Jahr gekürzte Gratifikationsbeträge freiwillig auszahlt.

***BAG** 17.1.1995 – 1 ABR 29/94*

Eine Betriebsvereinbarung über ein **freiwilliges** übertarifliches **Weihnachtsgeld**, mit dem auch vergangene langjährige Betriebstreue belohnt werden soll, kann ohne Einschränkung unter den Voraussetzungen des § 77 Abs. 5 BetrVG gekündigt werden.
Die Betriebsvereinbarung wirkt nach Ablauf der Kündigungsfrist weder nach § 77 Abs. 6 BetrVG noch nach § 4 Abs. 5 TVG analog nach.

***BAG** 26.4.1990 – 6 AZR 278/88*

Kündigt der Arbeitgeber eine **Betriebsvereinbarung über eine freiwillige Leistung**, so wirken ihre Regelungen nach Ablauf der Kündigungsfrist nicht nach. Die Arbeitnehmer haben nach Ablauf der Betriebsvereinbarung keinen Anspruch mehr auf die in der Betriebsvereinbarung geregelten Leistungen.

***BAG** 9.2.1989 – 8 AZR 310/87; **BAG** 21.8.1990 – 1 ABR 73/89;*
***BAG** 10.3.1992 – 3 ABR 54/91; **BAG** 26.10.1993 – 1 AZR 46/93*

Die Regelungen einer Betriebsvereinbarung über die Zahlung eines **übertariflichen Urlaubsgelds** (= freiwillige Leistung) gelten nach Ablauf der Betriebsvereinbarung nicht weiter.

***BAG** 9.2.1989 – 8 AZR 310/87*

Stellt ein tarifgebundener Arbeitgeber die Gewährung freiwilliger Leistungsprämien an gewerbliche Arbeitnehmer vollständig ein, wirkt die betreffende Betriebsvereinbarung nach ihrer Kündigung nicht deshalb gemäß § 77 Abs. 6 BetrVG nach, weil einzelne Angestellte auf der Grundlage anderer Kriterien weiterhin über- oder außertarifliche Leistungen erhalten.

***BAG** 23.1.2008 – 1 ABR 82/06 = BB 2008, 1280*

5.3. Betriebsvereinbarung für teilmitbestimmte Angelegenheiten

Betriebsvereinbarungen, deren alleiniger Gegenstand eine finanzielle Leistung des nicht tarifgebundenen Arbeitgebers ist, wirken nicht gemäß § 77 Abs. 6 BetrVG nach, wenn der Arbeitgeber nach Ablauf der Kündigungsfrist die Mittel für den von ihm vorgegebenen Leistungszweck vollständig und ersatzlos einstellen will und diese Absicht gegenüber dem Betriebsrat oder den Arbeitnehmern erklärt.

***BAG** 10.12.2013 – 1 ABR 39/12*

Wird durch Betriebsvereinbarung Schichtarbeit eingeführt und als Ausgleich hierfür die Zahlung einer außertariflichen Zulage vereinbart, kann dies in der Regel nur so verstanden werden, dass die vom Geltungsbereich der Betriebsvereinbarung erfassten Arbeitnehmer die Zulage solange beanspruchen können, wie sie nach deren Maßgabe Schichtarbeit zu leisten haben. Das hat zur Folge, dass sich im Falle einer Kündigung der Betriebsvereinbarung die Nachwirkung der nach § 87 Abs.1 Nr. 2 BetrVG erzwingbaren Schichtplanregelung auch auf die teilmitbestimmte Zulagenregelung erstreckt.

***BAG** 9.7.2013 – 1 AZR 275/12*

In einer Betriebsvereinbarung kann bestimmt werden, dass über einen Zufallsgenerator ausgewählte Arbeitnehmer beim Verlassen des Betriebsgeländes kontrolliert werden. Das zulässige Maß der damit verbundenen Beschränkung des allgemeinen Persönlichkeitsrechts der Arbeitnehmer zugunsten schützenswerter Belange des Arbeitgebers richtet sich nach dem Grundsatz der Verhältnismäßigkeit.
Eine Betriebsvereinbarung, die unter Beachtung des § 75 Abs. 2 BetrVG Kontrollen der Arbeitnehmer beim Verlassen des Betriebsgeländes anordnet, ist eine Rechtsvorschrift i.S.d. § 4 Abs. 1 BDSG, die sowohl die automatisierte als auch die nicht automatisierte Erhebung, Nutzung oder Verarbeitung personenbezogener Daten von Arbeitnehmern erlaubt.

***BAG** 15.4.2014 – 1 ABR 2/13 (B)*

Im Falle der Kündigung „teilmitbestimmter Betriebsvereinbarungen über freiwillige Leistungen des Arbeitgebers hängt die Nachwirkung nach § 77 Abs. 6 BetrVG davon ab, ob durch die Kündigung die freiwilligen Leistungen vollständig und ersatzlos beseitigt werden sollen. In einem solchen Fall entfaltet die gekündigte Betriebsvereinbarung keine Nachwirkung. Will dagegen der Arbeitgeber seine freiwilligen Leistungen nicht völlig zum Erlöschen bringen, sondern mit der Kündigung einer Betriebsvereinbarung nur eine Verringerung des Volumens der insgesamt zur Verfügung gestellten finanziellen Mittel und zugleich eine Veränderung des Verteilungsplans erreichen, wirkt die Betriebsvereinbarung nach. Will der Arbeitgeber lediglich das Finanzvolumen verringern, ohne den Verteilungsplan zu ändern, kommt die Aufspaltung einer Betriebsvereinbarung in einen nachwirkenden und in einen nachwirkungslosen Teil in Betracht.

Bei tarifgebundenen Arbeitgebern beschränkt sich die Mitbestimmung des Betriebsrats nach § 87 Abs. 1 Nr. 10 BetrVG wegen § 87 Abs. 1 Eingangshalbsatz BetrVG auf den nicht tariflich geregelten, übertariflichen Teil der Vergütung. Dementsprechend kommt eine Nachwirkung von Betriebsvereinbarungen nach § 77 Abs. 6 BetrVG auch nur hinsichtlich der übertariflichen Vergütungsbestandteile in Betracht. Werden diese durch die Kündigung einer Betriebsvereinbarung vollständig beseitigt, ist für eine Nachwirkung kein Raum.

Ist ein Arbeitgeber nicht tarifgebunden, leistet er mitbestimmungsrechtlich die gesamte Vergütung „freiwillig". Will er Bestandteile der Vergütung beseitigen, hat er die Mitbestimmung des Betriebsrats nach § 87 Abs. 1 Nr. 10 BetrVG zu beachten. Sind die Vergütungsbestandteile Gegenstand einer Betriebsvereinbarung, wirkt diese im Falle einer Kündigung gemäß § 77 Abs. 6 BetrVG nach, sofern sich die Vergütungsstruktur ändert. Die Vergütungsstruktur ändert sich auch, wenn durch die Streichung einer Jahreszuwendung zwar der relative Abstand der jeweiligen Gesamtvergütungen zueinander unverändert bleibt, aber Teile der Gesamtvergütung nicht mehr als zusätzliche Einmalzahlung zu einem bestimmten Datum geleistet werden, sondern die Gesamtvergütung auf monatlich gleich bleibende Beträge verteilt wird.

War eine Angelegenheit in der Vergangenheit nicht Gegenstand eines Tarifvertrags, ist sie i.S.v. § 77 Abs. 3 Satz 1 BetrVG nicht deshalb als üblicherweise tariflich geregelt anzusehen, weil Tarifvertragsparteien darüber bereits – erfolglos – Tarifverhandlungen geführt haben.

***BAG** 26.8.2008 – 1 AZR 354/07*

Betriebsvereinbarungen über finanzielle Leistungen des Arbeitgebers, die dieser ohne eine vertragliche oder sonstige rechtliche Verpflichtung erbringt, sind regelmäßig nach § 87 Abs. 1 Nr. 10 BetrVG teilmitbestimmt. Während der Arbeitgeber den Dotierungsrahmen mitbestimmungsfrei vorgeben kann, bedarf er für den Verteilungs- und Leistungsplan nach § 87 Abs. 1 Nr. 10 BetrVG der Zustimmung des Betriebsrats.

Beabsichtigt ein Arbeitgeber mit der Kündigung einer solchen teilmitbestimmten Betriebsvereinbarung seine finanziellen Leistungen vollständig und ersatzlos einzustellen, tritt keine Nachwirkung ein. Die Einstellung unterliegt auch dann nicht dem Mitbestimmungsrecht aus § 87 Abs. 1 Nr. 10 BetrVG, wenn der Wegfall der zuvor gewährten Leistung einen kollektiven Tatbestand betrifft, weil hinsichtlich der Vergütung die Verteilungsgerechtigkeit unter den Arbeitnehmern betroffen ist. Aufgrund der fehlenden Bereitschaft des Arbeitgebers zur Fortführung der bisherigen Leistung fehlt es an einem Vergütungsvolumen, das Gegenstand einer verteilenden Entscheidung sein könnte.

Da die Nachwirkung einer solchen teilmitbestimmten Betriebsvereinbarung ausschließlich von dem Willen des Arbeitgebers abhängt, die dort geregelte Leistung auch zukünftig zu erbringen, ist es aus Gründen der Rechtsklarheit und Rechtssicherheit geboten, dass sich der Arbeitgeber gegenüber dem Betriebsrat oder den begünstigten Arbeitnehmern festlegt, die zusätzliche Leistung zukünftig einzustellen. Bis zu dem Zugang einer entsprechenden Erklärung wirkt der Inhalt einer teilmitbestimmten Betriebsvereinbarung weiter.

***BAG** 5.10.2010 – 1 ABR 20/09*

Hat ein Arbeitgeber durch Betriebsvereinbarung Leistungen der betrieblichen Altersversorgung „gemäß der Satzung und den Richtlinien einer Unterstützungskasse zugesagt, kündigt er diese und widerruft er seine Versorgungszusage – abgesehen von der bereits erdienten Anwartschaft – vollständig, so unterliegt diese Maßnahme nicht der Mitbestimmung des Betriebsrats nach § 87 Abs. 1 Ziff. 8 BetrVG. Für eine mitbestimmte anderweitige Neuverteilung der verbliebenen Mittel bleibt dann kein Raum mehr. Bereits aus diesem Grunde scheidet eine gesetzliche Nachwirkung der Betriebsvereinbarung aus. Hieran ändert sich auch nichts dadurch, dass der Arbeitgeber im Zusammenhang mit der Kündigung der Betriebsvereinbarung vorgeschlagen hat, über eine Weiterführung der betrieblichen Altersversorgung eine neue Betriebsvereinbarung zu schließen, die der veränderten Situation entspricht. 'Wie weit eine von den Betriebspartnern vereinbarte Nachwirkung reicht, hängt vom Inhalt dieser Abrede und vom Inhalt der zugrunde liegenden Betriebsvereinbarung ab.

BAG *9.12.2008 – 3 AZR 384/07*

5.4. Vereinbarung über Nachwirkung

Die Nachwirkung einer einen Tarifvertrag ergänzenden Betriebsvereinbarung gemäß § 77 Abs. 6 BetrVG kann durch Betriebsvereinbarung ausgeschlossen werden.

In einem Beschlussverfahren zwischen Betriebsrat und Arbeitgeber über die Nachwirkung einer solchen ergänzenden Betriebsvereinbarung sind die Tarifvertragsparteien nicht zu beteiligen.

BAG *9.2.1984 – 6 ABR 10/81*

Freiwillige Betriebsvereinbarungen wirken zwar anders als Betriebsvereinbarungen, die einen Gegenstand der erzwingbaren Mitbestimmung regeln, nach ihrer Beendigung nicht kraft Gesetzes nach. Die Betriebspartner können aber eine entsprechende Nachwirkung vereinbaren. Eine solche Vereinbarung ist dahin auszulegen, dass die Nachwirkung auch gegen den Willen einer Seite beendet werden kann. Im Zweifel ist eine Konfliktlösungsmöglichkeit gewollt, die derjenigen bei der erzwingbaren Mitbestimmung entspricht. Scheitern die Bemühungen um eine einvernehmliche Neuregelung, kann also von jedem Betriebspartner die Einigungsstelle angerufen werden. Diese trifft eine verbindliche Entscheidung.

BAG *28.4.1998 – 1 ABR 43/97*

Eine ohne Nachwirkung endende Betriebsvereinbarung kann für die Zukunft keine neuen Ansprüche begründen. Ein Vertrauen der bislang Begünstigten auf ihren Fortbestand ist in der Regel nicht schützenswert.

Etwas anderes kann für Betriebsvereinbarungen über betriebliche Altersversorgung gelten. Hier können auf Grund des Versorgungscharakters dieser Leistungen die Wirkungen einer Kündigung durch Grundsätze des Vertrauensschutzes und der Verhältnismäßigkeit eingeschränkt sein.

BAG *19.9.2006 – 1 ABR 58/05*

6. Betriebsvereinbarung und Betriebsübergang

Im Fall eines Betriebsübergangs erhalten **Gesamtbetriebsvereinbarungen**, die in den Betrieben des abgebenden Unternehmens gelten, in den übertragenen Teilen des Unternehmens ihren Status als Rechtsnormen auch dann, wenn nur einer oder mehrere Betriebe übergehen. Dies gilt jedenfalls dann, wenn das andere Unternehmen bis dahin keinen Betrieb führte und die übertragenen Betriebe ihre Identität gewahrt haben.

Wird nur ein Betrieb übernommen, bleiben die Gesamtbetriebsvereinbarungen als Einzelbetriebsvereinbarungen bestehen. Werden alle oder mehrere Betriebe übernommen, bleiben dort die Gesamtbetriebsvereinbarungen als solche bestehen.

Wird ein übernommener Betriebsteil vom Erwerber als selbständiger Betrieb geführt, gelten in ihm die im ursprünglichen Betrieb bestehenden Einzel- und Gesamtbetriebsvereinbarungen normativ weiter.

BAG *18.9.2002 – 1 ABR 54/01 = NZA 2003, 671*

Bei einem Betriebsinhaberwechsel und verbleibender **Identität des Betriebes** gelten die im Zeitpunkt des Betriebsübergangs geltenden Betriebsvereinbarungen **kollektivrechtlich** unmittelbar und zwingend (§ 77 Abs. 4 Satz 1 BetrVG) fort, ohne dass die Regelungen der Betriebsvereinbarungen gemäß § 613 a Abs. 1 Satz 2 BGB in Individualrecht transformiert werden.

BAG *5.2.1991 – 1 ABR 32/90*

Hat der Arbeitgeber mit der Durchführung einer geplanten Betriebsstilllegung durch Kündigung aller Arbeitsverhältnisse begonnen, so **entfällt die Geschäftsgrundlage** des für die Betriebsstilllegung vereinbarten **Sozialplans**, wenn alsbald nach Ausspruch der Kündigungen der Betrieb von einem Dritten übernommen wird, der sich bereit erklärt, alle Arbeitsverhältnisse zu den bisherigen Bedingungen fortzuführen.

In einem solchen Fall ist der Sozialplan, der allein für den Verlust der Arbeitsplätze Abfindungen vorsah, den veränderten Umständen anzupassen. Bis zur erfolgten Anpassung ist ein Rechtsstreit über eine Abfindung aus dem zunächst vereinbarten Sozialplan in entsprechender Anwendung von § 148 ZPO auszusetzen.

BAG *28.8.1996 – 10 AZR 886/95*

Gegen die Zulässigkeit einer **„Über-Kreuz-Ablösung"** von tariflichen Regelungen im Veräußererbetrieb durch Regelungen einer Betriebsvereinbarung im Erwerberbetrieb im Rahmen von § 613 a Abs. 1 Satz 3 BGB bestehen wegen möglicher systematischer Widersprüche nicht unerhebliche Bedenken.

BAG *22.3.2005 – 1 ABR 64/03*

Tariflich geregelte Ansprüche auf Versorgung, die im Arbeitsvertrag in Bezug genommen wurden, gelten nach einem Betriebsübergang auch im übergegangenen Arbeitsverhältnis gemäß § 613a Abs. 1 Satz 1 BGB vertraglich weiter mit der Folge, dass sie nicht durch eine beim Erwerber bestehende Betriebsvereinbarung mit dem gleichen Regelungsgegenstand abgelöst werden können.

Tariflich geregelte Ansprüche auf Versorgung, die gemäß § 613a Abs. 1 Satz 2 BGB Inhalt des Arbeitsverhältnisses mit dem neuen Arbeitgeber werden, können nicht im Wege der sog. Über-Kreuz-Ablösung durch eine beim Erwerber bestehende Betriebsvereinbarung abgelöst werden.

Außerhalb des Bereichs der erzwingbaren Mitbestimmung des Betriebsrats scheidet eine sog. **Über-Kreuz-Ablösung** der Rechtsnormen eines Tarifvertrages durch Regelungen einer Betriebsvereinbarung von vornherein aus.

Der Regelungsgegenstand „Altersversorgung" ist nur teilmitbestimmt. Damit fehlt es für diesen Regelungsgegenstand an der notwendigen Kongruenz des Umfangs der „erzwingbaren" Regelungsmacht der Tarifpartner auf der einen und der Betriebspartner auf der anderen Seite.

BAG *13.11.2007 – 3 AZR 191/06*

Gehen Arbeitsverhältnisse aufgrund eines Betriebsübergangs auf einen Erwerber über und besteht in dessen Unternehmen eine Betriebsvereinbarung mit gleichem Regelungsgegenstand wie im übernommenen Betrieb, so richten sich die Ansprüche dieser Arbeitnehmer nach der Betriebsvereinbarung im neuen Unternehmen.

BAG *27.6.1985 – 6 AZR 392/81;* ***BAG*** *20.11.1990 – 1 AZR 643/89*

Eine vor dem Betriebsübergang für einen anderen Betrieb geschlossene Betriebsvereinbarung ist nur dann eine andere Regelung i.S.d. § 613a Abs. 1 Satz 3 BGB, wenn sie der Sache nach denselben Gegenstand regelt und betriebsverfassungsrechtlich im übernommenen Betrieb gilt.

BAG *1.8.2001 – 4 AZR 82/00 = BB 2002, 203*

Ein nach § 613a Abs. 1 Satz 2 BGB fortgeltender Anspruch aus einer Betriebsvereinbarung kann gemäß § 613a Abs. 1 Satz 3 BGB durch eine beim Betriebserwerber abgeschlossene Betriebsvereinbarung abgelöst werden. Die individualrechtlich als Inhalt des Arbeitsverhältnisses weiter geltenden kollektivrechtlichen Regelungen sind inhaltlich nicht weiter geschützt, als sie es bei ihrem normativen Fortbestehen beim Erwerber gewesen wären.

BAG *13.3.2012 – 1 AZR 659/10*

Tarifliche Ansprüche, die bei einem Betriebsübergang zum Inhalt des Arbeitsvertrages geworden sind, werden durch einen neu abgeschlossenen Tarifvertrag, an den der Betriebserwerber und die Arbeitnehmer gebunden sind, nur dann abgelöst, wenn dieser Tarifvertrag denselben Regelungsgegenstand betrifft oder dahin auszulegen ist, dass er die arbeitsvertraglich fortgeltende Tarifvertragsregelung auch ohne eigenständige Regelung dieses Gegenstandes ablösen soll.

Aus einer Erklärung der „Tarifvertragsparteien in dem neuen Tarifvertrag, wonach zu dem entsprechenden Gegenstand erst in der Zukunft Tarifverhandlungen aufgenommen werden sollen, lässt sich in der Regel nicht darauf schließen, für die Zwischenzeit sollten die Ansprüche entfallen.

***BAG** 22.1.2003 – 10 AZR 227/02 = DB 2003, 185*

Wird eine Betriebsvereinbarung im Zuge eines Betriebsübergangs nach § 613 a Abs. 1 Satz 2 BGB Inhalt des Arbeitsverhältnisses, kann sie durch eine spätere Betriebsvereinbarung im Erwerberbetrieb – auch zum Nachteil der betroffenen Arbeitnehmer – abgelöst werden. Die Betriebsvereinbarung ist nicht in weiterem Umfang geschützt, als wenn sie kollektivrechtlich weiter gelten würde.

***BAG** 18.11.2003 – 1 AZR 604/02*

Betriebsvereinbarungen sind am betriebsverfassungsrechtlichen Gleichbehandlungsgrundsatz zu messen, wenn sie Arbeitnehmer, deren Arbeitsverhältnis durch einen Betriebs- oder Betriebsteilübergang auf den Arbeitgeber übergeht, von einer Versorgungsordnung ausnehmen, neu eintretende Arbeitnehmer jedoch nicht.

Diese Herausnahme ist gerechtfertigt. Durch einen Betriebs- oder Betriebsteilübergang entsteht eine Übergangssituation. Es ist nicht von vornherein absehbar, welche Arbeits-, insbesondere Versorgungsbedingungen, in derartigen Arbeitsverhältnissen gelten und welche Unterschiede zu denen der anderen Arbeitnehmer bestehen. Die Herausnahme erleichtert eine sachgerechte und angemessene Regelung dieser Übergangssituation.

***BAG** 19.1.2010 – 3 ABR 19/08*

7. Regelungsabrede

Eine Regelungsabrede kann keine Rechte und Pflichten zwischen den **Arbeitsvertragsparteien** begründen.

***BAG** 16.8.1995 – 7 AZR 103/95*

Eine von den Betriebsparteien vor Rechtshängigkeit eines Beschlussverfahrens getroffene Regelungsabrede, mit der sie sich einer späteren Entscheidung des Arbeitsgerichts in einem Verfahren nach § 99 Abs. 4 BetrVG unterwerfen, ist zulässig. Der arbeitsgerichtliche Beschluss ist in einem solchen Fall unabhängig von seinem Ergebnis und den Gründen unanfechtbar. Art. 19 Abs. 4 Satz 1 GG gewährleistet keinen Instanzenzug.

Ist eine Regelungsabrede teilweise nichtig, hängt ihre Gesamtnichtigkeit gemäß § 139 BGB vom mutmaßlichen Willen der Betriebsparteien ab. Dessen Feststellung durch das Tatsachengericht ist durch das Rechtsbeschwerdegericht nur eingeschränkt dahin überprüfbar, ob das Beschwerdegericht die Grundsätze des § 139 BGB verkannt, gegen Denkgesetze oder Erfahrungssätze verstoßen oder wesentliche Tatsachen unberücksichtigt gelassen hat. Die Rechtsprechung zur Teilnichtigkeit normativ wirkender Betriebsvereinbarungen ist insoweit nicht uneingeschränkt anwendbar.

***BAG** 8.9.2010 – 7 ABR 73/09*

Eine Regelungsabrede der Betriebsparteien wirkt nach einer Kündigung nicht entsprechend § 77 VI BetrVG nach. Dies gilt auch, soweit die Regelungsabrede eine mitbestimmungspflichtige Angelegenheit betrifft.

***BAG** 13.8.2019 – 1 ABR 10/18*

Eine Regelungsabrede kann die wirksam ausgeschlossene Nachwirkung einer Betriebsvereinbarung nicht begründen.

***BAG** 6.5.2003 – 1 AZR 340/02*

Eine **formlose Regelungsabrede** zwischen Betriebsrat und Arbeitgeber über die **Einführung von Kurzarbeit** wahrt das Mitbestimmungsrecht des Betriebsrats nach § 87 Abs. 1 Nr. 3 BetrVG, führt aber nicht zu einer entsprechenden Änderung der Arbeitsverträge der hiervon betroffenen Arbeitnehmer. Hierzu bedarf es einer vertraglichen Vereinbarung oder einer Änderungskündigung.

***BAG** 14.2.1991 – 2 AZR 415/90*

Eine Betriebsvereinbarung kann nicht durch eine **Regelungsabrede** abgelöst werden.

Ob in der **formlosen** Regelungsabrede zugleich ein Aufhebungsvertrag hinsichtlich einer entgegenstehenden Betriebsvereinbarung gesehen werden kann, bleibt unentschieden.

***BAG** 27.6.1985 – 6 AZR 392/81; **BAG** 20.11.1990 – 1 AZR 643/89*

Die Betriebsparteien können eine formlose Abrede (**Regelungsabrede**), durch die für einen längeren Zeitraum eine mitbestimmungspflichtige Angelegenheit i.S.d. § 87 Abs. 1 BetrVG geregelt wird, ordentlich mit einer Frist von drei Monaten (analog § 77 Abs. 5 BetrVG) kündigen, sofern keine andere Kündigungsfrist vereinbart worden ist.

***BAG** 10.3.1992 – 1 ABR 31/91*

Die Regelungssperre des § 77 Abs. 3 BetrVG betrifft nicht Regelungsabreden und vertragliche Einheitsregelungen, sondern nur Betriebsvereinbarungen.

***BAG** 20.4.1999 – 1 ABR 72/98 = DB 1999, 1555*

Schaubild: Gemeinsamkeiten und Unterschiede zwischen Betriebsvereinbarung und Regelungsabrede

Merkmale	Betriebsvereinbarung	Regelungsabrede
Form:	schriftlich ohne Ausnahme	Grundsatz: formfrei Ausnahme: Interessenausgleich
Wirkungen:	1. schuldrechtlich Betriebsrat – Arbeitgeber 2. normativ (unmittelbar und zwingend) Arbeitnehmer – Arbeitgeber	nur schuldrechtlich Betriebsrat – Arbeitgeber Umsetzung in das Vertragsverhältnis Arbeitnehmer – Arbeitgeber zusätzlich erforderlich
Begründung:	1. Vertrag Betriebsrat – Arbeitgeber 2. Beschluss Betriebsrat	1. Vertrag Betriebsrat – Arbeitgeber 2. Beschluss Betriebsrat
Beendigung:	1. Fristablauf 2. Kündigung 3. Aufhebung 4. Ablösung	1. Fristablauf 2. Kündigung 3. Aufhebung 4. Ablösung
Nachwirkung:	soweit Regelungen von **mitbestimmungspflichtigen** Angelegenheiten	

8. Betriebliche Übung, Gesamtzusage

> Eine betriebliche Übung kann dort nicht entstehen, wo der Arbeitgeber bereits aufgrund einer anderen Anspruchsgrundlage (z. B. Betriebsvereinbarung) leistet.
>
> ***BAG*** *9.2.1989 – 8 AZR 310/87 = DB 1989, 2339 = NZA 1989, 765;*
> ***BAG*** *18.11.2003 – 1 AZR 604/02*

Sind mehrere Unternehmen Mitglieder eines eingetragenen Vereins und sagt dieser in einer **Betriebsvereinbarung** zu, die Gehälter seiner Angestellten i. d. R. jährlich daraufhin zu überprüfen, ob eine allgemeine Gehaltsanpassung unter Berücksichtigung der allgemeinen Einkommensentwicklung und der wirtschaftlichen Lage seiner Mitgliedsunternehmen vorzunehmen ist, steht diese Regelung dem Entstehen einer betrieblichen Übung auf Gehaltserhöhung entgegen, auch wenn diese jahrelang orientiert an der Gehaltsentwicklung eines bestimmten Mitgliedsunternehmens vorgenommen wurde.

LAG *Düsseldorf 9.7.1997 – 11 Sa 164/97*

Eine betriebliche Übung setzt voraus, dass eine bestimmte betriebliche Praxis den Schluss erlaubt, der Arbeitgeber wolle sich vertragsrechtlich binden.

Das ist zwar grundsätzlich bei jedem Verhalten des Arbeitgebers denkbar, jedoch bei Fragen der Organisation des Betriebes (wie etwa Schichtplänen) im Zweifel nicht anzunehmen, weil sie üblicherweise auf kollektiver Ebene geregelt werden.

Die Festlegung eines bestimmten Schichtsystems durch betriebliche Übung kann nur ausnahmsweise dann in Betracht kommen, wenn erkennbar dem Interesse der betroffenen Arbeitnehmer an einer bestimmten Form des Schichtbetriebes entsprochen werden sollte.

BAG *21.1.1997 – 1 AZR 572/96*

Eine Gesamtzusage ist die an alle Arbeitnehmer oder einen nach abstrakten Merkmalen bestimmten Teil von ihnen in allgemeiner Form gerichtete ausdrückliche Erklärung des Arbeitgebers, zusätzliche Leistungen erbringen zu wollen. Sie wird über § 151 BGB Inhalt des Arbeitsvertrags.

Die betriebliche Übung unterscheidet sich von der Gesamtzusage im Wesentlichen dadurch, dass es hier keiner ausdrücklichen Erklärung des Arbeitgebers bedarf. Ihre Ablösbarkeit durch eine verschlechternde Betriebsvereinbarung richtet sich nach denselben Regeln wie die Ablösbarkeit einer Gesamtzusage: Im Grundsatz gilt das Günstigkeitsprinzip, das eine verschlechternde Neuregelung durch Betriebsvereinbarung ausschließt. Anders verhält es sich nur,

- wenn in der einzelvertraglichen Rechtsgrundlage selbst eine Möglichkeit für eine kollektivrechtliche Verschlechterung eröffnet worden ist;
- wenn die kollektivvertragliche Neuregelung sich bei kollektiver Gesamtbetrachtung als nicht ungünstiger darstellt, als die aus gebündeltem Individualverhalten entstandene betriebliche Regelung;
- wenn Gesamtzusage, vertragliche Einheitsregelung oder betriebliche Übung auf Grund einer Störung der Geschäftsgrundlage ihre „Verbindlichkeit" verloren haben und deswegen eine betriebliche Neuregelung erforderlich ist.

Es spricht viel dafür, dass die Anwendung des kollektiven Günstigkeitsvergleichs voraussetzt, dass das Unternehmen, in welchem die abgelöste Altregelung galt, und das Unternehmen, in dem die ablösende Neuregelung gelten soll, zumindest in der Grundstruktur identisch sind.

BAG *18.3.2003 – 3 AZR 101/02*

9. Gewerkschaft und Betriebsvereinbarungen

Aus § 1004 Abs. 1, § 823 Abs. 1 BGB i.V. mit Art. 9 Abs. 3 GG ergibt sich bei tarifwidrigen betrieblichen Regelungen ein gegen den Arbeitgeber gerichteter Anspruch der Gewerkschaften auf Beseitigung und Unterlassung weiterer Beeinträchtigungen. Der Beseitigungsanspruch umfasst jedoch nicht die Wiederherstellung des tarifkonformen Zustands durch Nachzahlung der tariflichen Leistungen an die Arbeitnehmer.

Für den Anspruch einer Gewerkschaft auf die Beseitigung von Folgen tarifwidriger Betriebsvereinbarungen und Regelungsabreden, die dazu bestimmt sind, die tarifliche Ordnung zu verdrängen, ist wie für deren Unterlassungsbegehren das Beschlussverfahren die zutreffende Verfahrensart.

Die durch Art. 9 Abs. 3 GG geschützte Koalitionsfreiheit wird nicht erst dann beeinträchtigt, wenn eine Koalition daran gehindert wird, Tarifrecht zu schaffen. Ein Eingriff in dieses Freiheitsrecht liegt vielmehr auch in Abreden oder Maßnahmen, die darauf gerichtet sind, die Wirkung des von Koalitionen geschaffenen Tarifrechts zu vereiteln oder leerlaufen zu lassen.

Zu den nach § 823 Abs. 1 BGB geschützten Rechtsgütern und Interessen gehört auch das durch Art. 9 Abs. 3 GG gewährleistete Recht einer von Arbeitnehmern gebildeten Koalition auf gewerkschaftliche Betätigung. Aus § 1004 Abs. 1, § 823 Abs. 1 BGB i.V.m. Art. 9 Abs. 3 GG ergibt sich deshalb bei tarifwidrigen betrieblichen Regelungen ein gegen den Arbeitgeber gerichteter Anspruch der Gewerkschaften auf Beseitigung und Unterlassung weiterer Beeinträchtigungen. Der Beseitigungsanspruch umfasst jedoch nicht die Wiederherstellung des tarifkonformen Zustands durch Nachzahlung der tariflichen Leistungen an die Arbeitnehmer.

Die Beeinträchtigung der kollektiven Koalitionsfreiheit liegt nicht in der Nichtzahlung der tariflichen Leistungen für tarifwidrig geleistete Arbeitszeit, sondern in der Vereinbarung einer tarifwidrigen betrieblichen Regelung, welche die tariflichen Vorschriften als kollektive Ordnung im Betrieb zu verdrängen versucht. Diese Beeinträchtigung kann durch die Nichtanwendung einer (ohnehin rechtsunwirksamen) Betriebsvereinbarung und eine darauf gerichtete, gegenüber den Arbeitnehmern abzugebende ausdrückliche Erklärung des Arbeitgebers beseitigt werden.

Die Gewerkschaft ist im Hinblick auf die Beseitigung des tarifwidrigen Zustands verfahrensrechtlich nicht rechtlos gestellt. Sie kann eine solche Beeinträchtigung ihrer kollektiven Koalitionsfreiheit im Wege des einstweiligen Rechtsschutzes durch eine Regelungsverfügung nach § 940 ZPO verhindern oder zumindest verkürzen. Das genügt dem Gebot effektiver Rechtsschutzgewährung

BAG *17.5.2011 – 1 AZR 473/09*

> Nach ständiger Rechtsprechung des BAG kann sich eine Gewerkschaft gegen Eingriffe in ihre Koalitionsfreiheit mit einem Unterlassungsanspruch wehren. Ein derartiger Eingriff kann auch in einer betrieblichen Regelung liegen. In Betracht kommt eine Betriebsvereinbarung.
>
> ***BAG*** *20.4.1999 – 1 ABR 72/97*

§ 23 Abs. 3 BetrVG berechtigt eine im Betrieb vertretene Gewerkschaft, die hier geregelten Anträge gegen den Arbeitgeber zu stellen, wenn sie geltend macht, eine von den Betriebspartnern abgeschlossene Betriebsvereinbarung verstoße gegen die betriebsverfassungsrechtliche Ordnung, weil sie den in § 77 Abs. 3 BetrVG normierten Vorrang des Tarifvertrags nicht beachte.

Einer Betriebsvereinbarung über Angelegenheiten, die nach § 87 Abs. 1 BetrVG der Mitbestimmung des Betriebsrats unterliegen, steht der Tarifvertrag des § 77 Abs. 3 BetrVG nicht entgegen.

Das durch Art. 9 Abs. 3 GG geschützte Recht der Tarifvertragsparteien, die Arbeits- und Wirtschaftsbedingungen durch Tarifverträge zu regeln, wird durch eine nach § 87 Abs. 1 BetrVG zulässige Betriebsvereinbarung auch dann nicht verletzt, wenn diese Betriebsvereinbarung in einzelnen Bestimmungen gegen zwingende tarifliche Vorgaben verstößt.

Eine Gewerkschaft hat daher keinen Anspruch gegen den Arbeitgeber, dass dieser die Anwendung einer solchen Betriebsvereinbarung im Betrieb deswegen unterlässt, weil diese Betriebsvereinbarung gegen zwingende tarifliche Vorgaben verstößt.

BAG *20.8.1991 – 1 ABR 85/90*

Auch aus der Regelung in § 77 Abs. 3 BetrVG lässt sich eine Befugnis der Tarifvertragsparteien oder wenigstens der Gewerkschaft, die Unwirksamkeit einer Betriebsvereinbarung gerichtlich geltend zu machen, nicht herleiten.

***BAG** 23.2.1988 – 1 ABR 75/86*

Art 9 Abs. 3 GG ist nicht zu entnehmen, dass Tarifverträge gegenüber einer Betriebsvereinbarung, die sich auf die Lage der Arbeitszeit beschränkt, durch eine Klagebefugnis der Gewerkschaften gegen die Betriebsparteien rechtlich geschützt werden müssen, wenn der Tarifvertrag den Betriebsparteien eine gewisse Gestaltungsfreiheit ausdrücklich einräumt.

***BVerfG** 29.6.1993 – 1 BvR 1916/91*

Zur Durchführungspflicht des Arbeitgebers nach § 77 Abs. 1 Satz 1 BetrVG gehört, dass er betriebsvereinbarungswidrige Maßnahmen unterlässt und dafür sorgt, dass sich auch die Arbeitnehmer in seinem Betrieb an die Regelungen einer Betriebsvereinbarung halten.

Eine im Betrieb vertretene Gewerkschaft kann bei groben Verstößen den Arbeitgeber im Beschlussverfahren gemäß § 23 Abs. 3 Satz 1 BetrVG auf die Einhaltung von Betriebsvereinbarungen in Anspruch nehmen.

Voraussetzung für die Durchführungspflicht des Arbeitgebers nach § 77 Abs. 1 Satz 1 BetrVG ist die Wirksamkeit der Betriebsvereinbarung. An dieser fehlt es, wenn die Betriebsvereinbarung gegen zwingende tarifvertragliche Bestimmungen verstößt.

Bestehen für den Arbeitgeber zur Herbeiführung eines von ihm geschuldeten Erfolgs mehrere Handlungsmöglichkeiten, kann ein auf die Erfüllung der Verpflichtung gerichteter Antrag des Betriebsrats weit gefasst sein. Es bleibt dann dem Arbeitgeber überlassen, wie er die titulierte Verpflichtung erfüllt. Die Erfüllung ist erforderlichenfalls im Vollstreckungsverfahren nachzuprüfen.

***BAG** 29.4.2004 – 1 ABR 30/02*

10. Beschlussverfahren zur Wirksamkeit einer Betriebsvereinbarung

Kommt ein wirksamer Beschluss des Betriebsrats über die Beauftragung eines Rechtsanwalts mit der Einleitung eines Beschlussverfahrens erst im Laufe des Verfahrens zustande, so steht dies der Zulässigkeit des Antrags nicht entgegen, sofern der Beschluss noch vor der erstinstanzlichen Entscheidung gefasst wird. Dies gilt auch dann, wenn die Tatsache der Beschlussfassung erst in der Beschwerdeinstanz vorgetragen wird und das Arbeitsgericht den Antrag des Betriebsrats als unzulässig abgewiesen hat.

Dem Verlangen des Betriebsrats zur Überprüfung der Wirksamkeit einer Betriebsvereinbarung kann nicht mit dem Vorwurf des Rechtsmissbrauchs begegnet werden.

Das Feststellungsinteresse nach § 256 Abs. 1 ZPO für einen Antrag, mit dem der Betriebsrat die Unwirksamkeit einer gekündigten und nicht mehr nachwirkenden Betriebsvereinbarung festgestellt wissen will, ist in der Regel nicht gegeben.

Steht das Mitbestimmungsrecht des Betriebsrats nicht in Frage, fehlt diesem die Antragsbefugnis, wenn er dem Arbeitgeber die Anordnung bestimmter (Bereitschaftsdienst-) Schichten wegen angeblichen Verstoßes gegen arbeitszeitrechtliche Vorgaben untersagen lassen will.

***BAG** 18.2.2003 – 1 ABR 17/02 = NZA 2004, 336*

Haben die Betriebsparteien vereinbart, bei Meinungsverschiedenheiten über die Anwendung und Auslegung einer Betriebsvereinbarung zunächst ein obligatorisches innerbetriebliches Konfliktlösungsverfahren durchzuführen, sind vor den Gerichten für Arbeitssachen erhobene Anträge unzulässig, wenn das vereinbarte Verfahren unterbleibt.

***BAG** 23.2.2016 – 1 ABR 5/14*

Solange der Betriebsrat die Anordnung von Feiertagsarbeit dadurch verhindern kann, dass er ihr die nach § 87 Abs. 1 Nr. 2, Nr. 3 BetrVG erforderliche Zustimmung versagt, fehlt seinem Antrag auf gerichtliche Feststellung der Rechtswidrigkeit von Feiertagsarbeit an Wertpapierbörsen das allgemeine Rechtsschutzinteresse.

***BAG** 27.1.2004 – 1 ABR 5/03*

Macht der Betriebsrat geltend, eine von ihm abgeschlossene Betriebsvereinbarung sei vom Arbeitgeber in einer bestimmten Art und Weise anzuwenden, besteht für ein solches, auf die Verfolgung eines eigenen betriebsverfassungsrechtlichen Durchführungsanspruchs gerichtetes Begehren auch dann die notwendige Antragsbefugnis, wenn sich die verlangte Art und Weise der Durchführung auf den Inhalt normativ begründeter Ansprüche von Arbeitnehmern bezieht (Rn. 17).

***BAG** 25.2.2020 – 1 ABR 38/18*

> ***Hinweis für die Praxis***
>
> *Der Anspruch auf Durchführung einer Betriebsvereinbarung aus eigenem Recht steht grundsätzlich dem Betriebsrat zu, der selbst Partei der Betriebsvereinbarung ist. Dieser hat gemeinsam mit dem Arbeitgeber in der Betriebsvereinbarung Regelungen geschaffen, die gem. § 77 Abs. 4 Satz 1 BetrVG für die betroffenen Arbeitnehmer unmittelbar und zwingend gelten. Die mit dem Arbeitgeber erzielte Einigung über den Inhalt der Betriebsvereinbarung i.V.m. § 77 Abs. 1 Satz 1 BetrVG gestaltet das Rechtsverhältnis der Betriebsparteien und verleiht dem Betriebsrat damit das Recht, von diesem die Durchführung gemeinsam vereinbarter Normen verlangen zu können, siehe hierzu ausführlich BAG 18.5.2010 – 1 ABR 6/09)*

Der betriebsverfassungsrechtliche Anspruch auf die abredegemäße Durchführung der Betriebsvereinbarung ist eine betriebsverfassungsrechtliche Angelegenheit i.S.d. § 2a Abs. 1 Nr. 1 ArbGG, in der nach § 80 Abs. 1 ArbGG das Beschlussverfahren stattfindet. Der Betriebsrat ist für die Durchsetzung dieses Anspruchs antragsbefugt.

Der Betriebsrat kann jedoch die durch die Betriebsvereinbarung begründeten individualrechtlichen Ansprüche nicht im eigenen Namen geltend machen. Der Individualrechtsschutz darf nicht auf das Verhältnis Arbeitgeber/Betriebsrat verlagert werden. Entscheidend ist nicht die Antragsformulierung, sondern das Antragsziel.

Die Betriebspartner können nicht nur die Wirksamkeit oder (Fort-) Geltung einer Betriebsvereinbarung im Beschlussverfahren klären lassen, sondern auch deren Auslegung. Der Auslegungsstreit muss aber den Inhalt der in der Betriebsvereinbarung getroffenen Abreden betreffen. Soweit die Betriebsvereinbarung keine Regelung enthält und der Arbeitgeber tarifliche oder gesetzliche Vorschriften vollzieht, hat der Betriebsrat keinen betriebsverfassungsrechtlichen Durchführungsanspruch.

In dem vom Senat entschiedenen Verfahren haben die Beteiligten darüber gestritten, zu welchem Rechenweg die gesetzlichen Grundwertungen der §§ 2, 6 BetrAVG führen. Dabei handelt es sich nicht um die Auslegung einer Betriebsvereinbarung, sondern um die Auslegung des Betriebsrentengesetzes.

***BAG** 18.1.2005 – 3 ABR 21/04*

Die Unwirksamkeit einzelner Teilbestimmungen einer Betriebsvereinbarung führt allerdings nicht ohne weiteres zur Unwirksamkeit der übrigen Bestimmungen. Das folgt aus dem Normencharakter der Betriebsvereinbarung, der es ebenso wie bei Gesetzen oder Tarifverträgen gebietet, im Interesse der Kontinuität und Rechtsbeständigkeit der gesetzten Ordnung diese insoweit aufrechtzuerhalten, als sie auch ohne den unwirksamen Teil ihre ordnende Funktion noch entfalten kann (BAG 30.8.1995 – 1 ABR 4/95; BAG 25.1.2000 – 1 ABR 1/99; BAG 28.5.2002 – 1 ABR 37/01 = NZA 2003, 171).

Die Unwirksamkeit einzelner Bestimmungen einer Betriebsvereinbarung lässt deshalb die Wirksamkeit der übrigen unberührt, wenn der verbleibende Teil auch ohne die unwirksame Bestimmung eine sinnvolle und in sich geschlossene Regelung enthält (BAG 15.5.2001 – 1 ABR 39/00 = BAGE 97, 379).

***BAG** 13.02.2003 – 6 AZR 537/01*

Die Teilunwirksamkeit einer Betriebsvereinbarung führt nach dem er Vorschrift des § 139 BGB zugrunde liegenden Rechtsgedanken zur Unwirksamkeit der Gesamtregelung, wenn nicht der verbleibende Teil auch ohne die unwirksamen Bestimmungen eine sinnvolle und in sich geschlossene Regelung darstellt.

***BAG** 8.6.2004 – 1 ABR 4/03*

Ein Betriebsrat kann die Unwirksamkeit einer von einer anderen Arbeitnehmervertretung abgeschlossenen Betriebsvereinbarung nur zur gerichtlichen Überprüfung stellen, wenn diese seine eigene Regelungsbefugnis verletzt. Weder das BetrVG noch das ArbGG sehen ein inhaltliches Normenkontrollrecht der auf den unterschiedlichen Ebenen im Unternehmen und Konzern errichteten Arbeitnehmervertretungen vor.

***BAG** 5.3.2013 – 1 ABR 75/11*

Die Geltung einer Betriebsvereinbarung kraft Nachwirkung kann Gegenstand eines darauf bezogenen Feststellungsantrags sein, wenn sie die Rechtsbeziehungen der Betriebsparteien in Bezug auf eine dem Mitbestimmungsrecht des Betriebsrats unterliegende Maßnahme des Arbeitgebers ausgestaltet.

***BAG** 9.12.2014 – 1 ABR 19/13*

Schutzbestimmungen (§ 78 BetrVG)

Gesetzestext[41]

§ 78 Schutzbestimmungen

[1]Die Mitglieder des Betriebsrats, des Gesamtbetriebsrats, des Konzernbetriebsrats, der Jugend- und Auszubildendenvertretung, der Gesamt-Jugend- und Auszubildendenvertretung, der Konzern-Jugend- und Auszubildendenvertretung, des Wirtschaftsausschusses, der Bordvertretung, des Seebetriebsrats, der in § 3 Abs. 1 genannten Vertretungen der Arbeitnehmer, der Einigungsstelle, einer tariflichen Schlichtungsstelle (§ 76 Abs. 8) und einer betrieblichen Beschwerdestelle (§ 86) sowie Auskunftspersonen (§ 80 Absatz 2 Satz 4) dürfen in der Ausübung ihrer Tätigkeit nicht gestört oder behindert werden. [2]Sie dürfen wegen ihrer Tätigkeit nicht benachteiligt oder begünstigt werden; dies gilt auch für ihre berufliche Entwicklung.

1. Allgemeines

Nach § 78 Satz 2 BetrVG dürfen Mitglieder des Betriebsrats wegen ihrer Tätigkeit weder benachteiligt noch begünstigt werden. Diese Regelung ergänzt § 37 Abs. 1 BetrVG, wonach die Mitglieder des Betriebsrats ihr Amt unentgeltlich als Ehrenamt führen. Das Ehrenamtsprinzip wahrt die innere und äußere Unabhängigkeit der Betriebsratsmitglieder (vgl. BAG 18.5.2016 – 7 AZR 401/14; BAG 18.2.2014 – 3 AZR 568/12). Eine Benachteiligung i.S.v. § 78 Satz 2 BetrVG ist jede Schlechterstellung im Vergleich zu anderen Arbeitnehmern, die nicht auf sachlichen Gründen, sondern auf der Tätigkeit als Betriebsratsmitglied beruht. **Eine Benachteiligungsabsicht ist nicht erforderlich.** Es genügt die objektive Schlechterstellung gegenüber Nichtbetriebsratsmitgliedern (vgl. BAG 18.5.2016 – 7 AZR 401/14; BAG 25.6.2014 – 7 AZR 847/12; BAG 5.12.2012 – 7 AZR 698/11).

***BAG** 25.10.2017 – 7 AZR 731/15*

Ein Rechtsverhältnis i.S.v. § 256 Abs. 1 ZPO ist jedes durch die Herrschaft einer Rechtsnorm über einen konkreten Sachverhalt entstandene rechtliche Verhältnis einer Person zu einer anderen Person oder zu einer Sache. Kein Rechtsverhältnis i.S.v. § 256 Abs. 1 ZPO sind dagegen abstrakte Rechtsfragen, bloße Elemente eines Rechtsverhältnisses oder rechtliche Vorfragen. Die Feststellung einer Benachteiligung i.S.v. § 78 Satz 2 BetrVG ist kein Rechtsverhältnis und kann deshalb nicht Gegenstand eines Feststellungsantrags sein.

***BAG** 24.2.2016 – 7 ABR 23/14*

Die Ablehnung des Wunsches eines Mitarbeiters zur Teilnahme an Fortbildungsmaßnahmen mit der Erklärung, „die Finanzierung solcher Maßnahmen sei ein Problem, weil aus dem Fortbildungsetat auch die Betriebsratskosten bestritten würden und der Betriebsrat diesen Etat „recht stark" ausschöpfe", kann eine nach dem Betriebsverfassungsgesetz verbotene Behinderung der Betriebsratsmitglieder in der Ausübung ihrer Tätigkeit darstellen.

Der Betriebsrat kann vom Arbeitgeber verlangen, die beanstandeten Äußerungen künftig zu unterlassen. Aus der Erklärung des Arbeitgebers wird nicht erkennbar, dass es sich nur um für die Betriebsratstätigkeit erforderliche und verhältnismäßige Kosten handeln kann, für die der Arbeitgeber von Gesetzes wegen einzustehen hat. Durch die Unvollständigkeit der Erklärung geraten Betriebsratsmitglieder gegenüber den von ihnen vertretenen Arbeitnehmern in einen Rechtfertigungsdruck, der als Behinderung im Sinne des Betriebsverfassungsgesetzes anzusehen ist. Diese Behinderung seiner Mitglieder muss der Betriebsrat nicht hinnehmen.

Gibt der Arbeitgeber die Kosten der Betriebsratstätigkeit in einer Weise bekannt, die nicht in Einklang mit dem Betriebsverfassungsgesetz steht, hat der Betriebsrat einen Anspruch auf Unterlassung.

***BAG** 12.11.1997 – 7 ABR 14/97*

2. Verbot der Behinderung

Der Begriff der „Behinderung" nach § 78 Satz 1 BetrVG ist umfassend zu verstehen: Er erfasst jede unzulässige Erschwerung, Störung oder gar Verhinderung der Betriebsratsarbeit.

***BAG** 19.7.1995 – 7 ABR 60/94*

Bei einer Störung oder Behinderung der Betriebsratsarbeit durch den Arbeitgeber steht dem Betriebsrat ein Unterlassungsanspruch zu.

Der Begriff der Behinderung nach § 78 Satz 1 BetrVG ist umfassend zu verstehen. Er erfasst auch Maßnahmen, durch welche die Ausübung der Überwachungspflicht nach §§ 80 Abs. 1, 89 Abs. 2-4, 96 BetrVG beeinträchtigt wird.

§ 80 Abs. 2 BetrVG enthält keine abschließende Regelung dahin, dass sich der Betriebsrat allein über den Arbeitgeber die notwendigen Informationen beschaffen kann. Es kann auch ein Zugangsrecht zum Arbeitsplatz in Betracht kommen. Dieses besteht, um eine Kommunikation zwischen dem Betriebsrat und den dort beschäftigten Mitarbeitern (einschließlich der Vorgesetzten) zu ermöglichen. Soweit diese Kommunikation der Erfüllung der Aufgaben des Betriebsrats dient, ist sie Bestandteil der Betriebsratstätigkeit und darf nicht behindert werden. Die Vertraulichkeit der zwischen dem Betriebsrat und den Beschäftigten geführten Gespräche ist für jede Betriebsratstätigkeit unverzichtbar. Hiermit ist es unvereinbar, wenn der Arbeitgeber in einer E-Mail verlangt, dass Anfragen des Betriebsrats an Mitarbeiter und Vorgesetzte schriftlich formuliert werden müssen und in Kopie bzw. cc der Bereichsleitung zur Kenntnis übermittelt werden, Antworten von Mitarbeitern und Vorgesetzten schriftlich formuliert werden müssen und in Kopie bzw. cc der Bereichsleitung zur Kenntnis übermittelt werden, Vorgaben des Betriebsrats bei Anfragen an Mitarbeiter und Vorgesetzte schriftlich formuliert werden müssen und in Kopie bzw. cc der Bereichsleitung zur Kenntnis übermittelt werden.

***LAG** Hessen 26.9.2011 – 16 TaBV 105/11*

Ist der Arbeitgeber der – nicht nur vorgeschobenen – Auffassung, dass ein Betriebsratsmitglied die außerordentliche Kündigung verwirkt habe, verweigert der Betriebsrat jedoch die Zustimmung zur außerordentlichen Kündigung, so ist dem Arbeitgeber unter der Voraussetzung, dass den ins Feld geführten Kündigungsgründen einiges Gewicht zukommt, regelmäßig das Recht zuzubilligen, das **Betriebsratsmitglied bis zum Abschluss des Zustimmungsersetzungsverfahrens** unter Fortzahlung der Bezüge **von der Arbeit zu suspendieren;** eine Behinderung der Betriebsratstätigkeit i.S.d. § 78 BetrVG kann darin nicht gesehen werden.

***LAG** Hamm 24.10.1974 – 8 Ta BV 53/74 = EzA § 103 BetrVG Nr. 5*

---

[41] Das Betriebsverfassungsgesetz in der Fassung der Bekanntmachung vom 25. September 2001 (BGBl. 1 S. 2518), das zuletzt durch Artikel 19 Absatz 5 des Gesetzes vom 23. Dezember 2016 (BGBl. 1 S. 3234) geändert worden ist, wird wie folgt geändert:
- In § 78 Satz 1 wird die Angabe „§ 80 Abs. 2 Satz 3" durch die Wörter „§ 80 Absatz 2 Satz 4" ersetzt.

Es stellt eine grobe Behinderung der Betriebsratsarbeit dar, wenn der Arbeitgeber auf einer Betriebsversammlung einen unmittelbaren Zusammenhang herstellt zwischen einem Betriebsratsbeschluss (hier: Freistellung eines Betriebsratsmitgliedes) und der Streichung von sozialen Leistungen (hier: Fahrtkostenzuschuss für Arbeitnehmer).
Der Betriebsrat kann gemäß § 78 BetrVG verlangen, dass der Arbeitgeber die Zahlung solcher sozialen Leistungen wieder aufnimmt, da ansonsten eine Störung seiner Tätigkeit vorliegt.
Der Betriebsrat kann nach § 23 Abs. 3 BetrVG verlangen, dass dem Arbeitgeber **für die Zukunft** untersagt wird zu erklären, dass soziale Leistungen an Arbeitnehmer unter Hinweis auf die Kosten der Betriebsratsarbeit oder die Wahrnehmung von Betriebsratsrechten eingeschränkt oder gestrichen werden.

ArbG *Rosenheim 22.6.1988 – 3 BV 4/88 = BB 1989, 147 = AiB 1989, 83*

Der Ausübung des Zutrittsrechts eines Betriebsratsmitglieds sind Schranken gesetzt. Nach den Umständen des Einzelfalls kann es absolut untragbar sein, dem zur fristlosen Entlassung vorgesehenen Betriebsratsmitglied bis zum rechtskräftigen Abschluss des Verfahrens nach § 103 BetrVG uneingeschränkt Zutritt zum Betrieb zu gewähren. Bei der Interessenabwägung müssen die dem Betriebsratsmitglied angelasteten und glaubhaft gemachten strafbaren Handlungen und massiven Pflichtverletzungen, die sich über einen längeren Zeitraum hingezogen haben und die auch noch während der Freistellungsphase ausgeübt worden sind, Berücksichtigung finden.

LAG *München 19.3.2003 – 7 TaBV 65/02 = NZA-RR 2003, 641*

Auflösend bedingte Arbeitsverhältnisse von Betriebsratsmitgliedern enden ebenso wie diejenigen anderer Arbeitnehmer mit Eintritt der auflösenden Bedingung, frühestens aber zwei Wochen nach Zugang der schriftlichen Unterrichtung des Arbeitnehmers durch den Arbeitgeber über den Zeitpunkt des Bedingungseintritts. Dies steht im Einklang mit den unionsrechtlichen Vorgaben in Art. 7 und Art. 8 der Richtlinie 2002/14/EG i.V.m. Art. 27 und Art. 30 GRC (Rn. 43 ff.).

Führt der Arbeitgeber die auflösende Bedingung wegen der Betriebsratstätigkeit herbei, ist es ihm nach § 78 Satz 2 BetrVG i.V.m. § 162 Abs. 2 BGB verwehrt, sich auf den Eintritt der auflösenden Bedingung zu berufen (Rn. 52).

BAG *20.6.2018 – 7 AZR 690/16*

Der Betriebsrat hat keinen aus § 78 Satz 1 BetrVG folgenden Anspruch auf Entfernung einer Abmahnung aus der Personalakte eines seiner Mitglieder.

BAG *4.12.2013 – 7 ABR 7/12*

3. Verbot der Benachteiligung und Begünstigung

Ein auf die Feststellung der Unwirksamkeit einer bestimmten Abmahnung gerichteter Antrag betrifft kein feststellungsfähiges Rechtsverhältnis und ist daher gemäß § 256 Abs. 1 ZPO unzulässig.

Der Betriebsrat hat keinen aus § 78 Satz 1 BetrVG folgenden Anspruch auf Entfernung einer Abmahnung aus der Personalakte eines seiner Mitglieder. Hierbei handelt es sich um ein höchstpersönliches Recht des betroffenen Betriebsratsmitglieds, das diesem und nicht einem dritten Gremium zusteht.

Verletzt ein Betriebsratsmitglied ausschließlich betriebsverfassungsrechtliche Amtspflichten, sind vertragsrechtliche Sanktionen wie der Ausspruch einer außerordentlichen Kündigung oder einer individualrechtlichen Abmahnung, mit der kündigungsrechtliche Konsequenzen in Aussicht gestellt werden, ausgeschlossen.

BAG *9.9.2015 – 7 ABR 69/13*

§ 78 Satz 2 BetrVG verbietet dem Arbeitgeber jede Benachteiligung eines Betriebsratsmitglieds wegen seiner Tätigkeit im Betriebsrat. Dabei stellt die Bestimmung des § 78 Satz 2 BetrVG klar, dass auch die berufliche Entwicklung eines Betriebsratsmitgliedes nicht gestört oder behindert werden darf.
Geschützt wird damit die Unabhängigkeit der Amtsführung des Betriebsrats. Jedes Betriebsratsmitglied soll ohne Furcht vor Maßregelungen und Sanktionen des Arbeitgebers sein Amt ausüben können. Das rückt das Benachteiligungsverbot des § 78 Satz 2 BetrVG in die Nähe des Kündigungsverbotes (§ 15 KSchG). Der Verlust des Arbeitsplatzes ist für den Betroffenen die härteste Maßregel.
Ebenso nachteilig können sich der Ausschluss von Beförderungsmöglichkeiten oder vom Bewährungsaufstieg, die Zuweisung eines geringer bezahlten Arbeitsplatzes oder der Ausschluss von sonstigen Vergünstigungen auswirken.
§ 78 Satz 2 BetrVG gehört zu den grundlegenden Bestimmungen des Betriebsverfassungsrechts. Ohne eine solche Schutzbestimmung ist eine Betriebsratstätigkeit erheblich erschwert. Der Schutzzweck der Norm erfordert deshalb, dass auch solche Maßnahmen des Arbeitgebers in das Benachteiligungsverbot einbezogen werden, die einem Betriebsratsmitglied eine konkrete Chance in der beruflichen Entwicklung vereiteln, die sich ohne die Maßregelung dem Arbeitnehmer geboten hätte.

BAG *12.2.1975 – 5 AZR 79/74*

Eine „betriebsübliche berufliche Entwicklung" entsteht aus einem gleichförmigen Verhalten des Arbeitgebers und einer bestimmten Regel. **Beförderungen** müssen so typisch sein, dass aufgrund der betrieblichen Gegebenheiten und Gesetzmäßigkeiten grundsätzlich, d. h. wenigstens in der überwiegenden Mehrzahl der vergleichbaren Fälle damit gerechnet werden kann.

§ 78 Satz 2 BetrVG, der neben § 37 Abs. 4 BetrVG anwendbar ist, enthält außer einem Benachteiligungsverbot auch ein an den Arbeitgeber gerichtetes Gebot, dem Betriebsratsmitglied eine berufliche Entwicklung angedeihen zu lassen, wie es sie ohne das Betriebsratsamt genommen hätte. Das Betriebsratsmitglied hat nach § 78 Satz 2 BetrVG einen unmittelbaren gesetzlichen Anspruch gegen den Arbeitgeber auf Erfüllung dieses Gebots.

BAG *15.1.1992 – 7 AZR 194/91*

Ein Betriebsratsmitglied, das nur infolge seiner Betriebsratstätigkeit nicht in eine Position mit höherer Vergütung aufgestiegen ist, kann den Arbeitgeber unmittelbar auf Zahlung dieser höheren Vergütung in Anspruch nehmen.

Dieser Anspruch setzt voraus, dass dem Betriebsratsmitglied der Nachweis gelingt, dass er – wenn man seine Tätigkeit als Mitglied einer Betriebsvertretung wegdenkt – inzwischen mit einer Aufgabe betraut worden wäre, die ihm den Anspruch auf das begehrte Arbeitsentgelt gewähren würde.

BAG *11.12.1991 – 7 AZR 75/91*

Mitglieder des Betriebsrats dürfen nach § 78 Satz 2 BetrVG wegen ihrer ehrenamtlichen Tätigkeit weder benachteiligt noch begünstigt werden. Eine Benachteiligung ist jede objektive Schlechterstellung im Vergleich zu anderen Arbeitnehmern.

Ein freigestelltes Mitglied des Betriebsrats ist verpflichtet, im Umfang seiner vertraglichen Arbeitszeit im Betrieb anwesend zu sein und sich dort zur Wahrnehmung von Betriebsratstätigkeiten bereitzuhalten. Ein Betriebsratsmitglied, das vor seiner Freistellung im Schichtdienst eingesetzt war und mit dem – ebenso wie mit anderen im Schichtdienst tätigen Vollzeitbeschäftigten – eine regelmäßige wöchentliche Arbeitszeit von durchschnittlich 40 Stunden vereinbart ist, wird nicht dadurch entgegen § 78 Satz 2 BetrVG wegen seiner Betriebsratstätigkeit benachteiligt, dass es sich 40 Stunden wöchentlich zur Wahrnehmung betriebsverfassungsrechtlicher Aufgaben im Betrieb bereithalten muss, Arbeitnehmer im Schichtdienst hingegen lediglich 36,75 Stunden wöchentlich zur Schichtarbeit herangezogen werden, der Arbeitgeber aber die Möglichkeit hat, ihnen bei Bedarf zusätzlich andere Aufgaben bis zur Dauer von insgesamt 40 Stunden wöchentlich ohne zusätzliche Vergütung zuzuweisen.

BAG *25.10.2017 – 7 AZR 731/15*

Die nach § 14 Abs. 2 TzBfG sachgrundlos befristeten Arbeitsverhältnisse von Betriebsratsmitgliedern enden ebenso wie diejenigen anderer Arbeitnehmer grundsätzlich mit Ablauf der vereinbarten Befristung.

Wird mit einem Betriebsratsmitglied während dessen Amtszeit eine – weitere – Befristungsabrede getroffen, kann diese unwirksam sein, wenn dem Betriebsratsmitglied nur wegen seiner Betriebsratstätigkeit lediglich ein befristetes statt eines unbefristeten Arbeitsverhältnisses angeboten wird.

Benachteiligt der Arbeitgeber ein befristet beschäftigtes Betriebsratsmitglied, indem er wegen dessen Betriebsratstätigkeit den Abschluss eines Folgevertrags ablehnt, kann das Betriebsratsmitglied gemäß § 78 Satz 2 BetrVG i.V.m. § 280 Abs. 1, § 823 Abs. 2, § 249 Abs. 1 BGB den Abschluss des Folgevertrags als Schadensersatz beanspruchen. § 15 Abs. 6 AGG steht einem solchen Anspruch nicht entgegen.

Grundsätzlich trägt das Betriebsratsmitglied, das den Arbeitgeber auf Abschluss eines Folgevertrags in Anspruch nimmt, die Darlegungs- und Beweislast für das Vorliegen einer unzulässigen Benachteiligung. Es kommen aber die Grundsätze der abgestuften Darlegungs-, Einlassungs- und Beweislast zur Anwendung.

***BAG** 25.6.2014 – 7 AZR 847/12*

Schließt ein Betriebsratsmitglied in einem Urteilsverfahren, das mit der Betriebsratstätigkeit im Zusammenhang stehende individualrechtliche Ansprüche zum Gegenstand hat, mit dem Arbeitgeber einen Vergleich, nach dessen Kostenregelung es seine außergerichtlichen Kosten selbst trägt, hat es gegenüber dem Arbeitgeber keinen in einem arbeitsgerichtlichen Beschlussverfahren durchsetzbaren Anspruch auf Freistellung von den durch die Hinzuziehung eines Prozessbevollmächtigten entstandenen Kosten.

Das Betriebsratsmitglied wird durch die Kostenvereinbarung nicht i.S.v. § 78 Satz 2 BetrVG wegen seiner Betriebsratstätigkeit benachteiligt.

***BAG** 20.1.2010 – 7 ABR 68/08*

Der besondere Kündigungsschutz nach § 15 KSchG kann nicht zu einer Erleichterung der außerordentlichen Kündigung führen, die dadurch eintreten könnte, dass bei der Zumutbarkeitsfrage nach § 626 Abs. 1 BGB nicht auf die ordentliche Kündigungsfrist, sondern auf die voraussichtliche Dauer des besonderen Kündigungsschutzes abgestellt würde. Deshalb ist hier bei der Zumutbarkeitsfrage die ohne den besonderen Kündigungsschutz gegebene ordentliche Kündigungsfrist zugrunde zu legen. Dies entspricht dem Benachteiligungsverbot des § 78 BetrVG.

Daher ist bei einer außerordentlichen Kündigung zu prüfen, ob die Weiterbeschäftigung des nach § 15 KSchG besonders geschützten Arbeitnehmers bis zum Ablauf der Kündigungsfrist zumutbar ist, die für eine ordentliche – nach § 15 KSchG nicht zulässige – Kündigung gelten würde.

***BAG** 14.11.1984 – 7 AZR 474/83*

Beabsichtigt der Arbeitgeber, das Arbeitsverhältnis mit einem Betriebsratsmitglied außerordentlich zu kündigen und schließen beide nach Einleitung eines Verfahrens nach § 103 Abs. 2 BetrVG zur Ersetzung der Zustimmung des Betriebsrats zu der Kündigung und nach vorausgegangenen Verhandlungen eine Vereinbarung über die Beendigung des Arbeitsverhältnisses gegen Zahlung einer Abfindung, so liegt darin regelmäßig keine nach § 78 Satz 2 BetrVG unzulässige Begünstigung des Betriebsratsmitglieds.

***BAG** 21.3.2018 – 7 AZR 590/16*

Selbst dann, wenn ein Betriebsratsmitglied im Zuge eines Aufhebungsvertrags unter Verstoß gegen das Begünstigungsverbot des § 78 Satz 2 1. Halbsatz BetrVG eine höhere Abfindung wegen Verlustes seines Arbeitsplatzes als andere Arbeitnehmer aufgrund eines Sozialplans oder eines eigenen Aufhebungsvertrags erhält, können die so benachteiligten Arbeitnehmer weder nach § 75 Abs. 1 BetrVG noch gemäß dem arbeitsrechtlichen Gleichbehandlungsgrundsatzes eine entsprechend höhere Abfindung verlangen.

***LAG** Düsseldorf 13.9.2001 – 11 Sa 906/01*

4. Entgeltfragen

Vereinbarungen, die gegen das Begünstigungsverbot des § 78 Satz 2 BetrVG verstoßen, sind gemäß § 134 BGB nichtig. Dies betrifft u.a. die Vereinbarung einer pauschalen Stundenvergütung zur Abgeltung von Betriebsratstätigkeiten, wenn sie ohne sachlichen Grund wegen der Betriebsratstätigkeit gewährt wird und zu einer Verdiensterhöhung führt. Eine Begünstigungsabsicht ist nicht erforderlich. Es genügt die objektive Besserstellung gegenüber Nichtbetriebsratsmitgliedern. Ob eine Vereinbarung gegen das Begünstigungsverbot des § 78 Satz 2 BetrVG verstößt, ist vom Gericht ohne Rüge einer Partei von Amts wegen zu, prüfen. Die Rückforderung zu Unrecht geleisteten Entgelts richtet sich dann nach § 817 Satz 1 BGB, der die Anwendung des § 814 BGB ausschließt.

***BAG** 8.11.2017 – 5 AZR 11/17*

Eine Vereinbarung, mit der einem Personalratsmitglied wegen personalratsbedingter Mehrbelastung eine pauschale monatliche Stundengutschrift auf seinem Langzeitkonto zugesagt wird, verstößt gegen das Begünstigungsverbot in § 107 BPersVG und ist deshalb nach § 134 BGB nichtig, wenn die der Führung von Arbeitszeitkonten zugrunde liegende Dienstvereinbarung das Ansparen von aus Mehrarbeit resultierenden Zeiten auf dem Langzeitkonto nicht vorsieht, sondern dies dem Jahresarbeitszeitkonto vorbehält (Rn. 33 ff.).

Eine Vereinbarung, mit der die Sollarbeitszeit eines Personalratsmitglieds erhöht wird, damit es die erforderliche Personalratstätigkeit noch innerhalb der Arbeitszeit erbringen kann, hat eine Vergütung der Personalratstätigkeit zur Folge und ist wegen Verstoßes gegen das Begünstigungsverbot in § 107 BPersVG nach § 134 BGB nichtig (Rn. 38 ff.).

§ 42 Abs. 2 PersVG Berlin sieht für außerhalb der persönlichen Arbeitszeit des Personalratsmitglieds erbrachte Personalratstätigkeit, die nicht in der Teilnahme an Personalratssitzungen liegt, weder einen Vergütungs- noch einen Freizeitausgleichsanspruch vor. § 42 Abs. 2 Satz 4 PersVG Berlin, wonach für Personalratsmitglieder die für Arbeitnehmer geltenden tariflichen Regelungen unberührt bleiben, ist dahin zu verstehen, dass (nur) die Abwicklung des in § 42 Abs. 2 Satz 1 PersVG Berlin vorgesehenen Vergütungsfortzahlungsanspruchs und des in § 42 Abs. 2 Satz 2 und Satz 3 PersVG Berlin geregelten Freizeitausgleichsanspruchs für die Teilnahme an außerhalb der persönlichen Arbeitszeit stattfindenden Personalratssitzungen nach den für Arbeitnehmer geltenden tariflichen Regelungen zu erfolgen hat (Rn. 42 ff.).

***BAG** 26.5.2021 – 7 AZR 248/20*

Schutz Auszubildender in besonderen Fällen (§ 78 a BetrVG)

Gesetzestext

§ 78a Schutz Auszubildender in besonderen Fällen

(1) *Beabsichtigt der Arbeitgeber, einen Auszubildenden, der Mitglied der Jugend- und Auszubildendenvertretung, des Betriebsrats, der Bordvertretung oder des Seebetriebsrats ist, nach Beendigung des Berufsausbildungsverhältnisses nicht in ein Arbeitsverhältnis auf unbestimmte Zeit zu übernehmen, so hat er dies drei Monate vor Beendigung des Berufsausbildungsverhältnisses dem Auszubildenden schriftlich mitzuteilen.*

(2) *[1]Verlangt ein in Absatz 1 genannter Auszubildender innerhalb der letzten drei Monate vor Beendigung des Berufsausbildungsverhältnisses schriftlich vom Arbeitgeber die Weiterbeschäftigung, so gilt zwischen Auszubildendem und Arbeitgeber im Anschluss an das Berufsausbildungsverhältnis ein Arbeitsverhältnis auf unbestimmte Zeit als begründet. [2]Auf dieses Arbeitsverhältnis ist insbesondere § 37 Abs. 4 und 5 entsprechend anzuwenden.*

(3) *Die Absätze 1 und 2 gelten auch, wenn das Berufsausbildungsverhältnis vor Ablauf eines Jahres nach Beendigung der Amtszeit der Jugend- und Auszubildendenvertretung, des Betriebsrats, der Bordvertretung oder des Seebetriebsrats endet.*

(4) *[1]Der Arbeitgeber kann spätestens bis zum Ablauf von zwei Wochen nach Beendigung des Berufsausbildungsverhältnisses beim Arbeitsgericht beantragen,*

1. *festzustellen, dass ein Arbeitsverhältnis nach Absatz 2 oder 3 nicht begründet wird, oder*
2. *das bereits nach Absatz 2 oder 3 begründete Arbeitsverhältnis aufzulösen,*

wenn Tatsachen vorliegen, aufgrund derer dem Arbeitgeber unter Berücksichtigung aller Umstände die Weiterbeschäftigung nicht zugemutet werden kann. [2]In dem Verfahren vor dem Arbeitsgericht sind der Betriebsrat, die Bordvertretung, der Seebetriebsrat, bei Mitgliedern der Jugend- und Auszubildendenvertretung auch diese Beteiligte.

(5) *Die Absätze 2 bis 4 finden unabhängig davon Anwendung, ob der Arbeitgeber seiner Mitteilungspflicht nach Absatz 1 nachgekommen ist.*

1. Allgemeines

Die Nichteinhaltung der Frist für die dem Arbeitgeber obliegende Mitteilungspflicht nach § 78a Abs. 1 BetrVG gegenüber einem Auszubildenden, der Mitglied in einem der in § 78a Abs. 1 BetrVG genannten betriebsverfassungsrechtlich. Organe ist, führt nicht zur Begründung eines unbefristeten Arbeitsverhältnisses, sondern allenfalls zu Schadenersatzansprüchen. Dieser Auffassung ist schon deshalb zu folgen, weil als Voraussetzung für das Entstehen des unbefristeten Arbeitsverhältnisses in § 78a BetrVG allein auf das Übernahmeverlangen des Auszubildenden abgestellt wird (vgl. § 78a Abs. 5 BetrVG), damit also eine Handlung des Auszubildenden erforderlich ist, um das Rechtsverhältnis zu begründen.

***BAG** 15.01.1980 – 6 AZR 621/78*

Die Übernahme eines Jugend- und Auszubildendenvertreters nach § 78a BetrVG in ein unbefristetes Arbeitsverhältnis setzt voraus, dass mit dem ausbildenden Unternehmen ein Berufsausbildungsverhältnis i.S.d. BBiG oder ein Vertragsverhältnis besteht, das auf Grund Tarifvertrag oder arbeitsvertraglicher Vereinbarung eine geordnete Ausbildung von mindestens 2 Jahren vorsieht.

Wird ein Teil der praktischen Ausbildung bei einem anderen Unternehmen in dessen Betriebsstätte durchgeführt, entsteht hierdurch kein Vertragsverhältnis, kraft dessen der Jugend- und Auszubildendenvertreter die Übernahme nach § 78a BetrVG verlangen kann.

***BAG** 17.8.2005 – 7 AZR 553/04*

§ 78a BetrVG ist nicht nur auf Berufsausbildungsverhältnisse nach § 1 Abs. 2 BBiG anzuwenden, sondern auch auf der Berufsausbildung nach dem BBiG vergleichbare andere Vertragsverhältnisse nach § 19 BBiG. Das können auch Volontariatsverhältnisse sein.

In anderen Vertragsverhältnissen i.S.d. § 19 BetrVG befinden sich Beschäftigte, die eingestellt werden, um berufliche Kenntnisse, Fertigkeiten oder Erfahrungen zu erwerben, ohne dass es sich um eine Berufsausbildung i.S.d. BBiG handelt. Sie sind nach dem Schutzzweck des § 78a BetrVG den Auszubildenden nach dem BBiG vergleichbar, wenn der Ausbildungsvertrag oder die einschlägigen tariflichen Vorschriften einen geordneten Ausbildungsgang vorschreiben und die Dauer der Ausbildung der gesetzlichen Mindestanforderung von mindestens zwei Jahren nach § 25 Abs. 2 Nr. 2 BBiG entspricht.

§ 19 BBiG gilt nicht für Arbeitsverhältnisse. Für die Abgrenzung zwischen anderen Vertragsverhältnissen und Arbeitsverhältnissen kommt es auf die Gewichtung der vertraglichen Pflichten an. Überwiegt die Pflicht des Volontärs zur Erbringung der vertraglich geschuldeten Arbeitsleistung gegenüber der Pflicht des Arbeitgebers zur Ausbildung für eine spätere qualifiziertere Tätigkeit, handelt es sich um ein Arbeitsverhältnis und nicht um ein anderes Vertragsverhältnis i.S.v. § 19 BBiG.

***BAG** 1.12.2004 – 7 AZR 129/04*

Mit dem schriftlichen Verlangen der Weiterbeschäftigung macht ein Mitglied der Jugend- und Auszubildendenvertretung den Anspruch auf Vergütung wegen Annahmeverzugs im Sinne einer einstufigen tariflichen Ausschlussfrist ausreichend geltend.

Das Recht eines Mitglieds der Jugend- und Auszubildendenvertretung, mit dem Verlangen auf Weiterbeschäftigung ein Arbeitsverhältnis zu begründen, soll auch sicherstellen, dass die weitere Amtsausübung auf gesicherter wirtschaftlicher Grundlage folgen kann.

***BAG** 19.8.2015 – 5 AZR 1000/13*

Ein Weiterbeschäftigungsverlangen i.S.v. § 78a Abs. 2 Satz 1 BetrVG, das früher als drei Monate vor Beendigung des Berufsausbildungsverhältnisses gestellt wird, ist unwirksam. Die Sechsmonatsfrist des § 12 Abs. 1 Satz 2 BBiG ist nicht entsprechend auf Weiterbeschäftigungsverlangen von Auszubildendenvertretern anzuwenden. § 78a Abs. 2 Satz 1 BetrVG ist nicht planwidrig lückenhaft.

In treuwidriger Weise beruft sich der Arbeitgeber nur dann auf die Nichteinhaltung der nach § 78a Abs. 2 Satz 1 BetrVG einzuhaltenden Frist, wenn außergewöhnliche besondere Umstände hinzutreten. Das ist der Fall, wenn das Verhalten des Arbeitgebers darauf abzielt, den Auszubildenden von der form- und fristgerechten Geltendmachung des Weiterbeschäftigungsverlangens abzuhalten, obwohl die entstehenden Nachteile für den Arbeitgeber vorhersehbar waren und es ihm möglich und zumutbar gewesen wäre, sie abzuwenden.

> Der Arbeitgeber, der einem Auszubildenden auf gewerkschaftliche Intervention hin erklärt hat, er werde ihn in ein Arbeitsverhältnis übernehmen, sofern er bis zum Ausbildungsende seinen Pflichten nachkomme, handelt nicht treuwidrig, wenn er sich später aufgrund erneuter Pflichtverstöße des Auszubildenden auf die Nichteinhaltung der Frist zur Geltendmachung des Übernahmeverlangens beruft.
>
> ***BAG** 5.12.2012 – 7 ABR 38/11*

Nach § 78a Abs. 2 Satz 1 BetrVG muss ein Auszubildender schriftlich verlangen, weiterbeschäftigt zu werden. Die Vorschrift verlangt Schriftform i.S.v. § 126 Abs. 1 BGB. Sie lässt Textform i.S.v. § 126b BGB nicht genügen. Eine E-Mail wird dem Schriftformerfordernis daher nicht gerecht, sofern sie nicht der elektronischen Form des § 126a BGB genügt. Es kann dem Arbeitgeber jedoch im Einzelfall nach Treu und Glauben verwehrt sein, sich auf den Schriftformverstoß des Weiterbeschäftigungsverlangens zu berufen.

***BAG** 15.12.2011 – 7 ABR 40/10*

Das auf das Weiterbeschäftigungsverlangen eines Jugendvertreters gemäß § 78 a Abs. 2 BetrVG zustande kommende Arbeitsverhältnis muss nicht notwendig ein Vollzeitarbeitsverhältnis sein; im Einzelfall kann auch ein Teilzeit-Arbeitsverhältnis genügen.

***Hessisches LAG** 6.1.1987 – 7 Sa 115/86 = NZA 198, 7532*

Für den Schutz nach § 78 a BetrVG ist nicht nur auf die Amtszeit der dort genannten betriebsverfassungsrechtlichen Organe abzustellen, sondern auch auf die **Mitgliedschaft eines Auszubildenden in diesen Organen**.

Zu unterscheiden ist zwischen dem Beginn der Amtszeit der Jugendvertretung und dem Beginn der Mitgliedschaft in der Jugendvertretung. Diese ist nicht davon abhängig, ob bereits Amtsbefugnisse ausgeübt werden können.

Ein Jugendvertreter hat die Mitgliedschaft in der Jugendvertretung bereits dann erworben, wenn nach der Stimmauszählung feststeht, dass er eine für seine Wahl ausreichende Stimmenzahl erhalten hat. In diesem Zeitpunkt besteht der Schutz nach § 78 a BetrVG, wenn das Berufsausbildungsverhältnis noch nicht beendet ist.

***BAG** 22.9.1983 – 6 AZR 323/81*

§ 78 a BetrVG findet Anwendung auf das auch nur vorübergehend in die Stellung eines ordentlichen Mitglieds nachgerückte **Ersatzmitglied der JAV**. Voraussetzung ist jedoch, dass das vorübergehende Nachrücken in die JAV vor Ablauf eines Jahres vor der erfolgreichen Beendigung des Ausbildungsverhältnisses geschehen ist und der Auszubildende innerhalb von drei Monaten vor der Beendigung des Ausbildungsverhältnisses seine Weiterbeschäftigung schriftlich verlangt hat.

***BAG** 13.3.1986 – 6 AZR 381/85*

Wird ein Jugendvertreter, der zugleich Ersatzmitglied des Betriebsrats ist, zu einer Betriebsratssitzung für ein zeitweilig verhindertes Mitglied des Betriebsrats hinzugezogen, endet mit der Sitzungsteilnahme seine Mitgliedschaft in der Jugendvertretung.

***BAG** 21.8.1979 – 6 AZR 789/77*

2. Unzumutbarkeit der Weiterbeschäftigung

Durch das form- und fristgerechte Weiterbeschäftigungsverlangen eines Mitglieds einer in § 78a Abs. 1 BetrVG genannten Arbeitnehmervertretung entsteht kraft Gesetzes ein unbefristetes vollzeitiges Arbeitsverhältnis im Ausbildungsberuf (§ 78a Abs. 2 BetrVG), das die Arbeitgeberin durch einen Antrag nach § 78a Abs. 4 Satz 1 Nr. 2 BetrVG auflösen kann.

Dem Arbeitgeber ist die Weiterbeschäftigung im Sinne des § 78a Abs. 4 BetrVG u. a. dann unzumutbar, wenn zum Zeitpunkt der Beendigung des Berufsausbildungsverhältnisses im Betrieb des Arbeitgebers kein freier Arbeitsplatz vorhanden ist, auf dem der Auszubildende mit seiner durch die Ausbildung erworbenen Qualifikation dauerhaft beschäftigt werden kann.

Die Prüfung der ausbildungsadäquaten Weiterbeschäftigungsmöglichkeit durch den Arbeitgeber ist auf den Ausbildungsbetrieb beschränkt.

Der Arbeitgeber ist zur Weiterbeschäftigung des Auszubildenden zu anderen als den sich aus § 78a Abs. 2 BetrVG ergebenden Arbeitsbedingungen verpflichtet, wenn sich der Auszubildende zumindest hilfsweise mit einer Beschäftigung zu geänderten Vertragsbedingung bereit erklärt hat.

Ein Auszubildender, der bei Fehlen einer ausbildungsadäquaten Weiterbeschäftigungsmöglichkeit auch zu anderen als den sich aus § 78a Abs. 2 BetrVG ergebenden Arbeitsbedingungen in ein Arbeitsverhältnis im Ausbildungsbetrieb übernommen werden möchte, muss dem Arbeitgeber unverzüglich nach dessen Nichtübernahmemitteilung (§ 78a Abs. 1 BetrVG) seine Bereitschaft zu einer Übernahme in ein Arbeitsverhältnis zu geänderten Vertragsbedingung mitteilen. Dam Arbeitgeber muss ausreichend Zeit für die Prüfung der Bereitschaftserklärung und ggf. die Durchführung eines Beteiligungsverfahrens nach § 99 Abs. 1 BetrVG verbleiben. Der Auszubildende darf sich nicht darauf beschränken, sein Einverständnis mit allen in Betracht kommenden Beschäftigungen zu erklären oder die Bereitschaftserklärung mit einem Vorbehalt verbinden. Der Auszubildende muss vielmehr die angedachte Beschäftigungsmöglichkeit so konkret beschreiben, dass der Arbeitgeber erkennen kann, wie sich der Auszubildende seine Weiterarbeit vorstellt. Kommt es nach der Bereitschaftserklärung zum Abschluss eines Arbeitsvertrags, wird hierdurch die Entstehung eines Arbeitsverhältnisses aus § 78a BetrVG abbedungen bzw. abgeändert, wenn die Vereinbarung nach Bestehen der Abschlussprüfung getroffen wird. Lehnt der Auszubildende die ihm vom Arbeitgeber angebotene Beschäftigung ab, kann er sich im Verfahren nach § 78 Abs. 4 BetrVG nicht darauf berufen, dem Arbeitgeber sei die Beschäftigung zumutbar.

Die Weiterbeschäftigung des Arbeitnehmers zu geänderten Arbeitsbedingungen ist gleichfalls betriebsbezogen. Hat der Auszubildende seine Bereitschaft zu einer anderweitigen Beschäftigung im Ausbildungsbetrieb erklärt, muss der Arbeitgeber prüfen, ob ihm diese möglich und zumutbar ist. Unterlässt er die Prüfung oder verneint er zu Unrecht die Möglichkeit und die Zumutbarkeit, so kann das nach § 78a Abs. 2 BetrVG entstandene Arbeitsverhältnis nicht nach § 78a Abs. 4 BetrVG aufgelöst werden.

Die betriebsbezogene Weiterbeschäftigungspflicht aus § 78a BetrVG ist in § 3 Abs. 4 Satz 1 Tarifvertrag Mitbestimmung TTC für Mitglieder der Auszubildendenvertretungen nicht auf Beschäftigungsmöglichkeiten im Unternehmen oder im Konzern erweitert worden.

***BAG** 15.11.2006 -7 ABR 15/06*

Ein Auszubildender, der bereit ist, zu anderen als den sich aus § 78a Abs. 2 BetrVG ergebenden Arbeitsbedingungen weiterbeschäftigt zu werden, muss dem Arbeitgeber unverzüglich nach dessen Nichtübernahmeerklärung seine Bereitschaft zu einer Weiterbeschäftigung zu geänderten Vertragsbedingungen mitteilen. Eine Einverständniserklärung im gerichtlichen Verfahren über den Auflösungsantrag genügt nicht.

Der Arbeitgeber ist nicht verpflichtet, durch eine Änderung seiner Arbeitsorganisation einen neuen Arbeitsplatz zu schaffen, um die Weiterbeschäftigung des Auszubildendenvertreters zu gewährleisten.

Die Berufung des Arbeitgebers darauf, ihm sei mangels Beschäftigungsmöglichkeit die Weiterbeschäftigung eines Auszubildendenvertreters unzumutbar, kann rechtsmissbräuchlich und daher unbeachtlich sein, wenn der Arbeitgeber den Wegfall der Beschäftigungsmöglichkeit durch eine Änderung seiner Arbeitsorganisation oder seiner Personalplanung selbst mit der Absicht herbeigeführt hat, seiner Übernahmepflicht aus § 78a Abs. 2 Satz 1 BetrVG zu entgehen.

Kommt mit dem Auszubildendenvertreter auf anderer Grundlage als nach § 78a Abs. 2 Satz 1 BetrVG ein Arbeitsverhältnis zustande, kann dieses – z. B. tariflich begründete – Arbeitsverhältnis nicht nach § 78a Abs. 4 Satz 1 Nr. 2 BetrVG aufgelöst werden.

***BAG** 8.9.2010 – 7 ABR 33/09*

In einem Gemeinschaftsbetrieb i.S.d. § 1 Abs. 1 Satz 2 BetrVG kann der Antrag auf Auflösung eines nach § 78a Abs. 2 BetrVG zustande gekommenen Arbeitsverhältnisses von dem Vertragsarbeitgeber des ehemaligen Auszubildenden ohne Mitwirkung der anderen am Gemeinschaftsbetrieb beteiligten Arbeitgeber gestellt werden.

Durch die Entscheidung des Arbeitgebers, die in seinem Betrieb anfallenden Arbeitsaufgaben künftig nur **Leiharbeitnehmern** zu übertragen, wird weder die Anzahl der Arbeitsplätze noch die Arbeitsmenge, für deren Bewältigung der Arbeitgeber Arbeitnehmer einsetzt; verändert. Durch den Einsatz von Leiharbeitnehmern entfällt lediglich der Bedarf an der Beschäftigung von Arbeitnehmern, die in einem durch Arbeitsvertrag begründeten Arbeitsverhältnis zum Betriebsinhaber stehen. Dies führt nicht zur Unzumutbarkeit i.S.d. § 78a Abs. 4 BetrVG.

***BAG** 25.2.2009 – 7 ABR 61/07*

Verlangt ein nach § 78a Abs. 1 BetrVG geschützter Auszubildender gemäß § 78a Abs. 2 Satz 1 BetrVG vom Arbeitgeber die Weiterbeschäftigung, so kann dieser verpflichtet sein, für ihn einen mit einem Leiharbeitnehmer besetzten, dauerhaften und ausbildungsadäquaten Arbeitsplatz freizumachen.

Ob dem Arbeitgeber gemäß § 78a Abs. 4 Satz 1 BetrVG zumutbar ist, den mit einem Leiharbeitnehmer besetzten Arbeitsplatz freizumachen, richtet sich nach den Umständen des Einzelfalls. Dabei können das berechtigte betriebliche Interesse an der Weiterbeschäftigung des Leiharbeitnehmers oder vertragliche Verpflichtungen des Arbeitgebers gegenüber dem Verleiher für eine Unzumutbarkeit der Weiterbeschäftigung des Auszubildendenvertreters auf diesem Arbeitsplatz sprechen.

BAG *17.2.2010 – 7 ABR 89/08*

Betriebliche Gründe können nur ausnahmsweise zur Unzumutbarkeit der Weiterbeschäftigung eines Jugend- und Auszubildendenvertreters führen. Dazu ist Voraussetzung, dass im Betrieb des Arbeitgebers im Zeitpunkt der Beendigung des Ausbildungsverhältnisses kein freier, auf Dauer angelegter Arbeitsplatz zur Verfügung steht, auf dem der Jugendvertreter mit seiner durch die Ausbildung erworbenen Qualifikation beschäftigt werden kann.

Als frei ist ein Arbeitsplatz anzusehen, der unbesetzt ist. § 78 a Abs. 4 BetrVG dient dem Schutz des Jugend- und Auszubildendenvertreters und der Kontinuität der Amtsführung des betriebsverfassungsrechtlichen Organs. Fehlt es dagegen an geeigneten Beschäftigungsmöglichkeiten im Betrieb, **verlangt der Schutzzweck der Norm es vom Arbeitgeber nicht, neue Arbeitsplätze zu schaffen oder vorhandene Arbeitsplätze freizukündigen**.

Geplante Einsparungsmaßnahmen, die erst künftig einen Wegfall von Arbeitsplätzen zur Folge haben werden, können bei der Prüfung der Unzumutbarkeit einer Weiterbeschäftigung nicht berücksichtigt werden. Ob im rechtserheblichen Zeitpunkt der Beendigung des Ausbildungsverhältnisses ein freier Arbeitsplatz vorhanden ist, entscheidet sich nicht anhand einer Prognose über den künftigen, sondern aufgrund eines zu diesem Zeitpunkt tatsächlich vorhanden Arbeitskräftebedarfs. Die Berücksichtigung einer Vorausschätzung des von wirtschaftlichen und unternehmerischen Entwicklungen abhängigen Arbeitskräftebedarfs würde nicht nur zu erheblichen Anwendungsschwierigkeiten und damit verbundenen Rechtsunsicherheiten führen (BVerwG 2.11.1994 – 6 P. 48/93, PersR 1995, 174 ff.), sondern auch mit dem Schutzzweck der Norm nicht vereinbar sein.

Die Kontinuität der Amtsführung eines betriebsverfassungsrechtlichen Organs wird in erheblichem Maße beeinträchtigt, wenn ein Jugend- und Auszubildendenvertreter nur wegen eines künftig erst auftretenden Ereignisses an der Fortsetzung seiner Amtstätigkeit gehindert wird. Dagegen erschwert seine Weiterbeschäftigung es dem Arbeitgeber nicht, den geplanten Stellenabbau umzusetzen. Steht aufgrund einer unternehmerischen Entscheidung fest, dass in einem Betrieb für eine bestimmte Anzahl der Arbeitnehmer keine Weiterbeschäftigungsmöglichkeit besteht, hat der Arbeitgeber nach § 1 Abs. 3 KSchG eine Sozialauswahl vorzunehmen, die der personellen Konkretisierung der zu kündigenden Arbeitnehmer dient.

Mitglieder der Jugend- und Auszubildendenvertretung sind während ihrer Amtszeit und eines einjährigen Nachwirkungszeitraums vor dem Ausspruch einer ordentlichen Kündigung geschützt (§ 15 Abs. 1 KSchG) und damit einer sozialen Auswahl im Rahmen eines Personalabbaus entzogen.

Das Entstehen des Amtsträgerschutzes und die daran anknüpfende Einschränkung der Auswahlbefugnis des Arbeitgebers lässt sich nicht dadurch umgehen, dass der Arbeitgeber schon im Vorgriff auf eine erst künftig vorzunehmende – wenn auch konkret absehbare – Verringerung der Beschäftigtenzahl trotz eines zum Ausbildungsende vorhandenen freien Arbeitsplatzes eine Weiterbeschäftigung für unzumutbar hält. Das führt nicht zu einer nach § 78 BetrVG verbotenen Bevorzugung eines Mitglieds der Jugend- und Auszubildendenvertretung, sondern ist Folge des **in § 15 KSchG normierten Amtsträgerschutzes**.

BAG *16.8.1995 – 7 ABR 54/94*

Die Weiterbeschäftigung eines nach den Bestimmungen des § 78a BetrVG geschützten Auszubildenden ist dem Arbeitgeber unzumutbar, wenn im Betrieb bei der Beendigung des Ausbildungsverhältnisses kein freier Arbeitsplatz vorhanden ist (ständige Rechtsprechung des BAG, zuletzt BAG 6.11.1996 – 7 ABR 54/94).

Das gilt auch dann, wenn fünf Monate zuvor freie Arbeitsplätze mit Arbeitnehmern besetzt wurden, die ihre Ausbildung vorzeitig beendet haben. Der Arbeitgeber ist zu dieser Zeit regelmäßig nicht verpflichtet zu bedenken, dass fünf Monate später nach § 78a BetrVG geschützte Auszubildende ihre Ausbildung beenden werden und Übernahmeverlangen stellen könnten (Abgrenzung zu BAG 12.11.1997 – 7 ABR 63/96).

Deshalb besteht regelmäßig auch keine Pflicht des Arbeitgebers, zu diesem Zeitpunkt zu prüfen, ob Arbeitsplätze für die geschützten Auszubildenden freizuhalten sind. Das gilt insbesondere dann, wenn die Entscheidung zur Nichtübernahme von Auszubildenden in ein Arbeitsverhältnis, die ihre Ausbildung künftig beenden werden, erst mehrere Wochen nach der Besetzung der seinerzeit freien Arbeitsplätze betroffen sind.

BAG *12.11.1997 – 7 ABR 73/96 = BB 1998, 1638*

Die Weiterbeschäftigung eines nach den Bestimmungen des § 78a BetrVG geschützten Auszubildenden kann dem Arbeitgeber i.S.d. § 78a Abs. 4 BetrVG zuzumuten sein, wenn er einen innerhalb von drei Monaten vor der vertraglich vereinbarten Beendigung des Ausbildungsverhältnisses frei werdenden Arbeitsplatz besetzt und die sofortige Neubesetzung nicht durch dringende betriebliche Erfordernisse geboten ist.

BAG *12.11.1997 – 7 ABR 63/96 = DB 1998, 1423*

Einer Arbeitgeberin ist nicht allein aufgrund der **schlechteren Abschlussprüfungsnote** im Vergleich zu anderen Ausgebildeten die Weiterbeschäftigung eines Mitgliedes einer JAV i.S.v. § 78 a Abs. 4 Satz 1 BetrVG unzumutbar, so dass die Arbeitgeberin nicht anstelle des Mitglieds einen besser benoteten Ausgebildeten auf einer im Zeitpunkt der Abschlussprüfung freien Stelle weiterbeschäftigen darf.

LAG *Hamm 21.10.1992 – 3 TaBV 106/92 = BB 1993, 294 = DB 1993, 439*

Beschäftigt der Arbeitgeber das Mitglied der Jugend- und Auszubildendenvertretung im nach § 78a Abs. 2 Satz 1 BetrVG begründeten Arbeitsverhältnis nicht und stützt seinen nach § 78a Abs. 4 Satz 1 Nr. 2 BetrVG gestellten Auflösungsantrag auf die Unzumutbarkeit einer Weiterbeschäftigung, ist ein tatsächliches Angebot der Arbeitsleistung regelmäßig entbehrlich. Es genügt zur Begründung des Annahmeverzugs des Arbeitgebers, wenn das Mitglied der Jugend- und Auszubildendenvertretung gegen die Ablehnung seiner Arbeitsleistung protestiert.
Mit dem form- und fristgerechten Weiterbeschäftigungsverlangen nach § 78a Abs. 2 Satz 1 BetrVG wahrt ein Mitglied der Jugend- und Auszubildendenvertretung die erste Stufe einer tariflichen Ausschlussfrist für den Anspruch auf Vergütung wegen Annahmeverzugs, der entsteht, weil der Arbeitgeber die Beschäftigung unter Berufung auf die in § 78a Abs. 4 Satz 1 Nr. 2 BetrVG genannten Gründe als unzumutbar ablehnt.
Die zweite Stufe einer tariflichen Ausschlussfrist beginnt frühestens mit der Fälligkeit des Anspruchs zu laufen.
Das auf die Auflösung des Arbeitsverhältnisses gerichtete Beschlussverfahren nach § 78a Abs. 4 Satz 1 Nr. 2 BetrVG bietet keine Grundlage für die Klärung im Verlauf des Verfahrens entstehender Vergütungsansprüche und ist nicht geeignet, die Kostenrisiken des Arbeitnehmers bei der Durchsetzung von Ansprüchen wegen Annahmeverzugs zu begrenzen.

BAG *24.8.2016 – 5 AZR 853/15*

3. Personalvertretungsrecht

Eine Weiterbeschäftigung nach § 9 Abs. 4 BPersVG ist für den öffentlichen Arbeitgeber trotz Vorhandenseins eines ausbildungsadäquaten Arbeitsplatzes nicht zumutbar, wenn andere Bewerber um diesen Arbeitsplatz objektiv wesentlich fähiger und geeigneter sind als der Jugend- und Auszubildendenvertreter.

Dies ist der Fall, wenn der Jugend- und Auszubildendenvertreter in der maßgeblichen Abschlussprüfung deutlich mehr als eine volle Notenstufe schlechter abgeschnitten hat als der schwächste sonstige Bewerber, den der öffentliche Arbeitgeber sonst in ein Dauerarbeitsverhältnis übernehmen würde (vgl. BVerwG 9.9.1999 – 6 P 5/98).

BVerwG *9.9.1999 – 6 P 4/98 = NZA 2000, 443*

4. Anwaltsgebühren

Der Arbeitgeber hat nicht die Kosten einer anwaltlichen Tätigkeit zu tragen, die einem Mitglied der Jugend- und Auszubildendenvertretung in einem Verfahren nach § 78a Abs. 4 BetrVG entstanden sind (Verfahren wegen Ablehnung der Übernahme nach abgeschlossener Berufsausbildung).

***BAG** 5.4.2000 – 7 ABR 6/99 = DB 2000, 2280*

Nach § 40 Abs. 1 BetrVG trägt der Arbeitgeber die durch die Tätigkeit des Betriebsrats entstandenen Kosten. Hierzu gehören auch die Honorarkosten für einen Rechtsanwalt, dessen Heranziehung der Betriebsrat in einem arbeitsgerichtlichen Beschlussverfahren in Wahrnehmung seiner betriebsverfassungsrechtlichen Rechte für erforderlich halten durfte.

In einem Verfahren nach § 78a Abs. 4 Satz 1 BetrVG darf der Betriebsrat neben der Mandatierung eines ihn vertretenden Rechtsanwalts regelmäßig nicht die weitere Beauftragung eines Rechtsanwalts zur gesonderten Vertretung der Jugend- und Auszubildendenvertretung für erforderlich halten. Das folgt vor allem aus der betriebsverfassungsrechtlichen Stellung der Jugend- und Auszubildendenvertretung, die kein selbständiges Mitwirkungsorgan ist. Die Notwendigkeit der Beteiligung der Jugend- und Auszubildendenvertretung nach § 78a Abs. 4 Satz 2 BetrVG steht dem nicht entgegen.

***BAG** 18.1.2012 – 7 ABR 83/10*

Geheimhaltungspflicht, allgemeine Aufgaben des Betriebsrats (§§ 79, 79a, 80 BetrVG)

Gesetzestext

§ 79 Geheimhaltungspflicht

(1) *[1]Die Mitglieder und Ersatzmitglieder des Betriebsrats sind verpflichtet, Betriebs- oder Geschäftsgeheimnisse, die ihnen wegen ihrer Zugehörigkeit zum Betriebsrat bekannt geworden und vom Arbeitgeber ausdrücklich als geheimhaltungsbedürftig bezeichnet worden sind, nicht zu offenbaren und nicht zu verwerten. [2]Dies gilt auch nach dem Ausscheiden aus dem Betriebsrat. [3]Die Verpflichtung gilt nicht gegenüber Mitgliedern des Betriebsrats. [4]Sie gilt ferner nicht gegenüber dem Gesamtbetriebsrat, dem Konzernbetriebsrat, der Bordvertretung, dem Seebetriebsrat und den Arbeitnehmervertretern im Aufsichtsrat sowie im Verfahren vor der Einigungsstelle, der tariflichen Schlichtungsstelle (§ 76 Abs. 8) oder einer betrieblichen Beschwerdestelle (§ 86).*

(2) *Absatz 1 gilt sinngemäß für die Mitglieder und Ersatzmitglieder des Gesamtbetriebsrats, des Konzernbetriebsrats, der Jugend- und Auszubildendenvertretung, der Gesamt-Jugend- und Auszubildendenvertretung, der Konzern-Jugend- und Auszubildendenvertretung, des Wirtschaftsausschusses, der Bordvertretung, des Seebetriebsrats, der gemäß § 3 Abs. 1 gebildeten Vertretungen der Arbeitnehmer, der Einigungsstelle, der tariflichen Schlichtungsstelle (§ 76 Abs. 8) und einer betrieblichen Beschwerdestelle (§ 86) sowie für die Vertreter von Gewerkschaften oder von Arbeitgebervereinigungen.*

§ 79a Datenschutz

Bei der Verarbeitung personenbezogener Daten hat der Betriebsrat die Vorschriften über den Datenschutz einzuhalten. Soweit der Betriebsrat zur Erfüllung der in seiner Zuständigkeit liegenden Aufgaben personenbezogene Daten verarbeitet, ist der Arbeitgeber der für die Verarbeitung Verantwortliche im Sinne der datenschutzrechtlichen Vorschriften. Arbeitgeber und Betriebsrat unterstützen sich gegenseitig bei der Einhaltung der datenschutzrechtlichen Vorschriften. Die oder der Datenschutzbeauftragte ist gegenüber dem Arbeitgeber zur Verschwiegenheit verpflichtet über Informationen, die Rückschlüsse auf den Meinungsbildungsprozess des Betriebsrats zulassen. § 6 Absatz 5 Satz 2, § 38 Absatz 2 des Bundesdatenschutzgesetzes gelten auch im Hinblick auf das Verhältnis der oder des Datenschutzbeauftragten zum Arbeitgeber.

§ 80 Allgemeine Aufgaben[42]

(1) *Der Betriebsrat hat folgende allgemeine Aufgaben:*

1. *darüber zu wachen, dass die zugunsten der Arbeitnehmer geltenden Gesetze, Verordnungen, Unfallverhütungsvorschriften, Tarifverträge und Betriebsvereinbarungen durchgeführt werden;*
2. *Maßnahmen, die dem Betrieb und der Belegschaft dienen, beim Arbeitgeber zu beantragen;*

2a. *die Durchsetzung der tatsächlichen Gleichstellung von Frauen und Männern, insbesondere bei der Einstellung, Beschäftigung, Aus-, Fort- und Weiterbildung und dem beruflichen Aufstieg, zu fördern;*

2b. *die Vereinbarkeit von Familie und Erwerbstätigkeit zu fördern;*

3. *Anregungen von Arbeitnehmern und der Jugend- und Auszubildendenvertretung entgegenzunehmen und, falls sie berechtigt erscheinen, durch Verhandlungen mit dem Arbeitgeber auf eine Erledigung hinzuwirken; er hat die betreffenden Arbeitnehmer über den Stand und das Ergebnis der Verhandlungen zu unterrichten;*
4. *die Eingliederung schwerbehinderter Menschen einschließlich der Förderung des Abschlusses von Inklusionsvereinbarungen nach § 166 des Neunten Buches Sozialgesetzbuch und sonstiger besonders schutzbedürftiger Personen zu fördern*
5. *die Wahl einer Jugend- und Auszubildendenvertretung vorzubereiten und durchzuführen und mit dieser zur Förderung der Belange der in § 60 Abs. 1 genannten Arbeitnehmer eng zusammenzuarbeiten; er kann von der Jugend- und Auszubildendenvertretung Vorschläge und Stellungnahmen anfordern;*
6. *die Beschäftigung älterer Arbeitnehmer im Betrieb zu fördern;*
7. *die Integration ausländischer Arbeitnehmer im Betrieb und das Verständnis zwischen ihnen und den deutschen Arbeitnehmern zu fördern sowie Maßnahmen zur Bekämpfung von Rassismus und Fremdenfeindlichkeit im Betrieb zu beantragen;*
8. *die Beschäftigung im Betrieb zu fördern und zu sichern;*
9. *Maßnahmen des Arbeitsschutzes und des betrieblichen Umweltschutzes zu fördern.*

(2) *[1]Zur Durchführung seiner Aufgaben nach diesem Gesetz ist der Betriebsrat rechtzeitig und umfassend vom Arbeitgeber zu unterrichten; die Unterrichtung erstreckt sich auch auf die Beschäftigung von Personen, die nicht in einem Arbeitsverhältnis zum Arbeitgeber stehen, und umfasst insbesondere den zeitlichen Umfang des Einsatzes, den Einsatzort und die Arbeitsaufgaben dieser Personen. [2]Dem Betriebsrat sind auf Verlangen jederzeit die zur Durchführung seiner Aufgaben erforderlichen Unterlagen zur Verfügung zu stellen; in diesem Rahmen ist der Betriebsausschuss oder ein nach § 28 gebildeter Ausschuss berechtigt, in die Listen*

---

[42] Das Betriebsverfassungsgesetz in der Fassung der Bekanntmachung vom 25. September 2001 (BGBl. 1 S. 2518), das zuletzt durch Artikel 19 Absatz 5 des Gesetzes vom 23. Dezember 2016 (BGBl. 1 S. 3234) geändert worden ist, wird wie folgt geändert:
- § 80 Absatz 2 wird wie folgt geändert:
  a)In Satz 1 werden nach dem Wort „stehen" die Wörter „und umfasst insbesondere den zeitlichen Umfang des Einsatzes, den Einsatzort und die Arbeitsaufgaben dieser Personen" eingefügt.
  b)Nach Satz 2 wird folgender Satz eingefügt: „[3]Zu den erforderlichen Unterlagen gehören auch die Verträge, die der Beschäftigung der in Satz 1 genannten Personen zugrunde liegen."

über die Bruttolöhne und -gehälter Einblick zu nehmen. ³Zu den erforderlichen Unterlagen gehören auch die Verträge, die der Beschäftigung der in Satz 1 genannten Personen zugrunde liegen. Soweit es zur ordnungsgemäßen Erfüllung der Aufgaben des Betriebsrats erforderlich ist, hat der Arbeitgeber ihm sachkundige Arbeitnehmer als Auskunftspersonen zur Verfügung zu stellen; er hat hierbei die Vorschläge des Betriebsrats zu berücksichtigen, soweit betriebliche Notwendigkeiten nicht entgegenstehen.

(3) *Der Betriebsrat kann bei der Durchführung seiner Aufgaben nach näherer Vereinbarung mit dem Arbeitgeber Sachverständige hinzuziehen, soweit dies zur ordnungsgemäßen Erfüllung seiner Aufgaben erforderlich ist. Muss der Betriebsrat zur Durchführung seiner Aufgaben die Einführung oder Anwendung von Künstlicher Intelligenz beurteilen, gilt insoweit die Hinzuziehung eines Sachverständigen als erforderlich. Gleiches gilt, wenn sich Arbeitgeber und Betriebsrat auf einen ständigen Sachverständigen in Angelegenheiten nach Satz 2 einigen.*

(4) *Für die Geheimhaltungspflicht der Auskunftspersonen und der Sachverständigen gilt § 79 entsprechend.*

1. Schweigepflicht

Die organschaftliche Rechtsstellung der Mitglieder eines mitbestimmten Aufsichtsrats richtet sich nach allgemeinen aktienrechtlichen Vorschriften. Die dort geregelten Mandatspflichten (u. a. die Verschwiegenheitspflicht nach § 116 i. V. m. § 93 Abs. 1 Satz 3 AktG) werden nicht zugleich Inhalt des Arbeitsverhältnisses.

Eine Verschwiegenheitspflicht der Arbeitnehmervertreter im Aufsichtsrat besteht (grundsätzlich) auch gegenüber dem Betriebsrat; selbst wenn ein Arbeitnehmervertreter zugleich Mitglied des Betriebsrats ist.

***BAG** 23.10.2008 – 2 ABR 59/07*

Hinweis für die Praxis:

Diese Entscheidung ist schwer zu verstehen. Der Betriebsrat ist zum Austausch von Geschäftsgeheimnissen auch an Arbeitnehmer-Vertreter im Aufsichtsrat gemäß § 79 Abs. 1 BetrVG berechtigt. Darauf kommt es aber für die Schweigepflicht eines Aufsichtsratsmitglieds nicht an, auch wenn es gleichzeitig Betriebsratsmitglied ist. Es kommt vielmehr alleine darauf an, ob es aufgrund seiner Rechtsstellung im Aufsichtsrat eine Schweigepflicht hat. Dies wiederum richtet sich nach dem Aktienrecht. Besteht eine solche Schweigepflicht, so besteht sie auch gegenüber dem Betriebsrat, dessen Mitglied das Aufsichtsratsmitglied ist.

2. Datenschutz und Betriebsrat

Hinweis für die Praxis:

Es war mit Einführung der Datenschutz-Grundverordnung (DSGVO) in das deutsche Recht und den damit im Zusammenhang stehenden und notwendig werdenden Änderungen des Bundesdatenschutzgesetzes (BDSG) zunächst unklar und streitig, ob der Betriebsrat für seinen gesamten Aufgabenbereich selbst und unabhängig von dem Arbeitgeber Verantwortlicher im Sinne des Artikel 4 Nummer 7 der DSGVO ist.

Allerdings ist in Artikel 4 Nummer 7 Halbsatz 2 DSGO die Möglichkeit eröffnet, den für die Datenverarbeitung Verantwortlichen im mitgliedstaatlichen Recht zu bestimmen. Dies wurde nun mit § 79a DSGVO getan. § 79a DSGVO weist die Letztverantwortlichkeit dem Arbeitgeber zu (Satz 1). Dies ist sachgerecht, da der Betriebsrat keine nach außen rechtlich verselbständigte Institution ist. Bei der Verarbeitung personenbezogener Daten agiert der Betriebsrat daher als institutionell unselbständiger Teil des für die Einhaltung des Datenschutzes verantwortlichen Arbeitgebers. Bei der Verarbeitung personenbezogener, teils sensibler Beschäftigtendaten hat auch der Betriebsrat die datenschutzrechtlichen Vorschriften einzuhalten. Diese ergeben sich insbesondere aus der DSG-VO und dem Bundesdatenschutzgesetz. Von besonderer Bedeutung ist § 26 des Bundesdatenschutzgesetzes, welcher spezifische Bestimmungen zur Verarbeitung personenbezogener Daten von Beschäftigten durch die Interessenvertretung der Beschäftigten enthält. Die beiderseitige Unterstützungspflicht von Arbeitgeber und Betriebsrat bei der Einhaltung der datenschutzrechtlichen Vorschriften (Satz 2) beruht auf der datenschutzrechtlichen Verantwortlichkeit des Arbeitgebers einerseits und der innerorganisatorischen Selbständigkeit und Weisungsfreiheit des Betriebsrats andererseits. Daher sind Arbeitgeber und Betriebsrat bei der Erfüllung der datenschutzrechtlichen Pflichten in vielfacher Weise auf gegenseitige Unterstützung angewiesen: So hat der Betriebsrat zum Beispiel keine Pflicht, ein eigenes Verzeichnis von Verarbeitungstätigkeiten (Artikel 30 der Datenschutz-Grundverordnung) zu führen, allerdings muss das Verarbeitungsverzeichnis des Arbeitgebers auch die Verarbeitungstätigkeiten des Betriebsrats enthalten. Auch bei den datenschutzrechtlichen Auskunftsrechten (Artikel 15 der Datenschutz-Grundverordnung) ist der Arbeitgeber, wenn der Auskunftsanspruch sich auf die durch den Betriebsrat verarbeiteten Daten bezieht, auf die Unterstützung durch den Betriebsrat angewiesen. Schließlich hat der Betriebsrat innerhalb seines Zuständigkeitsbereichs eigenverantwortlich die Umsetzung technischer und organisatorischer Maßnahmen zur Gewährleistung der Datensicherheit im Sinne der Artikel 24 und 32 der Datenschutz-Grundverordnung sicherzustellen. Der Arbeitgeber hat den Betriebsrat mit den hierfür erforderlichen Sachmitteln, wie etwa geeigneten Sicherungseinrichtungen für Unterlagen mit personenbezogenen Daten, auszustatten (§ 40 Absatz 2). Soweit erforderlich, kann der Betriebsrat die Beratung durch den betrieblichen Datenschutzbeauftragten in Anspruch nehmen. Die Stellung und die Aufgaben des Datenschutzbeauftragten richten sich nach der Datenschutz-Grundverordnung (Artikel 38 und 39) und bestehen somit auch gegenüber dem Betriebsrat als Teil der verantwortlichen Stelle. Soweit erforderlich, sollte der Betriebsrat die Beratung durch den Datenschutzbeauftragten deshalb auch in Anspruch nehmen.

2.1. Rechtsstellung des Datenschutzbeauftragten

Der Gerichtshof der Europäischen Union wird gemäß Art. 267 des Vertrags über die Arbeitsweise der Europäischen Union (AEUV) um die Beantwortung folgender Fragen ersucht:

1. Ist Art. 38 Abs. 3 Satz 2 der Verordnung (EU) 2016/679 (Datenschutz-Grundverordnung; im Folgenden DSGVO) dahin auszulegen, dass er einer Bestimmung des nationalen Rechts, wie hier § 38 Abs. 1 und Abs. 2 i.V.m. § 6 Abs. 4 Satz 1 des Bundesdatenschutzgesetzes (BDSG), entgegensteht, die die Abberufung des Datenschutzbeauftragten durch den Verantwortlichen, der sein Arbeitgeber ist, an die dort genannten Voraussetzungen knüpft, unabhängig davon, ob sie im Wege der Erfüllung seiner Aufgaben erfolgt?

Falls die erste Frage bejaht wird:

2. Steht Art. 38 Abs. 3 Satz 2 DSGVO einer solchen Bestimmung des nationalen Rechts auch dann entgegen, wenn die Benennung des Datenschutzbeauftragten nicht nach Art. 37 Abs. 1 DSGVO verpflichtend ist, sondern nur nach dem Recht des Mitgliedstaats?

Falls die erste Frage bejaht wird:

3. Beruht Art. 38 Abs. 3 Satz 2 DSGVO auf einer ausreichenden Ermächtigungsgrundlage, insbesondere soweit er Datenschutzbeauftragte erfasst, die in einem Arbeitsverhältnis zum Verantwortlichen stehen?

Falls die erste Frage verneint wird:

4. Liegt ein Interessenkonflikt i.S.v. Art. 38 Abs. 6 Satz 2 DSGVO vor, wenn der Datenschutzbeauftragte zugleich das Amt des Vorsitzenden des in der verantwortlichen Stelle gebildeten Betriebsrats innehat? Bedarf es für die Annahme eines solchen Interessenkonflikts einer besonderen Aufgabenzuweisung innerhalb des Betriebsrats? (Rn. 19 – 48)

Der Senat kann nicht mit der notwendigen Eindeutigkeit beurteilen, ob die Regelung in § 38 Abs. 2 i.V.m. § 6 Abs. 4 Satz 1 BDSG, der zufolge ein verpflichtend benannter Datenschutzbeauftragter nur aus wichtigem Grund abberufen werden kann, mit Art. 38 Abs. 3

Satz 2 DSGVO vereinbar ist, der keinen derartigen Schutz vor Abberufungen vorsieht (Rn. 20 ff.).

Falls § 38 Abs. 2 i.V.m. § 6 Abs. 4 Satz 1 BDSG unangewendet zu bleiben hat, lässt sich dem Unionsrecht nicht eindeutig entnehmen, ob dies lediglich für Fälle gilt, in denen nach Art. 37 Abs. 1 DSGVO ein Datenschutzbeauftragter verpflichtend zu benennen ist oder auch dann, wenn die Verpflichtung nur nach dem Recht des Mitgliedstaats besteht (Rn. 27).

Falls § 38 Abs. 2 i.V.m. § 6 Abs. 4 Satz 1 BDSG neben Art. 38 Abs. 3 Satz 2 DSGVO zur Anwendung kommt, ist für die Beurteilung des Vorliegens eines wichtigen Abberufungsgrundes für den Senat entscheidungserheblich, ob ein Interessenkonflikt iSv. Art. 38 Abs. 6 Satz 2 DSGVO vorliegt, wenn der Datenschutzbeauftragte zugleich das Amt des Vorsitzenden des bei der verantwortlichen Stelle gebildeten Betriebsrats innehat (Rn. 39 ff.).

Der Senat hat den EuGH im Rahmen eines Vorabentscheidungsverfahrens nach Art. 267 AEUV um Klärung der vorstehenden Fragestellungen ersucht.

***BAG** 27.4.2021 – 9 AZR 383/19 (A) (Aussetzungs- und Vorlagebeschluss)*

2.2. Rechtsstellung des Betriebsrats im Bereich des Datenschutzes

Umfasst ein allgemeiner Auskunftsanspruch des Betriebsrats nach § 80 Abs. 2 Satz 1 BetrVG eine besondere Kategorie personenbezogener Daten (sensitive Daten im datenschutzrechtlichen Sinn), ist Anspruchsvoraussetzung, dass der Betriebsrat zur Wahrung der Interessen der von der Datenverarbeitung betroffenen Arbeitnehmer angemessene und spezifische Schutzmaßnahmen trifft. (Rn. 21 – 49)

Der Betriebsrat genügt seiner im Zusammenhang mit der Geltendmachung des Auskunftsanspruchs bestehenden Vortragslast nicht, wenn er pauschal auf seine Aufgabe der Überwachung der Durchführung zugunsten der Arbeitnehmer geltender (Arbeitsschutz-)Gesetze verweist. Vielmehr hat er die konkrete (Arbeitsschutz-) Vorgabe, deren Durchführung er überwachen will und die sein Auskunftsverlangen tragen soll, ebenso aufzuzeigen wie die Gründe, warum er erstrebte Auskunft für die Wahrnehmung dieser Aufgabe benötigt (Rn. 16 f.).

Das mit einem auf die Unterrichtung über eine besondere Kategorie personenbezogener Daten (sensitive Daten im datenschutzrechtlichen Sinn) verbundene Auskunftsverlangen des Betriebsrats ist an dem datenschutzrechtlichen Erlaubnistatbestand des § 26 Abs. 3 Satz 1 und Satz 3 i.V.m. § 22 Abs. 2 BDSG zu messen. Mit dieser Regelung hat der Gesetzgeber in zulässiger Weise von der Öffnungsklausel des Art. 9 Abs. 2 Buchst. b DS-GVO Gebrauch gemacht (Rn. 24 ff.).

Beansprucht der Betriebsrat vom Arbeitgeber eine Unterrichtung darüber, welche Arbeitnehmerin ihre Schwangerschaft mitgeteilt hat, betrifft dies ein sensitives Datum (Rn. 35).

Die damit verbundene Datenverarbeitung ist erforderlich i.S.v. § 26 Abs. 3 Satz 1 BDSG, wenn die Anspruchsvoraussetzungen des § 80 Abs. 2 Satz 1 BetrVG erfüllt sind. Diese Annahme geben die Bindung der vom Betriebsrat begehrten Auskunft an eine von ihm aufzuzeigende Aufgabe und die Prüfung, ob die verlangte Information für die Wahrnehmung der Aufgabe erforderlich ist, vor (Rn. 39 ff.).

Eine nach § 26 Abs. 3 Satz 1 BDSG zulässige Verarbeitung sensitiver Daten setzt allerdings weiter voraus, dass kein Grund zu der Annahme besteht, dass das schutzwürdige Interessen der betroffenen Person an dem Ausschluss der Verarbeitung überwiegt. Diesem Erfordernis ist im Zusammenhang mit der Erfüllung einer sich aus dem Gesetz ergebenden Pflicht des Arbeitgebers zur Unterrichtung des Betriebsrats durch die von § 26 Abs. 3 Satz 3 BDSG angeordnete entsprechende Geltung des § 22 Abs. 2 BDSG Rechnung getragen. Danach sind zur Wahrung der Interessen der betroffenen Person angemessene und spezifische Maßnahmen vorzusehen (Rn. 40).

Der Betriebsrat hat bei der Geltendmachung eines auf sensitive Daten gerichteten Auskunftsbegehrens das Vorhalten solcher angemessener und spezifischer Maßnahmen darzulegen. Fehlen sie oder sind sie unzulänglich, steht das seinem Auskunftsbegehren entgegen (Rn. 46 ff.).

***BAG** 9.4.2019 – 1 ABR 51/17*

Hinweis für die Praxis:

Die vorstehende Entscheidung wird den Betriebsrat beschäftigen. Das BAG äußert sich jedenfalls noch nicht dazu, ob der Betriebsrat Verantwortlicher im Sinne des Art. 4 Ziffer 7 DSGVO ist oder nicht. Mit der Einführung von § 79a BetrVG, wonach der Letztverantwortliche der Arbeitgeber ist, ist aber auch diese Frage geklärt. Das BAG zeigt aber klar auf, dass der Betriebsrat vor allem seine Auskunftsrechte hinsichtlich sensibler Daten nur noch geltend machen kann, wenn er angemessene und spezifische Schutzmaßnahmen im Sinne des § 22 Abs. 2 DSGVO trifft und auch nachweisen kann. Der Arbeitgeber hat dies nicht in der Hand. Ihm sind jedenfalls diesbezüglich bezogene Vorgaben an den Betriebsrat aufgrund dessen Unabhängigkeit als Strukturprinzip der Betriebsverfassung verwehrt. Daher hat der Betriebsrat bei der Geltendmachung eines auf sensitive Daten gerichteten Auskunftsbegehrens das Vorhalten von Maßnahmen, die die berechtigten Interessen der betroffenen Arbeitnehmer wahren, auch selbst darzulegen. Den Betriebsrat trifft insoweit also ganz unabhängig davon, dass er selbst nicht Verantwortlicher ist, eine spezifische Schutzpflicht.

§ 22 Abs. 2 BDSG zählt die möglichen Maßnahmen, die der Betriebsrat einrichten könnte, nur beispielhaft auf. Deshalb muss es sich bei den vom Betriebsrat zu treffenden und bei einem auf sensitive Daten gerichteten Auskunftsverlangen darzulegenden Schutzvorkehrungen nicht um die ausdrücklich in § 22 Abs. 2 Nr. 1 bis Nr. 10 BDSG genannten Maßnahmen handeln. Bei einigen dieser Maßnahmen ist auch anzunehmen, dass diese vom Betriebsrat, je nachdem, welche Größe er hat, um welchen Betrieb es sich handelt, etc. kaum wahrgenommen werden können. Der Betriebsrat muss aber gewährleisten, dass er bei einer Verarbeitung sensitiver Daten das Vertraulichkeitsinteresse der Betroffenen strikt achtet und Vorkehrungen, also geeignete Schutzmaßnahmen trifft, die bei wertender Betrachtung den in § 22 Abs. 2 BDSG aufgelisteten Kriterien entsprechen. Hierzu können Maßnahmen zur Datensicherheit wie das zuverlässige Sicherstellen des Verschlusses der Daten, die Gewähr begrenzter Zugriffsmöglichkeiten oder deren Beschränkung auf einzelne Betriebsratsmitglieder sowie die Datenlöschung nach Beendigung der Überwachungsaufgabe gehören. Ein Fehlen solcher Schutzmaßnahmen oder ihre Unzulänglichkeit schließt dann unter Umständen einen geltend gemachten Auskunftsanspruch aus.

Die Berechtigung des Betriebsausschusses oder eines nach § 28 BetrVG gebildeten Ausschusses gemäß § 80 Abs. 2 Satz 2 Halbs. 2 BetrVG, in die Listen über die Bruttolöhne und -gehälter Einblick zu nehmen, ist nicht auf anonymisierte Listen beschränkt. (Rn. 15)

Nach § 80 Abs. 2 Satz 2 BetrVG sind dem Betriebsrat auf Verlangen jederzeit die zur Durchführung seiner Aufgaben erforderlichen Unterlagen zur Verfügung zu stellen; in diesem Rahmen ist der Betriebsausschuss oder ein nach § 28 BetrVG gebildeter Ausschuss berechtigt, in die Listen über die Bruttolöhne und -gehälter Einblick zu nehmen (Rn. 16).

Diese Einblicksberechtigung ist nicht auf anonymisierte Bruttoentgeltlisten beschränkt. Anderes folgt nicht aus den rechtlichen Wertungen, die dem Entgelttransparenzgesetz zugrunde liegen (Rn. 23 ff.).

Auch datenschutzrechtliche Erwägungen gebieten es nicht, das Einsichtsrecht des § 80 Abs. 2 Satz 2 Halbs. 2 BetrVG auf anonymisierte Bruttoentgeltlisten zu begrenzen. Die mit der Einblicksberechtigung verbundene Verarbeitung personenbezogener Daten ist nach § 26 Abs. 1 Satz 1 BDSG erlaubt (Rn. 29 ff.).

Das Einsichtsrecht nach § 80 Abs. 2 Satz 2 Halbs. 2 BetrVG in nicht anonymisierte Bruttoentgeltlisten ist nicht aus verfassungsrechtlichen Gründen ausgeschlossen (Rn. 49).

***BAG** 7.5.2019 – 1 ABR 53/17*

Hinweis für die Praxis:

Mit der vorstehenden Entscheidung stellt das BAG ebenfalls noch einmal klar, dass der Betriebsrat selbst gemäß § 26 Abs. 1 Satz 1 zur Verarbeitung von persönlichen Daten berechtigt ist, soweit er eigenverantwortlich die geeigneten Schutzmaßnahmen zum Schutz dieser Daten ergreift.

3. Aufgaben des Betriebsrats

3.1. Allgemeines

Das Überwachungsrecht des Betriebsrats nach 80 Abs. 1 BetrVG ist auf die Nichtbeachtung oder fehlerhafte Durchführung der darin genannten Vorschriften sowie auf die Möglichkeit, Abhilfe zu verlangen, begrenzt. Es trägt aber keinen Anspruch des Betriebsrats gegen den Arbeitgeber, ein entsprechendes Verhalten zu unterlassen.

***BAG** 22.8.2017 – 1 ABR 24/16*

Zur Durchführung der Aufgaben des Betriebsrats nach § 80 Abs. 1 BetrVG begründet § 80 Abs. 2 BetrVG einen Anspruch des Betriebsrats gegen den Arbeitgeber, rechtzeitig und umfassend von ihm unterrichtet zu werden. Ob damit die Rechte des Betriebsrats abschließend aufgezählt sind, kann offen bleiben. Das BAG hält es für möglich, dass der Betriebsrat – oder mit seiner Zustimmung auch die Jugendvertretung – Arbeitnehmer bzw. Jugendliche an ihrem Arbeitsplatz aufsuchen darf. Dieses Recht, Arbeitnehmer oder Jugendliche am Arbeitsplatz aufsuchen zu dürfen, kann im Einzelfall erforderlich sein, wenn der Betriebsrat sonst seine allgemeinen Aufgaben nach § 80 Abs. 1 BetrVG nicht erfüllen könnte.

***BAG** 5.11.1985 – 1 ABR 49/83*

Die Aufgabe des Betriebsrats nach § 80 Abs. 1 Nr. 1 BetrVG darüber zu wachen, dass die zugunsten der Arbeitnehmer geltenden Betriebsvereinbarungen durchgeführt werden, geht nicht auf den **Gesamtbetriebsrat** über, wenn dieser über eine mitbestimmungspflichtige Angelegenheit eine Betriebsvereinbarung schließt.

***BAG** 20.12.1988 – 1 ABR 63/87*

Durch Tarifvertrag können die Überwachungspflichten und das ihnen korrespondierende Überwachungsrecht des Betriebsrats nach § 80 Abs. 1 Nr. 1 BetrVG nicht aufgehoben werden. Der Tarifvertrag kann diese Aufgabe des Betriebsrats auch für seine eigenen Regelungen nicht beseitigen oder einschränken.

Die Aufgabe des Betriebsrats nach § 80 Abs. 1 Nr. 1 BetrVG, die Einhaltung des Gleichbehandlungsgrundsatzes i.S.d. § 75 Abs. 1 BetrVG zu überwachen, begründet einen Anspruch auf Auskunft über die mit den Arbeitnehmern im Rahmen eines tariflichen Leistungslohnsystems individuell vereinbarten Umsatzziele.

Hat der Betriebsrat einen Auskunftsanspruch, besteht für ihn keine Pflicht zur Selbstbeschaffung der Informationen. Der Betriebsrat hat Anspruch darauf, vom Arbeitgeber ohne eigenes Zutun informiert zu werden.

***BAG** 21.10.2003 – 1 ABR 39/02*

Der Unterrichtungsanspruch des Betriebsrats aus § 80 Abs. 2 Satz 1 BetrVG besteht auch während der Dauer von Arbeitskampfmaßnahmen im Betrieb. Die Arbeitskampffreiheit des Arbeitgebers wird dadurch nicht eingeschränkt.

***BAG** 10.12.2002 – 1 ABR 7/02 = BB 2003, 1900 = NZA 2004, 223*

Ein **Verschmelzungsvertrag** muss nicht notwendigerweise in einer Urkunde zusammengefasst sein. Entscheidend ist, ob mehrere Urkunden in ihrer Gesamtheit und wechselseitigen Bezugnahme aufeinander ein vollständiges und richtiges Bild des Inhalts des Verschmelzungsvertrages ergeben.

Dem Betriebsrat ist nach § 5 Abs. 3 UmwG alles das zuzuleiten, was Gegenstand der Anmeldung zur Eintragung ist. Wird der ursprüngliche Verschmelzungsvertrag durch weitere Urkunden ergänzt, sind diese ebenfalls zuzuleiten. Erst die Zuleitung aller Urkunden setzt die Monatsfrist des § 5 Abs. 3 UmwG in Gang.

Der Betriebsrat kann zwar auf die Monatsfrist des § 5 Abs. 3 UmwG verzichten, nicht jedoch auf die Zuleitung des Verschmelzungsvertrages an sich.

***OLG** Naumburg 17.3.2003 – 7 Wx 6/02 = BB 2003, 2756*

Der Auskunftsanspruch aus § 80 Abs. 2 Satz 1 BetrVG setzt voraus, dass überhaupt eine Aufgabe des Betriebsrats gegeben ist und zum andern, dass im Einzelfall die begehrte Information zur Wahrnehmung dieser Aufgabe erforderlich ist.
Aus der individualrechtlichen Bedeutung der Abmahnung ergibt sich eine solche Aufgabe des Betriebsrats nicht. Dieser ist außerhalb des Mitwirkungsverfahrens bei Kündigung nach § 102 BetrVG bei der Erteilung von Abmahnungen nicht zu beteiligen.
Macht der Betriebsrat geltend, die Wahrnehmung betriebsverfassungsrechtlicher Aufgaben erfordere die Vorlage aller Abmahnungsschreiben, hat er aufzuzeigen, für welche Aufgaben er die Abmahnungsschreiben benötigt. Der allgemeine Hinweis auf Mitbestimmungsrechte aus § 87 BetrVG ist unzureichend.

***BAG** 17.9.2013 – 1 ABR 26/12*

Zeitstudien des Arbeitgebers, die dessen Willensbildung über die Festsetzung von Entlohnungsgrundsätzen, Entlohnungsmethoden oder Akkord- und Prämiensätzen erst vorbereiten sollen, unterliegen nicht der Mitbestimmung des Betriebsrats, da es hier noch nicht um betriebliche Lohngestaltung (§ 87 Abs. 1 BetrVG) oder um die Festsetzung leistungsbezogener Entgelte (§ 87 Abs. 1 Nr. 11 BetrVG) geht. Das gilt unabhängig davon, ob sich die Zeitstudien auf Zeit- oder Akkordlohnarbeitsplätze beziehen.

Da sich hier um solche die Willensbildung des Arbeitgebers erst vorbereitende Untersuchungen handelt, gehört eine **Kontrolle** dieser **Zeitstudien** nicht zu den Aufgaben des Betriebsrats. Aus diesem Grunde kann ein Betriebsratsmitglied, das an solchen Zeitstudien teilnimmt und deshalb Arbeitszeit versäumt, vom Arbeitgeber keine Lohnfortzahlung verlangen. Das gilt selbst dann, wenn der Betriebsrat die Teilnahme des Betriebsratsmitglieds an den Zeitstudien beschlossen hatte.

***BAG** 11.8.1993 – 7 AZR 619/92*

Der Arbeitgeber ist verpflichtet, dem Betriebsrat Auskunft über die exakten Arbeitszeiten zu geben, soweit dessen Überwachungsaufgabe nach § 80 BetrVG dies erfordert. Er darf deshalb auf die exakte Feststellung der „Ist-Zeiten" nicht verzichten. Benutzt er zur Zeiterfassung kein elektronisches System, sondern „vertraut" er auf die Selbstaufschreibung der Arbeitnehmer, muss er durch wirksame Kontrollen gewährleisten, dass die Arbeitszeiten zutreffend aufgeschrieben werden (im Anschluss an BAG 6.5.2003 = NZA 2003, 1348).

***LAG** Niedersachsen 8.11.2004 – 5 TaBV 36/04 = NZA-RR 2005, 424*

§ 80 Abs. 2 und Abs. 3 BetrVG enthalten keine abschließende Regelung in dem Sinne, dass sich der Betriebsrat die notwendigen Informationen für seine Tätigkeit nur im Wege der Unterrichtung durch den Arbeitgeber oder durch Hinzuziehung von Sachverständigen beschaffen dürfe.

Insbesondere zur Erfüllung der Überwachungsaufgaben nach § 80 Abs. 1 Nr. 1 BetrVG kommt ein **eigenes**, von der Zustimmung des Arbeitgebers unabhängiges Zugangsrecht des Betriebsrats zum Arbeitsplatz der Belegschaftsangehörigen in Betracht.

***BAG** 17.1.1989 – 1 AZR 805/87*

Die Durchführung der **Wahl der Arbeitnehmervertreter zum Aufsichtsrat** berührt die Interessen der Arbeitnehmer. Zu den Aufgaben des Betriebsrats gehört es nach § 80 Abs. 1 Nr. 2 BetrVG, eigene Vorstellungen hinsichtlich der Ausgestaltung der Aufklärung der Arbeitnehmer über die Aufsichtsratswahl geltend zu machen, die diese effektiver erscheinen lassen und damit dem Betrieb und der Belegschaft besser dienen können.

***BAG** 17.5.1983 – 1 ABR 21/80*

Es bestehen grundsätzlich keine rechtlichen Bedenken gegen die Durchführung einer **Fragebogenaktion** unter den jugendlichen Arbeitnehmern, soweit sich die Fragen im Rahmen der gesetzlichen Aufgaben der Jugendvertretung und des Betriebsrats halten und Betriebsablauf und Betriebsfrieden nicht gestört werden.

***BAG** 8.2.1977 – 1 ABR 82/74*

Der Betriebsrat kann vom Arbeitgeber verlangen, über Arbeitsunfälle unterrichtet zu werden, welche Beschäftigte eines anderen Unternehmens im Zusammenhang mit der Nutzung der betrieblichen Infrastruktur des Arbeitgebers erleiden.

Die in § 89 Abs. 6 BetrVG geregelte Verpflichtung des Arbeitgebers, dem Betriebsrat eine Durchschrift der von diesem nach § 193 Abs. 5 Satz 1 SGB VII zu unterschreibenden Unfallanzeige auszuhändigen, knüpft an eine vom Arbeitgeber erstattete Unfallanzeige an. Die betriebsverfassungsrechtliche Aushändigungsverpflichtung ist – ebenso wie eine vom Betriebsrat erstrebte Verpflichtung des Arbeitgebers, ihm Unfallanzeigen zur Mitunterzeichnung vorzulegen – kein Instrument zur Durchsetzung der unfallversicherungsrechtlichen Anzeigepflicht des Arbeitgebers. Im Falle deren Verletzung greifen die im SGB VII festgelegten Bußgeldvorschriften (Rn. 14 und Rn. 43).

Der Unterrichtungsanspruch des Betriebsrats nach § 80 Abs. 2 Satz 1 BetrVG setzt zum einen voraus, dass überhaupt eine Aufgabe des Betriebsrats gegeben ist, und zum anderen, dass im Einzelfall die begehrte Information zur Wahrnehmung dieser Aufgabe erforderlich ist. Dies hat der Betriebsrat darzulegen. Dessen allgemein gehaltener Verweis auf die Überwachung der Durchführung arbeitsschutzrechtlicher Gesetze begründet regelmäßig keinen Unterrichtungsanspruch. Zwar hat der Betriebsrat die Durchführung u.a. der zugunsten der Arbeitnehmer geltenden Gesetze i.S.v. konkreten Ge- oder Verboten zu überwachen. Dem Arbeitgeber und den Gerichten für Arbeitssachen muss aber die Prüfung möglich sein, ob die verlangte Auskunft einen konkreten Aufgabenbezug hat und zur Aufgabenerledigung benötigt wird (Rn. 23 und Rn. 25).

Im zu entscheidenden Streitfall hat der Betriebsrat vom Arbeitgeber die Unterrichtung über Arbeitsunfälle verlangt, die Arbeitnehmer erleiden, welche bei anderen Unternehmen angestellt und dem Arbeitgeber auch nicht zur Arbeitsleistung überlassen sind, aber auf dem Betriebsgelände und in den Betriebshallen des Arbeitgebers und unter Einsatz der von diesem vorgehaltenen Arbeits- und Sachmittel tätig werden (Fremdpersonal). Soweit der Betriebsrat dieses Unterrichtungsverlangen auf seine u.a.. Maßnahmen des Arbeitsschutzes betreffende Förderpflicht des § 80 Abs. 1 Nr. 9 BetrVG sowie seine – diese Aufgabe verstärkende – besondere Pflicht des § 89 Abs. 1 Satz 1 BetrVG und seine Berechtigung nach § 89 Abs. 2 Satz 1 BetrVG, bei allen im Zusammenhang mit der Unfallverhütung stehenden Fragen hinzugezogen zu werden, gestützt hat, besteht der Unterrichtungsanspruch. Diese Aufgaben stellen sich für den Betriebsrat zwar nicht (auch) gegenüber dem Fremdpersonal. Im Hinblick auf die Einzelfallumstände können sich aber aus Arbeitsunfällen des Fremdpersonals arbeitsschutzrelevante Erkenntnisse für die betriebszugehörigen Arbeitnehmer, für die der Betriebsrat zuständig ist, ergeben (Rn. 26 ff. und Rn. 31 ff.).

Der Unterrichtungsanspruch umfasst sachbezogene Daten (Angabe des Datums, der Uhrzeit des Unfalls, der Unfallstelle, des Unfallhergangs sowie der ggf. erlittenen Verletzungen); er erstreckt sich nicht auf die vom Betriebsrat darüber hinaus beanspruchten, zum Teil personenbezogenen Angaben (Name des betroffenen Arbeitnehmers und des Arbeitgebers, bei dem dieser beschäftigt ist, sowie dessen Anschrift; Eintritt von Arbeitsunfähigkeit und Namen von Unfallzeugen) (Rn. 35 f.).

***BAG** 12.3.2019 – 1 ABR 48/17*

Das entgeltlistenbezogene Einsichts- und Auswertungsrecht nach § 13 Abs. 2 Satz 1 EntgTranspG ist an die Zuständigkeit des Betriebsrats für die Beantwortung individueller Auskunftsverlangen nach § 10 Abs. 1 EntgTranspG gebunden. Es besteht nicht, wenn der Arbeitgeber die Erfüllung der Auskunftsverpflichtung berechtigterweise an sich gezogen hat. (Rn. 19 – 34)

Nach § 10 Abs. 1 Satz 1; § 12 Abs. 1 EntgTranspG haben Beschäftigte in Betrieben mit in der Regel mehr als 200 Beschäftigten bei demselben Arbeitgeber zur Überprüfung der Einhaltung des Entgeltgleichheitsgebots i.S.d. EntgTranspG einen individuellen Auskunftsanspruch nach Maßgabe der §§ 11 bis 16 EntgTranspG (Rn. 18).

Nach § 14 Abs. 1 Satz 1 und § 15 Abs. 2 EntgTranspG wenden sich die Beschäftigten mit Auskunftsverlangen an den Betriebsrat, der für die Erfüllung der Auskunftsverpflichtung zuständig ist. Der Betriebsrat kann verlangen, dass der Arbeitgeber die Auskunftsverpflichtung übernimmt (§ 14 Abs. 1 Satz 4 und § 15 Abs. 2 EntgTranspG). Der Arbeitgeber kann die Erfüllung der Auskunftspflicht auch generell oder in bestimmten Fällen – nach näheren Maßgaben – übernehmen (§ 14 Abs. 2 Satz 1 und § 15 Abs. 2 EntgTranspG) (Rn. 18).

Die von § 14 Abs. 1 und § 15 Abs. 2 EntgTranspG vorgesehene Stellung des Betriebsrats als Adressat eines individuellen Auskunftsverlangens und zuständiges Gremium für dessen Beantwortung wird flankiert von einem – auf die Bruttoentgeltlisten bezogenen – Einsichts- und Auswertungsrecht nach § 13 Abs. 2 Satz 1 EntgTranspG und einem Einblicksrecht nach § 13 Abs. 3 EntgTranspG (Rn. 19).

Das Einsichts- und Auswertungsrecht des § 13 Abs. 2 Satz 1 EntgTranspG bezieht sich auf die in § 80 Abs. 2 Satz 2 Halbs. 2 BetrVG genannten – vom Arbeitgeber tatsächlich geführten – Listen über die Bruttolöhne und -gehälter. Das Einblicksrecht des § 13 Abs. 3 EntgTranspG betrifft spezifisch aufbereitete – ggf. vom Arbeitgeber noch herzustellende – Listen (Rn. 34).

***BAG** 28.7.2020 – 1 ABR 6/19*

Die Berechtigung des Betriebsausschusses oder eines beauftragten Ausschusses nach § 13 Abs. 2 Satz 1 EntgTranspG, die Listen über die Bruttolöhne und -gehälter i.S.d. § 80 Abs. 2 Satz 2 BetrVG einzusehen und auszuwerten, ist ebenso an die Zuständigkeit des Betriebsrats zur Beantwortung individueller Auskunftsverlangen i.S.d. § 10 EntgTranspG gebunden wie die Verpflichtung des Arbeitgebers, dem Betriebsausschuss nach § 13 Abs. 3 EntgTranspG Einblick in die Listen über die Bruttolöhne und -gehälter der Beschäftigten zu gewähren und diese nach näheren Maßgaben aufzuschlüsseln (Rn. 18).

Die Einsichts- und Auswertungsberechtigung des § 13 Abs. 2 Satz 1 EntgTranspG und das Einblicksrecht des § 13 Abs. 3 Satz 1 EntgTranspG vermitteln kein Recht des Betriebsrats auf dauerhafte Überlassung der Listen über die Bruttolöhne und -gehälter i.S.d. § 80 Abs. 2 Satz 2 Halbs. 2 BetrVG an den Betriebsausschuss oder beauftragten Ausschuss (Rn. 20 ff.).

Unionsrechtliche Gesichtspunkte gebieten kein Verständnis der bruttoentgeltlistenbezogenen Rechte des Betriebsrats dahingehend, dass die Listen über die Bruttolöhne und -gehälter dem einsichts- und auswertungsberechtigten Gremium dauerhaft zu überlassen sind (Rn. 29).

***BAG** 29.9.2020 – 1 ABR 32/19*

> ***Hinweis für die Praxis:***
>
> *Dem Betriebsrat müssen Unterlagen durch den Arbeitgeber immer nur zur Verfügung gestellt werden, wenn dies für die Durchführung konkret darzustellender Aufgaben erforderlich ist. Zwar kann der Betriebsrat auf seine Überwachungsaufgabe verweisen, beispielsweise der Beachtung des allgemeinen Gleichbehandlungsgrundsatzes, ohne ein ganz besonderes Überwachungsbedürfnis nachweisen zu müssen. Bei einem Verweis auf seine Aufgabe zur Förderung der Durchsetzung der Entgeltgleichheit bedarf es allerdings näherer Darlegung, für welche konkreten Förderungsmaßnahmen bestimmte Auskünfte benötigt werden. Darüber hinaus hat der Betriebsrat weder gemäß 3 80 Abs. 2 S.2 BetrVG, noch gemäß § 13 Abs. 2 Satz 1 und § 13 Abs. 3 Satz 1 EntgTranspG kein Recht auf dauerhafte Überlassung der Listen über die Bruttolöhne.*

3.2. Zutrittsrechte des Betriebsrats im Betrieb

Der Arbeitgeber eines Bewachungsunternehmens kann dem Betriebsrat nicht generell verbieten, das Wachpersonal auf deren **Arbeitsplätzen** in bewachten Gebäuden oder auf bewachten Grundstücken **aufzusuchen**. Ein Verbot des bewachten Kunden hat auch der Betriebsrat zu beachten.

***BAG** 13.6.1989 – 1 ABR 4/88*

Das allgemeine Informationsrecht des Betriebsrats gegenüber dem Arbeitgeber nach § 80 Abs. 2 Satz 1 BetrVG umfasst grundsätzlich ein Zugangsrecht zu den Arbeitsplätzen der Belegschaft. Der Zweck des Zugangs muss allerdings auf die Erfüllung der betriebsverfassungsrechtlichen Aufgaben bezogen sein. Unabhängig von einem konkreten betriebsverfassungsrechtlichen Anlass kann ein Zugangsrecht zur Erfüllung der Überwachungsaufgaben nach § 80 Abs. 1 Nr. 1 BetrVG in Betracht kommen.

Der Informationsanspruch des Betriebsrats nach § 80 Abs. 2 Satz 1 BetrVG zur Erfüllung der allgemeinen Überwachungsaufgaben und das daraus abgeleitete Zugangsrecht zu den Arbeitsplätzen der Belegschaft besteht gegenüber dem Arbeitgeber des Betriebs, für den der Betriebsrat gebildet ist, nicht aber gegenüber Dritten. Daher kann im Falle der Arbeitnehmerüberlassung der für den Betrieb des Verleihers gebildete Betriebsrat ein Zugangsrecht zu den Arbeitsplätzen in dem Betrieb des Entleihers nicht auf § 80 Abs. 2 Satz 1 BetrVG stützen. Zwar bleiben Leiharbeitnehmer nach § 14 Abs. 1 AÜG auch während der Dauer ihrer Arbeitsleistung beim Entleiher Angehörige des Verleiherbetriebs. Aus der gesetzlichen Zuordnung des Leiharbeitnehmers zum Betrieb seines Vertragsarbeitgebers folgt', allerdings nicht zwingend die Zuständigkeit des dortigen Betriebsrats in allen betriebsverfassungsrechtlichen Angelegenheiten. Die Zuständigkeit des Betriebsrats des Verleiherbetriebs ist grundsätzlich begrenzt auf den Betrieb, für den er gebildet ist. Über die Betriebsgrenze hinaus stehen ihm keine Mitwirkungsbefugnisse zu.

Eine Schutzlücke entsteht dadurch nicht. Bei aufgespaltener Arbeitgeberstellung im Leiharbeitsverhältnis betrifft die Überwachung der Einhaltung der arbeitsplatzbezogenen Schutzvorschriften hinsichtlich der im Entleiherbetrieb beschäftigten Arbeitnehmer den dort gebildeten Betriebsrat. Es bleibt offen, ob der Zutritt zu den Arbeitsplätzen im Entleiherbetrieb aus einem konkreten Anlass zur Wahrnehmung betriebsverfassungsrechtlicher Aufgaben oder Mitbestimmungsrechte durch den Betriebsrat des Verleiherbetriebs erforderlich werden könnte.

Der Betriebsrat des Verleihers hat auch nach § 78 Satz 1 BetrVG kein anlassunabhängiges Zutrittsrecht zum Entleiherbetrieb. Zwar dürfen danach die Mitglieder des Betriebsrats in der Ausübung ihrer Tätigkeit nicht gestört oder behindert werden. Dieses Verbot richtet sich nicht nur gegen den Arbeitgeber, sondern besteht gegenüber jedermann. Eine Störung oder Behinderung der Betriebsratstätigkeit scheidet aber aus, wenn der Betriebsrat des Verleiherbetriebs keine betriebsverfassungsrechtlichen Aufgaben im Entleiherbetrieb wahrzunehmen hat.

***BAG** 15.10.2014 – 7 ABR 74/12*

Der Arbeitgeber ist gemäß § 80 Abs. 2 Satz 1 BetrVG verpflichtet, dem Betriebsrat jederzeit ohne Begleitung durch die Geschäftsleitung zum Zwecke der Betriebsbegehung nach Abmeldung beim jeweiligen Vorgesetzten durch das begehende Betriebsratsmitglied oder die begehenden Betriebsratsmitglieder Zugang zu allen Arbeitsplätzen zu gewähren.

***ArbG** Berlin 30.7.1987 – 25 BVGa 3/87 = AiB 1988, 187*

Der Betriebsrat hat einen Anspruch darauf, dass der Arbeitgeber seinen Mitgliedern den Zutritt auch zu den einzelnen Arbeitsplätzen der Beschäftigten ermöglicht. Der Zweck des Zugangs zum Arbeitsplatz und seinem Umfeld muss allerdings auf die Erfüllung der dem Betriebsrat obliegenden Aufgaben bezogen sein.

Da die Mitglieder des Betriebsrats ein Zugangsrecht zu allen Räumen und Betriebsteilen haben, erstreckt sich dieses auch auf Räume, deren Betreten nur bestimmten Beschäftigten erlaubt, allen Unbefugten jedoch verboten ist.

***ArbG** Hamburg 6.5.1997 – 25 GaBV 4/97*

Die **Jugendvertretung** kann gemäß § 70 Abs. 1 Nr. 2 BetrVG mit Zustimmung des Betriebsrats die Arbeitsplätze jugendlicher Arbeitnehmer aufsuchen, ohne dass sie einen konkreten Verdacht der Nichtbeachtung der in § 70 Abs. 1 Nr. 2 BetrVG genannten Vorschriften darlegen muss.

***BAG** 21.1.1982 – 6 ABR 17/79*

Der Betriebsrat kann nicht allgemein und ohne weiteres vom Arbeitgeber verlangen, dass dieser vom Betriebsrat eingeladenen Journalisten Zutritt zum Betriebsratsbüro auf dem Betriebsgelände gewährt. Ein solches Recht steht dem Betriebsrat nur zu, wenn und soweit die Unterrichtung der Journalisten zur Erfüllung seiner gesetzlichen Aufgaben erforderlich ist. Unter welchen näheren Voraussetzungen dies der Fall sein kann, war nicht zu entscheiden.

***BAG** 18.9.1991 – 7 ABR 63/90*

3.3. Anspruch des Betriebsrats auf Einhaltung der Gesetze, Tarifverträge, Betriebsvereinbarungen usw.?

Nach § 80 Abs. 1 Nr. 1 BetrVG hat der Betriebsrat darüber zu wachen, dass die zugunsten der Arbeitnehmer geltenden Gesetze, Verordnungen, Unfallverhütungsvorschriften, Tarifverträge und Betriebsvereinbarungen durchgeführt werden.

Aus dieser Überwachungsaufgabe folgt aber noch kein eigener Anspruch des Betriebsrats darauf, dass der Arbeitgeber die genannten Rechtsvorschriften gegenüber seinen Arbeitnehmern auch einhält und durchführt. Der Betriebsrat kann nicht gerichtlich feststellen lassen, welche **einzelvertraglichen Ansprüche der Arbeitnehmer** etwa nach einem Tarifvertrag hat. Er ist vielmehr darauf beschränkt, eine Nichtbeachtung oder fehlerhafte Durchführung der genannten Rechtsvorschriften beim Arbeitgeber zu beanstanden und auf Abhilfe zu drängen, wobei das BetrVG davon ausgeht, dass der Arbeitgeber einer berechtigten Beanstandung in aller Regel auch Rechnung tragen wird.

Die Aufgabenzuweisung in § 80 Abs. 1 BetrVG hat nicht gleichzeitig die Einräumung entsprechender Mitbestimmungsrechte zum Inhalt.

***BAG** 25.5.1982 – 1 ABR 19/80; **BAG** 16.7.1985 – 1 ABR 9/83;*
***BAG** 10.6.1986 – 1 ABR 59/84*

> ***Hinweis für die Praxis:***
>
> *Der Betriebsrat kann die Durchsetzung seiner Anregungen oder Anträge nur in den gesetzlich ausdrücklich geregelten Fällen erzwingen:*
>
> *§§ 85 Abs. 2, 87, 91, 93, 95 Abs. 2, 97 Abs. 2, 98 Abs. 5, 103 Abs. 1, 104,109, 112 Abs. 4 i. V. m. 112a BetrVG.*
>
> *Im Übrigen braucht der Arbeitgeber auch sachlich berechtigen Anträgen des Betriebsrats nicht stattzugeben.*

Nach § 80 Abs. 1 Nr. 1 BetrVG hat der Betriebsrat zwar über die korrekte Durchführung geltender Tarifverträge zu wachen, kann aber auf die mögliche Verletzung tariflicher Vergütungsvorschriften keine eigenen Beseitigungsansprüche stützen.

***BAG** 9.12.2003 – 1 ABR 44/02*

Eine Prozessstandschaft für den einzelnen Arbeitnehmer lässt sich nicht aus dem Betriebsverfassungsgesetz ableiten, insbesondere nicht aus § 80 Abs. 1 Nr. 1 BetrVG, der dem Betriebsrat die Aufgabe zuweist, die **Einhaltung von Gesetzen** zu überwachen. Dieser Überwachungsaufgabe für den Betriebsrat ist kein eigener im Beschlussverfahren durchsetzbarer Anspruch gegen den Arbeitgeber zu entnehmen, die Gesetze gegenüber seinen Arbeitnehmern einzuhalten und durchzuführen.

Der Betriebsrat ist vielmehr darauf beschränkt, die mangelhafte Beachtung der Vorschriften beim Arbeitgeber zu beanstanden und auf Abhilfe zu drängen. Weitergehende Rechte kann der Betriebsrat auch nicht aus §§ 2, 75 Abs. 1 BetrVG ableiten, die inhaltlich allgemeiner gefasst sind als § 80 BetrVG.

***BAG** 5.5.1992 – 1 ABR 1/92 = NZA 1992, 1089*

Der Betriebsrat kann nach § 77 Abs. 1 BetrVG verlangen, dass der Arbeitgeber eine Betriebsvereinbarung durchführt. Dabei ist der Inhalt einer Betriebsvereinbarung, soweit er streitig ist, festzustellen.

***BAG** 24.2.1987 – 1 ABR 18/85*

Zur Durchführungspflicht einer Betriebsvereinbarung des Arbeitgebers nach § 77 Abs. 1 Satz 1 BetrVG gehört, dass er betriebsvereinbarungswidrige Maßnahmen unterlässt und dafür sorgt, dass sich auch die Arbeitnehmer in seinem Betrieb an die Regelungen einer Betriebsvereinbarung halten.

Neben dem Betriebsrat kann auch eine im Betrieb vertretene Gewerkschaft kann bei groben Verstößen den Arbeitgeber im Beschlussverfahren gemäß § 23 Abs. 3 Satz 1 BetrVG auf die Einhaltung von Betriebsvereinbarungen in Anspruch nehmen.

Voraussetzung für die Durchführungspflicht des Arbeitgebers nach § 77 Abs. 1 Satz 1 BetrVG ist die Wirksamkeit der Betriebsvereinbarung. An dieser fehlt es, wenn die Betriebsvereinbarung gegen zwingende tarifvertragliche Bestimmungen verstößt.

Ein namens des Betriebsrats im Beschlussverfahren gestellter Antrag bedarf zu seiner Zulässigkeit der ordnungsgemäßen Beschlussfassung über die Einleitung des Verfahrens. Ausreichend ist, wenn in dem Betriebsratsbeschluss der Gegenstand, über den eine Klärung herbeigeführt werden soll, und das angestrebte Ergebnis bezeichnet ist

Bestehen für den Arbeitgeber zur Herbeiführung eines von ihm geschuldeten Erfolgs mehrere Handlungsmöglichkeiten, kann ein auf die Erfüllung der Verpflichtung gerichteter Antrag des Betriebsrats weit gefasst sein. Es bleibt dann dem Arbeitgeber überlassen, wie er die titulierte Verpflichtung erfüllt. Die Erfüllung ist erforderlichenfalls im Vollstreckungsverfahren nachzuprüfen.

Eine Unterlassungspflicht kann auch damit verbunden sein, dass der Verpflichtete innerhalb seines Organisationsbereichs auf Dritte einwirkt, um den Eintritt eines bestimmten Erfolgs zu verhindern.

***BAG** 29.4.2004 – 1 ABR 30/02*

Der Arbeitgeber muss eine Betriebsvereinbarung so durchführen, wie sie abgeschlossen wurde. Betriebsvereinbarungswidrige Maßnahmen können dem Arbeitgeber vom Gericht auf Antrag des Betriebsrats (Unterlassungsantrag) untersagt werden.

***BAG** 10.11.1987 – 1 ABR 55/86*

Der Betriebsrat kann im Wege einer **einstweiligen Verfügung** vom Arbeitgeber die Unterlassung einseitiger Mehrarbeitsanordnungen verlangen; dies gilt insbesondere, wenn eine Betriebsvereinbarung über die Anordnung von Mehrarbeit dadurch verletzt wird.

***Hessisches LAG** 12.7.1988 – 5 TaBVGa 89/88 = DB 1989, 332*

4. Unterrichtung und Vorlage von Unterlagen

Der Betriebsrat ist grundsätzlich nicht darauf verwiesen, sich nach § 80 Abs. 2 Satz 1 BetrVG benötigte Informationen selbst zu beschaffen, auch wenn er dazu faktisch in der Lage wäre.

***BAG** 15.4.2008 – 1 ABR 44/07*

Der allgemeine Auskunftsanspruch des Betriebsrats nach § 80 Abs. 2 Satz 1 BetrVG setzt voraus, dass zumindest eine **gewisse Wahrscheinlichkeit für eine betriebsverfassungsrechtliche Aufgabe des Betriebsrats** besteht und die begehrte Auskunft zur Aufgabenwahrnehmung erforderlich ist.

Es steht dem Arbeitgeber grundsätzlich frei zu entscheiden, in welcher Form er den Auskunftsanspruch des Betriebsrats erfüllt. Insbesondere bei umfangreichen, komplexen Informationen kann aber nach § 2 Abs. 1 BetrVG eine schriftliche Auskunft notwendig sein.

Das in § 80 Abs. 2 Satz 2 Halbs. 2 BetrVG geregelte Einblicksrecht in die Bruttolohn- und -gehaltslisten stellt gegenüber dem in § 80 Abs. 2 Satz 2 Halbs. 1 BetrVG normierten Anspruch auf Überlassung der zur Aufgabenwahrnehmung erforderlichen Unterlagen die speziellere Regelung dar und verdrängt diesen für den Bereich der Löhne und Gehälter.

Der allgemeine Unterrichtungsanspruch nach § 80 Abs. 2 Satz 1 BetrVG und das Recht auf Einblicknahme nach § 80 Abs. 2 Satz 2 Halbs. 2 BetrVG stehen zueinander nicht im Verhältnis der Spezialität. Der Unterrichtungsanspruch wird daher auch im Bereich der Vergütung nicht durch das Einblicksrecht in die Bruttolohn- und -gehaltslisten verdrängt.

Regelungen über außertarifliche Zulagen unterfallen der Mitbestimmung des Betriebsrats nach § 87 Abs. 1 Nr. 10 BetrVG. Voraussetzung ist ein kollektiver Bezug. Dieser ist regelmäßig gegeben, wenn der Arbeitgeber für die Leistung an eine Mehrzahl von Arbeitnehmern einen bestimmten „Topf" vorsieht. Bei dessen Verteilung hat der Betriebsrat mitzubestimmen.

***BAG** 10.10.2006 – 1 ABR 68/05 = NZA 2007, 99*

Für einen Auskunftsanspruch nach § 80 Abs. 2 Satz 1 i.V.m. § 80 Abs. 1 BetrVG hat der Betriebsrat darzulegen, welche Aufgabe er wahrnehmen will und dass die verlangte Auskunft zur Wahrnehmung dieser Aufgabe auch erforderlich ist. Allein anhand dieser Angaben hat das Gericht zu prüfen, ob das Verlangen begründet ist.

Bei der für einen Arbeitgeber nach § 154 Abs. 1 SGB IX bestehenden Pflicht zur Beschäftigung schwerbehinderter Menschen handelt es sich um keine „zugunsten der Arbeitnehmer" gesetzliche Regelung i.S.d. § 80 Abs. 1 Nr. 1 BetrVG, deren Durchführung der Betriebsrat zu überwachen hat. Die Bestimmung vermittelt den einzelnen Arbeitnehmern keine unmittelbaren subjektiven Rechte.

Zu den „zugunsten der Arbeitnehmer" geltenden Gesetzen i.S.d. § 80 Abs. 1 Nr. 1 BetrVG zählt weiterhin nicht die Pflicht des Arbeitgebers nach § 163 SGB IX, im Rahmen der Selbstveranlagung zur Ausgleichsabgabe eine Anzeige für das Unternehmen nach § 163 Abs. 2 Satz 1 SGB IX nebst den Verzeichnissen nach § 163 Abs. 1 SGB IX zu fertigen. Es handelt sich, wie § 176 Satz 2 Halbs. 1 SGB IX bestätigt, um eine öffentlich-rechtliche Verpflichtung des Arbeitgebers.

Bei der Pflicht des Arbeitgebers zur im Übrigen voraussetzungslosen Übermittlung einer Kopie der Anzeige nebst den Verzeichnissen für die einzelnen Betriebe nach § 163 Abs. 2 Satz 3 SGB IX an die jeweilige Interessenvertretung handelt es sich um eine spezialgesetzlich geregelte Vorlageverpflichtung. Diese besteht bei Unternehmen mit mehreren Betrieben gegenüber dem Gesamtbetriebsrat.

***BAG** 20.3.2018 – 1 ABR 11/17*

Der Betriebsrat kann nach dem Gesetz über Europäische Betriebsräte (EBRG) von der örtlichen Unternehmensleitung die Auskünfte verlangen, die er benötigt, um zu prüfen, ob die Voraussetzungen für die Errichtung eines Europäischen Betriebsrats vorliegen. Dazu zählen insbesondere die Informationen, die für die Beurteilung erforderlich sind, ob es in einer europaweit tätigen Unternehmensgruppe ein herrschendes Unternehmen gibt und welche Unternehmen von diesem abhängig sind. Auch eine natürliche Person kann herrschendes Unternehmen sein.

***BAG** 30.3.2004 – 1 ABR 61/01*

Ein Unterrichtungsanspruch nach § 80 Abs. 2 Satz 1 BetrVG kann daraus folgen, dass der Betriebsrat nur mit Hilfe der begehrten Auskünfte überprüfen kann, ob der Arbeitgeber eine zugunsten der Arbeitnehmer geltende Betriebsvereinbarung richtig durchführt.

Der Auskunftsanspruch hängt nicht davon ab, dass der Betriebsrat konkrete Anhaltspunkte für einen Regelverstoß darlegt.

***BAG** 19.2.2008 – 1 ABR 84/06*

Auch der allgemeine – Auskunftsanspruch des Betriebsrats nach § 80 Abs. 2 Satz 1 Halbs. 1 BetrVG umfasst nicht die Auskünfte, ob befristete Arbeitsverhältnisse ohne oder mit Sachgrund geschlossen worden sind und ggf. welcher sachliche Grund ihnen zugrunde liegt. Diese Informationen haben keinen hinreichenden Bezug zu einer betriebsverfassungsrechtlichen Aufgabe des Betriebsrats. Die in § 80 Abs. 1 Nr. 1 BetrVG geregelte betriebsverfassungsrechtliche Überwachungsaufgabe ist auf die „Durchführung" u.a. von Gesetzen gerichtet. „Durchzuführen" sind Ver- und Gebote. Weder das TzBfG noch das WissZeitVG verbieten rechtsunwirksame Befristungsvereinbarungen. Rechtsfolge einer rechtsunwirksamen Befristung ist vielmehr nach § 16 Satz 1 Halbs. 1 TzBfG, dass der befristete Arbeitsvertrag als auf unbestimmte Zeit geschlossen gilt.

Die in § 92 Abs. 1 Satz 1 BetrVG geregelte Unterrichtungspflicht des Arbeitgebers über die Personalplanung begründet keine Informationsrechte des Betriebsrats über die Sachgründe einer Befristungsabrede.

***BAG** 27.10.2010 – 7 ABR 86/09*

Nach § 80 Abs. 2 Satz 1 BetrVG hat der Arbeitgeber den Betriebsrat zur Durchführung seiner Aufgaben „nach diesem Gesetz" rechtzeitig und umfassend zu unterrichten. Zu diesen Aufgaben gehören **alle Mitwirkungsrechte** nach dem BetrVG, nicht nur die in § 80 Abs. 1 BetrVG aufgezählten Aufgaben, insbesondere auch die Wahrnehmung der **Mitbestimmungsrechte nach § 87 Abs. 1 BetrVG** und die Überwachung der Einhaltung der in § 75 BetrVG festgelegten Grundsätze für die Behandlung von Betriebsangehörigen.

Es genügt bereits eine gewisse Wahrscheinlichkeit für ein Mitbestimmungsrecht, das der Betriebsrat erst aufgrund der Unterrichtung prüfen kann, um den Auskunftsanspruch auszulösen. Im Rahmen der vertrauensvollen Zusammenarbeit mit dem Arbeitgeber (§ 2 Abs. 1 BetrVG) muss der Betriebsrat die Möglichkeit haben, auch Streitfragen über das Bestehen eines Mitbestimmungsrechts mit dem Arbeitgeber in der Diskussion zu klären. Insoweit dient die rechtzeitige und umfassende Unterrichtung dem innerbetrieblichen Rechtsfrieden und der Vermeidung von Verfahren.

***BAG** 17.5.1983 – 1 ABR 21/80; **BAG** 10.2.1987 – 1 ABR 43/84;*
***BAG** 26.1.1988 – 1 ABR 34/86*

Für die **Auskunftspflicht** des Arbeitgebers nach § 80 Abs. 2 Satz 2 BetrVG genügt es, dass der Betriebsrat die Auskunft benötigt, um feststellen zu können, ob ihm ein Mitbestimmungsrecht zusteht und ob er davon Gebrauch machen soll, sofern nicht ein Mitbestimmungsrecht offensichtlich nicht in Betracht kommt.

***BAG** 10.2.1987 – 1 ABR 43/84; **BAG** 26.1.1988 – 1 ABR 34/86*

Nach § 80 Abs. 2 Satz 1 BetrVG hat der Betriebsrat Anspruch auf Erteilung aller Auskünfte, derer er zur Durchführung seiner gesetzlichen Aufgaben bedarf. Zu diesen Aufgaben zählt nach § 80 Abs. 1 Nr. 1 BetrVG die Überwachung der Durchführung von Gesetzen und Tarifverträgen zu Gunsten der Arbeitnehmer. Der Betriebsrat hat deshalb zu überprüfen, ob die in § 5 ArbZG vorgeschriebene Mindestruhezeit von 11 Stunden und die tarifliche Arbeitszeit eingehalten werden. Die dafür erforderlichen und in seinem Betrieb anfallenden Informationen hat sich der Arbeitgeber in geeigneter Weise zu beschaffen. Er kann sich der gesetzlichen Kontrollpflicht und dem daraus resultierenden Auskunftsanspruch des Betriebsrats nicht dadurch entziehen, dass er darauf verzichtet, von der tatsächlichen Arbeitszeit seiner Beschäftigten Kenntnis zu nehmen.

Der Betriebsrat kann daher vom Arbeitgeber eine monatlich zu erteilende Auskunft über Beginn und Ende der täglichen Arbeitszeit sowie Über- und Unterschreitungen der regelmäßigen wöchentlichen Arbeitszeit und außerdem die Vorlage der Aufzeichnungen nach § 16 Abs. 2 ArbZG) betreffen die über acht Stunden werktäglich hinausgehende Arbeitszeit verlangen, auch wenn der Arbeitgeber wegen des bewussten Verzichts auf eine Kontrolle der Arbeitszeit (Vertrauensarbeitszeit) weder über die gewünschten Informationen noch über die entsprechenden Unterlagen verfügt.

BAG *6.5.2003 – 1 ABR 13/02*

Die sachgerechte Wahrnehmung der jeweils vom Arbeitgeber und Betriebsrat vertretenen Interessen setzt voraus, dass sich deren Meinungsbildung unabhängig voneinander vollzieht. Zwischen den Betriebspartnern bestehen keine wechselseitigen Unterrichtungsansprüche über den Kenntnisstand der jeweils anderen Seite.

Nach § 80 Abs. 2 Satz 2 Halbs. 1 BetrVG muss der Arbeitgeber zur Erfüllung seiner Unterrichtungspflicht dem Betriebsrat die für dessen Aufgabenwahrnehmung erforderlichen Unterlagen zur Einsichtnahme überlassen. Sofern die im Rahmen einer solchen Unterrichtung vermittelten Kenntnisse dem Betriebsrat nicht ausreichen, ist der Arbeitgeber nach Satz 3 verpflichtet, die ihm nach Satz 1 obliegende Unterrichtungspflicht durch betriebsangehörige Arbeitnehmer zu erfüllen.

Die Wahrnehmung der Aufgaben einer Auskunftsperson i.S.d. § 80 Abs. 2 Satz 3 BetrVG gehört regelmäßig zu den Aufgaben, die der Arbeitgeber einem Arbeitnehmer gegenüber kraft seines Direktionsrechts (§ 106 Satz 1 GewO) anordnen kann. Bei der Übertragung einer solchen Tätigkeit kann der Arbeitgeber Gegenstand und Umfang der zu erteilenden Auskünfte bestimmen. Diese binden den Arbeitnehmer bei der Beantwortung der ihm vom Betriebsrat gestellten Fragen.

BAG *20.1.2015 – 1 ABR 25/13*

Der Unterrichtungsanspruch des Betriebsrats besteht nicht nur dann, wenn allgemeine Aufgaben oder Beteiligungsrechte feststehen. Die Unterrichtung soll es dem Betriebsrat vielmehr auch ermöglichen, in eigener Verantwortung zu prüfen, ob sich Aufgaben im Sinne des Betriebsverfassungsgesetzes ergeben und er zu ihrer Wahrnehmung tätig werden muss. Dafür genügt eine gewisse Wahrscheinlichkeit für das Bestehen von Aufgaben (BAG 15.12.1998 – 1 ABR 9/98). Die Grenzen des Auskunftsanspruchs liegen dort, wo ein Beteiligungsrecht oder eine sonstige Aufgabe offensichtlich nicht in Betracht kommt. Erst dann kann nicht mehr davon gesprochen werden, dass die begehrte Auskunft zur Durchführung von Aufgaben des Betriebsrats erforderlich sei.

Aus diesen Grundsätzen folgt eine zweistufige Prüfung darauf hin, ob überhaupt eine Aufgabe des Betriebsrats gegeben und ob im Einzelfall die begehrte Information zur Aufgabenwahrnehmung erforderlich ist.

BAG *19.10.1999 – 1 ABR 75/98*

Die Unterrichtung des Betriebsrats durch den Arbeitgeber nach § 80 Abs. 2 BetrVG hat grundsätzlich in **deutscher Sprache** zu erfolgen.
Eine Unterrichtung in einer fremden Sprache setzt grundsätzlich das Einverständnis aller Betriebsratsmitglieder voraus.
Demgemäß sind nach § 80 Abs. 2 Satz 2 BetrVG vorzulegende Unterlagen in deutscher Übersetzung vorzulegen, soweit dies erforderlich und verhältnismäßig ist.

Hessisches LAG *19.8.1993 – 12 TaBV 9/93 = BB 1994, 574 = DB 1994, 384 = NZA 1995, 285*

§ 80 Abs. 2 Satz 1 BetrVG normiert – ebenso wie andere Vorschriften des Gesetzes – ausdrücklich und unmittelbar nur eine Verpflichtung des Arbeitgebers zur Unterrichtung des Betriebsrats. Das allein besagt noch nicht, dass einer solchen Verpflichtung nicht auch ein entsprechender Anspruch des Betriebsrats auf Erfüllung dieser Verpflichtung gegenübersteht. Es ist nichts Außergewöhnliches, dass Ansprüche für einen Berechtigten lediglich durch die Normierung entsprechender Verpflichtungen eines anderen begründet werden. So heißt es in § 433 Abs. 2 BGB nur, dass der Käufer verpflichtet ist, den Kaufpreis zu zahlen; gleichwohl hat der Verkäufer einen Anspruch gegen den Käufer auf Zahlung des Kaufpreises. Auch § 40 BetrVG begründet ausdrücklich lediglich die Verpflichtung des Arbeitgebers, die durch die Tätigkeit des Betriebsrats entstandenen Kosten zu tragen und die erforderlichen Sachmittel zur Verfügung zu stellen; gleichwohl ist außer Streit, dass diese Vorschrift dem Betriebsrat einen Anspruch auf Leistung der erforderlichen Sachmittel und Tragung der Kosten einräumt.

Von daher bestehen keine Bedenken, auch **§ 80 Abs. 2 Satz 1 BetrVG als Anspruchsgrundlage für einen Anspruch des Betriebsrats auf Unterrichtung zu verstehen**. Entsprechend haben auch der 1. und der 6. Senat in ständiger Rechtsprechung in der in § 80 Abs. 2 BetrVG normierten Verpflichtung des Arbeitgebers, dem Betriebsrat Einsicht in die Gehaltslisten zu gewähren, eine Anspruchsgrundlage gesehen und entsprechenden Leistungsanträgen des Betriebsrats stattgegeben.

BAG *17.5.1983 – 1 ABR 21/80*

Vorschriften des BetrVG, die eine Verpflichtung des Arbeitgebers zur Leistung von Geld oder Sachen (z. B. § 40 BetrVG), zur Vorlage von Unterlagen (z. B. § 80 Abs. 2 Satz 1 BetrVG) oder zur Unterrichtung des Betriebsrats festlegen, **gewähren** diesem **gleichzeitig einen Anspruch auf Erfüllung dieser Verpflichtung**. Solche Ansprüche sind durch § 23 Abs. 3 BetrVG nicht auf den Fall beschränkt, dass die Nichterfüllung der Verpflichtung sich als grober Pflichtenverstoß des Arbeitgebers darstellt.

Die in § 80 Abs. 2 BetrVG aufgeführten Verpflichtungen des Arbeitgebers gewähren dem Betriebsrat damit einen **vollstreckbaren Anspruch auf Erfüllung**, der gerichtlich im Beschlussverfahren durchsetzbar ist.

BAG *17.5.1983 – 1 ABR 21/80*

Nach § 80 Abs. 2 Satz 2 BetrVG sind dem Betriebsrat **auf Verlangen** die zur Durchführung seiner Aufgaben **erforderlichen Unterlagen zur Verfügung zu stellen**. Der Arbeitgeber ist nicht verpflichtet, von sich aus dem Betriebsrat die Unterlagen zu überlassen.

BAG *9.7.1991 – 1 ABR 45/90*

Der Betriebsrat hat nach § 80 Abs. 2 Satz 2 BetrVG keinen Anspruch auf Vorlage von Unterlagen, die dem Arbeitgeber selbst nicht zur Verfügung stehen. Aus § 80 Abs. 2 Satz 2 BetrVG folgt kein Herstellungs- oder Verschaffungsanspruch.

LAG *Hamm 26.7.2002 – 10 TaBV 24/02 = NZA-RR 2003, 367*

Der Betriebsrat hat kein Recht auf Unterrichtung über **Abmahnungen**, weil diese die individuelle Vertragssphäre zwischen Arbeitgeber und Arbeitnehmer betreffen.

LAG *Schleswig-Holstein 27.5.1983 – 3 (4) TaBV 31/82 = BB 1983, 1282 = DB 1983, 2145*

§ 83 Abs. 1 BetrVG enthält bezüglich der **Personalakten** eine das allgemeine Persönlichkeitsrecht des einzelnen Arbeitnehmers berücksichtigende und schützende Sonderregelung, die hinsichtlich der **Personalakten** grundsätzlich einem eigenständigen und jederzeitigen Vorlageanspruch des Betriebsrats gemäß § 80 Abs. 2 Nr. 2 BetrVG entgegensteht.

Hessisches LAG *22.5.1984 – 4 TaBV 93/83 = NZA 1985, 97*

Der Betriebsrat hat keinen Anspruch darauf, von dem Arbeitgeber darüber informiert zu werden, welchen Arbeitnehmern eine **Nebentätigkeitsgenehmigung** erteilt worden ist und erteilt wird und auf welche Art und welchen Umfang der Arbeit sie sich erstreckt.

LAG *Köln 11.1.1995 – 8 TaBV 55/94 = NZA 1995, 443*

Der Arbeitgeber ist auf Verlangen des Betriebsrats verpflichtet, eine zeitbezogene Aufstellung über monatlich erfasste **Anwesenheitszeiten** und monatlich bezahlte **Arbeitszeiten** zur Verfügung zu stellen.

ArbG *Stuttgart 4.8.1993 – 3 BV 74/93 = AuR 1994, 201*

Zeiterfassungskarten sind kein Bestandteil der Personalakte. Der Betriebsrat kann deren Vorlage zur Kontrolle der Ableistung von Überstunden verlangen.

Hessisches LAG *18.3.1980 – 4 TaBVGa 85/79 = AuR 1981, 30*

Eine tarifvertragliche Bestimmung, die den unter den persönlichen Geltungsbereich des Tarifvertrags fallenden Angestellten eine günstige Position gibt, ist ein „zugunsten der Arbeitnehmer geltender Tarifvertrag" i.S.d. § 80 Abs. 1 Nr. 1 BetrVG. Es kommt nicht darauf an, ob es sich dabei um Tarifbestimmungen normativer oder schuldrechtlicher Art handelt.

Zur ordnungsgemäßen Wahrnehmung der dem Betriebsrat nach § 80 Abs. 1 Nr. 1 BetrVG obliegenden Aufgaben gewähren § 80 Abs. 2 Satz 1 und Satz 2 erster Halbsatz BetrVG dem Betriebsrat ein ausgedehntes Informationsrecht. Das in § 80 Abs. 2 Satz 2 erster Halbsatz BetrVG eingefügte Wort **„jederzeit"** besagt, dass der Betriebsrat bei Durchführung seiner ihm obliegenden Aufgaben auch dann tätig werden kann, wenn keine bestimmten Verdachtsmomente hinsichtlich eines erfolgten oder drohenden Verstoßes gegen die zugunsten der Arbeitnehmer ergangene Regelung vorliegen.

Wegen der Verwendung des Wortes „**umfassend**" in § 80 Abs. 2 Satz 1 BetrVG steht dem Betriebsrat ein erschöpfendes Recht auf Unterrichtung zu. Dieses Recht greift nicht nur Platz, wenn der Arbeitgeber von sich aus unterrichtet.

Die Regelung nach § 80 Abs. 2 Satz 1 und Satz 2 erster Halbsatz BetrVG findet ihre Schranke an dem Verbot des Rechtsmissbrauchs.

Bestimmt ein Tarifvertrag, nach dem die durchschnittliche Tarifgehaltssumme durch den Arbeitgeber auf die Angestellten verteilt werden muss, nicht, wie diese Vergütung erfolgen soll, so hat der Betriebsrat die Befugnis zu prüfen, ob die Gewährung der Zulage nach billigem Ermessen getroffen und der Gleichbehandlungsgrundsatz beachtet worden ist.

Eine solche Prüfung ist nur möglich, wenn der Betriebsrat auch die Verteilung der durchschnittlichen Tarifgehaltssumme auf die Angestellten kennt.

***BAG** 11.7.1972 – 1 ABR 2/72*

Die vom Arbeitgeber nach § 80 Abs. 2 BetrVG geschuldete Unterrichtung des Betriebsrats soll auch durch Überlassung der erforderlichen Unterlagen den Betriebsrat in die Lage versetzen, in eigener Verantwortung selbst zu prüfen, ob sich für ihn Aufgaben ergeben und ob er zur Wahrnehmung dieser Aufgaben tätig werden soll.

Soweit sich für den Betriebsrat jedoch Aufgaben erst dann stellen, wenn der Arbeitgeber eine Maßnahme ergreift oder plant, die Beteiligungsrechte des Betriebsrats auslösen, kann der Betriebsrat die Vorlage von Unterlagen, die zur Erfüllung seiner Aufgaben erforderlich sind, auch erst dann verlangen, wenn der Arbeitgeber tätig wird.

Der **künftige Einsatz von Fremdarbeitnehmern** kann aber erst Aufgaben des Betriebsrats auslösen, wenn sich der Arbeitgeber zu einem solchen Einsatz entschließt und dazu konkrete Schritte unternommen hat.

Solange der Arbeitgeber den Einsatz von Fremdarbeitnehmern nicht einmal plant und entsprechende Verträge geschlossen hat, kann der Betriebsrat nicht die Vorlage von noch nicht existenten Unterlagen verlangen.

***BAG** 5.2.1991 – 1 ABR 24/90; **BAG** 9.7.1991 – 1 ABR 45/90*

Werden im Betrieb des Arbeitgebers **Arbeitnehmer** von **Fremdfirmen** beschäftigt, so kann der Betriebsrat verlangen, dass ihm die Verträge mit den Fremdfirmen, die Grundlage dieser Beschäftigung sind, **zur Einsicht zur Verfügung gestellt werden**.

Der Betriebsrat kann auch verlangen, dass ihm die Listen zur Verfügung gestellt werden, aus denen sich die Einsatztage und Einsatzzeiten der einzelnen Arbeitnehmer der Fremdfirmen ergeben.

***BAG** 31.1.1989 – 1 ABR 72/87*

Erteilt ein Arbeitgeber seinen **außertariflichen Angestellten** individuelle Versorgungszusagen, die über eine generelle Versorgungsordnung hinausgehen, so kann der Betriebsrat Auskunft über die dabei angewandten Grundsätze verlangen. Er muss kein besonderes berechtigtes Interesse darlegen.

***BAG** 19.3.1981 – 3 ABR 38/80*

Der Arbeitgeber hat dem Betriebsrat jeweils ein Exemplar der einem ausgeschiedenen Arbeitnehmer gemäß § 2 Abs. 6 BetrAVG erteilten **Versorgungsauskunft** zur Verfügung zu stellen.

***LAG** Baden-Württemberg 23.1.1991 – 12 TaBV 14/90 = BB 1991, 2227*

Der Betriebsrat kann nach § 80 Abs. 2 Satz 2 1. Halbsatz BetrVG an Arbeitsplätzen mit **Lärmbelästigung** vom Arbeitgeber nicht die **Installierung von Messgeräten** verlangen, um auf diese Weise Unterlagen über die tatsächliche Lärmbelästigung der Arbeitnehmer zu erhalten.

Der Betriebsrat kann vom Arbeitgeber lediglich die Überlassung vorhandener oder jederzeit erstellbarer Unterlagen verlangen.

***BAG** 7.8.1986 – 6 ABR 71/83*

5. Einblick in Gehaltslisten

Der in einem Gemeinschaftsbetrieb mehrerer Unternehmen errichtete Betriebsrat kann eine Auskunft über vertragsbezogene Daten der Arbeitnehmer nur vom jeweiligen Vertragsarbeitgeber verlangen.

Das BAG an seiner Rechtsprechung fest, wonach der allgemeine Anspruch des Betriebsrats auf Unterrichtung nach § 80 Abs. 2 Satz 1 BetrVG im Bereich von entgeltlistengleichen Daten der teleologischen Reduktion unterliegt, weil nach § 80 Abs. 2 Satz 2 Halbs. 2 BetrVG in die Listen über die Bruttolöhne und -gehälter nur – und im Übrigen auch nicht vom gesamten Betriebsratsgremium – Einblick genommen werden kann (Rn. 26).

***BAG** 23.3.2021 – 1 ABR 7/20*

§ 80 Abs. 2 BetrVG gewährt als Anspruchsgrundlage dem Betriebsrat einen vollstreckbaren Anspruch auf Einsicht in die Gehaltslisten, der gerichtlich im Beschlussverfahren durchsetzbar ist.

***BAG** 17.5.1983 – 1 ABR 21/80*

Ein Verlangen des Betriebsrats nach monatlichem Einblick in die Listen über die Bruttolöhne und -gehälter gemäß § 80 Abs. 2 Satz 2 Halbs. 2 BetrVG kann nicht allein mit der Wahrnehmung einer Überwachungsaufgabe oder eines Mitbestimmungsrechts begründet werden. Es muss vielmehr ersichtlich sein, aus welchen Gründen der Einblick im verlangten monatlichen Turnus erforderlich ist (Rn. 19 ff.).

Die Einleitung des arbeitsgerichtlichen Beschlussverfahrens durch den Betriebsrat bedarf eines Beschlusses des Betriebsrats. Der Betriebsrat kann eine bereits erfolgte Einleitung eines Beschlussverfahrens durch nachträgliche – bis zum Ergehen einer Prozessentscheidung mögliche – Beschlussfassung genehmigen. (Rn. 14)

Der Beschluss des Betriebsrats über die Einleitung eines Verfahrens muss die streitige Frage, die einer Klärung zugeführt werden soll, erkennen lassen. Er muss den Verfahrensgegenstand aber nicht detailliert bezeichnen oder im Wortlaut mit einem beabsichtigten Antrag im Beschlussverfahren übereinstimmen (Rn. 15).

***BAG** 29.9.2020 – 1 ABR 23/19*

Begehrt ein Betriebsrat vom Arbeitgeber die Bereitstellung von Unterlagen, ist ein anderer örtlicher Betriebsrat nicht deshalb zu beteiligen, weil er außergerichtlich vom Arbeitgeber verlangt, dies zu unterlassen. Es fehlt offenkundig an einem entsprechenden Anspruch.

Das Einsichtsrecht eines Betriebsrats in Bruttoentgeltlisten nach § 80 Abs. 2 Satz 2 Halbs. 1 BetrVG setzt die Erforderlichkeit für die Aufgabenerfüllung voraus. Für die Wahrung der unternehmenseinheitlichen Lohngerechtigkeit in Ausübung des Mitbestimmungsrechts nach § 87 Abs. 1 Nr. 10 BetrVG ist jedoch nicht der örtliche Betriebsrat, sondern der Gesamtbetriebsrat zuständig.

***BAG** 26.9.2017 – 1 ABR 27/16*

Das Einblicksrecht des Betriebsrats in die Bruttolohn- und -gehaltslisten nach § 80 Abs. 2 Satz 2 BetrVG umfasst **nicht die Befugnis, diese Listen abzuschreiben**.

Das dem Betriebsrat in § 80 Abs. 2 Satz 1 und Satz 2 1. Halbsatz BetrVG zustehende Recht auf umfassende Informationen ist in § 80 Abs. 2 Satz 2, 2. Halbsatz BetrVG nicht nur hinsichtlich der Art des Personenkreises, der sich zu unterrichten befugt ist, eingeschränkt. Das Recht „in die Listen über die Bruttolöhne und -gehälter Einsicht zu nehmen", ist nicht gleichbedeutend mit „die ... Unterlagen zur Verfügung stellen". Aus diesem unterschiedlichen Wortlaut in § 80 Abs. 2 BetrVG ist zu folgern, dass der Arbeitgeber die Bruttolohn- und -gehaltslisten **nur zur Einsichtnahme** vorzulegen braucht, jedoch **nicht** verpflichtet ist, diese an den zur Einsichtnahme Befugten auch **auszuhändigen**. Daraus ergibt sich zugleich, dass der Arbeitgeber nicht verpflichtet ist, dem Betriebsrat zur Wahrnehmung seiner Aufgaben im Rahmen seines Einblicksrechts nach § 80 Abs. 2 Satz 2, 2. Halbsatz BetrVG jeweils Fotokopien der Bruttolohn- und -gehaltslisten zeitweise zur Verfügung zu stellen.

Auch wenn die Vervielfältigung der genannten Liste nicht fotomechanisch, sondern manuell, durch Abschreiben geschehen soll, ändert das nichts daran, dass dadurch diese Unterlagen dem Antragsteller nicht nur zum Einblick vorgelegt, sondern diesem „zur Verfügung" gestellt würden. Das aber ist von dem Inhalt des § 80 Abs. 2 Satz 2, 2. Halbsatz BetrVG nicht gedeckt.

***BAG** 3.12.1981 – 6 ABR 8/80*

Der Betriebsrat ist berechtigt, die ihm erforderlich erscheinenden **Daten** aus den Bruttolohn- und -gehaltslisten zu **notieren**. Dies ist auch möglich unter Mithilfe vorbereiteter Listen zu z. B. einzelnen Kostenstellen oder z. B. zu einzelnen Arbeitnehmergruppen.
Der **Umfang der auszugsweisen Notizen** bestimmt sich danach, was der Betriebsrat bei objektiver Betrachtung aus der Sicht eines mit dem Sachverhalt vertrauten Dritten bei vernünftiger Betrachtung zur Aufgabenstellung für erforderlich halten durfte.

Das sukzessive (allmähliche) Entstehen annähernd vollständiger Lohn- und -gehaltslisten beim Betriebsrat als Folge der Notizen anlässlich **mehrfacher Einblicknahmen** über einen längeren Zeitraum ist letztlich nicht zu beanstanden.

***Hessisches LAG** 19.10.1989 – 12 TaBV 172/88 = AiB 1990, 422*

Der Betriebsrat einer Klinik kann Einsicht in die Bruttoentgeltlisten nehmen, um festzustellen, ob die Beteiligung ärztlicher Mitarbeiter an den privatärztlichen Liquidationserlösen auf einem abstrakten System beruht. In diesem Fall besteht eine ausreichende Wahrscheinlichkeit für das Eingreifen eines Mitbestimmungsrechts nach § 87 Abs. 1 Nr. 10 BetrVG auch dann, wenn der Arbeitgeber geltend macht, die Beteiligung der einzelnen Mitarbeiter an diesen Erlösen sei individuell ausgehandelt.

Gewährt der Arbeitgeber einem Betriebsratsmitglied nach § 80 Abs. 2 Satz 2 Halbs. 2 BetrVG Einsicht in die Bruttoentgeltlisten, handelt es sich um eine nach § 32 Abs. 1 BDSG zulässige Form der Datennutzung. Der Betriebsrat ist Teil der verantwortlichen Stelle i.S.d. § 3 Abs. 7 BDSG.

***BAG** 14.1.2014 – 1 ABR 54/12*

Vom Einsichtsrecht des Betriebsrats in Lohn- und Gehaltslisten gemäß § 80 Abs. 2 BetrVG ist es gedeckt, wenn er Listen vorbereitet, die nach Kostenstellen geordnet sind, die Namen, die Personalnummer, das Eintrittsdatum, die Tarifgruppe und das entsprechende Tarifeinkommen der Arbeitnehmer enthalten, und bei der Einsichtnahme seine Liste dort entsprechend ergänzt, wo das Effektivgehalt das Tarifgehalt übersteigt.

***LAG** Hamburg 7.8.1996 – 4 TaBV 4/96*

Ein **Anwesenheitsrecht des Arbeitgebers** bzw. anderer Arbeitnehmer bei der Einsichtnahme des Betriebsausschusses (bzw. in Kleinbetrieben einzelner Betriebsratsmitglieder) in die Bruttolohn- und -gehaltslisten kann weder allgemein bejaht noch verneint werden. **Dem Arbeitgeber ist** vielmehr lediglich **untersagt, bei der Einsichtnahme eine Kontrolle auszuüben. Dementsprechend dürfen bei der Einsichtnahme** lediglich **solche Personen nicht anwesend sein, die den Betriebsrat überwachen bzw. vom Arbeitgeber mit der Überwachung des Betriebsrats beauftragt sind.**

Es ist streng zwischen der Verpflichtung des Arbeitgebers, Unterlagen „zur Verfügung zu stellen“, und dem Recht des Betriebsrats in Unterlagen „Einblick zu nehmen“ zu unterscheiden. Im ersten Fall muss der Arbeitgeber die Unterlagen zumindest in Abschrift dem Betriebsrat überlassen, damit der Betriebsrat sie ohne Beisein des Arbeitgebers auswerten kann. Im zweiten Fall braucht der Arbeitgeber die Unterlagen nicht aus der Hand zu geben.
Aus dieser Unterscheidung lässt sich jedoch kein uneingeschränktes Anwesenheitsrecht des Arbeitgebers bzw. vom Arbeitgeber beauftragter Personen bei der Einsichtnahme des Betriebsrats herleiten.

Die Ausübung des Einblicksrechts darf den normalen Betriebsablauf nicht stören. Daher dürfen **Personen, die auch sonst regelmäßig in dem Raum arbeiten, in dem die Einsichtnahme zu erfolgen hat, dort weiterarbeiten.** Andererseits aber darf diese Anwesenheit nicht zu einer Überwachung des Betriebsrats benutzt werden. Arbeitet der Arbeitgeber selbst in dem Raum der Einsichtnahme, so hat er sich deshalb einer Überwachung zu enthalten. Arbeiten dort andere Arbeitnehmer, so dürfen sie vom Arbeitgeber nicht mit der Überwachung des Betriebsrats beauftragt sein.

***BAG** 16.8.1995 – 7 ABR 63/94*

Nach § 80 Abs. 2 Satz 2 BetrVG hat der Betriebsrat Anspruch auf Einblick in die **vollständige Liste aller Bruttolöhne und -gehälter**. Die Lohnlisten müssen alle Lohnbestandteile enthalten einschließlich übertariflicher Zulagen und solcher Zahlungen, die individuell unter Berücksichtigung verschiedener Umstände ausgehandelt und gezahlt werden.

***BAG** 30.6.1982 – 1 ABR 26/79; **BAG** 10.2.1987 – 1 ABR 43/84*

Besteht für die Arbeitsverhältnisse in einem Betrieb kein Tarifvertrag, ist der **Betriebsausschuss** (ggf. der **Vorsitzende des Betriebsrats** oder **dessen Stellvertreter**) gleichwohl berechtigt, in die Bruttolohn- und -gehaltslisten **aller Arbeitnehmer** mit **Ausnahme der leitenden Angestellten** Einblick zu nehmen.

Dieses Informationsrecht kann nicht dadurch beschränkt werden, dass der Arbeitgeber Angestellte nach von ihm gegebenen Richtlinien zu „**außertariflichen Angestellten**“ erklärt.

***BAG** 30.4.1981- 6 ABR 77/78*

Freiwillig gewährte Prämien gehören als Gehaltsbestandteile zu den Bruttobezügen, die dem Einblicksrecht des Betriebsrats nach § 80 Abs. 2 Satz 2 BetrVG unterliegen.

Der Begriff „**Liste**“ in § 80 Abs. 2 Satz 2 BetrVG bezieht sich auch auf in EDV-Anlagen gespeicherte Gehaltsdaten.

Die Bestimmungen des Bundesdatenschutzgesetzes stehen dem Einblicksrecht des Betriebsrats in die Bruttolohn- und -gehaltslisten nicht entgegen.

***BAG** 17.3.1983 – 6 ABR 33/80*

Das Einblicksrecht in die Listen der Bruttolöhne und -gehälter kann jederzeit also **auch ohne schlüssige Darlegung eines besonderen Anlasses**, ausgeübt werden. Etwas anderes ist auch nicht aus dem Grundsatz der vertrauensvollen Zusammenarbeit (§ 2 Abs. 1 BetrVG) herzuleiten, der gerade in § 80 Abs. 2 Satz 2, Halbsatz 2 BetrVG eine besondere gesetzliche Ausprägung erfahren hat.

Das Wort „erforderliche“ Unterlagen bezieht sich nur auf den Umfang der zur Verfügung zu stellenden Unterlagen nach § 80 Abs. 2 Satz 2 Halbsatz 1 BetrVG.

Bei **übertariflichen Entgelten** bedarf es nicht einer besonderen Darlegung des Betriebsrats, deren Zahlung beruhe auf einer kollektiven oder kollektivähnlichen Regelung.

***BAG** 28.5.1974 – 1 ABR 101/73*

Gleichzeitig ist aber das Verlangen nach einem ständigen Einblicksrecht nicht durchsetzbar:

Für die Prüfung, ob der Einleitung eines Beschlussverfahrens durch den Betriebsrat ein ordnungsgemäß gefasster Beschluss zugrunde liegt, besteht kein Anlass, wenn der Arbeitgeber dies nicht bestreitet (Rn. 13).

Der Beschluss des Betriebsrats über die Einleitung eines Verfahrens muss die streitige Frage, die einer Klärung zugeführt werden soll, erkennen lassen. Er muss den Verfahrensgegenstand aber nicht detailliert bezeichnen oder im Wortlaut mit einem beabsichtigten Antrag im Beschlussverfahren übereinstimmen (Rn. 15).

Ein Verlangen des Betriebsrats nach monatlichem Einblick in die Listen über die Bruttolöhne und -gehälter gemäß § 80 Abs. 2 Satz 2 Halbs. 2 BetrVG kann nicht allein mit der Wahrnehmung einer Überwachungsaufgabe oder eines Mitbestimmungsrechts begründet werden. Es muss vielmehr ersichtlich sein, aus welchen Gründen der Einblick im verlangten monatlichen Turnus erforderlich ist (Rn. 19 ff.).

***BAG** 29.9.2020 – 1 ABR 23/19)*

Reichen die Angaben in einer Bruttolohn- und -gehaltsliste i.S.v. § 80 Abs. 2 Halbs. 2 BetrVG nicht aus, um den Betriebsrat im erforderlichen Umfang zu unterrichten, ist der Arbeitgeber nach § 80 Abs. 2 Satz 1 BetrVG zu weitergehenden Auskünften verpflichtet.

Das Einblicksrecht des Betriebsrats nach § 80 Abs. 2 Satz 2 2. Halbs. BetrVG unterliegt den Grenzen der allgemeinen Regelung des § 80 Abs. 2 Satz 2 1. Halbs. BetrVG. Der Arbeitgeber muss deshalb Einblick nur in solche Bruttolohn- und -gehaltslisten gewähren, die er tatsächlich führt. Der Vorschrift des § 80 Abs. 2 Satz 2 2. Halbs. BetrVG lassen sich keine inhaltlichen Mindestanforderungen an eine Bruttolohn- und -gehaltsliste entnehmen.

Der Auskunftsanspruch nach § 80 Abs. 2 Satz 1 BetrVG wird im Bereich der Löhne und Gehälter nicht durch § 80 Abs. 2 Satz 2 2. Halbs. BetrVG verdrängt. Anders als das Einblicksrecht setzt er nicht voraus, dass der Arbeitgeber über die begehrten Informationen in urkundlicher Form oder in Gestalt einer elektronischen Datei bereits verfügt.

Der Anspruch aus § 80 Abs. 2 Satz 1 BetrVG kann je nach den Umständen wegen § 2 Abs. 1 BetrVG auf die schriftliche Erteilung der Auskünfte gerichtet sein Im Bereich der Löhne und Gehälter ist in diesem Fall das vom Lohnausschuss wahrzunehmende Auskunftsrecht auf ein Einblicksrecht reduziert.

Der Inhalt der vom Arbeitgeber zu erteilenden Lohn- und Gehaltsauskünfte hängt davon ab, welche Information der Betriebsrat zur Aufgabenwahrnehmung – etwa nach § 87 Abs. 1 Nr. 10 oder § 80 Abs. 1 Nr. 1 BetrVG – benötigt.

***BAG** 30.9.2008 – 1 ABR 54/07*

Vom Einblicksrecht kann auch gegen den Willen des einzelnen Arbeitnehmers Gebrauch gemacht werden, da gegenüber einem kollektiv-rechtlich begründeten Recht Individualrechte zurückzutreten haben.

***BAG** 17.2.1983 – 6 ABR 33/81; **BAG** 20.12.1988 – 1 ABR 57/87*

§ 118 Abs. 1 Satz 1 BetrVG steht dem Einblicksrecht in die Bruttolohn- und -gehaltslisten gemäß § 80 Abs. 2 Satz 2 Halbsatz 2 BetrVG dann nicht entgegen, wenn es für die in einer Abteilung des Tendenzunternehmens beschäftigten Arbeitnehmer begehrt wird, deren Tätigkeit rein technischer Natur ist (Filmsatzmontage einer Druckerei).

***BAG** 30.4.1974 – 1 ABR 33/73*

Der **Tendenzcharakter** einer staatlich anerkannten privaten Ersatzschule mit angeschlossenem Internat steht dem Einblicksrecht des Betriebsrats in die Bruttogehaltslisten der Lehrer und Erzieher nicht entgegen.

***BAG** 22.5.1979 – 1 ABR 45/77*

6. Hinzuziehung von Sachverständigen

Nach § 80 Abs. 3 BetrVG kann der Betriebsrat bei der Durchführung seiner Aufgaben nach näherer Vereinbarung mit dem Arbeitgeber Sachverständige hinzuziehen, soweit dies zur ordnungsgemäßen Erfüllung seiner Aufgaben erforderlich ist. Verweigert der Arbeitgeber eine solche Vereinbarung trotz der Erforderlichkeit der Hinzuziehung des Sachverständigen, so kann der Betriebsrat die fehlende Zustimmung des Arbeitgebers durch eine arbeitsgerichtliche Entscheidung ersetzen lassen.

Ein Rechtsanwalt kann Sachverständiger im Sinne des Gesetzes sein. Seine Heranziehung setzt voraus, dass er dem Betriebsrat spezielle Rechtskenntnisse vermitteln soll, die in der konkreten Situation, in der der Betriebsrat seine Aufgaben zu erfüllen hat, als erforderlich anzusehen sind.

Nicht erforderlich ist die Hinzuziehung eines externen Sachverständigen, wenn sich der Betriebsrat die fehlende Sachkunde kostengünstiger als durch die Beauftragung des Sachverständigen verschaffen kann.

Einem Anspruch des Betriebsrats auf Abschluss einer Vereinbarung nach § 80 Abs. 3 BetrVG kann nicht entgegengehalten werden, die Beauftragung eines Sachverständigen sei grundsätzlich nicht erforderlich, wenn der Betriebsrat seine Mitglieder stattdessen an einer Schulung nach § 37 Abs. 6 BetrVG teilnehmen lassen könne. Ein Grundsatz, dass sich ein Betriebsrat zunächst das „Rüstzeug" für die Wahrnehmung seiner Aufgaben durch Schulungen seiner Mitglieder verschaffen muss, bevor er einen Sachverständigen hinzuziehen kann, entspricht nicht den unterschiedlichen Funktionen der beiden Regelungen.

Der Betriebsrat kann gegen den Willen des Arbeitgebers die Zuziehung eines Rechtsanwalts als Sachverständiger nach § 80 Abs. 3 BetrVG nicht in Fällen beanspruchen, in denen zwischen den Betriebsparteien ein konkreter Streit über das Bestehen und den Umfang von Mitbestimmungsrechten hinsichtlich eines bestimmten Regelungsgegenstands besteht. Vielmehr ist in einer solchen Situation der betriebsverfassungsrechtlich für den Betriebsrat vorgesehene Weg die ihm durch § 40 Abs. 1 BetrVG eröffnete Beauftragung eines Rechtsanwalts, der im Rahmen eines solchen Mandats zunächst das Bestehen und den Umfang des in Betracht kommenden Mitbestimmungsrechts prüft. Dadurch wird regelmäßig dem berechtigten Interesse des Betriebsrats an der Klärung einer zwischen ihm und dem Arbeitgeber streitigen betriebsverfassungsrechtlichen Frage weniger zeitaufwändig, effizienter und in der Regel auch kostensparender Rechnung getragen.

***BAG** 25.6.2014 – 7 ABR 70/12*

> Kosten für die Hinzuziehung eines Sachverständigen sind vom Arbeitgeber nur zu tragen, wenn die Vereinbarung darüber **zuvor** zustande gekommen oder arbeitsgerichtlich ersetzt ist.
>
> ***BAG** 25.4.1978 – 6 ABR 9/75*

Der Betriebsrat hat bei der Verwendung vom Arbeitgeber gestellter Formulararbeitsverträge ein Überwachungsrecht nach § 80 Abs. 1 Nr. 1 BetrVG auf die Vereinbarkeit der Vertragsklauseln mit den Normen des Nachweisgesetzes und den Vorschriften des Rechts der Allgemeinen Geschäftsbedingungen. Das Überwachungsrecht besteht aus einer Rechtskontrolle. Es ist auf die Prüfung beschränkt, ob nach Einschätzung eines objektiven Dritten eine überwiegende Wahrscheinlichkeit dafür spricht, dass die verwandten Vertragsklauseln den Anforderungen genügen, die nach dem Gesetz und der dazu ergangenen höchstrichterlichen Rechtsprechung gestellt werden.

Der Betriebsrat kann zur Durchführung seiner vorstehenden Aufgabe einen Sachverständigen hinzuziehen, wenn die Voraussetzungen des § 80 Abs. 3 BetrVG erfüllt sind. Der Betriebsrat muss vor der Hinzuziehung eines Sachverständigen zunächst versuchen, die **innerbetrieblichen Erkenntnisquellen** zu erschließen, um sich das erforderliche Fachwissen anzueignen. Zu den innerbetrieblichen Erkenntnisquellen zählt auch die Wissensvermittlung durch die vom Arbeitgeber zur Verfügung gestellten Arbeitnehmer.

Für die Überwachung der sich für den Arbeitgeber aus dem Nachweisgesetz ergebenden Vorgaben ist die Hinzuziehung eines Sachverständigen regelmäßig nicht erforderlich, wenn der Arbeitgeber den Nachweis durch Formulararbeitsverträge erbringt.

***BAG** 16.11.2005 – 7 ABR 12/05*

Die Hinzuziehung eines Sachverständigen durch den Betriebsrat setzt voraus, dass dieser dem Betriebsrat fehlende Fachkenntnisse vermitteln soll, die dieser zur Wahrnehmung einer **konkreten Aufgabe nach dem BetrVG** benötigt. Das folgt daraus, dass der Betriebsrat erst „bei der Durchführung seiner Aufgaben" einen Sachverständigen hinzuziehen kann. Aufgabe des Sachverständigen ist es nicht, dem Betriebsrat fehlende Fachkenntnisse in bestimmten Angelegenheiten generell und auf Vorrat zu vermitteln. Dem Erwerb solcher erforderlicher oder geeigneter Kenntnisse für die Tätigkeit des Betriebsrats dienen die Schulungsansprüche des Betriebsrats und der Betriebsratsmitglieder nach § 37 Abs. 6 oder Abs. 7 BetrVG.

***BAG** 25.7.1989 – 1 ABR 41/88*

Die Hinzuziehung des Sachverständigen kommt nicht nur in Betracht, wenn ein Beteiligungsrecht des Betriebsrats feststeht, sondern auch bereits zur Prüfung der Frage, **ob** ein Beteiligungsrecht vorliegen kann.

***BAG** 6.12.1983 – 1 ABR 43/81*

Die Hinzuziehung eines Sachverständigen durch den Betriebsrat bedarf der **vorherigen** (= zeitlich) näheren Vereinbarung gemäß § 80 Abs. 3 Satz 1 BetrVG auch dann, wenn der Sachverständige in der **Betriebsversammlung ein Referat** halten soll; ohne solche Vereinbarung sind die Kosten für den Sachverständigen nicht vom Arbeitgeber zu tragen.

In der nach § 80 Abs. 3 Satz 1 BetrVG erforderlichen näheren Vereinbarung sind das **Thema**, zu dessen Klärung der Sachverständige hinzugezogen werden soll, die **voraussichtlichen Kosten** seiner Hinzuziehung und insbesondere die **Person** des **Sachverständigen** festzulegen.

Kommt es nicht zur näheren Vereinbarung über die Hinzuziehung des Sachverständigen, so kann der Betriebsrat eine arbeitsgerichtliche Entscheidung darüber herbeiführen. **Wird einem solchen Antrag stattgegeben, so darf der Betriebsrat nach Eintritt der Rechtskraft des Beschlusses den Sachverständigen hinzuziehen.**

***BAG** 19.4.1989 – 7 ABR 87/87*

Hat der Arbeitgeber seine Unterrichtungspflicht erfüllt, gebietet es der Grundsatz der vertrauensvollen Zusammenarbeit und der Grundsatz der Verhältnismäßigkeit, dass der Betriebsrat, wenn er seine betriebsverfassungsrechtlichen Aufgaben trotz der erhaltenen Informationen tatsächlich und/oder rechtlich nicht sachgerecht wahrnehmen kann, sich vor Hinzuziehung eines Sachverständigen selbst weiter informiert (z. B. in der Fachliteratur).

***BAG** 4.6.1987 – 6 ABR 63/85*

Der Betriebsrat kann die Hinzuziehung eines Sachverständigen gemäß § 80 Abs. 3 BetrVG zur Beurteilung der technischen Funktions- und betrieblichen Arbeitsweise von elektronischen Datenverarbeitungsanlagen und deren Möglichkeit von Leistungs- und Verhaltenskontrollen der Arbeitnehmer nicht verlangen, wenn er es grundsätzlich ablehnt, sich der ihm vom Arbeitgeber angebotenen betrieblichen Informationsquellen zu bedienen und sich z. B. durch die Mitarbeiter der EDV-Abteilung des Betriebs unterrichten und informieren zu lassen. **Die Hinzuziehung betriebsfremder Sachverständiger kommt grundsätzlich erst dann in Betracht, wenn die betriebsinternen Informationsquellen ausgeschöpft sind.**

***BAG** 4.6.1987 – 6 ABR 63/85*

Das Bundesdatenschutzgesetz ist ein zugunsten der Arbeitnehmer geltendes Gesetz i.S.d. § 80 Abs. 1 Nr. 1 BetrVG.

Der Arbeitgeber ist nach § 80 Abs. 2 Satz 1 BetrVG verpflichtet, den Betriebsrat umfassend über **alle Formen der Verarbeitung personenbezogener Daten** der Arbeitnehmer zu unterrichten. Darauf, ob diese Datenverarbeitung gegen Vorschriften des Bundesdatenschutzgesetzes verstößt oder Mitbestimmungsrechte des Betriebsrats auslöst, kommt es nicht an.

Die Unterrichtungspflicht des Arbeitgebers entfällt nicht dadurch, dass die Datenverarbeitung nicht im Betrieb selbst, sondern bei einem anderen Unternehmen einer Unternehmensgruppe erfolgt.

Erst wenn der Arbeitgeber den Betriebsrat abschließend unterrichtet hat, kann sich die Frage stellen, ob die Hinzuziehung eines Sachverständigen erforderlich ist, um dem Betriebsrat die gegebenen Auskünfte verständlich zu machen. Ob mit einer solchen Aufgabe ein Sachverständiger vom Betriebsrat betraut werden kann, bleibt unentschieden.

***BAG** 17.3.1987 – 1 ABR 59/85*

Es gilt der Grundsatz: Sachverständiger kann jede Person sein, die über die im Rahmen der jeweiligen Betriebsratstätigkeit erforderlichen Kenntnisse verfügt.

Keine Sachverständigen i.S.d. § 80 Abs. 3 BetrVG sind Auskunftspersonen im Rahmen ihrer beruflichen Verpflichtungen, wie Werksärzte, Mitarbeiter von Berufsgenossenschaften, Gewerbeaufsicht u. ä.

Gewerkschaftssekretäre können Sachverständige sein, soweit ihre Tätigkeit über die ihnen ohnehin obliegende Unterstützungsfunktion bei Sitzungen und Versammlungen hinausgeht.

***LAG** Berlin 2.3.1989 – 14 TaBV 5/88*

Um die Tätigkeit eines **Sachverständigen** i.S.d. § 80 Abs. 3 BetrVG handelt es sich auch, wenn die sachverständige Person ihre Sachkunde **nicht neutral**, sondern an den **Interessen des Betriebsrats** ausgerichtet zur Verfügung stellt.

***BAG** 26.2.1992 – 7 ABR 51/90*

Will der Betriebsrat seinen Anspruch auf Freistellung von den Kosten, die durch die Hinzuziehung eines Sachverständigen (Rechtsanwalts) nach § 80 Abs. 3 BetrVG entstanden sind, an den Sachverständigen abtreten, so bedarf es dazu eines entsprechenden Betriebsratsbeschlusses. Fehlt der Beschluss, erwirbt der Sachverständige keine unmittelbar gegen den Arbeitgeber durchsetzbare Forderung.

Der Freistellungsanspruch betreffend die Kosten des Sachverständigen wandelt sich mit der ordnungsgemäß beschlossenen Abtretung in einen Zahlungsanspruch.

***BAG** 13.5.1998 – 7 ABR 65/96*

Verliert der Sachverständige das Vertrauen des Betriebsrats, kann er durch einen anderen ersetzt werden.

***LAG** Baden-Württemberg 22.11.1985 – 5 TaBV 5/85*

Der Betriebsrat kann einen Sachverständigen auch bei Widerstand des Arbeitgebers mittels einer **einstweiligen Verfügung** durchsetzen.

***LAG** Hamm 15.3.1994 – 13 TaBV 16/94 = AiB 1994, 423*

Der Arbeitgeber hat gemäß § 20 Abs. 3 BetrVG die Kosten für die Beratung eines Wahlvorstands durch einen Rechtsanwalt zu tragen; wenn der Wahlvorstand darüber mit dem Arbeitgeber zuvor eine Vereinbarung getroffen hat. § 80 Abs. 3 BetrVG findet auf die Hinzuziehung eines Sachverständigen durch den Wahlvorstand entsprechende .Anwendung.

Durch das Erfordernis einer Vereinbarung, die zumindest den Gegenstand der gutachterlichen Tätigkeit, die Person des Sachverständigen und die Vergütung umfasst, wird dem Arbeitgeber im Hinblick auf die von ihm zu tragenden Kosten die Möglichkeit eröffnet, Einwendungen gegen die Beauftragung eines Sachverständigen; oder gegen den Umfang des Auftrags zu erheben oder seinen Sachverstand bzw. eigene sachkundige Personen zur Beratung des Wahlvorstands anzubieten.

Verweigert der Arbeitgeber eine solche Vereinbarung trotz der Erforderlichkeit der Hinzuziehung eines Sachverständigen, so kann der Wahlvorstand die fehlende Zustimmung des Arbeitgebers durch eine arbeitsgerichtliche Entscheidung ersetzen lassen.

***BAG** 11.11.2009 – 7 ABR 26/08*

Mitwirkungs- und Beschwerderecht, Vorschlagsrecht des Arbeitnehmers (§§ 81 – 86 a BetrVG)

Gesetzestext

§ 81 Unterrichtungs- und Erörterungspflicht des Arbeitgebers

(1) [1]Der Arbeitgeber hat den Arbeitnehmer über dessen Aufgabe und Verantwortung sowie über die Art seiner Tätigkeit und ihre Einordnung in den Arbeitsablauf des Betriebs zu unterrichten. [2]Er hat den Arbeitnehmer vor Beginn der Beschäftigung über die Unfall- und Gesundheitsgefahren, denen dieser bei der Beschäftigung ausgesetzt ist, sowie über die Maßnahmen und Einrichtungen zur Abwendung dieser Gefahren und die nach § 10 Abs. 2 des Arbeitsschutzgesetzes getroffenen Maßnahmen zu belehren.

(2) Über Veränderungen in seinem Arbeitsbereich ist der Arbeitnehmer rechtzeitig zu unterrichten. Absatz 1 gilt entsprechend.

(3) In Betrieben, in denen kein Betriebsrat besteht, hat der Arbeitgeber die Arbeitnehmer zu allen Maßnahmen zu hören, die Auswirkungen auf Sicherheit und Gesundheit der Arbeitnehmer haben können.

(4) [1]Der Arbeitgeber hat den Arbeitnehmer über die aufgrund einer Planung von technischen Anlagen, von Arbeitsverfahren und Arbeitsabläufen oder der Arbeitsplätze vorgesehenen Maßnahmen und ihre Auswirkungen auf seinen Arbeitsplatz, die Arbeitsumgebung sowie auf Inhalt und Art seiner Tätigkeit zu unterrichten. [2]Sobald feststeht, dass sich die Tätigkeit des Arbeitnehmers ändern wird und seine beruflichen Kenntnisse und Fähigkeiten zur Erfüllung seiner Aufgaben nicht ausreichen, hat der Arbeitgeber mit dem Arbeitnehmer zu erörtern, wie dessen berufliche Kenntnisse und Fähigkeiten im Rahmen der betrieblichen Möglichkeiten den künftigen Anforderungen angepasst werden können. [3]Der Arbeitnehmer kann bei der Erörterung ein Mitglied des Betriebsrats hinzuziehen.

§ 82 Anhörungs- und Erörterungsrecht des Arbeitnehmers

(1) [1]Der Arbeitnehmer hat das Recht, in betrieblichen Angelegenheiten, die seine Person betreffen, von den nach Maßgabe des organisatorischen Aufbaus des Betriebs hierfür zuständigen Personen gehört zu werden. [2]Er ist berechtigt, zu Maßnahmen des Arbeitgebers, die ihn betreffen, Stellung zu nehmen sowie Vorschläge für die Gestaltung des Arbeitsplatzes und des Arbeitsablaufs zu machen.

(2) [1]Der Arbeitnehmer kann verlangen, dass ihm die Berechnung und Zusammensetzung seines Arbeitsentgelts erläutert und dass mit ihm die Beurteilung seiner Leistungen sowie die Möglichkeiten seiner beruflichen Entwicklung im Betrieb erörtert werden. [2]Er kann ein Mitglied des Betriebsrats hinzuziehen. [3]Das Mitglied des Betriebsrats hat über den Inhalt dieser Verhandlungen Stillschweigen zu bewahren, soweit es vom Arbeitnehmer im Einzelfall nicht von dieser Verpflichtung entbunden wird.

§ 83 Einsicht in die Personalakten

(1) [1]Der Arbeitnehmer hat das Recht, in die über ihn geführten Personalakten Einsicht zu nehmen. [2]Er kann hierzu ein Mitglied des Betriebsrats hinzuziehen. [3]Das Mitglied des Betriebsrats hat über den Inhalt der Personalakte Stillschweigen zu bewahren, soweit es vom Arbeitnehmer im Einzelfall nicht von dieser Verpflichtung entbunden wird.

(2) Erklärungen des Arbeitnehmers zum Inhalt der Personalakte sind dieser auf sein Verlangen beizufügen.

§ 84 Beschwerderecht

(1) [1]Jeder Arbeitnehmer hat das Recht, sich bei den zuständigen Stellen des Betriebs zu beschweren, wenn er sich vom Arbeitgeber oder von Arbeitnehmern des Betriebs benachteiligt oder ungerecht behandelt oder in sonstiger Weise beeinträchtigt fühlt. [2]Er kann ein Mitglied des Betriebsrats zur Unterstützung oder Vermittlung hinzuziehen.

(2) Der Arbeitgeber hat den Arbeitnehmer über die Behandlung der Beschwerde zu bescheiden und, soweit er die Beschwerde für berechtigt erachtet, ihr abzuhelfen.

(3) Wegen der Erhebung einer Beschwerde dürfen dem Arbeitnehmer keine Nachteile entstehen.

§ 85 Behandlung von Beschwerden durch den Betriebsrat

(1) Der Betriebsrat hat Beschwerden von Arbeitnehmern entgegenzunehmen und, falls er sie für berechtigt erachtet, beim Arbeitgeber auf Abhilfe hinzuwirken.

(2) [1]Bestehen zwischen Betriebsrat und Arbeitgeber Meinungsverschiedenheiten über die Berechtigung der Beschwerde, so kann der Betriebsrat die Einigungsstelle anrufen. [2]Der Spruch der Einigungsstelle ersetzt die Einigung zwischen Arbeitgeber und Betriebsrat. [3]Dies gilt nicht, soweit Gegenstand der Beschwerde ein Rechtsanspruch ist.

(3) [1]Der Arbeitgeber hat den Betriebsrat über die Behandlung der Beschwerde zu unterrichten. [2]§ 84 Abs. 2 bleibt unberührt.

§ 86 Ergänzende Vereinbarungen

[1]Durch Tarifvertrag oder Betriebsvereinbarung können die Einzelheiten des Beschwerdeverfahrens geregelt werden. [2]Hierbei kann bestimmt werden, dass in den Fällen des § 85 Abs. 2 an die Stelle der Einigungsstelle eine betriebliche Beschwerdestelle tritt.

§ 86a Vorschlagsrecht der Arbeitnehmer

[1]Jeder Arbeitnehmer hat das Recht, dem Betriebsrat Themen zur Beratung vorzuschlagen. [2]Wird ein Vorschlag von mindestens 5 vom Hundert der Arbeitnehmer des Betriebs unterstützt, hat der Betriebsrat diesen innerhalb von zwei Monaten auf die Tagesordnung einer Betriebsratssitzung zu setzen.

1. Unterrichtungs- und Erörterungspflicht des Arbeitgebers (§ 81 BetrVG)[43]

Der Einsatz von Personalcomputern am Arbeitsplatz verändert die Tätigkeit des Arbeitnehmers, denn er muss seine Arbeitsaufgabe nunmehr mit Hilfe des Personalcomputers verrichten. Hat er keine Kenntnisse und Erfahrungen damit, reichen seine beruflichen Kenntnisse und Fertigkeiten zur Erfüllung seiner Aufgaben nicht mehr aus, so dass der Arbeitgeber mit dem Arbeitnehmer nach § 81 Abs. 3 **Satz** 2 BetrVG erörtern muss, wie dessen **berufliche Kenntnisse und Fertigkeiten** im Rahmen der betrieblichen Möglichkeiten den künftigen Anforderungen angepasst werden können. Das können eine **betriebliche** oder **außerbetriebliche Berufsbildungsmaßnahme** oder sonstige Maßnahmen (z. B. Eigenstudium des Arbeitnehmers) **sein**. Der Gesetzgeber geht also davon aus, dass im Falle des § 81 Abs. 4 **Satz** 2 BetrVG eine Anpassung der beruflichen Kenntnisse und Fähigkeiten, also eine berufliche Fortbildung erforderlich ist und eine Unterrichtung i.S.d. § 81 Abs. 1 BetrVG nicht genügt.

***BAG** 23.4.1991 – 1 ABR 49/90*

Die – mitbestimmungsfreie – Unterrichtungspflicht des Arbeitgebers nach § 81 Abs. 1 BetrVG erschöpft sich in der Einweisung eines Arbeitnehmers an einem konkreten Arbeitsplatz. **Die Einweisung setzt voraus, dass der Arbeitnehmer die für die Ausübung der Tätigkeit an diesem Arbeitsplatz erforderlichen beruflichen Kenntnisse und Erfahrungen besitzt.**

***BAG** 23.4.1991 – 1 ABR 49/90*

Nach § 98 BetrVG sind unter Berufsbildung **interne** und **externe betriebliche Schulungsmaßnahmen** zu verstehen, die der Fort- und Weiterbildung dienen. Im Sinne von § 98 BetrVG sind Maßnahmen der betrieblichen Berufsbildung auch Lehrgänge, die den Arbeitnehmern die für die Ausfüllung ihres Arbeitsplatzes und ihrer beruflichen Tätigkeit notwendigen Kenntnisse und Fähigkeiten verschaffen sollen.

Einbezogen sind damit alle Maßnahmen, die über die – mitbestimmungsfreie – Unterrichtung des Arbeitnehmers, über dessen Aufgaben und Verantwortung, über die Art seiner Tätigkeit und ihrer Einordnung in den Arbeitsablauf des Betriebs sowie über die Unfall- und Gesundheitsgefahren und die Maßnahmen und Einrichtungen zur Abwendung dieser Gefahren i.S.d. § 81 BetrVG hinausgehen, indem sie dem Arbeitnehmer gezielt Kenntnisse und **Erfahrungen vermitteln**, die ihn zur Ausübung einer bestimmten Tätigkeit **erst befähigen**.

Die Unterrichtungspflicht des Arbeitgebers nach § 81 BetrVG bezieht sich dagegen auf den Einsatz an einem konkreten Arbeitsplatz. Dieser Einsatz setzt voraus, dass der Arbeitnehmer die für die Ausübung „seiner Tätigkeit" an diesem Arbeitsplatz erforderlichen beruflichen Kenntnisse und Erfahrungen schon besitzt. Nur auf der Grundlage dieser Kenntnisse und Erfahrungen kann dem Arbeitnehmer seine Tätigkeit im Betrieb zugewiesen werden, über deren konkrete Ausübung unter Einsatz seiner Kenntnisse und Erfahrungen er dann nach § 81 BetrVG zu unterrichten ist.

***BAG** 10.2.1988 – 1 ABR 39/86*

Die Unterrichtung und Unterweisung eines/einer ausländischen Arbeitnehmers/Arbeitnehmerin am Arbeitsplatz nach § 20 GefahrStVO, bzw. § 81 BetrVG hat in dessen/deren **Landessprache** zu erfolgen, wenn nicht garantiert ist, dass er/sie auf Deutsch auch komplizierte technische Vorgänge zweifelsfrei verstehen kann.

***LAG** Baden-Württemberg 1.12.1989 – 5 Sa 55/89 = AiB 1990, 313*

Die gesetzlichen Unterrichtungspflichten des Arbeitgebers bestehen auch im Arbeitskampf. Arbeitskampfbedingte Einstellungen und Versetzungen bedürfen ebenso wenig der Zustimmung des Betriebsrats wie arbeitskampfbedingte Veränderungen der Arbeitszeit. Die gesetzlichen Unterrichtungspflichten des Arbeitgebers sind jedoch regelmäßig nicht geeignet, Abwehrmaßnahmen der hier in Rede stehenden Art nennenswert zu beeinträchtigen. Die Arbeitskampffreiheit des Arbeitgebers gebietet dann keine Einschränkung der gesetzlichen Informationsansprüche des Betriebsrats. Im Übrigen bedarf der Betriebsrat der entsprechenden Informationen, um etwa die Einhaltung der auch während des Arbeitskampfes geltenden gesetzlichen Arbeitszeitregelungen zu überwachen und zu erkennen, ob eine bestimmte Maßnahme des Arbeitgebers tatsächlich arbeitskampfbedingt ist oder der Mitbestimmung unterliegt.

***BAG** 10.12.2002 – 1 ABR 7/02*

2. Anhörungs- und Erörterungsrecht des Arbeitnehmers (§ 82 BetrVG)

Führt ein Arbeitgeber nach von ihm aufgestellten Verfahrensrichtlinien **so genannte Beratungs- und Förderungsgespräche** mit den Arbeitnehmern seines Betriebs durch, ist der zu einem solchen Gespräch eingeladene **Arbeitnehmer berechtigt, ein Mitglied des Betriebsrats hinzuziehen**, soweit in diesem Gespräch in **§ 82 Abs. 2 Satz 1 BetrVG** genannte **Themen** (Berechnung und Zusammensetzung des Arbeitsentgelts, Beurteilung aller Leistungen, Möglichkeiten der beruflichen Entwicklung) **erörtert werden**. § 82 Abs. 2 BetrVG eröffnet dem Arbeitnehmer zwingend die darin aufgeführten Rechte, wann immer die darin genannten Themen ihrem Inhalt nach mit dem Arbeitnehmer erörtert werden. **Das Recht nach § 82 Abs. 2 BetrVG steht dem Arbeitnehmer unabhängig davon zu, ob das Beurteilungsgespräch auf sein Betreiben hin zustande kommt.** Entscheidend ist allein der Inhalt des Gesprächs.

***BAG** 24.4.1979 – 6 AZR 69/77*

Siehe aber auch:

Eine Regelung in einer Betriebsvereinbarung, nach der ein Arbeitgeber zu einem Personalgespräch, das er mit einem Arbeitnehmer führt, bevor er aufgrund eines diesem vorgeworfenen Fehlverhaltens eine arbeitsrechtliche Maßnahme ergreift, gleichzeitig auch den Betriebsrat zu laden hat, ist nach § 75 Abs. 2 BetrVG unwirksam. Dies gilt auch, soweit der Arbeitnehmer berechtigt ist, im Nachhinein die Gesprächsteilnahme eines vom Betriebsrat auszuwählenden Mitglieds abzulehnen (Rn. 18 ff.).

Die Regelungen in § 81 Abs. 4 Satz 3 und § 82 Abs. 2 Satz 2 BetrVG zeigen, dass der mit der Gesprächsteilnahme des Betriebsratsmitglieds beabsichtigte Schutz des Arbeitnehmers bei der Führung eines obligatorischen Personalgesprächs bereits dann gewährleistet ist, wenn ihm ein Recht auf Hinzuziehung eines von ihm zu bestimmenden Betriebsratsmitglieds eingeräumt und er hierauf in der Einladung zum Gespräch hingewiesen wird (Rn. 27).

Die Betriebsparteien können nicht wirksam vereinbaren, dass bei einem Streit über den Inhalt oder die Wirksamkeit von Regelungen einer Betriebsvereinbarung vor Anrufung der Gerichte für Arbeitssachen zunächst eine paritätisch besetzte Kommission eine Mehrheitsentscheidung zu treffen hat, wenn sie keinen Konfliktlösungsmechanismus für den Fall vorsehen, dass die Kommission nicht zu einer Mehrheitsentscheidung gelangt (Rn. 17).

***BAG** 11.12.2018 – 1 ABR 12/17*

Unterlässt es der Arbeitgeber pflichtwidrig, dem Arbeitnehmer Umstände mitzuteilen, die diesen zur Einhaltung einer tariflichen Ausschlussfrist veranlasst hätten, steht dem Berufen des Arbeitgebers auf die Ausschlussfrist der Einwand der unzulässigen Rechtsausübung entgegen.

Im Arbeitsverhältnis hat aufgrund der im Zivilrecht geltenden Privatautonomie jede Partei grundsätzlich selbst für die Wahrnehmung ihrer Interessen zu sorgen. Der Arbeitgeber ist darum nicht verpflichtet, den Arbeitnehmer auf tarifliche Änderungen hinzuweisen. Erteilt ein Arbeitgeber gleichwohl Informationen über die Auswirkungen einer Tarifänderung auf das Arbeitsverhältnis und sind diese Informationen unvollständig, so dass der Arbeitnehmer die tarifliche Ausschlussfrist versäumt, darf sich der Arbeitgeber auf den Verfall des Anspruchs berufen. Es fehlt an einem pflichtwidrigen Unterlassen und damit an der Voraussetzung für ein rechtsmissbräuchliches Berufen auf die Ausschlussfrist.

Erteilt der Arbeitgeber Auskünfte, müssen diese richtig, eindeutig und vollständig sein. Der Arbeitgeber haftet dem Arbeitnehmer deshalb gemäß § 241 Abs. 2 i.V.m. § 280 Abs. 1 BGB für Schäden, für die eine von ihm schuldhaft erteilte fehlerhafte Auskunft ursächlich war.

Eine Auskunft, die zu einem Schadenersatzanspruch führen kann, liegt nur vor, wenn der Arbeitgeber den Arbeitnehmer entweder auf dessen ausdrückliches Verlangen nach Information falsch informiert oder wenn er im Rahmen von Vertragsverhandlungen, die der Arbeitgeber initiiert hat, den Arbeitnehmer falsch berät.

---

[43] vgl. Stichwort: „§§ 96 – 98 BetrVG, Berufsbildung und betriebliche Bildungsmaßnahmen", S. 270

Eine fehlerhaft erteilte Auskunft des Arbeitgebers hat unterschiedliche Folgen für den Verfall des Anspruchs und eine schadenersatzrechtliche Haftung des Arbeitgebers, weil sich die Risikoverteilung insoweit unterscheidet. Verlässt sich der Arbeitnehmer auf eine fehlerhafte Auskunft des Arbeitgebers, fällt dies hinsichtlich der Wahrung der Ausschlussfrist ausschließlich in seine Risikosphäre. Der Arbeitgeber kann sich darauf einstellen, diesen Anspruch nicht erfüllen zu müssen. Erteilt der Arbeitgeber dagegen auf ein vom Arbeitnehmer offenbarten Informationsbedürfnis Auskunft, verlangt § 280 Abs. 1 BGB als Haftungstatbestand das Risiko, dass die erteilte Auskunft inhaltlich zutrifft, in die Risikosphäre des Arbeitgebers. Dieser haftet schadensersatzrechtlich für die Richtigkeit seiner Auskunft.

***BAG** 15.12.2016 – 6 AZR 578/15*

Das in § 82 Abs. 2 Satz 1 BetrVG geregelte Recht, mit dem Arbeitgeber die dort genannten Themen zu erörtern, betrifft nur das Verhältnis zwischen Arbeitgeber und einzelnen Arbeitnehmern. Die in § 82 Abs. 2 Satz 2 BetrVG eröffnete Unterstützungsmöglichkeit des Arbeitnehmers durch ein Betriebsratsmitglied seines Vertrauens dient damit allein einem Individualrecht des Arbeitnehmers. Das Betriebsratsmitglied soll **auf Wunsch des Arbeitnehmers** teilnehmen, um diesem bei der Vorbereitung und Durchführung des Beurteilungsgesprächs beratend zur Seite zu stehen. Dabei kann es für den Arbeitnehmer im Einzelfall darauf ankommen, ein intellektuelles Übergewicht des Arbeitgebers auszugleichen, **indem das Betriebsratsmitglied aktiv in das Gespräch durch Vorschläge und Fragestellungen selbst eingreift** oder nur als Zeuge des Arbeitnehmers bei der Unterredung zugegen ist. Der Befugnis des Arbeitnehmers, ein Betriebsratsmitglied zu einem Gespräch nach § 82 Abs. 2 Satz 1 BetrVG hinzuziehen, entspricht jedoch **kein Anspruch des einzelnen Betriebsratsmitglieds** gegenüber dem Arbeitgeber, das von dem Betriebsratsmitglied selbständig geltend gemacht werden könnte.

***BAG** 23.2.1984 – 6 ABR 22/81*

Bei Personalgesprächen über den Abschluss eines Aufhebungsvertrages kann sich ein Anspruch des Arbeitnehmers auf Hinzuziehung eines Betriebsratsmitglieds aus § 82 Abs. 2 Satz 2 BetrVG ergeben. Dies gilt jedoch nicht in allen denkbaren Fallgestaltungen. Vielmehr kommt es auf die Umstände des Einzelfalls an. Ein uneingeschränkt auf die Feststellung eines entsprechenden Hinzuziehungsrechts gerichteter Globalantrag ist daher als unbegründet abzuweisen.

Der sich aus § 82 Abs. 2 Satz 2 BetrVG ergebende Anspruch des Arbeitnehmers auf Hinzuziehung eines Betriebsratsmitglieds zu einem Personalgespräch begründet für den Arbeitgeber eine entsprechende Verpflichtung aus dem Betriebsverfassungsgesetz, bei deren grober Verletzung der Betriebsrat im Wege der Prozessstandschaft nach § 23 Abs. 3 Satz 1 BetrVG vorgehen kann.

Jedenfalls dann, wenn der Betriebsrat einen Unterlassungsanspruch nach § 23 Abs. 3 Satz 1 BetrVG deshalb nicht verfolgen kann, weil das Bestehen der Verpflichtung des Arbeitgebers noch ungeklärt ist und es schon aus diesem Grund an einer „groben" Pflichtverletzung fehlt, kann der Betriebsrat das Bestehen dieser Pflicht mit Hilfe eines Feststellungsantrags gerichtlich klären lassen, um im Wiederholungsfall nach § 23 Abs. 3 Satz 1 BetrVG vorgehen zu können.

***BAG** 16.11.2004 – 1 ABR 53/03 = NZA 2005, 416*

Einem Arbeitnehmer ist es grundsätzlich verwehrt, zu einem Gespräch mit seinem Arbeitgeber ein aufnahmebereites **Tonbandgerät heimlich** mit sich zu führen.

Die sich hier dokumentierende Bekundung des Misstrauens gegenüber dem Arbeitgeber schließt eine künftige gedeihliche Zusammenarbeit eigentlich aus und kann auch eine außerordentliche fristlose Kündigung rechtfertigen.

Die Sicherung dessen, was tatsächlich besprochen wurde, kann der Arbeitnehmer dadurch erreichen, dass er eine Person seiner Wahl hinzuzieht (Betriebsratsmitglied, Anwalt etc.). Hierauf muss sich der Arbeitgeber auch bei innerbetrieblichen Gesprächen einlassen, wenn er selbst eine dritte Person zum Gespräch heranzieht.

***LAG** Rheinland-Pfalz 18.9.1996 – 2 Sa 253/96 = NZA 1997, 826*

Unterlässt es der Arbeitgeber pflichtwidrig, dem Arbeitnehmer Umstände mitzuteilen, die diesen zur Einhaltung einer tariflichen Ausschlussfrist veranlasst hätten, steht dem Berufen des Arbeitgebers auf die Ausschlussfrist der Einwand der unzulässigen Rechtsausübung entgegen.

Im Arbeitsverhältnis hat aufgrund der im Zivilrecht geltenden Privatautonomie jede Partei grundsätzlich selbst für die Wahrnehmung ihrer Interessen zu sorgen. Der Arbeitgeber ist darum nicht verpflichtet, den Arbeitnehmer auf tarifliche Änderungen hinzuweisen. Erteilt ein Arbeitgeber gleichwohl Informationen über die Auswirkungen einer Tarifänderung auf das Arbeitsverhältnis und sind diese Informationen unvollständig, so dass der Arbeitnehmer die tarifliche Ausschlussfrist versäumt, darf sich der Arbeitgeber auf den Verfall des Anspruchs berufen. Es fehlt an einem pflichtwidrigen Unterlassen und damit an der Voraussetzung für ein rechtsmissbräuchliches Berufen auf die Ausschlussfrist.

Erteilt der Arbeitgeber Auskünfte, müssen diese richtig, eindeutig und vollständig sein. Der Arbeitgeber haftet dem Arbeitnehmer deshalb gemäß § 241 Abs. 2 i.V.m. § 280 Abs. 1 BGB für Schäden, für die eine von ihm schuldhaft erteilte fehlerhafte Auskunft ursächlich war.

Eine Auskunft, die zu einem Schadenersatzanspruch führen kann, liegt nur vor, wenn der Arbeitgeber den Arbeitnehmer entweder auf dessen ausdrückliches Verlangen nach Information falsch informiert oder wenn er im Rahmen von Vertragsverhandlungen, die der Arbeitgeber initiiert hat, den Arbeitnehmer falsch berät.

Eine fehlerhaft erteilte Auskunft des Arbeitgebers hat unterschiedliche Folgen für den Verfall des Anspruchs und eine schadenersatzrechtliche Haftung des Arbeitgebers, weil sich die Risikoverteilung insoweit unterscheidet. Verlässt sich der Arbeitnehmer auf eine fehlerhafte Auskunft des Arbeitgebers, fällt dies hinsichtlich der Wahrung der Ausschlussfrist ausschließlich in seine Risikosphäre. Der Arbeitgeber kann sich darauf einstellen, diesen Anspruch nicht erfüllen zu müssen. Erteilt der Arbeitgeber dagegen auf ein vom Arbeitnehmer offenbartes Informationsbedürfnis Auskunft, verlagert § 280 Abs. 1 BGB als Haftungstatbestand das Risiko, dass die erteilte Auskunft inhaltlich zutrifft, in die Risikosphäre des Arbeitgebers. Dieser haftet schadensersatzrechtlich für die Richtigkeit seiner Auskunft.

***BAG** 21.5.2015 – 6 AZR 349/14*

Hinweis für die Praxis

Der Betriebsrat ist zwar nicht zur Rechtsberatung der einzelnen Arbeitnehmer berechtigt. Allerdings ist immer wieder zu beobachten, dass Mitarbeitern tarifliche oder vertragliche Ansprüche verfallen, weil sie zu spät an vereinbarte Ausschlussfristen denken. Der Betriebsrat sollte deshalb auf im Rahmen der betriebsüblichen Arbeitsverträge bestehende Ausschlussfristen immer wieder hinweisen und den Mitarbeitern empfehlen, vor allem ihre Vergütungsabrechnungen zeitnah zu überprüfen. Darüber hinaus sollte der Betriebsrat über ihm bekannt werdende tarifliche Änderungen informieren. Das BAG hält eine allgemeine Informationspflicht des Arbeitgebers nicht für gegeben. Erteilt der Arbeitgeber eine unrichtige Auskunft auf eine ausdrückliche Frage des Arbeitnehmers, so ist der Arbeitgeber zwar schadensersatzpflichtig. Dies gilt aber nicht für falsche Informationen des Arbeitgebers, die dieser ohne einen entsprechenden Anlass erteilt. Sind solche Informationen falsch, kann dies zu Anspruchsverlusten aufgrund Ausschlussfristen führen und ein Schadensersatzanspruch ist nicht gegeben. Es obliege dem Arbeitnehmer zu prüfen und zu entscheiden, ob solche Informationen des Arbeitgebers korrekt seien und ob er sich darauf verlassen wolle. Der Betriebsrat sollte deshalb allen Mitarbeitern empfehlen, sich im Zweifel Rechtsrat zu suchen und nicht auf durch den Arbeitgeber gegebene Informationen zu verlassen.

3. Einsicht in die Personalakten (§ 83 BetrVG)[44]

Der Arbeitgeber hat ein berechtigtes Interesse an der Vollständigkeit der von ihm geführten Personalakten. Das gilt auch für sensible Daten über die Persönlichkeit und Gesundheit des Arbeitnehmers, z. B. einer Sucht-/Alkoholerkrankung. Denn solche Erkrankungen können bei negativer Zukunftsprognose gemäß § 1 Abs. 1 i.V.m. § 1 Abs. 2 Satz 1 KSchG eine krankheitsbedingte Kündigung des Arbeitnehmers sozial rechtfertigen.

Einer ungeschützten Aufbewahrung von Gesundheitsdaten in der Personalakte steht das durch Art. 1 und 2 GG gewährleistete allgemeine Persönlichkeitsrecht des Arbeitnehmers entgegen. Es schützt vor der Erhebung und Weitergabe von Befunden über den Gesundheitszustand, die seelische Verfassung und den Charakter. Der Arbeitnehmer hat Anspruch auf Beseitigung einer Beeinträchtigung seines Persönlichkeitsrechts gemäß §§ 12, 862, 1004 BGB. Der Arbeitgeber ist deshalb verpflichtet, sensible Daten über den Arbeitnehmer in besonderer Weise aufzubewahren. Sie sind gegen zufällige Kenntnisnahme zu schützen. Der informationsberechtigte Personenkreis ist zu beschränken.

Die Rechte des Arbeitgebers auf Berufsfreiheit gemäß Art. 12 Abs. 1 GG und auf freie Meinungsäußerung gemäß Art. 5 Abs. 1 Satz 1 GG werden hierdurch nicht beeinträchtigt. Die Personalakte bleibt vollständig. Werden die Gesundheitsdaten zur Einleitung von Personalmaßnahmen benötigt, können sie von den berechtigten Personen eingesehen werden.

Wie der Arbeitgeber den Schutz sensibler Personaldaten gewährleistet, hat er grundsätzlich selbst zu bestimmen. Unterbleibt diese Bestimmung, geht sie auf den Arbeitnehmer über (Rechtsgedanken aus § 316 BGB, § 264 Abs. 2 Satz 2 BGB).

***BAG** 12.9.2006 – 9 AZR 271/06*

§ 83 Abs. 1 BetrVG enthält bezüglich der Personalakten eine das **allgemeine Persönlichkeitsrecht** des einzelnen Arbeitnehmers berücksichtigende und schützende Sonderregelung, die hinsichtlich der Personalakten grundsätzlich einem eigenständigen und jederzeitigen Vorlageanspruch des Betriebsrats gemäß § 80 Abs. 2 Satz 2 BetrVG entgegensteht.

Die an die Teilnahme an der Einsichtnahme angeschlossene **Schweigepflicht** gemäß § 83 Abs. 1 Satz 3 BetrVG des hinzugezogenen Betriebsratsmitglieds, durch die ganz offensichtlich den Interessen der einzelnen Arbeitnehmer am Schutz ihrer Individualsphäre Rechnung getragen wird, besteht – im Gegensatz zur Regelung der Schweigepflicht des Betriebsrats ansonsten gemäß § 79 Abs. 1, insbesondere Satz 3 BetrVG – **auch gegenüber den anderen Mitgliedern des Betriebsrats.**

***Hessisches LAG** 22.5.1984 – 4 TaBV 93/83 = NZA 1985, 97*

Die **Personalakten dürfen nicht allgemein zugänglich sein**, sondern müssen sorgfältig verwahrt werden. Der Arbeitgeber muss bestimmte Informationen vertraulich behandeln oder für die vertrauliche Behandlung durch die Sachbearbeiter Sorge tragen. Auch muss der Kreis der mit Personalakten befassten Beschäftigten möglichst eng gehalten werden. **Sensible Daten**, zu denen insbesondere auch solche über den körperlichen, geistigen und seelischen **Gesundheitszustand** und allgemeine Aussagen über die **Persönlichkeit** des Arbeitnehmers gehören (vgl. § 27 Abs. 3 Satz 3 BDSG), bedürfen des verstärkten Schutzes. Personalakten werden zu sehr verschiedenen Anlässen herangezogen: Bei Urlaubserteilung und Reisekostenerstattung ebenso wie bei dienstlichen Beurteilungen, Versetzungen und Beförderungen sowie bei Bewilligung von Kuren und Beihilfen.

In den wenigsten Fällen kommt es dabei auf Gutachten über den Gesundheitszustand oder die Persönlichkeit an. Der Arbeitnehmer muss hier nicht nur vor der Kenntnisnahme durch beliebige Dritte und unzuständige Sachbearbeiter geschützt werden, sondern auch davor, dass ein zuständiger Sachbearbeiter bei Heranziehung der Personalakte – zufällig oder gewollt – Gesundheitsdaten auch dann zur Kenntnis nehmen kann, wenn er diese für die zu treffende Entscheidung nicht braucht. So wäre es mit Art. 1 und 2 GG nicht vereinbar, wenn derjenige, der irgendeinen Vorgang in der Personalakte abheftet, dabei Gutachten oder Vermerke über den Gesundheitszustand oder den Charakter des Arbeitnehmers lesen könnte.

Wie der besondere Schutz für sensible Daten ausgestaltet sein muss, hängt von den Umständen des Einzelfalles ab. So kann die **Führung besonderer Personalakten** erforderlich sein oder die **Verwendung verschlossener Umschläge**, die die zufällige Kenntnisnahme verhindern, oder die **Aufbewahrung in besonders gesicherten Schränken** oder die Aufstellung besonderer **Pflichten**, etwa der, **Einsichtnahme zu vermerken**. Bei der Personalaktenführung mittels EDV sind die Datenschutzgesetze zu beachten. Ferner hat der Arbeitgeber je nach Datenart für ein System abgestufter Zugangsmöglichkeiten zu sorgen.

Hervorzuheben ist, dass das Persönlichkeitsrecht des Arbeitnehmers bereits dadurch verletzt wird, dass der Arbeitgeber bei der Führung der Personalakte die erforderlichen Schutzmaßnahmen unterlässt, und nicht erst dann, wenn Unbefugte Kenntnis nehmen. Da letzteres regelmäßig nicht nachweisbar ist, liefe die abgelehnte Auffassung darauf hinaus, dass das Persönlichkeitsrecht bei der Personalaktenführung weitgehend ungeschützt bliebe.

***BAG** 15.7.1987 – 5 AZR 215/86*

Der Betriebsrat kann nicht – wie sich mittelbar aus § 83 BetrVG ergibt – die Vorlage der gesamten Personalakte verlangen. Der Arbeitgeber kann aber nicht den Einblick in Unterlagen, die die Durchführung von Betriebsvereinbarungen betreffen, dadurch verwehren, dass er sie zur Personalakte nimmt. So ist allgemein anerkannt, dass im Einzelfall der Arbeitgeber konkrete Informationen auch aus der Personalakte erteilen muss, wenn diese Informationen für die Aufgabenerfüllung des Betriebsrats erforderlich sind. Das Persönlichkeitsrecht des einzelnen Arbeitnehmers ist hinreichend dadurch geschützt, dass die Mitglieder des Betriebsrats gemäß § 79 BetrVG zur Verschwiegenheit verpflichtet sind.

Gegenüber dem kollektivrechtlich begründeten Einsichtsrecht des Betriebsrats haben die Individualinteressen des Arbeitnehmers zurückzutreten.

***BAG** 17.2.1983 – 6 ABR 33/81; **BAG** 20.12.1988 – 1 ABR 63/87;*
***BAG** 20.12.1988 – 1 ABR 63/87 = BB 1989, 1268 = DB 1989, 1032*

Das Recht auf informationelle Selbstbestimmung (Art. 2 Abs. 1 i.V.m. Art. 1 Abs. 1 GG), das als Teil des allgemeinen Persönlichkeitsrechts jedem Grundrechtsinhaber gewährleistet, grundsätzlich selbst über die Preisgabe und Verwendung seiner persönlichen Daten zu bestimmen, strahlt im Sinne objektiver Normgeltung auf die Anwendung und Auslegung privatrechtlicher Normen aus.

Jedenfalls in den Fällen, in denen der Arbeitgeber dem Arbeitnehmer erlaubt, Kopien der in der Personalakte befindlichen Schriftstücke zu fertigen, hat dieser nicht das Recht, zur Einsichtnahme in die Personalakte einen Rechtsanwalt hinzuzuziehen.

***BAG** 12.7.2016 – 9 AZR 791/14*

Eine vom Arbeitgeber geführte Personalakte soll möglichst vollständig und lückenlos über die Person des Arbeitnehmers und seinen beruflichen Werdegang Aufschluss geben. Aus § 241 Abs. 2 BGB folgt die Verpflichtung des Arbeitgebers zur Rücksichtnahme auf die Interessen des Arbeitnehmers. Dazu gehört auch, keine Unterlagen über den Arbeitnehmer zu sammeln, die dessen Einblick entzogen sind und deren Richtigkeit gier Arbeitnehmer deshalb nicht überprüfen kann.

Diese Grundsätze sprechen zwar für die Zweckmäßigkeit einer Paginierung, gebieten jedoch nicht zwingend die Annahme einer Verpflichtung.

Eine Paginierung ist auch nicht in § 13 BAT vorgeschrieben.

***BAG** 16.10.2007 – 9 AZR 110/07*

4. Beschwerderecht bei den vorgesetzten Stellen (§ 84 BetrVG)

Für den Arbeitgeber kann eine Pflicht zur Abhilfe durch geeignete Maßnahmen gegenüber nur **belästigenden Einflüssen von Tabakrauch** dadurch begründet werden, dass der Arbeitgeber eine Beschwerde des Arbeitnehmers gemäß § 84 Abs. 2 BetrVG als berechtigt anerkennt oder die Einigungsstelle gemäß § 85 Abs. 2 BetrVG auf Antrag des Betriebsrats eine solche Beschwerde für berechtigt erachtet hat.

***LAG** München 27.11.1990 – 2 Sa 542/90 = BB 1991, 624 = NZA 1991, 521*

[44] s. RsprÜ zum ArbR, 22. Auflage 2022

5. Behandlung von Beschwerden durch den Betriebsrat (§ 85 BetrVG)

Der Begriff der Beschwerde ist in §§ 84, 85 BetrVG identisch auszulegen. Gegenstand einer Beschwerde kann das auf rein subjektive Empfindungen des betreffenden Arbeitnehmers gestützte Vorbringen sein, er fühle sich in seiner individuellen Position benachteiligt, ungerecht behandelt oder in sonstiger Weise beeinträchtigt. Die Beschwerde muss sich demnach **auf sein Einzelarbeitsverhältnis beziehen und einen konkreten betrieblichen Bezug aufweisen**. Sofern sich die Beschwerde auf allgemeine betriebliche Streitpunkte bezieht, ist sie als so genannte **Popularbeschwerde** unzulässig.

Diese **Eingrenzung** des **Beschwerdebegriffs** folgt auch aus § 85 Abs. 2 Satz 3 BetrVG. Danach ersetzt der Spruch der Einigungsstelle die Einigung zwischen Arbeitgeber und Betriebsrat nicht, soweit **Gegenstand der Beschwerde ein Rechtsanspruch ist**. Damit hat der Gesetzgeber klargestellt, dass dann, wenn das Abhilfebegehren rechtlich verankert ist, sei es durch Arbeitsvertrag, Betriebsvereinbarung, Tarifvertrag, Gesetze oder andere öffentlichrechtliche Normen, die Zuständigkeit der Einigungsstelle nicht gegeben ist. Der vom Gesetzgeber verlangte Rechtsanspruch erhöhte das Begehren des einzelnen in eine durchsetzbare Rechtsposition und stellt klar, dass es nicht Aufgabe der Einigungsstelle ist, im Verfahren nach § 85 BetrVG als Gutachter darüber zu befinden, ob die Voraussetzungen für einen Rechtsanspruch gegeben sind.

Ein derartiger Rechtsanspruch liegt zum einen vor, wenn dem Betriebsrat ein Mitwirkungs- und Mitbestimmungsrecht im Hinblick auf die kritisierte Einzelmaßnahme des Arbeitgebers zusteht. Da dem Betriebsrat gerade im Bereich der personellen Einzelmaßnahmen umfangreiche Mitbestimmungsrechte (§§ 99 ff. BetrVG) zukommen, ist Beschwerdegegenstand jedenfalls dann ein Rechtsanspruch, wenn sich die Beschwerde gegen z. B. befristete Einstellungen richtet.

Die Einigungsstelle ist für eine Beschwerde des vorgenannten Inhalts nicht zuständig. Zweck des in § 85 Abs. 2 BetrVG niedergelegten Einigungsverfahrens kann es nämlich nicht sein, die Mitwirkungsrechte des Betriebsrats zu erweitern.

Ein Rechtsanspruch ist zum anderen aber auch dann gegeben, wenn Gegenstand der Beschwerde ein konkretisierbarer Anspruch des Arbeitnehmers ist, der sich etwa aus einer arbeitgeberseitigen Nebenpflicht wie der Treue- oder Gleichbehandlungspflicht ergeben kann. Maßgebend für die Schaffung der §§ 85 ff. BetrVG war die Erwägung des Gesetzgebers, Rechtsstreitigkeiten zwischen Arbeitgeber und Arbeitnehmer nicht der Einigungsstelle, sondern den Gerichten zuzuweisen. Aus diesem Grund muss der Begriff der Rechtsstreitigkeiten weit ausgelegt werden.

***LAG** Schleswig-Holstein 21.12.1989 – 4 TaBV 42/89 = NZA 1990, 703*

Eine Einigungsstelle ist nicht offensichtlich unzuständig (§ 98 Abs. 1 Satz 2 ArbGG), wenn sie wegen einer Arbeitnehmerbeschwerde, die den Vorwurf des Mobbings enthält, angerufen wird. Die Einigungsstelle hat dann als Vorfrage zu klären, ob sie zuständig ist oder ob Gegenstand der Beschwerde ein Rechtsanspruch des Arbeitnehmers (§ 85 Absatz2 Satz 3 BetrVG) ist.

***LAG** Hamm 5.10.2009 – 10 TaBV 63/09*

Die **Einigungsstelle ist offensichtlich unzuständig**, wenn die Beschwerde eines Arbeitnehmers eine **Abmahnung** betrifft. Damit kann das Arbeitsgericht nach § 98 ArbGG keinen Einigungsstellenvorsitzenden bestellen.

Entsprechendes gilt, wenn mit der Beschwerde eine Vorfrage aufgegriffen wird, die auch im Rahmen eines Verfahrens zur Entfernung der Abmahnung aus der Personalakte überprüft werden muss.

***LAG** Berlin 19.8.1988 – 2 TaBV 4/88 = BB 1988, 2040 = DB 1988, 2060 = NZA 1988, 852;*
***LAG** Rheinland-Pfalz 17.1.1985 – 5 Ta BV 36/84 = NZA 1985, 190; a. A.*
***LAG** Hamburg 10.7.1985 – 8 TaBV 11/85 = BB 1985, 1729*

Die Einigungsstelle ist in dem Zeitpunkt (noch) offensichtlich unzuständig, in dem der Betriebsrat keinen Beschluss über die Berechtigung der Beschwerde des Arbeitnehmers getroffen hat. Selbst wenn ein entsprechender Beschluss gefasst sein sollte, so ist die Beschwerde mit dem Arbeitgeber zunächst zu verhandeln, bevor die Einigungsstelle angerufen wird.

Erst in diesem Stadium kann eine Meinungsverschiedenheit zwischen dem Arbeitgeber und dem Betriebsrat über die Berechtigung der Beschwerde eintreten, die Anlass zur Anrufung der Einigungsstelle geben kann.

***ArbG** Braunschweig 15.5.2003 – 1 BV 30/03 = NZA-RR 2004, 28*

Für die Beschwerde eines Arbeitnehmers über seine **totale Arbeitsüberlastung** ist die Einigungsstelle nach §§ 85 Abs. 2 BetrVG, 98 Abs. 1 ArbGG nicht offensichtlich unzuständig.

***LAG** Düsseldorf 21.12.1993 – 8 (5) TaBV 92/93 = BB 1994, 1083 = NZA 1994, 767*

Fälle von **Benachteiligungen** und **Ungleichbehandlungen** von Arbeitnehmern können über das Beschwerdeverfahren nach § 85 Abs. 2 BetrVG Gegenstand eines Einigungsstellenverfahrens sein.

Die Tatsache, dass bei Benachteiligungen und Ungleichbehandlungen der betroffene Arbeitnehmer oft auch einen Rechtsanspruch auf Aufhebung oder Beseitigung der benachteiligenden Maßnahme hat, macht die Einigungsstelle noch nicht offensichtlich unzuständig.

***Hessisches LAG** 10.2.1987 – 5 TaBV 229/86*

Hinsichtlich der Beschwerde eines Arbeitnehmers mit der sich eine Einigungsstelle befassen soll, muss bereits vor Bildung der Einigungsstelle klargelegt und dargestellt werden, mit welchem Inhalt/Gehalt der Arbeitnehmer eine Benachteiligung, ungerechte Behandlung oder sonstige Beeinträchtigung sieht, was insoweit Gegenstand seiner Beschwerde ist und welche tatsächlichen Vorgänge/Vorfälle im Betrieb ihn zu seiner Beschwerde (mit ihrem spezifischen Inhalt/Gehalt) veranlasst haben.

Anhand dieser Darstellung ist vor Bildung der Einigungsstelle auch zu prüfen, ob hinter der Beschwerde etwa völlig harmlose Vorfälle stehen, die gänzlich ungeeignet sind, bei einem Mindestmaß von vernünftiger Sicht bei einem Arbeitnehmer nachvollziehbar das subjektive Gefühl der Benachteiligung, ungerechten Behandlung oder sonstiger Beeinträchtigung (in der klargelegten Richtung) auszulösen. Einer derartigen, lediglich eine rein subjektive Befindlichkeit des Arbeitnehmers verlautbarende „Beschwerde" braucht sich der Arbeitgeber nicht zu stellen, auch wenn sich der Betriebsrat einer derartigen „Beschwerde" angenommen haben sollte.

***Hessisches LAG** 12.3.2002 – 4 TaBV 75/01 = DB 2004, 386*

Berührt der Gegenstand eines Beschlussverfahrens die betriebsverfassungsrechtliche Stellung des Arbeitgebers und geht der Betrieb im Laufe des Verfahrens unter Beibehaltung seiner Identität auf einen neuen Inhaber über, nimmt dieser automatisch die verfahrensrechtliche Stellung des bisherigen Arbeitgebers ein.

Der Beschluss einer betrieblichen Einigungsstelle, mit dem diese ihre Zuständigkeit bejaht, unterliegt nicht der isolierten gerichtlichen Anfechtung. Die Frage der Zuständigkeit steht deshalb in vollem Umfang zur späteren inzidenten Kontrolle im Rahmen einer gerichtlichen Überprüfung des abschließenden Spruchs.

Für die Zulässigkeit der Beschwerde eines Arbeitnehmers nach § 84 Abs. 1, § 85 Abs. 1 BetrVG kommt es nicht darauf an, ob sie bestimmte Abhilfemaßnahmen fordert, sich auf tatsächliche oder rechtliche Beeinträchtigungen bezieht und sich über bereits abgeschlossene Vorgänge verhält. Von Bedeutung sind diese Umstände erst für die Entscheidungsbefugnis der Einigungsstelle nach § 85 Abs. 2 BetrVG.

Die Einigungsstelle ist weder zur Entscheidung über einen Rechtsanspruch noch zur Entscheidung über die Berechtigung einer ausschließlich vergangenheitsbezogenen Beschwerde befugt. Sie darf auch nicht über bestimmte Abhilfemaßnahmen des Arbeitgebers entscheiden.

Aus dem Spruch der Einigungsstelle, mit dem diese die Beschwerde eines Arbeitnehmers für berechtigt erklärt, muss hervorgehen, welche konkreten tatsächlichen Umstände die Einigungsstelle als zu vermeidende Beeinträchtigung des Arbeitnehmers angesehen hat. Anderenfalls kann der Arbeitgeber nicht erkennen, welchen Zustand er zu beseitigen oder künftig zu vermeiden hat. Ein in diesem Sinne nicht hinreichend bestimmter Spruch ist unwirksam.

Die Anwendung des § 85 BetrVG ist auch für die bei der Deutschen Post AG oder einem ihrer Tochterunternehmen beschäftigten Beamten eröffnet. Das individuelle Beschwerderecht nach § 171 BBG besteht daneben. Ob dadurch die Regelung des § 84 BetrVG für Beamte ausgeschlossen oder modifiziert wird, bleibt unentschieden.

***BAG** 22.11.2005 – 1 ABR 50/04*

6. Beschwerdestelle nach § 13 AGG

Der Betriebsrat hat nach § 87 Abs. 1 Nr. 1 BetrVG mitzubestimmen bei der Einführung und Ausgestaltung des Verfahrens, in dem Arbeitnehmer ihr Beschwerderecht nach § 13 Abs. 1 S.1 AGG wahrnehmen können. Er hat insoweit auch ein Initiativrecht.

Kein Mitbestimmungsrecht besteht bei der Frage, wo der Arbeitgeber die Beschwerdestelle errichtet und wie er diese personell besetzt. Es handelt sich insoweit nicht um eine Frage der Ordnung des Betriebs oder des Verhaltens der Arbeitnehmer im Betrieb, sondern um eine mitbestimmungsfreie organisatorische Entscheidung des Arbeitgebers.

Errichtet der Arbeitgeber eine überbetriebliche Beschwerdestelle, steht das Mitbestimmungsrecht beim Beschwerdeverfahren nicht dem örtlichen Betriebsrat, sondern dem Gesamtbetriebsrat zu.

***BAG** 21.7.2009 – 1 ABR 42/08*

Mitbestimmung in sozialen Angelegenheiten (§ 87 BetrVG)

Gesetzestext

§ 87 Mitbestimmungsrechte

(1) Der Betriebsrat hat, soweit eine gesetzliche oder tarifliche Regelung nicht besteht, in folgenden Angelegenheiten mitzubestimmen:

1. *Fragen der Ordnung des Betriebs und des Verhaltens der Arbeitnehmer im Betrieb;*
2. *Beginn und Ende der täglichen Arbeitszeit einschließlich der Pausen sowie Verteilung der Arbeitszeit auf die einzelnen Wochentage;*
3. *vorübergehende Verkürzung oder Verlängerung der betriebsüblichen Arbeitszeit;*
4. *Zeit, Ort und Art der Auszahlung der Arbeitsentgelte;*
5. *Aufstellung allgemeiner Urlaubsgrundsätze und des Urlaubsplans sowie die Festsetzung der zeitlichen Lage des Urlaubs für einzelne Arbeitnehmer, wenn zwischen dem Arbeitgeber und den beteiligten Arbeitnehmern kein Einverständnis erzielt wird;*

6. *Einführung und Anwendung von technischen Einrichtungen, die dazu bestimmt sind, das Verhalten oder die Leistung der Arbeitnehmer zu überwachen;*
7. *Regelungen über die Verhütung von Arbeitsunfällen und Berufskrankheiten sowie über den Gesundheitsschutz im Rahmen der gesetzlichen Vorschriften oder der Unfallverhütungsvorschriften;*
8. *Form, Ausgestaltung und Verwaltung von Sozialeinrichtungen, deren Wirkungsbereich auf den Betrieb, das Unternehmen oder den Konzern beschränkt ist;*
9. *Zuweisung und Kündigung von Wohnräumen, die den Arbeitnehmern mit Rücksicht auf das Bestehen eines Arbeitsverhältnisses vermietet werden, sowie die allgemeine Festlegung der Nutzungsbedingungen;*
10. *Fragen der betrieblichen Lohngestaltung, insbesondere die Aufstellung von Entlohnungsgrundsätzen und die Einführung und Anwendung von neuen Entlohnungsmethoden sowie deren Änderung;*
11. *Festsetzung der Akkord- und Prämiensätze und vergleichbarer leistungsbezogener Entgelte, einschließlich der Geldfaktoren;*
12. *Grundsätze über das betriebliche Vorschlagswesen;*
13. *Grundsätze über die Durchführung von Gruppenarbeit; Gruppenarbeit im Sinne dieser Vorschrift liegt vor, wenn im Rahmen des betrieblichen Arbeitsablaufs eine Gruppe von Arbeitnehmern eine ihr übertragene Gesamtaufgabe im Wesentlichen eigenverantwortlich erledigt.*
14. *Ausgestaltung von mobiler Arbeit, die mittels Informations- und Kommunikationstechnik erbracht wird.*

(2) *[1]Kommt eine Einigung über eine Angelegenheit nach Absatz 1 nicht zustande, so entscheidet die Einigungsstelle. [2]Der Spruch der Einigungsstelle ersetzt die Einigung zwischen Arbeitgeber und Betriebsrat.*

1. Wahrnehmung des Mitbestimmungsrechts[45]

Der Betriebsrat kann über sein Mitbestimmungsrecht nicht in der Weise verfügen, dass er in der Substanz auf die ihm gesetzlich obliegende Mitbestimmung verzichtet.

BAG *14.11.2006 – 1 ABR 4/06*

> Die Regelung in § 87 Abs. 2 BetrVG über die Ersetzung der Zustimmung des Betriebsrats kann in einem Einigungsstellenspruch nicht durch das für personelle Einzelmaßnahmen geltende Verfahren ersetzt werden. Eine einseitige Regelungsbefugnis des Arbeitgebers oder dessen Möglichkeit, eine von § 87 Abs. 1 BetrVG erfasste Maßnahme vorläufig durchzuführen, sieht das Gesetz im Bereich der sozialen Angelegenheiten nicht vor. Dies gilt auch in Eilfällen. Auf ein solches Verfahren können sich die Betriebsparteien allenfalls in einer Betriebsvereinbarung verständigen.
>
> ***BAG*** *9.7.2013 – 1 ABR 19/12*

Für die Ausübung der Mitbestimmungsrechte nach dem Betriebsverfassungsgesetz ist grundsätzlich der von den Arbeitnehmern unmittelbar gewählte Betriebsrat zuständig. Die Zuständigkeit des Gesamtbetriebsrats nach § 50 Abs. 1 Satz 1 BetrVG setzt voraus, dass es sich um eine mehrere Betriebe betreffende Angelegenheit handelt und objektiv ein zwingendes Erfordernis für eine unternehmenseinheitliche oder betriebsübergreifende Regelung besteht. Das Erfordernis kann sich aus technischen oder rechtlichen Gründen ergeben.
Eine technische Notwendigkeit für eine betriebsübergreifende Regelung kann vorliegen, wenn der Arbeitgeber für mehrere Betriebe ein einheitliches elektronisches Datenverarbeitungssystem einführen will, das die Verwendung eines einheitlichen Programms, einheitlicher Formate und einheitlicher Eingabemasken erfordert. Die Mitbestimmung nach § 87 Abs. 1 Nr. 6 BetrVG obliegt in einem solchen Fall dem Gesamtbetriebsrat.
Im Bereich der zwingenden Mitbestimmung gilt der Grundsatz der Zuständigkeitstrennung. Für die Regelung einer bestimmten Angelegenheit sind ausschließlich entweder die einzelnen Betriebsräte oder der Gesamtbetriebsrat oder der Konzernbetriebsrat zuständig. Die gesetzliche Zuständigkeitsverteilung ist zwingend und unabdingbar.
Mit dem Grundsatz der Zuständigkeitstrennung ist eine Beschränkung der originären Zuständigkeit des Gesamtbetriebsrats auf eine bloße Rahmenkompetenz nicht vereinbar. Sofern der Gesamtbetriebsrat für die Behandlung einer Angelegenheit i.S.v. § 50 Abs. 1 Satz 1 BetrVG originär zuständig ist, hat er diese Angelegenheit insgesamt mit dem Arbeitgeber zu regeln. Innerhalb eines Mitbestimmungstatbestands ist eine Aufspaltung der Zuständigkeiten auf mehrere betriebsverfassungsrechtliche Organe nicht möglich.

[45] Vgl. Kapitel „§ 77 BetrVG Betriebsvereinbarung", S. 167 sowie Kapitel „§§ 76, 76a BetrVG, Einigungsstelle", S. 153

Der Betriebsrat kann über sein Mitbestimmungsrecht nicht in der Weise verfügen, dass er in der Substanz auf die ihm gesetzlich obliegende Mitbestimmung verzichtet.

BAG *14.11.2006 – 1 ABR 4/06*

> Es ist grundsätzlich Aufgabe desjenigen Betriebspartners, der eine mitbestimmungspflichtige Maßnahme vornehmen will, mit dem Ziel einer Einigung an den anderen Partner heranzutreten bzw. im Fall der Nichteinigung eine Entscheidung der Einigungsstelle herbeizuführen.
>
> ***BAG*** *3.5.1994 – 1 ABR 24/93*

Das **Schweigen des Betriebsrats** ist nur dann als Zustimmung zu werten, wenn die Voraussetzungen der §§ 99 Abs. 3 und 102 Abs. 2 BetrVG vorliegen.

In allen anderen Fällen gilt Schweigen nicht als Zustimmung; das Schweigen ist insbesondere dann nicht als Zustimmung zu interpretieren, wenn der Betriebsratsvorsitzende als Mitglied einer Einigungsstelle zu einer bestimmten Erklärung des Arbeitgebers nicht sofort Stellung nimmt und ein entsprechender Beschluss des Betriebsrats gar nicht vorliegt.

BAG *10.11.1992 – 1 AZR 183/92*

> Für den Nachweis einer Zustimmung des Betriebsrats in Fällen des § 87 Abs. 1 BetrVG reicht es nicht, dass der Arbeitgeber auf Grund einer Mitteilung des Betriebsratsvorsitzenden, gegen das beabsichtigte Vorgehen bestünden keine Bedenken, davon ausgeht, ein solcher Beschluss sei gefasst worden. Der gute Glaube des Arbeitgebers an das Vorliegen eines Betriebsratsbeschlusses in Angelegenheiten des § 87 Abs. 1 BetrVG ist gesetzlich nicht geschützt.
>
> ***BAG*** *8.6.2004 – 1 AZR 308/03*

Sein **Mitbestimmungsrecht** kann der Betriebsrat in Form einer **Regelungsabrede** oder durch Abschluss einer **Betriebsvereinbarung** ausüben. Wählen Arbeitgeber und Betriebsrat die Form der Regelungsabrede, bleibt dem Arbeitgeber überlassen, das mit dem Betriebsrat Abgesprochene gegenüber allen betroffenen Arbeitnehmern mit individual-arbeitsrechtlichen Mitteln durchzusetzen.

Entscheiden sich Arbeitgeber und Betriebsrat für den Abschluss einer **Betriebsvereinbarung**, so gilt diese **normativ** nach Maßgabe des § 77 Abs. 4 Satz 1 BetrVG.

BAG *16.9.1986 – GS 1/82*

Ethikrichtlinien einer US-amerikanischen Muttergesellschaft, die über die deutsche Arbeitgeberin in den Betrieben in Deutschland eingeführt werden, unterliegen dann der betrieblichen Mitbestimmung, wenn und soweit Mitbestimmungsrechte nach dem BetrVG berührt sind.

Führt die deutsche Arbeitgeberin diese Richtlinien deutschlandweit in ihren Betrieben ein, hat der Gesamtbetriebsrat das Mitbestimmungsrecht wahrzunehmen. Nach dem Selbstverständnis des Unternehmens kann die Ethikrichtlinie nur in allen Betrieben einheitlich eingeführt werden.

LAG *Düsseldorf 14.11.2005 – 10 TaBV 46/05 = BB 2006, 335*

Aus dem BetrVG ergibt sich keine Verpflichtung des Arbeitgebers, mit einer **beteiligungspflichtigen Maßnahme** solange abzuwarten, bis im Betrieb ein funktionsfähiger Betriebsrat vorhanden ist.

Der Arbeitgeber braucht auch dann nicht die beteiligungspflichtige Maßnahme herauszuschieben, wenn mit der Wahl eines Betriebsrats zu rechnen und die Zeit bis zu dessen Konstituierung absehbar ist.

***BAG** 28.10.1992 – 10 ABR 75/91*

Für das Eingreifen eines Mitbestimmungsrechts i.S.d. § 87 Abs. 1 BetrVG ist es unerheblich, ob es sich in der fraglichen Angelegenheit um eine einseitige Maßnahme des Arbeitgebers oder um eine vertragliche Einheitsregelung handelt.

Betrifft eine Regelung im Interesse der betrieblichen Abläufe (auch) das private Verhalten der Arbeitnehmer, kommt eine Mitbestimmung des Betriebsrats nach § 87 Abs. 1 Nr. 1 BetrVG in Betracht.

***BAG** 28.5.2002 – 1 ABR 32/01*

Das rechtliche Interesse an einer gerichtlichen Feststellung des Bestehens eines Mitbestimmungsrechts des Betriebsrats fehlt, wenn der Arbeitgeber die Existenz dieses Rechts nicht in Frage stellt.

***BAG** 15.4.2008 – 1 ABR 44/07*

2. Inhalt und Zweck des Mitbestimmungsrechts

Zweck der in § 87 BetrVG normierten **Mitbestimmungsrechte** des Betriebsrats ist es – je nach dem Mitbestimmungstatbestand -, **die Ausübung des Direktionsrechts** an die Beteiligung des Betriebsrats zu binden. Ist der Arbeitgeber bei der Ausübung seines Direktionsrechts schon unabhängig von einer Beteiligung des Betriebsrats nicht mehr frei, eine bestimmte Regelung zu treffen, können auch Mitbestimmungsrechte des Betriebsrats zu keiner von dieser Bindung abweichenden Regelung führen. Ein Mitbestimmungsrecht des Betriebsrats besteht stets nur insoweit, als auch der Arbeitgeber selbst noch etwas bestimmen kann.

***BAG** 26.5.1988 – 1 ABR 9/87*

Die Erweiterung des Mitbestimmungsrechts des Betriebsrats in sozialen Angelegenheiten ist zulässig, wenn sichergestellt ist, dass im Konfliktfall eine Einigungsstelle entscheidet.

***BAG** 10.12.2013 – 1 ABR 39/12*

Im Rahmen einer Personalgestellung ist die Zuständigkeit des beim Gestellungsträger bestehenden Betriebsrats auf die Mitwirkung an dessen Entscheidungen als Vertragsarbeitgeber begrenzt. Aufgrund der Eingliederung gestellter Arbeitnehmer in einen anderen Betrieb ist für die Mitbestimmung nach § 87 Abs. 1 Nr. 2 BetrVG ein beim Gestellungsnehmer gewählter Betriebsrat zuständig. Die Betriebsparteien können hiervon keine abweichenden Zuständigkeiten vereinbaren.

Das Mitbestimmungsrecht nach § 87 Abs. 1 Nr. 2'BetrVG knüpft an die tatsächliche Eingliederung des gestellten Arbeitnehmers in den Betrieb des Gestellungsnehmers und dessen Entscheidung über die zeitliche Läge der Arbeitszeit an. Die betriebsverfassungsrechtliche Zuständigkeit entfällt nicht aufgrund einer etwaigen Unwirksamkeit des Gestellungsvertrags oder der der Gestellung zugrunde liegenden Tarifregelung.

***BAG** 18.7.2017 – 1 ABR 15/16*

2.1. Initiativrecht

Das Mitbestimmungsrecht des Betriebsrats (§ 87 Abs. 1 BetrVG) schließt grundsätzlich auch ein Initiativrecht des Betriebsrats ein. Mitbestimmung bedeutet **gleiche Rechte für beide Betriebspartner** mit der Folge, dass sowohl der Arbeitgeber als auch der Betriebsrat die Initiative für eine erstrebte Regelung ergreifen und zu deren Herbeiführung erforderlichenfalls die Einigungsstelle anrufen kann. Eine **Grenze** für das Initiativrecht kann sich nur aus einer Begrenzung des **Mitbestimmungsrechts selbst** ergeben.

***BAG** 8.8.1989 – 1 ABR 62/88; **BAG** 30.1.1990 – 1 ABR 2/89*

Der Betriebsrat hat darüber mitzubestimmen, ob am Karnevalsdienstag gearbeitet werden soll oder nicht. Ist eine dauerhafte Regelung angestrebt, folgt dieses Mitbestimmungsrecht aus § 87 Abs. 1 Nr. 2 BetrVG und nicht auch aus § 87 Abs. 1 Nr. 3 BetrVG.

Sieht eine Betriebsvereinbarung über Arbeitszeiten für den Karnevalsdienstag keine Ausnahme von der regulären Anwesenheitspflicht an Werktagen vor, verletzt der Arbeitgeber kein Mitbestimmungsrecht des Betriebsrats, wenn er entgegen einer jahrelangen Praxis die Anwesenheit nunmehr auch an diesem Tag anordnet. Will der Betriebsrat eine Ausnahme erreichen, muss er versuchen, mit Hilfe seines Initiativrechts nach § 87 Abs. 1 Nr. 2 BetrVG zu einer entsprechenden Regelung zu kommen.

Für das Bestehen dieses Initiativrechts kommt es nicht darauf an, ob die Arbeitnehmer – etwa aus betrieblicher Übung – individualrechtliche Ansprüche auf Arbeitsbefreiung am Karnevalsdienstag besitzen.

***BAG** 26.10.2004 – 1 ABR 31/03 (A)*

2.2. Einschränkung des Mitbestimmungsrechts bei freiwilligen Leistungen

Das Mitbestimmungsrecht des Betriebsrats bei **freiwilligen Leistungen**, auf die die Arbeitnehmer keinen Anspruch haben, ist eingeschränkt. Der Betriebsrat kann die Leistung selbst nicht erzwingen. Deshalb kann auch ein Spruch der Einigungsstelle eine solche Verpflichtung des Arbeitgebers nicht begründen.

***BAG** 10.2.1988 – 1 ABR 56/86*

Die **Freiwilligkeit der Leistung** führt zur **Einschränkung des Mitbestimmungsrechts** dahin, dass der Arbeitgeber allein entscheidet, in welchem **Umfang** er finanzielle Mittel einsetzen, welchen **Zweck** er mit der Leistung verfolgen und welchen **Personenkreis** er deshalb begünstigen will. Strebt der Betriebsrat eine **Änderung der Zweckbestimmung** einer freiwilligen Arbeitgeberleistung an, so kann er dieses Ziel nicht mit Hilfe der Einigungsstelle gegen den Willen des Arbeitgebers durchsetzen.

***BAG** 8.12.1981 – 1 ABR 55/79*

3. Vorrang von Gesetz und Tarifvertrag[46]

Das Mitbestimmungsrecht nach § 87 Abs. 1 Nr. 3 BetrVG ist gemäß § 87 Abs. 1 Eingangssatz BetrVG ausgeschlossen, wenn die Tarifvertragsparteien eine zwingende und abschließende Regelung über die betreffende Angelegenheit getroffen haben.

***BAG** 24.4.2007 – 1 ABR 47/06 = NZA 2007, 818*

Ein lediglich nachwirkender Tarifvertrag schließt Mitbestimmungsrechte des Betriebsrats nach § 87 Abs. 1 BetrVG nicht aus.

***BAG** 24.2.1987 – 1 ABR 18/85*

Eine die Mitbestimmung ausschließende gesetzliche Regelung i.S.d. § 87 Abs. 1 Einleitungssatz BetrVG liegt auch dann vor, wenn von ihr nur zu Ungunsten der Arbeitnehmer nicht abgewichen werden kann.

***BAG** 28.5.2002 – 1 ABR 37/01 = NZA 2003, 171*

Das Regelungssystem von § 77 Abs. 3 Satz 1, § 87ABs. 1 Eingangshalbs. BetrVG, nach dem eine teilmitbestimmte Betriebsvereinbarung durch einen später abgeschlossenen Tarifvertrag verdrängt wird, verletzt nicht die negative Koalitionsfreiheit der nicht tarifgebundenen Arbeitnehmer.

***BAG** 13.3.2012 – 1 AZR 659/10*

Der tarifgebundene Arbeitgeber ist betriebsverfassungsrechtlich verpflichtet, die tarifliche Vergütungsordnung ungeachtet der Tarifbindung der Arbeitnehmer im Betrieb anzuwenden, soweit deren Gegenstände der erzwingbaren Mitbestimmung des § 87 Abs. 1 Nr. 10 BetrVG unterliegen.

Im Betrieb eines tarifgebundenen Arbeitgebers stellt die im einschlägigen Tarifvertrag enthaltene Vergütungsordnung zugleich

46 vgl. auch § 77, Ziff. 2.1. „Tarifvorbehalt", S. 172

das im Betrieb geltende System für die Bemessung des Entgelts der Arbeitnehmer dar.

Das Mitbestimmungsrecht bei der Einführung und Änderung eines betrieblichen Vergütungssystems kann im Betrieb eines tarifgebundenen Arbeitgebers durch den Tarifvorbehalt des § 87 Abs. 1 Eingangshalbs. BetrVG beschränkt oder ausgeschlossen sein.

Nach der Senatsrechtsprechung ist für das Eingreifen des Tarifvorbehalts bereits die Tarifbindung des Arbeitgebers ausreichend. Einer normativen Bindung der betriebszugehörigen Arbeitnehmer (§ 4 Abs. 1 Satz 1 TVG) bedarf es hierfür nicht. Das gilt auch dann, wenn es sich bei der das Mitbestimmungsrecht verdrängenden tariflichen Regelung um Inhaltsnormen handelt.

Allerdings führt das alleinige Abstellen auf die Tarifbindung des Arbeitgebers zu einer Schutzlücke zu Lasten nicht tarifgebundener Arbeitnehmer, wenn der Tarifvorbehalt nicht durch Betriebs-, sondern durch Inhaltsnormen bewirkt wird.

Diese Schutzlücke ist nach dem Zweck des jeweiligen Mitbestimmungstatbestands zu schließen. Im Bereich der betrieblichen Lohngestaltung führt dies zur Verpflichtung des Arbeitgebers, das tarifliche Entlohnungssystem auch gegenüber nicht tarifgebundenen Arbeitnehmern anzuwenden, soweit dessen Gegenstände der erzwingbaren Mitbestimmung des § 87 Abs. 1 Nr. 10 BetrVG unterliegen. Dies schließt die sich aus § 99 Abs. 1 Satz 1 BetrVG ergebende Verpflichtung ein, die vom Geltungsbereich der Vergütungsordnung erfassten Tätigkeiten der Arbeitnehmer unabhängig von deren Tarifbindung den ausgebrachten Vergütungsgruppen zuzuordnen und zu dieser Entscheidung die Zustimmung des Betriebsrats einzuholen.

Die Bindung des Arbeitgebers an die tarifliche Entgeltstruktur begründet indes keinen Anspruch der nicht tarifgebundenen Arbeitnehmer auf den Tariflohn. Vielmehr kann ein tarifgebundener Arbeitgeber für die nicht tarifgebundenen Arbeitnehmer die Höhe des Entgelts unter Beachtung der in der tariflichen Vergütungsordnung enthaltenen Verteilungsgrundsätze festlegen.

***BAG** 18.10.2011 – 1 ABR 25/10*

Der Inhalt von § 87 Abs. 1 Eingangssatz BetrVG lässt sich zutreffend nur aus dem Normzweck des § 87 BetrVG erschließen. Die notwendige Mitbestimmung in sozialen Angelegenheiten dient dem Schutz der Arbeitnehmer durch gleichberechtigte Teilhabe des Betriebsrats an den sie betreffenden Entscheidungen.

Für die gleichberechtigte Teilhabe an der Entscheidung fehlt das Bedürfnis, wenn der Arbeitgeber selber auch nichts bestimmen kann, weil die betreffende Angelegenheit in einem Tarifvertrag oder Gesetz **inhaltlich** und **abschließend** geregelt ist, der Arbeitgeber ohne Entscheidungsspielraum **Gesetz oder Tarifvertrag** anwenden muss. Dem trägt § 87 Abs. 1 Eingangssatz BetrVG Rechnung, der das Mitbestimmungsrecht ausschließt, wenn die an und für sich mitbestimmungspflichtige Angelegenheit selbst **inhaltlich** und **abschließend** durch Gesetz oder Tarifvertrag geregelt ist.

***BAG** 18.4.1989 – 1 ABR 100/87; **BAG** 6.11.1990 – 1 ABR 88/89;*
***BAG** 23.3.1993 – 1 AZR 520/92*

Die Festlegung der Nutzungsbedingungen von Parkplätzen, die der Arbeitgeber den Arbeitnehmern für das Abstellen ihrer Privat-Pkw zur Verfügung stellt, betrifft das nach § 87 Abs. 1 Nr. 1 BetrVG mitbestimmungspflichtige Ordnungsverhalten.

Das Mitbestimmungsrecht des Betriebsrats wird durch den Gesetzesvorbehalt in § 87 Abs. 1 Eingangshalbs. BetrVG nicht ausgeschlossen, wenn die gesetzliche Regelung (hier: Verordnung der Europäischen Union) einen unbestimmten Rechtsbegriff enthält, der einen rechtlichen Rahmen für die der Mitbestimmung unterliegende Entscheidung des Arbeitgebers festlegt. In einem solchen Fall müssen jedoch die Betriebsparteien und ggf. die Einigungsstelle die Vorgaben der gesetzlichen Regelung bei einer betrieblichen Regelung berücksichtigen.

***BAG** 7.2.2012 – 1 ABR 63/10*

Eine das Mitbestimmungsrecht des Betriebsrats nach § 87 Abs. 1 BetrVG ausschließende **tarifliche** Regelung besteht – von dem Fall, dass der Tarifvertrag für allgemeinverbindlich erklärt worden ist, abgesehen, nur dann, wenn der **Arbeitgeber** hinsichtlich der Regelung auch **tarifgebunden** ist. Nur dann vermag die tarifliche Regelung für die Arbeitnehmer einen zwingenden und unabdingbaren Schutz zu begründen, der das Eingreifen von Mitbestimmungsrechten des Betriebsrats entbehrlich macht. Dabei ist nicht erforderlich, dass die Arbeitnehmer selbst tarifgebunden sind. Mit ihrem Beitritt zur Tarifvertragspartei können sie diesen Schutz erwerben.

***BAG** 20.12.1988 – 1 ABR 57/87*

Eine den Arbeitgeber bindende behördliche Entscheidung steht in ihren Auswirkungen auf das Mitbestimmungsrecht den in § 87 Abs. 1 Eingangshalbs. BetrVG genannten normativen Regelungen gleich. Wo für den Arbeitgeber nichts zu entscheiden ist, gibt es für den Betriebsrat nichts mitzubestimmen.

Die Übermittlung eines nicht unterzeichneten Einigungsstellenspruchs steht einer nachfolgenden formwirksamen Zuleitung i.S.d. § 76 Abs. 3 Satz 4 BetrVG nicht entgegen, wenn der Einigungsstellenvorsitzende bei der Übermittlung die Übersendung des unterzeichneten Spruchs angekündigt hat.

***BAG** 11.12.2012 – 1 ABR 78/11*

Dem Betriebsrat steht von Verfassungs wegen kein Mitbestimmungsrecht im Hinblick auf Maßnahmen zu, bei denen der Arbeitgeber in Erfüllung einer Pflicht handelt, die ihm durch eine hoheitliche Maßnahme (hier: atomrechtliche Anordnungen) auferlegt worden ist.

***BVerfG** 22.8.1994 – 1 BvR 1767/91*

Ist in einem Tarifvertrag geregelt, dass der Arbeitnehmer eine ärztliche Arbeitsunfähigkeitsbescheinigung bereits ab dem ersten Krankheitstag vorzulegen hat, kann nicht durch Betriebsvereinbarung festgelegt werden, dass diese Verpflichtung erst ab dem dritten Tag der Arbeitsunfähigkeit besteht. Das gilt auch dann, wenn der Tarifvertrag eine Präzisierung der Pflichten auf betrieblicher Ebene vorsieht.

***BAG** 26.2.2003 – 5 AZR 112/02*

Überlässt ein Tarifvertrag den Einzelvertragsparteien die Vereinbarung der **Höhe des Entgelts**, ohne selber eine Entgeltordnung aufzustellen, unterliegt die Festlegung und Gewichtung von Kriterien für eine betriebliche Lohnstruktur dem Mitbestimmungsrecht nach § 87 Abs. 1 Nr. 10 BetrVG

***BAG** 14.12.1993 – 1 ABR 31/93*

Der durch den Eingangssatz von § 87 Abs. 1 BetrVG begründete Vorrang einer tariflichen vor einer mitbestimmten betrieblichen Regelung greift dann ein, wenn die tarifliche Regelung die mitbestimmungspflichtige Angelegenheit selbst **abschließend** und **zwingend** regelt und damit schon selbst dem Schutzzweck des sonst gegebenen Mitbestimmungsrechts genüge tut.

Das Mitbestimmungsrecht des Betriebsrats wird nur dann nicht verdrängt, wenn die tariflichen Regelungen insgesamt oder in einzelnen Punkten lediglich **ergänzungsbedürftige Rahmenvorschriften** geben. Ob die Tarifvertragsparteien Raum für ergänzende Regelungen lassen wollten, muss, wenn es dem Tarifvertrag an einem ausdrücklichen Hinweis fehlt, aus den einschlägigen tariflichen Bestimmungen zu entnehmen sein. Mit Rücksicht auf den vom Gesetzgeber gewollten Vorrang des Tarifvertrags entfaltet jede tarifliche Regelung, die nicht ohne weiteres als nur unvollständig gemeint erkennbar ist, für die Betriebspartner eine Sperrwirkung; jede auch nur einigermaßen vollständige, aus sich heraus zu handhabende Regelung in einem Tarifvertrag schließt eine entsprechende betriebliche Regelung aus.

***BAG** 20.12.1988 – 1 ABR 57/87*

Lässt der Manteltarifvertrag unter bestimmten Voraussetzungen die Anordnung von Überstunden auch ohne die – nach § 87 Abs. 1 Nr. 3 BetrVG eigentlich erforderliche – Zustimmung des Betriebsrats zu und ist diese Möglichkeit auf die Zeit bis zur Entscheidung einer tariflichen Schlichtungsstelle, höchstens auf die Dauer von sechs Tagen begrenzt, ist diese tarifliche Regelung wirksam und verdrängt nach § 87 Abs. 1 BetrVG das gesetzliche Mitbestimmungsrecht des Betriebsrats.

Zwar können die Tarifparteien das Mitbestimmungsrecht nicht durch ein einseitiges Anordnungsrecht des Arbeitgebers ersetzen. Sie haben lediglich die Macht, anstelle der Betriebspartner selbst eine mitbestimmungspflichtige Angelegenheit zwingend und abschließend zu regeln. Eine solche Regelung kann indessen auch darin bestehen, dem Arbeitgeber ein Anordnungsrecht für den Fall einzuräumen, dass er die Zustimmung des Betriebsrats zu kurzfristig notwendigen und unaufschiebbaren Überstunden nicht erreichen kann. Dieses Recht muss jedoch an nachprüfbare Voraussetzungen gebunden und zeitlich eng begrenzt sein.

***BAG** 17.11.1998 – 1 ABR 12/98*

Verweisungen in einer Betriebsvereinbarung auf den **jeweils geltenden Rahmentarifvertrag** (so genannte dynamische Blankettverweisungen) sind grundsätzlich unzulässig. Die Unwirksamkeit der Verweisung auf den „jeweils geltenden Tarifvertrag“ führt aber nicht zur Unwirksamkeit der Verweisung auf den Tarifvertrag, der zum Zeitpunkt des Abschlusses der Betriebsvereinbarung galt.

BAG *23.6.1992 – 1 ABR 9/92*

Mitbestimmungsrechte des Betriebsrats bezüglich der **AT-Angestellten** können nicht durch einen Tarifvertrag gemäß § 87 Abs. 1 Einleitungssatz BetrVG ausgeschlossen sein. Nach der Rechtsprechung des Senats schließt § 87 Abs. 1 Einleitungssatz BetrVG das Mitbestimmungsrecht des Betriebsrats nur aus, wenn die Tarifvertragsparteien eine abschließende Regelung getroffen haben; nur eine vollständige, aus sich heraus zu handhabende Tarifregelung löst eine **Sperrwirkung** gegenüber einer Betriebsvereinbarung aus. Die Vergütung von AT-Angestellten ist aber gerade nicht tariflich geregelt.

BAG *21.8.1990 – 1 ABR 72/89*

4. § 87 Abs. 1 Einleitungssatz und § 77 Abs. 3 BetrVG[47]

§ 77 Abs. 3 BetrVG gilt nicht für Betriebsvereinbarungen in Angelegenheiten, die nach § 87 Abs. 1 BetrVG der Mitbestimmung des Betriebsrats unterliegen. Die Mitbestimmungsrechte werden nicht dadurch ausgeschlossen, dass die entsprechende Angelegenheit üblicherweise durch Tarifvertrag geregelt wird oder auch gegenwärtig geregelt ist, diese tarifliche Regelung aber im Betrieb **mangels Tarifbindung des Arbeitgebers** keine Anwendung findet.

BAG *22.6.1993 – 1 ABR 62/92;* ***BAG*** *29.10.2002 – 1 ABR 573/01 = DB 2003, 455*

Mitbestimmungsrechte des Betriebsrats nach § 87 Abs. 1 BetrVG sind nicht dadurch ausgeschlossen, dass die entsprechende mitbestimmungspflichtige Angelegenheit **üblicherweise durch Tarifvertrag** i.S.d. § 77 Abs. 3 BetrVG geregelt ist.

In Ausübung dieses Mitbestimmungsrechts kann **die mitbestimmungspflichtige Angelegenheit** auch durch **Betriebsvereinbarung** geregelt werden.

BAG *3.12.1991 – GS 2/90;* ***BAG*** *23.6.1992 – 1 ABR 9/92*

Die Betriebsparteien können wegen der Tarifsperre des § 77 Abs. 3 Satz 1 BetrVG in einer Betriebsvereinbarung weder Bestimmungen über Tarifentgelte treffen noch über deren Höhe disponieren.

Die Umdeutung einer unwirksamen Betriebsvereinbarung in eine Gesamtzusage muss durch außerhalb der Betriebsvereinbarung liegende Umstände gerechtfertigt sein, welche den Schluss zulassen, dass sich der Arbeitgeber unabhängig von der Betriebsvereinbarung vertraglich verpflichten will, die in dieser geregelten Leistungen zu gewähren

Die Umdeutung einer unwirksamen Betriebsvereinbarung in eine Gesamtzusage entsprechend § 140 BGB knüpft an Umstände an, die den Schluss rechtfertigen, dass sich der Arbeitgeber unabhängig von dem kollektivrechtlichen Gestaltungsmittel verpflichten wollte, bestimmte Leistungen zu gewähren. Hierfür geben die Regelungen der Betriebsvereinbarung ebenso wenig her wie die in einer ihr vorangestellten Präambel niedergelegten gemeinsamen Erklärungen der Betriebsparteien.

BAG *23.1.2018 – 1 AZR 65/17*

Das Mitbestimmungsrecht und damit auch der Abschluss von Betriebsvereinbarungen ist dann nicht durch § 87 Abs. 1 Einleitungssatz oder § 77 Abs. 3 BetrVG ausgeschlossen, wenn der Arbeitgeber nicht dem AGV angehört, daher für den Betrieb ein **Verbandstarifvertrag** nicht besteht und auch ein **Firmentarifvertrag** nicht abgeschlossen worden ist.

BAG *24.11.1987 – 1 ABR 25/86;* ***BAG*** *20.11.1990 – 1 AZR 643/89*

Auch eine für mehrere Jahre unkündbare Betriebsvereinbarung zu Überstunden ist vom Mitbestimmungsrecht nach § 87 Abs. 1 Nr. 3 BetrVG gedeckt und verstößt nicht gegen die Tarifsperre des § 77 Abs. 3 BetrVG, wenn die in ihr vorgesehenen Verlängerungen der betriebsüblichen Arbeitszeit als solche jeweils nur vorübergehend sind.

Der Betriebsrat verzichtet mit dem Abschluss einer solchen Betriebsvereinbarung nicht in unzulässiger Weise auf sein Mitbestimmungsrecht, wenn in ihr zwar keine Voraussetzungen für die Anordnung von Überstunden im Einzelfall, aber detaillierte Regelungen zu deren Umfang und Verteilung vorgesehen sind.

BAG *3.6.2003 – 1 AZR 349/02*

Der **Tarifvorbehalt** nach § 77 Abs. 3 BetrVG bezieht sich nicht nur auf „**materielle Arbeitsbedingungen**", sondern auch auf „formelle Arbeitsbedingungen".

Sind Ausschlussfristen für die Geltendmachung von Ansprüchen aus dem Arbeitsverhältnis tarifvertraglich geregelt, so können durch Betriebsvereinbarung auch für die Geltendmachung von Akkordlohnansprüchen keine Ausschlussfristen geregelt werden, sofern nicht die tarifliche Regelung insoweit eine Öffnungsklausel enthält.

BAG *9.4.1991 – 1 AZR 406/90*

Eine Betriebsvereinbarung, mit der ausschließlich die **Erhöhung der bisherigen Vergütung** und Weihnachtsgratifikation geregelt wird, ist wegen Verstoßes gegen § 77 Abs. 3 BetrVG nichtig, wenn entsprechende tarifliche Regelungen bestehen oder üblich sind. Dies gilt auch dann, wenn der Arbeitgeber nicht tarifgebunden ist.

BAG *24.1.1996 – 1 AZR 597/95*

§ 23 Abs. 3 BetrVG berechtigt eine im Betrieb vertretene Gewerkschaft, die hier geregelten Anträge gegen den Arbeitgeber zu stellen, wenn sie geltend macht, eine von den Betriebspartnern abgeschlossene Betriebsvereinbarung verstoße gegen die betriebsverfassungsrechtliche Ordnung, weil sie den in § 77 Abs. 3 BetrVG normierten Vorrang des Tarifvertrags nicht beachte.

BAG *20.8.1991 – 1 ABR 85/90*

5. Mitbestimmung bei kollektiven Tatbeständen

Das Mitbestimmungsrecht des Betriebsrats setzt einen **kollektiven** Tatbestand voraus. Es greift nicht ein bei individuellen Regelungen ohne kollektiven Bezug.

BAG *18.11.1980 – 1 ABR 87/78;* ***BAG*** *2.3.1982 – 1 ABR 74/79;* ***BAG*** *8.6.1982 – 1 ABR 56/80;* ***BAG*** *21.12.1982 – 1 ABR 14/81;* ***BAG*** *8.11.1983 – 1 ABR 57/81;* ***BAG*** *3.12.1991 – GS 2/90;* ***BAG*** *22.9.1992 – 1 AZR 459/90*

Ob ein derartiger kollektiver Tatbestand vorliegt, ist nicht allein quantitativ zu bestimmen. Es sind generelle Regelungsfragen vorstellbar, die vorübergehend nur **einen** Arbeitnehmer betreffen, andererseits können individuelle Sonderregelungen auf Wunsch der betroffenen Arbeitnehmer gehäuft auftreten.

BAG *27.10.1992 – 1 ABR 17/92*

Das Mitbestimmungsrecht des Betriebsrats erstreckt sich nur auf allgemeine Regelungsfragen und nicht auf Regelung von Einzelfällen.

BAG *18.10.1994 – 1 ABR 17/94*

Gewährt der Arbeitgeber mehreren Arbeitnehmern eine einmalige **Sonderzahlung**, mit der ihr besonderes Engagement in einer Ausnahmesituation nachträglich honoriert werden soll, so kann es sich um einen nach § 87 Abs. 1 Nr. 10 BetrVG mitbestimmungspflichtigen kollektiven Tatbestand handeln. Entscheidend ist insoweit, ob ein innerer Zusammenhang zwischen den Zahlungen besteht. Dieser ist typischerweise bei Zahlungen zu bejahen, die nach Leistungsgesichtspunkten erfolgen.

Im Rahmen dieser mitbestimmungsfreien Vorgaben unterliegt aber die Entscheidung darüber, nach welchen Kriterien sich die Berechnung der einzelnen Leistungen und ihrer Höhe im Verhältnis zueinander bestimmen sollen, nach ständiger Rechtsprechung des BAG der Mitbestimmung des Betriebsrats.

BAG *29.2.2000 – 1 ABR 4/99 = DB 2000, 2614*

Das Mitbestimmungsrecht des Betriebsrats entfällt nicht deswegen, weil einem **Regelungsbedürfnis mit kollektivem Bezug** durch einzelvertragliche Vereinbarungen mit einem oder mehreren Arbeitnehmern bereits Rechnung getragen worden ist.

Eine mitbestimmungsfreie einzelvertragliche Regelung liegt dann nicht vor, wenn mit dieser – wenn auch auf Wunsch des Arbeitnehmers – nicht individuellen Besonderheiten, sondern **einem betrieblichen Regelungsbedürfnis** Rechnung getragen werden soll.

BAG *21.12.1982 – 1 ABR 14/81*

[47] vgl. auch § 77 Ziff. 2.1., S. 172

Der Arbeitnehmer, der aus persönlichen Gründen, gleich welcher Art, ein Interesse an einer bestimmten Lage seiner **Arbeitszeit** hat, muss mit dem Arbeitgeber vereinbaren, dass seine Arbeitszeit von der betriebsüblichen Arbeitszeit unabhängig sein und nur im gegenseitigen Einvernehmen geändert werden kann. Das gilt auch dann, wenn die zur Zeit des Abschlusses des Arbeitsvertrages geltende betriebsübliche Arbeitszeit den Wünschen und Vorstellungen des Arbeitnehmers entspricht.

***BAG** 23.6.1992 – 1 AZR 57/92*

Ein **kollektiver Tatbestand** liegt immer dann vor, wenn sich eine Regelungsfrage stellt, die kollektive Interessen der Arbeitnehmer des Betriebes berührt. So ist bei einem zusätzlichen Arbeitsbedarf immer die Frage zu regeln, ob und in welchem Umfang zur Abdeckung dieses Arbeitsbedarfs Überstunden geleistet werden sollen oder ob die Neueinstellung eines Arbeitnehmers zweckmäßiger wäre. Weiter ist zu entscheiden, wann und von wem die Überstunden geleistet werden sollen. Diese Regelungsprobleme bestehen unabhängig von der Person und den individuellen Wünschen eines einzelnen Arbeitnehmers. Auf die Zahl der Arbeitnehmer, für die Mehrarbeit oder Überstunden angeordnet werden, kommt es deshalb nicht an. Die Zahl der betroffenen Arbeitnehmer ist allenfalls ein Indiz dafür, dass ein kollektiver Tatbestand vorliegt.

***BAG** 10.6.1986 – 1 ABR 61/84*

Das Mitbestimmungsrecht des § 87 Abs. 1 Nr. 3 BetrVG setzt einen kollektiven Tatbestand voraus. Ein solcher ist gegeben, wenn die Frage zu regeln ist, ob und in welchem Umfang zur Abdeckung eines bestehenden Arbeitsbedarfs Mehrarbeit geleistet wird.

***BAG** 24.4.2007 – 1 ABR 47/06 = NZA 2007, 818*

Der Festlegung der Verteilung der Arbeitszeit entsprechend dem Änderungsangebot des Arbeitnehmers nach § 8 TzBfG können Betriebsvereinbarungen oder Regelungsabreden entgegenstehen, wenn die Festlegung der einzelnen Arbeitszeit einen kollektiven Bezug hat. Die Mitbestimmungsrechte des § 87 Abs. 1 BetrVG sind kollektive Schutzrechte zugunsten der Arbeitnehmer des Betriebs. Ihre Rechtsstellung darf in kollektiver Hinsicht nicht verschlechtert werden. Hat die Arbeitszeitverteilung dagegen keinen kollektiven Bezug, ist der Arbeitgeber im Anwendungsbereich des § 8 TzBfG verpflichtet, die gewünschte Arbeitszeit festzulegen (st. Rspr., vgl. für Betriebsvereinbarungen BAG 24.6.2008 – 9 AZR 313/07; BAG 16.3.2004 – 9 AZR 323/03; BAG 18.2.2003 – 9 AZR 164/02).

Die Zustimmung des Arbeitgebers zu einem Arbeitszeitverteilungsverlangen nach § 8 Abs. 1, Abs. 4 Satz 1 TzBfG hat keinen kollektiven Bezug, wenn ein bestimmtes Arbeitsverhältnis gestaltet werden soll und keine allgemeinen Belange der Arbeitnehmer berührt werden.

Allgemeine Interessen sind demgegenüber betroffen und ein **kollektiver Bezug** liegt vor, **wenn die beabsichtigte Arbeitszeitverteilung Auswirkungen auf den ganzen Betrieb, eine Gruppe von Arbeitnehmern oder einen Arbeitsplatz** – d. h. nicht nur auf den einzelnen Arbeitnehmer, der die Arbeitszeitumverteilung wünscht – hat (vgl. BAG 16.3.2004 – 9 AZR 323/03). Dem Mitbestimmungsrecht aus § 87 Abs. 1 Nr. 2 BetrVG liegt die gesetzgeberische Vorstellung zugrunde, dass die Festlegung der betriebsüblichen Arbeitszeit typischerweise kollektive Interessen der Arbeitnehmer berührt. Die Einsätze der Arbeitnehmer sind aufeinander abgestimmt. Die Arbeitsabläufe greifen ineinander. Das Mitbestimmungsrecht dient dazu, die Interessen der Arbeitnehmer an der Lage ihrer Arbeitszeit und der freien Zeit zur Gestaltung ihres Privatlebens zur Geltung zu bringen (für die st. Rspr. BAG 14.11.2006 – 1 ABR 5/06).

Die gewünschte Festlegung der Arbeitszeit der Arbeitnehmerin kann Auswirkungen auf die allgemeinen Interessen der Arbeitnehmer des Betriebs haben, wenn die übrigen in diesem Bereich beschäftigten Arbeitnehmer z. B. ihre Aufgaben in einem flexiblen Wechselschichtsystem versehen und die von der Arbeitnehmerin gewünschte Festlegung der Arbeitszeit dazu führt, dass sich die variablen Arbeitszeiten der anderen Arbeitnehmer an den festen Arbeitszeiten der Arbeitnehmerin ausrichten, sich um sie „herumgruppieren" müssten.

***BAG** 16.12.2008 – 9 AZR 893/07*

Die **Anrechnung einer tariflichen Verdienstsicherung** auf eine **Tantieme** ist mitbestimmungspflichtig nach § 87 Abs. 1 Nr. 10 BetrVG.

Das Mitbestimmungsrecht des Betriebsrats über das Aufstellen allgemeiner Entlohnungsgrundsätze und deren Änderung beschränkt sich allerdings auf kollektive Tatbestände. Ausgenommen sind deshalb individuelle Lohnvereinbarungen und -regelungen. Das sind solche, die mit Rücksicht auf den einzelnen Arbeitnehmer und seine Verhältnisse getroffen werden, und bei denen kein innerer Zusammenhang mit Leistungen an andere Arbeitnehmer besteht. Die Abgrenzung der kollektiven zur individuellen Regelung bestimmt sich nicht nach der Zahl der betroffenen Arbeitnehmer. Diese ist vielmehr lediglich Indiz. Entscheidend ist, ob Grund und Höhe einer Zahlung von allgemeinen Merkmalen abhängig gemacht werden, die von einer Mehrzahl von Arbeitnehmern im Betrieb erfüllt werden können. Hierzu gehören auch Regelungsfragen, die sich aus einer tariflichen Verdienstsicherung ergeben können (vgl. BAG 23.3.1993 – 1 AZR 582/92 = DB 1993, 1931).

Die Anrechnung des Tantiemeanspruchs auf die Verdienstsicherung mag derzeit nur den Kläger betreffen. Sie knüpft jedoch an den nach abstrakten Merkmalen abgrenzbaren und von diesen Merkmalen bestimmten Tatbestand des § 7 Abs. 5 MTV an. Es ist zu regeln, ob, in welcher Höhe und unter welchen Voraussetzungen der Tantiemeanspruch gestaltet wird, wenn ein Mitarbeiter aufgrund des Tarifvertrags eine die Tätigkeitsmerkmale übersteigende Vergütung erhält.

Die Verletzung des Mitbestimmungsrechts des Betriebsrats führt zur Rechtsunwirksamkeit der Anrechnung. Eine spätere Zustimmung des Betriebsrats zu dem Vorgehen des Arbeitgebers heilt den Rechtsfehler nicht. Die Verletzung des Mitbestimmungsrechts begründet zwar keinen Anspruch auf Leistungen, die der Arbeitnehmer nicht bereits aus anderen Rechtsansprüchen verlangen kann (vgl. BAG 28.9.1994 – 1 AZR 870/93 = DB 1995, 678). Anderes gilt jedoch bei dem zu Unrecht erfolgten Ausschluss von Leistungen. Verletzt der Arbeitgeber das Mitbestimmungsrecht nach § 87 Abs. 1 Nr. 10 BetrVG, so sind Anrechnungen gegenüber dem einzelnen Arbeitnehmer unwirksam. Dass sich der Betriebsrat auf Veranlassung des Klägers wegen der Nichtzahlung der Tantieme später an die Beklagte gewandt hat und die Angelegenheit nach einem Gespräch nicht weiter verfolgt hat, ersetzt die erforderliche vorherige Einigung mit der Beklagten nicht.

***BAG** 20.1.1998 – 9 AZR 698/96*

6. Eilfälle

Die **Eilbedürftigkeit** der Maßnahme lässt das Mitbestimmungsrecht des Betriebsrats nicht entfallen.

Bei gleich liegenden, immer wieder auftretenden Eilfällen kann der Betriebsrat seine Zustimmung zu den mitbestimmungspflichtigen Maßnahmen auch **im Voraus erteilen**.

***BAG** 2.3.1982 – 1 ABR 74/79*

Das Mitbestimmungsrecht des Betriebsrats entfällt nicht in Bezug auf „vorläufige" Maßnahmen und damit selbst nicht in Eilfällen; hierfür bietet der Wortlaut des § 87 BetrVG keinen Anhalt. Wo dies im Bereich des BetrVG ausnahmsweise anders sein soll, hat es der Gesetzgeber ausdrücklich geregelt (s. § 100 BetrVG).

Gerade § 87 Abs. 1 Nr. 3 BetrVG zeigt, dass der Gesetzgeber bei vorübergehender Verkürzung oder Verlängerung der betriebsüblichen Arbeitszeit, die doch wohl in der Regel kurzfristig angeordnet werden muss, die Mitbestimmung des Betriebsrats gewollt hat. Den Betriebspartnern ist es überdies zuzumuten, für Eilfälle eine entsprechende Vorsorge zu treffen.

Ob in so genannten **Notfällen**, bei denen es sich jedenfalls um Extremsituationen handeln muss, das Mitbestimmungsrecht entfällt, bleibt offen.

Unter einem Notfall wird eine plötzliche, nicht vorhersehbar gewesene und schwerwiegende Situation verstanden, die zur Verhinderung nicht wiedergutzumachender Schäden zu unaufschiebbaren Maßnahmen zwingt. Als Beispiele werden genannt: **Ausbruch eines Brandes**, Auftreten einer **Überschwemmung**, Gefahr einer **Explosion**, Auslieferung **verderblicher Ware** kurz vor Arbeitsschluss. Jedenfalls ist unter einem Notfall eine Extremsituation anzusehen.

Bei der Wertung, ob ein Notfall vorliegt, haben die Tatsachengerichte einen gewissen Beurteilungsspielraum.

***BAG** 13.7.1977 – 1 AZR 336/75*

Aus dem Grundsatz der vertrauensvollen Zusammenarbeit kann entnommen werden, dass in extremen **Notsituationen** der Arbeitgeber das Recht hat, vorläufig zur Abwendung akuter Gefahren oder Schäden eine Maßnahme durchzuführen, wenn er **unverzüglich** die Beteiligung des Betriebsrats nachholt.

***BAG** 19.2.1991 – 1 ABR 31/90*

Haben die Betriebsparteien sich über die Umsetzung einer tariflichen Änderung der regelmäßigen wöchentlichen Arbeitszeit bis zum Inkrafttreten des Tarifvertrages nicht geeinigt, so ist der Arbeitgeber nicht berechtigt, Anfang und Ende der täglichen Arbeitszeit einschließlich der Pausen sowie die Verteilung der wöchentlichen Arbeitszeit auf die einzelnen Wochentage ohne Zustimmung des Betriebsrats einseitig festzulegen, so lange die bisherige Verteilung der Arbeitszeit nach dem neuen Tarifvertrag beibehalten werden kann.

Ein Notfall käme nur dann in Betracht und würde den Arbeitgeber zur einseitigen Bestimmung der Arbeitszeit berechtigen, wenn die bisherige betriebliche Arbeitszeitregelung tarifwidrig geworden wäre.

***BAG** 19.2.1991 – 1 ABR 31/90*

7. Rechtsfolgen der Nichtbeachtung von Mitbestimmungsrechten des Betriebsrats

Bei den Rechtsfolgen unterbliebener Mitbestimmung ist zwischen den betriebsverfassungsrechtlichen Rechtsfolgen und den Rechtsfolgen im Arbeitsverhältnis zwischen Arbeitgeber und Arbeitnehmer zu unterscheiden.

Die **Theorie der Wirksamkeitsvoraussetzungen** bzw. die Theorie der notwendigen Mitbestimmung ist von der Rechtsprechung entwickelt worden, um zu verhindern, dass der Arbeitgeber dem Einigungszwang mit dem Betriebsrat durch Rückgriff auf arbeitsvertragliche Gestaltungsmöglichkeiten ausweicht. Die Rechtsunwirksamkeit von arbeitsvertraglichen Maßnahmen und Abreden soll eine Sanktion dafür sein, dass der Arbeitgeber das Mitbestimmungsrecht des Betriebsrats verletzt hat. Derjenige, der sich betriebsverfassungswidrig verhält, soll sich Dritten (den Arbeitnehmern) gegenüber nicht auf die Verletzung berufen können mit dem Ziel, sich so seiner vertraglich eingegangenen Verpflichtungen zu entledigen. Dementsprechend ist die **Unwirksamkeitsfolge** einer Maßnahme die geeignete Sanktion, **wenn der Arbeitgeber bei einer belastenden Maßnahme ein Mitbestimmungsrecht verletzt hat.**

***BAG** 16.9.1986 – GS 1/82*

Ist im Beschlussverfahren rechtskräftig festgestellt worden, dass dem Betriebsrat kein Mitbestimmungsrecht nach § 87 Abs. 1 Nr. 1 BetrVG bei einer umstrittenen Arbeitgeberweisung zusteht, so können auch die betroffenen Arbeitnehmer nicht mehr mit Erfolg geltend machen, die Weisung sei ihnen gegenüber wegen Verletzung des Mitbestimmungsrechts unwirksam.

***BAG** 10.3.1998 – 1 AZR 658/97*

Nach der Theorie der Wirksamkeitsvoraussetzung führt die Verletzung von Mitbestimmungsrechten des Betriebsrats im Verhältnis zwischen Arbeitgeber und Arbeitnehmer jedenfalls zur Unwirksamkeit von Maßnahmen oder Rechtsgeschäften, die den Arbeitnehmer belasten. Das soll verhindern, dass der Arbeitgeber dem Einigungszwang mit dem Betriebsrat durch Rückgriff auf arbeitsvertragliche Gestaltungsmöglichkeiten ausweicht. Dem Arbeitgeber darf aus einer betriebsverfassungsrechtlichen Pflichtwidrigkeit auch im Rahmen des Arbeitsverhältnisses kein Vorteil erwachsen

***BAG** 22.10.2014 – 5 AZR 731/12; BAG 23.2.2016 – 1 AZR 73/14*

Aus der Verletzung von Mitbestimmungsrechten des Betriebsrats kann sich kein individual-rechtlicher Anspruch für einzelne Arbeitnehmer ergeben, der zuvor noch nicht bestanden hatte.
Es gibt keinen rechtlichen Anknüpfungspunkt dafür, wie sich aus der Verletzung von Mitbestimmungsrechten ein vertraglicher Erfüllungsanspruch eines Arbeitnehmers ergeben soll. Dem Grundsatz, dass Maßnahmen unwirksam sind, mit denen unter Verletzung von Mitbestimmungsrechten bestehende Ansprüche von Arbeitnehmern beseitigt werden sollen, kann nicht entnommen werden, dass bei Verletzung eines Mitbestimmungsrechts Ansprüche entstehen, die bisher nicht bestanden und auch bei Beachtung des Mitbestimmungsrechts nicht entstanden wären.

***BAG** 20.8.1991 – 1 AZR 326/90*

Die im Arbeitsvertrag getroffene Vereinbarung über die Vergütung wird von Gesetzes wegen ergänzt durch die Verpflichtung des Arbeitgebers, den Arbeitnehmer nach den im Betrieb geltenden Entlohnungsgrundsätzen zu vergüten. Bei einer unter Verstoß gegen das Beteiligungsrecht des Betriebsrats nach § 87 Abs. 1 Nr. 10 BetrVG vorgenommenen Änderung der im Betrieb geltenden Entlohnungsgrundsätze kann ein Arbeitnehmer eine Vergütung auf der Grundlage der zuletzt mitbestimmten Entlohnungsgrundsätze fordern. Das folgt aus der Fortführung der Theorie der Wirksamkeitsvoraussetzung.

Die Theorie der Wirksamkeitsvoraussetzung trägt keinen Anspruch auf Vergütung nach mitbestimmungswidrig geänderten Entlohnungsgrundsätzen. Sie setzt ein mitbestimmungswidriges Verhalten des Arbeitgebers voraus. Sie ist nicht Anspruchsgrundlage zur Durchsetzung mitbestimmungswidrigen Verhaltens.

***BAG** 5.5.2015 – 1 AZR 435/13*

Der Umstand, dass das notwendige Mitbestimmungsrecht des Betriebsrats verletzt ist, wirkt sich auf die Einzelarbeitsverhältnisse in der Weise aus, dass die einseitig vom Arbeitgeber getroffenen Maßnahmen insoweit unwirksam sind, wie dadurch Einzelansprüche der Arbeitnehmer vereitelt oder geschmälert werden.

***BAG** 13.7.1977 – 1 AZR 336/75; **BAG** 26.4.1988 – 3 AZR 168/86;*
***BAG** 10.11.1992 – 1 AZR 183/92*

Die Verletzung von Mitbestimmungsrechten des Personalrats führt nicht dazu, dass sich individualrechtliche Ansprüche der betroffenen Arbeitnehmer ergäben, die zuvor noch nicht bestanden. Bei Nichtbeachtung der Mitbestimmung durch den Arbeitgeber erhält der Arbeitnehmer daher keinen Erfüllungsanspruch auf Leistungen, welche die bestehende Vertragsgrundlage übersteigen.

***BAG** 9.11.2010 – 1 AZR 147/09*

Die allgemeine Abänderung einer auf einer vertraglichen Einheitsregelung beruhenden Auflösung bedarf kollektivrechtlich nach § 87 Abs. 1 Nr. 10 BetrVG der Mitbestimmung des Betriebsrats sowie individualrechtlich der Änderungsvereinbarungen oder Änderungskündigungen. Weder das kollektivrechtliche noch das individualrechtliche Erfordernis ist vorrangig. Eine nicht mitbestimmte, aber sozial gerechtfertigte Änderung der Vertragsbedingungen kann der Arbeitgeber lediglich nicht durchsetzen, solange die Mitbestimmung nicht durchgeführt ist (im Anschluss an BAG 30.9.1993 – 2 AZR 283/93 = DB 1994, 637).

***BAG** 17.6.1998 – 2 AZR 336/97*

Für eine **Änderungskündigung** zur allgemeinen Abänderung einer auf einer vertraglichen Regelung beruhenden Leistung des Arbeitgebers gilt:

Auch wenn weiter an der Theorie der Wirksamkeitsvoraussetzung festzuhalten ist, bedingt das nicht, dass wegen der zur Zeit möglicherweise noch fehlenden Zustimmung des Betriebsrats die Änderungskündigung als sozialwidrig (§§ 2, 1 Abs. 2 KSchG) anzusehen ist. Vielmehr sind die vom Senat im Urteil vom 30.9.1993 (2 AZR 285/93) aufgestellten Grundsätze zu § 99 BetrVG ebenso bei einer nach § 87 BetrVG erforderlichen Mitbestimmung anzuwenden. Die **vorherige** Zustimmung des Betriebsrats zur Kündigung ist nicht erforderlich. Insoweit modifiziert der für Kündigungen nach §§ 1, 2 KSchG zuständige Zweite Senat die Rechtsprechung in den Urteilen vom 31.1.1984 (1 AZR 174/81) und vom 21.9.1989 (1 AZR 454/88).

Eine der Änderungskündigung vorhergehende Mitbestimmung ist für deren Wirksamkeit auch nicht erforderlich. Es genügt beim Fehlen einer mitbestimmten kollektivrechtlichen Regelung die Folgerung, dass die Änderung unter dem Vorbehalt einer Mitbestimmung des Betriebsrats steht und – solange diese nicht erfolgt ist – nicht durchgesetzt werden kann. Eine endgültige mitbestimmte Regelung ist sogar erst möglich, wenn die Wirksamkeit oder Unwirksamkeit der Änderungskündigung feststeht. Der Betriebsrat kann zwar für den vom Arbeitgeber erstrebten – gekürzten – Dotierungsrahmen im Voraus von seinem Mitbestimmungsrecht Gebrauch machen und muss dies auf Aufforderung des Arbeitgebers auch (BAG 16.9.1996 – GS 1/82). Der endgültige Dotierungsrahmen und das sich daraus ergebende Mitbestimmungsrecht des Betriebsrats stehen aber erst fest, wenn über die Wirksamkeit der Änderungskündigung rechtskräftig entschieden ist.

Daraus folgt zwingend, dass die Wirksamkeit der Änderungskündigung nicht von der vorherigen Mitbestimmung abhängig gemacht werden kann. **Nur die Durchsetzung der durch die Kündigung**

geänderten Arbeitsbedingungen – übrigens auch bei den einvernehmlich geänderten Bedingungen – ist dem Arbeitgeber bis zur Durchführung der Mitbestimmung verwehrt.

***BAG** 17.6.1998 – 2 AZR 336/97*

Hinweis für die Praxis:

Zu unterscheiden ist zwischen den kollektivrechtlichen Möglichkeiten, ein bestehendes Mitbestimmungsrecht durchzusetzen und den individualrechtlichen Folgen bei der Verletzung eines Mitbestimmungsrechts.

Nach h.M. und ständiger Rechtsprechung des BAG gilt die Theorie der Wirksamkeitsvoraussetzungen, wonach einseitige Maßnahmen des Arbeitgebers, die gegen ein Mitbestimmungsrecht verstoßen, stets unwirksam sind.

Eine Ausnahme stellt die Rechtsprechung des für Kündigungen zuständigen 2. Senats des BAG dar. Nach dieser Rechtsprechung sind Änderungskündigungen, die gegen Mitbestimmungsrechte verstoßen, zwar rechtswirksam, aber nicht durchsetzbar.

Die Nachwirkung eines Tarifvertrags i.S.v. § 4 Abs. 5 TVG erstreckt sich nicht auf ein Arbeitsverhältnis, das erst während des Nachwirkungszeitraums begründet wird.

Vereinbart der Arbeitgeber nach der Kündigung eines Vergütungstarifvertrags mit allen neu eingestellten Arbeitnehmern eine geringere als die tarifliche Vergütung, haben diese keinen individuellen Anspruch auf Gleichbehandlung mit den kraft Nachwirkung weiterhin Tarifunterworfenen.

Die Änderung einer – ursprünglich etwa kraft Tarifbindung des Arbeitgebers – im Betrieb geltenden Vergütungsordnung unterliegt der Mitbestimmung des Betriebsrats nach § 87 Abs. 1 Nr. 10 BetrVG.

Maßnahmen des Arbeitgebers, die der notwendigen Mitbestimmung entbehren, sind auch individualrechtlich unwirksam, soweit sie bestehende Rechtspositionen der Arbeitnehmer schmälern (Theorie der Wirksamkeitsvoraussetzungen).

Auch wenn dem Arbeitnehmer durch die Nichtbeachtung der Mitbestimmung seitens des Arbeitgebers grundsätzlich kein Anspruch auf Leistungen erwächst, die die bestehende Vertragsgrundlage übersteigen, kann die Weitergeltung der bisherigen Entlohnungsgrundsätze unter besonderen Umständen dazu führen, dass ihm ein Anspruch auf eine höhere Vergütung als die vertraglich vereinbarte zusteht.

Die Notwendigkeit einer Beachtung und Anwendung der betriebsverfassungsrechtlich (weiter-) geltenden tariflichen Vergütungsordnung schließt bei fehlender Tarifbindung die rechtliche Möglichkeit nicht aus, unter Beibehaltung der inneren Struktur dieser Ordnung niedrigere als die tariflichen (Anfangs-)Gehälter zu vereinbaren.

***BAG** 11.6.2002 – 1 AZR 390/01*

Die mangelnde Beteiligung des Betriebsrats bei der Aufstellung von **Verteilungsgrundsätzen** bei einer **Gehaltserhöhungsrunde** begründet keinen Anspruch des einzelnen Arbeitnehmers auf eine bestimmte Gehaltserhöhung. Selbst wenn der Verteilungsplan für die Gehaltserhöhungen ohne Beachtung von § 87 Abs. 1 Nr. 10 BetrVG aufgestellt worden ist, führt dies nicht zu Zahlungsansprüchen des Arbeitnehmers.

***BAG** 15.11.1994 – 5 AZR 682/93*

Das Mitbestimmungsrecht des Betriebsrats bei der Gewährung von **Sondervergütungen** (§ 87 Abs. 1 Nr. 10 BetrVG) wird nicht dadurch berührt, dass der Arbeitgeber bereits vor der Beteiligung des Betriebsrats Zahlungen erbringt, die er nicht mehr zurückfordern kann, so dass im Fall einer abweichenden Einigung mit dem Betriebsrat Kosten entstehen werden, die den ursprünglich vorgesehenen Dotierungsrahmen übersteigen.

Eine solche **zusätzliche Belastung** des Arbeitgebers ist als Folge seines rechtswidrigen Vorgehens allein ihm zuzurechnen. Hierin liegt keine Durchbrechung des Grundsatzes, dass der Betriebsrat bei der Festlegung des Dotierungsrahmens nicht mitzubestimmen hat.

Zahlt der Arbeitgeber einzelnen Arbeitnehmern Sonderzulagen mit der Begründung, die Lage auf dem Arbeitsmarkt veranlasse ihn dazu, so bleibt unklar, ob der Leistung eine mitbestimmungspflichtige Entscheidung (ein kollektiver Tatbestand) oder nur individuelle Lohngestaltung zugrunde liegt.

***BAG** 14.6.1994 – 1 ABR 63/93*

8. Die einzelnen Fälle der Mitbestimmung

Arbeitsnotwendige Anordnungen sind von der Mitbestimmung des Betriebsrats ausgenommen. Die in § 87 Abs. 1 BetrVG geregelten Mitbestimmungsrechte sollen der Beschränkung des Direktionsrechts des Arbeitgebers und der Wahrung der Interessen der Arbeitnehmer in dem Bereich dienen, in dem der Arbeitgeber sonst allein entscheidet. Der Gesetzgeber hat jedoch nur einzelne Mitbestimmungstatbestände geschaffen und nicht generell die Ausübung des Direktionsrechts der Mitbestimmung des Betriebsrats unterworfen. Es ist sinnvoll, den Arbeitnehmern eine gleichberechtigte Teilhabe an der Gestaltung des betrieblichen Zusammenlebens zu gewähren, dem Arbeitgeber aber mitbestimmungsfreie Weisungen bezüglich der Arbeitsleistung zu belassen. Die Grenzziehung zwischen Arbeitsverhalten und Ordnungsverhalten mag im Einzelfalle schwierig sein; die grundsätzliche Trennung der beiden Bereiche bleibt jedoch erforderlich.

***BAG** 23.10.1984 – 1 ABR 2/83*

8.1. Ordnung und Verhalten der Arbeitnehmer im Betrieb

Ob ein an die Arbeitnehmer gerichtetes Ersuchen des Arbeitgebers, sich zur Verschwiegenheit über bestimmte Vorgänge zu verpflichten, das mitbestimmungspflichtige Ordnungsverhalten oder das mitbestimmungsfreie Arbeitsverhalten betrifft, hängt vom Gegenstand ab, über den Stillschweigen bewahrt werden soll.

Ist das Ordnungsverhalten betroffen, scheidet ein Mitbestimmungsrecht des Betriebsrats nicht deshalb aus, weil der Arbeitgeber den Arbeitnehmern den Abschluss einer zweiseitigen Vereinbarung anträgt und nicht einseitige Anordnungen erlassen will.

Allein der Umstand, dass die Arbeitnehmer textlich gleiche Erklärungen abgeben sollen, führt nicht dazu, dass das Ordnungsverhalten berührt wäre. Es geht, dabei nicht um eine Standardisierung des Verhaltens der Arbeitnehmer, sondern um die Abgabe inhaltsgleicher Erklärungen; das ist kein Fall des § 87 Abs. 1 Nr. 1 BetrVG.

Ein Globalantrag, mit dem ein Mitbestimmungsrecht für eine uneingeschränkte Vielzahl von Fallgestaltungen in Anspruch genommen wird, ist insgesamt unbegründet, wenn es Fälle gibt, in denen dem Betriebsrat das betreffende Mitbestimmungsrecht nicht zusteht.

***BAG** 10.3.2009 – 1 ABR 87/07*

Der Betriebsrat hat nach § 87 Abs. 1 Nr. 1 BetrVG mitzubestimmen, wenn der Arbeitgeber durch **Ethik-Richtlinien** in einem Verhaltenskodex („Code of conduct") das sog. Ordnungsverhalten der Arbeitnehmer regeln will.

Das Mitbestimmungsrecht nach § 87 Abs. 1 Nr. 1 BetrVG setzt nicht notwendig voraus, dass es sich um verbindliche Verhaltensregeln handelt. Ausreichend ist, wenn die Maßnahme des Arbeitgebers darauf gerichtet ist, das Verhalten der Arbeitnehmer zu steuern oder die Ordnung des Betriebs zu gewährleisten.

Kein Mitbestimmungsrecht besteht bei Regelungen, mit denen lediglich die geschuldete Arbeitsleistung konkretisiert werden soll,

oder bei der Verlautbarung der „Unternehmensphilosophie“ und der Beschreibung von Unternehmenszielen.
Die Mitbestimmung des Betriebsrats ist nach § 87 Abs. 1 Eingangshalbs. BetrVG ausgeschlossen, wenn der Gegenstand gesetzlich geregelt ist. Ausländische Vorschriften schließen die Mitbestimmungsrechte nach § 87 BetrVG nicht aus.
§ 87 Abs. 1 Nr. 1 BetrVG berechtigt die Betriebsparteien nicht, in die private Lebensführung der Arbeitnehmer einzugreifen. Regelungen über private Beziehungen im Betrieb sind aber nicht von vornherein der Mitbestimmung entzogen.
Ein vom Arbeitgeber aufgestellter Verhaltenskodex kann mitbestimmungspflichtige und mitbestimmungsfreie Teile enthalten. Das Mitbestimmungsrecht an einzelnen Regelungen eines Verhaltenskodexes begründet nicht notwendig ein Mitbestimmungsrecht an dem Gesamtwerk.

***BAG** 22.7.2008 – 1 ABR 40/07*

§ 87 Abs. 1 Nr. 1 BetrVG unterwirft nur Fragen der Ordnung des Betriebes und des Verhaltens der Arbeitnehmer im Betrieb der Mitbestimmung des Betriebsrats. Ein Mitbestimmungsrecht über die anlässlich einer Regelung nach § 87 Abs. 1 Nr. 1 BetrVG anfallenden Kosten ist dem Gesetz dagegen nicht zu entnehmen. Die Kosten sind vielmehr von demjenigen zu tragen, in dessen Sphäre sie anfallen. Verursacht die Regelung eines mitbestimmungspflichtigen Tatbestands zusätzliche betriebliche Kosten, hat diese grundsätzlich der Arbeitgeber zu tragen (BAG 1.12.1992 – 1 AZR 260/92).

***BAG** 11.7.2000 – 1 AZR 551/99*

Nach § 87 Abs. 1 Nr. 1 BetrVG unterstellt das Gesetz die Fragen der Ordnung des Betriebes und des Verhaltens der Arbeitnehmer im Betrieb dem Mitbestimmungsrecht des Betriebsrats. Gegenstand der Mitbestimmung ist die Gestaltung des Zusammenlebens und Zusammenwirkens der Arbeitnehmer im Betrieb. Nur ein Verhalten der Arbeitnehmer, durch das dieses Zusammenleben und Zusammenwirken berührt wird, ist Gegenstand von Maßnahmen, die dem Mitbestimmungsrecht des Betriebsrats unterliegen. Es muss sich um ein **Verhalten der Arbeitnehmer in Bezug auf die betriebliche Ordnung** handeln. Damit scheiden alle Maßnahmen des Arbeitgebers aus, die ein Verhalten des Arbeitnehmers betreffen, das einen solchen Bezug zur betrieblichen Ordnung nicht hat, sei es, dass es sich **nur auf die Arbeitsleistung des Arbeitnehmers bezieht oder dass es in sonstiger Weise lediglich das Verhältnis Arbeitnehmer/Arbeitgeber betrifft. Dies ist die Abgrenzung der mitbestimmungspflichtigen von den mitbestimmungsfreien Maßnahmen**.

***BAG** 8.8.1989 – 1 ABR 65/88*

Führt der **Arbeitgeber** im Betrieb in regelmäßigen Abständen **Informationsveranstaltungen** durch, in denen er Hintergrundwissen über das Unternehmen vermitteln, wirtschaftliche Zusammenhänge aufzeigen und unternehmerische Entscheidungen transparent machen möchte, besteht kein Mitbestimmungsrecht der, Gesamtvertretung nach § 77 Abs. 1 Nr. 1 TV-PV, der inhaltlich § 87 Abs. 1 Nr. 1 BetrVG entspricht.

***BAG** 15.4.2014 – 1 ABR 85/12*

Der Betriebsrat hat mitzubestimmen, wenn ein Arbeitgeber seine Arbeitnehmer anweist, sich **in einem Kundenbetrieb** der dort eingerichteten **biometrischen Zugangskontrolle** (Arbeitnehmer müssen bei Kundenfirma Fingerabdrücke in einem Fingerprint-Scanner hinterlegen, der im Kundenbetrieb in einer „Personenvereinzelungsanlage“ (Zugangsschleuse) eingerichtet ist) zu unterziehen. Die Anweisung betrifft das betriebliche Verhalten der entsandten Kundendienstmitarbeiter und ist daher nach § 87 Abs. 1 Nr. 1 BetrVG mitbestimmungspflichtig. Außerdem handelt es sich um die nach § 87 Abs. 1 Nr. 6 BetrVG mitbestimmungspflichtige Anwendung einer technischen Überwachungseinrichtung. Dem Mitbestimmungsrecht des Betriebsrats steht nicht entgegen, dass das Zugangskontrollsystem im Kundenbetrieb eingerichtet ist. Zwar hat der Arbeitgeber auf die dortigen Verhältnisse keinen unmittelbaren Einfluss. Er gibt aber den entsandten Arbeitnehmern die mitbestimmungspflichtigen Anweisungen. Daher ist zwischen ihm und dem Betriebsrat zu vereinbaren, ob und in welcher Weise die Arbeitnehmer der Zugangskontrolle in einem fremden Betrieb unterworfen werden. Der Arbeitgeber muss bei der Vertragsgestaltung mit dem Kunden dafür sorgen, dass die mit dem Betriebsrat getroffenen Vereinbarungen umgesetzt werden. Individualrechtliche Rechtspositionen der betroffenen Arbeitnehmer bleiben hiervon unberührt.

***BAG** 27.1.2004 – 1 ABR 7/03*

Die Anweisung an Sachbearbeiter, in Geschäftsbriefen auch ihre **Vornamen** anzugeben, betrifft das Arbeitsverhältnis und ist daher nicht nach § 87 Abs. 1 Nr. 1 BetrVG mitbestimmungspflichtig.

Ein Verstoß des Arbeitgebers gegen die Pflicht, seine Arbeitnehmer in der freien Entfaltung ihrer Persönlichkeit zu schützen und zu fördern (§ 75 Abs. 2 BetrVG), vermag kein Mitbestimmungsrecht des Betriebsrats zu begründen.

***BAG** 8.6.1999 – 1 ABR 67/98*

Hinweis für die Praxis:

Nach § 87 Abs. 1 Nr. 1 BetrVG hat der Betriebsrat mitzubestimmen bei Fragen der Ordnung des Betriebes und des Verhaltens der Arbeitnehmer im Betrieb. Gegenstand des Mitbestimmungsrechts ist das betriebliche Zusammenleben und Zusammenwirken der Arbeitnehmer. An dessen Gestaltung soll den Arbeitnehmern eine gleichberechtigte Teilhabe gewährleistet werden.

*Dabei ist zu unterscheiden zwischen **mitbestimmungspflichtigem Ordnungsverfahren** und **mitbestimmungsfreiem Arbeitsverhalten**. Letzteres wird von allen Weisungen betroffen, die bei der Erbringung der Arbeitsleistung selbst zu beachten sind. Das Arbeitsverhalten ist berührt, wenn der Arbeitgeber kraft seiner Organisations- und Leitungsmacht näher bestimmt, welche Arbeiten auszuführen sind und in welcher Weise das geschehen soll. Mitbestimmungsfrei sind danach nur Anordnungen, mit denen die Arbeitspflicht unmittelbar konkretisiert wird. Hingegen betreffen Anordnungen, die dazu dienen, das sonstige Verhalten der Arbeitnehmer zu koordinieren, die Ordnung des Betriebes (BAG 21.1.1997 – 1 ABR 53/96; BAG 23.7.1996 – 1 ABR 17/96).*

Ausgehend von diesen Grundsätzen hat das BAG entschieden, dass der Betriebsrat bei der Ausgestaltung einer einheitlichen Arbeitskleidung, die das äußere Erscheinungsbild des Unternehmens verbessern soll, mitzubestimmen hat; insoweit geht es um das Ordnungsverhalten der Arbeitnehmer (BAG 8.8.1989 – 1 ABR 65/88).

§ 87 Abs. 1 Nr. 1 BetrVG betrifft nicht ausschließlich das innerbetriebliche Verhalten der Arbeitnehmer, so dass auch Regeln über das Auftreten gegenüber Geschäftspartnern des Arbeitgebers der Mitbestimmung des Betriebsrats unterliegen können. So mag das Tragen einer einheitlichen Kleidung, in der die Arbeitnehmer auch Kunden gegenübertreten, zu dem Zweck angeordnet werden, das Zusammengehörigkeitsgefühl der Arbeitnehmer und ihre Identifikation mit dem Unternehmen zu stärken. Dennoch ist auch das Ordnungsverhalten der Arbeitnehmer betroffen.

Beschränkt sich die Anweisung des Arbeitgebers auf die Gestaltung eines Arbeitsproduktes, ist das mitbestimmungsfreie Arbeitsverhalten angesprochen,. Soweit die Arbeitspflicht der Arbeitnehmer die Korrespondenz mit Außenstehenden umfasst, wird sie in der Weise konkretisiert, dass die Schreiben eine bestimmte äußere Form erhalten sollen. Vorgaben für die Form von Geschäftsbriefen sind indessen unerlässlich für Unternehmen, die sich gegenüber ihren Kunden als kompetente und seriöse Geschäftspartner darstellen wollen. Bliebe es dem jeweiligen Sachbearbeiter überlassen, welche äußere Gestalt er geschäftlichen Schreiben gibt, so könnte die hieraus resultierende Vielfalt bei den Adressaten sogar zu Unsicherheit darüber führen, ob sie es überhaupt mit autorisierten Äußerungen des jeweiligen Unternehmens zu tun haben.

Die Korrespondenz ist Teil der Kommunikation mit den Kunden, die zu der von den Sachbearbeitern geschuldeten Arbeitsleistung gehört. Dieser Verkehr wird durch die Angabe des zuständigen Ansprechpartners im Unternehmen erleichtert. Dabei macht es für die rechtliche Bewertung betreffend Bestehen eines Mitbestimmungsrechts des Betriebsrats keinen Unterschied, ob diese Angabe auf die betriebliche Telefonnummer beschränkt ist oder auch Vor- und Familiennamen zu erkennen gibt. Soll die Nennung des vollständigen Namens der Bearbeiter Offenheit signalisieren und dadurch die Kommunikation mit den Kunden fördern, betrifft dieser Zweck die Leistung der geschuldeten Arbeit. Damit besteht kein Mitbestimmungsrecht des Betriebsrats.

***BAG** 8.6.1999 – 1 ABR 67/98*

Die **Verwendung von Laufzetteln**, auf denen der Erhalt von Arbeitsmitteln und Zutrittsberechtigungen einschließlich erforderlicher Belehrungen vermerkt ist, unterliegt nicht der Mitbestimmung des Betriebsrats nach § 87 Abs. 1 Nr. 1 BetrVG. Die darin enthaltenen Angaben stehen in einem untrennbaren Zusammenhang mit der Erbringung der Arbeitsleistung. Ein derartiges Formular dient damit der Regelung des Arbeitsverhaltens und nicht der Koordinierung des Zusammenlebens und Zusammenwirkens der Arbeitnehmer.

Die bloße Standardisierung des Arbeitsverhaltens bewirkt keine Zuordnung zum Ordnungsverhalten.

***BAG** 25.9.2012 – 1 ABR 50/11*

Seinem Wortlaut nach unterwirft § 87 Abs. 1 Nr. 1 BetrVG jedes Verhalten der Arbeitnehmer im Betrieb der Mitbestimmung. Das würde auch die Art und Weise der Erbringung der Arbeitsleistung selbst erfassen. Das Arbeitsverhalten der Arbeitnehmer soll jedoch nach dem Zweck des Mitbestimmungsrechts von einer Beteiligung des Betriebsrats frei sein. Das mitbestimmungsfreie Arbeitsverhalten betrifft danach alle Regeln und Weisungen, die bei der Erbringung der Arbeitsleistung selbst zu beachten sind. Es ist berührt, wenn der Arbeitgeber kraft seiner Organisations- und Leitungsmacht näher bestimmt, welche Arbeiten auszuführen sind und in welcher Weise das geschehen soll. Mitbestimmungsfrei sind deshalb solche Anordnungen, mit denen die Arbeitspflicht unmittelbar konkretisiert und damit abgefordert wird.

Ob eine Anordnung das nach § 87 Abs. 1 Nr. 1 BetrVG mitbestimmungspflichtige Ordnungsverhalten oder das mitbestimmungsfreie Arbeitsverhalten betrifft, beurteilt sich nicht nach den subjektiven Vorstellungen, die den Arbeitgeber zu der Maßnahme bewogen haben. Entscheidend ist der objektive Regelungszweck, der sich nach dem Inhalt der Maßnahme und der Art des zu beeinflussenden betrieblichen Geschehens bestimmt.

Eine das Ordnungsverhalten betreffende Maßnahme wird nicht dadurch mitbestimmungsfrei, dass sie einen Randbereich des Arbeitsverhaltens berührt.

***BAG** 11.6.2002 – 1 ABR 46/01*

Für das Eingreifen eines Mitbestimmungsrechts i.S.d. § 87 Abs. 1 BetrVG ist es unerheblich, ob es sich in der fraglichen Angelegenheit um eine einseitige Maßnahme des Arbeitgebers oder um eine vertragliche Einheitsregelung handelt.
Betrifft eine Regelung im Interesse der betrieblichen Abläufe (auch) das private Verhalten der Arbeitnehmer, kommt eine Mitbestimmung des Betriebsrats nach § 87 Abs. 1 Nr. 1 BetrVG in Betracht.
Dem Betriebsrat steht bei der Einführung eines Formulars, in dem Redakteure einer Wirtschaftszeitung aufgrund einer vertraglichen Nebenabrede den Besitz bestimmter Wertpapiere dem Arbeitgeber anzuzeigen haben, ein Mitbestimmungsrecht nach § 87 Abs. 1 Nr. 1 BetrVG zu. Diese Maßnahme unterliegt nicht dem Tendenzschutz nach § 118 Abs. 1 Satz 1 BetrVG. Bei der Einführung von Regeln, die für Redakteure einer Wirtschaftszeitung den Besitz von Wertpapieren oder die Ausübung von Nebentätigkeiten mit dem Ziel einschränken, die Unabhängigkeit der Berichterstattung zu gewährleisten, schließt der Tendenzschutz des § 118 Abs. 1 Satz 1 BetrVG eine Mitbestimmung des Betriebsrats aus.

***BAG** 28.5.2002 – 1 ABR 32/01 = DB 2003, 287*

Das Mitbestimmungsrecht des Betriebsrats nach § 87 Abs. 1 Nr. 1 BetrVG besteht auch dann, wenn der Arbeitgeber seinen Arbeitnehmern Anweisungen hinsichtlich ihres Ordnungsverhaltens in einem Kundenbetrieb erteilt. Der Begriff des Betriebs i.S.v. § 87 Abs. 1 Nr. 1 BetrVG ist nicht räumlich, sondern funktional zu verstehen.
Der Arbeitgeber kann gegenüber dem Mitbestimmungsrecht des Betriebsrats nach § 87 Abs. 1 Nr. 1 und 6 BetrVG nicht einwenden, ihm seien Verhaltensregeln oder technische Überwachungseinrichtungen von einem Vertragspartner vorgegeben. Er muss durch entsprechende Vertragsgestaltung sicherstellen, dass die ordnungsgemäße Wahrnehmung der Mitbestimmungsrechte des Betriebsrats gewährleistet ist.
Verletzt der Arbeitgeber Mitbestimmungsrechte des Betriebsrats, kann dieser auch ohne grobe Pflichtverletzung die Unterlassung der mitbestimmungswidrigen Maßnahmen verlangen.

***BAG** 27.1.2004 – 1 ABR 7/03*

Das von Art. 9 Abs. 3 GG geschützte Recht betriebsangehöriger Gewerkschaftsmitglieder, sich durch die Verteilung gewerkschaftlichen Informations- oder Werbematerials im Betrieb aktiv an der koalitionsgemäßen Betätigung ihrer Gewerkschaft zu beteiligen und diese dadurch bei der Verfolgung ihrer koalitionsspezifischen Ziele zu unterstützen, unterliegt nicht der Regelungsmacht der Betriebsparteien. (Rn. 17 – 22). Da eine solche Betätigung nicht der Regelungsmacht des Arbeitgebers unterfällt, besteht auch kein Raum für ein Mitbestimmungsrecht des Betriebsrats nach § 87 Abs. 1 Nr. 1 BetrVG. Die Betriebsparteien sind nicht berechtigt, die aus Art. 9 Abs. 3 GG folgende Koalitionsbetätigungsfreiheit auszugestalten (Rn. 17 ff.).

Das Mitbestimmungsrecht nach § 87 Abs. 1 Nr. 1 BetrVG schränkt die auf die betriebliche Ordnung bezogene Regelungsmacht des Arbeitgebers ein und stellt damit sicher, dass die Arbeitnehmer gleichberechtigt in die Gestaltung des betrieblichen Zusammenlebens einbezogen werden (Rn. 16).

***BAG** 28.7.2020 – 1 ABR 41/18*

8.1.1. Kontrolle der Betriebsratstätigkeit

Der Arbeitgeber hat **kein Weisungsrecht** hinsichtlich der **Ausübung der Betriebsratstätigkeit**; deshalb entfällt auch ein Mitbestimmungsrecht nach § 87 Abs. 1 Nr. 1 BetrVG.

Betriebsratsmitglieder sind bei **Abmeldung vom Arbeitsplatz** weder verpflichtet, die Namen von Arbeitnehmern anzugeben, die sie im Betrieb aufsuchen wollen, noch sind sie verpflichtet, generell auf die Sprechstunde des Betriebsrats zu verweisen.

***BAG** 23.6.1983 – 6 ABR 65/80*

Betriebsratsmitglieder sind arbeitsvertraglich verpflichtet, sich beim Arbeitgeber abzumelden, wenn sie den Arbeitsplatz zur Ausübung von Betriebsratstätigkeit verlassen; danach müssen sie sich wieder zurückmelden.

Inhalt dieser Verpflichtung ist nur die ordnungsgemäße Unterrichtung. Wie diese bewirkt wird, steht dem Betriebsratsmitglied frei. Eine persönliche Meldung kann der Arbeitgeber nicht verlangen.

Soweit der Arbeitgeber regelt, wie Vorgesetzte verfahren sollen, wenn sich ihnen unterstellte Betriebsratsmitglieder ab- oder rückmelden, besteht kein Mitbestimmungsrecht nach § 87 Abs. 1 Nr. 1 BetrVG, weil eine solche Regelung nur die Arbeitspflicht der Vorgesetzten konkretisiert.

***BAG** 13.5.1997 – 1 ABR 2/97*

8.1.2. Arbeits- und Verhaltenskontrollen

Ordnet der Arbeitgeber eine **außerplanmäßige Dienstreise** an, die Reisezeiten außerhalb der normalen Arbeitszeit des Arbeitnehmers erforderlich macht, liegt hierin keine gemäß § 87 Abs. 1 Nr. 3 BetrVG mitbestimmungspflichtige Verlängerung der betriebsüblichen Arbeitszeit, wenn während der Reisezeit keine Arbeitsleistung zu erbringen ist. Die Anordnung enthält auch keine gemäß § 87 Abs. 1 Nr. 1 BetrVG mitbestimmungspflichtige Regelung der Ordnung oder des Verhaltens der Arbeitnehmer im Betrieb.

***BAG** 23.7.1996 – 1 ABR 17/96*

Eine mitbestimmungspflichtige Regelung der Ordnung des Betriebes i.S.d. § 87 Abs. 1 Nr. 1 BetrVG liegt nicht vor, wenn ein Zeitungsverlag für seine Redakteure **Formulare** zur täglichen **Erfassung** der jeweils verrichteten **Tätigkeiten** und der dafür benötigten Zeit einführt, um ihnen den Nachweis des tariflichen Anspruchs auf Überstundenvergütung zu erleichtern, jedoch ohne ihnen die Ausfüllung und Einreichung der Formulare zur Pflicht zu machen.

***BAG** 9.12.1980 – 1 ABR 1/78*

Die Einführung von **Lochkarten** in Form von **Arbeitsbelegen**, in die die Arbeitnehmer den zeitlichen Aufwand einer bestimmten Arbeit selbst eintragen und die dann nach EDV-mäßiger Auswertung für die betriebliche Kalkulation verwendet werden, unterliegt nicht der Mitbestimmung des Betriebsrats. Das Führen dieser Arbeitsnachweise gehört zur Erbringung der vertraglich geschuldeten Leistung und hat keinen Bezug zur Ordnung des Betriebes und des Verhaltens der Arbeitnehmer im Betrieb.

***BAG** 23.1.1979 – 1 ABR 101/76*

Der Einsatz von **Privatdetektiven** zur Überwachung von Arbeitnehmern bei der Arbeit (Verdacht von Straftaten) unterliegt nicht dem Mitbestimmungsrecht des Betriebsrats nach § 87 Abs. 1 Nr. 1 BetrVG. Soweit aber die Überwachung durch die Privatdetektive mit Hilfe technischer Einrichtungen erfolgt, ist sie mitbestimmungspflichtig nach § 87 Abs. 1 Nr. 6 BetrVG.

***BAG** 26.3.1991 – 1 ABR 26/90*

Lässt eine Bank ohne Kenntnis der Arbeitnehmer durch ein anderes Unternehmen Tests zur Überprüfung der Beratungsqualität an zufällig ausgewählten Schaltern durchführen, wobei die Arbeitgeberin die Ergebnisse nicht mit einzelnen Arbeitnehmern oder Gruppen von Arbeitnehmern in Verbindung bringen kann, so hat der Betriebsrat weder nach § 87 Abs. 1

> Nr. 1 oder Nr. 6 BetrVG noch nach § 94 BetrVG ein Mitbestimmungsrecht.
>
> ***BAG** 18.4.2000 – 1 ABR 22/99 = BB 2000, 2521 = DB 2000, 2227*

Eine Regelung, die es Arbeitnehmern verbietet, Bargeld mit an den Arbeitsplatz zu bringen, um denkbare Kassenmanipulationen zu erschweren, ist gemäß § 87 Abs. 1 Nr. 1 BetrVG mitbestimmungspflichtig.

***Hessisches LAG** 15.1.2004 – 5 TaBV 49/03 = NZA-RR 2004, 411*

Die Durchführung von Taschenkontrollen der Mitarbeiter unterliegt dem Mitbestimmungsrecht des Betriebsrats nach § 87 Abs. 1 Nr. 1 BetrVG.

Beachtet der Arbeitgeber das Mitbestimmungsrecht des Betriebsrats nach § 87 Abs. 1 Nr. 1 BetrVG oder sich aus einer Betriebsvereinbarung (hier: BV-Personenkontrolle) ergebende Pflichten nicht, so führt dieser Umstand nicht dazu, dass der Arbeitgeber die unstreitige Tatsache eines im Besitz der Arbeitnehmerin während einer Personenkontrolle aufgefundenen Gegenstandes (hier: eines Lippenstiftes) in einem Kündigungsschutzprozess nicht verwerten kann.

Ein „Sachvortragsverwertungsverbot" kennt das deutsche Zivilprozessrecht nicht. Der beigebrachte Tatsachenstoff ist entweder unschlüssig oder unbewiesen, aber nicht „unverwertbar". Das Arbeitsgericht ist an ordnungsgemäß in den Prozess eingeführten Sachvortrag der Parteien gebunden. Insbesondere unstreitige Tatsachen muss es berücksichtigen und darf einen Parteivortrag nicht ohne gesetzliche Grundlage unbeachtet und unverwertet lassen.

***BAG** 13.12.2007 – 2 AZR 537/06*

Der Betriebsrat hat nach § 87 Abs. 1 Nr. 1 BetrVG sowohl über das „Ob" als auch das „Wie" mitzubestimmen, wenn der Arbeitgeber die **Vorlage einer ärztlichen Bescheinigung über das Bestehen einer Arbeitsunfähigkeit** und deren voraussichtliche Dauer abweichend von § 5 Abs. 1 Satz 2 EFZG zu einem früheren Zeitpunkt für alle Arbeitnehmer regeln will.

Das Mitbestimmungsrecht nach § 87 Abs. 1 Nr. 1 BetrVG für eine solche Regelung steht originär den jeweiligen Betriebsräten und nicht dem Gesamtbetriebsrat zu. Allein das Interesse an einer einheitlichen Regelung im Unternehmen kann dessen Zuständigkeit nicht begründen.

***BAG** 23.8.2016 – 1 ABR 43/14*

Nach § 87 Abs. 1 Nr. 1 BetrVG hat der Betriebsrat bei Fragen der Ordnung des Betriebs und des Verhaltens der Arbeitnehmer im Betrieb mitzubestimmen. Gegenstand der Mitbestimmung ist die Gestaltung des Zusammenlebens und Zusammenwirkens der Arbeitnehmer im Betrieb sowohl durch allgemeingültige verbindliche Verhaltensregeln als auch durch Maßnahmen des Arbeitgebers, die das Verhalten der Arbeitnehmer bezüglich der betrieblichen Ordnung berühren.

Mitbestimmungsfrei sind hingegen solche Maßnahmen des Arbeitgebers, die ein Verhalten des Arbeitnehmers betreffen, das keinen Bezug zur betrieblichen Ordnung hat, sei es, dass es sich nur auf die Arbeitsleistung des Arbeitnehmers bezieht oder in sonstiger Weise lediglich das Verhältnis des einzelnen Arbeitnehmers zum Arbeitgeber berührt.

Soweit der Arbeitgeber durch von ihm eingesetzte Hilfspersonen stichprobenartige Taschenkontrollen anordnet, um Arbeitnehmer oder Gruppen von ihnen Untersuchungen zu unterziehen, die Eigentumsdelikte zu seinem Nachteil aufdecken sollen, ist eine solche Anordnung mit der einer allgemeinen Torkontrolle zu vergleichen, die ganz überwiegend für eine gemäß § 87 Abs. 1 Nr. 1 BetrVG mitbestimmungspflichtige Maßnahme der Ordnung des Betriebs oder des Verhaltens der Arbeitnehmer im Betrieb gehalten wird. (vgl. auch BAG 9.7.1991 – 1 ABR 57/90).

Eine (Gesamt-)Betriebsvereinbarung über die Durchführung von Kontrollen der ArbeitnehmerInnen kann dem Arbeitgeber die Befugnis zu Stichprobenkontrollen verleihen. Danach wird das Verhalten der Arbeitnehmer insoweit geregelt, als sie verpflichtet werden, die Taschenkontrollen zu dulden. Obgleich der Zweck der Überprüfung darin besteht festzustellen, ob die Arbeitnehmer sich im Zusammenhang mit ihrer Arbeitsleistung so verhalten, wie es ihnen ihre arbeitsvertragliche Nebenpflicht, das Eigentum des Arbeitgebers zu wahren, ohnehin gebietet (vgl. BAG 26.3.1991 – 1 ABR 26/90), berühren die Kontrollen nicht nur das Verhältnis des einzelnen Arbeitnehmers zum Arbeitgeber. Vielmehr reichen Sie (anders als die bloße Überwachung einzelner bestimmter Arbeitnehmer durch Detektive) über dieses hinaus, indem sie die körperliche Überprüfung der Arbeitnehmer – hier einer durch Los bestimmten Gruppe von Arbeitnehmern – anlässlich des Verlassens des Betriebes und damit nicht allein das individuelle Arbeitsverhalten des einzelnen Arbeitnehmers, sondern das kollektive Ordnungsverhalten der Belegschaft bzw. Teilen von ihr umfassen.

Wenn die getroffene Regelung notwendig das Gesamtunternehmen, nicht nur eines einzelnen Beschäftigungsbetriebes betrifft, unterfällt ihr Abschluss der originären Zuständigkeit des Gesamtbetriebsrats aufgrund ausdrücklicher Kompetenzzuweisung durch § 50 Abs. 1 Satz 1 BetrVG. Überbetrieblich ist die Angelegenheit, weil sich die Stichprobenkontrollen auf Betriebe und Geschäftsbereiche des Unternehmens beziehen. Da die jeweils betroffene Niederlassung erst entsprechend dem Auswahlverfahren der Anlage zur Gesamtbetriebsvereinbarung ausgelöst werden muss, erfordert der Gehalt der Vereinbarung aus der Natur der Sache heraus zwingend eine einheitliche Regelung auf Unternehmensebene (vgl. BAG 23.9.1975 – 1 ABR 122/73).

***BAG** 12.8.1999 – 2 AZR 923/98*

8.1.3. Rauch- und Alkoholverbot

Auch die näheren Regelungen zur **Feststellung des Alkoholisierungsgrads** unterliegen dem Mitbestimmungsrecht des Betriebsrats und bedürfen seiner Zustimmung.

***BAG** 13.2.1990 – 1 ABR 11/89*

Der Arbeitgeber kann sich in einer Betriebsvereinbarung verpflichten, die Einhaltung eines mit dem Betriebsrat vereinbarten **Alkoholverbots** nur mit den ebenfalls in der Betriebsvereinbarung genannten Mitteln (Kontrolle durch Vorgesetzte, freiwilliger Alkoholtest durch Werksarzt) zu überwachen.

***BAG** 10.11.1987 – 1 ABR 55/86*

Die Betriebspartner sind befugt, durch Betriebsvereinbarung ein betriebliches Rauchverbot zu erlassen, um Nichtraucher vor den Gesundheitsgefahren und Belästigungen des Passivrauchens zu schützen; jedoch müssen sie dabei gemäß § 75 Abs. 2 BetrVG i.V.m. Art. 2 Abs. 1 GG den Verhältnismäßigkeitsgrundsatz beachten, weil ihre Regelung die allgemeine Handlungsfreiheit von Rauchern beeinträchtigt.

Die erforderliche Abwägung der Belange des Betriebs sowie der Raucher und der Nichtraucher hängt weitgehend von den betrieblichen Gegebenheiten und Besonderheiten der jeweiligen Belegschaft ab. Diese zu beurteilen ist in erster Linie Sache der Betriebspartner, denen deshalb ein weiter Gestaltungsfreiraum zukommt.

Ein generelles Rauchverbot im Freien kann in der Regel nicht mit dem Gesundheitsschutz der Nichtraucher begründet werden.

Ein Rauchverbot mit dem Ziel, Arbeitnehmer von gesundheitsschädlichen Gewohnheiten abzubringen, überschreitet die Regelungskompetenz der Betriebspartner.

***BAG** 19.1.1999 – 1 AZR 499/98*

8.1.4. Radiohören am Arbeitsplatz

Die Frage, ob im Betrieb während der Arbeitszeit **Radio gehört** werden darf, betrifft die Ordnung des Betriebs und des Verhaltens der Arbeitnehmer im Betrieb. Der Betriebsrat hat daher nach § 87 Abs. 1 Nr. 1 BetrVG mitzubestimmen, wenn der Arbeitgeber das Radiohören verbieten will. Ein ohne **Beteiligung des Betriebsrats** ausgesprochenes Verbot ist **unwirksam**.

***BAG** 14.1.1986 – 1 ABR 75/83*

8.1.5. Betriebsbuße – Abmahnung

> Ein Arbeitnehmer kann nach § 87 Abs. 1 Nr. 1 BetrVG mitbestimmungsfrei **abgemahnt werden**.
>
> ***BAG** 30.1.1979 – 1 AZR 342/76; **BAG** 8.2.1989 – 5 AZR 47/88; **BAG** 17.10.1989 – 1 ABR 100/88*

Der Arbeitgeber kann ein Verhalten des Arbeitnehmers, das er als eine Verletzung seiner Pflichten aus dem Arbeitsvertrag ansieht, **„abmahnen"**. Inhalt einer **Abmahnung** ist es, ein bestimmtes Verhalten des Arbeitnehmers als Vertragsverletzung aufzuzeigen, für die Zukunft die Einhaltung der vertraglichen Pflichten zu fordern und für den Fall eines erneuten Verstoßes Folgerungen für das Arbeitsverhältnis anzudrohen. Eine solche Beanstandung wird regelmäßig als „**Abmahnung**" bezeichnet, jedoch kommt es auf die äußerliche Bezeichnung nicht an, so dass auch eine „Rüge" oder ein „Verweis" oder ähnlich bezeichnete Beanstandungen nur eine Abmahnung darstellen können. Eine solche Abmahnung unterliegt nicht der Mitbestimmung des Betriebsrats

Darüber hinaus besteht die Möglichkeit, im Arbeitsvertrag nach § 339 BGB eine Vertragsstrafe zu vereinbaren. Weder hinsichtlich der Vereinbarung einer solchen Vertragsstrafe noch hinsichtlich deren Geltendmachung durch den Arbeitgeber besteht ein Beteiligungsrecht des Betriebsrats.

Bei der Geltendmachung dieser genannten Möglichkeiten, auf ein vom Arbeitgeber nicht für richtig gehaltenes Verhalten des Arbeitnehmers zu reagieren, ist der Arbeitgeber nicht auf diejenigen Fälle beschränkt, in denen der Arbeitnehmer gegen diejenigen Pflichten verstoßen hat, die lediglich sein Arbeitsverhalten, seine Arbeitsleistung betreffen. **Auch Verstöße gegen die kollektive betriebliche Ordnung**, die das Ordnungsverhalten der Arbeitnehmer im oben dargelegten Sinne regelt, können vom Arbeitgeber abgemahnt werden.

Eine Abmahnung wegen eines Verstoßes gegen ein betriebliches Rauch- oder Alkoholverbot wird nicht deswegen mitbestimmungspflichtig, weil darin ein Verstoß gegen die kollektive betriebliche Ordnung liegt. Eine Kündigung wegen dieses Verstoßes bedarf nur der Anhörung des Betriebsrats nach § 102 BetrVG, nicht aber als Sanktion eines Verstoßes gegen die betriebliche Ordnung und damit als „Betriebsbuße" nach § 87 Abs. 1 Nr. 1 BetrVG seiner Zustimmung. Denn auch ein Verstoß des Arbeitnehmers gegen die kollektive betriebliche Ordnung ist ein Verstoß gegen die Pflichten des Arbeitnehmers aus dem Arbeitsvertrag. Dieser schuldet aufgrund seines Arbeitsvertrags auch die Beachtung der betrieblichen Ordnung. Der Arbeitgeber kann diesen Verstoß als arbeitsvertragswidriges Verhalten des Arbeitnehmers mitbestimmungsfrei abmahnen. Daraus folgt, dass sich eine Reaktion des Arbeitgebers auf einen Regelverstoß des Arbeitnehmers nicht deswegen schon als – mitbestimmungspflichtige – Betriebsbuße darstellt, weil sich dieser Verstoß gegen die kollektive betriebliche Ordnung richtet und nicht nur eine Verletzung der Arbeitspflicht zum Inhalt hat.

Damit unterscheiden sich Verstöße des Arbeitnehmers gegen die Regeln über das Ordnungsverhalten von Verstößen gegen die Regeln über das Arbeitsverhalten nur dadurch, dass die Betriebspartner nach § 87 Abs. 1 Nr. 1 BetrVG für Verstöße gegen die kollektive betriebliche Ordnung – und nur für diese – zusätzliche Sanktionen, Betriebsbußen, vorsehen können. Welcher Art diese Betriebsbußen sein sollen, bleibt im Rahmen ihrer Regelungsbefugnis der Vereinbarung der Betriebspartner überlassen, mag es sich um förmliche Beanstandungen in Form von „Rügen", „Verweisen", „strengen Verweisen", um den zeitweiligen Ausschluss von Vergünstigungen, um Geldbußen oder ähnliche Disziplinarmittel handeln.

***BAG** 17.10.1989 – 1 ABR 100/88*

Das Mitbestimmungsrecht des Betriebsrats nach § 87 Abs. 1 Nr. 1 BetrVG umfasst sowohl das Recht zur Mitbestimmung bei der Aufstellung einer Bußordnung als auch bei der Verhängung einer **Betriebsbuße** im Einzelfall.

Eine Betriebsbuße kann nur zur Durchsetzung der generellen betrieblichen Ordnung verhängt werden. Ein Verstoß gegen die betriebliche Ordnung kann nur mit einer Buße belegt werden, wenn eine solche Maßnahme in einer mit dem Betriebsrat vereinbarten Bußordnung vorgesehen ist. Besteht keine Bußordnung, dann ist der Arbeitgeber nicht berechtigt, aufgrund des aus dem Arbeitsvertrag herzuleitenden Weisungsrechts im Einzelfall Bußen, sei es auch mit Zustimmung des Betriebsrats, zu verhängen. Schriftliche Abmahnungen des Arbeitgebers wegen Schlechterfüllung des Arbeitsvertrages oder sonstiger Verletzungen der arbeitsvertraglichen Pflichten sind keine Betriebsbußen.

Wirft ein Arbeitgeber einem **Mitglied des Betriebsrats** eine grobe Verletzung seiner **Betriebsratspflichten** vor, dann steht ihm nicht das Recht zu, deshalb einen Verweis zu erteilen. Will ein Arbeitgeber einem Betriebsratsmitglied nicht aus wichtigem Grund ohne Einhaltung einer Kündigungsfrist kündigen und auch nicht den Ausschluss des Betriebsratsmitglieds aus dem Betriebsrat wegen grober Verletzung beantragen, dann steht ihm mangels einer Bußordnung nur die Möglichkeit offen, den Betriebsrat zu veranlassen, auf das Mitglied einzuwirken, die ihm als Betriebsratsmitglied obliegenden Pflichten zu beachten. **Die Verletzung betriebsverfassungsrechtlicher Pflichten ist der Verletzung arbeitsvertraglicher Pflichten nicht gleichzusetzen, deren Abmahnung ist daher nicht mitbestimmungsfrei.**

***BAG** 5.12.1975 – 1 AZR 94/74*

8.1.6. Arbeits- und Dienstkleidung

Eine betriebliche Einigungsstelle besitzt nach § 87 Abs. 2 Satz 1 i.V.m. § 87 Abs. 1 Nr. 1 BetrVG die Kompetenz, Reglungen über eine einheitliche, während des Dienstes zu tragende Personalkleidung zu treffen.

Die Einigungsstelle kann auch bestimmen, wer die Personalkleidung zu beschaffen hat.

Die Einigungsstelle kann nicht regeln, wer die hierfür anfallenden Kosten tragen muss. Solche Regelungen betreffen nicht die Ordnung des Betriebs und das Verhalten der Arbeitnehmer im Betrieb i.S.v. § 87 Abs. 1 Nr. 1 BetrVG. Insoweit gibt es auch keine Annexkompetenz.

Die Frage, wer in welchem Umfang die durch eine Kleiderordnung entstehenden Kosten zu tragen hat, ist eine (Rechts-)Frage, die nach den maßgeblichen einzelvertraglichen, tarifvertraglichen, gesetzlichen oder ggf. in einer freiwilligen Betriebsvereinbarung enthaltenen Bestimmungen zu beantworten ist.

Die Einigungsstelle ist bei einem Spruch gemäß § 75 Abs. 1, Abs. 2 Satz 1 BetrVG zur Wahrung der grundrechtlich gewährleisteten Freiheitsrechte verpflichtet. Sie hat damit auch die durch Art. 2 Abs. 1 GG geschützte allgemeine Handlungsfreiheit zu beachten. Eine die Handlungsfreiheit einschränkende Reglung muss geeignet, erforderlich und unter Berücksichtigung der gewährleisteten Freiheitsrechte angemessen sein, um den erstrebten Zweck zu erreichen.

Durch eine Kleiderordnung, die den Beschäftigten in einem Spielcasino vorschreibt, während des Dienstes schwarze oder mitternachtsblaue Anzüge/Kostüme zu tragen, wird nicht in unverhältnismäßiger Weise in die persönliche Handlungsfreiheit der Arbeitnehmer eingegriffen.

***BAG** 13.2.2007 – 1 ABR 18/06 = DB 2007, 1592*

Die Regelung der Dienstkleidung berührt das Ordnungsverhalten der Arbeitnehmer im Betrieb und unterliegt nach § 87 Abs. 1 Nr. 1 BetrVG dem Mitbestimmungsrecht des Betriebsrats, wenn diese dazu dient, das äußere Erscheinungsbild des Unternehmens zu fördern.

Die Ausgestaltung der Dienstkleidung für verschiedene Personengruppen unterliegt dem Gleichbehandlungsgrundsatz. Unterschiedliche Tragepflichten sind nur gerechtfertigt, wenn für diese ein sachlicher Grund besteht. Maßgeblich hierfür ist vor allem der mit der Regelung verfolgte Zweck.

***BAG** 30.9.2014 – 1 AZR 1083/12*

Die Einigungsstelle hat im Rahmen des vorgegebenen Zwecks der Dienstkleidung einen Regelungsspielraum bei der Bestimmung des Personenkreises, der eine solche Dienstkleidung zu tragen hat. Sieht sie davon ab, den persönlichen Geltungsbereich der Dienstkleidungspflicht näher zu bestimmen, ist der Spruch der Einigungsstelle unwirksam.

Sieht ein Spruch der Einigungsstelle vor, dass Arbeitnehmer zum Zwecke der guten Erkennbarkeit eine besonders auffällige Dienstkleidung zu tragen haben, ist darin zugleich eine Regelung über Umkleidemöglichkeiten im Betrieb zu treffen. Der Arbeitgeber kann die Arbeitnehmer nicht darauf verweisen, sich auf den Toiletten umzukleiden oder die Dienstbekleidung zu Hause anzuziehen und den Arbeitsweg darin zurückzulegen.

***BAG** 17.1.2012 – 1 ABR 45/10*

Mitbestimmungsfrei ist die Anordnung bezüglich des Tragens von **Kopfhauben** bei der Verpackung und Kontrolle medizinischer Artikel.

***LAG** Baden-Württemberg 8.12.1983 – 4 TaBV 8/83*

8.1.7. Maßnahmen bei Fehlzeiten

Der Betriebsrat hat ein Mitbestimmungsrecht, wenn der Arbeitgeber in formalisierter Weise schriftlich oder mündlich **Krankenberichte** und dabei Erklärungen über die **Entbindung** von der **ärztlichen Schweigepflicht** einholt.

Die generalisierte Führung von **Krankengesprächen** begründet ein kollektives Regelungsbedürfnis, das die Beteiligung des Betriebsrats erforderlich macht.

***BAG** 8.11.1994 – 1 ABR 22/94*

Eine generelle Anordnung des Arbeitgebers über die Vorlage ärztlicher Arbeitsunfähigkeitsbescheinigungen (bereits am ersten Tag der Arbeitsunfähigkeit) betrifft eine Frage der betrieblichen Ordnung i.S.v. § 87 Abs. 1 Nr. 1 BetrVG. Das danach grundsätzlich zu bejahende Mitbestimmungsrecht ist nicht durch eine gesetzliche Regelung ausgeschlossen. § 5 Abs. 1 Satz 3 EFZG gestattet dem Arbeitgeber zwar, abweichend von der Grundregel des § 5 Abs. 1 Satz 2 EFZG, nach der eine ärztliche Bescheinigung erst bei einer länger als drei Kalendertagen andauernden Arbeitsunfähigkeit vorzulegen ist, auch einen früheren Nachweis zu verlangen. Die Vorschrift eröffnet aber einen Regelungsspielraum hinsichtlich der Frage, ob und in welchem Umfang der Arbeitgeber von diesem Recht Gebrauch macht. Bei dessen Ausfüllung ist der Betriebsrat zu beteiligen. Dass der Gesetzgeber dieses Mitbestimmungsrecht hätte einschränken wollen, ist § 5 Abs. 1 Satz 3 EFZG nicht zu entnehmen.

***BAG** 25.1.2000 – 1 ABR 3/99= DB 2000, 284*

Ist in einem Tarifvertrag geregelt, dass der Arbeitnehmer eine ärztliche Arbeitsunfähigkeitsbescheinigung bereits ab dem ersten Krankheitstag vorzulegen hat, kann nicht bei Tarifbindung des Arbeitgebers durch Betriebsvereinbarung festgelegt werden, dass diese Verpflichtung erst ab dem dritten Tag der Arbeitsunfähigkeit besteht. Das gilt auch dann, wenn der Tarifvertrag eine Präzisierung der Pflichten auf betrieblicher Ebene vorsieht.

***BAG** 26.2.2003 – 5 AZR 112/02*

Während der Dauer einer krankheitsbedingten Arbeitsunfähigkeit hat der Arbeitgeber kein Weisungsrecht gemäß § 106 GewO in Bezug auf die Arbeitspflicht als Hauptleistungspflicht sowie die unmittelbar damit zusammenhängenden Nebenleistungspflichten, die der Arbeitspflicht nahekommen oder sogar Bestandteil der arbeitsvertraglichen Hauptleistungspflicht sind und ausschließlich den Interessen des Arbeitgebers dienen.

Das in Bezug auf die sog. leistungssichernden Neben- oder Verhaltenspflichten aus § 241 Abs. 1 BGB, auf die gemäß § 241 Abs. 2 BGB bestehenden Rücksichtnahmepflichten sowie auf Unterlassungspflichten des Arbeitnehmers bestehende Weisungsrecht des Arbeitgebers gemäß § 106 GewO bleibt von der krankheitsbedingten Arbeitsunfähigkeit grundsätzlich unberührt. Es wird allerdings gemäß § 241 Abs. 2 BGB begrenzt durch die den Arbeitgeber treffende Pflicht zur Rücksichtnahme auf die Rechte und Rechtsgüter des Arbeitnehmers. Diese gebietet dem Arbeitgeber, die Erteilung von Weisungen an einen arbeitsunfähig erkrankten Arbeitnehmer auf dringende betriebliche Anlässe zu beschränken.

Ein dringender betrieblicher Anlass für die Weisung an einen arbeitsunfähig erkrankten Arbeitnehmer, mit dem Arbeitgeber ein kurzes Personalgespräch zu führen, kann gegeben sein, wenn der Arbeitnehmer über Informationen zu wichtigen betrieblichen Abläufen oder Vorgängen verfügt, ohne deren Weitergabe dem Arbeitgeber die Fortführung der Geschäfte erheblich erschwert oder gar unmöglich würde. Voraussetzung für eine solche Weisung ist allerdings stets, dass das Personalgespräch nicht auf einen Zeitpunkt nach Beendigung der Arbeitsunfähigkeit aufschiebbar und dem Arbeitnehmer zumutbar ist. Der Arbeitgeber darf den arbeitsunfähigen Arbeitnehmer nur dann anweisen, zu dem Personalgespräch im Betrieb zu erscheinen, wenn die persönliche Anwesenheit des Arbeitnehmers im Betrieb dringend erforderlich ist und ihm zugemutet werden kann.

Die Darlegungs- und Beweislast dafür, dass die Weisung im Rahmen der gesetzlichen, arbeitsvertraglichen und kollektiv-rechtlichen Grenzen erfolgt ist, trägt der Arbeitgeber.

***BAG** 2.11.2016 – 10 AZR 596/15*

8.2. Beginn und Ende der Arbeitszeit

8.2.1. Allgemeines

Über die **Dauer der regelmäßigen Arbeitszeit** hat der Betriebsrat nach ständiger Rechtsprechung nicht mitzubestimmen.

***BAG** 27.1.1998 – 1 ABR 35/97 = BB 1998, 1419*

Der Umfang des – nach § 87 I Nr. 2 BetrVG mitbestimmt zu verteilenden – Arbeitszeitvolumens unterliegt nicht der Mitbestimmung des Betriebsrats (Rn. 23).

Bei den zeitlichen Aufwänden für das selbstbestimmte Zurücklegen von Wegen zwischen der Wohnung (oder einem anderen selbst gewählten Aufenthaltsort) des Arbeitnehmers zur Arbeitsstelle und zurück handelt es sich nicht um Arbeitszeit im betriebsverfassungsrechtlichen Sinn. Diese Zeiten gehören zum außerdienstlichen Bereich privater Lebensführung. Sie sind in ihrem zwangsläufig variierenden Volumen von den individuellen Entscheidungen des Arbeitnehmers bestimmt und auch keiner Pauschalierung zugänglich (Rn. 27 f.).

Nichts Anderes gilt, wenn ein Arbeitnehmer während dieser Wege betriebliche Arbeitsmittel bei sich führt (was im zu entscheidenden Streitfall durch das Fehlen betrieblicher Rüststellen bedingt war) oder Dienstkleidung trägt (was im zu entscheidenden Streitfall ohnehin nicht zwingend vorgegeben war) (Rn. 29 f.).

***BAG** 22.10.2019 – 1 ABR 11/18*

Hinweis für die Praxis

Der Betriebsrat hat nach § 87 Abs. 1 Nr. 2 BetrVG bei der Festlegung von Beginn und Ende der täglichen Arbeitszeit einschließlich der Pausen sowie der Verteilung der Arbeitszeit auf die einzelnen Wochentage mitzubestimmen. Der Begriff der betriebsverfassungsrechtlichen „Arbeitszeit" in § 87 Abs. 1 Nr. 2 BetrVG ist – ebenso wie der in § 87 Abs. 1 Nr. 3 BetrVG – nicht in vollem Umfang deckungsgleich mit dem Begriff der vergütungspflichtigen Arbeitszeit, der Arbeitszeit nach dem Arbeitszeitgesetz oder auch der europäischen Arbeitszeitrichtlinie. Er bestimmt sich vielmehr nach dem Zweck des Mitbestimmungsrechts. Danach ist aber Arbeitszeit iSv. § 87 Abs. 1 Nr. 2 BetrVG nur die Zeit, während derer der Arbeitnehmer die von ihm in einem konkreten zeitlichen Umfang geschuldete Arbeitsleistung tatsächlich zu erbringen hat, was sich wiederum nach der arbeitsvertraglichen oder tarifvertraglichen Vereinbarung richtet. Mitbestimmt ist derjenige Zeitraum, während dessen der Arbeitgeber vom Arbeitnehmer die Erfüllung seiner vertraglichen Hauptleistungspflichten verlangen und der Arbeitnehmer wiederum dem Arbeitgeber diese Pflichten anbieten kann. Die „Arbeit" des Arbeitnehmers in diesem Sinne ist eine Tätigkeit, die als solche der Befriedigung eines fremden Bedürfnisses, nämlich des Bedürfnisses des Arbeitgebers dient. Dazu gehören die außerbetrieblichen Wegezeiten vor Beginn und nach Beendigung der arbeitsvertraglichen Tätigkeit gerade nicht.

Regelungen in einer Betriebsvereinbarung, welche die vergütungspflichtigen Fahrtzeiten eines Außendienstmitarbeiters verkürzen, sind wegen Verstoßes gegen die Tarifsperre des § 77 Abs. 3 Satz 1 BetrVG unwirksam, wenn die betreffenden Zeiten nach den Bestimmungen des einschlägigen Tarifvertrags uneingeschränkt der entgeltpflichtigen Arbeitszeit zuzurechnen und mit der tariflichen Grundvergütung abzugelten sind. (Rn. 19 – 38)

Fahrtzeiten eines Außendienstmitarbeiters, dessen Gesamttätigkeit darauf gerichtet ist, verschiedene Kunden zu besuchen, gehören insgesamt zu den vertraglichen Hauptleistungspflichten und sind deshalb vergütungspflichtige Arbeitszeit. Das gilt unabhängig davon, ob die Fahrten vom Betriebssitz oder von der Wohnung des Arbeitnehmers aus angetreten werden bzw. an dem einen oder anderen Ort enden (Rn. 16).

Für Fahrtzeiten kann arbeits- oder tarifvertraglich eine andere Vergütungsregelung als für die „eigentliche" Tätigkeit getroffen werden, sofern mit der Vereinbarung nicht der jedem Arbeitnehmer für tatsächlich geleistete vergütungspflichtige Arbeit nach § 1 Abs. 1 MiLoG zustehende Anspruch auf den Mindestlohn unterschritten wird. Für Regelungen in einer Betriebsvereinbarung sind die Binnenschranken der Betriebsverfassung zu beachten (Rn. 18).

Regelungen in einer Betriebsvereinbarung, wonach die von Servicetechnikern für Fahrten zu und von Kunden aufgewendeten Wegezeiten in bestimmtem Umfang nicht zur vergütungspflichtigen Arbeitszeit zählen, sind im Geltungsbereich eines Tarifvertrags wegen Verstoßes gegen die Regelungssperre des § 77 Abs. 3 BetrVG unwirksam, wenn die betreffenden Fahrtzeiten gemäß den Tarifbestimmungen uneingeschränkt der entgeltpflichtigen Arbeitszeit zuzurechnen und mit der tariflichen Grundvergütung abzugelten sind. Das gilt im Betrieb eines tarifgebundenen Arbeitgebers nach § 87 Abs. 1 Eingangshalbs. 1 BetrVG unabhängig davon, ob die Bestimmungen in der Betriebsvereinbarung einem Mitbestimmungsrecht des Betriebsrats nach § 87 Abs. 1 Nr. 10 BetrVG unterliegen (Rn. 19 ff., 37 ff.).

Führt der Arbeitgeber für den Arbeitnehmer ein Arbeitszeitkonto, in das zu erfassende Arbeitszeiten zu Unrecht nicht eingestellt wurden, hat der Arbeitnehmer im fortbestehenden Arbeitsverhältnis regelmäßig Anspruch auf „Gutschrift" der Zeiten in Gestalt einer Korrektur des aktuell auf dem Zeitkonto ausgewiesenen Saldos. Ein Zahlungsanspruch kommt lediglich dann in Betracht, wenn die der Führung des Zeitkontos zugrunde liegenden Bestimmungen für unterlassene Gutschriften einen Ausgleich in Geld vorschreiben (Rn. 56 ff.).

***BAG** 18.3.2020 – 5 AZR 36/19*

Die Bestimmung eines Ausgleichszeitraums sowie der Schwankungsbreite des Arbeitszeitkontos stehen mit der Festlegung von Beginn und Ende der täglichen Arbeitszeit sowie deren Verteilung auf die einzelnen Wochentage in einem untrennbaren Zusammenhang.

Dabei handelt es sich auch dann um eine einheitliche mitbestimmungspflichtige Angelegenheit nach § 87 Abs. 1 Nr. 2 BetrVG, wenn die jeweilige Lage der Arbeitszeit weitergehende vergütungsrechtliche Folgen hat.

***BAG** 26.9.2017 – 1 ABR 57/15*

Der für das Mitbestimmungsrecht nach § 87 Abs. 1 Nr. 2 BetrVG erforderliche kollektive Tatbestand ist auch dann gegeben, wenn darüber zu entscheiden ist, welche neu eingestellten Arbeitnehmer zu welchen Zeiten ihre Arbeitsleistungen zu erbringen haben. Diese Festlegung berührt nicht nur das Interesse des betreffenden Arbeitnehmers, sondern auch das der Stammbelegschaft.

Bei neu eingestellten Arbeitnehmern entsteht das Mitbestimmungsrecht nach § 87 Abs. 1 Nr. 2 BetrVG nicht erst aufgrund des faktischen Vollzugs der Eingliederung durch die tatsächliche Arbeitsaufnahme am zugewiesenen Arbeitsplatz. Es ist vielmehr ausreichend, dass diese zur Arbeitsleistung im Betrieb des Arbeitgebers verpflichtet sind.

***BAG** 22.8.2017 – 1 ABR 4/16*

Das Mitbestimmungsrecht des Betriebsrats nach § 87 Abs. 1 Nr. 2 BetrVG umfasst bei Rahmen- und Saisondienstplänen nicht nur deren Erstellung und Ausgestaltung. Es erstreckt sich auch auf die Zuordnung der Arbeitnehmer zu einem einzelnen Dienstplan.

Die Mitbestimmungsrechte des Betriebsrats nach § 99 BetrVG einerseits und § 87 Abs. 1 Nr. 2 BetrVG andererseits betreffen unterschiedliche Regelungsgegenstände. Sie stehen, auch bei Neueinstellungen, selbstständig nebeneinander.

Der Betriebsrat kann auf die Ausübung eines Mitbestimmungsrechts weder verzichten noch kann es verwirken.

Das Mitbestimmungsrecht nach § 87 Abs. 1 Nr. 2 BetrVG wird durch eine mögliche Beeinträchtigung der unternehmerischen Entscheidungsfreiheit durch mitbestimmte Regelungen nicht begrenzt. Eine solche Beeinträchtigung ist gesetzliche Folge des Bestehens von Mitbestimmungsrechten.

***BAG** 22.8.2017 – 1 ABR 5/16*

Das Mitbestimmungsrecht aus § 87 Abs. 1 Nr. 2 BetrVG umfasst auch die Festlegung von unbezahlten Ruhepausen, die über die in § 4 Satz 1 ArbZG bestimmte Dauer hinausgehen.

***BAG** 25.2.2015 – 5 AZR 886/12*

Der Betriebsrat hat mitzubestimmen, an welchen Wochentagen Arbeitnehmer im Betrieb beschäftigt werden dürfen, bei der Festlegung der **Mindestdauer der täglichen Arbeitszeit**, bei der Festlegung der **Höchstzahl von Tagen in der Woche**, an denen Arbeitnehmer beschäftigt werden sollen, bei der Festlegung der Mindestzahl arbeitsfreier Samstage, bei der Regelung der Frage, ob die tägliche Arbeitszeit in ein oder mehreren **Schichten** geleistet werden soll und bei der Festlegung der Dauer der Pausen.

Diese Regelungen betreffen **die Lage** der zuvor – mitbestimmungsfrei – vereinbarten wöchentlichen Arbeitszeit.

***BAG** 13.10.1987 – 1 ABR 10/86*

> Zweck der Mitbestimmung des Betriebsrats nach § 87 Abs. 1 Nr. 2 BetrVG ist es, die Interessen der Arbeitnehmer an der Lage ihrer Arbeitszeit und damit zugleich der Freizeit für die Gestaltung ihres Privatlebens zur Geltung zu bringen.
>
> ***BAG** 21.12.1982 – 1 ABR 14/81*

Dem Betriebsrat des **Entleiherbetriebs** steht das Mitbestimmungsrecht nach § 87 Abs. 1 Nr. 2 BetrVG auch für **Leiharbeitnehmer** zu.

Da der Entleiher das Weisungsrecht bezüglich Beginn und Ende der Arbeitszeit für die überlassenen Arbeitnehmer hat, kann das Mitbestimmungsrecht für die Leiharbeitnehmer nur durch den Betriebsrat des Entleiherbetriebes wahrgenommen werden.

***BAG** 15.12.1992 – 1 ABR 38/92*

Der Begriff der Arbeitszeit in § 87 Abs. 1 Nr. 2, Nr. 3 BetrVG bestimmt sich nach dem Zweck des Mitbestimmungsrechts. Er ist nicht gänzlich deckungsgleich mit dem vergütungsrechtlichen Arbeitszeitbegriff und dem des Arbeitszeitgesetzes und der Richtlinie 2003/88/EG über bestimmte Aspekte der Arbeitszeitgestaltung vom 4. November 2003.

Arbeitszeit i.S.v. § 87 Abs. 1 Nr. 2 BetrVG ist die Zeit, während derer der Arbeitnehmer die von ihm in einem bestimmten zeitlichen Umfang vertraglich geschuldete Leistung tatsächlich erbringen soll.

Reisen gehört regelmäßig nicht zu den vertraglichen Hauptleistungspflichten eines Arbeitnehmers. Die dafür benötigte Zeit ist in einem solchen Fall keine Arbeitszeit nach § 87 Abs. 1 Nr. 2 BetrVG. Dem Mitbestimmungsrecht nach dieser Vorschrift unterliegen nicht Einschränkungen der Freizeit durch ein Verhalten des Arbeitnehmers, das keine Arbeitsleistung zum Gegenstand hat.

Eine Dienstreise ist die Fahrt an einen Ort außerhalb der regulären Arbeitsstätte, an dem ein Dienstgeschäft zu erledigen ist. Sie setzt voraus, dass der Arbeitnehmer an dem anderen Ort eine Arbeitsleistung erbringen soll.

Die Teilnahme an einer Betriebsversammlung ist keine Arbeitsleistung.

***BAG** 14.11.2006 – 1 ABR 5/06*

In einer Betriebsvereinbarung nach § 87 Abs. 1 Nr. 2 BetrVG kann die **wöchentliche betriebliche Ausbildungszeit** volljähriger Auszubildender in einer Weise verteilt werden, dass die Zeiten der Teilnahme am wöchentlichen Berufsschulunterricht zusammen mit der betrieblichen Ausbildungszeit die tarifvertragliche Ausbildungszeit nicht überschreitet.

***BAG** 13.2.2003 – 6 AZR 537/01*

Mangels Mitbestimmungsrechts des Betriebsrats ist die Einigungsstelle für eine Regelung über die im Betrieb zulässige **Höchstarbeitszeit** und die arbeitszeitrechtliche Zuordnung von **Bereitschaftsdiensten** nicht zuständig.

***BAG** 22.7.2003 – 1 ABR 28/02 = NZA 2004, 507*

Der Betriebsrat hat darüber mitzubestimmen, ob am Karnevalsdienstag gearbeitet werden soll oder nicht. Ist eine dauerhafte Regelung angestrebt, folgt dieses Mitbestimmungsrecht aus § 87 Abs. 1 Nr. 2 BetrVG und nicht auch aus § 87 Abs. 1 Nr. 3 BetrVG.

Sieht eine Betriebsvereinbarung über Arbeitszeiten für den Karnevalsdienstag keine Ausnahme von der regulären Anwesenheitspflicht an Werktagen vor, verletzt der Arbeitgeber kein Mitbestimmungsrecht des Betriebsrats, wenn er entgegen einer jahrelangen Praxis die Anwesenheit nunmehr auch an diesem Tag anordnet. Will der Betriebsrat eine Ausnahme erreichen, muss er versuchen, mit Hilfe seines Initiativrechts nach § 87 Abs. 1 Nr. 2 BetrVG zu einer entsprechenden Regelung zu kommen.

Für das Bestehen dieses Initiativrechts kommt es nicht darauf an, ob die Arbeitnehmer – etwa aus betrieblicher Übung – individualrechtliche Ansprüche auf Arbeitsbefreiung am Karnevalsdienstag besitzen.

***BAG** 26.10.2004 – 1 ABR 31/03 (A)*

Die **nicht nur vorübergehende Erhöhung der regelmäßigen wöchentlichen Arbeitszeit** eines Unternehmens bedarf keiner Zustimmung des Betriebsrats nach § 87 Abs. 1 Nr. 2 oder Nr. 3 BetrVG.

In der Erhöhung der regelmäßigen wöchentlichen Arbeitszeit eines Arbeitnehmers kann eine Einstellung nach § 99 Abs. 1 Nr. 1 BetrVG liegen. Das ist der Fall, wenn es sich um eine nach Dauer und Umfang nicht unerhebliche Erhöhung handelt. Von einem erheblichen Umfang ist nicht nur auszugehen, wenn der Arbeitgeber den zeitlichen Mehrbedarf – wie in dem der Senatsentscheidung vom 25.1.2005 (NZA 2005, 945) zu Grunde liegenden Fall – als Stelle ausgeschrieben hat oder gemäß § 93 BetrVG hätte ausschreiben müssen. Eine nicht unerhebliche Erhöhung kann sich allein aus dem quantitativen Umfang der individuellen Zeitaufstockung ergeben. In der **Verlängerung** der regelmäßigen wöchentlichen Arbeitszeit eines Vollzeitbeschäftigten **um fünf Stunden** liegt typischerweise keine Einstellung.

***BAG** 15.5.2007 – 1 ABR 32/06*

Nach der st. Rspr. des BAG haben Mitbestimmungsrechte des Betriebsrats zurückzutreten, wenn sie geeignet sind, die **Arbeitskampffreiheit des Arbeitgebers** einzuschränken. Deshalb bedürfen arbeitskampfbedingte Veränderungen der Arbeitszeit nicht der Zustimmung des Betriebsrats. Die gesetzlichen Unterrichtungspflichten des Arbeitgebers sind jedoch regelmäßig nicht geeignet, Abwehrmaßnahmen nennenswert zu beeinträchtigen. Die Arbeitskampffreiheit des Arbeitgebers gebietet daher keine Einschränkung der gesetzlichen Informationsansprüche des Betriebsrats. Im Übrigen bedarf der Betriebsrat der entsprechenden Informationen, um etwa die Einhaltung der auch während des Arbeitskampfs geltenden gesetzlichen Arbeitszeitregelungen zu überwachen und zu erkennen, ob eine bestimmte Maßnahme des Arbeitgebers tatsächlich arbeitskampfbedingt ist oder der Mitbestimmung unterliegt.

***BAG** 10.12.2002 – 1 ABR 7/02*

Dem Betriebsrat steht unabhängig von den Voraussetzungen in § 23 Abs. 3 BetrVG ein Unterlassungsanspruch zu, wenn seitens des Arbeitgebers weitere Verstöße gegen Mitbestimmungsrechte aus § 87 Abs. 1 BetrVG zu erwarten sind.

Ein Mitbestimmungsrecht nach § 87 Ab. 1 Nr. 2 BetrVG besteht auch, wenn die Mehrheit der Arbeitnehmer mit der angeordneten Lage der Arbeitszeit einverstanden ist.

***BAG** 30.6.2015 – 1 ABR 71/13*

Die Vorschriften des **Arbeitszeitgesetzes** und des **Ladenschlussgesetzes** enthalten – von Vorschriften über die Dauer der Arbeitszeit abgesehen – lediglich Bestimmungen darüber, zu welchen Tageszeiten Arbeitnehmer nicht oder nur unter bestimmten Voraussetzungen beschäftigt werden können. Sie setzen damit zwar der Lage der Arbeitszeit Grenzen, lassen aber die Frage, wann im Einzelnen innerhalb der zulässigen Beschäftigungszeiten die Arbeit beginnen oder enden soll, ungeregelt und stehen damit dem Mitbestimmungsrecht des Betriebsrats nicht entgegen.

***BAG** 31.8.1982 – 1 ABR 27/80*

Die Berechtigung des Betriebsrats, dem Amt für Arbeitsschutz und Sicherheitstechnik die tatsächlichen Arbeitszeiten namentlich benannter Arbeitnehmer mitzuteilen, lässt sich weder – wie der Betriebsrat mein – generell bejahen noch – wie die Arbeitgeberin meint – generell verneinen. Zwar ist der Betriebsrat nach § 89 Abs. 1 Satz 2 BetrVG berechtigt und verpflichtet, die für den Arbeitsschutz zuständigen Behörden durch Anregung, Beratung und Auskunft zu unterstützen. Hieraus folgt jedoch nicht in jedem Fall seine Befugnis zur Weitergabe der ihm zugänglichen Arbeitnehmerdaten. Aus Gründen des Datenschutzes kommt es vielmehr darauf an, ob die Übermittlung zur Wahrung der berechtigten Interessen des Betriebsrats oder der Aufsichtsbehörde erforderlich ist. Dabei sind auch die schutzwürdigen Interessen der betroffenen Arbeitnehmer zu beachten. Die hierzu erforderliche Prüfung kann nur unter Berücksichtigung der jeweiligen Umstände des Einzelfalls erfolgen. Sie kann auch ergeben, dass eine Datenübermittlung ohne Einwilligung der Arbeitnehmer zulässig ist.

Zur Frage, ob sich der Betriebsrat vor Einschaltung des Amtes wegen seiner betriebsverfassungsrechtlichen Verpflichtung zur vertrauensvollen Zusammenarbeit an den Arbeitgeber gewandt haben muss, hat das BAG nicht abschließend Stellung genommen.

***BAG** 3.6.2003 – 1 ABR 19/02*

Eine **Einschränkung des Initiativrechts** im Rahmen der Mitbestimmungsrechte des Betriebsrats nach § 87 BetrVG ist nur dann geboten, wenn in den Kernbereich unternehmerischer Entscheidung eingegriffen wird. Mittelbare Eingriffe sind vom Gesetzgeber hingenommen worden.

Nur mittelbare Auswirkungen auf den Kernbereich unternehmerischer Entscheidungen liegen vor, wenn es um die Regelung des Beginns und des Endes der täglichen Arbeitszeit und um die Verteilung der Arbeitszeit auf die einzelnen Wochentage in einem Warenhaus geht.

***LAG** Baden-Württemberg 28.2.1980 – 11 TaBV 15/79 = EzA § 87 Initiativrecht Nr. 4*

Nach § 87 Abs. 1 Nr. 2 BetrVG hat der Betriebsrat im Hinblick auf den dort normierten Tatbestand „*Verteilung der Arbeitszeit auf die einzelnen Wochentage*" schon bei der **einmaligen Verlegung** der Arbeit auf andere Tage mitzubestimmen.

***BAG** 13.7.1977 – 1 AZR 336/75*

Die dem Betriebsrat zustehenden Mitbestimmungsrechte entfallen nicht deshalb, weil Arbeitnehmer in vielen Fällen **individuelle Arbeitszeiten wünschen**. Der Betriebsrat hat in diesem Fall gemeinsam mit dem Arbeitgeber zu prüfen, ob und inwieweit berechtigte individuelle Wünsche einzelner Arbeitnehmer erfüllt werden sollen.

Dabei kann der Betriebsrat auch feststellen, ob es sich um wirkliche Wünsche der Arbeitnehmer handelt. Das Mitbestimmungsrecht des Betriebsrats wird jedenfalls nicht durch individuelle Arbeitnehmerwünsche ausgeschlossen.

***BAG** 13.10.1987 – 1 ABR 10/86*

Der Betriebsrat hat ein Mitbestimmungsrecht bei der Ausgestaltung der 5-Tage-Woche in einem Betrieb, der an allen sechs Werktagen geöffnet ist.

Dieses Mitbestimmungsrecht beschränkt sich nicht auf die Entscheidung, ob die Arbeitnehmer den freien Tag stets an einem gleichen Wochentag oder nach einem rollierenden System erhalten. Dem Mitbestimmungsrecht unterliegt vielmehr auch die Ausgestaltung des rollierenden Systems. Von dem Mitbestimmungsrecht ist auch ein Verlangen des Betriebsrats gedeckt, bestimmte Tage aus dem rollierenden System herauszunehmen.

***BAG** 31.1.1989 – 1 ABR 69/87*

Die – durch einen Interessenausgleich bzw. eine Betriebsvereinbarung – kollektiv-rechtlich legitimierte Einführung eines neuen Arbeitszeitsystems (hier: Teilflexible Arbeitszeit) bildet im Regelfall die soziale Rechtfertigung für die Veränderung der vertraglichen Arbeitsbedingungen, die der Einführung des neuen Arbeitszeitsystems entgegenstehen.

Eine Änderungskündigung ist bei dieser Konstellation nur dann sozialwidrig, wenn ein besonderes Schutzbedürfnis des Arbeitnehmers sein Festhalten an der vertraglich vereinbarten Lage der Arbeitszeit rechtfertigt.

***LAG** Berlin 31.3.1998 – 12 Sa 169/97*

„Arbeitszeit" i.S.d. § 87 Abs. 1 Nr. 2 und 3 BetrVG ist die Zeit, während derer der Arbeitnehmer die von ihm in einem bestimmten zeitlichen Umfang vertraglich geschuldete Arbeitsleistung tatsächlich erbringen soll. Dabei muss es sich nicht um die Erfüllung der Hauptleistungspflicht handeln, wenn die vom Arbeitgeber verlangte sonstige Leistung jedenfalls in der Erbringung von „Arbeit" besteht. Dies ist bei der Teilnahme an Schulungs- und Fortbildungsmaßnahmen, die der Arbeitgeber angeordnet hat, regelmäßig der Fall.

Das Vorliegen von „Arbeitszeit" i.S.d. § 87 Abs. 1 Nr. 2 und 3 BetrVG ist unmaßgeblich für die Frage, ob es sich dabei zugleich um Arbeitszeit im vergütungs- und/oder arbeitsschutzrechtlichen Sinn handelt.

Der Betriebsrat ist grundsätzlich nicht darauf verwiesen, sich nach § 80 Abs. 2 Satz 1 BetrVG benötigte Informationen selbst zu beschaffen, auch wenn er dazu faktisch in der Lage wäre.

***BAG** 15.4.2008 – 1 ABR 44/07*

Das Mitbestimmungsrecht des Betriebsrat nach § 87 Abs. 1 Nr. 2 und Nr. 3 BetrVG erfasst nicht eine vom Arbeitgeber durchgeführte Abgeltung von geleisteten Überstunden oder bestehenden Freizeitansprüchen gegenüber den Arbeitnehmern. Dadurch wird weder Beginn und Ende der täglichen Arbeitszeit oder die Verteilung der Arbeitszeit auf die einzelnen Wochenarbeitstage verändert.

***BAG** 22.8.2017 – 1 ABR 24/16*

8.2.2. An- und Ablegen von Dienstkleidung

Umkleidezeiten zählen zur vertraglich geschuldeten Arbeitsleistung, wenn es sich um eine ausschließlich fremdnützige Tätigkeit handelt. Dies ist beim An- und Ablegen einer auffälligen Dienstkleidung der Fall, wenn das Umkleiden im Betrieb erfolgt. An der ausschließlichen Fremdnützigkeit fehlt es, wenn der Arbeitnehmer sich entscheidet, eine solche Dienstkleidung zu Hause anzulegen und sich nicht im Betrieb umzieht.

Bei der Bemessung von Zeitvorgaben des Arbeitgebers für das Umkleiden im Betrieb hat der Betriebsrat unabhängig von deren Verbindlichkeit kein Mitbestimmungsrecht nach § 87 Abs. 1 Nr. 2 BetrVG.

Machen die Tarifvertragsparteien von der Möglichkeit Gebrauch, durch Tarifnormen von den Vorgaben des Arbeitszeitgesetzes abzuweichen, ist davon auszugehen, dass sie ihren Arbeitszeitregelungen den gesetzlichen Arbeitszeitbegriff zugrunde gelegt haben.

Das Empfangen, Abgeben und Aufrüsten von ausschließlich dienstlich nutzbaren Arbeitsmitteln ist betriebliche Arbeitszeit i.S.d. § 87 Abs. 1 Nr. 2 BetrVG.

***BAG** 12.11.2013 – 1 ABR 59/12*

Der Arbeitnehmer ist vorbehaltlich abweichender Vereinbarungen grundsätzlich nicht verpflichtet, Arbeitsmittel, die er in der dienstfreien Zeit nicht nutzt, nach Beendigung seiner Arbeitszeit für den Arbeitgeber in seiner Wohnung zu verwahren. Eine derartige Nebenpflicht besteht jedenfalls in Bezug auf Schusswaffen, die ausschließlich dienstlich genutzt werden dürfen und für deren Aufbewahrung besondere Sicherheitsanforderungen erfüllt werden müssen, nicht. Für deren sachgerechte Verwahrung hat regelmäßig der Arbeitgeber Sorge zu tragen. Verwahrt der Arbeitgeber die Schusswaffen eines bei ihm beschäftigten Wachpolizisten in einem Waffenschließfach, das sich nicht an dem Ort befindet, an dem der Arbeitnehmer die Arbeit anzutreten hat, und weist er ihn an, seinen Dienst mit einer streifenfertigen Schusswaffe anzutreten, steht das Zurücklegen des Weges zu dem Waffenschließfach im unmittelbaren Zusammenhang mit der geschuldeten Arbeitsleistung des Wachpolizisten. Es handelt sich um eine Zusammenhangstätigkeit (vgl. zur Vergütungspflicht von Wegezeiten zu einer vom Arbeitgeber angewiesenen innerbetrieblichen Umkleidestelle. Diese ist ausschließlich fremdnützig. Der Arbeitnehmer legt die Schusswaffen an dem Ort des Waffenschließfachs aufgrund einer Weisung des Arbeitgebers an, weil dies aufgrund der von diesem vorgenommenen Organisation der Arbeitsabläufe so zu erfolgen hat.

***BAG** 31.3.2021 – 5 AZR 148/20*

In welchem zeitlichen Umfang Umkleidezeiten zur Arbeitszeit rechnen, ergibt sich – soweit eine anderweitige Regelung nicht besteht – nach allgemeinen Grundsätzen. Der Arbeitnehmer darf seine Leistungspflicht nicht willkürlich selbst bestimmen, er muss vielmehr unter angemessener Ausschöpfung seiner persönlichen Leistungsfähigkeit arbeiten. Dieser modifizierte subjektive Maßstab gilt auch für das fremdnützige An- und Ablegen von Dienstkleidung. Nur die Zeitspanne, die dazu für den einzelnen Arbeitnehmer unter Ausschöpfung seiner persönlichen Leistungsfähigkeit erforderlich ist, zählt zur Arbeitszeit.

Das Empfangen, Bereitmachen und Abgeben der notwendigen Arbeitsmittel stellt Arbeitszeit i.S.d. § 87 Abs. 1 Nr. 2 BetrVG dar, deren Lage von den Betriebsparteien festzulegen ist.

***BAG** 12.11.2013 – 1 ABR 59/12*

Das **Ankleiden vorgeschriebener Dienstkleidung** im Betrieb gehört zur Arbeitszeit i.S.d. § 87 Abs. 1 Nr. 2 BetrVG, wenn diese Kleidung besonders auffällig ist und deshalb nicht bereits auf dem Arbeitsweg getragen werden braucht. Hierfür kommt es nicht auf die subjektiven Vorstellungen des Arbeitnehmers sondern eine objektive Betrachtungsweise an.

***BAG** 10.11.2009 – 1 AR 54/08*

Die Zeiten für das An- und Ablegen der Dienstkleidung in den Betriebsräumen des Arbeitgebers können ebenso zur verteilungsfähigen Arbeitszeit i.S.d. § 87 Abs. 1 Nr. 2 BetrVG gehören, wie die Zeiten, die der Arbeitnehmer braucht, um in Dienstkleidung von dem Ort seines Kleidungswechsels zu seinem Arbeitsplatz zu gelangen.

Umkleidezeiten gehören zur vertraglich geschuldeten Arbeitsleistung, wenn das Umkleiden einem fremden Bedürfnis dient und nicht zugleich ein eigenes Bedürfnis erfüllt. Das ist bei einer besonders auffälligen Dienstkleidung der Fall. An der Offenlegung seines Arbeitgebers gegenüber Dritten hat der Arbeitnehmer außerhalb seiner Arbeitszeit kein objektiv feststellbares eigenes Interesse. Zur Arbeitszeit zählt bei besonderer Auffälligkeit der Dienstkleidung auch das Zurücklegen des Wegs von der Umkleide- zur Arbeitsstelle.

Das Ankleiden mit vorgeschriebener Dienstkleidung ist nicht lediglich fremdnützig und damit nicht Arbeitszeit, wenn sie zu Hause angelegt und – ohne besonders auffällig zu sein – auf dem Weg zur Arbeitsstätte getragen werden kann. An der ausschließlichen Fremdnützigkeit fehlt es auch, wenn es dem Arbeitnehmer gestattet ist, eine an sich besonders auffällige Dienstkleidung außerhalb der Arbeitszeit zu tragen, und er sich entscheidet, diese nicht im Betrieb an- und abzulegen.

Es handelt sich um eine besonders auffällige Dienstkleidung, wenn der Arbeitnehmer im öffentlichen Raum aufgrund der Ausgestaltung seiner Kleidungsstücke ohne Weiteres als Angehöriger seines Arbeitgebers erkannt werden kann. Eine solche Zuordnungsmöglichkeit besteht auch bei einer unauffälligen Farbgestaltung der Dienstkleidung, wenn auf dieser ein Emblem oder Schriftzüge angebracht sind, die aufgrund ihrer Bekanntheit in der Öffentlichkeit mit einem bestimmten Rechtsträger oder einer Unternehmensgruppe in Verbindung gebracht werden. Hierfür kommt es – unabhängig von der Größe der Schriftzüge oder Logos – nur auf deren Erkennbarkeit an.

Die Entgegennahme und Abgabe von arbeitsnotwendigen Betriebsmitteln stellt Arbeitszeit i.S.d. § 87 Abs. 1 Nr. 2 BetrVG dar, wenn diese Tätigkeiten einem fremden Bedürfnis dienen und nicht zugleich ein eigenes Bedürfnis des Arbeitnehmers erfüllen. In diesem Fall handelt es sich auch um Arbeitszeit i.S.d. § 2 Abs. 1 ArbZG. Arbeitnehmer sind regelmäßig nicht verpflichtet, Arbeitsmittel, die sie in der dienstfreien Zeit nicht nutzen, nach Beendigung ihrer Arbeitszeit für den Arbeitgeber zu verwahren. Eine solche Tätigkeit dient nicht ihrem eigenen Bedürfnis.

***BAG** 17.11.2015 – 1 ABR 76/13*

8.2.3. Schichtarbeit

8.2.3.1. Allgemeines

Der Betriebsrat hat mitzubestimmen nicht nur darüber, ob im Betrieb überhaupt in **mehreren Schichten** gearbeitet werden soll, und nicht nur darüber, wann die einzelnen Schichten beginnen und enden, sondern auch darüber, welche Arbeitnehmer in welcher Schicht arbeiten sollen.

***BAG** 31.1.1989 – 1 ABR 69/87*

Der Betriebsrat hat nach § 87 Abs. 1 Nr. 2 und 3 BetrVG mitzubestimmen, wenn der Arbeitgeber in Abweichung von einem Jahresschichtplan eine oder mehrere **Schichten** ersatzlos **streichen** will.

***BAG** 1.7.2003 – 1 ABR 22/02 = DB 2004, 607 = NZA 2003, 1209*

Die Betriebsparteien können im Rahmen einer Betriebsvereinbarung nach § 87 Abs. 1 Nr. 2 BetrVG die konkrete Änderung des Schichtsystems für eine Gruppe von Arbeitnehmern davon abhängig machen, dass eine Ankündigungsfrist gegenüber dem Betriebsrat und den betroffenen Arbeitnehmern beachtet wird.

***LAG** Hamm 26.5.2003 – 16 Sa 1455/02 = NZA-RR 2004, 24*

8.2.3.2. Einrichten von Schichtarbeit

Beim **Übergang** von der Arbeit in **Normalschicht** zu **Wechselschichtarbeit** hat der Betriebsrat nach § 87 Abs. 1 Nr. 2 BetrVG mitzubestimmen.

Die Umsetzung der Arbeitnehmer von Normalschicht in die vereinbarte Wechselschicht ist **keine** zustimmungspflichtige **Versetzung**, wenn sich dadurch lediglich die Lage der Arbeitszeit der betroffenen Arbeitnehmer ändert.

***BAG** 19.2.1991 – 1 ABR 21/90*

Wird durch Betriebsvereinbarung Schichtarbeit eingeführt und als Ausgleich hierfür die Zahlung einer außertariflichen Zulage vereinbart, kann dies in der Regel nur so verstanden werden, dass die vom Geltungsbereich der Betriebsvereinbarung erfassten Arbeitnehmer die Zulage solange beanspruchen können, wie sie nach deren Maßgabe Schichtarbeit zu leisten haben. Das hat zur Folge, dass sich im Falle einer Kündigung der Betriebsvereinbarung die Nachwirkung der nach § 87 Abs. 1 Nr. 2 BetrVG erzwingbaren

Schichtplanregelung auch auf die teilmitbestimmte Zulagenregelung erstreckt.

***BAG** 9.7.2013 – 1 AZR 275/12*

Die vorzeitige Beendigung des Zeitraums, für den im Betrieb mit Zustimmung des Betriebsrats Wechselschicht eingeführt wurde, bedarf ihrerseits der Zustimmung des Betriebsrats nach § 87 Abs. 1 Nr. 2 BetrVG.

Die Anweisung des Arbeitgebers an die Beschäftigten, wieder in Normalarbeitszeit zu arbeiten, ist ohne Zustimmung des Betriebsrats zum **vorzeitigen Abbruch der vereinbarten Wechselschicht** rechtswidrig.

Der Arbeitgeber, der ohne Zustimmung des Betriebsrats die Rückkehr zur Normalarbeitszeit durch Aushang im Betrieb anordnet, gerät bezüglich der Lage der Arbeitszeit auch ohne tatsächliches oder wörtliches Angebot der Arbeitnehmer, weiter in Wechselschicht zu arbeiten, in Annahmeverzug.

Zur fortzuzahlenden Vergütung nach § 615 Satz 1 BGB gehören regelmäßig auch tarifliche Zeitzuschläge, die mit der Leistung von Wechselschicht verbunden sind.

***BAG** 18.9.2002 – 1 AZR 668/01*

Allein daraus, dass eine betriebliche Regelung hinsichtlich der Zeit der Arbeitsleistung über einen längeren Zeitraum hinweg beibehalten wird, kann ein Arbeitnehmer nach Treu und Glauben (§ 242 BGB) nicht auf den Willen des Arbeitgebers schließen, diese Regelung auch künftig unverändert beizubehalten. Hierzu bedarf es besonderer Umstände, aus denen sich ergibt, dass der Arbeitnehmer nicht in anderer Weise eingesetzt werden sollte.

Wird das Mitbestimmungsrecht durch Abschluss einer Betriebsvereinbarung ausgeübt, kann diese vorsehen, dass der Arbeitgeber unter bestimmten – in der Betriebsvereinbarung geregelten – Voraussetzungen eine Maßnahme allein treffen kann. Durch eine solche Regelung darf das Mitbestimmungsrecht allerdings nicht in seiner Substanz beeinträchtigt werden. Der Betriebsrat kann sein Mitbestimmungsrecht deshalb nicht in der Weise ausüben, dass er dem Arbeitgeber das alleinige Gestaltungsrecht über den mitbestimmungspflichtigen Tatbestand eröffnet.

***BAG** 29.9.2004 – 5 AZR 559/03*

8.2.3.3. Inhalt der Schichtregelung

Das Mitbestimmungsrecht aus § 87 Abs. 1 Nr. 2 BetrVG erfasst nicht nur die Frage, ob im Betrieb in mehreren Schichten gearbeitet werden soll, sondern auch die Festlegung der zeitlichen Lage der einzelnen Schichten und die Abgrenzung des Personenkreises, der Schichtarbeit zu leisten hat. Mitbestimmungspflichtig ist auch der Schichtplan und dessen nähere Ausgestaltung bis hin zur Zuordnung der Arbeitnehmer zu den einzelnen Schichten. Der Betriebsrat hat ferner darüber mitzubestimmen, ob, unter welchen Voraussetzungen und in welcher Weise von bereits aufgestellten Schichtplänen abgewichen werden kann. Dies gilt insbesondere bei Schichtumsetzungen. Die Betriebsparteien sind frei in der Entscheidung, ob sie sich auf eine Regelung über die Grundsätze der Schichtplanung beschränken, oder ob sie jeden einzelnen Schichtplan selbst aufstellen wollen. Begnügen sie sich mit der Regelung von Kriterien und Grundsätzen, ist es zulässig, die Aufstellung von Einzelschichtplänen nach diesen Vorgaben dem Arbeitgeber zu überlassen.

***BAG** 29.9.2004 – 5 AZR 559/03*

Bei der erstmaligen Zuordnung von Leiharbeitnehmern zu den in einer Betriebsvereinbarung festgelegten Schichten steht dem Betriebsrat ein Mitbestimmungsrecht nach § 87 Abs. 1 Nr. 2 BetrVG zu (Rn. 21 ff.).

Die Rechtskraft eines Beschlusses, mit dem ein auf den allgemeinen Unterlassungsanspruch aus § 87 Abs. 1 BetrVG gestützter Antrag des Betriebsrats abgewiesen wird, erfasst nicht die – vom Gericht verneinte – Vorfrage, ob der Arbeitgeber bei den vom Betriebsrat angeführten Anlassfällen ein Mitbestimmungsrecht nach § 87 Abs. 1 BetrVG verletzt hat (Rn. 30 f.).

***BAG** 28.7.2020 – 1 ABR 45/18*

Die Mitbestimmung nach § 87 Abs. 1 Nr. 2 BetrVG bei der Erstellung von Schichtplänen schützt das Interesse der Arbeitnehmer an einer sinnvollen Abgrenzung zwischen Arbeitszeit und der für die Gestaltung des Privatlebens verfügbaren Zeit. Sie dient dagegen nicht dem Schutz vor einer erhöhten Arbeitsbelastung, die darauf beruht, dass andere nach einem Jahresschichtplan für eine bestimmte Wochenschicht eingeplante Arbeitnehmer im Betrieb nicht anwesend sind und deshalb für die Ableistung der Schicht nicht zur Verfügung stehen.

***BAG** 28.5.2002 – 1 ABR 40/01 = DB 2002, 2385*

Das Mitbestimmungsrecht des Betriebsrats nach § 87 Abs. 1 Nr. 2 BetrVG erfasst nicht die Zuweisung der innerhalb der maßgeblichen Arbeitszeit von den Arbeitnehmern zu verrichtenden Tätigkeiten.

***BAG** 29.9.2004 – 1 ABR 29/03 = NZA 2005, 313*

Ein Schichtplan kann ohne Zustimmung des Betriebsrats nicht durch Direktionsrecht des Arbeitgebers verändert werden.

Dem Arbeitnehmer steht für den Fall, dass er mit der Veränderung zu seinen Ungunsten nicht einverstanden ist, Anspruch auf Vergütung für die ausfallenden Schichtstunden zu.

***LAG** Niedersachsen 29.4.2005 – 16 Sa 1330/04 = NZA-RR 2005, 589*

8.2.4. Teilzeitarbeit

Schließen die Betriebsparteien eine Betriebsvereinbarung über Gleitzeit und regeln sie darin die Arbeitszeit i.S.v. § 87 Abs. 1 Nr. 2 und Nr. 3 BetrVG, können sie bestimmen, dass die über zehn Stunden hinaus geleistete werktägliche Arbeitszeit gekappt und grundsätzlich nicht als zu verteilende Arbeitszeit behandelt wird. Eine solche Kappungsregelung betrifft – wenn nicht besondere Anhaltspunkte vorliegen – nicht die vergütungspflichtige Arbeitszeit.

***BAG** 10.12.2013 – 1 ABR 40/12*

Regelmäßig ist davon auszugehen, dass ein Arbeitnehmer, der das Verlangen nach Verringerung seiner vertraglichen Arbeitszeit aus § 8 TzBfG mit einem Verteilungswunsch verbindet, eine einheitliche Zustimmung des Arbeitgebers wünscht. Der Arbeitnehmer ist jedoch nicht gehindert, die Frage der Verteilung der Arbeitszeit bis zur Einigung über die Verringerung zurückzustellen und danach gesondert zu verfolgen. Er kann eine isolierte Klage auf Neuverteilung der Arbeitszeit erheben. Voraussetzung dafür ist, dass ein unmittelbarer Zusammenhang dieser Klage mit einem vorausgegangenen Verlangen auf Verringerung der Arbeitszeit nach § 8 TzBfG besteht. Ein solcher Zusammenhang zwischen Verringerungs- und Neuverteilungsverlangen i.S.v. § 8 Abs. 2 bis 5 TzBfG ist insbesondere dann anzunehmen, wenn der Arbeitgeber dem Verringerungswunsch des Arbeitnehmers zugestimmt, den Neuverteilungsantrag dagegen abgelehnt hat.

Ist im Arbeitsvertrag ein bestimmtes Arbeitszeitmodell vereinbart, muss der in § 8 Abs. 2 TzBfG zugelassene Verteilungswunsch nicht die Beschränkungen dieses Modells einhalten.

Hat die Arbeitszeitverteilung eines einzelnen Arbeitnehmers Auswirkungen auf das kollektive System der Verteilung der betriebsüblichen Arbeitszeit, kann eine Betriebsvereinbarung oder Regelungsabrede dem Verlangen des Arbeitnehmers auf Neuverteilung seiner Arbeitszeit nach § 8 Abs. 2 bis 5 TzBfG entgegenstehen.

Der Betriebsrat hat nach § 80 Abs. 1 Nr. 2 Buchst. b BetrVG u. a. die allgemeine Aufgabe, die Vereinbarkeit von Familie und Erwerbstätigkeit zu fördern. Er muss diese Aufgabe bei der Ausübung seines Mitbestimmungsrechts aus ' § 87 Abs. 1 Nr. 2 BetrVG erfüllen. Dies führt nicht stets zum Vorrang der Interessen des Arbeitnehmers mit Familienpflichten. Die Betriebsparteien haben bei der Abwägung der Einzel- und Kollektivinteressen einen Beurteilungsspielraum.

***BAG** 16.12.2008 – 9 AZR 893/07 = NZA 2009, 565*

Der Betriebsrat hat mitzubestimmen bei der Regelung der **Arbeitszeit teilzeitbeschäftigter Arbeitnehmer**. Sein Mitbestimmungsrecht besteht in demselben Umfang wie bei der Regelung der Arbeitszeit vollzeitbeschäftigter Arbeitnehmer.

Der Betriebsrat hat nicht mitzubestimmen über die Dauer der von den teilzeitbeschäftigten Arbeitnehmern geschuldeten wöchentlichen Arbeitszeit.

Der Betriebsrat hat mitzubestimmen bei der Festlegung der Mindestdauer der täglichen Arbeitszeit, bei der Festlegung der Höchstzahl von Tagen in der Woche, an denen teilzeitbeschäftigte Arbeitnehmer beschäftigt werden sollen, bei der Festlegung der Mindestzahl arbeitsfreier Samstage, bei der Regelung der Frage, ob die tägliche Arbeitszeit in ein oder mehreren Schichten geleistet werden soll und bei der Festlegung der Dauer der Pausen für teilzeitbeschäftigte Arbeitnehmer. Diese Regelungen betreffen die Lage der zuvor – mitbestimmungsfrei – vereinbarten wöchentlichen Arbeitszeit.

Der Betriebsrat hat auch darüber mitzubestimmen, ob und in welchem Umfang sich die Arbeitszeit der teilzeitbeschäftigten Arbeitnehmer mit den Ladenöffnungszeiten decken soll oder nicht. Grundrechte des Arbeitgebers aus Art. 12 Abs. 1 GG werden bei diesem Verständnis des § 87 Abs. 1 Nr. 2 BetrVG nicht verletzt. Das Grundrecht lässt Raum dafür, durch Einschaltung einer Einigungsstelle eine Übereinstimmung zwischen gegenläufigen Interessen der Arbeitgeber und der Arbeitnehmer, die sich ebenfalls auf die Berufsfreiheit nach Art. 12 Abs. 1 GG berufen können, herbeizuführen.

***BAG** 13.10.1987 – 1 ABR 10/86*

Der Betriebsrat hat gemäß § 87 Abs. 1 Nr. 3 BetrVG auch bei der **vorübergehenden Verlängerung** der **Arbeitszeit teilzeitbeschäftigter Arbeitnehmer** mitzubestimmen.

Er hat den Anspruch, die Unterlassung mitbestimmungswidrigen Handelns des Arbeitgebers zu verlangen.

***Hessisches LAG** 14.8.1990 – 5 TaBV 7/90 = DB 1991, 708*

Mitbestimmungsrechte nach § 87 Abs. 1 Nr. 2 BetrVG lassen die Rechte des einzelnen Arbeitnehmers aus § 8 TzBfG unberührt. In Betriebsvereinbarungen geregelte Arbeitszeitmodelle können vom Arbeitgeber als entgegenstehende betriebliche Gründe i.S.v. § 8 Abs. 4 Satz 1 TzBfG eingewandt werden. Voraussetzung dafür ist, dass sie dem Arbeitszeitwunsch des Arbeitnehmers entgegenstehen und der Arbeitgeber keinen Anlass hat, vom Betriebsrat eine Änderung der Betriebsvereinbarung zu verlangen.

***BAG** 18.2.2003 – 9 AZR 164/02*

8.2.5. Gleitzeit

Regelt eine Betriebsvereinbarung, dass **Gleitzeitguthaben** nicht durch Bezahlung getilgt werden kann, sondern durch Freizeitnahme abzubauen ist, ist diese Betriebsvereinbarung zugleich Rechtsgrundlage für den Antrag des Betriebsrats, dem Arbeitgeber zu untersagen, die individuellen Gleitzeitguthaben in der Weise abzubauen, dass diese wie Mehrarbeit abgerechnet und den betreffenden Arbeitnehmern vergütet werden. Der Arbeitgeber hat die Betriebsvereinbarung nach § 77 Abs. 1 Satz 1 BetrVG im Betrieb durchzuführen.
Auch wenn bei einer Gleitzeitregelung für den Arbeitgeber die Kontrolle schwierig sein kann, ob im Einzelfall Mehrarbeit ohne Zustimmung des Betriebsrats angeordnet worden ist, kann eine komplizierte Regelung der Gleitzeitarbeit es nicht rechtfertigen, dass der Arbeitgeber Überstunden anordnet, ohne die Zustimmung des Betriebsrats einzuholen.
Der Arbeitgeber kann dafür sorgen, dass vom Betriebsrat nicht genehmigte Mehrarbeit unterbleibt, indem er z. B. ankündigt, dass vom Betriebsrat nicht genehmigte Mehrarbeit von ihm nicht gewollt sei und dementsprechend auch nicht bezahlt werde.

***BAG** 23.6.1992 – 1 ABR 11/92*

Der Arbeitgeber ist auf Verlangen des Betriebsrats verpflichtet, diesem im Rahmen einer Betriebsvereinbarung über die gleitende Arbeitszeit zeitbezogene Aufstellungen über monatlich erfasste Anwesenheitszeiten und monatlich bezahlte Arbeitszeiten (**Gleitzeitkontoauszüge**) hinsichtlich jedes Arbeitnehmers zur Verfügung zu stellen.

***LAG** Baden-Württemberg 21.2.1994 – 15 TaBV 11/93 = BB 1994, 1352 = DB 1995, 51*

Der Arbeitgeber verletzt eine Betriebsvereinbarung, durch die, ohne Ausnahmen zu regeln, die gleitende Arbeitszeit eingeführt worden ist, wenn er im dienstlichen Interesse liegende Schulungs- und Informationsveranstaltungen für Kundenberater außerhalb der Kernzeit, aber innerhalb der Gleitzeit, ohne Zustimmung des Betriebsrats ansetzt. Dies gilt auch, wenn den Arbeitnehmern das Erscheinen zu der Veranstaltung freigestellt wird.

***BAG** 18.4.1989 – 1 ABR 3/88*

Schließen die Betriebsparteien eine Betriebsvereinbarung über Gleitzeit und regeln sie darin die Arbeitszeit i.S.v. § 87 Abs. 1 Nr. 2 und Nr. 3 BetrVG, können sie bestimmen, dass die über zehn Stunden hinaus geleistete werktägliche Arbeitszeit gekappt und grundsätzlich nicht als zu verteilende Arbeitszeit behandelt wird. Eine solche Kappungsregelung betrifft – wenn nicht besondere Anhaltspunkte vorliegen – nicht die vergütungspflichtige Arbeitszeit.

***BAG** 10.12.2013 – 1 ABR 40/12*

8.2.6. Dienstpläne

Hat das BAG für die Betriebspartner rechtskräftig entschieden, dass die **Änderung von Dienstplänen** für die Pflegekräfte eines Dialysezentrums mitbestimmungspflichtig ist, so verstößt der Arbeitgeber grob gegen seine Pflichten aus dem BetrVG, wenn er weiterhin Dienstpläne ohne Beteiligung des Betriebsrats ändert.
Auch solche Änderungen von Dienstplänen, die im Interesse der medizinisch erforderlichen Versorgung der Patienten kurzfristig erforderlich werden, können in einer Betriebsvereinbarung vorab geregelt werden. Eine solche Regelung kann auch zum Inhalt haben, dass der Arbeitgeber bei kurzfristig notwendig werdenden Änderungen eine – ggf. vorläufige – einseitige Regelung treffen kann. Auch mit einer solchen Regelung wird dem Mitbestimmungsrecht des Betriebsrats bei der Änderung von Dienstplänen Genüge getan.

***BAG** 8.8.1989 – 1 ABR 59/88*

Der Betriebsrat hat in einer Privatschule nach § 87 Abs. 1 Nr. 3 BetrVG bei der Festlegung der Höchstgrenzen für **Vertretungsstunden** gegenüber vollbeschäftigten Lehrern mitzubestimmen.

***BAG** 13.6.1989 – 1 ABR 15/88*

Die Frage, ob und ggf. innerhalb welcher Zeiten **Lehrer** auch am **Nachmittag** Unterrichts- und Betreuungsstunden geben müssen, betrifft die zeitliche Lage ihrer vertraglich geschuldeten Arbeitszeit, die nach § 87 Abs. 1 Nr. 2 BetrVG grundsätzlich der Mitbestimmung des Betriebsrats unterliegt. Dass es sich dabei nur um die zeitliche Festlegung eines **Teils** der von den Lehrern zu leistenden Arbeitszeit handelt, steht dem nicht entgegen.
Durch die Festlegung von Unterrichts- und Betreuungsstunden wird für Lehrer gleichzeitig bestimmt, welche Zeiten dem Lehrer für seine Freizeit oder für seine Vorbereitung oder Nachbearbeitung der Unterrichtsstunden zur Verfügung stehen. Damit berührt die zeitliche Lage von Unterrichtsstunden gerade auch diejenigen Interessen der Lehrer, zu deren Wahrnehmung dem Betriebsrat das Mitbestimmungsrecht nach § 87 Abs. 1 Nr. 2 BetrVG eingeräumt ist. Die Entscheidung, dass die Lehrer auch nachmittags in der Schule selbst ihre Arbeit in Unterrichts- oder Betreuungsstunden erbringen müssen, ist daher ein Mitbestimmungstatbestand i.S.v. § 87 Abs. 1 Nr. 2 BetrVG.
Das Mitbestimmungsrecht des Betriebsrats bezieht sich auch auf die **Erstellung** der **Stundenpläne** der angestellten Lehrer. Das Mitbestimmungsrecht erstreckt sich sowohl auf die Festlegung des Beginns und des Endes der täglichen Arbeitszeit, also der Stundenblöcke, als auch auf die Verteilung dieser Unterrichtszeiten auf die einzelnen Lehrer.

***BAG** 23.6.1992 – 1 ABR 53/91*

8.2.7. Pausen

Ordnet der Arbeitgeber an, dass Arbeitnehmer während der Pausenzeiten, die in einem unter Beteiligung des Betriebsrats abgeschlossenen Dienstplan festgelegt sind, zu arbeiten haben, kann der Betriebsrat nach § 23 Abs. 3 BetrVG i.V.m. § 87 Abs. 1 Nr. 2 BetrVG vom Arbeitgeber verlangen, diese Anordnung künftig zu unterlassen. Entsprechendes gilt, wenn der Arbeitgeber duldet, dass Arbeitnehmer während der dienstplanmäßig festgelegten Pausenzeiten arbeiten.

***BAG** 7.2.2012 – 1 ABR 77/10*

Bei den in § 87 Abs. 1 Nr. 2 BetrVG angesprochenen **Pausen** handelt es sich um Ruhepausen, durch die die Arbeitszeit unterbrochen wird, die also selbst nicht zur Arbeitszeit gehören und deshalb auch nicht vergütet werden müssen. Bezahlte Lärmpausen sind daher keine Pausen im Sinne dieser Vorschrift.

***BAG** 28.7.1981 – 1 ABR 65/79*

Ein Mitbestimmungsrecht des Betriebsrats nach § 87 Abs. 1 Nr. 2 BetrVG hinsichtlich der Einführung und Dauer von Pausen setzt voraus, dass es sich um unbezahlte Pausen handelt. Bei (tariflich geregelten) vergütungspflichtigen Pausen besteht ein Mitbestimmungsrecht nur hinsichtlich der Festlegung ihrer zeitlichen Lage.

***BAG** 1.7.2003 – 1 ABR 20/02*

Bei dem Verlangen des Betriebsrats nach zeitlicher Beschränkung und/oder **Unterbrechung der Arbeit** an **Bildschirmarbeitsplätzen** geht es nicht um eine Angelegenheit, für die § 87 Abs. 1 Nr. 2 BetrVG dem Betriebsrat ein Mitbestimmungsrecht gibt.

Die hier angesprochenen Pausen, bei deren Lage der Betriebsrat mitzubestimmen hat, sind Ruhepausen, durch die Arbeitszeit unterbrochen wird, die also selbst nicht zur Arbeitszeit gehören und deshalb auch nicht vergütet werden. Auch nicht die Länge der Arbeitszeit, erst recht nicht die Dauer der einzelnen Arbeiten innerhalb der vertraglich geschuldeten Arbeitszeit, ist Gegenstand des Mitbestimmungsrechts nach dieser Vorschrift.

***BAG** 6.12.1983 – 1 ABR 43/81*

8.2.8. Ruf- und Arbeitsbereitschaft

Das Mitbestimmungsrecht des Betriebsrats zur Regelung von Mehrarbeit, die durch Störfälle außerhalb der normalen Arbeitszeit notwendig wird, umfasst auch die Frage, ob die Leistung solcher Mehrarbeit durch die Einrichtung von **Rufbereitschaft** ermöglicht werden soll.
Zeiten einer Rufbereitschaft sind Arbeitszeiten i.S.d. § 87 Abs. 1 Nr. 2 BetrVG. Der Betriebsrat hat daher bei der Aufstellung eines Rufbereitschaftsplans ein Mitbestimmungsrecht.
Das Mitbestimmungsrecht des Betriebsrats entfällt nicht deswegen, weil einem Regelungsbedürfnis mit kollektivem Bezug durch einzelvertragliche Vereinbarungen mit einem oder mehreren Arbeitnehmern bereits Rechnung getragen worden ist.
Eine mitbestimmungsfreie einzelvertragliche Regelung liegt dann nicht vor, wenn mit dieser – wenn auch auf Wunsch des Arbeitnehmers – nicht individuellen Besonderheiten, sondern einem betrieblichen Regelungsbedürfnis Rechnung getragen werden sollen.

***BAG** 21.12.1982 – 1 ABR 14/81*

Die Einführung eines **Bereitschaftsdienstes** außerhalb der regelmäßigen Arbeitszeit führt zu vorübergehenden, nach § 87 Abs. 1 Nr. 3 BetrVG mitbestimmungspflichtigen Verlängerungen der betriebsüblichen Arbeitszeit. Der Betriebsrat hat danach auch mitzubestimmen, ob der entsprechende Arbeitsanfall durch Einrichtung eines Bereitschaftsdienstes abgedeckt werden soll.

***BAG** 29.2.2000 – 1 ABR 15/99*

Die Einigungsstelle ist nicht zuständig für betriebliche Regelungen über die Dauer der zulässigen wöchentlichen durchschnittlichen Höchstarbeitszeit und die arbeitszeitrechtliche Zuordnung von Bereitschaftsdienst zur Arbeitszeit; insoweit fehlt es an einem Mitbestimmungsrecht des Betriebsrats. Das schließt nicht aus, dass sich beide Fragen als Vorfragen für eine mitbestimmungspflichtige Regelung stellen und dann von der Einigungsstelle incidenter beantwortet werden müssen.

Regelungen der Einigungsstelle zur Dienstplanerstellung sind nicht schon dann ermessensfehlerhaft, wenn sie auf falschen Vorstellungen zur höchstzulässigen betrieblichen Arbeitszeit beruhen. Der gerichtlichen Kontrolle nach § 76 Abs. 5 Satz 4 BetrVG unterliegen nur die Regelungen als solche, nicht die ihr zugrunde liegenden tatsächlichen oder rechtlichen Annahmen oder Erwägungen.

Eine betriebliche Regelung, nach der Plusstunden, die auf einem Arbeitszeitkonto am Ausgleichsstichtag bestehen, als Überstunden bezahlt werden müssen und unverschuldete Minusstunden verfallen, liegt im Rahmen des Mitbestimmungsrechts nach § 87 Abs. 1 Nr. 3 BetrVG.

***BAG** 22.7.2003 – 1 ABR 28/02*

8.2.9. Tendenzbetrieb

Die Freiheit eines Zeitungsverlegers zur Tendenzverwirklichung wird nicht durch eine Betriebsvereinbarung beeinträchtigt, die für **Redakteure** Beginn und Ende der täglichen Arbeitszeit sowie die Verteilung der Arbeitszeit auf die einzelnen Wochentage regelt, wenn diese Betriebsvereinbarung die für die Aktualität der Berichterstattung relevanten Entscheidungen des Arbeitgebers (Redaktionsschluss, Lage und Dauer von Redaktionskonferenzen, Besetzung der Redaktionen u. a.) als Vorgabe zugrunde legt und sichergestellt hat, dass die Arbeitszeitregelung auch künftigen Tendenzentscheidungen nicht entgegensteht.

***BAG** 14.1.1992 – 1 ABR 35/91*

8.3. Vorübergehende Veränderung der betrieblichen Arbeitszeit[48]

Führt der Arbeitgeber eine **Mitarbeiterversammlung außerhalb der betriebsüblichen Arbeitszeit** durch, ist die Maßnahme nach § 87 Abs. 1 Nr. 3 BetrVG mitbestimmungspflichtig, wenn der Arbeitgeber kraft seines Direktionsrechts die Teilnahme anordnen kann oder wenn eine anderweitige Verpflichtung der Arbeitnehmer gegenüber dem Arbeitgeber zur Teilnahme besteht, weil sie sich z. B. dem Arbeitgeber gegenüber im Einzelfall zur Teilnahme verpflichtet haben.

***BAG** 13.3.2001 – 1 ABR 33/00*

Die Regelung in § 87 Abs. 2 BetrVG über die Ersetzung der Zustimmung des Betriebsrats kann in einem Einigungsstellenspruch nicht durch das für personelle Einzelmaßnahmen geltende Verfahren ersetzt werden. Eine einseitige Regelungsbefugnis des Arbeitgebers oder dessen Möglichkeit, eine von § 87 Abs. 1 BetrVG erfasste Maßnahme vorläufig durchzuführen, sieht das Gesetz im Bereich der sozialen Angelegenheiten nicht vor. Dies gilt auch in Eilfällen. Auf ein solches Verfahren können sich die Betriebsparteien allenfalls in einer Betriebsvereinbarung verständigen.
Eine vorübergehende Verlängerung der betriebsüblichen Arbeitszeit i.S.d. § 87 Abs. 1 Nr. 3 BetrVG liegt vor, wenn es sich um eine Abweichung von dem allgemein geltenden Zeitvolumen mit anschließender Rückkehr zur betriebsüblichen Arbeitszeit handelt; die Verlängerung darf nur für einen überschaubaren Zeitraum und nicht auf Dauer erfolgen. Es handelt sich um eine dauerhafte Verlängerung der Arbeitszeit, wenn der Arbeitgeber die dienstplanmäßig festgelegte Arbeitszeit verlängern kann, ohne dass diese Befugnis auf nur vorübergehend auftretende Anlassfälle oder auf zahlenmäßig begrenzte Dienste beschränkt ist. Für eine solche Regelung besteht kein Mitbestimmungsrecht aus § 87 Abs. 1 Nr. 3 BetrVG.

***BAG** 9.7.2013 – 1 ABR 19/12*

Die vorübergehende Verkürzung der in einem Schichtplan vorgesehenen täglichen Arbeitszeit unterfällt auch dann dem Mitbestimmungstatbestand des § 87 Abs. 1 Nr. 2, Nr. 3 BetrVG, wenn die Höhe der Vergütung unverändert bleibt.
Eine die Mitbestimmung des Betriebsrats nach § 87 Abs. 1 Einleitungssatz BetrVG ausschließende tarifliche Regelung liegt nur vor, wenn diese die betreffende Angelegenheit selbst zwingend und abschließend regelt. Dabei dürfen die Tarifvertragsparteien dem Arbeitgeber für bestimmte Fälle ein Alleinentscheidungsrecht im gleichen Umfang einräumen, in welchem dies auch die Betriebsparteien wirksam hätten tun können.

***BAG** 3.5.2006 – 1 ABR 14/05 = DB 2007, 60*

Es stellt eine unzulässige Umgehung des Mitbestimmungsrechts dar, wenn der Arbeitgeber eine **Drittfirma** mit der Durchführung von Wartungsarbeiten an einer Maschine an sonst **arbeitsfreien Samstagen** beauftragt und diese Drittfirma sodann Nebenarbeitsverhältnisse mit den bei dem Arbeitgeber beschäftigten Arbeitnehmer zur Durchführung dieser Arbeiten abschließt.

***Hessisches LAG** 20.2.1990 – 5 TaBV 70/89 = DB 1991, 396;*
***BAG** 22.10.1991 – 1 ABR 28/91*

8.3.1. Betriebsübliche Arbeitszeit

Der Abschluss von Tarifverträgen über betriebsverfassungsrechtliche Normen erfordert die Tariffähigkeit und die Tarifzuständigkeit der abschließenden Gewerkschaft für sämtliche im Betrieb beschäftigten Arbeitnehmer.

Betriebsübliche Arbeitszeit i.S.d. § 87 Abs. 1 Nr. 3 BetrVG ist die im Betrieb regelmäßig geleistete Arbeitszeit. Sie wird bestimmt durch den vertraglich geschuldeten regelmäßigen zeitlichen Umfang der Arbeitsleistung und die für ihn', erfolgte Verteilung auf einzelne Zeitabschnitte.

Nach § 87 Abs. 1 Nr. 2 BetrVG ist der Betriebsrat bei der Festlegung von Beginn und Ende der täglichen Arbeitszeit einschließlich der Pausen sowie der Verteilung der Arbeitszeit auf die einzelnen Wochentage zu beteiligen. Das Mitbestimmungsrecht soll die Interessen der Arbeitnehmer an der Lage ihrer Arbeitszeit und damit zugleich ihrer freien und für die Gestaltung ihres Privatlebens

[48] s. RsprÜ zum ArbR, 22. Auflage 2022

nutzbaren Zeit zur Geltung bringen. Die Aufstellung eines Dienstplans unterliegt der Mitbestimmung des Betriebsrats, wenn in diesem der Beginn und das Ende der Arbeitszeit der davon betroffenen Arbeitnehmer festgelegt werden.

***BAG** 14.1.2014 – 1 ABR 66/12*

Unter der „**betriebsüblichen Arbeitszeit**" ist nach dem Wortsinne die regelmäßige betriebliche Arbeitszeit zu verstehen. Der Begriff der Betriebsüblichkeit ist jedoch nicht so zu verstehen, dass damit die im Betrieb häufigste Arbeitszeit gemeint wäre. Vielmehr ist auf die im Betrieb für bestimmte Arbeitsplätze und Arbeitnehmergruppen geltenden Arbeitszeiten abzustellen. Damit kann es in einem und demselben Betrieb mehrere betriebsübliche Arbeitszeiten geben.

Betriebsübliche Arbeitszeiten sind alle Arbeitszeiten, die die Arbeitnehmer, ein Teil von ihnen oder auch ein einzelner Arbeitnehmer jeweils individualrechtlich – sei es aufgrund arbeitsvertraglicher Vereinbarung oder kraft tariflicher Regelung – dem Arbeitgeber schulden. § 87 Abs. 1 Nr. 3 BetrVG will dem Betriebsrat gerade ein Mitbestimmungsrecht bei der vorübergehenden Veränderung der nicht mitbestimmungspflichtigen Festlegung der Dauer der Arbeitszeit einräumen.

***BAG** 16.7.1991 – 1 ABR 69/90*

Werden anlässlich eines Sonntagsverkaufs Arbeitnehmer für lediglich einen Tag im Betrieb beschäftigt, so hat der Betriebsrat bei der Festlegung von Beginn und Ende ihrer Arbeitszeit mitzubestimmen. Das gilt auch dann, wenn es sich um Arbeitnehmer handelt, die aus anderen Betrieben desselben Arbeitgebers herangezogen werden.

Hingegen bedeutet ein Sonntagsverkauf in dieser Form keine Verlängerung der betriebsüblichen Arbeitszeit i.S.v. § 87 Abs. 1 Nr. 3 BetrVG.

***BAG** 25.2.1997 – 1 ABR 69/96*

Inhalt des Mitbestimmungsrechts nach § 87 Abs. 1 Nr. 3 BetrVG ist die Regelungsfrage, ob zusätzlicher Arbeitsbedarf durch eine vorübergehende Erhöhung der regelmäßigen Arbeitszeit abgedeckt werden soll und welche Arbeitnehmer oder Arbeitnehmergruppen in welchem Umfang diese Arbeit leisten sollen.

Betriebsübliche Arbeitszeit i.S.v. § 87 Abs. 1 Nr. 3 BetrVG ist bei Teilzeitbeschäftigten ihre regelmäßige individuelle Arbeitszeit. Deren vorübergehende Verlängerung ist mitbestimmungspflichtig.

Vorübergehend i.S.v. § 87 Abs. 1 Nr. 3 BetrVG ist eine Verlängerung, wenn für einen überschaubaren Zeitraum vom ansonsten maßgeblichen Zeitvolumen abgewichen wird, um anschließend zur betriebsüblichen Dauer zurückzukehren. Maßgeblich ist die im Zeitpunkt der Änderung bestehende Planung des Arbeitgebers.

Das Mitbestimmungsrecht des Betriebsrats nach § 87 Abs. 1 Nr. 3 BetrVG besteht nicht nur in Fällen einseitiger Anordnung der vorübergehenden Verlängerung der Arbeitszeit, sondern auch dann, wenn diese mit einem Arbeitnehmer vereinbart wird.

Das Mitbestimmungsrecht des § 87 Abs. 1 Nr. 3 BetrVG setzt einen kollektiven Tatbestand voraus. Ein solcher ist gegeben, wenn die Frage zu regeln ist, ob und in welchem Umfang zur Abdeckung eines bestehenden Arbeitsbedarfs Mehrarbeit geleistet wird.

***BAG** 24.4.2007 – 1 ABR 47/06 = NZA 2007, 818*

***BAG** 15.5.2007 – 1 ABR 32/06*

8.3.2. Überstunden, Mehrarbeit

Eine vorübergehende Verlängerung der betriebsüblichen Arbeitszeit i.S.d. § 87 Abs. 1 Nr. 3 BetrVG liegt vor, wenn es sich um eine Abweichung von dem allgemein geltenden Zeitvolumen mit anschließender Rückkehr zur betriebsüblichen Arbeitszeit handelt; die Verlängerung darf nur für einen überschaubaren Zeitraum und nicht auf Dauer erfolgen. Es handelt sich um eine dauerhafte Verlängerung der Arbeitszeit, wenn der Arbeitgeber die dienstplanmäßig festgelegte Arbeitszeit verlängern kann, ohne dass diese Befugnis auf nur vorübergehend auftretende Anlassfälle oder auf zahlenmäßig begrenzte Dienste beschränkt ist. Für eine solche Regelung besteht kein Mitbestimmungsrecht aus § 87 Abs. 1 Nr. 3 BetrVG.

***BAG** 9.3.2013 – 1 ABR 19/12*

Das rechtliche Interesse an der Feststellung des Bestehens eines Mitbestimmungsrechts des Betriebsrats fehlt, wenn der Arbeitgeber die Existenz dieses Rechts nicht in Frage stellt.

„Arbeitszeit" i.S.d. § 87 Abs. 1 Nr. 2 und 3 BetrVG ist die Zeit, während derer der Arbeitnehmer die von ihm in einem bestimmten zeitlichen Umfang vertraglich geschuldete Arbeitsleistung tatsächlich erbringen soll. Dabei muss es sich nicht um die Erfüllung der Hauptleistungspflicht handeln, wenn die vom Arbeitgeber verlangte sonstige Leistung jedenfalls in der Erbringung von „Arbeit' besteht. Dies ist bei der Teilnahme an Schulungs- und Fortbildungsmaßnahmen, die der Arbeitgeber angeordnet hat, regelmäßig der Fall.

Das Vorliegen von „Arbeitszeit" i.S.d. § 87 Abs. 1 Nr. 2 und 3 BetrVG ist unmaßgeblich für die Frage, ob es sich dabei zugleich um Arbeitszeit im vergütungs- und/oder arbeitsschutzrechtlichen Sinn handelt.

***BAG** 15.4.2008 – 1 ABR 44/07*

Eine – das Mitbestimmungsrecht des Betriebsrats nach § 87 Abs. 1 Nr. 3 BetrVG verletzende – Duldung von Überstunden liegt vor, wenn hinreichende Anhaltspunkte für das Fehlen gebotener Gegenmaßnahmen durch den Arbeitgeber bestehen, um seine Untätigkeit als Hinnahme werten zu können. (Rn. 19)

Nicht nur die Anordnung, sondern auch die Duldung von Arbeitnehmern geleisteter Überstunden unterliegt der Mitbestimmung des Betriebsrats nach § 87 Abs. 1 Nr. 3 BetrVG, wenn ein kollektiver Tatbestand vorliegt (Rn. 16).

Ob der Arbeitgeber Überstunden duldet, ist unter Berücksichtigung aller Einzelfallumstände zu würdigen. Einmalige, besonderen Umständen geschuldete Überschreitungen der betriebsüblichen Arbeitszeit lassen für sich gesehen nicht auf eine Hinnahme von Überstunden durch den Arbeitgeber schließen (Rn. 19).

Es bestehen Zweifel, ob für ein Unterlassungsbegehren wegen einer Verletzung des Mitbestimmungsrechts nach § 87 Abs. 1 Nr. 3 BetrVG aufgrund der Duldung von Überstunden eine Wiederholungsgefahr ohne Weiteres gegeben ist, soweit der Arbeitgeber Maßnahmen zur Beseitigung des mitbestimmungswidrigen Zustands ergriffen hat (Rn. 23 f.).

***BAG** 28.7.2020 – 1 ABR 18/19*

Eine Betriebsvereinbarung kann eine ausreichende Grundlage für die Anordnung von Überstunden sein.

***BAG** 3.6.2003 – 1 AZR 349/02*

Ein Unterlassungsanspruch des Betriebsrats gegen den Arbeitgeber, die Anordnung von Überstunden ohne Zustimmung des Betriebsrats zu unterlassen, ist begründet, wenn ein künftiger Verstoß des Arbeitgebers gegen seine Pflichten aus dem BetrVG zu befürchten ist. Eine insoweit grobe Pflichtverletzung oder ein Verschulden des Arbeitgebers bei der einseitigen Anordnung von Überstunden in der Vergangenheit ist nicht erforderlich.

***LAG** Nürnberg 27.1.1998 – 7 TaBV 14/97 (Az.: BAG 1 ABR 12/97)*

Das Mitbestimmungsrecht des Betriebsrats bei der **Anordnung** von **Überstunden** setzt einen **kollektiven Tatbestand** voraus. Es greift nicht ein bei individuellen Maßnahmen ohne kollektiven Bezug. Dabei liegt ein kollektiver Tatbestand immer dann vor, wenn sich eine Regelungsfrage stellt, die kollektive Interessen der Arbeitnehmer berührt.

So ist bei einem zusätzlichen Arbeitsbedarf immer die Frage zu regeln, ob und in welchem Umfang zur Abdeckung dieses Arbeitsbedarfs Überstunden geleistet werden sollen oder ob die Neueinstellung eines Arbeitnehmers zweckmäßiger wäre. Weiter ist zu entscheiden, wann und von wem die Überstunden geleistet werden sollen. Diese Regelungsprobleme bestehen unabhängig von der Person und den individuellen Wünschen eines einzelnen Arbeitnehmers. Auf die Zahl der Arbeitnehmer, für die die Mehrarbeit oder Überstunden angeordnet werden, kommt es deshalb nicht an. Die Zahl der betroffenen Arbeitnehmer ist allenfalls ein Indiz dafür, dass ein kollektiver Tatbestand vorliegt.

***BAG** 11.11.1986 – 1 ABR 17/85; **BAG** 13.6.1989 – 1 ABR 15/88*

Der Betriebsrat hat nach § 87 Abs. 1 Nr. 3 BetrVG mitzubestimmen, wenn der Arbeitgeber **Überstunden** anordnet, die notwendig werden, weil die im Betrieb oder in einzelnen Abteilungen anfallende Arbeit nicht mit den vorhandenen Arbeitskräften erledigt werden kann.

Dieses Mitbestimmungsrecht des Betriebsrats besteht auch dann, wenn der Arbeitgeber **nur für einen Arbeitnehmer Überstunden** anordnen will.

Mitbestimmungsrechte in sozialen Angelegenheiten bestehen dann nicht, wenn sich die beabsichtigte Maßnahme des Arbeitgebers ausschließlich auf **leitende Angestellte** i.S.d. § 5 Abs. 3 Nr. 3 BetrVG beschränkt.

Der Antrag, festzustellen, dass der Betriebsrat mitzubestimmen hat, wenn der Arbeitgeber Überstunden anordnen will, die darauf beruhen, dass die im Betrieb oder in einzelnen Abteilungen anfallende Arbeit mit den vorhandenen Arbeitskräften nicht bewältigt werden kann, ist bestimmt genug i.S.d. § 253 Abs. 2 Nr. 2 ZPO. Für diesen auf die Zukunft gerichteten Feststellungsantrag besteht auch ein Rechtsschutzinteresse (§ 256 Abs. 1 ZPO), wenn Überstunden aus den genannten Gründen in Zukunft anfallen können.

***BAG** 10.6.1986 – 1 ABR 61/84*

Das Mitbestimmungsrecht des Betriebsrats entfällt nicht deshalb, weil ein Arbeitnehmer auf Wunsch des Arbeitgebers **freiwillig Überstunden** leistet.

***BAG** 10.6.1986 – 1 ABR 61/84; **BAG** 27.11.1990 – 1 ABR 77/89*

Nicht nur die Anordnung, sondern auch die **Duldung von Überstunden** (Entgegennahme und Bezahlung) lösen das Mitbestimmungsrecht nach § 87 Abs. 1 Nr. 3 BetrVG aus, wenn ein kollektiver Tatbestand vorliegt.

***BAG** 27.11.1990 – 1 ABR 77/89*

Das Mitbestimmungsrecht des Betriebsrats bei der **Anordnung von Mehrarbeit** hat in erster Linie die gemeinsame Regelung der Frage zum Inhalt, wie bei aus bestimmten Anlässen erforderlich werdender Mehrarbeit zu verfahren ist. Eine solche Regelung kann auch zum Inhalt haben, dass der Arbeitgeber bestimmte Mehrarbeit ohne Zustimmung des Betriebsrats im Einzelfall anordnen kann. Erst wenn und soweit eine solche Regelung nicht besteht, bedarf auch die Anordnung von Überstunden im konkreten Einzelfall der Zustimmung des Betriebsrats.

***BAG** 12.1.1988 – 1 ABR 54/86*

Mehrarbeit, die im **Zusammenhang mit der Einarbeitung von Mitarbeitern** geleistet wird, ist auch dann mitbestimmungspflichtig, wenn sie – in Kenntnis des Arbeitgebers – **ohne ausdrückliche oder konkludente Anordnung** geleistet, vom Arbeitgeber aber entgegengenommen bzw. geduldet wird. Dies folgt sowohl aus § 87 Abs. 1 Nr. 3 BetrVG als auch aus § 77 Abs. 1 BetrVG. Der Arbeitgeber ist verpflichtet, eine Betriebsvereinbarung über die regelmäßige Arbeitszeit so durchzuführen, dass er sicherstellt, dass die Arbeitszeiten eingehalten werden. Es besteht nicht nur ein – möglicherweise verzichtbares – Interesse des Arbeitgebers daran, dass sich nicht **unkontrolliert mehr Arbeitnehmer** länger im Betrieb aufhalten und arbeiten, als betrieblich vorgesehen ist, sondern auch ein kollektives Interesse der Arbeitnehmer an der Einhaltung einer solchen Betriebsvereinbarung. Ließe man es zu, dass sich Arbeitnehmer im Hinblick auf spätere Beförderungen Vorteile durch freiwillige Mehrarbeit verschaffen, geraten alle Arbeitnehmer unter den Druck, sich ebenso zu verhalten, wenn sie im Betrieb weiterkommen wollen.

Es stellt einen groben Verstoß gegen die Verpflichtungen aus dem BetrVG dar, wenn der Arbeitgeber in solchen Fällen die Mitbestimmungsrechte des Betriebsrats fortgesetzt missachtet.

***Hessisches LAG** 24.1.1989 – 5 TaBV 123/88 = NZA 1989, 943*

Soweit der Betriebsrat geltend macht, er benötige die Ergebnisse einer maschinellen Arbeitszeiterfassung zur **Kontrolle der Einhaltung der Arbeitszeit** und zur Ausübung seines Mitbestimmungsrechts bei Mehrarbeit, übersieht er, dass ihm insoweit § 80 Abs. 2 BetrVG lediglich einen Anspruch gegen den Arbeitgeber gibt, dass dieser ihn zur Durchführung seiner Aufgaben rechtzeitig und umfassend unterrichtet und ihm die erforderlichen Unterlagen zur Verfügung stellt. Der Arbeitgeber hat dem Betriebsrat aber nur diejenigen Unterlagen zur Verfügung zu stellen, die er selbst besitzt. Der Betriebsrat kann nicht verlangen, dass der Arbeitgeber nur für ihn Unterlagen erstellt und zu deren Erstellung erforderliche Einrichtungen anschafft.

***BAG** 28.11.1989 – 1 ABR 97/88*

Überstunden, die betriebsverfassungswidrig angeordnet und geleistet werden, müssen vom Arbeitgeber vergütet werden.

***BAG** 5.7.1976 – 5 AZR 264/75*

Eine abschließende tarifliche Regelung i.S.d. § 87 Abs. 1 Einleitungssatz BetrVG liegt nicht vor, wenn ein Tarifvertrag dem Arbeitgeber lediglich die Befugnis gewährt, die betriebsübliche Arbeitszeit zu verkürzen oder zu verlängern. Denn es bleibt offen, ob und in welchem Umfang der Arbeitgeber von dieser Berechtigung Gebrauch machen will. Insofern greift das Mitbestimmungsrecht des Betriebsrats nach § 87 Abs. 1 Nr. 3 BetrVG ein.

***LAG** Rheinland-Pfalz 24.10.2000 – 2 TaBV 693/00 = NZA-RR 2001, 369*

Leiharbeitnehmer sind betriebsverfassungsrechtlich dem Verleiherbetrieb zugeordnet. Für sie ist daher der dort gebildete Betriebsrat zuständig. Leiharbeitnehmer leisten ihre Arbeit aber im Betrieb des Entleihers. Aufgrund ihrer Eingliederung in die dortige Betriebsorganisation kann stattdessen der Betriebsrat des Entleiherbetriebs für sie zuständig werden.

Entsendet der Arbeitgeber Leiharbeitnehmer in Betriebe, deren Wochenarbeitszeit die arbeitsvertraglich vereinbarte Stundenzahl übersteigt, so entscheidet er regelmäßig auch über den zeitlichen Einsatz der Leiharbeitnehmer. An dieser Entscheidung setzt das Mitbestimmungsrecht bei der Anordnung von Überstunden an. Es steht dem **Betriebsrat des Verleiherbetriebs** zu.

***BAG** 19.6.2001 – 1 ABR 43/00*

Verzichtet der Arbeitgeber im Rahmen einer Betriebsvereinbarung auf betriebsbedingte Kündigungen, wenn die Arbeitnehmer regelmäßig Mehrarbeit leisten, so stellt es eine unzulässige Rechtsausübung dar, wenn ein Arbeitnehmer für die Laufzeit des Kündigungsverzichts die Mehrarbeit stillschweigend erbringt und die Ansprüche auf Mehrarbeitsvergütung nachträglich doch noch geltend macht.

***LAG** Baden-Württemberg 22.1.1998 – 11 Sa 141/96 = NZA-RR 2000, 86*

Beauftragt ein Logistikunternehmen, dessen alleiniger Arbeitszweck die Lagerhaltung und Kommissionierung von Waren einer Unternehmensgruppe ist, ein anderes Logistikunternehmen damit, Lagerhaltungs- und Kommissionierungsarbeiten jeweils samstags im Betrieb der Arbeitgeberin durchzuführen, so ist dazu die Zustimmung des Betriebsrats gemäß § 99 BetrVG, soweit fremde Arbeitnehmer eingesetzt werden, gemäß § 87 Abs. 1 Nr. 3 BetrVG, soweit Arbeitnehmer der beteiligten Arbeitgeberin als geringfügig Beschäftigte der Fremdfirma eingesetzt werden, erforderlich.

***ArbG** Wiesbaden 23.7.1997 – 7 BV 3/97*

8.3.3. Kurzarbeit

Nach der ständigen Rechtsprechung des Bundesarbeitsgerichts kann der Arbeitgeber Kurzarbeit mit entsprechender Lohnminderung nur aufgrund kollektiver (Tarifvertrag, Betriebsvereinbarung) oder einzelvertraglicher Grundlage, nicht aber kraft seiner Direktionsbefugnis einführen. Andernfalls bedarf es einer Änderungskündigung.

***BAG** 14.2.1991 – 2 AZR 415/90; **BAG** 27.1.1994 – 6 AZR 541/93*

Das Mitbestimmungsrecht des Betriebsrats nach § 87 Abs. 1 Nr. 3 BetrVG bei der Einführung von Kurzarbeit hat auch zum Inhalt, dass der Betriebsrat die **Einführung von Kurzarbeit verlangen** und ggf. über einen Spruch der Einigungsstelle **erzwingen** kann.

***BAG** 4.3.1986 – 1 ABR 15/84*

Wird das Mitbestimmungsrecht des Betriebsrats bei einer Arbeitszeitregelung durch Einführung von **Kurzarbeit** nicht beachtet, besteht die Beschäftigungspflicht während der betrieblichen Arbeitszeit mit der Konsequenz, dass der Arbeitgeber in Annahmeverzug kommt und vollen Lohn zahlen muss.

***BAG** 12.10.1994 – 7 AZR 398/93;*
***LAG** Berlin 6.8.1985 – 11 Sa 6/85 = DB 1986, 808*

Der Betriebsrat ist nicht berechtigt, seine Zustimmung zur Einführung von Kurzarbeit von der Aufnahme folgender Bestimmung in die Betriebsvereinbarung abhängig zu machen: „Falls das Arbeitsamt bei den beantragten Kurzarbeitsphasen kein Kurzarbeitergeld zahlen sollte, ist der Unternehmer verpflichtet, die entsprechenden Löhne bzw. Gehälter in voller Höhe zu zahlen."

Aus dem Gebot der vertrauensvollen Zusammenarbeit folgt vielmehr die Pflicht des Betriebsrats, bei der Ausübung des Mitbestimmungsrechts allein diejenigen Überlegungen anzustellen und zur Grundlage der Entscheidung zu machen, die im Rahmen des konkreten Mitbestimmungsrechts geboten sind. Das bedeutet aber auch, dass es dem Betriebsrat im Rahmen der vertrauensvollen Zusammenarbeit verwehrt ist, seine von der Sache her möglicherweise gebotene Zustimmung von Zugeständnissen des Arbeitgebers abhängig zu machen, die der Betriebsrat ansonsten im Rahmen der Mitbestimmung nicht erwirken könnte.

***LAG** Köln 14.6.1989 – 2 TaBV 17/89 = NZA 1989, 939*

Eine Betriebsvereinbarung zur Einführung von Kurzarbeit muss die sich daraus ergebenden Rechte und Pflichten so deutlich regeln, dass diese für die Arbeitnehmer zuverlässig zu erkennen sind. Erforderlich sind mindestens die Bestimmung von Beginn und Dauer der Kurzarbeit, die Regelung der Lage und Verteilung der Arbeitszeit sowie die Auswahl der betroffenen Arbeitnehmer.

***BAG** 18.11.2015 – 5 AZR 491/14*

Soll eine Betriebsvereinbarung über die Einführung von Kurzarbeit normative Wirkung für die betroffenen Arbeitsverhältnisse entfalten, so müssen in ihr Beginn und Dauer der Kurzarbeit, die Lage und Verteilung der Arbeitszeit, die Auswahl der von der Kurzarbeit betroffenen Arbeitnehmer oder Abteilungen sowie auch die Zeiträume, in denen die Arbeit ganz ausfallen soll, festgelegt werden.

Der Verweis auf vom Arbeitgeber auszuhändigende Listen in der Betriebsvereinbarung genügt höchstens dem Mitbestimmungsrecht des Betriebsrats nach § 87 Abs. 1 Nr. 3 BetrVG, suspendiert aber nicht die Arbeitspflicht und den Vergütungsanspruch solcher Arbeitnehmer, die der Kurzarbeit widersprechen. Dies folgt aus § 77 Abs. 2 BetrVG in Verbindung mit dem Prinzip der Normklarheit.

***Hessisches LAG** 14.3.1997 – 17/13 Sa 162/96 = NZA RR 1997, 479*

Kann infolge der veränderten Auftragslage die mit dem Betriebsrat vereinbarte (oder durch den Spruch der Einigungsstelle bestimmte) vorübergehende Kurzarbeitszeit früher als vorgesehen aufgehoben werden, so unterliegt der **Abbau der Kurzarbeit** in Rückführung auf die betriebsübliche Arbeitszeit als solcher nicht dem Mitbestimmungsrecht des Betriebsrats nach § 87 Abs. 1 Nr. 3 BetrVG. Durch den Abbau der Kurzarbeit wird nicht die „betriebsübliche Arbeitszeit", sondern die vorübergehend festgelegte „Ausnahme-Arbeitszeit" verändert.

***BAG** 21.11.1978 – 1 ABR 67/76*

8.4. Auszahlung des Arbeitsentgelts

Zur Art der Auszahlung des Arbeitsentgelts gehört die Frage, ob Lohn oder Gehalt bargeldlos oder bar gezahlt werden soll. Bei bargeldloser Lohn- und Gehaltszahlung entstehen den Arbeitnehmern für die Errichtung und Führung eines Gehalts- oder Lohnkontos Kosten. Dies können sein: **Kontoführungsgebühren**, **Buchungsgebühren**, **Auszugsgebühren**, **Abschlussgebühren**. Soweit diese Kosten mit der Auszahlung des Arbeitsentgelts anfallen, erstreckt sich das Mitbestimmungsrecht des Betriebsrats auch auf die Frage, wer diese Kosten zu tragen hat.

***BAG** 24.11.1987 – 1 ABR 25/86*

Vom Mitbestimmungsrecht des Betriebsrats wird auch eine Regelung erfasst, die die Zahlung von Kontoführungsgebühren oder die **Einführung einer Kontostunde** zum Inhalt hat. Insoweit handelt es sich um notwendige Annexregelungen, auf die sich das Mitbestimmungsrecht des Betriebsrats erstreckt.

***BAG** 20.12.1988 – 1 ABR 57/87*

Nach § 87 Abs. 1 Nr. 4 BetrVG hat der Betriebsrat über **Zeit**, **Ort** und **Art** der Auszahlung des Arbeitsentgelts mitzubestimmen. Die Frage, ob die zusätzliche Urlaubsvergütung einheitlich zu einem bestimmten Fälligkeitstermin ausgezahlt werden soll, ist eine Frage der Zeit der Auszahlung des Arbeitsentgelts im Sinne dieser Bestimmung.

Das gesetzliche Mitbestimmungsrecht des Betriebsrats nach § 87 Abs. 1 Nr. 4 BetrVG beinhaltet auch das Recht des Betriebsrats, von sich aus eine Regelung über die Zeit der Auszahlung der zusätzlichen Urlaubsvergütung anzustreben und zu diesem Zweck auch die Einigungsstelle anzurufen. Der Betriebsrat hat auch insoweit ein **Initiativrecht**.

***BAG** 25.4.1989 – 1 ABR 91/87*

Die zeitliche Umstellung einer Provisionszahlung (Rechnungsausgang statt bisher Auftragseingang) unterliegt der Mitbestimmung des Betriebsrats nach § 87 Abs. 1 Nr. 4 BetrVG. Die §§ 87 ff. HGB schließen die Mitbestimmung nicht aus.

***LAG** München 27.11.1973 – 4 TaBV 70/72 = AuR 1974, 217*

Vergütungsbestandteile, die vom Erreichen von persönlichen Zielen und dem Unternehmenserfolg abhängen, sind keine anlass- oder stichtagsbezogenen Sonderzuwendungen des Arbeitgebers, sondern unmittelbare Gegenleistung für eine vom Arbeitnehmer zu erbringende Leistung, die dieser als Arbeitsentgelt für den vereinbarten Zeitraum erhält.

Entstandene Ansprüche auf Arbeitsentgelt für eine bereits erbrachte Arbeitsleistung können von den Betriebsparteien nicht unter die auflösende Bedingung des Bestehens eines ungekündigten Arbeitsverhältnisses zu einem Stichtag nach Ablauf des Leistungszeitraums gestellt werden. Eine solche Stichtagsklausel bewirkt der Sache nach, dass der Arbeitgeber entgegen § 611 Abs. 1 BGB keine Vergütung für die nach Maßgabe der Zielvereinbarung geleisteten Dienste erbringen muss.

Es stellt einen unverhältnismäßigen Eingriff in die durch Art. 12 Abs. 1 GG geschützte Berufsfreiheit des Arbeitnehmers dar, wenn diesem eine bereits verdiente Arbeitsvergütung entzogen wird, um eine vom Arbeitnehmer veranlasste Arbeitsplatzaufgabe zu verzögern oder zu verhindern.

Das Mitbestimmungsrecht nach § 87 Abs. 1 Nr. 4 BetrVG erfasst die Umstände bei der Auszahlung des Arbeitsentgelts. Dazu gehören nicht die Voraussetzungen, unter denen der Entgeltanspruch untergeht.

***BAG** 12.04.2011 – 1 AZR 412/09*

8.5. Urlaubsgrundsätze

Die Bindung des Urlaubs an das Urlaubsjahr steht einer allgemeinen Regelung über die **Einführung von Betriebsferien** für mehrere aufeinander folgende Urlaubsjahre in einer Betriebsvereinbarung oder in einem Spruch der Einigungsstelle nicht entgegen.
Aus § 7 Abs. 1 BUrlG folgt nicht, dass die Einführung von Betriebsferien nur dann zulässig ist, wenn dringende betriebliche Belange im Sinne dieser Vorschrift dafür sprechen. Vielmehr begründet die rechtswirksame Einführung von Betriebsferien solche betrieblichen Belange, die der Berücksichtigung der individuellen Urlaubswünsche der Arbeitnehmer entgegenstehen können.

***BAG** 28.7.1981 – 1 ABR 79/79*

Das Mitbestimmungsrecht in Urlaubsfragen nach § 87 Abs. 1 Nr. 5 BetrVG erstreckt sich auch auf den Sonderurlaub von **Schwerbehinderten**.

***Hessisches LAG** 16.2.1987 – 11 Sa 609/86 = BB 1987, 1461 = NZA 1988, 257*

Das Mitbestimmungsrecht gemäß § 87 Abs. 1 Nr. 5 BetrVG besteht auch dann, wenn der bereits **erteilte Urlaub widerrufen** werden soll und hierüber kein Einvernehmen erzielt wird. Der Urlaubswiderruf ist dann unwirksam, wenn der Betriebsrat nicht beteiligt wird.

***LAG** München 23.3.1988 – 8 Sa 1060/88 = BB 1988, 2175*

8.6. Technische Kontrolleinrichtungen

Hinweis für die Praxis:

Nach § 87 Abs. 1 Nr. 6 BetrVG hat der Betriebsrat unter anderem mitzubestimmen bei der Anwendung von technischen Einrichtungen, die dazu bestimmt sind, das Verhalten oder die Leistung der Arbeitnehmer zu überwachen. Es reicht allerdings aus, wenn die Einrichtung zur Überwachung geeignet ist, sie muss diese nicht zum Ziel haben. Das Mitbestimmungsrecht ist darauf gerichtet, Arbeitnehmer vor Beeinträchtigungen ihres Persönlichkeitsrechts durch den Einsatz technischer Überwachungseinrichtungen zu bewahren, die nicht durch schutzwerte Belange des Arbeitgebers gerechtfertigt und unverhältnismäßig sind. Die auf technischem Wege erfolgende Ermittlung und Aufzeichnung von Informationen über Arbeitnehmer bei der Erbringung ihrer Arbeitsleistung oder der Durchführung des Arbeitsverhältnisses bergen die Gefahr in sich, dass der Arbeitnehmer zum Objekt einer Überwachungstechnik gemacht wird, die anonym personen- oder leistungsbezogene Informationen erhebt, speichert, verknüpft und sichtbar macht. Das Mitbestimmungsrecht des Betriebsrats soll den davon ausgehenden Gefährdungen des Persönlichkeitsrechts entgegenwirken. „Überwachung" im Sinne des Mitbestimmungsrechts ist ein Vorgang, durch den Informationen über das Verhalten oder die Leistung von Arbeitnehmern erhoben und – jedenfalls in der Regel – aufgezeichnet werden, um sie auch späterer Wahrnehmung zugänglich zu machen. Die Informationen müssen auf technische Weise ermittelt und dokumentiert werden, so dass sie zumindest für eine gewisse Dauer verfügbar bleiben und vom Arbeitgeber herangezogen werden können.

Der in der nachfolgenden Entscheidung vom 19. Dezember 2017 vorgenommene Datenabgleich erfasst kein konkretes Verhalten und auch keine konkreten Leistungen der Arbeitnehmer, sondern gibt eine Auskunft über anderweitige gegen den Mitarbeiter gerichtete Verbotsmaßnahmen. Es liegt deshalb keine Einrichtung im Sinne des § 87 Abs. 1 Nr. 6 BetrVG vor.

Ein dem Betriebsrat bei der Verletzung eines Mitbestimmungsrechts nach § 87 Abs. 1 BetrVG gegen den Arbeitgeber zustehender Beseitigungsanspruch erfasst nur die Beendigung des betriebsverfassungswidrigen Zustands, nicht aber die Rückgängigmachung sich aus der Verletzung des Mitbestimmungsrechts ergebender Folgen. (Rn. 83 – 87)

Bei § 26 Abs. 1 Satz 2 BDSG handelt es sich um eine zugunsten der Arbeitnehmer geltende gesetzliche Vorschrift, deren Einhaltung durch den Arbeitgeber der Betriebsrat nach § 80 Abs. 1 Nr. 1 BetrVG überwachen kann (Rn. 27).

Die Einführung und Nutzung der für eine E-Mail-Kommunikation im Betrieb notwendigen softwarebasierten Anwendungen unterliegen nach § 87 Abs. 1 Nr. 6 BetrVG der Mitbestimmung des Betriebsrats (Rn. 57).

Stützt der Betriebsrat sein Unterlassungsbegehren auf ein betriebsvereinbarungswidriges Verhalten des Arbeitgebers, handelt es sich um einen anderen Verfahrensgegenstand als bei einem auf ein mitbestimmungswidriges Verhalten des Arbeitgebers gestützten Verbotsausspruch (Rn. 74).

Der Betriebsrat kann aufgrund eines ihm wegen einer Verletzung eines Mitbestimmungsrechts nach § 87 Abs. 1 BetrVG zustehenden Beseitigungsanspruchs vom Arbeitgeber nur die Beseitigung des betriebsverfassungswidrigen Zustands, nicht aber die Aufhebung von aus der Verletzung des Mitbestimmungsrechts entstandenen Folgen geltend machen. Ausgehend von der gesetzlichen Ausgestaltung des jeweiligen Mitbestimmungstatbestands nach § 87 Abs. 1 BetrVG ist zu ermitteln, ob das vom Betriebsrat erstrebte Verhalten des Arbeitgebers noch vom Beseitigungsanspruch getragen wird (Rn. 84 ff.).

***BAG** 23.3.2021 – 1 ABR 31/19*

Regelungszweck des § 87 Abs. 1 Nr. 6 BetrVG ist es, Arbeitnehmer vor einer Verletzung ihres Persönlichkeitsrechts durch eine technische Überwachungseinrichtung zu bewahren, die Informationen über deren Verhalten oder deren Leistung ermittelt und aufzeichnet, sofern diese Kontrolle nicht durch schützenswerte Belange des Arbeitgebers gerechtfertigt oder unverhältnismäßig ist.

Der durch eine technische Einrichtung erfolgte Abgleich von Vor- und Nachnamen der Arbeitnehmer mit den Listen der sog. Anti-Terror-Verordnungen der Europäischen Union durch den Arbeitgeber ist nicht nach 87 Abs. 1 Nr. 6 BetrVG mitbestimmungspflichtig. Eine dabei ermittelte (teilweise) Namensidentität enthält für sich genommen keine Aussage über ein Verhalten des Arbeitnehmers im Betrieb oder einen Bezug zum Arbeitsverhältnis. Ein erst durch folgende Maßnahmen hergestellter Bezug ändert nicht die Beurteilung der durch den Abgleich generierten Daten.

***BAG** 19.12.2017 – 1 ABR 32/16*

Regelungszweck des § 87 Abs. 1 Nr. 6 BetrVG ist es, Arbeitnehmer vor einer Verletzung ihres Persönlichkeitsrechts mittels Einsatzes technischer Überwachungseinrichtungen zu bewahren, die nicht durch schützenswerte Belange des Arbeitgebers gerechtfertigt oder unverhältnismäßig sind.

Die Freischaltung der Funktion „Besucher-Beiträge" auf einer vom Arbeitgeber betriebenen Facebook-Seite ermöglicht eine Überwachung des Verhaltens und der Leistung der von ihm beschäftigten Arbeitnehmer durch eine technische Einrichtung i.S.d. § 87 Abs. 1 Nr. 6 BetrVG. Diese betriebliche Maßnahme unterliegt der Mitbestimmung des Betriebsrats.

Für eine Überwachung i.S.d. § 87 Abs. 1 Nr. 6 BetrVG ist es nicht erforderlich, dass die Daten über das Verhalten oder die Leistung von Arbeitnehmern von der technischen Einrichtung selbst – „automatisch" – erhoben werden. Deren manuelle Eingabe ist ausreichend, wenn diese Daten anschließend gespeichert werden und auf sie zugegriffen werden kann.

***BAG** 13.12.2016 – 1 ABR 7/15*

Das Mitbestimmungsrecht des § 87 Abs. 1 Nr. 6 BetrVG ist darauf gerichtet, Arbeitnehmer vor Beeinträchtigungen ihres Persönlichkeitsrechts durch den Einsatz technischer Überwachungseinrichtungen zu bewahren, die nicht durch schutzwerte Belange des Arbeitgebers gerechtfertigt und unverhältnismäßig sind. In diesem Zusammenhang unterliegen Nutzung und Einsatz softwarebasierter Personalverwaltungssysteme der Mitbestimmung, gleichviel ob ihnen eine „alltägliche Standardsoftware" (hier: Microsoft Excel) zugrunde liegt, oder ob eine „Erheblichkeits- oder Üblichkeitsschwelle" überschritten wird (Rn. 5).

Ein datenverarbeitendes System ist zur Überwachung von Verhalten oder Leistung der Arbeitnehmer bestimmt, wenn es individualisierte oder individualisierbare Verhaltens- oder Leistungsdaten selbst erhebt und aufzeichnet, unabhängig davon, ob der Arbeitgeber die erfassten und festgehaltenen Verhaltens- oder Leistungsdaten auch auswerten oder zu Reaktionen auf festgestellte Verhaltens- oder Leistungsweisen verwenden will. Überwachung in diesem Sinn ist sowohl das Sammeln von Informationen als auch das Auswerten bereits vorliegender Informationen. Deshalb unterliegt z.B. die Nutzung und der Einsatz des Datenverarbeitungssystems SAP ERP zur Personalverwaltung der Mitbestimmung nach § 87 Abs. 1 Nr. 6 BetrVG, siehe hierzu BAG 25.9.2012 – 1 ABR 45/11. Für andere softwarebasierte Personalverwaltungssysteme gilt nichts Abweichendes. Dies gilt auch für „alltägliche Standardsoftware" (hier das Tabellenkalkulationsprogramm Microsoft Excel als Bestandteil des Office-Pakets). Für die „Bestimmung zur Überwachung" i.S.v. § 87 Abs. 1 Nr. 6 BetrVG kommt es nicht auf eine – wie auch immer im Einzelnen verfasste – „Geringfügigkeitsschwelle" an. Das Mitbestimmungsrecht ist darauf gerichtet, Arbeitnehmer vor Beeinträchtigungen ihres Persönlichkeitsrechts durch den Einsatz technischer Überwachungseinrichtungen zu bewahren, die nicht durch schutzwerte Belange des Arbeitgebers gerechtfertigt und unverhältnismäßig sind. Die auf technischem Wege erfolgende Ermittlung und Aufzeichnung von Informationen über Arbeitnehmer bei der Erbringung ihrer Arbeitsleistung bergen die Gefahr in sich, dass sie zum Objekt einer Überwachungstechnik gemacht werden, die anonym personen- oder leistungsbezogene Informationen erhebt, speichert, verknüpft und sichtbar macht. Den davon ausgehenden Gefährdungen des Persönlichkeitsrechts von Arbeitnehmern soll das Mitbestimmungsrecht entgegenwirken. Deshalb scheidet auch die Annahme des Überschreitens einer „Erheblichkeits- oder Üblichkeitsschwelle" als Voraussetzung für die Mitbestimmung des Betriebsrats bei § 87 Abs. 1 Nr. 6 BetrVG von vornherein aus. Dies gilt umso mehr, als im Zusammenhang mit digitaler Personalverwaltung erfasste Daten – unabhängig von der konkret genutzten Software – für Verarbeitungsvorgänge zur Verfügung stehen, die für eine Überwachung genutzt werden können.

***BAG** 23.10.2018 – 1 ABN 36/18*

Eine technische Einrichtung i.S.d. § 87 Abs. 1 Nr. 6 BetrVG ist dann dazu bestimmt, das Verhalten oder die Leistung der Arbeitnehmer zu überwachen, wenn die Einrichtung zur Überwachung objektiv und unmittelbar **geeignet** ist, ohne Rücksicht darauf, ob der Arbeitgeber dieses Ziel verfolgt und die durch die Überwachung gewonnenen Daten auch auswertet. Die Möglichkeit, dass erst durch zusätzliche anderweitige Anordnungen oder bestimmte Gestaltungen zukünftig Arbeitnehmer überwacht werden könnten, genügt andererseits nicht.

Der Tatbestand des § 87 Abs. 1 Nr. 6 BetrVG greift auch Platz, wenn aufgrund der Einrichtung unmittelbar Rückschlüsse auf das Verhalten oder die Leistung bestimmter anderer Arbeitnehmer gezogen werden können, die nicht die mit der Einrichtung versehene Maschine bedienen.

***BAG** 9.9.1975 – 1 ABR 20/74*

8.6.1. Regelung durch Betriebsvereinbarung

Sieht eine Betriebsvereinbarung eine nach § 32 Abs. 1 Satz 1 BDSG zulässige Verarbeitung von personenbezogenen Daten von Beschäftigten vor, ist diese durch eine Rechtsvorschrift i.S.d. § 4 Abs. 1 BDSG erlaubt. Es kommt dann nicht darauf an, ob auch allein die Regelungen einer Betriebsvereinbarung eine die Datenverarbeitung gestattende Rechtsvorschrift i.S.d. § 4 Abs. 1 BDSG sein können.

***BAG** 17.11.2016 – 2 AZR 730/15*

Nach allgemeinen Grundsätzen können unzulässige Überwachungsmaßnahmen durch die Zustimmung des Betriebsrats nicht legitimiert werden. Die Regelungsbefugnis der Betriebsparteien findet ihre Grenze im Persönlichkeitsschutz des Arbeitnehmers.

***BAG** 15.5.1991 – 5 AZR 115/90*

Das Mitbestimmungsrecht des § 87 Abs. 1 Nr. 6' BetrVG soll Arbeitnehmer vor einer Verletzung ihres Persönlichkeitsrechts mittels Einsatzes technischer Überwachungseinrichtungen bewahren, die nicht durch schützenswerte Belange des Arbeitgebers gerechtfertigt oder unverhältnismäßig sind.

Das allgemeine Persönlichkeitsrecht eines Arbeitnehmers kann auch durch Regelungen in einer Betriebsvereinbarung eingeschränkt werden. Der Grundsatz der Verhältnismäßigkeit konkretisiert dabei die Verpflichtung der Betriebsparteien nach § 75 Abs. 2 BetrVG.

Es stellt einen schwerwiegenden Eingriff in das allgemeine Persönlichkeitsrecht der betroffenen Arbeitnehmer dar, wenn ohne zeitliche Begrenzung sämtliche Arbeitsschritte ihrer wesentlichen Arbeitsleistung durch eine technische Überwachungseinrichtung i.S.d. § 87 Abs. 1 Nr. 6 BetrVG erfasst, gespeichert und einer Auswertung nach quantitativen Kennzahlen zugeführt werden. Das berechtigte Interesse des Arbeitgebers, die Belastungssituation der einzelnen Arbeitnehmer analysieren zu können um Arbeitsabläufe effektiver zu gestalten, rechtfertigt einen solchen Eingriff nicht.

Das Mitbestimmungsrecht nach § 87 Abs. 1 Nr. 7 BetrVG i.V.m. § 3 ArbSchG verlangt feststehende oder im Rahmen einer vom Arbeitgeber durchzuführenden Gefährdungsbeurteilung festzustellende Gefährdungen als Voraussetzung für die Wahrnehmung eines Regelungsauftrags der Einigungsstelle.

***BAG** 25.4.2017 – 1 ABR 46/15*

§ 87 Abs. 1 Nr. 6 BetrVG gibt dem Betriebsrat ein Mitbestimmungsrecht nicht nur bei der erstmaligen Einführung technischer Überwachungseinrichtungen, sondern auch bei deren Anwendung. Gerade bei der laufenden Vorbereitung der gewonnenen Daten zu bestimmten Aussagen über Verhalten und Leistung handelt es sich um die **Anwendung** einer technischen Überwachungseinrichtung, die der Mitbestimmung des Betriebsrats unterliegt.

Auch bei mitbestimmungsfrei oder ohne Beachtung eines etwaigen Mitbestimmungsrechts eingeführten technischen Überwachungseinrichtungen kann daher der Betriebsrat jedenfalls für die Zukunft von seinem Mitbestimmungsrecht Gebrauch machen, wenn und soweit sich die Anwendung dieser Einrichtung als technische Überwachung darstellt.

Die Einführung oder Anwendung einer technischen Einrichtung, die nach dem zur Anwendung kommenden Programm dazu bestimmt ist, Verhaltens- und/oder Leistungsdaten bestimmter Arbeitnehmer zu Aussagen über Verhalten und/oder Leistung dieser Arbeitnehmer zu verarbeiten, unterliegt auch dann dem Mitbestimmungsrecht des Betriebsrats, wenn diese Aussagen erst in Verbindung mit weiteren Daten und Umständen zu einer vernünftigen und sachgerechten Beurteilung der Arbeitnehmer führen können.

Eine datenverarbeitende Anlage kann auch dann eine zur Überwachung von Leistung oder Verhalten der Arbeitnehmer bestimmte technische Einrichtung sein (§ 87 I Nr. 6 BetrVG), wenn die leistungs- oder verhaltensbezogenen Daten nicht auf technischem Wege (durch die Einrichtung selbst) gewonnen werden, sondern dem System zum Zwecke der Speicherung und Verarbeitung eingegeben werden müssen.

Eine solche technische Einrichtung ist jedenfalls dann dazu bestimmt, Verhalten oder Leistung der Arbeitnehmer zu überwachen, wenn diese Daten programmgemäß zu Aussagen über Verhalten oder Leistung einzelner Arbeitnehmer verarbeitet werden

***BAG** 23.4.1985 – 1 ABR 39/81 und **BAG** 14.09.1984 – 1 ABR 23/82*

Das Initiativrecht des Betriebsrats hinsichtlich des Mitbestimmungstatbestands nach § 87 Abs. 1 Nr. 6 BetrVG hat nicht zum Inhalt, dass der Betriebsrat auch die Einführung einer technischen Kontrolleinrichtung verlangen kann. Die Abschaffung einer solchen technischen Kontrolleinrichtung bedarf daher auch nicht der Zustimmung des Betriebsrats.

***BAG** 28.11.1989 – 1 ABR 97/88*

Der Konzernbetriebsrat ist nach § 58 Abs. 1 Satz 1 Halbs. 1 BetrVG für die Mitbestimmung bei der Nutzung einer Personalverwaltungssoftware nach § 87 Abs. 1 Nr. 6 BetrVG zuständig, wenn das mit der Personalverwaltung betraute Konzernunternehmen individualisierte oder individualisierbare Verhaltens- oder Leistungsdaten von Arbeitnehmern erhebt und verarbeitet, die in anderen Konzernunternehmen beschäftigt werden.

***BAG** 25.9.2012 – 1 ABR 45/11*

Der **Fahrtenschreiber** ist eine technische Einrichtung i.S.d. § 87 Abs. 1 Nr. 6 BetrVG.

Ist die Anbringung und/oder Verwendung von Fahrtenschreibern vorgeschrieben (§ 15a Abs. 7 StVZO, besteht nach § 87 Abs. 1 Einleitungssatz BetrVG kein Mitbestimmungsrecht des Betriebsrats. Dagegen besteht dieses Recht nach § 87 Abs. 1 Nr. 6 BetrVG, wenn der Arbeitgeber Fahrtenschreiber in solchen (leichteren) Fahrzeugen anbringen möchte, für die die Verwendung dieser Geräte nicht vorgeschrieben ist.

Eine technische Einrichtung ist auch dann unmittelbar geeignet, das Verhalten oder die Leistung der Arbeitnehmer zu überwachen, wenn die Aufzeichnung und die Auswertung (des Kontrollergebnisses) nur zeitlich versetzt – nicht in einem Arbeitsgang – erfolgen können.

***BAG** 10.7.1979 – 1 ABR 50/78*

8.6.2. Überwachung durch Videoaufnahmen

Die **Überwachung** der Arbeitnehmer am Arbeitsplatz **durch eine Videoanlage** stellt einen schwerwiegenden Eingriff in das allgemeine Persönlichkeitsrecht dar, der nicht durch eine ausdrückliche gesetzliche Regelung gestattet ist; der Eingriff kann auch nicht auf das Hausrecht des Arbeitgebers gestützt werden.

Der Eingriff in das Persönlichkeitsrecht der Arbeitnehmer kann nur durch überwiegende schutzwürdige Belange des Arbeitgebers gerechtfertigt sein. Dient die Videoüberwachung dem Zweck, die Entwendung von Postsendungen zu verhindern, so sind das Postgeheimnis, das Eigentum der Postkunden und die eigenen wirtschaftlichen Interessen des Arbeitgebers als hohe (Grund-) Rechtsgüter und schutzwürdige Belange zugunsten des Arbeitgebers zu beachten.

Ob diese Belange es rechtfertigen, das ebenfalls grundrechtlich geschützte Interesse der Arbeitnehmer an der Beachtung ihres allgemeinen Persönlichkeitsrechts – zumindest zeitweilig – hintanzusetzen, hängt von den Umständen des Einzelfalls ab.

***BAG** 14.12.2004 – 1 ABR 34/03*

Die Zulässigkeit einer verdeckten Videoüberwachung zur Aufdeckung von Straftaten setzt nach § 32 Abs. 1 Satz 2 BDSG Verdachtsgründe im Sinne eines durch konkrete Tatsachen belegten „Anfangsverdachts" voraus.

Das Interesse von Beschäftigten, nicht von einer verdeckten Videoüberwachung erfasst zu werden, ist bei Arbeitnehmern, die sich unter Verletzung eines Zutrittsverbots in einem überwachten Bereich aufhalten, erheblich gemindert.

Der Schutzzweck von § 32 Abs. 1 Satz 2 BDSG gebietet es nicht, datenschutzrechtswidrig erlangte Beweismittel oder hierauf beruhenden – unstreitigen – Sachvortrag des Arbeitgebers im Kündigungsschutzprozess mit einem Arbeitnehmer unverwertet zu lassen, wenn sich die Maßnahme nur wegen der Betroffenheit anderer (dritter) Arbeitnehmer als unzulässig darstellt.

***BAG** 20.10.2016 – 2 AZR 395/15*

Nach § 87 Abs. 1 Nr. 6 BetrVG haben die Betriebsparteien grundsätzlich die Kompetenz zur Einführung einer **Videoüberwachung** am Arbeitsplatz.

Sie müssen dabei gemäß § 75 Abs. 2 Satz 1 BetrVG das grundrechtlich durch Art. 2 Abs. 1 i. V. m. Art. 1 Abs. 1 GG gewährleistete allgemeine Persönlichkeitsrecht der Arbeitnehmer beachten.

Der Eingriff in das allgemeine Persönlichkeitsrecht muss, sofern er nicht durch eine ausdrückliche gesetzliche Regelung gestattet ist, auf Grund schutzwürdiger Belange anderer Grundrechtsträger, insbesondere des Arbeitgebers, gerechtfertigt sein.

Bei einer Kollision des allgemeinen Persönlichkeitsrechts der Arbeitnehmer mit den schutzwürdigen Interessen des Arbeitgebers ist eine umfassende Güterabwägung unter Berücksichtigung der Umstände des Einzelfalls erforderlich.

Das zulässige Maß eines Eingriffs in das allgemeine Persönlichkeitsrecht bestimmt sich nach dem Grundsatz der Verhältnismäßigkeit. Danach muss die Regelung geeignet, erforderlich und angemessen sein, um den erstrebten Erfolg zu erreichen.

Für die Angemessenheit einer grundrechtsbeschränkenden Maßnahme ist die Eingriffsintensität mitentscheidend. Bei einer Videoüberwachung ist u. a. von Bedeutung, wie viele Personen ihr ausgesetzt sind, ob diese anonym oder bekannt sind, ob sie einen Anlass für den Eingriff gegeben haben, insbesondere ob sie einer bereits begangenen oder drohenden Straftat oder Rechtsgutverletzung verdächtig sind, wo die Überwachungsmaßnahmen stattfinden, wie lange und intensiv sie sind und welche Technik dabei eingesetzt wird.

Auf die Videoüberwachung an einem nicht öffentlich zugänglichen Arbeitsplatz ist § 6b BDSG weder unmittelbar noch entsprechend anwendbar.

Eine Notwehrsituation oder eine notwehrähnliche Lage kann die Video Überwachung dann rechtfertigen, wenn diese sich gegen einen konkreten Angreifer richtet.

Das Hausrecht des Arbeitgebers allein rechtfertigt die Videoüberwachung von Arbeitnehmern während der Arbeitszeit nicht.

***BAG** 29.6.2004 – 1 ABR 21/03*

Die Betriebsparteien sind grundsätzlich zur Einführung einer Videoüberwachung im Betrieb befugt. Dabei haben sie gemäß § 75 Abs. 2 Satz 1 BetrVG das durch Art. 2 Abs. 1 i.V.m. Art. 1 Abs. 1 GG gewährleistete allgemeine Persönlichkeitsrecht der Arbeitnehmer zu beachten. Eingriffe in dieses Recht müssen durch schutzwürdige Belange des Arbeitgebers oder anderer Grundrechtsträger gerechtfertigt sein. Es gilt der Grundsatz der Verhältnismäßigkeit. Dieser verlangt, dass die getroffene Regelung geeignet, erforderlich und unter Berücksichtigung der gewährleisteten Freiheitsrechte angemessen ist, um den erstrebten Zweck zu erreichen.

Die Angemessenheit von Videoüberwachungsmaßnahmen richtet sich maßgeblich nach deren Eingriffsintensität. Diese ist u.a. von der Anzahl der beobachteten Personen, der Dauer der Überwachung sowie davon abhängig, ob die Betroffenen einen zurechenbaren Anlass für ihre Beobachtung gesetzt haben.

Bei einer Videoüberwachung in öffentlich zugänglichen Räumen ist § 6 b BDSG zu beachten.

***BAG** 26.8.2008 – 1 ABR 16/07*

Die Erfassung von Daten über die von Arbeitnehmern geführten **Telefongespräche** unterliegt der Mitbestimmung des Betriebsrats nach § 87 Abs. 1 Nr. 6 BetrVG.

Daten über von Arbeitnehmern geführte Telefongespräche sind personenbezogene Daten des Arbeitnehmers im Sinne des Bundesdatenschutzgesetzes. Sie können, wenn die Zielnummer erfasst wird, auch personenbezogene Daten des Angerufenen sein. Die Verarbeitung von personenbezogenen Daten der Arbeitnehmer ist datenschutzrechtlich schon dann zulässig, wenn sie durch eine Betriebsvereinbarung oder durch einen Spruch der Einigungsstelle erlaubt wird. Betriebsvereinbarung oder Spruch der Einigungsstelle können auch zuungunsten der Arbeitnehmer von den Vorschriften des Bundesdatenschutzgesetzes abweichen. Sie müssen sich im Rahmen der Regelungskompetenz der Betriebspartner halten und den Grundsätzen über den Persönlichkeitsschutz des Arbeitnehmers im Arbeitsverhältnis Rechnung tragen.

Gegen eine Betriebsvereinbarung, die die Erfassung der vollen **Zielnummer** bei **Dienstgesprächen** und **Privatgesprächen** aus dienstlichem Anlass erlaubt, bestehen jedenfalls dann keine Bedenken, wenn daneben Privatgespräche geführt werden dürfen, bei denen die Zielnummer nicht erfasst wird.

Ob die Erfassung der Zielnummer im Verhältnis zum Angerufenen datenschutzrechtlich zulässig ist, bleibt unentschieden. Eine Betriebsvereinbarung oder ein Spruch der Einigungsstelle, der die Erfassung von Telefondaten regelt, ist nicht deswegen unwirksam, weil die geregelte Telefondatenerfassung gegenüber dem Angerufenen datenschutzrechtlich unzulässig ist.

Es stellt keine unzulässige Behinderung der Betriebsratstätigkeit dar, wenn für **Betriebsratsgespräche** bei Ferngesprächen auch Zeitpunkt und Dauer des einzelnen Gesprächs erfasst werden.

***BAG** 27.5.1986 – 1 ABR 48/84*

Die zur **betrieblichen Datenerfassung** und -verarbeitung verwendete computergesteuerte zentrale EDV-Anlage ist eine technische Einrichtung i.S.d. § 87 Abs. 1 Nr. 6 BetrVG, wenn sie von ihrer Speicher- und Rechenkapazität her zur **Kontrolle** geeignet ist.

Sie ist dann auch unmittelbar geeignet, das Verhalten oder die Leistung der Arbeitnehmer zu überwachen, wenn sie in die betriebliche Organisation so eingebunden ist, dass ihr verhaltens- und leistungsbezogene Daten eingegeben werden, deren EDV-mäßige Verarbeitung den Kontrolleffekt überhaupt erst denkbar erscheinen lässt.

Dabei kommt es nicht darauf an, ob diese Daten von der Anlage selbst beim Arbeitsvorgang automatisch erfasst werden oder ihr in Form von schematisierten Arbeitsberichten, die von den Arbeitnehmern zu erstellen sind, eingegeben werden.

***LAG** Düsseldorf 14.12.1981 – 26 TaBV 80/81 = DB 1982, 550*

Datensichtgeräte in Verbindung mit einem **Rechner** sind dann zur Überwachung von Verhalten und Leistung der Arbeitnehmer bestimmt i.S.d. § 87 Abs. 1 Nr. 6 BetrVG, wenn aufgrund vorhandener Programme Verhaltens- und Leistungsdaten ermittelt und aufgezeichnet werden, die bestimmten Arbeitnehmern zugeordnet werden können, unabhängig davon, zu welchem Zweck diese Daten erfasst werden.
Der Betriebsrat kann keine Regelung erzwingen, die ihm bestimmte Auskunfts-, Überwachungs- und Kontrollrechte einräumt.

***BAG** 6.12.1983 – 1 ABR 43/81*

Lässt eine Bank ohne Kenntnis der Arbeitnehmer durch ein anderes Unternehmen Tests zur **Überprüfung der Beratungsqualität** an zufällig ausgewählten Schaltern durchführen, wobei die Arbeitgeberin die Ergebnisse nicht mit einzelnen Arbeitnehmern oder Gruppen von Arbeitnehmern in Verbindung bringen kann, so hat der Betriebsrat weder nach § 87 Abs. 1 Nr. 1 oder Nr. 6 BetrVG noch nach § 94 BetrVG ein Mitbestimmungsrecht.

***BAG** 18.4.2000 – 1 ABR 22/99 = DB 2000, 2227*

Das Mitbestimmungsrecht des Betriebsrats nach § 87 Abs. 1 Nr. 1 BetrVG besteht auch dann, wenn der Arbeitgeber seinen Arbeitnehmern Anweisungen hinsichtlich ihres Ordnungsverhaltens in einem Kundenbetrieb erteilt. Der Begriff des Betriebs i.S.v. § 87 Abs. 1 Nr. 1 BetrVG ist nicht räumlich, sondern funktional zu verstehen.

Der Arbeitgeber kann gegenüber dem Mitbestimmungsrecht des Betriebsrats nach § 87 Abs. 1 Nr. 1 und 6 BetrVG nicht einwenden, ihm seien Verhaltensregeln oder technische Überwachungseinrichtungen von einem Vertragspartner vorgegeben. Er muss durch entsprechende Vertragsgestaltung sicherstellen, dass die ordnungsgemäße Wahrnehmung der Mitbestimmungsrechte des Betriebsrats gewährleistet ist.

Verletzt der Arbeitgeber Mitbestimmungsrechte des Betriebsrats, kann dieser auch ohne grobe Pflichtverletzung die Unterlassung der mitbestimmungswidrigen Maßnahmen verlangen.

***BAG** 27.1.2004 – 1 ABR 7/03*

In einer Betriebsvereinbarung kann bestimmt werden, dass über einen Zufallsgenerator ausgewählte **Arbeitnehmer beim Verlassen des Betriebsgeländes kontrolliert** werden. Das zulässige Maß der damit verbundenen Beschränkung des allgemeinen Persönlichkeitsrechts der Arbeitnehmer zugunsten schützenswerter Belange des Arbeitgebers richtet sich nach dem Grundsatz der Verhältnismäßigkeit.

Eine Betriebsvereinbarung, die unter Beachtung des § 75 Abs. 2 BetrVG Kontrollen der Arbeitnehmer beim Verlassen des Betriebsgeländes anordnet, ist eine Rechtsvorschrift i.S.d. § 4 Abs. 1 BDSG, die sowohl die automatisierte als auch die nicht automatisierte Erhebung, Nutzung oder Verarbeitung personenbezogener Daten von Arbeitnehmern erlaubt.

***BAG** 15.4.2014 – 1 ABR 2/13 (B)*

Der Einsatz eines internetbasierten Routenplaners zur Überprüfung einer Fahrtkostenabrechnung unterliegt nicht dem Mitbestimmungsrecht nach § 87 Abs. 1 Nr. 6 BetrVG. Es fehlt an der dafür notwendigen Leistungs- oder Verhaltenskontrolle durch eine technische Einrichtung.

***BAG** 10.12.2013 – 1 ABR 43/12*

8.7. Arbeits- und Gesundheitsschutz

Bei der Ausgestaltung der „Klärung von Möglichkeiten" eines betrieblichen Eingliederungsmanagements nach der Rahmenvorschrift des § 84 Abs. 2 Satz 1 SGB IX durch generelle Verfahrensregelungen steht dem Betriebsrat ein Initiativrecht nach § 87 Abs. 1 Nr. 7 BetrVG zu.

Die Rahmenvorschrift des § 84 Abs. 2 Satz 1 SGB IX erfasst das Verfahren über die „Klärung von Möglichkeiten" eines betrieblichen Eingliederungsmanagements zwischen Arbeitgeber und u.a. dem Betriebsrat. Vom Mitbestimmungsrecht nach § 87 Abs. 1 Nr. 7 BetrVG nicht erfasst ist eine sich anschließende Umsetzung konkreter Maßnahmen.

Im Rahmen des Klärungsprozesses nach § 84 Abs. 2 Satz 1 SGB IX kann der Betriebsrat seine Unterrichtung und eine Beratung mit dem Ziel der Verständigung über die Möglichkeiten eines betrieblichen Eingliederungsmanagements verlangen. Eine Einigungsstelle überschreitet jedoch ihre Kompetenz, wenn sie durch Spruch ein Anwesenheitsrecht des Betriebsrats oder eines von ihm benannten Vertreters bei den Gesprächen des Arbeitgebers mit dem Arbeitnehmer regelt.

Das Verfahren nach § 84 Abs. 2 Satz 1 SGB IX über die „Klärung von Möglichkeiten" eines betrieblichen Eingliederungsmanagements zwischen Arbeitgeber und dem Betriebsrat kann durch Spruch der Einigungsstelle nicht insgesamt auf ein Gremium übertragen werden, auch wenn dieses aus Mitgliedern besteht, die vom Arbeitgeber und vom Betriebsrat benannt werden. Hierzu bedarf es einer freiwilligen Übereinkunft von Arbeitgeber und Betriebsrat nach § 28 Abs. 2 BetrVG.

Der nach § 84 Abs. 2 Satz 3 SGB IX erforderliche Hinweis über den Inhalt eines betrieblichen Eingliederungsmanagements muss deutlich machen, dass eine Hinzuziehung des Betriebsrats zur „Klärung von Möglichkeiten" nach Satz 1 das Einverständnis des betroffenen Beschäftigten voraussetzt.

***BAG** 22.3.2016 – 1 ABR 14/14*

Die verfahrensmäßige Ausgestaltung des betrieblichen Eingliederungsmanagements dahingehend, dass der Arbeitnehmer zwischen dessen Durchführung mit den Interessenvertretungen und ohne deren Beteiligung wählen kann, entspricht einem regelkonformen betrieblichen Eingliederungsmanagement (Rn. 34).

Die Initiativlast für die Einbindung der in § 167 Abs. 2 Satz 1 SGB IX genannten Stellen hat der Arbeitgeber. Dem darf eine (im Spruchwege beschlossene) Betriebsvereinbarung zur verfahrensmäßigen Gestaltung des betrieblichen Eingliederungsmanagements nicht zuwiderlaufen (Rn. 35).

Im konkret zu entscheidenden Fall war die von der Einigungsstelle beschlossene Betriebsvereinbarung „Betriebliches Eingliederungsmanagement" unwirksam. Nach den mit ihr festgelegten Verfahrenskriterien war die Hinzuziehung des Betriebsrats und ggf. der Schwerbehindertenvertretung zum konkreten Klärungsprozess teilweise in die initiative Verantwortung des betroffenen Arbeitnehmers gestellt (Rn. 35).

***BAG** 19.11.2019 – 1 ABR 36/18*

Hinweis für die Praxis

Klargestellt hat das BAG in der vorstehenden Entscheidung allerdings noch einmal, dass eine Regelung von Unterrichtungspflichten der Arbeitgeberin gegenüber dem Betriebsrat in regelmäßigen Abständen, welche Arbeitnehmer nach § 167 Abs. 2 SGB IX die Voraussetzungen für die Durchführung des betrieblichen Eingliederungsmanagements erfüllen, nicht in einem Einigungsstellenspruch enthalten sein müssen. Diese Pflichten folgen unmittelbar aus dem Gesetz. Nach § 80 Abs. 2 Satz 2 BetrVG i.V.m. § 167 Abs. 2 Satz 7 SGB IX kann der Betriebsrat unabhängig von einer Zustimmung der Arbeitnehmer beanspruchen, dass ihm der Arbeitgeber in regelmäßigen Abständen die Arbeitnehmer benennt, welche nach § 167 Abs. 2 SGB IX die Voraussetzungen für die Durchführung des betrieblichen Eingliederungsmanagements erfüllen, siehe hierzu auch BAG 7. Februar 2012 – 1 ABR 46/10 – Anspruchsvoraussetzung hierfür ist aber nun neu und auf der Grundlage der nunmehr geltenden Datenschutzrechtslage von Art. 9 Abs. 2 Buchst. b DS-GVO i.V.m. § 26 Abs. 3 und § 22 Abs. 2 BDSG, dass der Betriebsrat zur Wahrung der Interessen der von der Datenverarbeitung betroffenen Arbeitnehmer angemessene und spezifische Schutzmaßnahmen trifft, denn bei diesen Informationen handelt es sich um sensitive Daten, siehe hierzu ausführlich BAG 9. April 2019 – 1 ABR 51/17 – Rn. 47 ff.).

§ 11 Satz 1 ASiG verpflichtet den Arbeitgeber in Betrieben mit mehr als 20 Beschäftigten einen **Arbeitsschutzausschuss** zu bilden. Kommt er dieser Verpflichtung nicht nach, kann sich der Betriebsrat nach § 89 Abs. 1 Satz 2 BetrVG an die zuständige Arbeitsschutzbehörde wenden. Diese hat die Errichtung eines Arbeitsschutzausschusses nach § 12 ASiG anzuordnen und kann im Weigerungsfall eine Geldbuße verhängen (§ 20 ASiG). Dem Betriebsrat steht kein Initiativrecht zur Bildung eines Arbeitsschutzausschusses zu.

§ 11 ASiG regelt zugunsten des Betriebsrats keinen Anspruch auf Errichtung eines Arbeitsschutzausschusses. Vielmehr handelt es sich um eine öffentlich-rechtliche Verpflichtung des Arbeitgebers. Hierbei steht ihm kein Handlungsspielraum zu. Das schließt nach dem Eingangshalbsatz des § 87 Abs. 1 BetrVG auch ein Mitbestimmungsrecht in Angelegenheiten des Arbeits- und Gesundheitsschutzes aus.

***BAG** 15.4.2014 – 1 ABR 82/12*

Der Betriebsrat hat kein Mitbestimmungsrecht bei der Teilnahmepflicht des Betriebsarztes und der Fachkraft für Arbeitssicherheit an den gesetzlich vorgesehenen Mindestsitzungen des Arbeitsschutzausschusses. Diese ist in § 11 ASiG abschließend geregelt.

***BAG** 8.12.2015 – 1 ABR 83/13*

In den Angelegenheiten der zwingenden Mitbestimmung muss der aufgrund eines gegenwärtigen Regelungskonflikts der Betriebsparteien errichteten Einigungsstelle ein so konkreter Regelungsauftrag erteilt sein, dass diese beurteilen kann, worin der an sie gerichtete Auftrag besteht und wann er beendet ist. Ein unklarer Regelungsauftrag vermittelt der Einigungsstelle keine Spruchkompetenz.
Nach § 87 Abs. 1 Nr. 7 BetrVG hat der Betriebsrat bei Regelungen über den Gesundheitsschutz mitzubestimmen, wenn der Arbeitgeber diese aufgrund einer öffentlich-rechtlichen Rahmenvorschrift zu treffen hat und ihm bei der Gestaltung Handlungsspielräume verbleiben.
Die Generalklausel des § 3 Abs. 1 Satz 1 ArbSchG ist eine Vorschrift über den Gesundheitsschutz. Sie legt für den Arbeitgeber die umfassende und präventive Handlungspflicht fest, die erforderlichen Maßnahmen des Arbeitsschutzes unter Berücksichtigung der Umstände zu treffen, die Sicherheit und Gesundheit der Beschäftigten bei der Arbeit beeinflussen. Die Vorschrift setzt keine konkrete Gesundheitsgefahr voraus. Sie knüpft aber an die Feststellung konkreter Gefährdungen i.S.v. § 5 Abs. 1 ArbSchG an.
Feststehende oder im Rahmen einer Gefährdungsbeurteilung erst festzustellende Gefährdungen sind Voraussetzung für die Wahrnehmung des Regelungsauftrags einer Einigungsstelle, soweit es etwa um die Mitbestimmung des Betriebsrats nach § 87 Abs. 1 Nr. 7 BetrVG i.V.m. § 3a Abs. 1 Satz 1 ArbStättV, §§ 4, 5 und 6 BetrSichV oder § 7 LärmVibrationsArbSchV geht.

***BAG** 28.3.2017 – 1 ABR 25/15*

Einer Einigungsstelle kann im Rahmen der Mitbestimmung nach § 87 Abs. 1 Nr. 7 BetrVG nicht gleichzeitig der Regelungsauftrag zur Ausgestaltung der Gefährdungsbeurteilung i.S.v. § 5 ArbSchG und zur Regelung erforderlicher Schutzmaßnahmen i.S.v. § 3 Abs. 1 Satz 1 ArbSchG sowie deren Wirksamkeitskontrolle i.S.v. § 3 Abs. 1 Satz 2 ArbSchG übertragen werden. (Rn. 26 – 29). Aufgrund des rechtssystematischen Zusammenhangs zwischen den in § 5 ArbSchG und den in § 3 Abs. 1 ArbSchG geregelten Angelegenheiten kann sich der Einigungs- oder Bestellungsgegenstand bei der Errichtung einer Einigungsstelle nicht sowohl auf die Ausgestaltung des Verfahrens zur Durchführung einer Gefährdungsbeurteilung als auch – im Vorgriff – schon auf ggf. erforderliche Schutzmaßnahmen und die Regelung ihrer Wirksamkeitskontrolle erstrecken (Rn. 26 ff.).
Mit der mitbestimmten Ausgestaltung der für die Durchführung der Gefährdungsbeurteilung i.S.v. § 5 ArbSchG wesentlichen Grundlagen soll verhindern werden, dass zwischen den Betriebsparteien später Streit über das bei der Beurteilung der Arbeitsbedingungen angewandte Verfahren und die Methoden entstehen (Rn. 32).
Der Regelungsauftrag einer Einigungsstelle ist nur dann geeignet, ihr die erforderliche Spruchkompetenz zu vermitteln, wenn er hinreichend bestimmt ist. Fehlt es hieran, ist der gesamte Spruch der Einigungsstelle unwirksam (Rn. 19).

***BAG** 19.11.2019 – 1 ABR 22/18*

Sowohl für das Einigungsstellenverfahren als auch für die gerichtliche Überprüfung der Zuständigkeit der Einigungsstelle oder ihres Spruchs muss erkennbar sein, für welche Regelungsfragen sie errichtet worden ist. Ein nicht hinreichend bestimmter Regelungsauftrag vermag der Einigungsstelle nicht die erforderliche Spruchkompetenz zu vermitteln. Ein entsprechender Mangel hat die Unwirksamkeit des gesamten Einigungsstellenspruchs zur Folge (Rn. 20).

Ein Mitbestimmungsrecht des Betriebsrats nach § 87 Abs. 1 Nr. 7 BetrVG i.V.m. § 3 Abs. 1 Satz 1 ArbSchG bei vom Arbeitgeber zu treffenden Schutzmaßnahmen besteht erst, wenn eine konkrete Gefährdung der Arbeitnehmer nach Art und Umfang zwischen den Betriebsparteien feststeht oder im Rahmen einer Gefährdungsbeurteilung i.S.v. § 5 Abs. 1 ArbSchG festgestellt wurde, die der Arbeitgeber auf der Grundlage einer von den Betriebsparteien oder der Einigungsstelle (§ 87 Abs. 2 BetrVG) zuvor getroffenen Regelung über das Verfahren zur Beurteilung der Arbeitsbedingungen durchgeführt hat (Rn. 27).

Eine mit der Regelung von Maßnahmen i.S.v. § 3 Abs. 1 ArbSchG beauftragte Einigungsstelle kann Sachverständige hinzuziehen, wenn sie diese für die Beurteilung benötigt, welche Schutzmaßnahmen angesichts der unstreitig feststehenden oder i.S.v. § 5 Abs. 1 ArbSchG ermittelten Gefährdungen, ihrer Schwere und des Risikos einer Schadensrealisierung in Betracht kommen (Rn. 31).

***BAG** 7.12.2021 – 1 ABR 25/20*

Das Bundesarbeitsgericht hat die Frage, ob eine Maßnahme des Arbeitsschutzes gemäß § 87 I Nr. 7 BetrVG i.V.m. § 3 I ArbSchG ggf. in der Festlegung einer personellen Mindestbesetzung bestehen kann, bisher nicht entschieden. Im Beschluss vom 19.11.2019 (1 ABR 22/18 – Rdn. 18) ist es jedoch bereits einer durch das LAG Schleswig-Holstein vertretenen Auffassung entgegengetreten, § 87 Abs. 1 Nr. 7 BetrVG könne allein aus systematischen Gründen keine Maßnahmen erfassen, die eine Angelegenheit i.S.v. § 92 BetrVG berühre. Das BAG führt deutlich aus, das Beteiligungsrecht des Betriebsrats bei der Personalplanung einerseits und sein Mitbestimmungsrecht beim Arbeits- und Gesundheitsschutz nach § 87 Abs. 1 Nr. 7 BetrVG andererseits beträfen unterschiedliche Angelegenheiten. Aus diesem Grund gebe auch die vom LAG Schleswig-Holstein herangezogene Gesetzesbegründung, nach der die Beteiligung der Arbeitnehmer auf wirtschaftlichem Gebiet dem Unternehmensverfassungsrecht vorbehalten bleiben sollte, für die von ihm angenommene Einschränkung nichts her.

***LAG** Hamburg 16.07.2020 – 8 TaBV 8/19*

Dem Betriebsrat steht bei der Ausgestaltung der nach § 6 ArbSchG vom Arbeitgeber vorzunehmenden Dokumentation der Ergebnisse einer Gefährdungsbeurteilung ein Mitbestimmungsrecht nach § 87 Abs. 1 Nr. 7 BetrVG zu. Bei der Norm handelt es sich um eine ausfüllungsbedürftige Rahmenvorschrift, die mittelbar dem Arbeits- und Gesundheitsschutz der Arbeitnehmer dient (Rn. 31).

Wird der Einigungsstelle von den Betriebsparteien der Auftrag zur Regelung der Gefährdungsbeurteilung übertragen, soll diese die nach § 87 Abs. 1 Nr. 7 BetrVG i.V.m. § 5 ArbSchG und – soweit die Dokumentation der Gefährdungsbeurteilung betroffen ist – die nach § 87 Abs. 1 Nr. 7 BetrVG i.V.m. § 6 ArbSchG mitbestimmungspflichtigen Angelegenheiten ausgestalten (Rn. 29 ff.).

Die dem Arbeitgeber nach § 5 Abs. 1 ArbSchG auferlegten – und von einer Einigungsstelle mit dem Regelungsauftrag Gefährdungsbeurteilung durch verfahrensrechtliche Vorgaben auszugestaltenden – Handlungspflichten betreffen die Ermittlung, ob und ggf. welche Gefährdungen mit der Arbeit einhergehen, deren Bewertung nach ihrer Schwere und dem Risiko ihrer Realisierung sowie die Prüfung, ob Schutzmaßnahmen geboten sind und der Dringlichkeit eines Handlungsbedarfs. Der auszugestaltende Handlungsspielraum des Arbeitgebers erfasst dagegen nicht die Ermittlung konkreter Arbeitsschutzmaßnahmen angesichts festgestellter Gefährdungen und deren Wirksamkeitskontrolle (Rn. 33 ff.).

Das Mitbestimmungsrecht des Betriebsrats nach § 87 Abs. 1 Nr. 7 BetrVG i.V.m. § 3 Abs. 1 Satz 2 ArbSchG zur Regelung der Wirksamkeitskontrolle von Arbeitsschutzmaßnahmen setzt voraus, dass die nach § 3 Abs. 1 Satz 1 ArbSchG vom Arbeitgeber zu ergreifende konkrete Maßnahme feststeht (Rn. 39)

Der Einigungsstelle obliegt es im Rahmen von § 5 Abs. 1 ArbSchG Vorgaben zur Durchführung der Gefährdungsbeurteilung zu regeln, nicht jedoch die auf den zu beurteilenden Arbeitsplätzen tatsächlich bestehenden Arbeitsbedingungen im Spruch zu erfassen (Rn. 45).

Eine Gleichartigkeit der Arbeitsbedingungen i.S.v. § 5 Abs. 2 Satz 2 ArbSchG erfordert, dass diese im Wesentlichen, aber nicht in allen Einzelheiten übereinstimmen. Ob diese Voraussetzungen gegeben sind, hat die Einigungsstelle zu klären. Hierbei steht ihr in tatsächlicher Hinsicht ein Beurteilungsspielraum zu (Rn. 47).

Da der Arbeitgeber nach § 5 ArbSchG alle denkbaren Gefährdungen, die bei Tätigkeiten oder am Arbeitsplatz auftreten können, zu ermitteln hat, muss eine Einigungsstelle, die die Durchführung der Gefährdungsbeurteilung regeln soll, die möglichen Gefährdungen weder abschließend noch beispielhaft im Spruch benennen. Die Einigungsstelle hat auch nicht darüber zu befinden, worin mögliche Ursachen und Faktoren etwaiger Gefährdungen bestehen (Rn. 52).

Die Einigungsstelle muss bei einer Regelung zur Ermittlung möglicher Gefährdungen nicht psychischer Art, die jeweilige Methode zur Untersuchung und Beurteilung der Arbeitsbedingungen nicht gefährdungsbezogen festgelegen (Rn. 56).

Die Beurteilung der Arbeitsbedingungen nach § 5 ArbSchG ist vom Arbeitgeber in regelmäßigen Abständen anlassunabhängig zu wiederholen. Daher muss die Einigungsstelle Vorgaben festlegen, in welchen zeitlichen Abständen diese erneut durchzuführen ist (Rn. 63).

Eine Regelung, wonach die Arbeitnehmer über das Ergebnis der Gefährdungsbeurteilung zu informieren sind, ist nicht vom Mitbestimmungsrecht des Betriebsrats nach § 87 Abs. 1 Nr. 7 BetrVG i.V.m. § 5 ArbSchG gedeckt. Diese kann lediglich Gegenstand der Unterweisung nach § 12 ArbSchG sein (Rn. 66).

***BAG** 13.8.2019 – 1 ABR 6/18*

Der Betriebsrat hat nach § 87 Abs. 1 Nr. 7 BetrVG bei betrieblichen Regelungen über den Gesundheitsschutz mitzubestimmen. Hierzu gehört auch die durch § 12 ArbSchG dem Arbeitgeber auferlegte Verpflichtung, die Beschäftigten über Sicherheit und Gesundheitsschutz bei der Arbeit zu unterweisen. Einigen sich die Betriebsparteien nicht über Art und Inhalt der Unterweisung, hat. das die Einigungsstelle zu regeln.

Die Einigungsstelle hat die Erkenntnisse einer Gefährdungsbeurteilung nach § 5 ArbSchG zu berücksichtigen und die konkrete arbeitsplatz- oder aufgabenbezogene Unterweisung daran auszurichten. Sie kann deshalb ihren Regelungsauftrag nur vollständig erfüllen, wenn sie die konkreten Gefahren am Arbeitsplatz in den Blick nimmt und hierauf aufbauend konkrete, arbeitsplatzbezogene Bestimmungen beschließt.

***BAG** 11.1.2011 – 1 ABR 104/09*

Der Betriebsrat hat nach § 87 Abs. 1 Nr. 7 BetrVG bei betrieblichen Regelungen über die dem Arbeitgeber auferlegten Verpflichtungen, die Beschäftigten über Sicherheit und Gesundheitsschutz bei der Arbeit zu unterweisen, mitzubestimmen. Einigen sich die Betriebsparteien nicht über Art und Inhalt der Unterweisung, hat das die Einigungsstelle zu regeln. Hierbei hat sie die Erkenntnisse einer Gefährdungsbeurteilung zu berücksichtigen und die konkrete arbeitsplatz- oder aufgabenbezogene Unterweisung daran auszurichten. Sie kann sich nicht darauf beschränken, allgemeine Bestimmungen über die Unterweisung zu Gefahren am Arbeitsplatz aufzustellen.

***BAG** 8.11.2011 – 1 ABR 42/10*

Der Betriebsrat hat nach § 87 Abs. 1 Nr. 7 BetrVG ein Mitbestimmungsrecht sowohl bei der Gefährdungsbeurteilung nach § 5 ArbSchG als auch bei der Unterweisung der Beschäftigten nach § 12 ArbSchG.

Dem Mitbestimmungsrecht steht nicht entgegen, dass der Arbeitgeber nach § 13 Abs. 2 ArbSchG ein externes Unternehmen mit der Durchführung der Gefährdungsbeurteilung i.S.d. § 5 ArbSchG und der Unterweisung der Beschäftigten i.S.d. § 12 Abs. 1 ArbSchG beauftragt hat.

***BAG** 30.9.2014 – 1 ABR 106/12*

Die Verpflichtung nach § 3 Abs. 1 ArbSchG i.V.m. § 2 Abs. 1 und Abs. 2 PSA-BV über die Auswahl und Bereitstellung geeigneter und passender Schutzkleidung eröffnet dem Arbeitgeber regelmäßig einen Handlungsspielraum, der das Mitbestimmungsrecht des Betriebsrats nach § 87 Abs. 1 Nr. 7 BetrVG eröffnet.

Nach § 11 Abs. 6 Satz 1 AÜG obliegen die öffentlichen-rechtlichen Vorschriften des Arbeitnehmerschutzes über die Gestaltung der Arbeitsbedingungen und dabei die Vermeidung von Gefährdungen am Arbeitsplatz für im Entleiherbetrieb tätige Leiharbeitnehmer grundsätzlich dem Entleiher. Der Verleiher hat zu kontrollieren, dass während der Tätigkeit der von ihm überlassenen Arbeitnehmer im Entleiherbetrieb diese Vorschriften durch den Entleiher gewahrt werden.

Stellt der Entleiher die nach öffentlich-rechtlichen Arbeitsschutzbestimmungen erforderliche Schutzkleidung bereit, steht dem Betriebsrat des Verleiherbetriebs kein Mitbestimmungsrecht für eine betriebliche Regelung über Auswahl und Umfang geeigneter Schutzkleidung nach den maßgebenden Bestimmungen der PSA-BV zu.

***BAG** 7.6.2016 – 1 ABR 25/14*

Nach § 87 Abs. 1 Nr. 7 BetrVG hat der Betriebsrat bei betrieblichen Regelungen über den Gesundheitsschutz mitzubestimmen, wenn der Arbeitgeber diese aufgrund einer öffentlich-rechtlichen Rahmenvorschrift zu treffen hat und ihm bei der Gestaltung Handlungsspielräume verbleiben. Tarifverträge gehören regelmäßig nicht zu den öffentlich-rechtlichen Rahmenvorschriften i.S.d. § 87 Abs. 1 Nr. 7 BetrVG.

***BAG** 11.12.2012 – 1 ABR 81/11*

> ***Hinweis für die Praxis:***
>
> *Das Mitbestimmungsrecht gemäß § 87 Abs. 1 Nr. 7 BetrVG setzt bei öffentlich-rechtlichen Rahmenvorschriften, die ausfüllungsbedürftige Generalklauseln enthalten, das Bestehen einer unmittelbaren objektiven Gesundheitsgefahr voraus. Es ist nicht leicht zu entscheiden, ob eine Vorschrift tatsächlich dem Arbeits- und Gesundheitsschutz im Sinne der Nr. 7 dient. Jedenfalls ist es im Arbeitsschutzrecht nicht ungewöhnlich, dass Ziele der Arbeitssicherheit und des Gesundheitsschutzes durch lediglich mittelbar wirkende Maßnahmen verfolgt werden. Beispiele hierfür sind die ausdrücklich dem Arbeitsschutz dienenden Vorschriften des Arbeitssicherheitsgesetzes über die Bestellung von Betriebsärzten und Fachkräften für Arbeitssicherheit sowie über die Bildung von Arbeitsschutzausschüssen. So besteht z.B. ein Mitbestimmungsrecht nach § 87 Abs. 1 Nr. 7 BetrVG bei der Entscheidung darüber, ob der Arbeitgeber seiner Verpflichtung nach § 2 Abs. 1 ASiG durch die Bestellung eines angestellten oder eines freiberuflich tätigen Betriebsarztes oder durch die Inanspruchnahme eines überbetrieblichen Dienstes von Betriebsärzten erfüllt Für die Subsumtion einer gesetzlichen Vorschrift unter § 87 Abs. 1 Nr. 7 BetrVG ist ihr Ziel maßgebend. Soll eine betriebliche Regelung der „Verhütung von Arbeitsunfällen und Berufskrankheiten“ oder dem „Gesundheitsschutz“ dienen, so muss die gesetzliche Rahmenvorschrift, die sie ausfüllt, ebenfalls diesen Zweck verfolgen.*

Für das Mitbestimmungsrecht des Betriebsrats nach § 87 Abs. 1 Nr. 7 BetrVG genügt es, wenn eine vom Arbeitgeber zu befolgende Rahmenvorschrift mittelbar dem Gesundheitsschutz dient.

Jedenfalls dann, wenn nicht umfassende Generalklauseln, sondern gegenständlich begrenzte Rahmenvorschriften betroffen sind, durch die dem Arbeitgeber aus Gründen des Gesundheitsschutzes bestimmte Handlungspflichten auferlegt werden, ist eine konkrete Gesundheitsgefahr keine Voraussetzung des Mitbestimmungsrechts nach § 87 Abs. 1 Nr. 7 BetrVG.

§ 3 BildscharbV und § 5 ArbSchG sowie § 12 ArbSchG sind Rahmenvorschriften i.S.v. § 87 Abs. 1 Nr. 7 BetrVG, bei deren Ausfüllung durch den Arbeitgeber der Betriebsrat mitzubestimmen hat.

***BAG** 8.6.2004 – 1 ABR 13/03*

Der Betriebsrat hat bei der Entscheidung des Arbeitgebers darüber, ob ein Ausgleich für Nachtarbeit nach § 6 Abs. 5 ArbZG durch bezahlte freie Tage oder durch einen angemessenen Entgeltzuschlag zu gewähren ist, grundsätzlich nach § 87 Abs. 1 Nr. 7 BetrVG mitzubestimmen.

§ 6 Abs. 5 ArbZG überlässt die Ausgestaltung des Ausgleichs für Nachtarbeit vorrangig den Tarifvertragsparteien und schafft nur subsidiär einen gesetzlichen Anspruch.

Das Beteiligungsrecht des Betriebsrats entfällt, wenn im Betrieb entweder normativ oder kraft einzelvertraglicher Bezugnahme eine tarifliche Regelung gilt, die eine materielle Kompensation für die Erschwernisse enthält, die mit der Heranziehung zur Nachtarbeit verbunden sind. In diesem Fall besteht keine Pflicht des Arbeitgebers zur Bestimmung des Ausgleichs für die mit der Nachtarbeit verbundenen Belastungen, dessen Vorliegen das Mitbestimmungsrecht aus § 87 Abs. 1 Nr. 7 BetrVG voraussetzt.

***BAG** 17.1.2012 – 1 ABR 62/10*

Der Betriebsrat hat bei der Entscheidung mitzubestimmen, ob ein Ausgleichsanspruch nach § 6 Abs. 5 ArbZG (bei Nachtarbeitnehmern für die während der Nachtarbeit geleisteten Arbeitsstunden) durch freie Tage oder durch Entgeltzuschlag zu erfüllen ist. Das ergibt sich zunächst aus § 87 Abs. 1 Nr. 7 BetrVG. Die Auswahlentscheidung ergeht nämlich im Rahmen einer gesetzlichen Regelung, die dem Gesundheitsschutz dient. Zwar dient der Ausgleichsanspruch nach § 6 Abs. 5 ArbZG nicht unmittelbar dem Gesundheitsschutz, wie etwa die zeitliche Beschränkung der Nachtarbeit. Die Ausgleichsleistungen nehmen der Nachtarbeit nicht ihre spezifische Gesundheitsgefährdung. Ein Anspruch auf bezahlten Freizeitausgleich dient allerdings auch der Erholung und kann damit wenigstens in geringem Umfang die mit der Nachtarbeit verbundenen gesundheitlichen Belastungen kompensieren. Soweit ein Lohnzuschlag vorgesehen ist, wirkt sich dieser auf die Gesundheit des betroffenen Arbeitnehmers nicht aus. Im Wesentlichen dient der Ausgleichsanspruch danach dem Gesundheitsschutz lediglich mittelbar, indem er die Nachtarbeit mit Zusatzkosten belastet und so für den Arbeitgeber weniger attraktiv macht.

Darüber hinaus beantwortet sie eine Frage der betrieblichen Lohngestaltung, die nach § 87 Abs. 1 Nr. 10 BetrVG mitbestimmungspflichtig ist.

***BAG** 26.8.1997 – 1 ABR 16/97*

Bei der Ausgestaltung des vom Arbeitgeber geschuldeten Freizeitausgleichs gemäß § 6 Abs. 5 ArbZG hat der Betriebsrat nach § 87 Abs. 1 Nr. 2 und Nr. 7 BetrVG mitzubestimmen. Das Mitbestimmungsrecht erstreckt sich auch auf eine Regelung, nach der sich ein Freizeitausgleichsanspruch in einen Entgeltanspruch umwandelt, wenn aus betrieblichen Gründen die Gewährung von Freizeitausgleich innerhalb eines bestimmten Zeitraums nicht möglich ist.

***BAG** 26.4.2005 – 1 ABR 1/04*

§ 87 Abs. 1 Nr. 7 BetrVG gewährt dem Betriebsrat ein Mitbestimmungsrecht bei der Aufstellung derjenigen Regelungen, die der Arbeitgeber aufgrund öffentlich-rechtlicher Vorschriften des gesetzlichen Arbeitsschutzes zur **Verhütung** von **Arbeitsunfällen** und zur **Förderung des Gesundheitsschutzes** zu treffen hat. Es geht darum, den Regelungsspielraum auszufüllen, den die Vorschriften des öffentlich-rechtlichen Arbeitsschutzes dem Arbeitgeber belassen. Solche Regelungen im Rahmen der gesetzlichen Vorschriften und der Unfallverhütungsvorschriften können auch Teil der Ordnung des Betriebs i.S.d. § 87 Abs. 1 Nr. 1 BetrVG sein, soweit sie dem Arbeitsschutz dienende Verhaltenspflichten der Arbeitnehmer begründen. Soweit es um die Schaffung dieses Teils der Ordnung des Betriebs geht, geht das Mitbestimmungsrecht nach Nr. 7 dem Mitbestimmungsrecht nach Nr. 1 vor. Der Betriebsrat kann eine dem Arbeitsschutz dienende Ordnung des Betriebs nur insoweit verlangen, als diese im Rahmen der gesetzlichen Vorschriften oder der Unfallverhütungsvorschriften bleibt. Nur insoweit trifft es zu, dass § 87 Abs. 1 Nr. 7 BetrVG einen Rückgriff auf Nr. 1 ausschließt.

***BAG** 24.3.1981 – 1 ABR 32/78*

Die Mitbestimmung des Betriebsrats nach § 87 Abs. 1 Nr. 7 BetrVG setzt immer dann ein, wenn der Arbeitgeber Maßnahmen zum Gesundheitsschutz durchführt. Sie stellt kein Abwehrrecht gegen Baumaßnahmen des Arbeitgebers dar, die unter Umständen zu gesundheitlichen Beeinträchtigungen der Arbeitnehmer führen könnten.

Bei Verstößen des Arbeitgebers gegen Unterrichtungs- und Beratungsrechte des Betriebsrats nach § 90 BetrVG besteht kein „allgemeiner Unterlassungs- und Beseitigungsanspruch“ gegen die Baumaßnahmen selbst.

Lässt der Eigentümer des Gebäudes, in dem sich der Betrieb befindet, auf dem zu betrieblichen Zwecken nicht genutzten Dach des Gebäudes eine Mobilfunkantenne aufstellen, löst dies Mitwirkungsrechte des Betriebsrats wegen baulicher Maßnahmen an „betrieblichen Räumen“ i.S.d. § 90 Abs. 1 Nr. 1 BetrVG nicht aus.

***LAG** Nürnberg 4.2.2003 – 6 (2) TaBV 39/01 = NZA-RR 2003, 588*

Die §§ 3 und 5 ArbSchG sind gesetzliche Vorschriften i.S.d. § 87 Abs. 1 Ziff. 7 BetrVG.

Die systematische Befragung von Arbeitnehmern zur Ermittlung typischer Ursachen krankheitsbedingter Fehlzeiten im Betrieb unterliegt der Mitbestimmung des Betriebsrats gemäß § 87 Abs. 1 Ziff. 7 BetrVG.

***Hessisches LAG** 29.8.2002 – 5 TaBVGa 91/02 = DB 2004, 386*

§ 3 Abs. 2 ArbSchG verpflichtet den Arbeitgeber zum Aufbau einer Organisationsstruktur. Diese ist maßgeblich vom konkreten Ausmaß der jeweils bestehenden Unfall- und Gesundheitsgefahren sowie von der Betriebsgröße abhängig. Die Zuweisung von Aufgaben an einzelne Führungskräfte nach § 3 Abs. 2 Nr. 2 ArbSchG ist insoweit lediglich Teil dieser Organisationsmaßnahme.

Der Aufbau einer Organisationsstruktur nach § 3 Abs. 2 ArbSchG unterliegt der Mitbestimmung des Betriebsrats nach § 87 Abs. 1 Nr. 7 BetrVG.

BAG *18.3.2014 – 1 ABR 73/12*

§ 5 ArbSchG i. V. m. § 3 BildscharbV und § 12 ArbSchG sind Rahmenvorschriften i.S.v. § 87 Abs. 1 Nr. 7 BetrVG, bei deren Ausfüllung durch den Arbeitgeber dem Betriebsrat ein Mitbestimmungsrecht zusteht.

Der örtliche Betriebsrat ist für die Analysen möglicher Gesundheitsgefährdungen am einzelnen Arbeitsplatz und die Unterweisung in gefahrvermeidendes Verhalten am Arbeitsplatz nicht allein deshalb unzuständig, weil die Arbeitsplätze nach konzern- oder unternehmenseinheitlichen Standards eingerichtet sind.

Die Einigungsstelle kann das Mitbestimmungsrecht nach § 87 Abs. 1 BetrVG – ebenso wenig wie der Betriebsrat selbst – nicht dahin ausüben, dass sie dem Arbeitgeber das Recht einräumt, den mitbestimmungspflichtigen Tatbestand im Wesentlichen allein zu gestalten. Geht es um Regelungen nach § 87 Abs. 1 Nr. 7 BetrVG i.V.m. § 5 und § 12 ArbSchG muss sie vielmehr selbst eine Entscheidung darüber treffen, an welchen konkreten Arbeitsplätzen welche Gefährdungsursachen anhand welcher Kriterien und Methoden zu beurteilen und welche Unterweisungen vorzunehmen sind.

BAG *8.6.2004 – 1 ABR 4/03*

Beim Umgang mit **Gefahrstoffen** hat der Arbeitgeber Ermittlungs-, Schutz- und Überwachungspflichten. Der Betriebsrat hat hierbei kein Mitbestimmungsrecht, da das Gesetz dem Arbeitgeber kein Entscheidungsermessen einräumt.

LAG *Baden-Württemberg 8.12.1987 – 14 TaBV 18/87 = NZA 1988, 515*

Ein Mitbestimmungsrecht des Betriebsrats im Zusammenhang mit Gesundheitsschutz bei **Bildschirmarbeit** besteht hinsichtlich der **Unterbrechung von Bildschirmarbeit**. § 120 a GewO ist eine Rahmenvorschrift, die durch betriebliche Regelungen ausgefüllt werden muss. Nach § 120 a GewO hat der Arbeitgeber den Betrieb so zu regeln, dass die Arbeitnehmer gegen Gefahren für Leben und Gesundheit geschützt werden. Damit sind auch Bestimmungen über die Unterbrechung von Bildschirmarbeit gemeint.

Diese Auslegung des § 120 a GewO, die vom Bundesarbeitsgericht früher abgelehnt worden war (Beschluss vom 6.12.1983 – 1 ABR 43/81) folgt an die EG-Bildschirmrichtlinie von 1990, die bis Ende 1992 in deutsches Recht umzusetzen gewesen wäre. Diese Richtlinie verlangt nämlich die regelmäßige Unterbrechung der Bildschirmtätigkeit durch Pausen oder andere Arbeiten.

Das Bundesarbeitsgericht folgt der ständigen Rechtsprechung des Europäischen Gerichtshofs, nach der die nationalen Gerichte die Auslegung auch älteren innerstaatlichen Rechts soweit wie möglich an den einschlägigen EG-Richtlinien auszurichten haben.

Hinsichtlich von **Augenuntersuchungen** besteht kein Mitbestimmungsrecht. Deren Organisation erfordert nicht zwangsläufig eine Regelung betrieblicher Abläufe. Fehlt aber die Notwendigkeit einer betriebsbezogenen Regelung, so besteht auch kein Ansatz für die Mitbestimmung des Betriebsrats. Eine Auslegung, nach der Augenuntersuchungen immer Gegenstand der betrieblichen Organisation sein müssten, folgt auch nicht aus der EG-Bildschirmrichtlinie. Diese sieht nämlich ausdrücklich die Möglichkeit vor, dass der Schutz des Sehvermögens Bestandteil eines nationalen Gesundheitsfürsorgesystems sei.

Der Gesamtbetriebsrat kann keine Betriebsvereinbarung durchsetzen, die den Arbeitgeber zur **Führung eines EDV-Bestandsverzeichnisses** verpflichtet. Soweit der Betriebsrat ein solches Verzeichnis zur Ausübung seiner Mitbestimmungsrechte benötigt, ergibt sich die entsprechende Auskunftspflicht des Arbeitgebers bereits unmittelbar aus dem Betriebsverfassungsgesetz.

BAG *2.4.1996 – 1 ABR 47/95*

Die fehlende und auch nicht ersetzte Zustimmung des Betriebsrats zur **Abberufung** eines **Betriebsarztes** nach § 9 Abs. 3 ASiG führt zumindest dann zur Unwirksamkeit der dem Betriebsarzt ausgesprochenen Beendigungskündigung, wenn diese auf Gründe gestützt wird, die sachlich mit der Tätigkeit als Betriebsarzt in untrennbarem Zusammenhang stehen.

Das in § 9 Abs. 3 Satz 1 und 2 ASiG normierte Zustimmungsrecht des Betriebsrats zur Abberufung eines Betriebsarztes ist ein vollwertiges Mitbestimmungsrecht, das nicht nur dann zu wahren ist, wenn der Arbeitgeber das Arbeitsverhältnis fortsetzen und den von ihm beschäftigten Arzt nur von seinen Aufgaben als Betriebsarzt durch eine Abberufung entbinden will. Zweck und Ausgestaltung des Mitbestimmungsrechts des § 9 Abs. 3 ASiG rechtfertigen eine Reduzierung auf einen reinen Vertragsinhaltsschutz nicht. Es wirkt sich vielmehr darüber hinaus auch als Bestandsschutz für das Arbeitsverhältnis des Betriebsarztes aus, wenn der Arbeitgeber davon absieht, die Zustimmung des Betriebsrats zur Abberufung einzuholen oder ersetzen zu lassen und die Abberufung nur als Folge einer Kündigung durchzusetzen versucht. Dieses Vorgehen führt zur Unwirksamkeit der Beendigungskündigung, weil sonst der Zweck des Mitbestimmungsrechts gesetzwidrig eingeschränkt würde. Das gilt zumindest dann, wenn die Kündigungsgründe ihre Ursache in der Tätigkeit als Betriebsarzt haben oder von der damit verbundenen Pflichtenkollision sachlich nicht zu trennen sind.

BAG *24.3.1988 – 2 AZR 369/87*

Nach § 87 Abs. 1 Nr. 7 BetrVG hat der Betriebsrat bei betrieblichen Regelungen über den Gesundheitsschutz mitzubestimmen, wenn der Arbeitgeber diese aufgrund einer öffentlich-rechtlichen Rahmenvorschrift zu treffen hat und ihm bei der Gestaltung Handlungsspielräume verbleiben. Voraussetzung ist, dass die Anwendung der Rahmenvorschrift eine betriebliche Regelung notwendig macht, in der Arbeitgeber und Betriebsrat abstrakt generell bestimmen, in welcher Weise das vorgegebene Schutzziel erreicht werden soll. Personelle Einzelmaßnahmen werden vom Mitbestimmungsrecht nach § 87 Abs. 1 Nr. 7 BetrVG nicht erfasst.

§ 13 Abs. 2 ArbSchG eröffnet dem Arbeitgeber die Möglichkeit, die Durchführung der ihm nach dem Arbeitsschutzgesetz obliegenden Aufgaben Dritten zu übertragen. Hierbei besteht kein Mitbestimmungsrecht des Betriebsrats nach § 87 Abs. 1 Nr. 7 BetrVG. Bei der Aufgabenübertragung handelt es sich typischerweise um Einzelmaßnahmen.

Ein auf die Feststellung eines Mitbestimmungsrechts nach § 87 Abs. 1 Nr. 7 BetrVG gerichteter Antrag muss erkennen lassen, welche Regelungen zur betrieblichen Umsetzung einer sich aus Normen des Arbeits- und Gesundheitsschutzes ergebenden konkreten Handlungspflicht des Arbeitgebers aus der Sicht des Betriebsrats in Betracht kommen, an deren Ausgestaltung er mitzuwirken beabsichtigt. Andernfalls ist der Antrag mangels der nach § 253 Abs. 2 Nr. 2 ZPO erforderlichen hinreichenden Bestimmtheit unzulässig.

BAG *18.8.2009 – 1 ABR 43/08*

Die Zustimmung des Betriebsrats zur Abberufung einer Fachkraft für Arbeitssicherheit nach § 9 Abs. 3 Satz 2 ASiG ist Wirksamkeitsvoraussetzung für den individualrechtlichen Gestaltungsakt.

Äußert der Betriebsrat Kritik an der Arbeit der Fachkraft für Arbeitssicherheit, so ist dessen Abberufung zur Bewältigung der bestehenden oder vermeintlichen Konfliktlage nicht unbillig i.S.v. § 315 Abs. 3 BGB.

LAG *Brandenburg 15.1.1998 – 3 Sa 477/96*

Der Betriebsrat hat bei Maßnahmen zur Verringerung von aufgrund Hitze oder Kälte in den Arbeitsräumen auftretenden Belastungen der Arbeitnehmer ein Mitbestimmungsrecht nach § 87 Abs. 1 Nr. 7 BetrVG i.V.m. § 3a Abs. 1 Satz 1 ArbStättV und Punkt 3.5 deren Anhangs. Das Mitbestimmungsrecht knüpft an das Vorliegen von Gefährdungen an, die entweder feststehen oder im Rahmen einer Gefährdungsbeurteilung (§ 3 ArbStättV i.V.m. § 5 ArbSchG) festzustellen sind.

Die beschriebene mitbestimmte Angelegenheit bezieht sich typischerweise konkret auf die Gegebenheiten in den einzelnen Arbeitsräumen auf betrieblicher Ebene. Eine originäre Zuständigkeit des Gesamtbetriebsrats für diese Angelegenheit nach § 50 Abs. 1 Satz 1 BetrVG scheidet damit in der Regel aus.

Aus der Zuständigkeit des Gesamtbetriebsrats nach § 87 Abs. 1 Nr. 1 i.V.m. § 50 Abs. 1 Satz 1 BetrVG für Regelungen zu einer unternehmenseinheitlichen Dienstkleidung folgt nicht notwendig seine Zuständigkeit für personenbezogene, das Lockern der Bekleidungsregeln beinhaltende Maßnahmen nach § 87 Abs. 1 Nr. 7 BetrVG i.V.m. § 3a Abs. 1 Satz 1 ArbStättV und Punkt 3.5 deren Anhangs.

Den Technischen Regelungen für Arbeitsstätten kommt kein Unabdingbarkeitsanspruch zu. Bei ihrer Einhaltung ist davon auszugehen, dass der Arbeitgeber die Anforderungen der ArbStättV erfüllt (§ 3a Abs. 1 Satz 3 ArbStättV). Die Betriebsparteien können vom technischen Regelwerk abweichen, sofern durch andere Maßnahmen die gleiche Sicherheit und der gleiche Gesundheitsschutz erreicht werden (§ 3a Abs. 1 Satz 4 ArbStättV).

***BAG** 18.7.2017 – 1 ABR 59/15*

8.8. Soziale Einrichtungen

Das Mitbestimmungsrecht des Betriebsrats nach § 87 Abs. 1 Nr. 8 BetrVG setzt voraus, dass die Sozialeinrichtung in ihrem Wirkungsbereich auf den Betrieb, das Unternehmen oder den Konzern des Arbeitgebers beschränkt ist. Diese Voraussetzung ist nicht erfüllt, wenn die Einrichtung einem unbestimmten Nutzerkreis zur Verfügung steht. Unschädlich ist es, wenn Außenstehende als Gäste zugelassen werden.

Für die Beurteilung der Beschränkung des Wirkungsbereichs einer Sozialeinrichtung ist der vom Arbeitgeber festgelegte Zweck der Einrichtung maßgeblich. Auf das äußere Erscheinungsbild kommt es grundsätzlich nicht an.

Mitbestimmungsrechte nach § 87 Abs. 1 Nr. 8 BetrVG stehen nicht dem in der Sozialeinrichtung errichteten Betriebsrat zu, sondern dem Betriebsrat, Gesamtbetriebsrat oder Konzernbetriebsrat, für dessen Betrieb, Unternehmen oder Konzern die Sozialeinrichtung errichtet ist.

Werden die Öffnungszeiten einer Sozialeinrichtung vom Arbeitgeber – ggf. unter Beteiligung des nach § 87 Abs. 1 Nr. 8 BetrVG zuständigen Betriebsrats, Gesamtbetriebsrats oder Konzernbetriebsrats – festgelegt, so sind die Betriebsparteien der Sozialeinrichtung oder im Streitfall die Einigungsstelle bei den nach § 87 Abs. 1 Nr. 2 BetrVG mitbestimmten Regelungen der Arbeitszeiten in der Sozialeinrichtung an diese Öffnungszeiten nicht gebunden, haben sie aber als betriebliche Belange bei der Ausgestaltung der Arbeitszeiten zu berücksichtigen.

***BAG** 10.2.2009 – 1 ABR 94/07*

Eine Sozialeinrichtung i.S.d. § 87 Abs. 1 Nr. 8 BetrVG erfordert ein zweckgebundenes Sondervermögen. Die einer Sozialeinrichtung zur Verfügung stehenden Mittel müssen einer organisatorisch verselbständigten Verwaltung unterliegen. Ein Personalverkauf wird nicht von einer Sozialeinrichtung des Arbeitgebers durchgeführt, wenn die für den Wareneinkauf benötigten Finanzmittel weder summenmäßig begrenzt noch im Rechnungswesen des Arbeitgebers gesondert ausgewiesen werden.

Ein Personalverkauf kann dem Mitbestimmungsrecht nach § 87 Abs. 1 Nr. 10 BetrVG unterliegen, wenn die Arbeitnehmer Gelegenheit zum Bezug von geldwerten Leistungen erhalten, bei denen die Bemessung nach bestimmten Grundsätzen oder nach einem System erfolgt. Das Mitbestimmungsrecht umfasst aber nicht die Festlegung des Warensortiments und der Abgabemengen der verbilligt angebotenen Waren.

***BAG** 8.11.2011 – 1 ABR 37/10*

Die Gewährung **zinsgünstiger Darlehen** an Arbeitnehmer ist eine betriebliche Sozialleistung und eine Frage der betrieblichen Lohngestaltung. Ihre generelle Regelung unterliegt der Mitbestimmung des Betriebsrats nach § 87 Abs. 1 Nr. 10 BetrVG.
Der Arbeitgeber ist jedoch bei der Entscheidung über Umfang und Zweck solcher Leistungen frei.
Überträgt der Arbeitgeber die Gewährung der **zinsgünstigen Darlehen** einem zweckgebundenen Sondervermögen, so errichtet er damit eine „Sozialeinrichtung". Die Mitbestimmung des Betriebsrats ergibt sich dann aus § 87 Abs. 1 Nr. 8 BetrVG.

***BAG** 9.12.1980 – 1 ABR 80/77*

Betriebsfeiern und **Betriebsausflüge** fallen nicht unter § 87 Abs. 1 Nr. 8 BetrVG. Etwaige Leistungen des Arbeitgebers sind nicht auf Dauer angelegt. Ausnahmsweise kann ein Mitbestimmungsrecht nach § 87 Abs. 1 Nr. 10 BetrVG in Betracht kommen, wenn mit der Zeitgutschrift der Zweck einer Erfolgsprämie verfolgt wird.

***BAG** 27.1.1998 – 1 ABR 35/97*

Bei rechtlich selbständigen, tatsächlich aber abhängigen Sozialeinrichtungen kann das Mitbestimmungsrecht auf zwei Wegen verwirklicht werden:

a) Wenn nichts anderes vereinbart ist, müssen mitbestimmungspflichtige Fragen zunächst zwischen Arbeitgeber und Betriebsrat ausgehandelt werden; der Arbeitgeber hat dann dafür zu sorgen, dass seine Sozialeinrichtung die getroffene Regelung übernimmt („**zweistufige Lösung**").
b) Die Betriebspartner können aber auch vereinbaren, dass der Betriebsrat Vertreter in die Organe der Sozialeinrichtung entsendet und mitbestimmungspflichtige Fragen nur noch in den Beschlussgremien der Sozialeinrichtung behandelt werden (**organschaftliche Lösung**).

***BAG** 13.7.1978 – 3 ABR 108/77*

Bei der **Teilschließung** einer **Unterstützungskasse** z. B. für neu eintretende Arbeitnehmer hat der Arbeitgeber die Mitbestimmungsrechte des Betriebsrats nach § 87 Abs. 1 Nr. 8 BetrVG (Form, Ausgestaltung und Verwaltung von Sozialeinrichtungen) zu beachten.

Das Mitbestimmungsrecht des Betriebsrats kann ausnahmsweise entfallen, wenn es an einem Regelungsspielraum für die Verteilung der verbleibenden Mittel fehlt. Werden jedoch im Rahmen einer Übergangsregelung weitere Mittel verteilt, ist das Mitbestimmungsrecht des Betriebsrats zu beachten.

***BAG** 10.3.1992 – 3 AZR 221/91*

Bei einer Neuregelung von für ein einzelnes Unternehmen geltenden Versorgungsrichtlinien einer Unterstützungskasse kann das Mitbestimmungsrecht des Betriebsrats aus § 87 Abs. 1 Nr. 8 BetrVG in der Weise ausgeübt werden, dass die Betriebspartner sich zunächst über den Inhalt der Neuregelung einigen, die dann von den Organen der Unterstützungskasse durch eine Änderung der Versorgungsrichtlinien umgesetzt wird (zweistufiges Modell). Dieser Weg verlangt nicht, dass vor Wirksamwerden der Änderung der Richtlinien bereits eine Betriebsvereinbarung i.S.v. § 77 BetrVG abgeschlossen worden ist. Voraussetzung ist nur, dass der Betriebsrat der vom Arbeitgeber beabsichtigten Neuverteilung der zur Verfügung gestellten Mittel zustimmt.

Die vom Senat entwickelten Grundsätze zur Rechtskontrolle, mit deren Hilfe die materielle Wirksamkeit einer verschlechternden Neuregelung durch Unterstützungskassen-Richtlinien festzustellen ist, sind jedenfalls auch dann anzuwenden, wenn die Versorgungszusage im Einzelfall zwar vor Inkrafttreten des Betriebsrentengesetzes erteilt wurde, die wesentlichen rechtlichen und tatsächlichen Grundlagen des Versorgungsanspruchs aber nach Inkrafttreten dieses Gesetzes gelegt worden sind.

Die vom BAG erstmals mit Urteil vom 17.4.1985 (3 AZR 72/83 = DB 1986, 228)[49] entwickelten Eingriffsstufe der erdienten Dynamik stellt nur eine Konkretisierung der bereits zuvor in der Rechtsprechung mehrfach als Prüfungsmaßstab angesprochenen Grundsätze des Vertrauensschutzes und der Verhältnismäßigkeit dar. Gegenüber der Anwendung dieser konkretisierten Eingriffsregel gibt es keinen Vertrauensschutz.

Ein Eingriff in die erdiente Dynamik dadurch, dass der Berechnungsfaktor „Endgehalt" auf einen Ablösungsstichtag festgeschrieben wird, liegt nur dann vor, wenn der begünstigte Arbeitnehmer im Ergebnis auf der Grundlage der ablösenden Neuregelung weniger erhält, als er bis zum Ablösungsstichtag unter Berücksichtigung des in der abgelösten Regelung festgelegten Bemessungsfaktors und bei Aufrechterhaltung der dort vorgesehenen Dynamik erdient hatte. Sieht eine ablösende Neuregelung die Möglichkeit weiterer Steigerungen der Versorgungsanwartschaft vor, kann deshalb regelmäßig erst mit Eintritt des Versorgungsfalls festgestellt werden, ob im Ergebnis in die erdiente Dynamik eingegriffen worden ist.

Für einen sachlich gerechtfertigten Eingriff in künftige, dienstzeitabhängige Zuwächse bedarf es keines ausgewogenen Sanierungsplans des Arbeitgebers.

***BAG** 10.9.2002 – 3 AZR 635/01 = DB 2003, 1525*

Eine Sozialeinrichtung mit dem Ziel der **betrieblichen Altersversorgung**, bei deren Verwaltung der Betriebsrat gemäß § 87 Abs. 1 Nr. 8 BetrVG zu beteiligen ist, liegt nur dann vor, wenn die Alters-

[49] s. RsprÜ zum ArbR, 22. Auflage 2022

versorgung aus einem zweckgebundenen Sondervermögen (z. B. **Pensionskasse, Unterstützungskasse**) geleistet wird.

Wird betriebliche Altersversorgung durch generelle Direktzusagen oder Versicherungen gewährt, so unterliegt diese Art der Altersversorgung dem Mitbestimmungsrecht des Betriebsrats nach § 87 Abs. 1 Nr. 10.

***BAG** 12.6.1975 – 3 ABR 13/74*

Eine Betriebsvereinbarung über **betriebliche Ruhegelder**, die Einschränkungen der betrieblichen Leistungen vorsieht, wirkt nicht gegenüber denjenigen früheren Arbeitnehmern, die beim Inkrafttreten der neuen Betriebsvereinbarung bereits im Ruhestand leben und Bezüge nach einer früheren Regelung erhalten.

Mit seinem **Ausscheiden** erwirbt der **Arbeitnehmer**, dessen Ansprüche auf einer Betriebsvereinbarung beruhten, gegen den Arbeitgeber einen selbständig-schuldrechtlichen Anspruch. Dieser Anspruch besteht über die Geltungsdauer der Betriebsvereinbarung hinaus.

***BAG** 25.10.1988 – 3 AZR 483/86*

Ein Betriebsausflug ist nach allgemeiner Meinung keine Sozialeinrichtung i.S.d. § 87 Abs. 1 Nr. 8 BetrVG, denn ihm fehlt die auf Dauer angelegte Organisation.

***BAG** 27.1.1998 – 1 ABR 35/97 = BB 1998, 1419*

Die Übertragung von Spülarbeiten einer Kantine auf Arbeitskräfte einer Fremdfirma betrifft als Ausgliederung der Spülküche das Mitbestimmungsrecht des Betriebsrats gemäß § 87 Abs. 1 Nr. 8 BetrVG.

Der Betriebsrat hat gemäß § 87 Abs. 1 Nr. 8 BetrVG auch mitzubestimmen bei der Verwendung der Erträge aus der Kantine für die Vergütung der Spülkräfte der Fremdfirma.

Der Betriebsrat kann verlangen, dass dem Arbeitgeber der Einsatz der Spülkräfte der Fremdfirma und die Verwendung der Erträge aus der Kantine für deren Vergütung bei gleichzeitiger Androhung eines Ordnungsgeldes für den Fall des Verstoßes durch das Arbeitsgericht untersagt werden.

***ArbG** Köln 25.3.1998 – 7 BV 232/96 = AiB 1999, 346*

Arbeitnehmer können nicht durch Betriebsvereinbarung verpflichtet werden, die Kosten für das Kantinenessen auch dann zu tragen, wenn sie es nicht in Anspruch nehmen.

***BAG** 11.7.2000 – 1 AZR 551/99*

8.9. Werkswohnung

Die in § 87 Abs. 1 Nr. 9 BetrVG geforderte Zustimmung des Betriebsrats zur Kündigung von Wohnräumen ist Wirksamkeitsvoraussetzung für die Kündigung nur bis zur rechtswirksamen Auflösung des Arbeitsverhältnisses.

***OLG** Frankfurt/M. 14.8.1992 – 20 REMiet 1/92 = BB 1992, 2000 = DB 1992, 2146 (rkr.)*

Die Mitbestimmung bei der allgemeinen Festsetzung der Nutzungsbedingungen für Werkmietwohnungen erstreckt sich auch auf allgemeine Grundsätze für die Mietzinsbildung und für Mieterhöhungen, nicht aber auf die Festlegung des Mietzinses im Einzelfall einschließlich der Überprüfung ihrer Vereinbarkeit mit dem Gesetz zur Regelung der Miethöhe.

Zu den allgemeinen Grundsätzen bei Mieterhöhungen zählen u. a. der Erhöhungssatz, wenn dieser als ein allgemeiner Durchschnittswert angestrebt wird, und die Entscheidung darüber, ob die Mieten linear oder nicht linear (mit Zuschlägen oder Abschlägen) angehoben werden sollen.

Ist in einem größeren Bestand vor Werkmietwohnungen ein Teil fremdvermietet, so ändert dies nichts an der Mitbestimmungspflichtigkeit der allgemeinen Festsetzung von Nutzungsbedingungen für diejenigen Wohnungen, die weiterhin von Beschäftigten bewohnt werden, und zwar auch dann nicht, wenn die Nutzungsbedingungen für Fremdmieter und Beschäftigte einheitlich festgelegt werden.

***BVerwG** 15.3.1995 – 6 P 23/93*

Eine Werkmietwohnung liegt vor, wenn der Wohnraum i.S.d. § 87 Abs. 1 Nr. 9 BetrVG mit Rücksicht auf ein Arbeitsverhältnis überlassen wird und über das Beschäftigungsverhältnis und das Mietverhältnis zwei getrennte Verträge bestehen. Eine Werkdienstwohnung liegt vor, wenn die Wohnraumnutzung Bestandteil des Arbeitsvertrages ist und ein Teil des Entgelts für die Arbeitsleistung darstellt. Bei der Werkdienstwohnung steht, anders als bei der Werkmietwohnung, der Bezug der Wohnung vorrangig im Interesse des Betriebs. Arbeitsleistung und Wohnraum gehören hier von der Aufgabe her zusammen.

***Hessisches LAG** 25.8.1987 – 7 Sa 215/87*

Der Betriebsrat hat nach § 87 Abs. 1 Nr. 9 BetrVG auch dann mitzubestimmen, wenn aus einem einheitlichen Bestand von Werkmietwohnungen für alle Arbeitnehmer eines Betriebs oder Unternehmens einem **leitenden Angestellten** eine Wohnung zugewiesen werden soll.

***BAG** 30.4.1974 – 1 ABR 36/73*

Der Beschluss des Arbeitgebers, bestimmte Wohnungen aus einem bisher einheitlich für Arbeitnehmer, leitende Angestellte und Dritte zur Verfügung stehenden Bestand von Werkswohnungen künftig nur noch an eine nicht vom Betriebsrat repräsentierte Personengruppe (z. B. **leitende Angestellte**) zu vergeben, bedarf nicht der Mitbestimmung des Betriebsrats.

***BAG** 23.3.1993 – 1 ABR 65/92*

8.10. Betriebliche Lohngestaltung

8.10.1. Allgemeines

Alle Vergünstigungen oder sonstigen Vorteile, die den Arbeitnehmern mit Rücksicht auf die Arbeitsleistung gewährt werden sollen, sind Teil des Arbeitsentgelts. Die Ausgestaltung ihrer Bezugsbedingungen unterliegt der Mitbestimmung des Betriebsrats.

***BAG** 10.6.1986 – 1 ABR 65/84*

Lohngestaltung ist gegenüber Entlohnungsgrundsatz und Entlohnungsmethode der weitergehende Begriff. Er umfasst alle generellen (kollektiven) Regelungen, nach denen die Entlohnung im Betrieb bzw. Unternehmen sich richten soll. Es geht bei der Lohngestaltung um die Struktur des Lohnes und dessen Vollziehungsformen, die Grundlage der Lohnfindung und die betriebliche Lohngerechtigkeit, aber nicht um die Lohnhöhe.

Demgegenüber versteht man unter **Entlohnungsgrundsatz** das System, nach dem das Arbeitsentgelt gezahlt werden soll (z. B. Zeitlohn, Akkordlohn, Prämienlohn) und seine Ausformung. Und unter **Entlohnungsmethoden** ist die Art und Weise der Durchführung des gewählten Entlohnungssystems zu verstehen.

Zumindest zur betrieblichen **Lohngestaltung** gehören die **Festlegung des Verhältnisses von festen zu variablen Einkommensbestandteilen** sowie die **Festlegung des Verhältnisses der variablen Einkommensbestandteile untereinander**. Zur Gestaltung des Entgeltsystems gehört eben nicht nur die Entscheidung, welche Entlohnungsgrundsätze bzw. welche Kombination von Entlohnungsgrundsätzen für die Vergütung maßgebend sein soll, sondern auch in welchem Verhältnis die einzelnen Gehaltsgrundsätze stehen sollen, wenn ein kombiniertes Entgeltsystem gewählt wird. Gerade dieses Verhältnis der einzelnen Entgeltgrundsätze zueinander berührt die Lohngerechtigkeit. Gerade hier müssen unterschiedliche Interessen ausgeglichen werden. Der Arbeitgeber mag ein legitimes Interesse an einem möglichst großen Anteil leistungsbezogener variabler Einkommensbestandteile haben, um den Vertriebsbeauftragten eine möglichst große Motivation für ein verkaufsförderndes Verhalten zu geben. Dagegen wird bei der Belegschaft eher ein Interesse an einem so hohen Grundgehalt bestehen, dass dieses zumindest das Existenzminimum deckt. Sinn und Zweck des Mitbestimmungsrechts nach § 87 I Nr. 10 BetrVG ist es aber gerade, einen Ausgleich zwischen den berechtigten unternehmenspolitischen Zielen des Arbeitgebers und den Belangen der Belegschaft bei der Ausgestaltung des Entgeltsystems zu schaffen.

***BAG** 6.12.1988 – 1 ABR 44/87*

Die Vereinbarung der Vergütungshöhe durch die Arbeitsvertragsparteien unterliegt nicht dem Mitbestimmungsrecht aus § 87 Abs. 1 Nr. 10 BetrVG.

BAG *30.10.2012 – 1 ABR 61/11*

Vergütet ein nicht tarifgebundener Arbeitgeber vor der erstmaligen Wahl eines Betriebsrats die bei ihm beschäftigen Arbeitnehmer mit einem festen Grundgehalt, Zulagen für besondere Umstände der Arbeitsleistung und einer jährlichen Sonderzahlung, deren Höhe „jeweils jährlich durch den Arbeitgeber bekanntgegeben" wird, so führt allein die Ausübung des dem Arbeitgeber danach zukommenden billigen Ermessens (§ 315 BGB) bei der Festsetzung der Höhe der Sonderzahlung nicht zu einer nach § 87 Abs. 1 Nr. 10 BetrVG mitbestimmungspflichtigen Änderung des bestehenden Entlohnungssystems.

BAG *23.8.2017 – 10 AZR 136/17*

Das Mindestlohngesetz (MiLoG) hat keine Auswirkungen auf die Regelungsbefugnisse der Betriebsparteien (Rn. 17).

Eine freiwillige Betriebsvereinbarung, mit der die Betriebsparteien eine den gesetzlichen Mindestlohn unterschreitende Höhe des Entgelts festgelegt haben, ist nicht im Hinblick auf das MiLoG unwirksam (Rn. 17).

Der eigenständig neben den arbeits- oder tarifvertraglichen Entgeltanspruch tretende gesetzliche Mindestlohnanspruch des § 1 Abs. 1 MiLoG bedingt bei einem Unterschreiten des gesetzlichen Mindestlohns einen Differenzanspruch (Rn. 17).

Im vorliegenden Fall, in dem die Betriebsparteien die mitbestimmten betrieblichen Entlohnungsgrundsätze (§ 87 Abs. 1 Nr. 10 BetrVG) als ecklohnbezogene Abstände gestaltet und entsprechende Tabellenentgelte ausgewiesen haben, sind mit der Zahlung des gesetzlichen Mindestlohns durch die Arbeitgeberin (welcher höher ist als die in den untersten Entgeltgruppen angesetzten Stundenentgelte) nicht einseitig neue Entlohnungsgrundsätze aufgestellt. Die Erfüllung des gesetzlichen Mindestlohnanspruchs bedingt prinzipiell keine Änderung eines mitbestimmt aufgestellten Vergütungssystems (Rn. 24 f.).

BAG *27.4.2021 – 1 ABR 21/20*

Nach § 87 Abs. 1 Nr. 10 BetrVG hat der Betriebsrat in Fragen der betrieblichen Lohngestaltung, insbesondere bei der Aufstellung und Änderung von Entlohnungsgrundsätzen und der Einführung und Anwendung von neuen Entlohnungsmethoden sowie deren Änderung, mitzubestimmen. Die betriebliche Lohngestaltung betrifft die Festlegung abstrakter Kriterien zur Bemessung der Leistung des Arbeitgebers, die dieser zur Abgeltung der Arbeitsleistung des Arbeitnehmers oder sonst mit Rücksicht auf das Arbeitsverhältnis insgesamt erbringt.

Mitbestimmungspflichtig sind die Strukturformen des Entgelts einschließlich ihrer näheren Vollzugsformen. Entlohnungsgrundsätze i.S.d. § 87 Abs. 1 Nr. 10 BetrVG sind die abstrakt-generellen Grundsätze zur Lohnfindung. Sie bestimmen das System, nach welchem das Arbeitsentgelt für die Belegschaft oder Teile der Belegschaft ermittelt oder bemessen werden soll. Entlohnungsgrundsätze sind damit die allgemeinen Vorgaben, aus denen sich die Vergütung der Arbeitnehmer des Betriebs in abstrakter Weise ergibt. Zu ihnen zählen neben der Grundentscheidung für eine Vergütung nach Zeit oder nach Leistung die daraus folgenden Entscheidungen über die Ausgestaltung des jeweiligen Systems. **Der Mitbestimmung nach § 87 Abs. 1 Nr. 10 BetrVG unterliegt die Einführung von Entlohnungsgrundsätzen und deren Änderung.** Die konkrete Höhe des Arbeitsentgelts wird nicht vom Beteiligungsrecht aus § 87 Abs. 1 Nr. 10 BetrVG erfasst (BAG 5.5.2015 – 1 AZR 435/13).

Das Mitbestimmungsrecht aus § 87 Abs. 1 Nr. 10 BetrVG wird bei einem nicht tarifgebundenen Arbeitgeber durch die Tarifsperre des § 87 Abs. 1 Eingangshalbs. BetrVG, wonach der Betriebsrat nur mitbestimmen kann, soweit eine gesetzliche oder tarifliche Regelung nicht besteht, weder beschränkt noch ausgeschlossen. Der tarifungebundene Arbeitgeber kann daher kollektivrechtlich das gesamte Volumen der von ihm für die Vergütung der Arbeitnehmer bereitgestellten Mittel mitbestimmungsfrei festlegen. Mangels Tarifgebundenheit leistet er in diesem Fall sämtliche Vergütungsbestandteile „freiwillig", d.h. ohne hierzu normativ verpflichtet zu sein. Bei der Verteilung der Gesamtvergütung hat der **nicht tarifgebundene Arbeitgeber** einen Entscheidungsspielraum, bei dessen Ausgestaltung der Betriebsrat mitzubestimmen hat. Die Betriebsparteien haben für die gesamten Vergütungsbestandteile Entlohnungsgrundsätze i.S.d. § 87 Abs. 1 Nr. 10 BetrVG aufzustellen, durch die eine am Normzweck des Mitbestimmungsrechts ausgerichtete Verteilung erfolgt. Dabei unterliegt nicht nur die Einführung, sondern auch die Änderung der im Betrieb für die Verteilung der Gesamtvergütung aufgestellten Entlohnungsgrundsätze dem Mitbestimmungsrecht (BAG 18.3.2014 – 1 ABR 75/12).

BAG *5.5.2015 – 1 AZR 435/13;* ***BAG*** *21.2.2017 – 1 ABR 12/15*

Die Vergütungsordnung eines einschlägigen Tarifvertrags ist im Betrieb eines tarifgebundenen Arbeitgebers zugleich das dort geltende Entgeltbemessungssystem. Soweit die Gegenstände der tariflichen Vergütungsordnung der erzwingbaren Mitbestimmung des § 87 Abs. 1 Nr. 10 BetrVG unterliegen, ist der Arbeitgeber betriebsverfassungsrechtlich verpflichtet, diese anzuwenden.

Ist der Arbeitgeber bei einer Tarifpluralität an mehrere tarifliche Vergütungsordnungen gebunden, werden seine betriebsverfassungsrechtlichen Pflichten erweitert. Der Arbeitgeber ist dann grundsätzlich verpflichtet, die Arbeitnehmer unter Beteiligung des Betriebsrats den Entgeltgruppen sämtlicher betriebsverfassungsrechtlich geltender Vergütungsordnungen zuzuordnen.

Beschränkt der Arbeitgeber die beabsichtigte Ein- bzw. Umgruppierung in einem tarifpluralen Betrieb auf die Einordnung in eine von mehreren geltenden Vergütungsordnungen, erfordert die ordnungsgemäße Unterrichtung des Betriebsrats nach § 99 Abs. 1 Satz 1 BetrVG über die geplante personelle Maßnahme nicht die Mitteilung über die Zuordnung in weitere Vergütungsordnungen. Der Betriebsrat kann in diesem Fall durch Antrag beim Arbeitsgericht die Durchführung des Zustimmungsverfahrens entsprechend § 101 Abs. 1 Satz 1 BetrVG bezüglich der Ein- bzw. Umgruppierung in weitere Vergütungsordnungen beantragen.

BAG *27.9.2017 – 7 ABR 8/16*

Im Betrieb eines tarifgebundenen Arbeitgebers stellt die im einschlägigen Tarifvertrag enthaltene Vergütungsordnung zugleich das dort geltende System für die Bemessung des Entgelts der Arbeitnehmer dar. Der Arbeitgeber ist betriebsverfassungsrechtlich verpflichtet, die tarifliche Vergütungsordnung anzuwenden, soweit deren Gegenstände der erzwingbaren Mitbestimmung des § 87 Abs. 1 Nr. 10 BetrVG unterliegen.

Ist der Arbeitgeber an zwei tarifliche Vergütungsordnungen gebunden, die zu einer Tarifpluralität führen, werden seine betriebsverfassungsrechtlichen Pflichten durch das Bestehen zweier, unabhängig voneinander geltender Entgeltsysteme erweitert. Der Arbeitgeber ist dann grundsätzlich verpflichtet, die Arbeitnehmer unter Beteiligung des Betriebsrats den Entgeltgruppen der geltenden Vergütungsordnungen zuzuordnen.

Endet die unmittelbare und zwingende Wirkung eines Tarifvertrags aufgrund seiner Kündigung, bleiben die im Betrieb geltenden Grundsätze der betreffenden tariflichen Vergütungsordnung auch nach Eintritt der Nachwirkung i.S.d. § 4 Abs. 5 TVG betriebsverfassungsrechtlich bis zu ihrer Änderung grundsätzlich das für den Betrieb maßgebliche kollektive Entgeltschema.

BAG *23.8.2016 – 1 ABR 15/14*

Vereinbart der nicht tarifgebundene Arbeitgeber mit dem Betriebsrat die jeweils für eine leistungsabhängige Gehaltsanpassung maßgeblichen v.H.-Sätze, um die das Gehalt der Arbeitnehmer mindestens und höchstens ansteigt, unterliegt die Entscheidung, Arbeitnehmer bestimmter Geschäftsbereiche hiervon ausnehmen zu wollen, der Mitbestimmung nach § 87 Abs. 1 Nr. 10 BetrVG. Die Herausnahme der Arbeitnehmer hat zur Folge, dass sich der relative Abstand der jeweiligen Vergütungen der Arbeitnehmer des Betriebs zueinander ändert.

BAG *21.2.2017 – 1 ABR 12/15*

Die im Arbeitsvertrag getroffene Vereinbarung über die Vergütung wird von Gesetzes wegen ergänzt durch die Verpflichtung des Arbeitgebers, den Arbeitnehmer nach den im Betrieb geltenden Entlohnungsgrundsätzen zu vergüten.

Bei einer unter Verstoß gegen das Beteiligungsrecht des Betriebsrats nach § 87 Abs. 1 Nr. 10 BetrVG vorgenommenen Änderung der im Betrieb bestehenden Entlohnungsgrundsätze kann der Arbeitnehmer eine Vergütung auf der Grundlage der zuletzt mitbestimmungsgemäß eingeführten Entlohnungsgrundsätze fordern.

Widerruft der nicht tarifgebundene Arbeitgeber lediglich gegenüber Teilen der Beschäftigten einzelne Entgeltbestandteile und bleibt die im Betrieb bestehende Vergütungsstruktur im Übrigen unverändert, hat der Betriebsrat aufgrund des damit veränderten relativen Abstands der jeweiligen Gesamtvergütungen bei dieser Maßnahme nach § 87 Abs. 1 Nr. 10 BetrVG mitzubestimmen.

Ein in einer allgemeinen Geschäftsbedingung enthaltener Widerrufsvorbehalt unterliegt neben einer Inhaltskontrolle nach den §§ 305 ff. BGB der Ausübungskontrolle nach § 315 Abs. 1 BGB.

BAG *24.1.2017 – 1 AZR 772/14*

Im Betrieb eines tarifgebundenen Arbeitgebers ist das Mitbestimmungsrecht des Betriebsrats bei Einführung und Änderung des Vergütungssystems nach dem Eingangshalbsatz des § 87 Abs. 1 BetrVG ausgeschlossen, soweit die Tarifvertragsparteien hierfür eine abschließende und zwingende tarifliche Regelung getroffen haben. Der Tarifvorbehalt des § 87 Abs. 1 Eingangshalbs. BetrVG erfordert keine Tarifgebundenheit der einzelnen Arbeitnehmer.

Passt ein tarifgebundener Arbeitgeber die monatliche Vergütung derjenigen Arbeitnehmer, deren Monatsentgelt sich nicht nach der tariflichen Entgeltordnung bestimmt, entsprechend der Tarifentwicklung an, besteht für den Betriebsrat auch insoweit kein Mitbestimmungsrecht nach § 87 Abs. 1 BetrVG.

Ein Mitbestimmungsrecht des Betriebsrats nach § 87 Abs. 1 Nr. 10 BetrVG wird auch dann nicht ausgelöst, falls der Arbeitgeber bei der Entgeltanpassung für diesen Arbeitnehmerkreis die tariflichen Entgeltgrundsätze modifizieren würde. Der Tarifvorbehalt wird durch eine etwaige tarifwidrige Maßnahme nicht aufgehoben.

BAG *28.3.2017 – 1 ABR 1/16*

Bei finanziellen Leistungen, zu deren Gewährung der Arbeitgeber weder durch Gesetz noch Vertrag verpflichtet ist, ist dieser frei in der Entscheidung darüber, ob er diese Leistungen erbringt, welche Mittel er hierfür zur Verfügung stellt, welchen Zweck er mit ihr verfolgt und wie der danach begünstigte Personenkreis abstrakt bestimmt werden soll. Nur im Rahmen dieser Vorgaben unterliegt die Entscheidung darüber, nach welchen Kriterien die Berechnung der einzelnen Leistungen und ihre Höhe im Verhältnis zueinander bestimmt werden soll, der Mitbestimmung des Betriebsrats nach § 87 Abs. 1 Nr. 10 BetrVG.

Regelungen in einer teilmitbestimmten Betriebsvereinbarung, in denen das Verfahren für die Entscheidung des Arbeitgebers ausgestaltet wird, ob er finanzielle Leistungen zur Verfügung stellt, begründen regelmäßig keine Leistungs- oder Verhaltenspflichten des Arbeitgebers zugunsten der Arbeitnehmer, deren Verletzung zu einem Schadensersatzanspruch führen könnte.

BAG *13.12.2011 – 1 AZR 508/10*

Tarifverträge erstrecken sich im Zustand der Nachwirkung nicht auf ein neu begründetes Arbeitsverhältnis.

Im bloßen Normenvollzug durch den Arbeitgeber und dessen Begrenzung auf die Normunterworfenen liegt keine willkürliche Ungleichbehandlung im Sinne des arbeitsrechtlichen Gleichbehandlungsgrundsatzes.

Schon während der Dauer der Tarifbindung des Arbeitgebers stellt die tarifliche Vergütungsordnung **Entlohnungsgrundsätze** i.S.v. § 87 Abs. 1 Nr. 10 BetrVG oder § 85 Abs. 1 Nr. 10 PersVG Berlin dar. Nach Wegfall der Tarifbindung ist deren Änderung möglich, bedarf aber der Zustimmung des Betriebs- bzw. Personalrats.

Individuelle Lohnabreden sind vom Arbeitgeber nach Maßgabe der geltenden kollektiven Entlohnungsgrundsätze zu erfüllen, soweit dies möglich ist. Das kann zur Folge haben, dass der Arbeitgeber Leistungen erbringen muss, die zu Abreden im Arbeitsvertrag zwar nicht im Widerspruch stehen, dort aber nicht eigens vorgesehen sind.

BAG *15.4.2008 – 1 AZR 65/07*

Vereinbart ein nicht tarifgebundener Arbeitgeber mit seinen Arbeitnehmern zusätzlich zu weiteren Entgeltbestandteilen einzelvertraglich einen Anspruch auf eine Gewinnbeteiligung, ist diese Teil der vertraglich vereinbarten Gesamtvergütung. Bietet der Arbeitgeber später allen anspruchsberechtigten Arbeitnehmern für die Beseitigung des Anspruchs auf die Gewinnbeteiligung eine Einmalzahlung an, ändert er die bis dahin geltenden Entlohnungsgrundsätze. Das hierbei bestehende Mitbestimmungsrecht des Betriebsrats aus § 87 Abs. 1 Nr. 10 BetrVG besteht unabhängig davon, ob die anstelle der Gewinnbeteiligung angebotene Einmalzahlung für den einzelnen Arbeitnehmer günstiger ist.

BAG *14.1.2014 – 1 ABR 57/12*

Gewinnansprüche aus einer sog. indirekten Mitarbeiterbeteiligung, bei der eine Beteiligungsgesellschaft die Anteile der Arbeitnehmer am Unternehmen des Arbeitgebers hält, beruhen in der Regel auf einer gesellschaftsrechtlichen Grundlage. Sie sind – vorbehaltlich abweichender Vereinbarungen – gegenüber der Beteiligungsgesellschaft und nicht gegenüber dem Arbeitgeber geltend zu machen.

Die Betriebsparteien verfügen bei einer sog. indirekten Mitarbeiterbeteiligung über keine originäre Kompetenz, gesellschaftsrechtliche Ansprüche wie den Gewinnanspruch der Gesellschafter gegen die Beteiligungsgesellschaft zu regeln. Es handelt sich dabei nicht um einen arbeitsrechtlichen Anspruch (Rn.61ff.)

BAG *10.11.2021 – 10 AZR 696/19*

Gilt in einem Betrieb eine Vergütungsordnung, ist der Arbeitgeber betriebsverfassungsrechtlich zu ihrer Anwendung verpflichtet. Entfällt der bisherige Geltungsgrund für die Anwendung der Vergütungsordnung, sind die in ihr enthaltenen Entlohnungsgrundsätze selbst nach dem Wegfall des ursprünglichen Geltungsgrundes der Vergütungsordnung zu beachten und können vom Arbeitgeber nicht einseitig verändert werden. Vielmehr bedarf er hierfür nach § 87 Abs. 1 Nr. 10 BetrVG der Mitbestimmung des Betriebsrats.

Mit welchem Inhalt eine betriebliche Vergütungsordnung von einem Betriebserwerber fortzuführen ist, richtet sich grundsätzlich nach dem Geltungsgrund vor dem Betriebsübergang:

a) Beruhte die Anwendung: einer betrieblichen Vergütungsordnung auf der Tarifbindung des Veräußerers, ist für deren dynamische Fortgeltung grundsätzlich die Tarifbindung des Erwerbers erforderlich. Endet die normative Geltung des Tarifvertrags mit dem Übergang auf einen nicht tarifgebundenen Erwerber, ist dieser betriebsverfassungsrechtlich nur gehalten, das bei dem Veräußerer geltende tarifliche Entgeltschema mit dem im Zeitpunkt des Betriebsübergangs bestehenden Inhalt fortzuführen.
b) Hat der tarifgebundene Betriebsveräußerer die tariflichen Entlohnungsgrundsätze aufgrund einer einzelvertraglichen Bezugnahme oder aufgrund betrieblicher Übung auf alle Arbeitnehmer des Betriebs angewandt, hat er damit für diese Arbeitnehmergruppe einen eigenständigen Geltungsgrund geschaffen. Mit welchem Inhalt diese Vergütungsordnung nach einem Betriebsübergang weiter gilt, ist abhängig von der ursprünglichen Ausgestaltung dieses Geltungsgrundes beim Veräußerer.

BAG *8.12.2009 – 1 ABR 66/08*

Wendet ein tarifgebundener Arbeitgeber auf alle Arbeitnehmer unabhängig von ihrer Tarifgebundenheit die für ihn geltende tarifliche Vergütungsstruktur in ihrer jeweiligen Fassung an, unterliegt die Einführung einer neuen Vergütungsstruktur aufgrund einer bloßen Tarifsukzession nicht dem Mitbestimmungsrecht des Betriebsrats nach § 87 Abs. 1 Nr. 10 BetrVG.

BAG *17.5.2011 – 1 AZR 797/09*

Überlässt ein Tarifvertrag den Einzelvertragsparteien die Vereinbarung zur Höhe des Entgelts, ohne selber eine Entgeltordnung aufzustellen, so unterliegt die Festlegung und Gewichtung von Kriterien für eine betriebliche Lohnstruktur dem Mitbestimmungsrecht nach § 87 Abs. 1 Nr. 10 BetrVG.

BAG *14.12.1993 – 1 ABR 31/93*

Der Betriebsrat hat bei der Lohn- und Gehaltshöhe kein Mitbestimmungsrecht nach § 87 Abs. 1 Nr. 10 BetrVG.

Der Arbeitgeber kann sich auch im Rahmen einer ansonsten nach § 87 Abs. 1 Nr. 10 BetrVG mitbestimmten Betriebsvereinbarung freiwillig verpflichten, jährlich unter bestimmten Voraussetzungen ein Budget für Gehaltserhöhungen von AT-Angestellten zur Verfügung zu stellen. Der entsprechende Wille muss aber in der Betriebsvereinbarung deutlich zum Ausdruck kommen.

Eine Verpflichtung des Arbeitgebers zur jährlichen Gehaltsüberprüfung ist auch dann sinnvoll, wenn sie nicht mit einer gerichtlich durchsetzbaren Pflicht zur Gehaltserhöhung verbunden ist.

BAG *21.1.2003 – 1 ABR 5/02 = DB 2004, 260 = NZA 2003, 810*

Ist durch Tarifvertrag die Aufteilung des – aus Trinkgeldern gespeisten – „Tronc“ einer Spielbank in zwei Teile geregelt und bestimmt, welche Mitarbeitergruppen aus welchem Tronc-Anteil vergütet werden, so unterliegt die Zuordnung eines Arbeitnehmers zu einer dieser Gruppen nicht der Mitbestimmung des Betriebsrats bei der betrieblichen Lohngestaltung nach § 87 Abs. 1 Nr. 10 BetrVG. Die richtige Zuordnung ist keine Regelungs-, sondern eine Rechtsfrage. Der Betriebsrat kann deshalb vom Spielbankunternehmer nicht verlangen, dem betreffenden Tronc-Anteil die zu Vergütungszwecken entnommenen Gelder wegen angeblicher Verletzung von Mitbestimmungsrechten wieder zuzuführen. Ein solcher Anspruch des Betriebsrats folgt auch nicht aus § 80 Abs. 1 Nr. 1 BetrVG. Danach hat der Betriebsrat zwar über die korrekte Durchführung geltender Tarifverträge zu wachen, kann aber auf die mögliche Verletzung tariflicher Vergütungsvorschriften keine eigenen Beseitigungsansprüche stützen.

***BAG** 9.12.2003 – 1 ABR 44/02*

Die Festlegung der Strukturformen des Entgelts einschließlich ihrer näheren Vollzugsform unterliegt der Mitbestimmung des Betriebsrats. Mitbestimmungspflichtig ist auch die Änderung bestehender Entlohnungsgrundsätze durch den Arbeitgeber, unabhängig davon, auf welcher Rechtsgrundlage die Anwendung der bisherigen Entlohnungsgrundsätze erfolgte. Das Mitbestimmungsrecht bezieht sich u. a. auf Arbeitgeberzuwendungen, die nachträglich für Leistungen des Arbeitnehmers gewährt werden. Es entfällt, wenn durch die Änderungen dem Arbeitgeber bei Durchführung der Änderung kein Regelungsspielraum verbleibt. Dass der Arbeitgeber eine Änderung unter dem Gesichtspunkt der Störung der Geschäftsgrundlage hätte verlangen können, schließt das Mitbestimmungsrecht nicht aus.

***BAG** 29.1.2008 – 3 AZR 42/06*

Das Mitbestimmungsrecht nach § 87 BetrVG ist kein Vetorecht; Schweigen des Betriebsrats kann nicht als Zustimmung gewertet werden. Nicht ausreichend ist es, wenn das zuständige Betriebsverfassungsorgan lediglich zu erkennen gibt, es sehe kein Mitbestimmungsrecht.
Die Darlegungs- und Beweislast dafür, dass bei einer Änderungsvereinbarung das Mitbestimmungsrecht gewahrt wurde, trägt der Arbeitgeber, soweit keine besonderen Umstände vorliegen. Bloßer Zeitablauf ist kein besonderer Umstand.
Soll durch eine Änderungsvereinbarung eine Überversorgung der Arbeitnehmer zwischen ihrem Ausscheiden aus dem Arbeitsverhältnis auf Grund einer vereinbarten Altersgrenze und dem Eintritt der Regelaltersrente nach dem SGB VI abgebaut werden und führen spätere gesetzliche Änderungen dazu, dass die Arbeitnehmer während dieses Zeitraums unterversorgt sind, ist auf Grund dieser Planwidrigkeit wegen der damit verbundenen Zweckverfehlung die Geschäftsgrundlage gestört.
Diese Störung der Geschäftsgrundlage gibt dem Arbeitgeber ein einseitiges Leistungsbestimmungsrecht, das er nach billigem Ermessen ausüben kann. Die Ausübung muss der Versorgungsberechtigte sich entgegenhalten lassen, wenn er Ansprüche geltend macht. Unabhängig davon kann er aus der Störung keine weitergehenden Rechte geltend machen, als es durch die Anpassung an die Grundlagen der ursprünglichen Vereinbarung geboten ist.

***BAG** 29.1.2008 – 3 AZR 42/06*

Allein die Entscheidung eines Arbeitgebers, eine bisher geltende Vergütungsstruktur auch nach dem Wegfall der Tarifbindung und dem Auslaufen der gekündigten Tarifverträge weiterhin anzuwenden, stellt einen mitbestimmungspflichtigen Vorgang nach § 87 Abs. 1 Nr. 10 BetrVG dar.

***LAG** Hamm 24.5.2006 – 10 TaBV 215/05 = NZA-RR 2007, 365*

Voraussetzung für die Verpflichtung des Arbeitgebers zur Eingruppierung ist, dass auf das Arbeitsverhältnis des betroffenen Arbeitnehmers überhaupt eine Vergütungsordnung Anwendung findet. Die Vergütungsordnung kann insbesondere auf einem anwendbaren Tarifvertrag, einer Betriebsvereinbarung oder einzelvertraglichen Vereinbarungen beruhen oder vom Arbeitgeber einseitig geschaffen sein.

Im Falle eines **Betriebsübergangs** von einem tarifgebundenen auf einen nicht tarifgebundenen Arbeitgeber findet die **tarifliche Vergütungsordnung** nicht bereits allein aufgrund des Betriebsübergangs auf die Arbeitsverhältnisse vom Betriebsübernehmer neu eingestellter Arbeitnehmer Anwendung. Es bedarf dazu vielmehr eines zusätzlichen Geltungsgrundes.

Fehlt es nach dem Betriebsübergang an einer bei Neueinstellungen anwendbaren Vergütungsordnung, kann der Betriebsrat die Einführung einer Vergütungsordnung in Ausübung seines Initiativrechts nach § 87 Abs. 1 Nr. 10 BetrVG betreiben.

***BAG** 23.9.2003 – 1 ABR 35/02*

Der Betriebsrat hat ein Mitbestimmungsrecht bei der Festlegung **abstrakt-genereller** (kollektiver) **Grundsätze zur Lohnfindung, nicht** aber bei der **Festsetzung des einzelnen Gehalts**. Deshalb hat er auch nicht mitzubestimmen bei der individuellen Gehaltserhöhung. Bei der einzelvertraglichen Festsetzung der Gehälter fehlt es an einem kollektiven Tatbestand, hier geht es gerade nicht um die Festlegung abstrakt-genereller Grundsätze für die Lohnfindung. § 87 Abs. 1 Nr. 10 BetrVG unterwirft die Festlegung der Höhe des einzelnen Arbeitsentgelts und damit auch die Festlegung der Gehaltserhöhung nach individuellen Gesichtspunkten gerade nicht dem Mitbestimmungsrecht.

***BAG** 26.7.1988 – 1 AZR 54/87; **BAG** 21.8.1990 – 1 ABR 72/89*

Die Verletzung des Mitbestimmungsrechts des Betriebsrats nach § 87 Abs. 1 Nr. 10 BetrVG bei der Änderung einer ursprünglich kraft Tarifbindung im Betrieb geltenden Vergütungsordnung hat zur Folge, dass die Vergütungsordnung mit der vor der Änderung bestehenden Struktur weiter anzuwenden ist. Dies kann bei Neueinstellungen dazu führen, dass Ansprüche auf eine höhere Vergütung als die vertraglich vereinbarte entstehen.

***BAG** 11.6.2002 – 1 AZR 390/01 = DB 2002, 2651*

Die Nachwirkung von Tarifverträgen erstreckt sich nicht auf Arbeitsverhältnisse, die erst im Nachwirkungszeitraum begründet werden.
Der Arbeitgeber ist durch den Grundsatz der Gleichbehandlung nicht gehindert, nach Wegfall der Tarifbindung neu eingestellte Arbeitnehmer für die gleiche Arbeit geringer zu vergüten als Arbeitnehmer, deren Arbeitsverhältnisse der Nachwirkung unterliegen.
Es liegt kein Verstoß gegen das Verbot der Diskriminierung befristet eingestellter Arbeitnehmer i.S.d. § 4 Abs. 2 TzBfG vor, wenn im Anschluss an ein befristetes ein unbefristetes Arbeitsverhältnis zu ungünstigeren Bedingungen begründet wird.
Eine tarifliche Vergütungsordnung stellt auch nach Wegfall der Tarifbindung des Arbeitgebers weiterhin die im Betrieb geltende Vergütungsordnung i.S.d. § 87 Abs. 1 Nr. 10 BetrVG dar. Es bedarf dazu keines neuen kollektiven oder individuellen Geltungsgrundes. Solange der Betriebsrat einer Änderung nicht zugestimmt hat, muss der Arbeitgeber deshalb auch die Vergütung neu eingestellter Arbeitnehmer an der Struktur der bisherigen Vergütungsordnung ausrichten.
Es liegt keine unzulässige Effektivklausel vor, wenn ein Tarifvertrag zwar die Differenz zwischen der bisherigen vertraglichen Vergütung und der Vergütung nach dem neuen tariflichen Entgeltschema durch eine Ausgleichszulage absichert, im Arbeitsvertrag die Vergütung aber ausdrücklich der Änderung durch einen zukünftigen Tarifvertrag unterstellt ist.

***BAG** 2.3.2004 – 1 AZR 271/03 = NZA 2004, 853*

Der Betriebsrat hat nach § 87 Abs. 1 Nr. 10 BetrVG mitzubestimmen, wenn der Arbeitgeber die von ihm für die betriebliche Altersversorgung zur Verfügung gestellten Mittel anders als bisher verteilen will.

Eine Verletzung des Mitbestimmungsrechts begründet jedoch keine über die bestehende Vertragsgrundlage hinausgehenden Ansprüche des Arbeitnehmers. Der Arbeitgeber ist auch nicht verpflichtet, wegen der Verletzung der Mitbestimmungsrechte sein billiges Ermessen bestimmter Weise auszuüben.

***BAG** 19.7.2005 – 3 AZR 472/04*

Die Tarifvertragsparteien dürfen für die Bemessung des Urlaubsentgelts den konkreten Lohnausfall heranziehen. Ebenso dürfen sie regeln, das Urlaubsentgelt nach dem Durchschnitt der letzten vor der Urlaubsgewährung abgerechneten zwölf Kalendermonate zu bemessen. Das gilt auch für den gesetzlichen Mindesturlaub.

Es ist zulässig, wenn die Tarifvertragsparteien dem Arbeitgeber die Auswahl zwischen beiden Berechnungsmethoden überlassen.

Ein derartiges Wahlrecht ist in § 12 Abs. 3 Nr. 1 i. V. m. Protokollnotiz I.5 **MTV für die chemische Industrie** vereinbart. Der Arbeitgeber hat das ihm danach zustehende Wahlrecht nach billigem Ermessen auszuüben.

Bei der Ausübung dieses Wahlrechts hat der Betriebsrat ein Mitbestimmungsrecht nach § 87 Abs. 1 Nr. 10 BetrVG.

***BAG** 3.12.2002 – 9 AZR 535/01*

Soll in einem Betrieb das bisherige Vergütungsgruppensystem durch ein anderes ersetzt werden, so handelt es sich um eine Frage der betrieblichen Lohngestaltung i.S.d. § 87 Abs. 1 Nr. 10 BetrVG, die der Mitbestimmung des Betriebsrats unterliegt.

In einem **Tendenzbetrieb** sind Fragen der betrieblichen Lohngestaltung jedenfalls dann nicht gemäß § 118 Abs. 1 Satz 1 BetrVG dem Mitbestimmungsrecht des Betriebsrats entzogen, wenn die Ausgestaltung des betrieblichen Entgeltsystems keinen besonderen Tendenzbezug hat, sondern tendenzneutral ist.

***BAG** 31.1.1984 – 1 AZR 174/81*

Bei der **Änderung eines Eingruppierungsschemas** ist der Betriebsrat nach § 87 Abs. 1 Nr. 10 BetrVG zu beteiligen.

Das ohne Zustimmung des Betriebsrats geänderte Eingruppierungsschema löst eine bisherige Eingruppierungsordnung nicht ab.

Ist der Betriebsrat bei einer solchen Maßnahme nicht beteiligt worden, kann er die Unterlassung der Anwendung des geänderten Vergütungsschemas verlangen.

***BAG** 13.3.2001 – 1 ABR 7/00 = NZA 2002, 111*

Haben die Betriebsparteien Entlohnungsgrundsätze i.S.d. § 87 Abs. 1 Nr. 10 BetrVG zur Verteilung der Gesamtvergütung geregelt und entschließt sich der nicht tarifgebundene Arbeitgeber, zu einem späteren Zeitpunkt weitere finanzielle Mittel für einen Zweck aufzubringen, der durch die bisherigen Entlohnungsgrundsätze nicht abgedeckt ist, können die zuständigen Betriebsparteien hierzu eine gesonderte Betriebsvereinbarung treffen, in der für die Verteilung dieser finanziellen Mittel eigenständige Entlohnungsgrundsätze aufgestellt werden.

In Betrieben eines nicht tarifgebundenen Arbeitgebers können die Betriebsparteien über die systemische Einbindung der Entlohnungsgrundsätze in eine bestehende betriebliche Lohngestaltung disponieren. Treffen sie eine gesonderte Regelung in einer Betriebsvereinbarung, ist regelmäßig anzunehmen, dass die darin vereinbarte Leistung nicht untrennbarer Teil eines umfassenden betrieblichen Vergütungssystems wird und die bisher für die Verteilung der Gesamtvergütung geltenden Entlohnungsgrundsätze unberührt bleiben sollen.

Betriebsvereinbarungen, deren alleiniger Gegenstand eine finanzielle Leistung des nicht tarifgebundenen Arbeitgebers ist, wirken nicht gemäß § 77 Abs. 6 BetrVG nach, wenn der Arbeitgeber nach Ablauf der Kündigungsfrist die Mittel für den von ihm vorgegebenen Leistungszweck vollständig und ersatzlos einstellen will und diese Absicht gegenüber dem Betriebsrat oder den Arbeitnehmern erklärt.

Die Erweiterung des Mitbestimmungsrechts des Betriebsrats in sozialen Angelegenheiten ist zulässig, wenn sichergestellt ist, dass im Konfliktfall eine Einigungsstelle entscheidet.

***BAG** 10.12.2013 – 1 ABR 39/12*

Der Arbeitgeber kann im selben Betrieb mehrere voneinander unabhängige Vergütungssysteme anwenden, soweit er dadurch nicht gegen den Zweck des Mitbestimmungsrechts nach §87 Abs. 1 Nr. 10 BetrVG verstößt. Dies setzt voraus, dass die Bildung der unterschiedlichen Beschäftigtengruppen auf sachlichen Gründen beruht.

Bestehen aus sachlich gerechtfertigten Gründen unterschiedliche Vergütungssysteme im Betrieb, ist deren weitere Entwicklung auch mitbestimmungsrechtlich voneinander unabhängig und unterliegt nicht einem gemeinsamen Maßstab innerbetrieblicher Lohngerechtigkeit.

Der allgemeine Gleichbehandlungsgrundsatz verbietet dem Arbeitgeber nicht, die gleiche Tätigkeit von Arbeitnehmern unterschiedlich zu vergüten. Er verbietet nur eine willkürliche Schlechterstellung einzelner Arbeitnehmer und eine unerlaubte oder sachfremde Gruppenbildung.

***BAG** 18.11.2003 – 1 AZR 604/02*

Beim Fehlen einer Tarifbindung kann der Arbeitgeber den künftigen Gesamtumfang der von ihm für die Vergütung der Arbeitnehmer zur Verfügung gestellten Mittel – unbeschadet einzelvertraglicher Bindungen – mitbestimmungsfrei absenken. Dabei hat er die geltenden Entlohnungsgrundsätze bezüglich der verbleibenden Vergütung zu beachten und im Fall ihrer Änderung die Zustimmung des Betriebsrats einzuholen.

Hat der nicht tarifgebundene Arbeitgeber mit seinen Arbeitnehmern arbeitsvertraglich die Geltung von Tarifverträgen über Zuschläge, Zulagen, Urlaubsgeld und eine Jahreszuwendung vereinbart, die solche Leistungen für unterschiedliche Gehaltsgruppen in gleicher Höhe vorsehen, liegt auch in der vollständigen Streichung dieser Leistungen für neu eingestellte Arbeitnehmer eine mitbestimmungspflichtige Änderung der bestehenden Entlohnungsgrundsätze.

***BAG** 28.2.2006 – 1 ABR 4/05*

8.10.1.1. Rechtsfolgen unterbleibender Mitbestimmung

In dem Abschluss einer Betriebsvereinbarung über eine betriebliche Vergütungsordnung liegt zugleich die Ausübung des dem Betriebsrat nach § 87 Abs. 1 Nr. 10 BetrVG zustehenden Mitbestimmungsrechts für die zukünftige Anwendung der in ihr zum Ausdruck kommenden Entlohnungsgrundsätze.

Die Beendigung einer solchen Betriebsvereinbarung führt regelmäßig nicht zum ersatzlosen Fortfall der bisher im Betrieb geltenden Vergütungsstruktur, sondern hat lediglich die Beendigung der zwingenden Wirkung (§ 77 Abs. 4 Satz 1 BetrVG) der in ihr zum Ausdruck kommenden Entlohnungsgrundsätze zur Folge. Deren Änderung bedarf daher auch nach der Beendigung der Betriebsvereinbarung der Zustimmung des Betriebsrats oder einer diese ersetzenden Entscheidung der Einigungsstelle (§ 87 Abs. 2 BetrVG).

Führt der nicht tarifgebundene Arbeitgeber Maßnahmen durch, aufgrund derer sich die im Betrieb geltenden Entlohnungsgrundsätze ändern und beachtet er dabei das Mitbestimmungsrecht des Betriebsrats aus § 87 Abs. 1 Nr. 10 BetrVG nicht, können die betroffenen Arbeitnehmer nach der Theorie der Wirksamkeitsvoraussetzung eine Vergütung auf der Grundlage der zuletzt mitbestimmten Entlohnungsgrundsätze verlangen. Die im Arbeitsvertrag getroffene Vereinbarung über die Vergütungshöhe wird von Gesetzes wegen ergänzt durch die Verpflichtung des Arbeitgebers, die Arbeitnehmer nach den im Betrieb geltenden Entlohnungsgrundsätzen zu vergüten.

***BAG** 22.6.2010 – 1 AZR 853/08*

Ein Arbeitnehmer kann in Fortführung der Theorie der Wirksamkeitsvoraussetzung bei einer unter Verstoß gegen das Mitbestimmungsrecht des Betriebsrats nach § 87 Abs. 1 Nr. 10 BetrVG vorgenommenen Änderung der im Betrieb bestehenden Entlohnungsgrundsätze ein Entgelt auf der Grundlage der zuletzt mitbestimmungsgemäß eingeführten Entlohnungsgrundsätze fordern.

Die aufgrund der Tarifgebundenheit des Arbeitgebers im Betrieb geltenden Entlohnungsgrundsätze sind auch nach Beendigung ihrer unmittelbaren und zwingenden Wirkung bis zu ihrer mitbestimmungsgemäßen Änderung die im Betrieb maßgebenden.

***BAG** 25.4.2017 – 1 AZR 427/15*

Die mangelnde Beteiligung des Betriebsrats bei der Aufstellung von **Verteilungsgrundsätzen** bei einer **Gehaltserhöhungsrunde** begründet keinen Anspruch des einzelnen Arbeitnehmers auf eine bestimmte Gehaltserhöhung. Selbst wenn der Verteilungsplan für die Gehaltserhöhungen ohne Beachtung von § 87 Abs. 1 Nr. 10 BetrVG aufgestellt worden ist, führt dies nicht zu Zahlungsansprüchen des Arbeitnehmers. Dem Grundsatz der Wirksamkeitsvoraussetzung kann in der Regel nicht entnommen werden, dass bei einer Verletzung eines Mitbestimmungsrechts Zahlungsansprüche entstehen, die bisher nicht bestanden haben.

***BAG** 15.11.1994 – 5 AZR 682/93; **BAG** 9.11.2010 – 1 AZR 147/09*

Arbeitspflichten können sich nach längerer Zeit auf bestimmte Arbeitsbedingungen konkretisieren. Dazu genügt jedoch nicht schon der bloße Zeitablauf. Vielmehr müssen besondere Umstände hinzutreten, aufgrund derer der Arbeitnehmer erkennen kann und darauf vertrauen darf, dass er nicht in anderer Weise eingesetzt werden soll.

Die Verletzung von Mitbestimmungsrechten des Personalrats führt nicht dazu, dass sich individualrechtliche Ansprüche der betroffenen Arbeitnehmer ergäben, die zuvor noch nicht bestanden. Bei Nichtbeachtung der Mitbestimmung durch den Arbeitgeber erhält der Arbeitnehmer daher keinen Erfüllungsanspruch auf Leistungen, welche die bestehende Vertragsgrundlage übersteigen.

***BAG** 17.5.2011 – 9 AZR 201/10*

8.10.1.2. Besonderheiten bei freiwilligen Leistungen[50]

Die **freiwillige Einführung einer Leistungsprämie** unterliegt der Mitbestimmung des Betriebsrats nach § 87 Abs. 1 Nr. 10 BetrVG.

Die Freiwilligkeit der Leistung führt jedoch zu einer Einschränkung des Mitbestimmungsrechts dahin, dass der Arbeitgeber allein entscheidet, in welchem **Umfang** er finanzielle **Mittel** einsetzen, welchen **Zweck** er mit der Leistung verfolgen und welchen **Personenkreis** er deshalb begünstigen will.

Strebt der Betriebsrat eine Änderung der Zweckbestimmung einer freiwilligen Arbeitgeberleistung an, so kann er dieses Ziel nicht mit Hilfe der Einigungsstelle gegen den Willen des Arbeitgebers durchsetzen. Er bleibt hierzu auf eine Einigung mit dem Arbeitgeber angewiesen.

***BAG** 8.12.1981 – 1 ABR 55/79*

Der Betriebsrat hat bei der Lohn- und Gehaltshöhe kein Mitbestimmungsrecht nach § 87 Abs. 1 Nr. 10 BetrVG.

Der Arbeitgeber kann sich auch im Rahmen einer ansonsten nach § 87 Abs. 1 Nr. 10 BetrVG mitbestimmten Betriebsvereinbarung freiwillig verpflichten, jährlich unter bestimmten Voraussetzungen ein Budget für Gehaltserhöhungen von AT-Angestellten zur Verfügung zu stellen. Der entsprechende Wille muss aber in der Betriebsvereinbarung deutlich zum Ausdruck kommen.

Eine Verpflichtung des Arbeitgebers zur jährlichen Gehaltsüberprüfung ist auch dann sinnvoll, wenn sie nicht mit einer gerichtlich durchsetzbaren Pflicht zur Gehaltserhöhung verbunden ist.

***BAG** 21.1.2003 – 1 ABR 5/02 = DB 2004, 260 = NZA 2003, 810*

Gewährt der Arbeitgeber mehreren Arbeitnehmern eine einmalige Sonderzahlung, mit der ihr besonderes Engagement in einer Ausnahmesituation nachträglich honoriert werden soll, so kann es sich um einen nach § 87 Abs. 1 Nr. 10 BetrVG mitbestimmungspflichtigen kollektiven Tatbestand handeln. Entscheidend ist insoweit, ob ein innerer Zusammenhang zwischen den Zahlungen besteht. Dieser ist typischerweise bei Zahlungen zu bejahen, die nach Leistungsgesichtspunkten erfolgen.

Im Rahmen dieser mitbestimmungsfreien Vorgaben unterliegt aber die Entscheidung darüber, nach welchen Kriterien sich die Berechnung der einzelnen Leistungen und ihrer Höhe im Verhältnis zueinander bestimmen sollen, nach ständiger Rechtsprechung des BAG der Mitbestimmung des Betriebsrats.

***BAG** 29.2.2000 – 1 ABR 4/99 = DB 2000, 2614*

Das Mitbestimmungsrecht des Betriebsrats bei der Gewährung von **Sondervergütungen** (§ 87 Abs. 1 Nr. 10 BetrVG) wird nicht dadurch berührt, dass der Arbeitgeber bereits vor der Beteiligung des Betriebsrats Zahlungen erbringt, die er nicht mehr zurückfordern kann, so dass im Fall einer abweichenden Einigung mit dem Betriebsrat Kosten entstehen werden, die den ursprünglich vorgesehenen Dotierungsrahmen übersteigen.

Eine solche zusätzliche Belastung des Arbeitgebers ist als Folge seines rechtswidrigen Vorgehens allein ihm zuzurechnen. Hierin liegt keine Durchbrechung des Grundsatzes, dass der Betriebsrat bei der Festlegung des Dotierungsrahmens nicht mitzubestimmen hat.

Zahlt der Arbeitgeber einzelnen Arbeitnehmern Sonderzulagen mit der Begründung, die Lage auf dem Arbeitsmarkt veranlasse ihn dazu, so bleibt unklar, ob der Leistung eine mitbestimmungspflichtige Entscheidung (ein kollektiver Tatbestand) oder nur individuelle Lohngestaltung zugrunde liegt.

***BAG** 14.6.1994 – 1 ABR 63/93*

Bei einer **teilmitbestimmten Regelung** (z. B. Regelung einer freiwilligen Zulagenordnung) erstreckt sich das Mitbestimmungsrecht nach § 87 Abs. 1 Nr. 10 BetrVG nicht auf die Frage, **ob** der Arbeitgeber überhaupt eine übertarifliche Leistung erbringen will, in welcher **Höhe**, zu welchem **Zweck** und an welchen **Adressatenkreis** die Leistung erbracht wird. Es beschränkt sich auf die Grundlagen der **Verteilung** der freiwilligen Leistung.

Insoweit ist dem Arbeitgeber das Recht zuzugestehen, **mitbestimmungsfrei** vorzugeben, eine solche Zulage nur im Rahmen einer **unternehmenseinheitlichen Regelung** erbringen zu wollen.

In diesem Fall ist die Zuständigkeit des Gesamtbetriebsrats gegeben.

***BAG** 18.10.1994 – 1 ABR 17/94*

Die Regelungen einer **teilmitbestimmten Betriebsvereinbarung** über **freiwillige Leistungen** gelten nach Ablauf der Kündigungsfrist nicht weiter, wenn der Arbeitgeber mit der Kündigung beabsichtigt, die freiwillige Leistung **vollständig** entfallen zu lassen.

Die **teilmitbestimmte Betriebsvereinbarung** über **freiwillige Leistungen** (hier: zusätzliches Weihnachtsgeld) **wirkt** gemäß § 77 Abs. 6 BetrVG **nach**, wenn der Arbeitgeber mit der Kündigung beabsichtigt, das zur Verfügung gestellte Volumen zu reduzieren und den Verteilerschlüssel zu ändern.

***BAG** 26.10.1993 – 1 AZR 46/93*

8.10.2. Zulagen

Der Betriebsrat hat in Betrieben eines nicht tarifgebundenen Arbeitgebers bei der Einführung eines neuen Vergütungsbestandteils als Bestandteil der Gesamtvergütung nach § 87 Abs. 1 Nr. 10 BetrVG mitzubestimmen. Beschränkt der Arbeitgeber die Gewährung des Vergütungsbestandteils später auf einen nach abstrakten Merkmalen bestimmten Personenkreis, unterliegt auch diese Maßnahme wegen der damit verbundenen Auswirkungen auf die Verteilung der Gesamtvergütung dem Mitbestimmungsrecht aus § 87 Abs. 1 Nr. 10 BetrVG.

Bei einer nur für Arbeit an Samstagen gewährten Gutschrift von 25 % für jede geleistete Arbeitsstunde auf einem Arbeitszeitkonto handelt es sich um Vergütung i.S.d. § 87 Abs. 1 Nr. 10 BetrVG.

***BAG** 18.3.2014 – 1 ABR 75/12*

Verletzt der Arbeitgeber bei einer Anrechnung von Tarifsteigerungen auf Zulagen das Mitbestimmungsrecht des Betriebsrats, hat dies die Unwirksamkeit der Anrechnung zur Folge.

***BAG** 22.5.2012 – 1 AZR 94/11*

Nimmt ein Arbeitgeber bei einer zweistufigen Erhöhung der Tarifentgelte eine vollständige und gleichmäßige Anrechnung der ersten Stufe auf die übertariflichen Zulagen der Arbeitnehmer vor und sieht er bei der zweiten Stufe von einer Anrechnung ab, steht dem Betriebsrat hierbei ein Mitbestimmungsrecht nach § 87 Abs. 1 Nr. 10 BetrVG zu, wenn dieses Vorgehen auf einem einheitlichen Gesamtkonzept beruht. Dies setzt voraus, dass der Arbeitgeber bei der Entscheidung über die Anrechnung der ersten Stufe bereits sein Verhalten bei der zweiten Stufe geplant hat. Ob eine einheitliche Konzeption des Arbeitgebers vorliegt, hängt von den Umständen des Einzelfalls ab.

***BAG** 24.1.2017 – 1 ABR 6/15*

Ein Mitbestimmungsrecht des Betriebsrats nach § 87 Abs. 1 Nr. 10 BetrVG bei der Anrechnung einer umgruppierungsbedingten Tarifentgeltsteigerung auf eine übertarifliche Zulage besteht nicht, wenn der Arbeitgeber bei allen umgruppierten Arbeitnehmern die Anrechnung vollständig vornimmt.

***BAG** 24.10.2017 – 1 AZR 346/16*

Eine tarifliche Regelung einer Angelegenheit, z. B. die Zahlung von **Erschwerniszuschlägen** – schließt ein gesetzliches Mitbestimmungsrecht des Betriebsrats nach § 87 Abs. 1 BetrVG insoweit nicht aus, als sie selbst eine nähere Ausgestaltung der Regelung den Betriebspartnern zuweist.

Das Mitbestimmungsrecht des Betriebsrats nach § 87 Abs. 1 Nr. 10 BetrVG umfasst auch die Erstellung eines Katalogs erschwerniszuschlagspflichtiger Arbeiten, die Zuordnung der einzelnen zuschlagspflichtigen Arbeiten zu bestimmten Lästigkeitsgruppen und die Festlegung des Verhältnisses der Lästigkeitsgruppen zueinander.

Vom Mitbestimmungsrecht des Betriebsrats nicht gedeckt ist die Bestimmung der Höhe der einzelnen Erschwerniszulagen, gleichgültig, ob diese in absoluten Beträgen ausgewiesen oder in bestimmter Weise an eine vorgegebene Größe, etwa den Tariflohn, angebunden werden.

***BAG** 22.12.1981 – 1 ABR 38/79*

---

50 s. RsprÜ zum ArbR, 22. Auflage 2022

Der Betriebsrat hat mitzubestimmen, wenn der Arbeitgeber zum tariflich geregelten Entgelt allgemein eine **betriebliche Zulage** gewährt, deren Höhe von ihm aufgrund einer individuellen Entscheidung festgelegt wird.

***BAG** 17.12.1985 – 1 ABR 6/84*

Schlüsselt der Arbeitgeber in einer Gehaltsmitteilung anlässlich der Erhöhung des Gesamtentgelts dieses in „Tarifentgelt" und „übertarifliche Zulage" auf, kann regelmäßig nicht angenommen werden, die Zulage solle als selbständiger Entgeltbestanteil zugesagt sein.

Nach der Theorie der Wirksamkeitsvoraussetzung führt die Verletzung von Mitbestimmungsrechten des Betriebsrats im Verhältnis zwischen Arbeitgeber und Arbeitnehmer zur Unwirksamkeit von Maßnahmen oder Rechtsgeschäften, die den Arbeitnehmer belasten, nicht aber zur Begründung zuvor nicht bestehender individualrechtlicher Ansprüche der betroffenen Arbeitnehmer.

***BAG** 3.9.2014 – 5 AZR 109/13*

Eine rechtskräftige Entscheidung im Beschlussverfahren über eine betriebsverfassungsrechtliche Streitigkeit kann präjudizielle Bindungswirkung für Individualstreitigkeiten entfalten.

Von einer solchen Wirkung ist auszugehen, wenn in einem Beschlussverfahren rechtskräftig entschieden ist, dass der Betriebsrat bei der Anrechnung von Tarifentgelterhöhungen auf eine freiwillige übertarifliche Zulage nicht nach § 87 Abs. 1 Nr. 10 BetrVG mitzubestimmen hat. In solch einem Fall hat ein Arbeitnehmer keinen auf die Theorie der Wirksamkeitsvoraussetzung gestützten Anspruch auf ungekürzte Zahlung der freiwilligen übertariflichen Zulage.

***BAG** 23.2.2016 – 1 AZR 73/14*

Vergütungsbestandteile, die vom Erreichen von persönlichen Zielen und dem Unternehmenserfolg abhängen, sind keine anlass- oder stichtagsbezogenen Sonderzuwendungen des Arbeitgebers, sondern unmittelbare Gegenleistung für eine vom Arbeitnehmer zu erbringende Leistung, die dieser als Arbeitsentgelt für den vereinbarten Zeitraum erhält.
Entstandene Ansprüche auf Arbeitsentgelt für eine bereits erbrachte Arbeitsleistung können von den Betriebsparteien nicht unter die auflösende Bedingung des Bestehens eines ungekündigten Arbeitsverhältnisses zu einem Stichtag nach Ablauf des Leistungszeitraums gestellt werden. Eine solche Stichtagsklausel bewirkt der Sache nach, dass der Arbeitgeber entgegen § 611 Abs. 1 BGB keine Vergütung für die nach Maßgabe der Zielvereinbarung geleisteten Dienste erbringen muss.
Es stellt einen unverhältnismäßigen Eingriff in die durch Art. 12 Abs. 1 GG geschützte Berufsfreiheit des Arbeitnehmers dar, wenn diesem eine bereits verdiente Arbeitsvergütung entzogen wird, um eine vom Arbeitnehmer veranlasste Arbeitsplatzaufgabe zu verzögern oder zu verhindern.
Das Mitbestimmungsrecht nach § 87 Abs. 1 Nr. 4 BetrVG erfasst die Umstände bei der Auszahlung des Arbeitsentgelts. Dazu gehören nicht die Voraussetzungen, unter denen der Entgeltanspruch untergeht.

***BAG** 12.04.2011 – 1 AZR 412/09*

8.10.3. Anrechnung übertariflicher Vertragsbestandteile

Ein Mitbestimmungsrecht nach § 87 Abs. 1 Nr. 10 BetrVG besteht bei der Anrechnung auf übertarifliche Zulagen, wenn sich durch die Anrechnung die bisherigen Verteilungsrelationen ändern und innerhalb des vom Arbeitgeber mitbestimmungsfrei vorgegebenen Dotierungsrahmens ein Gestaltungsspielraum verbleibt.

Die Anrechnung ist mitbestimmungsfrei, wenn die Tariferhöhung im Rahmen des rechtlich und tatsächlich Möglichen vollständig und gleichmäßig auf die übertarifliche Vergütung sämtlicher Arbeitnehmer angerechnet wird (BAG 3.12.1991 – GS 2/90; BAG 21.1.2003 – 1 AZR 125/02; BAG 19.5.2004 – 5 AZR 354/03).

***BAG** 1.3.2006 – 5 AZR 540/05*

Das Mitbestimmungsrecht des Betriebsrats gemäß § 87 Abs. 1 Nr. 10 BetrVG hängt bei der Anrechnung von Tarifgehaltserhöhungen auf übertarifliche Zulagen davon ab, ob bei der Entscheidung des Arbeitgebers über die Anrechnung ein Gestaltungsspielraum verbleibt. Dies ist der Fall, wenn der Arbeitgeber eine Tarifgehaltserhöhung nur teilweise auf die übertariflichen Zulagen anrechnet.

Nimmt ein Arbeitgeber bei zeitlich gestaffelten oder aufeinander aufbauenden Erhöhungen des Tarifgehalts anlässlich der ersten Erhöhung keine, anlässlich der zweiten Erhöhung dagegen eine vollständige und gleichmäßige Anrechnung vor, hängt das Mitbestimmungsrecht des Betriebsrats davon ab, ob mehrere voneinander unabhängige Entscheidungen des Arbeitgebers über eine mögliche Anrechnung vorliegen oder den Entscheidungen eine einheitliche Konzeption zugrunde liegt.

Maßgeblich für die Beurteilung, ob eine einheitliche Gesamtkonzeption vorliegt, sind die Umstände des Einzelfalls. Dabei ist insbesondere der zeitliche Abstand zwischen den Anrechnungsmaßnahmen von wesentlicher Bedeutung. Außerdem kann die Frage, ob eine einheitliche Tarifgehaltserhöhung oder mehrere selbständige Tarifgehaltserhöhungen vorliegen, eine erhebliche Rolle spielen.

Verletzt der Arbeitgeber das Mitbestimmungsrecht des Betriebsrats, führt dies nach der vom Bundesarbeitsgericht in ständiger Rechtsprechung vertretenen Theorie der Wirksamkeitsvoraussetzung insgesamt zur Unwirksamkeit der Anrechnung.

***BAG** 10.3.2009 – 1 AZR 55/08*

Nimmt ein Arbeitgeber bei einer zweistufigen Erhöhung der Tarifentgelte eine vollständige und gleichmäßige Anrechnung der ersten Stufe auf die übertariflichen Zulagen der Arbeitnehmer vor und sieht er bei der zweiten Stufe von einer Anrechnung ab, steht dem Betriebsrat hierbei ein Mitbestimmungsrecht nach § 87 Abs. 1 Nr. 10 BetrVG zu, wenn dieses Vorgehen auf einem einheitlichen Gesamtkonzept beruht. Dies setzt voraus, dass der Arbeitgeber bei der Entscheidung über die Anrechnung der ersten Stufe bereits sein Verhalten bei der zweiten Stufe geplant hat. Ob eine einheitliche Konzeption des Arbeitgebers vorliegt, hängt von den Umständen des Einzelfalls ab.

***BAG** 24.1.2017 – 1 ABR 6/15*

Eine tarifliche Einmalzahlung, die als zusätzliche Arbeitsvergütung für einen bestimmten Zeitraum anzusehen ist, wird durch den für diesen Zeitraum gezahlten übertariflichen Stundenlohn erfüllt (§ 362 Abs. 1 BGB). Das gilt auch dann, wenn die tarifliche Einmalzahlung den Tariflohn rückwirkend erhöht.

Das Transparenzgebot des § 307 Abs. 1 Satz 2 BGB steht dieser Rechtsfolge einer Vereinbarung von übertariflichem Stundenlohn nicht entgegen.

***BAG** 1.3.2006 – 5 AZR 540/05*

Nach den vom Großen Senat aufgestellten Grundsätzen besteht ein Mitbestimmungsrecht gemäß § 87 Abs. 1 Nr. 10 BetrVG bei der **Anrechnung einer Tariferhöhung auf übertarifliche Zulagen** nur dann, wenn sich durch die Anrechnung die bisherigen Verteilungsrelationen ändern. Das ist der Fall, wenn sich das Verhältnis der Zulagenbeträge zueinander verschiebt. Weiter ist das Mitbestimmungsrecht davon abhängig, ob für eine anderweitige Regelung innerhalb des vom Arbeitgeber **mitbestimmungsfrei vorgegebenen Dotierungsrahmens** ein Gestaltungsspielraum verbleibt. Deshalb ist die Anrechnung mitbestimmungsfrei, wenn die Tariferhöhung im Rahmen des rechtlich und tatsächlich Möglichen vollständig und gleichmäßig auf die übertariflichen Zulagen angerechnet wird.

Beschließt der Arbeitgeber zunächst, seine individualrechtliche Anrechnungsbefugnis nicht voll auszuschöpfen, sondern die Tariferhöhungen jeweils zur Hälfte an die Arbeitnehmer weiterzugeben, so ist zu prüfen, ob dem Arbeitgeber vorzuwerfen ist, er habe das Mitbestimmungsrecht des Betriebsrats verletzt, so dass die Anrechnungen deshalb unwirksam wären.

Allerdings ist die Entscheidung über den Umfang der Anrechnung mitbestimmungsfrei, denn sie betrifft die Kürzung der insgesamt für die übertarifliche Zulage zur Verfügung stehenden Mittel. Widerspricht der Betriebsrat der Kürzung des Leistungsvolumens, so überschreitet er sein Mitbestimmungsrecht nach § 87 Abs. 1 Nr. 10 BetrVG. Reagiert der Arbeitgeber darauf mit einer vollständigen Anrechnung, um einer Blockade seiner Maßnahme auszuweichen, so ist das nicht zu beanstanden.

Mitbestimmungspflichtig ist dagegen die auf dieser Grundlage zu treffende Festlegung, in welchem Maß die Arbeitnehmer jeweils von der Kürzung betroffen werden sollten, ob also die Tariferhöhung im Einzelfall entsprechend dem betrieblichen Durchschnitt, zu einem höheren oder zu einem niedrigeren Prozentsatz verrechnet werden soll. Insoweit bestehen bei einer zunächst geplanten teilweisen Anrechnung Gestaltungsspielräume, so dass eine zunächst geplante hälftige Anrechnung mitbestimmungspflichtig ist.

Mitbestimmungsfrei ist die Maßnahme des Arbeitgebers nur dann, wenn sie das Ziel verfolgt, die Tariferhöhung vollständig auf die übertariflichen Zulagen anzurechnen. Eine Entscheidung über die Verteilung des Anrechnungsvolumens, bei welcher der Betriebsrat mitzubestimmen hätte, wäre dann nicht mehr zu treffen gewesen, weil insoweit kein individualrechtlicher Gestaltungsspielraum bestanden hätte.

Da der Arbeitgeber aber zunächst nicht diesen, sondern den Weg einer teilweisen Anrechnung einschlug, war er auch verpflichtet, das dabei nach § 87 Abs. 1 Nr. 10 BetrVG bestehende Mitbestimmungsrecht zu respektieren und die Zustimmung des Betriebsrats einzuholen.

Aufgrund des Gebots der **vertrauensvollen Zusammenarbeit** (§ 2 BetrVG) ist es ihm verwehrt, dem Betriebsrat Verhandlungen über eine andere Verteilung des Anrechnungsvolumens zu verweigern und auf entsprechende Änderungsvorschläge mit einem Junktim zu reagieren, also jede Abweichung von der eigenen Verteilungsvorstellungen schon von vornherein mit einer vollständigen Anrechnung zu beantworten.

Mit einem solchen Vorhaben wird dem Betriebsrat angesonnen, sich der einseitigen Entscheidung des Arbeitgebers bedingungslos zu unterwerfen und damit auf sein gesetzliches Mitgestaltungsrecht zu verzichten. Diese Befugnis hat der Arbeitgeber indessen nicht. Vielmehr sind nach § 87 BetrVG Meinungsverschiedenheiten über die Höhe der Anrechnung bei den einzelnen Arbeitnehmern mit Rahmen des vom Arbeitgeber vorgegebenen Einsparvolumens im Verhandlungsweg oder erforderlichenfalls durch Spruch der Einigungsstelle zu überwinden.
Wenn der Arbeitgeber seine danach bestehenden Pflichten verletzt hat, so sind die Anrechnungen unwirksam.

BAG *26.5.1998 – 1 AZR 704/97*

Eine ohne die erforderliche Beteiligung des Personalrats vorgenommene Anrechnung einer Tariflohnerhöhung auf eine übertarifliche Zulage ist nach der Theorie der Wirksamkeitsvoraussetzung unwirksam.

Hat eine Oberste Bundesbehörde zunächst beschlossen, die zukünftigen Tarifsteigerungen in voller Höhe auf die Zulage anzurechnen, unterliegt diese Maßnahme nicht der Mitbestimmung. Beschränkt sie die Anrechnung später auf ein Drittel der Zulage, unterliegt diese Maßnahme der Mitbestimmung nach § 75 Abs. 3 Nr. 4 BPersVG. Erweist sich diese Maßnahme wegen fehlender Beteiligung des Hauptpersonalrats als unwirksam, führt dies nicht dazu, dass an die Stelle der unwirksamen Teilanrechnung wieder die ursprüngliche Vollanrechnung tritt.

BAG *22.5.2012 – 1 AZR 94/11*

Der Anrechnung einer Tariflohnerhöhung auf übertarifliche Zulagen können individual-rechtliche und kollektivrechtliche Gründe entgegenstehen. Individualrechtlich ist der Arbeitgeber an einer Anrechnung gehindert, wenn er die Zulage als selbständigen Entgeltbestandteil unwiderruflich schuldet. Kollektivrechtlich ist die Anrechnung unwirksam, wenn sich dadurch die bestehenden Verteilungsgrundsätze ändern, ohne dass der Personalrat dem zugestimmt hätte.

Trifft der Arbeitgeber ohne Beteiligung des Personalrats alternativ zwei aufschiebend bedingte Entscheidungen zur Anrechnung künftiger Tariflohnerhöhungen auf eine übertarifliche Zulage, deren eine – bei entsprechend hoher Tarifsteigerung – mitbestimmungsfrei, deren andere – bei geringerer Tarifsteigerung – wegen Änderung der Verteilungsgrundsätze mitbestimmungspflichtig ist, werden Mitbestimmungsrechte des Personalrats nicht verletzt, wenn sich nur die erstgenannte Entscheidung tatsächlich auswirkt.

BAG *1.11.2005 -1 AZR 355/04*

Für den Nachweis einer Zustimmung des Betriebsrats in Fällen des § 87 Abs. 1 BetrVG reicht es nicht, dass der Arbeitgeber auf Grund einer Mitteilung des Betriebsratsvorsitzenden, gegen das beabsichtigte Vorgehen bestünden keine Bedenken, davon ausgeht, ein solcher Beschluss sei gefasst worden. Der gute Glaube des Arbeitgebers an das Vorliegen eines Betriebsratsbeschlusses in Angelegenheiten des § 87 Abs. 1 BetrVG ist gesetzlich nicht geschützt.

BAG *8.6.2004 – 1 AZR 308/03*

Zahlt der Arbeitgeber übertarifliche Zulagen, deren jederzeitigen Widerruf er sich gegenüber einem Teil der Belegschaft vorbehalten hat, so hat der Betriebsrat mitzubestimmen, wenn der Arbeitgeber Steigerungen des Tarifgehalts aufgrund von Alterssprüngen, Höhergruppierungen oder Erhöhungen der tariflichen Leistungszulage bei den jeweils betroffenen Arbeitnehmern auf die übertarifliche Zulage anrechnet.

BAG *22.4.1997 – 1 ABR 77/96*

> Verletzt der Arbeitgeber bei der Anrechnung übertariflicher Zulagen auf eine Tariferhöhung das Mitbestimmungsrecht des Betriebsrats, so führt das zur Unwirksamkeit der Anrechnung in ihrer vollen Höhe. Ohne Bedeutung ist insoweit, dass der Arbeitgeber mitbestimmungsfrei entscheiden kann, ob und inwieweit er die für die Zulage insgesamt zur Verfügung gestellten Mittel verringern will.
>
> ***BAG*** *9.7.1996 – 1 AZR 690/95*

Der Betriebsrat hat gemäß § 87 Abs. 1 Nr. 10 BetrVG bei der Anrechnung einer Tariflohnerhöhung auf übertarifliche Zulagen mitzubestimmen, wenn die Maßnahme kollektiven Bezug hat, sich durch die Anrechnung die bisher bestehenden Verteilungsrelationen ändern und für die Neuregelung innerhalb des vom Arbeitgeber mitbestimmungsfrei vorgegebenen Dotierungsrahmens ein Gestaltungsspielraum besteht.

Der Arbeitgeber kann, sofern arbeitsvertraglich nichts Abweichendes vereinbart ist, eine für bestimmte Monate rückwirkend vereinbarte Tariferhöhung auf die in diesen Monaten bereits geleisteten übertariflichen Zulagen nachträglich anrechnen.

BAG *3.6.2003 – 1 AZR 314/02*

Die Änderung der Verteilungsgrundsätze infolge Anrechnung einer **Tariflohnerhöhung** auf **über-/außertarifliche Zulagen** unterliegt grundsätzlich der Mitbestimmung des Betriebsrats, unabhängig davon, ob der Arbeitgeber sich die Anrechnung bzw. den Widerruf vorbehalten hat.

Dieses **Mitbestimmungsrecht** des Betriebsrats **entfällt**, soweit **tatsächliche** oder **rechtliche Hindernisse** entgegenstehen. Ein tatsächliches Hindernis liegt vor bei der **Reduzierung des Zulagenvolumens auf Null**. Ein rechtliches Hindernis liegt vor bei einer **vollständigen** und **gleichmäßigen Anrechnung** einer Tariflohnerhöhung auf über-/außertarifliche Zulagen.

Bis zu einer Einigung mit dem Betriebsrat kann der Arbeitgeber das Zulagenvolumen und – unter Beibehaltung der bisherigen Verteilungsgrundsätze – auch entsprechend die einzelnen Zulagen kürzen.

Beachtet der Arbeitgeber das Mitbestimmungsrecht nicht, sind Anrechnung bzw. Widerruf gegenüber den einzelnen Arbeitnehmern rechtsunwirksam.

BAG *3.12.1991 – GS 1/90 und GS 2/90*

Eine die Arbeitnehmer **belastende Betriebsvereinbarung** kann sich **ausnahmsweise rückwirkende Kraft** beilegen, wenn die betroffenen Arbeitnehmer mit einer rückwirkend belastenden Regelung rechnen mussten und sich hierauf einstellen konnten. Dabei macht es keinen Unterschied, ob die Betriebsvereinbarung von den Betriebspartnern abgeschlossen wird oder durch Spruch der Einigungsstelle zustande kommt.
Eine auf den Zeitpunkt einer Tariferhöhung zurückwirkende Betriebsvereinbarung über die Anrechnung übertariflicher Zulagen kommt in Betracht, wenn der Arbeitgeber zunächst mitbestimmungsfrei das Zulagenvolumen und – unter Beibehaltung der bisherigen Verteilungsrelationen – auch die einzelnen Zulagen kürzt, zugleich aber bekannt gibt, dass er eine Änderung der Verteilungsrelationen erreichen will, und dem Betriebsrat eine entsprechende rückwirkende Betriebsvereinbarung vorschlägt.

Soll eine belastende Betriebsvereinbarung rückwirkend in Kraft treten, so muss das in ihr deutlich zum Ausdruck gebracht werden. Im Zweifel ist eine Rückwirkung nicht gewollt.

Ob sogar die Unwirksamkeit einer zunächst mitbestimmungswidrig vorgenommenen Anrechnung nachträglich durch eine rückwirkende Betriebsvereinbarung geheilt werden kann, erscheint dem Senat zweifelhaft. Die Frage bleibt jedoch unentschieden.

BAG *19.9.1995 – 1 AZR 208/95*

Ein das Mitbestimmungsrecht des Betriebsrats gemäß § 87 Abs. 1 Nr. 10 BetrVG bei der Anrechnung von Tariflohnerhöhungen auf übertarifliche Zulagen begründender kollektiver **Tatbestand** liegt in der Regel vor, wenn die Anrechnung aus Leistungsgründen erfolgt, wegen der Kürze der Betriebszugehörigkeit bzw. der absehbaren Beendigung des Arbeitsverhältnisses oder wegen einer zuvor stattgefundenen Gehaltsanhebung. Kein kollektiver Tatbestand ist hingegen anzunehmen, wenn die Anrechnung auf **Wunsch eines**

Arbeitnehmers zur Vermeidung steuerlicher Nachteile vorgenommen wird.

Der Betriebsrat hat bei der Anhebung der Gehälter von **AT-Angestellten** gemäß § 87 Abs. 1 Nr. 10 BetrVG ein Mitbestimmungsrecht, solange ein mitbestimmtes Gehaltsgruppensystem nicht besteht.

***BAG** 27.10.1992 – 1 ABR 17/92*

Wird die Tariflohnerhöhung gegenüber einem Teil der Arbeitnehmer angerechnet, weil sie nach Auffassung des Arbeitgebers zu viele Tage **infolge Krankheit** gefehlt haben, ist regelmäßig von einem kollektiven Tatbestand auszugehen, weil die Leistungen der einzelnen Arbeitnehmer notwendigerweise zueinander in ein Verhältnis gesetzt werden müssen.

***BAG** 22.9.1992 – 1 AZR 460/90*

Die aufgrund einer **Leistungsbeurteilung** gezahlte **Leistungszulage** ist in der Regel selbständiger Lohnbestandteil und damit anrechnungsfest. Ändern die Betriebsparteien die Grundsätze der Verteilung einer **übertariflichen Zulage** (§ 87 Abs. 1 Nr. 10 BetrVG), so können derartige anrechnungsfeste Lohnbestandteile nicht in das zu verteilende Zulagenvolumen einbezogen werden.

Entsprechendes gilt für **Funktionszulagen** (z. B. Vertreterzulage, Vorarbeiterzulage).

Zulagen, die an den Arbeitsplatzwert anknüpfen und nur zur Erhöhung der Bezahlung für die auf diesem Arbeitsplatz ohnehin geschuldete Arbeitsleistung dienen, können in das neu zu verteilende Zulagenvolumen einbezogen werden.

***LAG** Köln 21.1.1994 – 12 TaBV 45/93 = DB 1994, 1628 n.rkr.*
*(Az. **BAG**: 1 ABR 19/94)*

Beruhen die **volle Anrechnung** einer Tariferhöhung auf übertariflichen Zulagen und die **wenig später erklärte Zusage einer neuen übertariflichen Leistung** auf einer einheitlichen Konzeption des Arbeitgebers, so liegt hierin eine insgesamt mitbestimmungspflichtige Änderung der Entlohnungsgrundsätze..

Der Annahme einer einheitlichen Konzeption steht nicht entgegen, dass der Arbeitgeber zum Zeitpunkt der Anrechnung noch nicht im Einzelnen und abschließend entschieden hat, wem und in welcher Höhe neue übertarifliche Leistungen gewährt werden sollen.

***BAG** 17.1.1995 – 1 ABR 19/94*

> Nach § 87 Abs. 1 Nrn. 10, 11 BetrVG hat der Betriebsrat ein Mitbestimmungsrecht hinsichtlich der Ausgestaltung von Regelungen zur Besitzstandswahrung beim Wechsel von Leistungslohn zu Zeitlohn im Rahmen eines vom Arbeitgeber zur Verfügung gestellten Dotierungsrahmens.
>
> „Tariferhöhung" im Sinne einer Anrechnungsabrede ist nachallgemeinem Sprachverständnis die Erhöhung des dem Arbeitnehmer als Arbeitsvergütung für eine bestimmte Zeitspanne tariflich geschuldeten Entgeltbetrags.
>
> ***BAG** 16.4.2002 – 1 AZR 363/01 = NZA 2003, 224*

Das tarifliche Grundentgelt sowie die aufgrund einer Betriebsvereinbarung gezahlte Prämie stellen verschiedene Entlohnungsgrundsätze i.S.d. § 87 Abs. 1 Nr. 10 BetrVG mit der Folge dar, dass eine isolierte Betrachtungsweise bei Beantwortung der Frage zu erfolgen hat, ob eine Änderung der Verteilungsgrundsätze durcheine Anrechnung der Tariflohnerhöhung auf die nach der Betriebsvereinbarung gezahlte Prämie eingetreten ist.

***LAG** Düsseldorf 8.9.1999 – 4 (5) Sa 858/99 = BB 2000, 312*

Als „Spesen" bezeichnete Vergütungsbestandteile können übertarifliche Zulage i.S.d. § 87 Abs. 1 Ziffer 10 BetrVG sein.
Die Änderung betrieblicher Spesensätze, die über die steuerfrei zu zahlenden Aufwendungserstattungen hinausgehen, ist als betriebliche Lohngestaltung nach § 87 Abs. 1 Nr. 10 BetrVG mitbestimmungspflichtig.
Soll die Spesenregelung nicht nur auf einen, sondern auf mehrere Betriebe des Unternehmens angewendet werden, ist für die Ausübung des Mitbestimmungsrechts der Gesamtbetriebsrat zuständig.

***Hessisches LAG** 4.9.1997 – 5 TaBV 68/97 = ArbuR 1998, 170; Rechtsbeschw. eingelegt, AZ: 1 ABR 3/98)*

8.10.4. Leistungslohn (z. B. Außendienst)

Der Betriebsrat hat bei der **Ein- und Zuteilung der Bearbeitungsgebiete von Außendienstmitarbeitern** nicht nach § 87 Abs. 1 Nr. 10 BetrVG mitzubestimmen. Ein Mitbestimmungsrecht des Betriebsrats bei der Aufteilung der Bearbeitungsgebiete im Außendienst und die Zuweisung des jeweiligen Gebiets an einen Arbeitnehmer kann dem § 87 Abs. 1 Nr. 10 BetrVG nicht entnommen werden. Denn das Mitbestimmungsrecht bei der Lohngestaltung knüpft an das Entgelt an. Zum Arbeitsentgelt gehören alle Leistungen des Arbeitgebers mit Entgeltcharakter (Geld oder Sachleistungen), die mit Rücksicht auf die Arbeitsleistung des Arbeitnehmers erbracht werden.
Das Verkaufsgebiet oder Bearbeitungsgebiet eines Außendienstmitarbeiters ist aber keine Gegenleistung für seine Tätigkeit. Die Größe und der Zuschnitt des Bearbeitungsgebiets bestimmen vielmehr den Umfang der Arbeitsleistung und die Bedingungen, unter denen die Arbeit zu verrichten ist. Größe und Zuschnitt des Bearbeitungsgebiets bestimmen zugleich mit dem vereinbarten Entgelt die gegenseitigen Rechte und Pflichten der beiden Arbeitsvertragsparteien. Diese und die Lohnhöhe sind gerade nicht Gegenstand des Mitbestimmungsrechts nach § 87 Abs. 1 Nr. 10 BetrVG.
Die Einteilung des Bearbeitungsgebiets kann auch nicht als mitbestimmungspflichtige Entlohnungsmethode angesehen werden. Unter Entlohnungsmethode versteht man die Art und Weise der Durchführung des gewählten Entlohnungssystems.
Würde man das Bearbeitungsgebiet als Entlohnungsmethode begreifen, würde das Mitbestimmungsrecht nicht bei der Ausgestaltung des Lohns einsetzen, sondern es würde vorverlagert auf die Frage, welche Tätigkeit der einzelne Arbeitnehmer erbringen soll, obwohl dies mit der betrieblichen Lohngestaltung nichts zu tun hat.

***BAG** 16.7.1991 – 1 ABR 66/90*

Die Zuweisung eines eigenen, technisch besonders ausgestatteten Büros und eines eigenen Mitarbeiters an leistungsabhängig vergütete „Bezirksdirektoren" eines Versicherungsunternehmens ist keine Angelegenheit der betrieblichen Lohngestaltung nach § 87 Abs. 1 Nr. 10, 11 BetrVG. Dies gilt auch dann, wenn die Nutzung der Bürotechnik und der eigene Mitarbeiter besonders effektives Arbeiten gestatten. Etwas anderes kann gelten, wenn auf diese Weise bisher notwendige eigene Aufwendungen erspart werden.

Der Betriebsrat kann über die Aufstellung der Kriterien für die Zuweisung eines eigenen Büros und Mitarbeiters auch nicht nach § 95 BetrVG mitbestimmen. Die Zuweisungskriterien sind keine Auswahlrichtlinien im Sinne dieser Vorschrift.

***BAG** 31.5.2005 – 1 ABR 22/04*

Dem Betriebsrat einer konzernangehörigen Arbeitgeberin, deren herrschende Muttergesellschaft durch einen Vergütungsausschuss jährlich darüber entscheidet, ob und welchen im Konzern beschäftigten Arbeitnehmern Aktienoptionen der Konzernmutter (Stock-Options und Time-Based Restricted Stock Unit Awards) zugeteilt werden, steht kein Mitbestimmungsrecht bei der Zuteilung der Aktienoptionen zu, soweit die konzernangehörige Arbeitgeberin nicht tatsächlich Einfluss auf die Verteilung der Aktienoptionen nimmt oder zumindest tatsächlich die Möglichkeit hat, auf die Auswahlentscheidung und die Kriterien zur Vergabe der Aktienoptionen einzuwirken. Hierfür genügt es nicht, dass der bei der Konzernmutter gebildete Vergütungsausschuss im Rahmen seiner Entscheidung über die Zuteilung von Aktienoptionen auf von der Arbeitgeberin erstellte Leistungsbeurteilungen der Arbeitnehmer zurückgreift oder die Arbeitgeberin den mit der Zuteilung der Aktienoptionen verbundenen geldwerten Vorteil abrechnet und die hierauf anfallenden Steuern und Sozialversicherungsbeiträge abführt. (Rn. 20)

Weder die Wahrung der Grundsätze von Recht und Billigkeit im Rahmen des § 75 Abs. 1 BetrVG noch die Regelung des § 12 Abs. 4 AGG verpflichten die konzernangehörige Arbeitgeberin zur Einflussnahme auf die Verteilungsentscheidung ihrer Konzernmutter und auf deren Vergabekriterien für die Aktienoptionen (Bestätigung von BAG BeckRS 2018, 15447 Rn. 22 ff.). (Rn. 21)

Ein rechtliches Interesse i.S.v § 256 Abs. 1 ZPO an der Feststellung des Bestehens eines Mitbestimmungsrechts des Betriebsrats ist gegeben, soweit und solange dem Begehren ein betriebsverfassungsrechtlicher Konflikt zugrunde liegt und dieser fortbesteht. Hierfür reicht es aus, wenn die Maßnahme, für die ein Mitbestimmungsrecht in Anspruch genommen wird, häufiger im Betrieb aufgetreten ist und sich auch zukünftig jederzeit wiederholen kann (Bestätigung von BAG BeckRS 2008, 56135 Rn. 17 m.w.N.). (Rn. 18)

***BAG** 12.6.2019 – 1 ABR 57/17*

8.10.5. Prämien

Das Mitbestimmungsrecht des Betriebsrats nach § 87 Abs. 1 Nr. 10 BetrVG ist durch den Tarifvertrag eingeschränkt, soweit der Tarifvertrag selbst Regelungen über die **Berechnung des Prämienlohns** enthält. Es ist nicht eingeschränkt, soweit der Tarifvertrag ergänzende Betriebsvereinbarungen zulässt.

***BAG** 16.12.1986 – 1 ABR 26/85*

Sieht ein Tarifvertrag neben dem Zeit- und dem Akkordlohn auch Prämienlohn als gleichberechtigte Lohnform vor, so unterliegt die Abschaffung des durch Betriebsvereinbarung eingeführten Prämienlohns der Mitbestimmung des Betriebsrats nach § 87 Abs. 1 Nr. 10 BetrVG. Eine gekündigte Betriebsvereinbarung über Prämienlohn wirkt gemäß § 77 Abs. 6 BetrVG nach.

***BAG** 23.6.2009 – 1 AZR 214/08*

Der Betriebsrat hat bei einem **Prämienlohn** nach § 87 Abs. 1 Nr. 10 BetrVG über den **Verlauf der Prämienkurve** mitzubestimmen. Dazu gehört auch die Zuordnung von Geldbeträgen zu bestimmten Leistungsgraden.

***BAG** 16.12.1986 – 1 ABR 26/85*

Honoriert ein Arbeitgeber die Nichtteilnahme einzelner Mitarbeiter an zurückliegende (Warn-) Streiks mit einem über die Reisekostenabrechnung erstattungsfähigen Essen, stellt dies keine mitbestimmungsfreie Streikbruchprämie dar.

Dies kann selbst dann gelten, wenn die „Prämie" noch vor Abschluss des laufenden Arbeitskampfes ausgesprochen worden ist.

Als vermögenswerter Vorteil unterliegt die Gewährung eines „Gratis-Essens" der Mitbestimmung nach § 87 Abs. 1 Nr. 10 BetrVG.

***ArbG** Frankfurt/M. 14.9.1999 – 15 BV 92/99 = AiB 1999, 705*

Stellt ein tarifgebundener Arbeitgeber die Gewährung **freiwilliger Leistungsprämien** an gewerbliche Arbeitnehmer vollständig ein, wirkt die betreffende Betriebsvereinbarung nach ihrer Kündigung nicht deshalb gemäß § 77 Abs. 6 BetrVG nach, weil einzelne Angestellte auf der Grundlage anderer Kriterien weiterhin über- oder außertarifliche Leistungen erhalten.

***BAG** 23.1.2008 – 1 ABR 82/06 = BB 2008, 1280*

8.10.6. Provisionen

Betriebliche Lohngestaltung i.S.v. § 87 Abs. 1 Nr. 10 BetrVG beinhaltet die Feststellung abstrakt-genereller (kollektiver) Grundsätze zur Lohnfindung. Es geht um die Strukturformen des Entgelts einschließlich ihrer näheren Vollziehungsformen, nicht aber um die Ermittlung der Höhe des Lohnes.

Zur Lohngestaltung i.S.v. § 87 Abs. 1 Nr. 10 BetrVG gehören die Fragen, **ob** ein **Gehaltsfixum** und/oder Provisionen gezahlt werden, die **Arten der Provisionen**, das **Verhältnis** der **Provision zum Lohnfixum** (Anrechenbarkeit) sowie das Verhältnis der Provisionen zueinander. Dazu gehört ferner die Festsetzung der Bezugsgrößen, z. B. ob bei Erreichung einer bestimmten Provisionshöhe diese und/oder andere Provisionen progressiv oder degressiv beeinflusst werden, ob also auch eine Provision ganz oder teilweise wegfällt, sowie schließlich die abstrakte Staffelung der Provisionssätze.

***BAG** 29.3.1977 – 1 ABR 123/74*

Ist die Verteilung der Provision durch einen als Betriebsvereinbarung geschlossenen Provisionsplan geregelt und vereinbaren zwei Arbeitnehmer gemeinsam mit dem Arbeitgeber eine vom Provisionsplan abweichende Provisionsverteilung für bestimmte Geschäfte, so ist dieser dreiseitige Vertrag unwirksam, wenn in ihm ein Verzicht auf Rechte aus dem Provisionsplan liegt.

***Hessisches LAG** 18.2.1992 – 7 Sa 997/91 = BB 1992, 1351 = NZA 1992, 799*

Ob eine Tariflohnerhöhung individualrechtlich auf übertarifliche Vergütungsbestandteile angerechnet werden darf, hängt von der zugrunde liegenden Vergütungsabrede ab. Eine Anrechnung ist möglich, sofern dem Arbeitnehmer der übertarifliche Gehaltsbestandteil nicht als selbständiger Entgeltbestandteil neben dem jeweiligen Tarifentgelt zugesagt worden ist.

Rechnet der Arbeitgeber eine Tariflohnerhöhung bei sämtlichen Mitarbeitern in vollem Umfang auf deren übertarifliche Vergütungsbestandteile an, verbleibt kein Verteilungsspielraum, innerhalb dessen der Betriebsrat unter dem Gesichtspunkt der Änderung von Entlohnungsgrundsätzen nach §87 Abs. 1 Nr. 10 BetrVG mitzubestimmen hätte.

***BAG** 27.1.2004 – 1 AZR 105/03*

8.10.7. Betriebliche Altersversorgung[51]

Das Mitbestimmungsrecht des Betriebsrats nach § 87 Abs. 1 Nr. 10 BetrVG erstreckt sich im Bereich der betrieblichen Altersversorgung nicht auf die Entscheidungen darüber, ob eine betriebliche Altersversorgung eingerichtet wird, welche finanziellen Mittel zur Verfügung gestellt werden, welcher Personenkreis begünstigt und welcher Durchführungsweg beschritten werden soll. Auch die Auswahl des Versorgungsträgers steht wegen des engen Zusammenhangs mit dem Finanzierungsaufwand und dem Risiko des einstandspflichtigen Arbeitgebers in dessen alleiniger Entscheidung.

Bei der von ihm finanzierten betrieblichen Altersversorgung kann der Arbeitgeber frei darüber entscheiden, ob er nur eine betriebliche Altersversorgung im engeren Sinn oder auch eine Invaliden- und Hinterbliebenenversorgung zusagt und ob er dem Arbeitnehmer ein Wahlrecht zwischen Renten- und Kapitalleistung einräumt.

***BAG** 29.7.2003 – 3 ABR 34/02 = DB 2004, 883*

Im Rahmen des Mitbestimmungsrechts nach § 87 Abs. 1 Nr. 10 BetrVG besteht kein Recht des Betriebsrats, bei der Auswahl der „Versorgungseinrichtung" mitzubestimmen. Wählt der Arbeitgeber den Durchführungsweg „Direktversicherung", so gehört auch die Auswahl des Versicherungsunternehmens zu den mitbestimmungsfreien Entscheidungen des Arbeitgebers.

***BAG** 29.7.2003 – 3 ABR 34/02 = NZA 2004, 1344*

Wird betriebliche **Altersversorgung** durch **generelle Direktzusagen** gewährt, so unterliegt diese Art der Altersversorgung dem Mitbestimmungsrecht des Betriebsrats nach § 87 Abs. 1 Nr. 10 BetrVG, nicht nach § 87 Abs. 1 Nr. 8 BetrVG.

Der Arbeitgeber ist in vierfacher Beziehung frei: nämlich darin, ob und in welchem Umfang er finanzielle Mittel für die betriebliche Altersversorgung zur Verfügung stellen, welche Versorgungsform er wählen und welchen Arbeitnehmerkreis er versorgen will.

Dem Betriebsrat steht bei der Gestaltung der betrieblichen **Altersversorgung** ein Initiativrecht zu, soweit keine gesetzliche oder tarifliche Regelung besteht.

Mitbestimmungsrecht und Initiativrecht des Betriebsrats erstrecken sich auch auf die **Gestaltung des „Leistungsplanes"**, soweit nicht der Dotierungsrahmen und die Abgrenzung des begünstigten Personenkreises berührt werden. Will der Betriebsrat eine Änderung des Leistungsplans erreichen, muss er sein Initiativrecht konstruktiv ausüben und darlegen, wie dabei der vom Arbeitgeber vorgegebene Dotierungsrahmen gewahrt werden kann.

Über den vorstehend gekennzeichneten Rahmen hinaus hat der Betriebsrat das Recht, jede **Versorgungsordnung** auf ihre Vereinbarkeit mit § 75 BetrVG zu überprüfen.

Vor Einführung einer betrieblichen Versorgungsordnung muss der Arbeitgeber den Betriebsrat **rechtzeitig** und **sachgerecht** unterrichten.

Durch Betriebsvereinbarung kann eine betriebliche Ruhelohnordnung abgelöst werden.

***BAG** 12.6.1975 – 3 ABR 66/74; **BAG** 12.6.1975 – 3 ABR 137/73;*
***BAG** 12.6.1975 – 3 ABR 13/74*

---

[51] vgl. auch § 77, Kap. 4.2.1. Besonderheiten bei Betriebsvereinbarungen über betriebliche Altersversorgung, S. 180

Schließt ein Arbeitgeber im Rahmen der betrieblichen Altersversorgung **Lebensversicherungsverträge** zugunsten seiner Arbeitnehmer bei einem Versicherungsunternehmen ab, unterliegen der Leistungsplan und die Regelungen über die Heranziehung der Arbeitnehmer zu Versicherungsbeiträgen der Mitbestimmung des Betriebsrats nach § 87 Abs. 1 Nr. 10 BetrVG. Dagegen gehört die **Auswahl des Versicherungsunternehmens**, mit dem der Arbeitgeber diese Lebensversicherungsverträge abschließt, nicht zu den mitbestimmungspflichtigen Angelegenheiten nach § 87 Abs. 1 Nr. 10 BetrVG.

Der **Wechsel der Versicherungsgesellschaft** ist keine mitbestimmungspflichtige Angelegenheit i.S.v. § 87 Abs. 1 Nr. 10 BetrVG, solange der Verteilungsplan und die Beitragsbelastung der Arbeitnehmer davon unberührt bleiben.

Haben die Arbeitnehmer Anspruch auf Leistungen in bestimmter Höhe (Versicherungssumme) und sollen die etwa anfallenden Gewinnanteile mit Versicherungsbeiträgen des Arbeitgebers verrechnet werden, besteht kein Mitbestimmungsrecht hinsichtlich der Verwendung der Gewinnanteile.

***BAG** 16.2.1993 – 3 ABR 29/92*

Die Änderung einer – ursprünglich etwa kraft Tarifbindung des Arbeitgebers – im Betrieb geltenden Vergütungsordnung unterliegt der Mitbestimmung des Betriebsrats nach § 87 Abs. 1 Nr. 10 BetrVG.

Maßnahmen des Arbeitgebers, die der notwendigen Mitbestimmung entbehren, sind auch individualrechtlich unwirksam, soweit sie bestehende Rechtspositionen der Arbeitnehmer schmälern (Theorie der Wirksamkeitsvoraussetzungen).

Auch wenn dem Arbeitnehmer durch die Nichtbeachtung der Mitbestimmung seitens des Arbeitgebers grundsätzlich kein Anspruch auf Leistungen erwächst, die die bestehende Vertragsgrundlage übersteigen, kann die Weitergeltung der bisherigen Entlohnungsgrundsätze unter besonderen Umständen dazu führen, dass ihm ein Anspruch auf eine höhere Vergütung als die vertraglich vereinbarte zusteht.

***BAG** 11.6.2002 – 1 AZR 390/01*

Erfolgte der Verzicht auf Betriebsrentenanwartschaften im Zusammenhang mit einer Veränderung der Verteilungsgrundsätze, so bedarf es zu seiner Wirksamkeit der ordnungsgemäßen Beteiligung des Betriebsrats gemäß § 87 Abs. 1 Nr. 10 BetrVG (Theorie der Wirksamkeitsvoraussetzung).

Das Recht, sich auf die Unwirksamkeit eines früheren Verzichts wegen nicht ordnungsgemäßer Beteiligung des Betriebsrats zu berufen, kann verwirkt werden, wenn vertrauensbildende Umstandsmomente in Bezug auf die Ordnungsgemäßheit des Mitbestimmungsverfahrens vorliegen.

Der Pensions-Sicherungs-Verein als Träger der gesetzlichen Insolvenzsicherung in der betrieblichen Altersversorgung ist nicht Rechtsnachfolger des insolvent gewordenen Arbeitgebers. Es bleibt unentschieden, ob ihn schon allein deswegen die Darlegungs- und Beweislast für weit zurückliegende, in der Sphäre des Arbeitgebers liegende Wirksamkeitsvoraussetzungen für einen Verzicht des Versorgungsgläubigers nicht trifft. Jedenfalls können im Einzelfall besondere Umstände dazu führen, dass der Versorgungsberechtigte die Umstände zu beweisen hat, die zur Unwirksamkeit des von ihm früher erklärten Verzichts führen.

***BAG** 21.1.2003 – 3 AZR 30/02*

Die Absenkung des Dotierungsrahmens einer freiwilligen Arbeitgeberleistung unterliegt zwar nicht der Mitbestimmung des Betriebsrats nach § 87 Abs. 1 Nr. 10 BetrVG. Die Ausgestaltung des Leistungsplans ist aber auch bei der Umsetzung einer Mittelkürzung mitbestimmungspflichtig. Ob nur in die Rechte bestimmter Arbeitnehmer eingegriffen werden soll, ist eine Frage der Verteilungsgerechtigkeit, die das Mitbestimmungsrecht auslöst.

Der Mitbestimmungstatbestand des § 87 Abs. 1 Nr. 10 BetrVG setzt einen kollektiven Tatbestand voraus. Entscheidend ist nicht Form, sondern der Inhalt der Regelung. Eine individuelle Lohngestaltung liegt vor, wenn mit Rücksicht auf besondere Umstände des einzelnen Arbeitnehmers Regelungen getroffen werden, die in keinem inneren Zusammenhang zu ähnlichen Regelungen für andere Arbeitnehmer stehen.

***BAG** 24.1.2006 – 3 AZR 484/04*

8.10.8. Einigungsstelle

Ein Spruch der Einigungsstelle über die Ausgestaltung eines Entlohnungssystems darf die **entscheidenden Kriterien** für die Verteilung nicht dem Arbeitgeber allein überlassen. Ein solcher Spruch würde die Zielvorstellungen des Mitbestimmungsrechts des Betriebsrats bei der Ausgestaltung eines Entlohnungssystems verfehlen.

Die Einigungsstelle kann nicht jede Regelung treffen, die die Betriebspartner einvernehmlich treffen können, da die Einigungsstelle im Verhältnis zu den Betriebspartnern „Dritter“ ist und deshalb über das Mitbestimmungsrecht nicht in derselben Weise verfügen kann wie der Betriebsrat selbst.

Das bedeutet aber nicht, dass jeder Spruch einer Einigungsstelle, der dem Arbeitgeber aber auch nur etwas Spielraum lässt, ermessensfehlerhaft ist. Der Spruch der Einigungsstelle kann dem Arbeitgeber eine gewisse Freiheit einräumen, wenn die Einigungsstelle nur selbst den Regelungsgegenstand gestaltet hat.

***BAG** 11.2.1992 – 1 ABR 51/91*

8.11. Ausgestaltung der Entlohnungsgrundsätze bei Leistungslohn

Ein dem Akkord- und Prämienlohn vergleichbares leistungsbezogenes Entgelt i.S.d. § 87 Abs. 1 Nr. 11 BetrVG ist eine **Vergütungsform**, bei der eine „Leistung“ des Arbeitnehmers, gleichgültig, worin diese besteht, gemessen und mit einer Bezugsleistung verglichen wird und bei der sich die Höhe der Vergütung in irgendeiner Weise nach dem Verhältnis der Leistung des Arbeitnehmers zur Bezugsleistung bemisst.
Die in einem solchen Vergütungssystem enthaltenen **Ansätze für die Bewertung der Leistung** und die Bemessung des Leistungslohns unterliegen der Mitbestimmung des Betriebsrats.
Ob auch die Höhe der Vergütung für die Bezugsleistung mitbestimmungspflichtig ist, bleibt unentschieden.

***BAG** 28.7.1981 – 1 ABR 56/78*

Die Mitbestimmung des Betriebsrats über die Festsetzung von Akkordsätzen nach § 87 Abs. 1 Nr. 11 BetrVG wird nicht durch eine tarifliche **Richtsatzklausel** ausgeschlossen.

Zu den Ansätzen, auf die sich das Mitbestimmungsrecht nach § 87 Abs. 1 Nr. 11 erstreckt, gehören auch die Zeitvorgaben bei den methodisch gebundenen ermittelten Akkordsätzen, zum Beispiel bei **Refa-Akkorden**.

Auf welche Weise das Mitbestimmungsrecht bei einer beabsichtigten Einführung eines arbeitswissenschaftlichen Akkordsystems auszuüben ist, ist eine nach Zweckmäßigkeitsgesichtspunkten zu treffende Entscheidung, die in den Zuständigkeitsbereich der Einigungsstelle fällt.

***LAG** Düsseldorf 24.8.1981 – 26 TaBV 46/81*

Ein dem Akkord- und Prämienlohn vergleichbares leistungsbezogenes Entgelt liegt nur vor, wenn eine Leistung des Arbeitnehmers gemessen und mit einer **Bezugsleistung** verglichen und das nach dem Verhältnis der gezeigten Leistung zur Bezugsleistung bemessene Entgelt für eben diese gezeigte Leistung gezahlt wird.
Wird aufgrund eines **geregelten Beurteilungsverfahrens** für eine in der Vergangenheit liegende Leistung eine Leistungszulage gewährt, die sich nach der Zahl der erhaltenen Beurteilungspunkte bemisst, aber künftig zum tariflichen Stundenlohn gezahlt wird, so handelt es sich nicht um ein dem Akkord- und Prämienlohn vergleichbares leistungsbezogenes Entgelt i.S.d. § 87 Abs. 1 Nr. 11 BetrVG.
Der Betriebsrat hat daher hinsichtlich der Höhe des Geldwertes je Beurteilungspunkt kein Mitbestimmungsrecht.

***BAG** 22.10.1985 – 1 ABR 67/83*

Der Betriebsrat hat mitzubestimmen über die Frage, ob bei Akkordarbeit anfallende **Wartestunden** mit dem Akkordrichtsatz oder dem persönlichen Durchschnittsverdienst des Arbeitnehmers bezahlt werden sollen.

Werden **Wartezeiten** in die **Vorgabezeit** mit einbezogen, so werden sie Teil der nach § 87 Abs. 1 Nr. 11 BetrVG mitbestimmungspflichtigen Akkordsätze. Werden Wartezeiten – wie hier – gesondert erfasst, so ändert sich an ihrer rechtlichen Natur als mitbestimmungspflichtiger Akkordsatz nichts. Die aufgezeigten Möglichkeiten der Berücksichtigung von Wartezeiten sind gegeneinander austauschbar.

Damit hat der Betriebsrat auch mitzubestimmen bei der Frage, wie nicht in der Vorgabezeit berücksichtigte Wartezeiten zu vergüten sind. Dass damit auch über die Höhe des für Wartezeiten zu zahlenden Lohns mitbestimmt wird, steht dem nicht entgegen.

***BAG** 14.2.1989 – 1 AZR 97/88*

Die Regelung von **Erholungszeiten** als Bestandteil der **Vorgabezeit** für Akkordlöhne unterliegt der Mitbestimmung des Betriebsrats nach § 87 Abs. 1 Nr. 11 BetrVG

***BAG** 24.2.1987 – 1 ABR 18/85*

Der Betriebsrat hat im Rahmen einer Entlohnung auf der Basis von Zeitakkorden ein Mitbestimmungsrecht nach § 87 Abs. 1 Nr. 11 BetrVG bei der Festlegung der Vorgabezeiten. Es besteht unabhängig davon, nach welcher Methode die Vorgabezeit ermittelt wird.

Die Änderung von Vorgabezeiten ist in gleicher Weise mitbestimmungspflichtig wie deren erstmalige Festlegung.

Der Betriebsrat kann sein Mitbestimmungsrecht dahin ausüben, dass er die konkrete Festsetzung der Vorgabezeiten nach der Vereinbarung einer wissenschaftlichen Methode zur Ermittlung der Grundzeiten und nach gemeinsamer Festlegung der Höhe von sachlichen und persönlichen Verteilzeiten und des Umfangs der Erholungszeiten dem Arbeitgeber allein überlässt.

***BAG** 16.4.2002 – 1 ABR 34/01 = DB 2003, 212*

Betriebliche Lohngestaltung i.S.v. § 87 Abs. 1 Nr. 10 BetrVG beinhaltet die Feststellung abstrakt-genereller (kollektiver) Grundsätze zur Lohnfindung. Es geht um die Strukturformen des Entgelts einschließlich Ihrer näheren Vollziehungsformen, nicht aber um die Ermittlung der Höhe des Lohnes.

§ 87 Abs. 1 Nr. 11 BetrVG gewährt dem Betriebsrat neben § 87 Abs. 1 Nr. 10 BetrVG eine zusätzliche Mitbestimmungsbefugnis. Hier ist dem Betriebsrat zwar nicht für den konkreten Einzelfall, aber doch abstrakt-generell eingeräumt, über die Entgeltsätze die Lohnhöhe mitzubestimmen.

Gegen diese Auslegung des § 87 Abs. 1 Nr. 11 BetrVG bestehen keine verfassungsrechtlichen Bedenken.

Zur Lohngestaltung im Sinne des § 87 Abs. 1 Nr. 10 BetrVG gehören die Fragen, ob ein Gehaltsfixum und/oder Provisionen gezahlt werden, die Arten der Provisionen, das Verhältnis der Provision zum Lohnfixum (Anrechenbarkeit) sowie das Verhältnis der Provisionen zueinander. Dazu gehört ferner die Festsetzung der Bezugsgrößen, z.B. ob bei Erreichung einer bestimmten Provisionshöhe diese und/oder andere Provisionen progressiv oder degressiv beeinflusst werden, ob also auch eine Provision ganz oder teilweise wegfällt, sowie schließlich die abstrakte Staffelung der Provisionssätze.

Abschlussprovisionen gehören zu den vergleichbaren leistungsbezogenen Entgelten i.S.d. § 87 Abs. 1 Nr. 11 BetrVG.

Ob die Anteil- und Leitungsprovisionen ein vergleichbares leistungsbezogenes Entgelt sind oder insoweit nur die Mitbestimmung nach § 87 Abs. 1 Nr. 10 BetrVG Platz greift, bleibt zunächst offen.

***BAG** 29.3.1977 – 1 ABR 123/74*

8.12. Betriebliches Vorschlagswesen

Die Betriebsparteien dürfen zur verbindlichen Beurteilung eingereichter Verbesserungsvorschläge paritätische Kommissionen einrichten. Die mit Mehrheit getroffenen tatsächlichen Feststellungen und Bewertungen dieser Kommissionen sind nur beschränkt gerichtlich überprüfbar: Inhaltlich ist zu überprüfen, ob das Ergebnis offenbar unrichtig ist. Verfahrensmäßig ist zu überprüfen, ob die Feststellungen grob unbillig zu Stande gekommen sind oder ob Verstöße gegen die zu Grunde liegende Betriebsvereinbarung das Ergebnis beeinflusst haben können.

Verfahrensmäßig grob unbillig und daher unverbindlich ist eine Entscheidung auch dann, wenn sie nur lückenhaft begründe ist. Das ist sie, wenn selbst der Fachmann das Ergebnis aus dem Zusammenhang nicht überprüfen kann oder nicht nachvollziehbar ist, welche Tatsachenfeststellungen die Kommission getroffen hat.

Verfahrensverstöße führen dazu, dass gerichtlich in vollem Umfange zu prüfen ist, ob ein Arbeitnehmer einen Anspruch auf Vergütung für seinen Verbesserungsvorschlag hat oder nicht. Eine Zurückverweisung an die paritätische Kommission kommt regelmäßig nicht in Betracht.

***BAG** 20.1.2004 – 9 AZR 393/03*

Nach § 87 Abs. 1 Nr. 12 BetrVG hat der Betriebsrat mitzubestimmen bei den Grundsätzen über das betriebliche Vorschlagswesen. Danach ist mitbestimmungspflichtig die Regelung der Organisation des betrieblichen Vorschlagswesens und des Verfahrens innerhalb dieser Organisation. Die Grundsätze über das betriebliche Vorschlagswesen können danach Bestimmungen enthalten über die Bestellung der Organe, etwa eines Beauftragten für das betriebliche Vorschlagswesen oder eines Prüfungsausschusses.

Das Mitbestimmungsrecht des Betriebsrats umfasst auch Bestimmungen über die Zusammensetzung und Organisation eines Bewertungsausschusses und über dessen allgemeine Aufgaben. Eine Regelung über die paritätische Besetzung des Bewertungsausschusses entspricht der gleichrangigen Beteiligung des Betriebsrats an der Organisation und am Verfahren des betrieblichen Vorschlagswesens.

Wenn § 87 Abs. 1 Nr. 12 BetrVG dem Betriebsrat ein Mitbestimmungsrecht über die Grundsätze des betrieblichen Vorschlagswesens gewährt, so folgt schon aus dem Wortlaut dieser Bestimmung, dass damit **nicht** auch die Entscheidung über die **Prämienhöhe** der Mitbestimmung unterworfen sein soll. Grundsätze für ein bestimmtes Verhalten oder Geschehen sind allgemeine **Richtlinien**, **Orientierungspunkte** und **Bewertungsmaßstäbe**, die geeignet sind, das Geschehen so zu ordnen und zu verfestigen, dass es in vorhersehbaren und nachprüfbaren Bahnen verläuft.

Es geht bei den Grundsätzen für das betriebliche Vorschlagswesen um die **abstrakt-generelle Regelung** des Einbringens von Verbesserungsvorschlägen und deren Bewertung sowie um die Festlegung der Grundsätze zur Bemessung der Vergütung für einen verwerteten Verbesserungsvorschlag. Das Mitbestimmungsrecht des Betriebsrats bezieht sich nicht auf die Höhe der Prämie; die finanzielle Grundausstattung des betrieblichen Vorschlagswesens, der „Prämienetat", ist mitbestimmungsfrei.

Dabei ist es allerdings unzutreffend, von einem mitbestimmungsfreien „Prämienetat" zu sprechen. Das betriebliche Vorschlagswesen ist weder eine Sozialeinrichtung noch handelt es sich um eine freiwillige Leistung des Arbeitgebers, bei der ein Mitbestimmungsrecht des Betriebsrats nur innerhalb der Grenzen eines vorgegebenen Dotierungsrahmens zu bejahen wäre. Der Arbeitgeber, der einen Verbesserungsvorschlag seines Arbeitnehmers verwertet und daraus einen Vorteil zieht, ist nach ständiger Rechtsprechung ohnehin zur Zahlung einer Vergütung in entsprechender Anwendung von § 612 BGB verpflichtet.

Ist damit die Höhe der Prämie für betriebliche Verbesserungsvorschläge mitbestimmungsfrei, so umfasst das Mitbestimmungsrecht über die Grundsätze des betrieblichen Vorschlagswesens doch auch generelle Regelungen über die Bestimmung der zu gewährenden Vergütung. So hat der Betriebsrat mitzubestimmen, nach welchen **Grundsätzen und Methoden die Prämie bemessen werden soll** bei der Frage, wie der Nutzen eines Verbesserungsvorschlags zu ermitteln ist, über die Grundsätze für die **Höhe und Art der Prämie** und über die **Verteilung** einer Prämie bei **Gruppenvorschlägen** oder hinsichtlich der Prämiengrundsätze und Bewertungsmaßstäbe sowie darüber, wie eine Prämie für einen Verbesserungsvorschlag bestimmt werden soll, dessen Nutzen nicht zu ermitteln ist.

Die Festlegung einer konkreten Höhe der Prämie für Verbesserungsvorschläge ist mitbestimmungsfrei. Nicht vom Mitbestimmungsrecht des Betriebsrats gedeckt ist die Zahlung einer **Anerkennungsprämie** für nicht verwertete Verbesserungsvorschläge.

***BAG** 28.4.1981 – 1 ABR 53/79*

Das Mitbestimmungsrecht des Betriebsrats im Rahmen des § 87 Abs. 1 Nr. 12 BetrVG hat auch präventiven Charakter, d. h. es setzt bereits dann ein, wenn noch keine Verbesserungsvorschläge in größerer Zahl von Arbeitnehmern des Betriebs gemacht worden sind. Ein „Unterlaufen" des Mitbestimmungsrechts des Betriebsrats durch Annahme nur vereinzelt gemachter Verbesserungsvorschläge ist unzulässig. Hat der Arbeitgeber in der Vergangenheit einzelne Verbesserungsvorschläge von Arbeitnehmern angenommen, so besteht stets ein Regelungsanspruch des Betriebsrats nach § 87 Abs. 1 Nr. 12 BetrVG.

Ob ein Regelungsanspruch des Betriebsrats auch dann besteht, wenn in der Vergangenheit noch niemals Verbesserungsvorschläge von den Arbeitnehmern des Betriebs eingebracht worden sind, bleibt unentschieden.

***LAG** Düsseldorf/Köln 24.1.1978 – 8 TaBV 33/77*

9. Durchsetzung des Mitbestimmungsrechts

Aus dem Recht des Betriebsrats auf Mitbestimmung folgt nur, dass sich Arbeitgeber und Betriebsrat über die Fragen, die einer Regelung zugänglich sind, verständigen müssen. Kommt eine Einigung nicht zustande, entscheidet die Einigungsstelle (§ 87 Abs. 2 Satz 1 BetrVG).

Ob die Einigungsstelle so entscheidet, wie der Betriebsrat wünscht, steht nicht fest. Deshalb kann der Betriebsrat im Beschlussverfahren nicht einzelne mögliche Regelungen durchsetzen. Aus dem Mitbestimmungsrecht als solchem ergeben sich nicht zwangsläufig die vom Betriebsrat gewünschten Folgen. Vielmehr besteht ein Regelungsrahmen, den Arbeitgeber und Betriebsrat durch ihre Einigung oder die Einigungsstelle durch ihren Spruch ausfüllen können.

***BAG** 22.10.1985 – 1 ABR 38/83; **BAG** 5.11.1985 – 1 ABR 49/83*

> Ist der Unterlassungsantrag des Betriebsrats so weit gefasst, dass er viele denkbare künftige Fallgestaltungen betrifft, ist er insgesamt unbegründet, wenn nicht in allen diesen Fällen ein Mitbestimmungsrecht des Betriebsrats besteht.
>
> ***BAG** 29.7.1996 – 1 ABR 13/96*

Dem Betriebsrat steht unabhängig von den Voraussetzungen in § 23 Abs.3 BetrVG ein Unterlassungsanspruch zu, wenn seitens des Arbeitgebers weitere Verstöße gegen Mitbestimmungsrechte aus § 87 Abs. 1 BetrVG zu erwarten sind.

Ein Mitbestimmungsrecht nach § 87 Abs.1 Nr. 2BetrVG besteht auch, wenn die Mehrheit der Arbeitnehmer mit der angeordneten Lage der Arbeitszeit einverstanden ist.

***BAG** 30.6.2015 – 1 ABR 71/13*

9.1. Abschluss von Betriebsvereinbarungen[52]

Der Arbeitgeber kann sich in einer Betriebsvereinbarung verpflichten, die Einhaltung eines mit dem Betriebsrat vereinbarten **Alkoholverbots** nur mit den ebenfalls in der Betriebsvereinbarung genannten Mitteln (Kontrolle durch Vorgesetzte, freiwilliger Alkoholtest durch Werksarzt) zu überwachen.

Der Arbeitgeber muss eine Betriebsvereinbarung so durchführen, wie sie abgeschlossen wurde. Betriebsvereinbarungswidrige Maßnahmen können dem Arbeitgeber vom Gericht auf Antrag des Betriebsrats (Unterlassungsantrag) untersagt werden.

***BAG** 24.2.1987 – 1 ABR 18/85; **BAG** 10.11.1987 – 1 ABR 55/86;*
***BAG** 28.9.1988 – 1 ABR 41/87; **BAG** 17.10.1989 – 1 ABR 75/88*

Auch solche Änderungen von Dienstplänen, die im Interesse der medizinisch erforderlichen Versorgung der Patienten kurzfristig erforderlich werden, können in einer Betriebsvereinbarung **vorab** geregelt werden. Eine solche Regelung kann auch zum Inhalt haben, dass der Arbeitgeber bei kurzfristig notwendig werdenden Änderungen eine – ggf. vorläufige – einseitige Regelung treffen kann. Auch mit einer solchen Regelung wird dem Mitbestimmungsrecht des Betriebsrats bei der Änderung von Dienstplänen Genüge getan.

***BAG** 8.8.1989 – 1 ABR 59/88*

Die Verarbeitung von personenbezogenen Daten der Arbeitnehmer ist datenschutzrechtlich schon dann zulässig, wenn sie durch eine Betriebsvereinbarung oder durch einen Spruch der Einigungsstelle erlaubt wird. Betriebsvereinbarung oder **Spruch der Einigungsstelle können auch zuungunsten** der Arbeitnehmer von den Vorschriften des Bundesdatenschutzgesetzes abweichen. Sie müssen sich im Rahmen der Regelungskompetenz der Betriebspartner halten und den Grundsätzen über den Persönlichkeitsschutz des Arbeitnehmers im Arbeitsverhältnis Rechnung tragen.

***BAG** 27.5.1986 – 1 ABR 48/84*

Der Betriebsrat kann nach § 77 Abs. 1 BetrVG **verlangen** und damit gerichtlich im Beschlussverfahren durchsetzen, dass der Arbeitgeber eine **Betriebsvereinbarung durchführt**. Dabei ist der Inhalt einer Betriebsvereinbarung, soweit er streitig ist, festzustellen.

***BAG** 24.2.1987 – 1 ABR 18/85*

Die **Teilunwirksamkeit einer Betriebsvereinbarung** oder eines diese ersetzenden Spruchs der Einigungsstelle führt nicht zur Unwirksamkeit der gesamten Betriebsvereinbarung bzw. des Spruchs.

Entscheidend ist, ob der wirksame Teil der Betriebsvereinbarung auch ohne die unwirksamen Bestimmungen eine sinnvolle und in sich geschlossene Regelung enthält. Das folgt aus dem Normencharakter der Betriebsvereinbarung, der es gebietet, im Interesse der Kontinuität und Rechtsbeständigkeit einer gesetzten Ordnung diese insoweit aufrecht zu erhalten, als sie auch ohne den unwirksamen Teil ihre ordnende Funktion noch entfalten kann.

***BAG** 28.4.1981 – 1 ABR 53/79*

Der Begriff der Ruhepause setzt sowohl arbeitszeitrechtlich als auch schuldrechtlich voraus, dass dem Arbeitnehmer spätestens bei Beginn der Arbeitsunterbrechung bekannt ist, wie lange sie dauert. Ob ihm dies schon einige – ggf. welche – Zeit vorher bekannt sein muss, bleibt unentschieden.

Be- und Entladezeiten i.S.v. § 2 BMTV Güte- und Möbelfernverkehr vom 4.7.1988 sind nur solche, an denen der Kraftfahrer selbst beteiligt ist.

Darf der Kraftfahrer während der Be- und Entladearbeiten, die Dritte durchführen, Fahrzeug und Betriebsgelände verlassen, um ggf. unverzüglich einem Arbeitsaufruf nachzukommen, handelt es sich arbeitszeitrechtlich entweder um Arbeitsbereitschaft oder Bereitschaftsdienst, nicht aber um eine Ruhepause. Schuldrechtlich stellen diese Zeiten Arbeitsbereitschaft i.S.v. § 2 BMTV Güter- und Möbelfernverkehr vom 14.7.1988 dar.

Eine Betriebsvereinbarung, die diese Zeiten schuldrechtlich als – unbezahlte – Ruhepausen behandelt, ist unwirksam. Sie ist vom Mitbestimmungsrecht des Betriebsrats nach § 87 Abs. 1 Nrn. 2, 10 oder 11 BetrVG nicht gedeckt. Als freiwillige Betriebsvereinbarung verstößt sie gegen § 77 Abs. 3 BetrVG, bei Geltung des BMTV Güter- und Möbelfernverkehr im Arbeitsverhältnis auch gegen § 611 BGB i. V. m. § 2 des Tarifvertrags.

***BAG** 29.10.2002 – 1 AZR 603/01 = NZA 2003, 1212*

9.2. Gerichtliche Durchsetzung des Mitbestimmungsrechts

Nach dem auch im Beschlussverfahren anzuwendenden § 253 Abs. 2 Nr. 2 ZPO muss im Antrag der betriebliche Vorgang, hinsichtlich dessen das Mitbestimmungsrecht des Betriebsrats streitig ist, so genau bezeichnet werden, dass mit der Entscheidung über den Antrag feststeht, für welche Maßnahmen oder Vorgänge das Mitbestimmungsrecht bejaht oder verneint worden ist. Dafür muss der jeweilige Streitgegenstand so konkret umschrieben werden, dass die Streitfrage mit Rechtskraftwirkung zwischen den Betriebsparteien entschieden werden kann.

***BAG** 7.2.2012 – 1 ABR 58/10*

Das auf ein betriebsverfassungswidriges Verhalten des Arbeitgebers gestützte Unterlassungsbegehren des Betriebsrats ist ein anderer Verfahrensgegenstand als die wegen des Verstoßes des Arbeitgebers gegen eine Betriebsvereinbarung beanspruchte Unterlassungsfolge (Rn. 17).

Das Mitbestimmungsrecht des Betriebsrats nach § 87 Abs. 1 Nr. 2 BetrVG umfasst bei schichtbezogen aufzustellenden Personaleinsatzplänen nicht nur deren Erstellung und Ausgestaltung bezogen auf Beginn und Ende der Arbeitszeit sowie die Lage der Pausen, sondern auch die Bestimmung desjenigen Personenkreises, der seine Arbeitsleistung danach zu erbringen hat. Nichts Anderes gilt bei der Zuordnung eines dem Arbeitgeber nach § 1 Abs. 1 AÜG für einen Tag zur Arbeitsleistung überlassenen Arbeitnehmers zu Personaleinsatzplänen (Rn. 21).

Dieses Mitbestimmungsrecht hatte der Betriebsrat im vorliegenden Streitfall mit den Gestaltungen in einer Betriebsvereinbarung Arbeitszeit ausgeübt. Mangels anderer Anhaltspunkte galt das mitbestimmte Arbeitszeitregime auch für Leiharbeitnehmer. Der Verstoß der Arbeitgeberin bei eintägigen Einsätzen von Leiharbeitnehmern

52 vgl. Kapitel „§ 77 BetrVG, Betriebsvereinbarung", S. 167

gegen die Betriebsvereinbarung Arbeitszeit vermochte nicht die vom Betriebsrat allein auf den allgemeinen Unterlassungsanspruch aus § 87 Abs. 1 Nr. 2 BetrVG gestützte Unterlassungsfolge zu tragen (Rn. 23 ff.).

***BAG** 22.10.2019 – 1 ABR 17/18*

> ***Hinweis für die Praxis:***
>
> *Der Betriebsrat sollte die im Einzelfall erforderliche Antragstellung immer gut überlegen. Das BAG hat in der vorstehenden Entscheidung herausgearbeitet und klargestellt, dass es sich bei dem Begehren einer Untersagung eines betriebsverfassungswidrigen Verhaltens des Arbeitgebers und dem Begehren der Unterlassung des Verstoßes gegen eine bestehende Betriebsvereinbarung um unterschiedliche Gegenstände eines Beschlussverfahrens handelt. Das BAG hatte eine bereits bestehende Betriebsvereinbarung ausgelegt und festgestellt, dass diese den durch den Betriebsrat zum Verfahrensgegenstand erklärten Sachverhalt bereits regelt. Dies hatte zur Folge, dass der Betriebsrat eine Verletzung von Vorschriften der bestehenden Betriebsvereinbarung hätte herausarbeiten und deren Unterlassung bzw. die ordnungsgemäße Durchführung der Betriebsvereinbarung hätte geltend machen müssen, aber nicht den Verstoß gegen das Mitbestimmungsrecht gemäß § 87 BetrVG. Daran knüpft auch die nachstehende weitere Entscheidung an:*

Ein Antrag des Betriebsrats auf Feststellung, dass er in einer bestimmten Angelegenheit mitzubestimmen hat, ist zulässig, wenn hierfür das nach § 256 Abs. 1 ZPO erforderliche Feststellungsinteresse besteht (Rn. 14).

Hiervon ist regelmäßig auszugehen, wenn der Arbeitgeber ein Mitbestimmungsrecht in einer bestimmten Angelegenheit in Abrede stellt oder sich der Betriebsrat eines solchen berühmt (Rn. 15).

Ist die Angelegenheit, auf die sich der Feststellungsantrag des Betriebsrats bezieht, bereits mitbestimmt ausgestaltet, fehlt es am erforderlichen Feststellungsinteresse. Den Inhalt einer bereits mitbestimmt gestalteten Angelegenheit kann der Betriebsrat jedenfalls nicht im Wege der Feststellung eines Mitbestimmungsrechts als solchem bezüglich dieser ausgestalteten Angelegenheit klären lassen (Rn. 17 und Rn. 21), sofern nicht dem Begehren entweder konkrete Anlassfälle eines Streits der Betriebsparteien über eine noch nicht mitbestimmt ausgestaltete Angelegenheit, die Anfechtung eines Einigungsstellenspruchs oder eine betriebliche Maßnahme des Arbeitgebers zugrunde liegen.

An einem solchen konkreten Anlassfall eines Streits der Betriebsparteien fehlt es, wenn der Arbeitgeber keine einseitige Maßnahme zur Festlegung der betrieblichen Arbeitszeit für diejenigen Arbeitnehmer ergriffen hat, die verpflichtet sind, Berufsbekleidung zu tragen, sondern die Betriebsparteien vielmehr die verfahrensgegenständliche Angelegenheit („Beginn und Ende der täglichen Arbeitszeit") für alle Beschäftigten bereits mitbestimmt ausgestaltet halten und der Konflikt der Betriebsparteien lediglich das Verständnis einer bereits erfolgten Ausgestaltung der betrieblichen Arbeitszeit, nicht hingegen die – allein verfahrensgegenständliche – Frage betrifft, ob deren Ausgestaltung mitbestimmt zu erfolgen hat. (Rn. 18)

***BAG** 19.11.2019 – 1 ABR 2/18*

Bei einem auf die Verletzung seines Mitbestimmungsrechts gestützten Unterlassungsantrag des Betriebsrats ist die Herausnahme von Notfällen zur Vermeidung eines unbegründeten Globalantrags nicht erforderlich, wenn der erstrebte Verbotsausspruch schon nach seiner Begründung ausschließlich auf die Untersagung einer mit dem Anlassfall gleichzusetzenden Verletzungshandlung, die keinen Notfall darstellt, zielt.

Die Mitbestimmungsrechte des Betriebsrats – so auch das nach § 87 Abs. 1 Nr. 3 BetrVG bei einer vorübergehenden Verlängerung der betriebsüblichen Arbeitszeit – können im Arbeitskampf suspendiert sein. Das ist aber nicht zwingende Folge eines jeden gewerkschaftlichen Kampfaufrufs. Es kommt vielmehr auf den Gegenstand des Mitbestimmungsrechts und dessen Auswirkungen auf das Kampfgeschehen an.

Bezweckt der Arbeitgeber mit einer an sich mitbestimmungspflichtigen Maßnahme, den Auswirkungen eines Streiks zu begegnen oder ihnen vorzubeugen, bedarf es zur Annahme der Suspendierung der Beteiligung des Betriebsrats eines konkreten Bezugs zu einer laufenden oder unmittelbar bevorstehenden Arbeitsniederlegung. Die Maßnahme muss als von Art. 9 Abs. 3 GG geschützte Maßnahme des Arbeitgebers qualifiziert werden können. Erst in einem solchen Fall ist sie geeignet eine Einschränkung von Mitbestimmungsrechten des Betriebsrats zu rechtfertigen. Bei Warnstreikmaßnahmen gilt nichts anders.

Im Fall einer Anordnung des Arbeitgebers gegenüber allen dienstplanmäßig eingesetzten Arbeitnehmern, Mehrarbeit zur Aufarbeitung von Arbeitsrückständen nach Beendigung einer streikbedingten Arbeitsniederlegung zu leisten, ist die Mitbestimmung des Betriebsrats nach § 87 Abs. 1 Nr. 3 BetrVG nicht suspendiert.

Gleiches gilt, wenn mit der Mehrarbeitsanordnung in einer von Warnstreiks begleiteten Verhandlungsphase der Tarifvertragsparteien dem Streikdruck vorbeugend begegnet werden soll und der Arbeitgeber nicht deutlich macht, dass er die Maßnahme nur gegenüber arbeitswilligen, einem gewerkschaftlichen Kampfaufruf nicht Folge leistenden Arbeitnehmern trifft. Ohne diese Beschränkung handelte es sich um eine „Arbeitskampfmaßnahme" des Arbeitgebers, an dessen Einsatz die vom Kampfaufruf erfassten und ihn befolgenden Arbeitnehmer mitwirken und den von der Gewerkschaft getragenen Arbeitskampf – und damit gleichsam sich selbst – schwächen müssten. Eine solche Maßnahme unterfiele nicht dem Schutz des Art. 9 Abs. 3 GG. Sie wäre nicht tauglich, Mitbestimmungsrechte des Betriebsrats einzuschränken.

***BAG** 20.3.2018 – 1 ABR 70/16*

> ***Hinweis für die Praxis:***
>
> *Das BAG bekräftigt in der vorstehenden Entscheidung noch einmal die ständige Rechtsprechung, dass sich der Betriebsrat auch gegen zu erwartende Verstöße des Arbeitgebers gegen ein Mitbestimmungsrecht gemäß § 87 BetrVG unabhängig von den Voraussetzungen des § 23 Abs. 3 BetrVG im Wege eines allgemeinen Unterlassungsanspruchs wehren kann. Zu prüfen kann dann sein, ob das Mitbestimmungsrecht insbesondere durch Arbeitskampfmaßnahmen einzuschränken ist, falls dies durch die in Art.9 Abs.3 GG geschützte Tarifautonomie und dem aus dieser abzuleitenden Grundsatz der Chancengleichheit, also aus Gründen der Arbeitskampfparität geboten erscheint. Im konkreten Falle hat das BAG aber eine solche Einschränkung abgelehnt, weil es sich bei der Anordnung des Arbeitgebers nicht mehr um eine Streikabwehrmaßnahme, sondern um eine Maßnahme gehandelt habe, die auf das Kampfgeschehen keinen Einfluss mehr haben konnte.*

Verweigert der Betriebsrat die Zustimmung zur Mehrarbeit mit der Begründung, ein **anderer mitbestimmungspflichtiger Tatbestand** müsse erst noch entsprechend geregelt werden, und unterlässt es der Betriebsrat dann im Einigungsstellenverfahren treuwidrig, sich um die Herbeiführung einer Regelung zu bemühen, so kann im Wege der einstweiligen Verfügung die Unterlassung und Aufhebung von angeordneter Mehrarbeit nicht verlangt werden.

***ArbG** Stuttgart 28.1.1985 – 10 BVGa 1/85*

> Der Betriebsrat hat bei Verletzung von Mitbestimmungsrechten aus § 87 BetrVG **unabhängig von den Voraussetzungen des § 23 Abs. 3 BetrVG** einen Anspruch auf Unterlassung mitbestimmungswidriger Maßnahmen des Arbeitgebers.
>
> ***BAG** 3.5.1994 – 1 ABR 24/93; **BAG** 16.6.1998 – 1 ABR 68/97:*

Die gerichtliche Geltendmachung eines Unterlassungsanspruchs im arbeitsgerichtlichen Beschlussverfahren erfordert einen Antrag, der auf einzelne, tatbestandlich umschriebene konkrete Handlungen als Verfahrensgegenstand bezogen ist.

Soll dem Arbeitgeber die **Anordnung von Überstunden** ohne vorherige Zustimmung des Betriebsrats untersagt werden, so bedarf es der genauen Bezeichnung derjenigen betrieblichen Fallgestaltungen, für die das Mitbestimmungsrecht des Betriebsrats in Anspruch genommen wird. Ein allgemeiner Unterlassungsantrag, der sich auf alle nur denkbaren Überstundenanordnungen bezieht, ist unzulässig.

Hat der Betriebsrat einen allgemeinen Antrag auf Unterlassung jeder einseitigen Überstundenanordnung durch den Arbeitgeber gestellt, so ist das Gericht jedenfalls dann nicht befugt, dem Antrag in einer konkreten Form stattzugeben, wenn der Betriebsrat es trotz einer entsprechenden gerichtlichen Anregung abgelehnt hat, seinen Antrag durch die Angabe bestimmter betrieblicher Fallgestaltungen zu konkretisieren. In einem solchen Fall würde das Gericht dem Antragsteller etwas anderes als beantragt zusprechen.

***BAG** 8.11.1983 – 1 ABR 57/81*

Eine Entscheidung im **einstweiligen Verfügungsverfahren** ist erforderlich (= ein Verfügungsgrund ist gegeben), wenn mit einer rechtskräftigen Entscheidung vor Ablauf der, bis zur Durchführung der geplanten Maßnahme verbleibenden Zeit nicht mehr zu rechnen ist.

***Hessisches LAG** 11.8.1987 – 5 TaBVGa 88/87 = BB 1988, 68*

Der Anspruch des Betriebsrats auf Durchführung einer Betriebsvereinbarung hat nicht die Befugnis des Betriebsrats zum Inhalt, vom Arbeitgeber **aus eigenem Recht** die Erfüllung von **Ansprüchen der Arbeitnehmer** aus dieser Betriebsvereinbarung zu verlangen.

Ein Antrag des Betriebsrats, mit dem er die Verurteilung des Arbeitgebers zur Erfüllung von Ansprüchen der Arbeitnehmer aus einer Betriebsvereinbarung begehrt, ist unzulässig.

***BAG** 17.10.1989 – 1 ABR 75/88*

Der Betriebsrat hat nach § 77 Abs. 1 BetrVG einen Anspruch gegen den Arbeitgeber auf **Durchführung von Einigungsstellensprüchen**. Dieser Anspruch besteht auch bei Anfechtung des Spruchs durch den Arbeitgeber. Eine Suspendierung kann nur in Betracht kommen, wenn der Spruch offensichtlich rechtswidrig ist. Der Anspruch kann auch im einstweiligen Verfügungsverfahren durchgesetzt werden.

Bei einem Spruch zur Arbeitszeit ergibt sich der erforderliche Verfügungsgrund für eine **einstweilige Verfügung** schon daraus, dass der Zeitraum zwischen dem Inkrafttreten des Spruchs und der rechtskräftigen Entscheidung im Anfechtungsverfahren geregelt werden muss. Ist der Spruch nicht suspendiert, kann die Regelung nur in der Durchführung der Einigungsstellenentscheidung bestehen, da das Mitbestimmungsrecht des Betriebsrats sonst in unzumutbarer Weise beeinträchtigt würde.

***LAG** Berlin 8.11.1990 – 14 TaBV 5/90 = BB 1991, 206 = DB 1991, 1288*

Die Durchführung des Spruchs einer Einigungsstelle betreffend Einführung vollkontinuierlicher Arbeitsweise kann nicht durch eine **einstweilige Verfügung** untersagt werden, solange die Rechtslage nicht im Hauptsacheverfahren entschieden ist.

***LAG** Baden-Württemberg 7.11.1989 – 8 TaBVGa 1/89 = NZA 1990, 286*

Eine Unterlassungsverpflichtung des Arbeitgebers in einem arbeitsgerichtlichen Beschlussverfahren (§ 2 a ArbGG) und einem darin geschlossenen Vergleich, in dem es heißt:

> *„Die Antragsgegnerin verpflichtet sich, es zu unterlassen, für Arbeitnehmer in ihrem Betrieb in D. Mehrarbeit anzuordnen oder duldend entgegenzunehmen, ohne den Betriebsrat ordnungsgemäß zu beteiligen gemäß § 87 Abs. 1 Nr. 3 BetrVG"*

ist hinreichend bestimmt und hat einen vollstreckungsfähigen Inhalt.

***LAG** Düsseldorf 26.6.2003 – 16 Ta 47/03*

Dem örtlichen Betriebsrat steht ein Unterlassungsanspruch aus § 87 Abs. 1 BetrVG nur bei der Verletzung eigener Mitbestimmungsrechte zu, nicht jedoch, wenn der Arbeitgeber Mitbestimmungsrechte des Konzernbetriebsrats unbeachtet lässt. In diesem Fall folgt auch aus § 80 Abs. 1 BetrVG kein Unterlassungsanspruch. Ein solcher besteht nur unter den Voraussetzungen des § 23 Abs. 3 BetrVG.

***BAG** 17.5.2011 – 1 ABR 121/09*

Hat der Betriebsrat einen Vollstreckungstitel erwirkt, wonach der Arbeitgeber verpflichtet ist, zukünftig die Anordnung von Überstunden ohne Einhaltung des Mitbestimmungsverfahrens nach § 87 BetrVG zu unterlassen, ist die Vollstreckung hieraus gemäß § 85 Abs. 1 Satz 3 ArbGG i.V.m. § 767 ZPO für unzulässig zu erklären, wenn sich der Sachverhalt, der jenem Verfahren zugrunde lag, nachträglich maßgeblich geändert hat.

Dies ist anzunehmen, wenn der Vollstreckungstitel nach dem zugrunde liegenden Beschluss entscheidend darauf beruht, dass der Arbeitgeber in Eilfällen ohne Zustimmung des Betriebsrats Überstunden angeordnet hat, und die Betriebsparteien nach Rechtskraft dieser Entscheidung in einer Betriebsvereinbarung eine Regelung zur Anordnung von Überstunden in Eilfällen treffen.

In diesem Fall ist ein zusätzlich zu dem Vollstreckungsabwehrantrag gestellter Antrag auf Herausgabe des Vollstreckungstitels zulässig und in entsprechender Anwendung des § 371 BGB begründet. Die Unterlassungsverpflichtung aus dem Vollstreckungstitel erlischt mit dem Abschluss einer solchen Betriebsvereinbarung, da der Betriebsrat hierin sein Mitbestimmungsrecht bei der Anordnung von Überstunden in Eilfällen ausgeübt hat.

***BAG** 19.6.2012 – 1 ABR 35/11*

9.3. Sicherung des Mitbestimmungsrechts durch Anrufung der Einigungsstelle[53]

Die Durchführung des Einigungsstellenverfahrens ist keine Prozessvoraussetzung für ein arbeitsgerichtliches Beschlussverfahren, in dem über das **Bestehen eines Mitbestimmungsrechts** des Betriebsrats und damit über die Zuständigkeit der Einigungsstelle in einer bestimmten Angelegenheit gestritten wird.

***BAG** 24.11.1981 – 1 ABR 42/79*

[53] vgl. Kapitel „§§ 76, 76a BetrVG, Einigungsstelle", S. 153

Freiwillige Betriebsvereinbarungen (§ 88 BetrVG)

Gesetzestext

§ 88 Freiwillige Betriebsvereinbarungen

Durch Betriebsvereinbarung können insbesondere geregelt werden

1. *zusätzliche Maßnahmen zur Verhütung von Arbeitsunfällen und Gesundheitsschädigungen;*

1a. *Maßnahmen des betrieblichen Umweltschutzes;*

2. *die Errichtung von Sozialeinrichtungen, deren Wirkungsbereich auf den Betrieb, das Unternehmen oder den Konzern beschränkt ist;*
3. *Maßnahmen zur Förderung der Vermögensbildung;*
4. *Maßnahmen zur Integration ausländischer Arbeitnehmer sowie zur Bekämpfung von Rassismus und Fremdenfeindlichkeit im Betrieb.*
5. *Maßnahmen zur Eingliederung schwerbehinderter Menschen.*

Freiwillige Betriebsvereinbarungen können neben den Beispielen in § 88 BetrVG auch abgeschlossen werden:

§ 38 Abs. 1 Satz 5 BetrVG:	Anderweitige Regelung der Freistellung von Betriebsratsmitgliedern;
§ 47 Abs. 4 BetrVG:	Abweichende Festsetzung der Mitgliederzahl des Gesamtbetriebsrats, wenn er nach § 47 Abs. 2 BetrVG nicht mehr als 40 Mitglieder hätte; (§ 55 Abs. 4 BetrVG des Konzernbetriebsrats; § 72 Abs. 4 BetrVG der Gesamt JAV)
§ 76 Abs. 1 Satz 2 BetrVG:	Errichtung einer ständigen Einigungsstelle;
§ 76 Abs. 4 BetrVG:	Regelung der Einzelheiten des Verfahrens der Einigungsstelle;
§ 86 BetrVG:	Regelung der Einzelheiten des Beschwerdeverfahrens;
§ 93 BetrVG:	Regelungen über die Ausschreibung von Arbeitsplätzen;
§ 102 Abs. 6 BetrVG:	Betriebsvereinbarung über Zustimmungserfordernis bei Kündigungen;
§ 112 a Abs. 1 i. V. m.	Aufstellung eines Sozialplanes in den Fällen des § 112 a BetrVG;
§ 112 Abs. 4 u. 5 BetrVG:	Aufstellung eines Sozialplanes

Für soziale und personelle Angelegenheiten (§§ 87 ff. und §§ 92 ff. BetrVG) besteht eine umfassende Regelungskompetenz der Betriebsparteien.

Für soziale Angelegenheiten folgt die umfassende Regelungsbefugnis zum Abschluss (freiwilliger) Betriebsvereinbarungen aus § 88 BetrVG. Die Regelungsbefugnis lässt sich jedoch inhaltlich nicht auf soziale Angelegenheiten beschränken. Die Grenzen zwischen sozialen, personellen (§§ 92 ff. BetrVG) und wirtschaftlichen Angelegenheiten (§§ 106 ff. BetrVG) sind fließend. Die allgemeinen personellen Angelegenheiten i.S.d. §§ 92 bis 95 BetrVG haben vielfach einen Bezug zu wirtschaftlichen Entscheidungen des Unternehmers und zu sozialen Angelegenheiten. Im Rahmen von Personalplanungen (§ 92 BetrVG) und Auswahlrichtlinien (§ 95 BetrVG) werden z. B. die Voraussetzungen für die Einstellung und Entlassung von Arbeitnehmern und den Wechsel des Arbeitsplatzes festgelegt. Ebenso verhält es sich mit einer Betriebsvereinbarung, die eine Altersgrenze zum Gegenstand hat; auch dieser schwerpunktmäßig den personellen Angelegenheiten zuzuordnende Regelungstatbestand weist einen Bezug zu sozialen Angelegenheiten auf. Insoweit ist es richtig, § 88 BetrVG gleichsam als Auffangnorm zu betrachten und als ausreichend tragende Grundlage für freiwillige Betriebsvereinbarungen anzusehen.

***BAG** 7.11.1989 – GS 3/85*

Der Arbeitgeber kann mitbestimmungsfrei entscheiden, ob er die Gehälter von AT-Angestellten erhöhen will. Er kann aber auch in einer freiwilligen Betriebsvereinbarung nach § 88 BetrVG eine Verpflichtung zur Gehaltserhöhung eingehen. Die Übernahme einer derartigen, gesetzlich nicht gebotenen und in der Praxis ungewöhnlichen Verpflichtung muss jedoch in einer solchen Betriebsvereinbarung deutlich zum Ausdruck kommen.

***BAG** 18.10.2011 1 AZR 376/10*

Arbeitgeber und Betriebsrat können eine Nachwirkung im Bereich der **freiwilligen Betriebsvereinbarung** vereinbaren.

Haben Betriebsrat und Arbeitgeber die Nachwirkung einer freiwilligen Betriebsvereinbarung vereinbart, kann die Nachwirkung analog § 87 Abs. 2 BetrVG oder nach § 76 Abs. 6 Satz 1 und 2 BetrVG aufgehoben werden.

***LAG** Düsseldorf 23.2.1988 – 16 TaBV 13/88 = DB 1988, 251 = NZA 1988, 813*

Der Arbeitgeber hat keinen gesetzlichen Anspruch gegen den Arbeitnehmer auf Erstattung der Kosten für die Bearbeitung von Lohn- oder Gehaltspfändungen. Ein solcher Anspruch folgt weder aus § 788 Abs. 1 ZPO oder § 840 Abs. 1 ZPO noch aus § 670 BGB oder § 683 BGB. Ebenso wenig ergibt sich ein Anspruch aus einer Verletzung vertraglicher Pflichten durch den Arbeitnehmer oder den Grundsätzen der Drittschadensliquidation.
Die Betriebsparteien können einen Anspruch des Arbeitgebers auf die Erstattung der Bearbeitungskosten nicht durch Betriebsvereinbarungen begründen. Ein Mitbestimmungstatbestand nach § 87 Abs. 1 Nr. 1 oder Nr. 4 BetrVG liegt nicht vor; eine freiwillige Betriebsvereinbarung gern. § 88 BetrVG ist wegen Verstoßes gegen § 75 Abs. 2 BetrVG unwirksam.

***BAG** 18.7.2006 – 1 AZR 578/05*

Nach § 77 Abs. 6 BetrVG gelten die Regelungen einer Betriebsvereinbarung in Angelegenheiten, in denen ein Spruch der Einigungsstelle die Einigung zwischen Arbeitgeber und Betriebsrat ersetzen kann, nach Ablauf der Betriebsvereinbarung, also nach deren Kündigung, weiter, bis sie durch eine andere Abmachung ersetzt werden. **Eine Nachwirkung einer Betriebsvereinbarung kommt** danach **nur dann in Betracht, wenn die in der Betriebsvereinbarung getroffene Regelung eine Angelegenheit** der so genannten **erzwingbaren Mitbestimmung betrifft.** Ist die Angelegenheit nur der freiwilligen Mitbestimmung zugänglich, wirkt die in ihr getroffene Regelung nach Ablauf der Kündigungsfrist nicht nach. Darauf, ob die Betriebsvereinbarung freiwillig abgeschlossen worden ist oder auf einem Spruch der Einigungsstelle beruht, kommt es nicht an.

***BAG** 21.8.1990 – 1 ABR 73/89*

Die Einigungsstelle ist nicht zur Entscheidung über Form und Inhalt von **Stellenausschreibungen** befugt. Dem Betriebsrat steht ein erzwingbares Mitbestimmungsrecht hinsichtlich Form und Inhalt von Stellenausschreibungen nicht zu.
Das Gesetz enthält keine näheren Bestimmungen über Art und Inhalt der Ausschreibung.
Die Einigungsstelle ist angesichts des fehlenden zwingenden Mitbestimmungsrechts des Betriebsrats nicht befugt, eine Entscheidung über Form und Inhalt von Stellenausschreibungen zu treffen. Allerdings können diese Regelungen im Rahmen einer **freiwilligen Betriebsvereinbarung** getroffen werden, was durchaus empfehlenswert sein kann. Insofern kann auch ein freiwilliges Einigungsstellenverfahren nach Maßgabe des § 76 Abs. 6 BetrVG durchgeführt werden.

***BAG** 27.10.1992 – 1 ABR 4/92*

Arbeitsschutz (§ 89 BetrVG)

Gesetzestext

§ 89 Arbeits- und betrieblicher Umweltschutz

(1) *[1]Der Betriebsrat hat sich dafür einzusetzen, dass die Vorschriften über den Arbeitsschutz und die Unfallverhütung im Betrieb sowie über den betrieblichen Umweltschutz durchgeführt werden. [2]Er hat bei der Bekämpfung von Unfall- und Gesundheitsgefahren die für den Arbeitsschutz zuständigen Behörden, die Träger der gesetzlichen Unfallversicherung und die sonstigen in Betracht kommenden Stellen durch Anregung, Beratung und Auskunft zu unterstützen.*

(2) *[1]Der Arbeitgeber und die in Absatz 1 Satz 2 genannten Stellen sind verpflichtet, den Betriebsrat oder die von ihm bestimmten Mitglieder des Betriebsrats bei allen im Zusammenhang mit dem Arbeitsschutz oder der Unfallverhütung stehenden Besichtigungen und Fragen und bei Unfalluntersuchungen hinzuzuziehen. [2]Der Arbeitgeber hat den Betriebsrat auch bei allen im Zusammenhang mit dem betrieblichen Umweltschutz stehenden Besichtigungen und Fragen hinzuzuziehen und ihm unverzüglich die den Arbeitsschutz, die Unfallverhütung und den betrieblichen Umweltschutz betreffenden Auflagen und Anordnungen der zuständigen Stellen mitzuteilen.*

(3) *Als betrieblicher Umweltschutz im Sinne dieses Gesetzes sind alle personellen und organisatorischen Maßnahmen sowie alle die betrieblichen Bauten, Räume, technische Anlagen, Arbeitsverfahren, Arbeitsabläufe und Arbeitsplätze betreffenden Maßnahmen zu verstehen, die dem Umweltschutz dienen.*

(4) *An Besprechungen des Arbeitgebers mit den Sicherheitsbeauftragten im Rahmen des § 22 Abs. 2 des Siebten Buches Sozialgesetzbuch nehmen vom Betriebsrat beauftragte Betriebsratsmitglieder teil.*

(5) *Der Betriebsrat erhält vom Arbeitgeber die Niederschriften über Untersuchungen, Besichtigungen und Besprechungen, zu denen er nach den Absätzen 2 und 4 hinzuzuziehen ist.*

(6) *Der Arbeitgeber hat dem Betriebsrat eine Durchschrift der nach § 193 Abs. 5 des Siebten Buches Sozialgesetzbuch vom Betriebsrat zu unterschreibenden Unfallanzeige auszuhändigen.*

---

§ 11 Satz 1 ASiG verpflichtet den Arbeitgeber in Betrieben mit mehr als 20 Beschäftigten einen **Arbeitsschutzausschuss** zu bilden. Kommt er dieser Verpflichtung nicht nach, kann sich der Betriebsrat nach § 89 Abs. 1 Satz 2 BetrVG an die zuständige Arbeitsschutzbehörde wenden. Diese hat die Errichtung eines Arbeitsschutzausschusses nach § 12 ASiG anzuordnen und kann im Weigerungsfall eine Geldbuße verhängen (§ 20 ASiG). Dem Betriebsrat steht kein Initiativrecht zur Bildung eines Arbeitsschutzausschusses zu.

§ 11 ASiG regelt zugunsten des Betriebsrats keinen Anspruch auf Errichtung eines Arbeitsschutzausschusses. Vielmehr handelt es sich um eine öffentlich-rechtliche Verpflichtung des Arbeitgebers. Hierbei steht ihm kein Handlungsspielraum zu. Das schließt nach dem Eingangshalbsatz des § 87 Abs. 1 BetrVG auch ein Mitbestimmungsrecht in Angelegenheiten des Arbeits- und Gesundheitsschutzes aus.

***BAG** 15.4.2014 – 1 ABR 82/12*

Der Betriebsrat ist nach § 89 Abs. 1 Satz 2 BetrVG grundsätzlich berechtigt und verpflichtet, die **Aufsichtsbehörden zu informieren**, wenn Arbeitszeitschutzbestimmungen im Betrieb verletzt werden.

Es spricht einiges dafür, dass der Betriebsrat im Regelfall wegen des Grundsatzes der vertrauensvollen Zusammenarbeit der Betriebsparteien jedenfalls vor der unaufgeforderten Unterrichtung einer Überwachungsbehörde erfolglos den Versuch unternommen haben muss, den Arbeitgeber zur Abhilfe der Mängel zu bewegen. Die Frage bleibt aber im Ergebnis dahingestellt.

Der Betriebsrat hat nicht generell und einschränkungslos die Befugnis, arbeitnehmerbezogene Aufzeichnungen elektronisch erfasster Arbeitszeiten an die Aufsichtsbehörden zu übermitteln (§ 4 Abs. 1. § 5 Satz 1 BDSG). Es kommt vielmehr darauf an, ob die Datenübermittlung im Einzelfall zur Wahrung der berechtigten Interessen des Betriebsrats oder der Aufsichtsbehörde erforderlich ist und schutzwürdige Interessen der betroffenen Arbeitnehmer nicht entgegenstehen.

***BAG** 3.6.2003 – 1 ABR 19/02*

Der Betriebsrat ist verpflichtet, nach § 89 BetrVG bei der Bekämpfung von Unfall- und Gesundheitsgefahren und sonstigen Angelegenheiten des Arbeitsschutzes stetig innerbetrieblich mitzuwirken. Er hat nicht erst dann aktiv zu werden, wenn eine Schädigung eingetreten oder absehbar ist, sondern muss sich darum – ebenso wie der Arbeitgeber – bereits im „Vorfeld“ kümmern. Deshalb hat auch der Gesetzgeber angeordnet (§§ 89 Abs. 2 – 4 BetrVG, 11 ASiG), dass der Betriebsrat „unabhängig von der Betriebsart und aktuell zutage tretenden Gefährdungen“ auf den Gebieten der Unfallverhütung und Abwehr von Gesundheitsgefahren „kontinuierlich mitarbeiten“ soll.

Gerade weil aber der Gesetzgeber im Bereich der Bekämpfung von Unfall- und Gesundheitsgefahren dem Initiativrecht des Betriebsrats großes Gewicht beimisst (vgl. § 89 Abs. 1 BetrVG: „durch Anregung, Beratung ... zu unterstützen“) und diesen verpflichtet, sich für die Durchführung der Vorschriften über den Arbeitsschutz und die Unfallverhütung im Betrieb einzusetzen (§ 89 Abs. 1 letzter Halbsatz BetrVG), bedarf es hierzu in besonderer Weise praktisch verwertbarer Informationen, um dieser Aufgabe initiativ und kreativ genügen zu können. Das gilt auch und gerade, soweit der Umgang mit Gefahrstoffen und die innerbetriebliche Umsetzung hierzu ergangener Vorschriften betroffen sind.

***Hessisches LAG** 21.3.1991 – 12 TaBV 191/90 = BB 1991, 1712*

Der Arbeitgeber ist gemäß § 8 Abs. 2 ASiG verpflichtet, (leitende) Fachkräfte für Arbeitssicherheit (mindestens) unmittelbar dem Leiter des Betriebs zu unterstellen. Diese herausgehobene Einordnung in der betrieblichen Hierarchie dient der Stärkung des Einflusses und der Unabhängigkeit dieser Funktionsträger und gehört zu den strukturprägenden Grundsätzen des ASiG.

Die Verpflichtung aus § 8 Abs. 2 ASiG beinhaltet erstens die Schaffung einer Stabsstelle und zweitens die Unterstellung unter den Leiter des Betriebs in fachlicher und disziplinarischer. Hinsicht, soweit die Funktion durch eigene Arbeitnehmer ausgeübt wird.

Im Bereich der öffentlichen Verwaltung findet zwar das ASiG keine unmittelbare Anwendung. Gemäß § 16 ASiG ist dort aber ein den Grundsätzen dieses Gesetzes gleichwertiger Arbeitsschutz zu gewährleisten. Der Schutzstandard darf nicht geringer als in der Privatwirtschaft sein.

Aus § 16 ASiG ergibt sich für den öffentlichen Arbeitgeber die Verpflichtung, die (leitende) Fachkraft für Arbeitssicherheit entsprechend § 8 Abs. 2 ASiG sowohl fachlich als auch disziplinarisch unmittelbar dem Leiter der Dienststelle oder Behörde; für die sie bestellt ist, zu unterstellen. Dem steht das kommunale Selbstverwaltungsrecht der Gemeinden (Art: 28 Abs. 2 GG) nicht entgegen.

Mit der Bestellung gemäß § 5 Abs. 1 ASiG bestimmen sich die Rechte und Pflichten der Fachkraft für Arbeitssicherheit aus dem Arbeitsverhältnis nach den Regelungen des ASiG, soweit diese unmittelbar deren Stellung und Tätigkeit im Betrieb betreffen. In diesem Rahmen kann die Fachkraft für Arbeitssicherheit eigene Rechte gegenüber dem Arbeitgeber geltend machen.

***BAG** 15.12.2009 – 9 AZR 769/08*

Gestaltung von Arbeitsplatz, Arbeitsablauf und Arbeitsumgebung (§§ 90 – 91 BetrVG)

Gesetzestext

§ 90 Unterrichtungs- und Beratungsrechte

(1) Der Arbeitgeber hat den Betriebsrat über die Planung

1. von Neu-, Um- und Erweiterungsbauten von Fabrikations-, Verwaltungs- und sonstigen betrieblichen Räumen,

2. von technischen Anlagen,

3. von Arbeitsverfahren und Arbeitsabläufen einschließlich des Einsatzes von Künstlicher Intelligenz oder

4. der Arbeitsplätze

rechtzeitig unter Vorlage der erforderlichen Unterlagen zu unterrichten.

(2) [1]Der Arbeitgeber hat mit dem Betriebsrat die vorgesehenen Maßnahmen und ihre Auswirkungen auf die Arbeitnehmer, insbesondere auf die Art ihrer Arbeit sowie die sich daraus ergebenden Anforderungen an die Arbeitnehmer so rechtzeitig zu beraten, dass Vorschläge und Bedenken des Betriebsrats bei der Planung berücksichtigt werden können. [2]Arbeitgeber und Betriebsrat sollen dabei auch die gesicherten arbeitswissenschaftlichen Erkenntnisse über die menschengerechte Gestaltung der Arbeit berücksichtigen.

§ 91 Mitbestimmungsrecht

[1]Werden die Arbeitnehmer durch Änderungen der Arbeitsplätze, des Arbeitsablaufs oder der Arbeitsumgebung, die den gesicherten arbeitswissenschaftlichen Erkenntnissen über die menschengerechte Gestaltung der Arbeit offensichtlich widersprechen, in besonderer Weise belastet, so kann der Betriebsrat angemessene Maßnahmen zur Abwendung, Milderung oder zum Ausgleich der Belastung verlangen. [2]Kommt eine Einigung nicht zustande, so entscheidet die Einigungsstelle. [3]Der Spruch der Einigungsstelle ersetzt die Einigung zwischen Arbeitgeber und Betriebsrat.

1. Unterrichtungs- und Beratungsrechte (§ 90 BetrVG)

§ 90 BetrVG gewährt dem Betriebsrat ein **Unterrichtungs- und Beratungsrecht**; ihm steht jedoch auf dem Gebiet der Gestaltung von Arbeitsplatz, Arbeitsablauf und Arbeitsumgebung **kein Initiativrecht** zu. Dem Betriebsrat steht auch nicht das Recht zu, durch sein Veto laufende Planungen zu verhindern.

***LAG** Düsseldorf/Köln 3.7.1981 – 13 TaBV 20/81 = DB 1981, 1676*

Nach § 90 BetrVG haben Arbeitgeber und Betriebsrat bei der Einrichtung neuer oder der Änderung bestehender Arbeitsplätze und bei der Einführung neuer Arbeitsverfahren und Arbeitsabläufe diese Maßnahmen gemeinsam zu beraten und dabei insbesondere deren Auswirkungen auf die Art der Arbeit und die Anforderungen an die Arbeitnehmer zu beachten. Sie sollen dabei gemeinsam die gesicherten arbeitswissenschaftlichen Erkenntnisse über die menschengerechte Gestaltung der Arbeit berücksichtigen.

Diese Vorschrift begründet für den Arbeitgeber noch keine Verpflichtung, Arbeitsplätze, Arbeitsverfahren und Arbeitsabläufe jeweils so zu gestalten, dass den genannten gesicherten arbeitswissenschaftlichen Erkenntnissen entsprochen wird. Welche Anforderungen Arbeitsplätze, Arbeitsverfahren und Arbeitsabläufe in Bezug auf Sicherheit und menschengerechte Gestaltung zwingend zu erfüllen haben, ist vielmehr in anderen Rechtsvorschriften geregelt. Diese zu beachten ist der Arbeitgeber ohnehin verpflichtet. Deren Einhaltung zu überwachen, ist u. a. auch Aufgabe des Betriebsrats, § 80 Abs. 1 Nr. 1 und § 89 BetrVG.

§ 90 BetrVG gewährt dem Betriebsrat nicht das Recht, vom Arbeitgeber zu verlangen, dass geplante Arbeitsplätze, Arbeitsverfahren und Arbeitsabläufe weiteren Anforderungen als denen genügen, die in anderen Rechtsvorschriften festgelegt sind. Das gilt auch dann, wenn sich solche Anforderungen aus gesicherten arbeitswissenschaftlichen Erkenntnissen über die menschengerechte Gestaltung der Arbeit ergeben, deren Beachtung dem Arbeitgeber durch Rechtsvorschriften aber noch nicht zur Pflicht gemacht worden ist.

Diese Regelung hindert jedoch nicht, dass Arbeitgeber und Betriebsrat **freiwillig** vereinbaren können, dass Arbeitsplätze, Arbeitsverfahren und Arbeitsabläufe weiteren Anforderungen entsprechen sollen, die eine menschengerechte oder noch menschengerechtere Gestaltung der Arbeit ermöglichen, § 88 BetrVG. Ein Recht, entsprechende Regelungen zu erzwingen, räumt das Gesetz dem Betriebsrat in § 90 BetrVG nicht ein.

Der Betriebsrat wird durch diese Vorschrift des BetrVG nicht in die Lage versetzt, dem Arbeitgeber die Beachtung von noch nicht zu Rechtsnormen erhobenen gesicherten arbeitswissenschaftlichen Erkenntnissen über die menschengerechte Gestaltung der Arbeit allgemein zur Pflicht zu machen.

***BAG** 6.12.1983 – 1 ABR 43/81*

Von § 90 BetrVG werden keine Reparatur- oder Ersatzmaßnahmen vorhandener Anlagen erfasst, es sei denn, es verändern sich durch diese Maßnahmen die Arbeitsbedingungen wesentlich.

***OLG** Düsseldorf 8.4.1982 – 5 Ss 136/82 = BB 1982, 1113 = DB 1982, 1575*

Die beabsichtigte Umstellung der durch EDV ausgeführten Personalabrechnung vom Offline auf Online-Betrieb stellt die Planung einer technischen Anlage i.S.d. § 90 Nr. 3 BetrVG dar.

Wird die Personalabrechnung im Auftrag von einer Drittfirma durchgeführt, so muss der Arbeitgeber durch entsprechende Vereinbarungen mit diesem Unternehmen sicherstellen, dass der Betriebsrat seine Rechte ausüben kann.

Die Unterrichtung des Betriebsrats hat nicht erst nach Abschluss der Planung zu erfolgen, sondern bereits über das Stadium des systematischen Suchens und Festlegens von Zielen sowie beim Vorbereiten von Aufgaben, deren Durchführung zur Erreichung der Ziele erforderlich ist. Andernfalls könnte der Betriebsrat nicht, wie vom BetrVG vorausgesetzt, Einfluss auf die konkrete Gestaltung nehmen.

***LAG** Hamburg 20.6.1985 – 7 TaBV 10/84 = BB 1985, 2110*

Es stellt eine grobe Verletzung der Pflichten eines Arbeitgebers aus dem BetrVG dar, wenn er den Betriebsrat immer wieder so spät über die Planung von Maßnahmen nach § 90 BetrVG informiert, dass der Betriebsrat diese Pläne aus faktischen Zwängen heraus nur noch zur Kenntnis nehmen kann, ohne dass eine realistische Chance besteht, eventuelle Vorschläge und Bedenken noch umzusetzen.

***Hessisches LAG** 3.11.1992 – 5 TaBV 27/92 = AuR 1993, 306*

Die mehrfache nicht rechtzeitige Unterrichtung des Betriebsrats über beabsichtigte Umbaumaßnahmen gemäß § 90 BetrVG kann einen groben Verstoß des Arbeitgebers gegen seine Verpflichtung gegen das Betriebsverfassungsgesetz darstellen. In diesem Fall steht dem Betriebsrat ein Unterlassungsanspruch gegen den Arbeitgeber zu, künftig Planungen ohne Beratung mit dem Betriebsrat vorzunehmen.

***ArbG** Frankfurt 11.11.1993 – 13 BV 25/92 = AuR 1994, 201*

2. Mitbestimmungsrechte (§ 91 BetrVG)

§ 91 BetrVG gibt dem Betriebsrat kein Mitbestimmungsrecht des Inhalts, dass er „Regelungen" über die menschengerechte Gestaltung der Arbeit im Betrieb schlechthin erzwingen kann. Es obliegt nicht einmal seiner erzwingbaren Mitbestimmung, auf welche Weise Arbeitsplätze, Arbeitsablauf und Arbeitsumgebung so gestaltet werden können, dass sie gesicherten arbeitswissenschaftlichen Erkenntnissen über die menschengerechte Gestaltung der Arbeit entsprechen (= korrigierendes Mitbestimmungsrecht). Genügen Planung und Ausführung des Arbeitgebers diesen Anforderungen, kommt ein Mitbestimmungsrecht des Betriebsrats nicht in Betracht.

Eine bestimmte Maßnahme des Arbeitgebers erzwingen kann der Betriebsrat erst, wenn gegen gesicherte arbeitswissenschaftliche Erkenntnisse offensichtlich verstoßen wird und Arbeitnehmer dadurch besonders belastet werden. Das bedeutet nicht, dass der Betriebsrat nach § 91 BetrVG erst einen Verstoß und das Eintreten besonderer Belastungen abwarten muss, bevor er tätig werden kann.

Der Betriebsrat kann vielmehr schon dann, wenn im Planungsstadium erkennbar ist, dass gegen gesicherte arbeitswissenschaftliche Erkenntnisse offensichtlich verstoßen wird und Arbeitnehmer deswegen besonders belastet werden, Maßnahmen zur Abwendung, zur Milderung und zum Ausgleich dieser Belastungen verlangen.

Eine solche Möglichkeit, auch präventiv tätig zu werden, bedeutet aber nicht, dass der Betriebsrat gleichsam als Generalprävention eine Regelung der Ausgestaltung und der Arbeitsplätze verlangen kann, die jeden Verstoß gegen gesicherte arbeitswissenschaftliche Erkenntnisse und damit das Auftreten besonderer Belastungen für Arbeitnehmer von vornherein ausschließt. Dabei würde außer Acht gelassen, dass dem Betriebsrat nur die Korrektur gesicherten arbeitswissenschaftlichen Erkenntnissen offensichtlich widersprechender Zustände und diese nur dann möglich ist, wenn daraus besondere Belastungen für die Arbeitnehmer entstehen. Die generelle Herstellung möglichst positiver, menschengerechter Zustände im Betrieb, unabhängig davon, ob sie von Rechtsvorschriften gefordert werden, ist auch dann nicht Inhalt des Mitbestimmungsrechts des Betriebsrats nach § 91 BetrVG, wenn einzelne Arbeitsplätze gesicherten arbeitswissenschaftlichen Erkenntnissen offensichtlich widersprechen und Arbeitnehmer dadurch besonders belastet werden. Sein Mitbestimmungsrecht ist auf diese Arbeitsplätze beschränkt.

***BAG** 6.12.1983 – 1 ABR 43/81*

Das Mitbestimmungsrecht des Betriebsrats nach § 91 BetrVG ist nur gegeben, wenn die dort genannte besondere **Belastung** der Arbeitnehmer **auf einer Änderung von Arbeitsplätzen des Arbeitsablaufs oder der Arbeitsumgebung** beruht. Es erstreckt sich nicht auf Fälle, in denen schon bestehende Verhältnisse den gesicherten arbeitswissenschaftlichen Erkenntnissen über die menschengerechte Gestaltung der Arbeit offensichtlich widersprechen.

***BAG** 28.7.1981 – 1 ABR 65/79*

Allgemeine personelle Angelegenheiten (§§ 92 – 95 BetrVG)

Gesetzestext

§ 92 Personalplanung[54]

(1) [1]*Der Arbeitgeber hat den Betriebsrat über die Personalplanung, insbesondere über den gegenwärtigen und künftigen Personalbedarf sowie über die sich daraus ergebenden personellen Maßnahmen einschließlich der geplanten Beschäftigung von Personen, die nicht in einem Arbeitsverhältnis zum Arbeitgeber stehen, und Maßnahmen der Berufsbildung anhand von Unterlagen rechtzeitig und umfassend zu unterrichten.* [2]*Er hat mit dem Betriebsrat über Art und Umfang der erforderlichen Maßnahmen und über die Vermeidung von Härten zu beraten.*

(2) *Der Betriebsrat kann dem Arbeitgeber Vorschläge für die Einführung einer Personalplanung und ihre Durchführung machen.*

(3) [1]*Die Absätze 1 und 2 gelten entsprechend für Maßnahmen im Sinne des § 80 Abs. 1 Nr. 2a und 2b, insbesondere für die Aufstellung und Durchführung von Maßnahmen zur Förderung der Gleichstellung von Frauen und Männern.* [2]*Gleiches gilt für die Eingliederung schwerbehinderter Menschen nach § 80 Absatz 1 Nummer 4.*

§ 92a Beschäftigungssicherung

(1) [1]*Der Betriebsrat kann dem Arbeitgeber Vorschläge zur Sicherung und Förderung der Beschäftigung machen.* [2]*Diese können insbesondere eine flexible Gestaltung der Arbeitszeit, die Förderung von Teilzeitarbeit und Altersteilzeit, neue Formen der Arbeitsorganisation, Änderungen der Arbeitsverfahren und Arbeitsabläufe, die Qualifizierung der Arbeitnehmer, Alternativen zur Ausgliederung von Arbeit oder ihrer Vergabe an andere Unternehmen sowie zum Produktions- und Investitionsprogramm zum Gegenstand haben.*

(2) [1]*Der Arbeitgeber hat die Vorschläge mit dem Betriebsrat zu beraten.* [2]*Hält der Arbeitgeber die Vorschläge des Betriebsrats für ungeeignet, hat er dies zu begründen; in Betrieben mit mehr als 100 Arbeitnehmern erfolgt die Begründung schriftlich.* [3]*Zu den Beratungen kann der Arbeitgeber oder der Betriebsrat einen Vertreter der Bundesagentur für Arbeit hinzuziehen.*

§ 93 Ausschreibung von Arbeitsplätzen

Der Betriebsrat kann verlangen, dass Arbeitsplätze, die besetzt werden sollen, allgemein oder für bestimmte Arten von Tätigkeiten vor ihrer Besetzung innerhalb des Betriebs ausgeschrieben werden.

§ 94 Personalfragebogen, Beurteilungsgrundsätze

(1) [1]*Personalfragebogen bedürfen der Zustimmung des Betriebsrats.* [2]*Kommt eine Einigung über ihren Inhalt nicht zustande, so entscheidet die Einigungsstelle.* [3]*Der Spruch der Einigungsstelle ersetzt die Einigung zwischen Arbeitgeber und Betriebsrat.*

(2) *Absatz 1 gilt entsprechend für persönliche Angaben in schriftlichen Arbeitsverträgen, die allgemein für den Betrieb verwendet werden sollen, sowie für die Aufstellung allgemeiner Beurteilungsgrundsätze.*

§ 95 Auswahlrichtlinien

(1) [1]*Richtlinien über die personelle Auswahl bei Einstellungen, Versetzungen, Umgruppierungen und Kündigungen bedürfen der Zustimmung des Betriebsrats.* [2]*Kommt eine Einigung über die Richtlinien oder ihren Inhalt nicht zustande, so entscheidet auf Antrag des Arbeitgebers die Einigungsstelle.* [3]*Der Spruch der Einigungsstelle ersetzt die Einigung zwischen Arbeitgeber und Betriebsrat.*

(2) [1]*In Betrieben mit mehr als 500 Arbeitnehmern kann der Betriebsrat die Aufstellung von Richtlinien über die bei Maßnahmen des Absatzes 1 Satz 1 zu beachtenden fachlichen und persönlichen Voraussetzungen und sozialen Gesichtspunkte verlangen.* [2]*Kommt eine Einigung über die Richtlinien oder ihren Inhalt nicht zustande, so entscheidet die Einigungsstelle.* [3]*Der Spruch der Einigungsstelle ersetzt die Einigung zwischen Arbeitgeber und Betriebsrat.*

(2a) *Die Absätze 1 und 2 finden auch dann Anwendung, wenn bei der Aufstellung der Richtlinien nach diesen Absätzen Künstliche Intelligenz zum Einsatz kommt.*

(3) [1]*Versetzung im Sinne dieses Gesetzes ist die Zuweisung eines anderen Arbeitsbereichs, die voraussichtlich die Dauer von einem Monat überschreitet, oder die mit einer erheblichen Änderung der Umstände verbunden ist, unter denen die Arbeit zu leisten ist.* [2]*Werden Arbeitnehmer nach der Eigenart ihres Arbeitsverhältnisses üblicherweise nicht ständig an einem bestimmten Arbeitsplatz beschäftigt, so gilt die Bestimmung des jeweiligen Arbeitsplatzes nicht als Versetzung.*

---

[54] Das Betriebsverfassungsgesetz in der Fassung der Bekanntmachung vom 25. September 2001 (BGBl. 1 S. 2518), das zuletzt durch Artikel 19 Absatz 5 des Gesetzes vom 23. Dezember 2016 (BGBl. 1 S. 3234) geändert worden ist, wird wie folgt geändert:
In § 92 Absatz 1 Satz 1 werden nach den Wörtern „personellen Maßnahmen" die Wörter „einschließlich der geplanten Beschäftigung von Personen, die nicht in einem Arbeitsverhältnis zum Arbeitgeber stehen," eingefügt.

Schaubild: Mitwirkungsrechte in allgemeinen personellen Angelegenheiten

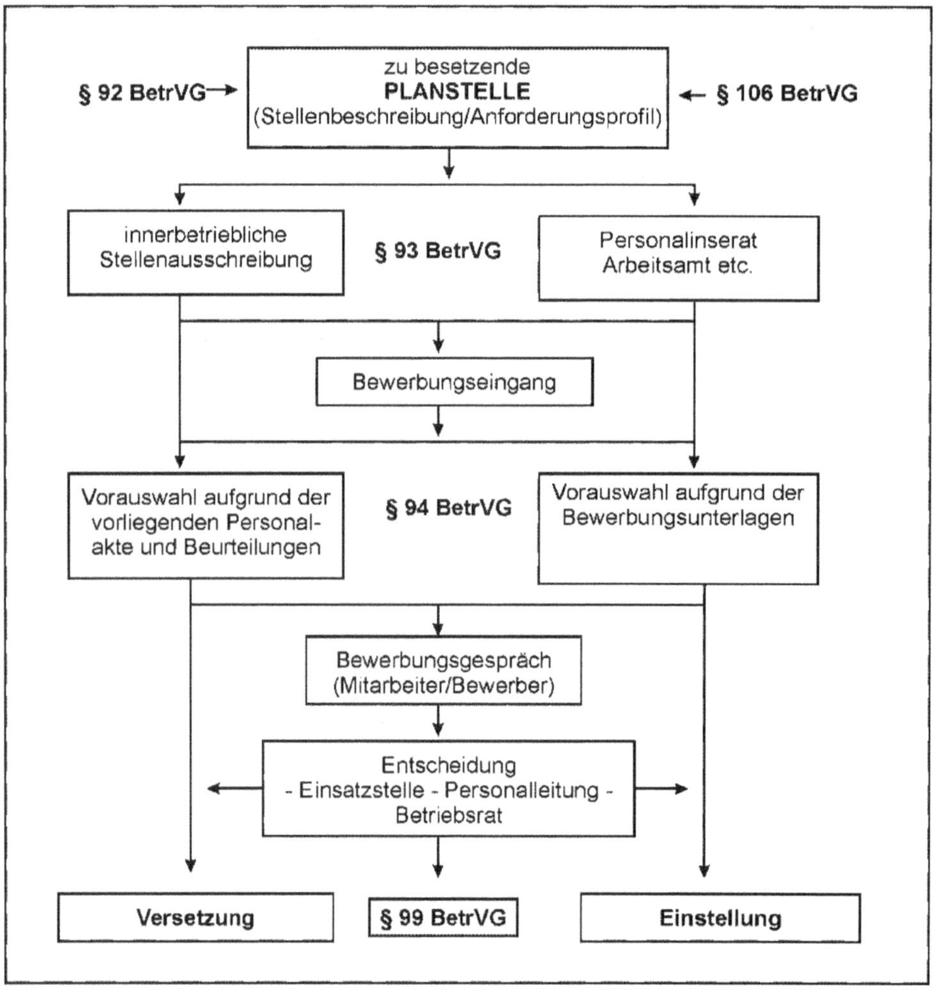

1. Personalplanung (§ 92 BetrVG)

Der Begriff „Personalplanung“ ist im BetrVG nicht definiert. § 92 Abs. 1 BetrVG soll sicherstellen, dass der Betriebsrat bereits zu einem möglichst frühen Zeitpunkt über die personelle Situation des Betriebs und deren Entwicklung umfassend anhand von Unterlagen unterrichtet wird und mit ihm die Maßnahmen sowie die Vorsorge zur Vermeidung von Härten für die Arbeitnehmer beraten werden. Demgemäß versteht man unter Personalplanung jede Planung, die sich auf den gegenwärtigen und künftigen Personalbedarf in quantitativer und qualitativer Hinsicht, auf deren Deckung im weitesten Sinne und auf den abstrakten Einsatz der personellen Kapazität bezieht. Dazu gehören jedenfalls die **Personalbedarfsplanung**, die **Personaldeckungsplanung** (Personalbeschaffung, Personalabbau), die **Personalentwicklungsplanung** und die **Personaleinsatzplanung**.

Gegenstand der Personalplanung sind jedenfalls auch personelle Maßnahmen, die zur Deckung des gegenwärtigen oder künftigen Personalbedarfs erforderlich werden, die z. B. in Stellenplänen niedergelegt werden können.

***BAG** 19.6.1984 – 1 ABR 6/83; **BAG** 31.1.1989 – 1 ABR 72/87; **BAG** 6.11.1990 – 1 ABR 60/89*

Der auf Personalplanung bezogene Unterrichtungs- und Vorlageanspruch des Betriebsrats nach § 92 Abs. 1 Satz 1 BetrVG umfasst jede Planung, die sich auf den gegenwärtigen und künftigen Personalbedarf in quantitativer und qualitativer Hinsicht und dessen Deckung in zeitlicher und örtlicher Hinsicht, also auf den abstrakten Einsatz der personellen Kapazität im weitesten Sinn, bezieht. Er umfasst die Personalbedarfsplanung, die Personaldeckungsplanung, die Personalentwicklungsplanung und die Personaleinsatzplanung. Unentschieden bleibt, ob er sich auf die Personalkostenplanung bezieht (Rn. 21).

„Planung“ – im allgemeinen Sinn – meint das Festlegen von Zielen und das Formulieren von Methoden, Strategien und Vorgehensweisen, um diese zu erreichen. Das auf Personalplanung“ gerichtete Unterrichtungsrecht sowie die auf „erforderliche“ Unterlagen bezogene Vorlageverpflichtung des Arbeitgebers nach § 92 Abs. 1 Satz 1 BetrVG knüpfen an die rationale, gedankliche Vorwegnahme von künftigen Handlungsschritten an, die zur Erreichung eines Ziels notwendig scheinen (Rn. 21 und Rn. 25).

Im vorliegenden Fall beziehen sich die streitbefangenen Vorlageansprüche von Betriebsrat und Gesamtbetriebsrat auf Unterlagen, bei denen keine Anhaltspunkte dafür bestehen, dass sie personalplanerische Belange betreffen (Rn. 26).

Die Vorlage der erstrebten Unterlagen ist im Streitfall auch nicht nach § 90 Abs. 1 Nr. 3 BetrVG bzw. nicht nach § 80 Abs. 2 Satz 2 Halbs. 1 i.V.m. § 92 Abs. 3 Satz 1 i.V.m. Abs. 1 oder i.V.m. § 80 Abs. 1 Nr. 2b BetrVG oder i.V.m. § 80 Abs. 1 Nr. 8 oder i.V.m. § 92a BetrVG begründet (Rn. 27 ff.).

***BAG** 12.3.2019 – 1 ABR 43/17*

Hinweis für die Praxis

*Die vorstehende Entscheidung beinhaltet zwei interessante Klarstellungen. Zum einen stellt das BAG klar, dass es noch nicht endgültig entschieden habe und auch streitgegenständlich nicht endgültig entscheiden werde, ob unter die beteiligungspflichtige Personalplanung auch die **Personalkostenplanung** zählt. Zum anderen grenzt das BAG den Begriff der Personalplanung ab von Überlegungen des Arbeitgebers **im Vorfeld** hierzu, die nicht beteiligungspflichtig sind. Dabei kann es sich z.B. um Ermittlungen des Arbeitgebers handeln, ob überhaupt ein Handlungsbedarf für eine Personalplanung besteht und welche Handlungsspielräume ihm insoweit zur Verfügung stehen. Die Grenze ist allerdings im Einzelfall regelmäßig schwer zu bestimmen.*

Der Betriebsrat kann vom Arbeitgeber nach § 92 Abs. 1 BetrVG die rechtzeitige und umfassende Unterrichtung über die Personalplanung anhand von denjenigen Unterlagen verlangen, die jener seiner Personalplanung zugrunde legt. Dabei kann es sich auch um vom Arbeitgeber erstellte Daten handeln, mit denen er noch andere Zwecke verfolgt. Der Unterrichtungsanspruch über die Personalplanung des Arbeitgebers erstreckt sich aber nicht auf solche Daten, die für die Personalplanung nicht genutzt werden.

Verlangt der Betriebsrat vom Arbeitgeber Unterlagen, um Vorschläge zur Änderung einer bestehenden Personalplanung erarbeiten zu können, hat er darzulegen, weshalb die begehrten Informationen zur Wahrnehmung dieses Vorschlagsrechts nach § 92 Abs. 2 BetrVG erforderlich sind.

***BAG** 8.11.2016 – 1 ABR 64/14*

Aus der Systematik und dem Zweck des § 92 BetrVG ergibt sich, dass der Personalplanung vorgelagerte **wirtschaftliche unternehmerische Planungen und Entscheidungen** ebenso wenig zur Personalplanung i.S.v. § 92 BetrVG gehören wie die Planung der **Personalorganisation**, gleichgültig, ob man darunter die Organisation des Personalwesens oder die innere hierarchische Struktur des im Betrieb vorhandenen Personals versteht. Auch eine Planung, die sich auf **einzelne Arbeitnehmer** bezieht, sowie eine Planung in Bezug auf die Beschäftigungsbedingungen fallen nicht unter den Geltungsbereich der Personalplanung.

Der Begriff der Personalplanung umfasst vor allem den **gegenwärtigen und zukünftigen Personalbedarf in quantitativer und qualitativer Hinsicht**.

***LAG** Berlin 13.6.1988 – 9 TaBV 1/86 = DB 1988, 1860*

Der Betriebsrat hat Anspruch auf monatliche Vorlage des Stellenplans, der die personellen Zielvorstellungen des Arbeitgebers enthält, sowie des Stellenbesetzungsplans mit dem aktuellen tatsächlichen Personalbestand.

***LAG** Bremen 18.3.1992 – 2 TaBV 25/91 = BB 1993, 290*

Der Betriebsrat braucht über eine mögliche Personalplanung erst unterrichtet zu werden, wenn Überlegungen des Arbeitgebers das **Stadium der Planung** erreicht haben. Solange der Arbeitgeber nur Möglichkeiten einer Personalreduzierung erkundet, diese Möglichkeiten ersichtlich aber nicht nutzen will, braucht er dem Betriebsrat keine Einsicht in einen Bericht zu gewähren, der sich mit Rationalisierungsmöglichkeiten befasst.

***BAG** 19.6.1984 – 1 ABR 6/83*

Der Arbeitgeber hat den Betriebsrat **anhand von Unterlagen zu unterrichten**. Er muss deshalb dem Betriebsrat alle Unterlagen zugänglich machen, die er zur Grundlage seiner Personalplanung machen will. Der Betriebsrat soll sich anhand dieser Unterlagen vergewissern können, ob die vom Arbeitgeber zur Personalplanung gemachten Angaben auch tatsächlich zutreffen. **Alle tatsächlichen Angaben des Arbeitgebers zur Personalplanung müssen daher belegt werden, soweit solche Belege vorhanden sind. Das gilt für Personaldaten, Stellenpläne, Beschäftigungsdaten und statistische Übersichten** (z. B. Krankenstand oder Fluktuation). Aber auch die Unterlagen, die an sich in einem anderen Zusammenhang erarbeitet wurden und Entscheidungen über Produktion, Investitionen oder Rationalisierung betreffen, müssen vorgelegt werden, wenn dies erforderlich ist, um dem Betriebsrat ein verlässliches Bild von der Personalplanung zu geben. Deshalb könnten auch Berichte über Rationalisierungsmöglichkeiten im Betrieb oder in einzelnen Abteilungen des Betriebs zu den Unterlagen gehören, die bei einer Unterrichtung über die Personalplanung, insbesondere über den künftigen Personalbedarf, dem Betriebsrat zugänglich gemacht werden müssen.

***BAG** 19.6.1984 – 1 ABR 6/83*

Die vom Arbeitgeber für die Verhandlungen mit der Behörde erstellten (= beantragten) **Stellenpläne**, die von der Behörde bewilligten Stellenpläne sowie die Abweichungen davon sind Personalplanung, über die nach § 92 Abs. 1 Satz 1 BetrVG der Betriebsrat rechtzeitig und umfassend zu unterrichten ist.

Der Arbeitgeber erkundet damit nicht Handlungsspielräume, sondern hat vielmehr eine bestimmte betriebliche Maßnahme (Betriebserweiterung, Änderung der betrieblichen Organisation, Personalreduzierung) bereits geplant und den dafür seiner Ansicht nach erforderlichen Personalbedarf fixiert. Mag dieser auch aus „taktischen Erwägungen" – soweit überhaupt ein Spielraum besteht – möglichst hoch angesetzt sein, so ändert das nichts daran, dass es sich um Personalbedarfsplanung handelt. **Voraussetzung einer Personalplanung ist nicht ihre objektive Richtigkeit**, die aufgrund des jeder Planung innewohnenden Unsicherheitsmoments – z. B. wegen der in der Zwischenzeit bis zur Realisierung eintretenden tatsächlichen Veränderungen – kaum jemals ex ante feststellbar sein dürfte.

***BAG** 6.11.1990 – 1 ABR 60/89*

Der Arbeitgeber muss dem Betriebsrat die Unterlagen über die **Personalplanung** dann für eine gewisse Zeit überlassen, wenn nur so dem Beratungsanspruch aus § 92 Abs. 1 Satz 2 BetrVG Rechnung getragen werden kann.

Der Betriebsrat darf von dem im Rahmen der Unterrichtung über die Personalplanung überlassenen Unterlagen keine Kopien oder Abschriften erstellen, sondern muss sich mit Notizen daraus begnügen.

***LAG** München 6.8.1986 – 8 TaBV 34/86 = DB 1987, 281*

Eine **Stellenbeschreibung** legt die Funktion einer bestimmten Stelle innerhalb des betrieblichen Geschehens fest. Sie definiert die Aufgabe und die Kompetenz dieser Stelle und beschreibt, welche Tätigkeiten im Einzelnen zur Erfüllung dieser Aufgabe verrichtet werden müssen. Sie ist damit Teil der Organisation des betrieblichen Arbeitsablaufs, indem sie festlegt, an welcher Stelle welche Arbeit zu verrichten ist. Sie **ist Teil der Personalplanung**, indem die Gesamtheit der Stellenbeschreibungen ausweist, wie viel Personal benötigt wird. Über diese Planung ist nach § 92 BetrVG der Betriebsrat zu unterrichten. Ein Mitbestimmungsrecht an Maßnahmen der Organisation und Personalplanung steht ihm jedoch nicht zu. Einer Zustimmung bedürfen solche Maßnahmen nicht.

***BAG** 31.1.1984 – 1 ABR 63/81*

1.1. Beschäftigungssicherung (§ 92 a BetrVG)

§ 92a BetrVG begründet Rechte und Pflichten im Verhältnis zwischen Betriebsrat und Arbeitgeber. Dagegen entfaltet die Vorschrift keine unmittelbaren Rechtswirkungen für das Rechtsverhältnis zwischen dem Arbeitgeber und dem einzelnen Arbeitnehmer. Eine Beschränkung des Kündigungsrechts ergibt sich deshalb nicht allein daraus, dass der Arbeitgeber z. B. seiner Beratungs- oder Begründungspflicht nach § 92a BetrVG nicht ausreichend nachgekommen ist.

***BAG** 18.10.2006 – 2 AZR 434/05 = DB 2007, 810*

2. Ausschreibung von Arbeitsplätzen (§ 93 BetrVG)

Nach § 93 BetrVG kann der Betriebsrat vom Arbeitgeber verlangen, dass Stellen innerbetrieblich auszuschreiben sind. Unterbleibt diese Ausschreibung, steht ihm u.a. bei einer Versetzung ein Zustimmungsverweigerungsrecht nach § 99 Abs. 2 Nr. 5 BetrVG zu. Mangels gesetzlicher Vorgaben richtet sich, soweit keine Regelung zwischen Arbeitgeber und Betriebsrat getroffen ist, die konkrete Ausgestaltung des Ausschreibungsverfahrens nach dem Zweck der Ausschreibungspflicht.

Zweck der Ausschreibungspflicht ist es, die zu besetzende Stelle den in Betracht kommenden Arbeitnehmern zur Kenntnis zu bringen und ihnen die Möglichkeit zu geben, ihr Interesse an der Stelle kundzutun und sich darum zu bewerben. Auch hinsichtlich der zeitlichen Umstände der Ausschreibung muss eine hinreichende Information der Arbeitnehmer des Betriebes über die Tatsache der Stellenbesetzung gewährleistet sein.

Soweit in der Ausschreibung ein bestimmter Zeitpunkt für die Stellenbesetzung genannt ist, darf die tatsächliche Stellenbesetzung von diesem Zeitpunkt nicht so weit entfernt sein, dass die Arbeitnehmer annehmen müssen, eine Entscheidung über die Stellenbesetzung stehe nicht mehr bevor.

Regelmäßig ist ein zeitlicher Abstand von einem halben Jahr zwischen dem in der Ausschreibung genannten Zeitpunkt und der tatsächlichen Stellenbesetzung unschädlich. Aufgrund der konkreten Umstände kann dieser Zeitraum aber auch länger oder kürzer sein. Unerheblich ist die Dauer eines Zustimmungsersetzungsverfahrens nach § 99 BetrVG, das sich an die Entscheidung über die Stellenbesetzung anschließt.

***BAG** 30.4.2014 – 7 ABR 51/12*

Für die Bekanntmachung einer Ausschreibung nach § 93 BetrVG ist vorm Gesetz keine bestimmte Form vorgesehen. Nach dem mit der Ausschreibung erfolgten Zweck, die zu besetzende Stelle den in Betracht kommenden Arbeitnehmern zur Kenntnis zu bringen, muss die Bekanntmachung so erfolgen, dass alle als Bewerber in Betracht kommenden Arbeitnehmer die Möglichkeit haben, von der Ausschreibung Kenntnis zu nehmen.

***BAG** 17.6.2008 – 1 ABR 20/07*

Unter „Ausschreibung einer Stelle" i.S.d. § 93 BetrVG ist die allgemeine Aufforderung an alle oder eine bestimmte Gruppe von Arbeitnehmern des Betriebs zu verstehen, sich für einen bestimmten Arbeitsplatz im Betrieb zu bewerben. Zweck der Regelung in § 93 BetrVG ist es, innerbetrieblichen Bewerbern Kenntnisse von einer freien Stelle zu vermitteln und ihnen die Möglichkeit zu geben, ihr Interesse an dieser Stelle kundzutun und sich darum zu bewerben. Die Vorschrift soll den innerbetrieblichen Arbeitsmarkt erschließen und im Betrieb selbst vorhandene Möglichkeiten des Personaleinsatzes aktivieren. Außerdem sollen Verstimmung und Beunruhigungen der Belegschaft über die Hereinnahme Außenstehender trotz eines möglicherweise im Betrieb vorhandenen qualifizierten Angebots vermieden werden.

Einen bestimmten Inhalt der innerbetrieblichen Ausschreibung schreibt das Gesetz nicht vor. Aus dem Sinn und Zweck einer Ausschreibung folgt jedoch, dass aus ihr selbst hervorgehen muss, um **welchen Arbeitsplatz** es sich handelt und **welche Anforderungen** ein Bewerber erfüllen muss. Eine Stellenausschreibung ohne diesen Inhalt ist keine Stellenausschreibung i.S.d. Gesetzes, so dass der Betriebsrat nach § 99 Abs. 2 Nr. 5 BetrVG seine Zustimmung zu einer Einstellung verweigern kann.

***BAG** 30.1.1979 – 1 ABR 78/76; **BAG** 18.11.1980 – 1 ABR 63/78; **BAG** 23.2.1988 – 1 ABR 82/86*

Die Einigungsstelle ist nicht zur Entscheidung über Form und Inhalt von **Stellenausschreibungen** befugt.

> Dem Betriebsrat steht ein erzwingbares Mitbestimmungsrecht hinsichtlich Form und Inhalt von Stellenausschreibungen nicht zu.

Das Gesetz enthält keine näheren Bestimmungen über Art und Inhalt der Ausschreibung.

Die Einigungsstelle ist angesichts des fehlenden zwingenden Mitbestimmungsrechts des Betriebsrats nicht befugt, eine Entscheidung über Form und Inhalt von Stellenausschreibungen zu treffen. Allerdings können diese Regelungen im Rahmen einer **freiwilligen Betriebsvereinbarung** getroffen werden, was durchaus empfehlenswert sein kann. Insofern kann auch ein freiwilliges Einigungsstellenverfahren nach Maßgabe des § 76 Abs. 6 BetrVG durchgeführt werden.

***BAG** 27.10.1992 – 1 ABR 4/92*

Zwar ist der Arbeitgeber frei, diejenigen Anforderungen festzulegen, die der Bewerber für eine bestimmte Stelle erfüllen muss. Es widerspricht jedoch dem Sinn einer innerbetrieblichen Stellenausschreibung, wie sie nach § 93 BetrVG vom Betriebsrat verlangt werden kann, wenn der Arbeitgeber in dieser zwar formal ordnungsgemäßen Stellenausschreibung Anforderungen an mögliche Bewerber stellt, die höher sind als diejenigen, die er letztlich von demjenigen Bewerber verlangt, den er auf dieser Stelle beschäftigen will. Er schließt damit diejenigen innerbetrieblichen Bewerber von einer Bewerbung um die Stelle aus, die diese geringeren Anforderungen erfüllen würden und sich nur deswegen nicht beworben haben, weil sie die innerbetrieblich geforderten höheren Anforderungen nicht erfüllen. Dies widerspricht dem Sinn und Zweck der innerbetrieblichen Stellenausschreibung, den innerbetrieblichen Bewerbern zumindest die gleichen Chancen für die Besetzung der freien Stelle einzuräumen wie den außerbetrieblichen Bewerbern.

Es ist dem Arbeitgeber unbenommen, die Anforderungen an Bewerber für eine Stelle herabzusetzen, wenn er zu der Überzeugung gelangt, dass er Bewerber mit den zunächst ins Auge gefassten Anforderungen nicht bekommen kann. Er muss dann aber, wenn er aus diesem Grunde an künftige Bewerber geringere Anforderungen zu stellen genötigt ist, innerbetrieblichen Bewerbern Gelegenheit geben zu prüfen, ob sie nunmehr als Bewerber für diese Stelle in Betracht kommen. Er muss daher die Stelle **erneut** mit den geringeren Anforderungen innerbetrieblich ausschreiben.

Der Betriebsrat kann daher die Zustimmung zur Einstellung eines Bewerbers verweigern, der sich auf diese Stellenanzeige mit den geringeren Anforderungen hin beworben hat (§ 99 Abs. 2 Nr. 5 BetrVG).

***BAG** 23.2.1988 – 1 ABR 82/86*

Der Betriebsrat kann nicht die Ausschreibung von Arbeitsplätzen von **leitenden Angestellten** verlangen.

***BAG** 27.7.1993 – 1 ABR 7/93*

§ 93 BetrVG soll es dem Betriebsrat im Interesse der von ihm vertretenen Belegschaft ermöglichen, durch die Bekanntmachung der freien Beschäftigungsmöglichkeiten den innerbetrieblichen Arbeitsmarkt zu aktivieren und die Besetzung von im Betrieb vorhandenen Arbeitsplätzen transparent auszugestalten. Für diesen Regelungszweck ist es ohne Bedeutung, ob der Arbeitgeber mit dem einzustellenden Arbeitnehmer durch einen **Arbeitsvertrag** verbunden ist oder die Besetzung des Arbeitsplatzes mit einem **Leiharbeitnehmer** erfolgt.

Die Pflicht des Arbeitgebers zur Durchführung einer innerbetrieblichen Stellenausschreibung ist allein von der Äußerung eines entsprechenden Verlangens durch den Betriebsrat abhängig.

***BAG** 1.2.2011 – 1 ABR 79/09*

Nach § 93 BetrVG kann der Betriebsrat verlangen, dass Arbeitsplätze, die besetzt werden sollen, allgemein oder für bestimmte Arten von Tätigkeiten vor ihrer Besetzung innerhalb des Betriebs ausgeschrieben werden. Die durch ein entsprechendes Verlangen ausgelöste **Ausschreibungspflicht** bezieht sich auch auf Arbeitsplätze, die vorübergehend mit **Leiharbeitnehmern** besetzt werden sollen.

Bei Arbeitsplätzen, die der Arbeitgeber mit Leiharbeitnehmern zu besetzen beabsichtigt, gehört es nicht zu den Mindestanforderungen an die innerbetriebliche Stellenausschreibung i.S.v. § 93 BetrVG, die Möglichkeit aufzuzeigen, die Bewerbungen an den Arbeitgeber zu richten, um mit diesem – bei entsprechender Auswahlentscheidung – einen Vertrag abzuschließen.

***BAG** 7.6.2016 – 1 ABR 33/14*

> Der Arbeitgeber ist nach § 93 BetrVG auch zur Ausschreibung von innerbetrieblichen Arbeitsplätzen verpflichtet, wenn diese mit Leiharbeitnehmern besetzt werden sollen. Der Betriebsrat kann eine Ausschreibung allerdings nicht verlangen, wenn feststeht, dass mit Bewerbungen von im Betrieb beschäftigten Arbeitnehmern auf die in Frage kommenden Arbeitsplätze offenkundig nicht zu rechnen ist.
>
> ***BAG** 15.10.2013 – 1 ABR 25/12*

Der Betriebsrat kann gemäß § 93 BetrVG die Ausschreibung von **Arbeitsplätzen** verlangen, die der Arbeitgeber mit **freien Mitarbeitern** besetzen will, wenn es sich bei der vorgesehenen Beschäftigung um eine gemäß § 99 BetrVG mitbestimmungspflichtige Einstellung handelt.

***BAG** 27.7.1993 – 1 ABR 7/93*

Verlangt der Betriebsrat die innerbetriebliche Ausschreibung von allen im Betrieb zu besetzenden Arbeitsplätzen, muss der Arbeitgeber auch solche ausschreiben, die mit im Konzern ausgebildeten Nachwuchskräften besetzt werden sollen (Rn. 12 ff.).

Will der Arbeitgeber im Konzern ausgebildete Nachwuchskräfte in ein Arbeitsverhältnis übernehmen, stellt dies eine Einstellung i.S.v. § 99 Abs. 1 Satz 1 BetrVG dar, die der vorherigen Zustimmung des Betriebsrats bedarf (Rn. 15).

Die Gesamt- und Konzernbetriebsparteien sind nicht berechtigt, den dem Betriebsrat in § 93 BetrVG gewährten Rechtsanspruch einzuschränken (Rn. 22).

***BAG** 29.9.2020 – 1 ABR 17/19*

Der Zustimmungsverweigerungsgrund des § 99 Abs. 2 Nr. 5 BetrVG setzt grundsätzlich voraus, dass der Betriebsrat die Ausschreibung vor dem Zustimmungsersuchen des Arbeitgebers verlangt oder mit diesem eine Vereinbarung über die Ausschreibung getroffen hat. Ein späteres Ausschreibungsverlangen genügt nicht.

Es bleibt dahingestellt, ob es dem Arbeitgeber wegen seiner bisherigen Ausschreibungspraxis unter besonderen Umständen verwehrt ist, sich gegenüber der auf § 99 Abs. 2 Nr. 5 BetrVG gestützten Zustimmungsverweigerung darauf zu berufen, dass der Betriebsrat die Ausschreibung nicht verlangt hat.

Es bleibt dahingestellt, ob eine nach § 93 BetrVG erforderliche Ausschreibung im Laufe des Zustimmungsersetzungsverfahrens mit heilender Wirkung nachgeholt werden kann.

***BAG** 14.12.2004 – 1 ABR 54/03*

Schreibt der Arbeitgeber eine Stelle entgegen § 11 AGG unter Verstoß gegen § 7 Abs. 1 AGG aus, kann dies die Vermutung i.S.v. § 22 AGG begründen, dass der/die erfolglose Bewerber/in im Auswahl-/Stellenbesetzungsverfahren wegen eines Grundes i.S.v. § 1 AGG benachteiligt wurde. Zwar verweist § 11 AGG nach seinem Wortlaut nur auf § 7 Abs. 1 AGG, allerdings muss die Bestimmung so ausgelegt werden, dass ein Verstoß gegen das Benachteiligungsverbot des § 7 Abs. 1 AGG und damit ein Verstoß gegen § 11 AGG nicht vorliegt, wenn eine mögliche mittelbare Benachteiligung i.S.v. § 3 Abs. 2 Halbs. 1 AGG nach § 3 Abs. 2 Halbs. 2 AGG gerechtfertigt oder eine unmittelbare Benachteiligung i.S.v. § 3 Abs. 1 AGG nach §§ 8, 9 oder § 10 AGG zulässig ist (näher etwa BAG 19.5.2016 – 8 AZR 470/14).

***BAG** 23.11.2017 – 8 AZR 372/16*

3. Personalfragebögen (§ 94 Abs. 1 BetrVG)

§ 94 BetrVG definiert den Begriff des Personalfragebogens nicht, sondern setzt ihn voraus.

***BAG** 21.9.1993 – 1 ABR 28/93*

Ein Personalfragebogen liegt vor, wenn mit ihm Angaben über persönliche Verhältnisse des Bewerbers oder Mitarbeiters erfragt wird. Nach § 94 BetrVG bedürfen Personalfragebögen der Zustimmung des Betriebsrats sowohl hinsichtlich ihres **Inhalts** als auch ihrer **Anwendung überhaupt**. Das gilt jedoch nur insoweit, als der **Arbeitgeber selbst Personalfragebögen verwendet**, um von den Arbeitnehmern Daten über persönliche Verhältnisse wie Familienverhältnisse, Ausbildung, Kenntnisse, Berufsweg und ähnliches zu erlangen.

Die Beteiligung des Betriebsrats an der **Verwendung** von Personalfragebögen nach § 94 BetrVG soll sicherstellen, dass vom Arbeitgeber von vornherein nur zulässige Fragen gestellt werden, die einen Bezug zum bestehenden oder zu dem zu begründenden Arbeitsverhältnis haben und für die ein berechtigtes Auskunftsbedürfnis des Arbeitgebers besteht. Die Beteiligung des Betriebsrats dient einem **präventiven Schutz** des Persönlichkeitsrechts des Arbeitnehmers, soweit dieses durch Fragen des Arbeitgebers nach persönlichen Verhältnissen, Eigenschaften und Fähigkeiten beeinträchtigt werden kann.

***BAG** 9.7.1991 – 1 ABR 57/90*

§ 94 Abs. 1 BetrVG ist auch dann anwendbar, wenn die Fragen an Bewerber oder Arbeitnehmer anhand eines standardisierten Fragenkatalogs, einer „Checkliste", vom Arbeitgeber **mündlich** gestellt werden und die Antworten vom Fragenden schriftlich festgehalten werden.

***BAG** 21.9.1993 – 1 ABR 28/93*

Bei der Verwendung eines **„Eingabebogens zur Zeugniserstellung"** hat der Betriebsrat mitzubestimmen (§ 94 BetrVG).
Wird dieses Mitbestimmungsrecht verletzt, kann dem Arbeitgeber durch einstweilige Verfügung die Unterlassung der Verwendung der Eingabebögen aufgegeben werden.

***Hessisches LAG** 5.10.1993 – 5 TaBVGa 112/93 = AiB 1994, 121*

Das Mitbestimmungsrecht des § 94 BetrVG ist lediglich als **Zustimmungsrecht** ausgestaltet. Der Betriebsrat hat **kein Initiativrecht**, Personalfragebögen einzuführen oder bereits eingeführten Personalfragebögen einen bestimmten Inhalt zu geben.

***Hessisches LAG** 6.3.1990 – 5 Sa 1202/89 = DB 1991, 1027*

Nach § 94 Abs. 1 BetrVG bedürfen Personalfragebogen der Zustimmung des Betriebsrats. Fehlt die Zustimmung und ist sie auch nicht durch einen Einigungsstellenspruch ersetzt, so ist die Datenerhebung durch Personalfragebögen unzulässig. Daten, die unter Verstoß gegen § 94 Abs. 1 BetrVG erhoben worden sind, dürfen nicht gespeichert werden. Sollten sie dennoch gespeichert worden sein, kann der Arbeitnehmer ihre Löschung verlangen.

***BAG** 22.10.1986 – 5 AZR 660/85*

Führt der Arbeitgeber zur Verwendung bei „Jahresgesprächen", die Vorgesetzte mit den ihnen unterstellten Mitarbeitern führen sollen, Fragebögen ein, in denen die **Frage** gestellt wird, **ob der Mitarbeiter sich eher unter- als überfordert ansieht oder ob er eine Hilfestellung benötigt**, so hat der Betriebsrat ein Mitbestimmungsrecht nach § 94 Abs. 1 BetrVG.

Die Mitbestimmungspflicht setzt ein, wenn formularmäßig Fragen gestellt werden, die Rückschlüsse auf die Kenntnisse sowie die Befähigung und den Leistungsstand von Mitarbeitern erlauben.
Es ist unerheblich, ob der Arbeitgeber den Führungskräften die Verwendung der Fragebögen nicht zur Pflicht gemacht, sondern ihnen freigestellt hat, sie zu benutzen. Das Mitbestimmungsrecht des Betriebsrats wird bereits dadurch ausgelöst, dass die Fragebögen auf Veranlassung des Arbeitgebers faktisch im Betrieb verwendet werden.

***LAG** Köln 21.4.1997 – 3 TaBV 79/96 = NZA RR 1997, 481*

Die fehlende Zustimmung des Personalrats zu einem Personalfragebogen gibt dem Arbeitnehmer nicht das Recht, eine in dem Fragebogen individualrechtlich zulässigerweise gestellte Frage wahrheitswidrig zu beantworten.

Zur Beteiligung des Personalrats bei der Entlassung eines Dienstordnungsangestellten wegen arglistiger Täuschung über eine frühere MfS-Tätigkeit.

***BAG** 2.12.1999 – 2 AZR 724/98*

Der Arbeitgeber darf den Stellenbewerber grundsätzlich nicht nach eingestellten strafrechtlichen Ermittlungsverfahren fragen. Eine solche unspezifizierte Frage verstößt gegen Datenschutzrecht und die Wertentscheidungen des § 53 Bundeszentralregistergesetz *(BZRG)*. Stellt der Arbeitgeber die Frage dennoch und verneint der Bewerber in Wahrnehmung seines informationellen Selbstbestimmungsrechts wahrheitswidrig, dass gegen ihn Ermittlungsverfahren anhängig waren, darf der Arbeitgeber das zwischenzeitlich begründete Arbeitsverhältnis nicht wegen dieser wahrheitswidrig erteilten Auskunft kündigen.

***BAG** 15.11.2012 – 6 AZR 339/11*

4. Beurteilungsgrundsätze (§ 94 Abs. 2 BetrVG)

Allgemeine **Beurteilungsgrundsätze** i.S.d. § 94 BetrVG sind Regelungen, die die Bewertung des Verhaltens oder der Leistung der Arbeitnehmer objektivieren und nach einheitlichen, für die Beurteilung jeweils erheblichen Kriterien ausrichten sollen. Mit ihnen soll ein einheitliches Vorgehen bei der Beurteilung und ein Bewerten nach einheitlichen Maßstäben ermöglicht und so erreicht werden, dass die Beurteilungsergebnisse miteinander vergleichbar sind.
Wird lediglich geregelt, dass Vorgesetzte nachgeordnete Mitarbeiter unter bestimmten Voraussetzungen auf die Erfüllung ihrer Arbeitsaufgaben zu kontrollieren haben, so handelt es sich bei dieser Regelung nicht um allgemeine Beurteilungsgrundsätze i.S.d. § 94 BetrVG, auch wenn das Ergebnis der Kontrolle Grundlage für die Beurteilung und Förderung des Mitarbeiters sein soll.

***BAG** 23.10.1984 – 1 ABR 2/83*

Lässt eine Bank ohne Kenntnis der Arbeitnehmer durch ein anderes Unternehmen Tests zur Überprüfung der Beratungsqualität an zufällig ausgewählten Schaltern durchführen, wobei die Arbeitgeberin die Ergebnisse nicht mit einzelnen Arbeitnehmern oder Gruppen von Arbeitnehmern in Verbindung bringen kann, so hat der Betriebsrat weder nach § 87 Abs. 1 Nr. 1 oder Nr. 6 BetrVG noch nach § 94 BetrVG ein Mitbestimmungsrecht.

***BAG** 18.4.2000 – 1 ABR 22/99 = DB 2000, 2227*

Beurteilt der Arbeitgeber Arbeitnehmer auf der Grundlage allgemeiner Beurteilungsgrundsätze, denen der Betriebsrat nicht zugestimmt hat, so ist eine solche Beurteilung den Arbeitnehmern gegenüber unzulässig. Der Arbeitnehmer kann verlangen, dass solche Beurteilungen nicht verwendet und aus seiner Personalakte entfernt werden.

***BAG** 28.3.1979 – 5 AZR 80/77*

Der Betriebsrat hat kein Mitbestimmungsrecht bei der Erstellung von **Funktionsbeschreibungen**, mit denen für Gruppen von Stelleninhabern mit vergleichbaren Tätigkeiten deren Funktionen festgelegt und nur in ihren Tätigkeitsschwerpunkten beschrieben werden, und mit der den Stelleninhabern eine bestimmte Funktionsbezeichnung zugewiesen wird.

***BAG** 14.1.1986 – 1 ABR 82/83*

Das in § 94 Abs. 2 BetrVG normierte Mitbestimmungsrecht des Betriebsrats bei der Aufstellung allgemeiner Beurteilungsgrundsätze umfasst nicht nur die Einführung und Festlegung der materiellen Beurteilungsmerkmale, sondern auch die Ausgestaltung des Beurteilungsverfahrens. Die Einigungsstelle kann daher festlegen, dass eine Personalbeurteilung auf der Grundlage einer vom Arbeitgeber anzufertigenden Aufgabenbeschreibung erfolgen muss.

Gegenstand der gerichtlichen Kontrolle des von der Einigungsstelle ausgeübten Ermessens ist, ob die Regelung im Verhältnis zwischen den Betriebsparteien untereinander einen billigen Ausgleich der Interessen von Arbeitgeber und Betriebsrat als Sachwalter der Belegschaft darstellt. Die gerichtliche Beurteilung bezieht sich allein auf die getroffene Regelung als solche. Dagegen ist ohne Bedeutung, ob die von der Einigungsstelle angenommenen tatsächlichen und rechtlichen Umstände zutreffen, ihre weiteren Überlegungen frei von Fehlern sind und eine erschöpfende Würdigung aller Umstände zum Inhalt haben.

***BAG** 14.1.2014 – 1 ABR 49/12*

5. Auswahlrichtlinien (§ 95 Abs. 1 u. 2 BetrVG)[55]

Auswahlrichtlinien sind Grundsätze, die zu berücksichtigen sind, wenn bei beabsichtigten personellen Einzelmaßnahmen, für die mehrere Arbeitnehmer oder Bewerber in Betracht kommen, zu entscheiden ist, welchen gegenüber sie vorgenommen werden sollen. Ihr Sinn und Zweck ist es festzulegen, unter welchen Voraussetzungen die betreffenden personellen Einzelmaßnahmen erfolgen sollen. Dadurch soll die jeweilige Personalentscheidung versachlicht und für die Betroffenen durchschaubar gemacht werden. Der Arbeitnehmer soll erkennen können, warum er und nicht ein anderer von einer ihn belastenden Personalmaßnahme betroffen wird oder warum eine günstige Maßnahme nicht ihn, sondern einen anderen trifft. Die Auswahl selbst ist Sache des Arbeitgebers. Die Richtlinien sollen lediglich seinen Ermessensspielraum durch die Aufstellung von Entscheidungskriterien einschränken. Sie dürfen ihn grundsätzlich nicht gänzlich beseitigen.

***BAG** 26.7.2005 – 1 ABR 29/04*

Der Betriebsrat hat nach § 95 Abs. 1 Satz 1 BetrVG mitzubestimmen, wenn der Arbeitgeber bei betriebsbedingten Kündigungen die Sozialauswahl nach einem Punkteschema vornehmen will. Dies gilt nicht nur, wenn das Punkteschema für alle künftig auszusprechenden Kündigungen vorgesehen ist, sondern auch dann, wenn es lediglich für die konkret anstehenden Kündigungen maßgeblich sein soll.

Eine grobe Pflichtverletzung i.S.v. § 23 Abs. 3 Satz 1 BetrVG liegt nicht vor, wenn der Arbeitgeber in einer schwierigen und ungeklärten Rechtsfrage eine bestimmte, sich später als unzutreffend herausstellende Rechtsansicht vertritt.

Hat der Arbeitgeber das Mitbestimmungsrecht des Betriebsrats nach § 95 Abs. 1 BetrVG verletzt, indem er bei der Sozialauswahl ein Punkteschema ohne Zustimmung des Betriebsrats angewandt hat, so kann dieser auf Grund des allgemeinen Unterlassungsanspruchs die künftige Unterlassung des mitbestimmungswidrigen Verhaltens verlangen.

***BAG** 26.7.2005 – 1 ABR 29/04*

Ein **Punkteschema** für die soziale Auswahl stellt auch dann eine nach § 95 Abs. 1 BetrVG mitbestimmungspflichtige Auswahlrichtlinie dar, wenn es der Arbeitgeber nicht generell auf alle künftigen betriebsbedingten Kündigungen, sondern nur auf konkret bevorstehende Kündigungen anwenden will.

Wendet der Arbeitgeber ein von ihm unter Verstoß gegen § 95 Abs. 1 BetrVG aufgestelltes Punkteschema an, so führt dieser Mitbestimmungsverstoß allein nicht zur Unwirksamkeit der ausgesprochenen Kündigung.

***BAG** 6.7.2006 – 2 AZR 443/05*

> ***Hinweis für die Praxis:***
>
> *Nach **§1 Abs. 4 KSchG** ist eine im Rahmen einer betriebsbedingten Kündigung vorgenommene Sozialauswahl von den Arbeitsgerichten nur auf **grobe Fehlerhaftigkeit** zu überprüfen, wenn die sozialen Gesichtspunkte, nach denen die Sozialauswahl vorgenommen wurde, in einer **Betriebsvereinbarung nach § 95 BetrVG** festgelegt wurden. Damit ist den Betriebspartnern ein weiter Beurteilungsspielraum zuerkannt worden. In der Konsequenz wird in einem Kündigungsschutzprozess die konkrete Einzelfallentscheidung bis zur Grenze grober Fehlerhaftigkeit nicht zur Korrektur der sich aus der Betriebsvereinbarung (Richtlinie) ergebenden Bewertung führen.*

Auswahlrichtlinien nach § 95 BetrVG i. V. m. § 1 Abs. 4 KSchG können die gesetzlichen Anforderungen für die Vergleichbarkeit von Arbeitnehmern nicht verdrängen. § 1 Abs. 4 KSchG betrifft nur die Gewichtung der Auswahlkriterien und nicht die Zusammensetzung des auswahlrelevanten Personenkreises oder die Konkretisierung der entgegenstehenden betrieblichen Bedürfnisse i.S.v. § 1 Abs. 3 Satz 2 KSchG. Eine Auswahlrichtlinie kann deshalb nicht die Vergleichbarkeit oder Nichtvergleichbarkeit von Arbeitnehmern vorgeben, beispielsweise indem die Richtlinie bestimmte Arbeitnehmer bestimmter Abteilungen oder Arbeitsgruppen zu Vergleichsgruppen zusammenfasst.

Grob fehlerhaft i.S.v. § 1 Abs. 4 KSchG ist eine Gewichtung der Sozialdaten dann, wenn sie jede Ausgewogenheit vermissen lässt, d.h., wenn einzelne Sozialdaten überhaupt nicht, eindeutig unzureichend oder mit eindeutig überhöhter Bedeutung berücksichtigt werden.

§ 1 Abs. 3 Satz 1 KSchG stellt die Regel für die Sozialauswahl dar. Die Ausklammerung sogenannter Leistungsträger bildet nach Satz 2 der Norm die Ausnahme.

***BAG** 5.6.2008 – 2 AZR 907/06 = DB 2008, 2143*

> ***Hinweis für die Praxis:***
>
> *Arbeitgeber und Betriebsrat können Auswahlrichtlinien i.S.v. § 1 Abs.4 KSchG später oder zeitgleich – etwa bei Abschluss eines Interessenausgleichs mit Namensliste – ändern. Setzen sich die Betriebsparteien in einem bestimmten Punkt gemeinsam über die Auswahlrichtlinie hinweg, gilt die Namensliste*

Anforderungsprofile, in denen für einen bestimmten Arbeitsplatz die fachlichen, persönlichen und sonstigen Anforderungen abstrakt festgelegt werden, die ein Stelleninhaber erfüllen soll, sind keine Auswahlrichtlinien nach § 95 BetrVG.

Die nach dem Inhalt von Auswahlrichtlinien bei personellen Einzelmaßnahmen zu beachtenden fachlichen und persönlichen Voraussetzungen, die der betroffene Arbeitnehmer erfüllen soll, sind nicht mit den in Anforderungsprofilen festgelegten fachlichen und persönlichen Anforderungen identisch und durch diese nicht bindend vorgegeben.

***BAG** 31.5.1983 – 1 ABR 6/80*

Sieht eine freiwillige Betriebsvereinbarung vor, dass bei gleicher Qualifikation bestimmte Arbeitnehmer/innen (hier: interne gegenüber externen Mitarbeitern) bevorzugt werden sollen, so ist der Arbeitgeber nicht mehr frei in der Entscheidung, welchen Bewerber er einstellen will. Er muss dem Betriebsrat auf dessen Verlangen hin mitteilen, welche Gründe ihn dazu bewogen haben, trotz dieser Regelung den externen Bewerber vorzuziehen. Er hat insoweit eine konkretisierende Unterrichtungspflicht.

Weigert sich der Arbeitgeber, die Gründe offen zu legen, so scheitert sein Zustimmungsersetzungsverfahren gemäß § 99 Abs. 4 BetrVG daran, dass er seine Unterrichtungspflicht gegenüber dem Betriebsrat nicht vollständig erfüllt hat.

***ArbG** Bonn 23.11.1990 – 3 BV 88/90 = AiB 1991, 108*

Der Betriebsrat kann die Zustimmung zur personellen Einzelmaßnahme nach § 99 Abs. 2 Nr. 2 BetrVG verweigern, wenn die personelle Maßnahme gegen eine **Richtlinie nach § 95 BetrVG (Auswahlrichtlinie)** verstoßen würde. Es muss sich aber um eine mitbestimmte Richtlinie handeln, d. h. eine, der der Betriebsrat zugestimmt hat bzw. auf die sich Arbeitgeber und Betriebsrat geeinigt haben oder über die die Einigungsstelle verbindlich entschieden hat.

Hat der Arbeitgeber dagegen einseitig Auswahlrichtlinien aufgestellt und der Betriebsrat diese bloß geduldet und widerspruchslos hingenommen, so erfolgte keine Ausübung des Mitbestimmungsrechts gemäß § 95 Abs. 1 oder 2 BetrVG. In diesem Fall ist auch ein Zustimmungsverweigerungsgrund nach § 99 Abs. 2 BetrVG nicht gegeben.

***Hessisches LAG** 16.10.1984 – 4 TaBV 98/83 = DB 1985, 1534*

Die Zuweisung eines eigenen, technisch besonders ausgestatteten Büros und eines eigenen Mitarbeiters an leistungsabhängig vergütete „Bezirksdirektoren" eines Versicherungsunternehmens ist keine Angelegenheit der betrieblichen Lohngestaltung nach § 87 Abs. 1 Nr. 10, 11 BetrVG. Dies gilt auch dann, wenn die Nutzung der Bürotechnik und der eigene Mitarbeiter besonders effektives

[55] vgl. auch Kapitel „§§ 99 – 101 BetrVG – 1.4. Versetzung", S. 284 sowie „§ 102 BetrVG – 3.2.2. Verstoß gegen Auswahlrichtlinien", S. 346; Verstoß gegen Auswahlrichtlinien (§ 102 Abs. 3 BetrVG) , S. 346

Arbeiten gestatten. Etwas anderes kann gelten, wenn auf diese Weise bisher notwendige eigene Aufwendungen erspart werden.

Der Betriebsrat kann über die Aufstellung der Kriterien für die Zuweisung eines eigenen Büros und Mitarbeiters auch nicht nach § 95 BetrVG mitbestimmen. Die Zuweisungskriterien sind keine Auswahlrichtlinien im Sinne dieser Vorschrift.

BAG *31.5.2005 – 1 ABR 22/04*

Regelanfragen bei Einstellungen beim Landesamt für Verfassungsschutz durch ein Privatunternehmen sind Auswahlrichtlinien und unterliegen nach § 95 BetrVG der Mitbestimmung des Betriebsrats.

Eine ständig geübte Praxis kann eine Auswahlrichtlinie darstellen. Sie muss nicht unbedingt schriftlich vorliegen.

Das Mitbestimmungsrecht entfällt nicht bei eventuellen Sicherheitsbelangen des Arbeitgebers. Diese Belange liegen auch im Interesse der Arbeitnehmer.

ArbG *München 22.12.1987 – 14 BV 131/87; n.rkr. = AiB 1988, 266*

Die Einigungsstelle kann bei der **Aufstellung von Auswahlrichtlinien** für Versetzungen nach § 95 BetrVG eine Bewertung in Form eines Punktesystems beschließen. Dabei muss dem Arbeitgeber ein **Entscheidungsspielraum** verbleiben. Dieser muss umso größer sein, desto weniger differenziert das Punktesystem ausgestaltet ist.

Ein Einigungsstellenspruch, der ohne nähere Differenzierung nach Art der Versetzung und der Arbeitsbereiche generell den Kriterien *„erworbene Grundqualifikation"* und *„Dauer der bisherigen beruflichen Tätigkeit"* gegenüber Kriterien wie *„aktuelle Leistungsbeurteilung"* punktmäßig ein deutliches Übergewicht gibt, ohne dem Arbeitgeber eine ausreichende Möglichkeit zur Berücksichtigung persönlicher oder arbeitsplatzspezifischer Besonderheiten einzuräumen, ist ermessensfehlerhaft.

BAG *27.10.1992 – 1 ABR 4/92*

Ordnet ein Arbeitgeber die generelle Überprüfung eines Stellenbewerbers auf Alkohol- und Drogenmissbrauch in Form der Unterziehung eines Suchtmittelsuchtestes hinsichtlich zuvor freiwillig abgegebener Blut- und Urinproben des Stellenbewerbers an und wird ein sein diesbezügliches Einverständnis nicht erklärender Bewerber ebenso wenig eingestellt wie ein Bewerber mit positivem Testergebnis, so stellt diese Anforderung eine Richtlinie über die personelle Auswahl bei Einstellungen dar, die der Zustimmung des Betriebsrats bedarf.

LAG *Baden-Württemberg 13.12.2002 – 16 TaBV 4/02 = NZA-RR 2003, 417*

Verlangt der nicht berücksichtigte Bewerber Schadensersatz wegen Abbruchs des Auswahlverfahrens, muss er zuvor die Fortführung des abgebrochenen Auswahlverfahrens im Wege des einstweiligen Rechtsschutzes geltend gemacht haben, wenn ihm dies zumutbar und möglich war.

BAG *12.12.2017 – 9 AZR 152/17*

Berufsbildung und betriebliche Bildungsmaßnahmen (§§ 96 – 98 BetrVG)

Gesetzestext

§ 96 Förderung der Berufsbildung

(1) *[1]Arbeitgeber und Betriebsrat haben im Rahmen der betrieblichen Personalplanung und in Zusammenarbeit mit den für die Berufsbildung und den für die Förderung der Berufsbildung zuständigen Stellen die Berufsbildung der Arbeitnehmer zu fördern. [2]Der Arbeitgeber hat auf Verlangen des Betriebsrats den Berufsbildungsbedarf zu ermitteln und mit ihm Fragen der Berufsbildung der Arbeitnehmer des Betriebs zu beraten. [3]Hierzu kann der Betriebsrat Vorschläge machen.*

(1a) *Kommt im Rahmen der Beratung nach Absatz 1 eine Einigung über Maßnahmen der Berufsbildung nicht zustande, können der Arbeitgeber oder der Betriebsrat die Einigungsstelle um Vermittlung anrufen. Die Einigungsstelle hat eine Einigung der Parteien zu versuchen.*

(2) *[1]Arbeitgeber und Betriebsrat haben darauf zu achten, dass unter Berücksichtigung der betrieblichen Notwendigkeiten den Arbeitnehmern die Teilnahme an betrieblichen oder außerbetrieblichen Maßnahmen der Berufsbildung ermöglicht wird. [2]Sie haben dabei auch die Belange älterer Arbeitnehmer, Teilzeitbeschäftigter und von Arbeitnehmern mit Familienpflichten zu berücksichtigen.*

§ 97 Einrichtungen und Maßnahmen der Berufsbildung

(1) *Der Arbeitgeber hat mit dem Betriebsrat über die Errichtung und Ausstattung betrieblicher Einrichtungen zur Berufsbildung, die Einführung betrieblicher Berufsbildungsmaßnahmen und die Teilnahme an außerbetrieblichen Berufsbildungsmaßnahmen zu beraten.*

(2) *[1]Hat der Arbeitgeber Maßnahmen geplant oder durchgeführt, die dazu führen, dass sich die Tätigkeit der betroffenen Arbeitnehmer ändert und ihre beruflichen Kenntnisse und Fähigkeiten zur Erfüllung ihrer Aufgaben nicht mehr ausreichen, so hat der Betriebsrat bei der Einführung von Maßnahmen der betrieblichen Berufsbildung mitzubestimmen. [2]Kommt eine Einigung nicht zustande, so entscheidet die Einigungsstelle. [3]Der Spruch der Einigungsstelle ersetzt die Einigung zwischen Arbeitgeber und Betriebsrat.*

§ 98 Durchführung betrieblicher Bildungsmaßnahmen

(1) *Der Betriebsrat hat bei der Durchführung von Maßnahmen der betrieblichen Berufsbildung mitzubestimmen.*

(2) *Der Betriebsrat kann der Bestellung einer mit der Durchführung der betrieblichen Berufsbildung beauftragten Person widersprechen oder ihre Abberufung verlangen, wenn diese die persönliche oder fachliche, insbesondere die berufs- und arbeitspädagogische Eignung im Sinne des Berufsbildungsgesetzes nicht besitzt oder ihre Aufgaben vernachlässigt.*

(3) *Führt der Arbeitgeber betriebliche Maßnahmen der Berufsbildung durch oder stellt er für außerbetriebliche Maßnahmen der Berufsbildung Arbeitnehmer frei oder trägt er die durch die Teilnahme von Arbeitnehmern an solchen Maßnahmen entstehenden Kosten ganz oder teilweise, so kann der Betriebsrat Vorschläge für die Teilnahme von Arbeitnehmern oder Gruppen von Arbeitnehmern des Betriebs an diesen Maßnahmen der beruflichen Bildung machen.*

(4) *[1]Kommt im Fall des Absatzes 1 oder über die nach Absatz 3 vom Betriebsrat vorgeschlagenen Teilnehmer eine Einigung nicht zustande, so entscheidet die Einigungsstelle. [2]Der Spruch der Einigungsstelle ersetzt die Einigung zwischen Arbeitgeber und Betriebsrat.*

(5) *[1]Kommt im Fall des Absatzes 2 eine Einigung nicht zustande, so kann der Betriebsrat beim Arbeitsgericht beantragen, dem Arbeitgeber aufzugeben, die Bestellung zu unterlassen oder die Abberufung durchzuführen. [2]Führt der Arbeitgeber die Bestellung einer rechtskräftigen gerichtlichen Entscheidung zuwider durch, so ist er auf Antrag des Betriebsrats vom Arbeitsgericht wegen der Bestellung nach vorheriger Androhung zu einem Ordnungsgeld zu verurteilen; das Höchstmaß des Ordnungsgeldes beträgt 10 000 Euro. [3]Führt der Arbeitgeber die Abberufung einer rechtskräftigen gerichtlichen Entscheidung zuwider nicht durch, so ist auf Antrag des Betriebsrats vom Arbeitsgericht zu erkennen, dass der Arbeitgeber zur Abberufung durch Zwangsgeld anzuhalten sei; das Höchstmaß des Zwangsgeldes beträgt für jeden Tag der Zuwiderhandlung 250 Euro. [4]Die Vorschriften des Berufsbildungsgesetzes über die Ordnung der Berufsbildung bleiben unberührt.*

(6) *Die Absätze 1 bis 5 gelten entsprechend, wenn der Arbeitgeber sonstige Bildungsmaßnahmen im Betrieb durchführt.*

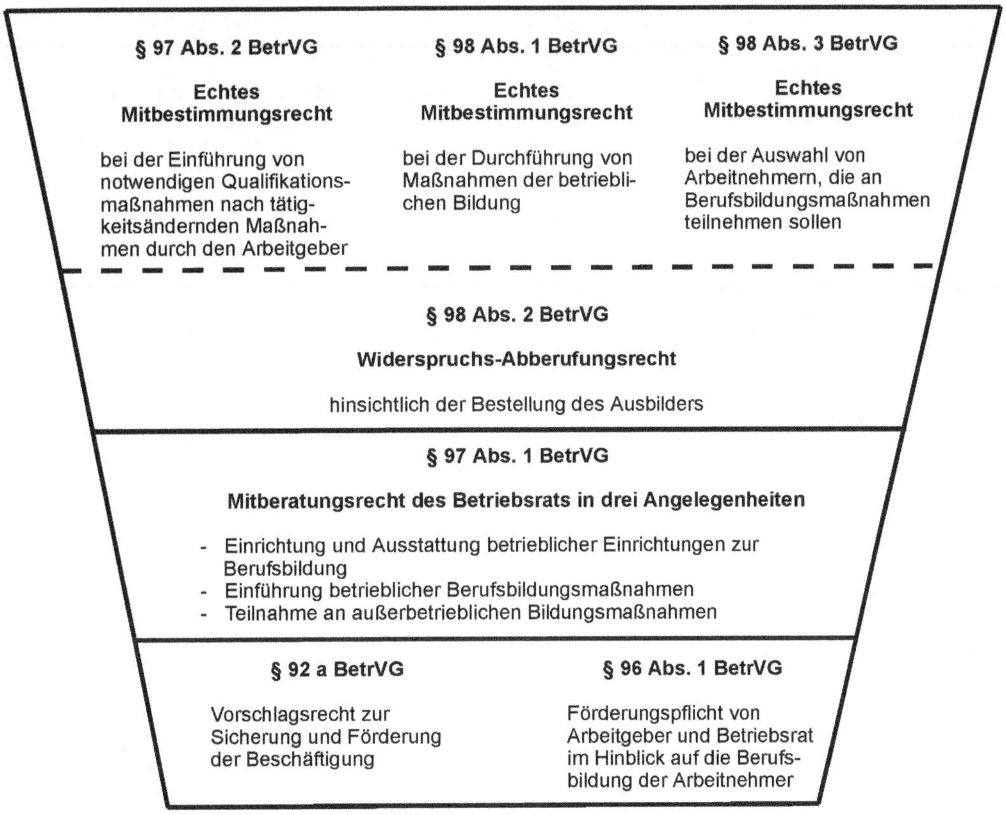

1. Allgemeines

Beratungsrechte, wie das nach § 97 BetrVG, sind generell nicht geeignet, eine **Tendenzverwirklichung** des Arbeitgebers ernsthaft zu beeinträchtigen, weil der Arbeitgeber nach der Beratung allein – hier über die Einführung der betrieblichen Berufsbildungsmaßnahme – entscheidet. Das Mitbestimmungsrecht nach § 98 Abs. 1 BetrVG könnte nur entfallen, soweit von der betrieblichen Berufsbildung Tendenzträger betroffen wären.

BAG *4.12.1990 – 1 ABR 10/90*

Der Gegenstand der Beratung des Betriebsrats nach § 97 zweite Alt. BetrVG und des Mitbestimmungsrechts nach § 98 Abs. 1 BetrVG sind wie folgt zu bestimmen:

Nach § 97 zweite Alt. (jetzt Abs. 1 zweite Alt.) BetrVG hat der Arbeitgeber mit dem Betriebsrat über die Einführung betrieblicher Berufsbildungsmaßnahmen zu beraten. Dieses Beratungsrecht des Betriebsrats besteht dann, wenn es sich bei den Lehrgängen um eine Berufsbildungsmaßnahme handelt, die darüber hinaus als „**betriebliche**" eingeordnet werden kann. Nur wenn es sich bei Lehrgängen um **betriebliche Berufsbildungsmaßnahmen** handelt, hat der Betriebsrat bei deren Durchführung auch nach § 98 Abs. 1 BetrVG **mitzubestimmen**.

BAG *4.12.1990 – 1 ABR 10/90*

Nach § 98 Abs. 1 BetrVG hat der Betriebsrat bei der Durchführung von Maßnahmen der betrieblichen Berufsbildung mitzubestimmen. Dieses Mitbestimmungsrecht setzt voraus, dass der Arbeitgeber eine solche Maßnahme der betrieblichen Berufsbildung tatsächlich durchführt. Er kann dazu jedoch vom Betriebsrat nicht gezwungen werden.

BAG *8.12.1987 – 1 ABR 32/86*

Die **Abstandnahme von einer Bildungsmaßnahme**, zu der bereits eingeladen war, ist auch dann keine Umgehung oder Verletzung des Mitbestimmungsrechts des Betriebsrats, wenn sie auf eine nach Einladung entstandene Meinungsverschiedenheit über die Person von Teilnehmern zurückzuführen ist. In der Entscheidung, ob eine Bildungsmaßnahme überhaupt durchgeführt wird, bleibt der Arbeitgeber frei. Eine Einigungsstelle ist in diesem Fall offensichtlich unzuständig i.S.d. § 98 ArbGG.

LAG *Rheinland-Pfalz 12.12.1988 – 7 TaBV 43/88 = NZA 1989, 943*

Beim Mitbestimmungsrecht des Betriebsrats nach § 98 Abs. 3 und 4 BetrVG ist auszugehen von dem Fall, dass der Arbeitgeber die Zahl der Teilnehmer an einer Berufsbildungsmaßnahme i.S.d. § 98 Abs. 3 BetrVG bestimmt, Arbeitgeber **und** Betriebsrat aber zusammen mehr Arbeitnehmer für die Teilnahme vorschlagen als Ausbildungsplätze zur Verfügung stehen.

In Fällen dieser Art muss eine Auswahl getroffen werden. Lehnt der Arbeitgeber einen oder mehrere vom Betriebsrat vorgeschlagene Teilnehmer ab, muss die Einigungsstelle entscheiden (§ 98 Abs. 4 BetrVG). Die Einigungsstelle hat deshalb auszuwählen. Sie muss Kriterien für die Auswahl aufstellen. Nach diesen Kriterien muss sie **alle vorgeschlagenen Teilnehmer** beurteilen, unabhängig davon, ob der Arbeitgeber oder der Betriebsrat sie vorgeschlagen hat. Auf diese Weise kommt es indirekt auch zu einer Beurteilung der Arbeitnehmer, die der Arbeitgeber vorgeschlagen hat.

Dürfte die Einigungsstelle nur über die Vorschläge des Betriebsrats entscheiden, wäre eine einheitliche Beurteilung nicht möglich. Außerdem könnte der Arbeitgeber das Recht des Betriebsrats, die Auswahl zu beeinflussen, dadurch unterlaufen, dass er selbst so viele Arbeitnehmer nennt, wie Ausbildungsplätze zur Verfügung stehen.

BAG *8.12.1987 – 1 ABR 32/86*

Beabsichtigt der Arbeitgeber, einen Arbeitnehmer für eine Bildungsmaßnahme freizustellen, kann der Betriebsrat nach § 98 Abs. 3 BetrVG eigene personelle Vorschläge für die Teilnahme an dieser Maßnahme machen. In einem solchen Fall ist der Arbeitgeber nach § 98 Abs. 4 BetrVG verpflichtet, sich mit dem Betriebsrat über die Auswahl der Teilnehmer zu einigen. Kommt eine Einigung nicht zustande, hat der Arbeitgeber die Einigungsstelle anzurufen.

Setzt sich der Arbeitgeber über diese eindeutige gesetzliche Regelung hinweg, kann der Betriebsrat nach § 23 Abs. 3 BetrVG die zukünftige Unterlassung dieser Handlung verlangen. Ein solcher Unterlassungsanspruch kann auch bereits nach einer einmaligen Verletzung dieser betriebsverfassungsrechtlichen Verpflichtung bestehen.

BAG *18.3.2014 – 1 ABR 77/12*

Entscheidet sich der Arbeitgeber, die Ausbildung nur noch im Rahmen des § 29 Abs. 2 BBiG verkürzt anzubieten, so unterliegt diese Entscheidung nicht dem Mitbestimmungsrecht des § 98 Abs. 1 BetrVG.

LAG *Köln 11.4.2003 – 4 TaBV 89/02 = NZA 2005, 419*

Erklärt der Betriebsrat gemäß § 98 Abs. 2 BetrVG einen Widerspruch gegen die Einstellung einer Person als Ausbilder, so steht dem Arbeitgeber ungeachtet des Verfahrens nach § 98 Abs. 5 BetrVG ein eigenes Feststellungsinteresse zur Seite, die Rechtswirksamkeit des Widerspruchs des Betriebsrats im arbeitsgerichtlichen Beschlussverfahren überprüfen zu können.

***LAG** Berlin 6.1.2000 – 10 TaBV 2213/99*

„Arbeitszeit" i.S.d. § 87 Abs. 1 Nr. 2 und 3 BetrVG ist die Zeit, während derer der Arbeitnehmer die von ihm in einem bestimmten zeitlichen Umfang vertraglich geschuldete Arbeitsleistung tatsächlich erbringen soll. Dabei muss es sich nicht um die Erfüllung der Hauptleistungspflicht handeln, wenn die vom Arbeitgeber verlangte sonstige Leistung jedenfalls in der Erbringung von „Arbeit' besteht. Dies ist bei der Teilnahme an Schulungs- und Fortbildungsmaßnahmen, die der Arbeitgeber angeordnet hat, regelmäßig der Fall.

***BAG** 15.4.2008 – 1 ABR 44/07*

2. Begriff der betrieblichen Bildungsmaßnahme[56]

Zur **betrieblichen Berufsbildung** i.S.d. § 96 BetrVG gehören alle – aber auch nur diejenigen – Maßnahmen, die über die – mitbestimmungsfreie – Unterrichtung des Arbeitnehmers hinsichtlich seiner Aufgaben und Verantwortung, über die Art seiner Tätigkeit und ihre Einordnung in den Arbeitsablauf des Betriebs sowie über die Unfall- und Gesundheitsgefahren und die Maßnahmen und Einrichtungen zur Abwendung dieser Gefahren i.S.v. § 81 BetrVG hinausgehen, indem sie dem Arbeitnehmer gezielt Kenntnisse und Erfahrungen vermitteln, die ihn zur Ausübung einer bestimmten Tätigkeit **erst** befähigen oder es ermöglichen, die beruflichen Kenntnisse und Fähigkeiten zu erhalten (§ 1 Abs. 3 BBiG). Es geht um die gezielte Vermittlung beruflicher Kenntnisse und Erfahrungen, auf deren Grundlage der Arbeitnehmer im Betrieb eine konkrete Tätigkeit unter Einsatz dieser Kenntnisse und Erfahrung ausüben kann.

Ergibt eine Befragung von Kunden eines Selbstbedienungswarenhauses, dass Kunden Verhalten und Leistungen der Arbeitnehmer in einzelnen Abteilungen als wenig „freundlich", „hilfsbereit" oder „fachkundig" bewertet haben, so sind Veranstaltungen, die auf das Abstellen dieser Mängel gerichtet sind, keine Maßnahmen der Berufsbildung der Arbeitnehmer i.S.v. § 96 BetrVG.

***BAG** 28.1.1992 – 1 ABR 41/91*

Nach § 98 Abs. 1 BetrVG hat der Betriebsrat bei der Durchführung von Maßnahmen der betrieblichen Berufsbildung mitzubestimmen. Der Begriff der betrieblichen Bildungsmaßnahme ist funktional zu verstehen.

Bezieht sich eine Fortbildung und Schulung in einem Betrieb ausschließlich auf externe Arbeitnehmer zu deren Qualifikation für eine Tätigkeit bei einem externen Unternehmen, handelt es sich nicht um eine „betriebliche" Berufsbildungsmaßnahme.

***BAG** 26.4.2016 – 1 ABR 21/14*

Nach § 98 BetrVG sind unter Berufsbildung **interne** und **externe betriebliche Schulungsmaßnahmen** zu verstehen, die der Fort- und Weiterbildung dienen. Im Sinne von § 98 BetrVG sind Maßnahmen der betrieblichen Berufsbildung auch Lehrgänge, die den Arbeitnehmern die für die Ausfüllung ihres Arbeitsplatzes und ihrer beruflichen Tätigkeit notwendigen Kenntnisse und Fähigkeiten verschaffen sollen.

Einbezogen sind damit alle Maßnahmen, die über die – mitbestimmungsfreie – Unterrichtung des Arbeitnehmers, über dessen Aufgaben und Verantwortung, über die Art seiner Tätigkeit und ihrer Einordnung in den Arbeitsablauf des Betriebs sowie über die Unfall- und Gesundheitsgefahren und die Maßnahmen und Einrichtungen zur Abwendung dieser Gefahren i.S.d. § 81 BetrVG hinausgehen, indem sie dem Arbeitnehmer gezielt Kenntnisse und Erfahrungen vermitteln, die ihn zur Ausübung einer bestimmten Tätigkeit erst befähigen. Die Unterrichtungspflicht des Arbeitgebers nach § 81 BetrVG bezieht sich dagegen auf den Einsatz an einem konkreten Arbeitsplatz. Dieser Einsatz setzt voraus, dass der Arbeitnehmer die für die Ausübung „seiner Tätigkeit" an diesem Arbeitsplatz erforderlichen beruflichen Kenntnisse und Erfahrungen schon besitzt. Nur auf der Grundlage dieser Kenntnisse und Erfahrungen kann dem Arbeitnehmer seine Tätigkeit im Betrieb zugewiesen werden, über deren konkrete Ausübung unter Einsatz seiner Kenntnisse und Erfahrungen er dann nach § 81 BetrVG zu unterrichten ist.

***BAG** 10.2.1988 – 1 ABR 39/86*

Der Begriff der betrieblichen Berufsbildung in § 98 BetrVG umfasst alle Maßnahmen der Berufsbildung i.S.d. § 1 Abs. 1 BBiG und damit solche der Berufsausbildung, der beruflichen Fortbildung und der beruflichen Umschulung.

Für die Anwendung des § 98 Abs. 2 BetrVG kommt es nicht darauf an, ob die Ausbilder dem persönlichen Anwendungsbereich des Betriebsverfassungsgesetzes unterliegen.

***BAG** 5.3.2013 – 1 ABR 11/12*

Eine **betriebliche Berufsbildungsmaßnahme** liegt vor, wenn der Arbeitgeber Träger bzw. Veranstalter der Maßnahme ist und die Berufsbildungsmaßnahme für Arbeitnehmer durchführt.

Träger bzw. Veranstalter der Maßnahme ist der Arbeitgeber auch, wenn er diese in Zusammenarbeit mit einem Dritten durchführt und hierbei auf Inhalt und Organisation rechtlich oder tatsächlich einen beherrschenden Einfluss hat.

Für die Arbeitnehmer des Arbeitgebers bestimmt ist eine Berufsbildungsmaßnahme auch, wenn bei einer begrenzten Teilnehmerzahl die Arbeitnehmer des Arbeitgebers den Vorrang haben und andere Personen nur zur Lückenfüllung berücksichtigt werden.

***BAG** 4.12.1990 – 1 ABR 10/90; BAG 12.11.1991 – 1 ABR 21/91*

Die Vermittlung von **Grundlagenkenntnissen**, die für die zukünftige Arbeit erforderlich sein kann, ist eine berufliche Fortbildungsmaßnahme, die es nach § 1 Abs. 3 BBiG u. a. ermöglichen soll, die beruflichen Kenntnisse und Fertigkeiten zu erweitern oder beruflich aufzusteigen.

***BAG** 23.4.1991 – 1 ABR 49/90*

Mit fast jeder Einweisung in einen Arbeitsplatz ist die Vermittlung irgendeines Wissens verbunden, ohne dass schon deshalb immer eine Fortbildungsveranstaltung angenommen werden kann.

Die **Unterrichtung über die Funktion und die Bedienung eines Personalcomputers** bzw. von **Computerprogrammen** geht über die Unterrichtung über die Arbeitsaufgabe und deren konkrete Ausübung i.S.d. § 81 BetrVG hinaus. Entscheidend ist, dass EDV-Kenntnisse heute in vielen Berufen schon als Bestandteil der Ausbildung angesehen werden, ihre Beherrschung als Teil der beruflichen Qualifikation behandelt wird. Entsprechende Schulungen vermitteln dem Arbeitnehmer Kenntnisse und Fertigkeiten, die ihn zur Ausübung einer bestimmten Tätigkeit – nämlich die Ausübung seines Berufs unter Einsatz eines Personalcomputers – erst befähigen und den Arbeitnehmer unabhängig vom konkreten Arbeitsplatz beim jetzigen Arbeitgeber beruflich qualifizieren.

Der Einsatz von Personalcomputern am Arbeitsplatz verändert die Tätigkeit des Arbeitnehmers, er muss seine Arbeitsaufgabe nunmehr mit Hilfe des Personalcomputers verrichten. Hat er keine Kenntnisse und Erfahrungen damit, reichen seine beruflichen Kenntnisse und Fertigkeiten zur Erfüllung seiner Aufgaben nicht mehr aus, so dass der Arbeitgeber mit dem Arbeitnehmer nach § 81 Abs. 3 Satz 2 BetrVG erörtern muss, wie dessen berufliche Kenntnisse und Fertigkeiten im Rahmen der betrieblichen Möglichkeiten den künftigen Anforderungen angepasst werden können. Das können eine **betriebliche** oder **außerbetriebliche Berufsbildungsmaßnahme** oder sonstige Maßnahmen (z. B. Eigenstudium des Arbeitnehmers) **sein**. Der Gesetzgeber geht also davon aus, dass im Falle des § 81 Abs. 3 Satz 2 (jetzt Abs. 4 Satz 2) BetrVG eine Anpassung der beruflichen Kenntnisse und Fähigkeiten, also eine berufliche Fortbildung erforderlich ist und eine Unterrichtung i.S.d. § 81 Abs. 1 BetrVG nicht genügt.

***BAG** 23.4.1991 – 1 ABR 49/90*

Ein Lehrgang über Sicherheits- und Notfallmaßregeln, dessen erfolgreicher Abschluss Voraussetzung dafür ist, dass ein Arbeitnehmer als Flugbegleiter eingesetzt werden darf, ist eine Maßnahme der Berufsbildung i.S.d. § 98 BetrVG.

Sollen Arbeitnehmer des Landbetriebs einer Fluggesellschaft zu solchen Lehrgängen entsandt werden, hat der Betriebsrat bei der Auswahl der Teilnehmer nach näherer Maßgabe der Regelung in § 98 Abs. 3 und 4 BetrVG mitzubestimmen.

[56] vgl. Stichwort: „§§ 81 – 86 BetrVG, Mitwirkungs- und Beschwerderecht des Arbeitnehmers", S. 208, Kapitel: „Unterrichtungs- und Erörterungspflicht des Arbeitgebers (§ 81 BetrVG)", S. 209

Dieses Mitbestimmungsrecht entfällt nicht deswegen, weil die Arbeitnehmer des Landbetriebs zu dem genannten Lehrgang nur deswegen entsandt werden, damit sie bei einem **Streik** der Flugbegleiter aushilfsweise im Flugdienst eingesetzt werden können.

***BAG** 10.2.1988 – 1 ABR 39/86*

Produktinformationen für Außendienstmitarbeiter können grundsätzlich eine Einweisung sein, die über die mitbestimmungsfreie Unterrichtung nach § 81 Abs. 1 BetrVG nicht hinausgeht.

***BAG** 23.4.1991 – 1 ABR 49/90*

3. Durchsetzung des Mitbestimmungsrechts

Das Mitbestimmungsrecht des **§ 97 Abs. 2 BetrVG** n. F. verlangt einen konkreten drohenden Qualifizierungsverlust der betroffenen Arbeitnehmer. Ein Bedarf nach betrieblicher Berufsausbildung setzt voraus, dass die mit einer Maßnahme des Arbeitgebers verbundenen Änderungen der Tätigkeiten der betroffenen Arbeitnehmer so nachhaltig sind, dass die beruflichen Kenntnisse und Fähigkeiten der betroffenen Arbeitnehmer nicht mehr ausreichen, um ihre Aufgaben erfüllen zu können.

Die Einweisung von Arbeitnehmern in die Tätigkeit an einer neu angeschafften Maschine, die bloße Bedienungsanleitung stellt keine betriebliche Berufsbildung i.S.d. § 97 Abs. 2 BetrVG n. F. dar.

***LAG** Hamm 8.11.2002 – 10 (13) TaBV 59/02 = LAG Report 2003, 107*

Aus dem Recht des Betriebsrats auf Mitbestimmung folgt nur, dass sich Arbeitgeber und Betriebsrat über die Fragen, die einer Regelung zugänglich sind, verständigen müssen. Das gilt für die gesamte Durchführung einer Maßnahme der beruflichen Bildung i.S.d. § 98 Abs. 1 BetrVG. Arbeitgeber und Betriebsrat müssen sich daher – soweit keine gesetzliche Regelung besteht – über die Ausgestaltung einer mündlichen Fachkundeprüfung einigen und damit auch über die Zuziehung eines die Prüfung beobachtenden Betriebsratsmitglieds. Kommt eine Einigung nicht zustande, entscheidet die Einigungsstelle (§ 98 Abs. 4 Satz 1 BetrVG).

Ob die Einigungsstelle so entscheidet, wie der Betriebsrat wünscht, steht nicht fest. Deshalb kann der Betriebsrat im Beschlussverfahren nicht einzelne mögliche Regelungen durchsetzen. Aus dem Mitbestimmungsrecht als solchem ergeben sich nicht zwangsläufig die vom Betriebsrat gewünschten Folgen. Vielmehr besteht ein Regelungsrahmen, den Arbeitgeber und Betriebsrat durch ihre Einigung oder die Einigungsstelle durch ihren Spruch ausfüllen können.

Für ein allgemeines Recht des Betriebsrats, alle Tätigkeiten des Arbeitgebers bei der Durchführung von Maßnahmen der betrieblichen Berufsbildung beobachten zu dürfen („**Beobachtungsrecht**"), gibt es keine gesetzliche Grundlage.

***BAG** 22.10.1985 – 1 ABR 38/83; **BAG** 5.11.1985 – 1 ABR 49/83*

Hat der Betriebsrat keinen Vorschlag für die Teilnahme eines Arbeitnehmers an einer betrieblichen Bildungsmaßnahme gemacht, hat er sein Vorschlagsrecht nach § 98 Abs. 3 BetrVG nicht wahrgenommen, so kann er auch keine Entscheidung der Einigungsstelle herbeiführen. § 98 Abs. 4 Satz 1 BetrVG knüpft an die Regelung des § 98 Abs. 3 BetrVG an. Nach § 98 Abs. 3 BetrVG kann der Betriebsrat Vorschläge für die Teilnahme von Arbeitnehmern oder Gruppen von Arbeitnehmern des Betriebs an den in dieser Bestimmung genannten Maßnahmen der beruflichen Bildung machen. Nach § 98 Abs. 4 BetrVG entscheidet die Einigungsstelle, wenn über die nach Abs. 3 vom Betriebsrat vorgeschlagenen Teilnehmer eine Einigung nicht zustande kommt. Nach dem Wortlaut kann die Einigungsstelle deshalb nur angerufen werden, wenn der Betriebsrat zuvor Teilnehmer vorgeschlagen hat.

***BAG** 8.12.1987 – 1 ABR 32/86*

In einem Tarifvertrag über die Mitbestimmung in reinen Ausbildungsbetrieben können den Auszubildendenvertretungen vom BetrVG abweichende Zuständigkeiten und Beteiligungsrechte zuerkannt werden.

Zur Durchführung von Maßnahmen der betrieblichen Berufsbildung i.S.v. § 98 Abs. 1 BetrVG gehört auch die Festlegung der Dauer der Ausbildung.

Bei der Entscheidung des Arbeitgebers, für bestimmte Ausbildungsberufe künftig generell eine nach Maßgabe des § 29 Abs. 2 BBiG verkürzte Ausbildung vorzusehen, hat der Betriebsrat oder eine mit gleichen Rechten ausgestattete tarifliche Auszubildendenvertretung nach § 98 Abs. 1 BetrVG mitzubestimmen.

***BAG** 24.8.2004 – 1 ABR 28/03*

Ein Mitbestimmungsrecht nach § 98 Abs. 3, Abs. 4 BetrVG setzt voraus, dass der Betriebsrat eigene Vorschläge für die Teilnehmerauswahl unterbreitet und der Arbeitgeber sie abgelehnt hat.

Beabsichtigt ein Verlagsunternehmen, einen Redakteur zu einer Berufsbildungsmaßnahme zu entsenden, ist ein zwingendes Mitbestimmungsrecht nach § 98 Abs. 4 BetrVG wegen § 118 Abs. 1 Satz 1 Nr. 2 BetrVG in der Regel ausgeschlossen. Es ist Gegenstand des durch Art. 5 Abs. 1 Satz 2 GG geschützten Freiheitsrechts des Verlagsunternehmens zu bestimmen, welche Fähigkeiten und Kenntnisse seine Redakteure als Tendenzträger zur Wahrnehmung ihrer beruflichen Aufgaben besitzen sollen.

Vorschlagsrecht und Unterrichtungsanspruch des Betriebsrats nach § 98 Abs. 3 BetrVG bleiben im Tendenzbetrieb auch hinsichtlich der Auswahl von Tendenzträgern bestehen.

***BAG** 30.5.2006 – 1 ABR 17/05*

Personelle Angelegenheiten: Vetorecht des Betriebsrats bei Einstellung, Eingruppierung, Umgruppierung, Versetzung (§§ 99 – 101 BetrVG)

Gesetzestext

§ 99 Mitbestimmung bei personellen Einzelmaßnahmen

(1) *[1]In Unternehmen mit in der Regel mehr als zwanzig wahlberechtigten Arbeitnehmern hat der Arbeitgeber den Betriebsrat vor jeder Einstellung, Eingruppierung, Umgruppierung und Versetzung zu unterrichten, ihm die erforderlichen Bewerbungsunterlagen vorzulegen und Auskunft über die Person der Beteiligten zu geben; er hat dem Betriebsrat unter Vorlage der erforderlichen Unterlagen Auskunft über die Auswirkungen der geplanten Maßnahme zu geben und die Zustimmung des Betriebsrats zu der geplanten Maßnahme einzuholen. [2]Bei Einstellungen und Versetzungen hat der Arbeitgeber insbesondere den in Aussicht genommenen Arbeitsplatz und die vorgesehene Eingruppierung mitzuteilen. [3]Die Mitglieder des Betriebsrats sind verpflichtet, über die ihnen im Rahmen der personellen Maßnahmen nach den Sätzen 1 und 2 bekannt gewordenen persönlichen Verhältnisse und Angelegenheiten der Arbeitnehmer, die ihrer Bedeutung oder ihrem Inhalt nach einer vertraulichen Behandlung bedürfen, Stillschweigen zu bewahren; § 79 Abs. 1 Satz 2 bis 4 gilt entsprechend.*

(2) *Der Betriebsrat kann die Zustimmung verweigern, wenn*

1. *die personelle Maßnahme gegen ein Gesetz, eine Verordnung, eine Unfallverhütungsvorschrift oder gegen eine Bestimmung in einem Tarifvertrag oder in einer Betriebsvereinbarung oder gegen eine gerichtliche Entscheidung oder eine behördliche Anordnung verstoßen würde,*
2. *die personelle Maßnahme gegen eine Richtlinie nach § 95 verstoßen würde,*
3. *die durch Tatsachen begründete Besorgnis besteht, dass infolge der personellen Maßnahme im Betrieb beschäftigte Arbeitnehmer gekündigt werden oder sonstige Nachteile erleiden, ohne dass dies aus betrieblichen oder persönlichen Gründen gerechtfertigt ist; als Nachteil gilt bei unbefristeter Einstellung auch die Nichtberücksichtigung eines gleich geeigneten befristet Beschäftigten,*
4. *der betroffene Arbeitnehmer durch die personelle Maßnahme benachteiligt wird, ohne dass dies aus betrieblichen oder in der Person des Arbeitnehmers liegenden Gründen gerechtfertigt ist,*

5. eine nach § 93 erforderliche Ausschreibung im Betrieb unterblieben ist oder

6. die durch Tatsachen begründete Besorgnis besteht, dass der für die personelle Maßnahme in Aussicht genommene Bewerber oder Arbeitnehmer den Betriebsfrieden durch gesetzwidriges Verhalten oder durch grobe Verletzung der in § 75 Abs. 1 enthaltenen Grundsätze, insbesondere durch rassistische oder fremdenfeindliche Betätigung, stören werde.

(3) [1]Verweigert der Betriebsrat seine Zustimmung, so hat er dies unter Angabe von Gründen innerhalb einer Woche nach Unterrichtung durch den Arbeitgeber diesem schriftlich mitzuteilen. [2]Teilt der Betriebsrat dem Arbeitgeber die Verweigerung seiner Zustimmung nicht innerhalb der Frist schriftlich mit, so gilt die Zustimmung als erteilt.

(4) Verweigert der Betriebsrat seine Zustimmung, so kann der Arbeitgeber beim Arbeitsgericht beantragen, die Zustimmung zu ersetzen.

§ 100 Vorläufige personelle Maßnahmen

(1) [1]Der Arbeitgeber kann, wenn dies aus sachlichen Gründen dringend erforderlich ist, die personelle Maßnahme im Sinne des § 99 Abs. 1 Satz 1 vorläufig durchführen, bevor der Betriebsrat sich geäußert oder wenn er die Zustimmung verweigert hat. [2]Der Arbeitgeber hat den Arbeitnehmer über die Sach- und Rechtslage aufzuklären.

(2) [1]Der Arbeitgeber hat den Betriebsrat unverzüglich von der vorläufigen personellen Maßnahme zu unterrichten. [2]Bestreitet der Betriebsrat, dass die Maßnahme aus sachlichen Gründen dringend erforderlich ist, so hat er dies dem Arbeitgeber unverzüglich mitzuteilen. [3]In diesem Fall darf der Arbeitgeber die vorläufige personelle Maßnahme nur aufrechterhalten, wenn er innerhalb von drei Tagen beim Arbeitsgericht die Ersetzung der Zustimmung des Betriebsrats und die Feststellung beantragt, dass die Maßnahme aus sachlichen Gründen dringend erforderlich war.

(3) [1]Lehnt das Gericht durch rechtskräftige Entscheidung die Ersetzung der Zustimmung des Betriebsrats ab oder stellt es rechtskräftig fest, dass offensichtlich die Maßnahme aus sachlichen Gründen nicht dringend erforderlich war, so endet die vorläufige personelle Maßnahme mit Ablauf von zwei Wochen nach Rechtskraft der Entscheidung. [2]Von diesem Zeitpunkt an darf die personelle Maßnahme nicht aufrechterhalten werden.

§ 101 Zwangsgeld

[1]Führt der Arbeitgeber eine personelle Maßnahme im Sinne des § 99 Abs. 1 Satz 1 ohne Zustimmung des Betriebsrats durch oder hält er eine vorläufige personelle Maßnahme entgegen § 100 Abs. 2 Satz 3 oder Abs. 3 aufrecht, so kann der Betriebsrat beim Arbeitsgericht beantragen, dem Arbeitgeber aufzugeben, die personelle Maßnahme aufzuheben. [2]Hebt der Arbeitgeber entgegen einer rechtskräftigen gerichtlichen Entscheidung die personelle Maßnahme nicht auf, so ist auf Antrag des Betriebsrats vom Arbeitsgericht zu erkennen, dass der Arbeitgeber zur Aufhebung der Maßnahme durch Zwangsgeld anzuhalten sei. [3]Das Höchstmaß des Zwangsgeldes beträgt für jeden Tag der Zuwiderhandlung 250 Euro.

---

1. Einzelne personelle Maßnahmen (§ 99 Abs. 1 BetrVG)

1.1. Einstellung

Unter **„Einstellung"** i.S.v. § 99 BetrVG, die der Zustimmung des Betriebsrats bedarf, ist die **tatsächliche Beschäftigung im Betrieb** zu verstehen, nicht aber der Abschluss eines Arbeitsvertrags.

***BAG** 13.4.1994 – 7 AZR 651/93; **BAG** 28.4.1992 – 1 ABR 73/91*

Im Hinblick auf den Schutzzweck des Mitbestimmungsrechts nach § 99 BetrVG kommt eine Einstellung i.S.d. § 99 Abs. 1 Satz 1 BetrVG nicht nur bei der erstmaligen Eingliederung eines Mitarbeiters in den Betrieb in Betracht.

Eine sowohl nach Dauer als auch nach Umfang nicht unerhebliche **Erweiterung des Volumens der arbeitsvertraglich geschuldeten regelmäßigen Arbeitszeit** schon beschäftigter Arbeitnehmer des Betriebs stellt eine neuerliche Einstellung nach § 99 Abs. 1 Satz 1 BetrVG dar.

Für die **Verminderung des Arbeitszeitvolumens** gilt dies nicht; in ihr liegt weder eine Einstellung noch eine Versetzung.

Die für eine Einstellung erforderliche Mindestdauer der Arbeitszeiterhöhung beträgt in Anlehnung an § 95 Abs. 3 BetrVG eine Zeitspanne von mehr als einem Monat. Der erforderliche Mindestumfang ist jedenfalls dann erreicht, wenn entweder der Arbeitgeber den durch die Arbeitszeiterweiterung besetzten Arbeitsplatz ausgeschrieben oder der Betriebsrat die Ausschreibung nach § 93 BetrVG zu Recht verlangt hatte.

***BAG** 25.1.2005 – 1 ABR 59/03*

Eine Einstellung i.S.v. § 99 Abs. 1 Satz 1 BetrVG liegt auch vor, wenn ein Arbeitnehmer, der seinen Dienstsitz in einem bestimmten Betrieb des Unternehmens hat und dort regelmäßig tätig ist, zum Vorgesetzten von unternehmensangehörigen Arbeitnehmern eines anderen Betriebs bestellt und durch die Wahrnehmung dieser Führungsaufgaben (auch) der arbeitstechnische Zweck dieses anderen Betriebs verwirklicht wird. (Rn. 15 – 26)

Die für eine Einstellung i.S.v. § 99 Abs. 1 Satz 1 BetrVG notwendige Eingliederung verlangt nicht, dass der betroffene Arbeitnehmer seine Arbeiten auf dem Betriebsgelände oder innerhalb der Betriebsräume verrichtet. Maßgebend ist vielmehr, ob der Arbeitgeber mit Hilfe des Arbeitnehmers den arbeitstechnischen Zweck des Betriebs durch weisungsgebundene Tätigkeit verwirklicht (Rn. 16).

Wird ein Arbeitnehmer, der seinen Dienstsitz in einem bestimmten Betrieb des Unternehmens hat und dort regelmäßig tätig ist, zum Vorgesetzten von unternehmensangehörigen Arbeitnehmern ernannt, die in einem anderen Betrieb arbeiten, und verwirklicht er durch die Wahrnehmung dieser Führungsaufgaben (auch) den arbeitstechnischen Zweck dieses anderen Betriebs, ist eine Einstellung i.S.v. § 99 Abs. 1 Satz 1 BetrVG gegeben (Rn. 21).

Die Entscheidung, in welchem Betrieb der Arbeitsplatz eines betriebsübergreifend tätigen Vorgesetzten in örtlich räumlicher Hinsicht angesiedelt sein soll, obliegt – als Teil der unternehmerischen Entscheidungsfreiheit – dem Arbeitgeber. Das Mitbestimmungsrecht nach § 93 BetrVG steht in diesem Fall nur dem Betriebsrat dieses Betriebs und nicht auch dem Betriebsrat des Betriebs zu, in dem die unterstellten Arbeitnehmer tätig sind (Rn. 43).

***BAG** 12.6.2019 – 1 ABR 5/18*

Die **Verlängerung der Arbeitszeit** eines Arbeitnehmers stellt dann eine nach § 99 Abs. 1 Satz 1 BetrVG mitbestimmungspflichtige Einstellung dar, wenn sie für mehr als einen Monat vorgesehen ist und mindestens zehn Stunden pro Woche beträgt.

Ein der Arbeitszeitverlängerung zugrunde liegender Änderungsvertrag zwischen Arbeitgeber und Arbeitnehmer ist selbst keine Einstellung. Der Betriebsrat kann seine Beteiligung aber bereits vor dessen Abschluss verlangen.

***BAG** 9.12.2008 – 1 ABR 74/07*

Werden Auszubildende eines reinen Ausbildungsbetriebs zum Zwecke ihrer praktischen Ausbildung vorübergehend in einem anderen Betrieb eingesetzt, so stellt das für diesen Betrieb eine Einstellung i.S.v. § 99Abs. 1 Satz 1 BetrVG dar, die der Zustimmung des dort gewählten Betriebsrats bedarf.

Hinweis für die Praxis:

Ein Mitbestimmungsrecht des Betriebsrats bei der Beschäftigung der Auszubildenden scheitert nicht an § 95 Abs. 3 Satz 2 BetrVG. Nach dieser auch auf Auszubildende anzuwendenden Vorschrift (vgl. BAG 3.12.1985 – 1 ABR 58/83) gilt bei Arbeitnehmern, die nach der Eigenart ihres Arbeitsverhältnisses üblicherweise nicht ständig an einem Arbeitsplatz beschäftigt werden, die Bestimmung des jeweiligen Arbeitsplatzes nicht als Versetzung. Die Regelung schließt somit für bestimmte Fallgestaltungen das Vorliegen einer mitbestimmungspflichtigen Versetzung aus.

Bei der Beurteilung, ob eine Maßnahme eine Einstellung i.S.v. § 99 Abs. 1 Satz 1 und 2 BetrVG darstellt, ist § 95 Abs. 3 Satz 2 BetrVG nicht anwendbar. Auch eine entsprechende Anwendung der Vorschrift kommt nicht in Betracht. Sie widerspräche vielmehr dem Sinn und Zweck des Mitbestimmungsrechts des im „aufnehmenden" Betrieb gebildeten Betriebsrats. Die von ihm wahrzunehmenden Interessen der Belegschaft sind auch dann berührt, wenn ein üblicherweise nicht ständig an einem Arbeits- oder Ausbildungsplatz beschäftigter Arbeitnehmer oder Auszubildender in den Betrieb aufgenommen wird. Darauf, ob der in dem „abgebenden" Betrieb gebildete Betriebsrat an der Maßnahme zu beteiligen ist oder ob insoweit die Mitbestimmung wegen § 95 Abs. 3 Satz 2 BetrVG ausgeschlossen ist, kommt es nicht an.

Die Mitbestimmungsrechte des Betriebsrats sind stets auf den Betrieb bezogen. Betrifft eine Maßnahme mehrere Betriebe, können die Beteiligungsrechte der einzelnen Betriebsräte unterschiedlich ausgestaltet sein, da die Maßnahme die Betriebe und die Interessen der dort beschäftigten Arbeitnehmer unterschiedlich berührt (BAG 16.12.1986 – 1 ABR 52/85).

***BAG** 30.9.2008 – 1 ABR 81/07*

Die **nicht nur vorübergehende Erhöhung der regelmäßigen wöchentlichen Arbeitszeit** eines Unternehmens bedarf keiner Zustimmung des Betriebsrats nach § 87 Abs. 1 Nr. 2 oder Nr. 3 BetrVG.

In der Erhöhung der regelmäßigen wöchentlichen Arbeitszeit eines Arbeitnehmers kann eine Einstellung nach § 99 Abs. 1 Nr. 1 BetrVG liegen. Das ist der Fall, wenn es sich um eine nach Dauer und Umfang nicht unerhebliche Erhöhung handelt. Von einem erheblichen Umfang ist nicht nur auszugehen, wenn der Arbeitgeber den zeitlichen Mehrbedarf – wie in dem der Senatsentscheidung vom 25.1.2005 (NZA 2005, 945) zu Grunde liegenden Fall – als Stelle ausgeschrieben hat oder gemäß § 93 BetrVG hätte ausschreiben müssen. Eine nicht unerhebliche Erhöhung kann sich allein aus dem quantitativen Umfang der individuellen Zeitaufstockung ergeben. In der **Verlängerung** der regelmäßigen wöchentlichen Arbeitszeit eines Vollzeitbeschäftigten **um fünf Stunden** liegt typischerweise keine Einstellung.

***BAG** 15.5.2007 – 1 ABR 32/06*

Nach ständiger Rechtsprechung des Bundesarbeitsgerichts liegt eine Einstellung nach § 99 Abs. 1 Satz 1 BetrVG vor, wenn Personen in den Betrieb des Arbeitgebers eingegliedert werden, um zusammen mit den dort schon beschäftigten Arbeitnehmern dessen arbeitstechnischen Zweck durch weisungsgebundene Tätigkeit zu verwirklichen. Auf das Rechtsverhältnis, in dem diese Personen zum Betriebsinhaber stehen, kommt es nicht an (vgl. etwa BAG 23.1.2008 – 1 ABR 74/06). Maßgebend ist, ob die von ihnen zu verrichtenden Tätigkeiten ihrer Art nach weisungsgebundene Tätigkeiten sind, die der Verwirklichung des arbeitstechnischen Zwecks des Betriebs zu dienen bestimmt sind und deshalb vom Arbeitgeber organisiert werden müssen. Ob den betreffenden Personen tatsächlich Weisungen hinsichtlich dieser Tätigkeiten gegeben werden – und ggf. von wem – ist unerheblich. Die Personen müssen derart in die Arbeitsorganisation des Betriebs eingegliedert werden, dass der Betriebsinhaber die für eine weisungsabhängige Tätigkeit typischen Entscheidungen auch über Zeit und Ort der Tätigkeit zu treffen hat. Der Betriebsinhaber muss in diesem Sinne Personalhoheit besitzen und damit wenigstens einen Teil der Arbeitgeberstellung gegenüber den betreffenden Personen wahrnehmen (BAG 2.10.2007 – 1 ABR 60/06). Das Mitbestimmungsrecht des Betriebsrats nach § 99 Abs. 1 BetrVG dient vornehmlich den Interessen der schon vorhandenen, von ihm vertretenen Belegschaft. Der Betriebsrat soll in die Lage versetzt werden, deren Belange nach Maßgabe möglicher Zustimmungsverweigerungsgründe nach § 99 Abs. 2 BetrVG geltend zu machen (BAG 25.1.2005 – 1 ABR 59/03; BAG 2.10.2007 – 1 ABR 60/06). Auf die Dauer der tatsächlichen Eingliederung kommt es nicht an. Vielmehr ist grundsätzlich jede noch so kurze tatsächliche Beschäftigung als Einstellung nach § 99 Abs. 1 BetrVG mitbestimmungspflichtig (BAG 23.1.2008 – 1 ABR 74/06).

***BAG** 30.9.2008 – 1 ABR 81/07*

Der Begriff der Einstellung i.S.d. § 99 BetrVG ist nicht auf die Fälle der erstmaligen Eingliederung eines Arbeitnehmers beschränkt. Ein Mitbestimmungsrecht kann auch bei späterer Änderung des Arbeitsverhältnisses in Betracht kommen. Das ist anzunehmen, wenn gerade dadurch Interessen der Belegschaft in der gleichen Weise berührt werden wie bei einer Neueinstellung.

Die **teilweise Wiederaufnahme der Tätigkeit während des Erziehungsurlaubs** führt zu einer erheblichen Änderung der betrieblichen Situation. Sie kann insbesondere diejenigen Belegschaftsmitglieder betreffen, die vertretungsweise herangezogen wurden. Insoweit können neue Auswahlfragen auftreten. Diese mit zu beurteilen, ist Zweck des Mitbestimmungsrechts des Betriebsrats. Die schutzwerten Interessen der in Erziehungsurlaub befindlichen Arbeitnehmer sind im Mitbestimmungsverfahren angemessen zu berücksichtigen.

***BAG** 28.4.1998 – 1 ABR 63/97*

Die **kommissarische** (zunächst nur vorübergehende, vorläufige) Stellenbesetzung und die **endgültige** (nunmehr auf Dauer angelegte) Stellenbesetzung sind **eigenständige** und jeweils für sich gemäß §§ 99 ff. BetrVG beteiligungspflichtige personelle Maßnahmen, auch wenn beide Maßnahmen dieselbe Person betreffen.

Die **kommissarische Stellenbesetzung** stellt nicht ohne weiteres gleichzeitig die vorläufige Durchführung einer personellen Maßnahme i.S.d. § 100 BetrVG dar.

***Hessisches LAG** 22.3.1994 – 4 TaBV 120/93 = BB 1994, 2276 = NZA 1994, 1052*

Dieser Begriff der Einstellung umfasst trotz seiner Weite nicht alle Vorgänge, die als Einstellung i.S.d. § 99 Abs. 1 BetrVG der Zustimmung des Betriebsrats bedürfen. Er bezieht sich nur auf die Einstellung solcher Personen, die zum Zwecke der Leistung **weisungsgebundener** Tätigkeit in den Betrieb eingegliedert werden. Der Zustimmung des Betriebsrats bedarf aber auch die Einstellung von Personen, die zum Zwecke ihrer **Berufsausbildung** beschäftigt werden sollen, ebenso wie die **Ausgabe von Heimarbeit** an Heimarbeiter, die überwiegend für den Betrieb arbeiten.

Auch bei einer **Einstellung** für eine Beschäftigung **zum Zwecke der Berufsausbildung** kommt es nicht darauf an, welches Rechtsverhältnis dieser Beschäftigung zugrunde liegt. So ist für den Begriff „der zu ihrer Berufsausbildung Beschäftigten" in § 5 Abs. 1 BetrVG anerkannt, dass dieser Beschäftigung alle Verträge zugrunde liegen können, aufgrund derer berufliche Kenntnisse und Fähigkeiten vermittelt werden sollen. Zu ihrer Berufsausbildung beschäftigt werden daher auch **Anlernlinge, Praktikanten, Volontäre, Umschüler, Krankenpflegeschüler und Teilnehmer an firmeninternen Ausbildungsmaßnahmen**.

***BAG** 15.4.1986 – 1 ABR 44/84; **BAG** 12.7.1988 – 1 ABR 85/86;*
***BAG** 18.4.1989 – 1 ABR 97/87;*
***BAG** 1.8.1989 – 1 ABR 54/88; **BAG** 3.10.1989 – 1 ABR 68/88*

Wenn der Arbeitgeber ein Sicherheitsunternehmen beauftragt, durch **Einsatz von Testkäufern** u. a. das Verhalten der Mitarbeiter gegenüber Kunden sowie die Einhaltung von Kassenvorschriften und eines Rauchverbots in Einzelhandelsgeschäften zu überwachen, besteht kein Mitbestimmungsrecht des Betriebsrats nach § 99 BetrVG. Eine Einstellung i.S.d. § 99 BetrVG liegt nicht vor. Die Arbeitnehmer des Sicherheitsunternehmens, die Testkäufe durchführen, sind in den Betrieb des Arbeitgebers nicht eingegliedert. Ihr Einsatz wird nicht vom Arbeitgeber, sondern von dem Sicherheitsunternehmen gesteuert.

***BAG** 13.3.2001 – 1 ABR 34/00 = BB 2001, 2586*

Die Aufnahme von **Schülerpraktikanten** stellt keine Einstellung i.S.d. § 99 BetrVG dar.

***BAG** 8.5.1990 – 1 ABR 7/89*

Eine zustimmungsbedürftige Einstellung i.S.v. § 99 BetrVG liegt auch dann vor, wenn Personen für eine in Aussicht genommene Beschäftigung eine Ausbildung erhalten, ohne die eine solche Beschäftigung nicht möglich wäre. Dabei macht es keinen Unterschied, ob diese Personen nach der Ausbildung in einem Arbeitsverhältnis oder als freie Mitarbeiter beschäftigt werden sollen (Bestätigung und Konkretisierung der Senatsentscheidung vom 3.10.1989 – 1 ABR 68/88 = AP Nr. 73 zu § 99 BetrVG 1972).

***BAG** 20.4.1993 – 1 ABR 59/92*

Die Einstellung von **studentischen Aushilfskräften**, die bei Bedarf auf entsprechende Anfrage des Studenten in der Versandabteilung eines Zeitungsunternehmens eingesetzt werden, ist nach § 99 BetrVG mitbestimmungspflichtig. Denn die Tätigkeit der studentischen Aushilfskräfte ist eine ihrer Art nach weisungsgebundene Tätigkeit.

BAG *15.12.1992 – 1 ABR 39/92*

Eine Einstellung i.S.v. § 99 BetrVG setzt nicht notwendig die Begründung eines Arbeitsverhältnisses voraus. Es genügt, wenn eine Person in den Betrieb eingegliedert wird, um zusammen mit den dort beschäftigten Arbeitnehmern dessen arbeitstechnischen Zweck durch weisungsgebundene Tätigkeiten zu verwirklichen. Auf das Rechtsverhältnis zum Betriebsinhaber kommt es nicht an. Dieses kann auch vereinsrechtlicher Natur sein.

In der Aufnahme eines zur Leistung von Pflegediensten verpflichteten Mitglieds in eine DRK-Schwesternschaft liegt eine Einstellung, die nach § 99 Abs. 1 Satz 1 BetrVG der Zustimmung des bei der Schwesternschaft bestehenden Betriebsrats bedarf. Dies gilt auch, wenn die Aufnahme des Mitglieds zum Zwecke der Personalgestellung an einen Dritten erfolgt.

Der Senat hat nicht entschieden, ob durch die Begründung vereinsrechtlicher Arbeitspflichten bei einer DRK-Schwesternschaft arbeitsrechtliche Schutzbestimmungen umgangen werden und deshalb die für Arbeitnehmer geltenden gesetzlichen Vorschriften auch auf Mitglieder von DRK-Schwesternschaften anzuwenden sind.

BAG *23.6.2010 – 7 ABR 1/09*

Der Einsatz von **Zivildienstleistenden** auf anerkannten Einsatzplätzen, deren Zuweisung durch das Bundesamt für den Zivildienst erfolgt, unterliegt nicht der Mitbestimmung (nach § 99 Abs. 1 BetrVG) des Betriebsrats.

ArbG *Hamburg 31.1.1989 – 10 BV 20/88 = NZA 1989, 652*

Der Betriebsrat hat beim Einsatz von **Fremdpersonal** im Betrieb nur dann mitzubestimmen, wenn es in den Betrieb eingegliedert wird. Dies setzt voraus, dass der Arbeitgeber des Betriebs auch gegenüber dem Fremdpersonal wenigstens einen Teil der Arbeitgeberstellung übernimmt.

Dies ist zu verneinen, wenn das Dienstleistungsunternehmen die Tätigkeit seines Personals durch Einsatzleiter selbst organisiert; dass die vorhandene Betriebsorganisation nur geringe Spielräume lässt, ändert daran nichts, wenn also nur das betriebsfremde Unternehmen die für ein Arbeitsverhältnis typischen Entscheidungen über den Arbeitseinsatz nach Zeit und Ort zu treffen hat.

BAG *18.10.1994 – 1 ABR 9/94*

Eingliederung im Sinne des § 99 Abs. 1 BetrVG ist auch bei Arbeitnehmern von **Fremdfirmen** möglich, die aufgrund eines Dienst- oder Werkvertrags mit Tätigkeiten im Betrieb beauftragt werden. Dazu ist jedoch erforderlich, dass diese gemeinsam mit denen schon im Betrieb beschäftigten Arbeitnehmern eine Tätigkeit verrichten, die ihrer Art nach weisungsgebunden ist, deren Verwirklichung des arbeitstechnischen Zweckes des Betriebs dient und daher vom Arbeitgeber organisiert werden muss. Die Personen müssen so in die betriebliche Arbeitsorganisation integriert werden, dass der Arbeitgeber das für ein Arbeitsverhältnis typische Weisungsrecht innehat und die Entscheidung über den Einsatz auch nach Zeit und Ort trifft. Er muss diese Arbeitgeberfunktion wenigstens im Sinne einer aufgespalteten Arbeitgeberstellung teilweise ausüben.
Die Koordination des Fremdfirmeneinsatzes durch Mitarbeiter des Arbeitgebers (Auftraggebers) und die Einweisung der Werkvertragsarbeitnehmer reicht für die Annahme des Mitbestimmungsrechts des Betriebsrats nach § 99 BetrVG nicht aus (BAG 11.9.2001 = EzA § 99 BetrVG 1972 Einstellung Nr. 10).
Die Voraussetzung der Eingliederung liegt nicht vor, wenn ein Verbrauchermarkt eine Fremdfirma zur Aufrechterhaltung der Verkaufsbereitschaft beauftragt und diese den Markt eigenverantwortlich zwischen 16.00 und 20.00 Uhr an Samstagen führt, die Arbeitgeberin dem Werkunternehmer alle Unternehmerpflichten zur verantwortlichen Leitung des Marktes in dieser Zeit überträgt und die von der Fremdfirma eingesetzten Mitarbeiter alleine den Weisungen der verantwortlichen Personen der Fremdfirma unterliegen und die Fremdfirma berechtigt ist, zur Durchführung des Vertrages Subunternehmer einzusetzen.

ArbG *Mainz 7.11.2003 – 2 BVGa 2003/03 (best. durch* ***LAG*** *Rheinland-Pfalz 2.12.2003 – 2 TaBV 1418/03) = NZA-RR 2004, 201*

Aber siehe auch:

Beauftragt ein Logistikunternehmen, dessen alleiniger Arbeitszweck die Lagerhaltung und Kommissionierung von Waren einer Unternehmensgruppe ist, ein anderes Logistikunternehmen damit, Lagerhaltungs- und Kommissionierungsarbeiten jeweils samstags im Betrieb der Arbeitgeberin durchzuführen, so ist dazu die Zustimmung des Betriebsrats gemäß § 99 BetrVG, soweit fremde Arbeitnehmer eingesetzt werden, gemäß § 87 Abs. 1 Nr. 3 BetrVG, soweit Arbeitnehmer der beteiligten Arbeitgeberin als geringfügig Beschäftigte der Fremdfirma eingesetzt werden, erforderlich.

ArbG *Wiesbaden 23.7.1997 – 7 BV 3/97 und*

Es stellt eine unzulässige Umgehung von Mitbestimmungsrechten dar, wenn der Arbeitgeber eine **Drittfirma** mit der Durchführung von **Wartungsarbeiten** an einer Maschine an sonst arbeitsfreien Samstagen beauftragt und diese Drittfirma sodann **Nebenarbeitsverhältnisse** mit den beim Arbeitgeber beschäftigten Arbeitnehmern zur Durchführung dieser Arbeiten abschließt. Dies gilt insbesondere dann, wenn der Arbeitgeber zuvor erfolglos versucht hat, mit dem Betriebsrat zu einer Einigung über die Ableistung von Mehrarbeit eben dieser Arbeitnehmer für dieselben Arbeiten zu kommen und die Anwesenheit von mit der Maschine vertrauten Arbeitnehmern für die Wartungsarbeiten unabdingbar ist.

Hessisches LAG *20.2.1990 – 5 TaBV 70/89 = DB 1991, 396*

Eine gemäß § 99 BetrVG mitbestimmungspflichtige Einstellung liegt nur vor, wenn die beschäftigte Person in den Betrieb eingegliedert wird. Dies setzt voraus, dass dem Arbeitgeber des Beschäftigungsbetriebes wenigstens ein **Teil des Weisungsrechts** zusteht, kraft dessen er für ein Arbeitsverhältnis typische Entscheidungen über den Arbeitseinsatz zu treffen hat.

Bei der Beschäftigung eines **freien Mitarbeiters** oder eines **freien Handelsvertreters** sind diese Voraussetzungen regelmäßig nicht gegeben. Hier kommt eine „Einstellung" i.S.v. § 99 BetrVG nur bei atypischem Fallgestaltungen in Betracht.

BAG *30.8.1994 – 1 ABR 3/94*

Wird das Betriebsgelände von **Arbeitnehmern eines Bewachungsunternehmens** (tätig aufgrund eines **Dienstvertrags**) überwacht, so liegt darin regelmäßig keine gewerbsmäßige Arbeitnehmerüberlassung an den Inhaber des Betriebes.

Die Arbeitnehmer des Bewachungsunternehmens werden auch dann nicht i.S.d. § 99 Abs. 1 BetrVG für den Betrieb „eingestellt", wenn die Bewachung des Betriebsgeländes zu anderen Zeiten von Arbeitnehmern des Betriebs durchgeführt wird.

BAG *28.11.1989 – 1 ABR 90/88*

Der Einsatz von **Kosmetikberaterinnen** bzw. **Propagandistinnen** in der Parfümerieabteilung eines Kaufhauses unterliegt dem Mitbestimmungsrecht des Betriebsrats des Kaufhauses, wenn die Arbeitnehmer ständig im Kaufhaus tätig und eingegliedert sind. (Gleiche Kleidung, Vertretung in der Pause durch Arbeitnehmer des Kaufhauses, Benutzung der Sozialräume, Gewährung von Personalrabatt)

ArbG *Herne 16.5.1984 – 1 BV 26/83 = DB 1985, 393;*
ArbG *Bremerhaven 3.8.1988 – 2 BV 18/87 = DB 1989, 2131*

Setzt der Arbeitgeber teilweise Vereinsmitglieder gegen eine Aufwandsentschädigung als Rettungssanitäter in den Rettungs- und Transportfahrzeugen ein, so ist darin eine mitbestimmungspflichtige Einstellung nach § 99 Abs. 1 BetrVG zu sehen.

Es ist unerheblich, ob es sich bei den ehrenamtlich im Rettungs- und Transportdienst tätigen Vereinsmitgliedern um Arbeitnehmer handelt. In jedem Fall liegt ihrer Beschäftigung eine Einstellung i.S.v. § 99 Abs. 1 BetrVG zugrunde. Dafür bedarf es lediglich der tatsächlichen Eingliederung in den Betrieb zur Leistung einer ihrer Art nach weisungsabhängigen Tätigkeit.

BAG *12.11.2002 – 1 ABR 60/01*

1.1.1. Insbesondere Leiharbeit

Bei jedem – und sei es **kurzfristigen – tatsächlichen Einsatz eines Leiharbeitnehmers** im Entleiherbetrieb handelt es sich um eine mitbestimmungspflichtige Einstellung nach § 99 Abs. 1 Satz 1 BetrVG.

Der Arbeitgeber ist nach § 14 Abs. 3 Satz 1 AÜG i. V. m. § 99 Abs. 1 Satz 1 und Satz 2 BetrVG verpflichtet, dem Betriebsrat bei seiner Unterrichtung vor der Einstellung von Leiharbeitnehmern auch deren Namen mitzuteilen.

Die Besonderheiten der Arbeitnehmerüberlassung verkürzen die Unterrichtungspflicht des Arbeitgebers nicht. Der Arbeitgeber ist gehalten und es ist ihm zur Erfüllung seiner Unterrichtungspflicht grundsätzlich zuzumuten, die Personalien des einzusetzenden Leiharbeitnehmers erforderlichenfalls beim Verleiher zu erfragen oder bei diesem auf eine so rechtzeitige Auswahlentscheidung zu drängen, dass er seinen Pflichten nach § 99 Abs. 1 Satz 1 und Satz 2 BetrVG rechtzeitig nachkommen kann.

***BAG** 9.3.2011 – 7 ABR 137/09*

Für Arbeitnehmer (**Leiharbeitnehmer**), die aufgrund eines Arbeitnehmerüberlassungsvertrags im Betrieb des Entleihers beschäftigt werden, ist nach Art. 1 § 14 Abs. 3 AÜG „vor der Übernahme eines Leiharbeitnehmers zur Arbeitsleistung" der Betriebsrat des Entleiherbetriebs nach § 99 BetrVG zu beteiligen.

Diese Vorschrift bezieht sich unmittelbar nur auf die **erlaubte gewerbsmäßige Arbeitnehmerüberlassung**, sie ist aber wegen der gleichen Interessenlage, der Betroffenheit der Belegschaft des aufnehmenden Betriebs auch auf die **nicht gewerbsmäßige** und die **unerlaubte gewerbsmäßige Arbeitnehmerüberlassung** entsprechend anzuwenden.

***BAG** 28.9.1988 – 1 ABR 85/87; **BAG** 18.1.1989 – 7 ABR 62/87; **BAG** 18.4.1989 – 1 ABR 97/87; **BAG** 28.11.1989 – 1 ABR 90/88*

Enthält ein Vertrag zur Erbringung von Dienstleistungen durch ein externes Unternehmen keine Vorgaben für die Durchführung der Dienstleistung, handelt es sich bei den tätigkeits- und ablaufbezogenen Weisungen, die Arbeitnehmer des Auftraggebers dem Fremdpersonal während einer gemeinsamen Leistungserbringung erteilen, um solche arbeitsvertraglicher Art.

***BAG** 13.12.2016 – 1 ABR 59/14*

Hinweis für die Praxis

Die Abgrenzung der Überlassung von echten oder unechten Leiharbeitnehmern zum Dienstvertrag ist im Einzelfall immer wieder problematisch. Liegt ein Dienstvertrag vor, hat der Betriebsrat kein Mitbestimmungsrecht nach § 99 BetrVG. Das BAG setzt mit der vorstehenden Entscheidung seine Rechtsprechung fort, wonach nahezu in jedem Einzelfall beide Gestaltungsformen möglich sind. Es kommt deshalb immer darauf an, ob der Vertrag zwischen Unternehmer und Dienstleister Vorgaben an den Dienstleister stellt, wie die Dienstleistung durchzuführen ist. Diese Vorgaben muss der Dienstleister dann selbst verwirklichen. In diesem Fall liegt ein Dienstvertrag vor. Ist dies nicht der Fall und erteilt der Unternehmer einzelne Anweisungen direkt an die von dem Dienstleister nur zur Verfügung gestellten Arbeitnehmer des Dienstleisters, liegt dagegen echte oder unechte Leiharbeit und damit auch eine Einstellung des Leiharbeitnehmers vor.

Für die Mitbestimmung bei Einstellungen nach § 99 Abs. 1 BetrVG kommt es auf die Eingliederung der Beschäftigten und nicht auf die Natur des Rechtsverhältnisses an, in dem die Personen zum Betriebsinhaber stehen.
Eingegliedert ist, wer eine ihrer Art nach weisungsgebundene Tätigkeit verrichtet, die der Arbeitgeber organisiert. Der Beschäftigte muss so in die betriebliche Arbeitsorganisation integriert sein, dass der Arbeitgeber das für ein Arbeitsverhältnis typische Weisungsrecht innehat und die Entscheidung über den Einsatz nach Inhalt, Ort und Zeit trifft. Der Betriebsinhaber muss diese Arbeitgeberfunktion wenigstens im Sinn einer aufgespaltenen Arbeitgeberstellung teilweise ausüben.
Fremdarbeitnehmer, die aufgrund eines Dienst- oder Werkvertrags ihres Vertragsarbeitgebers auf dem Betriebsgelände eines anderen Arbeitgebers tätig sind, können dann in dessen Betrieb eingegliedert sein, wenn der Betriebsinhaber – zumindest teilweise – die für ein Arbeitsverhältnis typischen Entscheidungen über den Arbeitseinsatz des Fremdpersonals trifft.
Die Aufnahme des eingesetzten Fremdpersonals in die Dienstpläne des Betriebsinhabers spricht indiziell für das Vorliegen einer betriebsverfassungsrechtlich relevanten Arbeitgeberstellung.

***BAG** 13.5.2014 – 1 ABR 50/12*

Eine Einstellung i.S.d. § 99 Abs. 1 Satz 1 BetrVG liegt vor, wenn Personen eine ihrer Art nach weisungsgebundene Tätigkeit verrichten. Der Beschäftigte muss so in die betriebliche Arbeitsorganisation integriert sein, dass der Arbeitgeber das für ein Arbeitsverhältnis typische Weisungsrecht innehat und die Entscheidung über den Einsatz nach Inhalt, Ort und Zeit trifft.

Eine Eingliederung in den Betrieb und dessen Organisation ist nicht schon dann anzunehmen, wenn Personen im Betrieb des Auftraggebers tätig werden und ihre Dienstleistung oder das von ihnen zu erstellende Werk nach Art, Umfang, Güte, Zeit und Ort in den betrieblichen Arbeitsprozess eingeplant oder detailliert beschrieben ist.

Den Tatsacheninstanzen steht bei der Würdigung, ob ein Beschäftigter im Betrieb eines anderen Arbeitgebers eingegliedert ist, ein Beurteilungsspielraum zu. Dieser kann in der Rechtsbeschwerdeinstanz nur daraufhin überprüft werden, ob das Gericht den Rechtsbegriff selbst verkannt, gegen Denkgesetze, anerkannte Auslegungs- und Erfahrungssätze verstoßen oder wesentliche Umstände außer Acht gelassen hat.

***BAG** 8.11.2016 – 1 ABR 57/14*

Eine Einstellung i.S.v. § 99 Abs. 1 Satz 1 BetrVG liegt vor, wenn der Mitarbeiter derart in die Arbeitsorganisation des Betriebes eingegliedert wird, dass der Betriebsinhaber die für eine weisungsgebundene Tätigkeit typischen Entscheidungen über Zeit und Ort der Tätigkeit zu treffen hat. Der Mitarbeiter kann dabei in einem Arbeits- oder einem sonstigen Rechtsverhältnis zu Dritten stehen.

Für eine Einstellung genügt es nicht, dass die vom Mitarbeiter durchzuführenden Aufgaben ihrer Art nach weisungsgebundene Tätigkeiten darstellen und im Zusammenwirken mit den im Betrieb schon beschäftigten Arbeitnehmern der Verwirklichung des arbeitstechnischen Zwecks des Betriebs dienen. Maßgeblich ist, ob der Betriebsinhaber die Personalhoheit in Form der Entscheidungsbefugnis hinsichtlich Zeit und Ort der Tätigkeit besitzt.

***BAG** 13.12.2005 – 1 ABR 51/04; **BAG** 2.10.2007 – 1 ABR 60/06*

Wird eine DRK-Schwester, die als Mitglied einer DRK-Schwesternschaft angehört, von dieser in einem vom Dritten betriebenen Krankenhaus eingesetzt, um dort nach dessen Weisung gegen Entgelt tätig zu sein, handelt es sich um Arbeitnehmerüberlassung. Der Betriebsrat des Krankenhauses kann dieser Einstellung die erforderliche Zustimmung verweigern, wenn der Einsatz gegen das Verbot der nicht vorübergehenden Arbeitnehmerüberlassung nach § 1 Abs. 1 Satz 2 AÜG verstößt.

***BAG** 21.2.2017 – 1 ABR 62/12*

Überlässt ein konzernangehöriges Unternehmen einem anderen Unternehmen desselben Konzerns Arbeitnehmer aushilfsweise, so ist dieser Vorgang als „Einstellung" mitbestimmungspflichtig.

***BAG** 9.3.1976 – 1 ABR 53/74*

Die **Abordnung** von Arbeitnehmern einer Filiale eines Unternehmens in eine andere Filiale ist für die **aufnehmende Filiale** eine **Einstellung** i.S.d. § 99 BetrVG auch dann, wenn sie nur für wenige Tage erfolgt.

Eine solche Abordnung ist für die **abgebende Filiale** eine **Versetzung** i.S.d. § 95 Abs. 3 BetrVG, wenn sie mit einer erheblichen Änderung der Umstände verbunden ist, unter denen die Arbeit zu leisten ist.

***BAG** 16.12.1986 – 1 ABR 52/85*

Tritt ein Arbeitgeber gemäß § 613 a BGB in die Rechte und Pflichten eines Arbeitsverhältnisses ein, so liegt darin keine Einstellung i.S.d. § 99 Abs. 1 BetrVG.

***BAG** 7.11.1975 – 1 ABR 78/74*

Die Fortbeschäftigung eines Arbeitnehmers, dessen Arbeitsverhältnis im Wege des **Betriebsübergangs** nach § 613 a Abs. 1 Satz 1 BGB auf den Betriebserwerber übergegangen ist, bedeutet selbst dann keine Einstellung i.S.v. § 99 Abs. 1 Satz 1 BetrVG, wenn der Betriebsübergang in der Übernahme einer Gesamtheit von Arbeitnehmern besteht (Fortf. v. BAG 7.11.1975 – 1 ABR 78/74).

***LAG** Düsseldorf 23.1.2003 – 11 TaBV 73/02 = LAG Report 2003, 186*

Übernahme i.S.v. § 14 Abs. 3 Satz 1 AÜG ist bezogen auf den Betrieb des Entleihers die als Einstellung i.S.v. § 99 Abs. 1 BetrVG zu erachtende Eingliederung.

Die auf Grund eines Rahmenvertrags zwischen Entleiher und Verleiher erfolgende Aufnahme von Leiharbeitnehmern in einen Stellenpool, aus dem der Verleiher auf Anforderung des Entleihers Leiharbeitnehmer für die jeweiligen Einsätze im Entleiherbetrieb auswählt, ist keine mitbestimmungspflichtige Übernahme i.S.v. § 14 Abs. 3 Satz 1 AÜG.

Mitbestimmungspflichtig nach § 14 Abs. 3 Satz 1 AÜG i. V. m. § 99 Abs. 1 BetrVG sind die tatsächlichen konkreten **Einsätze von Leiharbeitnehmern im Entleiherbetrieb**.

***BAG** 23.1.2008 – 1 ABR 74/06*

Der Einsatz von sogenannten Ein-Euro-Kräften in der Stadtverwaltung und anderen Behörden unterliegt der Mitbestimmung des jeweiligen Personalrats. Denn es liegt eine Einstellung im personalvertretungsrechtlichen Sinn vor, da die Ein-Euro-Jobber in die Arbeitsorganisation der Dienststelle tatsächlich eingegliedert werden, dort Aufgaben der Dienststelle erfüllen und dem Weisungsrecht unterliegen.

***Hess. VGH** 22.6.2006 – 22 TL 2779/05*

> ***Hinweis für die Praxis:***
>
> *Obwohl sich die vorstehende Entscheidung mit dem Personalvertretungsrecht befasst, dürfte auch betriebsverfassungsrechtlich nichts anderes gelten. Die Beschäftigung von Ein-Euro-Kräften stellt eine Einstellung im Sinne von § 99 BetrVG dar, die der vorherigen Zustimmung des Betriebsrats bedarf. Die Ein-Euro-Kräfte sind in den Betrieb eingegliedert und unterliegen dem Direktions- und Weisungsrecht des Arbeitgebers. Dann besteht aber auch das Mitbestimmungs- bzw. Vetorecht des Betriebsrats.*

1.1.2. Befristete Einstellung

Wird ein Arbeitnehmer über eine auf das Arbeitsverhältnis anwendbare tarifliche Altersgrenze hinaus weiterbeschäftigt, liegt eine Einstellung i.S.v. § 99 Abs. 1 Satz 1 BetrVG vor. Das gilt auch dann, wenn die Weiterbeschäftigung aufgrund einer Hinausschiebensvereinbarung i.S.v. § 41 SGB VI erfolgt.

***BAG** 22.9.2021 – 7 ABR 22/20, ebenso bereits **BAG** 12.7.1988 – 1 ABR 85/86*

> Soll das **befristete Arbeitsverhältnis verlängert** werden, ist der Betriebsrat erneut nach § 99 Abs. 1 BetrVG zu beteiligen.
>
> ***BAG** 7.8.1990 – 1 ABR 68/89; **BAG** 25.1.2005 – 1 ABR 59/03; **BAG** 23.6.2009 – 1 ABR 30/08*

Wenn ein **befristetes Probearbeitsverhältnis** nach Ablauf der Probezeit in ein unbefristetes Arbeitsverhältnis umgewandelt wird, ist der Betriebsrat nicht erneut nach § 99 BetrVG zu beteiligen, sofern dem Betriebsrat vor der Einstellung zur Probe mitgeteilt worden ist, der Arbeitnehmer solle bei Bewährung auf unbestimmte Zeit weiterbeschäftigt werden.

***BAG** 7.8.1990 – 1 ABR 68/89*

Die **Übernahme eines Azubi** in unmittelbarem Anschluss an das **Ausbildungsverhältnis** in ein Arbeitsverhältnis stellt eine Einstellung i.S.d. § 99 Abs. 1 BetrVG dar und bedarf damit der Zustimmung des Betriebsrats.

***LAG** Hamm 14.7.1982 – 12 TaBV 27/82 = DB 1982, 2303*

Werden Beschäftigte aus den neuen Bundesländern zum Zwecke der Unterweisung in einen westdeutschen Betrieb desselben Unternehmens vorübergehend eingegliedert, so handelt es sich hierbei um die Durchführung einer innerbetrieblichen Ausbildungsmaßnahme, die sich als eine Einstellung i.S.d. § 99 Abs. 1 darstellt.

***ArbG** Heilbronn 29.4.1992 – 3 BV 9/91 = AiB 1992, 533 (n.rkr.)*

Beschäftigt ein privater Arbeitgeber einen ihm nach § 123a Abs. 2 BRRG unbefristet zugewiesenen, bislang im Angestelltenverhältnis befristet beschäftigten Beamten über das Fristende hinaus weiter, so liegt darin eine nach § 99 Abs. 1 Satz mitbestimmungspflichtige Einstellung. Holt der Arbeitgeber nicht die erforderliche Zustimmung des Betriebsrats ein, kann dieser gemäß § 101 BetrVG die Aufhebung der Eingliederung des Beamten verlangen.

***BAG** 23.6.2009 – 1 ABR 30/08*

1.2. Eingruppierung

Im Betrieb eines tarifgebundenen Arbeitgebers stellt die im einschlägigen Tarifvertrag enthaltene Vergütungsordnung zugleich das im Betrieb geltende System für die Bemessung des Entgelts der Arbeitnehmer dar. Zwar handelt es sich bei tariflichen Vergütungsregelungen nicht um Betriebsnormen i.S.v. § 3 Abs. 2 TVG, die unabhängig von der Tarifgebundenheit der Arbeitnehmer maßgeblich sind, sondern um Inhaltsnormen, die nach § 3 Abs. 1, § 4 Abs. 1 Satz 1 TVG unmittelbar und zwingend nur zwischen dem Arbeitgeber und den tarifgebundenen Arbeitnehmern gelten (vgl. BAG 4.5.2011 – 7 ABR 10/10; BAG 18.3.2008 – 1 ABR 81/06).

Nach der Rechtsprechung des Bundesarbeitsgerichts ist der tarifgebundene Arbeitgeber dennoch betriebsverfassungsrechtlich verpflichtet, die tarifliche Vergütungsordnung ungeachtet der Tarifgebundenheit der Arbeitnehmer im Betrieb anzuwenden, soweit deren Gegenstände der erzwingbaren Mitbestimmung des § 87 Abs. 1 Nr. 10 BetrVG unterliegen. Dieses Verständnis geben die Funktion des Tarifvorbehalts in § 87 Abs. 1 Eingangshalbs. BetrVG sowie der Normzweck des § 87 Abs. 1 Nr. 10 BetrVG vor (BAG 23.8.2016 – 1 ABR 15/14; BAG 18.10.2011 – 1 ABR 25/10).

Ist der Arbeitgeber an zwei tarifliche Vergütungsordnungen gebunden, die zu einer Tarifpluralität führen, werden seine betriebsverfassungsrechtlichen Pflichten durch das Bestehen zweier, unabhängig voneinander geltender Entgeltsysteme erweitert. Er ist dann grundsätzlich verpflichtet, die Arbeitnehmer unter Beteiligung des Betriebsrats den Entgeltgruppen der beiden betriebsverfassungsrechtlich geltenden Vergütungsordnungen zuzuordnen (BAG 23.8.2016 – 1 ABR 15/14; BAG 14.4.2015 – 1 ABR 66/13). Ob sie einen vertraglichen Anspruch auf die Anwendung dieser Tarifverträge haben oder unmittelbar tarifgebunden sind, hat auf die gegenüber dem Betriebsrat bestehende Pflicht des Arbeitgebers aus § 99 Abs. 1 Satz 1 BetrVG keinen Einfluss (BAG 4.5.2011 – 7 ABR 10/10; vgl. auch 8.12.2009 – 1 ABR 66/08).

***BAG** 27.9.2017 – 7 ABR 8/16*

Sieht ein Tarifvertrag für bestimmte Tätigkeiten – hier für Erzieher und Lehrer – verschiedene Eingruppierungssysteme vor, unterscheiden sich die Aufgabenanforderungen und -inhalte dieser Tätigkeiten in einem Maß voneinander, dass sie keine einschlägige Berufserfahrung im Sinne der Protokollerklärung Nr. 1 zu § 16 II TV-L mehr vermitteln (Rn. 19).

Die Stufenzuordnung – und damit auch die Entscheidung über eine etwaige Anerkennung vorheriger Zeiten förderlicher Tätigkeiten – hat bei jeder Einstellung (neu) zu erfolgen. Daraus folgt, dass ein Arbeitgeber, der bereits in einem früheren Arbeitsverhältnis solche Zeiten anerkannt hat, nicht allein aus diesem Grund verpflichtet ist, diese auch bei einer Wiedereinstellung zu berücksichtigen (Rn. 24).

***BAG** 15.10.2021 – 6 AZR 268/20*

Im Verfahren auf Ersetzung der Zustimmung des Betriebsrats zu einer Ein- oder Umgruppierung entfaltet die Rechtskraft einer gerichtlichen Entscheidung bei gleichbleibendem Sachverhalt Bindungswirkung auch für nachfolgende Verfahren. Die gerichtliche Entscheidung ist solange bindend, wie keine neue Eingruppierung erforderlich wird, die das Mitbestimmungsrecht nach § 99 BetrVG auslöst. Hat ein Gericht im Rahmen des Verfahrens nach § 99 Abs. 4 BetrVG rechtskräftig die Richtigkeit der bisherigen Eingruppierung festgestellt und haben sich seitdem weder die Tätigkeit des Arbeitnehmers noch das Entgeltschema geändert, wirkt diese Entscheidung fort. Das Mitbestimmungsrecht bei Ein- und Umgruppierungen ist ein Mitbeurteilungs-, nicht ein Mitgestaltungsrecht. Die Eingruppierung des Arbeitnehmers in eine im Betrieb angewandte Lohn- und Gehaltsgruppenordnung ist keine konstitutive Maßnahme, sondern Rechtsanwendung.

***BAG** 20.3.2014 – 2 AZR 840/12*

In einem Rechtsstreit über die zutreffende Eingruppierung können die Parteien die Erfüllung von Tätigkeitsmerkmalen nicht „unstreitig" stellen. Es ist stets zumindest eine pauschale, summarische Prüfung hinsichtlich der tariflichen Anforderungen durch das Gericht erforderlich. Ist demgegenüber die Frage, ob durch eine begehrte höhere Eingruppierung Differenzentgeltansprüche entstanden sind, für den Rechtsstreit lediglich präjudiziell, kann deren Entstehen und Höhe Gegenstand eines Geständnisses nach § 288 ZPO sein (Rn. 21 ff.).

BAG 17.11.2021 – 4 AZR 77/21

Eine Eingruppierung i.S.v. § 99 Abs. 1 Satz 1 BetrVG besteht in der rechtlichen Beurteilung des Arbeitgebers, dass der Arbeitnehmer aufgrund seiner Tätigkeit einer bestimmten Vergütungsgruppe oder jedenfalls einer von mehreren Vergütungsordnungen zuzuordnen ist.

Die abstrakte Bewertung eines Arbeitsplatzes oder einer Tätigkeit ist keine Eingruppierung i.S.v. § 99 Abs. 1 Satz 1 BetrVG. Sie ist unabhängig vom Arbeitsplatzinhaber oder von demjenigen, der die Tätigkeit ausübt. Gegenstand der Beurteilung ist nicht – wie bei der

Eingruppierung – der Arbeitnehmer, sondern der Arbeitsplatz. Ein Mitbeurteilungsrecht des Betriebsrats besteht deshalb nicht.

BAG *17.11.2010 – 7 ABR 123/09*

Das Mitbestimmungsrecht des Betriebsrats nach § 99 Abs. 1 und Abs. 2 BetrVG besteht in den Fällen der Ein- und Umgruppierung in einem Recht auf Mitbeurteilung (Rn. 17).

Bei der Stufenvorweggewährung oder der Zahlung einer erhöhten Endstufe i.S.v. § 20 Abs. 5 Satz 1 und Satz 2 TV-Ärzte/VKA erschöpft sich die Maßnahme des Arbeitgebers nicht in einem Akt strikter Rechtsanwendung, also in der Beurteilung der Einreihung des Arbeitnehmers bzw. seiner Tätigkeit in eine Vergütungsordnung. Der Arbeitgeber trifft vielmehr eine konstitutivgestaltende Entscheidung. Entsprechend handelt es sich nicht um eine Ein- oder Umgruppierung; der Betriebsrat ist bei den Maßnahmen nicht nach § 99 Abs. 1 Satz 1 und Abs. 2 BetrVG zu beteiligen (Rn. 18).

BAG *12.6.2019 – 1 ABR 30/18*

Soweit das Tätigkeitsbeispiel „Leiter ... eines Arbeitsbereichs" zu Gehaltsgruppe VII MTV voraussetzt, dass „die überwiegende Zahl der Arbeitnehmer des geleiteten Arbeitsbereichs in Gehaltsgruppe VI tariflich einzugruppieren ist", kommt es auf die zutreffende Einordnung der Arbeitnehmer in die tarifliche Entgeltordnung und nicht auf die ihnen tatsächlich gezahlte Vergütung an.

Für diese Zuordnung der unterstellten Arbeitnehmer zu einer Gehaltsgruppe des MTV genügt eine summarische Prüfung oder eine am Durchschnitt orientierte Bewertung der Tätigkeiten nicht. Die abstrakte Bewertung eines Arbeitsplatzes oder einer Tätigkeit ist keine Eingruppierung i.S.v. § 99 Abs. 1 Satz 1 BetrVG.

Ob sich aus einer mit ausdrücklicher vorheriger Zustimmung des Betriebsrats im Rahmen eines Eingruppierungsverfahrens nach § 99 Abs. 1 BetrVG erfolgten Zuordnung der unterstellten Arbeitnehmer eine Indizwirkung dafür ergeben kann, dass es sich dabei auch um die „zutreffende" Eingruppierung im Sinne dieses Tätigkeitsbeispiels handelt, und welche konkreten Auswirkungen eine solche hätte, musste nicht entschieden werden.

BAG *26.4.2017 – 4 ABR 37/14*

Die tatsächlichen Grundlagen für eine Entscheidung über die zutreffende Eingruppierung sind von den Gerichten für Arbeitssachen zu ermitteln und festzustellen. Der bloße Verweis auf eine vom Arbeitgeber verfasste Stellenbeschreibung und die dort genannten, auszuübenden Tätigkeiten ersetzt die erforderlichen Feststellungen auch dann nicht, wenn die Angaben von den Parteien im Verlauf des Rechtsstreits nicht in Frage gestellt werden. Als Grundlage für eine Tätigkeitsbeschreibung kommt sie allenfalls dann in Betracht, wenn sie die tatsächlich auszuübende Tätigkeit sowie die Gesamt- oder Teiltätigkeiten ausreichend wiedergibt (hier verneint).

Grundsätzlich muss ein Arbeitnehmer, der einen Anspruch auf eine höhere Vergütung geltend macht, die anspruchsbegründenden Tatsachen darlegen und ggf. beweisen. Enthält die Vergütungsregelung ein Gehaltsband, kann er regelmäßig ohne weitere Darlegungen ein Entgelt in Höhe des „Mittelwerts" verlangen. Macht er hingegen einen höheren Wert geltend, ist er für die diesen Wert rechtfertigenden Tatsachen primär darlegungs- und beweispflichtig.

BAG *18.11.2015 – 4 AZR 534/13;* ***BAG*** *27.1.2016 – 4 AZR 916/13*

Die Gerichte für Arbeitssachen haben die tatsächlichen Grundlagen zur Bestimmung des Arbeitsvorgangs festzustellen. Dabei kann nicht allein auf eine vom Arbeitgeber verfasste Stellenbeschreibung und die dort genannten, auszuübenden Tätigkeiten sowie deren Aufgliederung abgestellt werden. Diese dient lediglich der Dokumentation der Tätigkeit des Stelleninhabers. Sie kann nicht ohne Weiteres mit den tarifvertraglichen Vorgaben gleichgesetzt werden.

Für die Bestimmung eines Arbeitsvorgangs ist das Arbeitsergebnis maßgebend. Dabei kann die gesamte vertraglich geschuldete Tätigkeit einen einzigen Arbeitsvorgang ausmachen. Nur wenn Tätigkeiten von unterschiedlicher Wertigkeit von vornherein voneinander zu trennen und tatsächlich entsprechend getrennt sind, werden diese nicht zu einem Arbeitsvorgang zusammengefasst. Tatsächlich getrennt sind Arbeitsschritte dann nicht, wenn sich erst im Laufe der Bearbeitung herausstellt, welchen tariflich erheblichen Schwierigkeitsgrad der einzelne Fall aufweist.

Innerhalb des maßgebenden Arbeitsvorgangs ist es ausreichend, dass in rechtserheblichem Umfang Tätigkeiten auszuüben sind, die die Anforderungen des jeweiligen tariflichen Qualifikationsmerkmals erfüllen. Es ist weder erforderlich, dass die die tariflichen Qualifizierungsmerkmale erfüllende Tätigkeit innerhalb des Arbeitsvorgangs überwiegt, noch muss sie durch die tarifliche Qualifizierung „geprägt" sein.

BAG *18.3.2015 – 4 AZR 59/13*

Eine vom Arbeitgeber erstellte Stellenbeschreibung kommt als Grundlage für die Bestimmung von Arbeitsvorgängen in Betracht, wenn sie die dem konkreten Arbeitnehmer übertragenen Tätigkeiten sowie ggf. die verschiedenen Arbeitsergebnisse mit ihren jeweiligen Zeitanteilen hinreichend differenziert wiedergibt. Sie ersetzt jedoch weder die tatrichterliche Feststellung, dass die Tätigkeit tatsächlich auszuüben ist, noch die rechtliche Bewertung durch die Gerichte für Arbeitssachen zur Bestimmung von Arbeitsvorgängen (Rn. 15).

BAG *10.6.2020 – 4 AZR 142/19*

Bei der Bestimmung eines Arbeitsvorgangs im tariflichen Sinne können wiederkehrende und gleichartige Tätigkeiten zusammengefasst werden. Einer Zusammenfassung von Einzeltätigkeiten und Arbeitsschritten, die theoretisch gesondert tariflich unterschiedlich bewertet werden können, steht dem nicht entgegen. Sie ist aber nicht möglich, wenn die verschiedenen Arbeitsschritte von vornherein tatsächlich organisatorisch voneinander getrennt sind. Die bloße Möglichkeit hierzu reicht nicht aus.

Eine tatsächliche organisatorische Trennung liegt nicht vor, wenn sich erst im Laufe der Bearbeitung herausstellt, welchen – tariflich bedeutsamen – Schwierigkeitsgrad die Tätigkeit aufweist.

Die tarifliche Bewertung erfolgt im Anschluss an die Bestimmung der Arbeitsvorgänge und bezieht sich jeweils auf einen Arbeitsvorgang im Ganzen.

Um die „gesamte auszuübende Tätigkeit" im Tarifsinne einer bestimmten Entgeltgruppe zuzuweisen, reicht es aus, wenn ein Arbeitsvorgang – hier: Pflegekinder-dienst – einen zeitlichen Anteil von mindestens die Hälfte der Arbeitszeit, d.h. von 50 v.H. aufweist. Damit sind die Anforderungen der entsprechenden (höheren) Entgeltgruppe erfüllt.

BAG *24.2.2016 – 4 AZR 485/13*

Aus der vorgesehenen Eingruppierung kann nicht der Schluss gezogen werden, dass die zu besetzende Stelle tatsächlich die in der Ausschreibung genannten formalen Qualifikationsmerkmale erfordert. Die Eingruppierung richtet sich grundsätzlich nach der zu verrichtenden Tätigkeit, nicht die zu verrichtende Tätigkeit nach der Eingruppierung.

BAG *10.2.2015 – 9 AZR 554/13*

Sieht ein Tarifvertrag der Privatwirtschaft keine eigenständigen Kriterien für die Bestimmung vor, ob es sich im konkreten Fall um eine einheitlich zu bewertende Gesamttätigkeit oder mehrere getrennt zu bewertende Teiltätigkeiten handelt, sind grundsätzlich die für die Tarifverträge des öffentlichen Dienstes für die Bestimmung von Arbeitsvorgängen geltenden Kriterien mit der Maßgabe entsprechend heranzuziehen, dass die dabei anzuwendenden Maßstäbe weniger streng sind (Rn. 35).

Es handelt sich um einen allgemein anerkannten Grundsatz des Eingruppierungsrechts, dass sich die auszuübende Tätigkeit eines Arbeitnehmers aus verschiedenen Teiltätigkeiten unterschiedlicher Entgeltgruppen zusammensetzen kann. In einem nächsten Schritt ist zu prüfen, ob die tariflich gesondert zu bewertenden Teiltätigkeiten oder die einheitliche Gesamttätigkeit einem oder mehreren Tätigkeitsbeispielen entsprechen. Das setzt regelmäßig voraus, dass die Tätigkeit innerhalb der zu bewertenden Gesamt- oder Teiltätigkeit zeitlich überwiegend, also zu mehr als 50 v.H. der Arbeitszeit ausgeübt wird. Zwingend erforderlich ist das aber nicht. Die anfallenden Aufgaben können auch durch ihre qualitativen Anforderungen den Schwerpunkt der Tätigkeiten bilden und für die Gesamt- oder Teiltätigkeit so bedeutsam sein, dass diese insgesamt dem „Bild" der durch das Tätigkeitsbeispiel beschriebenen Tätigkeit entspricht. Es muss sich um dem Tätigkeitsbeispiel typischerweise zuzuordnende Tätigkeiten handeln.

BAG *13.5.2020 – 4 ABR 29/19*

Die Erfordernisse des allgemein gefassten Tätigkeitsmerkmals einer tariflichen Vergütungsgruppe („Oberbegriff") sind regelmäßig als erfüllt anzusehen, wenn die Tätigkeit des Arbeitnehmers einem Tätigkeitsbeispiel der betreffenden Vergütungsgruppe entspricht. Dies ist in der Regel der Fall, wenn sie die Gesamt- oder Teiltätigkeit dadurch prägt, dass sie zeitlich überwiegend ausgeübt wird. Eine derartige Prägung kann sich aber auch aus den qualitativen

Anforderungen oder der Bedeutung der Aufgabe für die Gesamt- oder Teiltätigkeit ergeben (Rn. 28 ff.).

***BAG** 26.2.2020 – 4 ABR 19/19*

Die Ausübung einer Tätigkeit, die die Tarifvertragsparteien in einer tariflichen Vergütungsordnung als Richtbeispiel für ein zuvor in allgemeinen Anforderungen beschriebenes Tätigkeitsmerkmal benennen, ist nur dann für sich genommen ausreichend, um von der Erfüllung des Tätigkeitsmerkmals auszugehen, wenn das Beispiel nicht in mehreren Entgeltgruppen genannt ist und es keine unbestimmten Rechtsbegriffe enthält, zu deren Auslegung auf die allgemeinen Anforderungen zurückzugreifen ist.

***BAG** 26.8.2015 – 4 AZR 992/12*

Bei der Bestimmung der tariflich zu bewertenden Arbeitseinheit nach einer tariflichen Vergütungsordnung aus der privaten Wirtschaft, die für diese Bestimmung keine eigenständigen Regelungen enthält, finden die Grundgedanken der Tarifverträge des öffentlichen Dienstes für die Bestimmung von Arbeitsvorgängen grundsätzlich mit der Maßgabe entsprechende Anwendung, dass die dabei anzuwendenden Maßstäbe weniger streng sind.
Ordnet die tarifliche Vergütungsordnung einer Entgeltgruppe ein Tätigkeitsbeispiel zu, reicht allein die Ausübung der dort genannten Tätigkeit für die Annahme der Erfüllung der Anforderungen der entsprechenden Entgeltgruppe nur dann aus, wenn dieses Tätigkeitsbeispiel keine unbestimmten Rechtsbegriffe enthält und nur bei einer einzigen Entgeltgruppe genannt ist. Andernfalls ist auf die allgemeinen Anforderungen des Tätigkeitsmerkmals zurückzugreifen.

***BAG** 24.2.2016 – 4 AZR 980/13*

Erfüllt die Tätigkeit eines Arbeitnehmers keines der in einer – tariflichen – Vergütungsordnung geregelten Tätigkeitsmerkmale, kann eine sog. Tariflücke vorliegen. Ob dies der Fall ist, kann nur auf der Grundlage der Feststellung beurteilt werden, welche Tätigkeit der betreffende Arbeitnehmer ausübt.
Die Schließung einer Tariflücke durch die Gerichte für Arbeitssachen ist unzulässig, wenn es sich um eine bewusste Auslassung der Tarifvertragsparteien handelt. Die Gerichte sind nicht befugt, gegen den Willen der Tarifvertragsparteien ergänzende tarifliche Regelungen zu „schaffen“ oder das Ergebnis einer schlechten Verhandlungsführung dadurch zu korrigieren, dass „Vertragshilfe“ geleistet wird. Dies wäre ein unzulässiger Eingriff in die verfassungsrechtlich geschützte Tarifautonomie.

Eine sog. unbewusste Tariflücke darf durch die Gerichte für Arbeitssachen nur geschlossen werden, wenn es eindeutige Hinweise darauf gibt, wie die Tarifvertragsparteien die nicht berücksichtigte Tätigkeit bewertet hätten. Diese Voraussetzung ist nur dann gegeben, wenn die tariflich nicht geregelte mit einer tariflich geregelten Tätigkeit in einer Weise artverwandt und vergleichbar ist, die es erlaubt, die Tätigkeitsmerkmale auf die nicht tariflich geregelte Tätigkeit anzuwenden.

***BAG** 18.11.2015 – 4 ABR 24/14*

Nach der ständigen Rechtsprechung des Bundesarbeitsgerichts kann der Betriebsrat in Fällen, in denen der Arbeitgeber die gebotene Ein- oder Umgruppierung eines Arbeitnehmers unterlässt, in entsprechender Anwendung von § 101 BetrVG zur Sicherung seines Mitbeurteilungsrechts nach § 99 Abs. 1 BetrVG beim Arbeitsgericht beantragen, dem Arbeitgeber aufzugeben, eine Ein- oder Umgruppierungsentscheidung vorzunehmen, ihn um Zustimmung zu ersuchen und im Falle der beachtlichen Zustimmungsverweigerung das arbeitsgerichtliche Zustimmungsersetzungsverfahren einzuleiten.

Die Verpflichtung zur Ein- und Umgruppierung setzt eine im Betrieb geltende Vergütungsordnung voraus. Woraus sich die Geltung der Vergütungsordnung ergibt, ist unerheblich. Sie kann in einem Tarifvertrag enthalten sein, auf einer Betriebsvereinbarung beruhen, aufgrund einzelvertraglicher Vereinbarungen im Betrieb allgemein zur Anwendung kommen oder vom Arbeitgeber einseitig geschaffen sein.

Soweit das Bundesarbeitsgericht bisher dahin verstanden werden konnte, eine betriebsverfassungsrechtliche Verpflichtung des Arbeitgebers zur Eingruppierung eines Arbeitnehmers in eine tarifliche Vergütungsordnung bestehe nur, wenn dieser selbst aufgrund beiderseitiger Tarifbindung, einzelvertraglicher Bezugnahme oder aus anderen Gründen einen Anspruch auf Anwendung des Tarifvertrags habe, hält der Senat daran nicht fest. Für die betriebliche Mitbestimmung nach § 99 Abs. 1 BetrVG kommt es nicht auf einen Anspruch des einzelnen Arbeitnehmers auf die Anwendung des Tarifvertrags, sondern darauf an, ob die Vergütungsordnung im Betrieb gilt. Ist das der Fall, ist der Arbeitgeber betriebsverfassungsrechtlich verpflichtet, eine Eingruppierung vorzunehmen und hieran den Betriebsrat zu beteiligen.

Der Senat lässt offen, welche Wirkung die betriebsverfassungsrechtlich gebotene Eingruppierung auf die individuellen Ansprüche des einzelnen Arbeitnehmers hat, die der Arbeitgeber mit – unmittelbar erteilter oder vom Arbeitsgericht ersetzter – Zustimmung des Betriebsrats vornimmt. Jedenfalls folgt aus der Pflicht des Arbeitgebers, auch nicht tarifgebundene Arbeitnehmer in die in seinem Betrieb geltende tarifliche Vergütungsordnung einzugruppieren, nicht ohne Weiteres ein mit der Eingruppierung korrespondierender Anspruch dieser Arbeitnehmer.

***BAG** 4.5.2011 – 7 ABR 10/10*

Bei tariflichen Vergütungsordnungen handelt es sich nicht um Betriebsnormen i.S.v. § 3 Abs. 2 TVG, die unabhängig von der Tarifbindung der Arbeitnehmer für alle Betriebe des tarifgebundenen Arbeitgebers gelten, sondern um Inhaltsnormen, die nur unmittelbar und zwingend im Verhältnis zwischen dem Arbeitgeber und den tarifgebundenen Arbeitnehmern anzuwenden sind.

Die Existenz von zwei tariflichen Vergütungsordnungen führt zu einer Tarifpluralität, bei der die jeweiligen Tarifnormen unabhängig voneinander auf die jeweils tarifgebundenen Arbeitnehmer Anwendung finden.

Der Arbeitgeber ist bei einer solchen Tarifpluralität betriebsverfassungsrechtlich verpflichtet, die Arbeitnehmer unter Beteiligung des Betriebsrats den Entgeltgruppen beider Vergütungsordnungen zuzuordnen. Ob diese einen Anspruch auf die Anwendung der Tarifverträge haben, ist für die gegenüber dem Betriebsrat bestehende Pflicht des Arbeitgebers aus § 99 Abs. 1 Satz 1 BetrVG ohne Bedeutung.

Für die Durchführung eines Zustimmungsverfahrens bei Ein- und Umgruppierungen besteht kein Raum, wenn die Tarifvertragsparteien selbst die ansonsten den Betriebsparteien obliegende Zuordnungsentscheidung getroffen haben und die von der Vergütungsordnung erfassten Arbeitnehmer den dort ausgebrachten Vergütungsgruppen zugeordnet haben.

***BAG** 14.4.2015 – 1 ABR 66/13*

Der Betriebsrat kann in Fällen, in denen der Arbeitgeber die gebotene Ein- oder Umgruppierung eines Arbeitnehmers unterlässt, in entsprechender Anwendung von § 101 BetrVG beim Arbeitsgericht beantragen, dem Arbeitgeber aufzugeben, eine Ein- oder Umgruppierungsentscheidung vorzunehmen, ihn um Zustimmung zu ersuchen und im Falle der beachtlichen Zustimmungsverweigerung das arbeitsgerichtliche Zustimmungsersetzungsverfahren durchzuführen. Voraussetzung hierfür ist eine betriebsverfassungsrechtliche Pflicht des Arbeitgebers zur Ein- oder Umgruppierung.

Eine solche besteht nicht für Ein- oder Umgruppierungen, die einen in der Vergangenheit liegenden, abgeschlossenen Zeitraum betreffen.

***BAG** 11.9.2013 – 7 ABR 29/12*

Eingruppierung i.S.v. § 99 Abs. 1 Satz 1 BetrVG ist die Zuordnung eines Arbeitnehmers zu einer in einer Vergütungsordnung festgelegten Lohn- oder Gehaltsgruppe, die meist durch bestimmte Tätigkeitsmerkmale sowie bisweilen auch durch Merkmale wie Lebensalter oder die Zeit der Berufstätigkeit beschrieben ist. Sie ist nach der ständigen Rechtsprechung des BAG kein konstitutiver Akt, sondern ein Akt der Rechtsanwendung verbunden mit der Kundgabe einer Rechtsansicht.

Eine mitbestimmungspflichtige Eingruppierung kann auch dann vorliegen, wenn der Arbeitgeber auf Grund einer Prüfung zu dem Ergebnis gelangt, dass der Arbeitnehmer nicht in eine der Gehaltsgruppen der maßgeblichen Vergütungsordnung einzugruppieren ist, weil die vorgesehene Tätigkeit höherwertige Qualifikationsmerkmale als die höchste Vergütungsgruppe aufweist. Die Richtigkeit dieser Beurteilung unterliegt ebenfalls dem Mitbestimmungsrecht des Betriebsrats (BAG 31.10.1995 – 1 ABR 5/95).

***BAG** 23.9.2003 – 1 ABR 35/02*

Bei der **Änderung eines Eingruppierungsschemas** ist der Betriebsrat nach § 87 Abs. 1 Nr. 10 BetrVG zu beteiligen.

Das ohne Zustimmung des Betriebsrats geänderte Eingruppierungsschema löst eine bisherige Eingruppierungsordnung nicht ab.

Ist der Betriebsrat bei einer solchen Maßnahme nicht beteiligt worden, kann er die Unterlassung der Anwendung des geänderten Vergütungsschemas verlangen.

***BAG** 13.3.2001 – 1 ABR 7/00 = NZA 2002, 111*

Die Verletzung von Mitbestimmungsrechten des Betriebsrats bei der Änderung von Entlohnungsgrundsätzen nach § 87 Abs. 1 Nr. 10 BetrVG stellt einen Zustimmungsverweigerungsgrund im Sinne des § 99 Abs. 2 Nr. 1 BetrVG für Eingruppierungen dar. Dies gilt auch dann, wenn und solange der Arbeitgeber den Betriebsrat über die Änderung der Entlohnungsgrundsätze und die neue Vergütungsstruktur unzutreffend und unvollständig informiert.

***LAG** Hamm 24.5.2006 – 10 TaBV 215/05*

Eine tarifliche Vergütungsordnung stellt auch nach Wegfall der Tarifbindung des Arbeitgebers weiterhin die im Betrieb geltende Vergütungsordnung i.S.d. § 87 Abs. 1 Nr. 10 BetrVG dar. Es bedarf dazu keines neuen kollektiven oder individuellen Geltungsgrundes. Solange der Betriebsrat einer Änderung nicht zugestimmt hat, muss der Arbeitgeber deshalb auch die Vergütung neu eingestellter Arbeitnehmer an der Struktur der bisherigen Vergütungsordnung ausrichten.

***BAG** 2.3.2004 – 1 AZR 271/03 = NZA 2004, 853*

Der Lauf der Wochenfrist des § 99 Abs. 3 Satz 1 BetrVG setzt voraus, dass der Arbeitgeber den Betriebsrat ausreichend nach § 99 Abs. 1 Satz 1 BetrVG unterrichtet hat. Bei Umgruppierungen aufgrund von Versetzungen gehört dazu die Angabe der bisherigen und der vorgesehenen Vergütungsgruppe und die Erläuterung der Gründe, weshalb der Arbeitnehmer anders als bisher eingereiht ist.

***BAG** 9.12.2008 – 1 ABR 79/07*

Gegenstand eines die Ein- oder Umgruppierung betreffenden Zustimmungsersetzungsverfahrens ist die Mitbeurteilung des Betriebsrats auf der Grundlage einer konkreten Bekundung der Rechtsansicht des Arbeitgebers zur richtigen Einreihung eines Arbeitnehmers in eine Vergütungsordnung. Der Arbeitgeber muss an einer einmal bekundeten Einschätzung nicht festhalten. Er kann die Prüfung nochmals vornehmen und zu einer anderen oder auch der gleichen Ein- oder Umgruppierungsbeurteilung kommen. Hierbei ist der Betriebsrat – erneut – zu beteiligen.

Voraussetzung für den Eintritt der gesetzlichen Fiktion des § 99 Abs. 3 Satz 2 BetrVG sowie für eine gerichtliche Zustimmungsersetzung nach § 99 Abs. 4 BetrVG ist die ordnungsgemäße Unterrichtung des Betriebsrats durch den Arbeitgeber. Nur diese setzt die Frist für die Zustimmungsverweigerung in Lauf.

Der Arbeitgeber kann in den Fällen, in denen der Betriebsrat auf eine unvollständige Unterrichtung hin seine Zustimmung verweigert hat, auch noch im Zustimmungsersetzungsverfahren durch Schriftsatz oder diesem beigefügte Anlagen die fehlenden Informationen nachholen. Der Lauf der Frist des § 99 Abs. 3 Satz 1 BetrVG beginnt in solch einem Fall erst dann, wenn die nachgereichte Mitteilung beim Betriebsrat – nicht bei dessen Verfahrensbevollmächtigten – eingeht.

***BAG** 9.3.2011 – 7 ABR 127/09*

Gegenstand der Ein- oder Umgruppierung ist die **Einordnung** des Arbeitnehmers in ein **kollektives Entgeltschema**. Ein solches Schema ist dadurch charakterisiert, dass es die einzelnen Tätigkeiten in verschiedene **Kategorien** einteilt und dabei eine Bewertung vornimmt, die sich in der Höhe des Arbeitsentgelts äußert.

Nach dem Zweck des Mitbestimmungsrechts kann es für die Frage, ob eine mitbestimmungspflichtige Eingruppierung vorliegt, nicht darauf ankommen, wie die einzelnen Stufen oder Kategorien des Vergütungsschemas bezeichnet sind. Nicht nur die Zuordnung zu ausdrücklich so genannten Vergütungs-, Lohn- oder Gehalts-"gruppen" kann eine Ein- oder Umgruppierung i.S.d. § 99 BetrVG darstellen, sondern auch die Feststellung, dass ein Arbeitnehmer die Voraussetzungen für eine bestimmte Zusatzleistung erfüllt, die nach dem Entgeltschema wegen der höheren Bewertung seiner Tätigkeit zu zahlen ist. Ein in mehrere Gehaltsgruppen untergliedertes Vergütungsschema kann durch **Zulagen**, die jeweils einen Teil des zwischen zwei Vergütungsgruppen bestehenden Abstandes ausgleichen, faktisch um Zwischengruppen erweitert werden. Die Feststellung, dass ein Arbeitnehmer Anspruch auf eine solche Zulage hat, ist nichts anderes als eine Eingruppierung.

***BAG** 2.4.1996 – 1 ABR 50/95*

Eine Eingruppierung nach § 99 BetrVG umfasst jedenfalls die Entscheidung über die anzuwendende Vergütungsordnung sowie über die Einreihung in die zutreffende Vergütungsgruppe.

Eine Zustimmungsverweigerung des Betriebsrats und die gerichtliche Ersetzung der Zustimmung können sich jeweils nur auf die Eingruppierung in ihrer Gesamtheit beziehen.

***BAG** 27.6.2000 – 1 ABR 36/99 = DB 2001, 600*

Der Arbeitgeber ist nur dann verpflichtet, eine Entscheidung über die Eingruppierung eines Arbeitnehmers in eine anzuwendende Vergütungsgruppenordnung zu treffen, wenn er anlässlich der Einstellung oder Versetzung des Arbeitnehmers diesem erstmals eine Tätigkeit oder eine andere Tätigkeit zuweist oder wenn sich die anzuwendende Vergütungsgruppenordnung ändert.
Unterlässt der Arbeitgeber die danach gebotene Eingruppierungsentscheidung, so kann der Betriebsrat nach § 101 BetrVG vom Arbeitgeber verlangen, dass dieser die Eingruppierungsentscheidung vornimmt und den Betriebsrat nach Maßgabe von § 99 BetrVG daran beteiligt.
Hält der Betriebsrat eine mit seiner erklärten oder ersetzten Zustimmung erfolgte Eingruppierung nicht oder nicht mehr für zutreffend, so kann er vom Arbeitgeber nicht verlangen, dass dieser eine erneute Eingruppierungsentscheidung unter seiner Beteiligung trifft.

***BAG** 18.6.1991 – 1 ABR 53/90*

Bei **Eingruppierungen** ist das **Beteiligungsverfahren** nach § 99 BetrVG erst dann **abgeschlossen**, wenn es zu einer Eingruppierung geführt hat, für die eine vom Betriebsrat erteilte oder vom Gericht ersetzte Zustimmung vorliegt.

***BAG** 3.5.1994 – 1 ABR 58/93*

Adressat des dem Betriebsrat bei der **Eingruppierung** gemäß § 99 Abs. 1 Satz 1 BetrVG zustehenden Mitbestimmungsrechts ist im Gemeinschaftsbetrieb ausschließlich der Vertragsarbeitgeber.

***BAG** 23.9.2003 – 1 ABR 35/02*

Werkstudenten, die weisungsgebundene Tätigkeiten in persönlicher Abhängigkeit erbringen, sind Arbeitnehmer i.S.d. allgemeinen Arbeitnehmerbegriffs.

Von dem selbst praktizierten Entlohnungsgrundsatz, einen Vergütungstarifvertrag auf sämtliche Arbeitnehmer, die unter seinen Geltungsbereich fallen, unabhängig von ihrer Tarifbindung anzuwenden, kann der Arbeitgeber eine bestimmte Gruppe nicht tarifgebundener Arbeitnehmer nicht ohne Sachgrund ausnehmen.

***BAG** 11.11.2008 – 1 ABR 68/07*

Schließt sich unmittelbar an ein befristetes Arbeitsverhältnis ein weiteres Arbeitsverhältnis an, so wird eine erneute Eingruppierung nach § 99 BetrVG nicht erforderlich, wenn sich weder die Tätigkeit des Arbeitnehmers noch das maßgebliche Entgeltgruppenschema ändern.

***BAG** 11.11.1997 – 1 ABR 29/97;*
***LAG** Hamburg 23.1.1997 – 7 TaBV 4/96 = NZA RR 1997, 292*

Auch die Vereinbarung eines **Nettolohns** mit **geringfügig beschäftigten** Arbeitnehmern entbindet den Arbeitgeber nicht von der Verpflichtung, diese Arbeitnehmer unter Beteiligung des Betriebsrats in eine auch für geringfügig beschäftigte Arbeitnehmer geltende Vergütungsgruppenordnung einzugruppieren.

***BAG** 18.6.1991 – 1 ABR 60/90*

Soll ein Arbeitnehmer, für dessen Vergütung ein tarifliches Vergütungsgruppensystem (hier BETV Chemie) maßgeblich ist, zunächst und vorübergehend niedriger als an sich geboten eingruppiert werden, weil er während der Dauer einer Einarbeitungszeit für eine neu übernommene Tätigkeit diese nicht vollwertig auszuüben vermag, so setzt das grundsätzlich eine entsprechende, dies zulassende tarifliche Regelung voraus.

***Hessisches LAG** 4.6.1996 – 4 TaBV 162/95 = DB 1997, 1186*

Wird bei einer Eingruppierungsfeststellungsklage ein Hervorhebungsmerkmal in Anspruch genommen, genügt allein eine genaue Darstellung der eigenen Tätigkeit nicht für einen schlüssigen Vortrag. Dieser muss vielmehr erkennen lassen, warum sich eine bestimmte Tätigkeit aus der in der Ausgangsfallgruppe erfassten Grundtätigkeit hervorhebt, und einen wertenden Vergleich mit den nicht unter das Hervorhebungsmerkmal fallenden Tätigkeiten erlauben.

***BAG** 4.7.2012 – 4 AZR 694/10*

Hält der Betriebsrat die **mit seiner Zustimmung erfolgte** Eingruppierung **nicht mehr** für richtig, so ist er darauf beschränkt, über seine allgemeine Überwachungsaufgabe nach § 80 Abs. 1 Nr. 1 BetrVG beim Arbeitgeber die Einhaltung der seiner Ansicht nach nicht mehr richtig angewendeten Gehalts- oder Lohngruppenordnung anzumahnen. Aus § 80 Abs. 1 Nr. 1 BetrVG folgt jedoch kein Anspruch des Betriebsrats, vom Arbeitgeber die zutreffende Durchführung der dort genannten Vorschriften verlangen zu können. Die Entscheidung, ob eine **mit Zustimmung des Betriebsrats** erfolgte Eingruppierung **korrigiert** werden soll, obliegt allein dem Arbeitgeber.

***BAG** 10.6.1986 – 1 ABR 59/84; **BAG** 17.10.1989 – 1 ABR 75/88;*
***BAG** 18.6.1991 – 1 ABR 53/90*

Dem Betriebsrat im Entleiherbetrieb steht ein Mitbestimmungsrecht bei der **Eingruppierung von Leiharbeitnehmern** nicht zu. Der entleihende Arbeitgeber trifft keine Entscheidung über die Eingruppierung der Leiharbeitnehmer, an der der in seinem Betrieb gewählte Betriebsrat gemäß § 99 Abs. 1 BetrVG i.V.m. § 14 Abs. 3 AÜG zu beteiligen wäre.

***BAG** 17.6.2008 – 1 ABR 39/07*

Geht ein Betrieb oder ein Betriebsteil unter Wahrung seiner Identität durch Rechtsgeschäft auf einen Erwerber über, so lässt dies die Geltung einer betrieblichen Vergütungsordnung, in die der Arbeitgeber die Arbeitnehmer einzugruppieren hat, unberührt.

***BAG** 14.8.2013 – 7 ABR 56/11*

1.2.1. Außertarifliche (AT) Angestellte

Fällt der Betrieb des Arbeitgebers unter den räumlichen und fachlichen Geltungsbereich eines Tarifvertrages, ist der Arbeitgeber tarifgebunden **und** wendet der Arbeitgeber in seinem Betrieb den Tarifvertrag für alle Arbeitnehmer – auch die nicht tarifgebundenen – mit Ausnahme der AT-Angestellten und der leitenden – Angestellten an, so entscheidet nicht der Arbeitgeber darüber, wer **AT-Angestellter** ist; dies beurteilt sich vielmehr nach der objektiven Rechtslage.

Unter außertariflichen Angestellten versteht man Angestellte, die einen Aufgaben- und Verantwortungsbereich mit höheren Anforderungen innehaben als in der höchsten Vergütungsgruppe eines einschlägigen Tarifvertrags verlangt wird. Im Übrigen gehören zum Bereich der AT-Angestellten Arbeitnehmer, die wegen der Andersartigkeit ihrer Tätigkeit nicht unter den fachlichen Geltungsbereich eines Tarifvertrages fallen.

Ist ein vom Arbeitgeber danach **fälschlich als AT-Angestellter bezeichneter Arbeitnehmer** nach der objektiven Rechtslage kein AT-Angestellter, weil die vom neu eingestellten Arbeitnehmer zu verrichtende Tätigkeit von der tariflichen Gehaltsgruppenordnung erfasst wird, die kraft betrieblicher Übung (einseitiger Einführung durch den Arbeitgeber) im Betrieb zur Anwendung kommt, ist der Arbeitgeber zur Eingruppierung des neu eingestellten Arbeitnehmers in diese Gehaltsgruppenordnung und zur Beteiligung des Betriebsrats an dieser Eingruppierung gegenüber dem Arbeitnehmer und dem Betriebsrat verpflichtet.

Der Betriebsrat kann in einem arbeitsgerichtlichen Beschlussverfahren die Eingruppierung erzwingen.

***BAG** 23.11.1993 – 1 ABR 34/93 = BB 1994, 292 = DB 1994, 1575 = NZA 1994, 461*

Der Arbeitgeber hat unter Beteiligung des Betriebsrats ein Eingruppierungsverfahren auch dann durchzuführen, wenn er der Auffassung ist, dass der Arbeitnehmer von keiner tariflichen Gehaltsgruppe erfasst wird, sondern AT-Angestellter ist.

Er kann sich nicht mit dem Einwand begnügen, es handle sich um einen AT-Angestellten. Wenn der Arbeitnehmer kein leitender Angestellter sei, wird er vom persönlichen Geltungsbereich des Gehaltstarifvertrags erfasst. Danach ist zunächst zu prüfen, ob die neuen Aufgaben des Arbeitnehmers die Tätigkeitsmerkmale einer der Gehaltsgruppen erfüllen. In dieser Prüfung liegt die mitbestimmungspflichtige Eingruppierung auch dann, wenn sie zu einem negativen Ergebnis führt. Der Betriebsrat soll nämlich mitbeurteilen, ob die Gehaltsgruppenordnung richtig angewandt wird.

***BAG** 31.10.1995 – 1 ABR 5/95*

Die „Beförderung" eines Tarifangestellten zum AT-Angestellten unterliegt als Umgruppierung der Mitbestimmung des Betriebsrats, soweit der Arbeitgeber feststellt, dass der Arbeitnehmer nicht in eine der Gehaltsgruppen der maßgeblichen Vergütungsordnung eingruppiert ist.

***BAG** 26.11.2003 – 4 ABR 54/02*

Hinweis für die Praxis:

Die Rückführung eines leitenden Angestellten in den AT- bzw. nicht leitenden Bereich, bedarf nach herrschender Meinung – vom Bundesarbeitsgericht bisher nicht entschieden – der Beteiligung des Betriebsrats nach § 99 BetrVG.

1.3. Umgruppierung

Unter einer Umgruppierung i.S.d. § 99 BetrVG ist die Feststellung des Arbeitgebers zu verstehen, dass die Tätigkeit des Arbeitnehmers nicht – oder nicht mehr – den Tätigkeitsmerkmalen derjenigen Kategorie entspricht, in die er eingruppiert ist. Anlass für diese Feststellung kann eine Änderung der Tätigkeit sein, eine Änderung des Entgeltschemas oder aber eine veränderte Einschätzung der Rechtslage durch den Arbeitgeber. Umgruppierungen unterliegen nach § 99 BetrVG in gleicher Weise der Mitbestimmung des Betriebsrats wie Eingruppierungen.

***BAG** 2.4.1996 – 1 ABR 50/95*

Wird ein Arbeitnehmer aufgrund einer geänderten Tätigkeit einer anderen als der bisherigen tariflichen Entgeltgruppe zugeordnet, handelt es sich – weil keine erstmalige Einreihung in eine im Betrieb geltende Vergütungsordnung vorliegt – nicht um eine Eingruppierung, sondern um eine Umgruppierung i.S.d. § 99 Abs. 1 BetrVG (Rn. 14).

***BAG** 3.7.2019 – 4 ABR 28/18*

Bereits eine Änderung der Stufenzuordnung eines Arbeitnehmers innerhalb einer Gehaltsgruppe löst ein erneutes Mitbestimmungsrecht des Betriebsrats nach § 99 Abs. 1 Satz 1 BetrVG aus. Die Zuordnung zu einer anderen Stufe stellt eine Umgruppierung und damit gegenüber der zuvor beabsichtigten Eingruppierung eine neue personelle Einzelmaßnahme i.S.d. § 99 Abs. 1 BetrVG dar. Diese bedarf, auch wenn zwischen den Betriebsparteien über den reinen Zeitablauf für die Stufensteigerung kein Streit besteht, der Zustimmung des Betriebsrats (Rn. 19).

***BAG** 29.1.2020 – 4 ABR 26/19*

Die durch einen Antrag auf Höhergruppierung nach § 29b Abs. 1 TVÜ-VKA ausgelöste Rechtsanwendung unterliegt als (Neu-) Eingruppierung der Mitbestimmung des Betriebsrats nach § 99 Abs. 1 Satz 1 BetrVG. (Rn. 28 und 34)

Für die Mitbestimmung des Betriebsrats bei der Ein- und Umgruppierung nach § 99 Abs. 1 Satz 1 BetrVG und einen auf ihre Sicherung nach § 101 BetrVG gerichteten Antrag ist nicht ausschlaggebend, ob der vom Betriebsrat mitzubeurteilende gedankliche Akt des Arbeitgebers als eine Eingruppierung oder als eine Umgruppierung zu qualifizieren ist. Entscheidend ist, dass ein Akt der Rechtsanwendung und die Kundgabe des hierbei gefundenen Ergebnisses stattfinden; dabei hat der Betriebsrat mitzubestimmen (Rn. 27).

Mit einem Antrag auf Höhergruppierung nach § 29b Abs. 1 TVÜ-VKA wird ein Akt der Rechtsanwendung durch den Arbeitgeber bewirkt. Dieser unterliegt der Mitbeurteilung des Betriebsrats. Es handelt sich unabhängig vom konkreten Ergebnis um eine (Neu-)Eingruppierung i.S.d. § 99 Abs. 1 Satz 1 BetrVG. Das folgt aus Inhalt und Regelungssystematik der §§ 29 ff. TVÜ-VKA (Rn. 34 ff.).

Die Mitbestimmung des Betriebsrats bei personellen Einzelmaßnahmen nach § 99 BetrVG ist nicht an einen kollektiven Tatbestand gebunden. Sie bezieht sich auf einzelne Arbeitnehmer betreffende Gestaltungs- oder Rechtsanwendungsakte. Auch im Fall einer Betroffenheit vieler Arbeitnehmer – wie etwa bei der Änderung einer Vergütungsordnung – sind Ein- oder Umgruppierungen stets personenbezogene Einzelmaßnahmen (Rn. 38).

***BAG** 23.2.2021 – 1 ABR 4/20*

Bei einer Ein- oder Umgruppierung erfasst das Mitbestimmungsrecht des Betriebsrats nach § 99 Abs. 1 BetrVG auch die zutreffende Beschäftigungszeit einer bestimmten Vergütungsgruppe, wenn sich das tarifliche Mindestgehalt nach beiden Bestandteilen bestimmt.

Der arbeitsrechtliche Gleichbehandlungsgrundsatz wird nicht verletzt, wenn sich ein Arbeitgeber entscheidet, eine nunmehr als zutreffend erkannte Eingruppierung lediglich für diejenigen Arbeitnehmer anzuwenden, denen ab einem bestimmten Stichtag die einschlägige Tätigkeit übertragen wird, und zur Wahrung sozialer Besitzstände für Arbeitnehmer, denen bereits in der Vergangenheit eine solche Tätigkeit übertragen wurde, von einer Rückgruppierung absieht.

***BAG** 13.11.2013 – 4 ABR 16/12*

Anlass für eine Umgruppierung i.S.v. § 99 Abs. 1 Satz 1 BetrVG kann trotz unveränderter Tätigkeit des Arbeitnehmers die Änderung des bisher geltenden Vergütungsschemas sein.

Die abstrakte Bewertung eines Arbeitsplatzes oder einer Tätigkeit ist keine Eingruppierung i.S.v. § 99 Abs. 1 Satz 1 BetrVG. Ein Mitbeurteilungsrecht des Betriebsrats bei der Arbeitsplatzbewertung besteht deshalb nicht. Der Betriebsrat ist jedoch bei der konkreten Zuordnung des Arbeitnehmers zu der abstrakt bewerteten Stelle zu beteiligen. Er hat nach § 99 Abs. 1 Satz 1 BetrVG mitzubeurteilen, ob der einzelne Arbeitnehmer die Stelle tatsächlich innehat und die dort zu leistenden Tätigkeiten der Arbeitsplatzbewertung entsprechen.

***BAG** 1.6.2011 – 7 ABR% 138/09*

Begehrt der Arbeitgeber nach § 99 BetrVG die Ersetzung der Zustimmung des Betriebsrats zu einer Ein- oder Umgruppierung, bedarf es einer Überprüfung, ob die tariflichen Voraussetzungen für die Ein- oder Umgruppierung vorliegen. Erforderlich, aber auch ausreichend ist eine pauschale Überprüfung, soweit die Tätigkeit zwischen den Parteien unstreitig ist und diese das Tätigkeitsmerkmal oder ein Richtbeispiel einer bestimmten Entgeltgruppe als erfüllt ansehen. Eine summarische Prüfung muss dabei allerdings erkennen lassen, aufgrund welcher konkreten Tatsachen die Erfordernisse einer bestimmten Vergütungsgruppe als erfüllt angesehen werden (Fortführung von BAG BeckRS 2013, 67176 Rn. 38; BeckRS 2005, 41432). (Rn. 20)

***BAG** 13.11.2019 – 4 ABR 3/19,*

Eine nach § 99 Abs. 1 Satz 1 BetrVG mitbestimmungspflichtige Umgruppierung liegt auch vor, wenn der Arbeitgeber die Beurteilung vornimmt, ein Arbeitnehmer sei aufgrund einer mit ihm vereinbarten Vertragsänderung keiner Vergütungsgruppe der zuvor angewandten Vergütungsordnung mehr zuzuordnen, sondern unterfalle einem außerhalb der bisherigen Vergütungsordnung liegenden, in sich nicht weiter gestuften Bereich.

***BAG** 17.6.2008 – 1 ABR 37/07*

Eine Umgruppierung i.S.v. § 99 Abs. 1 Satz 1 BetrVG liegt auch vor, wenn der Arbeitgeber auf Grund einer Prüfung zu dem Ergebnis gelangt, der Arbeitnehmer unterfalle nicht mehr der tariflichen Vergütungsordnung, da seine Tätigkeit höherwertige Qualifikationsmerkmale aufweise als die höchste tarifliche Vergütungsgruppe.

Gibt es neben einer tariflichen Vergütungsordnung ein außertarifliches gestuftes Vergütungssystem, so erschöpft sich im Falle des Herauswachsens eines Arbeitnehmers aus der tariflichen Vergütungsordnung die mitbestimmungspflichtige Umgruppierung nicht in der „Ausgruppierung“, sondern erfasst notwendig zugleich die Eingruppierung in das außertarifliche System.

Führt der Arbeitgeber eine betriebsverfassungsrechtlich gebotene Umgruppierung nicht vollständig durch, kann der Betriebsrat die Vornahme der Umgruppierung sowie seine Beteiligung hieran verlangen.

Eine die Eingruppierung erfordernde Vergütungsordnung ist ein kollektives, mindestens zwei Vergütungsgruppen enthaltendes Entgeltschema, das eine Zuordnung der Arbeitnehmer nach bestimmten, generell beschriebenen Merkmalen vorsieht.

***BAG** 26.10.2004 – 1 ABR 37/03 = NZA 2005, 367*

Hat ein Arbeitgeber **irrtümlich** einen Arbeitnehmer in eine höhere Vergütungsgruppe eingruppiert, als es den tariflichen Vergütungsmerkmalen entspricht, so unterliegt die **korrigierende Rückgruppierung** der Mitbestimmung des Betriebsrats/Personalrats.

Hat der Arbeitgeber das Mitbestimmungsrecht (Mitbeurteilungsrecht) des Betriebs- bzw. Personalrats bei der korrigierenden Rückgruppierung verletzt, so folgt hieraus nicht, dass er die bisherige Vergütung weiterzahlen muss. Vielmehr richtet sich der Vergütungsanspruch nach den vertraglichen oder tariflichen Bestimmungen einer zutreffenden Eingruppierung.

***BAG** 30.5.1990 – 4 AZR 74/90; **BAG** 20.3.1990 – 1 ABR 20/89*

Die Verteilung der Darlegungs- und Beweislast bei der korrigierenden Rückgruppierung ist auch im Falle eines Bewährungsaufstiegs sachgerecht, soweit die Mitteilung über die Eingruppierung die für den Bewährungsaufstieg maßgebliche Vergütungs- und ggf. Fallgruppe bezeichnet.

Der Arbeitgeber muss darlegen, inwieweit die von ihm ursprünglich vorgenommene Eingruppierung unrichtig ist, wenn er sich an dieser Mitteilung nicht festhalten lassen will.

Der Arbeitgeber muss die objektive Fehlerhaftigkeit der mitgeteilten Vergütungsgruppe darlegen und ggf. beweisen, wenn sich der Angestellte auf die ihm vom Arbeitgebermitgeteilte Vergütungsgruppe beruft.

Die Fehlerhaftigkeit ist bereits dann gegeben, wenn eine der Voraussetzungen für die bisherige Eingruppierung fehlt.

Der Hinweis auf eine ergangene Entscheidung über die Eingruppierung eines vergleichbaren Angestellten reicht jedenfalls dann nicht aus, wenn die Eingruppierungsfeststellungsklage an fehlendem hinreichendem Vortrag von Tatsachen zu mindestens einem Heraushebungsmerkmal gescheitert war.

Der Arbeitgeber muss vielmehr im Einzelnen darlegen, dass und warum entgegen seiner ursprünglichen Wertung die Eingruppierung des Angestellten falsch gewesen sein soll.

Ist ein wertender Vergleich erforderlich, dass und warum sich eine Tätigkeit nicht aus einer Tätigkeit, die unter eine niedrigere Vergütungsgruppe fällt, heraushebt, so ist vom Arbeitgeber entsprechend vorzutragen; die Darlegungslast entspricht „quasi spiegelbildlich“ der des Angestellten beim „normalen“ Rechtsstreit um eine höhere Eingruppierung/Vergütung.

***BAG** 16.10.2002 – 4 AZR 447/01 = NZA 2003, 688*

1.4. Versetzung (§ 95 Abs. 3 BetrVG)

Schaubild: Der betriebsverfassungsrechtliche Begriff der Versetzung

Versetzung (§ 95 Abs. 3 BetrVG) =

Zuweisung eines

anderen **Arbeitsbereichs:**

1. Aufgabe und Verantwortung;
2. Art der Tätigkeit;
3. Einordnung in Arbeitsablauf des Betriebs
4. Ort der Arbeitsleistung

Eine zustimmungspflichtige Versetzung setzt stets voraus, dass sich **zunächst** der **Arbeitsbereich** des betroffenen Arbeitnehmers ändert; erst **dann** ist zu prüfen, ob diese Änderung voraussichtlich die Dauer von einem Monat überschreitet **oder** mit einer erheblichen Änderung der Umstände verbunden ist, unter denen die Arbeit zu leisten ist.

***BAG** 19.2.1991 – 1 ABR 21/90*

Das BetrVG enthält in § 95 Abs. 3 BetrVG einen eigenen Versetzungsbegriff, dessen Inhalt nicht davon abhängig ist, ob der Arbeitgeber aufgrund des Einzelarbeitsvertrags zur „Versetzung“ des Arbeitnehmers befugt ist oder nicht.

***BAG** 26.5.1988 – 1 ABR 18/87*

Entspricht das Gericht nicht den Anträgen der Arbeitgeberin, weil es die verfahrensgegenständliche Maßnahme nicht für zustimmungsbedürftig hält, so spricht es der Arbeitgeberin im Ergebnis etwas zu, was der Betriebsrat, der die Maßnahme für zustimmungsbedürftig hält, mit seinem Abweisungsantrag verhindern wollte. Hieraus folgt die materielle Beschwer des Betriebsrats. (Rn. 19)

Die betriebsverfassungsrechtliche Mitbestimmung bei einer Versetzung knüpft an die tatsächliche Zuweisung eines neuen Arbeitsbereichs als Realakt an. Ob ein solcher zugewiesen wurde, bestimmt sich ausschließlich nach den tatsächlichen Verhältnissen im Betrieb. Damit kommt es nicht darauf an, ob das arbeitsvertragliche Pflichtenprogramm von den Betriebsparteien wirksam umgestaltet worden ist. (Rn. 29)

***BAG** 9.4.2019 – 1 ABR 33/17*

Versetzung i.S.v § 99 Abs. 1 Satz 1, § 95 Abs. 3 Satz 1 BetrVG ist die Zuweisung eines anderen Arbeitsbereichs, die die Dauer von voraussichtlich einem Monat überschreitet oder die mit einer erheblichen Änderung der Umstände verbunden ist, unter denen die Arbeit zu leisten ist. Um die Zuweisung eines anderen Arbeitsbereichs handelt es sich, wenn sich das gesamte Bild der Tätigkeit des Arbeitnehmers so verändert hat, dass die neue Tätigkeit vom Standpunkt eines mit den betrieblichen Verhältnissen vertrauten Beobachters nunmehr als eine „andere" anzusehen ist. Keine zustimmungspflichtige Versetzung liegt dagegen vor, wenn dem Arbeitnehmer nur sein bisheriger Arbeitsbereich entzogen und kein neuer zugewiesen wird. (Rn. 21)

Voraussetzung für die gerichtliche Zustimmungsersetzung nach § 99 Abs. 4 BetrVG ist eine ordnungsgemäße Unterrichtung des Betriebsrats durch den Arbeitgeber. Nur diese setzt die Frist für die Zustimmungsverweigerung in Lauf. Dazu hat der Arbeitgeber den Betriebsrat nach § 99 Abs. 1 Satz 1 BetrVG über die beabsichtigte personelle Einzelmaßnahme unter Vorlage der erforderlichen Unterlagen ausreichend zu unterrichten. Der Betriebsrat muss aufgrund der mitgeteilten Tatsachen in die Lage versetzt werden zu prüfen, ob einer der in § 99 Abs. 2 BetrVG genannten Zustimmungsverweigerungsgründe vorliegt. (Rn. 28)

Die Frist des § 99 Abs. 3 Satz 1 BetrVG wird grundsätzlich auch dann nicht in Lauf gesetzt, wenn der Betriebsrat es unterlässt, den Arbeitgeber auf die offenkundige Unvollständigkeit der Unterrichtung hinzuweisen. Das gilt auch, wenn der Betriebsrat zum Zustimmungsersuchen in der Sache Stellung nimmt und seine Zustimmung mit Bezug auf Gründe nach § 99 Abs. 2 BetrVG verweigert. Durfte der Arbeitgeber allerdings davon ausgehen, den Betriebsrat vollständig unterrichtet zu haben, kann es Sache des Betriebsrats sein, innerhalb der Frist um Vervollständigung der Auskünfte zu bitten. (Rn. 28)

***BAG** 9.4.2019 – 1 ABR 25/17*

Die Zuweisung eines anderen Arbeitsbereichs im Rahmen einer Versetzung nach § 99 Abs. 1 Satz 1, § 95 Abs. 3 Satz 1 BetrVG liegt vor, wenn sich das gesamte Bild der tatsächlich ausgeübten Tätigkeit des Arbeitnehmers so verändert hat, dass die neue Tätigkeit vom Standpunkt eines mit den betrieblichen Verhältnissen vertrauten Beobachters nunmehr als eine „andere" anzusehen ist.

Eine unzutreffende Unterrichtung des Betriebsrats im Zustimmungsverfahren nach § 99 BetrVG über die vorgesehene Beschäftigung eines Stellenbewerbers hat nicht zur Folge, dass mit der Einstellung zugleich eine Versetzung einhergeht, weil die zugewiesene Tätigkeit von der mitgeteilten abweicht. Eine fehlerhafte Unterrichtung kann allenfalls dazu führen, dass die erforderliche Zustimmung des Betriebsrats zur Einstellung fehlt.

***BAG** 8.11.2016 – 1 ABR 56/14*

Eine nach § 99 Abs. 1 BetrVG zustimmungspflichtige Versetzung i.S.v § 95 Abs. 3 BetrVG liegt auch dann vor, wenn der Arbeitnehmer nach einem Wegfall seines Arbeitsplatzes aus dem darauf bezogenen operativen Betriebsprozess herausgenommen und einer betrieblichen Einheit unterstellt wird, in der er an Qualifizierungsmaßnahmen zu seiner Weitervermittlung teilnimmt und auf Anforderung temporäre Projekteinsätze durchführen muss. (Rn. 26 – 31).

***BAG** 9.4.2019 – 1 ABR 30/17*

Das **Einverständnis des innerhalb des Betriebs versetzten Arbeitnehmers** schließt das Beteiligungsrecht des Betriebsrats nach § 99 BetrVG nicht aus, da dieses dem Betriebsrat zum Schutz zwar auch des einzelnen Arbeitnehmers, vor allem aber der Interessen der Belegschaft gegeben worden ist.

***BAG** 14.11.1989 – 1 ABR 87/88*

Das Recht eines Arbeitnehmers, die Unwirksamkeit einer vom Arbeitgeber als Versetzung bezeichneten personellen Maßnahme geltend zu machen, unterliegt der Verwirkung. Das gilt auch für einen Anspruch, der sich auf die Beschäftigung an dem bis zur Versetzung zugewiesenen Arbeitsplatz richtet.

Ein Recht ist verwirkt, wenn der Berechtigte sein Recht über einen bestimmten Zeitraum hin nicht geltend gemacht hat, obwohl er dazu in der Lage war (sog. Zeitmoment) und sich der Schuldner wegen dieser Untätigkeit des Berechtigten bei objektiver Beurteilung darauf eingerichtet hat und nach dem gesamten Verhalten des Berechtigten darauf einrichten durfte, dass dieser das Recht in Zukunft nicht geltend machen werde, so dass ihm insgesamt deshalb dessen Befriedigung nicht zuzumuten ist (sog. Umstandsmoment).

Zwischen diesen Umständen und dem erforderlichen Zeitablauf besteht eine Wechselwirkung. Der erforderliche Zeitablauf kann umso kürzer sein, je gravierender die Umstände sind, und umgekehrt sind an diese Umstände desto geringere Anforderungen zu stellen, je länger der abgelaufene Zeitraum ist.

***BAG** 12.12.2006 – 9 AZR 747/06*

Kann der Beschäftigungsanspruch eines schwer behinderten Menschen nur durch eine Versetzung erfüllt werden, ist der Arbeitgeber verpflichtet, zunächst die nach § 99 BetrVG erforderliche Zustimmung des Betriebsrats einzuholen. Dem Arbeitgeber ist auch zumutbar, das Zustimmungsersetzungsverfahren gegen den Betriebsrat nach § 99 Abs. 4 BetrVG durchzuführen, wenn dieser sich auf gesetzliche Zustimmungsverweigerungsgründe nach § 99 Abs. 2 BetrVG beruft, soweit diese nicht objektiv vorliegen. Das Ergebnis des gerichtlichen Verfahrens betreffend die Zustimmungsersetzung nach § 99 Abs. 4 BetrVG ist auch für den schwer behinderten Menschen verbindlich. Bei schuldhaft unzureichender Verfahrensführung werden Schadensersatzansprüche des schwer behinderten Menschen gegen den Arbeitgeber begründet.

***BAG** 3.12.2002 – 9 AZR 481/01 und – 9 AZR 104/02*

Auf **Versetzungen in einem Gemeinschaftsbetrieb** mehrerer Unternehmen mit jeweils weniger als einundzwanzig wahlberechtigten Arbeitnehmern, in welchem insgesamt mehr als zwanzig Arbeitnehmer beschäftigt sind, ist § 99 BetrVG analog anzuwenden.

***BAG** 29.9.2004 – 1 AZR 473/03 = NZA-RR 2005, 616*

Die entsprechend einem Tarifvertrag nach § 117 Abs. 2 Satz 1 BetrVG für den Flugbetrieb errichtete Personalvertretung ist in einem arbeitsgerichtlichen Beschlussverfahren, in dem es um ihre Mitbestimmungsrechte geht, beteiligtenfähig.

Sieht ein solcher Tarifvertrag ein § 99 Abs. 1 Satz 1 BetrVG entsprechendes Mitbestimmungsrecht u. a. bei Versetzungen vor, so ist bei der Versetzung eines Mitarbeiters vom Flug in den Landbetrieb nicht nur der für den „aufnehmenden" Landbetrieb errichtete Betriebsrat, sondern auch die die Belegschaft des „abgebenden" Flugbetriebs repräsentierende Personalvertretung zu beteiligen. Dies gilt auch bei der Versetzung eines dauerhaft fluguntauglichen Arbeitnehmers.

***BAG** 22.11.2005 – 1 ABR 49/04*

Für eine Versetzung fehlt es im Fall der **Arbeitszeitverringerung** an der Zuweisung eines anderen Arbeitsbereichs i.S.d. § 95 Abs. 3 BetrVG.

Etwas anderes gilt allenfalls dann, wenn die Verminderung der Arbeitszeit zugleich zum Entzug eines prägenden Teils der bisher wahrgenommenen Arbeitsaufgaben des Arbeitnehmers führt.

***BAG** 25.1.2005 – 1 ABR 59/03*

Nach § 99 Abs. 1 Satz 1 BetrVG ist der Betriebsrat u.a. vor jeder Versetzung zu unterrichten und seine Zustimmung einzuholen. **Verleiht der Arbeitgeber Beschäftigte an ein anderes Unternehmen**, kann dies auch gelten, wenn die Versetzung im Einsatzbetrieb erfolgt. Das Mitbestimmungsrecht besteht, wenn

a) der Arbeitgeber des Stammbetriebs an der Versetzungsentscheidung beteiligt ist und
b) die durch die Zustimmungsverweigerungsgründe nach § 99 Abs. 2 BetrVG geschützten Interessen der entliehenen Beschäftigten berührt sind.

Geht die Zuweisung veränderter Aufgaben mit einer Umgruppierung einher, kann dies zusammen mit anderen Faktoren dafür sprechen, dass dem Arbeitnehmer ein anderer Arbeitsbereich im Sinne von § 95 Abs. 3 Satz 1 BetrVG zugewiesen wird, also sich das Gesamtbild der Tätigkeit so verändert, dass sie vom Standpunkt eines mit den betrieblichen Verhältnissen vertrauten Beobachters als eine „andere" anzusehen ist. Es liegt dann eine Versetzung im Sinne der Vorschrift vor, soweit die Zuweisung die Dauer von einem Monat voraussichtlich überschreitet oder mit einer erheblichen Änderung der Umstände verbunden ist, unter denen die Arbeit geleistet wird.

***BAG** 9.10.2013 - 7 ABR 12/12*

Die Beendigung des Einsatzes eines zur Arbeitsleistung gestellten Arbeitnehmers infolge der Kündigung des ihn betreffenden Personalüberlassungsvertrags durch den Einsatzarbeitgeber ist keine Versetzung i.S.v. § 95 Abs. 3 BetrVG. Sie unterliegt nicht der Mitbestimmung des Betriebsrats des Einsatzbetriebs nach § 99 Abs. 1 Satz 1 BetrVG.

***BAG** 17.2.2015 - 1 ABR 45/13*

1.4.1. Zuweisung eines anderen Arbeitsbereichs

Nach § 95 Abs. 3 Satz 1 BetrVG ist Versetzung die Zuweisung eines **anderen Arbeitsbereichs**, die voraussichtlich die Dauer von einem Monat überschreitet, oder die mit einer erheblichen Änderung der Umstände verbunden ist, unter denen die Arbeit zu leisten ist. Dabei liegt nach ständiger Rechtsprechung des Senats die Zuweisung eines anderen Arbeitsbereichs dann vor, wenn dem Arbeitnehmer ein neuer Tätigkeitsbereich zugewiesen wird, so dass sich der Gegenstand der nunmehr geforderten Arbeitsleistung und das Gesamtbild der Tätigkeit ändern. In diesem Zusammenhang ist unerheblich, ob die angeordnete Maßnahme dem Arbeitnehmer gegenüber individualrechtlich zulässig, also vom Direktionsrecht des Arbeitgebers gedeckt ist,
Ob ein anderer Tätigkeitsbereich zugewiesen wurde, beurteilt sich ausschließlich nach den **tatsächlichen Verhältnissen im Betrieb**. Es kommt darauf an, ob sich die Tätigkeiten des Arbeitnehmers vor und nach der personellen Maßnahme so voneinander unterscheiden, dass ein mit den betrieblichen Verhältnissen vertrauter Beobachter die neue Tätigkeit als eine **andere** betrachten kann.
Der **Begriff des „Arbeitsbereichs"** wird in **§ 81 BetrVG** durch die Aufgabe und die Verantwortung sowie die Art der Tätigkeit und ihre Einordnung in den Arbeitsablauf des Betriebes umschrieben. Welche Arbeitsbereiche in einem Betrieb vorhanden sind, ergibt sich aus dessen Organisation. In jedem Arbeitsbereich treten ständig Änderungen ein, die die Unterrichtungspflicht des Arbeitgebers nach § 81 BetrVG auslösen. Nicht jede dieser Veränderungen stellt jedoch eine Versetzung dar, die der Zustimmung des Betriebsrats bedarf. Bagatellfälle und Änderungen innerhalb der üblichen Schwankungsbreite werden nicht erfasst. Die Veränderung muss so erheblich sein, dass sich das Gesamtbild der Tätigkeit des Arbeitnehmers dadurch ändert *(bei 23 % Entzug der bisherigen Tätigkeit: Versetzung bejaht).*

***BAG** 2.4.1996 - 1 AZR 743/95*

Die örtliche Verlagerung einer Betriebsabteilung um wenige Kilometer innerhalb einer politischen Gemeinde ist regelmäßig keine nach § 99 Abs. 1 Satz 1 BetrVG beteiligungspflichtige Versetzung der davon betroffenen Arbeitnehmer, wenn sich infolge der Umsetzung die funktionalen Beziehungen der Arbeitnehmer untereinander, die Art ihrer Tätigkeit, die Einordnung in die Arbeitsabläufe des Betriebs und die Zuständigkeiten von Vorgesetzten nicht geändert haben (Rn. 12 ff.).

***BAG** 17.11.2021 - 7 ABR 18/20*

Die Zuweisung eines anderen Arbeitsbereichs i.S.v. § 95 Abs. 3 Satz 1 BetrVG setzt voraus, dass sich der konkrete Arbeitsplatz oder seine Beziehung zur betrieblichen Umgebung in räumlicher, technischer oder organisatorischer Hinsicht ändert. Sie kann insbesondere vorliegen, wenn sich der Arbeitsort verändert, der Arbeitnehmer aus einer betrieblichen Einheit herausgenommen und einer anderen zugeordnet wird oder sich die Umstände ändern, unter denen die Arbeit zu leisten ist.

Wird ein **Betrieb** oder ein räumlich gesonderter Betriebsteil innerhalb einer politischen Gemeinde um wenige Kilometer **verlagert**, ohne dass sich an der Tätigkeit des Arbeitnehmers, der innerbetrieblichen Umgebung des Arbeitsplatzes oder der Organisation etwas ändert, stellt dies für die davon betroffenen Arbeitnehmer keine mitbestimmungspflichtige Versetzung i.S.v. § 95 Abs. 3 Satz 1, § 99 Abs. 1 Satz 1 BetrVG dar. Es bleibt offen, ob dies auch dann gilt, wenn Gemeindegrenzen überschritten werden oder es sich um größere Entfernungen handelt.

***BAG** 27.6.2006 - 1 ABR 35/05*

Die Zustimmung bzw. Zustimmungsverweigerung des Betriebsrats nach § 99 BetrVG ist eine geschäftsähnliche Handlung, auf die die Regeln über rechtsgeschäftliche Willenserklärungen entsprechend anzuwenden sind. Die Zustimmung des Betriebsrats zu einer Versetzung kann deshalb unter der aufschiebenden Bedingung § 158 Abs. 1 BGB) der Zustimmung des Betriebsarztes erteilt werden.

Um eine unzulässige „Betriebsratsanhörung auf Vorrat" handelt es sich nicht, wenn die Kündigungsabsicht des Arbeitgebers bezüglich einer (Änderungs-) Kündigung außer Frage steht und der Betriebsrat auch entsprechend reagiert.

***Hessisches LAG** 12.12.2002 - 5 Sa 688/02 = NZA-RR 2003, 545*

Der individualrechtliche Begriff der Versetzung setzt nicht notwendig die Zuordnung zu einem anderen Betrieb voraus. Auch die Zuweisung eines anderen regelmäßigen Arbeitsorts kann ausreichen. Das ist vor allem bei den Arbeitnehmern der Fall, die ihre regelmäßige Tätigkeit nicht in einer räumlich begrenzten betrieblichen Organisation erbringen.

Der hauptsächliche Arbeitsort von Flugbegleitern ist nicht der Flughafen, an dem der Flug beginnt (Einsatzort), sondern das Flugzeug. Dennoch kann bei Flugbegleitern der Wechsel des Einsatzorts eine Versetzung sein. Am Einsatzort beginnt gemäß § 7 Abs. 1 Buchst. b MTV Nr. 1a die Zeit, ab der „der Mitarbeiter zum Antritt bzw. nach Beendigung des Dienstes ohne eigene Arbeitsleistung mitfliegt oder mit Ersatztransportmitteln befördert wird" (Dead-Head). Sie ist tariflich Arbeitszeit. Eine einseitige Veränderung des Einsatzorts, der für die Arbeitszeit maßgeblich ist; stellt sich deshalb als Versetzung dar.

***BAG** 21.7.2009 - 9 AZR 404/08*

Der Begriff des **Arbeitsbereichs** i.S.d. § 95 Abs. 3 Satz 1 BetrVG ist durch eine starke räumliche Komponente geprägt. Der Begriff des **Arbeitsbereichs** ist **räumlich** und **funktional** zu verstehen, er bezeichnet den Arbeitsplatz (räumlich) einschließlich des Aufgabenbereichs und der Stellung des Arbeitnehmers in der betrieblichen Organisation.

***BAG** 19.2.1991 - 1 ABR 21/90*

Die Verwendung eines Rechtsbegriffs („Versetzung") in einem Unterlassungsantrag kann zur genauen Kennzeichnung der vom Unterlassungsbegehren erfassten Handlungen ungenügend sein.

Allein in der Zuweisung eines anderen Arbeitsbereichs liegt keine Versetzung i.S.v. § 95 Abs. 3 Satz 1 BetrVG, § 88 Abs. 3 b TV PV, wenn diese Maßnahme für die Dauer von nicht mehr als einem Monat geplant ist. Es müssen sich dann mit der Zuweisung des anderen Arbeitsbereichs zudem die äußeren Arbeitsumstände – erheblich – ändern.

In dem nur wenige Tage währenden Einsatz eines Flugkapitäns als Copilot liegt mit Blick auf die nahezu unverändert bleibenden äußeren Arbeitsumstände regelmäßig keine Versetzung.

***BAG** 11.12.2007 - 1 ABR 73/06*

Der **„Arbeitsbereich"** i.S.v. § 95 Abs. 3 Satz 1 BetrVG wird in § 81 Abs. 2 i.V.m. Abs. 1 Satz 1 BetrVG durch die Aufgabe und Verantwortung des Arbeitnehmers sowie die Art seiner Tätigkeit und ihre Einordnung in den Arbeitsablauf des Betriebs umschrieben. Der Begriff ist demnach räumlich und funktional zu verstehen. Er umfasst neben dem Ort der Arbeitsleistung auch die Art der Tätigkeit und den gegebenen Platz in der betrieblichen Organisation (st. Rspr., vgl. BAG 10.4.1984 – 1 ABR 67/82). Die Zuweisung eines anderen Arbeitsbereichs liegt vor, wenn sich das Gesamtbild der bisherigen Tätigkeit des Arbeitnehmers so verändert hat, dass die neue Tätigkeit vom Standpunkt eines mit den betrieblichen Verhältnissen vertrauten Beobachters als eine „andere" anzusehen ist (BAG 11.12.2007 – 1 ABR 73/06). Dies kann sich aus dem Wechsel des Inhalts der Arbeitsaufgaben und der mit ihnen verbundenen Verantwortung ergeben (BAG 26.10.2004 – 1 ABR 45/03), kann aus einer Änderung der Art der Tätigkeit, d.h. Der Art und Weise folgen, wie die Arbeitsaufgabe zu erledigen ist, und kann mit einer Änderung der Stellung und des Platzes des Arbeitnehmers innerhalb der betrieblichen Organisation durch Zuordnung zu einer anderen betrieblichen Einheit verbunden sein (BAG 10.4.1984 – 1 ABR 67/82).

Allerdings macht nicht jede noch so geringe Veränderung der beschriebenen Art den bisherigen Arbeitsbereich zu einem anderen. Jede einem Arbeitnehmer zugewiesene Tätigkeit ist laufenden Veränderungen unterworfen, die in der technischen Gestaltung des Arbeitsablaufs, neuen Hilfsmitteln und Maschinen oder einer Umorganisation des Arbeitsablaufs ihre Ursache haben können. Erforderlich ist, dass die eingetretene Änderung über solche im üblichen Schwankungsbereich liegenden Veränderungen hinausgeht und zur Folge hat, dass die Arbeitsaufgabe oder die Tätigkeit eine „andere“ wird (BAG 28.12.2007).

BAG *17.6.2008 – 1 ABR 38/07*

Die Frage, ob der **Entzug von Teilfunktionen** nur zu einer Verkleinerung des unveränderten Arbeitsbereichs führt oder einen neuen Arbeitsbereich schafft, ist nicht allein quantitativ zu beantworten. Überwiegt der entzogene Teilbereich, wird man zwar schon deshalb in der Regel eine Änderung des Arbeitsbereichs insgesamt annehmen können. Die Teilfunktion kann aber auch dann für die bisherige Tätigkeit prägend sein, wenn sie einen **zeitlich** geringeren Anteil ausmacht, so dass der Entzug der Teilfunktion das Gesamtbild der Tätigkeit wesentlich vermindert.
Allerdings wird diskutiert, ob es eine **quantitative Untergrenze** gibt, bei der **Entzug oder Hinzufügung von Teilfunktionen** regelmäßig als unerheblich anzusehen sind. Insoweit wird etwa ein **Anteil von 20 % als Grenze** genommen. Dieser Anteil wird andererseits aber auch schon als quantitativ erheblich und deshalb als Indiz für die Bildung eines neuen Arbeitsbereichs gewertet. Im Streitfall muss der Senat das nicht entscheiden. Der Anteil des Ladendienstes betrug für den Kläger nach der unbestrittenen Feststellung des Landesarbeitsgerichts vor der Neuordnung elf halbtägige Einsätze im Monat und damit ca. 25 % der Gesamtarbeitszeit. Dieser Einsatz ist praktisch auf Null reduziert worden. Das Landesarbeitsgericht schätzt den verbliebenen Anteil auf ca. 2 %. Dem Kläger ist also fast ein Viertel seiner bisherigen Tätigkeit entzogen worden. Darin liegt eine Aufgabenänderung, die auch zeitlich über eine übliche Schwankungsbreite hinausgeht.

BAG *19.9.1991 – 1 ABR 33/90 n. v.;* **BAG** *2.4.1996 – 1 AZR 743/95*

Der **Arbeitsbereich** i.S.d. § 95 Abs. 3 BetrVG wird regelmäßig **nicht** durch die **Lage der Arbeitszeit** bestimmt. Die Umsetzung der Arbeitnehmer von **Normalschicht** in die vereinbarte **Wechselschicht** ist keine zustimmungspflichtige Versetzung, wenn sich dadurch lediglich die Lage der Arbeitszeit der betroffenen Arbeitnehmer ändert.

BAG *19.2.1991 – 1 ABR 21/90(ebenso bei Verlängerung oder Verkürzung der Wochenarbeitszeit:*
BAG *16.7.1991 – 1 ABR 71/90)*

Die Zuweisung eines **anderen Arbeitsortes** – von Bagatellfällen abgesehen – ist abgesehen von den Fällen des § 95 Abs. 3 Satz 2 BetrVG stets die Zuweisung eines anderen Arbeitsbereichs. Eine das Beteiligungsrecht des Betriebsrats nach § 99 BetrVG auslösende Versetzung liegt jedoch nur dann vor, wenn die Zuweisung des anderen Arbeitsbereichs entweder die Dauer eines Monats überschreitet oder – auch kürzer – zugleich mit einer erheblichen Änderung der Umstände verbunden ist, unter denen die Arbeit zu leisten ist.

BAG *1.8.1989 – 1 ABR 51/88;* **BAG** *8.8.1989 – 1 ABR 63/88*

Werden Auszubildende eines reinen Ausbildungsbetriebs zum Zwecke ihrer praktischen Ausbildung vorübergehend in einem anderen Betrieb eingesetzt, so stellt das für diesen Betrieb eine Einstellung i.S.v. § 99 Abs. 1 Satz 1 BetrVG dar, die der Zustimmung des dort gewählten Betriebsrats bedarf.

BAG *30.9.2008 – 1 ABR 81/07*

Eine mitbestimmungspflichtige Versetzung i.S.v. § 95 Abs. 1 Altern. 1 BetrVG liegt auch dann vor, wenn eine mehrmonatige Abordnung von Arbeitnehmern in andere Unternehmensfilialen in einer Großstadt wie Berlin erfolgt, ohne dass sich der Arbeitsinhalt ändert.

LAG *Berlin 26.5.1997 – 9 TaBV 3/97*

Ordnet der Arbeitgeber die **Anreise** zu einer **firmeninternen Tagung** an einem **Sonntag**, also außerhalb der betrieblichen Arbeitszeit, an, so liegt darin keine mitbestimmungspflichtige Mehrarbeit. Anders als bei der Rufbereitschaft, die zu dem Zweck angeordnet wird, jederzeit außerhalb der regulären Arbeitszeit einen Einsatz möglich zu machen, begründen Dienstreisen, die erforderlich sind, um die Arbeit während der normalen Arbeitszeit an einem anderen Ort zu erledigen, kein Mitbestimmungsrecht wegen Verlängerung der betriebsüblichen Arbeitszeit.

Allerdings kann in einem solchen Fall ein Mitbestimmungsrecht des Betriebsrats nach § 99 BetrVG bestehen, wenn eine Versetzung im Sinne des BetrVG (§ 95 Abs. 3 BetrVG) vorliegt. **Arbeitsausführung außerhalb des Dienstortes** kann auch schon bei einer Abwesenheit von weniger als einem Monat eine Versetzung im Sinne des BetrVG darstellen.

BAG *23.7.1996 – 1 ABR 17/96*

Die **bloße Freistellung** von der Arbeit ist keine mitbestimmungspflichtige Versetzung. Die betroffenen Arbeitnehmer erhalten keinen neuen Arbeitsbereich. Ihnen werden vielmehr die bisherigen Arbeitsaufgaben vollständig entzogen, ohne dass neue Tätigkeiten an deren Stelle träten. Schon nach dem Wortlaut der gesetzlichen Definition erfordert eine Versetzung jedoch die Zuweisung eines anderen Arbeitsbereichs.

BAG *28.3.2000 – 1 ABR 17/99 und 1 ABR 24/99 = DB 2000, 728*

Beispiele zum Begriff der Versetzung:

Die Zuweisung einer in der betrieblichen Hierarchie so bedeutungsvollen Aufgabe wie die eines ***Datenschutzbeauftragten****, die 20 % der Gesamttätigkeit umfasst, rechtfertigt die Feststellung, dass eine Versetzung vorliegt.*

LAG *München 16.11.1978 – 8 TaBV 6/78 = BB 1979, 1092 = DB 1979, 1561*

Auszubildender in einem Lebensmittelfilialbetrieb wird während der Ausbildung für kürzer als einen Monat von einer Betriebsstelle (Verkaufsstelle, Zentrale oder sonstiger Betriebsstätte) in eine andere Betriebsstätte in derselben Stadt abgeordnet, nicht aus ausbildungsbedingten Gründen – turnusmäßige Zuweisung einer anderen Ausbildungsstätte – sondern wegen Spannungen mit dem Ausbilder bzw. Mängeln in der Ausbildung bzw. auf Wunsch des Auszubildenden (Versetzung).

BAG *3.12.1985 – 1 ABR 58/83*

Anordnung des Arbeitgebers an einen Arbeitnehmer aus dem Bereich Produktentwicklung in Köln anlässlich der Entwicklung neuer Fahrzeugmodelle, für weniger als einen Monat in Tokio in einer japanischen Firma, mit der der Arbeitgeber zusammenarbeitet, die Arbeitsleistung zu erbringen (Versetzung).

BAG *18.2.1986 – 1 ABR 27/84*

Einem Kreditsachbearbeiter in einer Bausparkasse, der sowohl im Außendienst als auch im Innendienst tätig ist, wird die Kundenbetreuung im Außendienst entzogen; er soll fortan nur noch im Innendienst tätig sein.

BAG *27.3.1980 – 2 AZR 506/78*

Die Zuweisung eines neuen Verkaufsgebietes bei einem Arbeitnehmer im Außendienst kann je nach den Umständen eine mitbestimmungspflichtige Versetzung darstellen.

LAG *Köln 24.10.1989 – 1 TaBV 35/89 = NZA 1990, 534*

Die Umsetzung einer Verkäuferin innerhalb eines großen Warenhauses, in dem die Verkaufsorganisation nach Art der Waren in Abteilungen und Abteilungsgruppen (= Substitutenbereiche) gegliedert ist, von einem zum anderen Substitutenbereich stellt eine Versetzung i.S.d. § 95 Abs. 3 BetrVG dar.

LAG *Düsseldorf 28.1.1987 – 6 TaBV 116/86 = DB 1987, 1439 = NZA 1988, 69*

Der Einsatz von Verkäufern eines Möbelhauses in verschiedenen Abteilungen/Verkaufsbereichen (z. B. Küchen, Wohnzimmer, Schlafzimmer, Büromöbel) kann eine Versetzung sein.

BAG *6.12.1994 – 1 ABR 30/94*

Wird ein Arbeitnehmer in einem Möbelverkaufshaus vor seinem Wehrdienst als Verkäufer im Bereich „Großmöbel“ und nach seiner Rückkehr vom Wehrdienst im Selbstbedienungsbereich beschäftigt, liegt eine Versetzung vor.

LAG *Baden-Württemberg 23.3.1994 – 12 TaBV 8/93*

Abteilungsleiter in einem Bekleidungseinzelhandelsunternehmen leitet die Abteilung „Boutique“ mit 2 Vollzeitkräften und einer Teilzeitkraft. Ihm wird die kleinere Abteilung „Damenhüte“ (Ein-Mann-Abteilung mit teilweiser Zuordnung einer Verkäuferin) übertragen (Versetzung).

BAG *25.10.1983 – 1 AZR 47/82 n. v.*

Die Umsetzung einer Altenpflegekraft für mehr als einen Monat von einer Station auf eine andere in einem in mehrere Stationen gegliederten Seniorenheim ist jedenfalls dann eine Versetzung i.S.v. § 95 Abs. 3 BetrVG, wenn die einzelnen Stationen organisatorisch eigenständig sind.

***BAG** 29.2.2000 – 1 ABR 5/99 = DB 2000, 2384*

1.4.2. Erhebliche Änderung der Umstände oder Versetzung für die Dauer von voraussichtlich weniger als einem Monat

Unter einer **erheblichen Änderung der Umstände, mit der die Arbeit verbunden ist**, ist nicht nur die Arbeitsleistung als solche anzusehen, sondern auch die äußeren Bedingungen der Arbeit (Ort, Art und Weise: Gestaltung des Arbeitsplatzes, Lage der Arbeitszeit, Umwelteinflüsse, Beanspruchung).

Eine erhebliche Änderung der Arbeitsumstände kann auch darin gesehen werden, dass die **Entsendung an einen anderen Arbeitsort** mit einer erheblich längeren An- und Rückfahrt verbunden ist (externer Einsatz mit täglicher Entfernung von 320 km für Hin- und Rückfahrt).

***BAG** 18.10.1988 – 1 ABR 26/87; **BAG** 8.8.1989 – 1 ABR 63/88; **BAG** 1.8.1989 – 1 ABR 51/88*

Erbringt ein Arbeitnehmer Tätigkeiten, die er bisher im Einzelakkord verrichtete, nunmehr im Gruppenakkord, kann hierin je nach der Ausgestaltung der Arbeitsleistung eine gemäß § 99 BetrVG mitbestimmungspflichtige Versetzung liegen. Für die Beurteilung, ob eine **erhebliche** Änderung des Arbeitsbereichs vorliegt, sind auch die durch die Einbindung in die Gruppe entstehenden Abhängigkeiten und die Notwendigkeit der Zusammenarbeit mit den anderen Gruppenmitgliedern zu berücksichtigen.

***BAG** 22.4.1997 – 1 ABR 84/96*

Die kurzfristige – kürzer als einen Monat – Versetzung eines Arbeitnehmers in eine **andere Abteilung** – wodurch sich der Arbeitsbereich ändert – bedarf dann der Zustimmung des Betriebsrats, wenn in dieser anderen Abteilung eine erheblich **andere Arbeitszeitregelung** gilt, etwa hier nicht in Gleitzeit gearbeitet werden kann oder die Arbeit in der **Nachtschicht** zu leisten ist. Die Zustimmungsbedürftigkeit dieser kurzfristigen Zuweisung eines anderen Arbeitsbereichs folgt hier allein daraus, dass sich die Lage der Arbeitszeit als Umstand, unter dem die Arbeitsleistung zu erbringen ist, darstellt und erheblich anders ist.

***BAG** 19.2.1991 – 1 ABR 21/90*

Hinweis für die Praxis:

*Der im Wesentlichen räumlich bestimmte Begriff „Arbeitsbereich“ hat im Allgemeinen keinen zeitlichen Aspekt. Deshalb sind **in der Regel** Änderungen der Arbeitszeit unbeachtlich. Ändert sich jedoch der Arbeitsbereich **kurzfristig und** tritt eine **erhebliche** andere Arbeitszeitregelung hinzu, kann eine Versetzung angenommen werden.*

1.4.3. Ausnahme des üblichen und ständigen Wechsels des Arbeitsplatzes (§ 95 Abs. 3 Satz 2 BetrVG)

Nach **§ 95 Abs. 3 Satz 2** BetrVG gilt die Bestimmung des jeweiligen Arbeitsplatzes nicht als Versetzung, wenn Arbeitnehmer nach der Eigenart ihres Arbeitsverhältnisses üblicherweise nicht ständig an einem bestimmten Arbeitsplatz beschäftigt werden.

Die Vorschrift des § 95 Abs. 3 Satz 2 BetrVG erfasst Arbeitsverhältnisse, bei denen der Arbeitsplatz des Arbeitnehmers nicht festliegt, sondern üblicherweise wechselt. Gerade der **übliche** und **ständige** Wechsel des Arbeitsplatzes muss daher für das Arbeitsverhältnis typisch sein. Davon kann aber nicht gesprochen werden, wenn einem Arbeitnehmer **gelegentlich**, sei es in Ausübung des Direktionsrechts des Arbeitgebers, sei es mit Einverständnis des Arbeitnehmers, ein anderer Arbeitsplatz zugewiesen wird. Ein solcher gelegentlicher Wechsel kommt in jedem Arbeitsverhältnis vor. Würde er schon die Voraussetzungen des Satzes 2 erfüllen, gäbe es praktisch keine Versetzung i.S.d. § 95 Abs. 3 Satz 1 BetrVG.

***BAG** 18.2.1986 – 1 ABR 27/84; **BAG** 8.8.1989 – 1 ABR 63/88*

„Job-rotation“ in dem Sinne, dass Arbeitnehmer auf Weisung des Arbeitgebers innerhalb der Abteilung von einer Gruppe zur anderen wechseln, bedeutet bei jedem Wechsel eine mitbestimmungspflichtige Versetzung i.S.d. § 99 BetrVG. Es liegt gemäß **§ 95 Abs. 3 Satz 2 BetrVG** nur dann keine Versetzung vor, wenn der Wechsel für Arbeitsverhältnisse dieser Art typisch ist, alle vergleichbaren Arbeitnehmer einbezogen werden und die Wechsel nach Kriterien erfolgen, die von vornherein feststehen.

***LAG** Düsseldorf 27.5.1992 – 2 TaBV 25/92 = AuR 1993, 223*

Nach **§ 95 Abs. 3 Satz 2 BetrVG** gilt die Bestimmung des Arbeitsplatzes nicht als Versetzung, wenn Arbeitnehmer nach der Eigenart ihres Arbeitsverhältnisses üblicherweise nicht ständig an einem bestimmten Arbeitsplatz beschäftigt werden. Hierfür reicht es nicht aus, dass der Arbeitgeber nach dem Inhalt des Arbeitsvertrages einen Wechsel verlangen kann. Dieser muss vielmehr nach der **Eigenart des Arbeitsplatzes üblich und ständig** sein, wie es etwa bei Monteuren und so genannten Springern der Fall ist. Davon kann aber nicht gesprochen werden, wenn einem Arbeitnehmer **gelegentlich** und in **großen zeitlichen Abständen**, sei es kraft Direktionsrechts, sei es einverständlich ein anderer Arbeitsplatz zugewiesen wird.

***BAG** 26.1.1993 – 1 AZR 303/92*

Für die Prüfung, ob Arbeitnehmer i.S.d. **§ 95 Abs. 3 Satz 2 BetrVG** nach der Eigenart ihres Arbeitsverhältnisses üblicherweise nicht ständig an einem bestimmten Arbeitsplatz beschäftigt werden, ist auf die Verhältnisse des **Arbeitsverhältnisses des konkret betroffenen Arbeitnehmers abzustellen**.

***BAG** 2.11.1993 – 1 ABR 36/93*

1.4.4. Versetzung innerhalb eines Unternehmens (betriebsübergreifend))

Bei Versetzungen von einem Betrieb des Unternehmens in einen anderen Betrieb des Unternehmens können Beteiligungsrechte verschiedener Betriebsräte betroffen sein, nämlich

- des Betriebsrats des abgebenden Betriebs oder
- des Betriebsrats des aufnehmenden Betriebs oder
- beider Betriebsräte.

***BAG** 26.5.1988 – 1 ABR 18/87*

Wird ein Arbeitnehmer **auf Dauer** in einen anderen Betrieb des Arbeitgebers versetzt, bedarf es neben der Zustimmung des Betriebsrats des **aufnehmenden Betriebes** auch der Zustimmung des Betriebsrats des **abgebenden Betriebes**, wenn der **Arbeitnehmer** mit der Versetzung **nicht einverstanden** ist.

Für die Wahrnehmung dieser Mitbestimmungsrechte ist nicht der Gesamtbetriebsrat zuständig. Dies gilt auch dann, wenn der Arbeitgeber eine Reihe von Versetzungen in einer so genannten **„Personalrunde“** zusammenfasst und deswegen mehrere Betriebsräte betroffen sind.

***BAG** 26.1.1993 – 1 AZR 303/92*

Der Betriebsrat hat nach § 99 BetrVG mitzubestimmen, wenn ein Arbeitnehmer **auf Dauer in einen anderen Betrieb** des Arbeitgebers versetzt wird. Dieses Mitbestimmungsrecht entfällt nur dann, **wenn der Arbeitnehmer mit dieser Versetzung einverstanden ist**.

Ein das Mitbestimmungsrecht des Betriebsrats ausschließendes Einverständnis liegt nur dann vor, wenn der Arbeitnehmer die Versetzung selbst gewünscht hat oder diese seinen Wünschen und seiner freien Entscheidung entspricht.

***BAG** 20.9.1990 – 1 ABR 37/90; **BAG** 26.1.1993 – 1 AZR 303/92*

Die **Abordnung** (= vorübergehende Versetzung) von Arbeitnehmern einer Filiale eines Unternehmens in eine andere Filiale ist für die **aufnehmende Filiale** eine **Einstellung** i.S.d. § 99 BetrVG auch dann, wenn sie nur für wenige Tage erfolgt.

Eine solche Abordnung ist für die **abgebende Filiale** eine **Versetzung** i.S.d. § 95 Abs. 3 BetrVG, wenn sie mit einer erheblichen Änderung der Umstände verbunden ist, unter denen die Arbeit zu leisten ist.

***BAG** 16.12.1986 – 1 ABR 52/85*

Eine betriebsübergreifende Versetzung bedarf nach § 99 Abs. 1 Satz 1, § 95 Abs. 3 Satz 1 BetrVG in der Regel der Zustimmung des Betriebsrats des abgebenden Betriebs. Das Beteiligungsrecht soll es dem Betriebsrat ermöglichen, der beabsichtigten Versetzung seine Zustimmung bei Vorliegen von Verweigerungsgründen i.S.d. § 99 Abs. 2 BetrVG zu versagen und den Arbeitgeber gerichtlich anzuhalten, den Arbeitnehmer ohne Änderung seines bisherigen Arbeitsbereichs im Betrieb weiterzubeschäftigen. Die Mitbestimmung des Betriebsrats des abgebenden Betriebs setzt daher den Fortbestand der Einheit voraus, für die der Betriebsrat errichtet ist.
Es bleibt unentschieden, ob eine Versetzung i.S.d. § 95 Abs. 3 Satz 1 BetrVG vorliegt, wenn der Arbeitgeber einem Arbeitnehmer nach der vollständigen Stilllegung des Betriebs eine Tätigkeit in einem anderen Betrieb des Unternehmens zuweist. Bei einer solchen Maßnahme ist der Betriebsrat der stillgelegten Einheit auch nicht nach § 21 b BetrVG (Restmandate) nach § 99 Abs. 1 Satz 1 BetrVG zu beteiligen, weil dessen Mitwirkung weder zur Wahrung von Belegschaftsinteressen noch zum Schutz der betroffenen Arbeitnehmer geboten ist.

***BAG** 8.12.2009 – 1 ABR 41/09*

Die Versetzung eines Arbeitnehmers von einem Betrieb des Arbeitgebers in einen anderen Betrieb desselben Arbeitgebers stellt eine Versetzung i.S.d. § 95 Abs. 3 Satz 1 BetrVG dar und unterliegt auch dem Mitbestimmungsrecht des Betriebsrats des abgebenden Betriebes.
Das gilt auch, wenn sich der zu versetzende Arbeitnehmer zuvor in einem unbezahlten Sonderurlaub befunden und das Arbeitsverhältnis längere Zeit geruht hat. Die Eingliederung und die Betriebszugehörigkeit dieses Arbeitnehmers zum abgebenden Betrieb wird durch die Vereinbarung des Ruhens des Arbeitsverhältnisses nicht aufgehoben.

***LAG** Hamm 27.4.2005 – 10 TaBV 144/04*

Beispiele:

(1) *Ein Arbeitnehmer in der Berliner Niederlassung des Unternehmens nimmt das Angebot des Arbeitgebers an, in Zukunft auf Dauer in der Niederlassung Hamburg des Unternehmens zu arbeiten.*

Bei dieser **einverständlichen Versetzung** (vom Arbeitnehmer selbst gewünscht oder entsprechend seinen Wünschen und seiner freien Entscheidung) eines Arbeitnehmers **auf Dauer** von einem Betrieb eines Unternehmens in einen anderen Betrieb besteht kein Beteiligungsrecht des Betriebsrats des **abgebenden** Betriebs. Zu beteiligen ist danach der Betriebsrat des **aufnehmenden** Betriebs zu einer „Einstellung".

***BAG** 20.9.1990 – 1 ABR 37/90; **BAG** 26.1.1993 – 1 AZR 303/92*

(2) *Ein Arbeitnehmer wird nur vorübergehend in einen anderen Betrieb entsandt, wobei von vornherein feststeht, dass der Arbeitnehmer nach Beendigung der Versetzung an seinen bisherigen Arbeitsplatz im entsendenden Betrieb zurückkehrt.*

Die Versetzung eines Arbeitnehmers bedarf, wenn von vornherein feststeht, dass er nach Beendigung der Versetzung an seinen bisherigen Arbeitsplatz zurückkehrt, der Zustimmung des Betriebsrats des **abgebenden Betriebes** auch dann, wenn der Arbeitnehmer für die Dauer der Versetzung in einen anderen Betrieb eingegliedert wird. Auch der Betriebsrat des **aufnehmenden Betriebes** ist zu beteiligen, denn die Abordnung von Arbeitnehmern eines Betriebs eines Unternehmens in einen anderen Betrieb ist für den aufnehmenden Betrieb eine Einstellung i.S.d. § 99 BetrVG auch dann, wenn sie nur für wenige Tage erfolgt.

***BAG** 14.11.1989 – 1 ABR 87/88; **BAG** 16.12.1986 – 1 ABR 52/85;*
***BAG** 26.1.1993 – 1 AZR 303/92*

(3) *Nach dem Arbeitsvertrag ist der Arbeitgeber berechtigt, dem Arbeitnehmer auch einen „anderen der Ausbildung des Arbeitnehmers entsprechenden Arbeitsplatz, auch in einem anderen Betrieb des Unternehmens zuzuweisen".*

Der Arbeitgeber macht von diesem vertraglichen Recht Gebrauch und weist dem im Münchner Betrieb beschäftigten Arbeitnehmer einen zumutbaren Arbeitsplatz im Hamburger Betrieb des Unternehmens zu (= angebliche einverständliche Versetzung, da der Arbeitnehmer mit seiner Unterschrift unter den Arbeitsvertrag bereits sein Einverständnis mit dieser Maßnahme erklärt hat).

Neben dem Betriebsrat des **aufnehmenden** Betriebs muss auch der Betriebsrat des **abgebenden** Betriebs nach § 99 BetrVG beteiligt werden, es sei denn, der Arbeitnehmer wünscht selbst die Versetzung oder sie entspricht seiner freien **ausdrücklichen** Entscheidung.

***BAG** 20.9.1990 – 1 ABR 37/90*

(4) *Ein Betriebsratsmitglied wird gegen seinen Willen – individual-arbeitsrechtlich zulässig nach dem Arbeitsvertrag – auf Dauer von einem Betrieb in einen anderen Betrieb des Unternehmens versetzt.*

Neben dem Betriebsrat des **aufnehmenden** Betriebes muss auch der Betriebsrat des **abgebenden** Betriebes nach § 99 BetrVG beteiligt werden.

***BAG** 11.7.2000 – 1 ABR 39/99*

2. Einleitung des Beteiligungsverfahrens durch den Arbeitgeber (§ 99 Abs. 1 BetrVG)

Schaubild: Pflichten des Arbeitgebers nach § 99 Abs. 1 BetrVG

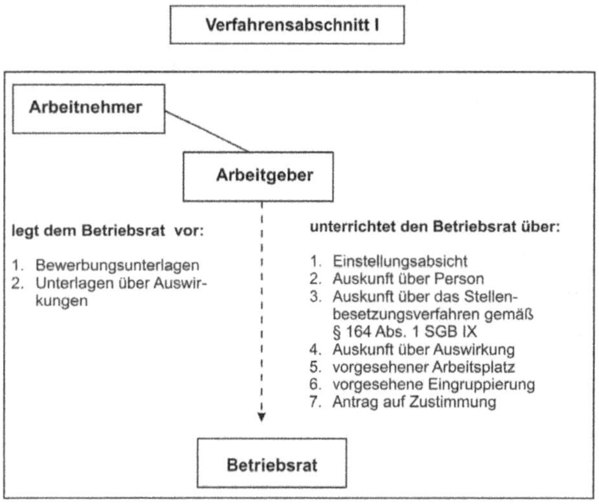

Für den Antrag des Arbeitgebers auf Zustimmung zu einer der in § 99 Abs. 1 Satz 1 BetrVG bezeichneten personellen Maßnahme sieht das Gesetz keine besondere Form vor. Fehlt es an einem ausdrücklichen Zustimmungsersuchen, ist es ausreichend, wenn der Betriebsrat der Mitteilung des Arbeitgebers entnehmen kann, dass er um die Zustimmung zu einer personellen Maßnahme i.S.d. § 99 Abs. 1 Satz 1 BetrVG angegangen wird. Maßgeblich sind insoweit die für die Auslegung von Willenserklärungen geltenden Grundsätze (§§ 133, 157 BGB).

***BAG** 10.11.2009 – 1 ABR 64/08*

Das Unterrichtungsrecht des Betriebsrats aus § 99 BetrVG ist **arbeitskampfneutral**. Deswegen ist der Betriebsrat über die Eingliederung von neu eingestellten oder von anderen Betrieben des Arbeitgebers in den umkämpften Betrieb versetzten Mitarbeitern gesetzesentsprechend zu unterrichten.

Es ist weder betriebsverfassungs- noch arbeitskampfrechtlich zutreffend, an die Verletzung des Unterrichtungsanspruchs des Betriebsrats als Rechtsfolge neben einem Ordnungsgeld gemäß § 23 Abs. 3 BetrVG noch ein Einstellungs- und Beschäftigungsverbot während des Streiks zu knüpfen.

***Hessisches LAG** 22.2.1990 – 12 TaBVGa 1/90 = DB 1991, 707*

An einem Beschlussverfahren über die Wirksamkeit von Arbeitgebermaßnahmen im Gemeinschaftsbetrieb sind alle den Betrieb führenden Unternehmen beteiligt.

Die in den Vorinstanzen unterbliebene Anhörung eines Beteiligten kann in der Rechtsbeschwerdeinstanz nachgeholt werden. Der Verfahrensfehler der Vorinstanzen wirkt sich nur im Falle einer darauf gestützten, ordnungsgemäß erhobenen Verfahrensrüge aus.

Nach dem Wortlaut des § 99 Abs. 1 Satz 1 BetrVG kommt es für ein Mitbestimmungsrecht des Betriebsrats darauf an, dass dieser für den Betrieb eines Unternehmens mit mehr als zwanzig wahlberechtigten Arbeitnehmern gewählt ist. Entscheidend ist die Unternehmens-, nicht die Betriebsgröße. Wegen des fachsprachlich eindeutigen Wortsinns ist es ausgeschlossen, im Wege der Auslegung als „Unternehmen" auch einen „Betrieb" anzusehen. Eine unmittelbare Anwendung des § 99 BetrVG auf Versetzungen in einem Gemeinschaftsbetrieb mehrerer Unternehmen, in dem insgesamt mehr als zwanzig Arbeitnehmer beschäftigt sind, scheidet deshalb aus, wenn die beteiligten Unternehmen je für sich weniger als zwanzig Mitarbeiter beschäftigen.

Der Wortsinn markiert zwar die Grenze der Auslegung, aber nicht diejenige der Rechtsanwendung schlechthin. Verfassung und Methodenlehre verpflichten die Gerichte unter bestimmten Voraussetzungen zur Vermeidung von Wertungswidersprüchen und Verstößen gegen den Gleichheitssatz zur analogen Gesetzesanwendung oder teleologischen Reduktion.
Auf Versetzungen in einem Gemeinschaftsbetrieb mehrerer Unternehmen mit jeweils weniger als zwanzig wahlberechtigten Arbeitnehmern, in welchem insgesamt mehr als zwanzig Arbeitnehmer beschäftigt sind, ist § 99 BetrVG analog anzuwenden.

***BAG** 29.9.2004 – 1 ABR 39/03*

Verweigert der Betriebsrat innerhalb der Frist des § 99 BetrVG die Zustimmung zur Eingruppierung eines Arbeitnehmers und versucht der Arbeitgeber nach Ablauf der Frist des § 99 BetrVG den Betriebsrat schriftlich „umzustimmen", indem er sich mit den Argumenten des Betriebsrats bzgl. der Ablehnung auseinandersetzt und am Ende des Schreibens seiner Hoffnung Ausdruck gibt, dass der Betriebsrat zu einer anderen Entscheidung kommen möge, da andernfalls das „arbeitsgerichtliche" Zustimmungsersetzungsverfahren durchgeführt werden „müsste" und bittet er deshalb „erneut" um Zustimmung, so kann darin ein auch nach Ablehnung weiteres zulässiges Bemühen um Verständigung und Einigung liegen, das den Betriebsrat nicht verpflichtet, erneut innerhalb der Wochenfrist des § 99 BetrVG zu widersprechen. Dies gilt insbesondere dann, wenn das zweite Schreiben des Arbeitgebers bereits drei Wochen nach dem ersten Zustimmungsersuchen beim Betriebsrat eingeht.

***LAG** Bremen 13.9.2001 – 4 TaBV 6/01*

2.1. Umfang der Unterrichtungs- und Vorlagepflicht des Arbeitgebers

Die Auskunftspflicht des Arbeitgebers nach § 99 Abs. 1 BetrVG einschließlich seiner Pflicht zur Vorlage der erforderlichen Bewerbungsunterlagen erstreckt sich **auch auf diejenigen Bewerber, die er nicht berücksichtigen will**.

***BAG** 10.12.1992 – 1 ABR 21/92*

Nach § 99 Abs. 1 Satz 1 BetrVG hat der Arbeitgeber in Unternehmen mit in der Regel mehr als 20 wahlberechtigten Arbeitnehmern den Betriebsrat u.a. vor jeder Einstellung zu unterrichten, ihm die erforderlichen Bewerbungsunterlagen vorzulegen und Auskunft über die Person der Beteiligten zu geben; er hat dem Betriebsrat unter Vorlage der erforderlichen Unterlagen Auskunft über die Auswirkungen der geplanten Maßnahme zu geben und die Zustimmung des Betriebsrats zu der geplanten Maßnahme einzuholen.
Die Vorlage- und Auskunftspflicht nach § 99 Abs. 1 Satz 1 BetrVG soll zum einen dem Betriebsrat die Informationen verschaffen, die er benötigt, um sein Recht zur Stellungnahme nach § 99 Abs. 2 BetrVG sachgerecht ausüben zu können. Zum anderen soll der Betriebsrat bei seiner Beteiligung vor einer Einstellung die Möglichkeit haben, Anregungen für die Auswahl der Bewerber zu geben und Gesichtspunkte vorzutragen, die aus seiner Sicht für die Berücksichtigung eines anderen als des vom Arbeitgeber ausgewählten Stellenbewerbers sprechen.
Entsprechend diesem Zweck erstreckt sich das Recht des Betriebsrats, die erforderlichen Bewerbungsunterlagen vorgelegt und Auskunft über die Person der Beteiligten zu bekommen, auch auf solche Bewerbungen, die von einem unternehmensinternen Recruitment-Center vorab aussortiert und nicht an die Stelle weitergeleitet werden, die die Auswahlentscheidung trifft.

***BAG** 21.10.2014 – 1 ABR 10/13*

Der Arbeitgeber muss den Betriebsrat nach § 99 Abs. 1 Satz 1 BetrVG so über eine personelle Einzelmaßnahme unterrichten, dass dieser aufgrund der mitgeteilten Tatsachen in die Lage versetzt wird zu prüfen, ob einer der in § 99 Abs. 2 BetrVG genannten Zustimmungsverweigerungsgründe vorliegt. In den Fällen der Ein- und Umgruppierung besteht das Mitbestimmungsrecht des Betriebsrats aus § 99 Abs. 1 und Abs. 2 BetrVG in einem Recht auf Mitbeurteilung der Rechtslage im Sinne einer Richtigkeitskontrolle. Die konkrete Informationspflicht des Arbeitgebers richtet sich nach der Ausgestaltung der Vergütungsordnung.
Bei einer tariflichen Vergütungsordnung sind die Angaben mitteilungsbedürftig, auf die die Tarifvertragsparteien abgestellt haben.

***BAG** 1.6.2011 – 7 ABR 138/09*

Das Mitbestimmungsrecht des Betriebsrats bei Ein- und Umgruppierungen nach § 99 BetrVG umfasst alle Faktoren, die im Zusammenhang mit einer Ein- oder Umgruppierung zu einem unterschiedlichen Entgelt führen können. Dazu gehört auch die Änderung der Stufe innerhalb einer Entgelttabelle, wie sie beispielsweise § 16 Abs. 3 TVöD/VKA vorsieht. Dies gilt unabhängig davon, ob die Änderung nach den tarifvertraglichen Bestimmungen durch reinen Zeitablauf erfolgt oder andere Faktoren maßgeblich sind. Ebenso wenig ist von Bedeutung, ob über einzelne Faktoren der Stufenzuordnung Streit zwischen den Betriebsparteien besteht (Rn. 11).

Erreichen Beschäftigte während eines Zustimmungsersetzungsverfahrens nach § 16 Abs. 3 i.V.m. § 17 TVöD/VKA eine höhere Stufe in der vom Arbeitgeber als zutreffend erachteten Entgeltgruppe, tritt eine Erledigung des Verfahrens ein. Der Arbeitgeber beabsichtigt nicht mehr die ursprüngliche Maßnahme, die Zuordnung zu der betreffenden Entgeltgruppe mit der niedrigeren Stufe der Entgelttabelle. Das Verfahren ist in einem solchen Fall auch dann einzustellen, wenn der Betriebsrat der vom Arbeitgeber abgegebenen Erledigungserklärung widerspricht (Rn. 12 f.)

***BAG** 20.1.2021 – 4 ABR 1/20*

Der Arbeitgeber ist verpflichtet, bei Einstellungen von Arbeitnehmern dem Betriebsrat die **Bewerbungsunterlagen aller Bewerber auszuhändigen** und bis zur Beschlussfassung über den Antrag auf Zustimmung, längstens für eine Woche, zu **überlassen**.

***BAG** 3.12.1985 – 1 ABR 72/83*

Zu den von den Bewerbern eingereichten Unterlagen gehören die Arbeits- und Führungszeugnisse, die Angaben über den Gesundheitszustand, der Lebenslauf, aber auch die Unterlagen, die der Arbeitgeber anlässlich der Bewerbung über einen Bewerber erstellt, wie Personalfragebogen, Ergebnisse von Einstellungsprüfungen usw.

***BAG** 3.12.1985 – 1 ABR 72/83*

Zu den dem Betriebsrat nach § 99 Abs. 1 Satz 1 BetrVG vorzulegenden Bewerbungsunterlagen gehören grundsätzlich auch solche Unterlagen, die der Arbeitgeber anlässlich einer Bewerbung über die Person des Bewerbers gefertigt hat. Dies sind vor allem Schriftstücke, die er allein oder zusammen mit dem jeweiligen Bewerber erstellt hat, um (auch) auf ihrer Grundlage seine Auswahlentscheidung zu treffen, wie etwa Personalfragebögen, standardisierte Interview- oder Prüfungsergebnisse oder schriftliche Protokolle über Bewerbungsgespräche. Aufzeichnungen, die für die Auswahlentscheidung ohne jegliche Bedeutung sind, wie formlose, unstrukturierte Gesprächsnotizen, muss der Arbeitgeber nicht vorlegen.

***BAG** 14.04.15 – 1 ABR 58/13 und **BAG** 17.6.2008 – 1 ABR 20/07*

Bewerbungsunterlagen i.S.v. § 99 Abs. 1 Satz 1 BetrVG sind zunächst alle im Zusammenhang mit der Bewerbung von den Bewerbern – auch den später abgelehnten – eingereichten Unterlagen.
Zu den Bewerbungsunterlagen zählen außerdem solche Unterlagen, die der Arbeitgeber aus Anlass der Bewerbung über die Person der Bewerber – etwa in Form von Personalfragebögen oder Testergebnissen – erstellt hat. Dies beruht darauf, dass der Betriebsrat auch außerhalb der Widerspruchsgründe des § 99 Abs. 2 BetrVG die Möglichkeit hat, Anregungen für die Auswahl unter den Bewerbern zu geben.
Auch die in § 99 Abs. 1 Satz 1 BetrVG vorgesehene Auskunft über die Person der Beteiligten ist nur vollständig, wenn sie sich auf vom Arbeitgeber erhobene, für eine Auswahl bedeutsame Daten erstreckt.
Durfte der Arbeitgeber berechtigterweise davon ausgehen, er habe den Betriebsrat nach Maßgabe des § 99 Abs. 1 Satz 1 BetrVG vollständig unterrichtet, so muss dieser den Arbeitgeber innerhalb einer Woche um weitergehende Unterrichtung bitten, wenn er sich gleichwohl für nicht ausreichend informiert hält. Durch eine offensichtlich unvollständige Unterrichtung des Betriebsrats wird die Wochenfrist des § 99 Abs. 3 dagegen auch dann nicht in Gang gesetzt, wenn dieser sich auf ein Zustimmungsersuchen des Arbeit-

gebers mit Widerspruchsgründen nach § 99 Abs. 2 BetrVG einlässt.
Eine Entscheidung über den Feststellungsantrag des Arbeitgebers nach § 100 Abs. 2 Satz 3 BetrVG kommt regelmäßig nicht mehr in Frage, wenn rechtskräftig über die (Nicht-) Berechtigung zur endgültigen Durchführung der Maßnahme entschieden worden ist.

***BAG** 14.12.2004 – 1 ABR 55/03*

Der Unterrichtungsanspruch des Betriebsrats nach § 99 Abs. 1 Satz 1 und 2 BetrVG bei Einstellungen von Arbeitnehmern erstreckt sich grundsätzlich **nicht auf den Inhalt des Arbeitsvertrags oder auf einzelvertragliche Vereinbarungen**. Die Beteiligung des Betriebsrats bei Einstellungen ist kein Instrument zur umfassenden Vertragsinhaltskontrolle. Dementsprechend folgt aus § 99 Abs. 1 Satz 1 und 2 BetrVG kein Anspruch des Betriebsrats auf Unterrichtung über etwa tarifwidrige Arbeitszeitvereinbarungen. Die tariflichen Bestimmungen über die Arbeitszeit sind regelmäßig Inhaltsnormen i.S.v. § 4 Abs. 1 Satz 1 TVG. Ein Verstoß gegen tarifliche Inhaltsnormen steht der personellen Maßnahme der Einstellung als solcher nicht entgegen.
Ein verfahrensgegenständlich auf jede Einstellung eines Arbeitnehmers bezogenes Informationsbegehren des Betriebsrats über eine ggf. getroffene **einzelvertragliche Abrede einer höheren Dauer als der im einschlägigen Tarifvertrag bestimmten Arbeitszeit** kann nicht auf den allgemeinen Auskunftsanspruch nach § 80 Abs. 2 Satz 1 Halbs. 1 BetrVG gestützt werden. Die bei jeder Einstellung beanspruchte Auskunft hat schon deshalb keinen ausreichenden Bezug zu einer betriebsverfassungsrechtlichen Überwachungsaufgabe, weil der Tarifvertrag einer solchen Arbeitszeitvereinbarung jedenfalls bei nicht tarifgebundenen Arbeitnehmern nicht entgegensteht.

***BAG** 27.10.2010 – 7 ABR 36/09*

Der Arbeitgeber ist bei der **befristeten Einstellung** von Arbeitnehmern nicht verpflichtet, dem Betriebsrat mitzuteilen, ob die Befristung mit oder ohne Sachgrund sowie ggf. mit welchem erfolgen soll.
Die Unterrichtungspflicht des Arbeitgebers nach § 99 Abs. 1 Satz 1 und 2 BetrVG umfasst vor einer beabsichtigten nicht dauerhaften Einstellung eines Arbeitnehmers nicht die Rechtfertigungsgründe für den Abschluss des befristeten Arbeitsvertrags.

***BAG**: 27.10.2010 – 7 ABR 86/09*

Der Arbeitgeber ist nach § 99 Abs. 1 BetrVG nicht verpflichtet, dem Betriebsrat Auskunft über den **Inhalt** des abgeschlossenen oder abzuschließenden **Arbeitsvertrages** des einzustellenden Arbeitnehmers zu geben, soweit es sich nicht um Vereinbarungen über Art und Dauer der vorgesehenen Beschäftigung und die beabsichtigte Eingruppierung handelt. Der **Arbeitsvertrag** gehört nicht zu den vorzulegenden Bewerbungsunterlagen.

***BAG** 18.10.1988 – 1 ABR 33/87; **BAG** 20.12.1988 – 1 ABR 68/87;*
***BAG** 3.10.1989 – 1 ABR 73/88; BAG 13.4.1994 – 1 ABR 651/93*

Abgesehen vom Fall der Eingruppierung ist der Arbeitgeber bei der Unterrichtung des Betriebsrats gemäß § 99 Abs. 1 BetrVG über eine Einstellung nicht verpflichtet, dem Betriebsrat auch **nähere Angaben zur Vergütung** und insbesondere deren **Höhe** zu machen.

***Hessisches LAG** 10.3.1987 – 4 TaBV 137/86;*
***BAG** 3.10.1989 – 1 ABR 73/88; **BAG** 31.1.1989 – 1 ABR 48/87*

Der Arbeitgeber hat dem Betriebsrat nicht nur den **räumlichen Ort** des Arbeitsplatzes, an dem die Arbeit geleistet wird, mitzuteilen, sondern auch die **Funktion**, in die der Bewerber eingegliedert werden soll.

***BAG** 3.10.1989 – 1 ABR 73/88*

Nach § 99 Abs. 1 BetrVG ist der Arbeitgeber verpflichtet, dem Betriebsrat auch den **Einstellungstermin** mitzuteilen.

***BAG** 7.11.1975 – 1 ABR 78/74; **BAG** 14.3.1989 – 1 ABR 80/87*

Bei der **Einstellung von Teilzeitbeschäftigten** gehört es zur ordnungsgemäßen Unterrichtung des Betriebsrats, diesem auch **Dauer** und **Lage** der **Arbeitszeit** der einzustellenden Arbeitnehmer mitzuteilen.

***Hessisches LAG** 18.11.1986 – 4 TaBV 44/86 = BB 1987, 1951*

Zur ordnungsgemäßen Unterrichtung des Betriebsrats gehört auch eine Angabe des Arbeitgebers darüber, ob die Einstellung **befristet** oder **unbefristet** erfolgen soll und ob weitere Bewerber um den zu besetzenden Arbeitsplatz vorhanden sind.

***BAG** 20.12.1988 – 1 ABR 68/87*

Der Lauf der Wochenfrist des § 99 Abs. 3 BetrVG setzt die vollständige Unterrichtung des Betriebsrats nach § 99 Abs. 1 Satz 1 BetrVG voraus. Ist die Wochenfrist nicht in Gang gesetzt worden, kann die Zustimmung des Betriebsrats zu einer personellen Einzelmaßnahme im Sinne dieser Vorschrift gerichtlich nicht ersetzt werden.
Gewinnt der Arbeitgeber Erkenntnisse über die Person von Stellenbewerbern, die für seine Auswahlentscheidung maßgeblich sind, aus Vorstellungsgesprächen, hat er den Betriebsrat über den für seine Entscheidung bedeutsamen Inhalt dieser Gespräche zu unterrichten. Andernfalls kann der Betriebsrat zur getroffenen Bewerberauswahl nicht sachangemessen Stellung nehmen.
Das gilt in besonderem Maße, wenn sich der Arbeitgeber in einem Frauenförderplan zur besonderen Berücksichtigung von Frauen bei gleicher Fähigkeit und Eignung verpflichtet hat und sich trotz gleicher Qualifikation aufgrund eines Vorstellungsgesprächs für einen männlichen Bewerber entscheidet.
In einem solchen Fall darf der Arbeitgeber nicht berechtigterweise davon ausgehen, er habe dem Betriebsrat auch ohne Unterrichtung über den Inhalt der Vorstellungsgespräche vollständig Auskünfte über die Person der Bewerber erteilt.

***BAG** 28.6.2005 – 1 ABR 26/04*

Bei jedem – und sei es kurzfristigen – tatsächlichen **Einsatz eines Leiharbeitnehmers** im Entleiherbetrieb handelt es sich um eine mitbestimmungspflichtige Einstellung nach § 99 Abs. 1 Satz 1 BetrVG.
Der Arbeitgeber ist nach § 14 Abs. 3 Satz 1 AÜG i.V.m. § 99 Abs. 1 Satz 1 und Satz 2 BetrVG verpflichtet, dem Betriebsrat bei seiner Unterrichtung vor der Einstellung von Leiharbeitnehmern auch deren Namen mitzuteilen.
Die Besonderheiten der Arbeitnehmerüberlassung verkürzen die Unterrichtungspflicht des Arbeitgebers nicht. Der Arbeitgeber ist gehalten und es ist ihm zur Erfüllung seiner Unterrichtungspflicht grundsätzlich zuzumuten, die Personalien des einzusetzenden Leiharbeitnehmers erforderlichenfalls beim Verleiher zu erfragen oder bei diesem auf eine so rechtzeitige Auswahlentscheidung zu drängen, dass er seinen Pflichten nach § 99 Abs. 1 Satz 1 und Satz 2 BetrVG rechtzeitig nachkommen kann.

***BAG** 9.3.2011 – 7 ABR 137/09*

Der Arbeitgeber ist nach § 80 Abs. 2 Satz 2 BetrVG verpflichtet, dem Betriebsrat **auf Verlangen Verträge mit Fremdfirmen** über den Einsatz von Fremdarbeitnehmern im Betrieb vorzulegen. Dies ist damit zu begründen, dass die Vorlage solcher Verträge erforderlich ist, damit der Betriebsrat prüfen kann, ob ihm hinsichtlich des Einsatzes von Fremdarbeitnehmern Überwachungsrechte nach § 80 Abs. 1 Nr. 1 BetrVG oder Mitbestimmungsrechte nach § 99 BetrVG zustehen.

***BAG** 9.7.1991 – 1 ABR 45/90*

Ein Anspruch des Betriebsrats auf Teilnahme am **Vorstellungsgespräch** mit den Bewerbern besteht nicht.

***BAG** 18.7.1978 – 1 ABR 8/75*

Verlangt der Betriebsrat vom Arbeitgeber, **einem bestimmten Arbeitnehmer** zu kündigen bzw. ihn zu **versetzen**, und entschließt sich der Arbeitgeber, dem Wunsch des Betriebsrats aus den von diesem angegebenen Gründen zu entsprechen, so ist, auch wenn kein Fall des § 104 BetrVG vorliegt, eine erneute Beteiligung des Betriebsrats nach §§ 102, 103, 99 BetrVG nicht mehr erforderlich. In dem Kündigungs- bzw. Versetzungsverlangen des Betriebsrats liegt dann bereits dessen Zustimmung zur Kündigung bzw. Versetzung.

***BAG** 15.5.1997 – 2 AZR 519/96*

Nach der st. Rspr. des BAG haben Mitbestimmungsrechte des Betriebsrats zurückzutreten, wenn sie geeignet sind, die **Arbeitskampffreiheit** des Arbeitgebers einzuschränken. Deshalb bedürfen arbeitskampfbedingte Veränderungen der Arbeitszeit nicht der Zustimmung des Betriebsrats. Die gesetzlichen Unterrichtungspflichten des Arbeitgebers sind jedoch regelmäßig nicht geeignet, Abwehrmaßnahmen nennenswert zu beeinträchtigen. Die Arbeitskampffreiheit des Arbeitgebers gebietet daher keine Einschränkung der gesetzlichen Informationsansprüche des Betriebsrats.

***BAG** 10.12.2002 – 1 ABR 7/02*

Der Arbeitgeber muss im Rahmen der Unterrichtung über eine geplante personelle Maßnahme nach § 99 BetrVG dem Betriebsrat keine Unterlagen vorlegen, die er selbst nicht hat. Dennoch ist der Arbeitgeber in einem solchen Fall verpflichtet, den Betriebsrat darüber zu informieren, wie es zu der Bewerbung des Mitarbeiters gekommen ist. In Fällen, in denen eine Bewerbung ausschließlich mündlich bzw. telefonisch erfolgt, ist der Arbeitgeber verpflichtet, neben den üblichen Angaben zur Person des Bewerbers weitere Auskünfte, insbesondere diejenigen Mitteilungen und Informationen, die sich aus einem Vorstellungsgespräch ergeben, an den Betriebsrat weiterzuleiten.

***LAG** Hamm 1.8.2003 – 10 TaBV 2/03 = NZA-RR 2004, 84*

2.2. Unterrichtungspflicht gegenüber der Schwerbehindertenvertretung

Hinweis für die Praxis:

Mit dem Bundesteilhabegesetz (BTHG) vom 23. Dezember 2016 wurde das SGB IX in mehreren Stufen entscheidend geändert. Mit Inkrafttreten des BTHG wurde das zu diesem Zeitpunkt noch als zweiter Teil des SGB IX geregelte Schwerbehindertenrecht geändert und wurden die Rechte der Schwerbehindertenvertretung zum Teil erheblich gestärkt.

Zum 1. Januar 2018 wurde vor allem der erste Teil des SGB IX, der das allgemeine Teilhaberecht von Menschen mit Behinderungen umfasst, neu geregelt, darüber hinaus wurde in einem neuen, zweiten Teil des SGB IX das Recht der Eingliederungshilfe in das SGB IX übernommen, so dass sich das Schwerbehindertenrecht nun als dritter Teil des SGB IX anfügt. In Folge dieser Neufassung des SGB IX ist folglich im Schwerbehindertenrecht eine neue Paragrafenfolge zu beachten. Anstelle zuvor mit § 68 SGB IX beginnt das Schwerbehindertenrecht nun mit § 151 SGB IX. Da aber im Übrigen nicht nur die einzelnen Regelungen, sondern auch die Regelungsfolge nahezu gleich geblieben ist, kann die gesuchte Vorschrift regelmäßig gefunden werden, indem zu einem nach altem Recht benannten Paragrafen die Zahl 83 addiert wird. Dies ist bei allen nachfolgend abgedruckten Entscheidungen, die im Wesentlichen noch zur alten Paragrafenfolge ergangen sind, zu beachten.

Zweck des BTHG ist es vor allem, die Teilhabe behinderter und schwerbehinderter Menschen an dem gesellschaftlichen Leben, insbesondere vor allem auch am Arbeitsprozess, zu fördern und nach Möglichkeit zu gewährleisten. Dies ist der Grund, weshalb im arbeitsrechtlichen Bereich vor allem die Rechte der Schwerbehindertenvertretungen (SBV) im Betrieb aufgewertet und verbessert wurden. Eine zentrale Neuerung ist die Stärkung der SBV im Kündigungsverfahren eines schwerbehinderten Menschen. Schon immer war zwar die SBV vor einer beabsichtigten Kündigung eines schwerbehinderten Menschen zu unterrichten. Kam der Arbeitgeber dieser Unterrichtungspflicht aber nicht nach, so erwuchsen daraus, anders als nach § 102 Abs. 1 BetrVG für den Arbeitgeber keine Konsequenzen. Nach der Neuregelung des § 178 Abs. 2 S.3 SGB IX führt nun auch die Nichtanhörung der SBV zur Nichtigkeit der Kündigung. Die erste klärende Entscheidung zu dieser auslegungsbedürftigen Regelung ist nun durch das BAG am 13. Dezember 2018 ergangen:

Die Begründung eines Arbeitsverhältnisses ist eine personelle Einzelmaßnahme und damit eine „Angelegenheit“ i.S.v. § 95 Abs. 2 Satz 1 SGB IX. Das Unterrichtungs- und Anhörungsrecht der Schwerbehindertenvertretung umfasst die Teilnahme an dem für die Begründung des Arbeitsverhältnisses maßgeblichen Auswahlverfahren und an den mit den Bewerbern geführten Vorstellungsgesprächen (§ 95 Abs. 2 Satz 3 SGB IX). Dies gilt auch dann, wenn der Bewerber nach Begründung des Arbeitsverhältnisses einem Dritten im Wege der Personalgestellung zugewiesen werden soll.
Für die Wahrnehmung des Beteiligungsrechts an dem Auswahlverfahren, das für die Begründung des Arbeitsverhältnisses mit dem Träger einer gemeinsamen Einrichtung nach § 44b SGB II (Jobcenter) maßgebend ist, ist die beim Träger der gemeinsamen Einrichtung gebildete Schwerbehindertenvertretung zuständig.

***BAG** 15.10.2014 – 7 ABR 71/12*

Nach § 178 Abs. 2 Satz 1 Halbs. 1 SGB IX hat der Arbeitgeber die Schwerbehindertenvertretung in allen Angelegenheiten, die einen einzelnen oder die schwerbehinderten Menschen als Gruppe berühren, unverzüglich und umfassend zu unterrichten und vor einer Entscheidung anzuhören. Die Anhörungspflicht besteht – im Gegensatz zur Unterrichtungspflicht – nicht bei allen die schwerbehinderten Menschen betreffenden Angelegenheiten, sondern nur bei diesbezüglichen Entscheidungen des Arbeitgebers (Rn. 15, 33).

Bei der für die Anhörung maßgeblichen Zuständigkeitsverteilung zwischen der bei einem Jobcenter als gemeinsamer Einrichtung nach § 44b SGB II gebildeten Schwerbehindertenvertretung und der Schwerbehindertenvertretung des Trägers ist nach § 44i i.V.m. § 44h SGB II auf die Entscheidungszuständigkeit der jeweiligen Dienststelle abzustellen. Die Zuständigkeit der Schwerbehindertenvertretung des Jobcenters ist begrenzt auf Angelegenheiten des Jobcenters, in denen der Trägerversammlung oder dem Geschäftsführer des Jobcenters eine Entscheidungsbefugnis zusteht (Rn. 34).

Die beim Jobcenter gebildete Schwerbehindertenvertretung ist vor der Einführung neuer von der Bundesagentur für Arbeit zentral verwalteter Verfahren der Informationstechnik nach § 50 Abs. 3 Satz 1 SGB II von dem Jobcenter nicht anzuhören, da der Trägerversammlung oder dem Geschäftsführer des Jobcenters insoweit keine Entscheidungsbefugnis zusteht. Entscheidungen über diesen Regelungsgegenstand obliegen der Bundesagentur für Arbeit und gelten in dem Jobcenter unmittelbar und ohne verbleibenden Entscheidungsspielraum für die Trägerversammlung oder den Geschäftsführer des Jobcenters (Rn. 35 ff.).

***BAG** 20.6. 2018 – 7 ABR 39/16*

2.3. Doppelte Beteiligung des Betriebsrats bei Versetzung durch Änderungskündigung

Schaubild: Änderungskündigung

Änderungskündigung und Betriebsrat

arbeitsrechtlicher Bereich: Rechte des Arbeitnehmers	**betriebsverfassungsrechtlicher Bereich: Rechte des Betriebsrats**
1. Änderung der Bedingungen des Arbeitsvertrages erfolgt **einvernehmlich** zwischen Arbeitgeber und Arbeitnehmer, damit Annahme der geänderten Arbeitsbedingungen ↓ Wirksamkeit der Änderung	1. Liegt eine **Versetzung** i.S.d. § 95 Abs. 3 BetrVG oder/und **Umgruppierung** vor? wenn **nein**: kein Mitwirkungsrecht des Betriebsrats wenn **ja**: §§ 99 ff. BetrVG Im Falle der Zustimmungsverweigerung durch Betriebsrat: → **Durchführungsverbot der Änderung**
2. Änderung der Bedingungen des Arbeitsvertrages ist kraft **Direktionsrechts** zulässig	2. Liegt eine **Versetzung** i.S.d. § 95 Abs. 3 BetrVG oder/und **Umgruppierung** vor? wenn **nein**: kein Mitwirkungsrecht des Betriebsrats wenn **ja**: §§ 99 ff. BetrVG
3. Änderung der Bedingungen des Arbeitsvertrages ist einseitig weder nach dem Arbeitsvertrag noch aufgrund des Direktionsrechts zulässig und Arbeitnehmer ist nicht einverstanden: **Änderungskündigung** erforderlich. Arbeitnehmer hat **Wahlmöglichkeit**: 3.1. Annahme der geänderten Arbeitsbedingungen unter Vorbehalt (§ 2 KSchG) ↓ Rechtsschutz für Arbeitnehmer Klage beim Arbeitsgericht auf Feststellung, dass Änderung sozial nicht gerechtfertigt ist 3.2. keine Annahme, auch nicht mit Vorbehaltserklärung ↓ Rechtsschutz für Arbeitnehmer Klage auf Feststellung, dass Arbeitsverhältnis durch die Kündigung nicht aufgelöst worden ist.	3. Liegt eine **Versetzung** i.S.d. § 95 Abs. 3 BetrVG oder/und **Umgruppierung** vor? wenn **nein**: kein Mitwirkungsrecht des Betriebsrats wenn **ja**: §§ 99 ff. BetrVG jedoch **zusätzlich** Mitwirkungsrecht des Betriebsrats nach § 102 BetrVG hinsichtlich der Änderungskündigung Betriebsrat / Arbeitgeber **§§ 99 ff. BetrVG** Betriebsrat: Verweigerung der Zustimmung (§ 99 Abs. 2 BetrVG) → Arbeitgeber: Antrag auf Ersetzung der verweigerten Zustimmung (§ 99 Abs. 4 BetrVG) ↓ evtl. Durchführung als **vorläufige** personelle Maßnahme (§ 100 Abs. 1 BetrVG) → Betriebsrat: Bestreiten, dass die Maßnahme aus sachlichen Gründen dringend erforderlich ist (§ 100 Abs. 2 Satz 2 BetrVG) → Arbeitgeber: Antrag bei Gericht: 1. Ersetzung der Zustimmung 2. Feststellung, dass Maßnahme dringend erforderlich (§ 100 Abs. 2 BetrVG) ist **§ 102 BetrVG** Betriebsrat: Widerspruchsrecht (§ 102 Abs. 3 BetrVG) → Arbeitgeber: Antrag auf Erlass einer einstweiligen Verfügung (Entbindung von Weiterbeschäftigungspflicht § 102 Abs. 5 BetrVG)

Will der Arbeitgeber mit einer fristgerechten **Änderungskündigung** eine **Versetzung** des Arbeitnehmers i.S.v. § 95 Abs. 3 BetrVG bewirken, so ist die Zustimmung des Betriebsrats nach § 99 BetrVG **Wirksamkeitsvoraussetzung nur** für die tatsächliche Zuweisung des neuen Arbeitsbereichs nach Ablauf der Kündigungsfrist.

Ist die Zustimmung des Betriebsrats nach § 99 BetrVG nicht erteilt oder ersetzt, so führt dies nicht zur – schwebenden – Unwirksamkeit der Änderungskündigung.[57]

Der Arbeitgeber kann nur die geänderten Vertragsbedingungen nicht durchsetzen, solange das Verfahren nach § 99 BetrVG nicht ordnungsgemäß durchgeführt ist; der Arbeitnehmer ist dann in dem alten Arbeitsbereich weiterzubeschäftigen, der ihm nicht wirksam entzogen worden ist.

***BAG** 30.9.1993 – 2 AZR 283/93*

2.4. Doppelte Beteiligung des Betriebsrats zur Versetzung und Eingruppierung

Eine Eingruppierung i.S.v. § 99 Abs. 1 Satz 1 BetrVG besteht in der rechtlichen Beurteilung des Arbeitgebers, dass der Arbeitnehmer auf Grund seiner Tätigkeit einer bestimmten Vergütungsgruppe zuzuordnen ist. Diese Beurteilung hat der Arbeitgeber bei jeder Einstellung und Versetzung vorzunehmen. Das folgt bereits aus § 99 Abs. 1 Satz 2 BetrVG, der für diese Fälle die Unterrichtung des Betriebsrats über die vorgesehene Eingruppierung ausdrücklich vorschreibt. Die Verpflichtung zur Eingruppierung besteht danach auch im Falle der Versetzung. Zwar ist der Arbeitnehmer in einem solchen Fall regelmäßig auf Grund seiner bisherigen Tätigkeit bereits einer bestimmten Vergütungsgruppe zugeordnet. Eine Versetzung ist aber nach § 95 Abs. 3 Satz 1 BetrVG stets mit der Zuweisung eines anderen Arbeitsbereichs verbunden. Daher muss der Arbeitgeber auch in diesem Fall die Eingruppierung des Arbeitnehmers überprüfen. Gelangt er hierbei zu dem Ergebnis, dass auf Grund der geänderten Tätigkeit der Arbeitnehmer einer anderen Vergütungsgruppe zuzuordnen ist, handelt es sich um eine Umgruppierung. Ergibt die Prüfung des Arbeitgebers, dass es trotz geänderter Tätigkeit bei der bisherigen Zuordnung verbleibt, liegt eine erneute Eingruppierung i.S.v. § 99 Abs. 1 Satz 1 BetrVG vor (BAG 18.6.1991 – 1 ABR 53/90 = BAGE 68, 104, zu B 112 c der Gründe).

Eine Eingruppierung ist auch bei der Versetzung von Angestellten vorzunehmen, die bis dahin dem außertariflichen Bereich zugeordnet waren. Die betriebliche Vergütungsordnung, in welche der Arbeitgeber die Arbeitnehmer unter Beteiligung des Betriebsrats einzugruppieren hat, beschränkt sich nicht auf die tarifliche Vergütungsordnung. Zu ihr gehört auch der außertarifliche Bereich. Dieser ist Teil der betrieblichen Vergütungsordnung. Der im Beschluss des Senats vom 26.10.2004 (– 1 ABR 37/03) verwendete Begriff der „Ausgruppierung" darf nicht dahin missverstanden werden, ein Arbeitnehmer befinde sich im außertariflichen Bereich außerhalb der betrieblichen Vergütungsordnung; mit dem Ausdruck wurde lediglich der Vorgang einer unvollständigen Umgruppierung vom tariflichen in den in sich gestuften außertariflichen Bereich beschrieben. Der außertarifliche Bereich kann entweder einheitlich sein oder seinerseits noch eine weiter gestufte Vergütungsordnung darstellen (vgl. BAG 26.10.2004 – 1 ABR 37/03).

Die Beurteilung des Arbeitgebers, die Tätigkeit des Arbeitnehmers übersteige die Merkmale der obersten tariflichen Vergütungsgruppe und sei daher dem außertariflichen Bereich zuzuordnen, ist ebenfalls eine Eingruppierung i.S.v. § 99 Abs. 1 Satz 1 BetrVG (vgl. BAG 31.10.1995 – 1 ABR 5/95 = AP BetrVG 1972 § 99 Eingruppierung Nr. 5 = EzA BetrVG 1972 § 99 Nr. 131, zu B 12 a der Gründe). Dies ist nicht nur dann der Fall, wenn ein bislang tariflich eingruppierter Arbeitnehmer erstmals dem außertariflichen Bereich zugeordnet wird (vgl. 26.10.2004 – 1 ABR 37/03). Vielmehr gilt dies auch, wenn einem bereits dem außertariflichen Bereich zugeordneten Arbeitnehmer ein neuer Arbeitsbereich zugewiesen wird. Die Beurteilung des Arbeitgebers, der Arbeitnehmer sei nach der neuen Tätigkeit weiterhin dem außertariflichen Bereich zuzuordnen und unterfalle nicht der tariflichen Vergütungsordnung, ist eine erneute Eingruppierung des Arbeitnehmers i.S.v. § 99 Abs. 1 Satz 1 BetrVG. An dieser ist der Betriebsrat zu beteiligen. Dessen Beteiligungsrecht dient der einheitlichen und gleichmäßigen Anwendung der Vergütungsordnung in gleichen und vergleichbaren Fällen. Es soll zur innerbetrieblichen Lohngerechtigkeit und Transparenz der im Betrieb vorgenommenen Eingruppierungen beitragen (31.10.1995 – 1 ABR 5/95). Um diese geht es auch bei der Frage, ob ein Arbeitnehmer noch der tariflichen Vergütungsordnung unterfällt oder ob er Tätigkeiten erbringt, deren Merkmale diejenigen der obersten tariflichen Vergütungsgruppe übersteigen (vgl. BAG 23.9.2003 – 1 ABR 35/02).

***BAG** 12.12.2006 – 1 ABR 13/06*

[57] Siehe S. 221, Hinweis für die Praxis

2.5. Formulare zur Beteiligung des Betriebsrats nach § 99 Abs. 1 BetrVG

An den
Betriebsrat (oder Personalausschuss)
z.Hd. des/der BR-Vors. (Ausschussvors.)

Stuttgart, den ____________________

im Hause

Betr.: Beabsichtigte **Einstellung und Eingruppierung**

* Nichtzutreffendes ist gestrichen

Es ist beabsichtigt, folgende personelle Maßnahme durchzuführen. Wir bitten um Ihre Zustimmung sowie um Rückgabe der **beigefügten Personalunterlagen**.

1. Persönliche Daten:

Herr/Frau: ____________________ (Name) ____________________ (Vorname)
Wohnort und Straße: ____________________
geboren am: ____________________
derzeitige Tätigkeit: ____________________
Abteilung: ____________________
Schwerbehinderte(r) GdB: ....
Gleichgestellte(r) ☐ ja ____ ☐ nein ☐ keine Information

2. Einstellung/Eingruppierung:

vorgesehene Tätigkeit: ____________________
Abteilung: ____________________
vorgesehene Geh.-/Lohngruppe: ____________________
Einstellungstermin: ____________________
Grund der Einstellung: ____________________

☐ Betriebsinterne Bewerbungen liegen vor/nicht vor

☐ Unterlagen der anderen Bewerber liegen bei

☐ Beim Arbeitsamt gemeldete schwerbehinderte Bewerber wurden uns nicht benannt

3. Wir unterrichten Sie über folgende vorläufige Einstellung/Eingruppierung nach § 100 BetrVG

Art der vorläufigen Maßnahme: ____________________

____

Sach- und Rechtslage: Begründung der Dringlichkeit

____

____

Wenn Sie die Maßnahme aus sachlichen Gründen nicht für dringend erforderlich halten, teilen Sie uns dies bitte unverzüglich mit.

Im Übrigen verweisen wir auf das mit dem/der BR-Vors./PA-Vors. am __________ geführte Gespräch, in dem unser/e Herr/Frau ______________ über die beabsichtigte personelle Maßnahme, die Beteiligten und die Auswirkungen ausführlich informiert hat. Für weitere Rückfragen steht Ihnen die Personalabteilung zur Verfügung.

Mit freundlichen Grüßen

Anlagen: Bewerbungsunterlagen

An den
Betriebsrat (oder Personalausschuss)
z.Hd. des/der BR-Vors. (Ausschussvors.)

Stuttgart, den ____________________

im Hause

Betr.: Beabsichtigte **Versetzung und Ein-** bzw. **Umgruppierung** * Nichtzutreffendes ist gestrichen

---

Es ist beabsichtigt, folgende personelle Maßnahme durchzuführen. Wir bitten um Ihre Zustimmung sowie um Rückgabe der **beigefügten Personalunterlagen**.

1. Persönliche Daten:

Herr/Frau: ____________________ (Name) ____________________ (Vorname)
Wohnort und Straße: ____________________
geboren am: ____________________
derzeitige Tätigkeit: ____________________
Abteilung: ____________________
Schwerbehinderte(r) GdB: ....
Gleichgestellte(r) ☐ ja ____ % ☐ nein ☐ keine Informationen

2. Versetzung/Eingruppierung bzw. Umgruppierung:

Versetzung nach Abteilung: ____________________
- als (Tätigkeit): ____________________
- zum (Termin): ____________________
vorgesehene Geh.-/Lohngruppe: ____________________
bisherige Geh.-/Lohngruppe: ____________________
Grund der Maßnahme: ____________________

☐ Arbeitnehmer ist einverstanden

☐ Arbeitnehmer ist nicht einverstanden; wir verweisen daher auf beiliegende Anhörung zur Änderungskündigung

☐ andere betriebsinterne Bewerbungen liegen vor/nicht vor

☐ Unterlagen der anderen Bewerber liegen bei

3. Wir unterrichten Sie über folgende vorläufige Versetzung bzw. Ein- bzw. Umgruppierung nach § 100 BetrVG

Art der vorläufigen Maßnahme: ____________________

____

Sach- und Rechtslage: Begründung der Dringlichkeit

____

____

Wenn Sie die Maßnahme aus sachlichen Gründen nicht für dringend erforderlich halten, teilen Sie uns dies bitte unverzüglich mit.

Im Übrigen verweisen wir auf das mit dem/der BR-Vors./PA-Vors. am __________ geführte Gespräch, in dem unser/e Herr/Frau ______________ über die beabsichtigte personelle Maßnahme, die Beteiligten und die Auswirkungen ausführlich informiert hat. Für weitere Rückfragen steht Ihnen die Personalabteilung zur Verfügung.

Mit freundlichen Grüßen

Anlagen: Bewerbungsunterlagen

2.6. Ausnahmen im Arbeitskampf

Der Betriebsrat eines abgebenden Betriebs hat bei einer arbeitskampfbedingten Versetzung arbeitswilliger Arbeitnehmer in einen bestreikten Betrieb des Arbeitgebers nicht nach § 99 I BetrVG mitzubestimmen. Das gilt unabhängig davon, ob der abgebende Betrieb in den Arbeitskampf einbezogen ist oder nicht.

Eine Einschränkung der Mitbestimmungsrechte des Betriebsrats während eines Arbeitskampfs hat zu erfolgen, wenn bei deren uneingeschränkter Aufrechterhaltung die ernsthafte Gefahr besteht, dass der Betriebsrat eine dem Arbeitgeber sonst mögliche Arbeitskampfmaßnahme verhindert und dadurch zwangsläufig zu dessen Nachteil in das Kampfgeschehen eingreift. Dies gilt gleichermaßen für Arbeitskämpfe, die auf den Abschluss eines Verbands- oder Haustarifvertrags gerichtet sind.

Die Durchführung des Mitbestimmungsverfahrens nach § 99 BetrVG bei streikbedingten Versetzungen eigener arbeitswilliger Arbeitnehmer hindert den Arbeitgeber ernsthaft an einer wirksamen Kampfführung. Er ist darauf angewiesen, dass der Betriebsrat des abgebenden Betriebs dem umgehend zustimmt.

Dem steht nicht entgegen, dass der Arbeitgeber nach § 100 BetrVG die Möglichkeit hat, auch vor einer Entscheidung des Betriebsrats über die Zustimmung zu der personellen Maßnahme die Versetzung vorläufig durchzuführen. Dieses Verfahren ist mitbestimmungsrechtlich nicht ein „Weniger", sondern eine Ergänzung zum Zustimmungsverfahren nach § 99 BetrVG und bietet dem Arbeitgeber eine Art vorläufigen Rechtsschutz.

Die Einschränkung des Zustimmungserfordernisses bei arbeitskampfbezogenen Versetzungen besteht auch dann, wenn der Arbeitskampf in einem anderen Betrieb des Unternehmens geführt wird und nur die dort beschäftigten Arbeitnehmer von dem Tarifabschluss erfasst werden. Auch in diesem Fall bleibt eine Versetzung in einen anderen bestreikten Betrieb des Arbeitgebers eine arbeitskampfbezogene personelle Maßnahme, wenn hierdurch die wirtschaftlichen Folgen des Arbeitskampfs verringert werden sollen.

***BAG** 13.12.2011 – 1 ABR 2/10*

Der Betriebsrat hat beim Einsatz von **Streikbrechern** kein Mitbestimmungsrecht nach § 99 BetrVG, wohl aber einen Unterrichtungsanspruch aus dieser Vorschrift.

***LAG** Köln 22.6.1992 – 14 TaBV 17/92 = BB 1993, 1008 = DB 1993, 838*

3. Rechtsfolgen der fehlerhaften oder unterbliebenen Beteiligung des Betriebsrats

Der Arbeitgeber hat den Betriebsrat nach § 99 Abs. 1 Satz 1 BetrVG ordnungsgemäß zu unterrichten, wenn er dessen Zustimmung zu einer personellen Einzelmaßnahme einholt. **Ohne die gesetzlich vorgeschriebene Unterrichtung läuft nicht die Wochenfrist des § 99 Abs. 3 BetrVG.**

Die Verletzung der Unterrichtungspflicht ist kein Verstoß gegen ein Gesetz i.S.d. § 99 Abs. 2 Nr. 1 BetrVG. Sie führt aber dazu, dass der Antrag des Arbeitgebers auf Feststellung, dass die Zustimmung des Betriebsrats zu einer personellen Einzelmaßnahme als erteilt gilt, als unbegründet abgewiesen werden muss.

Es spricht viel dafür, dass der **Betriebsrat den Arbeitgeber innerhalb der Wochenfrist auf die ihm bekannten Mängel bei der Unterrichtung hinweisen muss.** Ergänzt der Arbeitgeber seine Unterrichtung, setzt er damit eine neue Wochenfrist in Lauf. Hält er den Einwand des Betriebsrats für unbegründet, kann er beim Arbeitsgericht feststellen lassen, dass die Zustimmung des Betriebsrats als erteilt gilt, und hilfsweise beantragen, die Zustimmung zu ersetzen.

***BAG** 28.1.1986 – 1 ABR 10/84*

Der Betriebsrat hat keinen allgemeinen, von den Voraussetzungen des § 23 Abs. 3 BetrVG unabhängigen Unterlassungsanspruch, um eine gegen § 99 Abs. 1 Satz 1 BetrVG oder § 100 Abs. 2 BetrVG verstoßende personelle Einzelmaßnahme zu verhindern.

***BAG** 09.03.2011 – 7 ABR 137/09*

Voraussetzung für die gerichtliche Ersetzung der verweigerten Zustimmung zu einer personellen Einzelmaßnahme nach § 99 Abs. 4 Satz 1 BetrVG ist, dass der Arbeitgeber den Betriebsrat i.S.v. § 99 Abs. 1 Satz 1 und Satz 2 BetrVG ausreichend unterrichtet hat. Der Umfang der vom Arbeitgeber geforderten Unterrichtung bestimmt sich nach dem Zweck der Beteiligung an der jeweiligen personellen Maßnahme. Der Arbeitgeber hat den Betriebsrat so zu unterrichten, dass dieser aufgrund der mitgeteilten Tatsachen in die Lage versetzt wird, zu prüfen, ob einer der in § 99 Abs. 2 BetrVG genannten Zustimmungsverweigerungsgründe vorliegt.

Bei der **Einstellung eines externen (Leih-)Arbeitnehmers** ist der Arbeitgeber nicht verpflichtet, den Betriebsrat darüber zu unterrichten, welche teilzeitbeschäftigten Arbeitnehmer aufgrund ihres angezeigten Wunsches auf Aufstockung ihrer Arbeitszeit für die zu besetzende Stelle grundsätzlich in Betracht gekommen wären. Diese Information weist keinen hinreichenden Bezug zu der dem Betriebsrat mit der Unterrichtung nach § 99 Abs. 1 Satz 1 und Satz 2 BetrVG zu eröffnenden sachangemessenen Prüfung auf, ob ein Grund für die Verweigerung der Zustimmung zu der beabsichtigten Einstellung des Arbeitnehmers vorliegt.

Ein möglicher Zustimmungsverweigerungsgrund ist insbesondere nicht im Hinblick auf § 9 TzBfG gegeben. Angezeigte Wünsche auf Verlängerung der Arbeitszeit teilzeitbeschäftigter Arbeitnehmer lösen für diese keine Ansprüche nach § 9 TzBfG aus. Die Unterrichtungspflicht des Arbeitgebers nach § 99 Abs. 1 Satz 1 und Satz 2 BetrVG geht insoweit nicht weiter als die aus § 9 TzBfG folgende – erst auf die Annahme eines konkreten Angebots des Arbeitnehmers gerichtete – Verpflichtung des Arbeitgebers.

***BAG** 1.6.2011 – 7 ABR 117/09*

In Fällen, in denen der Betriebsrat auf eine unvollständige Unterrichtung hin seine Zustimmung zu einer personellen Einzelmaßnahme i.S.v. § 99 Abs. 1 BetrVG verweigert hat, kann der Arbeitgeber auch noch im Zustimmungsersetzungsverfahren die fehlenden Informationen nachholen. Mit der Nachholung der Unterrichtung und der Vervollständigung der Informationen wird die Wochenfrist des § 99 Abs. 3 Satz 1 BetrVG in Lauf gesetzt.

Für den Betriebsrat muss in solch einem Fall erkennbar sein, dass der Arbeitgeber die Informationen während des Zustimmungsersetzungsverfahrens auch deswegen vervollständigt, weil er seiner noch nicht vollständig erfüllten Unterrichtungspflicht aus § 99 Abs. 1 Satz 1 und Satz 2 BetrVG nachkommen möchte. Das muss nicht ausdrücklich geschehen, sondern kann sich aus den Umständen der nachgereichten Informationen ergeben.

Die ergänzende Information kann durch einen in dem Zustimmungsersetzungsverfahren eingereichten Schriftsatz oder ihm beigefügte Anlagen erfolgen. Der Lauf der Frist des § 99 Abs. 3 Satz 1 BetrVG beginnt erst dann, wenn die nachgereichte Mitteilung beim Betriebsrat eingeht.

Diese Grundsätze gelten entsprechend bei unrichtigen Angaben des Arbeitgebers über unterrichtungsrelevante Aspekte bei Einleitung des Zustimmungsverfahrens nach § 99 BetrVG. Eine nicht den Tatsachen entsprechende Unterrichtung über die personelle Maßnahme setzt die Frist des § 99 Abs. 3 Satz 1 BetrVG nicht in Lauf. Der Arbeitgeber kann seine Angaben grundsätzlich auch noch im Zustimmungsersetzungsverfahren korrigieren und unzutreffende Tatsachen richtigstellen. Es muss dann aber für den Betriebsrat – und sei es aufgrund der Umstände der Informationskorrektur – deutlich werden, dass der Arbeitgeber mit der richtiggestellten Mitteilung seiner Verpflichtung zur Unterrichtung genügen will und diese Verpflichtung nunmehr als erfüllt ansieht. Anders ist dies nur bei unrichtigen Angaben über Tatsachen und Umstände zu sehen, die offensichtlich keinen Bezug zu einem möglichen Zustimmungsverweigerungsgrund haben und über die der Betriebsrat demzufolge von vornherein nicht zu unterrichten wäre.

***BAG** 1.6.2011 – 7 ABR 18/10*

Die Zustimmungsverweigerungsfrist kann von den Betriebsparteien einvernehmlich verlängert werden. Eine Fristverlängerungsabrede zwischen den Betriebsparteien ist allerdings wirkungslos, wenn sie erst nach Eintritt der gesetzlichen Fiktion des § 99 Abs. 3 Satz 2 BetrVG getroffen wird.

***BAG** 29.6.2011 – 7 ABR 24/10*

Voraussetzung für den Eintritt der gesetzlichen Fiktion des § 99 Abs. 3 Satz 2 BetrVG ist eine ordnungsgemäße Unterrichtung des Betriebsrats durch den Arbeitgeber. Nur diese setzt die Frist für die Zustimmungsverweigerung in Lauf.

Gelten die für die Ein- oder Umgruppierung maßgeblichen Tarifverträge etwa mangels Unterzeichnung noch nicht, ist der Arbeitgeber grundsätzlich verpflichtet, dies dem Betriebsrat von sich aus ebenso mitzuteilen wie die Gründe dafür, dass die Ein- oder Umgruppierung gleichwohl erfolgen soll. Kann der Arbeitgeber davon ausgehen, dass diese Umstände bekannt sind, ist es Sache des Betriebsrats, weitere Informationen zu verlangen, wenn er nicht über alle für die Ausübung seines Mitbeurteilungsrechts nach § 99 Abs. 1 Satz 1 BetrVG erforderlichen Angaben verfügt.

Die Zustimmungsverweigerungsfrist des § 99 Abs. 3 Satz 1 BetrVG kann von den Betriebsparteien einvernehmlich verlängert werden. Eine erhebliche Fristverlängerung – im vorliegenden Fall um mehr als sieben Monate – begegnet jedenfalls dann keinen Bedenken, wenn sie besonderen Einzelfallumständen Rechnung trägt.

Der Arbeitgeber kann in den Fällen, in denen der Betriebsrat auf eine unvollständige Unterrichtung hin seine Zustimmung verweigert hat, auch noch im Zustimmungsersetzungsverfahren die fehlenden Informationen nachholen. Durch die Vervollständigung der Information wird die Zustimmungsverweigerungsfrist des § 99 Abs. 3 Satz 2 BetrVG in Lauf gesetzt. Hierzu muss der Arbeitgeber gegenüber dem Betriebsrat allerdings deutlich machen, dass er mit der zusätzlichen Information seiner Verpflichtung zur vollständigen Unterrichtung nachkommen will und diese Verpflichtung nunmehr als erfüllt ansieht. Dies muss nicht ausdrücklich geschehen, sondern kann sich auch aus den Umständen der Informationsnachreichung ergeben.

***BAG** 5.5.2010 – 7 ABR 70/08*

Der Lauf der Wochenfrist des § 99 Abs. 3 BetrVG setzt die vollständige Unterrichtung des Betriebsrats nach § 99 Abs. 1 Satz 1 BetrVG voraus. Ist die Wochenfrist nicht in Gang gesetzt worden, kann die Zustimmung des Betriebsrats zu einer personellen Einzelmaßnahme im Sinne dieser Vorschrift gerichtlich nicht ersetzt werden.

Gewinnt der Arbeitgeber Erkenntnisse über die Person von Stellenbewerbern, die für seine Auswahlentscheidung maßgeblich sind, aus Vorstellungsgesprächen, hat er den Betriebsrat über den für seine Entscheidung bedeutsamen Inhalt dieser Gespräche zu unterrichten. Andernfalls kann der Betriebsrat zur getroffenen Bewerberauswahl nicht sachangemessen Stellung nehmen.

Das gilt in besonderem Maße, wenn sich der Arbeitgeber in einem Frauenförderplan zur besonderen Berücksichtigung von Frauen bei gleicher Fähigkeit und Eignung verpflichtet hat und sich trotz gleicher Qualifikation aufgrund eines Vorstellungsgesprächs für einen männlichen Bewerber entscheidet.

In einem solchen Fall darf der Arbeitgeber nicht berechtigterweise davon ausgehen, er habe dem Betriebsrat auch ohne Unterrichtung über den Inhalt der Vorstellungsgespräche vollständig Auskünfte über die Person der Bewerber erteilt.

***BAG** 28.6.2005 – 1 ABR 26/04*

Durfte der Arbeitgeber berechtigterweise davon ausgehen, er habe den Betriebsrat nach Maßgabe des § 99 Abs. 1 Satz 1 BetrVG vollständig unterrichtet, so muss dieser den Arbeitgeber innerhalb einer Woche um weitergehende Unterrichtung bitten, wenn er sich gleichwohl für nicht ausreichend informiert hält. Durch eine offensichtlich unvollständige Unterrichtung des Betriebsrats wird die Wochenfrist des § 99 Abs. 3 dagegen auch dann nicht in Gang gesetzt, wenn dieser sich auf ein Zustimmungsersuchen des Arbeitgebers mit Widerspruchsgründen nach § 99 Abs. 2 BetrVG einlässt.

***BAG** 14.12.2004 – 1 ABR 55/03*

Die Unwirksamkeit einer Rechtsvorschrift, auf der die beabsichtigte personelle Einzelmaßnahme i.S.d. § 99 Abs. 1 BetrVG beruht, kann der Betriebsrat auch noch nach Ablauf der Wochenfrist des § 99 Abs. 3 Satz 1 BetrVG geltend machen.

Eine Ein- oder Umgruppierung, die von der im Betrieb geltenden Vergütungsordnung geboten wird, stellt keinen „Nachteil" des betroffenen Arbeitnehmers i.S.v. § 99 Abs. 2 Nr. 4 BetrVG dar.

***BAG** 6.8.2002 – 1 ABR 49/01 = BB 2003, 316*

Der Arbeitgeber trägt die **Beweislast** dafür, dass er den Betriebsrat in dem gesetzlich vorgeschriebenen Umfang unterrichtet hat.

***BAG** 28.1.1986 – 1 ABR 10/84*

Gem. § 80 Abs. 2 BetrVG kann der Betriebsrat konkret vom Arbeitgeber die rechtzeitige und umfassende Information und die Vorlage der entsprechenden dazugehörenden Unterlagen verlangen. Die dem Arbeitgeber anlässlich der Beteiligung des Betriebsrats nach §§ 99 ff. BetrVG obliegenden Unterrichtungspflichten lassen die aufgrund anderer Vorschriften des BetrVG, insbesondere die sich aus § 80 Abs. 2 BetrVG ergebenden Unterrichtungspflichten des Arbeitgebers unberührt.

***BAG** 18.10.1988 – 1 ABR 33/87*

3.1. Einstellung

Ein ohne Zustimmung des Betriebsrats **abgeschlossener Arbeitsvertrag** ist nicht unwirksam.

Der Betriebsrat kann verlangen, dass der ohne seine Zustimmung eingestellte Arbeitnehmer nicht im Betrieb beschäftigt wird.

***BAG** 2.7.1980 – 5 AZR 56/79*

Bei der Bestimmung der Rechtsfolgen einer fehlenden bzw. nicht ordnungsgemäß erfolgten Mitbestimmung bei personellen Einzelmaßnahmen gemäß § 99 BetrVG ist zwischen der **individualrechtlichen** und der **kollektiven Ebene** zu unterscheiden.

Ein Zustimmungserfordernis führt zunächst nur dann automatisch zur Unwirksamkeit der individualrechtlichen Maßnahme, wenn diese wie bei der Zustimmung zu Kündigungen gemäß §§ 102, 103 BetrVG selbst Gegenstand des Mitbestimmungsrechts ist. Bei den personellen Einzelmaßnahmen i.S.d. § 99 BetrVG ist dies nicht der Fall.

Die Durchführung einer personellen Maßnahme ohne Zustimmung des Betriebsrats stellt zunächst nur einen Pflichtverstoß gegenüber dem Betriebsrat dar, die Maßnahme ist betriebsverfassungsrechtlich unwirksam. Eine gleichzeitige individualrechtliche Unwirksamkeit kommt lediglich in Betracht, wenn Sinn und Zweck des Mitbestimmungsrechts ein Durchschlagen der Rechtswidrigkeit von der kollektiven auf die individualrechtliche Ebene zwingend erfordern. Ob eine ohne Zustimmung des Betriebsrats durchgeführte personelle Einzelmaßnahme unwirksam ist, kann daher nicht einheitlich beantwortet werden, vielmehr ist für die Entscheidung dieser Frage vom Schutzzweck des jeweils betroffenen Mitbestimmungsrechts auszugehen (BAG 26.1.1988 – 1 AZR 531/86).

Das Mitbestimmungsrecht bei der **Versetzung** dient auch dem Schutz des von der Versetzung betroffenen Arbeitnehmers (vgl. § 99 Abs. 2 Nr. 4 BetrVG). Die fehlende Zustimmung des Betriebsrats hat daher zur Folge, dass die Versetzung auch individualrechtlich unwirksam ist und der Arbeitnehmer das Recht hat, die Arbeit zu den geänderten Bedingungen zu verweigern (BAG 26.1.1988 – 1 AZR 531/86).

Demgegenüber steht das Mitbestimmungsrecht bei der **Einstellung** dem Betriebsrat zum Schutz der kollektiven Interessen der von ihm repräsentierten Belegschaft zu (BAG 2.7.1980 – 5 AZR 1241/79). Der Zustimmungsverweigerungsgrund des § 99 Abs. 1 Nr. 4 BetrVG, der allein der Wahrung der Interessen des betroffenen Arbeitnehmers dient, kommt grundsätzlich nur bei Versetzungen, nicht bei Einstellungen in Betracht (BAG 26.1.1988 – 1 AZR 531/86; i.S.d. auch BAG 6.10.1978 – 1 ABR 51/77; offen gelassen von BAG 28.3.2000 – 1 ABR 16/99). Die Einstellung entspricht dem Wunsch des Arbeitnehmers. Er kann nicht durch die Einstellung als solche benachteiligt sein, sondern allenfalls durch die Konditionen, zu denen er eingestellt wird (BAG 28.3.2000 – 1 ABR 16/99). Auf die Vertragsbedingungen erstreckt sich das Mitbestimmungsrecht des Betriebsrats aber nicht.

Da sich das Mitbestimmungsrecht bei der Einstellung auf die tatsächliche Beschäftigung des Arbeitnehmers bezieht, ist der **Arbeitsvertrag** auch dann **wirksam**, wenn die Einstellung ohne Zustimmung des Betriebsrats erfolgt; allerdings führt die mitbestimmungswidrige Einstellung zu einem **betriebsverfassungsrechtlichen Beschäftigungsverbot** (BAG 2.7.1980 – 5 AZR 1241/79). Nach § 101 Satz 1 BetrVG kann der Betriebsrat verlangen, dass der Arbeitgeber die ohne Zustimmung des Betriebsrats durchgeführte personelle Maßnahme wieder aufhebt. Für den Fall der Einstellung kann der Betriebsrat deshalb verlangen, dass der betreffende Arbeitnehmer im Betrieb nicht beschäftigt wird. Eine etwa aufgenommene tatsächliche Beschäftigung muss der Arbeitgeber rückgängig machen. Unterbleibt so die Beschäftigung des betreffenden Arbeitnehmers, ist dem Schutzzweck des Mitbestimmungsrechts Genüge getan (BAG 2.7.1980 – 5 AZR 1241/79).

Auch ein betriebsverfassungsrechtliches Beschäftigungsverbot greift in die individualrechtlichen Beziehungen zwischen Arbeitnehmer und Arbeitgeber insofern ein, als es die Erfüllung eines aus dem Arbeitsverhältnis fließenden Beschäftigungsanspruchs des Arbeitgebers ausschließt (BAG 3.5.1994 – 1 ABR 58/93). Eine gerichtliche Anordnung nach § 101 BetrVG kann sich ihrer Natur nach nicht auf die Beziehungen zwischen Arbeitgeber und Betriebsrat beschränken. Die Gestaltungsakte, deren Aufhebung dem Arbeitgeber vom Gericht aufgegeben wird, haben nämlich immer das Verhältnis zwischen Arbeitgeber und Arbeitnehmer zum Gegenstand (BAG 3.5.1994 – 1 ABR 58/93). Daraus folgt aber nur, dass der Arbeitgeber gegenüber dem Arbeitnehmer keinen durchsetzbaren Beschäftigungsanspruch mehr hat und der Arbeitnehmer dementsprechend im Verhältnis zum Arbeitgeber nicht zur Arbeitsleistung verpflichtet ist, wenn der Betriebsrat die Aufhebung der mitbestimmungswidrigen Einstellung nach § 101 BetrVG tatsächlich verlangt.

Die weitergehende Frage, ob der Arbeitnehmer auch dann berechtigt ist, die Arbeit zu verweigern, wenn der Betriebsrat die Aufhebung der mitbestimmungswidrigen Einstellung überhaupt nicht betreibt, ist unter Berücksichtigung des Schutzzweckes der Norm zu beurteilen. Die Mitbestimmung bei Einstellungen dient zum Schutz der kollektiven Interessen, nicht der Interessenswahrnehmung des betroffenen Arbeitnehmers. Dieser Schutzzweck, dem durch das Verfahren nach § 101 BetrVG Genüge getan ist, erfordert es nicht, dem Arbeitnehmer ein Recht zur Arbeitsverweigerung auch dann zuzugestehen, wenn der Betriebsrat ein Verfahren nach § 101 BetrVG nicht eingeleitet hat. Der Arbeitnehmer kann sich auf das betriebsverfassungsrechtliche Beschäftigungsverbot vielmehr nur berufen, wenn der Betriebsrat selbst die Aufhebung der Einstellung betreibt.

***BAG** 5.4.2001 – 2 AZR 580/99*

Wenn der Arbeitgeber eine Einstellung ohne die erforderliche Mitwirkung des Betriebsrats nach § 99 BetrVG vorgenommen hat, kann der Betriebsrat nicht die nachträgliche Beteiligung an der durchgeführten Maßnahme verlangen. Seinen Interessen, die Beschäftigung von Personen zu unterbinden, die ohne seine Beteiligung eingestellt worden sind, trägt vielmehr § 101 BetrVG Rechnung. Danach kann der Betriebsrat verlangen, dass die Einstellung aufgehoben wird.

***BAG** 2.3.2004 – 1 ABR 15/03*

3.2. Versetzung

Eine **Versetzung**, die **ohne Zustimmung** des **Betriebsrats** oder **ohne Ersetzung** der Zustimmung durch das Arbeitsgericht erfolgt, ist dem **Arbeitnehmer** gegenüber **unwirksam**.

***BAG** 26.1.1988 – 1 AZR 531/86*

Solange bei einer **Versetzung** die Zustimmung des Betriebsrats oder eine gerichtliche Ersetzung (§ 99 Abs. 4 BetrVG) fehlen, ist der Arbeitgeber gehindert (abgesehen von Eilmaßnahmen i.S.d. § 100 BetrVG), eine geplante Versetzung durchzuführen. Hierauf kann sich der Arbeitnehmer berufen, und zwar auch dann, wenn die Versetzung nach dem Arbeitsvertrag im Wege des Direktionsrechts angeordnet werden könnte.

Die Versetzung ist ihm gegenüber wegen Verletzung des Mitbestimmungsrechts unwirksam. Solange ein neuer Tätigkeitsbereich nicht wirksam zugewiesen werden kann, bleibt es bei dem zuletzt erteilten Arbeitsauftrag.

***BAG** 26.1.1988 – 1 AZR 531/86; **BAG** 30.9.1993 – 2 AZR 283/93;*
***BAG** 2.4.1996 – 1 AZR 743/95*

Kommt ein Arbeitnehmer einer später für rechtmäßig befundenen Versetzungsanordnung trotz wiederholter Aufforderung unter Androhung arbeitsrechtlicher Konsequenzen auch nach seinem erstinstanzlichen Unterliegen nicht zunächst nach, so kann dieses seine fristlose Entlassung wegen beharrlicher Arbeitsverweigerung rechtfertigen.

Wer ein ihm vermeintlich zustehendes Recht in Anspruch nimmt, trägt das **Risiko des Irrtums** über die Rechtslage grundsätzlich auch dann, wenn diese auf einem unzutreffenden anwaltlichen Rat beruht. Dies gilt insbesondere, wenn mit einer vom Rechtsrat abweichenden Beurteilung durch die Gerichte gerechnet werden muss. Ein Rechtsirrtum ist nur unverschuldet, wenn die vertretene Rechtsauffassung im Einklang mit der herrschenden Meinung oder der höchstrichterlichen Rechtsprechung steht.

***LAG** Düsseldorf 25.1.1993 – 19 Sa 1360/92 = BB 1993, 1149*

Ist die Zustimmung des Betriebsrats nach § 99 BetrVG nicht erteilt oder ersetzt, so führt dies nicht zur – schwebenden – Unwirksamkeit der Änderungskündigung.

Der Arbeitgeber kann nur die geänderten Vertragsbedingungen nicht durchsetzen, so lange das Verfahren nach § 99 BetrVG nicht ordnungsgemäß durchgeführt ist, der Arbeitnehmer ist dann in dem alten Arbeitsbereich weiterzubeschäftigen, der ihm **nicht wirksam entzogen** worden ist.

***BAG** 30.9.1993 – 2 AZR 283/93 = BB 1994, 426 = DB 1994, 637 = NZA 1994, 615*

Ist zu der von einem schwer behinderten Menschen beantragten Beschäftigung in einem anderen Betrieb des Arbeitgebers die Zustimmung des Betriebsrats des aufnehmenden Betriebes erforderlich, so kann unter den Voraussetzungen des § 259 ZPO der Arbeitgeber zu dieser Beschäftigung unter dem Vorbehalt der Zustimmung des Betriebsrats verurteilt werden.

Der schwerbehindertenrechtliche Beschäftigungsanspruch nach § 81 Abs. 4 Satz 1 Nr. 1 SGB IX lässt Mitbestimmungsrechte nach § 99 BetrVG unberührt.

Soweit für die Erfüllung des schwerbehindertenrechtlichen Beschäftigungsanspruchs eine Versetzung erforderlich ist, hat der schwer behinderte Mensch einen Anspruch darauf, dass der Arbeitgeber die Zustimmung nach § 99 BetrVG beim Betriebsrat einholt. Wird diese verweigert und steht nicht fest, dass dem Betriebsrat objektiv Zustimmungsverweigerungsgründe nach § 99 Abs. 2 BetrVG zustehen, hat der schwer behinderte Mensch auch einen Anspruch auf Durchführung des gerichtlichen Zustimmungsersetzungsverfahrens nach § 99 Abs. 4 BetrVG.

Führt der Arbeitgeber das gerichtliche Zustimmungsersetzungsverfahren schuldhaft unzureichend durch, kann das einen Schadensersatzanspruch begründen.

***BAG** 3.12.2002 – 9 AZR 481/01*

Der gesetzliche Aufhebungsanspruch aus § 101 BetrVG geht bei kurzzeitigen personellen Maßnahmen vielfach ins Leere. Diese Maßnahmen sind häufig beendet, ohne dass auch nur eine erstinstanzliche und schon gar keine rechtskräftige Entscheidung als Voraussetzung für die Vollstreckung vorläge (§ 101 Satz 2 BetrVG). Zu berücksichtigen ist jedoch, dass der Betriebsrat nach den gesetzlichen Regelungen der §§ 99 bis 101 BetrVG auch bei einer längerfristigen Einstellung oder Versetzung eines Arbeitnehmers, die unter Missachtung von § 99 Abs. 1 Satz 1, § 100 Abs. 2 BetrVG erfolgt, den rechtswidrigen Zustand so lange hinzunehmen hat, bis sein Aufhebungsanspruch rechtskräftig tituliert ist.

Dass dies erhebliche Zeit in Anspruch nehmen kann, hat der Gesetzgeber jedoch, wie § 101 BetrVG zu entnehmen ist, bewusst in Kauf genommen (BAG 23.6.2009 – 1 ABR 23/08).

Der Betriebsrat kann mit den vorhandenen gesetzlichen Möglichkeiten seine Mitbestimmungsrechte auch effektiv durchsetzen. Ist ein betriebsverfassungswidriges Verhalten des Arbeitgebers erstmals oder erneut zu erwarten, kann der Betriebsrat das Bestehen seines Mitbestimmungsrechts gem. § 256 Abs. 1 ZPO feststellen lassen. Drohen anschließend weitere Verstöße, kann er nach § 23 Abs. 3 BetrVG vorgehen. In der Missachtung eines gerichtlich festgestellten Rechts des Betriebsrats wird regelmäßig eine grobe Pflichtverletzung des Arbeitgebers liegen (vgl. BAG 19.1.2010 – 1 ABR 55/08). Der Unterlassungsanspruch aus § 23 Abs. 3 BetrVG wird durch den Aufhebungsanspruch nach § 101 BetrVG nicht verdrängt (BAG 23.6.2009 – 1 ABR 23/08).

***BAG** 19.1.2010 – 1 ABR 62/08*

Eine tarifliche Tätigkeitsbeschreibung, die zum Zwecke der Eingruppierung die Hauptaufgaben des jeweiligen Stelleninhabers wiedergibt, ist nicht gleichbedeutend mit dem Arbeitsbereich i.S.v. § 95 Abs. 3 BetrVG. Dieser ist anhand der konkret ausgeübten Tätigkeiten des Arbeitnehmers zu bestimmen.

Ist die Übertragung bestimmter Arbeitsaufgaben zwar mit der Zuweisung eines anderen Arbeitsbereichs verbunden, ist die Übertragung aber für nicht länger als einen Monat geplant, liegt eine Versetzung i.S.v. § 99 Abs. 1, § 95 Abs. 3 BetrVG nur vor, wenn mit der Zuweisung des anderen Arbeitsbereichs außerdem eine erhebliche Änderung der äußeren Arbeitsumstände einhergeht. Dafür müssen sich weitere Umstände ändern als nur die, die schon für den „Arbeitsbereich" kennzeichnend sind.

***BAG** 13.3.2007 – 1 ABR 22/06*

Um die Zuweisung eines anderen Arbeitsbereichs handelt es sich, wenn sich das gesamte Bild der Tätigkeit des Arbeitnehmers so verändert hat, dass die neue Tätigkeit vom Standpunkt eines mit den betrieblichen Verhältnissen vertrauten Beobachters nunmehr als eine „andere" anzusehen ist. Das Beteiligungsrecht des Betriebsrats nach § 99 Abs. 1 Satz 1 BetrVG bei der Versetzung knüpft dabei ausschließlich an die tatsächliche Zuweisung eines neuen Arbeitsbereichs als Realakt an.

***BAG** 09.4.2019 – 1 ABR 25/17*

Nach § 99 Abs. 1 Satz 1 BetrVG ist der Betriebsrat u.a. vor jeder Versetzung zu unterrichten und seine Zustimmung einzuholen. Verleiht der Arbeitgeber Beschäftigte an ein anderes Unternehmen, kann dies auch gelten, wenn die Versetzung im Einsatzbetrieb erfolgt. Das Mitbestimmungsrecht besteht, wenn

a) der Arbeitgeber des Stammbetriebs an der Versetzungsentscheidung beteiligt ist und

b) die durch die Zustimmungsverweigerungsgründe nach § 99 Abs. 2 BetrVG geschützten Interessen der entliehenen Beschäftigten berührt sind.

Setzt der DRK-Schwesternschaft e.V. nicht nur Beschäftigte, mit denen er einen Arbeitsvertrag abgeschlossen hat, sondern auch Vereinsmitglieder in einem Betrieb eines anderen Unternehmens ein, reicht es, wenn durch die Versetzungen die Interessen der anderweitig eingesetzten Beschäftigten mit einem Arbeitsvertrag berührt werden.

Geht die Zuweisung veränderter Aufgaben mit einer Umgruppierung einher, kann dies zusammen mit anderen Faktoren dafür sprechen, dass dem Arbeitnehmer ein anderer Arbeitsbereich im Sinne von § 95 Abs. 3 Satz 1 BetrVG zugewiesen wird, also sich das Gesamtbild der Tätigkeit so verändert, dass sie vom Standpunkt eines mit den betrieblichen Verhältnissen vertrauten Beobachters als eine „andere" anzusehen ist. Es liegt dann eine Versetzung im Sinne der Vorschrift vor, soweit die Zuweisung die Dauer von einem Monat voraussichtlich überschreitet oder mit einer erheblichen Änderung der Umstände verbunden ist, unter denen die Arbeit geleistet wird.

***BAG** 9.10.2013 – 7 ABR 12/12*

Eine – für die Annahme einer Versetzung i.S.v. § 95 Abs. 3 BetrVG bei kurzzeitiger Zuweisung eines anderen Arbeitsbereichs zwingend notwendige – erhebliche Änderung der äußeren Umstände, unter denen die Arbeit zu leisten ist, liegt nur vor, wenn diese Änderung aus objektiver Sicht bedeutsam und für den betroffenen Arbeitnehmer gravierend ist. Hierbei kann auch von Bedeutung sein, wie lange der Arbeitnehmer den mit den äußeren Faktoren der Arbeit einhergehenden Belastungen ausgesetzt ist.

***BAG** 29.9.2020 – 1 ABR 21/19*

3.3. Eingruppierung bzw. Umgruppierung

Bei den Rechtsfolgen **unterbliebener Mitbestimmung** bei einer **Eingruppierung** ist zwischen den betriebsverfassungsrechtlichen Rechtsfolgen und den Rechtsfolgen im Arbeitsverhältnis zwischen Arbeitgeber und Arbeitnehmer zu unterscheiden. Es ist also zu fragen, ob aus der Verletzung von Mitbestimmungsrechten des Betriebsrats sich ein individualvertraglicher Anspruch ergeben kann. Dies ist zu verneinen, da es keinen rechtlichen Anknüpfungspunkt dafür gibt, wie sich aus der Verletzung von Mitbestimmungsrechten ein vertraglicher Erfüllungsanspruch eines Arbeitnehmers ergeben soll.

***BAG** 20.8.1991 – 1 AZR 326/90*

Die Nennung der Vergütungsgruppe im Arbeitsvertrag mit einem **öffentlichen Arbeitgeber** ist im Regelfall als Wissenserklärung und nicht als Willenserklärung anzusehen. Die Angabe bezeichnet lediglich diejenige Vergütungsgruppe, die nach arbeitgeberseitiger Auffassung nach den vereinbarten tariflichen Eingruppierungsregelungen zutreffend ist. Diese Angabe hindert ebenso wenig eine spätere Berufung des Arbeitnehmers auf eine höhere Vergütungsgruppe wie eine des Arbeitgebers auf eine niedrigere Vergütungsgruppe und die Durchführung einer korrigierenden Rückgruppierung.
Der Arbeitgeber im öffentlichen Dienst ist grundsätzlich berechtigt, eine fehlerhafte tarifliche Eingruppierung zu korrigieren. Dazu muss der Arbeitgeber, wenn sich der Arbeitnehmer auf die ihm vom Arbeitgeber zuvor als maßgeblich mitgeteilte und der Vergütung zugrunde gelegte Vergütungsgruppe beruft, die objektive Fehlerhaftigkeit dieser bisher gewährten Vergütung darlegen und ggf. beweisen.
Diese Regeln wirken sich jedoch nicht aus, wenn zwischen den Parteien unstreitig ist, dass die ursprüngliche Eingruppierung nicht tarifgemäß war, klägerseitig also nicht behauptet wird, die tarifvertraglichen Voraussetzungen für die ursprünglich mitgeteilte Vergütung zu erfüllen.
Dem Arbeitgeber kann es im Einzelfall unter besonderen Umständen nach Treu und Glauben verwehrt sein, sich zur Begründung der Rückgruppierung auf eine fehlende tarifliche Voraussetzung für die bisher gewährte Vergütung zu berufen, wenn für den Arbeitnehmer ein entgegenstehender Vertrauenstatbestand geschaffen worden ist. Die Annahme einer Verwirkung setzt neben dem Zeitablauf das Vorliegen besonderer, ein schützenswertes Vertrauen begründender Umstände voraus. Dieser hinreichende Vertrauenstatbestand kann durch zusätzliche Umstände begründet werden, die nach der Eingruppierungsmitteilung eingetreten sind. Ob eine Verwirkung vorliegt, richtet sich nach den vom Tatrichter festzustellenden und zu würdigenden Umständen des Einzelfalls.

***BAG** 15.6.2011 – 4 AZR 737/09*

Bei einer **korrigierenden Rückgruppierung** muss der Arbeitgeber die objektive Fehlerhaftigkeit der bisher zugrunde gelegten Entgeltgruppe darlegen und ggf. beweisen. Dies ist Ausdruck eines begrenzten Vertrauensschutzes, den eine eingruppierte Arbeitnehmerin aufgrund der vom Arbeitgeber bei der Eingruppierung aufzuwendenden Sorgfalt und Kompetenz in Anspruch nehmen kann.

Wird eine neue Entgeltordnung eingeführt und enthält sie u.a. ein Tätigkeitsmerkmal, das dem der Arbeitnehmerin zugeordneten Tätigkeitsmerkmal der bisherigen Entgeltordnung wörtlich entspricht und sind zudem die allgemeinen Eingruppierungsregelungen der beiden Entgeltordnungen vergleichbar, so gelten die Grundsätze der korrigierenden Rückgruppierung, wenn der Arbeitgeber die Arbeitnehmerin anlässlich der Überleitung in das neue Entgeltsystem nicht demjenigen Tätigkeitsmerkmal der neuen Entgeltordnung zuordnen will, das seinem Wortlaut nach demjenigen Tätigkeitsmerkmal entspricht, dem sie in der alten Entgeltordnung zugeordnet war.

***BAG** 20.3.2013 – 4 AZR 521/11*

Eine sog. **korrigierende Rückgruppierung** kann wegen eines Verstoßes gegen das Verbot widersprüchlichen Verhaltens („venire contra factum proprium") auch dann i.S.v. § 242 BGB treuwidrig sein, wenn eine vorangegangene erneute Überprüfung der Eingruppierung – bei unveränderter Tätigkeit – zu einer Höhergruppierung geführt hatte.

***BAG** 13.12.2017 – 4 AZR 576/16*

Hat ein Zustimmungsersetzungsverfahren nach § 99 BetrVG stattgefunden, ist die gerichtlich als zutreffend festgestellte Eingruppierung für den Arbeitgeber im Verhältnis zu dem betroffenen Arbeitnehmer verbindlich (BAG 3.5.1994 – 1 ABR 58/93).

Wird die Zustimmung des Betriebsrats im Verfahren nach § 99 BetrVG nicht ersetzt, weil eine andere als die dem Arbeitnehmer mit der Änderungskündigung angebotene Vergütungsgruppe zutreffend ist, ist der Arbeitgeber hieran auch im Kündigungsrechtsstreit gebunden. Er kann sich weder unmittelbar zur Rechtfertigung der mit dem Ziel einer Umgruppierung erklärten Änderungskündigung auf die Maßgeblichkeit einer dem Ergebnis des Beschlussverfahrens widersprechenden Eingruppierung berufen, noch entspricht ein dem Ergebnis des Beschlussverfahrens entgegenstehendes Änderungsangebot dem Gebot der Verhältnismäßigkeit. Die Änderungskündigung ist in einem solchen Fall sozial ungerechtfertigt i.S.d. § 2 Satz 1, § 1 Abs. 2KSchG.

***BAG** 28.8.2008 – 2 AZR 967/06*

Das Mitbestimmungsrecht des Betriebsrats nach § 99 Abs. 1, Abs. 2 BetrVG besteht im Fall einer Ein- oder Umgruppierung in einem Recht auf Mitbeurteilung der Rechtsanwendung durch den Arbeitgeber. Es reicht nicht weiter als die Notwendigkeit einer solchen Rechtsanwendung.

Am Erfordernis einer Rechtsanwendung durch den Arbeitgeber im Wege einer Subsumtion der Anforderungen einer konkreten Stelle unter die abstrakten Tätigkeitsmerkmale einer Vergütungsgruppe fehlt es, wenn die Urheber der Vergütungsordnung die betreffende Stelle mit bindender Wirkung für den Arbeitgeber in ihr abstraktes Vergütungsschema eingereiht haben.

Ob ein „Überleitungstarifvertrag" eine bestimmte Stelle mit normativer Wirkung in das allgemeine Vergütungssystem eingereiht hat, ist durch Auslegung zu ermitteln.

Ein Tarifvertrag muss den Betriebsparteien bei der Einführung eines betrieblichen Vergütungssystems keinen bestimmten, durch Subsumtion auszufüllenden Rechtsanwendungsbereich vorbehalten.

***BAG** 3.5.2006 – 1 ABR 2/05 = NZA 2007, 47*

Ein betriebliches Entgeltschema spiegelt zwar häufig nur einen Teil der im Betrieb geltenden Entlohnungsgrundsätze wider. Maßgeblich für die nach § 99 Abs. 1 Satz 1 BetrVG nötige Eingruppierung ist dennoch nur dieses Schema.

Das betriebliche Entgeltschema und die in ihm enthaltene abstrakte Entgeltstruktur ändern sich nicht, wenn der – tariflich ungebundene – Arbeitgeber die bisherigen Entgeltbeträge bei Neueinstellungen sämtlich um den gleichen Prozentsatz absenkt. Sie ändern sich auch dadurch nicht, dass der Arbeitgeber unter Verstoß gegen § 87 Abs. 1 Nr. 10 BetrVG sonstige betriebliche Entlohnungsgrundsätze einseitig ändert.

Der Betriebsrat kann der beabsichtigten Eingruppierung neu eingestellter Mitarbeiter nicht wegen Verstoßes gegen sein Mitbestimmungsrecht nach § 87 Abs. 1 Nr. 10 BetrVG gemäß § 99 Abs. 2 Nr. 1 BetrVG widersprechen, wenn der Arbeitgeber die sich aus dem betrieblichen Entgeltschema ergebende Grundvergütung gleichmäßig reduzieren und eine jährliche Sonderzahlung nicht mehr in der bisherigen Höhe gewähren will.

Geht der (gesamte) Betrieb im Lauf eines arbeitsgerichtlichen Beschlussverfahrens auf einen neuen Inhaber über, hat dies automatisch den Eintritt des Erwerbers in die verfahrensrechtliche Position des Veräußerers zur Folge und führt nicht zu einer Antragsänderung. Der bisherige Inhaber ist am Verfahren nicht mehr beteiligt.

***BAG** 28.4.2009 – 1 ABR 97/07*

Nach der Veränderung eines für den Betrieb maßgebenden Entgeltschemas steht dem Betriebsrat bei der dann vorzunehmenden Eingruppierung der Arbeitnehmer ein Mitbeurteilungsrecht nach § 99 Abs. 1 BetrVG zu. Dies gilt auch für diejenigen Umgruppierungen, die nach dem Inkrafttreten des TV ERA TH erforderlich waren.

***BAG** 16.3.2016 – 4 ABR 32/14*

Adressat des dem Betriebsrat bei der **Eingruppierung** gemäß § 99 Abs. 1 Satz 1 BetrVG zustehenden Mitbestimmungsrechts ist im Gemeinschaftsbetrieb ausschließlich der Vertragsarbeitgeber.

> Der Betriebsrat kann vom Arbeitgeber die Durchführung des Zustimmungsersetzungsverfahrens nach § 99 Abs. 4 BetrVG verlangen, wenn der Arbeitgeber an der Eingruppierung eines Arbeitnehmers trotz frist- und ordnungsgemäßer Zustimmungsverweigerung des Betriebsrats festhält.
>
> Unterlässt der Arbeitgeber eine erforderliche Eingruppierung, kann der Betriebsrat in entsprechender Anwendung des § 101 Satz 1 BetrVG vom Arbeitgeber verlangen, dass dieser die Eingruppierung vornimmt, hierzu die Zustimmung des Betriebsrats beantragt und im Falle der Zustimmungsverweigerung das Zustimmungsersetzungsverfahren nach § 99 Abs. 4 BetrVG durchführt.

***BAG** 23.9.2003 – 1 ABR 35/02*

Geht ein Betrieb oder ein Betriebsteil unter Wahrung seiner Identität durch Rechtsgeschäft auf einen Erwerber über, so lässt dies die Geltung einer betrieblichen Vergütungsordnung, in die der Arbeitgeber die Arbeitnehmer einzugruppieren hat, unberührt.

***BAG** 14.8.2013 – 7 ABR 56/11*

Verweigert der Betriebsrat die Zustimmung zu einer vom Arbeitgeber vorgesehenen **Eingruppierung** und ersetzt das Gericht die vom Betriebsrat verweigerte Zustimmung nicht, so ist der Arbeitgeber nicht berechtigt, die beabsichtigte Eingruppierung vorzunehmen. Er muss vielmehr mit dem Betriebsrat zu einem Einvernehmen über die Eingruppierung gelangen oder, wenn dies nicht gelingt, nunmehr die Zustimmung des Betriebsrats zur Eingruppierung in eine andere Vergütungsgruppe beantragen, bei Verweigerung der Zustimmung des Betriebsrats das gerichtliche Ersetzungsverfahren einleiten. Die in diesem Verfahren gefundene Eingruppierung ist dann für den Arbeitgeber verbindlich.

Soweit im Zustimmungsersetzungsverfahren nach § 99 Abs. 4 BetrVG eine bestimmte Entgeltgruppe als zutreffend ermittelt oder als unzutreffend ausgeschlossen wurde, kann der Arbeitnehmer seinen Entgeltanspruch unmittelbar auf die gerichtliche Entscheidung stützen. Insoweit ist sein Anspruch nicht von einer weiteren Prüfung der tariflichen Eingruppierungsvoraussetzungen abhängig.

Der Arbeitnehmer ist nicht gehindert, gegenüber dem Arbeitgeber eine **günstigere** als die im Beschlussverfahren angenommene Eingruppierung geltend zu machen.

***BAG** 3.5.1994 – 1 ABR 58/93*

Wenn der Arbeitgeber eine beachtliche Zustimmungsverweigerung leichtfertig oder wider besseres Wissen für unbeachtlich erklärt und von der Einleitung eines Zustimmungsersetzungsverfahrens absieht, kann der Betriebsrat mit einem Antrag nach § 23 Abs. 3 BetrVG gegen den Arbeitgeber vorgehen. Bei § 23 Abs. 3 BetrVG handelt es sich um eine Vorschrift, die gerade bei personellen Einzelmaßnahmen neben der Reaktion des Betriebsrats nach § 101 BetrVG die künftige Beachtung der Beteiligungsrechte bei personellen Einzelmaßnahmen zu sichern geeignet ist.

***BAG** 26.1.1988 – 1 AZR 531/86*

Erfüllt die Tätigkeit des Angestellten ein in einer Vergütungsgruppe genanntes Beispiel, ist er in dieser eingruppiert, ohne dass die Anforderungen des Obersatzes der Vergütungsgruppe überprüft werden müssen.

Führen die Tarifvertragsparteien einen branchenspezifischen Begriff in eine Tarifnorm ein, ist im Zweifel anzunehmen, dass dieser im branchenspezifischen Sinn Geltung haben soll.

***BAG** 21.8.2002 – 4 AZR 223/01 = NZA-RR 2003, 609*

4. Zuständigkeitsbereich des Betriebsrats (§ 99 Abs. 2 u. 3 BetrVG)

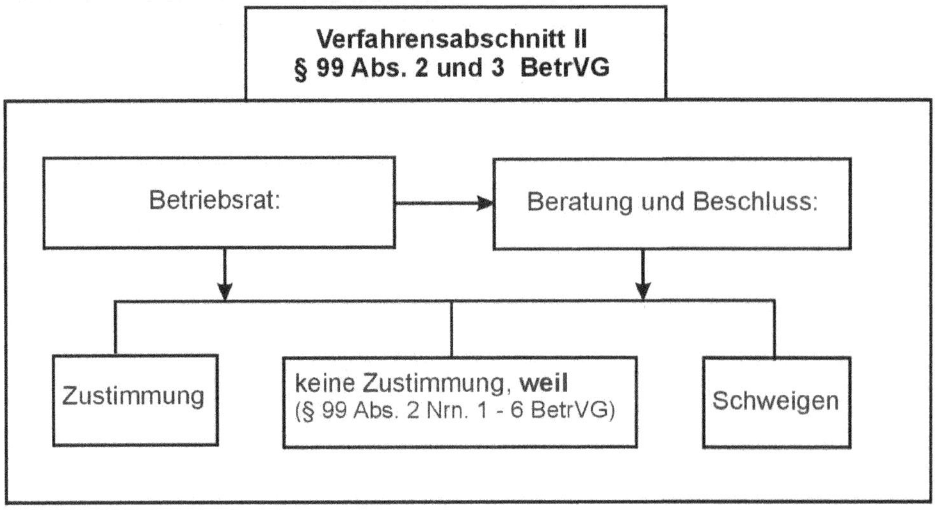

4.1. Formelle Voraussetzungen einer wirksamen Zustimmungsverweigerung

Für die Mitteilung des Betriebsrats über die Verweigerung seiner Zustimmung nach § 99 Abs. 3 Satz 1 BetrVG genügt die Einhaltung der Textform i.S.v. § 126b BGB. Die Textform verlangt, dass die Erklärung in einer Urkunde oder auf andere zur dauerhaften Wiedergabe in Schriftzeichen geeignete Weise abgegeben, die Person des Erklärenden genannt und der Abschluss der Erklärung durch Nachbildung der Namensunterschrift oder anders erkennbar gemacht wird. Folgt die Begründung der auf einem Formular der Arbeitgeberin vorgesehenen Unterschrift des Betriebsratsvorsitzenden, ist die Textform gewahrt, wenn es für die Arbeitgeberin aufgrund der Gestaltung des Schriftstücks keinem vernünftigen Zweifel unterliegen konnte, dass es sich bei der Stellungnahme nicht nur um einen Entwurf, sondern um die vollständige Erklärung des Betriebsrats handelt.

***BAG** 1.6.2011 – 7 ABR% 138/09*

Das Schriftlichkeitsgebot des § 99 Abs. 3 Satz 1 BetrVG wird auch durch die Einhaltung der Textform des § 126b BGB erfüllt.

Nach 99 Abs. 3 Satz 1 BetrVG hat der Betriebsrat dem Arbeitgeber die Verweigerung seiner Zustimmung zu einer Einstellung, Eingruppierung, Umgruppierung oder Versetzung „schriftlich“ mitzuteilen. Diese Erklärung ist nicht nur dann schriftlich, wenn sie- vom Betriebsratsvorsitzenden gemäß § 126 BGB eigenhändig mit Namensunterschrift versehen wurde. Schriftlich ist sie auch, wenn sie der Textform des § 126b BGB genügt. Dafür reicht es aus, dass die Erklärung in dauerhaft lesbarer Weise abgegeben, die Person des Erklärenden genannt und der Abschluss des Textes erkennbar ist.

Hinweis für die Praxis:

*Das Schriftlichkeitsgebot des § 99 Abs. 3 Satz 1 BetrVG, nach dem der Betriebsrat dem Arbeitgeber die Verweigerung seiner Zustimmung zu einer Einstellung, Eingruppierung, Umgruppierung oder Versetzung **schriftlich** mitzuteilen hat, wird auch durch die Einhaltung der Textform des § 126 b BGB erfüllt. Dies hat das Bundesarbeitsgericht klargestellt. Ausreichend ist es also, dass die Zustimmungsverweigerung des Betriebsrats in dauerhaft lesbarer Weise abgegeben, die Person des Erklärenden genannt und der Abschluss des Textes erkennbar ist. Diese Anforderung kann auch von einer E-Mail erfüllt werden.*

***BAG** 9.12.2008 – 1 ABR 79/07*

Eine Zustimmungsverweigerung des Betriebsrats verpflichtet den Arbeitgeber, entweder von der personellen Einzelmaßnahme Abstand zu nehmen oder den Gerichtsweg zur Ersetzung der vom Betriebsrat verweigerten Zustimmung zu beschreiten, ggf. die Maßnahme als vorläufige personelle Maßnahme nach Maßgabe des § 100 BetrVG durchzuführen, **wenn der Betriebsrat ordnungsgemäß, d.h. form- und fristgerecht die Zustimmungsverweigerung erklärt hat.**

Die Angabe der Gründe für die Zustimmungsverweigerung gehört zum notwendigen Inhalt der Zustimmungsverweigerung des Betriebsrats zu einer Einstellung bzw. Versetzung durch den Arbeitgeber. Nur eine solche Zustimmungsverweigerung ist **ordnungsgemäß**. Die **Wirksamkeit** der Zustimmungsverweigerung hängt aber nicht von der **Schlüssigkeit** der vorgebrachten Gründe ab. Die **Begründetheit** der Zustimmungsverweigerung ist vom Arbeitsgericht in einem ggf. vom Arbeitgeber eingeleiteten Zustimmungsersetzungsverfahren nach § 99 Abs. 4 BetrVG zu prüfen.

***BAG** 26.1.1988 – 1 AZR 531/86; **BAG** 22.3.1994 – 1 ABR 51/93*

Der Betriebsrat muss keinen Beschluss über die dem Arbeitgeber nach § 99 Abs. 3 Satz 1 BetrVG mitzuteilenden Zustimmungsverweigerungsgründe fassen. Die Abfassung des entsprechenden Schreibens obliegt allein dem Betriebsratsvorsitzenden. Die Wirksamkeit einer vom Betriebsratsvorsitzenden mitgeteilten Zustimmungsverweigerung ist nicht davon abhängig, dass dieser die Motivation des Betriebsrats bei dessen Beschlussfassung in seiner Mitteilung zutreffend wiedergibt.

***BAG** 30.9.2014 – 1 ABR 32/13*

Hinweis für die Praxis:

Die vorstehende Entscheidung zeigt, dass es für die Beschlussfassung des Betriebsrats selbst ausreichend ist, wenn der Betriebsratsbeschluss entweder die Zustimmung zu der durch den Arbeitgeber beabsichtigten personellen Maßnahme oder was alleine für ein gerichtliches Verfahren entscheidend ist die Zustimmungsverweigerung gemäß § 99 Abs. 2 Nr. 1-6 BetrVG wiedergibt. Mit dieser Wiedergabe liegt zwar noch keine ausreichende und ordnungsgemäße Zustimmungsverweigerung vor. Für deren inhaltliche Formulierung ist aber alleine der Betriebsratsvorsitzende zuständig. Nach § 26 Abs. 2 Satz 1 BetrVG vertritt der Betriebsratsvorsitzende oder im Fall seiner Verhinderung sein Stellvertreter den Betriebsrat im Rahmen der von ihm gefassten Beschlüsse. Der Vorsitzende handelt bei den für den Betriebsrat abzugebenden Erklärungen als dessen gesetzlicher Vertreter. Durch § 26 Abs. 2 Satz 1 BetrVG werden die Erklärungen des Vorsitzenden daher nicht auf die bloße Verlautbarung der vom Betriebsrat gefassten Beschlüsse beschränkt. Zu den Aufgaben des Betriebsratsvorsitzenden gehört auch die Abfassung und Unterzeichnung von Schriftstücken, mit denen dem Arbeitgeber gemäß § 99 Abs. 3 Satz 1 BetrVG die Verweigerung der Zustimmung des Betriebsrats zu personellen Einzelmaßnahmen i.S.v. § 99 Abs. 1 BetrVG mitgeteilt wird. Nur die Willensbildung über die Zustimmung zur beantragten personellen Einzelmaßnahme bedarf einer Entscheidung des Betriebsrats als Kollegialorgan. Die Übermittlung des gefassten Beschlusses und die Mitteilung der Zustimmungsverweigerungsgründe obliegen dann dem Vorsitzenden, der diese auf der Grundlage der vorangegangenen Willensbildung des Betriebsrats eigenständig formuliert. Die Wirksamkeit einer vom Betriebsratsvorsitzenden mitgeteilten Zustimmungsverweigerung ist deshalb auch nicht davon abhängig, dass er die Motivation des Betriebsrats bei dessen Beschlussfassung in seiner Mitteilung zutreffend wiedergibt. Etwaige Fehler oder Ungenauigkeiten sind aus Gründen der Rechtssicherheit unbeachtlich. Der Betriebsrat ist an die von seinem Vorsitzenden übermittelten Zustimmungsverweigerungsgründe gebunden; allein durch diese wird dann die gerichtliche Überprüfung bestimmt.

Ein Nachschieben von Zustimmungsverweigerungsgründen, die vom Betriebsrat nicht innerhalb der Wochenfrist des § 99 Abs. 3 Satz 1 BetrVG schriftlich geltend gemacht wurden, ist im Zustimmungsersetzungsverfahren nach § 99 Abs. 4 BetrVG ausgeschlossen (Rn. 17).

***BAG** 23.1.2019 – 4 ABR 56/17, so bereits **BAG** 15.4.1986 – 1 ABR 55/84)*

Die schriftliche Begründung einer innerhalb der Wochenfrist des § 99 Abs. 3 Satz 1 BetrVG erklärten Zustimmungsverweigerung zu einer beabsichtigten Versetzung konkretisiert den Gegenstand des vom Arbeitgeber einzuleitenden Zustimmungsersetzungsverfahrens nach § 99 Abs. 4 BetrVG. Der Betriebsrat sowie eine nach dem TV-PV Nr. 1 gebildete Personalvertretung sind daher mit Gründen, die sie dem Arbeitgeber nicht innerhalb einer Woche nach ihrer Unterrichtung mitgeteilt haben, ausgeschlossen. Sie können sich nach Ablauf der Wochenfrist nicht mehr gemäß § 99 Abs. 2 Nr. 2 BetrVG darauf berufen, es sei im Wege einer mündlichen Regelungsabrede eine Auswahlrichtlinie vereinbart worden, gegen welche die beabsichtigte Versetzung verstoße. Dies gilt auch dann, wenn sie innerhalb der Frist behauptet haben, es gebe eine entsprechende Betriebsvereinbarung.

Eine von dem Vorsitzenden des Betriebsrats oder einer Personalvertretung mit dem Arbeitgeber getroffene Regelungsabrede kann grundsätzlich von dem Gremium nachträglich mit Rückwirkung genehmigt werden. Eine solche Genehmigung ist aber nicht geeignet, nachträglich einen Zustimmungsverweigerungsgrund nach § 99 Abs. 2 BetrVG zu schaffen, der bei Ablauf der Wochenfrist des § 99 Abs. 3 Satz 1 BetrVG noch nicht vorlag. Der Senat hat nicht entschieden, ob eine Auswahlrichtlinie i.S.v. § 99 Abs. 2 Nr. 2, § 95 Abs. 1 Satz 1 BetrVG zwischen den Betriebsparteien auch durch eine formlose Regelungsabrede vereinbart werden kann oder ob es einer schriftlichen Betriebsvereinbarung bedarf.

***BAG** 17.11.2010 – 7 ABR 120/09*

Eine Verweigerung der Zustimmung des Betriebsrats zu einer personellen Einzelmaßnahme ist schon dann ausreichend begründet, wenn die vom Betriebsrat für die Verweigerung seiner Zustimmung vorgetragene Begründung **es als möglich erscheinen lässt**, dass einer der in § 99 Abs. 2 BetrVG abschließend genannten Zustimmungsverweigerungsgründe geltend gemacht wird.
Nur eine Begründung, die offensichtlich auf keinen der Verweigerungsgründe Bezug nimmt, ist unbeachtlich mit der Folge, dass die Zustimmung des Betriebsrats als erteilt gilt.

***BAG** 26.1.1988 – 1 AZR 531/86; **BAG** 6.8.2002 – 1 ABR 49/01*

Eine wirksame Zustimmungsverweigerung des Betriebsrats nach § 99 Abs. 2 BetrVG, die den Arbeitgeber zu einem gerichtlichen Zustimmungsersetzungsverfahren zwingt, liegt bei den Zustimmungsverweigerungsgründen nach § 99 Abs. 2 **Nr. 3 und 6** BetrVG nur vor, wenn der Betriebsrat auf den Einzelfall bezogene **konkrete Tatsachen** angibt, aus denen er seine Besorgnis herleitet.

***BAG** 26.1.1988 – 1 AZR 531/86*

Bei der Beurteilung der Frage, ob eine beachtliche Zustimmungsverweigerung gemäß § 99 Abs. 3 Satz 1 BetrVG vorliegt, kommt es auf den objektiven Erklärungsinhalt und nicht auf den Empfängerhorizont des konkreten Adressaten oder des Arbeitgebers an.
Das **Schriftformerfordernis** gemäß § 99 Abs. 3 Satz 1 BetrVG erstreckt sich auch auf die Begründung der Zustimmungsverweigerung, so dass auch diese Begründung von der **Unterschrift des Betriebsratsvorsitzenden** gedeckt sein muss; eine nicht unterschriebene Begründung in einer Anlage zur unterschriebenen Zustimmungsverweigerung genügt daher allenfalls unter besonderen Umständen.

***LAG** München 16.3.1987 – 2 (3) TaBV 51/86 = EzA zu § 99 BetrVG*

Die **Wochenfrist** des § 99 Abs. 3 Satz 1 BetrVG für die Verweigerung der Zustimmung des Betriebsrats zur Umgruppierung, die anlässlich des Inkrafttretens einer neuen Gehaltsgruppenordnung erforderlich werden, kann durch **Tarifvertrag verlängert** werden.

***BAG** 22.10.1985 – 1 ABR 42/84*

Arbeitgeber und Betriebsrat sind berechtigt, im Rahmen ihrer Zuständigkeit die betriebsverfassungsrechtlichen Beteiligungsrechte zu erweitern. Den Betriebsparteien fehlt jedoch die Befugnis zu Eingriffen in das arbeitsgerichtliche Verfahren. Dessen Ausgestaltung obliegt dem Gesetzgeber.
Es bleibt unentschieden, ob die Betriebsparteien die einwöchige Äußerungsfrist des § 99 Abs. 3 Satz 1 BetrVG auf einen Zeitraum von über sechs Monaten verlängern können.

***BAG** 18.8.2009 – 1 ABR 49/08*

Arbeitgeber und Betriebsrat können die **Erklärungsfrist** für den Betriebsrat nach § 99 Abs. 3 Satz 1 BetrVG **einvernehmlich verlängern**; dies gilt auch, wenn der Arbeitnehmer vorläufig bereits eingestellt ist. Der Arbeitgeber muss in diesem Fall den Arbeitnehmer nach § 100 Abs. 1 Satz 2 BetrVG auch auf die Fristverlängerung hinweisen.

Der Betriebsrat verstößt nicht gegen das Schriftlichkeitsgebot des § 99 Abs. 3 Satz BetrVG, wenn er in seinem Verweigerungsschreiben auf Ausführungen in einem früheren Schreiben Bezug nimmt.

***BAG** 16.11.2004 – 1 ABR 48/03; **BAG** 6.10.2010 – 7 ABR 80/09*

Bei der **Wochenfrist** des § 99 Abs. 3 Satz 2 BetrVG handelt es sich um eine gesetzliche Ausschlussfrist, die jedenfalls **nach** dem **Fristablauf nicht** einverständlich **verlängert** werden kann.

***LAG** Berlin 22.9.1986 – 9 TaBV 5/86 = NZA 1987, 209*

Voraussetzung für den Eintritt der gesetzlichen Fiktion des § 99 Abs. 3 Satz 2 BetrVG ist eine ordnungsgemäße Unterrichtung des Betriebsrats durch den Arbeitgeber. Nur diese setzt die Frist für die Zustimmungsverweigerung in Lauf.

Der Arbeitgeber kann in den Fällen, in denen der Betriebsrat auf eine unvollständige Unterrichtung hin seine Zustimmung verweigert hat, auch noch im Zustimmungsersetzungsverfahren durch Schriftsatz die fehlenden Informationen nachholen.

***BAG** 12.1.2011 – 7 ABR 25/09*

Das Schriftformerfordernis des § 77 Abs. 2 Satz 1 BetrVG ist gewahrt, wenn die Betriebsparteien in einer Betriebsvereinbarung auf außerhalb der Vertragsurkunde bestehende Regelungen verweisen, die bei Abschluss der Betriebsvereinbarung in schriftlicher Form vorliegen und eindeutig bezeichnet sind.
Die Betriebsparteien können die Wochenfrist des § 99 Abs. 3 Satz 1 BetrVG zwar verlängern, aber nicht gänzlich aufheben. Eine solche Vereinbarung würde die mit der Zustimmungsfiktion verbundene gesetzliche Grundentscheidung für ein beschleunigtes innerbetriebliches Verfahren und die Konkretisierung des gerichtlichen Prüfungsumfangs auf vom Betriebsrat rechtzeitig geltend gemachte Zustimmungsverweigerungsgründe missachten.
Durch eine freiwillige Betriebsvereinbarung können die Betriebsparteien regeln, dass der Betriebsrat bei einer Verweigerung seiner Zustimmung zu einer Versetzung i.S.d. § 99 Abs. 1 BetrVG auch Gründe anführen kann, die nicht in § 99 Abs. 2 BetrVG genannt sind. Erforderlich ist jedoch die Angabe konkreter Zustimmungsverweigerungsgründe. Diese bestimmen den Verfahrensgegenstand eines nachfolgenden Zustimmungsersetzungsverfahrens.

***BAG** 23.8.2016 – 1 ABR 22/14*

§ 99 Abs. 3 BetrVG verlangt, dass die Zustimmungsverweigerung zur Einstellung, Versetzung, Ein- und Umgruppierung **schriftlich** erklärt wird. Diesem Erfordernis entspricht auch ein **Telefax**. Der Schriftform des § 126 BGB (eigenhändige Originalunterschrift) bedarf es darüber hinaus nicht. Diese Vorschrift gilt lediglich für Willenserklärungen. Die Zustimmungsverweigerung nach § 99 Abs. 3 BetrVG ist dagegen eine rechtsgeschäftsähnliche Handlung. Auf sie finden die Vorschriften über Willenserklärungen keine Anwendung.

***BAG** 11.6.2002 – 1 ABR 43/01; **BAG** 6.8.2002 – 1 ABR 49/01*

Nach § 26 Abs. 2 Satz 1 BetrVG vertritt der Betriebsratsvorsitzende den Betriebsrat im Rahmen der von ihm gefassten Beschlüsse. Dazu gehört auch die schriftliche Mitteilung an den Arbeitgeber über die Verweigerung der Zustimmung des Betriebsrats zu personellen Einzelmaßnahmen i.S.v. § 99

BetrVG. Dies gilt auch dann, wenn der Betriebsratsvorsitzende selbst von der personellen Einzelmaßnahme betroffen ist.

***BAG** 19.3.2003 – 7 ABR 15/02*

Ein Betriebsratsmitglied kann aus rechtlichen Gründen zeitweilig an der Wahrnehmung seines Amts verhindert sein. Um eine solche „rechtliche Verhinderung" handelt es sich bei Maßnahmen und Regelungen, die das Betriebsratsmitglied individuell und unmittelbar betreffen.

Es kann offenbleiben, ob an der Senatsrechtsprechung festzuhalten ist, dass die Mitwirkung eines rechtlich verhinderten Betriebsratsmitglieds stets zur Unwirksamkeit des unter seiner Beteiligung gefassten Betriebsratsbeschlusses führt.

Bei der Mitbestimmung des Betriebsrats bei personellen Einzelmaßnahmen nach § 99 BetrVG ist eine unmittelbare und individuelle Betroffenheit eines Betriebsratsmitglieds regelmäßig gegeben, wenn es gerade die Person ist, auf die sich ein Zustimmungsersuchen des Arbeitgebers unmittelbar richtet. Geht es dagegen um einen Beschluss des Betriebsrats zur Einleitung eines Mitbestimmungssicherungsverfahrens nach § 101 BetrVG, genügt dies für sich gesehen nicht, das von der Maßnahme betroffene Betriebsratsmitglied als rechtlich verhindert anzusehen.

***BAG** 6.11.2013 – 7 ABR 84/11*

4.2. Abschließende Zustimmungsverweigerungsgründe nach § 99 Abs. 2 BetrVG

Nach § 99 Abs. 3 Satz 1 BetrVG hat der Betriebsrat unter Angabe von Gründen innerhalb einer Woche nach der Unterrichtung dem Arbeitgeber schriftlich mitzuteilen, wenn er die Zustimmung zu einer beabsichtigten personellen Maßnahme verweigern will.

Verweigert der Betriebsrat seine Zustimmung nicht unter „Angabe von Gründen", wird die Zustimmung nach § 99 Abs. 3 Satz 2 BetrVG fingiert.

Bezieht sich die Begründung der Zustimmungsverweigerung des Betriebsrats bei mehreren personellen Einzelmaßnahmen nur auf einzelne dieser Maßnahmen, gilt seine Zustimmung zu den anderen Maßnahmen als erteilt.

***BAG** 13.5.2014 – 1 ABR 9/12*

Der Betriebsrat kann seine Zustimmung zu einer Ein- bzw. Umgruppierung i.S.v. § 99 Abs. 1 Satz 1 BetrVG nur aus den im Gesetz abschließend genannten Gründen verweigern. Er genügt der gesetzlichen Begründungspflicht, wenn es als möglich erscheint, dass er mit seiner schriftlich gegebenen Begründung einen der in § 99 Abs. 2 BetrVG aufgeführten Verweigerungsgründe geltend macht. Eine Begründung, die sich in der Benennung einer der Nummern des § 99 Abs. 2 BetrVG oder in der Wiederholung von deren Wortlaut erschöpft, ist unbeachtlich. Gleiches gilt für eine Begründung, die offensichtlich auf keinen der gesetzlichen Verweigerungsgründe Bezug nimmt. Die Begründung des Betriebsrats braucht nicht schlüssig zu sein. Konkrete Tatsachen müssen nur für die auf § 99 Abs. 2 Nr. 3 und Nr. 6 BetrVG gestützte Verweigerung angegeben werden (vgl. für die st. Rspr. BAG 19.4.2012 – 7 ABR 52/10).

***BAG** 27.9.2017 – 7 ABR 8/16*

Die **falsche Bezeichnung der Ziffer des Zustimmungsverweigerungsgrundes** in der schriftlichen Zustimmungsverweigerung des Betriebsrats schadet nicht.

***BAG** 28.1.1986 – 1 ABR 8/84*

Der **Zustimmungsverweigerungsgrund** eines Gesetzesverstoßes i.S.v. **§ 99 Abs. 2 Nr. 1 Var. 1** BetrVG setzt voraus, dass **die personelle Maßnahme selbst gesetzwidrig** ist. Die Verletzung der Unterrichtungspflicht des § 99 Abs. 1 Satz 1 BetrVG durch den Arbeitgeber ist kein Gesetzesverstoß in diesem Sinn. Der Betriebsrat ist daher nicht berechtigt, die Zustimmung allein wegen mangelnder Unterrichtung zu verweigern. Ohne die gesetzlich vorgeschriebene Unterrichtung läuft die Wochenfrist des § 99 Abs. 3 Satz 1 BetrVG nicht.

***BAG** 12.01.2011 – 7 ABR 15/09*

Eine nicht offenkundig unvollständige Information des Betriebsrats über eine personelle Einzelmaßnahme kann im Zustimmungsersetzungsverfahren nach § 99 Abs. 4 BetrVG vom Arbeitgeber zur Erfüllung seiner ggf. noch nicht vollständig erfüllten Unterrichtungspflicht ergänzt werden. Einer erneuten Zustimmungsverweigerung durch den Betriebsrat bedarf es in einem solchen Fall nicht, wenn der Arbeitgeber von seiner ursprünglichen Maßnahme keinen Abstand genommen und keine eigenständige, neue personelle Einzelmaßnahme eingeleitet hat (Rn. 12).

***BAG** 29.1.2020 – 4 ABR 8/18*

4.2.1. Verstoß gegen Gesetz oder andere Normen (§ 99 Abs. 2 Nr. 1 BetrVG)

Die Unwirksamkeit einer Rechtsvorschrift, auf der die beabsichtigte personelle Einzelmaßnahme i.S.d. § 99 Abs. 1 BetrVG beruht, kann der Betriebsrat auch noch nach Ablauf der Wochenfrist des § 99 Abs. 3 Satz 1 BetrVG geltend machen.

***BAG** 6.8.2002 – 1 ABR 49/01 = BB 2003, 316*

Im Zustimmungsersetzungsverfahren nach § 99 Abs. 4 BetrVG kommt es auf die Rechtslage zum Zeitpunkt der gerichtlichen Entscheidung an.

Nach § 1 Abs. 1 Satz 2 AÜG erfolgt die Überlassung von Arbeitnehmern an Entleiher vorübergehend. Die Vorschrift verbietet die mehr als nur vorübergehende Überlassung von Arbeitnehmern. Das ergibt sich aus ihrem Charakter als Rechtsnorm. Die Regelung verlöre ihren Sinn als gesetzliche Norm, wenn sie im Falle einer nicht mehr vorübergehenden Arbeitnehmerüberlassung keine Bedeutung hätte. Auch der aus den Gesetzesmaterialien erkennbare Wille des Gesetzgebers ging dahin, die nicht mehr vorübergehende Arbeitnehmerüberlassung zu verbieten.

Die Vorschrift ist mit diesem Inhalt verfassungsrechtlich nicht zu beanstanden. Sie bedarf zwar der Konkretisierung, ist aber nicht zu unbestimmt. In die Berufsfreiheit von Verleihern oder Entleihern ist nicht unzulässig eingegriffen. Die Regelung dient sowohl dem Schutz der Leiharbeitnehmer als auch dem kollektiven Interesse der Belegschaft des Entleiherbetriebs, deren Spaltung begrenzt werden soll.

Unionsrecht steht ebenfalls nicht entgegen. Es kann dahingestellt bleiben, ob die Leiharbeitsrichtlinie die Auslegung gebietet, jedenfalls verbietet sie sie nicht. Die unternehmerische Freiheit nach Art. 16 der Grundrechtecharta ist nicht verletzt.

§ 1 Abs. 1 Satz 2 AÜG ist ein Verbotsgesetz i.S.v. § 99 Abs. 2 Nr. 1 BetrVG. Die Bestimmung schränkt die Organisationsgewalt des Arbeitgebers, die Belegschaft in bestimmter Weise zusammenzusetzen, ein. Ihr Zweck kann nur erreicht werden, wenn die Einstellung insgesamt unterbleibt. Unerheblich ist, ob in Fällen der nicht mehr nur vorübergehenden Arbeitnehmerüberlassung ein Arbeitsverhältnis zwischen dem Entleiher und dem Leiharbeitnehmer entsteht.

Eine Arbeitnehmerüberlassung, bei der der Leiharbeitnehmer zeitlich unbegrenzt anstelle eines Stammarbeitnehmers eingesetzt werden soll, ist nicht mehr vorübergehend i.S.v. § 1 Abs. 1 Satz 2 AÜG. Anderenfalls wäre dieser Begriff sinnentleert.

***BAG** 10.7.2013 – 7 ABR 91/11*

Begehrt der Arbeitgeber die Zustimmung zur Durchführung einer von ihm getroffenen Personalentscheidung und reagiert er auf eine Zustimmungsverweigerung des Betriebsrats indem er von seiner ursprünglichen Maßnahme Abstand nimmt und eine`" eigenständige neue personelle Einzelmaßnahme einleitet, liegen unterschiedliche personelle Einzelmaßnahmen i.S.v. § 99 BetrVG vor.

Soweit sich der Betriebsrat bei seiner Zustimmungsverweigerung auf einen Verstoß gegen Rechtsvorschriften i.S.v. § 99 Abs. 2 Nr. 1 BetrVG stützen will, muss er diese nicht ausdrücklich benennen. Es reicht, wenn er darauf mit hinreichender Deutlichkeit Bezug nimmt. Der Inhalt der Rechtsvorschriften, gegen die der Arbeitgeber nach Ansicht des Betriebsrats bei der personellen Einzelmaßnahme verstoßen soll, muss zumindest angedeutet werden.

***BAG** 9.10.2013 – 7 ABR 1/12*

Der Betriebsrat kann seine Zustimmung zu einer personellen Maßnahme gemäß § 99 Abs. 2 Nr. 1 BetrVG nur verweigern, wenn die Maßnahme selbst gegen ein Gesetz, einen Tarifvertrag oder eine sonstige Norm verstößt. Geht es um die **Übernahme eines Leiharbeitnehmers** in den Betrieb des Entleihers, muss diese als solche untersagt sein.

Ein Verstoß gegen das Gleichstellungsgebot von § 3 Abs. 1 Nr. 3, § 9 Nr. 2 AÜG („equal-pay-Gebot") begründet für den Betriebsrat des Entleiherbetriebs kein Zustimmungsverweigerungsrecht nach § 99 Abs. 2 Nr. 1 BetrVG. Dies gilt sowohl für die gewerbsmäßige als auch für die nicht gewerbsmäßige Arbeitnehmerüberlassung.

***BAG** 21.7.2009 – 1 ABR 35/08*

Der Betriebsrat kann einer personellen Maßnahme seine Zustimmung gemäß § 99 Abs. 2 Nr. 1 BetrVG nur dann verweigern, wenn die Maßnahme selbst gegen ein Gesetz, einen Tarifvertrag oder eine sonstige Norm verstößt. Geht es um eine Einstellung, muss diese als solche untersagt sein. Dagegen genügt es nicht, dass einzelne Vertragsbestimmungen der Norm zuwiderlaufen. Der Betriebsrat kann daher seine Zustimmung zu einer Einstellung nicht mit der Begründung verweigern, die einzelvertragliche Vereinbarung der für die Eigenkündigung des Arbeitnehmers geltenden Kündigungsfrist sei tarifvertragswidrig.

***BAG** 14.12.2004 – 1 ABR 54/03*

Geht es um eine **Einstellung**, so muss sie als solche untersagt sein. Hingegen genügt es nicht, wenn **einzelne Vertragsbedingungen** einer Norm zuwiderlaufen. § 99 BetrVG gibt dem Betriebsrat nämlich nur die Möglichkeit, der Einstellung in der vom Arbeitgeber beabsichtigten Form zuzustimmen oder die Zustimmung insgesamt zu verweigern. Dagegen kann er nicht die Einstellung zu anderen – normgemäßen – Bedingungen durchsetzen. Insoweit steht ihm nur ein **negatives Mitgestaltungsrecht** zu. Eine Zustimmungsverweigerung ist danach nicht bei jedem Normverstoß gerechtfertigt, sondern erst dann, wenn der Normzweck nur dadurch erreicht werden kann, dass die Einstellung insgesamt unterbleibt. Auf dieser Grundlage hat der Senat ein Zustimmungsverweigerungsrecht nach § 99 Abs. 2 Nr. 1 BetrVG bei Einstellungen dann bejaht, wenn die tatsächliche Beschäftigung aus Gründen des kollektiven oder individuellen Arbeitnehmerschutzes verhindert werden soll, oder wenn bei der Einstellung ein Auswahlverfahren nicht beachtet worden ist, das zugunsten besonders schutzwürdiger Mitbewerber vorgeschrieben ist.

***BAG** 9.7.1996 – 1 ABR 55/95*

Eine nach § 99 BetrVG zustimmungspflichtige personelle Maßnahme verstößt nicht nur dann gegen ein Gesetz, wenn die vorgesehene Beschäftigung des Arbeitnehmers **ausdrücklich** verboten ist.

Als ausreichend, aber auch erforderlich muss angesehen werden, dass es sich um eine gesetzliche Vorschrift handelt, die dem Schutz der Arbeitnehmer dient und sich ihrem erkennbaren Sinn und Zweck nach gerade gegen die vorgesehene Beschäftigung richtet. Es kommt nicht darauf an, ob das Gesetz die individualrechtliche Unwirksamkeit der Maßnahme anordnet.

Als gesetzliche Vorschriften in diesem Sinne kommen auch Normen in Betracht, die die Beschäftigung nicht generell untersagen, sondern nur an die Person des Arbeitnehmers bestimmte Voraussetzungen stellen. Dazu gehören Beschäftigungsverbote für **Jugendliche** nach arbeitszeitrechtlichen Bestimmungen, für **Schwangere** nach dem Mutterschutzgesetz, für Personen, die eine Arbeitserlaubnis benötigen, oder für Arbeitnehmer ohne ein nach gesetzlichen Vorschriften erforderliches Gesundheitsattest.

Entsprechend sind bei den gleichfalls in § 99 Abs. 2 Nr. 1 BetrVG genannten **Unfallverhütungsvorschriften** auch solche zu beachten, die für bestimmte Tätigkeiten besondere fachliche und persönliche Eigenschaften des Arbeitnehmers fordern. § 99 Abs. 2 Nr. 2 BetrVG überschneidet sich insoweit auch mit § 80 Abs. 2 Nr. 1 BetrVG, wonach es zur Aufgabe des Betriebsrats gehört, zu jeder Zeit darüber zu wachen, dass die zum Schutz der Arbeitnehmer geltenden gesetzlichen und sonstigen Vorschriften beachtet werden.

***BAG** 22.3.1994 – 1 ABR 51/93*

Das **mögliche Erfordernis einer Änderungskündigung** führt nicht dazu, dass bis zur endgültigen Entscheidung über die Wirksamkeit einer solchen Kündigung dem Betriebsrat ein Zustimmungsverweigerungsgrund i.S.v. § 99 Abs. 2 Nr. 1 BetrVG zusteht. Das kollektivrechtliche Mitbestimmungsverfahren und das Verfahren zur individualrechtlichen Durchsetzung der beabsichtigten Maßnahme stehen nebeneinander.

Die Entscheidung des Arbeitgebers, eine Abteilung zu schließen, ist als unternehmerische Entscheidung einzuordnen. Diese ist im Rahmen des § 99 Abs. 2 Nr. 4 BetrVG als vorgegebener betrieblicher Grund zu werten, der nicht auf seine Zweckmäßigkeit hin zu überprüfen ist. Insoweit sind die für das Kündigungsschutzverfahren entwickelten Überlegungen entsprechend heranzuziehen. Der Betriebsrat kann nicht über § 99 Abs. 2 Nr. 4 BetrVG die Rückgängigmachung einer unternehmerischen Maßnahme erzwingen.

***BAG** 10.8.1993 – 1 ABR 22/93*

Besteht im Betrieb eine kollektive Vergütungsordnung, kann dieses Entgeltschema nicht einseitig vom Arbeitgeber verändert werden. Bei der Aufstellung oder Veränderung von Entlohnungsgrundsätzen hat der Betriebsrat nach § 87 Abs. 1 Nr. 10 BetrVG mitzubestimmen. Die Verletzung des Mitbestimmungsrechts führt zur Unwirksamkeit der neuen Vergütungsordnung. Diese kann die bisher im Betrieb bestehende Vergütungsordnung nicht ablösen. Die Eingruppierung nach einer unwirksamen Vergütungsordnung ist stets ein Gesetzesverstoß i.S.d. § 99 Abs. 2 Nr. 1 BetrVG

***BAG** 30.10.2001 – 1 ABR 8/01 = NZA 2002, 920*

Das **Anforderungsprofil eines Arbeitsplatzes** bestimmt der Arbeitgeber, der Betriebsrat hat nur ein entsprechendes Vorschlags-, Beratungs- und Erörterungsrecht. Der Arbeitgeber entscheidet demgemäß allein darüber, ob ein Arbeitsplatz als Voll- oder Teilzeitarbeitsplatz ausgeschrieben wird. § 7 Abs. 1 TzBfG steht der Entscheidungsbefugnis des Arbeitgebers nicht entgegen. Der Betriebsrat kann demgemäß seine Zustimmung zu einer Versetzung nicht mit der Begründung verweigern, der Arbeitgeber hätte den fraglichen Arbeitsplatz als Teilzeitarbeitsplatz ausschreiben müssen.

***ArbG** Hannover 13.1.2005 – 10 BV 7/04 = DB 2005, 896*

Qualitative Besetzungsregeln verbieten – insbesondere aus Gründen des Schutzes vor Überforderung, der Förderung der Arbeitsqualität oder des Beschäftigungsschutzes für Fachkräfte – auf bestimmten Arbeitsplätzen die Beschäftigung von Arbeitnehmern, die bestimmte Anforderungen nicht erfüllen. Es handelt sich dabei regelmäßig um Betriebsnormen i.S.v. § 3 Abs. 2 TVG, die unabhängig von der Tarifbindung der Arbeitnehmer für alle Betriebe gelten, deren Arbeitgeber tarifgebunden ist.

Qualitative Besetzungsregeln sind im Wege der Tarifauslegung abzugrenzen von tariflichen Bestimmungen, die der tarifgerechten Eingruppierung dienen; diese sind regelmäßig Inhaltsnormen i.S.v. § 4 Abs. 1 TVG. Ein Verstoß gegen sie begründet keinen Zustimmungsverweigerungsgrund hinsichtlich einer Einstellung oder Versetzung.

***BAG** 18.3.2008 – 1 ABR 81/06 = NZA 2008, 832*

4.2.1.1. Einstellung

Verpflichtet sich der Arbeitgeber in einem **Sozialplan**, die aufgrund einer Betriebsänderung ausgeschiedenen Arbeitnehmer ein Jahr lang bei gleicher Qualifikation bevorzugt gegenüber anderen Bewerbern einzustellen und ihnen die Bewerbung dadurch zu ermöglichen, dass er sie von den frei werdenden Stellen unterrichtet, so kann der Betriebsrat der Einstellung eines anderen Bewerbers die Zustimmung nach **§ 99 Abs. 2 Nr. 1** BetrVG verweigern, wenn der Arbeitgeber gegen diese Verpflichtung aus dem Sozialplan verstößt

***BAG** 18.12.1990 – 1 ABR 15/90*

Der Betriebsrat kann die Zustimmung zur Einstellung eines Arbeitnehmers mit einer **Wochenarbeitszeit von weniger als 20 Stunden** verweigern, wenn ein Tarifvertrag die Beschäftigung von Arbeitnehmern mit einer Arbeitszeit von weniger als 20 Stunden untersagt.

***BAG** 28.1.1992 – 1 ABR 45/91*

Nach § 81 Abs. 1 Satz 1 SGB IX ist der Arbeitgeber verpflichtet zu prüfen, ob ein frei werdender oder neu geschaffener Arbeitsplatz mit einem schwerbehinderten Menschen besetzt werden kann. Dazu hat der Arbeitgeber nach § 81 Abs. 1 Satz 2 SGB IX frühzeitig Verbindung mit der Agentur für Arbeit aufzunehmen. Verletzt der Arbeitgeber diese Pflichten und stellt er auf einen freien Arbeitsplatz einen nicht schwerbehinderten Menschen ein, kann der Betriebsrat die Zustimmung zur Einstellung nach § 99 Abs. 2 Nr. 1 BetrVG verweigern.

Dies gilt auch dann, wenn der Arbeitgeber beabsichtigt, einen frei werdenden Arbeitsplatz mit einem **Leiharbeitnehmer** zu besetzen.

***BAG** 23.6.2010 – 7 ABR 3/09*

Hinweis für die Praxis:

§ 81 SGB IX a.F. ist nun wortgleich in § 164 Abs. 1 SGB IX n.F. geregelte. Ein Verstoß des Arbeitgebers gegen seine Pflichten aus § 164 Abs. 1 Satz 1 und 2 SGB IX begründet ein Zustimmungsverweigerungsrecht des Betriebsrats nach § 99 Abs. 2 Nr. 1 BetrVG nach der Rechtsprechung des BAG zwar bei Einstellungen, nicht aber bei Versetzungen. Die Einstellung eines nicht schwerbehinderten Arbeitnehmers verstößt gegen eine gesetzliche Vorschrift i.S.v. § 99 Abs. 2 Nr. 1 BetrVG, wenn der Arbeitgeber vor der Einstellung nicht geprüft hat, ob der freie Arbeitsplatz mit einem schwerbehinderten – arbeitslosen – Arbeitnehmer besetzt werden kann, weil der mit § 81 Abs. 1 Satz 1 und 2 SGB IX vom Gesetzgeber verfolgte Zweck nur dadurch erreicht werden kann, dass die endgültige Einstellung des nicht schwerbehinderten Arbeitnehmers jedenfalls zunächst unterbleibt. ***Dies gilt nach der derzeitigen Rechtsprechung des BAG aber nicht in gleicher Weise für die Neubesetzung eines freien Arbeitsplatzes im Wege einer betriebs- oder unternehmensinternen Versetzung.***

Es bleibt offen, ob die dem Arbeitgeber nach § 81 Abs. 1 Satz 1 und 2 SGB IX obliegende Pflicht zu prüfen, ob freie Arbeitsplätze mit schwerbehinderten, arbeitslos oder arbeitssuchend gemeldeten Menschen besetzt werden können, und hierzu Verbindung mit der Agentur für Arbeit aufzunehmen, auch in den Fällen Anwendung findet, in denen sich ein Arbeitgeber bei der Besetzung eines frei werdenden oder neu geschaffenen Arbeitsplatzes von vorneherein auf eine interne Stellenbesetzung festlegt und die Einstellung möglicher externer Bewerber ausschließt.
Die Pflichten des Arbeitgebers nach § 81 Abs. 1 Satz 1 und 2 SGB IX bestehen jedenfalls dann, wenn er die Besetzung einer Stelle mit einem externen Bewerber ernsthaft in Betracht zieht.
Der Betriebsrat kann seine Zustimmung zur beabsichtigten Einstellung eines nicht schwerbehinderten Arbeitnehmers gemäß § 99 Abs. 2 Nr. 1 BetrVG verweigern, wenn der Arbeitgeber zuvor nicht geprüft hat, ob der freie Arbeitsplatz mit einem **schwerbehinderten arbeitslosen oder arbeitssuchenden Arbeitnehmer** besetzt werden kann.
Entscheidet sich der Arbeitgeber, eine freie Stelle durch Versetzung eines bereits beschäftigten Arbeitnehmers zu besetzen, kann der Betriebsrat seine Zustimmung zur Versetzung nicht mit der Begründung verweigern, der Arbeitgeber habe gegen seine Pflichten aus § 81 Abs. 1 Satz 1 und 2 SGB IX verstoßen. .

***BAG** 17.6.2008 – 1 ABR 20/07*

Der Betriebsrat kann einer **Einstellung** seine Zustimmung nicht deswegen verweigern, weil der Arbeitgeber den einzustellenden Arbeitnehmer **nicht eingruppiert**.

***BAG** 20.12.1988 – 1 ABR 68/87 (ebenso BAG 10.2.1976 – 1 ABR 49/74 bei vermeintlich zu niedriger Eingruppierung)*

Für den betriebsverfassungsrechtlichen Begriff der „Einstellung" ist es maßgeblich, dass die beschäftigte Person in den Beschäftigungsbetrieb eingegliedert ist. Dies setzt voraus, dass dem Arbeitgeber dieses Betriebes wenigstens ein Teil der für ein Arbeitsverhältnis typischen Entscheidungen über den Arbeitseinsatz zusteht. Auf das Rechtsverhältnis, in dem diese Personen zu ihm stehen, kommt es hingegen nicht an. Wenn die aufgrund eines **Gestellungsvertrages** mit einer **DRK-Schwesternschaft entsandten Schwestern** weitgehend dem Weisungsrecht des Arbeitgebers unterstellt sind, ist eine Einstellung anzunehmen.

Setzt der Arbeitgeber in dem von ihm betriebenen Krankenhaus Rote-Kreuz-Pflegekräfte ein, die von einer DRK-Schwesternschaft aufgrund eines mit dem Arbeitgeber geschlossenen Gestellungsvertrages entsandt werden, so liegt hierin eine gemäß § 99 BetrVG mitbestimmungspflichtige Einstellung, wenn die Pflegekräfte in den Betrieb eingegliedert sind. Dies ist dann anzunehmen, wenn der Arbeitgeber aufgrund des Gestellungsvertrags auch ihnen gegenüber die für ein Arbeitsverhältnis typischen Weisungsbefugnisse hinsichtlich des Arbeitseinsatzes hat. Unerheblich ist, ob die Rote-Kreuz-Pflegekräfte deshalb nicht als Arbeitnehmer gelten, weil sie ihre Beschäftigung auf vereinsrechtlicher Grundlage erbringen.

***BAG** 22.4.1997 – 1 ABR 74/96*

Die Beschäftigung erwerbsfähiger Hilfebedürftiger i.S.v. § 16 Abs. 3 Satz 2 SGB II – sog. Ein-Euro-Jobber – ist eine Einstellung i.S.v. § 99 Abs. 1 BetrVG. Der Betriebsrat hat hierbei mitzubestimmen.

***BAG** 2.10.2007 – 1 ABR 60/06*

Ein Arbeitgeber darf die Einstellung eines Bewerbers nicht davon abhängig machen, dass dieser nicht Gewerkschaftsmitglied ist. Ein solches Auswahlkriterium verstößt gegen das nach Art. 9 Abs. 3 GG gestützte Recht des Arbeitnehmers, Mitglied einer Gewerkschaft zu sein. Der Verstoß berechtigt den Betriebsrat, die Zustimmung zur Einstellung zu verweigern.

Eine untertarifliche Bezahlung stellt für sich keinen Zustimmungsverweigerungsgrund dar. Zur Vermeidung der damit möglicherweise verbundenen Gesetzesverletzung ist es nicht erforderlich, dass die Einstellung ganz unterbleibt. Der Arbeitnehmer kann seine Tarifansprüche nach der Einstellung gegenüber dem Arbeitgeber durchsetzen.

***BAG** 28.3.2000 – 1 ABR 16/99 = DB 2000, 723*

Wird in einer **Betriebsvereinbarung** die **Befristung von Arbeitsverhältnissen** geregelt, so kann der Betriebsrat seine Zustimmung zu einer **befristeten Einstellung** verweigern, die gegen die Betriebsvereinbarung verstoßen würde.

***ArbG** Hamburg 6.2.1992 – 4 BV 18/91 = AiB 1993, 324*

4.2.1.2. Eingruppierung, Umgruppierung

Nach § 99 Abs. 2 Nr. 1 BetrVG kann der Betriebsrat die Zustimmung zu einer beabsichtigten Ein- oder Umgruppierung verweigern, wenn diese gegen ein Gesetz verstößt. Das ist der Fall, wenn der Arbeitgeber den Arbeitnehmer in ein anderes Entgeltschema eingruppieren will als dasjenige, welches im Betrieb zur Anwendung kommen muss. Die Änderung des Vergütungssystems bedarf nach § 87 Abs. 1 Nr. 10 BetrVG der Zustimmung des Betriebsrats. Solange diese nicht vorliegt oder durch Spruch der Einigungsstelle ersetzt ist, ist das bisher praktizierte Entlohnungssystem im Betrieb weiter anzuwenden.

Im Betrieb eines tarifgebundenen Arbeitgebers stellt die im einschlägigen Tarifvertrag enthaltene Vergütungsordnung zugleich das dort geltende System für die Bemessung des Entgelts der Arbeitnehmer dar. Der Arbeitgeber ist betriebsverfassungsrechtlich verpflichtet, die tarifliche Vergütungsordnung anzuwenden, soweit deren Gegenstände der erzwingbaren Mitbestimmung des § 87 Abs. 1 Nr. 10 BetrVG unterliegen.

Gewährt der Arbeitgeber seinen Arbeitnehmern neben der tariflichen Vergütung außertarifliche Zulagen, ist eine beabsichtigte Ein- oder Umgruppierung in die im einschlägigen Tarifvertrag enthaltene Vergütungsordnung auch dann nicht gesetzeswidrig nach § 99 Abs. 2 Nr. 1 BetrVG, wenn der Zahlung der Zulagen ein nicht mitbestimmtes kollektives System zu Grunde liegt. Die Einordnung der Arbeitnehmer in das tarifliche Entgeltsystem wird durch eine mitbestimmungswidrige Veränderung von Vergütungsbestandteilen außerhalb des Systems nicht beeinflusst. Das gilt auch dann, wenn der Zahlung der außertariflichen Zulagen ein in das geltende Vergütungsgruppensystem eingebundenes Eingruppierungssystem zu Grunde liegt, in dem die Zulage die Funktion einer Zwischengruppe erfüllt. Die in der Anwendung eines solchen Systems liegende Änderung der Entlohnungsgrundsätze bedarf nach § 87 Abs. 1 Nr. 10 BetrVG der Zustimmung des Betriebsrats. Solange diese nicht vorliegt, ist das tarifliche Entgeltsystem weiter anzuwenden und die Einordnung in dieses daher geboten.

***BAG** 21.3. 2018 – 7 ABR 38/16*

Eine Eingruppierung nach der neuen Entgeltordnung des Bundes (TV EntgO Bund) erfolgt nur auf Antrag und auch nur für den Fall, dass sich daraus für den Beschäftigten eine höhere Entgeltgruppe ergibt. Die Korrektur einer schon nach der Vergütungsordnung des BAT-O fehlerhaften Eingruppierung erfolgt dagegen unter Zugrundelegung der bisherigen Tätigkeitsmerkmale.

Die Überleitung in die Entgeltordnung des TV EntgO Bund erfolgt für die Dauer der unverändert auszuübenden Tätigkeit grundsätzlich unter Beibehaltung der bisherigen Entgeltgruppe. Ergibt sich nach dem TV EntgO Bund eine höhere Entgeltgruppe, ist der betroffene Beschäftigte nach § 26 Abs. 1 TVÜ-Bund auf seinen Antrag hin in Anwendung der Tätigkeitsmerkmale des neuen Entgeltsystems zu vergüten. Die Korrektur einer schon nach der Vergütungsordnung des BAT-O fehlerhaften Eingruppierung ist hingegen unter Zugrundelegung der bisherigen Tätigkeitsmerkmale vorzunehmen.

Für die Bestimmung eines Arbeitsvorgangs ist das Arbeitsergebnis maßgebend. Die tarifliche Wertigkeit der verschiedenen Einzeltätigkeiten bleibt dabei außer Betracht. Erst nachdem der Arbeitsvorgang bestimmt ist, ist dieser anhand des in Anspruch genommenen Tätigkeitsmerkmals zu bewerten.

Einzeltätigkeiten können regelmäßig nicht zu einem Arbeitsvorgang zusammengefasst werden, wenn die verschiedenen Arbeitsschritte von vorneherein organisatorisch voneinander getrennt sind. Dafür genügt es aber nicht, dass es theoretisch möglich wäre, einzelne Aufgaben auf andere Beschäftigte zu übertragen, solange sie nach der Organisation des Arbeitgebers als einheitliche Arbeitsaufgabe tatsächlich einer Person zugewiesen sind.

***BAG** 28.02.2018 – 4 AZR 816/16*

Mitarbeiter in der Pflege leiten im Regelfall dann einen Bereich oder eine Abteilung i.S.d. Entgeltgruppe P 14 des Anhangs D zur Anlage 31 der Richtlinien für Arbeitsverträge in den Einrichtungen des Deutschen Caritasverbandes (AVR Caritas), wenn ihnen mehrere Stationen mit eigenen Stationsleitungen fachlich unterstellt sind. Aus dem Begriff „in der Regel" wird aber deutlich, dass im Ausnahmefall auch andere Faktoren für die Bewertung maßgeblich sein können, ob ein Bereich oder eine Abteilung geleitet wird.

Bei der Leitung eines Bereichs oder einer Abteilung i.S.d. Entgeltgruppe P 14 AVR Caritas handelt es sich – ebenso wie bei der Leitung einer Station – regelmäßig um einen einheitlichen Arbeitsvorgang, weil letztlich alle Tätigkeiten dem Arbeitsergebnis Leitung des Bereichs bzw. der Abteilung dienen (Rn. 17).

BAG 17.11.2021 – 4 ABR 1/21

Anlass für eine Umgruppierung i.S.v. § 99 Abs. 1 Satz 1 BetrVG kann trotz unveränderter Tätigkeit des Arbeitnehmers die Änderung des bislang geltenden Vergütungsschemas sein.

Die abstrakte Bewertung eines Arbeitsplatzes oder einer Tätigkeit ist keine Eingruppierung i.S.v. § 99 Abs. 1 Satz 1 BetrVG. Sie ist unabhängig vom Arbeitsplatzinhaber oder von demjenigen, der die Tätigkeit ausübt. Gegenstand der Beurteilung ist nicht – wie bei der Ein- oder Umgruppierung – der Arbeitnehmer, sondern der Arbeitsplatz. Ein Mitbeurteilungsrecht des Betriebsrats bei der Arbeitsplatzbewertung besteht deshalb nicht.

Der Betriebsrat ist jedoch bei der konkreten Zuordnung des Arbeitnehmers zu der abstrakt bewerteten Stelle zu beteiligen. Er hat nach § 99 Abs. 1 Satz 1 BetrVG mitzubeurteilen, ob der einzelne Arbeitnehmer die Stelle tatsächlich innehat und die dort zu leistenden Tätigkeiten der Arbeitsplatzbewertung entsprechen.

Der Arbeitgeber muss den Betriebsrat nach § 99 Abs. 1 Satz 1 BetrVG so über eine personelle Einzelmaßnahme unterrichten, dass dieser aufgrund der mitgeteilten Tatsachen in die Lage versetzt wird zu prüfen, ob einer der in § 99 Abs. 2 BetrVG genannten Zustimmungsverweigerungsgründe vorliegt. Der Umfang der Unterrichtung des Betriebsrats bestimmt sich nach dem Zweck der Beteiligung an der jeweiligen personellen Maßnahme. In den Fällen der Ein- und Umgruppierung besteht das Mitbestimmungsrecht des Betriebsrats aus § 99 Abs. 1 und 2 BetrVG in einem Recht auf Mitbeurteilung der Rechtslage im Sinne einer Richtigkeitskontrolle. Die konkrete Informationspflicht des Arbeitgebers richtet sich nach der Ausgestaltung der Vergütungsordnung. Bei einer tariflichen Vergütungsordnung sind die Angaben mitteilungsbedürftig, auf die die Tarifvertragsparteien abgestellt haben.

Der Zustimmungsverweigerungsgrund eines Gesetzesverstoßes i.S.v. § 99 Abs. 2 Nr. 1 Var. 1 BetrVG setzt voraus, dass die personelle Maßnahme selbst gesetzwidrig ist. Die Verletzung der Unterrichtungspflicht des § 99 Abs. 1 Satz 1 BetrVG durch den Arbeitgeber ist kein Gesetzesverstoß in diesem Sinn. Der Betriebsrat ist daher nicht berechtigt, die Zustimmung allein wegen mangelnder Unterrichtung zu verweigern. Ohne die gesetzlich vorgeschriebene Unterrichtung läuft die Wochenfrist des § 99 Abs. 3 Satz 1 BetrVG aber nicht.

***BAG** 12.1.2011 – 7 ABR 15/09*

Eine Ein- oder Umgruppierung nach § 99 Abs. 1 BetrVG liegt nur dann vor, wenn es sich um die erstmalige Einreihung oder die Änderung der Zuordnung einer Tätigkeit des Arbeitnehmers in das kollektive betriebliche Entgeltschema handelt. Sie erfolgt unter Bewertung von Faktoren, die für die Wertigkeit der jeweiligen Arbeitnehmertätigkeiten im Verhältnis zueinander von Bedeutung sind.

Nicht mitbestimmungspflichtig nach § 99 Abs. 1 BetrVG ist jedoch die Gewährung einer Leistung, die Arbeitnehmern ohne Rücksicht auf die Zuordnung zu einer bestimmten Vergütungsgruppe gezahlt wird. Dies gilt auch für den Familienzuschlag nach Anlage 3 zum TV Alt, der hinsichtlich der Gewährung und seiner Höhe allein von den persönlichen Verhältnissen des Arbeitnehmers (Familienstand, Unterhaltsverpflichtungen) abhängt.

Den Betriebsparteien ist es damit – auch wenn sie hierüber einen gerichtlichen Vergleich geschlossen haben – verwehrt, die Zahlung eines solchen Zuschlags im Zustimmungsersetzungsverfahren nach § 99 Abs. 4 BetrVG gerichtlich überprüfen zu lassen.

***BAG** 19.10.2011 – 4 ABR 119/09*

Eine Ein- oder Umgruppierung i.S.v. § 99 Abs. 1 Satz 1 BetrVG ist die rechtliche Beurteilung des Arbeitgebers, dass der Arbeitnehmer einer bestimmten Gruppe einer Vergütungsordnung – ggf. anders als bisher – oder jedenfalls überhaupt einer von mehreren Vergütungsordnungen zuzuordnen ist. Die abstrakte Bewertung einer Stelle, eines Arbeitsplatzes oder einer Tätigkeit ist keine Ein- oder Umgruppierung i.S.v. § 99 Abs. 1 Satz 1 BetrVG.

Nach § 9.1 ERA-TV hat der Beschäftigte Anspruch auf das Grundentgelt derjenigen Entgeltgruppe, die der Einstufung der ausgeführten Arbeitsaufgabe entspricht. Bewertung und Einstufung der Arbeitsaufgabe erfolgen nach einem im ERATV festgelegten Verfahren. Hierbei besteht kein Mitbestimmungsrecht des Betriebsrats nach § 99 Abs. 1 BetrVG.

Nach § 9.2 ERA-TV teilt der Arbeitgeber dem Beschäftigten und dem Betriebsrat die sich aufgrund der Einstufung der Arbeitsaufgabe ergebende Entgeltgruppe schriftlich mit. Dies setzt zwingend die Zuordnung des Arbeitnehmers zu einer Entgeltgruppe sowie die damit einhergehende Einschätzung des Arbeitgebers voraus, dass der Arbeitnehmer die einer bestimmten Bewertung und Einstufung entsprechende Arbeitsaufgabe ausführt. Hierin liegt die nach § 99 Abs. 1 Satz 1 BetrVG mitbestimmungspflichtige Ein- oder Umgruppierung.

Das Betriebsverfassungsgesetz enthält Mindestbestimmungen über die Beteiligungsrechte des Betriebsrats. Die Tarifvertragsparteien können diese nicht wirksam ausschließen, sofern nicht das Betriebsverfassungsgesetz selbst eine solche Möglichkeit – etwa nach Maßgabe des § 87 Abs. 1 Einleitungssatz BetrVG – vorsieht.

***BAG** 12.1.2011 – 7 ABR 34/09*

Für die Durchführung eines Zustimmungsverfahrens bei Umgruppierungen nach § 99 BetrVG besteht kein Raum, wenn die Tarifvertragsparteien selbst die ansonsten den Betriebsparteien obliegende Zuordnungsentscheidung getroffen und die von der Vergütungsordnung erfassten Arbeitnehmer den dort ausgebrachten Vergütungsgruppen zugeordnet haben (Rn. 34).

Haben die Tarifvertragsparteien nicht abschließend über die Umgruppierung entschieden, sondern nur eine verbindliche Stellenbewertung vorgenommen, verbleibt den Betriebsparteien die rechtsanwendende Beurteilung, ob die ein- oder umzugruppierenden Arbeitnehmer die von den Tarifvertragsparteien bewertete Stelle tatsächlich innehaben und die dort zu leistenden Tätigkeiten und Aufgaben der Stellenbeschreibung entsprechen. Insoweit ist das Zustimmungsersetzungsverfahren nach § 99 BetrVG durchzuführen (Rn. 35).

***BAG** 26.9.2018 – 7 ABR 18/16*

> ***Hinweis für die Praxis:***
>
> *Der Umgang mit dem Rechtsbegriff der Ein- bzw. Umgruppierung ist erfahrungsgemäß schwierig. Umgruppierungen werden vor allem relevant, wenn Vergütungstarifverträge grundlegend neu vereinbart werden. Dann können bereits die Tarifpartner die Umgruppierung der einzelnen Mitarbeiter vornehmen. In diesem Falle müssen die Tarifpartner aber nicht nur die abstrakten Stellen- und Tätigkeitsbeschreibungen einer neuen Vergütungsgruppe zuordnen, sondern sich auch damit befassen, ob der einzelne Mitarbeiter die jeweilige Tätigkeit auch tatsächlich ausübt. Im anderen Falle haben die Tarifpartner noch keine abschließende Entscheidung zur Umgruppierung beschlossen und es verbleibt bei dem regelmäßig auch sachnäheren Betriebsrat zu beurteilen, ob die einzelnen Arbeitnehmer tatsächlich auch die von den Tarifpartnern bereits bewertete Stelle innehaben.*

Dem Betriebsrat steht nach §§ 99, 101 BetrVG gegenüber dem Arbeitgeber kein Anspruch zu, die Tätigkeit von Arbeitnehmern einer bestimmten Entgeltgruppe zuzuordnen. Nimmt der Arbeitgeber eine Eingruppierung ohne die erforderliche Zustimmung des Betriebsrats vor, kann dieser nach § 101 BetrVG lediglich die nachträgliche Einholung seiner Zustimmung und bei Verweigerung der

Zustimmung die Durchführung des arbeitsgerichtlichen Zustimmungsersetzungsverfahrens verlangen.

***BAG** 25.8.2010 – 4 ABR 104/08*

Die Eingruppierungs- und Einstufungsregelungen nach §§ 5 und 6 des Tarifvertrags für die Arbeitnehmer der Stiftung Warentest (TV-SW) verweisen überwiegend auf die entsprechenden Bestimmungen nach dem TVöD und TVÜ-Bund. Eine solche Bezugnahme in einem Tarifvertrag auf ein anderes Tarifwerk ist grundsätzlich zulässig.

Die der Mitbestimmung des Betriebsrats nach § 99 Abs. 1 Satz 1 BetrVG unterliegende Ein- oder Umgruppierung ist stets Normenvollzug. Dieser erübrigt sich nicht deshalb, weil die Vergütungsordnung mitbestimmungsfreie konkrete Vorgaben enthält.

Die der Mitbeurteilung des Betriebsrats unterfallende Rechtsanwendung des Arbeitgebers setzt keinen Gestaltungs- oder Ermessensspielraum voraus. Sie wird durch einen dem Arbeitgeber von den Urhebern der Vergütungsordnung eingeräumten Beurteilungsspielraum aber auch nicht ausgeschlossen.

Gemäß § 2 Abs. 1 Satz 1 TV-SW i. V. m. § 15 Abs. 1 TWD bestimmt sich die Höhe des den Beschäftigten zustehenden Tabellenentgelts nach seiner Entgeltgruppe und der für ihn geltenden Stufe. Die Änderung der Einstufung des Arbeitnehmers innerhalb einer Entgeltgruppe ist eine rechtsanwendende Modifikation seiner Einreihung in der Vergütungsordnung und damit eine nach § 99 Abs. 1 BetrVG mitbestimmungspflichtige Umgruppierung.

***BAG** 6.4.2011 – 7 ABR 136/09*

Einem erneuten Zustimmungsersuchen nach § 99 Abs. 1 BetrVG zur Eingruppierung eines Arbeitnehmers fehlt bei der Aufeinanderfolge von zwei Arbeitsverhältnissen bei unveränderter Tätigkeit und Vergütungsordnung die Grundlage. Der Arbeitgeber kann jedenfalls dann, wenn er bereits um die Zustimmung des Betriebsrats ersucht hat und im Falle der verweigerten Zustimmung ein gerichtliches Zustimmungsersetzungsverfahren eingeleitet hat, hinsichtlich der Eingruppierung ein weiteres Zustimmungsverfahren nach § 99 Abs. 1 BetrVG nicht in Gang setzen.

Übt ein Beschäftigter mehrere Teiltätigkeiten aus, ist zunächst jede Teiltätigkeit für sich tariflich zu bewerten. Anschließend sind die Teiltätigkeiten, die die Merkmale der betreffenden Entgeltgruppe erfüllen, mit ihren Anteilen zusammenzurechnen. Ergeben sie mindestens die Hälfte der auszuübenden Gesamttätigkeit, wird der Beschäftigte in die entsprechende Entgeltgruppe eingruppiert und die übrigen Teiltätigkeiten bleiben unberücksichtigt, sofern die übrigen Teiltätigkeiten, die höheren Entgeltgruppen zuzuordnen sind, nicht ihrerseits zusammengerechnet einen zeitlichen Umfang von der Hälfte der Arbeitszeit erreichen und damit rechtserheblich werden.

***BAG** 1.7.2009 – 4 ABR 18/08*

Der Betriebsrat kann die Zustimmung zu einer Eingruppierung auch mit der Begründung verweigern, der betroffene Arbeitnehmer erfülle lediglich die Voraussetzungen einer niedrigeren Gruppe. Das Mitbestimmungsrecht dient der innerbetrieblichen Lohngerechtigkeit und der Transparenz der Eingruppierungen. Es soll dazu beitragen, dass die Beurteilung, welcher Vergütungsgruppe ein Arbeitnehmer zuzuordnen ist, möglichst zu einem zutreffenden Ergebnis führt und einheitlich gehandhabt wird. Insoweit macht es keinen Unterschied, ob eine vom Arbeitgeber vorgesehene Eingruppierung zu niedrig oder zu hoch ist.

Etwas anderes ergibt sich auch nicht daraus, dass es dem Arbeitgeber unbenommen ist, einem Tarifangestellten ein übertarifliches Gehalt zu zahlen. Auch hinsichtlich übertariflicher Gehaltsbestandteile kommt ein Mitbestimmungsrecht des Betriebsrats in Betracht. Die Feststellung, in welcher Höhe sie gewährt werden, setzt Klarheit über die zutreffende Eingruppierung des betreffenden Arbeitnehmers voraus. Im Übrigen hat sich die Arbeitgeberin vorliegend darauf berufen, die von ihr vorgesehene Eingruppierung sei tarifgerecht.

***BAG** 28.4.1998 – 1 ABR 50/97*

Allein die Vereinbarung einer höheren Wochenarbeitszeit ohne Lohnausgleich ist keine mitbestimmungspflichtige Änderung der Vergütungsordnung und berechtigt daher den Betriebsrat nicht zur Zustimmungsverweigerung zu einer Eingruppierung, weil die Eingruppierung nicht der betrieblichen Vergütungsordnung entspricht. Das Mitbestimmungsrecht in Fragen der betrieblichen Lohngestaltung nach § 87 Abs. 1 Nr. 10 BetrVG ist auf die Aufstellung von Entlohnungsgrundsätzen und die Einführung und Anwendung von Entlohnungsmethoden beschränkt. Es umfasst nicht die Dauer der Arbeitszeit.

Damit hatte das Gericht die Zustimmungsverweigerung zur Eingruppierung zu ersetzen.

***BAG** 30.10.2001 – 1 ABR 8/01*

In Betrieben eines Unternehmens mit mehr als zwanzig wahlberechtigten Arbeitnehmern ist der Arbeitgeber anlässlich einer Einstellung gegenüber dem Betriebsrat verpflichtet, eine Entscheidung über die Eingruppierung der Arbeitnehmer zu treffen und dazu die Zustimmung des Betriebsrats – ggf.: nach § 99 Abs. 4 BetrVG – einzuholen.

Von dem selbst praktizierten Entlohnungsgrundsatz, einen Vergütungstarifvertrag auf sämtliche Arbeitnehmer, die unter seinen Geltungsbereich fallen, unabhängig von ihrer Tarifbindung anzuwenden, kann der Arbeitgeber eine bestimmte Gruppe nicht tarifgebundener Arbeitnehmer nicht ohne Sachgrund ausnehmen.

***BAG** 11.11.2008 – 1 ABR 88/07*

Legt der Arbeitgeber bei der Eingruppierung eines neu eingestellten Arbeitnehmers ein Vergütungssystem zugrunde, bei dem der Betriebsrat nicht nach § 87 Abs. 1 Nr. 10 BetrVG beteiligt worden ist, liegt ein Gesetzesverstoß i.S.d. § 99 Abs. 2 Nr. 1 BetrVG vor.

***LAG** Schleswig-Holstein 17.1.2007 – 6 TaBV 18/05 = NZA-RR 2007, 365*

Bei der Neueinreihung eines Arbeitnehmers in eine geänderte Vergütungsordnung handelt es sich auch bei gleich bleibender Tätigkeit um eine Umgruppierung i.S.d. § 99 Abs. 1 BetrVG.

Eine tarifliche Bewertung der Tätigkeiten eines Arbeitnehmers ist dann nicht erforderlich, wenn die Tarifvertragsparteien als Urheber der maßgebenden Vergütungsordnung selbst die betreffende Stelle mit bindender Wirkung in ihr abstraktes Entgeltgruppenverzeichnis eingeordnet haben.

Allein der Umstand, dass sich ein von den Tarifvertragsparteien geschaffenes Entgeltgruppenverzeichnis auf beim Arbeitgeber bestehende Stellenbeschreibungen bezieht, hindert weder ein Mitbeurteilungsrecht des Betriebsrats nach § 99 Abs. 1 BetrVG noch eine tarifliche Bewertung durch die Gerichte 'für Arbeitssachen, wenn zwischen den Betriebsparteien umstritten ist, ob die Tätigkeit des Arbeitnehmers der Stellenbeschreibung entspricht.

***BAG** 21.10.2009 – 4 ABR 40/08*

Das Mitbestimmungsrecht (Mitbeurteilungsrecht) des Betriebsrats bei **Ein-** oder **Umgruppierungen** (§ 99 Abs. 1 Satz 1 BetrVG) bezieht sich nicht nur auf tarifliche Vergütungsordnungen, sondern auch auf eine vom Arbeitgeber einseitig geschaffene Vergütungsordnung.

***BAG** 28.1.1986 – 1 ABR 8/84*

Der Betriebsrat kann nach § 99 Abs. 2 Nr. 1 BetrVG einer vom Arbeitgeber beantragten Umgruppierung die Zustimmung auch mit der Begründung verweigern, die vom Arbeitgeber angewandte Vergütungsgruppenordnung sei nicht diejenige, die im Betrieb zur Anwendung kommen müsse. Dies entspricht der Rechtsprechung des Bundesarbeitsgerichts für die Zustimmungsverweigerung bei der Eingruppierung. An dieser Rechtsprechung ist festzuhalten. Für die Umgruppierung gilt nichts anderes. Diese unterliegt im selben Maße der Mitbestimmung des Betriebsrats wie die Eingruppierung (BAG 2.4.1996 – 1 ABR 50/95).

***BAG** 20.9.2000 – 4 ABR 63/98*

Der Betriebsrat kann die Zustimmung zu einer Eingruppierung gemäß § 99 Abs. 2 Nr. 1 auch mit der Begründung verweigern, dass der Arbeitgeber den **falschen Tarifvertrag** anwendet. Dies gilt nicht nur bei Tarifpluralität, sondern auch bei der Frage, inwieweit aufgrund einer tariflichen Öffnungsklausel ein speziellerer Tarifvertrag zur Anwendung kommt.

***LAG** Berlin 18.6.1996 – 11 TaBV 2/96 = BB 1996,2521 = NZA 1997, 736*

Bei einer **Eingruppierung** in eine Vergütungsgruppe liegt dann kein Normenvollzug eines TV vor, wenn sie aufgrund einer einzelvertraglich vereinbarten Anwendung von tariflichen Eingruppierungsrichtlinien erfolgt. In diesem Falle kann der Arbeitgeber nicht gegen § 99 Abs. 2 Nr. 1 BetrVG verstoßen.

***LAG** Köln 27.1.1983 – 3 TaBV 33/82 = DB 1983, 2144*

Die Voraussetzungen für die Eingruppierung in eine Entgeltgruppe der Anlage 1 zum ERTV der Deutschen Telekom AG (Entgeltgruppenverzeichnis) sind erfüllt, wenn die Gesamttätigkeit des Arbeitnehmers die Merkmale eines Richtbeispiels dieser Entgeltgruppe erfüllt; der zusätzlichen Erfüllung der Voraussetzungen des abstrakten Tätigkeitsmerkmals dieser Entgeltgruppe bedarf es dann nicht. Wenn ein Richtbeispiel nicht unmittelbar einschlägig ist, weil die Gesamttätigkeit des Arbeitnehmers es nur teilweise erfüllt, kann bei der Eingruppierung nur dann auf dieses Richtbeispiel abgestellt werden, wenn die Tätigkeit diesem wertungsmäßig entspricht.

***BAG** 18.4.2007 – 4 AZR 696/05*

Besteht im Betrieb eine kollektive Vergütungsordnung, kann dieses Entgeltschema nicht einseitig vom Arbeitgeber verändert werden. Bei der Aufstellung oder Veränderung von Entlohnungsgrundsätzen hat der Betriebsrat nach § 87 Abs. 1 Nr. 10 BetrVG mitzubestimmen. Die Verletzung des Mitbestimmungsrechts führt zur Unwirksamkeit der neuen Vergütungsordnung. Diese kann die bisher im Betrieb bestehende Vergütungsordnung nicht ablösen. Die Eingruppierung nach einer unwirksamen Vergütungsordnung ist stets ein Gesetzesverstoß i.S.d. § 99 Abs. 2 Nr. 1 BetrVG

***BAG** 30.10.2001 – 1 ABR 8/01 = NZA 2002, 920*

Eine Umgruppierung i.S.v. § 99 Abs. 1 Satz 1 BetrVG liegt auch vor, wenn der Arbeitgeber auf Grund einer Prüfung zu dem Ergebnis gelangt, der Arbeitnehmer unterfalle nicht mehr der tariflichen Vergütungsordnung, da seine Tätigkeit höherwertige Qualifikationsmerkmale aufweise als die höchste tarifliche Vergütungsgruppe.

Gibt es neben einer tariflichen Vergütungsordnung ein außertarifliches gestuftes Vergütungssystem, so erschöpft sich im Falle des Herauswachsens eines Arbeitnehmers aus der tariflichen Vergütungsordnung die mitbestimmungspflichtige Umgruppierung nicht in der „Ausgruppierung", sondern erfasst notwendig zugleich die Eingruppierung in das außertarifliche System.

Führt der Arbeitgeber eine betriebsverfassungsrechtlich gebotene Umgruppierung nicht vollständig durch, kann der Betriebsrat die Vornahme der Umgruppierung sowie seine Beteiligung hieran verlangen.

Eine die Eingruppierung erfordernde Vergütungsordnung ist ein kollektives, mindestens zwei Vergütungsgruppen enthaltendes Entgeltschema, das eine Zuordnung der Arbeitnehmer nach bestimmten, generell beschriebenen Merkmalen vorsieht.

***BAG** 26.10.2004 – 1 ABR 37/03 = NZA 2005, 367*

Der Betriebsrat, der seinen Widerspruch gegen eine beabsichtigte Umgruppierung einer Arbeitnehmerin damit begründet hat, die Mitarbeiterin gehöre in eine höhere Vergütungsgruppe, da eine tarifliche Besitzstandsregel eingreife, ist im Zustimmungsersetzungsverfahren nicht auf dieses Argument beschränkt, sondern kann sich auch auf weitere Gründe berufen, aus denen sich die Eingruppierung in die höhere Vergütungsgruppe ergeben soll.

***BAG** 2.8.2006 – 10 ABR 48/05*

Die Berücksichtigung eines möglichen Verstoßes der neuen Eingruppierung gegen den Gleichheitssatz des Art. 3 Abs. 1 GG ist nicht deshalb ausgeschlossen, weil der Betriebsrat dies erst nach Ablauf der Wochenfrist des § 99 Abs. 3 BetrVG geltend gemacht hat. Die Gerichte dürfen ungültige Normen nicht zur Grundlage einer Ersetzungsentscheidung machen. Möglichen Unwirksamkeitsgründen haben sie aber nur bei Vorliegen entsprechender – offensichtlicher oder substantiiert vorgetragener – Anhaltspunkte nachzugehen.

Der Verweigerungsgrund des § 99 Abs. 2 Nr. 4 BetrVG kommt im Zusammenhang mit Ein- und Umgruppierungen nicht in Betracht.

***BAG** 6.8.2002 – 1 ABR 49/01*

Dem Betriebsrat im Entleiherbetrieb steht ein Mitbestimmungsrecht bei der Eingruppierung von Leiharbeitnehmern nicht zu. Der entleihende Arbeitgeber trifft keine Entscheidung über die Eingruppierung der Leiharbeitnehmer, an der der in seinem Betrieb gewählte Betriebsrat gemäß § 99 Abs. 1 BetrVG i. V. m. § 14 Abs. 3 AÜG zu beteiligen wäre.

***BAG** 17.6.2008 – 1 ABR 39/07*

4.2.1.3. Versetzung

Ein eventueller Verstoß des Arbeitgebers bei einer Versetzung gegen § 1 KSchG (Sozialauswahl) stellt keinen Gesetzesverstoß i.S.d. § 99 Abs. 2 Nr. 1 BetrVG dar, da die **Versetzung selbst**, nicht der Arbeitgeber gegen ein Gesetz verstoßen muss.

***BAG** 30.8.1995 – 1 ABR 11/95*

Die materiell-rechtliche Verwirkung von Mitbestimmungsrechten des Betriebsrats ist ausgeschlossen. Selbst eine prozessrechtliche Verwirkung – die grundsätzlichen Bedenken begegnet – würde das Vorliegen von Umständen voraussetzen, aufgrund derer es dem Arbeitgeber unzumutbar wäre, sich auf die Klärung des Bestehens eines Mitbestimmungsrechts (noch) einzulassen.

Für eine Versetzung i.S.v. § 99 Abs. 1, § 95 Abs. 3 BetrVG genügt nicht die Zuweisung eines anderen Arbeitsbereichs, wenn diese Maßnahme für eine Dauer von nicht mehr als einem Monat vorgesehen ist. In diesem Fall müssen sich außerdem die äußeren Arbeitsumstände – erheblich – ändern.

Mit der Teilnahme an einem während der üblichen Arbeitszeit auf dem Betriebsgelände stattfindenden „Workshop" zur Optimierung von Arbeitsabläufen ist eine erhebliche Änderung der äußeren Arbeitsumstände i.d.R. nicht verbunden.

***BAG** 28.8.2007 – 1 ABR 70/06) = DB 2007, 70*

Der Betriebsrat kann der beabsichtigten Versetzung eines Arbeitnehmers auf einen Arbeitsplatz als **Datenschutzbeauftragter** die Zustimmung gemäß § 99 Abs. 2 Nr. 1 BetrVG verweigern mit der Begründung, der Arbeitnehmer besitze nicht die von § 36 Abs. 2 BDSG geforderte Fachkunde und Zuverlässigkeit.

Bedenken gegen die Zuverlässigkeit können sich daraus ergeben, dass der Arbeitnehmer neben seiner Aufgabe als Datenschutzbeauftragter Tätigkeiten ausübt, die mit seiner Kontrollfunktion unvereinbar sind, weil sie den Arbeitnehmer in einen Interessenkonflikt geraten lassen.

***BAG** 22.3.1994 – 1 ABR 51/93*

Das mögliche Erfordernis einer **Änderungskündigung** zur Durchsetzung der Versetzung führt nicht dazu, dass bis zur endgültigen Entscheidung über die Wirksamkeit einer solchen Kündigung dem Betriebsrat ein Zustimmungsverweigerungsgrund i.S.v. § 99 Abs. 2 Nr. 1 BetrVG zusteht. Das **kollektivrechtliche Mitbestimmungsverfahren und** das **Verfahren zur individualrechtlichen Durchsetzung** der beabsichtigten Maßnahme stehen **nebeneinander**.

***BAG** 10.8.1993 – 1 ABR 22/93*

§ 78 BetrVG (Verbot der Benachteiligung von Betriebsratsmitgliedern) ist ein Gesetz i.S.d. § 99 Abs. 2 Nr. 1 BetrVG. Wird ein Arbeitnehmer anlässlich der Wahl in den Betriebsrat versetzt und liegt darin eine Benachteiligung, so kann der Betriebsrat gemäß § 99 Abs. 2 Nr. 1 BetrVG widersprechen.

***BAG** 27.5.1982 – 6 ABR 105/79*

Auf Versetzungen in einem Gemeinschaftsbetrieb mehrerer Unternehmen mit jeweils weniger als einundzwanzig wahlberechtigten Arbeitnehmern, in welchem insgesamt mehr als zwanzig Arbeitnehmer beschäftigt sind, ist § 99 BetrVG analog anzuwenden.

***BAG** 29.9.2004 – 1 AZR 473/03 = NZA-RR 2005, 616*

4.2.2. Verstoß gegen Auswahlrichtlinien (§ 99 Abs. 2 Nr. 2 BetrVG)[58]

Der Betriebsrat kann die Zustimmung zur personellen Einzelmaßnahme verweigern, wenn die personelle Maßnahme gegen eine **Richtlinie nach § 95 BetrVG** (**Auswahlrichtlinie**) verstoßen würde. Es muss sich aber um eine mitbestimmte Richtlinie handeln, d.h. eine, der der Betriebsrat zugestimmt hat bzw. auf die sich Arbeitgeber und Betriebsrat geeinigt haben oder über die die Einigungsstelle verbindlich entschieden hat.

[58] vgl. auch §§ 92 – 95 BetrVG, Kap. 5 Auswahlrichtlinien, S. 268

Hat der Arbeitgeber dagegen einseitig Auswahlrichtlinien aufgestellt und der Betriebsrat diese bloß geduldet und widerspruchslos hingenommen, so erfolgte keine Ausübung des Mitbestimmungsrechts gemäß § 95 Abs. 1 oder 2 BetrVG. In diesem Fall ist auch ein Zustimmungsverweigerungsgrund nach § 99 Abs. 2 BetrVG nicht gegeben.

***Hessisches LAG** 16.10.1984 – 4 TaBV 98/83 = DB 1985, 1534*

Ob eine Auswahlrichtlinie i.S.v. § 99 Abs. 2 Nr. 2, § 95 Abs. 1 Satz 1 BetrVG zwischen den Betriebsparteien auch durch eine formlose Regelungsabrede vereinbart werden kann oder ob es einer schriftlichen Betriebsvereinbarung bedarf, brauchte bisher noch nicht höchstrichterlich entschieden zu werden.

***BAG** 17.11.2010 – 7 ABR 120/09*

4.2.3. Besorgnis der Kündigung oder von Nachteilen für andere Arbeitnehmer (§ 99 Abs. 2 Nr. 3 BetrVG)

Will der Betriebsrat den Verweigerungsgrund des § 99 Abs. 2 Nr. 3 BetrVG geltend machen, muss er konkrete Tatsachen mitteilen, aus denen er die Besorgnis eines Nachteils ableitet.

***BAG** 11.6.2002 – 1 ABR 43/01*

Nach **§ 99 Abs. 2 Nr. 3 BetrVG** kann der Betriebsrat die Zustimmung zu geplanten personellen Maßnahmen verweigern, wenn die durch Tatsachen begründete Besorgnis besteht, dass infolge der personellen Maßnahme im Betrieb beschäftigte Arbeitnehmer gekündigt werden oder sonstige Nachteile erleiden, ohne dass dies aus betrieblichen oder persönlichen Gründen gerechtfertigt ist. Unter „**sonstigen Nachteilen**" im Sinne dieser Vorschrift ist die **Verschlechterung des bisherigen rechtlichen oder tatsächlichen Status anderer Arbeitnehmer des Betriebs** zu verstehen. Dies ergibt sich aus dem Wortlaut und dem Schutzzweck der Norm. Der Zustimmungsverweigerungsgrund wurde auch geschaffen, um die im Betrieb beschäftigten Arbeitnehmer vor unberechtigten Eingriffen in ihre tatsächliche und rechtliche Stellung zu schützen. Es sollen deshalb auch solche Nachteile von der Belegschaft abgewehrt werden, die den Arbeitnehmern infolge **Erschwerung ihrer Arbeitsbedingungen drohen**.

***BAG** 13.6.1989 – 1 ABR 11/88*

Als Kündigung i.S.d. § 99 Abs. 2 Nr. 3 BetrVG gilt auch die **Änderungskündigung.**

***BAG** 30.8.1995 – 1 ABR 11/95*

Befristet beschäftigte Stammarbeitnehmer des Entleihers werden durch die dauerhafte Übernahme von Leiharbeitnehmern regelmäßig weder nach § 99 Abs. 2 Nr. 3 2. Halbs. BetrVG noch nach § 99 Abs. 2 Nr. 3 1. Halbs. BetrVG benachteiligt.

***BAG** 25.1.2005 – 1 ABR 61/03*

Zur Zustimmungsverweigerung berechtigen nur solche **Nachteile**, die durch die zustimmungspflichtige Maßnahme, d. h. durch die Einstellung oder Versetzung selbst entstehen. Es reicht nicht aus, wenn die Nachteile für den Einzustellenden oder im Betrieb Beschäftigte durch die vertragliche Ausgestaltung des Arbeitsverhältnisses entstehen.

***BAG** 20.12.1988 – 1 ABR 68/87*

Nach § 99 Abs. 2 Nr. 3 BetrVG kann der Betriebsrat seine Zustimmung u. a. verweigern, wenn die durch Tatsachen begründete Besorgnis besteht, dass infolge der personellen Maßnahme ein im Betrieb beschäftigter Arbeitnehmer ohne rechtfertigende persönliche oder betriebliche Gründe benachteiligt wird. Sonstige Nachteile im Sinne dieser Vorschrift sind nach der Rechtsprechung des BAG nicht unerhebliche Verschlechterungen in der tatsächlichen oder rechtlichen Stellung eines Arbeitnehmers (BAG 15.9.1987 – 1 ABR 44/86).

Besteht der behauptete Nachteil in einer **unterbliebenen Beförderung**, kommt regelmäßig nur ein rechtlicher Nachteil im Sinne des Gesetzes in Betracht. In diesem Sinne ist der Verlust einer Beförderungschance rechtlich nachteilig, wenn dadurch eine Rechtsposition des nicht beförderten Arbeitnehmers gefährdet wird (BAG 30.8.1995 – 1 ABR 11/95). Dazu können auch solche Positionen zählen, die zwar keinen Anspruch auf eine konkrete Beförderung gewähren, den Arbeitnehmer aber im Verhältnis zu Mitbewerbern begünstigen. Dagegen begründet die Nichtberücksichtigung eines Bewerbers unter **Verletzung von Auswahlrichtlinien** i.S.d. § 95 BetrVG oder eine § 75 Abs. 1 BetrVG widersprechende Ausgestaltung des Zugangsverfahrens keine sonstigen Nachteile i.S.d. § 99 Abs. 2 Nr. 3 BetrVG, sondern stellt einen Rechtsverstoß dar. Ein solcher berechtigt den Betriebsrat allein nach § 99 Abs. 2 Nr. 1 BetrVG zur Zustimmungsverweigerung.

***BAG** 18.9.2002 – 1 ABR 56/01*

§ 99 Abs. 2 Nr. 3 BetrVG setzt einen **ursächlichen Zusammenhang** zwischen der mitbestimmungspflichtigen Maßnahme und einer befürchteten Kündigung voraus. Dies ergibt sich schon aus dem Tatbestandsmerkmal „infolge". Versetzung und Kündigung sind aber in diesem Sinne auch dann ursächlich miteinander verbunden, wenn beide Maßnahmen Folge derselben Betriebsänderung sind und wenn dies eine Auswahlentscheidung nach § 1 Abs. 3 KSchG erforderlich gemacht hat. Die (Änderungs-) Kündigung gegenüber dem nicht berücksichtigten Arbeitnehmer (nicht versetzten Arbeitnehmer) ist dann nicht allein durch den Wegfall des bisherigen Arbeitsplatzes bedingt, sondern zugleich unmittelbare Folge der Bevorzugung eines anderen Arbeitnehmers. Der Arbeitnehmer hat nach § 1 Abs. 3 KSchG „Anspruch" auf eine korrekte Sozialauswahl, die im Ergebnis dazu führen kann, dass **er** auf die umstrittene Stelle umzusetzen ist. Diese rechtliche Position wird beeinträchtigt, wenn die Stelle einem anderen Mitarbeiter übertragen wird.

Der kündigungsschutzrechtliche Zusammenhang zwischen Auswahlentscheidung und Änderungskündigung ist auch i.S.d. § 99 Abs. 2 Nr. 3 BetrVG beachtlich, weil diese Vorschrift unnötige Kündigungen vermeiden und eine Stärkung des Kündigungsschutzgesetzes erreichen will.

***BAG** 15.9.1987 – 1 ABR 29/86; **BAG** 30.8.1995 – 1 ABR 11/95*

„**Nachteil**" i.S.d. Nr. 3 des § 99 Abs. 2 BetrVG ist die Versagung der beruflichen Entwicklung eines Arbeitnehmers, wenn hierauf ein Rechtsanspruch oder mindestens eine rechtserhebliche Anwartschaft besteht, nicht nur eine Chance.

***BAG** 13.6.1989 – 1 ABR 11/88; **BAG** 27.7.1993 – 1 ABR 7/93*

Eine auf § 99 Abs. 2 Nr. 3 BetrVG gestützte Zustimmungsverweigerung des Betriebsrats muss hinreichend konkrete Tatsachenbehauptungen enthalten, die „sonstige Nachteile" für bestimmte Arbeitnehmer begründen sollen.
Eine gerichtliche Entscheidung, der zufolge der Arbeitgeber einen Arbeitnehmer zu den bestehenden vertraglichen Bedingungen tatsächlich beschäftigen muss, stellt keinen Grund für die Verweigerung der Zustimmung zur beabsichtigten Versetzung des Arbeitnehmers nach § 99 Abs. 2 Nr. 1 BetrVG dar, wenn der Inhalt der Arbeitsaufgaben des Arbeitnehmers nicht Streitgegenstand war.
Die Nichterfüllung der bloßen Erwartung eines Arbeitnehmers, selbst den Arbeitsplatz zu erhalten, auf den ein anderer Mitarbeiter versetzt werden soll, ist kein Nachteil i.S.d. § 99 Abs. 2 Nr. 3 BetrVG, auf den der Betriebsrat die Verweigerung seiner Zustimmung zur Versetzung stützen könnte.
Wie die Auslegung regelmäßig ergibt, ist Streitgegenstand eines Feststellungsantrags nach § 100 Abs. 2 Satz 3 BetrVG die Befugnis des Arbeitgebers, eine personelle Maßnahme so lange vorläufig durchzuführen, bis über die Berechtigung zu ihrer endgültigen Durchführung entschieden worden ist. Mit Rechtskraft einer solchen Entscheidung entfällt dann automatisch die Rechtshängigkeit des Feststellungsbegehrens. Das darüber geführte Verfahren ist von Amts wegen einzustellen.

***BAG** 26.10.2004 – 1 ABR 45/03*

4.2.3.1. Einstellung

Der Betriebsrat kann der Einstellung eines Arbeitnehmers nicht mit der Begründung widersprechen, die beabsichtigte Einstellung rechtfertige die Besorgnis von **Nachteilen** für den früheren **Stelleninhaber**, der gegen die Kündigung **Kündigungsschutzklage** erhoben hat. Ersatzeinstellungen sind nicht geeignet, die Besorgnis von Nachteilen für gekündigte Arbeitnehmer i.S.d. § 99 Abs. 2 Nr. 3 BetrVG zu begründen.

***ArbG** Offenbach/M. 24.6.1981 – 1 BV 23/81 = BB 1981, 1462 = DB 1981, 2033*
***ArbG** Wiesbaden 5.9.1985 – 4 BV 5/85 = NZA 1986, 170*

Die Neufassung von § 99 Abs. 2 Nr. 3 BetrVG verleiht dem Betriebsrat nicht das Recht, einer unbefristeten Einstellung mit der Begründung zu widersprechen, dass die zu besetzende Stelle einen auf Grund einer gerichtlich nicht angefochtenen Befristung bereits ausgeschiedenen Arbeitnehmer hätte übertragen werden können. Der Widerspruchsgrund entfällt jedenfalls mit dem Ablauf der Frist von § 17 TzBfG.

***ArbG** Frankfurt 5.12.2001 – 2 BV 567/01 = NZA-RR 2002, 473*

4.2.3.2. Versetzung

Fallen die Arbeitsplätze mehrerer vergleichbarer Arbeitnehmer weg und stehen für nur einen Teil dieser Arbeitnehmer andere Beschäftigungsmöglichkeiten zur Verfügung, so dass eine Sozialauswahl vorzunehmen ist (§ 1 Abs. 3 KSchG), begründet die Versetzung eines Arbeitnehmers auf einen der freien Arbeitsplätze i.S.d. § 99 Abs. 2 Nr. 3 BetrVG die Besorgnis, dass einem anderen Arbeitnehmer infolge dieser Maßnahme gekündigt wird. Der Betriebsrat kann die Zustimmung zu dieser Versetzung mit der Begründung verweigern, der Arbeitgeber habe soziale Auswahlkriterien nicht berücksichtigt.

Eine solche Fallgestaltung kommt auch dann in Betracht, wenn durch Umorganisation ein Teil der Arbeitsplätze wegfällt, gleichzeitig aber neue Beförderungsstellen geschaffen werden, auf denen überwiegend die gleichen Tätigkeiten verrichtet werden müssen. Voraussetzung ist allerdings, dass die bisherigen Arbeitsplatzinhaber hierfür persönlich und fachlich geeignet sind.

***BAG** 30.8.1995 – 1 ABR 11/95; **BAG** 10.11.1994 – 2 AZR 242/94*

Die **Versetzung** eines Arbeitnehmers, dessen Arbeitsplatz wegfällt, **auf einen noch besetzten Arbeitsplatz** begründet i.S.d. **§ 99 Abs. 2 Nr. 3 BetrVG** die Besorgnis, dass dem Arbeitsplatzinhaber gekündigt wird.

Eine vom Betriebsrat mit dieser Begründung verweigerte Zustimmung kann durch das Gericht ersetzt werden, wenn nach den Grundsätzen für eine soziale Auswahl des zu kündigenden Arbeitnehmers die betriebsbedingte Kündigung gerade gegenüber demjenigen Arbeitnehmer auszusprechen ist, auf dessen Arbeitsplatz die Versetzung erfolgen soll.

***BAG** 15.9.1987 – 1 ABR 29/86*

Die Nichtberücksichtigung bei einer Versetzung auf einen innerbetrieblich ausgeschriebenen Arbeitsplatz ist kein Nachteil i.S.d. **§ 99 Abs. 2 Nr. 3 BetrVG**, es sei denn, der nicht berücksichtigte Arbeitnehmer hätte einen rechtlichen Anspruch auf die Stelle.

Ein „**Nachteil**" i.S.d. **§ 99 Abs. 2 Nr. 3 BetrVG** liegt nicht vor, wenn durch die Einstellung oder Versetzung einem anderen im Betrieb beschäftigten Arbeitnehmer nur die **Chance** genommen wird, diesen Arbeitsplatz zu erhalten. Im Hinblick auf den **Verlust einer** solchen **Beförderungs**- bzw. **Versetzungschance** kann ein sonstiger Nachteil i.S.d. § 99 Abs. 2 Nr. 3 BetrVG nur der Verlust einer Rechtsposition oder einer rechtserheblichen Anwartschaft sein. Der **Verlust der Chance auf einen zukünftigen Vorteil** kann danach nur dann als gegenwärtiger Nachteil bewertet werden, wenn der zukünftige Vorteil bereits soweit rechtlich verfestigt ist, dass er Bestandteil des gegenwärtigen Arbeitsverhältnisses ist.

Durch die Einstellung oder Versetzung eines Arbeitnehmers entgeht dem anderen Arbeitnehmer zwar die Chance die ausgeschriebene Stelle zu erhalten. Der **Verlust** dieser **Chance auf eine andere Position ist aber kein Nachteil i.S.d. § 99 Abs. 2 Nr. 3 BetrVG**. Ein Rechtsverlust wäre nur dann anzunehmen, wenn der Arbeitnehmer einen Anspruch oder eine Anwartschaft auf die Einnahme des Arbeitsplatzes gehabt hätte, etwa aufgrund einer vertraglichen Zusage oder aufgrund von Auswahlrichtlinien gemäß § 95 BetrVG.

***BAG** 13.6.1989 – 1 ABR 11/88*

Fällt in einem Betrieb aus betrieblichen Gründen ein Arbeitsplatz weg und kann arbeitsvertraglich der Arbeitgeber den vom Wegfall betroffenen Arbeitnehmer ebenso wie einem mit diesem vergleichbaren Arbeitnehmer in einen anderen Betrieb versetzen, so sind bei der Versetzungsentscheidung die Grundsätze einer sozialen Auswahl jedenfalls in entsprechender Anwendung von §315 BGB zu berücksichtigen.

Der Betriebsrat des abgebenden Betriebs kann zu den aus diesem Anlass erforderlichen Versetzungen, sofern die Sozialauswahl gewahrt ist, nicht nach § 99 Abs. 2 Ziff. 3, 4 BetrVG die Zustimmung verweigern.

***LAG** Köln 15.8.1996 – 5 (4) TaBV 26/96*

4.2.4. Besorgnis der Benachteiligung des betroffenen Arbeitnehmers (§ 99 Abs. 2 Nr. 4 BetrVG)

§ 99 Abs. 2 Nr. 4 BetrVG dient allein der Wahrung der Interessen des betroffenen Arbeitnehmers. Die Vorschrift spricht nur von der Benachteiligung des Arbeitnehmers, der durch eine personelle Maßnahme belastet wird. Sie stellt nicht auf mittelbar betroffene Arbeitnehmer oder die Belegschaft ab. Dies entspricht dem Willen des Gesetzgebers, dem Betriebsrat ein Zustimmungsverweigerungsrecht bei Nichtbeachtung berechtigter Belange des unmittelbar von einer personellen Maßnahme betroffenen Arbeitnehmers einzuräumen.

***BAG** 2.4.1996 – 1 ABR 39/95*

Fallen mehrere vergleichbare Arbeitsplätze weg und stehen lediglich für einen Teil der betroffenen Arbeitnehmer andere gleichwertige Arbeitsplätze zur Verfügung, so kann der Betriebsrat die Zustimmung zur Versetzung eines Arbeitnehmers auf einen niedriger einzustufenden Arbeitsplatz gemäß § 99 Abs. 2 Nr. 4 BetrVG mit der Begründung verweigern, der Arbeitgeber habe soziale Auswahlkriterien nicht berücksichtigt (Anschluss an BAG 30.8.1995 – 1 ABR 11/95 = DB 1996, 1140).

Entspricht die **Versetzung** dem **Wunsch des betreffenden Arbeitnehmers**, so kann der Betriebsrat die Zustimmung nicht wegen ungerechtfertigter Benachteiligung des Arbeitnehmers verweigern. Eine derartige Übereinstimmung der Interessen ist allerdings nur dann zu bejahen, wenn der betroffene Arbeitnehmer die Versetzung selber angestrebt hat oder diese doch seinen Wünschen und seiner freien Entscheidung entspricht. Das Schutzbedürfnis, das mit § 99 Abs. 2 Nr. 4 BetrVG erfüllt werden soll, entfällt nur dann, wenn der Arbeitnehmer sich frei für die streitige personelle Maßnahme entschieden hat, weil sie seinen Vorstellungen und Bedürfnissen entspricht. Nur dann kann man sagen, dass er nicht gegen seinen Willen geschützt zu werden brauche.

Allein der Verzicht auf die Erhebung einer Klage gegen eine entsprechende Änderungskündigung genügt jedoch nicht, um auf einen solchen Wunsch schließen zu lassen.

***BAG** 2.4.1996 – 1 ABR 39/95*

Der Betriebsrat kann der Versetzung eines Arbeitnehmers nicht nach § 99 Abs. 2 Nr. 4 BetrVG die Zustimmung mit der Begründung versagen, es liege eine Benachteiligung dieses Arbeitnehmers i.S.d. gesetzlichen Regelung vor, wenn der Arbeitnehmer sich frei für die streitige personelle Einzelmaßnahme entschieden hat, weil sie seinen Vorstellungen und Bedürfnissen entspricht. Es reicht jedoch nicht aus, dass der Arbeitnehmer die Maßnahme nur hinnimmt.

***BAG** 9.10.2013 – 7 ABR 1/12*

Die Entscheidung des Arbeitgebers, eine Abteilung zu schließen, ist als unternehmerische Entscheidung einzuordnen. Diese ist im Rahmen des § 99 Abs. 2 Nr. 4 BetrVG als vorgegebener betrieblicher Grund zu werten, der nicht auf seine Zweckmäßigkeit hin zu überprüfen ist. Insoweit sind die für das Kündigungsschutzverfahren entwickelten Überlegungen entsprechend heranzuziehen. Der Betriebsrat kann nicht über § 99 Abs. 2 Nr. 4 BetrVG die Rückgängigmachung einer unternehmerischen Maßnahme erzwingen.

***BAG** 10.8.1993 – 1 ABR 22/93*

Die Nichtübernahme von Auszubildenden ist ein „Nachteil" i.S.d. § 99 Abs. 2 Nr. 4 BetrVG.

***ArbG** Kassel 29.5.1973 = DB 1973, 1359*

Verstöße des Arbeitgebers bei der **Eingruppierung** gegen den Gleichbehandlungsgrundsatz können vom Betriebsrat nach **§ 99 Abs. 2 Nr. 4 BetrVG** geltend gemacht werden.

***BAG** 3.12.1985 – 4 ABR 60/85*

Die **Versetzung** auf einen Arbeitsplatz, der die Gesundheit des Arbeitnehmers mehr beeinträchtigt als sein bisheriger Arbeitsplatz, ist ein Nachteil im § 99 Abs. 2 Nr. 4 BetrVG.

***LAG** Köln 12.6.1991 – 7 TaBV 42/90 = BB 1991, 2528*

Eine Ein- oder Umgruppierung, die von der im Betrieb geltenden Vergütungsordnung geboten wird, stellt keinen „Nachteil" des betroffenen Arbeitnehmers i.S.v. § 99 Abs. 2 Nr. 4 BetrVG dar.

***BAG** 6.8.2002 – 1 ABR 49/01; **BAG** 22.3.2017 – 4 ABR 54/14*

4.2.5. Unterlassene innerbetriebliche Stellenausschreibung (§ 99 Abs. 2 Nr. 5 BetrVG)[59]

Nach § 99 Abs. 2 Nr. 5 BetrVG kann der Betriebsrat seine Zustimmung zu einer Einstellung oder Versetzung verweigern, wenn eine erforderliche Ausschreibung unterblieben ist. Als unterblieben anzusehen ist auch eine unzureichende Ausschreibung.

Das Gesetz enthält keine ausdrücklichen Bestimmungen dazu, welche Anforderungen an Inhalt, Form und Frist einer Ausschreibung sowie an deren Bekanntmachung zu stellen sind. Die konkrete Ausgestaltung obliegt dem Arbeitgeber, sofern nicht eine Betriebsvereinbarung dazu nähere Regelungen vorsieht. Aus ihrem Zweck ergeben sich aber Mindestanforderungen einer Ausschreibung. So muss deren Dauer so bemessen sein, dass die interessierten Arbeitnehmer unter normalen Verhältnissen die Ausschreibung zur Kenntnis nehmen und – nach einer kurzen Überlegungszeit – eine Bewerbung einreichen können. Eine Ausschreibungsdauer von zwei Wochen ist danach in der Regel nicht unangemessen kurz.

***BAG** 6.10.2010 – 7 ABR 18/09*

Einen bestimmten Inhalt der innerbetrieblichen Ausschreibung schreibt das Gesetz nicht vor. Aus dem Sinn und Zweck einer Ausschreibung folgt jedoch, dass aus ihr selbst hervorgehen muss, um **welchen Arbeitsplatz** es sich handelt und **welche Anforderungen** ein Bewerber erfüllen muss. Eine Stellenausschreibung ohne diesen Inhalt ist keine Stellenausschreibung i.S.d. BetrVG, so dass der Betriebsrat nach § 99 Abs. 2 Nr. 5 BetrVG seine Zustimmung zu einer Einstellung verweigern kann.

***BAG** 30.1.1979 – 1 ABR 78/76; **BAG** 18.11.1980 – 1 ABR 63/78;*
***BAG** 23.2.1988 – 1 ABR 82/86*

Der Betriebsrat kann die innerbetriebliche Ausschreibung von Arbeitsplätzen verlangen, die der Arbeitgeber mit **freien Mitarbeitern** besetzen will, wenn es sich bei der vorgesehenen Beschäftigung um eine mitbestimmungspflichtige Einstellung handelt.

***BAG** 27.7.1993 – 1 ABR 7/93*

Der Arbeitgeber bestimmt in einer innerbetrieblichen Stellenausschreibung allein, welche Anforderungen ein Bewerber um die ausgeschriebene Stelle erfüllen muss.

Der Arbeitgeber genügt nicht der vom Betriebsrat geforderten innerbetrieblichen Stellenausschreibung, wenn er eine bestimmte Stelle im Betrieb zwar ausschreibt, in einer **Stellenanzeige** in der Tagespresse dann aber **geringere Anforderungen** für eine Bewerbung um diese Stelle nennt. Der Betriebsrat kann daher die Zustimmung zur Einstellung eines Bewerbers verweigern, der sich auf diese Stellenanzeige mit den geringeren Anforderungen hin beworben hat.

***BAG** 23.2.1988 – 1 ABR 82/86*

Eine Stellenausschreibung gemäß § 93 BetrVG verlangt zumindest die schlagwortartige Angabe der mit der Stelle verbundenen Arbeitsaufgaben und die Mitteilung der erwarteten Qualifikationen. Die Höhe der vorgesehenen Vergütung ist keine notwendige Angabe.

Enthält eine betriebliche Stellenausschreibung eine möglicherweise unzutreffende, aber nicht offensichtlich falsche Angabe der tariflichen Vergütung, rechtfertigt dies keinen Widerspruch des Betriebsrats nach § 99 Abs. 2 Nr. 5 BetrVG gegen die geplante Einstellung eines Bewerbers.

Mit Rechtskraft der Entscheidung über den Antrag auf Ersetzung der Zustimmung zur endgültigen Vornahme einer personellen Einzelmaßnahme nach § 99 Abs. 4 BetrVG entfällt regelmäßig die Rechtshängigkeit eines Antrags auf Feststellung der dringenden Erforderlichkeit ihrer vorläufigen Durchführung.

***BAG** 10.3.2009 – 1 ABR 93/07*

Der Zustimmungsverweigerungsgrund des § 99 Abs. 2 Nr. 5 BetrVG setzt grundsätzlich voraus, dass der Betriebsrat die Ausschreibung vor dem Zustimmungsersuchen des Arbeitgebers verlangt oder mit diesem eine Vereinbarung über die Ausschreibung getroffen hat. Ein späteres Ausschreibungsverlangen genügt nicht.

Es bleibt dahingestellt, ob es dem Arbeitgeber wegen seiner bisherigen Ausschreibungspraxis unter besonderen Umständen verwehrt ist, sich gegenüber der auf § 99 Abs. 2 Nr. 5 BetrVG gestützten Zustimmungsverweigerung darauf zu berufen, dass der Betriebsrat die Ausschreibung nicht verlangt hat.

Es bleibt dahingestellt, ob eine nach § 93 BetrVG erforderliche Ausschreibung im Laufe des Zustimmungsersetzungsverfahrens mit heilender Wirkung nachgeholt werden kann.

***BAG** 14.12.2004 – 1 ABR 54/03 = NZA 2005, 424*

Verstößt eine innerbetriebliche Stellenausschreibung gegen die Form, die mit dem Betriebsrat vereinbart wurde, kann der Betriebsrat der Einstellung die Zustimmung nach **§ 99 Abs. 2 Nr. 5 BetrVG** verweigern.

***BAG** 18.12.1990 – 1 ABR 15/90*

Ist der Arbeitgeber aufgrund Verlangens des Betriebsrats zur innerbetrieblichen Stellenausschreibung verpflichtet und genügt er dieser Verpflichtung nicht, so kann er sich gegenüber einer deshalb erklärten Zustimmungsverweigerung des Betriebsrats zu einer Einstellung oder Versetzung im Zustimmungsersetzungsverfahren grundsätzlich nicht darauf berufen, die Zustimmungsverweigerung sei rechtsmissbräuchlich und damit unbeachtlich, weil für den zu besetzenden Arbeitsplatz kein Mitarbeiter des Betriebsrats geeignet sei oder an diesem Arbeitsplatz Interesse habe oder haben könne.

***Hessisches LAG** 2.11.1999 – 4 TaBV 31/99*

4.2.6. Besorgnis der Störung des Betriebsfriedens (§ 99 Abs. 2 Nr. 6 BetrVG)

Eine wirksame Zustimmungsverweigerung des Betriebsrats nach **§ 99 Abs. 2 Nr. 6 BetrVG**, die den Arbeitgeber zu einem gerichtlichen Zustimmungsersetzungsverfahren zwingt, liegt nur vor, wenn der Betriebsrat auf den Einzelfall bezogene konkrete Tatsachen angibt, aus denen er seine Besorgnis herleitet.

***BAG** 26.1.1988 – 1 AZR 531/86*

Für das Vorliegen eines Zustimmungsverweigerungsgrunds nach § 99 Abs. 2 Nr. 6 BetrVG kommt es nicht auf die subjektive Anschauung des Betriebsrats, sondern auf eine objektive Beurteilung an. Diese muss auf Grund bestimmter Tatsachen zu der Prognose führen, der in Aussicht genommene Bewerber oder Arbeitnehmer werde künftig den Betriebsfrieden gerade dadurch stören, dass er sich gesetzwidrig verhalten oder gegen die in § 75 Abs. 1 BetrVG enthaltenen Grundsätze verstoßen wird.

Steht ein gesetzwidriges oder gegen die Grundsätze des § 75 Abs. 1 BetrVG verstoßendes Verhalten nicht zu erwarten, ist die Wahrscheinlichkeit einer Störung des Betriebsfriedens aus anderen Gründen unerheblich.

***BAG** 16.11.2004 – 1 ABR 48/03*

[59] vgl. Kapitel „§§ 92 – 95 BetrVG, Allgemeine personelle Angelegenheiten", S. 263

4.3. Formular zur Stellungnahme des Betriebsrats nach § 99 BetrVG

Mitteilung	**Wiedervorlage**

an - Personalabteilung von - BR - Personalausschuss Tel. Dat.

Personelle Einzelmaßnahme

Zu der von Ihnen beabsichtigten personellen Einzelmaßnahme* Einstellung / Eingruppierung / Umgruppierung / Versetzung erhalten Sie nachstehende in unserer Sitzung am ______________ beschlossene Stellungnahme:

☐ Der Betriebsrat gibt seine Zustimmung zu der geplanten __________________________

☐ Der Betriebsrat verweigert gemäß § 99 Abs. 2 Nr. ____ BetrVG seine Zustimmung zu der geplanten

____

Aus folgenden Gründen:

____

____

____

____

____

____

____

☐ Der Betriebsrat bittet um Ergänzung der Unterlagen bzw. der Informationen

____

____

____

☐ Vorsorglich für den Fall, dass der Betriebsrat schon ausreichend durch den Arbeitgeber unterrichtet wurde, verweigert der Betriebsrat gemäß § 99 Abs. 2 Nr. ____ BetrVG seine Zustimmung zu der __________________, aus folgenden Gründen:

____

____

____

☐ Der Betriebsrat hat die beabsichtigte personelle Maßnahme zur Kenntnis genommen und sieht das Beteiligungsverfahren als abgeschlossen an.

Mit freundlichen Grüßen

* Nichtzutreffendes streichen

5. Beteiligung des Betriebsrats in Tendenzunternehmen[60]

Bei **tendenzbezogenen personellen Einzelmaßnahmen** hat der Betriebsrat kein Zustimmungsverweigerungs-, sondern **nur ein Informationsrecht**. Die Regelung des § 100 Abs. 1 BetrVG über die vorläufige Durchführung von personellen Einzelmaßnahmen hat hier nur noch Bedeutung für die Fälle, in denen der Arbeitgeber die Maßnahme vor Ablauf der Wochenfrist durchführen will, die dem Betriebsrat zur Stellungnahme zur Verfügung steht. An die Voraussetzung, dass die vorläufige Durchführung aus sachlichen Gründen dringend erforderlich sein muss, sind hier besonders strenge Anforderungen zu stellen.

***BAG** 8.5.1990 – 1 ABR 33/89*

Die Pflicht zur Vorlage der **Bewerbungsunterlagen sämtlicher Bewerber** an den Betriebsrat gilt auch bei der Einstellung von Redakteuren eines Zeitschriftenverlages. Der Tendenzcharakter des Verlagsunternehmens steht dem nicht entgegen.

***BAG** 19.5.1981 – 1 ABR 109/78*

Die **Einstellung eines Redakteurs** bedarf in einem Zeitschriftenverlag im Regelfall nicht der vorherigen Zustimmung des Betriebsrats.

Streiten Arbeitgeber und Betriebsrat anlässlich einer solchen personellen Maßnahme, zu der der Betriebsrat seine Zustimmung nach § 99 Abs. 3 BetrVG verweigert hat, darüber, ob die Maßnahme nach § 118 Abs. 1 Satz 1 BetrVG der Zustimmung des Betriebsrats bedarf oder nicht, so ist der Arbeitgeber nicht gehalten, diesen Streit in einem Zustimmungsersetzungsverfahren nach § 99 Abs. 4 BetrVG entscheiden zu lassen.

Die ohne Zustimmung des Betriebsrats durchgeführte personelle Maßnahme ist auf Antrag des Betriebsrats nach § 101 Satz 1 BetrVG aufzuheben, wenn der Arbeitgeber für diese Maßnahme keinen Tendenzschutz in Anspruch nehmen konnte.

***BAG** 1.9.1987 – 1 ABR 23/86*

Der Tendenzcharakter eines Zeitschriftenverlages schließt das Mitbestimmungsrecht des Betriebsrats bei der **tariflichen Eingruppierung** von **Zeitschriftenredakteuren** nicht aus.

***BAG** 31.5.1983 – 1 ABR 57/80*

Rechtsschutzsekretäre der Gewerkschaft sind Tendenzträger. Sie betreffende Einstellungen oder Versetzungen sind tendenzbezogene Maßnahmen. Auch wenn die Stelle des Rechtsschutzsekretärs zwecks Besetzung auf Verlangen des Betriebsrats innerbetrieblich auszuschreiben ist (§ 93 BetrVG), so begründet dies bei unterbliebener Ausschreibung kein Zustimmungsverweigerungsrecht nach § 99 Abs. 2 Nr. 5 BetrVG. Auch dann verbleibt es bei dem gemäß § 118 Abs. 1 BetrVG auf Unterrichtung beschränkten Beteiligungsrecht des Betriebsrats nach § 99 BetrVG.

***Hessisches LAG** 3.9.1996 – 4 TaBV 160/95 = NZA 1997, 671*

6. Ersetzung der Zustimmung durch das Arbeitsgericht (§ 99 Abs. 4 BetrVG)

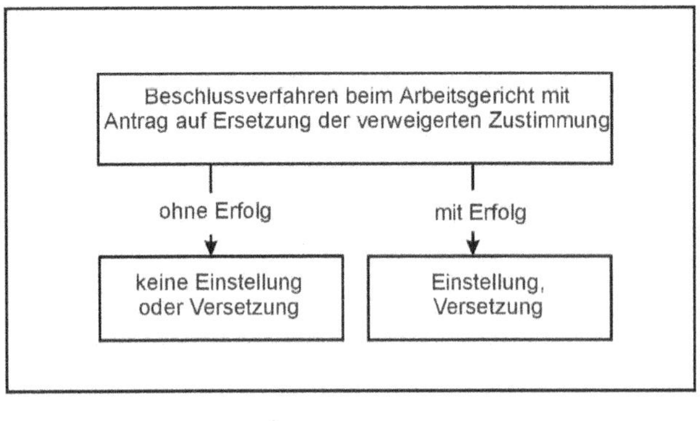

Voraussetzung für eine gerichtliche Zustimmungsersetzung nach § 99 Abs. 4 BetrVG ist eine ordnungsgemäße Unterrichtung des Betriebsrats durch die Arbeitgeberin.

***BAG** 27.9.2017 – 7 ABR 8/16*

Gegenstand eines Verfahrens nach § 99 Abs. 4 BetrVG auf Ersetzung der Zustimmung zu einer Einstellung oder Versetzung ist die Frage, ob die beabsichtigte personelle Maßnahme auf Grund eines konkreten, an den Betriebsrat gerichteten Zustimmungsersuchens des Arbeitgebers angesichts der vom Betriebsrat vorgebrachten Verweigerungsgründe gegenwärtig und zukünftig als endgültige Maßnahme zulässig ist. Verfahrensgegenstand ist nicht, ob die Maßnahme im Zeitpunkt der Antragstellung durch den Arbeitgeber zulässig war.

Diese gegenwarts- und zukunftsbezogene Frage ist nach Maßgabe der Rechtslage im Zeitpunkt der gerichtlichen Entscheidung zu beantworten. Auch Veränderungen tatsächlicher Art sind jedenfalls bis zum Schluss der Anhörung vor dem Landesarbeitsgericht zu berücksichtigen.

Auch wenn sie die Einstellung oder Versetzung desselben Arbeitnehmers auf denselben Arbeitsplatz betreffen, haben nacheinander eingeleitete Zustimmungsersetzungsverfahren regelmäßig nicht denselben Verfahrensgegenstand. Zwar verfolgt der Arbeitgeber in einem solchen Fall mit den mehreren Zustimmungsersetzungsanträgen das gleiche Rechtsschutzziel. Dennoch betrifft ein späterer Antrag nicht denselben Vorgang und Lebenssachverhalt, sondern ein neues Zustimmungsersuchen nach § 99 Abs. 1 Satz 1 BetrVG. Mit diesem gehen erneute Informationspflichten auf Seiten des Arbeitgebers, mögliche Veränderungen der Sachlage und eine erneute Beschlussfassung durch den Betriebsrat einher.

Der Arbeitgeber kann ein bereits laufendes Zustimmungsersetzungsverfahren um einen zusätzlichen Antrag auf Zustimmungsersetzung erweitern. Wegen der Einheitlichkeit des Rechtsschutzziels kann vom Gericht aber nur einem Antrag stattgegeben werden. Der Arbeitgeber hat deshalb das Verhältnis der verschiedenen Antragsgründe zueinander – etwa als Eventualverhältnis – zu bestimmen.

Der Arbeitgeber kann über einen weiteren Zustimmungsersetzungsantrag ein eigenständiges Verfahren einleiten. Eine mehrfache Antragsstattgabe durch die Gerichte ist auch dann ausgeschlossen. Die Verfahren sind zu diesem Zweck entweder – wenn am selben Gericht anhängig und nach dem Geschäftsverteilungsplan ohne Verstoß gegen Art. 101 GG möglich – gern. § 147 ZPO miteinander zu verbinden oder ein Verfahren ist nach § 148 ZPO auszusetzen. Im Falle der Verbindung ist der Arbeitgeber vom Gericht anzuhalten, das Verhältnis der mehreren Anträge zueinander zu bestimmen.

Das Rechtsschutzbedürfnis für ein Zustimmungsersetzungsverfahren nach § 99 Abs. 4 BetrVG entfällt durch ein späteres an den Betriebsrat gerichtetes Zustimmungsersuchen nach § 99 Abs. 1 Satz 1 BetrVG solange nicht, wie der Arbeitgeber an seinem ursprünglichen Ersuchen festhält.

Die unternehmerische Entscheidung des Arbeitgebers zur Verlagerung von Arbeitsplätzen kann bei der Beurteilung eines auf § 99 Abs. 2 Nr. 4 BetrVG gestützten Verweigerungsgrunds des Betriebsrats nicht auf ihre Zweckmäßigkeit hin überprüft werden. Sie ist als vorgegebener betrieblicher Grund vorauszusetzen.

Eine Entscheidung über einen Feststellungsantrag nach § 100 Abs. 2 Satz 3 BetrVG kommt nicht mehr in Frage, wenn rechtskräftig über den Zustimmungsersetzungsantrag nach § 99 Abs. 4 BetrVG entschieden worden ist.

***BAG** 16.1.2007 – 1 ABR 16/06*

Ein Antrag des Arbeitgebers nach § 99 Abs. 4 BetrVG auf Ersetzung der Zustimmung des Betriebsrats zu einer Einstellung setzt voraus, dass es sich bei der Maßnahme, zu der die Zustimmung ersetzt werden soll, um eine Einstellung i.S.v. § 99 Abs. 1 Satz 1 und 2 BetrVG handelt. Andernfalls geht der Antrag ins Leere.

***BAG** 23.1.2008 – 1 ABR 74/0*

[60] vgl. auch § 118 Tendenzbetriebe und Religionsgemeinschaften, S. 409

Ein Antrag des Arbeitgebers, die Zustimmung des Betriebsrats zur Ein- oder Umgruppierung eines Beschäftigten zu ersetzen, wird mit dem Ausscheiden dieses Beschäftigten aus dem Arbeitsverhältnis unzulässig. Das Zustimmungsersetzungsverfahren ist in einem solchen Fall auch dann wegen des Eintritts eines erledigenden Ereignisses einzustellen, wenn der Betriebsrat der vom Arbeitgeber abgegebenen Erledigungserklärung widerspricht.

***BAG** 17.11.2021 – 7 ABR 39/19*

> **Hinweis für die Praxis**
> *Im Beschlussverfahren ist ein Verfahren bereits einzustellen, wenn eine Partei das Verfahren einseitig für erledigt erklärt. Das BAG hat also die Anträge sachlich überhaupt nicht prüfen müssen, weil der Arbeitgeber aufgrund seiner Erledigungserklärung kein Rechtsschutzinteresse mehr an einer Entscheidung hatte.*

Ersucht der Arbeitgeber den Betriebsrat erfolglos um die Zustimmung zur Durchführung einer von ihm getroffenen Personalentscheidung, handelt es sich bei einem erneuten Zustimmungsverlangen nur dann um eine eigenständige, neue personelle Einzelmaßnahme i.S.d. § 99 Abs. 1 BetrVG, wenn der Arbeitgeber von der ursprünglichen Maßnahme Abstand nimmt.

Regelt eine Betriebsvereinbarung Maßnahmen der innerbetrieblichen Aus- und Weiterbildung für bestimmte Tätigkeiten innerhalb des Unternehmens, kann ohne besondere Anhaltspunkte nicht davon ausgegangen werden, es liege zugleich eine Auswahlrichtlinie i.S.d. § 95 Abs. 1 Satz 1 BetrVG vor, unter welchen Voraussetzungen eine solche Beschäftigung erfolgen darf.

Bei der Auslegung von Betriebsvereinbarungen kann der subjektive Regelungswille der Betriebsparteien nur insoweit berücksichtigt werden, wie er in der betreffenden Regelung erkennbaren Ausdruck gefunden hat.

Ob ein Feststellungsantrag des Arbeitgebers nach § 100 Abs. 2 Satz 3 BetrVG auf vorläufige Durchführung einer personellen Maßnahme auch bei Ein- und Umgruppierungen möglich ist, bleibt offen.

***BAG** 11.10.2016 – 1 ABR 49/14*

Dem Arbeitgeber ist es grundsätzlich unbenommen, nach rechtskräftigem Unterliegen in einem Zustimmungsersetzungsverfahren gemäß § 99 Abs. 4 BetrVG die auf das gleiche Ziel gerichtete personelle Maßnahme erneut nach Maßgabe von § 99 Abs. 1 Satz 1 BetrVG einzuleiten und erforderlichenfalls gemäß § 99 Abs. 4 BetrVG die gerichtliche Ersetzung der Zustimmung des Betriebsrats zu beantragen.

***BAG** 18.3.2008 – 1 ABR 81/06 = NZA 2008, 832*

Gegenstand des Beschlussverfahrens über die Zustimmungsersetzung nach § 99 Abs. 4 BetrVG ist die ordnungsgemäße Beteiligung des Betriebsrats sowie dessen Zustimmungsverweigerungsrecht, nicht aber ein mögliches Individualrecht einzelner Arbeitnehmer auf Einstellung, Eingruppierung, Umgruppierung oder Versetzung. Das Beschlussverfahren dient damit nur der **Kompetenzbestimmung und Kompetenzabgrenzung zwischen Arbeitgeber und Betriebsrat**. Für den einzelnen Arbeitnehmer hat das Verfahren nach § 99 Abs. 4 BetrVG allenfalls individualrechtliche Auswirkungen, die nicht Gegenstand des Beschlussverfahrens sind.

***BAG** 22.3.1983 – 1 ABR 49/81*

> Für den Antrag nach § 99 Abs. 4 BetrVG gilt für den Arbeitgeber keine gesetzliche Befristung.
>
> ***BAG** 15.9.1987 – 1 ABR 44/86*

Streitgegenstand eines Zustimmungsersetzungsverfahrens nach § 99 Abs. 4 BetrVG ist bei einer Einstellung oder Versetzung die Frage, ob die beabsichtigte personelle Maßnahme gegenwärtig und zukünftig zulässig ist. Sie ist nach Maßgabe der im Zeitpunkt der (rechtsbeschwerde-) gerichtlichen Entscheidung geltenden Rechtslage zu beantworten.

Auch eine wesentliche Änderung der entscheidungserheblichen Rechtslage in der Rechtsbeschwerdeinstanz kann zu einer Änderung des Streitgegenstands führen. Die damit verbundene Änderung des Antrags ist in der Rechtsbeschwerdeinstanz jedenfalls dann zulässig, wenn das bisherige Prüfprogramm dadurch nicht erweitert wird.

***BAG** 25.1.2005 – 1 ABR 61/03*

Die vom Betriebsrat verweigerte Zustimmung darf – unabhängig von den für die Verweigerung vorgebrachten Gründen – von den Gerichten nur ersetzt werden, wenn die Frist des § 99 Abs. 3 Satz 1 BetrVG in Gang gesetzt wurde. Das ist nur der Fall, wenn die Arbeitgeberin die Anforderungen des § 99 Abs. 1 Satz 1 BetrVG erfüllt hat (BAG 14.12.2004 – 1 ABR 55/03).

Der Arbeitgeber kann in Fällen, in denen der Betriebsrat auf eine unvollständige Unterrichtung hin seine Zustimmung verweigert hat, noch im Zustimmungsersetzungsverfahren fehlende Informationen nachholen (vgl. BAG 28.3.2000 – 1 ABR 16/99).

***BAG** 18.3.2008 – 1 ABR 81/06*

Gehen gemäß § 613 a BGB Arbeitsverhältnisse eingruppierter Arbeitnehmer auf einen neuen Arbeitgeber über, so tritt dieser an die Stelle des ursprünglich antragstellenden Arbeitgebers in einem Beschlussverfahren gemäß § 99 Abs. 4 BetrVG. Ein solcher Wechsel ist auch noch in der Rechtsbeschwerdeinstanz zu beachten.

***BAG** 12.6.2003 – 8 ABR 14/02*

Der Betriebsrat kann vom Arbeitgeber die Durchführung des Zustimmungsersetzungsverfahrens nach § 99 Abs. 4 BetrVG verlangen, wenn der Arbeitgeber an der Eingruppierung eines Arbeitnehmers trotz frist- und ordnungsgemäßer Zustimmungsverweigerung des Betriebsrats festhält.

***BAG** 23.9.2003 – 1 ABR 35/02*

Hat der Betriebsrat schon auf eine unvollständige Unterrichtung durch den Arbeitgeber hin die Zustimmung zur Einstellung eines Arbeitnehmers verweigert, so kann der Arbeitgeber noch im **Zustimmungsersetzungsverfahren** die **fehlende Unterrichtung** des Betriebsrats **nachholen**. Der Betriebsrat kann dann innerhalb einer Woche weitere, sich aus der nachgeholten Unterrichtung ergebende Zustimmungsverweigerungsgründe geltend machen. Der Entscheidung über den Zustimmungsersetzungsantrag des Arbeitgebers steht die zunächst unvollständige Unterrichtung des Betriebsrats nicht mehr entgegen.

***BAG** 20.12.1988 – 1 ABR 68/87*

Das Rechtsschutzbedürfnis für einen Antrag des Arbeitgebers, die von einer Personalvertretung verweigerte Zustimmung zur Einstellung eines Arbeitnehmers auf einen bestimmten Arbeitsplatz zu ersetzen, entfällt, wenn der Arbeitgeber die Maßnahme nicht mehr beabsichtigt.

Erklärt der Arbeitgeber in einem solchen Fall das gerichtliche Zustimmungsersetzungsverfahren für erledigt, ist dieses einzustellen, auch wenn die Personalvertretung die Zustimmung zur Erledigung verweigert.

***BAG** 8.12.2010 – 7 ABR 99/09*

Kann der Beschäftigungsanspruch eines schwer behinderten Menschen nur durch eine Versetzung erfüllt werden, ist der Arbeitgeber verpflichtet, zunächst die nach § 99 BetrVG erforderliche Zustimmung des Betriebsrats einzuholen. Dem Arbeitgeber ist auch zumutbar, das Zustimmungsersetzungsverfahren gegen den Betriebsrat nach § 99 Abs. 4 BetrVG durchzuführen, wenn dieser sich auf gesetzliche Zustimmungsverweigerungsgründe nach § 99 Abs. 2 BetrVG beruft, soweit diese nicht objektiv vorliegen. Das Ergebnis des gerichtlichen Verfahrens betreffend die Zustimmungsersetzung nach § 99 Abs. 4 BetrVG ist auch für den schwer behinderten Menschen verbindlich. Bei schuldhaft unzureichender Verfahrensführung werden Schadensersatzansprüche des schwer behinderten Menschen gegen den Arbeitgeber begründet.

***BAG** 3.12.2002 – 9 AZR 481/01 und – 9 AZR 104/02*

Im Normalfall ist dem Arbeitgeber die Durchführung des Zustimmungsersetzungsverfahrens gemäß § 99 Abs. 4 BetrVG unzumutbar, weil eine solch erhebliche Verzögerung des Kündigungsverfahrens nach erteilter Zustimmung des Integrationsamtes mit nach § 81 Abs. 4 Satz 3 SGB IX unverhältnismäßigen Aufwendungen verbunden wäre. Dies gilt jedenfalls dann, wenn es sich um Weiterbeschäftigungsmöglichkeiten für den schwer behinderten Arbeitnehmer handelt, die in dem Verfahren vor dem Integrationsamt geprüft worden sind mit dem Ergebnis, dass sie keine Lösungsmöglichkeit zur Aufrechterhaltung des Arbeitsverhältnisses darstellen.

Lediglich beim Vorliegen besonderer Umstände (etwa offensichtlich unbegründeter Widerspruch, kollusives Zusammenwirken zwischen Arbeitgeber und Betriebsrat) ist der Arbeitgeber zur Durchführung eines Zustimmungsersetzungsverfahrens verpflichtet.

***BAG** 22.9.2005 – 2 AZR 519/04*

Verweigert der Betriebsrat die nach § 99 Abs. 1 Satz 1 BetrVG erforderliche Zustimmung zu einer Einstellung, hat der betroffene Arbeitnehmer nach § 241 Abs. 2 BGB gegen den Arbeitgeber keinen Anspruch auf Durchführung eines gerichtlichen Zustimmungsersetzungsverfahrens. Vielmehr hat der Arbeitgeber ein eigenes schutzwürdiges Interesse selbst zu entscheiden, ob er von seinem Antragsrecht auf Einleitung eines Beschlussverfahrens nach § 99 Abs. 4 BetrVG Gebrauch machen und sich damit in eine gerichtliche Auseinandersetzung mit dem Betriebsrat begeben will.

***BAG** 21.2.2017 – 1 AZR 367/15*

Gegenstand eines die **Ein- oder Umgruppierung** betreffenden Zustimmungsersetzungsverfahrens ist die Mitbeurteilung des Betriebsrats auf der Grundlage einer konkreten Bekundung der Rechtsansicht des Arbeitgebers zur richtigen Einreihung eines Arbeitnehmers in eine Vergütungsordnung. Der Arbeitgeber muss an einer einmal bekundeten Einschätzung nicht festhalten. Er kann die Prüfung nochmals vornehmen und zu einer anderen oder auch der gleichen Ein- oder Umgruppierungsbeurteilung kommen. Hierbei ist der Betriebsrat – erneut – zu beteiligen.

***BAG** 09.03.2011 – 7 ABR 127/09*

7. Vorläufige personelle Maßnahmen (§ 100 BetrVG)

Übersicht

aus sachlichen Gründen dringend erforderlich	Einstellung/Versetzung	rechtliche Folge für Arbeitgeber
1. Betriebsrat: stimmt zu	Betriebsrat: stimmt zu	Arbeitgeber kann endgültig einstellen / versetzen
2. Betriebsrat: schweigt	Betriebsrat: stimmt zu	Arbeitgeber kann endgültig einstellen / versetzen
3. Betriebsrat: bestreitet	Betriebsrat: stimmt zu	Arbeitgeber kann endgültig einstellen / versetzen; eventuell schon eingeleitetes arbeitsgerichtliches Verfahren ist erledigt.
4. Betriebsrat: stimmt zu	Betriebsrat: verweigert Zustimmung	Antrag beim Arbeitsgericht auf Ersetzung der Zustimmung
5. Betriebsrat: bestreitet	Betriebsrat: verweigert Zustimmung	Innerhalb von 3 Tagen Antrag beim Arbeitsgericht auf 1. Feststellung der dringenden Erforderlichkeit 2. Ersetzung der Zustimmung
6. Betriebsrat: schweigt	Betriebsrat: verweigert Zustimmung	Antrag beim Arbeitsgericht auf Ersetzung der Zustimmung
7. Betriebsrat: bestreitet verspätet	Betriebsrat: verweigert Zustimmung	Antrag beim Arbeitsgericht auf Ersetzung der Zustimmung (h. M.)

Mit der rechtskräftigen Entscheidung über den Zustimmungsersetzungsantrag des Arbeitgebers ist die Rechtshängigkeit eines Antrags nach § 100 Abs. 2 Satz 3 BetrVG regelmäßig entfallen.

***BAG** 25.1.2005 – 1 ABR 61/03*

Für die Beurteilung der Frage, ob eine vorläufige personelle Maßnahme des Arbeitgebers nach § 100 Abs. 1 BetrVG aus sachlichen Gründen dringend erforderlich war, kommt es allein auf die **Verhältnisse zur Zeit der Durchführung der Maßnahme an**. War diese zu jener Zeit aus sachlichen Gründen dringend erforderlich, so braucht der Arbeitgeber vor dem Abschluss des von ihm eingeleiteten Verfahrens nach § 100 Abs. 2 Satz 3 BetrVG die vorläufige Maßnahme nicht aufzuheben, wenn nachträglich der dringende betriebliche Grund wieder entfällt.

***BAG** 6.10.1978 – 1 ABR 51/77*

Der Betriebsrat ist nach § 100 Abs. 2 Satz 1 BetrVG vom Arbeitgeber unverzüglich von der vorläufigen personellen Maßnahme zu unterrichten. Die Unterrichtungspflicht umfasst nicht nur die Information über die Einleitung, sondern auch die Mitteilung über das Ende der vorläufigen personellen Maßnahme.

Der von einer vorläufigen personellen Maßnahme betroffene Arbeitnehmer ist während ihrer Dauer betriebsverfassungsrechtlich dem neuen Arbeitsbereich zugeordnet. Diese vorübergehende Eingliederung ist an die Durchführung der vorläufigen personellen Maßnahme geknüpft und endet mit deren Abschluss.

***BAG** 15.4.2014 – 1 ABR 101/12*

In dem vom Arbeitgeber nach § 100 Abs. 2 Satz 3 BetrVG einzuleitenden Verfahren kann neben dem Antrag auf Feststellung, dass die Maßnahme aus sachlichen Gründen dringend erforderlich war, auch der Antrag auf die Ersetzung der Zustimmung des Betriebsrats zu der beabsichtigten Personalmaßnahme gemäß § 99 Abs. 4 BetrVG gestellt werden.

§ 100 Abs. 2 Satz 1 BetrVG setzt nicht unbedingt voraus, dass dem Betriebsrat **vor** Durchführung der vorläufigen Personalmaßnahme Gelegenheit gegeben wird, zu deren Dringlichkeit gesondert Stellung zu nehmen.

Bei der Beurteilung der Frage, **ob aus sachlichen Gründen die vorläufige Durchführung einer Personalmaßnahme dringend erforderlich ist**, scheiden Gesichtspunkte der sozialen Auswahl aus. Die Entscheidung darüber, welcher Arbeitnehmer den freigewordenen Arbeitsplatz einnehmen soll, ist bei der Ersetzung der Zustimmung des Betriebsrats zu der Personalmaßnahme als solcher gemäß § 99 Abs. 4 BetrVG zu prüfen.

Der nach § 100 Abs. 2 Satz 3 BetrVG vom Arbeitgeber zu stellende Feststellungsantrag **ist nur dann unbegründet**, wenn die Maßnahme **offensichtlich aus sachlichen Gründen nicht dringend erforderlich war**. Das Merkmal „offensichtlich" erfordert eine **grobe Verkennung der sachlich-betrieblichen Notwendigkeit der vorläufigen Durchführung der Personalmaßnahme seitens des Arbeitgebers**.

***BAG** 7.11.1977 – 1 ABR 55/75*

Ohne die dem Betriebsrat gegenüber erfolgte Darlegung konkreter Gründe für die sachliche Dringlichkeit kann dem Antrag des Arbeitgebers, festzustellen, dass die personelle Maßnahme aus sachlichen Gründen dringend erforderlich war (§ 100Abs. 1 Satz 3 BetrVG), nicht stattgegeben werden.

***LAG** Hamm 4.4.2008 – 13 TaBV 88/07*

Wird der Antrag auf Zustimmungsersetzung rechtskräftig **abgewiesen**, so endet nach § 100 Abs. 3 Satz 1 BetrVG die Berechtigung des Arbeitgebers zur Aufrechterhaltung der vorläufigen Maßnahme mit Ablauf von zwei Wochen nach Rechtskraft dieser Entscheidung. Das gilt unabhängig davon, ob der Arbeitgeber zur Durchführung der vorläufigen Maßnahme berechtigt war oder nicht.

Wird dem Zustimmungsersetzungsantrag rechtskräftig **stattgegeben**, so kann der Arbeitgeber die zunächst vorläufig durchgeführte Maßnahme nunmehr endgültig und auf Dauer durchführen. Auch das gilt unabhängig davon, ob der Arbeitgeber bis dahin zur Durchführung und Aufrechterhaltung der vorläufigen Maßnahme berechtigt war.

Wird darüber hinaus rechtskräftig festgestellt, dass die Zustimmung des Betriebsrats – schon – als erteilt gilt, so steht damit auch gleichzeitig fest, dass der Arbeitgeber zur Durchführung der Maßnahme berechtigt war, auch wenn dringende betriebliche Gründe für eine vorläufige Durchführung der Maßnahme nicht vorgelegen haben sollten.

***BAG** 18.10.1988 – 1 ABR 36/87;*
***BAG** 10.11.1992 – 1 ABR 21/92*

Der Senat hat Bedenken, die Vorschrift des § 100 BetrVG auch auf **Ein- und Umgruppierungen** anzuwenden.

***BAG** 27.1.1987 – 1 ABR 66/85*

Wird die vom Betriebsrat verweigerte Zustimmung zu einer personellen Einzelmaßnahme vom Bundesarbeitsgericht ersetzt, erledigt sich regelmäßig das Verfahren nach § 100 Abs. 2 Satz 3 BetrVG.

***BAG** 22.11.2005 – 1 ABR 49/04*

Das Rechtsschutzbedürfnis für einen Antrag auf Ersetzung der Zustimmung des Betriebsrats zu einer Einstellung besteht so lange, wie der Arbeitgeber an seiner Einstellungsabsicht und der Betriebsrat an seiner Zustimmungsverweigerung festhalten; es entfällt nicht deshalb, weil der vorläufig beschäftigte Arbeitnehmer zwei

Wochen nach der mündlichen Anhörung vor dem Rechtsbeschwerdegericht aus dem Betrieb ausscheiden und bis dahin seinen Resturlaub nehmen wird.

Streitgegenstand eines Feststellungsantrags nach §100 Abs. 2 Satz 3 BetrVG ist die betriebsverfassungsrechtliche Befugnis des Arbeitgebers, eine personelle Maßnahme so lange vorläufig durchzuführen, bis über die Berechtigung zu ihrer dauerhaften Durchführung gerichtlich entschieden ist. Eine Entscheidung über diesen Antrag kommt deshalb nicht mehr in Frage, wenn der Zustimmungsersetzungsantrag rechtskräftig beschieden worden ist.

BAG *16.11.2004 – 1 ABR 48/03*

Eine Entscheidung über den Feststellungsantrag des Arbeitgebers nach § 100 Abs. 2 Satz 3 BetrVG kommt regelmäßig nicht mehr in Frage, wenn rechtskräftig über die (Nicht-) Berechtigung zur endgültigen Durchführung der Maßnahme entschieden worden ist.

BAG *14.12.2004 – 1 ABR 55/03*

Schaubild: Entscheidungsmöglichkeiten des Gerichts

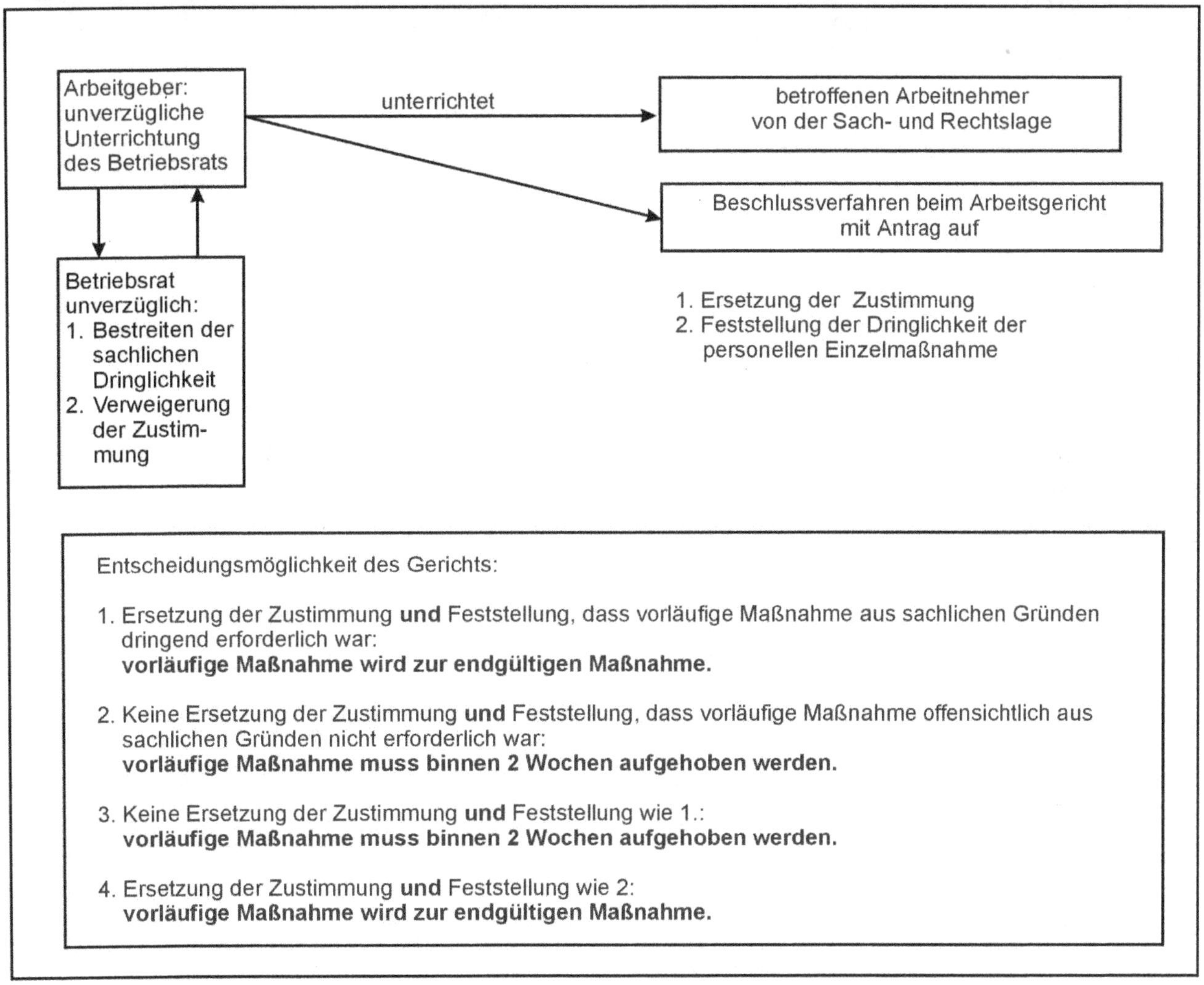

8. Arbeitsgerichtliches Verfahren zur Aufhebung einer personellen Einzelmaßnahme (§ 101 BetrVG)

Die Entscheidung des Gesetzgebers für den Aufhebungsanspruch nach § 101 Satz 1 BetrVG schließt einen allgemeinen Unterlassungsanspruch des Betriebsrats zur Verhinderung betriebsverfassungswidrig durchgeführter personeller Einzelmaßnahmen aus.

Der allgemeine Unterlassungsanspruch ist nicht nur hinsichtlich unbefristeter oder doch auf längere Zeit geplanter, sondern auch hinsichtlich nur kurzzeitig beabsichtigter Maßnahmen ausgeschlossen. Eine spezifische Schutzlücke besteht insoweit nicht.

Wird dem Arbeitnehmer ein anderer Arbeitsbereich i.S.v. § 95 Abs. 3 Satz 1, § 81 Abs. 1 Satz 1 BetrVG für die Dauer von weniger als einem Monat zugewiesen, liegt darin eine mitbestimmungspflichtige Versetzung nur, falls sich dadurch zugleich die äußeren Arbeitsumstände – erheblich – ändern.

BAG *23.6.2009 – 1 ABR 23/08*

Der gesetzliche Aufhebungsanspruch aus § 101 BetrVG geht bei kurzzeitigen personellen Maßnahmen vielfach ins Leere. Diese Maßnahmen sind häufig beendet, ohne dass auch nur eine erstinstanzliche und schon gar keine rechtskräftige Entscheidung als Voraussetzung für die Vollstreckung vorläge (§ 101 Satz 2 BetrVG). Zu berücksichtigen ist jedoch, dass der Betriebsrat nach den gesetzlichen Regelungen der §§ 99 bis 101 BetrVG auch bei einer längerfristigen Einstellung oder Versetzung eines Arbeitnehmers, die unter Missachtung von § 99 Abs. 1 Satz 1, § 100 Abs. 2 BetrVG erfolgt, den rechtswidrigen Zustand so lange hinzunehmen hat, bis sein Aufhebungsanspruch rechtskräftig tituliert ist.

Dass dies erhebliche Zeit in Anspruch nehmen kann, hat der Gesetzgeber jedoch, wie § 101 BetrVG zu entnehmen ist, bewusst in Kauf genommen (BAG 23.6.2009 – 1 ABR 23/08).

Der Betriebsrat kann mit den vorhandenen gesetzlichen Möglichkeiten seine Mitbestimmungsrechte auch effektiv durchsetzen. Ist ein betriebsverfassungswidriges Verhalten des Arbeitgebers erstmals oder erneut zu erwarten, kann der Betriebsrat das Bestehen seines Mitbestimmungsrechts gem. § 256 Abs. 1 ZPO feststellen lassen. Drohen anschließend weitere Verstöße, kann er nach § 23 Abs. 3 BetrVG vorgehen. In der Missachtung eines gerichtlich festgestellten Rechts des Betriebsrats wird regelmäßig eine grobe Pflichtverletzung des Arbeitgebers liegen (vgl. BAG 19.1.2010 –

1 ABR 55/08). Der Unterlassungsanspruch aus § 23 Abs. 3 BetrVG wird durch den Aufhebungsanspruch nach § 101 BetrVG nicht verdrängt (BAG 23.6.2009 – 1 ABR 23/08).

***BAG** 19.1.2010 – 1 ABR 62/08*

Der Betriebsrat hat kein besonderes rechtliches Interesse an der gerichtlichen Feststellung, ihm habe bei einer bereits endgültig durchgeführten personellen Maßnahme ein Mitbestimmungsrecht nach § 99 BetrVG zugestanden.

Allerdings kann ein in der Vergangenheit liegender Streitfall Anlass sein, das Bestehen eines Mitbestimmungsrechts für die Zukunft feststellen zu lassen. Entsprechend kann der Betriebsrat die Frage, ob eine im Antrag näher beschriebene Maßnahme seinem Mitbestimmungsrecht nach § 99 BetrVG unterliegt, durch einen abstrakten Feststellungsantrag losgelöst vom konkreten Einzelfall zur gerichtlichen Entscheidung stellen.

***BAG** 22.3.2016 – 1 ABR 19/14*

Nach § 101 BetrVG kann der Betriebsrat beantragen, dass dem Arbeitgeber aufgegeben wird, eine personelle Maßnahme aufzuheben, die er ohne die erforderliche Zustimmung des Betriebsrats durchgeführt hat. Der Betriebsrat hat damit einen **Anspruch gegen den Arbeitgeber auf „Aufhebung der Maßnahme"**, d. h. auf Beseitigung des betriebsverfassungswidrigen Zustandes.

***BAG** 22.3.1983 – 1 ABR 49/81; **BAG** 28.11.1989 – 1 ABR 90/88*

Nach § 101 Satz 1 BetrVG kann der Betriebsrat beim Arbeitsgericht beantragen, dem Arbeitgeber aufzugeben, eine personelle Maßnahme i.S.d. § 99 Abs. 1 Satz 1 BetrVG aufzuheben, wenn der Arbeitgeber die Maßnahme ohne seine Zustimmung durchführt. Da Entscheidungen im Aufhebungsverfahren nur Wirkung für die Zukunft haben, wird ein Antrag auf Aufhebung einer personellen Maßnahme unbegründet, wenn diese Maßnahme geendet hat.

***BAG** 25.4.2018 – 7 ABR 30/16*

Ein Antrag des Betriebsrats nach § 101 BetrVG, eine ohne seine Zustimmung durchgeführte Einstellung eines Arbeitnehmers aufzuheben, wird nicht dadurch unbegründet, dass der Arbeitgeber den Betriebsrat während des Verfahrens nach § 101 BetrVG nachträglich über die bereits erfolgte Einstellung unterrichtet, ohne diese zuvor aufzuheben, und der Betriebsrat nicht innerhalb der Wochenfrist nach § 99 Abs. 3 Satz 1 BetrVG seine Zustimmung unter Angabe beachtlicher Gründe schriftlich verweigert. Die Fiktionswirkung nach § 99 Abs. 3 Satz 2 BetrVG kann nur eintreten, wenn der Arbeitgeber den Betriebsrat vor der Einstellung nach § 99 Abs. 1 BetrVG unterrichtet hat. Eine erst nach der Aufnahme der Tätigkeit durch den Arbeitnehmer vorgenommene nachträgliche Unterrichtung des Betriebsrats kann die Zustimmungsfiktion nach § 99 Abs. 3 Satz 2 BetrVG zu der bereits erfolgten Einstellung nicht bewirken.

***BAG** 21.11.2018 – 7 ABR 16/17*

Fehlt es an der unverzüglichen Unterrichtung des Betriebsrats gemäß § 100 Abs. 2 Satz 1 BetrVG von der Vorläufigkeit einer ohne (erklärte, fingierte oder ersetzte) Zustimmung des Betriebsrats tatsächlich bereits durchgeführten personellen Maßnahme, so ist das, dem Fall der **1. Alternative** des § 101 Satz 1 BetrVG – Durchführung einer personellen Maßnahme ohne Zustimmung des Betriebsrats – zumindest gleichzusetzen; der Betriebsrat kann jederzeit und ohne weiteres die gerichtliche Aufhebung der personellen Maßnahmen beantragen.

***Hessisches LAG** 16.9.1986 – 4 TaBV 134/85 = NZA 1987, 645*

Wenn der Arbeitgeber eine Einstellung ohne die erforderliche Mitwirkung des Betriebsrats nach § 99 BetrVG vorgenommen hat, kann der Betriebsrat nicht die nachträgliche Beteiligung an der durchgeführten Maßnahme verlangen. Seinen Interessen, die Beschäftigung von Personen zu unterbinden, die ohne seine Beteiligung eingestellt worden sind, trägt vielmehr § 101 BetrVG Rechnung. Danach kann der Betriebsrat verlangen, dass die Einstellung aufgehoben wird.

***BAG** 2.3.2004 – 1 ABR 15/03*

Unterlässt der Arbeitgeber eine erforderliche Eingruppierung, kann der Betriebsrat in entsprechender Anwendung des § 101 Satz 1 BetrVG vom Arbeitgeber verlangen, dass dieser die Eingruppierung vornimmt, hierzu die Zustimmung des Betriebsrats beantragt und im Falle der Zustimmungsverweigerung das Zustimmungsersetzungsverfahren nach § 99 Abs. 4 BetrVG durchführt.

Voraussetzung für die Verpflichtung des Arbeitgebers zur Eingruppierung ist, dass auf das Arbeitsverhältnis des betroffenen Arbeitnehmers überhaupt eine Vergütungsordnung Anwendung findet. Die Vergütungsordnung kann insbesondere auf einem anwendbaren Tarifvertrag, einer Betriebsvereinbarung oder einzelvertraglichen Vereinbarungen beruhen oder vom Arbeitgeber einseitig geschaffen sein.

***BAG** 23.9.2003 – 1 ABR 35/02*

Ein Antrag auf Erlass einer **einstweiligen Verfügung**, mit dem dem Arbeitgeber die vorläufige Aufhebung einer personellen Einzelmaßnahme i.S.d. § 99 Abs. 1 BetrVG aufgegeben werden soll, ist unzulässig, weil dadurch die in § 101 BetrVG enthaltene gesetzliche Regelung unterlaufen würde.

Offen bleibt, ob für krasse Fälle der Missachtung des Mitbestimmungsrechts eine Aufhebung von personellen Maßnahmen im Wege der einstweiligen Verfügung zuzulassen ist.

***LAG** Hamm 17.2.1998 – 13 TaBV 14/98*

Ein Personalrat **verwirkt** sein Recht zur Einleitung eines personalvertretungsrechtlichen Beschlussverfahrens nicht allein dadurch, dass er längere Zeit untätig bleibt.

Vielmehr setzt eine Verwirkung zusätzlich voraus, dass der Dienststellenleiter zum einen infolge eines bestimmten Verhaltens des Personalrats darauf vertrauen durfte, die Einleitung eines Beschlussverfahrens werde nicht mehr erfolgen (Vertrauenstatbestand), und er zum anderen infolge dessen in seinen Maßnahmen so eingerichtet hat, dass ihm durch die verspätete Einleitung des Beschlussverfahrens ein unzumutbarer Nachteil entstehen würde.

Ein derartiger unzumutbarer Nachteil ist nicht allein darin zu sehen, dass der Dienststellenleiter in dem personalvertretungsrechtlichen Beschlussverfahren verpflichtet werden könnte, ein Mitbestimmungsrecht nachzuholen, dessen Einleitung er pflichtwidrig unterlassen hat.

***OVG** NW 15.12.1999 – 1 A 4258/97.PVL*

Der Arbeitgeber ist trotz eines Aufhebungsbeschlusses nach § 101 BetrVG nicht gehindert, dieselbe personelle Maßnahme (Einstellung oder Versetzung) erneut vorzunehmen, wenn er dem Aufhebungsbeschluss (vorher) genügt hat. Letzteres kann auch durch eine kurzfristige tatsächliche Unterbrechung, äußerstenfalls für eine „juristische Sekunde" der bisher aufrechterhaltenen, aber rückgängig zu machenden personellen Maßnahme geschehen.

Für die Zulässigkeit einer erneuten Vornahme ist dann aber zu verlangen, dass der Zeitpunkt der Unterbrechung und des Beginns der erneuten Vornahme der personellen Maßnahme individualrechtlich eindeutig festgelegt und abgesichert ist, der Betriebsrat hierüber unterrichtet wird und auf diesen Zeitpunkt bezogen vom Arbeitgeber die je notwendigen betriebsverfassungsrechtlich vorgesehenen Schritte unternommen werden, die für die betriebsverfassungsrechtlich zulässige (tatsächliche) Durchführung der erneut vorgenommenen personellen Maßnahme erforderlich sind.

***Hessisches LAG** 30.9.1993 – 4 TaBV 108/93 = BB 1994, 430*

Ein Betriebsratsmitglied kann aus rechtlichen Gründen zeitweilig an der Wahrnehmung seines Amts verhindert sein. Um eine solche „rechtliche Verhinderung" handelt es sich bei Maßnahmen und Regelungen, die das Betriebsratsmitglied individuell und unmittelbar betreffen.

Es kann offenbleiben, ob an der Senatsrechtsprechung festzuhalten ist, dass die Mitwirkung eines rechtlich verhinderten Betriebsratsmitglieds stets zur Unwirksamkeit des unter seiner Beteiligung gefassten Betriebsratsbeschlusses führt.

Bei der Mitbestimmung des Betriebsrats bei personellen Einzelmaßnahmen nach § 99 BetrVG ist eine unmittelbare und individuelle Betroffenheit eines Betriebsratsmitglieds regelmäßig gegeben, wenn es gerade die Person ist, auf die sich ein Zustimmungsersuchen des Arbeitgebers unmittelbar richtet. Geht es dagegen um einen Beschluss des Betriebsrats zur Einleitung eines Mitbestimmungssicherungsverfahrens nach § 101 BetrVG, genügt dies für sich gesehen nicht, das von der Maßnahme betroffene Betriebsratsmitglied als rechtlich verhindert anzusehen.

***BAG** 6.11.2013 – 7 ABR 84/11*

8.1. Einstellung, Versetzung

Nach § 101 BetrVG kann der Betriebsrat die Aufhebung einer Einstellung auch dann verlangen, wenn die Einstellung aufgrund einer tariflichen Regelung der vollen Mitbestimmung des Betriebsrats – und nicht nur der Zustimmung nach § 99 BetrVG – unterlag und dieses Mitbestimmungsrecht nicht beachtet worden ist.

***BAG** 1.8.1989 – 1 ABR 54/88*

Der Antrag des Betriebsrats nach § 101 BetrVG auf Aufhebung einer ohne seine Zustimmung durchgeführten **Versetzung** wird nicht dadurch unbegründet, dass der Grund, auf den der Betriebsrat seine Zustimmungsverweigerung gestützt hat, im Laufe des Aufhebungsverfahrens wegfällt.

***BAG** 20.11.1990 – 1 ABR 87/89*

8.2. Eingruppierung

Will der Betriebsrat entsprechend § 101 BetrVG den Arbeitgeber zur Einhaltung des für die Eingruppierung in § 99 BetrVG vorgesehenen Verfahrens anhalten, empfiehlt sich eine Antragsformulierung, wonach der Arbeitgeber verpflichtet ist, neu eingestellte Arbeitnehmer in eine bestimmte Vergütungsordnung einzugruppieren, zu dieser Maßnahme die Zustimmung des Betriebsrats einzuholen und für den Fall seiner Zustimmungsverweigerung das arbeitsgerichtliche Zustimmungsersetzungsverfahren einzuleiten und durchzuführen.

***BAG** 18.10.2011 – 1 ABR 34/10*

Der Betriebsrat kann nicht die „**Aufhebung**“ einer **unzutreffenden Eingruppierung** verlangen, da diese keine nach außen wirksame Maßnahme des Arbeitgebers ist, sondern nur ein Akt der Rechtsanwendung.

Der Betriebsrat kann aber nach § 101 BetrVG beantragen, dass dem im Zustimmungsersetzungsverfahren nach § 99 Abs. 4 BetrVG erfolglos gebliebenen Arbeitgeber aufgegeben wird, ein erneutes Beteiligungsverfahren einzuleiten, das die Eingruppierung in eine andere Vergütungsgruppe vorsieht.

***BAG** 3.5.1994 – 1 ABR 58/93*

Adressat des dem Betriebsrat bei der **Eingruppierung** gemäß § 99 Abs. 1 Satz 1 BetrVG zustehenden Mitbestimmungsrechts ist im Gemeinschaftsbetrieb ausschließlich der Vertragsarbeitgeber.

Der Betriebsrat kann vom Arbeitgeber die Durchführung des Zustimmungsersetzungsverfahrens nach § 99 Abs. 4 BetrVG verlangen, wenn der Arbeitgeber an der Eingruppierung eines Arbeitnehmers trotz frist- und ordnungsgemäßer Zustimmungsverweigerung des Betriebsrats festhält.

Unterlässt der Arbeitgeber eine erforderliche Eingruppierung, kann der Betriebsrat in entsprechender Anwendung des § 101 Satz 1 BetrVG vom Arbeitgeber verlangen, dass dieser die Eingruppierung vornimmt, hierzu die Zustimmung des Betriebsrats beantragt und im Falle der Zustimmungsverweigerung das Zustimmungsersetzungsverfahren nach § 99 Abs. 4 BetrVG durchführt.

***BAG** 23.9.2003 – 1 ABR 35/02*

Verweigert der Betriebsrat die Zustimmung zu einer vom Arbeitgeber vorgesehenen **Eingruppierung** und ersetzt das Gericht die vom Betriebsrat verweigerte Zustimmung nicht, so ist der Arbeitgeber nicht berechtigt, die beabsichtigte Eingruppierung vorzunehmen. Er muss vielmehr mit dem Betriebsrat zu einem Einvernehmen über die Eingruppierung gelangen oder, wenn dies nicht gelingt, nunmehr die Zustimmung des Betriebsrats zu Eingruppierung in eine andere Vergütungsgruppe beantragen, bei Verweigerung der Zustimmung des Betriebsrats das gerichtliche Ersetzungsverfahren einleiten.

- Die in diesem Verfahren gefundene Eingruppierung ist dann für den Arbeitgeber verbindlich.
- Der **Arbeitnehmer** kann seinen Entgeltanspruch unmittelbar auf diese Eingruppierung stützen.
- Der Arbeitnehmer kann allerdings trotzdem noch eine **höhere Vergütungsgruppe** individualarbeitsrechtlich durchsetzen.

***BAG** 3.5.1994 – 1 ABR 58/93*

Der Arbeitgeber ist nur dann verpflichtet, eine Entscheidung über die Eingruppierung eines Arbeitnehmers in eine anzuwendende Vergütungsgruppenordnung zu treffen, wenn er anlässlich der Einstellung oder Versetzung des Arbeitnehmers diesem erstmals eine Tätigkeit oder eine andere Tätigkeit zuweist oder wenn sich die anzuwendende Vergütungsgruppenordnung ändert.

Unterlässt der Arbeitgeber die danach gebotene Eingruppierungsentscheidung, so kann der Betriebsrat nach § 101 BetrVG vom Arbeitgeber verlangen, dass dieser die Eingruppierungsentscheidung vornimmt und den Betriebsrat nach Maßgabe von § 99 BetrVG daran beteiligt.

Hält der Betriebsrat eine mit seiner erklärten oder ersetzten Zustimmung erfolgte Eingruppierung wegen Hineinwachsens in eine höhere Gehaltsgruppe aufgrund „schleichender Veränderungsvorgänge“ **nicht** oder **nicht mehr** für zutreffend, so kann er vom Arbeitgeber nicht verlangen, dass dieser eine erneute Eingruppierungsentscheidung unter seiner Beteiligung trifft.

***BAG** 18.6.1991 – 1 ABR 53/90*

Die betriebsverfassungsrechtliche Beteiligung des Betriebsrats vor Ausspruch einer Kündigung (§ 102 BetrVG;[61] § 104 BetrVG)

Gesetzestext

§ 102 Mitbestimmung bei Kündigungen

(1) *[1]Der Betriebsrat ist vor jeder Kündigung zu hören. [2]Der Arbeitgeber hat ihm die Gründe für die Kündigung mitzuteilen. [3]Eine ohne Anhörung des Betriebsrats ausgesprochene Kündigung ist unwirksam.*

(2) *[1]Hat der Betriebsrat gegen eine ordentliche Kündigung Bedenken, so hat er diese unter Angabe der Gründe dem Arbeitgeber spätestens innerhalb einer Woche schriftlich mitzuteilen. [2]Äußert er sich innerhalb dieser Frist nicht, gilt seine Zustimmung zur Kündigung als erteilt. [3]Hat der Betriebsrat gegen eine außerordentliche Kündigung Bedenken, so hat er diese unter Angabe der Gründe dem Arbeitgeber unverzüglich, spätestens jedoch innerhalb von drei Tagen, schriftlich mitzuteilen. [4]Der Betriebsrat soll, soweit dies erforderlich erscheint, vor seiner Stellungnahme den betroffenen Arbeitnehmer hören. [5]§ 99 Abs. 1 Satz 3 gilt entsprechend.*

(3) *Der Betriebsrat kann innerhalb der Frist des Absatzes 2 Satz 1 der ordentlichen Kündigung widersprechen, wenn*

1. *der Arbeitgeber bei der Auswahl des zu kündigenden Arbeitnehmers soziale Gesichtspunkte nicht oder nicht ausreichend berücksichtigt hat,*
2. *die Kündigung gegen eine Richtlinie nach § 95 verstößt,*
3. *der zu kündigende Arbeitnehmer an einem anderen Arbeitsplatz im selben Betrieb oder in einem anderen Betrieb des Unternehmens weiterbeschäftigt werden kann,*
4. *die Weiterbeschäftigung des Arbeitnehmers nach zumutbaren Umschulungs- oder Fortbildungsmaßnahmen möglich ist oder*
5. *eine Weiterbeschäftigung des Arbeitnehmers unter geänderten Vertragsbedingungen möglich ist und der Arbeitnehmer sein Einverständnis hiermit erklärt hat.*

(4) *Kündigt der Arbeitgeber, obwohl der Betriebsrat nach Absatz 3 der Kündigung widersprochen hat, so hat er dem Arbeitnehmer mit der Kündigung eine Abschrift der Stellungnahme des Betriebsrats zuzuleiten.*

(5) *[1]Hat der Betriebsrat einer ordentlichen Kündigung frist- und ordnungsgemäß widersprochen und hat der Arbeitnehmer nach dem Kündigungsschutzgesetz Klage auf Feststellung erhoben, dass das Arbeitsverhältnis durch die Kündigung nicht aufgelöst ist, so muss der Arbeitgeber auf Verlangen des Arbeitnehmers diesen nach Ablauf der Kündigungsfrist bis zum rechtskräftigen Abschluss*

[61] s. RsprÜ zum ArbR, 22. Auflage 2022

des Rechtsstreits bei unveränderten Arbeitsbedingungen weiterbeschäftigen. [2]Auf Antrag des Arbeitgebers kann das Gericht ihn durch einstweilige Verfügung von der Verpflichtung zur Weiterbeschäftigung nach Satz 1 entbinden, wenn

1. *die Klage des Arbeitnehmers keine hinreichende Aussicht auf Erfolg bietet oder mutwillig erscheint oder*
2. *die Weiterbeschäftigung des Arbeitnehmers zu einer unzumutbaren wirtschaftlichen Belastung des Arbeitgebers führen würde oder*
3. *der Widerspruch des Betriebsrats offensichtlich unbegründet war.*

(6) *Arbeitgeber und Betriebsrat können vereinbaren, dass Kündigungen der Zustimmung des Betriebsrats bedürfen und dass bei Meinungsverschiedenheiten über die Berechtigung der Nichterteilung der Zustimmung die Einigungsstelle entscheidet.*

(7) *Die Vorschriften über die Beteiligung des Betriebsrats nach dem Kündigungsschutzgesetz bleiben unberührt.*

§ 104 Entfernung betriebsstörender Arbeitnehmer

[1]Hat ein Arbeitnehmer durch gesetzwidriges Verhalten oder durch grobe Verletzung der in § 75 Abs. 1 enthaltenen Grundsätze, insbesondere durch rassistische oder fremdenfeindliche Betätigungen, den Betriebsfrieden wiederholt ernstlich gestört, so kann der Betriebsrat vom Arbeitgeber die Entlassung oder Versetzung verlangen. [2]Gibt das Arbeitsgericht einem Antrag des Betriebsrats statt, dem Arbeitgeber aufzugeben, die Entlassung oder Versetzung durchzuführen, und führt der Arbeitgeber die Entlassung oder Versetzung einer rechtskräftigen gerichtlichen Entscheidung zuwider nicht durch, so ist auf Antrag des Betriebsrats vom Arbeitsgericht zu erkennen, dass er zur Vornahme der Entlassung oder Versetzung durch Zwangsgeld anzuhalten sei. [3]Das Höchstmaß des Zwangsgeldes beträgt für jeden Tag der Zuwiderhandlung 250 Euro.

1. Übersicht

Die Anhörung des Betriebsrats nach § 102 Abs. 1 und Abs. 2 BetrVG vollzieht sich in zwei aufeinander folgenden Verfahrensabschnitten. Diese sind nach ihrem Zuständigkeits- und Verantwortungsbereich voneinander abzugrenzen. Zunächst muss der Arbeitgeber unter Beachtung der in § 102 Abs. 1 BetrVG beschriebenen Erfordernisse das Anhörungsverfahren einleiten. Im Anschluss daran ist es Aufgabe des Betriebsrats, sich mit der beabsichtigten Kündigung zu befassen und darüber zu entscheiden, ob und wie er Stellung nehmen will.

Nur wenn dem Arbeitgeber bei der ihm obliegenden Einleitung des Anhörungsverfahrens ein Fehler unterläuft, liegt darin eine Verletzung des § 102 Abs. 1 BetrVG mit der Folge der Unwirksamkeit der Kündigung. Mängel, die im Verantwortungsbereich des Betriebsrats entstehen, führen grundsätzlich auch dann nicht zur Unwirksamkeit der Kündigung wegen fehlerhafter Anhörung, wenn der Arbeitgeber im Zeitpunkt der Kündigung weiß oder erkennen kann, dass der Betriebsrat die Angelegenheit nicht fehlerfrei behandelt hat.

Etwas anderes kann ausnahmsweise dann gelten, wenn in Wahrheit keine Stellungnahme des Gremiums „Betriebsrat“, sondern erkennbar z. B. nur eine persönliche Äußerung des Betriebsratsvorsitzenden vorliegt oder der Arbeitgeber den Fehler des Betriebsrats durch unsachgemäßes Verhalten selbst veranlasst hat.

***BAG** 6.10.2005 – 2 AZR 316/04*

> ***Hinweis für die Praxis:***
> *Der Arbeitgeber hat den Betriebsrat gemäß § 102 Absatz 1 BetrVG vor jeder Kündigung anzuhören und ihm die Gründe für die Kündigung mitzuteilen. Anderenfalls ist die Kündigung unwirksam. Dann ist es Aufgabe des Betriebsrats, sich innerhalb der gesetzlichen Fristen – in der Betriebsratssitzung – eine Meinung zu bilden, wie auf den Kündigungsentschluss reagiert werden soll. Irgendwelche Mängel im Verfahren der Behandlung des Antrages durch den Betriebsrat führen – von ganz seltenen Ausnahmefällen abgesehen – nicht zur Unwirksamkeit der Anhörung und somit auch nicht zur Unwirksamkeit der Kündigung.*

Die vor jeder vom Arbeitgeber beabsichtigten Kündigung erforderliche Anhörung des Betriebsrats (oder eines besonderen Ausschusses) vollzieht sich gemäß § 102 Abs. 1 BetrVG in zwei aufeinander folgenden Verfahrensabschnitten. Diese sind nach ihrem Zuständigkeits- und Verantwortungsbereich voneinander abzugrenzen.

Zunächst hat der **Arbeitgeber** unter Beachtung der in § 102 Abs. 1 BetrVG umschriebenen Erfordernisse das Anhörungsverfahren **einzuleiten**. Allein dazu ist der Arbeitgeber gesetzlich verpflichtet. Im Anschluss daran ist es die Aufgabe des **Betriebsrats**, sich mit der beabsichtigten Kündigung zu befassen und darüber zu entscheiden, ob und in welchem Sinne er Stellung nehmen will.

Die Trennung der beiden Verantwortungsbereiche ist wesentlich für die Entscheidung der Frage, wann eine Kündigung i.S.d. § 102 Abs. 1 Satz 3 BetrVG „ohne Anhörung des Betriebsrats ausgesprochen“, d. h. fehlerhaft und **deswegen unwirksam** ist. Da im Regelungsbereich des § 102 Abs. 1 BetrVG sowohl dem Arbeitgeber als auch dem Betriebsrat Fehler unterlaufen können, ermöglicht diese Abgrenzung eine sachgerechte Lösung, wem im Einzelnen der Fehler zuzurechnen ist.

> Nur wenn der Arbeitgeber bei der ihm obliegenden Einleitung des Anhörungsverfahrens einen Fehler begeht, liegt darin eine Verletzung des § 102 Abs. 1 BetrVG. Nur in diesem Falle ist die Kündigung unwirksam.

Im Einzelfall **mangelt** es an einer „Anhörung“ i.S.d. § 102 Abs. 1 BetrVG nicht nur dann, wenn der Arbeitgeber kündigt, **ohne überhaupt** mit dem Betriebsrat in Verbindung getreten zu sein, sondern auch in den Fällen, in denen der Arbeitgeber seine **Mitteilungspflichten nicht richtig**, insbesondere **nicht ausführlich genug** erfüllt. Ebenso gehört hierzu der Fall, dass der **Betriebsratsvorsitzende allein** nach der Mitteilung der Kündigungsabsicht der Kündigung **sofort zustimmt** und der Arbeitgeber daraufhin kündigt, weil bei einem solchen Sachverhalt das Anhörungsverfahren auf der Arbeitgeberseite noch nicht abgeschlossen ist.

Ohne Auswirkungen auf die Ordnungsmäßigkeit des Anhörungsverfahrens i.S.d. § 102 Abs. 1 BetrVG sind demgegenüber im Grundsatz solche Mängel, die in dem Bereich vorkommen, für den der **Betriebsrat zuständig** und verantwortlich ist. Gemeint sind beispielsweise die Fälle, dass der Betriebsrat (oder der zuständige Ausschuss) bei der **Beschlussfassung** fehlerhaft besetzt gewesen ist, etwa weil ein Mitglied oder Ersatzmitglied nicht geladen oder ein Ersatzmitglied nicht nachgerückt war, der Betriebsrat nicht in einer ordnungsmäßig einberufenen Sitzung, sondern im Umlaufverfahren seinen Beschluss gefasst oder der Arbeitgeber an der Sitzung teilgenommen hat, obwohl er nicht teilnehmen durfte (vgl. § 29 Abs. 4 i. V. m. § 30 Satz 4 BetrVG). Das bedeutet, dass **Fehler bei der Willensbildung des Betriebsrats** das **Anhörungsverfahren grundsätzlich nicht berührt** und daher im Ergebnis der Arbeitnehmer, dem gekündigt wird, das Risiko trägt, wenn der Betriebsrat nicht ordnungsgemäß tätig geworden ist. Dies gilt auch, wenn der Arbeitgeber weiß, dass die Behandlung der Angelegenheit durch den Betriebsrat nicht fehlerfrei gewesen ist.

***BAG** 4.8.1975 – 2 AZR 266/74*

Eine Verletzung von § 102 Abs. 1 BetrVG mit der Folge der Unwirksamkeit der Kündigung liegt nur vor, wenn dem Arbeitgeber bei der ihm obliegenden Einleitung des Beteiligungsverfahrens ein Fehler unterläuft. Mängel, die im Verantwortungsbereich des Betriebsrats entstehen, führen grundsätzlich nicht zur Unwirksamkeit der Kündigung wegen fehlender Anhörung; dies gilt selbst dann, wenn der Arbeitnehmer im Kündigungszeitpunkt weiß oder erkennen kann, dass der Betriebsrat die Angelegenheit nicht fehlerfrei behandelt hat. Mögliche Mängel bei der Beschlussfassung des Betriebsrats – bspw. eine fehlerhafte Besetzung des Betriebsrats – berühren deshalb grundsätzlich die Ordnungsgemäßheit des Anhörungsverfahrens nicht. Etwas anderes kann gelten, wenn der Arbeitgeber den Fehler bei der Willensbildung des Betriebsrats durch unsachgemäßes Verhalten selbst veranlasst bzw. beeinflusst hat.

> Der Arbeitgeber kann auf Grund einer – wenn auch fehlerhaft zustande gekommenen – abschließenden Stellungnahme des Betriebsrats regelmäßig vor Ablauf der Frist des § 102 Abs. 2 BetrVG die Kündigung aussprechen.

***BAG** 24.6.2004 – 2 AZR 461/03*

Eine Besonderheit, d. h. eine Ausnahme von dem Grundsatz, dass Fehler des Betriebsrats die **Wirksamkeit der Anhörung** nicht berühren, kann dann anzuerkennen sein, wenn der **Arbeitgeber** es ist, der **durch unsachgemäßes Verhalten Mängel bei der Beteiligung des Betriebsrats veranlasst**. In Fällen dieser Art ist durchaus zu erwägen, ob der Arbeitgeber verpflichtet ist, auf Mängel bei der Willensbildung des Betriebsrats hinzuweisen, um ihm Gelegenheit zu geben, sein Beteiligungsrecht in Kündigungsfragen ordnungsgemäß auszuüben. Sonst kann der Fall eintreten, dass der Arbeitgeber wegen unzulässiger Rechtsausübung, nämlich wegen widersprüchlichen Verhaltens, sich entgegenhalten lassen muss, eine wirksame Anhörung liege nicht vor.

***BAG** 4.8.1975 – 2 AZR 266/74*

Die Beteiligungsrechte des Betriebsrats nach dem BetrVG können durch **Tarifvertrag** erweitert und verstärkt werden.

Bei den Regelungen des BetrVG über die Mitwirkung des Betriebsrats handelt es sich um Arbeitnehmerschutzbestimmungen. Diese sind in aller Regel **einseitig zwingender Natur, d. h. nicht zu Lasten der Arbeitnehmer (Betriebsrat) abänderbar**.

***BAG** 18.8.1987 – 1 ABR 30/86; **BAG** 10.2.1988 – 1 ABR 70/86*

1.1. Geltungsbereich des § 102 BetrVG

Begründet der Arbeitgeber im Zuge der Betriebsratsanhörung gemäß § 102 BetrVG das Fehlen anderer Beschäftigungsmöglichkeiten mit der **doppelten Erwägung**, weder sei der zur Kündigung vorgesehene Arbeitnehmer den Anforderungen eines vorhandenen freien Arbeitsplatzes gewachsen noch stehe dieser Arbeitsplatz zur Verfügung, da er zur Besetzung mit einem bislang freigestellten Betriebsratsmitglied vorgesehen sei, so liegt ein wesentliche Änderung des Kündigungssachverhalts, welche eine **erneute Betriebsratsanhörung** vor Ausspruch der Kündigung **erforderlich** macht, auch dann vor, wenn nur einer der genannten Hinderungsgründe dadurch entfällt, dass das freigestellte Betriebsratsmitglied einen Einsatz auf dem freigehaltenen Arbeitsplatz ablehnt. Erst durch den Wegfall eines der beiden genannten Weiterbeschäftigungshindernisse wird für den Betriebsrat die Möglichkeit eines Widerspruchs nach § 102 Abs. 3 Ziffer 3 BetrVG eröffnet.

Die Notwendigkeit einer erneuten Betriebsratsanhörung entfällt nicht dadurch, dass der Betriebsrat vor Ausspruch der Kündigung selbst von der veränderten Situation Kenntnis erhält, da das Gesetz einen nachträglichen Widerspruch nach Abschluss der Betriebsratsanhörung nicht vorsieht.

***LAG** Hamm 20.10.2005 – 8 Sa 205/05*

Auch nach der Stilllegung eines Betriebes durch den Insolvenzverwalter ist der Betriebsrat nach § 102 BetrVG zu beteiligen, wenn der Insolvenzverwalter einem Arbeitnehmer kündigen will, den er über den Zeitpunkt der Betriebsstilllegung hinaus für Abwicklungsarbeiten weiterbeschäftigt hat. Insoweit besteht ein Restmandat des Betriebsrates.

***BAG** 26.7.2007 – 8 AZR 769/06*

Im Rahmen der für § 626 Abs. 1 BGB notwendigen Interessenabwägung sind u. a. das Gewicht und die Auswirkungen einer Vertragspflichtverletzung, eine mögliche Wiederholungsgefahr, der Grad des Verschuldens des Arbeitnehmers sowie die Dauer des Arbeitsverhältnisses und dessen störungsfreier Verlauf zu berücksichtigen.

Das Anhörungsverfahren nach § 102 BetrVG entfaltet nur für die Kündigung Wirksamkeit, für die es eingeleitet worden ist. Der Arbeitgeber muss grundsätzlich für jede Kündigung ein Anhörungsverfahren nach § 102 BetrVG durchführen. Insbesondere muss der Arbeitgeber den Betriebsrat erneut anhören, wenn nach Anhörung des Betriebsrats die erste Kündigung dem Arbeitnehmer zugegangen ist und der Arbeitgeber nunmehr eine neue, auf den gleichen Sachverhalt gestützte Kündigung ausspricht.

***BAG** 10.11.2005 – 2 AZR 623/04*

Ein leitender Angestellter kann nur dann und solange leitender Angestellter sein, wie er tatsächlich nach innen und außen die Aufgaben und Befugnisse ausübt, die seinen Status als leitender Angestellter begründen. Für die Zuordnung zum Kreise der leitenden Angestellten genügt nicht eine entsprechende formale Zuordnung durch den Arbeitgeber. Vielmehr kommt es darauf an, ob die vom Gesetz festgelegten Kriterien für die Qualifizierung als leitender Angestellter tatsächlich erfüllt sind. Ist der Kläger zum Zeitpunkt des Kündigungszugangs nicht mehr leitender Angestellter, so ist der Betriebsrat und nicht der Sprecherausschuss der leitenden Angestellten zur beabsichtigten Kündigung anzuhören.

***ArbG** München 26.8.2004 – 28 Ca 12794/03 = NZA-RR 2005, 194*

Der Betriebsrat ist vor **jeder** Kündigung, also auch vor einer **Änderungskündigung** zu hören.

***BAG** 3.11.1977 – 2 AZR 277/76; **BAG** 29.3.1990 – 2 AZR 420/89*

> Kommen Arbeitgeber und Arbeitnehmer mündlich überein, dass zur Beendigung ihres Arbeitsverhältnisses eine Kündigung seitens des Arbeitgebers ausgesprochen und ein **Abwicklungsvertrag** geschlossen werden soll, ist die Kündigung kein Scheingeschäft. Der Betriebsrat ist zu ihr nach § 102 BetrVG anzuhören.
>
> ***BAG** 28.6.2005 – 1 ABR 25/04*

§ 102 BetrVG findet auch dann Anwendung, wenn der Arbeitgeber nach Abschluss des Arbeitsvertrages aber **vor Dienstantritt** kündigt.

***Hessisches LAG** 31.5.1985 – 13 Sa 833/84 = DB 1985, 2689*

Vor der Kündigung des Rechtsverhältnisses eines **Heimarbeiters, der hauptsächlich für den Betrieb arbeitet,** ist der Betriebsrat nach § 102 BetrVG anzuhören.

Berücksichtigt der Arbeitgeber bei der Auswahl der zu kündigenden Heimarbeiter soziale Gesichtspunkte, so hat er dem Betriebsrat die entsprechenden Daten aller **Heimarbeiter** mitzuteilen, die er in die Auswahlentscheidung einbezogen hat.

***BAG** 7.11.1995 – 9 AZR 268/94*

Dem Betriebsrat steht ein Anhörungsrecht nach § 102 BetrVG nur bei Kündigungen, nicht aber bei einer **Anfechtung des Arbeitsvertrages** durch den Arbeitgeber zu.

***BAG** 11.11.1993 – 2 AZR 407/93*

Vor der Erklärung des Arbeitgebers, der **befristet** abgeschlossene Vertrag werde **nicht** verlängert (Nichtverlängerungsanzeige), braucht der Betriebsrat nicht nach § 102 Abs. 1 BetrVG angehört zu werden.

***BAG** 28.10.1986 – 1 ABR 16/85*

Der Betriebsrat eines in der Bundesrepublik Deutschland gelegenen Betriebes (hier: Reiseunternehmen) hat auch bei der Kündigung eines **nicht nur vorübergehend im Ausland** eingesetzten Arbeitnehmers (hier: Reiseleiterin) jedenfalls dann ein Beteiligungsrecht, wenn der im Ausland tätige Arbeitnehmer nach wie vor **dem Inlandsbetrieb zuzuordnen** ist.

Ob der Inlandsbezug eines solchen Arbeitsverhältnisses erhalten geblieben ist, hängt von den Umständen des Einzelfalls ab und insbesondere von der Dauer des Auslandseinsatzes, der Eingliederung in einen Auslandsbetrieb, dem Bestehen und den Voraussetzungen eines Rückrufrechts zu einem Inlandseinsatz sowie dem sonstigen Inhalt der Weisungsbefugnisse des Arbeitgebers.

***BAG** 7.12.1989 – 2 AZR 228/89*

Der Betriebsrat eines Betriebs in der Bundesrepublik hat kein Mitwirkungsrecht nach § 102 Abs. 1 BetrVG bei der Kündigung eines Mitarbeiters, der **ausschließlich für einen bestimmten Auslandseinsatz** eingestellt ist.

***BAG** 21.10.1980 – 6 AZR 640/79*

Bei außerordentlichen Kündigungen (**Kampfkündigungen**) seitens des Arbeitgebers **wegen Teilnahme** an rechtswidrigen Arbeitsniederlegungen entfällt eine Anhörung des Betriebsrats gemäß § 102 Abs. 1 BetrVG. Der Betriebsrat wäre in dieser betrieblichen Situation überfordert, eine Stellungnahme über außerordentliche Kündigungen einzelner Arbeitnehmer aus Arbeitskampfgründen abzugeben.

***BAG** 14.2.1978 – 1 AZR 54/76; **BAG** 14.2.1978 – 1 AZR 76/76*

Eine während eines **Streiks** ausgesprochene arbeitgeberseitige Kündigung bedarf zu ihrer Wirksamkeit der vorherigen Anhörung des Betriebsrats, wenn die Kündigung aus **anderen als arbeitskampfbedingten Gründen** erfolgt.

BAG *6.3.1979 – 1 AZR 866/77*

Die **Freistellung** während der Kündigungsfrist bedarf weder der Anhörung des Betriebsrats nach § 102 BetrVG noch der Zustimmung des Betriebsrats nach § 99 BetrVG.

BAG *22.1.1998 – 2 AZR 267/97*

§ 102 Abs. 6 BetrVG lässt Erweiterungen der Beteiligungsrechte des Betriebsrats bei Kündigungen nur durch Betriebsvereinbarung zu.

Aus dem einseitig zwingenden Charakter der Mitbestimmungsregelungen des Betriebsverfassungsgesetzes folgt nicht, dass eine Verbesserung der Mitbestimmungsrechte des Betriebsrats durch Arbeitsvertrag möglich ist. Eine solche Befugnis der Arbeitsvertragsparteien widerspräche dem System der Betriebsverfassung.

Vereinbaren die Arbeitsvertragsparteien eine Erweiterung der Beteiligungsrechte des Betriebsrats bei Kündigungen als Gegenleistung für den Verzicht des Arbeitnehmers auf ihm zustehende Sonderzahlungen, so spricht viel dafür, dass die Vereinbarung ohne die Stärkung der Beteiligungsrechte des 'Betriebsrats nicht geschlossen worden wäre und deshalb die Vereinbarung insgesamt nichtig ist.

BAG *23.4.2009 – 6 AZR 263/08*

1.2. Die Partner des Anhörungsverfahrens

Das Betriebsverfassungsgesetz geht von der primären Zuständigkeit der Einzelbetriebsräte aus. Eine Zuständigkeit des Gesamtbetriebsrats für die Anhörung nach § 102 BetrVG kann allenfalls dann in Betracht kommen, wenn das Arbeitsverhältnis mehreren Betrieben gleichzeitig zugeordnet ist. Das ist nicht schon dann der Fall, wenn der Arbeitnehmer von seinem Arbeitsplatz aus Aufgaben auch für andere Betriebe des Arbeitgebers erledigt. Ebenso wenig wird eine Zuständigkeit des Gesamtbetriebsrats allein dadurch begründet, dass der Arbeitgeber aufgrund seines Weisungsrechts die Möglichkeit hat, den Arbeitnehmer in unterschiedlichen Betrieben seines Unternehmens einzusetzen.

BAG *16.12.2010 – 2 AZR 576/09*

Der Arbeitgeber muss den Betriebsrat desjenigen Betriebs anhören, zu dessen Belegschaft der zu kündigende Arbeitnehmer gehört.

Die betriebsverfassungsrechtliche Zuordnung von Personen, die allein zum Zweck ihrer Berufsausbildung beschäftigt werden und zu denen u. a. auch Teilnehmer an firmeninternen Ausbildungsmaßnahmen zählen, richtet sich danach, ob die berufspraktische Ausbildung sich im Rahmen der jeweiligen arbeitstechnischen Zwecksetzung des Betriebs vollzieht.

Wird der zur Ausbildung Beschäftigte nur vorübergehend und partiell in den Ausbildungsbetrieb eingegliedert und bleibt auch bei einer solchen Stationsausbildung der Schwerpunkt seines Ausbildungsverhältnisses beim „Stammbetrieb", ist dessen Betriebsrat zumindest in den Angelegenheiten zu beteiligen, die das Grundverhältnis des zur Berufsausbildung Beschäftigten betreffen.

Ob der Betriebsrat des Einsatzbetriebs oder der Hauptverwaltung zur Kündigung des **Trainee-Arbeitsverhältnisses** nach § 102 BetrVG anzuhören war, richtet sich nach der konkreten Ausgestaltung und Durchführung des Traineeverhältnisses, was im Streitfall auf Grund der fehlenden Tatsachenfeststellungen nicht abschließend zu klären war.

BAG *12.5.2005 – 2 AZR 149/04*

Aus dem BetrVG ergibt sich keine Verpflichtung des Arbeitgebers, mit einer **beteiligungspflichtigen Maßnahme** solange abzuwarten, bis im Betrieb ein **funktionsfähiger Betriebsrat** vorhanden ist.
Der Arbeitgeber braucht auch dann nicht die beteiligungspflichtige Maßnahme herauszuschieben, wenn mit der Wahl des Betriebsrats zu rechnen und die Zeit bis zu dessen Konstituierung absehbar ist.

BAG *28.10.1992 – 10 ABR 75/91*

Der Betriebsobmann (§ 9 BetrVG) ist nach § 102 Abs. 1 BetrVG vor der Erklärung von Kündigungen des Arbeitgebers zu hören. Er hat als „eingliedriger Betriebsrat" grundsätzlich die gleichen Befugnisse wie der mehrgliedrige Betriebsrat, soweit die Betriebsgröße der Entstehung bestimmter Mitwirkungs- oder Mitbestimmungsrechte nicht entgegensteht.

Hessisches LAG *14.8.1997 – 3 Sa 1090/96*

Der Arbeitgeber hat das Mitbestimmungsverfahren bei Kündigung gemäß § 102 BetrVG selbst dann einzuleiten, wenn ihm die Betriebsratsmitglieder zuvor erklärt haben, dass sie ihr Betriebsratsamt niedergelegt hätten.

Durch eine Erklärung gegenüber dem Arbeitgeber kann das **Betriebsratsamt nicht wirksam** i.S.d. § 24 Abs. 1 Nr. 2 BetrVG **niedergelegt** werden.

LAG *Baden-Württemberg 30.5.1994 – 16 Sa 22/94*

Ein Betriebsratsvorsitzender kann ein Anhörungsschreiben des Arbeitgebers zu einer beabsichtigten Kündigung für den Betriebsrat auch außerhalb des Betriebs entgegennehmen.

Ist ein Betriebsratsvorsitzender aufgrund Ortsabwesenheit tatsächlich verhindert, ein Anhörungsschreiben des Arbeitgebers außerhalb des Betriebs entgegenzunehmen, ist sein Stellvertreter nach § 26 Abs. 2 Satz 2 BetrVG zur Entgegennahme berechtigt, wenn nicht zuvor der Betriebsrat bzw. sein Vorsitzender die vom Arbeitgeber angekündigte Übergabe außerhalb des Betriebs abgelehnt hatte.

Einer Stellungnahme der örtlichen Betriebsräte nach § 17 Abs. 3 Satz 2 KSchG zu der vom Insolvenzverwalter beabsichtigten Massenentlassung bedarf es gemäß § 125 Abs. 2 InsO nicht, wenn der Insolvenzverwalter aufgrund einer betriebsübergreifenden Betriebsänderung mit dem Gesamtbetriebsrat einen Interessenausgleich mit Namensliste abgeschlossen hat und dieser der Massenentlassungsanzeige beigefügt wird.

BAG *07.07.2011 – 6 AZR 248/10*

Zur **Entgegennahme** der Erklärungen des Arbeitgebers nach § 102 Abs. 1 BetrVG ist im Grundsatz nicht jedes beliebige Betriebsratsmitglied berechtigt, sondern **nur der Betriebsratsvorsitzende** und im Fall seiner Verhinderung sein Stellvertreter.

Der Betriebsrat als Gremium muss, bevor die Kündigung erklärt wird, die Möglichkeit der Stellungnahme haben. Ein einzelnes Betriebsratsmitglied, auch der Vorsitzende oder sein Stellvertreter, kann nicht allgemein ermächtigt werden, die Stellungnahme des Betriebsrats zu einer Kündigung abzugeben. Teilt ein **einzelnes Betriebsratsmitglied** vor Ablauf der Erklärungsfristen des § 102 Abs. 2 BetrVG dem Arbeitgeber eine Stellungnahme zu der vorgesehenen Kündigung zu einer Zeit mit, in der der Arbeitgeber weiß oder nach den Umständen annehmen muss, dass der Betriebsrat sich noch nicht mit der Angelegenheit befasst hat, dann ist die Anhörung noch nicht vollzogen, eine daraufhin gleichwohl ausgesprochene Kündigung unwirksam.

BAG *28.2.1974 – 2 AZR 455/73*

Zieht der Arbeitgeber bei der **Ermittlung des Kündigungssachverhalts** ein (**einfaches**) **Betriebsratsmitglied** hinzu, sind dessen Kenntnisse dem Wissen des Betriebsrats nur dann zuzurechnen, wenn es sie vor oder bei Einleitung des Anhörungsverfahrens dem Vorsitzenden des Betriebsrats, ggf. seinem Stellvertreter, oder dem Betriebsratsgremium mitgeteilt hat.

LAG *München 11.5.1988 – 5 Sa 1193/87*

Der Betriebsrat kann die Ausübung der Mitbestimmung bei Kündigungen (§ 102 BetrVG) einem **besonderen Ausschuss** (Personalausschuss) **zur selbständigen Erledigung übertragen**. In diesem Fall ist der Vorsitzende des Ausschusses berechtigt, die Erklärungen des Arbeitgebers im Anhörungsverfahren gemäß § 102 Abs. 1 BetrVG entgegenzunehmen.

BAG *4.8.1975 – 2 AZR 266/74*

Die **krankheitsbedingte Arbeitsunfähigkeit des einzigen Betriebsratsmitglieds** führt nicht zwangsläufig stets zu einer zeitweiligen Verhinderung i.S.d. § 25 Abs. 1 Satz 1 BetrVG.

Hat der Arbeitgeber den erkrankten Betriebsrat während seiner Erkrankung außerhalb des Betriebs in einer Personalangelegenheit beteiligt, die eine bestimmte Arbeitnehmerin betrifft, dann muss er diesen auch zu einer wenige Tage später beabsichtigten Kündigung einer Arbeitnehmerin nach § 102 BetrVG anhören.

BAG *15.11.1984 – 2 AZR 341/83*

Ist ein Betriebsrat für die Dauer der Äußerungsfristen des § 102 Abs. 2 BetrVG **beschlussunfähig i.S.d. § 33 Abs. 2 BetrVG**, weil in dieser Zeit mehr als die Hälfte der Betriebsratsmitglieder an der Amtsausübung verhindert sind und nicht durch Ersatzmitglieder vertreten werden können, so nimmt der Rest-Betriebsrat in entsprechender Anwendung des § 22 BetrVG die Mitbestimmungsrechte des § 102 Abs. 2 BetrVG wahr. Da der Betriebsrat aber beschlussunfähig ist, kann er z. B. nicht widersprechen.

***BAG** 18.8.1982 – 7 AZR 437/80*

Widerspricht ein Arbeitnehmer dem **Übergang seines Arbeitsverhältnisses** auf einen neuen Betriebsinhaber und kündigt daraufhin der bisherige Betriebsinhaber das Arbeitsverhältnis wegen fehlender Weiterbeschäftigungsmöglichkeiten, ohne den Arbeitnehmer zuvor einem anderen Betrieb seines Unternehmens zuzuordnen, so ist zu dieser Kündigung nicht der Gesamtbetriebsrat im Unternehmen des bisherigen Betriebsinhabers anzuhören. Dies gilt selbst dann, wenn der Widerspruch des Arbeitnehmers dazu führt, dass zu der Kündigung keiner der im Unternehmen des bisherigen Betriebsinhabers gebildeten Einzelbetriebsräte anzuhören ist.

***BAG** 21.3.1996 –2 AZR 559/95*

Wird ein von zwei Unternehmen geführter **Gemeinschaftsbetrieb aufgelöst**, weil eines der beiden Unternehmen seine betriebliche Tätigkeit einstellt, führt dies grundsätzlich nicht zur Beendigung der Amtszeit des für den Gemeinschaftsbetrieb gewählten Betriebsrats. Dieser nimmt für die verbleibenden Arbeitnehmer des anderen Unternehmens weiterhin die ihm nach dem Betriebsverfassungsgesetz zustehenden Rechte und Pflichten wahr. Das gilt auch, wenn nur noch eines von sieben Betriebsratsmitgliedern im Amt ist.

***BAG** 19.11.2003 – 7 AZR 11/03 = DB 2004, 822*

2. Verfahrensabschnitt I: Zuständigkeitsbereich des Arbeitgebers

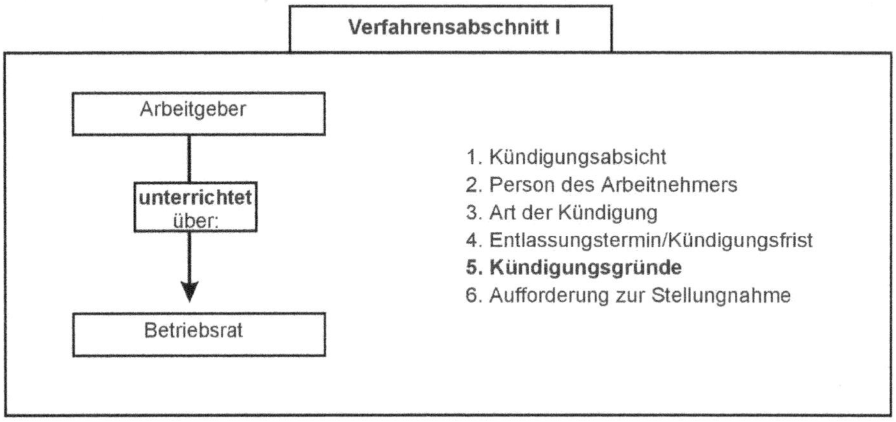

2.1. Zeitpunkt der Anhörung und die Anhörungsfrist

Die Wochenfrist für die Anhörung des Betriebsrats vor einer Kündigung läuft grundsätzlich am letzten Tag um 24.00 Uhr ab.

Nach § 102 Abs. 1 Satz 1 BetrVG ist der Betriebsrat vor jeder Kündigung zu hören. Das Anhörungsverfahren muss deshalb regelmäßig entweder durch abschließende Stellungnahme des Betriebsrats oder Ablauf der einwöchigen Anhörungsfrist abgeschlossen sein, ehe der Arbeitgeber die Kündigung erklärt. Der Betriebsrat soll die Möglichkeit haben, innerhalb der gesetzlichen Frist auf den Kündigungsentschluss des Arbeitgebers Einfluss zu nehmen. Diesem Sinn und Zweck des Gesetzes ist auch dann noch Genüge getan, wenn der Betriebsrat am letzten Tag der Anhörungsfrist **bei Dienstschluss noch nicht Stellung genommen hat** und der Arbeitgeber dann das Kündigungsschreiben mittels eines Kurierdienstes, der zurückgerufen werden kann, an den auswärtigen Arbeitnehmer zur Zustellung am nächsten Tag auf den Weg bringt.

Zwar könnte der Betriebsrat theoretisch noch am letzten Tag der Anhörungsfrist bis 24.00 Uhr zur Kündigungsabsicht Stellung nehmen. Wenn der Arbeitgeber aber sicherstellt, dass er in dem wenig wahrscheinlichen Fall einer nachträglichen Stellungnahme des Betriebsrats auf dessen Argumente noch reagieren und den Zugang des Kündigungsschreibens verhindern kann, behält der Betriebsrat eine hinreichende Einflussmöglichkeit auf die Entscheidung des Arbeitgebers.

***BAG** 8.4.2003 – 2 AZR 515/02*

Der Arbeitgeber muss den Betriebsrat auf eine vor Zugang der Kündigung veränderte Sachlage hinweisen, wenn die Unterrichtung nach § 102 Abs. 1 Satz 2 BetrVG anderenfalls irreführend wäre. Dies gilt bei einer wesentlichen Änderung des bislang als für den Kündigungsentschluss maßgeblich dargestellten Sachverhalts selbst dann, wenn das Anhörungsverfahren bereits abgeschlossen war.

***BAG** 22.9.2016 – 2 AZR 700/15*

Der Arbeitgeber ist nach dem Grundsatz der vertrauensvollen Zusammenarbeit (§ 2 Abs. 1 BetrVG) dazu verpflichtet, ein **Anhörungsverfahren** nach § 102 BetrVG **grundsätzlich während der Arbeitszeit** des Betriebsratsvorsitzenden oder (bei dessen Verhinderung) des Stellvertreters einzuleiten.

Der Betriebsratsvorsitzende oder (bei dessen Verhinderung) der Stellvertreter sind berechtigt, aber grundsätzlich nicht verpflichtet, eine Mitteilung des Arbeitgebers nach § 102 Abs. 2 BetrVG **außerhalb der Arbeitszeit** und **außerhalb der Betriebsräume** entgegen zu nehmen.
Die widerspruchslose Entgegennahme einer Mitteilung des Arbeitgebers i.S.d. § 102 Abs. 1 BetrVG durch den Betriebsratsvorsitzenden oder (bei dessen Verhinderung) den Stellvertreter setzt auch dann die Wochenfrist des § 102 Abs. 2 Satz 1 BetrVG in Lauf, wenn die Mitteilung außerhalb der Arbeitszeit und außerhalb der Betriebsräume erfolgt.

***BAG** 27.8.1982 – 7 AZR 30/80*

Wird das Anhörungsverfahren nach § 102 BetrVG in die Interessenausgleichsverhandlungen nach §§ 111, 112 BetrVG aufgenommen, dann kann die abschließende Stellungnahme des Betriebsrates zu den Kündigungen (Zustimmung, Kenntnisnahme) im Interessenausgleich festgehalten werden. Dabei ist es unerheblich, ob es sich um einen Interessenausgleich mit Namensliste oder um einen solchen ohne Namensliste handelt. Ausschlaggebend ist allein, ob dieser Interessenausgleich rechtswirksam zustande gekommen ist oder nicht.

***LAG** Hamm 25.10.2005 – 4 Sa 1163/04*

Aus dem Gebot der **vertrauensvollen Zusammenarbeit** kann in **Eilfällen**, insbesondere bei außerordentlichen Kündigungen, eine Verpflichtung des für die Außenvertretung zuständigen Betriebsratsvorsitzenden oder im Verhinderungsfall seines Stellvertreters bestehen, die Mitteilung des Arbeitgebers nach § 102 Abs. 1 BetrVG auch außerhalb der Arbeitszeit und außerhalb der Betriebsräume – z. B. durch Telefonanruf zu Hause – entgegenzunehmen.

***BAG** 27.8.1982 – 7 AZR 30/80*

Ob der Arbeitgeber schon vor der Anhörung des Betriebsrats seinen **Kündigungswillen** abschließend gebildet hatte, ist auf die im Übrigen ordnungsgemäße Anhörung und damit Wirksamkeit der Kündigung ohne Einfluss.

BAG *28.9.1978 – 2 AZR 2/77*

Es widerspricht Sinn und Zweck des Beteiligungsverfahrens nach § 102 BetrVG, die Anhörung des Betriebsrats **vor der abschließenden Willensbildung des Arbeitgebers**, d.h. zu einem Zeitpunkt einzuleiten, in dem seine Kündigungsüberlegungen noch unter dem Vorbehalt der weiteren Entwicklung stehen (sog. **Vorratsanhörung**). Das schließt es nicht aus, den Betriebsrat alternativ zu einer Beendigungs- oder Änderungskündigung anzuhören, wenn für beide Szenarien der Kündigungssachverhalt feststeht.

Der Wirksamkeit einer Anhörung nach § 102 BetrVG steht nicht entgegen, dass der Arbeitgeber die Erklärung der Kündigung von der Ablehnung eines dem Arbeitnehmer – nach feststehenden Modalitäten – unterbreiteten Angebots abhängig macht in eine Transfergesellschaft zu wechseln.

BAG *17.3.2016 – 2 AZR 182/15*

Bei **außerordentlicher Kündigung** dürfte eine **einvernehmliche Verlängerung** der Dreitagefrist zulässig sein; in jedem Fall würde aber ein Arbeitgeber rechtsmissbräuchlich handeln, wenn er sich mit dem Betriebsrat darüber verständigt, diesem mehr als drei Tage für seine Stellungnahme einzuräumen, dann aber nach Ablauf der Dreitagefrist sofort die Kündigung ausspricht. Rechte des Arbeitnehmers werden durch eine solche Vereinbarung zwischen Arbeitgeber und Betriebsrat nicht geschmälert; für den Arbeitgeber wird insbesondere nicht die Zweiwochenfrist des § 626 Abs. 2 BGB verlängert.

BAG *18.8.1977 – 2 ABR 19/77;* ***BAG*** *17.5.1983 – 1 ABR 5/80*

Die einwöchige Anhörungsfrist des § 102 Abs. 2 Satz 1 BetrVG verlängert sich auch bei **Massenentlassungen** nicht automatisch um einen bestimmten, für angemessen anzusehenden Zeitraum.

Die Anhörungsfrist kann zwar durch **Vereinbarung** zwischen Betriebsrat und Arbeitgeber **verlängert** werden. Jedoch besteht auch bei Massenentlassungen kein Anspruch des Betriebsrats auf Abschluss einer solchen Vereinbarung.
Die Berufung des Arbeitgebers auf die Einhaltung der **Anhörungsfrist kann bei Massenentlassungen rechtsmissbräuchlich** sein. Hierfür reichen objektive Umstände wie die Zahl der Kündigungen und die sich hieraus für die Bearbeitung im Betriebsrat ergebenden Schwierigkeiten nicht aus. **Wesentlich** ist, ob der **Betriebsrat innerhalb der Wochenfrist** vom Arbeitgeber **eine Fristverlängerung verlangt hat** und wie sich beide Betriebspartner bis zur formellen Einleitung des Anhörungsverfahrens verhalten haben.

BAG *14.8.1986 – 2 AZR 561/85*

Dem Arbeitgeber steht es frei, den Antrag auf Zustimmung zur Kündigung eines Schwerbehinderten bei der Hauptfürsorgestelle vor, während oder erst nach der Betriebs-/Personalratsbeteiligung zu stellen (BAG 18.5.1994 – 2 AZR 626/93; BAG 11.3.1998 – 2 AZR 401/97).

BAG *11.5.2000 – 2 AZR 276/99*

Der Arbeitgeber kann das Verfahren der Anhörung des Betriebsrats zu einer beabsichtigten außerordentlichen **Kündigung eines Schwerbehinderten** auch nach dem Ende des Zustimmungsverfahrens oder nach dem Eintritt der Zustimmungsfiktion einleiten.

In diesem Fall muss der Arbeitgeber jedoch, soweit keine besonderen Hinderungsgründe bei der Hauptfürsorgestelle entgegenstehen, sofort nach Bekanntgabe der Zustimmungsentscheidung oder nach Ablauf der 14-Tage-Frist des § 21 Abs. 3 SchwbG (jetzt § 91 Abs. 3 SGB IX) das Anhörungsverfahren einleiten und sofort nach Eingang der Stellungnahme des Betriebsrats oder des Ablaufs der 3-Tage-Frist des § 102 Abs. 2 BetrVG die Kündigung erklären.

BAG *3.7.1980 – 2 AZR 340/78*

Für eine ordnungsgemäße Unterrichtung des Betriebsrats i.S.v. § 102 Abs. 1 BetrVG genügt es, dass der Betriebsrat über die für die Berechnung der Kündigungsfrist und des Kündigungstermins erforderlichen Kenntnisse verfügt. Etwas anderes gilt, wenn der Arbeitgeber gänzlich offenlässt, mit welcher Frist und mit welchem Termin die geplante Kündigung erklärt werden soll. Der Arbeitgeber kann keinen ungefähren Endtermin nennen, wenn er vor Erklärung der Kündigung noch die Zustimmung oder Zulässigerklärung einer anderen Stelle einzuholen hat. In diesem Fall reicht es aus, wenn er den Betriebsrat auf die noch einzuholende Zustimmung oder Zulässigerklärung hinweist oder sie dem Betriebsrat bekannt ist. Dann braucht der Arbeitgeber den Betriebsrat bei unverändertem Kündigungssachverhalt nicht erneut zu beteiligen, selbst wenn das Zustimmungs- oder Zulässigerklärungsverfahren jahrelang andauert. Die Betriebsratsanhörung kann bereits vor der Zustimmung oder Zulässigerklärung der zuständigen Behörde erfolgen.

BAG *25.4.2013 – 6 AZR 49/12*

Lässt der Arbeitgeber **nach Abschluss des Anhörungsverfahrens** (§ 102 BetrVG) geraume Zeit bis zum **Ausspruch der Kündigung** verstreichen, dann ist eine erneute Anhörung des Betriebsrats zu dieser Kündigung jedenfalls dann nicht zu verlangen, wenn sich in der Zwischenzeit der Kündigungssachverhalt nicht oder nicht wesentlich verändert hat.

BAG *26.5.1977 – 2 AZR 201/76*

Eine Kündigung ist i.S.v. § 102 Abs. 2 Satz 1 und Satz 2 BetrVG nicht „verfrüht" erklärt, wenn der Arbeitgeber sie zwar vor Ablauf der Frist zur Stellungnahme des Betriebsrats an eigene Arbeitnehmer übergibt, dies jedoch mit der Maßgabe verbindet, die Kündigung erst nach Fristablauf „zuzustellen", und er zugleich sicherstellt, den Zugang noch verhindern zu können, falls er seinen Kündigungsentschluss aufgrund rechtzeitiger Einwände des Betriebsrats doch ändern sollte.

BAG *24.9.2015 – 2 AZR 562/14*

Der Arbeitgeber darf nur dann von einer abschließenden, das Anhörungsverfahren vor Ablauf der Wochenfrist des § 102 Abs. 2 Satz 1 und Abs. 3 BetrVG vorzeitig beendenden Stellungnahme des Betriebsrats ausgehen, wenn er – der Arbeitgeber – aufgrund besonderer Umstände sicher sein kann, der Betriebsrat werde sich innerhalb der gesetzlichen Frist keinesfalls noch einmal – und es sei es „nur" zur Ergänzung der Begründung des schriftlich eingelegten Widerspruchs – äußern.

Die Abfassung und Zuleitung der Stellungnahme(n) des Betriebsrats zu einer beabsichtigten Kündigung obliegt – unabhängig von den im Gremium erörterten Gründen – nach § 26 Abs. 2 Satz 1 BetrVG dem Betriebsratsvorsitzenden.

BAG *25.5.2016 – 2 AZR 345/15*

Schweigt der Betriebsrat auf die Mitteilung des Arbeitgebers von seiner Kündigungsabsicht (§ 102 Abs. 1 BetrVG), dann kann der Arbeitgeber, wenn er seine Anhörungspflicht nicht verletzen will, **erst nach Ablauf der Fristen** des § 102 Abs. 2 BetrVG die Kündigung aussprechen.

Ein Anhörungsverfahren genügt nur dann der Vorschrift des § 102 Abs. 1 BetrVG, wenn der Betriebsrat weiß, dass es wegen einer noch auszusprechenden Kündigung eingeleitet wird. Daran fehlt es, wenn der Arbeitgeber den Betriebsrat **nachträglich** lediglich über die Gründe einer ohne Anhörung bereits ausgesprochenen Kündigung unterrichtet. Diese Unterrichtung ersetzt nicht die Anhörung für eine **neue** Kündigung, auch wenn sie auf den gleichen Sachverhalt wie die erste (unwirksame) Kündigung gestützt wird.

BAG *18.9.1975 – 2 AZR 594/74*

Nach § 102 Abs. 1 Satz 1 BetrVG besteht eine Anhörungspflicht des Arbeitgebers vor jeder Kündigung. Nach Sinn und Zweck der Vorschrift, dem Betriebsrat Gelegenheit zu geben, auf den Kündigungsentschluss des Arbeitgebers Einfluss zu nehmen, kann ein Anhörungsverfahren grundsätzlich nur für die Kündigung Wirksamkeit entfalten, für die es eingeleitet worden ist.

Dies gilt insbesondere dann, wenn der Arbeitgeber wegen Bedenken gegen die Wirksamkeit der ersten Kündigung vorsorglich erneut kündigt. Das durch die ordnungsgemäße Anhörung erworbene Recht zum Ausspruch der Kündigung ist **durch den Zugang der Kündigung „verbraucht".**

Entscheidend ist, dass der Betriebsrat bei jeder vom Arbeitgeber beabsichtigten Kündigung seine ihm gesetzlich eingeräumten Rechte unter Ausschöpfung der dafür vorgesehenen Fristen wahrzunehmen in der Lage sein muss.

Dem ist Genüge getan, wenn sich eine Anhörung für den Betriebsrat erkennbar auf eine noch auszusprechende Kündigung bezieht.

Das gilt auch dann, wenn ein Anhörungsformular benutzt wird, das sich ursprünglich auf eine bereits ausgesprochene Kündigung bezog.

BAG *3.4.2008 – 2 AZR 965/06 = DB 2008, 1864 = NZA 2008, 807*

Die mangelnde Aufklärbarkeit des Tages der Unterrichtung des Betriebsrats geht zu Lasten des Arbeitgebers.

***LAG** Köln 9.10.1996 – 7 TaBV 29/96*

Auch in **Eilfällen** ist prinzipiell eine einseitig vom Arbeitgeber veranlasste Verkürzung der gesetzlichen Anhörungsfristen nicht möglich.

***BAG** 13.11.1975 – 2 AZR 610/74*

Teilt der Betriebsrat dem Arbeitgeber mit, **„er wolle die Frist verstreichen lassen"**, liegt hierin **keine „abschließende Stellungnahme"**. Der Arbeitgeber darf daher nicht vor Ablauf der Wochenfrist kündigen.

***Hessisches LAG** 21.11.1986 – 13 Sa 455/86*

Vor dem Ablauf der gesetzlichen Überlegungs- und Stellungnahmefristen des § 102 Abs. 2 BetrVG ist der Ausspruch einer Kündigung betriebsverfassungsrechtlich zulässig, wenn in diesem Zeitpunkt eine abschließende Stellungnahme des Betriebsrats vorliegt.

***LAG** Berlin 12.7.1999 – 9 Sa 763/99 = NZA RR 1999, 485*

Hat der Arbeitgeber das Anhörungsverfahren ordnungsgemäß eingeleitet, so führen Mängel, die im Verantwortungsbereich des Betriebsrats entstehen, grundsätzlich nicht zur Unwirksamkeit der Kündigung wegen fehlender Anhörung, wenn der Arbeitgeber mit dem Ausspruch der Kündigung bis zum Ablauf der Frist von drei Tagen nach § 102 Abs. 2 Satz 3 BetrVG wartet. Sie gehören zur Sphäre des Betriebsrats, d. h. zu dessen Zuständigkeits- und Verantwortungsbereich, und gehen nicht zu Lasten des Arbeitgebers (BAG 2.4.1976 – 2 AZR 513/75).

Auch bei Kündigung vor Fristablauf kann der Arbeitgeber die Kündigung ohne Verletzung des § 102 BetrVG aussprechen, sofern dem Arbeitgeber vom Betriebsrat mitgeteilt worden ist, dass er der beabsichtigten Kündigung zustimme. Mit dieser Mitteilung ist grundsätzlich das Anhörungsverfahren abgeschlossen.

Etwas anderes würde allenfalls dann gelten, wenn in Wahrheit keine Stellungnahme des Betriebsrats, sondern erkennbar nur eine persönliche Stellungnahme des Betriebsratsvorsitzenden erfolgt wäre oder wenn der Arbeitgeber den Fehler durch unsachgemäßes Verhalten selbst veranlasst hätte (vgl. B AG 24.3.1977 – 2 AZR 389/76).

***BAG** 15.11.1995 – 2 AZR 974/94*

Der Arbeitgeber kann auf Grund einer – wenn auch fehlerhaft zustande gekommenen –abschließenden Stellungnahme des Betriebsrats regelmäßig vor Ablauf der Frist des § 102 Abs. 2 BetrVG die Kündigung aussprechen.

***BAG** 24.6.2004 – 2 AZR 461/03*

Spricht der Arbeitgeber die Kündigung aus, bevor der Betriebsrat im Anhörungsverfahren nach §102 BetrVG Stellung genommen hat und bevor seine Äußerungsfrist abgelaufen ist, kann er ohne erneute Betriebsratsanhörung keine wirksame spätere Kündigung zu einem Zeitpunkt aussprechen, zu dem die ursprüngliche Äußerungsfrist abgelaufen wäre: Mit dem vorzeitigen Abbruch ist das Anhörungsverfahren beendet; es gibt keine Äußerungsfrist mehr, die doch noch ablaufen könnte.

***LAG** Köln 25.8.1995 – 13 Sa 367/95 = NZA RR 1996, 376*

Gemäß § 187 BGB beginnt die Wochenfrist für die Anhörung des Betriebsrats nach § 102 BetrVG mit dem folgenden Tag, nachdem dem Betriebsrat die Arbeitgebererklärung, mit der dieser das Anhörungsverfahren gemäß § 102 BetrVG eingeleitet hat, ordnungsgemäß zugegangen ist. Bei einem Anhörungsschreiben wird der Tag des Zugangs der Arbeitgebererklärung, bei der Fristberechnung nicht mitgerechnet (§ 187 Abs. 1 BGB). Nach § 130 Abs. 1 BGB wird eine unter Abwesenden abgegebene Willenserklärung mit dem Zeitpunkt wirksam, in welchem sie dem Empfänger zugeht. Eine schriftliche Willenserklärung ist zugegangen, sobald sie in verkehrsüblicher Weise in die tatsächliche Verfügungsgewalt des Empfängers bzw. eines empfangsberechtigten Dritten gelangt ist und für den Empfänger unter gewöhnlichen Verhältnissen die Möglichkeit besteht, von dem Inhalt des Schreibens Kenntnis zu nehmen.

Dies gilt auch für den Zugang eines Anhörungsschreibens nach § 102 BetrVG an den Betriebsrat. Ein solches Scheiben geht dem Betriebsrat erst am folgenden Tage zu, wenn es vom Arbeitgeber zu einer Zeit in ein für den Betriebsrat bereitstehendes Postfach gelegt wird, zu dem (z. B. nach Dienstschluss und nachdem der Betriebsratsvorsitzende bereits den Betrieb verlassen hat) nicht mehr mit der Leerung dieses Postfachs am selben Tag gerechnet werden kann.

Die Einwochenfrist endet mit Ablauf des Tages der nächsten Woche, der durch seine Benennung dem Tag entspricht, an welchem dem Betriebsrat die Arbeitgebermitteilung zugegangen ist (§ 188 Abs. 2 BGB). Die Wartefrist endet noch nicht am letzten Tag mit dem **Dienstschluss der Personalabteilung** des Arbeitgebers, **sondern erst um 24 Uhr**.

Der Betriebsrat kann die Wochenfrist voll ausschöpfen. Die einseitige Abkürzung der Wochenfrist durch den Arbeitgeber ist auch in Eilfällen unzulässig.

***BAG** 12.12.1996 – 2 AZR 809/95*

Mit dem Beschluss des Bundesvorstands des Deutschen Gewerkschaftsbundes (DGB), die DGB-Rechtsschutz GmbH zu gründen und auf sie den gewerkschaftlichen Rechtsschutz zu überführen, überschritt der Bundesvorstand nicht die ihm nach der Satzung des DGB eingeräumten Befugnisse.

Haben Arbeitgeber und Betriebsrat vereinbart, dass Kündigungen der Zustimmung des Betriebsrats bedürfen und dass bei Meinungsverschiedenheiten die Einigungsstelle entscheidet, kann der Arbeitgeber seine Mitteilungen zu den Kündigungsgründen auch noch im Verfahren vor der Einigungsstelle vervollständigen.

Aus den Gründen:

Das Beteiligungsverfahren gemäß § 102 Abs. 6 BetrVG tritt nach allgemeiner Meinung an die Stelle des Anhörungsverfahrens nach § 102 Abs. 1 und 2 BetrVG (KR-Etzel a.a.O. Rn. 248; Kraft GK-BetrVG 6. Aufl. § 102 Rn. 194; Fitting/Kaiser/Heither/Engels BetrVG 20. Aufl. § 102 Rn. 70). Der Arbeitgeber kann sich deshalb im Kündigungsschutzprozess auch auf solche Mitteilungen zu den Kündigungsgründen berufen, die er dem Betriebsrat bis zu dessen Zustimmung oder während des Zustimmungsersetzungsverfahrens gegeben bzw. richtig gestellt hat (Kraft a.a.O. Rn. 198).

***BAG** 7.12.2000 – 2 AZR 391/99*

2.2. Umfang der Unterrichtungspflicht des Arbeitgebers nach § 102 Abs. 1 BetrVG

Hinweis für die Praxis

Der notwendige Inhalt der Unterrichtung gemäß § 102 Abs. 1 Satz 2 BetrVG richtet sich nach Sinn und Zweck des Beteiligungsrechts. Dieser besteht darin, den Betriebsrat durch die Unterrichtung in die Lage zu versetzen, sachgerecht, d.h. ggf. zugunsten des Arbeitnehmers auf den Arbeitgeber einzuwirken. ***Der Betriebsrat soll die Stichhaltigkeit und Gewichtigkeit der Kündigungsgründe beurteilen und sich über sie eine eigene Meinung bilden können.*** *Die Anhörung soll dem Betriebsrat nicht die selbständige – objektive – Überprüfung der rechtlichen Wirksamkeit der beabsichtigten Kündigung ermöglichen. Er soll anhand der Unterrichtung die Stichhaltigkeit und Gewichtigkeit der Kündigungsgründe beurteilen können und sich darüber eine eigene Meinung bilden. Mögliche Einwände des Betriebsrats dürfen diesem nicht gezielt abgeschnitten werden. Alle Angaben, die der Arbeitgeber im Rahmen der Unterrichtung aber tatsächlich macht, müssen wahrheitsgemäß erfolgen.*

2.2.1. Allgemeines

Die Anhörung des Betriebsrats gemäß § 102 Abs. 1 BetrVG bedarf auch dann nicht der Schriftform bzw. der Übergabe vorhandener schriftlicher Unterlagen, wenn der Kündigungssachverhalt ungewöhnlich komplex ist.

Im Kündigungsschutzprozess sind auch solche Tatsachen verwertbar, die der Arbeitgeber dem Betriebsrat im Anhörungsverfahren erst auf Nachfrage mitteilt. Dies gilt jedenfalls dann, wenn der Arbeitgeber vor der Kündigung nochmals die Frist des § 102 Abs. 2 BetrVG bzw. die abschließende Stellungnahme des Betriebsrats abwartet.

***BAG** 6.2.1997 – 2 AZR 265/96*

Für die Mitteilung der Kündigungsgründe gemäß § 102 Abs. 1 Satz 2 BetrVG gilt der Grundsatz der „subjektiven Determinierung". Der Arbeitgeber muss dem Betriebsrat die Umstände mitteilen, die seinen Kündigungsentschluss tatsächlich bestimmt haben. Dem kommt er dann nicht nach, wenn er dem Betriebsrat einen schon aus seiner eigenen Sicht unrichtigen oder unvollständigen Sachverhalt darstellt. Zu einer vollständigen und wahrheitsgemäßen Information gehört darüber hinaus die Unterrichtung über Tatsachen, die ihm – dem Arbeitgeber – bekannt und für eine Stellungnahme des Betriebsrats möglicherweise bedeutsam sind, weil sie den Arbeitnehmer entlasten und deshalb gegen eine Kündigung sprechen können.

Die subjektive Determination des Inhalts der Anhörung führt nicht dazu, dass bei der **verhaltensbedingten Kündigung** auf die Mitteilung **persönlicher Umstände des Arbeitnehmers** ganz verzichtet werden könnte, wenn sie für den Kündigungsentschluss des Arbeitgebers ohne Bedeutung waren. Bei den „Sozialdaten" handelt es sich zwar um Umstände, die nicht das beanstandete Verhalten des Arbeitnehmers selbst betreffen. Nach Sinn und Zweck der Anhörung darf der Arbeitgeber dem Betriebsrat aber keine persönlichen Umstände des Arbeitnehmers vorenthalten, die sich bei objektiver Betrachtung entscheidend zu seinen Gunsten auswirken und deshalb schon für die Stellungnahme des Betriebsrats bedeutsam sein können (im Streitfall verneint für die Angabe, die Arbeitnehmerin sei beurlaubte Beamtin).

Eine nähere Begründung der den Kündigungsentschluss tragenden Abwägung ist wegen des Grundsatzes der subjektiven Determinierung regelmäßig nicht erforderlich. Die Anhörung zu der Absicht, das Arbeitsverhältnis zu kündigen, impliziert eine Abwägung zu Lasten des Arbeitnehmers.

Die Mitteilungspflicht des Arbeitgebers im Rahmen von § 102 Abs. 1 Satz 2 BetrVG reicht nicht so weit wie seine Darlegungslast im Prozess. **Die Anhörung des Betriebsrats soll diesem** nicht die selbständige Überprüfung der Wirksamkeit der beabsichtigten Kündigung, sondern **eine Einflussnahme auf die Willensbildung des Arbeitgebers ermöglichen**. Der Betriebsrat soll in die Lage versetzt werden, sachgerecht auf den Arbeitgeber einzuwirken, d.h. die Stichhaltigkeit und Gewichtigkeit der Kündigungsgründe zu überprüfen und sich über sie eine eigene Meinung zu bilden. Dieser Zweck wird bei der Anhörung zu einer fristlosen Kündigung grundsätzlich auch dann nicht verfehlt, wenn der Arbeitgeber dem Betriebsrat eine objektiv zu lange Dauer der Betriebszugehörigkeit des Arbeitnehmers und eine Kündigungsfrist von sieben statt in Wirklichkeit fünf Monaten zum Monatsende mitgeteilt hat.

Mit ergänzenden Angaben des Arbeitgebers im Rahmen einer bereits in Gang gesetzten Anhörung, die über das Notwendige einer ordnungsgemäßen Information hinausgehen, beginnt die Frist zur Stellungnahme für den Betriebsrat regelmäßig nicht neu zu laufen.

***BAG** 23.10.2014 – 2 AZR 736/13*

Der Arbeitgeber muss den Betriebsrat auf eine vor Zugang der Kündigung veränderte Sachlage hinweisen, wenn die Unterrichtung nach § 102 Abs. 1 S.2 BetrVG anderenfalls irreführend wäre. Dies gilt bei einer wesentlichen Änderung des bislang als für den Kündigungsentschluss maßgeblich dargestellten Sachverhalts selbst dann, wenn das Anhörungsverfahren bereits abgeschlossen war.

***BAG** 22.9.2016 – 2 AZR 700/15*

Hinweis für die Praxis

Grundsätzlich ist die Betriebsratsanhörung zwar vor allem subjektiv determiniert, wie die vorstehenden Entscheidungen zeigen. Das BAG hat jedoch in seiner Entscheidung vom 22. September 2016 deutlich festgestellt, dass der Arbeitgeber den Betriebsrat auf eine wesentliche Änderung des dem Betriebsrat dargestellten Sachverhalts sogar dann noch nachträglich hinweisen muss, wenn das Anhörungsverfahren bereits abgeschlossen ist und der Arbeitgeber selbst seinen Kündigungsentschluss trotz der wesentlich veränderten Sachlage nicht ändert.

Da die Betriebsratsanhörung nach § 102 BetrVG nicht darauf abzielt, die Wirksamkeit der beabsichtigten Kündigung zu überprüfen, sondern sich darauf beschränkt, im Vorfeld der Kündigung auf die Willensbildung des Arbeitgebers Einfluss zu nehmen, sind an die Mitteilungspflicht des Arbeitgebers bei der Anhörung des Betriebsrats nicht dieselben Anforderungen zu stellen wie an die Darlegungslast im Kündigungsschutzprozess.

Das BAG leitet daher aus § 102 BetrVG den Grundsatz der so genannten **„subjektiven Determinierung"** ab,

demzufolge der Betriebsrat immer dann ordnungsgemäß angehört worden ist, wenn der Arbeitgeber ihm die aus seiner Sicht tragenden Umstände unterbreitet hat.

Teilt der Arbeitgeber dem Betriebsrat **objektiv kündigungsrechtlich erhebliche Tatsachen** nicht mit, weil er die Kündigung darauf (zunächst) nicht stützen will oder weil er sie bei seinem Kündigungsentschluss für unerheblich oder entbehrlich hält, dann ist die Anhörung selbst ordnungsgemäß.

Die in objektiver Hinsicht unvollständige Unterrichtung hat lediglich „mittelbar" die Unwirksamkeit der Kündigung zur Folge, wenn der mitgeteilte Sachverhalt zur sozialen Rechtfertigung der Kündigung nicht ausreicht, weil

es dem Arbeitgeber verwehrt ist, im Kündigungsschutzprozess Gründe nachzuschieben, die nicht Gegenstand der Betriebsratsanhörung waren.

Nach Sinn und Zweck des Anhörungsverfahrens ist eine **bewusst** und **gewollt unrichtige** oder **unvollständige** Mitteilung der für den Kündigungsentschluss des Arbeitgebers maßgebenden Kündigungsgründe wie eine Nichtinformation des Betriebsrats zu behandeln. Sie kann nicht nur in der Aufbereitung der mitgeteilten Tatsachen, sondern auch in der Weglassung gegen die Kündigung sprechender, **den Arbeitnehmer entlastender Informationen** bestehen und führt zur Unwirksamkeit der Kündigung nach § 102 Abs. 2 Satz 3 BetrVG, wenn die bewusst irreführend dargestellten bzw. weggelassenen Tatsachen nicht nur eine unzutreffende Ergänzung oder Konkretisierung des mitgeteilten Sachverhalts bewirken.

Der Arbeitgeber verletzt durch eine derartige Darstellung nicht nur die im Anhörungsverfahren geltende Pflicht zur vertrauensvollen Zusammenarbeit nach §§ 2 Abs. 1, 74 BetrVG, sondern er setzt den Betriebsrat auch außerstande, sich ein zutreffendes Bild von den Gründen für die Kündigung zu machen.

***BAG** 22.9.1994 – 2 AZR 31/94*

Der Inhalt der Unterrichtung nach § 102 Abs. 1 Satz 2 BetrVG ist grundsätzlich subjektiv determiniert. Der Arbeitgeber muss dem Betriebsrat die Umstände mitteilen, die seinen Kündigungsentschluss tatsächlich bestimmt haben. Dem kommt er dann nicht nach, wenn er dem Betriebsrat einen schon aus seiner eigenen Sicht unrichtigen oder unvollständigen Sachverhalt unterbreitet. Dem steht es gleich, wenn der Arbeitgeber dem Betriebsrat für dessen Beurteilung bedeutsame, zuungunsten des Arbeitnehmers sprechende, objektiv unzutreffende Tatsachen mitteilt, von denen er selbst für möglich hält, dass sie nicht der Wahrheit entsprechen. Er stellt seinen Kenntnisstand in diesem Fall bewusst als umfassender dar, als er es in Wirklichkeit ist. Eine zwar vermeidbare, aber unbewusst und damit gutgläubig erfolgte, „bloß" objektive Fehlinformation stellt dagegen für sich genommen keinen Verstoß gegen § 102 Abs. 1 Satz 2 BetrVG dar.

Die subjektive Überzeugung des Arbeitgebers von der Relevanz oder Irrelevanz bestimmter Umstände ist für den Umfang der Unterrichtung nach § 102 Abs. 1 Satz 2 BetrVG nicht maßgeblich, wenn dadurch der Zweck der Betriebsratsanhörung verfehlt würde. Dieser besteht darin, den Betriebsrat in die Lage zu versetzen, sachgerecht auf die Willensbildung des Arbeitgebers einzuwirken. Der Arbeitgeber darf daher ihm bekannte Umstände, die sich bei objektiver Betrachtung zugunsten des Arbeitnehmers auswirken können, dem Betriebsrat nicht deshalb vorenthalten, weil sie für seinen eigenen Kündigungsentschluss nicht von Bedeutung waren.

***BAG** 16.7.2015 – 2 AZR 15/15*

Bei der verhaltensbedingten Kündigung kann im Rahmen der Anhörung des Betriebsrats nach § 102 Abs. 1 Satz 1 BetrVG auf die Mitteilung der „Sozialdaten" des Arbeitnehmers nicht deshalb verzichtet werden, weil sie für den Kündigungsentschluss des Arbeitgebers ohne Bedeutung waren. Der Wirksamkeit einer auf Gründe im Verhalten des Arbeitnehmers gestützten Kündigung steht das Unterlassen der Angabe von dessen genauen „Sozialdaten" bei der Betriebsratsanhörung aber dann nicht entgegen, wenn es dem Arbeitgeber auf diese ersichtlich nicht ankommt und der Betriebsrat jedenfalls die ungefähren Daten ohnehin kennt.

Der Arbeitgeber ist mit Gründen, die eine den Betriebszwecken dienliche weitere Zusammenarbeit i.S.v. § 9 Abs. 1 Satz 2 KSchG nicht erwarten lassen und die bereits zum Zeitpunkt der letzten mündlichen Verhandlung vor dem Arbeitsgericht vorlagen, nicht deshalb ausgeschlossen, weil er die Auflösung des Arbeitsverhältnisses erst in der Berufungsinstanz beantragt. Dem berechtigten Interesse des Arbeitnehmers, nicht weit zurückliegende Vorfälle ohne Aussagekraft für die zukünftig zu erwartende Zusammenarbeit als Auflösungsgründe heranzuziehen, ist dadurch Rechnung getragen, dass es auf die Beurteilung der objektiven Lage bei Schluss der mündlichen Verhandlung ankommt. Zu diesem Zeitpunkt können aufgrund der zeitlichen Entwicklung und damit verbundener veränderter tatsächlicher oder rechtlicher Umstände länger zurückliegende Umstände ihre Bedeutung für die erforderliche Zukunftsprognose verloren haben.

***BAG** 19.11.2015 – 2 AZR 217/15*

Hat der Arbeitgeber den Personalrat über den aus seiner Sicht bestehen Kündigungssachverhalt ordnungsgemäß unterrichtet, berührt die spätere Beschränkung des Kündigungssachverhalts im Kündigungsschutzprozess, etwa weil einzelne Vorwürfe nicht beweisbar sind, die Wirksamkeit der Personalratsbeteiligung nicht. Dem Arbeitgeber ist es auch nicht verwehrt, die Kündigung auf den verbliebenen Sachverhalt zu stützen, ohne den Personalrat erneut zu beteiligen.

Dem Sinn und Zweck des Beteiligungsverfahrens, den Personalrat an den subjektiven Überlegungen des Arbeitgebers hinsichtlich der Rechtfertigung der Kündigung zu beteiligen, um auf den Kündigungsentschluss einwirken zu können, ist auch bei nachträglicher Beschränkung des Kündigungssachverhalts auf einzelne, dem Personalrat mitgeteilte Kündigungstatsachen regelmäßig Genüge getan. Der Personalrat hatte dann bereits aufgrund des durchgeführten Mitbestimmungsverfahrens hinreichend Gelegenheit und Veranlassung, sich mit dem vom Arbeitgeber unterbreiteten Kündigungssachverhalt umfassend zu befassen.

***BAG** 27.11.2008 – 2 AZR 98/07*

Die ordnungsgemäße Beteiligung der kirchlichen Mitarbeitervertretung unterliegt in Rechtsstreitigkeiten über das Bestehen oder Nichtbestehen eines privatrechtlich begründeten kirchlichen Arbeitsverhältnisses der Überprüfung durch die staatlichen Gerichte für Arbeitssachen.

Die Unterrichtung der Mitarbeitervertretung über die Gründe für eine beabsichtigte ordentliche (§ 30 Abs. 1 MAVO) oder außerordentliche (§ 31 Abs. 1 MAVO) Kündigung ist – wie die Anhörung des Betriebsrats nach § 102 Abs. 1 BetrVG – „subjektiv determiniert". Der Dienstgeber braucht der Mitarbeitervertretung deshalb nur solche Kündigungsgründe mitzuteilen, die für seinen Kündigungsentschluss maßgebend sind. Beabsichtigt er, das Arbeitsverhältnis aus betriebsbedingten Gründen außerordentlich zu kündigen, weil jegliche Beschäftigungsmöglichkeit für den betroffenen Arbeitnehmer weggefallen sei, genügt er seiner Informationspflicht grundsätzlich dadurch, dass er das Ergebnis seiner dahingehenden Prüfung mitteilt. Einer näheren Erläuterung, aus welchen Gründen der Dienstgeber welche Stellen als für eine Weiterbeschäftigung ungeeignet verworfen hat, bedarf es zur Erfüllung der Pflichten aus § 30 Abs. 1, § 31 Abs. 1 MAVO nicht.

***BAG** 22.10.2015 – 2 AZR 650/14*

Hat der Arbeitgeber den Betriebsrat lediglich zu einer beabsichtigten Verdachtskündigung angehört, schließt dies die Anerkennung einer nachgewiesenen Pflichtwidrigkeit als Kündigungsgrund dann nicht aus, wenn dem Betriebsrat alle Tatsachen mitgeteilt worden sind, die gegebenenfalls auch im Rahmen eines zulässigen Nachschiebens von Kündigungsgründen nicht nur den Verdacht einer Pflichtwidrigkeit, sondern den Tatvorwurf selbst begründen.

***BAG** 23.6.2009 – 2 AZR 474/07 = NZA 2009, 1137*

Wird nach erstinstanzlich erfolgreicher Entfristungsklage das Arbeitsverhältnis „vorsorglich" ordentlich gekündigt, ist die Anhörung des Betriebsrats ordnungsgemäß i.S.v. § 102 BetrVG, wenn mitgeteilt wird, dass nach Wegfall des Vertretungsbedarfs eine weitere Notwendigkeit der Beschäftigung des Arbeitnehmers nicht gesehen wird.

***BAG** 22.9.2005 – 6 AZR 607/04*

Die subjektive Determination des Anhörungsverfahrens des Betriebsrats zur Kündigung nach § 102 BetrVG führt nicht dazu, auf eine Mitteilung persönlicher Umstände ganz zu verzichten, auch wenn der Arbeitgeber sie nicht berücksichtigt hat. Der Arbeitgeber muss deshalb im Allgemeinen das Lebensalter und die Dauer der Betriebszugehörigkeit sowie einen eventuellen Sonderkündigungsschutz als unverzichtbare Daten für die Beurteilung der Kündigung dem Betriebsrat mitteilen. Dies gilt auch für einen verhaltensbedingten Kündigungsgrund, da dem Betriebsrat keine persönlichen Umstände vorenthalten werden dürfen, die sich im Rahmen einer Interessenabwägung zugunsten des Arbeitnehmers auswirken können.

***BAG** 6.10.2005 – 2 AZR 280/04*

Leitet der Arbeitgeber die Anhörung des Betriebsrats zur Kündigung mit dem Hinweis ein, die Kündigung solle erst nach Abschluss eines Interessenausgleichs und Sozialplans erfolgen, so ist eine zwar nach Abschluss des Interessenausgleichs, aber vor dem Abschluss des Sozialplans ausgesprochene Kündigung nicht mehr von dieser Anhörung gedeckt.

***BAG** 27.11.2003 – 2 AZR 654/02 = NZA 2004, 752*

Nach § 102 Abs. 1 Satz 1 BetrVG besteht eine Anhörungspflicht des Arbeitgebers vor jeder Kündigung. Nach Sinn und Zweck der Vorschrift, dem Betriebsrat Gelegenheit zu geben, auf den Kündigungsentschluss des Arbeitgebers Einfluss zu nehmen, kann ein Anhörungsverfahren grundsätzlich nur für die Kündigung Wirksamkeit entfalten, für die es eingeleitet worden ist.

Dies gilt insbesondere dann, wenn der Arbeitgeber wegen Bedenken gegen die Wirksamkeit der ersten Kündigung vorsorglich erneut kündigt. Das durch die ordnungsgemäße Anhörung erworbene Recht zum Ausspruch der Kündigung ist durch den Zugang der Kündigung „verbraucht".

Entscheidend ist, dass der Betriebsrat bei jeder vom Arbeitgeber beabsichtigten Kündigung seine ihm gesetzlich eingeräumten Rechte unter Ausschöpfung der dafür vorgesehenen Fristen wahrzunehmen in der Lage sein muss.

Dem ist Genüge getan, wenn sich eine Anhörung für den Betriebsrat erkennbar auf eine noch auszusprechende Kündigung bezieht.

Das gilt auch dann, wenn ein Anhörungsformular benutzt wird, das sich ursprünglich auf eine bereits ausgesprochene Kündigung bezog.

***BAG** 3.4.2008 – 2 AZR 965/06*

Hängt die Frage, ob der Arbeitgeber eine Änderungskündigung oder eine Beendigungskündigung aussprechen kann, allein davon ab, ob der Arbeitnehmer einem Betriebsübergang widerspricht oder nicht, so genügt der Arbeitgeber seiner nach § 102 BetrVG bestehenden Unterrichtungspflicht, wenn er dem Betriebsrat mitteilt, er wolle im Fall des Widerspruchs eine Beendigungskündigung und andernfalls eine Änderungskündigung aussprechen.

Es handelt sich bei einer solchen Lage nicht um eine unzulässige „Anhörung auf Vorrat".

***BAG** 22.4.2010 – 2 AZR 991/08*

Unterlaufen dem **Arbeitgeber** bei der Durchführung **der Anhörung Fehler**, dann ist die Anhörung – und damit die Kündigung – unabhängig davon unwirksam, ob und wie der Betriebsrat zu der mangelhaften Anhörung Stellung genommen hat (also auch bei Zustimmung des Betriebsrats zur Kündigung).

***BAG** 30.11.1989 – 2 AZR 197/89; **BAG** 29.3.1990 – 2 AZR 420/89; **BAG** 16.9.1993 – 2 AZR 267/93*

Teilt der Arbeitgeber dem Betriebsrat im Rahmen der Anhörung nach § 102 BetrVG mit, der Arbeitnehmer habe „laut Steuerkarte" keine unterhaltsberechtigten Kinder und entspricht dies dem Kenntnisstand des Arbeitgebers, so ist die Anhörung auch dann nicht fehlerhaft, wenn der Arbeitnehmer in Wahrheit unterhaltsberechtigte Kinder hat.

Der Arbeitgeber ist im Rahmen des § 102 BetrVG nicht verpflichtet, die Richtigkeit der ihm vom Arbeitnehmer mitgeteilten und dokumentierten Daten zu prüfen. Er kann deshalb mangels anderweitiger Kenntnisse auch von den Eintragungen in der Lohnsteuerkarte ausgehen, hat dies aber ggf. dem Betriebsrat zu kennzeichnen.

***BAG** 24.11.2005 – 2 AZR 514/04 = NZA 2006, 665*

Der Arbeitgeber unterrichtet den Betriebsrat über die wesentlichen Kündigungsgründe auch dann ausreichend, wenn er dem Betriebsrat den für ihn maßgebenden Sachverhalt im Einzelnen dargelegt hat. Es ist darüber hinaus nicht erforderlich, dass er dem Betriebsrat die in der Vergangenheit dem Arbeitnehmer erteilten Er- und Abmahnungen im Einzelnen darlegt, wenn der Arbeitgeber im Rahmen der Betriebsratsbeteiligung deutlich zum Ausdruck bringt, dass er bereits den konkreten Vorfall (Kündigungsgrund) als ausreichend für den Ausspruch einer außerordentlichen Beendigungskündigung erachtet. Aus seiner Sicht ist es dann nicht erforderlich, zusätzlich Er- und Abmahnungen, die bereits für eine bestehende

Belastung des Arbeitsverhältnisses sprechen, in das Anhörungsverfahren mit einzubringen.

***BAG** 15.11.2001 – 2 AZR 380/00*

Der Arbeitgeber ist verpflichtet, die Gründe für seine Kündigungsabsicht derart mitzuteilen, dass er dem Betriebsrat eine nähere Umschreibung des für die Kündigung maßgeblichen Sachverhalts gibt. Die Kennzeichnung des Sachverhalts muss so umfassend sein, dass der Betriebsrat ohne eigene Nachforschungen in der Lage ist, selbst die Stichhaltigkeit der Kündigungsgründe zu prüfen und sich ein Bild zu machen. Der Arbeitgeber genügt daher der ihm obliegenden Mitteilungspflicht nicht, wenn er den Kündigungssachverhalt nur pauschal, schlagwort- oder stichwortartig umschreibt oder lediglich ein Werturteil abgibt, ohne die für seine Bewertung maßgeblichen Tatsachen mitzuteilen.

Da die Betriebsratsanhörung nach § 102 BetrVG aber nicht darauf abzielt, die Wirksamkeit der beabsichtigten Kündigung zu überprüfen, sondern sich darauf beschränkt, im Vorfeld der Kündigung auf die Willensbildung des Arbeitgebers Einfluss zu nehmen, sind an die Mitteilungspflichten des Arbeitgebers bei der Betriebsratsanhörung nicht dieselben Anforderungen zu stellen wie an die Darlegungslast im Kündigungsschutzprozess. Nach dem Grundsatz der subjektiven Determinierung ist der Betriebsrat immer dann ordnungsgemäß angehört worden, wenn ihm der Arbeitgeber die aus seiner Sicht tragenden Gründe mitgeteilt hat.

Zu den Gründen, die nach § 102 Abs. 1 Satz 2 BetrVG dem Betriebsrat bei der Anhörung mitzuteilen sind, zählen auch die Gründe, die dem Betriebsrat gemäß § 102 Abs. 3 Nr. 2 bis 5 BetrVG zum Widerspruch berechtigen können (BAG 6.7.1978 – 2 AZR 810/76). Ist etwa bei einem Wegfall des bisherigen Arbeitsplatzes eine Versetzung des Arbeitnehmers auf einen anderen freien Arbeitsplatz zu erwägen, dann spricht es für die Kündigung, wenn der Arbeitgeber die Versetzung unterlässt, weil der Arbeitnehmer z. B. für die andere Tätigkeit nicht geeignet ist. Die für oder gegen eine derartige Versetzung sprechenden Gründe sind damit unmittelbare Bestandteile der für die Kündigung maßgeblichen Gründe.
Besteht aus Sicht des Arbeitgebers **keine Möglichkeit**, den zu kündigenden Arbeitnehmer auf einem anderen Arbeitsplatz weiterzubeschäftigen, **so genügt er seiner Anhörungspflicht** nach § 102 BetrVG in der Regel **durch den ausdrücklichen oder konkludenten Hinweis auf fehlende Weiterbeschäftigungsmöglichkeiten**. Daraus ergibt sich für den Betriebsrat mit hinreichender Deutlichkeit, die Kündigung solle erfolgen, weil andere geeignete Weiterbeschäftigungsmöglichkeiten aus Sicht des Arbeitgebers nicht bestehen. Gibt sich der Betriebsrat damit zufrieden, ist er ordnungsgemäß angehört.
Auch im Kündigungsschutzprozess ist der Arbeitgeber zu weiteren Darlegungen nur verpflichtet, wenn der Arbeitnehmer angibt, wie er sich eine Weiterbeschäftigung vorstellt (BAG 29.3.1990 – 2 AZR 369/89; BAG 17.2.2000 – 2 AZR 913/98).
Weitergehende Mitteilungspflichten bestehen jedoch dann, wenn der Betriebsrat den Arbeitgeber schon vor Einleitung des Anhörungsverfahrens darauf aufmerksam gemacht hat, dass ein konkreter Arbeitsplatz derzeit unbesetzt ist, und er außerdem geltend gemacht hat, auf diesem Arbeitsplatz besteht eine Weiterbeschäftigungsmöglichkeit für den zu kündigenden Arbeitnehmer. Aufgrund eines solchen gezielten Hinweises des Betriebsrats vor Einleitung eines Anhörungsverfahrens ist der Arbeitgeber verpflichtet, dem Betriebsrat über den pauschalen Hinweis auf fehlende Weiterbeschäftigungsmöglichkeiten hinaus weitere konkrete Auskünfte, bezogen auf den fraglichen Arbeitsplatz zu erteilen. Er kann in einem solchen Fall erkennen, dass seine Erwartung, der Betriebsrat werde durch den bloßen allgemeinen Hinweis auf fehlende Weiterbeschäftigungsmöglichkeiten ausreichend unterrichtet, nicht gerechtfertigt ist. Deshalb hat er dem Betriebsrat im Einzelnen darzulegen, weshalb eine Weiterbeschäftigung des Arbeitnehmers auf dem genannten Arbeitsplatz aus seiner Sicht nicht in Betracht kommt.
Diese erweiterte Mitteilungspflicht nach § 102 Abs. 1 Satz 2 BetrVG gilt nur dann nicht, wenn das Verlangen des Betriebsrats, über Weiterbeschäftigungsmöglichkeiten für den Arbeitnehmer auf einen bestimmten anderen Arbeitsplatz informiert zu werden, von der Sache her nicht gerechtfertigt ist, etwa weil der Betriebsrat entsprechende Kenntnisse schon besitzt. Kommt der Arbeitgeber einem schon im Vorfeld der eigentlichen Anhörung geäußerten berechtigten Verlangen des Betriebsrats nach zusätzlicher Information über die Kündigungsgründe nicht nach, so macht dies die Kündigung unwirksam (vgl. BAG 6.7.1979 – 2 AZR 810/79; BAG 17.2.2000 – 2 AZR 913/98).

***BAG** 15.3.2001 – 2 AZR 141/00*

Leitet der Arbeitgeber die Anhörung des Betriebsrats zur Kündigung mit dem Hinweis ein, die Kündigung solle erst nach Abschluss eines Interessenausgleichs und Sozialplans erfolgen, so ist eine zwar nach Abschluss des Interessenausgleichs, aber vor dem Abschluss des Sozialplans ausgesprochene Kündigung nicht mehr von dieser Anhörung gedeckt.

***BAG** 27.11.2003 – 2 AZR 654/02 = NZA 2004, 752*

Die Wahrung der Kündigungserklärungsfrist des § 626 Abs. 2 BGB gehört nicht zu den „Gründen für die Kündigung“ i.S.v. § 102 Abs. 1 Satz 2 BetrVG, über die der Arbeitgeber den Betriebsrat unterrichten muss. (Rn. 17). Ein solches Erfordernis liefe darauf hinaus, dem Gremium die – von § 102 BetrVG nicht bezweckte – objektive Überprüfung der Wirksamkeit der beabsichtigten Kündigung zu ermöglichen. Soweit der Arbeitgeber – insbesondere im Verfahren nach § 103 Abs. 1 BetrVG – gegenüber dem Betriebsrat freiwillig Angaben macht, die für die Einhaltung der Frist des § 626 Abs. 2 BGB von Bedeutung sind, müssen diese allerdings wahrheitsgemäß erfolgen (Rn. 17).

Ein Arbeitgeber, der das Arbeitsverhältnis außerordentlich fristlos kündigen möchte, muss dem Betriebsrat nicht nach § 102 Abs. 1 Satz 2 BetrVG mitteilen, dass dem betreffenden Arbeitnehmer ein tariflicher Sonderkündigungsschutz zukommt, der die Möglichkeit einer fristlosen Kündigung ausdrücklich „unberührt“ lässt (Rn. 16).

Der Arbeitgeber darf in der Unterrichtung des Betriebsrats nach § 102 Abs. 1 Satz 2 BetrVG aus einer objektiv zutreffenden Sachverhaltsschilderung tatsächliche und rechtliche Schlussfolgerungen ziehen. Ob die – für den Betriebsrat als solche identifizierbare – Würdigung des Arbeitgebers in tatsächlicher oder rechtlicher Hinsicht richtig war, ist keine Frage der Ordnungsgemäßheit des Anhörungsverfahrens, sondern eine solche der richterlichen Bewertung im Kündigungsschutzprozess (Rn. 23).

***BAG** 7.5.2020 – 2 AZR 678/19*

Hinweis für die Praxis

Es reicht aus, ist allerdings auch erforderlich, dass der Arbeitgeber mitteilt, wann sich der Kündigungssachverhalt zugetragen hat. Damit wird dem Betriebsrat ermöglicht, die Stichhaltigkeit und Gewichtigkeit der Kündigungsgründe zu beurteilen und sich darüber eine eigene Meinung zu bilden und gegebenenfalls entsprechend auf den Arbeitgeber einzuwirken.

Für eine ordnungsgemäße Unterrichtung des Betriebsrats i.S.v. § 102 Abs. 1 BetrVG genügt es, dass der Betriebsrat über die für die Berechnung der Kündigungsfrist und des Kündigungstermins erforderlichen Kenntnisse verfügt. Etwas anderes gilt, wenn der Arbeitgeber gänzlich offenlässt, mit welcher Frist und mit welchem Termin die geplante Kündigung erklärt werden soll. Der Arbeitgeber kann keinen ungefähren Endtermin nennen, wenn er vor Erklärung der Kündigung noch die Zustimmung oder Zulässigerklärung einer anderen Stelle einzuholen hat. In diesem Fall reicht es aus, wenn er den Betriebsrat auf die noch einzuholende Zustimmung oder Zulässigerklärung hinweist oder sie dem Betriebsrat bekannt ist. Dann braucht der Arbeitgeber den Betriebsrat bei unverändertem Kündigungssachverhalt nicht erneut zu beteiligen, selbst wenn das Zustimmungs- oder Zulässigerklärungsverfahren jahrelang andauert. Die Betriebsratsanhörung kann bereits vor der Zustimmung oder Zulässigerklärung der zuständigen Behörde erfolgen.

***BAG** 25.4.2013 – 6 AZR 49/12*

Soll der Betrieb auf Grund des durch den vorläufigen Insolvenzverwalter erstellten Gutachtens stillgelegt werden, reicht es für die ordnungsgemäße Anhörung des Betriebsrats i.S.v. § 102 BetrVG aus, wenn die Anhörung zu der für die Zeit nach der Insolvenzeröffnung vorgesehenen Kündigung schon durch den Geschäftsführer der Schuldnerin und den vorläufigen Insolvenzverwalter erfolgt, sofern dieser auch zum endgültigen Insolvenzverwalter bestellt wird.

***BAG** 22.9.2005 – 6 AZR 526/04*

Informiert der Arbeitgeber im Rahmen der Anhörung des Betriebsrats nach § 102 Abs. 1 BetrVG nicht auch über Begleitumstände, die dem an sich eine Kündigung tragenden Sachverhalt ein besonderes Gewicht verleihen und für die Interessenabwägung erhebliche Bedeutung haben (können), so sind diese Begleitumstände bei der Prüfung der Berichtigung der Kündigung nicht verwertbar.

Ohne (wenigstens) einen Hinweis auf das Vorliegen solcher Begleitumstände ist der Betriebsrat mit diesen nicht befasst und braucht insbesondere nicht von sich aus solche Begleitumstände ermitteln, indem er ihm übergebene Unterlagen auf solche Begleitumstände hin prüft und auswertet.

***Hessisches LAG** 15.9.1998 – 4 Sa 2349/97*

Vor Ausspruch der Kündigung kann der Arbeitgeber seine Informationen gegenüber dem Betriebsrat jederzeit ergänzen. Nachträgliche Informationen können allerdings dazu führen, dass insoweit die Frist für die Stellungnahme des Betriebsrats gemäß § 102 Abs. 2 BetrVG neu zu laufen beginnt (BAG 3.4.1987 – 7 AZR 66/86).

***BAG** 6.2.1997 – 2 AZR 265/96*

Äußert der Arbeitgeber bei der Unterrichtung des Betriebsrats zu einer geplanten Kündigung wegen unentschuldigten Fehlens eine Vermutung zu dem Beweggrund des Arbeitnehmers für das Fehlen, ist er auch verpflichtet, dem Betriebsrat ihm bekannte gegen diese Vermutung sprechende und ein anderes Gesamtbild zeichnende Umstände mitzuteilen.

Der Arbeitgeber kann den Mangel unzureichender Unterrichtung des Betriebsrats beheben, indem er aus eigener Initiative oder aufgrund einer Rückfrage des Betriebsrats die vollständige Unterrichtung nachholt. Die Äußerungsfrist des § 102 Abs. 2 BetrVG läuft dann erst ab dem Zeitpunkt der vollständigen Unterrichtung. Für den Arbeitgeber können bei der ergänzenden Unterrichtung nur Personen handeln, die kündigungsberechtigt sind oder von einem Kündigungsberechtigten dazu autorisiert worden sind, dem Betriebsrat im Anhörungsverfahren Informationen zu geben.

***LAG** Schleswig-Holstein 15.4.1997 – 1 Sa 554/96 = BB 1997, 1480*

Wird im Anhörungsschreiben unrichtig dem Arbeitnehmer lediglich ein Kind zugeordnet, obwohl der Arbeitnehmer zwei unterhaltsberechtigte Kinder hat, und hat der Arbeitgeber diese Information aus der Steuerkarte des Arbeitnehmers entnommen, die lediglich einen Kinderfreibetrag ausweist, trifft den Arbeitgeber keine dahingehende Nachforschungspflicht, aufzuklären, ob die in der Steuerkarte enthaltenen Angaben zutreffen, es sei denn, der Arbeitgeber kennt die Unrichtigkeit dieser Angaben.

***LAG** Baden-Württemberg 9.11.1990 – 15 Sa 86/90 = DB 1991, 554*

Umstände, die die **Glaubwürdigkeit von Zeugen** oder anderen **Beweismitteln** betreffen, gehören in der Regel nicht zum Kündigungssachverhalt i.S.d. § 102 Abs. 1 Satz 2 BetrVG.

***BAG** 22.9.1994 – 2 AZR 31/94*

Zur ordnungsgemäßen Anhörung des Betriebsrats bei einer Kündigungsmaßnahme gehört in der Regel nicht nur die Information über eine erteilte **Abmahnung**, sondern auch über eine bereits vorliegende **Gegendarstellung des Arbeitnehmers**. Der Grundsatz der vertrauensvollen Zusammenarbeit kann es dann gebieten, dem Betriebsrat mit einer solchen Gegendarstellung auch Umstände mitzuteilen, die gegen den Ausspruch einer Kündigung sprechen.

***BAG** 31.8.1989 – 2 AZR 453/88*

Hat der Arbeitgeber das Anhörungsverfahren ordnungsgemäß eingeleitet, so führen Mängel, die im Verantwortungsbereich des Betriebsrats entstehen, grundsätzlich nicht zur Unwirksamkeit der Kündigung wegen fehlender Anhörung, wenn der Arbeitgeber mit dem Ausspruch der Kündigung bis zum Ablauf der Frist von drei Tagen nach § 102 Abs. 2 Satz 3 BetrVG wartet. Sie gehören zur Sphäre des Betriebsrats, d. h. zu dessen Zuständigkeits- und Verantwortungsbereich, und gehen nicht zu Lasten des Arbeitgebers (BAG 2.4.1976 – 2 AZR 513/75).

Auch bei Kündigung vor Fristablauf kann der Arbeitgeber die Kündigung ohne Verletzung des § 102 BetrVG aussprechen, sofern dem Arbeitgeber vom Betriebsrat mitgeteilt worden ist, dass er der beabsichtigten Kündigung zustimme. Mit dieser Mitteilung ist grundsätzlich das Anhörungsverfahren abgeschlossen.
Etwas anderes würde allenfalls dann gelten, wenn in Wahrheit keine Stellungnahme des Betriebsrats, sondern erkennbar nur eine persönliche Stellungnahme des Betriebsratsvorsitzenden erfolgt wäre oder wenn der Arbeitgeber den Fehler durch unsachgemäßes Verhalten selbst veranlasst hätte (vgl. B AG 24.3.1977 – 2 AZR 389/76).

***BAG** 15.11.1995 – 2 AZR 974/94*

Die fehlende Mitteilung des Familienstandes oder der Unterhaltspflichten des Arbeitnehmers im Anhörungsverfahren nach § 102 BetrVG führen nicht notwendig zu einer fehlerhaften Anhörung des Betriebsrats. Grundsätzlich gehören zwar zur Bezeichnung der zu kündigenden Person neben Namen, Vornamen und Geburtsdatum auch die grundlegenden sozialen Daten des Arbeitnehmers, wie die Dauer der Betriebszugehörigkeit, der Familiensand und die Unterhaltspflichten. Wenn es aber ersichtlich der subjektiven Vorstellung des Arbeitgebers entspricht, unabhängig von den für den Arbeitnehmer bestehenden Unterhaltspflichten und seines Familienstandes das Arbeitsverhältnis aus verhaltensbedingten Gründen wegen schwerer arbeitsvertraglicher Pflichtverletzungen zu kündigen, führt das Fehlen der Mitteilung des Familienstandes und der Unterhaltspflichten nicht zur fehlerhaften Anhörung des Betriebsrats und damit zur Unwirksamkeit der Kündigung.

Die fehlenden Daten hinsichtlich der Unterhaltspflichten haben allerdings dann eine Bedeutung für den Kündigungsgrund im Rahmen der Interessenabwägung, wenn diese persönlichen Umstände im unmittelbaren Zusammenhang mit der Pflichtverletzung stehen (vgl. BAG 2.3.1989 – 2 AZR 280/88).

***BAG** 15.11.2001 – 2 AZR 380/00*

Die Beteiligung des Betriebsrats kann auch dann ordnungsgemäß sein, wenn der Arbeitgeber die **Unterhaltspflichten** und den **Familienstand** des gekündigten Arbeitnehmers dem Betriebsrat nicht mitgeteilt hat und diese Sozialdaten dem Betriebsrat auch nicht bekannt waren.

Zwar muss der Arbeitgeber im Regelfall alle maßgeblichen Sozialdaten des von der Kündigung betroffenen Arbeitnehmers und der weiteren Arbeitnehmer, die er in eine **Sozialauswahl** einbezogen hat, unaufgefordert mitteilen (BAG 29.3.1984 – 2 AZR 429/83 (A); BAG 15.12.1994 – 2 AZR 327/94). Wenn der Arbeitgeber jedoch keine Sozialauswahl getroffen hat, ist die Mitteilungspflicht des Arbeitgebers gegenüber dem Betriebsrat auf die Tatsachen beschränkt, die er zur Grundlage seiner Entscheidung gemacht hat (vgl. nur BAG 11.7.1991 – 2 AZR 119/91; BAG 15.11.1995 – 2 AZR 974/94). Deshalb ist § 102 Abs. 1 BetrVG nicht verletzt, wenn der Arbeitgeber gegenüber dem Betriebsrat die Angabe solcher Sozialdaten unterließ, die nur im Rahmen einer Sozialauswahl eine Rolle spielen konnten.

Allerdings ist entsprechend dem Zweck des § 102 Abs. 1 BetrVG dem Betriebsrat ein Bild von der beabsichtigten Kündigung zu vermitteln. Bei einer **betriebsbedingten Kündigung** dürfte im Regelfall die Mitteilung des Lebensalters und der Betriebszugehörigkeit des Arbeitnehmers unverzichtbar sein (vgl. BAG 15.12.1994 – 2 AZR 327/94). Dagegen zählen die **Unterhaltspflichten** und der **Familienstand** zu den Sozialdaten des betroffenen Arbeitnehmers, die grundsätzlich nur bei einer Sozialauswahl Bedeutung erlangen. Der Betriebsrat kann sich von der beabsichtigten Kündigung auch ohne Kenntnis dieser Lebensumstände ein Bild machen, wenn der Arbeitgeber eine Sozialauswahl erkennbar für entbehrlich hielt.

***BAG** 22.1.1998 – 8 AZR 243/95*

Nach § 102 Abs. 1 Satz 2 BetrVG muss der Arbeitgeber dem Betriebsrat diejenigen Gründe mitteilen, die nach seiner subjektiven Sicht die Kündigung rechtfertigen und für seinen Kündigungsentschluss maßgebend sind.
Wenn eine Sozialauswahl nach der für den Betriebsrat erkennbaren Auffassung des Arbeitgebers wegen der Stilllegung des gesamten Betriebsrat nicht vorzunehmen ist, braucht der Arbeitgeber den Betriebsrat nicht nach § 102 BetrVG über Familienstand und Unterhaltspflichten der zu kündigenden Arbeitnehmer unterrichten.

***BAG** 13.5.2004 – 2 AZR 329/03*

Wenn Arbeitgeber und Betriebsrat den zu kündigenden Arbeitnehmer für einen **leitenden Angestellten** halten, muss sich aus der Mitteilung des Arbeitgebers an den Betriebsrat eindeutig ergeben, ob er den Betriebsrat nach § 105 BetrVG nur unterrichten oder nach § 102 Abs. 1 BetrVG zu der beabsichtigten Kündigung (vorsorglich) auch anhören will.
Es ist aber nicht erforderlich, dass der Arbeitgeber wörtlich zur Stellungnahme auffordert, vielmehr genügt es, wenn der Betriebsrat der Mitteilung des Arbeitgebers entnehmen kann, dass damit auch ein Anhörungsverfahren nach § 102 Abs. 1 BetrVG eingeleitet werden soll. Die Erklärung des Arbeitgebers gegenüber dem Betriebsrat ist deshalb im Einzelfall auszulegen.

***BAG** 7.12.1979 – 7 AZR 1063/77*

Auch bei Vorliegen eines **Interessenausgleichs mit Namensliste** i.S.d. § 125 Abs. 1 InsO unterliegt die Betriebsratsanhörung nach § 102 BetrVG grundsätzlich keinen erleichterten Anforderungen.

Die Substantiierungspflicht im Kündigungsschutzprozess bildet nicht das Maß für die Unterrichtungspflicht des Arbeitgebers nach § 102 BetrVG.

Der Umfang der Unterrichtungspflicht orientiert sich an dem – vom Zweck des Kündigungsschutzprozesses zu unterscheidenden – Zweck des Anhörungsverfahrens.

Die Betriebsratsanhörung nach § 102 BetrVG zielt nicht darauf ab, die selbständige Überprüfung der Wirksamkeit einer Kündigung zu gewährleisten. Der Betriebsrat ist kein „Gericht", das über Anträge des Arbeitgebers entscheidet, sondern er soll Partner des Arbeitgebers in einem zwar gesetzlich institutionalisierten, aber vertrauensvoll zu führenden betrieblichen, Gespräch sein.

Es bedarf keiner weiteren Darlegung der Kündigungsgründe durch den Arbeitgeber nach § 102 BetrVG, wenn der Betriebsrat bei Einleitung des Anhörungsverfahrens bereits über den erforderlichen Kenntnisstand verfügt, um zu der konkret beabsichtigten Kündigung eine sachgerechte Stellungnahme abgeben zu können. Hat der Betriebsrat den erforderlichen Kenntnisstand, um sich über die Stichhaltigkeit der Kündigungsgründe ein Bild zu machen oder eine Stellungnahme hierzu abgeben zu können, und weiß dies der Arbeitgeber oder kann er dies nach den gegebenen Umständen jedenfalls als sicher annehmen, so kann vom Arbeitgeber keine weitere detaillierte Begründung verlangt werden.

***BAG** 28.8.2003 – 2 AZR 377/02*

Der **Interessenausgleich** nach § 125 Abs. 1 InsO entbindet den Insolvenzverwalter nicht von der Pflicht, den Betriebsrat gemäß § 102 Abs. 1 BetrVG zu den beabsichtigten Kündigungen anzuhören. In dem Interessenausgleich kann aber zum Ausdruck gebracht werden, dass der Insolvenzverwalter gleichzeitig das Anhörungsverfahren bezüglich der in der Namensliste angegebenen Personen einleitet und der Betriebsrat hinsichtlich aller Kündigungen eine abschließende Stellungnahme abgibt.

Die **Namensliste** im Sinne des § 125 Abs. 1 InsO muss vor Ausspruch der Kündigung und zeitgleich mit dem Interessenausgleich vereinbart werden.

***LAG** Hamm 4.6.2002 – 4 Sa 81/02 (Revision nicht zugelassen) = BB 2003, 159*

2.2.2. Unterlassene Mitteilung von dem Betriebsrat bekannten Gründen

Wenn der Betriebsrat bei Einleitung des Anhörungsverfahrens (§ 102 Abs. 1 BetrVG) **bereits über den erforderlichen Kenntnisstand verfügt**, um über die konkret beabsichtigte Kündigung eine Stellungnahme abgeben zu können, bedarf es keiner weiteren Darlegung der Kündigungsgründe durch den Arbeitgeber mehr; es ist hierbei unerheblich, ob es sich um einen Klein- oder Großbetrieb handelt.

***BAG** 15.12.1994 – 2 AZR 327/94; **BAG** 28.8.2003 – 2 AZR 377/02*

Die Betriebsratsanhörung unterliegt auch beim Vorliegen eines Interessenausgleichs keinen erleichterten Anforderungen. Soweit der Kündigungssachverhalt dem Betriebsrat allerdings schon aus Verhandlungen über den Interessenausgleich bekannt ist, braucht er ihm bei der Anhörung nach § 102 BetrVG nicht erneut mitgeteilt zu werden. Solche Vorkenntnisse des Betriebsrats muss der Arbeitgeber im Prozess hinreichend konkret darlegen und ggf. beweisen.

***BAG** 20.5.1999 – 2 AZR 532/98*

Auch im Rahmen eines Anhörungsverfahrens muss sich der Betriebsrat grundsätzlich nur das Wissen eines zur Entgegennahme von Erklärungen gemäß § 26 Abs. 3 Satz 2 BetrVG berechtigten oder hierzu ausdrücklich ermächtigten Betriebsratsmitglieds zurechnen lassen.

Unterlässt es der Arbeitgeber, den Betriebsrat über die Gründe der Kündigung zu unterrichten, in der irrigen oder vermeintlichen Annahme, dass dieser bereits über den erforderlichen und aktuellen Kenntnisstand verfügt, liegt gleichwohl keine ordnungsgemäße Einleitung des Anhörungsverfahrens vor.

***BAG** 27.6.1985 – 2 AZR 412/84*

Teilt der Arbeitgeber objektiv kündigungsrechtlich erhebliche Tatsachen dem Betriebsrat deshalb nicht mit, weil er darauf die Kündigung nicht oder zunächst nicht stützen will, dann ist die Anhörung ordnungsgemäß, weil eine nur bei objektiver Würdigung unvollständige Mitteilung der Kündigungsgründe nicht zur Unwirksamkeit der Kündigung nach § 102 BetrVG führt.

Eine in diesem Sinne objektiv unvollständige Anhörung verwehrt es dem Arbeitgeber allerdings, im Kündigungsschutzprozess Gründe nachzuschieben, die über die Erläuterung des mitgeteilten Sachverhalts hinausgehen.

Dies gilt jedoch nicht ohne weiteres für Tatsachen, die dem Betriebsrat bei der Anhörung bereits bekannt waren.

Entscheidend ist, dass für den Betriebsrat der „Kündigungsgrund" im Sinne eines aus mehreren Tatsachen und einer groben rechtlichen Einordnung gebildeten Begründungszusammenhangs erkennbar wird, auf den der Arbeitgeber sich stützen will.

***BAG** 11.12.2003 – 2 AZR 536/02*

Zieht der Arbeitgeber bei der Ermittlung des **Kündigungssachverhalts** ein (einfaches) Betriebsratsmitglied hinzu, sind dessen Kenntnisse dem Wissen des Betriebsrats nur dann zuzurechnen, wenn es sie vor oder bei Einleitung des Anhörungsverfahrens dem Vorsitzenden des Betriebsrats ggf. seinem Stellvertreter oder dem Betriebsratsgremium mitgeteilt hat.

***LAG** München 11.5.1988 – 5 Sa 1193/87 = BB 1988, 2175 = DB 1988, 2651 = NZA 1989, 280*

Nimmt ein Betriebsratsvorsitzender an einem Gespräch mit einem zu kündigenden Arbeitnehmer teil, in dem diesem mitgeteilt wird, sein Arbeitsverhältnis werde infolge einer Vorstandsentscheidung über die Aufgabe eines eigenen technischen Kundendienstes wegfallen, dann muss sich der Betriebsrat dieses Wissen seines Vorsitzenden zurechnen lassen. Es ist dann betriebsverfassungsrechtlich unbedenklich, wenn der Arbeitgeber auf die Mitteilung solcher für die Kündigung maßgeblichen Umstände in der Kündigungsanhörung verzichtet.

***BAG** 22.1.1998 – 8 AZR 243/95*

Die nochmalige Nennung der einzelnen Kündigungsgründe bei Mitteilung der Kündigungsabsicht an den Betriebsratsvorsitzenden kann – jedenfalls in einem kleinen Betrieb – entbehrlich sein, wenn der Betriebsratsvorsitzende jeweils über die **Gründe in der Person oder im Verhalten des Arbeitnehmers** unterrichtet worden ist, die in ihrer Zusammenfassung die Kündigung rechtfertigen sollen.

***BAG** 28.3.1974 – 2 AZR 472/73*

Kündigt der Arbeitgeber wegen wiederholten Zuspätkommens zur Arbeit, so kann er sich im Prozess auf betriebstypische Störungen des Betriebsablaufs auch dann berufen, wenn er diese Störungen dem Betriebsrat bei dessen Anhörung nicht ausdrücklich mitgeteilt hatte, weil solche Verspätungsfolgen dem **Betriebsrat im allgemeinen bekannt sind**.

***BAG** 27.2.1997 – 2 AZR 302/96*

Die Einschaltung des Betriebsrats im Rahmen des Anhörungsverfahrens vor einer Kündigung hat über die reine Unterrichtung hinaus den Sinn, ihm Gelegenheit zu geben, seine Überlegungen zu der Kündigungsabsicht aus Sicht der Arbeitnehmervertretung zur Kenntnis zu bringen. Der für die Kündigung maßgebende Sachverhalt ist so zu umschreiben, dass der Betriebsrat ohne zusätzliche eigene Nachforschungen in die Lage versetzt wird, die Stichhaltigkeit der Kündigungsgründe zu prüfen und sich über eine Stellungnahme schlüssig zu werden.

Der Arbeitgeber muss nur den kündigungsrechtlich relevanten Sachverhalt mitteilen, auf den er die Kündigung stützen will, während er **rechtliche Wirkungen** und **Wertungen** nicht mitzuteilen braucht; entscheidend ist der Lebenssachverhalt, wie er dem Betriebsrat mitgeteilt worden ist. Auf die juristische Wertung kommt es nicht an.

***BAG** 29.1.1997 – 2 AZR 292/96 = DB 1997, 1411*

Wird der Betriebsratsvorsitzende an der Aufklärung des für die Kündigung maßgeblichen Sachverhalts (hier: Eigenbeurlaubung einer ausländischen Arbeitnehmerin wegen Erkrankung einer nahen Angehörigen; Entschuldigung beim Vorgesetzten) unmittelbar beteiligt, so bedarf es einer ausdrücklichen Bezugnahme auf diese Beteiligung im Rahmen des anschließend vom Arbeitgeber eingeleiteten Anhörungsverfahrens nach § 102 BetrVG nicht.

Die Kündigung ist in einem solchen Fall nicht nach § 102 BetrVG unwirksam, auch wenn der Betriebsrat selbst vor Beschlussfassung weitere Aufklärungsmaßnahmen (Zeugenvernehmung) durchführt.

***LAG** Köln 16.10.1997 – 5 Sa 772/97*

2.2.3. Kündigung innerhalb der ersten sechs Monate (Probezeit)[62]

Hinsichtlich der Anforderungen, die an die Information des Betriebsrats durch den Arbeitgeber bei Wartezeitkündigungen zu stellen sind, ist **zwischen Kündigungen, die auf substantiierbare Tatsachen gestützt werden** (vgl. BAG 8.9.1988 – 2 AZR 103/88) **und Kündigungen, die auf personenbezogenen Werturteilen beruhen, die sich in vielen Fälle durch Tatsachen nicht näher belegen lassen** (BAG 18.5.1994 – 2 AZR 920/93), zu differenzieren. In der ersten Konstellation genügt die Anhörung den Anforderungen des § 102 BetrVG nur, wenn dem Betriebsrat die zugrunde liegenden Tatsachen bzw. Ausgangsgrundlagen mitgeteilt werden. In der zweiten Konstellation reicht die Mitteilung allein des Werturteils für eine ordnungsgemäße Betriebsratsanhörung aus. Der Arbeitgeber ist in diesem Fall nicht verpflichtet, im Rahmen des Anhörungsverfahrens nach § 102 BetrVG sein Werturteil gegenüber der Arbeitnehmervertretung zu substantiieren oder zu begründen. Darum genügten die (Mitteilungen, die Arbeitnehmerin habe sich **„während der Probezeit nicht bewährt“** und **sei „nicht geeignet“**, die ihr übertragenen Aufgaben ordnungsgemäß zu erfüllen“ (BAG 22.4.2010 – 6 AZR 828/08), **„nach unserer allgemeinen, subjektiven Einschätzung genügt die Arbeitnehmerin unseren Anforderungen nicht“** (BAG 3.12.1998 – 2 AZR 234/98) der der Arbeitnehmer habe die **„in ihn gesetzten Erwartungen nicht erfüllt“** (BAG 18.5.1994 – 2 AZR 920/93) jeweils den Anforderungen an eine ordnungsgemäße Anhörung des Betriebsrats.

Werturteile sind in einer Vielzahl von Fällen durch Tatsachen nicht belegbar (vgl. BAG 18.5.1994 – 2 AZR 920/93). Deshalb kann vom Arbeitgeber nicht verlangt werden, sein Werturteil gegenüber dem Betriebsrat zu substantiieren oder zu begründen, wenn er die Kündigungsentscheidung lediglich auf ein subjektives, nicht durch objektivierbare Tatsachen begründbares Werturteil stützt (vgl. BAG 22.4.2010 – 6 AZR 828/08).

Gleichwohl werden Werturteile in aller Regel nicht aus dem bzw. im luftleeren Raum getroffen. Sie beruhen vielfach auf einer Vielzahl kleinerer Beobachtungen, Vorfälle oder /erhaltensweisen und damit auf mehr oder minder fundierten, objektiven Tatsachen, die der Arbeitgeber oft nicht abschließend reflektieren kann und will und die oft auch nicht objektivierbar sind. Gleichwohl vermitteln diese Umstände in ihrer Gesamtheit dem Arbeitgeber bzw. dem zuständigen Vorgesetzten das Gefühl, dass eine Fortsetzung des Arbeitsverhältnisses nicht sinnvoll erscheint, sondern der Arbeitgeber von seiner Kündigungsfreiheit Gebrauch machen will (auf dieses Gefühl abstellend bereits BAG 3.12.1998 – 2 AZR 234/98). Dieses Gefühl manifestiert sich dann in einem Werturteil, etwa **„der Arbeitnehmer ist ungeeignet'** oder **„der Arbeitnehmer erbringt keine ausreichende Leistung“** oder **„der Arbeitnehmer hat die Probezeit nicht bestanden'**, das dann den Kündigungsgrund bildet.

Liegen dem subjektiven Werturteil des Arbeitgebers, das Arbeitsverhältnis nicht über die Wartezeit hinaus fortsetzen zu wollen, nach Zeit, Ort und Umständen konkretisierbare Tatsachenelemente zugrunde, muss der Arbeitgeber den Betriebsrat über diesen Tatsachenkern bzw. die Ansatzpunkte seines subjektiven Werturteils nicht informieren. Es genügt für eine ordnungsgemäße Anhörung, wenn er allein das Werturteil selbst als das Ergebnis seines Entscheidungsprozesses mitteilt.

Stützt der Arbeitgeber die Kündigung in der Wartezeit auf ein subjektives Werturteil, reicht die Mitteilung allein dieses Werturteils für eine ordnungsgemäße Betriebsratsanhörung aus. Der Arbeitgeber ist nicht verpflichtet, im Rahmen des Anhörungsverfahrens nach § 102 BetrVG sein Werturteil gegenüber der Arbeitnehmervertretung zu substantiieren oder zu begründen.

Wird der Betriebsrat nur über das abschließende Werturteil und nicht dessen Tatsachenkern informiert, kann er gemäß § 102 Abs. 2 Satz 4 BetrVG den Arbeitnehmer anhören, sich den Sachverhalt aus dessen Sicht darstellen lassen und anschließend versuchen, den Kündigungsentschluss des Arbeitgebers zu beeinflussen. Damit ist der Zweck des Anhörungsverfahrens gewahrt.

Diese Auslegung der Pflichten des Arbeitgebers im Anhörungsverfahren nach § 102 BetrVG bei Kündigungen innerhalb der Wartezeit, die auf subjektive Werturteile gestützt werden, ist Konsequenz des Grundsatzes der subjektiven Determination. Sie koordiniert den formellen Kündigungsschutz nach § 102 BetrVG mit dem materiellen Kündigungsschutz des Arbeitnehmers während der Wartezeit in einer Weise, die sowohl den (Grund-) Rechten des Arbeitnehmers als auch des Arbeitgebers sowie dem Zweck des Anhörungsverfahrens Rechnung trägt und diese wechselseitigen Rechte und Interessen zum Ausgleich bringt.

***BAG** 12.9.2013 – 6 AZR 121/12*

Bei einer Kündigung in den **ersten sechs Monaten** des Bestehens des Arbeitsverhältnisses ist die Substantiierungspflicht gegenüber dem Betriebsrat nicht an den objektiven Merkmalen der noch nicht erforderlichen Kündigungsgründe nach § 1 KSchG, sondern daran zu messen, welche konkreten Umstände oder subjektiven Vorstellungen zum Kündigungsentschluss geführt haben. Hat der Arbeitgeber keine Gründe oder wird sein Kündigungsentschluss allein von subjektiven, **durch Tatsachen nicht belegbaren Vorstellungen bestimmt**, so reicht die Unterrichtung über diese Vorstellungen aus. Er handelt dann aus seiner subjektiven Sicht konsequent, indem er trotz konkreter Ansatzpunkte seinen Kündigungsentschluss nur aus subjektiven Werturteilen herleitet.

Dagegen kommt er seiner Unterrichtungspflicht nicht nach, wenn er auch aus seiner subjektiven Sicht dem Betriebsrat **bewusst** unrichtige oder unvollständige Sachdarstellungen unterbreitet oder wenn er **bewusst** ihm bekannte, genau konkretisierbare Kündigungsgründe nur pauschal vorträgt, obwohl sein Kündigungsentschluss auf der Würdigung konkreter Kündigungssachverhalte beruht.

***BAG** 11.7.1991 – 2 AZR 119/91; **BAG** 18.5.1994 – 2 AZR 920/93 = DB 1994, 1984; **BAG** 12.11.1998 – 2 AZR 687/97; **BAG** 3.12.1998 – 2 AZR 234/98 = DB 1999, 1172*

Nach dem Grundsatz der subjektiven Determination reicht es zur ordnungsgemäßen Information der Personalvertretung über die vom Arbeitgeber beabsichtigte Wartezeitkündigung aus, dass der Arbeitgeber ihr nur seine subjektiven Wertungen, die ihn zur Kündigung des Arbeitnehmers veranlassen, mitteilt, wenn er keine auf Tatsachen gestützten und durch Tatsachen konkretisierbaren Kündigungsgründe benennen kann. Dafür reichen pauschale, schlagwortartige Begründungen. Der Arbeitgeber ist in diesen Fällen nicht verpflichtet, sein Werturteil gegenüber der Arbeitnehmervertretung zu substantiieren oder zu begründen.

***BAG** 22.4.2010 – 6 AZR 828/08*

Der Betriebsrat ist auch zur beabsichtigten Kündigung eines Arbeitnehmers während der Probezeit nach § 102 BetrVG anzuhören.

Der Arbeitgeber muss den Betriebsrat über alle Kündigungsaspekte informieren, die ihn zur Kündigung des Arbeitsverhältnisses veranlasst haben. Der Betriebsrat ist ordnungsgemäß angehört, wenn ihm der Arbeitgeber die aus seiner Sicht subjektiv tragenden Kündigungsgründe mitgeteilt hat. Die Mitteilung von **Scheingründen** oder die unvollständige Mitteilung von Kündigungsgründen – insbesondere unter bewusster Verschweigung der wahren Kündigungsgründe – genügt nicht.

Kommen aus der Sicht des Arbeitgebers mehrere Sachverhalte und Kündigungsgründe in Betracht, so führt ein bewusstes Verschweigen eines – von mehreren – Sachverhalten nicht zur Unwirksamkeit der Anhörung.

***BAG** 16.9.2004 – 2 AZR 511/03*

Hinsichtlich der Intensität der Unterrichtung des Betriebsrats über die Kündigungsgründe ist innerhalb der ersten sechs Monate des Arbeitsverhältnisses dem Umstand Rechnung zu tragen, dass die Wartezeit der beiderseitigen Überprüfung dient, ob das Arbeitsverhältnis auf Dauer fortgesetzt werden kann. Hat bei einer derartigen Kündigung der Arbeitgeber **keine auf Tatsachen gestützten und demgemäß durch die Mitteilung dieser Tatsachen konkretisierbaren Kündigungsgründe**, so genügt es, wenn er dem Betriebsrat seine subjektiven Wertungen mitteilt, die ihn zur Kündigung veranlassen. Jedenfalls ist die Betriebsratsanhörung gemäß § 102 BetrVG subjektiv determiniert und es reicht aus, wenn der Arbeitgeber den Be-

[62] s. RsprÜ zum ArbR, 22. Auflage 2022

triebsrat über die Tatsachen und Überlegungen informiert, auf die er seine Kündigung stützen will.

***BAG** 22.9.2005 – 2 AZR 366/04*

Will der Arbeitgeber die ordentliche Kündigung eines Oberarztes in dessen sechsmonatiger Probezeit allein auf den entsprechenden Wunsch des Chefarztes stützen, so genügt er seiner Anhörungspflicht nach § 102 Abs. 1 BetrVG, wenn er dem Betriebsrat mitteilt, dem Mitarbeiter solle „laut Wunsch des Chefarztes" fristgemäß in der Probezeit gekündigt werden.

***Hessisches LAG** 12.6.1995 – 16 Sa 1803/94*

Teilt der Arbeitgeber dem Personalrat im Rahmen der Benehmensherstellung zu einer beabsichtigten **Probezeitkündigung** nicht das **Lebensalter** und die ihm **bekannten Unterhaltspflichten des Arbeitnehmers** mit, führt dies nicht zur Unwirksamkeit der Kündigung, wenn die Kündigung wegen unzureichender Arbeitsleistung und mangelnder Bewährung innerhalb der sechsmonatigen Probezeit erfolgt. Unterhaltspflichten und Lebensalter sind – für den Personalrat erkennbar – in diesem Fall schon deshalb unter keinem rechtlichen Gesichtspunkt für den Kündigungsschluss des Arbeitgebers maßgeblich, weil nach § 1 Abs. 1 KSchG eine Kündigung innerhalb der sechsmonatigen Wartezeit nicht der sozialen Rechtfertigung bedarf. Die Wartezeit dient – von Missbrauchsfällen abgesehen – dazu, dem Arbeitgeber Gelegenheit zu geben, sich eine subjektive Meinung über Leistung und Führung des Arbeitnehmers zu bilden, die nicht einer Überprüfung nach objektiven Maßstäben unterliegt. Im Fall eines aus Sicht des Arbeitgebers negativen Ergebnisses dieser Prüfung soll er das Arbeitsverhältnis frei kündigen können, ohne dass es auf entgegenstehende Interessen des Arbeitnehmers ankommt.

***BAG** 23.4.2009 – 6 AZR 516/08*

2.2.4. Mitteilung des Entlassungstermins / Kündigungsfrist

Der Arbeitgeber muss **grundsätzlich die Kündigungsfrist mitteilen**, weil der Betriebsrat die Kündigungsgründe des Arbeitgebers in dem zeitlichen Zusammenhang beurteilen soll, in dem dieser die Kündigung beabsichtigt. Nach **Gesetz** oder **Tarifvertrag** kann eine längere Auslauffrist oder ein anderer Entlassungstermin geboten sein.

Die Frist ist ein **Baustein für die Interessenabwägung** und notwendig für die **Prüfung**, ob die **Gründe zu dem Entlassungszeitpunkt tatsächlich vorliegen.** Von ihr kann auf die Stichhaltigkeit der vom Arbeitgeber behaupteten Kündigungsgründe geschlossen werden. Demgemäß ist zwischen **Kündigungsfrist** und **Kündigungstermin** (Entlassungstermin, Endtermin) zu differenzieren und eine Mitteilungspflicht für die beabsichtigte Kündigungsfrist anzunehmen, wenn sich daraus erst die Tragweite der geplanten personellen Maßnahme (z. B. Reduzierung des Weihnachtsgeldes) ermitteln lässt.

***BAG** 3.4.1987 – 7 AZR 66/86 n. v.*

Zur ordnungsgemäßen Anhörung des Betriebsrats gehört die Angabe der **Kündigungsfrist** des betroffenen Arbeitnehmers, es sei denn, dem Betriebsrat sind die zu beachtenden Fristen ohnehin bekannt.

Offen bleibt, ob dem Betriebsrat darüber hinaus auch noch der **Endtermin** mitzuteilen ist.

***BAG** 3.4.1987 – 7 AZR 66/86 n. v.; **BAG** 29.3.1990 – 2 AZR 420/89;*
***BAG** 16.9.1993 – 2 AZR 267/93*

Zur ordnungsgemäßen Anhörung des Betriebsrats vor einer Kündigung gehört es, dass der Arbeitgeber erkennen lässt, wann er die Kündigung aussprechen will. Ist dies für den Betriebsrat nicht erkennbar, ist die Kündigung wegen nicht ordnungsgemäßer Anhörung des Betriebsrats unwirksam.

***BAG** 7.10.1993 – 2 AZR 423/93*

Zur Anhörung des Betriebsrats zur Kündigung eines Funktionsträgers i.S.d. § 15 Abs. 4 KSchG gehört auch, dass das genaue Datum der Betriebsstilllegung dem Betriebsrat mitgeteilt wird. Ansonsten ist die Kündigung unwirksam.

***LAG** Bremen 10.6.1986 – 4 Sa 339/85 = BB 1986, 1643 = DB 1987, 544.*

2.2.5. Außerordentliche Kündigung mit Auslauffrist

Die **außerordentliche Kündigung** gegenüber einem **tariflich unkündbaren** Arbeitnehmer kann aus **betriebsbedingten Gründen** ausnahmsweise unter Einhaltung der ordentlichen Kündigungsfrist zulässig sein, wenn der Arbeitsplatz des Arbeitnehmers weggefallen ist und der Arbeitgeber den Arbeitnehmer auch unter Einsatz aller zumutbaren Mittel, ggf. durch Umorganisation seines Betriebs, nicht weiterbeschäftigen kann.

Für die Anwendung der Ausschlussfrist des § 626 Abs. 2 BGB ist in solchen Fällen kein Raum, da der Wegfall der Beschäftigungsmöglichkeit einen Dauertatbestand darstellt.

Hinsichtlich der **Sozialauswahl** und der Betriebs- bzw. Personalratsbeteiligung steht diese außerordentliche Kündigung **einer ordentlichen Kündigung gleich**. § 1 Abs. 3 KSchG, § 102 Abs. 3 bis 5 BetrVG und § 79 Abs. 1 bis 2 BPersVG sind entsprechend anwendbar.

*BAG 5.2.1998 – 2 AZR 227/97 = DB 1998, 1035; **BAG** 25.3.2004 – 2 AZR 399/03*

Ist eine ordentliche Kündigung tariflich ausgeschlossen, kann eine Fortsetzung des Arbeitsverhältnisses mit dem kranken Arbeitnehmer in eng begrenzten Ausnahmefällen unzumutbar i. S. des § 626 Abs. 1 BGB sein. Dem Arbeitnehmer ist dann regelmäßig eine Auslauffrist zu gewähren, die in ihrer Länge der sonst einschlägigen ordentlichen Kündigungsfrist entspricht.

Die Betriebsrats- bzw. Personalratsanhörung bei einer außerordentlichen Kündigung unter Gewährung einer Auslauffrist gegenüber einem tariflich unkündbaren Arbeitnehmer muss wie bei einer ordentlichen Kündigung erfolgen.

***BAG** 18.1.2001 – 2 AZR 616/99 =DB 2002, 100*

Dem Betriebsrat ist bei einer außerordentlichen Kündigung mit notwendiger Auslauffrist gegenüber einem tariflich unkündbaren Arbeitnehmer nicht lediglich die Anhörungsfrist von drei Tagen nach § 102 Abs. 2 Satz 2 BetrVG, sondern die volle Frist von einer Woche zur Stellungnahme gemäß § 102 Abs. 2 Satz 1 BetrVG einzuräumen.

***BAG** 12.1.2006 – 2 AZR 242/05*

Eine außerordentliche Kündigung wegen **krankheitsbedingter Fehlzeiten** kommt in der Regel nur dann in Betracht, wenn eine ordentliche Kündigung tariflich oder vertraglich ausgeschlossen ist, wobei grundsätzlich eine der ordentlichen Kündigungsfrist entsprechende Auslauffrist einzuhalten ist (im Anschluss an BAG 9.9.1992 – 2 AZR 190/92).

Die Umdeutung einer außerordentlichen fristlosen Kündigung in eine außerordentliche Kündigung mit notwendiger Auslauffrist setzt grundsätzlich eine Beteiligung des Betriebs- bzw. Personalrats nach den für eine ordentliche Kündigung geltenden Bestimmungen voraus.

***BAG** 18.10.2000 – 2 AZR 627/99 = DB 2001, 338*

2.2.6. Außerordentliche (fristlose) Kündigung[63]

Bei einer **außerordentlichen Kündigung**, wegen eines vorsätzlichen Vermögensdeliktes zum Nachteil des Arbeitgebers, sind Unterhaltspflichten des Arbeitnehmers im Rahmen der Interessenabwägung bei der Anhörung des Betriebsrats grundsätzlich nicht zu berücksichtigen. Sie können allenfalls dann Bedeutung gewinnen, wenn eine durch Unterhaltspflichten bedingte schlechte Vermögenslage das bestimmende Motiv für die Tat gewesen ist und den Schuldvorwurf mindern kann.

***BAG** 2.3.1989 – 2 AZR 280/88*

Die fehlende Mitteilung des Familienstandes oder der Unterhaltspflichten des Arbeitnehmers im Anhörungsverfahren nach § 102 BetrVG führen nicht notwendig zu einer fehlerhaften Anhörung des Betriebsrats. Grundsätzlich gehören zwar zur Bezeichnung der zu kündigenden Person neben Namen, Vornamen und Geburtsdatum auch die grundlegenden sozialen Daten des Arbeitnehmers, wie die Dauer der Betriebszugehörigkeit, der Familiensand und die Unterhaltspflichten. Wenn es aber ersichtlich der subjektiven Vorstellung des Arbeitgebers entspricht, unabhängig von den für den Ar-

[63] s. RsprÜ zum ArbR, 22. Auflage 2022

beitnehmer bestehenden Unterhaltspflichten und seines Familienstandes das Arbeitsverhältnis aus verhaltensbedingten Gründen wegen schwerer arbeitsvertraglicher Pflichtverletzungen zu kündigen, führt das Fehlen der Mitteilung des Familienstandes und der Unterhaltspflichten nicht zur fehlerhaften Anhörung des Betriebsrats und damit zur Unwirksamkeit der Kündigung.
Die fehlenden Daten hinsichtlich der Unterhaltspflichten haben allerdings dann eine Bedeutung für den Kündigungsgrund im Rahmen der Interessenabwägung, wenn diese persönlichen Umstände im unmittelbaren Zusammenhang mit der Pflichtverletzung stehen (vgl. BAG 2.3.1989 – 2 AZR 280/88).

***BAG** 15.11.2001 – 2 AZR 380/00*

Der Wirksamkeit einer außerordentlichen Kündigung steht die fehlende Mitteilung der genauen **Sozialdaten** des zu kündigenden Arbeitnehmers an den Betriebsrat jedenfalls dann nicht entgegen, wenn es dem Arbeitgeber wegen der Schwere der Kündigungsvorwürfe auf die genauen Daten ersichtlich nicht ankommt, der Betriebsrat die ungefähren Daten kennt und er daher die Kündigungsabsicht des Arbeitgebers ausreichend beurteilen kann.

***BAG** 15.11.1995 – 2 AZR 974/94*

Die Mitteilung des Ergebnisses der Anhörung des Arbeitnehmers, dem gegenüber eine außerordentliche **Verdachtskündigung** wegen Untreue ausgesprochen werden soll, gehört zur ordnungsgemäßen Begründung der Kündigungsmaßnahme und damit zur ordnungsgemäßen Beteiligung des Personalrats (Betriebsrats).
Kann sich ein Arbeitnehmer, der im Zuge einer beabsichtigten Verdachtskündigung anzuhören ist, wegen von ihm nicht zu vertretender Gründe (hier: Intensiv-Krankenhausbehandlung) nicht fristgerecht äußern, so kann diese fehlende Stellungnahmemöglichkeit nicht durch Gewähren einer Auslauffrist für das Arbeitsverhältnis vom Arbeitgeber kompensiert werden.

***Hessisches LAG** 12.11.1992 – 12 Sa 587/92 = BB 1993, 1009*

Der Arbeitgeber hat die Zustimmung des Betriebsrats zu einer beabsichtigten außerordentlichen Kündigung eines Betriebsratsmitglieds unter Angabe der Kündigungsgründe – wie nach § 102 Abs. 1 BetrVG – beim Betriebsrat zu beantragen. Damit der Betriebsrat über seine Stellungnahme zur Kündigung entscheiden kann, muss er die Gründe kennen, die für die Maßnahme des Arbeitgebers ursächlich sind. Der Arbeitgeber ist daher verpflichtet, dem Betriebsrat die Gründe für die außerordentliche Kündigung mitzuteilen. Hinsichtlich der Art und des Umfangs der Informationen gelten hierbei dieselben Grundsätze wie zur Anhörung nach § 102 Abs. 1 BetrVG (vgl. BAG 18.8.1977 – 2 ABR 19/77; BAG 29.11.1984 – 2 AZR 581/83). Dementsprechend muss der Arbeitgeber dem Betriebsrat die Gründe für seinen Kündigungsentschluss im Einzelnen mitteilen. Der Arbeitgeber ist verpflichtet, dem Betriebsrat seine Kündigungsabsicht mitzuteilen, die Person des zu kündigenden Arbeitnehmers genau zu bezeichnen und die Kündigungsgründe anzugeben. Er muss den Betriebsrat über alle Aspekte unterrichten, die ihn zur Kündigung veranlasst haben.

Will der Arbeitgeber seine Kündigung in erster Linie auf den **dringenden Verdacht** einer erheblichen arbeitsvertraglichen Pflichtverletzung stützen, muss er dies dem Betriebsrat mitteilen und die Umstände angeben, aus denen sich der konkrete Verdacht ergeben soll. Informiert er den Betriebsrat nur über eine aus seiner Sicht nach erfolgte Vertragspflichtverletzung des Arbeitnehmers, kann er sich im späteren Kündigungsschutzprozess zur Begründung der Kündigung nicht mehr auf den Verdacht stützen, wenn die Verdachtsmomente bei Ausspruch der Kündigung bekannt waren. Insoweit liegt ein unzulässiges Nachschieben von Kündigungsgründen vor (vgl. BAG 29.6.1989 – 2 AZR 456/88; BAG 3.4.1986 – 2 AZR 324/85).

Der Verdacht einer strafbaren Handlung stellt gegenüber dem Vorwurf, der Arbeitnehmer habe die Tat begangen, einen eigenständigen Kündigungsgrund dar, der im Tatvorwurf nicht enthalten ist (vgl. BAG 10.9.1982 – 7 AZR 201/80; BAG 3.4.1986 – 2 AZR 324/85). Die Mitteilung, einem Arbeitnehmer solle wegen Verdachts einer Handlung gekündigt werden, gibt dem Betriebsrat einen weit stärkeren Anlass für ein umfassendes Tätigwerden im Anhörungs- bzw. im Zustimmungsersetzungsverfahren als eine Beteiligung wegen einer als erwiesen behaupteten Handlung oder Pflichtverletzung. Der Betriebsrat kann sich in diesen Fällen veranlasst sehen, von einer eigenen Stellungnahme abzusehen und die Klärung des Tatvorwurfs dem Kündigungsschutzverfahren zu überlassen. Gibt der Arbeitgeber dagegen selbst zu erkennen, er hege lediglich einen Verdacht gegen den Arbeitnehmer, so erhebt der Betriebsrat erfahrungsgemäß eher nachdrückliche Gegenvorstellungen (vgl. bspw. BAG 3.4.1986 – 2 AZR 324/85).

***BAG** 23.4.2008 – 2 ABR 71/07*

Eine Verdachtskündigung kommt – schon wegen der in besonderem Maße bestehenden Gefahr, dass ein Unschuldiger getroffen wird – auch als ordentliche Kündigung nur in Betracht, wenn das Arbeitsverhältnis bereits durch den Verdacht so gravierend beeinträchtigt wird, dass dem Arbeitgeber die Fortsetzung des Arbeitsverhältnisses nicht mehr zugemutet werden kann.

Dies setzt voraus, dass nicht nur der Verdacht als solcher schwerwiegend ist. Vielmehr muss ihm ein erhebliches Fehlverhalten des Arbeitnehmers – strafbare Handlung oder schwerwiegende Pflichtverletzung (Tat) – zugrunde liegen. Die Verdachtsmomente müssen daher auch im Fall einer ordentlichen Kündigung regelmäßig ein solches Gewicht erreichen, dass dem Arbeitgeber die Fortsetzung des Arbeitsverhältnisses überhaupt nicht mehr zugemutet werden kann, hierauf also grundsätzlich eine außerordentliche Kündigung gestützt werden könnte.

Hat der Arbeitgeber den Betriebs- / Personalrat über den aus seiner Sicht bestehenden Kündigungssachverhalt ordnungsgemäß unterrichtet, berührt die spätere Beschränkung des Kündigungssachverhalts im Kündigungsschutzprozess, etwa weil einzelne Vorwürfe nicht beweisbar sind, die Wirksamkeit Betriebs- / Personalratsbeteiligung nicht. Dem Arbeitgeber ist es auch nicht verwehrt, die Kündigung auf den verbliebenen Sachverhalt zu stützen, ohne den Betriebs- / Personalrat erneut zu beteiligen.
Dem Sinn und Zweck des Beteiligungsverfahrens, den Betriebs- / Personalrat an den subjektiven Überlegungen des Arbeitgebers hinsichtlich der Rechtfertigung der Kündigung zu beteiligen, um auf den Kündigungsentschluss einwirken zu können, ist auch bei nachträglicher Beschränkung des Kündigungssachverhalts auf einzelne, dem Betriebs- / Personalrat mitgeteilte Kündigungstatsachen regelmäßig Genüge getan. Der Betriebs- / Personalrat hatte dann bereits aufgrund des durchgeführten Mitbestimmungsverfahrens hinreichend Gelegenheit und Veranlassung, sich mit dem vom Arbeitgeber unterbreiteten Kündigungssachverhalt umfassend zu befassen.

***BAG** 27.11.2008 – 2 AZR 98/07*

2.2.7. Kündigungsverlangen des Betriebsrats

Verlangt der Betriebsrat vom Arbeitgeber, einem bestimmten Arbeitnehmer zu kündigen bzw. ihn zu versetzen, und entschließt sich der Arbeitgeber, dem Wunsch des Betriebsrats aus den von diesem angegebenen Gründen zu entsprechen, so ist, auch wenn kein Fall des § 104 BetrVG vorliegt, eine erneute Beteiligung des Betriebsrats nach §§ 102, 103, 99 BetrVG nicht mehr erforderlich. In dem Kündigungs- bzw. Versetzungsverlangen des Betriebsrats liegt dann bereits dessen Zustimmung zur Kündigung bzw. Versetzung.

***BAG** 15.5.1997 – 2 AZR 519/96*

2.2.8. Ordentliche (fristgerechte) Kündigung[64]

2.2.8.1. Verhaltensbedingte Gründe

Der Arbeitgeber braucht im Rahmen der Betriebsratsanhörung zu einer betriebsbedingten Kündigung in der Regel keine Ausführungen dazu zu machen, ob eine Weiterbeschäftigung auf einem anderen Arbeitsplatz möglich sei; in einer mitgeteilten Kündigungsabsicht liegt bereits die Verneinung der Weiterbeschäftigungsmöglichkeit.

***BAG** 30.10.1987 – 7 AZR 138/87; **BAG** 29.3.1990 – 2 AZR 389/90*

Dasselbe gilt auch für die **verhaltensbedingte Kündigung**.

***BAG** 26.1.1995 – 2 AZR 649/94*

64 s. RsprÜ zum ArbR, 22. Auflage 2022

Zur ordnungsgemäßen Anhörung des Betriebsrats bei einer Kündigungsmaßnahme gehört in der Regel nicht nur die Information über eine erteilte **Abmahnung**, sondern auch über eine bereits vorliegende **Gegendarstellung des Arbeitnehmers**. Der Grundsatz der vertrauensvollen Zusammenarbeit kann es dann gebieten, dem Betriebsrat mit einer solchen Gegendarstellung auch Umstände mitzuteilen, die gegen den Ausspruch einer Kündigung sprechen.

***BAG** 31.8.1989 – 2 AZR 453/88*

Teilt der Arbeitgeber dem Betriebsrat bei der Anhörung nach § 102 BetrVG mit, dass er aus **betrieblichen Gründen** kündigen wolle, und erklärt er weiter, dass er den Arbeitnehmer **wegen Leistungsmängeln ausgewählt** habe, so kann er die Leistungsmängel im Kündigungsschutzprozess als selbständigen Grund für eine **verhaltensbedingte Kündigung** nicht heranziehen. Der Arbeitgeber muss nämlich dem Betriebsrat gegenüber im Anhörungsverfahren **eindeutig klarstellen**, ob er sich zur Begründung der Kündigung auf betriebliche oder verhaltensbedingte Gründe stützen will. Nennt er aber dem Betriebsrat die Leistungsmängel des Arbeitnehmers nur als Kriterium für die soziale Auswahl, kann er im anschließenden Kündigungsprozess dann, wenn seine Auswahl vom Gericht als fehlerhaft bewertet wird, die Kündigung nicht als verhaltensbedingte Kündigung „retten".

***BAG** 5.2.1981 – 2 AZR 1135/78*

Vernimmt der Arbeitgeber bei einer Kündigung wegen **Tätlichkeit** den angegriffenen Arbeitnehmer erst nach Ausspruch der Kündigung, führt dies nicht dazu, dass die Anhörung des Betriebsrats rückwirkend fehlerhaft wird, weil der Arbeitgeber den Betriebsrat nicht über das Ergebnis der Anhörung des Angegriffenen unterrichtet hat. Es stellt sich nur die Frage, ob der Arbeitgeber sich im Kündigungsschutzprozess auf derartige Tatsachen berufen kann.

***BAG** 31.3.1993 – 2 AZR 492/92*

Wird der Betriebsrat nach einer Schlägerei des zu kündigenden Arbeitnehmers mit einem Meister über die Schlägerei und weiter dahingehend informiert, es habe einen Wortwechsel zwischen den beiden gegeben, bei dem dem Meister angekündigt worden sei, dass es eine Tracht Prügel setze, wenn er ihn draußen erwische, hat dieser Wortwechsel aber ein Jahr vorher stattgefunden, ist wegen dieser vom Arbeitgeber bewusst verfälschten Sachdarstellung die Anhörung fehlerhaft und die Kündigung nach § 102 Abs. 1 Satz 3 BetrVG unwirksam.

***BAG** 24.5.1989 – 2 AZR 399/88*

Legt der Arbeitnehmer ein ärztliches Attest vor, das vom Arbeitgeber nicht anerkannt wird, so ist es unschädlich, dass die Voraussetzungen einer krankheitsbedingten Kündigung dem Betriebsrat nicht hinreichend dargestellt worden sind, falls der Arbeitgeber die Kündigung auf unentschuldigtes Fehlen stützt.

***LAG** Baden-Württemberg 9.11.1990 – 15 Sa 86/90 = DB 1991, 554*

Eine wirksame Anhörung des Betriebsrats zu einem vom Arbeitnehmer **angekündigten**, aber noch nicht eingetretenen **Verhalten** ist dann nicht möglich, wenn nicht die Ankündigung selbst, sondern nur das zu erwartende Verhalten des Arbeitnehmers vom Arbeitgeber als Kündigungsgrund genannt wird.

***BAG** 19.1.1983 – 7 AZR 514/80*

2.2.8.2. Personenbedingte Gründe (z. B. krankheitsbedingte Fehlzeiten)

Im Anhörungsverfahren nach § 102 BetrVG hat der Arbeitgeber dem Betriebsrat bei einer Kündigung wegen **häufiger Kurzerkrankungen** nicht nur die bisherigen Fehlzeiten und die Art der Erkrankungen mitzuteilen, sondern auch die wirtschaftlichen Belastungen und Betriebsbeeinträchtigungen, die infolge der Fehlzeiten entstanden sind und mit denen noch gerechnet werden muss.

(**Dringend zu empfehlen:** Zuordnung der Lohnfortzahlungskosten zu den einzelnen Fehlzeiten!)

An die Mitteilungspflicht des Arbeitgebers gegenüber dem Betriebsrat sind allerdings hinsichtlich der wirtschaftlichen und betrieblichen Belastungen keine so strengen Anforderungen zu stellen, wie an seine Darlegungspflicht im Kündigungsschutzprozess. Sie kann sogar entbehrlich sein, wenn der Betriebsrat oder der Betriebsratsvorsitzende die Folgen wiederholter Fehlzeiten genau kennt.

***BAG** 24.11.1983 – 2 AZR 347/82; **BAG** 18.10.1984 – 2 AZR 489/83 n. v.;*
***BAG** 12.4.1984 – 2 AZR 76/83 n. v.*

Eine objektive unvollständige Betriebsratsanhörung verwehrt es dem Arbeitgeber, im Kündigungsprozess Gründe nachzuschieben, die über die Erläuterung des mitgeteilten Sachverhalts hinausgehen (mit BAG vom 7.11.2002 – 2 AZR 599/01 = DB 2003, 724).

Will der Arbeitgeber eine krankheitsbedingte Kündigung im Prozess zur Darlegung unzumutbarer wirtschaftlicher Belastungen auf die Höhe der Entgeltfortzahlungskosten stützen, muss er dem Betriebsrat im Anhörungsverfahren Angaben zu den aufgelaufenen Entgeltfortzahlungskosten machen. Jedenfalls muss er dem Betriebsrat mindestens die durchschnittliche monatliche Vergütung oder die Lohngruppe des Arbeitnehmers nennen. Anderenfalls kann er sich auf die Höhe der Entgeltfortzahlungskosten als wirtschaftlich unzumutbare Belastung nicht im anschließenden Prozess berufen.

Der Betriebsrat ist nicht verpflichtet, die Vergütungshöhe selbst zu ermitteln und sich die Entgeltfortzahlungskosten selbst auszurechnen.

Im Anhörungsverfahren nach § 102 BetrVG können Angaben des Arbeitgebers zu den betrieblichen Auswirkungen der Fehlzeiten des Arbeitnehmers nur dann ausnahmsweise entbehrlich sein, wenn Betriebsratsmitglieder den Arbeitsplatz des Arbeitnehmers und die konkreten Auswirkungen seiner Fehlzeiten kennen. Steht fest, dass zusätzlich zu hohen Fehlzeiten des zu kündigenden Arbeitnehmers beträchtliche krankheitsbedingte Abwesenheitszeiten anderer Arbeitnehmer in der gleichen Abteilung zu verzeichnen sind, muss der Arbeitgeber im Anhörungsverfahren nach § 102 BetrVG zumindest grob vortragen, welche Folgen der wiederholten Ausfälle er dem zu kündigenden Arbeitnehmer zuordnet und dass bzw. warum er deshalb die Fortsetzung des Arbeitsverhältnisses für unzumutbar hält. Unterlässt er dieses, ist er mit diesbezüglichem Vortrag im Kündigungsprozess ausgeschlossen.

***LAG** Schleswig-Holstein 1.9.2004 – 3 Sa 210/04 = DB 2004, 2274*
= NZA-RR 2004, 635

Bei einer Kündigung wegen häufiger Kurzerkrankungen sind dem Personalrat regelmäßig die einzelnen Ausfallzeiten der letzten Jahre mitzuteilen, auf die der Arbeitgeber seine Prognose stützt, es sei auch in Zukunft mit Krankheitszeiten im selben Umfang zu rechnen. Gleiches gilt für die aufgewandten Lohnfortzahlungskosten, wenn der Arbeitgeber hieraus die erforderlichen betrieblichen Beeinträchtigungen infolge der krankheitsbedingten Ausfälle des Arbeitnehmers herleitet.

Insbesondere in Fällen, in denen der Arbeitnehmer seit Beginn des Arbeitsverhältnisses fortlaufend jedes Jahr überdurchschnittliche Krankheitszeiten aufzuweisen hatte und hohe Lohn- / Entgeltfortzahlungskosten verursacht hat, kann es je nach den Umständen allerdings ausreichen, dass der Arbeitgeber lediglich nach Jahren gestaffelt die überdurchschnittliche Krankheitshäufigkeit darlegt und die Entgeltfortzahlungskosten der letzten Jahre in einem Gesamtbetrag mitteilt.

***BAG** 7.11.2002 – 2 AZR 493/01*

Umfasst der dem Betriebsrat gemäß § 102 Abs. 1 BetrVG mitgeteilte Kündigungsgrund – so bei der Kündigung wegen lang anhaltender Krankheit – neben dem aus Einzeltatsachen bestehenden Lebenssachverhalt auch Elemente der Prognose oder Schlussfolgerung, so können im Kündigungsschutzprozess andere oder weitergehende Schlussfolgerungen, als sie dem Betriebsrat genannt worden sind, keine Berücksichtigung finden.

***LAG** Hamm 17.11.1997 – 8 Sa 467/97*

Eine Kündigung bei **lang anhaltender Arbeitsunfähigkeit** ist nur dann sozial gerechtfertigt, wenn zum Zeitpunkt des Kündigungszuganges aufgrund der objektiven Umstände mit einer Arbeitsunfähigkeit auf nicht absehbare Zeit zu schließen ist und gerade diese Ungewissheit zu unzumutbaren betrieblichen oder wirtschaftlichen Belastungen führt. Dabei ist die Beeinträchtigung der betrieblichen Interessen Teil des Kündigungsgrundes und des Anhörungsverfahrens.

***BAG** 25.11.1982 – 2 AZR 140/81*

Will der Arbeitgeber kündigen, weil der Arbeitnehmer auf **Dauer wegen** seines **Gesundheitszustandes unfähig** ist, die vertraglich geschuldete Arbeitsleistung zu erbringen, braucht der Arbeitgeber eine darüber hinausgehende erhebliche Betriebsbeeinträchtigung gegenüber dem Betriebsrat nicht darzulegen.

***BAG** 30.1.1986 – 2 AZR 668/84*

Eine außerordentliche Kündigung wegen **krankheitsbedingter Fehlzeiten** kommt in der Regel nur dann in Betracht, wenn eine ordentliche Kündigung tariflich oder vertraglich ausgeschlossen ist, wobei grundsätzlich eine der ordentlichen Kündigungsfrist entsprechende Auslauffrist einzuhalten ist (im Anschluss an BAG 9.9.1992 – 2 AZR 190/92).

Die Umdeutung einer außerordentlichen fristlosen Kündigung in eine außerordentliche Kündigung mit notwendiger Auslauffrist setzt grundsätzlich eine Beteiligung des Betriebs- bzw. Personalrats nach den für eine ordentliche Kündigung geltenden Bestimmungen voraus.

***BAG** 18.10.2000 – 2 AZR 627/99 = DB 2001, 338*

2.2.8.3. Betriebsbedingte Gründe (auch Sozialauswahl)

Auch bei Vorliegen eines Interessenausgleichs i.S.d. § 1 Abs. 5 Satz 1 KSchG a. F. (und n. F.) ist der Arbeitgeber nicht von der Pflicht zur Anhörung des Betriebsrats gemäß § 102 BetrVG entbunden, die Betriebsratsanhörung unterliegt insoweit keinen erleichterten Anforderungen (st. Rechtsprechung des BAG, z. B.: 21.2.2002 – 2 AZR 581/00; BAG 20.5.1999 – 2 AZR 532/98; BAG 20.5.1999 – 2 AZR 148/99).

Danach hat der Arbeitgeber dem Betriebsrat die Gründe für die Kündigung mitzuteilen, d. h. der Arbeitgeber muss schriftlich oder mündlich dem Betriebsrat neben näheren Informationen über die Person des betroffenen Arbeitnehmers die Art und den Zeitpunkt der Kündigung und die seiner Ansicht nach maßgeblichen Kündigungsgründe mitteilen (BAG 15.11.1995 – 2 AZR 974/94).

Der für den Arbeitgeber maßgebenden Sachverhalt ist unter Angabe der Tatsachen, aus denen der Kündigungsentschluss hergeleitet wird, so näher zu beschreiben, dass der Betriebsrat ohne zusätzliche eigene Nachforschungen in die Lage versetzt wird, die Stichhaltigkeit der Kündigungsgründe zu prüfen und sich über eine Stellungnahme schlüssig zu werden (BAG 6.2.2997 –2 AZR 265/96). Kommt der Arbeitgeber diesen Anforderungen an seine Mitteilungspflicht nicht oder nicht richtig nach und unterlaufen ihm insoweit bei der Anhörung Fehler, so ist die Kündigung unwirksam (BAG 27.6.1985 – 2 AZR 412/84).

Die Tatsachen bezüglich der Kündigungsgründe und der Sozialauswahl, die dem Betriebsrat bereits aus den Verhandlungen zum Abschluss eines Interessenausgleichs bekannt sind, muss der Arbeitgeber im Anhörungsverfahren nicht erneut vortragen (BAG 21.2.2002 – 2 AZR 581/00). Dies gilt zumindest dann, wenn zwischen den Interessenausgleichsverhandlungen und dem Anhörungsverfahren wie im vorliegenden Fall ein überschaubarer Zeitraum liegt.

Hat der Betriebsrat den erforderlichen Kenntnisstand, um sich über die Stichhaltigkeit der Kündigungsgründe ein Bild machen und eine Stellungnahme hierzu abgeben zu können, und weiß dies der Arbeitgeber oder kann er dies nach den gegebenen Umständen jedenfalls als sicher annehmen, so würde es dem Grundsatz der vertrauensvollen Zusammenarbeit gemäß § 2 Abs. 1 BetrVG widersprechen und eine kaum verständliche reine Förmelei darstellen, wenn man vom Arbeitgeber dann gleichwohl noch eine detaillierte Begründung verlangte (BAG 27.6.1985 –2 AZR 412/84).

Dass der Betriebsrat derartige Vorkenntnisse hatte, muss der Arbeitgeber im Prozess hinreichend konkret darlegen und ggf. beweisen.

***BAG** 22.1.2004 – 2 AZR 111/02*

Unterrichtet der Arbeitgeber den Betriebsrat im Anhörungsverfahren nach § 102 BetrVG nur über die wirtschaftlichen Verhältnisse des unselbständigen Betriebsteiles, nicht aber zugleich auch über die Ertragslage des Betriebes, dann kann er sich im Kündigungsschutzprozess jedenfalls nicht auf ein dringendes Sanierungsbedürfnis im Bereich des Betriebes berufen.

***BAG** 11.10.1989 – 2 AZR 61/89*

Beabsichtigt der Arbeitgeber eine etappenweise **Betriebsstilllegung**, so genügt unabhängig von der Beteiligung des Betriebsrats nach §§ 111 ff. BetrVG zunächst die Mitteilung an den Betriebsrat, in welchem Ausmaß die Produktion oder die sonstigen betrieblichen Leistungen zunächst eingeschränkt werden **und** welche Arbeitnehmer noch weiter benötigt sowie welche Arbeitnehmer entlassen werden sollen.

***BAG** 14.8.1986 – 2 AZR 683/85 n. v.*

Der Arbeitgeber braucht im Rahmen der Betriebsratsanhörung zu einer betriebsbedingten Kündigung **in der Regel** keine Ausführungen dazu zu machen, ob eine Weiterbeschäftigung auf einem anderen Arbeitsplatz möglich sei; in einer mitgeteilten Kündigungsabsicht liegt bereits die Verneinung der Weiterbeschäftigungsmöglichkeit.

***BAG** 30.10.1987 – 7 AZR 138/87; **BAG** 29.3.1990 – 2 AZR 389/90*

Bei einer **betriebsbedingten** Kündigung gehören zu den „Gründen für die Kündigung", die der Arbeitgeber gemäß § 102 Abs. 1 Satz 2 BetrVG dem Betriebsrat mitzuteilen hat, nicht nur die dringenden betrieblichen Erfordernisse i.S.d. § 1 Abs. 2 Satz 1 KSchG, sondern auch die Umstände, die nach der Ansicht des Arbeitgebers für die **soziale Auswahl** i.S.d. § 1 Abs. 3 KSchG maßgebend sind. Der Arbeitgeber hat dem Betriebsrat von vornherein, auch ohne ein entsprechendes Verlangen, die Gründe mitzuteilen, die ihn zur Auswahl gerade dieses Arbeitnehmers veranlasst haben.

***BAG** 29.3.1984 – 2 AZR 429/83*

Es entspricht dem Zweck des § 102 Abs. 1 BetrVG i. V. m. § 2 Abs. 1 BetrVG, dem Betriebsrat ein Bild von den Kündigungsumständen zu vermitteln, damit dieser sachgemäß Stellung nehmen kann.

Dies bedeutet u. a., dass im allgemeinen das **Lebensalter** und die **Betriebszugehörigkeitsdauer** (hierbei handelt es sich gleichzeitig um zentrale Gesichtspunkte bei der Sozialauswahl) sowie ein eventueller **Sonderkündigungsschutz** (u. a. für Zustimmungserfordernisse oder Kündigungsfristen) für die Beurteilung durch den Betriebsrat **unverzichtbare Daten** sind.
Unterhaltsverpflichtungen müssen dann nicht mitgeteilt werden, wenn gegen den Arbeitnehmer keine Unterhaltspflichten mehr bestehen.

***BAG** 15.12.1994 – 2 AZR 327/94*

Die Beteiligung des Betriebsrats kann auch dann ordnungsgemäß sein, wenn der Arbeitgeber die **Unterhaltspflichten** und den **Familienstand** des gekündigten Arbeitnehmers dem Betriebsrat nicht mitgeteilt hat und diese Sozialdaten dem Betriebsrat auch nicht bekannt waren.

Zwar muss der Arbeitgeber im Regelfall alle maßgeblichen Sozialdaten des von der Kündigung betroffenen Arbeitnehmers und der weiteren Arbeitnehmer, die er in eine **Sozialauswahl** einbezogen hat, unaufgefordert mitteilen (BAG 29.3.1984 – 2 AZR 429/83 (A); BAG 15.12.1994 – 2 AZR 327/94). Wenn der Arbeitgeber jedoch keine Sozialauswahl getroffen hat, ist die Mitteilungspflicht des Arbeitgebers gegenüber dem Betriebsrat auf die Tatsachen beschränkt, die er zur Grundlage seiner Entscheidung gemacht hat (vgl. nur BAG 11.7.1991 – 2 AZR 119/91; BAG 15.11.1995 – 2 AZR 974/94). Deshalb ist § 102 Abs. 1 BetrVG nicht verletzt, wenn der Arbeitgeber gegenüber dem Betriebsrat die Angabe solcher Sozialdaten unterließ, die nur im Rahmen einer Sozialauswahl eine Rolle spielen konnten.

Allerdings ist entsprechend dem Zweck des § 102 Abs. 1 BetrVG dem Betriebsrat ein Bild von der beabsichtigten Kündigung zu vermitteln. Bei einer **betriebsbedingten Kündigung** dürfte im Regelfall die Mitteilung des Lebensalters und der Betriebszugehörigkeit des Arbeitnehmers unverzichtbar sein (vgl. BAG 15.12.1994 – 2 AZR 327/94). Dagegen zählen die **Unterhaltspflichten** und der **Familienstand** zu den Sozialdaten des betroffenen Arbeitnehmers, die grundsätzlich nur bei einer Sozialauswahl Bedeutung erlangen. Der Betriebsrat kann sich von der beabsichtigten Kündigung auch ohne Kenntnis dieser Lebensumstände ein Bild machen, wenn der Arbeitgeber eine Sozialauswahl erkennbar für entbehrlich hielt.

***BAG** 22.1.1998 – 8 AZR 243/95*

Die Anhörung des Betriebsrats gemäß § 102 BetrVG ist unvollständig und damit fehlerhaft, wenn der Arbeitgeber dem Betriebsrat nicht die volle Dauer der Betriebszugehörigkeit von zehn Jahren des zu kündigenden Arbeitnehmers mitteilt, sondern nur die dreijährige Betriebszugehörigkeit seit der **Betriebsübernahme** durch ihn selbst.

***ArbG** Reutlingen 31.1.1995 – 1 Ca 459/94 = BB 1994, 677 n.rkr.*

Eine ordnungsgemäße Anhörung des Betriebsrats vor dem Ausspruch einer Kündigung des Arbeitgebers liegt nicht vor, wenn dem Betriebsrat eine Anzahl zu Kündigender mitgeteilt wird mit dem Hinweis, mehrere Arbeitnehmer auszuwählen, was dann auch geschieht, der Arbeitgeber aber nur drei von sechs Arbeitnehmern kündigt, ohne dazu den Betriebsrat als Gremium zu hören.

***LAG** Berlin 14.9.1981 – 9 Sa 63/81*

Da der Arbeitgeber dem Betriebsrat nach § 102 Abs. 1 BetrVG die Gründe für die von ihm vorgenommene Sozialauswahl mitteilen muss, hat er den Betriebsrat auch über die **Gründe zu informieren**, die **nach § 1 Abs. 3 Satz 2 KSchG der Auswahl nach sozialen Gesichtspunkten entgegenstehen**.
Hat der Arbeitgeber den Betriebsrat nicht entsprechend informiert, dann kann er sich zur Begründung der betriebsbedingten Kündigung nicht auf die Ausnahme des § 1 Abs. 3 Satz 2 KSchG berufen.

***LAG** Berlin 20.8.1996 – 12 Sa 54/96 = BB 1997, 472*

Benennt der Arbeitgeber dem Betriebsrat nur drei Arbeitnehmer als vergleichbar mit dem zur Kündigung ausgewählten Arbeitnehmer, führt dieser aber im Kündigungsprozess zwei weitere Arbeitnehmer als vergleichbar an und sind diese unstreitig vergleichbar oder bleibt die Vergleichbarkeit streitig, ist § 102 BetrVG nicht verletzt, da der Arbeitgeber nur die Gründe mitteilen muss, die er erwogen hat.

***BAG** 29.3.1984 – 2 AZR 429/83*

Nach § 102 Abs. 1 Satz 2 BetrVG muss der Arbeitgeber dem Betriebsrat diejenigen Gründe mitteilen, die nach seiner subjektiven Sicht die Kündigung rechtfertigen und für seinen Kündigungsentschluss maßgebend sind.

Wenn eine Sozialauswahl nach der für den Betriebsrat erkennbaren Auffassung des Arbeitgebers wegen der Stilllegung des gesamten Betriebs nicht vorzunehmen ist, braucht der Arbeitgeber den Betriebsrat nicht nach § 102 BetrVG über Familienstand und Unterhaltspflichten der zu kündigenden Arbeitnehmer unterrichten.

***BAG** 13.5.2004 – 2 AZR 329/03*

Dem Arbeitgeber ist es nicht verwehrt, sich auf eine mangelnde Vergleichbarkeit des Arbeitnehmers mit einem anderen beschäftigten Arbeitnehmer zu berufen, auch wenn er den Betriebsrat über eine beim nicht in die Sozialauswahl einbezogenen Arbeitnehmer vorhandene Zusatzqualifikation nicht besonders unterrichtet hat.

Für die Betriebsratsanhörung gilt der Grundsatz der subjektiven Determinierung, nach der die Arbeitnehmervertretung immer dann ordnungsgemäß angehört worden ist, wenn der Arbeitgeber ihr die aus seiner Sicht tragenden Umstände unterbreitet hat (vgl. etwa BAG 27.9.2001 – 2 AZR 236/00).

***BAG** 26.3.2009 – 2 AZR 296/07*

2.2.8.4. Mittteilungspflicht im Konsultationsverfahren

Der Betriebsbegriff des Massenentlassungsrechts ist ein unionsrechtlicher Begriff. Er ist in der Unionsrechtsordnung autonom, einheitlich und losgelöst vom nationalen Begriffsverständnis auszulegen. Die Betriebsbegriffe des KSchG oder des BetrVG sind in diesem Zusammenhang nicht maßgeblich. (Rn. 32). „Betrieb“ i.S.d. Massenentlassungsrichtlinie (MERL) ist die Einheit, der die von der Entlassung betroffenen Arbeitnehmer zur Erfüllung ihrer Aufgaben angehören. Dabei muss es sich um eine unterscheidbare Einheit von einer gewissen Dauerhaftigkeit und Stabilität handeln, die zur Erledigung einer oder mehrerer Aufgaben bestimmt ist und über eine Gesamtheit von Arbeitnehmern sowie über technische Mittel und eine organisatorische Struktur zur Erfüllung dieser Aufgaben verfügt (Rn. 33). Die „Gesamtheit von Arbeitnehmern“ setzt eine Zuordnung zu der Einheit dergestalt voraus, dass die Arbeitnehmer in dieser Einheit oder von dieser aus tätig werden und die Einheit rein tatsächlich über sie verfügen kann (Rn. 39). An die erforderliche Leitungsstruktur sind keine hohen organisatorischen Anforderungen zu stellen. Ausreichend ist es, wenn die Leitung die ordnungsgemäße Durchführung der Arbeit und die Kontrolle des Gesamtbetriebs der Einrichtungen der Einheit sowie die Lösung technischer Probleme im Sinne einer Aufgabenkoordinierung sicherstellt. Das unionsrechtliche Verständnis der „Leitungsmacht“ ist deutlich offener und weiter als das nationale betriebsverfassungsrechtliche (Rn. 33, 49).

Das Konsultationsverfahren ist (ungeachtet des nach Unionsrecht zu bestimmenden Betriebsbegriffs) vom Arbeitgeber mit der nach nationalem Recht zuständigen Arbeitnehmervertretung durchzuführen. Die auf der Grundlage des unionsrechtlichen Betriebsbegriffs zu beantwortende Frage, ob der Arbeitgeber eine Massenentlassung beabsichtigt, ist von der nach nationalem Recht zu beantwortenden Frage, welche Arbeitnehmervertretung er dabei zu konsultieren hat, strikt zu trennen. Die gemäß § 17 Abs. 2 KSchG zu konsultierende Arbeitnehmervertretung bestimmt sich grundsätzlich nach der Kompetenzzuweisung des BetrVG (Rn. 61 f.). In Regelungsbereichen, in denen das BetrVG nicht gilt, aber ein dem Betriebsrat vergleichbares Interessenvertretungsgremium vorgesehen ist, ordnet § 17 Abs. 2 KSchG bei unionsrechtskonformem Verständnis unter Berücksichtigung des Grundsatzes des „effet utile“ die Beteiligung dieses Gremiums an (Rn. 63).

Die Schwerbehindertenvertretung ist kein Gremium, dessen Konsultation neben dem „Betriebsrat“ erfolgen muss (Rn. 64 ff.).

Bestehen in einem Betrieb i.S.d. MERL mehrere Arbeitnehmervertretungen für verschiedene Beschäftigtengruppen, kann der Arbeitgeber im Rahmen einer Massenentlassung getrennte Konsultationsverfahren durchführen. Diese Verfahren müssen zeitlich nicht parallel eingeleitet, durchgeführt und abgeschlossen werden. Allerdings hat der Arbeitgeber zur ordnungsgemäßen Unterrichtung der Arbeitnehmervertretung erforderliche Informationen zum Beratungsstand des jeweils anderen Konsultationsverfahrens mitzuteilen bzw. erteilte Auskünfte insoweit zu vervollständigen. Das gilt jedenfalls, wenn er eines der Konsultationsverfahren abschließt oder aufgrund der Erörterungen in einem der Verfahren seine Planungen ändert (Rn. 69).

Die Massenentlassungsanzeige ist bei der für den Betriebssitz örtlich zuständigen Agentur für Arbeit zu erstatten. Geht die Anzeige dort vor Zugang der Kündigung nicht ein, ist die Massenentlassungsanzeige fehlerhaft und die auf sie bezogene Kündigung unwirksam. Das Gleiche gilt, sofern die Anzeige infolge der Verkennung des Betriebsbegriffs objektiv unrichtige „Muss-Angaben“ enthält. (Rn. 76 – 83 und 92 – 110). Zweck der Anzeigepflicht im Massenentlassungsverfahren ist es, der zuständigen Behörde die Möglichkeit zu geben, durch geeignete Maßnahmen die sozioökonomischen Auswirkungen, die Massenentlassungen in einem bestimmten örtlichen Kontext und einer bestimmten sozialen Umgebung hervorrufen können, aufzufangen und so Belastungen des Arbeitsmarkts zu vermeiden oder zumindest zu verzögern, die Entlassungsfolgen für die Betroffenen zu mildern und für deren anderweitige Beschäftigung zu sorgen (Rn. 75).Die vom Unionsrecht nicht selbst festgelegte „zuständige Behörde“ i.S.d. Art. 3 Abs. 1 MERL ist vor dem Hintergrund dieses Zwecks der Anzeigepflicht bei unionsrechtskonformer Auslegung des § 17 Abs. 1 KSchG nach derzeit geltender Rechtslage die für den Betriebssitz örtlich zuständige Agentur für Arbeit (Rn. 77 f.). Allein mit der Erstattung der Anzeige bei einer anderen Agentur für Arbeit erfüllt der Arbeitgeber seine Anzeigepflicht nicht (Rn. 78).

Das Unionsrecht stünde allerdings der nationalen Bestimmung einer Zentralstelle, bei der die Massenentlassungsanzeige zu erstatten ist, nicht entgegen, solange sichergestellt wäre, dass die örtlich zuständige Arbeitsverwaltung so früh wie möglich von den zu erwartenden sozioökonomischen Auswirkungen erfährt, um vor Ort angemessene Maßnahmen zu ergreifen (Rn. 89). Diesen Anforderungen wird ebenso die bereits jetzt nach den Fachlichen Weisungen KSchG zu § 17 Ziff. 2.2.3. Abs. 4, Abs. 5 der Bundesagentur für Arbeit mögliche sog. Sammelanzeige gerecht (Rn. 89). Der Arbeitgeber verletzt die in § 17 Abs. 3 Satz 4 KSchG enthaltene Pflicht zu objektiv richtigen „Muss-Angaben“, wenn er unter Verkennung des Betriebsbegriffs der MERL seiner Massenentlassungsanzeige eine falsche Betriebsstruktur zugrunde legt und darum die Zahl der „in der Regel beschäftigten Arbeitnehmer“ unzutreffend angibt (Rn. 93 ff.).

Sowohl die Erstattung der Massenentlassungsanzeige bei der unzuständigen Behörde als auch falsche „Muss-Angaben“ infolge einer Verkennung des Betriebsbegriffs führen zur Fehlerhaftigkeit der Massenentlassungsanzeige und damit zur Unwirksamkeit der auf der Grundlage einer solchen Anzeige erklärten Kündigung (§ 134 BGB; Rn. 102 ff., 107 ff.).

***BAG** 13.2.2020 – 6 AZR 146/19*

Das Konsultationsverfahren nach § 17 Abs. 2 KSchG steht selbständig neben dem Anzeigeverfahren nach § 17 Abs. 3 KSchG. Im Konsultationsverfahren soll der Betriebsrat konstruktive Vorschläge unterbreiten können, um die Massenentlassung zu verhindern oder jedenfalls zu beschränken. Zudem betreffen die Konsultationen die

Möglichkeit, die Folgen einer Massenentlassung durch soziale Begleitmaßnahmen zu mildern.

Nach § 17 Abs. 2 Satz 1 Nr. 2 und Nr. 3 KSchG muss die Unterrichtung des Betriebsrats Angaben zu den Berufsgruppen der zu entlassenden und der in der Regel beschäftigten Arbeitnehmer enthalten. Werden die Angaben unterlassen, kommt eine Heilung dieses Verfahrensfehlers in Betracht, wenn wegen einer Betriebsstilllegung die Entlassung aller Arbeitnehmer beabsichtigt ist und der Betriebsrat hierüber ordnungsgemäß unterrichtet wurde. In einem solchen Fall kann der Betriebsrat schon wegen der offensichtlichen Betroffenheit aller Berufsgruppen zu dem Schluss kommen, ausreichend unterrichtet zu sein. Erklärt er nach der Beratung mit dem Arbeitgeber, dass er seinen Beratungsanspruch (§ 17 Abs. 2 Satz 2 KSchG) als erfüllt ansieht, bringt er damit zum Ausdruck, dass er bzgl. der beabsichtigten Massenentlassung und ihrer Folgen keine weiteren Vorschläge unterbreiten kann oder will und das Konsultationsverfahren als beendet ansieht. Durch eine solche Erklärung, die in einem Interessenausgleich enthalten sein kann, führt der Betriebsrat eine Heilung des Unterrichtungsmangels herbei.

Eine Frist von mindestens zwei Wochen zwischen der Unterrichtung des Betriebsrats nach § 17 Abs. 2 Satz 1 KSchG und den Entlassungen muss nicht eingehalten werden. Ein solches Erfordernis ergibt sich nicht aus § 17 Abs. 3 Satz 3 KSchG. Diese Norm legt lediglich den Zeitraum fest, den der Arbeitgeber verstreichen lassen muss, bevor er eine Anzeige ohne Stellungnahme des Betriebsrats erstatten darf. Gibt der Betriebsrat vor Ablauf von zwei Wochen nach seiner Unterrichtung eine ausreichende und abschließende Stellungnahme ab, kann der Arbeitgeber eine wirksame Massenentlassungsanzeige vornehmen und danach die Kündigungen erklären.

***BAG** 9.6.2016 – 6 AZR 405/15*

Sollen in einem Betrieb nacheinander mehrere Massenentlassungen i.S.v. § 17 Abs. 1 KSchG durchgeführt werden, kann u.U. das Konsultationsverfahren ebenso wie das Anzeigeverfahren bezogen auf alle beabsichtigten Kündigungen zusammengefasst werden.

Allerdings bedarf es nach § 18 Abs. 4 KSchG einer erneuten Anzeige, wenn die Entlassungen nicht innerhalb von 90 Tagen nach dem Ende der Sperrfrist „durchgeführt", d.h. erklärt werden. Auf diese Weise werden „Vorratsanzeigen" verhindert, die dem Zweck des Gesetzes zuwiderliefen, die Agentur für Arbeit über das tatsächliche Ausmaß der Beendigungen von Arbeitsverhältnissen ins Bild zu setzen.

***BAG** 9.6.2016 – 6 AZR 638/15*

Nach dem durch das BAG zu entscheidenden Fall wurden in einem stillzulegenden Betrieb mit dem Betriebsrat Verhandlungen über den Abschluss eines Interessenausgleichs und Sozialplans geführt. Außerdem wurde das wegen der Massenentlassung erforderliche Konsultationsverfahren gem. § 17 II KSchG verbunden mit dem Interessenausgleichsverfahren durchgeführt. Entgegen § 17 Abs. 3 Satz 1 KSchG, der Art. 2 Abs. 3 Unterabs. 2 MERL umsetzt, wurde der zuständigen Agentur für Arbeit keine Abschrift der das Konsultationsverfahren einleitenden und an den Betriebsrat gerichteten Mitteilung gem. § 17 Abs. 2 KSchG übermittelt. Eine Massenentlassungsanzeige bei der Agentur für Arbeit wurde erstattet. Nun fragt das BAG den EuGH in einem Vorabentscheidungsverfahren nach dem Sinn und Zweck des Art. 2 Abs. 3 Unterabs. 2 MERL, der durch § 17 Abs. 3 S.1 KSchG umgesetzt wird. Würde es sich nämlich bei der in § 17 Abs. 3 Satz 1 KSchG normierten Zuleitungspflicht an die Agentur für Arbeit um eine echte Vorschrift zum Arbeitnehmerschutz und damit ein Verbotsgesetz i.S.d. § 134 BGB handeln, was der EuGH zu beantworten habe, so wäre eine Kündigung unwirksam, wenn diese Zuleitung nicht erfolgt wäre.

***BAG** 27.1.2022 – 6 AZR 155/21(A)*

2.2.8.5. Verschiedenartige Kündigungsgründe

Der Arbeitgeber, der eine Kündigung auf **mehrere Gründe** stützen könnte, ist nicht gehalten, dem Betriebsrat auch solche Gründe mitzuteilen, die er tatsächlich nicht zum Anlass für die Kündigung nehmen will

***BAG** 18.12.1980 – 2 AZR 1006/78*

Die Wirksamkeit einer Betriebsratsanhörung scheitert schon daran, dass der Arbeitgeber den Betriebsrat wegen polemischer Angriffe des Arbeitnehmers gegen Vorgesetzte und Kollegen nur zu einer verhaltensbedingten außerordentlichen Kündigung und nicht jedenfalls hilfsweise zu einer personenbedingten Kündigung angehört hat. **Der Arbeitgeber entscheidet, ob er seine Kündigung auf verhaltensbedingte oder personenbedingte Gründe stützen möchte.** Gerade wenn schwer absehbar ist, ob ein Fehlverhalten des Arbeitnehmers dadurch verursacht worden ist, dass er sich nicht anders verhalten will, oder dass er sich nicht anders verhalten kann, ob also z. B. alkoholbedingtes Fehlverhalten oder schon Alkoholismus vorliegt oder – wie im vorliegenden Fall – psychische Störungen, geht der Arbeitgeber schon ein erhebliches Risiko ein, den falschen Kündigungssachverhalt zum Gegenstand seines Kündigungsentschlusses zu machen. **Es ist nicht mehr von Sinn und Zweck des § 102 BetrVG gedeckt, das Verfahren dadurch weiter zu komplizieren, dass man den Arbeitgeber zwingt, den Betriebsrat auch zu dem Kündigungssachverhalt anzuhören, auf den der Arbeitgeber selbst seine Kündigung nicht stützen will.**

***BAG** 31.1.1996 –2 AZR 181/95*

2.2.9 Änderungskündigung[65]

Beendigungskündigungen stehen, weil sie dem Arbeitnehmer die Existenzgrundlage entziehen, nicht nur unter dem Grundsatz der Verhältnismäßigkeit, sondern auch demjenigen der Ultima-ratio. Deshalb muss der Arbeitgeber vor jeder Beendigungskündigung von sich aus überprüfen, ob eine beiden Vertragsparteien zumutbare Weiterbeschäftigung auf einem anderen **freien Arbeitsplatz** möglich und dadurch die Beendigungskündigung vermeidbar ist. Ist das möglich, so muss der Arbeitgeber dem Arbeitnehmer von sich aus ein entsprechendes Angebot – ggf. auch zu geänderten Bedingungen – machen. Das gilt auch für die außerordentliche Kündigung. Der Arbeitgeber muss, falls ein solches Angebot möglich ist, bei den Verhandlungen mit dem Arbeitnehmer klarstellen, dass bei Ablehnung des Änderungsangebots eine Beendigungskündigung beabsichtigt ist.

Sodann muss der Arbeitgeber dem Arbeitnehmer eine **Überlegungsfrist einräumen**. Der Arbeitnehmer kann danach das Änderungsangebot unter Vorbehalt (§ 2 KSchG) annehmen. Hat der Arbeitnehmer unter Vorbehalt angenommen, so kann der Arbeitgeber nur eine **Änderungskündigung**, keine Beendigungskündigung aussprechen. Erst wenn der Arbeitnehmer das Änderungsangebot vorbehaltlos und endgültig ablehnt, kann der Arbeitgeber eine Beendigungskündigung aussprechen; er ist aber nicht daran gehindert, trotzdem nur eine Änderungskündigung auszusprechen.

***BAG** 27.9.1984 – 2 AZR 62/83*

Verfährt der Arbeitgeber nach diesen von der Rechtsprechung aufgestellten Vorgaben, so ergeben sich keine Probleme, wenn er den Betriebsrat **erst nach Ablauf der dem Arbeitnehmer gesetzten Überlegungsfrist** anhört. Denn der Arbeitgeber weiß zu diesem Zeitpunkt, ob er eine Beendigungskündigung aussprechen darf oder eine Änderungskündigung aussprechen muss.

Hört er aber den Betriebsrat bereits an, bevor das erforderliche Gespräch mit dem Arbeitnehmer geführt wurde oder der Arbeitnehmer noch keine Stellungnahme abgegeben hat, so muss der Arbeitgeber beachten, dass die Anhörung zur Änderungskündigung keine ordnungsgemäße Anhörung zu einer dann ausgesprochenen Beendigungskündigung **und** die Anhörung zu einer Beendigungskündigung nicht zugleich eine ordnungsgemäße Anhörung zu einer nur ausgesprochenen Änderungskündigung ist.

Der Arbeitgeber muss daher grundsätzlich in diesem Fall bei Anhörung des Betriebsrats nur zu einer Änderungskündigung diesen darauf hinweisen, dass er bei einer vorbehaltlosen Ablehnung des Änderungsangebots durch den Arbeitnehmer eine **Beendigungskündigung** beabsichtigt. Andernfalls muss der Arbeitgeber den Betriebsrat bei Ablehnung des Angebots durch den Arbeitnehmer nochmals zu einer Beendigungskündigung mit Hinweis auf die Ablehnung des Änderungsangebots anhören.

***BAG** 27.5.1982 – 2 AZR 96/80; **BAG** 30.11.1989 – 2 AZR 197/89*

[65] vgl. Stichwort: „§§ 99 – 101 BetrVG, Personelle Angelegenheiten", Kapitel 2.3. Doppelte Beteiligung des Betriebsrats bei Versetzung durch Änderungskündigung, S. 293

Eine als Änderungskündigung gewollte Kündigung mit dem Ziel der Herabgruppierung, die die beabsichtigten Änderungen nicht im Einzelnen bezeichnet, unterliegt in ihrer Wirksamkeit nicht den Maßstäben, die an die Änderungskündigung anzulegen sind, sondern ist als Beendigungskündigung zu beurteilen; als solche ist sie regelmäßig unwirksam, da der Arbeitgeber zu erkennen gegeben hat, dass er über die Weiterbeschäftigungsmöglichkeiten, wenn auch zu veränderten Bedingungen, verfügt.
Hört der Arbeitgeber den Betriebsrat/Personalrat zu einer Änderungskündigung an, ohne die geplanten Änderungen konkret zu bezeichnen, ist die Änderungskündigung auch wegen nicht ordnungsgemäßer Beteiligung des Betriebsrats/Personalrats unwirksam.

Hat der Betriebsrat/Personalrat einer außerordentlichen Beendigungskündigung widersprochen und entschließt sich der Arbeitgeber in einer anschließenden Besprechung mit dem Betriebsrat / Personalrat entsprechend dessen Wunsch zum Ausspruch einer außerordentlichen Änderungskündigung, stellt es keine abschließende Stellungnahme des Betriebsrats/Personalrats zur Änderungskündigung dar, wenn der Betriebsrats-/Personalratsvorsitzende in dieser Besprechung lediglich nach Blickkontakt mit den – nicht vollständig anwesenden – Betriebs-/Personalratsmitglieder die Zustimmung signalisiert. Dies gilt auch dann, wenn die Zustimmung dem Willen der anwesenden Betriebsrats-/Personalratsmitglieder entspricht.

***LAG** Rheinland-Pfalz 15.3.2002 – 3 Sa 1098/01 n. rkr. = NZA-RR 2002, 670*

Will der Arbeitgeber eine **Änderungskündigung** aussprechen, muss er den Betriebsrat, der auch vor jeder Änderungskündigung zu hören ist, nicht nur über die Gründe für die Kündigung detailliert informieren, sondern auch über das dem Arbeitnehmer **unterbreitete Änderungsangebot**. Andernfalls ist die Änderungskündigung nach § 102 Abs. 1 Satz 3 BetrVG unwirksam.

***BAG** 10.3.1982 – 4 AZR 158/79; **BAG** 27.5.1982 – 2 AZR 96/80;*
***BAG** 30.11.1989 – 2 AZR 197/89;*
***LAG** Hamm 15.7.1997 – 6 Sa 403/97 = DB 1997, 1722*

Hört der Arbeitgeber den Betriebsrat zu einer ordentlichen **Beendigungskündigung** an, spricht dann jedoch eine **Änderungskündigung** aus, ist die Kündigung bereits nach § 102 BetrVG rechtsunwirksam, weil der Betriebsrat nicht ordnungsgemäß angehört worden ist.

***BAG** 27.5.1982 – 2 AZR 96/80*

Bei einer **betriebsbedingten** Änderungskündigung gilt auch das Gebot der ausreichenden Berücksichtigung sozialer Gesichtspunkte, d. h. bei einer Änderungskündigung ist im Rahmen der **sozialen Auswahl** zu prüfen, welcher der vergleichbaren Arbeitnehmer durch die angebotenen neuen Arbeitsbedingungen schwerer belastet wird. Für die Frage der in die Sozialauswahl einzubeziehenden vergleichbaren Arbeitnehmer kommt es bei einer Änderungskündigung nicht darauf an, ob die betreffenden Arbeitnehmer nach ihren bisherigen Tätigkeiten miteinander verglichen werden können und damit auf ihren innegehabten Arbeitsplätzen gegeneinander austauschbar sind. Hinzukommen muss, dass diese Arbeitnehmer auch für die Tätigkeit, die Gegenstand des Änderungsangebots ist, wenigstens annähernd gleich geeignet sind. Die Austauschbarkeit muss sich also auch auf den mit der Änderungskündigung angebotenen Arbeitsplatz beziehen.
Entsprechend muss der Arbeitgeber bei der Anhörung des Betriebsrats informieren. Er muss also dem Betriebsrat mitteilen, wen er in die soziale Auswahl bei der Änderungskündigung mit einbezogen hat und aus welchen Gründen andere Arbeitnehmer im Verhältnis zu dem gekündigten Arbeitnehmer nicht ausgewählt wurden.

***BAG** 13.6.1986 – 7 AZR 623/84*

Eine nicht mitbestimmte, aber sozial gerechtfertigte Änderung der Vertragsbedingungen führt nicht zur Unwirksamkeit der entsprechenden Änderungskündigung, sondern nur dazu, dass der Arbeitgeber die neuen Vertragsbedingungen so lange nicht durchsetzen kann, bis die Mitbestimmung durchgeführt ist (BAG 17.6.1998 – 2 AZR 336/97; BAG 30.9.1993 – 2 AZR 283/93).

***BAG** 1.7.1999 – 2 AZR 826/98*

2.3. Umdeutung einer unwirksamen außerordentlichen Kündigung

Will der Arbeitgeber, der eine außerordentliche Kündigung beabsichtigt, sicherstellen, dass im Falle der Unwirksamkeit dieser Kündigung die von ihm **vorsorglich erklärte** oder dahin **umgedeutete** (§ 140 BGB) ordentliche Kündigung nicht an der fehlenden Anhörung des Betriebsrats scheitert, muss er den Betriebsrat auf beide Möglichkeiten der Kündigung hinweisen. Der Arbeitgeber muss dem Betriebsrat deutlich zu erkennen geben, dass die geplante außerordentliche Kündigung im Falle ihrer Unwirksamkeit auch als ordentliche Kündigung zum nächst zulässigen Termin gelten soll.

***BAG** 20.9.1984 – 2 AZR 633/82; **BAG** 16.9.1993 – 2 AZR 267/93*

Hinsichtlich der Anhörung zur ordentlichen Kündigung muss der Arbeitgeber grundsätzlich die hierfür geltende Äußerungsfrist von einer Woche einhalten, wenn die **unwirksame außerordentliche Kündigung** als **umgedeutete ordentliche Kündigung wirksam** sein soll. Allerdings braucht der Arbeitgeber den Ablauf der Wochenfrist dann nicht abzuwarten, wenn das Anhörungsverfahren vorher beendet worden ist. Das ist der Fall, wenn der Betriebsrat eine Erklärung abgegeben hat, aus der sich ergibt, dass er eine weitere Erörterung des Falles nicht wünscht und keine weitere Erklärung mehr abgeben will, es sich also um eine **abschließende Stellungnahme** des Betriebsrats handelt. Hat der Betriebsrat somit innerhalb der für die außerordentliche Kündigung geltenden Dreitagefrist eine solche abschließende Stellungnahme auch zu einer vorsorglich erwogenen ordentlichen Kündigung abgegeben und der Arbeitgeber nach Ablauf dieser Frist die außerordentliche Kündigung erklärt, so ist die Anhörung auch zu der umgedeuteten ordentlichen Kündigung ordnungsgemäß.

***BAG** 20.9.1984 – 2 AZR 633/82*

Eine **Umdeutung einer außerordentlichen in eine ordentliche Kündigung** ist grundsätzlich nur insoweit möglich, als die Beteiligung der Personalvertretung / des Betriebsrats den Voraussetzungen entspricht, die für eine ordentliche Kündigung in den einzelnen Personalvertretungsgesetzen der Länder oder des Bundes bzw. des § 102 BetrVG vorgesehen sind. Hat allerdings der Personalrat / Betriebsrat einer außerordentlichen Kündigung, zu der er nur anzuhören ist, ausdrücklich zugestimmt, deckt dies regelmäßig auch eine Beteiligung zur ordentlichen Kündigung ab.

***BAG** 23.10.2008 – 2 AZR 388/07*

2.4. Nachschieben von Kündigungsgründen

Der Arbeitgeber kann vor Erklärung der Kündigung seine Information gegenüber dem Betriebsrat jederzeit ergänzen. Die Beurteilung, ob darin eine eigenständige Anhörung liegt, mit der die Äußerungsfrist für den Betriebsrat neu in Lauf gesetzt wird, hängt von den Umständen des Einzelfalls ab.

***BAG** 16.7.2015 – 2 AZR 85/15*

Teilt der Arbeitgeber objektiv kündigungsrechtlich erhebliche Tatsachen dem Betriebsrat deshalb nicht mit, weil er darauf die Kündigung nicht oder zunächst nicht stützen will, dann ist die Anhörung ordnungsgemäß, weil eine nur bei objektiver Würdigung unvollständige Mitteilung der Kündigungsgründe nicht zur Unwirksamkeit der Kündigung nach § 102 BetrVG führt.
Eine in diesem Sinne objektiv unvollständige Anhörung verwehrt es dem Arbeitgeber allerdings, im Kündigungsschutzprozess Gründe nachzuschieben, die über die Erläuterung des mitgeteilten Sachverhalts hinausgehen.

Dies gilt jedoch nicht ohne weiteres für Tatsachen, die dem Betriebsrat bei der Anhörung bereits bekannt waren.

Entscheidend ist, dass für den Betriebsrat der „Kündigungsgrund" im Sinne eines aus mehreren Tatsachen und einer groben rechtlichen Einordnung gebildeten Begründungszusammenhangs erkennbar wird, auf den der Arbeitgeber sich stützen will.

***BAG** 11.12.2003 – 2 AZR 536/02*

Waren dem Arbeitgeber bei Zugang der Kündigung bestimmte Tatsachen nicht bekannt, darf er diese im Rechtsstreit zur Begründung der Kündigung zwar nachschieben, muss aber vorher den Personalrat zu ihnen – erneut – angehört haben. Einer weiteren Anhörung bedarf es nicht, wenn die neuen Tatsachen lediglich der Erläuterung und Konkretisierung hier bisherigen, dem Personalrat bereits mitgeteilten Kündigungsgründe dienen (vgl. BAG 16.12.2010 2 AZR 576/09; BAG 23.6.2009 - 2 AZR 474/07). Das ist regelmäßig nicht der/ Fall, wenn die neuen Tatsachen dem mitgeteilten Kündigungssachverhalt erstmals das Gewicht eines Kündigungsgrundes geben oder weitere, selbständig zu würdigende Kündigungssachverhalte betreffen. Das gilt auch dann, wenn der Personalrat der Kündigung zugestimmt hat (vgl. BAG 26.9.1991 – 2 AZR 132/91).

***BAG** 10.4.2014 – 2 AZR 684/13*

Dem Arbeitgeber vor Ausspruch der Kündigung **bekannte Kündigungsgründe**, die er dem Betriebsrat vor Abgabe der Kündigungserklärung nicht mitgeteilt hat, kann er im Kündigungsschutzprozess selbst dann nicht nachschieben, wenn der Betriebsrat der Kündigung aufgrund der ihm mitgeteilten Gründe zugestimmt hat. Der Arbeitgeber kann den Betriebsrat wegen der nachzuschiebenden Gründe auch nicht nachträglich wirksam beteiligen.

***BAG** 26.9.1991 – 2 AZR 132/91*

Auf eine nachgeschobene, ergänzende Kündigungsbegründung kann sich der Arbeitgeber nicht mit Erfolg berufen, wenn er sie bei vollständiger Kenntnis nicht zur Grundlage seiner Kündigungsentscheidung (vgl. BAG 20.1.1994 – 8 AZR 24/93, n. v. zu B III 2 a der Gründe) gemacht hat. Will der Arbeitgeber diese Grundlage in wesentlichen Punkten ändern, ergänzen oder austauschen, so muss er wie bei einer erneut auszusprechenden Kündigung es einem nach Ausspruch der Kündigung inzwischen gewählten Betriebsrat ermöglichen, auf seinen Entschluss einzuwirken, solche Kündigungsgründe in den Prozess über die Wirksamkeit der Kündigung nicht einzuführen.

***BAG** 11.5.1995 – 2 AZR 265/94*

Erfährt der Arbeitgeber nach Ausspruch einer Kündigung von weiteren ihm **vorher nicht bekannten** Kündigungsgründen, die zeitlich bereits vor der Kündigung bestanden haben, bleibt die Anhörung des Betriebsrats ordnungsgemäß. Der Arbeitgeber kann solche ihm bei der Beteiligung des Betriebsrats und im Zeitpunkt der Kündigung noch nicht bekannten Umstände im Kündigungsschutzprozess zur weiteren Stützung der Kündigung allerdings nur dann heranziehen, wenn er den Betriebsrat hierzu **zusätzlich** anhört.

***BAG** 11.4.1985 – 2 AZR 239/84*

Von **unzulässigem Nachschieben** von dem Betriebsrat **nicht mitgeteilten Kündigungsgründen** ist die zulässige Substantiierung der dem Betriebsrat mitgeteilten Gründe im Kündigungsschutzprozess zu unterscheiden. Da die Darlegungslast des Arbeitgebers im Prozess in der Regel weitergeht als die Informationspflicht gegenüber dem Betriebsrat, ist es dem Arbeitgeber erlaubt, im Prozess seinen Tatsachenvortrag weiter zu substantiieren. Durch einen ergänzenden Vortrag im Prozess darf aber das Beteiligungsrecht des Betriebsrats nach § 102 BetrVG nicht verkürzt werden. Daraus folgt, dass die Erläuterungen im Prozess zu den dem Betriebsrat mitgeteilten Gründen weder zusätzliche Kündigungsgründe noch Vorwürfe oder Tatsachen enthalten dürfen, die den bisherigen Vortrag erst zu einem kündigungsrechtlich relevanten Grund machen oder dem Kündigungsgrund mehr Gewicht verleihen.

***BAG** 18.12.1980 – 2 AZR 1006/78*

Kündigt ein Arbeitgeber einer Arbeitnehmerin wegen strafbarer Handlung bzw. wegen Verdachts einer strafbaren Handlung, so führt die Einstellung des gegen die Arbeitnehmerin insoweit eingeleiteten staatsanwaltschaftlichen Ermittlungsverfahrens (§ 170 Abs. 2 Satz 1 StPO) weder zur Unwirksamkeit der Kündigung, noch zu einem Wiedereinstellungsanspruch der Arbeitnehmerin.

Die Arbeitsgerichte dürfen eine Kündigung nur dann unter dem Gesichtspunkt der Verdachtskündigung beurteilen, wenn der Arbeitgeber die Kündigung auch, zumindest hilfsweise, auf den entsprechenden Verdacht stützt. Dies kann sowohl vor dem Prozess, etwa im Kündigungsschreiben, als auch später in den Tatsacheninstanzen geschehen (BAG 3.4.1986 – 2 AZR 324/85). Stützt der Arbeitgeber die **Kündigung erst nach ihrem Ausspruch auf den Verdacht einer strafbaren Handlung**, so schiebt er damit einen andersartigen Kündigungsgrund nach. Besteht im Betrieb ein Betriebsrat, so kann das nachgeschobene Vorbringen zum Verdacht im Prozess auch bei unverändert gebliebenem Sachverhalt nicht berücksichtigt werden, wenn dem Betriebsrat dieser Kündigungsgrund nicht mitgeteilt worden ist.

***BAG** 20.8.1997 – 2 AZR 620/96 = BB 1997, 2484*

Haben Arbeitgeber und Betriebsrat vereinbart, dass Kündigungen der Zustimmung des Betriebsrats bedürfen und dass bei Meinungsverschiedenheiten die Einigungsstelle entscheidet, kann der Arbeitgeber seine Mitteilungen zu den Kündigungsgründen auch noch im Verfahren vor der Einigungsstelle vervollständigen.

***BAG** 7.12.2000 – 2 AZR 391/99*

2.5. Wiederholte Kündigung

Wenn der Arbeitgeber nach ordnungsgemäßer Anhörung des Betriebsrats seine bestehende Kündigungsabsicht nicht realisieren kann, weil das per Boten in einen Briefkasten eingeworfene Kündigungsschreiben den Arbeitnehmer nicht erreichte und die Kündigung daher erst später erneut zugestellt werden kann, liegt eine „zweite Kündigung" im eigentlichen Sinne nicht vor, weil eine Kündigung empfangsbedürftig ist. Die fehlende Zustellung der „ersten Kündigung" hat an der ordnungsgemäßen Beteiligung der Personalvertretung nichts geändert. Dies gilt dann, wenn für den Betriebsrat nicht zweifelhaft ist, dass die beabsichtigte ordentliche Kündigung unter Einhaltung der im Anhörungsschreiben angegebenen Kündigungsfrist alsbald ausgesprochen werden sollte und sich auch der Kündigungssachverhalt nicht geändert hat. Bei einer derartigen Sachlage greift die Unwirksamkeitsfolge des § 102 Abs. 1 Satz 3 BetrVG nicht ein.

***BAG** 7.5.1998 – 2 AZR 285/97*

Ein Anhörungsverfahren nach § 102 Abs. 1 BetrVG entfaltet grundsätzlich nur für die Kündigung Wirksamkeit, für die es eingeleitet worden ist. Hat der Arbeitgeber nach Durchführung des Anhörungsverfahrens gekündigt und ist dem Arbeitnehmer die Kündigung zugegangen, so bedarf es zur Wirksamkeit einer wiederholten Kündigung einer erneuten Anhörung des Betriebsrats. Dies gilt insbesondere dann, wenn der Arbeitgeber wegen Bedenken gegen die Wirksamkeit der ersten Kündigung vorsorglich erneut kündigt. Hat für den Arbeitgeber dessen Bevollmächtigter eine Kündigung ausgesprochen, ohne auf das bestehende Vertretungsverhältnis ausdrücklich hinzuweisen, so ist der Kündigungsvorgang in dem Moment abgeschlossen, in dem dem Arbeitnehmer diese Kündigung ordnungsgemäß zugeht. Tauchen bei dem Arbeitgeber nachträglich Zweifel auf, ob ihm die Kündigung durch den Bevollmächtigten als Willenserklärung zugerechnet werden kann, und wiederholt er daraufhin selbst die Kündigung, so leitet er damit einen neuen Kündigungsvorgang ein und hat deshalb den Betriebsrat erneut anzuhören.

Diese Rechtsprechung ist auf die Personalratsbeteiligung bei Kündigungen zu übertragen.

***BAG** 5.9.2002 – 2 AZR 523/01*

2.6. Prozessuale Fragen

Ist im Prozess um die Wirksamkeit einer ausgesprochenen Kündigung zwischen klagendem Arbeitnehmer und beklagtem Arbeitgeber streitig, ob der Betriebsrat vor Ausspruch der Kündigung **ordnungsgemäß beteiligt** wurde, sind zwei Fallgestaltungen zu unterscheiden:

- Der Arbeitnehmer trägt im Prozess vor, dass ein Betriebsrat vor Ausspruch der Kündigung **überhaupt nicht** angehört worden ist. In diesem Fall muss der Arbeitgeber das Gegenteil darlegen und beweisen.
- Der Arbeitnehmer behauptet, dass der Betriebsrat **nicht ordnungsgemäß** beteiligt worden ist. Der Arbeitnehmer kann die ordnungsgemäße Anhörung des Betriebsrats auch gemäß § 138 Abs. 4 ZPO mit Nichtwissen bestreiten, weil die Betriebsratsanhörung keine Handlung des Arbeitnehmers und gewöhnlich auch nicht Gegenstand seiner Wahrnehmung ist. In diesen Fällen muss der Arbeitgeber alle Tatsachen vortragen, aus denen sich ergibt, dass er seine Mitteilungspflichten vor Ausspruch der Kündigung richtig erfüllt hat.

***BAG** 23.6.1983 – 2 AZR 15/82*

Der Arbeitgeber trägt im Kündigungsprozess die **Darlegungs-** und **Beweislast** für eine ordnungsgemäße Anhörung des Betriebsrats. Er muss daher im Prozess im Einzelnen (substantiiert) vortragen, wann wer den Betriebsrat auf welche Weise über welche Kündigungsgründe unterrichtet hat und ggf. beweisen, inwiefern der Betriebsrat ohne konkrete Unterrichtung selbst über den erforderlichen Kenntnisstand verfügte.

***BAG** 29.3.1990 – 2 AZR 420/89*

Hinsichtlich der i.S.d. § 102 BetrVG ordnungsgemäßen Anhörung des Betriebsrats gilt eine abgestufte Darlegungslast. Danach hat im Prozess der Arbeitnehmer zunächst einmal die für ihn günstige Tatsache vorzutragen, dass überhaupt ein Betriebsrat besteht und deshalb nach § 102 BetrVG vor Ausspruch einer Kündigung dessen Anhörung erforderlich war. Auf einen entsprechenden Sachvortrag des Arbeitnehmers hin obliegt es dem Arbeitgeber darzulegen, dass der Betriebsrat ordnungsgemäß angehört worden ist. Auf einen entsprechenden Prozessvortrag des Arbeitgebers hin darf sich der Arbeitnehmer dann nicht mehr darauf beschränken, die ordnungsgemäße Betriebsratsanhörung pauschal mit Nichtwissen zu bestreiten. Er hat vielmehr im Einzelnen zu bezeichnen, ob er rügen will, der Betriebsrat sei entgegen der Behauptung des Arbeitgebers überhaupt nicht angehört worden oder in welchen einzelnen Punkten er die tatsächlichen Erklärungen des Arbeitgebers über die Betriebsratsanhörung für falsch oder die dem Betriebsrat mitgeteilten Tatsachen für unvollständig hält. Dies erfordert gegebenenfalls einen ergänzenden Sachvortrag des Arbeitgebers und) ermöglicht eine Beweiserhebung durch das Gericht über die tatsächlich streitigen Tatsachen.

***BAG** 23.6.2005 – 2 AZR 193/04*

Der Senat hält daran fest, dass der Betriebsrat immer dann ordnungsgemäß angehört worden ist, wenn der Arbeitgeber ihm **die aus seiner Sicht tragenden Umstände** für die Kündigung unterbreitet hat. Um keine Frage dieser so genannten **„subjektiven Determinierung der Kündigungsgründe“** handelt es sich, wenn der Arbeitgeber den Betriebsrat den Sachverhalt bewusst irreführend – auch durch Verschweigen wesentlicher Umstände schildert.

Der Arbeitgeber trägt auch die **Beweisführungslast** für die nicht bewusste Irreführung des Betriebsrats.

***BAG** 22.9.1994 – 2 AZR 31/94*

Ist die Kündigung nach § 102 Abs. 1 BetrVG unwirksam, kann der **Arbeitgeber** keinen Auflösungsantrag nach § 9 KSchG stellen.

***BAG** 30.11.1989 – 2 AZR 197/89*

2.7. Muster für die Anhörung des Betriebsrats nach § 102 Abs. 1 BetrVG

An den
Betriebsrat (oder: Personalausschuss)
z.Hd. des/der Betriebsratsvorsitzenden (oder: Ausschussvorsitzenden)
im Hause

Stuttgart, den ________________

Betr.: Beabsichtigte ordentliche/außerordentliche Kündigung

Die Firma beabsichtigt, den/die Arbeitnehmer/in ______________________________________
geb. ________ Familienstand _____ Anz. der Kinder _____ beschäftigt seit _______ zuletzt als __________ in Abteilung __________ GdB ______
fristgerecht unter Einhaltung der Kündigungsfrist von _________ zum _________
oder
fristlos, vorsorglich fristgerecht zum nächstzulässigen Kündigungstermin, falls die fristlose Kündigung unwirksam sein sollte, zu kündigen.

Aus folgenden Gründen:
konkrete Tatsachen (wann; was; wie?)

(vgl. die weiteren Ausführungen zu den Kündigungsgründen auf den folgenden Blättern)
Im übrigen verweisen wir auf das mit dem/der Betriebsratsvorsitzenden am _____ geführte Gespräch, in dem Herr/Frau _________ die Kündigungsgründe eingehend mündlich erläutert hat.

Wir bitten, Ihre Stellungnahme oder Bedenken, ggf. einen Widerspruch gegen die beabsichtigte **fristgerechte** Kündigung spätestens innerhalb einer Woche,

Ihre Stellungnahme bzw. eventuelle Bedenken gegen die beabsichtigte **fristlose** Kündigung unverzüglich, spätestens jedoch innerhalb von drei Tagen, schriftlich mitzuteilen.

Für Rückfragen steht ihnen die Personalabteilung zur Verfügung.

Mit freundlichen Grüßen

____
(Personalleiter/in)

3. Verfahrensabschnitt II: Zuständigkeitsbereich des Betriebsrats[66]

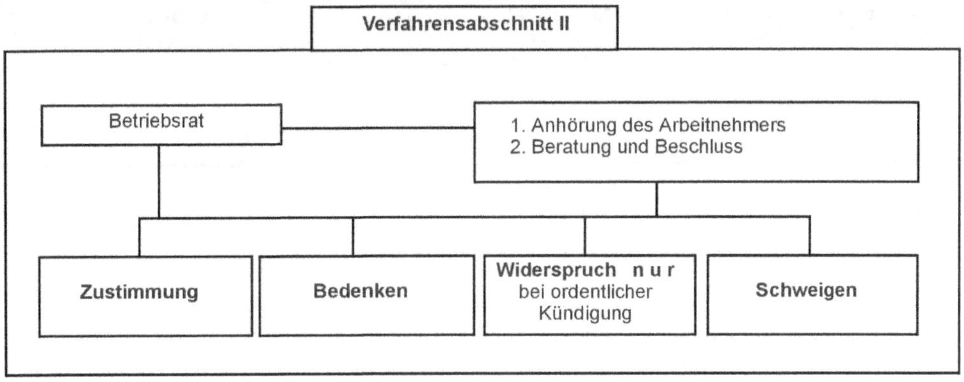

3.1. Allgemeines

Zur **Entgegennahme** dieser **Erklärungen** ist im Grundsatz nicht jedes beliebige Betriebsratsmitglied berechtigt, sondern nur der **Betriebsratsvorsitzende** und im Fall seiner Verhinderung sein Stellvertreter.

Der Betriebsrat als Gremium muss, bevor die Kündigung erklärt wird, die Möglichkeit der Stellungnahme haben. Ein einzelnes Betriebsratsmitglied, auch der Vorsitzende oder sein Stellvertreter, kann nicht allgemein ermächtigt werden, die Stellungnahme des Betriebsrats zu einer Kündigung abzugeben. Teilt ein einzelnes Betriebsratsmitglied vor Ablauf der Erklärungsfristen des § 102 Abs. 2 BetrVG dem Arbeitgeber eine Stellungnahme zu der vorgesehenen Kündigung zu einer Zeit mit, in der der Arbeitgeber weiß oder nach den Umständen annehmen muss, dass der Betriebsrat sich noch nicht mit der Angelegenheit befasst hat, dann ist die Anhörung noch nicht vollzogen, eine daraufhin gleichwohl ausgesprochene Kündigung gemäß § 102 Abs. 1 BetrVG unwirksam.

***BAG** 28.2.1974 – 2 AZR 455/73; **BAG** 27.6.1985 – 2 AZR 412/84*

Der Betriebsrat kann die Anhörung zu einer beabsichtigten Kündigung durch einen Boten oder Vertreter des Arbeitgebers nicht entsprechend § 174 Satz 1 BGB zurückweisen, wenn der Anhörung keine Vollmachtsurkunde beigefügt ist. Der Zweck des Anhörungserfordernisses steht einer entsprechenden Anwendung von § 174 BGB entgegen. Das Verfahren nach § 102 BetrVG ist nicht an Formvorschriften gebunden. Eine mündliche oder telefonische Anhörung ist möglich. Auch in einem solchen Fall beginnt die Wochenfrist des § 102 Abs. 2 Satz 1 BetrVG zu laufen. Hat der Betriebsrat Zweifel an der Boten- oder Vertreterstellung der ihm gegenüber bei der Anhörung auftretenden Person, kann er sich nach dem Gebot der vertrauensvollen Zusammenarbeit unmittelbar gegenüber dem Arbeitgeber äußern.

***BAG** 13.12.2012 – 6 AZR 348/11*

Sofern nach **ordnungsmäßiger** Einleitung des Anhörungsverfahrens durch den Arbeitgeber **dem Betriebsrat bei der Behandlung** der Sache **Fehler unterlaufen**, insbesondere das empfangsberechtigte Betriebsratsmitglied die Mitteilung nicht an seine Betriebsratskollegen weitergibt oder keine rechtlich einwandfreie Beschlussfassung des Betriebsrats über die Kündigungsmaßnahme stattfindet, hat das auf die Gültigkeit der Anhörung jedenfalls dann keinen Einfluss, wenn der Arbeitgeber mit dem Ausspruch der (ordentlichen) Kündigung bis zum Ablauf der Wochenfrist des § 102 Abs. 2 Satz 1 BetrVG wartet. Die danach ausgesprochene Kündigung ist nicht unwirksam nach § 102 Abs. 1 BetrVG.

***BAG** 28.3.1974 – 2 AZR 472/73*

Mängel bei der Beschlussfassung des Betriebsrats haben grundsätzlich selbst dann keine Auswirkungen auf die Ordnungsgemäßheit seiner Anhörung, wenn der Arbeitgeber im Kündigungszeitpunkt weiß oder erkennen kann, dass der Betriebsrat die Angelegenheit nicht fehlerfrei behandelt hat. Etwas anderes kann ausnahmsweise dann gelten, wenn erkennbar keine Stellungnahme des Gremiums „Betriebsrat" vorliegt oder der Arbeitgeber den Fehler des Betriebsrats' durch unsachgemäßes Verhalten selbst veranlasst hat.

***BAG** 22.11.2012 -2 AZR 732/11*

Auf das Anhörungsverfahren nach § 102 Abs. 1 BetrVG wirken sich Mängel, die in den Zuständigkeits- und Verantwortungsbereich des Betriebsrats fallen, grundsätzlich selbst dann nicht aus, wenn der Arbeitgeber im Zeitpunkt der Kündigung weiß oder nach den Umständen vermuten kann, dass die Behandlung der Angelegenheit durch den Betriebsrat nicht fehlerfrei erfolgt ist.

Etwas anderes kann ausnahmsweise dann gelten, wenn in Wahrheit keine Stellungnahme des Betriebsratsgremiums, sondern nur eine persönliche Äußerung des Betriebsratsvorsitzenden vorliegt oder der Arbeitgeber den Fehler des Betriebsrats durch unsachgemäßes Verhalten selbst veranlasst hat.

Der Arbeitgeber muss nicht allein auf Grund des Umstandes, dass bereits kurz (hier: zwölf Minuten) nach Übermittlung des Anhörungsschreibens per Telefax an den Betriebsrat eine Antwort gleichfalls per Telefax erfolgt, davon ausgehen, es liege nur eine persönliche Äußerung des Betriebsratsvorsitzenden vor.

***BAG** 16.1.2003 – 2 AZR 707/01*

> ***Hinweis für die Praxis:***
>
> *Bei der Unterrichtung des Betriebsrats nach § 102 Abs. 1 BetrVG haben interne Fehler bei der Beschlussfassung des Gremiums auf die Korrektheit der Anhörung und die Wirksamkeit der Kündigung keine Auswirkungen. Grund hierfür ist, dass der Arbeitgeber keine rechtliche Möglichkeit hat, die Beschlussfassung des Betriebsrats zu beeinflussen*

Soweit der Betriebsrat im Rahmen des Anhörungsverfahrens gemäß § 102 BetrVG beteiligt ist, ist es seine Sache, ob und wie er tätig werden, insbesondere welche Verfahrensweise er befolgen will. Der Arbeitgeber ist nicht befugt, den Betriebsrat dazu anzuhalten, seine Stellungnahme zu einer beabsichtigten Kündigung aufgrund einer ordnungsgemäßen Beschlussfassung abzugeben. Eine **Kontrolle des Betriebsrats** in seinem Amtsbereich, die ohnehin nicht geeignet ist, nichtige Beschlüsse zu verhindern, lässt sich nicht aus dem Grundsatz der vertrauensvollen Zusammenarbeit herleiten, wie er in § 2 Abs. 1 BetrVG niedergelegt ist. Würde der Arbeitgeber in dieser Weise tätig, dann könnte ihm mit Recht der Vorwurf der unbefugten Einmischung in die Angelegenheiten des **Betriebsrats** gemacht werden.

Das gilt ebenso für den Fall, dass der zuständige Repräsentant des Betriebsrats, nachdem der Arbeitgeber seine Kündigungsabsicht mitgeteilt hat, **allein** eine Stellungnahme zu der beabsichtigten Kündigung abgibt. Auch hier ist der Arbeitgeber grundsätzlich weder berechtigt noch verpflichtet, ehe er kündigt, noch einmal auf einen Beschluss des Betriebsrats hinzuwirken.

Der Grundsatz, dass Mängel bei der Willensbildung des Betriebsrats nicht dem Arbeitgeber anzulasten sind, gilt im Allgemeinen auch dann, wenn der Arbeitgeber weiß oder vermuten kann, dass das Verfahren des Betriebsrats nicht fehlerfrei verlaufen ist.

***BAG** 4.8.1975- 2 AZR 266/74*

---

[66] vgl. auch Stichwort: §§ 26 – 36 BetrVG, Geschäftsführung des Betriebsrats, Kap. 9. Beschlüsse des Betriebsrats (§ 33 BetrVG), S. 80

Wenn der Arbeitgeber während einer auf sein Verlangen einberufenen Sitzung des Betriebsrats, in der die beabsichtigte Kündigung eines Arbeitnehmers behandelt wird, auch bei der Beschlussfassung des Betriebsrats anwesend ist, dann wirkt sich das auf die Ordnungsmäßigkeit des Anhörungsverfahrens i.S.d. § 102 Abs. 1 BetrVG jedenfalls dann nicht aus, wenn er den Betriebsrat weder veranlasst hat, sofort eine abschließende Stellungnahme abzugeben, noch davon abgehalten hat, eine weitere Sitzung ohne seine Anwesenheit durchzuführen. Etwas anderes kann gelten, wenn der Arbeitgeber selbst mit abstimmt, die Sitzung leitet oder auf andere Weise in der abschließenden Verhandlung Einfluss nimmt.

***BAG** 24.3.1977 – 2 AZR 289/76*

Der Arbeitgeber kann auf Grund einer – wenn auch fehlerhaft zustande gekommenen – abschließenden Stellungnahme des Betriebsrats regelmäßig vor Ablauf der Frist des § 102 Abs. 2 BetrVG die Kündigung aussprechen.

***BAG** 24.6.2004 – 2 AZR 461/03*

Hinweis für die Praxis:

Der Betriebsrat muss Bedenken gegen eine Kündigung unter der Angabe seiner Gründe schriftlich an den Arbeitgeber mitteilen. Die Rechtsprechung hat herausgearbeitet, dass das Gesetz keine Schriftform im Sinne des § 126 BGB, diese wäre grundsätzlich nur durch eigenhändige Unterschrift des Betriebsratsvorsitzenden gewahrt, verlangt. Es reicht nicht nur eine Übermittlung der Bedenken per Telefax an den Arbeitgeber, sondern auch die Wahrung der Textform nach § 126b BGB. Dies bedeutet, dass eine Erklärung ausreicht, die dauerhaft wiedergegeben werden kann, die Person des Erklärenden nennt und ihren Abschluss durch eine Namensnennung an ihrem Ende oder anderswie deutlich zum Ausdruck bringt, ausreicht. Diese Anforderungen werden auch durch ein E-Mailschreiben, das mit Grußformel und Namensnennung des Erklärenden, also hier des Betriebsratsvorsitzenden abschließt, gewahrt.

In **eigenen Angelegenheiten** hat das **betroffene Betriebsratsmitglied** kein Stimmrecht und ist auch gehindert, an der der Abstimmung vorausgehenden Beratung teilzunehmen.

***BAG** 23.8.1974 – 2 AZR 391/83*

Vor der **Konstituierung des Betriebsrats** besteht keine Anhörungspflicht des Arbeitgebers nach § 102 Abs. 1 BetrVG. Den Arbeitgeber trifft auch grundsätzlich keine Pflicht, mit dem Ausspruch der Kündigung eines Arbeitnehmers zu warten, bis der Betriebsrat sich konstituiert hat.

***BAG** 23.8.1984 – 6 AZR 520/82*

3.1.1. Formular zur Stellungnahme des Betriebsrats nach § 102 BetrVG

Der Betriebsrat
der Firma A-GmbH

Stuttgart, den ____________

An die
Geschäftsleitung
im Hause

Betr.: Beabsichtigte Kündigung des ______________________________

Sehr geehrte ____________________

Der Betriebsrat hat in seiner Sitzung am _______ über die beabsichtigte Kündigung des ________ beraten. Als Ergebnis der Beratung teilen wir Ihnen mit:

☐ Der Betriebsrat hat gegen die beabsichtigte Kündigung **keine Bedenken** und sieht das Anhörungsverfahren als abgeschlossen an.

(oder)

☐ Der Betriebsrat hat **folgende Bedenken** gegen die beabsichtigte Kündigung:*

____

____

____

(oder)

☐ Der Betriebsrat **widerspricht** der beabsichtigten Kündigung gemäß § 102 Abs. 3 Nr. ____ BetrVG aus folgenden Gründen:*

____

____

____

(oder)

☐ Der Betriebsrat **stimmt** der beabsichtigten Kündigung **zu**.

(oder)

☐ Der Betriebsrat nimmt die beabsichtigte Kündigung zur Kenntnis und sieht das Anhörungsverfahren als abgeschlossen an.

Mit freundlichen Grüßen

____
(Betriebsratsvorsitzende/r)

* vgl. Fortsetzung der Stellungnahme Blatt 2

3.2. Stellungnahme zur ordentlichen Kündigung, insbesondere Widerspruch des Betriebsrats

Voraussetzung für einen Weiterbeschäftigungsanspruch nach § 102 Abs. 5 BetrVG ist das Vorliegen eines **ordnungsgemäßen Widerspruchs**. Der Widerspruch des Betriebsrats ist nur ordnungsgemäß, wenn er sich auf einen der in § 102 Abs. 3 BetrVG genannten Widerspruchsgründe abschließend bezieht und fristgerecht dem Arbeitgeber zugeht.

***BAG** 12.9.1985 – 2 AZR 324/84*

Der Betriebsrat muss die Widerspruchsgründe nicht beweisen, sondern nur **schlüssig** machen, d. h. die vom Betriebsrat angeführten Tatsachen müssen einen Widerspruchsgrund ergeben können.

***LAG** Hamburg 29.10.1975 – 5 Sa 92/75 = BB 1976, 184*

Bloßes Wiederholen (Abschreiben) der abstrakten gesetzlichen Widerspruchsgründe und Bezugnahme auf das Gesetz genügen nicht. Die Widerspruchsgründe müssen durch **Angabe konkreter Tatsachen** erläutert werden.

***LAG** Düsseldorf 5.1.1976 – 9 Sa 1604/75 = DB 1976, 1065;*
***LAG** Niedersachsen 22.8.1975 – 7 a (3) Sa 80/75 = DB 1975, 1898*
***LAG** München 2.3.1994 – 5 Sa 908/93 = NZA 1994, 1000*

> Der Betriebsrat hat nicht nur bei der betriebsbedingten Kündigung ein Widerspruchsrecht sondern auch bei personen- und verhaltensbedingter Kündigung. Bei personen- und verhaltensbedingten Kündigungen kann der Betriebsrat aber nur nach **§ 102 Abs. 3 Nr. 3 – 5 BetrVG** (nicht nach § 102 Abs. 3 Nr. 1 und 2 BetrVG) widersprechen.
>
> ***BAG** 22.7.1982 – 2 AZR 30/81; **BAG** 16.3.1978 – 2 AZR 424/76*

3.2.1. Fehlerhafte Sozialauswahl

Aus dem Regelungszusammenhang von § 102 Abs. 3 Nr. 1 und § 102 Abs. 5 Satz 2 Nr. 3 BetrVG folgt, dass der Betriebsrat bei einem Widerspruch gegen die beabsichtigte Kündigung eines Arbeitnehmers wegen nicht ausreichender Berücksichtigung sozialer Gesichtspunkte (§ 102 Abs. 3 Nr. 1 BetrVG) in dem Widerspruchsschreiben plausibel darlegen muss, warum ein anderer Arbeitnehmer sozial weniger schutzwürdig sei. Der Betriebsrat hat aufzuzeigen, welche Gründe aus seiner Sicht zu einer anderen Bewertung der sozialen Schutzwürdigkeit führen.

Bei mehreren zur gleichen Zeit beabsichtigten betriebsbedingten Kündigungen kann der Betriebsrat den Kündigungen nach § 102 Abs. 3 Nr. 1 BetrVG nur dann wirksam widersprechen, wenn er in jedem Einzelfall auf bestimmte oder bestimmbare, seiner Ansicht nach weniger schutzwürdige Arbeitnehmer verweist. Der Betriebsrat kann nicht für alle oder mehrere beabsichtigte Kündigungen geltend machen, die soziale Auswahl sei fehlerhaft, weil der Arbeitgeber einen oder mehrere weniger schutzwürdige Arbeitnehmer übergangen habe. Auf denselben Berufungsfall kann der Betriebsrat seinen Widerspruch nicht mehrfach stützen.

***BAG** 9.7.2003 – 5 AZR 305/02*

Stützt der Betriebsrat den Widerspruch auf die Behauptung einer fehlerhaften sozialen Auswahl, so reicht die formelhafte Anführung der Gesetzesbestimmung des § 102 Abs. 3 Nr. 1 BetrVG nicht aus. Die Darlegung des Betriebsrats muss sich vielmehr am Vortrag des Arbeitgebers orientieren. Hat der Arbeitgeber seine Auswahlüberlegungen dezidiert – etwa anhand eines Punkteschemas – mitgeteilt, so gebietet die Konkretisierungspflicht des § 102 Abs. 3 Satz 1 BetrVG eine konkrete Stellungnahme, warum die Auswahlüberlegungen des Arbeitgebers nicht ausreichend sein sollen.

***LAG** Schleswig-Holstein 22.11.1999 – 4 Sa 514/99 = BB 2000, 203*

Die **soziale Auswahl** bei betriebsbedingten Kündigungen erstreckt sich nach § 1 Abs. 3 Satz 1 KSchG **innerhalb des Betriebs** nur auf Arbeitnehmer, die miteinander verglichen werden können. Vergleichbar sind solche Arbeitnehmer, die **austauschbar** sind. Die Vergleichbarkeit der in die soziale Auswahl einzubeziehenden Arbeitnehmer richtet sich in erster Linie nach **arbeitsplatzbezogenen Merkmalen** und somit nach der **ausgeübten Tätigkeit**. Es ist zu prüfen, ob der Arbeitnehmer, dessen Arbeitsplatz weggefallen ist, die Funktion der anderen Arbeitnehmer wahrnehmen kann. Das ist nicht nur bei Identität des Arbeitsplatzes sondern auch dann der Fall, wenn der Arbeitnehmer aufgrund seiner Fähigkeiten und Ausbildung eine andersartige, aber **gleichwertige Tätigkeit** ausüben kann. Der Vergleich vollzieht sich insoweit auf derselben Ebene der Betriebshierarchie (so genannte **horizontale Vergleichbarkeit**).

***BAG** 15.6.1989 – 2 AZR 580/88*

> Nach § 1 Abs. 3 KSchG ist die vom Arbeitgeber zu treffende Sozialauswahl streng betriebsbezogen und auch bei einer entsprechenden Ausweitung des Direktionsrechts des Arbeitgebers grundsätzlich nicht unternehmensbezogen.
>
> Besteht in einem der Betriebe eines Unternehmens ein dringendes betriebliches Erfordernis, etwa die Personalstärke an den gesunkenen Arbeitsanfall anzupassen, so kann dies grundsätzlich nur die Kündigung gegenüber Arbeitnehmern dieses Betriebes sozial rechtfertigen. Dafür, im Wege der Sozialauswahl für die zur Kündigung anstehenden Arbeitnehmer Arbeitsplätze in einem anderen Betrieb des Unternehmens freizukündigen, besteht kein dringendes, auf den anderen Betrieb bezogenes Erfordernis. Dies gilt auch dann, wenn in den Arbeitsverträgen ein unternehmensweites Versetzungsrecht vereinbart ist.
>
> Eine Sozialauswahl, die vergleichbare Arbeitnehmer mehrerer, möglicherweise weit auseinander liegender Betriebe des Unternehmens einbezieht, würde die Vorbereitung eines Kündigungsentschlusses durch den Arbeitgeber und dessen Nachprüfung durch die Gerichte ohne ausreichende gesetzliche Grundlage über Gebühr erschweren und darüber hinaus zu nur schwer lösbaren Problemen im Rahmen der Beteiligung des Betriebs-/Personalrat derartigen Maßnahmen führen.
>
> ***BAG** 2.6.2005 – 2 AZR 158/04*

Eine Vergleichbarkeit scheidet nicht nur dann aus, wenn eine Weiterbeschäftigung des Arbeitnehmers zu schlechteren Arbeitsbedingungen möglich ist. Dies gilt vielmehr in allen Fällen, in denen eine anderweitige Beschäftigung nur aufgrund einer Änderung der bisherigen Arbeitsbedingungen und damit nur durch Vertrag oder durch Änderungskündigung in Betracht kommt.

***BAG** 7.2.1985 – 2 AZR 91/84; **BAG** 29.3.1990 – 2 AZR 369/89*

> Nach § 1 Abs. 3 Satz 2 KSchG sind in die soziale Auswahl Arbeitnehmer nicht einzubeziehen, deren Weiterbeschäftigung im berechtigten betrieblichen Interesse liegt. Zur Begründung eines solchen Interesses kann sich der Arbeitgeber nicht allein darauf berufen, der gekündigte Arbeitnehmer sei besonders **krankheitsanfällig**.
>
> ***BAG** 31.5.2007 – 2 AZR 306/06*

3.2.2. Verstoß gegen Auswahlrichtlinien (§ 102 Abs. 3 Nr. 2 BetrVG)[67]

Der Betriebsrat hat nach § 95 Abs. 1 Satz 1 BetrVG mitzubestimmen, wenn der Arbeitgeber bei betriebsbedingten Kündigungen die Sozialauswahl nach einem Punkteschema vornehmen will. Dies gilt nicht nur, wenn das Punkteschema für alle künftig auszusprechenden Kündigungen vorgesehen ist, sondern auch dann, wenn es lediglich für die konkret anstehenden Kündigungen maßgeblich sein soll.

Eine grobe Pflichtverletzung i.S.v. § 23 Abs. 3 Satz 1 BetrVG liegt nicht vor, wenn der Arbeitgeber in einer schwierigen und ungeklärten Rechtsfrage eine bestimmte, sich später als unzutreffend herausstellende Rechtsansicht vertritt.

Hat der Arbeitgeber das Mitbestimmungsrecht des Betriebsrats nach § 95 Abs. 1 BetrVG verletzt, indem er bei der Sozialauswahl ein Punkteschema ohne Zustimmung des Betriebsrats angewandt hat, so kann dieser auf Grund des allgemeinen Unterlassungsanspruchs die künftige Unterlassung des mitbestimmungswidrigen Verhaltens verlangen.

***BAG** 26.7.2005 – 1 ABR 29/04*

---

[67] vgl. Stichwort: „§§ 92 – 95 BetrVG, Allgemeine personelle Angelegenheiten", Kapitel „Auswahlrichtlinien", S. 268

3.2.3. Weiterbeschäftigungsmöglichkeit auf einem anderen Arbeitsplatz (§ 102 Abs. 3 Nr. 3 BetrVG)

Für einen ordnungsgemäßen Widerspruch des Betriebsrats nach § 102 Abs. 3 Nr. 3 BetrVG gegen eine ordentliche Kündigung reicht es zur Begründung eines Weiterbeschäftigungsanspruchs nach § 102 Abs. 5 Satz 1 BetrVG nicht aus, wenn der Betriebsrat nur allgemein auf eine anderweitige Beschäftigungsmöglichkeit im selben Betrieb oder in einem anderen Betrieb des Unternehmens verweist; dem Betriebsrat ist vielmehr ein Mindestmaß an konkreter Argumentation abzuverlangen, d. h. der Arbeitsplatz, auf dem der zu kündigende Arbeitnehmer eingesetzt werden kann, ist in bestimmbarer Weise anzugeben (im Anschluss an BAG 24.3.1988 – 2 AZR 680/87).

***BAG** 17.6.1999 – 2 AZR 608/99 = DB 1999, 2012*

Die Möglichkeit der Weiterbeschäftigung setzt das Vorhandensein eines anderen **freien** Arbeitsplatzes voraus.

Als „***frei***" sind solche Arbeitsplätze anzusehen, die zum Zeitpunkt des Zugangs der Kündigung unbesetzt sind. Sofern der Arbeitgeber bei Ausspruch der Kündigung mit hinreichender Sicherheit vorhersehen kann, dass ein Arbeitsplatz bis zum Ablauf der Kündigungsfrist, z. B. aufgrund des Ausscheidens eines anderen Arbeitnehmers, zur Verfügung stehen wird, ist ein derartiger Arbeitsplatz ebenfalls als „***frei***" anzusehen.

***BAG** 29.3.1990 – 2 AZR 369/89; **BAG** 7.2.1991 – 2 AZR 205/90; **BAG** 15.12.1994 – 2 AZR 320/94*

Zu berücksichtigen sind auch solche Arbeitsplätze, bei denen im Zeitpunkt des Zugangs der Kündigung feststeht, dass sie in absehbarer Zeit nach Ablauf der Kündigungsfrist frei werden, sofern die Überbrückung dieses Zeitraums dem Arbeitgeber zumutbar ist. Zumutbar ist jedenfalls ein Zeitraum, den ein anderer Stellenbewerber zur Einarbeitung benötigen würde.

***BAG** 15.12.1994 – 2 AZR 327/94*

Macht der Betriebsrat bei der Anhörung wegen beabsichtigter Kündigungen geltend, dass in konkret bezeichneten Betriebsabteilungen Leiharbeitskräfte tätig seien, auf deren Arbeitsplätze auch vorhandene eigene Arbeitnehmer weiterbeschäftigt werden könnten, so handelt es sich um einen Widerspruch gemäß § 102 Abs. 3 Nr. 3 BetrVG. Es handelt sich hierbei um Arbeitsplätze, die in absehbarer Zeit freigemacht werden und deshalb freie Arbeitsplätze im Sinne der Rechtsprechung zu Abs. 3 Nr. 3 BetrVG sind.

Für den Widerspruch kommt es nicht darauf an, ob die betreffenden Arbeitnehmer auf den bezeichneten Arbeitsplätzen tatsächlich eingesetzt werden können. Die Möglichkeit des Vorliegens eines Widerspruchsgrunds ist ausreichend.

***ArbG** Stuttgart 5.6.1996 – 6 Ga 23/96*

Für einen ordnungsgemäßen Widerspruch des Betriebsrats gegen eine ordentliche Kündigung nach § 102 Abs. 3 Nr. 3 BetrVG, der Voraussetzung für einen Weiterbeschäftigungsanspruch nach § 102 Abs. 5 Satz 1 BetrVG ist, reicht es nicht aus, wenn der Betriebsrat auf Personalengpässe bei Arbeiten hinweist, die im Betrieb von einem Subunternehmer aufgrund eines Werkvertrages erledigt werden.

***BAG** 11.5.2000 – 2 AZR 54/99 = AuR 2000, 277*

3.2.4. Weiterbeschäftigungsmöglichkeit mit Umschulung oder Fortbildung (§ 102 Abs. 3 Nr. 4 BetrVG)

Der gesetzliche Tatbestand setzt voraus, dass nach zumutbaren Umschulungs- oder Fortbildungsmaßnahmen eine Weiterbeschäftigung möglich sein muss. Nach der Fassung des Gesetzes ist maßgebend das tatsächliche Vorhandensein eines freien Arbeitsplatzes zum Zeitpunkt der Beendigung der Umschulungs- oder Fortbildungsmaßnahme. Eine Zumutbarkeit der Weiterbeschäftigung in dem Sinne, dass es dem Arbeitgeber zumutbar sein müsse, einen freien Arbeitsplatz zu schaffen, reicht nicht aus.

Auf die Weiterbeschäftigung eines Arbeitnehmers nach zumutbaren Umschulungs- oder Fortbildungsmaßnahmen kann der Arbeitgeber jedenfalls dann nicht verwiesen werden, wenn bei Ausspruch der Kündigung kein entsprechender anderweitiger Arbeitsplatz **frei ist** und auch nicht mit hinreichender Sicherheit vorhersehbar ist, dass nach Abschluss der Maßnahmen eine Beschäftigungsmöglichkeit aufgrund der durch die Fortbildung oder Umschulung erworbenen Qualifikation besteht.

Es bleibt offen, wie sich die zeitliche Dauer und die mit der Fortbildungs- oder Umschulungsmaßnahme verbundenen Aufwendungen des Arbeitgebers auf deren Zumutbarkeit auswirken.

***BAG** 7.2.1991 – 2 AZR 205/90*

3.2.5. Weiterbeschäftigungsmöglichkeit zu geänderten Vertragsbedingungen (§ 102 Abs. 3 Nr. 5 BetrVG)

Beispiel für die Unterrichtung des Betriebsrats zur verhaltensbedingten Kündigung wegen ständigen Zuspätkommens

Fall:

Eine Arbeitnehmerin – Mutter von drei schulpflichtigen Kindern, seit drei Jahren im Betrieb einer GmbH als Empfangssekretärin beschäftigt – kommt häufig morgens zu spät zur Arbeit. Nach Ermahnung durch ihren Vorgesetzten, nach einem „Führungsgespräch" mit dem Personalleiter und schriftlicher Abmahnung kommt sie erneut erheblich verspätet zur Arbeit und soll nun fristgerecht gekündigt werden.

Mitteilung an den Betriebsrat

„Aus folgenden Gründen:

Frau A ist in der Vergangenheit immer wieder mit zum Teil erheblichen Verspätungen zur Arbeit gekommen. Zunächst wurde sie vom Abteilungsleiter ..... gebeten, in Zukunft sorgfältiger auf eine pünktliche Arbeitsaufnahme zu achten. Nach diesem Gespräch am 29.8.2004 war zunächst eine Besserung festzustellen; jedoch kam es bereits im November 2004 wieder zu merklichen Verspätungen, so dass Frau A am 2.12.2004 vom Personalleiter eindringlich darauf hingewiesen werden musste, in Zukunft pünktlich zur Arbeit zu erscheinen. Nach erneuten Verspätungen im Januar und Februar 2005 wurde Frau A mit Schreiben vom 5.3.2005 abgemahnt. Dennoch musste erneut eine Verspätung am Mittwoch, den 19.3.2005 um 20 Minuten und am Donnerstag, den 3.4.2005 um 17 Minuten festgestellt werden.

Diese Verspätungen können angesichts des Arbeitsplatzes von Frau A nicht mehr hingenommen werden. Es geht nicht an, dass der Empfang morgens zum Teil nicht besetzt ist, da ausländische Kunden ihren Gesprächspartnern im Betrieb zugeführt werden müssen.

Die festgehaltenen einzelnen Verspätungen entnehmen Sie bitte den in der Anlage beigefügten Kopien der Aktenvermerke über die Gespräche vom 29.8.2004 und 2.12.2004 sowie der Abmahnung vom 5.3.2005".

Lösung:

*„Der Betriebsrat widerspricht der beabsichtigten fristgerechten Kündigung gem. **§ 102 Abs. 3 Nr. 3 BetrVG** aus folgenden Gründen:*

Frau A kann zwar an ihrem jetzigen Arbeitsplatz wegen der Besorgnis auch weiterer Verspätungen nicht mehr beschäftigt werden. Zukünftige Verspätungen sind insbesondere deswegen nicht auszuschließen, weil ihre drei schulpflichtigen Kinder zunächst versorgt werden müssen. In der Abteilung.......... ist/wird jedoch am.......... die Position der Sekretärin frei. Da an diesem Arbeitsplatz ein Kontakt zu Kunden nur ausnahmsweise in Betracht kommt, würde eine Verspätung bzw. eine individuelle Vereinbarung der täglichen Arbeitszeit für Frau A ohne betriebliche Störungen möglich sein. Mit einer Veränderung der individuellen Arbeitszeit wäre Frau A auch einverstanden."

4. Der Weiterbeschäftigungsanspruch (§ 102 Abs. 5 BetrVG)

In § 102 Abs. 5 BetrVG ist ein ***vorläufiger Weiterbeschäftigungsanspruch*** *des Arbeitnehmers bei einer* ***fristgerechten Kündigung*** *vorgesehen, wenn*

- *der Betriebsrat der Kündigung form- und fristgerecht widersprochen hat* ***und***
- *der gekündigte Arbeitnehmer Kündigungsschutzklage erhoben hat* ***und***
- *der Arbeitnehmer vom Arbeitgeber die Weiterbeschäftigung regelmäßig bis zum letzten Tag der Kündigungsfrist, spätestens am ersten Tag nach Ablauf der Kündigungsfrist unter Berufung auf den Widerspruch des Betriebsrats verlangt..*

4.1. Voraussetzung des Weiterbeschäftigungsanspruchs (§ 102 Abs. 5 BetrVG)

Es ist zu verlangen, dass der Arbeitnehmer die Art und Weise und den Grund seines Anspruchs deutlich benennt. Insofern wird auch in der einschlägigen Literatur gefordert, der Arbeitnehmer müsse deutlich erkennbar seine vorläufige Weiterbeschäftigung i.S.v. § 102 Abs. 5 BetrVG verlangen, weil der Arbeitgeber ein berechtigtes Interesse daran habe, möglichst frühzeitig zu erfahren, ob er mit einem entsprechenden Weiterbeschäftigungsantrag des Arbeitnehmers rechnen müsse oder über den Arbeitsplatz anderweitig verfügen könne.

Wenn der Arbeitnehmer den gestellten Weiterbeschäftigungsanspruch nicht auf den Widerspruch des Betriebsrats stützt, besteht für den Arbeitgeber nicht einmal die Möglichkeit, sich von der Weiterbeschäftigung gemäß § 102 Abs. 5 Satz 1 BetrVG durch eine einstweilige Verfügung nach § 102 Abs. 5 Satz 2 BetrVG entbinden zu lassen. Es liegt dann kein deutliches Verlangen i.S.d. § 102 Abs. 5 BetrVG vor.

BAG *17.6.1999 – 2 AZR 608/98*

Für einen ordnungsgemäßen Widerspruch des Betriebsrats gegen eine ordentliche Kündigung nach § 102 Abs. 3 Nr. 3 BetrVG, der Voraussetzung für einen Weiterbeschäftigungsanspruch nach § 102 Abs. 5 Satz 1 BetrVG ist, reicht es nicht aus, wenn der Betriebsrat auf Personalengpässe bei Arbeiten hinweist, die im Betrieb von einem Subunternehmer auf Grund eines Werkvertrags erledigt werden.

Das Weiterbeschäftigungsverlangen des Arbeitnehmers nach § 102 Abs. 5 Satz 1 BetrVG am ersten Arbeitstag nach Ablauf der Kündigungsfrist ist rechtzeitig erfolgt.

BAG *11.5.2000 – 2 AZR 54/99*

Die sachliche Begründetheit des hinreichend konkret formulierten Widerspruchs des Betriebsrats ist keine Anspruchsvoraussetzung für den Weiterbeschäftigungsanspruch nach § 102 Abs. 5 Satz 1 BetrVG bis zum rechtskräftigen Abschluss des Kündigungsschutzprozesses.

Aus den Gründen:

Das Berufungsgericht vermag der Auffassung der Beklagten und ihr folgend des Arbeitsgerichts, es liege keine „qualifizierte Auswahlrüge" i.S.d. § 102 Abs. 3 Nr. 1 BetrVG vor, nicht zuzustimmen. Es ist zwar anerkannt, dass der Betriebsrat zur Begründung des Widerspruchs konkrete Tatsachen angeben muss und die bloße Wiederholung des Gesetzestextes nicht ausreicht (vgl. LAG Düsseldorf vom 23.5.1975 – EZA § 102 BetrVG 1972 Beschäftigungspflicht Nr. 4). Die Widerspruchsgründe brauchen aber nicht schlüssig zu sein, wenn nur ein Mindestmaß an konkreter Argumentation im Gegensatz zu reiner Spekulation vorhanden ist (vgl. BAG vom 17.06.1999 AP Nr. 102 BetrVG 1972 Weiterbeschäftigung Nr. 13). Der vorgetragene Sachverhalt muss es als möglich erscheinen lassen, dass einer der in § 102 Abs. 3 BetrVG abschließend aufgezählten Widerspruchsgründe vorliegt.

LAG *Köln 24.11.2005 – 6 Sa 1172/05*

Hat der Betriebsrat fristgerecht und ordnungsgemäß widersprochen und der gekündigte Arbeitnehmer seine Weiterbeschäftigung nach Einreichung der Kündigungsschutzklage verlangt, besteht ein durch die rechtskräftige Feststellung der Wirksamkeit der Kündigung auflösend bedingtes Arbeitsverhältnis. Bis zum Eintritt der Bedingung, der **rechtskräftigen** Abweisung der Kündigungsschutzklage durch das Gericht, muss der Arbeitgeber den Arbeitnehmer zu **unveränderten Arbeitsbedingungen tatsächlich beschäftigen**; der Arbeitgeber kann diesen Anspruch nicht lediglich durch Zahlung des Lohnes und Freistellung erfüllen, ohne den Arbeitnehmer tatsächlich zu beschäftigen.

BAG *26.5.1977 – 2 AZR 632/76*

Zumindest dann, wenn der Betriebsratsvorsitzende auskunftsbereit ist, muss der die Weiterbeschäftigung nach § 102 Abs. 5 BetrVG einklagende Arbeitnehmer sich näher äußern, falls der Arbeitgeber die ordnungsgemäße Beschlussfassung des Betriebsrats nach § 102 Abs. 2 BetrVG bestreitet.

Sind im Widerspruch des Betriebsrats nach § 102 Abs. 3 Nr. 1 BetrVG die für sozial stärker gehaltenen Arbeitnehmer nicht konkret benannt, muss der die Weiterbeschäftigung einklagende Arbeitnehmer im Einzelnen darstellen, warum aus den allgemeinen Angaben für den Arbeitgeber eindeutig ersichtlich ist, welche Arbeitnehmer gemeint sind.

Die Widerspruchsbegründung, der Arbeitnehmer könne mit seinen bisherigen Arbeiten weiterbeschäftigt werden, genügt den Anforderungen des § 102 Abs. 3 BetrVG ebenso wenig wie die Begründung, nach Fortbildung könne der Arbeitnehmer auf einem neu einzurichtenden Arbeitsplatz anderen Beschäftigten zuarbeiten.

Die Kammer bleibt dabei, dass auch für die Weiterbeschäftigungsverfügung nach § 102 Abs. 5 Satz 1 BetrVG ein Verfügungsgrund erforderlich ist.

Betreibt der Arbeitnehmer das Verfügungsverfahren nicht mit dem nötigen Nachdruck – was etwa durch Einreichen der Berufungsbegründung erst nach Verlängerung der Berufungsbegründungsfrist zum Ausdruck kommt –, zeigt er, dass ein Eilbedürfnis offenbar nicht gegeben ist.

LAG *Nürnberg 17.8.2004 – 6 Sa 439/04 = NZA-RR 2005, 255*

Wenn der Arbeitnehmer eine **Änderungskündigung** unter Vorbehalt nach § 2 KSchG angenommen hat, ist der Arbeitgeber nicht aufgrund des allgemeinen Beschäftigungsanspruchs verpflichtet, den Arbeitnehmer vorläufig zu den bisherigen Bedingungen weiterzubeschäftigen.

Es bleibt dahingestellt, ob entsprechend § 102 Abs. 5 BetrVG ein Beschäftigungsanspruch dann besteht, wenn der Betriebsrat einer mit der Änderung der Arbeitsbedingungen verbundenen Versetzung oder Umgruppierung widersprochen hat, die Zustimmung nicht ersetzt ist und es dem Arbeitgeber auch verwehrt ist, die Maßnahmen vorläufig durchzuführen.

BAG *18.1.1990 – 2 AZR 183/89*

Nimmt ein Arbeitnehmer die mit einer Versetzung auf einen anderen Arbeitsplatz verbundene **Änderungskündigung** unter Vorbehalt an, so kommt ein Anspruch auf Weiterbeschäftigung am bisherigen Arbeitsplatz unter entsprechender Anwendung des § 102 Abs. 5 BetrVG in Betracht, wenn die Änderung der Arbeitsbedingungen aus betriebsverfassungsrechtlichen Gründen unwirksam ist.

Im Wege der einstweiligen Verfügung kann ein solcher Anspruch nur durchgesetzt werden, wenn der Arbeitnehmer glaubhaft macht, dass sein Obsiegen im Kündigungsschutzprozess aus betriebsverfassungsrechtlichen oder sonstigen Gründen überwiegend wahrscheinlich ist und ihm ohne die vorläufige Erfüllung des Weiterbeschäftigungsanspruchs erhebliche Nachteile drohen.

LAG *Düsseldorf 25.1.1993 – 19 Sa 1650/92 = BB 1993, 1151 = DB 1993, 1680*

Kündigt der Arbeitgeber erneut ohne Widerspruch des Betriebsrats, so endet der zunächst gegenüber der ersten Kündigung begründete Weiterbeschäftigungsanspruch mit Ablauf der Kündigungsfrist der zweiten Kündigung.

LAG *Düsseldorf/Köln 19.8.1977 – 16 Sa 471/77 = DB 1977, 1952*

Die Entbindung des Arbeitgebers von der Weiterbeschäftigungspflicht gemäß § 102 Abs. 5 BetrVG durch das Rechtsmittelgericht lässt für die Zeit bis zur Entbindungsentscheidung angefallene Vergütungsansprüche des Arbeitnehmers unberührt.

BAG *7.3.1996 – 2 AZR 432795 = BB 1996, 1721 = NZA 1996, 630*

Der **Wegfall jeder Beschäftigungsmöglichkeit** führt nicht zum Entfallen eines Weiterbeschäftigungsanspruchs nach § 102 Abs. 5 Satz 1 BetrVG. In einem solchen Fall kann sich der Weiterbeschäftigungsanspruch auf einen Lohn- bzw. Gehaltsanspruch reduzieren, z. B. wenn der Betrieb stillgelegt ist.

LAG *Hamburg 10.5.1993 – 4 Sa 20/93*

Die bloße Geltendmachung des allgemeinen Beschäftigungsanspruchs bis zum Ablauf der Kündigungsfrist bzw. des allgemeinen Weiterbeschäftigungsanspruchs für die Zeit nach Ablauf der Kündigungsfrist enthält für sich allein nicht das Weiterbeschäftigungsverlangen i.S.v § 102 Abs. 5 Satz 1 BetrVG.

Das Weiterbeschäftigungsverlangen i.S.v § 102 Abs. 5 Satz 1 BetrVG muss spätestens am ersten Tag nach Ablauf der Kündigungsfrist erfolgen.

Zugang zum und Selbstbeschäftigung am alten Arbeitsplatz erübrigen – jedenfalls ohne Kenntnis der zuständigen Personalstelle – nicht das Weiterbeschäftigungsverlangen i.S.v § 102 Abs. 5 Satz BetrVG.

Der Weiterbeschäftigungsanspruchs gemäß § 102 Abs. 5 Satz 1 BetrVG stimmt inhaltlich mit dem allgemeinen Beschäftigungsanspruch überein und kann daher ebenso wie dieser ausnahmsweise ausgeschlossen sein.

Für die Zulässigkeit einer Weiterbeschäftigungsverfügung zur Durchsetzung des Weiterbeschäftigungsanspruchs gemäß § 102 Abs. 5 Satz 1 BetrVG gelten gemäß § 940 ZPO die allgemeinen Grundsätze.

Eine Weiterbeschäftigungsverfügung kann gemäß § 940 ZPO – mit Rücksicht auf das Gebot der Effektivität und der Ausgewogenheit des einstweiligen Rechtsschutzes und insbesondere mit Rücksicht auf die Gefahr eines endgültigen Rechtsverlustes – grundsätzlich weder erlassen noch verweigert werden, ohne den Verfügungsanspruch zu prüfen.

Auch eine Weiterbeschäftigungsverfügung ist ganz allgemein nicht nötig i.S.v § 940 ZPO, wenn der Gläubiger des Verfügungsanspruchs – durch die Verzögerung seines Rechtsschutzantrags – die gemäß § 940 ZPO erforderliche – kurz so genannte – Dringlichkeit einer einstweiligen Verfügung selbst widerlegt hat.

Verzichtet der Arbeitnehmer dreieinhalb Monate auf jeglichen Rechtsschutz gegen die Freistellung bis zum Ablauf der Kündigungsfrist und beantragt er erst fast zwei Monate nach Ablauf der Kündigungsfrist eine Weiterbeschäftigungsverfügung, so hat er damit in der Regel die Dringlichkeit einer einstweiligen Verfügung selbst widerlegt.

***LAG** München 17.12.2003 – 5 Sa 1118/03*

Wie wichtig ein ordnungsgemäßer Widerspruch des Betriebsrats, der Voraussetzung des betriebsverfassungsrechtlichen Weiterbeschäftigungsanspruchs ist, zeigt die nachfolgende Entscheidung zum (nur) allgemeinen Weiterbeschäftigungsanspruch. Die nachfolgend durch das BAG dargestellte Rückabwicklung erfolgt im Falle einer Beschäftigung aufgrund des betriebsverfassungsrechtlichen Weiterbeschäftigungsanspruchs gerade nicht:

Wird ein gekündigter Arbeitnehmer nach Ablauf der Kündigungsfrist zur Abwendung der Zwangsvollstreckung aus einem titulierten allgemeinen Weiterbeschäftigungsanspruch vorläufig weiterbeschäftigt, bestehen keine Ansprüche auf Entgeltfortzahlung im Krankheitsfall und Entgeltzahlung an Feiertagen, wenn sich nachträglich die Kündigung als wirksam erweist. (Rn. 12 – 50)

Mit der Verurteilung des Arbeitgebers zur vorläufigen Weiterbeschäftigung des Arbeitnehmers wird der vom Großen Senat des Bundesarbeitsgerichts im Wege der Rechtsfortbildung entwickelte allgemeine Weiterbeschäftigungsanspruch tituliert. Dieser sichert das ideelle Beschäftigungsinteresse des Arbeitnehmers und ist demzufolge auf die tatsächliche Beschäftigung gerichtet. Durch die Prozessbeschäftigung zur Abwendung der Zwangsvollstreckung eines titulierten allgemeinen Weiterbeschäftigungsanspruchs wird kein Arbeitsverhältnis, auch kein „faktisches bzw. fehlerhaftes Arbeitsverhältnis" begründet (Rn. 25 ff.).

Während der vorläufigen Weiterbeschäftigung nach dem allgemeinen Weiterbeschäftigungsanspruch können Ansprüche auf Entgeltfortzahlung im Krankheitsfall und Entgeltzahlung an Feiertagen nicht aus einer analogen Anwendung der Rechtsfolgen einer Weiterbeschäftigung des Arbeitnehmers nach Widerspruch des Betriebsrats nach § 102 Abs. 5 BetrVG hergeleitet werden (Rn. 38 ff.).

Erweist sich die Kündigung nachträglich als wirksam, hat die Rückabwicklung einer auf der Grundlage des allgemeinen Weiterbeschäftigungsanspruchs erfolgten Prozessbeschäftigung nach Bereicherungsrecht zu erfolgen. Der Arbeitnehmer kann daher vom Arbeitgeber nach § 818 Abs. 2 BGB für die erbrachte Arbeitsleistung Wertersatz verlangen. Hat der Arbeitnehmer infolge Krankheit oder wegen eines Feiertags nicht gearbeitet, hat der Arbeitgeber nichts erlangt und schuldet folglich keinen Wertersatz (Rn. 51).

***BAG** 27.5.2020 – 5 AZR 247/19*

4.2. Befreiung des Arbeitgebers von der Weiterbeschäftigungspflicht (§ 102 Abs. 5 Satz 2 BetrVG)

Nach § 102 Abs. 5 Satz 2 BetrVG kann das Arbeitsgericht auf Antrag des Arbeitgebers diesen durch **einstweilige Verfügung** von der Verpflichtung, den gekündigten Arbeitnehmer bis zum rechtskräftigen Abschluss des Kündigungsschutzprozesses zu beschäftigen, freistellen, wenn

- **die Klage des Arbeitnehmers keine hinreichende Aussicht auf Erfolg bietet oder mutwillig erscheint.**

Lassen sich die Erfolgsaussichten der Kündigungsschutzklage im Zeitpunkt der gerichtlichen Entscheidung weder in positiver noch in negativer Hinsicht ausreichend beurteilen, d. h. wenn weder für den Arbeitgeber noch für den Arbeitnehmer eine hinreichende Erfolgsaussicht im Kündigungsrechtsstreit verneint werden kann, kann der Arbeitgeber von der Verpflichtung zur Weiterbeschäftigung nicht entbunden werden.

***ArbG** Stuttgart 5.4.1983 – 6 Ga 26/93 = AuR 1993, 222*

Die Befreiung von der Weiterbeschäftigungspflicht setzt **nicht** voraus, dass die Klage **keinerlei** Erfolgsaussicht hat. Vielmehr genügt es, dass nach dem derzeitigen Sachstand eine gewisse Wahrscheinlichkeit dafür spricht, dass die Klage des Arbeitnehmers abgewiesen wird. Dann ist die Weiterbeschäftigung dem Arbeitgeber nicht zuzumuten.

***ArbG** Aachen 11.10.1972 – 2 Ca 167/2;*
***ArbG** Hannover 26.2.1972 – 5 Ga 9/72 = AuR 1972, 381*

Der Arbeitgeber, der beim Arbeitsgericht beantragt, ihn durch einstweilige Verfügung gemäß § 102 Abs. 5 Satz 2 Nr. 1 BetrVG von der Verpflichtung zur Weiterbeschäftigung zu entbinden, genügt zunächst seiner Darlegungs- und Glaubhaftmachungslast, wenn er zutreffend darauf hinweist, dass der Arbeitnehmer mit der Kündigungsschutzklage in 1. Instanz unterlegen ist.

Es ist dann Sache des Arbeitnehmers, darzulegen und gegebenenfalls glaubhaft zu machen, weshalb die Kündigungsschutzklage gleichwohl hinreichende Aussicht auf Erfolg biete. Dies kann etwa dadurch geschehen, dass er neue Gesichtspunkte zur Sprache bringt, die in dem Kündigungsstreit 1. Instanz keine Beachtung gefunden haben, und gegebenenfalls nähere Ausführungen darüber macht, worauf die Berufung gegen das die Kündigungsschutzklage abweisende Urteil gestützt wird.

***ArbG** Passau 18.2.1992 – 4 Ga 2/92 = BB 1992, 928*

Nach § 102 Abs. 5 Satz 2 BetrVG kann das Arbeitsgericht auf Antrag des Arbeitgebers diesen durch **einstweilige Verfügung** von der Verpflichtung, den gekündigten Arbeitnehmer bis zum rechtskräftigen Abschluss des Kündigungsschutzprozesses zu beschäftigen, freistellen, wenn

- **die Weiterbeschäftigung des Arbeitnehmers zu einer unzumutbaren wirtschaftlichen Belastung des Arbeitgebers führen würde.**

Für die Frage der **Unzumutbarkeit** der Weiterbeschäftigung ist eine **Interessenabwägung** vorzunehmen zwischen den Belangen des Arbeitnehmers (Arbeitsmarktlage, Ausbildung, Alter und Gesundheitszustand) und den wirtschaftlichen Belangen (z. B. Auftragslage, Größe des Betriebes) des Arbeitgebers.

***LAG** Berlin 20.3.1978 – 9 Sa 107/88*

Eine unzumutbare wirtschaftliche Belastung i.S.v. § 102 Abs. 5 Satz 2 Nr. 2 BetrVG, die zur Entbindung des Arbeitgebers von der Weiterbeschäftigungspflicht berechtigt, liegt nur dann vor, wenn die wirtschaftlichen Belastungen so gravierend sind, dass Auswirkungen für die Liquidität oder Wettbewerbsfähigkeit des Arbeitgebers nicht von der Hand zu weisen sind, d. h. wenn die wirtschaftliche Existenz des Betriebes durch die Lohnfortzahlung in Frage gestellt ist.

***LAG** Hamburg 10.5.1993 – 4 Sa 20/93;*
***LAG** Hamburg 24.2.1993 – 4 Sa 13/93 = AuR 1994, 424*

Eine unzumutbare wirtschaftliche Belastung des Arbeitgebers liegt nur dann vor, wenn die wirtschaftliche Existenz des Betriebes durch die Lohnfortzahlung in Frage gestellt ist. Das kann in größeren Betrieben dann in Betracht kommen, wenn eine größere Anzahl von Arbeitnehmern entlassen werden muss und auf Weiterbeschäftigung klagen.

***ArbG** Stuttgart 5.4.1993 – 6 Ga 26/93 = AuR 1993, 222*

Eine unzumutbare wirtschaftliche Belastung durch die vorläufige Weiterbeschäftigung des Arbeitnehmers nach § 102 Abs. 5 Satz 2 Nr. 2 BetrVG setzt voraus, dass die wirtschaftliche Belastung des Arbeitgebers (Lohnkostenaufwand) gerade wegen der Weiterbeschäftigung des Arbeitnehmers so gravierend sein muss, dass Auswirkungen für die Liquidität oder Wettbewerbsfähigkeit des Arbeitgebers nicht von der Hand zu weisen sind. Unberücksichtigt bleiben von vornherein Entgeltkosten, die der Arbeitgeber auch ungeachtet seiner Weiterbeschäftigungspflicht zu tragen hätte. Kosten, die nur entstanden sind, weil die rechtmäßigen Kündigungsfristen nicht eingehalten werden, haben ebenfalls außer Betracht zu bleiben. Es kommt nicht darauf an, ob ein Betrieb oder Betriebsteil insgesamt stillgelegt wird, ob eine Betriebsänderung eine Viel- oder Mehrzahl von Arbeitnehmern erfasst oder ein Sozialplan abgeschlossen wird, der Entbindungsgrund des § 102 Abs. 5 Satz 2 Nr. 2 BetrVG stellt für alle Arten von Kündigungen dieselben Voraussetzungen für eine Entbindung von der Weiterbeschäftigungspflicht auf.

***LAG** Hamburg 16.5.01 – 4 Sa 33/01 = NZA RR 2002, 25*

Erweist sich später eine einstweilige Verfügung, mit der der Arbeitgeber nach § 102 Abs. 5 Satz 2 BetrVG von der Weiterbeschäftigungspflicht entbunden worden ist, als ungerechtfertigt, so hat der Arbeitnehmer keinen Schadenersatzanspruch nach § 945 ZPO.

***BAG** 31.8.1978 – 3 AZR 989/77*

Nach § 102 Abs. 5 Satz 2 BetrVG kann das Arbeitsgericht auf Antrag des Arbeitgebers diesen durch **einstweilige Verfügung** von der Verpflichtung, den gekündigten Arbeitnehmer bis zum rechtskräftigen Abschluss des Kündigungsprozesses zu beschäftigen, freistellen, wenn

- **der Widerspruch des Betriebsrats offensichtlich unbegründet war.**

Für die Beurteilung, ob ein Widerspruch des Betriebsrats i.S.v. § 102 Abs. 5 Satz 2 Ziff. 3 BetrVG offensichtlich unbegründet ist, kommt es auf den **Zeitpunkt seiner Erhebung** an.

***ArbG** Hamburg 17.2.1994 – 25 Ga 4/94 = AiB 1994, 696*

Offensichtlich unbegründet ist ein Widerspruch, wenn der Betriebsrat für seine Überlegungen keinerlei Anhaltspunkte gehabt hat bzw. sich die Grundlosigkeit des Widerspruchs bei unbefangener Beurteilung geradezu aufdrängt.

***LAG** Berlin 5.1.1973 – 10 Ga 15/72 = DB 1973, 192;*
***LAG** Hamm 1.7.1986 – 7 Sa 934/86;*
***ArbG** Stuttgart 5.4.1993 – 6 Ga 26/93 = AuR 1993, 222*

Offensichtlich unbegründet ist ein Widerspruch des Betriebsrats, wenn der Widerspruch vom Arbeitgeber leicht widerlegt werden kann.

***LAG** Düsseldorf 20.12.1976 – 16 Sa 840/76 = DB 1977, 1610;*
***LAG** Hamburg 29.10.1975 – 5 Sa 92/75*

Können die Tatsachen, auf welche sich der Widerspruch des Betriebsrats gründet, nur im Wege der gerichtlichen Beweisaufnahme geklärt werden, so ist der Widerspruch des Betriebsrats nicht **offensichtlich unbegründet**.

***LAG** Baden-Württemberg 19.11.1976 – 10 Sa 7/76*

Offensichtlich unbegründet ist ein Widerspruch des Betriebsrats nur dann, wenn ohne besondere gerichtliche Aufklärung feststeht, dass der Widerspruchsgrund nicht vorliegt.

***LAG** Hamburg 14.9.1992 – 2 Sa 50/92 = AiB 1993, 53*

Der Betriebsrat begründet seinen auf § 102 Abs. 3 Nr. 3 BetrVG gestützten Widerspruch gegen eine betriebsbedingte Kündigung damit, dass eine Weiterbeschäftigung des gekündigten Arbeitnehmers möglich wäre, wenn der Arbeitgeber die Aufarbeitung des bei der Produktion entstehenden Abfalls nicht mehr außerhalb, sondern künftig innerhalb des Betriebes vornehmen ließe. Dieser Widerspruch ist offensichtlich unbegründet.

***ArbG** Berlin 20.7.1977 – 7 Ga 5/77 = BB 1977, 1504 = DB 1977, 2454*

Beispiele für Widerspruchsbegründungen aus der Rechtsprechung (fraglich, ob überhaupt ordnungsgemäße Widersprüche vorliegen; in jedem Fall ist der Widerspruch aber **offensichtlich unbegründet**).

(1) *Einer beabsichtigten **verhaltensbedingten** Kündigung mit der Begründung, sie sei wegen des Alters, der Betriebszugehörigkeit und der geringen Vermittlungsaussichten des Arbeitnehmers sozial **ungerechtfertigt**.*

***ArbG** Wuppertal 8.3.1974 – 4 Ga 5/74 = BB 1974, 649 = DB 1974, 1584*

(2) *Der beabsichtigten **betriebsbedingten Kündigung** einer Raumpflegerin widerspricht der Betriebsrat mit der Begründung, der Arbeitgeber könne nicht Arbeitsplätze dadurch freimachen, dass er Reinigungsarbeiten von Fremdfirmen durchführen lasse.*

***ArbG** Krefeld 27.3.1974 – BV 5/74*

(3) *Der Betriebsrat widerspricht einer beabsichtigten, aus Absatzschwierigkeiten begründeten Entlassung von Arbeitnehmern dahingehend, die betrieblichen Schwierigkeiten könnten auch durch Kurzarbeit behoben werden.*

***ArbG** Wuppertal 6.3.1975 – 2 Ga 3 – 5 /75; **LAG** Düsseldorf 2.9.1977 – 4 Sa 1060/77*

(4) *Der Betriebsrat widerspricht mit der Begründung, der Arbeitnehmer könne an seinem **alten** Arbeitsplatz weiterbeschäftigt werden.*

***ArbG** Siegburg 15.4.1982 – 3 Ca 34/82*

(5) *Der Betriebsrat widerspricht einer beabsichtigten **betriebsbedingten** Kündigung, damit, „dass nach wie vor Arbeiten an andere Betriebe ausgegeben werden".*

***ArbG** Wuppertal 25.3.1976 – 5 Ga 17/76*

(6) *Einer **personenbedingten** Kündigung widerspricht der Betriebsrat mit der Begründung, bei der Auswahl des zu kündigenden Arbeitnehmers seien soziale Gesichtspunkte nicht oder nicht ausreichend berücksichtigt worden.*

***LAG** Düsseldorf 2.9.1975 – 5 Sa 323/75 = DB 1975, 1995*

4.3. Antrag des Arbeitgebers auf Entbindung von der Weiterbeschäftigungspflicht

Es handelt sich bei der Entbindung von der Weiterbeschäftigungspflicht gemäß § 102 Abs. 5 BetrVG um eine rechtsgestaltende Entscheidung.

Eine so genannte Gestaltungsklage, über die dann durch Gestaltungsurteil zu entscheiden ist, liegt immer dann vor, wenn die begehrte Rechtsfolge eine Veränderung der Rechtslage erfordert, die vom Gericht vorgenommen werden muss. § 102 Abs. 5 Satz 1 BetrVG begründet einen gesetzlichen Weiterbeschäftigungsanspruch, den der Arbeitgeber nicht durch einseitige Willenserklärung beseitigen kann; vielmehr bedarf er gemäß § 102 Abs. 5 Satz 2 BetrVG der Hilfe des Gerichts, wenn er gegen den Willen des Arbeitnehmers von der Weiterbeschäftigungspflicht loskommen will. Erst der Erlass der entsprechenden einstweiligen Verfügung ändert die materielle Rechtslage.

Diese Änderung wirkt ex nunc. Unter den Voraussetzungen des § 102 Abs. 5 Satz 1 BetrVG besteht das bisherige Arbeitsverhältnis kraft Gesetzes fort., freilich auflösend bedingt durch die rechtskräftige Abweisung der Kündigungsschutzklage. Deshalb können auch ohne tatsächliche Beschäftigung Vergütungsansprüche erwachsen, etwa bei Arbeitsunfähigkeit oder aus § 615 BGB.

Soll ein Gestaltungsurteil die Rechtslage rückwirkend ändern, bedarf es hierfür einer ausdrücklichen gesetzlichen Regelung. Für die Entbindung von der Weiterbeschäftigungspflicht gemäß § 102 Abs. 5 Satz 2 BetrVG fehlt eine solche Regelung. Ob die Entbindung von der Weiterbeschäftigungspflicht durch das Arbeitsgericht wegen der Besonderheiten des Verfahrens des einstweiligen Rechtsschutzes sofort oder erst mit Rechtskraft der Entscheidung wirkt, kann offen bleiben.

***BAG** 7.3.1996 – 2 AZR 432/95*

Bei **nicht ordnungsgemäßem Widerspruch** des Betriebsrats und einem hierauf gestützten Weiterbeschäftigungsverlangen kann der Arbeitgeber dieses nicht zurückweisen. Es liegt im Interesse des Rechtsfriedens, dass der Arbeitgeber nicht selbst über die Zulässigkeit und Ordnungsmäßigkeit eines Widerspruchs entscheidet, sondern die Frage von sich aus einer gerichtlichen Klärung zuführt.

***Hessisches LAG** 20.10.1976 – 6 SaGa 884/76*

Wird im Kündigungsschutzprozess rechtswirksam festgestellt, dass die Kündigung unwirksam ist, so besteht ein Lohn- / Gehaltszahlungsanspruch des Arbeitnehmers für die Zeit nach Ende der Kündigungsfrist aus dem Gesichtspunkt des **Annahmeverzuges** (§ 615 Satz 1 BGB) unabhängig davon, ob das Arbeitsgericht den Arbeitgeber während des Kündigungsschutzprozesses von der Weiterbeschäftigung nach § 102 Abs. 5 BetrVG entbunden hat.

***LAG** Rheinland-Pfalz 11.1.1980 – 6 Sa 657/79 = BB 1980, 415*

Der Antrag des Arbeitgebers auf Entbindung von der Weiterbeschäftigungspflicht nach erfolgter Kündigung und ordnungsgemäßem Widerspruch des Betriebsrats muss nicht unmittelbar nach Ausspruch der Kündigung gestellt werden; der Erlass einer einstweiligen Verfügung kann auch zu einem späteren Zeitpunkt (nach dem Gütetermin) beantragt werden.

***LAG** Düsseldorf 15.3.1978 – 12 Sa 316/78 = DB 1978, 1282*

Im Verfahren nach § 102 Abs. 5 Satz 2 Nr. 1 BetrVG wird der Verfügungsgrund unterstellt; er ist zu verneinen, wenn sich der Eilantrag des Arbeitgebers als rechtsmissbräuchlich erweist. Das ist nicht der Fall, wenn der Arbeitgeber den Entbindungsantrag erst stellt, nachdem er im ersten Rechtszug im Kündigungsschutzprozess, in dem es um die Wirksamkeit einer krankheitsbedingten Kündigung gegangen ist, obsiegt hat.

***Hessisches LAG** 29.11.1997 – 3 SaGa 1722/96*

Der Arbeitgeber darf allerdings nicht beliebig lange mit seinem Antrag auf Erlass einer einstweiligen Verfügung zuwarten, da sich mit fortschreitender Zeit immer mehr das Ende des Kündigungsprozesses absehen lässt und damit die Nachteile des Arbeitgebers ständig an Gewicht verlieren. Allerdings kann der Arbeitgeber auch noch dann im Verlaufe des Kündigungsrechtsstreits die Entbindung von der Weiterbeschäftigung beantragen, wenn sich erst später dafür Gründe ergeben, sich z. B. die wirtschaftliche Lage des Unternehmens erheblich verschlechtert. Wartet der Arbeitgeber längere Zeit mit dem Antrag auf Befreiung von der Beschäftigungspflicht, muss er im Prozess glaubhaft machen, dass erst jetzt die Gründe für seinen Antrag eingetreten sind.

***LAG** Düsseldorf/Köln 19.8.1977 – 16 Sa 471/77 = DB 1977, 1952*

Ist ein Antrag des Arbeitgebers auf Erlass einer einstweiligen Verfügung zur **Entbindung von der Weiterbeschäftigungspflicht** rechtskräftig abgewiesen worden, kann er diesen Antrag wiederholen, wenn neue Tatsachen vorliegen, die er im ersten Verfahren nicht vorbringen konnte.

Der Arbeitgeber kann aber seinen erneuten Antrag nicht auf die Tatsache stützen, die Kündigungsschutzklage des Arbeitnehmers sei in erster Instanz abgewiesen worden.

***LAG** Köln 19.5.1983 – 3 Sa 268/83*

Beschäftigt ein Arbeitgeber den von ihm gekündigten Arbeitnehmer aufgrund des Widerspruchs des Betriebsrats weiter, nachdem der Arbeitnehmer Kündigungsschutzklage erhoben und die Weiterbeschäftigung verlangt hat, ist für den Antrag des Arbeitgebers auf Entbindung von der Weiterbeschäftigungspflicht das Arbeitsgericht auch dann Gericht der Hauptsache i.S.v. § 937 Abs. 1 ZPO, wenn der Kündigungsrechtsstreit bereits in der Berufungsinstanz anhängig ist.

***LAG** Baden-Württemberg 18.3.1988 – 2 Sa 1/88*

Die Verpflichtung des Arbeitgebers, den Arbeitnehmer **tatsächlich weiterzubeschäftigen**, ist eine unvertretbare Handlung i.S.v. § 888 Abs. 1 ZPO.

Dieser Verpflichtung kann sich der Arbeitgeber nicht dadurch entziehen, dass er den Arbeitsplatz durch Umorganisation entfallen lässt.

Eine **erneute Kündigung** durch den Arbeitgeber wegen Wegfall des Arbeitsplatzes kann im Vollstreckungsverfahren nach § 888 Abs. 1 ZPO nicht berücksichtigt werden.

Es ist nicht zulässig, gegen den Arbeitgeber für jeden Tag der Nichterfüllung der Beschäftigungspflicht ein Zwangsgeld festzusetzen.

***LAG** München 11.9.1993 – 2 Ta 214/93 = BB 1994, 1083*

Eine weitere vorsorgliche Kündigung auf Grund des im Wesentlichen gleichen Kündigungssachverhalts kann die Rechtsposition des Arbeitsnehmers beim Weiterbeschäftigungsanspruch nach § 102 Abs. 5 BetrVG nicht verbessern.

Ist der Arbeitgeber durch einstweilige Verfügung im Anschluss an die erste Kündigung von seiner Weiterbeschäftigungspflicht entbunden worden, so beseitigt dies seine Pflicht zur Weiterbeschäftigung des Arbeitnehmers. Er ist nicht verpflichtet, erneut ein Verfahren auf Erlass einer einstweiligen Verfügung einzuleiten, wenn der Betriebsrat der zweiten Kündigung ebenfalls widerspricht.

***BAG** 18.9.2003 – 2 AZR 403/02*

Die Entbindung des Arbeitgebers von der Weiterbeschäftigungspflicht gemäß § 102 Abs. 5 BetrVG durch das Rechtsmittelgericht lässt für die Zeit bis zur Entbindungsentscheidung angefallene Vergütungsansprüche des Arbeitnehmers unberührt.

***BAG** 7.3.1996 – 2 AZR 432/95*

5. Stellungnahme des Betriebsrats zur außerordentlichen, hilfsweise ordentlichen Kündigung[68]

Reichen die Gründe, auf die der Arbeitgeber eine ausgesprochene **außerordentliche Kündigung** stützt, im Prozess um die Wirksamkeit dieser Kündigung nicht aus, stellt sich die Frage, ob die unwirksame außerordentliche Kündigung nicht wenigstens gemäß § 140 BGB in eine fristgerechte (= ordentliche) Kündigung zum nächst zulässigen Kündigungstermin umgedeutet werden kann.

Ist vor Ausspruch einer Kündigung der Betriebsrat nach § 102 BetrVG zu beteiligen, hängt die Wirksamkeit einer konkreten Kündigungsmaßnahme davon ab, dass zuvor zu dieser konkreten Kündigung der Betriebsrat angehört worden ist. Hört demnach der Arbeitgeber den Betriebsrat lediglich zu einer **außerordentlichen** Kündigung an, ersetzt dies nicht die Anhörung zu einer **ordentlichen** Kündigung, da die Beteiligungsrechte des Betriebsrats in § 102 BetrVG unterschiedlich gestaltet sind je nach Art der beabsichtigten Kündigung.

***BAG** 16.3.1978 – 2 AZR 424/76*

Beispiel für die Stellungnahme (Bedenken) zu einer außerordentlichen, hilfsweise einer ordentlichen Kündigung (Widerspruch).

Sachverhalt des Beispiels:

Der Arbeitgeber hört den Betriebsrat zu einer beabsichtigten außerordentlichen, hilfsweise ordentlichen Kündigung wegen Beleidigung des Vorgesetzten durch einen einschlägig abgemahnten Arbeitnehmer an. Bei der Anhörung des betroffenen Arbeitnehmers ergeben sich Widersprüche bezüglich der beleidigenden Äußerungen, ihrer näheren Begleitumstände und des Verhaltens des Arbeitnehmers nach dem Vorfall (Entschuldigung). Im Betrieb ist in einer anderen Abteilung ein gleichwertiger Arbeitsplatz frei.

[68] vgl. auch Stichwort: § 102 BetrVG, Kap. 2.3. Umdeutung einer unwirksamen außerordentlichen Kündigung, S. 339

Der Betriebsrat Stuttgart, den ....

An die Geschäftsleitung

im Hause

Betr.: Beabsichtigte außerordentliche, hilfsweise ordentliche Kündigung des ....

Sehr geehrte ....

Der Betriebsrat hat in seiner Sitzung am ...... über die beabsichtigte Kündigung des .... beraten. Als Ergebnis teilen wir Ihnen mit:

Gegen die beabsichtigte **außerordentliche Kündigung** haben wir folgende **Bedenken**:

Nach der Sachverhaltsdarstellung des betroffenen Arbeitnehmers sind wir davon überzeugt, dass die ihm vorgeworfenen Äußerungen gegenüber dem Vorgesetzten nicht so gefallen sind, wie behauptet wird; zumindest war der Arbeitnehmer wegen der bekannten in der Abteilung herrschenden Überbelastung in einer Ausnahmesituation. Weiter sind zugunsten des Arbeitnehmers die lange Betriebszugehörigkeitsdauer und das untadelige Verhalten in den letzten Jahren zu berücksichtigen. Wir halten eine außerordentliche Kündigung für überzogen. Eine Abmahnung wäre eine angemessene, aber auch ausreichende Reaktion.

Der vorsorglich geplanten **fristgerechten Kündigung** widersprechen wir nach § 102 Abs. 3 Nr. 3 BetrVG. Die in der Beziehung zum Vorgesetzten liegende Störung des Arbeitsverhältnisses kann dadurch behoben werden, dass der Arbeitnehmer auf dem freien Arbeitsplatz in Abteilung .... unter dem anderen Vorgesetzten ..... weiterbeschäftigt werden kann.

Mit freundlichen Grüßen

....

(Betriebsratsvorsitzende/r)

6. § 104 BetrVG

§ 104 Satz 1 BetrVG normiert einen eigenen Anspruch des Betriebsrats gegen den Arbeitgeber auf Entlassung oder Versetzung eines Arbeitnehmers.

Das Verlangen nach „Entlassung" gern. § 104 Satz 1 BetrVG bzw. eine Verpflichtung des Arbeitgebers im Verfahren nach § 104 Satz 2 BetrVG, „die Entlassung" durchzuführen, ist auf eine Beendigung des Arbeitsverhältnisses des betroffenen Arbeitnehmers, nicht nur auf eine Beendigung seiner Beschäftigung in dem bisherigen Betrieb gerichtet.

In einem Beschlussverfahren über ein Entlassungsverlangen nach § 104 Satz 2 BetrVG ist allein zu prüfen, ob die Voraussetzungen für ein berechtigtes Verlangen des Betriebsrats gern. § 104 Satz 1 BetrVG vorliegen. Auf das Maß des individuellen Kündigungsschutzes des Arbeitnehmers kommt es nicht an.

Der Arbeitgeber genügt einer Verpflichtung zur Entlassung des Arbeitnehmers gern. § 104 Satz 2 BetrVG, wenn er zeitnah nach Rechtskraft der im Beschlussverfahren ergangenen Entscheidung eine Beendigung des Arbeitsverhältnisses unter Beachtung der maßgeblichen Kündigungsfristen – im Falle der ordentlichen Unkündbarkeit des Arbeitnehmers ggf. durch eine außerordentliche Kündigung mit Auslauffrist – bewirkt. Der Betriebsrat hat nicht das Recht, eine fristlose Entlassung des Arbeitnehmers zu verlangen.

Ist einem Entlassungsverlangen des Betriebsrats in einem Beschlussverfahren nach § 104 Satz 2 BetrVG, in welchem der betroffene Arbeitnehmer gemäß § 83 Abs. 3 ArbGG angehört wurde, rechtskräftig entsprochen worden, begründet dies ein dringendes betriebliches Erfordernis i.S.d. § 1 Abs. 2 Satz 1 KSchG für eine ordentliche Kündigung.

Eine gesonderte Beteiligung des Betriebsrats nach § 102 Abs. 1 BetrVG ist nach einer von ihm selbst verlangten Entlassung entbehrlich, solange sich die vom Arbeitgeber beabsichtigte Kündigung im Rahmen des Verlangens hält.

***BAG** 28.3.2017 – 2 AZR 551/16*

Hinweis für die Praxis:

Der Betriebsrat kann gemäß § 104 BetrVG entweder die Entlassung oder die Versetzung eines Arbeitnehmers verlangen, der den Betriebsfrieden wiederholt ernstlich gestört hat. Entlassung bedeutet Beendigung des Arbeitsverhältnisses. Der Betriebsrat kann aber aufgrund § 104 BetrVG nicht die fristlose Beendigung verlangen. Bei dem Anspruch gemäß § 104 BetrVG handelt es sich um einen eigenständigen, betriebsverfassungsrechtlichen Anspruch. Dies bedeutet, dass es unter den in § 104 BetrVG genannten Voraussetzungen nicht mehr auf das bestehende Maß des individuellen Kündigungsschutzes des betroffenen Arbeitnehmers ankommt. Dieser Anspruch ist dem Betriebsrat im Interesse der Wiederherstellung des Betriebsfriedens eingeräumt. Der Betriebsrat hat daher nicht die – freie oder auch nur in sein Ermessen gestellte – Wahl, ob er die Entlassung oder – nur – eine Versetzung des Arbeitnehmers verlangt. Er darf jeweils nur das mildere Mittel, das zum Erfolg führt, verlangen. Spricht der Arbeitgeber die Kündigung aus, so bedarf diese nicht mehr der Anhörung nach § 102 BetrVG. Das Entlassungsverlangen enthält bereits die Zustimmung des Betriebsrats zu der es umsetzenden Kündigung

§104 Satz 1 BetrVG und §99 Abs. 2 Nr. 6 BetrVG stellen nicht die gleichen Anforderungen. §104 Satz 1 BetrVG verlangt zum Schutz des schon eingestellten Arbeitnehmers die „wiederholte ernstliche" Störung des Betriebsfriedens. Soll ein nach § 104 Satz 1 BetrVG entlassener Arbeitnehmer neu eingestellt werden, kann gleichwohl eine Zustimmungsverweigerung nach § 99 Abs. 2 Nr. 6 BetrVG – etwa wegen eines glaubwürdigen Sinneswandels des Betroffenen – unberechtigt sein; in diesem Fall kann sich aber die Frage stellen, ob in der beabsichtigten Einstellung wegen Umgehung des § 104 Satz 1 BetrVG ein Gesetzesverstoß i.S.v. § 99 Abs. 2 Nr. 1 BetrVG liegt.

***BAG** 16.11.2004 – 1 ABR 48/03*

Im Verfahren nach § 104 BetrVG auf Entlassung eines betriebsstörenden Arbeitnehmers ist der betroffene Arbeitnehmer Beteiligter.

Das Begehren des Betriebsrats nach § 104 BetrVG verlangt neben einem gesetzwidrigen Verhalten oder einer groben Verletzung der in § 75 Abs. 1 enthaltenen Grundsätze als zusätzliches Tatbestandsmerkmal die wiederholte ernstliche Störung des Betriebsfriedens. Eine bloße Gefährdung des Betriebsfriedens reicht nicht aus, es muss zumindest eine wiederholte erhebliche Beunruhigung unter der Belegschaft entstanden sein.

***LAG** Hamm 23.10.2009 – 10 TaBV 39/09*

Außerordentliche Kündigung in besonderen Fällen (§ 103 BetrVG, § 15 KSchG)

Gesetzestext

§ 103 Außerordentliche Kündigung und Versetzung in besonderen Fällen

(1) *Die außerordentliche Kündigung[69] von Mitgliedern des Betriebsrats, der Jugend- und Auszubildendenvertretung, der Bordvertretung und des Seebetriebsrats, des Wahlvorstands sowie von Wahlbewerbern bedarf der Zustimmung des Betriebsrats.*

(2) *[1]Verweigert der Betriebsrat seine Zustimmung, so kann das Arbeitsgericht sie auf Antrag des Arbeitgebers ersetzen, wenn die außerordentliche Kündigung unter Berücksichtigung aller Umstände gerechtfertigt ist. [2]In dem Verfahren vor dem Arbeitsgericht ist der betroffene Arbeitnehmer Beteiligter.*

(2a) *Absatz 2 gilt entsprechend, wenn im Betrieb kein Betriebsrat besteht.*

(3) *[1]Die Versetzung der in Absatz 1 genannten Personen, die zu einem Verlust des Amtes oder der Wählbarkeit führen würde, bedarf der Zustimmung des Betriebsrats; dies gilt nicht, wenn der betroffene Arbeitnehmer mit der Versetzung einverstanden ist. [2]Absatz 2 gilt entsprechend mit der Maßgabe, dass das Arbeitsgericht die Zustimmung zu der Versetzung ersetzen kann, wenn diese auch unter Berücksichtigung der betriebsverfassungsrechtlichen Stellung des betroffenen Arbeitnehmers aus dringenden betrieblichen Gründen notwendig ist.*

§ 15[70] KSchG Unzulässigkeit der Kündigung

(1) *[1]Die Kündigung eines Mitglieds eines Betriebsrats, einer Jugend- und Auszubildendenvertretung, einer Bordvertretung oder eines Seebetriebsrats ist unzulässig, es sei denn, dass Tatsachen vorliegen, die den Arbeitgeber zur Kündigung aus wichtigem Grund ohne Einhaltung einer Kündigungsfrist berechtigen, und dass die nach § 103 des Betriebsverfassungsgesetzes erforderliche Zustimmung vorliegt oder durch gerichtliche Entscheidung ersetzt ist. [2]Nach Beendigung der Amtszeit ist die Kündigung eines Mitglieds eines Betriebsrats, einer Jugend- und Auszubildendenvertretung oder eines Seebetriebsrats innerhalb eines Jahres, die Kündigung eines Mitglieds einer Bordvertretung innerhalb von sechs Monaten, jeweils vom Zeitpunkt der Beendigung der Amtszeit an gerechnet, unzulässig, es sei denn, dass Tatsachen vorliegen, die den Arbeitgeber zur Kündigung aus wichtigem Grund ohne Einhaltung einer Kündigungsfrist berechtigen; dies gilt nicht, wenn die Beendigung der Mitgliedschaft auf einer gerichtlichen Entscheidung beruht.*

(2) *[1]Die Kündigung eines Mitglieds einer Personalvertretung, einer Jugend- und Auszubildendenvertretung oder einer Jugendvertretung ist unzulässig, es sei denn, dass Tatsachen vorliegen, die den Arbeitgeber zur Kündigung aus wichtigem Grund ohne Einhaltung einer Kündigungsfrist berechtigen, und dass die nach dem Personalvertretungsrecht erforderliche Zustimmung vorliegt oder durch gerichtliche Entscheidung ersetzt ist. [2]Nach Beendigung der Amtszeit der in Satz 1 genannten Personen ist ihre Kündigung innerhalb eines Jahres, vom Zeitpunkt der Beendigung der Amtszeit an gerechnet, unzulässig, es sei denn, dass Tatsachen vorliegen, die den Arbeitgeber zur Kündigung aus wichtigem Grund ohne Einhaltung einer Kündigungsfrist berechtigen; dies gilt nicht, wenn die Beendigung der Mitgliedschaft auf einer gerichtlichen Entscheidung beruht.*

(3) *[1]Die Kündigung eines Mitglieds eines Wahlvorstands ist vom Zeitpunkt seiner Bestellung an, die Kündigung eines Wahlbewerbers vom Zeitpunkt der Aufstellung des Wahlvorschlags an, jeweils bis zur Bekanntgabe des Wahlergebnisses unzulässig, es sei denn, dass Tatsachen vorliegen, die den Arbeitgeber zur Kündigung aus wichtigem Grund ohne Einhaltung einer Kündigungsfrist berechtigen, und dass die nach § 103 des Betriebsverfassungsgesetzes oder nach dem Personalvertretungsrecht erforderliche Zustimmung vorliegt oder durch eine gerichtliche Entscheidung ersetzt ist. [2]Innerhalb von sechs Monaten nach Bekanntgabe des Wahlergebnisses ist die Kündigung unzulässig, es sei denn, dass Tatsachen vorliegen, die den Arbeitgeber zur Kündigung aus wichtigem Grund ohne Einhaltung einer Kündigungsfrist berechtigen; dies gilt nicht für Mitglieder des Wahlvorstands, wenn dieser durch gerichtliche Entscheidung durch einen anderen Wahlvorstand ersetzt worden ist.*

(3a) *[1]Die Kündigung eines Arbeitnehmers, der zu einer Betriebs-, Wahl- oder Bordversammlung nach § 17 Abs. 3, § 17a Nr. 3 Satz 2, § 115 Abs. 2 Nr. 8 Satz 1 des Betriebsverfassungsgesetzes einlädt oder die Bestellung eines Wahlvorstands nach § 16 Abs. 2 Satz 1, § 17 Abs. 4, § 17a Nr. 4, § 63 Abs. 3, § 115 Abs. 2 Nr. 8 Satz 2 oder § 116 Abs. 2 Nr. 7 Satz 5 des Betriebsverfassungsgesetzes beantragt, ist vom Zeitpunkt der Einladung oder Antragstellung an bis zur Bekanntgabe des Wahlergebnisses unzulässig, es sei denn, dass Tatsachen vorliegen, die den Arbeitgeber zur Kündigung aus wichtigem Grund ohne Einhaltung einer Kündigungsfrist berechtigen; der Kündigungsschutz gilt für die ersten drei in der Einladung oder Antragstellung aufgeführten Arbeitnehmer. [2]Wird ein Betriebsrat, eine Jugend- und Auszubildendenvertretung, eine Bordvertretung oder ein Seebetriebsrat nicht gewählt, besteht der Kündigungsschutz nach Satz 1 vom Zeitpunkt der Einladung oder Antragstellung an drei Monate.*

---

69 Wegen ordentlicher Kündigungen siehe § 15 KSchG.

70 § 15 Abs. 1 neu gef. durch G v.15. 1. 1972 (BGBl. I S. 13), Abs. 2 eingef., bish. Abs. 2 bis 4 werden Abs. 3 bis 5 und neu gef. durch G v. 15. 3. 1974 (BGBl. I S. 693), Abs. 1 geänd. durch G v. 13. 7. 1988 (BGBl. I S. 1034), Abs. 2 Satz 1 geänd. durch G v. 13. 7. 1988 (BGBl. I S. 1037), Abs. 3a eingef. mWv 28. 7. 2001 durch G v. 23. 7. 2001 (BGBl. I S. 1852).

(4) Wird der Betrieb stillgelegt, so ist die Kündigung der in den Absätzen 1 bis 3 genannten Personen frühestens zum Zeitpunkt der Stilllegung zulässig, es sei denn, dass ihre Kündigung zu einem früheren Zeitpunkt durch zwingende betriebliche Erfordernisse bedingt ist.

5) [1]Wird eine der in den Absätzen 1 bis 3 genannten Personen in einer Betriebsabteilung beschäftigt, die stillgelegt wird, so ist sie in eine andere Betriebsabteilung zu übernehmen. [2]Ist dies aus betrieblichen Gründen nicht möglich, so findet auf ihre Kündigung die Vorschrift des Absatzes 4 über die Kündigung bei Stilllegung des Betriebs sinngemäß Anwendung.

1. Allgemeines

Die Kündigung des Arbeitsverhältnisses eines durch § 15 Abs. 1 und 3 KSchG geschützten Mitglieds einer Arbeitnehmervertretung kann in Fällen, in denen es hierfür einer gerichtlichen Ersetzung der Zustimmung des Betriebsrats bedarf, grundsätzlich wirksam erst nach Eintritt der formellen Rechtskraft einer entsprechenden gerichtlichen Entscheidung erfolgen.

Im Verfahren nach § 103 Abs. 2 BetrVG ist allein zu prüfen, ob das vom Arbeitgeber reklamierte Recht zur außerordentlichen Kündigung des Amtsträgers in Form eines wichtigen Grundes i.S.d. § 626 BGB gegeben ist. Den kollektiven Interessen des Betriebsrats und der Belegschaft an der weiteren Amtstätigkeit des Funktionsträgers wird vom Gesetz ausschließlich dadurch Rechnung getragen, dass die außerordentliche Kündigung die vorherige Zustimmung des Betriebsrats oder ihre Ersetzung durch das Gericht erfordert.

Infolge der spezifischen Bindungswirkung einer rechtskräftigen Entscheidung im Verfahren nach § 103 Abs. 2 BetrVG kann sich der im Beschlussverfahren beteiligte Arbeitnehmer im späteren, die außerordentliche Kündigung betreffenden Kündigungsschutzverfahren bezüglich des Vorliegens eines wichtigen Grundes i.S.v. § 626 BGB nur auf solche Tatsachen berufen, die er im Zustimmungsersetzungsverfahren nicht geltend gemacht hat und auch nicht hätte geltend machen können.

Nach einer Entscheidung im Verfahren nach § 103 Abs. 2 BetrVG, mit der die vom Betriebsrat verweigerte Zustimmung ersetzt wird, steht für den nachfolgenden Kündigungsschutzprozess fest, dass der Arbeitgeber das Zustimmungsersetzungsverfahren innerhalb der Frist des § 626 Abs. 2 BGB eingeleitet hat. Dagegen kann der Arbeitnehmer den Einwand, der Arbeitgeber habe die Kündigung anschließend nicht unverzüglich nach Eintritt der formellen Rechtskraft des Zustimmungsersetzungsbeschlusses erklärt, notwendigerweise erst im Kündigungsrechtsstreit geltend machen.

Legt der betroffene Arbeitnehmer sein betriebsverfassungsrechtliches Amt nieder, wird eine im Verfahren nach § 103 Abs. 2 BetrVG bereits ergangene Entscheidung nicht nachträglich gegenstandslos. Ein solches Ereignis wirkt sich vielmehr lediglich auf die Zulässigkeit eines Antrags des Arbeitgebers nach § 103 Abs. 2 BetrVG aus.

Nach Durchführung des Zustimmungsersetzungsverfahrens gemäß § 103 Abs. 2 BetrVG bedarf es bezüglich der unveränderten Kündigungsgründe keiner neuerlichen Anhörung des Betriebsrats gemäß § 102 Abs. 1 Satz 1 BetrVG.

***BAG** 16.11.2017 – 2 AZR 14/17*

Bedarf es gem. § 103 Abs. 1 BetrVG der Zustimmung des Betriebsrats zu einer außerordentlichen Kündigung und hat der Arbeitgeber innerhalb der Frist des § 626 Abs. 2 Satz 1 BGB beim Betriebsrat die erforderliche Zustimmung ordnungsgemäß beantragt sowie bei deren ausdrücklicher oder wegen Fristablaufs zu unterstellender Verweigerung das Verfahren auf Ersetzung der Zustimmung nach § 103 Abs. 2 BetrVG beim Arbeitsgericht eingeleitet, ist die Kündigung nicht wegen einer Überschreitung der Frist des § 626 Abs. 2 Satz 1 BGB unwirksam, wenn das Zustimmungsersetzungsverfahren bei ihrem Ablauf noch nicht abgeschlossen ist. Die Kündigung kann vielmehr auch noch nach Ablauf der vorgenannten Frist erfolgen, wenn sie unverzüglich nach der rechtskräftigen gerichtlichen Entscheidung über die Ersetzung der Zustimmung erklärt wird. Dies folgt aus einer entsprechenden Anwendung von § 174 Abs. 5 SGB IX (Rn. 14).

Endet der Sonderkündigungsschutz des Amtsträgers während des laufenden Zustimmungsersetzungsverfahrens, muss der Arbeitgeber die Kündigung in entsprechender Anwendung des § 174 Abs. 5 SGB IX unverzüglich erklären, nachdem er Kenntnis von der Beendigung des Sonderkündigungsschutzes erlangt hat (Rn. 14).

An den vorstehenden Grundsätzen ändert es nichts, wenn der Arbeitgeber während des laufenden Zustimmungsersetzungsverfahrens gem. § 103 Abs. 2 BetrVG gegenüber dem an diesem beteiligten Arbeitnehmer eine Kündigung des Arbeitsverhältnisses ohne Zustimmung des Betriebsrats erklärt. Eine solche Kündigung lässt für sich genommen das Ersuchen um Zustimmung gegenüber dem Betriebsrat und den Fortgang des gerichtlichen Verfahrens nach § 103 Abs. 2 BetrVG unberührt (Rn. 15).

Solange der Arbeitgeber sein Ersuchen um Zustimmung gegenüber dem Betriebsrat prozessual aufrechterhält und das gerichtliche Ersetzungsverfahren andauert, kommt auch ein „Verbrauch" der zu den fraglichen Kündigungsgründen erfolgten Anhörung nach § 102 Abs. 1 BetrVG durch den Ausspruch einer auf diese Gründe gestützten Kündigung für die beantragte Zustimmungsersetzung nicht in Betracht (Rn. 15).

***BAG** 1.10.2020 – 2 AZR 238/20*

> Spricht der Arbeitgeber während eines von ihm weiter betriebenen Verfahrens nach § 103 BetrVG eine Kündigung gegenüber dem betreffenden Arbeitnehmer aus, so geschieht dies regelmäßig vorsorglich für den Fall, dass die Kündigung nicht (mehr) der Zustimmung des Betriebsrats bedarf.
>
> Eine in diesem Sinne vorsorgliche Kündigung ist nicht als Rücknahme des Zustimmungsersuchens oder als Abbruch des Verfahrens nach § 103 BetrVG zu verstehen. Sie „verbraucht" auch nicht die bis dahin erfolgte Unterrichtung des Betriebsrats.
>
> ***BAG** 27.1.2011 – 2 ABR 114/09*

Die in § 103 Abs. 1 BetrVG geforderte **Zustimmung des Betriebsrats zur außerordentlichen Arbeitgeberkündigung** gegenüber den dort genannten besonders geschützten Personen, insbesondere gegenüber einem Betriebsratsmitglied, ist **Wirksamkeitsvoraussetzung** für die Kündigung. Sie muss ausnahmslos **vor** Ausspruch der Kündigung vorliegen. Gleiches gilt für die durch Gerichtsentscheidung gemäß § 103 Abs. 2 BetrVG ersetzte Zustimmung. Die nachträgliche, d. h. nach der Kündigungserklärung erteilte Zustimmung ist rechtlich bedeutungslos; zu einer bereits ausgesprochenen Kündigung kann der Arbeitgeber die Ersetzung der Zustimmung nicht beantragen.

Bei der Entscheidung über den Antrag auf Ersetzung der Zustimmung nach § 103 Abs. 2 BetrVG sind auch solche Umstände zu berücksichtigen, die erst im Laufe des Beschlussverfahrens bekannt werden oder entstehen, sofern der Arbeitgeber zuvor vergeblich beim Betriebsrat beantragt hat, wegen dieser nachgeschobenen Gründe die Zustimmung zur Kündigung zu erteilen.

Der **Antrag auf Ersetzung der Zustimmung** ist begründet, wenn die Kündigung aus wichtigem Grund nach § 626 BGB gerechtfertigt ist. Für die Entscheidung des Arbeitsgerichts kommt es nicht darauf an, ob der Betriebsrat bei seinem ablehnenden Beschluss einen Ermessens- oder Beurteilungsspielraum überschritten hat. Das Arbeitsgericht hat eine Rechtsentscheidung zu treffen, die praktisch den Kündigungsprozess vorwegnimmt.

BAG 22.8.1974 – 2 ABR 17/74

Die Kündigung des Arbeitsverhältnisses einer Vertrauensperson der schwerbehinderten Menschen bedarf gem. § 96 III 1 SGB IX i.V.m. § 103 BetrVG bzw. den maßgeblichen personalvertretungsrechtlichen Vorschriften der Zustimmung des Betriebs- bzw. Personalrats. Einer Zustimmung der Schwerbehindertenvertretung bedarf es nicht.

Nach § 96 III 1 SGB IX gilt für die Vertrauenspersonen der schwerbehinderten Menschen § 15 KSchG i.V.m. § 103 BetrVG bzw. den maßgeblichen personalvertretungsrechtlichen Vorschriften entsprechend. Die Vertrauenspersonen können demnach nur aus wichtigem Grund und nur mit Zustimmung des Betriebs- oder Personalrats gekündigt werden. Einer Zustimmung der Schwerbehindertenvertretung bedarf es gem. § 96 III 1 SGB IX nicht.

Der heimliche Mitschnitt eines Personalgesprächs ist „an sich" geeignet, eine außerordentliche Kündigung zu rechtfertigen. Dabei kommt es nicht entscheidend auf die strafrechtliche Würdigung an (vgl. § 201 StGB). Maßgeblich ist die mit diesem Verhalten verbundene Verletzung der dem Arbeitnehmer nach § 241 II BGB obliegenden Pflicht zur Rücksichtnahme auf die berechtigten Interessen des Arbeitgebers.

Stützt der Arbeitgeber den wichtigen Grund i.S.v. § 15 I KSchG, § 626 I BGB bei einem Betriebsratsmitglied auf dessen Verhalten, muss dieses sich als Verletzung von Pflichten aus dem Arbeitsverhältnis darstellen. Verstößt es sowohl gegen eine Amts- als auch gegen eine für alle Arbeitnehmer gleichermaßen geltende vertragliche Pflicht, liegt – jedenfalls auch – eine Vertragspflichtverletzung vor.

Für die Beurteilung, ob Tatsachen vorliegen, die den Arbeitgeber i.S.v. § 15 I, II KSchG, § 626 I BGB aus wichtigem Grund zur Kündigung berechtigen, ist auf die Unzumutbarkeit einer Weiterbeschäftigung bis zum Ablauf der fiktiven ordentlichen Kündigungsfrist abzustellen. Ist eine Weiterbeschäftigung bis dahin zumutbar, ist die Kündigung unwirksam.

Im Rahmen der Interessenabwägung ist zu berücksichtigen, ob ein Funktionsträger gerade in Ausübung seines Amts in Konflikt mit seinen arbeitsvertraglichen Pflichten geraten ist. Die Beachtung dieses Gesichtspunkts ist gemeint, wenn in Senatsurteilen darauf verwiesen wird, in einem solchen Fall sei ein „strengerer" Maßstab an den wichtigen Grund anzulegen.

BAG *19.7.2012 – 2 AZR 989/11*

Der besondere Kündigungsschutz nach § 15 Abs. 3 KSchG besteht schon dann, wenn der Wahlvorschlag lediglich behebbare Mängel aufweist.

Bei Wahlbewerbern endet das Zustimmungserfordernis des Betriebsrats vor Bekanntgabe des Wahlergebnisses im Fall der Rücknahme der Kandidatur zum Betriebsrat.

Der Arbeitgeber genügt seinen Mitteilungspflichten nach § 102 BetrVG, wenn er zunächst (zutreffend oder irrtümlich) ein Verfahren nach § 103 BetrVG einleitet und den Betriebsrat entsprechend unterrichtet, im Kündigungszeitpunkt aber zweifelsfrei feststeht, dass ein Schutz nach § 103 BetrVG nicht besteht und deshalb für eine außerordentliche Kündigung nur eine Anhörung des Betriebsrats nach § 102 BetrVG erforderlich ist. Im umgekehrten Fall kann eine Anhörung nach § 102 BetrVG die Einleitung des Zustimmungsverfahren grundsätzlich nicht ersetzen, es sei denn, der Betriebsrat hat in Kenntnis des Vorliegens der Voraussetzungen des Sonderkündigungsschutzes von sich aus seine Zustimmung nach § 103 BetrVG erteilt. In diesem Fall muss aber die Information des Arbeitgebers über den Kündigungsgrund nach § 102 BetrVG auch den Anforderungen an eine inhaltliche Unterrichtung des Betriebsrats nach § 103 BetrVG entsprechen und die Interessenvertretung um den besonderen Kündigungsschutz des zu kündigenden Arbeitnehmers wissen.

BAG *17.3.2005 – 2 AZR 275/04*

Der befristete Ausschluss der ordentlichen Kündigung nach § 15 KSchG darf bei der Prüfung der Zumutbarkeit bzw. Unzumutbarkeit der Fortsetzung des Arbeitsverhältnisses oder der Änderung der Arbeitsbedingungen nach § 626 BGB nicht zu Ungunsten der besonders geschützten Arbeitnehmer berücksichtigt werden. Bei der **Interessenabwägung** nach § 15 KSchG, **§ 626 BGB** ist daher hinsichtlich der Prüfung, ob die Fortsetzung des Arbeitsverhältnisses bis zum Ablauf der Kündigungsfrist unzumutbar ist oder nicht, **die Frist zugrunde zu legen, die ohne den besonderen Kündigungsschutz bei der ordentlichen Kündigung gelten würde**.

BAG *2.4.1981 – 2 AZR 1025/78 – n. v.;* ***BAG*** *25.10.1984 – 2 AZR 455/83 – n. v.;* ***BAG*** *14.11.1984 – 7 AZR 474/83*

Ist ein Betriebsratsmitglied tariflich ordentlich unkündbar, so ist seine außerordentliche betriebsbedingte Kündigung mit notwendiger Auslauffrist beim Vorliegen der Voraussetzungen des § 15 Abs. 4 oder Abs. 5 KSchG nicht nach § 103 BetrVG zustimmungsbedürftig. Einem tariflich ordentlich unkündbaren Arbeitnehmer kann nach § 626 BGB in Ausnahmefällen betriebsbedingt außerordentlich gekündigt werden. Eine solche Kündigung kommt dann in Betracht, wenn ein wichtiger Grund zur Kündigung gerade darin zu sehen ist, dass wegen des tariflichen Ausschlusses der ordentlichen Kündigung der Arbeitgeber den Arbeitnehmer notfalls bis zum Erreichen der Pensionsgrenze weiterbezahlen müsste und ihm dies unzumutbar ist. Bei einer außerordentlichen Kündigung mit notwendiger Auslauffrist gegenüber einem tariflich unkündbaren Arbeitnehmer ist es dem Arbeitgeber in erheblich weiterem Umfang als bei einer ordentlichen Kündigung zumutbar, die Kündigung durch geeignete andere Maßnahmen zu vermeiden.

Ist der Arbeitgeber tariflich verpflichtet, dem Arbeitnehmer bei Wegfall seines Arbeitsplatzes die Weiterbeschäftigung auf einem anderen freien Arbeitsplatz im Konzern zu verschaffen, so ist die Kündigung eines ordentlich unkündbaren Arbeitnehmers, dessen bisherige Tätigkeit entfallen ist, regelmäßig unzulässig, wenn seine Weiterbeschäftigung unter geänderten angemessenen Vertragsbedingungen auf einem anderen zumutbaren Arbeitsplatz im Konzern möglich ist und der Arbeitnehmer hierzu sein Einverständnis erklärt.

Der Antrag des Arbeitnehmers, ihm einen angemessenen Arbeitsvertrag bei einem anderen konzernangehörigen Unternehmen zu verschaffen, genügt nicht dem Bestimmungsgebot des § 253 Abs. 2 Nr. 2 ZPO.

BAG *10.5.2007 – 2 AZR 626/05*

Bei der außerordentlichen fristlosen Kündigung eines ordentlich unkündbaren Arbeitnehmers ist entscheidend, ob dem Arbeitgeber die Weiterbeschäftigung bis zum Ablauf der fiktiven ordentlichen Kündigungsfrist zugemutet werden kann. Das gilt auch für Arbeitnehmer, denen gegenüber die ordentliche Kündigung nach § 15 KSchG ausgeschlossen ist.

Zwar ist nach § 626 Abs. 1 BGB eine reale und nicht fiktive Zumutbarkeitsprüfung die Regel. Eine Ausnahme hiervon ist aber in den Fällen des § 15 KSchG notwendig, weil ansonsten eine § 78 BetrVG widersprechende Benachteiligung des geschützten Personenkreises die Folge wäre.

Nach § 15 KSchG ist auch eine verhaltensbedingte außerordentliche Kündigung mit notwendiger Auslauffrist gegenüber dem geschützten Personenkreis unzulässig.

Die Zulassung einer solchen verhaltensbedingten außerordentlichen Kündigung mit Auslauffrist für Mitglieder des Betriebsrats würde genau die Benachteiligungsgefahr realisieren, die der Gesetzgeber durch Schaffung des § 15 KSchG ausschalten wollte.

BAG *17.1.2008 – 2 AZR 821/06*

Hinweis für die Praxis:

In der vorstehenden Entscheidung hat das BAG in Hinblick auf die Möglichkeit der außerordentlichen fristlosen Kündigung eines Betriebsratsmitglieds zwei wichtige Feststellungen getroffen. Zum einen kommt es bei der Frage, ob eine außerordentliche Kündigung bei Ausschluss der ordentlichen Kündigung gemäß § 15 KSchG wirksam ausgesprochen werden kann, entscheidend darauf an, ob dem Arbeitgeber die Weiterbeschäftigung bis zum Ablauf der fiktiven ordentlichen Kündigungsfrist zugemutet werden kann, nicht dagegen auf den Zeitpunkt, in dem der Sonderkündigungsschutz voraussichtlich endet. Zwar geht § 626 Abs. 1 BGB grundsätzlich nicht von der fiktiven Möglichkeit einer Beendigung des Arbeitsverhältnisses aus, für verhaltensbedingte außerordentliche Kündigungen gegenüber Arbeitnehmern, die den Sonderkündigungsschutz nach § 15 KSchG genießen, müssten jedoch die Nachteile einer fiktiven Zumutbarkeitsprüfung in Kauf genommen werden. Im anderen Falle wäre eine § 78 BetrVG widersprechende Benachteiligung dieses Personenkreises die Folge. Würde etwa bei einer außerordentlichen verhaltensbedingten Kündigung wegen einer gemeinschaftlich begangenen Pflichtverletzung eines Betriebsratsmitglieds und eines sonstigen Arbeitnehmers bei im Übrigen vergleichbaren Tatumständen und gleich gelagerten Arbeitgeber- und Arbeitnehmerinteressen die fristlose Kündigung gegenüber dem Betriebsratsmitglied allein wegen der absehbar langen Bindungsdauer (zumindest ein Jahr nach Ende des Betriebsratsamts) für wirksam, die fristlose Kündigung gegenüber dem anderen Arbeitnehmer jedoch mit der Begründung für unwirksam erachtet, dessen Weiterbeschäftigung bis zum Ablauf der ordentlichen Kündigungsfrist sei dem Arbeitgeber zumutbar, so würde das Betriebsratsmitglied offensichtlich allein wegen seines Betriebsratsamts einen gravierenden Rechtsnachteil erleiden. Da es der erklärte Sinn der in § 15 KSchG enthaltenen Vorschriften ist, den Betriebsrat vor Benachteiligungen auf Grund seines Amtes zu schützen, muss diese Konsequenz abgelehnt werden. Zum anderen ist auch eine verhaltensbedingte außerordentliche Kündigung eines Betriebsratsmitglieds mit notwendiger Auslauffrist unwirksam, da es Sinn des § 15 KSchG ist, den Betriebsrat – abgesehen von den Fällen des § 15 Abs. 4, 5 KSchG – von der Bedrohung durch ordentliche Kündigung gerade mit Rücksicht auf seine besondere Stellung auszunehmen. Bei Zulassung einer verhaltensbedingten Kündi-

gung mit Auslauffrist für Betriebsratsmitglieder würde sich exakt die Gefahr realisieren, die der Gesetzgeber durch die Schaffung des § 15 KSchG ausschalten wollte.

2. Sonderkündigungsschutz für Mandatsträger

Für die Beurteilung, ob Tatsachen vorliegen, die den Arbeitgeber aus wichtigem Grund i.S.v. § 15 Abs. 1 KSchG, § 626 Abs. 1 BGB zur Kündigung des Arbeitsverhältnisses eines Mandatsträgers aus Gründen in seinem Verhalten berechtigen, ist auf die Unzumutbarkeit einer Weiterbeschäftigung bis zum Ablauf der fiktiven ordentlichen Kündigungsfrist abzustellen. Ist eine Beschäftigung bis dahin zumutbar, ist die Kündigung unwirksam.

Eine mangels Vorliegens eines wichtigen Grundes i.S.v. § 15 Abs. 1 KSchG, § 626 Abs. 1 BGB unwirksame, auf Gründe im Verhalten des Mandatsträgers gestützte außerordentliche fristlose Kündigung kann nicht in eine außerordentliche Kündigung mit einer der fiktiven ordentlichen Kündigungsfrist entsprechenden Auslauffrist oder eine ordentliche Kündigung umgedeutet werden.

BAG *21.6.2012 – 2 AZR 343/11*

Der Senat hält an der ständigen Rechtsprechung fest, dass bei der **Zumutbarkeitsprüfung** nach § 15 Abs. 1 Satz 1 KSchG, § 626 BGB auf die (fiktive) Kündigungsfrist abzustellen ist, die ohne den besonderen Kündigungsschutz bei einer ordentlichen Kündigung gelten würde.

BAG *18.2.1993 – 2 AZR 526/92*

§§ 182 Abs. 3, 111 Satz 2 BGB enthalten Regelungen über einseitige Rechtsgeschäfte (z. B. Kündigungen), die von der Einwilligung eines Dritten abhängen. Ein derartiges Rechtsgeschäft ist unwirksam, wenn der Erklärende die Einwilligung nicht in schriftlicher Form vorlegt und der Erklärungsgegner das Rechtsgeschäft aus diesem Grunde unverzüglich zurückweist.

Zwar bedarf nach § 103 BetrVG die außerordentliche Kündigung des Arbeitgebers gegenüber einem Betriebsratsmitglied der „Zustimmung" des Betriebsrats, also eines „Dritten". Auf diese „Zustimmung", für die kein Schriftformzwang besteht, sind jedoch §§ 182 Abs. 3, 111 Satz 2 BGB nicht anwendbar. § 103 BetrVG enthält eine in sich geschlossene, den Schutz des Betriebsrats und des Betriebsratsmitglieds umfassend ausgestaltende Sonderregelung.

BAG *4.3.2004 – 2 AZR 147/03*

Der Sonderschutz des § 15 KSchG wird nicht umgangen, wenn ein Arbeitnehmer während der Laufzeit eines befristeten Arbeitsvertrages in den Personalrat gewählt wird. Etwas anderes gilt jedoch für Arbeitnehmer, die zwar während der Laufzeit eines befristeten Arbeitsvertrages in den Personalrat gewählt worden sind, aber während ihrer Amtszeit im Anschluss an die Erstbefristung erneut nur befristet weiterbeschäftigt werden. Wegen der möglichen Umgehung des Sonderschutzes des § 15 KSchG sind bei der zweiten Befristung an den sachlichen Grund besonders strenge Anforderungen zu stellen.

BAG *17.2.1983 – 2 AZR 481/81*

Auch wenn der Arbeitgeber aus betriebsbedingten Gründen allen oder der Mehrzahl der Arbeitnehmer des Betriebes kündigt und ihnen eine Weiterarbeit zu schlechteren Arbeitsbedingungen anbietet, rechtfertigt ein solcher Massentatbestand nicht ausnahmsweise eine ordentliche Kündigung gegenüber Betriebsratsmitgliedern und den anderen durch § 15 KSchG geschützten Amtsträgern.

§ 15 KSchG schließt abgesehen von den Sonderfällen der Betriebsstilllegung und der Stilllegung einer Betriebsabteilung (§ 15 Abs. 4 und 5 KSchG) eine ordentliche Kündigung gegenüber diesem Personenkreis völlig aus und lässt nur eine außerordentliche Kündigung aus wichtigem Grund zu.

Eine außerordentliche Kündigung ist während der Amtszeit des Betreffenden nach § 103 BetrVG nur mit Zustimmung des Betriebsrats bzw. deren Ersetzung durch die Arbeitsgerichte zulässig. Diese im Interesse des (Betriebsrats-) Amts und der ungestörten Amtsführung geschaffene generelle Regelung lässt keine Einschränkung für so genannte Massenänderungskündigungen zu.

Eine außerordentliche mit notwendiger Auslauffrist zu erklärende Änderungskündigung gegenüber einem Betriebsratsmitglied kommt etwa dann in Betracht, wenn ohne die Änderung der Arbeitsbedingungen ein sinnlos gewordenes Arbeitsverhältnis über einen erheblichen Zeitraum nur durch Gehaltszahlungen fortgesetzt werden müsste und der Arbeitgeber möglicherweise sogar eine unternehmerische Entscheidung, bestimmte Arbeitsplätze einzusparen, wegen des Beschäftigungsanspruchs des Mandatsträgers nicht vollständig umsetzen könnte.

BAG *7.10.2004 – 2 AZR 81/04 = DB 2005, 894*

Im Zustimmungsverfahren nach § 103 BetrVG ist das Betriebsratsmitglied, dem gekündigt werden soll, rechtlich verhindert, an der **Beratung** und **Beschlussfassung** des Betriebsrats über die Kündigung teilzunehmen. **Für das betroffene Betriebsratsmitglied ist ein Ersatzmitglied gemäß § 25 Abs. 1 Satz 2 BetrVG zu laden.**

Ist **kein Ersatzmitglied** für das betroffene Betriebsratsmitglied eingeladen worden, nimmt dieses vielmehr an der Beratung über seine eigene Kündigung teil, so ist der Betriebsratsbeschluss über die Kündigung **nichtig**. Unschädlich ist es, wenn bei Teilnahme des Ersatzmitglieds das betroffene Betriebsratsmitglied Gelegenheit erhält, zu den Vorwürfen des Arbeitgebers Stellung zu nehmen.

BAG *23.8.1984 – 2 AZR 391/83*

Beantragt der Arbeitgeber beim Betriebsrat die Zustimmung zur außerordentlichen Kündigung eines Betriebsratsmitglieds nach § 103 BetrVG und ist eine außerordentliche Kündigung des Betriebsratsmitglieds unter keinem rechtlichen Gesichtspunkt erkennbar, handelt der Arbeitgeber rechtsmissbräuchlich und verstößt gemäß § 23 Abs. 3 BetrVG grob gegen seine betriebsverfassungsrechtlichen Pflichten.

ArbG *Ludwigshafen 21.5.1992 – 4 BV 8/92 = AuR 1993, 62*

Nach § 40 Abs. 1 BetrVG ist der Arbeitgeber verpflichtet, die durch die Tätigkeit des Betriebsrats entstehenden Kosten zu tragen. Hierzu kann auch die Vergütung des vom Betriebsrat in einem Verfahren nach § 103 Abs. 2 BetrVG beauftragten Rechtsanwalts gehören.

Dem Vergütungsanspruch des Rechtsanwalts steht nicht entgegen, dass er in einem Beschlussverfahren nach § 103 Abs. 2 BetrVG über die außerordentliche Kündigung eines Betriebsratsmitglieds gleichzeitig den Betriebsrat und das vom Verfahren betroffene Betriebsratsmitglied vertritt. Er verstößt damit nicht gegen das Verbot der Vertretung widerstreitender Interessen nach § 43a Abs. 4 BRAO.

Betriebsrat und Betriebsratsmitglied haben im Verfahren nach § 103 Abs. 2 BetrVG in der Regel keine widerstreitenden rechtlichen Interessen, Beide beauftragen den Rechtsanwalt, den Antrag des Arbeitgebers auf Ersetzung der vom Betriebsrat verweigerten Zustimmung zur außerordentlichen Kündigung des Betriebsratsmitglieds abzuwehren.

Widerstreitende Interessen entstehen erst, wenn der Betriebsrat im Verlaufe des gerichtlichen Verfahrens die Zielrichtung des anwaltlichen Auftrags ändert, etwa weil er zu der Auffassung gelangt ist, er habe seine Zustimmung unberechtigt verweigert. Dann beginnt auch das Verbot der Vertretung widerstreitender Interessen nach § 43a Abs. 4 BRAO.

Die Gefahr einer widerstreitenden Interessenentwicklung rechtfertigt kein generelles Verbot der gleichzeitigen Vertretung von Betriebsrat und Betriebsratsmitglied. Das verbietet die verfassungskonforme Auslegung von § 43a Abs. 4 BRAO. Die Vorschrift schränkt das Grundrecht der freien Berufsausübung der Rechtsanwälte nach Art. 12 Abs. 1 GG ein. Die verfassungsrechtlich gebotene Verhältnismäßigkeit dieser Beschränkung im Interesse der Rechtspflege sowie eindeutiger und geradliniger Rechtsbesorgung rechtfertigt es nur, im konkreten Fall die Vertretung widerstreitender Interessen zu vermeiden. Dem wird dadurch Rechnung getragen, dass der Rechtsanwalt verpflichtet wird, seine Mandate niederzulegen, sobald die Interessengleichrichtung in Interessengegensätzlichkeit umschlägt.

BAG *25.8.2004 – 7 ABR 60/03*

§ 15 Abs. 1 Satz 1, Abs. 3 Satz 1 KSchG in Verbindung mit § 103 BetrVG über den besonderen Kündigungsschutz für Mitglieder des Wahlvorstandes, Wahlbewerber und Betriebsratsmitglieder sind jedenfalls dann leges speziales gegenüber dem Auflösungsantrag des Arbeitgebers nach § 9 Abs. 1 Satz 2 KSchG, wenn der Auflösungsantrag auf ein Verhalten des Arbeitnehmers nach Erlangung der Funktion als Wahlvorstand für die Betriebsrats wähl, Wahlbewerber für die Betriebsratswahl und Betriebsratsmitglied gestützt wird.

***LAG** Berlin 27.5.2004 – 13 Sa 313/04 = NZA-RR 2005, 130*

Für die Kündigung einer der nach § 103 Abs. 1 geschützten Person ist auch dann die Zustimmung des Betriebsrats erforderlich, wenn die Kündigung einen **Tendenzträger** ausschließlich aus **tendenzbedingten Gründen** betrifft.

***LAG** Hamm 1.7.1992 – 3 TaBV 30/92 = BB 1992, 250*

Die Übertragung des Zustimmungsrechts des Betriebsrats zu einer beabsichtigten außerordentlichen Kündigung eines Betriebsratsmitglieds nach § 103 BetrVG auf einen Betriebsausschuss gemäß § 27 Abs. 2 Satz 2 BetrVG oder einen besonderen Ausschuss nach § 28 BetrVG ist grundsätzlich zulässig. Einer solchen Delegation steht auch nicht die Bedeutung des betriebsverfassungsrechtlichen Zustimmungsrechts nach § 103 BetrVG entgegen.

Das Zustimmungsrecht nach § 103 BetrVG muss dem Ausschuss ausdrücklich übertragen worden sein. Im schriftlichen Übertragungsbeschluss müssen die übertragenen Befugnisse so genau umschrieben werden, dass der Zuständigkeitsbereich des Ausschusses eindeutig feststeht. Es muss zweifelsfrei feststellbar sein, in welchen Angelegenheiten der Betriebsausschuss an Stelle des Betriebsrats rechtsverbindliche Beschlüsse fassen kann.

Bei der Übertragung von Aufgaben hat der Betriebsrat die allgemeinen Schranken des Rechtsmissbrauchs zu beachten. Er darf sich nicht aller wesentlichen Befugnisse dadurch entäußern, dass er seine Aufgaben weitestgehend auf Ausschüsse überträgt. Er muss als Gesamtorgan in einem Kernbereich der gesetzlichen Befugnisse zuständig bleiben. Mit der Übertragung „aller mitbestimmungsrelevanten Personalmaßnahmen der §§ 99-103 BetrVG“ auf den Betriebsausschuss ist dieser Kernbereich noch nicht betroffen.

In der Bestätigung eines Betriebsratsbeschlusses – insbesondere nach einer Neuwahl des Betriebsrats – liegt ein neuer Willensentschluss.

***BAG** 17.3.2005 – 2 AZR 275/04*

Auch wenn der (dreiköpfige) Betriebsrat wegen Rücktritts zweier Mitglieder handlungsunfähig ist, bedarf eine (Änderungs-) Kündigung gegenüber dem verbliebenen Betriebsratsmitglied der Zustimmung des Betriebsrats bzw. der Ersetzung durch das Arbeitsgericht.

***LAG** Schleswig-Holstein 21.12.2004 – 2 Sa 459/04 = NZA-RR 2005, 309*

Vor der Kündigung eines schwerbehinderten Menschen ist gemäß § 178 Abs. 2 S.1 SGB IX die vorherige Anhörung der Schwerbehindertenvertretung erforderlich. Im anderen Falle ist die Kündigung unwirksam gemäß § 178 Abs. 2 S.3 SGB IX. Ebenso wie die Betriebsratsanhörung vor der Kündigung eines schwerbehinderten Menschen kann auch die Unterrichtung und Anhörung des schwerbehinderten Menschen sowohl vor oder nach der Durchführung des Zustimmungsverfahrens vor dem Integrationsamt erfolgen. Die Unterrichtung und Anhörung der Schwerbehindertenvertretung selbst, insbesondere also der Inhalt der Anhörung und die Dauer der Frist für eine Stellungnahme der Schwerbehindertenvertretung richten sich nach den für die Anhörung des Betriebsrats geltenden Grundsätzen gemäß § 102 BetrVG.

***BAG** 13.12.2018 – 2 AZR 378/18*

3. Änderungskündigung

> ***Hinweis für die Praxis:***
>
> *Nach dem seit 28. Juli 2001 hinzugefügten § 103 Abs. 3 BetrVG bedarf die Versetzung einer in Absatz 1 genannten Person der Zustimmung des Betriebsrats, wenn die Versetzung den Verlust des Amtes oder der Wählbarkeit zur Folge hat, es sei denn, der betroffene Arbeitnehmer ist mit der Versetzung einverstanden.*

Die unternehmerische Entscheidung, eine ganze Führungsebene (Substituten im Einzelhandel) unternehmensweit abzuschaffen, ist an sich geeignet, einen wichtigen Grund zur außerordentlichen Änderungskündigung mit notwendiger Auslauffrist nach § 15 Abs. 1 KSchG gegenüber einem Betriebsratsmitglied darzustellen.

Stehen mehrere Möglichkeiten der Änderung der Arbeitsbedingungen zur Verfügung, so fordert es der Verhältnismäßigkeitsgrundsatz, dass der Arbeitgeber dem Arbeitnehmer die auch ihm zumutbare Änderung anbietet, die den Gekündigten am wenigsten belastet.

Dem Arbeitgeber ist es in Fällen der so genannten Tarifautomatik regelmäßig nicht zumutbar, lediglich die Tätigkeit des betreffenden Funktionsträgers den neuen Gegebenheiten anzupassen und es – übertariflich – bei der bisherigen Bezahlung zu belassen.

Bezieht sich die unternehmerische Entscheidung, die als dringendes betriebliches Erfordernis die Änderungskündigung begründen soll, nur auf den Wegfall aller Beschäftigungsmöglichkeiten einer bestimmten Gehaltsgruppe (im Fall: Substituten nach Gehaltsgruppe IV des einschlägigen Gehaltstarifvertrags), so rechtfertigt dies regelmäßig nur die Herabgruppierung des betreffenden Betriebsratsmitglieds um eine Vergütungsgruppe. Eine Herabgruppierung um zwei Vergütungsgruppen (in Gehaltsgruppe II des Tarifs) setzt voraus, dass der insoweit darlegungspflichtige Arbeitgeber begründet, warum auch eine Weiterbeschäftigung des Betriebsratsmitglieds in der darunter liegenden Vergütungsgruppe (Gehaltsgruppe III) nicht möglich ist.

***BAG** 17.3.2005 – 2 ABR 2/04*

Der Senat hält daran fest, dass eine **ordentliche Änderungskündigung** gegenüber einem durch § 15 KSchG geschützten Arbeitnehmer auch dann unzulässig ist, wenn der Arbeitgeber dadurch die Arbeitsbedingungen des Amtsträgers denen einer Gruppe von Arbeitnehmern anpassen will, zu der auch der Amtsträger gehört.

In diesem Falle kann allerdings eine außerordentliche Änderungskündigung aus betriebsbedingten Gründen gerechtfertigt sein.

Ein wichtiger Grund für eine **außerordentliche Änderungskündigung** setzt zunächst auf Seiten des Kündigenden voraus, dass für ihn die Fortsetzung derjenigen bisherigen Bedingungen, deren Änderung er erstrebt, jeweils unzumutbar geworden ist, d. h., dass die vorgesehenen Änderungen für ihn unabweisbar sind. Darüber hinaus müssen die neuen Bedingungen dem Gekündigten zumutbar sein. Beide Voraussetzungen müssen kumulativ vorliegen.

***BAG** 6.3.1986 – 2 ABR 15/85*

Um des generellen Effekts der Umstrukturierungsmaßnahme und der Gleichbehandlung der Arbeitnehmer willen ist für den Arbeitgeber bei einer außerordentlichen **Änderungskündigung** eines betriebsverfassungsrechtlichen Mandatsträgers, bei der der Arbeitsplatz als solcher gesichert ist, die Einhaltung der hypothetisch zu veranschlagenden Kündigungsfrist vom eingeschränkten Schutzzweck der Norm der §§ 2, 15 KSchG her gesehen nicht zu fordern. Denn dem besonderen Kündigungsschutz des § 15 KSchG ist Rechnung getragen, weil der Fortbestand und die Stetigkeit der jeweiligen Arbeitnehmervertretung gesichert sind. Da es nicht um die Beendigung des Arbeitsverhältnisses, sondern „nur“ um seine inhaltliche Umgestaltung geht, relativiert sich folglich die Zumutbarkeitsprüfung. Der Senat gibt daher für einen derartigen Fall einer **außerordentlichen betriebsbedingten Änderungskündigung** die früher vertretene Ansicht auf, im Rahmen der Prüfung des § 626 BGB sei auf die fiktive Kündigungsfrist des Mandatsträgers abzustellen.

Es verbleibt jedoch dabei, dass die vorgesehene Änderung der Arbeitsbedingungen für den **Arbeitgeber unabweisbar** und dem **Arbeitnehmer zumutbar** sein muss.

***BAG** 21.6.1995 – 2 ABR 28/94*

Die Änderung der Arbeitsbedingungen kann dann gerechtfertigt sein, wenn die Unrentabilität des Betriebes einer Weiterbeschäftigung zu unveränderten Bedingungen entgegensteht, wenn also durch die Senkung der Personalkosten die Stilllegung des Betriebes oder die Reduzierung der Belegschaft verhindert werden kann und soll und die Kosten durch andere Maßnahmen nicht zu senken sind. Andernfalls ist der Arbeitgeber an den vertraglich vereinbarten Bedingungen festzuhalten und kann die angestrebte Änderung auch nicht mit Gleichbehandlungsgesichtspunkten rechtfertigen.

Wenn der Arbeitgeber so genannten Voraussetzungen für eine ordentliche Änderungskündigung nicht ausreichend darlegt, kann die Zustimmung des Betriebsrats zu der beabsichtigten außerordentlichen Änderungskündigung erst recht nicht ersetzt werden.

***BAG** 20.1.2000 – 2 ABR 40/99 = DB 2000, 284*

4. Geschützter Personenkreis

Auch in der Insolvenz genießen Betriebsratsmitglieder einen besonderen Kündigungsschutz. Sie sind daher nicht in die Sozialauswahl einzubeziehen.

§ 125 InsO ist nur im Verhältnis zu § 1 KSchG lex specialis, nicht aber gegenüber § 15 KSchG.

§ 15 Abs. 4 und Abs. 5 KSchG sind als Ausnahmevorschriften nicht analogiefähig.

***BAG** 17.11.2005 – 6 AZR 118/05*

Die in einer **nichtigen Wahl** gewählten **Wahlvorstandsmitglieder** genießen nicht den besonderen Kündigungsschutz des § 15 Abs. 3 KSchG.

***BAG** 7.5.1986 – 2 AZR 349/85*

Dem Mitglied eines **Wahlvorstands** steht der besondere Kündigungsschutz des § 15 Abs. 3 Satz 1 KSchG i. V. m. § 103 BetrVG auch dann zu, wenn in dem Betrieb noch kein Betriebsrat besteht. Hier muss der Arbeitgeber, bevor er eine außerordentliche Kündigung wirksam aussprechen kann, analog § 103 Abs. 2 BetrVG das Zustimmungsverfahren beim Arbeitsgericht erfolgreich durchgeführt haben.

Das gilt auch für den Fall der Änderungskündigung, die sich gegen den Arbeitnehmer als einzelnen richtet.

***BAG** 12.8.1986 – 2 AZR 303/75*

Arbeitnehmervertreter im Aufsichtsrat haben in dieser Eigenschaft keinen dem § 15 KSchG entsprechenden besonderen Kündigungsschutz. Ob aus der in dem weitergeltenden § 76 Abs. 2 Satz 5 BetrVG 1952 vorgeschriebenen entsprechenden Anwendung des Benachteiligungsverbots aus § 78 BetrVG ein Kündigungsschutz für Arbeitnehmervertreter im Aufsichtsrat herzuleiten ist, bleibt unentschieden.

***BAG** 4.4.1974 – 2 AZR 452/73*

Bei Prüfung des wichtigen Grundes zur fristlosen Entlassung eines **Jugendvertreters** gelten dieselben Grundsätze wie bei der fristlosen Entlassung eines Betriebsratsmitglieds. Daher ist bei der Beurteilung des wichtigen Grundes ein besonders strenger Maßstab anzulegen, wenn der Jugendvertreter gleichzeitig gegen seine Amts- und gegen seine Arbeitsvertragspflichten verstoßen hat, während der Jugendvertreter jedem anderen Arbeitnehmer gleichsteht, wenn allein die Verletzung seiner arbeitsvertraglichen Pflichten zu beurteilen ist.

***BAG** 11.12.1975 – 2 AZR 426/74*

Auch **Wahlinitiatoren**, die nach § 15 Abs. 3 a KSchG Sonderkündigungsschutz genießen, kann im Fall der Betriebsstilllegung unter den Voraussetzungen des § 15 Abs. 4 KSchG ordentlich gekündigt werden.

Die Nichterwähnung von § 15 Abs. 3a KSchG in § 15 Abs. 4 KSchG steht dem nicht im Wege. Sie beruht auf einem Redaktionsversehen.

***BAG** 4.11.2004 – 2 AZR 96/04*

5. Beginn und Ende des besonderen Kündigungsschutzes

Scheidet ein Betriebsratsmitglied während des Zustimmungsersetzungsverfahrens nach § 103 BetrVG aus dem Betriebsrat aus, ist für die dann ohne Zustimmung mögliche außerordentliche Kündigung durch den Arbeitgeber eine erneute Anhörung des Betriebsrats nicht erforderlich (BAG 8.6.2000 – 2 AZN 276/00; BAG 19.9.1991 – 2 ABR 14/91). Der Anhörungspflicht ist durch die Unterrichtung im Rahmen des Antrags nach § 103 BetrVG genügt.

***BAG** 5.11.2009 – 2 AZR 487/08*

5.1. Wahlvorstand

Der besondere Kündigungsschutz für gerichtlich bestellte Mitglieder des Wahlvorstands zur Durchführung einer Betriebsratswahl beginnt im Fall ihrer Bestellung durch die Gerichte für Arbeitssachen mit der Verkündung des Einsetzungsbeschlusses. Auf die formelle Rechtskraft des Beschlusses kommt es nicht an.

Insbesondere der durch § 15 Abs. 3 KSchG beabsichtigte Schutz der Mitglieder des Wahlvorstands vor möglichen Repressalien des Arbeitgebers erfordert es, von einer Bestellung des Wahlvorstands in dem Zeitpunkt auszugehen, zu dem erstmals eine nach außen verlautbarte, nach geltendem Verfahrensrecht wirksam zustande gekommene gerichtliche Entscheidung vorliegt, der zufolge der Arbeitnehmer als Mitglied des Wahlvorstands eingesetzt wird.

***BAG** 26.11.2009 – 2 AZR 185/08*

5.2. Wahlbewerber

> Der Sonderkündigungsschutz für Wahlbewerber nach § 15 Abs. 3 KSchG beginnt, sobald ein Wahlvorstand für die Wahl bestellt ist und ein Wahlvorschlag für den Kandidaten vorliegt, der die erforderliche Zahl von Stützungsunterschriften aufweist. Es ist nicht erforderlich, dass das Wahlausschreiben zu diesem Zeitpunkt schon erlassen ist.
>
> *BAG 19.4.2012 – 2 AZR 299/11*

Ist ein Wahlvorstand für die Betriebsratswahl bestellt und liegt für den **Wahlbewerber** ein Wahlvorschlag mit der erforderlichen Zahl von Stützunterschriften vor (§ 14 Abs. 4 BetrVG), so hat der betreffende Wahlbewerber von da an den besonderen Kündigungsschutz des § 15 Abs. 3 KSchG.

Der besondere Kündigungsschutz für den Wahlbewerber entfällt nicht dadurch, dass die Vorschlagsliste durch spätere Streichung von Stützunterschriften gemäß § 8 Abs. 2 Nr. 3 WahlO ungültig ist (wird).

***BAG** 5.12.1980 – 7 AZR 781/78*

Nach Beendigung des halbjährigen **nachwirkenden Kündigungsschutzes** kann der Arbeitgeber dem **erfolglosen Wahlbewerber** zur Betriebsratswahl wieder wie jedem anderen Arbeitnehmer kündigen. Er ist insbesondere nicht gehindert, die Kündigung auf Pflichtverletzungen des Arbeitnehmers zu stützen, die dieser während der Schutzfrist des § 15 Abs. 3 Satz 2 KSchG begangen hat **und** die erkennbar nicht in Zusammenhang mit der Wahlbewerbung stehen.

***BAG** 13.6.1996 – 2 AZR 431/95*

Der besondere Kündigungsschutz für gerichtlich bestellte Mitglieder des Wahlvorstands zur Durchführung einer Betriebsratswahl beginnt im Fall ihrer Bestellung durch die Gerichte für Arbeitssachen mit der Verkündung des Einsetzungsbeschlusses. Auf die formelle Rechtskraft des Beschlusses kommt es nicht an.

Insbesondere der durch § 15 Abs. 3 KSchG beabsichtigte Schutz der Mitglieder des Wahlvorstands vor möglichen Repressalien des Arbeitgebers erfordert es, von einer Bestellung des Wahlvorstands in dem Zeitpunkt auszugehen, zu dem erstmals eine nach außen verlautbarte, nach geltendem Verfahrensrecht wirksam zustande gekommene gerichtliche Entscheidung vorliegt, der zufolge der Arbeitnehmer als Mitglied des Wahlvorstands eingesetzt wird.

***BAG** 26.11.2009 – 2 AZR 185/08*

Hat der Arbeitgeber vor Eintritt des Sonderkündigungsschutzes eines Wahlbewerbers eine – sozial nicht gerechtfertigte – ordentliche Kündigung erklärt und hierauf bezogen einen Auflösungsantrag gestellt, kommt eine entsprechende Anwendung von § 15 Abs. 3 Satz 1, Satz 2 KSchG, § 103 BetrVG im Rahmen des Auflösungsbegehrens nicht in Betracht, wenn der Sonderkündigungsschutz im Zeitpunkt der Entscheidung über den Auflösungsantrag bereits wieder geendet hat. Der von § 15 Abs. 3 KSchG bezweckte Schutz der Unabhängigkeit des Wahlbewerbers verlangt in einem solchen Fall auch nicht danach, während der Zeit des Sonderkündigungsschutzes entstandene Sachverhalte entweder gar nicht oder nur dann als Auflösungsgrund zu berücksichtigen, wenn sie geeignet wären, einen wichtigen Grund i.S.v. § 626 Abs. 1 BGB abzugeben.

Als Auflösungsgrund grundsätzlich geeignet sind Beleidigungen oder persönliche Angriffe des Arbeitnehmers gegen den Arbeitgeber, Vorgesetzte und Kollegen. Auch bewusst wahrheitswidrig aufgestellte Tatsachenbehauptungen können – etwa wenn sie den Tatbestand der üblen Nachrede erfüllen – die Rechte eines Arbeitgebers in gravierender Weise verletzen und eine gedeihliche künftige Zusammenarbeit in Frage stellen.

Arbeitnehmer dürfen – insbesondere als Wahlbewerber – unternehmensöffentlich Kritik am Arbeitgeber und den betrieblichen Verhältnissen üben und sich ggf. auch überspitzt oder polemisch äußern. Die Meinungsfreiheit muss jedoch regelmäßig dann zurücktreten, wenn sich das in der Äußerung enthaltene Werturteil als Formalbeleidigung oder Schmähkritik erweist.

In einem laufenden Gerichtsverfahren abgegebene Erklärungen können durch ein berechtigtes Interesse des Arbeitnehmers gedeckt sein. Parteien dürfen zur Verteidigung von Rechten schon im Hinblick auf den Anspruch auf Gewährung rechtlichen Gehörs (Art. 103 Abs. 1 GG) alles vortragen, was als rechts-, einwendungs- oder einredebegründender Umstand prozesserheblich sein kann. Ein Prozessbeteiligter darf auch starke, eindringliche Ausdrücke und sinnfällige Schlagworte benutzen, um seine Rechtsposition zu unterstreichen, selbst wenn er seinen Standpunkt vorsichtiger hätte formulieren können. Parteien dürfen jedoch nicht leichtfertig Tatsachenbehauptungen aufstellen, deren Unhaltbarkeit ohne Weiteres auf der Hand liegt.

***BAG** 29.8.2013 – 2 AZR 419/12*

Arbeitnehmer, die **für das Amt des Wahlvorstands** auf Durchführung einer Betriebsratswahl **kandidieren** oder vorgeschlagen werden, sind keine Wahlbewerber im gesetzlichen Sinne. Das ergibt die Auslegung der einschlägigen Vorschriften.

***BAG** 31.7.2014 – 2 AZR 505/13*

5.3. Ersatzmitglieder[71]

Der besondere Kündigungsschutz gemäß § 15 Abs. 1 Satz 1 KSchG i. V. m. § 103 BetrVG erstreckt sich auch auf Ersatzmitglieder, die wegen einer zeitweiligen Verhinderung eines regulären Betriebsratsmitglieds gemäß § 25 Abs. 1 Satz 2 BetrVG tätig waren (BAG 17.1.1979 – 5 AZR 891/77). Das Zustimmungserfordernis i.S.v. § 103 BetrVG besteht indes nur, wenn das Ersatzmitglied entweder endgültig für ein ausgeschiedenes Mitglied eingerückt ist (§ 25 Abs. 1 Satz 1 BetrVG) oder wenn und solange es ein zeitweilig verhindertes Mitglied vertritt (§ 25 Abs. 1 Satz 2 BetrVG). Ersatzmitglieder, die nach Beendigung der Vertretungszeit wieder aus dem Betriebsrat ausgeschieden sind, haben hingegen nur noch nachwirkenden Kündigungsschutz gem. § 15 Abs. 1 Satz 2 KSchG (BAG 18.5.2006 – 6 AZR 627/05)

***BAG** 5.11.2009 – 2 AZR 487/08*

Die Vertretung beginnt mit der Arbeitsaufnahme des Ersatzmitglieds an dem Tag, an dem das ordentliche Mitglied erstmals verhindert ist. **Eine förmliche Benachrichtigung des Ersatzmitglieds ist nicht erforderlich.**

Das erste Ersatzmitglied der jeweiligen Vorschlagsliste ist solange Vertreter im Betriebsrat, wie ein Vertretungsfall gegeben ist. Weitere Ersatzmitglieder rücken nach, solange und soweit weitere Vertretungsfälle eintreten.

Fällt in eine kurze Vertretung oder zu Beginn einer längeren Vertretung eine **Betriebsratssitzung**, genießt das Ersatzmitglied auch in der **Vorbereitungszeit** den besonderen Kündigungsschutz. Dies ist die Zeit **ab Ladung**; in der Regel sind jedoch drei Arbeitstage als Vorbereitungszeit ausreichend.

***BAG** 17.1.1979 – 5 AZR 891/77*

Ersatzmitglieder des Betriebsrats genießen den besonderen Kündigungsschutz des § 15 Abs. 1 Satz 1 KSchG für die gesamte Dauer der Vertretung eines ordentlichen Betriebsratsmitglieds und nicht nur an den Tagen, an denen sie Geschäfte eines Betriebsrats – etwa Teilnahme an einer Sitzung – wahrnehmen.

***BAG** 9.11.1977 – 5 AZR 175/76*

Das vorübergehend in den Betriebsrat eingerückte Ersatzmitglied genießt nach Beendigung des Vertretungsfalles – nur – den nachwirkenden Kündigungsschutz gemäß § 15 Abs. 1 Satz 2 KSchG; einer Zustimmung des Betriebsrats gemäß § 103 BetrVG zur außerordentlichen Kündigung bedarf es nicht.

Es bleibt offen, ob im Falle des Zustimmungserfordernisses nach § 103 BetrVG eine Drohung mit einer außerordentlichen Kündigung ohne Hinweis auf die beabsichtigte Einholung der Zustimmung des Betriebsrats schon deswegen i.S.d. § 123 BGB widerrechtlich ist.

***BAG** 18.5.2006 – 6 AZR 627/05*

Der Schutz des § 15 Abs. 1 Satz 2 KSchG für **Ersatzmitglieder** tritt ein, wenn der Arbeitnehmer als Vertreter zur Betriebsratsarbeit herangezogen worden ist.

Er entfällt auch nicht allein deshalb, weil sich im Nachhinein herausstellt, dass ein Vertretungsfall in Wahrheit nicht vorgelegen hat.

Ausgeschlossen ist der Schutz des § 15 KSchG, wenn der Vertretungsfall durch kollusive Absprachen zum Schein herbeigeführt wird (BAG 5.9.1986 – 7 AZR 175/85) oder das Ersatzmitglied weiß bzw. sich ihm aufdrängen muss, dass kein Vertretungsfall vorliegt.

***BAG** 12.2.2004 – 2 AZR 163/03*

Der besondere Kündigungsschutz nach § 15 Abs. 1 Satz 1 KSchG besteht für Ersatzmitglieder des Betriebsrats nur solange, wie sie ein zeitweilig verhindertes ordentliches Mitglied des Betriebsrats vertreten.

Der nachwirkende Kündigungsschutz für ein Ersatzmitglied des Betriebsrats tritt nur ein, wenn es in der Vertretungszeit Betriebsratsaufgaben tatsächlich wahrgenommen hat. Bloß fiktive, in Wirklichkeit unterbliebene Aktivitäten des Ersatzmitglieds – das etwa zu einer Betriebsratssitzung – und sei es bewusst – nicht geladen worden ist lösen den nachwirkenden Kündigungsschutz grundsätzlich nicht aus.

***BAG** 19.4.2012 – 2 AZR 233/11*

Hinweise zur Rechtsprechung des BAG:

Der besondere Kündigungsschutz nach § 15 Abs. 1 Satz 1 KSchG besteht für Ersatzmitglieder des Betriebsrats solange, wie sie ein zeitweilig verhindertes ordentliches Mitglied vertreten. Der besondere Kündigungsschutz nach § 15 Abs. 1 Satz 2 KSchG besteht für die Dauer eines Jahres nach dem Ende ihrer Tätigkeit als Ersatzmitglied (vgl. BAG 5. November 2009 – 2 AZR 487/08; BAG 18. Mai 2006 – 6 AZR 627/05).

*Dieser nachwirkende Kündigungsschutz tritt allerdings nur ein, wenn das Ersatzmitglied in der Vertretungszeit konkrete Betriebsratsaufgaben tatsächlich wahrgenommen hat. Der nachwirkende Schutz soll die unabhängige, pflichtgemäße Ausübung des Betriebsratsamts dadurch gewährleisten, dass er den Arbeitgeber nach dem Amtsende ein Jahr lang hindert, eine Kündigung des früheren Betriebsratsmitglieds ohne wichtigen Grund auszusprechen. Das Gesetz setzt darauf, dass sich in dieser Zeit eine mögliche Verärgerung des Arbeitgebers über die Amtsgeschäfte des Betriebsratsmitglieds deutlich legt und dieses deshalb während seiner aktiven Zeit unbefangen agieren lässt. **Einer solchen „Abkühlungsphase“ bedarf es nicht, wenn das Ersatzmitglied während der Zeit, in der es vertretungshalber nachgerückt war, weder an Sitzungen des Betriebsrats teilgenommen noch sonstige Betriebsratstätigkeiten ausgeübt hat.** Es hat dann dem Arbeitgeber keinen Anlass zu möglichen negativen Reaktionen auf seine Amtsausübung gegeben und bedarf deshalb keines besonderen Schutzes (BAG 8. September 2011 – 2 AZR 388/10; BAG 5. November 2009 – 2 AZR 487/08).*

Ist ein ordentliches Mitglied verhindert, rückt das betreffende Ersatzmitglied in den Betriebsrat „automatisch“ nach, unabhängig davon, ob es selbst oder etwa der Betriebsratsvorsitzende vom Verhinderungsfall Kenntnis hat (BAG 8. September 2011 – 2 AZR 388/10).

Bloß fiktive, in Wirklichkeit aber unterbliebene Tätigkeiten des Ersatzmitglieds lösen den nachwirkenden Kündigungsschutz nach § 15 Abs. 1 Satz 2 KSchG nicht aus.

Etwas anderes käme allenfalls dann in Betracht, wenn die Beklagte den Fehler in der Amtsführung des Betriebsratsvorsitzenden bewusst veranlasst oder mit diesem kollusiv zusammengewirkt hätte (vgl. BAG 4. August 1975 – 2 AZR 266/74).

***

Der besondere Kündigungsschutz gemäß § 15 Abs. 1 Satz 1 KSchG i.V.m. § 103 Abs. 1 BetrVG gilt für Ersatzmitglieder, soweit und solange sie ein verhindertes ordentliches Betriebsratsmitglied vertreten. Hierbei ist auf den Zeitpunkt des Zugangs der Kündigung i.S.v. § 130 Abs. 1 Satz 1 BGB abzustellen. Nach Beendigung des Vertretungsfalls besteht nur der nachwirkende Kündigungsschutz gemäß § 15 Abs. 1 Satz 2 KSchG.

Ein ordentliches Betriebsratsmitglied ist i.S.v. § 25 Abs. 1 Satz 2 BetrVG zeitweilig verhindert, wenn es aus rechtlichen oder tatsächlichen Gründen nicht in der Lage ist, sein Amt auszuüben. Diese Voraussetzung ist während seines Erholungsurlaubs jedenfalls dann erfüllt, wenn das Betriebsratsmitglied nicht zuvor seine Be-

[71] vgl. Stichwort §§ 21 – 25 BetrVG, Amtszeit des Betriebsrats", Kapitel Ersatzmitglieder (§ 25 BetrVG), S. 65

reitschaft angezeigt hat, trotz des Urlaubs für Betriebsratstätigkeiten zur Verfügung zu stehen.

Ein Betriebsratsmitglied ist nicht allein deshalb i.S.v. § 25 Abs. 1 Satz 2 BetrVG zeitweilig verhindert, weil es arbeitsfrei hat. Anders als im Falle bewilligten Erholungsurlaubs ist ihm die Wahrnehmung von Betriebsratsaufgaben außerhalb der persönlichen Arbeitszeit nicht grundsätzlich unzumutbar.

Der Verstoß gegen ein Rauchverbot in einem Betrieb mit hoher Brandgefahr kann einen wichtigen Grund i.S.v. § 626 Abs. 1 BGB für eine außerordentliche Kündigung darstellen. Hat der Arbeitnehmer sein Fehlverhalten trotz mehrerer Abmahnungen wiederholt, geht dies im Rahmen der Einzelfallbeurteilung und Interessenabwägung zu seinen Lasten.

BAG *27.9.2012 – 2 AZR 955/11*

5.4. Nachwirkender Kündigungsschutz in Bezug auf das ehemalige Betriebsratsmitglied

Betriebsratsmitglieder, die ihr **Betriebsratsamt niedergelegt** haben, genießen grundsätzlich den nachwirkenden Kündigungsschutz des § 15 Abs. 1 Satz 2 KSchG.

Erklärt der Arbeitgeber im Nachwirkungszeitraum gegenüber dem früheren Betriebsratsmitglied eine ordentliche Kündigung, so ist diese auch dann nichtig, wenn ein wichtiger Grund zur fristlosen Kündigung vorgelegen hat.

BAG *5.7.1979 – 2 AZR 521/77*

Endet das Amt des Betriebsratsmitglieds, so wird der Antrag des Arbeitgebers auf Zustimmung zur außerordentlichen Kündigung nach § 103 Abs. 2 BetrVG unzulässig (BAG 30.3.1978 – 2 AZR 637/76; BAG 27.6.2002 – 2 ABR 22/01). Das gilt auch, wenn das Betriebsratsamt aufgrund einer **erfolgreichen Anfechtung** der Betriebsratswahl endet. Der Arbeitgeber ist nunmehr berechtigt, ohne Zustimmung des Betriebsrats nach § 103 BetrVG die Kündigung auszusprechen.

Anders ist es jedoch, wenn sich an das Ende der Amtszeit, in der ein Antrag nach § 103 Abs. 2 BetrVG gestellt wurde, ohne Unterbrechung eine neue Amtszeit anschließt. In diesem Fall gilt die Zustimmungsverweigerung fort. Das Verfahren erledigt sich nicht, sondern kann weiter geführt werden (BAG 19.9.1991 – 2 ABR 14/91).

Die Anfechtung einer Betriebsratswahl wirkt nicht zurück. Bis zur Rechtskraft des der Anfechtung stattgebenden Beschlusses genießen die – anfechtbar – gewählten Betriebsratsmitglieder den besonderen Kündigungsschutz (ggf. Erledigung der Nichtzulassungsbeschwerde).

Der Arbeitgeber kann eine Kündigung vorsorglich für den Fall aussprechen, dass der Sonderkündigungsschutz entfallen wäre.

BAG *13.3.2009 – 2 ABR 24/08*

Nach § 15 Abs. 1 Satz 2 KSchG ist die Kündigung eines ausgeschiedenen Betriebsratsmitglieds bzw. eines Ersatzmitglieds nach Beendigung seiner Vertretungstätigkeit innerhalb eines Jahres nur zulässig, wenn Tatsachen vorliegen, die den Arbeitgeber zur Kündigung aus wichtigem Grund ohne Einhaltung einer Kündigungsfrist berechtigen. Voraussetzung' ist damit das Vorliegen eines wichtigen Grundes i.S.v. § 626 Abs. 1 BGB. Dies gilt auch dann, wenn der Arbeitgeber eine soziale Auslauffrist gewährt.

Eine krankheitsbedingte Leistungsminderung ist zwar nicht generell ungeeignet, einen wichtigen Grund i.S.d. § 626 Abs. 1 BGB darzustellen. Grundsätzlich ist es dem Arbeitgeber aber zuzumuten, die geltende Kündigungsfrist einzuhalten. Schon eine ordentliche Kündigung wegen krankheitsbedingter Einschränkungen des Arbeitnehmers setzt voraus, dass die verbliebene Arbeitsleistung die berechtigte Gleichwertigkeitserwartung des Arbeitgebers in einem Maße unterschreitet, dass ihm ein Festhalten an dem (unveränderten) Arbeitsvertrag urzumutbar ist. Es bedarf eines gravierenden Missverhältnisses zwischen Leistung und Gegenleitung. Für die außerordentliche Kündigung gilt dies in noch höherem Maße.

BAG *20.3.2014 – 2 AZR 825/12*

5.5. Versetzungsschutz, § 103 Abs. 3 BetrVG

Nach § 103 Abs. 3 Satz 1 BetrVG bedarf die zu einem Mandatsverlust führende Versetzung eines in § 103 Abs. 1 BetrVG genannten Mandatsträgers der Zustimmung des Betriebsrats, wenn der betroffene Arbeitnehmer mit der Versetzung nicht einverstanden ist. Gemäß § 103 Abs. 3 Satz 2 i.V.m. Abs. 2 Satz 1 BetrVG hat das Arbeitsgericht die Zustimmung des Betriebsrats auf Antrag des Arbeitgebers zu ersetzen, wenn diese auch unter Berücksichtigung der betriebsverfassungsrechtlichen Stellung des Mandatsträgers aus dringenden betrieblichen Gründen notwendig ist.

§ 1 Abs. 5 Satz 1 KSchG, wonach das Vorliegen dringender betrieblicher Erfordernisse i.S.d. § 1 Abs. 2 KSchG vermutet wird, wenn bei einer Kündigung aufgrund einer. Betriebsänderung nach § 111 BetrVG die zu kündigenden Arbeitnehmer in einem Interessenausgleich namentlich bezeichnet sind, ist nicht auf betriebsübergreifende Versetzungen von Mandatsträgern nach § 103 Abs. 3 BetrVG entsprechend anzuwenden.

Ein „dringender betrieblicher Grund“ i.S.v. § 103 Abs. 3 Satz 2 BetrVG liegt vor, wenn die Arbeitskraft des Mandatsträgers im Beschäftigungsbetrieb nicht mehr gefordert ist. Das kann Folge einer unternehmerischen Organisationsentscheidung sein. Der Arbeitgeber ist verpflichtet, die Versetzung des Mandatsträgers nach Möglichkeit durch geeignete andere Maßnahmen zu vermeiden. Der Arbeitgeber muss aber keine Weiterbeschäftigungsmöglichkeiten neu schaffen, um eine Versetzung zu vermeiden. Es kommt allein darauf an, ob auf Grundlage der nach einer unternehmerischen Entscheidung bestehenden Strukturen noch eine Möglichkeit besteht, den Mandatsträger im Betrieb sinnvoll weiterzubeschäftigen.

Die Ersetzung der Zustimmung des Betriebsrats nach § 103 Abs. 3 Satz 2 BetrVG setzt zudem voraus, dass die kollektiven Interessen der Belegschaft an der Kontinuität der Amtsführung und die individuellen Interessen des betroffenen Mandatsträgers gegenüber dem betrieblichen Interesse des Arbeitgebers an der Versetzung im Rahmen einer Abwägung zurücktreten müssen. Ist die beabsichtigte Versetzung individual-rechtlich unzulässig oder aus anderen Gründen unwirksam, liegt ein überwiegendes Interesse des Arbeitgebers an der Versetzung regelmäßig nicht vor.

Bei einer in den Anwendungsbereich von § 103 Abs. 3 Satz 1 BetrVG fallenden Versetzung eines Mandatsträgers geht das Verfahren nach § 103 Abs. 3 BetrVG dem Beteiligungsverfahren nach § 99 Abs. 1, Abs. 4 BetrVG als das speziellere vor. Der Betriebsrat kann die in § 99 Abs. 2 BetrVG geregelten Zustimmungsverweigerungsgründe auch im Rahmen des Zustimmungsverfahrens nach § 103 Abs. 3 BetrVG einwenden.

BAG *27.7.2016 – 7 ABR 55/14*

Ersatzmitglieder des Betriebsrats genießen in Anwendung des § 103 Abs. 3 BetrVG keinen nachwirkenden Schutz gegen Versetzungen. Dies wird zum Teil ausdrücklich abgelehnt, zum Teil wird generell ein nachwirkender Schutz aus § 103 BetrVG verneint.

Zutreffend wird darauf hingewiesen, dass der Versetzungsschutz an die tatsächliche Amtsausübung anknüpft, die nicht durch eine betriebsübergreifende Versetzung beeinträchtigt werden soll, weshalb mit Beendigung des Vertretungsfalls, wenn das Ersatzmitglied nicht endgültig nachgerückt ist, der besondere Versetzungsschutz entfällt. Dies ist auch deshalb zutreffend, weil der Gesetzgeber die Streitfrage klären wollte, ob Betriebsratsmitgliedern in entsprechender Anwendung des § 103 BetrVG a. F. Schutz auch gegen Versetzungen zustehen soll.

So hat der Gesetzgeber ausdrücklich ausgeführt, dass derartige Versetzungen in Anlehnung an die Regelung zur außerordentlichen Kündigung an die vorherige Zustimmung des Betriebsrats bzw. dessen arbeitsgerichtliche Ersetzung gebunden werden sollen. Besteht und bestand gemäß § 103 Abs. 1, 2 BetrVG jedoch auch kein nachwirkender Schutz, und bedurften und bedürfen Kündigungen im Nachwirkungszeitraum nicht der Zustimmung des Betriebsrats, ist vor diesem Hintergrund nicht ersichtlich, warum für Versetzungen etwas anderes gelten soll.

Der Schutz des § 15 KSchG, der auch nachwirkenden Schutz ermöglicht, bezieht sich nur auf Kündigungen, nicht aber auf Versetzungen und ist diesbezüglich vom Gesetzgeber auch nicht erweitert worden.

ArbG *Düsseldorf 26.3.2003 – 10 Ca 5399/02 = DB 2003, 1688*

Versetzt ein Arbeitgeber ein Betriebsratsmitglied, ohne dass die gemäß § 103 Abs. 3 BetrVG erforderliche Zustimmung erteilt oder vom Arbeitsgericht ersetzt worden ist, kann diese Versetzung nach Maßgabe der §§ 935, 940 ZPO im einstweiligen Verfügungsverfahren rückgängig gemacht werden. § 101 BetrVG ist weder unmittelbar noch analog anwendbar.

***LAG** Nürnberg 11.10.2010 – 7 TaBVGa 7/10*

6. Gründe für die Zustimmung (wichtiger Grund i.S.d. § 626 Abs. 1 BGB)

Als **Gründe** für eine **außerordentliche Kündigung** kommen **Verstöße gegen arbeitsvertragliche Pflichten**, nicht dagegen die Verletzung betriebsverfassungsrechtlicher Amtspflichten, für die das Amtsenthebungsverfahren nach § 23 oder § 18 Abs. 2 Satz 2 BetrVG vorgesehen ist, in Betracht.

***BAG** 16.10.1986 – 2 ABR 71/85*

Pflichtverletzungen, die ein Mitglied des Betriebsrats **im Rahmen seiner Betriebsratstätigkeit** begeht, rechtfertigen die außerordentliche Kündigung und damit auch die Ersetzung der Zustimmung gemäß § 103 Abs. 2 BetrVG nur dann, wenn das Betriebsratsmitglied auch gegen seine Pflichten aus dem Arbeitsverhältnis schwer verstoßen hat, wobei ein strenger Maßstab anzulegen ist.

***BAG** 22.8.1974 – 2 ABR 17/74; **BAG** 16.10.1986 – 2 ABR 71/85;*
***BAG** 2.4.1987 – 2 AZR 418/86*

Ein ehemaliges Betriebsratsmitglied, das den einjährigen Nachschutz genießt, kann nicht fristlos entlassen werden, wenn es während seiner aktiven Tätigkeit Telefongespräche aufgezeichnet, dem Gremium Betriebsrat vorgespielt und danach gelöscht hat, die ihm während der Betriebsratssitzungen von dem Arbeitgeber zur Behandlung von deren Inhalten auf der laufenden Sitzung übermittelt worden sind. Das ehemalige Betriebsratsmitglied konnte von der stillschweigenden Einwilligung des Arbeitgebers für seine Handlungsweise ausgehen.

***LAG** Hamm 5.11.1997 – 3 Sa 1021/97 = NZA RR 1998, 350*

Der objektive Verstoß gegen einen Straftatbestand (hier: ungenehmigte Tonbandaufnahme in einer Betriebsratssitzung) rechtfertigt nicht zwingend eine fristlose Kündigung; entscheidend ist, ob eine Wiederholungsgefahr besteht oder die begangene Rechtsverletzung sich in Zukunft weiterhin belastend im Arbeitsverhältnis auswirkt.

Bei unbeabsichtigter bzw. nur fahrlässiger Rechtsgutverletzung ist das Risiko von weiteren Verletzungshandlungen oder ein Rückschluss auf einen nachhaltigen Vertrauensverlust in die Redlichkeit des Arbeitnehmers nicht ohne Weiteres möglich. daher ist in diesem Fall vor Ausspruch einer Kündigung in der Regel eine Abmahnung erforderlich.

***LAG** Düsseldorf 30.11.1999 – 6 Sa 1244/99*

Das Betriebsratsmitglied steht hinsichtlich der **Beurteilung** des **wichtigen Grundes** zur außerordentlichen Kündigung im Grundsatz **jedem anderen Arbeitnehmer gleich**. Die Eigenschaft als Amtsträger i.S.d. § 15 KSchG darf weder zu seinen Gunsten noch zu seinen Ungunsten berücksichtigt werden.
Die fortgesetzte Störung des Betriebsfriedens, bei der auch das Gebot der vertrauensvollen Zusammenarbeit der Betriebsratsmitglieder untereinander verletzt wird, kann einen wichtigen Grund darstellen.

***LAG** Köln 28.11.1996 – 6 Sa 844/96 = ZTR 1997, 280*

Bei der außerordentlichen fristlosen Kündigung eines ordentlich unkündbaren Arbeitnehmers ist entscheidend, ob dem Arbeitgeber die Weiterbeschäftigung bis zum Ablauf der fiktiven ordentlichen Kündigungsfrist zugemutet werden kann. Das gilt auch für Arbeitnehmer, denen gegenüber die ordentliche Kündigung nach § 15 KSchG ausgeschlossen ist.

Zwar ist nach § 626 Abs. 1 BGB eine reale und nicht fiktive Zumutbarkeitsprüfung die Regel. Eine Ausnahme hiervon ist aber in den Fällen des § 15 KSchG notwendig, weil ansonsten eine § 78 BetrVG widersprechende Benachteiligung des geschützten Personenkreises die Folge wäre.

Nach § 15 KSchG ist auch eine verhaltensbedingte außerordentliche Kündigung mit notwendiger Auslauffrist gegenüber dem geschützten Personenkreis unzulässig.

Die Zulassung einer solchen verhaltensbedingten außerordentlichen Kündigung mit Auslauffrist für Mitglieder des Betriebsrats würde genau die Benachteiligungsgefahr realisieren, die der Gesetzgeber durch Schaffung des § 15 KSchG ausschalten wollte.

***BAG** 17.1.2008 – 2 AZR 821/06 = NZA 2008, 777*

Das Arbeitsverhältnis eines Betriebsratsmitglieds kann in aller Regel nach § 15 Abs. 1 Satz 1 KSchG, § 626 BGB nicht wegen **häufiger krankheitsbedingter Fehlzeiten** außerordentlich gekündigt werden.

***BAG** 18.2.1993 – 2 AZR 526/92*

Verstöße der Betriebsratsmitglieder gegen **innerorganisatorische Regelungen des Betriebsrats** unterliegen mit Ausnahme der nach § 23 Abs. 1 BetrVG gegebenen Ausschlussmöglichkeit wegen grober Verletzung der gesetzlichen Pflichten eines Betriebsratsmitglieds **nicht der Kontrolle des Arbeitgebers** und können daher in der Regel nicht zur Kündigung führen.

***BAG** 6.8.1981 – 6 AZR 1086/79*

Bei einem **freigestellten Betriebsratsmitglied** scheidet als Kündigungsgrund eine Störung im so genannten **Leistungsbereich** in der Regel aus. Das freigestellte Betriebsratsmitglied kann aber wichtige Nebenpflichten aus dem Arbeitsverhältnis verletzen und dadurch den so genannten Vertrauensbereich – z. B. durch einen schwerwiegenden Verstoß gegen die arbeitsvertragliche Treuepflicht – so stören, dass die Fortsetzung des Arbeitsverhältnisses für den Arbeitgeber unzumutbar wird.

***BAG** 22.8.1974 – 2 ABR 17/74*

Die Pflicht eines nicht freigestellten Betriebsratsmitglieds, sich vor seiner unter § 37 Abs. 2 BetrVG fallenden Betriebsratstätigkeit beim Arbeitgeber abzumelden, beruht jedenfalls auch auf dem Arbeitsvertrag.
Die Verletzung dieser Pflicht kann Gegenstand und Inhalt einer entsprechenden **Abmahnung** durch den Arbeitgeber sein.

***BAG** 15.7.1992 – 7 AZR 466/91*

Nimmt ein (bisher freigestelltes) Betriebsratsmitglied ein auf mehrere Jahre befristetes Wahlamt als gewerkschaftlicher Landesvorsitzender an, ohne dass ihn der Arbeitgeber von seinen arbeitsvertraglichen Pflichten freistellt, kann dieser Umstand eine außerordentliche fristlose Kündigung des Arbeitgebers rechtfertigen.

***LAG** Berlin 16.10.1995 – 9 TaBV 5/95*

Begeht ein Arbeitnehmer in seiner Eigenschaft als Betriebsratsmitglied eine Verfehlung (**falsche eidesstattliche Versicherung** in einem arbeitsgerichtlichen Beschlussverfahren des Betriebsrats gegen den Arbeitgeber wegen Kostenerstattung nach § 37 Abs. 6 BetrVG), so hat der Arbeitgeber die Möglichkeit, nach § 23 Abs. 1 BetrVG vorzugehen. Wegen einer Amtspflichtverletzung kann nicht gekündigt werden.

***ArbG** Bochum 7.2.1992 – 1 (5) BV 68/91 = AiB 1992, 537 (n.rkr.)*

Auch bei Anlegung eines besonders strengen Prüfungsmaßstabs ist die Bereitschaft eines Arbeitnehmers, der Betriebsratsmitglied ist, in einem Rechtsstreit gegen seinen Arbeitgeber **vorsätzlich falsch auszusagen**, an sich geeignet, eine außerordentliche Kündigung zu rechtfertigen und im Rahmen der Interessenabwägung nach § 626 BGB auch nicht allein wegen seines Betriebsratsamtes anders zu beurteilen, als das entsprechende Verhalten eines nicht durch § 15 KSchG geschützten Arbeitnehmers.

***BAG** 16.10.1986 – 2 AZR 71/85*

Weiter wurden als Gründe für die außerordentliche Kündigung anerkannt:

- Eine kommunistische Veranstaltung im Betrieb

***LAG** Schleswig-Holstein 11.3.1977 – 5 Sa 8/77*

- Provozierende parteipolitische Betätigung im Betrieb.

***LAG** Hamm 14.8.1980 – 10 Sa 221/80 = DB 1980, 1803*

- Wahlwerbung, die in Verunglimpfungen und persönliche Ehrverletzung ausartet und die Persönlichkeitsrechte anderer Arbeitnehmer und des Arbeitgebers beeinträchtigt, indem sie die Firma angreift, kann eine außerordentliche Kündigung rechtfertigen.
- Verbreiten von Lügen und Aufhetzen der Belegschaft gegen die Firma.

***BAG** 6.10.1977 – 2 AZR 387/76*

- Aufstellung bewusst wahrheitswidriger Angaben über den Arbeitgeber in Flugblättern an die Mitarbeiter.

***BAG** 26.5.1977 – 2 AZR 632/76*

- Solidaritätstelegramm an den Betriebsrat eines Betriebs, in dem wild gestreikt wird und von dessen Lieferungen der Betrieb des Betriebsratsmitglieds, das das Telegramm abgesandt hat, abhängig ist.

***BAG** 20.3.1979 – 1 AZR 450/76*

- Persönliche Bereicherung auf Kosten des Arbeitgebers – Verlangen von Freizeitausgleich für Betriebsratstätigkeit an Tagen, an denen wegen Urlaubs keine Betriebsratstätigkeit ausgeübt wurde – Spesenbetrug.

***BAG** 22.8.1974 – 2 ABR 17/74*

- Angabe zu hoher Betriebsratstätigkeitszeiten.

***LAG** Hamm 11.6.1980 – 3 TaBV 15/80*

- Vorspiegelung von Betriebsratstätigkeit.

***LAG** Hamm 31.10.1984 – 3 Sa 624/84*

- Spesenbetrug.

***LAG** Hamm 28.3.1984 – 3 Sa 1923/73*

- Manipulation von Tankbelegen.

***LAG** Hamm 20.4.1983 – 3 Sa 1606/82*

- Diebstahl geringwertiger Sachen.

***LAG** Hamm 12.12.1984 – 3 TaBV 100/74*

- Ein Betriebsratsmitglied, das die Personalkantine zu verwalten hat, nimmt wiederholt unerlaubterweise Esswaren aus der Kantine mit.

***BAG** 20.1.1982 – 2 AZR 776/79*

- Fälschung eines Attestes.

***LAG** Bremen 15.2.1985 – 1 Sa 1986/84 = DB 1985, 1129*

- Schwere Beleidigung des Arbeitgebers oder von Vorgesetzten.

***BAG** 2.4.1987 – 2 AZR 418/86*

- Tätlichkeiten gegenüber einem Vorgesetzten.

***LAG** Hamm 26.11.1980 – 3 TaBV 44/80*

Ob eine gesetzliche Vorschrift den Begriff „Zustimmung" im Sinne des Verweises auf die §§ 182 ff. BGB verwendet, ist jeweils durch Auslegung zu ermitteln. Sonderbestimmungen über einzelne Zustimmungstatbestände gehen vor.

Eine solche, die Anwendbarkeit von § 182 ff., § 111 BGB ausschließende Sonderregelung enthält § 103 BetrVG.

Der Arbeitgeber ist nicht verpflichtet, dem außerordentlich zu kündigenden Betriebsratsmitglied die vom Betriebsrat erteilte Zustimmungen in schriftlicher Form vorzulegen. Die Zustimmung des Betriebsrats nach § 103 BetrVG ist keine Zustimmung i.S.d. §§ 182 ff. BGB.

***BAG** 4.3.2004 – 2 AZR 147/03*

***Hinweis für die Praxis:*[72]**

*Eine grobe Verletzung der Pflichten des Betriebsratsmitglieds kann zugleich auch eine Verletzung der **Pflichten aus dem Arbeitsverhältnis** darstellen (z.B. wenn das Betriebsratsmitglied unter dem Vorwand angeblicher Betriebsratsgeschäfte sich unberechtigt von der Arbeit entfernt). In diesem Falle hat der **Arbeitgeber die Wahl**. Er kann sich auf den Antrag auf Ausschluss des Mitglieds aus dem Betriebsrat beschränken oder außerordentlich kündigen, sofern dessen Verhalten eine Kündigung des Arbeitsverhältnisses aus wichtigem Grund ohne Einhaltung einer Kündigungsfrist rechtfertigt und der Betriebsrat gemäß § 103 BetrVG der außerordentlichen Kündigung zugestimmt hat. Verweigert der Betriebsrat seine Zustimmung, kann der Arbeitgeber gemäß § 103 Abs. 2 BetrVG beim Arbeitsgericht die Ersetzung der Zustimmung des Betriebsrats zur außerordentlichen Kündigung beantragen.*

*Der Arbeitgeber kann den Antrag auf Ausschluss aus dem Betriebsrat und den **Antrag auf Ersetzung der Zustimmung des Betriebsrats zur außerordentlichen Kündigung des Betriebsratsmitglieds prozessual miteinander verbinden**. Gleichwohl muss bei der Antragstellung aus Gründen der Rechtsklarheit bedacht werden, ob die Entfernung aus dem Betriebsrat oder die Beendigung des Arbeitsverhältnisses im Vordergrund steht. Im Einzelnen gilt:*

Beide Anträge zielen auf die Beendigung der Mitgliedschaft im Betriebsrat. Das wird bei einem Antrag nach § 23 Abs. 1 BetrVG mit Rechtskraft des arbeitsgerichtlichen Beschlusses bei einem Antrag nach § 103 Abs. 3 BetrVG bestens nach rechtskräftiger Zustimmungsersetzung und Ausspruch der außerordentlichen Kündigung erreicht. Zu einem Ausschlussantrag sollte ein Antrag auf Ersetzung der Zustimmung des Betriebsrats zur außerordentlichen Kündigung aus materiellrechtlichen Gründen allenfalls hilfsweise gestellt werden. Denn mit der Rechtskraft des Ausschlusses entfällt das Zustimmungserfordernis nach § 103 Abs. 1 BetrVG Sind die angeführten Gründe für einen Ausschluss unzureichend, dürfte ein hierauf gestütztes Zustimmungsersetzungsverfahren ebenfalls erfolglos sein. Umgekehrt kann ein Ausschlussantrag nach § 23 Abs. 1 hilfsweise oder kumulativ zu einem Antrag nach § 103 Abs. 2 BetrVG gestellt werden. Denn die rechtskräftige Zustimmungsersetzung bewirkt noch nicht das Ende der Mitgliedschaft im Betriebsrat.

*Da für die Ahndung von Amtspflichtverstößen eines Betriebsratsmitglieds das Gesetz ein Amtsenthebungsverfahren vorsieht, ist an die darüber hinaus ggf. bestehende **Möglichkeit einer außerordentlichen Kündigung** wegen gleichzeitiger schwerer Verletzung des Arbeitsvertrages ein strenger Maßstab anzulegen. Dies gilt jedenfalls dann, wenn die Vertragsverletzung mit der Amtsausübung des Betriebsrats zusammenhängt; denn Betriebsratsmitglieder können infolge ihrer exponierten Stellung und gerade bei aktiver Betriebsratstätigkeit leichter als andere Arbeitnehmer in Kollision mit arbeitsvertraglichen Pflichten kommen. Die von § 23 Abs. 1 BetrVG bezweckte Sicherung der Betriebsratstätigkeit kann nicht dadurch unterlaufen werden, dass sich der Arbeitgeber auf individualrechtliche Sanktionen beschränkt. Im Allgemeinen kann eine außerordentliche Kündigung nur solche Gründe gestützt werden, die sich auch künftig nachteilig auf das Arbeitsverhältnis auswirken würden. Beruht diese Prognose auf einem Verhalten, das der Amtstätigkeit zuzurechnen ist, müsste dieser Gefährdung vorrangig durch eine Amtsenthebung begegnet werden (Ultima-Ratio-Prinzip). Das dürfte wegen § 78 Satz 2 BetrVG auch geboten sein.*

7. Ausschlussfrist des § 626 Abs. 2 BGB

Die Ausschlussfrist des § 626 Abs. 2 BGB gilt auch für die außerordentliche Kündigung gegenüber den Arbeitnehmern, die z. B. als Betriebsratsmitglieder, den besonderen Kündigungsschutz des § 15 KSchG genießen.

Auch im Regelungsbereich des § 103 BetrVG beginnt die Zweiwochenfrist des § 626 Abs. 2 BGB mit der Kenntnis des Arbeitgebers von den für die Kündigung maßgebenden Tatsachen.

Auf den Ablauf der Frist des § 626 Abs. 2 BGB wirkt sich der Zeitraum der dem Betriebsrat für seine Entscheidung über den Zustimmungsantrag gemäß § 103 Abs. 1 BetrVG zur Verfügung steht, nicht aus. Allerdings ist der Betriebsrat verpflichtet, entsprechend § 102 Abs. 2 Satz 3 BetrVG seine Entscheidung dem Arbeitgeber unverzüglich, spätestens innerhalb von drei Tagen, ggf. auch innerhalb einer längeren ihm vom Arbeitgeber eingeräumten Frist, mitzuteilen. Gibt der Betriebsrat innerhalb der Frist keine zustimmende Erklärung ab, so ist dies als Verweigerung der Zustimmung zu werten.

Demnach muss der Arbeitgeber, wenn er sein Kündigungsrecht nicht verlieren will, **innerhalb der Ausschlussfrist des § 626 Abs. 2 BGB nicht nur den Zustimmungsantrag beim Betriebsrat stellen, sondern bei ausdrücklicher oder wegen Fristablaufs zu unterstellenden Verweigerung der Zustimmung auch das Verfahren auf Ersetzung der Zustimmung beim Arbeitsgericht einleiten.**

***BAG** 18.8.1977 – 2 ABR 19/77; **BAG** 24.10.1996 – 2 AZR 3/96*

Für den **Beginn der Ausschlussfrist** kommt es auch im Regelungsbereich des § 103 BetrVG auf die sichere und möglichst vollständige positive Kenntnis des Kündigungsberechtigten von den für die Kündigung maßgebenden Tatsachen an. Bei der Arbeitgeberkündigung gehören zum Kündigungssachverhalt auch die für den Arbeitnehmer sprechenden Umstände, die regelmäßig ohne

[72] **FESTL** § 23 Rdn. 22 f.

dessen Anhörung nicht hinreichend vollständig erfasst werden können. Solange der Kündigungsberechtigte zur Aufklärung des Sachverhalts dem Kündigungsgegner Gelegenheit zur Stellungnahme gibt, ist die Ausschlussfrist gehemmt. Jedoch muss der Kündigungsgegner innerhalb einer kurz bemessenen Frist angehört werden, die regelmäßig nicht länger als eine Woche sein darf.

***BAG** 10.12.1992 – 2 ABR 32/92*

Hat der Arbeitgeber einen Zustimmungsantrag nach § 103 Abs. 1 BetrVG gestellt und auf die spontane Zustimmungserklärung des Betriebsratsvorsitzenden hin vor Ablauf von drei Tagen gekündigt, so muss er erneut die Zustimmung des Betriebsrats beantragen, wenn er wegen Bedenken gegen die Wirksamkeit der ersten Kündigung eine weitere Kündigung aussprechen will. Ein stattdessen gestellter Zustimmungsersetzungsantrag ist unzulässig.

Nur ein zulässiger Zustimmungsersetzungsantrag nach § 103 Abs. 2 BetrVG wahrt die Ausschlussfrist des § 626 Abs. 2 BGB. Ein vor der Zustimmungsverweigerung des Betriebsrats gestellter Zustimmungsersetzungsantrag ist unzulässig und wird auch nicht dadurch zulässig, dass nachträglich die Zustimmung des Betriebsrats zu der beabsichtigten Kündigung beantragt wird (BAG 7.5.1986 – 2 ABR 27/85).

***BAG** 24.10.1994 – 2 AZR 3/96*

Erklärt der Betriebsrat während des Laufs des Zustimmungsersetzungsverfahrens nach § 103 Abs. 2 BetrVG seine Zustimmung zu einer beabsichtigten außerordentlichen Kündigung eines Betriebsratsmitglieds, ist die Sperre für den Ausspruch der Kündigung beseitigt und muss deshalb vom Arbeitgeber die geplante außerordentliche Kündigung unverzüglich erklärt werden. Ob und wie das eingeleitete Beschlussverfahren nach § 103 Abs. 2 BetrVG zu Ende geführt wird, ist für den Ausspruch der Kündigung ohne Bedeutung.

***LAG** Brandenburg 23.3.1999 – 1 Sa 690/98*

8. Ausübung des Amtes während Streit um Wirksamkeit der Kündigung

Der Arbeitgeber darf ein Betriebsratsmitglied nicht am Betreten der Betriebsräume – einschließlich der Teilnahme an Betriebsratssitzungen – hindern. Ein Hausverbot des Arbeitgebers gegen ein Betriebsratsmitglied, das Betriebsratsaufgaben wahrnimmt, ist rechtswidrig und daher unwirksam. Dies gilt auch für ein **gekündigtes Betriebsratsmitglied**.

Ein gekündigtes Betriebsratsmitglied hat sein betriebsverfassungsrechtliches Amt bis zur rechtskräftigen Entscheidung des Kündigungsschutzprozesses inne. Der Betriebsrat und die Betriebsratsmitglieder können den Zutritt zum Betrieb und den Arbeitsplätzen für die Betriebsratstätigkeit im Wege der einstweiligen Verfügung durchsetzen. Der Betriebsrat hat einen Anspruch auf Unterlassung der Behinderung seiner Tätigkeit, die er mit einstweiliger Verfügung im Beschlussverfahren durchsetzen kann.

***ArbG** Elmshorn 10.9.1996 – 1 BVGa 36/96*

Ist der Arbeitgeber der – nicht nur vorgeschobenen – Auffassung, dass ein Betriebsratsmitglied die außerordentliche Kündigung verwirkt habe, verweigert der Betriebsrat jedoch die Zustimmung zur außerordentlichen Kündigung, so ist dem Arbeitgeber unter der Voraussetzung, dass den ins Feld geführten Kündigungsgründen einiges Gewicht zukommt, regelmäßig das Recht zuzubilligen, das Betriebsratsmitglied bis zum Abschluss des Zustimmungsersetzungsverfahrens unter Fortzahlung der Bezüge von der Arbeit zu **suspendieren**; eine Behinderung der Betriebsratstätigkeit i.S.d. § 78 BetrVG kann darin nicht gesehen werden.

***LAG** Hamm 24.10.1974 – 8 TaBV 53/74 = BB 1974, 1638*

Ein Betriebsratsmitglied, dem fristlos unter Einhaltung des Verfahrens nach § 103 Abs. 1 BetrVG gekündigt worden ist, gilt während des Kündigungsschutzverfahrens nicht als verhindert i.S.d. § 25 Abs. 1 Nr. 2 BetrVG, wenn es während des Kündigungsschutzverfahrens einen Weiterbeschäftigungsanspruch nach den Grundsätzen der Entscheidung des Großen Senats des BAG vom 27.2.1985 hat

***LAG** Hamm 17.1.1996 – 3 TaBV 61/95*

Der Ausübung des Zutrittsrechts eines Betriebsratsmitglieds sind Schranken gesetzt. Nach den Umständen des Einzelfalls kann es absolut untragbar sein, dem zur fristlosen Entlassung vorgesehenen Betriebsratsmitglied bis zum rechtskräftigen Abschluss des Verfahrens nach § 103 BetrVG uneingeschränkt Zutritt zum Betrieb zu gewähren. Bei der Interessenabwägung müssen die dem Betriebsratsmitglied angelasteten und glaubhaft gemachten strafbaren Handlungen und massiven Pflichtverletzungen, die sich über einen längeren Zeitraum hingezogen haben und die auch noch während der Freistellungsphase ausgeübt worden sind, Berücksichtigung finden.

***LAG** München 19.3.2003 – 7 TaBV 65/02 = NZA-RR 2003, 641*

9. Betriebs-/Abteilungsstilllegung

Der **Betriebsstilllegung**, d. h. der Einstellung der betrieblichen Arbeit unter Auflösung der Produktionsgemeinschaft für eine unabsehbare oder zumindest für eine relativ lange Zeit, steht die kurzfristige Weiterbeschäftigung einiger weniger Arbeitnehmer mit Abwicklungs- oder Aufräumungsarbeiten nicht entgegen.

Zur Wahrnehmung und Abwicklung seiner gesetzlichen Aufgaben behält der **Betriebsrat** auch **nach der Betriebsstilllegung ein so genanntes Restmandat**. Dies setzt nicht notwendigerweise den Fortbestand der Arbeitsverhältnisse der Betriebsratsmitglieder über den Zeitpunkt der Betriebsstilllegung voraus (jetzt § 21b BetrVG).

***BAG** 14.10.1982 – 2 AZR 568/80*

Das Arbeitsverhältnis eines Mitglieds einer nach § 3 Abs. 1 Nr. 1 bis Nr. 3 BetrVG gebildeten Arbeitnehmervertretung kann gemäß § 15 Abs. 4 KSchG ordentlich gekündigt werden, wenn das Betriebsratsmitglied in einem Betrieb i.S.d. § 1 Abs. 1 Satz 1 BetrVG beschäftigt ist und dieser stillgelegt wird.

Die Mitglieder einer nach § 3 Abs. 1 Nr. 1 bis Nr. 3 BetrVG gebildeten Arbeitnehmervertretung genießen gemäß § 3 Abs. 5 Satz 2 BetrVG den besonderen Kündigungsschutz des § 15 KSchG (Rn. 18).

Die Fiktion des § 3 Abs. 5 Satz 1 BetrVG ist auf das Betriebsverfassungsgesetz begrenzt. Für die Bestimmungen zum Kündigungsschutz von Mitgliedern des Betriebsrats (§ 15 KSchG) ist hingegen der Betriebsbegriff des Kündigungsschutzgesetzes maßgeblich (Rn. 22).

Eine ordentliche Kündigung nach § 15 Abs. 4 KSchG ist zulässig, wenn es sich bei der Betriebsstätte, in der das betreffende Betriebsratsmitglied beschäftigt ist, um einen Betrieb i.S.d. § 1 Abs. 1 Satz 1 BetrVG handelt und dieser stillgelegt wird. Es bedarf in den Fällen des § 3 Abs. 1 Nr. 1 bis Nr. 3 BetrVG für die Anwendung von § 15 Abs. 4 KSchG nicht der Stilllegung aller Betriebsstätten, die der betriebsverfassungsrechtlichen Organisationseinheit angehören (Rn. 27).

***BAG** 27.6.2019 – 2 AZR 38/19*

Ersatzmitglieder eines nach § 3 Abs. 1 Nr. 1 bis Nr. 3 BetrVG gebildeten Betriebsrats können den nachwirkenden Sonderkündigungsschutz gemäß § 15 Abs 1 S 2 KSchG genießen, was aus § 3 Abs. 5 Satz 2 BetrVG folgt. (Rn. 15)

Eine aufgrund einer Vereinbarung nach § 3 Abs. 1 Nr. 1 bis Nr. 3 BetrVG errichtete betriebsverfassungsrechtliche Organisationseinheit stellt für sich genommen ohne entsprechende Organisationsstruktur keinen Betrieb i.S.d. § 1 Abs. 1 Satz 1 BetrVG dar. Die Beteiligten schaffen mit einer Vereinbarung nach § 3 Abs. 1 Nr. 1 bis Nr. 3 BetrVG gerade eine von den tatsächlichen betrieblichen Strukturen abweichende betriebsverfassungsrechtliche Ordnung und lösen den Betriebsrat vom „Betrieb als ausschließliche Organisationsbasis“ ab. (Rn. 19).

Die Fiktion des § § 3 Abs. 5 Satz 1 BetrVG ist auf das Betriebsverfassungsgesetz begrenzt. Für die Bestimmungen zum Kündigungsschutz von Mitgliedern des Betriebsrats (§ 15 KSchG) ist hingegen der Betriebsbegriff des Kündigungsschutzgesetzes maßgeblich. (Rn. 20)

Aus § 3 Abs. 5 Satz 2 BetrVG folgt ebenfalls nicht, dass die nach § 3 Abs. 1 Nr. 1 bis Nr. 3 BetrVG errichteten betriebsverfassungsrechtlichen Organisationseinheiten zugunsten der Mitglieder der „in ihnen“ gebildeten Arbeitnehmervertretungen als „Betrieb“ i.S.v. § 15 Abs. 4 KSchG zu gelten hätten. § 3 Abs. 5 Satz 2 BetrVG betrifft nur die persönliche Rechtsstellung der Mitglieder eines gemäß § 3 Abs. 1 Nr. 1 bis Nr. 3 BetrVG gewählten Betriebsrats. (Rn. 21).

Das Kündigungsrisiko im Sinn einer gegenseitigen „Verdrängung“ ist strikt auf solche Arbeitnehmer begrenzt, die in demselben Betrieb beschäftigt sind. Zwar kann es sogar zu einer rechtsträgerübergreifenden Sozialauswahl kommen, wenn mehrere Unternehmen einen gemeinsamen Betrieb führen (vgl. § 1 Abs. 1 Satz 2 BetrVG). Damit wird der Betriebsbezug der Sozialauswahl aber nicht aufgegeben, sondern wegen der einheitlichen Betriebsstruktur gerade aufrechterhalten. (Rn. 24)

Eine den Beschäftigungsbetrieb übersteigende „Verdrängung“ von Arbeitnehmern findet in den § 15 Abs. 4 und Abs. 5 KSchG zugrunde liegenden Fällen nicht statt. Dies gilt gleichermaßen, wenn mehrere Unternehmen einen Gemeinschaftsbetrieb i.S.d. § 1 Abs. 1 Satz 2 BetrVG führen. Auch dann bilden ausschließlich Arbeitnehmer ein und desselben Betriebs eine „Risikogemeinschaft“. (Rn. 25)

Durch die am kündigungsrechtlichen Betriebsbegriff orientierte Auslegung wird der Zweck von § 15 KSchG nicht beeinträchtigt. (Rn. 29)

***BAG** 24.10.2019 – 2 AZR 85/19*

Soll einem Betriebsratsmitglied ordentlich wegen Betriebsstilllegung gemäß § 15 Abs. 4 KSchG gekündigt werden, so ist dem Betriebsrat im Anhörungsverfahren neben der Unternehmerentscheidung über die geplante Stilllegung auch der voraussichtliche Stilllegungstermin mitzuteilen.

***LAG** Köln 13.1.1993 – 8 Sa 907/92*

> Die Kündigung eines Betriebsratsmitglieds wegen Betriebsstilllegung nach § 15 Abs. 4 KSchG ist über den Wortlaut dieser Bestimmung hinaus (teleologische Reduktion) nur gerechtfertigt, wenn keine Weiterbeschäftigungsmöglichkeit in einem anderen Betrieb des Unternehmens besteht.
>
> ***BAG** 13.8.1992 – 2 AZR 22/92*

Das im Interesse des Amts bestehende Übernahmegebot des § 15 Abs. 5 Satz 1 KSchG für Wahlvorstandsmitglieder ist ebenso wie deren besonderer Kündigungsschutz gemäß § 15 Abs. 3 KSchG zeitlich begrenzt auf einen Zeitraum bis zu sechs Monaten nach Bekanntgabe des Wahlergebnisses.
Ist auch der nachwirkende Kündigungsschutz beendet, besteht kein besonderer Kündigungsschutz des Funktionsträgers mehr; der Arbeitgeber kann – wie jedem anderen Arbeitnehmer – kündigen (BAG 13.6.1996 – 2 AZR 431/95 = DB 1996, 1832).
Erfolgt unter diesen Voraussetzungen eine wirksame Kündigung, kann der Funktionsträger einen Schadensersatzanspruch nicht auf die frühere Verletzung der Übernahmeverpflichtung des § 15 Abs. 5 Satz 1 KSchG stützen.

***BAG** 14.2.2002 – 8 AZR 175/01*

Wird eine Betriebsabteilung stillgelegt und kann ein dort beschäftigtes Betriebsratsmitglied nach entsprechender Änderungskündigung zu im Übrigen unveränderten Bedingungen auf einem freien Arbeitsplatz in einer anderen Betriebsabteilung weiterbeschäftigt werden, so ist der Arbeitgeber grundsätzlich nicht verpflichtet, einen örtlich näher gelegenen und deshalb das Betriebsratsmitglied weniger belastenden Arbeitsplatz freizukündigen.
Unter „Übernahme“ in eine andere Betriebsabteilung i.S.d. § 15 Abs. 5 KSchG ist nur eine Umsetzung bzw. Versetzung zu verstehen, die einvernehmlich oder im Wege des Direktionsrechts des Arbeitgebers vorgenommen werden kann, weil schon eine etwa notwendige Änderungskündigung prinzipiell gegen § 15 Abs. 1 KSchG verstoßen würde.

***BAG** 28.10.1999 – 2 AZR 437/98*

Die in § 15 Abs. 5 Satz 1 KSchG angeordnete Übernahmepflicht gilt ohne Einschränkung auch für Wahlbewerber.

Die Verpflichtung nach § 15 Abs. 5 Satz 1 KSchG verlangt vom Arbeitgeber, mit allen zur Verfügung stehenden Mitteln für die Weiterbeschäftigung des Arbeitnehmers zu möglichst gleichwertigen Bedingungen zu sorgen.

Der Arbeitgeber muss dem Mandatsträger grundsätzlich eine möglichst gleichwertige Stellung anbieten.

Ist die Ausübung des Direktionsrechts zur Übernahme auf einen anderen Arbeitsplatz nicht ausreichend und ist es auch nicht zu einer einvernehmlichen Regelung gekommen, so muss der Arbeitgeber die nach den Maßstäben des § 15 Abs. 5 I Satz 1 KSchG mögliche Weiterbeschäftigung in einer anderen Betriebsabteilung im Rahmen einer Änderungskündigung anbieten.

Der gleichwertige Arbeitsplatz in einer anderen Abteilung muss – anders als im Falle des § 1 Abs. 2 Satz 2 KSchG – nicht frei sein. Ist ein gleichwertiger Arbeitsplatz in einer anderen Abteilung vorhanden und mit einem nicht durch § 15 KSchG geschützten Arbeitnehmer besetzt, muss der Arbeitgeber versuchen, den Arbeitsplatz durch Umverteilung der Arbeit, Ausübung seines Direktionsrechts oder ggf. auch durch den Ausspruch einer Kündigung für den Mandatsträger freizumachen.

***BAG** 12.3.2009 – 2 AZR 47/08*

Wird ein Betriebsratsmitglied in einer Betriebsabteilung beschäftigt, die stillgelegt wird, so ist der Arbeitgeber verpflichtet, die Übernahme des Betriebsratsmitglieds in eine andere Betriebsabteilung notfalls durch Freikündigen eines geeigneten Arbeitsplatzes sicherzustellen. Ob dabei die Interessen des durch die erforderliche Freikündigung betroffenen Arbeitnehmers gegen die Interessen des Betriebsratsmitglieds und die Interessen der Belegschaft an der Kontinuität der Besetzung des Betriebsrats abzuwägen sind, bleibt offen.

Wer gegenüber dem Betriebsrat und seinen Mitgliedern so auftritt, als betreibe er zusammen mit anderen Unternehmen einen Gemeinschaftsbetrieb, muss sich im Hinblick auf den Sonderkündigungsschutz der Betriebsratsmitglieder (§ 15 KSchG) so behandeln lassen, als bestehe ein Gemeinschaftsbetrieb.

Sind in einem solchen Fall in einer anderen Betriebsabteilung geeignete Arbeitsplätze vorhanden, aber mit anderen Arbeitnehmern besetzt, muss der Arbeitgeber versuchen, einen dieser Arbeitsplätze durch **Umsetzung** und **notfalls durch Kündigung** freizumachen, um u. a. den mit § 15 KSchG verfolgten Schutzzweck der Kontinuität des Betriebsratsmandates dadurch zu gewährleisten, dass die personelle Zusammensetzung während der Dauer des Mandats möglichst unverändert bleibt (so im Ergebnis bereits BAG 25.11.1981 – 7 AZR 382/79; LAG Berlin 27.6.1986 – 13 Sa 6/86 = DB 1987, 178).

Umstritten ist allerdings, ob die sozialen Belange des von der ggf. erforderlichen Freikündigung betroffenen Arbeitnehmers und berechtigte betriebliche Interessen an seiner Weiterbeschäftigung gegen die Interessen der Belegschaft an der Kontinuität der Besetzung des Betriebsrats und die Interessen des durch § 15 KSchG geschützten Funktionsträgers an seiner Weiterbeschäftigung abzuwägen sind (so u. a. LAG Düsseldorf 25.11.1997 – 8 Sa 1358/97; KR-Etzel 5. Aufl. § 15 KSchG Rdn. 126; Fitting / Kaiser / Heither / Engels BetrVG 20 Aufl. § 103 Rdn. 16). oder ob der Sonderkündigungsschutz gegenüber dem allgemeinen Kündigungsschutz absoluten Vorrang genießt (so etwa ArbG Mainz 4.12.1985 – 4 Ca 1747/85 = DB 1986, 754; Däubler/Kittner/Zwanziger KSchR 4. Aufl. § 15 KSchG Rdn. 77a).

Auf den Meinungsstreit, ob eine Abwägung zwischen den Interessen des Mandatsträgers und dem anderen im Fall der Freikündigung zu entlassenden Arbeitnehmer erforderlich ist oder nicht, kommt es hier im vorliegenden Fall bei der Anwendbarkeit von § 15 KSchG nicht an. Wäre eine Interessenabwägung zwischen der Entlassung des Mandatsträgers und der eines anderen Arbeitnehmers erforderlich gewesen, hätte diese im vorliegenden Fall zwangsläufig zugunsten des Klägers ausfallen müssen. Denn der andere Arbeitnehmer unterlag zum Zeitpunkt des Kündigungsausspruchs mangels Ablaufs der Wartefrist von § 1 Abs. 1 KSchG noch nicht dem Schutz von § 1 KSchG. Solche Arbeitnehmer sind in eine Sozialauswahl nach § 1 Abs. 3 Satz 1 KSchG nicht einzubeziehen (BAG 25.4.1985 – 2 AZR 140/84). Bei einer evtl. erforderlichen Abwägung im Rahmen von § 15 Abs. 4, Abs. 5 KSchG kann nichts anderes gelten.

***BAG** 18.10.2000 – 2 AZR 494/99*

> Der Arbeitgeber ist nach § 15 Abs. 5 KSchG verpflichtet, mit allen ihm zur Verfügung stehenden Mitteln für die Weiterbeschäftigung eines Mitglieds der Betriebsvertretung zu sorgen.
>
> Er muss dem Mandatsträger grundsätzlich eine gleichwertige Stelle anbieten. Durch das Angebot eines geringerwertigen Arbeitsplatzes mit geringerer Entlohnung genügt er regelmäßig noch nicht seinen gesetzlichen Verpflichtungen.
>
> Der **gleichwertige Arbeitsplatz** in einer anderen Abteilung muss nicht frei sein. Ist er mit einem anderen Arbeitnehmer **besetzt, muss der Arbeitgeber ihn durch Umverteilung der Arbeit, der Ausübung seines Direktionsrechts oder ggf. durch den Ausspruch einer Kündigung freimachen**.
>
> Ist ein gleichwertiger Arbeitsplatz nicht vorhanden, ist der Arbeitgeber auch verpflichtet, den Mandatsträger in die andere Abteilung zu geänderten Arbeitsbedingungen zu übernehmen; er muss dann ggf. dem Mandatsträger eine Änderungskündigung aussprechen.
>
> Nach dem Sinn und Zweck des § 15 KSchG genießt der Mandatsträger grundsätzlich einen Vorrang bei der Weiterbeschäftigung vor anderen – auch sonderkündigungsgeschützten –

Arbeitnehmern. Deshalb genießen die aktiven Mandatsträger einen Vorrang vor den Ersatzmitgliedern im Nachwirkungszeitraum bei der Weiterbeschäftigung auf einer Stelle in einer anderen Abteilung.

Eine innerbetriebliche Weiterbeschäftigung des Arbeitnehmers entfällt nur, wenn dem Arbeitgeber die Übernahme in eine andere Abteilung „aus betrieblichen Gründen" ausnahmsweise nicht möglich ist.

***BAG** 2.3.2006 – 2 AZR 83/05*

Besteht ein Betrieb aus mehreren räumlich nah beieinander liegenden Betriebsteilen und befinden sich in diesen Betriebsteilen organisatorisch abgrenzbare Arbeitseinheiten, die jeweils denselben Betriebszweck verfolgen, so bilden diese Arbeitseinheiten jeweils gemeinsam eine Betriebsabteilung i.S.d. § 15 Abs. 5 KSchG.

Fehlt es bei einem aus mehreren räumlich nah beieinander liegenden Betriebsteilen bestehenden Betrieb an der Verfolgung eines betriebsübergreifenden Betriebszwecks, so können auch organisatorisch abgrenzbare Teile eines Betriebsteiles, sofern sie jeweils eine personelle Einheit darstellen, über eigene technische Betriebsmittel verfügen und einen eigenen Betriebszweck verfolgen, eine Betriebsabteilung i.S.d. § 15 Abs. 5 KSchG darstellen.

***BAG** 20.1.1984 – 7 AZR 443/82*

Auch **Wahlinitiatoren**, die nach § 15 Abs. 3 a KSchG Sonderkündigungsschutz genießen, kann im Fall der Betriebsstilllegung unter den Voraussetzungen des § 15 Abs. 4 KSchG ordentlich gekündigt werden.

Die Nichterwähnung von § 15 Abs. 3a KSchG in § 15 Abs. 4 KSchG steht dem nicht im Wege. Sie beruht auf einem Redaktionsversehen.

***BAG** 4.11.2004 – 2 AZR 96/04*

10. Die gerichtliche Ersetzung der vom Betriebsrat nicht erteilten Zustimmung (§ 103 Abs. 2 BetrVG)

Im Rahmen eines Zustimmungsersetzungsverfahrens kann der Arbeitgeber auch noch solche Umstände zur Begründung des Antrags heranziehen, die erst während des laufenden Verfahrens entstanden sind.

Allerdings muss der Arbeitgeber vor der Einführung dieser Umstände im Zustimmungsersetzungsverfahren dem Betriebsrat Gelegenheit gegeben haben, seine Stellungnahme im Lichte der neuen Tatsachen zu überprüfen.

***BAG** 23.4.2008 – 2 ABR 71/07*

Das Zustimmungsersuchen gemäß § 103 BetrVG ist eine einseitige empfangsbedürftige Willenserklärung, auf die – als geschäftsähnliche Handlung – die §§ 164 ff. BGB anwendbar sind. Eine Zurückweisung wegen fehlender Vollmacht gemäß § 174 BGB durch den Betriebsrat ist daher möglich.

***Hessisches LAG** 29.1.1998 – 5 TaBV 122/97 = NZA 1999, 878*

Der Antrag auf Ersetzung der Zustimmung ist begründet, wenn die Kündigung aus wichtigem Grund nach § 626 Abs. 1 BGB gerechtfertigt ist.

***BAG** 10.12.1992 – 2 ABR 32/92*

Ein Ersetzungsantrag darf solange bei Gericht nicht gestellt werden, wie der Betriebsrat noch nicht endgültig die Zustimmung verweigert hat. Das ergibt sich deutlich aus dem Wortlaut von § 103 Abs. 2 Satz 1 BetrVG, der die Verweigerung der Zustimmung für die Antragsbefugnis voraussetzt. Die Verweigerung der Zustimmung des Betriebsrats ist damit Zulässigkeitsvoraussetzung für das Ersetzungsverfahren.

Ein solcher unzulässiger Ersetzungsantrag wird auch nicht etwa dadurch wieder zulässig, dass der Betriebsrat später die Zustimmung verweigert. Eine nachträgliche Heilung des Verfahrensmangels tritt nicht ein, der Antrag bleibt unheilbar unzulässig.

Nach der Rechtsprechung des Bundesarbeitsgerichts hat der Betriebsrat in **Analogie zu § 102 Abs. 2 Satz 3 BetrVG** für das Zustimmungsverlangen der Arbeitgeberin eine **Antwortfrist von drei Tagen**. In § 103 BetrVG hat der Gesetzgeber die Antwortfrist nicht, auch nicht ansatzweise geregelt. Schon aus Gleichbehandlungsgründen bei fristlosen Kündigungen von Betriebsratsmitgliedern mit anderen zu kündigenden Arbeitnehmern muss damit diese Dreitagefrist gelten.

Vor der außerordentlichen Kündigung gegenüber einem Mitglied des **Wahlvorstands** oder einem Wahlbewerber in einem Betrieb ohne Betriebsrat muss der Arbeitgeber analog § 103 Abs. 2 BetrVG im Beschlussverfahren die Zustimmung des Arbeitsgerichts zu der Kündigung einholen. In diesem Falle ist die Kündigung erst zulässig, wenn der Beschluss, durch den die Zustimmung erteilt wird, rechtskräftig geworden ist; eine vor diesem Zeitpunkt erfolgte Kündigung ist unheilbar nichtig.

***BAG** 30.5.1978 – 2 AZR 637/76*

Vor der außerordentlichen Kündigung eines Betriebsobmannes muss der Arbeitgeber dann, wenn ein gewähltes Ersatzmitglied für den Betriebsrat fehlt, analog § 103 Abs. 2 BetrVG im Beschlussverfahren die Zustimmung des Arbeitsgerichts einholen.

***BAG** 16.12.1982 – 2 AZR 76/81*

Der Antrag, ein Mitglied aus dem Betriebsrat wegen grober Verletzung seiner gesetzlichen Pflichten auszuschließen **(§ 23 Abs. 1 Satz 1 BetrVG)**, kann als **Hilfsantrag** zu dem Hauptantrag gestellt werden, die Zustimmung des Betriebsrats zur außerordentlichen Kündigung dieses Betriebsratsmitglieds zu ersetzen **(§ 103 Abs. 2 BetrVG)**.

Beide Anträge verfolgen als Prozessziel das Ausscheiden des betreffenden Betriebsratsmitglieds aus dem Betriebsrat; der Hilfsantrag erstrebt dies allein, der Hauptantrag als Folge der Beendigung des Arbeitsverhältnisses (§ 24 Abs. 1 Nr. 3 BetrVG).

***BAG** 21.2.1978 – 1 ABR 54/76*

Scheidet ein Betriebsratsmitglied vor der Ersetzung der Zustimmung des Betriebsrats zu einer Kündigung aus dem Betrieb aus, so wird das auf Zustimmungsersetzung gerichtete Beschlussverfahren gegenstandslos. Dem Antrag des Arbeitgebers auf Zustimmungsersetzung fehlt dann das Rechtsschutzinteresse.
Soll die außerordentliche Kündigung, für die der Arbeitgeber die Zustimmung des Betriebsrats benötigt, lediglich vorsorglich für den Fall ausgesprochen werden, dass das Arbeitsverhältnis nicht durch eine vorausgegangene Kündigung bereits beendet ist, so besteht das Rechtsschutzinteresse so lange fort, wie über die vorausgegangene Kündigung noch nicht rechtskräftig entschieden ist.
Die Abgabe einer vorsätzlich falschen eidesstattlichen Versicherung in einem Rechtsstreit mit dem Arbeitgeber ist an sich geeignet, einen wichtigen Grund zur außerordentlichen Kündigung nach § 626 Abs. 1 BGB zu bilden.

***BAG** 24.11.2005 – 2 ABR 55/04*

Ein Betriebsratsmitglied kann während des Verfahrens um die Ersetzung der Zustimmung zur außerordentlichen Kündigung nach § 103 Abs. 2 BetrVG nur unter besonders erschwerten Voraussetzungen von der Arbeit freigestellt werden. Das ohne diese Erfordernisse suspendierte Betriebsratsmitglied hat einen Verfügungsgrund, um seine Weiterbeschäftigung mit Hilfe einer einstweiligen Verfügung durchzusetzen.

***LAG** Köln 2.8.2005 – 1 Sa 952/05 = NZA-RR 2006, 28*

Der Arbeitgeber kann einem Betriebsratsmitglied erst dann wirksam eine außerordentliche Kündigung aussprechen, wenn der Beschluss über die Ersetzung der vom Betriebsrat verweigerten Zustimmung (§ 103 Abs. 2 BetrVG) **rechtskräftig** bzw. **unanfechtbar** ist, § 15 Abs. 1 KSchG. Eine vor diesem Zeitpunkt erklärte Kündigung ist nicht nur schwebend unwirksam, sondern unheilbar nichtig. Ferner muss der Arbeitgeber die Kündigung gegenüber einem durch § 103 Abs. 1 BetrVG i.V.m. § 15 KSchG besonders geschützten Arbeitnehmer unverzüglich aussprechen, nachdem das Gericht rechtskräftig die Zustimmung zur Kündigung im Beschlussverfahren ersetzt hat. Die formelle Rechtskraft tritt, sofern die Rechtsbeschwerde gegen den die Zustimmung ersetzenden Beschluss des LAG nicht zugelassen worden ist, mit dem Ablauf der Frist für die Einlegung der Nichtzulassungsbeschwerde oder mit der Ablehnung der Nichtzulassungsbeschwerde durch das BAG ein.

***BAG** 9.7.1998 – 2 AZR 142/98 = DB 1998, 2124*

Bei der Entscheidung über den Antrag auf Ersetzung der Zustimmung nach § 103 Abs. 2 BetrVG sind auch Kündigungsgründe, die sich aus dem Verhalten oder aus Äußerungen des beteiligten Betriebsratsmitglieds im Beschlussverfahren ergeben können, nur dann zu berücksichtigen, wenn der Arbeitgeber zuvor wegen der **nachträglich eingetretenen Umstände** erneut beim Betriebsrat vergeblich die Zustimmung zu der beabsichtigten Kündigung des beteiligten Betriebsratsmitglieds beantragt hat.

Die erforderliche Vorbehandlung nachgeschobener Kündigungsgründe durch den Betriebsrat wird nicht schon dann überflüssig, wenn der Vorsitzende des Betriebsrats von den neuen Umständen durch seine Teilnahme am Beschlussverfahren erfährt und der Verfahrensbevollmächtigte, der den Betriebsrat vertritt, im Einvernehmen mit ihm weiterhin beantragt, die vom Arbeitgeber begehrte Ersetzung der Zustimmung zur Kündigung nicht zu erteilen.

***BAG** 27.5.1975 – 2 ABR 125/74*

Der Betriebsrat kann die von ihm **zunächst verweigerte** oder nicht erteilte **Zustimmung** zur beabsichtigten außerordentlichen Kündigung eines in § 103 Abs. 1 BetrVG genannten Amtsträgers auch nach Einleitung des Verfahrens nach § 103 Abs. 2 BetrVG jedenfalls dann noch **nachträglich erteilen**, wenn die Voraussetzungen des § 626 Abs. 1 BGB erfüllt sind.

Durch eine wirksame **nachträgliche Zustimmung** des Betriebsrats erledigt sich das Beschlussverfahren zur gerichtlichen Ersetzung der Zustimmung nach § 103 Abs. 2 BetrVG in der Hauptsache.

Der Arbeitgeber muss in diesem Falle die Kündigung gegenüber einem nach § 103 Abs. 1 BetrVG i. V. m. § 15 KSchG besonders geschützten Arbeitnehmer unverzüglich aussprechen, nachdem er von der nachträglichen Zustimmung Kenntnis erlangt hat.

***BAG** 17.9.1981 – 2 AZR 402/79*

Die rechtskräftige Ersetzung der vom Betriebsrat verweigerten Zustimmung zu einer außerordentlichen Kündigung nach § 103 BetrVG entfaltet keine Bindungswirkung hinsichtlich des Kündigungsgrundes für einen späteren Kündigungsschutzprozess, in dem der Arbeitnehmer die Sozialwidrigkeit einer auf denselben Sachverhalt gestützten ordentlichen Kündigung geltend macht.

***BAG** 15.8.2002 – 2 AZR 214/01*

Die Zustimmung zur außerordentlichen Kündigung eines Betriebsratsmitglieds ist bei Vorliegen eines wichtigen Grundes i.S.d. § 626 Abs. 1 BetrVG auch dann zu ersetzen, wenn das Betriebsratsmitglied im Verlauf des Verfahrens **schwanger** geworden ist.

***Hessisches LAG** 21.7.1987 – 14 TaBV 12/87 = BB 1988, 1041*

> ***Hinweis für die Praxis:***
>
> *Nach der Zustimmungsersetzung ist aber noch zusätzlich die Zustimmung der für den Arbeitsschutz zuständigen Behörde nach § 9 MuSchG bzw. § 18 BEEG erforderlich.*
>
> ***Hessisches LAG** 31.7.1987 – 14 TaBV 12/87 = BB 1988, 1041 = DB 1988, 867 = NZA 1988, 740*

Das Betriebsratsmitglied, zu dessen außerordentlichen Kündigung das Arbeitsgericht die Zustimmung des Betriebsrats ersetzt hat (§ 103 Abs. 2 BetrVG), kann gegen den Beschluss des Arbeitsgerichts auch dann Beschwerde einlegen, wenn der Betriebsrat keine Beschwerde einlegt. Dieses Verhalten des Betriebsrats ist nämlich keine Zustimmung.

Dem Betriebsrat sind als Beteiligtem des Zustimmungsersetzungsverfahrens nach § 95 ArbGG Rechtsbeschwerdeschrift und Rechtsbeschwerdebegründung zur Äußerung zuzustellen, auch wenn er selbst kein Rechtsmittel einlegt. Damit ist der gesetzlichen Anhörungsfrist genügt.

***BAG** 10.12.1992 – 2 ABR 32/92*

Die im Verfahren auf Ersetzung der Zustimmung des Betriebsrats zur fristlosen Kündigung eines Betriebsratsmitglieds dem beteiligten Betriebsratsmitglied entstehende Kosten sind nicht Kosten der Tätigkeit des Betriebsrats und daher vom Arbeitgeber nicht zu erstatten.

***LAG** Hamm 30.7.1976 – 3 TaBV 34/76 = BB 1976, 1607*

Die nicht rechtskräftige strafrechtliche Verurteilung eines Betriebsratsmitglieds ist keine neue Tatsache, die eine Ersetzung der Zustimmung des Betriebsrats zur außerordentlichen Kündigung des Betriebsratsmitglieds zulassen würde, wenn bereits in einem früheren Verfahren die Zustimmungsersetzung rechtskräftig mit der Begründung versagt wurde, die Tatvorwürfe seien nicht erwiesen. Dagegen kann die Zustimmungsersetzung in dem neuerlichen, arbeitsgerichtlichen Beschlussverfahren dann geboten sein, wenn das Betriebsratsmitglied wegen der Tatvorwürfe inzwischen rechtskräftig strafrechtlich verurteilt wurde.

***BAG** 16.9.1999 – 2 ABR 68/98 = NZA 2000, 158*

Bedarf die fristlose Kündigung gegenüber einem Arbeitnehmer der Zustimmung des Betriebsrats gemäß § 103 BetrVG bzw. des Personalrats nach dem entsprechenden Personalvertretungsrecht, so sind bei Verweigerung der Zustimmung im gerichtlichen Zustimmungsersetzungsverfahren alle Gründe für die Unwirksamkeit der beabsichtigten Kündigung zu prüfen. Der Arbeitnehmer kann sich nach rechtskräftiger Zustimmungsersetzung grundsätzlich nicht mehr auf Kündigungshindernisse berufen, die er schon im Zustimmungsersetzungsverfahren hätte einwenden können.

Dies gilt jedoch nicht für solche Kündigungshindernisse, die – wie die fehlende Zustimmung der Hauptfürsorgestelle zur Kündigung eines Schwerbehinderten – noch nach Abschluss des betriebsverfassungs- bzw. personalvertretungsrechtlichen Zustimmungsersetzungsverfahrens beseitigt werden können. Auch die erst später mit Rückwirkung festgestellte Schwerbehinderung ist als neue Tatsache im Kündigungsschutzprozess berücksichtigungsfähig.

***BAG** 11.5.2000 – 2 AZR 276/99*

Der Arbeitgeber kann ein Betriebsratsmitglied während des Zustimmungsverfahrens nach § 103 BetrVG nur dann einseitig von der Arbeitspflicht suspendieren, wenn der Weiterbeschäftigung überwiegende und schutzwürdige Interessen des Arbeitgebers entgegenstehen, die eine Verhinderung der Beschäftigung geradezu gebieten. Eine einseitige Suspendierung eines Betriebsratsmitglieds ist während des laufenden Zustimmungsverfahrens nur unter besonderen Voraussetzungen zulässig, etwa wenn bei Weiterbeschäftigung erhebliche Gefahren für den Betrieb oder der dort tätigen Personen objektiv bestehen oder die durch konkrete Tatsachen begründete Besorgnis besteht, dass es zu Störungen des Betriebsfriedens oder des betrieblichen Ablaufs kommt. Eine einseitige Freistellung kann auch dann in Betracht kommen, wenn der durch objektive Tatsachen gesicherte dringende Verdacht einer strafbaren Handlung oder sonstige schweren Arbeitsvertragsverletzung besteht.

***LAG** Hamm 12.12.2001 – 10 Sa 1741/01 = NZA-RR 2003, 311*

11. Zustimmungsersetzungsverfahren und nachfolgende Kündigung

Soll das Arbeitsverhältnis des einzigen Betriebsratsmitglieds gekündigt werden und fehlt ein gewähltes Ersatzmitglied, hat der Arbeitgeber analog § 103 Abs. 2 BetrVG unmittelbar ein auf Ersetzung der Zustimmung gerichtetes Beschlussverfahren einzuleiten. Ein beteiligungsfähiger Betriebsrat existiert in diesem Fall nicht. Das – einzige – Betriebsratsmitglied kann wegen rechtlicher Verhinderung i.S.v. § 25 Abs. 1 Satz 2 BetrVG aufgrund seiner Selbstbetroffenheit nicht beteiligt werden (Rn. 8).

Infolge der spezifischen Bindungswirkung einer rechtskräftigen Entscheidung im Verfahren nach § 103 Abs. 2 BetrVG kann sich der im Beschlussverfahren beteiligte Arbeitnehmer im nachfolgenden, die außerordentliche Kündigung betreffenden Verfahren in Bezug auf das Vorliegen eines wichtigen Grundes i.S.v. § 626 BGB nur auf solche Tatsachen berufen, die er im Zustimmungsersetzungsverfahren nicht geltend gemacht hat und auch nicht hätte geltend machen können (Rn. 10).

Aufgrund der spezifischen Bindungswirkung der gerichtlichen Entscheidung im Verfahren nach § 103 Abs. 2 BetrVG steht bei einem rechtskräftigen Obsiegen des antragstellenden Arbeitgebers für den nachfolgenden Kündigungsschutzprozess fest, dass der Arbeitgeber das Zustimmungsersetzungsverfahren innerhalb der Frist des § 626 Abs. 2 BGB eingeleitet hat. Dagegen kann der Arbeitnehmer den Einwand, der Arbeitgeber habe die Kündigung anschließend nicht unverzüglich nach Eintritt der formellen Rechtskraft des Zustimmungsersetzungsbeschlusses erklärt, notwendigerweise erst im Kündigungsrechtsstreit geltend machen (Rn. 21).

***BAG** 25.4.2018 – 2 AZR 401/17*

Die rechtskräftige Ersetzung der vom Betriebsrat verweigerten Zustimmung zu einer **außerordentlichen** Kündigung nach § 103 BetrVG entfaltet keine Bindungswirkung hinsichtlich des Kündigungsgrundes für einen späteren Kündigungsschutzprozess, in dem der Arbeitnehmer die Sozialwidrigkeit einer auf denselben Sachverhalt gestützten **ordentlichen Kündigung** geltend macht.

Aufgrund der Präklusionswirkung der rechtskräftigen Entscheidung im Zustimmungsersetzungsverfahren kann sich der Arbeitnehmer im späteren, die außerordentliche Kündigung betreffenden Kündigungsschutzverfahren nur auf solche Tatsachen berufen, die er im Zustimmungsersetzungsverfahren nicht geltend gemacht hat und auch nicht hätte geltend machen können. Dies gilt jedenfalls für das Vorliegen eines wichtigen Grundes i.S.v. § 626 Abs. 1 BGB, § 15 Abs. 1 Satz 1 KSchG. Wird dem Arbeitgeber durch die Zustimmungsersetzung die Befugnis zu einer Rechtsgestaltung, nämlich zum Ausspruch der außerordentlichen Kündigung, verliehen, so ist es folgerichtig, dass der am Verfahren nach § 103 Abs. 2 BetrVG beteiligte Arbeitnehmer im späteren Kündigungsschutzverfahren ohne Änderung der maßgeblichen Tatsachen nicht mehr geltend machen kann, diese vom Gericht gerade als rechtens erkannte Gestaltung sei Unrecht.

Die Rechtskraft der Entscheidung über die Zustimmungsersetzung nach § 103 Abs. 2 BetrVG beseitigt allein die kollektiv-rechtliche Schranke für die Ausübung des Gestaltungsrechts durch den Arbeitgeber. Dagegen nimmt die im Beschluss des Gerichts inzident enthaltende Entscheidung über das Vorliegen eines wichtigen Grundes nicht an der Rechtskraft teil.

Während das Beschlussverfahren nach § 103 Abs. 2 BetrVG über die außerordentliche Kündigung gegenüber dem Betriebsratsmitglied in der Tat in einem engen Sinnzusammenhang mit der nachfolgenden Kündigung und der ihr folgenden Klage des Arbeitnehmers steht und das Verfahren nach § 103 Abs. 2 BetrVG gerade darauf zielt, die außerordentliche Kündigung zu ermöglichen, lässt sich Vergleichbares von der ordentlichen Kündigung nicht sagen. Das Verfahren nach § 103 Abs. 2 BetrVG setzt im Gegenteil voraus, dass eine ordentliche Kündigung gar nicht ausgesprochen werden kann. Es kann deshalb auch nicht in der Absicht der am Verfahren nach § 103 Abs. 2 BetrVG Beteiligten liegen, Feststellungen für eine noch nicht einmal als möglich absehbare Kündigungsschutzklage gegen eine ordentliche Kündigung treffen zu lassen. Vielmehr ist mit dem Ausspruch der außerordentlichen Kündigung die Wirkung des Beschlusses nach § 103 Abs. 2 BetrVG verbraucht.

***BAG** 15.8.2002 – 2 AZR 214/01 = DB 2003, 453*

Scheidet das Betriebsratsmitglied vor der Ersetzung der Zustimmung des Betriebsrats zu seiner Kündigung (§ 103 Abs. 2 BetrVG) aus dem Betrieb aus, so wird damit das auf Zustimmungsersetzung gerichtete Beschlussverfahren gegenstandslos.

Hält der Arbeitgeber trotz der Erledigung des Beschlussverfahrens durch den Wegfall des Sonderkündigungsschutzes bzw. die Beendigung des Arbeitsverhältnisses seinen Antrag auf Zustimmungsersetzung aufrecht, so ist dieser als unzulässig abzuweisen.

Mit der Beendigung des Arbeitsverhältnisses der Betriebsratsmitglieder wird auch ein Antrag nach § 23 Abs. 1 BetrVG auf Ausschluss des Mitglieds aus dem Betriebsrat gegenstandslos und ist, wenn er trotz der Erledigung des Beschlussverfahrens aufrechterhalten bleibt, als unzulässig abzuweisen.

***BAG** 27.6.2002 – 2 ABR 22/01 = NZA 2003, 229*

Entfernung betriebsstörender Arbeitnehmer (§ 104 BetrVG)

Leitende Angestellte (§ 105 BetrVG)[75]

Gesetzestext

§ 104 Entfernung betriebsstörender Arbeitnehmer

[1]Hat ein Arbeitnehmer durch gesetzwidriges Verhalten oder durch grobe Verletzung der in § 75 Abs. 1 enthaltenen Grundsätze, insbesondere durch rassistische oder fremdenfeindliche Betätigungen, den Betriebsfrieden wiederholt ernstlich gestört, so kann der Betriebsrat vom Arbeitgeber die Entlassung oder Versetzung verlangen. [2]Gibt das Arbeitsgericht einem Antrag des Betriebsrats statt, dem Arbeitgeber aufzugeben, die Entlassung oder Versetzung durchzuführen, und führt der Arbeitgeber die Entlassung oder Versetzung einer rechtskräftigen gerichtlichen Entscheidung zuwider nicht durch, so ist auf Antrag des Betriebsrats vom Arbeitsgericht zu erkennen, dass er zur Vornahme der Entlassung oder Versetzung durch Zwangsgeld anzuhalten sei. [3]Das Höchstmaß des Zwangsgeldes beträgt für jeden Tag der Zuwiderhandlung 250 Euro.

§ 105 Leitende Angestellte

Eine beabsichtigte Einstellung oder personelle Veränderung eines in § 5 Abs. 3 genannten leitenden Angestellten ist dem Betriebsrat rechtzeitig mitzuteilen.

1. Leitende Angestellte

Ob ein Arbeitnehmer leitender Angestellter i.S.d. § 5 Abs. 3 BetrVG ist, kann in dessen Kündigungsrechtsstreit als Vorfrage geprüft werden.
Es gibt keinen Rechtssatz des Inhalts, dass eine Information nach § 105 BetrVG über die beabsichtigte Kündigung eines Angestellten stets oder doch in aller Regel dann in eine Anhörung des Betriebsrats nach § 102 Abs. 1 BetrVG umzudeuten ist, wenn dem Betriebsrat die Kündigungsgründe bekannt gegeben werden oder aber bekannt sind. Vielmehr ist die Erklärung des Kündigenden gegenüber dem Betriebsrat im Einzelfall auszulegen.

***BAG** 19.8.1975 – 1 AZR 565/74*

Die von § 5 Abs. 3 Satz 2 Nr. 1 BetrVG vorausgesetzte Personalverantwortung kann den Status als leitender Angestellter nur begründen, wenn sie von erheblicher unternehmerischer Bedeutung ist. Dies kann sich aus der Zahl der betreffenden Arbeitnehmer oder aus der Bedeutung von deren Tätigkeit für das Unternehmen ergeben.

***BAG** 16.4.2002 – 1 ABR 23/01 = NZA 2003, 56*

Verletzt der Arbeitgeber seine Mitteilungspflicht gegenüber dem Betriebsrat nach § 105 BetrVG, so hat dies keine Auswirkung auf die Wirksamkeit der personellen Einzelmaßnahme. Die Rechtsfolgen der §§ 99 – 101 BetrVG greifen beim leitenden Angestellten nicht ein. Die Verletzung der Informationspflicht, insbesondere auch eine eventuell nicht rechtzeitige oder unvollständige Unterrichtung des Betriebsrats stellt keine Ordnungswidrigkeit i.S.d. § 121 BetrVG dar. **Bei groben Verstößen** des Arbeitgebers gegen § 105 BetrVG kommt ein Verfahren nach § 23 Abs. 3 BetrVG gegen den Arbeitgeber in Betracht.

***BAG** 30.6.1981 – 1 ABR 30/79*

Wird einem Angestellten ein neuer Aufgabenbereich übertragen, der ihn **zum leitenden Angestellten aufrücken** lässt, so hat der Betriebsrat kein Mitbestimmungsrecht nach § 99 BetrVG sondern nur gemäß § 105 BetrVG einen Informationsanspruch.

***BAG** 29.1.1980 – 1 ABR 49/78*

Hinweis für die Praxis:

Der umgekehrte Fall, der Rückführung eines leitenden Angestellten in den AT- bzw. nicht leitenden Bereich, bedarf nach herrschender Meinung – vom BAG bisher nicht entschieden – der Beteiligung des Betriebsrats nach § 99 BetrVG.

Vereinbarungen zwischen Sprecherausschuss und Arbeitgeber, insbesondere solche über Richtlinien nach § 28 Abs. 1 SprAuG, gelten, anders als die zwischen Arbeitgeber und Betriebsrat für die übrigen Arbeitnehmer geschlossenen Betriebsvereinbarungen, für die Arbeitsverhältnisse der leitenden Angestellten nicht unmittelbar und zwingend.
Sprecherausschuss und Arbeitgeber können die normative Wirkung der von ihnen vereinbarten Richtlinien durch eine Vereinbarung nach § 28 Abs. 2 Satz 1 SprAuG herbeiführen. Der entsprechende Wille muss sich aus der Vereinbarung deutlich und zweifelsfrei ergeben.
Die Auslegung einer kraft einer Vereinbarung nach § 28 Abs. 2 Satz 1 SprAuG unmittelbar und zwingend wirkenden Richtlinie erfolgt nach denselben Grundsätzen wie die Auslegung von Betriebsvereinbarungen.
Sprecherausschuss und Arbeitgeber können ebenso wie die Betriebsparteien in einem Sozialplan die typisierende Beurteilung vornehmen, dass Arbeitnehmern, die ihr Arbeitsverhältnis zu einem früheren Zeitpunkt als durch die Betriebsänderung geboten selbst kündigen, ohne hierzu vom Arbeitgeber veranlasst zu sein; durch die Betriebsänderung keine oder sehr viel geringere wirtschaftliche. Nachteile erleiden als diejenigen; die eine Kündigung durch den Arbeitgeber abwarten.

***BAG** 10.2.2009 – 1 AZR 767/07*

2. AT-Angestellte

AT-Angestellte sind Angestellte, die kraft ihrer Tätigkeit nicht mehr unter den persönlichen Geltungsbereich des einschlägigen Tarifvertrags fallen, andererseits aber noch nicht zum Personenkreis des § 5 Abs. 3 BetrVG gehören. Aus diesem Grunde unterliegen die Rechtsverhältnisse der AT-Angestellten grundsätzlich der Mitbestimmung des § 87 Abs. 1 BetrVG.

***BAG** 21.8.1990 – 1 ABR 72/89; **BAG** 27.10.1992 – 1 ABR 17/92*

Die **außertariflichen Angestellten** gehören ebenso wie die übrigen Arbeitnehmer mit Ausnahme der in § 5 Abs. 3 BetrVG genannten Personen zur Belegschaft. Auf diese Belegschaft in ihrer Gesamtheit beziehen sich die Aufgaben des Betriebsrats nach dem BetrVG.

***BAG** 3.12.1981 – 6 ABR 60/79*

Der Arbeitgeber hat unter Beteiligung des Betriebsrats ein Eingruppierungsverfahren auch dann durchzuführen, wenn er der Auffassung ist, dass der Arbeitnehmer von keiner tariflichen Gehaltsgruppe erfasst wird, sondern AT-Angestellter ist.
Er kann sich nicht mit dem Einwand begnügen, es handle sich um einen AT-Angestellten. Wenn der Arbeitnehmer kein leitender Angestellter ist, wird er vom persönlichen Geltungsbereich des Gehaltstarifvertrags erfasst. Danach ist zunächst zu prüfen, ob die neuen Aufgaben des Arbeitnehmers die Tätigkeitsmerkmale einer der Gehaltsgruppen erfüllen. In dieser Prüfung liegt die mitbestimmungspflichtige Eingruppierung auch dann, wenn sie zu einem negativen Ergebnis führt. Der Betriebsrat soll nämlich mitbeurteilen, ob die Gehaltsgruppenordnung richtig angewandt wird.

***BAG** 31.10.1995 – 1 ABR 5/95*

[73] vgl. Stichwort § 5 BetrVG, Arbeitnehmer, Kapitel 2, Leitende Angestellte (§ 5 Abs. 3 und 4 BetrVG), S. 34

Unterrichtung in wirtschaftlichen Angelegenheiten (§§ 106 – 110 BetrVG)

Gesetzestext

§ 106 Wirtschaftsausschuss

(1) *[1]In allen Unternehmen mit in der Regel mehr als einhundert ständig beschäftigten Arbeitnehmern ist ein Wirtschaftsausschuss zu bilden. [2]Der Wirtschaftsausschuss hat die Aufgabe, wirtschaftliche Angelegenheiten mit dem Unternehmer zu beraten und den Betriebsrat zu unterrichten.*

(2) *[1]Der Unternehmer hat den Wirtschaftsausschuss rechtzeitig und umfassend über die wirtschaftlichen Angelegenheiten des Unternehmens unter Vorlage der erforderlichen Unterlagen zu unterrichten, soweit dadurch nicht die Betriebs- und Geschäftsgeheimnisse des Unternehmens gefährdet werden, sowie die sich daraus ergebenden Auswirkungen auf die Personalplanung darzustellen. [2]Zu den erforderlichen Unterlagen gehört in den Fällen des Absatzes 3 Nr. 9a insbesondere die Angabe über den potentiellen Erwerber und dessen Absichten im Hinblick auf die künftige Geschäftstätigkeit des Unternehmens sowie die sich daraus ergebenden Auswirkungen auf die Arbeitnehmer; Gleiches gilt, wenn im Vorfeld der Übernahme des Unternehmens ein Bieterverfahren durchgeführt wird.*

(3) *Zu den wirtschaftlichen Angelegenheiten im Sinne dieser Vorschrift gehören insbesondere*
- *1. die wirtschaftliche und finanzielle Lage des Unternehmens;*
- *2. die Produktions- und Absatzlage;*
- *3. das Produktions- und Investitionsprogramm;*
- *4. Rationalisierungsvorhaben;*
- *5. Fabrikations- und Arbeitsmethoden, insbesondere die Einführung neuer Arbeitsmethoden;*
- *5a. Fragen des betrieblichen Umweltschutzes;*
- *6. die Einschränkung oder Stilllegung von Betrieben oder von Betriebsteilen;*
- *7. die Verlegung von Betrieben oder Betriebsteilen;*
- *8. der Zusammenschluss oder die Spaltung von Unternehmen oder Betrieben;*
- *9. die Änderung der Betriebsorganisation oder des Betriebszwecks,*
- *9a. die Übernahme des Unternehmens, wenn hiermit der Erwerb der Kontrolle verbunden ist, sowie*
- *10. sonstige Vorgänge und Vorhaben, welche die Interessen der Arbeitnehmer des Unternehmens wesentlich berühren können.*

§ 107 Bestellung und Zusammensetzung des Wirtschaftsausschusses

(1) *[1]Der Wirtschaftsausschuss besteht aus mindestens drei und höchstens sieben Mitgliedern, die dem Unternehmen angehören müssen, darunter mindestens einem Betriebsratsmitglied. [2]Zu Mitgliedern des Wirtschaftsausschusses können auch die in § 5 Abs. 3 genannten Angestellten bestimmt werden. [3]Die Mitglieder sollen die zur Erfüllung ihrer Aufgaben erforderliche fachliche und persönliche Eignung besitzen.*

(2) *[1]Die Mitglieder des Wirtschaftsausschusses werden vom Betriebsrat für die Dauer seiner Amtszeit bestimmt. [2]Besteht ein Gesamtbetriebsrat, so bestimmt dieser die Mitglieder des Wirtschaftsausschusses; die Amtszeit der Mitglieder endet in diesem Fall in dem Zeitpunkt, in dem die Amtszeit der Mehrheit der Mitglieder des Gesamtbetriebsrats, die an der Bestimmung mitzuwirken berechtigt waren, abgelaufen ist. [3]Die Mitglieder des Wirtschaftsausschusses können jederzeit abberufen werden; auf die Abberufung sind die Sätze 1 und 2 entsprechend anzuwenden.*

(3) *[1]Der Betriebsrat kann mit der Mehrheit der Stimmen seiner Mitglieder beschließen, die Aufgaben des Wirtschaftsausschusses einem Ausschuss des Betriebsrats zu übertragen. [2]Die Zahl der Mitglieder des Ausschusses darf die Zahl der Mitglieder des Betriebsausschusses nicht überschreiten. [3]Der Betriebsrat kann jedoch weitere Arbeitnehmer einschließlich der in § 5 Abs. 3 genannten leitenden Angestellten bis zur selben Zahl, wie der Ausschuss Mitglieder hat, in den Ausschuss berufen; für die Beschlussfassung gilt Satz 1. [4]Für die Verschwiegenheitspflicht der in Satz 3 bezeichneten weiteren Arbeitnehmer gilt § 79 entsprechend. [5]Für die Abänderung und den Widerruf der Beschlüsse nach den Sätzen 1 bis 3 sind die gleichen Stimmenmehrheiten erforderlich wie für die Beschlüsse nach den Sätzen 1 bis 3. [6]Ist in einem Unternehmen ein Gesamtbetriebsrat errichtet, so beschließt dieser über die anderweitige Wahrnehmung der Aufgaben des Wirtschaftsausschusses; die Sätze 1 bis 5 gelten entsprechend.*

§ 108 Sitzungen

(1) *Der Wirtschaftsausschuss soll monatlich einmal zusammentreten.*

(2) *[1]An den Sitzungen des Wirtschaftsausschusses hat der Unternehmer oder sein Vertreter teilzunehmen. [2]Er kann sachkundige Arbeitnehmer des Unternehmens einschließlich der in § 5 Abs. 3 genannten Angestellten hinzuziehen. [3]Für die Hinzuziehung und die Verschwiegenheitspflicht von Sachverständigen gilt § 80 Abs. 3 und 4 entsprechend.*

(3) *Die Mitglieder des Wirtschaftsausschusses sind berechtigt, in die nach § 106 Abs. 2 vorzulegenden Unterlagen Einsicht zu nehmen.*

(4) *Der Wirtschaftsausschuss hat über jede Sitzung dem Betriebsrat unverzüglich und vollständig zu berichten.*

(5) *Der Jahresabschluss ist dem Wirtschaftsausschuss unter Beteiligung des Betriebsrats zu erläutern.*

(6) *Hat der Betriebsrat oder der Gesamtbetriebsrat eine anderweitige Wahrnehmung der Aufgaben des Wirtschaftsausschusses beschlossen, so gelten die Absätze 1 bis 5 entsprechend.*

§ 109 Beilegung von Meinungsverschiedenheiten

[1]Wird eine Auskunft über wirtschaftliche Angelegenheiten des Unternehmens im Sinne des § 106 entgegen dem Verlangen des Wirtschaftsausschusses nicht, nicht rechtzeitig oder nur ungenügend erteilt und kommt hierüber zwischen Unternehmer und Betriebsrat eine Einigung nicht zustande, so entscheidet die Einigungsstelle. [2]Der Spruch der Einigungsstelle ersetzt die Einigung zwischen Arbeitgeber und Betriebsrat. [3]Die Einigungsstelle kann, wenn dies für ihre Entscheidung erforderlich ist, Sachverständige anhören; § 80 Abs. 4 gilt ent-

sprechend. [4]Hat der Betriebsrat oder der Gesamtbetriebsrat eine anderweitige Wahrnehmung der Aufgaben des Wirtschaftsausschusses beschlossen, so gilt Satz 1 entsprechend.

§ 109a Unternehmensübernahme

In Unternehmen, in denen kein Wirtschaftsausschuss besteht, ist im Fall des § 106 Abs. 3 Nr. 9a der Betriebsrat entsprechend § 106 Abs. 1 und 2 zu beteiligen; § 109 gilt entsprechend.

§ 110 Unterrichtung der Arbeitnehmer

(1) In Unternehmen mit in der Regel mehr als 1 000 ständig beschäftigten Arbeitnehmern hat der Unternehmer mindestens einmal in jedem Kalendervierteljahr nach vorheriger Abstimmung mit dem Wirtschaftsausschuss oder den in § 107 Abs. 3 genannten Stellen und dem Betriebsrat die Arbeitnehmer schriftlich über die wirtschaftliche Lage und Entwicklung des Unternehmens zu unterrichten.

(2) [1]In Unternehmen, die die Voraussetzungen des Absatzes 1 nicht erfüllen, aber in der Regel mehr als zwanzig wahlberechtigte ständige Arbeitnehmer beschäftigen, gilt Absatz 1 mit der Maßgabe, dass die Unterrichtung der Arbeitnehmer mündlich erfolgen kann. [2]Ist in diesen Unternehmen ein Wirtschaftsausschuss nicht zu errichten, so erfolgt die Unterrichtung nach vorheriger Abstimmung mit dem Betriebsrat.

Hinweis für die Praxis:

Der Katalog der wirtschaftlichen Angelegenheiten des § 106 Abs.3 BetrVG wurde um eine Ziffer 9a erweitert. Danach ist auch für den Fall, dass es zu einer Unternehmensübernahme kommt, die mit dem Erwerb der Kontrolle über das Unternehmen verbunden ist, eine unterrichtungspflichtige wirtschaftliche Angelegenheit anzunehmen. In einem solchen Fall eines Wechsels der Anteilseigner eines Unternehmens bleibt das Unternehmen im Übrigen durch die Transaktion zumindest zunächst zwar unberührt. Gleichwohl liegt es im Interesse der Mitarbeiter, wenn der Wirtschaftsausschuss auch über solche Transaktionen informiert wird. Dies verdeutlicht der in diesem Zusammenhang eingefügte § 106 Abs.2 S.2 BetrVG, der klar stellt, dass zu den erforderlichen Informationen vor allem die Angabe über den potentiellen Erwerber und dessen Absichten im Hinblick auf die künftige Geschäftstätigkeit des Unternehmens sowie die sich daraus für die Arbeitnehmer ergebenden Auswirkungen gehören. Nach dem ebenfalls eingefügten § 109a BetrVG ist anstelle des Wirtschaftsausschusses der Betriebsrat in solchen Unternehmen zu informieren, in welchen kein Wirtschaftsausschuss besteht. Die Information hat ebenso zu erfolgen, wie sie bei Bestehen eines Wirtschaftsausschusses zu erfolgen hätte.

1. Wirtschaftsausschuss (§ 106 BetrVG)

Der Wirtschaftsausschuss ist ein Ausschuss des Betriebsrats bzw. des Gesamtbetriebsrats.

***BAG** 18.11.1980 – 1 ABR 31/78; **BAG** 25.6.1987 – 6 ABR 45/86*

Der Arbeitgeber hat den Wirtschaftsausschuss auch über wirtschaftliche Angelegenheiten aus **Betrieben, die keinen Betriebsrat gebildet haben**, zu unterrichten und diese Angelegenheiten mit dem Wirtschaftsausschuss zu beraten.

Zu den wirtschaftlichen Angelegenheiten in denen der Wirtschaftsausschuss nach § 106 BetrVG ein Unterrichtungs- und Beratungsrecht hat, gehört auch die Stilllegung von Betrieben, in denen kein Betriebsrat gebildet ist.

***BAG** 9.5.1995 – 1 ABR 61/94*

Der Unternehmer ist nach § 106 Abs. 2 BetrVG verpflichtet, den Wirtschaftsausschuss von **geplanten unternehmerischen Entscheidungen** und sonstigen Maßnahmen so **frühzeitig** zu unterrichten, dass dieser sein Beratungsrecht gegenüber dem Unternehmer betriebswirtschaftlich sinnvoll ausüben kann. Eine Kritik oder sonstige Stellungnahme und eigene Vorschläge des Wirtschaftsausschusses und des Betriebsrats sowie Initiativen des Betriebsrats in sozialen Angelegenheiten müssen noch möglich sein. Andernfalls handelt der Unternehmer ordnungswidrig (§ 121 BetrVG).

***Kammergericht** 25.9.1978 – 2 Ws (B) 82/78 = DB 1979, 112*

Die nicht rechtzeitige und vollständige Unterrichtung des Wirtschaftsausschusses und des Betriebsrats über Einzelheiten der in Aussicht genommenen Betriebsänderung stellt einen Verstoß gemäß §§ 92, 106 Abs. 2 Nr. 5, 111 Nr. 1 BetrVG und damit eine Ordnungswidrigkeit i.S.v. § 121 BetrVG dar.

*Bußgeldbescheid des **Regierungspräsidiums** Tübingen 8.1.1992 – 15-5/0523.1-1*

Der Betriebsrat ist nicht nach § 110 Abs. 1 BetrVG berechtigt, die Arbeitnehmer über die wirtschaftliche Lage und Entwicklung des Unternehmens zu unterrichten.

***BAG** 14.5.2013 – 1 ABR 4/12*

1.1. Bildung und Zuständigkeit des Wirtschaftsausschusses

Wird von einem herrschenden Unternehmen sowie einem in seinem alleinigen Eigentum stehenden abhängigen Unternehmen (§ 17 Abs. 1 AktG) nur ein Gemeinschaftsbetrieb geführt, ist ein Wirtschaftsausschuss beim herrschenden Unternehmen zu bilden, wenn allein bei diesem die Voraussetzungen des § 106 Abs. 1 Satz 1 BetrVG vorliegen.

Durch die Eröffnung des Insolvenzverfahrens über das Vermögen des Arbeitgebers wird ein Beschlussverfahren zwischen diesem und dem Betriebsrat über einen Unterrichtungsanspruch des Wirtschaftsausschusses nach § 106 Abs. 2 Satz 1 BetrVG unterbrochen. Der Unterrichtungsanspruch betrifft als ein den Beratungsanspruch mit dem Unternehmer i.S.d. § 106 Abs. 1 Satz 2 BetrVG vorbereitender Anspruch die Insolvenzmasse i.S.d. § 240 Satz 1 ZPO.

Dem Wirtschaftsausschuss steht ein Beratungsanspruch gegenüber dem Unternehmer nach § 106 Abs. 1 Satz 2 BetrVG auch dann zu, wenn es sich bei der wirtschaftlichen Angelegenheit um eine Übernahme des Unternehmens handelt, die mit dem Erwerb der Kontrolle verbunden ist (§ 106 Abs. 3 Nr. 9a BetrVG).

Ein im Verlauf des Beschlussverfahrens erfolgter Betriebsteilübergang nach § 613a Abs. 1 BGB führt nicht zu einem automatischen Einrücken des Erwerbers in die verfahrensrechtliche Stellung des bisherigen Betriebsinhabers als Arbeitgeber, wenn der Verfahrensgegenstand einen Unterrichtungsanspruch über wirtschaftliche Angelegenheiten nach § 106 Abs. 3 Nr. 9a BetrVG gegen den früheren Betriebsinhaber betrifft.

***BAG** 22.3.2016 – 1 ABR 10/14*

Der Wirtschaftsausschuss ist lediglich über die wirtschaftliche und finanzielle Lage des Unternehmens zu unterrichten, in dem er nach § 106 Abs. 1 Satz 1 BetrVG gebildet ist, nicht aber über die wirtschaftliche und finanzielle Lage des dieses beherrschenden Unternehmens. (Rn. 30) Dies gilt auch, wenn beide Unternehmen wirtschaftlich und finanziell eng miteinander verflochten sind (Rn. 39). Eine analoge Anwendung von § 106 Abs. 2 Satz 1 BetrVG dahin, dass der Wirtschaftsausschuss des beherrschten Unternehmens auch über die wirtschaftliche Lage des herrschenden Unternehmens zu informieren ist, scheidet mangels Regelungslücke aus (Rn. 40 ff.).

Die Primärzuständigkeit der Einigungsstelle nach § 109 BetrVG besteht auch, wenn das erfolglos an den Unternehmer gerichtete Verlangen des Wirtschaftsausschusses eine regelmäßig wiederkehrende Auskunft über eine bestimmte wirtschaftliche Angelegenheit zum Gegenstand hat (Rn. 23 ff.).

Die Richtlinie 2002/14/EG gebietet keine Unterrichtung und Anhörung der beim abhängigen Unternehmen beschäftigten Arbeitnehmer über die wirtschaftliche Lage des herrschenden Unternehmens (Rn. 43 f.).

***BAG** 17.12.2019 – 1 ABR 35/18*

Der **Konzernbetriebsrat** kann keinen Wirtschaftsausschuss errichten

***BAG** 23.8.1989 – 7 ABR 39/88*

Bei der **Ermittlung der Beschäftigtenzahl** i.S.d. § 106 Abs. 1 BetrVG ist nicht auf die durchschnittliche Beschäftigtenzahl eines bestimmten Zeitraums, sondern auf die normale Beschäftigtenzahl des Betriebs abzustellen. Dazu bedarf es grundsätzlich eines Rückblicks und einer Einschätzung der nahen zukünftigen Entwicklung der Personalstärke.

***LAG** Berlin 25.4.1988 – 9 TaBV 2/88 = BB 1988, 1388 = DB 1988, 1456*

Der **Betriebsrat** eines Betriebs in einem **Unternehmen mit zwei** (mehreren) **Betrieben** kann einen Wirtschaftsausschuss i.S.d. §§ 106 ff. BetrVG bilden, auch wenn in dem (den) anderen Betrieb (Betrieben) kein Betriebsrat errichtet werden kann oder – trotz Betriebsratsfähigkeit – errichtet worden ist.

***Hessisches LAG** 7.11.1989 – 4 TaBV 18/89 = NZA 1990, 628*

Betreiben **mehrere Unternehmen** gemeinsam **einen einheitlichen Betrieb** mit in der Regel mehr als einhundert ständig beschäftigten Arbeitnehmern, so ist ein Wirtschaftsausschuss auch dann zu bilden, wenn keines der beteiligten Unternehmen für sich allein diese Beschäftigtenzahl erreicht.

***BAG** 1.8.1990 – 7 ABR 91/88*

Führen zwei Unternehmen, die jeweils für sich genommen die Voraussetzungen von § 106 Abs. 1 BetrVG erfüllen, gemeinsam einen Betrieb, erfolgt die Bildung eines Wirtschaftsausschusses grundsätzlich unternehmensbezogen, nicht betriebsbezogen (Rn. 23 ff.).

Genießt eines der Unternehmen Tendenzschutz i.S.d. § 118 Abs. 1 Satz 1 Nr. 1 BetrVG, kann der Betriebsrat des Gemeinschaftsbetriebs einen Wirtschaftsausschuss bilden, wenn das andere Unternehmen tendenzfrei ist. Dem Wirtschaftsausschuss stehen jedoch gegenüber dem Tendenzunternehmen keine Rechte zu (Rn. 26).

***BAG** 26.2.2020 – 7 ABR 20/18*

Hinweis für die Praxis:

In Tendenzunternehmen darf gemäß § 118 Abs. 1 Satz 2 BetrVG kein Wirtschaftsausschuss gebildet werden. Schwierigkeiten bestehen immer wieder, wenn ein so genanntes Mischunternehmen, das teils tendenzgeschützten, teils nicht tendenzgeschützten Bestimmungen unterliegt, beteiligt ist oder aber ein gemeinsamer Betrieb von tendenzgeschützten und nicht tendenzgeschützten Unternehmen gebildet wird. Es kann von folgenden durch das BAG aufgestellten allgemeinen Grundsätzen ausgegangen werden:

1. *Mischunternehmen, die teils tendenzgeschützten, teils nicht tendenzgeschützten Bestimmungen dienen, unterfallen nur dann dem Tendenzschutz und der Betriebsrat darf keinen Wirtschaftsausschuss bilden, wenn die tendenzgeschützte Bestimmung im Unternehmen überwiegt (BAG 19. November 2019 – 7 ABR 3/18 – Rn. 33). Ob ein Mischunternehmen überwiegend tendenzgeschützten Bestimmungen dient, richtet sich danach, in welchem Umfang und mit welcher Intensität das Unternehmen seine Tätigkeit diesen Bestimmungen im Vergleich zu seinen anderen, nicht tendenzgeschützten Zielen widmet.*
2. *Beschäftigen die den Gemeinschaftsbetrieb führenden Unternehmen zusammen mehr als 100 Arbeitnehmer, jeweils für sich genommen aber weniger als 100 Arbeitnehmer, wird im Rahmen einer analogen Anwendung des § 106 BetrVG die Zahl der Arbeitnehmer aller an dem Gemeinschaftsbetrieb beteiligten Unternehmen zusammengezählt, als gäbe es einen einheitlichen Rechtsträger. Der Tendenzschutz bestimmt sich dann nach den vorstehend dargestellten Grundsätzen zu Mischunternehmen.*
3. *Beschäftigt dagegen wie im vorstehenden Fall bereits ein nicht tendenzgeschütztes Unternehmen, das den Gemeinschaftsbetrieb zusammen mit anderen Unternehmen trägt, mehr als 100 Arbeitnehmer, kann bei diesem Unternehmen auch ein Wirtschaftsausschuss von dem im Gemeinschaftsbetrieb gewählten Betriebsrat gegründet werden. Davon unabhängig ist dann die Auskunftserteilung an diesen Wirtschaftsausschuss. Hierzu deutet das BAG in vorstehender Entscheidung an, dass Auskünfte unter Umständen wegen des Tendenzschutzes des zweiten Trägerunternehmens nur eingeschränkt zu erteilen seien.*

Ist in einem Unternehmen ein Wirtschaftsausschuss nicht zu errichten, weil die nach § 106 Abs. 1 BetrVG erforderliche Zahl beschäftigter Arbeitnehmer nicht erreicht wird, so stehen die Unterrichtungsansprüche des Wirtschaftsausschusses über wirtschaftliche Angelegenheiten nach § 106 Abs. 2 BetrVG nicht dem Betriebsrat bzw. Gesamtbetriebsrat zu.

Der Betriebsrat selbst ist nach § 80 Abs. 2 BetrVG über wirtschaftliche Angelegenheiten unter Vorlage der erforderlichen Unterlagen nur dann zu unterrichten, soweit dies zur Durchführung konkreter Aufgaben erforderlich ist. Dieser Unterrichtungsanspruch über wirtschaftliche Angelegenheiten entfällt nicht insoweit, als dadurch Betriebs- oder Geschäftsgeheimnisse gefährdet werden können.

***BAG** 5.2.1991 – 1 ABR 24/90; **BAG** 5.2.1991 – 1 ABR 32/90*

Nach § 106 Abs. 1 Satz 1 BetrVG ist in allen Unternehmen mit in der Regel mehr als 100 ständig beschäftigten Arbeitnehmern ein Wirtschaftsausschuss zu bilden. Das Gesetz enthält keine Regelung darüber, ob der Wirtschaftsausschuss fortbesteht, wenn seine Errichtungsvoraussetzungen später wegfallen. In § 107 Abs. 2 Satz 2 BetrVG ist lediglich geregelt, dass die Mitglieder des Wirtschaftsausschusses vom Betriebsrat für die Dauer seiner Amtszeit bestimmt werden.

Das Amt des Wirtschaftsausschusses endet, wenn die Belegschaftsstärke nicht nur vorübergehend auf weniger als 101 Arbeitnehmer absinkt. Der Wirtschaftsausschuss besteht in diesem Fall nicht bis zur Beendigung der Amtszeit des Betriebsrats fort.

***BAG** 7.4.2004 – 7 ABR 41/03*

1.2. Teilnehmerkreis der Wirtschaftsausschusssitzung

§ 40 Abs. 2 BetrVG, wonach der Arbeitgeber dem Betriebsrat unter anderem das erforderliche **Büropersonal** zur Verfügung zu stellen hat, gilt für den **Wirtschaftsausschuss** entsprechend.

Allerdings ergibt sich weder aus § 40 Abs. 2 BetrVG noch aus anderen Rechtsgrundlagen für den Wirtschaftsausschuss oder für den (Gesamt-) Betriebsrat das Recht, zu den Sitzungen des Wirtschaftsausschusses **zusätzlich** zu dessen Mitgliedern ein (Gesamt-) Betriebsratsmitglied als **Protokollführer** hinzuzuziehen. Dies gilt auch, wenn das (Gesamt-) Betriebsratsmitglied freigestellt ist.

Vielmehr kann der Arbeitgeber selbst bestimmen, wen er als Büropersonal zur Verfügung stellt. **Dieser Protokollführer kann an der Sitzung des Wirtschaftsausschusses teilnehmen**.

***BAG** 17.10.1990 – 7 ABR 69/89*

Die **Schwerbehindertenvertretung** ist berechtigt, an Sitzungen des Wirtschaftsausschusses **beratend** teilzunehmen.

***BAG** 4.6.1987 – 6 ABR 70/85*

Die Vorschrift des § 31 BetrVG über die Zuziehung eines **Gewerkschaftsbeauftragten** zu den Sitzungen des Betriebsrats ist auf die Sitzungen des Wirtschaftsausschusses entsprechend anzuwenden.
Dies bedeutet, dass auf Antrag eines Viertels der Mitglieder oder der Mehrheit einer Gruppe des Betriebsrats (Gesamtbetriebsrats) oder auf Beschluss des Betriebsrats (Gesamtbetriebsrats) ein Beauftragter einer im Betriebsrat (Gesamtbetriebsrat) vertretenen Gewerkschaft an den Sitzungen des Wirtschaftsausschusses teilnehmen kann.

Der **Wirtschaftsausschuss** kann die Zuziehung eines solchen Gewerkschaftsbeauftragten jedenfalls dann **selbst beschließen**, wenn ihm der Betriebsrat (Gesamtbetriebsrat) eine entsprechende **Ermächtigung** erteilt hat.

Eine Gewerkschaft ist im Beschlussverfahren antragsberechtigt, wenn das Recht ihres Beauftragten auf Teilnahme an den Sitzungen des Wirtschaftsausschusses bestritten wird.

***BAG** 18.11.1980 – 1 ABR 31/78*

An den Sitzungen des Wirtschaftsausschusses kann in entsprechender Anwendung des § 31 BetrVG ein **Gewerkschaftsbeauftragter** beratend teilnehmen.

Die Teilnahme eines Gewerkschaftsbeauftragten kann jeweils nur für **eine konkret** bestimmte **Sitzung** des Wirtschaftsausschusses beschlossen werden. Eine generelle Einladung zu allen künftigen Sitzungen des Wirtschaftsausschusses ist unzulässig.

***BAG** 25.6.1987 – 6 ABR 45/85*

Eine Regelung in der **Geschäftsordnung** eines **Gesamtbetriebsrats**, wonach zu den **Sitzungen des Wirtschaftsausschusses** der **Beauftragte einer Gewerkschaft einzuladen** sei, ist nicht zu beanstanden.

***BAG** 18.11.1980 – 1 ABR 31/78*

Streiten die Beteiligten darüber, ob der Wirtschaftsausschuss nicht oder nicht genügend unterrichtet worden ist, so entscheidet die Einigungsstelle nach § 109 BetrVG. Die Erkenntnis darüber, ob ausreichend Daten mitgeteilt worden sind, gehört zu den Regelaufgaben, die der Wirtschaftsausschuss aufgrund seiner fachlichen Eignung bewältigen können muss.

***LAG** Düsseldorf 25.3.1975 – 8 TaBV 3/75*

Die Frage, ob die Zuziehung eines **Sachverständigen** zur ordnungsgemäßen Erfüllung der Aufgaben des Wirtschaftsausschusses erforderlich ist (§ 108 Abs. 2 Satz 3 i. V. m. § 80 Abs. 3 Satz 1 BetrVG), ist eine Rechts- und keine Ermessensfrage. Im Streitfalle entscheiden die Gerichte für Arbeitssachen im Beschlussverfahren. Antragsberechtigt ist in einem solchen Falle der Betriebsrat bzw. der Gesamtbetriebsrat. Ob auch der Wirtschaftsausschuss antragsbefugt ist, bleibt offen.

Aufgabe des Sachverständigen ist es, dem Wirtschaftsausschuss die ihm zur Beurteilung einer konkreten aktuellen Frage fehlenden fachlichen Kenntnisse zu vermitteln.

Die Zuziehung eines Sachverständigen ist nur dann notwendig, wenn der Wirtschaftsausschuss einzelne seiner gesetzlichen Aufgaben ohne sachverständige Beratung nicht ordnungsgemäß würde erfüllen können. Hierbei muss jedoch davon ausgegangen werden, dass die Mitglieder des Wirtschaftsausschusses bereits über diejenigen Kenntnisse verfügen, die im Regelfalle zur ordnungsgemäßen Wahrnehmung ihrer Aufgaben erforderlich sind.

Zum Verständnis des vom Unternehmer dem Wirtschaftsausschuss unter Beteiligung des Betriebsrats zu erläuternden **Jahresabschlusses** bedarf es nicht ohne weiteres der Zuziehung eines Sachverständigen. Vielmehr müssen besondere Gründe dargelegt werden, die im Einzelfall die Notwendigkeit sachverständiger Beratung ergeben.

***BAG** 18.7.1978 – 1 ABR 34/75*

Die **Abberufung** von **Mitgliedern des Wirtschaftsausschusses** kann nur erfolgen, wenn der Berufene entgegen der ursprünglichen Annahme die fachliche und persönliche Eignung nicht besitzt oder wenn die Voraussetzungen später ganz oder zumindest teilweise fortgefallen sind.

***ArbG** Hamburg 11.9.1975 – 12 BV 26/75 = DB 1975, 2331*

2. Die Sitzungen des Wirtschaftsausschusses (§ 108 BetrVG)

Die gesetzliche **Pflicht des Unternehmers zur Teilnahme** an den Sitzungen des Wirtschaftsausschusses bedeutet nicht, dass ohne ihn eine Wirtschaftsausschusssitzung nicht stattfinden könne oder dürfe. Vielmehr kann der Wirtschaftsausschuss zur Vorbereitung einer Sitzung mit dem Unternehmer **auch ohne diesen** zu einer Sitzung zusammentreten.

***BAG** 16.3.1982 – 1 AZR 406/80*

Der Wirtschaftsausschuss hat die Aufgabe, wirtschaftliche Angelegenheiten mit dem Unternehmer zu beraten. Die Mitglieder des Wirtschaftsausschusses müssen die Möglichkeit haben, sich auf die **Sitzungen des Wirtschaftsausschusses** gründlich **vorzubereiten**.

Was im Einzelfall an Vorbereitung erforderlich ist, hängt weitgehend von den Angelegenheiten ab, die mit dem Unternehmer beraten werden sollen. Der Unternehmer kann verpflichtet sein, **Unterlagen** mit umfangreichen Daten und Zahlen schon vor der Sitzung vorzulegen. Er kann auch verpflichtet sein, diese Unterlagen den Mitgliedern des Wirtschaftsausschusses zeitweise – zur Vorbereitung auf die Sitzung – zu **überlassen** (aus der Hand zu geben).

Die Mitglieder des Wirtschaftsausschusses haben kein Recht, sich von den überlassenen Unterlagen ohne Zustimmung des Unternehmers Abschriften (Ablichtungen) anzufertigen.

***BAG** 20.11.1984 – 1 ABR 64/82*

Die Mitglieder des Wirtschaftsausschusses sind berechtigt, sich bei der Erläuterung des Jahresabschlusses durch den Arbeitgeber gemäß § 108 Abs. 5 BetrVG **schriftliche Notizen** zu machen.

***LAG** Hamm 9.2.1983 – 12 TaBV 65/82 = DB 1983, 1311*

3. Beilegungen von Meinungsverschiedenheiten (§ 109 BetrVG)

Die Zuständigkeit einer Einigungsstelle nach § 109 BetrVG setzt nicht voraus, dass der Wirtschaftsausschuss über sein an den Unternehmer gerichtetes Auskunfts- oder Vorlageverlangen zuvor einen (ordnungsgemäßen) Beschluss gefasst hat. (Rn. 29 – 31)

§ 106 Abs. 2 Satz 1 BetrVG verpflichtet den Unternehmer, den Wirtschaftsausschuss über die wirtschaftlichen Angelegenheiten des Unternehmens anhand aussagekräftiger Unterlagen zu unterrichten. Einer zusätzlichen Erforderlichkeitsprüfung bedarf es nicht. (Rn. 45 – 50)

Das in § 109 BetrVG normierte Konfliktlösungsverfahren begründet eine gesetzliche Primärzuständigkeit der Einigungsstelle bei Auseinandersetzungen der (Gesamt) Betriebsparteien über Grund, Umfang und Modalitäten der Unterrichtungs- und Vorlagepflicht des Unternehmers nach § 106 Abs. 2 BetrVG (Rn. 12).

Dem im Einigungsstellenverfahren nach § 109 Satz 2 BetrVG beschlossenen Spruch kommt – anders als in den Angelegenheiten der erzwingbaren Mitbestimmung – keine rechtsgestaltende Wirkung zu. Die Einigungsstelle befindet über die Berechtigung eines vom Wirtschaftsausschuss geltend gemachten Verlangens und damit über Rechts-, nicht Regelungsfragen (Rn. 14).

Der Spruch der Einigungsstelle nach § 109 BetrVG unterliegt der umfassenden Rechtskontrolle (Rn. 14).

Verstößt der im Einigungsstellenverfahren nach § 109 BetrVG ergangene Spruch gegen das Schriftformgebot des § 76 Abs. 3 Satz 4 BetrVG, hat dies nicht seine Unwirksamkeit zur Folge (Rn. 20 ff.).

Da nach der gesetzlichen Konzeption des § 109 BetrVG durch das Verlangen des Wirtschaftsausschusses der Zuständigkeitsrahmen der Einigungsstelle abgesteckt wird, kann ihr dasjenige Verlangen eine Spruchkompetenz vermitteln, welches hinreichend bestimmt auf die Erteilung einer Auskunft, die Vorlage bestimmter Unterlagen, deren jeweilige Zeitpunkte oder deren sonstige Modalitäten gerichtet ist (Rn. 28).

***BAG** 17.12.2019 – 1 ABR 25/18*

Aufgabe einer Einigungsstelle i.S.v. § 109 BetrVG ist die Entscheidung, ob, wann und in welcher Weise eine Auskunft gemäß § 106 As. 2 Satz 3 BetrVG unter Vorlage welcher Unterlagen zu erteilen ist. Für die Frage, ob ein Wirtschaftsausschuss zu bestellen ist und ob der Arbeitgeber seine Pflicht zur Teilnahme an Sitzungen des Wirtschaftsausschusses verletzt hat, ist die Einigungsstelle offensichtlich unzuständig.

***Hessisches LAG** 01.08.2006 – 4 TaBV 111/06*

Die Entscheidung der Einigungsstelle nach § 109 BetrVG darüber, ob, wann, in welcher Weise und in welchem Umfang der Unternehmer den Wirtschaftsausschuss zu unterrichten hat, unterliegt der Rechtskontrolle der Arbeitsgerichte. Dies gilt auch für die Frage, ob eine Gefährdung von Betriebs- oder Geschäftsgeheimnissen der Auskunft entgegensteht.

***BAG** 11.7.2000 – 1 ABR 43/99*

Monatliche Erfolgsrechnungen (Betriebsabrechnungsbögen) für einzelne Filialen oder Betriebe sind Unterlagen, die einen Bezug zu wirtschaftlichen Angelegenheiten i.S.d. § 106 Abs. 3 BetrVG haben.

Ob und ggf. wann solche Erfolgsrechnungen dem Wirtschaftsausschuss vorzulegen sind, ist eine Frage der Erforderlichkeit der Vorlage dieser Unterlagen und damit von der Einigungsstelle zu entscheiden.

***BAG** 17.9.1991 – 1 ABR 74/90*

Soweit sich für den Betriebsrat Aufgaben erst dann stellen, wenn der Arbeitgeber eine Maßnahme ergreift oder plant, die Beteiligungsrechte des Betriebsrats auslöst, kann der Betriebsrat die Vorlage von Unterlagen, die zur Erfüllung seiner Aufgaben erforderlich sind, auch erst dann verlangen, wenn der Arbeitgeber tätig wird und damit Aufgaben des Betriebsrats auslöst. **Revisionsberichte**, die solche Maßnahmen des Arbeitgebers lediglich anregen, sind daher nicht schon deswegen dem Betriebsrat zur Verfügung zu stellen.

BAG *27.6.1989 – 1 ABR 19/88*

Die Einigungsstelle ist für die Frage zu bilden, ob der Wirtschaftsausschuss verlangen kann, dass ihm bereits der **Entwurf des Jahresabschlusses** vor konzerninterner Abgleichung und der zugehörige **Wirtschaftsprüferbericht** vorzulegen sind. Sie ist hierfür nicht offensichtlich unzuständig.

LAG *Berlin 13.7.1988 – 1 TaBV 3/88 = BB 1989, 147 = NZA 1989, 193*

Der **Wirtschaftsprüfungsbericht** nach § 321 HGB ist eine Unterlage, die eine wirtschaftliche Angelegenheit des Unternehmers i.S.v. § 106 Abs. 2 BetrVG betrifft und daher vom Arbeitgeber dem Wirtschaftsausschuss jedenfalls dann vorzulegen ist, wenn ein wirksamer Spruch der Einigungsstelle den Unternehmer zur Vorlage des Wirtschaftsprüfungsberichts verpflichtet.

BAG *8.8.1989 – 1 ABR 61/88*

Die gesetzliche Primärzuständigkeit der Einigungsstelle bei Konflikten über ein Auskunftsverlangen des Wirtschaftsausschusses bezieht sich auch auf Streitigkeiten über die Art und Weise der Erteilung von Auskünften.

Nach § 106 Abs. 2 Satz 1 BetrVG hat der Unternehmer – soweit dadurch nicht die Betriebs- und Geschäftsgeheimnisse des Unternehmens gefährdet werden – den Wirtschaftsausschuss rechtzeitig und umfassend über die wirtschaftlichen Angelegenheiten des Unternehmens unter Vorlage der erforderlichen Unterlagen zu unterrichten. Wird eine Auskunft über wirtschaftliche Angelegenheiten des Unternehmens entgegen dem Verlangen des Wirtschaftsausschusses nicht, nicht rechtzeitig oder nur ungenügend erteilt und kommt hierüber zwischen Unternehmer und Betriebsrat keine Einigung zustande, so entscheidet nach § 109 Satz 1 und Satz 2 BetrVG die Einigungsstelle, deren Spruch die Einigung zwischen Arbeitgeber und Betriebsrat ersetzt (Rn. 14).

Diese gesetzliche Primärzuständigkeit der Einigungsstelle bei Konflikten über ein Auskunftsverlangen des Wirtschaftsausschusses besteht auch bei Meinungsverschiedenheiten über die Modalitäten der Vorlage von Unterlagen; im konkreten Fall ging es um die Unterrichtung in elektronischer Form (Rn. 17 ff.).

Ein im arbeitsgerichtlichen Beschlussverfahren angebrachtes Begehren, das der Primärzuständigkeit der Einigungsstelle unterfällt, ist nur dann zulässig, wenn zuvor das in § 109 BetrVG vorgesehene Konfliktlösungsverfahren durchgeführt wurde (Rn. 15).

BAG *12.2.2019 – 1 ABR 37/17*

Der Geschäftsführer einer GmbH ist verpflichtet, den Wirtschaftsausschuss darüber zu unterrichten, dass sämtliche Geschäftsanteile der GmbH auf einen neuen Gesellschafter übergegangen sind. Außerdem hat er dem Wirtschaftsausschuss mitzuteilen, ob im Zusammenhang mit der Abtretung der Geschäftsanteile **Absprachen** über die **künftige Geschäftsführung und Geschäftspolitik erfolgt** sind.

Der **notarielle Vertrag über die Veräußerung** der Geschäftsanteile betrifft das Verhältnis zwischen dem bisherigen und dem neuen Gesellschafter. Es handelt sich hierbei nicht um eine Unterlage des Unternehmens, die nach § 106 Abs. 2 BetrVG dem Wirtschaftsausschuss vorzulegen ist.
Allerdings besteht der allgemeine Unterrichtungsanspruch des Wirtschaftsausschusses gegen die GmbH über etwaige Absprachen über die künftige Geschäftsführung und Geschäftspolitik.

BAG *22.1.1991 – 1 ABR 38/89*

Die Einsicht in das **Gutachten einer Unternehmensberatung** durch den Betriebsrat oder den Wirtschaftsausschuss, die von Unternehmen wegen der Gefährdung von Betriebs- oder Geschäftsgeheimnissen verwehrt wird, kann nicht im Wege der **einstweiligen Verfügung** verfolgt werden, weil damit das beanspruchte Recht bereits endgültig durchgesetzt wird.

Für Streitigkeiten über das Vorliegen von Betriebs- oder Geschäftsgeheimnissen ist nach § 109 BetrVG die Einigungsstelle zuständig; daher besteht für eine **einstweilige Verfügung**, mit der das Einsichtsrecht durchgesetzt werden soll, kein Verfügungsanspruch.

ArbG *Wetzlar 28.2.1989 – 1 BVGa 4/89 = NZA 1989, 443*

Hat zunächst der Betriebs-/Gesamtbetriebsrat die Erteilung bestimmter Auskünfte unter Vorlage an den Wirtschaftsausschuss verlangt, kann er – im Falle der Weigerung des Arbeitgebers – nicht hernach Vorlage an sich selbst nach § 80 Abs. 2 BetrVG verlangen. § 109 BetrVG enthält insoweit eine speziellere gesetzliche Regelung. Die Einigungsstelle ist dann primär zuständig.

Hessisches LAG *1.9.1988 – 12 TaBV 46/88 = NZA 1989, 193 = DB 1988, 2519*

Bei einem Streit darüber, ob der Unternehmer den Wirtschaftsausschuss mit Rücksicht auf **Betriebs-** und **Geschäftsgeheimnisse** nur beschränkt zu unterrichten braucht oder nicht, muss zunächst die Einigungsstelle entscheiden. Ein ordnungswidriges Verhalten des Unternehmers i.S.d. § 121 BetrVG kann erst vorliegen, wenn aufgrund einer Entscheidung der Einigungsstelle der zwischen Unternehmer und Wirtschaftsausschuss streitige Umfang der Unterrichtungspflicht konkretisiert ist.

OLG *Karlsruhe 7.6.1985 – 1 Ss 68/85*

Hinsichtlich der **Erforderlichkeit der Vorlage von Unterlagen** an den Wirtschaftsausschuss wie auch bezüglich des Vorliegens der Gefährdung von Betriebs- und Geschäftsgeheimnissen (und deren Berücksichtigung) steht der Einigungsstelle ein Beurteilungsspielraum zu. Insoweit besteht eine gerichtliche Überprüfungskompetenz nur in beschränktem Umfang.

Hessisches LAG *19.4.1988 – 4 TaBV 99/87 = BB 1988, 2246*

Betriebsänderungen (§§ 111 – 113 BetrVG)

Gesetzestext

§ 111 Betriebsänderungen

[1]In Unternehmen mit in der Regel mehr als zwanzig wahlberechtigten Arbeitnehmern hat der Unternehmer den Betriebsrat über geplante Betriebsänderungen, die wesentliche Nachteile für die Belegschaft oder erhebliche Teile der Belegschaft zur Folge haben können, rechtzeitig und umfassend zu unterrichten und die geplanten Betriebsänderungen mit dem Betriebsrat zu beraten. [2]Der Betriebsrat kann in Unternehmen mit mehr als 300 Arbeitnehmern zu seiner Unterstützung einen Berater hinzuziehen; § 80 Abs. 4 gilt entsprechend; im Übrigen bleibt § 80 Abs. 3 unberührt. [3]Als Betriebsänderungen im Sinne des Satzes 1 gelten

1. *Einschränkung und Stilllegung des ganzen Betriebs oder von wesentlichen Betriebsteilen,*
2. *Verlegung des ganzen Betriebs oder von wesentlichen Betriebsteilen,*
3. *Zusammenschluss mit anderen Betrieben oder die Spaltung von Betrieben,*
4. *grundlegende Änderungen der Betriebsorganisation, des Betriebszwecks oder der Betriebsanlagen,*
5. *Einführung grundlegend neuer Arbeitsmethoden und Fertigungsverfahren.*

§ 112[74] Interessenausgleich über die Betriebsänderung, Sozialplan

(1) [1]Kommt zwischen Unternehmer und Betriebsrat ein Interessenausgleich über die geplante Betriebsänderung zustande, so ist dieser schriftlich niederzulegen und vom Unternehmer und Betriebsrat zu unterschreiben; § 77 Absatz 2 Satz 3 gilt entsprechend. [2]Das Gleiche gilt für eine Einigung über den Ausgleich oder die Milderung der wirtschaftlichen Nachteile, die den Arbeitnehmern in-

[74] § 112 Abs. 2 Sätze 1 bis 3 geänd. mWv 1. 1. 2004 durch G v. 23. 12. 2003 (BGBl. I S. 2848).

folge der geplanten Betriebsänderung entstehen (Sozialplan). [3]Der Sozialplan hat die Wirkung einer Betriebsvereinbarung. [4]§ 77 Abs. 3 ist auf den Sozialplan nicht anzuwenden.

(2) *[1]Kommt ein Interessenausgleich über die geplante Betriebsänderung oder eine Einigung über den Sozialplan nicht zustande, so können der Unternehmer oder der Betriebsrat den Vorstand der Bundesagentur für Arbeit um Vermittlung ersuchen, der Vorstand kann die Aufgabe auf andere Bedienstete der Bundesagentur für Arbeit übertragen. [2]Erfolgt kein Vermittlungsersuchen oder bleibt der Vermittlungsversuch ergebnislos, so können der Unternehmer oder der Betriebsrat die Einigungsstelle anrufen. [3]Auf Ersuchen des Vorsitzenden der Einigungsstelle nimmt ein Mitglied des Vorstands der Bundesagentur für Arbeit oder ein vom Vorstand der Bundesagentur für Arbeit benannter Bediensteter der Bundesagentur für Arbeit an der Verhandlung teil.*

(3) *[1]Unternehmer und Betriebsrat sollen der Einigungsstelle Vorschläge zur Beilegung der Meinungsverschiedenheiten über den Interessenausgleich und den Sozialplan machen. [2]Die Einigungsstelle hat eine Einigung der Parteien zu versuchen. [3]Kommt eine Einigung zustande, so ist sie schriftlich niederzulegen und von den Parteien und vom Vorsitzenden zu unterschreiben.*

(4) *[1]Kommt eine Einigung über den Sozialplan nicht zustande, so entscheidet die Einigungsstelle über die Aufstellung eines Sozialplans. [2]Der Spruch der Einigungsstelle ersetzt die Einigung zwischen Arbeitgeber und Betriebsrat.*

(5) *[1]Die Einigungsstelle hat bei ihrer Entscheidung nach Absatz 4 sowohl die sozialen Belange der betroffenen Arbeitnehmer zu berücksichtigen als auch auf die wirtschaftliche Vertretbarkeit ihrer Entscheidung für das Unternehmen zu achten. [2]Dabei hat die Einigungsstelle sich im Rahmen billigen Ermessens insbesondere von folgenden Grundsätzen leiten zu lassen:*

1. *Sie soll beim Ausgleich oder bei der Milderung wirtschaftlicher Nachteile, insbesondere durch Einkommensminderung, Wegfall von Sonderleistungen oder Verlust von Anwartschaften auf betriebliche Altersversorgung, Umzugskosten oder erhöhte Fahrtkosten, Leistungen vorsehen, die in der Regel den Gegebenheiten des Einzelfalles Rechnung tragen.*
2. *Sie hat die Aussichten der betroffenen Arbeitnehmer auf dem Arbeitsmarkt zu berücksichtigen. Sie soll Arbeitnehmer von Leistungen ausschließen, die in einem zumutbaren Arbeitsverhältnis im selben Betrieb oder in einem anderen Betrieb des Unternehmens oder eines zum Konzern gehörenden Unternehmens weiterbeschäftigt werden können und die Weiterbeschäftigung ablehnen; die mögliche Weiterbeschäftigung an einem anderen Ort begründet für sich allein nicht die Unzumutbarkeit.*

2a. *Sie soll insbesondere die im Dritten Buch des Sozialgesetzbuches vorgesehenen Förderungsmöglichkeiten zur Vermeidung von Arbeitslosigkeit berücksichtigen.*

3. *Sie hat bei der Bemessung des Gesamtbetrages der Sozialplanleistungen darauf zu achten, dass der Fortbestand des Unternehmens oder die nach Durchführung der Betriebsänderung verbleibenden Arbeitsplätze nicht gefährdet werden.*

§ 112a Erzwingbarer Sozialplan bei Personalabbau, Neugründungen

(1) *[1]Besteht eine geplante Betriebsänderung im Sinne des § 111 Satz 3 Nr. 1 allein in der Entlassung von Arbeitnehmern, so findet § 112 Abs. 4 und 5 nur Anwendung, wenn*

1. *in Betrieben mit in der Regel weniger als 60 Arbeitnehmern 20 vom Hundert der regelmäßig beschäftigten Arbeitnehmer, aber mindestens 6 Arbeitnehmer,*
2. *in Betrieben mit in der Regel mindestens 60 und weniger als 250 Arbeitnehmern 20 vom Hundert der regelmäßig beschäftigten Arbeitnehmer oder mindestens 37 Arbeitnehmer,*
3. *in Betrieben mit in der Regel mindestens 250 und weniger als 500 Arbeitnehmern 15 vom Hundert der regelmäßig beschäftigten Arbeitnehmer oder mindestens 60 Arbeitnehmer,*
4. *in Betrieben mit in der Regel mindestens 500 Arbeitnehmern 10 vom Hundert der regelmäßig beschäftigten Arbeitnehmer, aber mindestens 60 Arbeitnehmer*

aus betriebsbedingten Gründen entlassen werden sollen. [2]Als Entlassung gilt auch das vom Arbeitgeber aus Gründen der Betriebsänderung veranlasste Ausscheiden von Arbeitnehmern aufgrund von Aufhebungsverträgen.

(2) *[1]§ 112 Abs. 4 und 5 findet keine Anwendung auf Betriebe eines Unternehmens in den ersten vier Jahren nach seiner Gründung. [2]Dies gilt nicht für Neugründungen im Zusammenhang mit der rechtlichen Umstrukturierung von Unternehmen und Konzernen. [3]Maßgebend für den Zeitpunkt der Gründung ist die Aufnahme einer Erwerbstätigkeit, die nach § 138 der Abgabenordnung dem Finanzamt mitzuteilen ist.*

§ 113 Nachteilsausgleich

(1) *Weicht der Unternehmer von einem Interessenausgleich über die geplante Betriebsänderung ohne zwingenden Grund ab, so können Arbeitnehmer, die infolge dieser Abweichung entlassen werden, beim Arbeitsgericht Klage erheben mit dem Antrag, den Arbeitgeber zur Zahlung von Abfindungen zu verurteilen; § 10 des Kündigungsschutzgesetzes gilt entsprechend.*

(2) *Erleiden Arbeitnehmer infolge einer Abweichung nach Absatz 1 andere wirtschaftliche Nachteile, so hat der Unternehmer diese Nachteile bis zu einem Zeitraum von zwölf Monaten auszugleichen.*

(3) *Die Absätze 1 und 2 gelten entsprechend, wenn der Unternehmer eine geplante Betriebsänderung nach § 111 durchführt, ohne über sie einen Interessenausgleich mit dem Betriebsrat versucht zu haben, und infolge der Maßnahme Arbeitnehmer entlassen werden oder andere wirtschaftliche Nachteile erleiden.*

1. Betriebsänderungen (§ 111 BetrVG)

1.1. Allgemeines, vor allem rechtzeitige Unterrichtung

Die Begriffe Unternehmer und Arbeitgeber in den Vorschriften der §§ 111 – 113 BetrVG bezeichnen diejenige Rechtsperson, die Inhaber des Betriebs, für den eine Betriebsänderung geplant wird, **und** Arbeitgeber der in diesem Betrieb beschäftigten Arbeitnehmer ist.

BAG *15.1.1991 – 1 AZR 94/90*

Die Pflichten der §§ 111 ff. BetrVG richten sich an den Unternehmer. Sie setzen eine von ihm geplante Betriebsänderung voraus. Unternehmer ist der Rechtsträger des Betriebs. Nichts anderes gilt bei einer (abhängigen) Konzerngesellschaft.

BAG *14.4.2015 – 1 AZR 794/13*

Nach § 111 Satz 1 BetrVG hat der Unternehmer den Betriebsrat über eine **geplante Betriebsänderung** rechtzeitig und umfassend zu unterrichten und sie mit ihm zu beraten. Der Unternehmer hat den Betriebsrat also bereits dann zu beteiligen, wenn er eine Betriebsänderung **plant**. Der Unternehmer muss den Betriebsrat so früh wie möglich von den geplanten Maßnahmen unterrichten.

Mit dem Wort „geplant" in § 111 BetrVG soll sichergestellt werden, dass der Betriebsrat schon **in einem möglichst frühen Stadium der Planung der Betriebsänderung zu beteiligen** ist. Das in §§ 111, 112 BetrVG vorgesehene Verfahren, also auch einschließlich des Versuchs eines Interessenausgleichs, muss noch in einem Zeitraum abgewickelt werden, in dem der Plan noch nicht, und zwar auch noch nicht teilweise verwirklicht ist und er überhaupt noch nicht abschließend feststeht.

BAG *17.9.1974 – 1 AZR 16/74;* ***BAG*** *14.9.1976 – 1 AZR 784/75*

Nach § 113 Abs. 3 i.V.m. Abs. 1 BetrVG kann ein Arbeitnehmer vom Unternehmer die Zahlung einer Abfindung verlangen, wenn der Unternehmer eine geplante Betriebsänderung nach § 111 BetrVG durchführt, ohne über sie einen Interessenausgleich mit dem Betriebsrat versucht zu haben, und infolge der Maßnahme Arbeitnehmer entlassen werden oder andere wirtschaftliche Nachteile erleiden. Die Unterrichtungs- und Beratungspflicht des § '111 Satz 1 BetrVG knüpft an greifbare Planungen über eine Betriebsänderung an und setzt eine hinreichend bestimmte, in Einzelheiten bereits absehbare Maßnahme voraus, deren Durchführung der Unternehmer konkret anstrebt.

Die Unterrichtungs- und Beratungspflicht über eine betriebsbezogene Betriebsänderung besteht gegenüber dem örtlichen Betriebsrat. Für eine betriebsübergreifende Betriebsänderung ist der Gesamtbetriebsrat zuständig. Ob eine originäre Zuständigkeit des Konzernbetriebsrats nach § 58 Abs. 1 Satz 1 BetrVG im Zusammenhang mit einer Betriebsänderung in Form einer Betriebsschließung eröffnet sein kann, bleibt offen.

Eine Betriebsänderung in Form der Stilllegung besteht in der Aufgabe des Betriebszwecks unter gleichzeitiger Auflösung der Betriebsorganisation für unbestimmte, nicht nur vorübergehende Zeit. Ihre Umsetzung erfolgt, sobald der Unternehmer unumkehrbare Maßnahmen zur Auflösung der betrieblichen Organisation ergreift.

BAG *18.7.2017 – 1 AZR 546/15*

Maßgeblicher Anknüpfungspunkt für die Mitbestimmungsrechte des Betriebsrats nach §§ 111 ff. BetrVG ist die Planungsentscheidung des Arbeitgebers.
Liegt nach der ursprünglichen Planung keine Betriebsänderung i.S.v. § 111 BetrVG vor, entstehen zunächst keine Mitbestimmungsrechte des Betriebsrats auf Unterrichtung, Beratung und den Abschluss eines Sozialplans.
Ändert der Arbeitgeber seine Planung, bevor er die zunächst geplanten Maßnahmen durchgeführt hat, ist mitbestimmungsrechtlich die neue Planung maßgeblich.
Hat der Arbeitgeber zum Zeitpunkt der neuen Planung die zunächst geplanten Maßnahmen bereits durchgeführt, werden diese und die nunmehr geplanten Maßnahmen mitbestimmungsrechtlich grundsätzlich nicht zusammengerechnet.

BAG *28.3.2006 – 1 ABR 5/05*

Stellt der Arbeitgeber lediglich **Vorüberlegungen** zu einer noch zu **planenden Betriebsänderung** an, so hat der Betriebsrat keinen Anspruch auf Unterrichtung und Beratung über die denkbaren Auswirkungen der lediglich im Planungsstadium befindlichen Betriebsänderung.

Das Mitbestimmungsrecht des Betriebsrats bei Betriebsänderungen setzt vielmehr erst dann ein, wenn der Arbeitgeber ein bestimmtes Konzept zur Betriebsänderung entwickelt hat, das er nach Beratung mit dem Betriebsrat zu verwirklichen beabsichtigt. Davon kann erst dann ausgegangen werden, wenn der Arbeitgeber einen entsprechenden, den Beratungen mit dem Betriebsrat allerdings noch zugänglichen Beschluss gefasst hat.

LAG *Düsseldorf 27.8.1985 – 16 TaBV 52/85 = NZA 1986, 371*

Aufgrund der Unterrichtungspflicht des Arbeitgebers nach § 111 Satz 1 BetrVG kann der Betriebsrat verlangen, dass ihm alle für die **geplante Betriebsänderung** maßgeblichen Daten durch den Arbeitgeber mitgeteilt werden. Er hat jedoch keinen Anspruch auf Angabe solcher Daten, die für die Planung keine Rolle gespielt haben und ggf. noch nicht einmal erstellt worden sind.

LAG *Hamm 5.3.1986 – 12 TaBV 164/85 = BB 1986, 1291 = NZA 1986, 651*

Beabsichtigt der Arbeitgeber einen – bisher – **betriebsratslosen Betrieb** stillzulegen und wird sodann ein Betriebsrat gewählt, so ist dieser nach § 111 ff. BetrVG zu beteiligen, wenn bis zum Zeitpunkt der Konstituierung des Betriebsrats noch nicht alle zur Stilllegung des Betriebs notwendigen Rechtshandlungen vorgenommen sind – hier: Massenentlassungsanzeige gemäß § 17 Nr. 1 KSchG.

LAG *Baden-Württemberg 14.3.1990 – 2 TaBV 4/90 = AiB 1991, 124*

Die Verpflichtung des Insolvenzverwalters, den Betriebsrat über eine geplante Betriebsänderung zu unterrichten, diese mit ihm zu beraten und den Versuch eines Interessenausgleichs zu unternehmen, besteht auch dann, wenn der Betriebsrat erst nach der Eröffnung des Insolvenzverfahrens gewählt wurde.

BAG *18.11.2003 – 1 AZR 30/03 = BB 2004, 556*

Wird ein bisher **betriebsratsloser Betrieb** stillgelegt, so kann ein erst während der Durchführung der Betriebsstilllegung gewählter Betriebsrat die Aufstellung eines Sozialplans nicht mehr verlangen.

BAG *20.4.1982 – 1 ABR 3/80*

Wird ein Rechtsanwalt vom Betriebsrat mit Verhandlungen über einen Interessenausgleich und Sozialplan beauftragt, so hat er den Betriebsrat bei seinen kollektivrechtlichen Aufgaben nach §§ 111 f. BetrVG zu beraten und zu vertreten. Hieraus folgt kein Mandat, auch die Individualinteressen der Arbeitnehmer zu vertreten. Der vom Betriebsrat abgeschlossene Anwaltsvertrag ist in der Regel kein Vertrag mit Schutzwirkung zugunsten der Arbeitnehmer. Der Rechtsanwalt des Betriebsrats haftet daher nicht gegenüber Arbeitnehmern auf Schadensersatz wegen einer etwaigen Schlechterfüllung des Anwaltsvertrages.

BAG *24.8.2006 – 8 AZR 414/05 = NZA 2007, 51*

An einer sachfremden, nicht im Einklang mit dem arbeitsrechtlichen Gleichbehandlungsgrundsatz stehenden Gruppenbildung fehlt es, wenn sich der Arbeitgeber entschließt, nur den Arbeitnehmern eine Lohnerhöhung in Form einer Motivationszulage zu gewähren, auf die er zur Aufrechterhaltung seines Betriebes nach einer von ihm geplanten Umstrukturierung angewiesen ist.

Die Umsetzung eines derartigen Entschlusses ist unabhängig von der Erfüllung der dem Arbeitgeber aufgrund der geplanten Umstrukturierungsmaßnahme gegenüber dem Betriebsrat obliegenden Unterrichtungs- und Beratungspflichten nach § 111 Satz 1 BetrVG.

LAG *Düsseldorf 20.6.1997 – 11 (12) Sa 370/97 und 11 Sa 369/97*

Besteht eine Betriebsänderung nach § 111 BetrVG möglicherweise darin, dass ein Arbeitgeber mit den bei ihm beschäftigen Arbeitnehmern einen ursprünglich gemeinsam mit einem anderen Arbeitgeber geführten Betrieb verlässt, so sind beide Arbeitgeber gemeinsam zu Verhandlungen über Interessenausgleich und Sozialplan verpflichtet.

Im Verfahren nach § 98 ArbGG ist von den Arbeitsgerichten lediglich über die Person des Vorsitzenden und gegebenenfalls die Zahl der Beisitzer zu entscheiden; es ist hierbei nicht zu klären, welcher der den Betrieb führenden Arbeitgeber die Beisitzer in die Einigungsstelle entsenden soll bzw. zwischen welchen Beteiligten die Einigungsstelle gebildet werden soll. Ist der Antragsteller offensichtlich unzuständig, so ist der Antrag zurückzuweisen. Hat einer der Arbeitgeber offensichtlich nichts mit dem Mitbestimmungstatbestand zu tun, so ist er als „Beteiligter" i.S.d. § 83 ArbGG auszuscheiden. Ansonsten sind am Verfahren alle diejenigen zu beteiligen, die in ihrer betriebsverfassungsrechtlichen Rechtsstellung materiell betroffen sein können.

Es bleibt den beteiligten Arbeitgebern – und gegebenenfalls einem eigenen Verfahren zwischen ihnen – überlassen und ist nicht im Verfahren nach § 98 ArbGG zu klären, welcher Arbeitgeber (wie viele) Beisitzer in die Einigungsstelle entsendet, Interessenausgleichsverhandlungen führt und die Sozialansprüche zu erfüllen hat.

***LAG** Nürnberg, 22.3.1995 – 4 TaBV 33/94, rkr = DB 1995, 1972*

Eine tarifvertragliche Regelung, die bestimmt, dass bei Streitigkeiten zwischen Betriebsrat und Geschäftsleitung um Interessenausgleiche und Sozialpläne an die Stelle der Einigungsstelle nach § 76 Abs. 8 BetrVG die tarifliche Schlichtungsstelle tritt, enthält keine Kompetenzregelung, die den Abschluss eines Tarifvertrags über in einem Sozialplan regelbare Inhalte ausschließt.

Die §§ 111 ff. BetrVG stellen keine abschließende Regelung dar, die dem Abschluss eines Tarifvertrags entgegenstehen.

Es ist nicht Aufgabe der Gerichte für Arbeitssachen, korrigierend in die Höhe einer dem Grunde nach berechtigten Tarifforderung einzugreifen, solange nicht die Tarifforderung selbst auf ein tariflich nicht regelbares Ziel gerichtet ist.

Ein tariflicher Sozialplan kann als zulässige Tarifforderung grundsätzlich auch im Wege eines Streiks erkämpft werden.

Dies gilt auch für den Abschluss eines Firmentarifvertrags, selbst wenn der Arbeitgeber verbandszugehörig ist.

Einer Gewerkschaft kann nicht ohne weiteres zugemutet werden, auf eine von ihr angestrebte tarifliche Regelung, über deren rechtliche Zulässigkeit noch keine höchstrichterlichen Erkenntnisse vorliegen und zu der auch von namhaften Rechtswissenschaftlern unterschiedliche Auffassungen mit jeweils guten Gründen vertreten werden, allein deswegen von vornherein zu verzichten, weil die Gefahr besteht, dass die Gerichte später einen von ihrer Rechtsansicht abweichenden Rechtsstandpunkt einnehmen. Eine Unterlassungsverfügung setzt deshalb voraus, dass die Rechtswidrigkeit des Streiks ohne rechtsfortbildende Überlegung feststellbar ist.

Bei Zweifeln über die Rechtmäßigkeit der angestrebten tariflichen Regelung darf von dem äußersten Mittel des Streiks nur in maßvollem Rahmen und vor allem nur dann Gebrauch gemacht werden, wenn für die Zulässigkeit der tariflichen Regelung sehr beachtliche Gründe sprechen und des Weiteren eine endgültige Klärung der Rechtslage anders nicht zu erreichen ist.

***LAG** Niedersachsen 2.6.2004 – 7 Sa 819/04 = NZA-RR 2005, 200*

1.2. Zuständigkeit Betriebsrat – Gesamtbetriebsrat

Beabsichtigt der Arbeitgeber in einer ersten Stufe eines notwendig werdenden **Personalabbaus** zunächst nur die Entlassung älterer Arbeitnehmer ohne Rücksicht auf betriebliche oder sonstige Besonderheiten in den einzelnen Betrieben, so ist für die Beratung über einen Interessenausgleich hinsichtlich dieser Maßnahme der **Gesamtbetriebsrat** zuständig.

Wenn eine Betriebsänderung alle oder mehrere Betriebe eines Unternehmens betrifft, ist der **Gesamtbetriebsrat** zuständig für die Verhandlungen über Interessenausgleich und Sozialplan. Es kommt entscheidend für die Zuständigkeit des GBR auf den Inhalt der vom Unternehmer geplanten Maßnahme an.

***BAG** 20.4.1994 – 10 AZR 186/93*

Sinn und Zweck eines zwischen dem Arbeitgeber und dem **Gesamtbetriebsrat** vereinbarten **vorsorglichen Sozialplans** ist typischerweise, für mögliche künftige Betriebsänderungen Ausgleichsregelungen zur Verfügung zu stellen, die dem Arbeitgeber Planungssicherheit eröffnen und den Arbeitnehmern für den Fall einer ausbleibenden Regelung auf betrieblicher Ebene normative Ansprüche gewähren. Derartige Regelungen sind nach § 88 BetrVG nur freiwillig möglich. Erzwingbar sind sie nicht.

Ein mit dem **Gesamtbetriebsrat** vereinbarter vorsorglicher Sozialplan beschränkt nicht die betriebsverfassungsrechtlichen Handlungsmöglichkeiten der **örtlichen Betriebsräte** und nimmt diesen nicht die Befugnis, anlässlich einer konkreten Betriebsänderung nach § 88 BetrVG i.V.m. § 112a BetrVG mit dem Arbeitgeber in einer freiwilligen Betriebsvereinbarung Sozialplanregelungen zu treffen.

Als Ausgleichsregelung für eine Vielzahl denkbarer Betriebsänderungen beansprucht ein solcher vorsorglicher Sozialplan wegen seiner typischen Auffangfunktion regelmäßig nur in solchen Fällen Geltung, in denen die örtlichen Betriebsparteien im Falle einer konkreten Betriebsänderung, die in ihren Zuständigkeitsbereich fällt, von einer eigenen Ausgleichsregelung absehen und keinen Sozialplan vereinbaren.

***BAG** 17.4.2012 – 1 AZR 119/11*

Die Wahrnehmung der Mitbestimmungsrechte bei Betriebsänderungen (§§ 111 ff. BetrVG) obliegt nach § 50 Abs. 1 Satz 1 BetrVG dem Gesamtbetriebsrat, wenn es sich um Maßnahmen handelt, die das gesamte Unternehmen oder mehrere Betriebe betreffen und notwendigerweise nur einheitlich oder betriebsübergreifend geregelt werden können.

Beim Interessenausgleich und Sozialplan handelt es sich nicht um dieselbe Angelegenheit i.S.v. § 50 Abs. 1 Satz 1 BetrVG. Interessenausgleich und Sozialplan sind Rechtsinstitute, die sich nach Inhalt und Ausgestaltung wesentlich unterscheiden.

Aus der Zuständigkeit des Gesamtbetriebsrats für den Abschluss eines Interessenausgleichs folgt nicht ohne weiteres seine Zuständigkeit auch für den Abschluss eines Sozialplans. Vielmehr ist gesondert zu prüfen, ob der Ausgleich oder die Abmilderung der durch die Betriebsänderung entstehenden Nachteile zwingend unternehmenseinheitlich oder betriebsübergreifend geregelt werden muss.

Der Umstand, dass die Mittel für den Sozialplan von ein und demselben Arbeitgeber zur Verfügung gestellt werden müssen, genügt alleine nicht, um die Zuständigkeit des Gesamtbetriebsrats für den Abschluss des Sozialplans zu begründen. Etwas anderes gilt, wenn ein mit dem Arbeitgeber im Rahmen eines Interessenausgleichs vereinbartes, das gesamte Unternehmen betreffendes Sanierungskonzept nur auf der Grundlage eines bestimmten, auf das gesamte Unternehmen bezogenen Sozialplanvolumens realisiert werden kann.

***BAG** 3.5.2006 – 1 ABR 15/05*

Auch wenn die Gesellschafter einer GmbH den Entschluss zur Betriebsänderung gefasst haben, ist die Geschäftsführung weder tatsächlich noch rechtlich gehindert, mögliche aus den Verhandlungen mit dem Betriebsrat über einen Interessenausgleich sich ergebende Alternativen an die Gesellschafter weiterzuleiten, um eine Änderung der Pläne zu erreichen; dies ist nach §111 Satz 1 BetrVG ausreichend.

Auch in Betrieben, die nicht dem Tendenzschutz nach § 118 Abs. 1 BetrVG unterliegen, hat der Arbeitgeber dem Betriebsrat nach § 111 Satz 1 BetrVG schon vor Durchführung einer geplanten Betriebsänderung die Informationen zu erteilen, die dieser benötigt, um eigene Vorstellungen hinsichtlich des Sozialplans entwickeln zu können; diese Pflicht besteht neben der Verpflichtung zum Versuch eines Interessenausgleichs und zur Erteilung der insoweit erforderlichen Informationen.

Im Verhältnis zwischen privaten Parteien sind europäische Richtlinien nicht unmittelbar anwendbar. Die einschlägigen nationalen Vorschriften sind jedoch soweit wie möglich richtlinienkonform auszulegen.

Für die Unterrichtung des Betriebsrats nach § 17 Abs. 2 Satz 1 Nr. 6 KSchG reicht es aus, dass der Arbeitgeber ihm mitteilt, die Kriterien für die Berechnung von Abfindungen ergäben sich aus dem noch abzuschließenden Sozialplan.

Verstößt der Arbeitgeber gegen seine Anzeigepflichten gegenüber dem Arbeitsamt nach § 17 Abs. 3 KSchG, lassen sich daraus Ansprüche auf Nachteilsausgleich gemäß § 113 Abs. 3 BetrVG nicht herleiten, auch nicht im Wege einer richtlinienkonformen Auslegung.

***BAG** 30.3.2004 – 1 AZR 7/03*

Aus der Zuständigkeit des Gesamtbetriebsrats für die Vereinbarung eines Interessenausgleichs folgt nicht zwingend die gesetzliche Zuständigkeit für den Abschluss eines Sozialplans. Dafür ist das Vorliegen der Voraussetzungen des § 50 Abs. 1 BetrVG gesondert zu prüfen. Ob danach ein zwingendes Bedürfnis nach einer zumindest betriebsübergreifenden Regelung besteht, bestimmt auch der Inhalt des Interessenausgleichs.

***BAG** 11.12.2001 – 1 AZR 193/01*

Beabsichtigt der Arbeitgeber eine Betriebsänderung, die mehrere Betriebe des Unternehmens betrifft, ist zur Vereinbarung des Interessenausgleichs nach § 50 Abs. 1 BetrVG der Gesamtbetriebsrat zuständig. Daraus folgt nicht automatisch die Zuständigkeit des Gesamtbetriebsrats auch für den Abschluss des Sozialplans. Vielmehr muss auch insoweit ein zwingendes Bedürfnis nach einer betriebsübergreifenden Regelung bestehen. Dies ist der Fall, wenn die in dem Interessenausgleich vereinbarte Betriebsänderung mehrere oder alle Betriebe des Unternehmens betrifft und betriebsübergreifende Kompensationsregelungen erfordert.

Eine gerichtliche Entscheidung über die Wirksamkeit des Spruchs einer Einigungsstelle hat keine rechtsgestaltende, sondern lediglich feststellende Wirkung. Deshalb kann der Spruch der Einigungsstelle nicht aufgehoben werden. Vielmehr ist ggf. seine Unwirksamkeit festzustellen.

***BAG** 23.10.2002 – 7 ABR 55/01*

Plant ein mit der Vermittlung von Versicherungsverträgen und Bankprodukten befasstes Unternehmen mit insgesamt mehr als 20 Arbeitnehmern, alle bisher in eigenständigen Kleinbetrieben organisierten Außendienstmitarbeiter zu entlassen und die von ihnen wahrgenommenen Aufgaben auf freie Handelsvertreter zu übertragen, liegt hierin eine mitbestimmungspflichtige Betriebsänderung, die in die Zuständigkeit des Gesamtbetriebsrats fällt.

***BAG** 8.6.1999 – 1 AZR 831/98 = NZA 1999, 1168*

Der Versuch eines Interessenausgleichs i.S.d. § 113 Abs. 3 BetrVG erfordert die Verhandlung mit dem zuständigen Betriebsrat oder Gesamtbetriebsrat. Der Arbeitgeber trägt die Initiativlast.

Plant ein Arbeitgeber die Verlegung eines Betriebes und dessen Zusammenlegung mit einem anderen seiner Betriebe, so ist der Gesamtbetriebsrat für Verhandlungen über einen Interessenausgleich zuständig.

Bei Zweifeln über den zuständigen Verhandlungspartner muss der Arbeitgeber die in Betracht kommenden Arbeitnehmervertretungen zur Klärung der Zuständigkeitsfrage auffordern. Weist er hingegen ohne weiteres einen der möglichen Verhandlungspartner zurück, so trägt er das Risiko, dass sein Verhandlungsversuch als unzureichend gewertet wird, wenn dieser zuständig gewesen wäre.

***BAG** 24.1.1996 – 1 AZR 542/95*

1.3. Voraussetzungen des Informationsanspruchs und Beratungsrechts des Betriebsrats

Liegt eine Betriebsänderung i.S.d. § 111 BetrVG vor, haben Arbeitgeber und Betriebsrat nicht nur über einen Interessenausgleich, sondern auch über den Abschluss eines Sozialplans, notfalls in der (vom Gericht eingesetzten) Einigungsstelle, zu verhandeln. **Ob § 112a BetrVG die Erzwingbarkeit des Sozialplans ausschließt, hat die Einigungsstelle selbst zu prüfen.**

***LAG** Nürnberg 9.5.2001 – 15 BV 37/01 = AuR 2002, 37*

Die Beteiligungsrechte des Betriebsrats nach den §§ 111, 112 BetrVG setzen voraus, dass der Arbeitgeber eine Betriebsänderung „plant". Eine „geplante" Betriebsänderung, die den Arbeitgeber verpflichten würde, in Verhandlungen mit dem Betriebsrat über den Abschluss eines Interessenausgleichs einzutreten, liegt vor, wenn der Arbeitgeber aufgrund abgeschlossener Prüfungen und Vorüberlegungen grundsätzlich zu einer Betriebsänderung entschlossen ist, aber noch nicht abschließend über die Betriebsänderung entschieden hat.

Die unternehmerische Entscheidung, ein Nachfolgeprodukt im Ausland zu produzieren, stellt keine geplante Betriebsänderung bezüglich des inländischen Werkes dar, welches das Vorgängerprodukt hergestellt hat. Es handelt sich hierbei um eine unternehmens- oder konzernbezogene Planung, nicht aber um eine Planung bezogen auf den inländischen Standort.

***LAG** Baden-Württemberg 27.9.2004 – 4 TaBV 3/04 = NZA-RR 2005, 195*

1.3.1. Regelmäßig Beschäftigte

Die Unternehmensgröße von mehr als 20 wahlberechtigten Arbeitnehmern ist Voraussetzung für das Entstehen von Beteiligungsrechten des Betriebsrats. Maßgebend für die Frage, ob eine Betriebsänderung durch Personalabbau i.S.v. § 111 Satz 3 Nr. 1 BetrVG, § 17 Abs. 1 KSchG vorliegt, ist hingegen die Anzahl der im einzelnen Betrieb beschäftigten Arbeitnehmer. Das gilt auch dann, wenn für den Abschluss des Interessenausgleichs der Gesamtbetriebsrat zuständig ist.

Wird ein geplanter Personalabbau auf der Grundlage eines unternehmenseinheitlichen Konzepts durchgeführt und sind mehrere Betriebe davon betroffen, ist gern. § 50 Abs. 1 BetrVG der Gesamtbetriebsrat für den Abschluss des Interessenausgleichs zuständig. In seine Zuständigkeit fällt dann auch die Vereinbarung einer Namensliste i.S.v. § 1 Abs. 5 KSchG.

Treffen die Betriebsparteien bei einer mehrere Betriebe erfassenden Personalabbaumaßnahme eine Auswahlentscheidung auch bezogen auf Arbeitnehmer, in deren Betrieb die Voraussetzungen einer Betriebsänderung nicht vorliegen, beeinträchtigt dies die mit der Namensliste verbundene Richtigkeitsgewähr nicht. Dies führt lediglich dazu, dass die in § 1 Abs. 5 Satz 1, Satz 2 KSchG vorgesehenen Rechtsfolgen für die diesen Betrieben zugehörigen Arbeitnehmer nicht eingreifen.

***BAG** 19.7.2012 – 2 AZR 386/11*

Geht der Stilllegung eines Betriebes ein Personalabbau voraus, der sich über einen längeren Zeitraum erstreckt, so richtet sich die Zahl der **regelmäßig beschäftigten Arbeitnehmer** i.S.d. § 111 BetrVG danach, wie sich der Personalabbau im Zeitablauf darstellt.

- Erweist er sich im Zeitpunkt des Stilllegungsbeschlusses rückblickend als Vorstufe der Betriebsstilllegung, die damit in der Form eines gleitenden Übergangs eingeleitet wurde, so bleibt er außer Betracht; maßgebend ist die ursprüngliche Beschäftigtenzahl.
- Sollte die Personalverminderung dagegen eine Fortführung des Betriebs ermöglichen und hat sie für eine nicht unerhebliche Zeit zu einer Stabilisierung der Belegschaftsstärke auf niedrigerem Niveau geführt, so ergibt sich die Zahl der in der Regel Beschäftigten aus der Belegschaftsstärke dieser Zwischenstufe.

***BAG** 9.5.1995 – 1 ABR 51/94*

Für die Ermittlung der Zahl der in der Regel beschäftigten wahlberechtigten Arbeitnehmer i.S.v. § 111 Satz 1 BetrVG ist **im Falle einer Betriebsstilllegung** der Zeitpunkt des Stilllegungsentschlusses maßgeblich. Entscheidend ist allerdings nicht, wie viele Arbeitnehmer dem Unternehmen zu diesem Zeitpunkt zufällig angehören. Vielmehr ist auf die Personalstärke abzustellen, die für das Unternehmen im Allgemeinen kennzeichnend ist. Dies erfordert eine die Gegebenheiten des Einzelfalls berücksichtigende rückblickende Betrachtung.

Werden Arbeitnehmer nicht ständig, sondern lediglich zeitweilig beschäftigt, kommt es für die Frage der regelmäßigen Beschäftigung darauf an, ob die Arbeitnehmer während des größten Teils eines Jahres normalerweise beschäftigt werden. Eine Ausnahme gilt lediglich für reine **Kampagnebetriebe**, die überhaupt nur während eines Teils des Jahres arbeiten; in diesen ist die Beschäftigtenzahl während der Kampagne maßgebend.

Der Begriff der „in der Regel" beschäftigten Arbeitnehmer ist ein unbestimmter Rechtsbegriff. Die Beurteilung durch das Landesarbeitsgericht unterliegt insoweit einer eingeschränkten revisionsgerichtlichen Kontrolle.

***BAG** 16.11.2004 – 1 AZR 642/03*

In Kleinbetrieben mit bis zu 20 Arbeitnehmern müssen für eine Betriebsänderung i.S.d. § 111 BetrVG durch alleinigen Personalabbau mindestens sechs Arbeitnehmer betroffen sein.

***BAG** 9.11.2010 – 1 AZR 345/09*

Für die Prüfung, ob der Schwellenwert des § 111 BetrVG für eine Anwendung der §§ 111 ff. BetrVG erreicht ist, ist jedenfalls in den Fällen, in denen in einem **gemeinsamen Betrieb** mehrerer Unternehmen mehr als zwanzig wahlberechtigte Arbeitnehmer beschäftigt sind, auf die Gesamtzahl aller wahlberechtigten Arbeitnehmer abzustellen, die in den Unternehmen beschäftigt sind, die sich zur Leitung des gemeinsamen Betriebes zusammengeschlossen haben und nicht auf die Arbeitnehmerzahl eines jeden einzelnen Unternehmens.

***LAG** Berlin 23.1.2003 – 18 TaBV 2141/02 = LAG Report 2003, 145*

Bei der **Ermittlung der Beschäftigtenzahl** nach § 111 BetrVG sind Arbeitnehmerinnen im **Mutterschutz** mitzuberücksichtigen.

***BAG** 19.7.1983 – 1 AZR 26/82*

Geht eine Arbeitnehmerin in **Erziehungsurlaub**, wird die Beschäftigtenzahl dadurch regelmäßig dann nicht verändert, wenn vor und nach dem Erziehungsurlaub der Betrieb mit der gleichen Beschäftigtenzahl unverändert ausgestattet ist.

***BAG** 31.1.1991 – 2 AZR 356/90*

Bei der Ermittlung der maßgeblichen Unternehmensgröße in § 111 Satz 1 BetrVG sind **Leiharbeitnehmer**, die länger als drei Monate im Unternehmen eingesetzt sind, mitzuzählen.
Das zu § 9 BetrVG entwickelte Verständnis des Begriffs „wahlberechtigte Arbeitnehmer" kann nicht ohne Berücksichtigung der jeweiligen Normzwecke auf andere Vorschriften, in denen dieser Begriff enthalten ist, übertragen werden.
Der Zweck des Schwellenwerts in § 111 Satz 1 BetrVG steht einer Berücksichtigung von Leiharbeitnehmern bei der Ermittlung der Belegschaftsstärke nicht entgegen. Er verlangt diese vielmehr, weil nur so sichergestellt wird, dass die Beteiligungsrechte des Betriebsrats und die Rechte der betriebsangehörigen Arbeitnehmer aus §§ 111, 112 BetrVG bei einem nach der gesetzlichen Wertung als ausreichend leistungsfähig anzusehenden Unternehmen in Anspruch genommen werden können.
Leiharbeitnehmer sind ebenso wie betriebsangehörige Arbeitnehmer bei der Feststellung der Unternehmensgröße nur mitzuzählen, wenn sie zu den „in der Regel" Beschäftigten gehören. Insoweit kommt es darauf an, ob sie normalerweise während des größten Teils eines Jahres, d.h. länger als sechs Monate beschäftigt werden.

***BAG** 18.10.2011 – 1 AZR 335/10*

1.3.2. Wesentliche Nachteile

Sind die Voraussetzungen des **§** 111 Satz 2 (jetzt Satz 3) Nr. 1 – 5 BetrVG erfüllt, braucht nicht zusätzlich geprüft zu werden, ob die Maßnahmen des Unternehmers **wesentliche Nachteile** für die Belegschaft oder erhebliche Teile der Belegschaft zur Folge haben können. Die in § 111 Satz 2 (jetzt Satz 3) BetrVG aufgezählten Betriebsänderungen gelten unabhängig davon als Betriebsänderungen, die die Mitbestimmungsrechte des Betriebsrats auslösen. Ob Nachteile der Arbeitnehmer entstanden sind und ob diese durch einen Sozialplan ausgeglichen oder gemildert werden sollen, bleibt der Feststellung und Einigung zwischen Unternehmer und Betriebsrat oder dem Spruch der Einigungsstelle überlassen.

***BAG** 17.12.1985 – 1 ABR 78/83*

1.3.3. Erheblicher Teil der Belegschaft (bei Unternehmen mit i. d. R. mehr als 20 wahlberechtigten Arbeitnehmern)

Ein bloßer Personalabbau, von dem eine größere Anzahl von Arbeitnehmern entsprechend § 17 Abs. 1 Satz 1 KSchG betroffen ist, kann eine wesentliche Einschränkung des Betriebs i.S.v. § 111 Satz 3 Nr. 1 BetrVG sein. Beruht ein sukzessive durchgeführter Personalabbau auf einer einheitlichen unternehmerischen Planung, sind die Personalabbaumaßnahmen, auch wenn sie sich über einen längeren Zeitraum erstrecken, grundsätzlich zusammenzurechnen und gelten bei Erreichen des maßgeblichen Schwellenwerts als „eine" Betriebsänderung i.S.v. § 111 Satz 1, § 112 BetrVG.

***BAG** 17.3.2016 – 2 AZR 182/15*

Ein Personalabbau kann eine Betriebsänderung i.S.v. § 111 Satz 3 Nr. 1 BetrVG darstellen. **Maßgebend sind die Zahlen des § 17 I KSchG; in größeren Betrieben** (ab 600 AN) müssen allerdings mindestens 5 % der Belegschaft betroffen sein. Bei einem stufenweisen Personalabbau ist entscheidend, ob er auf einer einheitlichen unternehmerischen Planung beruht.

§ 112a I BetrVG schränkt die Sozialplanpflicht in Fällen des Personalabbaus ein. Die Vorschrift ist auch anwendbar, wenn zu dem Personalabbau weitere Maßnahmen des Arbeitgebers hinzukommen. Unanwendbar ist sie erst, wenn die sonstigen Maßnahmen allein oder zusammen mit dem Personalabbau eine Betriebsänderung i. S. von § 111 BetrVG darstellen. Dann ist nach § 112 IV BetrVG ein Sozialplan erzwingbar.

***BAG** 28.3.2006 – 1 ABR 5/05*

Nach § 111 Satz 2 Nr. 1 BetrVG in der im Jahr 1998 geltenden Fassung (jetzt: § 111 Satz 3 Nr. 1 BetrVG) gelten als Betriebsänderung i.S.d. § 111 Satz 1 BetrVG die Einschränkung und Stilllegung des ganzen Betriebs oder von wesentlichen Betriebsteilen. Auch ein bloßer Personalabbau ohne Verringerung der sächlichen Betriebsmittel kann eine Betriebseinschränkung sein, wenn eine größere Anzahl von Arbeitnehmern betroffen ist. Richtschnur, wann erhebliche Teile der Belegschaft betroffen sind, sind die Zahlen und Prozentangaben in § 17 Abs. 1 KSchG. Für Großbetriebe wird diese Staffel eingeschränkt – dort ist eine Betriebseinschränkung i.S.d. § 111 Satz 3 Nr. 1 BetrVG erst bei einem Personalabbau von 5 % der Gesamtbelegschaft gegeben (BAG 7.8.1990 – 1 AZR 445/89; BAG 2.8.1983 – 1 AZR 516/81).

Maßgeblich ist die Gesamtzahl der Arbeitnehmer, die voraussichtlich, wenn auch in mehreren „Wellen" betroffen sein werden, sei es auch erst nach Ablauf mehrerer Monate; der Vierwochenzeitraum nach § 17 Abs. 1 KSchG ist nicht übertragbar (BAG 22.5.1979 – 1 AZR 848/76). Liegt zwischen mehreren „Wellen" von Personalabbaumaßnahmen nur ein Zeitraum von wenigen Wochen oder Monaten, so spricht eine tatsächliche Vermutung dafür, dass diese Maßnahmen auf einer einheitlichen unternehmerischen Planung beruhen.

***BAG** 22.1.2004 – 2 AZR 111/02*

Eine Betriebsänderung durch eine Einschränkung eines wesentlichen Betriebsteils i.S.d. § 111 Satz 3 Nr. 1 BetrVG setzt voraus, dass in dem Betriebsteil ein „erheblicher Teil der Belegschaft" beschäftigt ist. Maßgeblich sind insoweit die Zahlenwerte des § 17 Abs. 1 KSchG.

Bei einer solchen Prüfung können indes die Zahlenwerte des § 17 Abs. 1 KSchG nicht bezogen auf den Betriebsteil zugrunde gelegt werden. Von einer Einschränkung eines wesentlichen Betriebsteils i.S.d. § 111 Satz 3 Nr. 1 BetrVG kann vielmehr nur ausgegangen werden, wenn sie wesentliche Nachteile für erhebliche Teile der Belegschaft des Gesamtbetriebs zur Folge haben kann, ohne dass es darauf ankommt, ob die hiervon betroffenen Arbeitnehmer solche des eingeschränkten Betriebsteils sind oder in anderen Teilen des Gesamtbetriebs beschäftigt sind.

In **Kleinbetrieben mit bis zu 20 Arbeitnehmern** kann nicht ohne Weiteres auf die Zahlengrenzen des § 17 Abs. 1 KSchG zurückgegriffen werden. Diese Bestimmung setzt voraus, dass im Betrieb mehr als 20 Arbeitnehmer beschäftigt werden. Unter Berücksichtigung des Zwecks des § 111 Satz 1 BetrVG, kleinere Unternehmen vor einer finanziellen Überforderung durch Sozialpläne zu schützen, kann in Kleinbetrieben mit bis zu 20 Arbeitnehmern eine Betriebsänderung durch alleinigen Personalabbau nur angenommen werden, wenn hiervon mindestens sechs Arbeitnehmer betroffen sind.

***BAG** 9.11.2010 – 1 AZR 708/09*

Hinweis für die Praxis:

*Bei der Frage, wann ein erheblicher Teil der Belegschaft von der Betriebsänderung betroffen ist, ist mit der Rechtsprechung auf die Zahlen- und Prozentangaben des § 17 Abs. 1 KSchG als Richtschnur abzustellen. In der jetzigen Fassung des BetrVG wird in § 111 Abs. 1 Satz 1 als Voraussetzung für das Entstehen der Beteiligungsrechte nicht mehr auf die Größe des **Betriebs**, auf die jedoch § 17 KSchG nach wie vor abstellt, sondern auf die Größe des **Unternehmens** abgestellt.*

Dadurch ergab sich die Frage, wie viele Arbeitnehmer in Betrieben mit 5 bis zu 20 Arbeitnehmern, wenn diese Betriebe Unternehmern mit i. d. R. mehr als 20 Arbeitnehmern angehören, betroffen sein müssen, damit ein wesentlicher Nachteil für einen erheblichen Teil der Belegschaft i.S.d. § 111 Abs. 1 Satz 1 BetrVG angenommen werden kann.

Diese Frage ist durch das BAG mit Urteil vom 9. November 2010 beantwortet worden. Im Kleinbetrieb bis zu 20 Arbeitnehmern kann im Interesse des Schutzes kleinerer Unternehmen eine Betriebsänderung durch alleinigen Personalabbau nur angenommen werden, wenn hiervon mindestens 6 Arbeitnehmer betroffen sind.

Erheblicher Teil der Belegschaft des Betriebes

Im Betrieb eines Unternehmens mit in der Regel:	bei Betroffensein von
5 bis zu 20 Arbeitnehmern:	Es müssen mindestens 6 Arbeitnehmer betroffen sein
mit 21 – 59 Arbeitnehmern:	mindestens 6 Arbeitnehmern
mit 60 – 499 Arbeitnehmern:	10 % der Arbeitnehmer **oder** mehr als 25 Arbeitnehmern
mit 500 – 599 Arbeitnehmern:	mindestens 30 Arbeitnehmern
ab 600 Arbeitnehmern:	mindestens 5 % der regelmäßig Beschäftigten

1.4. Die einzelnen Fälle der Betriebsänderung

Das BAG hat bislang noch nicht abschließend entschieden, ob die Aufzählung der in § 111 Satz 2 Nr. 1 bis 5 BetrVG genannten Betriebsänderungen **abschließend** ist oder ob es daneben weitere Formen einer Betriebsänderung geben kann, die sozialplanpflichtig sind.

***BAG** 17.8.1982 – 1 ABR 40/80; **BAG** 6.12.1988 – 1 ABR 47/87*

Die Übertragung von Gesellschaftsanteilen ist keine sozialplanpflichtige gesellschaftsrechtliche Umstrukturierung i.S.v. § 1 SozTV.

Tarifvertragsparteien können nicht dafür schadensersatzpflichtig gemacht werden, dass Betriebsparteien keinen Sozialplan gemäß § 112 BetrVG vereinbaren, auch wenn in einem Sozialtarifvertrag Regelungen eines „Rahmensozialplans" enthalten sind.

***BAG** 4.6.2008 – 4 AZR 441/07*

1.4.1. Begriffsbestimmung des wesentlichen Betriebsteils

Der Senat hält an seiner Rechtsprechung fest, dass im Regelfall ein Betriebsteil nur dann als wesentlicher Betriebsteil angesehen werden kann, wenn in ihm auch eine erhebliche Zahl (i.S.v. § 17 Abs. 1 KSchG) der Arbeitnehmer des Betriebs beschäftigt wird.

Ein Betriebsteil ist nicht allein deswegen ein wesentlicher Betriebsteil, weil in ihm ein notwendiges Vorprodukt gefertigt wird.

***BAG** 7.8.1990 – 1 AZR 445/89*

Ob ein Betriebsteil auch dadurch zu einem wesentlichen wird, dass ihm erhebliche wirtschaftliche Bedeutung zukommt, bleibt unentschieden.

***BAG** 4.12.1979 – 1 AZR 843/76*

Die Auflösung einer betriebseigenen Reinigungsabteilung und die Übertragung der Reinigungsarbeiten auf eine Fremdfirma ist dann keine Stilllegung eines **wesentlichen Betriebsteils**, wenn in der Reinigungsabteilung nicht ein erheblicher Teil der Belegschaft beschäftigt wird. Unabhängig von ihrer Größe ist eine Reinigungsabteilung kein wesentlicher Betriebsteil eines Druckbetriebs.

***BAG** 6.12.1988 – 1 ABR 47/87*

Nicht jede räumlich oder organisatorisch abgrenzbare Arbeitsstätte ist ein Betriebsteil i.S.d. § 4 Satz 1 BetrVG. Erforderlich ist zumindest das Bestehen einer eigenen Leitung, die Weisungsrechte des Arbeitgebers ausübt.

Ein Betriebsteil ist zwar ein in den Betrieb eingegliederter Teil des Betriebes, er muss aber von diesem doch organisatorisch abgrenzbar und relativ selbständig sein. Zwar bedarf ein Betriebsteil im Gegensatz zum selbständigen Betrieb i.S.d. § 1 BetrVG keines umfassenden eigenständigen Leitungsapparats, der insbesondere in personellen und sozialen Angelegenheiten wesentliche Entscheidungen selbständig treffen kann. Erforderlich für das Vorliegen eines Betriebsteils i.S.d. § 4 Satz 1 BetrVG ist jedoch, dass dort überhaupt eine den Einsatz der Arbeitnehmer bestimmende Leitung institutionalisiert ist und von dieser das Weisungsrecht des Arbeitgebers ausgeübt wird.

***BAG** 28.6.1995 – 7 ABR 59/94*

1.4.2. Stilllegung, Einschränkung des Betriebs (bzw. eines wesentlichen Betriebsteils) (Satz 3 Nr. 1)

1.4.2.1. Stilllegung des Betriebes

Nach der ständigen Rechtsprechung des Bundesarbeitsgerichts erfordert die Stilllegung eines Betriebes, dass die zwischen Arbeitgeber und Arbeitnehmern bestehende Betriebs- und Produktions- oder Dienstleistungsgemeinschaft aufgelöst wird. Sie findet ihre Veranlassung und zugleich ihren sichtbaren Ausdruck darin, dass der Unternehmer die **bisherige wirtschaftliche Betätigung in der ernstlichen Absicht einstellt, den bisherigen Betriebszweck dauernd oder doch zumindest für eine wirtschaftlich nicht unerhebliche Zeitspanne aufzugeben**.

***BAG** 4.7.1989 – 1 ABR 35/88; **BAG** 27.6.1995 – 1 ABR 62/94*

Wird ein **Betrieb** von vornherein nur zur **Erledigung** einer **begrenzten Aufgabe** innerhalb **absehbarer Zeit gegründet**, – hier Verwertung von vorhandenem unter Eigentumsvorbehalt gelieferten Material durch die Gläubiger eines in Konkurs gegangenen und stillgelegten Betriebs – so stellt die **Schließung** des Betriebs **nach Erreichung des Betriebszweckes** keine mitbestimmungspflichtige Betriebsänderung i.S.d. § 111 BetrVG dar.

Der Betriebsrat kann daher nicht die Aufstellung eines Sozialplans verlangen. Ein gleichwohl von einer Einigungsstelle beschlossener Sozialplan ist unwirksam und auf Antrag des Arbeitgebers aufzuheben.

Diese Grundsätze gelten auch dann, wenn der Betrieb vor Erreichung seines Betriebszwecks aus anderen Gründen geschlossen wird.

***LAG** Hamm 1.2.1977 – 2 TaBV 38/76*

Macht der Arbeitgeber nach einem **Brand im Betrieb** von der durch den **Tarifvertrag** eingeräumten Möglichkeit Gebrauch, allen Arbeitnehmern unter **Einräumung eines Anspruchs auf Wiedereinstellung** für die Zeit nach Beseitigung der **Brandschäden fristlos zu kündigen**, so liegt darin keine Betriebsstilllegung i.S.d. § 111 Satz 2 Nr. 1 BetrVG.

Entschließt sich der Arbeitgeber später, den **Betrieb** nicht wieder aufzubauen und die Arbeitnehmer nicht wieder einzustellen, so liegt darin die **Stilllegung des Betriebes**.

***BAG** 16.6.1987 – 1 AZR 528/85*

Der Pächter kann einen gepachteten **Betrieb** stilllegen.

Die Verpachtung eines Betriebs zum Zwecke der **Stilllegung durch den Pächter** kann eine dem Verpächter zuzurechnende Betriebsstilllegung i.S.d. § 111 Satz 1 BetrVG darstellen.

***BAG** 17.3.1987 – 1 ABR 47/85*

Der **Betrieb** kann auch von einem Pächter stillgelegt werden.

Für die Annahme einer **Betriebsstilllegung durch den Pächter** reicht aus, dass der Pächter den Betrieb schließt und eindeutig kundgibt, er beabsichtige, den Betrieb geschlossen zu lassen, dass er die Betriebsmittel, über die er verfügen kann, veräußert, den Pachtvertrag zum nächstmöglichen Termin auflöst und allen Arbeitnehmern kündigt.

***BAG** 26.2.1987 – 2 AZR 768/85*

Kündigen die **Arbeitnehmer** eines Betriebs wegen erheblicher Lohnrückstände ihre Arbeitsverhältnisse **selbst fristlos**, so liegt darin allein noch keine vom Arbeitgeber geplante oder durchgeführte Betriebsstilllegung.

In der Nichtzahlung des Lohnes liegt eine Entlassung infolge einer Betriebsänderung durch den Arbeitgeber nur dann, wenn dieser mit Rücksicht auf eine von ihm geplante Betriebsstilllegung durch die Nichtzahlung des Lohnes die Arbeitnehmer zu Eigenkündigungen veranlassen will.

***BAG** 4.7.1989 – 1 ABR 35/88*

Ist bei Kündigung eines Auftrages über bestimmte Dienstleistungen und Neuvergabe dieses Auftrages an einen anderen Auftragnehmer ungewiss, ob ein Betriebsübergang vom bisherigen auf den neuen Auftragnehmer vorliegt oder ob der bisherige Auftraggeber seinen Arbeitnehmern – vorsorglich betriebsbedingt kündigen muss, so können die Betriebspartner **vorsorglich für den Fall, dass kein Betriebsübergang gegeben ist, einen Sozialplan vereinbaren**.

Die zwischen ihnen streitige Frage, ob von einer Betriebsstilllegung oder einem Betriebsübergang auszugehen ist, können die Betriebspartner in einem Rechtsstreit über die Wirksamkeit des Sozialplans zur Entscheidung stellen. Die Höhe der in einem Spruch der Einigungsstelle über einen Sozialplan festgesetzten Abfindungen kann vom Arbeitgeber auch dann nur innerhalb von zwei Wochen nach Zuleitung des Spruchs angefochten werden, wenn die Einigungsstelle bei der Festsetzung der einzelnen Faktoren für die Berechnung der Abfindungen einem Rechtsirrtum unterlegen ist.

BAG *1.4.1998 – 10 ABR 17/97= BB 1998, 1588 = DB 1998, 1471*

Die vom Bodenpersonal einer Fluglinie auf einem Großflughafen wahrgenommenen Aufgaben stellen keinen „betriebsmittelarmen Bereich" dar, da sie nur unter Zuhilfenahme der umfänglichen Logistik des Flughafens und eigener technischer Betriebsmittel bewältigt werden können.

Werden in einem solchen Bereich weder materielle noch immaterielle Betriebsmittel auf den Funktionsnachfolger übertragen, so kommt der Überspielung von Dateien für einzelne Aufträge oder Flüge kein entscheidendes Gewicht zu. Die Organisation des Teilbetriebs „Bodendienste" erfolgt auftragsübergreifend.

Die Übernahme der Bodendienste durch einen Funktionsnachfolger stellt den Beginn der Teilbetriebsstilllegung dar. Es bedarf dazu nicht des Ausspruchs der Kündigungen gegenüber den bisher in diesem Bereich beschäftigten Arbeitnehmern.

Vor der tatsächlichen Durchführung der Betriebsänderung muss ein Interessenausgleich zustande gekommen oder, um alle Möglichkeiten der Einigung auszuschöpfen, die Einigungsstelle angerufen worden sein.

Der Anspruch auf Nachteilsausgleich nach § 113 Abs. 3 BetrVG ist in voller Höhe auf einen etwaigen Abfindungsanspruch aus einem Sozialplan anzurechnen. Dies gilt jedenfalls dann, wenn ein Verstoß gegen Art. 2 der EG-Massenentlassungsrichtlinie nicht festzustellen ist.

Die Konsultationspflicht nach Art. 2 Abs. 2 der EG-Massenentlassungsrichtlinie verlangt anders als das nationale Recht (§ 112 Abs. 2 BetrVG) nicht, dass nach dem Scheitern der Verhandlungen zwischen den Betriebsparteien ein unparteiischer Dritter eingeschaltet wird.

BAG *16.5.2007 – 8 AZR 693/06*

1.4.2.2. Stilllegung eines Betriebsteils

Die Stilllegung eines **wesentlichen Betriebsteiles** i.S.d. § 111 Satz 2 Nr. 1 BetrVG ist stets eine Betriebsänderung, die wesentliche Nachteile für die Belegschaft oder wesentliche Teile der Belegschaft haben kann.

Gliedert sich ein Betrieb, der auf die technische Entwicklung, die Herstellung und den Vertrieb von Maschinen und Industriellen Anlagen jeder Art gerichtet ist, in die Hauptrichtungen

1. Transportanlagen für Hütten- und Walzwerke sowie die verarbeitende Industrie,
2. schwere Krananlagen,
3. Schachtfördereinrichtungen für den Bergbau und
4. Anlagen für die Herstellung von Betonfertigteilen,

so ist die Einstellung des Kranbaus als Stilllegung eines wesentlichen Betriebsteils anzusehen, wenn der Anteil des Kranbaus an der Gesamtproduktion erheblich ist und die dem Kranbau zuzurechnende Anzahl von Arbeitsplätzen ins Gewicht fällt. Macht der Umsatzanteil bis zu 25 % aus und werden durch die Betriebsänderung 54 von 400 Arbeitsplätzen betroffen, so sind diese Voraussetzungen erfüllt.

LAG *Hamm 30.8.1973 – 8 TaBV 39/73 = DB 1973, 2250*

Wird im Rahmen einer **Betriebsveräußerung** eine **nicht unerhebliche räumliche Verlegung** des Betriebs vorgenommen, die alte Betriebsgemeinschaft tatsächlich rechtsbeständig aufgelöst und der Betrieb an dem neuen Ort mit einer im Wesentlichen neuen Belegschaft fortgeführt, so liegt eine Betriebsstilllegung und deshalb kein Betriebsübergang nach § 613 a Abs. 2 BGB vor.

BAG *12.2.1987 – 2 AZR 247/86;* ***BAG*** *20.4.1989 – 2 AZR 431/88*

1.4.2.3. Personalreduzierung als Einschränkung des Betriebes

Eine **Betriebseinschränkung** i.S.d. § 111 Satz 2 Nr. 1 BetrVG ist eine erhebliche, ungewöhnliche und nicht nur vorübergehende Herabsetzung der Leistungsfähigkeit des Betriebs, gleichgültig, ob die Verminderung der Leistungsfähigkeit durch **Außerbetriebsetzung von Betriebsanlagen** oder durch **Personalreduzierung** erfolgt.

BAG *7.8.1990 – 1 AZR 445/89*

Ob ein Personalabbau als Betriebsänderung i.S.v. § 111 Satz 3 Nr. 1 BetrVG zu werten ist, hängt von der Zahl der beendeten Arbeitsverhältnisse ab. Dabei sind auch diejenigen Arbeitsverhältnisse mitzuzählen, die nur deshalb gekündigt werden müssen, weil die Arbeitnehmer dem Übergang auf einen Teilbetriebserwerber (§ 613a BGB) widersprochen haben und eine Beschäftigungsmöglichkeit im Restbetrieb nicht mehr besteht.

BAG *10.12.1996 – 1 AZR 290/96*

Nach § 111 Satz 3 Nr. 1 BetrVG in der im Jahr 1998 geltenden Fassung (jetzt: § 111 Satz 3 Nr. 1 BetrVG) gelten als Betriebsänderung i.S.d. § 111 Satz 1 BetrVG die Einschränkung und Stilllegung des ganzen Betriebs oder von wesentlichen Betriebsteilen. Auch ein bloßer Personalabbau ohne Verringerung der sächlichen Betriebsmittel kann eine Betriebseinschränkung sein, wenn eine größere Anzahl von Arbeitnehmern betroffen ist. Richtschnur, wann erhebliche Teile der Belegschaft betroffen sind, sind die Zahlen und Prozentangaben in § 17 Abs. 1 KSchG. Für Großbetriebe wird diese Staffel eingeschränkt – dort ist eine Betriebseinschränkung i.S.d. § 111 Satz 3 Nr. 1 BetrVG erst bei einem Personalabbau von 5 % der Gesamtbelegschaft gegeben (BAG 7.8.1990 – 1 AZR 445/89; BAG 2.8.1983 – 1 AZR 516/81).

Maßgeblich ist die Gesamtzahl der Arbeitnehmer, die voraussichtlich, wenn auch in mehreren „Wellen" betroffen sein werden, sei es auch erst nach Ablauf mehrerer Monate; der Vierwochenzeitraum nach § 17 Abs. 1 KSchG ist nicht übertragbar (BAG 22.5.1979 – 1 AZR 848/76). Liegt zwischen mehreren „Wellen" von Personalabbaumaßnahmen nur ein Zeitraum von wenigen Wochen oder Monaten, so spricht eine tatsächliche Vermutung dafür, dass diese Maßnahmen auf einer einheitlichen unternehmerischen Planung beruhen.

BAG *22.1.2004 – 2 AZR 111/02*

Allgemeine Äußerungen des Arbeitgebers dahingehend, dass in Kürze ein Personalabbau erfolgen und daher empfohlen werde, nach neuen Arbeitsplätzen Ausschau zu halten, reichen nicht aus, um einen Abfindungsanspruch eines Arbeitnehmers, der daraufhin sein Arbeitsverhältnis **selbst aufkündigt**, nach der Regelung in § 112 a BetrVG auszulösen.

Allein durch den in einem Interessenausgleich ausgewiesenen Abbau von insgesamt 21 Arbeitsplätzen nach Funktionen wird eine Kausalität mit einer **Eigenkündigung** eines Arbeitnehmers i.S.d. § 112 a Abs. 1 Satz 2 BetrVG weder begründet noch indiziert.

Der nach § 112 a Abs. 1 Satz 2 BetrVG erforderliche Kausalzusammenhang zwischen der **Eigenkündigung** des Arbeitnehmers und dem vom Arbeitgeber aus Gründen der Betriebsänderung veranlassten Ausscheiden besteht erst dann, wenn die Person des zur Kündigung anstehenden Arbeitnehmers konkretisiert wird, etwa dadurch, dass ihm konkret mitgeteilt wird, er sei derjenige, der entlassen werde, oder das Anhörungsverfahren zu einer Kündigung eingeleitet oder der Versuch unternommen wird, mit ihm einen Aufhebungsvertrag abzuschließen.

Die Entgegennahme einer Eigenkündigung des Arbeitnehmers durch den Arbeitgeber ohne Aufklärung des Arbeitnehmers darüber, dass er nicht derjenige sei, der aufgrund des abgeschlossenen Interessenausgleichs zur Entlassung anstehe, kann keinen Abfindungsanspruch nach § 112 a BetrVG, sondern allenfalls ein

Schadenersatzanspruch unter dem Gesichtspunkt einer nachvertraglichen Fürsorgepflicht auslösen.

LAG Düsseldorf 3.7.1991 – 4 Sa 469/91

In Kleinbetrieben mit bis zu 20 Arbeitnehmern müssen für eine Betriebsänderung i.S.d. § 111 BetrVG durch alleinigen Personalabbau mindestens sechs Arbeitnehmer betroffen sein.

BAG 9.11.2010 – 1 AZR 345/09

Ein bloßer Personalabbau, von dem eine größere Anzahl von Arbeitnehmern entsprechend § 17 Abs. 1 Satz 1 KSchG betroffen ist, kann eine wesentliche Einschränkung des Betriebs i.S.v. § 111 Satz 3 Nr. 1 BetrVG sein. Beruht ein sukzessive durchgeführter Personalabbau auf einer einheitlichen unternehmerischen Planung, sind die Personalabbaumaßnahmen, auch wenn sie sich über einen längeren Zeitraum erstrecken, grundsätzlich zusammenzurechnen und gelten bei Erreichen des maßgeblichen Schwellenwerts als „eine" Betriebsänderung i.S.v. § 111 Satz 1, § 112 BetrVG.

BAG 17.3.2016 – 2 AZR 182/15

Übersicht „Personalabbau" als Betriebsänderung (§ 111 Satz 3 Nr. 1 BetrVG): (bei Unternehmen mit i. d. R. mehr als 20 wahlberechtigten AN)

Arbeitnehmerzahl im Betrieb	Wie viel Arbeitnehmer des Betriebes muss der Arbeitgeber insgesamt entlassen, um Pflicht zur Verhandlung über Versuch eines **Interessenausgleichs** (§ 111 BetrVG i. V. m. § 17 Abs. 1 KSchG) auszulösen (da Betriebsänderung)?
5 - 20 AN	6 AN
21 - 59 AN	6 AN
60 - 249 AN	10 % der regelmäßig Beschäftigten
250 AN	25 AN
251 - 499 AN	26 AN
500 - 599 AN	30 AN
ab 600 AN	5 % der regelmäßig Beschäftigten

§ 112 a BetrVG regelt nur die Frage, **unter welchen Voraussetzungen vom Betriebsrat ein Sozialplan erzwingbar ist.**

Vereinbart der Arbeitgeber in einem **Aufhebungsvertrag mit einem ausländischen Arbeitnehmer**, dass dieser für den Fall der endgültigen Rückkehr in seine Heimat nach Beendigung des Arbeitsverhältnisses eine Abfindung erhalten soll, so liegt darin keine Umgehung der §§ 9, 10 KSchG.

Eine solche „**Heimkehrklausel**" kann jedoch wegen funktionswidriger Umgehung der §§ 111, 112 BetrVG unwirksam sein, wenn der Aufhebungsvertrag in Ausführung einer Betriebsvereinbarung geschlossen wird, die **Personalabbau durch Abschluss von Aufhebungsverträgen** zum Ziel hat und der deshalb eine Art Sozialplanersatzcharakter zukommt.

BAG 7.5.1987 – 2 AZR 271/86

1.4.3. Verlegung des Betriebs (bzw. eines wesentlichen Betriebsteils) (Satz 3 Nr. 2)

Verlegung eines Betriebs oder eines Betriebsteils ist jede nicht nur geringfügige Veränderung der örtlichen Lage des Betriebs oder Betriebsteils.

§ 111 Satz 2 BetrVG fingiert für die hier genannten Betriebsänderungen, dass diese wesentliche Nachteile für die Belegschaft oder erhebliche Teile der Belegschaft zur Folge haben können. Die Beteiligungsrechte des Betriebsrats bei einer Betriebsänderung entfallen daher nicht deshalb, weil im Einzelfalle solche wesentlichen Nachteile nicht zu befürchten sind. Ob ausgleichs- oder milderungswürdige Nachteile entstehen oder entstanden sind, ist bei der Aufstellung des Sozialplans zu prüfen und notfalls von der Einigungsstelle nach billigem Ermessen zu entscheiden (hier: 4,3 km in Berlin).

BAG 17.8.1982 – 1 ABR 40/80

Die Verlegung eines Betriebs von Frankfurt-Sachsenhausen nach Frankfurt-Niederrad (= 5,5 km) ist eine Betriebsänderung i.S.d. § 111 Satz 2 Nr. 2 BetrVG.

Hessisches LAG 28.10.1986 – 4 TaBV 13/86 = AuR 1987, 418 = AiB 1987, 292

Ein **Sozialplan** (aus Anlass einer Betriebsverlegung) ist wegen Ermessensüberschreitung insoweit unwirksam, **als er allein wegen Erhöhung der Fahrtzeiten** (ab einem bestimmten Ausmaß (hier: Fahrtstreckenverlängerung von ca. 30 km) **zur Erreichung des Orts, in den der Betrieb verlegt wird, die Unzumutbarkeit der Weiterbeschäftigung dort für gegeben erklärt und hieran Abfindungszahlungen anschließt**.

Im Hinblick auf den zeitlichen Mehraufwand zur Erreichung des neuen Betriebssitzes kann für begrenzte Zeit und in beschränktem Umfang ein finanzieller Ausgleich im Sozialplan vorgesehen werden.

Hessisches LAG 9.12.1997 – 4 TaBV 56/97 = BB 1998, 1847

1.4.4. Zusammenschluss mit anderen Betrieben oder die Spaltung von Betrieben (Satz 3 Nr. 3)

Betriebe können einmal so zusammengeschlossen werden, dass ein oder mehrere Betriebe in einen anderen eingegliedert werden. In diesem Fall bleibt der aufnehmende Betrieb bestehen und die aufgenommenen Betriebe gehen unter. Der Zusammenschluss kann aber auch so erfolgen, dass mehrere Betriebe zu einem neuen zusammengeschlossen werden; in diesem Fall ist der neue Betrieb mit keinem der bisherigen Betriebe identisch. Der Zusammenschluss kann mit Betrieben desselben oder eines anderen Unternehmens erfolgen. Auch die Zusammenlegung selbständiger Betriebsabteilungen mit dem eigenen Hauptbetrieb oder anderen Betrieben fällt unter § 111 Satz 2 Nr. 3 BetrVG.

BAG 21.10.1980 – 1 AZR 145/79

Gliedert der Arbeitgeber einen Betriebsteil aus, um ihn auf ein anderes Unternehmen zu übertragen, so liegt in der organisatorischen Spaltung des Betriebs eine mitbestimmungspflichtige Betriebsänderung i.S.v. § 111 Satz 2 Nr. 3 BetrVG.

BAG 10.12.1996 – 1 ABR 32/96 = DB 1997, 1416

Von einer Betriebsänderung in Form einer **Betriebsaufspaltung** sind alle Arbeitnehmer des ursprünglich einheitlichen Betriebs betroffen.

BAG 16.6.1987 – 1 ABR 41/85

Die Spaltung eines Betriebs i.S.v. § 111 Satz 3 Nr. 3 BetrVG setzt voraus, dass zumindest zwei neue Einheiten entstehen. Die Stilllegung eines Betriebsteils ist keine Spaltung.

Anders als nach § 111 Satz 3 Nr. 1 BetrVG für eine Betriebsstilllegung ist für eine Spaltung i.S.v. § 111 Satz 3 Nr. 3 BetrVG nicht erforderlich, dass „wesentliche" Betriebsteile betroffen sind.

BAG 18.3.2008 – 1 ABR 77/06

Der Annahme einer Spaltung gemäß § 111 Satz 3 Nr. 3 BetrVG steht nicht entgegen, dass es sich um einen verhältnismäßig kleinen Betriebsteil handelt, der veräußert wird (im vorliegenden Fall mit acht Arbeitnehmern von 188 Arbeitnehmern des gesamten Betriebs). Maßgeblich ist allein, ob es sich um eine veräußerungsfähige bzw. „abspaltungsfähige" Einheit handelt. Davon ist auszugehen, wenn eine Cafeteria eines Einkaufsmarktes, in der acht Arbeitnehmer beschäftigt werden, veräußert wird, auch wenn in dem Einkaufsmarkt 180 Arbeitnehmer verbleiben.

LAG Bremen 21.10.2004 – 3 Sa 77/04 = NZA-RR 2005, 140

1.4.5. Änderung von Betriebsorganisation, Betriebszweck, Betriebsanlagen (Satz 3 Nr. 4)

Unter „***Betriebsorganisation***" ist das bestehende Ordnungsgefüge für die Verbindung von Betriebszweck, im Betrieb arbeitenden Menschen und Betriebsanlage mit dem Ziel der (optimalen) Erfüllung der Betriebsaufgabe zu verstehen.

BAG 22.5.1979 – 1 ABR 17/77

Die Auflösung einer betrieblichen Einheit durch die grundlegende Änderung der Betriebsorganisation (Betriebsaufspaltung) ist eine Betriebsänderung gemäß § 111 Nr. 4 BetrVG.

***ArbG** Hamburg 21.5.1990 – 2 BV 3/90 = AiB 90, 424*

Eine grundlegende Änderung der Betriebsorganisation i.S.v. § 111 Satz 3 Nr. 4 BetrVG liegt vor, wenn der Betriebsaufbau, insbesondere hinsichtlich Zuständigkeiten und Verantwortung, umgewandelt wird und die Änderung insgesamt einschneidende Auswirkungen auf den Betriebsablauf, die Arbeitsweise oder die Arbeitsbedingungen der Arbeitnehmer hat.

***BAG** 18.3.2008 – 1 ABR 77/06*

Nach § 111 Satz 2 Nr. 4 BetrVG gelten **grundlegende Änderungen der Betriebsorganisation, des Betriebszwecks oder der Betriebsanlagen als Betriebsänderung i.S.d. § 111 Satz 1 BetrVG**. Diese Voraussetzungen bestehen alternativ nebeneinander. Das Mitbestimmungsrecht des Betriebsrats besteht dann, wenn eine grundlegende Änderung entweder der Betriebsorganisation, des Betriebszwecks oder der Betriebsanlagen eingetreten ist.

***BAG** 17.12.1985 – 1 ABR 78/83*

Lässt sich nicht zweifelsfrei beurteilen, ob die Änderung „**grundlegend**" ist, kann auf die Zahl der von der Änderung betroffenen Arbeitnehmer (§ 17 KSchG) abgestellt werden.

***BAG** 26.10.1982 – 1 ABR 11/81*

Die **Herabsetzung** der **Schichtzahl** in einem Betrieb ist **keine** grundlegende Änderung der Betriebsorganisation, da sie die organisatorische Einheit und den arbeitstechnischen Zweck prinzipiell unberührt lässt.

***LAG** Hamm 28.10.1976 – 8 Sa 658/76 = DB 1977, 1054*

Werden infolge einer Rationalisierungsmaßnahme Arbeitnehmer des Betriebs entlassen, so kann darin eine grundlegende Änderung der **Betriebsorganisation**, des **Betriebszwecks** oder der **Betriebsanlagen** oder die Einführung grundlegend neuer Arbeitsmethoden und Fertigungsverfahren i.S.d. § 111 Satz 2 Nr. 4 und 5 BetrVG liegen.

***BAG** 7.8.1990 – 1 AZR 445/89*

In der Übertragung einer bislang mit eigenen Arbeitnehmern durchgeführten Aufgabe auf selbständige Handelsvertreter liegt in der Regel eine Betriebsänderung nach § 111 Satz 3 Nr. 4 BetrVG; unter den Voraussetzungen des § 17 Abs. 1 KSchG liegt darin zugleich eine Betriebsänderung nach § 111 Satz 3 Nr. 1 BetrVG.

***BAG** 18.11.2003 – 1 AZR 637/02*

Eine **Änderung der Betriebshierarchie** (hier: Einführung einer zusätzlichen Hauptabteilungsleiterebene unterhalb der Geschäftsführungsebene) **kann** eine grundlegende Änderung der Betriebsorganisation i.S.d. § 111 Satz 2 Nr. 4 BetrVG sein.

***LAG** Köln 10.6.1996 – 11 TaBV 23/96*

Betriebszweck ist der mit dem Betrieb verfolgte **arbeitstechnische Zweck**. Es kommt darauf an, „wie" die Einnahmen des Betriebs erzielt werden. Im Bereich der Dienstleistungsbetriebe ändert sich der Betriebszweck, wenn andere als die bisher angebotenen Dienstleistungen angeboten werden sollen.

Eine Spielbank ändert ihren Betriebszweck grundlegend, wenn sie neben dem herkömmlichen Glücksspiel an Spieltischen (Spiel nach Art „Monte Carlo") in einem besonderen Saal mit eigenem Zugang das Spiel an Automaten (Spiel nach Art „Las Vegas") anbietet.

***BAG** 17.12.1985 – 1 ABR 78/83*

Werden in einem Schlachthof, in dem bislang Rinder, Kälber und Schweine geschlachtet wurden, künftig nur noch Schweine geschlachtet, so liegt darin keine grundlegende Änderung des **Betriebszwecks** i.S.v. § 111 Satz 2 Nr. 4 BetrVG.

***BAG** 28.4.1993 – 10 AZR 38/92*

Eine **grundlegende Veränderung von Betriebsanlagen** (§ 111 Satz 2 Nr. 4 BetrVG) liegt dann vor, wenn die fragliche Betriebsanlage für das betriebliche Gesamtgeschehen von erheblicher Bedeutung ist.

Es kommt dabei vor allem auf den Grad der technischen Änderung an. Ein wichtiger Anhaltspunkt ist auch das Ausmaß der nachteiligen Auswirkungen.

***Hessisches LAG** 27.10.1987 – 4 TaBV 283/86 = NZA 1988, 407 = AiB 1988, 193*

Die **Installation von Datensichtgeräten** kann eine Betriebsänderung insbesondere in der Form einer grundlegenden Änderung der Betriebsanlagen i.S.d. § 111 Satz 2 Nr. 4 BetrVG sein. Unter **Betriebsanlagen** im Sinne dieser Vorschrift sind nicht nur Anlagen in der Produktion zu verstehen, sondern allgemein solche, die dem **arbeitstechnischen Produktions- und Leistungsprozess dienen**. Auch die Änderung einzelner Betriebsanlagen kann unter § 111 Satz 2 Nr. 4 BetrVG fallen, wenn es sich um solche Anlagen handelt, die in der Gesamtschau von erheblicher Bedeutung für den gesamten Betriebsablauf sind. Dabei hat die Zahl der Arbeitnehmer, die von der Änderung der einzelnen Betriebsanlagen betroffen werden, indizielle Bedeutung dafür, ob es sich um Betriebsanlagen von erheblicher Bedeutung handelt. Bei der Frage, ob die Änderung der Betriebsanlagen grundlegend ist, kommt es entscheidend auf den Grad der technischen Änderung an. Im Zweifelsfall kann sich eine grundlegende Änderung auch aus dem Grad der nachteiligen Auswirkungen der Änderungen auf die betroffenen Arbeitnehmer ergeben.

***BAG** 6.12.1983 – 1 ABR 43/81*
***BAG** 26.10.1982 – 1 ABR 11/81: Einrichtungen des Rechnungswesens*

1.4.6. Neue Arbeitsmethoden und Fertigungsverfahren (Satz 3 Nr. 5)

Die **Aufgabe der Eigenfertigung** eines notwendigen Vorproduktes kann eine grundlegende Änderung des Arbeitsverfahrens i.S.d. § 111 Satz 2 Nr. 5 BetrVG sein.

In der Aufgabe der Eigenfertigung eines notwendigen Vorproduktes kann die Einführung einer grundlegend **neuen Arbeitsmethode** oder eines grundlegend neuen Fertigungsverfahrens liegen. Die damit verbundene Änderung des Fertigungsverfahrens ist ebenso wie eine Änderung der Betriebsanlagen jedoch nur dann grundlegend, wenn von dieser Änderung ein erheblicher Teil der Arbeitnehmer des Betriebs nachteilig betroffen werden kann.

***BAG** 7.8.1990 – 1 AZR 445/89*

1.5. Betriebsübergang nach § 613 a BGB und das Bestehen von Beteiligungsrechten nach §§ 111, 112 BetrVG[75]

Der **Übergang eines Betriebsteils auf einen neuen Betriebsinhaber** (§ 613 a Abs. 1 Satz 1 BGB) kann **verbunden sein** mit weiteren Maßnahmen des Arbeitgebers, die Organisation und Zweck des ursprünglichen Betriebs grundlegend ändern und deshalb eine Betriebsänderung i.S.d. § 111 Satz 2 Nr. 4 BetrVG darstellen. Die Anwendbarkeit des § 111 BetrVG wird insoweit nicht durch § 613 a BGB ausgeschlossen.

Die Betriebsänderung i.S.d. § 111 Satz 2 BetrVG löst einen Anspruch des Betriebsrats auf Verhandlungen über einen Sozialplan aus. Ob und welche wirtschaftlichen Nachteile für die betroffenen Arbeitnehmer entstanden sind und ausgeglichen oder gemildert werden sollen, haben Arbeitgeber und Betriebsrat und notfalls die Einigungsstelle zu prüfen.

***BAG** 16.6.1987 – 1 ABR 41/85*

Der **rechtsgeschäftliche Übergang eines Betriebsteils auf einen anderen Inhaber ist für sich allein keine Betriebsänderung** i.S.d. § 111 BetrVG; insoweit gilt die Sonderregelung des § 613 a BGB.

Erschöpft sich der rechtsgeschäftliche Übergang des Betriebsteils jedoch nicht in dem bloßen Inhaberwechsel, sondern ist er mit Maßnahmen verbunden, die als solche einen der Tatbestände des § 111 BetrVG erfüllen, so sind die Beteiligungsrechte des Betriebsrats nach den §§ 111, 112 BetrVG zu wahren.

***BAG** 4.12.1979 – 1 AZR 843/76*

Bei einem Streit über das Bestehen eines Mitbestimmungsrechts kann der Betriebsrat dessen Feststellung unabhängig von der Möglichkeit beantragen, die Einrichtung einer Einigungsstelle zu betreiben.

Maßgeblich für die Ausnahme von der Sozialplanpflicht nach § 112a Abs. 2 Satz 1 BetrVG ist das Alter des Unternehmens, nicht des Betriebs. Dies folgt aus Wortlaut und Sinn und Zweck der Regelung.

[75] Siehe auch Ziff. 3.7.: „Sozialplan und Betriebsübergang", S. 401

Dieses Verständnis von § 112a Abs. 2 Satz 1 BetrVG steht nicht im Widerspruch zu § 613a Abs. 1 Satz 1 BGB. Die bloße Aussicht auf einen erzwingbaren Sozialplan beim Veräußerer ist kein „Recht' der Arbeitnehmer, das nach einem Betriebsübergang auf einen Erwerber diesem gegenüber vertraglich fortbestände.

***BAG** 27.6.2006 – 1 ABR 18/05*

Wird im **Rahmen einer Betriebsveräußerung** eine **nicht unerhebliche räumliche Verlegung** des Betriebs vorgenommen, die alte Betriebsgemeinschaft tatsächlich rechtsbeständig aufgelöst und der Betrieb an dem neuen Ort mit einer **wesentlichen neuen Belegschaft fortgeführt**, so liegt **eine Betriebsstilllegung** und deshalb **kein Betriebsübergang nach § 613 a Abs. 2 BGB vor**.

***BAG** 27.6.1995 – 1 ABR 62/94; **BAG** 20.4.1989 – 2 AZR 431/88*

Ist ein Betriebsübergang (§ 613a BGB) mit Maßnahmen verbunden, die als solche einen der Tatbestände des § 111 Satz 2 Nr. 1 – 5 BetrVG (Betriebsänderung) erfüllen, so stehen dem Betriebsrat die Beteiligungsrechte nach §§ 111, 112 BetrVG zu.

In einem solchen Fall ist ein von der Einigungsstelle durch Mehrheitsbeschluss aufgestellter Sozialplan nicht schon deshalb wegen Kompetenzüberschreitung unwirksam, weil in der Begründung des Spruchs ausschließlich Nachteile der Arbeitnehmer aufgeführt sind, die auf dem Betriebsübergang beruhen. Ein Rechtsverstoß liegt vielmehr nur vor, wenn bei Aufstellung des Sozialplans keine Nachteile zu erwarten waren, welche die vorgesehene Ausgleichs- oder Milderungsmaßnahme (z. B. Abfindungen) rechtfertigen konnten.

***BAG** 25.1.2000 – 1 ABR 1/99*

1.6. Betriebsänderung in der Insolvenz

Für den im Rahmen des § 125 Abs. 1 Satz 1 Nr. 1 InsO vom Insolvenzverwalter zu erbringenden Nachweis einer geplanten Stilllegung des Betriebs reichen unter Umständen die Kündigung aller Arbeitnehmer und der Entschluss zu einer so genannten Ausproduktion nicht aus, wenn es kurze Zeit (hier: ca. einen Monat) nach dem Abbruch der Verhandlungen über eine Betriebsänderung mit demselben Interessenten doch noch zu einem Betriebsübergang nach § 613 a Abs. 1 Satz 1 BGB kommt.

Der Arbeitnehmer muss im Kündigungsschutzprozess gegen eine vom Insolvenzverwalter nach Abschluss eines Interessenausgleichs mit Namensliste ausgesprochene ordentliche Kündigung sowohl die in § 128 Abs. 2 InsO wie die in § 125 Abs. 1 Satz 1 Nr. 1 InsO enthaltene Vermutung widerlegen. Hierfür muss er den Vollbeweis erbringen, dass die Kündigung nicht auf § 1 Abs. 2 Satz 1 KSchG i. V. m. § 613 a Abs. 4 Satz 2 BGB gestützt werden kann, sondern nach § 613 a Abs. 4 Satz 1 BGB unwirksam ist (wie LAG Hamm 4.6.2002 – 4 Sa 81/02 = BB 2003, 159).

Eines gesonderten Anhörungsverfahrens nach § 102 Abs. 1 Satz 1 BetrVG bedarf es nicht, wenn in dem Interessenausgleich mit Namensliste zum Ausdruck gebracht ist, dass der Insolvenzverwalter gleichzeitig das Anhörungsverfahren bezüglich der in der Namensliste aufgeführten Arbeitnehmer eingeleitet und der Betriebsrat bezüglich dieser Arbeitnehmer eine abschließende Stellungnahme abgegeben hat (wie LAG Hamm 4.6.2002 – 4 Sa 81/02).

***LAG** Düsseldorf 23.1.2003 – 11 (12) Sa 1057/02 = DB 2003, 2292*

Die Verbindung des Interessenausgleichsverfahrens nach § 111 BetrVG, § 125 InsO mit der Erfüllung der Unterrichtungspflicht des Arbeitgebers gegenüber dem Betriebsrat nach § 17 II 1 KSchG ist auch unter Berücksichtigung des Erfordernisses unionsrechtskonformer Auslegung anhand der Vorgaben in Art. 2 III Unterabs. 1 lit. b der sog. Massenentlassungsrichtlinie 98/59/EG zulässig.

Wird ein geplanter Personalabbau auf der Grundlage eines unternehmenseinheitlichen Konzepts durchgeführt und sind mehrere Betriebe von der Betriebsänderung betroffen, ist der Gesamtbetriebsrat nach § 50 I BetrVG originär zuständig für den Abschluss eines betriebsübergreifenden Interessenausgleichs mit Namensliste i. S. von § 125 InsO. Der Interessenausgleich mit Namensliste ersetzt in einem solchen Fall die Stellungnahme des Gesamtbetriebsrats nach § 17 III 2 KSchG.

***BAG** 20.9.2012 – 6 AZR 155/11*

1.7. Prozessuales: Unterlassungsanspruch des Betriebsrats?[76]

Es bleibt unentschieden, ob der Betriebsrat über eine **einstweilige Verfügung** vom Arbeitgeber verlangen kann, dass dieser die **Umsetzung der Betriebsänderung** unterlässt, solange der Interessenausgleich nicht abgeschlossen ist.

Eine einstweilige Verfügung gegen Versetzungen kommt jedenfalls solange nicht in Betracht, als der Betriebsrat mit einer Zustimmungsverweigerung nach § 99 BetrVG die Maßnahme zur Durchführung der Versetzungen verhindern kann. Sollten sich diese gesetzlichen Möglichkeiten als nicht schlagkräftig erweisen, kann immer noch eine einstweilige Verfügung in Betracht kommen, sofern der Verfügungsanspruch zu bejahen ist.

Es ist fraglich, ob die **Vergabe von Montagearbeiten an fremde Unternehmen** eine Betriebsänderung darstellt. Jedenfalls kann eine solche Fremdvergabe nicht durch einstweilige Verfügung zur Sicherung des Verhandlungsanspruchs gestoppt werden, wenn mit dieser Fremdvergabe nicht gleichzeitig die Stilllegung von Betriebsmitteln verbunden ist.

***LAG** Baden-Württemberg 17.5.1996 – 6 TaBV 4/96*

Hinweis für die Praxis:

Ein mögliches Recht des Betriebsrats auf Erlass einer einstweiligen Verfügung zur Unterlassung einer Betriebsänderung findet jedenfalls seine zeitliche Grenze, wenn das Verfahrensstadium, in dem der Arbeitgeber verpflichtet ist, nach § 111 BetrVG den Betriebsrat zu informieren und sich mit ihm zu beraten, seine Beendigung gefunden hat. Der Unterlassungsanspruch kann alleine dazu dienen, die eigenen Rechte des Betriebsrats auf Information und Beratung zu wahren. Dieses Verfahrensstadium findet aber seine Beendigung, wenn die Betriebspartner die Verhandlungen über den Abschluss eines Interessenausgleiches für gescheitert erklärt haben und insofern sich dafür entschieden haben, die Einigungsstelle anzurufen. Eine Verpflichtung eines Betriebspartners, die Einigungsstelle anzurufen, besteht nach § 112 BetrVG nicht. Auch ist ein Interessenausgleich im Rahmen eines Einigungsstellenverfahrens nach § 112 BetrVG nicht erzwingbar. Sobald dieses Verfahrensstadium, nämlich die Anrufung der Einigungsstelle erreicht worden ist, bestehen seitens des Arbeitgebers auch allenfalls noch Informations- und Beratungsrechte hinsichtlich der Einigungsstelle, nicht jedoch mehr gegenüber dem Betriebsrat.

1.7.1. Für Unterlassungsanspruch

Der Betriebsrat kann die Unterlassung betriebsändernder Teil- / Maßnahmen verlangen, wenn und solange das Interessenausgleichsverfahren gemäß §§ 111, 112 BetrVG nicht ausgeschöpft ist. Das gebietet unter anderem die richtlinienkonforme Auslegung der §§ 111 ff. BetrVG unter Beachtung von Art. 4 und 8 der Richtlinie 2002/14/EG, die ein Nebeneinander verfahrenssichernder Maßnahmen und Sanktionen bei Verstößen gegen Anhörungs- und Unterrichtungsrechte verlangen.

***LAG** Schleswig-Holstein 15.12.2010 – 3 TaBVGa 12/10*

Der Betriebsrat kann die Unterlassung einer Betriebsänderung verlangen, wenn und solange das Interessenausgleichsverfahren nicht ausgeschöpft ist.

***LAG** München 22.12.2008 – 6 TaBVGa 6/08 = BB 2010, 896*

Dem Betriebsrat steht ein Anspruch auf Unterlassung einer Betriebsänderung bis zum Zustandekommen oder endgültigen Scheiterns eines Interessenausgleichs zu. Dieser Anspruch kann bei Vorliegen eines Verfügungsgrundes im Wege der einstweiligen Verfügung durchgesetzt werden.

***LAG** Hamm 28.8.2003 – 13 TaBV 127/03 = NZA-RR 2004, 80*

---

[76] **N. Pflüger:** „Der Unterlassungsanspruch des Betriebsrats bei Betriebsänderungen" in DB 1998, 2062 ff.;
W. Dütz: „Effektiver Rechtsschutz des Betriebsrats beim Interessenausgleich" in AuR 1998, 181 ff.;
vgl. **K. Ehler:** „Schutzschrift zur Abwehr einer einstweiligen Verfügung auf Unterlassung einer Betriebsänderung" in BB 2000, 978 ff.

Der Betriebsrat hat einen Anspruch auf Unterlassung einer geplanten Betriebsänderung, bis die Interessenausgleichsverhandlungen abgeschlossen sind.

Dieser Anspruch kann durch eine einstweilige Verfügung gesichert werden. Als Verfügungsgrund ist es grundsätzlich ausreichend, dass anderenfalls unwiederbringlich Tatsachen geschaffen würden, die den Anspruch des Betriebsrats untergehen ließen.

Die zum Zweck der Übertragung auf ein anderes Unternehmen durchgeführte Abspaltung einer Cafeteria mit Kantinenfunktion ist unabhängig von der Anzahl der dort beschäftigten Arbeitnehmer wegen der Bedeutung einer solchen Einrichtung für die Belegschaft keine betriebsverfassungsrechtlich unerhebliche „Bagatellausgründung", sondern eine Spaltung i.S.d. § 111 Satz 3 Nr. 3 2. Alt. BetrVG.

***ArbG** Karlsruhe 22.7.2003 – 6 BVGa 2/03 = NZA-RR 2004, 482*

Dem Arbeitgeber kann im Falle von Betriebsänderungen zwecks Sicherung des Beteiligungsrechts des Betriebsrats bezüglich Interessenausgleichs im Wege der einstweiligen Verfügung für eine **bestimmte Zeit** untersagt werden, Kündigungen auszusprechen.

Für die Bestimmung der Dauer der Unterlassungspflicht kann u. a. berücksichtigt werden, dass (auch) der Betriebsrat die Interessenausgleichsverhandlungen bis hin zu Bildung der Einigungsstelle, ggf. durch Einleitung des Verfahrens nach § 98 ArbGG, aktiv betreiben kann und das von ihm regelmäßig zu erwarten ist. Es ist dann ggf. darauf abzustellen und abzuschätzen, bis wann die Einigungsstelle – unter Annahme eines zügigen und komplikationslosen Verlaufs der Vorgänge – hätte gebildet werden, verhandeln und die Verhandlungen – mit welchem Ausgang auch immer – abschließen können.

***Hessisches LAG** 6.4.1993 – 4 TaBVGa 45/93 = AuR 1994, 162*

Dem Betriebsrat steht bei einem geplanten erheblichen Personalabbau (Betriebsänderung) ein Anspruch auf Beratungen und Verhandlungen über einen Interessenausgleich gegenüber dem Arbeitgeber zu. Dieser Verhandlungsanspruch wird durch einen Unterlassungsanspruch gegenüber solchen Maßnahmen gestützt, mit denen die Betriebsänderung durchgeführt werden soll und die den Verhandlungsanspruch des Betriebsrats, der nach Durchführung der Betriebsänderung nicht mehr gegeben ist, zunichtemachen (z. B. Abschluss von Aufhebungsverträgen, Ausspruch von Kündigungen).

Der Unterlassungsanspruch kann durch **einstweilige Verfügung** gemäß § 940 ZPO gesichert werden.

Ein erheblicher Personalabbau i.S.d. § 111 Satz 2 Nr. 1 BetrVG (Betriebseinschränkung) kann bereits vorliegen, wenn der Zahlenschlüssel des § 17 KSchG geringfügig unterschritten wird.

***LAG** Berlin 7.9.1995 – 10 TaBV 5/95 und 9/95 = NZA 1996, 1284*

Im Wege der **einstweiligen Verfügung** kann dem Arbeitgeber untersagt werden, betriebsbedingte Kündigungen vor Abschluss der Interessenausgleichsverhandlungen auszusprechen.

Der Arbeitgeber kann auch im einstweiligen Verfügungsverfahren verpflichtet werden, den Betriebsrat unverzüglich umfassend und vollständig über die geplante Betriebsänderung zu unterrichten, insbesondere die verbleibenden Arbeitsplätze zu benennen.

Wenn das Anhörungsverfahren gemäß § 102 BetrVG eingeleitet ist und Kündigungen somit unmittelbar bevorstehen, kann durch den Kammervorsitzenden allein entschieden werden.

***ArbG** Jena 22.9.1992 – 6 Ga 5/92 = BB 1992, 2223*
***ArbG** Hamburg 3.8.1993 – 21 GaBV 2/93 = BB 1993, 2022*
***ArbG** Eisenach (Mühlhausen) 24.11.1993 – 5 BVGa 1/93 = AuR 1994, 35*
***Kreisgericht** Saalfeld (Kammer für Arbeitsrecht) 2.4.1991 – BVGa 1/91 = DB 1991, 919*

Beabsichtigt der Arbeitgeber, Arbeitnehmer in erheblichem Umfang betriebsbedingt zu kündigen und hält sich die von den bevorstehenden Kündigungen betroffene Zahl der Arbeitnehmer unter den Grenzen des § 112a Abs. 1 BetrVG (wenn auch knapp) und werden die übrigen Arbeitnehmer angeschrieben, sie mögen sich entscheiden, ob sie mit einer Erhöhung der Arbeitszeit bei gleicher Vergütung oder einer Reduzierung der Vergütung bei gleicher Arbeitszeit einverstanden sind, falls nicht, werde eine Änderungskündigung ausgesprochen, so kann der Betriebsrat im Wege des Erlasses einer einstweiligen Verfügung durchsetzen, dass der Arbeitgeber diese Maßnahmen zumindest in Bezug auf die Änderungen der Arbeitsbedingungen vor dem Abschluss eines Interessenausgleichs/Sozialplans nicht durchsetzt.

Dies gilt allerdings nur dann, wenn aufgrund der Anschreiben an die – vorerst nicht mit einer Kündigung bedachten – Arbeitnehmer zu erwarten ist, dass mindestens so viele Arbeitnehmer mit einer einvernehmlichen Vertragsänderung nicht einverstanden sind, dass die relevanten Zahlen des § 112a Abs. 1 BetrVG überschritten werden. Der Unterlassungsanspruch besteht, wenn der Arbeitgeber unmissverständlich erklärt hat, dass er bei einer Nichtannahme einer der beiden Varianten durch die Arbeitnehmer eine Änderungskündigung erklären wird.
Gegen die in diesem Zusammenhang beabsichtigten Beendigungskündigungen, die unterhalb der Grenze des § 112a Abs. 1 BetrVG liegen, kann der Betriebsrat zur Erzwingung eines Interessenausgleichs/Sozialplans nicht im Wege des Erlasses einer einstweiligen Verfügung vorgehen.

***ArbG** Passau 9.5.1997 – 2 BVGa 1/97 D = BB 1997, 1315*

Dem Betriebsrat steht im Falle einer Betriebsänderung gemäß § 111 Satz 1 BetrVG ein im Wege der einstweiligen Verfügung durchsetzbarer Anspruch auf Unterlassung von betriebsbedingten Kündigungen bis zum Abschluss des Interessenausgleichsverfahrens zu.

***LAG** Hamburg 26.6.1997 – 6 TaBV 5/97*

Dem Betriebsrat steht im Falle einer Betriebsratsanhörung nach § 111 Satz 1 BetrVG ein im Wege der einstweiligen Verfügung durchsetzbarer Anspruch auf Unterlassung betriebsbedingter Kündigungen bis zur Beendigung des Interessenausgleichsverfahrens zu. Hieran hat auch die gesetzliche Neuregelung durch das Arbeitsrechtliche Beschäftigungsförderungsgesetz vom 1. Oktober 1996 nichts geändert.

***ArbG** Hamburg 4.11.1997 – 25 GaBV 6/97 = BB 1998, 428*

1.7.2. Gegen Unterlassungsanspruch

Dem Betriebsrat steht im Falle einer Betriebsänderung i.S.d. § 111 Ziff. 1 BetrVG kein im Wege der einstweiligen Verfügung durchsetzbarer Anspruch auf Unterlassung betriebsbedingter Kündigungen zu, und zwar weder bis zum Abschluss eines Interessenausgleichs bzw. bis zum Abschluss eines Einigungsstellenverfahrens über einen Interessenausgleich noch – nach dem am 1.10.1996 in Kraft getretenen arbeitsrechtlichen Beschäftigungsförderungsgesetz – bis zum Ablauf von drei Monaten nach erstmaliger Beteiligung des Betriebsrats hinsichtlich der beabsichtigten Betriebsänderung.

***LAG** Düsseldorf 19.11.1996 – 8 TaBV 80/96 = BB 1997, 1315 = DB 1997, 1286*

Das Betriebsverfassungsgesetz begründet keinen Anspruch des Betriebsrats auf Unterlassung von betriebsbedingten Kündigungen, die zur Durchführung einer Betriebsänderung i.S.v. § 111 BetrVG ausgesprochen werden sollen.

***LAG** München 24.9.2003 – 5 TaBV 48/03 = NZA-RR 2004, 536*

Das Arbeitsgericht kann nicht im Wege einer **einstweiligen Verfügung** dem Unternehmer bis zum Abschluss eines Interessenausgleichs bzw. eines Einigungsstellenverfahrens zum Versuch eines Interessenausgleichs (§ 112 Abs. 2, 3 BetrVG) untersagen, vor diesem Zeitpunkt Maßnahmen zu ergreifen, die der Durchführung der Betriebsänderung dienen (z. B. Entfernung von Produktionsmitteln, Entlassungen).

***LAG** Berlin 4.10.1982 – 9 TaBV 4/82;*
***LAG** Düsseldorf 14.11.1983 – 12 TaBV 88/83 = DB 1984, 511*
***LAG** Baden-Württemberg 28.8.1985 – 2 TaBV 8/85 = BB 1986, 1015 = DB 1986, 805*
***ArbG** Köln 27.10.1993 – 2 BVGa 24/93 = BB 1993, 2311;*
***ArbG** Neustrelitz 24.2.1994 – 4 BVGa 5/94 = BB 1995, 206*
***LAG** Köln 1.9.1995 – 13 Ta 223/95 = DB 1995, 2115*

Dem Betriebsrat steht im Verfahren gemäß §§ 111, 112 BetrVG kein erzwingbares Recht zu einen Interessenausgleich zu erreichen oder die Durchführung einer vom Unternehmer beabsichtigten Betriebsänderung vorübergehend oder gänzlich zu verhindern.

Weder mit Hilfe der so genannten Regelungsverfügung noch mit Hilfe der so genannten Sicherungsverfügung (§§ 935, 938, 940 ZPO) kann der Betriebsrat dem Unternehmer verbieten, vor Abschluss eines Interessenausgleichs Kündigungen zum Zweck der Durchführung einer Betriebsänderung zu erklären.

***LAG** Schleswig-Holstein 13.1.1992 – 4 TaBV 54/91 = DB 1992, 1788*
***ArbG** Kiel 13.12.1996 – 2 BVGa 570/96 = NZA RR 1997, 298*

Der Betriebsrat hat **keinen Anspruch** gegen den Arbeitgeber **auf Unterlassung** von Betriebsänderungen bis zum Abschluss der Verhandlungen über einen Interessenausgleich. Insofern besteht ein ausreichender Schutz durch die Regelung des § 113 BetrVG, die nach Sinn und Zweck eine abschließende Sanktionsregelung für Mitbestimmungsverletzungen darstellt. Auch der Erlass einer **einstweiligen Verfügung** scheidet damit aus.

Selbst wenn man einen derartigen Anspruch bejahen würde, wäre die Unterlassungsverpflichtung auf einen bestimmten Zeitraum beschränkt (insoweit wie LAG Berlin, § 111 BetrVG 1972, Nr. 13); liegen keine besonderen Umstände vor, dann müssten jedenfalls sechs Wochen nach der Information und dem Verhandlungsangebot des Arbeitgebers über die Betriebsänderung zur Herbeiführung eines Ergebnisses genügen. Nach Ablauf dieses Zeitraums scheidet eine weitere Unterlassungsverpflichtung in jedem Fall aus.

Das bloße **Angebot** des Arbeitgebers an die Arbeitnehmer, **geänderte Arbeitsverträge abzuschließen** – ohne gleichzeitige Zuweisung eines neuen Aufgabenbereiches –, stellt noch keinen Teil der in § 111 BetrVG als Betriebsänderung mitwirkungspflichtigen Maßnahmen dar und kann daher auch nicht Gegenstand einer Unterlassungsverpflichtung sein.

***ArbG** Nürnberg 20.3.1996 – 12 BVGa 6/96*

Der Betriebsrat hat keinen Rechtsanspruch, im Falle einer Betriebsänderung den Ausspruch von Kündigungen durch ein gerichtliches Kündigungsverbot zu verhindern.

Die Verletzung des Rechts des Betriebsrats auf Verhandlungen über einen Interessenausgleich und Sozialplan bei einer geplanten Betriebsänderung durch Personalabbau wie auch die Verletzung von Informations- und Mitwirkungsrechten des Betriebsrats berechtigen nicht, Entlassungen durch gerichtliche Verfügung zu verhindern.

Ein allgemeiner Unterlassungsanspruch bei Verletzung von Mitwirkungsrechten des Betriebsrats im Bereich der wirtschaftlichen Angelegenheiten lässt sich aus dem Betriebsverfassungsgesetz nicht ableiten.

Mit der Sanktionsnorm des § 23 Abs. 3 BetrVG und der Regelung des § 113 BetrVG ist nach dem Willen des Gesetzgebers der Verhandlungs- und Beratungsanspruch des Betriebsrats ausreichend geschützt.

***ArbG** Marburg 29.12.2003 – 2 BVGa 5/03 = NZA-RR 2004, 199*

Durch **einstweilige Verfügung** kann dem Arbeitgeber nicht unter Androhung von Zwangsgeld aufgegeben werden, es zu unterlassen, Produktionsanlagen abzubauen, zu veräußern oder sie in sonstiger Weise dem Produktionsablauf zu entziehen, ohne vorher einen Interessenausgleich versucht zu haben.

Dem Betriebsrat steht ein vorbeugender Unterlassungsanspruch gegen die Durchführung von Betriebsänderungen ohne den vorausgegangenen Versuch eines Interessenausgleichs weder nach § 23 Abs. 3 BetrVG noch nach allgemeinen Rechtsgrundsätzen zu.

***LAG** Baden-Württemberg 28.8.1985 – 2 TaBV 8/85 = BB 1986, 1015 = DB 1986, 805*
***LAG** Rheinland-Pfalz 28.3.1989 – 3 TaBV 6/89 = NZA 1989, 863*

Der Unterlassungsantrag des Betriebsrats im Beschlussverfahren muss den allgemein in Erkenntnis- und Vollstreckungsverfahren geltenden Bestimmtheitsanforderungen genügen. Stets ist die Angabe der verletzten Mitbestimmungs- oder Mitwirkungsnorm zu fordern sowie die Benennung der Verletzungsform, also des Verhaltens, dessen Unterlassung dem Arbeitgeber aufgegeben werden soll. Der antragstellende Betriebsrat muss dem antragsgegnerischen Arbeitgeber im Antrag genau angeben, welche einzelnen Kündigungen in Zukunft und für welchen Zeitraum untersagt werden sollen.

Der Arbeitgeber ist nicht gehindert, Kündigungen im Zusammenhang mit Betriebsänderungen durchzuführen. Das darf er unabhängig davon, ob der Betriebsrat von den Kündigungen kollektivrechtlich gemäß § 111 BetrVG Kenntnis erlangt oder darüber beraten hat, ob also ein Interessenausgleich durchgeführt worden ist oder nicht.

Der (Gesamt-) Betriebsrat hat **keinen Anspruch auf Unterlassung** der Durchführung von Betriebsänderungen bis zur Unterrichtung und Beratung i.S.v. § 111 Satz 1 BetrVG bzw. bis zum Abschluss der Interessenausgleichsverhandlungen. Die Grundsätze der Entscheidung des BAG vom 3.5.1994 zum sog. allgemeinen Unterlassungsanspruch sind auf die Beteiligungsrechte des Betriebsrats nach §§ 111 ff.. BetrVG nicht übertragbar.

Ein Antrag des (Gesamt-) Betriebsrats auf Erlass einer einstweiligen Verfügung (§ 85 Abs. 2 ArbGG i. V. m. §§ 935, 940 ZPO), gerichtet auf Unterlassung von geplanten Betriebsänderungen, ist – unabhängig von dem Bestehen eines allgemeinen Unterlassungsanspruchs im Rahmen der §§ 111 ff. BetrVG – unbegründet, wenn das Unterlassungsbegehren im Antrag zeitlich nicht bis zum Abschluss des Unterrichtung, Beratung bzw. der Interessenausgleichsverhandlungen begrenzt wird.

***LAG** Köln 1.9.1995 – 13 TaBV 223/95 = DB 1995, 2115 = NZA 1995, 966*

Auch in einem **Tendenzbetrieb** besitzt der Betriebsrat keinen Unterlassungsanspruch zur Verhinderung des Ausspruchs betriebsbedingter Kündigung im Rahmen einer geplanten Betriebsänderung.

***LAG** Niedersachsen 29.11.2002 – 12 TaBV 111/02 = BB 2003, 1337*

1.8. Betriebsänderung und Massenentlassung

Das Konsultationsverfahren gemäß Art. 2 Abs. 1 MERL (§ 17 Abs. 2 KSchG) ist regelmäßig auf alle für eine Kündigung in Betracht kommenden Arbeitnehmer zu erstrecken. Das gilt grundsätzlich auch für Arbeitnehmer, deren Kündigung einer behördlichen Zustimmung bedarf. Geht Arbeitnehmern mit einem solchen Sonderkündigungsschutz nach der behördlichen Zustimmung eine Kündigung erst außerhalb des 30-Tage-Zeitraums des § 17 Abs. 1 Satz 1 KSchG zu, können sie sich jedoch nach der unionsrechtlichen Ausgestaltung des Massenentlassungsschutzes auf Fehler im Konsultationsverfahren nicht berufen. Solche Arbeitnehmer bedürfen des Massenentlassungsschutzes nach der MERL nicht.

Der deutsche Gesetzgeber hat diese Systematik der MERL in § 17 KSchG übernommen. Diese Konzeption ist jedoch nach der Entscheidung des Bundesverfassungsgerichts vom 8. Juni 2016 (1 BvR 3634/13) mit Art. 3 Abs. 1, Abs. 2, Abs. 3 Satz 1 i.V.m. Art. 6 GG nicht uneingeschränkt vereinbar. Das gebietet eine verfassungskonforme Auslegung des § 17 KSchG: Arbeitnehmer, deren Kündigung allein deshalb außerhalb des 30-Tage-Zeitraums erfolgt, weil zuvor ein anderes behördliches Verfahren, das keinen dem Massenentlassungsschutz gleichwertigen Schutz bietet, durchgeführt werden musste, sind so zu behandeln, wie Arbeitnehmer, für deren Kündigungen § 17 KSchG gilt. Darum gilt der 30-Tage-Zeitraum in solchen Fällen auch dann als gewahrt, wenn die Antragstellung auf Zustimmung der zuständigen Behörde innerhalb dieses Zeitraums erfolgt ist.

Diese Erweiterung des nationalrechtlichen Entlassungsbegriffs für bestimmte Personen mit Sonderkündigungsschutz gegenüber den Vorgaben des Gerichtshofs der Europäischen Union ist noch von der Günstigkeitsklausel in Art. 5 MERL gedeckt.

***BAG** 26.1.2017 – 6 AZR 442/16*

Die Unterrichtung des Arbeitgebers nach § 17 Abs. 2 Satz 1 Halbs. 2 Nr. 1 bis Nr. 6 KSchG kann in Textform (§ 126b BGB) erfolgen.

Das Konsultationsverfahren nach § 17 Abs. 2 KSchG stellt trotz seiner normativen Verortung ein betriebsverfassungsrechtlich geprägtes Verfahren dar. Trotz Betriebsstilllegung stehen dem Betriebsrat daher Beteiligungsrechte aus § 17 Abs. 2 KSchG im Rahmen seines Restmandats gem. § 21b BetrVG zu

Entschließt sich der Arbeitgeber aus formalen Gründen zur Wiederholung von bereits zuvor ausgesprochenen Kündigungen, sind das Konsultationsverfahren (§ 17 Abs. 2 KSchG) und das Anzeigeverfahren (§ 17 Abs. 1 und Abs. 3 KSchG) u.a. dann erneut durchzuführen, wenn abermals ein Massenentlassungstatbestand vorliegt und eine beteiligungsfähige Arbeitnehmervertretung besteht.

Der Arbeitgeber unterliegt im Konsultationsverfahren nach § 17 Abs. 2 KSchG keinem Einigungszwang. Es reicht aus, wenn er mit dem ernstlichen Willen zur Einigung in die Verhandlungen mit dem Betriebsrat geht und bereit ist, sich mit dessen Vorschlägen auseinanderzusetzen. Der Arbeitgeber kann die Vermeidung oder Einschränkung von Entlassungen vom Vorliegen bestimmter Bedingungen abhängig machen. Auch eine absolute Verhandlungs(mindest)dauer ist nicht vorgeschrieben.

Der Arbeitgeber darf den Konsultationsanspruch des Betriebsrats nach § 17 Abs. 2 Satz 2 KSchG als erfüllt ansehen, wenn er den Betriebsrat zuvor vollständig nach § 17 Abs. 2 Satz 1 Halbs. 2 KSchG unterrichtet und ihm alle zweckdienlichen Auskünfte i.S.v. § 17 Abs. 2 Satz 1 Halbs. 1 KSchG erteilt hat und dieser keine Bereitschaft zu zielführenden Verhandlungen erkennen lässt.

Die Einreichung der Massenentlassungsanzeige bei zwei unterschiedlichen Agenturen für Arbeit führt jedenfalls dann nicht zur Nichtigkeit (§ 134 BGB) einer nachfolgend ausgesprochenen Kündigung, wenn die Anzeige vollständige und zutreffende Angaben zu den für die örtliche Zuständigkeit möglicherweise relevanten Umständen enthält und der Arbeitgeber auf die mehrfache Einreichung hinweist. Es ist dann Sache der angegangenen Behörden, sich über die örtliche Zuständigkeit für die Entscheidung nach §§ 18, 20 KSchG abzustimmen.

***BAG** 22.9.2016 – 2 AZR 276/16*

Siehe aber auch die nachfolgende Entscheidung zur fehlerhaften Einreichung einer Massenentlassungsanzeige:

Im Rahmen der Air-Berlin-Insolvenz fanden keine Betriebsteilübergänge auf andere Fluggesellschaften statt, denn bei Air Berlin waren keine Betriebsteile gebildet. Es handelte sich um einen einheitlichen Flugbetrieb, welcher zentral gesteuert wurde (Rn. 66 ff.).

Dies gilt auch bzgl. des sog. Wet Lease. Air Berlin stellte dabei die von ihr selbst geleasten Flugzeuge einer anderen Fluggesellschaft als weiterer Leasingnehmerin mit wechselnder Besatzung, Wartung und Versicherung zur Verfügung. Das WetLease-Geschäft hatte weder eine eigene Leitung noch zugeordnetes Personal. Letzteres gilt auch bezogen auf den Zeitraum, als Air Berlin den eigenwirtschaftlichen Flugbetrieb bereits eingestellt hatte und nur noch das Wet-Lease-Geschäft betrieb. Damit wurde kein Betriebsteil geschaffen, sondern der Flugbetrieb plangemäß abgewickelt (Rn. 75 ff.).

Dies entspricht der Konzeption des Unionsrechts und seiner Umsetzung durch § 613a Abs. 1 Satz 1 BGB. Die Richtlinie 2001/23/EG soll ebenso wie 613a Abs. 1 Satz 1 BGB die Kontinuität der im Rahmen einer wirtschaftlichen Einheit bestehenden Arbeitsverhältnisse gewährleisten. Mit dem Übergang einer wirtschaftlichen Einheit gehen nur die Arbeitsverhältnisse auf den neuen Arbeitgeber über, die dem „Betrieb" oder „Betriebsteil", d.h. der übergehenden wirtschaftlichen Einheit, zugeordnet sind. Eine bisher nicht bestehende Zuordnung von Arbeitnehmern kann nicht durch eine betriebsbezogene Sozialauswahl erfolgen (Rn. 80).

Gab es vor einer in Etappen vollzogenen Betriebsstilllegung keine übergangsfähige Einheit, werden die in der letzten Phase der Zerschlagung des Betriebs in dem noch bestehenden „Restbetrieb" weiter beschäftigten Arbeitnehmer durch die Fortsetzung der Abwicklung nicht erstmals einer wirtschaftlichen Einheit im Sinne des Betriebsübergangsrechts zugeordnet (Rn. 85 f.).

Die Erfüllung der Anzeigepflicht des § 17 Abs. 1, Abs. 3 KSchG obliegt allein dem Arbeitgeber. Dieser hat in dem dafür vorgesehenen strukturierten Verfahren die Angaben nach § 17 Abs. 3 Satz 4 und Satz 5 KSchG objektiv richtig mitzuteilen. Die Meldung der Arbeitnehmer als arbeitsuchend (§ 38 SGB III) entbindet den Arbeitgeber nicht von seiner Anzeigepflicht (Rn. 133).

Die Darlegung des Stands der Beratungen gemäß § 17 Abs. 3 Satz 3 KSchG soll die Arbeitsverwaltung in die Lage versetzen, beurteilen zu können, ob die Betriebsparteien aufgrund ausreichender Informationen tatsächlich über die geplante Massenentlassung und ihre Vermeidung beraten haben. Dazu ist es nicht erforderlich, sämtliche Einzelheiten der Konsultationen zu schildern. Eine bloß formelhafte Wiedergabe des Gesetzestextes des § 17 Abs. 2 KSchG ist aber unzureichend (Rn. 136 ff.).

Verbindet der Arbeitgeber das Konsultationsverfahren mit den Verhandlungen über einen Interessenausgleich/Sozialplan, genügt die Darlegung des Stands der Interessenausgleichsverhandlungen dem § 17 Abs. 3 Satz 3 KSchG nur, wenn auch die Verbindung der beiden Verfahren für die Agentur für Arbeit aus den Darlegungen des Arbeitgebers ersichtlich wird (Rn. 140 f.).

Im Konsultationsverfahren kommt dem Arbeitgeber eine Beurteilungskompetenz bei Beantwortung der Frage zu, wann er den Betriebsrat als ausreichend unterrichtet und seinen Beratungsanspruch als erfüllt ansieht (Rn. 143).

Erteilt der Arbeitgeber vom Betriebsrat nachgeforderte Auskünfte und meint der Betriebsrat dennoch, er könne wegen unzureichender Informationen nicht beraten, so ist das der vom Arbeitgeber gegenüber der Agentur für Arbeit darzulegende Stand der Beratungen. Dessen Darlegung hat auf der Grundlage des tatsächlichen Ablaufs des Konsultationsverfahrens zu erfolgen. Ob das Auskunftsverlangen des Betriebsrats gerechtfertigt war und ob dieser sich zu Recht als nicht ausreichend unterrichtet ansehen durfte oder nicht, ist im Rahmen des § 17 Abs. 3 Satz 3 KSchG irrelevant (Rn. 144 f.).

***BAG** 14.5.2020 – 6 AZR 235/19*

Hinweis für die Praxis:

Das gesamte Verfahren um die Insolvenz der Fluggesellschaft Air Berlin birgt komplizierte Fragen, auch im betriebsverfassungsrechtlichen Bereich. Mit der vorstehenden Entscheidung hat das BAG unter anderem auch festgestellt, dass der Betriebsbegriff der MERL, also der Massenentlassungsrichtlinie, dies ist die Richtlinie 98/59/EG und der Betriebsbegriff der Betriebsübergangsrichtlinie, dies ist die Richtlinie 2001/23/EG unterschiedlich ist, weil beide unterschiedliche Funktionen haben. Dies führt zu einem unterschiedlichen Begriffsverständnis. Die Annahme einer wirtschaftlichen Einheit i.S.d. Richtlinie 2001/23/EG setzt für den Betriebsbegriff eine „Verfolgung einer wirtschaftlichen Haupt- oder Nebentätigkeit" voraus, während dies nach der Richtlinie 98/59/EG gerade nicht der Fall ist. Der Betriebsbegriff der MERL ist damit weiter als derjenige der Betriebsübergangsrichtlinie. Dies muss der Arbeitgeber bei der Massenentlassungsanzeige beachten, sonst sind alle darauf beruhenden Kündigungen unwirksam. Darüber führte das BAG in der vorstehenden Entscheidung auch aus, welche Anforderungen der Arbeitgeber hat, wenn er nach einer zweiwöchigen Verhandlung mit dem Betriebsrat den Stand der Beratungen gemäß § 17 Abs. 3 Satz 3 KSchG darstellt, weil der Betriebsrat keine ausreichende Stellungnahme abgibt. Zweck des § 17 Abs. 3 Satz 2 und Satz 3 KSchG ist die Dokumentation der Durchführung und gegebenenfalls des Ergebnisses des Konsultationsverfahrens. Um diesen Zweck zu erfüllen, muss der Arbeitgeber insbesondere angeben, dass, wann und mit welchen Argumenten der Betriebsrat weitere Verhandlungen abgelehnt hat oder unter Umständen, dass er jedenfalls bisher bereits zwei Wochen mit dem Betriebsrat unter Vorlage aller Unterlagen verhandelt hat. Bei Scheitern des Konsultationsverfahrens muss er auch angeben, dass, wann und wie er das Konsultationsverfahren für gescheitert erklärt hat. Sonst hat der Arbeitgeber den Stand der Beratungen unzureichend dargelegt.

***BAG** 14.5.2020 – 6 AZR 235/19*

2. Interessenausgleich (§ 112 BetrVG)

Gegenstand eines Interessenausgleichs i.S.d. § 112 Abs. 1 Satz 1 BetrVG sind Regelungen darüber, **ob, wann und in welcher Form** die vom Unternehmer geplante Betriebsänderung durchgeführt werden soll. Im **Sozialplan** geht es um Ausgleich oder Milderung der wirtschaftlichen Nachteile, die den Arbeitnehmern infolge dieser Maßnahme entstehen.

***BAG** 27.10.1987 – 1 ABR 9/86; **BAG** 20.4.1994 – 10 AZR 186/93*

Während ein **Sozialplan** auch für Maßnahmen aufgestellt werden kann, die noch nicht geplant, aber in groben Umrissen abschätzbar sind, gelten für den **Interessenausgleich** strengere Anforderungen. Hier ist Voraussetzung, dass über **konkret geplante Maßnahmen** mit dem Betriebsrat verhandelt und schon eine Einigung über das Ob und Wie angestrebt werden kann.

***BAG** 19.1.1999 – 1 AZR 342/98*

Der Versuch eines Interessenausgleichs i.S.d. § 113 Abs. 3 BetrVG erfordert die Verhandlung mit dem zuständigen Betriebsrat oder Gesamtbetriebsrat. Der **Arbeitgeber** trägt die **Initiativlast**.

Plant ein Arbeitgeber die Verlegung eines Betriebes und dessen Zusammenlegung mit einem anderen seiner Betriebe, so ist der **Gesamtbetriebsrat** für Verhandlungen über einen Interessenausgleich zuständig.

Bei Zweifeln über den zuständigen Verhandlungspartner muss der Arbeitgeber die in Betracht kommenden Arbeitnehmervertretungen zur Klärung der Zuständigkeitsfrage auffordern. Weist er hingegen ohne Weiteres einen der möglichen Verhandlungspartner zurück, so trägt er das Risiko, dass sein Verhandlungsversuch als unzureichend gewertet wird, wenn dieser zuständig gewesen wäre.

***BAG** 24.1.1996 – 1 AZR 542/95*

Ein Unternehmer, der Ansprüche auf **Nachteilsausgleich** (§ 113 Abs. 3 BetrVG) vermeiden will, muss das für den Versuch einer Einigung über den **Interessenausgleich** vorgesehene Verfahren voll ausschöpfen. Er muss, falls keine Einigung mit dem Betriebsrat möglich ist und dieser nicht selbst die Initiative ergreift, die **Einigungsstelle anrufen**, um dort einen Interessenausgleich zu versuchen.

***BAG** 18.12.1984 – 1 AZR 176/82*

Der Versuch eines Interessenausgleichs i.S.v. § 113 Abs. 3 i.V.m. Abs. 1 BetrVG setzt nicht voraus, dass die Einigungsstelle das Scheitern der Interessenausgleichsverhandlungen **förmlich durch Beschluss** feststellt.

Das Gesetz verpflichtet den Unternehmer lediglich, mit dem Betriebsrat über den Abschluss eines Interessenausgleichs mit dem ernsthaften Willen einer Verständigung zu beraten. Er muss sich dazu mit den vom Betriebsrat vorgeschlagenen Alternativen zu der geplanten Betriebsänderung einlassen und argumentativ auseinandersetzen. Können sich die Betriebsparteien nicht auf einen Interessenausgleich verständigen, ist der Unternehmer gegenüber dem Betriebsrat zur Anrufung der Einigungsstelle verpflichtet. Die Betriebsparteien haben in dem Einigungsstellenverfahren letztmals Gelegenheit, unter Mitwirkung eines unparteiischen Vorsitzenden Alternativen zur geplanten Betriebsänderung zu erörtern oder Modifikationen zu prüfen, die für die betroffenen Arbeitnehmer weniger nachteilige Folgen haben (BAG 20. November 2001 – 1 AZR 97/01 – zu I 1 d der Gründe, BAGE 99, 377). Ein Anspruch auf Nachteilsausgleich besteht daher nicht, wenn die Betriebsparteien einen Interessenausgleich vereinbaren oder der Verhandlungsanspruch des Betriebsrats in dem Einigungsstellenverfahren erfüllt wird.

***BAG** 16.8.2011 – 1 AZR 44/10*

Das in §§ 111, 112 BetrVG vorgesehene Verfahren, also auch einschließlich des Versuchs eines **Interessenausgleichs**, muss noch in einem **Stadium** abgewickelt werden, **in dem der Plan zur Betriebsänderung noch nicht, und zwar auch noch nicht teilweise verwirklicht ist**. Der Unternehmer muss den Betriebsrat einschalten, bevor er darüber entschieden hat, ob und inwieweit die Betriebsänderung erfolgt. Ob das Verfahren nach § 112 Abs. 1, 2 BetrVG voll auszuschöpfen ist, braucht nicht entschieden zu werden.

Eine wirtschaftliche Zwangslage des Unternehmens, die eine sofortige Betriebsänderung erfordert, lässt die Notwendigkeit unberührt, den Betriebsrat vor der abschließenden Entscheidung über die Betriebsänderung nach §§ 111, 112 BetrVG einzuschalten.

Das in § 112 Abs. 2 BetrVG vorgesehene Einigungsverfahren kann nicht mehr nachgeholt werden, wenn der Unternehmer die Betriebsänderung (Betriebsstilllegung) und die Kündigung der Arbeitnehmer endgültig beschlossen hat.

Die nachträgliche Erklärung des Betriebsrats, er wolle keine rechtlichen Schritte wegen des unterbliebenen Versuchs eines Interessenausgleichs unternehmen, ändert nichts an dem Bestehen des Anspruchs auf **Nachteilsausgleich**, der einem Arbeitnehmer nach § 113 Abs. 3 BetrVG erwachsen ist.

Der Anspruch auf Nachteilsausgleich nach § 113 Abs. 3 BetrVG wird nicht durch einen **Sozialplan** beseitigt, der nach der Einleitung der Betriebsänderung (Betriebsstilllegung) und den dieserhalb ausgesprochenen Kündigungen gegenüber den Arbeitnehmern zustande kommt. Ob der Anspruch auf Abfindung auf Ansprüche aus dem Sozialplan anzurechnen ist, war nicht zu entscheiden.

***BAG** 14.9.1976 – 1 AZR 784/75*

Hinweise zur vorstehenden Entscheidung:

Mit seiner Entscheidung vom 20.11.2001 – 1 AZR 97/01, abgedruckt unter Ziff. 3, hat das BAG entschieden, dass beide Ansprüche wechselseitig angerechnet werden.

Auch beim Vorliegen eines Interessenausgleichs ist nach § 102 BetrVG eine Betriebsratsanhörung erforderlich. Diese Anhörung kann der Arbeitgeber mit den Verhandlungen über den Interessenausgleich verbinden.
Die Betriebsratsanhörung unterliegt auch beim Vorliegen eines Interessenausgleichs keinen erleichterten Anforderungen. Soweit der Kündigungssachverhalt dem Betriebsrat allerdings schon aus Verhandlungen über den Interessenausgleich bekannt ist, braucht er ihm bei der Anhörung nach § 102 BetrVG nicht erneut mitgeteilt zu werden. Solche Vorkenntnisse des Betriebsrats muss der Arbeitgeber im Prozess hinreichend konkret darlegen und ggf. beweisen.

***BAG** 20.5.1999 – 2 AZR 532/98*

Vereinbaren Arbeitgeber und Betriebsrat vor Durchführung einer Maßnahme, die sich als Betriebsänderung darstellt, schriftlich, in welcher Weise die wirtschaftlichen Nachteile der von dieser Maßnahme betroffenen Arbeitnehmer ausgeglichen oder gemildert werden sollen, so kann darin auch eine Einigung der Betriebspartner darüber liegen, dass diese Maßnahme so wie geplant durchgeführt werden soll.
Liegt eine solche Einigung vor, so hat ein von dieser Maßnahme betroffener Arbeitnehmer keinen Anspruch nach § 113 BetrVG auf einen Nachteilsausgleich, weil es nicht an dem **Versuch eines Interessenausgleichs** fehlt.

***BAG** 20.4.1994 – 10 AZR 186/93*

Ein wirksamer Interessenausgleich setzt nach § 112 Abs. 1 Satz 1 BetrVG die schriftliche Niederlegung und die Unterzeichnung durch die Betriebsparteien voraus.

Der Arbeitgeber muss vor der Durchführung einer Betriebsänderung alle Möglichkeiten zur Herbeiführung eines wirksamen Interessenausgleichs ausschöpfen. Mit formlosen Mitteilungen des Betriebsratsvorsitzenden, der Betriebsänderung werde zugestimmt oder ein Interessenausgleich sei überflüssig, darf er sich nicht begnügen. Falls der Betriebsrat die Zustimmung zur Betriebsänderung beschlossen hat, kann und muss der Arbeitgeber im eigenen Interesse die schriftliche Niederlegung verlangen. Erforderlichenfalls muss er die Einigungsstelle anrufen.

Wenn zwischen den Betriebsparteien kein wirksamer Interessenausgleich zu Stande kommt, muss der Arbeitgeber vor der tatsächlichen Durchführung der Betriebsänderung alle Möglichkeiten einer Einigung ausschöpfen und erforderlichenfalls die Einigungsstelle anrufen. Hiervon können ihn formlose Mitteilungen des Betriebsratsvorsitzenden nicht entbinden. Kommt der Arbeitgeber seiner Verpflichtung nicht nach, schuldet er den Arbeitnehmern, die infolge der Betriebsänderung entlassen werden, nach § 113 Abs. 3 i.V.m. Abs. 1 BetrVG einen Nachteilsausgleich.

Ausnahmen von der Verpflichtung des Arbeitgebers, notfalls die Einigungsstelle anzurufen, kommen in Betracht, wenn der Betriebsrat seine Tätigkeit gänzlich eingestellt hat oder der Betriebsratsvorsitzende trotz eines ordnungsgemäßen Betriebsratsbeschlusses über die Zustimmung zur Betriebsänderung dem Verlangen des Arbeitgebers nach schriftlicher Niederlegung nicht nachkommt.

***BAG** 26.10.2004 – 1 AZR 493/03*

Ein Interessenausgleich i.S.v. § 112 Abs. 1 Satz 1 BetrVG entfaltet keine normative Wirkung für die Arbeitsverhältnisse der Arbeitnehmer.

Enthält ein Interessenausgleich eine Bestimmung, die ihrem Inhalt nach eine Sozialplanregelung darstellt, können sich hieraus Ansprüche der Arbeitnehmer ergeben.

***BAG** 14.11.2006 – 1 AZR 40/06*

Ein Interessenausgleich erzeugt keinen **Anspruch des Betriebsrats** auf dessen Einhaltung. Weicht der Arbeitgeber von einem vereinbarten Interessenausgleich ab, so kann dies zwar **Ansprüche der betroffenen Arbeitnehmer** gemäß **§ 113 BetrVG** (= Nachteilsausgleich) zu Folge haben. Indessen kann der Betriebsrat seinerseits gegenüber dem Arbeitgeber aus eigenem Recht die Einhaltung des Interessenausgleichs nicht erzwingen, weil es sich ihm gegenüber lediglich um eine Naturalobligation handelt.

Der Betriebsrat kann daher nicht im Wege der **einstweiligen Verfügung** die Einhaltung eines Interessenausgleichs erzwingen.

***BAG** 28.8.1991 – 7 ABR 72/90*

Treffen die Betriebsparteien in einem Interessenausgleich eine Regelung, die sich als solche zur Abmilderung wirtschaftlicher Nachteile für ausscheidende Arbeitnehmer darstellt (hier: Abfindungszahlungen), so handelt es sich um eine individualanspruchsbegründende Sozialplanregelung.

***LAG** Berlin 25.3.1999 – 10 Sa 104/98*

Der Arbeitgeber ist auch dann verpflichtet, einen **Interessenausgleich** über eine geplante Betriebsänderung bis hin vor die Einigungsstelle zu versuchen, wenn der Betriebsrat anlässlich der geplanten Betriebsänderung nach § 112 a BetrVG einen **Sozialplan** nicht erzwingen kann.

***BAG** 8.11.1988 – 1 AZR 687/87*

2.1. Interessenausgleich mit Namensliste

Grobe Fehlerhaftigkeit einer Sozialauswahl bei Interessenausgleich mit Namensliste i.S.d § 125 InsO liegt vor, wenn einem Arbeitnehmer gekündigt wird, der ein 30 Jahre höheres Lebensalter und eine 20 Jahre längere Betriebszugehörigkeit aufweist als ein Mitarbeiter, der einem minderjährigen Kind gegenüber zum Unterhalt verpflichtet ist.

Bei Vorliegen eines Interessenausgleichs mit Namensliste kann der Arbeitgeber die Anhörung nach § 102 BetrVG mit den Verhandlungen über den Interessenausgleich verbinden. Sie muss jedoch wie die Anhörung des Betriebsrats zu jeder Kündigung den von der Rechtsprechung zu § 102 BetrVG aufgestellten Grundsätzen entsprechen.

***BAG** 21.7.2005 – 6 AZR 592/04*

Ein Interessenausgleich kann, um die Wirkungen des § 1 Abs. 5 KSchG auszulösen, noch nach seinem Abschluss zeitnah um eine Namensliste ergänzt werden.

Bis zu welchem Zeitpunkt eine „zeitnahe" **Ergänzung des Interessenausgleichs** vorliegt, lässt sich nicht durch eine starre Regelfrist bestimmen. Entscheidend sind die Umstände des Einzelfalls, wie bspw. die fortdauernden Verhandlungen der Betriebsparteien über die Erstellung einer Namensliste.

Ein Interessenausgleich mit Namensliste bildet nur dann eine ausreichende Vermutungsbasis i.S.d. § 1 Abs. 5 Satz 1 KSchG, wenn in der Namensliste ausschließlich Arbeitnehmer bezeichnet sind, die aus der eigenen Sicht der Betriebsparteien aufgrund der dem Interessenausgleich zugrunde liegenden Betriebsänderung zu kündigen sind.

***BAG** 26.3.2009 – 2 AZR 296/07*

Für das Eingreifen der Rechtsfolgen des § 1 Abs. 5 KSchG reicht es nicht aus, dass lediglich über Teile des geplanten Stellenabbaus ein Interessenausgleich mit Namensliste zustande kommt. Arbeitgeber und Betriebsrat müssen sich vielmehr über die gesamte geplante Betriebsänderung in einem Interessenausgleich verständigen.

***BAG** 17.3.2016 – 2 AZR 182/15*

Das Schriftformerfordernis für den Interessenausgleich aus § 112 Abs. 1 Satz 1 BetrVG erstreckt sich auch auf die Namensliste.

Eine einheitliche Urkunde von Interessenausgleich und getrennt erstellter Namensliste kann vorliegen, wenn der von den Betriebsparteien unterschriebene Interessenausgleich auf die zu erstellende Namensliste Bezug nimmt und die von den Betriebsparteien unterzeichnete Namensliste ihrerseits eindeutig auf den Interessenausgleich (rück-)verweist.

***BAG** 12.5.2010 – 2 AZR 551/08*

Der Interessenausgleich über die geplante Betriebsänderung muss mit namentlicher Bezeichnung der zu kündigenden Arbeitnehmer nach § 112 Abs. 1 Satz 1 BetrVG schriftlich niedergelegt und vom Unternehmer und dem Betriebsrat unterschrieben sein. Die Rechtswirkungen des § 1 Abs. 5 KSchG a. F. treten auch dann ein, wenn der zu kündigende Arbeitnehmer in einer nicht unterschriebenen Namensliste benannt ist, die mit dem Interessenausgleich, der auf die Namensliste als Anlage ausdrücklich Bezug nimmt, mittels Heftmaschine fest verbunden ist (hier: keine rechtliche Wirkung der Namensliste, da die Betriebsparteien die Anlage zum Interessenausgleich nicht unterschrieben haben und eine feste Verbindung der Anlage zum Interessenausgleich nicht vorgetragen wurde).

***BAG** 6.12.2001 – 2 AZR 422/00 = NZA 2002, 999*

Der Arbeitgeber ist im Rahmen der Betriebsratsanhörung nicht verpflichtet, die Richtigkeit dokumentierter Daten zu überprüfen. Er kann deshalb mangels anderweitiger Kenntnisse auch von den Eintragungen in der Lohnsteuerkarte ausgehen, hat dies aber dann gegenüber dem Betriebsrat zu kennzeichnen.

Nach § 112 Abs. 1 Satz 1 BetrVG ist ein Interessenausgleich über eine geplante Betriebsänderung schriftlich niederzulegen und vom Unternehmer und vom Betriebsrat zu unterschreiben. Auf das gesetzliche Schriftformerfordernis sind die §§ 125, 126 BGB anwendbar.

Das Schriftformerfordernis ist nach der Rechtsprechung des Senats nicht allein deshalb verletzt, weil die Namensliste nicht im Interessenausgleich selbst, sondern in einer Anlage enthalten ist. § 1 Abs. 5 Satz 1 KSchG spricht zwar davon, die namentliche Bezeichnung müsse „in einem Interessenausgleich" erfolgen. Das Erfordernis ist aber erfüllt, wenn Interessenausgleich und Namensliste eine Urkunde bilden.

Ausreichend ist es jedenfalls, wenn die Haupturkunde unterschrieben, in ihr auf die nicht unterschriebene Anlage ausdrücklich Bezug genommen ist und Haupturkunde und nachfolgende Anlage mittels Heftmaschine körperlich derart zu einer einheitlichen Urkunde verbunden sind, dass eine Lösung nur durch Gewaltanwendung (Lösen der Heftklammer) möglich gewesen wäre.

Das Erfordernis der Einheit der Urkunde ist jedoch nicht bereits dann erfüllt, wenn eine bloß gedankliche Verbindung (Bezugnahme) zur Haupturkunde besteht. Vielmehr muss die Verbindung auch äußerlich durch tatsächliche Beifügung der in Bezug genommenen Urkunde zur Haupturkunde in Erscheinung treten. Deshalb müssen im Augenblick der Unterzeichnung die Schriftstücke als einheitliche Urkunde äußerlich erkennbar werden.

Die erst nach Unterzeichnung erfolgte Zusammenheftung genügt daher dem Schriftformerfordernis nicht.

***BAG** 6.7.2006 – 2 AZR 520/05 = NZA 2007, 266*

Im Kündigungsschutzprozess muss regelmäßig der Arbeitgeber die Tatsachen beweisen, die die Kündigung bedingen (§ 1 Abs. 2 Satz 4 KSchG). Anders kann es bei Betriebsänderungen (z. B. Stilllegungen, Verlegungen, grundlegenden Änderungen der Organisation) sein: Vereinbaren in einem solchen Fall Arbeitgeber und Betriebsrat einen sog. Interessenausgleich und bezeichnen darin die zu Kündigenden namentlich, so ändert sich nach dem Gesetz (§ 1 Abs. 5 KSchG) die beweisrechtliche Lage zu Gunsten des Arbeitgebers. Es greift eine gesetzliche Vermutung dafür ein, dass die Kündigungen durch betriebliche Erfordernisse bedingt sind, d. h. im Kündigungsschutzprozess muss nicht der Arbeitgeber die Betriebsbedingtheit beweisen, sondern der Arbeitnehmer muss die Vermutung der Betriebsbedingtheit widerlegen. Die Sozialauswahl kann in diesen Fällen nur noch auf grobe Fehlerhaftigkeit überprüft werden.

Diese im Gesetz vorgesehene Regelung gilt nicht nur für Beendigungskündigungen, sondern auch für betriebsbedingte **Änderungskündigungen**. Hier wird – wenn ein Interessenausgleich mit Namensliste vorliegt – zu Gunsten des Arbeitgebers vermutet, dass die Änderung der Arbeitsbedingungen durch betriebliche Erfordernisse veranlasst war. Außerdem ist auch hier die Sozialauswahl nur auf grobe Fehlerhaftigkeit zu überprüfen.

***BAG** 19.6.2007 – 2 AZR 304/06*

Nach § 112 Abs. 1 Satz 1 BetrVG ist ein Interessenausgleich über eine geplante Betriebsänderung schriftlich niederzulegen und vom Unternehmer und vom Betriebsrat zu unterschreiben. Auf das gesetzliche Schriftformerfordernis sind die §§ 125, 126 BGB anwendbar. Das Schriftformerfordernis ist nach der Rechtsprechung des Senats jedenfalls noch nicht deshalb verletzt, weil die Namensliste nicht im Interessenausgleich selbst, sondern in einer Anlage enthalten ist. § 1 Abs. 5 Satz 1 KSchG a. F. spricht zwar davon, die namentliche Bezeichnung müsse „in dem Interessenausgleich" erfolgen. Dieses Erfordernis ist aber erfüllt, wenn Interessenausgleich und Namensliste eine Urkunde bilden (BAG 21.2.2002 – 2 AZR 581/00; BAG 7.5.1998 – 2 AZR 55/98).

Wird die Namensliste getrennt vom Interessenausgleich erstellt reicht es aus, wenn sie von den Betriebsparteien unterzeichnet ist und in ihr oder im Interessenausgleich auf sie Bezug genommen ist. Wenn sowohl im Interessenausgleich auf die Namensliste als Anlage als auch in der Namensliste auf den Interessenausgleich ausdrücklich verwiesen worden ist und die Betriebsparteien die Anlage unterzeichnet haben, ist die Form des § 112 Abs. 1 Satz 1 BetrVG gewahrt (BAG 21.2.2002 – 2 AZR 581/00).

***BAG** 22.1.2004 – 2 AZR 111/02*

Die Vermutung der Betriebsbedingtheit der Kündigung und der geänderte Prüfungsmaßstab für die Sozialauswahl (§ 1 Abs. 5 Satz 1 und 2 KSchG) kommen nach § 1 Abs. 5 Satz 3 KSchG nur dann nicht zur Anwendung, wenn sich die Sachlage nach dem Zustandekommen des Interessenausgleichs so wesentlich geändert hat, dass von einem Wegfall der Geschäftsgrundlage auszugehen ist.

Für die Annahme einer wesentlichen Änderung der Sachlage i.S.d. § 1 Abs. 5 Satz 3 KSchG reicht es nicht aus, dass sich lediglich die individuellen Beschäftigungsmöglichkeiten für einen, in der Namensliste aufgeführten Arbeitnehmer geändert haben. Das Freiwerden eines anderen Arbeitsplatzes nach Abschluss des Interessenausgleichs ist grundsätzlich kein Anwendungsfall des § 1 Abs. 5 Satz 3 KSchG.

***BAG** 23.10.2008 – 2 AZR 163/07*

Die Bildung von Altersgruppen bei der einem Interessenausgleich mit Namensliste nach § 125 InsO zugrunde liegenden Sozialauswahl als solche verletzt das Verbot der Altersdiskriminierung nicht und ist deshalb nicht nach § 7 Abs. 1, Abs. 2 AGG i.V.m. §§ 1, 3 Abs. 2 AGG unwirksam.
Ein im Allgemeininteresse liegendes legitimes Ziel aus dem Bereich der Sozialpolitik, das die Benachteiligung älterer Arbeitnehmer durch eine Altersgruppenbildung rechtfertigt, liegt auch dann vor, wenn die Sozialauswahl nach Altersgruppen dazu dienen soll, den Betrieb aus der Insolvenz heraus verkaufsfähig zu machen.
Die soziale Rechtfertigung einer vom Insolvenzverwalter in Anwendung einer Namensliste erklärten betriebsbedingten Kündigung ist nach dem Willen des Gesetzgebers nur in Ausnahmefällen in Frage zu stellen.
Bei der einem Interessenausgleich mit Namensliste nach § 125 InsO zugrunde liegenden Sozialauswahl kann sich die Berücksichtigung von Unterhaltspflichten gegenüber Kindern auf diejenigen beschränken, die aus der Lohnsteuerkarte entnommen werden können.
Dagegen darf bei der Erstellung der Namensliste zu einem solchen Interessenausgleich auch bei Anwendung des hier anzulegenden weiten Maßstabs jedenfalls die Verpflichtung zur Gewährung von Familienunterhalt gemäß § 1360 BGB nicht gänzlich außer Betracht bleiben. Eine Vorlage nach Art. 267 Abs. 3 AEUV ist jedenfalls dann nicht erforderlich, wenn die der Entscheidung des nationalen Gerichts zugrunde liegende Rechtsfrage zwar noch nicht vom Gerichtshof der Europäischen Union entschieden worden ist, dieser die Subsumtion unter die maßgebliche unionsrechtliche Bestimmung aber ausdrücklich dem nationalen Gericht überlassen hat, wie es für die Rechtfertigung nach Art. 6 RL 2000/78/EG geschehen ist.

***BAG** 28.6.2012 – 6 AZR 682/10*

> ***Hinweis für die Praxis:***
> *Arbeitgeber und Betriebsrat können Auswahlrichtlinien i.S.v. § 1 Abs.4 KSchG später oder zeitgleich – etwa bei Abschluss eines Interessenausgleichs mit Namensliste – ändern. Setzen sich die Betriebsparteien in einem bestimmten Punkt gemeinsam über die Auswahlrichtlinie hinweg, gilt die Namensliste*

3. Sozialplan (§ 112 BetrVG)

Nach der Rechtsprechung des BAG haben Sozialpläne eine zukunftsbezogene Ausgleichs- und Überbrückungsfunktion. Geldleistungen in Form von Abfindungen sollen die voraussichtlich entstehenden wirtschaftlichen Folgen eines durch eine konkrete Betriebsänderung verursachten Arbeitsplatzverlustes ausgleichen oder zumindest mildern (BAG 8.12.2015 – 1 AZR 595/14), nicht hingegen den gesetzlichen Kündigungsschutz kapitalisieren.

Diesem Ausgleichgedanken trägt die Berücksichtigung der tatsächlichen Unternehmenszugehörigkeit für die Berechnung der Abfindungshöhe in zulässiger Weise Rechnung.

***BAG** 26.9.2017 – 1 AZR 717/15*

Schließen Unternehmensleitung und Betriebsrat einen Sozialplan, so gilt dieser im Zweifel nur für Entlassungen im Zusammenhang mit einer Betriebsänderung. Nach einem Betriebsübergang kann ein Arbeitnehmer, der dem Übergang auf den neuen Inhaber widersprochen hat und dem deswegen gekündigt wurde, aus dem Plan keinerlei Ansprüche mehr herleiten, soweit dem Sozialplan nicht der Wille entnommen werden kann, auch Arbeitnehmer abzufinden, die nach einem Betriebsübergang ihren Arbeitsplatz verlieren.

***BAG** 9.11.2021 – 1 AZR 278/20*

Die Möglichkeit der Betriebspartner zum Abschluss eines Sozialplans gemäß §§ 111, 112 BetrVG schränkt das Recht von Tarifvertragsparteien, einen Tarifvertrag mit einem sozialplanähnlichen Inhalt abzuschließen, der z. B. Abfindungen für Arbeitnehmer vorsieht, die im Rahmen einer Betriebsänderung von betriebsbedingten Kündigungen betroffen sind, genauso wenig ein wie der tatsächliche Abschluss eines Sozialplans.

Dies gilt auch für Firmentarifverträge.

***BAG** 6.12.2006 – 4 AZR 798/05 = NZA 2007, 821*

Gewerkschaften dürfen zu **Streiks für einen Tarifvertrag aufrufen, in dem wirtschaftliche Nachteile aus einer Betriebsänderung ausgeglichen oder gemildert werden sollen**. Für die Aufstellung betriebsbezogener Sozialpläne sind zwar nach §§ 111, 112 BetrVG Arbeitgeber und Betriebsrat zuständig. Das Betriebsverfassungsgesetz schränkt jedoch die Regelungsbefugnis von Tarifvertragsparteien nicht ein. Typische Sozialplaninhalte – wie Ansprüche auf Abfindungen oder Qualifizierungsmaßnahmen – sind zugleich tariflich regelbare Angelegenheiten. Ist der Arbeitgeber(verband) zum Abschluss eines entsprechenden Tarifvertrags nicht bereit, darf hierfür gestreikt werden. Die Gewerkschaften können mit dem Streik auch sehr weitgehende Tarifforderungen verfolgen. Der Umfang einer Streikforderung, die auf ein tariflich regelbares Ziel gerichtet ist, unterliegt wegen der durch Art. 9 Abs. 3 Grundgesetz gewährleisteten Koalitionsbetätigungsfreiheit einer Gewerkschaft und im Interesse der Funktionsfähigkeit der Tarifautonomie keiner gerichtlichen Kontrolle.

***BAG** 24.4.2007 – 1 AZR 252/06*

Wird in einem bislang betriebsratslosen Betrieb ein Betriebsrat erst gebildet, nachdem der Arbeitgeber mit der Umsetzung der Betriebsänderung begonnen hat, steht dem Betriebsrat kein erzwingbares Mitbestimmungsrecht auf Abschluss eines Sozialplans zu.

Die Beteiligungs- und Mitbestimmungsrechte des Betriebsrats nach §§ 111 ff. BetrVG knüpfen an die geplante Betriebsänderung an. Eine Planung in diesem Sinn ist gegeben, wenn der Arbeitgeber aufgrund seiner Vorüberlegungen grundsätzlich dazu entschlossen ist, eine Betriebsänderung durchzuführen (Rn. 21, 24).

Ein Betriebsrat, der in einem bislang betriebsratslosen Betrieb gewählt wird, nachdem der Arbeitgeber begonnen hat, eine Betriebsänderung durchzuführen, kann nicht verlangen, dass ein Sozialplan aufgestellt wird (Rn. 19 ff.).

Das Betriebsverfassungsrecht enthält keine generelle Verpflichtung des Arbeitgebers, mit einer an sich beteiligungspflichtigen Maßnahme so lange zu warten, bis im Betrieb ein funktionsfähiger Betriebsrat gebildet ist. Das gilt selbst dann, wenn mit der Wahl eines solchen zu rechnen und die Zeit bis zu dessen Konstituierung absehbar ist (Rn. 30).

***BAG** 8.2.2022 – 1 ABR 2/21*

3.1. Allgemeines zum Sozialplan

Nach § 112 Abs. 1 BetrVG hat der **Sozialplan** die Wirkung einer **Betriebsvereinbarung**. Er ist eine Betriebsvereinbarung i.S.d. § 77 BetrVG, so dass für ihn auch die Vorschriften des § 77 Abs. 5 und 6 BetrVG gelten.

***BAG** 10.8.1994 – 10 ABR 61/93*

Die Regelungssperre des § 77 Abs. 3 Satz 1 BetrVG findet nach § 112 Abs. 1 Satz 4 BetrVG auf Sozialpläne i.S.v. § 112 Abs. 1 Satz 1 BetrVG keine Anwendung. Die Ausnahme des § 112 Abs. 1 Satz 4 BetrVG gilt nicht für freiwillige vorsorgliche Sozialpläne.

Dem Schriftformerfordernis des § 112 Abs. 1 Satz 1 und 2 BetrVG ist durch die Verweisung auf genau bezeichnete andere schriftliche Regelungen genügt.

Die Betriebsparteien können in einem Sozialplan wirksam regeln, dass Leistungen des Arbeitgebers, die dieser auf Grund eines Tarifvertrags erbringt, Sozialplanansprüche erfüllen, wenn sie dem Ausgleich oder der Abmilderung von Nachteilen dienen, die Arbeitnehmern durch eine Betriebsänderung entstehen.

Sozialpläne sind nach Möglichkeit gesetzeskonform auszulegen.

***BAG** 14.11.2006 – 1 AZR 40/06*

Haben die Betriebsparteien in einem Sozialplan für die Höhe der Abfindung auch auf die Dauer der Beschäftigung abgestellt, verstößt es gegen die Grundsätze von Recht und Billigkeit, wenn sie davon Zeiten des Erziehungsurlaubs ausnehmen.

Die mit der Korrektur einzelner **Sozialplanbestimmungen** verbundene **Ausdehnung des vereinbarten Finanzvolumens** ist hinzunehmen, so lange die Mehrbelastung des Arbeitgebers im Verhältnis zum Gesamtvolumen nicht ins Gewicht fällt. Auf die Zahl der betroffenen Arbeitnehmer kommt es nicht an.

Es bleibt dahingestellt, ob und ggf. unter welchen Voraussetzungen durch einen Einigungsstellenspruch – insbesondere wegen Wegfalls der Geschäftsgrundlage – in bereits **entstandene und fällige Sozialplanansprüche rückwirkend eingegriffen** werden kann.

Die Einigungsstelle darf nicht jeglichen **Fälligkeitstermin für eine vereinbarte Sozialplanabfindung** ersatzlos streichen. Dies widerspricht der Funktion eines Sozialplans, die durch eine Betriebsänderung entstehenden Nachteile tatsächlich auszugleichen oder abzumildern.

***BAG** 21.10.2003 – 1 AZR 407/02*

Ein Sozialplan, mit dem die wirtschaftlichen Nachteile einer Betriebsstilllegung auch für in einen anderen Betrieb desselben Unternehmens versetzte Arbeitnehmer abgemildert werden sollen, kann als Dauerregelung auch den Erhalt und die Absicherung von Sonderzahlungen umfassen. Damit bleibt der bisherige Arbeitgeber zur Erfüllung dieser Leistungen verpflichtet. Nach einer Betriebsübernahme tritt der neue Arbeitgeber in diese Verpflichtung ein.

Nimmt eine solche Regelung Bezug auf die „jeweils gültige Fassung“ eines einseitig gesetzten Regelungswerks (hier: des AEG-Konzerns) so handelt es sich um eine unzulässige dynamische Blankettverweisung, die so zu lesen ist, als wäre deren Inhalt statisch vereinbart worden.

***BAG** 28.3.2007 – 10 AZR 719/05 = DB 2007, 1819*

Zweck von Sozialplanleistungen ist es, die durch eine Betriebsänderung entstehenden künftigen wirtschaftlichen Nachteile auszugleichen oder abzumildern. Die Auslobung einer Treueprämie in einem Sozialplan, die die Aufrechterhaltung des Geschäftsbetriebs bis zu seiner Stilllegung bezweckt, dient regelmäßig nicht einem solchen Nachteilsausgleich. Sie kann Gegenstand einer freiwilligen Betriebsvereinbarung sein.

Eine Regelung, nach der von einer Betriebsänderung betroffene Arbeitnehmer nur deshalb von der Zahlung einer Treueprämie ausgeschlossen sind, weil sie lediglich in einem befristeten Arbeitsverhältnis stehen, das nicht vorzeitig auf Veranlassung des Arbeitgebers betriebsbedingt beendet wird, ist mit dem von den Betriebsparteien zu beachtenden betriebsverfassungsrechtlichen Gleichbehandlungsgrundsatz des § 75 Abs. 1 BetrVG und damit auch dem Differenzierungsverbot des § 4 Abs. 2 TzBfG unvereinbar.

Hat der Gesamtbetriebsrat eine freiwillige Treueprämienregelung vereinbart, begründet sie normative Ansprüche zugunsten von Arbeitnehmern typischerweise für den Fall, dass eine Regelung auf betrieblicher Ebene unterbleibt.

***BAG** 9.12.2014 – 1 AZR 406/13*

Ein Sozialplan soll die durch die geplante Betriebsänderung eintretenden wirtschaftlichen Nachteile ausgleichen oder abmildern. Deshalb verstößt es nicht gegen den betriebsverfassungsrechtlichen Gleichbehandlungsgrundsatz des § 75 Abs. 1 BetrVG, wenn eine zur Durchführung des Sozialplans abgeschlossene Betriebsvereinbarung eine höhere Abfindung nur zugunsten der Arbeitnehmer regelt, die von einer Betriebsänderung betroffen sind.

Werden in einem Interessenausgleich mit dem Ziel des Personalabbaus **Altersteilzeitarbeitsverträge** angeboten, so können für die Arbeitnehmer, die davon Gebrauch machen, besondere Anreize gewährt werden. Deshalb ist es nicht zu beanstanden, wenn die Arbeitnehmer, die sich bereits vor der geplanten Betriebsänderung in Altersteilzeitarbeitsverhältnissen befanden, von den besonderen Leistungen ausgeschlossen sind.

***BAG** 15.4.2008 – 9 AZR 26/07*

Wird in einem Sozialplan die Zahlung eines **Abfindungszuschlags für unterhaltsberechtigte Kinder** von der Eintragung auf der Lohnsteuerkarte abhängig gemacht und enthält der Sozialplan für den entsprechenden Nachweis keinen Stichtag, so muss die Eintragung spätestens zum Zeitpunkt der Fälligkeit der Sozialplanabfindung vorliegen.

***LAG** Hamm 15.3.2006 –18 Sa 14/06*

Haben die Arbeitsvertragsparteien im Zuge einer geplanten Personalreduzierung einen Aufhebungsvertrag geschlossen und dabei auf Leistungen eines Sozialplans verwiesen, nach dem der Arbeitnehmer einen Anspruch auf eine Abfindung hat, so entsteht der Anspruch auf die Abfindung nicht, wenn der Arbeitnehmer nach Abschluss des Aufhebungsvertrags aber vor der vereinbarten Beendigung des Arbeitsverhältnisses stirbt (im Anschluss an BAG 22.5.1996 – 10 AZR 907/95).

***BAG** 25.9.1996 – 10 AZR 311/96*

Den Betriebsparteien ist es grundsätzlich unbenommen, die Nachteile aus einer Betriebsänderung durch zwei aufeinander folgende, nicht inhaltsgleiche Sozialpläne auszugleichen.

***BAG** 12.11.2002 – 1 AZR 58/02*

Ein von einer Betriebsänderung betroffener Arbeitnehmer hat nur Anspruch auf Leistungen aus einem Sozialplan, der infolge dieser Betriebsänderung abgeschlossen wurde. Wird zu einem späteren Zeitpunkt ein weiterer, besser ausgestatteter Sozialplan infolge einer weiteren Betriebsänderung vereinbart, von welcher der Arbeitnehmer jedoch nicht betroffen ist, kann er nicht nach § 75 Abs. 1 BetrVG verlangen, mit den vom persönlichen Geltungsbereich des zweiten Sozialplans erfassten Arbeitnehmern gleichgestellt zu werden. Dem steht entgegen, dass es sich bei den beiden Betriebsänderungen um zwei verschiedene betriebsverfassungsrechtliche Angelegenheiten handelt, die unterschiedlich geregelt werden können.

***BAG** 23.3.2010 – 1 AZR 981/08*

Grundsätzlich löst eine jüngere Betriebsvereinbarung eine ältere gemäß der Zeitkollisionsregel ab. Das gilt allerdings nur, wenn die Betriebsvereinbarungen denselben Gegenstand regeln.

***BAG** 15.4.2008 – 9 AZR 26/07*

Die Betriebsparteien müssen bei Sozialplänen die Grundsätze von Recht und Billigkeit beachten. Sie dürfen einen Anspruch auf Sozialplanleistungen nicht von Bedingungen abhängig machen, deren Erfüllung für den Arbeitnehmer unzumutbar ist.

Eine Bestimmung in einem Sozialplan, die Ansprüche auf Abfindungen wegen Verlusts des Arbeitsplatzes davon abhängig macht, dass der Arbeitnehmer einen möglichen Betriebsteilerwerber erfolglos im Klageweg auf die Feststellung des Fortbestandes seines Arbeitsverhältnisses in Anspruch genommen hat, ist für den Arbeitnehmer regelmäßig unzumutbar und daher unwirksam.

***BAG** 22.7.2003 – 1 AZR 575/02*

Ein Sozialplananspruch kann nicht davon abhängig gemacht werden, dass der Arbeitnehmer erfolglos einen möglichen Betriebserwerber in Anspruch nimmt.

***BAG** 22.11.2005 – 1 AZR 458/04*

Arbeitgeber und Betriebsrat haben bei der Gestaltung eines Sozialplans mit dem sie Nachteile aus einer Betriebsänderung für die betroffene Arbeitnehmer ausgleichen oder mildem wollen, einen weiten Gestaltungsspielraum. Danach dürfen sie bei der Bemessung von Abfindungsbeträgen auch auf die Dauer der bisherigen Beschäftigung abstellen, obwohl die Überbrückungsfunktion eines Sozialplans auf die Zukunft gerichtet ist.

Die Gründe für eine Berücksichtigung der Beschäftigungsdauer rechtfertigen es aber nicht, von dieser die Zeiten von Elternzeit (früher: Erziehungsurlaub) auszunehmen. Insoweit ist der Gestaltungsspielraum von Arbeitnehmer und Betriebsrat eingeschränkt, weil der Schutzbereich des Art. 6 Abs. 1, 2 GG (Ehe und Familie, Pflege und Erziehung der Kinder) berührt ist.

***BAG** 12.11.2002 – 1 AZR 58/02*

Wenn im Sozialplan für jedes **„Kind ausweislich der Steuerkarte“** ein zusätzlicher Betrag vorgesehen ist, der Sozialplan damit zwischen „eingetragenen Kindern“ und solchen – die gleich aus welchen Gründen – nicht in der Lohnsteuerkarte eingetragen sind, unterscheidet, so liegt darin kein Verstoß gegen § 75 BetrVG oder den arbeitsrechtlichen Gleichbehandlungsgrundsatz. Die Betriebspartner (Arbeitgeber und Betriebsrat) können im Hinblick auf eine praktikable Durchführung die Zahlung eines zusätzlichen Betrages von dem leicht feststellbaren Merkmal der Eintragung des Kindes in der Lohnsteuerkarte abhängig machen.

***BAG** 12.3.1997 – 10 AZR 648/96*

Die Unwirksamkeit gem. § 7 Abs. 1 AGG bewirkt lediglich, dass den benachteiligten Arbeitnehmern für die Vergangenheit ein Anspruch auf die vorenthaltene Leistung zuzuerkennen ist (sog. „Anpassung nach oben“). Den Angehörigen der mittelbar benachteiligten Gruppe sind dieselben Vorteile zu gewähren wie den nicht benachteiligten Arbeitnehmern (Rn. 21)

Kann der Arbeitgeber den Begünstigten für die Vergangenheit die gewährten Leistungen nicht mehr entziehen, ist eine solche zur Beseitigung der Diskriminierung erforderliche „Anpassung nach oben" selbst dann gerechtfertigt, wenn sie zu erheblichen finanziellen Belastungen des Arbeitgebers führt (Rn. 21)

Eine Sozialplanregelung, die zur Berechnung der Höhe einer Abfindung auf den „frühestmöglichen" Bezug einer gesetzlichen Rente abstellt, bewirkt eine mittelbare Benachteiligung schwerbehinderter Menschen (Rn. 10 ff.).

Der einem schwerbehinderten Arbeitnehmer in diesem Fall zustehende Anspruch auf Zahlung einer Sozialplanabfindung in der Höhe, wie sie ihm ohne eine Schwerbehinderung zu gewähren gewesen wäre, unterfällt dem Schutz des § 77 Abs. 4 Satz 2 BetrVG, weil die Regelungen des Sozialplans das maßgebende Bezugssystem für die Gewährung einer solchen „Anpassung nach oben" bleiben (Rn. 38).

Eine mit einem „Systemwechsel" bei der Berechnung einer Sozialplanabfindung einhergehende unterschiedliche Behandlung der Arbeitnehmer wegen Alters kann nach § 10 Satz 1 und Satz 2 AGG gerechtfertigt sein. Im Streitfall hat der Senat eine solche Rechtfertigung angenommen (Rn. 27 ff.).

***BAG** 16.7.2019 – 1 AZR 842/16*

Eine Regelung in einem Sozialplan, die für Abfindungen einen Höchstbetrag vorsieht (sog. Höchstbetragsregelung), benachteiligt ältere Arbeitnehmer regelmäßig nicht i.S.v. § 3 Abs. 2 AGG mittelbar, wenn die Abfindung die durch den Verlust des Arbeitsplatzes entstehenden Nachteile spürbar abmildert und nur die Begünstigung begrenzt, die diese Arbeitnehmergruppe durch eine besondere Berücksichtigung der Betriebszugehörigkeit im Rahmen der Abfindungsberechnung erfahren hat (Rn. 14 ff., 25).

Eine solche – von einer Einigungsstelle beschlossene – Höchstbetragsregelung ist nicht deshalb unangemessen, weil sich eine längere Betriebszugehörigkeit bei Arbeitnehmern mit höherem Bruttomonatsentgelt schon zu einem früheren Zeitpunkt nicht mehr abfindungserhöhend auswirkt. Die Einigungsstelle darf im Rahmen des ihr zustehenden Beurteilungsspielraums auch berücksichtigen, dass ein höheres Einkommen mehr Möglichkeiten zur Eigenvorsorge für den Fall einer Arbeitslosigkeit bietet (Rn. 26).

***BAG** 8.2.2022 – 1 AZR 252/21*

Wirtschaftliche **Nachteile erleiden** bei Betriebsstilllegungen auch Arbeitnehmer, die noch **keine 6 Monate** im Betrieb beschäftigt waren und für die das KSchG noch keine Anwendung findet.

***LAG** Düsseldorf/Köln 1.4.1976 – 2 TaBV 46/75 = BB 1976, 1075 = DB 1976, 1824*

Arbeitgeber und Betriebsrat können die Bestimmungen eines **Firmentarifvertrages** als Sozialplan auf die Gesamtbelegschaft erstrecken.

***BAG** 24.11.1993 – 4 AZR 225/93*

Der Versuch eines **Interessenausgleichs** und **Sozialplans** gehören zusammen. Allerdings bilden sie **keine untrennbare Einheit**. Auch noch während oder nach der Durchführung einer Betriebsänderung kann ein Sozialplan notfalls durch **Spruch der Einigungsstelle** aufgestellt werden, wenn der Unternehmer die Betriebsänderung vorgenommen hat, bevor er mit dem Betriebsrat über einen Sozialplan einig geworden ist oder die Einigungsstelle durch ihren Spruch nach § 112 Abs. 4 BetrVG die Einigung ersetzt hat. Wollte man in einem solchen Falle die nachträgliche Aufstellung eines Sozialplans ablehnen, dann hätte es der Unternehmer in der Hand, durch rasche Schaffung vollendeter Tatsachen den Beteiligungsrechten des Betriebsrats nach § 112 BetrVG den Boden zu entziehen.

***BAG** 15.10.1979 – 1 ABR 49/77; **BAG** 20.4.1982 – 1 ABR 3/80*

Sozialplanleistungen unterliegen nicht der Beitragspflicht zur **Sozialversicherung**.

***BAG** 9.11.1988 – 4 AZR 433/88;*
***BSG** 21.2.1990 – 12 RK 20/88 = BB 1990, 1350 = DB 1990, 1520 = NZA 1190, 751*

Der individualrechtlich ausgestaltete Kündigungsschutz erlaubt es den Arbeitgebern und Arbeitnehmern, einzelvertragliche Abmachungen über die Beendigung des Arbeitsverhältnisses zu schließen. Diese Vereinbarungen sind nicht mit Sozialplanleistungen zu vergleichen. Die **Abfindungszahlung** des Arbeitgebers ist vielmehr eine freiwillige Leistung, zu der er ohne sein Einverständnis nicht gezwungen wird und die der Arbeitnehmer auch deshalb nicht verlangen könnte. Hierüber entscheiden beide Parteien völlig frei.

Danach ist es nicht zu beanstanden, wenn ein Arbeitgeber **über den Sozialplan hinaus** mit zusätzlichen Abfindungsangeboten eine vereinbarte Auflösung des Arbeitsverhältnisses mit solchen Arbeitnehmern anstrebt, von denen er annimmt, sie würden in einem Kündigungsschutzprozess Aussicht auf Erfolg haben.

***BAG** 1.6.1988 – 5 AZR 371/87*

Ist ein Sozialplananspruch davon abhängig; dass das Arbeitsverhältnis „betriebsbedingt" beendet wurde, setzt dies regelmäßig voraus, dass der bisherige Arbeitsplatz des Mitarbeiters weggefallen ist und dieser auch nicht auf einem anderen Arbeitsplatz im Betrieb weiterbeschäftigt wird. Daran fehlt es, wenn der Arbeitnehmer im Gemeinschaftsbetrieb lediglich von einem zum anderen Arbeitgeber wechselt..

***BAG** 26.8.2008 – 1 AZR 346/07*

Zahlt der Arbeitgeber nach der Schließung seines Betriebs **freiwillig** an die Mehrzahl seiner Arbeitnehmer Abfindungen, so sind die Leistungen nach dem vom Arbeitgeber bestimmten Verteilungsschlüssel am **Gleichbehandlungsgrundsatz** zu messen.

***BAG** 25.11.1993 – 2 AZR 324/93*

Regelungen in Sozialplänen verlieren ihre normative Wirkung nicht dadurch, dass Arbeitnehmer in einen anderen Betrieb desselben Arbeitgebers übernommen werden.

***BAG** 28.6.2005 –1 AZR 213/04*

Stellt ein Sozialplan für die Bemessung der Abfindung wegen Verlustes des Arbeitsplatzes – unter anderem, aber maßgeblich – schlicht auf die (Dauer der) **Betriebszugehörigkeit** ab, so zählen ohne weiteres als Zeiten der Betriebszugehörigkeit auch solche, in denen der Arbeitnehmer wegen Ruhens seines Arbeitsverhältnisses (hier: Erziehungsurlaub) tatsächlich Arbeitsleistungen nicht erbracht hat.

***Hessisches LAG** 19.5.1998 – 4 Sa 773/97*

Wird in einem bestehenden Vollzeitarbeitsverhältnis für die Dauer der Elternzeit die regelmäßige Wochenarbeitszeit gem. § 15 Abs. 5 bis Abs. 7 BEEG ermäßigt, wird kein anderes Arbeitsverhältnis zusätzlich zu dem bereits bestehenden Arbeitsverhältnis begründet. Dies kann nur bei einer völligen Neuordnung der Rechtsbeziehungen durch die Arbeitsvertragsparteien geschehen (BAG 22.10.2008 – 10 AZR 360/08).

Allein ein solches Verständnis, wonach ein während gesetzlicher Elternzeit ruhendes Arbeitsverhältnis ungeachtet einer Teilzeittätigkeit i.S.v. § 15 Abs. 5 bis Abs. 7 BEEG den Referenzzeitraum verlängert, führt auch zu einem gesetzeskonformen Auslegungsergebnis. Nur in diesem Fall unterbleibt eine sachlich nicht zu rechtfertigende Differenzierung zwischen Arbeitnehmern, die in Elternzeit nicht oder bei einem anderen Arbeitgeber gearbeitet haben, gegenüber Arbeitnehmern, die in der Elternzeit bei der Beklagten in Teilzeit tätig waren (BAG 5.5.2015 – 1 AZR 826/13; vgl. EuGH 22.10.2009 – C-116/08 – [Meerts]).

***BAG** 26.9.2017 – 1 AZR 717/15*

Werden in einem Sozialplan Teilzeitarbeitnehmer, die vormals (zumindest auch) in Elternteilzeit tätig waren, bei der Berechnung des fiktiven Bruttomonatseinkommens anders behandelt als Teilzeitarbeitnehmer, deren Verringerung der Arbeitszeit nicht mit der Inanspruchnahme von Elternzeit verknüpft ist, kann dies – die Vergleichbarkeit dieser Arbeitnehmergruppen unterstellt – sachlich gerechtfertigt sein. Elternzeit unterliegt einem besonderen Schutz und einer besonderen Förderung. Dies ist unionsrechtlich in den Richtlinien 96/34/EG und 2010/18/EU des Rates determiniert und kommt im nationalen Recht etwa in den spezifischen Vorschriften des § 15 BEEG zur Arbeitszeitreduzierung in der Elternzeit zum Ausdruck. Die Zulassung der Teilerwerbstätigkeit in der Elternzeit bezweckt die Vereinbarkeit von Beruf und Familie. Der Anspruch auf Teilerwerbstätigkeit während der Elternzeit beruht auf dem Bestreben, Eltern den notwendigen und grundgesetzlich geschützten Freiraum zur Betreuung und Erziehung ihres Kindes (Art. 6 Abs. 2 GG) einzuräumen, ohne den Anschluss an den Beruf zu verlieren. Er dient zugleich der Sicherung der wirtschaftlichen Grundlage der Familie. Diese besonderen Schutz- und Fördervorschriften mögen eine Gleichbehandlung von Teilzeitbeschäftigten und Elternteilzeitbeschäftigten bei der Bemessung der Höhe der Sozialplanabfindung nicht verbieten, sie gebieten sie aber auch nicht.

***BAG** 5.5.2015 – 1 AZR 826/13*

Hat ein **Pächter** eines Betriebs die Stilllegung des Betriebs geplant, die Produktion und den **Geschäftsbetrieb eingestellt**, die ihm gehörenden Betriebsmittel veräußert, unter Eigentumsvorbehalt gelieferte Sachen zurückgegeben und die Arbeitsverhältnisse gekündigt, so ist er gegenüber dem Betriebsrat zum Abschluss eines Sozialplans verpflichtet, nicht auch der Verpächter, wenn dieser vor Beendigung der Arbeitsverhältnisse die Pachtsache zurückerhalten hat und ein Sozialplan noch nicht abgeschlossen war.

LAG *Hamm 3.4.1985 – 12 TaBV 1/85 = DB 1985, 2052*

Abfindungsansprüche aus einem vor Insolvenzeröffnung aufgestellten Sozialplan sind **Insolvenzforderungen** i.S.v. § 38 InsO, falls der Abschluss nicht durch einen vorläufigen Insolvenzverwalter mit Verfügungsbefugnis i.S.v. § 55 Abs. 2 InsO erfolgte.

BAG *31.7.2002 – 10 AZR 275/01*

Der Betriebsrat kann auf das nach § 124 InsO bestehende Recht, den vor Insolvenzeintritt abgeschlossenen Sozialplan zu widerrufen, jedenfalls nach Insolvenzeintritt wirksam verzichten.

LAG *Köln 17.10.2002 – 5 (4) TaBV 44/02 = NZA-RR 2003, 489*

Begehrt der Betriebsrat in einem Beschlussverfahren die Durchführung eines durch Einigungsstellenspruch zustande gekommenen und vom Arbeitgeber angefochtenen Sozialplans, geht es nicht um die Verfolgung eigener vermögensrechtlicher Rechtspositionen des Betriebsrats, sondern um die Durchsetzung seines Mitbestimmungsrechts bei der Aufstellung von Sozialplänen. Daher handelt es sich nicht um eine vermögensrechtliche Streitigkeit i.S.d. § 85 Abs. 1 Satz 2 ArbGG mit der Folge, dass eine Vollstreckung des Durchführungsantrags erst mit Rechtskraft der Entscheidung in dem parallel geführten Verfahren über die Anfechtung des Sozialplans möglich ist.

BAG *22.1.2013 – 1 ABR 92/11*

3.2. Vorsorglicher Sozialplan

Arbeitgeber und Betriebsrat können **freiwillig** einen **vorsorglichen Sozialplan** für solche Betriebsänderungen aufstellen, die zwar noch nicht geplant sind, mit deren Möglichkeit aber innerhalb eines überschaubaren Zeitraums zu rechnen ist. Darin allein liegt noch kein unzulässiger Verzicht auf ein künftiges Mitbestimmungsrecht. Tritt die vorsorglich geregelte Betriebsänderung dann tatsächlich ein, so kann der Betriebsrat gegen den Willen des Arbeitgebers keine andere Regelung mehr durchsetzen.

Wird aber nach Abschluss des vorsorglichen Sozialplans eine andere Betriebsänderung (statt Personalreduzierung bzw. Verlegung des Betriebes: Betriebsstilllegung) durchgeführt, bleibt das Mitbestimmungsrecht des Betriebsrats auch zur Durchsetzung eines neuen Sozialplans nach § 112 BetrVG unberührt.

BAG *26.8.1997 – 1 ABR 12/97*

Sinn und Zweck eines zwischen dem Arbeitgeber und dem **Gesamtbetriebsrat** vereinbarten **vorsorglichen Sozialplans** ist typischerweise, für mögliche künftige Betriebsänderungen Ausgleichsregelungen zur Verfügung zu stellen, die dem Arbeitgeber Planungssicherheit eröffnen und den Arbeitnehmern für den Fall einer ausbleibenden Regelung auf betrieblicher Ebene normative Ansprüche gewähren. Derartige Regelungen sind nach § 88 BetrVG nur freiwillig möglich. Erzwingbar sind sie nicht.

Ein mit dem **Gesamtbetriebsrat** vereinbarter vorsorglicher Sozialplan beschränkt nicht die betriebsverfassungsrechtlichen Handlungsmöglichkeiten der **örtlichen Betriebsräte** und nimmt diesen nicht die Befugnis, anlässlich einer konkreten Betriebsänderung nach § 88 BetrVG i.V.m. § 112a BetrVG mit dem Arbeitgeber in einer freiwilligen Betriebsvereinbarung Sozialplanregelungen zu treffen.

Als Ausgleichsregelung für eine Vielzahl denkbarer Betriebsänderungen beansprucht ein solcher vorsorglicher Sozialplan wegen seiner typischen Auffangfunktion regelmäßig nur in solchen Fällen Geltung, in denen die örtlichen Betriebsparteien im Falle einer konkreten Betriebsänderung, die in ihren Zuständigkeitsbereich fällt, von einer eigenen Ausgleichsregelung absehen und keinen Sozialplan vereinbaren.

BAG *17.4.2012 – 1 AZR 119/11*

Vereinbart ein herrschendes Unternehmen, das zugleich für die Konzernunternehmen handelt, gemeinsam mit dem Konzernbetriebsrat und den Gesamtbetriebsräten eine Betriebsvereinbarung, soweit diese „zuständig" sind, muss sich aus dem Vertragstext zweifelsfrei ergeben, wer Urheber der Bestimmung ist und in welchem Verhältnis diese Vereinbarungen zueinander stehen. Das folgt aus dem Gebot der Rechtsquellenklarheit. Dessen Anwendung ist nicht auf Vereinbarungen beschränkt, die der Arbeitgeber mit Betriebsräten und Gewerkschaften trifft.

Tarifvertragliche Ausschlussfristen finden auf Sozialplanansprüche nicht tarifgebundener Arbeitnehmer Anwendung, wenn sich die Bezugnahme nicht lediglich auf einzelne tarifliche Regelungskomplexe bezieht.

Die schriftliche Geltendmachung zur Wahrung einer Ausschlussfrist erfordert, dass der in Anspruch genommene Schuldner erkennen kann, welchen konkreten Anspruch er erfüllen soll. Dessen Bezifferung ist nicht notwendig, wenn ihm die Höhe bekannt ist oder er sie ohne weiteres errechnen kann.

Werden bei der Durchschnittsberechnung eines für eine Sozialplanabfindung maßgebenden Bruttomonatsentgelts für einen festgelegten Referenzzeitraum Zeiten eines ruhenden Arbeitsverhältnisses nicht mitgerechnet, erfasst diese Regelung nicht nur Beschäftigte, die während einer Elternzeit nach den Bestimmungen des BEEG beim Arbeitgeber nicht oder bei einem anderen Arbeitgeber tätig waren, sondern auch diejenigen, die bei dem betreffenden Arbeitgeber eine Teilzeittätigkeit nach § 15 Abs. 5 bis Abs. 7 BEEG ausgeübt haben.

BAG *26.9.2017 – 1 AZR 717/15*

Voraussetzung für einen erzwingbaren Sozialplan ist das Vorliegen einer Betriebsänderung i.S.v. § 111 BetrVG. Nur dann hat die Einigungsstelle eine entsprechende Spruchzuständigkeit.

Das Aufstellen eines **vorsorglichen Sozialplans** oder eines Rahmen- oder **Dauersozialplans** für künftige, noch nicht konkrete geplante Betriebsänderungen fällt nicht unter §§ 111 ff. BetrVG. Es ist freiwillig möglich, aber nicht erzwingbar.

Das Ein- und Durchführen eines Systems in einem Betrieb, das die Strukturierung, Vereinheitlichung und Optimierung von Arbeitsprozessen sowie deren Rationalisierung zum Ziel hat, kann mit einer die Mitbestimmung des Betriebsrats auslösenden Betriebsänderung nach § 111 BetrVG einhergehen. Es kommt insoweit aber auf die konkreten Maßnahmen und deren betriebliche Umsetzung an.

BAG *22.3.2016 – 1 ABR 12/14*

Ist bei Kündigung eines Auftrages über bestimmte Dienstleistungen und Neuvergabe dieses Auftrages an einen anderen Auftragnehmer ungewiss, ob ein Betriebsübergang vom bisherigen auf den neuen Auftragnehmer vorliegt oder ob der bisherige Auftraggeber seinen Arbeitnehmern – vorsorglich betriebsbedingt kündigen muss, so können die Betriebspartner vorsorglich für den Fall, dass kein Betriebsübergang gegeben ist, einen Sozialplan vereinbaren.

Die zwischen ihnen streitige Frage, ob von einer Betriebsstilllegung oder einem Betriebsübergang auszugehen ist, können die Betriebspartner in einem Rechtsstreit über die Wirksamkeit des Sozialplans zur Entscheidung stellen. Die Höhe der in einem Spruch der Einigungsstelle über einen Sozialplan festgesetzten Abfindungen kann vom Arbeitgeber auch dann nur innerhalb von zwei Wochen nach Zuleitung des Spruchs angefochten werden, wenn die Einigungsstelle bei der Festsetzung der einzelnen Faktoren für die Berechnung der Abfindungen einem Rechtsirrtum unterlegen ist.

BAG *1.4.1998 – 10 ABR 17/97= BB 1998, 1588 = DB 1998, 1471*

3.3. Inhalt und Grenzen des Sozialplans

Wegen der wirtschaftlichen Nachteile „infolge der geplanten Betriebsänderung" kann der Betriebsrat gemäß § 112 BetrVG einen Sozialplan verlangen. Jedoch gehören nicht zu den **berücksichtigungsfähigen Nachteilsfolgen** eine etwaige Verringerung der Haftungsmasse bei dem Betriebserwerber sowie dessen befristete Befreiung von einer Sozialplanpflicht nach § 112a Abs. 2 BetrVG.

BAG *10.12.1996 – 1 ABR 32/96 = DB 1997, 1416*

Es verstößt nicht gegen den § 75 Abs. 1 Satz 1 BetrVG zugrunde liegenden allgemeinen Gleichheitssatz, wenn ein Sozialplan für Arbeitnehmer, die durch Vermittlung des Arbeitgebers einen neuen Arbeitsplatz finden, keine Abfindung vorsieht.

BAG *22.3.2005 – 1 AZR 3/04*

Ein Sozialplan kann die Kürzung von Abfindungsansprüchen für Arbeitnehmer vorsehen, die eine ihnen angebotene zumutbare Weiterbeschäftigung ablehnen.

Die Betriebsparteien können regeln, unter welchen Voraussetzungen ein Arbeitsplatzangebot zumutbar ist.

§ 121 SGB III findet auf die Ausgestaltung von Sozialplänen weder unmittelbar noch entsprechend Anwendung.

Die Betriebsparteien haben bei Sozialplanregelungen die Wertungen des Art. 6 Abs. 1 und 2 GG zu beachten.

Die Wertungen des Art. 6 Abs. 1 und 2 GG verpflichten die Betriebsparteien nicht, Arbeitnehmer wegen ihrer familiären Bindungen in Sozialplänen zu bevorzugen.

Eine Sozialplanregelung, die den Umzug von schwerbehinderten Menschen und von Arbeitnehmern, die pflegebedürftige Angehörige betreuen müssen, anders als bei den übrigen Arbeitnehmern für unzumutbar erklärt, verstößt nicht gegen den betriebsverfassungsrechtlichen Gleichbehandlungsgrundsatz.

Betriebliche Interessen an der Erhaltung der eingearbeiteten Belegschaft oder an Teilen derselben sind nicht geeignet, Differenzierungen bei der Höhe von Sozialplanabfindungen zu rechtfertigen.

***BAG** 6.11.2007 – 1 AZR 960/06*

In einem Sozialplan darf die Zahlung von Abfindungen zwar nicht davon abhängig gemacht werden, dass die wegen der Betriebsänderung entlassenen Arbeitnehmer gegen ihre Kündigung keine gerichtlichen Schritte unternehmen.

Zulässig ist aber eine Vereinbarung in einem Sozialplan, nach der die Fälligkeit der Abfindung auf den Zeitpunkt des rechtskräftigen Abschlusses eines Kündigungsrechtsstreits hinausgeschoben und bestimmt wird, dass eine Abfindung nach den §§ 9, 10 KSchG auf die Sozialplanabfindung anzurechnen ist.

***BAG** 20.12.1983 – 1 AZR 442/82; **BAG** 20.6.1985 – 2 AZR 427/84*

Ein Sozialplan ist nach Möglichkeit gesetzeskonform auszulegen. Er ist daher im Zweifel dahin zu verstehen, dass Arbeitnehmer nicht allein deshalb von einer Abfindung ausgeschlossen sind, weil ihr Arbeitsverhältnis noch während der Kündigungsfrist in gekündigtem Zustand auf einen **Betriebserwerber** übergeht; eine solche Regelung wäre mit dem betriebsverfassungsrechtlichen Gleichbehandlungsgrundsatz des § 75 Abs. 1 BetrVG nicht vereinbar.

***BAG** 22.11.2005 – 1 AZR 458/04*

Der ehemalige Arbeitgeber kann nicht im Sozialplan verpflichtet werden, eine **Ausfallbürgschaft** für den Fall der Insolvenz des neuen Arbeitgebers zu übernehmen.

***BAG** 19.1.1988 – 3 AZR 263/86*

Differenzieren die Betriebsparteien in einem Sozialplan bei der Berechnung der Abfindung für die Milderung der Nachteile aus einem Arbeitsplatzverlust wegen einer Betriebsänderung zwischen unterschiedlichen Arbeitnehmergruppen, haben sie die Diskriminierungsverbote des Allgemeinen Gleichbehandlungsgesetzes zu beachten. Dazu gehört das Verbot der Benachteiligung wegen einer Behinderung.

Eine unmittelbar an das Merkmal der Behinderung knüpfende Ungleichbehandlung liegt vor, wenn bei der Abfindung unterschieden wird zwischen einer solchen, die sich individuell nach dem Bruttomonatsentgelt, der Betriebszugehörigkeit und einem Faktor bemisst, und einem Pauschalbetrag für wegen ihrer Schwerbehinderung rentenberechtigte Arbeitnehmer.

Eine solche Sozialplangestaltung bewirkt eine unmittelbare Benachteiligung von schwerbehinderten Arbeitnehmern, denen nach der für nicht schwerbehinderte Arbeitnehmer geltenden Sozialplanbestimmung eine höhere Abfindung zustehen würde. Rechtsfolge ist, dass ein schwerbehinderter Arbeitnehmer verlangen kann, wie ein nicht schwerbehinderter Arbeitnehmer behandelt zu werden.

***BAG** 17.11.2015 – 1 AZR 938/13*

Nach dem in § 112 Abs. 5 Satz 2 Nr. 2 BetrVG zum Ausdruck kommenden Rechtsgedanken können Arbeitnehmer von Sozialplanleistungen ausgeschlossen werden, wenn diesen ein zumutbarer anderer Arbeitsplatz angeboten wird und der Sozialplan ausschließlich die wirtschaftlichen Nachteile der von Arbeitslosigkeit bedrohten Arbeitnehmer ausgleichen soll. Dieser Grundsatz kann auch bei einer einvernehmlichen Regelung der Betriebsparteien berücksichtigt werden.

Eine zumutbare Weiterbeschäftigungsmöglichkeit, die nach dem Rechtsgedanken des § 112 Abs. 5 Satz 2 Nr. 2 BetrVG den Ausschluss von Sozialplanleistungen rechtfertigen kann, setzt die Existenz einer tatsächlichen und allein vom Willen des Arbeitnehmers abhängigen Beschäftigungsmöglichkeit bei dem alten oder neuen Vertragsarbeitgeber voraus.

***BAG** 8.12.2015 – 1 AZR 595/14*

Ist maßgeblicher Faktor für die Berechnung einer Sozialplanabfindung die **Beschäftigungsdauer**, können die Betriebsparteien einer daraus resultierenden überproportionalen Begünstigung langjährig Beschäftigter durch eine Begrenzung der Abfindungshöhe entgegenwirken. Das dient dem Zweck, allen von einem Arbeitsplatzverlust betroffenen Arbeitnehmern eine verteilungsgerechte Abmilderung der sie voraussichtlich treffenden wirtschaftlichen Nachteile zukommen zu lassen.

Einer solchen **Kappungsgrenze** liegt die Einschätzung der Betriebsparteien zugrunde, dass die wirtschaftlichen Nachteile der davon betroffenen Arbeitnehmer bei typisierender Betrachtungsweise noch angemessen ausgeglichen oder jedenfalls substantiell abgemildert sind.

***BAG** 21.7.2009 – 1 AZR 566/08*

Ebenso wie die Betriebsparteien ist die Einigungsstelle gemäß § 75 Abs. 1 BetrVG an die Grundsätze von Recht und Billigkeit sowie an den Gleichbehandlungsgrundsatz gebunden (Rn. 15). Bei der Aufstellung von Sozialplänen ist insofern nicht zwischen solchen aufgrund freiwilliger Einigung und solchen, die auf Spruch der Einigungsstelle beruhen, zu differenzieren. Mit den Vorgaben von § 112 Abs. 5 BetrVG sind zusätzliche, die allgemeinen Abwägungsmaßstäbe des § 76 Abs. 5 Satz 3 BetrVG konkretisierende – und keine die rechtlichen Maßstäbe des § 75 Abs. 1 BetrVG relativierenden – Grundsätze aufgestellt (Rn. 31).

Die Regelung in einem Sozialplan, welche bei der Ermittlung eines als Abfindung zu zahlenden „fiktiven Differenzbetrags" in einem Faktor auf den „frühestmöglichen Renteneintritt" des anspruchsberechtigten Arbeitnehmers abstellt, bewirkt eine mittelbar auf dem Kriterium der Behinderung beruhende Benachteiligung (Rn. 18 ff.).

Diese ist nicht gerechtfertigt, wenn sie über das zur Erreichung eines legitimen Ziels Erforderliche hinausgeht (Rn. 24 ff.).

Die Unwirksamkeit einer solchen Regelung bewirkt, dass dem benachteiligten Arbeitnehmer ein Anspruch auf eine höhere Sozialplanabfindung zusteht (sog. „Anpassung nach oben") (Rn. 32).

***BAG** 28.7.2020 – 1 AZR 590/18*

Arbeitgeber und Betriebsrat können **ohne Verstoß gegen den betriebsverfassungsrechtlichen Gleichbehandlungsgrundsatz** (§ 75 BetrVG) anlässlich einer **Betriebseinschränkung getrennte Sozialpläne für den Produktions- und den Verwaltungsbereich aufstellen.**

Der betriebsverfassungsrechtliche Gleichbehandlungsgrundsatz ist nicht verletzt, wenn nur der für die Produktion geltende Sozialplan eine Erhöhung der Abfindungen bei Erreichung bestimmter Produktivitäts- und Qualitätsstandards in den verbleibenden Produktionsmonaten vorsieht, der für die Verwaltung geltende Sozialplan dagegen nicht. **Dies gilt jedenfalls dann, wenn bei den betroffenen Mitarbeitern der Verwaltung gegenüber denjenigen der Produktion unterschiedliche Ausgangspositionen in der Sache bestehen etwa bei erheblich höherer Durchschnittsabfindung ein Anreiz zur eigenen Vertragsbeendigung, hingegen im Produktionsbereich bis zur vollständigen Schließung umgekehrt ein Anreiz zum Verbleib und zur vollen Leistungserbringung gegeben werden.** In diesem Fall kann von einer vergleichbaren Lage der beiden Beschäftigungsgruppen und demzufolge einer sachfremden Differenzierung, nämlich willkürlicher und sachwidrige Unterscheidung, nicht gesprochen werden.

Die schematische Abgrenzung zwischen verschiedenen Sozialplänen anhand der Zuordnung der Mitarbeiter zu Kostenstellen ist nicht zu beanstanden. Das gilt selbst dann, wenn ein Mitarbeiter ganz überwiegend in einem anderen Bereich als dem tätig ist, in dem er kostenstellenmäßig geführt wird.

***LAG** Düsseldorf 5.5.1998 – 3 Sa 167/98 = NZA 1999, 166*

Spaltet ein Unternehmen (Ausgangsrechtsträger) sein Vermögen in der Weise, dass die zur Führung eines Betriebs notwendigen Vermögensteile bei einer sog. Anlagegesellschaft i.S.d. § 134 Abs. 1 UmwG verbleiben, aber einer sog. Betriebsgesellschaft i.S.d. § 134 Abs. 1 UmwG für die Führung ihres Betriebs zur Nutzung überlassen werden, ist die Einigungsstelle bei einer nachfolgenden sozialplanpflichtigen Betriebsänderung in dem Betrieb der Betriebsgesellschaft nicht darauf beschränkt, nur deren wirtschaftliche Leistungsfähigkeit bei der Sozialplandotierung nach § 112 Abs. 5 BetrVG zu berücksichtigen.

Durch § 134 Abs. 1 UmwG wird die Einstandspflicht der Anlagegesellschaft in den Fällen der §§ 111 bis 113 BetrVG zugunsten der Arbeitnehmer der Betriebsgesellschaft erweitert. Dies gilt für alle Arten der Spaltung i.S.d. § 123 UmwG.

Hinweis für die Praxis:

Am 15.03.2011 hat das BAG entschieden (AZ 1 ABR 97/09), dass bei einer Sozialabfindung auch ein Bemessungsdurchgriff im Konzern möglich sein kann.

Ist für eine Betriebsgesellschaft i.S.d. § 134 Abs. 1 UmwG ein Sozialplan aufzustellen, darf die Einigungsstelle für die Bemessung des Sozialplanvolumens auch die wirtschaftliche Leistungsfähigkeit einer Anlagegesellschaft i.S.d. § 134 Abs. 1 UmwG berücksichtigen.

Nach § 133 Abs. 1 UmwG haften die an einer Spaltung beteiligten Rechtsträger gesamtschuldnerisch für die vor der Spaltung begründeten Verbindlichkeiten des übertragenden Rechtsträgers. Zugunsten der von einer spaltungsbedingten Unternehmensumstrukturierung betroffenen Arbeitnehmer erweitert § 134 Abs. 1 UmwG die „Haftungsmasse“ begrenzt für Ansprüche aus einem Sozialplan (§§ 112, 112a BetrVG) oder auf gesetzlichen Nachteilsausgleich (§ 113 BetrVG). Das setzt nach § 134 Abs. 1 Satz 2 UmwG voraus, dass ein Unternehmen (Ausgangsrechtsträger) sein Vermögen in der Weise spaltet, dass die zur Führung eines Betriebs notwendigen Vermögensteile bei einer sog. Anlagegesellschaft i.S.d. § 134 Abs. 1 UmwG verbleiben, aber einer sog. Betriebsgesellschaft i.S.d. § 134 Abs. 1 UmwG für die Führung ihres Betriebs zur Nutzung überlassen werden. In einem solchen Fall hat die Anlagegesellschaft für Sozialplan- oder Nachteilsausgleichsansprüche der Arbeitnehmer der Betriebsgesellschaft für die Dauer von fünf Jahren nach Wirksamwerden der Spaltung einzustehen, soweit an den an der Spaltung beteiligten Rechtsträgern im Wesentlichen dieselben Personen beteiligt sind (§ 134 Abs. 1 Satz 1 UmwG).

§ 134 Abs. 1 UmwG bestimmt über seinen Wortlaut hinaus nicht nur eine Haftung der Anlagegesellschaft für die darin genannten Ansprüche der Arbeitnehmer der Betriebsgesellschaft, sondern erlaubt auch einen Bemessungsdurchgriff bei der Aufstellung eines Sozialplans für die Betriebsgesellschaft.

Der Bemessungsdurchgriff nach § 134 Abs. 1 UmwG auf die wirtschaftliche Leistungsfähigkeit der Anlagegesellschaft bei der Festlegung des Sozialplanvolumens für die Betriebsgesellschaft ist jedoch nicht unbeschränkt. Er ist der Höhe nach auf die bei der Spaltung entzogenen Vermögensteile begrenzt. Dies folgt nach der Entscheidung des BAG aus dem systematischen Zusammenhang zwischen § 112 Abs. 5 Satz 1 BetrVG und § 134 Abs. 1 UmwG sowie dem sich daraus ergebenden Regelungszweck. Die wirtschaftliche Vertretbarkeit eines Sozialplans bemisst sich gemäß § 112 Abs. 5 Satz 1 BetrVG nach den Verhältnissen des Unternehmens. Das ist die aus einer Spaltung i.S.d. § 123 i.V.m. § 134 Abs. 1 UmwG hervorgegangene Betriebsgesellschaft. Deren eigene wirtschaftliche Leistungsfähigkeit wird jedoch durch die in § 134 Abs. 1 UmwG bezeichnete Spaltung verringert, weil ihr durch die Trennung von Betriebs- und Anlagevermögen Letzteres entzogen wird. Allein an diesen Vorgang und nicht an die Herauslösung aus einem wirtschaftlich leistungsfähigen Rechtsträger knüpft § 134 Abs. 1 UmwG die Einstandspflicht der Anlagegesellschaft. Dem muss auch die Bestimmung des Umfangs des Bemessungsdurchgriffs bei der Festlegung des Sozialplanvolumens Rechnung tragen. Dieser kann sich deshalb nur auf den Wert des der jeweiligen Betriebsgesellschaft entzogenen Anlagevermögens beziehen. Nur insoweit ist ein Bemessungsdurchgriff nach dem Regelungszweck gerechtfertigt (BAG 15.03.2011 – 1 ABR 97/09)

***BAG** 15.3.2011 – 1 ABR 97/09*

Ein aufgrund von § 112 Abs. 1 BetrVG vereinbarter Sozialplan gilt nicht mit unmittelbarer Wirkung für **leitende Angestellte** i.S.d. § 5 Abs. 3 des Gesetzes.

Sieht ein aus Anlass einer Betriebsstilllegung vereinbarter Sozialplan Abfindungen für den Verlust des Arbeitsplatzes vor, können Arbeitgeber und Betriebsrat durch Vertrag zugunsten Dritter (§ 328 BGB) die **leitenden Angestellten** in den Kreis der Abfindungsberechtigten einbeziehen.

***BAG** 31.1.1979 – 5 AZR 454/77*

Der Arbeitgeber ist nach dem arbeitsrechtlichen Gleichbehandlungsgrundsatz nicht verpflichtet, den **leitenden Angestellten** ebenso wie den von einem Sozialplan begünstigten Arbeitnehmern eine Abfindung für den Verlust ihres Arbeitsplatzes zu zahlen.

***BAG** 16.7.1985 – 1 AZR 206/81*

3.3.1. Allgemeine Leistungen

Nach dem Zweck eines Sozialplans ist es nicht zu beanstanden, wenn ein die Abfindungshöhe bestimmender Faktor das **zuletzt bezogene individuelle Monatsentgelt** ist. Dies gilt auch für teilzeitbeschäftigte Arbeitnehmer.

Sozialpläne können bei Arbeitnehmern, bei denen sich die individuelle Arbeitszeit während des Verlaufs des Arbeitsverhältnisses geändert hat, auch auf eine Durchschnittsberechnung abstellen.

Es ist nicht zu beanstanden, wenn Sozialpläne danach unterscheiden, ob eine Änderung der individuellen Arbeitszeit in näherem zeitlichen Zusammenhang mit dem Ende des Arbeitsverhältnisses eingetreten ist oder längere Zeit zurückliegt:

***BAG** 22.9.2009 – 1 AZR 316/08*

Der durch eine Sozialplanabfindung auszugleichende oder zumindest abzumildernde voraussichtlich entstehende wirtschaftliche Nachteil eines Arbeitsplatzverlustes infolge einer Betriebsänderung wird maßgeblich durch die in dem bisherigen Arbeitsverhältnis bezogene Vergütung beeinflusst. Daher kann diese zur Bezugsgröße für die in dem Sozialplan vorgesehenen Überbrückungsleistungen gemacht werden.

Die Betriebsparteien haben einen erheblichen Gestaltungsspielraum bei der Frage, ob und inwieweit bei der Höhe von Sozialplanabfindungen in der Vergangenheit liegende Schwankungen der monatlichen Vergütung zu berücksichtigen sind.

***BAG** 26.9.2017 – 1 AZR 137/15*

Höchstbegrenzungsklauseln für Abfindungen wegen des Verlustes des Arbeitsplatzes in Sozialplänen sind grundsätzlich zulässig.

Eine Sozialplanregelung, nach der der sich rechnerisch aus den Steigerungssätzen für Betriebszugehörigkeit, **Lebensalter**, **Unterhaltsverpflichtungen** und **Schwerbehinderung** ergebende Betrag, soweit er die Höchstgrenze übersteigt, an alle Arbeitnehmer gleichmäßig zu verteilen ist, begegnet keinen rechtlichen Bedenken, wenn wegen der besonders hohen Arbeitslosenquote in der Region auch jüngere Arbeitnehmer Gefahr laufen, langfristig arbeitslos zu werden.

***BAG** 23.8.1988 – 1 AZR 284/87*

Wenn die in einem Sozialplan vorgesehenen Abfindungen mit der Dauer der Betriebszugehörigkeit ansteigen, ist für die Berechnung regelmäßig nur die im letzten rechtlich ununterbrochenen Arbeitsverhältnis zurückgelegte Dienstzeit maßgeblich. Beschäftigungszeiten bei einem anderen Arbeitgeber bleiben in der Regel unberücksichtigt. Frühere Dienstzeiten bei demselben Arbeitgeber können zu berücksichtigen sein, wenn zwischen den Arbeitsverhältnissen ein enger sachlicher Zusammenhang bestand oder wenn die Arbeitsvertragsparteien eine entsprechende Vereinbarung getroffen haben.

***BAG** 13.3.2007 – 1 AZR 262/06*

Arbeitnehmer, die wegen des Bezugs einer befristeten vollen Erwerbsminderungsrente nicht beschäftigt sind und bei denen damit zu rechnen ist, dass ihre Arbeitsunfähigkeit auf nicht absehbare Zeit fortbesteht, befinden sich in Bezug auf Sozialplanleistungen, die aus Anlass einer Betriebsstilllegung zwischen Arbeitgeber und Betriebsrat vereinbart wurden, nicht in einer vergleichbaren Situation mit Arbeitnehmern, bei denen diese Einschränkungen nicht vorliegen.

***BAG** 7.6.2011 – 1 AZR 34/10*

Wird in einem Sozialplan die wirtschaftliche Zumutbarkeit von der Beibehaltung der bisherigen „effektiven Entlohnung“ abhängig gemacht, ist damit regelmäßig die gesamte Vergütung einschließlich vereinbarter Sonderzahlungen gemeint und nicht nur der Stundenlohn.

***BAG** 8.12.2015 – 1 AZR 595/14*

Nehmen Regelungen zur Berechnung der Höhe einer Sozialplanabfindung für das maßgebliche Monatsgehalt auf die Bestimmungen über die Entgeltfortzahlung im Krankheitsfall Bezug, sind **jährliche Einmalzahlungen** bei der Berechnung des Monatseinkommens nicht – auch nichtanteilig – zu berücksichtigen. Einmalzahlungen werden wegen der für sie geltenden besonderen Anspruchsvoraussetzungen von der Vorschrift des § 4 EFZG nicht erfasst.

Kommen anlässlich einer Betriebsänderung für unterschiedliche Arbeitnehmergruppen unterschiedliche Sozialpläne zur Anwendung, liegt ein Verstoß gegen den betriebsverfassungsrechtlichen Gleichbehandlungsgrundsatz nicht darin, dass das für die Höhe von Abfindungen maßgebliche Monatseinkommen unterschiedlich zu berechnen ist.

BAG *30.9.2008 – 1 AZR 684/07*

3.3.2. Altersdifferenzierungen

Der Gesetzgeber hat in § 75 Abs. 1 BetrVG die in § 1 AGG geregelten Benachteiligungsverbote übernommen. Eine unmittelbar auf dem Alter beruhende Ungleichbehandlung i.S.d. § 3 Abs. 1 Satz 1 AGG kann dabei unter den in § 10 AGG genannten Voraussetzungen zulässig sein. In diesem Fall ist auch der betriebsverfassungsrechtliche Gleichbehandlungsgrundsatz gewahrt.

Die Betriebsparteien dürfen im Rahmen ihres Beurteilungsspielraums davon ausgehen, dass sich die Arbeitsmarktchancen der von einer Betriebsänderung betroffenen Arbeitnehmer mit **zunehmendem Alter fortschreitend** verschlechtern. Mit der Regelung eines **Alterszuschlags** bei Sozialplanabfindungen verfolgen die Betriebsparteien deshalb legitime Ziele i.S.d. § 10 AGG. Ob der konkrete Alterszuschlag nach § 10 Satz 2 AGG angemessen und erforderlich ist, unterliegt der gerichtlichen Überprüfung im Einzelfall.

BAG *12.4.2011 – 1 AZR 743/09*

Sieht ein Sozialplan vor, dass Arbeitnehmer erst ab dem 40. Lebensjahr die volle Abfindung erhalten, vom 30. bis zum 39. Lebensjahr dagegen nur 90 % und bis zum 29. Lebensjahr nur 80 %, werden hierdurch jüngere Arbeitnehmer in der Regel nicht unzulässig wegen ihres Lebensalters benachteiligt.

Arbeitgeber und Betriebsrat dürfen bei der Bemessung der Abfindungshöhe in einem Sozialplan gemäß § 10 Satz 3 Nr. 6 AGG **Altersstufen** bilden, weil ältere Arbeitnehmer auf dem Arbeitsmarkt typischerweise größere Schwierigkeiten haben eine Anschlussbeschäftigung zu finden als jüngere. Die konkrete Ausgestaltung der Altersstufen im Sozialplan unterliegt nach § 10 Satz 2 AGG einer Verhältnismäßigkeitsprüfung: Sie muss geeignet und erforderlich sein, das von § 10 Satz 3 Nr. 6 AGG verfolgte Ziel tatsächlich zu fördern und darf die Interessen der benachteiligten Altersgruppen nicht unangemessen vernachlässigen. Das ist mit dem Verbot der Altersdiskriminierung im Recht der Europäischen Union vereinbar.

BAG *12.4.2011 – 1 AZR 764/09*

Eine Sozialplanregelung, nach der sich die Abfindungshöhe nach der Formel Bruttomonatsvergütung x Betriebszugehörigkeit x Faktor bestimmt und die vorsieht, dass Arbeitnehmer nach vollendetem 62. Lebensjahr eine Mindestabfindung von zwei Bruttomonatsverdiensten erhalten, verstößt nicht gegen das Verbot der Benachteiligung wegen des Alters.

BAG *26.3.2013 – 1 AZR 857/11*

Betriebsparteien und Einigungsstelle können in Sozialplänen **geringere Abfindungen** für Arbeitnehmer **rentennaher Jahrgänge** vorsehen, die nach einem relativ kurzen, vollständig oder überwiegend durch den Bezug von Arbeitslosengeld überbrückbaren Zeitraum Anspruch auf eine gesetzliche Altersrente haben.

Das gemeinschaftsrechtliche Verbot der Altersdiskriminierung in der Richtlinie 2000/78/EG ist für vor dem Inkrafttreten des AGG geschlossene Sozialpläne nicht von Bedeutung.

BAG *20.1.2009 – 1 AZR 740/07*

Die unmittelbar auf dem **Merkmal des Alters** beruhende Ungleichbehandlung von Arbeitnehmergruppen in einem Sozialplan ist nach § 10 Satz 3 Nr. 6 und Satz 2 AGG zulässig.

Schwerbehinderte Arbeitnehmer, die nach § 236a Abs. 1 Satz 2 SGB VI eine vorgezogene Altersrente in Anspruch nehmen können, werden durch eine Abfindungsregelung für über 59-Jährige, die nicht an den frühestmöglichen Renteneintritt, sondern ausschließlich an das Lebensalter anknüpft, nicht weniger günstig behandelt als andere Arbeitnehmer, die Abfindung nach einer Standardabfindungsformel erhalten. Eine derartige Regelung verstößt auch nicht gegen Art. 5 Abs. 2 UNBehRÜbk, das in Deutschland Gesetzeskraft hat, GII081419.

BAG *23.4.2013 – 1 AZR 916/11*

Sozialpläne haben gemäß § 112 Abs. 1 Satz 2 BetrVG eine zukunftsgerichtete Ausgleichs- und Überbrückungsfunktion.

Die Betriebsparteien haben bei der Aufstellung von Sozialplänen einen Beurteilungsspielraum hinsichtlich der den Arbeitnehmern durch die Betriebsänderung voraussichtlich entstehenden wirtschaftlichen Nachteile. Sie können die Abmilderung der Nachteile berücksichtigen, die mit Leistungen aus der Arbeitslosen- und Rentenversicherung verbunden sind. Dazu gehört auch die Möglichkeit, vorzeitig Altersrente in Anspruch zu nehmen.

Darauf aufbauend haben die Betriebsparteien einen Gestaltungsspielraum, ob, in welchem Umfang und wie sie die von ihnen prognostizierten Nachteile ausgleichen. Dabei dürfen sie typisierende und pauschalierende Gestaltungen vorsehen. Sie müssen allerdings den betriebsverfassungsrechtlichen Gleichbehandlungsgrundsatz sowie grundgesetzliche, gemeinschaftsrechtliche und einfach gesetzliche Diskriminierungsverbote beachten. Die Gruppenbildungen müssen sich an der Funktion des Sozialplans orientieren.

Die Betriebsparteien dürfen in einem Sozialplan die Reduzierung oder den völligen Ausschluss von Leistungen bei den Arbeitnehmern vorsehen, die **vorgezogenes Altersruhegeld** in Anspruch nehmen können.

BAG *11.11.2008 – 1 AZR 475/07*

§ 10 Satz 3 Nr. 6 AGG erfasst nach seinem Wortlaut nur den Ausschluss von älteren Arbeitnehmern, die entweder unmittelbar nach dem Ausscheiden oder im Anschluss an den Bezug von Arbeitslosengeld I durch den Bezug einer Altersrente wirtschaftlich abgesichert sind. Die Vorschrift ist jedoch gleichermaßen anwendbar, wenn die betroffenen Arbeitnehmer zwar nicht unmittelbar nach dem Bezug von Arbeitslosengeld I rentenberechtigt sind, aber eine Abfindung erhalten, die so bemessen ist, dass sie die wirtschaftlichen Nachteile ausgleichen kann, welche die Arbeitnehmer in der Zeit nach der Erfüllung ihres Arbeitslosengeldanspruchs bis zum frühestmöglichen Bezug einer Altersrente erleiden.

Den Betriebsparteien wird durch § 10 Satz 3- Nr. 6 AGG ein Gestaltungs- und Beurteilungsspielraum für eine unmittelbar auf dem Alter beruhende Ungleichbehandlung bei Sozialplanleistungen eröffnet. Dessen Ausgestaltung unterliegt einer weiteren Verhältnismäßigkeitsprüfung nach § 10 Satz 2 AGG. Die von den Betriebsparteien gewählte Sozialplangestaltung muss geeignet sein, das mit § 10 Satz 3 Nr. 6 AGG verfolgte Ziel tatsächlich zu fördern und darf die Interessen der benachteiligten (Alters-) Gruppe nicht unverhältnismäßig stark vernachlässigen.

BAG *23.3.2010 – 1 AZR 832/08*

Ein Sozialplan kann regeln, dass die Abfindungshöhe mit **zunehmender Betriebszugehörigkeit** ansteigt. Die damit verbundene mittelbare Benachteiligung jüngerer Arbeitnehmer ist durch § 10 Satz 3 Nr. 6 AGG gedeckt.

Ein Sozialplan: kann auch vorsehen, dass Arbeitnehmer, die – und sei es nach dem Bezug von Arbeitslosengeld – **vorzeitig Altersrente in Anspruch** nehmen können, geringere Abfindungen erhalten. Auch eine solche Regelung wird durch § 10 Satz 3 Nr. 6 AGG ermöglicht:

§ 10 Satz 3 Nr. 6 AGG ist gemeinschaftsrechtskonform. Es ist ein Ungleichbehandlungen wegen des Alters rechtfertigendes, i.S.v. Art. 6 Abs. 1 Satz 1 Richtlinie 2000/78/EG legitimes sozialpolitisches Ziel des deutschen Gesetzgebers, es den Betriebsparteien zu ermöglichen, in Sozialplänen danach zu unterscheiden, welche wirtschaftlichen Nachteile den Arbeitnehmern drohen, die durch eine Betriebsänderung ihren Arbeitsplatz verlieren.

Die mit dem Arbeitsplatzverlust verbundenen wirtschaftlichen Nachteile können mit steigendem Lebensalter zunächst: zunehmen, weil die Gefahr längerer Arbeitslosigkeit typischerweise wächst, und können geringer sein, wenn Arbeitnehmer nach dem Bezug von Arbeitslosengeld in der Lage sind, Altersrente in Anspruch zu nehmen.

Die Betriebsparteien müssen sich innerhalb eines Sozialplans nicht auf eine einheitliche Berechnungsformel beschränken. Der Sachgrund dafür, für Abfindungen älterer Arbeitnehmer ab einem bestimmten Stichtag eine andere Berechnungsformel zugrunde zu legen, kann, darin liegen, dass sich bei rentennahen Jahrgängen die zu besorgenden wirtschaftlichen Nachteile konkreter einschätzen lassen als bei rentenfernen.

BAG *26.5.2009 – 1 AZR 198/08*

Die Betriebsparteien verstoßen nicht gegen den betriebsverfassungsrechtlichen Gleichbehandlungsgrundsatz, wenn sie in einem Sozialplan für Arbeitnehmer, die die Möglichkeit des – vorzeitigen – Bezugs einer Altersrente haben, von diesem Zeitpunkt ab keine oder geringere Abfindungen vorsehen.

Hängt die Möglichkeit des vorzeitigen Bezugs einer Altersrente von einem bestimmten Alter und/oder Geschlecht ab, liegt in der nachteiligen Berücksichtigung dieser Möglichkeit bei der Berechnung einer Sozialplanabfindung keine unzulässige Alters- oder Geschlechtsdiskriminierung.

***BAG** 30.9.2008 – 1 AZR 684/07*

3.3.3. Einigungsstelle

Während Arbeitgeber und Betriebsrat bei einer **freiwilligen Einigung über einen Sozialplan** grundsätzlich frei sind zu entscheiden, welche Nachteile der betroffenen Arbeitnehmer sie auf welche Weise ausgleichen wollen und welche finanziellen Mittel der Sozialplan erfordern darf (**Gesamtvolumen**), sind der **Einigungsstelle** nach § 112 Abs. 5 BetrVG Richtlinien für ihre Entscheidung vorgegeben, deren Überschreitung den Spruch anfechtbar macht. Bei ihrer Entscheidung soll die Einigungsstelle u. a. den **Gegebenheiten des Einzelfalles** Rechnung tragen und insbesondere auch berücksichtigen, welche Aussichten die betroffenen Arbeitnehmer auf dem **Arbeitsmarkt** haben und welche **Einkommensverluste** sie voraussichtlich erleiden werden.

Wenn die Einigungsstelle allen Arbeitnehmern unterschiedslos eine in gleicher Weise berechnete Abfindung zuspricht, unabhängig davon, welche wirtschaftlichen Nachteile die Arbeitnehmer voraussichtlich erleiden werden, und ob zu erwarten ist, dass sie aufgrund ihres Alters oder ihrer Ausbildung bald eine neue Stelle finden oder diese schon gefunden und deshalb ihr Arbeitsverhältnis selbst gekündigt haben, verstößt der Einigungsstellenspruch gegen § 112 Abs. 5 BetrVG. Dies stellt eine Überschreitung der Grenzen des Ermessens der Einigungsstelle dar und macht den Einigungsstellenspruch anfechtbar.

***BAG** 14.9.1994 – 10 ABR 7/94*

§ 112 Abs. 5 BetrVG bestimmt nicht die Voraussetzungen der **wirtschaftlichen Vertretbarkeit** eines Sozialplans. **Maßgeblich sind die Gegebenheiten des Einzelfalls**. Dabei ist grundsätzlich von Bedeutung, ob und welche **Einsparungen** für das Unternehmen **mit der Betriebsänderung verbunden** sind, deren nachteilige Auswirkungen auf die Arbeitnehmer der Sozialplan kompensieren soll.

Der Umstand, dass sich ein Unternehmen bereits in wirtschaftlichen Schwierigkeiten befindet, entbindet es nach den Wertungen des Betriebsverfassungsgesetzes nicht von der Notwendigkeit, weitere Belastungen durch einen Sozialplan auf sich zu nehmen. Sogar in der Insolvenz sind Betriebsänderungen gemäß § 123 InsO sozialplanpflichtig.

Bei der Prüfung, wie sehr der Sozialplan das Unternehmen belastet und ob er möglicherweise dessen Fortbestand gefährdet, ist sowohl das Verhältnis von **Aktiva und Passiva** als auch die **Liquiditätslage** zu berücksichtigen.

Führt die Erfüllung der Sozialplanverbindlichkeiten zu einer Illiquidität, zur bilanziellen Überschuldung oder zu einer nicht mehr vertretbaren Schmälerung des Eigenkapitals, ist die Grenze der wirtschaftlichen Vertretbarkeit regelmäßig überschritten. Dies gilt auch, wenn ein Unternehmen seinen einzigen Betrieb stilllegt. Wie § 112 Abs. 5 Satz 2 Nr. 2 BetrVG zeigt, unterscheidet das Gesetz ausdrücklich zwischen dem Unternehmen und dem Betrieb. Bei einer vollständigen Betriebsstilllegung besteht das Unternehmen – als Rechtsträger des Betriebs – grundsätzlich fort. Allerdings darf in diesem Fall nicht außer Acht bleiben, dass nach Durchführung der Betriebsänderung keine Arbeitsplätze mehr vorhanden sind, die durch den Gesamtbetrag der Sozialplanleistungen gefährdet werden könnten.

***BAG** 22.01.2013 – 1 ABR 85/11*

Gegenstand der gerichtlichen Kontrolle nach § 76 Abs. 5 Satz 4, § 112 Abs. 5 BetrVG ist, ob sich der Spruch der Einigungsstelle als angemessener Ausgleich der Belange des Betriebs und Unternehmens auf der einen und der betroffenen Arbeitnehmer auf der anderen Seite erweist. Maßgeblich ist allein die getroffene Regelung als solche. Eine Überschreitung der Grenzen des Ermessens muss in ihr selbst als Ergebnis des Abwägungsvorgangs liegen. Auf die von der Einigungsstelle angestellten Erwägungen kommt es nicht an.

Ficht der Arbeitgeber den Sozialplan wegen mangelnder wirtschaftlicher Vertretbarkeit an, hat er schlüssig darzulegen, dass dessen Regelungen zu einer Überkompensation der eingetretenen Nachteile führen und deshalb schon die Obergrenze des § 112 Abs. 1 Satz 2 BetrVG verletzen, oder dass sie die Grenze der wirtschaftlichen Vertretbarkeit für das Unternehmen überschreiten.

***BAG** 22.1.2013 – 1 ABR 85/11*

Bei der Anfechtung eines Spruchs der Einigungsstelle nach § 76 Abs. 5 Satz 4 BetrVG geht es um Rechtskontrolle. Bei der Klärung der Frage, ob der betreffende Spruch eine wirksame betriebliche Regelung darstellt, besteht für Arbeitgeber und Betriebsrat ein rechtliches Interesse nach § 256 Abs. 1 ZPO unabhängig davon, ob sie die beschlossene Regelung hätten verhindern können oder durch sie beschwert sind.

Die Frage, ob die der Einigungsstelle gezogenen Grenzen des Ermessens eingehalten sind, ist eine Rechtsfrage, die der uneingeschränkten Überprüfung durch das Rechtsbeschwerdegericht unterliegt.

Gemäß § 112 Abs. 1 Satz 2 BetrVG dient der Sozialplan dem Ausgleich oder der Milderung wirtschaftlicher Nachteile der Arbeitnehmer. Die beiden Alternativen stehen gleichberechtigt nebeneinander. Es liegt im Ermessen der Einigungsstelle festzulegen, ob und welche Nachteile – ganz oder teilweise – ausgeglichen und welche lediglich gemildert werden sollen.

Bei der Ermessensausübung ist die Einigungsstelle an zwei Grenzen gebunden: Sie darf kein größeres Gesamtvolumen des Sozialplans vorsehen als selbst für den vollen Ausgleich aller wirtschaftlichen Nachteile der Arbeitnehmer erforderlich ist, und sie muss grundsätzlich mindestens Leistungen vorsehen, die noch als substantielle, spürbare Milderung der wirtschaftlichen Nachteile angesehen werden können.

Die wirtschaftlichen Verhältnisse des Unternehmens können es indessen gebieten, selbst von einer substantiellen Milderung der wirtschaftlichen Nachteile der Arbeitnehmer abzusehen.

Die wirtschaftlichen Verhältnisse des Unternehmens allein sind dann nicht maßgeblich, wenn ein so genannter Berechnungsdurchgriff auf eine Konzernobergesellschaft geboten ist. Ob dies der Fall ist, haben die Gerichte nur zu prüfen, wenn das von der Einigungsstelle beschlossene Gesamtvolumen des Sozialplans größer ist als die wirtschaftlichen Verhältnisse des Unternehmens gestatten oder wenn es mit Rücksicht auf diese Verhältnisse geringer ist als für eine substantielle Milderung der Nacheile der Arbeitnehmer nötig; im entschiedenen Fall kam es hierauf nicht an.

***BAG** 24.8.2004 – 1 ABR 23/03*

Gegenstand der gerichtlichen Überprüfung des von der Einigungsstelle ausgeübten Ermessens ist allein die von dieser getroffenen Regelung als solche. Ob die von der Einigungsstelle angenommenen tatsächlichen und rechtlichen Umstände zutreffen und ihre weiteren Überlegungen frei von Fehlern sind, ist ohne Bedeutung. Die Frage, ob die der Einigungsstelle gezogenen Grenzen des Ermessens eingehalten sind, ist eine Rechtsfrage, die der uneingeschränkten Überprüfung durch das Rechtsbeschwerdegericht unterliegt.

Ob die von der Einigungsstelle in einem **Sozialplan** getroffenen Regelungen wirtschaftlich vertretbar sind, richtet sich nach den objektiven Verhältnissen bei Aufstellung des Sozialplans. Ob diese der Einigungsstelle bekannt waren oder wenigstens hätten bekannt sein können, ist für die gerichtliche Überprüfung nicht erheblich.

Die Einigungsstelle darf wegen § 112 Abs. 1 Satz 2 BetrVG keine Nachteile ausgleichen, die gar nicht entstanden sind und auch künftig nicht entstehen werden. Bilden solche nur vermeintlichen Nachteile aber lediglich eines der Motive für die Bemessung der Abfindungen wegen des Verlusts des Arbeitsplatzes, führt ihre Berücksichtigung nicht ohne weiteres zur Ermessensfehlerhaftigkeit der Abfindungsregelungen.

Die Einigungsstelle ist an abstrakte Höchstgrenzen für einzelne Abfindungen außerhalb des Insolvenzfalles nicht gebunden. Eine an § 10 KSchG orientierte Begrenzung sieht das Gesetz nur für den Nachteilsausgleich nach § 113 BetrVG vor. Dessen entsprechende Anwendung auf Sozialplanregelungen scheidet aus.

Die in § 112 Abs. 5 Satz 1 BetrVG geforderte Beachtung der wirtschaftlichen Vertretbarkeit der Entscheidung der Einigungsstelle für das Unternehmen hat gegenüber den sozialen Belangen eine Korrekturfunktion und gibt die äußerste Grenze des Gesamtbetrags der Sozialplanleistungen vor. Wo genau sie verläuft, ist eine Frage des Einzelfalls. Bei wirtschaftlich schwachen Unternehmen hält das Gesetz, wie aus § 112 Abs. 5 Satz 2 Nr. 3 BetrVG hervorgeht, auch einschneidende Belastungen bis an den Rand der Bestandsgefährdung für möglich.

Bei der Interessenabwägung spielt neben dem Verhältnis von Aktiva und Passiva und der Liquiditätslage eines Unternehmens auch eine Rolle, welche Einsparungen für das Unternehmen mit der Betriebsänderung verbunden sind, deren Nachteile für die Arbeitnehmer der Sozialplan kompensieren soll.

***BAG** 6.5.2003 – 1 ABR 11/02*

Der **Sozialplan, über den die Einigungsstelle** nach § 112 Abs. 4 BetrVG **verbindlich entscheiden** kann, knüpft erst an diejenigen wirtschaftlichen Nachteile an, die den von der Betriebsänderung betroffenen Arbeitnehmern trotz einer möglichst schonungsvollen Durchführung der Betriebsänderung **noch tatsächlich entstehen**. Nur das, was zum Ausgleich oder zur Milderung dieser gleichwohl noch entstehenden wirtschaftlichen Nachteile geschehen soll, kann die **Einigungsstelle im Sozialplan verbindlich entscheiden**. Die Einigungsstelle ist jedoch nicht befugt, dem Arbeitgeber die Durchführung der Betriebsänderung in einer Weise vorzuschreiben, dass den betroffenen Arbeitnehmern keine oder nur geringe wirtschaftliche Nachteile entstehen. Ohne Einigungsstelle können Arbeitgeber und Betriebsrat Sozialpläne abschließen mit Regelungen, die nicht nur dem Ausgleich oder der Milderung entstehender wirtschaftlicher Nachteile dienen, sondern auch die Vermeidung solcher Nachteile zum Inhalt haben, indem Kündigungsverbote normiert, Versetzungs- oder Umschulungspflichten begründet oder ähnliche Maßnahmen vorgeschrieben werden. Das ist so lange unschädlich, wie sich die Betriebspartner auf einen solchen „Sozialplan" freiwillig einigen. Der „Sozialplan" enthält dann unabhängig von seiner Bezeichnung und unabhängig davon, ob sich die Betriebspartner dessen bewusst sind, Teile eines **einvernehmlichen Interessenausgleichs**.

Entscheidet jedoch die Einigungsstelle nach § 112 Abs. 4 BetrVG verbindlich über den Sozialplan, können solche Maßnahmen jedoch **nicht Inhalt eines Spruchs der Einigungsstelle über den Sozialplan nach** § 112 Abs. 4 BetrVG sein. Ein Spruch der Einigungsstelle, der solche Maßnahmen zum Inhalt hat, ist unwirksam.

***BAG** 17.9.1991 – 1 ABR 23/91*

3.3.4. Freiwillige Betriebsvereinbarungen

Die Betriebsparteien sind nicht gehindert, bei einer Betriebsänderung im Interesse des Arbeitgebers an alsbaldiger Planungssicherheit zusätzlich zu einem Sozialplan in einer freiwilligen Betriebsvereinbarung Leistungen für den Fall vorzusehen, dass der Arbeitnehmer von der Möglichkeit zur Erhebung einer Kündigungsschutzklage keinen Gebrauch macht oder nach Abschluss der Betriebsvereinbarung einen Aufhebungsvertrag schließt. Das Verbot, Sozialplanleistungen von einem Verzicht auf die Erhebung der Kündigungsschutzklage abhängig zu machen, darf dadurch aber nicht umgangen werden.

Knüpfen die Betriebsparteien die in einer solchen freiwilligen Betriebsvereinbarung festgelegten einzelnen Leistungen an die Erfüllung weiterer Voraussetzungen, gehen damit ggf. weitere Gruppenbildungen einher, deren Wirksamkeit an den mit ihnen verfolgten Zwecken zu messen ist. Auf die Gruppenbildung bei der Festlegung des Geltungsbereichs hat das in der Regel keinen Einfluss. Der hierin zum Ausdruck kommende Ausschluss von den Leistungen der Betriebsvereinbarung ist nicht am Zweck der jeweiligen Vergünstigung, sondern am Zweck des durch Auslegung zu ermittelnden Ausschlusses zu messen.

***BAG** 9.12.2014 – 1 AZR 146/13*

Haben die Betriebsparteien in einem Sozialplan die wirtschaftlichen Nachteile, die den Arbeitnehmern durch eine Betriebsänderung entstehen, angemessen ausgeglichen, können sie in einer weiteren freiwilligen Betriebsvereinbarung nach § 88 BetrVG zusätzlich zu den bestehenden Sozialplanleistungen **Anreize zum Abschluss eines Aufhebungsvertrags** vereinbaren. Eine solche Betriebsvereinbarung unterliegt nicht den für Sozialpläne aus § 112 Abs. 1 BetrVG folgenden Regelungsbeschränkungen.

***BAG** 18.5.2010 – 1 AZR 187/09*

Es verstößt gegen den betriebsverfassungsrechtlichen Gleichbehandlungsgrundsatz des § 75 Abs. 1 Satz 1 BetrVG, wenn die Betriebsparteien Sozialplanleistungen vom **Verzicht** des Arbeitnehmers **auf die Erhebung einer Kündigungsschutzklage** abhängig machen. Daran hat sich durch § 1 a KSchG nichts geändert. Die darin vorgesehene Abfindung hat eine andere Funktion als eine Sozialplanleistung.

Die Betriebsparteien können anlässlich einer Betriebsänderung zusätzlich zu einem Sozialplan in einer freiwilligen Betriebsvereinbarung im Interesse des Arbeitgebers an alsbaldiger Planungssicherheit Leistungen davon abhängig machen, dass der Arbeitnehmer von der Erhebung einer Kündigungsschutzklage absieht. Dadurch wird weder der Gleichbehandlungsgrundsatz des § 75 Abs. 1 Satz 1 BetrVG verletzt noch gegen das Maßregelungsverbot des § 612a BGB verstoßen. Die Zulässigkeit einer derartigen Regelung entspricht der in § 1 a KSchG zum Ausdruck kommenden gesetzgeberischen Wertung.

Durch eine freiwillige Betriebsvereinbarung, in welcher Leistungen für den Fall der Nichterhebung einer Kündigungsschutzklage vorgesehen sind, darf nicht das Verbot umgangen werden, Sozialplanleistungen von einem solchen Verzicht abhängig zu machen. Ob eine Umgehung vorliegt, hängt von den Umständen des Einzelfalls ab.

***BAG** 31.5.2005 – 1 AZR 254/04*

> ***Hinweis für die Praxis:***
>
> *Grundsätzlich dürfen Sozialplanleistungen nicht von einem **Verzicht des Arbeitnehmers auf die Erhebung einer Kündigungsschutzklage** abhängig gemacht werden. Diesen Grundsatz hat das BAG mit der vorstehenden Entscheidung noch einmal bestätigt. Allerdings ist es zulässig, zusätzlich zu einem Sozialplan eine weitere freiwillige Betriebsvereinbarung abzuschließen, nach der dem Arbeitnehmer weitere Leistungen, zusätzlich zu den Sozialplanleistungen gewährt werden, wenn er von einer Kündigungsschutzklage absieht. Diese zusätzlichen Leistungen dürften zumindest dann keine Umgehung des Verbots, Sozialplanleistungen von einem Verzicht auf die Kündigungsschutzklage abhängig zu machen, darstellen, wenn sie sich an den Kosten des durch die Gewährung der Leistungen vermiedenen Kündigungsschutzverfahrens orientieren.*

Es verstößt nicht gegen den § 75 Abs. 1 BetrVG zugrunde liegenden allgemeinen Gleichheitssatz, wenn ein Sozialplan für Arbeitnehmer, die durch Vermittlung des Arbeitgebers einen neuen Arbeitsplatz finden, keine Abfindung vorsieht.

***BAG** 8.12.2009 – 1 AZR 801/08*

3.4. Sozialplan und Eigenkündigung des Arbeitnehmers bzw. Anschlussarbeitsplatz

Eine Sozialplanregelung, die formal zwischen Arbeitgeber- und Arbeitnehmerkündigung unterscheidet und generell den Anspruchsausschluss aller Arbeitnehmer vorsieht, die ihr Arbeitsverhältnis selbst gekündigt haben, verstößt gegen § 75 Abs. 1 BetrVG.

Voraussetzung für eine Gleichbehandlung von Arbeitgeber- und Arbeitnehmerkündigung ist, dass die Eigenkündigung des Arbeitnehmers vom Arbeitgeber veranlasst wurde.

Eine vom Arbeitgeber veranlasste Eigenkündigung des Arbeitnehmers liegt auch dann vor, wenn zwar der Arbeitsplatz vorrangig nur verlagert und der Arbeitnehmer versetzt werden sollte, der Arbeitnehmer aber mit einer betriebsbedingten Kündigung des Arbeitgebers rechnen musste, falls er der Versetzung widerspräche.

Der Ausschluss von Sozialplanansprüchen wegen „vorzeitiger" Eigenkündigung setzt den Verstoß gegen eine zulässige Stichtagsregelung voraus; eine „objektive" Vorzeitigkeit des Ausspruchs einer vom Arbeitgeber veranlassten Eigenkündigung gibt es nicht.

***BAG** 20.5.2008 – 1 AZR 203/07*

Sieht ein Sozialplan vor, dass der Arbeitgeber dem Arbeitnehmer das Ende der Beschäftigungsmöglichkeiten langfristig anzukündigen hat (hier in der Regel 30 Monate vor dem voraussichtlichen Termin), ist eine Eigenkündigung des Arbeitnehmers, die ohne eine solche Ankündigung erfolgt, grundsätzlich nicht durch den Arbeitgeber veranlasst.

Bei einer derartigen Erklärung des Arbeitgebers handelt es sich um eine bloße Wissenserklärung, auf die § 130 Abs. 1 BGB keine Anwendung findet.

***BAG** 15.3.2011 – 1 AZR 808/09*

Die Betriebsparteien können zur Herstellung von Rechtssicherheit ein Verfahren oder einen **Stichtag** bestimmen und auf diese Weise festlegen, ob eine Eigenkündigung durch die konkrete Betriebsänderung veranlasst wurde oder nicht. Dazu kann die Ausgleichspflicht an einen Zeitpunkt anknüpfen, in dem die Art und Weise der durchzuführenden Betriebsänderung für die betroffenen Arbeitnehmer feststeht.

Bei der gebotenen typisierenden Betrachtungsweise dürfen die Betriebsparteien in einem solchen Fall davon ausgehen, dass Arbeitnehmer, die auf eigene Veranlassung ihr Arbeitsverhältnis beenden, bevor das Ausmaß einer sie treffenden Betriebsänderung konkret absehbar und der Umfang der daran knüpfenden wirtschaftlichen Nachteile prognostizierbar ist, ihr Arbeitsverhältnis nicht aufgrund der Betriebsänderung beenden.

***BAG** 12.4.2011 – 1 AZR 505/09; **BAG** 1.2.2011 – 1 AZR 417/09*

Freiwillige Betriebsvereinbarungen für künftige, noch nicht konkret geplante Betriebsänderungen – sog. Rahmen- oder Dauersozialpläne – können durch Sozialpläne abgelöst werden, die anlässlich einer konkret anstehenden Betriebsänderung geschlossen werden.

Nach dem betriebsverfassungsrechtlichen Gleichbehandlungsgrundsatz sind die Betriebsparteien grundsätzlich verpflichtet, diejenigen Arbeitnehmer, die auf Grund einer vom Arbeitgeber veranlassten Eigenkündigung ausscheiden, mit denjenigen gleich zu behandeln, deren Arbeitsverhältnis vom Arbeitgeber gekündigt wird. Es ist ihnen allerdings nicht verwehrt, eine typisierende Beurteilung dahin vorzunehmen, dass Arbeitnehmern, die ihr Arbeitsverhältnis „vorzeitig", also zu einem früheren Zeitpunkt als durch die Betriebsänderung geboten, selbst kündigen, durch die Betriebsänderung keine oder geringere wirtschaftliche Nachteile drohen als den anderen Arbeitnehmern.

Stichtagsregelungen in Sozialplänen sind grundsätzlich zulässig. Die mit ihnen bisweilen verbundenen Härten müssen hingenommen werden, wenn die Wahl des Zeitpunkts sich am Zweck der Regelung orientiert und somit sachlich vertretbar ist und das auch auf die zwischen den Gruppen gezogenen Grenzen zutrifft.

Betriebliche Interessen, die personelle Zusammensetzung der Belegschaft bis zu einem bestimmten Zeitpunkt zu sichern, sind nicht geeignet, Differenzierungen bei der Höhe von Sozialplanabfindungen zu rechtfertigen.

***BAG** 19.2.2008 – 1 AZR 1004/06*

Die Betriebsparteien verstoßen nicht gegen den von ihnen bei Sozialplänen zu beachtenden Gleichbehandlungsgrundsatz, wenn sie den Anspruch auf eine Abfindung im Falle einer vom Arbeitgeber veranlassten Eigenkündigung des Arbeitnehmers davon abhängig machen, dass der Arbeitgeber diesem zuvor ein – unzumutbares – Arbeitsplatzangebot gemacht hat. Eine solche zusätzliche Anspruchsvoraussetzung ist jedenfalls deshalb gerechtfertigt, weil die Betriebsparteien typisierend annehmen dürfen, dass der „vorzeitig" selbst kündigende Arbeitnehmer durch die Betriebsänderung keine oder geringer Nachteile als die anderen Arbeitnehmer erfährt.

***BAG** 12.2.2007 – 1 AZR 163/06*

Empfiehlt der Arbeitgeber anlässlich eines geplanten Personalabbaus den Arbeitnehmern auf einer Betriebsversammlung, sich nach anderen Arbeitsplätzen umzusehen, so ist eine deswegen erfolgte **Eigenkündigung** eines Arbeitnehmers auch dann vom Arbeitgeber aus Gründen der Betriebsänderung veranlasst, wenn dem Arbeitnehmer wegen einer Verbesserung der Auftragslage nicht gekündigt worden wäre.

***BAG** 28.10.1992 – 10 AZR 406/91*

Eine vom Arbeitnehmer ausgesprochene Eigenkündigung ist in der Regel dann nicht mehr vom Arbeitgeber veranlasst, wenn dieser zuvor die Durchführung der im Interessenausgleich beschriebenen Betriebsänderung vollständig oder hinsichtlich des den Arbeitnehmer betreffenden Teils endgültig aufgegeben und den Arbeitnehmer hiervon in Kenntnis gesetzt hat.

***BAG** 26.10.2004 – 1 AZR 503/03*

> Eine „**Veranlassung**" in diesem Sinne liegt nur dann vor, wenn der Arbeitgeber den Arbeitnehmer im Hinblick auf eine **konkret geplante Betriebsänderung** bestimmt, selbst zu kündigen oder einen Aufhebungsvertrag zu schließen, um so eine sonst notwendig werdende Kündigung zu vermeiden. Ein bloßer Hinweis des Arbeitgebers auf eine unsichere Lage des Unternehmens, auf notwendig werdende Betriebsänderungen oder der Rat, sich eine neue Stelle zu suchen, genügt nicht.
>
> Auch die Unterscheidung zwischen Arbeitnehmern, die ihr Arbeitsverhältnis **selbst kündigen**, und solchen, die aufgrund eines von ihnen **gewünschten Aufhebungsvertrages** ausscheiden, ist in der Regel sachlich gerechtfertigt. Der Arbeitgeber kann so entscheiden, ob er den Arbeitnehmer für die ordnungsgemäße Durchführung der Betriebsänderung oder noch darüber hinaus benötigt oder ob ihm das freiwillige Ausscheiden des Arbeitnehmers nur eine ohnehin notwendig werdende Kündigung erspart.
>
> ***BAG** 19.7.1995 – 10 AZR 885/94*

Es ist mit dem arbeitsrechtlichen Gleichbehandlungsgrundsatz zwar vereinbar, wenn die Betriebsparteien bei Abfindungsansprüchen im Sozialplan unterscheiden zwischen Arbeitnehmern, denen infolge der Betriebsänderung gekündigt worden ist, und solchen, die ihr Arbeitsverhältnis aus eigener Initiative beendet haben. Die Betriebsparteien können davon ausgehen, dass Arbeitnehmer, die ihr Arbeitsverhältnis selbst beenden, durch die Betriebsänderung keinen Nachteil erleiden.

Etwas anderes gilt allerdings dann, wenn die Eigenkündigung oder der Aufhebungsvertrag vom Arbeitgeber veranlasst worden ist. § 75 Abs. 1 und § 112 a Abs. 1 BetrVG gebieten es in solchen Fällen, gekündigte Arbeitnehmer und Arbeitnehmer, die aufgrund einer Eigenkündigung oder eines Aufhebungsvertrages ausgeschieden sind, gleich zu behandeln. Eine Veranlassung in diesem Sinne liegt vor, wenn der Arbeitgeber den Arbeitnehmer im Hinblick auf eine konkret geplante Betriebsänderung bestimmt, selbst zu kündigen oder einen Aufhebungsvertrag zu schließen, um so eine sonst notwendig werdende Kündigung seitens des Arbeitgebers zu vermeiden.

***BAG** 6.5.2003 – 1 ABR 11/02*

§ 75 Abs. 1 Satz 1 i. V. m. § 112 a Abs. 1 Satz 2 BetrVG gebietet den Betriebsparteien, vom Arbeitgeber gekündigte Arbeitnehmer und Arbeitnehmer, die aufgrund einer Eigenkündigung ausscheiden, gleich zu behandeln, wenn die Eigenkündigung vom Arbeitgeber veranlasst ist. Eine Veranlassung in diesem Sinne liegt vor, wenn der Arbeitgeber bei dem Arbeitnehmer im Hinblick auf eine konkret geplante Betriebsänderung die berechtigte Annahme hervorgerufen hat, mit der eigenen Initiative zur Beendigung des Arbeitsverhältnisses komme er einer sonst notwendig werdenden betriebsbedingten Kündigung seitens des Arbeitgebers nur zuvor.

***BAG** 22.7.2003 – 1 AZR 575/02*

Eine Eigenkündigung oder ein Aufhebungsvertrag sind vom Arbeitgeber veranlasst, wenn dieser dem Arbeitnehmer zuvor mitgeteilt hat, es bestehe für ihn nach Durchführung der Betriebsänderung keine Beschäftigungsmöglichkeit mehr. Der vom Arbeitgeber gesetzte Anlass entfällt weder durch eine längere Zeitspanne zwischen Ankündigung und Durchführung der Betriebsänderung, noch durch die bloße Möglichkeit, dass bis dahin zumutbare Stellen frei werden, auf die der Arbeitnehmer sich bewerben kann.

Willigt der Arbeitgeber nur deshalb in einen Aufhebungsvertrag mit dem Arbeitnehmer ein, weil er dessen Beendigungswunsch nicht im Wege stehen will, so kann er zur Vermeidung andernfalls entstehender Abfindungsansprüche den Vertragsschluss davon abhängig machen, dass der Arbeitnehmer den Betriebsrat nach § 77 Abs. 4 Satz 2 BetrVG zur Zustimmung zu einem Anspruchsverzicht bewegt.

***BAG** 25.3.2003 – 1 AZR 169/02*

Arbeitnehmer, die in Unkenntnis einer unmittelbar bevorstehenden Betriebsänderung ihr Arbeitsverhältnis durch **Eigenkündigung** beenden, haben regelmäßig keinen Anspruch auf die in einer zeitlich nachfolgenden Betriebsvereinbarung festgelegte Sozialplanabfindung.

Für den Arbeitgeber besteht aus Gründen der Fürsorgepflicht **keine Hinweispflicht** auf bevorstehende Verhandlungen mit dem Betriebsrat über Interessenausgleich und Sozialplan.

***LAG** Köln 17.6.1993 – 5 Sa 295/93*

Die Betriebsparteien können in einem Sozialplan vereinbaren, dass ein Arbeitnehmer, der im Zusammenhang mit einer Betriebsstilllegung **vorzeitig durch Eigenkündigung** ausscheidet, eine **niedrigere Abfindung** erhält.

***BAG** 11.8.1993 – 10 AZR 558/92*

Eine Sozialplanregelung, wonach bestimmte, in einer Anlage zum Sozialplan namentlich aufgeführte Arbeitnehmer bei einer **vorzeitigen Eigenkündigung** Abschläge auf ihre Sozialplanabfindung hinnehmen müssen (hier 25 %), ist rechtlich unbedenklich.

In einem solchen Fall besteht bezüglich der Kenntniserlangung der Arbeitnehmer von der Sozialplananlage keine gesteigerte Aufklärungspflicht des Arbeitgebers. Bei Kenntnis der Arbeitnehmer vom Sozialplan ist es grundsätzlich ihre Aufgabe, sich über die Anlage zu informieren.

***LAG** Köln 2.11.1999 – 13 Sa 477/99 = NZA-RR 2000, 193*

Gilt ein Sozialplan für solche Arbeitnehmer nicht, die den Betrieb vor einem bestimmten Stichtag „freiwillig verlassen, bzw. selbst gekündigt haben", ist diese Klausel wegen § 75 Abs. 1 Satz 1 BetrVG gesetzeskonform dahin auszulegen, dass eine Eigenkündigung zum Ablauf des Stichtags nicht zum Anspruchsverlust führt.

***BAG** 29.10.2002 – 1 AZR 80/02*

Ein Sozialplan kann Arbeitnehmer von Abfindungsleistungen zulässigerweise ausnehmen, denen – zeitlich befristete – **Anschlussarbeitsverhältnisse** garantiert werden.

Es kann dahinstehen, ob diese vereinbarte Beschäftigungsgarantie auch die an sich zulässige Vereinbarung enthält, zugunsten der übernommenen Arbeitnehmer sofort mit Beginn der Arbeitsaufnahme und nicht erst nach dem Ablauf von sechs Monaten das Kündigungsschutzgesetz zur Anwendung zu bringen (zur Zulässigkeit solcher Vereinbarung BAG 8.6.1972 – 2 AZR 285/71).

***BAG** 27.7.1994 – 10 AZR 710/93*

3.5. Sozialplan und Aufhebungsvertrag[77]

Schließen die Arbeitsvertragsparteien im Hinblick auf eine geplante Betriebsänderung einen Aufhebungsvertrag unter Zahlung einer Abfindung und vereinbaren sie, dass der Arbeitnehmer Leistungen aus einem noch abzuschießenden Sozialplan bekommen solle, falls dieser günstiger sei, so hat eine solche Nachbesserungsklausel regelmäßig den Sinn, dem Arbeitnehmer einen Anspruch auf Sozialplanleistungen gerade für den Fall einzuräumen, dass der Arbeitnehmer vom zeitlichen Geltungsbereich des Sozialplans wegen seines frühzeitigen Ausscheidens nicht mehr erfasst wird.
Wird der Arbeitnehmer vom zeitlichen Geltungsbereich des Sozialplans noch erfasst, läuft die Nachbesserungsklausel leer. Der Arbeitnehmer hat nach § 77 Abs. 4 BetrVG einen unmittelbaren und unabdingbaren Anspruch auf die – ggf. höheren – Leistungen aus dem Sozialplan.

***BAG** 6.8.1997 – 10 AZR 66/97*

Vereinbart der Arbeitgeber in einem **Aufhebungsvertrag mit einem ausländischen Arbeitnehmer**, dass dieser für den Fall der endgültigen Rückkehr in seine Heimat nach Beendigung des Arbeitsverhältnisses eine **Abfindung** erhalten soll, so liegt darin keine Umgehung der §§ 9, 10 KSchG.
Eine solche „**Heimkehrklausel**" kann jedoch wegen funktionswidriger Umgehung der §§ 111, 112 BetrVG unwirksam sein, wenn der Aufhebungsvertrag in Ausführung einer Betriebsvereinbarung geschlossen wird, die Personalabbau durch Abschluss von Aufhebungsverträgen zum Ziel hat und der deshalb eine Art Sozialplanersatzcharakter zukommt.

***BAG** 7.5.1987 – 2 AZR 271/86*

Ein Aufhebungsvertrag ist vom Arbeitgeber veranlasst, wenn dieser bei dem Arbeitnehmer im Hinblick auf eine konkret geplante Betriebsänderung die berechtigte Annahme hervorgerufen hat, mit der eigenen Initiative zur Beendigung des Arbeitsverhältnisses komme er einer sonst notwendig werdenden betriebsbedingten Kündigung des Arbeitgebers nur zuvor.

***BAG** 13.2.2007 – 1 AZR 184/06 = NZA 2007, 825*

In einem Interessenausgleich/Sozialplan kann vereinbart werden, dass der Betriebsrat im Rahmen von Gesprächen über einen **Aufhebungsvertrag** in jedem Einzelfall vor Abschluss des Aufhebungsvertrages hinzugezogen und beteiligt wird.

***ArbG** Darmstadt 7.12.1993 – 3 BV 4/93 = AuR 1994, 202*

Arbeitgeber und Betriebsrat können in einem Sozialplan vereinbaren, dass Arbeitnehmer, die nach Bekannt werden eines vom Arbeitgeber zunächst geplanten Personalabbaus einen **Aufhebungsvertrag** vereinbart haben, eine **geringere Abfindung** erhalten als diejenigen, welche einen solchen Aufhebungsvertrag erst nach der später erfolgten Mitteilung des Arbeitgebers geschlossen haben, er beabsichtige, den Betrieb stillzulegen.

***BAG** 24.11.1993 – 10 AZR 311/93*

Ein Sozialplan darf Arbeitnehmer, die im Hinblick auf eine angekündigte sie betreffende Teilstilllegung einen **Aufhebungsvertrag** abschließen, nicht von seinen Leistungen ausschließen, auch wenn sie im unmittelbaren Anschluss an das bisherige Arbeitsverhältnis eine neue Arbeitsstelle finden. Das gilt jedenfalls dann, wenn auch gekündigte Arbeitnehmer, die sofort wieder einen neuen Arbeitsplatz finden, den Anspruch auf die Sozialplanabfindung behalten.

***LAG** Chemnitz 27.1.1993 – 2 Sa 102/92 = DB 1993, 1426*

Scheidet ein Arbeitnehmer im Zusammenhang mit einer Betriebsänderung aufgrund eines **Aufhebungsvertrages**, der die Beendigung des Arbeitsverhältnisses „auf Veranlassung des Arbeitgebers" vorsieht, aus dem Betrieb aus, so ist dies im Hinblick auf die Ansprüche aus dem Sozialplan wie eine Arbeitgeberkündigung zu behandeln.

Das individuelle Aushandeln eines Aufhebungsvertrages schließt das Mitbestimmungsrecht des Betriebsrats und seine Zuständigkeit im Rahmen der Verhandlungen über einen Sozialplan nicht aus.

Ein in einem Aufhebungsvertrag enthaltener Verzicht auf die Sozialplanabfindung ist gemäß § 77 Abs. 4 Satz 2 i. V. m. § 112 Abs. 1 Satz 3 unwirksam.

***BAG** 28.4.1993 – 10 AZR 222/92*

Ist der Arbeitgeber aufgrund eines Sozialplanes verpflichtet, an eine Gruppe von Arbeitnehmern, die durch Aufhebungsverträge ausscheiden, eine Sozialplanabfindung zu zahlen und vereinbaren die Betriebspartner **anschließend einen weiteren Sozialplan** mit dem gleichen persönlichen Geltungsbereich und dem Ziel eines weiteren Personalabbaus **mit einer höheren Sozialplanabfindung**, so findet der arbeitsrechtliche **Gleichbehandlungsgrundsatz** Anwendung.
Die Differenzierung bei der Höhe der Abfindung **kann aufgrund der Situation der Arbeitnehmer zum Zeitpunkt des Angebots des Aufhebungsvertrages sachlich begründet sein**.

***BAG** 11.2.1998 – 10 AZR 22/97= BB 1998, 1211*

3.6. Sozialplan und Ablehnung eines angebotenen Arbeitsplatzes

§ 112 Abs. 5 Satz 2 Nr. 2 Satz 2 BetrVG verbietet in der Regel die Zuerkennung von **Abfindungsansprüchen** an Arbeitnehmer, die einen **angebotenen zumutbaren Arbeitsplatz ablehnen**, bestimmt aber nicht, dass Arbeitnehmern eine Abfindung zuerkannt werden muss, wenn sie einen angebotenen anderen, ihnen unzumutbaren Arbeitsplatz ablehnen.
Es ist vom **Regelungsermessen der Einigungsstelle** gedeckt, wenn sie abschließend regelt, unter welchen persönlichen Voraussetzungen Arbeitnehmer einen nach Art der Tätigkeit entsprechenden und in der Vergütung möglichst gleichwertigen Arbeitsplatz ablehnen können, ohne den Anspruch auf eine Abfindung zu verlieren. Die Einigungsstelle ist nicht gehalten, die Voraussetzungen für die Ablehnung eines Arbeitsplatzangebots als unzumutbar generalklauselartig zu umschreiben.

***BAG** 28.9.1988 – 1 ABR 23/87*

Ein Sozialplan kann vorsehen, dass Arbeitnehmer keine Abfindung erhalten, wenn sie durch „Vermittlung" des Arbeitgebers einen neuen Arbeitsplatz erhalten. Dabei kann der Sozialplan unter „Vermittlung" jeden Beitrag des Arbeitgebers verstehen, der das neue Arbeitsverhältnis erst möglich machte.

***BAG** 19.6.1996 – 10 AZR 23/96*

Ist in einem Sozialplan geregelt, dass der **Arbeitnehmer ohne Verlust des Anspruchs auf eine Sozialplanabfindung einen zumutbaren Arbeitsplatz ablehnen kann, wenn er die auf eigene Krankheit gestützte Unzumutbarkeit durch ein amtsärztliches Zeugnis nachweist,** so stellt diese Regelung **keine unzulässige Schiedsabrede** dar, sondern eine zulässige Schiedsgutachtenabrede oder zumindest die zulässige Einräumung eines Leistungsbestimmungsrechts durch einen Dritten gemäß § 317 BGB.

In jedem Fall kommt einem vorgelegten ärztlichen Zeugnis ein hoher Beweiswert zu, mit der Folge, dass der Arbeitgeber Umstände vortragen und ggf. beweisen muss, die zu ernsthaften Zweifeln an

[77] vgl. auch Ziff. 3.4. „Sozialplan und Eigenkündigung des Arbeitnehmers bzw. Anschlussarbeitsplatz", S. 398

der Berechtigung der ärztlichen Feststellung der Unzumutbarkeit des angebotenen Arbeitsplatzes Anlass geben; ein bloßes Bestreiten des Arbeitgebers reicht nicht aus.

***LAG** Bremen 12.1.1999 – 1 Sa 129/98 = AiB 2000, 108*

Sozialpläne und sonstige Betriebsvereinbarungen sind wegen ihres Normcharakters wie Gesetze auszulegen. Auszugehen ist vom Wortlaut und dem durch ihn vermittelten Wortsinn.
Ist in einem Sozialplan eine Abfindung „zum Ausgleich bzw. zur Milderung der infolge des Verlustes des Arbeitsplatzes eintretenden wirtschaftlichen Nachteile" vorgesehen, entsteht der Abfindungsanspruch regelmäßig nur, wenn der Arbeitnehmer aufgrund der fraglichen Betriebsänderung jedweden Arbeitsplatz beim Arbeitgeber verliert. Das ist nicht der Fall, wenn eine Änderungskündigung zum Zwecke der Versetzung ausgesprochen wird und der Arbeitnehmer das Änderungsangebot annimmt.
Erhebt der Arbeitnehmer, nachdem er das Änderungsangebot unter Vorbehalt angenommen hat, Kündigungsschutzklage und beenden die Parteien ihr Arbeitsverhältnis sodann durch (gerichtlichen) Vergleich, wird nicht nachträglich ein Abfindungsanspruch aus dem Sozialplan begründet.
In dem (gerichtlichen) Vergleich liegt in diesem Fall auch kein Aufhebungsvertrag „auf Veranlassung" des Arbeitgebers.

***BAG** 13.12.2005 – 1 AZR 551/04*

3.7. Sozialplan und Betriebsübergang[78]

Nimmt ein Sozialplan von seinem Geltungsbereich solche Mitarbeiter aus, die einen angebotenen zumutbaren Arbeitsplatz ablehnen, so gilt dies auch für den Fall, dass Arbeitnehmer dem Übergang ihres Arbeitsverhältnisses im Wege eines Betriebsübergangs nach § 613a BGB widersprechen.
Die Weiterarbeit beim Betriebserwerber nach einem Betriebsübergang i.S.v. § 613a BGB ist dem Arbeitnehmer in der Regel zumutbar.

***BAG** 5.2.1997 – 10 AZR 553/96 = DB 1997, 1623*

Sieht ein Sozialplan Abfindungen bei betriebsbedingten Kündigungen vor, so haben mangels entgegenstehender Anhaltspunkte auch solche Arbeitnehmer einen Anspruch, die deshalb entlassen werden, weil sie dem Übergang ihres Arbeitsverhältnisses auf den Erwerber eines Betriebsteils widersprochen haben.
Das gilt auch dann, wenn der Sozialplan für diejenigen Arbeitnehmer, die dem Übergang ihrer Arbeitsverhältnisse nicht widersprechen, besondere Leistungen vorsieht.

***BAG** 15.12.1998 – 1 AZR 332/98 = NZA 1999, 667*

Es ist grundsätzlich nicht unzulässig, in einem betrieblichen Sozialplan Abfindungsansprüche für den Fall auszuschließen, dass das Arbeitsverhältnis nach § 613a Abs. 1 Satz 1 BGB auf einen Betriebs- oder Betriebsteilerwerber übergeht oder der Mitarbeiter den Übergang des Arbeitsverhältnisses auf einen Betriebs- oder Betriebsteilerwerber – ohne anerkennenswerten Grund – durch Widerspruch verhindert.

Nach dem Sinn und Zweck eines Sozialplans können Abfindungsansprüche ausgeschlossen werden, wenn ein Verlust des Arbeitsplatzes vermieden werden kann.

***BAG** 12.7.2007 – 2 AZR 448/05*

Betriebsparteien können vereinbaren, dass ein **Widerspruch gegen den Übergang des Arbeitsverhältnisses** auf einen Betriebserwerber bei anschließender betriebsbedingter Kündigung durch den Betriebsveräußerer einen Abfindungsanspruch aus einem beim Veräußerer bestehenden Rahmensozialplan ausschließt. Einer solchen Regelung liegt typischerweise die Annahme zugrunde, dass den von dem Betriebsübergang betroffenen Arbeitnehmern der Arbeitsplatz erhalten bleibt und ihnen deshalb keine ausgleichspflichtigen Nachteile entstehen. Art. 4 Unterabs. 2 der Richtlinie 2001/23/EG sieht nicht vor, dass die Betriebsparteien im Falle betriebsbedingter Kündigungen Abfindungszahlungen regeln müssen.

***BAG** 24.5.2012 – 2 AZR 62/11*

Sieht ein Tarifvertrag (*gilt sicherlich entsprechend für einen Sozialplan*) den Ausschluss eines Arbeitnehmers von einer Abfindungszahlung bei **Widerspruch gegen den Übergang des Arbeitsverhältnisses** vor, ist dieser Ausschluss nicht berechtigt, wenn der Betriebserwerber schon vor dem Betriebsübergang die baldige Entlassung des Arbeitnehmers angekündigt und dies auf solche betriebliche Gründe gestützt hat, die dem Arbeitnehmer ein Beharren auf den übergegangenen Arbeitsverhältnis aussichtslos erscheinen lassen müssen. In diesem Fall würde nämlich der Übergang des Arbeitsverhältnisses auf den Betriebserwerber nichts zur Erhaltung des Arbeitsplatzes beitragen, sondern lediglich dazu führen, dass anstelle des bisherigen Arbeitgebers der Betriebserwerber das Arbeitsverhältnis auflöst.

***BAG** 24.11.1993 – 4 AZR 407/92*

Ein **tariflicher** Abfindungsanspruch (*gilt sicherlich auch für einen Sozialplan*) einer Arbeitnehmerin besteht nicht, wenn sie dem **Übergang ihres Arbeitsverhältnisses** auf den Betriebserwerber deswegen **widersprochen** hatte, weil sie für einen kurz nach dem vorgesehenen Betriebsübergang liegenden Zeitpunkt bereits ein neues Arbeitsverhältnis in Aussicht genommen hatte.

***BAG** 10.11.1993 – 4 AZR 184/93*

Ist ein Betriebsübergang (§ 613a BGB) mit Maßnahmen verbunden, die als solche einen der Tatbestände des § 111 Satz 2 Nr. 1 – 5 BetrVG (Betriebsänderung) erfüllen, so stehen dem Betriebsrat die Beteiligungsrechte nach §§ 111, 112 BetrVG zu.

In einem solchen Fall ist ein von der Einigungsstelle durch Mehrheitsbeschluss aufgestellter Sozialplan nicht schon deshalb wegen Kompetenzüberschreitung unwirksam, weil in der Begründung des Spruchs ausschließlich Nachteile der Arbeitnehmer aufgeführt sind, die auf dem Betriebsübergang beruhen. Ein Rechtsverstoß liegt vielmehr nur vor, wenn bei Aufstellung des Sozialplans keine Nachteile zu erwarten waren, welche die vorgesehene Ausgleichs- oder Milderungsmaßnahme (z. B. Abfindungen) rechtfertigen konnten.

***BAG** 25.1.2000 – 1 ABR 1/99*

3.8. Beschäftigungs- und Qualifizierungsgesellschaft

Die Zugehörigkeit zu einer Beschäftigungs- und Qualifizierungsgesellschaft begründet kein sozialversicherungspflichtiges Beschäftigungsverhältnis, wenn die einzige vertragliche Verpflichtung des „Beschäftigten" darin besteht, sich um ein neues Arbeitsverhältnis zu bemühen. Die sozialversicherungspflichtige Beschäftigung setzt nämlich in wesentlicher Weise eine Arbeitsleistung (also eine wirtschaftlich erhebliche Tätigkeit, die dem Interesse des Arbeitgebers dient) voraus.

***SG** Mannheim 14.1.2003 – S 9 U 1979/02 = BB 2003, 373*

3.9. Abänderung von Sozialplänen – Kündigung?

Hat der Arbeitgeber mit der Durchführung einer geplanten **Betriebsstilllegung** durch Kündigung aller Arbeitsverhältnisse begonnen, so **entfällt die Geschäftsgrundlage** des für die Betriebsstilllegung vereinbarten Sozialplans, wenn alsbald nach Ausspruch der Kündigungen der **Betrieb von einem Dritten übernommen** wird, der sich bereit erklärt, alle Arbeitsverhältnisse zu den bisherigen Bedingungen fortzuführen.

In einem solchen Fall ist der Sozialplan, der allein für den Verlust der Arbeitsplätze Abfindungen vorsah, den veränderten Umständen **anzupassen**.

***BAG** 28.8.1996 – 10 AZR 886/95*

Die Betriebspartner können einen **Sozialplan** jederzeit **einvernehmlich** mit Wirkung für die Zukunft **abändern**.

Ein für eine bestimmte Betriebsänderung vereinbarter **Sozialplan** kann, soweit nichts Gegenteiliges vereinbart ist, **nicht ordentlich gekündigt werden**. Anderes kann für **Dauerregelungen** in einem Sozialplan gelten, wobei **Dauerregelungen** nur solche Bestimmungen sind, nach denen ein bestimmter wirtschaftlicher Nachteil durch auf bestimmte oder unbestimmte Zeit laufende Leistungen ausgeglichen oder gemildert werden soll.

---

78 Vgl. **Neef/Schrader:** „Betriebsübergang und Sozialplanregelung", in: NZA 1998, 804 ff.;
Siehe auch Ziff. 1.5: „Betriebsübergang durch § 613 a BGB und das Bestehen von Beteiligungsrechten nach §§ 111, 112 BetrVG", S. 383

Ob ein **Sozialplan** insgesamt oder hinsichtlich seiner Dauerregelungen **außerordentlich gekündigt** werden kann, bleibt unentschieden.

Im Falle einer zulässigen **ordentlichen und auch außerordentlichen Kündigung** eines Sozialplans **wirken** seine Regelungen **nach**, bis sie durch eine neue Regelung ersetzt werden. Die ersetzende Regelung kann Ansprüche der Arbeitnehmer, die vor dem Wirksamwerden der Kündigung **entstanden sind**, nicht zuungunsten der Arbeitnehmer abändern. Das gilt auch dann, wenn die Arbeitnehmer aufgrund bestimmter Umstände nicht mehr auf den unveränderten Fortbestand des Sozialplans vertrauen konnten.

Ist die **Geschäftsgrundlage eines Sozialplans weggefallen** und ist einem Betriebspartner das Festhalten am Sozialplan mit dem bisherigen Inhalt nach Treu und Glauben nicht mehr zuzumuten, so können die Betriebspartner die Regelungen des Sozialplans den veränderten tatsächlichen Umständen anpassen. Verweigert der andere Betriebspartner die Anpassung, entscheidet die Einigungsstelle verbindlich.

Die anpassende Regelung kann aufgrund des anzupassenden Sozialplans schon entstandene Ansprüche der Arbeitnehmer auch zu deren Ungunsten abändern. Insoweit genießen die Arbeitnehmer keinen Vertrauensschutz.

***BAG** 10.8.1994 – 10 ABR 61/93*

Die Betriebspartner können einen geltenden Sozialplan auch zum Nachteil der betroffenen Arbeitnehmer für die Zukunft ändern; dabei haben sie die Grenzen des Vertrauensschutzes und der Verhältnismäßigkeit zu beachten.

Das Restmandat des Betriebsrats (vgl. BAG 12.1.2000 – 7 ABR 61/98) erfasst alle im Zusammenhang mit einer Betriebsstilllegung stehenden beteiligungspflichtigen Gegenstände. Dazu gehört auch die Änderung eines bereits geltenden Sozialplans, solange dieser nicht vollständig abgewickelt ist.

***BAG** 5.10.2000 – 1 AZR 48/00*

3.10. Tarifvertragliche Ausschlussfristen / Verjährung

Tarifvertragliche Ausschlussfristen finden auf Sozialplanansprüche nicht tarifgebundener Arbeitnehmer Anwendung, wenn sich die Bezugnahme nicht lediglich auf einzelne tarifliche Regelungskomplexe bezieht.

Die schriftliche Geltendmachung zur Wahrung einer Ausschlussfrist erfordert, dass der in Anspruch genommene Schuldner erkennen kann, welchen konkreten Anspruch er erfüllen soll. Dessen Bezifferung ist nicht notwendig, wenn ihm die Höhe bannt ist oder er sie ohne weiteres errechnen kann.

***BAG** 26.9.2017 – 1 AZR 717/15*

Sozialplanabfindungsansprüche gehören ebenso wie die Kündigungsabfindung nach den §§ 9, 10 KSchG zu den Ansprüchen aus dem Arbeitsverhältnis, die von **tarifvertraglichen Ausschlussfristen** erfasst werden.

Derartige Verfallfristen werden bei ausgeschiedenen Mitarbeitern regelmäßig erst zu laufen beginnen, wenn die betreffenden Arbeitnehmer von dem Sozialplan Kenntnis erlangen und ihre Rechte geltend machen können.

***LAG** Berlin 24.3.1993 – 13 Sa 144/92 = BB 1994, 286 = NZA 1994, 425*

Tarifliche Ausschlussfristen erfassen bei entsprechend weiter Fassung der tariflichen Bestimmung auch Ansprüche aus Betriebsvereinbarungen und damit aus Sozialplänen (bejaht für § 16 Abs. 2 MTV Metallindustrie Hamburg und Umgebung).

Zwar weist die Klägerin zutreffend darauf hin, dass gemäß § 77 BetrVG Betriebsvereinbarungen unmittelbar und zwingend gelten und eine Verwirkung von Rechten aus Betriebsvereinbarungen ausgeschlossen ist. In § 77 Abs. 4 BetrVG ist in Satz 4 ausdrücklich bestimmt, dass Ausschlussfristen für Rechte aus Betriebsvereinbarungen auch insoweit zulässig sind, als sie in einem Tarifvertrag vereinbart werden. Ist dies der Fall, gilt die Ausschlussfrist auch für nicht organisierte Arbeitnehmer, wenn die Geltung des Tarifvertrages einzelvertraglich vereinbart ist. Denn das Gesetz stellt allein darauf ab, dass die Ausschlussfrist in einem Tarifvertrag vereinbart worden ist. Diese Voraussetzung ist auch dann erfüllt, wenn der entsprechende Tarifvertrag auf das in Rede stehende Arbeitsverhältnis nur aufgrund arbeitsvertraglicher Vereinbarung gilt.

***LAG** Hamburg 4.6.1999 – 3 Sa 91/98 = BB 1999, 2677*

Ein Sozialplananspruch ist im Sinne tariflicher Verfallfristen regelmäßig ein „Anspruch aus dem Arbeitsverhältnis". Dies gilt nicht in gleicher Weise, wenn sich die Ausschlussfrist auf „vertragliche Ansprüche aus dem Arbeitsverhältnis" bezieht.

Für Betriebe verschiedener Rechtsträger kann kein gemeinsamer Gesamtbetriebsrat errichtet werden. Dies gilt grundsätzlich auch für Gemeinschaftsbetriebe.

***BAG** 13.2.2007 – 1 AZR 184/06 = NZA 2007, 825*

3.11. Verzicht auf Sozialplanansprüche[79]

Bei einem individualvertraglichen Verzicht auf Ansprüche aus einem Sozialplan findet das Günstigkeitsprinzip Anwendung. Der Verzicht ist zulässig, wenn zweifelsfrei feststellbar ist, dass die Abweichung vom Sozialplan objektiv die für den Arbeitnehmer günstigere Regelung ist.

***BAG** 27.1.2004 – 1 AZR 148/03*

Ein Verzicht auf an sich unverzichtbare Ansprüche ist dann nicht unzulässig, wenn über die tatsächlichen Voraussetzungen eines Anspruchs gestritten wird und die Ungewissheit hierüber durch gegenseitiges Nachgeben in einem Vergleich beseitigt wird, es sich also um einen so genannten Tatsachenvergleich handelt.

Unter den gleichen Voraussetzungen bedarf auch ein Verzicht auf Ansprüche aus einer Betriebsvereinbarung dann nicht der Zustimmung des Betriebsrats.

***BAG** 21.12.1972 – 5 AZR 319/72 = DB 1973, 84;*
***BAG** 31.7.1996 – 10 AZR 138/96 = BB 1996, 2524 = DB 1997, 882 = NZA 1997, 167*

Macht ein Sozialplan den Anspruch auf eine – weitere – Abfindung davon abhängig, dass der Arbeitnehmer im Anschluss an die Beendigung des Arbeitsverhältnisses 12 Monate arbeitslos ist, so bedarf ein alsbald nach Beendigung des Arbeitsverhältnisses in einem Vergleich erklärter Verzicht des Arbeitnehmers auf einen Teil dieser weiteren Abfindung nicht der Zustimmung des Betriebsrats, da es sich bei dem Vergleich um einen so genannten **Tatsachenvergleich** handelt.

Im Zeitpunkt des Vergleichs war ungewiss, ob der Kläger die Voraussetzungen für den weiteren Abfindungsanspruch je erfüllen würde.

***BAG** 31.7.1996 – 10 AZR 138/96 = BB 1996, 2524 = DB 1997, 882 = NZA 1997, 167*

Die Zustimmung des Betriebsrats zu einem Verzicht des Arbeitnehmers auf einen Anspruch aus einer Betriebsvereinbarung (§ 77 Abs. 4 Satz 2 BetrVG) setzt einen wirksamen Betriebsratsbeschluss gemäß § 33 BetrVG voraus. Dazu bedarf es einer ordnungsgemäßen Unterrichtung über die für seine Entscheidung bedeutsamen Umstände. Zu diesen gehört insbesondere der Umfang des individuellen Verzichts auf den normativen Anspruch.

Hinweis für die Praxis:

Die Klägerin macht Ansprüche aus einem Sozialplan geltend. Sie hatte einen Aufhebungsvertrag mit einer Abfindung von 250.000 € unterschrieben; der Sozialplan, auf den sie sich beruft, hätte eine Leistung von rund 145.000 € mehr vorgesehen.

Achten Sie in vergleichbaren Fällen auf:

a) Liegt ein wirksam abgeschlossener Sozialplan vor?

b) Fällt das Ausscheiden des Arbeitnehmers unter die Leistungsvoraussetzungen des Sozialplans?

c) Hat der Betriebsrat wirksam den Verzicht auf Leistungen aus dem Sozialplan zugestimmt (§ 77 Abs. 4 S. 2 BetrVG; §§ 182 ff. BGB; §33 BetrVG)?

d) Ist der Arbeitnehmer aufgrund des Aufhebungsvertrages ausgeschieden? Dies ist nicht der Fall, wenn der Vertragsschluss unter der konkludent vereinbarten Bedingung erfolgt ist, dass der Betriebsrat einem Verzicht des Arbeitnehmers auf einen Teil des Sozialplans genehmigt.

***BAG** 15.10.2013 – 1 AZR 405/12*

[79] vgl. § 77, 3.1., S. 179

3.12. Sozialplan in der Insolvenz

Nach § 123 Abs. 3 Satz 2 InsO ist eine Zwangsvollstreckung in die Masse wegen einer Sozialplanforderung schlechthin unzulässig. Einer Leistungsklage gegen den Insolvenzverwalter wegen Forderungen aus einem von ihm abgeschlossenen Sozialplan fehlt deshalb das erforderliche Rechtsschutzbedürfnis, weil ein entsprechender Leistungstitel dauerhaft keine Vollstreckungsgrundlage wäre.

Dies gilt auch, wenn der Sozialplan vom Insolvenzverwalter nach Anzeige der Masseunzulänglichkeit vereinbart worden ist. Aus § 209 Abs. 1 Nr. 2 InsO folgt nichts anderes. Diese Vorschrift hat aufgrund der in § 123 Abs. 2 Satz 2 und 3 InsO geregelten Berechnungsweise für Sozialplanansprüche keine Bedeutung. Für die Berichtigung von Sozialplanansprüchen darf danach nicht mehr als ein Drittel der Masse verwendet werden, die ohne den Sozialplan für die Verteilung an die Insolvenzgläubiger zur Verfügung stünde, es sei denn, es ist ein Insolvenzplan zustande gekommen. Daraus folgt, dass im Fall der Masseunzulänglichkeit keine Sozialplanansprüche bestehen, weil die Masse schon nicht ausreicht, um alle Masseverbindlichkeiten und Massekosten vorweg zu berichtigen.

***BAG** 21.1.2010 – 6 AZR 785/08*

Mehrere einen Gemeinschaftsbetrieb führende Unternehmen können in Sozialplänen freiwillig die gesamtschuldnerische Haftung für Abfindungsansprüche der in dem Gemeinschaftsbetrieb beschäftigten Arbeitnehmer vereinbaren. Sie sind hierzu jedoch nicht verpflichtet.

Dem Konkursverwalter über die Vermögen mehrerer einen Gemeinschaftsbetrieb führenden Unternehmen ist aus Rücksicht auf die Konkursgläubiger verwehrt, in einem Sozialplan Verpflichtungen zur Zahlung von Abfindungen an Arbeitnehmer einzugehen, die nicht in einem Arbeitsverhältnis zu dem jeweiligen Gemeinschuldner standen. Er darf jedenfalls insoweit keine gesamtschuldnerischen Verbindlichkeiten der mehreren Konkursmassen für die Sozialplanansprüche aller in dem Gemeinschaftsbetrieb beschäftigten Arbeitnehmer begründen.

Ein vom Konkursverwalter geschlossener Sozialplan ist nach Möglichkeit dahin auszulegen, dass die im Gemeinschaftsbetrieb beschäftigten Arbeitnehmer Abfindungsansprüche nur gegenüber ihrem jeweiligen Vertragsarbeitgeber, nicht gegenüber allen am Gemeinschaftsbetrieb beteiligten Arbeitgebern erwerben sollen.

***BAG** 12.11.2002 – 1 AZR 632/01*

4. Erzwingbarer Sozialplan bei Personalabbau und Neugründung (§ 112 a BetrVG)

4.1. Personalabbau

Übersicht „Personalabbau (§§ 111 Satz 3 Nr. 1, 112 BetrVG i.V.m. § 17 Abs. 1 KSchG) mit oder ohne Sozialplanpflicht (§ 112 a Abs. 1 Nr. 1 – 4 BetrVG) bei Unternehmen mit i. d. R. mehr als 20 wahlberechtigten Arbeitnehmern

Arbeitnehmerzahl im Betrieb insgesamt	Wie viel Arbeitnehmer des Betriebes muss der Arbeitgeber entlassen, um Pflicht zur Verhandlung über Versuch eines Interessenausgleichs (§ 112 Satz 3 Nr. 1 BetrVG i. V. m. § 17 Abs. 1 KSchG) auszulösen?	Wie viel Arbeitnehmer des Betriebes muss der Arbeitgeber entlassen mit der Folge eines erzwingbaren Sozialplans **(§ 112 a BetrVG)? (Betriebsänderung: ausschl. Personalreduzierung)**
5 - 20 AN	6 AN	6 AN
21 - 30 AN	6 AN	6 AN
31 - 35 AN	6 AN	7 AN = 20 %
36 - 40 AN	6 AN	8 AN = 20 %
41 - 45 AN	6 AN	9 AN = 20 %
46 - 50 AN	6 AN	10 AN = 20 %
51 - 55 AN	6 AN	11 AN = 20 %
56 - 59 AN	6 AN	12 AN = 20 %
60 - 249 AN	10 % der regelmäßig Beschäftigten	20 % der regelmäßig beschäftigten AN **oder** mindestens 37 AN
250 AN	25 AN	38 AN
251 - 400 AN	26 AN	15 % der regelmäßig beschäftigten AN **oder** mindestens 60 AN
401 - 499 AN	26 AN	mindestens 60 AN
500 - 599 AN	30 AN	60 AN
ab 600 AN	5 % der regelmäßig Beschäftigten	10 % der regelmäßig Beschäftigten
		Hinweis: § 112 Abs. 1 – 3 gelten auch dann bei einer Personalreduzierung, wenn Voraussetzungen des § 112 a BetrVG nicht erfüllt sind, aber ein erheblicher Teil der Belegschaft (§ 17 KSchG) entlassen wird.

§ 112 a BetrVG regelt für den Fall, dass eine geplante Betriebsänderung (Betriebseinschränkung) **allein** in der Entlassung von Arbeitnehmern besteht, nur die Frage, unter welchen Voraussetzungen vom Betriebsrat ein **Sozialplan erzwingbar** ist.

§ 112 Abs. 1 bis 3 BetrVG (Verpflichtung zum **Versuch** eines Interessenausgleichs und Sozialplans) gelten bei einer Betriebsänderung (Betriebseinschränkung), die allein in der Entlassung von Arbeitnehmern besteht, wenn zwar nicht die erforderliche Arbeitnehmerzahl des § 112 a Abs. 1 BetrVG erreicht ist, aber ein erheblicher Teil der Belegschaft (zu berechnen nach den Zahlenangaben des § 17 KSchG) betroffen ist.

An der Sozialplanpflichtigkeit der in § 111 Satz 2 Nr. 1 – 5 BetrVG genannten Betriebsänderungen, die sich nicht in der Entlassung von Arbeitnehmern erschöpfen, wird durch § 112 a BetrVG nichts geändert.

***BAG** 5.12.1988 – 1 ABR 47/87*

Der Arbeitgeber ist auch dann verpflichtet, einen **Interessenausgleich** über eine geplante Betriebsänderung **zu versuchen**, wenn der Betriebsrat anlässlich der geplanten Betriebsänderung nach § 112 a BetrVG einen **Sozialplan nicht erzwingen** kann.

***BAG** 8.11.1988 – 1 AZR 687/87*

Besteht eine geplante Betriebsänderung im Abbau von Arbeitskräften, so zählen bei Ermittlung der relevanten Zahlen- und Prozentsätze in Teilzeit beschäftigte Arbeitnehmer entsprechend ihrer Anzahl mit. Eine Umrechnung der Anzahl der **Teilzeitbeschäftigten** in eine hypothetische Anzahl von Vollzeitbeschäftigungen ist unzulässig.
Unter den Begriff der Entlassung in § 112 a Abs. 1 Satz 2 BetrVG fallen neben Beendigungskündigungen und den nach Satz 2 gleichgestellten Aufhebungsverträgen nur solche Änderungskündigungen, bei denen der gekündigte Arbeitnehmer entweder das Angebot abgelehnt oder nicht fristgerecht einen Vorbehalt erklärt hat.

***LAG** Baden-Württemberg 16.6.1987 – 8 (14) TaBV 21/86*

Besteht eine Betriebseinschränkung i.S.d. § 111 Satz 3 Nr. 1 BetrVG in einem bloßen Personalabbau ohne gleichzeitige Einschränkung sächlicher Betriebsmittel, sind bei der Ermittlung des Schwellenwertes des § 112 a Abs. 1 BetrVG nur Entlassungen und sonstige personelle Maßnahmen (Aufhebungsverträge, Eigenkündigungen u. ä.) zu berücksichtigen, die zu einem Ausscheiden der Arbeitnehmer aus dem Betrieb führen, nicht jedoch betriebsinterne Versetzungen.

***LAG** Nürnberg 6.12.2004 – 9 TaBV 9/04 = NZA-RR 2005, 375*

Eine sozialplanpflichtige Betriebsänderung liegt vor, wenn der Arbeitgeber wegen anhaltenden Auftragsmangels wiederholt Personalreduzierungen vornimmt, die – ohne die in § 17 KSchG festgelegte zeitliche Beschränkung – insgesamt das nunmehr in § 112 a BetrVG normierte Ausmaß erreichen.

Für die Bewertung des **stufenweisen Personalabbaus** als einheitliche Maßnahme ist entscheidend, ob sie auf ein und demselben Planungssachverhalt beruht.

***LAG** Düsseldorf 14.5.1986 – 6 TaBV 18/86 = DB 1987, 180*

Allgemeine Äußerungen des Arbeitgebers dahingehend, dass in Kürze ein Personalabbau erfolgen und daher empfohlen werde, nach neuen Arbeitsplätzen Ausschau zu halten, reichen nicht aus, um einen Abfindungsanspruch eines Arbeitnehmers, der daraufhin sein Arbeitsverhältnis **selbst aufkündigt**, nach der Regelung in § 112 a BetrVG auszulösen.

Allein durch den in einem Interessenausgleich ausgewiesenen Abbau von insgesamt 21 Arbeitsplätzen nach Funktionen wird eine Kausalität mit einer **Eigenkündigung** eines Arbeitnehmers i.S.d. § 112 a Abs. 1 Satz 2 BetrVG weder begründet noch indiziert.

Der nach § 112 a Abs. 1 Satz 2 BetrVG erforderliche Kausalzusammenhang zwischen der **Eigenkündigung** des Arbeitnehmers und dem vom Arbeitgeber aus Gründen der Betriebsänderung veranlassten Ausscheiden besteht erst dann, wenn die Person des zur Kündigung anstehenden Arbeitnehmers konkretisiert wird, etwa dadurch, dass ihm konkret mitgeteilt wird, er sei derjenige, der entlassen werde, oder das Anhörungsverfahren zu einer Kündigung eingeleitet oder der Versuch unternommen wird, mit ihm einen Aufhebungsvertrag abzuschließen.

Die Entgegennahme einer Eigenkündigung des Arbeitnehmers durch den Arbeitgeber ohne Aufklärung des Arbeitnehmers darüber, dass er nicht derjenige sei, der aufgrund des abgeschlossenen Interessenausgleichs zur Entlassung anstehe, kann keinen Abfindungsanspruch nach § 112 a BetrVG, sondern allenfalls ein Schadenersatzanspruch unter dem Gesichtspunkt einer nachvertraglichen Fürsorgepflicht auslösen.

***LAG** Düsseldorf 3.7.1991 – 4 Sa 469/91 = BB 1991, 1792 (Az. **BAG** 1 AZR 406791)*

4.2. Besonderheiten bei Neugründung

Auch **neu gegründete Unternehmen** (§ 112 a Abs. 2 Satz 1 BetrVG) sind zwingend gehalten, bei geplanten Betriebsänderungen einen Interessenausgleich mit dem Betriebsrat zu versuchen, andernfalls Ansprüche aus § 113 Abs. 3 BetrVG drohen.

***LAG** Berlin 8.9.1987 – 8 Sa 45 u. 48/87 = BB 1987, 2236*

Für die **Befreiung eines neu gegründeten Unternehmens** von der Sozialplanpflicht nach § 112 a Abs. 2 Satz 1 BetrVG kommt es allein auf das **Alter des neu gegründeten Unternehmens** an, nicht aber auf das **Alter eines von ihm übernommenen Betriebs**.

Die Befreiung von der Sozialplanpflicht gilt nach § 112 a Abs. 2 Satz 2 BetrVG jedoch nicht für ein neu gegründetes Unternehmen, dessen Gründung im Zusammenhang mit der rechtlichen Umstrukturierung von Unternehmen oder Konzernen erfolgt ist.

Mit der Ausnahmeregelung in § 112 a Abs. 2 Satz 2 BetrVG wollte der Gesetzgeber Unternehmen und Konzerne, die rechtlich umstrukturiert werden und bei denen Unternehmen **nur formal neu gegründet** werden, von der Privilegierung des § 112 a Abs. 2 Satz 1 BetrVG ausnehmen. Nach den Gesetzesmaterialien gehören zu den Neugründungen im Zusammenhang mit der rechtlichen Umstrukturierung von Unternehmen und Konzernen die Verschmelzung bestehender Unternehmen auf ein neu gegründetes Unternehmen, die Umwandlung eines bestehenden Unternehmens auf ein neu gegründetes Unternehmen, die Auflösung eines bestehenden Unternehmens und die Übertragung seines Vermögens auf ein neu gegründetes Unternehmen, die Aufspaltung eines Unternehmens auf mehrere neu gegründete Unternehmen und die Abspaltung von bestehenden Unternehmensteilen auf neu gegründete Tochtergesellschaften. Die Aufzählung ist nur beispielhaft und nicht abschließend gemeint.

Voraussetzung für eine rechtliche Umstrukturierung von Unternehmen in diesem Sinne ist nicht, dass schon bestehende Unternehmen dabei in ihrer rechtlichen Struktur geändert werden. Gerade die auch genannte Abspaltung von bestehenden Unternehmensteilen auf neu gegründete Tochtergesellschaften macht deutlich, dass der Gesetzgeber auch Fälle erfassen wollte, in denen bestehende Unternehmen in ihrer rechtlichen Struktur und ihrem Bestand unverändert bleiben. Die Abspaltung von bestehenden Unternehmensteilen bezieht sich daher nicht auf bestehende rechtliche Einheiten, sondern auf abgrenzbare unternehmerische Aktivitäten, deren Wahrnehmung von einer rechtlichen Einheit auf eine andere verlagert wird. Es geht nicht um die Änderung bestehender rechtlicher Strukturen, d. h. von bestehenden Unternehmen als juristischen Personen, sondern darum, dass bestehende unternehmerische Aktivitäten innerhalb von rechtlichen Strukturen wahrgenommen werden, die sich von den bisher bestehenden unterscheiden. (Sozialplanfreiheit bei Neugründung, um weitere zusätzliche unternehmerische Aktivitäten zu entwickeln, nicht um bisher betriebene Aktivitäten „wie bisher" fortzuführen).

Ein Unternehmen, das i.S.v. § 112 a Abs. 2 Satz 2 BetrVG rechtlich umstrukturiert wird, kann auch von einer natürlichen Person betrieben werden. Unternehmer im vorliegenden Fall war der Kaufmann K. Eine natürliche Person kann unternehmerische Aktivitäten auch dadurch ausüben, dass sie Allein- oder Mehrheitsgesellschafter einer Gesellschaft ist und diese als alleinvertretungsberechtigter Geschäftsführer leitet.

Gründet der Alleingesellschafter und Geschäftsführer der Komplementär-GmbH einer KG eine neue GmbH und übernimmt diese von der KG den Nahverkehrsbetrieb, so handelt es sich bei dieser GmbH um eine Neugründung im Zusammenhang mit der rechtlichen Umstrukturierung von Unternehmen i.S.v. § 112 a Abs. 2 Satz 2 BetrVG, so dass keine Befreiung von der Sozialplanpflicht eintritt.

***BAG** 22.2.1995 – 10 ABR 21/94*

Die **Unterrichtung** der von einem **Betriebsübergang** betroffenen Arbeitnehmer nach § 613a Abs. 5 BGB soll eine ausreichende Wissensgrundlage für die Ausübung oder Nichtausübung ihres Widerspruchsrechts schaffen. Es soll die Möglichkeit eröffnet werden, sich weitergehend zu erkundigen und ggf. beraten zu lassen.

Soweit bei der Unterrichtung über den Betriebserwerber auf die im Handelsregister eingetragenen Tatsachen verwiesen werden soll, müssen die Firma des Betriebserwerbers, das zuständige Handelsregister und die den Betriebserwerber betreffende Nummer des Handelsregisters fehlerfrei angegeben werden. Die Identität der Betriebserwerberin muss sich unmittelbar durch Einsichtnahme in das Handelsregister ergeben.

Ist die Betriebserwerberin eine Neugründung, die nach dem Betriebsübergang gern. § 112a Abs. 2 BetrVG nicht sozialplanpflichtig ist, so ist darüber in der Unterrichtung zu informieren. Diese Pflicht besteht unabhängig davon, ob eine Betriebsänderung geplant oder in Aussicht genommen ist, da die Rechtsstellung der Arbeitnehmer als unmittelbare Folge des Betriebsübergangs verändert wird.

***BAG** 14.11.2013 – 8 AZR 824/12*

5. Nachteilsausgleich (§ 113 BetrVG)[80]

Nach § 113 Abs. 3 BetrVG entsteht der Anspruch auf Nachteilsausgleich, wenn der Unternehmer eine geplante Betriebsänderung nach § 111 BetrVG durchführt, ohne über sie einen Interessenausgleich versucht zu haben, und infolge der Maßnahme Arbeitnehmer entlassen werden. Durchgeführt wird eine geplante Betriebsänderung dann, wenn der Arbeitgeber mit ihr beginnt und damit vollendete Tatsachen schafft. Abzustellen ist darauf, ob der Arbeitgeber während der Verhandlungen rechtsgeschäftliche Handlungen vornimmt, die das Ob und das Wie der Betriebsänderung vorwegnehmen (BAG 20.11.2001 – 1 AZR 97/01).

Kündigt der Arbeitgeber im Zuge einer geplanten Betriebsstilllegung seiner Belegschaft, so beginnt er die Betriebsänderung durchzuführen (BAG 20.11.2001 – 1 AZR 97/01).

§ 113 BetrVG schützt die Beachtung der gesetzlichen Beteiligungsrechte des Betriebsrats nicht ausnahmslos, sondern nur in den Fällen, in denen die von der unternehmerischen Maßnahme betroffenen Arbeitnehmer ihren Arbeitsplatz verlieren oder sonstige wirtschaftliche Nachteile erleiden (BAG 20.11.2001 – 1 AZR 97/01).

Es entspricht gefestigter Rechtsprechung, dass der Nachteilsausgleich auch Sanktion für das betriebsverfassungswidrige Verhalten des Arbeitgeber ist, der seiner gesetzlichen Beratungspflicht bei Betriebsänderungen nicht genügt hat (BAG 20.11.2001 – 1 AZR 97/01).

***BAG** 8.4.2003 – 2 AZR 15/02*

Bereits mit dem Beginn der Durchführung der Betriebsänderung sind die Beteiligungsrechte des Betriebsrats unheilbar verletzt und Ansprüche aus § 113 BetrVG begründet. Dieser Verstoß kann weder durch ein Absehen von der weiteren Durchführung der Betriebsänderung noch durch eine spätere Beratung oder Verständigung mit dem Betriebsrat rückgängig gemacht werden; ein erst nach dem Beginn der Betriebsänderung unternommener Versuch eines Interessenausgleichs ist kein Gegenstand von §§ 111, 112 BetrVG und nicht das Regelungsziel des § 113 Abs. 3 BetrVG.

***BAG** 23.9.2003 – 1 AZR 576/02*

> Ein Unternehmer, der Ansprüche auf Nachteilsausgleich (§ 113 Abs. 3 BetrVG) vermeiden will, muss das für den **Versuch einer Einigung** über den Interessenausgleich vorgesehene Verfahren **voll** ausschöpfen. Er muss, falls keine Einigung mit dem Betriebsrat möglich ist und dieser nicht selbst die Initiative ergreift, die Einigungsstelle anrufen, um dort einen Interessenausgleich zu versuchen.
>
> ***BAG** 18.12.1984 – 1 AZR 176/82*

Die nachträgliche Erklärung des Betriebsrats, er wolle keine rechtlichen Schritte wegen des unterbliebenen Versuchs eines Interessenausgleichs unternehmen, ändert nichts an dem Bestehen des Anspruchs auf Nachteilsausgleich, der einem Arbeitnehmer nach § 113 Abs. 3 BetrVG erwachsen ist.

Der Anspruch auf Nachteilsausgleich nach § 113 Abs. 3 BetrVG wird nicht durch einen Sozialplan beseitigt, der nach der Einleitung der Betriebsänderung (Betriebsstilllegung) und den dieserhalb ausgesprochenen Kündigungen gegenüber den Arbeitnehmern zustande kommt.

***BAG** 14.9.1976 – 1 AZR 784/75*

Gemäß § 113 Abs. 3 i.V.m. Abs. 1 BetrVG kann ein Arbeitnehmer vom Unternehmer die Zahlung einer Abfindung verlangen, wenn der Unternehmer eine geplante Betriebsänderung nach § 111 BetrVG durchführt, ohne über sie einen Interessenausgleich mit dem Betriebsrat versucht zu haben, und infolge der Maßnahme Arbeitnehmer entlassen werden oder andere wirtschaftliche Nachteile erleiden (vgl. BAG 18.7.2017 – 1 AZR 546/15). Die Vorschrift gilt – wie überhaupt die Vorschriften des Betriebsverfassungsgesetzes über Interessenausgleich, Sozialplan und Nachteilsausgleich bei Betriebsänderungen – auch im **Insolvenzverfahren** und sanktioniert das objektiv betriebsverfassungswidrige Verhalten eines Verwalters, wenn dieser eine nach § 111 BetrVG geplante Betriebsänderung durchführt, ohne über sie einen Interessenausgleich mit dem Betriebsrat versucht zu haben (grdl. BAG 22.7.2003 – 1 AZR 541/02; vgl. auch BAG 27.4.2006 – 6 AZR 364/05; BAG 18.11.2003 – 1 AZR 30/03).

Der Anspruch auf Nachteilsausgleich ist als Insolvenzforderung zu berichtigen, wenn unabhängig vom Verhalten des Insolvenzverwalters die Betriebsstilllegung vor Eröffnung des Insolvenzverfahrens begonnen wurde und der Versuch eines vorherigen Interessenausgleichs unterblieben ist (BAG 4.12.2002 – 10 AZR 16/02). Er ist eine **Masseverbindlichkeit** nach § 55 Abs. 1 Nr. 1 Alt. 1 InsO, wenn eine geplante Betriebsänderung nach Eröffnung des Insolvenzverfahrens durchgeführt wird (vgl. BAG 22.7.2003 – 1 AZR 541/02). Gemäß § 113 BetrVG begründet das betriebsverfassungswidrige Verhalten des Insolvenzverwalters einen Anspruch auf Nachteilsausgleich, wenn der Verwalter nach Verfahrenseröffnung von einem Interessenausgleich über die geplante Betriebsänderung ohne zwingenden Grund abweicht (§ 113 Abs. 1 BetrVG) oder eine nach § 111 BetrVG geplante Betriebsänderung durchführt, ohne über sie einen Interessenausgleich mit dem Betriebsrat versucht zu haben (§ 113 Abs. 3 BetrVG). In diesen Fällen löst auch kein Unterlassen, sondern die betriebsverfassungswidrige Handlung des Verwalters die Masseschuld aus.

***BAG** 7.11.2017 – 1 AZR 708/16*

5.1. Allgemeines

Der Anspruch auf Nachteilsausgleich gemäß § 113 Abs. 2 i.V.m. Abs. 1 BetrVG erfasst nur solche Arbeitnehmer, deren Arbeitsverhältnis von der Betriebsänderung unmittelbar nachteilig betroffen sein kann.

***BAG** 22.1.2013 – 1 AZR 873/11*

Entlassen infolge einer Betriebsänderung i.S.d. § 113 Abs. 3 BetrVG wird ein Arbeitnehmer auch dann, wenn der Arbeitgeber den **Arbeitnehmer** mit Rücksicht auf die von ihm geplante Betriebsstilllegung dazu veranlasst, sein Arbeitsverhältnis **selbst** zu kündigen.

***BAG** 23.8.1988 – 1 AZR 276/87*

> Beginnt ein Unternehmen mit der Durchführung einer Betriebsänderung nach § 111 BetrVG, ohne zuvor mit dem Betriebsrat einen Interessenausgleich abgeschlossen oder ausreichend versucht zu haben, haben die von der Betriebsänderung betroffenen Arbeitnehmer einen Anspruch auf Ausgleich der ihnen entstehenden wirtschaftlichen Nachteile nach § 113 Abs. 3 BetrVG, Mit diesem Nachteilsausgleich sind Ansprüche aus einem später vereinbarten Sozialplan nach §§ 112, 112 a BetrVG zu verrechnen. Das gilt jedenfalls dann, wenn das Unternehmen vor Beginn der Betriebsänderung den Konsultationspflichten der EG-Massenentlassungsrichtlinie genügt hat.
>
> ***BAG** 16.5.2007 – 8 AZR 693/06*

Ein Anspruch auf Nachteilsausgleich nach § 113 Abs. 1, Abs. 3 BetrVG entsteht, sobald der Unternehmer mit der Durchführung der Betriebsänderung begonnen hat, ohne bis dahin einen Interessenausgleich nach §§ 111, 112 Abs. 1, Abs. 2 BetrVG versucht zu haben. Mit der Durchführung einer Betriebsstilllegung hat der Unternehmer begonnen, sobald er **unumkehrbare Maßnahmen** zur Auflösung der Betriebsorganisation ergriffen hat. Dazu zählen weder die **Einstellung der Produktion** noch die **widerrufliche Freistellung der Arbeitnehmer**.

***BAG** 22.11.2005 – 1 AZR 407/04*

Ob die Betriebsparteien generell in einem Interessenausgleich auflösende oder aufschiebende Bedingungen vereinbaren können, bleibt offen.

Kommt ein aufschiebend bedingter Interessenausgleich zwischen den Betriebsparteien zustande, ist ein Interessenausgleich i.S.v. § 113 Abs. 3 BetrVG zumindest „versucht".

[80] vgl. auch Ziff. 2. „Interessenausgleich (§ 112 BetrVG), S. 387

Bei Vorliegen eines **Interessenausgleichs mit Namensliste** kann der Arbeitgeber die Anhörung nach § 102 BetrVG mit den Verhandlungen über den Interessenausgleich verbinden. Sie muss jedoch wie die **Anhörung** des Betriebsrats **zu jeder Kündigung** den von der Rechtsprechung zu § 102 BetrVG aufgestellten Grundsätzen entsprechen.

***BAG** 21.7.2005 – 6 AZR 592/04*

In **Tendenzbetrieben** kommt ein **Nachteilsausgleich nach § 113 Abs. 3 BetrVG** dann in Betracht, wenn der Arbeitgeber eine Betriebsänderung durchführt, ohne den Betriebsrat rechtzeitig unterrichtet und Verhandlungen über einen Sozialplan ermöglicht zu haben.

Es bleibt unentschieden, ob § 113 Abs. 1 und 2 BetrVG auch im Tendenzbetrieb anwendbar ist, so dass ein Anspruch auf Nachteilsausgleich besteht, wenn der Arbeitgeber ohne zwingenden Grund von einem Interessenausgleich abweicht.

***BAG** 27.10.1998 – 1 AZR 766/97 = DB 1999, 2652*

Der Anspruch auf „Nachteilsausgleich" gemäß § 113 Abs. 3 BetrVG verfolgt das Ziel, ein bestimmtes betriebsverfassungswidriges Verhalten des Arbeitgebers durch Kostenbelastung zu sanktionieren (BAG 10.12.1996 – 1 AZR 290/96). Daraus hat das BAG gerade für den Fall, dass ein Arbeitnehmer **entlassen** wird, nachdem er dem Übergang seines Arbeitsverhältnisses auf den Betriebserwerber widersprochen hat, Konsequenzen gezogen. **Es hat angenommen, dass der mit § 113 Abs. 3 BetrVG verfolgte Sanktionszweck es gebietet, die Berechnung der festzusetzenden Abfindung nicht nach den Kriterien durchzuführen, die für Sozialplanleistungen gelten. Maßgebend ist gemäß der gesetzlichen Verweisung in § 113 Abs. 1 BetrVG allein § 10 KSchG.** Dieser enthält aber keine Vorgaben, die eine Abfindung bei Ablehnung eines zumutbaren anderen Arbeitsplatzes entsprechend § 112 Abs. 5 Satz 2 Nr. 2 BetrVG entfallen lassen könnten. **Dem Gesetz ist eine Reduzierung des Abfindungsbetrages bei Ablehnung eines zumutbaren anderen Arbeitsplatzes nicht zu entnehmen** (BAG 10.12.1996 – 1 AZR 290/96).

***BAG** 19.1.1999 – 1 AZR 342/98*

Hat der Unternehmer den Betrieb stillgelegt, ohne vorher einen Interessenausgleich mit dem Betriebsrat versucht zu haben, so können die **infolge der Betriebsstilllegung entlassenen Arbeitnehmer Abfindungsansprüche nach § 113 Abs. 3 i. V. m. Abs. 1 BetrVG** dann nicht erheben, wenn Ereignisse eingetreten sind, die eine sofortige Schließung des Betriebs unausweislich gemacht haben, und ein Hinausschieben der Betriebsstilllegung zum Zwecke des Versuchs eines Interessenausgleichs den betroffenen Arbeitnehmern nur weitere Nachteile hätte bringen können.

***BAG** 23.1.1979 – 1 AZR 64/76*

Bei der Höhe des Nachteilsausgleichs nach § 113 BetrVG kann auch ein betriebsverfassungswidriges Verhalten des Arbeitgebers berücksichtigt werden.

***BAG** 24.8.2006 – 8 AZR 317/05*

> Eine Abfindung nach § 113 Abs. 1 BetrVG kommt nicht in Betracht, wenn die Unwirksamkeit der Kündigung rechtskräftig festgestellt ist.
>
> ***BAG** 31.10.1995 – 1 AZR 372/95*

Für die Höhe der Abfindung nach § 113 Abs. 3 BetrVG ist der Rahmen des § 10 KSchG zu beachten; daneben ist auf die **Betriebszugehörigkeitsdauer** und das **Lebensalter** abzustellen, aber auch darauf, welche tatsächlichen Nachteile der Arbeitnehmer aufgrund der Entlassung hinnehmen müsste.

***BAG** 13.6.1989 – 1 AZR 819/87*

Ein Nachteilsausgleich gemäß § 113 Abs. 3 BetrVG muss mit Rücksicht auf seinen Sanktionscharakter eine Sozialplanabfindung grundsätzlich übersteigen.

Auf einen Anspruch auf Nachteilsausgleich ist nur eine bereits gezahlte Sozialplanabfindung anzurechnen.

***LAG** Berlin 27.5.2005 – 6 Sa 1499/04 = NZA-RR 2005, 516*

Die Vorschriften des § 113 Abs. 1 und 2 BetrVG über die Zahlung eines Nachteilsausgleichs finden auf andere Sachverhalte des Abweichens von einem Interessenausgleich keine analoge Anwendung.

***LAG** Berlin 29.1.1996 – 9 Sa 109/95*

Kündigt der bisherige Arbeitgeber den Arbeitnehmer vor der Verpachtung oder vor einem Verkauf seines Betriebs, so tritt durch die Verpachtung oder den Verkauf keine Betriebsnachfolge gemäß § 613 a BGB ein; es liegt vielmehr eine Betriebsänderung i.S.d. § 111 BetrVG vor, die unter den Voraussetzungen des § 113 Abs. 3 BetrVG abfindungspflichtig ist.

***Hessisches LAG** 29.11.1978 – 10 Sa 310/78 = BB 1979, 1142*

Ein mit dem Betriebsrat vereinbarter, zeitlich unbefristeter Sozialplan, der für alle künftig aus betrieblichen Gründen entlassenen Arbeitnehmer die Zahlung von Abfindungen vorsieht, entbindet den Arbeitgeber nicht von seiner Pflicht, bei später von ihm geplanten Betriebsänderungen jeweils einen Interessenausgleich mit dem Betriebsrat zu versuchen. Unterlässt er dies, so können die von der Betriebsänderung betroffenen Arbeitnehmer Abfindungen nach § 113 Abs. 3 i. V. m. Abs. 1 BetrVG verlangen.

Der Abfindungsanspruch wird mit dem Ausscheiden des entlassenen Arbeitnehmers fällig.

***BAG** 29.11.1983 – 1 AZR 523/82*

Auch neu gegründete Unternehmen (§ 112 a Abs. 2 Satz 1 BetrVG) sind zwingend gehalten, bei geplanten Betriebsänderungen einen Interessenausgleich mit dem Betriebsrat zu versuchen, andernfalls Ansprüche aus § 113 Abs. 3 BetrVG drohen.

Einer Entlassung infolge durchgeführter Betriebsänderung i.S.d. § 113 Abs. 3 BetrVG ist – jedenfalls nach Ausspruch der Kündigung durch den Arbeitgeber – der (betrieblich veranlasste) Aufhebungsvertrag gleichzustellen.

***LAG** Berlin 8.9.1987 – 8 Sa 45 u. 48/87 = BB 1987, 2236*

Der gesetzliche Anspruch auf Nachteilsausgleich dient auch – wie eine Abfindung aus einem Sozialplan – dem Ausgleich wirtschaftlicher Nachteile, die Arbeitnehmer infolge ihrer Entlassung auf Grund einer Betriebsänderung erleiden. Diese teilweise Zweckidentität berechtigt den Arbeitgeber, eine gezahlte Sozialplanabfindung auf einen dem Arbeitnehmer geschuldeten Nachteilsausgleich anzurechnen.

***BAG** 20.11.2001 – 1 AZR 97/01 = DB 2002, 950*

Auf einen bereits entstandenen Anspruch auf Nachteilsausgleich kann der Arbeitnehmer im Rahmen einer allgemeinen Ausschlussklausel wirksam **verzichten**. Die Möglichkeit eines solchen Verzichts verstößt weder gegen den Normzweck des § 113 Abs. 3 BetrVG noch gegen die Pflicht der Mitgliedstaaten zur wirkungsvollen Umsetzung europäischer Richtlinien aus Art. 10, 249 Abs. 3 EG.

Voraussetzung für die Wirksamkeit des Anspruchsverzichts ist allerdings, dass – wie im Streitfall – bereits vorher mit dem Beginn der Durchführung der Betriebsänderung gegen die Beteiligungsrechte des Betriebsrats verstoßen worden war und der Nachteilsausgleichsanspruch deshalb schon bestand. Ein früherer Verzicht zu einem Zeitpunkt, zu welchem die Wahrung der Beteiligungsrechte noch möglich gewesen wäre, brächte § 113 Abs. 3 BetrVG um seine Sanktionswirkung. Es wäre dann die anschließende Verletzung der Beteiligungsrechte möglich, ohne dass der Unternehmer die wirtschaftliche Belastung durch Nachteilsausgleichsansprüche fürchten müsse. Von diesem Risiko darf er um des erstrebten Schutzes willen nicht entlastet werden.

***BAG** 23.9.2003 – 1 AZR 576/02*

5.2. Nachteilsausgleich und tarifvertragliche Ausschlussfrist

Ein mit dem Betriebsrat vereinbarter, zeitlich unbefristeter Sozialplan, der für alle künftig aus betrieblichen Gründen entlassenen Arbeitnehmer die Zahlung von Abfindungen vorsieht, entbindet den Arbeitgeber nicht von seiner Pflicht, bei später von ihm geplanten Betriebsänderungen jeweils einen Interessenausgleich mit dem Betriebsrat zu versuchen. Unterlässt er dies, so können die von der Betriebsänderung betroffenen Arbeitnehmer Abfindungen nach § 113 Abs. 3 i. V. m. Abs. 1 BetrVG verlangen.

Der Abfindungsanspruch wird mit dem Ausscheiden des entlassenen Arbeitnehmers fällig.

Schreibt eine **tarifliche Ausschlussklausel** die Geltendmachung von Ansprüchen innerhalb bestimmter Fristen vor, so genügt zur ordnungsgemäßen Geltendmachung eines solchen Abfindungsanspruchs die Erhebung einer Klage, die die Höhe der zu zahlenden Abfindung in das Ermessen des Gerichts stellt, jedenfalls dann, wenn die für die Bemessung der Abfindung maßgebenden Umstände in der Klageschrift mitgeteilt werden. Einer Bezifferung des Abfindungsanspruchs bedarf es nicht.

***BAG** 29.11.1983 – 1 AZR 523/82*

Beginnt eine **tarifliche Ausschlussfrist** mit der Fälligkeit des Anspruchs, so wird ein Anspruch auf Abfindung nach § 113 Abs. 3 BetrVG auch dann mit der Beendigung des Arbeitsverhältnisses fällig, wenn über die Kündigung, die zur Beendigung des Arbeitsverhältnisses geführt hat, noch ein Kündigungsschutzprozess anhängig ist.

***BAG** 3.8.1982 – 1 AZR 77/81*

Die Erhebung einer **Kündigungsschutzklage** mit dem Antrag, das Arbeitsverhältnis gegen Zahlung einer Abfindung nach §§ 9, 10 KSchG aufzulösen, wahrt nicht die **Ausschlussfrist** zur Geltendmachung eines Nachteilausgleichs nach § 113 BetrVG.

***LAG** Niedersachsen 27.6.2002 – 1 Sa 1742/01*

5.3. Nachteilsausgleich in der Insolvenz

Die Vorschriften des Betriebsverfassungsgesetzes über den Interessenausgleich und Nachteilsausgleich bei Betriebsänderungen (§§ 111 bis 113 BetrVG) gelten auch in der Insolvenz des Unternehmens.

Die Verpflichtung des Insolvenzverwalters, den Betriebsrat über eine geplante Betriebsänderung zu unterrichten und mit ihm einen Interessenausgleich zu versuchen, besteht auch dann, wenn die Betriebsstilllegung die unausweichliche Folge einer wirtschaftlichen Zwangslage ist und es zu ihr keine sinnvolle Alternative gibt.

Im Rahmen eines eröffneten Insolvenzverfahrens kann sich der Insolvenzverwalter nicht darauf berufen, der Versuch eines Interessenausgleichs sei ausnahmsweise entbehrlich. Den Besonderheiten der Insolvenz ist vielmehr durch §§ 121, 122 InsO Rechnung getragen.

Wenn der Insolvenzverwalter seine Verpflichtung zur Unterrichtung des Betriebsrats und zum Versuch eines Interessenausgleichs verletzt, haben die betroffenen Arbeitnehmer nach § 113 Abs. 3, Abs. 1 BetrVG einen Anspruch auf Nachteilsausgleich.

Die Höhe der vom Arbeitsgericht festzusetzenden Abfindung richtet sich nach dem entsprechend anwendbaren § 10 Abs. 1 und 2 KSchG. Die Insolvenzsituation ist insoweit ohne Bedeutung.

Ein nach Eröffnung des Insolvenzverfahrens entstandener Anspruch auf Nachteilsausgleich wird zur Masseverbindlichkeit i.S.v. § 209 Abs. 1 Nr. 3 InsO, wenn der Insolvenzverwalter die Unzulänglichkeit der Masse anzeigt. Wegen des Vollstreckungsverbots des § 210 InsO ist der Abfindungsanspruch im Wege einer Feststellungsklage nach § 256 Abs. 1 ZPO zu verfolgen.

***BAG** 22.7.2003 – 1 AZR 541/02*

Die Vorschriften des BetrVG über Interessenausgleich, Sozialplan und Nachteilsausgleich haben auch in der Insolvenz Geltung ohne Rücksicht darauf, ob schon bei Insolvenzeröffnung ein Betriebsrat bestand oder ob er erst danach gewählt wurde.

***LAG** Thüringen 5.12.2002 – 3 Sa 151/02 = LAG Report 2003, 240*

Das betriebsverfassungswidrige Verhalten eines Insolvenzverwalters begründet einen als Masseverbindlichkeit i.S.d. § 55 Abs. 1 Nr. 1 Alt. 1 InsO zu berichtigenden Nachteilsausgleichsanspruch nach § 113 BetrVG, wenn der Verwalter nach Verfahrenseröffnung von einem Interessenausgleich über die geplante Betriebsänderung ohne zwingenden Grund abweicht oder eine nach § 111 BetrVG geplante Betriebsänderung durchführt, ohne über diese einen Interessenausgleich mit dem Betriebsrat versucht zu haben.

Der Abfindungsanspruch des § 113 Abs. 3 i.V.m. Abs. 1 BetrVG knüpft an die Durchführung einer geplanten Betriebsänderung i.S.d. § 111 BetrVG (ohne hinreichenden Interessenausgleichsversuch) an. Für seine Einordnung als Masseschuld nach § 55 Abs. 1 Nr. 1 Alt. 1 InsO ist damit der Zeitpunkt der Durchführung der Betriebsänderung entscheidend, nicht derjenige ihrer – die Pflicht zum Interessenausgleichsversuch auslösenden – Planung.

Muss die betriebliche Tätigkeit wegen einer sie untersagenden ordnungsbehördlichen Verfügung oder wegen des Wegfalls einer besonders geregelten Zulassungsvoraussetzung tatsächlich eingestellt werden, liegt hierin für sich gesehen keine Betriebsänderung und damit auch kein Beginn ihrer Durchführung.

Konzessionierte Betriebe betreibende Unternehmer sind bei geplanten Betriebsänderungen von ihrer gegenüber dem Betriebsrat bestehenden Informations- und Beratungspflicht nach § 111 Satz 1 BetrVG nicht ausgenommen.

Vor Durchführung einer Betriebsänderung muss der Unternehmer (bzw. nach Insolvenzeröffnung der Verwalter) im Zusammenhang mit einem Interessenausgleichsversuch grundsätzlich die Einigungsstelle anrufen. Das gilt auch dann, wenn der Betriebsrat ankündigt, er werde selbst das Einigungsstellenverfahren einleiten.

Bei dem als Abfindungszahlung geschuldeten Nachteilsausgleich i.S.v. § 113 Abs. 3 i.V.m. Abs. 1 Halbs. 2 BetrVG i.V.m. § 10 KSchG hat seine Bemessung unter Berücksichtigung des Lebensalters und der Betriebszugehörigkeit zu erfolgen. Ebenso sind die Arbeitsmarktchancen des Nachteilsausgleichsberechtigten und das Ausmaß des betriebsverfassungswidrigen Verhaltens des Arbeitgebers zu beachten. Die in § la Abs. 2 KSchG festgelegte Höhe des gesetzlichen Abfindungsanspruchs kann wegen der hierin ausgedruckten gesetzgeberischen Wertung als Berechnungsgrundlage herangezogen werden.

Der Abfindungsanspruch des § 113 Abs. 3 i.V.m. Abs. 1 BetrVG ist weder nach § 123 Abs. 1 InsO (analog) zu begrenzen noch ist eine besondere Insolvenzsituation zugunsten des nachteilsverpflichteten Verwalters zu berücksichtigen.

***BAG** 7.11.2017 – 1 AZR 186/16*

> Ein Unternehmer führt eine geplante Betriebsänderung i.S.v. § 111 Nr. 1, § 113 Abs. 3 BetrVG durch, wenn er den zu entlassenden Arbeitnehmern die Kündigung des Arbeitsverhältnisses erklärt; auf den Zeitpunkt des Ausscheidens der Arbeitnehmer kommt es nicht an.

Die Zustimmung eines sog. schwachen vorläufigen Insolvenzverwalters zu Kündigungen des Unternehmers (Schuldners) als Beginn der Durchführung einer Betriebsänderung ohne Interessenausgleich bzw. vor Scheitern des Einigungsstellenverfahrens führt nicht dazu, dass die Nachteilsausgleichsansprüche der entlassenen Arbeitnehmer im nachfolgenden Insolvenzverfahren als Masseschulden zu begleichen sind.

Solche Nachteilsausgleichsansprüche sind auch dann bloße Insolvenzforderungen, wenn nach Anordnung des Insolvenzgerichts Verfügungen des Schuldners nur noch mit Zustimmung des vorläufigen Insolvenzverwalters wirksam sein sollten und dieser ermächtigt sein sollte, mit rechtlicher Wirkung für den Schuldner zu handeln.

***BAG** 4.12.2002 – 10 AZR 16/02*

Nach § 113 Abs. 3 BetrVG entsteht der Anspruch auf Nachteilsausgleich, wenn der Unternehmer eine geplante Betriebsänderung nach § 111 BetrVG durchführt, ohne über sie einen Interessenausgleich versucht zu haben, und infolge der Maßnahme Arbeitnehmer entlassen werden. Durchgeführt wird eine geplante Betriebsänderung dann, wenn der Arbeitgeber mit ihr beginnt und damit vollendete Tatsachen schafft. Abzustellen ist darauf, ob der Arbeitgeber während der Verhandlungen rechtsgeschäftliche Handlungen vornimmt, die das Ob und das Wie der Betriebsänderung vorwegnehmen.

Kündigt der Arbeitgeber im Zuge einer geplanten Betriebsstilllegung seiner Belegschaft, so beginnt er die Betriebsänderung durchzuführen.

§ 113 BetrVG schützt die Beachtung der gesetzlichen Beteiligungsrechte des Betriebsrats nicht ausnahmslos, sondern nur in den Fällen, in denen die von der unternehmerischen Maßnahme betroffenen Arbeitnehmer ihren Arbeitsplatz verlieren oder sonstige wirtschaftliche Nachteile erleiden.

Es entspricht gefestigter Rechtsprechung, dass der Nachteilsausgleich auch Sanktion für das betriebsverfassungswidrige Verhalten des Arbeitgeber ist, der seiner gesetzlichen Beratungspflicht bei Betriebsänderungen nicht genügt hat.

***BAG** 8.4.2003 – 2 AZR 15/02*

Der Interessenausgleich nach § 125 Abs. 1 InsO entbindet den Insolvenzverwalter nicht von der Pflicht, den Betriebsrat gemäß § 102 Abs. 1 BetrVG zu den beabsichtigten Kündigungen anzuhören. In dem Interessenausgleich kann aber zum Ausdruck gebracht werden, dass der Insolvenzverwalter gleichzeitig das Anhörungsverfahren bezüglich der in der Namensliste angegebenen Personen einleitet und der Betriebsrat hinsichtlich aller Kündigungen eine abschließende Stellungnahme abgibt.

Die Namensliste im Sinne des § 125 Abs. 1 InsO muss vor Ausspruch der Kündigung und zeitgleich mit dem Interessenausgleich vereinbart werden.

***LAG** Hamm 4.6.2002 – 4 Sa 81/02 (Revision nicht zugelassen) = BB 2003, 159*

Der Insolvenzverwalter ist gehindert, ein Arbeitsverhältnis als Dauerschuldverhältnis zu kündigen, bevor er die Zustimmung des Betriebsrats gemäß § 102 BetrVG oder diejenige des Integrationsamtes gemäß § 85 SGB IX eingeholt hat, weil sonst die Maßnahme unwirksam wäre. Er ist auch an der Kündigung der leitenden Angestellten vor Abschluss der Interessenausgleichsverhandlungen mit dem Betriebsrat gehindert, da er andernfalls seine Verpflichtungen aus den §§ 111 ff. BetrVG verletzen würde.

Kündigt der Insolvenzverwalter in der Absicht, den Betrieb stillzulegen, die Arbeitsverhältnisse der leitenden Angestellten, hat er mit der Betriebsänderung begonnen, da er die Organisationsstruktur durch Entfernung der Leitungsebene teilweise zerstört. Die Ergebnisoffenheit von Interessenausgleichsverhandlungen wird dadurch erschwert, da eine Betriebs(teil)fortführung ohne die Leitungsebene nicht mehr oder nur schwerer möglich ist. Dies kann Nachteilsausgleichsansprüche aller betroffenen Arbeitnehmer i.S.d. § 113 BetrVG auslösen.

Da die dem Insolvenzverwalter durch § 209 InsO auferlegte Pflicht, Dauerschuldverhältnisse möglichst früh zu kündigen, der Erhaltung der Masse dient, würde es diesem Zweck widersprechen, wenn er die Masse dem Risiko aussetzt, Nachteilsausgleichsansprüche aller Arbeitnehmer erfüllen zu müssen.

***BAG** 4.6.2003 – 10 AZR 886/02*

Einzelne Betriebsarten, Tendenzbetriebe und Religionsgemeinschaften (§§ 117, 118 BetrVG)

Gesetzestext

§ 117 Geltung für die Luftfahrt

(1) *Auf Landbetriebe von Luftfahrtunternehmen ist dieses Gesetz anzuwenden. Auf im Flugbetrieb beschäftigte Arbeitnehmer von Luftfahrtunternehmen ist dieses Gesetz anzuwenden, wenn keine Vertretung durch Tarifvertrag nach Absatz 2 Satz 1 errichtet ist.*

(2) *Für im Flugbetrieb beschäftigte Arbeitnehmer von Luftfahrtunternehmen kann durch Tarifvertrag eine Vertretung errichtet werden. Über die Zusammenarbeit dieser Vertretung mit den nach diesem Gesetz zu errichtenden Vertretungen der Arbeitnehmer der Landbetriebe des Luftfahrtunternehmens kann der Tarifvertrag von diesem Gesetz abweichende Regelungen vorsehen. Auf einen Tarifvertrag nach den Sätzen 1 und 2 ist § 4 Absatz 5 des Tarifvertragsgesetzes anzuwenden.*

§ 118 Geltung für Tendenzbetriebe und Religionsgemeinschaften

(1) [1]*Auf Unternehmen und Betriebe, die unmittelbar und überwiegend*

1. *politischen, koalitionspolitischen, konfessionellen, karitativen, erzieherischen, wissenschaftlichen oder künstlerischen Bestimmungen oder*
2. *Zwecken der Berichterstattung oder Meinungsäußerung, auf die Artikel 5 Abs. 1 Satz 2 des Grundgesetzes Anwendung findet,*

dienen, finden die Vorschriften dieses Gesetzes keine Anwendung, soweit die Eigenart des Unternehmens oder des Betriebs dem entgegensteht. [2]*Die §§ 106 bis 110 sind nicht, die §§ 111 bis 113 nur insoweit anzuwenden, als sie den Ausgleich oder die Milderung wirtschaftlicher Nachteile für die Arbeitnehmer infolge von Betriebsänderungen regeln.*

(2) *Dieses Gesetz findet keine Anwendung auf Religionsgemeinschaften und ihre karitativen und erzieherischen Einrichtungen unbeschadet deren Rechtsform.*

1. Allgemeines

Der Begriff „Flugbetrieb“ i.S.v. § 117 BetrVG bezeichnet keine dem Betriebsbegriff i.S.d. BetrVG entsprechende betriebliche Organisationseinheit, sondern eine Gruppe von Arbeitnehmern (das „fliegende Personal“), die aufgrund ihrer Tätigkeit bis zum 30. April 2019 uneingeschränkt aus dem Anwendungsbereich des BetrVG ausgenommen war und auf die seit dem 1. Mai 2019 das BetrVG anzuwenden ist, wenn keine Vertretung durch Tarifvertrag errichtet ist (Rn. 38 ff.).

Eine geltungserhaltend einschränkende Auslegung einer tariflichen Regelung ist geboten, wenn dieser nur bei einem eingeschränkten Verständnis die für ihre Geltung allein mögliche – und von den Tarifvertragsparteien auch beabsichtigte – normative Wirkung zukommen kann (Rn. 50).

Die Tarifvertragsparteien können betriebsverfassungsrechtliche Fragen in einem Tarifvertrag nur durch Bestimmungen regeln, denen nach § 1 Abs. 1 TVG Rechtsnormcharakter zukommt (Rn. 52).

Nach § 4 Abs. 1 Satz 2 i.V.m. Satz 1 TVG beschränkt sich auch die normative Wirkungsweise von Tarifregelungen über betriebsverfassungsrechtliche Fragen auf den Geltungsbereich des jeweiligen Tarifvertrags (Rn. 52).

Eine in einem nur für das Kabinenpersonal geltenden Tarifvertrag i.S.v. § 117 Abs. 2 Satz 1 BetrVG vorgesehene Regelung, nach der sich der Inhalt eines mit der Vertretung für das Kabinenpersonal abzuschließenden Interessenausgleichs auf das „Ob“, „Wann“ und „Wie“ der Stilllegung des – als organisatorische Einheit verstandenen – gesamten „Flugbetriebs“ bezieht, überschritte diese Grenzen, da der von den Betriebsparteien auszugestaltende Sachverhalt sich nicht auf das Kabinenpersonal beschränkte, sondern gleichermaßen das von der Stilllegung dieser organisatorischen Einheit betroffene Cockpitpersonal erfasste (Rn. 55).

***BAG** 21.01.2020 – 1 AZR 149/19*

Der Grundgedanke der Vorschrift des § 118 BetrVG ist es, einen verfassungskonformen, ausgewogenen Ausgleich zwischen dem Sozialstaatsprinzip und dem Freiheitsraum des Tendenzträgers herzustellen. Der Tendenzschutz ist aber nur dann erforderlich und geboten, wenn und soweit die Tendenz selbst verwirklicht wird, also die Freiheitsrechte selbst und unmittelbar verwirklicht werden. Der Tendenzschutz greift daher nur dort ein, wo die Verwirklichung der geistig-ideellen Zielsetzungen des Unternehmens durch Maßnahmen des Betriebsrats so beeinflusst werden können, dass Grundrechte verletzt werden.

***BAG** 7.11.1975 – 1 AZR 282/74*

Ein auf die Feststellung des (Nicht-)Bestehens der Tendenzeigenschaft eines Betriebs gerichteter Antrag ist unzulässig. Er ist nicht auf die Feststellung eines konkreten Rechtsverhältnisses i.S.d. § 256 Abs. 1 ZPO gerichtet.

Die Vorschriften der §§ 106 bis 110 BetrVG über die Bildung und Aufgaben eines Wirtschaftsausschusses sind nach § 118 Abs. 1 Satz 2 Halbs. 1 BetrVG nicht auf Unternehmen anzuwenden, die tendenzgeschützten Bestimmungen i.S.v. § 118 Abs. 1 Satz 1 Nr. 1 BetrVG oder privilegierten Zwecken nach § 118 Abs. 1 Satz 1 Nr. 2 BetrVG dienen. Hierfür kommt es allein auf die Bestimmung oder den Zweck des Unternehmens an, weil der Wirtschaftsausschuss bei diesem und nicht beim Betrieb zu bilden ist.

Ein Unternehmen mit nur einem Betrieb „dient“ nicht tendenzgeschützten Bestimmungen, wenn dieser einzige Betrieb keine solche Bestimmung aufweist.

***BAG** 22.7.2014 – 1 ABR 93/12*

§ 118 Abs. 1 stellt nicht nur auf den **Betrieb** sondern auch auf das **Unternehmen** ab. Da der Betrieb im Rahmen seiner organisatorischen und technischen Zweckbestimmung lediglich einen arbeitstechnischen Zweck verfolgt, kann nur das Unternehmen eine geistig-ideelle Zielsetzung haben. Dementsprechend kann ein tendenzfreies Unternehmen keinen Tendenzbetrieb unterhalten, da der Betrieb als arbeitstechnische Teilorganisation keinen anderen Zweck verfolgen kann als das Unternehmen selbst. Andererseits kann die geistig-ideelle Zielsetzung eines Tendenzunternehmens mit mehreren Betrieben sich in einem oder in einigen Betrieben niederschlagen, in anderen nicht.

Tendenzschutz besteht nur, wenn das Unternehmern und der jeweilige Betrieb unmittelbar und überwiegend den in § 118 Abs. 1 BetrVG genannten geistig-ideellen Zielsetzungen dienen.

***BAG** 27.7.1993 – 1 ABR 8/93*

> Nicht die persönliche Einstellung des Unternehmers, sondern der Unternehmenszweck ist für die Tendenzeigenschaft entscheidend.
>
> ***BAG** 27.7.1993 – 1 ABR 8/93*

In Tendenzbetrieben kommt eine Einschränkung der Mitbestimmungsrechte des Betriebsrats bei personenbezogenen Maßnahmen in Betracht, wenn die Maßnahmen sog. Tendenzträger betreffen.

Beschäftigte sind Tendenzträger, wenn sie die Möglichkeit einer inhaltlich prägenden Einflussnahme auf die Tendenzverwirklichung haben.

Die Beschäftigung mit künstlerischen Tätigkeiten besagt für sich allein betrachtet noch nicht, dass der Beschäftige prägenden Einfluss auf die Unternehmenstendenz hat.

Der Leiter der Kostümabteilung eines Theaters ist in der Regel – anders als häufig der Kostümbildner – kein Tendenzträger.

Das Einblicksrecht des Betriebsrats nach § 80 Abs. 2 Satz 2 BetrVG erstreckt sich auf individuell vereinbarte (übertarifliche) Vergütungen, ohne dass es dafür der Darlegung eines besonderen Anlasses bedürfte. Dies gilt auch hinsichtlich der Gagen des künstlerischen Personals eines Theaterunternehmens.

§ 118 Abs. 1 BetrVG steht einem Recht des Betriebsrats auf Einsichtnahme in die Listen von Künstlergagen nicht entgegen. Durch einen solchen Einblick wird der Tendenzunternehmer in der Verfolgung seiner geistig-ideellen Ziele nicht behindert.

***BAG** 13.2.2007 – 1 ABR 14/06 = BB 2007, 1680*

Es ist möglich, andererseits aber nicht erforderlich, dass ein Tendenzunternehmen mehreren der in § 118 Abs. 1 Nr. 1 BetrVG genannten Bestimmungen dient.

Tendenzschutz genießen nicht nur Zeitungs- und Zeitschriftenverlage, sondern auch Buchverlage.

§ 118 Abs. 1 BetrVG, insbesondere der Ausschluss der Bildung eines Wirtschaftsausschusses in Tendenzunternehmen, widerspricht weder Art. 3 Abs. 1 noch Art. 20 Abs. 1 GG.

***BAG** 14.11.1975 – 1 ABR 107/74*

Ein Unternehmen kann einen Erwerbszweck verfolgen und trotzdem einem geistig-ideellen Ziel dienen.

***BAG** 14.11.1975 – 1 ABR 107/94; **BAG** 27.7.1993 – 1 ABR 8/93*

In Tendenzbetrieben setzt ein Anspruch auf Nachteilsausgleich nach § 113 Abs. 3 BetrVG voraus, dass der Unternehmer seine Informationspflichten nach § 111 Satz 1 BetrVG im Hinblick auf das Zustandekommen eines Sozialplans verletzt hat.

Der Tendenzunternehmer muss den Betriebsrat über die beschlossene Betriebsänderung jedenfalls so informieren, dass dieser schon vor deren Durchführung sachangemessene Überlegungen zum Inhalt eines künftigen Sozialplans anstellen kann.

Zwar unterliegen auch Tendenzunternehmer der weitergehenden Beratungspflicht des § 17 Abs. 2 KSchG, Art. 2 Abs. 2, Abs. 3 Richtlinie 98/59 EG. Auch durch eine gemeinschaftsrechtskonforme Auslegung der § 18 Abs. 1 KSchG, § 118 Abs. 1 Satz 2 BetrVG lässt sich aber ein Anspruch auf Nachteilsausgleich wegen Verletzung dieser Pflicht nicht begründen.

***BAG** 18.11.2003 – 1 AZR 637/02 = DB 2004, 1372*

In Unternehmen, die unmittelbar und überwiegend karitativen Bestimmungen dienen, ist nach § 118 Abs. 1 Satz 2 BetrVG kein Wirtschaftsausschuss zu bilden.

Ein Unternehmen dient karitativen Bestimmungen i.S.v. § 118 Abs. 1 Satz 1 Nr. 1 BetrVG, wenn es sich den sozialen Dienst am körperlich oder seelisch leidenden Menschen zum Ziel gesetzt hat und seine Tätigkeit auf die Heilung oder Milderung oder die vorbeugende Abwehr der inneren oder äußeren Nöte solcher Hilfsbedürftiger gerichtet ist, sofern die Betätigung ohne Gewinnerzielungsabsicht erfolgt und das Unternehmen selbst nicht von Gesetzes wegen unmittelbar zu derartiger Hilfeleistung verpflichtet ist. Verfolgt ein Unternehmen sowohl karitative als auch andere als in § 118 Abs. 1 Satz 1 BetrVG genannte Zwecke (sog. Mischunternehmen), besteht der Tendenzschutz nur, wenn die karitative Bestimmung überwiegt. Das ist der Fall, wenn das Unternehmen seine personellen und sonstigen Mittel regelmäßig in größerem Umfang zur Verwirklichung karitativer als nicht karitativer Zwecke einsetzt. Bei personalintensiven Betätigungen ist in erster Linie auf den zeitlichen Umfang des Personaleinsatzes abzustellen.

Betreibt ein Unternehmen ohne Gewinnerzielungsabsicht ein Wohnstift für ältere Menschen, in dem sowohl nicht pflegebedürftige als auch pflegebedürftige ältere Menschen leben, die dort ggf. ambulant oder auf einer Pflegestation gepflegt werden, besteht Tendenzschutz nach § 118 Abs. 1 BetrVG, wenn der überwiegende Teil der Arbeitszeit des von dem Unternehmen beschäftigten Personals für den pflegerischen Bereich aufgewandt wird. Diesem Bereich sind nicht nur Pflegeleistungen zuzuordnen, die gegenüber der Pflegeversicherung abgerechnet werden können, sondern auch sonstige Hilfeleistungen gegenüber Bewohnern, die diese altersbedingt bei alltäglichen Verrichtungen benötigen.

***BAG** 15.3.2006 – 7 ABR 24/05*

2. Tendenzbetriebe, Tendenzträger

> Auch für **Tendenzträger** werden die Mitbestimmungsrechte aber nur soweit ausgeschlossen, wie ihnen die Eigenart des Unternehmens oder des Betriebs entgegensteht. Dies ist nicht bei allen Maßnahmen der Fall, von denen Tendenzträger betroffen sind. Es muss sich jeweils um eine **tendenzbezogene Maßnahme** handeln. Die Eigenart des Unternehmens oder des Betriebes steht einem Beteiligungsrecht aber auch noch nicht schon immer dann entgegen, wenn die Regelung die geistig-ideelle Zielsetzung irgendwie berührt, sondern nur, **wenn die Ausübung des Beteiligungsrechts die Tendenzverwirklichung ernsthaft beeinträchtigen kann.**
>
> ***BAG** 13.1.1987 – 1 ABR 49/85; **BAG** 27.7.1993 – 1 ABR 8/93*

Mit dem Tendenzschutz hat der Gesetzgeber das aus dem Demokratie- und Sozialstaatsprinzip folgende Recht der Arbeitnehmer auf Teilhabe an den sie betreffenden Angelegenheiten mit Rücksicht auf die grundrechtlichen Freiheitsrechte der von § 118 Abs. 1 Satz 1 BetrVG erfassten Arbeitgeber begrenzt.

Der unterschiedliche Bezug zu den besonderen Freiheitsrechten des Grundgesetzes gebietet es, bei karitativen Unternehmen und Betrieben ein höheres Maß an Einflussnahme auf die geschützte Tendenz zu verlangen, als bei den Arbeitgebern, deren unternehmerische Betätigung einem besonderen Grundrechtsschutz unterliegt.

Ob ein Arbeitnehmer Tendenzträger eines karitativen Unternehmens oder Betriebs i.S.d. § 118 Abs. 1 Satz 1 Nr. 1 BetrVG ist, bestimmt sich nach dem Ausmaß seiner inhaltlichen Einflussnahme auf die Ausführung tendenzbezogener Arbeitsaufgaben. Darüber hinaus müssen diese Aufgaben auch in zeitlicher Hinsicht bedeutsam sein.

Bei der Bewertung des Gestaltungsfreiraums eines im tendenzgeschützten Bereich beschäftigten Arbeitnehmers steht dem Gericht der Tatsacheninstanz ein Beurteilungsspielraum zu.

***BAG** 14.9.2010 – 1 ABR 29/09*

Die Tendenzträgereigenschaft von Arbeitnehmern in karitativen Einrichtungen setzt voraus, dass diese bei den tendenzbezogenen Tätigkeitsinhalten im Wesentlichen frei über die Aufgabenerledigung entscheiden können. In zeitlicher Hinsicht müssen diese Tätigkeiten einen bedeutenden Anteil an der Gesamtarbeitszeit umfassen.

***BAG** 14.5.2013 – 1 ABR 10/12*

Dass ein reines Druckunternehmen abhängiges Unternehmen in einem so genannten Tendenzkonzern ist, führt nicht dazu, dass das Druckunternehmen selbst Tendenzschutz genießt. Für das Druckunternehmen ist daher ein Wirtschaftsausschuss zu bilden.

***BAG** 30.6.1981 – 1 ABR 30/79*

Ob ein Mischunternehmen überwiegend tendenzgeschützten Bestimmungen i.S.d. § 118 Abs. 1 Satz 1 BetrVG dient, richtet sich danach, in welchem Umfang das Unternehmen seine personellen und sonstigen Mittel zur Verwirklichung seiner tendenzgeschützten und seiner anderen Ziele einsetzt. Bei personalintensiven Unternehmen ist in erster Linie auf den Personaleinsatz abzustellen und zu prüfen, ob mehr als die Hälfte der Gesamtarbeitszeit des Personals zur Tendenzverwirklichung eingesetzt wird. Dabei kommt es nicht allein auf die Arbeitszeit der eigentlichen Tendenzträger an, sondern auf die Arbeitszeit aller Arbeitnehmer, die an der Tendenzverwirklichung mitwirken.

***BAG** 21.6.1989 – 7 ABR 58/87*

Theater sind Tendenzunternehmen.

Tendenzträger sind diejenigen Arbeitnehmer, für deren Tätigkeit die Bestimmungen und Zwecke der in § 118 Abs. 1 BetrVG genannten Unternehmen und Betriebe prägend sind. Tendenzträger müssen einen maßgeblichen Einfluss nehmen können auf die Tendenzverwirklichung. Daran kann es fehlen, wenn der künstlerische Gestaltungsspielraum stark eingeschränkt ist.

***BAG** 28.10.1986 – 1 ABR 16/85*

Ein **Landes-Sportverband** dient dadurch, dass er den Sportbetrieb seiner Mitgliedsvereine finanziell und organisatorisch unterstützt, nicht unmittelbar erzieherischen Bestimmungen i.S.d. § 118 Abs. 1 Satz 1 Nr. 1 BetrVG.

Die Aufgabe, öffentliche Fördermittel zu beschaffen und an die Mitglieder zu verteilen, ist keine politische Zweckbestimmung im Sinne dieser Vorschrift.

Die in § 118 Abs. 1 Satz 1 BetrVG enthaltene Aufzählung von geschützten Zwecken ist abschließend. Hinsichtlich des Sports besteht hier keine Regelungslücke, die auf dem Wege einer Analogie zu den normierten Tendenzmerkmalen geschlossen werden müsste.

***BAG** 23.3.1999 – 1 ABR 28/98 = NZA 1999, 1347*

2.1. Geistig-ideelle Bestimmung (§ 118 Abs. 1 Nr. 1 BetrVG)

Mit dem Tendenzschutz in § 118 Abs. 1 BetrVG hat der Gesetzgeber das aus dem Demokratie- und Sozialstaatsprinzip folgende Recht der Arbeitnehmer auf Teilhabe an den sie betreffenden Angelegenheiten mit Rücksicht auf die grundrechtlichen Freiheitsrechte der von § 118 Abs. 1 Satz 1 BetrVG erfassten Arbeitgeber begrenzt.

Der unterschiedliche Bezug zu den besonderen Freiheitsrechten des Grundgesetzes und die durch § 118 Abs. 1 BetrVG vermittelte Begünstigung bei der Geltung des Betriebsverfassungsgesetzes verlangt partiell andere Maßstäbe für die Auslegung und Anwendung dieser Vorschrift, soweit dieser Grundrechtsbezug fehlt.

Ein Unternehmen dient nur dann unmittelbar karitativen Bestimmungen, wenn der Tendenzzweck in dem Unternehmen selbst verwirklicht wird. Mit dieser Einschränkung wird dem Umstand Rechnung getragen, dass das Prinzip der Nächstenliebe Maßstab jedes – unternehmerischen – Handelns sein könnte, ohne dass es sich unmittelbar bei den Hilfsbedürftigen selbst verwirklicht. Daher bedarf eine karitative Zielsetzung eines Unternehmens einer in konkreten Handlungen erkennbaren Umsetzung des Prinzips der Nächstenliebe gegenüber Hilfsbedürftigen.

***BAG** 22.5.2012 – 1 ABR 771*

Ein Unternehmen dient karitativen Bestimmungen, wenn es sich den sozialen Dienst am körperlich oder seelisch leidenden Menschen zum Ziel gesetzt hat, sofern diese Betätigung ohne die Absicht der Gewinnerzielung erfolgt und das Unternehmen selbst nicht von Gesetzes wegen unmittelbar zu derartiger Hilfeleistung verpflichtet ist. Dagegen ist unerheblich, wer rechtlich oder wirtschaftlich an dem privatrechtlich organisierten Unternehmen beteiligt ist oder darauf einen beherrschenden Einfluss ausübt.

Eine karitative Bestimmung i.S.d. § 118 I 1 Nr. 1 BetrVG liegt allerdings dann nicht mehr vor, wenn das Unternehmen selbst von Gesetzes wegen unmittelbar zu derartiger Hilfeleistung verpflichtet ist.

Anknüpfungspunkt für die Prüfung, ob die gesetzlichen Voraussetzungen vorliegen, ist vielmehr das Unternehmen selbst sowie die Frage, ob es nach seinen eigenen Statuten einer der in den Tendenzschutz gestellten Bestimmungen dient. Dies ergibt sich unmittelbar aus dem Wortlaut des § 118 I 1 BetrVG, der eindeutig auf das Unternehmen selbst abstellt und nicht auf die Beweggründe und Verhältnisse derer, die den Unternehmensträger gegründet haben, ihn beeinflussen oder gar beherrschen.

Indessen erfordert das Merkmal der karitativen Bestimmung i.S.d. § 118 I 1 Nr. 1 BetrVG nicht, dass die Hilfeleistung für leidende Menschen unentgeltlich oder allenfalls zu einem nicht kostendeckenden Entgelt geschieht. Vielmehr genügt es, dass der Träger des Unternehmens seinerseits mit seiner Hilfeleistung keine eigennützigen Zwecke im Sinne einer Gewinnerzielung verfolgt, mag er auch bis zur Höhe der Kostendeckung Einnahmen aus seiner Betätigung erzielen.

***BAG** 8.11.1988 – 1 ABR 17/87; **BAG** 29.6.1988 – 7 ABR 15/87;*
***BAG** 24.5.1995 – 7 ABR 48/94*

Ein in privatrechtlicher Rechtsform betriebenes Krankenhaus kann auch dann eine karitative Einrichtung sein, wenn die Anteile nur von einer Gebietskörperschaft gehalten werden, die zur Sicherstellung der bedarfsgerechten Versorgung der Bevölkerung mit leistungsfähigen Krankenhäusern gesetzlich verpflichtet ist.

***BAG** 24.5.1995 – 7 ABR 48/94*

Ein Unternehmen, das in der Rechtsform einer Aktiengesellschaft betrieben wird und in seiner Satzung als Unternehmensgegenstand unter anderem den „Betrieb von Krankenhäusern“ angibt, ist nur dann ein Unternehmen mit karitativer Bestimmung i.S.d. § 1 Abs. 4 MitBestG, wenn diese Bestätigung ohne Gewinnerzielungsabsicht verfolgt wird.

***BayObLG** 10.8.1995 – 3 Z BR 149/93*

Eine **Werkstatt für Behinderte** i.S.d. § 52 SchwbG dient karitativen Bestimmungen i.S.d. § 118 Abs. 1 Satz 1 Nr. 1 BetrVG und ist daher ein Tendenzbetrieb.

Darauf, ob die Behinderten in einer solchen Werkstatt in einem Arbeitsverhältnis oder in einem Rechtsverhältnis besonderer Art beschäftigt werden, kommt es nicht an.

***BAG** 7.4.1981 – 1 ABR 83/78*

Karitativen Bestimmungen i.S.d. § 118 Abs. 1 Satz 1 Nr. 1 BetrVG dient ein Unternehmen, wenn es sich ohne die Absicht der Gewinnerzielung und ohne gesetzliche Verpflichtung freiwillig zur Aufgabe gesetzt hat, körperlich, geistig oder seelisch leidenden Menschen in ihren inneren oder äußeren Nöten heilend, lindernd oder vorbeugend zu helfen.

Unerheblich ist, wer rechtlich oder wirtschaftlich an dem privatrechtlich organisierten Unternehmen beteiligt ist oder darauf beherrschenden Einfluss ausübt.

Privatrechtlich organisierte **Berufsförderungswerke** können karitativen Bestimmungen i.S.d. § 118 Abs. 1 Satz 1 Nr. 1 BetrVG auch dienen, wenn sie von Sozialversicherungsträgern kostendeckende Einnahmen erzielen oder an ihnen Sozialversicherungsträger beteiligt sind.

***BAG** 29.6.1988 – 7 ABR 15/87*

Privatrechtlich organisierte **Berufsförderungswerke**, die es sich zum Ziel machen, Behinderte durch berufliche Umschulung wieder in das Berufsleben einzugliedern, können auch dann karitativen Bestimmungen i.S.d. § 118 Abs. 1 Satz 1 Nr. 1 BetrVG dienen, wenn sie vom Sozialversicherungsträger kostendeckende Einnahmen erhalten.

Beim Berufsförderungswerk angestellte Psychologen sind Tendenzträger.

***BAG** 8.11.1988 – 1 ABR 17/87*

Berufsförderungswerke für Behinderte, deren Ziel die berufliche Eingliederung dieser Personen in das Arbeitsleben ist, dienen unabhängig von der Art und dem Umfang staatlicher Förderung unmittelbar und überwiegend karitativen Bestimmungen und sind daher Tendenzbetriebe i.S.d. § 118 Abs. 1 Nr. 1 BetrVG.

***LAG** Nürnberg 29.5.1985 – 3 TaBV 2/84*

Ein von einer öffentlichen Körperschaft getragenes **Berufsförderungswerk**, das ohne Absicht der Gewinnerzielung der beruflichen **Rehabilitation Behinderter** dient, verfolgt erzieherische und karitative Ziele i.S.v. § 118 Abs. 1 Satz 1 Nr. 1 BetrVG.

***BAG** 31.1.1995 – 1 ABR 34/94*

Dem karitativen Charakter eines Unternehmens steht nicht entgegen, dass die Tätigkeit sich als Vollzug sozialversicherungsrechtlich bestehender **Rehabilitationsansprüche** darstellt und darauf ausgerichtet ist, die Rehabilitanden nach Ablegung entsprechender Prüfungen wieder in das Berufsleben einzugliedern, wenn nach dem Gesellschaftsvertrag lediglich eine möglichst kostendeckende Gestaltung der Tätigkeit angestrebt wird.

In solchen Unternehmen besteht daher kein Anspruch des Betriebsrats auf Unterrichtung des Wirtschaftsausschusses nach § 16 Abs. 2 BetrVG.

***LAG** Nürnberg 5.3.1987 – 5 TaBV 3/86*

Die Beschäftigung von **Honorarlehrkräften** als freie Mitarbeiter in **berufsbildenden Einrichtungen einer Gewerkschaft** ist eine Einstellung i.S.d. § 99 BetrVG, wenn diese Honorarlehrkräfte in gleicher Weise wie fest angestellte Lehrkräfte im Rahmen der Lehrpläne Unterricht erteilen.

Das Bildungswerk einer Gewerkschaft kann erzieherischen Bestimmungen auch dann dienen, wenn es im Wesentlichen Erwachsenenbildung betreibt.

BAG *3.7.1990 – 1 ABR 36/89*

Eine **Privatschule** ist ein Tendenzunternehmen i.S.d. § 118 Abs. 1 BetrVG.

Die Entscheidung des Schulträgers, im Rahmen eines Ganztagsschulbetriebes Lehrer an den Nachmittagen zu Unterrichts- und Betreuungsstunden heranzuziehen, ist eine tendenzbezogene Entscheidung, die nicht der Mitbestimmung des Betriebsrats unterliegt.

BAG *13.1.1987 – 1 ABR 49/85*

Eine **Sprachschule**, die ausschließlich Fremdsprachenunterricht nach einer bestimmten Methode erteilt, dient nicht unmittelbar erzieherischen Bestimmungen i.S.d. § 118 Abs. 1 Nr. 1 BetrVG und ist daher kein Tendenzunternehmen.

BAG *7.4.1981 – 1 ABR 62/78*

Die Gesellschaft für musikalische Aufführungs- und mechanische Vervielfältigungsrechte (**GEMA**) dient nicht unmittelbar und überwiegend künstlerischen Bestimmungen i.S.d. § 118 Abs. 1 Nr. 1 BetrVG, so dass die Vorschriften des BetrVG über die Bildung eines Wirtschaftsausschusses bei ihr Anwendung finden.

Der Wirtschaftsausschuss ist in einem Beschlussverfahren, in dem die Betriebspartner über die Berechtigung des Betriebsrats (Gesamtbetriebsrats) zur Bildung des Wirtschaftsausschusses streiten, nicht beteiligt.

BAG *8.3.1983 – 1 ABR 44/81*

Ein **zoologischer Garten** kann wissenschaftlichen Bestimmungen i.S.d. § 118 Abs. 1 Satz 1 Nr. 1 BetrVG dienen, soweit er dazu bestimmt ist, Erkenntnisse über Tierbiologie zu gewinnen oder Methoden der Arterhaltung zu erforschen oder zu entwickeln. Das Halten von Wildtieren oder die Arterhaltung für sich allein stellen als Aufgaben des Zoos keine wissenschaftliche Bestimmung i.S.d. § 118 Abs. 1 Satz 1 Nr. 1 BetrVG dar.

Dagegen dient ein Zoo nicht erzieherischen Bestimmungen i.S.d. § 118 Abs. 1 Satz 1 Nr. 1 BetrVG, soweit er naturwissenschaftliche Kenntnisse durch Beschriftungstafeln, Broschüren, Wegweiser, Führungen, Vorträge, Zeitschriften und die Art der Präsentation der Tiere bei der Bevölkerung verbreitet oder vertieft.

Ob ein Mischunternehmen überwiegend tendenzgeschützten Bestimmungen i.S.d. § 118 Abs. 1 Satz 1 BetrVG dient, richtet sich danach, in welchem Umfang das Unternehmen seine personellen und sonstigen Mittel zur Verwirklichung seiner tendenzgeschützten und seiner anderen Ziele einsetzt. Bei personalintensiven Unternehmen ist in erster Linie auf den Personaleinsatz abzustellen und zu prüfen, ob mehr als die Hälfte der Gesamtarbeitszeit des Personals zur Tendenzverwirklichung eingesetzt wird. Dabei kommt es nicht allein auf die Arbeitszeit der eigentlichen Tendenzträger an, sondern auf die Arbeitszeit aller Arbeitnehmer, die an der Tendenzverwirklichung mitwirken.

BAG *21.6.1989 – 7 ABR 58/87*

Ein **Verlag** ist auch dann ein Tendenzunternehmen i.S.d. § 118 BetrVG, wenn er gleichzeitig wissenschaftliche, künstlerische, erzieherische und politische Werke herausgibt.
Das Streben nach Gewinn schließt die Anwendung des Tendenzschutzes nicht aus.

Mit Art. 20 Abs. 1 GG sind die betriebsverfassungsrechtlichen Sonderbestimmungen für Tendenzbetriebe vereinbar.

Hessisches LAG *7.5.1974 – 5 TaBV 37/73*

Belletristische Buchverlage mit breitem Verlagsprogramm dienen künstlerischen Bestimmungen i.S.d. § 118 Abs. 1 Satz 1 Nr. 1 BetrVG.

Ein **Buchclub**, der belletristische Werke als sog. Clubausgaben herstellt und vertreibt, kann Tendenzschutz i.S.d. § 118 Abs. 1 BetrVG genießen. Dies gilt auch dann, wenn die Verlagsrechte dem Buchclub nicht selbst zustehen und er deshalb lediglich sog. Lizenzausgaben herstellt und vertreibt.

BAG *15.2.1989 – 7 ABR 12/87*

2.2. Berichterstattung oder Meinungsäußerung (§ 118 Abs. 1 Nr. 2 BetrVG)

Auch **Sportredakteure einer Tageszeitung** sind jedenfalls dann Tendenzträger, wenn sie Mitglied der Redaktionskonferenz sind.

Eine unabhängige und überparteiliche Tageszeitung dient zumindest „Zwecken der Berichterstattung" i.S.d. § 118 Abs. 1 Nr. 2 BetrVG.

BAG *9.12.1975 – 1 ABR 37/74*

Ein rechtlich selbständiges Unternehmen, dessen Zweck allein die Herstellung von Druckereierzeugnissen ist, kann sich – jedenfalls in aller Regel – auch dann nicht auf den Tendenzschutz des § 118 Abs. 1 Nr. 2 BetrVG berufen, wenn ihm überwiegend der **Druck einer einzigen Tageszeitung** obliegt. Nur ein Unternehmen, das selbst geistig-ideelle Zielsetzungen der in § 118 Abs. 1 BetrVG genannten Art verwirklichen will, kann Tendenzunternehmen sein.

BAG *31.10.1975 – 1 ABR 64/74*

Eine **Rundfunkanstalt** dient auch dann überwiegend Zwecken der Berichterstattung und Meinungsäußerung, wenn das Programm neben 10 % Wortbeiträgen und 50 % moderierten Musikbeiträgen auch 40 % Musiksendungen enthält, für die – überwiegend in der Nachtzeit – die Mitarbeiter der Technik verantwortlich sind.

BAG *27.7.1993 – 1 ABR 8/93*

Die Rechtsprechung des BAG zum Tendenzschutz im verbundenen Unternehmen, nach der sich § 118 Abs. 1 Satz 1 Nr. 2 BetrVG grundsätzlich nicht auf das abhängige Unternehmen (hier: ein Zustellunternehmen für Tageszeitungen) erstreckt, ist verfassungsrechtlich nicht zu beanstanden.

BVerfG *29.4.2003 – 1 BvR 62/99 = NZA 2003, 864*

3. Einschränkung der Beteiligungsrechte des Betriebsrats

Nach § 118 Abs. 1 BetrVG findet das BetrVG keine Anwendung auf Unternehmen und Betriebe, die unmittelbar und überwiegend Zwecken der Berichterstattung oder Meinungsäußerung, auf die Art. 5 Abs. 1 Satz 2 GG Anwendung findet, dienen, soweit die Eigenart des Unternehmens oder des Betriebs dem entgegensteht.

§ 118 Abs. 1 Satz 2 BetrVG schließt aber Mitbestimmungsrechte des Betriebsrats nicht schlechthin aus. Aus dem Wortlaut der Vorschrift, dass die Bestimmungen des BetrVG **nur** insoweit keine Anwendung finden, als die Eigenart des Unternehmens oder des Betriebs dem entgegensteht, ergibt sich, dass § 118 Abs. 1 BetrVG die Ausnahme von der Regel ist, dass der Betriebsrat nach den Vorschriften des BetrVG zu beteiligen ist.

BAG *30.1.1990 – 1 ABR 101/88;*
LAG *Niedersachsen 8.1.1991 – 11 TaBV 46/90 = BB 1991, 975*

§ 118 Abs. 1 BetrVG ist keine grundrechtsbegrenzende, sondern eine grundrechtsgestaltende Regelung, bei deren Auslegung und Anwendung es nicht auf das Gewicht der durch die in Frage stehenden Mitbestimmungsrechte geschützten Belange der Arbeitnehmer ankommt. Soweit für die Auslegung grundrechtsgestaltender Regelungen auch das Sozialstaatsprinzip heranzuziehen ist, darf dies nicht in eine Beschränkung des Grundrechts auf Presse- oder Rundfunkfreiheit umschlagen.

Werden Arbeitsentscheidungen aus anderen als Tendenzgründen getroffen, etwa zu dem Zweck, den regelmäßigen Einsatz der Redakteure dem technisch-organisatorischen Sendeablauf anzupassen oder die Art der Arbeitsleistung zu regeln, führt eine Betriebsratsbeteiligung hieran nicht zu einer Einflussmöglichkeit auf die Tendenz.

BVerfG *15.12.1999 – 1 BvR 729/92 = NJW 2000, 1711*

Dem Betriebsrat steht bei der Einführung eines Formulars, in dem Redakteure einer Wirtschaftszeitung aufgrund einer vertraglichen Nebenabrede den Besitz bestimmter Wertpapiere dem Arbeitgeber anzuzeigen haben, ein Mitbestimmungsrecht nach § 87 Abs. 1 Nr. 1 BetrVG zu. Diese Maßnahme unterliegt nicht dem Tendenzschutz nach § 118 Abs. 1 Satz 1 BetrVG.

Bei der Einführung von Regeln, die für Redakteure einer Wirtschaftszeitung den Besitz von Wertpapieren oder die Ausübung von Nebentätigkeiten mit dem Ziel einschränken, die Unabhängigkeit der Berichterstattung zu gewährleisten, schließt der Tendenzschutz des § 118 Abs. 1 Satz 1 BetrVG eine Mitbestimmung des Betriebsrats aus.

***BAG** 28.5.2002 – 1 ABR 32/01 = DB 2003, 287*

3.1. Personelle Angelegenheiten (§§ 78 a, 92 – 103 BetrVG)

Die Kündigung eines als Tendenzträger beschäftigten Betriebsratsmitglieds aus tendenzbezogenen Gründen bedarf nicht der Zustimmung des Betriebsrats nach § 103 Abs. 1 BetrVG. Der Betriebsrat ist nur nach § 102 BetrVG anzuhören.

Eine von einer politischen Partei getragene politische Stiftung ist auf Grund der von ihr verfolgten allgemeinen politischen Zielsetzung grundsätzlich als ein Tendenzunternehmen i.S.d. § 118 Abs. 1 Satz 1 Nr. 1 BetrVG anzusehen.

***BAG** 28.8.2003 – 2 ABR 48/02*

§ 78 a BetrVG ist nicht nur auf die nach §§ 25 ff. BBiG staatlich anerkannten Ausbildungsberufe anzuwenden, sondern auch auf Ausbildungsverhältnisse, die tariflichen Regelungen entsprechen und eine geordnete Ausbildung von mindestens zwei Jahren Dauer vorsehen.

Durch den Abschluss eines Ausbildungsvertrages entsprechend dem (Tarif-)Vertrag über Ausbildungsrichtlinien für Redaktionsvolontäre an Tageszeitungen vom 1. September 1969 wird ein Berufsausbildungsverhältnis i.S.d. § 78 a BetrVG begründet.

§ 118 Abs. 1 Nr. 2 BetrVG steht der Begründung eines Arbeitsverhältnisses nach § 78 a Abs. 2 BetrVG mit einem Redaktionsvolontär nach Beendigung der Ausbildung nicht entgegen. Diese Rechtswirkung kann aus Gründen des Tendenzschutzes entfallen, wenn tendenzbedingte Gründe die Weiterbeschäftigung des Arbeitnehmers als für den Arbeitgeber unzumutbar ausschließen.

***BAG** 23.6.1983 – 6 AZR 595/80*

§ 118 Abs. 1 Satz 2 BetrVG schließt die Beteiligungsrechte des Betriebsrats nach **§ 92 Abs. 1 BetrVG** nicht generell aus.
Die Tendenz eines Unternehmens, das sich die Betreuung und Eingliederung Behinderter zum Ziel gesetzt hat, steht der Wahrnehmung der Beteiligungsrechte des Betriebsrats nach § 92 Abs. 1 BetrVG nicht entgegen.

***BAG** 6.11.1990 – 1 ABR 60/89*

§ 94 Abs. 1 BetrVG ist auch dann anwendbar, wenn die Fragen an Bewerber oder Arbeitnehmer anhand eines standardisierten Fragenkatalogs, einer „Checkliste", vom Arbeitgeber **mündlich** gestellt werden und die Antworten vom Fragenden schriftlich festgehalten werden.
Das Zustimmungserfordernis entfällt bei einem wissenschaftlichen Unternehmen, soweit dieses vor der Einstellung von wissenschaftlichen Angestellten mit Hilfe des Personalfragebogens in Erfahrung bringen will, ob und ggf. in welcher Weise oder Funktion der Bewerber für das frühere Ministerium für Staatssicherheit oder vergleichbare Institutionen tätig gewesen ist.

***BAG** 21.9.1993 – 1 ABR 28/93*

Dem Verlangen des Betriebsrats, Arbeitsplätze, die besetzt werden sollen, innerbetrieblich auszuschreiben (**§ 93 BetrVG**), steht die Eigenart eines Tendenzunternehmens (-betriebs) – jedenfalls in aller Regel – auch dann nicht entgegen, wenn sich die Ausschreibung auf sog. Tendenzträger erstrecken soll. Die Frage der Tendenzbeeinträchtigung stellt sich erst, wenn der Betriebsrat wegen einer unterbliebenen Ausschreibung seine Zustimmung zur personellen Einzelmaßnahme verweigern will (§ 99 Abs. 2 Nr. 5 BetrVG).

***BAG** 30.1.1979 – 1 ABR 78/76*

Beratungsrechte, wie das nach **§ 97 BetrVG**, sind generell nicht geeignet, eine **Tendenzverwirklichung** des Arbeitgebers ernsthaft zu beeinträchtigen, weil der Arbeitgeber nach der Beratung allein – hier über die Einführung der betrieblichen Berufsbildungsmaßnahme – entscheidet. Das Mitbestimmungsrecht nach § 98 Abs. 1 BetrVG könnte nur entfallen, soweit von der betrieblichen Berufsbildung Tendenzträger betroffen wären.

***BAG** 4.12.1990 – 1 ABR 10/90*

Bei **tendenzbezogenen personellen Einzelmaßnahmen** hat der Betriebsrat **kein Zustimmungsverweigerungs-, sondern nur ein Informationsrecht**. Die Regelung des § 100 Abs. 1 BetrVG über die vorläufige Durchführung von personellen Einzelmaßnahmen hat hier nur noch Bedeutung für die Fälle, in denen der Arbeitgeber die Maßnahme vor Ablauf der Wochenfrist durchführen will, die dem Betriebsrat zur Stellungnahme zur Verfügung steht. An die Voraussetzung, dass die vorläufige Durchführung aus sachlichen Gründen dringend erforderlich sein muss, sind hier besonders strenge Anforderungen zu stellen.

***BAG** 8.5.1990 – 1 ABR 33/89*

Die Auskunftspflicht des Arbeitgebers nach § 99 Abs. 1 BetrVG einschließlich seiner Pflicht zur Vorlage der erforderlichen Bewerbungsunterlagen erstreckt sich auch auf diejenigen Bewerber, die er nicht berücksichtigen will.

Diese Pflicht zur Vorlage der Bewerbungsunterlagen sämtlicher Bewerber an den Betriebsrat gilt auch bei der **Einstellung** von **Redakteuren eines Zeitschriftenverlages**. Der Tendenzcharakter des Verlagsunternehmens steht dem nicht entgegen.

***BAG** 19.5.1981 – 1 ABR 109/78*

Ein von einer öffentlichen Körperschaft getragenes Berufsförderungswerk, das ohne Absicht der Gewinnerzielung der beruflichen Rehabilitation Behinderter dient, verfolgt erzieherische und karitative Ziele i.S.v. § 118 Abs. 1 Satz 1 Nr. 1 BetrVG.

Lehrkräfte, die in solchen Berufsförderungswerken beschäftigt werden, sind Tendenzträger. Bei ihrer Einstellung besteht kein Mitbestimmungsrecht nach § 99 BetrVG.

Der Tendenzschutz des Betriebsverfassungsgesetzes zugunsten erzieherischer und karitativer Ziele schließt nicht aus, dass dem Betriebsrat **durch Tarifvertrag** ein Mitbestimmungsrecht bei der Einstellung von Tendenzträgern eingeräumt wird.

***BAG** 31.1.1995 – 1 ABR 35/94*

Bei der **Einstellung eines Redakteurs** in einem Zeitungsbetrieb spricht eine tatsächliche Vermutung dafür, dass es sich um eine tendenzbedingte personelle Maßnahme in Bezug auf einen Tendenzträger handelt, so dass das Zustimmungsverweigerungsrecht des Betriebsrats gemäß § 99 BetrVG durch § 118 Abs. 1 BetrVG ausgeschlossen ist.

Das gilt auch dann, wenn die personelle Maßnahme zu einer Verletzung von Individualrechten einzelner bereits im Betrieb beschäftigter Arbeitnehmer führen kann.

***LAG** München 13.12.1988 – 3 TaBV 46/88 = BB 1989, 2041 = DB 1989, 1929*

Die **Einstellung eines Redakteurs** bedarf in einem **Zeitschriftenverlag** im Regelfall nicht der vorherigen Zustimmung des Betriebsrats.

Streiten Arbeitgeber und Betriebsrat anlässlich einer solchen personellen Maßnahme, zu der der Betriebsrat seine Zustimmung nach § 99 Abs. 3 BetrVG verweigert hat, darüber, ob die Maßnahme nach § 118 Abs. 1 Satz 1 BetrVG der Zustimmung des Betriebsrats bedarf oder nicht, so ist der Arbeitgeber nicht gehalten, diesen Streit in einem Zustimmungsersetzungsverfahren nach § 99 Abs. 4 BetrVG entscheiden zu lassen.

Die ohne Zustimmung des Betriebsrats durchgeführte personelle Maßnahme ist auf Antrag des Betriebsrats nach § 101 Satz 1 BetrVG aufzuheben, wenn der Arbeitgeber für diese Maßnahme keinen Tendenzschutz in Anspruch nehmen konnte.

***BAG** 1.9.1987 – 1 ABR 23/86*

Redaktionsvolontäre an einer Tageszeitung sind ebenso wie Redakteure so genannte Tendenzträger. Ihre **Einstellung** bedarf nicht der Zustimmung des Betriebsrats nach § 99 BetrVG.

***BAG** 19.5.1981 – 1 ABR 39/79*

Bei der **Versetzung** von **Tendenzträgern** wird nach § 118 Abs. 1 BetrVG das Beteiligungsrecht des Betriebsrats nach § 99 Abs. 1 BetrVG eingeschränkt: Der Arbeitgeber hat den Betriebsrat über die geplante Einzelmaßnahme zu **informieren**, muss aber nicht dessen Zustimmung einholen; dies gilt in der Regel unabhängig davon, ob vom Betriebsrat so genannte „tendenzneutrale" oder „tendenzbezogene" Zustimmungsverweigerungsgründe geltend gemacht werden.

***BAG** 8.5.1990 – 1 ABR 33/89; **BAG** 27.7.1993 – 1 ABR 8/93*

Die **Versetzung eines Redakteurs** in einem **Zeitschriftenverlag** bedarf in der Regel nicht der Zustimmung des Betriebsrats. Der Betriebsrat ist jedoch vor der Durchführung der Versetzung zu unterrichten, so dass er binnen 1 Woche dazu Stellung nehmen kann.

Hat der Arbeitgeber eine Versetzung eines Redakteurs ohne vorherige Unterrichtung und Anhörung des Betriebsrats durchgeführt, kann der Betriebsrat verlangen, dass der Arbeitgeber die Versetzung aufhebt.

***BAG** 1.9.1987 – 1 ABR 22/86*

Der Tendenzcharakter eines Unternehmens schließt das Mitbestimmungsrecht des Betriebsrats bei der **Eingruppierung** nach im Unternehmen angewandten Tätigkeitsmerkmalen – hier des BAT – nicht aus.

Das Mitbestimmungsrecht des Betriebsrats gilt auch dann, wenn die Eingruppierungsregelungen des **BAT** durch einzelvertragliche Vereinbarung zu einer betrieblichen Ordnung gemacht werden.

***BAG** 3.12.1985 – 4 ABR 80/83*

Rechtsschutzsekretäre der Gewerkschaft sind Tendenzträger. Sie betreffende Einstellungen oder Versetzungen sind tendenzbezogene Maßnahmen. Auch wenn die Stelle des Rechtsschutzsekretärs zwecks Besetzung auf Verlangen des Betriebsrats innerbetrieblich auszuschreiben ist (§ 93 BetrVG), so begründet dies bei unterbliebener Ausschreibung kein Zustimmungsverweigerungsrecht nach § 99 Abs. 2 Nr. 5 BetrVG. Auch dann verbleibt es bei dem gemäß § 118 Abs. 1 BetrVG auf Unterrichtung beschränkten Beteiligungsrecht des Betriebsrats nach § 99 BetrVG.

***Hessisches LAG** 3.9.1996 – 4 TaBV 160/95 = NZA 1997, 671*

Eine vom Arbeitgeber gegenüber einem **Redakteur** ausgesprochene **Kündigung** wegen mangelnder journalistischer Qualifikation ist tendenzbezogen. Der Widerspruch des Betriebsrats löst die Weiterbeschäftigungspflicht nach § 102 Abs. 5 BetrVG nicht aus.

***LAG** Hamburg 17.7.1974 – 4 Sa 45/74 = BB 1974, 1396*

§ 118 BetrVG steht der Anhörungspflicht des Arbeitgebers gegenüber dem Betriebsrat gemäß **§ 102 Abs. 1 BetrVG** jedenfalls dann nicht entgegen, wenn die Kündigung eines Tendenzträgers keinerlei Beziehung zu der geistig-ideellen Bestimmung des Betriebs (Unternehmens) hat, sondern ausschließlich auf wirtschaftlichen Gründen beruht.

***BAG** 22.4.1975 – 1 AZR 604/73*

§ 118 Abs. 1 BetrVG steht der Anhörung des Betriebsrats gemäß § 102 Abs. 1 BetrVG auch dann nicht entgegen, wenn die **Kündigung eines Tendenzträgers aus tendenzbedingten Gründen** erfolgt. Gegen die tendenzbedingten Motive der beabsichtigten Kündigung kann der Betriebsrat aber Bedenken nur insoweit erheben, als auch soziale Gesichtspunkte in Betracht kommen.

Der Grundgedanke der Vorschrift des § 118 BetrVG ist es, einen verfassungskonformen, ausgewogenen Ausgleich zwischen dem Sozialstaatsprinzip und dem Freiheitsraum des Tendenzträgers herzustellen. Der Tendenzschutz ist aber nur dann erforderlich und geboten, wenn und soweit die Tendenz selbst verwirklicht wird, also die Freiheitsrechte selbst und unmittelbar verwirklicht werden. Der Tendenzschutz greift daher nur dort ein, wo die Verwirklichung der geistig-ideellen Zielsetzungen des Unternehmens durch Maßnahmen des Betriebsrats so beeinflusst werden kann, dass Grundrechte verletzt werden.

Die Anhörung des Betriebsrats nach § 102 Abs. 1 BetrVG hat nicht zur Folge, dass sie auf Inhalt und Ausgestaltung des Presseorgans Einfluss nehmen könnte. Sie dient dem sozialen Schutz aller im Betrieb beschäftigten Arbeitnehmer. Die Alleinentscheidung des Arbeitgebers über die Kündigung des Tendenzträgers wird nicht dadurch in Frage gestellt, dass der Arbeitgeber dem Betriebsrat nicht nur die tendenzfreien, sondern auch die tendenzbedingten Kündigungsgründe vollständig mitteilen muss. § 118 Abs. 1 BetrVG dient nicht der Geheimhaltung tendenzbedingter Motive für personelle Maßnahmen.

***BAG** 7.11.1975 – 1 AZR 282/74*

Das Grundrecht der Pressefreiheit verwehrt dem Staat eine unmittelbare Einflussnahme auf die Tendenz von Presseerzeugnissen; er darf auch nicht durch rechtliche Regelungen die Presse fremden – nichtstaatlichen – Einflüssen unterwerfen oder öffnen, die mit dem durch Art. 5 Abs. 1 Satz 2 GG begründeten Postulat unvereinbar wären, der Freiheit der Presse Rechnung zu tragen.

Dies gilt auch für Regelungen des Tendenzschutzes, die das Verhältnis zwischen dem Verleger und dem Betriebsrat eines Tendenzbetriebs zum Gegenstand haben.

Es ist mit Art. 5 Abs. 1 Satz 2 GG vereinbar, § 118 Abs. 1 Satz 1 BetrVG dahin auszulegen, dass diese Vorschrift bei der **Kündigung eines Tendenzträgers** die Pflicht zur vorherigen Anhörung des Betriebsrats nach § 102 Abs. 1 Satz 1 BetrVG nicht ausschließe und dem Betriebsrat auch tendenzbedingte Kündigungsgründe mitzuteilen seien, dass der Betriebsrat jedoch Einwendungen auf soziale Gesichtspunkte beschränken müsse. Die Entscheidung des BAG in AP Nr. 4 zu § 118 BetrVG ist daher verfassungsrechtlich nicht zu beanstanden.

***BVerfG** 6.11.1979 – 1 BvR 81/76*

§ 15 Abs. 1 Satz 1 KSchG verbietet jedenfalls auch solche ordentlichen Kündigungen, die ein Tendenzunternehmen gegenüber einem dem Betriebsrat angehörenden Tendenzträger (hier: Solo- und Erster Hornist in einem Sinfonieorchester) wegen nicht tendenzbezogener Leistungsmängel erklärt. Dadurch wird die durch Art. 5 Abs. 3 GG gewährleistete Kunstfreiheit nicht beeinträchtigt.

Kündigungsrechtlich erhebliche tendenzbezogene Leistungsstörungen liegen nur dann vor, wenn die von einem Tendenzträger erbrachte Arbeitsleistung als solche dem Tendenzzweck zuwiderläuft. Um nicht tendenzbezogene und damit tendenzneutrale Leistungsstörungen handelt es sich dann, wenn bei einem Tendenzträger Leistungsmängel auftreten, die keinen unmittelbaren Bezug zu dem verfolgten Tendenzzweck haben.

***BAG** 3.11.1982 – 7 AZR 5/81*

Setzt der Arbeitgeber teilweise Vereinsmitglieder gegen eine Aufwandsentschädigung als Rettungssanitäter in den Rettungs- und Transportfahrzeugen ein, so ist darin eine mitbestimmungspflichtige Einstellung nach § 99 Abs. 1 BetrVG zu sehen.

Es ist unerheblich, ob es sich bei den ehrenamtlich im Rettungs- und Transportdienst tätigen Vereinsmitgliedern um Arbeitnehmer handelt. In jedem Fall liegt ihrer Beschäftigung eine Einstellung i.S.v. § 99 Abs. 1 BetrVG zugrunde. Dafür bedarf es lediglich der tatsächlichen Eingliederung in den Betrieb zur Leistung einer ihrer Art nach weisungsabhängigen Tätigkeit. Das Mitbestimmungsrecht des Betriebsrats ist auch nicht durch § 118 Abs. 1 BetrVG eingeschränkt. Dabei kann unterstellt werden, dass der Rettungs- und Transportdienst ein Tendenzbetrieb im Sinne dieser Vorschrift ist. Jedenfalls sind beim Einsatz auf den Rettungs- und Transportfahrzeugen weder haupt- noch ehrenamtlich tätige Mitarbeiter Tendenzträger. Sie können auf die Tendenzverwirklichung keinen prägenden Einfluss nehmen.

***BAG** 12.11.2002 – 1 ABR 60/01*

Die Kündigung eines als Tendenzträger beschäftigten Betriebsratsmitglieds aus tendenzbezogenen Gründen bedarf nicht der Zustimmung des Betriebsrats nach § 103 Abs. 1 BetrVG. Der Betriebsrat ist nur nach § 102 BetrVG anzuhören.

Eine von einer politischen Partei getragene politische Stiftung ist auf Grund der von ihr verfolgten allgemeinen politischen Zielsetzung grundsätzlich als ein Tendenzunternehmen i.S.d. § 118 Abs. 1 Satz 1 Nr. 1 BetrVG anzusehen.

***BAG** 28.8.2003 – 2 ABR 48/02*

3.2. Soziale Angelegenheiten (§ 87 BetrVG)

Auch für Tendenzträger werden die Mitbestimmungsrechte nur insoweit ausgeschlossen, wie ihnen die Eigenart des Unternehmens oder des Betriebs entgegensteht. Dies ist nicht bei allen Maßnahmen der Fall, von denen **Tendenzträger** betroffen sind. Es muss sich jeweils um eine tendenzbezogene Maßnahme handeln. Die Eigenart des Unternehmens oder des Betriebs steht einem Beteiligungsrecht noch nicht dann entgegen, wenn eine Regelung, die geistig-ideelle Zielsetzung irgendwie berührt, sondern nur, wenn die Ausübung des Beteiligungsrechts die Tendenzverwirklichung ernsthaft beeinträchtigen kann.

Zu den Tendenzen einer **Tageszeitung**, die durch § 118 BetrVG geschützt sind, gehört aber auch nicht nur die Festlegung des politischen Inhalts einer solchen Tageszeitung, sondern unter anderem auch die Aktualität der Berichterstattung. Die Aktualität der Berichterstattung kann aber berührt werden, wenn in einer Betriebsvereinbarung die Arbeitszeit der **Redakteure** so geregelt ist, dass diese durch **Festlegung von Gleitzeiten** und **Kernzeiten** über die Einteilung ihrer Arbeit im Tagesverlauf weitgehend selbst bestimmen können. Die konkrete Festlegung von Gleit-, Kern- und Eckzeiten hat unmittelbare Auswirkungen auf die Festlegung des Redaktionsschlusses und damit auch auf die Aktualität einer Zeitung. Gerade die Aktualität einer Zeitschrift ist entscheidend für ihr Erscheinungsbild, damit auch für ihre Verbreitung. Es muss daher dem Herausgeber einer Zeitung überlassen bleiben, durch eine Verlegung des Redaktionsschlusses, die Aktualität zu erhöhen. Dies kann auch geschehen, indem z. B. durch die Anschaffung neuer Druckmaschinen die produktionstechnische Herstellung einer Zeitung beschleunigt wird und damit der Redaktionsschluss nach hinten verlegt werden kann, um die Aktualität zu erhöhen. Diesen Gegebenheiten trägt die Festlegung von täglichen Gleit-, Kern- und Eckzeiten nicht Rechnung.

***LAG** Niedersachsen 8.1.1991 – 11 TaBV 46/90; n.rkr. = BB 1991, 974*

Zeitungsverlage sind Tendenzbetriebe i.S.d. § 118 BetrVG. Redakteure in Zeitungsverlagen sind Tendenzträger.
Die **Arbeitszeitregelung** für Redakteure ist der Mitbestimmung des Betriebsrats entzogen, wenn das Maß der Aktualität der Berichterstattung durch bestimmte Arbeitszeitregelungen beeinträchtigt wird.

***LAG** Düsseldorf 25.10.1988 – 8 TaBV 101/88*

Daraus, dass **Redakteure eines Zeitschriftenverlags** sog. Tendenzträger sind, folgt nicht, dass jede ihre **Arbeitszeit** betreffende Anordnung des Arbeitgebers eine tendenzbezogene und deshalb mitbestimmungsfreie Maßnahme ist. Geht es nur darum, den Einsatz der Redakteure dem technisch-organisatorischen Ablauf des Herstellungsprozesses der Zeitschrift anzupassen, ohne dass dabei besondere tendenzbedingte Gründe wie etwa die Aktualität der Berichterstattung eine Rolle spielen, muss wegen der Eigenart eines Presseunternehmens das Mitbestimmungsrecht des Betriebsrats nicht zurücktreten.

***BAG** 22.5.1979 – 1 ABR 100/77*

Der Umstand, dass die Aktualität einer Berichterstattung auch von der Lage der Arbeitszeit derjenigen Arbeitnehmer abhängt, die an dieser Berichterstattung mitwirken, führt noch nicht dazu, dass das Mitbestimmungsrecht des Betriebsrats hinsichtlich der **Lage der Arbeitszeit dieser Arbeitnehmer** entfällt.

Erst die konkrete mitbestimmte Regelung über die Lage der Arbeitszeit, die eine aktuelle Berichterstattung ernsthaft gefährdet oder unmöglich macht, ist von diesem Mitbestimmungsrecht des Betriebsrats nicht mehr gedeckt und damit unwirksam.

***BAG** 11.2.1992 – 1 ABR 49/91*

Dem Betriebsrat steht bei der Einführung eines Formulars, in dem Redakteure einer Wirtschaftszeitung aufgrund einer vertraglichen Nebenabrede den Besitz bestimmter Wertpapiere dem Arbeitgeber anzuzeigen haben, ein Mitbestimmungsrecht nach § 87 Abs. 1 Nr. 1 BetrVG zu. Diese Maßnahme unterliegt nicht dem Tendenzschutz nach § 118 Abs. 1 Satz 1 BetrVG.

Bei der Einführung von Regeln, die für Redakteure einer Wirtschaftszeitung den Besitz von Wertpapieren oder die Ausübung von Nebentätigkeiten mit dem Ziel einschränken, die Unabhängigkeit der Berichterstattung zu gewährleisten, schließt der Tendenzschutz des § 118 Abs. 1 Satz 1 BetrVG eine Mitbestimmung des Betriebsrats aus.

***BAG** 28.5.2002 – 1 ABR 32/01 = DB 2003, 287*

Die Freiheit eines Zeitungsverlegers zur Tendenzverwirklichung wird nicht durch eine Betriebsvereinbarung beeinträchtigt, die für **Redakteure** Beginn und Ende der täglichen Arbeitszeit sowie die Verteilung der Arbeitszeit auf die einzelnen Wochentage regelt, wenn diese Betriebsvereinbarung die für die Aktualität der Berichterstattung relevanten Entscheidungen des Arbeitgebers (Redaktionsschluss, Lage und Dauer von Redaktionskonferenzen, Besetzung der Redaktionen u. a.) als Vorgabe zugrunde legt und sichergestellt hat, dass die Arbeitszeitregelung auch künftigen Tendenzentscheidungen nicht entgegensteht.

***BAG** 14.1.1992 – 1 ABR 35/91*

Die Eigenart eines Unternehmens oder eines Betriebs i.S.d. § 118 Abs. 1 BetrVG steht einem Beteiligungsrecht des Betriebsrats nur dann entgegen, wenn durch die Ausübung des Beteiligungsrechts die geistig-ideelle Zielsetzung des Tendenzträgers ernstlich beeinträchtigt werden kann.

Die Aktualität der Berichterstattung wird nicht beeinträchtigt, wenn der Betriebsrat bei der Dauer der Arbeitszeit der Redakteure an einzelnen Arbeitstagen, nicht aber bei Beginn und Ende der Arbeitszeit und der Festlegung der einzelnen Arbeitstage mitbestimmt.

***BAG** 30.1.1990 – 1 ABR 101/88*

Die karitative Bestimmung eines **Dialysezentrums** schließt Mitbestimmungsrechte des Betriebsrats hinsichtlich der **Dienstpläne für die Pflegekräfte** nicht aus.

Sieht eine mitbestimmte Regelung über die Aufstellung von Dienstplänen vor, dass der einzelne Dienstplan der Zustimmung des Betriebsrats in einem geregelten Verfahren bedarf und dass die Zustimmung des Betriebsrats notfalls durch eine Einigungsstelle ersetzt werden muss, so gilt ein wirksam beschlossener Dienstplan auch nach Ablauf seiner Geltungsdauer weiter, wenn für den Anschlussdienstplan die Zustimmung des Betriebsrats nicht rechtzeitig durch die Einigungsstelle ersetzt werden kann.

***BAG** 18.4.1989 – 1 ABR 2/88*

In einem Tendenzbetrieb sind **Fragen der betrieblichen Lohngestaltung** jedenfalls dann nicht gemäß § 118 Abs. 1 Satz 1 BetrVG dem Mitbestimmungsrecht des Betriebsrats entzogen, wenn die Ausgestaltung des betrieblichen Entgeltsystems keinen besonderen Tendenzbezug hat, sondern tendenzneutral ist.

***BAG** 31.1.1984 – 1 AZR 174/81*

Der Betriebsrat hat in einer Privatschule nach § 87 Abs. 1 Nr. 3 BetrVG bei der **Festlegung der Höchstgrenzen für Vertretungsstunden** gegenüber vollbeschäftigten Lehrern mitzubestimmen.

***BAG** 13.6.1989 – 1 ABR 15/88*

Eine **Privatschule** ist ein Tendenzunternehmen i.S.d. § 118 Abs. 1 BetrVG.

Die Entscheidung des Schulträgers, im Rahmen eines Ganztagesschulbetriebs **Lehrer an den Nachmittagen** zu Unterrichts- und Betreuungsstunden **heranzuziehen**, ist eine tendenzbezogene Entscheidung, die nicht der Mitbestimmung des Betriebsrats unterliegt.

***BAG** 13.1.1987 – 1 ABR 49/85*

3.3. Wirtschaftliche Angelegenheiten

Eine Einigungsstelle ist nicht offensichtlich unzuständig und daher nach § 98 ArbGG zu bilden, wenn es unterschiedliche bedenkenswerte Rechtsauffassungen im Schrifttum zur Reichweite der Beteiligungsrechte eines Betriebsrats bei Betriebsänderungen in **Tendenzbetrieben** gibt und eine höchstrichterliche Entscheidung hierzu noch aussteht.

***LAG** Niedersachsen 11.11.1993 – 1 TaBV 59/93 = DB 1993, 2540*

Plant ein **Zeitungsverlag** eine **Betriebsänderung**, so bewegt er sich im Rahmen der Tendenzausübung. Er genießt Tendenzschutz und ist nicht verpflichtet, in Verhandlungen über einen Interessenausgleich einzutreten. Der Betriebsrat vermag den Ausspruch betriebsbedingter Kündigungen nicht zu verhindern.

***ArbG** Frankfurt a. M. 26.9.1995 – 8 BVGa 60/95 = BB 1996, 1063*

Da in Tendenzbetrieben keine Verpflichtung besteht, vor Betriebsänderungen (§ 111BetrVG einen **Interessenausgleich** zu versuchen (§ 118 Abs. 1 Satz 2 BetrVG), kann der Betriebsrat nicht vom Arbeitgeber im Wege des einstweiligen Verfügungsverfahrens Verhandlungen über die Aufstellung eines Interessenausgleichs oder die Bestellung eines **Sachverständigen** im Hinblick auf die Betriebsänderung verlangen.

Auch kann der Betriebsrat im Wege der einstweiligen Verfügung nicht verlangen, dass die Betriebsänderung **unterlassen** wird, bis ein Interessenausgleich „versucht" worden ist. Dies gilt auch dann, wenn die Betriebsänderung keine Arbeitnehmer betrifft, die **„Tendenzträger"** sind.

Auch in Tendenzbetrieben ist im Falle der Betriebsänderung, sofern die Voraussetzungen der §§ 111, 112 a BetrVG gegeben sind, ein Sozialplan erzwingbar.

***LAG** Rheinland-Pfalz 18.8.2005 – 4 TaBV 33/05*

In **Tendenzbetrieben** kommt ein Nachteilsausgleich nach § 113 Abs. 3 BetrVG dann in Betracht, wenn der Arbeitgeber eine Betriebsänderung durchführt, ohne den Betriebsrat rechtzeitig unterrichtet und Verhandlungen über einen Sozialplan ermöglicht zu haben.

Es bleibt unentschieden, ob § 113 Abs. 1 und 2 BetrVG auch im Tendenzbetrieb anwendbar ist, so dass ein Anspruch auf Nachteilsausgleich besteht, wenn der Arbeitgeber ohne zwingenden Grund von einem Interessenausgleich abweicht.

***BAG** 27.10.1998 – 1 AZR 766/97 = DB 1999, 2652*

In Tendenzbetrieben ist §113 Abs. 3 BetrVG wegen §118 Abs. 1 Satz 2 BetrVG jedenfalls insoweit anzuwenden, als die Vorschrift eine Sanktion für die Verletzung von Pflichten bietet, die dem Unternehmer im Hinblick auf das Zustandekommen eines Sozialplans auferlegt sind.

In **Tendenzbetrieben** ist der Betriebsrat vor dar Durchführung einer Betriebsänderung so nach § 111 Satz 1 BetrVG zu unterrichten, dass er sachangemessene eigene Vorstellungen über den Inhalt des abzuschließenden Sozialplans entwickeln und an den Arbeitgeber herantragen kann. Er muss nicht schon bei Durchführung der Betriebsänderung in der Lage sein, einen gegen alle Einwände abgesicherten Entwurf eines Sozialplans vorzulegen.

***BAG** 18.11.2003 – 1 AZR 637/02*

3.4. Auskunftsrecht des Betriebsrats (§ 80 BetrVG)

§ 118 Abs. 1 Satz 1 BetrVG steht dem Einblicksrecht in die Bruttolohn- und -gehaltslisten gemäß **§ 80 Abs. 2 Satz 2 Halbsatz 2 BetrVG** dann nicht entgegen, wenn es für die in einer Abteilung des Tendenzunternehmens beschäftigten Arbeitnehmer begehrt wird, deren Tätigkeit rein technischer Natur ist (**Filmsatzmontage einer Druckerei**).

***BAG** 30.4.1974 – 1 ABR 33/73*

Der Tendenzcharakter einer **staatlich anerkannten privaten Ersatzschule** mit angeschlossenem Internat steht dem **Einblicksrecht** des Betriebsrats in die **Bruttogehaltslisten** der Lehrer und Erzieher nicht entgegen.

***BAG** 22.5.1979 – 1 ABR 45/77*

Das **Einblicksrecht** des Betriebsrats in die Listen individuell vereinbarter **übertariflicher Vergütungsbestandteile** und **außertariflicher Vergütungen** ist nicht davon abhängig, dass der Betriebsrat dafür einen besonderen Anlass darlegt.

Die Eigenart eines Presseunternehmens steht dem Einblicksrecht des Betriebsrats in die Gehaltslisten der Redakteure nicht entgegen.

***BAG** 30.6.1981 – 1 ABR 26/79*

4. Religionsgemeinschaften (§ 118 Abs. 2 BetrVG)

Nach § 118 Abs. 2 BetrVG findet das Betriebsverfassungsgesetz keine Anwendung auf Religionsgemeinschaften und deren karitativen und erzieherischen Einrichtungen. Das beruht auf dem den Religionsgemeinschaften durch Art. 140 GG i. V. m. § 137 Abs. 3 WRV gewährleisteten Recht, ihre Angelegenheiten innerhalb der Schranken der für alle geltenden Gesetze zu ordnen und zu verwalten.

Das verfassungsrechtlich garantierte Selbstbestimmungsrecht steht den Kirchen nicht nur hinsichtlich ihrer körperschaftlichen Organisation oder ihrer Ämter zu. Es erstreckt sich auch auf rechtlich selbständige Vereinigungen und deren Einrichtungen, die sich nur die partielle Pflege des religiösen oder weltanschaulichen Lebens ihrer Mitglieder zum Ziel gesetzt haben, soweit sie nach kirchlichem Selbstverständnis entsprechend ihrem Zweck oder ihrer Aufgabenstellung dazu berufen sind, den weltbezogenen Auftrag der Kirchen wahrzunehmen und zu erfüllen.

Für die Zuordnung einer rechtlich selbständigen Einrichtung zur Kirche ist nicht ausreichend, dass die Einrichtung ihrem Zweck nach auf die Verwirklichung eines kirchlichen Auftrages gerichtet ist. Hinzukommen muss ein Mindestmaß an Einflussmöglichkeiten der Kirche, um auf Dauer eine Übereinstimmung der religiösen Betätigung der Einrichtung mit kirchlichen Vorstellungen gewährleisten zu können. Der ordnende Einfluss der Kirche bedarf keiner satzungsmäßigen Absicherung. Die Kirche muss jedoch in der Lage sein, einen etwaigen Dissens in religiösen Angelegenheiten zwischen ihr und der Einrichtung unterbinden zu können (BAG 14.4.1988 – 6 ABR 36/86; BAG 24.7.1991 – 7 ABR 34/94).

Das tatsächliche Maß der Einflussnahme oder Kontrolle durch die Amtskirche ist ohne Bedeutung für die Bewertung als kirchliche Einrichtung. Es gehört zu den Wesensmerkmalen der verfassungsrechtlich gewährleisteten Kirchenautonomie, Anlass und Intensität ihrer Kontrolle und Einflussnahme auf ihre Einrichtungen in eigener Verantwortung zu bestimmen. Sie muss nur sicherstellen können, dass die religiöse Betätigung der Einrichtung in Übereinstimmung mit ihren eigenen religiösen Vorstellungen erfolgt. Für das Ausmaß der kirchlichen Einflussmöglichkeiten ist es unerheblich, ob die Einrichtung mit seinen Mitarbeitern die Geltung der Arbeitsvertragsrichtlinien des Diakonischen Werkes vereinbart oder sich der kirchlichen Zusatzversorgungskasse angeschlossen hat.

In welchem Maß und in welcher Intensität die Einrichtung den kirchlichen Charakter der Einrichtung nach außen in Erscheinung treten lässt, unterliegt als Ausfluss des kirchlichen Selbstbestimmungsrechts seiner Entscheidung. Die kirchliche Prägung der Arbeit einer Einrichtung wird allein durch die fehlende Offenlegung der Kirchenzugehörigkeit nicht aufgehoben. Schließlich kommt es für die Beurteilung der kirchlichen Einflussmöglichkeiten nicht darauf an, ob die Einrichtung bei der Einstellung von Mitarbeitern deren Konfessionszugehörigkeit erfragt oder von Sanktionen bei Verstößen gegen die kirchliche Lebensordnung absieht. § 118 Abs. 2 BetrVG schützt seinem Zweck nach nicht das Bestehen einer christlich motivierten Dienstgemeinschaft. **Die Vorschrift trägt ausschließlich dem verfassungsrechtlich garantierten Selbstordnungs- und Selbstverwaltungsrecht der Kirchen Rechnung, die in eigener Verantwortung darüber zu befinden haben, ob und inwieweit Verstöße gegen die kirchliche Lebensordnung hingenommen werden können.**

***BAG** 30.4.1997 – 7 ABR 60/95*

Die Tendenzeigenschaft eines Unternehmens i.S.d. § 118 Abs. 1 Satz 1 BetrVG betrifft eine Vorfrage eines Rechtsverhältnisses i.S.d. § 256 Abs. 1 ZPO. Ein darauf gerichteter Feststellungsantrag ist unzulässig. Hierdurch wird das Bestehen oder Nichtbestehen eines betriebsverfassungsrechtlichen Rechtsverhältnisses nicht abschließend geklärt.

Feststellungsanträge, die das Bestehen oder Nichtbestehen einer Religionsgemeinschaft und ihrer karitativen und erzieherischen Einrichtungen i.S.d. § 118 Abs. 2 BetrVG betreffen, sind dagegen zulässig. Hierdurch wird das Bestehen eines betriebsverfassungsrechtlichen Rechtsverhältnisses geklärt, weil nach dieser Bestimmung das Betriebsverfassungsgesetz auf derartige Einrichtungen keine Anwendung findet.

Der Antragsteller ist in einem Beschlussverfahren notwendiger Beteiligter. Seine Beteiligungsbefugnis hängt nicht davon ab, ob er durch die begehrte Entscheidung in seiner betriebsverfassungsrechtlichen Position tatsächlich betroffen werden kann. Ob der Antragsteller befugt ist, den konkreten Antrag zur Entscheidung zu stellen, ist eine Frage seiner Antragsbefugnis, nicht aber seiner Beteiligung am Verfahren.

***BAG** 14.12.2010 – 1 ABR 93/09*

Eine in der Rechtsform einer GmbH betriebene Einrichtung der katholischen Kirche ist nach § 118 Abs. 2 BetrVG vom Geltungsbereich des Betriebsverfassungsgesetzes ausgenommen, wenn sie karitative oder erzieherische Zwecke verfolgt. Ob dies der Fall ist, bestimmt sich nach dem Selbstverständnis der Kirche.

***BAG** 23.10.2002 – 7 ABR 59/01 = NZA 2004, 334*

Der Begriff der Religionsgemeinschaft in § 118 Abs. 2 BetrVG ist ebenso zu verstehen wie der Begriff der Religionsgesellschaft i.S.d. Art. 137 Abs. 3 WRV.
Nach dem Selbstverständnis der evangelischen Kirche umfasst die Religionsausübung nicht nur die Bereiche des Glaubens und des Gottesdienstes, sondern auch die Freiheit zur Entfaltung und zur Wirksamkeit in der Welt, wie es ihrer religiösen Aufgabe entspricht. Hierzu zählt auch die **Öffentlichkeitsarbeit** mit publizistischen Mitteln als Teil kirchlicher Mission.
Auf einen rechtlich selbständigen evangelischen **Presseverband** als Teil der evangelischen Kirche findet das BetrVG keine Anwendung.

***BAG** 24.7.1991 – 7 ABR 34/90*

Betreibt der Arbeitgeber als Mitglied des diakonischen Werks in der Rechtsform einer gemeinnützigen GmbH ein Krankenhaus (Gesellschafter sind zu je 50 % die H. Klinik Weimar GmbH, deren einzige Gesellschafterin die Stadt Weimar ist, sowie die Stiftung S. Weimar, eine Einrichtung des Diakonischen Werkes der Evangelisch-Lutherischen Kirche in Thüringen e.V.), ist in dem vom Arbeitgeber betriebenen Krankenhaus kein Betriebsrat zu wählen. Es handelt sich um die karitative Einrichtung einer Religionsgemeinschaft, auf die nach § 118 Abs. 2 BetrVG das Betriebsverfassungsgesetz keine Anwendung findet. Der Betrieb des Krankenhauses des Arbeitgebers ist auf die Verwirklichung eines christlichen Auftrags gerichtet. Aufgrund ihrer Mitgliedschaft im Diakonischen Werk muss der Arbeitgeber dessen satzungsmäßigen Zwecke, Aufgaben und Ziele fördern und ist an die Grundentscheidungen der Kirche gebunden. Er hat sich außerdem verpflichtet, in seine leitenden Organe nur Personen zu berufen, die bereit sind, ihre Leitungstätigkeit im Sinne kirchlicher Diakonie wahrzunehmen. Die hierdurch gewährleisteten Einflussmöglichkeiten der Amtskirche auf den Betrieb des Arbeitgebers rechtfertigen den Ausschluss des staatlichen Mitbestimmungsrechts.

BAG 31.7.2002 – 7 ABR 12/01

Eine in der Rechtsform einer GmbH betriebene Einrichtung der katholischen Kirche ist nach § 118 Abs. 2 BetrVG vom Geltungsbereich des Betriebsverfassungsgesetzes ausgenommen, wenn sie karitative oder erzieherische Zwecke verfolgt. Ob dies der Fall ist, bestimmt sich nach dem Selbstverständnis der Kirche.

BAG 23.10.2002 – 7 ABR 59/01

Eine Stiftung des privaten Rechts ist eine karitative Einrichtung einer Religionsgemeinschaft i.S.d. § 118 Abs. 2 BetrVG, wenn die von ihr wahrzunehmenden Aufgaben sich als Wesens- und Lebensäußerung der Kirche darstellen. Anstalten der Inneren Mission, die auf allen Gebieten der geschlossenen, halboffenen und offenen Fürsorge tätig sind, sind Einrichtungen der evangelischen Kirche und unterfallen damit dem § 118 Abs. 2 BetrVG.

§ 118 Abs. 2 BetrVG widerspricht nicht dem Grundsatz der Sozialstaatlichkeit.

BAG 6.12.1977 – 1 ABR 28/77

Ein **Berufsbildungswerk**, in dem lernbehinderte Jungen und Männer zwischen 16 und 20 Jahren schulisch weitergebildet und beruflich ausgebildet werden, ist eine erzieherische Einrichtung i.S.d. § 118 Abs. 2 BetrVG.

Diese erzieherische Einrichtung gehört dann zu einer Religionsgemeinschaft, wenn Kirche und Einrichtung die Erziehung nach Inhalt und Ziel identisch vornehmen und sichergestellt ist, dass die Kirche ihre Vorstellungen zur Gestaltung der Erziehung in der Einrichtung durchsetzen kann. Die Durchsetzungsmöglichkeiten müssen nicht statutenmäßig abgesichert sein. Im Einzelfall können personelle Verflechtungen zwischen den Führungsgremien der Einrichtung und Amtsinhabern der Kirche genügen.

Die Rechtsform der Einrichtung ist ohne Bedeutung.

BAG 14.4.1988 – 6 ABR 36/86

Wenn **Ordensgemeinschaften der katholischen Kirche** den Status einer **Körperschaft des öffentlichen Rechts** verliehen bekommen und behalten haben, findet für ihre nicht verselbständigten Einrichtungen auch wirtschaftlicher Art das BetrVG gemäß § 130 BetrVG keine Anwendung.

§ 130 BetrVG dient dazu, den Geltungsbereich des BetrVG gegenüber dem der Personalvertretungsgesetze des Bundes und der Länder abzugrenzen. § 118 Abs. 2 BetrVG betrifft nicht die öffentlich-rechtlich organisierte Kirche, sondern die Religionsgemeinschaften und karitativen und erzieherischen Einrichtungen, die privatrechtlich organisiert sind.

Das BetrVG hat keinen Auffangcharakter, wonach es stets zur Anwendung kommt, wenn kirchliche Körperschaften des öffentlichen Rechts nicht unter den Geltungsbereich eines Landespersonalvertretungsgesetzes fallen sollten.

BAG 30.7.1987 – 6 ABR 78/85

Eine karitative und erzieherische Einrichtung einer Religionsgemeinschaft unterfällt nicht dem Geltungsbereich des BetrVG, wenn sie der Religionsgemeinschaft i.S.d. § 118 Abs. 2 BetrVG zugeordnet ist. Hierzu bedarf es einer institutionellen Verbindung zwischen der Religionsgemeinschaft und der Einrichtung, auf Grund derer die Religionsgemeinschaft über ein Mindestmaß an Einflussmöglichkeiten verfügt, um auf Dauer eine Übereinstimmung der religiösen Betätigung der Einrichtung mit ihren Vorstellungen gewährleisten zu können.

Bei der Beurteilung der Zuordnung i.S.d. § 118 Abs. 2 BetrVG haben die Arbeitsgerichte in einer zweistufigen Prüfung darüber zu befinden, ob überhaupt eine institutionelle Verbindung zwischen der Kirche und der Einrichtung besteht und ob die Kirche auf Grund dieser Verbindung über ein Mindestmaß an Einflussmöglichkeiten verfügt, um auf Dauer eine Übereinstimmung der religiösen Betätigung der Einrichtung mit ihren Vorstellungen gewährleisten zu können. Die Prüfung der Einflussmöglichkeiten der Kirche wird nicht durch das den Kirchen durch Art. 140 GG i. V. m. Art. 137 Abs. 3 WRV garantierte Selbstbestimmungs- und Selbstverwaltungsrecht ausgeschlossen.

Die Mitgliedschaft des Arbeitgebers im Diakonischen Werk der Evangelischen Kirche kann das nach § 118 Abs. 2 BetrVG erforderliche Maß an Einflussnahme auf die religiöse Betätigung der Einrichtung begründen. Dazu muss die Evangelische Kirche über eine inhaltliche und personelle Einflussmöglichkeit auf das Diakonische Werk verfügen, die sich über dessen Satzung gegenüber den Mitgliedern des Diakonischen Werkes fortsetzt.

Die Zuordnung i.S.d. § 118 Abs. 2 BetrVG setzt nicht das Bestehen einer christlich motivierten Dienstgemeinschaft zwischen dem kirchlichen Arbeitgeber und seinen Mitarbeitern voraus.

Die Beteiligungsbefugnis im arbeitsgerichtlichen Beschlussverfahren hängt nicht von der Beteiligung durch die Vorinstanzen ab. Beteiligungsbefugt und damit rechtsmittelbefugt kann auch eine von der Vorinstanz nicht beteiligte Stelle sein. Umgekehrt ist eine zu Unrecht am Verfahren beteiligte Stelle nicht rechtsmittelbefugt. Die fehlerhafte Beteiligung kann daher die Rechtsmittelbefugnis nicht begründen.

Das Diakonische Werk der Evangelischen Kirche ist einem Beschlussverfahren, das die Zuordnung einer Einrichtung zur Evangelischen Kirche i.S.v. § 118 Abs. 2 BetrVG zum Gegenstand hat, deren Rechtsträger Mitglied des Diakonischen Werkes ist, nicht rechtsmittelbefugt.

BAG 5.12.2007 – 7 ABR 72/06

Übernimmt ein kirchlicher Träger durch Rechtsgeschäft ein bisher von einem nichtkirchlichen Träger betriebenes **Krankenhaus**, um dort in Gestalt der Krankenpflege tätige Nächstenliebe zu üben und damit ein Stück Auftrag der Kirche in der Welt wahrzunehmen, so wird das Krankenhaus allein durch den Trägerwechsel zu einer karitativen Einrichtung der Kirche i.S.d. § 118 Abs. 2 BetrVG, auf die das BetrVG keine Anwendung findet. Ob die Mehrzahl der dort tätigen Arbeitnehmer sich bereits arbeitsvertraglich zu den besonderen Zielen der Arbeit eines kirchlichen Krankenhauses bekannt hat, ist unerheblich.

Eine Betriebsratswahl ist nichtig, wenn der Betrieb nicht dem BetrVG unterliegt.
In einem arbeitsgerichtlichen Beschlussverfahren über die Nichtigkeit einer Betriebsratswahl sind die im Betrieb vertretenen Gewerkschaften beteiligungsbefugt, gleichgültig, auf welcher Seite sie sich an dem Verfahren beteiligen.

BAG 9.2.1982 – 1 ABR 36/80

Ist eine Betriebsratswahl nichtig, weil das BetrVG nach § 118 Abs. 2 BetrVG keine Anwendung findet, kann der Betriebsrat nach den Vorschriften des BetrVG vom Arbeitgeber die Erstattung seiner tatsächlich entstandenen Kosten verlangen. Das gilt jedenfalls dann, wenn der Nichtigkeitsgrund des § 118 Abs. 2 BetrVG nicht offenkundig ist.

BAG 29.4.1998 – 7 ABR 42/97

Die Antragsberechtigung ist eine Verfahrensvoraussetzung des Beschlussverfahrens.

Eine Stiftung des privaten Rechts ist nur dann eine karitative Einrichtung einer Religionsgemeinschaft i.S.d. § 118 Abs. 2 BetrVG, wenn die Religionsgemeinschaft einen entscheidenden Einfluss auf die Verwaltung der Stiftung hat.
Gehören von insgesamt sieben Mitgliedern des Stiftungskuratoriums nur zwei der Amtskirche an, so hat die Religionsgemeinschaft noch keinen entscheidenden Einfluss auf die Verwaltung der Stiftung.

BAG 21.11.1975 – 1 ABR 12/75

Macht ein Arbeitnehmer in einer **kirchlichen Einrichtung** geltend, seine Kündigung sei unwirksam, weil die **Mitarbeitervertretung** nicht ordnungsgemäß beteiligt wurde, so haben die Arbeitsgerichte dies zu überprüfen.

Für die Entgegennahme von Erklärungen der Mitarbeitervertretungen ist deren Vorsitzender bzw. sein Stellvertreter richtiger und alleiniger Erklärungsgegner.

Wird die Erklärung gegenüber einem zur Entgegennahme nicht ermächtigten Mitglied der Mitarbeitervertretung abgegeben, so tritt die Wirksamkeit der Mitteilung erst ein, wenn sie dem Vorsitzenden bzw. dessen Vertreter zugeht.

BAG 16.10.1991 – 2 AZR 156/91

Nach Art. 92 BayPVG können Personalvertretungen in Religionsgemeinschaften und ihren karitativen und erzieherischen Einrichtungen nicht gebildet werden. Zu den Religionsgemeinschaften gehören auch die mit den Kirchen organisatorisch und institutionell verbundenen Vereinigungen wie kirchliche Orden, deren Daseinszweck eine Intensivierung gesamtkirchlicher Aufgaben enthält. Ein von einem kirchlichen Orden betriebener Verlag mit angeschlossener Druckerei erfüllt selbst dann diese Voraussetzung, wenn Verlag und Druckerei zur Sicherung der Wirtschaftlichkeit in erheblichem Umfang Fremdaufträge übernimmt.

***Bayer. VGH** 16.6.1999 – 17 P 98.1241 = ZTR 2000, 43*

Aus § 611 BGB i.V.m. § 19 Abs. 3 Satz 1 MVG-K oder i.V.m. § 19 Abs. 2 Satz 5 MVG-K folgt kein Anspruch des teilzeitbeschäftigten Mitglieds der Mitarbeitervertretung auf Freizeitausgleich für Lehrgangszeiten, die über den Umfang seiner regelmäßigen Arbeitszeit hinausgehen.

Die darin liegende Benachteiligung des teilzeitbeschäftigten Mitglieds der Mitarbeitervertretung ist durch sachliche Gründe i.S.d. § 4 Abs. 1 Satz 1 TzBfG gerechtfertigt. Sie ist Konsequenz der Ausgestaltung seines Amtes als unentgeltliches Ehrenamt und ist zur Erreichung dieses Zwecks geeignet und erforderlich. Dabei unterliegt es der von den staatlichen Gerichten zu akzeptierenden Einschätzungsprärogative des kirchlichen Gesetzgebers, die sich auch auf die Geeignetheit und Erforderlichkeit der zur Erreichung des gesetzten Ziels verwendeten Mittel bezieht, ob er uneingeschränkt am Ehrenamtsprinzip festhalten will.

***BAG** 1.6.2017 – 6 AZR 495/16*

Straf- und Bußgeldvorschriften (§§ 119 – 121 BetrVG)

Gesetzestext[81]

§ 119 Straftaten gegen Betriebsverfassungsorgane und ihre Mitglieder

(1) Mit Freiheitsstrafe bis zu einem Jahr oder mit Geldstrafe wird bestraft, wer

1. eine Wahl des Betriebsrats, der Jugend- und Auszubildendenvertretung, der Bordvertretung, des Seebetriebsrats oder der in § 3 Abs. 1 Nr. 1 bis 3 oder 5 bezeichneten Vertretungen der Arbeitnehmer behindert oder durch Zufügung oder Androhung von Nachteilen oder durch Gewährung oder Versprechen von Vorteilen beeinflusst,

2. die Tätigkeit des Betriebsrats, des Gesamtbetriebsrats, des Konzernbetriebsrats, der Jugend- und Auszubildendenvertretung, der Gesamt-Jugend- und Auszubildendenvertretung, der Konzern-Jugend- und Auszubildendenvertretung, der Bordvertretung, des Seebetriebsrats, der in § 3 Abs. 1 bezeichneten Vertretungen der Arbeitnehmer, der Einigungsstelle, der in § 76 Abs. 8 bezeichneten tariflichen Schlichtungsstelle, der in § 86 bezeichneten betrieblichen Beschwerdestelle oder des Wirtschaftsausschusses behindert oder stört, oder

3. ein Mitglied oder ein Ersatzmitglied des Betriebsrats, des Gesamtbetriebsrats, des Konzernbetriebsrats, der Jugend- und Auszubildendenvertretung, der Gesamt-Jugend- und Auszubildendenvertretung, der Konzern-Jugend- und Auszubildendenvertretung, der Bordvertretung, des Seebetriebsrats, der in § 3 Abs. 1 bezeichneten Vertretungen der Arbeitnehmer, der Einigungsstelle, der in § 76 Abs. 8 bezeichneten Schlichtungsstelle, der in § 86 bezeichneten betrieblichen Beschwerdestelle oder des Wirtschaftsausschusses um seiner Tätigkeit willen oder eine Auskunftsperson nach § 80 Absatz 2 Satz 4 um ihrer Tätigkeit willen benachteiligt oder begünstigt.

(2) Die Tat wird nur auf Antrag des Betriebsrats, des Gesamtbetriebsrats, des Konzernbetriebsrats, der Bordvertretung, des Seebetriebsrats, einer der in § 3 Abs. 1 bezeichneten Vertretungen der Arbeitnehmer, des Wahlvorstands, des Unternehmers oder einer im Betrieb vertretenen Gewerkschaft verfolgt.

§ 120 Verletzung von Geheimnissen

(1) Wer unbefugt ein fremdes Betriebs- oder Geschäftsgeheimnis offenbart, das ihm in seiner Eigenschaft als

1. Mitglied oder Ersatzmitglied des Betriebsrats oder einer der in § 79 Abs. 2 bezeichneten Stellen,

2. Vertreter einer Gewerkschaft oder Arbeitgebervereinigung,

3. Sachverständiger, der vom Betriebsrat nach § 80 Abs. 3 hinzugezogen oder von der Einigungsstelle nach § 109 Satz 3 angehört worden ist,

3a. Berater, der vom Betriebsrat nach § 111 Satz 2 hinzugezogen worden ist;

3b. Auskunftsperson, die dem Betriebsrat nach § 80 Absatz 2 Satz 4 zur Verfügung gestellt worden ist, oder

4. Arbeitnehmer, der vom Betriebsrat nach § 107 Abs. 3 Satz 3 oder vom Wirtschaftsausschuss nach § 108 Abs. 2 Satz 2 hinzugezogen worden ist,

bekannt geworden und das vom Arbeitgeber ausdrücklich als geheimhaltungsbedürftig bezeichnet worden ist, wird mit Freiheitsstrafe bis zu einem Jahr oder mit Geldstrafe bestraft.

(2) Ebenso wird bestraft, wer unbefugt ein fremdes Geheimnis eines Arbeitnehmers, namentlich ein zu dessen persönlichen Lebensbereich gehörendes Geheimnis, offenbart, das ihm in seiner Eigenschaft als Mitglied oder Ersatzmitglied des Betriebsrats oder einer der in § 79 Abs. 2 bezeichneten Stellen bekannt geworden ist und über das nach den Vorschriften dieses Gesetzes Stillschweigen zu bewahren ist.

(3) [1]Handelt der Täter gegen Entgelt oder in der Absicht, sich oder einen anderen zu bereichern oder einen anderen zu schädigen, so ist die Strafe Freiheitsstrafe bis zu zwei Jahren oder Geldstrafe. [2]Ebenso wird bestraft, wer unbefugt ein fremdes Geheimnis, namentlich ein Betriebs- oder Geschäftsgeheimnis, zu dessen Geheimhaltung er nach den Absätzen 1 oder 2 verpflichtet ist, verwertet.

(4) Die Absätze 1 bis 3 sind auch anzuwenden, wenn der Täter das fremde Geheimnis nach dem Tode des Betroffenen unbefugt offenbart oder verwertet.

(5) [1]Die Tat wird nur auf Antrag des Verletzten verfolgt. [2]Stirbt der Verletzte, so geht das Antragsrecht nach § 77 Abs. 2 des Strafgesetzbuches auf die Angehörigen über, wenn das Geheimnis zum persönlichen Lebensbereich des Verletzten gehört; in anderen Fällen geht es auf die Erben über. [3]Offenbart der Täter das Geheimnis nach dem Tode des Betroffenen, so gilt Satz 2 sinngemäß.

§ 121 Bußgeldvorschriften

(1) Ordnungswidrig handelt, wer eine der in § 90 Abs. 1, 2 Satz 1, § 92 Abs. 1 Satz 1 auch in Verbindung mit Abs. 3, § 99 Abs. 1, § 106 Abs. 2, § 108 Abs. 5, § 110 oder § 111 bezeichneten Aufklärungs- oder Auskunftspflichten nicht, wahrheitswidrig, unvollständig oder verspätet erfüllt.

(2) Die Ordnungswidrigkeit kann mit einer Geldbuße bis zu 10 000 Euro geahndet werden.

---

81 Das Betriebsverfassungsgesetz in der Fassung der Bekanntmachung vom 25. September 2001 (BGBl. 1 S. 2518), das zuletzt durch Artikel 19 Absatz 5 des Gesetzes vom 23. Dezember 2016 (BGBl. 1 S. 3234) geändert worden ist, wird wie folgt geändert:
- In § 119 Absatz 1 Nummer 3 und § 120 Absatz 1 Nummer 3b wird jeweils die Angabe „§ 80 Abs. 2 Satz 3" durch die Wörter „§ 80 Absatz 2 Satz 4" ersetzt.

Verbietet der Arbeitgeber einem Vertreter der Gewerkschaft, den Betrieb zu betreten, so liegt darin nur dann eine Behinderung oder Störung i.S.d. § 119 Abs. 1 Nr. 2 BetrVG, wenn der Vertreter der Gewerkschaft zur Wahrnehmung von im BetrVG abschließend geregelten Aufgaben und Befugnissen Zugang zum Betrieb beansprucht.

***OLG** Stuttgart 21.12.1977 – 2 Ws 21/77 = DB 1978, 592*

Die Bedrängung von Wahlvorstandsmitgliedern und die Zugangsverweigerung für den Gewerkschaftsbeauftragten zur **Betriebsversammlung** stellt eine strafbare Behinderung der Betriebsratswahl i.S.d. § 119 Abs. 1 Ziff. 1 BetrVG dar.

Werden Arbeitnehmer, um eine eingeleitete (bzw. vorgesehene) Betriebsratswahl zu verhindern, durch die Androhung von Nachteilen, durch die Zuweisung schlechterer Arbeit oder durch den Ausspruch einer Kündigung unter Druck gesetzt und Gewerkschaftsvertretern der Zutritt zum Betrieb verwehrt, liegt der Straftatbestand einer unzulässigen Behinderung der Betriebsratswahl i.S.d. § 119 Abs. 1 Nr. 1 BetrVG vor.

Dies gilt selbst dann, wenn Zweifel hinsichtlich der ordnungsgemäßen Bestellung des Wahlvorstands bestehen.

***LG** Siegen 13.11.1986 – 6 Ls 25 Js 354/84 – S 2/85;*
***OLG** Hamm 26.2.1987 – 1 Ss 164/87*

Kündigt ein Vorgesetzter einer Beschäftigten an, für den Fall, dass sie einen von ihm gewünschten Änderungsvertrag zum Zweck der Versetzung nicht unterzeichne, dass dies als Arbeitsverweigerung ausgelegt werde und sie mit Kontrollen und Beanstandungen fingierter Mängel rechnen müsse, und unterschreibt die Beschäftigte daraufhin, so liegt eine Nötigung im Sinne des § 240 StGB vor.

Erfolgt das Erzwingen des Änderungsvertrages im Zusammenhang mit von den Vorgesetzten ausdrücklich nicht gewünschten Betriebsratswahlen mit dem Erfolg, dass das aktive und passive Wahlrecht der Versetzten durch die Unterschrift entfällt, liegt hierin zusätzlich eine strafbare Handlung im Sinne des § 119 BetrVG.

Die Androhung eines Übels, wie eines Verlustes des Arbeitsplatzes oder sonstiger Unannehmlichkeiten, ist gerade dann verwerflich, wenn sie zum Zwecke der Verhinderung oder Erschwerung von Betriebsratswahlen erfolgt.

***LG** Marburg 10.5.2007 – 2 Ns 2 js 18719/05*

Wer durch wahrheitswidrige Angaben die Bestellung eines Wahlvorstandes verhindert, macht sich nach § 119 Abs. 1 Nr. 1 BetrVG strafbar.

Wer als Arbeitgeber oder für den Arbeitgeber Betriebsratsmitglieder zum Rücktritt mit der Drohung auffordert, andernfalls würden der Belegschaft übertarifliche Zulagen und sonstige Sozialleistungen künftig vorenthalten, macht sich nach § 119 Abs. 1 Nr. 2 BetrVG strafbar.

***OLG** München 9.7.1980 – 4 St 173/80 = BB 1980, 1638*

Die Behinderung der Einberufung und Durchführung einer Betriebsversammlung zur Wahl des Wahlvorstandes stellt einen Straftatbestand i.S.d. § 119 Abs. 1 Nr. 1 BetrVG dar. Der Geltungsbereich des § 20 Abs. 1 BetrVG umfasst nicht nur den eigentlichen Abstimmungsvorgang, sondern auch vorbereitende Maßnahmen wie die vorausgehenden Abstimmungen und die auf die Betriebsratswahl sich beziehenden Beschlussfassungen der Wähler oder des Wahlvorstands.

***OLG** München 9.7.1980 – 4 St 173/80 = BB 1980, 1638*

Die Weigerung des Arbeitgebers, bei der **Erstellung der Wählerliste** behilflich zu sein, den betrieblichen Fotokopierer dem Wahlvorstand zur Verfügung zu stellen und diesem in Betriebsteilen Hausverbot zu erteilen, ist strafbare Wahlbehinderung.

***AG** Bremen 6.9.1984 – 75 Ds 12 Js 11055/83*

Die Vorschriften gegen Wahlbehinderung (§§ 20, 119 BetrVG) wollen nur vor Einschränkungen der Handlungsfreiheit und nicht der inneren Willensbildung schützen, so dass Täuschungshandlungen ebenso wenig darunter fallen wie Aufrufe zum Wahlboykott; eine Behinderung der Wahl liegt zudem nur vor, wenn die Wahl **tatsächlich** erschwert oder unmöglich gemacht wird, eine bloße Eignung zur Erschwerung reicht nicht.

***LAG** Köln 15.10.1993 – 13 TaBV 36/93 = NZA 1994, 431*

Die monatliche Bekanntgabe der Kosten des Betriebsrats ist strafbar und zu unterlassen.

Die Vorgehensweise des Arbeitgebers verletzt nicht nur grob das Gebot der vertrauensvollen Zusammenarbeit, sie ist auch eine massive Behinderung der Betriebsratstätigkeit.

***ArbG** Darmstadt 20.11.1986 – 1 BV Ga 9/86 = AiB 1987, 140*

§ 43 Abs. 2 BetrVG verlangt von dem Arbeitgeber nicht, sich auf einer Betriebsversammlung zu den Kosten der Betriebsratsarbeit zu äußern. Hat der Arbeitgeber hieran ein berechtigtes Interesse, darf er durch die Art und Weise der Informationsgestaltung und -vermittlung den Betriebsrat nicht in seiner Amtsführung beeinträchtigen.

***BAG** 19.7.1995 – 7 ABR 60/94*

Hinweis für die Praxis:

*Das Bundesarbeitsgericht hatte die Frage zu entscheiden, ob und inwieweit dem Betriebsrat ein **Unterlassungsanspruch** zusteht, wenn der Arbeitgeber auf einer Betriebsversammlung die **Kosten der Betriebsratsarbeit** bekannt gibt.*

*Der Arbeitgeber hatte auf einer Betriebsversammlung einen Geschäftsbericht vorgelegt. Dabei hatte er mit einem Overhead-Projektor auf zehn Folien das Betriebsergebnis dargestellt. Auf einer Folie war in graphischer und tabellarischer Form die wirtschaftliche Ertragssituation zusammengefasst. Den betrieblichen Aufwand für die **Verwaltung** und die **Kosten der Betriebsratstätigkeit** hatte der Arbeitgeber ohne nähere Aufgliederung und Erläuterung mit einem „Minuszeichen" versehen ausgewiesen.*

Der Betriebsrat hatte nach der Betriebsversammlung vor dem Arbeitsgericht beantragt, dem Arbeitgeber aufzugeben, es zu unterlassen, die Kosten der Betriebsratstätigkeit innerhalb oder außerhalb einer Betriebsversammlung der Belegschaft oder einzelnen Arbeitnehmern bekannt zu geben.

Der Betriebsrat hatte zwar vor dem Arbeitsgericht Recht bekommen, unterlag aber beim Landesarbeitsgericht und beim Bundesarbeitsgericht.

Das Bundesarbeitsgericht hat zwar deutlich gemacht, dass die Bekanntgabe der Betriebsratskosten in der vom Arbeitgeber gewählten Art betriebsverfassungswidrig sei und den Betriebsrat in der Ausübung seines Amtes behindere. Deutlicher kann man eigentlich nicht auf § 119 Abs. 1 Ziff. 2 BetrVG (Straftat gegen Betriebsverfassungsorgane und ihre Mitglieder) hinweisen.

*Allerdings war der gestellte Antrag des Betriebsrats **zu weit** gefasst. Von dem Antrag des Betriebsrats war nämlich jede denkbare Mitteilung von Betriebsratskosten im Rahmen einer Betriebsversammlung umfasst.*

***

Gibt der Arbeitgeber die Kosten der Betriebsratstätigkeit in einer Weise bekannt, die nicht in Einklang mit dem Betriebsverfassungsgesetz steht, hat der Betriebsrat einen Anspruch auf Unterlassung.

***BAG** 12.11.1997 – 7 ABR 14/97*

Unter Benachteiligung eines Mitglieds des Betriebsrats ist jede Schlechterstellung im Verhältnis zu anderen vergleichbaren Arbeitnehmern zu verstehen, die nicht aus sachlichen Erwägungen, sondern wegen der Amtstätigkeit erfolgt.

Der subjektive Tatbestand des § 119 Abs. 1 Nr. 3 BetrVG erfordert, dass sich der Täter darüber bewusst ist oder zumindest billigend in Kauf nimmt, dass die für das Mitglied des Betriebsrats nachteiligen Maßnahmen sachlich nicht gerechtfertigt sind.

***OLG** Düsseldorf 27.3.2008 – III – 2 Ss 110/07 – 88/07 III*

Einwendungen gegen eine Betriebsversammlung hat der Arbeitgeber beim Arbeitsgericht im Wege des einstweiligen Rechtsschutzes geltend zu machen.

Die Grenzen der dem Arbeitgeber von Rechts wegen zustehenden Einwirkungsmöglichkeiten werden dadurch überschritten, dass er in einem „PS" erklärt, er könne „den Meistern und Leuten nicht empfehlen, diese Versammlung zu besuchen"; es bleibe dem Betriebsrat „unbenommen, für ihre Mitglieder eine private Versammlung abzuhalten". Durch ein solches ausgehängtes Schreiben wird das Organisationsrecht des Betriebsrats in schwerwiegender Weise beeinträchtigt, was eine Behinderung der Betriebsratstätigkeit darstellt.

Der Tatbestand des § 119 Abs. 1 Nr. 2 BetrVG ist bereits mit der Behinderung der Betriebsratstätigkeit bei der Einberufung der Betriebsversammlung vollendet.

Der Betriebsrat kann in seiner Tätigkeit durch einen öffentlichen Aushang des Arbeitgebers mit der Empfehlung, eine Betriebsversammlung nicht zu besuchen, behindert werden (§ 119 Abs. 1 Nr. 2 BetrVG).

***OLG** Stuttgart 9.9.1988 – Ws 237/88 = BB 1988, 2245*

Die dem Unternehmer nach § 111 BetrVG obliegende Pflicht, den Betriebsrat über die beabsichtigte Betriebsänderung zu unterrichten, ist so früh wie möglich zu erfüllen. Denn mit dem Wort „geplant" in § 111 BetrVG soll sichergestellt werden, dass der Betriebsrat schon in einem möglichst frühen Stadium der Planung der Betriebsänderung zu beteiligen ist. Das in §§ 111, 112 BetrVG vorgesehene Verfahren muss danach noch in einem Zeitraum abgewickelt werden, in dem der Plan noch nicht, und zwar auch noch nicht teilweise, verwirklicht ist und er überhaupt noch nicht abschließend feststeht, weil dies der soziale Schutzcharakter der zitierten Bestimmung erfordert.

Der Betriebsrat muss schon in einem möglichst frühen Stadium der Planung, auf jeden Fall vor ihrem Abschluss beteiligt werden, weil nur dadurch die Interessen der Belegschaft und ihrer Angehörigen hinreichend gewahrt werden.

Denn gerade in diesem Zeitraum hat der Betriebsrat als Interessenvertretung der Arbeitnehmer die Möglichkeit, auf die endgültige Entscheidung des Unternehmers und dessen nähere Durchführung Einfluss zu nehmen. Wenn demgegenüber der Unternehmer bereits den Beschluss über die Betriebsänderung gefasst hat, damit für den Betriebsrat vollendete Tatsachen vorliegen, ist es für ihn kaum noch möglich, zu dieser bereits im Prinzip beschlossenen Maßnahme eigene Pläne, Vorstellungen oder Vorschläge zu entwickeln oder gar durchzusetzen. Die in § 112 BetrVG vorgesehene Möglichkeit, einen Interessenausgleich über die Betriebsänderung zu erreichen oder einen Sozialplan anzustreben, wahrt die hier herausgestellten Belange der Belegschaft nicht in dem gebotenen Maße, weil damit keine Erfolg versprechende Einwirkungsmöglichkeit mehr auf die bereits getroffene Entscheidung des Unternehmens über die Betriebsänderung gegeben ist.

Aus den gleichen Erwägungen handelt der Unternehmer auch ordnungswidrig nach § 121 Abs. 1 BetrVG, wenn er entgegen § 106 Abs. 2 BetrVG den Wirtschaftsausschuss nicht rechtzeitig über eine geplante Betriebsänderung unterrichtet. Angesichts der dem Wirtschaftsausschuss nach § 106 Abs. 1 BetrVG übertragenen Aufgabe, wirtschaftliche Angelegenheiten mit dem Unternehmer zu beraten und den Betriebsrat zu unterrichten, kann die durch § 106 Abs. 2 BetrVG geforderte Unterrichtung nur rechtzeitig sein, wenn der Wirtschaftsausschuss sowohl sein Beratungsrecht gegenüber dem Unternehmer sinnvoll ausüben, als auch den Betriebsrat so unterrichten kann, dass dieser seinerseits von den ihm zustehenden Beteiligungsrechten rechtzeitig Gebrauch machen kann. Deshalb ist die dem Unternehmer nach § 106 Abs. 2 BetrVG obliegende Pflicht zur Unterrichtung des Wirtschaftsausschusses noch früher zu erfüllen und zwar bevor konkrete Planungen zu den daran sich anschließenden Unterrichtungs- und Beratungsrechten des Betriebsrates nach § 111 BetrVG führen.

***OLG** Hamburg 4.6.1985 – 2 Ss 5/85 OWi = BB 1986,1014 = DB 1985,1846 = NZA 85,568*

Der Unternehmer, der seiner Unterrichtungspflicht nach § 106 Abs. 2 BetrVG nicht in gehöriger Weise nachkommt, kann zur Einhaltung seiner Pflichten einerseits im arbeitsgerichtlichen Beschlussverfahren und zudem durch die Ahndung des darin liegenden ordnungswidrigen Verhaltens nach § 121 BetrVG angehalten werden.

Bestehen indessen Meinungsverschiedenheiten zwischen dem Wirtschaftsausschuss und dem Unternehmer über den Umfang der Unterrichtungspflicht und/oder den Zeitpunkt der Unterrichtung i.S.d. § 106 BetrVG, so setzt das arbeitsgerichtliche Beschlussverfahren eine Entscheidung der Einigungsstelle voraus (§ 109 BetrVG)

Die Primärzuständigkeit der Einigungsstelle gilt auch für den Fall, dass der Unternehmer die Auskunft unter Berufung auf ein Betriebs- oder Geschäftsgeheimnis verweigert. Die Einigungsstelle hat also zunächst darüber zu entscheiden, ob ein Betriebs- oder Geschäftsgeheimnis vorliegt, ob dieses durch die verlangte Auskunft gefährdet wird mit der Folge, dass die Unterrichtungspflicht des Unternehmers beschränkt wird. Erst die Entscheidung der Einigungsstelle über die Rechtsfrage, ob wegen der Gefährdung eines Geschäftsgeheimnisses die Auskunft verweigert werden kann, unterliegt der Nachprüfung durch das Arbeitsgericht.

Das Gesetz enthält zwar keine ausdrückliche Regelung darüber, in welchem Verhältnis die Entscheidung der Einigungsstelle (§ 109 BetrVG) zur Ahndung einer Ordnungswidrigkeit nach § 121 BetrVG steht. Nach dem Zweck der gesetzlichen Regelung ist jedoch davon auszugehen, dass in den Fällen, in denen die Primärzuständigkeit der Einigungsstelle nach arbeitsrechtlichen Grundsätzen gegeben ist, ein pflichtwidriges und damit ordnungswidriges Verhalten des Unternehmers erst dann vorliegen kann, wenn aufgrund einer Entscheidung der Einigungsstelle der zwischen Unternehmer und Wirtschaftsausschuss streitige Umfang der Unterrichtungspflicht konkretisiert worden ist.

Der Unternehmer handelt daher in derartigen Fällen erst dann pflichtwidrig, wenn mit der Entscheidung der Einigungsstelle eine Konkretisierung des Umfangs der Unterrichtungspflicht, die an den jeweiligen betrieblichen Erfordernissen zu messen ist, eingetreten ist.

***OLG** Karlsruhe 7.6.1985 – 1 Ss 68/85 = NZA 1985, 570*

Der Unternehmer ist nach § 106 Abs. 2 BetrVG verpflichtet, den Wirtschaftsausschuss von **geplanten unternehmerischen Entscheidungen** und sonstigen Maßnahmen so **frühzeitig** zu unterrichten, dass dieser sein Beratungsrecht gegenüber dem Unternehmer betriebswirtschaftlich sinnvoll ausüben kann. Eine Kritik oder sonstige Stellungnahme und eigene Vorschläge des Wirtschaftsausschusses und des Betriebsrats sowie Initiativen des Betriebsrats in sozialen Angelegenheiten müssen noch möglich sein. Andernfalls handelt der Unternehmer ordnungswidrig (§ 121 BetrVG).

***Kammergericht** 25.9.1978 – 2 Ws (B) 82/78 = DB 1979, 112*

Die nicht rechtzeitige und vollständige Unterrichtung des Wirtschaftsausschusses und des Betriebsrats über Einzelheiten der in Aussicht genommenen Betriebsänderung stellt einen Verstoß gemäß §§ 92, 106 Abs. 2 Nr. 5, 111 Nr. 1 BetrVG und damit eine Ordnungswidrigkeit i.S.v. § 121 BetrVG dar.

*Bußgeldbescheid des **Regierungspräsidiums** Tübingen 8.1.1992 – 15-5/0523.1-1 (rkr.)*

Die Verhinderung und aktive **Unterbrechung von Telefongesprächen** des Betriebsrats stellt ebenso eine strafbare Behinderung des Betriebsrats dar wie die Aufforderung an Arbeitnehmer, ein Schreiben zu verfassen, um die Ablösung des Betriebsrats zu verlangen.

***AG** Passau 6.5.1985 – 9 Js 1262/85*

Der Arbeitgeber hat nach § 40 Abs. 1 BetrVG auch die Kosten für die Hinzuziehung eines Rechtsanwalts bei der Inanspruchnahme des **Strafantragsrechts** des Betriebsrats gemäß § 119 Abs. 2 BetrVG der Betriebsratstätigkeit zu tragen.

Dem steht nicht entgegen, dass der Betriebsrat gleichzeitig einen Unterlassungsantrag gegen den Arbeitgeber nach § 23 Abs. 3 BetrVG gestellt hat.

***LAG** Düsseldorf 12.8.1993 – 14 TaBV 54/93 = NZA 1994, 1052*

Stichwortverzeichnis

A

B

D

E

F

G

N

O

P

Q

R

S

T

U

V

W

Z